De: _____

Para: _____

_____

_____

_____

Fecha: _____

BIBLIa Hazme un instrumento

SOCIEDADES
BÍBLICAS
UNIDAS

Sociedades Bíblicas Unidas es una

fraternidad mundial

de Sociedades Bíblicas nacionales

que sirven en más de 200 países.

Su propósito es poner al alcance

de cada persona la Biblia

completa o parte de ella,

en el idioma que pueda leer y

entender y a un precio que

pueda pagar.

Sociedades Bíblicas Unidas

distribuye más de 500 millones

de escrituras cada año.

Le invitamos a participar en este

ministerio con sus oraciones

y ofrendas.

La Sociedad Bíblica de su país le

proporcionará con agrado más

información

acerca de sus actividades.

Biblia Hazme un instrumento © Sociedades Bíblicas Unidas, 2003
Traducción en lenguaje actual © Sociedades Bíblicas Unidas, 2002
Ilustraciones © Sociedades Bíblicas Unidas, 2003

ISBN	Catálogo	Cubierta
1-931952-42-6	TLA60 ilustrada	rústica en colores
1-931952-41-8	TLA63 ilustrada	dura en colores

Impreso en Colombia - Printed in Colombia

ANTIGUO TESTAMENTO

Génesis ···········| 1 |
Éxodo ···········| 43 |
Levítico ···········| 74 |
Números ···········| 94 |
Deuteronomio ···| 122 |
Josué ···········| 148 |
Jueces ···········| 166 |
Rut ···········| 186 |
1 Samuel ···········| 190 |
2 Samuel ···········| 216 |
1 Reyes ···········| 239 |
2 Reyes ···········| 264 |
1 Crónicas ···········| 289 |
2 Crónicas ···········| 312 |
Esdras ···········| 340 |
Nehemías ···········| 348 |
Ester ···········| 361 |
Job ···········| 367 |
Salmos ···········| 389 |
Proverbios ···········| 454 |
Eclesiastés ···········| 478 |
Cantares ···········| 485 |
Isaías ···········| 490 |
Jeremías ···········| 541 |
Lamentaciones ···| 591 |
Ezequiel ···········| 596 |
Daniel ···········| 633 |
Oseas ···········| 645 |
Joel ···········| 654 |
Amós ···········| 657 |
Abdías ···········| 664 |
Jonás ···········| 665 |
Miqueas ···········| 667 |
Nahúm ···········| 672 |
Habacuc ···········| 674 |
Sofonías ···········| 677 |
Hageo ···········| 680 |
Zacarías ···········| 682 |
Malaquías ···········| 690 |

NUEVO TESTAMENTO

Mateo ···········| 695 |
Marcos ···········| 728 |
Lucas ···········| 749 |
Juan ···········| 783 |
Hechos ···········| 808 |
Romanos ···········| 839 |
1 Corintios ···········| 852 |
2 Corintios ···········| 864 |
Gálatas ···········| 872 |
Efesios ···········| 877 |
Filipenses ···········| 881 |
Colosenses ···········| 884 |
1 Tesalonicenses ···| 887 |
2 Tesalonicenses ···| 890 |
1 Timoteo ···········| 892 |
2 Timoteo ···········| 896 |
Tito ···········| 899 |
Filemón ···········| 901 |
Hebreos ···········| 902 |
Santiago ···········| 912 |
1 Pedro ···········| 915 |
2 Pedro ···········| 919 |
1 Juan ···········| 921 |
2 Juan ···········| 924 |
3 Juan ···········| 924 |
Judas ···········| 925 |
Apocalipsis ···········| 926 |

NOTAS

Notas ···········| 941 |

Hazme un instrumento

La Biblia de María Jones

Hacia finales del año 1700, escondida entre las montañas de Gales, Gran Bretaña, había una pequeña cabaña en la que vivía la niña María Jones. Los padres de María eran gente trabajadora. Su papá tejía hermosas telas para vender en el mercado. Su mamá se ocupaba de los quehaceres del hogar. Los domingos María y sus padres iban a la iglesia. A María le gustaba cantar los himnos; pero cuando el pastor predicaba era difícil para ella comprender los mensajes. Cuando escuchaba al pastor leer la Biblia, deseaba saber más de la palabra de Dios. Entonces nació en su corazón el deseo de tener una Biblia propia.

En aquel tiempo las Biblias eran muy escasas, y algunas iglesias tenían un solo ejemplar, encadenado al púlpito. En el hogar de María no había Biblia, y aunque la hubieran tenido, ella no sabía leer. Pero cuando se abrió una escuela cerca de su casa, su papá le dio permiso para que ella asistiera. El buen maestro John Ellis les enseñó a los niños a leer y a escribir. Cuando aprendió a leer, María caminaba todos los sábados más de tres kilómetros hasta la casa de la señora Evans, la esposa de un campesino rico que poseía una Biblia, para leerla. Pero más que nada, María quería tener una Biblia propia.

María comenzó a trabajar para juntar el dinero necesario para comprar su Biblia. Ayudaba a los vecinos con la limpieza y el cuidado de los niños, apacentaba vacas, vendía los huevos de dos gallinas que le había dado su mamá, cargaba agua del pozo, remendaba ropa. María hacía cualquier cosa para ganar unos centavitos. Después de seis largos años de trabajar y ahorrar, María tuvo lo suficiente para comprar una Biblia, que en esa época era muy costosa. ¡Qué emoción debe haber sentido al saber que pronto tendría su propia Biblia!

Como no se vendían Biblias en el pueblo de María, debió ir a Bala, que quedaba a cuarenta kilómetros de su casa. Tuvo que caminar solita esa distancia, ¡y descalza! pues no quería gastar su único par de zapatos, pero lo hizo con alegría para conseguir su Biblia. Al llegar a casa del pastor Charles, que vendía Biblias, recibió la triste noticia: "¡Ya no quedan más!" María lloró desconsolada al oírlo. ¿Sería que se había esforzado en vano durante tantos años?

Al ver a María llorando amargamente, el pastor Charles se conmovió. -Hijita -le dijo-, no te puedo negar una Biblia. Un amigo mío tiene una Biblia que ha dejado en mi estante. Voy a pedirle permiso para vendértela.

¡Imagina el gozo que sintió María al tener la Biblia en sus manos! Una Biblia propia y en su propio idioma. ¡Sin duda fue saltando de alegría todo el camino de regreso a casa!

El pastor Charles no pudo olvidar a la joven que había trabajado durante seis años y había caminado tanto para conseguir una Biblia en su idioma. Entonces le surgió el deseo de que todos los niños, jóvenes y adultos tuvieran también una Biblia. Con la ayuda de otras personas que tenían el mismo anhelo, fundó en Londres la Sociedad Bíblica Británica y Extranjera. Gracias a ese esfuerzo, hoy en tu país hay una Sociedad Bíblica y puedes tener en tus manos esta preciosa Biblia.

Ahora María está en el cielo. Ya hace doscientos años desde que ella trabajó diligentemente para comprar su Biblia. María fue un instrumento de Dios para que muchas personas, en distintos países del mundo, puedan tener la Biblia en su propio idioma. Tú también puedes ser un instrumento en las manos de Dios. Pídele con corazón sincero: *"Hazme un instrumento"*.

ANTIGUO TESTAMENTO

Génesis

PRINCIPIO DE TODAS LAS COSAS
(1.1-11.32)

La creación del mundo

1 ¹Cuando Dios comenzó
a crear
el cielo y la tierra,
² la tierra no tenía forma,
ni había en ella nada
que tuviera vida.
Las aguas estaban cubiertas
por una gran oscuridad,
pero sobre la superficie del agua
se movía el espíritu de Dios.

El primer día de la creación

3 Dijo entonces Dios:

«¡Quiero que haya luz!»

¡Y al instante hubo luz!
⁴ Al ver Dios la belleza de la luz,
la apartó de la oscuridad
⁵ y le puso por nombre «día».
A la oscuridad la llamó
«noche».
Y cayó la noche,
y llegó la mañana.
Ese fue el primer día.

El segundo día de la creación

6 Dijo entonces Dios:

«Quiero que haya entre
las aguas
algo firme que las separe».

7 ¡Y al instante se hizo así!
Dios puso algo firme entre
las aguas,
y la mitad de las aguas
quedó abajo
y la otra mitad quedó arriba.
⁸ Al ver la belleza del
firmamento,
Dios le puso por nombre
«cielo».
Y cayó la noche,
y llegó la mañana.
Ese fue el segundo día.

El tercer día de la creación

9 Dijo entonces Dios:

«Quiero que las aguas

que están debajo del cielo
se junten en un solo lugar,
y que aparezca lo seco».

¡Y al instante se hizo así!
¹⁰ Dios llamó «tierra»
a lo seco,
y llamó «mar» a las aguas.

¹¹ Al ver Dios tal belleza, dijo:

«Quiero que haya en la tierra
árboles y plantas
que den fruto y semilla».

¡Y al instante se hizo así!
¹² La tierra produjo árboles
y plantas;
los árboles dieron frutos,
y las plantas dieron semillas.

Mientras Dios admiraba
tal belleza,
¹³ cayó la noche,
y llegó la mañana.
Ese fue el tercer día.

El cuarto día de la creación

¹⁴ Dijo entonces Dios:

«Quiero que haya en el cielo
luces que separen el día
de la noche;
luces que indiquen las
estaciones,
los días y los años;
¹⁵ luces en el cielo azul
que iluminen la tierra».

¡Y al instante se hizo así!

¹⁶ Dios hizo las dos
grandes luces:
el sol, para que domine en
el día,
y la luna, para que domine en
la noche.
También hizo las estrellas.
¹⁷ Dios puso estas luces
en el cielo
para alumbrar la tierra,
¹⁸ para dominar en el día y en
la noche,
y para separar la luz y la
oscuridad.

Mientras Dios admiraba tal
belleza,
¹⁹ cayó la noche,
y llegó la mañana.
Ese fue el cuarto día.

El quinto día de la creación

²⁰ Dijo entonces Dios:

«Quiero que los mares
se llenen con seres vivos.
Quiero que las aves
vuelen sobre la tierra
y crucen el cielo azul».

²¹ Así creó Dios
los grandes monstruos marinos.
Creó todos los seres vivos
que se mueven en el agua,
y todas las aves del cielo.

Al ver Dios tal belleza,
²² les dio esta bendición:

«Quiero que los peces
se reproduzcan y llenen
los mares;
quiero que las aves
se multipliquen sobre
la tierra».

²³ Y cayó la noche,
y llegó la mañana.
Ese fue el quinto día.

El sexto día de la creación

²⁴ Dijo entonces Dios:

«Quiero que haya en la tierra
toda clase de seres vivos:
animales domésticos,
animales salvajes,
reptiles e insectos».

¡Y al instante se hizo así!
²⁵ Dios hizo los animales
salvajes,
los animales domésticos,
los reptiles y los insectos.

²⁶ Al ver Dios tal belleza, dijo:

«Hagamos ahora al ser humano
tal y como somos nosotros.
Que domine a los peces del mar

y a las aves del cielo,
a todos los animales
de la tierra,
y a todos los reptiles e
insectos».

27 Fue así como Dios creó
al ser humano
tal y como es Dios.
Lo creó a su semejanza.
Creó al hombre y a la mujer,
28 y les dio esta bendición:

«Quiero que se reproduzcan,
quiero que se multipliquen,
quiero que llenen la tierra
y la pongan bajo su dominio.
Que dominen a los peces del mar
y a las aves del cielo,
y a todos los seres vivos
que se arrastran por el suelo».

29 También les dijo Dios:

«Hoy les entrego a ustedes
toda planta que da semilla
y todo árbol que da fruto.
Todo esto les servirá de
alimento.
30 Pero la hierba verde
será para todos los animales».

¡Y al instante se hizo así!
31 Mientras Dios admiraba
la gran belleza de su creación,
cayó la noche,
y llegó la mañana.
Ese fue el sexto día.

El séptimo día
2 **1-3** Así terminó Dios
la creación del cielo y
de la tierra
y de todo cuanto existe,
y el séptimo día descansó.
Dios bendijo ese día y lo apartó,
para que todos lo adoraran.

El hombre y la mujer
4 Esta es la historia de cuando
Dios creó el cielo y la tierra.
En ese tiempo **5** aún no había
árboles ni plantas en el campo,
porque Dios todavía no había
hecho que lloviera, ni había nadie
que cultivara la tierra. **6** Del suelo salía una especie de vapor, y

eso era lo que mantenía húmeda
la tierra. **7** Entonces Dios tomó un
poco del polvo, y con ese polvo
formó al hombre. Luego sopló en
su nariz, y con su propio aliento
le dio vida. Así fue como el hombre comenzó a vivir.
8 Dios había plantado un jardín
al cual llamó Edén, y allí puso al
hombre. **9** Luego Dios hizo que
creciera allí toda clase de árboles; eran hermosos y daban fruta muy sabrosa. En medio de ese
jardín estaba el árbol de la vida,
y también el árbol del conocimiento del bien y el mal.
10 De Edén salía un río que regaba
el jardín y luego se dividía en
otros cuatro ríos. **11** El primer río
se llamaba Pisón, y es el que
rodea todo el país de Havilá. Allí
hay oro **12** muy fino, y hay también
piedra de ónice y plantas con las
que se hacen finos perfumes.
13 El segundo río se llamaba
Guihón, y es el que rodea todo el
país de los etíopes. **14** El tercer río
es el Tigris, que corre al este de
Asiria. El cuarto río es el Éufrates.
15 Dios puso al hombre en el jardín de Edén para que lo cultivara y lo cuidara, **16** pero claramente le dijo: «Puedes comer
de todos los árboles que hay en
el jardín, **17** pero no del árbol del
conocimiento del bien y del mal.
Si comes de ese árbol, te juro
que morirás».
18 Luego Dios dijo: «No está bien
que el hombre esté solo. Voy a
hacerle alguien que lo acompañe
y lo ayude». **19-20** Entonces hizo
Dios todos los animales domésticos y salvajes, y todas las aves
que vuelan por el cielo, y se los
llevó al hombre para que les
pusiera nombre. Y este así lo hizo.
Sin embargo, para el hombre no
se encontró compañía ni ayuda. **21** Por eso Dios hizo que el
hombre se quedara profundamente dormido. Y así, mientras
este dormía, Dios le sacó una de
sus costillas, y luego le cerró el
costado. **22** De esa costilla Dios
hizo una mujer. Cuando se la llevó al hombre, **23** este dijo:

«¡Esta vez tengo a alguien
que es carne de mi carne
y hueso de mis huesos!
La llamaré hembra,
porque Dios la sacó del
hombre». *1*

24 Esto explica por qué el hombre
deja a su padre y a su madre, y se
une a su mujer para formar un
solo cuerpo.
25 Tanto el hombre como su mujer
andaban desnudos, pero no sentían vergüenza de andar así.

El hombre desobedece a Dios
3 **1** Entre los animales salvajes
que Dios creó, no había otro más
astuto que la serpiente. Un día, la
serpiente le dijo a la mujer:

—¿Así que Dios les dijo que no
comieran de ningún árbol del
jardín?

2 La mujer le contestó:

—¡Sí podemos comer de cualquier
árbol del jardín! **3** Lo que Dios nos
dijo fue: «En medio del jardín hay
un árbol, que no deben ni tocarlo.
Tampoco vayan a comer de su fruto, pues si lo hacen morirán».

Pero la serpiente insistió:

4 —Eso es mentira. No morirán.
5 Dios bien sabe que, cuando
ustedes coman del fruto de ese
árbol, serán iguales a Dios y
podrán conocer el bien y el mal.

6 La mujer se fijó en que el fruto
del árbol sí se podía comer, y
que sólo de verlo se antojaba y
daban ganas de alcanzar sabiduría. Arrancó entonces uno de los
frutos, y comió. Luego le dio a su
esposo, que estaba allí con ella,
y también él comió. **7** En ese mismo instante se dieron cuenta de
lo que habían hecho y de que
estaban desnudos. Entonces tomaron unas hojas de higuera y las
cosieron para cubrirse con ellas.
8 Con el viento de la tarde, el
hombre y su esposa oyeron que

Dios iba y venía por el jardín, así que corrieron a esconderse de él entre los árboles. **9** Pero Dios llamó al hombre y le preguntó:

—¿Dónde estás?

10 Y el hombre le contestó:

—Oí tu voz en el jardín y tuve miedo, pues estoy desnudo. Por eso corrí a esconderme.

11 —¿Y cómo sabes que estás desnudo? —le preguntó Dios—. ¿Acaso comiste del fruto del árbol que te prohibí comer?

12 El hombre respondió:

—La mujer que tú me diste por compañera me dio del fruto del árbol. Por eso me lo comí.

13 Dios se dirigió entonces a la mujer, y le dijo:

—¿Qué es lo que has hecho?

Y la mujer le respondió:

—La serpiente me tendió una trampa. Por eso comí del fruto.

14 Entonces Dios le dijo a la serpiente:

«Por esto que has hecho,
maldita seas,
más que todo animal doméstico;
¡más que todo animal salvaje!
Mientras tengas vida,
te arrastrarás sobre tu vientre
y comerás el polvo de la tierra.

15 »Haré que tú y la mujer,
sean enemigas;
pondré enemistad
entre sus descendientes
y los tuyos.
Un hijo suyo te aplastará
la cabeza,
y tú le morderás el talón».

16 A la mujer le dijo:

«Cuando tengas tus hijos,

¡haré que los tengas con
muchos dolores!
A pesar de todo,
desearás tener hijos
con tu esposo,
y él será quien te domine».

17 Al hombre le dijo:

«Ahora por tu culpa
la tierra estará bajo maldición,
pues le hiciste caso a tu esposa
y comiste del árbol
del que te prohibí comer.
Por eso, mientras tengas vida,
te costará mucho trabajo
obtener de la tierra tu alimento.
18 Sólo te dará espinos que
te hieran,
y la hierba del campo será
tu alimento.
19 »Muy duro tendrás que
trabajar
para conseguir tus alimentos.
Así será hasta el día en
que mueras,
y vuelvas al polvo de la tierra,
del cual fuiste tomado.
Tú no eres más que polvo,
¡y al polvo tendrás que
volver!»

20 Entonces el hombre le puso a su esposa el nombre de Eva, porque ella sería la madre de todos los que iban a vivir en la tierra.
21 Luego Dios vistió al hombre y a su esposa con ropas de piel, **22** y dijo:

«Ahora el hombre y la mujer son como uno de nosotros, pues conocen el bien y el mal. Si llegaran a comer algún fruto del árbol de la vida, podrían vivir para siempre».

23 Por eso Dios los expulsó del jardín de Edén, y puso al hombre a cultivar la tierra de donde había sido formado. **24** Después de expulsar al hombre y a la mujer, Dios puso unos querubines al este del Edén, y también puso una espada encendida que giraba hacia todos lados, para

impedir que alguien se acercara al árbol de la vida.

Caín y Abel

4 **1** El hombre tuvo relaciones sexuales con su mujer Eva, y ella quedó embarazada y tuvo un hijo. Lo llamó Caín porque dijo: «¡Gracias a Dios he tenido un varoncito!» **2** Después volvió a tener otro hijo, que se llamó Abel. Caín se dedicó a cultivar la tierra, mientras que Abel fue pastor de ovejas.
3 Pasó el tiempo. Y un día Caín le presentó a Dios una ofrenda de los frutos que cultivaba. **4** Por su parte Abel escogió las primeras crías más gordas de sus ovejas, y se las llevó a Dios como ofrenda. Dios recibió con mucho agrado la ofrenda de Abel, **5** pero no recibió con el mismo gusto la ofrenda de Caín. Esto le molestó mucho a Caín, y en su cara se le veía lo enojado que estaba.
6 Entonces Dios le preguntó a Caín:

«¿Por qué estás tan triste y enojado? **7** Si haces lo correcto, siempre te aceptaré con agrado, pero si haces lo malo, el pecado está listo para atacarte como un león. ¡No te dejes dominar por él!»

8 Un día, Caín invitó a su hermano a dar un paseo por el campo. Cuando llegaron allá, Caín golpeó a su hermano y lo mató.
9 Más tarde, Dios le preguntó a Caín:

—¿Dónde está tu hermano?

Y Caín le respondió:

—No lo sé. ¡No tengo por qué cuidarlo!

10 Entonces Dios le dijo:

—¿Por qué has matado a tu hermano? ¡Desde la tierra la sangre de tu hermano pide venganza! ¡Esto no puede dejarse sin castigo! **11-12** Maldito serás, y la tierra que cultives no te producirá nada, pues has matado a tu hermano y esa misma tierra se bebió su sangre. Por eso andarás por la tierra como un vagabundo, que no tiene donde vivir.

13 Entonces Caín le dijo a Dios:

—Ese castigo es más de lo que puedo soportar. **14** Hoy me estás condenando a vivir en la tierra como un vagabundo. Tendré que andar escondiéndome de ti, y cualquiera que me encuentre me matará.

15 Pero Dios le respondió:

—De ninguna manera. Si alguien se atreve a matarte, sufrirá un castigo siete veces peor.

Entonces Dios le puso a Caín una marca, para que nadie se atreviera a matarlo. **16** Así fue como Caín se apartó de la presencia de Dios y se fue a vivir al país de los vagabundos, al este del Edén.

17 Caín tuvo relaciones sexuales con su esposa, y ella quedó embarazada y tuvo un hijo al que llamó Henoc. En ese tiempo Caín estaba construyendo una ciudad, y en honor de su hijo también la llamó Henoc. **18** Esta es la lista de los descendientes de Caín: Henoc, Irad, Mehujael, Metusael, Lámec.

19 Lámec tuvo dos esposas. Una de ellas se llamaba Adá, y la otra se llamaba Sila. **20** Adá fue la madre de Jabal, que fue el primero en habitar en tiendas de campaña y en dedicarse a la cría de ganado. **21** Jabal tuvo un hermano llamado Jubal, que fue quien inventó el arpa y la flauta. **22** Sila tuvo también un hijo. Se llamaba Tubal-caín, y se dedicaba a fabricar toda clase de herramientas de bronce y de hierro. Su hermana se llamaba Naamá. **23** Un día, Lámec les dijo a sus dos esposas:

«Adá y Sila, esposas mías: ¡escúchenme, préstenme atención! Si alguien me hiere, o me hace algún daño, sea niño o sea hombre, lo mataré. **24** Si el que hiera a Caín será castigado siete veces, el que me hiera a mí será castigado setenta y siete veces».

25 Adán² volvió a tener relaciones sexuales con su esposa, y ella tuvo un hijo, al cual le puso por nombre Set, pues dijo: «Dios me concedió³ otro hijo en lugar de Abel, a quien mató Caín». **26** También Set tuvo un hijo, y le puso por nombre Enós. A partir de entonces se comenzó a adorar a Dios usando su nombre.⁴

Los descendientes de Adán

5 **1-2** Dios creó al ser humano a su semejanza. Creó al hombre y a la mujer, luego los bendijo y los llamó «seres humanos».¹ Aquí se encuentran anotados los nombres de sus descendientes. **3-4** Adán tuvo un hijo semejante a él en todo, al que llamó Set. También tuvo más hijos y más hijas. Adán tenía ciento treinta años cuando nació Set, y después vivió ochocientos años más. **5** Así que Adán murió cuando tenía novecientos treinta años. **6** Set tenía ciento cinco años cuando nació su hijo Enós. **7** También tuvo más hijos y más hijas. Después de que nació Enós, Set vivió ochocientos siete años más. **8** Así que Set murió cuando tenía novecientos doce años. **9** Enós tenía noventa años cuando nació su hijo Cainán. **10** También tuvo más hijos y más hijas. Después de que nació Cainán, Enós vivió ochocientos quince años más. **11** Así que Enós murió cuando tenía novecientos cinco años. **12** Cainán tenía setenta años cuando nació su hijo Mahalalel. **13** También tuvo más hijos y más

hijas. Después de que nació Mahalalel, Cainán vivió ochocientos cuarenta años más. **14** Así que Cainán murió cuando tenía novecientos diez años. **15** Mahalalel tenía sesenta y cinco años cuando nació su hijo Jéred. **16** También tuvo más hijos y más hijas. Después de que nació Jéred, Mahalalel vivió ochocientos treinta años más. **17** Así que Mahalalel murió cuando tenía ochocientos noventa y cinco años. **18** Jéred tenía ciento sesenta y dos años cuando nació su hijo Henoc. **19** También tuvo más hijos y más hijas. Después de que nació Henoc, Jéred vivió ochocientos años más. **20** Así que Jéred murió cuando tenía novecientos sesenta y dos años. **21** Henoc tenía sesenta y cinco años cuando nació su hijo Matusalén. **22-24** También tuvo más hijos y más hijas. Después de que nació Matusalén, Henoc vivió trescientos años más. Como obedecía a Dios en todo, ya no volvió a saberse de él porque Dios se lo llevó. Así que Henoc vivió trescientos sesenta y cinco años. **25** Matusalén tenía ciento ochenta y siete años cuando nació su hijo Lámec. **26** También tuvo más hijos y más hijas. Después de que nació Lámec, Matusalén vivió setecientos ochenta y dos años más. **27** Así que Matusalén murió cuando tenía novecientos sesenta y nueve años. **28** Lámec tenía ciento ochenta y dos años cuando tuvo un hijo,²⁹ al que llamó Noé porque dijo: «Dios ha maldecido la tierra, pero este niño nos dará consuelo² en nuestros trabajos y en nuestros dolores». **30** Lámec tuvo también más hijos y más hijas. Después de que nació Noé, Lámec vivió quinientos noventa y cinco años más. **31** Así que Lámec murió cuando tenía setecientos setenta y siete años. **32** Noé tenía quinientos años cuando nacieron sus hijos Sem, Cam y Jafet.

El origen de los gigantes

6 ¹ Los hombres y las mujeres se fueron haciendo cada vez más numerosos sobre la tierra, y tuvieron hijas. ² Cuando los hijos de Dios vieron que las mujeres de este mundo eran muy bonitas, eligieron a las más hermosas y se casaron con ellas. 3 Pero Dios dijo: «No permitiré que los seres humanos vivan para siempre. ¡No van a pasar de los ciento veinte años!»
4 Los hijos de Dios tuvieron hijos con las mujeres de este mundo, que fueron los gigantes de los tiempos antiguos. Estos llegaron a ser guerreros muy fuertes y famosos.

Dios se enoja con la gente

5 En este mundo, la maldad de hombres y mujeres iba en aumento. Siempre estaban pensando en hacer lo malo, y sólo lo malo. Cuando Dios vio tanta maldad en ellos, 6 se puso muy triste de haberlos hecho, y lamentó haberlos puesto en la tierra. 7 Por eso dijo: «¡Voy a borrar de este mundo a la humanidad que he creado! ¡Voy a acabar con toda la gente y con todos los animales! ¡Estoy muy triste de haberlos hecho!» 8 Sin embargo, Dios se fijó en Noé y le gustó su buena conducta.

Noé construye una casa flotante

9 Noé siempre obedeció a Dios. Entre la gente de su tiempo no había nadie más bueno ni honrado que él. 10 Noé tuvo tres hijos, que fueron Sem, Cam y Jafet.
11-12 Dios se dio cuenta de que los habitantes de la tierra eran rebeldes y violentos. 13 Por eso le dijo a Noé:

«Voy a acabar con todos los seres vivientes de este mundo, y dejaré la tierra inhabitable porque está llena de violencia. 14 Así que toma madera y hazte una casa flotante. Úntala con brea¹ por dentro y por fuera, y constrúyele varios cuartos. 15-16 La casa debe ser de tres pisos, y medir ciento treinta y cinco metros de largo, veintidós metros de ancho y trece metros de alto. Hazle un techo y una puerta en el costado, y también ventanas a medio metro del techo. 17 Yo voy a enviar sobre la tierra una lluvia tan fuerte que acabará con todo lo que tenga vida en este mundo. ¡No quedará nada con vida!
18 »Sin embargo, voy a hacer un trato contigo. Tú, tus hijos, tu esposa y tus nueras entrarán en la casa flotante, 19-20 y también un macho y una hembra de toda clase de aves, reptiles y animales domésticos y salvajes. Los meterás contigo, para que no mueran. 21 Toma toda clase de alimentos y guárdalos en la bodega, para que todos tengan qué comer».

22 Y Noé siguió con cuidado todas las instrucciones que Dios le dio.
7 ¹ Entonces Dios le dijo a Noé:

«Entre toda la gente de este tiempo, he visto que tú eres el único hombre bueno. Por eso, entra en la casa flotante con toda tu familia. 2-3 De todos los animales y aves que acepto como ofrenda,¹ llévate contigo siete parejas, es decir, siete machos y siete hembras, para que sigan viviendo en la tierra. De los animales que no acepto como ofrenda, llévate sólo una pareja. 4 Dentro de una semana voy a hacer que llueva cuarenta días y cuarenta noches. Así destruiré en este mundo todo lo que he creado».

5 Y Noé siguió todas las instrucciones que Dios le dio.

Comienza a llover

6-13 Siete días después, el agua que estaba debajo de la tierra comenzó a salir a la superficie, y también comenzó a caer toda el agua del cielo. Todo esto duró cuarenta días y cuarenta noches. Hacía más de dos meses que Noé había cumplido seiscientos años. El día que comenzó la inundación, Noé y su esposa entraron en la casa flotante, junto con sus tres hijos y sus nueras, para ponerse a salvo. Además, entraron en la casa machos y hembras de todos los animales y aves que Dios acepta como ofrenda. También entraron animales, aves y reptiles, de los que Dios no acepta como ofrenda. Así obedeció Noé las órdenes que Dios le había dado.
14-16 A la casa flotante fueron llegando en parejas toda clase de animales domésticos y salvajes, toda clase de aves y de reptiles, es decir, un macho y una hembra. Todos entraron en la casa, tal como Dios se lo había ordenado a Noé. Una vez que todos estuvieron adentro, Dios cerró la puerta.
17-20 Cuarenta días estuvo subiendo el nivel del agua. Tanto subió que las montañas más altas quedaron cubiertas siete metros bajo la superficie. Sin embargo, la casa seguía flotando, pues al subir el nivel del agua también subía la casa. 21-24 El agua tardó en bajar ciento cincuenta días. Así fue como murieron hombres y mujeres. También murieron los animales domésticos y salvajes, las aves, los reptiles y los insectos. Todos los seres vivos fueron destruidos. Sólo quedaron con vida Noé y los que estaban con él dentro de la casa.

8 ¹ Dios tuvo compasión de Noé, y de todos los animales domésticos y salvajes que estaban con él en la casa flotante. Por eso lanzó un fuerte viento sobre la tierra, para que bajara el agua. ² Las aguas que estaban debajo de la tierra dejaron de salir a la superficie, y del cielo dejó de caer agua. 3 El agua fue bajando poco a poco, y después de ciento cincuenta días, 4 la casa flotante se asentó sobre las montañas de Ararat. Era el día diecisiete del mes de Etanim. *1* **5** El agua siguió bajando hasta el mes de Tébet, *2* y el día primero de ese mes ya pudieron verse las cumbres de las montañas.

6 Cuarenta días después, Noé abrió la ventana de la casa **7** y soltó un cuervo, el cual estuvo volando de un lado para otro, pues no encontraba tierra seca donde pararse. **8** Después Noé soltó una paloma, para ver si ya el agua se había retirado. **9** Pero la paloma regresó a la casa flotante, pues no encontró dónde descansar. Y es que la tierra todavía estaba cubierta por el agua. Por eso Noé agarró la paloma, y la metió.

10 Siete días después, Noé volvió a soltar la paloma. **11** Al caer la tarde volvió la paloma con una hoja de olivo en el pico. Así Noé entendió que ya no había agua sobre la tierra. **12** Sin embargo, esperó otros siete días y la volvió a soltar, pero la paloma ya no volvió.

Noé baja a tierra

13 El año en que Noé cumplió seiscientos un años, la tierra quedó seca. Era el día primero del mes de Abib. *3* Al ver esto, Noé le quitó el techo a la casa flotante. **14** Dos meses después la tierra estaba ya completamente seca. **15** Entonces Dios le dijo a Noé:

16 «Quiero que salgas ya de la casa, junto con tus hijos, tu esposa y tus nueras. **17** Deja salir también a todos los animales, incluyendo las aves y los reptiles que están contigo, para que se multipliquen y llenen la tierra».

18 Así fue como Noé salió de la casa, junto con sus hijos, su esposa y sus nueras. **19** Salieron también todos los animales, las aves y los reptiles.

20 Más tarde, Noé construyó un altar para adorar a Dios. Tomó entonces algunos de los animales y aves de los que Dios acepta como ofrenda, y en su honor los quemó sobre el altar. **21** Y cuando

a Dios le llegó tan grato aroma, tomó la siguiente decisión:

«Aunque todo hombre y mujer sólo están pensando en hacer lo malo desde su niñez, por ninguno de ellos volveré a maldecir ni destruir la tierra como esta vez.

22 »Mientras la tierra exista, siempre habrá siembras y cosechas; siempre hará calor y frío, siempre habrá invierno y verano, y también noches y días».

Dios hace una promesa

9 *1* Además, Dios bendijo a Noé y a sus hijos, y les dijo:

«Quiero que tengan muchos hijos, y que sus descendientes llenen la tierra. **2** Pongo bajo el dominio de ustedes a todos los animales de la tierra, a todas las aves del cielo, a todos los reptiles y a todos los peces del mar. Ante ustedes, todos ellos temblarán de miedo. **3** Yo les entrego todo lo que tiene vida, y todas las plantas verdes, para que les sirvan de alimento. **4** Pero no coman nunca carne que todavía tenga sangre, pues en la sangre está la vida. **5-6** »Yo hice al hombre y a la mujer semejantes a mí mismo. Por eso, si algún animal los mata a ustedes, ese animal también tendrá que morir; y si alguno de ustedes mata a otra persona, también tendrá que morir.

7 »Lo que yo quiero es que ustedes tengan muchos hijos, y que sus descendientes llenen la tierra».

8 También les dijo Dios:

9 «Ahora mismo les hago una promesa a ustedes y a sus descendientes. **10** Esta promesa incluye a todas las aves y a todos los animales domésticos y salvajes que estaban con ustedes en la casa flotante. **11** Y esta es mi promesa: Nunca más volveré a destruir la tierra con una inundación tan

terrible».

12-13 También dijo Dios:

«Acabo de hacerles una promesa a ustedes y a todos los seres vivos de esta tierra, que incluye también a los que todavía no han nacido. Como prueba de esta promesa, pongo mi arco iris. **14** Cuando yo traiga nubes sobre la tierra, el arco iris aparecerá, **15-17** y me acordaré de mi promesa. Jamás volverá a haber una inundación tan grande como para acabar con toda la vida. El arco iris es la señal de esta promesa».

Los hijos de Noé

18 Los tres hijos de Noé que salieron con él de la casa flotante fueron Sem, Cam y Jafet. Cam tuvo un hijo llamado Canaán. **19** Con los descendientes de los hijos de Noé volvió a poblarse toda la tierra.

20 Noé era un hombre del campo, y fue el primero en cultivar uvas. **21** Un día bebió vino, y se emborrachó, quedándose desnudo dentro de su tienda de campaña. **22** Cuando Cam vio desnudo a su padre, salió corriendo a contárselo a sus dos hermanos. Recordemos que Cam es el antepasado de los cananitas. **23** Entonces Sem y Jafet tomaron una manta para cubrir a su padre. Para no verlo desnudo, caminaron de espaldas llevando la manta, dejándola caer sobre su padre. **24** Cuando Noé despertó de su borrachera y supo lo que su hijo Cam le había hecho, **25** dijo:

«¡Malditos sean los cananitas, tus descendientes! ¡Serán los esclavos de los descendientes de Sem y Jafet!»

26 Y dijo también:

«¡Bendito sea el Dios de Sem! ¡Los cananitas serán sus esclavos!

27 »¡Que Dios haga más grande

el territorio de Jafet!
¡Que viva Jafet en las
tiendas de Sem!
¡Los cananitas serán sus
esclavos!»

28 Después de la inundación, Noé
vivió trescientos cincuenta años
más. **29** Así que murió cuando
tenía novecientos cincuenta años.

Orígenes de las naciones

10 **1** Después de la inundación
que destruyó la tierra, Sem, Cam
y Jafet tuvieron sus propios hijos.
Esta es la lista de sus descendientes:

Los hijos de Jafet

2 Jafet tuvo siete hijos: Gómer,
Magog, Madai, Javán, Tubal,
Mésec, Tirás.

3 Gómer tuvo tres hijos:
Asquenaz, Rifat, Togarmá.

4 Javán tuvo cuatro hijos: Elisá,
Tarsis, Quitim, Rodanim.

5 Los hijos de Jafet dieron origen a
los pueblos que habitaron a la orilla del mar, con sus familias, sus
territorios y sus idiomas.

Los hijos de Cam

6 Cam tuvo cuatro hijos: Cus,
Misraim, Fut, Canaán.

7-12 Cus tuvo seis hijos: Sebá,
Havilá, Sabtá, Raamá, Sabtecá,
Nimrod.

Nimrod llegó a ser muy poderoso
en toda la tierra. Además Dios
le permitió llegar a ser un gran
cazador. De allí viene el dicho:
«Eres tan buen cazador como
Nimrod, a quien Dios le permitió
ser un gran cazador». Las ciudades más importantes de su reino
fueron Babel, Erec y Acad. Todas
ellas estaban en Babilonia. De
esta región salió Asur, que
construyó las ciudades de
Nínive, Rehobot-ir, Quélah y
Resen, que está entre Nínive
y Quélah.

Raamá tuvo dos hijos: Sebá, Dedán.

13-14 Estos son los pueblos que
descienden de Misraim: los ludeos, los anameos, los lehabitas,
los naftuhítas, los patruseos, los
casluhítas, los caftoritas.

Los filisteos descienden de los
caftoritas.

15 Canaán tuvo dos hijos: Sidón, Het.

16-18 Estos son los pueblos que
descienden de Canaán: jebuseos,
amorreos, gergeseos, heveos, araceos, sineos, arvadeos, semareos,
hamateos.

Más tarde, los cananeos tomaron
rumbos distintos, **19** así que las
fronteras de Canaán llegaron a
extenderse desde Sidón hasta
Gaza, en dirección de Guerar, y
de allí hasta Lesa, en dirección de
Sodoma, Gomorra, Admá y
Seboím.
20 Todos estos fueron los descendientes de Cam, cada uno en su
territorio, con sus familias y sus
idiomas.

Los hijos de Sem

21-25 Esta es la lista de los hijos de
Sem, que era el hermano mayor
de Jafet: Elam, Asur, Arfaxad,
Lud, Aram.

Aram tuvo cuatro hijos: Us, Hul,
Guéter, Mas.

Arfaxad tuvo un hijo, Sélah.

Sélah tuvo un hijo, Éber.

Éber tuvo dos hijos: Péleg, Joctán.
En los días cuando Péleg vivía, la
gente se dividió y se formaron
muchas tribus y pueblos.
26-29 Joctán tuvo trece hijos:
Almodad, Sélef, Hasar-mávet,
Jérah, Hadoram, Uzal, Diclá,
Obal, Abimael, Sebá, Ofir,
Havilá, Jobab.

30 La región donde vivían se

extendía desde Mesá hasta
Sefar, en la región montañosa
del este.
31 Todos estos fueron los descendientes de Sem, cada uno
con su pueblo, su territorio,
sus familias y sus idiomas.
32 Después de la inundación que
destruyó la tierra, los descendientes de Noé habitaron toda
la tierra y dieron origen a los
distintos pueblos. En la lista
anterior aparecen las familias y
los pueblos que formaron.

La torre de Babel

11 **1-2** Cuando la gente se fue
hacia el este, encontró un valle
en la región de Babilonia, y allí se
quedó a vivir. En aquel tiempo
todos hablaban el mismo idioma,
3-4 así que se dijeron los unos a
los otros:

«Construyamos una ciudad con
una torre que llegue hasta el cielo. Nos haremos famosos y no
acabaremos dispersándonos por
todo el mundo».

Y empezaron a construir. En lugar
de piedras, usaron ladrillos que
ellos mismos hicieron, y en lugar
de mezcla usaron brea.¹ **5** Pero
cuando Dios bajó a ver lo que
estaban construyendo, **6** dijo:

«Como son un solo pueblo, y
hablan un solo idioma, ya han
comenzado a hacer esto. Ahora
nada les impedirá hacer lo que
quieran. **7** Es mejor que bajemos y
confundamos su idioma, para que
no se puedan entender».

8-9 Y desde ese lugar Dios los dispersó por toda la tierra, y ellos
dejaron de construir la ciudad.
Allí Dios confundió su idioma para
que no pudieran entenderse. Por
eso la ciudad se llama Babel.²

Sem y sus descendientes

10 Esta es la lista de los descendientes de Sem: Sem tenía cien
años cuando nació su hijo
Arfaxad. Esto fue dos años después

de la inundación que destruyó la tierra. **11** También tuvo más hijos y más hijas. Después de que nació Arfaxad, Sem vivió quinientos años más.

12 Arfaxad tenía treinta y cinco años cuando nació su hijo Sélah, **13** y luego tuvo más hijos y más hijas. Después de que nació Sélah, Arfaxad vivió cuatrocientos tres años más.

14 Sélah tenía treinta años cuando nació su hijo Éber, **15** y luego tuvo más hijos y más hijas. Después de que nació Éber, Sélah vivió cuatrocientos tres años más.

16 Éber tenía treinta y cuatro años cuando nació su hijo Péleg, **17** y luego tuvo más hijos y más hijas. Después de que nació Péleg, Éber vivió cuatrocientos treinta años más.

18 Péleg tenía treinta años cuando nació su hijo Reú, **19** y luego tuvo más hijos y más hijas. Después de que nació Reú, Péleg vivió doscientos nueve años más.

20 Reú tenía treinta y dos años cuando nació su hijo Serug, **21** y luego tuvo más hijos y más hijas. Después de que nació Serug, Reú vivió doscientos siete años más.

22 Serug tenía treinta años cuando nació su hijo Nahor, **23** y luego tuvo más hijos y más hijas. Después de que nació Nahor, Serug vivió doscientos años más.

24 Nahor tenía veintinueve años cuando nació su hijo Térah, **25** y luego tuvo más hijos y más hijas. Después de que nació Térah, Nahor vivió ciento diecinueve años más.

26 Térah tenía setenta años, cuando nacieron sus hijos Abram, Nahor y Harán.

Térah y sus descendientes

27 Esta es la lista de los descendientes de Térah: Térah fue padre de Abram, Nahor y Harán. Harán fue padre de Lot. **28** Harán murió en Ur de los caldeos, donde había nacido. Cuando murió, todavía vivía su padre.

29-30 Abram se casó con una mujer llamada Sarai, la cual no podía tener hijos.

Nahor se casó con una mujer llamada Milcá, que era hija de Harán. La otra hija de Harán se llamaba Iscá.

31 Térah salió de Ur de los caldeos y se dirigió a la tierra de Canaán, pero al llegar a Harán se quedó a vivir allí, junto con su hijo Abram, su nieto Lot y su nuera Sarai. **32** Allí murió Térah, a la edad de doscientos cinco años.

HISTORIA DE ABRAHAM
(12.1-25.18)

Dios llama a Abram

12 **1** Dios le dijo a Abram:

«Deja a tu pueblo y a tus familiares, y vete al lugar que te voy a mostrar. **2** Con tus descendientes formaré una gran nación. Voy a bendecirte y hacerte famoso, y serás de bendición para otros. **3** Bendeciré a los que te bendigan, y maldeciré a los que te maldigan. ¡Gracias a ti, bendeciré a todas las naciones del mundo!»

4-5 Abram obedeció a Dios y salió de Harán, y no se detuvo hasta llegar a la región de Canaán. Se llevó a su esposa Sarai, a su sobrino Lot, a los esclavos que había comprado en Harán, y todo lo que tenía. En ese entonces Abram tenía setenta y cinco años.

6 En aquel tiempo, los cananeos todavía ocupaban la región de Canaán. Abram recorrió toda esa región, y llegó a Siquem, donde está el árbol de Moré. **7** Allí Dios se le apareció y le dijo: «Toda esta región se la daré a tus descendientes».

Como Dios se le apareció allí, Abram le construyó un altar. **8** Luego siguió su camino hacia la zona montañosa que está al este de Betel. Cuando llegó allí, armó su tienda de campaña. La ciudad de Ai estaba al este, y la ciudad de Betel, al oeste. Allí también construyó un altar para adorar a Dios. **9** Luego Abram se fue de allí, avanzando poco a poco, en dirección al desierto del Négueb.

Abram llega a Egipto

10 En aquel tiempo llegó a faltar comida en toda la región de Canaán. Era tan grave la falta de alimentos que Abram se fue a vivir a Egipto, porque allá sí había alimentos. **11** Cuando ya estaban cerca de Egipto, Abram le dijo a Sarai:

«¡No hay duda de que eres muy hermosa! **12** Cuando lo egipcios te vean, y sepan que eres mi esposa, a mí me matarán y a ti te dejarán con vida. **13** Por eso, cuando te pregunten, diles que eres mi hermana. Así me tratarán bien, y mi vida no correrá peligro».

14 Tan pronto como Abram llegó a Egipto, los egipcios vieron que Sarai era muy hermosa.. **15** Entonces los asistentes del rey fueron a contarle lo hermosa que era. En seguida el rey ordenó que Sarai fuera llevada a su palacio. **16** Para quedar bien con Abram, el rey le regaló ovejas, vacas, burros, burras, sirvientes, sirvientas y camellos. **17** Todo esto no le agradó a Dios, y por eso mandó graves enfermedades sobre el rey y su familia. **18** De inmediato, el rey mandó llamar a Abram, y le dijo:

«¡Mira lo que me has hecho! ¿Por qué no me dijiste que era tu esposa? **19** ¿Por qué dijiste que era tu hermana? ¡Imagínate si la hubiera tomado por esposa! ¡Anda, toma a tu mujer, y lárgate de aquí!»

20 En seguida el rey dio órdenes a sus soldados de que sacaran a Abram de Egipto. Y ellos lo expulsaron junto con su esposa y todo lo que tenía.

Abram y Lot se separan

13 **1** Cuando Abram salió de Egipto, se fue al desierto del Négueb. Se llevó a su esposa, a su sobrino Lot y todo lo que tenía. **2** Para entonces Abram ya era muy rico, pues tenía oro, plata y ganado.

3 Del Négueb se fue avanzando

poco a poco en dirección a Betel. Allí había plantado antes su tienda de campaña, entre las ciudades de Betel y Ai. **4** Allí también había construido un altar para adorar a Dios.

5 Lot también tenía ovejas y vacas, y tiendas de campaña. **6** Era tanto lo que Lot y Abram tenían, que ya no podían vivir juntos en la misma región. **7** Además, los cananeos y los ferezeos también vivían allí. Un día, hubo un pleito entre los pastores de Abram y los pastores de Lot, **8** por lo que Abram le dijo a Lot:

«Tú y yo no debemos pelearnos, ni tampoco mis pastores y tus pastores, pues somos parientes. **9** Hay tierra para todos, te ruego que te vayas a otra región. Si te vas a la izquierda, yo me iré a la derecha; si te vas a la derecha, yo me iré a la izquierda. ¡Pero debemos separarnos!»

10 Lot miró a su alrededor y vio que en el valle del río Jordán nunca faltaba agua. Y és que antes de que Dios destruyera las ciudades de Sodoma y Gomorra, todo ese valle hasta Sóar era tan hermoso como el jardín de Edén y tan fértil como la tierra de Egipto. **11** Entonces, Lot eligió todo ese valle y se fue hacia el este. Así Abram y Lot se separaron.

12 Abram se quedó a vivir en la tierra de Canaán, mientras que Lot se fue a vivir en las ciudades del valle del Jordán, cerca de Sodoma. **13** La gente de ese lugar era muy mala y cometía muchos pecados contra Dios.

14 Después de que Abram se separó de Lot, Dios le dijo:

«Abram, allí donde estás, levanta la vista y mira hacia el norte y hacia el sur, hacia el este y el oeste. **15** Voy a darte toda la tierra que alcances a ver. Para siempre será tuya y de tus descendientes. **16** También voy a hacer que tengas muchos descendientes. Y así como nadie puede contar

el polvo de la tierra, tampoco nadie podrá contarlos a ellos. **17** Anda, recorre la tierra a lo largo y a lo ancho, porque yo te la estoy entregando».

18 Entonces Abram levantó su campamento y se fue a vivir a Hebrón, junto al bosque de Mamré. Allí construyó un altar para adorar a Dios.

Abram rescata a Lot

14 **1-2** Por aquellos días hubo guerra entre dos grupos de reyes. En un bando estaban los reyes: Amrafel de Babilonia, Arioc de Elasar, Quedorlaómer de Elam, Tidal de Goím.

En el otro bando estaban los reyes: Bera de Sodoma, Birsá de Gomorra, Sinab de Admá, Seméber de Seboím, el rey de Sóar.

3-4 Durante doce años, estos cinco reyes habían sido dominados por Quedorlaómer, pero un año después se rebelaron contra él. Entonces reunieron sus ejércitos en el Valle del Mar Muerto. **5** Al año siguiente, Quedorlaómer y los reyes que estaban de su parte salieron a pelear contra aquellos cinco reyes. En Astarot Carnaim derrotaron a los refaítas; en Ham derrotaron a los zuzitas; en Savé-quiriataim derrotaron a los emitas; **6** en las montañas de Seír derrotaron a los horeos, y los persiguieron hasta El-parán, cerca del desierto. **7** Después de eso regresaron a Cadés y conquistaron todo el territorio de los amalecitas. En Hasesón-tamar vencieron a los amorreos que vivían allí.

8 Por su parte, los reyes de Sodoma, Gomorra, Admá, Seboím y Bela fueron al Valle del Mar Muerto, y allí presentaron batalla **9** contra los reyes de Elam, Goím, Babilonia y Elasar. Lucharon cuatro reyes contra cinco. **10** Pero como ese valle estaba lleno de pozos de brea, ¹ cuando los reyes de Sodoma y de Gomorra huyeron,

fueron a caer dentro de esos pozos. El resto del ejército huyó hacia las montañas. **11** Entonces los cuatro reyes se robaron todas las riquezas y todos los alimentos que había en Sodoma y Gomorra, y se marcharon. **12** Y como Lot vivía en Sodoma, también a él se lo llevaron, junto con todo lo que tenía.

13 En aquel tiempo, Abram el hebreo vivía junto al bosque de un hombre llamado Mamré. Este hombre era amorreo, y tenía dos hermanos, Escol y Aner. Los tres eran amigos de Abram. Cuando uno de los que habían escapado de la batalla vino y le contó a Abram **14** que a su sobrino se lo habían llevado prisionero, Abram juntó a todos sus sirvientes capaces de luchar. Eran trescientos dieciocho hombres, y con ellos persiguió a los cuatro reyes hasta Dan. **15** Al caer la noche, Abram dividió a sus hombres y atacó por sorpresa a los cuatro reyes. Los derrotó y los persiguió hasta Hobá, ciudad que está al norte de Damasco. **16** Así liberó a Lot, a las mujeres y a su gente, y recuperó todas las riquezas y pertenencias de su sobrino.

17 Cuando Abram volvía de haber derrotado a Quedorlaómer y a sus reyes amigos, el rey de Sodoma salió a su encuentro en el Valle del Rey. **18** Allí Melquisedec, que era rey de Salem y sacerdote del Dios altísimo, sacó pan y vino, **19** y bendijo a Abram, diciéndole:

«Abram,
que te bendiga el Dios altísimo,
creador del cielo y de la tierra.
20 El Dios altísimo
merece todas las alabanzas,
pues te dio la victoria
sobre tus enemigos».

De inmediato, Abram le dio a Melquisedec la décima parte de todo lo que había recuperado. **21** Por su parte, el rey de Sodoma le dijo a Abram:

—Devuélveme a la gente, y

quédate con las riquezas.

22 Sin embargo, Abram le contestó:

—Yo le he jurado al Dios altísimo, creador del cielo y de la tierra, **23** que no voy a aceptar nada de lo que es tuyo. No tomaré ni un hilo, ni la correa de una sandalia, para que nunca digas que tú me hiciste rico. **24** Sólo aceptaré lo que mis hombres se han comido, y la parte que les toca a Aner, Escol y Mamré, los amigos que me acompañaron.

Dios hace un compromiso con Abram

15 **1** Después de esto, Dios se le apareció a Abram en una visión, y le dijo:

—Abram, no tengas miedo. Yo soy quien te protege. Voy a darte muchas riquezas.

2-4 Abram le contestó:

—¡Dios y Rey mío! ¿Y para qué me vas a dar riquezas si no tengo hijos? Cuando me muera, ese extranjero que tengo por esclavo va a quedarse con todo lo que es mío.

Pero Dios le aseguró:

—Tu heredero será un hijo tuyo, y no tu esclavo Eliézer.

5 Luego lo llevó afuera y le dijo:

—Mira el cielo y sus muchas estrellas. ¿Verdad que no puedes contarlas? ¡Pues tampoco será posible contar a tus descendientes!

6-7 Abram confió en la promesa de Dios, y por eso Dios lo aceptó y le dijo:

—Yo soy tu Dios, y tú eres mío porque confías en mí. Yo te saqué de Ur de los caldeos, para entregarte esta tierra.

8 Abram le respondió:

—¡Dios y Rey mío! ¿Cómo puedo estar seguro de que me la darás?

9 Entonces Dios le dijo:

—Para cerrar el trato, trae una vaca, una cabra y un carnero, de tres años cada uno. Y trae también una paloma y una tortolita.

10 Abram le llevó a Dios todos estos animales y los partió por la mitad, pero a las aves las dejó enteras. **11** Los buitres se lanzaban sobre los cadáveres, pero Abram los espantaba.

12 Cuando el sol comenzaba a ocultarse, Abram sintió mucho sueño, y se vio rodeado de una gran oscuridad. Eso le dio mucho miedo, **13** pero Dios le dijo:

«Quiero que sepas que tus descendientes irán a vivir a un país extranjero. Allí los harán trabajar como esclavos, y los maltratarán durante cuatrocientos años. **14** Sin embargo, yo castigaré a ese país, y haré que tus descendientes salgan de allí con grandes riquezas. **15** Tú tendrás una vejez tranquila y morirás en paz, y serás sepultado junto con tus antepasados. **16** Pero al fin de esos cuatrocientos años, tus descendientes podrán volver a este país, pues los amorreos que ahora lo ocupan son tan malvados que en ese tiempo los expulsaré».

17 Cuando el sol se ocultó y se hizo de noche, apareció un horno humeante, y también una antorcha de fuego, que pasó entre las mitades de los animales. **18** Ese día, Dios hizo un compromiso con Abram, y le dijo:

«Yo les daré a tus descendientes la tierra que va desde el río de Egipto hasta el río éufrates. **19** Es la tierra donde ahora viven los quenitas, los quenizitas, los cadmoneos, **20** los hititas, los ferezeos, los refaítas, **21** los amorreos, los cananeos, los gergeseos y los jebuseos».

El hijo de Abram y Agar

16 **1-3** Abram tenía ya diez años de vivir en Canaán, y su esposa Sarai aún no había podido tener hijos. Pero como ella tenía una esclava egipcia que se llamaba Agar, le propuso a su esposo: «Abram, como Dios no me deja tener hijos, acuéstate con mi esclava y ten relaciones sexuales con ella. Según nuestras costumbres, cuando ella tenga un hijo ese niño será mío, porque ella es mi esclava».

Abram estuvo de acuerdo. Entonces Sarai tomó a su esclava y se la entregó a su esposo. **4** Abram se acostó con Agar, y ella quedó embarazada.

Cuando Agar se dio cuenta de que iba a tener un hijo, comenzó a despreciar a Sarai. **5** Entonces Sarai le reclamó a Abram:

—Tú tienes la culpa de que Agar me trate con desprecio. Recuerda que fui yo quien te la entregué. Ahora resulta que como está embarazada, se siente superior a mí. Por eso Dios habrá de castigarte.

6 Abram le respondió:

—Haz con ella lo que quieras, pues Agar es tu esclava.

Fue así como Sarai comenzó a maltratarla, y Agar se vio obligada a huir.

7 Cuando Agar llegó al manantial que está en el desierto de Sur, junto al camino que lleva a Egipto, Dios salió a su encuentro **8** y le dijo:

—Agar, esclava de Sarai, ¿qué haces aquí? ¿A dónde vas?

Y ella le contestó:

—Estoy huyendo de mi dueña.

9-11 Entonces Dios le dijo:

—Es mejor que regreses con ella, y que la obedezcas. De mi parte, yo haré que tengas tantos

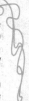
descendientes, que nadie podrá contarlos.

»Ahora estás embarazada,
y vas a tener un hijo.
Ponle por nombre Ismael,¹
porque he escuchado tu llanto. **12** Ismael será entre los hombres igual que un caballo salvaje. Tendrá que luchar contra todos, pues todos lucharán contra él, pero logrará establecerse
en su propio territorio,
aun en contra de sus hermanos.

13 Después de que Dios le habló, Agar le puso por nombre: «Tú eres el Dios que todo lo ve». Y es que dijo: «He visto al Dios que me ha visto». **14** Desde entonces ese manantial se llama «Pozo del Dios que vive y todo lo ve». Ese pozo todavía esta allí, entre las ciudades de Cadés y Béred. **15-16** Cuando Abram tenía ochenta y seis años, nació el hijo que tuvo con Agar, y Abram le puso por nombre Ismael.

El pacto de Dios con Abram
17 **1** Cuando Abram tenía noventa y nueve años, Dios se le apareció y le dijo:

«Yo soy el Dios todopoderoso. Obedéceme siempre y pórtate con honradez. **2** Voy a hacer un pacto contigo: voy a hacer que tengas muchos, muchos descendientes».

3-9 Al oír esto, Abram se inclinó en señal de respeto. Entonces Dios le dijo:

«En este pacto que hago contigo, te prometo lo siguiente: De ti nacerán muchas naciones. Por eso ya no vas a llamarte Abram, sino Abraham,¹ porque serás el padre de muchas naciones, y muchos de tus descendientes serán reyes. Este pacto que hago contigo, lo hago también con tus descendientes, y no tendrá fin. Yo soy tu Dios, y también seré el

Dios de tus descendientes. La tierra de Canaán, donde ahora vives como extranjero, te la daré a ti para siempre, y también a tus descendientes.
»Por tu parte, tú y tus descendientes tendrán que cumplir con **10** el siguiente compromiso: todos los varones deberán ser circuncidados. **11** La circuncisión será la señal de que ustedes y yo hemos hecho un pacto. **12-13** De ahora en adelante, todos los niños que nazcan entre ustedes tendrán que ser circuncidados a los ocho días de nacidos. Este compromiso vale para los que nazcan en la casa de ustedes, para los esclavos que ustedes compren por dinero, y para los extranjeros, aunque no sean descendientes directos de ustedes. La señal del pacto que hago con ustedes la llevarán en su cuerpo, porque es un pacto que durará para siempre. **14** El varón que no sea circuncidado estará faltando a ese compromiso, y no podrá vivir entre ustedes».

15 Además, Dios le dijo a Abraham:

«De ahora en adelante tu esposa ya no se llamará Sarai; su nombre será Sara.² **16** La voy a bendecir para que te dé un hijo, y de sus descendientes se formarán muchas naciones, y algunos de ellos serán reyes».

17 Abraham se inclinó ante Dios y entre dientes dijo: «¿Cómo voy a tener un hijo, si ya tengo cien años? ¿Y cómo va a tener un hijo Sara, si ya tiene noventa?» Así que se echó a reír, **18** y le dijo a Dios:

—¡Dale a Ismael esa bendición de la que hablas!

19 Pero Dios le respondió:

—Aunque no lo creas, Sara misma va a darte un hijo, y tú le pondrás por nombre Isaac.³ Mi pacto con él y con sus descendientes durará para siempre. **20** También ya oí lo

que me pediste acerca de Ismael, y lo voy a bendecir con muchos, muchos descendientes. De ellos saldrán doce príncipes y una gran nación. **21** Sin embargo, mi pacto lo mantendré sólo con Isaac, es decir, con el hijo que Sara te dará dentro de un año.

22 Tan pronto como terminó de hablar con Abraham, Dios se fue de allí. **23-27** Y ese mismo día Abraham tomó a su hijo Ismael y lo circuncidó, junto con todos los varones que habían nacido en su casa o que había comprado con su dinero. También él se circuncidó, cumpliendo así lo que Dios le había pedido. El día en que fueron circuncidados, Abraham tenía noventa y nueve años, y su hijo Ismael tenía trece.

Dios visita a Abraham
18 **1** Esta es la historia del día en que Dios se le apareció a Abraham cerca del bosque de Mamré. Ese día hacía tanto calor que Abraham estaba sentado a la entrada de su tienda de campaña. **2** De pronto, levantó la vista y vio a tres hombres cerca de donde él estaba. En seguida corrió a su encuentro, y se inclinó ante ellos en señal de respeto, **3** y les dijo:

—Señores, estoy para servirles. Si creen que merezco su visita, no se vayan. Quédense aquí un rato. **4** Voy a ordenar que traigan un poco de agua, para que se laven los pies y puedan descansar bajo este árbol. **5** Voy a traerles también un poco de pan, para que recobren las fuerzas y puedan seguir su camino. ¡Esta es su casa, y estoy para servirles!

Los tres visitantes le contestaron:

—Está muy bien. Haz todo lo que dijiste.

6 Abraham entró corriendo a la tienda donde estaba Sara, y le dijo: «¡Date prisa! Toma unos veinte kilos de la mejor harina, y

ponte a hacer pan».
7 Luego fue al corral, tomó el más gordo de sus terneros, y se lo dio a un sirviente para que lo preparara en seguida. **8** Además del ternero, Abraham les ofreció a sus invitados mantequilla y leche. Mientras ellos comían, Abraham se quedó de pie bajo un árbol, atento para servirles.
9 Los visitantes le preguntaron:

—¿Y dónde está tu esposa?

Abraham les respondió:

—Está dentro de la tienda.

10 Uno de ellos le dijo:

—El año que viene volveré a visitarte, y para entonces tu esposa ya será madre de un hijo.

Sara estaba a la entrada de la tienda, detrás de Abraham, escuchando lo que decían. **11** Abraham y Sara ya eran muy ancianos, y Sara no estaba ya en edad de tener hijos, **12** así que ella se rió y dijo entre dientes: «Eso sería muy bonito, pero mi esposo y yo estamos muy viejos para tener un hijo». **13** Entonces Dios le dijo a Abraham:

—¿De qué se ríe Sara? ¿Acaso no cree que puede ser madre, a pesar de su edad? **14** ¿Hay algo que yo no pueda hacer? El año que viene, por estos días, volveré a visitarte, y para entonces Sara ya será madre.

15 Al oír esto, Sara sintió miedo. Por eso mintió y aseguró:

—No me estaba riendo.

Sin embargo, Dios le dijo:

—Yo sé bien que te reíste.

Abraham ruega por Sodoma

16 Los visitantes se levantaron para seguir su camino a la ciudad de Sodoma. Abraham los acompañó por un rato para despedirlos. **17** Pero Dios pensó:

«No puedo ocultarle a Abraham lo que voy a hacer, **18** porque sus descendientes formarán una nación grande y poderosa. Por medio de ellos todas las naciones de la tierra van a ser bendecidas. **19** Para eso lo elegí, para que les ordene a sus hijos y a toda su familia que me obedezcan, y que hagan lo que es bueno y justo. Si Abraham lo hace así, yo cumpliré con todo lo que le he prometido».

20 Entonces Dios le dijo a Abraham:

—Ya son muchas las quejas que hay en contra de Sodoma y Gomorra. Ya es mucho lo que han pecado. **21** Iré allá y veré con mis propios ojos si es verdad todo lo que me han dicho.

22 Los visitantes de Abraham se apartaron de allí y se fueron a Sodoma. Sin embargo, Abraham se quedó ante Dios, **23** y acercándose a él le dijo:

—No me digas que vas a matar a los buenos junto con los malos. **24** Supongamos que en la ciudad se encuentran cincuenta personas buenas. ¿No perdonarías, por esas cincuenta personas, a todos los que allí viven? **25** ¡Tú eres el juez de toda la tierra! ¡Tú no puedes matar a los que hacen lo bueno junto con los que hacen lo malo! ¡Tú eres un Dios justo!

26 Y Dios le contestó:

—Si encuentro en Sodoma cincuenta personas buenas, por ellas perdonaré a toda la ciudad.

27 Pero Abraham volvió a decir:

—Dios mío, perdona mi atrevimiento de hablar contigo, pues ante ti no soy nada. **28** Pero, ¿qué pasará si en toda la ciudad sólo hay cuarenta y cinco personas buenas? ¿Destruirás de todos modos la ciudad?
Dios respondió:

—Si encuentro esas cuarenta y cinco personas, no la destruiré.

29 Una vez más, Abraham dijo:

—¿Y qué tal si sólo encuentras cuarenta?

Dios le aseguró:

—Por esos cuarenta, no destruiré la ciudad.

30 Pero Abraham insistió:

—Dios mío, no te enojes conmigo si sigo hablando; pero, ¿qué pasará si no hay más que treinta personas buenas?

Y Dios le dijo:

—Si encuentro esas treinta personas, no destruiré la ciudad.

31 Abraham volvió a insistir:

—Dios mío, realmente soy muy atrevido, pero ¿si sólo se encuentran veinte?

Dios respondió:

—Hasta por esos veinte, no destruiré la ciudad.

32 De nuevo dijo Abraham:

—Yo te ruego, Dios mío, que no te enojes conmigo, pero sólo insistiré una vez más. ¿Y qué tal si sólo se encuentran diez?

Y Dios le aseguró:

—Por esos diez, no destruiré la ciudad.

33 Luego de hablar con Abraham, Dios se fue de allí. Abraham, por su parte, regresó a su tienda de campaña.

Dios destruye Sodoma y Gomorra

19 **1** Al caer la tarde, dos de los ángeles llegaron a Sodoma. Lot estaba sentado a la entrada de la ciudad, y en cuanto los vio se levantó para saludarlos. Sin levantar la vista, se inclinó ante ellos en señal de respeto, **2** y les dijo:

—Señores, estoy para servirles. Yo les ruego que vengan a mi casa. Allí podrán bañarse y pasar la noche; mañana podrán seguir su camino.

Sin embargo, ellos le dijeron:

—Se lo agradecemos, pero vamos a pasar la noche en la calle.

3 Lot siguió insistiendo hasta que los ángeles aceptaron quedarse en su casa. Una vez allí, Lot hizo pan y les dio de cenar, y los ángeles comieron. **4** Ya estaban por acostarse cuando llegaron todos los hombres de la ciudad, los jóvenes y los viejos, y rodearon la casa. **5** Gritando con todas sus fuerzas decían: «Lot, ¿dónde están los hombres que esta noche llegaron a tu casa? ¡Sácalos! ¡Queremos tener relaciones sexuales con ellos!» **6** Lot salió para hablar con ellos, pero al salir cerró la puerta. **7** Allí afuera les dijo:

—Amigos míos, ¡no hagan algo tan malo!

8 Yo tengo dos hijas solteras que nunca han tenido relaciones sexuales. Las voy a sacar, y ustedes pueden hacer con ellas lo que quieran. Pero a mis invitados no les hagan nada, pues están bajo mi protección.

9 Ellos le respondieron:

—¡Quítate de ahí! ¿Tú quién eres para decirnos lo que debemos hacer? ¡Ni siquiera eres de los nuestros! ¡Pues ahora te va a ir peor que a ellos!

Y a empujones quitaron a Lot de en medio, con la intención de echar abajo la puerta. **10** Sin embargo, desde adentro los ángeles estiraron el brazo, metieron a Lot a la casa y cerraron la puerta. **11** Luego, a todos los que estaban afuera los dejaron ciegos para que no pudieran entrar. **12** Después de eso, los dos ángeles le dijeron a Lot:

—Si tienes en la ciudad otros hijos o hijas, yernos o familiares, sácalos de aquí **13** porque vamos a destruir este lugar. Son tantas las quejas que hay contra la gente de esta ciudad, que Dios nos ha enviado a destruirla.

14 Lot salió de la casa para hablar con los novios de sus hijas, y les dijo:

—¡Apúrense! ¡Salgan de la ciudad, porque Dios está a punto de destruirla!

Sus futuros yernos pensaron que Lot estaba bromeando, **15** pero al amanecer los ángeles insistieron:

—¡Lot, date prisa! ¡Llévate de aquí a tu esposa y a tus dos hijas! ¡De lo contrario, serás destruido junto con la ciudad!

16 Y como Lot no se apuraba, los ángeles lo agarraron de la mano, y también a su esposa y a sus hijas, y los sacaron de la ciudad. Los pusieron a salvo porque Dios les tuvo compasión. **17** Tan pronto como los sacaron, uno de los ángeles dijo:

—¡Si quieren salvarse, corran! ¡No miren hacia atrás, ni se detengan en el valle! ¡Huyan a las montañas, y pónganse a salvo! De lo contrario, ¡serán destruidos!

18 Pero Lot le contestó:

—¡No, señor, de ninguna manera! **19** Aunque soy muy humilde, usted ha sido muy bueno conmigo, pues tuvo compasión de mí y me salvó la vida. Pero yo no puedo huir a las montañas, porque este desastre me alcanzará y moriré. **20** Mire, aquí cerca hay una ciudad pequeña; si echo a correr podré llegar a ella y ponerme a salvo. ¿Verdad que es muy pequeña?

21 Y aquel ángel le contestó:

—Está bien. Voy a cumplir tus deseos. No destruiré la ciudad de la que hablas. **22** Pero vete en seguida, porque no podré hacer nada hasta que llegues allá.

Por eso la ciudad se llama Sóar, que quiere decir, «pequeña».

23 Lot llegó a Sóar cuando el sol comenzaba a salir. **24** En ese momento Dios hizo caer del cielo una lluvia de azufre encendido sobre Sodoma y Gomorra. **25** Así fue como Dios acabó con las ciudades del valle y sus habitantes, y también destruyó toda la vegetación. **26** Pero la esposa de Lot miró hacia atrás, y quedó convertida en estatua de sal. **27** Al día siguiente, Abraham se levantó muy temprano y regresó a donde había estado hablando con Dios. **28** Echó una mirada hacia Sodoma y Gomorra, y hacia todo el valle, y vio que del suelo se levantaba mucho humo, como si hubiera una gran hoguera. **29** Fue así como Dios destruyó las ciudades del valle. Pero se acordó de Abraham y salvó a Lot de la terrible destrucción que acabó con esas ciudades.

Lot y sus hijas

30 Sin embargo, Lot y sus dos hijas tuvieron miedo de quedarse a vivir en Sóar. Por eso se fueron de allí y se quedaron a vivir en una cueva. **31** Un día, la hija mayor le dijo a su hermana menor:

«Nuestro padre ya está muy anciano, y no hay por aquí ningún hombre con el que podamos casarnos para tener hijos. **32** ¡Vamos a emborrachar a nuestro padre! Así nos acostaremos luego con él, y tendremos hijos suyos».

33 Esa misma noche lo emborracharon, y la hija mayor tuvo relaciones sexuales con él. Pero Lot no se dio cuenta cuando ella se acostó, ni tampoco cuando se levantó. **34** Al día siguiente, la hija mayor le dijo a la menor:

«Anoche me acosté con nuestro padre. Vamos a emborracharlo de nuevo, para que tengas relaciones sexuales con él. Así las dos tendremos hijos suyos».

35 Esa noche, después de emborracharlo, la hija menor fue y se acostó con él. Pero Lot no se dio cuenta cuando ella se acostó, ni tampoco cuando se levantó. **36** Así fue como ellas quedaron embarazadas por parte de su padre. **37** Cuando la hija mayor tuvo su hijo, le puso por nombre Moab, y de él descienden los moabitas de hoy. **38** También la hija menor tuvo un hijo, y le puso por nombre Ben-amí; de él descienden los amonitas de hoy.

Abraham, Sara y Abimélec

20 **1** Abraham se fue de allí a la región del Néguev, y se quedó a vivir en Guerar, que está entre las ciudades de Cadés y Sur. **2** Allí Abraham presentó a Sara como su hermana, y no como su esposa. Por eso Abimélec, que era rey de Guerar, mandó a traer a Sara para que fuera una de sus esposas. **3** Una noche, Dios se le apareció en un sueño a Abimélec, y le dijo:

—Vas a morir, pues has tomado por esposa a la mujer de otro hombre.

4 Pero Abimélec ni siquiera se había acercado a ella, así que respondió:

—Dios mío, ¿cómo vas a destruir a un pueblo inocente? **5** Abraham me dijo que Sara era su hermana, y ella no lo negó. En este asunto me siento tranquilo, pues no he hecho nada malo.

6 En ese mismo sueño Dios le dijo:

—Ya sé que no has hecho nada malo, pues yo no te dejé que la tocaras ni que pecaras contra mí. **7** Pero ahora devuélvele su esposa a ese hombre. Él es profeta, y va a orar por ti para que vivas. Si no se la devuelves, te aseguro que tú y los tuyos morirán.

8 Al día siguiente, muy temprano, Abimélec mandó que todos sus asistentes se presentaran ante él. En cuanto Abimélec les contó lo sucedido, ellos sintieron mucho miedo. **9** Entonces Abimélec llamó a Abraham y le dijo:

—¿Por qué nos has hecho esto? ¿Qué te hice para que echaras sobre mí y sobre mi reino una culpa tan grande? Lo que me has hecho, no se le hace a nadie. **10** ¿Por qué lo hiciste? ¿En qué estabas pensando?

11 Y Abraham respondió:

—Es que pensé que aquí nadie adora a mi Dios, y que me matarían para quitarme a mi esposa. **12** La verdad es que ella es mi hermana, y me dejaron casarme con ella porque es hija de mi padre, pero no hija de mi madre. **13** Cuando Dios me pidió abandonar mi tierra, yo le pedí que a dondequiera que fuéramos, dijera que era mi hermana.

14 Abimélec tomó ovejas, vacas, esclavas y esclavos, y se los dio a Abraham. También le devolvió a su esposa, **15** y le dijo:

—Ahí está mi país, para que escojas el lugar donde quieras vivir.

16 A Sara le dijo:

—Le estoy entregando a tu hermano mil monedas de plata. Con este pago probaremos que tú no has hecho nada malo. Nadie podrá hablar mal de ti.

17 Entonces Abraham le pidió a Dios que sanara a Abimélec, y Dios lo hizo. Además, Dios permitió que la esposa y las esclavas de Abimélec pudieran volver a tener hijos, **18** pues por causa de Sara, Dios no dejaba que los tuvieran.

El nacimiento de Isaac

21 **1-2** Tal como Dios se lo había prometido, Sara quedó embarazada y, en la fecha señalada, tuvo un hijo de Abraham, quien ya era muy anciano. **3** Abraham le puso por nombre Isaac, **4** y lo circuncidó a los ocho días de nacido, cumpliendo así con el mandato de Dios. **5** Cuando nació Isaac, nombre que quiere decir «se ríe», Abraham tenía cien años. **6** Sara entonces dijo:

«¡Dios me ha hecho reír, y todo el que lo sepa se reirá conmigo! **7** Abraham jamás se hubiera imaginado que siendo yo viejo, yo tendría un hijo suyo».

8 Isaac fue creciendo, y el día en que Sara dejó de amamantarlo, Abraham hizo una gran fiesta.

Abraham despide a Agar y a su hijo

9 Cierto día, Sara vio que el hijo de Agar y de Abraham se burlaba de Isaac. **10** Entonces fue a decirle a Abraham: «Echa de aquí a esa esclava y a su hijo, él no tiene derecho a compartir la herencia con tu hijo Isaac». **11** Esto no le agradó nada a Abraham, pues se trataba de un hijo suyo. **12** Pero Dios le dijo:

«No te preocupes por el niño ni por la esclava. Haz todo lo que Sara te pida, pues tu descendencia vendrá por medio de Isaac. **13** Pero también con los descendientes del hijo de tu esclava haré una gran nación, pues él es hijo tuyo».

14 Al día siguiente, muy temprano, Abraham tomó pan y se lo dio a Agar. También tomó una bolsa de cuero con agua, se la puso a ella en el hombro, y la despidió junto con el niño.

Agar se fue en dirección al desierto

de Beerseba y allí se perdió. **15** Cuando se le acabó el agua, acostó al niño bajo un arbusto. **16** Como no quería verlo morir, se apartó de él y fue a sentarse, no muy lejos de allí. Mientras estaba sentada, se echó a llorar. **17** Dios oyó los gritos del niño, y llamó a Agar desde el cielo y le dijo:

«¿Qué te pasa, Agar? No tengas miedo, ya escuché los gritos del niño. **18** Anda, levántalo y tómalo de la mano. No morirá, pues sus descendientes llegarán a ser una gran nación».

19 En ese momento Dios permitió que Agar viera un pozo de agua. Ella corrió a llenar la bolsa, y le dio de beber al niño. **20-21** Cuando el niño creció, se quedó a vivir en el desierto de Parán. Allí aprendió a manejar bien el arco y las flechas, y Dios siempre le brindó su ayuda. Finalmente, su madre lo casó con una egipcia.

Abraham y Abimélec

22 Por esos días, Abimélec fue a visitar a Abraham. Lo acompañó Ficol, que era el capitán de su ejército. Al llegar, Abimélec le dijo a Abraham:

—He visto que Dios te ayuda en todo lo que haces. **23** Júrame ahora mismo, delante de él, que nunca me harás ningún daño, ni tampoco a mis hijos ni a mis descendientes. Júrame también que siempre me tratarás bien, tal como yo te he tratado, y que harás lo mismo con la gente de este país, donde has venido a vivir.

24 Abraham se lo juró, **25** pero le reclamó que tiempo atrás sus sirvientes le habían quitado un pozo de agua. **26** Abimélec se disculpó, y le aseguró:

—No tengo idea de quién pudo haberlo hecho. Tú no me habías dicho nada, y yo hasta hoy me entero de este asunto.

27 Abraham tomó ovejas y vacas, y se las entregó a Abimélec para hacer un trato entre los dos. **28** Pero como puso aparte siete ovejitas, **29** Abimélec le preguntó:

—¿Y esto qué significa? ¿Por qué has apartado esas siete ovejitas?

30 Abraham le respondió:

—Quiero que recibas estas siete ovejitas de mi propia mano. Ellas serán la prueba de que este pozo lo abrí yo.

31 Por eso aquel lugar se llamó Beerseba,[i] porque allí Abraham y Abimélec se hicieron un juramento. **32** Luego de cerrar el trato con Abraham en Beerseba, Abimélec y Ficol regresaron al país de los filisteos. **33-34** Abraham, por su parte, se quedó a vivir un largo tiempo en el país de los filisteos. Allí en Beerseba plantó un árbol, para adorar al Dios eterno.

Abraham obedece a Dios

22 **1-2** Algunos años después, Dios quiso ver si Abraham lo obedecía, así que lo llamó y le dijo:

«Abraham, quiero que me ofrezcas como sacrificio a Isaac, tu único hijo, a quien tanto amas. Llévalo a la región de Moria, al cerro que te voy a enseñar».

3 A la mañana siguiente Abraham madrugó, y cortó leña suficiente para hacer un gran fuego. Preparó su burro y se puso en camino al lugar que Dios le había señalado. Iba acompañado de su hijo Isaac y dos de sus sirvientes. **4-5** Al tercer día, Abraham les dijo a sus sirvientes: «Quédense aquí con el burro, mientras mi hijo y yo vamos hasta aquel cerro que se ve allá a lo lejos. Allí adoraremos a Dios, y luego regresaremos con ustedes». **6** Abraham tomó la leña y se la puso a Isaac sobre el hombro; luego tomó el fuego y el cuchillo, y los dos juntos se pusieron en marcha. **7** Pero Isaac le dijo a Abraham:

—Padre mío, tenemos fuego y leña, pero ¿dónde está el cordero que vamos a ofrecerle a Dios?

8 Abraham le respondió:

—Ya Dios se encargará de darnos el cordero, hijo mío.

Y así siguieron juntos su camino. **9** Cuando llegaron al lugar señalado por Dios, Abraham construyó un altar, y sobre él preparó la leña para el fuego; luego ató a su hijo Isaac y lo puso sobre el altar. **10** Ya tenía el cuchillo en la mano y estaba a punto de matar a su hijo, **11** cuando oyó que Dios lo llamaba desde el cielo. Abraham respondió, **12** y Dios le dijo:

«No le hagas daño al niño. Estoy convencido de que me obedeces, pues no te negaste a ofrecerme en sacrificio tu único hijo».

13 En ese mismo instante, Abraham vio un carnero que tenía los cuernos trabados entre las ramas de un arbusto. Entonces tomó el carnero y se lo ofreció a Dios en lugar de su hijo. **14** Por eso Abraham llamó a ese lugar «Dios dará lo necesario». De allí viene el dicho que hasta hoy se escucha: «En su montaña Dios da lo necesario». **15** Por segunda vez Dios llamó a Abraham desde el cielo, **16-18** y le dijo:

«Por no haberme negado a tu único hijo, yo prometo bendecirte. Haré que tus descendientes sean tan numerosos como las estrellas del cielo, y como la arena del mar, que no se puede contar. Tus descendientes atacarán las ciudades de sus enemigos, y las conquistarán. Yo te juro que todos los pueblos de la tierra recibirán mis bendiciones por medio de tus descendientes, porque tú me obedeciste».

19 Después de esto, Abraham volvió a donde estaban sus sirvientes, y juntos regresaron a Beerseba, donde vivían.

Los hijos de Nahor

20-23 Algún tiempo después, alguien fue a decirle a Abraham: «Tu cuñada Milcá y tu hermano Nahor ya tienen ocho hijos». Estos son sus nombres: Us, Buz, Quemuel, Quésed, Hazó, Pildás, Idlaf, Betuel.

Us fue el primero de todos. Quemuel, fue el padre de Aram y Betuel fue el padre de Rebeca. **24** Además, Nahor tuvo cuatro hijos con Rumá, su segunda esposa: Teba, Gáham, Tahas, Maacá.

Muerte de Sara

23 **1** Sara llegó a vivir ciento veintisiete años, **2** y murió en la ciudad de Hebrón, que está en la región de Canaán. Después de que Abraham lloró su muerte, **3** fue a hablar con los hititas que allí vivían, y les dijo:

4 —Aunque no soy más que un extranjero que ha venido a vivir entre ustedes, véndanme algún terreno en donde pueda enterrar a mi esposa.

5 Los hititas le respondieron:

6 —Respetable señor, todos nosotros lo consideramos una persona muy importante. Entierre usted a su esposa en la mejor de nuestras tumbas, que ninguno de nosotros se la negará.

7 Abraham se puso de pie, y con mucho respeto, **8** les dijo:

—Si realmente quieren que yo entierre aquí a mi esposa, les ruego que convenzan a Efrón hijo de Sóhar, **9** de que me venda la cueva que tiene en Macpelá, la que está junto a su campo. Díganle que me la venda en su justo precio, para que yo tenga entre ustedes una tumba de mi propiedad.

10 Como Efrón estaba sentado entre ellos, le respondió a Abraham en voz alta, para que lo oyeran todas las autoridades hititas allí reunidas:

11 —Respetable señor, no le vendo la cueva; más bien, se la regalo junto con el campo en el que está. Nuestras autoridades son testigos de que yo le regalo todo esto. Entierre usted a su esposa.

12 Pero Abraham, con mucho respeto, **13** le dijo a Efrón delante de todos ellos:

—Tenga usted la bondad de escucharme. Yo le pagaré el precio del campo. Le ruego aceptar mi dinero, para que pueda yo enterrar a mi esposa.

14 Efrón le contestó:

15 —Señor mío, el terreno vale cuatrocientas monedas de plata. Eso no es gran cosa entre usted y yo. ¡Vaya usted y entierre a su esposa!

16-20 Este precio le pareció bien a Abraham, y le pagó a Efrón las cuatrocientas monedas de plata, siguiendo las reglas de los comerciantes. Así fue como el campo y la cueva pasaron a ser propiedad legal de Abraham, junto con todos los árboles que había en el campo. De esto fueron testigos todas las autoridades hititas. Una vez cerrado el trato, Abraham enterró a Sara en esa cueva, la cual está en Hebrón, frente al bosque de Mamré, en la región de Canaán.

Isaac y Rebeca

24 **1** Abraham ya era muy anciano, y Dios lo había bendecido en todo. **2** Un día, Abraham le dijo a su mayordomo:

—Pon tu mano debajo de mi pierna porque me vas a hacer un juramento. **3-4** Aunque vivo entre los cananeos, me vas a jurar por el Dios del cielo y de la tierra, que no casarás a mi hijo Isaac con ninguna mujer de Canaán. Más bien, ve a mi tierra y busca entre mis familiares una esposa para él.

5 Pero el mayordomo le contestó:

—¿Y qué pasa si la mujer no quiere venir conmigo a esta tierra? ¿Debo entonces llevar a tu hijo para que él mismo la busque?

6 Y Abraham le dijo:

—¡Más te vale que no lo hagas! **7** Cuando el Dios del cielo me pidió que dejara la casa de mi padre y mi país, me prometió bajo juramento que esta tierra se la daría a mis descendientes. Así que él enviará delante de ti a su ángel, para que encuentres allá una esposa para mi hijo. **8** Si ella no quiere venir contigo, quedarás libre de tu juramento. ¡Pero de ningún modo permitiré que te lleves a mi hijo!

9 El mayordomo se comprometió con su amo Abraham a cumplir el juramento, **10** y luego de tomar diez camellos y lo mejor que tenía su amo, se puso en marcha hacia el pueblo de Nahor, que está en Mesopotamia. **11** Caía la tarde cuando el mayordomo hizo descansar a los camellos, cerca del pozo que está fuera del pueblo. A esa hora las mujeres salían a sacar agua del pozo. **12** Allí el mayordomo oró así:

«Dios de mi amo Abraham, te ruego que seas bueno con mi amo; haz que hoy me vaya bien. **13** Mírame aquí, junto a este pozo. Ahora que las mujeres vienen a sacar agua, **14** permite que la muchacha a quien le pida que me dé a beber agua de su cántaro, no sólo me dé agua a mí sino también a los camellos. Así sabré que has sido bueno con mi amo, y que ella es la mujer que has elegido para Isaac, quien siempre te obedece en todo».

15 Todavía no había terminado de orar el mayordomo cuando llegó Rebeca, con su cántaro al hombro. Era hija de Betuel, y nieta de Milcá y de Nahor, el hermano de Abraham. **16** Rebeca era una muchacha muy hermosa, y soltera. Bajó al manantial y llenó su cántaro, y cuando ella subía, **17** el mayordomo corrió a su encuentro y le dijo:

—Por favor, dame un poco de agua de tu cántaro.

18 Rebeca bajó en seguida el cántaro y le dijo:

—Beba usted.

Y con sus propias manos le dio a beber. **19** Cuando el mayordomo terminó de beber, ella misma dijo:

—Ahora voy a sacar agua para sus camellos, para que beban toda el agua que quieran.

20 Rápidamente vació el cántaro en el bebedero y corrió al pozo para sacar más agua, hasta dar de beber a todos los camellos. **21** Mientras tanto, el mayordomo la miraba sin decir nada, pues quería saber si Dios le había ayudado a encontrar una esposa para Isaac. **22** Cuando los camellos acabaron de beber, el mayordomo puso en la nariz de Rebeca un anillo de oro que pesaba seis gramos. Además, le puso en los brazos dos pulseras de oro que pesaban más de cien gramos. **23** Entonces le preguntó:

—Dime, por favor, ¿quién es tu padre? ¿Crees que mi gente y yo podríamos pasar la noche en su casa?

24-25 Rebeca respondió:

—Soy hija de Betuel, el hijo de Milcá y de Nahor. En nuestra casa hay lugar para que pasen la noche, y también tenemos abundante comida para los camellos.

26 En ese momento el mayordomo se inclinó y dio gracias a Dios **27** con estas palabras:

«¡Alabado seas, Dios de mi amo Abraham, pues siempre has sido bueno y fiel con mi amo! ¡Has guiado mis pasos hasta la casa de sus familiares!»

28 Al oír esto, Rebeca corrió a su casa para contarle a su madre lo sucedido. **29-30** Su hermano Labán vio el anillo y las pulseras que Rebeca traía puestas, y la oyó contar lo que aquel hombre le había dicho. Entonces salió corriendo a buscar al mayordomo, y lo encontró junto a los camellos, cerca del pozo. **31** Al verlo, Labán le dijo:

«¡Bienvenido! Dios lo ha traído con bien hasta este lugar. Venga usted a mi casa; no se quede aquí afuera. ¡Ya he preparado un lugar para usted, y también para los camellos!»

32 El mayordomo lo acompañó, y una vez en la casa, Labán les dio agua a él y a sus hombres para que se bañaran. A los camellos les quitaron la carga y les dieron de comer. **33** Cuando le sirvieron de comer, el mayordomo dijo:

—No comeré hasta que les cuente por qué estoy aquí.

Labán lo dejó hablar, **34** y el mayordomo dijo:

—Mi amo Abraham **35** es muy rico, pues Dios lo ha bendecido mucho. Le ha dado ovejas, ganado, plata, oro, sirvientes, sirvientas, camellos y burros. **36** Además, él y su esposa Sara tuvieron un hijo, a pesar de ser ya muy ancianos, y a ese hijo mi amo le ha entregado todas sus riquezas. **37** A mí me hizo jurarle que no casaría a su hijo con ninguna mujer de Canaán. **38** Más bien, me pidió venir acá y buscarle esposa entre sus familiares.

39 »Yo le pregunté: "¿Y qué hago si la mujer no quiere acompañarme?" **40** Entonces mi amo dijo: "Toda mi vida he obedecido a Dios, así que él enviará su ángel para que te acompañe y haga que te vaya bien en tu viaje. Pero tú debes buscarle a mi hijo una esposa entre mis familiares. **41** Si ellos no quieren dártela, quedarás libre del juramento que me has hecho".

42 »Hoy, cuando llegué al pozo, hice esta oración:

"Dios de mi amo Abraham, si tú así lo quieres, haz que me vaya bien en este viaje. **43** Mírame aquí, parado junto a este pozo. Si una muchacha viene a sacar agua, y yo le pido que me dé a beber un poco de agua de su cántaro, **44** y ella acepta darme agua y saca también agua para los camellos, entenderé que ella es la que tú has elegido como esposa para el hijo de mi amo".

45 »Todavía no terminaba de orar cuando llegó Rebeca con su cántaro al hombro. Bajó y sacó agua, y cuando yo le pedí que me diera de beber, **46** en seguida bajó su cántaro y me dio, lo mismo que a los camellos. Una vez que bebí, **47** le pregunté quién era su padre, y ella me contestó que era Betuel, el hijo de Nahor y Milcá.

»Fue entonces cuando le puse el anillo en la nariz, y las pulseras en los brazos; **48** luego me incliné para adorar y bendecir al Dios de mi amo Abraham, pues me guió directamente hasta la nieta del hermano de mi amo, para tomarla como esposa para su hijo. **49** Ahora bien, díganme si piensan ser fieles con mi amo y tratarlo bien; y si no, díganmelo también; así sabré qué camino tomar.

50 Labán y su familia[j] respondieron:

—Todo esto viene de Dios, y nosotros no podemos decirle a usted ni una cosa ni otra. **51** Pero aquí está Rebeca. Puede usted llevársela, y que se case con el hijo de su amo, ya que así lo ha decidido Dios.

52 Al oír esto, el mayordomo se inclinó hasta el suelo y dio gracias a Dios; **53** luego sacó joyas de oro y plata, y vestidos, y se los dio a Rebeca. A su hermano y a su madre también les dio valiosos regalos. **54** Después de eso, él y sus hombres comieron y bebieron, y pasaron la noche allí.

A la mañana siguiente, cuando se levantaron, el mayordomo pidió permiso para volver a la casa de su amo, **55** pero el hermano y la madre de Rebeca respondieron:

—Deje usted que la muchacha se quede con nosotros unos días más, y entonces podrá irse.

56 Pero el mayordomo les rogó:

—¡No me detengan más! Ya Dios me ha dado éxito en mi viaje, así que déjenme volver a la casa de mi amo.

57-58 Ellos llamaron a Rebeca y le preguntaron:

—¿Quieres irte con este hombre?

Como Rebeca respondió que sí, **59** la dejaron ir junto con la mujer que la había cuidado desde niña, el mayordomo y sus hombres. **60** Su familia la despidió con esta bendición:

«Querida hermana nuestra, deseamos que llegues a tener miles y miles de descendientes, y que ellos lleguen a conquistar las ciudades de sus enemigos».

61 Entonces se levantó Rebeca, junto con sus sirvientas, y montando en los camellos se fueron siguiendo al mayordomo. Así fue como él se llevó a Rebeca. **62** Isaac vivía en el Néguev, pero esa tarde llegó hasta el pozo que se llama «Pozo del Dios que vive y todo lo ve». **63** Había salido a dar un paseo por el campo. De pronto, alzó la vista y vio que unos camellos se acercaban. **64** También Rebeca alzó la vista, y al ver a Isaac se bajó del camello **65** y le preguntó al mayordomo:

—¿Quién es aquel hombre que viene por el campo a nuestro encuentro?

El mayordomo respondió:

—¡Es mi amo!

Entonces ella tomó un velo y se cubrió la cara. **66** Y luego de que el mayordomo le contó a Isaac todos los detalles del viaje, **67** Isaac llevó a Rebeca a la tienda de campaña de su madre Sara, y se casó con ella. Así fue como Rebeca llegó a ser su esposa, y él la amó mucho. Esto le ayudó a Isaac a olvidar la muerte de su madre.

Muerte de Abraham

25 **1** Abraham tuvo otra esposa, llamada Queturá, **2** con la que tuvo los siguientes hijos: Zimrán, Jocsán, Medán, Madián, Isbac, Súah.

3 Jocsán fue el padre de Sebá y Dedán. Los descendientes de Dedán fueron los asureos, los letuseos y los leumeos. **4** Madián tuvo cinco hijos: Efá, Éfer, Hanoc, Abidá, Eldaá.

Todos estos fueron descendientes de Queturá.

5-6 Mientras aún vivía, Abraham le dejó a su hijo Isaac todas sus riquezas, pero a los hijos de sus otras esposas se dio regalos y los apartó de Isaac, enviándolos al este. **7** Abraham vivió ciento setenta y cinco años, **8-10** y gozó de buena salud hasta el día en que murió. Sus hijos Isaac e Ismael lo enterraron junto a su esposa Sara en la cueva de Macpelá, que está cerca del bosque de Mamré. Abraham le había comprado esa cueva a Efrón. **11** Después de la muerte de Abraham, Dios bendijo a Isaac, quien entonces vivía cerca del pozo «El Dios que vive y todo lo ve».

Los hijos de Ismael

12-16 Ésta es la lista de los descendientes de Ismael, el hijo de Abraham y de Agar, la esclava egipcia de Sara. Éstos son los nombres de los doce jefes de las tribus

de Ismael, por orden de nacimiento y en el orden de sus campamentos y territorios:Nebaiot, que fue su hijo mayor; Quedar, Adbeel, Mibsam, Mismá, Dumá, Masá, Hadar, Temá, Jetur, Nafís, Quedmá.

17 Ismael vivió ciento treinta y siete años, y al morir fue enterrado junto a sus antepasados. **18** Sus descendientes poblaron la región que va desde Havilá hasta Sur, cerca de la frontera de Egipto, en dirección a Asur, al otro lado de donde vivían sus parientes.

HISTORIA DE ISAAC Y JACOB
(25.19-36.43)

Los hijos de Isaac: Jacob y Esaú

19 Esta es la historia de Isaac. **20** Tenía Isaac cuarenta años cuando se casó con Rebeca, que era hija de Betuel y hermana de Labán, los arameos que vivían en Padánaram. **21** Rebeca no podía tener hijos, así que Isaac le pidió a Dios por ella. Entonces Dios atendió a sus ruegos, y Rebeca quedó embarazada. **22** Ella se dio cuenta de que iba a tener mellizos porque los niños se peleaban dentro de ella. Por eso se quejó y dijo: «Dios mío, ¿por qué me pasa esto a mí?» **23** Y Dios le respondió:

Tus hijos representan dos naciones. Son dos pueblos separados desde antes de nacer. Uno de ellos será más fuerte, y el otro será más débil, pero el mayor servirá al menor.

24 Cuando llegó el momento del nacimiento, **25** el primero en nacer tenía la piel rojiza y todo el cuerpo cubierto de pelo; por eso le pusieron por nombre Esaú. **26** Después de Esaú nació su hermano, al que llamaron Jacob porque nació agarrado del talón de Esaú. Isaac tenía sesenta años cuando los niños nacieron.

27-28 Esaú llegó a ser un buen cazador y le encantaba estar en el campo. Por eso Isaac lo quería más. Jacob, en cambio, era muy tranquilo y prefería quedarse en casa, por eso Rebeca lo quería más que a Esaú. **29** Un día, Jacob estaba preparando un sabroso plato de comida. En eso llegó Esaú del campo con mucha hambre, **30** y le gritó:

—¡Me estoy muriendo de hambre! ¡Dame ya de esa sopa roja que estás cocinando!

Por eso a Esaú se le conoce también con el nombre de Edom.2 **31** Jacob le respondió:

—Dame tus derechos de hijo mayor, y yo con gusto te daré de mi sopa.

32 Esaú exclamó:

—¡Te los regalo ahora mismo, pues me estoy muriendo de hambre!

33 Jacob le exigió a Esaú renunciar, bajo juramento, a sus derechos de hijo mayor. Esaú se lo juró, **34** y Jacob le dio un poco de pan y de la sopa de lentejas que estaba preparando. Esaú comió y bebió; luego se levantó y se fue sin darle importancia a sus derechos de hijo mayor.

26 1-6 *Isaac y Abimélec*
En aquel tiempo llegó a faltar comida en toda la región de Canaán, tal como había pasado en tiempos de Abraham. Era tan grave la falta de alimentos que Isaac pensó en irse a Egipto. Pero Dios se le apareció a Isaac y le dijo:

«No vayas a Egipto. Es mejor que te vayas por algún tiempo a Guerar, donde vive Abimélec, rey de los filisteos. Yo prometo estar siempre contigo, y bendecirte en todo. Además, a ti y a tus descendientes voy a darles estas tierras. Así cumpliré el juramento que le hice a tu padre Abraham. Voy a hacer que tus descendientes sean tan numerosos como las estrellas del cielo. Por medio de ellos bendeciré a

todas las naciones de la tierra, porque Abraham me obedeció y cumplió con todo lo que le ordené».

Fue así como Isaac fue a Guerar para hablar con Abimélec, y se quedó a vivir allá. **7** Cuando los hombres de aquel lugar le preguntaban por Rebeca, él decía que era su hermana y no su esposa. Y es que tenía miedo, porque pensaba: «Rebeca es muy hermosa; los hombres de este lugar son capaces de matarme para quedarse con ella».

8 Un día, Abimélec estaba mirando desde su ventana, y vio que Isaac estaba acariciando a Rebeca. **9-10** Entonces lo mandó a llamar y le reclamó:

—¡Tú no me puedes engañar! ¡Esta mujer no es tu hermana, es tu esposa! ¿Por qué nos has hecho esto? ¡Si alguno de mis hombres hubiera tenido relaciones sexuales con ella, tú nos habrías hecho culpables a todos!

Isaac se disculpó:

—Es que tuve miedo de que me mataran para quedarse con ella.

11 En seguida Abimélec le ordenó a todo el pueblo:

—Cualquiera que moleste a este hombre o a su mujer, será condenado a muerte.

12 Ese mismo año, Dios le dio a Isaac una cosecha tan abundante, que produjo cien veces más de lo que había sembrado en aquella tierra. **13** Así ganó Isaac mucho dinero, y llegó a ser muy rico y poderoso. **14** Llegó a tener tantas ovejas y vacas, y tantos sirvientes, que despertó la envidia de los filisteos. **15** Por eso los filisteos taparon con tierra todos los pozos que Abraham había mandado abrir. **16** Hasta Abimélec llegó a decirle: «Vete de aquí, pues ya eres más poderoso que nosotros».

17 Isaac se fue de Guerar, pero se quedó a vivir en el valle. **18** Cuando Abraham aún vivía, había mandado abrir unos pozos allí, pero después de su muerte los filisteos los habían vuelto a tapar. Isaac volvió a abrirlos y les puso los mismos nombres que les había puesto su padre.

19 Un día, los sirvientes de Isaac estaban abriendo un pozo en el valle y descubrieron un manantial. **20** Pero los pastores de Guerar se pelearon con los pastores de Isaac, pues decían que esa agua les pertenecía. Por eso Isaac llamó a ese pozo «Pelea». **21** Hicieron otro pozo, pero también pelearon por él, por lo que Isaac le puso por nombre «Pleito». **22** Luego se alejó de allí y volvió a abrir otro pozo, y ya nadie peleó. Entonces lo llamó «Libertad», pues dijo: «Al fin Dios nos ha dado libertad para prosperar en este lugar».

23 De allí, Isaac se fue a otro lugar, que luego sería conocido como Beerseba. **24** Esa misma noche Dios se le apareció y le dijo: «Yo soy el Dios de tu padre Abraham, y por él te voy a bendecir y a aumentar el número de tus descendientes. No tengas miedo, pues yo te ayudaré en todo». **25** Entonces Isaac hizo allí un altar para adorar a Dios. En ese mismo lugar plantó su tienda de campaña, y sus sirvientes abrieron otro pozo. **26** Cuando Abimélec lo supo, salió de Guerar para hablar con Isaac. Lo acompañaban Ahuzat, que era su consejero personal, y Ficol, jefe de su ejército. **27** Isaac les preguntó:

—¿Para qué vienen a verme, si me han tratado tan mal y hasta me echaron de su país?

28 Y ellos le contestaron:

—Ya hemos visto que Dios está de tu parte. Por eso queremos hacer un trato contigo. Y lo vamos a hacer, pero bajo juramento. **29** Nosotros nunca quisimos molestarte. Al contrario, siempre te tratamos bien y hasta nos despedimos como amigos. Ahora tú comprométete a no hacernos ningún daño, ya que Dios te ha bendecido tanto.

30 Entonces Isaac les ofreció un banquete, y ellos comieron y bebieron. **31** A la mañana siguiente se levantaron muy temprano, y tanto Isaac como Abimélec juraron no hacerse ningún daño. Luego Isaac despidió a sus visitantes, y ellos se marcharon en paz. **32** Ese mismo día vinieron los sirvientes de Isaac y le dijeron que habían encontrado agua en el pozo que estaban abriendo. **33** A ese pozo Isaac le puso por nombre «Juramento», y hasta el día de hoy, la ciudad donde está ese pozo se llama Beerseba, que significa «Pozo del juramento».

Esaú se casa

34 Cuando Esaú tenía cuarenta años, se casó con Judit, que era hija de un hitita llamado Beerí. También se casó con Basemat, hija de otro hitita llamado Elón. **35** Estas dos mujeres llegarían a causarles muchos problemas a Isaac y Rebeca.

Primeras trampas de Jacob

27 **1** Isaac estaba ya tan viejo, y sus ojos tan gastados, que ya no podía ver. Por eso un día llamó a Esaú, su hijo mayor, **2** y le dijo:

—Mira, hijo mío, yo estoy ya muy viejo, y en cualquier momento puedo morirme. **3** Así que toma tu arco y tus flechas, y ve al campo, a ver qué puedes cazar para mí. **4** Prepárame luego un buen plato de comida, como a mí me gusta, y tráemelo para que me lo coma. Así, antes de mi muerte te daré mi bendición.

5 Rebeca escuchó lo que Isaac le dijo a Esaú, así que cuando Esaú salió a cazar al campo, **6** fue a decirle a Jacob:

—Escucha, hijo mío, acabo de oír a tu padre hablar con tu hermano. Le ha pedido **7** cazar algún animal y prepararle un plato de comida, para darle su bendición especial. **8** Así que escúchame bien, y haz todo lo que te voy a decir. **9** Ve a donde está el rebaño, y tráeme dos de los mejores cabritos. Yo sé bien lo que a tu padre le gusta comer, y se lo voy a preparar. **10** Luego tú se lo llevarás para que se lo coma, y así te dará su bendición especial antes de morir.

11 Jacob le dijo a su madre:

—Pero mi hermano Esaú tiene pelo en todo el cuerpo, y yo no. **12** Si mi padre me llega a tocar, va a creer que me estoy burlando de él. ¡Y en vez de bendecirme, me maldecirá!

13 Su madre le respondió:

—Hijo mío, haz lo que te digo. Tú tráeme los cabritos, y si tu padre te maldice, ¡que caiga sobre mí la maldición!

14 Jacob fue por los cabritos y se los llevó a su madre. Ella preparó un plato bien sabroso, tal como le gustaba a Isaac. **15** En seguida fue y tomó las mejores ropas que Esaú tenía, y se las puso a Jacob. **16** Luego, con la piel de los cabritos le cubrió a Jacob las manos y el cuello. **17** Finalmente, le entregó a Jacob el plato de comida y el pan que había hecho. **18** Entonces Jacob fue a presentarse ante su padre, y le dijo:

—Padre mío, ¿puedo pasar?

—Adelante —respondió Isaac—. ¿Cuál de mis dos hijos eres tú?

19 —Soy Esaú, tu hijo mayor —contestó Jacob—. Ya hice lo que me pediste. Levántate y ven a comer de lo que maté, para que me des tu bendición.

20 Pero Isaac le preguntó:

—¿Y cómo es que cazaste un animal tan pronto?

—Es que tu Dios me lo puso enfrente —respondió Jacob.

21 Entonces Isaac le dijo:

—Acércate, hijo mío, para que pueda tocarte. Quiero estar seguro de que eres mi hijo Esaú.

22-27 Jacob se acercó a su padre, quien después de tocarlo le preguntó:

—¿Eres realmente mi hijo Esaú? Tus brazos son los de Esaú, pero tu voz es la de Jacob.

—¡Claro que soy Esaú! —respondió Jacob.

Pero Isaac no reconoció a Jacob porque sus brazos tenían pelos como los de Esaú. Entonces Isaac dijo:

—Hijo mío, tráeme del animal que cazaste, para que lo coma y te dé mi bendición especial.

Jacob le llevó el plato, e Isaac comió; también le llevó vino, e Isaac bebió. Después de comer, Isaac le dijo:

—Ahora, hijo mío, acércate y dame un beso.

Jacob se acercó a su padre y lo besó. En cuanto Isaac olió sus ropas, lo bendijo así:

«Hijo mío, tienes el olor
de los campos que Dios bendice.
28 ¡Que Dios te dé mucha lluvia
y una tierra muy fértil!
¡Que te dé mucho trigo
y mucho vino!
29 ¡Que todas las naciones
te sirvan y te respeten!
¡Que tus propios parientes
se inclinen ante ti,
y te reconozcan como su jefe!
¡Malditos sean los que te
maldigan!
¡Benditos sean los que te
bendigan!»

30 Cuando Isaac terminó de bendecirlo, y Jacob estaba por salir de la tienda de su padre, volvió Esaú del campo. **31** También él preparó un plato de comida muy sabroso, se lo llevó a su padre, y le dijo:

—Levántate, padre mío, y ven a comer de lo que maté, para que me des tu bendición.

32 En seguida su padre le preguntó:

—¿Y quién eres tú?

—¡Pues soy Esaú, tu hijo mayor! — le respondió él.

33 Isaac comenzó a temblar de pies a cabeza, y dijo:

—Entonces, ¿quién cazó un animal y me lo trajo? Yo comí de su plato antes de que tú llegaras, y ya lo he bendecido. ¡Esa bendición no se la puedo quitar!

34 Al oír Esaú las palabras de su padre, lloró a gritos, y con gran amargura le dijo a Isaac:

—¡Padre mío, bendíceme también a mí!

35 Pero Isaac le contestó:

—Ya vino tu hermano, y me engañó, por eso le di la bendición que era para ti.

36 Esaú dijo:

—¡Con razón se llama Jacob, pues es un tramposo! ¡Ya van dos veces que me engaña! No sólo me ha quitado mis derechos de hijo mayor, sino que ahora me ha dejado sin mi bendición. ¿No puedes bendecirme a mí también?

37 Isaac le respondió:

—¿Y qué puedo hacer por ti, hijo mío? ¡Ya lo he nombrado jefe tuyo; ya he dicho que todos tus parientes estarán a su servicio, y le he deseado que tenga mucho trigo y mucho vino!

38 Esaú se echó a llorar, y lanzando fuertes gritos insistió:

—Padre mío, ¡bendíceme también a mí! ¿Acaso tienes una sola bendición?

39 En respuesta, su padre le dijo:

«Vivirás lejos de la tierra fértil, y lejos de la lluvia del cielo. **40** Defenderás tu vida con el filo de tu espada, y estarás al servicio de tu hermano, pero cuando llegues a ser poderoso te librarás de su dominio».

Jacob huye de Esaú

41 Esaú odiaba a Jacob por haberle quitado la bendición de su padre, y tenía planes de matarlo tan pronto como su padre muriera. **42** Cuando Rebeca supo lo que andaba planeando Esaú, mandó a llamar a Jacob y le dijo:

—Tu hermano Esaú sólo está esperando el momento de matarte. **43** Hazme caso y vete en seguida a la casa de mi hermano Labán, que vive en Harán. **44** Quédate allá con él hasta que a tu hermano se le pase el enojo. **45** Cuando se haya olvidado de lo que le hiciste, yo te avisaré que ya puedes regresar. ¡No quiero perder a mis dos hijos en un solo día!

46 Luego Rebeca fue a decirle a Isaac:

—¡Estas mujeres hititas me tienen cansada! Si Jacob se casa aquí, con hititas como éstas, ¡prefiero morirme!

28 **1** Isaac mandó a llamar a Jacob, y después de bendecirlo, le ordenó:

«No tomes por esposa a una cananea. **2** Mejor vete a Padán-aram, a la casa de tu abuelo Betuel, y cásate con alguna de tus primas, hijas de tu tío Labán. **3** Mi deseo es que el Dios todopoderoso te bendiga y te dé muchos, muchos hijos. Deseo también que te conviertas en una gran nación. **4** Que Dios te bendiga a ti y a tus descendientes, como bendijo a Abraham. Así llegarás a ser el dueño de la tierra donde ahora vives como extranjero, pues Dios se la dio a Abraham».

5 Después de esto, Isaac despidió a Jacob, y éste se fue a Padán-aram a vivir con la familia de su madre. **6-8** Cuando Esaú se enteró de todo lo que su padre le había dicho a Jacob, y de que este se había ido a Padán-aram, comprendió que las mujeres de Canaán no eran del agrado de su padre. **9** Por eso, además de las mujeres que ya tenía, se casó con una de las hijas de Ismael hijo de Abraham, la cual se llamaba Mahalat, hermana de Nebaiot.

Jacob tiene un sueño

10 Jacob salió de Beerseba y se fue hacia Harán. **11** Cuando llegó a cierto lugar, se quedó allí para pasar la noche, pues ya había oscurecido. Tomó una de las piedras que allí había, recostó su cabeza sobre ella y se acostó a dormir. **12** Esa noche tuvo un sueño. En ese sueño vio una escalera que llegaba hasta el cielo, y por ella subían y bajaban los ángeles de Dios. **13** Desde la parte más alta de la escalera, Dios le decía:

«Yo soy el Dios de Abraham y de Isaac. A ti y a tus descendientes les daré la tierra donde ahora estás acostado. **14** ¡Tus descendientes serán tan numerosos como el polvo de la tierra! Y habitarán todo este gran país. Por ti y por tus descendientes, todos los pueblos de la tierra serán bendecidos. **15** Yo estaré contigo, y no te abandonaré hasta cumplir lo que te he prometido. Te cuidaré por dondequiera que vayas, y te haré volver a esta tierra».

16-17 Cuando Jacob despertó de su sueño, dijo muy asustado: «¡Qué lugar tan terrible es este! De veras que Dios está aquí, y yo no lo sabía. ¡Esta es la casa de Dios! ¡Esta es la puerta del cielo!»

18 A la mañana siguiente Jacob se levantó muy temprano, tomó la piedra que había usado para recostar su cabeza, y se la dedicó a Dios, echándole aceite encima. **19** Y aunque al principio la ciudad donde estaba la piedra se llamaba Almendro, Jacob le puso por nombre Betel, que significa «Casa de Dios». **20** Después Jacob hizo esta promesa:

«Si Dios me acompaña y me cuida en este viaje, y me da comida y ropa, **21** y me hace volver sano y salvo a la casa de mi padre, entonces será mi Dios. **22** Esta piedra que he levantado como una columna marcará el lugar a donde todos vendrán a adorar a Dios, y de todo lo que Dios me dé, le daré la décima parte».

Jacob llega a Padán-aram

29 **1** Jacob continuó su viaje y llegó al territorio que está al este de Canaán. **2** En el campo vio un pozo, del cual bebía agua el ganado. Junto al pozo descansaban tres rebaños de ovejas. El pozo estaba tapado con una gran piedra, **3** y sólo se les daba agua a las ovejas cuando todos los pastores habían reunido a sus rebaños. Después de eso, volvían a tapar el pozo. **4** Jacob se acercó a los pastores que allí estaban y les preguntó de dónde eran. Cuando le dijeron que eran de Harán, **5** volvió a preguntarles:

—¿Conocen ustedes a Labán, el nieto de Nahor?

—¡Claro que sí lo conocemos! —contestaron.

6 -¿Y está bien de salud? -insistió.

Ellos respondieron:

—Bastante bien. Por cierto que ahí viene su hija Raquel con sus ovejas.

7 Entonces Jacob les sugirió:

—¡Falta mucho para que se oculte el sol! Mejor denles agua a las ovejas y llévenlas a los pastos, pues todavía no es hora de encerrarlas.

8 Pero ellos respondieron:

—No debemos darles agua todavía. Siempre esperamos a que todos los rebaños estén juntos, para destapar el pozo y darles de beber.

9 Aún estaban hablando cuando Raquel, que también era pastora, llegó con las ovejas de su padre. **10-12** Entonces Jacob quitó la piedra del pozo, y les dio agua a las ovejas; luego besó a Raquel y se echó a llorar. Después le dijo que eran primos, porque Labán era hermano de Rebeca. Al oír esto, Raquel salió corriendo a contárselo a su padre.
13 En cuanto Labán supo que allí estaba Jacob, el hijo de su hermana, rápidamente salió a su encuentro y, luego de abrazarlo y besarlo, se lo llevó a su casa. Una vez allí, Jacob le contó lo que había pasado. **14** Entonces Labán dijo: «¡Tú eres parte de mi propia familia!»

Jacob se casa con Lía y con Raquel

Un mes después de la llegada de Jacob, **15** Labán le dijo: «Tú no vas a trabajar gratis para mí, sólo porque eres mi sobrino. Dime cuánto quieres que te pague».
16 Labán tenía dos hijas. La mayor se llamaba Lía, y la menor se llamaba Raquel. **17** Lía tenía unos ojos muy bonitos, pero Raquel era bonita de pies a cabeza. **18** Como Jacob se había enamorado de Raquel, le contestó a Labán:

—Quiero casarme con tu hija menor. Si aceptas, trabajaré para ti siete años.

19 Y Labán respondió:

—Trato hecho. Es mejor que se case contigo y no con un extraño.

20 Así fue como Jacob trabajó siete años por Raquel, pero era tanto su amor por ella que le parecieron unos cuantos días. **21** Cuando se cumplieron los siete años, Jacob le dijo a Labán: «Dame a Raquel, para que sea mi esposa».
22 Entonces Labán hizo una gran fiesta, e invitó a toda la gente del lugar. **23** Al llegar la noche, Labán tomó a Lía, se la llevó a Jacob, y Jacob tuvo relaciones sexuales con ella. **24** Como regalo de bodas, Labán le dio a su hija Lía una esclava llamada Zilpá. **25** A la mañana siguiente, cuando Jacob descubrió que se había acostado con Lía, le reclamó a Labán:

—¿Por qué me engañaste? ¡Yo me comprometí a trabajar para casarme con Raquel!

26 Labán respondió:

—No es nuestra costumbre que la hija menor se case antes que la mayor. **27** Pero si te comprometes a trabajar para mí otros siete años, después de una semana con Lía, te casarás con Raquel.

28 Jacob aceptó el trato, y una semana después se casó con Raquel. **29** Como regalo de bodas, Labán le dio a Raquel una esclava llamada Bilhá. **30** Y Jacob amó a Raquel más que a Lía, aunque tuvo que trabajar para Labán otros siete años.

Los hijos de Jacob y Lía

31 Como Dios vio que Jacob rechazaba a Lía, permitió que ella tuviera hijos, pero a Raquel no se lo permitió. **32** Lía quedó embarazada y tuvo un hijo, al que le puso por nombre Rubén, pues dijo: «Dios ha visto mi tristeza. Estoy segura de que ahora sí me va a querer mi marido».
33 Tiempo después, Lía volvió a quedar embarazada, y cuando tuvo a su segundo hijo exclamó:

«Dios me dio también este hijo porque ha oído que mi esposo no me ama». Así que le puso por nombre Simeón, que significa «Dios oye». **34** Por tercera vez Lía quedó embarazada, y cuando tuvo a su hijo exclamó: «Ahora mi esposo va a sentirse más unido a mí, pues ya le he dado tres hijos». Por eso lo llamó Leví, que significa «unión». **35** Una vez más, Lía quedó embarazada, y cuando el niño nació, ella dijo: «Esta vez alabaré a Dios». Así que le puso por nombre Judá, que significa «alabanza». Y no volvió a tener más hijos.

Los hijos de Jacob y Bilhá

30 **1** Cuando Raquel se dio cuenta de que no podía tener hijos, se puso celosa de su hermana. Por eso le dijo a Jacob:

—Si no me das hijos, ¡me muero!

2 Jacob se enojó con ella, y le dijo:

—¿Acaso crees que yo soy Dios? ¡Él es quien no te deja tener hijos!

3 Entonces Raquel le dijo:

—Te voy a dar a mi esclava Bilhá, para que tengas hijos con ella. Así, los hijos que ella tenga serán considerados míos.

4 Raquel le dio a Jacob su propia esclava como esposa. Jacob tuvo relaciones sexuales con Bilhá, **5** y ella quedó embarazada y tuvo un hijo. **6** Raquel lo llamó Dan, que significa «justicia», porque dijo: «Dios es justo, pues vio que yo no había hecho nada malo y me dio un hijo». **7** Bilhá volvió a quedar embarazada y tuvo otro hijo con Jacob. **8** A este niño Raquel lo llamó Neftalí, que significa «lucha», porque dijo: «La lucha contra mi hermana ha sido dura, pero he ganado».

Los hijos de Jacob y Zilpá

9 Cuando Lía se dio cuenta de que ya no podía tener más hijos, tomó a su esclava Zilpá y se la dio a Jacob como esposa. **10** Zilpá tuvo un hijo con Jacob, **11** al que Lía le puso por nombre Gad, que significica «buena suerte», porque dijo: «¡Qué buena suerte he tenido!» **12** Por segunda vez Zilpá tuvo un hijo con Jacob, **13** y Lía le puso por nombre Aser, que significa «dicha» pues dijo: «¡Qué dichosa soy! ¡Y así me van a considerar mis amigas!»

Jacob tiene otros hijos con Lía

14 Un día, durante la cosecha del trigo, Rubén salió al campo y encontró unas frutas llamadas mandrágoras. Entonces se las llevó a su madre Lía. Al ver las frutas, Raquel le rogó a Lía que le diera algunas, **15** pero Lía le respondió:

—Ya me quitaste el marido, ¿y ahora quieres quitarme las frutas que me trajo mi hijo?

Raquel le propuso:

—Si me das las mandrágoras, Jacob dormirá contigo esta noche.

16 Esa noche, cuando Jacob regresó del campo, Lía salió a su encuentro y le dijo: «Esta noche la vas a pasar conmigo, pues te he alquilado a cambio de las mandrágoras que me dio mi hijo». Entonces Jacob pasó la noche con Lía. **17** Dios contestó las oraciones de Lía, y ella quedó embarazada y tuvo un quinto hijo con Jacob. **18** Ella le puso por nombre Isacar, que significa «premio», porque dijo: «Este es el premio que Dios me dio por haberle dado mi esclava a mi marido». **19** Otra vez quedó embarazada Lía, y tuvo un sexto hijo con Jacob. **20** Y le puso por nombre Zabulón, que significa «regalo», porque dijo: «¡Qué regalo tan precioso Dios me dio! Ahora mi marido va a tratarme mejor, pues ya le he dado seis hijos». **21** Pasado algún tiempo, Lía tuvo una hija y le puso por nombre Dina.

Nacimiento de José

22 Pero Dios tuvo compasión de Raquel y respondió a sus oraciones. Le permitió quedar embarazada **23-24** y tener un hijo. Cuando nació el niño, Raquel dijo: «Dios me quitó la vergüenza de no tener hijos». Y le puso por nombre José, que significa «que Dios me dé otro», pues dijo: «¡Ojalá que Dios me dé otro hijo!»

Trampas entre Jacob y Labán

25-26 Tiempo después de que José nació, Jacob le dijo a Labán:

—Dame mis esposas y mis hijos, pues por ellos te he servido. Déjame regresar a mi país.

27 Labán le dijo:

—Por favor, no te vayas. Preferiría que te quedes conmigo. Dios me hizo ver que gracias a ti soy muy rico. **28** Así que dime cuánto quieres ganar. Yo te pagaré lo que me pidas.

29 Jacob le respondió:

—Tú sabes que he trabajado muy duro para ti, y que he cuidado muy bien tu ganado. **30** Antes de mi llegada, era muy poco lo que tenías; ahora eres muy rico, pues desde que llegué Dios te ha bendecido en todo. Pero yo necesito trabajar para mi propia familia.

31 Labán insistió:

—¿Qué quieres que te dé?

Y Jacob le aclaró:

—No me des nada. Yo seguiré cuidando tus ovejas, con tal de que aceptes lo que voy a proponerte. **32** Si me dejas pasar hoy entre todos tus rebaños, pondré aparte todas las ovejas y cabras que tengan la piel manchada, y todos los cordero que tengan la piel oscura. Con ellos me daré por bien pagado. **33** Con el tiempo podrás ver que te estoy tratando con honradez. Cuando quieras revisar cuáles animales son míos, podrás hacerlo. Y si encuentras en mi rebaño alguna oveja o cabra que no sea manchada, o algún cordero que no sea de color oscuro, podrás decir que te lo robé.

34 Labán estuvo de acuerdo, **35** pero ese mismo día apartó la mayoría de los carneros de piel manchada, de las cabras moteadas y manchadas, y de los corderos de color oscuro, y los puso al cuidado de sus hijos. **36** Luego envió esos rebaños a unos cincuenta kilómetros de distancia de donde estaba Jacob. Mientras tanto, Jacob se quedó cuidando el resto de los rebaños de Labán. **37** Pero cortó unas ramas de álamo, almendro y plátano, y les quitó la corteza, de modo que podían verse en ellas unas rayas blancas. **38** Luego de pelar las ramas, las puso frente a todos los bebederos, para que las ovejas las vieran cuando vinieran a beber. Y así, cuando las ovejas en celo venían a beber, **39** se apareaban frente a las ramas y tenían crías con piel rayada y manchada. **40** Jacob ponía estas crías aparte, y el resto del rebaño lo ponía frente a los animales rayados y de color oscuro que había dejado Labán. Y así fue formando sus rebaños, sin mezclarlos con los de Labán. **41** Cuando los animales más fuertes estaban en celo, Jacob les ponía las ramas para que se aparearan frente a ellas, **42** pero las quitaba cuando se apareaban los animales más débiles. De ese modo, los animales débiles le quedaban a Labán, y los fuertes le quedaban a Jacob. **43** Fue así como Jacob llegó a ser muy rico, pues tenía grandes rebaños, y también esclavos y esclavas, camellos y burros.

Jacob huye de Labán

31 **1** Los hijos de Labán decían que Jacob se había hecho rico gracias a su padre. **2** Jacob se enteró de esto, y también notó que la actitud de Labán hacia él

había cambiado. **3** Entonces Dios le dijo: «Vuelve a la tierra de tus padres, donde vive tu familia. Yo te ayudaré en todo». **4** Jacob mandó a decirles a Raquel y a Lía que fueran a verlo al campo donde estaba cuidando sus ovejas. **5-7** Allí les dijo:

—Su padre ya no me trata como antes. Ustedes saben bien que yo he puesto todo mi empeño en servirle. Sin embargo, él siempre me ha hecho trampa, y varias veces me cambió el sueldo. Pero el Dios de mi padre no me negó su ayuda, ni le permitió hacerme daño. **8** Al contrario, si Labán decidía pagarme con animales manchados, todos los rebaños tenían crías manchadas. Y si decidía pagarme con animales rayados, todos los rebaños tenían crías rayadas. **9** Así es como Dios le ha quitado al padre de ustedes su ganado, y me lo ha dado a mí.

10 »Una vez tuve un sueño. En ese sueño las ovejas estaban en celo, y pude ver que los carneros eran de piel rayada y manchada. **11-12** También oí que Dios me dijo: "Ya he visto lo mal que te trata tu suegro. Por eso, si te fijas, verás que todos los carneros que se aparean con las ovejas son rayados y manchados. **13** Yo soy el Dios que se te apareció en Betel, donde derramaste aceite sobre una piedra y me hiciste una promesa. Apártate de Labán, y regresa a Canaán, que es donde tú naciste".

14 Raquel y Lía le respondieron:

—Nosotras no podemos ya esperar que nuestro padre nos dé ninguna herencia, **15** pues nos considera unas extrañas. No sólo nos vendió como cualquier mercancía, sino que también se aprovechó de lo que trabajaron por nosotras. **16** Toda la riqueza que Dios le ha quitado a nuestro padre, es nuestra y de nuestros hijos. Así que haz todo lo que Dios te diga.

17-19 Ese día, mientras Labán fue a cortar la lana de sus ovejas, Raquel le robó a su padre los ídolos de la familia. Luego Jacob hizo que sus esposas y sus hijos se montaran en camellos. También juntó sus rebaños y todas las riquezas que había ganado en Padán-aram, y se puso en marcha hacia Canaán, donde vivía su padre Isaac. **20-21** Se fue con todo lo que tenía, y engañó a Labán al no decirle que se iba. Luego de cruzar el río Éufrates, se fue hacia los cerros de Galaad.

Labán persigue a Jacob

22 Al tercer día Labán supo que Jacob se había ido, **23-25** así que salió a perseguirlo, acompañado de sus parientes. Siete días después lo alcanzó en los cerros de Galaad, donde Jacob había acampado. Allí también acamparon Labán y sus parientes. Pero una noche Dios se le apareció a Labán en un sueño, y le dijo: «Labán, no le digas nada a Jacob».

26 Sin embargo, Labán le dijo a Jacob:

—¿Por qué me has engañado? ¿Por qué has tomado a mis hijas como si fueran prisioneras de guerra? **27** ¿Y por qué huiste sin decirme nada? Si me hubieras avisado, yo habría hecho una fiesta para despedirte. **28** ¡Lo que has hecho es una locura! ¡Ni siquiera un beso me dejaste darles a mis hijas y a mis nietos! **29** Ganas no me faltan de hacerles daño, pero anoche el Dios de tu padre me ordenó que no te dijera nada. **30** Si tanto te urgía volver a la casa de tu padre, no tenías por qué robarte mis dioses.

31-32 Como Jacob no sabía que Raquel se los había robado, le contestó:

—La verdad, tuve miedo de que me quitaras a tus hijas por la fuerza. En cuanto a tus dioses, pasa y busca tú mismo. Si encuentras algo tuyo entre lo mío, te lo puedes llevar. Y si alguien aquí tiene tus dioses, no quedará con vida. Nuestros parientes son testigos.

33 Labán entró en la tienda de campaña de Jacob, y luego en la tienda de Lía y de las dos esclavas, pero no encontró nada; finalmente entró en la de Raquel. **34-35** Pero Raquel había puesto los ídolos bajo la montura del camello, y se había sentado sobre ellos, por eso le dijo a su padre: «Me apena no poder levantarme, pero es que estoy con mi menstruación».
Y así, aunque Labán buscó y rebuscó por toda la tienda, no pudo encontrar sus ídolos. Al verlo buscar por todos lados, **36** Jacob se enojó y le reclamó:

—¿De qué se me acusa? ¿Cuál es mi delito, que me has perseguido como a un criminal? **37** Ya has revisado todo lo que tengo, ¿y qué encontraste que sea tuyo? A ver, ponlo aquí, delante de nuestros parientes, para que ellos nos den su opinión.
38 »En los veinte años que he vivido contigo, jamás me comí un solo carnero de tus rebaños, ni tus ovejas ni tus cabras perdieron sus crías. **39** Si alguna fiera mataba una oveja, yo te la pagaba; y si en el día o en la noche alguien se robaba un animal, tú me lo cobrabas. **40-41** Los veinte años que viví en tu casa los pasé en las peores condiciones: ahogándome de calor en el día, y muriéndome de frío en la noche, ¡y hasta el sueño se me iba! Catorce años trabajé para ti por tus dos hijas, y seis años por tus rebaños, ¡y más de una vez me rebajaste el sueldo! **42** ¡Qué bueno que el Dios de mi abuelo Abraham me brindó su ayuda! El Dios de mi padre Isaac fue bueno conmigo, pues me vio cansado y afligido, y anoche te reprendió. Si Dios no lo hubiera hecho, tú me habrías despedido sin nada.

43 Labán respondió:

—Estas mujeres son mis hijas,

estos niños son mis nietos, y estas ovejas son de mis rebaños. ¡No hay aquí nada que no sea mío! ¡Pero tampoco puedo hacerles daño! **44** Mejor hagamos un trato que nos comprometa a los dos.

45 Entonces Jacob tomó una gran piedra para hacer una columna, **46** y les ordenó a sus parientes recoger más piedras. Ellos así lo hicieron, y luego de amontonarlas alrededor de la columna, se sentaron a comer. A esas piedras amontonadas **47** Labán las llamó en arameo «Jegar Sadutá», y Jacob las llamó en hebreo «Galaad». **48-50** Entonces dijo Labán:

«En este día, este montón de piedras servirá de señal para recordarnos nuestro pacto. Cuando ya estemos lejos el uno del otro, que sea Dios quien nos vigile. Si maltratas a mis hijas, o te casas con otras mujeres, recuerda que Dios es nuestro testigo».

Por eso, además de llamar Galaad al montón de piedras, también se le llamó Mispá, que significa «Dios vigila».
51 Luego, Labán le hizo ver a Jacob:

«Este montón de piedras, y esta columna que he levantado entre nosotros dos, **52** servirá de señal para recordarnos nuestro pacto. Ni tú ni yo cruzaremos este límite para hacernos daño. **53** Pongo entre nosotros, como juez, al Dios de Abraham y Nahor, nuestros abuelos».

Jacob hizo el juramento en el nombre del Dios que su padre Isaac adoraba; **54** luego sacrificó un animal allí mismo en el cerro, e invitó a comer a todos sus parientes. Después de comer, todos ellos pasaron la noche allí.
55 (32.1) A la mañana siguiente Labán se levantó muy temprano, y luego de besar a sus nietos y a sus hijas, les dio su bendición y se regresó a su casa.

32 **1** (2) Jacob continuó su viaje, y en el camino unos ángeles de Dios salieron a su encuentro. **2** (3) Cuando Jacob los vio, dijo: «¡Pero si aquí también acampa Dios!» Por eso llamó a ese lugar «Dos campamentos».
3-4 (4-5) Después de eso, Jacob envió unos mensajeros a su hermano Esaú, que vivía en la región de Edom. Los mensajeros tenían instrucciones de decirle a Esaú:

«Su hermano Jacob se pone a sus órdenes y le hace saber que todo este tiempo ha estado viviendo con su tío Labán. **5** (6) Ahora es dueño de vacas, burros, ovejas y cabras, y además tiene esclavos y esclavas. También le suplica que usted lo reciba con bondad».

6 (7) Cuando los mensajeros regresaron, le dijeron a Jacob: «Fuimos y hablamos con su hermano Esaú, y él mismo viene a recibirlo, al frente de cuatrocientos hombres». **7** (8) Esto asustó mucho, así que dividió a su gente y a su ganado en dos grupos, **8** (9) pues pensó: «Si Esaú llega y ataca a uno de los grupos, al menos el otro grupo podrá escapar». **9** (10) Y Jacob hizo esta oración:

«Dios mío, tú eres el Dios de mi abuelo Abraham y de mi padre Isaac. Tú me ordenaste regresar a mi tierra, con mis parientes, y me prometiste tu ayuda. **10** (11) Siempre me tratas con mucha bondad, aunque no lo merezco, pues soy yo quien debe servirte. Cuando crucé el río Jordán, sólo tenía un palo para defenderme, pero ahora tengo gente y ganado para formar dos grupos. **11-12** (12-13) Tú me prometiste que me iría bien, y que mis descendientes llegarían a ser como la arena del mar, que no se puede contar. ¡Líbrame ahora de mi hermano Esaú! Tengo miedo de que venga y nos ataque a todos». **13** (14) Esa noche Jacob durmió en

aquel lugar. De los animales que tenía, apartó para regalarle a su hermano **14** (15) doscientas cabras, veinte chivos, doscientas ovejas, veinte carneros, **15** (16) treinta camellas con sus crías, cuarenta vacas, diez toros, veinte burras y diez burros. **16** (17) Entregó a sus sirvientes cada manada por separado, y les ordenó adelantarse y mantenerse a distancia unos de los otros. **17** (18) Al guía de la primera manada le ordenó:

«Cuando te encuentres con mi hermano Esaú, y él te pregunte quién eres y a dónde vas, y de quién son todos estos animales, **18** (19) le dirás que son míos, pero que yo se los regalo. Dile también que yo vengo detrás de ti».

19 (20) Estas mismas instrucciones les dio al segundo y al tercer guía, y a todos los que iban tras las manadas. A todos les insistió **20** (21) en que dijera que él venía siguiéndolos. Y es que Jacob pensaba: «Voy a calmar a Esaú con estos regalos, y así, cuando me vea, me recibirá bien». **21** (22) Luego de enviar esos regalos, Jacob se quedó a pasar la noche en el campamento.

La lucha de Jacob

22-23 (23-24) Esa misma noche Jacob se levantó, tomó todas sus posesiones, y junto con su familia cruzó el arroyo Jaboc. **24** (25) Y luego él solo regresó al otro lado y allí luchó con un desconocido hasta que el sol salió. **25** (26) Cuando el desconocido se dio cuenta de que no podía vencer a Jacob, lo golpeó en la cadera, y se la zafó. **26** (27) Entonces el desconocido le dijo:

—¡Suéltame! ¡Ya salió el sol!

Pero Jacob le respondió:

—No te suelto si no me bendices.

27 (28) El desconocido le preguntó:

—¿Cómo te llamas?

Cuando Jacob le dio su nombre, **28** (29) el desconocido dijo:

—Ya no te vas a llamar Jacob. Ahora vas a llamarte Israel, porque has luchado con Dios y con los hombres, y has vencido.

29 (30) Entonces Jacob le dijo:

—Ahora te toca decirme cómo te llamas.

Pero el desconocido respondió:

—¡Pues ya debieras saberlo!

Luego bendijo a Jacob, **30** (31) y por eso Jacob llamó a ese lugar Penuel, pues dijo: «¡He visto a Dios cara a cara, y todavía sigo con vida!» **31** (32) Cuando el sol salió, Jacob se fue de Penuel, pero iba cojeando. **32** (33) Por eso hasta el día de hoy los israelitas no comen del músculo que cubre la cadera de ningún animal, porque fue allí donde Jacob fue golpeado.

Jacob y Esaú se encuentran

33 ¹ Cuando Jacob vio a lo lejos que Esaú se acercaba con cuatrocientos hombres, repartió a los niños entre Lía, Raquel y las dos esclavas. ² Al frente de todos puso a las esclavas y a sus hijos; detrás de ellos puso a Lía y a sus hijos, y hasta atrás puso a Raquel y a José; ³ luego se adelantó y, mientras iba acercándose a su hermano, se inclinó hasta el suelo siete veces en señal de respeto.

⁴ Esaú, por su parte, corrió al encuentro de Jacob y, abrazándolo, lo besó. Y los dos se echaron a llorar. ⁵ Luego, al ver Esaú a las mujeres y a los niños, preguntó:

—¿Quiénes son todos estos?

Jacob le contestó:

—Dios ha sido bueno conmigo y me

ha dado todos estos hijos.

⁶ Las esclavas y sus hijos se acercaron, y se inclinaron hasta el suelo. ⁷ Lo mismo hicieron Lía y sus hijos, y también José y Raquel. ⁸ Entonces preguntó Esaú:

—¿Por qué me enviaste todos esos animales que he encontrado en el camino?

—Con ellos espero que me perdones y me trates bien —contestó Jacob.

⁹ Pero Esaú dijo:

—¡Quédate con lo que es tuyo, hermano mío, que yo ya tengo bastante!

¹⁰ Jacob insistió:

—Por favor, te ruego que aceptes este regalo. Nos has recibido con mucha amabilidad, y verte cara a cara ¡es como ver el rostro de Dios! ¹¹ Ten la bondad de aceptarme este regalo. Te lo traigo porque Dios me ha dado mucho, y tengo todo lo que necesito.

Ante la insistencia de Jacob, Esaú lo aceptó. ¹² Luego dijo:

—Sigamos nuestro camino. Yo voy a acompañarte.

¹³ Pero Jacob le dijo:

—De ningún modo, hermano mío. Tú sabes que los niños se cansan rápido. Además, debo tener cuidado con las ovejas y las vacas que están criando. Si las hago caminar un día más, todas ellas se morirán. ¹⁴ Es mejor que te adelantes y me dejes ir despacio, al paso de los niños y de mis animales, hasta que te alcance en Edom.

¹⁵ Esaú le sugirió:

—Permíteme dejarte algunos de mis hombres.

Pero Jacob le contestó:

—¿Para qué vas a hacer eso? ¡Ya es bastante con que me hayas recibido bien!

16 Entonces Esaú regresó a Edom ese mismo día. **17** Jacob, por su parte, se dirigió a Sucot, lugar que se llamó así porque hizo unos cobertizos para su ganado. Allí también construyó su casa.

18-20 Cuando Jacob regresó de Padán-aram, llegó sano y salvo al pueblo de un hombre llamado Siquem, que era hijo de Jamor. El pueblo estaba en la región de Canaán, y Jacob le compró en cien monedas de plata un terreno que era de los hijos de Jamor, y que estaba frente al pueblo. Allí plantó Jacob su tienda de campaña y construyó un altar, al cual llamó Dios de Israel.

Siquem viola a Dina

34 **1** Dina, la hija de Lía y de Jacob, fue un día a visitar a las mujeres del pueblo. **2** Jamor, que era heveo, gobernaba ese territorio. Cuando su hijo Siquem vio a Dina, la tomó por la fuerza y la violó. **3** Sin embargo, se enamoró de ella y trató de ganarse su cariño, **4** así que le dijo a su padre que la pidiera para que fuera su esposa. **5** Jacob supo que Dina había sido violada, pero como sus hijos estaban cuidando el ganado, prefirió esperar a que regresaran. **6** Mientras tanto, Jamor fue a hablar con Jacob.

7 Tan pronto como los hijos de Jacob se enteraron de lo ocurrido, regresaron del campo muy enojados. Consideraban que violar a la hija de Jacob era una ofensa contra la familia, ¡algo que Siquem no debió haber hecho! **8** Sin embargo, Jamor les dijo:

—Mi hijo Siquem realmente quiere mucho a la muchacha. Yo les ruego que lo dejen casarse con ella. **9** Háganse parientes nuestros. Así nosotros nos casaremos con sus mujeres y ustedes podrán casarse con las nuestras, **10** y podrán también vivir libremente entre nosotros. Allí tienen el país: ¡vivan en él, vayan a donde quieran, compren terrenos!

11 Siquem, por su parte, les dijo a Jacob y a sus hijos:

—Si me consideran digno de casarme con Dina, les daré lo que me pidan. **12** Ustedes díganme cuánto quieren a cambio, y yo pagaré ese precio, ¡pero, por favor, déjenme casarme con ella!

13 Pero los hijos de Jacob no fueron sinceros con él ni con Jamor, **14** sino que los engañaron diciéndoles:

—Nosotros no podemos permitir que nuestra hermana se case con alguien que no está circuncidado. Eso, para nosotros, sería una vergüenza. **15** Sólo con una condición daremos nuestro permiso para la boda: que ustedes y todos sus hombres se circunciden. **16** Así, podrán casarse con nuestras mujeres, y nosotros, con las de ustedes. Entonces nos quedaremos a vivir aquí, y todos seremos un solo pueblo. **17** Claro que si no están de acuerdo, tomaremos a Dina y nos marcharemos.

18 Jamor y Siquem aceptaron la propuesta. **19-20** Y como Siquem era muy respetado entre sus familiares y estaba muy enamorado de Dina, él y su padre se fueron en seguida a hablar con las autoridades de su pueblo, **21** y les dijeron:

—Los hijos de Jacob son gente muy amistosa. Dejemos que vivan en nuestro territorio, y que hagan negocios aquí. Todavía hay mucho espacio en nuestra tierra para ellos. Así podremos casarnos con sus mujeres, y ellos, con las nuestras. **22** Pero sólo aceptarán vivir con nosotros si nuestros hombres se circuncidan. **23** ¡Dejemos que se queden a vivir aquí! ¡Así todos sus ganados y todas sus riquezas serán para nosotros!

24 Las autoridades estuvieron de acuerdo con Jamor y con Siquem, y todos los varones se circuncidaron. **25** Pero Simeón y Leví, hermanos de Dina, fueron al pueblo tres días después. Espada en mano atacaron por sorpresa a todos los hombres circuncidados y los mataron, pues ninguno pudo defenderse por los dolores que tenían. **26** Luego de matar a Jamor y a Siquem, sacaron a Dina de la casa. Antes de marcharse, **27-29** pisotearon los cadáveres y robaron todo lo que había en el pueblo. Se llevaron ovejas, vacas y burros, y todo lo que encontraron a su paso en el pueblo y en el campo. También entraron a las casas y las robaron, llevándose además todas sus riquezas, sus mujeres y sus niños. Así vengaron la violación de su hermana Dina.

30 Jacob reprendió a Simeón y a Leví:

—Con lo que han hecho, ustedes me han traído muchos problemas. Ahora los cananeos y los ferezeos no van a querer ni verme. Nosotros somos pocos, y si la gente de esta tierra se une contra nosotros, acabarán por matarnos a todos.

31 Pero ellos le respondieron:

—¡Pues Siquem no tenía por qué tratar a nuestra hermana como a una prostituta!

Jacob regresa a Betel

35 **1** Dios le dijo a Jacob:

«Cuando estabas huyendo de tu hermano Esaú, yo me aparecí a ti en Betel. Así que regresa a Betel, quédate a vivir allá, y constrúyeme un altar».

2 Jacob entonces les ordenó a sus familiares y a todos los que vivían con él:

«Desháganse de todos esos dioses extraños en los que han creído. Luego báñense y cámbiense de ropa, **3** porque debemos ir a Betel para presentarnos ante Dios. Allá construiré un altar, para darle gracias, pues cuando estuve en problemas, él me ayudó. Por dondequiera que he andado, Dios siempre ha estado conmigo».

4 Ellos le entregaron a Jacob todos aquellos dioses, y también los aretes que llevaban como amuletos. Entonces Jacob los enterró bajo el gran árbol que está en Siquem. **5** Y cuando se pusieron en marcha, Dios hizo que todas las ciudades vecinas les tuvieran miedo, así que nadie los persiguió. **6** Jacob y toda su gente llegaron a Betel, que está en la tierra de Canaán. **7** Fue allí donde Dios se le apareció a Jacob cuando huía de su hermano Esaú. Por eso Jacob construyó allí un altar, y al lugar le puso por nombre «Dios de Betel». **8** En esos días murió Débora, la mujer que había cuidado de Rebeca desde niña, y la enterraron bajo un árbol cerca de Betel. Por eso a ese lugar se le conoce como «El árbol del llanto».

9 Tiempo atrás, Dios se le había aparecido a Jacob, y lo había bendecido cuando volvía de Padán-aram. **10** En aquella ocasión, Dios le dijo: «Ya no vas a llamarte Jacob, sino Israel». Y con ese nombre se le conoció desde entonces. **11** Allí también Dios le dijo:

«Yo soy el Dios todopoderoso. Quiero que tengas muchos descendientes, pues de ellos saldrán reyes y muchas naciones. **12** La tierra que les di a Abraham y a Isaac, también te la doy a ti, y a tus descendientes».

13-14 Cuando Dios se fue de allí, Jacob levantó en ese lugar una columna de piedra, y sobre ella derramó aceite y vino para dedicársela a Dios. **15** Y como Dios había hablado allí con él, Jacob llamó a ese lugar Betel, que significa «casa de Dios».

Muerte de Raquel

16 Jacob y su gente se fueron de allí. Estaban por llegar a Efrata cuando le llegó a Raquel la hora de tener otro bebé. **17** Como tenía mucho problema para tenerlo, la mujer que la ayudaba le dijo: «No tengas miedo, que también este bebé va a ser niño». **18** El niño nació bien, pero Raquel estaba a punto de morirse. En sus últimos momentos de vida le puso a su hijo el nombre de Benoní, que significa «hijo de mi dolor». Sin embargo, Jacob le cambió el nombre y le puso Benjamín, que significa «hijo favorito».

19 Raquel murió, y la enterraron en el camino de Efrata, donde ahora es Belén. **20** Sobre su tumba, Jacob levantó una columna de piedras. Hasta el momento en que esto se escribe, esa columna marca el lugar de la tumba de Raquel.

21 Una vez más, Jacob se puso en marcha y acampó más allá de la torre de Éder. **22** Mientras Jacob vivía en ese lugar, Rubén tuvo relaciones sexuales con Bilhá, una de las esposas de Jacob. Pero esto llegó a oídos de Jacob.

Los hijos de Jacob

Jacob tuvo doce hijos:

23 Con Lía tuvo a Rubén, que fue su hijo mayor, y también a Simeón, Leví, Judá, Isacar y Zabulón. **24** Con Raquel tuvo a José y Benjamín. **25** Con Bilhá, la esclava de Raquel, tuvo a Dan y Neftalí. **26** Con Zilpá, la esclava de Lía, tuvo a Gad y Aser.

Estos fueron los hijos de Jacob, que nacieron cuando él vivió en Padán-aram.

Muerte de Isaac

27 Jacob volvió a la casa de su padre Isaac, que vivía en Hebrón, donde también había vivido Abraham. **28** Isaac llegó a la edad de ciento ochenta años. **29** Después de una vida tan larga, murió, y sus hijos Esaú y Jacob lo enterraron en la tumba de la familia.

Los descendientes de Esaú

36 **1-5** Esta es la historia de Esaú, que se casó con tres mujeres: Adá, Oholibamá y Basemat. Adá era hija de un hitita llamado Elón, y Oholibamá era hija de Aná y nieta de un heveo llamado Sibón; las dos eran cananeas. Basemat era hija de Ismael y hermana de Nebaiot. Esta es la lista de los hijos de Esaú; todos ellos nacieron en Canaán: Elifaz hijo de Adá; Reuel hijo de Basemat; y Jeús, Jaalam y Coré, hijos de Oholibamá.

6 Esaú se fue a vivir a otro lugar, no muy lejos de su hermano Jacob. Se llevó a sus esposas, hijos e hijas, y todos los que vivían con él. También se llevó todos sus animales y todo lo que había llegado a tener en Canaán. **7** Era tanto lo que Esaú y Jacob tenían, y tanta la cantidad de ganado, que ya no podían seguir viviendo juntos. La tierra donde vivían ya no era lo bastante grande para los dos. **8** Así fue como Esaú se quedó a vivir en la parte montañosa de Edom.

9-19 La historia de Esaú en esas montañas, y la lista de sus descendientes que llegaron a ser jefes de tribus edomitas, es la siguiente:

De los hijos de Esaú: Elifaz, Reuel, Jeús, Jaalam, Coré.

De los hijos de Elifaz y nietos de Adá: Temán, Omar, Sefó, Gatam, Quenaz, Coré, Amalec, hijo de Elifaz y Timná.

De los hijos de Reuel y nietos de Basemat: Náhat, Zérah, Samá, Mizá.

20-30 Los jefes de las tribus de los horeos, que son descendientes de Esaú, y que vivían en la región de Edom, fueron: Lotán, Sobal, Sibón, Aná, Disón, Éser, Disán.

De los hijos de Lotán: Horí, Hemam.

Timná, la hermana de Lotán.

De los hijos de Sobal: Alván,

Manáhat, Ebal, Sefó, Onam.

De los hijos de Sibón: Aiá, Aná.

De los hijos de Aná: Disón, Oholibamá.

De los hijos de Disón: Hemdán, Esbán, Itrán, Querán.

De los hijos de Éser: Bilhán, Zaaván, Acán.

De los hijos de Disán: Uz, Arán.

Aná fue el que descubrió unos manantiales en el desierto mientras cuidaba los burros de su padre Sibón.

Los reyes de Edom

31-39 Antes que hubiera reyes en Israel, los descendientes de Esaú, que vivían en Edom, tuvieron varios reyes. Cada rey gobernaba hasta el día de su muerte, y entonces otro ocupaba su lugar.
Esta es la lista de los reyes de Edom: Bela hijo de Beor, de la ciudad de Dinhaba. Jobab hijo de Zérah, del pueblo de Bosrá. Husam, de la región de Temán. Hadad hijo de Bedad, de la ciudad de Avit. Samlá, del pueblo de Masrecá. Saúl, del pueblo de Rehobot, junto al Éufrates. Baalhanán hijo de Acbor. Hadad de la ciudad de Pau.

La esposa de Hadad de Pau se llamaba Mehetabel y era hija de Matred y nieta de Mezaab. **40-43** Los jefes edomitas descendientes de Esaú, ordenados por nombre, familia, territorio y lugar de residencia, fueron: Timná, Alvá, Jetet, Oholibamá, Elá, Pinón, Quenaz, Temán, Mibsar, Magdiel, Iram.

HISTORIA DE JOSÉ
(37.1-50.26)

37 **1-2** Esta es la historia de Jacob, que vivió en la tierra de Canaán, donde antes su padre había vivido como extranjero.

Los sueños de José
Cuando José tenía diecisiete años, ayudaba a sus hermanos, los hijos de Bilhá y de Zilpá, a cuidar las ovejas. Pero José le contaba a su padre lo mal que se portaban sus hermanos.
3 Jacob amaba a José más que a sus otros hijos, pues había nacido cuando ya era muy anciano. Por eso le hizo una capa de muchos colores. **4** Pero sus hermanos lo odiaban, y ni siquiera le hablaban, pues veían que su padre lo quería más que a ellos.
5 Un día José tuvo un sueño. Cuando se lo contó a sus hermanos, ellos lo odiaron aún más, **6** pues les dijo:

—Anoche tuve un sueño, **7** y soñé que estábamos en medio del campo, atando el trigo en manojos. De repente, mi manojo se levantó y se quedó bien derecho, mientras los de ustedes lo rodeaban y se inclinaban ante él.

8 Sus hermanos protestaron:

—¡Ahora resulta que vas a ser nuestro rey y nuestro jefe!

Y por causa del sueño y por lo que decía, creció en ellos el odio que le tenían.
9 José tuvo otro sueño, y también se lo contó a sus hermanos. Les dijo:

—Fíjense que tuve otro sueño. Resulta que esta vez el sol, la luna y once estrellas, se inclinaban ante mí.

10 Cuando les contó este sueño a su padre y a sus hermanos, su padre lo reprendió, y le dijo:

—¿Qué clase de sueño es ese? ¿Quieres decir que tu madre y tus hermanos, y yo mismo, vamos a ser tus esclavos?

11 Y sus hermanos le tenían envidia, pero su padre trataba de entender el significado de sus sueños.

José es vendido como esclavo
12 Los hermanos de José habían llevado las ovejas de su padre a los pastos de Siquem. **13-14** Unos días después, Jacob le dijo a José:

—Ya sabes que tus hermanos están en Siquem, cuidando las ovejas. Quiero que vayas a ver si todo está bien, y que regreses a contármelo.

—Sí, papá, en seguida voy —le respondió.

José salió del valle de Hebrón, y llegó a Siquem, **15** pero no encontró a sus hermanos por ningún lado. Poco después lo encontró un hombre y le preguntó:

—¿Qué andas buscando?

16 José le respondió:

—Busco a mis hermanos y a sus rebaños. Tal vez usted pueda decirme dónde están.

17 Aquel hombre contestó:

—Hace días que se fueron. Alcancé a oír que se iban a Dotán.

José siguió buscando a sus hermanos, y allá los encontró. **18** Cuando ellos lo vieron acercarse, antes de que él llegara a donde ellos estaban, se pusieron de acuerdo para matarlo. **19** Unos a otros se decían:

«¡Vaya, vaya! ¡Aquí viene ese gran soñador! **20** Vamos a matarlo y a echarlo en uno de estos pozos, y diremos que algún animal feroz se lo comió. ¡Ya vamos a ver si se cumplen sus sueños!»

21-22 Al oír esto, Rubén trató de librar a José de sus hermanos, para luego llevárselo a su padre. Por eso les dijo: «No está bien que lo matemos. ¿Para qué matarlo? Si quieren, échenlo en este pozo del desierto; ¡pero no le hagan daño!»

²³ Cuando José llegó a donde estaban sus hermanos, ellos le quitaron la capa que su padre le había hecho ²⁴ y lo echaron al pozo, que estaba seco. Y Rubén se fue. ²⁵ Los hermanos se sentaron a comer. De pronto vieron que se acercaba un grupo de comerciantes. Eran unos ismaelitas que venían de Galaad. Sus camellos estaban cargados de finos perfumes y hierbas de rico olor, que los ismaelitas pensaban vender en Egipto. ²⁶ Judá entonces les dijo a sus hermanos:

«No ganamos nada con matar a nuestro hermano, y luego tener que mentir acerca de su muerte. ²⁷ Nos conviene más vendérselo a estos ismaelitas. Después de todo, José es nuestro hermano; ¡es de nuestra propia familia!»

Esta idea les pareció bien, ²⁸ así que cuando los comerciantes pasaron por allí, los hermanos de José lo sacaron del pozo y lo vendieron en veinte monedas de plata. Entonces los comerciantes se lo llevaron a Egipto. ²⁹ Cuando Rubén regresó y vio que José ya no estaba en el pozo, rompió su ropa en señal de tristeza, ³⁰ y luego fue a decirles a sus hermanos: «¡José ya no está en el pozo! Y ahora, ¿qué le voy a decir a mi padre?» ³¹ Mataron entonces un cabrito, y con la sangre del cabrito mancharon la capa de José. ³² Luego le llevaron la capa a Jacob, y le dijeron:

-¡Mira lo que encontramos! Nos parece que es la capa de tu hijo.

³³ Jacob la reconoció, y lleno de dolor gritó:

—¡Sí, si es la capa de mi hijo! ¡Seguramente algún animal feroz lo hizo pedazos y se lo comió!

³⁴ Allí mismo Jacob rompió su ropa en señal de tristeza, se vistió de luto, y durante mucho tiempo lloró por la muerte de su hijo. ³⁵ Todos sus hijos llegaron para consolarlo, pero él no quería que lo consolaran. Más bien, lloraba y decía que quería morirse para estar con José. ³⁶ Cuando los comerciantes llegaron a Egipto, vendieron a José. Lo compró Potifar, que era un oficial del rey de Egipto y capitán de la guardia.

Judá y Tamar

38 ¹ Fue por esos días cuando Judá se apartó de sus hermanos y se fue a Adulam, donde vivió en la casa de un amigo suyo que se llamaba Hirá. ² Allí Judá conoció a la hija de un cananeo llamado Súa, y se casó con ella. Después de un tiempo 3 ella quedó embarazada y tuvo un hijo. Judá le puso por nombre Er. 4·5 Tiempo después, la esposa de Judá tuvo dos hijos más: a uno de ellos lo llamó Onán, y al otro lo llamó Selá. Este último nació en Quezib. ⁶ Judá le buscó esposa a Er, y lo casó con una mujer llamada Tamar. ⁷ Pero a Dios no le gustaba la mala conducta de Er, así que le quitó la vida. ⁸ Entonces Judá le dijo a Onán: «Cásate con la viuda de tu hermano y cumple con tu deber de cuñado. Así tu difunto hermano tendrá hijos por medio de ti». ⁹ Onán sabía que los hijos que tuviera con su cuñada no serían considerados suyos, sino de su hermano. Por eso, cada vez que tenía relaciones sexuales con ella procuraba no dejarla embarazada. De ese modo evitaba darle hijos a su hermano muerto. ¹⁰ A Dios tampoco le gustó esta mala conducta de Onán, así que también le quitó la vida. ¹¹ Entonces Judá le recomendó a Tamar que se quedara viuda hasta que Selá creciera. Y es que Judá tenía miedo de que también Selá muriera, como sus hermanos. Por eso Tamar se fue a vivir a la casa de su padre. ¹² Pasó el tiempo, y murió la esposa de Judá. Luego de llorar su muerte, Judá se fue a Timnat, donde sus pastores estaban cortándoles la lana a sus ovejas. Su amigo Hirá lo acompañó. ¹³ Alguien fue a contarle a Tamar que su suegro iba de camino a Timnat, para recoger la lana de sus ovejas. ¹⁴ Entonces ella se quitó la ropa de luto, se tapó la cara con un velo, y fue a sentarse a la entrada de Enaim, junto al camino que lleva a Timnat. Tamar se había dado cuenta de que Selá ya había crecido y, sin embargo, Judá no la casaba con ella. ¹⁵⁻¹⁶ Cuando Judá vio a una mujer con la cara cubierta, no se imaginó que se trataba de su nuera. Más bien, pensando que era una prostituta, se acercó a ella y le propuso:

—Oye, ¿me dejarías acostarme contigo?

Ella contestó:

—Suponiendo que te deje, ¿qué me darás a cambio?

¹⁷ —Te mandaré uno de mis cabritos —respondió Judá.

—Acepto —dijo ella—, sólo si me dejas algo tuyo como garantía de que me pagarás.

¹⁸ —¿Y qué quieres que te deje?— preguntó Judá.

—Pues déjame tu sello con todo y cordón, y la vara que llevas en la mano —respondió ella.

Judá aceptó sus condiciones, y tuvo relaciones sexuales con ella, y ella quedó embarazada. ¹⁹ Tan pronto como Judá se marchó, ella se quitó el velo y volvió a ponerse las ropas de luto. ²⁰ Más tarde, cuando Judá mandó a su amigo Hirá para entregar el cabrito y recoger lo que le había dejado a Tamar, su amigo ya no la encontró. ²¹ Entonces les preguntó a los que vivían allí:

—¿Dónde está la prostituta que acostumbra sentarse junto al

camino de Enaim?

Ellos contestaron:

—Aquí nunca ha habido ninguna prostituta.

22 El amigo de Judá regresó y le dijo:

—No encontré a esa mujer. Los de ese lugar me aseguran que allí no ha habido ninguna prostituta.

23 Judá respondió:

—¡Pues que se quede con todo! Pero nadie podrá decir que no cumplo mi palabra. Yo te envié con el cabrito, y tú ya no la encontraste.

24 Como a los tres meses, alguien fue a decirle a Judá:

—Seguramente tu nuera Tamar ha tenido relaciones con alguien, pues resulta que está embarazada.

Entonces Judá exclamó:

—¡Échenla fuera, y quémenla viva!

25 Cuando la estaban sacando, Tamar mandó a decirle a su suegro: «El dueño de todo esto fue quien me dejó embarazada. Fíjate bien, tal vez sepas quién es el dueño».
26 En cuanto Judá reconoció su sello y la vara, dijo:

—El culpable soy yo, y no ella, pues no quise darle a mi hijo Selá como esposo.

Y nunca más Judá volvió a tener relaciones sexuales con Tamar.
27 Tiempo después, Tamar tuvo mellizos. **28** Al momento de nacer, uno de los mellizos sacó la mano; entonces la mujer que ayudaba a Tamar le ató al niño una cinta roja en la muñeca y dijo: «Este nació primero». **29** Pero el niño volvió a meter la mano, y el que nació primero fue el otro mellizo. Entonces dijo la mujer: «¡Vaya, te abriste

paso!» Por eso le pusieron por nombre Fares. **30** Después de él nació su hermano, y como traía la cinta roja atada a la muñeca le pusieron por nombre Zérah.

José y la esposa de Potifar

39 **1** Cuando los comerciantes llevaron a José a Egipto, lo compró Potifar, que era oficial del rey y capitán de su guardia. **2** A José le fue muy bien allí en la casa de su amo egipcio, pues Dios estaba con él. **3** Potifar vio que Dios ayudaba a José y hacía que todo le saliera bien. **4-6** Por eso trató amablemente a José, lo puso a cargo de su casa y de todo lo que tenía. A partir de ese momento, y gracias a José, Dios bendijo a Potifar en todo, y él no se preocupaba ya de nada, más que de comer.
Como José era muy guapo y atractivo, **7** la mujer de su amo se fijó en él, y le propuso:

—¡Ven, acuéstate conmigo!

8 En vez de aceptar, José le contestó:

—Mi amo confía en mí, y por eso ha dejado todo a mi cargo. Estando yo al frente de todas sus riquezas, él no tiene nada de qué preocuparse. **9** No me ha prohibido nada, y en esta casa nadie tiene más autoridad que yo. Pero usted es su esposa. Tener relaciones sexuales con usted, sería pecar contra Dios.

10 Y aunque todos los días ella le insistía, él la rechazaba. **11** Un día, José entró en la casa para hacer su trabajo. Entonces ella, aprovechando que no había nadie en la casa, **12** lo agarró de la ropa y le exigió:

—¡Acuéstate conmigo!

Pero José prefirió que le arrebatara la ropa, y salió corriendo de la casa. **13** Entonces ella, al verse con la ropa de José en las

manos, **14** llamó a gritos a los sirvientes y les dijo:

—¡Miren, este hebreo que trajo mi esposo ha venido a burlarse de nosotros! Se metió aquí y quiso violarme, pero yo me puse a gritar con todas mis fuerzas. **15** En cuanto me oyó gritar y pedir ayuda, salió corriendo ¡y hasta la ropa dejó!

16 Ella guardó la ropa de José hasta que regresara su esposo. **17** Cuando Potifar llegó, ella le contó la misma historia: «Ese esclavo hebreo que nos trajiste quiso violarme. **18** Pero en cuanto empecé a gritar pidiendo ayuda, dejó su ropa junto a mí y salió corriendo de la casa».
19 Al oír Potifar las quejas de su esposa, se enojó mucho. **20** Entonces agarró a José y lo metió en la cárcel, donde estaban los presos del rey.
Pero aun en la cárcel **21** Dios siguió ayudando a José y dándole muestras de su amor, pues hizo que el carcelero lo tratara bien. **22** Y así, el carcelero puso a José a cargo de todos los presos y de todos los trabajos que allí se hacían. **23** El carcelero no tenía que vigilarlo, porque Dios ayudaba a José y hacía que todo le saliera bien.

Los sueños del copero y del panadero

40 **1-2** Algún tiempo después, el jefe de los coperos y el jefe de los panaderos ofendieron al rey de Egipto, y el rey se enojó mucho con estos dos ayudantes. **3** Entonces los puso bajo vigilancia en la cárcel donde José estaba preso. **4** El capitán de la guardia los dejó al cuidado de José. Pasó el tiempo, **5** y una noche el copero y el panadero tuvieron cada uno un sueño, y cada sueño tenía su propio significado. **6** Al día siguiente, cuando José llegó a verlos, los encontró muy tristes, **7** y les preguntó:

—¿Por qué están hoy tan tristes?
8 Ellos respondieron:

—Resulta que los dos tuvimos un sueño, pero no hay quien pueda decirnos lo que significan.

José les dijo:

—Vamos a ver, cuéntenme sus sueños, y Dios nos dirá lo que significan.

9 El primero en contar su sueño fue el copero. Le dijo:

—En mi sueño yo veía una planta de uvas **10** que tenía tres ramas. Tan pronto como las ramas brotaban, también echaban flores, y las uvas maduraban. **11** Yo tenía en mi mano la copa del rey, así que tomaba las uvas y las exprimía en la copa, y luego se la daba al rey.

12 José le dijo:

—Las tres ramas son tres días. Eso quiere decir **13** que dentro de tres días el rey te perdonará y te devolverá tu cargo, para que vuelvas a servirle como su jefe de los coperos. **14** Por favor, cuando todo esto suceda, no te olvides de mí. Tan pronto puedas, háblale de mí al rey, y sácame de esta cárcel. **15** Yo soy hebreo, y me trajeron aquí a la fuerza, aunque no hice nada para merecerlo.

16 Cuando el jefe de los panaderos vio que José le había dado un significado muy bueno al sueño del copero, le dijo:

—También yo tuve un sueño. Sobre mi cabeza había tres canastas de pan. **17** La canasta de más arriba tenía los mejores pasteles para el rey; sin embargo, las aves venían a comérselos.

18 José le dijo:

—Las tres canastas son tres días. Eso quiere decir **19** que dentro de tres días el rey mandará que te cuelguen de un árbol. Allí los buitres se comerán tu cuerpo.

20 Tres días después el rey de Egipto celebraba su cumpleaños, así que hizo una gran fiesta e invitó a todos sus ayudantes y consejeros. Allí, delante de sus invitados, el rey mandó a sacar de la cárcel al jefe de los coperos y al jefe de los panaderos. **21** Al jefe de los coperos le devolvió su cargo, **22** pero mandó que colgaran de un árbol al jefe de los panaderos. Así se cumplió lo que José les había dicho.

23 Sin embargo, el jefe de los coperos se olvidó completamente de José.

Los sueños del rey de Egipto

41 **1** Dos años después, el rey de Egipto tuvo un sueño en el que se veía de pie, junto al río Nilo. **2** De pronto vio que del río salían siete vacas, gordas y bonitas, las cuales se ponían a comer el pasto que había a la orilla del río. **3** También vio salir del río otras siete vacas, flacas y feas, las cuales se pararon junto a las primeras siete vacas. **4** Y de repente, ¡las flacas y feas se comieron a las gordas y bonitas!

En ese momento el rey se despertó. **5** Pero volvió a dormirse, y tuvo otro sueño. Soñó que de un mismo tallo brotaron siete espigas, verdes y llenas de trigo. **6** Tras ellas brotaron otras siete espigas, sin trigo y marchitadas por el viento del desierto. **7** ¡Y las espigas secas se tragaron a las verdes y llenas de trigo!

El rey se despertó, y vio que se trataba de un sueño. **8** Sin embargo, al levantarse estaba tan preocupado que mandó llamar a todos los magos y sabios de Egipto. Les contó sus sueños, pero ninguno pudo decirle lo que significaban. **9** De pronto, el jefe de los coperos se acordó de José y le dijo al rey:

—¡Soy un malagradecido! **10** Una vez usted se enojó conmigo y con el jefe de los panaderos, y mandó que nos encerraran en la cárcel, al cuidado del capitán de la guar-

dia. **11** Una noche, los dos tuvimos un sueño. **12** Allí en la cárcel estaba con nosotros un joven hebreo, que ayudaba al capitán de la guardia; le contamos nuestros sueños, y él nos dijo lo que significaban. **13** ¡Y dicho y hecho! A mí usted me devolvió a mi cargo, y al otro mandó que lo mataran.

14 El rey mandó llamar a José, y de inmediato lo sacaron de la cárcel. Entonces José se afeitó, se cambió de ropa, y luego se presentó ante el rey. **15** Y el rey le dijo:

—Tuve un sueño, y nadie puede decirme lo que significa. Pero me han dicho que en cuanto oyes un sueño, sabes su significado.

16 José le respondió:

—Yo no tengo ese poder, pero Dios sí lo tiene, y le dará a usted la respuesta esperada.

17 Entonces el rey le dijo:

—Resulta que, en mi sueño, yo estaba de pie a la orilla del río Nilo. **18** De pronto vi que del río salían siete vacas gordas y bonitas, las cuales se pusieron a comer el pasto que había a la orilla del río. **19** Tras ellas salieron otras siete vacas, muy flacas y feas. ¡Jamás vi vacas tan feas en todo Egipto! **20** Y resulta que las vacas flacas y feas se comieron a las vacas gordas que habían salido primero. **21** Eran tan flacas y feas esas vacas, que después de comerse a las otras, no se les notaba nada; ¡seguían tan flacas como al principio!

»Yo me desperté. **22** Pero volví a soñar, y en mi sueño vi también siete espigas verdes y llenas de trigo, que brotaban de un mismo tallo. **23** Después de ellas brotaron otras siete espigas, delgadas y marchitas, resecadas por el viento del desierto. **24** Esas espigas delgadas se comieron a las siete espigas llenas de trigo. Todo esto se lo he contado a los magos, pero ninguno ha podido explicármelo.

25 José le dijo al rey:

—Los dos sueños que tuvo Su Majestad son uno solo. Dios le ha hecho saber a usted lo que piensa hacer. **26** Las siete vacas gordas son siete años, lo mismo que las siete espigas llenas de trigo; el sueño es uno solo. **27** Las siete vacas flacas y feas que salieron detrás de aquellas son también siete años, lo mismo que las siete espigas marchitas y resecadas por el viento del desierto. Ellas significan siete años de hambre. **28** »Dios quiere que Su Majestad sepa lo que él está a punto de hacer. **29** Egipto va a tener siete años de abundantes cosechas, **30-31** pero después vendrán siete años en que no habrá qué comer. Cuando eso suceda, nadie se acordará de la abundancia que antes hubo. Habrá tanta hambre que acabará con el país. **32** Su Majestad tuvo el mismo sueño en dos formas distintas, y eso significa que Dios ha decidido hacerlo, y lo va a hacer muy pronto.

33 »Yo le sugiero a Su Majestad que busque a alguien muy sabio e inteligente, y que lo ponga a cargo del país. **34** También le sugiero que nombre gente que se encargue de recoger la quinta parte de las cosechas durante los siete años de abundancia. **35** Durante los siete años buenos que van a venir, Su Majestad debe darles autoridad para que junten y almacenen en las ciudades todos los alimentos y el trigo. **36** Ese alimento quedará guardado, para usarlo durante los siete años de hambre que habrá en Egipto. Así el país no quedará arruinado por el hambre.

37 El rey y sus consejeros estuvieron de acuerdo en que el plan de José era bueno, **38** y el rey les comentó: «En ningún lado vamos a encontrar a nadie más inteligente que este joven». **39-41** Por eso le dijo a José:

—Dios te ha dado a conocer todo esto, y eso quiere decir que no hay nadie tan sabio e inteligente como tú. Por eso, a partir de este momento quedas a cargo de mi palacio y de todo mi pueblo. Todos en Egipto tendrán que obedecerte. Sólo yo tendré más poder que tú porque soy el rey.

42 Después, el rey se quitó el anillo que usaba para sellar sus cartas, y se lo puso a José. Luego ordenó que lo vistieran con ropas de lino fino y que le pusieran un collar de oro, **43** y le pidió que lo acompañara en su carro, como su gobernador. Delante de José gritaban: «¡Abran paso!» Así fue como el rey puso a José a cargo de todo su país. **44** Luego le dijo a José: «Aunque yo soy el rey de Egipto, nadie en este país hará nada sin tu permiso».

45 Además, el rey le cambió el nombre a José, y le puso Safenat-panéah, y le dio por esposa a la hija de Potifera, sacerdote de On, la cual se llamaba Asenat. Después de eso, José comenzó a recorrer todo Egipto.

José se hace cargo de Egipto
46 José tenía treinta años cuando se despidió del rey y comenzó a viajar por todo Egipto. **47** Durante los siete años de abundancia, en todo Egipto hubo muy buenas cosechas, **48** así que José juntó todo el alimento que se produjo en esos siete años y lo almacenó. En cada ciudad guardó el alimento que produjeron los campos vecinos. **49** José almacenó tanto trigo que parecía haber juntado toda la arena del mar; hasta dejó de anotar la cantidad de trigo guardada, porque ya no era posible llevar la cuenta.

50 Antes de que llegaran los años de escasez, Asenat y José tuvieron dos hijos. **51** Al primero de ellos José lo llamó Manasés porque dijo: «Dios ha hecho que me olvide de todos mis problemas y

de la familia de mi padre». **52** A su segundo hijo lo llamó Efraín, porque dijo: «Dios permitió que yo tuviera hijos en este país donde he sufrido tanto».

53-54 Tal como lo había anunciado José, a los siete años de abundancia siguieron los siete años de escasez. Y aunque había hambre en todos los otros países, en Egipto había de comer. **55** Cuando comenzó a sentirse el hambre en Egipto, los egipcios fueron a pedirle al rey que les diera de comer. Entonces el rey les dijo: «Vayan a ver a José, y hagan lo que él les diga».

56 Cuando ya no había comida en todo el país, José abrió los almacenes y les vendió trigo a los egipcios. **57** Era tanta la escasez de alimentos que de todos los países iban a Egipto para comprarle trigo a José.

Los hermanos de José van a Egipto
42 **1-2** Cuando Jacob supo que en Egipto había trigo, les dijo a sus hijos:

«¿Qué hacen allí, mirándose los unos a los otros? Me han dicho que en Egipto hay trigo. Si queremos seguir con vida y no morirnos de hambre, más vale que vayan allá y compren trigo para nosotros».

3-5 El hambre en Canaán iba en aumento, y mucha gente viajaba a Egipto para comprar trigo; entre esa gente iban diez hermanos de José. Jacob no dejó que Benjamín se fuera con ellos porque tenía miedo de que le sucediera alguna desgracia. Como sabemos, Benjamín era hermano de José por parte de padre y madre. **6** Cuando los hermanos de José llegaron a Egipto, se inclinaron ante José con mucho respeto, pues él gobernaba en Egipto y era el que vendía el trigo a todo su pueblo. **7-8** José reconoció a sus hermanos en seguida, pero ellos no lo reconocieron. Así que los dejó creer que era egipcio y con cara muy seria les preguntó:

—Ustedes, ¿de dónde vienen?

Ellos le respondieron:

—Venimos de Canaán, y queremos comprar trigo.

9 Entonces él se acordó de los sueños que había tenido acerca de ellos, y les contestó:

—Yo creo que ustedes son espías, y sólo han venido a ver por dónde pueden atacarnos.

10 Ellos se defendieron:

—¡De ninguna manera, señor! Nosotros estamos para servirle, y sólo hemos venido a comprar trigo. **11** Somos gente honrada, todos hijos del mismo padre. ¡No somos espías!

12 José insistió:

—¡No les creo! Ustedes sólo han venido a ver por dónde pueden atacarnos.

13 Ellos le respondieron:

—Nosotros somos doce hermanos, todos hijos de un mismo padre. El más joven se quedó con nuestro padre en Canaán, y el otro ya ha muerto.

14 José volvió a decirles:

—¡Tal como les dije! ¡Ustedes son espías, **15** y les voy a probar que tengo la razón! Yo les juro, por la vida del rey de Egipto, que no van a salir de aquí hasta que traigan a su hermano menor. **16** Vamos a ver si es cierto lo que dicen: Uno de ustedes va a ir por su hermano, y los demás van a quedarse presos. Si no traen aquí a su hermano, quiere decir que ustedes son espías. ¡Lo juro por el rey de Egipto!

17 Y así, José los puso a todos bajo vigilancia durante tres días. **18-20** Pasado ese tiempo, les dijo:

«Yo creo en Dios. Si ustedes realmente son gente honrada y quieren seguir con vida, hagan lo siguiente: dejen aquí a uno de ustedes, y vayan los demás a llevarles trigo a sus familiares, pues deben estar muriéndose de hambre. Pero tienen que traerme a su hermano menor. Así veré si es cierto lo que dicen».

Ellos aceptaron lo que José les propuso, **21** pero se decían los unos a los otros:

«Seguramente estamos recibiendo nuestro merecido por lo que le hicimos a nuestro hermano. Cuando nos rogaba que le perdonáramos la vida, no le hicimos caso, aunque podíamos ver su miedo. Ahora estamos pagando las consecuencias».

22 Entonces dijo Rubén: «¿Acaso no les decía yo que no le hicieran daño al muchacho? ¡Pero ustedes no me hicieron caso! ¡Por eso ahora recibimos este castigo!» **23** Como José estaba hablando con ellos por medio de un traductor, no se dieron cuenta de que él les podía entender. **24** Sin embargo, José se apartó de ellos y se echó a llorar. Luego regresó a donde estaban y ordenó que tomaran preso a Simeón, y que lo encadenaran. **25** Después ordenó que les llenaran de trigo sus sacos, y que pusieran en los sacos el dinero que habían pagado. También ordenó que les dieran comida para el viaje. Una vez hecho esto, **26** los hermanos de José echaron el trigo sobre los burros y se pusieron en camino. **27** Cuando llegaron al lugar donde iban a pasar la noche, uno de ellos abrió su saco para darle de comer a su burro, ¡y se encontró con que en el saco estaba su dinero! En seguida les dijo a sus hermanos: **28** «¡Me devolvieron mi dinero! ¡Mírenlo, aquí está, dentro del saco!»

Al ver esto, todos ellos se asustaron y empezaron a temblar de miedo, mientras se preguntaban: «¿Qué es lo que Dios está haciendo con nosotros?» **29** Cuando llegaron a Canaán, le contaron a su padre todo lo que les había pasado. Le dijeron:

30 «El gobernador de Egipto nos habló muy fuerte, y hasta nos acusó de ser espías. **31** Nosotros le dijimos que no éramos espías, sino gente honrada. **32** También le dijimos que éramos doce hermanos, hijos del mismo padre; que uno de nosotros ya había muerto, y que el menor se había quedado contigo aquí en Canaán.

33 »Pero el gobernador nos dijo: "Ahora voy a ver si de veras son gente honrada: Dejen aquí a uno de sus hermanos, y váyanse a llevarles comida a sus familiares, que deben estar muriéndose de hambre. **34** Pero tienen que traerme a su hermano menor. Así sabré que no son espías, sino gente honrada, y yo les devolveré a su hermano. Entonces podrán hacer negocios aquí"».

35 Cuando comenzaron a vaciar sus sacos, se encontraron con que en cada uno de ellos estaba su dinero. Al ver las bolsas de dinero, tanto ellos como su padre se asustaron mucho. **36** Entonces su padre les dijo:

—¡Ustedes me van a dejar sin hijos! José ya no está con nosotros; Simeón, tampoco; ¡y ahora quieren llevarse también a Benjamín! ¡Todo esto acabará por matarme!

37 Pero Rubén le propuso a su padre:

—Tú deja a Benjamín en mis manos, que yo te lo devolveré. Y si no te lo traigo de vuelta, ¡te dejo que mates a mis dos hijos!

38 Sin embargo, Jacob respondió:

—Mi hijo no va a ir con ustedes. Ya su hermano está muerto, y sólo me queda él. Si algo llega a pasarle en

Escondida entre las montañas de Gales
está la pequeña cabaña donde vive María Jones.

Los padres de María son gente trabajadora.
su papá teje hermosas telas para vender en el mercado.

este viaje, viviré triste por el resto de mis días.

Benjamín en Egipto

43 ¹ En todo Canaán el hambre seguía aumentando, ² así que cuando se acabó el trigo que habían traído de Egipto, su padre les dijo:

—Vuelvan a Egipto y compren más trigo para que tengamos comida.

³⁻⁵ Pero Judá le dijo:

—El gobernador de Egipto claramente nos dijo que no va a recibirnos si no llevamos a nuestro hermano. Así que iremos a comprar trigo sólo si dejas que él nos acompañe.

⁶ Su padre les dijo:

—¿Y para qué le dijeron que tenían otro hermano? ¿Por qué me causan tantos problemas?

⁷ Ellos le respondieron:

—Es que ese hombre nos hacía muchas preguntas acerca de nosotros y de nuestra familia. Que si todavía vivías, que si teníamos algún otro hermano. Nosotros no hicimos más que responderle. Jamás nos imaginamos que nos pediría llevar a nuestro hermano.

⁸ Por su parte, Judá le dijo a su padre:

—Si queremos seguir con vida, Benjamín tiene que venir con nosotros. Déjalo ir, y nos iremos en seguida. ⁹ Yo me hago responsable por él. Si no te lo devuelvo aquí mismo, toda mi vida cargaré con la culpa. ¹⁰ Francamente, si no hubiéramos dejado pasar tanto tiempo, ¡ya hubiéramos ido y vuelto dos veces!

¹¹⁻¹³ Ante esto, su padre no tuvo más remedio que aceptar:

—Pues si no hay otra solución,

llévense a su hermano y vuelvan ya a donde está ese hombre. Pero hagan lo siguiente: Llenen sus sacos con los mejores productos de nuestro país para regalárselos. Llévenle bálsamo, un poco de miel, algunas especias, y mirra, pistachos y almendras. Lleven también una doble cantidad de dinero, pues tienen que entregar el que les devolvieron en sus sacos. Tal vez lo pusieron allí por error. ¹⁴ Que el Dios todopoderoso haga que ese hombre les tenga compasión, y deje que Benjamín y su otro hermano regresen con ustedes. En cuanto a mí, si he de perder a mis hijos, tendré que aceptarlo.

¹⁵ Los hijos de Jacob tomaron los regalos, una doble cantidad de dinero, y a Benjamín, y a toda prisa se fueron a Egipto. Al llegar, se presentaron ante José, ¹⁶ y cuando José vio a Benjamín con ellos, le dijo al mayordomo de su palacio: «Lleva a esos hombres a mi casa, y prepara la comida. Mata un animal, porque al mediodía van a almorzar conmigo». ¹⁷ El mayordomo cumplió con sus órdenes y llevó a la casa de José a sus hermanos; ¹⁸ pero ellos se asustaron mucho y pensaron: «Este hombre nos ha traído a su casa por el dinero que se nos devolvió en el primer viaje. Lo que quiere es atacarnos, hacernos sus esclavos y quedarse con nuestros burros». ¹⁹ Por eso, al llegar a la entrada de la casa se acercaron al mayordomo de José y le dijeron:

²⁰ —Señor, como usted sabe, la vez pasada vinimos a comprar trigo. ²¹⁻²² Y resulta que cuando paramos para pasar la noche, al abrir nuestros sacos cada uno de nosotros encontró allí su dinero. ¡No faltaba nada! Pero no sabemos quién lo haya puesto allí. Aquí lo traemos con nosotros, y también traemos más dinero para comprar más trigo.

²³ El mayordomo los tranquilizó:

—No se preocupen, que todo está en orden. Yo recibí el dinero que ustedes pagaron. Tal vez el Dios de ustedes y de su padre les puso en sus sacos ese regalo.

Entonces sacó a Simeón ²⁴ y a todos ellos los invitó a entrar en la casa de José; luego les dio agua para que se bañaran, y les dio de comer a sus burros. ²⁵ Y como ellos ya sabían que José iba a comer con ellos al mediodía, prepararon los regalos para cuando él llegara.

²⁶⁻²⁸ Cuando José llegó a su casa, ellos se inclinaron delante de él y le entregaron los regalos que le habían llevado. Luego de saludarlos, José les preguntó si su padre aún vivía.

Ellos le respondieron:

—Así es, nuestro padre todavía vive, está bien de salud y listo para servirle.

²⁹ José miró a su alrededor, y cuando vio a Benjamín, su hermano de padre y madre, les preguntó:

—¿Es este su hermano menor, del que me hablaron? ¡Que Dios te bendiga, hijo mío!

³⁰ Tan conmovido quedó José al ver a su hermano, que salió de prisa, entró en su cuarto y se echó a llorar. ³¹ Luego se lavó la cara y, controlando sus emociones, salió y dijo:

—¡Sirvan ya la comida!

³² A José le sirvieron de comer aparte, porque los egipcios no comen con los hebreos, pues los consideran gente repugnante. ³³ Los hermanos de José se sentaron frente a él según su edad, del mayor al menor, y unos a otros se miraban sin salir de su asombro. ³⁴ Cuando les sirvieron de lo que José tenía en su mesa, a Benjamín le sirvieron cinco veces más que a los otros. Y bebieron con José y estuvieron muy alegres.

La copa de plata de José

44 1-2 Más tarde, José le ordenó al mayordomo de su casa que llenara los sacos de sus hermanos con todos los alimentos que cupieran en ellos, y que en cada uno de los sacos pusiera el dinero que habían pagado por el trigo. También le ordenó que en el saco del más joven pusiera, además del dinero, su copa de plata.

El mayordomo lo hizo así, 3 y al amanecer los hermanos de José tomaron sus burros y se pusieron en marcha. 4 No habían avanzado mucho cuando José le dijo a su mayordomo:

«Vete en seguida tras esos hombres, y cuando los alcances diles: "¿Por qué le han pagado mal a mi señor? 5 ¡Esta copa es la que mi señor usa para beber, y también para adivinar el futuro! ¡Realmente se han portado muy mal con él!"»

6 Cuando el mayordomo los alcanzó, les repitió todo esto, palabra por palabra. 7 Pero ellos le respondieron:

—¿Por qué nos dice usted todo eso? ¡Nosotros jamás haríamos algo así! 8 A usted le consta que desde nuestra tierra trajimos de vuelta el dinero que encontramos en nuestros sacos. ¿Por qué habríamos de robar el oro y la plata de su señor? 9 Si esa copa de plata se encuentra en poder de alguno de nosotros, que se le condene a muerte; y además todos nosotros nos haremos sus esclavos.

10 El mayordomo respondió:

—De acuerdo. Que sea como ustedes quieran. Pero sólo quien tenga la copa será mi esclavo; a los demás no se les acusará de nada.

11 Rápidamente, todos ellos bajaron sus sacos y los abrieron. 12 Entonces el mayordomo comenzó a registrar cada saco, comenzando por el del mayor y acabando por el del más joven, ¡y resultó que la copa se encontró en el saco de Benjamín! 13 Cuando los hermanos de José vieron esto, se llenaron de miedo y tristeza; luego volvieron a cargar sus burros y regresaron a la ciudad.

14 Cuando llegaron, José todavía estaba en su casa. Judá y sus hermanos se arrojaron a sus pies, 15 pero él les dijo:

—¿Por qué me han hecho esto? ¿No sabían que soy adivino?

16 Judá respondió:

—¿Y qué podemos decirle a usted, mi señor? No podemos demostrar que somos inocentes. Dios nos ha encontrado culpables, y ahora todos somos esclavos de usted, junto con el que tenía la copa en su poder.

17 José les respondió:

—¡Yo jamás haría tal cosa! Sólo será mi esclavo el que tenía la copa. Los demás pueden volver tranquilos a la casa de su padre.

18 Pero Judá se acercó a José y le dijo:

—Mi señor, yo sé que hablar con usted es como hablar con el rey mismo. Pero yo le ruego que no se enoje conmigo y me permita decirle una sola cosa. 19 Usted nos preguntó si todavía teníamos a nuestro padre, o algún otro hermano. 20 Nosotros le respondimos que nuestro padre ya era anciano, que había tenido dos hijos con su esposa Raquel. Uno de ellos murió y sólo queda el más joven, que nació cuando él ya era viejo. Por eso nuestro padre lo quiere mucho. 21 Usted nos pidió que lo trajéramos para conocerlo. 22 Nosotros le aclaramos que nuestro padre podría morirse de tristeza si el muchacho lo dejaba solo. 23 Con todo, usted nos dijo que volvería a recibirnos sólo si regresábamos con nuestro hermano.

24 »Cuando volvimos a la casa de nuestro padre, le contamos todo lo que usted nos dijo, 25 así que cuando nuestro padre nos pidió que volviéramos acá para comprar más trigo, 26 nosotros le dijimos: "Iremos solamente si nuestro hermano menor nos acompaña. Si él no viene con nosotros, el gobernador de Egipto no volverá a recibirnos".

27 »Nuestro padre nos dijo: "Ustedes bien saben que mi esposa Raquel me dio dos hijos. 28 Uno de ellos se marchó, y jamás he vuelto a verlo. Me imagino que alguna fiera se lo habrá comido. 29 Si también me quitan a este hijo mío, y algo malo llega a pasarle, viviré triste por el resto de mis días". 30-31 »Como puede ver usted, si yo regreso a la casa de mi padre sin mi hermano, seguramente mi padre morirá. Tan apegado está a este muchacho que su vida depende de que él viva. Así que, si nuestro padre se muere de tristeza, nosotros tendremos la culpa. 32 Yo mismo me hice responsable ante mi padre de que a su hijo nada le pasaría. Hasta le dije: "Padre mío, si no te devuelvo a tu hijo, toda mi vida cargaré ante ti con esa culpa".

33 »Yo le ruego a usted que me acepte como su esclavo, y que le permita al muchacho volver con sus hermanos. Yo me quedaré en su lugar. 34 ¿Cómo podría yo volver a la casa de mi padre, si mi hermano no vuelve conmigo? ¡No, yo no podría ver la desgracia que caería sobre mi padre!

José se da a conocer a sus hermanos

45 1-3 José no aguantó más y les ordenó a todos sus ayudantes que salieran de allí, así que cuando se dio a conocer a sus hermanos, nadie más estaba con él. A sus hermanos les dijo:

—¡Yo soy José! ¿Vive mi padre todavía?

Y se echó a llorar. Fue tanto lo

que lloró, que todos en Egipto y en el palacio del rey llegaron a saberlo. Sin embargo, sus hermanos se asustaron tanto de verlo vivo que no pudieron responderle. 4 Entonces José les dijo:

—Vengan acá.

Ellos se acercaron, y entonces José les dijo:

—Yo soy José, el hermano que ustedes vendieron a los egipcios. 5-7 Pero no se preocupen, ni se reprochen nada. En los dos años anteriores no ha habido comida en toda esta región, y todavía faltan cinco años en que nadie va a sembrar ni a cosechar nada. Pero Dios me envió aquí antes que a ustedes, para que les salve la vida a ustedes y a sus hijos de una manera maravillosa. 8 »Como pueden ver, no fueron ustedes los que me enviaron acá, sino que fue Dios quien me trajo. Él me ha convertido en amo y señor de todo Egipto, y en consejero del rey. 9 Así que regresen pronto a donde está mi padre, y díganle de mi parte que Dios me ha hecho gobernador de todo Egipto, y que venga acá en seguida. 10 Díganle que va a vivir en la región de Gosen, junto con sus hijos, nietos, ovejas, vacas, y todo lo que tiene. Así estará cerca de mí. 11 Todavía vienen cinco años de hambre, pero yo voy a cuidar de él. De lo contrario, tanto él como su familia van a quedarse en la pobreza, y perderán todo lo que tienen.

12 »Ustedes y mi hermano Benjamín son testigos de que yo personalmente le mando a decir esto. 13 Cuéntenle a mi padre todo lo que han visto, y todo el poder que tengo en este país, y tráiganlo en seguida.

14 Después de haber dicho esto, José abrazó a Benjamín y ambos se echaron a llorar. 15 Luego José besó a todos sus hermanos y lloró con ellos; fue en ese momento

cuando sus hermanos se atrevieron a hablarle.
16 Tanto gusto les dio al rey y a todos sus asistentes saber que los hermanos de José estaban en Egipto, 17 que el rey mismo mandó a decirles, por medio de José:

«Carguen sus animales y regresen a Canaán 18 para que traigan a su padre y a sus familias. Yo voy a darles las mejores tierras de Egipto, para que disfruten de lo mejor del país. 19 Llévense algunas de nuestras carretas para que traigan a sus hijos, a sus esposas y a su padre. 20 Y no se preocupen por lo que dejen allá, pues aquí en Egipto tendrán todo lo mejor».

21 Los hermanos de José aceptaron la oferta del rey, así que José les dio carretas y comida para el viaje. 22 A cada uno de ellos les dio ropa nueva, pero a Benjamín le dio trescientas monedas de plata y cinco trajes muy finos. 23 A su padre le envió diez burros cargados con los mejores productos de Egipto, y diez burras cargadas de pan, trigo y otros alimentos para su viaje. 24 Luego despidió a sus hermanos, pero antes les recomendó que no se fueran peleando. 25-26 Los hermanos de José salieron de Egipto. Y cuando llegaron a Canaán y le contaron a Jacob que José todavía estaba vivo, y que era el gobernador de todo Egipto, Jacob casi se desmayó, pues no podía creer lo que le decían. 27 Sin embargo, recobró el aliento cuando le contaron lo que José mandaba a decirle, y vio las carretas que José había enviado para que lo llevaran a Egipto. 28 Entonces dijo: «¡Me han convencido! ¡Mi hijo José todavía está vivo! ¡Iré a verlo antes de que me muera!»

Jacob llega a Egipto

46 1 El padre de José salió de Canaán con todas sus pertenencias, y al llegar a Beerseba ofreció sacrificios al Dios de su padre

Isaac. 2 Esa noche Dios le habló en un sueño, y le dijo:

—¡Jacob!

—¡Sí, aquí estoy! —respondió Jacob.

3-4 Entonces Dios le dijo:

«Yo soy el Dios de tu padre. No tengas miedo de ir a Egipto, porque yo voy a ir contigo. Te convertiré en una gran nación, y te haré volver de nuevo a Canaán. Además, cuando mueras, José estará a tu lado».

5-7 Entonces los hijos de Jacob lo ayudaron a subir a las carretas que había enviado el rey de Egipto. Así fue como Jacob se fue de Beerseba a Egipto con toda su familia, con todo su ganado y todo lo que tenía.

Los descendientes de Jacob y Lía

8-14 Esta es la lista de los familiares de Jacob que se fueron con él a Egipto, empezando por los descendientes de Jacob y Lía:

Rubén, hijo mayor de Jacob, y sus hijos: Hanoc, Falú, Hesrón, Carmí.

Simeón y sus hijos: Jemuel, Jamín, Óhad, Jaquín, Sóhar, Saúl, que era hijo de una cananea.

Leví y sus hijos: Guersón, Quehat, Merarí.

Judá y sus hijos: Er, Onán, Selá, Fares, Zérah.

Er y Onán ya habían muerto en Canaán.

Fares y sus hijos: Hesrón, Hamul.

Isacar y sus hijos: Tolá, Puvá, Job, Simrón.

Zabulón y sus hijos: Séred, Elón, Jahleel.

15 En total, los hijos que Jacob y

Lía tuvieron en Padán-aram, y sus nietos, más su hija Dina, fueron treinta y tres.

Los descendientes de Jacob y Zilpá

16-18 Estos son los descendientes de Jacob y Zilpá. Esta mujer era la esclava que Labán le había dado a su hija Lía.

Gad y sus hijos: Sefón, Haguí, Suní, Esbón, Erí, Arodí, Arelí.

Aser y sus hijos: Imná, Isvá, Isví, Beriá, Séraj.

Beriá y sus hijos: Héber, Malquiel.

En total, los descendientes de Jacob y Zilpá fueron dieciséis.

Los descendientes de Jacob y Raquel

19-22 Estos son los descendientes de Jacob y Raquel:

José y sus hijos: Manasés y Efraín.

Esos fueron los hijos que José tuvo con Asenat, hija de Potifera, sacerdote de On, y que nacieron en Egipto.

Benjamín y sus hijos: Bela, Béquer, Asbel, Guerá, Naamán, Ehi, Ros, Mupim, Hupim, Ard.

En total, los descendientes de Jacob y Raquel fueron catorce.

Los descendientes de Jacob y Bilhá

23-24 Estos son los descendientes de Jacob y Bilhá, la esclava que Labán le había dado a su hija Raquel:

Dan y su hijo Husim.
Neftalí y sus hijos: Jahseel, Guní, Jezer, Silem.

25 En total, los descendientes de Jacob y Bilhá fueron siete.
26 A Egipto fueron sesenta y seis descendientes directos de Jacob, sin contar a las esposas de sus hijos. **27** Contando a Jacob y a José, y a los dos hijos de José que habían nacido en Egipto, la familia de Jacob en Egipto fue de setenta personas en total.

Jacob y José se encuentran

28 Antes de salir de Canaán, Jacob envió a Judá para que le preguntara a José cómo llegar a la región de Gosen. Cuando todos ellos llegaron allá, **29** José mandó que le prepararan su carro, y salió a encontrarse con su padre. En cuanto José lo vio, corrió a sus brazos y se soltó a llorar un buen rato. **30** Y Jacob le dijo:

—Con mis propios ojos te he visto, y sé que estás vivo. ¡Ya puedo morir en paz!

31 José les dijo a sus hermanos y a todos sus familiares:

—Voy a hablar con el rey. Le diré que toda mi familia, que vivía en Canaán, ha venido a quedarse conmigo. **32** Le diré que ustedes crían ovejas, y que se han traído sus rebaños y ganado, y todo lo que tienen. **33** Cuando el rey los llame y les pregunte a qué se dedican, **34** respóndanle que siempre han sido pastores, como nuestros abuelos. Así los dejará quedarse en la región de Gosen.

Y es que a los egipcios no les gusta vivir cerca de los pastores.

Jacob ante el rey de Egipto

47 **1-2** José eligió a cinco de sus hermanos y se los presentó al rey. Le dijo:

—Mi padre y mis hermanos han venido desde Canaán, y ahora están en Gosen. Han venido con sus rebaños y ganados, y con todo lo que tienen.

3 El rey les preguntó:

—¿Y ustedes a qué se dedican?

Ellos le respondieron:

—Su Majestad, nosotros somos pastores, como lo fueron nuestros abuelos. **4** Hemos venido a quedarnos aquí por algún tiempo, porque falta comida en Canaán y ya no tenemos pastos para nuestros ganados. Le rogamos a usted que nos deje vivir en Gosen.

5 Entonces el rey le dijo a José:

—Ya que tu padre y tus hermanos han venido a quedarse contigo, **6** puedes elegir el lugar que quieras para que vivan en este país. Dales los mejores terrenos; déjalos vivir en Gosen. Y si algunos de ellos tienen alguna habilidad especial, que se dediquen a cuidar mi propio ganado.

7 Luego José llevó a su padre ante el rey. Jacob lo saludó con mucho respeto, **8** y el rey le preguntó su edad. **9** Jacob le respondió:

—Su Majestad, ya llevo ciento treinta años de andar de un lado a otro. Y aunque mi vida no ha sido fácil, todavía no he llegado a vivir lo que vivieron mis abuelos.

10 Finalmente, Jacob se despidió del rey y salió de su presencia. **11** José cumplió con las órdenes del rey, y les entregó a su padre y a sus hermanos los mejores terrenos de Egipto. Ellos se establecieron en la región de Gosen, que después se conoció como la región de Ramsés. **12** Además, a todos ellos les dio alimentos según la cantidad de hijos que tenían.

José y el hambre

13 Pero la falta de alimentos estaba acabando con los habitantes de Canaán y de Egipto. En ninguna parte se encontraba comida. **14** Sin embargo, José seguía vendiendo trigo y amontonando dinero en el palacio del rey. Todo el dinero que había en esos países lo recogió en pago del trigo comprado. **15** Cuando también los egipcios se quedaron sin dinero, todos ellos fueron a hablar con José y le dijeron:

—Ya no tenemos dinero. Denos usted de comer, o pronto moriremos.

16 José les respondió:

—Pues si ya no tienen dinero, tráiganme sus vacas y a cambio de ellas les daré trigo.

17 Los egipcios le llevaron caballos, ovejas, cabras, vacas y burros, y a cambio de ellos José les dio alimento durante todo ese año. **18** Pero al año siguiente fueron a verlo de nuevo, y le dijeron:

—Señor gobernador, no podemos negarle a usted que ya no tenemos dinero, y que nuestros animales ahora son de usted. Ya no tenemos nada que ofrecerle a cambio de comida, a no ser nuestras tierras y nosotros mismos. **19** ¡Cómprenos usted nuestras tierras, seremos esclavos del rey, pero denos de comer! Denos usted semilla, para que sembremos la tierra. Así no moriremos. ¡No queremos que nos vea usted morir, y que nuestras tierras queden como el desierto!

20 En verdad, fue tanta la falta de alimentos que todos los egipcios le vendieron sus campos a José, quien los compró para el rey de Egipto. Así fue como toda la tierra del país llegó a ser propiedad del rey, **21** y todos en Egipto quedaron a su servicio. Todo esto fue obra de José. **22** Sin embargo, José no compró las tierras de los sacerdotes porque ellos no les pusieron en venta. Como ellos siempre recibían ayuda de parte del rey, tenían comida de sobra. **23** Entonces José les dijo a los egipcios:

—Aquí tienen semilla para que siembren sus campos. Pero recuerden que hoy los he comprado a ustedes y a sus tierras, y que ahora pertenecen al rey. **24** Así que, cuando llegue la cosecha, le darán al rey una quinta parte de lo que recojan, pero podrán quedarse con las otras cuatro quintas partes. De allí apartarán la semilla que vayan a sembrar y el alimento para ustedes y para sus hijos.

25 Los egipcios respondieron:

—Señor gobernador: ¡usted nos ha salvado la vida! ¡Denos ahora el privilegio de ser esclavos del rey!

26 José estableció como ley en Egipto que la quinta parte de las cosechas sería para el rey. Y hasta el día en que esto se escribió, esta ley se ha respetado. Las únicas tierras que no llegaron a ser del rey fueron las de los sacerdotes. **27** Los israelitas se establecieron en el territorio egipcio de Gosen. Allí compraron terrenos, y llegaron a tener muchos hijos.

Juramento de José a su padre

28 Jacob vivió en Egipto diecisiete años, así que alcanzó a vivir ciento cuarenta y siete años. **29** Cuando se acercaba la hora de su muerte, mandó llamar a su hijo José y le dijo:

—Voy a pedirte un favor, y júrame que lo cumplirás. Si de veras me quieres, prométeme que no me enterrarás en Egipto. **30** Cuando yo muera, saca mis restos de aquí y entiérralos donde están enterrados mis antepasados.

Y José le prometió hacerlo así. **31** Pero Jacob insistió:

—¡Júramelo!

José se lo juró. Entonces su padre se inclinó sobre la cabecera de su cama, y dijo una oración.

Jacob bendice a Manasés y a Efraín

48 **1** Pasado algún tiempo, José se enteró de que su padre estaba muy enfermo, así que tomó a sus dos hijos, Manasés y Efraín, y fue a visitarlo. **2** Cuando le dijeron a Jacob que José había llegado para verlo, Jacob hizo un esfuerzo y se levantó de la cama. **3** Y le dijo a José:

—El Dios todopoderoso se me apareció en Betel, una ciudad de Canaán. Allí me bendijo **4** y me hizo esta promesa: "Yo haré que tengas muchos hijos y descendientes. Y de tus descendientes se formarán muchos pueblos, y esta tierra será siempre de ellos".

5 »Efraín y Manasés, los dos hijos que tuviste en Egipto antes de que yo viniera, serán considerados como mis propios hijos; serán tan míos como lo son Rubén y Simeón. **6** Los hijos que tengas después de ellos ya serán considerados como tuyos, y en el territorio que reciban se les reconocerá por el nombre de sus hermanos.

7 »Para tristeza mía, tu madre Raquel murió en el camino, cuando yo regresaba de Padán-aram. Murió en la tierra de Canaán, muy cerca de la ciudad de Efrata, así que allí la enterré, junto al camino. Efrata es el mismo pueblo que ahora llaman Belén.

8 De pronto, Jacob vio a los hijos de José, y le preguntó:

—Y éstos, ¿quiénes son?

9-10 José le respondió:

—Son los hijos que Dios me ha dado aquí en Egipto.

Como Jacob ya no podía ver bien por causa de su edad, le pidió a José:

—Acércamelos. Voy a bendecirlos. José se acercó a su padre, y él los besó y los abrazó. **11** Entonces le dijo a José:

—Yo había perdido las esperanzas de volver a verte, y sin embargo Dios me ha permitido ver también a tus hijos.

12 José quitó a sus hijos de las rodillas de su padre, y se inclinó ante él. **13** Puso a Efraín a su derecha y a Manasés a su izquierda, y los acercó a su padre. Así Efraín quedó a la izquierda de Jacob, y Manasés a su derecha. **14** Sin embargo, Jacob cruzó los brazos y puso su mano derecha sobre la cabeza de Efraín, que era el menor, y su mano izquierda la puso sobre la cabeza de Manasés, a pesar de que este era el mayor. **15** Entonces bendijo a José con estas palabras:

«El Dios de mi abuelo Abraham
y de mi padre Isaac,
me ha guiado toda mi vida.
16 También ha enviado a su
ángel
para librarme de muchos
peligros.
Yo le pido que bendiga
a estos dos muchachos.
Que por medio de ellos
sea recordado mi nombre,
el nombre de mi abuelo
Abraham
y el de mi padre Isaac.
¡Que tengan muchos hijos!»

17 A José no le gustó ver que su padre pusiera su mano derecha sobre la cabeza de Efraín, así que se la quitó de la cabeza de Efraín y la puso sobre la cabeza de Manasés, **18** mientras le decía:

—¡Así no, padre mío! ¡Mi hijo mayor es Manasés! ¡Pon tu mano derecha sobre su cabeza!

19 Pero Jacob no quiso hacerlo así, y le dijo:

—Ya lo sé, hijo mío; ya lo sé. También Manasés llegará a ser un gran pueblo. Sin embargo, su hermano menor será más importante que él, y sus descendientes llegarán a formar un grupo de naciones.

20 Así fue como ese día Jacob le dio a Efraín el lugar de Manasés. Entonces dijo:

—Cuando mis descendientes bendigan a alguien, le dirán:

«¡Que Dios te bendiga
como bendijo a Efraín y a

Manasés!»
21 Luego le dijo a José:

—Ya me falta poco para morir, pero Dios estará contigo y te hará volver a la tierra de tus abuelos. **22** Y como tú estás por encima de tus hermanos, te doy el monte de Siquem, que les quité a los amorreos en mi lucha contra ellos.

Jacob bendice a sus hijos
49 **1** Jacob ordenó a sus hijos que se reunieran, pues quería decirles lo que les pasaría en el futuro. Les dijo:

2 «Hijos míos, vengan conmigo;
¡escuchen lo que voy a decirles.

3 Rubén, tú eres mi hijo mayor;
eres mi primer hijo,
la primera prueba de mi fuerza;
tienes el primer lugar de honor
y el primer lugar en poder.
4 Pero me ofendiste gravemente,
pues te acostaste
con una de mis mujeres.
Por eso ya no serás el primero,
pues eres como el mar,
que no se puede controlar.

5 Simeón y Leví son como fieras
que atacan siempre con violencia.
6 No quiero estar con ellos,
ni andar en su compañía,
porque en un arranque de enojo
mataron gente y despedazaron toros.
7 ¡Maldita sea su furia!
¡Maldita sea su crueldad!
Yo haré que se dispersen
por todo el territorio de Israel.

8 Tú, Judá, dominarás a tus
enemigos;
tus hermanos te alabarán
y se inclinarán en tu presencia.
9 Eres como un león feroz
que al regresar con su presa
se agacha y se echa en el suelo,
¿y quién se atreve a molestarlo?
10 Siempre tendrás en tus
manos
el cetro que te hace gobernante, hasta que venga el

verdadero rey
que gobernará a todo el mundo.
11-12 Sus ojos
son más oscuros que el vino;
sus dientes
son más blancos que la leche.
Atará su burro,
a la mejor rama del viñedo,
y sin quitarse la ropa
se empapará en ríos de vino.

13 Tú, Zabulón,
vivirás a la orilla del mar;
tus costas servirán de puertos
y tus fronteras llegarán hasta
Sidón.

14 Tú, Isacar,
eres fuerte como un burro
acostado entre dos corrales.
15 Cuando veas que tu tierra
es buena y agradable para
descansar,
con mucho gusto aceptarás
hacer trabajo de esclavos.

16 Y tú, Dan,
le harás justicia a tu pueblo,
pues eres de las tribus de
Israel.
17 Eres como una serpiente
que espera junto al camino:
cuando muerde las pezuñas
del caballo,
el jinete se cae de espaldas.

18 ¡Dios mío, sigo esperando
tu ayuda!

19 A ti, Gad, te atacará
una banda de ladrones,
pero tú los atacarás
por donde menos lo esperen.

20 Y tú, Aser,
tendrás la mejor comida
y cocinarás los mejores
platillos,
dignos de la mesa de un rey.

21 Tú, Neftalí, amas la libertad.
Eres como una venada suelta,
madre de hermosos venaditos.

22 Tú, José, pareces un caballo
criado junto a un manantial.
¡Saltas y trepas por el muro!

23 Gente malvada y cruel
te ataca y te lanza flechas,
24 pero tú mantienes firme
tu arco
y no doblas tus fuertes brazos.
¡Gracias al Dios poderoso
que guía y protege a Israel!
25 ¡Gracias al Dios de tu padre,
que te brinda su ayuda!
¡Gracias al Dios que todo
lo puede
y que siempre te bendice!
¡Con bendiciones del alto cielo!
¡Con bendiciones del
mar profundo!
¡Con bendiciones a las madres
que tienen hijos y
los alimentan!
26 Son más grandes las
bendiciones
que vienen de tu padre,
que las abundantes
bendiciones
de los cerros y montañas
eternas.
Todas estas bendiciones
te pertenecen a ti, José,
pues entre tus hermanos
tú eres el más importante.

27 Tú, Benjamín, eres un lobo
feroz;
por la mañana devoras tu presa
y por la tarde repartes los
restos».

28 Así bendijo Jacob a sus doce
hijos. A cada una de las doce tribus de Israel le dio la bendición
más apropiada.

Muerte de Jacob
29-31 Después de bendecirlos,
Jacob les dio las siguientes instrucciones:

«Ya me falta poco para morir.
Por favor, entiérrenme en la
tumba de mis antepasados. Me
refiero a la cueva y al campo que
Abraham le compró a Efrón el
hitita para enterrar a su esposa
Sara. Allí están enterrados
Abraham e Isaac, y su esposa
Rebeca, y allí también enterré a
Lía. Esa cueva está en Canaán, en
el campo de Macpelá, cerca del
bosque Mamré. **32** Tanto la cueva
como el campo se los compramos
a los hititas».

33 Luego de darles estas instrucciones, Jacob se encogió en la
cama y murió.

50 **1** José se echó a llorar, y
abrazó y besó a su padre. **2** Más
tarde, les encargó a sus médicos
particulares que prepararan el
cuerpo de su padre para embalsa-
marlo. Así lo hicieron los médicos, **3** y en los preparativos tardaron cuarenta días, pues eso es
lo que se lleva embalsamar un
cuerpo. Los egipcios, por su parte, lloraron la muerte de Jacob
durante setenta días.
4 Pasados los días de duelo, José
les dijo a los miembros de la corte del rey de Egipto:

—Si puedo pedirles un favor, yo
les agradecería que le hablaran al
rey por mí. Dígale **5** que cuando
mi padre estaba a punto de
morir, me hizo jurarle que yo lo
enterraría en su propia tumba, la
cual está en Canaán. Pídanle que
me deje ir a enterrar a mi padre,
y que luego volveré.

6 El rey le respondió:

—Ve a enterrarlo, tal como te
pidió que lo hicieras.

7-9 José fue a enterrar a su padre.
Lo acompañaron todos sus hermanos y familiares, y todos los
asistentes del rey, es decir, toda
la gente importante del reino y
del país. También lo acompañaron
muchos carros y gente de a caballo. En Gosen sólo se quedaron los
niños, las ovejas y las vacas.
10 Al llegar al campo de Atad,
que está cerca del río Jordán,
José guardó siete días de luto
por su padre, y todo el grupo
lamentó amargamente su muerte. **11** Cuando los cananeos que
vivían allí vieron llorar a los egipcios, dijeron: «Parece que a los
egipcios se les murió alguien muy
importante». Por eso al campo
de Atad le pusieron el nombre de
«Campo de las lágrimas egipcias».
12-13 Los hijos de Jacob llevaron el
cuerpo de su padre a la tierra de
Canaán y lo enterraron en la cueva de Macpelá, que Abraham le
había comprado a Efrón el hitita
para usarla como tumba. La cueva y el campo están cerca del bosque de Mamré. Así cumplieron con
los últimos deseos de su padre.
14 Después del entierro, José y sus
hermanos regresaron a Egipto,
junto con toda la gente que los
había acompañado.

José tranquiliza a sus hermanos
15 Al ver que su padre estaba
muerto, los hermanos de José
pensaron: «¿Qué vamos a hacer
si José todavía está enojado con
nosotros, y quiere vengarse por lo
que le hicimos?»
16-17 Entonces mandaron a decirle:
«José, antes de que nuestro padre
muriera, dejó dicho que debías
perdonarnos todo el mal que te
hemos causado. Es verdad que te
hemos hecho mucho daño, pero te
rogamos que nos perdones».
Cuando José recibió este mensaje, se puso a llorar. **18** Sus hermanos fueron entonces a verlo, y se
arrodillaron delante de él. Le
dijeron:

—Somos tus esclavos.

19-21 Sin embargo, José los tranquilizó, y con mucho cariño les
dijo:

—No tengan miedo, que yo no soy
Dios. Ustedes quisieron hacerme
daño, pero Dios cambió todo para
bien. Ustedes han visto ya lo que
ha sucedido: Dios ha dejado con
vida a mucha gente. Así que no
tengan miedo. Yo voy a cuidar de
ustedes y de sus hijos.

Muerte de José
22 José se quedó a vivir en Egipto,
junto con toda la familia de su
padre. Alcanzó la edad de ciento
diez años **23** y llegó a ver a los

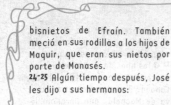

bisnietos de Efraín. También meció en sus rodillas a los hijos de Maquir, que eran sus nietos por parte de Manasés.

24-25 Algún tiempo después, José les dijo a sus hermanos:

«Ya me falta poco para morir. Pero pueden estar seguros de que Dios vendrá a ayudarlos y los hará volver a la tierra que, bajo juramento, prometió darles a Abraham, Isaac y Jacob. Ustedes, por su parte, tie-

nen que jurarme que se llevarán de aquí mis restos cuando yo muera». **26** José murió en Egipto a la edad de ciento diez años. Su cuerpo fue embalsamado y puesto en un ataúd.

Éxodo

LA ESCLAVITUD
(1.1-12.51)

Los egipcios esclavizan a Israel

1 **1-5** Cuando Jacob llegó a Egipto, iba acompañado de sus hijos Rubén, Simeón, Leví, Judá, Isacar, Zabulón, Benjamín, Dan, Neftalí, Gad y Aser. Todos ellos llegaron con sus propias familias, y eran un total de setenta personas. José ya vivía en Egipto. **6** Pasado el tiempo murieron Jacob, José y todos los que habían llegado a Egipto. **7** Pero, como habían tenido muchos hijos, sus descendientes llegaron a ser un pueblo muy fuerte y numeroso. ¡Por todo Egipto había israelitas! **8** Años después, hubo un nuevo rey. Como ese rey no sabía nada de lo que José había hecho para ayudar a Egipto, **9** le dijo a su pueblo:

«Fíjense en los israelitas. Ya son más fuertes que nosotros, **10** y si no los manejamos con cuidado, van a seguir aumentando. Entonces, cuando haya guerra, se unirán a nuestros enemigos, pelearán contra nosotros, y luego se irán del país».

11 Para humillar a los israelitas, los egipcios los pusieron a las órdenes de capataces, y los obligaron a construir las ciudades de Pitón y Ramsés. En esas ciudades el rey de Egipto guardaba sus provisiones. **12** Pero mientras más maltrataban los egipcios a los israelitas, más crecían ellos en número.

Tanto era el miedo que los egipcios sentían frente a los israelitas, **13-14** que los trataban con mucha crueldad y los hacían trabajar muy duro. Hasta los pusieron a mezclar barro para hacer ladrillos, y también a trabajar en el campo.

El rey ordena matar a los niños israelitas

15 Había en Egipto dos mujeres que ayudaban a las madres israelitas cuando iban a tener un hijo. Una de ellas se llamaba Sifrá, y la otra se llamaba Puá. Las dos eran hebreas. El rey de Egipto las llamó y les dijo:

16 —Cuando ustedes ayuden a las hebreas a tener sus hijos, fíjense si nace un niño o una niña. Si les nace una niña, déjenla vivir; si les nace un niño, ¡mátenlo!²

17 Pero Sifrá y Puá respetaban a Dios, así que no obedecieron las órdenes del rey.

18 Entonces el rey las mandó a llamar y les preguntó:

—¿Qué les pasa? ¿Por qué están dejando con vida a los niños?

19 Las dos mujeres le respondieron:

—Es que las mujeres israelitas no son como las egipcias. Al contrario, son tan fuertes y saludables que tienen sus hijos ellas solas, sin nuestra ayuda.

20-21 Como Sifrá y Puá honraron a Dios, él las trató bien y les permitió tener muchos hijos. Y como los israelitas seguían haciéndose más numerosos, **22** el rey de Egipto le ordenó a todo su pueblo: «¡Echen al río a todos los niños israelitas que nazcan, para que se ahoguen, pero dejen con vida a las niñas!»

El nacimiento de Moisés

2 **1** Un hombre y una mujer se casaron. Los dos eran de la tribu de Leví. **2** Tiempo después ella quedó embarazada y tuvo un hijo. Al ver la madre que el niño era tan hermoso, lo escondió durante tres meses. **3** Como no pudo seguir escondiéndolo, tomó una canasta de juncos, le tapó las rendijas con asfalto y pasta de resina, y puso al niño adentro; después fue y dejó la canasta entre los juncos que crecían a la orilla del río Nilo. **4** Sin embargo, la hermana del niño se quedó a cierta distancia, para ver qué pasaba con él.

5 Más tarde, la hija del rey de Egipto bajó a bañarse al río. Mientras caminaba por la orilla con sus sirvientas, vio la canasta en medio de los juncos y mandó a una de sus sirvientas que fuera a traerla. **6** Cuando abrió la canasta, y vio al niño llorando, le dio lástima. Sorprendida gritó: «¡Es un niño israelita!»

7 En ese momento la hermana del niño salió y le dijo a la princesa:

—¿Quiere Su Majestad que llame a una mujer israelita para que alimente y cuide al niño?

8 Y ella contestó:

—Anda, ve a llamarla.

La hermana fue y llamó a su mamá. **9** Cuando la madre llegó, la princesa le dijo:

—Llévate a este niño a tu casa. Aliméntalo y cuídalo por mí, y yo te lo pagaré.

La madre se llevó al niño y lo cuidó. **10** Cuando el niño creció, se lo llevó a la princesa. Entonces ella lo adoptó como su propio hijo y le puso por nombre «Moisés», que quiere decir «Yo lo saqué del agua».

Moisés huye de Egipto

11 Años después, cuando Moisés ya era adulto, fue al lugar donde los hombres de su pueblo trabajaban como esclavos. De pronto vio que un egipcio maltrataba a un israelita; **12** miró a todos lados, y como no vio a nadie, mató al egipcio y lo enterró en la arena. **13** Al día siguiente Moisés volvió a salir, y al ver que dos israelitas se estaban peleando, le dijo al que golpeaba al otro:

—¿Por qué le pegas a uno de tu propio pueblo?

14 Aquel le respondió:

—¿Y quién te ha dicho que tú eres nuestro jefe o nuestro juez, y que puedes mandarnos? ¿Acaso piensas matarme como mataste al egipcio?

Al oír esto, Moisés se llenó de miedo y dijo: «Seguramente ya se supo que maté al egipcio». **15** En efecto, como el rey de Egipto se había enterado del asunto, mandó a buscar a Moisés para matarlo. Pero Moisés huyó y se fue a un lugar llamado Madián. Cuando llegó allá, se sentó a descansar junto a un pozo de agua. **16** Poco después llegaron siete muchachas a sacar agua para darles de beber a sus ovejas. Todas ellas eran hijas de Jetró, el sacerdote de Madián. **17** También llegaron unos pastores y les dijeron a las muchachas que se fueran de allí. Pero Moisés las defendió, y dio de beber a las ovejas. **18** Cuando las muchachas llegaron a su casa, su padre les preguntó:

—¿Por qué volvieron tan temprano?

19 Ellas le respondieron:

—Resulta que un egipcio nos defendió de unos pastores. Y no sólo eso, ¡sino que también sacó agua del pozo y dio de beber a las ovejas!

20 —¿Y dónde está? —les preguntó su padre. ¿Por qué lo dejaron solo? ¡Vayan, invítenlo a comer con nosotros!

21 Durante la comida, Jetró invitó a Moisés a quedarse a vivir con ellos, y él aceptó. Tiempo después, Jetró dejó que su hija Séfora se casara con Moisés. **22** Cuando Séfora tuvo un hijo, Moisés le puso por nombre Guersón, que quiere decir «extranjero», pues dijo: «Aquí soy sólo un extranjero».

Dios se preocupa por los israelitas
23 Muchos años después murió el rey de Egipto. Sin embargo, los israelitas seguían quejándose, pues sufrían mucho como esclavos. **24-25** Pero Dios vio sus sufrimientos y escuchó sus gritos de dolor, y se acordó del pacto que había hecho con los antepasados de los israelitas, es decir, con Abraham, Isaac y Jacob.

Dios llama a Moisés
3 **1** Moisés cuidaba las ovejas de su suegro Jetró, que era sacerdote de Madián. Un día, Moisés llevó las ovejas por el desierto y llegó hasta la montaña de Dios que se llama Horeb. **2** Allí Dios se le apareció en medio de un arbusto que ardía en llamas. A Moisés le sorprendió ver que el arbusto estaba en llamas, pero no se quemaba. **3** Y dijo: «¡Qué extraño! ¡Voy a ver por qué no se quema ese arbusto!» **4** Cuando Dios vio que Moisés se acercaba, le gritó:

—¡Detente Moisés!

Moisés contestó:

—¡Qué pasa, Señor!

5 Dios le dijo:

—¡No te acerques más! ¡Quítate las sandalias, porque estás en mi presencia! **6** Yo soy el Dios de tus antepasados; yo soy el Dios de Abraham, de Isaac y de Jacob.

Al oír esto, Moisés no se atrevió a mirar a Dios y se tapó la cara.
7-9 Pero Dios siguió diciéndole:

—Yo sé muy bien que mi pueblo Israel sufre mucho porque los egipcios lo han esclavizado. También he escuchado sus gritos pidiéndome ayuda, y he visto que sus capataces los maltratan mucho. Por eso he venido a librarlos del poder egipcio. Los voy a llevar a una región muy grande y rica; ¡tan rica que siempre hay abundancia de alimentos! Es Canaán,

país donde viven pueblos que no me conocen. **10** Así que prepárate, pues voy a mandarte a hablar con el rey de Egipto, para que saques de ese país a mi pueblo.

11 Moisés contestó:

—¿Y quién soy yo para ir ante él y decirle: «Voy a sacar de aquí a los israelitas»?

12 Dios le dijo:

—¡Moisés, yo estaré contigo en todo momento! Y para que sepas que yo soy quien te envía, voy a darte una señal: Después de que hayas sacado a los israelitas, todos ustedes me adorarán en este mismo lugar.

13 Moisés respondió:

—Pero si voy y les digo a los israelitas: «Nuestro Dios, es decir, el Dios de Abraham, de Isaac y de Jacob, me ha enviado a libertarlos», seguramente van a decirme: «A ver, dinos cómo se llama». Y entonces, ¿qué les voy a responder?

14-16 Dios le contestó:

—Diles que soy el Dios eterno, y que me llamo Yo soy. Diles a todos que soy el Dios de Abraham, de Isaac y de Jacob, los antepasados de ustedes.

»Así que ve a Egipto y reúne a los jefes de Israel. Cuéntales que yo, su Dios, me aparecí ante ti, y que sé muy bien cómo sufren en Egipto. **17** Diles que les prometo librarlos de su esclavitud, sacarlos de Egipto, y llevarlos a Canaán, país donde viven pueblos que no me conocen. ¡Es un país tan rico que siempre hay abundancia de alimentos!

18 »Yo sé que los jefes te harán caso, así que tú y ellos se presentarán ante el rey de Egipto y le dirán: "Nuestro Dios ha venido a encontrarnos. Queremos que Su Majestad nos deje ir al desierto, hasta donde lleguemos en tres días. Allí adoraremos a nuestro Dios y le presentaremos ofrendas".

19 »Claro, yo sé que el rey no va a dejarlos ir, pero lo obligaré a hacerlo. **20** Usaré mi poder y haré cosas increíbles, con las que destruiré a los egipcios. Sólo entonces los dejará ir. **21** Además, haré que los egipcios les hagan muchos regalos; así ustedes no saldrán de Egipto con las manos vacías. **22** Todas las israelitas irán a ver a sus vecinas egipcias y a las que vivan con ellas, y les pedirán joyas de plata y de oro. También les pedirán ropa, y con ella vestirán a sus hijos y a sus hijas. Las egipcias no les negarán nada. Así los egipcios se quedarán sin nada de valor.

4 **1** Sin embargo, Moisés le dijo a Dios:

—Los jefes de Israel no van a creer que te he visto, así que tampoco van a obedecerme.

2 Entonces Dios le preguntó:

—¿Qué tienes en tu mano?

—Una vara —contestó Moisés.

3 —Tírala al suelo —ordenó Dios.

Moisés tiró la vara al suelo, y ésta se convirtió en una serpiente. Moisés trató de apartarse de ella, **4** pero Dios le dijo:

—Ahora extiende la mano y agarra la serpiente por la cola.

Moisés extendió la mano para agarrarla y, en cuanto la tocó, la serpiente se convirtió otra vez en una vara. Entonces Dios le dijo:

5 —Haz esto mismo delante de los jefes de Israel. Cuando ellos vean que la vara se convierte en serpiente, creerán que me has visto a mí, que soy el Dios de sus antepasados. **6-8** Pero si no te creen ni te obedecen, dales otra prueba: Mete la mano entre tu ropa y tócate el pecho; luego vuelve a sacarla.

Moisés lo hizo así, y cuando sacó la mano, vio que estaba llena de llagas, pues tenía lepra. Dios le dijo:

—Vuelve a meter tu mano entre la ropa.

Moisés obedeció, y cuando la sacó vio que ya estaba sana. Dios le dijo:

9 —Si después de ver estas dos señales no te creen ni te obedecen, ve al río Nilo, saca agua de allí, y derrámala en el suelo. En seguida el agua se convertirá en sangre.

10 Sin embargo, Moisés le dijo a Dios:

—¡Pero es que yo no sé hablar bien! Siempre que hablo, se me traba la lengua, y por eso nadie me hace caso. Este problema lo tengo desde niño.

11 Dios le contestó:

—Escúchame, Moisés, ¡soy yo quien hace que hables o que no hables! ¡Soy yo quien hace que puedas oír o que no oigas nada! ¡Soy yo quien puede hacerte ver, o dejarte ciego! **12** Anda, ponte en marcha a Egipto, que yo te ayudaré o que hables bien, y te enseñaré lo que debes decir.

13 Pero Moisés dijo:

—Dios mío, te ruego que envíes a otra persona.

14 Entonces Dios se enojó con Moisés y le dijo:

—¡Pues ahí tienes a tu hermano Aarón, el sacerdote de la tribu de Leví! Aarón habla muy bien, y sabe convencer a la gente. Además, ya ha salido a tu encuentro, y se alegrará de verte. **15-16** Tú dile a Aarón todo lo que te he mandado decir, para que él se lo diga al pueblo por ti. De ese modo, Aarón hablará en

tu lugar, así como tú hablas en lugar mío. Yo, por mi parte, les ayudaré a hablar y les enseñaré lo que deben hacer. **17** Anda, toma la vara y haz con ella lo que te he ordenado hacer.

18 Moisés volvió entonces a donde estaba su suegro Jetró, y le dijo:

—Déjame regresar a Egipto. Quiero ver si todavía siguen con vida los israelitas.

Jetró le dijo:

—Vete tranquilo. Espero que te vaya bien.

Moisés regresa a Egipto

19 Moisés todavía estaba en Madián cuando Dios le dijo:

—Regresa a Egipto, pues ya han muerto todos los que querían matarte.

20 Entonces Moisés montó en un burro a su esposa y a sus hijos, y emprendió el camino de regreso a Egipto. En la mano llevaba la vara que Dios le había dado. **21** Ya Dios le había dicho:

«Cuando llegues a Egipto, haz delante del rey todas las maravillas que te he ordenado hacer con la vara. Yo haré que el rey se ponga terco y no deje salir al pueblo. **22** Entonces tú le dirás de mi parte: "Yo soy Dios, y amo al pueblo de Israel como si fuera mi primer hijo. **23** Por eso te he ordenado que lo dejes salir para que me adore. Como no lo has dejado ir, ahora voy a quitarle la vida a tu primer hijo"».

24 En el camino a Egipto, Moisés y su familia se detuvieron en un lugar para pasar la noche. Allí Dios estuvo a punto de quitarle la vida a Moisés, **25-26** pero Séfora tomó un cuchillo y circuncidó a su hijo; luego, con el pedazo de piel que le cortó, le tocó los genitales a Moisés, y le dijo: «Con la sangre de mi hijo quedas protegido». Cuando Dios vio lo que había hecho Séfora, dejó con vida a Moisés.

Moisés y Aarón hablan al pueblo
27 Dios le dijo a Aarón:

—Ve al desierto, para recibir a Moisés.

Aarón fue entonces a la montaña de Dios. Al encontrarse con Moisés, lo saludó con un beso. **28** Entonces Moisés le contó a Aarón todas las señales grandes y terribles que Dios le había ordenado hacer en Egipto, y todo lo que le había mandado decir. **29** Después los dos fueron y reunieron a los jefes de Israel, **30** y Aarón les contó lo que Dios le había dicho a Moisés, quien por su parte hizo delante de ellos las señales que Dios le había mandado hacer. **31** Los israelitas le creyeron a Moisés, y cuando oyeron que Dios iba a ayudarlos, se inclinaron hasta el suelo y adoraron a Dios.

Moisés y Aarón hablan con el rey de Egipto
5 **1** Después de hablar con los israelitas, Moisés y Aarón fueron a ver al rey de Egipto y le dijeron:

—El Dios de los israelitas, envía este mensaje a Su Majestad: "Deja que mi pueblo Israel vaya al desierto, para que haga allí una fiesta en mi honor".

2 Pero el rey contestó:

—¿Y quién es ese Dios? ¿Por qué tendría yo que obedecerlo? ¡No conozco a ningún Dios de los israelitas, ni tampoco voy a dejar que ustedes se vayan!

3 Moisés y Aarón le dijeron:

—Pues él es nuestro Dios y ha venido a ayudarnos. Tenemos que ir al desierto, hasta donde lleguemos en tres días, y presentarle allí nuestras ofrendas. Si no lo hace-

mos así, tal vez nos castigue con alguna enfermedad, o nos haga morir en la guerra.

4-5 Pero el rey les contestó:

—¡Mejor vayan a trabajar! ¡Miren a cuanta gente están distrayendo!

6 Ese mismo día el rey les ordenó a los capataces y a los jefes de trabajo:

7 «Ya no les den paja a los israelitas para los ladrillos que tienen que hacer. Déjenlos que vayan ellos a recogerla. **8** Pero exíjanles que hagan la misma cantidad de ladrillos; ¡ni uno menos! Estos israelitas son unos haraganes; por eso andan gritando que los dejemos ir al desierto para adorar a su Dios. **9** Ustedes háganlos trabajar más todavía. Manténganlos tan ocupados que no tengan tiempo de creer en las mentiras de Moisés y de Aarón».

10 Los capataces y los jefes de trabajo fueron a decirles a los israelitas:

«El rey de Egipto nos manda a decirles que ya no vamos a darles paja para los ladrillos, **11** sino que ustedes tienen que ir a buscarla y recogerla donde puedan. Pero deben entregar la misma cantidad de ladrillos de siempre».

Los israelitas se quejan ante el rey de Egipto
12 Los israelitas recorrieron todo Egipto en busca de hierba seca, para usarla en lugar de la paja que antes les daban. **13** Los capataces les decían: «¡Apúrense! Cada día tienen que entregar la misma cantidad de ladrillos que hacían cuando se les daba paja».

14 Pero como no podían hacerlo, los capataces golpeaban a los jefes israelitas que habían puesto para vigilar el trabajo. Les decían: «Ya van tres días que no han entregado la misma cantidad de ladrillos». **15** Entonces los jefes israelitas fue-

ron a quejarse ante el rey. Le dijeron:

—¿Por qué nos trata así Su Majestad? **16** Su gente no sólo nos exige que hagamos ladrillos, sino que ni siquiera nos da paja, y para colmo nos golpea. Si no estamos entregando la misma cantidad de ladrillos, es por culpa de ellos.

17 Pero él les contestó:

—¡Haraganes! ¡Son unos haraganes! Me piden que los deje ir a adorar a su Dios, pero lo que quieren es dejar de trabajar. **18** Así que regresen a su trabajo. Y aunque no voy a darles paja, ustedes deberán entregar la misma cantidad de ladrillos.

19 Esta respuesta del rey significaba un gran problema para los jefes israelitas, **20** así que cuando se encontraron con Moisés y Aarón, que estaban esperándolos afuera, **21** les dijeron:

—¡Que Dios los castigue por el mal que nos han hecho! Ahora el rey y su gente nos odian más que antes. ¡Ustedes les han dado un pretexto para que nos maten!

22 Entonces Moisés le reclamó a Dios:

—Dios mío, ¿para esto me enviaste? ¿Sólo para hacer sufrir a tu pueblo? **23** Desde que vine a Egipto y le di al rey tu mensaje, él no ha dejado de maltratar a tu pueblo; sin embargo, tú todavía no nos has liberado.

6 **1-2** Dios le contestó:

—De tal modo voy a castigar al rey de Egipto, que él mismo les pedirá que abandonen su país. Yo soy tu Dios. **3** Tus antepasados me conocieron con el nombre de Dios todopoderoso, pero no por mi verdadero nombre, que es Yo soy. **4** Yo me comprometí a darles el país de Canaán, donde antes vivieron como extranjeros, **5** y ahora que he escuchado los gritos de dolor de los israelitas por el maltrato de los egipcios, me he acordado del compromiso que tengo con mi pueblo. **6-8** »Así que ve y diles a los israelitas que yo, su Dios, los voy a sacar de Egipto, y que los haré descansar de los trabajos tan pesados que ahora tienen que hacer. Los llevaré al país que prometí a Abraham, Isaac y Jacob, y que de ahora en adelante será de ustedes. Así sabrán que yo fui quien los libró de su esclavitud en Egipto, y serán mi pueblo y yo seré su Dios. Pero a los egipcios los castigaré con mi gran poder. Todo esto lo haré porque yo soy el Dios de ustedes.

9 Moisés les contó a los israelitas todo lo que Dios le había dicho, pero ellos estaban tan desanimados y con tanto trabajo que no le hicieron caso. **10** Entonces Dios le dijo a Moisés:

11 —Ve y dile al rey de Egipto que deje salir de su país a los israelitas.

12 Moisés contestó:

—Si ni siquiera los israelitas me hicieron caso, mucho menos el rey. Además, soy muy torpe para hablar.

13 Entonces Dios les dio instrucciones precisas a Moisés y Aarón: tenían que hablar con el rey de Egipto y con los israelitas, y también sacar de Egipto a su pueblo.

Las familias israelitas

14 Los jefes de las familias israelitas fueron los siguientes:

De las familias de la tribu de Rubén: Hanoc, Falú, Hesrón, Carmí.

15 De las familias de la tribu de Simeón: Jemuel, Jamín, Óhad, Jaquín, Sóhar, Saúl, hijo de una mujer de Canaán.

16-27 De las familias de la tribu de Leví: Guersón, Quehat, Merarí.

De los hijos de Guersón: Libní, Simí.

De los hijos de Quehat: Amram, Ishar, Hebrón, Uziel.

De los hijos de Merarí: Mahli, Musí.

De los hijos de Amram y de Jocabed: Aarón, Moisés.

De los hijos de Ishar: Coré, Néfeg, Zicrí.

De los hijos de Uziel: Misael, Elsafán, Sitrí.

De los hijos de Aarón y de Eliseba: Nadab, Abihú, Itamar, Eleazar.

De los hijos de Coré: Asir, Elcaná, Abiasaf.

Leví vivió ciento treinta y siete años.

Amram también vivió ciento treinta y siete años. Sus hijos Aarón y Moisés son los mismos que recibieron de Dios la orden de hablar con el rey para sacar de Egipto a los israelitas.

Aarón se casó con Eliseba, que era hija de Aminadab y hermana de Nahasón.

Eleazar se casó con una de las hijas de Futiel y tuvo con ella un hijo, al que llamaron Finees.

Dios habla con Moisés en Egipto

28 Cuando Dios habló con Moisés en Egipto, **29** le dijo:

—Yo soy tu Dios. Ve y dile al rey de Egipto todo lo que voy a decirte.

30 Pero Moisés respondió:

—El rey de Egipto no va a hacerme caso, pues soy muy torpe para hablar.

7 **1** Entonces Dios le dijo:

—Ante el rey de Egipto tú serás mi representante, y tu hermano Aarón hablará por ti. **2** Tú le dirás a Aarón todo lo que yo te ordene que digas, y luego él se lo repetirá al

rey de Egipto, para que deje salir de su país a los israelitas. **3-5** Él no les hará caso, ni los dejará salir, porque yo haré que se ponga terco. Pero serán tantas las señales terribles y asombrosas que haré en Egipto, que él los dejará ir. Descargaré sobre los egipcios todo mi poder, y los castigaré; ¡así le haré justicia a mi pueblo Israel, y lo sacaré de Egipto como un ejército! ¡Esos egipcios van a saber que yo soy el Dios de Israel!

6 Moisés y Aarón hicieron todo tal como Dios se lo había ordenado. **7** Cuando fueron a hablar con el rey de Egipto, Moisés tenía ochenta años, y Aarón ochenta y tres.

Moisés y Aarón hablan con el rey de Egipto

8 Dios les dijo a Moisés y a Aarón: **9** «Cuando el rey de Egipto les pida que hagan algo grande y maravilloso, tú, Moisés, le dirás a Aarón que tome su vara y la tire al suelo delante del rey, para que se transforme en serpiente».

10 Moisés y Aarón fueron a ver al rey de Egipto. Y cuando el rey les pidió que demostraran su poder, ellos hicieron lo que Dios les había ordenado hacer: Aarón tiró su vara al suelo delante del rey y de sus consejeros, y la vara se transformó en serpiente.

11 El rey llamó entonces a sus magos y sabios para que también ellos hicieran lo mismo. **12** Cada uno de ellos tiró al suelo su vara, y todas las varas se transformaron en serpientes; pero la serpiente de Aarón se comió a los otras. **13** A pesar de esto, el rey de Egipto se puso terco y no les hizo caso a Moisés y Aarón, tal como Dios lo había dicho.

Los diez castigos
PRIMER CASTIGO: EL AGUA SE CONVIERTE EN SANGRE

14 Dios habló con Moisés y le dijo:

«El rey de Egipto se ha puesto muy terco y no quiere dejar que mi pueblo Israel se vaya de su país. **15** Así que toma la vara que se transformó en serpiente y ve a encontrarte con él mañana temprano, cuando vaya al río Nilo. **16** Allí le darás este mensaje: "El Dios de los israelitas, a quien yo represento, me envía a decir a Su Majestad que nos deje salir para que vayamos a adorarlo en el desierto. Como hasta ahora usted no ha querido obedecer, **17** él le dará otra prueba de que es Dios. Cuando yo golpee el río Nilo con la vara, el agua se convertirá en sangre. **18** Los peces del río se morirán, y el agua olerá tan mal que los egipcios tendrán asco de beberla".

19 »Cuando le hayas dado este mensaje al rey, dile a Aarón que tome su vara y que extienda su brazo sobre todos los ríos, arroyos, lagunas y depósitos de agua de Egipto, para que se conviertan en sangre. ¡Y hasta el agua guardada en los recipientes de piedra y de madera se convertirá en sangre!»

20 Moisés y Aarón hicieron todo lo que Dios les ordenó. Aarón alzó su vara delante del rey y de sus consejeros, y golpeó el agua del río Nilo. Al instante el agua se convirtió en sangre, **21** los peces del río se murieron, y el agua apestaba tanto que los egipcios no podían beberla. ¡Todo el país se llenó de sangre!

22-23 Tal como Dios lo había dicho, el rey se puso terco. Y como también sus magos convirtieron agua en sangre, no les hizo caso a Aarón y a Moisés, y regresó a su casa. **24** Los egipcios no podían beber del agua del río Nilo, así que hicieron pozos en las orillas del río para sacar agua limpia.

Segundo castigo: Las ranas llenan el país

25 Siete días después de que Dios golpeó el agua del río Nilo, **8 1** (7.26) Dios le dijo a Moisés:

«Ve a hablar con el rey de Egipto, y dile de mi parte que los deje ir al desierto para que me adoren.

2 (7.27) Si no los deja ir, yo haré que todo Egipto se llene de ranas. **3-4** (7.28-29) Habrá ranas en el río Nilo, y en el palacio del rey, y en las casas de sus consejeros y de todo su pueblo. Se meterán en su habitación y se treparán en su cama; ¡habrá ranas hasta donde amasan su pan!»

5 (1) Moisés fue a hablar con el rey de Egipto, pero como éste no dejó que el pueblo se fuera, Dios le dijo a Moisés: «Dile a Aarón que tome su vara y la extienda sobre los ríos, arroyos y lagunas, para que salgan ranas y llenen todo Egipto».

6 (2) Aarón extendió su brazo sobre todos los depósitos de agua de Egipto, y de allí salieron ranas y llenaron todo el país.

7 (3) También los magos egipcios con su magia hicieron que salieran ranas del agua y que llenaran todo el país. **8** (4) El rey, por su parte, mandó llamar a Moisés y Aarón, y les dijo:

—Pídanle a su Dios que quite las ranas, porque ya no las soportamos. Si lo hace, yo dejaré que el pueblo de Israel vaya a ofrecerle sacrificios.

9 (5) Moisés contestó:

—Muy bien, Su Majestad. Ahora dígame cuándo quiere que le pida a Dios por usted, por sus servidores y por su pueblo. Así las ranas se irán de su palacio y se quedarán sólo en el río.

10-11 (6-7) —¡Que se vayan mañana mismo! —contestó el rey.

—Pues así se hará —dijo Moisés—. Mañana mismo se irán y se quedarán sólo en el río. Ya no molestarán más a los egipcios. Así sabrá Su Majestad que no hay otro Dios como el Dios de Israel.

12 (8) Moisés y Aarón salieron del palacio del rey. Luego Moisés le rogó a Dios que alejara del rey las ranas que había mandado.

13 (9) Dios lo hizo así, y se murieron las ranas que había en las casas, en los patios y en los campos. **14** (10) Los egipcios juntaron en montones las ranas muertas, y todo el país olía muy mal. **15** (11) Pero tal como Dios lo había dicho, en cuanto el rey vio que ya todo había pasado, no les hizo caso, sino que se puso más terco y no dejó salir a los israelitas.

Tercer castigo: El polvo se convierte en mosquitos

16 (12) Entonces Dios le dijo a Moisés: «Dile a Aarón que golpee con su vara el polvo del suelo de Egipto, para que se convierta en mosquitos».

17 (13) Moisés y Aarón hicieron lo que Dios les ordenó. Aarón extendió el brazo y con su vara golpeó el polvo del suelo. Al instante todo el polvo de Egipto se convirtió en mosquitos que picaban a la gente y a los animales. **18** (14) Los magos de Egipto intentaron hacer lo mismo, pero no pudieron. Y como los mosquitos seguían atacando a la gente y a los animales, **19** (15) los magos fueron a ver al rey y le dijeron: «¡Dios está haciendo todo esto!»

Una vez más, todo sucedió como Dios lo había dicho: El rey de Egipto se puso terco y no les hizo caso a Moisés y Aarón.

Cuarto castigo: Muchas moscas atacan a Egipto

20 (16) Entonces Dios le dijo a Moisés:

—«Levántate mañana muy temprano, y cuando el rey baje al río le saldrás al encuentro y le dirás de mi parte que deje salir a mi pueblo para que vaya a adorarme. **21** (17) Si no los deja ir, yo enviaré muchas moscas para que lo molesten a él, y a sus servidores y a su pueblo. Todas las casas egipcias se llenarán de moscas, y habrá moscas hasta en el suelo. **22-23** (18-19) Sin embargo, no enviaré moscas sobre la región de Gosén, donde vive mi pueblo; las moscas atacarán a los egipcios, pero no a los israelitas. Esto lo haré mañana mismo. Así sabrá el rey de Egipto, que el Dios de los israelitas está en su país».

24 (20) Y Dios cumplió lo que había anunciado: envió muchísimas moscas, que se metieron en el palacio del rey y en las casas de sus servidores. Todo Egipto se llenó de moscas y quedó arruinado. **25** (21) Al ver esto el rey, mandó a llamar a Moisés y Aarón, y les dijo:

—Vayan y adoren a su Dios, pero no salgan del país.

26 (22) Moisés le contestó:

—No creo que debamos hacerlo. A los egipcios no les gustará vernos adorar a nuestro Dios y ofrecerle animales que para ellos son sagrados. Si llegan a vernos haciéndolo, lo más seguro es que nos maten a pedradas. **27** (23) Es mejor que vayamos al desierto, hasta donde lleguemos en tres días, y que allí le ofrezcamos sacrificios a nuestro Dios, tal como él nos lo ha ordenado.

28 (24) El rey contestó:

—Yo los dejaré ir al desierto a ofrecer sacrificios a su Dios, siempre y cuando no se alejen mucho, y le pidan a su Dios por mí.

29 (25) Moisés dijo:

—En cuanto salga yo de aquí, le pediré a Dios que mañana mismo aleje de Egipto las moscas. Pero lo haré siempre y cuando Su Majestad permita, de una vez por todas, que mi pueblo vaya y ofrezca sacrificios a nuestro Dios.

30-31 (26-27) Moisés salió del palacio y le pidió a Dios que alejara del rey las moscas, y Dios así lo hizo. No quedó una sola mosca. **32** (28) Pero el rey volvió a ponerse terco y no dejó salir a los israelitas.

QUINTO CASTIGO: MUERE EL GANADO DE EGIPTO

9 **1** Entonces Dios le dijo a Moisés:

«Ve y dile de mi parte al rey que los deje ir a adorarme. **2** Si no los deja ir, **3** haré que se enferme gravemente todo su ganado. Se enfermarán los caballos, los burros, los camellos, las vacas y las ovejas, y no habrá nada que los cure. **4** Pero al ganado de Israel no le haré ningún daño, así que de los animales de los israelitas no morirá uno solo. **5** ¡Mañana mismo haré que se enferme el ganado de Egipto!»

6 Al día siguiente, Dios hizo que todo el ganado de los egipcios se enfermara gravemente y se muriera: pero del ganado de los israelitas no murió ni un solo animal. **7** Así lo comprobó la gente que el rey de Egipto envió a investigar. Pero aun así, el rey siguió terco y no dejó que los israelitas fueran a adorar a Dios.

SEXTO CASTIGO: LOS EGIPCIOS Y SUS ANIMALES SE ENFERMAN DE LLAGAS

8 Entonces Dios le dijo a Moisés y Aarón:

«Tomen de un horno un poco de ceniza, y vayan a ver al rey. Cuando estén en su presencia, quiero que tú, Moisés, lances la ceniza al aire. **9** La ceniza se convertirá en un polvo fino, y al caer sobre la gente y sobre los animales de Egipto hará que les salgan llagas en la piel».

10-11 Moisés y Aarón tomaron ceniza y fueron a ver al rey. Cuando estuvieron frente a él, Moisés tomó la ceniza y la lanzó al aire. La ceniza hizo que a todos los egipcios y a sus animales les salieran llagas en la piel. Los magos no pudieron presentarse ante Moisés para hacer lo mismo con su magia, porque aun ellos tenían el cuerpo lleno de llagas. **12** Sin embargo, Dios hizo que el

rey se pusiera terco y no quisiera saber nada de Moisés ni de Aarón, tal como Dios se lo había dicho a Moisés.

SÉPTIMO CASTIGO: DIOS HACE LLOVER GRANIZO SOBRE EGIPTO

13 Entonces Dios le dijo a Moisés:

«Levántate muy temprano. Preséntate ante el rey y dile de mi parte que yo, el Dios de los israelitas, le ordeno que deje que mi pueblo vaya a adorarme. **14** De lo contrario, esta vez enviaré todos mis castigos contra todo Egipto. No hay en toda la tierra otro Dios como yo, y se lo voy a demostrar. **15** Si yo lo hubiera deseado, habría castigado a todos los egipcios con una enfermedad tan terrible que ya estarían muertos. **16** Si hasta ahora no lo he hecho, es porque quiero mostrar mi poder, y porque quiero que todos en el país me conozcan. **17** »Dile que si insiste en no dejar salir a mi pueblo, **18** mañana a esta hora dejaré caer unos granizos tan grandes y pesados, como no se han visto en toda la historia de Egipto. **19** Dile que ponga en lugar seguro todo su ganado y todo lo que tenga en el campo, porque el granizo caerá sobre todo hombre y animal, y matará a todo el que no esté en lugar seguro».

20 Al oír esta advertencia de parte de Dios, algunos de los consejeros del rey tuvieron miedo y dejaron que sus sirvientes fueran a ponerse a salvo, y además guardaron todo su ganado en los establos. **21** Pero otros no creyeron y dejaron en el campo a sus sirvientes y al ganado. **22** Entonces Dios le dijo a Moisés: «Levanta al cielo tu brazo, para que lluevan granizos sobre toda la gente, y sobre el ganado y las plantas de Egipto». **23** Con la vara en la mano, Moisés levantó el brazo al cielo. Al instante, Dios dejó caer sobre Egipto truenos, rayos y granizo. **24** ¡Nunca en toda la historia de Egipto se había visto algo parecido! Tan terribles eran la lluvia de granizo y los rayos que caían, **25** que acabaron con gente, ganados y plantas. Los árboles quedaron despedazados, **26-32** y el lino y la cebada destruidos, pues el lino había florecido y la cebada estaba ya en espiga. Sólo se salvaron el trigo y el centeno, porque dan fruto más tarde. Sin embargo, en el territorio de Gosén, donde vivían los israelitas, no cayó un solo granizo. Por eso el rey de Egipto mandó llamar a Moisés y Aarón, y les dijo:

—Debo admitir que esta vez he hecho mal. La culpa la tenemos nosotros y no Dios, así que díganle que ya no impediré que los israelitas se vayan. ¡Ya no soportamos más el granizo y los truenos!

Moisés le contestó:

—Voy a demostrarle a Su Majestad que nuestro Dios es el dueño de toda la tierra. En cuanto yo salga de la ciudad, hablaré con él, y ya no habrá más truenos ni granizo. Esto lo haré a pesar de que ni usted ni sus consejeros respetan todavía a Dios.

33 Moisés salió entonces del palacio y de la ciudad, y levantando los brazos le pidió a Dios que quitara los truenos y el granizo. Al momento la lluvia terminó, el granizo dejó de caer, y los truenos ya no se escucharon más. **34** Pero aun cuando todo terminó, el rey siguió haciendo lo malo: tanto él como sus consejeros se pusieron tercos, y no dejaron que se fueran los israelitas. **35** Pero ya Dios había dicho que esto sucedería, y Moisés se lo comunicó al pueblo.

OCTAVO CASTIGO: LOS SALTAMONTES ATACAN LOS CAMPOS

10 **1** Dios le dijo a Moisés: «Ve y preséntate ante al rey. Yo he hecho que él y sus consejeros se pongan tercos, para mostrarles mi poder mediante señales terribles y asombrosas. **2** Así podrás contarles a tus hijos y a tus nietos

todo lo que hice contra los egipcios, y cómo me burlé de ellos, para que sepan que yo soy el Dios de los israelitas».

3 Moisés y Aarón se presentaron ante el rey y le dijeron:

«El Dios de los israelitas me ha enviado a preguntarle hasta cuándo seguirá siendo tan orgulloso. ¿Cuándo le va a obedecer? Déjenos ir a adorarlo. **4** Si usted no lo hace, mañana Dios enviará sobre su país una nube de saltamontes **5** que cubrirá todo el suelo. Los saltamontes se comerán todas las plantas y todos los árboles que hayan quedado después de la lluvia y el granizo, **6** y llenarán todo el país de Egipto. ¡Nunca los padres ni los abuelos de Su Majestad vieron algo semejante!» Cuando Moisés salió del palacio. **7** los consejeros egipcios le dijeron al rey: «¿Hasta cuándo vamos a soportar a este hombre? ¡Sólo nos ha traído problemas! Deje Su Majestad que se vaya con su pueblo a adorar a su Dios. ¿No sabe Su Majestad que todo Egipto está en la ruina?»

8 El rey mandó llamar a Moisés y Aarón, y les dijo:

—Está bien, vayan a adorar a su Dios. Pero antes, díganme quiénes van a ir.

9 Moisés le contestó:

—Debemos ir todos nosotros, pues vamos a celebrar una fiesta en honor de nuestro Dios. Iremos con todos nuestros jóvenes y ancianos, con nuestros hijos e hijas, y también nos llevaremos nuestras ovejas y vacas.

10 Con tono burlón, el rey le dijo:

—¡Ah sí, cómo no! ¡Y, por supuesto, su Dios los va a acompañar! ¿Acaso creen que voy a dejar que se lleven a sus niños? Ustedes tienen la mala intención de escapar. **11** Pero no va a ser como ustedes quieran. Si realmente quieren

adorar a su Dios, vayan sólo los hombres.

En seguida los egipcios echaron a Moisés y Aarón fuera del palacio, **12** pero Dios le dijo a Moisés: «Extiende tu brazo y ordena que los saltamontes vengan sobre Egipto y se coman todas las plantas que quedaron después del granizo».

13-14 Moisés obedeció. Al instante, Dios envió sobre el país un viento que, desde el este, sopló todo el día y toda la noche. Ese viento trajo tal cantidad de saltamontes, que a la mañana siguiente todo Egipto estaba cubierto de ellos. ¡Nunca antes se había visto algo así! **15** ¡Ni el suelo podía verse! Los saltamontes se comieron todas las plantas y frutas que habían quedado después del granizo. **16** Muy apurado, el rey llamó a Moisés y a Aarón, y les dijo: «Me he portado muy mal con su Dios y con ustedes. **17** Por favor, perdónenme una vez más y pídanle a su Dios que nos quite esos saltamontes, porque nos están matando. O por lo menos, ¡que los aleje de mí!»

18-19 Moisés salió del palacio y le rogó a Dios por el rey. Entonces Dios hizo que un viento muy fuerte soplara desde el oeste, y el viento se llevó los saltamontes y los arrojó al Mar de los Juncos. ¡Todo Egipto quedó libre de saltamontes! **20** Pero Dios hizo que el rey se pusiera terco y no dejara ir a los israelitas

NOVENO CASTIGO: LA GRAN OSCURIDAD

21 Entonces Dios le dijo a Moisés: «Extiende el brazo hacia el cielo y ordena que todo Egipto se quede a oscuras. Habrá tanta oscuridad que los egipcios podrán sentirla». **22** Moisés extendió su brazo, y durante tres días todo Egipto quedó a oscuras. **23** Todo estaba tan oscuro que los egipcios no podían verse unos a otros, ni dar un paso sin tropezarse. Sin embargo, en todas las casas israelitas sí había luz. **24** Cuando el rey vio esto, llamó a Moisés y le dijo:

—¡Vayan a adorar a su Dios! Pueden llevarse a sus niños, pero dejen aquí sus ovejas y vacas.

25-26 Moisés le contestó:

—De ningún modo. También nuestras vacas y ovejas deben ir con nosotros. No sabemos cuántos sacrificios tendremos que hacer, sino que Dios nos lo dirá cuando lleguemos. Además, también ustedes deben darnos más animales para ofrecérselos a nuestro Dios.

27 Una vez más, Dios hizo que el rey se pusiera terco y no dejara ir a los israelitas. **28** Así que el rey le dijo a Moisés:

—¡Largo de aquí! Y más te vale no volver a presentarte ante mí. Si vuelves por acá, mandaré que te maten.

29 Moisés contestó:

—De acuerdo. Jamás volveré a verte la cara.

ANUNCIO DEL DÉCIMO CASTIGO

11 **1** Después Dios le dijo a Moisés: «Voy a castigar al rey y a su pueblo una vez más. Después de ese castigo los dejará ir, y hasta los echará de su país para siempre. **2** Tú ve y diles a todos los israelitas, hombres y mujeres, que se preparen para salir y que les pidan a sus vecinos objetos de oro y plata».

3 Dios hizo que los egipcios trataran bien a los israelitas, y tanto ellos como los consejeros mismos del rey respetaban a Moisés.

4 Una vez más, Moisés le dijo al rey:

«Dios me manda decir a Su Majestad que cerca de la medianoche, él recorrerá todo Egipto, **5** y les quitará la vida a todos los hijos mayores de los egipcios. Todos morirán, desde el hijo mayor de Su Majestad, hasta el hijo mayor de la sirvienta que tra-

baja en el molino. ¡Ni siquiera las primeras crías de los ganados egipcios escaparán de la muerte! **6** Nunca antes han sufrido ustedes una desgracia tan grande, ni nunca más volverán a sufrirla. **7** Y para demostrarles que es Dios quien distingue entre ustedes y los israelitas, de nosotros no morirá ni uno solo de nuestros hijos mayores, ni tampoco una sola de las primeras crías de nuestros animales. Es más, ni siquiera un perro nos ladrará. **8** Toda esta gente que está al servicio de Su Majestad vendrá a verme, y de rodillas me rogará que me vaya de Egipto y me lleve a mi pueblo. Sólo entonces me iré de aquí».

Moisés salió muy enojado del palacio del rey. **9** Entonces Dios le dijo: «El rey no va a hacerles caso. Eso me permitirá seguir haciendo señales terribles y asombrosas en este país».

10 Moisés y Aarón hicieron en presencia del rey todas las señales terribles y asombrosas que Dios les había ordenado hacer, pero el rey se puso terco y no dejó que los israelitas se fueran de Egipto.

INSTRUCCIONES PARA CELEBRAR LA CENA DE PASCUA

12 **1** Cuando Moisés y Aarón aún estaban en Egipto, Dios les dijo:

2 «Este mes será para ustedes el primer mes del año,*1* y el más importante. **3-5** Digan a todos los israelitas que el día diez de este mes cada familia debe apartar un cordero o un cabrito para comérselo. Los animales deben ser machos, de tan sólo un año de edad, y sin ningún defecto. Pero asegúrense de que el animal que elijan alcance para todos, pues cada miembro de la familia debe comer lo acostumbrado. Si alguna familia es muy pequeña como para comerse todo el animal, deberá compartirlo con la familia vecina.

6 »Cuando cada familia haya

apartado su animal, deberá guardarlo hasta el día catorce de este mes, y ese día al atardecer lo matará. **7** Una vez que se reúnan para comer, tomarán un poco de sangre del animal y la untarán en el marco de la puerta de la casa. **8** Esa noche comerán la carne del animal asada al fuego, acompañada de pan sin levadura y hierbas amargas. **9** Pero no vayan a comerse la carne cruda o hervida; tienen que asarla al fuego, y comerse la cabeza, las patas y las tripas.

10 »Además, deben comer rápidamente, con la ropa y las sandalias puestas, y la vara en la mano, como si estuvieran apurados por salir. **11** No deben guardar nada para el día siguiente, porque es la fiesta de la Pascua en mi honor; lo que les sobre, deberán quemarlo. **12** »Esa noche recorreré todo Egipto y mataré a todos los hijos mayores de cada familia egipcia, sea hombre o animal. Yo soy el Dios de Israel, y les daré su merecido a los dioses de Egipto. **13** Pero ustedes los israelitas no deben tener miedo; la sangre que van a untar en los marcos de las puertas me servirá de señal. Cuando yo la vea, no les haré ningún daño a sus hijos mayores, sino que pasaré de largo. **14-20** »De ahora en adelante, todos ustedes deberán celebrar esta fiesta en mi honor, para recordar el día en que los saqué de Egipto. La fiesta durará siete días, desde el atardecer del día catorce hasta el atardecer del día veintiuno. En esa semana celebrarán dos reuniones especiales, una en el primer día y otra en el séptimo. Donde quiera que ustedes vivan, durante esos siete días comerán pan sin levadura. Desde el primer día de la fiesta, y hasta el último, no deberán tener en su casa ni un pedacito de masa con levadura. El que coma pan con levadura durante estos siete días, sea extranjero o israelita, será expulsado de entre ustedes. Además, durante esos siete días no deberán hacer ningún trabajo;

lo único que podrán hacer es preparar su propia comida. Esta será una ley permanente».

LOS ISRAELITAS CELEBRAN LA CENA DE PASCUA

21 Moisés llamó a los jefes israelitas y les dijo:

«Vaya cada uno de ustedes a buscar un cordero para su familia, y mátenlo para celebrar la cena de la Pascua. **22** Echen la sangre del cordero en una vasija, tomen luego unas ramas de hisopo y unten con ellas la sangre en los marcos de las puertas de sus casas. Después de esto, nadie deberá salir de su casa hasta el día siguiente. **23** Así, cuando nuestro Dios recorra el país para quitarles la vida a los hijos mayores de los egipcios, verá la sangre en los marcos de las puertas y pasará de largo. Dios no permitirá que muera ninguno de ustedes.

24 »De ahora en adelante, ustedes los israelitas tendrán la obligación de obedecer siempre estas instrucciones que Dios les ha dado. **25** Cuando vivan en la tierra que Dios prometió darles, celebrarán esta misma ceremonia todos los años. **26** Y cuando sus hijos les pregunten qué significa esta fiesta, **27** ustedes les dirán: "Esta cena es la Pascua que celebramos en honor de nuestro Dios. Cuando él recorrió todo Egipto para matar a los hijos mayores de los egipcios, pasó de largo frente a nuestras casas y nos libró de la muerte"».

Cuando Moisés terminó de hablar, todos los israelitas se arrodillaron y adoraron a Dios, **28** y luego hicieron lo que Dios les había ordenado a Moisés y Aarón.

DÉCIMO CASTIGO: MUERTE DE LOS HIJOS MAYORES EGIPCIOS

29 A la medianoche Dios les quitó la vida a todos los hijos mayores de los egipcios. Murieron todos, desde el hijo mayor del rey, que habría de reinar después, hasta el hijo mayor del que estaba preso en la cárcel. También murieron todas las primeras crías de todos los animales egipcios. **30** Esa noche se levantaron el rey y sus consejeros, y los egipcios lloraban a gritos, pues no había una sola casa donde no hubiera muerto un hijo mayor. **31** Esa misma noche, el rey mandó llamar a Moisés y Aarón, y les dijo: «¡Váyanse lejos de mi pueblo! ¡Váyanse ustedes y todos los israelitas, y adoren a su Dios como lo han estado pidiendo! **32** ¡Llévense sus ovejas y sus vacas, como lo han pedido, y váyanse de aquí! ¡Y pídanle a Dios que no me castigue!»

33 También los egipcios apuraban a los israelitas, pues pensaban que todos iban a morir. **34** Los israelitas, por su parte, tomaron la masa sin levadura, la envolvieron en sus mantos, y con recipientes y todo se la echaron al hombro. **35** Además, a los egipcios les pidieron ropa y objetos de plata y de oro, tal como lo había ordenado Moisés. **36** Dios hizo que los egipcios trataran bien a los israelitas, y que les dieran todo lo que pedían. Así fue como los israelitas les quitaron a los egipcios todas sus pertenencias.

Los israelitas salen de Egipto

37 Los israelitas viajaron a pie desde el pueblo de Ramsés hasta el pueblo de Sucot. Eran como seiscientos mil varones, más las mujeres y los niños. **38** Al salir, se llevaron una gran cantidad de ovejas y vacas, y también salió con ellos muchísima gente de otros países. **39** Salieron de Egipto con tanta prisa que no tuvieron tiempo ni de preparar comida. Por eso tomaron la masa sin levadura que sacaron de Egipto, y con ella hicieron pan. **40-41** El pueblo de Dios salió de Egipto precisamente el día en que se cumplían cuatrocientos treinta años de haber vivido allí. **42** Toda esa noche Dios estuvo pendiente de ellos para protegerlos y sacarlos a salvo de Egipto. Por eso, y en recuerdo de lo que Dios

hizo por ellos, desde entonces ningún israelita duerme durante la celebración de la Pascua.

Más instrucciones acerca de la Pascua

43-49 Dios les dijo a Moisés y Aarón:

«Cuando celebren la Pascua, deberán seguir estas instrucciones:
»Ningún extranjero que trabaje para ti podrá comer del cordero que se sacrifica en la fiesta.
»Sólo podrán comer del cordero los esclavos comprados con dinero israelita, siempre y cuando hayan sido circuncidados.
»También podrán comer del cordero los extranjeros que vivan entre ustedes, siempre y cuando ellos y todos los hombres de su familia se circunciden antes. Si lo hacen así, serán considerados parte del pueblo y podrán celebrar la Pascua.
»Nadie que no esté circuncidado podrá comer de la cena de Pascua.
»El cordero deberá comerse dentro de la casa. Fuera de ella no debe salir ni un solo pedacito de carne. Tampoco se le debe quebrar al cordero ni un solo hueso.
»Estas instrucciones deberán obedecerlas tanto los israelitas como los extranjeros que vivan en el país».

50 Los israelitas hicieron todo tal y como Dios se lo ordenó a Moisés y a Aarón, **51** y ese mismo día Dios sacó de Egipto a su pueblo.

PEREGRINACIÓN POR EL DESIERTO
(13.1-18.27)

Fiesta de los Panes sin levadura

13 **1** Dios le dijo a Moisés:
2 «El primer hijo de todo matrimonio israelita será para mí. También serán para mí todas las primeras crías de los animales israelitas».
3 Entonces Moisés les dijo a los israelitas:

«Nunca olviden este día. Con su gran poder, nuestro Dios nos ha sacado de Egipto, donde éramos esclavos. De ahora en adelante, ninguno de ustedes deberá comer en este día pan con levadura. **4-5** Dios les prometió a sus antepasados que les daría el país de Canaán, donde ahora viven otros pueblos. ¡Es un país tan rico que siempre hay abundancia de alimentos!

»Este es el primer mes del año. Cuando Dios les haya entregado la tierra prometida y ustedes ya vivan allí, en este mismo mes celebrarán, todos los años, la fiesta de los Panes sin levadura. **6-7** Durante siete días comerán pan sin levadura, y en el séptimo día harán una fiesta en honor de nuestro Dios. En esos días, nadie que viva en el país deberá tener en su casa levadura o pan con levadura.

8 »En el séptimo día, les dirán a sus hijos: "Esta fiesta la celebramos para recordar lo que Dios hizo por nosotros cuando nos sacó de Egipto. **9** Esta fiesta será para ustedes como una marca en la mano o en la frente. Les hará recordar que Dios, con su gran poder, nos sacó de Egipto. Por eso, nunca deben olvidarse de sus mandamientos. **10** Recuerden que todos los años deberán celebrar esta fiesta en la fecha señalada".

11 »Cuando Dios les haya entregado el territorio de Canaán, que es el país que les prometió a sus antepasados, **12** ustedes deberán entregarle el primer hijo varón que tengan y el primer macho de sus animales, pues ambos le pertenecen a Dios. **13** En lugar de dar como sacrificio el primer macho de los burros podrán dar en su lugar como ofrenda un cordero. Lo mismo harán ustedes con sus hijos mayores.

14 »Cuando sus hijos les pregunten por qué hacen esos sacrificios, ustedes les dirán: "Con su gran poder, nuestro Dios nos sacó de Egipto, donde éramos esclavos. **15** El rey de ese país se había puesto terco y no nos dejaba

salir. Entonces Dios castigó a los egipcios quitándoles la vida a todos sus hijos mayores, y también a las primeras crías de sus animales. Por eso nosotros sacrificamos en su honor el primer macho de nuestros animales, y en lugar de nuestro hijo mayor le damos una ofrenda. **16** Este sacrificio debe ser para ustedes como una marca en el brazo o en la frente, para que recuerden que Dios nos sacó de Egipto con su gran poder"».

Dios guía a los israelitas en su viaje

17 Cuando el rey de Egipto dejó que los israelitas se fueran de su país, Dios mismo les enseñó el camino que debían seguir. No los llevó por la región donde vivían los filisteos, aunque era el camino más corto. Y es que Dios pensó que si los filisteos atacaban a los israelitas, estos podrían asustarse y regresar a Egipto. **18** Por eso Dios hizo que los israelitas rodearan el camino del desierto que lleva al Mar de los Juncos. Así salieron de Egipto, **19** y Moisés les ordenó llevar con ellos los huesos de José, pues antes de morir, les había dicho a sus hermanos: «Estoy seguro de que Dios vendrá a ayudarlos; cuando eso pase, llévense de aquí mis huesos».

20 Los israelitas empezaron su viaje en el pueblo de Sucot, y llegaron a Etam, donde comienza el desierto. Allí acamparon. **21-22** En ningún momento Dios los dejó solos. De día los guiaba mediante una nube en forma de columna, y de noche les alumbraba el camino con una columna de fuego.

Los israelitas cruzan el Mar de los Juncos

14 **1** Después Dios le dijo a Moisés:

2 «Diles a los israelitas que regresen y acampen frente a Pi-hahirot, es decir, entre el mar y Migdol, que está exactamente frente a Baal-sefón. **3** Así el rey de Egipto pensará que cuando ustedes llegaron al desierto no supie-

ron qué hacer y decidieron volver. **4** Yo haré que el rey se ponga terco y vaya a perseguirlos. Pero cuando lo haga, destruiré su ejército y le mostraré mi gran poder. Así sabrán los egipcios que yo soy Dios».

Los israelitas hicieron lo que Dios les mandó hacer. **5** Y cuando el rey de Egipto supo que los israelitas se estaban escapando, él y sus asistentes se arrepintieron de haberlos dejado ir, y dijeron: «¡Pero qué locura hemos hecho! ¿Cómo pudimos dejar que los israelitas se fueran? Y ahora, ¿quién va a trabajar por nosotros?»

6-10 Dios hizo que el rey se pusiera terco y saliera con su ejército a perseguir a los israelitas. En seguida ordenó que le prepararan su carro de guerra, y junto con sus oficiales salió tras ellos. Se llevó seiscientos de los mejores carros de guerra, y todos los demás carros que había en Egipto. Los israelitas, por su parte, habían salido de Egipto cantando victoria. Poco después, los egipcios alcanzaron a los israelitas en el lugar donde Dios les había ordenado acampar. Cuando los israelitas vieron a lo lejos que el rey y su ejército venían persiguiéndolos, tuvieron mucho miedo y gritaron pidiéndole ayuda a Dios. **11** A Moisés le reclamaron:

—¿Por qué nos sacaste de Egipto? ¿Por qué nos trajiste a morir en el desierto? ¿Acaso no había en Egipto lugar para enterrarnos? **12** ¿No te dijimos que no nos molestaras, y que nos dejaras trabajar para los egipcios? ¡Hubiera sido mejor seguir allá como esclavos, que venir a morir en el desierto!

13-14 Moisés les respondió:

—¡Tranquilos, no tengan miedo! Ustedes no se preocupen, que van a ver cómo nuestro Dios los va a salvar. A esos egipcios que hoy ven, no volverán a verlos nunca más, porque Dios peleará por ustedes.

15 Pero Dios le dijo a Moisés:

—¿Y tú por qué me pides ayuda? ¡Mejor ordena a los israelitas seguir adelante! **16** Toma la vara y extiende tu brazo sobre el mar, para que se abra en dos; así el pueblo podrá pasar por en medio, caminando sobre tierra seca. **17-18** Como yo haré que los egipcios se pongan tercos, ellos van a ir tras ustedes, pero entonces yo los destruiré. Y cuando haya derrotado al rey, y a todos sus ejércitos y carros, los egipcios sabrán que yo soy el Dios de Israel. ¡Voy a demostrarles mi gran poder!

19 Entonces los israelitas avanzaron en dirección al mar. Mientras tanto, el ángel de Dios, que viajaba al frente de ellos, fue y se colocó atrás, quedando entre ellos y los egipcios. Lo mismo hizo la nube en forma de columna, **20** la cual siguió alumbrando el camino a los israelitas, pero dejó en la oscuridad al ejército egipcio. En toda esa noche los egipcios nunca pudieron alcanzar a los israelitas. **21** Moisés, por su parte, extendió su brazo sobre el mar, y Dios hizo que un fuerte viento soplara durante toda la noche. El viento partió el mar en dos, y en medio dejó un camino de tierra seca. **22** El agua formaba dos grandes paredes, una a la derecha y otra a la izquierda. Por ese camino comenzaron a pasar los israelitas. **23** Los egipcios se fueron tras los israelitas por el camino abierto en el mar. Los persiguieron con sus caballos y sus carros de guerra. **24** Pero en la madrugada Dios miró al ejército egipcio desde la columna de nube y fuego, y fue tal el desorden que Dios provocó entre ellos, que se llenaron de pánico. **25** Además, Dios dañó las ruedas de sus carros de guerra, de modo que no podían avanzar. Entonces los egipcios

gritaron: «¡Huyamos de los israelitas, pues su Dios está peleando contra nosotros!» **26** Pero Dios le dijo a Moisés: «Extiende tu brazo sobre el mar, para que el agua se vuelva a juntar y cubra a los egipcios y a sus carros». **27** Moisés lo hizo así, y al amanecer el mar se volvió a juntar como antes. Los egipcios trataron de escapar, pero no pudieron hacerlo, porque Dios cubrió con el mar **28** a todo el ejército egipcio y a sus carros de guerra. ¡Ni un solo soldado egipcio quedó con vida! **29** En cambio, los israelitas cruzaron el mar sobre tierra seca, pues el agua formaba dos grandes paredes, una a la derecha y otra a la izquierda.

30 Así fue como aquel día Dios libró a los israelitas. Todos ellos pudieron ver los cuerpos muertos de los egipcios, tendidos a la orilla del mar. **31** Al ver que Dios había derrotado a los egipcios con su gran poder, los israelitas decidieron obedecer a Dios y confiar en él y en Moisés.

Un canto de victoria

15 **1** Entonces Moisés y los israelitas cantaron en honor de Dios este himno:

«Voy a cantar en honor de mi Dios,
pues ha tenido una gran victoria:
¡hundió en el mar caballos
y jinetes!

2 »Yo le dedico este himno,
porque él me da fuerza y me salva.
él es mi Dios;
por eso lo alabo.
él es el Dios de mi padre;
por eso lo adoro.

3 »¡Mi Dios es el Dios de Israel!
¡Mi Dios es un gran guerrero!
4 Hundió en el mar los
carros egipcios,
¡el ejército entero del rey!
¡Mi Dios ahogó en el Mar
de los Juncos
a los mejores oficiales

de Egipto!
5 ¡Todos ellos se hundieron
como piedras
en lo más profundo del mar!

6 »Dios mío,
con tu gran poder destruiste
al enemigo,
7 con tu fuerza lo derribaste,
con tu enojo lo quemaste
como paja.
8 Soplaste, y el mar se dividió;
en el fondo del mar
el agua dejó de moverse
y formó dos grandes paredes.

9 »Nuestros enemigos
pensaron:
"¡Vamos a perseguirlos!
¡Vamos a darles alcance!
¡Vamos a acabar con ellos!
¡Les quitaremos todo lo que
tengan,
y nos lo repartiremos!"
10 Pero tú soplaste con fuerza
y los hundiste en el mar.
¡En medio de las aguas
poderosas
se hundieron como plomo!

11 »Dios mío,
¡no hay otro Dios como tú!
¡Sólo tú eres grande!
¡Sólo tú eres poderoso!
Tú has hecho grandes maravillas;
tú nos llenas de asombro.
12 Decidiste usar tu gran poder
y la tierra se tragó a los egipcios.

13 »Tanto amas a tu pueblo
que con tu fuerza lo has salvado
y ahora lo vas guiando
al lugar donde has decidido vivir.
14-15 Cuando los filisteos lo
sepan,
se llenarán de angustia;
los jefes edomitas y los cananeos
empezarán a temblar de miedo.
16 ¡Todos ellos se llenarán
de angustia y de terror!

»Dios mío,
tu gran poder los dejará
espantados,
¡inmóviles como piedras,
hasta que tu pueblo haya
pasado!

17 Dios mío,
tú nos llevarás a la montaña
que elegiste para ti,
y allí nos harás vivir para
siempre.
¡Tú mismo la hiciste!
¡Tú mismo preparaste
allí tu casa!

18 »Dios mío,
tú reinarás hoy, mañana
y siempre».

El canto de María

19 Cuando la caballería del rey de Egipto, y sus carros y soldados, entraron al mar para perseguir a los israelitas, Dios hizo que el mar volviera a juntarse, y el agua los cubrió. En cambio, los israelitas cruzaron el mar caminando sobre tierra seca. 20 Entonces la profetisa María, que era hermana de Aarón, tomó una pandereta y se puso a cantar. Todas las mujeres hicieron lo mismo, y también comenzaron a bailar. 21 Y María las invitaba a cantar así:

«Canten en honor de
nuestro Dios,
pues ha tenido una gran
victoria:
¡hundió en el mar caballos y
jinetes!»

Dios convierte el agua amarga en agua dulce

22 Moisés les ordenó a los israelitas que se alejaran del Mar de los Juncos, y ellos obedecieron. Se fueron al desierto de Sur, y durante tres días caminaron sin encontrar una gota de agua. 23 Cuando finalmente encontraron agua, ésta era tan amarga que no la pudieron beber. Por eso los israelitas llamaron a ese lugar «Mará», que quiere decir amarga; 24 pero también le reclamaron a Moisés: «¿Y ahora qué vamos a beber?»

25 Moisés le pidió ayuda a Dios. Entonces Dios le mostró un arbusto y le ordenó que lo arrojara al agua amarga. Moisés así lo hizo, y al instante el agua se puso dulce.

En ese mismo lugar Dios puso a prueba a los israelitas y además les dio reglas de conducta. 26 Les dijo: «Yo soy su Dios. Yo soy quien les da salud. Si ustedes prestan atención a mis consejos y obedecen estos mandamientos y estas leyes que hoy les doy, y hacen sólo lo bueno, no los castigaré como a los egipcios».

27 Después de esto, los israelitas se fueron a Elim, y allí acamparon en un lugar donde había doce manantiales y setenta palmeras.

Dios alimenta a los israelitas

16 1 Un mes y medio después de haber salido de Egipto, los israelitas partieron de Elim, y llegaron al desierto de Sin, que está entre Elim y la montaña del Sinaí. 2 Allí en el desierto todos los israelitas comenzaron a quejarse de Moisés y Aarón. 3 Les decían: «Ustedes nos han traído a este desierto para matarnos de hambre. Hubiera sido mejor que Dios nos quitara la vida en Egipto. Allá por lo menos teníamos ollas llenas de carne, y podíamos sentarnos a comer hasta quedar satisfechos».

4-5 Entonces Dios le dijo a Moisés: «Voy a hacer que del cielo les llueva comida todos los días, pero la gente recogerá sólo lo necesario para cada día. El día sexto podrán recoger el doble. Voy a ver si me obedecen o no».

6-8 Moisés y Aarón les dijeron a los israelitas:

«¿Por qué se quejan, si nosotros no tenemos nada que ver en esto? Cuando ustedes se quejan de nosotros, en realidad lo que hacen es quejarse de Dios, que es quien nos dice lo que debemos de hacer. ¡Y Dios ya ha escuchado sus quejas!

»Fue Dios quien los sacó de Egipto, y no nosotros. Así que esta misma tarde sabrán que Dios está aquí, entre ustedes, porque les dará a comer carne. Y mañana temprano lo sabrán también, porque les dará todo el pan que

puedan comer».

9 Después de esto, Moisés le ordenó a Aarón que reuniera a todos los israelitas para que se presentaran ante Dios, pues él ya había escuchado todas sus quejas.

10 Mientras Aarón estaba hablando con los israelitas, vieron de pronto una nube en el desierto. ¡Era Dios mismo, que se apareció en medio de una nube muy brillante! 11 Y Dios le dijo a Moisés:

12 «Ya he oído cómo se quejan los israelitas, pero diles que ahora van a saber quién es su Dios. Por la tarde les daré a comer carne, y por la mañana les daré a comer pan».

13-14 Y así sucedió. Aquella misma tarde llegaron al campamento tantas codornices que cubrieron todo el suelo. A la mañana siguiente, todo el campamento estaba cubierto con un rocío que, al evaporarse, dejaba en el suelo algo blanco y pequeño, parecido a migajas de pan. 15 Como los israelitas nunca habían visto nada parecido, se preguntaban qué cosa era. Moisés les dijo: «Este es el pan con que Dios los va a alimentar. 16 Él ordena que cada uno recoja unos dos kilos por persona. Eso será suficiente para cada uno. Nadie debe recoger más de lo necesario».

17 Los israelitas hicieron lo que Dios había ordenado. Unos recogieron mucho y otros poco; 18 pero al medirlo, ni le sobró al que recogió mucho, ni le faltó al que recogió poco. 19 Luego Moisés les dijo: «Nadie debe guardar nada para mañana».

20 Sin embargo, algunos israelitas no le hicieron caso y guardaron parte de aquel pan para el día siguiente. ¡Pero el pan que guardaron se llenó de gusanos y olía muy mal! Por eso Moisés se enojó mucho con ellos. 21 Después de esta experiencia, cada uno recogía solamente lo que necesitaba, y lo hacía muy

temprano porque con el calor del sol se derretía.

Dios ordena descansar el día séptimo
22 El sexto día de la semana, los israelitas salieron a recoger el pan. Pero en vez de recoger dos kilos por persona, como en los días anteriores, recogieron el doble. Alarmados, los jefes de los israelitas fueron a decírselo a Moisés, **23** pero él les respondió:

«Dios ha ordenado que el día de mañana sea un día de descanso, un día para adorarlo. Mañana no se debe trabajar. Por eso Dios les ha dado hoy doble cantidad de comida. Si pensaban hornear o hervir algo mañana, háganlo hoy, y guarden para mañana todo lo que les sobre».

24 Los israelitas obedecieron a Moisés y guardaron para el día siguiente la comida que les sobró. Por la mañana, vieron que el pan no se había llenado de gusanos ni olía mal. **25** Entonces Moisés les dijo:

«Hoy es día de descanso. Es un día dedicado a Dios, y no van a encontrar pan en el suelo. Así que deberán comerse el pan que guardaron ayer. **26** De ahora en adelante, siempre encontrarán pan en el suelo durante seis días, pero nunca en el día séptimo, porque es el día de descanso».

27 A pesar de lo dicho por Moisés, algunos salieron a recoger pan en el día séptimo, pero no encontraron nada. **28** Entonces Dios le dijo a Moisés: «¿Hasta cuándo me van a seguir desobedeciendo? **29** Si el día sexto les doy el doble de pan, es para que descansen el día séptimo. En ese día, nadie debe salir de su casa». **30** Entonces el pueblo descansó el día séptimo. **31** El pan que recogían era blanco como las semillas del cilantro, y dulce como el pan con miel. Los israelitas lo llamaron «maná».

Dios ordena guardar un poco de maná
32 Después Moisés le dijo al pueblo: «Dios nos ha ordenado guardar unos dos kilos de maná, para que nuestros descendientes vean el pan con que Dios nos alimentó en el desierto, cuando nos sacó de Egipto». **33-34** Luego Moisés le dijo a Aarón: «Toma una olla, pon en ella unos dos kilos de maná, para colocarla frente al cofre del pacto. Allí guardaremos el maná, para que nuestros descendientes sepan lo que Dios nos dio a comer». Y Aarón así lo hizo. **35-36** Ese fue el alimento de los israelitas durante cuarenta años; lo comieron hasta llegar a la frontera con Canaán, que ya era una región habitada. Para medir el maná, los israelitas usaban una medida de dos kilos llamada «gomer».

Dios saca agua de una roca
17 **1** Los israelitas se fueron del desierto de Sin, y se detenían en cada lugar que Dios les ordenaba. Al llegar a un lugar llamado Refidim, acamparon pero no encontraron agua, **2** así que le reclamaron a Moisés:

—¡Tenemos sed! ¡Danos agua!

Moisés les contestó:

—¿Y por qué me reclaman a mí? ¿Por qué dudan del poder de Dios?

3 Pero era tanta la sed que tenían, que comenzaron a criticar a Moisés. Le dijeron:

—¿Para esto nos sacaste de Egipto? ¿Para matarnos de sed, junto con nuestros hijos y nuestros animales?

4 Entonces Moisés le pidió ayuda a Dios, y le dijo:

—¿Qué voy a hacer con esta gente? ¡Poco les falta para matarme a pedradas!

5-6 Dios le contestó:

—Quiero que lleves a los israelitas hasta la montaña de Horeb. Allí estaré esperándote, sobre la roca. Tú adelántate, y llévate a algunos de los jefes del pueblo. Llévate también la vara con la que convertiste en sangre el agua del río Nilo. Cuando llegues allá, golpea la roca con la vara. Así saldrá agua de la roca, y todos podrán beber.

Moisés hizo todo esto en presencia de los jefes del pueblo. **7** A ese lugar le puso por nombre Meribá, que significa «reclamo», pues el pueblo le había reclamado a Dios. También lo llamó Masá, que quiere decir «duda», porque habían dudado del poder de Dios para cuidarlos.

Los israelitas pelean contra los amalecitas
8 Los amalecitas salieron a pelear contra los israelitas. La batalla tuvo lugar en Refidim. **9** Allí Moisés le dijo a Josué: «Elige a algunos hombres, y sal a pelear contra los amalecitas. Mañana yo estaré en lo alto del cerro, sosteniendo en la mano la vara que Dios me dio para castigar a los egipcios». **10** Josué siguió las órdenes de Moisés y salió a pelear contra los amalecitas. Por su parte, Moisés, Aarón y Hur subieron a la parte más alta del cerro. **11** Mientras Moisés levantaba el brazo, los israelitas les ganaban la batalla a los amalecitas, pero cuando lo bajaba, los amalecitas les ganaban a los israelitas. **12** Y Moisés comenzó a cansarse de mantener su brazo en alto, así que Aarón y Hur le pusieron una piedra para que se sentara, y se colocaron uno a cada lado para sostener en alto los brazos de Moisés. Así lo hicieron hasta el atardecer, **13** y de ese modo Josué pudo vencer a los amalecitas.
14 Más tarde, Dios le dijo a Moisés: «Escribe en un libro todo lo ocurrido en esta batalla, para que nadie lo olvide. Y dile a Josué que

yo haré que nadie vuelva a acordarse de los amalecitas». **15** Allí Moisés construyó un altar, y lo llamó «Dios es mi bandera», **16** pues dijo:

«¡Tengo en la mano
la bandera de nuestro Dios!
¡Dios les ha declarado la guerra
a los amalecitas
y a todos sus descendientes!»

La visita de Jetró

18 **1-5** Cuando Moisés aún estaba en Egipto, había enviado a su esposa Séfora de vuelta a Madián. Allí Jetró, que era suegro de Moisés y sacerdote de aquel lugar, se había hecho cargo de su hija Séfora y de sus nietos Guersón y Eliézer.

A su primer hijo Moisés lo llamó Guersón, que significa «extranjero», por haber vivido como extranjero en un país extraño. Al segundo lo llamó Eliézer, que significa «Dios es mi ayuda», porque se acordó de que el Dios de su padre lo había ayudado, y también lo había salvado de morir a manos del rey de Egipto.

Jetró ya sabía todo lo que Dios había hecho a favor de Moisés, y que había sacado de Egipto a los israelitas. Pero cuando supo que Moisés estaba acampando en el desierto, junto a la montaña de Dios, decidió visitarlo en compañía de Séfora, Guersón y Eliézer.

6 Y le envió este mensaje: «Yo, tu suegro, vengo a visitarte en compañía de tu esposa y de tus hijos».

7 Entonces Moisés salió a recibir a Jetró, y con mucho respeto se inclinó ante él, y le dio un beso. Cuando terminaron de saludarse, entraron juntos en la carpa, **8** y Moisés le contó a Jetró todo lo que Dios había hecho con los egipcios y con su rey. También le contó todos los problemas que los israelitas habían tenido en el camino desde que salieron de Egipto, y cómo Dios los había salvado.

9 A Jetró le alegró saber lo bueno que Dios había sido con los israe-

litas, **10** y dijo: «¡Bendito sea el Dios de Israel, que los libró del poder de los egipcios y de su rey! **11** Dios los libró de tantos sufrimientos que les causaban los orgullosos egipcios. ¡Ahora sé que el Dios de Israel es más poderoso que todos los dioses!»

12 En seguida Jetró ofreció un cordero en honor de Dios, y también le presentó otras ofrendas. Después de eso, Aarón y los jefes de Israel cenaron con Jetró frente al altar de Dios.

Moisés nombra ayudantes

13 Al día siguiente, Moisés se sentó a escuchar los problemas que los israelitas le presentaban, para luego darles una solución. Todo el día la gente permanecía de pie, esperando su turno para hablar con Moisés. **14** Cuando Jetró observó lo que Moisés estaba haciendo, le preguntó:

—¿Pero qué estás haciendo? ¿Por qué tienes al pueblo de pie todo el día, mientras tú estás aquí sentado?

15-16 Moisés le contestó:

—Los israelitas vienen a verme cuando alguno de ellos tiene problemas con otras personas. Vienen aquí y me lo cuentan todo, para que Dios diga quién tiene la razón. Yo les doy a conocer la decisión de Dios, y les enseño sus mandamientos y sus leyes.

17 Jetró le dijo:

—Eso está bien, lo que no está bien es la manera en que lo haces, **18** pues te cansas tú y se cansa la gente. Este trabajo es demasiado pesado para que lo hagas tú solo. **19** Escucha mi consejo, y que Dios te ayude. Tú debes presentarte ante Dios en representación del pueblo, y pedirle la solución de los problemas. **20** Al pueblo debes enseñarle los mandamientos de Dios, y enseñarle también a comportarse

y a cumplir sus obligaciones.

21 »Para que puedas hacerlo, debes elegir entre los israelitas a gente que pueda ayudarte. Busca gente que sea capaz y obediente a Dios, que no sean mentirosos ni favorezcan a nadie a cambio de dinero. A unos dales autoridad sobre grupos de mil personas, a otros sobre grupos de cien, a otros sobre cincuenta, y a otros sobre diez. **22** Serán ellos los que en todo momento escuchen los problemas del pueblo, y los resuelvan. Si se les presenta algún problema muy difícil de resolver, entonces te lo pasarán a ti. Con su ayuda, tu trabajo será más fácil. **23** Si Dios te ordena seguir mi consejo, y lo pones en práctica, tú podrás aguantar y el pueblo se irá a su casa feliz y contento.

24 Moisés siguió el consejo de su suegro. **25** Eligió gente capaz y le dio autoridad para atender los problemas del pueblo. A unos les dio autoridad sobre grupos de mil personas, a otros sobre grupos de cien, a otros sobre cincuenta y a otros sobre diez. **26** Ellos atendían al pueblo en todo momento y solucionaban los problemas más fáciles, dejando que Moisés solucionara los más difíciles. **27** Tiempo después, Moisés despidió a su suegro, y éste regresó a su país.

EL SERVICIO
(19.1-40.38)

Los israelitas llegan al desierto del Sinaí

19 **1-2** Los israelitas salieron de la región de Refidim en dirección al desierto del Sinaí, y acamparon al pie de la montaña. Cuando llegaron allá, habían pasado tres meses desde su salida de Egipto. **3** Un día, Moisés subió a la montaña del Sinaí para encontrarse con Dios. Cuando llegó a la parte más alta, Dios lo llamó y le dijo:

«Diles de mi parte a los israelitas

lo siguiente: **4** Ustedes han visto cómo castigué a los egipcios. También han visto que a ustedes los he traído con mucho cuidado hasta el lugar donde estoy. Los he traído con el mismo cuidado que tiene un águila cuando lleva a sus polluelos sobre sus alas. **5** »Si ustedes obedecen mi pacto y cumplen con la parte que les toca, serán mi pueblo preferido entre todos los pueblos de la tierra. Toda la tierra me pertenece. **6** Ustedes serán mis sacerdotes ante todo el mundo, y se apartarán de todo para servirme sólo a mí».

7 Moisés reunió entonces a los jefes del pueblo y les contó todo lo que Dios había dicho. **8-9** El pueblo, por su parte, le dijo a Moisés: «Haremos todo lo que Dios nos ordene».

Moisés le comunicó a Dios la respuesta del pueblo, y Dios le dijo:

«Voy a hablar contigo desde una nube oscura. Así el pueblo podrá oír lo que yo te diga y no volverá a dudar de ti.

10-11 »Quiero que vayas y prepares al pueblo para que me rinda culto hoy y mañana. Ordénales que laven su ropa como señal de su pureza, y que se preparen para adorarme pasado mañana, pues ese día voy a aparecerme ante ellos en la montaña del Sinaí.

12-13 »Pon señales alrededor de la montaña, y adviérteles a los israelitas que no deben subir a ella ni poner siquiera un pie en sus alrededores. A cualquiera que suba a la montaña se le matará a pedradas o a flechazos, sea persona o animal. Sólo podrán subir después de que oigan el toque de trompeta».

14 Moisés se fue a preparar a los israelitas para que adoraran a Dios, y ellos lavaron sus ropas. **15** Luego Moisés les dijo: «Ustedes deben estar listos para adorar a Dios pasado mañana. Por eso, no deben tener relaciones sexuales».

16 Al amanecer del tercer día, en el cielo se oían truenos y se veían relámpagos; sobre la montaña había una nube oscura, y se oía el fuerte toque de una trompeta. ¡Todos los israelitas que estaban en el campamento temblaban de miedo!

17 Entonces Moisés sacó del campamento a los israelitas y los llevó al pie de la montaña del Sinaí para que se encontraran con Dios. **18** Como Dios había bajado a la montaña en forma de fuego, esta estaba llena de humo. ¡Hasta parecía un horno! En ese momento la montaña entera retumbó fuertemente, **19** y el toque de trompeta se oyó cada vez más fuerte. Y mientras Moisés hablaba con Dios, él le contestaba con voz de trueno. **20** Dios bajó a la parte más alta de la montaña, y le pidió a Moisés que subiera. Cuando Moisés llegó, **21** Dios le dijo:

—Baja y adviérteles a los israelitas que no deben subir ni tratar de verme. Si lo hacen, muchos podrían morir. **22** Hasta los sacerdotes que se acercan a mí tienen que prepararse para poder hacerlo; de lo contrario, también morirían.

23 Moisés contestó:

—Los israelitas no se atreverán a subir a la montaña, pues tú ya les advertiste que no lo hagan. Hasta mandaste poner señales alrededor de ella, porque está reservada sólo para ti.

24 Dios le dijo:

—Baja de la montaña, y vuelve aquí con Aarón. Pero nadie más debe subir aquí, ni siquiera los sacerdotes, porque si lo hacen podrían morir.

25 Moisés bajó de la montaña y les comunicó a los israelitas todo esto.

Los diez mandamientos

20 **1** Dios les dijo a los israelitas:

2 «Yo soy el Dios de Israel. Yo los saqué de Egipto, donde eran esclavos.

3 »No tengan otros dioses aparte de mí.

4 »No hagan ídolos ni imágenes de nada que esté en el cielo, en la tierra o en lo profundo del mar. **5** No se arrodillen ante ellos ni hagan cultos en su honor. Yo soy el Dios de Israel, y soy un Dios celoso. Yo castigo a los hijos, nietos y bisnietos de quienes me odian, **6** pero trato con bondad a todos los descendientes de los que me aman y cumplen mis mandamientos.

7 »No usen mi nombre sin el respeto que se merece. Si lo hacen, los castigaré.

8 »Recuerden que el sábado es un día especial, dedicado a mí. **9** Durante los primeros seis días de la semana podrán hacer todo el trabajo que quieran, **10** pero el sábado será un día de descanso, un día dedicado a mí. Ese día nadie deberá hacer ningún tipo de trabajo: ni ustedes, ni sus hijos, ni sus hijas, ni sus esclavos, ni sus esclavas, ni sus animales, y ni siquiera el extranjero que trabaje para ustedes. **11** Yo hice en seis días el cielo, la tierra y el mar, y todo lo que hay en ellos. Pero el séptimo día descansé. Por eso bendije ese día y lo declaré un día especial.

12 »Obedezcan y cuiden a su padre y a su madre. Así podrán vivir muchos años en el país que les voy a dar.

13 »No maten.

14 »No sean infieles en su matrimonio.

15 »No roben.

16 »No hablen mal de otra persona ni digan mentiras en su contra.

17 »No se dejen dominar por el deseo de tener lo que otros tienen, ya sea su esposa, su sirviente, su sirvienta, su buey, su burro, o cualquiera de sus pertenencias».

Los israelitas sienten miedo ante Dios

18 Cuando los israelitas escucharon los truenos y el toque de trompeta, y vieron los relámpagos y el humo que cubría la montaña, sintieron mucho miedo y se mantuvieron lejos de allí. **19** Luego fueron a decirle a Moisés:

—Es mejor que seas tú quien nos hable. Dinos qué debemos hacer, y te obedeceremos. Si Dios nos habla, podríamos morir.

20 Pero Moisés les dijo:

—¡No tengan miedo! Dios quiere ponerlos a prueba. Si ustedes lo obedecen, todo les saldrá bien.

21 A pesar de estas palabras, los israelitas se mantuvieron alejados de la montaña. Sólo Moisés pudo acercarse a la oscura nube donde estaba Dios.

Instrucciones para hacer altares a Dios

22 Dios le encargó a Moisés que les diera a los israelitas el siguiente mensaje:

«Ustedes ya han visto cómo les hablé desde el cielo. **23** »No fabriquen ídolos de oro o plata para adorarlos en vez de adorarme a mí. **24** »Cuando hagan un altar para adorarme, háganlo de tierra, y sacrifiquen sobre él las ovejas y los toros que quieran ofrecerme. Dejen sobre ese altar las ofrendas para el perdón del pecado del pueblo, y las ofrendas que demuestran su deseo de estar en paz conmigo y con los demás. Yo vendré al lugar que elija para que se acuerden de mí, y haré que prosperen en todo. **25** »Cuando quieran hacerme un altar de piedra, no corten las piedras con ninguna herramienta, sino úsenlas tal como las encuentren. Si las cortan con herramientas, dejarán de ser apropiadas para un altar. **26** No le pongan escaleras, para que al subir no se les vea ninguna parte desnuda».

Leyes acerca de los esclavos

21 **1** También le ordenó Dios a Moisés darles a los israelitas las siguientes leyes:

2 «Cuando compren un esclavo israelita, sólo podrán obligarlo a trabajar durante seis años. El séptimo año, el esclavo quedará libre sin que tenga que dar nada a cambio. **3** »Si cuando fue comprado venía solo, se irá solo; si venía con esposa, se marchará con ella. **4** »Si el esclavo recibió esposa y tuvo hijos con ella, tendrá que irse solo, pues la esposa y los hijos le pertenecen al dueño del esclavo. **5** »Si el esclavo dice con toda sinceridad: "Yo no quiero ser libre, pues amo a mi esposa, a mis hijos y a mi dueño"; **6** deberán llevarlo al santuario, y allí le perforarán la oreja. Con esa marca se sabrá que el esclavo es de su dueño para siempre. **7** »Si alguien vende a su hija como esclava, debe tener en cuenta que ella no saldrá libre como los esclavos varones. **8** »Si el que la compra no la quiere como esposa, porque no le gusta, deberá permitir que alguien de su propio pueblo pague por su libertad, pero no podrá vendérsela a ningún extranjero. **9** »Si el que la compró quiere que ella se case con su hijo, deberá tratarla como a una hija. **10** »Si el que la compró se casa con ella, y luego se casa con otra, no podrá quitarle a la que fue esclava sus derechos de esposa, ni podrá darle menos comida o ropa. **11** Si le quita estas tres cosas, ella quedará libre sin tener que pagar nada por su libertad.

Delitos castigados con la muerte

12 »Quien mate a golpes a otra persona, será condenado a muerte. **13** »Si mató al otro sin querer, y yo había dispuesto que de todos modos muriera, entonces el que lo mató podrá huir y esconderse en el lugar que voy a indicarte. **14** »Quien mate a otra persona

con toda intención, será condenado a muerte, aunque busque protección en mi altar. **15** »Quien golpee a su padre o a su madre, será condenado a muerte. **16** »A quien haya secuestrado y vendido a otra persona, o aún la tenga en su poder, se le condenará a muerte. **17** »Quien insulte a su padre o a su madre, será condenado a muerte.

Leyes contra golpes y heridas

18 »Si dos hombres se pelean, y uno de ellos hiere al otro con una piedra o con el puño, y lo deja tan herido que deba quedarse en cama, **19** el que hirió será inocente únicamente si el herido logra levantarse y caminar con ayuda de un bastón. Sin embargo, tendrá que pagarle al herido su curación y el tiempo que tardó en recuperarse. **20** »Si alguien golpea con un palo a su esclavo o esclava, y él o ella mueren en ese momento, deberá ser castigado por su crimen. **21** Pero si el esclavo o la esclava mueren uno o dos días después, el dueño no será castigado, pues los esclavos eran de su propiedad. **22** »Si varios hombres se pelean entre sí, y en su lucha golpean a una mujer embarazada, se hará lo siguiente: Si a la mujer no le pasa nada, pero muere el niño que llevaba en su vientre, el que resulte culpable deberá pagarle al esposo de la mujer lo que él pida, siempre y cuando los jueces consideren que lo que pide es justo. **23** Pero si a ella le pasa algo, se castigará al culpable haciéndole el mismo daño que le hizo a la mujer. Es decir, si mata a la mujer, será condenado a muerte; **24** si le saca un ojo, también a él se le sacará un ojo; si le rompe un diente, se le romperá uno suyo. En cada caso se cobrará mano por mano, pie por pie, **25** quemadura por quemadura, herida por herida, golpe por golpe. **26-27** »Si alguien hiere en un ojo a su esclavo o esclava, y hace que pierda el ojo, tendrá que dejarlo en libertad. La misma ley se aplicará en caso de que le rompa un diente.

28 »Si un buey mata a alguien, se matará al buey a pedradas, y su carne no deberá comerse. El dueño del buey no será culpable de nada. **29** »Si el dueño sabía que el buey tenía la costumbre de atacar a la gente, y no lo encerró, será culpable de la muerte de la persona o personas que mate el buey. En ese caso, se matará a pedradas al buey y al dueño. **30** Sin embargo, el dueño podrá salvar su vida pagando una multa. **31** La misma ley se aplicará en caso de que el buey ataque al hijo o a la hija de alguien.

32 »Si el buey ataca al esclavo o a la esclava de alguien, el dueño del buey deberá pagarle al dueño del esclavo o esclava treinta monedas de plata. Además, se matará al buey a pedradas.

33 »Si un hombre destapa un pozo, o hace un pozo y no lo tapa, y en el pozo se cae un buey o un burro, **34** el que abrió el pozo deberá pagar al dueño el valor del animal, pero podrá quedarse con el animal muerto.

35 »Cuando el buey de alguien mate al buey de otra persona, se venderá el buey que quedó vivo, y el dinero se lo repartirán los dos dueños por partes iguales. También se repartirán por partes iguales la carne del buey muerto. **36** Pero si todos sabían que ese buey tenía la costumbre de atacar, y su dueño no lo encerró, tendrá que darle a la otra persona un buey vivo, aunque podrá quedarse con el buey muerto.

22 **1** (21.37) »Si alguien roba un buey o una oveja, y mata o vende el animal, deberá devolver cinco bueyes por el buey robado, y cuatro ovejas por la oveja robada. **2-4** (1-3) Si se le encuentra con el animal robado en su poder, y el animal todavía está vivo, deberá

devolverle al dueño dos animales. Todo ladrón debe pagar el precio de lo que haya robado. Si no puede pagar, será vendido como esclavo para pagar lo robado.

»Si el dueño de una propiedad sorprende a un ladrón robando de noche, y lo mata, no será culpable de su muerte. Si lo sorprende robando de día, y lo mata, entonces sí será culpable.

5 (4) »Si alguien suelta sus animales en su propiedad, y estos van y comen en el terreno de otra persona, tendrá que pagar con lo mejor de sus cosechas los daños que causen sus animales.

6 (5) »Si alguien enciende un fuego en propiedad ajena, y el fuego destruye todo el trigo y el campo, el que prendió el fuego deberá pagarle al dueño todos los daños causados.

7 (6) »Si alguien le da a otra persona dinero o cosas de valor para que se las guarde, y algún ladrón se roba todo eso, el ladrón tendrá que pagar el doble de lo robado, si es que lo atrapan. **8** (7) Si el ladrón huye, la persona que guardaba lo que fue robado deberá presentarse en el templo y jurar ante Dios que es inocente.

9 (8) »Si dos personas afirman ser dueños del mismo buey, burro, oveja o algún otro objeto, deberán ir al templo para que su caso se resuelva ante Dios. Quien haya mentido deberá pagar el doble al verdadero dueño.

10 (9) »Si alguien sale de viaje y deja un animal al cuidado de otra persona, esa persona no será responsable si el animal muere, o sufre algún daño, o alguien se lo roba sin ser visto. **11** (10) Pero tendrá que jurar ante Dios que es inocente. El dueño deberá creerle, y esa persona no tendrá que pagar nada. **12** (11) Sin embargo, si esa persona vio cuando el animal fue robado, tendrá que pagarle al dueño. **13** (12) Si el animal fue despedazado por una fiera salvaje, y

el que lo cuidaba puede presentar como prueba los restos del animal muerto, no tendrá que pagarle nada al dueño.

14 (13) »Si alguien pide prestado un animal, y el animal resulta lastimado, o llega a morir, sin que el dueño esté presente, el que pidió prestado el animal deberá pagarlo. **15** (14) Si el dueño del animal estaba presente, el que lo pidió prestado no deberá pagar nada. Si el animal era alquilado, sólo tendrá que pagar el alquiler.

16 (15) »Si un hombre engaña a una mujer soltera y sin compromiso, y tiene relaciones sexuales con ella, tendrá que casarse con ella y pagarle a su familia la cantidad que los novios acostumbran dar al casarse. **17** (16) Pero si el padre de esa joven no quiere que ella se case, ese hombre deberá pagar de todos modos la cantidad que se acostumbra dar por la novia al casarse.

18 (17) »Todo el que practique la brujería será condenado a muerte. **19** (18) »Toda persona que tenga relaciones sexuales con algún animal será condenada a muerte. **20** (19) »Quien haga sacrificios en honor a otros dioses, será condenado a muerte.

21 (20) »No maltraten a los refugiados en el país, ni los hagan esclavos. Recuerden que también ustedes fueron extranjeros en Egipto. **22** (21) »No maltraten a las viudas ni a los huérfanos. **23** (22) Si lo hacen, y ellos me piden ayuda, yo los escucharé **24** (23) y con furia les quitaré la vida a ustedes. Y entonces sus esposas serán las viudas y sus hijos, los huérfanos. **25** (24) »Si alguien le presta dinero a un israelita pobre, no debe cobrarle intereses ni portarse con él como los prestamistas. **26** (25) Y si ese israelita da su abrigo en garantía de que pagará el préstamo, se le deberá devolver al atardecer, **27** (26) pues es lo único que tiene para protegerse del frío de la noche. Yo les digo que si ese

hombre me pide ayuda, lo ayudaré, porque sé tener compasión.
28 (27) »No hablen mal de los jueces, ni maldigan a sus gobernantes.
29 (28) »No dejen de traerme sus ofrendas de trigo y de vino.
»No se olviden de entregarme a su primer hijo **30** (29) y las primeras crías de sus ganados. Podrán dejarlos con su madre los primeros siete días, pero al octavo día me los entregarán.
31 (30) »Ustedes deben obedecerme siempre.
»No coman la carne de animales que hayan sido despedazados por las fieras salvajes. Esa carne se la echarán a los perros.

Justicia para todos

23 **1** »No mientan ni den informes falsos que ayuden al malvado a engañar a los jueces.
2 »No hagan lo malo, sólo porque la mayoría de la gente lo hace.
»Si en un pleito legal hacen declaraciones ante un jurado, no digan mentiras como la mayoría de la gente. Digan la verdad. **3** Pero tampoco mientan para ayudar a un pobre en un juicio sólo por ser pobre.
4 »Si ven que algún buey o burro anda perdido, devuélvanselo al dueño, aunque este sea enemigo de ustedes.
5 »Si ven que un burro ha caído porque no aguanta el peso de su carga, quítensela, aunque el dueño sea enemigo de ustedes.
6 »Si tienen que resolver algún asunto legal, no sean injustos con los pobres.
7 »No acusen a una persona diciendo mentiras, ni condenen a muerte a la gente inocente y honesta, porque yo no consideraré inocente al culpable.
8 »No acepten dinero de nadie que les pida hacer algo injusto. Esa clase de dinero hace que la gente pierda su honradez, y que los jueces condenen al inocente.
9 »No maltraten ni esclavicen al refugiado, pues ustedes también fueron extranjeros en Egipto, y ya saben lo que es vivir como

esclavos en otro país.

Leyes sobre el descanso

10 »Durante seis años podrán cultivar la tierra y recoger sus cosechas, **11** pero el séptimo año deberán dejarla descansar. Si la tierra produce algo por sí sola, eso lo dejarán para alimento de la gente pobre, y para que los animales salvajes coman lo que sobre. Lo mismo harán con sus plantaciones de uvas y de olivos.
12 »Durante seis días podrán trabajar y hacer todo lo que quieran, pero el séptimo día deberán descansar. Así podrán descansar sus esclavos y sus bueyes y sus burros, y también los extranjeros que trabajen para ustedes.
13 »Cumplan con todas estas leyes, y jamás pidan la ayuda de otros dioses; ni siquiera pronuncien su nombre.

Leyes acerca de las fiestas religiosas

14 »Cada año harán tres fiestas religiosas en mi honor.
15 »La fiesta del Pan sin levadura la celebrarán en el mes de Abib, porque en ese mes salieron de Egipto. La fiesta durará siete días, y en todo ese tiempo el pan que coman será sin levadura. Quien venga a adorarme, deberá también traerme una ofrenda.
16 »Durante la cosecha celebrarán dos fiestas. La primera será cuando cosechen los primeros frutos de sus siembras, y la segunda será cuando cosechen todo lo que hayan sembrado, es decir, al terminar el año.
17 »Todos los varones adultos deberán presentarse ante mí durante esas tres fiestas.
18 »Cuando maten animales en mi honor, no ofrezcan al mismo tiempo pan con levadura y la sangre del animal, ni guarden la grasa para el día siguiente.
19 »Las ofrendas que traigan a mi templo serán de los mejores primeros frutos que produzcan sus campos.
»No cocinen cabritos en la leche de su madre».

Promesas y advertencias
20 Dios también les dijo:

«Yo enviaré a mi ángel para que los proteja y los guíe en el camino que habrán de seguir para llegar al lugar que les he preparado. **21** Obedézcanlo siempre, porque yo mismo le he dado autoridad para actuar en mi lugar; él los castigará si no lo obedecen. **22** Si lo obedecen en todo, trataré con dureza a los enemigos de ustedes. **23** Mi ángel los llevará al país de Canaán, donde ahora viven muchos pueblos, a los cuales destruiré por completo.
24 »Ustedes no deben adorar a los dioses de esos pueblos. Al contrario, deben destruir sus ídolos y sus altares.
25 »Adórenme, pues yo soy su Dios. Yo los bendeciré con abundantes alimentos. Nunca dejaré que se enfermen **26** ni que mueran siendo jóvenes. Todas las mujeres de Israel podrán tener hijos, y todos sus hijos nacerán bien.
27-28 »Cuando ustedes lleguen al país de Canaán, haré que sus habitantes se llenen de miedo y huyan. Y antes de que ustedes lleguen, enviaré avispas, para que ataquen a sus enemigos. **29-30** Pero no echaré a sus enemigos en el primer año, sino que lo haré poco a poco. Si lo hiciera de una vez, las tierras se echarían a perder y se llenarían de animales salvajes. Lo mejor es esperar a que ustedes tengan muchos hijos y ocupen todo el país.
31 »El territorio que les voy a dar se extenderá desde el Mar de los Juncos hasta el mar Mediterráneo, y desde el desierto hasta el río Éufrates. Ustedes dominarán a todos los que viven allí, y los sacarán de ese territorio.
32-33 »No tengan ningún trato con esa gente ni los dejen seguir viviendo entre ustedes, pues de lo contrario los harán pecar contra mí. Tampoco adoren a sus dioses, porque si lo hacen podrían perder la vida».

Pacto de Dios con los israelitas

24 1-2 Dios le dijo a Moisés:

«Quiero que subas a la montaña, para hablar conmigo. Podrán acompañarte Aarón, Nadab, Abihú y setenta jefes israelitas. Pero no quiero que ninguno de ellos se acerque a donde yo estoy. Sólo tú podrás acercarte a mí. Cuando lleguen, quiero que se queden de rodillas a cierta distancia. Aparte de ellos, nadie más debe subir».

3 Moisés fue y les dijo a los israelitas todo lo que Dios había ordenado. Ellos estuvieron de acuerdo, y dijeron: «Haremos todo lo que Dios nos ha ordenado».
4 Moisés escribió allí todo lo que Dios le dijo. Al día siguiente, se levantó muy temprano y construyó un altar al pie de la montaña. Además, colocó doce piedras que representaban a las doce tribus de Israel.
5 Luego ordenó a unos jóvenes israelitas que presentaran a Dios unos toros como ofrenda de paz.
6 Moisés echó en unos recipientes la mitad de la sangre de los toros, y la otra mitad la roció sobre el altar. 7 Después tomó el libro del pacto y se lo leyó a los israelitas. Entonces ellos dijeron: «Cumpliremos todo lo que Dios nos ha ordenado».
8 Moisés tomó entonces la sangre que estaba en los recipientes, la roció sobre el pueblo, y dijo: «Esta sangre confirma el pacto que Dios ha hecho con ustedes».
9 Moisés subió a la montaña con Aarón, Nadab, Abihú y los setenta jefes israelitas. 10-11 Allí todos estos israelitas vieron al Dios de Israel, y comieron y bebieron, pero Dios no les hizo ningún daño. Bajo los pies de Dios había algo tan brillante como el mismo cielo; ¡hasta parecía un piso de cristal azul!

Moisés sube al Sinaí

12 Después Dios le dijo a Moisés:

«Sube a la montaña y espérame allí, porque voy a darte las tablas de piedra en las que he escrito las leyes y mandamientos para instruir al pueblo de Israel».
13 Moisés se preparó y subió al Sinaí junto con su ayudante Josué.
14 Antes de subir, les dijo a los jefes israelitas: «Esperen aquí, hasta que Josué y yo regresemos. Aarón y Hur se quedarán con ustedes para ayudarlos a resolver cualquier problema que tengan».
15-17 Después de esto, Moisés subió a la montaña del Sinaí. Allí, en la parte más alta, Dios se manifestó en todo su poder. A la vista de todos los israelitas, la gloria de Dios era como un fuego que todo lo consumía. Durante seis días la montaña quedó cubierta por una nube, y desde esa nube Dios llamó a Moisés al séptimo día. 18 Moisés entró en la nube, y permaneció en la montaña cuarenta días y cuarenta noches.

Una ofrenda para el santuario

25 1 Dios le dijo a Moisés:

2 «Habla con los israelitas y diles que me traigan una ofrenda. Pero no los obligues a dar nada. Quiero que su ofrenda sea voluntaria y de todo corazón.
3 Y esto es lo que espero que me den: objetos de oro, plata y cobre;
4 tela morada, tela azul, tela roja y tela de lino fino; pelo de cabra,
5 pieles de carnero teñidas de rojo y pieles finas, madera de acacia;
6 aceite para las lámparas, perfumes para el aceite de consagrar y para el incienso perfumado, 7 piedras finas, como el ónice multicolor, para ponerlas en la túnica y el chaleco del sacerdote principal.

8 »Además, quiero que me construyan un santuario para que yo viva entre ustedes. 9 El santuario y todos sus muebles tienen que hacerlos exactamente iguales a los que te voy a mostrar.

El cofre del pacto

10 »Quiero también que hagas un cofre de madera de acacia. Debe medir un metro y diez centímetros de largo, sesenta y cinco centímetros de ancho, y sesenta y cinco centímetros de alto. 11 Lo debes recubrir de oro por dentro y por fuera, y ponerle alrededor una franja de oro. 12 En cada una de las cuatro patas le pondrás una argolla de oro, de modo que en cada lado tenga dos argollas. 13 Haz luego dos varas de madera de acacia, y recúbrelas de oro.
14 Pasa luego esas varas a través de las argollas para transportar el cofre. 15 Nunca las quites de allí; déjalas en las argollas. 16 Cuando te haya entregado los diez mandamientos, quiero que los pongas dentro del cofre.
17 »Después de eso quiero que le hagas al cofre una tapa de oro puro. Debe medir un metro y diez centímetros de largo por sesenta y cinco centímetros de ancho.
18 En cada extremo de la tapa pondrás dos querubines de oro moldeados a martillo. 19 La tapa y los dos querubines deben ser de una sola pieza. 20 Los dos querubines deben quedar uno frente al otro, mirando hacia la tapa y cubriéndola con sus alas extendidas. 21 Una vez que hayas puesto la tapa sobre el cofre, pondrás allí adentro los diez mandamientos. 22 Entre los dos querubines, yo me encontraré contigo y te diré lo que los israelitas deben o no deben hacer.

La mesa del pan para Dios

23 »También quiero que hagas una mesa de madera de acacia. Debe medir noventa centímetros de largo, cuarenta y cinco centímetros de ancho, y sesenta y cinco centímetros de alto. 24 Debes recubrirla de oro, y ponerle alrededor una franja de oro.
25 También le pondrás un borde de siete centímetros de ancho con una franja de oro. 26-28 En cada una de las cuatro patas pondrás una argolla de oro, por las que pasarán las varas para transportar la mesa. Las varas deben ser también de madera de acacia, y

estar recubiertas de oro. **29** Los platos de la mesa, y los cucharones, jarras y copas para las ofrendas de vino deben ser también de oro puro. **30** La mesa es para que se ponga en ella el pan que ustedes deben ofrecerme siempre.

El candelabro de oro

31-36 »También quiero que hagas un candelabro moldeado a martillo y de una sola pieza. Todo debe ser de oro puro, incluyendo las flores que lo adornan. El tronco tendrá cuatro flores de almendro, y de las tres flores inferiores saldrán seis brazos; tres a un lado, y tres al otro. De la flor superior saldrá el brazo central. Cada brazo estará adornado con tres flores de almendro, y llevará una lámpara, así que el candelabro tendrá siete lámparas en total. Las lámparas también tendrán forma de flor de almendro, **37** y deberán alumbrar hacia el frente. **38** Sus tenazas y ceniceros deben ser también de oro puro. **39** »Para hacer el candelabro y todos sus utensilios tendrás que usar treinta y tres kilos de oro puro. **40** Pon mucho cuidado, porque todo esto debes hacerlo exactamente igual a lo que te mostré en la montaña.

El santuario

26 **1-2** »Para el santuario quiero que hagas diez cortinas de doce metros y medio de largo por dos de ancho, y en ellas bordarás dos querubines. Las cortinas serán de tela de lino fino, tela morada, tela azul y tela roja, y el bordado debe ser un trabajo bien hecho. **3** »Cose las cortinas por los bordes, una sobre otra, en dos conjuntos de cinco cortinas cada uno. **4-5** Coloca los dos conjuntos de cortinas uno frente al otro. Ponle cincuenta ojales de cordón morado en la primera cortina de uno de los dos conjuntos, y otros cincuenta ojales en la última cortina del otro conjunto. **6** Luego une los dos conjuntos de cortinas

con cincuenta ganchos de oro, para que el santuario quede de una sola pieza. **7-8** »También quiero que tejas once paños de pelo de cabra para cubrir el santuario. Cada paño debe medir trece metros y medio de largo por dos de ancho. **9-10** Con cinco de los paños haz una gran cortina, y ponle cincuenta ojales. Con los otros seis paños, haz otra gran cortina, y ponle también cincuenta ojales. El sexto paño se deberá doblar por la parte delantera del toldo que cubre el santuario. **11** Une luego las dos cortinas con cincuenta ganchos de bronce, para tener un toldo de una sola pieza. **12-13** Como este toldo es un metro más largo que el del santuario, dejarás que cuelgue medio metro de un lado y medio metro del otro. Así la parte posterior quedará cubierta. **14** A este toldo lo protegerás con una cubierta de piel de carnero teñida de rojo, y sobre ella pondrás otra cubierta de piel fina. **15-25** »Las paredes del santuario las harás con madera de acacia. Harás veinte tablas para el lado sur, veinte para el lado norte, seis para el lado oeste, es decir, para la parte posterior del santuario, y dos más para los dos esquinas de ese mismo lado. Las dos tablas de la parte posterior quedarán unidas a la altura de la primera argolla. Todas las tablas deben medir cuatro metros y medio de largo por sesenta y cinco centímetros de ancho, y deben quedar unidas entre sí por medio de unas ranuras. En cada ranura pondrás una base de plata, de modo que cada tabla quedará sostenida por dos bases de plata. **26-27** »Harás también quince travesaños de madera de acacia: cinco para sostener las tablas del lado norte, cinco para sostener las tablas del lado sur, y cinco para sostener las tablas del lado oeste. **28** El travesaño central debe pasar de un lado al otro, a media altura de las tablas.

29 Recubrirás de oro cada travesaño y cada tabla, y a las tablas les pondrás argollas de oro para pasar por ellas los travesaños. **30** Haz el santuario exactamente igual al que te mostré en la montaña.

La cortina del santuario

31 »Haz también una cortina de tela morada, tela azul, tela roja y tela de lino fino. Ordena que un artista borde en ella dos querubines. **32-34** Ponle ganchos de oro, y cuélgala de cuatro postes de madera de acacia recubiertos de oro. Cada poste debe tener una base de plata.

»Esta cortina servirá para dividir el Lugar Santo y el Lugar Santísimo. Detrás de esta cortina estará el Lugar Santísimo, y allí pondrás el cofre del pacto con su tapa. **35** La mesa y el pan que ustedes deben ofrecerme los pondrás en el Lugar Santo. El candelabro quedará en el lado sur, frente a la mesa.

36 »Para la entrada del santuario quiero que mandes a bordar una cortina de tela morada, tela azul, tela roja y tela de lino fino. **37** Hazle ganchos de oro y cuélgala de cinco postes de madera de acacia recubiertos de oro. Pon los postes sobre bases de bronce.

El altar para las ofrendas quemadas

27 **1** »También quiero que hagas un altar de madera de acacia. Hazlo de forma cuadrada, de dos metros y veinticinco centímetros por lado, y de un metro y veinticinco centímetros de altura. **2** En cada esquina del altar debe haber un gancho en forma de cuerno. Todo el altar debe estar recubierto de bronce y formar una sola pieza.

3 »Así mismo, quiero que hagas de bronce todos los utensilios del altar: los ceniceros, las palas, los recipientes, los tenedores y los hornillos. **4-5** Haz una reja de bronce y ponla a media altura del altar; haz también una argolla de bronce para cada esquina de la reja, **6-7** y dos varas de madera de acacia para pasarlas por las argollas de la reja y así poder transportar el altar. Las varas deberás recubrirlas de bronce.

8 »El altar debes hacerlo hueco y de madera, exactamente igual al que te mostré en la montaña.

El patio del santuario

9-19 »Alrededor del santuario quiero que hagas un patio cercado de cortinas. Los costados norte y sur deben medir cuarenta y cinco metros de largo, y en cada lado debe haber veinte postes, cada uno con su base. Los costados este y oeste deben medir veintidós metros y medio de ancho. En el lado oeste, que es la parte posterior del santuario, debe haber diez postes, y otros seis en el lado este, tres a cada lado de la entrada. Cada poste debe tener una base.

»Todo el patio debe quedar cercado por cortinas de lino fino, de dos metros y veinticinco centímetros de alto. Por el frente pondrás siete metros de cortinas en cada lado de la entrada. Luego a la entrada le pondrás nueve metros de cortinas de lino fino, y tela morada, tela azul y tela roja. Estas cortinas deben estar bien bordadas, y sostenidas por cuatro postes con sus respectivas bases.

»Todos los postes deben tener argollas y ganchos de plata. Las bases de los postes deben ser de bronce, así como las estacas que sostienen el santuario, la cerca del patio y todo lo que se necesita para celebrar el culto en este santuario.

El aceite para las lámparas

20-21 »Las lámparas del Lugar Santo, es decir, las que están en el santuario, frente al cofre del pacto, deberán mantenerse encendidas noche y día. De esto se encargarán Aarón y sus descendientes, pero tú deberás ordenarles a los israelitas que traigan aceite puro de oliva para que las lámparas estén siempre encendidas. Esta es una ley que los israelitas deben cumplir siempre.

El traje del jefe de los sacerdotes

28 **1** »De entre todos los israelitas, yo he elegido a tu hermano Aarón y a sus hijos Itamar, Nadab, Abihú y Eleazar, para que sean mis sacerdotes. Así que ordénales que se mantengan cerca de ti.

2-8 »Quiero que mandes a hacer un traje especial para Aarón y sus hijos, pues son mis sacerdotes. Busca a quienes les he dado grandes capacidades artísticas, para que les hagan ese traje, pues quiero que sea fino y hermoso, como corresponde a mis sacerdotes.

»El traje debe tener un chaleco, una túnica, una capa, un manto bordado, un gorro y un cinturón. Para hacer todo esto, se usará tela morada, tela azul, tela roja y lino fino, con bordados en oro. La túnica debe llevar dos tirantes en los extremos, y un cinturón.

9 »Los nombres de las doce tribus de Israel deben grabarse en dos piedras de ónice multicolor, **10** seis en una piedra y seis en la otra. **11-14** El joyero enmarcará en oro cada piedra y les pondrá dos cordones de oro puro, grabará los nombres como si fueran un sello, y las colocará en la túnica de Aarón sobre los hombros. Esas piedras estarán allí para que cuando él se presente ante mí como sacerdote, yo me acuerde de las doce tribus de Israel.

El chaleco del jefe de los sacerdotes

15 »El chaleco que el sacerdote Aarón usará para conocer mi voluntad, lo harás de los mismos materiales que la túnica . **16** Quiero que lo hagas cuadrado y en forma de bolsa, de veintidós centímetros por lado. **17-21** Este chaleco se adornará con doce piedras preciosas, una por cada tribu de Israel. Colócalas en cuatro hileras, de tres piedras cada una. Cada piedra deberá enmarcarse en oro, y en cada una se escribirá uno de los nombres de las doce tribus.

22-24 »En cada extremo superior del chaleco pondrás una argolla de oro. Luego harás dos cadenillas de oro puro, y pondrás una cadenilla en cada argolla del chaleco. **25** Para colocar el chaleco, sujetarás las cadenillas a las piedras preciosas que están sobre los hombros de la túnica sacerdotal. **26** »Pondrás también una argolla de oro en la parte interior de cada uno de los dos extremos inferiores del chaleco, para que quede junto a la túnica. **27-28** En los tirantes de la túnica también pondrán argollas de oro, a la misma altura de las argollas inferiores del chaleco. Las argollas del chaleco se unirán con las de la túnica con un cordón morado, para que el chaleco quede por arriba del cinturón de la túnica y no se desprenda de ella. **29-30** »Cada vez que Aarón se presente ante mí, deberá llevar puesto el chaleco, así tendrá sobre su pecho los nombres de las tribus de Israel, para que yo me acuerde de ellas siempre. Además, deberá llevar una bolsita con el Urim y el Tumim, las dos piedritas que usará para conocer mi voluntad.

Las demás piezas del traje

31 »La capa de la túnica debe hacerse de tela morada, **32** y en el centro se le dejará un hueco para la cabeza. Ese hueco tendrá un dobladillo, como el que tienen los chalecos de cuero, para que no se rompa. **33-34** Todo el borde de la capa llevará adornos en forma de fruta, hechos de tela morada, tela azul y tela roja. En medio de cada adorno se pondrá una campanita de oro. **35** Así, cuando el sacerdote Aarón entre o salga del santuario para hacer su trabajo, oiré las campanitas y no le quitaré la vida.

36 »También debes hacer una placa de oro puro y grabar en ella, como si fuera un sello, las siguientes palabras: "Dedicado a Dios".

37-38 Esa placa la atarás con un cordón morado por delante del gorro del sacerdote, de modo que siempre esté sobre la frente de Aarón. Esa placa significa que cuando Aarón me presente las ofrendas, se hace responsable de los pecados que cometan los israelitas, y que yo los perdono y acepto sus ofrendas.
39 »El manto y el gorro de Aarón se hará de tela de lino, y los bordará un artista.

El traje de los demás sacerdotes

40 »También para los hijos de Aarón deberán hacerse mantos, cinturones y gorros, hermosos y dignos de un sacerdote.
41 Ordenarás que Aarón y sus hijos se vistan con estos trajes, y entonces les pondrás aceite sobre la cabeza para consagrarlos como mis sacerdotes.
42 »Para los sacerdotes deberás hacer calzoncillos de lino que les cubran desde la cintura hasta los muslos. **43** Esos calzoncillos los deberán usar Aarón y sus hijos cuando entren al santuario, o cuando se acerquen al altar para hacer su trabajo. Si no los usan, serán castigados con la muerte. Esta es una ley que siempre deberán obedecer Aarón y sus descendientes».

Consagración de los sacerdotes

29 **1** Dios le siguió dando instrucciones a Moisés acerca de la consagración de los sacerdotes. Le dijo:

«Consigue un ternero y dos carneros que no tengan ningún defecto. **2** Luego, mezcla con aceite la mejor harina de trigo y haz panes y galletas rociadas de aceite, pero no les pongas levadura. **3** Pon el pan en un canasto, y llévalo al santuario, junto con el ternero y los dos carneros.
4 »Después de eso lleva a Aarón y a sus hijos a la entrada del santuario, y ordénales que se bañen.

5-6 En seguida, ponle a Aarón toda la ropa que ordené que se le hiciera. Ponle además la placa que lo distingue como mi sacerdote principal. **7** Derrama también sobre su cabeza el aceite de consagrar.
8-9 »Después de eso llama a los hijos de Aarón, y conságralos como mis sacerdotes. Vístelos con los mantos que se hicieron para ellos; ajústales el cinturón y el gorro, lo mismo que a Aarón. De ahora en adelante todos mis sacerdotes serán por ley descendientes de Aarón.
10 »A continuación, lleva el ternero hasta el santuario y diles a Aarón y a sus hijos que pongan sus manos sobre la cabeza del animal. **11** Luego, mata el animal a la entrada del santuario, frente a mi altar. **12** Moja tu dedo en la sangre del ternero, y unta la sangre en los cuernos del altar. La sangre que quede la derramarás allí mismo, junto al altar. **13** Quita luego la grasa que cubre los intestinos, el hígado y los riñones del ternero, y quémalos en el altar. **14** Como éste es un sacrificio para el perdón de pecados, debes quemar fuera del campamento la carne, la piel y el estiércol del ternero.
15 »Toma uno de los dos carneros, y haz que Aarón y sus hijos pongan sus manos sobre la cabeza del animal. **16** Después de eso, mata al carnero y rocía su sangre en los costados del altar. **17** Corta en pedazos el animal, lava sus intestinos y sus patas, y júntalo todo con los otros pedazos y la cabeza.
18 Todo eso lo quemarás sobre el altar, y será para mí una ofrenda de olor agradable, una ofrenda quemada en mi honor para el perdón de pecados.
19 »Después de que Aarón y sus hijos hayan puesto también sus manos sobre la cabeza del otro carnero, **20** matarás el carnero, y a Aarón y a sus hijos les pondrás un poco de sangre en la parte inferior de su oreja derecha, en el

pulgar de la mano derecha y en el dedo gordo del pie derecho. El resto de la sangre la rociarás en los costados del altar. **21** Luego rociarás sobre la ropa de Aarón y de sus hijos un poco de la sangre que quede sobre el altar, y un poco del aceite de consagrar. Así ellos y sus ropas sacerdotales quedarán dedicados a mi servicio.
22 »Como el carnero se usó para consagrar a los sacerdotes, pondrás aparte la grasa de la cola, la grasa que cubre los intestinos y el hígado, el muslo derecho, los dos riñones y la grasa que los cubre.
23 »Del canasto de los panes sin levadura que están frente al altar sacarás un pan redondo, un pan de los mezclados con aceite y una galleta. **24** Todo esto lo pondrás en las manos de Aarón y de sus hijos, y ellos lo mecerán ante mí, como ofrenda de dedicación.
25 Luego recibirás de sus manos el pan y la carne, y en mi honor los quemarás en el altar como una ofrenda de olor agradable.
26 »Cuando consagres a Aarón como mi sacerdote, quiero que tomes el pecho del carnero y lo ofrezcas ante mi altar. Esa parte del carnero será para ti, **27-28** pero a Aarón y a sus hijos les pertenecen el pecho del carnero que se ofreció en su consagración y el muslo de la ofrenda. De ahora en adelante, el pecho y el muslo del carnero que los israelitas me ofrezcan para pedirme perdón por algún pecado, será para Aarón y sus descendientes. Esta será una ley permanente.
29 »El traje especial de Aarón lo heredarán sus descendientes cuando sean consagrados y reciban toda la autoridad como mis sacerdotes. **30** Siempre que alguno de ellos entre en el santuario como mi sacerdote, deberá llevar puesto ese traje durante siete días.
31 »La carne del carnero que se ofreció para la consagración de Aarón y de sus hijos la cocinarás en un lugar especialmente elegido para eso. **32-33** A la entrada del

santuario Aarón y sus hijos comerán esa carne y el pan del canasto, porque con esa ofrenda los perdoné y los consagré como mis sacerdotes. **34** En caso de que sobre algo de ese pan o de esa carne para el día siguiente, deberán quemarlo. Nadie más debe comerla, pues es una ofrenda muy especial. **35** »La ceremonia de la consagración sacerdotal de Aarón y de sus hijos durará siete días, y todo debe hacerse según las instrucciones que te di. **36-37** Cada día, durante esta ceremonia, me ofrecerán un ternero como sacrificio, para que yo les perdone sus pecados y el altar quede apto para mi servicio. Además, derramarás aceite sobre el altar para dedicarlo a mi adoración, y cualquier cosa que toque el altar quedará igualmente dedicada a mí.

Los sacrificios de cada día

38 »Todos los días, sin falta, deberás ofrecerme sobre el altar dos corderos de un año de edad. **39** Me ofrecerás uno en la mañana, y el otro en la tarde. **40** Con el cordero de la mañana me ofrecerás dos kilos de la mejor harina, mezclada con un litro de aceite de oliva. Además, sobre el altar derramarás como ofrenda un litro de vino. **41** Con el cordero de la tarde harás exactamente lo mismo.

»Los corderos, la harina y el vino serán ofrendas totalmente quemadas en mi honor, y el olor llegará hasta mí como un olor agradable. **42-43** Todos los israelitas y sus descendientes deberán presentarme siempre estas ofrendas a la entrada del santuario. Allí me encontraré con los israelitas, y allí hablaré contigo. Mi presencia hará de ese lugar algo muy especial. **44** Tanto el santuario como el altar, y Aarón y sus hijos, estarán dedicados exclusivamente a mi servicio. **45** Yo viviré entre los israelitas, y seré su Dios. **46** Así ellos se darán cuenta de que yo soy el Dios de Israel, que los sacó de Egipto.

El altar del incienso

30 **1-2** »También quiero que hagas un altar de madera de acacia para quemar incienso en él. Hazlo cuadrado, de cuarenta y cinco centímetros por lado y noventa centímetros de alto. Ponle en cada esquina un gancho en forma de cuerno. Todo el altar debe ser de una sola pieza, **3** y estar completamente recubierto de oro puro, con un marco de oro alrededor. **4** Por debajo del marco le pondrás dos argollas de oro en cada costado, y pasarás por ellas las varas para transportar el altar. **5** Las varas también deben ser de madera de acacia y estar recubiertas de oro. **6** Coloca el altar frente a la cortina del Lugar Santísimo, es decir, donde está el cofre del pacto. Allí es donde yo me reuniré contigo. **7** »Todas las mañanas, cuando Aarón venga a preparar las lámparas, también deberá quemar sobre el altar, en mi honor, incienso perfumado. **8** Hará lo mismo por la tarde, cuando encienda las lámparas. De ahora en adelante, esto deberá hacerse siempre. **9-10** »Este altar estará totalmente consagrado a mi servicio. En él no se quemarán animales ni cereales, ni se derramará vino; sólo se quemará en mi honor el incienso perfumado. Cada año, cuando el sacerdote presente el sacrificio para que yo les perdone los pecados, tomará la sangre del animal sacrificado y la derramará sobre los cuernos de este altar del incienso».

Ley acerca del censo

11 Dios habló con Moisés y le dijo:

12 «Recuerda que sólo yo tengo derecho a hacer una lista de todos los israelitas. Pero si tuvieras que hacerla, cada israelita deberá darme una contribución para que yo no les quite la vida ni les envíe ninguna enfermedad contagiosa ni mortal.

13-15 »Para que yo les perdone la vida a todos los israelitas mayores de veinte años que aparezcan en la lista, deberán darme cinco monedas de plata, que es la mitad del impuesto oficial del santuario. Ni los ricos darán más, ni los pobres darán menos.

16 »Toda la plata que te den los israelitas se la entregarás a los sacerdotes para que puedan cubrir los gastos del culto en el santuario. Así me acordaré de que los israelitas ya han pagado para que no les quite la vida».

El recipiente de bronce

17 Dios habló con Moisés y le dijo:

18 «Quiero que hagas un recipiente de bronce, con una base del mismo metal. Llénalo de agua y colócalo entre el santuario y el altar, **19-21** para que Aarón y sus hijos se laven las manos y los pies cada vez que entren allí. También deberán lavarse las manos y los pies cuando se acerquen al altar para presentarme las ofrendas que deben ser quemadas. Esta es una ley que Aarón y sus descendientes deberán obedecer siempre. Si la cumplen, no morirán».

El aceite de consagrar

22 Dios habló con Moisés y le dijo:

23-25 «El aceite de consagrar se derramará exclusivamente sobre todo lo que sea dedicado a mi servicio. Deberás prepararlo como se preparan los buenos perfumes.

»En su preparación usarás los siguientes ingredientes: tres litros y medio de aceite de oliva mezclados con diferentes plantas aromáticas. Las cantidades se pesarán y medirán de acuerdo con la medida oficial del santuario. **26** »Este aceite lo derramarás sobre el santuario, el cofre del pacto, **27-28** la mesa, el candelabro, el altar del incienso, el altar de las ofrendas quemadas, el recipiente de bronce y su base, y sobre todos los utensilios que se usan para los sacrificios. **29** Cuando lo hagas, todos esos

Todos los domingos María y sus padres van a la
iglesia. María lleva una lámpara para alumbrar el camino.

"Tu palabra es una lámpara que alumbra mi camino" (Salmo 119.105).

muebles y utensilios quedarán dedicados a mi servicio y deberán considerarse como objetos muy especiales. Todo lo que entre en contacto con ellos quedará también dedicado a mi servicio. 30 »Este mismo aceite lo usarás cuando consagres como sacerdotes míos a Aarón y a sus hijos. 31 Comunícale al pueblo que ese es el aceite que usarán siempre para dedicar a mi servicio todo objeto. 32 Por lo tanto, no deben derramarlo sobre cualquier persona, ni tampoco deben preparar otro aceite igual para otros usos. Este es un aceite muy especial, y así deben tratarlo. 33 Si algún israelita prepara otro aceite igual para su propio uso, o lo derrama sobre cualquier persona, será expulsado de entre ustedes».

El incienso

34-37 Dios le dijo a Moisés:

«El incienso que se quemará en mi honor debe mantenerse puro y exclusivamente dedicado a mi servicio. En su preparación usarás incienso puro y otras sustancias aromáticas. Este perfume debe prepararse mezclando bien los ingredientes en cantidades iguales, y moliendo muy fino la mezcla. En cuanto el perfume esté listo, irás al santuario y pondrás parte del incienso frente al cofre del pacto. Este es un incienso muy especial, exclusivamente para mi servicio, y deben tratarlo así. Nadie debe preparar otro incienso igual para su propio uso. 38 Cualquier israelita que lo haga, será expulsado de entre ustedes».

Los artesanos del santuario

31 1 Dios habló con Moisés y le dijo:

2 «Tú conoces a Besalel hijo de Urí y nieto de Hur, de la tribu de Judá. Yo lo he elegido 3 y lo he llenado de mi espíritu. Le he dado sabiduría, entendimiento, conocimientos y capacidad para hacer obras de arte. 4 Él sabe hacer diseños y tra-

bajos en oro, plata y bronce; 5 también sabe trabajar las piedras preciosas y hacer joyas, y además sabe tallar la madera y hacer toda clase de trabajos artísticos. 6 »También he elegido a Oholiab hijo de Ahisamac, de la tribu de Dan, para que sea el ayudante de Besalel. A todos los que van a ayudarlos les he dado más capacidad y entendimiento. Así podrán hacer lo que te he ordenado: 7-11 el santuario, el cofre del pacto, la mesa para el pan, el candelabro de oro puro, el altar del incienso, el altar de las ofrendas quemadas, el recipiente de bronce con su base, los trajes de los sacerdotes, el aceite de consagrar,[1] el incienso de olor agradable para el santuario, y todos los utensilios para el culto.

»Todo esto deberán hacerlo siguiendo las instrucciones que te he dado».

El sábado

12-17 Dios le ordenó a Moisés que les dijera a los israelitas:

«Ustedes deben respetar el sábado como el día de descanso que yo les he señalado. El sábado será para ustedes un día muy especial, y deberán respetarlo siempre. Cualquier israelita que no lo respete, será condenado a muerte. Cualquiera que trabaje en ese día, será expulsado de entre ustedes. Podrán trabajar durante seis días, pero el séptimo día deberán descansar y dedicar todo ese día a honrarme. Si ustedes lo respetan, sus descendientes sabrán que entre ustedes y yo existe una relación especial, y sabrán también que yo, el Dios de Israel, los he elegido como mi pueblo. De ahora en adelante, todos ustedes deberán descansar el sábado, porque yo hice el cielo y la tierra en seis días, y el séptimo día descansé».

18 En la montaña del Sinaí, Dios le entregó a Moisés las leyes que el pueblo debía obedecer. Dios mismo escribió esas leyes en

dos tablas de piedra.

El toro de oro

32 1 Como Moisés tardaba mucho en bajar de la montaña del Sinaí, los israelitas se reunieron con Aarón y le dijeron:

—Moisés nos sacó de Egipto, pero ahora no sabemos qué le sucedió. Es mejor que hagas un dios, para que sea nuestro guía y protector.

2 Aarón les contestó:

—Para eso necesito oro. Así que tráiganme las joyas que llevan puestas sus esposas, sus hijos y sus hijas.

3 Ellos se las llevaron a Aarón, 4 y él las tomó y las fundió, y trabajó el oro hasta darle la forma de un toro. Al verlo, el pueblo dijo:

—¡Israel, aquí tienes a tu Dios que te sacó de Egipto!» 5 Cuando Aarón vio esto, le construyó un altar al toro, y le anunció al pueblo: «¡Mañana tendremos una fiesta en honor de nuestro Dios!» 6 Al día siguiente, todos se levantaron muy temprano y ofrecieron en el altar sacrificios y ofrendas para pedir perdón a Dios. Después de comer y beber, se pusieron a bailar. 7-9 Entonces Dios le dijo a Moisés:

—Baja ya de la montaña, porque el pueblo que sacaste de Egipto se está portando muy mal. ¡Qué pronto se han olvidado de obedecerme! Han fabricado un toro de oro, y lo están adorando. Le han ofrecido sacrificios y dicen que ese toro soy yo, y que los sacó de Egipto. Los he estado observando, y me he dado cuenta de que son muy tercos.

10 ¡Estoy tan enojado que voy a destruirlos a todos! ¡No trates de detenerme! Sin embargo, con tus descendientes formaré una gran nación.

11 Moisés trató de calmar a Dios, y le dijo:

—Dios mío, ¡no te enojes con este pueblo! ¡Tú mismo lo sacaste de Egipto usando tu gran poder! ¹² ¡No te enojes! ¡No destruyas a tu pueblo! No permitas que los egipcios se burlen de ti, y digan: "Dios los ha engañado, pues los sacó para matarlos en las montañas". ¹³ Recuerda el juramento que les hiciste a Abraham, Isaac y Jacob. Tú les juraste que con sus descendientes formarías un pueblo tan numeroso como las estrellas del cielo, y que para siempre les darías el país de Canaán.

¹⁴ En cuanto Dios se calmó y decidió no destruir al pueblo, ¹⁵⁻¹⁶ Moisés comenzó a bajar de la montaña del Sinaí. En sus manos llevaba las dos tablas de piedra que Dios mismo había preparado, y en las que había escrito la ley por ambos lados.

¹⁷ Cuando Josué oyó los gritos de la gente, le dijo a Moisés:

—Se oyen gritos de guerra en el campamento.

¹⁸ Pero Moisés le contestó:

—También yo escucho las canciones, pero no son de victoria ni de derrota.

¹⁹ Cuando Moisés llegó al campamento vio a la gente bailando. Al ver al toro, se enojó tanto que allí mismo, al pie de la montaña, arrojó contra el suelo las tablas de la ley y las hizo pedazos. ²⁰ Luego fue y echó el toro al fuego, lo molió hasta hacerlo polvo, y mezcló el polvo con el agua. Entonces les dijo a los israelitas: «¡Ahora, beban!» ²¹ Después de eso, le reclamó a Aarón:

—¿Qué daño te ha hecho este pueblo, para que lo hagas pecar de manera tan terrible?

²² Aarón le contestó:

—Por favor, no te enojes conmigo. Tú bien sabes que a este pueblo le gusta hacer lo malo. ²³ Ellos me pidieron que les hiciera un dios que los guiara y protegiera, porque no sabían lo que había pasado contigo. ²⁴ Entonces les pedí oro y ellos me lo trajeron. Yo tan sólo eché el oro al fuego, ¡y salió este toro!

²⁵ Moisés se dio cuenta de que los israelitas no tenían quién los dirigiera, pues Aarón no había sabido controlarlos. También se dio cuenta de que los enemigos del pueblo se burlarían de ellos, ²⁶ así que se puso a la entrada del campamento y les dijo: «Los que estén de parte del Dios de Israel, vengan conmigo».
Todos los de la tribu de Leví se unieron a Moisés, ²⁷ quien les dijo: «El Dios de Israel, ha ordenado que cada uno de ustedes tome una espada, regrese al campamento, y vaya casa por casa matando a su hermano, amigo o vecino».
²⁸ Los de la tribu de Leví hicieron lo que Moisés ordenó, y ese día mataron como a tres mil varones. ²⁹ Luego Moisés les dijo: «Hoy Dios los bendice y les da la autoridad como sus sacerdotes, pues ustedes se opusieron a sus propios hermanos e hijos, para obedecerlo a él».
³⁰ Al día siguiente, Moisés les dijo a todos: «Ustedes han cometido un pecado terrible. Por eso voy a subir a la montaña para hablar con Dios, a ver si él los perdona».
³¹ Moisés subió a la montaña donde estaba Dios, y le dijo:

—Reconozco que el pueblo se ha portado muy mal al haberse hecho un dios de oro. ³² Yo te ruego que los perdones. Pero si no los perdonas, ¡bien puedes matarme a mí también!

³³ Dios le contestó:

—Yo le quito la vida al que peca contra mí. ³⁴ Así que vete y lleva este pueblo al país que prometí darles. Mi ángel te guiará. Pero cuando llegue el momento indicado, los castigaré por lo que han hecho.

³⁵ Y por haber adorado al toro que hizo Aarón, Dios les mandó una terrible enfermedad.

Hacia la tierra prometida

33 ¹⁻⁶ Dios le dijo a Moisés:

«Deja este lugar y lleva al pueblo que sacaste de Egipto a la tierra que les prometí a Abraham, Isaac y Jacob. Yo les aseguré que esa tierra sería para sus descendientes. ¡Es tan rica que siempre hay abundancia de alimentos! Enviaré a mi ángel para te guíe, y echaré de allí a todos los pueblos que no me obedecen.

»Diles a los israelitas que yo no iré con ellos. Son tan tercos que, si vuelven a pecar, hasta podría destruirlos en el camino. Por lo pronto, que se quiten sus joyas. Más tarde veré qué hago con ellos».

Cuando Moisés les dijo esto, los israelitas se pusieron muy tristes, pues Dios los había reprendido con dureza. Y desde ese momento ninguno de ellos volvió a usar sus joyas.

La Carpa comunitaria

7 Moisés colocó una carpa fuera del campamento, y la llamó Carpa comunitaria. Si alguno quería hablar con Dios, salía del campamento y entraba en la carpa. 8 Y cuando Moisés entraba en ella, todos se quedaban de pie junto a su propia tienda de campaña y lo seguían con la mirada hasta verlo entrar en la carpa. 9⁻¹⁰ Tan pronto como Moisés entraba, la columna de nube bajaba y se colocaba a la entrada; entonces todos se arrodillaban a la entrada de su propia tienda de campaña, mientras Dios hablaba con Moisés.

¹¹ Siempre que Moisés entraba en la Carpa comunitaria, hablaba con Dios personalmente, como si hablara con un amigo. Después,

Moisés regresaba al campamento. Pero Josué, que era su ayudante, nunca se alejaba de la carpa.

Moisés pide ver a Dios

12 Moisés le dijo a Dios:

—Tú me ordenaste guiar a este pueblo, pero yo me dijiste a quién me ayudaría a hacerlo. También me dijiste que me amas y que confías en mí. **13** Si eso es verdad, dime qué piensas hacer, para que yo también llegue a amarte y tú sigas confiando en mí. No olvides que este pueblo es tuyo y no mío.

14 Dios le contestó:

—Yo mismo voy a acompañarte y te haré estar tranquilo.

15 Moisés le dijo:

—Si no vas a acompañarnos, no nos pidas que salgamos de aquí. **16** Acompáñanos, y seremos diferentes de los otros pueblos de esta tierra. ¿Cómo van a saber los israelitas que tú confías en mí, si no vienes con nosotros?

17 Dios le respondió:

—Está bien, voy a acompañarlos, porque realmente te amo y confío en ti.

18 Entonces Moisés le dijo a Dios:

—Permíteme verte.

19 Pero Dios le respondió:

—Yo soy muy bondadoso con quien quiero serlo. Así que voy a mostrarte todo mi esplendor, y voy a darte a conocer mi nombre. **20-21** Pero no podrás ver mi rostro, porque cualquiera que vea mi rostro morirá. Quédate junto a la roca que está a mi lado. **22** Cuando pase yo delante de ti, te colocaré en un hueco de la roca y te taparé los ojos con mi mano, hasta que haya pasado. **23** Después quitaré mi mano, y podrás ver mi espalda;

pero mi rostro no lo verás.

Dios vuelve a escribir su ley

34 **1** Dios le dijo a Moisés:

«Tráeme dos tablas de piedra, como las que te di antes. En ellas escribiré las mismas leyes que estaban en las que rompiste. **2** Prepárate para subir mañana temprano a la montaña del Sinaí. Quiero verte en la parte más alta. **3** Nadie debe acompañarte; no quiero ver gente, ni ovejas ni vacas por allí».

4 Moisés hizo dos tablas de piedra iguales a las primeras, y al día siguiente muy temprano subió a la montaña. **5** Dios bajó en una nube, y allí se reunió con Moisés y le dio a conocer su propio nombre. **6** Mientras pasaba delante de Moisés, Dios dijo en voz alta:

«¡Soy el Dios de Israel! ¡ Yo soy es el nombre con que me di a conocer! Soy un Dios tierno y bondadoso. No me enojo fácilmente, y mi amor por mi pueblo es muy grande. **7** Mi amor es siempre el mismo, y siempre estoy dispuesto a perdonar a quienes hacen lo malo. Pero también sé castigar al culpable, y a sus hijos, nietos, bisnietos y tataranietos».

8 En seguida Moisés se inclinó hasta tocar el suelo con la frente, y adoró a Dios **9** diciendo: «¡Dios mío! ¡Dios mío! Si de veras me amas, acompáñanos. Es verdad que somos muy tercos, pero perdona nuestros pecados y acéptanos como tu pueblo».

Dios hace un pacto

10 Dios le dijo a Moisés:

«Pon atención, porque voy a hacer un pacto con todo tu pueblo. Voy a hacer grandes milagros, como nunca antes se han visto en ningún país del mundo. Todos los países donde ustedes vivan verán lo que yo, el Dios de Israel, puedo hacer.

11 »Si ustedes obedecen todo lo que hoy les he ordenado, yo expulsaré a todo los pueblos que no me obedecen, y su territorio se lo daré a ustedes.

12 »Ustedes van a entrar al territorio que les prometí. No deben hacer ningún pacto con los que allí viven, para que no imiten su mala conducta. **13** Al contrario, deberán destruir completamente sus altares y sus ídolos.

14 »No adoren a ningún otro dios, porque soy un Dios muy celoso. **15** »No hagan ningún trato con la gente de ese territorio, porque ellos los invitarán a participar de sus cultos, y ustedes terminarán adorando a sus dioses falsos. **16** Tal vez les parezca bien que sus hijos se casen con las hijas de esa gente, pero cuando ellas pequen al adorar a sus dioses falsos, harán que sus hijos también pequen.

17 »No hagan ningún ídolo de metal fundido para adorarlo.

Las fiestas de cada año

18 »Celebren la fiesta del Pan sin levadura, y coman pan sin levadura durante siete días, siguiendo todas las instrucciones que les he dado. Deben hacer la fiesta en el mes de Abib,[I] porque en ese mes salieron de Egipto. **19** »El primer hijo de cada uno de ustedes será para mí, lo mismo que todos los primeros machos de sus vacas y ovejas. **20** Por el primer macho de una burra podrán darme un cordero o un cabrito. Pero si no me lo dan, entonces le romperán el cuello al burrito. De igual manera, a cambio del primer hijo de ustedes podrán darme una ofrenda. Nadie podrá venir a adorarme si no trae algo. **21** »Ustedes podrán trabajar los primeros seis días de la semana, pero el séptimo día deberán descansar, aun en la época de la siembra o de la cosecha. **22** »También deberán celebrar la fiesta de la Cosecha en la primavera, y la fiesta de las Enramadas en el otoño. **23** »Todos los varones israelitas mayores de edad deberán venir a adorarme tres veces al año. Yo soy el Dios de Israel. **24** Yo expulsaré a las demás naciones, para que ustedes tengan más territorio. Así nadie podrá adueñarse de su territorio cuando vengan a adorarme.

25 »Cuando me presenten el sacrificio de algún animal, no me ofrezcan al mismo tiempo la sangre del animal y pan con levadura. Tampoco guarden para el día siguiente lo que sobre del animal sacrificado en la fiesta de Pascua.

26 »Deben traer a mi templo lo mejor de los primeros frutos que produzcan sus campos.

»Nunca cocinen cabritos en la leche de su madre».

27 Como todas esas leyes eran parte del pacto que Dios estaba haciendo con los israelitas, Dios le ordenó a Moisés que las escribiera. **28** Y Moisés se quedó con Dios en la montaña cuarenta días y cuarenta noches. Allí se escribieron en tablas de piedra los diez mandamientos de este pacto. En todo ese tiempo, Moisés no comió ni bebió nada.

Moisés baja del Sinaí

29 Cuando Moisés bajó de la montaña del Sinaí, traía consigo las dos tablas con la ley escrita en ellas. Su cara brillaba, pues había estado hablando con Dios, pero Moisés no se había dado cuenta. **30** Cuando Aarón y todos los israelitas vieron cómo brillaba la cara de Moisés, sintieron miedo y no se acercaron a él. **31** Pero Moisés los llamó para hablar con ellos. Primero fueron Aarón y todos los jefes israelitas, **32** y luego se acercó todo el pueblo. Entonces Moisés les dio todos los mandamientos que Dios le había dado en la montaña del Sinaí.

33 Cuando Moisés terminó de hablar con el pueblo, se tapó la cara con un velo.

34-35 Ese velo Moisés se lo dejaba puesto hasta que llegaba el momento de entrar al santuario para hablar con Dios. Cuando entraba al santuario, se lo quitaba, y al salir le comunicaba al pueblo todo lo que Dios le había ordenado. Pero como el pueblo veía que la cara de Moisés seguía brillando, él se veía obligado a ponerse de nuevo el velo.

La ley del sábado

35 **1** Moisés se reunió con los israelitas y les comunicó los mandamientos de Dios:

2 «Ustedes podrán trabajar seis días de la semana, pero el séptimo día será para ustedes muy especial. Ese día ustedes deberán descansar para honrar a Dios. Quien no obedezca este mandamiento será condenado a muerte. **3** No importa dónde vivan, el séptimo día ni siquiera deben encender fuego».

Las ofrendas para construir el santuario

4 Moisés volvió a hablar con los israelitas, y les comunicó el mandamiento de Dios:

5 «Quiero que junten entre ustedes una ofrenda voluntaria para el santuario de nuestro Dios. Traigan oro, plata y bronce; **6** telas de color morado, azul y rojo; tela de lino fino, pelo de cabra, **7** pieles de carnero teñidas de rojo y pieles finas; madera de acacia, **8** aceite para las lámparas, perfumes para el aceite de consagrar y para el incienso perfumado, **9** y piedras de ónice multicolor y otras piedras preciosas para hacer la túnica y el chaleco del sacerdote principal.

Utensilios para el santuario

10-19 »Todos los israelitas que tengan capacidades artísticas deben venir para construir el santuario y sus muebles: el cofre, el candelabro, la mesa del pan, junto con el pan y sus utensilios. También deberán construir la cerca que rodea el patio, así como todo lo que estará en él: el altar para las ofrendas quemadas y el recipiente de bronce, y los utensilios de ambos. Además fabricarán el altar para quemar el incienso, junto con sus utensilios, los trajes sacerdotales, el incienso perfumado y el aceite de consagrar. **2** Esto es todo lo que Dios ha ordenado hacer».

El pueblo lleva las ofrendas voluntarias

20 El pueblo se despidió de Moisés y se retiró. **21-26** Después, todos los que deseaban darle a Dios su ofrenda voluntaria volvieron llevando todo lo necesario para la construcción del santuario y la confección de los trajes de los sacerdotes. Tanto hombres como mujeres llevaron como ofrenda especial toda clase de joyas de oro, telas de color morado, azul y rojo, telas de lino fino, pieles de cabra, de carnero y otras pieles finas. Otros llevaron plata, bronce y madera de acacia, y algunas mujeres llevaron finos bordados y tejidos de pelo de cabra. **27** Los jefes israelitas llevaron ónice y otras piedras preciosas, para que se hiciera la túnica y el chaleco sacerdotal. **28** También llevaron perfumes, el aceite para las lámparas, el aceite de consagrar y el incienso perfumado. **29** Todos los israelitas, hombres y mujeres, llevaron su ofrenda voluntaria y se la entregaron a Moisés para la construcción de todo lo que Dios había ordenado.

Los artesanos elegidos

30-35 Moisés les dijo a los israelitas:

«Pongan atención. Dios ha elegido dos artesanos muy capaces para que trabajen en la construcción del santuario. De la tribu de Judá ha elegido a Besalel, y de la tribu de Dan ha elegido a Oholiab. Dios les ha dado capacidad artística para hacer los tallados en madera, los bordados en tela morada, tela azul y tela roja, y en tela de lino fino, así como para hacer cualquier tipo de artesanía. También les ha dado capacidad para enseñar a otros en esta clase de trabajos.

»Además, Dios le ha dado de su espíritu a Besalel, y también le ha dado sabiduría, inteligencia y una gran capacidad creativa para hacer diseños en oro, plata y bronce, para tallar y montar piedras preciosas, y para tallar la madera.

36 **1** »Por lo tanto, Besalel, Oholiab y todos los artesanos de Israel, harán todo de acuerdo con lo que Dios ordenó. Lo mismo harán todos aquellos a quienes Dios les haya dado sabiduría e inteligencia para hacer todos los objetos necesarios para el culto en el santuario».

Ofrendas abundantes

2-3 Moisés se reunió con todos los artesanos, y les dio las ofrendas que el pueblo había llevado. Así ellos empezaron a fabricar todos los objetos que se necesitaban para el culto en el santuario. Todos los días, los israelitas llevaban ofrendas voluntarias. **4-5** Cuando los artesanos vieron que la gente llevaba más ofrendas de las necesarias, se lo comunicaron a Moisés. **6** Entonces Moisés mandó a decir a todos en el campamento que ya no hicieran más trabajos ni llevaran más ofrendas para el santuario. Fue así como los israelitas dejaron de llevar ofrendas, **7** pues no sólo había suficiente material sino que hasta sobraba.

La construcción del santuario

8-13 Los artesanos más capaces de todo el grupo construyeron el santuario con diez cortinas, en las que se bordaron dos querubines. **14-19** Besalel tomó pelo de cabra y confeccionó los once paños para hacer las dos cortinas del toldo que cubriría el santuario, y fabricó también la cubierta de pieles de carnero que se colocaría sobre el toldo. Luego, sobre esa cubierta puso una cubierta de pieles finas.

20-38 Besalel también se encargó de preparar todo lo necesario para la construcción del santuario: las tablas, las bases, los travesaños, las argollas y los postes. Y confeccionó la cortina que dividiría el Lugar Santo del Lugar Santísimo, en la cual bordó dos querubines. Además, Besalel hizo la cortina de la entrada del santuario, y la colgó de sus postes.

Muebles del santuario
COFRE DEL PACTO

37 **1-9** Besalel también hizo el cofre del pacto con madera de acacia, con sus argollas y sus varas para transportarlo, y le puso la tapa de oro con los dos querubines. Lo hizo siguiendo las medidas que Dios había ordenado.

MESA PARA EL PAN

10-16 Besalel también fabricó con madera de acacia la mesa para el pan dedicado a Dios, junto con sus varas para transportarla y todos sus utensilios de oro.

EL CANDELABRO DE ORO

17-24 Luego Besalel se ocupó de hacer el candelabro de oro con sus siete lámparas y utensilios. Para hacer todo esto utilizó treinta y tres kilos de oro puro.

EL ALTAR DEL INCIENSO

25-28 Besalel hizo también con madera de acacia el altar del incienso, junto con sus varas para transportarlo.

EL ACEITE Y EL INCIENSO

29 Besalel preparó el aceite de consagrar y el incienso perfumado y puro. Los hizo como se hacen los buenos perfumes. Todo esto fue hecho siguiendo las instrucciones que Dios le dio a Moisés.

EL ALTAR PARA LAS OFRENDAS QUEMADAS

38 **1-7** Besalel hizo también el altar para las ofrendas que se quemaban para el perdón de pecados; además de sus utensilios y varas para transportarlo. Lo

hizo de madera de acacia y lo recubrió de bronce.

EL RECIPIENTE DE BRONCE

8 Las mujeres que ayudaban a la entrada del santuario le entregaron a Besalel sus espejos de bronce. Con ese metal Besalel hizo el recipiente para lavarse las manos. También la base del recipiente la hizo de bronce.

EL PATIO DEL SANTUARIO

9-17 Besalel construyó el patio del santuario y la cerca que lo rodeaba. Hizo las cortinas, los postes, las bases, los ganchos y los anillos. **18-20** La cortina que hizo Besalel para la entrada del santuario estaba finamente bordada.

Metales usados en el santuario

21 Moisés les había ordenado a los ayudantes de los sacerdotes que hicieran una lista de todos los metales usados en la construcción del santuario del pacto. Itamar, el hijo del sacerdote Aarón, se encargó de hacer esa lista.

22 Besalel se encargó de hacer y preparar todo lo que Dios le había ordenado a Moisés. **23** En esto lo ayudó Oholiab, que era herrero y tejedor, y sabía hacer bordados en tela morada, tela azul y tela roja, así como en tela de lino fino.

24 Todo el oro que usaron fue una ofrenda que los israelitas le dieron a Dios. Se usaron novecientos sesenta y cinco kilos de oro, según el peso oficial del santuario.

25 La plata que dieron los israelitas cuando se hizo la lista de todos ellos, llegó a pesar tres mil trescientos diecinueve kilos con quinientos veinticinco gramos. Todo esa plata se pesó según la medida oficial del santuario.

26 Los hombres mayores de veinte años que aparecían en la lista fueron seiscientos tres mil quinientos cincuenta, y cada uno de ellos dio cinco gramos y medio de plata.

27 También se recolectaron tres mil trescientos kilos de plata para hacer las cien bases que se usaron para la construcción del santuario y para la cortina. Cada base pesaba treinta y tres kilos de plata. **28** Con la plata restante se hicieron los ganchos y los anillos de los postes, y se recubrió la parte superior de los postes.
29 En total, los israelitas le ofrendaron a Dios dos mil trescientos treinta y seis kilos de bronce. **30** Ese bronce se usó para hacer las bases de la puerta del santuario, el altar de bronce con su reja y sus utensilios, **31** las bases y estacas del patio que rodeaba al santuario, y las bases de la puerta del patio.

Confección de los trajes sacerdotales
39 **1-7** Los trajes para los sacerdotes se hicieron con tela morada, tela azul y tela roja. También se tejió la túnica especial para Aarón, con las dos piedras de ónice multicolor en las que estaban los nombres de las doce tribus de Israel. Con un martillo se hicieron dos láminas de oro, que luego fueron cortadas para hacer hilos de oro. Con esos hilos se hicieron los bordados en la túnica y en el cinturón. Todo esto se hizo tal como Dios se lo había ordenado a Moisés.
8-26 El chaleco se hizo con la misma clase de telas de la túnica, y la capa de la túnica con tela morada. Todo se hizo siguiendo las instrucciones de Dios.
27-29 A los mantos de lino para Aarón y sus hijos se le hicieron finos bordados, **30-31** lo mismo que al gorro y la ropa interior. Los calzoncillos eran de lino fino, y el cinturón se confeccionó con las mejores telas. Un artista le hizo finos bordados al cinturón.
Se hizo también la placa de oro puro que decía que Aarón era un sacerdote dedicado al servicio exclusivo de Dios. Esa placa se colgó en la parte superior del gorro, atada con un cordón morado. Todo esto se hizo tal como Dios se lo había ordenado a Moisés.

Termina la construcción del santuario
32-41 Los israelitas siguieron al pie de la letra las instrucciones que Dios le había dado a Moisés, y terminaron la construcción del santuario. Fueron entonces a ver a Moisés y le hicieron entrega oficial del santuario y de todos sus utensilios, así como del pan dedicado a Dios, el aceite de consagrar, el incienso perfumado, los trajes para el servicio en el santuario, y los trajes sacerdotales de Aarón y de sus hijos.
42 Todo esto lo hicieron los israelitas siguiendo las instrucciones que Dios le había dado a Moisés.
43 Cuando Moisés vio que así lo habían hecho, les dio su bendición.

Dedicación del santuario
40 **1** Dios le habló a Moisés y le dijo:

2 «Debes armar el santuario el día primero del mes de Abib. Este santuario será el lugar en donde el pueblo de Israel se reunirá conmigo.
3 En el interior del santuario pondrás el cofre del pacto, y colocarás la cortina de modo que el cofre no se vea. **4** Adentro pondrás la mesa y el candelabro. Coloca con cuidado todos los utensilios y objetos que van sobre la mesa, y pon las lámparas al candelabro. **5** El altar de oro para quemar incienso lo colocarás frente al cofre del pacto, y luego colgarás la cortina que va a la entrada del santuario.
6 »Frente a la entrada del santuario pondrás el altar para quemar los animales sacrificados. **7** Entre el altar y la entrada pondrás el recipiente de bronce, y lo llenarás de agua. **8** Una vez que todo esté en su lugar, instalarás la cerca del patio alrededor del santuario y colgarás la cortina a la entrada del patio.
9 Toma el aceite de consagrar y derrámalo sobre el santuario y sobre todo lo que está allí aden-

tro, para que me dediques este santuario como un lugar muy especial. **10-11** Pon aceite sobre el altar de los sacrificios quemados y sobre sus utensilios, y sobre el recipiente de bronce y su base, para que todo quede dedicado a mi servicio.
12 »Después de eso, lleva a Aarón y a sus hijos a la entrada del santuario, y ordénales que se bañen allí. **13** Aarón deberá ponerse la túnica especial de sacerdote, y tú derramarás aceite sobre él, para consagrarlo como mi sacerdote. **14** Llama después a sus hijos y ordénales que se pongan sus mantos especiales, **15** y derrama aceite sobre ellos para consagrarlos como mis sacerdotes. A partir de ese momento, y gracias al aceite de consagrar, los descendientes de Aarón y de sus hijos serán mis sacerdotes para siempre».

16-19 El primer día del mes de Abib se armó el santuario, siguiendo las instrucciones de Dios. Había pasado exactamente un año desde que habían salido de Egipto.
20-21 Luego Moisés colocó las tablas de la ley dentro del cofre del pacto, le puso al cofre las varas y la tapa, y ordenó que lo pusieran dentro del santuario. El cofre se puso en el Lugar Santísimo, y luego Moisés corrió la cortina para cubrirlo, pues así lo había ordenado Dios.
22 A continuación, Moisés puso la mesa al lado norte del santuario, dentro del Lugar Santo, **23** y colocó los panes sobre la mesa, tal como Dios se lo había ordenado.
24 El candelabro lo colocó frente a la mesa, es decir, en la parte sur del santuario. **25** Luego encendió las lámparas delante de Dios, pues así él se lo había ordenado.
26 El altar de oro se colocó en el santuario, frente a la cortina del Lugar Santo. **27** Siguiendo las instrucciones que Dios le había dado, Moisés quemó allí incienso perfumado.
28 Una vez que terminó con todo esto, Moisés colgó la cortina de la

entrada del santuario, **29** colocó frente a ella el altar para los sacrificios quemados, y en él quemó como ofrenda animales y cereales, tal como Dios se lo había ordenado.

30 Entre la entrada del santuario y el altar de las ofrendas quemadas, Moisés colocó el recipiente de bronce y lo llenó de agua.

31-32 Con esa agua Moisés, Aarón y sus hijos deberían lavarse las manos y los pies cada vez que entraran al santuario y se acercaran al altar, tal como Dios se lo había ordenado.

33 Para terminar, Moisés instaló la cerca del patio alrededor del santuario y el altar, y colgó también la cortina a la entrada del patio.

Dios se presenta en el santuario
Cuando Moisés terminó de armar todo el santuario, **34-35** una nube lo cubrió todo, y Dios se hizo presente en el santuario. Por eso Moisés no podía entrar.

36 Cada vez que la nube se levantaba del santuario, el pueblo de Israel desarmaba el campamento y continuaba su camino.

37 Ningún israelita se movía de donde estaba, a menos que la nube se levantara.

38 En todo el viaje, los israelitas pudieron ver cómo durante el día la nube de Dios descansaba sobre el santuario, y cómo durante las noches un fuego aparecía sobre él.

+ ··· **L e v í t i c o** ··· +

Ofrendas para agradar a Dios

1 ¹ Dios llamó a Moisés desde el santuario y le ordenó ² que les diera este mensaje a los israelitas:

«Cuando alguno de ustedes me presente una ofrenda para quemarla en mi honor, podrá ofrecerme terneros, cabritos o corderos.

³ »Si alguien me presenta un ternero como ofrenda, éste deberá ser un macho sin ningún defecto. Lo llevará a la entrada del santuario, **4-5** y allí pondrá su mano sobre la cabeza del ternero, y lo matará. Así, yo recibiré su ofrenda con agrado, y le perdonaré sus pecados.

»Los sacerdotes me presentarán la sangre del ternero, y luego la derramarán en los cuatro costados del altar. **6-9** El que me presente la ofrenda le quitará el cuero y cortará el animal en pedazos. Por último, lavará con agua los intestinos y las patas del animal, y entregará todo a los sacerdotes. Ellos pondrán leña sobre el altar y le prenderán fuego, y allí quemarán los pedazos del ternero, junto con la cabeza, las patas, los intestinos y la grasa. Se trata de una ofrenda de aroma agradable, que se presenta en mi honor.

¹⁰ »Si alguien me ofrece un cordero o un cabrito, éste deberá ser también un macho sin ningún defecto. ¹¹ Lo matará sobre un costado del altar, y los sacerdotes derramarán la sangre en los cuatro costados. **12-13** Luego, el que me presente la ofrenda cortará el animal en pedazos. Por último, lavará con agua los intestinos y las patas del animal, y entregará todo a los sacerdotes. Ellos quemarán los pedazos en el altar, junto con la cabeza, las patas, los intestinos y la grasa. Se trata de una ofrenda de aroma agradable, que se presenta en mi honor.

¹⁴ »Si alguien me presenta aves como ofrenda, éstas pueden ser palomas o tortolitas. ¹⁵ El sacerdote pondrá el ave sobre el altar, y allí le arrancará la cabeza y la quemará, dejando que la sangre corra por los costados del altar. ¹⁶ Luego le sacará el buche y los intestinos, y los arrojará en el costado del altar donde se echan las cenizas. ¹⁷ Después abrirá en dos el ave, de modo que en cada mitad haya una ala, pero sin separar las dos mitades. Por último, el sacerdote quemará el resto del ave sobre la leña encendida. Se trata de una ofrenda de aroma agradable, que se presenta en mi honor».

Ofrendas para dar gracias a Dios

2 ¹ «Cuando alguien me presente cereales como ofrenda, deberá traer harina de la mejor calidad. Sobre la harina se derramará aceite, y se le pondrá también un poco de incienso; ² luego se le entregará a los sacerdotes. Ellos tomarán un puñado de la harina con aceite, y todo el incienso, y lo quemarán sobre el altar, para que ustedes se acuerden de que yo les doy todas las cosas. Se trata de una ofrenda de aroma agradable, que se presenta en mi honor.

³ El resto de la ofrenda será muy especial, y de ella sólo podrán comer los sacerdotes.

⁴ »Cuando alguien me presente panes o galletas como ofrenda, la harina deberá ser de la mejor calidad. Los panes y las galletas se hornearán sin levadura; los panes serán amasados con aceite, y las galletas sólo untadas con aceite.

⁵ »Si alguien me ofrece cereales fritos en la sartén, la harina debe estar amasada con aceite y no tener levadura.

⁶ Además, deberán cortarla en pedazos y derramar aceite sobre ella. Se trata de una ofrenda de cereal.

⁷ »Si alguien me ofrece cereales cocidos en la cacerola, la harina deberá ser de la mejor calidad, y amasada con aceite.

⁸ »El que me presente cualquiera de estas ofrendas, deberá llevársela al sacerdote, quien la acercará al altar. ⁹ Allí, el sacerdote quemará una parte de la ofrenda, para que ustedes se acuerden que yo les doy todas las cosas. Se trata de una ofrenda de aroma agradable, presentada en mi honor.

¹⁰ El resto de la ofrenda será muy especial, y de ella sólo podrán comer los sacerdotes.

¹¹ »Ninguna de las ofrendas que me presenten debe tener miel o levadura, porque eso hará que las ofrendas fermenten. ¹² Podrán ofrecerme miel y levadura junto con los primeros frutos de sus cosechas, pero no para quemarlas como ofrenda en mi honor.

¹³ »En cambio, deben poner sal en todas las ofrendas que me presenten, porque la sal es símbolo del pacto que han hecho conmigo.

¹⁴ »Si alguien me presenta como ofrenda los primeros frutos de sus cosechas, deben ofrecerme espigas tostadas al fuego, o harina de los cereales recién cosechados. ¹⁵ Sobre estas ofrendas derramarán aceite y les agregarán un poco de incienso.

¹⁶ »El sacerdote quemará sobre el altar una parte de la ofrenda, para que ustedes se acuerden que yo les doy todas las cosas'.

Ofrendas para pedir salud y bienestar

3 ¹ «Cuando alguien quiera pedirme salud y bienestar, deberá presentarme como ofrenda un ternero o una ternera sin defecto alguno.

² »El que presente la ofrenda pondrá sus manos sobre la cabeza del animal, y lo matará a la entrada del santuario. Luego, los sacerdotes derramarán la sangre en los costados del altar, **3-5** y sobre él quemarán lo siguiente:

los intestinos, los dos riñones, los lomos, una parte del hígado, y la grasa que recubre todo eso. Esta ofrenda la quemarán junto con las ofrendas de cada mañana. Se trata de una de ofrenda de aroma agradable, que se presenta en mi honor.

6 »Si alguien me presenta como ofrenda una oveja o una cabra, ese animal no deberá tener ningún defecto.

7 »Si alguien me presenta como ofrenda un cordero, **8** deberá poner sus manos sobre la cabeza del animal y matarlo a la entrada del santuario. Luego, los sacerdotes derramarán la sangre en los costados del altar, **9-11** y sobre él quemarán lo siguiente: los intestinos, los dos riñones, los lomos, parte del hígado, y la grasa que recubre todo eso, y toda la cola. Se trata de comida que se presenta en mi honor.

12-13 »Si alguien me presenta como ofrenda una cabra, deberá poner sus manos sobre la cabeza del animal y matarlo a la entrada del santuario. Luego, los sacerdotes derramarán la sangre en los costados del altar, **14-16** y sobre él quemarán lo siguiente: los intestinos, los dos riñones, los lomos, una parte del hígado, y la grasa que recubre todo eso. Se trata de una comida de aroma agradable, que se presenta en mi honor.

17 »Ustedes nunca deben comer grasa ni sangre. No importa dónde vivan, ésta es una ley que deberán obedecer siempre'.

Ofrenda por el perdón de pecados
4 **1** Dios le ordenó a Moisés **2-13** que les diera a los israelitas las siguientes instrucciones:

«Cuando alguien me desobedezca sin darse cuenta, se deberá hacer lo siguiente:

»Si el que me desobedeció fue el jefe de los sacerdotes, todo el pueblo compartirá la culpa. Para que yo lo perdone, el jefe de los sacerdotes deberá ofrecerme un ternero sin defecto. Lo llevará a la entrada del santuario, pondrá sus manos sobre la cabeza del animal, y lo matará en mi altar. Luego tomará la sangre del ternero y la llevará al interior del santuario, mojará su dedo en la sangre y la rociará siete veces en dirección al cofre de Dios, detrás de la cortina del Lugar Santísimo.

»En seguida el jefe de los sacerdotes pondrá un poco de la sangre en las puntas del altar del incienso aromático, y el resto de la sangre lo derramará sobre la base del altar que está a la entrada del santuario. Luego le quitará al animal todas las partes internas, tal como se hace con el animal que se ofrece para pedir salud y bienestar, y las quemará sobre el altar. El resto del ternero, es decir, el cuero y toda la carne, la cabeza, las patas, los intestinos y el excremento, lo sacará del campamento y lo quemará en el lugar apartado especialmente para echar las cenizas.

»Si el que me desobedece es el pueblo entero, **14** me presentarán como ofrenda un ternero sin ningún defecto, y así los perdonaré.

»Todo el pueblo llevará el ternero a la entrada del santuario, **15** y sus jefes pondrán sus manos sobre la cabeza del animal. Luego matarán el ternero en mi altar, **16** y el jefe de los sacerdotes llevará la sangre al interior del santuario. **17** Allí mojará su dedo en la sangre y con ella rociará siete veces en dirección a la cortina que cubre la entrada del Lugar Santísimo. **18** Después pondrá un poco de sangre en las puntas del altar del incienso, dentro del santuario. El resto de la sangre lo derramará sobre la base del altar que está a la entrada de la Carpa.

19 »En seguida el jefe de los sacerdotes tomará toda la grasa del ternero y la quemará sobre el altar, **20-21** y de esta manera perdonaré el pecado del pueblo. Finalmente, el sacerdote sacará del campamento el resto del ternero y lo quemará en el lugar apartado especialmente para

echar las cenizas.

22 »Si el que me desobedece es un jefe del pueblo, **23** se le hará saber que ha pecado. Entonces ese jefe me presentará como ofrenda por su perdón un chivo sin ningún defecto. **24** Pondrá sus manos sobre la cabeza del chivo y lo matará junto a mi altar, pues se trata de una ofrenda por el perdón de pecados. **25** Luego el sacerdote mojará su dedo en la sangre del chivo y la untará en las puntas del altar, y el resto de la sangre lo derramará sobre su base. **26** Después quemará toda la grasa del animal, como se hace con la ofrenda para pedirme salud y bienestar. Así presentará el sacerdote la ofrenda en favor del culpable, y yo le perdonaré su pecado.

27 »Si quien me desobedece fuera alguien del pueblo, **28** se le hará saber que ha pecado. Entonces esa persona me presentará una cabra sin defecto. **29** Pondrá sus manos sobre la cabeza de la cabra y la matará junto al altar. **30** El sacerdote mojará su dedo en la sangre de la cabra y la untará en las puntas del altar, y el resto de la sangre lo derramará sobre su base. **31** Luego quemará sobre el altar toda la grasa de la cabra, como se hace con las ofrendas para pedirme salud y bienestar. Así el sacerdote presentará una ofrenda de aroma agradable en favor de esa persona, y yo le perdonaré su pecado.

32 »Si el que pecó me ofrece una corderita, ésta no deberá tener ningún defecto. **33** Esa persona pondrá sus manos sobre la cabeza de la corderita y la matará junto al altar. **34** El sacerdote mojará su dedo en la sangre y la untará en las puntas del altar, y el resto de la sangre lo derramará sobre su base. **35** Luego quemará sobre el altar toda la grasa, como se hace con las ofrendas para pedirme salud y bienestar y con las ofrendas que se presentan en mi honor. Así el sacerdote presentará la ofrenda en favor de esa persona, y yo le perdonaré su pecado.

Otras ofrendas por el perdón de pecados

5 **1-6** »Si alguien es llamado a declarar como testigo en un juicio, y se niega a decir lo que vio o escuchó, comete un pecado y merece ser castigado.

»Si alguien toca el cadáver de algún animal o reptil impuro, comete un pecado y será considerado también impuro, aun cuando no se haya dado cuenta de lo que hacía.

»Si alguien toca algo sucio que haya salido del cuerpo humano, será considerado impuro, aun cuando no se haya dado cuenta de lo que hacía. Cuando se dé cuenta de su error, será considerado culpable.

»Si alguien hace un juramento sin pensarlo bien, y se da cuenta de su error, será considerado culpable.

»Si alguien comete alguno de estos pecados, deberá reconocerlo, y presentarme como ofrenda por su pecado una cabra o una corderita. El sacerdote presentará la ofrenda en favor de esa persona, y yo lo perdonaré.

7-8 »Si quien cometió el pecado no tiene dinero como para comprar una corderita, me ofrecerá entonces dos palomas o dos tortolitas. Llevará las dos aves al sacerdote, y el sacerdote me ofrecerá una de ellas como ofrenda por el perdón del pecado, y la otra la quemará en mi honor. A la primera le retorcerá el cuello, pero no le arrancará la cabeza; **9** luego rociará un poco de sangre en un costado del altar, y el resto de la sangre lo derramará sobre su base. Se trata de una ofrenda por el perdón de pecados. **10** A la otra ave, el sacerdote la quemará en mi honor, según mis instrucciones, para que yo perdone al que pecó.

11-12 »Si quien cometió el pecado tampoco tiene dinero como para comprar las dos palomas o las dos tortolitas, podrá presentarme

como ofrenda por su perdón dos kilos de harina de la mejor calidad. Se la llevará al sacerdote, y él tomará un puñado de harina y lo quemará sobre el altar. Así, ustedes se acordarán de que yo soy quien les da todas las cosas. Esta es una ofrenda por el perdón de pecados, así que no le pongan ni aceite ni incienso.

13 »Así es como el sacerdote presentará las ofrendas, para que yo perdone a cualquiera que haya cometido alguno de estos pecados.

»Lo que sobre de estas ofrendas será para el sacerdote, como en el caso de las ofrendas de cereales».

14 Dios también le dijo a Moisés:

15-16 «Si alguien, sin darse cuenta, me ofende por no darme lo que me corresponde, deberá presentarme como ofrenda un carnero sin ningún defecto. El sacerdote me ofrecerá el carnero, y yo perdonaré al que me ofendió. Pero si lo prefiere, puede presentarme una cantidad de dinero equivalente al precio del animal, más un veinte por ciento del precio, el cual será para el sacerdote. El precio se calculará según la moneda oficial.

17 »Si alguien, sin darse cuenta, me desobedece, comete un pecado y tendrá que presentarme una ofrenda. **18** Deberá llevarle al sacerdote un carnero de su rebaño, o el dinero equivalente a su precio. Así el sacerdote me presentará la ofrenda en favor de esa persona, y yo la perdonaré.

19 Se trata de una ofrenda para obtener mi perdón por ese pecado».

Pecados contra el prójimo

6 **1-3** (5.20-22) Dios también le dijo a Moisés lo que se debe hacer cuando la gente cometa los siguientes pecados:

«Si alguno de ustedes engaña a otro israelita en algún negocio, o se niega a devolverle algo que

había dejado a su cuidado, o que le había entregado en depósito, me engaña a mí. Y si le roba algo, o le quita por la fuerza lo que le pertenece, me roba a mí. Y si encuentra un objeto perdido, y luego niega haberlo encontrado, también peca contra mí. Aunque jure no haber cometido ninguno de estos pecados, será considerado culpable.

4-6 (5.23-25) »En todos estos casos, la persona deberá devolver todo lo que haya robado. El día que presente su ofrenda para pedirme perdón, deberá devolverlo todo, y añadir un veinte por ciento más. Además, llevará al sacerdote un carnero sin ningún defecto, o el dinero equivalente a su precio.

7 (5.26) El sacerdote me presentará la ofrenda en favor de esa persona, y yo la perdonaré».

Ofrendas diarias

8 (1) Dios también le ordenó a Moisés **9-13** (2-6) que diera las siguientes instrucciones a los sacerdotes:

«Las ofrendas que se presentan para ser quemadas en mi honor deben quedarse toda la noche sobre el fuego del altar, hasta quemarse completamente. El sacerdote se pondrá su túnica y su ropa interior de lino, y luego de recoger las cenizas de la ofrenda quemada las depositará a un costado del altar. Después de eso se cambiará de ropa y llevará las cenizas a un lugar especial fuera del campamento. Todas las mañanas, el sacerdote le echará más leña al fuego, y sobre el fuego pondrá el animal que vaya a ser quemado en mi honor, junto con la grasa de los animales ofrecidos para pedirme salud y bienestar.

»El fuego del altar debe estar siempre encendido. Se trata de un fuego que nunca debe apagarse.

14 (7) »Cuando los sacerdotes me presenten la ofrenda de cereales, deberán hacer lo siguiente:

15 (8) El sacerdote tomará de la ofrenda un puñado de harina, junto con el aceite y todo el incienso, y lo quemará sobre el altar para que ustedes se acuerden de que yo soy quien les da todas las cosas. Se trata de una ofrenda de aroma agradable presentada en mi honor. **16-18** (9-11) »Los sacerdotes se comerán el resto de la ofrenda, pues es la parte que les he dado para siempre. Al cocinar esto no deberán ponerle levadura, y se lo comerán en el patio del santuario, que es el lugar apartado para eso. Es una ofrenda muy especial, como lo son las ofrendas para pedir perdón por el pecado. Si algo entra en contacto con esta ofrenda será considerado tan especial como ella».

Otras ofrendas

19 (12) Dios también le dio estas instrucciones a Moisés:

20-23 (13-16) «Cuando Aarón y sus descendientes sean consagrados como sacerdotes, me presentarán como ofrenda dos kilos de harina. Un kilo me lo ofrecerán en la mañana, y el otro kilo en la tarde. »Esa ofrenda de harina se preparará con bastante aceite, en una sartén, y me la presentarán cortada en pedazos. Luego la quemarán por completo, como una ofrenda de aroma agradable. De esa ofrenda nadie debe comer. »Esta ley no cambiará nunca».

Cómo presentar la ofrenda por el perdón de pecados

24 (17) Dios también le ordenó a Moisés **25** (18) que les diera a los sacerdotes las siguientes instrucciones:

«El animal que me ofrezcan para pedir perdón por el pecado lo deben matar en mi altar, en el mismo lugar donde se matan los animales que se queman en mi honor. **26** (19) El sacerdote que presente esta ofrenda comerá una parte de ella en el patio del santuario, que es el lugar apartado para eso.

27-30 (20-23) »Si algo entra en contacto con esta ofrenda, será considerado tan especial como ella.

»Si la carne del animal que se ofrece es cocinada en una olla de barro, esta tendrá que romperse al terminar la ceremonia. Si es cocinada en una olla de bronce, la olla deberá ser raspada y lavada con agua.

»Si la sangre del animal salpica el traje de algún sacerdote, la parte manchada se tendrá que lavar en un lugar especial.

»Si la sangre es llevada al santuario para pedir mi perdón, no podrá comerse la carne; tendrá que ser quemada.

»Esta es una ofrenda especial, y sólo podrán comer de ella los sacerdotes.

Cómo presentar la ofrenda para hacer las paces

7 **1-2** »La ofrenda para hacer las paces conmigo es muy especial. Por lo tanto, el animal que me ofrezcan se matará a la entrada del santuario, y su sangre será derramada sobre los cuatro costados del altar. **3-4** »El sacerdote quemará sobre el altar la cola, los intestinos, los riñones, parte del hígado, y la grasa que recubre todo eso, junto con la grasa de los lomos. **5-6** »De esta ofrenda sólo podrán comer los sacerdotes. Se trata de una ofrenda que se presenta en mi honor, así que deberán comerla en el lugar especialmente apartado para eso.

La parte que corresponde a los sacerdotes

7-8 »En cuanto a las ofrendas para hacer las paces conmigo y pedirme perdón, sólo tengo una instrucción: Una parte del animal que se quema en mi honor, y su piel, será para el sacerdote que haga la ofrenda sobre el altar. **9** También serán para el sacerdote las ofrendas horneadas, cocidas o fritas. **10** Cualquier otra ofrenda de cereales, ya sea que se remoje

en aceite o se presente seca, se la repartirán por partes iguales los demás sacerdotes.

Cómo presentar la ofrenda para pedir salud y bienestar

11 »La ofrenda para pedirme salud y bienestar deben presentarla de la siguiente manera: **12** Si quien presenta la ofrenda lo hace para darme las gracias, deberá presentar harina, y también panes y galletas sin levadura. Todo esto debe amasarse con bastante aceite. **13** »Junto con esa ofrenda deberá también presentarme unos panes con levadura. **14** Esta ofrenda es para mí, pero el sacerdote que la presente podrá tomar una parte. **15** »La carne del animal ofrecido debe comerse el mismo día en que se presenta como ofrenda. No debe dejarse nada para el día siguiente.

Otras reglas relacionadas con el culto

16 »Si la ofrenda se presenta de manera voluntaria, o para cumplir una promesa, la carne del animal ofrecido deberá comerse el mismo día. Si queda algo de carne podrá comerse al día siguiente. **17** Pero si al tercer día aún queda algo, deberán quemarlo. **18** »Si al tercer día alguien come de esa carne, esa persona cometerá pecado. Además, ya no aceptaré esa ofrenda, ni la tomaré en cuenta, pues la consideraré despreciable. **19** »Toda persona que se considere pura, podrá comer carne. Sin embargo, si algo que se considera impuro toca la carne, esta no deberá comerse, sino quemarse. **20** »Si alguien, considerado impuro, come carne de la ofrenda para hacer las paces conmigo, deberá ser expulsado del país. **21** »Si alguien toca algo considerado impuro y, a pesar de todo, come carne de una ofrenda para pedir salud y bienestar, deberá ser expulsado del país».

*Instrucciones acerca de la grasa
y la sangre*

22 Dios también le ordenó a Moisés **23** que les diera a los israelitas las siguientes instrucciones:

«Ustedes no deberán comer grasa de toro, ni de cordero, ni de cabra. **24** La grasa de los animales muertos o despedazados por las fieras podrán usarla para lo que quieran, menos para comerla. **25** El que coma grasa de los animales que se ofrecen para quemarlos en mi honor, deberá ser expulsado del país. **26** »Tampoco deberán comer la sangre de ningún animal o ave. No importa dónde vivan ustedes, **27** cualquiera que coma carne con sangre deberá ser expulsado del país».

La parte de los sacerdotes

28 Dios también le ordenó a Moisés **29** que les diera a los israelitas las siguientes instrucciones:

«Si alguien presenta una ofrenda para pedirme salud y bienestar, parte de esa ofrenda me la deberá presentar él mismo. **30** Con sus propias manos me traerá la ofrenda que se quema en mi honor, junto con el pecho y la grasa, y frente a mi altar hará la ceremonia del ofrecimiento. **31-32** Entonces el sacerdote quemará la grasa en el altar.

»De esta ofrenda, el pecho será para los sacerdotes, pero la pierna derecha trasera se le dejará al sacerdote que presente la ofrenda, **33** porque es la parte que le corresponde por sus servicios. **34** Yo he decidido que el pecho y la pierna de estos animales sean para siempre de los sacerdotes. De las ofrendas que presentan los israelitas, esta será siempre la parte que les corresponde a los sacerdotes».

*Conclusión de las instrucciones
anteriores*

35-36 Desde el día en que Moisés consagró a Aarón y a sus hijos como sacerdotes del Dios de Israel, quedó establecido que esta parte de las ofrendas que se presentan en honor de Dios sería siempre para ellos.

37 También quedó establecido cómo debían presentarse las ofrendas que se queman en honor de Dios, lo mismo que la ofrenda de cereales, las ofrendas para hacer las paces con Dios, las ofrendas para consagrar a los sacerdotes y las ofrendas para pedir a Dios salud y bienestar.

38 Estas fueron las instrucciones que Dios le dio a Moisés en el monte Sinaí, mientras los israelitas estaban en el desierto.

Consagración de Aarón y de sus hijos

8 **1** Dios también le dijo a Moisés:

2-3 «Reúne a Aarón y a sus hijos, y a todos los israelitas, y llévalos a la entrada del santuario. Lleva también los trajes sacerdotales, el aceite para la consagración, el ternero de la ofrenda para el perdón de pecados, los dos carneros y la canasta de los panes sin levadura».

4 Moisés hizo lo que Dios le ordenó, y cuando todos estuvieron reunidos a la entrada del santuario, **5** Moisés les dijo: «Estoy cumpliendo las órdenes de Dios». **6** En seguida Moisés les ordenó a Aarón y a sus hijos que se acercaran, y los lavó con agua. **7** Luego le puso a Aarón el manto sacerdotal y se lo ajustó con el cinturón. También le puso la túnica, y sobre ella el chaleco, y con el cinturón del chaleco se lo ajustó a la túnica. **8** Luego le colocó el chaleco donde puso el Urim y el Tumim, las dos piedrecitas que se usaban para conocer la voluntad de Dios. **9** En la cabeza le puso el gorro, y sobre la frente le puso la placa de oro, tal como Dios se lo había ordenado. Esta placa de oro indicaba que Aarón había sido consagrado para el servicio de Dios. **10** Después Moisés tomó el aceite para la consagración, y con él consagró el santuario y todo lo que había en él. **11** Consagró además el altar y todos sus utensilios, y también el recipiente de bronce y su base. Para consagrar el altar derramó aceite sobre él siete veces. **12** Luego derramó aceite sobre la cabeza de Aarón, y así lo consagró como sacerdote. **13** Finalmente, Moisés hizo que se acercaran los hijos de Aarón, y les puso sus mantos sacerdotales, se los ajustó con sus cinturones, y les puso los gorros, tal como Dios se lo había ordenado.

Las ofrendas para la consagración

14 Moisés mandó traer el ternero de la ofrenda para el perdón de pecados. Entonces Aarón y sus hijos pusieron las manos sobre la cabeza del animal, **15** y Moisés lo mató. En seguida mojó su dedo en la sangre, y la untó en cada extremo del altar; luego derramó la sangre sobre la base del altar, y así lo consagró y lo purificó. **16** Moisés tomó también toda la grasa que recubría los intestinos del ternero, junto con una parte del hígado y los dos riñones con su grasa, y los quemó sobre el altar, **17** pero el cuero, la carne y el excremento del ternero los quemó fuera del campamento, tal como Dios se lo había ordenado. **18-19** Moisés mandó que trajeran el carnero para la ofrenda que se quema en honor de Dios. Aarón y sus hijos pusieron sus manos sobre la cabeza del carnero, y luego Moisés lo mató. Después de eso, derramó la sangre en los cuatro costados del altar, **20** cortó el carnero en pedazos, y los quemó junto con la cabeza y la grasa. **21** Lavó con agua las patas y los intestinos, y quemó todo el carnero, como se queman las ofrendas de aroma agradable en honor de Dios. Todo lo hizo Moisés tal como Dios se lo había ordenado. **22-23** Moisés mandó que trajeran el otro carnero para la ofrenda de consagración. Aarón y sus hijos pusieron sus manos sobre la cabeza del carnero, y luego Moisés lo mató. Después de eso, mojó su dedo con la sangre y la untó en la oreja derecha de Aarón, en el pulgar de su mano derecha, y en el dedo gordo de su pie derecho. **24** Además, ordenó que se acercaran los hijos de Aarón, y volvió a hacer lo mismo con ellos, y derramó el resto de la sangre en los cuatro costados del altar. **25** Moisés tomó también la cola y toda la grasa que recubre los intestinos, parte del hígado y los dos riñones, y la pierna derecha del animal. **26** Encima de todo esto puso un pan, una torta amasada con aceite y una galleta, que sacó de la canasta de los panes sin levadura que estaban frente al altar de Dios. **27** Luego dejó que Aarón y sus hijos realizaran la ceremonia para presentar a Dios esta ofrenda. **28** Después de la ceremonia, Moisés recibió esta ofrenda de manos de Aarón y de sus hijos, y lo quemó sobre el altar, junto con la ofrenda de aroma agradable que se presenta en honor de Dios, pues las dos eran ofrendas de consagración. **29** A continuación, Moisés tomó el pecho del animal, que es la parte de la ofrenda que le correspondía, y luego realizó la ceremonia de presentación. Todo lo hizo como Dios lo había ordenado.

Ceremonia de consagración

30 Moisés derramó sobre Aarón y sus hijos el aceite para la consagración y la sangre que estaba sobre el altar. También roció sus trajes sacerdotales. **31** Al terminar les dijo: «Cocinen la carne que les pertenece, y cómansela a la entrada del santuario. Acompáñenla con el pan que está en la canasta de la consagración. **32** Todo lo que sobre se quemará. **33-35** »La ceremonia de consagración sacerdotal durará siete días, y durante todo ese tiempo ustedes deberán permanecer día y noche a la entrada del santuario. Además, para que todos ustedes queden purificados, Dios ordena

que durante esos siete días se haga lo mismo que se hizo hoy. Cumplan con esto, y no morirán. Esta es la orden que Dios me dio». **36** Aarón y sus hijos cumplieron con todo lo que Dios les ordenó por medio de Moisés.

Las primeras ofrendas

9 ¹ Al octavo día, Moisés llamó a Aarón y a sus hijos, y a los jefes israelitas. **2** Entonces le dijo a Aarón:

«Presenta un ternero como ofrenda para el perdón de tus pecados, y quema un carnero en honor de nuestro Dios. **3** Después de eso, diles a los israelitas que también presenten un chivo como ofrenda para el perdón de sus pecados, y quemen en honor de nuestro Dios un ternero y un cordero. Estos animales deberán tener un año de edad y no presentar ningún defecto. **4** »Hoy mismo, nuestro Dios les mostrará que es poderoso. Por lo tanto, también deben presentarle un toro y un carnero como ofrendas para pedirle salud y bienestar, y presentar una ofrenda de cereales amasada con aceite». **5** Los israelitas llevaron ante el santuario todo lo que Moisés les ordenó. Todo el pueblo se presentó ante el altar de Dios, y allí se quedó. **6** Entonces Moisés les dijo: «Estas son las órdenes de Dios. Si ustedes las cumplen, Dios les mostrará todo su poder». **7** Luego Moisés le dijo a Aarón: «Acércate al altar y presenta tu ofrenda para el perdón de tus pecados y quema una ofrenda en honor de nuestro Dios. Presenta también la ofrenda del pueblo, para que Dios te perdone a ti y a ellos».

8 Aarón mató el ternero, y lo presentó como ofrenda para el perdón de su propio pecado. **9** Sus hijos le acercaron la sangre del ternero, y Aarón mojó en ella su dedo para untar de sangre las puntas del altar. El resto de la

sangre lo derramó sobre la base del altar. **10** Luego quemó sobre el altar la grasa, los riñones y una parte del hígado, tal como Dios se lo había ordenado a Moisés. **11** La carne y el cuero los quemó fuera del campamento.

12-14 En seguida, Aarón presentó el animal que se quema en honor de Dios. Sus hijos le presentaron el animal cortado ya en pedazos, y Aarón los quemó en el altar, junto con la cabeza. Luego lavó los intestinos y las patas del animal, y también los quemó. Entonces sus hijos le acercaron la sangre, y Aarón la derramó sobre los cuatro costados del altar.

15 Después de eso, Aarón presentó la ofrenda para el perdón del pecado del pueblo. Tomó el chivo de la ofrenda y se lo presentó a Dios, tal como lo hizo con la ofrenda anterior. **16** También quemó la ofrenda en honor de Dios, siguiendo las normas establecidas. **17** De la ofrenda de cereales tomó un puñado y lo quemó sobre el altar, junto con la ofrenda que se quema en la mañana en honor de Dios.

18 Aarón mató además el toro y el carnero que el pueblo ofreció para pedirle a Dios salud y bienestar, y los presentó a Dios. Sus hijos le acercaron la sangre, y Aarón la derramó en los cuatro costados del altar. **19-20** Sobre el altar quemó también las colas, los riñones, una parte del hígado y la grasa que recubre los intestinos del toro y el carnero. **21** Sin embargo, Aarón solamente realizó la ceremonia de ofrecimiento del pecho y la pierna trasera derecha de los dos animales. **22** Para terminar, Aarón extendió los brazos hacia el pueblo y lo bendijo.

Dios muestra su poder ante Israel

Después de presentar las ofrendas, Aarón se apartó del altar **23** y entró en el santuario junto con Moisés. Cuando salieron, los dos bendijeron al pueblo. Todos ellos vieron el poder de Dios, **24** quien envió fuego y quemó por completo todo lo que estaba sobre el altar.

Ante esto, todo el pueblo lanzó gritos de alegría y se inclinó hasta tocar el suelo con la frente para adorar a Dios.

Dios castiga a Nadab y Abihú

10 **1** Nadab y Abihú, que eran hijos de Aarón, tomaron sus hornillos y quemaron incienso en ellos. Pero no lo hicieron como Dios lo había ordenado, **2** así que Dios envió fuego contra ellos y les quitó la vida. **3** Entonces Moisés le dijo a Aarón:

—Esto es lo que Dios tenía en mente cuando dijo:

"Quiero que mis sacerdotes me obedezcan,
y que todo el pueblo me alabe".

Y Aarón se quedó callado.
4 Luego Moisés llamó a Misael y a Elsafán, hijos de Oziel, tío paterno de Aarón, y les dijo: «Saquen del santuario los cadáveres de sus parientes, y llévenlos fuera del campamento». **5** Ellos fueron, envolvieron a los muertos en sus propias túnicas, y los sacaron del campamento.
6-7 Entonces Moisés les dijo a Aarón y a sus dos hijos, Itamar y Eleazar:

«Ustedes no deben guardar luto por la muerte de sus parientes. No se suelten el cabello ni rompan su ropa. Recuerden que cuando se derramó aceite sobre sus cabezas ustedes fueron consagrados como sacerdotes de Dios. Tampoco deben alejarse del santuario, pues si lo hacen, nuestro Dios se enojará contra todo el pueblo, y ustedes morirán. Lo que deben lamentar los israelitas es que Dios haya tenido que enviar ese fuego».

Y ellos hicieron lo que Moisés les ordenó.

Prohibiciones para los sacerdotes

8 Dios le dijo a Aarón:

9-10 «Cuando tú y tus hijos tengan que entrar en el santuario, no deberán haber tomado ninguna clase de bebida que pueda emborrachar. Si lo hacen, morirán, pues ustedes deben saber distinguir entre lo que tiene que ver conmigo y lo que no tiene nada que ver conmigo, entre lo que es puro y lo que es impuro. Esta orden no cambiará jamás. **11** Además, deben enseñar a los israelitas a obedecer los mandamientos que les di por medio de Moisés».

12-13 Moisés también les dijo a Aarón y a sus dos hijos, Itamar y Eleazar:

«Entre las ofrendas que se queman en honor de Dios, la de cereales es muy especial. Así que deben hacer con ella un pan sin levadura. Ese pan lo comerán junto al altar, que es el lugar apartado para eso. **14-15** Además, cuando el pueblo presente ofrendas para pedirle a Dios salud y bienestar, tú y tus hijos y tus hijas podrán quedarse con el pecho y la pierna del animal, pues esto es lo que les corresponde. Deberán comerlos en un lugar limpio, pero antes de eso realizarán la ceremonia de ofrecimiento ante el altar de Dios, y quemarán la grasa del animal. Esta orden es de Dios, y no cambiará jamás». **16** Poco después Moisés preguntó por el chivo que se ofrece para el perdón de los pecados. Cuando supo que ya había sido quemado sobre el altar, se enojó con Itamar y Eleazar, y les dijo:

17 —¿Por qué no se comieron el chivo en el santuario? Ustedes saben que se trata de una ofrenda muy especial; ¡es una ofrenda para el perdón de pecados! Con esa ofrenda, Dios los perdona a ustedes y al pueblo. **18** Como la sangre no fue llevada al interior del santuario, ustedes debían haberse comido la ofrenda en el lugar apartado para eso, tal como yo les ordené.

19 Aarón le respondió:

—Hoy mis hijos, Nadab y Abihú, presentaron delante de Dios su ofrenda para el perdón de sus pecados, y también quemaron una ofrenda en honor de Dios. Sin embargo, tuve la desgracia de perderlos. ¿Crees que le habría gustado a Dios que hoy también hubiera comido de la ofrenda para el perdón de pecados?

20 Al oír Moisés la respuesta de Aarón, se dio por satisfecho.

Los animales puros e impuros

11 **1** Dios les ordenó a Moisés y Aarón **2** que les dieran a los israelitas las siguientes instrucciones:

«Ustedes podrán comer la carne de cualquier animal **3** que tenga las pezuñas partidas y que sea rumiante. **4-8** Pero no deberán comer carne de camello, ni de conejo, ni de liebre, porque aunque son rumiantes no tienen pezuñas partidas. Tampoco comerán carne de cerdo, pues aunque tiene pezuñas partidas, no es rumiante. Ni siquiera toquen el cadáver de estos animales. Más bien, deberán considerarlos impuros.

9 »De los animales que viven en el mar o en los ríos, podrán comer los que tienen aletas y escamas. **10-12** Pero si no tienen aletas ni escamas no deberán comerlos, aunque vivan en el agua. Más bien, deberán considerarlos impuros y sentir asco al ver sus cadáveres. **13-19** »De las aves, no podrán comer las siguientes, pues deberán considerarlas impuras: el águila, el quebrantahuesos, el águila marina, el milano, el avestruz, la golondrina, la gaviota, la lechuza, el cuervo marino, el búho, el ibis, el pelícano, el buitre, la cigüeña, la abubilla, el murciélago, toda clase de halcones, toda clase de cuervos, toda clase de gavilanes, toda clase de garzas. **20** »De los insectos, deberán considerar impuros a todos los que tienen alas pero andan sobre cuatro patas. **21** Sin embargo, de estos podrán comer todos los que pueden dar saltos sobre el suelo por tener más largas las patas traseras. **22** Así que podrán comer toda clase de grillos y saltamontes. **23** Cualquier otro insecto que tenga alas y cuatro patas deberán considerarlo impuro. **24-25** Si alguien toca o levanta el cadáver de alguno de estos animales, quedará impuro hasta el anochecer, y deberá lavar sus ropas.

26 »Todo animal que tenga las pezuñas partidas pero no sea rumiante deberán considerarlo impuro. Si alguien lo toca, quedará impuro.

27-28 »Todo animal que al caminar se apoye en las plantas de sus cuatro patas será considerado impuro. Si alguien toca o levanta su cadáver, quedará impuro hasta el anochecer, y deberá lavar sus ropas.

29 »De los animales que se arrastran por el suelo, deberán considerar impuros los siguientes: el topo, la comadreja, las distintas clases de lagartos **30** y lagartijas, la salamandra y el camaleón.

31 Si alguien toca el cadáver de alguno de ellos, quedará impuro hasta el anochecer. **32** Si el cadáver de alguno de ellos cae sobre un objeto de madera o de cuero, o sobre una prenda de vestir, o sobre alguna herramienta de trabajo, ese objeto quedará impuro hasta el anochecer. Para purificarlo, habrá que lavarlo muy bien con agua. **33-34** Si el cadáver de alguno de ellos cae dentro de una olla de barro, todo lo que haya dentro de ella quedará impuro, aun cuando se trate de agua o de comida, y la olla tendrá que romperse. **35** Si el cadáver de alguno de ellos cae en un horno o en un fogón, estos quedarán impuros y habrá que destruirlos.

36 Todo el que toque el cadáver de alguno de estos animales, quedará impuro. Sólo seguirán siendo puros el pozo o el manantial de donde se saca el agua. **37** Si el cadáver de alguno de ellos cae sobre la semilla que se va a sembrar, la semilla seguirá siendo pura. **38** Sólo se considerará impura la semilla cuando se arroje agua sobre ella y alguno de estos animales muertos caiga sobre ella.

39 »Si de los animales que ustedes pueden comer muere alguno, el que toque su cadáver quedará impuro hasta el anochecer. **40** Si alguien come carne de ese animal, quedará impuro hasta el anochecer y deberá lavar sus ropas. Si alguien levanta el cadáver del animal, quedará impuro hasta el anochecer y deberá también lavar sus ropas.

41 »Ustedes no deben comer ningún animal que se arrastre por el suelo. Son animales impuros. **42** Por lo tanto, no deben comer ningún reptil, ni ningún insecto que camine sobre cuatro patas, o que tenga muchas patas. **43-45** No se hagan impuros ni se contaminen con ellos. Yo soy el Dios de Israel, y soy un Dios diferente. Yo los saqué de Egipto para ser su Dios. Ustedes no deben ser como los otros pueblos, porque yo no soy como los otros dioses.

46 »Estas son las instrucciones acerca de los animales que hay en la tierra, en el aire y en el agua, y de los animales que se arrastran por el suelo, **47** para que ustedes puedan distinguir entre lo puro y lo impuro, y entre los animales que pueden comerse y los que no pueden comerse».

Purificación de la mujer que da a luz

12 **1** Dios le ordenó a Moisés **2** que les diera a los israelitas las siguientes instrucciones:

«Cuando una mujer tenga un hijo varón, será considerada impura durante siete días, como cuando tiene su período menstrual. **3** El niño será circuncidado a los ocho días de nacido, **4** pero ella deberá seguir purificándose treinta y tres días más. Mientras dure su purificación, no deberá tocar ningún objeto que se use en el culto, ni podrá ir al santuario.

5 »Si le nace una niña, la madre será considerada impura durante dos semanas, como cuando tiene su período menstrual, y deberá seguir purificándose sesenta y seis días más.

6-7 »Tan pronto como la madre termine de purificarse por el nacimiento de su hijo o de su hija, deberá ir a la entrada del santuario. Allí presentará al sacerdote un cordero de un año, y una paloma o una tortolita. Entonces el sacerdote quemará el cordero en honor de Dios, y presentará la paloma o la tortolita como ofrenda para el perdón de pecados, y así la madre quedará purificada.

»Esta es la ley para toda mujer que tenga un hijo o una hija.

8 Pero si la mujer no tiene dinero para comprar un cordero, podrá presentar como ofrenda dos palomas o dos tortolitas. El sacerdote quemará una de ellas en honor de Dios, y la otra la presentará como ofrenda para el perdón de pecados. Así la mujer quedará purificada.

Enfermedades de la piel

13 **1** Dios les dijo a Moisés y Aarón:

2 «Cuando alguien tenga en la piel hinchazones, manchas o llagas, deberá presentarse ante uno de los sacerdotes. **3** El sacerdote le revisará la piel, y si el pelo en la llaga se ha puesto blanco y la llaga se ve más hundida que la piel, lo más seguro es que se trate de lepra, y por tanto el enfermo quedará impuro.

4 »Si la mancha es blanca, pero no se ve más hundida que la piel, ni el pelo se ha puesto blanco, entonces el sacerdote pondrá aparte al enfermo **5** y a los siete días lo revisará otra vez. Si la llaga sigue igual y no se ha extendido, mantendrá apartado al enfermo siete días más.

6 Pasados los siete días, lo volverá a revisar, y si la llaga no se extendió sino que desapareció, se trataba sólo de una irritación de la piel. Entonces el sacerdote declarará puro al enfermo, y el enfermo lavará sus ropas y quedará purificado.

7 »Si después de que el enfermo

ha sido revisado y declarado puro, la irritación se extiende por la piel, entonces deberá presentarse de nuevo ante el sacerdote. **8** Si después de revisar al enfermo, el sacerdote ve que la piel está toda irritada, entonces deberá declararlo impuro, pues se trata de lepra.

9 »La persona que tenga llagas en la piel será llevada ante el sacerdote **10** para que la revise. Si la hinchazón de la piel es blanca, y el pelo se ha puesto blanco, y en la hinchazón se ve la carne viva, **11** entonces se trata de un caso grave de lepra. El sacerdote deberá declarar impura a esa persona, y ya no será necesario que la tenga apartada.

12 »Puede suceder que una mancha se extienda rápidamente hasta cubrir todo el cuerpo, **13** El sacerdote revisará al enfermo, y si la mancha le ha cubierto todo el cuerpo, entonces deberá declararlo puro. Ha quedado puro, porque se trata sólo de una enfermedad de la piel. **14-15** Pero si llega a aparecer la carne viva, el sacerdote la examinará y deberá declararlo impuro, porque la carne viva es impura. Se trata de lepra. **16** »Si la carne viva vuelve a ponerse blanca, el enfermo deberá presentarse de nuevo ante el sacerdote. **17** Si el sacerdote ve que la llaga se ha puesto blanca, deberá declarar puro al enfermo. **18-19** »Si alguien que tuvo la piel irritada, luego le aparece una hinchazón, o se le pone blanca o rojiza, deberá presentarse ante el sacerdote. **20** Si el sacerdote ve que se ha hundido la piel y que el pelo se ha puesto blanco, deberá declarar impura a esa persona, pues se ha contagiado de lepra. **21** Si el sacerdote no encuentra nada raro en la piel, mantendrá apartado al enfermo durante siete días. **22** Si la mancha en la piel se extiende cada vez más, deberá declarar impuro al enfermo; **23** por el contrario, si la mancha desaparece, deberá declararlo puro.

24 »Si alguien se quema con fuego, y sobre la quemadura se le forma una mancha rojiza, **25** el sacerdote revisará la mancha. Si en la mancha el pelo se ha puesto blanco y la piel se ha hundido, es porque la quemadura se ha convertido en lepra. Entonces el sacerdote deberá declarar impuro al enfermo. **26** Si el sacerdote no encuentra nada raro en la piel, mantendrá apartado al enfermo durante siete días. **27** Al séptimo día lo revisará, y si la mancha se ha extendido por la piel, deberá declarar impuro al enfermo. **28** Por el contrario, si la mancha no se ha extendido y tiende a desaparecer, lo declarará puro, pues se trata sólo de la cicatriz de la quemadura.

29 »Si a un hombre o a una mujer les sale una llaga en la cabeza o en el mentón, **30** el sacerdote deberá revisar la llaga. Si la piel se ve hundida y el pelo se ha puesto amarillento y es escaso, el sacerdote deberá declarar impuro al enfermo pues se trata de una clase de lepra. **31** »Si el sacerdote ve que la piel no se ha hundido, pero el pelo aún no ha sanado, mantendrá apartado al enfermo durante siete días. **32** Al séptimo día lo revisará, y si se ve que la llaga no se ha extendido, **33** el enfermo se afeitará, pero dejará sin afeitar la parte afectada. El sacerdote lo mantendrá apartado siete días más, **34** y al séptimo día volverá a revisarlo. Si la llaga no se ha extendido por la piel, deberá declararlo puro. **35-37** Por el contrario, si ésta vuelve a extenderse, el sacerdote lo declarará impuro. **38** »Si a un hombre o a una mujer les salen manchas de color blanco opaco, **39** se trata de una simple enfermedad de la piel, y la persona será declarada pura. **40-41** »Si a un hombre se le cae el pelo, se queda calvo, o si pierde el pelo de la frente, no se le declarará impuro. **42** Pero si en la parte calva aparece una mancha rojiza y pálida, eso significa que la parte calva se ha cubierto de

lepra. **43** En tal caso, el sacerdote lo revisará. Si ve que la mancha tiene el mismo aspecto que la lepra que brota en la piel, **44** ese hombre está leproso y, por lo tanto, deberá declararlo impuro. **45-46** »Los enfermos de lepra deberán romperse la ropa y andar despeinados, y mientras dure su enfermedad serán considerados gente impura. Vivirán apartados, fuera del campamento. Además, se cubrirán la mitad del rostro e irán gritando: "¡Soy impuro! ¡Soy impuro!"

Las manchas en la ropa y en los cueros

47 »A veces aparecen manchas en la ropa de lana y de lino, **48** y en los objetos de cuero. **49** Si la mancha es amarillenta o rojiza, se le mostrará al sacerdote **50** para que la examine, y el objeto se pondrá aparte durante siete días. **51-52** Al séptimo día, el sacerdote volverá a examinar la mancha, y si ésta se ha extendido, el objeto es impuro y deberá ser quemado, pues se trata de un hongo destructivo. **53** »Si la mancha no se ha extendido, **54** el sacerdote ordenará que se lave el lugar donde apareció la mancha y el objeto se pondrá aparte siete días más. **55** Una vez lavada la mancha, el sacerdote volverá a examinarla, y si no ha desaparecido, se quemará el objeto, pues es impuro. **56** »Si al lavar la prenda, la mancha pierde su color, el sacerdote deberá cortar el pedazo de tela o cuero manchado. **57** Si más tarde vuelve a aparecer la mancha en el objeto, este deberá ser quemado. **58** Pero si la mancha desaparece por completo, el objeto volverá a lavarse y se declarará puro. **59** »Estas son las instrucciones en cuanto a los objetos manchados, para saber cuándo son impuros y cuándo no lo son».

Purificación de los leprosos

14 **1** Dios le dijo a Moisés:

2 «Cuando haya que declarar puro

A MARÍA LE GUSTA CANTAR LOS HIMNOS; PERO ES DIFÍCIL
PARA ELLA COMPRENDER LOS MENSAJES DEL PASTOR.

Para María es una alegría saber que chicos y grandes pueden servir a Dios. El Señor necesita corderos y ovejas.

a un leproso, se hará lo siguiente: »El enfermo deberá presentarse ante el sacerdote, **3-4** quien saldrá del campamento para examinarlo. Si el enfermo ya está sano, el sacerdote mandará traer dos aves, un trozo de madera de cedro, una cinta de color rojo y un ramo de hisopo. **5** Luego pondrá agua de manantial en una olla de barro cocido, y sobre la olla matará a una de las aves. **6** En seguida tomará la otra ave, la madera de cedro, la cinta roja y el ramo de hisopo, y los rociará con la sangre del ave muerta, sobre el agua del manantial. **7** Después de eso, con la sangre rociará siete veces al enfermo que va a ser purificado, y luego de declararlo puro dejará en libertad a la otra ave.

8 »Luego el enfermo lavará sus ropas, se bañará y afeitará todo su cuerpo. De esta manera quedará purificado para entrar de nuevo al campamento, aunque deberá permanecer siete días fuera de su tienda de campaña. **9** Al séptimo día volverá a lavar sus ropas, y se bañará y se afeitará todo el cuerpo. Entonces quedará purificado por completo.

10 »Al octavo día, la persona purificada presentará como ofrenda tres corderos, seis kilos y medio de harina amasada con aceite, y un cuarto de litro de aceite. Los corderos serán dos machos y una hembra, de un año y sin ningún defecto. **11** El sacerdote llevará a esa persona y a sus ofrendas, y los pondrá a la entrada del santuario. **12** Allí tomará uno de los corderos, junto con el aceite, y realizará la ceremonia para entregar las ofrendas. Se trata de una ofrenda para hacer las paces conmigo.

13 »El sacerdote matará el cordero en donde se presentan las ofrendas para estar en paz conmigo y las ofrendas que se queman en mi honor. Ese lugar se ha apartado especialmente para eso. El animal que se ofrece para estar en paz conmigo será para el sacerdote, lo mismo que el animal que se ofrece para el perdón

de pecados. Las dos son ofrendas muy especiales.

14 »El sacerdote mojará su dedo en la sangre del animal ofrecido, y la untará en la oreja derecha, en el pulgar de la mano derecha y en el dedo gordo del pie derecho de la persona que se purifica. **15-16** Luego se echará aceite en la palma de la mano izquierda, mojará en el aceite el dedo índice de su mano derecha, y rociará el aceite siete veces en dirección a mi altar. **17** Además, el sacerdote le pondrá a la persona un poco de aceite en la oreja derecha, en el pulgar de la mano derecha y en el dedo gordo del pie derecho. **18-20** Para terminar, el sacerdote derramará el aceite restante sobre la cabeza del que se purifica. Luego presentará la ofrenda para el perdón de pecados y quemará otra en honor de Dios, junto con una ofrenda de cereal. Así esa persona quedará purificada por completo.

21 »Si quien va a ser purificado es muy pobre, presentará para su purificación un solo cordero, dos kilos de harina y un cuarto de litro de aceite. **22** Presentará también, según sus posibilidades, dos palomas o dos tortolitas, una como ofrenda para el perdón de pecados y la otra para quemarla en mi honor. **23** Todo esto lo presentará al sacerdote al octavo día, a la entrada del santuario. **24** Allí el sacerdote tomará el cordero y el aceite, y realizará la ceremonia para presentarme las ofrendas. **25** »El sacerdote matará el cordero de la ofrenda para hacer las paces conmigo, y mojará su dedo en sangre, y la untará en la oreja derecha, en el pulgar de la mano derecha y en el dedo gordo del pie derecho de la persona que se purifica. **26-27** Luego mojará con aceite el dedo índice de su mano derecha, y rociará el aceite siete veces en dirección a mi altar. **28** Pondrá también un poco de aceite en la oreja derecha, en el pulgar de la mano derecha y en el dedo gordo del pie derecho de la persona que se purifica.

29 Después de eso, derramará sobre la cabeza de esa persona el aceite que aún le quede, **30-31** y para terminar presentará un ave como ofrenda para el perdón de pecados, y la otra la quemará en mi honor, junto con la ofrenda de harina y aceite. **32** »Así se purificará a los leprosos más pobres».

Purificación de las paredes

33 Dios les dijo a Moisés y Aarón:

34 «Cuando ustedes entren en el territorio de Canaán, tal vez aparezcan manchas de hongos y moho en las paredes de sus casas. **35** Cuando eso suceda, el dueño de la casa irá a decirle al sacerdote: "En las paredes mi casa han aparecido unas manchas raras".

36 »Antes de entrar en la casa, el sacerdote ordenará que la desocupen, y luego entrará a revisarla. Así lo que haya en ella no se volverá impuro.

37 »Si el sacerdote ve que las manchas son verdes o rojizas, y que están más hundidas que la pared, **38** saldrá de la casa y ordenará que nadie la ocupe durante siete días. **39** Al séptimo día volverá a revisarla. Si la mancha se ha extendido por las paredes, **40-41** mandará que se quiten las piedras manchadas y que se raspen las paredes de la casa. Esas piedras y todo lo raspado se deben arrojar fuera de la ciudad, en un sitio impuro. **42** Luego se repondrán esas piedras con otras nuevas, y se recubrirán las paredes con mezcla nueva.

43 »Si a pesar de haber hecho todo esto, las manchas vuelvan a aparecer, **44-45** el sacerdote entrará en la casa y las examinará de nuevo. Si se han extendido, la casa está impura y deberá ser derribada; tiene un hongo destructivo. Así que las piedras, la madera y todo el material de esa casa deberán arrojarse en un lugar impuro, fuera de la ciudad. **46** »Si alguien llega a entrar mientras la casa estuvo cerrada, quedará impuro hasta el anochecer.

47 Y si alguien come o duerme en ella, deberá lavar sus ropas.
48 »Pero si el sacerdote ve que la mancha ha desaparecido, deberá declarar pura a esa casa.
49 Para declararla pura, tomará dos aves, un pedazo de madera de cedro, una cinta de color rojo y un ramo de hisopo. **50** En una olla recogerá agua de manantial, y sobre ella matará una de las aves; **51** luego tomará la madera de cedro, el hisopo, la cinta roja y el ave viva, y los empapará en la sangre y el agua. Con esa agua rociará siete veces la casa, **52-53** y finalmente, el sacerdote dejará en libertad el ave viva. Con esto la casa quedará purificada.
54-56 »Así es como deberán purificarse las distintas clases de hongos y moho, y las manchas que aparezcan en la ropa o en las paredes. **57** Si siguen estas instrucciones, sabrán distinguir entre lo puro y lo impuro».

Otras formas de impureza

15 **1** Dios ordenó a Moisés y Aarón **2** que les dieran a los israelitas las siguientes instrucciones:

«Todo hombre que tenga una infección en su pene, será considerado impuro, **3** ya sea que le salga pus o no.
4-7 »También se considerarán impuras la cama donde se acueste ese hombre, y la silla donde se siente. Si alguien toca a este hombre, o toca su cama o su silla, quedará impuro hasta el anochecer, y deberá lavar sus ropas y bañarse.
8 »Si ese hombre escupe sobre una persona pura, esa persona quedará impura hasta el anochecer, y deberá lavar sus ropas y bañarse.
9 »Si el hombre usa una montura, ésta quedará impura. **10** Si alguien toca un objeto que ese hombre haya usado, quedará impuro hasta el anochecer, y deberá lavar sus ropas y bañarse.
11 Lo mismo hará quien haya sido tocado por ese hombre, si éste no se había lavado las manos.
12 Toda olla de barro que toque ese hombre tendrá que romperse, y todo objeto de madera que toque, tendrá que lavarse.
13 »Si ese hombre sana, deberá esperar siete días, después de los cuales lavará sus ropas y se bañará con agua de manantial. Sólo entonces se considerará purificado. **14** Al octavo día irá a la entrada del santuario para presentarse ante Dios. Llevará dos palomas y dos tortolitas, y se los dará al sacerdote.
15 Entonces el sacerdote presentará una de ellas como ofrenda para el perdón de pecados, y la otra la quemará en mi honor. Así el enfermo será declarado limpio de su infección.
16 »Si algún hombre derrama semen involuntariamente, quedará impuro hasta el anochecer, y deberá lavar todo su cuerpo.
17 Si llega a caer semen sobre alguna ropa o sobre algún objeto de cuero, quedarán impuros hasta el anochecer, y deberán lavarse.
18 »Si un hombre y una mujer tienen relaciones sexuales, quedarán impuros hasta el anochecer, y deberán bañarse.

Impurezas en la mujer

19 »La mujer que tenga su menstruación será considerada impura durante siete días. Si alguien toca a esa mujer, **20-23** o toca su cama, o cualquier otro mueble que ella use, quedará impuro hasta el anochecer, y deberá lavar sus ropas y bañarse.
24 Si alguien tiene relaciones sexuales con ella, quedará impuro durante siete días, pues la impureza de ella se pasará también a él. La cama donde se acuesten quedará también impura.
25 »La mujer que tenga una hemorragia durante varios días, fuera del tiempo de su menstruación, será considerada impura.
26 También se considerarán impuras la cama donde se acueste y la silla donde se siente. **27** Todo el que toque esos muebles quedará también impuro hasta el anochecer, y deberá lavar sus ropas y bañarse.
28 »Para volver a ser considerada pura, la mujer deberá contar siete días a partir del momento en que se detenga la hemorragia.
29 Al octavo día, tomará dos palomas o dos tortolitas, y las presentará al sacerdote, a la entrada del santuario. **30** El sacerdote presentará una de ellas como ofrenda para el perdón de pecados, y quemará la otra en mi honor. Así la mujer será considerada pura otra vez.
31 »Ustedes, Moisés y Aarón, deberán instruir a los israelitas acerca de las impurezas. De lo contrario, ellos morirán por haber llenado de impureza mi santuario.
32-33 »Estas son las instrucciones acerca de las impurezas en hombres y en mujeres».

El gran Día del perdón

16 **1** Como dos de los hijos de Aarón murieron por acercarse demasiado al altar, Dios le hizo a Moisés la siguiente advertencia:

2 «Hazle saber a tu hermano Aarón que el Lugar Santísimo, en la parte interior del santuario, es un lugar muy especial. Allí acostumbro aparecerme, sobre la parte superior del cofre del pacto. Por lo tanto, Aarón no debe entrar allí en cualquier momento, pues podría morir cuando yo me aparezca.
3-4 »Pero si piensa entrar al Lugar Santísimo, deberá bañarse y ponerse su traje sacerdotal; es decir, el manto, la ropa interior, el cinturón y el gorro. Entonces me presentará un ternero como ofrenda para el perdón de pecados y quemará un carnero en mi honor.
5-6 »Para el perdón de su propio pecado, y por el pecado de su familia, Aarón me presentará un ternero. Por el pecado de los israelitas, me presentará dos chivos y un carnero, que los israelitas mismos le entregarán.
»Quemará el carnero en mi honor.

7-9 Luego le indicaré cuál de los chivos me ofrecerá, y cuál enviaré al demonio Azazel, que habita en el desierto. El chivo que me ofrezca a mí, me lo presentará a la entrada del santuario, como ofrenda para el perdón de pecados. **10** El chivo para Azazel lo dejará con vida y lo mandará al desierto.

11 »Después de que Aarón me haya presentado su propio ternero como ofrenda para el perdón de sus pecados y los de su familia, **12** tomará el hornillo donde se quema el incienso, y dos puñados de incienso aromático. Pondrá brasas de mi altar en el hornillo, y **13** con este en sus manos, entrará en el Lugar Santísimo, que está detrás de la gran cortina. Allí echará el incienso en el fuego del hornillo para que el humo envuelva la tapa que cubre el cofre del pacto. Así no morirá.

14 »Después de eso, Aarón mojará su dedo en la sangre del ternero y rociará uno de los costados de la tapa del cofre del pacto. Luego, siete veces rociará con sangre la parte delantera de la tapa.

15 En seguida me presentará el chivo, que es la ofrenda para el perdón de pecados del pueblo; y luego llevará la sangre al Lugar Santísimo, y hará lo mismo que hizo con la sangre del ternero.

16 Así Aarón obtendrá el perdón de los pecados y purificará a los israelitas, al Lugar Santísimo y al santuario.

La purificación del altar

17 »Nadie deberá estar cerca del santuario mientras Aarón esté allí para obtener el perdón de pecado de todos. **18** Cuando él salga de allí, irá hasta mi altar y lo purificará. Mojará su dedo en la sangre del ternero y del chivo, y untará cada una de las puntas del altar, **19** y luego lo rociará siete veces. Así limpiará de las impurezas de los israelitas al altar, y lo consagrará a mi servicio.

El chivo enviado al desierto

20 »Cuando Aarón termine de hacer todo esto, me presentará el otro chivo, el que dejó con vida.

21-22 Pondrá sus dos manos sobre la cabeza del animal y confesará sobre él todos los pecados de los israelitas, y así pondrá sobre el chivo los pecados del pueblo. Luego el chivo será llevado al desierto, para que se lleve con él todos los pecados cometidos por los israelitas.

23 »Después de eso, Aarón entrará en el santuario, se quitará la ropa de lino que se puso al entrar en el Lugar Santísimo, **24** se lavará con agua en el lugar apartado para eso, y volverá a ponerse su ropa normal. Entonces saldrá y quemará en mi honor su ofrenda y la ofrenda del pueblo, para que yo perdone sus pecados y los del pueblo.

25 Además, quemará sobre el altar la grasa de los animales que se ofrecen para el perdón de pecados.

26 »El que lleve el chivo al desierto, tendrá que lavar su ropa y bañarse antes de entrar de nuevo al campamento. **27** Los restos del ternero y el chivo se sacarán del campamento, y allí se quemarán. **28** La persona que los queme deberá lavar su ropa y bañarse antes de entrar de nuevo al campamento.

29-31 »Este mandamiento no sólo es válido para los israelitas, sino para todo refugiado en el país. El día séptimo del mes de Tébet no deberán comer nada ni harán ningún trabajo. Será un día de descanso completo y de ayuno, pues en ese día yo les perdonaré todos sus pecados.

32 »La ceremonia la realizará el sacerdote que esté autorizado. Se pondrá su traje sacerdotal de lino **33** y purificará el Lugar Santísimo, el santuario y el altar, y también a los sacerdotes y a todo el pueblo. **34** Para obtener el perdón de sus pecados, deberán cumplir este mandamiento una vez al año».

Todo se hizo como lo había ordenado Moisés.

En la sangre está la vida

17 **1** Dios le ordenó a Moisés **2** que les diera las siguientes instrucciones a los sacerdotes y a todos los israelitas:

3-4 «Si un israelita piensa presentarme un toro, una oveja o una cabra como ofrenda, deberá matar el animal a la entrada del santuario. Si lo mata en cualquier otro lugar, dentro o fuera del campamento, comete un crimen, y deberá ser expulsado del país. **5** »Los israelitas que me presenten esos animales como ofrenda para pedirme salud y bienestar deberán traerlos a la entrada del santuario. Allí se los entregarán al sacerdote, y él me los presentará. **6** Luego el sacerdote rociará mi altar con la sangre de esos animales, y quemará la grasa en mi honor, como ofrenda de aroma agradable. **7** Así los israelitas dejarán de presentar ofrendas a los demonios con figura de chivo. Esta orden no cambiará jamás.

8 »Si un israelita, o algún extranjero que viva en el país, presenta un animal para quemarlo en mi honor, **9** deberá ofrecérmelo a la entrada del santuario. Si no lo hace, será expulsado del país.

10 »Si un israelita, o algún extranjero que viva en el país, come carne con sangre, yo me pondré en su contra, y lo expulsaré del país. **11** La sangre es la que da vida al cuerpo. Yo mismo les he dado la sangre de los animales para que me la presenten ante el altar, y gracias a la vida que hay en ella, ustedes obtengan mi perdón. **12** Por lo tanto, la carne que coman los israelitas o los extranjeros que vivan en el país, no deberá tener ni una gota de sangre.

13 »Si algún israelita o extranjero que viva en el país, llega a cazar un pájaro o un animal de los que está permitido comer, deberá dejar que se escurra la sangre y cubrirla con tierra. **14** Recuerden que la sangre es la que da vida a todo animal. Por eso no les permito comer carne con sangre, y quien lo haga, será expulsado del país.

15 »Cuando algún israelita o un extranjero encuentre un animal ya muerto y coma de él, quedará impuro hasta el anochecer, y deberá lavar su ropa y bañarse. **16** Si no cumple mis órdenes, será castigado por su desobediencia».

Relaciones sexuales prohibidas

18 **1** Dios ordenó a Moisés **2** que les diera a los israelitas las siguientes instrucciones:

«Yo soy el Dios de Israel.

3 Ustedes los israelitas vivieron antes en Egipto, y ahora los llevo a Canaán. No deberán comportarse ni como los egipcios ni como los cananeos.

4-5 Cumplan todos mis mandamientos, y así vivirán. Yo soy el Dios de Israel.

6-7 »Entre ustedes, nadie debe tener relaciones sexuales con una mujer de su propia familia, y mucho menos con su propia madre, pues sería una terrible falta de respeto a su propio padre. Yo soy el Dios de Israel.

8 »Nadie debe tener relaciones sexuales con la mujer de su padre, **9** ni con su propia hermana, aun cuando sólo sea su hermana por parte de padre o de madre, y aun cuando haya crecido con otra familia.

10 »Nadie debe tener relaciones sexuales con su nieta, ya sea por parte de su hijo o de su hija.

11 »Nadie debe tener relaciones sexuales con la hija de una mujer que llegue a ser esposa de su padre. Sería como tener relaciones sexuales con su propia hermana.

12 »Nadie debe tener relaciones sexuales con la hermana de su padre, **13** ni con la hermana de su madre, **14** ni con la esposa de su tío, pues también es su tía.

15 »Nadie debe tener relaciones sexuales con su nuera, **16** ni con su cuñada.

17 »Nadie debe tener relaciones sexuales con la hija o la nieta de una mujer con la que haya tenido relaciones antes, pues todas ellas son de una misma familia. Tener relaciones con ellas es un pecado terrible.

18 »Nadie debe tomar por mujer a la hermana de su esposa, ni tener relaciones sexuales con ella mientras su esposa viva. No hagas de ellas sus enemigas.

19 »Nadie debe tener relaciones sexuales con una mujer durante su menstruación.

20 »Nadie debe tener relaciones sexuales con la mujer de otro hombre. Si lo hace, será considerado impuro.

21 »Nadie debe entregar a sus hijos como ofrenda al dios Moloc. No me insulten de esa manera, pues yo soy el Dios de Israel.

22 »Nadie debe tener relaciones sexuales con otro hombre. Eso es algo que me repugna.

23 »Todo el que tenga relaciones sexuales con un animal se volverá impuro.

24-26 »No hagan nada de esto, o de lo contrario, se volverán impuros. Los pueblos que ahora voy a expulsar del territorio que les voy a dar, han cometido todas estas maldades, y tanto ellos como el territorio se han vuelto impuros. Pero ni ustedes ni los extranjeros que vivan en su país deberán comportarse tan mal. **27-28** Si lo hacen, tanto ustedes como el territorio se volverán impuros, y tendré que expulsarlos también a ustedes.

29-30 »Cumplan, pues, mis mandamientos y no se vuelvan impuros siguiendo el mal ejemplo de esos pueblos. El que cometa acciones tan repugnantes, será expulsado del país. Yo soy el Dios de Israel.

Leyes morales, sociales y religiosas

19 **1** Dios ordenó a Moisés **2** que le diera este mensaje a la comunidad de Israel:

«Yo soy el Dios de Israel, y soy diferente a los demás dioses. Por eso ustedes deben ser diferentes a las demás naciones.

3 »Respeten a su madre y a su padre, y respeten también el día de descanso. Yo soy el Dios de Israel.

4 »No adoren a dioses falsos, ni se fabriquen ídolos de metal fundido. Yo soy el Dios de Israel.

5 »Cuando me presenten una ofrenda para pedirme salud y bienestar, háganlo de tal manera que esa ofrenda me resulte agradable.

6 »La carne del animal que me ofrezcan deberán comerla ese mismo día, o al día siguiente. Si al tercer día aún queda algo, deberán quemarlo. **7** Quien no me obedezca en esto, **8** comete pecado y yo lo expulsaré del país.

9 »Cuando recojan sus cosechas, no corten las espigas que crecieron en los bordes del campo, ni levanten las espigas que queden en el suelo. **10** Tampoco corten hasta el último racimo de uvas, ni levanten la fruta que se les caiga. Dejen todo eso para los pobres, sean israelitas o refugiados en el país. Yo soy el Dios de Israel.

11 »No roben. No mientan. No se engañen unos a otros, **12** ni usen mi nombre para prometer algo que no van a cumplir. Yo soy el Dios de Israel.

13 »No maltraten a su prójimo, ni le quiten lo que le pertenece.

»No dejen de pagarle a sus trabajadores al final de cada día.

14 »No se burlen de los sordos, ni hagan tropezar a los ciegos. Muéstrenme respeto. Yo soy el Dios de Israel.

15 »Si tienen que resolver algún asunto legal, no sean injustos. No favorezcan a nadie, sea pobre o sea rico.

16 »No hagan chismes de nadie, pero digan la verdad si así pueden salvar la vida de otra persona. Yo soy el Dios de Israel.

17-19 »No sean rencorosos ni vengativos. Cuando deban reprender a alguien, repréndanlo. No participen de la maldad de nadie.

»Recuerden que cada uno debe amar a su prójimo, como se ama a sí mismo.

»Obedezcan mis mandamientos.

Yo soy el Dios de Israel.

»No crucen sus ganados con animales de otras especies. No siembren en un mismo campo distintas clases de semillas. No se pongan ropa tejida con distintas clases de hilo.

20 »Si alguien tiene relaciones sexuales con una esclava que está por casarse con otro hombre, pero que aún no ha sido puesta en libertad, tendrá que pagarle a ese hombre por el daño causado. Pero ni él ni ella serán condenados a muerte, porque ella no era libre. **21** Además, para que yo le perdone su pecado, el hombre llevará un carnero al santuario **22** para que el sacerdote me lo ofrezca.

23 »Cuando ustedes ya estén en su territorio y planten árboles frutales, no deberán comer sus frutos durante tres años. **24** Al cuarto año, harán una fiesta y consagrarán a Dios todos sus frutos.

25 Sólo en el quinto año podrán comer de sus frutos, que serán muy abundantes. Yo soy el Dios de Israel.

26 »No coman nada que tenga sangre.

»No practiquen ninguna clase de brujería.

27-28 »No recorten las patillas de su cabello ni se afeiten la barba completamente, ni se hagan heridas ni tatuajes, como una manera de rendir culto a los muertos. Yo soy el Dios de Israel.

29 »No obliguen a sus hijas a servir como prostitutas. Eso traerá una maldición sobre ellas y sobre el país.

30 »Respeten el día de descanso, y respeten también mi santuario. Yo soy el Dios de Israel.

31 »No consulten a los que dicen que hablan con los muertos. Si lo hacen, se volverán impuros. Yo soy el Dios de Israel.

32 »Cuando estén ante un anciano o alguien mayor de edad, muestren respeto y pónganse de pie.

33 »No molesten a los refugiados que vivan entre ustedes.

34 Trátenlos como si fueran israe-litas, y ámenlos como si fueran ustedes mismos, pues también ustedes fueron extranjeros en Egipto. Yo soy el Dios de Israel.

35-37 »No hagan trampa con las pesas y medidas. Las balanzas, pesas y medidas que usen deben ser exactas. Yo soy su Dios, quien los sacó de Egipto. Por lo tanto, cumplan fielmente todos mis mandamientos. Yo soy el Dios de Israel.

Pecados terribles

20 [1] Dios ordenó a Moisés
2-3 que les diera a los israelitas las siguientes instrucciones:

«Si algún israelita o extranjero que viva en el país, presenta sus hijos como ofrenda al dios Moloc, me ofende, y tendrá que enfrentarse conmigo, pues no ha respetado mi santuario. Será condenado a muerte y así lo eliminaré del pueblo.

4 Si no lo matan a pedradas,
5 yo mismo castigaré a esa persona junto con su familia, y lo eliminaré de Israel. Y no sólo a él sino a todos los que adoren al dios Moloc.

6 »Si alguien consulta a los que dicen que hablan con los muertos, me enojaré y le quitaré la vida.

7-8 »Vivan sólo para mí; sean diferentes y cumplan mis mandamientos. Yo soy el Dios de Israel; ustedes me pertenecen.

9 »Si alguien maldice a su padre o a su madre, será condenado a muerte.

10 »Si alguien tiene relaciones sexuales con la mujer de otro hombre, será condenado a muerte junto con la mujer.

11 »Si alguien tiene relaciones sexuales con la mujer de su padre, será condenado a muerte junto con la mujer. Será como si hubiera tenido relaciones sexuales con su propio padre.

12 »Si alguien tiene relaciones sexuales con su nuera, será condenado a muerte junto con la mujer, pues es un pecado terrible.

13 »Si un hombre tiene relaciones sexuales con otro hombre, los dos serán condenados a muerte.

14 »Si alguien toma como esposas a la madre y a la hija, comete un pecado terrible. Los tres serán condenados a morir quemados. Así nadie más volverá a hacer lo mismo.

15-16 »Si un hombre o una mujer tienen relaciones sexuales con un animal, serán condenados a muerte, y también deberá matarse al animal.

17 »Si alguien tiene relaciones sexuales con su hermana comete un terrible pecado, y deberá responder por su maldad. En presencia de todos los israelitas, los dos serán expulsados del país.

18 »Si alguien tiene relaciones sexuales con una mujer en período de menstruación, los dos serán expulsados del país.

19 »Si alguien tiene relaciones sexuales con su tía, los dos deberán ser castigados, pues son de la misma familia.

20 »Si alguien tiene relaciones sexuales con la mujer de su tío, ni él ni ella tendrán hijos, pues él ha puesto en vergüenza a su tío.

21 »Si alguien tiene relaciones sexuales con su cuñada, comete un pecado terrible, y ni él ni ella tendrán hijos.

Vale la pena obedecer a Dios

22 »Si ustedes cumplen mis mandamientos, yo jamás los expulsaré del territorio que les voy a dar como su propio país.

23 Sólo que ustedes no deberán comportarse como lo hacen los pueblos que ahora viven allí, pues por sus malas acciones me hicieron enojar. **24** Por eso yo les voy a dar a ustedes el territorio donde ellos viven ahora. Ese lugar es tan rico que allí ustedes siempre tendrán abundancia de alimentos.

25-26 »Yo soy el Dios de Israel. Yo los aparté de los otros pueblos para que ustedes sean mi propio pueblo. Por eso deberán distinguir entre los animales puros y los impuros, y no volverse impuros por tocar a los impuros. Ustedes deberán ser diferentes, porque yo soy el Dios de Israel, y soy un Dios diferente.

27 »Si alguien, hombre o mujer, consulta a los muertos o practica la adivinación, deberán matarlo a pedradas».

Instrucciones acerca de los sacerdotes

21 **1** Dios ordenó a Moisés que les diera a los hijos de Aarón las siguientes instrucciones:

«Ustedes son sacerdotes, y no deben tocar un cadáver, pues se volverán impuros.

2-4 El único cadáver que podrían tocar sería el de algún familiar o pariente cercano. Por ejemplo, podrían tocar el cadáver de una hermana que nunca se haya casado y que haya vivido con ustedes. Pero si estuvo casada no deberán tocar su cadáver.

5 »No deberán afeitarse la cabeza, ni recortarse la barba, ni herir su cuerpo como hace la gente cuando está de luto. **6** Ustedes están consagrados a mi servicio, así que deben obedecerme siempre. Deberán ser diferentes, porque ustedes presentan el pan y las ofrendas que se queman en mi honor.

7 »No deben tomar por esposa a una prostituta, ni a una divorciada, ni a una mujer que haya sido violada. Recuerden que ustedes están consagrados a mi servicio.

8 »Deben apartarse de todo lo malo, porque ustedes son quienes me presentan el pan dedicado en mi honor. Deben ser diferentes, porque yo soy un Dios diferente. Soy el Dios de Israel, y a ustedes los he hecho diferentes.

9 »Si la hija de un sacerdote se entrega al servicio de otros dioses como prostituta, avergüenza a su padre y deberá morir quemada.

Instrucciones acerca del jefe de los sacerdotes

10 »El jefe de los sacerdotes es el más importante de todos los sacerdotes, pues cuando fue consagrado a mi servicio recibió el traje sacerdotal y sobre su cabeza se derramó el aceite de consagrar. Por eso, el jefe de los sacerdotes no deberá llevar suelto el cabello ni romperse su ropa en señal de luto. **11-12** No deberá salir del santuario, ni acercarse a ningún cadáver, aunque se trate de su padre o de su madre, pues se volverá impuro, y hará impuro el santuario. Yo soy su Dios, y lo he consagrado a mi servicio derramando sobre su cabeza el aceite de consagrar. **13-14** »El jefe de los sacerdotes deberá casarse con una parienta suya que nunca haya tenido relaciones sexuales. No se casará con una mujer violada, ni con una viuda o divorciada, ni con una prostituta. **15** De esta manera, sus descendientes siempre serán aptos para mi servicio. Yo, el Dios de Israel, he consagrado al jefe de los sacerdotes para mi servicio».

Defectos que impiden ser sacerdote

16 Dios ordenó a Moisés **17-21** que le diera a su hermano Aarón las siguientes instrucciones:

«Si alguno de tus descendientes tiene algún defecto físico, no podrá acercarse a mi altar para presentarme las ofrendas que se queman en mi honor. No podrá ser mi sacerdote nadie que sea ciego, bizco, cojo, manco, jorobado, enano, o que esté deforme, que tenga alguna enfermedad de la piel, o que tenga los testículos aplastados. **22** Los que tengan alguno de esos defectos podrán participar de las mejores ofrendas que los israelitas me presentan, **23** pero no podrán entrar más allá de la cortina del santuario, ni podrán acercarse a mi altar. Si lo hicieran, mi santuario quedaría impuro. Yo, el Dios de Israel, los he consagrado a mi servicio».

24 Moisés dio todas estas instrucciones a Aarón, a sus hijos y a todos los israelitas.

Ofrendas especiales

22 **1** Dios ordenó a Moisés **2-3** que instruyera a Aarón y a sus hijos en cuanto a las ofrendas presentadas en su honor. Los sacerdotes debían tratarlas con mucho respeto, porque eran ofrendas muy especiales, llevadas por los israelitas. Les dijo:

«Si algún sacerdote me presenta estas ofrendas especiales mientras se encuentre impuro, no volverá a presentarse ante mí. Yo soy el Dios de Israel, y estas son las ofrendas de mi pueblo.

4-7 »Si algún sacerdote tiene una infección en la piel o en el pene, no podrá comer de estas ofrendas especiales hasta que se haya purificado.

»Ningún sacerdote debe tocar algo que haya estado en contacto con un cadáver, ni tocar a un hombre que tenga una infección en su pene. Tampoco debe tocar a un reptil o a un hombre que haya sido declarado impuro. Si toca alguna de estas cosas quedará impuro hasta el anochecer, y no podrá comer de las ofrendas especiales, si no se baña antes.

8 »Ningún sacerdote debe volverse impuro por comer carne de animales que se hayan encontrado muertos o destrozados por las fieras. Yo soy el Dios de Israel.

9 »Todos los sacerdotes deben cumplir con este mandamiento. Si no lo cumplen, morirán. Yo, el Dios de Israel, los he consagrado a mi servicio.

10-11 »De las ofrendas especiales sólo podrán comer los sacerdotes, sus familias y sus esclavos. Ningún empleado o invitado de un sacerdote podrá comer de ellas.

12 »Si la hija de un sacerdote se casa con un hombre que no es sacerdote, ella no podrá ya comer de las ofrendas especiales.

13 Pero podrá comer de ellas si llega a quedar viuda, o su esposo se divorcia de ella sin haber tenido hijos, y ella vuelve a la casa de su padre.

14 »Si alguien, sin darse cuenta, come de las ofrendas especiales, tendrá que pagársela al sacerdote, añadiendo un veinte por ciento más de su valor. **15** Por lo tanto, no menosprecien estas ofrendas, porque los israelitas las han presentado en mi honor. **16** Quien las coma, cometerá un pecado. Yo, el Dios de Israel, los he consagrado a mi servicio».

Los animales ofrendados

17 Dios ordenó a Moisés **18** que les diera a Aarón y a sus hijos, y a todos los israelitas, las siguientes instrucciones:

«Si un israelita, o algún extranjero que viva en el país, quiere quemar en mi honor un animal, ya sea para cumplir una promesa o porque le nace del corazón ofrecérmela, **19-20** deberá ofrecerme un ternero, un cordero o un chivo. Ese animal no deberá tener ningún defecto; de lo contrario, yo no lo aceptaré.

21 »Si alguien me presenta una ofrenda para pedirme salud y bienestar, deberá presentarme un animal sin ningún defecto. **22** »No ofrezcan en mi altar ningún animal ciego, ni lastimado, ni mutilado, ni con llagas o con sarna. **23-24** Tampoco me ofrezcan animales que tengan los testículos aplastados, hundidos, cortados o arrancados. Si el ternero o el cordero que van a ofrecerme está deforme, podrán presentarlo como ofrenda voluntaria, pero no en cumplimiento de una promesa. **25** »No reciban de ningún extranjero esta clase de animales para presentármelos como ofrenda. Yo no aceptaré ningún animal defectuoso».

26 Dios le dijo a Moisés:

27 «Cuando nazca un ternero, un cordero o un cabrito, se quedará con su madre siete días. Después del octavo día podrán presentármelo como ofrenda.

28 »No maten en un mismo día una vaca junto con su cría, o una oveja junto con su cría.

29 »Cuando me presenten una ofrenda de acción de gracias, háganlo de tal manera que yo la reciba con agrado. **30** Deberán comerse la carne ese mismo día, y no dejar nada para el día siguiente. Yo soy el Dios de Israel. **31-33** »Israelitas, cumplan mis mandamientos, y no ofendan mi nombre, pues es sagrado, y todos deben mostrarme el debido respeto. Yo soy el Dios de Israel, que los sacó de Egipto para convertirlos en un pueblo diferente a los demás».

Días y fiestas especiales

23 **1** Dios ordenó a Moisés **2-4** que les diera a los israelitas las siguientes instrucciones:

«Las fiestas en mi honor, que yo les ordeno celebrar con una reunión especial, son las siguientes:

EL DÍA DE DESCANSO

»Ustedes podrán trabajar durante seis días, pero el séptimo día será de descanso obligatorio. Donde quiera que ustedes vivan, dejarán de trabajar en ese día, y celebrarán un culto en mi honor.

FIESTAS DE LA PASCUA Y DE LOS PANES SIN LEVADURA

5 »Celebrarán la Pascua en la noche del día catorce del mes de Abib.¹ **6-8** Y el día quince de ese mes comenzarán a celebrar en mi honor la fiesta de los Panes sin levadura. El día primero y el séptimo celebrarán un culto en mi honor, y no deberán trabajar en esos días. Además, durante los siete días de la fiesta, deberán comer pan sin levadura y quemar ofrendas en mi honor».

FIESTA DE LOS PRIMEROS FRUTOS

9 Dios le ordenó a Moisés **10** que les diera a los israelitas las siguientes instrucciones:

«Cuando ya vivan en el territorio que yo voy a darles, deberán llevarle al sacerdote el primer manojo de cebada que cosechen. **11** Una vez pasado el día de descanso, el sacerdote me presentará esa ofrenda, y yo los bendeciré. **12-13** Ese mismo día ustedes deberán quemar en mi honor una ofrenda de aroma agradable. La ofrenda será un cordero de un año, sin ningún defecto, y cuatro kilos de harina amasada con aceite. Al mismo tiempo, derramarán en mi honor un litro de vino. **14** No podrán comer pan ni granos tostados o tiernos hasta que hayan presentado esta ofrenda. Donde quiera que ustedes vivan, deberán cumplir siempre con este mandamiento.

FIESTA DE LA COSECHA

15-16 »Siete semanas después, deberán presentarme una nueva ofrenda, **17-18** que consistirá en lo siguiente: dos panes de la mejor harina cocidos con levadura, de cuatro kilos cada uno, siete corderos de un año y sin defecto, un ternero y dos carneros. Estos animales los quemarán en mi honor, sobre mi altar, como ofrenda de aroma agradable. **19** También me presentarán un chivo como ofrenda por el perdón de pecados, y dos corderos de un año como ofrenda para pedirme salud y bienestar.

20 Estas ofrendas las presentará el sacerdote, junto con el pan y los dos corderos. Son ofrendas presentadas en mi honor, y que pertenecen al sacerdote.

21 »Ese mismo día celebrarán un culto en mi honor, y no harán ningún trabajo. Donde quiera que ustedes vivan, deberán cumplir siempre este mandamiento.

22 »Cuando recojan las cosechas, no corten las espigas que crecieron en el borde del terreno, ni levanten las espigas que hayan quedado en el suelo. Déjenlas allí para los pobres y los refugiados en el país. Yo soy el Dios de Israel».

Fiesta de las Trompetas

23 Dios le ordenó a Moisés **24-25** que les diera a los israelitas las siguientes instrucciones:

«El día primero del mes de Etanim² será de descanso y de gran fiesta para ustedes. Ese día nadie en Israel trabajará, sino que todos se reunirán para adorarme. Y tocarán las trompetas, y sobre el altar quemarán una ofrenda en mi honor».

El gran día del perdón

26 Dios también le dijo a Moisés:

27-32 «El día diez del mes de Etanim³ será el Día del perdón. Ese día ustedes ayunarán y celebrarán un culto especial, en el que quemarán sobre mi altar una ofrenda en mi honor. Como se trata del día en que yo les perdonaré todos sus pecados, nadie deberá trabajar. El que no siga estas instrucciones será expulsado del país.

»La fiesta comenzará a partir del día nueve por la tarde, y hasta la tarde del día siguiente. Este mandamiento deben cumplirlo siempre».

Fiesta de las Enramadas

33-43 Dios ordenó a Moisés que les diera a los israelitas las siguientes instrucciones:

«El día quince del mes de Etanim,⁴ después de que hayan cosechado los frutos de la tierra, nadie trabajará, sino que todo el pueblo se reunirá para adorarme. Ese día dará comienzo una fiesta en mi honor, que durará siete días. Durante esos siete días, y también al octavo día, se quemarán ofrendas sobre mi altar, y además celebrarán un culto especial. El primero y el octavo día de la fiesta serán días de descanso. El primer día tomarán frutos de los mejores árboles, y con ramas de palmera y de árboles harán enramadas. Durante los siete días de la fiesta todos vivi-

rán bajo esas enramadas, para que se acuerden de que yo los saqué de Egipto y los hice vivir bajo enramadas.

»Esta fiesta deberá celebrarse cada año; es una orden que nunca deben desobedecer. Yo soy el Dios de Israel.

»Estas son todas las fiestas que celebrarán en mi honor. En ellas celebrarán una reunión especial y me presentarán toda clase de ofrendas, según lo que deba presentarse cada día. Además de estas fiestas, deberán respetarme cumpliendo con los días de descanso, y presentando las ofrendas y regalos que ustedes me prometan y quieran hacerme».

44 Y así fue como Moisés instruyó a los israelitas acerca de las fiestas que debían celebrar en honor de Dios.

El cuidado de las lámparas

24 ¹ Dios ordenó a Moisés:

2 «Manda a los israelitas que te traigan aceite puro de oliva, para que las lámparas del santuario estén siempre encendidas.

3-4 Aarón estará a cargo de ellas, para que ardan en mi santuario toda la noche. Las lámparas estarán en el santuario, sobre el candelabro de oro que está en el Lugar Santo. Esta es una orden que deben cumplir siempre.

Los panes dedicados a Dios

5-6 »Prepara doce panes de la mejor harina y llévalos al Lugar Santo. Ponlos sobre la mesa de oro puro, y acomódalos en dos hileras. Cada pan deberá pesar cuatro kilos y medio.

7 »Pon incienso puro al lado de cada hilera, y quémalo en lugar del pan, como ofrenda quemada en mi honor. **8** El sacerdote deberá presentar este pan en mi santuario todos los sábados, pues él representa a todos los israelitas. Esta será su obligación para siempre.

9 »Los sacerdotes podrán comerse este pan, pero deberán hacer-

lo en el lugar apartado especialmente para eso, porque es una ofrenda muy especial».

Castigo para los que ofenden a Dios

10-11 Un día, el hijo de una israelita y un egipcio se peleó con otro israelita. La madre israelita se llamaba Selomit, y era hija de Dibrí, de la tribu de Dan. En la pelea, el hijo de Selomit ofendió a Dios. Entonces lo llevaron ante Moisés, **12** y lo pusieron bajo vigilancia hasta que Dios les dijera lo que debían hacer con él. **13** Y Dios le dijo a Moisés:

14 «Como este hombre me ofendió, debes sacarlo del campamento. Todos los que oyeron cómo me ofendió deberán poner las manos sobre su cabeza y matarlo a pedradas. **15-16** Luego les dirás a los israelitas: "Cualquiera que ofenda a Dios, será condenado a muerte. Sea o no israelita, toda la comunidad deberá matarlo a pedradas".

Ojo por ojo, diente por diente

17-21 »El que mate a otra persona lo pagará con su vida.

»El que mate a un animal lo pagará con otro animal.

»El que lastime a su prójimo sufrirá en carne propia el daño que haya causado: ojo por ojo, diente por diente, fractura por fractura.

22 »Esta misma ley vale para todos, sean israelitas o extranjeros. Yo soy el Dios de Israel».

23 Moisés comunicó todo esto a los israelitas, y ellos sacaron del campamento al que había ofendido a Dios y lo mataron a pedradas. Así cumplieron la orden que Dios les había dado por medio de Moisés.

El descanso del séptimo año

25 ¹ En el monte Sinaí Dios ordenó a Moisés **2** que les diera a los israelitas las siguientes instrucciones:

«Cuando entren al territorio que

voy a darles, la tierra deberá tener un año de descanso en mi honor. **3** Durante seis años, podrán sembrar sus campos, podar sus viñedos y recoger sus frutos, **4-7** pero al llegar el séptimo año no deberán sembrar sus campos ni podar sus viñedos. Tampoco deberán cosechar los campos ni recoger las uvas que broten después de la última cosecha.

»Lo que la tierra produzca por sí misma el séptimo año alcanzará para que coman ustedes, sus esclavos, sus trabajadores y los refugiados en el país, además de su ganado y los animales salvajes. Así la tierra gozará de un año completo de descanso en mi honor.

El año de liberación

8-13 » Además, deberán multiplicar siete años por siete, lo cual da cuarenta y nueve años, y el año siguiente, es decir, el cincuenta, será declarado Año de liberación. En el día diez del mes de Etanim de ese año, que es el día del Perdón, harán sonar por todo el país la trompeta y anunciarán la libertad para todos los habitantes del país. En ese año, los que hayan perdido su propiedad podrán recobrarla, y los esclavos quedarán en libertad de volver a sus familias.

»En el año cincuenta no deberán trabajar la tierra en ninguna manera, sólo comerán lo que la tierra produzca por sí sola. **14** »Para que nadie haga trampa en la compra o venta de un terreno, **15-16** el precio se fijará según el número de cosechas que se puedan recoger hasta el siguiente año de liberación. **17** »Nadie debe abusar de nadie. Muestren respeto por mí. Yo soy el Dios de Israel. **18** Si ustedes obedecen mis leyes y cumplen mis mandamientos, vivirán tranquilos en el país, **19** la tierra les dará sus frutos, y ustedes disfrutarán de ellos hasta quedar satisfechos.

Dios promete bendecir a su pueblo

20 »Seguramente ustedes se preguntarán: "¿Y qué vamos a comer durante el séptimo año, si no podemos sembrar ni recoger los frutos de la cosecha?" **21** Pues bien, en el sexto año yo los bendeciré tanto que la cosecha bastará para los tres años siguientes. **22** Así, en el octavo año, mientras ustedes estén sembrando, podrán comer del grano que hayan almacenado. Y lo mismo sucederá en el noveno año, mientras llega el momento de recoger la nueva cosecha.

Recuperación de la propiedad familiar

23 »Nadie debe vender de manera definitiva su propiedad familiar. La tierra es mía. Ustedes sólo son mis huéspedes y están de paso en ella. **24** Si acaso compran un terreno, deberán reconocer que el propietario anterior tiene derecho a recuperarlo. **25** »Si algún israelita queda en la miseria y se ve obligado a vender su propiedad, su pariente más cercano tiene el derecho de recuperarla por él, para que la propiedad vuelva a sus manos. **26** Si no tiene ningún pariente cercano, y puede conseguir por sí mismo el dinero para recuperarla, **27** deberá contar cuántas cosechas faltan hasta el siguiente año de liberación, y ese será el precio que deberá pagar. **28** »Si el que vendió no tiene dinero suficiente para recuperar su propiedad, el que compró seguirá siendo el dueño de la propiedad hasta el año de liberación. En ese año, la propiedad quedará liberada, y el dueño original la recuperará.

Recuperación de una casa

29 »Si alguien vende una casa construida en una ciudad protegida con murallas, tendrá un año de plazo para volver a comprarla. **30** Si en ese plazo no logra recuperarla, la casa no le será devuelta en el año de liberación sino que pasará a ser propiedad permanente del comprador y de sus descendientes. **31** »Con las casas construidas fuera de las ciudades, se hará lo mismo que con los terrenos: podrán ser recuperadas y devueltas a sus antiguos dueños en el año de liberación.

Propiedades de la tribu de Leví

32 »Los de la tribu de Leví podrán volver a comprar, en cualquier momento, las casas que construyan en las ciudades de su propiedad. **33** Si alguno de ellos no puede volver a comprarla, podrá recuperarla en el año de liberación. **34** Los terrenos que rodean las ciudades de la tribu de Leví, no podrán ser vendidos jamás, porque son su propiedad permanente.

No se aprovechen del pobre

35 »Cuando algún israelita se quede en la miseria, deberán ayudarlo como si se tratara de un refugiado en el país. **36-37** Si le hacen un préstamo, no deben cobrarle intereses; si le dan de comer, no deben hacerlo por negocio. Muestren respeto por mí, y déjenlo vivir entre ustedes. **38** Yo los saqué de Egipto para darles el país de Canaán y para ser el Dios de ustedes. Yo soy el Dios de Israel.

Los esclavos israelitas

39 »Si algún israelita se queda en la miseria y para sobrevivir se vende como esclavo, no lo traten mal. **40** Él estará al servicio de su amo en calidad de trabajador y de huésped, y trabajará para él sólo hasta el año de liberación. **41** En ese año quedará en libertad, y junto con sus hijos podrá volver a vivir con sus parientes, en su propio terreno. **42** Los israelitas me pertenecen. No pueden ser vendidos como esclavos, porque eran esclavos en Egipto y yo les di libertad.

43 »No maltraten a ningún israelita. Muestren respeto por mí.

Los esclavos extranjeras

44 »Si ustedes quieren tener esclavos, cómprenlos en las naciones vecinas, **45-46** o entre los hijos de los extranjeros que han nacido en el país y viven entre ustedes. A ellos sí podrán tenerlos como esclavos, y hasta dejárselos a sus hijos como herencia. Pero no maltraten a ningún israelita.

Libertad de los esclavos israelitas

47 »Si alguno de los extranjeros que viven en el país se hace rico, y un israelita queda en la pobreza, al punto de venderse como esclavo al extranjero rico, **48-49** ese israelita tendrá el derecho a ser rescatado. Esto podrá hacerlo un pariente cercano, y hasta él mismo si cuenta con los medios suficientes. **50-52** El dueño contará los años que faltan para que llegue el año de liberación, y calculará cuánto habría ganado un obrero en todo ese tiempo. Ese será el precio que deberá pagarse por su liberación. **53** Ustedes deben cuidar que ningún extranjero maltrate a un obrero israelita. **54** »Si el israelita que se vende como esclavo no es rescatado de este modo, quedará libre en el año de liberación, lo mismo que sus hijos. **55** Ustedes me pertenecen, porque yo los saqué de Egipto. Yo soy el Dios de Israel.

Bendiciones para los que obedecen la ley

26 **1** »No se fabriquen ninguna clase de ídolos, ni los adoren, pues yo soy Dios. **2** »Muestren respeto por mi santuario, y descansen en día sábado. Yo soy el Dios de Israel. **3** »Obedezcan fielmente mis leyes, **4** y yo les enviaré lluvia a tiempo para que tengan buenas cosechas de cereales y de frutas. **5** Será tan grande su cosecha, que no sabrán qué hacer con ella. Comerán hasta quedar satisfechos, y vivirán tranquilos. **6-8** »Yo les daré paz y seguridad.

No tendrán por qué tener miedo de los animales salvajes, ni tampoco de sus enemigos, pues ustedes fácilmente los derrotarán: bastarán cinco de ustedes para hacer huir a cien, y cien harán huir a diez mil. **9** »Yo cumpliré las promesas que les hice. Los trataré con tanto amor que su nación será poderosa. **10** Tan abundantes serán sus cosechas que tendrán que sacar de sus graneros el cereal viejo para guardar el nuevo. **11-12** »Yo los acompañaré a donde quiera que vayan, y habitaré en el santuario que me han construido; nunca más los miraré con desagrado. Ustedes serán mi pueblo, y yo seré su Dios. **13** Yo soy el Dios de Israel, que los sacó de Egipto y les dio libertad. Deben sentirse orgullosos de esto, pues nunca más volverán a ser esclavos.

Castigos para los desobedientes

14-15 »Pero si ustedes no cumplen mis leyes, sino que me desobedecen y no cumplen mi pacto, **16-17** yo los castigaré duramente, y esa será su ruina. Les enviaré enfermedades de las que no podrán sanar, y una fiebre que los dejará ciegos y sin fuerzas. Yo me apartaré de ustedes para que sus enemigos los destruyan, y ellos se comerán lo que ustedes planten. Bastará con que ustedes oigan hablar de un ataque enemigo para que salgan huyendo. **18** »Si a pesar de eso se niegan a obedecerme, yo los castigaré muy duramente por cada uno de sus pecados, **19** hasta humillarlos por completo. Haré que deje de llover. El alto cielo parecerá de hierro, y el suelo que pisan parecerá de cobre. **20** De nada les servirá trabajar la tierra, porque no les producirá nada. **21** »Y si aún siguen rebelándose contra mí, los castigaré todavía más de lo que merecen sus pecados. **22** Dejaré que los animales salvajes los ataquen, y que se coman a sus hijos y a su ganado. Los que aún queden con vida

serán tan pocos que los caminos se verán desiertos. **23** »Y si aún así continúan siendo rebeldes, **24** yo los castigaré todavía más de lo que merecen sus pecados. **25** Haré que mueran en la guerra, como castigo por no cumplir con mi pacto. Ustedes correrán a refugiarse en sus ciudades, pero yo les enviaré terribles enfermedades y los haré caer en manos de sus enemigos. **26** Además, los dejaré sin alimentos. La comida será tan escasa, que en un pequeño horno cocerán pan diez mujeres. ¡Ningún pan bastará para calmarles el hambre! **27** »Si a pesar de todo esto siguen siendo desobedientes, **28** yo me enfrentaré a ustedes y los castigaré todavía más de lo que merecen sus pecados. **29** ¡Hasta llegarán a comerse sus propios hijos e hijas! **30** Yo les mostraré mi desprecio destruyendo sus pequeños templos de las colinas, derribando sus altares y amontonando sus cadáveres encima de sus ídolos. **31** »Yo convertiré sus ciudades en un montón de ruinas. Destruiré su santuario, y rechazaré el aroma de sus ofrendas. **32-33** Su país quedará hecho un desierto, y sus ciudades quedarán en ruinas, pues los perseguiré espada en mano, y huirán a las naciones vecinas. ¡Hasta sus enemigos se sorprenderán al verlo! **34-35** Mientras la tierra esté abandonada, descansará, como debió hacerlo cada siete años mientras ustedes vivieron en ella. Sólo así podrá gozar de sus merecidos descansos. Y mientras tanto, ustedes andarán dispersos en un país enemigo. **36** A los que aún queden vivos, los llenaré de terror en la tierra de sus enemigos. Oirán caer una hoja, y saldrán huyendo como quien huye de la espada; ¡caerán sin que nadie los persiga! **37** Se atropellarán unos con otros, y no podrán hacer frente a sus enemigos. **38-40** »Sobre ustedes recaerá la culpa por los pecados que cometieron sus padres, y también la culpa por sus propios pecados. ¡Morirán en otras tierras, bajo el poder de sus enemigos! Entonces reconocerán que se rebelaron contra mí. **41** Ahora son rebeldes y se comportan como las naciones que no creen en mí, pero entonces se humillarán y aceptarán el castigo de su maldad.

42 »Yo cumpliré la promesa que les hice a Abraham, Isaac y Jacob, y bendeciré la tierra prometida; **43** tierra que ustedes dejarán abandonada y que al fin gozará de su merecido descanso. ¡Pero ustedes serán castigados por su maldad y por no haber cumplido mis mandamientos! **44-45** Y aunque estarán en un país enemigo, yo no los destruiré por completo. Mi enojo no llega a tanto. Yo soy el Dios de Israel, y renovaré el pacto que hice con sus antepasados, cuando los saqué de Egipto para ser su Dios. ¡Esto lo vieron todas las naciones!»

46 Estas son las leyes que Dios nos dio por medio de Moisés, cuando estaba en el monte Sinaí.

El rescate de personas que pertenecen a Dios

27 **1** Dios ordenó a Moisés **2** que les diera a los israelitas las siguientes instrucciones:

«Cuando alguien quiera liberar a una persona que pertenece a Dios, **3** deberá pagar las siguientes cantidades, que están calculadas según la moneda de plata que se usa en el santuario:
Por un varón de veinte a sesenta años, cincuenta monedas.
4 Por una mujer de la misma edad, treinta monedas.
5 Por un varón de cinco a veinte años, veinte monedas.
Por una mujer de la misma edad, diez monedas.
6 Por un niño de un mes a cinco años, cinco monedas.
Por una niña de la misma edad, tres monedas.
7 Por un varón de más de sesenta años, quince monedas.

Por una mujer de la misma edad, diez monedas.

8 »Si la persona es demasiado pobre para pagar esa cantidad, podrá presentarse ante el sacerdote para que él le fije una cantidad menor que sí pueda pagar.

El rescate de todo lo dedicado a Dios

9 »Los animales que se hayan apartado como ofrenda especial para mí, **10** no podrán ser cambiados por otro animal, pues al cambiar un animal por otro, los dos animales quedan dedicados.

11 »En caso de que el animal que se haya separado esté dentro de la lista de animales impuros, se deberá llevar ante el sacerdote **12** para que él le ponga un precio. Ese precio no podrá ser cambiado, **13** y en caso de que alguien quiera recuperar su animal, tendrá que pagar un veinte por ciento más.

14 »Si alguien me dedica una casa, el sacerdote le pondrá un precio. Ese precio no podrá ser cambiado, **15** y si alguien quiere recuperar su casa, tendrá que pagar un veinte por ciento más.

16 »Si alguien me dedica un terreno de su propiedad, su precio se calculará según la cantidad de semilla que pueda sembrarse en él, y se pagarán cincuenta monedas de plata por cada doscientos veinte kilos de semilla de cebada. **17** »Si esa persona me dedica el terreno en el año de liberación, el precio establecido no podrá ser cambiado. **18** Una vez pasado ese año, el precio se establecerá según los años que falten para el próximo año de liberación. **19** »Si la persona que me dedicó el terreno quisiera rescatarlo, tendrá que pagar un veinte por ciento más del valor establecido. **20** Pero debe hacerlo antes de que el terreno sea vendido a otro, o de lo contrario ya no podrá recuperarlo. **21** Cuando el terreno sea liberado en el año de liberación, pasará a ser propiedad de los sacerdotes, pues se trata de algo que me fue ofrecido de manera especial.

22 »Si alguien me dedica un terreno que no es de su propiedad familiar sino que lo compró de otra persona, **23** el sacerdote contará los años que faltan hasta el próximo año de liberación, y ese mismo día la persona pagará el precio que el sacerdote establezca. **24** Cuando llegue el año de liberación, el terreno volverá a ser propiedad de su verdadero dueño.

25 »Todos estos precios se calcularán según la moneda de plata que se usa en el santuario, la cual pesa once gramos.

Casos especiales

26 »Nadie podrá dedicarme la primera cría de sus vacas o de sus ovejas, porque de todos modos toda primera cría me pertenece.

27 »Si el animal que se ofrece está en la lista de animales impuros, el dueño podrá rescatarlo. En ese caso, deberá pagarse el precio establecido, más un veinte por ciento. En caso de que no sea rescatado, podrá venderse en el precio fijado.

28 »No se podrá vender nada de lo que haya sido dedicado a mí, pues se trata de algo muy especial. Será como si esa ofrenda hubiera sido destruida.

29 Esto vale también para las personas que sean dedicadas a mi servicio.

30-32 »La décima parte de lo que produzcan los campos sembrados y los árboles frutales me pertenece. También me pertenece la décima parte de los ganados y de los rebaños. El que quiera recuperar algo de esa décima parte, tendrá que pagar un veinte por ciento más del precio establecido.

33 »Nadie debe quedarse con los animales buenos y presentarme los animales malos. Si lo hacen, tanto los buenos como los malos serán míos, y no podrán ser rescatados».

34 Estos son los mandamientos que Dios le dio a Moisés en el monte Sinaí, para los israelitas.

Números

El ejército israelita

1 .¹ Los israelitas estaban en el desierto del Sinaí, cuando Dios habló con Moisés en el santuario. Habían pasado trece meses desde que ellos habían salido de Egipto. Dios le dijo a Moisés:

2 «Haz una lista de todos los israelitas por tribus y familias. Así sabrás el número exacto y el nombre de todos **3** los varones mayores de veinte años capaces de ir a la guerra. Anótalos, según el grupo a que pertenezcan. Que te ayuden Aarón **4-16** y los jefes de familia que van a representar a cada tribu. Estos son los jefes de familia que te deben ayudar:

De la tribu de Rubén: Elisur hijo de Sedeúr.

De la tribu de Simeón: Salumiel hijo de Surisadai.

De la tribu de Judá: Nahasón hijo de Aminadab.

De la tribu de Isacar: Natanael hijo de Suar.

De la tribu de Zabulón: Eliab hijo de Helón.

De la tribu de Efraín: Elisamá hijo de Amihud.

De la tribu de Manasés: Gamaliel hijo de Pedasur.

De la tribu de Benjamín: Abidán hijo de Guidoní.

De la tribu de Dan: Ahiézer hijo de Amisadai.

De la tribu de Aser: Paguiel hijo de Ocrán.

De la tribu de Gad: Eliasaf hijo de Reuel.

De la tribu de Neftalí: Ahirá hijo de Enán».

17-19 Un mes después todavía estaban en el desierto del Sinaí. Entonces Moisés y Aarón reunieron a todos estos jefes que Dios había elegido, y a los varones mayores de veinte años. El resto del pueblo también estaba allí. Entonces los contaron y los anotaron según la tribu de Israel a la que pertenecían. Lo hicieron tal y como Dios se lo había ordenado a Moisés.

20-46 Este fue el número total de varones capaces de ir a la guerra:

De la tribu de Rubén: cuarenta y seis mil quinientos.

De la tribu de Simeón: cincuenta y nueve mil trescientos.

De la tribu de Gad: cuarenta y cinco mil seiscientos cincuenta.

De la tribu de Judá: setenta y cuatro mil seiscientos cincuenta.

De la tribu de Isacar: cincuenta y cuatro mil cuatrocientos.

De la tribu de Zabulón: cincuenta y seis mil cuatrocientos.

De la tribu de Efraín: cuarenta mil quinientos.

De la tribu de Manasés: treinta y dos mil doscientos.

De la tribu de Benjamín: treinta y cinco mil cuatrocientos.

De la tribu de Dan: sesenta y dos mil setecientos.

De la tribu de Aser: cuarenta y un mil quinientos.

De la tribu de Neftalí: cincuenta y tres mil cuatrocientos.

El número total de soldados fue de seiscientos tres mil quinientos cincuenta.

Los descendientes de Leví

47 Los descendientes de Leví no fueron contados entre sus antepasados, como los otros, **48** porque Dios le había dicho a Moisés:

49 «Cuando cuentes a los israelitas, no incluyas entre ellos a los descendientes de Leví. **50** Debes ponerlos al servicio del santuario, para que cuiden de todo lo que hay dentro de ese lugar santo. Se encargarán de transportar el santuario y todo lo que hay allí dentro, y también acamparán a su alrededor.

51 ≫Además, los de la tribu de Leví desarmarán el santuario cuando el pueblo se ponga en marcha; cuando se detenga, lo armarán de nuevo.

≫Toda persona que se acerque al santuario y no sea de la tribu de Leví, morirá.

52 ≫Las otras once tribus de Israel acamparán al estilo militar: cada una en su propio campamento, y junto a su propia bandera. **53** Los de la tribu de Leví acamparán alrededor del santuario y lo cuidarán, para que Dios no se enoje con el pueblo».

54 Los israelitas hicieron todo lo que Dios le mandó a Moisés.

Distribución del campamento israelita

2 .¹ Dios les dijo a Moisés y Aarón:

2 «Los israelitas deberán acampar a cierta distancia, alrededor del santuario, cada uno con su propia bandera y con su escudo familiar.

Campamento del este

3-9 ≫Al este del santuario la tribu de Judá. Su jefe militar es Nahasón hijo de Aminadab. Según la cuenta que se hizo, sus tropas suman setenta y cuatro mil seiscientos soldados.

≫A la derecha de la tribu de Judá acampará la tribu de Isacar. Su jefe militar es Natanael hijo de Suar. Sus tropas suman cincuenta y cuatro mil cuatrocientos soldados.

≫A la izquierda de Judá acampará la tribu de Zabulón. Su jefe militar es Eliab hijo de Helón. Sus tropas suman cincuenta y siete mil cuatrocientos soldados.

≫Las tropas de estas tribus seguirán la bandera de Judá. Juntas suman ciento ochenta y seis mil cuatrocientos soldados. Todos ellos marcharán al frente del ejército israelita.

Campamento del sur

10-17 ≫Al sur acampará la tribu de Rubén. Su jefe militar es Elisur hijo de Sedeúr. Según la cuenta que se hizo, sus tropas suman

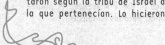

cuarenta y seis mil quinientos soldados.

≫A la derecha de la tribu de Rubén acampará la tribu de Simeón. Su jefe militar es Selumiel hijo de Surisadai. Sus tropas suman cincuenta y nueve mil trescientos soldados.

≫A la izquierda de Rubén acampará la tribu de Gad. Su jefe militar es Eliasaf hijo de Reuel. Sus tropas suman cuarenta y cinco mil seiscientos cincuenta soldados.

≫Las tropas de estas tribus seguirán la bandera de Rubén. Juntas suman ciento cincuenta y un mil cuatrocientos cincuenta soldados. Todos ellos marcharán en segundo lugar.

≫Detrás de ellos marcharán los descendientes de Leví con el santuario.

Campamento del oeste

18-24 ≫Al oeste acampará la tribu de Efraín. Su jefe militar es Elisamá hijo de Amihud. Según la cuenta que se hizo, sus tropas suman cuarenta mil quinientos soldados.

≫A la derecha de la tribu de Efraín acampará la tribu de Manasés. Su jefe militar es Gamaliel, hijo de Pedasur. Sus tropas suman treinta y dos mil doscientos soldados.

≫A la izquierda de Efraín acampará la tribu de Benjamín. Su jefe militar es Abidán hijo de Guidoní. Sus tropas suman treinta y cinco mil cuatrocientos soldados.

≫Las tropas de estas tribus seguirán la bandera de Efraín. Juntas suman ciento ochenta mil cien soldados. Todos ellos marcharán en tercer lugar.

El campamento del norte

25-31 ≫Al norte acampará la tribu de Dan. Su jefe militar es Ahiézer hijo de Amisadai. Según la cuenta que se hizo, sus tropas suman sesenta y dos mil setecientos soldados.

≫A la derecha de la tribu de Dan acampará la tribu de Aser. Su jefe militar es Paguiel hijo de Ocrán. Sus tropas suman cuarenta y un

mil quinientos soldados.

≫A la izquierda de Dan acampará la tribu de Neftalí. Su jefe militar es Ahirá hijo de Enán. Sus tropas suman cincuenta y tres mil cuatrocientos soldados.

≫Las tropas de estas tribus seguirán la bandera de Dan. Juntas suman ciento cincuenta y siete mil seiscientos soldados. Todos ellos marcharán al último≫.

El ejército israelita

32 Cuando se contaron las familias israelitas, entre todas formaron un ejército de seiscientos tres mil quinientos cincuenta soldados. **33** Dios le había ordenado a Moisés que no incluyera a los descendientes de Leví. **34** Los israelitas obedecieron todo lo que Dios le había ordenado a Moisés. Cada uno acampó bajo su propia bandera, y marchó con su propia familia y su propia tribu.

El trabajo de los descendientes de Leví

3 **1** Cuando Dios le habló a Moisés en el monte Sinaí, Aarón tenía cuatro hijos: **2** Nadab, Abihú, Eleazar e Itamar. Nadab era su hijo mayor. **3** Cada uno de los cuatro fue elegido y consagrado para ser sacerdote. **4** Pero sólo Eleazar e Itamar se ocuparon del sacerdocio, bajo el cuidado de su padre. Nadab y Abihú nunca tuvieron hijos. Dios les quitó la vida a ambos por haber prendido el incienso del santuario sin seguir cuidadosamente las instrucciones exactas que Dios había dado. **5** Dios le dijo a Moisés:

6-8 ≪Llama a la tribu de Leví, para que se ponga al servicio del sacerdote Aarón y del pueblo. Cuidarán el santuario y todos los utensilios que hay en él. **9-10** ≫De entre todo el pueblo de Israel, solamente Aarón y sus descendientes serán sacerdotes. Aparta al resto de los descendientes de Leví para que estén a su servicio. Cualquiera que tome el lugar de un sacerdote y no sea

descendiente de Aarón morirá≫.

Los descendientes de Leví pertenecen a Dios

11 Dios le dijo a Moisés:

12-13 ≪El día en que le quité la vida al primer hijo de cada familia egipcia, decidí que los israelitas debían entregarme todo primer hijo varón, tanto de personas como de animales. En lugar de sus hijos quiero que me consagren a los descendientes de Leví para que estén a mi servicio y me pertenezcan de manera especial. Yo soy el Dios de Israel≫.

Moisés hace una lista de los descendientes de Leví

14 Dios le dijo a Moisés en el desierto de Sinaí: **15** ≪Haz una lista de todos los descendientes de Leví de un mes para arriba, según la familia a la que pertenezcan≫. **16-21** Esta es la lista que hizo Moisés siguiendo el orden de cada familia levita:

Hijos de Leví: Guersón, Quehat y Merarí.

Hijos de Guersón: Libní y Simí.

Hijos de Quehat: Amram, Ishar, Hebrón y Uziel.

Hijos de Merarí: Mahli y Musí.

22-24 Los varones de la familia de Guersón, mayores de un mes, eran siete mil quinientos. El jefe de todas las familias de Guersón era Eliasaf hijo de Lael. Todos ellos acampaban al occidente, atrás del santuario, **25** y estaban a cargo del santuario y su toldo. Cuidaban la cubierta de piel del santuario, la cortina de la entrada; **26** las cortinas del patio de la entrada y las de la puerta del patio que rodea el santuario y el altar. Además eran responsables de las cuerdas que se usan para las cortinas.

27-30 Las familias de Quehat eran las de Amram, Ishar, Hebrón y Uziel, y acampaban en el costado sur del santuario. Los varones mayores de un mes eran ocho mil seiscientos. Su jefe era Elisafán hijo de Uziel.

31 Los descendientes de Quehat tenían a su cargo el cofre del pacto, la mesa del pan consagrado a Dios, el candelabro, los altares, la cortina del Lugar Santísimo y todo lo que se usaba para el culto a Dios.

32 El jefe principal de todos los descendientes de Leví y de todos los que cuidaban el santuario era Eleazar, hijo del sacerdote Aarón.

33-35 Las familias de Merarí eran las de Mahli y Musí, y acampaban en el costado norte del santuario. Los varones mayores de un mes eran seis mil doscientos. Su jefe era Suriel hijo de Abihail.

36-37 Los descendientes de Merarí tenían a su cargo las tablas del santuario con sus barras de madera, postes, bases, los postes que rodeaban el patio, con sus bases, estacas y cuerdas, más todos los utensilios del santuario.

38 Moisés, Aarón y sus hijos acampaban en el costado este, frente al santuario. Ellos cuidaban el santuario y estaban al servicio del pueblo de Israel. Si alguien que no fuera sacerdote hacía lo que sólo un sacerdote puede hacer, era condenado a muerte.

39 Moisés y Aarón hicieron lo que Dios les había mandado. Contaron y anotaron a todos los varones de la tribu de Leví que eran mayores de un mes, según sus familias. En total fueron veintidós mil.

La tribu de Leví, propiedad especial de Dios

40 Dios le dijo a Moisés:

«Haz una lista de todos los varones de cada familia israelita que hayan sido los primeros en nacer y que sean mayores de un mes. Anota sus nombres, **41** y apártame a los descendientes de Leví a cambio de los primeros hijos varones del pueblo de Israel. Apártame también el ganado de

la tribu de Leví en lugar de todos los animales que hayan nacido primero. Yo soy el Dios de Israel». **42** Tal como Dios se lo había mandado, Moisés contó en cada familia a todos los hijos varones que nacieron primero. **43** En total fueron veintidós mil doscientos setenta y tres.

44 Tiempo después Dios le dijo a Moisés:

45-48 «Los descendientes de Leví me pertenecen y ocuparán el lugar de todos los primeros hijos varones de los israelitas. También el ganado de ellos me pertenece en lugar del ganado del pueblo. Como los primeros hijos varones de los israelitas son más numerosos que los descendientes de Leví, se podrá rescatar a los doscientos setenta y tres que hay de más. Para rescatarlos se pedirá a cada persona cinco monedas de plata, de once gramos cada una. Esa es la cantidad aprobada para las ofrendas que se entregan en el santuario. Ese dinero les pertenece a Aarón y a sus descendientes. Yo soy el Dios de Israel».

49 Moisés tomó el pago por el rescate de los hijos mayores de los israelitas que había de más, **50** y recogió mil trescientos sesenta y cinco monedas de plata, según lo aprobado para las ofrendas del santuario. **51** Ese dinero se lo entregó a Aarón y a sus descendientes, tal como Dios se lo había ordenado.

El trabajo de los descendientes de Leví

GRUPO FAMILIAR DE QUEHAT

4 **1** Dios le dijo a Moisés y Aarón:

2 «Haz una lista de los descendientes de Leví que pertenezcan al grupo familiar de Quehat, pero toma en cuenta a qué familia pertenecen. **3** Incluye a los que tengan entre treinta y cincuenta años de edad, y que puedan prestar servicio en el santuario. **4** El trabajo de los descendientes de Quehat en ese

santo lugar, será el siguiente:

5 »Cuando el pueblo levante el campamento para irse a otro lugar, Aarón y sus hijos vendrán y quitarán el velo del Lugar Santísimo, y con él cubrirán el cofre del pacto. **6** Encima le pondrán unas pieles finas, extenderán sobre ella una tela azul, y luego le pondrán las barras de madera que se usan para transportarla. **7** »Sobre la mesa donde se ponen los panes consagrados a mí, extenderán una tela azul, y sobre ella pondrán los platos, las cucharas, las copas y las jarras para las ofrendas de vino. También pondrán el pan que se ofrece todos los días. **8** Encima de todo esto extenderán una tela roja, y lo cubrirán con pieles finas. Luego pondrán las barras que se usan para transportarlo.

9 »Tomarán una tela azul, y con ella cubrirán el candelabro, las lámparas, las tenazas, los platillos y todos los vasos que se utilizan para el aceite. **10** Cubrirán todo esto con pieles finas, y lo pondrán sobre unas barras de madera para transportarlo.

11 »Extenderán una tela azul sobre el altar de oro, lo cubrirán con pieles finas, y le pondrán unas barras para transportarlo. **12** Tomarán también todo lo que se usa en el santuario y lo pondrán en una tela azul, lo cubrirán con pieles finas y lo llevarán sobre unas barras de madera.

13 »Limpiarán la ceniza del altar, y lo cubrirán con una tela de color rojo oscuro, **14** sobre él pondrán todo lo que se usa para el culto: los braseros, los tenedores, las palas y los tazones. Cubrirán todo esto con pieles finas y le pondrán unas barras de madera para transportarlo.

15 »Cuando Aarón y sus hijos hayan terminado de envolver todo lo que se usa en el santuario y se pongan en camino, mandarás que los hijos de Quehat carguen con todo eso. Pero deberán tener cuidado de no tocar ningún objeto sagrado, pues si lo hacen, morirán. Este es el trabajo que harán los descendientes de Quehat en el santuario.

16 »Eleazar, hijo del sacerdote Aarón, se encargará del aceite para las lámparas, del incienso perfumado, la ofrenda que siempre me deben ofrecer y del aceite que se usa para la consagración. También se encargará de cuidar el santuario con todos los objetos sagrados que se usan en él».

17 Dios les dijo a Moisés y Aarón:

18 «No dejen que la familia de Quehat desaparezca de entre los descendientes de Leví. **19** Para que la familia de Quehat no muera castigada por tocar los objetos sagrados, harán lo siguiente: Aarón y sus hijos les dirán a cada uno de ellos lo que deben hacer y llevar. **20** De esta manera ellos no entrarán a ver los objetos sagrados, y no morirán».

GRUPO FAMILIAR DE GUERSÓN
21 Dios le dijo a Moisés:

22 «Haz una lista de todos los que pertenezcan al grupo familiar de Guersón. **23** Incluye a los que tengan entre treinta y cincuenta años de edad, y que puedan prestar servicio en el santuario. **24** Este será su trabajo:
25 »Llevarán las cortinas del santuario, las pieles finas con que este se cubre, la cortina de la entrada, **26** las cortinas del patio, la cortina de la entrada al patio que rodea el santuario y el altar, sus cuerdas y todo lo que se necesita para el culto.
27-28 »Aarón y sus hijos les dirán a los descendientes de Guersón todo lo que tienen que hacer en el santuario, y todo lo que deben transportar. Itamar, hijo del sacerdote Aarón, será quien los dirija.

GRUPO FAMILIAR DE MERARÍ
29 »Haz una lista de todos los que pertenezcan al grupo familiar de Merarí. **30** Incluye a los que tengan entre treinta y cincuenta años de edad, y que puedan prestar servicio en el santuario. **31** Su trabajo consistirá en transportar las tablas, las barras, los postes y las bases. **32** También llevarán los postes del patio que rodea el santuario, las bases, las estacas, las cuerdas y todo lo que se necesita para el culto. Tú debes decirle a cada uno exactamente lo que debe llevar. **33** Este será el trabajo de todos los descendientes de Merarí, bajo la dirección de Itamar».

Moisés y Aarón obedecen
34-49 Moisés y Aarón hicieron lo que Dios les había mandado, y junto con los jefes del pueblo contaron y anotaron a todos los descendientes de Leví. Hicieron una lista de todas las familias descendientes de Quehat, de Guersón y de Merarí. Contaron a los que tenían entre treinta y cincuenta años de edad, y que podían prestar servicio en el santuario. Este fue el resultado:
De Quehat: dos mil setecientos cincuenta hombres.
De Guersón: dos mil seiscientos treinta.
De Merarí: tres mil doscientos.

En total fueron ocho mil quinientos ochenta. De esta manera, Moisés le dijo a cada uno todo lo que tenía que hacer y llevar, tal como Dios se lo había mandado.

Reglas para el campamento
5 **1** Dios le dijo a Moisés:

2-3 «Diles a los israelitas que echen fuera del campamento a todo hombre o mujer que tenga estos problemas: alguna enfermedad sexual o de la piel, y a los que hayan tocado algún cadáver. De esa manera no contaminarán el campamento donde yo vivo».

4 Los israelitas obedecieron lo que Dios le había mandado a Moisés, y expulsaron del campamento a esas personas.

Otras reglas
5 Luego Dios le dijo a Moisés:

6 «Diles a los israelitas que si alguien roba o daña las pertenencias de otra persona, me lo está haciendo a mí. Es un pecado, **7** y debe corregirse así: se le devolverá a la persona todo lo que se le haya quitado, más una quinta parte. **8** Si la persona que dañaron ya murió, y no le pueden devolver sus pertenencias a alguno de sus parientes, entonces se las darán a Dios y las podrá usar el sacerdote. Además, la persona que robó o dañó esas pertenencias deberá llevarle al sacerdote un carnero para que lo sacrifique, y así Dios le perdone su pecado.
9-10 »Todas estas ofrendas que la gente lleve a Dios, serán para los sacerdotes».

Reglas en relación con los celos
11 Dios le dio otra ley a Moisés, y le dijo:

12-13 «Diles esto a los israelitas: puede ser que una mujer sea infiel a su esposo y tenga relaciones sexuales con otro hombre, sin que nadie se entere de lo que hizo, ni siquiera su esposo. **14** Pero también puede ser que el esposo sospeche de ella y se ponga celoso, y hasta puede suceder que alguno sospeche que su mujer lo engañó, aunque no sea cierto. **15** »Cuando esto pase, el esposo llevará su mujer ante el sacerdote, y le dará a Dios una ofrenda de dos kilos de harina de cebada. Como la ofrenda es de un esposo celoso que quiere descubrir si su esposa lo ha engañado, no se derramará aceite ni incienso sobre la harina.
16 »El sacerdote le pedirá a la mujer que se acerque, y la presentará ante Dios. **17** Luego el sacerdote traerá agua consagrada a Dios y pondrá en ella un poco de tierra del santuario. **18** »Luego, en señal de dolor, le

soltará el pelo a la mujer, y la presentará ante Dios. El sacerdote le dará la ofrenda a la mujer mientras él sostiene en sus manos el agua amarga que hace daño a quienes han pecado. **19** Entonces el sacerdote la hará jurar y le dirá: "Si no has engañado a tu esposo ni has tenido relaciones con otro hombre, le pido a Dios que cuando bebas esta agua amarga no te pase nada malo. **20** Pero si le has sido infiel y lo has engañado con otro hombre, **21-22** le pido a Dios que te castigue de tal manera que, cuando tomes esta agua, el estómago se te hinche y no puedas tener hijos. Que esto les sirva de ejemplo a todos. Ese será tu castigo".

»Y la mujer contestará: "Amén, amén".

23 »Entonces el sacerdote escribirá esta maldición y la borrará con el agua amarga. **24** Después le dará el agua amarga a la mujer para que la beba, **25** y la mujer le dará al sacerdote la ofrenda para que la ponga sobre el altar y la presente a Dios. **26** El sacerdote tomará de la ofrenda un puñado de cereal y lo quemará sobre el altar para que Dios se acuerde de quién presenta la ofrenda.

»Luego la mujer beberá el agua amarga, **27** y si ella engañó a su esposo, el agua le hará sentirse tan mal que el estómago se le hinchará y no podrá tener hijos. Esto servirá de ejemplo a toda la gente. **28** »Pero si la mujer no engañó a su marido, no le pasará nada malo y podrá tener hijos.

29 »Esto es lo que se debe hacer cuando una mujer engañe a su esposo con otro hombre. Si el esposo se pone celoso, **30** tenga o no razón, debe llevarla ante Dios, y el sacerdote hará todo lo que ya te he dicho. **31** El esposo no será castigado. Pero si la mujer hizo algo malo, será castigada.

Leyes para los nazireos

6 **1** Dios le habló a Moisés y le dijo: **2** «Diles a los israelitas que,

cuando un hombre o una mujer prometa consagrarse a mí como nazireo,[1] **3** no podrá beber bebidas alcohólicas. Tampoco podrá comer uvas ni pasas. **4** Mientras dure su promesa no podrá comer nada que provenga de la vid. **5** Durante todo ese tiempo, tampoco se cortará el cabello, pues eso indicará que es una persona que vive sólo para servirme. **6** »Además, tampoco podrá acercarse a ningún cadáver, **7** aunque se trate de uno de sus padres o hermanos. Si lo hace, ya no tendrá la pureza que deben tener los que viven sólo para servirme. **8** Mientras dure su promesa, deberá mantenerse puro. **9** »Si alguna persona muere a su lado, el nazireo volverá a quedar puro rapándose toda la cabeza una semana después. **10** Al octavo día llevará dos tórtolas o dos pichones de paloma, y se los dará al sacerdote a la entrada del santuario. **11-12** »Para que yo, su Dios, perdone el pecado del nazireo, el sacerdote sacrificará primero una de las aves, quemándola completamente. Luego sacrificará la otra junto con el cordero de un año que el nazireo presentará. De esa manera, yo le perdonaré el haber tocado un cadáver, y el nazireo podrá dedicarse otra vez a mi servicio.

»Por haberse contaminado, ya no se le tomará en cuenta al nazireo todo el tiempo que estuvo a mi servicio. Por eso, el día que haga sus ofrendas, empezará a contar de nuevo el tiempo de su promesa. **13** »Cuando el nazireo cumpla con el tiempo de servicio prometido, deberá pararse a la entrada del santuario **14** y presentarme las siguientes ofrendas: un cordero de un año que no tenga defectos, el cual presentará como una ofrenda que se quema por completo, una oveja de un año que no tenga ningún defecto, para perdón de su pecado, y por último, un carnero que no

tenga ningún defecto, para que el nazireo vuelva a estar en paz conmigo.

15 »Además, el nazireo debe llevar al santuario una canasta con panes y tortillas sin levadura, hechos con la mejor harina y amasados con aceite, y las demás ofrendas de cereal y de vino.

16-19 »El sacerdote me presentará la canasta con los panes, los cereales y el vino. Luego el nazireo se rapará la cabeza a la entrada del santuario, y el sacerdote quemará el cabello junto con el animal que se sacrifica para hacer las paces conmigo. Después de esto, el sacerdote le dará al nazireo la espaldilla del carnero ya cocida, junto con un pan y una tortilla sin levadura.

20 »Luego el sacerdote mecerá las costillas y el muslo del animal que se ofrecen en mi honor. Estas porciones son sagradas y se le dan sólo al sacerdote. Después de hacer todo esto, el nazireo podrá beber vino.

21 »Esto es lo que debe hacer quien se haya consagrado a mi servicio como nazireo. Estas son las ofrendas que debe presentarme, además de otras cosas que pueda y quiera ofrecerme. Lo que realmente importa es que cumpla con todo lo que ha prometido».

La bendición de los sacerdotes

22 Además Dios le dijo a Moisés:

23 «Diles a Aarón y a sus hijos, que así deben bendecir a los israelitas:

24 "Que Dios te bendiga
y siempre te cuide;
25 que Dios te mire con agrado
y te muestre su bondad;
26 que Dios te mire con agrado
y te llene de paz".

27 »Cuando los sacerdotes pronuncien esta bendición, yo haré que se haga realidad».

Ofrendas para la dedicación del santuario

7 ¹ Cuando Moisés ya había construido el santuario, lo roció con aceite para indicar que el santuario y todo lo que había en él estaba consagrado para adorar a Dios. ² Los jefes de las tribus de Israel, que ayudaron a contar y anotar todo, le presentaron a Dios como ofrenda **3** seis carretas y doce bueyes. Cada jefe le dio un buey, y entre dos jefes le dieron una carreta. Todo esto se lo ofrecieron en el santuario. **4** Y Dios le dijo a Moisés: **5** «Recibe las carretas y los bueyes, y dáselos a los descendientes de Leví. Diles que los usen en su trabajo en el santuario, según lo que cada uno tenga que hacer». **6** Moisés recibió las carretas y los bueyes, y se los dio a los descendientes de Leví, **7-8** para que hicieran su trabajo. A los que pertenecían al grupo familiar de Guersón les dio dos carretas y cuatro bueyes, y a los del grupo familiar de Merarí les dio cuatro carretas y ocho bueyes. Su jefe era Itamar, el hijo del sacerdote Aarón. **9** A los del grupo familiar de Quehat no les dio nada, porque su trabajo era llevar sobre los hombros los objetos sagrados. **10** El día en que se consagró el altar, los jefes de las tribus trajeron ofrendas y las pusieron frente al altar. **11** Entonces Dios le dijo a Moisés: «Haz que cada día un jefe distinto traiga su ofrenda para dedicar a Dios el altar». **12-83** Estas son las ofrendas que los jefes de las doce tribus de Israel presentaron a Dios: una bandeja de plata de un kilo y medio, una jarra de plata de tres cuartos de kilo, una gran cuchara de oro de ciento diez gramos, llena de incienso, un ternero, un carnero, un cordero de un año para quemarlo completamente en honor a Dios, un chivo para sacrificarlo como pago por sus pecados, dos toros, como ofrenda para hacer la paz con Dios, cinco carneros, cinco chivos y cinco corderos de un año.

Todo eso fue pesado según el peso aprobado en el santuario. La bandeja y la jarra estaban llenas de harina fina amasada con aceite, para preparar una ofrenda de cereales. Todas estas ofrendas las presentaron los doce jefes en el siguiente orden: El primer día, Nahasón, de la tribu de Judá, el segundo día, Natanael, de la tribu de Isacar, el tercer día, Eliab, de la tribu de Zabulón, el cuarto día, Elisur, de la tribu de Rubén, el quinto día, Selumiel, de la tribu de Simeón, el sexto día, Eliasaf hijo de Reuel, de la tribu de Gad, el séptimo día, Elisamá, de la tribu de Efraín, el octavo día, Gamaliel, de la tribu de Manasés, el noveno día, Abidán, de la tribu de Benjamín, el décimo día, Ahiézer, de la tribu de Dan, el día once, Paguiel, de la tribu de Aser, el día doce, Ahirá, de la tribu de Neftalí.

84-88 Los jefes de las tribus dieron todas estas ofrendas para dedicar el altar al servicio de Dios: doce bandejas de plata, de un kilo cada una, doce jarras de plata, de medio kilo cada una y doce cucharas de oro, de cien gramos cada una.

El peso total de las bandejas y jarras fue de veintiséis kilos y medio, y el de las cucharas de un kilo y trescientos veinte gramos, según el peso aprobado en el santuario. El total de los animales que se quemaron completamente para volver a estar en paz con Dios fueron: doce toros, doce carneros y doce corderos de un año.

89 Después de esto, Moisés entró en el santuario para hablar con Dios. Allí, desde la tapa del cofre del pacto, donde están los dos querubines, Moisés oyó la voz de Dios.

El candelabro de oro

8 ¹ Dios le dijo a Moisés:

2-3 «Dile a Aarón que cuando encienda las siete lámparas, debe colocarlas sobre el candelabro de manera que alumbren hacia adelante».

Y Aarón colocó el candelabro tal como Dios se lo había mandado por medio de Moisés. **4** El candelabro era de oro. De arriba abajo le habían dado forma de flor a golpes de martillo. Así se lo había dicho Dios a Moisés que lo hiciera.

Consagración de los descendientes de Leví

5 Luego Dios le dijo a Moisés:

6 «Separa a los descendientes de Leví y purifícalos. **7** Derrama agua sobre ellos como símbolo de esa purificación, y luego mándales que se afeiten todo el cuerpo y laven su ropa. Así quedarán purificados. **8** »Después deben tomar un toro y harina fina, amasada con aceite. Así presentarán su ofrenda de cereales, junto con el toro para el sacrificio por el perdón de los pecados.

9 »Luego, haz que los descendientes de Leví y el resto del pueblo se acerquen al santuario. **10-18** Allí estarán Aarón y sus descendientes, como representantes del pueblo, y Aarón los consagrará a mi servicio de la siguiente manera:

»Los israelitas pondrán sus manos sobre la cabeza de los descendientes de Leví. Luego, ellos pondrán sus manos sobre la cabeza de los dos novillos. Uno de ellos lo sacrificarás como ofrenda por el pecado, y el otro lo quemarás completamente en mi honor. Así purificarás a los descendientes de Leví. Con esto, quedarán listos para servirme en el santuario.

»Los de la tribu de Leví serán míos, porque los israelitas me los entregarán en lugar de sus primeros hijos. Cuando maté al hijo mayor de cada familia egipcia, decidí que todos los primeros hijos de los israelitas serían míos, incluyendo a las primeras crías de sus animales. A cambio de todos ellos acepté a la tribu de Leví.

»Así que, separarás a los descendientes de Leví de entre los demás israelitas, para que vivan siempre a mi servicio.

19 »Yo dejo a los descendientes de Leví en manos de Aarón y sus hijos, como si fueran una ofrenda de los israelitas, para que sirvan en el santuario. Ellos presentarán las ofrendas de los israelitas para que yo les perdone sus pecados. Así no les pasará nada malo a los que se acerquen demasiado al santuario».

20-22 Moisés y Aarón, y todos los israelitas, hicieron con los descendientes de Leví todo lo que Dios les había mandado. Los descendientes de Leví se purificaron, lavaron su ropa y luego Aarón mismo los presentó ante Dios como ofrenda. Después de eso, los descendientes de Leví empezaron a servir a Dios en el santuario, siempre bajo las órdenes de Aarón y sus descendientes.

23 Dios le dijo a Moisés:

24-26 «Los descendientes de Leví podrán iniciar su servicio en el santuario a los veinticinco años de edad, y dejarán de hacerlo a los cincuenta. A partir de esa edad podrán ayudar a los sacerdotes más jóvenes en el cuidado del santuario, pero no hacer otro tipo de trabajo».

La fiesta de la Pascua

9 **¹** Había pasado un año desde que los israelitas habían salido de Egipto cuando Dios le habló a Moisés en el desierto del Sinaí. Dios le dijo: **2-3** «Los israelitas deben celebrar la fiesta de la Pascua en la tarde del día catorce del mes de Abib,¹ tal y como yo les enseñé».

4 Moisés mandó a los israelitas que celebraran la fiesta de la Pascua.

5 Y ellos la celebraron en el desierto de Sinaí ese día catorce al atardecer, tal y como Dios lo había mandado por medio de Moisés.

6 Sin embargo, algunos israelitas habían tocado un cadáver, y la ley no les permitía estar en la fiesta ese día. Entonces fueron a ver a Moisés y a Aarón, **7** y les dijeron:

—Nosotros tocamos un cadáver, y queremos saber si podemos presentar nuestra ofrenda a Dios como los demás israelitas.

8 Moisés les contestó:

—Espérenme. Voy a preguntarle a Dios lo que deben hacer.

9 Y Dios le dijo a Moisés:

10 «Diles a los israelitas que todos deben celebrar la fiesta de la Pascua. Si alguien ha tocado un cadáver, o está de viaje, **11-12** debe celebrar la fiesta en la tarde del día catorce del mes de Ziv.² Y la celebrará así: comerá el cordero con hierbas amargas y pan sin levadura. No le quebrará ningún hueso al cordero, ni guardará nada de comida para el otro día.

13 »Pero la persona que sin razón alguna no celebre la fiesta de la Pascua ni presente su ofrenda en ese día, será castigada. No la dejarán vivir entre ustedes, sino que tendrán que eliminarla.

14 Si entre ustedes viven extranjeros, también ellos celebrarán la fiesta de la Pascua, tal y como a ustedes se les ha ordenado. La misma ley vale para todos».

Dios guía a su pueblo

15 El día que se armó el santuario del pacto, vino una nube y lo cubrió. Cuando cayó la noche, apareció sobre el santuario un fuego, que al amanecer desapareció. **16** Y así sucedía siempre: durante el día lo cubría una nube, pero en la noche lo iluminaba una especie de fuego.

17-23 Dios les indicaba a los israelitas cuándo debían ponerse en marcha y cuándo debían acampar. Lo hacía de la siguiente manera: cuando la nube se elevaba y empezaba a moverse, los israelitas se levantaban y la seguían; cuando se detenía, también se detenían los israelitas. Plantaban su campamento y se quedaban allí todo el tiempo que la nube permanecía sobre el santuario.

A veces la nube se detenía sólo una noche; a veces unos días, a veces un mes, y en ocasiones hasta un año. Cuando la nube se detenía mucho tiempo, los israelitas obedecían y no se movían de allí. No importaba si era de día o de noche, cuando la nube se movía, los israelitas la seguían; cuando se detenía, el pueblo también se detenía y se ocupaba del culto a Dios.

Así era como Dios les daba órdenes a los israelitas por medio de Moisés, y ellos lo obedecían.

Las trompetas de plata

10 **¹** Dios le dijo a Moisés:

2-8 «Toma un martillo y haz dos trompetas de plata, que sólo podrán tocar los sacerdotes descendientes de Aarón. Enséñale al pueblo que yo he dado esta orden: Cuando los sacerdotes toquen las dos trompetas, toda la gente se debe reunir delante de ti a la entrada del santuario. Un solo toque de trompeta significa que sólo deben reunirse contigo los jefes de las tribus.

»Las trompetas también te servirán para darle al pueblo la señal de ponerse en marcha. El toque de dos trompetas acompañado de fuertes gritos querrá decir que deben ponerse en marcha todos los que estén acampados al este del campamento. A un nuevo toque de trompeta, se pondrán en marcha los que estén acampados en el sur. Esta será una ley permanente para ustedes.

9 »Cuando haya una guerra y ustedes tengan que salir a pelear, toquen las trompetas y griten con todas sus fuerzas. Entonces yo, su Dios, me acordaré de ustedes y los salvaré de sus enemigos.

10 »Toquen también las trompetas cuando sean días de fiesta, a principio de mes y al presentarme ofrendas. Cuando lo hagan, yo me acordaré de ustedes».

Los israelitas se van del Sinaí

11 La nube que estaba sobre el santuario del pacto se levantó el día veinte del mes de Ziv, | del segundo año. **12-13** Ese día, tal como Dios les había ordenado por medio de Moisés, los israelitas se levantaron y siguieron la nube desde el desierto de Sinaí hasta el desierto de Parán. **14-27** Las tribus de Israel, con sus respectivos jefes, marcharon en el siguiente orden: La tribu de Judá, con su jefe Nahasón; la tribu de Isacar, con su jefe Natanael; la tribu de Zabulón, con su jefe Eliab; la tribu de Rubén, con su jefe Elisur; la tribu de Simeón, con su jefe Selumiel; la tribu de Gad, con su jefe Eliasaf. la tribu de Efraín, con su jefe Elisamá; la tribu de Manasés, con su jefe Gamaliel; la tribu de Benjamín, con su jefe Guidoní; la tribu de Dan, con su jefe Ahiézer; la tribu de Aser, con su jefe Paguiel y la tribu de Neftalí, con su jefe Ahirá.

Entre las tribus de Zabulón y de Rubén marchaban los descendientes de Guersón y Merarí. Ellos eran los encargados de desarmar el santuario y de transportarlo por el camino, pues eran los únicos que podían hacerlo.
Entre las tribus de Gad y de Efraín marchaban los descendientes de Quehat. Ellos eran los encargados de llevar todos los utensilios del santuario. Como venían atrás, llegaban a donde iban a acampar y encontraban armado el santuario. **28** Siempre que los israelitas tenían que ponerse en marcha, iban en ese orden.

Moisés y Hobab

29 Moisés le dijo a su pariente Hobab hijo de Reuel, el madianita:

—Nosotros vamos al territorio que Dios nos va a dar. Ven con nosotros. Te trataremos bien, como Dios ha prometido tratarnos.

30 Pero Hobab le contestó:

—No, gracias. Prefiero regresar a la región en donde viven mis parientes.

31 Moisés le volvió a decir:

—No nos dejes. Tú conoces bien el desierto y sabes dónde podemos acampar. **32** Si vienes con nosotros y nos guías, te daremos una parte de todo lo que Dios nos dé.

33 Salieron del monte Sinaí, y caminaron durante tres días. En todo ese tiempo, los israelitas iban con el cofre del pacto, buscando un lugar donde acampar. **34** Por las mañanas, cuando estaban por iniciar la marcha, la nube de Dios se ponía encima de ellos **35** y Moisés decía:

«¡Dios mío, levántate!

»¡Haz que tus enemigos huyan espantados!
¡Haz que los que te odian se alejen de nosotros!»

36 Y cuando el cofre se detenía, Moisés decía:

«¡Dios mío,
no abandones a Israel,
tu pueblo numeroso!»

Los israelitas se quejan contra Dios

11 ¹ Los israelitas siempre se quejaban con Dios por los problemas que tenían. Cuando Dios oyó sus quejas, se enojó mucho y prendió un fuego alrededor del campamento. ² La gente empezó a gritar y a pedirle ayuda a Moisés. Entonces Moisés rogó a Dios por ellos, y el fuego se apagó. ³ Por eso llamaron a ese lugar Taberá, que quiere decir «incendio». Lo llamaron así para recordar que Dios se había enojado allí contra ellos. **4-9** Cada noche el maná y el rocío del campo caían juntos. El maná era pequeño como la semilla del cilantro, y amarillo como la resina. Por la mañana la gente salía al campo a recogerlo, luego lo molía, lo cocinaba y hacía panes con él. El maná tenía un sabor parecido al del pan de harina con aceite.
Sin embargo, entre los israelitas había gente de otros pueblos que sólo se preocupaban por comer. Los israelitas se dejaron llevar por ellos, y empezaron a llorar y a decir:

«¡Ojalá pudiéramos comer carne! ¿Se acuerdan del pescado que comíamos gratis en Egipto? ¡Y qué sabrosos eran los pepinos, los melones, los puerros, las cebollas y los ajos que allá comíamos! En cambio, ahora no estamos muriendo de hambre, ¡y lo único que vemos es maná!»

10 Moisés se dio cuenta de que todos los israelitas lloraban a la entrada de sus tiendas, y se molestó porque sabía que esto haría enojar mucho a Dios. **11** Por eso le preguntó a Dios:

—Yo soy tu servidor. ¿Por qué me tratas mal y me obligas a soportar a este pueblo? **12** ¡Yo no soy su padre ni su madre! ¡No tengo por qué cargar con ellos y llevarlos al territorio que tú les vas a dar! **13** Ellos vienen a mí llorando, y me piden carne. ¿De dónde voy a sacar tanta carne para que coma todo este pueblo?
14 »Por mis propias fuerzas, yo solo no puedo llevar a este pueblo; ¡es demasiado trabajo para mí! **15** Si vas a seguir tratándome así, mejor quítame la vida. ¡Me harías un gran favor! ¡Ya tengo suficientes problemas con esta gente!

16 Dios le respondió a Moisés:

—Reúne de entre el pueblo a setenta ancianos que sean líderes. Llévalos al santuario, y que esperen allí. **17** Yo bajaré entonces y te hablaré. Pondré en los ancianos una parte del espíritu que está en ti, para que te ayuden a dirigir al pueblo; así no tendrás que hacerlo todo.

18 Luego Dios le dijo a Moisés:

—Dile al pueblo que mañana comerán carne, pero primero deben purificarse. Diles que ya escuché su llanto y sus quejas, y que andan diciendo: ''¡Queremos comer carne! ¡Estábamos mejor en Egipto!''

»Yo les voy a dar carne. **19** Y no sólo un día, ni dos, ni cinco, ni diez, ni veinte. **20** Voy a darles carne todo un mes, hasta que se cansen de comerla, ¡hasta que les dé asco y se les salga por las narices!

»Ese será su castigo por haberme rechazado y no reconocer mi presencia entre ustedes. Eso les pasará por haberse quejado y por decir: ''¡Mejor nos hubiéramos quedado en Egipto!''

21 Y Moisés respondió:

—Dios mío, ¿de dónde vas a sacar tanta carne para darles de comer todo un mes? Son como seiscientos mil hombres, sin contar a las mujeres. **22** Aun si matáramos todas las vacas y ovejas que traemos, o les diéramos todos los peces del mar, no habría bastante para todos.

23 Pero Dios le dijo a Moisés:

—¿Tú crees que no puedo hacerlo? Pues ahora verás si cumplo o no con mi palabra.

24 Moisés fue a comunicarle al pueblo lo que Dios le había dicho. Luego reunió a setenta líderes y los puso alrededor del santuario. **25** Dios bajó en la nube y habló con Moisés; luego hizo lo que había prometido: puso en los líderes el espíritu que había en Moisés, y ellos empezaron a comunicar mensajes de parte de Dios. Esto sucedió una sola vez.

Eldad y Medad

26 Había dos hombres del grupo de los setenta, llamados Eldad y Medad, que se habían quedado en el campamento. Y aunque

estaban allí, el espíritu también vino sobre ellos y empezaron a profetizar. **27** Un muchacho fue corriendo a contárselo a Moisés. **28** Josué, que desde joven era ayudante de Moisés, estaba allí. Al oír al muchacho, dijo:

—Moisés, mi señor, ¡no los deje usted profetizar!

29 Pero él le respondió:

—No seas celoso ni envidioso. Ya quisiera yo que todo el pueblo de Dios recibiera su espíritu y profetizara.

30 Después de eso, Moisés y los líderes regresaron al campamento.

Las codornices

31 Dios hizo que desde el mar soplara un viento muy fuerte. Ese viento trajo muchísimas codornices y las lanzó sobre el campamento de los israelitas. Eran tantas que se podía caminar todo un día por el campo y encontrarlas amontonadas a casi un metro de altura. **32** La gente se la pasó juntando codornices todo ese día, y toda la noche y el día siguiente. El que menos codornices juntó, hizo diez montones, y algunos hasta pusieron a secar codornices alrededor del campamento. **33** Todavía no acababa la gente de comer codornices cuando Dios se enojó contra ellos. Los castigó tan duramente que muchos murieron. **34** Por eso llamaron a ese lugar Quibrot-hataavá, nombre que significa «tumbas del apetito», porque allí el pueblo enterró a los que sólo pensaban en comer.

35 De allí el pueblo se fue a Haserot, en donde se quedó por algún tiempo.

María y Aarón critican a su hermano Moisés

12 **1** María y Aarón hablaban mal de su hermano Moisés porque se había casado con una mujer que

no era hebrea sino etíope. **2** Y dijeron: «¿Acaso Dios le ha hablado sólo a Moisés? También nos ha hablado a nosotros».

Dios oyó lo que habían dicho, **3** y se molestó al oírlo porque Moisés era la persona más humilde del mundo. **4** Entonces Dios llamó a Moisés, a Aarón y a María y les dijo: «Vayan los tres al santuario».

Cuando fueron los tres, **5** Dios bajó en la columna de nube y se puso a la entrada del santuario; y cuando ellos se acercaron **6-8** les dijo:

«Óiganme bien. ¿Por qué se atreven a hablar mal de Moisés? Ustedes saben que cuando yo quiero decirles algo por medio de un profeta, le hablo a este por medio de visiones y de sueños. Pero con Moisés, que es el más fiel de todos mis servidores, hablo cara a cara. A él le digo las cosas claramente, y dejo que me vea».

9 Y Dios se alejó de ellos porque estaba muy enojado. **10** Y resulta que cuando la nube se apartó del santuario, a María le dio lepra. ¡La piel se le puso blanca como la nieve!

Cuando Aarón vio a María, **11** le dijo a Moisés:

«Perdónanos, por favor, y no nos castigues por este pecado. Lo que hicimos fue una tontería. **12** La piel de María está deshecha, como la de los bebés que mueren antes de nacer. ¡Por favor, pídele a Dios que no la deje así!»

13 Entonces Moisés le pidió a Dios que sanara a María, **14** y Dios le contestó:

—Si su padre le hubiera escupido en la cara, sería tal su vergüenza que ella tendría que quedarse siete días fuera del campamento. Pues bien, ese será su castigo.

15 Así que María estuvo fuera del campamento siete días, y en todo ese tiempo el campamento no se movió de su lugar. **16** Luego se fueron de Haserot, y no se detuvieron hasta llegar al desierto de Parán.

Moisés envía espías a Canaán

13 **1** Dios le dijo a Moisés: **2** «Envía algunos hombres a Canaán para que exploren el territorio que les voy a dar. Que vaya un jefe de cada tribu».

3 Así que Moisés envió desde el desierto de Parán a doce jefes de los israelitas, tal como Dios se lo había mandado. **4** Los jefes enviados fueron: Samúa, de la tribu de Rubén **5** Safat, de la tribu de Simeón **6** Caleb, de la tribu de Judá **7** Igal, de la tribu de Isacar **8** Oseas, de la tribu de Efraín **9** Paltí, de la tribu de Benjamín **10** Gadiel, de la tribu de Zabulón **11** Gadí, de la tribu de Manasés **12** Amiel, de la tribu de Dan **13** Setur, de la tribu de Aser **14** Nahbí, de la tribu de Neftalí, y **15** Gueuel, de la tribu de Gad.

16-17 A Oseas hijo de Nun, Moisés le cambió el nombre y le puso Josué. Luego Moisés envió a los jefes israelitas a explorar el territorio de Canaán. Les dijo:

«Vayan por el desierto hasta llegar a las montañas. **18** Fíjense en el país y en la gente que allí vive, si es gente fuerte o débil, y si son muchos o pocos. **19-20** Fíjense también cómo han construido sus ciudades, y si son fuertes o frágiles como tiendas de campaña. Vean si su territorio tiene árboles, si es bueno y da muchos frutos, o si es malo y sin frutos. No sean miedosos, y traigan de allá algo de lo que la tierra produce».

Los espías recorren el territorio prometido

Comenzaba la cosecha de las primeras uvas, **21** cuando los jefes israelitas fueron a explorar la región. Empezaron por el sur, por el desierto de Sin, y de allí se fueron hasta Rehob, que está cerca de Hamat. **22** Entraron por el desierto y llegaron hasta Hebrón. Esta ciudad había sido construida siete años antes que la ciudad egipcia de Soan.

Los espías vieron que en Hebrón vivían Ahimán, Sesai y Talmai, que eran descendientes del gigante Anac. **23-24** Cuando llegaron a un arroyo, cortaron un racimo de uvas tan grande y pesado que tuvieron que cargarlo entre dos. Los otros llevaron granadas e higos. El racimo que allí cortaron los israelitas era tan grande que a ese arroyo le pusieron por nombre Escol, que significa «racimo».

Los espías presentan su informe

25 Después de andar por el territorio durante cuarenta días, los espías regresaron **26** a Cadés, en el desierto de Parán. Allí les contaron a Moisés y Aarón y a todos los israelitas lo que habían visto, y les mostraron los frutos que habían traído de ese territorio. **27** Y le dijeron a Moisés:

—Fuimos al territorio adonde nos enviaste. Es un territorio muy fértil; ¡allí siempre habrá abundancia de alimentos! Mira, estos son los frutos que se dan allá. **28** »Lo malo es que la gente que vive allá es muy fuerte, y han hecho ciudades grandes y bien protegidas. ¡Hasta vimos a los descendientes del gigante Anac! **29** En el desierto viven los amalecitas, en las montañas viven los hititas, los jebuseos y los amorreos, y entre el mar y el río Jordán viven los cananeos.

30 La gente comenzó a murmurar, pero Caleb les ordenó callarse y les dijo:

—¡Vamos a conquistar ese territorio! ¡Podemos hacerlo!

31-33 Pero los otros que habían ido con él empezaron a desanimar a los israelitas diciéndoles que el territorio era malo.
—¡No lo hagan! —les decían—. ¡No

podremos vencer a gente tan poderosa! ¡Los que viven allí son gigantes, como Anac! ¡Ante ellos nos veíamos tan pequeños como grillos! Además, es un lugar en donde no se puede vivir. Es tan malo que la gente se muere como si se los tragara la tierra.

Quejas de los israelitas contra Dios

14 **1** Aquella noche todos los israelitas empezaron a gritar y a llorar. **2** Se quejaban contra Moisés y Aarón, y decían:

«¡Ojalá nos hubiéramos muerto en Egipto, o en este desierto! **3** ¿Para qué nos trajo Dios a este territorio? ¿Sólo para que nos maten a todos, y se lleven como esclavos a nuestras mujeres e hijos? ¡Mejor regresemos a Egipto!»

4 Y se decían unos a otros: «¡Vamos a elegir a un jefe que nos lleve de vuelta a Egipto!» **5** Entonces Moisés y Aarón se tiraron de cara al suelo delante de los israelitas. **6** También se rasgaron la ropa en señal de dolor Josué y Caleb, que eran dos de los que habían ido a explorar el país. **7** Les dijeron a todos los israelitas:

«El territorio que vimos es bastante bueno; **8** allí siempre habrá abundancia de alimentos. Dios nos ama; nos ayudará a entrar en él y nos lo dará. **9** Lo importante es que no se rebelen contra Dios ni tengan miedo de la gente que vive en ese territorio. Será muy fácil vencerlos, porque ellos no tienen quién los cuide. Nosotros, en cambio, contamos con la ayuda de nuestro Dios. ¡No tengan miedo!»

10 Pero la gente no les hizo caso; por el contrario, querían apedrearlos.

Dios castiga a los israelitas

Entonces Dios se apareció con toda su gloria en el santuario, delante de todos los israelitas, **11** y le dijo a Moisés:

—¿Hasta cuándo este pueblo seguirá creyendo que yo no soy importante ni tengo poder? Ya he hecho tantos Milagros delante de ellos, ¿y todavía no creen en mí? **12** Les voy a enviar una enfermedad que acabe con ellos. Pero de ti haré un pueblo más grande y numeroso.

13-16 Pero Moisés contestó:

—Si matas a este pueblo de una sola vez, lo van a saber los egipcios, que te vieron sacar de su país a los israelitas. Luego los egipcios se lo contarán a las otras naciones, y ellas van a decir: "Dios no pudo llevar a su pueblo al territorio que les prometió. Por eso los dejó morir en el desierto".
»Todos saben que tú cuidas a este pueblo. Saben que tu nube está sobre ellos y los guía, de día con una columna de nube y de noche con una columna de fuego; también saben que tu pueblo puede verte cara a cara.
17 »Por eso te pido que muestres tu gran poder. Tú mismo has dicho **18** que tienes mucho amor y paciencia, y que por eso perdonas al pecador. Tú has dicho que castigas a los hijos, a los nietos y a los bisnietos, por la maldad de sus padres. **19** Dios mío, si desde Egipto has aguantado a este pueblo, y si realmente es tan grande tu amor, perdónale este pecado.

20 Dios le respondió a Moisés:

—Está bien, si así lo quieres, voy a perdonarlos. **21-23** Yo soy Dios, y mi fama es conocida en toda la tierra. Una cosa te juro: Ninguno de los que vieron los milagros que hice en Egipto y en este desierto, verá el territorio que les prometí. Ellos hablaron mal de mí, me pusieron a prueba muchísimas veces, y no me obedecen.
24-25 »Pero Caleb, mi servidor, no fue como los demás, sino que creyó en mi promesa. Por eso entrará junto con sus hijos en el territorio prometido, donde aho-

ra viven los amalecitas y los cananeos. Ustedes, por su parte, irán mañana al desierto, en dirección al Mar de los Juncos.

26 Dios volvió a decirles a Moisés y a Aarón:

27 —Ya oí que los israelitas andan hablando mal de mí. ¿Hasta cuándo voy a soportar las quejas de este pueblo malvado? **28** Ya que andan diciendo que los he castigado, los voy a castigar. Yo soy el Dios de Israel, y les juro que lo haré. **29** Todos los que tengan más de veinte años, y que hayan hablado mal de mí, morirán en este desierto. **30** Sólo Josué y Caleb entrarán en el territorio que les prometí, y nadie más.
31-32 »Ustedes caerán muertos en este desierto, y allí quedarán tirados. Pero sus hijos, que ustedes pensaron que serían esclavos, sí entrarán en el territorio que ustedes despreciaron. **33** Como ustedes no confiaron en mí, sus hijos andarán por el desierto cuidando ovejas durante cuarenta años; tendrán que esperar hasta que todos ustedes hayan muerto en el desierto.
34-35 »Para que aprendan lo terrible que es desobedecerme, los castigaré duramente. Les juro que lo haré. Ustedes exploraron el territorio durante cuarenta días, así que yo los castigaré un año por cada día. Cuarenta años andarán vagando por el desierto, hasta que se cansen y mueran.

36-37 Así fue como Dios castigó con la muerte a los que Moisés había enviado a explorar el territorio prometido, los cuales habían hecho que todos los israelitas se rebelaran contra Dios. **38** De los doce exploradores, sólo Josué y Caleb quedaron con vida.
39 Cuando Moisés les comunicó todo esto, los israelitas se pusieron muy tristes.

Derrota de los israelitas
40 Al día siguiente, los israelitas se levantaron muy temprano y se

fueron a la parte más alta de un monte. Allí le dijeron a Moisés:

—Aunque reconocemos nuestro pecado, de todos modos entraremos al territorio que Dios nos prometió.

41 Pero Moisés les contestó:

—¿Por qué desobedecen a Dios? **42** No vayan a ese territorio, pues Dios no irá con ustedes y sus enemigos los van a derrotar. **43** Ustedes se apartaron de Dios, y por eso él los ha abandonado. Si van a ese territorio, sus habitantes les saldrán al encuentro y los matarán.

44 A pesar de esta advertencia, los israelitas subieron al monte, pero Moisés y el cofre del pacto se quedaron en el campamento. **45** Entonces los habitantes del país bajaron del monte y pelearon contra los israelitas. Los persiguieron hasta Hormá y los derrotaron por completo.

Ofrendas y sacrificios
15 **1** Dios le ordenó a Moisés:

2 «Diles esto a los israelitas: Cuando ya estén en el país que les voy a dar para que vivan en él, deben presentar sus ofrendas de la siguiente manera:
3 »Podrán llevar como ofrenda animales de sus ganados o rebaños para sacrificarlos y quemarlos en mi honor; también podrán presentar ofrendas voluntarias, o para cumplir alguna promesa, o de las que se dan en las fiestas. Así es como me agradan las ofrendas.
4-5 »Por cada cordero deben llevar un litro de vino y dos kilos de buena harina amasada con un litro de aceite de oliva. **6-7** Si sacrifican un carnero, deben llevar más de un litro de vino y cuatro kilos de harina amasada con más de un litro de aceite. Así es como me agradan las ofrendas.
8-10 »Cuando quemen un toro en

mi honor, o presenten una ofrenda para hacer la paz conmigo, o quieran cumplir con una promesa, deben llevar dos litros de vino y seis kilos de buena harina amasada con dos litros de aceite. Así es como me agradan las ofrendas.

11-16 »De esta manera todos, incluso los extranjeros, me presentarán sus ofrendas, es decir, sus toros, carneros, corderos y cabritos. No hay diferencia. Esto será siempre así».

17 Luego Dios le ordenó a Moisés:

18 «Diles a los israelitas que cuando lleguen al país que les voy a dar, **19** y empiecen a cosechar el trigo y a comérselo, deben separar una parte para mí. **20-21** Siempre deberán darme el primer trigo que limpien y el primer pan que horneen.

Las ofrendas para el perdón de los pecados

22-23 »Si no hacen lo que desde el primer día les mandé por medio de Moisés, harán lo siguiente:

24-26 »Si todo el pueblo me desobedeció, pero no era esa su intención, deben sacrificar un toro y quemarlo por completo. Deben ofrecérmelo con harina y vino. Además, ofrecerán un chivo como sacrificio para que les perdone su pecado. Así es como me agradan las ofrendas. El sacerdote presentará las ofrendas para que yo perdone a todo el pueblo de Israel y también a los extranjeros que vivan con ustedes. **27** »Si sólo fue una persona la que sin querer desobedeció, entonces me ofrecerá una cabrita de un año. **28** El sacerdote hará la ceremonia y presentará la ofrenda de esa persona, y yo la perdonaré. **29** Esta es una ley acerca de los que pecan sin querer, y vale tanto para los israelitas como para los extranjeros. **30-31** Pero si sabe lo que yo quiero y a propósito no lo hace, esa persona me ha ofendido y se le deberá eliminar de mi pueblo».

Desobediencia y castigo

32 Cuando los israelitas todavía vivían en el desierto, encontraron a un hombre juntando leña en sábado. **33** Entonces lo llevaron delante de Moisés y de Aarón y de todo el pueblo. **34** Como no sabían qué hacer con él, lo detuvieron esperando a que Dios les hablara. **35** Y Dios le ordenó a Moisés: «Saquen a ese hombre del campamento, y que todos lo apedreen hasta matarlo».

36 Y así lo hicieron los israelitas.

Cordones en la ropa

37 Después Dios le ordenó a Moisés:

38 «Diles a los israelitas que ellos y sus descendientes deben poner siempre, en el borde de su ropa, cordones de color violeta. **39** Así, cada vez que vean los cordones, recordarán que deben obedecer todo lo que les he mandado. De esa manera no me desobedecerán ni seguirán sus propios deseos, ni los pensamientos que los llevan a alejarse de mí. **40** Recordarán que deben hacer todo lo que les digo, y vivirán sólo para obedecerme. **41** Yo soy su Dios, que los saqué de Egipto para que fueran mi pueblo. Sólo a mí me deben obedecer».

La rebelión de Coré

16 **1-2** Coré era un levita de la familia de Quehat, y su padre se llamaba Ishar. Coré tenía tres amigos de la tribu de Rubén: Datán y Abiram, que eran hijos de Eliab, y On, hijo de Pélet. Ninguno de ellos quería que Moisés fuera su jefe, y a ellos se les unieron doscientos cincuenta jefes israelitas que eran consejeros de la gente y muy respetados por todos.

3 Coré y su grupo fueron a decirles a Moisés y Aarón:

—¡Ya estamos hartos de que ustedes se crean los jefes de todos nosotros! Dios está con todo el pueblo, y a todos nos ha elegido para servirle. ¿Por qué quieren hacerlo todo?

4 Cuando Moisés oyó esto, se tiró de cara al suelo, **5-7** y les dijo a Coré y a su grupo:

—¡Ustedes, descendientes de Leví, son los que me tienen harto! Vengan mañana temprano con su brasero para quemar incienso y pónganlo delante Dios. Entonces Dios elegirá a los que él quiera que le sirvan en el santuario, y sólo ellos podrán hacerlo.

8 Luego Moisés le dijo a Coré:

—¡Escúchame, tú y los descendientes de Leví que están contigo! **9** ¿Les parece poco que Dios los haya elegido de entre todos los israelitas para que le sirvan en su santuario? **10** Dios los eligió a ustedes para que estén cerca de él. ¿Por qué ahora quieren ser también sacerdotes? **11** No se están quejando y rebelando contra Aarón sino contra Dios.

12 Luego Moisés mandó llamar a Datán y a Abiram, pero ellos le respondieron:

«No iremos. **13-14** Bastante daño nos has hecho con sacarnos de un país en donde siempre había abundancia de alimentos como lo era Egipto. Tú prometiste llevarnos a un territorio con muchos campos y muchas viñas, en donde siempre habría abundancia de alimentos. ¡Pero sólo nos trajiste a morir a un desierto donde no hay nada bueno! ¿Y aun así quieres que te obedezcamos y te sigamos? ¿Crees que estamos ciegos? ¡No queremos verte, ni hablarte!»

15 Moisés se enojó muchísimo y le dijo a Dios: «No aceptes sus ofrendas, Dios mío. Yo nunca les he hecho ningún daño, y ellos jamás me han dado nada. ¿Cómo pueden decir que me aprovecho de ellos?»

16-17 Luego Moisés le recordó a Coré que debía venir al día siguiente con Aarón y los doscientos cincuenta descendientes de Leví, y traer sus braseros para quemar incienso delante de Dios.

Dios castiga a Coré y a sus compañeros

18-19 Al día siguiente, Coré reunió a todos sus compañeros frente al santuario para enfrentarse a Moisés y Aarón. Cada uno llevaba su brasero encendido. Entonces Dios se presentó con toda su gloria delante del pueblo, **20** y les dijo a Moisés y Aarón:

21 —¡Aléjense de esta gente, porque ahora mismo los voy a destruir a todos!

22 Moisés y Aarón se tiraron de cara al suelo, y le dijeron a Dios:

—Dios mío, tú que nos das vida a todos, ¡no los mates! ¿Vas a destruirlos por culpa de un solo hombre?

23 Dios le respondió a Moisés:

24 —Diles a todos los israelitas que se alejen de las tiendas de campaña donde están Coré, Datán y Abiram.

25 Moisés se levantó y fue a donde estaban Datán y Abiram. Con él iban los ancianos que eran jefes del pueblo. **26** Y Moisés le dijo a todo el pueblo: «Aléjense de las tiendas de esos malvados, y ni siquiera toquen lo que les pertenece. No sea que por su culpa mueran también ustedes». **27** El pueblo se alejó de Datán, Abiram y Coré, que estaban a la entrada de sus tiendas, con sus mujeres y sus hijos. **28** Entonces Moisés dijo:

«Ahora verán que yo sólo sigo órdenes de Dios, y no actúo por mi propia cuenta. **29** Si esta gente muere normalmente, como cualquiera de nosotros, entonces significa que yo hago las cosas por mi cuenta. **30** Pero si Dios hace algo extraordinario, y se

abre la tierra y se los traga vivos, no habrá duda de que ellos se rebelaron contra Dios».

31 En cuanto Moisés terminó de hablar, la tierra se abrió **32** y se tragó vivos a todos los que habían seguido a Coré, junto con sus familias y todas sus pertenencias. **33** Así fue como desapareció toda aquella gente.

34 Al ver esto, todo el pueblo salió corriendo y gritando: «¡Vámonos de aquí! ¡No sea que también a nosotros nos trague la tierra!»

35 En seguida, Dios envió un fuego, y los doscientos cincuenta descendientes de Leví murieron quemados.

36 (17.1) Luego Dios le dijo a Moisés:

37-38 (17.2-3) «Dile a Eleazar que les quite los braseros a esos malvados y apague el fuego que todavía tienen. Yo he purificado ya los braseros con fuego, y ahora los descendientes de Aarón los usarán para mi servicio. Hagan láminas con el metal de los braseros, y cubran con ellas el altar. Así todos los israelitas tendrán presente lo que pasó y quedarán advertidos».

39-40 (17.4-5) Eleazar hizo todo tal y como Dios se lo había ordenado a Moisés, y los israelitas quedaron advertidos de que nadie podía acercarse al altar para quemar incienso, a menos que fuera descendiente de Aarón. De lo contrario podría perder la vida como Coré y sus compañeros.

El pueblo vuelve a rebelarse

41-43 (17.6-8) Al día siguiente, todo el pueblo se reunió y empezó a acusar a Moisés y Aarón. Querían hacerles daño y les decían: «¡Por culpa de ustedes se está muriendo el pueblo de Dios!»

Entonces ellos dos entraron en el santuario, y la nube los cubrió. Allí Dios se presentó con toda su gloria, **44** (17.9) y le dijo a Moisés:

45 (17.10) «Aléjense de esta gente, porque la voy a destruir ahora mismo».

Moisés y Aarón se tiraron de cara al suelo, **46** (17.11) y Moisés le dijo a Aarón: «Dios está muy enojado, y está castigando a la gente. Así que toma el brasero, ponle carbones encendidos del altar, y échale incienso; ve luego a donde están los israelitas, y pídele a Dios que los perdone».

47 (17.12) Aarón hizo lo que Moisés le dijo, y fue a donde estaba el pueblo. Al ver que Dios los estaba castigando, empezó a quemar incienso y a pedirle a Dios que los perdonara. **48** (17.13) Aarón, por su parte, se paró entre la gente que ya estaba muerta y la que todavía estaba viva, y así detuvo el castigo de Dios.

49 (17.14) Ese día murieron catorce mil setecientas personas, sin contar a las que habían muerto junto con Coré.

50 (17.15) Cuando la gente dejó de morirse, Aarón regresó al santuario para reunirse con Moisés.

La vara de Aarón

17 **1** (16) Dios le ordenó a Moisés:

2-3 (17-18) «Dile a cada uno de los jefes de tribu que te traiga una vara, con su nombre escrito en ella. En total, serán doce varas. En la vara de Leví escribirán el nombre de Aarón. **4** (19) Lleva las varas al santuario, y ponlas delante del cofre del pacto.

5 (20) »Yo voy a hacer que florezca una de las varas, y el dueño de la vara que florezca será mi elegido para guiar al pueblo. Así el pueblo dejará de hablar mal de ustedes».

6 (21) Entonces Moisés les dijo a los israelitas que cada jefe de tribu debía llevarle una vara con su nombre escrito en ella. Las varas serían doce en total, entre las que estaría la de Aarón.

7 (22) Cuando le llevaron las varas, Moisés las puso delante del cofre del pacto. **8** (23) Y al día siguiente, cuando Moisés entró en el santuario, vio que la vara de Aarón había retoñado y hasta tenía flores y almendras maduras. **9** (24) Entonces Moisés sacó del santuario todas las varas y se las mostró a los israelitas. Luego que los jefes las examinaron, cada uno de ellos se llevó su propia vara.

10 (25) Dios le dijo a Moisés: «Toma la vara de Aarón y ponla ante el cofre del pacto. Allí se quedará guardada, y les servirá de advertencia a los rebeldes para que dejen de protestar. Si me obedecen, no morirán».

11 (26) Moisés hizo todo lo que Dios le mandó, **12-13** (27-28) pero los israelitas le dijeron a Moisés: «Si acercarse al santuario de Dios significa morirse, ¡entonces todos vamos a morir!»

*El servicio de los sacerdotes
y los descendientes de Leví*

18 1 Dios le dijo a Aarón:

«Cuando los israelitas cometan algún pecado contra el santuario, tú y tus descendientes, y los demás descendientes de Leví, pedirán perdón por ellos. Pero cuando tú y tus descendientes estén de servicio como sacerdotes y pequen, nadie podrá pedir perdón por ustedes sino ustedes mismos.

2-7 »Para el servicio en el santuario del pacto, tú y tus descendientes podrán pedir la ayuda de sus hermanos de la tribu de Leví. Yo mismo los elegí de entre todas las tribus de Israel, y ahora se los entrego a ustedes para que les ayuden en su servicio en el santuario. Ellos podrán ayudarlos, aunque no podrán tocar los objetos sagrados del santuario ni del altar. Si lo hacen, tanto ellos como ustedes morirán.

»Sólo ustedes podrán trabajar como sacerdotes en el altar y en el Lugar Santísimo. Sólo ustedes cuidarán del altar y de todos los objetos sagrados que hay en el santuario. Los demás descendientes de Leví podrán estar con uste-

des, y ayudarles en todo lo que hagan. Pero no permitirás que nadie más se acerque a ustedes. Cumplan con esto, y no volveré a enojarme con los israelitas, ni a castigarlos. Cualquiera que haga trabajos sacerdotales y no sea sacerdote, será condenado a muerte».

Las ofrendas para los sacerdotes

8 Además, Dios le dijo a Aarón:

«Tu trabajo sacerdotal consiste en presentarme las ofrendas de los israelitas. Todas esas ofrendas se las daré a ti y a tus descendientes, por el servicio que me prestan. Esta será una ley permanente.

9 »De las ofrendas que se queman, a ustedes les corresponden las ofrendas de cereales y las que traen los israelitas para pedir perdón por sus pecados. **10** Cualquier varón de ustedes podrá comer de estas ofrendas, sólo que deberá hacerlo en el santuario, porque se trata de ofrendas santas.

11 »A ti y a tus descendientes, hombres y mujeres, les doy también todas las ofrendas especiales que me traen los israelitas. Podrá comer de ellas cualquier persona que haya cumplido con los requisitos para presentarse ante mí. Esta será una ley permanente.

12-14 »También les doy a ustedes los primeros frutos de las cosechas que los israelitas deben traerme cada año. Para ustedes será lo mejor de su aceite, de su vino y de su trigo. Podrá comerlos cualquiera de ustedes que haya cumplido con los requisitos para presentarse ante mí.

15 »También serán para ustedes todos los primeros hijos de los israelitas y todas las primeras crías de sus animales, pero podrán darte a cambio una ofrenda por sus hijos y por los animales que esté prohibido comer o sacrificar.

16 En tales casos, esperarán a que sus primeros hijos cumplan un mes de nacidos. Entonces te

darán cinco monedas de plata, de las que se usan en el santuario. Esas monedas pesan once gramos cada una.

17-18 »Los animales que no pueden cambiarse por otra ofrenda son la vaca, la oveja y la cabra. Estos animales deben apartarse para mí. Tú podrás quedarte con la carne del pecho y del muslo derecho, pero derramarás su sangre alrededor del altar y quemarás su grasa. Así es como me agrada esta ofrenda.

19 »Todas las ofrendas y sacrificios que los israelitas me ofrezcan, serán para ti y para tus descendientes, hombres y mujeres. Esta será una ley permanente. Yo te doy mi palabra. Te la cumpliré a ti, y también a tus descendientes».

*Las ofrendas para los descendientes
de Leví*

20-24 Dios le dijo a Aarón:

«En Israel, todas las tribus han recibido como herencia su propio territorio. Pero a los descendientes de Leví no les daré ningún territorio, pues yo seré su única herencia. Cuando los israelitas me entreguen la décima parte de sus productos, todo eso será para los descendientes de Leví, en pago por el servicio que prestan en el santuario. Ellos son los únicos que pueden acercarse al santuario. Si los israelitas se acercaran a él, morirían, pues ese es un pecado que se castiga con la muerte.

»Esta será para ustedes una ley permanente».

25 Además, Dios le ordenó a Moisés:

26 «Diles a los descendientes de Leví que cuando reciban la décima parte que deben entregarme los israelitas, también ellos deberán entregarme una décima parte de lo que reciban, **27** así como los israelitas me entregan la décima parte de su trigo y de su vino. **28** Esa ofrenda se la entregarán al sacerdote Aarón. **29** Y de todo lo que reciban, deben apartar siempre la mejor parte y dársela a Dios como ofrenda.

30-32 »Cuando ya me hayan dado la mejor parte, lo demás será para ellos. Se lo podrán comer donde quieran, junto con su familia. Ese será su pago por servirme en el santuario. Diles que me obedezcan y no me ofendan usando mal las ofrendas que los israelitas apartan para mí. De lo contrario, morirán».

Reglas para la purificación

19 **1** Dios les dijo a Moisés y a Aarón:

2 «Díganles a los israelitas que esto es lo que yo ordeno: traigan una vaca de pelo rojo que no tenga ningún defecto, y a la que nunca hayan hecho trabajar en el campo. **3** Ustedes denle la vaca al sacerdote Eleazar para que la lleve fuera del campamento, y mátenla allí, delante de él. **4** Entonces Eleazar mojará un dedo en la sangre y rociará con ella siete veces la tienda del encuentro con Dios.

5 »Luego quemarán toda la vaca delante de Eleazar: quemarán el cuero, la carne, la sangre y el estiércol. **6** El sacerdote tomará entonces ramas de cedro, hisopo y tela roja, y echará todo eso al fuego donde se está quemando la vaca.

7-8 »Como el sacerdote se habrá contaminado, tendrá que lavar su ropa y bañarse, y no podrá entrar en el campamento hasta la tarde. Después de esa hora podrá regresar, y lo mismo hará el hombre que quemó la vaca. **9** Después de eso, alguien que no se haya contaminado recogerá la ceniza de la vaca y la pondrá en un lugar puro, fuera del campamento. El pueblo usará esta ceniza para preparar el agua con la que se lavarán y quitarán sus pecados. **10** El hombre que recogió las cenizas de la vaca también tendrá que lavar su ropa, y no podrá entrar en el campamento hasta la tarde.

»Esta es una ley que siempre deberán obedecer los israelitas y los extranjeros que vivan con ustedes.

Reglas para presentarse ante Dios

11-22 »Cuando alguien muera dentro de su tienda de campaña, se deberá hacer lo siguiente: Durante siete días, no podrán presentarse ante Dios las siguientes personas:

»Las que hayan tocado el cadáver.

»Las que hayan estado dentro de la tienda, en el momento en que esa persona moría.

»Las que hayan entrado en esa tienda.

»Además, todas las ollas destapadas o mal tapadas en esa tienda quedarán contaminadas.

»Tampoco podrán presentarse ante Dios las siguientes personas:

»Las que toquen una tumba.

»Las que toquen huesos de muerto.

»Las que toquen algún cadáver en el campo, ya sea que a esa persona la hayan matado o se haya muerto allí.

»Para poder presentarse ante Dios, todas estas personas tendrán que lavarse el tercer día y el séptimo, con el agua que tiene las cenizas de la vaca. Si no se lavan en esos dos días, no podrán presentarse ante Dios.

»Además, alguien que no haya tocado a ningún muerto tomará las cenizas de la vaca de pelo rojizo y las mezclará con agua de manantial. Tomará luego unas ramas de hisopo, las mojará en el agua con ceniza, y rociará la tienda, las vasijas, y a quienes hayan tocado algún cadáver, o huesos, o tumba.

»Pasados los siete días, todas estas personas deberán lavarse la ropa y bañarse, y esa noche podrán ya presentarse ante Dios.

»Si alguien toca algún cadáver y no es rociado con el agua que tiene las cenizas de la vaca de

pelo rojizo, no podrá presentarse ante Dios. Tampoco podrá vivir entre los israelitas, porque contaminaría el santuario de Dios.

»Si alguien se acerca al santuario de Dios sin haberse lavado, contaminará el santuario y ya no podrá ser parte del pueblo de Israel.

»Si alguien toca a otra persona que haya tenido contacto con algún cadáver, no podrá presentarse ante Dios hasta el anochecer.

»Todo lo que toque quien haya tenido contacto con un cadáver, también quedará contaminado hasta el anochecer.

»La persona que rocíe el agua con las cenizas, o que toque esta agua, también deberá lavarse la ropa, y no podrá presentarse ante Dios hasta el anochecer.

»Esta será una ley permanente».

Los israelitas protestan contra Dios

20 **1** Era el mes de Abib[1] cuando el pueblo de Israel llegó a Cadés, en el desierto de Sin. Allí se quedaron por algún tiempo, y allí murió María y fue enterrada. **2** Como en ese lugar no había agua, el pueblo se reunió para hablar mal de Moisés y de Aarón. **3** A Moisés le reclamaban:

«¡Mejor nos hubiéramos muerto cuando Dios castigó a nuestros parientes! **4-5** ¡Nos trajiste de Egipto, a nosotros y a nuestros ganados, tan sólo para hacernos morir en este desierto! ¿Para qué nos trajiste a este lugar tan horrible? ¡Aquí no podemos sembrar higos, ni viñas, ni granadas! ¡Ni siquiera tenemos agua para beber!»

6 Moisés y Aarón se apartaron de la gente y se fueron al santuario. Allí, en la entrada, se inclinaron hasta tocar el suelo con la cara, y Dios se presentó con toda su gloria. **7** Le dijo a Moisés:

8 «Toma tu vara, y pídele a tu hermano Aarón que te ayude a reunir a todo el pueblo. Luego, en presencia de todos, ordénale a la roca que les dé agua. Y sacarás agua de la roca, y beberá todo el pueblo y su ganado».

9 Moisés hizo lo que Dios le mandó, y tomó la vara que estaba en presencia de Dios. 10 Luego Moisés y Aarón reunieron delante de la roca a toda la gente, y Moisés les dijo: «¡Óiganme bien, rebeldes! ¿Acaso quieren que saquemos agua de esta roca para que ustedes beban?» 11 Mientras decía esto, Moisés golpeó dos veces la roca con la vara, ¡y empezó a salir tanta agua que toda la gente y su ganado bebieron! 12 Pero Dios les dijo a Moisés y Aarón: «Ustedes no creyeron en mí, ni me honraron delante de los israelitas. Por eso, no entrarán con ellos al territorio que les dara a dar». 13 Esto sucedió en Meribá, que significa «queja». Y es que allí los israelitas se quejaron contra Dios, y él les mostró que es un Dios santo.

El rey de Edom

14 Cuando el pueblo de Israel estaba en Cadés, Moisés envió al rey de Edom este mensaje:

—Los israelitas somos parientes tuyos. Tú bien sabes que hemos tenido muchos problemas. 15 Hace mucho tiempo, nuestros familiares se fueron a vivir a Egipto. Pero los egipcios los trataron muy mal, lo mismo que a nosotros. 16 Entonces le pedimos ayuda a Dios, y él nos escuchó y mandó a un ángel para que nos sacara de Egipto. Y aquí nos tienes ahora. Estamos en la ciudad de Cadés, en la frontera misma de tu país. 17 »Un favor te pedimos. Déjanos pasar por tu territorio. Te prometemos no pasar por los campos sembrados, ni por los viñedos, ni tomar agua de tus pozos. Seguiremos derecho, sin apartarnos del camino principal, hasta que hayamos salido de tu territorio.

18 Pero el rey de Edom les contestó:

—¡Ni se atrevan a entrar en mi país! Si lo hacen, le ordenaré a mi ejército que los ataque.

19 Los israelitas insistieron:

—Te prometemos no apartarnos del camino principal. Y en caso de que alguno de nosotros, o nuestro ganado, llegue a beber agua de tus pozos, te la pagaremos. Lo único que queremos es pasar por tu territorio.

Pero el rey de Edom les respondió:

20 —¡Ya les dije que no los voy a dejar pasar!

Y salió el rey con un ejército muy bien armado, y se plantó frente a los israelitas 21 para no dejarlos pasar por su territorio. Y no le quedó al pueblo de Israel más remedio que buscar otro camino.

Aarón muere en el monte Hor

22 Los israelitas salieron de Cadés y se fueron hacia el monte Hor, 23 a un lado del país de Edom. Estando allí, Dios les dijo a Moisés y a Aarón:

24 «Aarón ya está por morirse, y no va a entrar en el país que les di a los israelitas, ya que en Meribá ustedes no confiaron en mí sino que me desobedecieron. 25 Tú, Moisés, toma a Aarón y a su hijo Eleazar, y llévalos a la parte más alta del monte Hor. 26 Allí morirá Aarón. Cuando haya muerto, le quitarás su ropa de sacerdote y se la pondrás a Eleazar».

27 Y Moisés hizo lo que Dios le mandó. Todo el pueblo los vio subir al monte Hor. 28 Y cuando Aarón murió, Moisés le quitó su ropa de sacerdote y se la puso a su hijo Eleazar. Después de eso, Moisés y Eleazar bajaron del monte. 29 Cuando el pueblo se enteró de que Aarón había muerto, lloró por él durante treinta días.

Israel conquista y destruye Hormá

21 1 Había en el Négueb un rey cananeo que vivía en la ciudad de Arad. Cuando este rey supo que los israelitas venían por el camino de Atarim, los atacó y se llevó presos a algunos de ellos. 2 Entonces los israelitas oraron a Dios y le hicieron esta promesa: «Si nos ayudas a vencer a ese rey y a su pueblo, nosotros destruiremos por completo todas sus ciudades». 3 Dios les concedió lo que pidieron, y los ayudó a vencer a sus enemigos. Así fue como los israelitas mataron a los cananeos y destruyeron todas sus ciudades. Por eso llamaron a ese lugar Hormá.

La serpiente de bronce

4 Del monte Hor los israelitas se fueron hacia el Mar Rojo, pero evitaron pasar por el territorio de Edom. En el camino, la gente se desesperó 5 y comenzó a protestar contra Dios. Le decían a Moisés: «¿Para qué nos sacaste de Egipto? ¡Sólo para darnos muerte en el desierto! ¡No tenemos pan ni agua, y ya estamos cansados de esa comida tan desabrida!»

6 Entonces Dios les mandó serpientes venenosas, para que los mordieran. La gente que era mordida se moría, y fueron muchos los que murieron. 7 Por eso fueron a decirle a Moisés: «Reconocemos que no hemos hecho bien al protestar contra Dios y contra ti. ¡Por favor, pídele a Dios que se lleve de aquí las serpientes!»

Moisés le pidió a Dios que perdonara a los israelitas, 8 y Dios le contestó: «Haz una serpiente de bronce y ponla en un asta. Si alguna serpiente los muerde, diles que miren a la serpiente de bronce y sanarán».

9 Y así sucedió. Moisés hizo una serpiente de bronce y la puso en un asta. Y cuando alguna serpiente mordía a alguien, esa persona miraba a la serpiente de bronce y así no le pasaba nada.

Los israelitas siguen su camino

10 Los israelitas siguieron su camino, y llegaron a Obot. **11** De allí se fueron al este del territorio de Moab y acamparon en un lugar llamado Iié-abarim, que está en el desierto. **12** Más tarde acamparon en el arroyo Zéred, **13** y de allí se fueron al otro lado del río Arnón. Ese río separa el territorio de Moab del territorio de los amorreos, y está en pleno desierto. **14** Acerca de esto, en el Libro de las Guerras de Dios hay un texto que dice:

«Viajamos por Vaheb,
en el territorio de Sufá,
y por los arroyos del río Arnón.
15 También bordeamos los arroyos
que llegan hasta la frontera de
Ar
y que están en la frontera de
Moab».

16 Del río Arnón, los israelitas se fueron a un lugar llamado Pozo. Allí está el pozo donde, por órdenes de Dios, Moisés reunió a los israelitas y les dio a beber agua. **17** Ese día los israelitas cantaron:

«¡Que brote agua del pozo!
¡Nosotros le cantaremos canciones!
18 Ese pozo lo hicieron los príncipes,
con sus varas y sus bastones».

Cuando se fueron del desierto, los israelitas pasaron por Mataná, **19** Nahaliel, Bamot **20** y por el valle que está en el territorio de Moab. Finalmente, llegaron a la cumbre del monte Pisgá, desde donde se ve el desierto.

Los israelitas vencen al rey Sihón
21 Los israelitas le enviaron este mensaje a Sihón, que era rey de los amorreos:

22 «Por favor, déjenos usted pasar por su territorio. Le prometemos no meternos en sus campos sembrados ni en sus viñedos, ni beber agua de sus pozos. Nos mantendremos en el camino principal hasta salir de su país».

23 Pero el rey Sihón, en vez de darles permiso de cruzar su país, reunió a su ejército y atacó a los israelitas en el desierto, cerca del pueblo llamado Jahas. **24-25** Pero los israelitas lo vencieron y se adueñaron de todo el país. Así fue como los israelitas se quedaron a vivir en todas las ciudades amorreas, es decir, en Hesbón y en todas las ciudades que hay entre el río Arnón y el río Jaboc. En este río empieza el país de los amonitas, que está bien vigilado por su ejército. **26** En Hesbón vivía el rey Sihón, que había estado en guerra con el anterior rey de Moab y le había quitado todo ese territorio, hasta el río Arnón. **27** Como dice la canción:

«¡Reconstruyan y arreglen Hesbón,
la ciudad capital del rey Sihón!

28 »Desde Hesbón salió un fuego
y quemó todo el territorio;
desde Ar, en el territorio de Moab,
hasta las alturas del Arnón.

29 »¡Pobre de ti, Moab!
¡Qué mal te fue,
pueblo del dios Quemós!
Ese dios dejó que el rey Sihón
se llevara presos a tus hijos
y también a tus hijas.
30 »Todo Hesbón quedó destruido;
de Dibón a Nófah,
todo quedó en ruinas.
¡Hasta Medebá llegó el fuego!»

31 Así fue como los israelitas se quedaron a vivir en el territorio de los amorreos.

Israel vence al rey de Basán
32 Moisés envió espías a la ciudad de Jazer. Y los israelitas conquistaron esa ciudad y todos los pueblos cercanos, y echaron fuera a todos los amorreos que allí vivían.

33 Después se fueron al territorio de Basán, pero el rey Og fue a Edrei con todo su ejército para pelear contra ellos. **34** Entonces Dios le dijo a Moisés:

«No le tengas miedo a Og. Con mi ayuda, lo vas a vencer a él y todo su ejército. Pero quiero que hagas con él lo mismo que hiciste con Sihón, el rey amorreo».

35 Así fue como los israelitas mataron a Og, a su ejército y a toda su gente, y se quedaron a vivir en su país.

La historia de Balac y Balaam
22 **1** Los israelitas continuaron su viaje y pusieron su campamento en el valle de Moab, que está al este del río Jordán, frente a Jericó. **2-4** Balac hijo de Sipor, era el rey de Moab.

Cuando Balac supo todo lo que los israelitas les habían hecho a los amorreos, él y todo el pueblo de Moab se llenaron de miedo, pues los israelitas eran muchísimos. Entonces, la gente de Moab mandó a llamar a los jefes madianitas, y les dijeron: «Los israelitas van a acabar con todo lo que tenemos, como las vacas acaban con el pasto del campo».

5 En aquel tiempo, Balaam hijo de Beor vivía con su familia en Petor, ciudad que estaba junto al río Éufrates. Balac envió a los jefes de su país con este mensaje para Balaam:

«Un pueblo enorme que huyó de Egipto ha acampado frente a nuestro territorio, **6** y es demasiado poderoso para nosotros. ¿Podrías venir para echarles una maldición? Yo sé que cuando tú bendices a alguien, le va bien, y que cuando lo maldices, le va mal en todo. Por favor, ven y maldice al pueblo de Israel. Tal vez yo pueda vencerlo y expulsarlo de este territorio».

7 Los líderes de Moab y de Madián le llevaron el mensaje a Balaam. También le llevaron dinero para que maldijera a los israelitas. **8** Y

Balaam les dijo: «Quédense aquí esta noche. Mañana les diré lo que Dios quiere que yo haga». Así lo hicieron. **9** Esa noche Dios se le apareció a Balaam y le preguntó:

—¿Quiénes son esos hombres que están contigo?

10 Balaam contestó:

—Vienen de Moab; son mensajeros del rey Balac. **11** El rey los ha mandado aquí para que yo eche una maldición sobre un pueblo que se escapó de Egipto. Puesto que acamparon frente al territorio de Moab, el rey quiere expulsarlos de allá.

12 Entonces Dios le ordenó a Balaam:

—No vayas con esos hombres, ni le eches la maldición a ese pueblo, pues yo haré que le vaya bien en todo.

13 Al día siguiente, Balaam se levantó y les dio a aquellos hombres el mensaje que Dios le había dado: «Regresen a su país, porque Dios no me deja ir con ustedes». **14** Los jefes de Moab regresaron y le dijeron a Balac que Balaam no había querido venir con ellos. **15** Entonces Balac envió a un grupo grande de los jefes más importantes de Moab. **16** Cuando llegaron a donde estaba Balaam, le dieron el mensaje del rey: «Ven de inmediato; no te resistas. **17** Si maldices a ese pueblo, te pagaré todo el dinero que quieras y te haré muy importante».

18 Pero a pesar de eso, Balaam dijo:

«Aunque Balac me ofrezca su palacio repleto de oro y de plata, no haré lo que me pide. ¡No puedo desobedecer al Dios de Israel! **19** Quédense aquí esta noche, y veremos qué me pide hacer Dios».

20 Esa noche Dios le dijo a Balaam: «Si esos hombres quieren que vayas con ellos, ve; pero sólo harás lo que yo te diga».

21 Balaam se levantó muy temprano, ensilló su burra y se fue con los jefes de Moab. **22** Pero Dios se enojó mucho con Balaam por haberse ido con ellos. Por eso, el ángel de Dios se puso en medio del camino para no dejarlo pasar. Balaam iba montado en su burra, y sus dos ayudantes iban con él. **23** Cuando la burra vio al ángel de Dios, parado en el camino y listo para atacar a Balaam con una espada, se salió del camino. Sin pensarlo más, Balaam le pegó a la burra para que regresara al camino. **24** Entonces el ángel de Dios se puso en un camino muy angosto, en medio de los muros de piedra de dos viñedos. **25** Cuando la burra vio al ángel, se hizo a un lado y le aplastó a Balaam el pie contra el muro. Entonces Balaam volvió a pegarle. **26** Luego el ángel se adelantó y se plantó en un lugar tan angosto que nadie podía moverse ni a un lado ni al otro. **27** Cuando la burra vio al ángel, se echó al suelo y ya no quiso dar ni un paso más. Balaam se enojó muchísimo y golpeó a la burra con un palo. **28** En ese momento, Dios hizo que la burra hablara y le dijera a Balaam:

—¿Qué te hecho? ¿Por qué me golpeaste tres veces? Balaam respondió:

29 —¡Te burlaste de mí! ¡Si tuviera una espada en la mano, te mataría ahora mismo!

30 La burra replicó:

—¡Yo soy tu burra! ¡Toda la vida te he llevado por todos lados, y nunca te he tratado mal, como hoy lo has hecho conmigo!

—Tienes razón —contestó Balaam.

31 En ese mismo instante, Dios permitió que Balaam viera al ángel, parado en el camino y listo para atacarlo con su espada. Balaam, entonces, se arrodilló hasta tocar el suelo con su frente, **32** y el ángel de Dios le dijo:

—¿Por qué golpeaste a tu burra tres veces? Yo fui quien te cerró el camino, porque no me parece que debas ir a Moab. **33** Si tu burra no me hubiera visto ni se hubiera parado tres veces, ya te habría matado, y a ella la habría dejado con vida.

34 Balaam respondió:

—Perdóneme, Señor. Me he portado muy mal. Yo no sabía que usted intentaba detenerme en el camino. Si usted no quiere que vaya a Moab, ahora mismo regresaré a mi casa.

35 Y el ángel de Dios le contestó:

—Ve con ellos, pero sólo vas a decir lo que yo te diga.

Balaam se fue entonces con los jefes que había enviado Balac. **36** Cuando Balac supo que Balaam se acercaba, salió a recibirlo a un pueblo en la frontera norte del país. **37** Allí Balac le dijo a Balaam:

—¿Por qué no viniste cuando te llamé? ¿Creíste que no te daría lo que te ofrecí?

38 Y Balaam contestó:

—Aquí me tienes, pero sólo diré lo que Dios me ordene.

39 Y Balaam fue con Balac a Quiriat-husot. **40** Allí Balac presentó bueyes y ovejas como ofrenda a Dios, e hizo un banquete para Balaam y los mensajeros. **41** Al otro día, Balac llevó a Balaam a Bamot-baal. Desde allí se podía ver parte del campamento de los israelitas.

Balaam bendice a los israelitas

23 **1** Entonces Balaam le dijo a Balac: «Levanta aquí siete altares para que yo presente siete toros y siete carneros como ofrenda a Dios».

² Balac hizo lo que Balaam le pidió. Luego los dos mataron a los toros y a los carneros, y colocaron un toro y un carnero en cada altar. ³ Entonces Balaam le dijo a Balac: «Quédate aquí. Yo debo esperar a que Dios venga y me diga lo que debo hacer».

Balaam se fue a un lugar alto y solitario. ⁴ Mientras él estaba allí, Dios se le apareció. Entonces Balaam le dijo:

—He presentado como ofrenda en tu honor siete toros y siete carneros en siete altares que mandé a construir.

⁵ Dios, entonces, le dio a Balaam este mensaje:

—Regresa a donde está Balac y repite el mensaje que te he dado.

⁶ Balaam regresó a donde estaban los altares y se encontró con Balac y todos los jefes de Moab. ⁷ Allí Balaam se puso a cantar:

«Balac, rey de Moab, me trajo de los cerros de Arabia, para maldecir a los israelitas y para condenarlos.

⁸ »Pero no puedo oponerme a lo que Dios me dijo: ''No maldigas a mi pueblo ni lo condenes''.

⁹ »Desde lo más alto de las montañas contemplo a ese pueblo especial. Sí, desde las alturas contemplo a ese pueblo obediente.

¹⁰ »¡Los israelitas son gente buena! No hay quien pueda contarlos. ¡Los israelitas son gente de paz!

¡Ojalá llegue a ser como ellos!»

¹¹ Al oír esto, Balac se quejó con Balaam:

—¿Qué te pasa? ¡Te traje para que maldigas a mis enemigos, y has hecho todo lo contrario!

Pero Balaam contestó:

¹² —Yo sólo puedo decir lo que Dios me manda.

Segunda bendición de Balaam

¹³ Entonces Balac le dijo:

—Ven conmigo, te llevaré a otro lugar. Quizá te animes a maldecir a ese pueblo si sólo ves a un grupo pequeño.

¹⁴ Balac lo llevó al campo de Sofim, a la parte más alta del monte Pisgá. Allí construyó siete altares, y en cada uno de ellos sacrificó un toro y un carnero. ¹⁵ Luego Balaam le dijo a Balac: «Espérame aquí, junto a los altares, mientras yo voy a encontrarme con Dios».

¹⁶ Dios se le apareció a Balaam, y le dio este mensaje: «Regresa a donde está Balac, y repite el mensaje que te he dado».

¹⁷ Balaam regresó y encontró a Balac y a los jefes de Moab junto a los altares. Entonces Balac le preguntó:

—¿Qué te dijo Dios?

¹⁸ Y Balaam se puso a cantar:

«Balac hijo de Sipor, ¡levántate y óyeme bien!

¹⁹ »¡Dios no es como nosotros! No dice mentira alguna ni cambia de parecer. Dios cumple lo que promete.

²⁰ »Dios me ordenó bendecir a su pueblo. Él así lo mandó, y no puedo evitarlo.

²¹ »Dios es el rey de Israel.

Él vive en medio de su pueblo. Dios no les desea el mal ni quiere causarles daño.

²² »Con una fuerza mayor que la del búfalo, Dios liberó de Egipto a su pueblo.

²³ »No hay brujería que funcione contra el pueblo de Dios. ¡Miren todo lo bueno que Dios ha hecho por él!

²⁴ »Es como una manada de leones, lista para atacar a su presa. Israel no descansará hasta ver vencido a su enemigo».

²⁵ Entonces Balac le dijo a Balaam:

—¡Si no puedes maldecir a este pueblo, por lo menos no le desees que le vaya bien!

²⁶ Pero Balaam le respondió:

—¡Ya te dije que no puedo desobedecer a Dios!

Tercera bendición de Balaam

²⁷ Balac le volvió a decir:

—Ven. Te voy a llevar a otro lado. A lo mejor desde allí Dios te permite maldecir a los israelitas.

²⁸ Y Balac llevó a Balaam a la parte más alta del monte Peor. Desde allí se puede ver todo el desierto. ²⁹ Balaam le dijo a Balac:

—Construye siete altares para ofrecerle a Dios siete toros y siete carneros.

³⁰ Cuando Balac terminó de construir los altares, Balaam presentó como ofrenda un toro y un carnero en cada altar.

24 ¹ Como Balaam ya sabía lo que Dios quería, no hizo nada para que se le apareciera. Más bien se quedó mirando hacia el desierto.

2 Y cuando vio a todo el pueblo de Israel en sus tiendas de campaña, el espíritu de Dios tomó control de él, **3** y Balaam se puso a cantar:

«Soy Balaam hijo de Beor,
y sé muy bien lo que Dios quiere.
¡Escuchen mi mensaje!

4 »Hablo en nombre de Dios,
el Todopoderoso.
Yo sé lo que él quiere,
pues estuve frente a él.

5 »¡Qué bonitas tiendas de campaña
tienen ustedes, los israelitas!
¡Qué hermoso es tu campamento
pueblo de Israel!

6 »Pareces una fila de palmeras;
un jardín a orillas de un río.
Eres como flores que Dios plantó;
como árboles junto al manantial.

7 »Tú y tus descendientes
serán como huerta junto al agua.
Tu rey será más poderoso que Agag,
y tu reino más grande y más famoso.

8 »Dios te sacó de Egipto, Israel.
Te sacó con una fuerza increíble,
como la fuerza del búfalo.
Ahora, destruirás a tus enemigos,
los herirás con flechas
y les romperás los huesos.

9 »Como un león que descansa
después de atacar.
Así eres tú, Israel.
¡Nadie se atreverá a molestarte!
A los que te hagan bien,
bien les irá.
Pero a los que te hagan mal,
mal les irá».

10 Al oír esto, Balac cerró el puño y con furia golpeó la palma de su otra mano. Y le dijo a Balaam:

—Te mandé llamar para que maldijeras a mis enemigos, y ya van tres veces que los bendices. **11** ¡Vete ahora mismo a tu casa! Yo había prometido hacerte rico, pero Dios no te lo ha permitido; ¡no te daré nada!

12 Balaam le respondió:

—Yo les advertí a tus mensajeros que, **13** aunque me dieras tu palacio repleto de oro y plata, no podría desobedecer a Dios. ¡Sólo puedo decir lo que él me manda! **14** Ya me voy, pero antes te voy a anunciar lo que el pueblo de Israel le hará a tu pueblo en el futuro. **15** Yo soy Balaam hijo de Beor, y esta es mi canción:

»He escuchado
este mensaje con claridad;
16 sí, he escuchado
la palabra de Dios.
Mi conocimiento
viene del Dios altísimo,
y mi visión la he recibido
del Dios todopoderoso.

17 »Lo que Dios me mostró no ha sucedido;
todavía está en el futuro.
Se levantará en Israel un rey
que brillará como una estrella.
Derrotará al pueblo de Moab;
destruirá a los que han hecho del desierto su hogar.
18 Conquistará al país de Edom
y vencerá a todos sus enemigos.

19 »Del pueblo de Jacob
saldrá un conquistador.
Él destruirá hasta los pocos
que queden en las ciudades.

20 Dicho esto, Balaam miró hacia donde estaba el pueblo de Amalec y se puso a cantar:
«Amalec era nación poderosa;
más poderosa que todas.
Pero pronto será destruida».

21 Luego miró Balaam hacia donde estaban los quenitas, y cantó lo siguiente:

«Descendientes de Caín,
sus casas son muy fuertes
y sus refugios como una roca.
22 Pero al fin, todo será destruido
y los asirios los harán esclavos».

23 Para terminar, Balaam volvió a cantar:

«¡Pobres de los que estén vivos
cuando Dios haga todo esto.
24 Vendrán los barcos de Chipre
y destruirán a todas las ciudades
de Asiria y de Éber!»

25 Luego Balaam regresó a su casa, y Balac se fue a su país.

Los israelitas adoran a Baal-peor

25 **1** Cuando estaban en Sitim, los israelitas tuvieron relaciones sexuales prohibidas con las mujeres moabitas. **2** Ellas los invitaron a sus fiestas. Allí comieron juntos y adoraron a los dioses de las moabitas. **3** Fue así como el pueblo de Israel adoró al dios Baal-peor.
Entonces Dios se enojó muchísimo, **4** y le dijo a Moisés:

«Toma presos a todos los jefes del pueblo, y cuélgalos en postes como ofrenda en mi honor. Hazlo a plena luz del día; sólo así me calmaré y ya no estaré enojado contra el pueblo de Israel».

5 En seguida Moisés fue a ver a los jueces de Israel, y les dio esta orden:

«Cada uno de ustedes debe matar a los miembros de su tribu que hayan adorado a Baal-peor».

Y así lo hicieron. **6** Pero mientras Moisés y los israelitas lloraban a la entrada del santuario, vieron que un israelita metía en su tienda de campaña a una mujer madianita.

7 Entonces Finees, el hijo de Eleazar y nieto de Aarón, tomó su lanza, 8 fue a la tienda de ese israelita, y atravesó con su lanza al israelita y a la madianita. Así se detuvo el castigo de Dios contra Israel. 9 Sin embargo, para ese entonces ya habían muerto veinticuatro mil israelitas.

Promesa de Dios a favor de Finees

10 Dios le dijo a Moisés:

11 «Finees es como yo: no permite que se adore a otros dioses en lugar mío. Por eso logró que yo calmara mi furia y que dejara de castigar a los israelitas. 12-13 Él demostró que me quiere, y logró que yo perdonara a los israelitas; por esa razón, hoy hago un trato especial con él y con sus descendientes: ellos serán siempre mis sacerdotes».

14 El nombre del israelita muerto era Zimrí, hijo de Salú y jefe de una familia de la tribu de Simeón. 15-18 La madianita que murió se llamaba Cozbí. Era hija de Sur, el jefe de una familia importante de Madián. Por eso Dios le dijo a Moisés que atacara a los madianitas y los venciera, pues ellos eran en realidad los responsables de que los israelitas adoraran al dios Baal-peor.

El nuevo censo

26 1 Dios habló con Moisés y con Eleazar, hijo del sacerdote Aarón, y les mandó lo siguiente: 2 «Vean cuántos varones israelitas hay, que tengan más de veinte años de edad. Quiero que anoten en una lista los nombres de los que puedan ir a la guerra. Esa lista debe hacerse de acuerdo a la familia a la que pertenezcan».

3 Cuando estaban en el territorio de Moab, junto al río Jordán y frente a la ciudad de Jericó, Moisés y Eleazar les ordenaron a los israelitas 4 que hicieran todo tal y como Dios les mandó. Estos son los que salieron de Egipto y fueron anotados en la lista:

5 Los hijos de Rubén, hijo mayor de Jacob, fueron: Henoc, Falú, 6 Hesrón y Carmí.

7 De todas las familias de Rubén se contaron cuarenta y tres mil setecientos treinta hombres.

8 Falú tuvo un hijo: Eliab.

9 Eliab tuvo tres hijos: Nemuel, Datán y Abiram.

Datán y Abiram eran parte del grupo de Coré, que se rebeló contra Dios y contra Moisés y Aarón. 10 Por esa razón, la tierra se abrió y se los tragó. Era un grupo de doscientas cincuenta personas. Todas ellas murieron quemadas, y así el pueblo vio cómo Dios castiga a los que no le obedecen. 11 Sólo los hijos de Coré permanecieron vivos.

12 Los grupos familiares que descendían de Simeón fueron: Nemuel, Jamín, Jaquín, 13 Zérah y Saúl.

14 De sus familias se contaron veintidós mil doscientos hombres.

15 Los grupos familiares que descendían de Gad fueron: Sefón, Haguí, Suní, 16 Ozní, Erí, 17 Arod y Arelí.

18 De sus familias se contaron cuarenta mil quinientos hombres.

19-20 Los grupos familiares que descendían de Judá fueron: Er, Onán, Selá, Fares y Zérah.

Er y Onán murieron en el territorio de Canaán, y por eso no fueron contados. 21 Fares tuvo dos hijos: Hesrón y Hamul.

22 De todas las familias de Judá se contaron setenta y seis mil quinientos hombres.

23 Los grupos familiares que descendían de Isacar fueron: Tolá, Puvá, 24 Jasub y Simrón.

25 De todas sus familias se contaron sesenta y cuatro mil trescientos hombres.

26 Los grupos familiares que descendían de Zabulón fueron: Séred, Elón y Jahleel.

27 De todas sus familias se contaron sesenta mil quinientos hombres.

28 Los grupos familiares que descendían de José fueron: Manasés y Efraín.

29 Manasés tuvo un hijo: Maquir.

Maquir tuvo un hijo: Galaad.

30 Los grupos familiares de Galaad fueron seis: Iéser, Hélec, 31 Asriel, Siquem, 32 Semidá y Héfer.

33 Héfer tuvo un hijo: Selofhad.

Selofhad no tuvo hijos sino hijas: Mahlá, Noá, Hoglá, Milcá y Tirsá.

34 De todas las familias de Manasés se contaron cincuenta y dos mil setecientos hombres.

35 Los grupos familiares que descendían de Efraín fueron: Sutélah, Béquer y Tahán.

36 Los descendientes de Sutélah formaron el grupo familiar de Erán. 37 De todas las familias de Efraín se contaron treinta y dos mil quinientos hombres. Estos y los de la tribu de Manasés fueron los descendientes de José.

38 Los grupos familiares que descendían de Benjamín fueron: Bela, Asbel, Ahiram, 39 Sufam y Hufam.

40 Bela tuvo dos hijos: Ard y Naamán.

41 De todas las familias de Benjamín se contaron cuarenta y cinco mil seiscientos hombres.

42-43 Dan tuvo un hijo, y de sus descendientes se formó un grupo familiar: Suham. De este grupo familiar se contaron sesenta y cuatro mil cuatrocientos hombres. 44 Los grupos familiares que descendían de Aser fueron: Imná, Isví y Beriá.

En medio de las tareas diarias, ¡qué alegría es para María encontrar un huevo en un lugar inesperado!

María es buena y servicial. Con mucho cariño ayuda a remendar las prendas de vestir.

45 Beriá tuvo dos hijos: Heber y Malquiel.

46 Aser también tuvo una hija llamada Sérah. **47** De todas las familias de Aser se contaron cincuenta y tres mil cuatrocientos hombres. **48** Los grupos familiares que descendían de Neftalí fueron: Jahseel, Guní, **49** Jezer y Silem.

50 De todas sus familias se contaron cuarenta y cinco mil cuatrocientos hombres.

51 Todos los israelitas que se contaron y anotaron fueron seiscientos un mil setecientos treinta hombres.

Cómo repartir el territorio
52 Dios volvió a hablar con Moisés, y le mandó:

53 «Ahora repartirán el territorio entre toda la gente que acaban de contar. **54** A las familias más grandes les darán más terrenos. A las familias más pequeñas les darán menos terrenos. Se le debe dar una parcela a cada familia anotada en la lista. **55-56** Repartirán el territorio mediante un sorteo entre las familias grandes y entre las pequeñas. Todo se repartirá por orden, de acuerdo a la tribu y a la familia a que pertenezcan».

Las familias descendientes de Leví
57-58 También contaron a todas las familias que descendían de Leví, quien tuvo tres hijos: Guersón, Quehat y Merarí.

Así se formaron tres grupos familiares; y de estos, surgieron otros cinco grupos familiares: Libní, Hebrón, Quehat, Mahlí y Musí.

Quehat tuvo un hijo: Amram.

59 Amram se casó con una hija de Leví que se llamaba Jocabed. Ella nació cuando Leví todavía estaba en Egipto. Amram y Jocabed tuvieron dos hijos y una hija: Aarón, Moisés y María.

60 Aarón tuvo cuatro hijos: Nadab, Abihú, Itamar y Eleazar.

61 Pero Nadab y Abihú murieron por haber prendido el incienso del santuario sin seguir las instrucciones exactas que Dios había dado.

62 El número total de varones descendientes de Leví, mayores de un mes, fue de veintitrés mil. A ellos no se les contó junto con los demás israelitas porque no se les dio ningún terreno.

63 Esta es la lista de todos los israelitas que contaron Moisés y el sacerdote Eleazar cuando estaban en las llanuras de Moab, junto al río Jordán y frente a la ciudad de Jericó. **64** En esta lista no aparece ninguno de los hombres que Moisés y Aarón contaron la primera vez en el desierto de Sinaí. **65** Todos ellos murieron en el desierto, como castigo de Dios. Los únicos que quedaron con vida fueron Caleb y Josué.

Las hijas de Selofhad
27 **1** Había en Israel un hombre llamado Selofhad, que era hijo de Héfer, nieto de Galaad, y bisnieto de Maquir. Todos ellos eran de la tribu de Manasés, el hijo de José. Selofhad tenía cinco hijas que se llamaban Mahlá, Noá, Hoglá, Milcá y Tirsá. **2** En cierta ocasión, ellas fueron a la entrada del santuario para hablar con Moisés y Eleazar, con los jefes del pueblo y con todos los israelitas. Y les dijeron:

3 «Nuestro padre no fue uno de los que siguieron a Coré para rebelarse contra Dios. Sin embargo, también murió en el desierto a causa de sus pecados. Él nunca tuvo un hijo varón, **4** pero no es justo que por eso su nombre sea borrado de la lista de su familia. Es injusto que ahora no nos entreguen sus terrenos. Nosotras les rogamos que nos den un terreno, para vivir entre nuestros familiares».

5 Moisés fue a consultar a Dios, **6** y Dios le contestó:

7 «Las hijas de Selofhad tienen razón. Dales el terreno que era de su padre, para que puedan vivir entre sus familiares. **8** Y diles a los israelitas:

»Si un hombre muere sin haber tenido hijos varones, sus propiedades serán de su hija. **9** Si no tiene una hija, entonces esa herencia será de sus propios hermanos. **10** Y si no tiene hermanos, sus propiedades se le darán a los hermanos de su padre. **11** Y si su padre no tiene hermanos, entonces pasará su herencia al familiar más cercano. Esta es una orden que yo mismo les he dado; ustedes deben obedecerla siempre».

Un nuevo líder en Israel
12-14 Dios le dijo a Moisés:

—Ni tú ni tu hermano Aarón reconocieron mi grandeza. Ustedes dos me desobedecieron en el desierto de Sin, cuando el pueblo se peleó conmigo y me exigió agua en Meribá. Pero sube al monte Abarim para que veas el territorio que les voy a dar a los israelitas. Sin embargo, morirás sin disfrutar de él, como sucedió con tu hermano Aarón.

15 Y Moisés le respondió:

16 —Dios mío, tú eres el que nos da vida a todos. Te pido que les des a los israelitas un líder **17** que los guíe por donde quiera que vayan. No dejes que tu pueblo ande como un rebaño de ovejas sin pastor.

18-21 Entonces Dios le ordenó a Moisés:

—Llama a Josué, que es un hombre valiente y me obedece; llévalo ante el sacerdote Eleazar y ante todo el pueblo, y en presencia de ellos pon tus manos sobre su cabeza. Así le pasarás tu autoridad y lo harás jefe principal del pueblo. Yo le diré por medio de Eleazar lo que debe hacer como jefe del ejército israelita. Ordénales a los israelitas que deben obedecer a Josué en todo».

22-23 Y Moisés hizo todo esto, tal como Dios se lo había mandado.

Las ofrendas diarias

28 **1** Dios le ordenó a Moisés:

2 «Diles a los israelitas que, en el día que les he señalado, deben presentarme las ofrendas de pan y las ofrendas quemadas en mi honor. Que lo hagan como a mí me agrada; **3-8** de la siguiente manera:

»Cada día sacrificarán y quemarán dos corderos de un año y sin defectos. Uno lo ofrecerán en la mañana, y el otro al atardecer. Con cada cordero llevarán un litro de vino, que derramarán en el santuario para honrarme, y dos kilos de la mejor harina, amasada con un litro de aceite de oliva. Ya en el monte Sinaí les había dicho cómo me agradan estas ofrendas.

Las ofrendas del sábado

9-10 »Junto con las ofrendas diarias, cada sábado sacrificarán y quemarán dos corderos de un año, que no tengan defectos. Cada cordero lo ofrecerán con vino y cuatro kilos de la mejor harina, amasada con aceite.

La ofrenda de cada mes

11 »Además de las ofrendas que me presentan cada día, el primer día de cada mes sacrificarán y quemarán dos toros, un carnero y siete corderos de un año, que no tengan defectos.

12-15 »Con cada toro presentarán dos litros de vino y seis kilos de la mejor harina, amasada con aceite. Con el carnero ofrecerán litro y medio de vino y cuatro kilos de harina, y con cada cordero un litro de vino y dos kilos de harina.

»También me presentarán como sacrificio un chivo para que yo, su Dios, les perdone sus pecados. Así es como me agradan estas ofrendas.

Las ofrendas de la Pascua

16-25 »El día catorce del mes de Abib de cada año, dará comienzo la fiesta de la Pascua en mi honor, y durará una semana. El primer día y el último de esa semana no trabajarán, sino que se reunirán para adorarme. A partir del segundo día de la fiesta comerán panes sin levadura.

»Durante los siete días que dura la fiesta sacrificarán y quemarán en mi honor dos toros, un carnero y siete corderos de un año, que no tengan defectos. Además deberán entregarme las ofrendas diarias.

»Con cada toro presentarán seis kilos de la mejor harina amasada con aceite; con el carnero ofrecerán cuatro kilos de harina, y con cada cordero dos kilos.

»También me presentarán como sacrificio un chivo para que yo, su Dios, les perdone sus pecados. Así es como me agradan estas ofrendas.

Las primicias

26-31 »El día en que recojan los primeros frutos de sus campos, empezarán a celebrar la fiesta de la Cosecha. Ese día nadie trabajará, sino que se reunirán para adorarme.

»Además de las ofrendas diarias, sacrificarán y quemarán en mi honor dos toros, un carnero y siete corderos de un año, que no tengan defectos.

»Con cada toro presentarán seis kilos de la mejor harina amasada con aceite de oliva; con el carnero ofrecerán cuatro kilos de harina, y con cada cordero dos kilos.

»También me presentarán como sacrificio un chivo para que yo, su Dios, les perdone sus pecados.

La fiesta de las Trompetas

29 **1-6** »El primer día del mes de Etanim nadie en Israel trabajará, sino que se reunirán para adorarme. En ese día tocarán las trompetas y, además de las ofrendas diarias y mensuales, los israelitas sacrificarán y quemarán un toro, un carnero y siete corderos de un

año, que no tengan defectos.

»Con el toro me presentarán seis kilos de la mejor harina amasada con aceite; con el carnero ofrecerán cuatro kilos de harina, y con cada cordero dos kilos.

»También me presentarán como sacrificio un chivo para que yo, su Dios, les perdone sus pecados. Así es como me agradan estas ofrendas.

Ofrendas del día del Perdón

7 »El día diez del mes de Etanim nadie comerá ni trabajará; sino que todo el pueblo se reunirá para adorarme.

8-11 »Además de las ofrendas diarias y de las que se ofrecen por los pecados, ese día sacrificarán y quemarán un toro, un carnero y siete corderos de un año, que no tengan defectos.

»Con el toro me presentarán seis kilos de la mejor harina amasada con aceite; con el carnero ofrecerán cuatro kilos de harina, y con cada cordero, dos kilos.

»También me presentarán como sacrificio un chivo para que yo, su Dios, les perdone sus pecados. Así es como me agradan estas ofrendas.

Ofrendas de la fiesta de las Enramadas

12 »El día quince de ese mismo mes nadie trabajará; sino que todo el pueblo se reunirá para adorarme. Ese día dará comienzo una fiesta en mi honor, que durará siete días.

13-16 »Además de las ofrendas diarias, el primer día de esa semana sacrificarán y quemarán trece toros, dos carneros y catorce corderos de un año, que no tengan defectos.

»Con cada toro me presentarán seis kilos de la mejor harina amasada con aceite; con cada carnero ofrecerán cuatro kilos de harina, y con cada cordero, dos kilos.

»También sacrificarán un chivo para que yo, su Dios, les perdone sus pecados. Así es como me agradan estas ofrendas.

17-19 »Además de las ofrendas diarias, el segundo día de esa semana sacrificarán y quemarán doce toros, dos carneros y catorce corderos de un año, que no tengan defectos.

»Con cada uno de estos animales me presentarán las ofrendas de harina amasada con aceite, según las cantidades que les indiqué, y el chivo, para que yo, su Dios, les perdone sus pecados.

20-34 »Además de las ofrendas diarias, del día tercero al séptimo de esa semana sacrificarán y quemarán la misma cantidad de animales sin defectos, y con cada uno de ellos me presentarán las ofrendas de harina amasada con aceite, según las cantidades que les he indicado. También me presentarán cada día, como sacrificio, un chivo para que yo, su Dios, les perdone sus pecados.

»La única diferencia será con los toros: el tercer día me ofrecerán once toros, pero el cuarto día me ofrecerán diez; el quinto día, nueve; el sexto día, ocho; y el séptimo día, siete. Así es como me agradan estas ofrendas.

35-38 »El octavo día, nadie en Israel trabajará, sino que todo el pueblo se reunirá para adorarme.

»Además de las ofrendas diarias, ese día sacrificarán y quemarán un toro y un carnero, y siete corderos de un año, que no tengan defectos.

»Con el toro me presentarán seis kilos de la mejor harina, amasada con aceite; con el carnero ofrecerán cuatro kilos de harina, y con cada cordero, dos kilos.

»También me presentarán como sacrificio un chivo para que yo, su Dios, les perdone sus pecados. Así es como me agradan estas ofrendas.

39 »Todas estas son las ofrendas que los israelitas deben ofrecerme en los días que les he señalado, además de las ofrendas que me hayan prometido y de las que quieran darme por su propia voluntad. Pueden sacrificar y quemar animales, ofrecerme pan y presen-

tarme ofrendas para hacer las paces conmigo».

40 (30.1) Y Moisés le comunicó a los israelitas todo lo que Dios le había ordenado.

Las promesas a Dios

30 **1** (2) Moisés les dijo a los jefes de las tribus de Israel:

«Dios me ordenó que los instruyera **2** (3) sobre las promesas que se le deben cumplir.

3 (4) »Si una joven soltera le hace una promesa a Dios, **4** (5) y su padre está de acuerdo con ella, la joven debe cumplirla. **5** (6) Pero si su padre no está de acuerdo con lo que ella prometió, entonces ella no estará obligada a cumplir su promesa, y Dios la perdonará.

6 (7) »Si una mujer soltera hace una promesa sin pensarlo bien, y luego se casa, **7** (8) y su esposo está de acuerdo con ella, la mujer deberá cumplirla. **8** (9) Pero si su esposo no está de acuerdo con lo que ella prometió, entonces ella no estará obligada a cumplir su promesa, y Dios la perdonará.

9 (10) »La mujer está obligada a cumplir lo que le haya prometido a Dios, aun cuando sea divorciada o viuda.

10 (11) »Si una mujer casada hace una promesa, **11** (12) y su esposo está de acuerdo con ella, la mujer deberá cumplirla. **12** (13) Pero si su esposo no está de acuerdo con lo que ella prometió, entonces ella no tendrá que cumplir su promesa, y Dios la perdonará.

13 (14) »El esposo siempre tendrá la última palabra con respecto a las promesas que su mujer le haga a Dios. **14** (15) Cuando el esposo sabe que su mujer ha hecho una promesa y está de acuerdo con ella, la mujer está obligada a cumplirla. **15** (16) Pero si el esposo primero estaba de acuerdo, y después de un tiempo le impide a su mujer que cumpla sus promesas, entonces él será culpable delante de Dios».

16 (17) Estas son las instrucciones que Dios le dio a Moisés acerca de las promesas que hacen las mujeres, tanto casadas como solteras.

Derrota de Madián

31 **1** Dios le dijo a Moisés:

2 «Como los madianitas no quisieron ayudar a los israelitas, debes vengarte de ellos; después de eso, morirás».

3 Entonces Moisés les dijo a los israelitas:

«Prepárense para ir a pelear contra Madián. Nos vengaremos de ellos en el nombre de Dios porque no quisieron ayudarnos.

4 Cada una de las doce tribus debe enviar a mil soldados».

5 Fue así como se formó un ejército de doce mil soldados.

6 Moisés los mandó a la guerra acompañados de Finees, que era hijo del sacerdote Eleazar. Finees llevaba los objetos sagrados y las trompetas para dar la señal de ataque.

7 Los israelitas pelearon contra los madianitas, como Dios les había dicho, y los mataron a todos. **8** Entre los hombres que mataron estaban cinco reyes madianitas: Eví, Réquem, Sur, Hur y Reba. También estaba Balaam hijo de Beor.

9 Como botín de guerra los soldados israelitas se llevaron a las mujeres y a los niños madianitas, y también sus animales y objetos más valiosos. **10** Además, quemaron todas las ciudades y aldeas madianitas. **11-12** Todo este botín se lo entregaron a Moisés, a Eleazar y al pueblo de Israel, que estaban en el valle de Moab, junto al río Jordán y frente a la ciudad de Jericó.

13-14 Cuando Moisés y los que estaban con él vieron que regresaba el ejército israelita, salieron a recibirlo. Pero Moisés se enojó mucho con los jefes del ejército, **15** y les dijo:

«¿Por qué no mataron a las mujeres? **16** Ellas siguieron los malos consejos de Balaam, pues hicieron que los israelitas desobedecieran a Dios y adoraran a Baal-peor. ¡Por culpa de ellas, Dios castigó a los israelitas con una terrible enfermedad! **17-18** Perdónenle la vida a las mujeres que sean vírgenes, y quédense con ellas. Pero maten de inmediato a todas las mujeres que hayan tenido relaciones sexuales. Maten también a todos los niños varones.

19 »Los soldados que hayan matado a alguien, o que hayan tocado algún cadáver, deben quedarse fuera del campamento durante siete días. Ustedes, y la gente que capturaron, deben purificarse delante de Dios los días tercero y séptimo. **20** Lavarán su ropa y todo lo que esté hecho de madera y de piel de pelo de cabra».

21-24 Por su parte, Eleazar les dijo a todos los que venían de la guerra:

«Para poder entrar al campamento, deben obedecer las siguientes reglas que Dios le dio a Moisés: Todo lo que ustedes traen debe ser purificado. Como los objetos de oro, plata, bronce, hierro, estaño o plomo no se queman, los limpiarás con fuego y agua mezclada con ceniza. Lo que sí se queman los limpiarán sólo con agua. El día séptimo, laven su ropa, y entonces podrán entrar al campamento».

25 Dios le ordenó a Moisés:

26 «Diles a Eleazar y a los jefes del pueblo que te ayuden a contar a las mujeres y al ganado que los soldados trajeron como botín de guerra. **27** Luego dividan tanto a las mujeres como al ganado en dos partes iguales. Una mitad se les dará a los soldados, y la otra mitad, a los demás israelitas. **28** »De la parte que le corresponde a los soldados, sepárame una de cada quinientas mujeres y uno de cada quinientos animales, **29** y entrégaselos al sacerdote Eleazar como una ofrenda para mí.

30 »De la parte que le corresponde al pueblo, sepárame una de cada cincuenta mujeres y uno de cada cincuenta animales, y entrégaselos a los descendientes de Leví que trabajan en el santuario».

31-32 Este es el total de mujeres y animales que contaron Moisés y Eleazar: seiscientas setenta y cinco mil ovejas, **33** setenta y dos mil bueyes, **34** sesenta y un mil burros, **35** y treinta y dos mil mujeres vírgenes.

36-46 Este botín lo dividieron en dos partes iguales, una para los soldados y otra para el pueblo. Esto es lo que le dieron a cada parte: trescientas treinta y siete mil quinientas ovejas, treinta y seis mil bueyes, treinta mil quinientos burros y dieciséis mil mujeres. De la parte que les correspondió a los soldados, Moisés le dio al sacerdote Eleazar, como ofrenda para Dios, lo siguiente: seiscientas setenta y cinco ovejas, setenta y dos bueyes, sesenta y un burros, y treinta y dos mujeres.

47 De cada cincuenta mujeres, Moisés les entregó una a los descendientes de Leví, tal y como Dios se lo había mandado. También les entregó uno de cada cincuenta animales.

La ofrenda de los soldados

48 Los jefes del ejército que habían ido a la guerra **49** le dijeron a Moisés:

«Acabamos de contar a los israelitas que fueron a la guerra, y ninguno murió. **50** Por eso traemos una ofrenda a Dios, para que perdone nuestros pecados. Aquí están todos los objetos de oro que encontramos: brazaletes, pulseras, anillos, aretes y otros adornos».

51-54 Moisés y el sacerdote Eleazar recibieron todas las joyas de oro que les dieron los jefes del ejército. Cada soldado dio una parte de lo que le había quitado a sus enemigos. Todas las joyas pesaron ciento ochenta y cuatro kilos. Moisés y Eleazar las llevaron al santuario como recuerdo de todo lo que Dios había hecho en favor de los israelitas.

La tribu de Rubén y la de Gad eligen dónde vivir

32 **1** La tribu de Rubén y la de Gad tenían mucho ganado. Cuando vieron que la región de Jazer y de Galaad era buena para el ganado **2** les dijeron a Moisés, a Eleazar y a los jefes de Israel:

3 —Las regiones de Atarot, Dibón, Jazer, Nimrá, Hesbón, Elalé, Sebam, Nebo y Beón **4** son muy buenas para el ganado, y nosotros tenemos mucho. Dios conquistó esas regiones para su pueblo, **5** así que ahora les rogamos que nos dejen vivir en ellas. Y si a ustedes les parece bien, ya no iremos a vivir al otro lado del río Jordán.

6 Pero Moisés les contestó:

—Así que a ustedes les parece bien quedarse aquí mientras sus hermanos van a la guerra. **7** ¡Por culpa de ustedes las demás tribus se van a desanimar, y ya no van a querer ir al territorio que Dios les ha dado! **8-9** Eso mismo hicieron sus antepasados al principio. Cuando los envié desde Cadés-barnea a explorar el territorio, llegaron hasta el arroyo de Escol. Luego vinieron a desanimar a los israelitas para que no pasaran al territorio prometido.

10 »Dios se enojó muchísimo ese día y dijo: **11** "Puesto que no quisieron obedecerme, juro que ninguno de los que salieron de Egipto, mayor de veinte años, entrará al territorio que prometí a sus antepasados Abraham, Isaac y Jacob. **12** Sólo entrarán Caleb y Josué, porque confiaron en mí".

13 »Tal fue el enojo de Dios que durante cuarenta años hizo que los israelitas dieran vueltas por el desierto, hasta que todos los desobedientes murieran. **14** »¡Y ahora ustedes, que son tan malos como sus antepasados, hacen lo mismo! ¿Quieren que Dios se enoje de nuevo contra Israel? **15** Si ustedes se quedan aquí y no obedecen a Dios, él dejará morir a todo el pueblo en el desierto, y ustedes serán los responsables.

16 Entonces los de la tribu de Rubén y los de Gad le contestaron a Moisés:

—Nosotros construiremos casas para nuestros hijos, y corrales para el ganado. **17** Pero iremos al frente del ejército y lucharemos junto a las demás tribus hasta que ellos también tengan un lugar donde vivir. Lo único que deseamos es dejar a nuestros hijos bien protegidos en las ciudades que construyamos, para que la gente de esta región no les haga daño. **18-19** Cuando los demás israelitas tengan también un lugar donde vivir, regresaremos a nuestro territorio, pues no queremos vivir con ellos del otro lado del río Jordán.

20-22 Y Moisés les dijo:

—Está bien, pero para que no haya problemas, crucen el río Jordán con nosotros para ir a la guerra. Así obedecerán a Dios hasta que él derrote a sus enemigos y tome ese territorio. Luego podrán regresar a sus casas, pues habrán cumplido con Dios y con los israelitas.

23-24 »Construyan aquí ciudades para sus hijos y corrales para su ganado. Pero cumplan su promesa, porque si no lo hacen, cometerán un gran pecado contra Dios, y él los castigará.

25-27 Los de la tribu de Rubén y los de la tribu de Gad le dijeron a Moisés:

—Somos tus servidores, y haremos lo que tú ordenes. Nuestros hijos y esposas, y todos nuestros animales, se quedarán en las ciudades de Galaad. Pero nosotros obedeceremos a Dios; iremos a pelear del otro lado del río Jordán.

28 Moisés habló con Josué, con el sacerdote Eleazar y los jefes de las tribus de Israel, **29** y les dijo:

«Los de la tribu de Rubén y los de la tribu de Gad prometieron cruzar el río Jordán con ustedes para conquistar el territorio prometido. Luego quieren permiso para volver y vivir en la región de Galaad. **30** Pero si no cumplen su promesa, entonces tendrán que ir a vivir con todos ustedes en el territorio de Canaán».

31-32 Entonces los de Rubén y los de Gad hicieron esta promesa delante de todos:

«Nosotros obedeceremos a Dios, iremos armados a pelear a la región de Canaán. Pero luego nos regresaremos a vivir de este lado del río Jordán. Este será nuestro territorio».

33 Así fue como Moisés les dio ese territorio a la tribu de Gad y a la de Rubén, y a la media tribu de Manasés. Allí estaban las ciudades y campos donde antes vivían Sihón el rey amorreo, y Og el rey de Basán.

34 Los de la tribu de Gad reconstruyeron las siguientes ciudades: Dibón, Atarot, Aroer, **35** Atarot-sofán, Jazer, Jogbehá, **36** Betnimrá y Bet-arán.

A todas estas ciudades les hicieron muros de protección, y también hicieron corrales para sus rebaños.

37 Los de la tribu de Rubén reconstruyeron las siguientes ciudades: Hesbón, Elalé, Quiriataim, **38** Nebo, Baal-meón y Sibma.

A algunas de esas ciudades les cambiaron el nombre, sobre todo a las que ellos reconstruyeron.

39-40 Moisés les dio a los descendientes de Maquir, que era hijo de Manasés, los terrenos de la región de Galaad, porque ellos echaron fuera a los amorreos que vivían allí. Por eso se quedaron con esa región. **41** Jaír, otro de los hijos de Manasés, le quitó a los amorreos unos campamentos, y les puso el nombre de Havot-jaír. **42** Nóbah se quedó con el territorio de Quenat y con los pueblos que la rodeaban, y le puso su propio nombre, Nóbah.

El recorrido de los israelitas

33 **1-50** El día quince del mes de Abib, un día después de la Pascua, los israelitas salieron triunfalmente de Egipto, ante la mirada de todos los egipcios. Ese mismo día, los egipcios estaban enterrando a sus hijos mayores, pues Dios les había quitado la vida para castigar a los dioses de Egipto.

Los israelitas marcharon por el camino como un ejército bien organizado, bajo las órdenes de Moisés y de Aarón. Dios le mandó a Moisés que hiciera una lista de todos los lugares por donde pasaran, y estos son los lugares por donde pasaron y acamparon desde que salieron de la ciudad de Ramsés, en Egipto: Suçot, Etam, donde termina el desierto; Pi-hahirot, al este de Baal-sefón, Migdol, el Mar de los Juncos, el desierto de Etam, Mará, Elim, donde había doce fuentes de agua y setenta palmeras, el desierto de Sin, Dofcá, Alús, Refidim, donde no tuvieron agua para beber, el desierto de Sinaí, Quibrot-hataavá, Haserot, Ritmá, Rimón-peres, Libná, Risá, Quehelata, Séfer, Haradá, Maquelot, Táhat, Térah, Mitcá, Hasmoná, Moserot, Bené-jaacán, Hor de Guidgad, Jotbata, Abroná, Esión-guéber, Cadés, el monte Hor, donde empieza el territorio de Edom, Salmoná, Punón, Obot, Iié-abarim, en la frontera con Moab, Dibón-gad, Almóndiblataim, los montes de Abarim,

al este del monte Nebo y las llanuras de Moab.

En ese recorrido, al llegar al monte Hor, Dios le ordenó al sacerdote Aarón que subiera al monte, y allí murió Aarón, a la edad de ciento veintitrés años. Esto sucedió el primer día del mes de Ab, cuarenta años después de la salida de Egipto.

También fue aquí, al llegar al monte Hor, que Arad, el rey de los cananeos, que vivía en el Néguev de Canaán, supo que los israelitas se acercaban a su territorio.

Las llanuras de Moab están junto al río Jordán y frente a la ciudad de Jericó. Cuando los israelitas acamparon allí, su campamento era tan grande que empezaba en Bet-jesimot y llegaba hasta Abel-sitim.

Distribución del territorio en la región de Canaán

Estando allí, en las llanuras de Moab, Dios le dijo a Moisés:

51 «Diles a los israelitas que, cuando crucen el río Jordán y entren a la región de Canaán, **52** deben echar fuera a la gente que vive allí. También deben destruir todas las figuras de piedra que adoran, las estatuas y los altares donde las adoran.

53 »Yo, su Dios, les doy esa región para que vivan en ella. Por eso deben conquistarla y quedarse a vivir allí. **54** Para repartir esa región entre los distintos grupos familiares, hagan un sorteo. A las familias más grandes les darás un terreno grande; a las familias pequeñas, un terreno pequeño. El terreno que le toque a cada familia será suyo. La región se repartirá por tribus.

55 »Pero si ustedes no sacan de la región a los que viven ahora en ella, yo haré que esa gente les sea tan molesta como si tuvieran ustedes astillas en los ojos o espinas en el cuerpo. **56** Y a ustedes les haré el daño que pensaba hacerle a esa gente».

Los límites del territorio

34 **1** Dios le ordenó a Moisés:

2-12 «Dile a los israelitas que estos serán los límites del territorio que les voy a dar:

»Límite sur, junto al desierto de Sin y la región de Edom: empieza al este, donde termina el Mar Muerto, y se extiende rumbo sur hasta Cadés-barnea, pasando por la cuesta de Acrabim y por Sin. De Cadés-barnea seguirá rumbo a Hasar-adar, hasta llegar a Asmón. De allí dará vuelta hacia la arroyo de Egipto, y terminará en el mar Mediterráneo.

»Límite oeste: estará formado por la costa del mar Mediterráneo.»Límite norte: se extiende en línea recta desde el mar Mediterráneo hasta el monte Hor. Desde Hor seguirá hasta la entrada de Hamat, y de allí hasta Sedad. Luego la frontera se alargará hasta Zifrón y terminará en Hasar-enán.

»Límite este: se extiende desde Hasar-enán hasta Sefam. De allí irá hasta Riblá, que está al este de Ain. Luego la frontera bajará por la costa oriental del lago Quinéret, y seguirá por el río Jordán hasta llegar al Mar Muerto».

Cómo repartir el territorio

13 Moisés les dijo a los israelitas:

«Este es el territorio que Dios repartirá entre las nueve tribus y media. Cada una recibirá su parte, según la suerte que le toque. **14-15** La tribu de Rubén, la tribu de Gad y la media tribu de Manasés ya recibieron su parte al otro lado del río Jordán, frente a la ciudad de Jericó».

16 Y Dios le dijo a Moisés:

17 «El sacerdote Eleazar y Josué, repartirán el territorio. **18-29** Además, deben llamar a los siguientes jefes de tribu para que los ayude: Caleb, de la tribu de Judá, Samuel, de la tribu de Simeón, Elidad, de la tribu de Benjamín, Buquí, de la tribu de Dan, Haniel, de la tribu de Manasés, Quemuel, de la tribu de Efraín, Elisafán, de la tribu de Zabulón, Palatiel, de la tribu de Isacar, Ahihud, de la tribu de Aser, y Pedahel, de la tribu de Neftalí».

Ciudades para los descendientes de Leví

35 **1** Cuando el pueblo estaba en las llanuras de Moab, junto al río Jordán y frente a la ciudad de Jericó, Dios le ordenó a Moisés:

2-3 «Diles a las tribus de Israel que de todas las ciudades que hay en sus territorios, deben darles a los descendientes de Leví algunas ciudades, junto con los terrenos que están alrededor de ellas. Así ellos tendrán un lugar donde vivir, y su ganado tendrá dónde pastar.

4-5 »Esos terrenos que darán a los descendientes de Leví, serán cuadrados, y medirán novecientos metros por cada lado, y se ubicarán alrededor de la ciudad a cuatrocientos cincuenta metros del muro de la misma.

6-7 »Les darán a los descendientes de Leví cuarenta y ocho ciudades, cada una con el campo de pastoreo que le corresponde. Seis de esas ciudades serán ciudades especiales de refugio. Si una persona mata a alguien por accidente, podrá ir a esas ciudades, y buscar protección; allí nadie podrá hacerle daño. **8** Para saber cuántas ciudades de su territorio debe dar cada tribu, harás lo siguiente: Las tribus que tengan más territorio, darán más ciudades; las tribus que tengan menos territorio, darán menos ciudades».

Las ciudades de refugio

9 Además, Dios le dijo a Moisés:

10 «Esto es lo que deben hacer los israelitas cuando crucen el río Jordán y entren a la región de Canaán: **11-15** Apartarán seis ciudades para proteger a quien haya matado a otro por accidente.

Tres de esas ciudades estarán del otro lado del río Jordán y tres en la región de Canaán.

»Cuando una persona mate a otra por accidente, podrá escapar y ponerse a salvo en alguna de esas ciudades. Así, el que mató se protegerá de algún pariente del muerto que quiera vengarse y matarlo. Sin embargo, cuando esa persona llegue huyendo a la ciudad de refugio, el pueblo la juzgará y decidirá si merece o no morir. Castigarás con la muerte a los culpables de los siguientes delitos:

16 »Al que mate a otro con un objeto de hierro.

17 »Al que mate a otro con una piedra.

18 »Al que mate a otro con un palo. **19** El familiar más cercano al muerto buscará al asesino y lo matará.

20 »Al que por odio tire al suelo a otro y lo mate.

»Al que mate a otro al lanzarle con maldad algún objeto.

21 »Al que por odio mate a otro a golpes. El familiar más cercano al muerto buscará al asesino y lo matará.

22 »Sin embargo, no castigarás con la muerte en los siguientes casos:

»Al que tire a otro al suelo y sin querer lo mate.

»Al que por accidente mate a otro al lanzarle un objeto.

23 »Al que por accidente golpee a otro con una piedra y lo mate. Sobre todo, si no había enemistad entre ellos ni había razón para hacerle daño.

Procedimientos legales

24 »Esto es lo que deben hacer cuando juzguen a quienes no merecen morir: **25-28** El pueblo protegerá a quien sin quererlo haya matado a otro, y no dejará que lo mate el pariente más cer-

cano al muerto. Por eso, el pueblo llevará al que mató al otro a la ciudad de refugio. Mientras esa persona viva en esa ciudad, estará a salvo y nadie le podrá hacer daño. Pero no deberá salir de la ciudad mientras viva el jefe de los sacerdotes. Después de la muerte del jefe de sacerdotes, podrá regresar a su casa, y nadie podrá hacerle daño. Pero si esa persona sale de la ciudad antes de eso, y lo encuentra el pariente del muerto, ese pariente lo podrá matar sin que se le culpe de nada.

29 »Ustedes deben obedecer siempre estas órdenes, cualquiera que sea el lugar donde vivan.

30 »Deberá ser castigado con la muerte quien mate a otro y sea acusado por dos o más testigos. Si lo acusa sólo un testigo, no deben castigarlo con la muerte. **31** Cuando alguien sea condenado a morir por haber matado a otro, no podrá salvarse pagando una multa. Tendrá que morir.

32 »Quien viva en una ciudad de refugio no podrá pagar una multa para salir y regresar a su casa. Tendrá que esperar hasta que muera el jefe de los sacerdotes. **33-34** No echen a perder el territorio en el que viven porque yo, su Dios, vivo allí entre ustedes, y no soporto estar en un lugar en donde viven asesinos. Sólo matando al asesino podrán hacer que el lugar vuelva a ser digno de mi presencia».

Terrenos para las mujeres
36 **1** Un día, los jefes del grupo familiar de Galaad, que pertenecía a la tribu de Manasés, fueron a hablar con Moisés. Delante de los jefes de las tribus de Israel le dijeron:

2 «Dios te ordenó que repartieras territorios a los israelitas por sor-

teo. Los terrenos de nuestro familiar Selofhad tú se los diste a las hijas que él tuvo. **3** Sin embargo, nos preocupa que ellas se casen con hombres de otra tribu. Porque entonces, los terrenos que eran de ellas y de nuestra tribu pasarán a ser de la tribu de los hombres con quien ellas se casen. Nosotros perderíamos parte del territorio que tú nos diste. **4** Así, cuando llegue el año de la liberación, ellos se quedarán para siempre con nuestros terrenos. Y nuestra tribu perderá parte del territorio que le tocó».

5 Dios le dijo a Moisés lo que debía hacer. Entonces Moisés les dijo a los israelitas:

«Los de la tribu de Manasés tienen razón. **6-9** Dios me dijo que las hijas de Selofhad pueden elegir al hombre con el que quieran casarse, siempre y cuando ese hombre sea de una de las familias de su propia tribu. Eso mismo debe hacerse en todas las tribus: Si alguna mujer ha recibido el terreno de su familia, debe casarse con un hombre de su misma tribu. De esta manera, los terrenos de una tribu no pasarán a ser propiedad de otra tribu. Todas las tribus conservarán el mismo territorio que les tocó desde el principio».

10-11 Entonces Mahlá, Tirsá, Hoglá, Milcá y Noá, que eran las hijas de Selofhad, hicieron lo que Dios les ordenó por medio de Moisés, y se casaron con sus primos, **12** que eran de la tribu de Manasés. Así los terrenos de ellas siguieron siendo de la tribu de su padre.

13 Estas fueron las órdenes que Dios le dio a los israelitas por medio de Moisés, cuando estaban en las llanuras de Moab, junto al río Jordán y frente a la ciuda de Jericó.

Deuteronomio

Discurso de Moisés

1 **1-5** Moisés habló con los israelitas cuando ellos se encontraban en Cadés-barnea, pueblo moabita que estaba en el desierto de Arabá, frente a Suf. Cerca de allí estaban los pueblos de Parán, Tófel, Labán, Haserot y Dizahab. Para llegar a Cadés-barnea había que caminar once días desde el monte Horeb, siguiendo el camino del monte Seír. Moisés les habló cuarenta años después de que salieron de Egipto. Era el día primero del mes de Sabat de ese año, cuando Moisés comunicó a los israelitas todas las leyes que Dios le había ordenado darles.

En el camino, Moisés había derrotado a varios reyes. En Hesbón derrotó a Sihón, rey de los amorreos, y en Astarot, que está en la región de Edrei, derrotó a Og, rey de Basán.

Moisés dirigió a los israelitas estas palabras mientras estaban al este del río Jordán:

6 «Cuando estábamos en el monte Horeb, nuestro Dios nos dijo lo siguiente: "Ustedes ya han pasado demasiado tiempo en este monte, **7** así que levanten el campamento y vayan hacia las montañas, que es donde viven los amorreos, y hacia las regiones de alrededor. Vayan al Arabá, a las montañas, a los valles y al Néguev, la costa, el territorio cananeo y el Líbano, hasta llegar al gran río Éufrates. **8** Vayan y conquisten ese territorio, pues yo les prometí a Abraham, Isaac y Jacob que se lo daría. También les prometí que se lo daría a ustedes, pues son sus descendientes"».

Los jefes de Israel

Moisés siguió diciendo:

9-12 «Para ese tiempo, Dios les había dado a ustedes tantos descendientes que llegaron a ser un pueblo muy grande. Yo mismo le pedí a Dios que los bendijera y los hiciera mil veces más grandes de lo que ya eran. Entonces me di cuenta de que yo solo no podría encargarme de todos los problemas de ustedes. **13** Por eso les aconsejé elegir de entre todas las tribus a hombres sabios, inteligentes y con experiencia, para que los pusieran como jefes del pueblo y así me ayudaran.

14 »Ustedes estuvieron de acuerdo con esta idea. **15** Por eso elegí a los hombres más sabios y de mayor experiencia, y los puse como jefes de ustedes. Unos tenían autoridad sobre mil hombres; otros, sobre cien; otros, sobre cincuenta; y otros, sobre diez. Hubo otros a quienes puse como jefes de toda una tribu.

16-18 »En ese momento les dije a ustedes todo lo que debían hacer. A los jueces les dije que fueran justos con todos por igual, sin importar que fueran pobres o ricos, israelitas o extranjeros, y sin tener miedo de nada ni de nadie, pues Dios respaldaría sus decisiones. También les dije que cuando algún caso les fuera muy difícil, me lo pasaran a mí, para que yo lo juzgara.

Los doce espías

19 »Luego de eso nuestro Dios nos ordenó partir del monte Horeb y trasladarnos a los montes donde vivían los amorreos. Con mucho miedo, atravesamos el gran desierto y llegamos a Cadés-barnea. **20-21** Allí les dije que nuestro Dios nos había dado la región montañosa de los amorreos; también los animé a conquistar ese territorio, tal y como Dios lo había ordenado. **22** Pero ustedes me pidieron que primero enviara espías, para que vieran cómo era el territorio, cuál era el mejor camino a seguir, y qué ciudades nos íbamos a encontrar.

23 »Yo estuve de acuerdo, y elegí a doce espías, uno por cada tribu. **24** Ellos fueron a explorar las montañas, y llegaron al valle de Escol. **25** Allí tomaron algunos de los frutos de esa región, y nos informaron que el territorio que nuestro Dios nos iba a dar era de lo mejor.

26 »Sin embargo, ustedes desobedecieron las órdenes de Dios y no quisieron ir. **27** Al contrario, regresaron a sus casas y se quejaron de Dios. Pensaron que Dios no los quería, y que los había sacado de Egipto sólo para que los amorreos los destruyeran. **28** Cuando supieron que en ese territorio vivía gente muy fuerte y de gran estatura, y que sus ciudades estaban rodeadas de grandes murallas, les dio mucho miedo. Y más se desanimaron cuando supieron que allí vivían también los descendientes del gigante Anac.

29 »Yo recuerdo que les dije: "¡Cálmense! ¡No tengan miedo! **30** Nuestro Dios nos guiará y luchará por nosotros, así como luchó por nosotros contra Egipto y nos guió por el desierto. **31** Él nos ha traído hasta aquí, como si nos llevara en brazos, y hasta ahora nada nos ha pasado. Ha sido un padre para nosotros".

32 »A pesar de eso, ustedes no han querido confiar en él, **33** aun cuando él ya se ha adelantado a elegir el lugar que va a darles. Para llevarlos allá, ha venido guiándolos; de noche los ha alumbrado con fuego, y de día los ha protegido con una nube.

Dios castiga a Israel

34-35 »Cuando Dios escuchó sus quejas, se enojó, pues ustedes son gente muy mala. Por eso juró que no disfrutarían de la tierra que había prometido a sus antepasados. **36** Y como Caleb fue el único obediente, Dios dijo que él sería el único que disfrutaría de ella. Por eso también sus descendientes recibirían toda la tierra que tocaran con la planta de sus pies. **37** »Por culpa de ustedes, Dios se enojó conmigo y me dijo: "Tampoco tú entrarás a esta tierra. **38** Será Josué quien guiará al pueblo y les entregará la tierra a los israelitas. Él es tu ayudante, así que anímalo".

39 »Dios también me dijo: "Los israelitas pensaron que el enemigo les quitaría a sus niños y a sus esposas. Sin embargo, serán sus hijos los que entrarán a la tierra y se harán dueños de ella, aun cuando ahora son apenas unos niños. Diles eso a los israelitas, **40** y diles además que regresen al desierto, por el camino que lleva al Mar de los Juncos".

41 »Yo les comuniqué todo esto, y ustedes reconocieron que habían pecado contra Dios. Entonces decidieron salir a conquistar la tierra, tal como Dios les había ordenado. Tomaron sus armas, confiados en que les sería fácil subir las montañas; **42** pero Dios me pidió advertirles que serían derrotados, pues él no les daría la victoria.

43-44 »Sin embargo, ustedes se sintieron muy valientes y no hicieron caso de la orden de Dios. Subieron a las montañas para pelear contra los amorreos, pero ellos les hicieron frente y los derrotaron. ¡Como si fueran avispas, los persiguieron por todo Seír y hasta Hormá! **45** Luego, al regresar, ustedes lloraron y se quejaron ante Dios, pero él no les hizo caso, **46** y ustedes tuvieron que quedarse a vivir en Cadés por mucho tiempo más.

Israel en el desierto

2 **1** »Después de eso, Dios me mandó que los llevara al desierto por el camino que va al Mar de los Juncos. Pasamos largo tiempo viajando alrededor de las montañas de Seír, **2-12** pero a nuestro Dios le pareció que habíamos estado allí demasiado tiempo, y nos ordenó ir hacia el norte.

»Antes nos advirtió que, al pasar por la región de Seír, no atacáramos a los descendientes de Esaú, pues esa región les pertenece. Allí

habían vivido los horeos, pero los descendientes de Esaú los destruyeron y se quedaron con su tierra. Por eso Dios dijo que no nos daría ni un pedazo de ese territorio. Y aunque ellos nos tenían miedo, nos ordenó no hacerles daño, pues después de todo eran nuestros parientes. Sólo debíamos comprarles la comida y el agua que necesitáramos.

»Yo les hice recordar que Dios los había bendecido en todo lo que ustedes habían hecho durante esos cuarenta años. En verdad, Dios los ha protegido y cuidado en todo el viaje por el desierto, y nada les ha faltado.

»Luego nos alejamos por el camino del Arabá, que comienza en Elat y Esión-guéber, y pasamos por Seír. De allí nos desviamos por el camino del desierto que lleva a Moab. Fue entonces cuando Dios nos ordenó no atacar a los moabitas, que son descendientes de Lot. Nos dijo, además, que tampoco nos daría ni un pedazo de la región de Ar, pues ese territorio les pertenece. Antes, ese territorio era de los emitas, que eran un pueblo muy grande, con gente tan alta como los gigantes anaquitas. La mayoría de la gente los conocía con el nombre de refaítas, pero los moabitas fueron los primeros en llamarlos emitas.

13 »Dios nos ordenó seguir adelante y cruzar el arroyo Zéred.

14-16 Desde el día en que salimos de Cadés-barnea hasta el día en que cruzamos ese arroyo habían pasado treinta y ocho años. Para entonces ya habían muerto todos los israelitas que al salir de allá tenían dieciocho años. Dios había jurado que usaría todo su poder para acabar con ellos.

17-18 »Fue entonces cuando Dios ordenó que cruzáramos la frontera de Moab y fuéramos a la ciudad de Ar. **19** Pero antes nos dio instrucciones de no atacar a los amonitas, pues son también descendientes de Lot. De ese territorio no recibiríamos ni un pedazo, pues Dios ya se lo había dado a ellos.

20 »Los refaítas, a quienes los amonitas conocían con el nombre de zamzumitas, habían vivido allí antes. Por eso la región era considerada territorio refaíta.

21 Los zamzumitas eran un pueblo grande, con gente tan alta como los gigantes anaquitas. Dios acabó con ellos por medio de los amonitas, que se quedaron para siempre con su territorio.

22 Lo mismo habían hecho los descendientes de Esaú en la región de Seír. **23** También los filisteos, que habían venido de Creta, mataron a los heveos de las aldeas cercanas a Gaza, y se quedaron con el país.

24 »Después Dios nos ordenó seguir adelante, cruzar el río Arnón, y entrar en guerra con Sihón, el rey de Hesbón. Antes nos prometió que dominaríamos el país y nos quedaríamos con ese territorio. **25** También nos prometió que, a partir de entonces, todos los pueblos de la región nos tendrían miedo. ¡Con sólo oír hablar de nosotros se llenarían de espanto y angustia!

La derrota de Sihón

26 »Cuando estábamos en Cademot, le envié un mensaje amistoso a Sihón, rey de Hesbón, en el que le pedía **27-29** que nos dejara pasar por su territorio. Pasaríamos solamente por el camino principal y cruzaríamos el río Jordán, hasta llegar al territorio que nuestro Dios nos iba a dar. Le ofrecí pagarle por los alimentos y el agua que tomáramos, y le hice saber que los descendientes de Esaú y los moabitas nos habían permitido pasar por Ar y Seír.

30-36 »Pero el rey Sihón no nos dejó pasar, pues nuestro Dios hizo que se negara. Dios me dijo entonces que a partir de ese momento dominaríamos a Sihón, y que de inmediato debíamos entrar en su territorio y conquistarlo.

»Sihón salió con su ejército para luchar contra nosotros en Jahas, pero Dios nos dio la victoria. Conquistamos todas sus ciudades y las destruimos por completo, acabamos con todos sus habitantes, y sólo nos quedamos con el ganado y los objetos de valor. Ninguna de sus ciudades resistió nuestro ataque; a todas ellas las destruimos, comenzando por la ciudad de Aroer, que está en ambos lados del río Arnón, y terminando por la ciudad de Galaad. Hasta la fecha seguimos dominándolos. 37 Los únicos territorios que no atacamos fueron el de los amonitas, que está en la región del río Jaboc, el de las ciudades de la montaña, y todos los que Dios nos ordenó no atacar.

La derrota de Og

3 1-7 »Después de esto, nos dirigimos a Basán, pero tomamos otro camino. Cuando llegamos a Edrei, Og, que era rey de Basán, salió con su ejército para atacarnos. Dios me dijo que no le tuviéramos miedo, pues él nos daría la victoria.

»Atacamos a Og, y Dios nos permitió vencerlo; de su ejército no dejamos a nadie con vida. En la región de Argob destruimos las sesenta ciudades de su reino. Todas ellas estaban bien protegidas con muros muy altos y con portones cerrados con barras de hierro. También destruimos los pueblos menos protegidos, y nos quedamos con sus animales y objetos de valor. 8 »Así fue como en esos días nos apoderamos de los territorios de los dos reyes amorreos, los cuales reinaban al este del río Jordán, desde el río Arnón hasta el monte Hermón.

9 Los sidonios conocían este monte con el nombre de monte Sirión, pero los amorreos lo llamaban Senir.

10 »Nos apoderamos de todas las ciudades de Og que estaban en la meseta, y de todo Galaad y Basán, hasta Salcá y Edrei. 11 Og era el único rey de los refaítas que aún vivía; dormía en una cama de hierro que medía cuatro metros de largo y dos de ancho. Esta cama podía verse en la ciudad amonita de Rabá.

Las tribus al este del río Jordán

12 »De todo ese territorio que conquistamos, entregué a las tribus de Rubén y de Gad la región que comienza cerca del río Arnón, con todas sus ciudades. Esta región comienza en Aroer, y llega a la mitad de la región montañosa de Galaad.

13 »A la media tribu de Manasés le di el resto de la región de Galaad y toda la región de Argob, más la región de Basán, del rey Og. Esa región era considerada territorio refaíta. 14 Fue precisamente Jaír, descendiente de Manasés, quien conquistó la región de Argob, hasta la frontera con Guesur y Maacá. Jaír le cambió el nombre a Basán, y le puso Havot-jaír, que es el nombre que hasta ahora tiene.

15 »A Maquir le tocó la región de Galaad.

16 »A las tribus de Rubén y de Gad les tocó la región que está entre Galaad y el río Arnón, hasta llegar a la mitad del valle y el río Jaboc. Sus vecinos fueron los amonitas.

17 También les entregué la región del Arabá, que está en la parte este del monte Pisgá. Ese territorio tiene como límite el río Jordán, y va del lago Quinéret hasta el Mar Muerto.

18 »En esa ocasión les ordené a todos los soldados tomar sus armas. Debían marchar al frente de las tribus que aún no tenían su propio territorio, pues Dios les daría uno. 19 A las mujeres y a los niños les pedí que se quedaran en las ciudades que ya les había dado, junto con el ganado que tenían, pues era mucho.

20 Ninguno de los hombres debía volver hasta que el resto de las tribus tuviera su territorio. Así también ellas podrían vivir con tranquilidad en el territorio que Dios les daría al otro lado del río Jordán.

21-22 »A Josué le dije que no tuviera miedo, pues había sido testigo de cómo Dios venció a aquellos dos reyes. También le dije que Dios lo haría vencer a todos los reinos por los que tuviera que pasar, porque Dios mismo pelearía por los israelitas.

Dios no permite a Moisés entrar a Canaán

23 »Entonces le rogué a Dios:

24 "He visto tu grandeza y tu poder.
Ni en el cielo ni en la tierra
hay otro Dios como tú,
que pueda hacer tantas maravillas.
25 Permíteme cruzar el río Jordán.
Déjame ver las hermosas montañas,
¡déjame contemplar el Líbano!"

26-27 »Pero por culpa de ustedes Dios se enojó conmigo, y no me dejó cruzar el río. Al contrario, me prohibió seguir insistiendo. Sólo me permitió subir a lo alto del monte Pisgá, para ver desde allí todo ese territorio. 28 Luego me pidió que instruyera y animara a Josué, porque él guiaría a Israel en la conquista de todo aquel territorio.

29 »Después de esto, nos quedamos en el valle de Bet-peor».

Consejos de Moisés para el pueblo

4 1 Moisés siguió diciendo:

«Israelitas, sigan todas las enseñanzas que les he dado, para que vivan y ocupen el territorio que va a darles el Dios de nuestros antepasados. 2 No cambien ninguno de los mandamientos que yo les he dado de parte de Dios; más bien, obedézcanlos.

3 Ustedes han visto cómo Dios acabó con todos los que adoraron al dios de Baal-peor. 4 También han visto que sólo sobrevivieron los que fueron fieles a Dios.

5-6 »Nuestro Dios me ha ordenado enseñarles todos sus mandamientos, para que ustedes los obedezcan en el territorio que van a ocupar. Así, cuando los demás pueblos oigan hablar de ellos, dirán que ustedes son un gran pueblo, sabio y entendido, pues tienen buenas enseñanzas y saben obedecerlas. **7** No hay ningún otro pueblo que tenga tan cerca a su Dios, como lo tenemos nosotros cuando le pedimos ayuda. **8** Ni hay tampoco un pueblo que tenga mandamientos tan justos como los que ustedes han recibido. **9** Por eso, jamás olviden todo lo que les ha pasado; al contrario, deben contárselo a sus hijos y nietos.

Fieles a Dios

10 »Cuando ustedes estaban en el monte Horeb, Dios me dijo que los reuniera delante de él, pues quería hablarles y enseñarles a obedecerlo todo el tiempo, para que del mismo modo ustedes enseñaran a sus hijos. **11** »Ustedes se reunieron al pie del monte, y vieron las llamas de fuego que de él salían y se elevaban a gran altura. El humo formaba una gran nube, **12** y desde las llamas de fuego Dios les habló. Ustedes no vieron figura alguna, sino que solamente oyeron la voz de Dios. **13** Fue así como él les dio a conocer los diez mandamientos del pacto que hizo con ustedes, y los escribió en dos tablas de piedra para que los obedecieran. **14** Luego me ordenó que yo les enseñara los mandamientos que ustedes debían cumplir en la tierra que estaban por ocupar. **15-18** »El día en que Dios les habló, no vieron ninguna figura. Por lo tanto, no vayan a hacerse ídolos con forma de hombre o de mujer, ni de animales o aves, ni de reptiles o peces. **19** No adoren al sol ni a la luna, ni a las estrellas ni a los astros. Esos astros, que brillan para todas las naciones, los creó Dios. **20** »Cuando Dios los rescató a ustedes de Egipto, lo hizo para convertirlos en su propio pueblo. **21** Sin embargo, por culpa de ustedes, Dios se enojó conmigo y juró que no me permitiría cruzar el río Jordán. Por eso yo no voy a entrar

en esa tierra tan buena que él va a darles. **22** Al contrario, moriré de este lado del río.

»Ustedes sí lo cruzarán, y conquistarán esa tierra. **23** Pero tengan cuidado y no se olviden del pacto que Dios ha hecho con ustedes. Cumplan las órdenes de Dios y no adoren ningún ídolo, **24** pues Dios es muy celoso y, en castigo, podría destruirlos con fuego.

25 »Cuando ustedes hayan ocupado esa tierra, y tengan hijos y nietos, no se hagan ningún ídolo, ni mucho menos vayan a adorarlo. Estarían cometiendo un terrible pecado, y harían que Dios se enojara. **26** El cielo y la tierra son testigos de que, si no obedecen, no vivirán mucho tiempo en esa tierra que está al otro lado del río Jordán, sino que muy pronto morirán. **27** »Sólo a unos cuantos Dios les permitirá vivir en otros países. **28** Allí adorarán ídolos de madera y de piedra, estatuas que no pueden ver ni oír, ni comer o respirar, porque el hombre mismo los ha hecho. **29** Sin embargo, si ustedes son sinceros, y de corazón le piden a Dios que los perdone, aun en esos países Dios los perdonará. **30** Si en medio de su angustia y sufrimiento ustedes vuelven a obedecer a Dios, **31** él no los abandonará ni los destruirá, porque los ama mucho. Dios jamás se olvidará del pacto que hizo con los antepasados de ustedes, pues se comprometió a cumplirlo.

32-38 »Dios sacó de Egipto a los antepasados de ustedes, y así les demostró su gran amor y su gran poder. Por luchar en favor de ustedes, hizo grandes milagros y sembró el pánico entre los demás países.

»Si Dios los rescató, fue para que ustedes llegaran a ser su propio pueblo. Ningún otro pueblo ha oído la voz de Dios, y mucho menos ha vivido para contarlo. Sin embargo, Dios les habló desde el cielo, para ponerlos en el camino correcto. Aquí en la tierra, les

habló desde el fuego, y ustedes siguieron con vida. Y cuando se pusieron en marcha, Dios les abrió paso; hizo a un lado a países más grandes y poderosos que ustedes, para entregarles la tierra que ahora están por recibir.

»Si ustedes estudian la historia, verán que nunca antes sucedió algo parecido a lo que ahora sucede con ustedes. Pero todo esto es para que se den cuenta de que su Dios es verdadero, y es el único Dios.

39 »Por eso, nunca olviden que nuestro Dios es el único dueño y señor del cielo y de la tierra. **40** Hoy les entrego las leyes de Dios. Obedézcanlas, y vivirán mucho tiempo en la tierra que Dios les va a dar para siempre».

Ciudades de refugio

41 Dicho esto, Moisés eligió tres ciudades al este del río Jordán. **42** En estas ciudades podría pedir protección todo el que matara a otra persona, siempre y cuando la muerte no fuera intencional ni se tratara de un pleito entre enemigos. De este modo, el que matara estaría a salvo de los parientes que quisieran vengar la muerte del difunto. **43** Una de las tres ciudades elegidas fue Béser, que estaba en la meseta del desierto; allí podrían refugiarse los de la tribu de Rubén. Otra de las ciudades elegidas fue Ramot, que estaba en Galaad; allí podrían refugiarse los de la tribu de Gad. La tercera ciudad fue Golán, que estaba en Basán, y allí podrían refugiarse los de la media tribu de Manasés.

Los diez mandamientos

44-47 Cuando Moisés y los israelitas salieron de Egipto, llegaron al valle que está frente a Bet-peor, al este del río Jordán. Ese territorio era de los amorreos. Sihón era rey de la región de Hesbón, y Og era rey de la región de Basán. Sin embargo, Moisés y los israelitas derrotaron a estos dos reyes. **48-49** Ese territorio comenzaba en el monte Sirión, que también era conocido como monte Hermón. Bajaba hacia el sur hasta Aroer, cerca del río Arnón, y de allí seguía bajando hasta el monte Pisgá. Pasaba por el Mar Muerto, y se extendía por toda la región del Arabá. Fue allí, al este del río Jordán, donde Moisés les entregó a los israelitas los mandamientos de Dios.

5 ¹ Moisés se reunió con todo el pueblo de Israel, y le dijo:

«Pongan atención, porque voy a darles los mandamientos que deben aprender y obedecer. ² Nuestro Dios hizo un pacto con nosotros en el monte Horeb. ³ No fue un pacto sólo para nuestros antepasados, sino también para nosotros. ⁴ En ese monte Dios nos habló cara a cara desde el fuego. ⁵ Yo serví de intermediario entre Dios y ustedes para comunicarles el mensaje de Dios, pues todos tenían miedo del fuego. Por eso no subieron al monte. Allí Dios dijo:

⁶ "Yo soy el Dios de Israel. Yo los saqué de Egipto, donde eran esclavos. ⁷ No tengan otros dioses aparte de mí. ⁸ No hagan ídolos ni imágenes de nada que esté en el cielo, en la tierra o en lo profundo del mar. ⁹ No se arrodillen ante ellos ni hagan cultos en su honor. Yo soy el Dios de Israel, y soy un Dios celoso. Yo castigo a los hijos, nietos y bisnietos de quienes me odian, ¹⁰ pero trato con bondad a todos los descendientes de los que me aman y cumplen mis mandamientos.

¹¹ "No usen mi nombre sin el respeto que se merece. Si lo hacen, los castigaré.

¹² "Recuerden que el sábado es un día especial, dedicado a mí. ¹³ Durante los primeros seis días de la semana podrán hacer todo el trabajo que quieran, ¹⁴ pero el sábado será un día de descanso, un día dedicado a mí. Ese día nadie deberá hacer ningún tipo de trabajo: ni ustedes, ni sus hijos ni sus hijas, ni sus esclavos ni sus esclavas, ni su buey, ni su burro, ni ninguno de sus animales y ni siquiera los extranjeros que trabajen para ustedes. ¹⁵ Así que deben recordar que ustedes también fueron esclavos en Egipto, y que yo los saqué de allí haciendo uso de mi gran poder. Por eso les ordeno tomar el día séptimo como día de descanso.

¹⁶ "Obedezcan y cuiden a su padre y a su madre. Así les irá bien y podrán vivir muchos años en el país que les voy a dar.

¹⁷ "No maten, ¹⁸ ni sean infieles en su matrimonio, ¹⁹ ni roben, ²⁰ ni hablen mal de otra persona, ni digan mentiras en su contra, ²¹ ni se dejen dominar por el deseo de tener lo que otros tienen, ya sea su esposa, su esclavo, su esclava, su buey, su burro, o cualquiera de sus pertenencias".

Invitación a la obediencia

²² »Estos fueron los mandamientos que Dios les comunicó en voz alta cuando ustedes estaban al pie del monte. Su voz salía desde las llamas de fuego y desde una nube muy espesa. Dios escribió los mandamientos en dos tablas de piedra, y me los entregó, sin añadir nada más.

²³ »Cuando ustedes oyeron la voz de Dios, que salía de la oscuridad, y vieron que del monte salían llamas de fuego, tuvieron miedo. Entonces los jefes de las tribus y las autoridades del pueblo vinieron a hablar conmigo, ²⁴ y me dijeron: "No hay duda de que nuestro Dios nos ha dejado ver su poder y su grandeza. Hemos oído su voz, que salía de las llamas de fuego. Hoy hemos visto que Dios nos habló, y no morimos. ²⁵ Sin embargo, ¿para qué correr el riesgo de morir quemados por este fuego tan terrible? ¡Si volvemos a oír la voz de nuestro Dios, sin duda moriremos! ²⁶ Todo el mundo sabe que no es posible escuchar la voz de Dios, como la hemos oído nosotros, y seguir con vida. ²⁷ Es mejor que tú vayas y escuches todo lo que nuestro Dios tenga que decirnos, y luego nos lo comuniques. Nosotros, por nuestra parte, obedeceremos todo lo que él nos mande".

²⁸ »Dios escuchó lo que ustedes me pidieron, y entonces me dijo: "Está muy bien lo que piensan. ²⁹ Espero que nunca cambien de opinión, y que siempre me adoren y obedezcan mis mandamientos. Así, tanto a ellos como a sus descendientes les irá bien. ³⁰ Ve ahora a decirles que regresen a sus casas, ³¹ pero vuelve luego y quédate conmigo. Voy a entregarte los mandamientos que deberás enseñarles, para que todos ellos los obedezcan en la tierra que voy a darles".

³² »Por eso, israelitas, no dejen de obedecer ni uno solo de los mandamientos de su Dios. ³³ Sigan cada uno de sus consejos, y les irá bien y vivirán muchos años en la tierra que él va a darles.

6 ¹ Estas son las leyes que nuestro Dios me ordenó enseñarles, para que las cumplan en la tierra que están por ocupar. ²⁻³ Si obedecen a Dios y lo adoran tal como les he enseñado, llegarán a ser un pueblo muy grande. Disfrutarán de esta tierra, tal como nuestro Dios se lo prometió a nuestros antepasados. ¡Es tan fértil que siempre hay abundancia de alimentos!

El mandamiento más importante

⁴ »¡Escucha, pueblo de Israel! Nuestro único Dios es el Dios de Israel. ⁵ Ama a tu Dios con todo lo que piensas, con todo lo que eres y con todo lo que vales. ⁶ Apréndete de memoria todas las enseñanzas que hoy te he dado, ⁷ y repítelas a tus hijos a todas horas y en todo lugar: cuando estés en tu casa o en el camino, y cuando te levantes o cuando te acuestes. ⁸ Escríbelas en tiras de cuero y átalas a tu brazo, y cuélgalas en

tu frente. **9** Escríbelas en la puerta de tu casa y en los portones de tu ciudad.

La fidelidad a Dios

10 »Dios les juró a Abraham, Isaac y Jacob, que les daría a ustedes esta tierra, porque son descendientes de ellos. Así que ustedes vivirán en ciudades grandes y hermosas que no edificaron, **11** habitarán casas llenas de riquezas que no ganaron, beberán agua de pozos que no cavaron, y comerán uvas y aceitunas que no plantaron. **12** Pero no olviden que fue Dios quien los sacó de Egipto y los libró de la esclavitud. **13** Por lo tanto, adoren a Dios y obedézcanlo sólo a él. Si tienen que hacer algún juramento, juren sólo en el nombre de Dios.

14 »Nunca abandonen a su Dios por adorar a los dioses de los países vecinos. **15-16** Nuestro Dios es el Dios de Israel, y siempre los acompañará. Pero no traten de ponerlo a prueba, como lo hicieron en Masá. Nuestro Dios es un Dios celoso y, si ustedes adoran a otros dioses, se enojará tanto que los destruirá por completo.

17 »Obedezcan siempre los mandamientos que nuestro Dios les ha dado. **18** Si hacen lo que es bueno y justo, agradarán a Dios. Así, él hará que les vaya bien cuando vivan en la buena tierra que prometió a sus antepasados.

19 Además, hará que sus enemigos huyan ante ustedes, pues así lo ha prometido.

20 »El día de mañana, cuando sus hijos les pregunten qué significan todas estas enseñanzas que nuestro Dios nos ha dado, **21** ustedes responderán: "Hubo un tiempo en que fuimos esclavos del rey de Egipto, pero nuestro Dios usó su gran poder y nos sacó de allí. **22** Nosotros vimos los terribles castigos que Dios envió contra el rey de Egipto y su familia. **23** A nosotros, en cambio, nos sacó de ese país y nos trajo a la tierra que había prometido a nuestros antepasados. **24-25** Entonces nos ordenó res-

petarlo siempre y obedecer sus enseñanzas. Si somos obedientes a Dios y a sus mandamientos él nos hará prosperar y nos mantendrá con vida, como hasta ahora"».

Advertencia

7 **1** Moisés continuó diciendo:

«Nuestro Dios los hará entrar en la tierra que les va a dar. Arrojará de allí a siete naciones más grandes y poderosas que ustedes: los hititas, los gergeseos, los amorreos, los cananeos, los ferezeos, los heveos y los jebuseos. **2** Cuando Dios ponga a esas naciones bajo el dominio de ustedes, no les tengan compasión ni hagan ningún trato con ellas; ¡destrúyanlas por completo! **3** No permitan que ninguno de sus hijos o hijas se case con gente de esas naciones. **4** Por causa de esa gente, sus hijos y sus hijas adorarán a otros dioses y dejarán de obedecer a nuestro Dios. Y si eso llegara a suceder, él se enojaría muchísimo con ustedes y en un instante los destruiría.

5 »Lo que ustedes deben hacer es derribar los altares de esa gente y destruir y quemar los ídolos que adoran, especialmente las imágenes de la diosa Astarté.

Un pueblo elegido por Dios

6 »Ustedes son un pueblo especial. Dios los eligió de entre todas las naciones del mundo, para que fueran su pueblo preferido. **7** Pero si Dios los prefirió, no fue por ser ustedes un pueblo muy importante. Al contrario, eran el pueblo más insignificante de todos. **8** Si Dios los liberó de la esclavitud en Egipto, fue porque los ama. Con su gran poder derrotó al rey de Egipto, y así cumplió su promesa a nuestros antepasados.

9 »Por eso ustedes deben reconocer a nuestro Dios, el Dios verdadero. Nuestro Dios cumple su pacto con todos los descendientes de quienes lo aman y obedecen sus mandamientos, **10** pero no tarda en destruir a quienes lo

desprecian. **11** Por lo tanto, cumplan todos sus mandamientos.

La obediencia trae felicidad

12 »Si ustedes cumplen siempre todas estas enseñanzas, Dios también cumplirá las buenas promesas del pacto que hizo con nuestros antepasados. **13** Si son obedientes, Dios los bendecirá, los amará, y los convertirá en un gran pueblo. A los hijos de ustedes los hará felices y les dará mucho trigo, mucho vino y mucho aceite. Además, hará que tengan muchos ganados en la tierra que les prometió a nuestros antepasados. **14** »Nunca habrá otro pueblo tan bendecido como el de ustedes. No habrá una sola familia que no tenga hijos, y todos sus ganados tendrán sus crías. **15** Dios no permitirá que ninguno de ustedes se enferme. Cualquiera que los odie recibirá el mismo castigo que recibió Egipto. En cambio, a ustedes no les pasará nada.

16 »Gracias al poder de Dios, ustedes conquistarán muchos pueblos. Pero recuerden que no deben tenerles compasión; al contrario, destrúyanlos antes de que se vean tentados a adorar a sus dioses. **17** »Tal vez piensen que esos pueblos son más grandes y poderosos que ustedes, y que no podrán vencerlos. **18** Pero no tengan miedo. No olviden que nuestro Dios castigó al rey de Egipto y a su pueblo. **19** Todos ustedes fueron testigos del gran poder que Dios mostró. Vieron los muchos milagros que hizo para sacarlos de Egipto, y lo mismo hará con los pueblos a quienes ustedes temen.

20 »A los que aún queden vivos de esos pueblos, Dios les enviará avispas que los atacarán hasta acabar con ellos. Nadie podrá esconderse ni escapar del castigo. **21** Así que no sean cobardes. Nuestro Dios nos acompaña, y ante su poder todos tiemblan de miedo.

22 »Conforme ustedes vayan avanzando, Dios irá desalojando del país a esos pueblos. Si ustedes acabaran de una sola vez con todos ellos, serían presa fácil de los muchos animales salvajes que viven en los alrededores. 23-24 Pero nuestro Dios les dará la victoria sobre esos pueblos, y ustedes los irán destruyendo hasta que no quede uno solo. ¡Ninguno de ellos podrá con ustedes! Ustedes derrotarán a sus reyes, y nadie volverá a acordarse de ellos.

25 »Cuando ustedes hayan derrotado a esos pueblos, deberán quemar las imágenes de sus ídolos. Así no caerán en la tentación de quedarse con el oro y la plata que los recubre. Eso es algo que a Dios no le gusta. 26 Por lo tanto, también ustedes deberán considerar despreciables esos ídolos y no llevárselos a sus casas. Si lo hacen, también ustedes serán destruidos».

Dios cuidará de su pueblo

8 1 Moisés continuó diciendo:

«Tengan cuidado de cumplir con todos los mandamientos que en este día les doy, para que puedan vivir en la tierra que Dios había prometido a sus antepasados. Si los cumplen, serán los dueños de esa tierra y tendrán muchos hijos. 2 »No se olviden jamás de lo que han vivido desde que salieron de Egipto hasta llegar a este lugar. Durante estos cuarenta años Dios los ha hecho sufrir, para saber si ustedes son sinceros y desean obedecerlo. 3 Los ha hecho pasar hambre, pero les ha dado a comer pan del cielo, un alimento que ni ustedes ni sus antepasados conocieron. Con esto Dios quiso enseñarles que, aunque les falte el alimento, pueden confiar en sus promesas y en su palabra, y tener vida. 4 Durante cuarenta años han estado caminando; sin embargo, jamás sus ropas se envejecieron ni sus pies se hincharon.

5 »Si Dios los disciplinó, reconozcan que lo hizo porque los ama, como un padre a su hijo.

6 Por lo tanto, trátenlo con respeto y obedezcan todos sus man-

damientos.

7 »Miren que Dios les está dando una tierra excelente, llena de arroyos, fuentes y manantiales que brotan de los valles y las montañas. 8 Esa tierra produce trigo, cebada, higos, uvas, granados y aceitunas, y hay también mucho aceite y mucha miel.

9 Allí nunca les faltará de comer, ni nada que puedan necesitar. De sus montañas sacarán cobre, y de sus piedras sacarán hierro. 10 Pero una vez que hayan comido y queden satisfechos, no se olviden de dar gracias a Dios por tan excelente tierra.

No se olviden de su Dios

11 »No se olviden de su Dios. Obedezcan todos sus mandamientos que en este día les doy. 12-14 Es fácil olvidarse de Dios cuando todo marcha bien, cuando uno está lleno y tiene de comer, cuando tiene una buena casa y mucho ganado, oro y plata. Cuando la gente tiene más y más, se vuelve orgullosa y se olvida de Dios. Por eso, ¡tengan cuidado! No se olviden de que Dios los sacó de Egipto, donde eran esclavos, 15 y que los guió por un grande y terrible desierto, lleno de serpientes venenosas y de escorpiones, y que nada les pasó. No olviden cómo sacó agua de una roca, cuando se morían de sed y no tenían nada que beber.

16 No olviden tampoco que en pleno desierto les dio de comer pan del cielo, un alimento que sus antepasados no conocieron.

»Tengan presente que Dios les envió todas esas pruebas para bien de ustedes. 17 Si olvidan esto, tal vez lleguen a pensar que todo lo que tienen y disfrutan lo han conseguido con su propio esfuerzo. 18 Más bien, deben recordar que fue Dios quien les dio todo eso, y que lo hizo para cumplir su promesa a nuestros antepasados.

19 »Yo les aseguro que si ustedes se olvidan de Dios, morirán.

20 Si son desobedientes, Dios los

destruirá, así como va a destruir a los pueblos que ustedes enfrenten».

Dios ayudará a su pueblo

9 1 Moisés continuó diciendo:

«¡Israelitas, pongan atención! Pronto cruzarán al otro lado del río Jordán, y expulsarán de esa tierra a todos los pueblos que allí viven. Esa gente es más fuerte y poderosa que ustedes, y sus ciudades son grandes y están bien protegidas con altas murallas. 2 Entre ellos viven los descendientes del gigante Anac, y la gente cree que son invencibles.

3 Pero ustedes saben que nuestro Dios marcha al frente de nosotros. Su poder es el de un fuego destructor, y con él derrotará y humillará a esos gigantes. Por el poder de Dios, ustedes podrán vencer a esa gente y la expulsarán de allí en seguida, tal como Dios lo ha prometido.

4-5 »Cuando ustedes hayan entrado ya en ese territorio, y Dios haya expulsado de allí a esa gente, no vayan a pensar que Dios les ha dado esas tierras porque ustedes son muy buenos. Dios expulsará a esa gente por su maldad. Así cumplirá la promesa que les hizo a Abraham, Isaac y Jacob, los antepasados de ustedes. 6 Una cosa debe quedar bien clara: Si Dios les da esta buena tierra, no es porque ustedes sean muy buenos, pues en realidad son un pueblo muy terco.

Desobediencia de Israel

7-8 »Nunca se olviden de esto: Desde el día en que ustedes salieron de Egipto, y hasta el día de hoy, siempre han desobedecido a Dios. Cuando estaban en el desierto, y también en el monte Horeb, hicieron enojar a Dios, y él pensó en destruirlos. 9 Yo había subido al monte para recibir las tablas del pacto que Dios hizo con ustedes. Allí pasé cuarenta días y cuarenta noches sin comer ni beber nada.

10-11 »En esa ocasión Dios me dio los mandamientos que él mismo escribió en tablas de piedra. Ya antes, cuando les habló desde el fuego, él les había anunciado que les daría esos mandamientos.

12 A mí me dijo: "Baja de la montaña ahora mismo, pues el pueblo que sacaste de Egipto me está desobedeciendo; ¡muy pronto me ha traicionado! Se han fabricado un ídolo, y lo están adorando.

13 Me he dado cuenta de que este pueblo es muy terco. **14** ¡Déjame destruirlo, para que nadie vuelva a recordarlo! Pero a ti, te pondré por jefe de un pueblo mucho más fuerte y grande".

15 »Yo bajé del monte con las dos tablas del pacto en mis manos. Cuando bajé, el monte ardía en llamas. **16** Al llegar a donde ustedes estaban, vi cómo se habían pecado contra Dios: se habían hecho un ídolo con forma de toro y lo estaban adorando.

»No les tomó mucho tiempo desobedecer a su Dios.

17 Y fue tanto mi enojo que arrojé al suelo las dos tablas, y a la vista de todos se hicieron pedazos.

18-29 Después tomé el ídolo que habían hecho, lo quemé y eché las cenizas al arroyo que bajaba del monte.

»El pecado de ustedes me causó mucho dolor y tristeza, pues hizo enojar a Dios. Por eso me arrodillé delante de él, y durante cuarenta días y cuarenta noches no comí ni bebí nada. Dios estaba tan enojado con ustedes y con Aarón, que estaba decidido a destruirlos.

»Yo sentí tanto miedo que oré a Dios y le dije: "Dios mío, no destruyas al pueblo que sacaste de Egipto con tu gran poder. Es tu pueblo. Recuerda que Abraham, Isaac y Jacob siempre te fueron fieles y te obedecieron en todo. Olvídate de que este pueblo es terco; olvídate de su pecado y de su maldad. Si lo destruyes, los otros pueblos van a pensar que no pudiste llevarlo hasta la tierra que les prometiste. También van a pensar que tú no lo quieres, y que

lo sacaste al desierto para destruirlo por completo. Esta gente es tu pueblo; es el pueblo que con tu gran poder sacaste de Egipto".

»Una vez más, Dios escuchó mi oración y los perdonó. Pero no fue esa la única ocasión en que ustedes lo hicieron enojar. También lo hicieron enojar en Taberá, en Masá y en Quibrot-hataavá. Además, cuando ustedes estaban en Cadés-barnea, Dios les ordenó que fueran a conquistar la tierra prometida, pero ustedes no creyeron en su promesa ni lo obedecieron. ¡Desde el día en que los conocí, ustedes han sido siempre tercos y desobedientes!»

Dios vuelve a dar las tablas del pacto

10 **1** Moisés continuó diciendo:

«Entonces Dios me dijo: "Prepara dos tablas de piedra, iguales a las que te di antes, y construye también un cofre de madera. Después de eso, sube al monte para hablar conmigo.

2 Yo volveré a escribir mis mandamientos en esas tablas, tal como lo había hecho ya en las tablas que rompiste. Una vez que los haya escrito, pondrás las tablas en el cofre".

3 »Yo fabriqué el cofre con madera de acacia, preparé las dos tablas de piedra, y subí al monte con ellas. **4** Allí Dios escribió los diez mandamientos y me entregó las tablas, como la primera vez, cuando nos reunimos con él y les habló desde el fuego. **5** Yo bajé del monte y puse las tablas en el cofre, pues así me lo había ordenado Dios. Esas tablas aún permanecen en el cofre.

Muerte de Aarón

6 »Luego de eso, partimos de Beerot-bené-jaacán en dirección a Moserá. Allí fue donde Aarón murió y fue sepultado, y donde Eleazar llegó a ocupar el puesto de sacerdote en lugar de su padre Aarón. **7** De Moserá salimos hacia Gudgoda, y de allí hacia Jotbata, que es una región donde abundan

los arroyos.

8 »Fue allí donde Dios eligió a la tribu de Leví para que transportara el cofre del pacto que Dios hizo con ustedes. Ellos quedaron también como sacerdotes encargados de servir en los cultos, y de bendecir al pueblo en nombre de Dios. Hasta el día de hoy, ese es su trabajo, **9** y por eso a los de la tribu de Leví no se les dio ningún territorio propio, como se les dio a ustedes, pues Dios mismo sería su herencia.

Dios perdona a Israel

10 »Yo estuve en el monte Horeb cuarenta días y cuarenta noches, como la primera vez. Allí estuve orando a Dios para que no los destruyera, y él me escuchó, pues no los destruyó. **11** Al contrario, me pidió que me preparara y los guiara a conquistar la tierra que él prometió dar a los antepasados de ustedes.

Lo que Dios pide a Israel

12 »¿Qué espera Dios de ustedes? Simplemente que lo respeten y obedezcan, y que lo amen y adoren con todo su ser. **13** Dios espera que ustedes obedezcan todos sus mandamientos, para que les vaya bien.

14 »Nuestro Dios es dueño del cielo y de la tierra, y de todo lo que hay en ella. **15** Él pudo elegir a cualquier pueblo de la tierra, pero eligió a los antepasados de ustedes porque los amaba, y los eligió también a ustedes para que hoy sean su pueblo. **16** Pero no sean tercos, ni se olviden jamás del pacto que tienen con Dios. **17** Él es el Dios soberano de todos los dioses, de todos los reyes y de todas las naciones. Su poder hace temblar a todo el mundo. Cuando él toma una decisión, lo hace con justicia y nadie lo puede sobornar. **18** »Dios es justo con los huérfanos y las viudas, y muestra su amor dándoles ropa y comida a los refugiados que viven entre ustedes. **19** Así que muestren amor a los refugiados, porque también ustedes fueron refugiados en Egipto.

20 »Obedezcan a Dios y adórenlo sólo a él. No adoren a otros dioses. Si tienen que jurar, háganlo en nombre de nuestro Dios.

21 Ustedes han visto los milagros que Dios ha hecho en su favor, así que alábenlo siempre.

22 No olviden que sus antepasados eran tan sólo un grupo de setenta personas cuando llegaron a Egipto. Ahora Dios los ha convertido en un pueblo tan grande que es imposible contarlos».

El poder de Dios

11 **1** Moisés continuó diciendo:

«Muestren amor por su Dios y obedezcan sus mandamientos.

2-4 Aprendan hoy la lección que Dios les ha dado al disciplinarlos, lección que aún no han recibido sus hijos. Acuérdense de que en Egipto Dios demostró su gran poder y realizó grandes milagros, cuando envió terribles castigos contra el rey y su país. Los egipcios los persiguían a ustedes por en medio del Mar de los Juncos, pero Dios cerró las aguas y los destruyó por completo: ¡los hundió en el mar con todos sus caballos y carros de guerra!

5 »Acuérdense, además, de cuánto los ayudó en su travesía por el desierto, hasta traerlos aquí. **6** ¡Y cómo olvidar lo que Dios hizo con Datán y Abiram, cuando no quisieron que Dios me nombrara jefe de Israel! Ellos eran hijos de Eliab y descendientes de Rubén, pero por causa de su rebeldía Dios hizo que la tierra se los tragara, ¡y la tierra se los tragó, junto con sus familias y pertenencias! De esto, todos ustedes fueron testigos. **7** Con sus propios ojos, ustedes han podido ver el gran poder de Dios.

Las bendiciones prometidas

8 »Obedezcan todos los mandamientos que hoy les he dado. Así tendrán poder para conquistar el territorio al que van a entrar.

9 Si lo hacen, vivirán largos años en ese territorio que Dios les ha prometido. ¡Es tan fértil que siempre hay abundancia de alimentos! **10** En Egipto ustedes tenían que trabajar mucho para sembrar la semilla y regar la tierra. **11** Pero en el territorio que van a ocupar la lluvia riega los campos, los montes y los valles. **12** ¡Dios mismo se encarga de cuidarlo todos los días del año!

13 »Por lo tanto, si obedecen los mandamientos que hoy les he dado, y aman y adoran a Dios con todo lo que piensan y con todo su ser, **14-15** Dios les enviará sin falta la lluvia de otoño y primavera. Así cosecharán ustedes su propio trigo, y no les faltará vino ni aceite; tendrán abundancia de alimentos, y a su ganado no le faltarán pastos.

16 »Pero no se dejen engañar. Si adoran a otros dioses, y desprecian a nuestro Dios, **17** él se enojará y no les enviará lluvia. Entonces no tendrán cosechas, y pronto morirán de hambre en esa buena tierra que Dios les va a dar. **18-20** »Apréndanse de memoria estas enseñanzas, y mediten en ellas; escríbanlas de tal modo que puedan atarlas a sus brazos o colgarlas sobre su frente, para que en todo momento puedan recordarlas. Escríbanlas también en las puertas de su casa y en los portones de sus ciudades. Enséñenselas a sus hijos en todo momento y lugar, **21** y así ustedes y ellos vivirán largos años en esta tierra que Dios les ha prometido. ¡Vivirán allí mientras el cielo exista!

22 »Si obedecen siempre los mandamientos que hoy les doy, y si aman a su Dios y le son fieles, **23-24** Dios expulsará de ese territorio a los pueblos que ahora viven allí. Ustedes derrotarán a naciones grandes y poderosas. De norte a sur, y de este a oeste, nadie podrá quitarles el territorio que conquisten. **25** Nunca nadie podrá derrotarlos, porque su Dios hará que todas las naciones tiemblen de miedo ante ustedes.

Dios así lo ha prometido.

26 »Hoy mismo deben elegir si quieren que les vaya bien, o si quieren que les vaya mal.

27 Si obedecen los mandamientos que hoy les da su Dios, les irá bien; **28** pero si los desobedecen y, por adorar a otros dioses, dejan de hacer todo lo que hoy les he enseñado, les irá mal.

29 »Cuando Dios ya les haya permitido conquistar la tierra, deberán ir al monte Guerizim para pronunciar allí las bendiciones que recibirán, si son obedientes. Luego irán al monte Ebal, y allí pronunciarán las maldiciones que recibirán, si son desobedientes. **30** Estos dos montes están al oeste del río Jordán, frente a Guilgal y junto a los árboles de Moré, en el valle donde habitan los cananeos. **31** »Ustedes ya están por conquistar el territorio al otro lado del río Jordán, pues Dios se lo va a entregar. Cuando ya lo hayan ocupado, **32** deberán obedecer todas las leyes que hoy les he dado».

Las leyes dadas al pueblo

12 **1** Luego Moisés le dijo al pueblo:

«Cuando ustedes ya estén viviendo en la tierra que Dios les prometió, deberán obedecer siempre los siguientes mandamientos: **2-3** »Destruyan todos los lugares donde adoran a sus dioses los pueblos que ustedes conquisten. Se encuentran por todos lados, y deben ser destruidos. Están en las montañas, en las colinas y bajo los árboles. Hagan pedazos las piedras y las esculturas de sus dioses, y quemen los maderos que ellos adoran. ¡Que no quede de ellos ni el recuerdo!

4 Cuando adoren a Dios no imiten las costumbres de esos pueblos. **5-6** »Dios elegirá un lugar para vivir entre ustedes, y allá deberán ir para adorarlo, llevando las ofrendas que quemarán en su honor. Allá también llevarán la

Más que nada María desea tener una BIBLIA.
ELLA LLORA PORQUE NO SABE LEER.

La buena señora Evans, que tiene una biblia,
le promete a María que cuando ella aprenda
a leer puede ir a su casa a leerla.

décima parte de todo lo que ganen, sus ofrendas voluntarias, las primeras crías de sus vacas y ovejas, y cualquier otra ofrenda que hayan prometido darle.

7-12 »En ese lugar celebrarán una fiesta y se alegrarán junto con sus familias y esclavos, y con los de la tribu de Leví que vivan entre ustedes. Recuerden que deben compartir con ellos lo que yo les dé, pues ellos no recibirán ninguna porción de tierra en propiedad. »Cuando ustedes vivan en su territorio, no podrán seguir haciendo lo que les venga en gana, como hasta ahora. Porque donde hoy se encuentran no es el lugar tranquilo que Dios les va a dar; para llegar allá tendrán que cruzar el río Jordán. Tan pronto como se establezcan, y hayan derrotado a todos sus enemigos, vivirán en paz y tranquilidad.

13-18 »Tengan cuidado de no llevar sus ofrendas a cualquier parte, sino sólo al lugar que Dios elija de entre las tribus. Allí harán lo que les he ordenado hacer, y darán gracias por las abundantes cosechas que Dios les haya dado. Durante esa fiesta podrán comer de todo lo que hayan llevado. Todo el pueblo podrá participar, esté o no en condiciones de presentarse ante Dios. Lo único que no podrán comer es carne que aún tenga sangre; deben dejar que la sangre se escurra sobre el suelo. »Mientras ustedes vivan en sus ciudades, no deberán comer nada de lo que les corresponde de sus ofrendas, hasta llegar al lugar que Dios elija para poner su Santuario. No se olviden de compartir eso con los de la tribu de Leví que habiten en sus ciudades. **19** Tengan cuidado de no desampararlos mientras vivan en esa tierra.

20 Pero, cuando Dios cumpla su promesa y agrande el territorio de ustedes, y quieran comer carne, podrán comerla si así lo desean. **21-22** Si el Santuario les queda lejos, y no pueden hacer el viaje, podrán matar sus vacas y ovejas en sus

poblados, y comerse la carne. Para esto, no tendrán que hacer ninguna ceremonia de purificación, como tampoco la hacen cuando se trata de comer carne de gacela o de venado. **23-25** Pero no deben comer carne que aún tenga sangre, sino que dejarán que se escurra sobre el suelo, como si fuera agua. Si obedecen a Dios, les irá bien a ustedes y a sus descendientes. **26-27** Lo mismo deben hacer con la sangre de los animales que presenten como ofrenda en honor de Dios: primero derramarán la sangre sobre el altar, y luego podrán comerse la carne.

28 »Pongan atención a todo lo que les he dicho. Si quieren que les vaya bien a ustedes y a sus descendientes, obedezcan a Dios y hagan todo lo bueno que él les ha ordenado».

Advertencia contra la infidelidad

29 Moisés continuó hablando al pueblo:

«Dios va a destruir a todos los pueblos que ustedes conquisten, y ustedes ocuparán su territorio. **30** Cuando eso suceda, tengan cuidado de no hacer lo que esos pueblos hacían, ni adoren a los dioses que ellos tenían. **31** No se les ocurra hacer tal cosa, porque Dios le repugna la manera en que esos pueblos adoran a sus dioses. ¡Hasta queman a sus propios hijos en sus altares! **32** (13.1) Por lo tanto, cumplan todos estos mandamientos, sin quitarles ni añadirles nada.

13 **1** (2) »Si algún profeta viene y les dice que tuvo una visión, o les anuncia que algo milagroso está por suceder, **2** (3) y el milagro realmente sucede, tengan cuidado. Si luego los invita a adorar a otros dioses desconocidos, **3** (4) no le hagan caso. En realidad, Dios quiere ponerlos a prueba y ver si lo aman con todo lo que piensan y con todo lo que son. **4** (5) Ustedes deben adorar únicamente a su Dios, y sólo a él deben obedecerlo y serle fieles. **5** (6) En cuanto a ese

falso profeta, deberán condenarlo a muerte, pues intentó hacer que desobedecieran a Dios. Así eliminarán el mal que haya entre ustedes. Fue nuestro Dios quien los liberó cuando ustedes eran esclavos en Egipto, así que sólo a él deben obedecerle.

6-11 (7-12) »Si alguien los invita a adorar a otros dioses, cercanos o lejanos, no acepten esa invitación. Al contrario, deberán condenar a muerte a esa persona y ser los primeros en quitarle la vida. No le tengan compasión, no importa que sea su propio hermano, su hijo o su hija, y hasta su esposa o su mejor amigo. No le perdonen la falta, sino maten a pedradas a esa persona. Eso es lo que se merece cualquiera que trate de alejarlos del Dios de Israel, que fue quien los sacó de Egipto y les dio la libertad. Así le darán un buen ejemplo a todo el pueblo, que sentirá temor y no volverá a cometer tal pecado.

12-18 (13-19) »Si en alguna de las ciudades que Dios les ha dado, gente malvada hace que los habitantes adoren a dioses desconocidos, investiguen bien de qué se trata. Si la información resulta cierta, deberán matar a todos los habitantes de esa ciudad. No deberán dejar con vida a nadie, ni siquiera a sus animales. Destruirán la ciudad por completo, poniendo en la plaza central todas las pertenencias de sus habitantes. Entonces le prenderán fuego a todo en honor de nuestro Dios, y no volverán a reconstruir la ciudad, sino que la dejarán en ruinas para siempre. »Si obedecen a Dios, él nunca se enojará con ustedes. Al contrario, los amará y los convertirá en un pueblo grande, pues así lo prometió a sus antepasados. Si cumplen los mandamientos que hoy les he dado y hacen todo lo bueno que él les ha ordenado, Dios siempre los tratará bien.

14 **1** »Cuando estén de luto por la muerte de alguna persona, no se hagan heridas en el cuerpo ni se afeiten la cabeza. Ustedes son hijos de Dios; **2** son el pueblo que Dios eligió de entre todos los pueblos de la tierra, y le pertenecen».

Animales que se pueden comer
3-4 Moisés continuó diciendo:

«Ustedes no deben comer de los animales que Dios ha prohibido. Pueden comer de los siguientes animales: toros, corderos, cabritos, **5** venados, gacelas, cabras monteses, antílopes.
6 »En general, pueden comer carne de animales que sean rumiantes y tengan partidas las pezuñas. **7** Pero no deben comer ni camellos, ni conejos, ni liebres, pues no tienen partidas las pezuñas y Dios los considera impuros. **8** Tampoco deben comer carne de cerdo, pues aunque tiene partidas las pezuñas, no es rumiante. ¡Ni se les ocurra tocar un cerdo muerto!
9-10 »Pueden comer cualquier pescado que tenga escamas y aletas, pero Dios les prohíbe comer de cualquier animal que viva en el agua y no tenga aletas ni escamas, pues son animales impuros.
11 »Pueden comer cualquier tipo de ave que no sea impura.
12-18 Las aves que Dios ha prohibido comer, son las siguientes: el águila, el quebrantahuesos, el águila marina, el milano, el avestruz, la lechuza, la gaviota, el búho, el ibis, el cisne, el pelícano, el buitre, la cigüeña, la garza, la abubilla, el murciélago, toda clase de halcones, todo tipo de cuervos, toda clase de gavilanes.
19 »No podrán comer insectos que tengan alas y vivan en enjambres, pues para Dios son impuros.
20 En cambio, podrán comer toda clase de grillos y saltamontes, pues son considerados puros.
21 »Si un animal se muere, no coman de su carne, pues ustedes son un pueblo que pertenece a

Dios y él así lo ha ordenado. Sin embargo, pueden darle la carne a cualquier extranjero que viva entre ustedes, o venderla a un extranjero que esté de visita en el pueblo.
»Tampoco les está permitido cocinar un cabrito hirviéndolo en la leche de su madre.

El diezmo
22-23 »Cada año deberán entregarle a Dios la décima parte de todo lo que ustedes cosechen y produzcan. ¡No fallen ni una sola vez! Entregarán la décima parte del grano que cosechen, y la décima parte del vino y el aceite que preparen. También le darán a Dios todas las primeras crías que hayan tenido sus vacas y ovejas.
»Luego, en una ceremonia especial, ustedes comerán de esos productos. Por medio de esa ceremonia todos aprenderán a respetar y amar a Dios en todo momento. Celebrarán la ceremonia en el lugar que Dios elija para poner su santuario.
24 »Pero si el santuario les queda muy lejos, y no pueden llevar la décima parte de todo lo que Dios les ha dado, **25** harán lo siguiente: venderán esa parte y llevarán el dinero al santuario. **26** Cuando ustedes y sus familias lleguen allá, comprarán con ese dinero toda la comida que necesiten: vacas, ovejas, vino, cerveza, y cualquier otra cosa. Entonces celebrarán una gran fiesta en honor de nuestro Dios.

Un diezmo especial
27-29 »No se olviden de compartir sus productos con los de las tribus de Leví que viven en su ciudad, pues a ellos no se les dieron tierras para cultivar y a ustedes sí.
»Cada tres años apartarán la décima parte de todo lo que cosechen durante el año, y la guardarán en la ciudad. Así, los de la tribu de Leví tendrán el alimento que necesiten. No sólo ellos podrán tomar alimentos de allí, sino también los huérfanos,

las viudas y los refugiados que vivan en la ciudad. Si obedecen estas instrucciones, Dios los bendecirá y todo les saldrá bien».

El año de liberación
15 **1-5** Moisés continuó diciéndoles:

«Cada siete años, ustedes deberán perdonar lo que otros les deban. Es decir, en caso de haberle prestado algo a otro israelita, no deberán reclamar el pago de esa deuda. Dios ha ordenado que ese año se perdonen todas las deudas. Si obedecen los mandamientos de Dios, él bendecirá la tierra que les ha dado y nunca habrá gente pobre en Israel. Podrán cobrarles a los extranjeros que vivan en la ciudad, pero no a sus hermanos israelitas.
»Cuando ya vivan en el país que Dios les va a dar, **6** será tanto lo que Dios les dará, que les sobrará para prestarles a otros países. Ustedes nunca tendrán que pedir prestado; al contrario, dominarán a los demás países. ¡Así lo ha prometido Dios!
7-9 »Si acaso hay israelitas pobres en la ciudad donde ustedes vivan, no sean malos ni egoístas; más bien, sean generosos y préstenles todo lo que necesiten. No les nieguen nada. No se pongan a pensar que ya se acerca el año de liberación y que no les conviene prestar dinero. Si ellos los acusan con Dios, ustedes tendrán que responder por ese pecado. **10** Mejor ayuden siempre al pobre, y háganlo con alegría. Si lo hacen, les irá bien y Dios los bendecirá en todo lo que hagan.
11 En este mundo siempre habrá gente pobre. Por eso les ordeno que sean generosos con la gente pobre y necesitada del país.

Leyes sobre los esclavos
12-14 »Si algún israelita, hombre o mujer, se vende a sí mismo como esclavo, no se le podrá obligar a trabajar más de seis

años. Cuando llegue el séptimo año se le dejará en libertad. Además, el que lo haya comprado, deberá compartir con él las bendiciones que Dios le haya dado. Para que no se vaya con las manos vacías, deberá darle parte del ganado, del trigo y del vino que tenga.

15 Jamás olviden que también ustedes fueron esclavos en Egipto, y que Dios les dio libertad. Por eso les doy esta orden.

16-17 »Si el esclavo o la esclava recibe buen trato, y por amor a su amo y a su familia no acepta su libertad, entonces el amo le hará un pequeño hueco en la oreja. Eso indicará que el esclavo o la esclava le pertenece para siempre.

18 »No se enojen cuando tengan que dejar en libertad a sus esclavos. Después de todo, ellos han trabajado para ustedes durante seis años, y ustedes les han pagado sólo la mitad de lo que gana cualquier trabajador. Cumplan con esto, y Dios los bendecirá en todo lo que hagan.

Entrega de los primeros animales en nacer

19 »Cuando sus vacas o sus ovejas tengan crías, deberán apartar para Dios todos los animales machos que nazcan primero. No deberán poner a trabajar al primer ternero de sus vacas, ni quitarle la lana al primer cordero de sus ovejas, pues esos animales le pertenecen a Dios.

20 »Cada año tomarán esos animales y los comerán durante una ceremonia especial, la cual celebrarán en el santuario junto con sus familias. **21** No le ofrezcan a Dios ningún animal que tenga un defecto físico, o esté cojo o ciego. **22** Los animales así no tendrán que llevarlos al santuario, sino que deberán comerlos en su ciudad. Aunque ustedes no estén preparados ni puros, todos podrán comer de esos animales. Harán lo mismo que cuando se trata de una gacela o de un venado. **23** Lo único que no deben

comer es la sangre de esos animales; deberán dejar que se escurra sobre el suelo.

Fiesta de la Pascua

16 **1** Moisés continuó diciendo al pueblo:

«En el mes de Abib1 celebrarán la Pascua en honor de nuestro Dios. Recuerden que fue en una noche del mes de Abib cuando Dios nos libró de la esclavitud en Egipto.

2-7 »El primer día de la fiesta, por la noche, deberán ir al santuario y ofrecer a Dios una vaca y una oveja. No ofrezcan estos animales en las ciudades que Dios les dará, sino sólo en el santuario, y háganlo al caer la noche, que es cuando ustedes salieron de Egipto. Podrán comerse la carne de esos animales, pero sólo con pan sin levadura, y no deben dejar nada para el siguiente día. Deben comerse todo.

»La fiesta durará toda una semana. Durante esos días sólo comerán pan sin levadura, como el que comieron aquella noche, cuando a toda prisa salieron de Egipto. Ese pan será llamado «pan del sufrimiento». Siempre que lo coman, deberán acordarse de lo que sufrieron en Egipto y de cómo salieron de allí. Durante toda esa semana de fiesta no debe hallarse ni una pizca de levadura en todo el país.

»Al día siguiente, una vez que hayan cocinado y comido el animal ofrecido a Dios, podrán regresar a su casa. **8** Durante los seis días restantes comerán pan sin levadura. El día séptimo nadie deberá trabajar, sino que celebrarán un culto especial en honor de nuestro Dios.

Fiesta de la Cosecha

9-11 »Siete semanas después de que comience la cosecha, deberán celebrar en honor de nuestro Dios la fiesta de la Cosecha. Esta fiesta la harán en el Santuario.

»Durante la fiesta le harán a Dios

una ofrenda voluntaria, de acuerdo a lo que Dios les haya dado: si Dios les dio una cosecha abundante, también ustedes deberán darle una ofrenda abundante. A la fiesta deberán llevar a toda su familia y a todos sus esclavos. También deberán invitar a los huérfanos y a las viudas, así como a los de la tribu de Leví y a los refugiados que vivan en sus ciudades.

12 »Obedezcan estas leyes, y nunca olviden que también ustedes fueron esclavos en Egipto.

Fiesta de las Enramadas

13-15 »Cuando hayan terminado de recoger la cosecha y de exprimir las uvas, deberán celebrar en honor de nuestro Dios la fiesta de las Enramadas. Esta fiesta durará siete días, y en ella debe reinar la alegría. Deberán celebrarla en el Santuario, en compañía de sus familias y esclavos, y de los huérfanos y las viudas. También deberán invitar a los de la tribu de Leví y a los refugiados que vivan en sus ciudades. Así Dios los bendecirá con abundantes cosechas y en todos sus trabajos les irá bien.

Las tres fiestas

16-17 »Hay tres fiestas anuales, a las que no debe faltar ningún varón mayor de doce años: la fiesta de la Pascua, la fiesta de la Cosecha y la fiesta de las Enramadas. Estas fiestas deberán festejarlas en el Santuario, y nadie deberá presentarse a la fiesta sin una ofrenda para Dios. Según Dios los haya bendecido, será la ofrenda que presenten.

Los jueces

18-19 »Dios le dará ciudades a cada tribu, y en cada ciudad se nombrarán jueces y autoridades, que deberán tratar a todos por igual. Gobernarán y juzgarán al pueblo con honestidad, y no aceptarán ninguna clase de soborno. Los sobornos hacen que una persona sabia y sincera se vuelva injusta.

20 »Traten siempre a todos con justicia. Así disfrutarán de la vida y tomarán posesión del país que Dios les dará».

Leyes para celebrar el culto a Dios
21-22 Moisés continuó diciendo al pueblo:

«Cuando construyan un altar para adorar a nuestro Dios, no coloquen junto a él ninguna imagen de la diosa Astarté ni de otros dioses falsos. ¡Eso es algo que Dios no soporta!

17 1 »Si le ofrecen a Dios un toro o una oveja, asegúrense de que estén en perfecto estado, porque a él no le agradan las ofrendas con defectos.
2-3 »Nuestro Dios les dará ciudades donde puedan vivir. Pero tal vez haya quienes comiencen a adorar dioses falsos. Si adoran al sol, a la luna o a las estrellas, estarán desobedeciendo a Dios y rompiendo el pacto que hicieron con él. 4 Cuando sepan que alguno de ustedes esté haciendo eso, antes que nada investiguen si es verdad. Y si realmente está cometiendo un pecado tan terrible, 5 lleven a esa persona ante el tribunal de la ciudad, que deberá condenarla a morir apedreada.
6 »Ahora bien, un solo testigo no basta para condenar a muerte a una persona. Sólo podrán condenar a muerte a alguien si hay dos o tres testigos de la falta cometida. 7 Si la persona es culpable, los primeros en arrojarle piedras serán los testigos; luego la apedreará todo el pueblo. Así lograrán que no haya maldad entre ustedes.
8 »En casos más difíciles, como cuando alguien mata a otro, o cuando en un gran pleito hay heridos, tendrán que ir al Santuario. 9 Allí hablarán con los sacerdotes y con quien en ese momento sea el juez, y les explicarán lo sucedido. Ellos decidirán qué hacer con el culpable.
10-11 Ustedes, por su parte, deberán seguir fielmente todas las

instrucciones que ellos les den para castigarlo.
12 »Si alguno de ustedes, por orgullo, se niega a aceptar la decisión del juez o del sacerdote, que son servidores de Dios, será condenado a muerte.
»Si ustedes obedecen estos mandamientos, no habrá maldad en Israel, **13** porque el pueblo tendrá miedo y entenderá que no debe ser orgulloso».

Instrucciones acerca de los reyes
14 Moisés continuó diciendo:

«Cuando hayan conquistado el país que Dios les va a dar, y ya estén instalados en sus pueblos, tal vez querrán tener un rey que los gobierne, como lo tienen otros pueblos. **15** En tal caso, sólo podrán nombrar como rey al israelita que Dios elija. Ningún extranjero podrá ser rey de Israel.
16 »El rey que haya sido nombrado no deberá comprar grandes cantidades de caballos, ni mucho menos ir a conseguirlos en Egipto, porque Dios nos prohibió volver a ese país. **17** Tampoco deberá tener muchas esposas, porque ellas podrían llevarlo a desobedecer a Dios. Por último, ese rey tampoco deberá acumular mucho oro y plata.
18-20 »Cuando el rey que ustedes nombren comience a reinar, ordenará que le hagan una copia del libro que contiene los mandamientos de Dios. Esa copia quedará bajo su cuidado, y deberá leerla todos los días. Así el rey jamás se sentirá superior a los demás israelitas, sino que aprenderá a obedecer a Dios y a respetar todos sus mandamientos. Si el rey sigue estas instrucciones, él y sus descendientes reinarán sobre Israel para siempre. El libro original de la ley estará siempre al cuidado de los sacerdotes».

Derechos de los sacerdotes
18 1-2 Moisés continuó diciendo:

«Todos los israelitas van a tener sus propias tierras, pero no así los sacerdotes; es decir, los de la tribu de Leví. Dios ha decidido cuidar de ellos y darles siempre todo lo que necesiten. Así que ellos tomarán sus alimentos de todas las ofrendas que los israelitas le presenten a Dios.
3 »Los sacerdotes podrán comer la carne de los toros y los corderos que se ofrezcan a Dios, pero de ellos sólo podrán comer la espaldilla, la quijada y una parte de la barriga. 4 Además, podrán tomar del trigo de las primeras cosechas, y del vino y del aceite, y también podrán utilizar la primera lana que se corte de las ovejas. 5 Nuestro Dios ha elegido a la tribu de Leví y a todos sus descendientes, para que se encarguen de los cultos en su honor.
6 »Si algún sacerdote siente el deseo de ir al Santuario, y abandona su propia ciudad, no se lo impidan. 7 Al contrario, ayúdenlo a llegar y a cumplir con su trabajo, como sus otros compañeros que ya trabajan en el Santuario. **8** Ese sacerdote tendrá derecho a recibir la misma cantidad de alimentos que los otros sacerdotes, y podrá también vender sus pertenencias y disfrutar del dinero de la venta».

Advertencia contra las malas costumbres
9-14 Moisés continuó diciéndoles:

«Cuando entren al territorio que Dios va a darles, se encontrarán con que la gente que allí vive, tiene costumbres terribles, que no agradan a Dios. Por ejemplo, esa gente entrega a sus hijos para quemarlos en honor de sus dioses, practica la brujería y la hechicería, y cree que puede adivinar su futuro. Además de sus brujerías, consultan a los espíritus de los muertos para pedirles consejo. Pero ustedes deben obedecer a nuestro Dios en todo, y tener cuidado de no seguir el mal ejemplo de esa gente, pues nuestro Dios la odia y por eso quiere sacarla de esa tierra.

Otro profeta

15-17 »Un día, nuestro Dios escogerá de entre ustedes a un hombre, que será profeta como yo. Cuando estábamos en el monte Oreb, ustedes me dijeron que no querían escuchar la voz de Dios, ni ver el fuego desde donde Dios hablaba, pues no querían morir. Pues bien, nuestro Dios les dará el profeta que pidieron, y ustedes deberán obedecerlo en todo.

18 »Dios elegirá ese profeta de entre el pueblo. Será uno de los nuestros, y hará lo mismo que ahora hago; es decir, les comunicará todo lo que Dios quiera decirles. **19** Dios castigará a quien no obedezca las órdenes que dé por medio de ese profeta.

20 »Si aparece alguno que diga traer un mensaje de parte de Dios, y que en realidad no haya sido enviado por él, deberán matarlo. Lo mismo deberán hacer con cualquier profeta que aparezca con mensajes de otros dioses.

21 »Ahora bien, si ustedes se preguntan cómo saber si una persona trae o no un mensaje de parte de Dios, sigan este consejo: **22** Si el profeta anuncia algo y no sucede lo que dijo, será señal de que Dios no lo envió. Ese profeta no es más que un orgulloso que habla por su propia cuenta, y ustedes no deberán tenerle miedo».

Las ciudades de refugio

19 **1** Moisés continuó diciendo:

«Nuestro Dios va a destruir a la gente que ahora vive en el territorio que va a darles. Ustedes serán los nuevos dueños de las ciudades y las casas de esa gente. **2** Cuando suceda esto, deberán apartar tres ciudades **3-4** y arreglar el camino que lleva hasta ellas.

»Luego dividirán el país en tres regiones; una por cada ciudad. Así, cualquiera que sin quererlo mate a otra persona podrá ir a refugiarse en cualquiera de esas tres ciudades. Seguramente los familiares del muerto lo buscarán para vengarse, pero el que mató deberá probar que el muerto no era su enemigo, sino que todo fue un accidente.

5-6 »Supongamos que dos leñadores salen al bosque y que, al cortar leña, el hacha se le zafa a uno de ellos, y golpea a su compañero. Si a causa del golpe el otro muere, el que lo mató podrá refugiarse en una de esas ciudades. Si esas ciudades no estuvieran cerca, los familiares del muerto podrían alcanzar y matar al compañero, sin tomar en cuenta que todo fue un accidente.

7 Por eso les mando apartar esas tres ciudades.

8-10 »Si ustedes me hacen caso, y aman y obedecen a nuestro Dios, él les dará todo el territorio que prometió a sus antepasados. Cuando ya lo hayan recibido y ocupado, deberán apartar otras tres ciudades, para que sirvan de refugio. Así ninguno de ustedes será culpable de la muerte de un inocente.

11 »Ahora bien, supongamos que una persona odia a otra, y que la espera en un lugar alejado para atacarla y matarla cuando ésta pase. Si el asesino huye y busca refugio en una de estas ciudades, **12** los líderes de la ciudad a la que él pertenece mandarán traerlo, para que sea entregado a los familiares del muerto y se le condene a muerte.

13 »No perdonen a ningún asesino. No permitan que en Israel muera gente inocente. Así les irá bien en todo lo que hagan.

14 »En el país que Dios va a darles, deberán respetar los límites de la propiedad de cada persona. Esos límites fueron establecidos hace mucho tiempo.

Instrucciones acerca de los testigos

15 »Para acusar a alguien de haber cometido un crimen será necesario que se presenten dos o tres testigos. La acusación de un solo testigo no tendrá ningún valor.

16 »Si alguien es acusado de haber cometido un crimen, y uno de los testigos miente, **17** entonces el testigo y el acusado deberán ir al Santuario y presentarse ante los sacerdotes y jueces.

18 Estos investigarán el asunto con mucho cuidado, y si descubren que el testigo está mintiendo, **19-21** ordenarán que el testigo reciba el mismo castigo que pedía para el acusado. Cobren ojo por ojo, diente por diente, mano por mano, pie por pie, y vida por vida. No perdonen a nadie que cometa una falta. Si cumplen con estas instrucciones, nadie cometerá ninguna maldad, pues todos tendrán miedo de acusar a otro falsamente».

Leyes acerca de la guerra

20 **1** Moisés continuó diciendo:

«Cuando vayan a la guerra, no tengan miedo. Aunque el enemigo sea muy fuerte y numeroso, y tenga muchos caballos y carros de combate, nosotros contamos con nuestro Dios, que nos libró de Egipto.

2 »Antes de entrar en batalla, el sacerdote le dirá a nuestro ejército: **3** "Escúchenme, israelitas; hoy van a pelear contra sus enemigos, pero no tengan miedo. ¡Hagan a un lado la cobardía, y sean valientes! **4** Nuestro Dios peleará por nosotros, y nos dará la victoria".

5-6 »Luego sus jefes del ejército les dirán a sus soldados:

"Si alguno de ustedes ha construido una casa, o ha plantado un viñedo, y todavía no ha disfrutado de ellos, es mejor que regrese a su casa. Puede ser que muera en la batalla, y otros serán los que disfruten de la casa o de las uvas. **7** Y si alguno de ustedes pensaba casarse en estos días, es mejor que regrese y se case. Puede ser que muera en la batalla, y otro será el que se case con su novia.

8 "Y si alguno tiene miedo, es mejor que regrese ahora mismo, para que no contagie de miedo a los demás".

9 »Después de esto, los capitanes del ejército se colocarán al frente de sus soldados y marcharán a la batalla. 10 Cuando ya estén cerca de la ciudad que vayan a atacar, procuren primero negociar la paz. 11 Si los habitantes de la ciudad aceptan el trato y los dejan entrar, ellos serán sus esclavos. 12 Pero si no lo aceptan, entonces ustedes rodearán la ciudad y la atacarán.

13-14 »Cuando Dios les haya dado la victoria sobre ellos, matarán ustedes a todos los hombres, pero dejarán con vida a las mujeres, a los niños y a los animales. Así ellos serán sus esclavos, y todo lo que encuentren en la ciudad será para ustedes.

15-18 »Esto mismo deberán hacer con todas las ciudades que ataquen y que estén lejos de su territorio. En las ciudades que estén en la tierra que Dios va a darles, no debe quedar con vida ningún hitita, ni amorreo, ni cananeo, ni fereseo, ni heveo ni jebuseo. Ninguno de estos pueblos debe quedar con vida, pues de lo contrario les enseñarán a ustedes a adorar a otros dioses. ¡Eso sería un gran pecado contra nuestro Dios! ¡Sería algo repugnante! Además, nuestro Dios nos ha ordenado destruirlos como una ofrenda en su honor.

19-20 »Ahora bien, cuando ataquen una ciudad durante mucho tiempo, y para vencerla tengan que cortar árboles, corten sólo árboles que no den fruta. No derriben los árboles frutales, pues la fruta les servirá de alimento. Además, los árboles son plantas indefensas, y no hombres que puedan defenderse».

Muertes sin explicación

21 1 Moisés continuó diciendo:

«Cuando ya estén en el territorio que Dios va a darles, si alguno de ustedes se encuentra en el campo el cadáver de una persona, y no sabe quién pudo haberla matado, se hará lo siguiente:

2-3 »Los líderes y jueces del país verán qué ciudad es la más cercana al lugar donde apareció el cadáver. Luego pedirán a los líderes de esa ciudad que tomen una ternera a la que nunca se le haya hecho trabajar. 4 La llevarán a un valle que nunca se haya sembrado, y tenga un arroyo que nunca se seque. Allí le romperán el pescuezo a la ternera.

5 »A este acto deberán presentarse los sacerdotes. Dios los eligió para que se hicieran cargo del culto y bendijeran al pueblo en su nombre, y también para que tomaran la decisión final en cualquier pleito o discusión. 6 Entonces los líderes de la ciudad se lavarán las manos sobre la ternera muerta, 7-9 y dirán:

"Dios nuestro,
ha muerto un inocente en nuestro pueblo;
¡no nos castigues por su muerte!
No sabemos quién pudo haberlo matado.
¡Perdónanos!
¡Tú eres el Dios de Israel!
¡Tú nos diste libertad
cuando éramos esclavos en
Egipto!"

»Si obedecen a Dios y hacen todo esto, Dios no los culpará de nada.

Prisioneras de guerra

10 »Cuando vayan a la guerra, y nuestro Dios les dé la victoria, seguramente tomarán prisioneros. 11 Si entre ellos alguno de ustedes ve a una mujer muy bella y decide tomarla por esposa, tendrá que hacer lo siguiente:

12 »La llevará a su casa, donde ella se afeitará la cabeza y se cortará las uñas. 13 Luego se quitará la ropa que llevaba puesta, se pondrá ropa nueva, y se quedará a vivir allí. Se le dará todo un mes para llorar por haber dejado a sus padres; pasado ese tiempo, el israelita podrá casarse con ella.

14 »Si más tarde resulta que el israelita ya no la quiere por esposa, deberá dejarla en libertad. No podrá venderla ni tratarla como esclava, pues ha sido su esposa.

Los hijos mayores

15-17 »Puede darse el caso de que un hombre tenga dos esposas, y con las dos tenga hijos, pero ama a una y a la otra no. Si su primer hijo lo tuvo con la mujer a la que no ama, cuando haga su testamento deberá dejarle a este hijo el doble de lo que les deje a sus otros hijos, pues es su hijo mayor.

»No podrá dejarle esa doble parte al primer hijo de la mujer que ama, porque no es su hijo mayor. El verdadero hijo mayor es quien tiene derecho a esa doble parte, pues fue el primero en nacer. Hacerlo de otra manera sería tratar mal al verdadero hijo mayor.

Los hijos rebeldes

18 »Si alguno de ustedes tiene un hijo terco y rebelde, que no obedece a su padre ni a su madre aunque lo castiguen, hay que hacer lo siguiente:

19 »Juntos el padre y la madre llevarán a su hijo hasta la entrada de la ciudad donde vivan. Allí es donde se reúnen siempre los líderes de la ciudad. 20 Entonces les dirán a los líderes: "Nuestro hijo es muy terco y rebelde. No nos obedece. Para colmo, ¡es un glotón y un borracho!"

21 »Dicho esto, todos los que vivan en esa ciudad matarán a pedradas a ese hijo rebelde. Así no habrá maldad en Israel, pues todos tendrán miedo de hacer lo malo».

Instrucciones generales

22 Moisés también dijo:

«Si alguien comete un crimen y se le condena a morir ahorcado, 23 no deberá dejarse su cadáver en el árbol toda la noche, sino que lo enterrarán ese mismo día.

Todo el que muere colgado de un árbol está bajo la maldición de Dios. Si se le deja en el árbol, Dios pondrá bajo maldición a todo el país. Así que no contaminen el país que Dios les va a dar.

22 ¹ »Si alguien ve que andan perdidos el toro o la oveja de su vecino, debe ayudarlo y devolvérselos. ² Si el vecino vive lejos, o si nadie sabe de quién son los animales, deberá llevarlos a su casa y cuidarlos hasta que el vecino llegue a buscarlos. ³ Esto mismo debe hacerlo si encuentra un burro, o una capa, o cualquier otra cosa perdida.

⁴ »Si alguien ve en el camino que un vecino suyo trata de levantar del suelo a un toro o un burro echado, debe ayudarlo a levantar el animal. ¡Nunca nieguen su ayuda a nadie!

⁵ »Los hombres no deben vestirse como mujeres, ni las mujeres deben vestirse como hombres. A nuestro Dios no le gusta ese comportamiento.

⁶ »Si alguien encuentra un nido de pájaros en un árbol o en el suelo, y la madre está en el nido, calentando a sus polluelos o empollando los huevos, no debe quedarse con todo. ⁷ Dejará que se vaya la madre, pero podrá quedarse con los polluelos. Háganlo así, y vivirán felices muchos años.

⁸ »Si alguien construye una casa nueva, debe construir un pequeño muro alrededor de la azotea, para que nadie vaya a caerse y muera. Con eso evitará que su familia resulte culpable de una muerte.

⁹ »Si alguien tiene un viñedo, no debe sembrar allí ninguna otra cosa. Si lo hace, no podrá disfrutar de los frutos que se produzcan, pues deberá entregarlos todos al sacerdote.

¹⁰ »Cuando trabajen un campo, no deben arar con un buey y un burro juntos.

¹¹ »Las telas con que se vistan no deben mezclar hilo de lana con hilo de lino.

¹² »La capa con que se cubran debe estar adornada con cordones en sus cuatro puntas.

Sexo y matrimonio

¹³ »Supongamos que un hombre se casa y tiene relaciones sexuales con su esposa, pero luego ya no la quiere más. ¹⁴ Si para separarse de ella, alega que su esposa había tenido relaciones sexuales antes de casarse, ¹⁵⁻¹⁷ entonces los padres de ella se presentarán ante las autoridades del pueblo. Allí mostrarán la sábana usada en la primera noche de bodas, como prueba de que su hija nunca antes había tenido relaciones sexuales. El padre dirá a las autoridades: "Yo permití que este hombre se casara con mi hija. Ahora él ya no la quiere, y la acusa de haber tenido relaciones sexuales antes de casarse. Pero aquí está la prueba de que eso no es cierto".

¹⁸ »Entonces las autoridades castigarán con un látigo a ese hombre por mentir en contra de su esposa. ¹⁹ Además, ese hombre deberá pagarle al padre de la esposa cien monedas de plata, que es la multa por dañar la buena fama de una mujer israelita. No podrá abandonarla, sino que se quedará con ella para siempre.

²⁰ »Pero si la mujer realmente tuvo relaciones sexuales antes de casarse, ²¹ los hombres de la ciudad deberán sacarla de la casa de sus padres, y allí mismo la matarán a pedradas. Eso es lo que se merece quien comete una maldad así en Israel, y hace pasar a su familia semejante vergüenza. Si hacen esto, harán que la maldad desaparezca de su país.

²² »Supongamos ahora que alguien llega a tener relaciones sexuales con la esposa de otro hombre. En tal caso, los dos deberán ser condenados a muerte. Así se acabará la maldad en Israel.

²³⁻²⁴ »Supongamos que alguien encuentra a una mujer comprometida para casarse con otro hombre, y tiene relaciones sexuales con ella. Si el encuentro tiene lugar dentro de la ciudad, y la mujer nunca gritó pidiendo ayuda, se deberá llevar a los dos ante las autoridades, para que los condenen a morir apedreados. Al hombre se le condenará por deshonrar a la mujer de otro hombre; a la mujer se le condenará por no haber pedido ayuda. Si ustedes hacen esto, harán que la maldad desaparezca de su país.

²⁵⁻²⁷ »Pero supongamos que el encuentro no tuvo lugar en la ciudad, sino en el campo, y que el hombre obligó a la mujer a tener relaciones sexuales con él. Tal vez la mujer gritó pidiendo ayuda, pero no hubo quién la escuchara. Entonces se dejará con vida a la mujer, pero al hombre se le condenará a muerte. Su crimen es semejante al de quien ataca a su vecino y lo mata.

²⁸ »Ahora bien, supongamos que un hombre se encuentra con una mujer que nunca antes ha tenido relaciones sexuales, y el hombre la obliga a tenerlas con él. Si son descubiertos, y la mujer no está comprometida con nadie, ²⁹ el hombre deberá pagar al padre de la mujer una multa de cincuenta monedas de plata, y además deberá casarse con ella. Y como la avergonzó al obligarla a tener relaciones sexuales con él, nunca podrá divorciarse de ella.

³⁰ (23.1) »Nadie debe tener relaciones sexuales con la esposa de su padre. Esa es una gran falta de respeto para el padre».

Los que pueden entrar al Santuario

23 ¹ (2) Moisés continuó diciendo:

«No pueden entrar en el santuario de Dios los hombres con testículos aplastados, o sin pene.

² (3) »Tampoco podrán entrar los hijos de matrimonios entre hombres israelitas y mujeres extranjeras. Ninguno de sus descendientes podrá hacerlo.

³ (4) »Tampoco podrán entrar los

amonitas, ni los moabitas, ni sus descendientes. **4** (5) Ninguno de esos dos pueblos quiso darles a ustedes alimentos y agua, cuando ustedes venían de Egipto a la tierra que Dios prometió darles. Además, emplearon a Balaam hijo de Beor, que era de la ciudad de Petor en Mesopotamia, para que lanzara contra ustedes una maldición. **5** (6) Sin embargo, nuestro Dios los ama a ustedes tanto que no hizo caso de Balaam. Al contrario, convirtió la maldición en una bendición para ustedes. **6** (7) Procuren, pues, que esos dos pueblos nunca tengan paz ni prosperidad.

7-8 (8-9) »Los descendientes de los edomitas sí podrán entrar en el Santuario, porque son parientes de ustedes. También podrán entrar los descendientes de los egipcios, porque ustedes vivieron en su país».

Normas sanitarias

9 (10) En cuanto a la salud, Moisés dijo:

«Cuando vayan a la guerra y tengan que acampar en algún lugar, tengan cuidado de no hacer nada que desagrade a Dios. **10** (11) Por ejemplo, si durante la noche alguien queda impuro deberá salir del campamento y no entrará durante todo el día. **11** (12) Al caer la tarde, ese hombre se bañará, y por la noche podrá volver al campamento. **12-14** (13-15) »Dios se encuentra en medio de ustedes, para protegerlos y darles la victoria sobre sus enemigos. Por lo tanto, el campamento debe permanecer limpio de todo aquello que le desagrada. Para sus necesidades físicas, ustedes deberán apartar un lugar fuera del campamento, y hacer allí un hoyo para enterrarlo todo. Si Dios encuentra en el campamento algo que le desagrade, será él quien se aparte de ustedes.

Otras instrucciones

15 (16) »Si un esclavo de otro país huye y llega al país de ustedes

pidiendo protección, no lo devuelvan a sus dueños. **16** (17) Al contrario, trátenlo bien y permítanle escoger la ciudad israelita donde le gustaría vivir.

17 (18) »En el culto a Dios, no practiquen la prostitución como lo hacen otros pueblos para adorar a sus dioses. **18** (19) Dios odia a quienes hacen eso, y jamás aceptará una ofrenda de gente así, aun cuando la ofrenda sea para cumplir una promesa.

19 (20) »Si a otro israelita le prestan dinero, comida o alguna otra cosa, no le cobren intereses. **20** (21) Sólo podrán cobrarles intereses a los extranjeros. Si cumplen con esta norma, Dios los bendecirá en todo lo que hagan en el país donde van a vivir.

21-22 (22-23) »Cumplan sus promesas a Dios. El que no promete no comete pecado. En cambio, el que promete y no cumple, sí comete pecado. Dios castigará a quien no cumpla sus promesas. **23** (24) Si alguien, por su propia voluntad, le hace una promesa, tiene la obligación de cumplirla. **24** (25) »Si entran al viñedo de alguna persona, tienen derecho a comer allí todas las uvas que quieran, pero no podrán llevarse ni una sola. **25** (26) De igual manera, si entran a un campo de trigo ajeno, tienen derecho a arrancar con la mano todas las espigas que quieran, pero no podrán cortarlas con ningún instrumento para cosechar».

Instrucciones acerca del divorcio

24 1 Acerca del divorcio, Moisés dijo:

«Si un hombre se casa, y más tarde encuentra en su esposa algo indecente, podrá divorciarse de ella. Para hacerlo, deberá entregarle una carta de divorcio y la despedirá de su casa. **2** »Si esa mujer se casa después con otro hombre, **3** y el nuevo esposo también se divorcia de ella, o se muere, **4** el primer esposo no podrá volver a casarse

con ella. No podrá hacerlo porque la mujer ya tuvo relaciones sexuales con otro hombre. Si llegaran a casarse de nuevo, Dios se enojaría. No debemos contaminar con el pecado la tierra que Dios nos ha dado».

Otras instrucciones

5 Moisés también dijo:

«Ningún hombre estará obligado a ir a la guerra o a prestar servicio alguno, si se acaba de casar. Al contrario, durante todo el primer año de su matrimonio tendrá derecho a quedarse en su casa, para disfrutarlo felizmente con su esposa.

6 »Si alguien les pide prestado algo, no le pidan su molino para garantizar el pago. Si lo hacen, esa persona no tendrá con qué moler la harina para el pan, y podría pasar hambre.

7 »Cualquiera que se robe a otra persona para venderla o convertirla en esclava, será condenado a muerte. No permitan que en su país se cometa esa maldad.

8 »Si alguno de ustedes llega a tener una infección en la piel, deberá presentarse ante los sacerdotes. Ellos saben lo que debe hacerse en estos casos, así que ustedes deben seguir sus instrucciones. **9** Acuérdense de cómo se enfermó mi hermana María cuando veníamos de Egipto.

10-11 »Cuando presten dinero a alguien, no entren a su casa, para tomar ustedes mismos la garantía de pago. Quédense en la puerta, y esperen a que sea la persona misma quien les entregue esa garantía.

12-13 »Si la persona a quien le prestan es pobre, y lo único que puede dar como garantía es su capa, acéptenla pero no se queden con ella toda la noche. Entréguenla a su dueño al anochecer, para que al dormir tenga con qué cubrirse. Así el dueño les estará agradecido, y pedirá a Dios que les dé su bendición. Y Dios verá que ustedes son buenos, y los bendecirá.

14-15 »Si le dan trabajo a una persona pobre, al terminar el día páguenle lo que sea justo. La gente pobre, sea israelita o extranjera, trabaja para poder comer, así que necesita ese dinero. Sigan estas instrucciones, pues si no lo hacen, esa gente se quejará ante Dios, y él los castigará a ustedes.

16 »Nadie debe ser castigado por un crimen que no haya cometido. Ni los padres deben morir por los crímenes de sus hijos, ni los hijos deben morir por los crímenes de sus padres.

17 »No maltraten a los refugiados ni a los huérfanos.

»Si le prestan algo a una viuda, no le pidan la ropa como garantía de pago.

18 »Jamás olviden que también ustedes fueron esclavos en Egipto, y que su Dios los rescató. Por eso les ordeno seguir estas instrucciones.

19-22 »Si al recoger la cosecha dejan olvidado en el campo algún manojo, no regresen por él. Déjenlo allí para los pobres, los refugiados, los huérfanos y las viudas. Y cuando corten sus aceitunas y cosechen sus uvas, harán lo mismo: no las cortarán todas, sino que dejarán algunas para ellos. Jamás olviden que también ustedes fueron esclavos en Egipto; por eso les ordeno que sigan todas estas instrucciones. Si lo hacen, Dios los bendecirá en todo lo que hagan.

25 **1** »Todo pleito entre ustedes debe ser llevado ante las autoridades, para que ellas decidan quién es culpable y quién es inocente. **2** Si el culpable merece ser castigado, se le tenderá en el suelo delante del juez, y allí mismo se le darán los azotes que merezca su delito. **3** En ningún caso se le darán más de cuarenta azotes, porque eso ya no sería castigo sino humillación.

4 »No impidan que el buey coma mientras desgrana el trigo».

Instrucciones acerca de las viudas

5 Moisés continuó diciendo:

«Si dos hermanos viven en una misma casa, y uno de ellos muere sin que su esposa haya tenido hijos, ella no podrá casarse con nadie que no sea de la familia de su esposo muerto. En este caso, el hermano del esposo muerto deberá casarse con ella. Esta ley debe cumplirla todo cuñado.

6 »El primer hijo que tengan la mujer y su cuñado llevará el nombre del esposo muerto, para que nadie en Israel se olvide de él.

7 »Si el cuñado no quiere casarse con la viuda, ella presentará su queja ante las autoridades, **8** las cuales llamarán al cuñado y hablarán con él.

»Si a pesar de esto el cuñado no quiere casarse con la viuda, **9** delante de las autoridades ella le quitará un zapato a su cuñado, le escupirá en la cara y dirá: "¡Miren!, esto merece quien no quiere darle descendientes a su hermano". **10** A partir de ese momento, la familia del cuñado será conocida en Israel como "la familia del descalzo".

Norma acerca de los pleitos

11 »Si dos hombres se pelean y, por defender a su esposo, la esposa de uno de ellos se mete en el pleito, y agarra al otro por los genitales, **12** ustedes deberán cortarle la mano a esa mujer. No le tengan piedad.

Las medidas falsas

13-15 »Cuando se trate de comprar y de vender, no hagan trampa sino usen pesas y medidas exactas. Así vivirán muchos años en el país que Dios les dará. **16** Dios odia a los que no son justos y hacen trampa al pesar y al medir».

La muerte de los amalecitas

17 Moisés también dijo:

«Nunca olviden lo que nos hicie-ron los del pueblo de Amalec cuando veníamos de Egipto. **18** Esa gente no tuvo temor de Dios; al contrario, cuando más cansados estábamos, nos atacaron y mataron a los que venían atrás, que eran los más débiles.

19 »Por lo tanto, recuerden esto: Cuando ya estén ustedes en su país, y hayan acabado con los enemigos de alrededor, deberán destruir a todos los descendientes de Amalec».

Los primeros frutos

26 **1** Moisés también dijo:

«Cuando se encuentren ya en el territorio que Dios va a darles, **2** deberán entregarle a Dios los primeros frutos de todo lo que hayan sembrado. Los pondrán en una canasta, y los llevarán al Santuario. **3** Allí se presentarán ante el sacerdote, y le dirán: "Hoy, en presencia de mi Dios, quiero que todos sepan que ya estoy viviendo en la tierra que Dios prometió dar a nuestros antepasados".

4 »El sacerdote tomará la canasta y la pondrá ante el altar de Dios. **5** Entonces, el que presenta la canasta dirá:

"Mis antepasados pertenecieron a un grupo de arameos que no tenían ningún lugar fijo para vivir. Se fueron a vivir a Egipto, y ahí llegaron a ser un pueblo muy grande y poderoso. **6** Pero los egipcios nos maltrataron mucho, y nos obligaron a ser sus esclavos. **7** Entonces le pedimos ayuda al Dios de nuestros antepasados, y él escuchó nuestros ruegos, pues vio lo que ellos nos hacían sufrir. **8** Fue así como nuestro Dios usó su gran poder, y con grandes maravillas llenó de miedo a los egipcios y nos sacó de allí.

9 »Luego nos trajo a este país, donde siempre hay abundancia de alimentos. **10** Por eso ahora, en gratitud, le traigo los primeros frutos de lo que sembré en la tierra que él me dio".

»Luego, el que presente la canasta la pondrá ante el altar de Dios y se arrodillará para adorarlo. **11** Después de eso, hará una fiesta para darle gracias a Dios por lo que él y su familia hayan recibido. A esa fiesta invitará a los sacerdotes y a los refugiados que vivan en su país.

El diezmo

12 »Cada tres años apartarán la décima parte de todo lo que cosechen, y se la darán a los sacerdotes, a los refugiados, a los huérfanos y a las viudas que vivan entre ustedes. Así en sus pueblos nadie pasará hambre. **13-14** Después de entregar todo eso, deberán decir ante el altar:

"Dios mío, ya he apartado y entregado a los sacerdotes, a los refugiados, a los huérfanos y a las viudas, la parte de mis cosechas que te pertenece. Te he obedecido en todo, y no he tocado nada de esos productos. Jamás comí de ellos mientras estuve impuro o de luto, ni los ofrecí a los espíritus de los muertos. **15** Tú, por tu parte, nos has dado un país donde siempre hay abundancia de alimentos. Ya que te he obedecido en todo, bendice desde tu templo celestial a esta tierra y a tu pueblo"».

Israel es el pueblo de Dios

16 Moisés también dijo:

«Dios les ordena hoy que obedezcan todos estos mandamientos. Comprométanse a obedecerlos con toda su mente, y con todo su ser. **17** Ustedes han reconocido como su Dios al Dios de Israel, y han prometido obedecerlo siempre en todo.

18 »Por su parte, nuestro Dios ha cumplido su promesa y ha dicho que ustedes son su pueblo, y que deberán obedecerlo en todo. **19** Nuestro Dios hará de ustedes el país más famoso y poderoso de toda la tierra, siempre y cuando cumplan con su mandamiento de adorarlo sólo a él».

El altar del monte Ebal

27 1 Además, Moisés y los líderes israelitas dieron al pueblo las siguientes órdenes:

«Obedezcan todos los mandamientos que hoy les he dado. **2-8** Ya pronto entrarán al territorio que Dios prometió dar a sus antepasados. ¡Es un país tan fértil que siempre hay abundancia de alimentos! Cuando crucen el río Jordán y entren a ese territorio, deberán ir de inmediato al monte Ebal, y colocar allí unas piedras grandes y pintadas de blanco. En esas piedras escribirán todos los mandamientos que hoy les he dado.

»En ese mismo monte quiero que construyan un altar de piedra, para quemar sobre él ofrendas en honor de nuestro Dios, para pedir salud y bienestar. Pero usen las piedras enteras, y tal como las encuentren. Luego le pedirán a Dios que les perdone sus pecados, y ante ese mismo altar harán una fiesta en honor de nuestro Dios».

9 Después Moisés volvió a presentarse ante el pueblo, y acompañado de los sacerdotes les dijo a los israelitas:

«¡Silencio, por favor! ¡Quiero que me presten atención! Hoy ustedes se han convertido en el pueblo de Dios. **10** Por lo tanto, deben obedecerlo en todo y cumplir los mandamientos que hoy les he dado».

Maldiciones para los desobedientes

11 Ese mismo día, Moisés les dio a los israelitas las siguientes instrucciones:

12-13 «Cuando ya todos hayan cruzado el río Jordán, quiero que las tribus se dividan en dos grupos. El primer grupo lo formarán las tribus de Simeón, Leví, Judá, Isacar, José y Benjamín, y se colocará en el monte Guerizim. El segundo grupo lo formarán las tribus de Rubén, Gad, Aser, Zabulón, Dan y Neftalí, y se colocará en el monte Ebal. Desde el monte Guerizim se bendecirá a todo el pueblo de Israel, y desde el monte Ebal se lanzarán las maldiciones para los que no obedezcan a Dios.

14-26 »Estas son las maldiciones que leerán los sacerdotes ante todo el pueblo. Una vez leída cada maldición, y para declarar que está de acuerdo, todo el pueblo deberá gritar con fuerza: "¡Amén!"

»Maldito sea el que haga un ídolo, y luego lo esconda. Dios odia esas cosas.

»Maldito sea el que desprecie a su padre o a su madre.

»Maldito sea el que no respete los límites de una propiedad y le robe terreno a su dueño.

»Maldito sea el que engañe a un ciego y lo desvíe de su camino.

»Maldito sea el que trate mal a los refugiados, a las viudas y a los huérfanos.

»Maldito sea el hijo que tenga relaciones sexuales con la mujer de su padre. Esa es una gran falta de respeto.

»Maldito sea el que tenga relaciones sexuales con un animal.

»Maldito sea el que tenga relaciones sexuales con su hermana, aunque sólo sea hija de su padre o de su madre.

»Maldito sea el que tenga relaciones sexuales con su suegra.

»Maldito sea el que traicione a su amigo y lo mate.

»Maldito sea el que cobre dinero por matar a un inocente.

»Maldito sea el que no obedezca estas instrucciones».

Bendiciones para los obedientes

28 1 Moisés continuó diciendo:

«Si ustedes obedecen todos los mandamientos de Dios que hoy les he dado, serán su pueblo favorito en toda la tierra, **2** y recibirán siempre estas bendiciones:

3 »Dios los bendecirá donde

quiera que vivan, sea en el campo o en la ciudad.

4 »Dios bendecirá a sus hijos, y a sus cosechas y ganados.

5-8 »Dios los bendecirá en sus hogares, en sus viajes, y en todo lo que hagan. Siempre serán muy felices en el país que Dios les dará. Nunca les faltarán alimentos y siempre tendrán pan en la mesa.

»Dios les dará a ustedes la victoria sobre sus enemigos. Podrán venir contra ustedes ejércitos en orden de batalla, pero tendrán que huir en completo desorden.

9 »Si obedecen a Dios en todo, él cumplirá su promesa y ustedes serán su pueblo especial. **10** Entonces todos los pueblos verán que ustedes son el pueblo de Dios, y les tendrán miedo.

11 »Cuando ya estén ustedes en la tierra que Dios prometió dar a sus antepasados, él los tratará con bondad. Les permitirá tener muchos hijos, y hará que sus ganados se multipliquen.

»Todo lo que ustedes siembren producirá abundantes cosechas, **12** pues Dios abrirá los cielos, donde guarda la lluvia, y regará los sembrados de ustedes. En todo lo que ustedes hagan, siempre les irá bien. Nunca tendrán que pedir prestado nada; al contrario, ustedes tendrán de sobra para prestarles a otros países.

13-14 »Si ustedes obedecen los mandamientos de Dios y nunca lo desobedecen ni adoran a dioses falsos, siempre serán el país más importante del mundo.

Castigos para los desobedientes

15 »Pero si no obedecen los mandamientos de Dios, que hoy les he dado, serán castigados y caerán sobre ustedes las siguientes maldiciones:

16 »Maldito será todo lo que hagan en la ciudad o en el campo.

17 »Malditas serán las uvas y el trigo que cosechen, y el lugar donde hagan el pan.

18 »Malditos serán sus hijos, y sus cosechas, y las crías de sus vacas y ovejas.

19 »Malditos serán en todo lo que hagan.

20 »Si se portan mal y se apartan de Dios, él los maldecirá y los hará sufrir, a tal grado que ustedes no sabrán qué hacer. Muy pronto serán destruidos. **21-23** Dios enviará enfermedades terribles que acabarán con todo el país, y ustedes se verán atacados por la fiebre y las inflamaciones. Nada de lo que siembren cosecharán, pues los saltamontes acabarán con todo. Será tanto el calor que todos sus sembrados se secarán, pues Dios no dejará que llueva. **24** En vez de lluvia, Dios enviará polvo y arena hasta destruirlo todo.

25-26 »Cuando sus enemigos vengan a atacarlos, ustedes ordenarán su ejército para responder el ataque, pero acabarán huyendo en desorden y serán derrotados por completo. Sus cadáveres quedarán tendidos por el suelo, y nadie podrá impedir que sean devorados por las fieras y los buitres. Al ver esto, los demás países se espantarán.

27 »Dios los castigará con muchas enfermedades incurables, y se llenarán de tumores, sarna y comezón. Además, les saldrán llagas en la piel, como las que les salieron a los egipcios.

28-29 »Muchos de ustedes se volverán locos, y otros se quedarán ciegos. Todos en Israel estarán tan confundidos que no sabrán qué hacer ni a dónde ir. Nada les saldrá bien, y otros países los maltratarán y les robarán, pero nadie vendrá en ayuda de ustedes.

30 »Si alguno se compromete en matrimonio, no llegará a casarse, pues otro se quedará con su novia. Si alguno construye una casa, no llegará a habitarla. Y si alguno siembra un viñedo, no llegará a disfrutar de las uvas.

31 »Delante de ustedes matarán a sus toros, pero ustedes no probarán un solo pedazo de carne. Y si alguien les arrebata su burro, jamás volverán a verlo. Sus enemi-

gos les robarán sus ovejas, pero nadie les ayudará a rescatarlas.

32 »Les arrebatarán a sus hijos y a sus hijas, sin que ustedes puedan evitarlo. Se los llevarán a otro país, y ustedes nunca más volverán a verlos.

33 »En todo momento gente desconocida les robará, los maltratará, y cosechará lo que ustedes sembraron; será gente extraña la que disfrute de lo que ustedes con tanto esfuerzo produjeron.

34-35 »Además, Dios los castigará con llagas en todo el cuerpo, y nada podrá curarlos. Y cuando ustedes vean todo esto, se volverán locos.

36 »Dios también permitirá que ustedes y su rey caigan prisioneros, y que se los lleven a un país que jamás conocieron sus antepasados. Allí tendrán que adorar a dioses falsos, hechos de madera y de piedra. **37** Y a donde quiera que nuestro Dios los lleve, la gente se sorprenderá de todo lo que les habrá pasado. Se burlarán de ustedes, y hasta chistes harán de lo que les suceda.

38 »Sembrarán mucho, pero no cosecharán nada, porque los saltamontes se lo comerán todo. **39** Sembrarán viñedos, y cuidarán sus plantas, pero no recogerán ni una sola uva, porque los gusanos se lo comerán todo. De esas uvas no beberán ni una gota de vino. **40** Plantarán árboles de oliva, pero no recogerán ni una sola aceituna. Tampoco sacarán de ellas una sola gota de aceite, porque todas se caerán antes de tiempo. **41** Tendrán hijos, y también hijas, pero no podrán tenerlos a su lado porque serán llevados prisioneros a otros países.

42 »Todos los árboles y las frutas que haya en sus terrenos, serán devorados por los saltamontes.

43 Los extranjeros que vivan en su país se harán cada vez más ricos, mientras que ustedes se harán cada vez más pobres. **44** Tan ricos serán ellos que hasta podrán prestarles dinero; en cambio, ustedes no tendrán nada que prestar. Ellos llegarán a ser los más importantes de la tierra, mientras que ustedes llegarán a ser los más insignificantes».

45 Moisés continuó diciendo:

«Si no obedecen los mandamientos de Dios, estas maldiciones acabarán por completo con ustedes. **46** Todo el mundo se dará cuenta de que ustedes y sus descendientes se han ganado este castigo para siempre, **47** porque Dios los trató bien, pero ustedes no lo obedecieron ni lo adoraron con alegría y sinceridad. **48** Por eso Dios enviará contra ustedes muchos enemigos, y ellos harán de ustedes sus esclavos. Dios les quitará todo y vivirán en la pobreza. No tendrán comida, ni agua, ni ropa. ¡Serán esclavos, y acabarán por ser destruidos!

49 »Desde muy lejos Dios les traerá un pueblo enemigo. Vendrá de un país que ustedes no conocen, y del que no entienden su idioma. Esa gente sabe atacar con gran rapidez, como el águila en vuelo. **50-51** Son crueles, y se comerán todo el ganado y todo lo que ustedes hayan sembrado. No les dejarán para comer nada de trigo, ni de vino ni de aceite. ¡Será la ruina! ¡El hambre acabará con todos! ¡Ni a los niños ni a los ancianos les perdonarán la vida! **52** »Esa gente rodeará todas las ciudades que Dios les ha dado, y las atacará; derribará esas altas y fuertes murallas en las que ustedes confían. **53-57** Y mientras ellos mantengan rodeadas las ciudades, ustedes no tendrán nada que comer.

»Será tanta el hambre que sentirán ustedes, que se comerán a los hijos y a las hijas que Dios les dio. Esto lo hará hasta el israelita más bueno y educado, y no compartirá esa carne con nadie; ni con su hermano, ni con su amada esposa, ni con los hijos que le queden con vida.

»Aun la israelita más fina y delicada, que nunca supo lo que era andar descalza, se comerá a escondidas los hijos que dé a luz, y con nadie compartirá su alimento. ¡Ni siquiera la placenta dejará!

»¡En verdad sus enemigos los harán sufrir!»

58 Finalmente, Moisés les dijo a los israelitas:

«Si no respetan a nuestro grande y poderoso Dios, ni obedecen los mandamientos escritos en este libro, **59** Dios los castigará a ustedes y a sus descendientes. ¡Los hará sufrir terribles enfermedades, que nadie podrá curar!

60 »¿Se acuerdan de los horribles castigos que Dios envió sobre Egipto? Pues esos mismos castigos vendrán sobre ustedes en todo momento, **61** y recibirán otros que ni en el libro de la Ley se mencionan, hasta que todo Israel sea destruido.

62 »Ahora ustedes son un pueblo muy numeroso; pero si no obedecen a Dios, quedarán sólo unos cuantos. **63** Ahora Dios está contento con ustedes, y los trata bien y hace que crezcan más y más en número; pero, si no obedecen, Dios estará feliz de destruirlos, y por la fuerza los expulsará del territorio que ahora les da. **64** Tendrán que vivir en otros países, y allí adorarán a dioses falsos, hechos de madera y de piedra, que ni ustedes ni sus antepasados conocieron.

65-67 »En esos países nunca tendrán paz ni seguridad. Tendrán sólo tristeza, porque Dios hará que vivan asustados y sin ninguna esperanza. Noche y día vivirán llenos de miedo, y verán cosas tan terribles que al llegar la mañana desearán que ya fuera de noche, y al llegar la noche querrán que sea fuera de día.

68 »Aunque Dios prometió que ustedes nunca volverían a Egipto, él los pondrá en barcos y los hará volver. Allí serán puestos a la venta, como esclavos, pero nadie querrá comprarlos».

29 **1-3** (28.69-29.2) Moisés terminó de dar a los israelitas todas las instrucciones del pacto que Dios había hecho con ellos en el monte Horeb. Entonces Dios le ordenó que hiciera un nuevo pacto con ellos en el país de Moab. Moisés los reunió y les dio las instrucciones del nuevo pacto. Les dijo:

«Ustedes han sido testigos de las muchas maravillas que Dios hizo para castigar a los egipcios. Ustedes vieron cómo trató al rey de Egipto, a sus oficiales y a todo el pueblo.

4 (3) Hasta ahora Dios no ha permitido que ustedes entiendan por qué hizo todo eso. **5-6** (4-5) Durante cuarenta años los ha guiado por el desierto, y nunca les ha faltado alimento. En todo ese tiempo no se les han gastado los zapatos ni la ropa, y esto lo ha hecho para que ustedes se den cuenta de que él es su Dios.

7 (6) »Cuando veníamos hacia esta región, el rey de Hesbón y el rey de Basán nos salieron al paso y nos atacaron. Sin embargo, nosotros los derrotamos **8** (7) y les quitamos su territorio, para dárselo a las tribus de Rubén y Gad, y a la media tribu de Manasés.

9 (8) Por eso les pido que cumplan con todas las instrucciones de este pacto, y les irá bien en todo lo que hagan.

10 (9) »Todo Israel se encuentra hoy reunido aquí, delante de Dios. Aquí están los jefes de las tribus, los líderes, las autoridades, y hombres, **11** (10) mujeres y niños. También están aquí los extranjeros que les cortan la leña y les acarrean el agua. **12** (11) Están aquí para hacer un juramento. Van a comprometerse a cumplir con el pacto que hoy Dios hace con ustedes. **13** (12) Dios se compromete hoy a ser nuestro Dios, tal como se lo prometió a nuestros antepasados Abraham, Isaac y

Jacob, y nosotros nos comprometemos a ser su pueblo. **14-15** (13-14) Pero este pacto no es solamente para nosotros. Dios se compromete también con todos nuestros descendientes.

La adoración de dioses falsos

16 (15) »Acuérdense de lo que vivimos en Egipto, y de cómo tuvimos que cruzar muchos países para llegar hasta aquí. **17** (16) Esa gente adora dioses falsos, y nosotros vimos sus imágenes de madera, piedra, oro y plata, ¡ídolos que Dios aborrece! **18** (17) Por eso les ruego que ninguno de ustedes, sea hombre o mujer, familia o tribu, deje a nuestro Dios para adorar a esos dioses falsos. Quienes lo hagan serán como plantas venenosas, que sólo producen muerte.

19 (18) »Se equivoca quien escuche las instrucciones de este pacto y crea que nada le sucederá si desobedece. Esa persona será culpable de que Dios castigue a todo Israel, **20-21** (19-20) pero Dios no la perdonará; al contrario, hará que vengan sobre ella todas las maldiciones anunciadas en este libro, que sea separada de su tribu, y que muera hasta el último de sus descendientes. ¡Dios la castigará con furia!

22 (21) »Los israelitas que nazcan después, y los extranjeros que vengan de países lejanos, verán los terribles castigos y enfermedades que Dios enviará sobre nuestro país. **23** (22) Cuando miren nuestras tierras, no verán más que azufre, sal y tierra quemada. No podremos cultivar nuestros terrenos, pues la tierra no producirá nada, ni siquiera hierba. Será como ver la furiosa destrucción que Dios envió sobre Sodoma, Gomorra, Admá y Seboím. **24** (23) »Todo el mundo preguntará: "¿Por qué Dios castigó así a este país? ¿Qué lo hizo enojarse tanto?" **25** (24) Y no faltará quien responda: "Su Dios los libró de la esclavitud en Egipto, pero ellos no obedecieron las instrucciones

del pacto que su Dios hizo con ellos. **26** (25) Al contrario, adoraron a dioses falsos que ni siquiera conocían, y que nunca hicieron nada por ellos. **27** (26) Por eso Dios se enojó con ellos y les envió todas las maldiciones anunciadas en este libro. **28** (27) Fue tal su enojo, que los expulsó de su país y los envió a los países donde ahora viven".

29 (28) »Hay cosas que Dios mantiene en secreto, y que sólo él conoce, pero a nosotros nos ha dado todos estos mandamientos, para que nosotros y nuestros descendientes los obedezcamos siempre».

Perdón y bendición

30 ¹ Moisés continuó diciendo:

«Ahora saben las bendiciones que recibirán si obedecen a Dios, y las maldiciones que recibirán si no lo obedecen. Si Dios los castiga y los envía lejos de su país, piensen en todo esto que les he dicho. ² Si ustedes y sus hijos se arrepienten, y de nuevo deciden obedecer a Dios con toda su mente y todo su ser, y cumplen las leyes que les he dado, **3-5** Dios les tendrá compasión y los volverá a bendecir. Los hará volver de los países a los cuales los envió. Aun si ustedes se encuentran muy lejos, Dios los buscará y los traerá de nuevo al país que prometió a sus antepasados. Allí prosperarán y tendrán más hijos que sus antepasados. ⁶ Dios hará que se olviden de hacer el mal. Entonces ustedes y sus descendientes lo amarán y lo obedecerán con toda su mente y con todo su ser, y no por obligación. Así podrán vivir muchos años.

⁷ »Dios hará que caigan maldiciones sobre los enemigos de ustedes, que con tanto odio los han perseguido. ⁸ Pero ustedes deberán arrepentirse y cumplir los mandamientos que hoy les he dado. ⁹ Si lo hacen, Dios volverá a estar contento con ustedes, y hará que les vaya bien en todo.

Tendrán muchos hijos y muchas hijas, y mucho ganado y abundantes cosechas. Dios volverá a bendecirlos como antes lo hacía con sus antepasados. **10** Todo lo que tienen que hacer es arrepentirse de sus pecados y obedecer a Dios con toda su mente y con todo su ser. Obedezcan todos los mandamientos que les ha dado en este libro.

11 »Estos mandamientos son fáciles de obedecer, y cualquiera puede cumplirlos. **12-13** No son difíciles de entender, ni hace falta que alguien se los explique para que puedan obedecerlos.

14 Al contrario, son tan fáciles que cualquiera puede entenderlos, y ya los tienen en la mente y en los labios. Todos pueden meditar en ellos, y hablar de ellos y obedecerlos.

15 »Hoy deben elegir qué prefieren. ¿Quieren que les vaya bien, o quieren que les vaya mal? ¿Quieren tener vida, o prefieren la muerte? **16** Si aman a Dios y obedecen todos sus mandamientos, Dios los bendecirá. Vivirán muchos años en el país que van a recibir, y tendrán muchos hijos. **17** Pero si son desobedientes y se van a adorar otros dioses, **18** quiero que sepan que de seguro morirán. No podrán quedarse en el país que ahora van a recibir al otro lado del río Jordán.

19 »El cielo y la tierra son testigos de que hoy les he dado a elegir entre la vida y la muerte, entre la bendición y la maldición. Yo les aconsejo, a ustedes y a sus descendientes, que elijan la vida, **20** y que amen a Dios y lo obedezcan siempre. De ustedes depende que vivan muchos años en el territorio que él prometió a Abraham, Isaac y Jacob, los antepasados de ustedes».

Un nuevo jefe para Israel

31 ¹ Moisés habló otra vez con el pueblo y le dijo:

² «Ya tengo ciento veinte años de edad, y no puedo seguir siendo el

jefe de Israel. Por otra parte, Dios no va a dejarme cruzar el río Jordán. **3** Pero él mismo te guiará, y destruirá a todos los países que ustedes encuentren a su paso. Así el territorio será de ustedes. Además, Dios ha ordenado que Josué sea su nuevo jefe. **4** »A los países que se enfrenten con ustedes, Dios los destruirá como destruyó a los reyes Og y Sihón, y a sus países. **5** Cuando ustedes los hayan vencido, harán con ellos todo lo que les he ordenado. **6** Sean fuertes y valientes, que Dios peleará por ustedes; no tengan miedo de esos países, que Dios no los abandonará».

7 En seguida, Moisés llamó a Josué y, delante de todo el pueblo, le dijo:

«Tú, Josué, tienes que ser fuerte y valiente, pues vas a llevar a este pueblo al territorio que Dios prometió dar a sus antepasados. Tú los harás conquistar ese territorio. **8** Dios mismo será tu guía, y te ayudará en todo, y te jamás te abandonará. ¡Echa fuera el miedo y la cobardía!»

Lectura de los mandamientos

9 Moisés escribió todas estas enseñanzas, y entregó el texto escrito a los jefes israelitas y a los sacerdotes, que eran los encargados de transportar el cofre del pacto. **10-11** Luego les dio esta orden:

«Cada siete años se celebrará el año del perdón de deudas. Cuando llegue ese año, y todos los israelitas estén reunidos en el santuario de Dios para celebrar la fiesta de las Enramadas, se leerán estas enseñanzas. **12** Todos sin falta deben ir a esa fiesta: hombres, mujeres, niños y refugiados. Allí escucharán la lectura de estas enseñanzas, y aprenderán a respetar a Dios y a obedecer sus mandamientos. **13** También los hijos que tengan, y que aún no conocen estos mandamientos, los oirán y aprenderán a obedecer a Dios. Esto lo harán mientras vivan en el país al otro lado del río Jordán, que ahora van a conquistar».

Dios da instrucciones a Moisés y a Josué

14 Después de esto, Dios le dijo a Moisés: «Ya se acerca el día de tu muerte. Por eso quiero que tú y Josué vengan al santuario, para que yo les diga lo que deben hacer».

Moisés y Josué fueron al santuario, **15** y en la entrada misma Dios se hizo presente, en medio de una nube en forma de columna. **16** Y Dios le dijo a Moisés:

«Muy pronto morirás. Cuando eso suceda, los israelitas dejarán de obedecerme y adorarán a los dioses falsos de la gente que vive en este territorio. Me abandonarán y no cumplirán con el pacto que hemos hecho. **17** Entonces yo me enojaré con ellos, y los dejaré solos; en vez de cuidarlos, les enviaré muchos castigos y sufrimientos. Y tendrán que admitir que los he abandonado. **18** Aunque lo reconozcan, yo me alejaré de ellos más todavía. Así los castigaré por su maldad de adorar a dioses falsos.

19-20 »Cuando lleve yo a los israelitas al territorio que juré darles, ellos comerán hasta engordar, pues allí siempre hay abundancia de alimentos. Entonces se olvidarán de mí, adorarán a otros dioses y no cumplirán el pacto que hicimos. Por eso quiero que tú y Josué escriban la canción que les voy a dictar. Quiero que la enseñen al pueblo a cantarla. Así, cuando ellos la canten, se acordarán de todo lo que les he ordenado y no podrán decir: "De esto no sabíamos nada". **21** Cuando sufran todos los castigos que habré de enviarles, se acordarán de esta canción; y cuando sus hijos la canten, tendrán que admitir que tengo la razón. Aunque ellos no han entrado todavía al territorio que les he prometido, los conozco muy bien y sé cómo van a actuar».

22 Ese mismo día, Moisés escribió la canción y se la enseñó a los israelitas. **23** A Josué, Dios le dijo: «Tú, Josué, tienes que ser fuerte y valiente. Yo te ayudaré en todo, y tú harás que este pueblo conquiste el territorio que les he prometido».

24 Cuando Moisés terminó de escribir en el libro todas las enseñanzas que Dios le dio, **25** les dijo a los sacerdotes encargados de transportar el cofre del pacto:

26 «Aquí tienen las enseñanzas de nuestro Dios. Pónganlas junto al cofre del Pacto. Estas enseñanzas me servirán de prueba contra ustedes, **27** pues los conozco muy bien. Yo sé que ustedes son tercos y rebeldes. Si ahora que estoy con ustedes desobedecen a Dios, ¿qué no harán cuando ya me haya muerto? **28** »Por eso, reúnan ahora a los jefes del pueblo y a los líderes de las tribus, para dejar esto bien claro: Yo les he entregado las enseñanzas de Dios. De esto, el cielo y la tierra son testigos. **29** Yo sé bien que, después de mi muerte, ustedes dejarán de obedecer a Dios y no seguirán las enseñanzas que les he dado. Por lo mismo, ustedes van a sufrir mucho, pues harán enojar a Dios».

La canción

30 En cuanto los israelitas se reunieron con Moisés, él les enseñó la canción que Dios le dictó:

32 **1** «Cielo y tierra, ¡presten atención a mis palabras! **2** Lo que tengo que decir es tan bueno como la lluvia, que hace bien a las plantas y a la hierba del campo.

3 »Quiero alabar a nuestro Dios; y ustedes, ¡reconozcan su poder!

4 Él nos protege del mal.
Es un Dios justo y fiel,
que siempre actúa con justicia.

5-6 »Israelitas,
Dios es su creador;
es como un padre para ustedes.
Pero ustedes han sido malos,
y lo han ofendido.
Han sido tercos y tontos,
y no merecen ser sus hijos.
¡Son unos malagradecidos!

7 »Pónganse a pensar
en la historia de su pueblo.
Sus padres y sus jefes
es contarán hechos del pasado.
8 Cuando Dios dividió la
humanidad
en diferentes pueblos
y naciones,
les dio sus propios territorios;
pero a ustedes, israelitas,
les dio un trato especial:
9 A ustedes Dios los eligió
para que fueran su pueblo.

10 »Cuando Dios los encontró,
ustedes andaban por el desierto,
por tierras barridas por el viento.
Pero él los tomó en sus brazos
y los cuidó como a sus propios
ojos.
11 Dios ha cuidado de ustedes
como cuida el águila a sus
polluelos.
Dios siempre ha estado cerca
para ayudarlos a sobrevivir.

12 »Dios mismo dirigió a su
pueblo,
y no necesitó ayuda de otros
dioses.
13 Dios los llevó triunfantes
por las altas montañas del país.
Les dio a comer frutas del
campo;
de una piedra sacó miel
para endulzarles los labios,
y de una dura roca
sacó el aceite que necesitaban.
14 De sus vacas, cabras y ovejas
sacaron leche y cuajada;
en su mesa se sirvió
carne del mejor ganado.
Comieron pan del mejor trigo
y vino de las mejores uvas.

15 »Pero los israelitas
prosperaron,
y se olvidaron de Dios;
¡se olvidaron de su creador!
Rechazaron la protección
del Dios que los había salvado.
16-17 Hicieron enojar a Dios,
y provocaron sus celos
al adorar a dioses falsos;
¡eran unos ídolos repugnantes
que ni sus antepasados
conocieron!
Aun así, ofrecieron sacrificios
a esos dioses y a los demonios.

18 »Israel se olvidó de Dios;
del Dios que le dio la vida.
Abandonó a su creador;
se olvidó de su protector.
19 Por eso Dios se enojó
y los apartó de su lado.
20 Luego le dijo al pueblo:

"Voy a dejarlos solos,
y verán lo que les pasará.
En verdad, ustedes son malos;
no se puede confiar en ustedes.
21 Inventan un dios falso,
para provocar mis celos;
pero los celosos serán ustedes,
pues los cambiaré por otro
pueblo;
los cambiaré por gente
ignorante
que ni a pueblo llega.
22 Tanto me han hecho enojar
que mi furia parece fuego;
y con ese fuego destruiré
los lugares más profundos
y las bases de las montañas.

23 "Voy a hacerlos sufrir;
voy a herirlos con mis flechas.
24 El hambre y la enfermedad
pondrán fin a su vida.
Lanzaré contra ustedes
animales salvajes y serpientes
venenosas.
25 En plena calle matarán a sus
hijos,
y toda familia verá con horror
cómo mueren sus ancianos,
sus jóvenes y sus niños.

26 "Hasta pensé en
dispersarlos
por diferentes países,

y que nadie volviera a
recordarlos.
27 Pero decidí no hacerlo
por causa de mis enemigos;
sabía que se burlarían de mí,
y hasta pensarían que no fui yo
quien castigó a Israel,
creerían que ellos lo habían
hecho,
¡ellos y su gran poder!

28 "Ustedes, los israelitas,
son tan tontos que no
entienden.
29 Si fueran más listos,
sabrían el castigo que les
espera.
30 ¿Cómo se explican ustedes
que un solo israelita
hizo huir a mil soldados?
¿Cómo se explican que dos
soldados
hicieron huir a diez mil?
¡Si yo no cuidara de ustedes
ni les hubiera dado la victoria,
ustedes no habrían podido
vencerlos!"

31 »Bien saben nuestros
enemigos
que sus dioses no tienen poder;
¡el poder es de nuestro Dios!
32 Ellos son como la gente
de Sodoma y de Gomorra.
Son como los malos viñedos,
que sólo dan uvas amargas;
33 ¡hasta el vino que producen
parece veneno de serpientes!

34-35 »Nuestro Dios ha dicho:

"Muy pronto habré de
castigarlos,
¡muy pronto habré de
destruirlos!
¡Sólo espero el momento
oportuno
para darles su merecido!"

36 »Cuando ya no tengamos
fuerzas,
nuestro Dios nos defenderá;
cuando él nos vea reducidos a
nada,
tendrá compasión de nosotros
37 y les dirá a nuestros
enemigos:

"¿Dónde están los dioses
en quienes ustedes tanto
confían?
38 ¿Dónde están esos dioses
a quienes les llevaban ofrendas?
¡Pídanles que vengan a
ayudarlos!
39 ¡Dense cuenta ahora
de que yo soy el único Dios!
Sólo yo sano las heridas;
¡sólo yo doy la vida,
y sólo yo puedo quitarla!
¡De mí no se escapa nadie!

40 "Levanto mi mano al cielo,
y juro por mi vida eterna;
41 que voy a afilar mi espada,
para vengarme de mis enemigos.
¡Voy a darle su merecido
a esa gente que me odia!
42 ¡Voy a empapar mis flechas
en la sangre de los prisioneros!
¡Voy a cortarles la cabeza
a todos sus capitanes!"

43 »Y ustedes, pueblos vecinos,
alégrense junto con el pueblo
de Dios,
porque él habrá de vengarse
de la muerte de su gente.
¡Dios perdonará a su pueblo
y limpiará de pecado su país!»

44-45 Y mientras Moisés entonaba
este canto ante el pueblo, Josué
estuvo siempre a su lado.

Últimas instrucciones de Moisés
46 Más tarde, Moisés le dijo al
pueblo:

«Piensen bien en todo lo que les
he enseñado, y ordenen a sus
hijos y a sus hijas que obedezcan
cada uno de estos mandamientos. **47** Lo que les digo es muy
serio. Si ustedes obedecen, vivirán muchos años en el territorio
que ahora van a conquistar, y que
está al otro lado del río Jordán».

Moisés ve la tierra prometida
48 Ese mismo día, Dios le ordenó a
Moisés:
49 «Quiero que vayas a la región
montañosa de Abarim, y que subas al monte Nebo, que está en el

territorio de Moab, frente a
Jericó. Desde allí podrás admirar
el territorio de Canaán, que voy a
darles a los israelitas.
50 »Allí en el monte Nebo morirás, y serás enterrado, como fue
enterrado tu hermano Aarón
cuando murió en el monte Hor.
51 Tanto Aarón como tú me desobedecieron en Cadés, cuando
estaban junto al manantial de
Meribá, que está en el desierto de
Sin. Delante de todos los israelitas me faltaron al respeto.
52 Por eso no te dejaré entrar en
el territorio que les prometí, y
sólo podrás verlo de lejos».

Moisés bendice a Israel
33 [*] **1** Moisés fue un gran profeta
al servicio de Dios. Poco antes de
morir, bendijo a los israelitas
2 con las siguientes palabras:

«Nuestro Dios viene del monte
Sinaí;
su luz nos llega desde Edom.
Desde los montes de Parán
avanza
el brillo de su presencia,
y llega hasta Meribá, en Cadés.
Trae fuego en su mano derecha,
y viene con miles de bravos
guerreros.

3 »Dios ama a su pueblo;
Dios protege a los suyos
porque ellos siempre lo obedecen
y cumplen sus órdenes con
gusto.

4 »Yo, Moisés, les di la ley de
Dios,
que para ustedes es lo más
preciado.
5 Y ustedes y sus líderes
reconocieron a Dios como su
rey».

6 Luego, Moisés le dijo a la tribu
de Rubén:

«Ustedes son una tribu
pequeña,
pero vivirán para siempre».

7 A la tribu de Judá le dijo:

«Nuestro Dios oirá tus
oraciones,
te hará vencer a tus enemigos,
y permitirá que te reúnas
con el resto de Israel».

8-9 A la tribu de Leví le dijo:

«Dios discutió con los israelitas
y los puso a prueba en Masá,
junto al manantial de Meribá.
Pero confía en ustedes
porque lo obedecieron,
pues consideraron más
importante
mantenerse fieles a su pacto,
que mantenerse fieles a sus
padres,
a sus hermanos o a sus hijos.
Por eso Dios les entregó
el Urim y el Tumim, [1]
y los nombró sus sacerdotes.

10 »Ustedes enseñan a su
pueblo
a cumplir sus mandamientos;
y en el altar de Dios presentan
toda clase de ofrendas.

11 »Pido a Dios que los bendiga
y que acepte con agrado
lo que ustedes hacen por él;
también le pido que destruya
a todos sus enemigos,
para que nunca más
se levanten contra ustedes».

12 A la tribu de Benjamín le dijo:

«Dios te ama y te protege;
¡Dios siempre habitará en tus
montañas!»

13 A la tribu de José le dijo:

«Dios bendecirá tus campos,
y nunca te faltará lluvia
ni agua en los pozos profundos.
14-15 Hasta en las altas montañas
Dios te dará todo el año
las más abundantes cosechas.
16 La tierra te dará
lo mejor de sus frutos,
y siempre podrás contar
con la bendición de Dios.
»Tú eres el favorito
del Dios que se apareció

en la zarza.

17 Los ejércitos de tus hijos,
Efraín y Manasés,
son fuertes y poderosos
como los toros y los búfalos.
¡Con sus lanzas destruirán
aun a sus enemigos más lejanos!»

18 A las tribus de Isacar y Zabulón
les dijo:

«Ustedes harán buenos negocios
en la tierra y en el mar.
19 Del mar y de sus playas
sacarán grandes riquezas.
Invitarán a los pueblos vecinos,
para que vengan a su montaña,
y allí presentarán ofrendas a
Dios».

20-21 A la tribu de Gad le dijo:

«¡Bendito sea Dios,
que te dio grandes territorios!
¡Eres como un león
dispuesto a atacar a su víctima!
Te quedaste con las mejores tierras
porque obedeciste a Dios en
todo,
y porque actuaste con justicia
cuando tuviste que hacerlo».

22 A la tribu de Dan le dijo:

«Eres como un cachorro,
que salta desde Basán».

23 A la tribu de Neftalí le dijo:

«Todo lo que haces
es del agrado de Dios.
Por eso Dios te bendecirá
y te dará un gran territorio,
hasta el extremo sur
del Lago de Galilea».

24 A la tribu de Aser le dijo:

«¡Que Dios te bendiga
más que a las otras tribus!
¡Que todos los israelitas
muestren su amor por ti!

»Tendrás abundancia
de aceite de oliva.
25 Mientras tengas vida,
serás un pueblo poderoso
y con ciudades bien protegidas».

26 Y para terminar, Moisés dijo:

«¡Israelitas,
no hay otro Dios como tu Dios!
Dios es el rey del cielo,
y siempre vendrá en tu ayuda.
27 Dios es el Dios eterno,
y siempre te protegerá;
pondrá en fuga a tus enemigos,
para que los destruyas.

28 »Ya puedes vivir confiado,
y gozar de tranquilidad.
Nunca te faltará pan y vino,
pues Dios regará tus campos.
29 ¡Dichoso tú, Israel,
pues Dios te ha rescatado!
Dios te protege y te ayuda.
¡No podrías tener mejor defensa!
¡Tú humillarás a tus enemigos,
y los pondrás bajo tus pies!»

Muerte de Moisés

34 **1** Desde el desierto de Moab,
Moisés subió al monte Pisgá, y llegó a la parte más alta del monte
Nebo, que está frente a Jericó.
Allí Dios le mostró todo el territorio de Galaad y de Dan.
2 También le mostró los territorios
de las tribus de Neftalí, Efraín y
Manasés, y el territorio de la tribu
de Judá hasta el Mar Mediterráneo.
3 Desde allí Moisés pudo ver el desierto del Négueb, el valle del
Jordán y la llanura que rodea la
ciudad de Jericó, hasta el pueblo
de Sóar. A Jericó también se le
conoce como Ciudad de las
Palmeras.
4 Allí Dios le dijo a Moisés: «Este
es el país que le daré a Israel. Así
se lo prometí a Abraham, Isaac y
Jacob, tus antepasados. He querido que lo veas, porque no vas a
entrar en él».

5-6 Moisés estuvo siempre al servicio de Dios. Tal como Dios lo había
dicho, Moisés murió en Moab,
frente a Bet-peor, y allí mismo
fue enterrado, aunque nadie sabe
el lugar exacto. **7** Cuando murió,
tenía ciento veinte años, gozaba
de buena salud y la vista todavía
no le fallaba.

8 Los israelitas se quedaron treinta días en el desierto de Moab,
para guardar luto por la muerte
de Moisés. Esa era la costumbre
en aquella época. **9** Antes de
morir, Moisés había puesto sus
manos sobre la cabeza de Josué y
Dios lo llenó de sabiduría. Por eso
los israelitas obedecieron a
Josué, y cumplieron con las órdenes que Dios le había dado a
Moisés.

10 Nunca más hubo en Israel un
profeta como Moisés, que hablara
con Dios cara a cara. **11** Nunca
nadie igualó las maravillas que
Dios le mandó hacer contra Egipto
y su rey. **12** Nunca nadie tuvo más
poder que Moisés, ni pudo imitar
las grandes cosas que los israelitas le vieron hacer.

Josué

Dios llama a un nuevo líder

1 1-2 Después de la muerte de Moisés, Dios habló con Josué hijo de Nun, que había sido ayudante de Moisés. Dios le dijo a Josué:

—Ahora que mi servidor Moisés ha muerto, te toca a ti guiar al pueblo de Israel. Cruza el río Jordán con todos ellos, y llévalos al territorio que les voy a dar. 3 Yo les entregaré todo territorio donde pongan el pie, tal como se lo prometí a Moisés. 4 Les daré todo el territorio que va desde el desierto del Sur hasta las montañas del Líbano en el norte, y desde el gran río Éufrates en el este hasta el mar Mediterráneo en el oeste, incluyendo el territorio de los hititas. 5 »Nadie podrá derrotarte jamás, porque yo te ayudaré, así como ayudé a Moisés. Nunca te fallaré ni te abandonaré. 6 Pero tú debes ser fuerte y valiente, porque serás tú quien guíe al pueblo de Israel para que reciba el territorio que les prometí a sus antepasados. 7 Sólo te pido que seas muy fuerte y valiente. Así podrás obedecer siempre todas las leyes que te dio mi servidor Moisés. No desobedezcas ni una sola de ellas, y te irá bien por dondequiera que vayas. 8 Nunca dejes de leer el libro de la Ley; estúdialo de día y de noche, y ponlo en práctica, para que tengas éxito en todo lo que hagas.

9 »Yo te pido que seas fuerte y valiente, que no te desanimes ni tengas miedo, porque yo soy tu Dios, y te ayudaré por dondequiera que vayas.

Preparativos para la conquista

10 Entonces Josué les ordenó a los jefes del pueblo:

11 —Vayan por el campamento y díganles a todos que se preparen con alimentos, porque dentro de tres días cruzaremos el río Jordán y ocuparemos el territorio que nuestro Dios nos va a dar.

12 Josué dio también instrucciones a las tribus de Rubén y de Gad, y a la media tribu de Manasés:

13 —Recuerden que Moisés les dijo que nuestro Dios les daría este territorio para que vivan en paz. 14 Dejen a sus esposas y a sus hijos, y a su ganado en esta tierra que Moisés les dio al este del río Jordán. Pero todos los hombres que tengan armas deberán cruzar el río y ayudar al resto del pueblo. 15 No descansen hasta que hayan conquistado el territorio que Dios les dará a ellos, tal como se lo ha dado a ustedes. Una vez que ellos tengan su territorio, ustedes podrán regresar y vivir en la tierra que Moisés les ha dado al este del río Jordán.

16 Ellos le respondieron a Josué:

—Haremos todo lo que nos has pedido, e iremos a donde tú quieras. 17 Te obedeceremos en todo, como obedecimos a Moisés, siempre y cuando nuestro Dios, te apoye como apoyó a Moisés. 18 Si alguien no te obedece, será condenado a muerte. Lo único que te pedimos es que seas fuerte y valiente.

Los espías en Jericó

2 1 Josué envió a dos hombres para que exploraran el territorio de Canaán, y de manera especial a la ciudad de Jericó. Los dos hombres salieron de Sitim, y cuando llegaron a Jericó fueron a la casa de una prostituta llamada Rahab. Allí pasaron la noche. 2 Al saber el rey de Jericó que unos israelitas habían llegado esa noche para explorar el país, 3 mandó a decirle a Rahab:

—En tu casa hay dos espías. ¡Mándamelos para acá!

4 Pero como ella los había escondido, respondió:

—Sí, es verdad. Vinieron unos hombres, pero yo no supe de dónde eran. 5 Salieron al anochecer, antes de que cerraran el portón de la ciudad, y no sé a dónde iban. Si ustedes salen ahora mismo a perseguirlos, seguro que podrán alcanzarlos.

6 La verdad es que Rahab los había llevado a la terraza y los había escondido debajo de unos manojos de lino que allí tenía. 7 Los hombres del rey salieron de la ciudad, y se volvió a cerrar el portón. Buscaron a los espías hasta llegar al cruce del río Jordán. 8 Antes de que los espías se acostaran, Rahab subió a la terraza 9 y les dijo:

—Yo sé que Dios les ha entregado a ustedes este territorio, y todos tenemos miedo, especialmente los gobernantes. 10 Sabemos que, cuando salieron de Egipto, Dios secó el Mar de los Juncos para que ustedes pudieran cruzarlo. También sabemos que mataron a Sihón y a Og, los dos reyes amorreos del otro lado del Jordán. 11 Cuando lo supimos, nos dio mucho miedo y nos desanimamos. Reconocemos que el Dios de ustedes reina en el cielo y también aquí en la tierra. 12 Júrenme en el nombre de ese Dios que tratarán bien a toda mi familia, así como yo los he tratado bien a ustedes. Denme alguna prueba de que así lo harán. 13 ¡Prométanme que salvarán a todos mis familiares! ¡Sálvennos de la muerte!

14 Los espías le contestaron:

—¡Que Dios nos quite la vida si les pasa algo a ustedes! Pero no le digas a nadie que estuvimos aquí. Cuando Dios nos dé este territorio, prometemos tratarlos bien, a ti y a toda tu familia.

Los espías y Rahab se despiden

15 Como la casa de Rahab estaba construida junto al muro que

rodeaba la ciudad, ella los ayudó a bajar por la ventana con una soga. **16** Y les aconsejó:

—Escóndanse en los cerros para que la gente del rey no los encuentre. Quédense allí tres días, hasta que ellos regresen; y después de eso, sigan su camino.

17 Antes de irse, los espías le dijeron:

—Te hemos hecho un juramento, y lo cumpliremos. **18** Cuando lleguemos a este territorio, esta soga roja tiene que estar atada a la ventana por donde vamos a bajar. Reúne en tu casa a todos tus familiares. **19** Si alguno de ellos sale a la calle, morirá, y nosotros no tendremos la culpa de su muerte; pero si alguien sufre algún daño dentro de la casa, nosotros seremos los culpables. **20** No le cuentes a nadie de este trato que hemos hecho; de lo contrario, no estaremos obligados a cumplir nuestro juramento.

21 —De acuerdo —respondió ella—. Así se hará.

Dicho esto, los despidió y ellos se fueron, mientras ella ataba la soga roja a la ventana.

22 Los dos espías se fueron a los cerros, y durante tres días estuvieron escondidos allí, hasta que los hombres del rey regresaron. Los habían buscado por todo el camino y no los habían encontrado. **23** Entonces los dos espías bajaron de los cerros, cruzaron el río, y volvieron a donde estaba Josué. Luego de contarle todo lo que les había pasado, **24** le dijeron:

—Estamos seguros de que Dios nos ha dado todo el territorio. ¡Todos los gobernantes de esta región están muertos de miedo!

La gente de Israel cruza el Jordán

3 **1** Al día siguiente, muy de mañana, Josué y todos los israelitas levantaron el campamento de Sitim y avanzaron hasta el río Jordán. Acamparon allí, esperando el momento de cruzarlo.

2 Al segundo día, los jefes fueron por todo el campamento **3** diciéndole a la gente: «Cuando vean a los sacerdotes salir con el cofre del pacto, levanten el campamento y síganlos. **4** Ellos los guiarán porque ustedes no conocen el camino. Pero no se acerquen al cofre; manténganse por lo menos a un kilómetro de distancia».

5 Josué, por su parte, le dijo a todo el pueblo: «¡Prepárense para presentarse ante Dios! Mañana Dios hará un gran milagro entre nosotros».

6 Después les dijo a los sacerdotes: «Carguen sobre sus hombros el cofre del pacto y salgan; nosotros los seguiremos». Y así lo hicieron.

7 Dios le dijo a Josué: «Lo que voy a hacer hoy convencerá a todo el pueblo de Israel de que estoy contigo como estuve con Moisés, y te reconocerán como líder. **8** Diles a los sacerdotes que llevan el cofre del pacto que, cuando lleguen al río, entren al agua y se queden cerca de la orilla».

9 Entonces Josué le pidió al pueblo que se acercara y le dijo:

10 «Dios nos ha prometido que a medida que avancemos, él irá desalojando a todos los habitantes de Canaán.[1] **11** Ustedes verán que el Dios vivo nos acompaña, cuando el cofre del pacto del dueño de toda la tierra cruce el Jordán delante de ustedes. **12-13** Cuando los sacerdotes que llevan el cofre toquen el agua con la planta de sus pies, el río Jordán dejará de correr, y el agua se acumulará como formando una gran pared. Además, Dios ha ordenado que escojamos a doce hombres, uno de cada tribu de Israel».

14-16 La gente dejó el campamento y se dispuso a cruzar el río Jordán en el tiempo de la cosecha, cuando el río se desborda a causa del agua que baja de la zona de Adam, cerca de Saretán. Los sacerdotes iban delante de ellos, con el cofre del pacto, y tan pronto como pusieron el pie en el río, el agua dejó de correr y se acumuló. La que corría hacia el Mar Muerto siguió su curso hasta desaparecer. Entonces el pueblo cruzó el río frente a la ciudad de Jericó. **17** Mientras todo el pueblo de Israel cruzaba sobre terreno seco, los sacerdotes que llevaban el cofre del pacto de Dios se detuvieron en medio del Jordán, hasta que todos terminaron de cruzar.

Piedras recordatorias

4 **1** Cuando todo el pueblo de Israel terminó de cruzar el Jordán, Dios le dijo a Josué:

2 «Elige doce hombres, uno de cada tribu, **3** y diles que vayan al lugar donde los sacerdotes se detuvieron en medio del Jordán. Que tomen doce piedras de allí y las lleven hasta el lugar donde van a acampar esta noche».

4 Josué llamó a los doce hombres que había elegido, **5** y les dijo:

«Vayan hasta la mitad del Jordán, delante del cofre del pacto de nuestro Dios, y saque cada uno de ustedes una piedra del río, una por cada tribu de Israel, y échesela al hombro. **6** Con estas piedras harán un monumento, y cuando sus hijos les pregunten qué significan, **7** ustedes les dirán que, cuando los sacerdotes entraron al río con el cofre del pacto, las aguas del Jordán dejaron de correr. Así que estas piedras les recordarán siempre a los israelitas lo que Dios hizo aquí».

8 Los doce hombres hicieron lo que Dios le había ordenado a Josué. Tomaron doce piedras de en medio del Jordán, y las pusieron en el lugar donde acamparon. Por cada tribu de Israel había una piedra. **9** Josué también colocó doce piedras en el Jordán, en el lugar donde habían estado los sacerdotes que llevaban el cofre del pacto.

Esas piedras todavía están allí. **10** Los sacerdotes se quedaron en medio del Jordán hasta que el pueblo terminó de hacer todo lo que Dios les había mandado por medio de Josué. Estas mismas instrucciones también se las había dado Moisés a Josué.

El pueblo se apuró para cruzar el río, **11** y cuando todos terminaron de cruzarlo, también pasaron los sacerdotes llevando el cofre de Dios, y otra vez se pusieron al frente. **12** Las tribus de Rubén y Gad, y la media tribu de Manasés cruzaron antes que el resto, como Moisés les había ordenado. Iban armados para la batalla. **13** Los que cruzaron hacia la llanura de Jericó fueron unos cuarenta mil hombres en pie de guerra. Marcharon delante del cofre, que simboliza la presencia de Dios. **14** Por lo que Dios hizo ese día, todos los israelitas reconocieron a Josué como un gran líder. Lo respetaron durante toda su vida, como antes habían respetado a Moisés.

15 Entonces Dios le dijo a Josué: **16** «Diles a los sacerdotes que lleven el cofre del pacto, que salgan del río Jordán».

17 Así lo hizo Josué, **18** y cuando los sacerdotes llegaron a la orilla, el río volvió a correr hasta desbordarse como antes.

19 El diez de Abib¹ el pueblo cruzó a pie el Jordán, y acampó cerca de la ciudad de Guilgal, al este de Jericó. **20** Josué ordenó que pusieran allí las doce piedras que habían sacado del Jordán, **21** y les dijo a los israelitas:

«En el futuro, cuando sus hijos les pregunten qué significan estas piedras, **22** ustedes les dirán que son para recordarnos que los israelitas cruzamos el Jordán sobre terreno seco. **23** Les dirán que Dios detuvo las aguas del Jordán hasta que todos cruzamos, igual que cuando cruzamos el Mar de los Juncos. **24** Lo hizo para que todos los pueblos de la tierra sepan que nuestro Dios es poderoso, y para que ustedes lo honren siempre».

5 ¹ La noticia de que Dios había secado las aguas del Jordán llegó hasta los reyes de los amorreos que estaban al oeste del Jordán, y hasta los reyes de los cananeos. Cuando se enteraron de que todo el pueblo de Israel había cruzado el río a pie, les entró mucho miedo y no querían enfrentarse a él.

La circuncisión en Guilgal

2 Dios le habló a Josué y le dijo: «Ordena que se fabriquen unos cuchillos de piedra, y circuncida a los israelitas».

3 Josué hizo lo que Dios le había mandado, y todavía hoy el lugar donde se celebró esa ceremonia se llama Monte Aralot.¹ **4** Fue necesario hacer esto porque todos los israelitas adultos que habían sido circuncidados antes de salir de Egipto ya habían muerto en el desierto. **5** Todos los hombres y muchachos que habían salido de Egipto ya estaban circuncidados. Pero con los que nacieron en el desierto no se había llevado a cabo esta ceremonia. **6** Como los israelitas anduvieron cuarenta años por el desierto, ya habían muerto todos los adultos que habían salido de Egipto. Esa gente había desobedecido a Dios, y por eso, él juró que no les dejaría ver la fértil tierra que había prometido dar a sus antepasados, donde siempre hay abundancia de alimentos. **7** Así que Josué circuncidó a los hijos de ellos, porque durante la marcha no se había llevado a cabo esa ceremonia. **8** Después de la circuncisión, todos se quedaron en el campamento hasta que sanaron de sus heridas.

9 Entonces Dios le dijo a Josué: «Ya les he quitado la vergüenza de haber sido esclavos en Egipto». Por eso hasta hoy ese lugar se llama Guilgal.²

10 Los israelitas celebraron la pascua al caer la tarde del día catorce del mes de Abib,³ mientras estaban acampados en Guilgal, en la llanura cercana a Jericó. **11** Al día siguiente comieron por primera vez de lo que producía la tierra de Canaán: granos de trigo horneados y pan sin levadura. **12** Ese mismo día el maná dejó de caer. Los israelitas ya no comieron más maná, sino que se alimentaron de lo que producía la tierra de Canaán.

Josué y el hombre con una espada

13 Cierto día, cuando todavía estaban acampando cerca de Jericó, Josué vio de pie, delante de él, a un hombre con una espada en la mano. Josué se acercó y le preguntó:

—¿Eres de los nuestros, o de nuestros enemigos?

14 —Ni lo uno ni lo otro —respondió el hombre—. Yo soy el jefe del ejército de Dios. Y aquí me tienes.

Josué cayó de rodillas, y con gran reverencia se inclinó hasta el suelo y le dijo:

—Estoy a tus órdenes. Haré cualquier cosa que me pidas.

15 El jefe del ejército de Dios le dijo entonces a Josué:

—Quítate las sandalias, porque estás pisando un lugar santo.

Y Josué se descalzó.

Los israelitas conquistan Jericó

6 ¹ El portón de la ciudad de Jericó se cerró y quedó bajo vigilancia para que no entraran los israelitas. Nadie podía entrar ni salir de la ciudad. **2** Entonces Dios le dijo a Josué:

«Voy a poner en tus manos a Jericó, a su rey y a sus mejores soldados. **3** Tú y tus soldados marcharán alrededor de la ciudad una vez al día, durante seis días. **4** Delante del cofre del pacto irán siete sacerdotes, cada uno de ellos con una trompeta. El séptimo día todos marcharán siete veces alrededor de la ciudad, mientras los sacerdotes tocan sus trompetas. **5** Después de eso, ellos darán un toque largo. En cuanto lo oigan, todos los hombres gritarán con fuerza y los muros de la ciudad se vendrán abajo; entonces cada uno atacará la ciudad sin dar marcha atrás».

6 Josué reunió a los sacerdotes y les dijo: «¡Vamos, levanten el cofre del pacto! Siete de ustedes irán al frente del cofre, tocando sus trompetas».

7 Después les dijo a sus hombres: «Comiencen a marchar alrededor de la ciudad. La guardia avanzará al frente del cofre del pacto, lista para el combate».

8-9 Tal como Josué lo había ordenado, primero avanzó un grupo especial de hombres armados. Siguieron después los sacerdotes que tocaban las trompetas sin parar. Después se pusieron en marcha los sacerdotes que llevaban el cofre del pacto, y cerraba la marcha otro grupo de hombres armados. **10** Josué les había dicho a sus hombres: «Vayan en silencio, no se dejen oír. Pero cuando les diga que griten, ustedes gritarán con todas sus fuerzas».

11 Este grupo de hombres llevó el cofre del pacto alrededor de la ciudad, y después volvió al campamento para pasar la noche. **12** A la mañana siguiente Josué se levantó temprano, y mandó a los sacerdotes que volvieran a llevar el cofre del pacto. **13** Primero salió el grupo especial de hombres armados, seguido de los siete sacerdotes con sus trompetas. Después de ellos salieron los sacerdotes que llevaban el cofre del pacto y, finalmente, el otro grupo de hombres armados. **14** Ese segundo día marcharon una sola vez alrededor de la ciudad, y volvieron al campamento. Hicieron lo mismo durante seis días. **15** El séptimo día se levantaron de madrugada y volvieron a marchar alrededor de la ciudad, sólo que ese

día lo hicieron siete veces. **16** En la séptima vuelta, mientras los sacerdotes tocaban sus trompetas, Josué dio la orden:

«¡Griten con todas sus fuerzas! ¡Dios nos ha entregado la ciudad! **17** La ciudad y todos sus habitantes serán destruidos por completo, como una ofrenda para Dios. Pero acuérdense de no hacerles daño ni a Rahab ni a su familia, porque ella escondió a los espías que enviamos. **18** No toquen nada de lo que hay que destruir. Si lo hacen, causarán una terrible destrucción en nuestro campamento. **19** Toda la plata, y el oro, el bronce y el hierro serán dedicados a Dios, y deben ponerse con sus tesoros».

20 Cuando los sacerdotes tocaron sus trompetas, los soldados gritaron con todas sus fuerzas y los muros se derrumbaron. Entonces todo el ejército entró en la ciudad, y cada soldado la atacó hasta conquistarla. **21** Con sus espadas mataron a todos los hombres, mujeres, niños y ancianos. Lo mismo hicieron con los bueyes, ovejas y asnos.

Rahab y su familia se salvan

22 Josué les había dicho a los dos espías: «Vayan a la casa de Rahab y pónganla a salvo, junto con toda su familia, tal como se lo prometieron».

23 Los dos espías fueron a buscar a Rahab y a todos sus familiares, y los llevaron a un lugar seguro cerca del campamento de los israelitas. **24** Mientras tanto, los soldados incendiaron la ciudad y quemaron todo, menos la plata, el oro y las vasijas de bronce y de hierro, sino que se llevaron todo esto y lo pusieron con los tesoros de Dios. **25** Los únicos que se salvaron fueron Rahab y todos los de su casa. Josué la salvó porque ella escondió a los dos espías que él había enviado a Jericó. Hasta el día de hoy hay descendientes de Rahab que viven en Israel.

26 Después de la destrucción de Jericó, Josué les advirtió a los israelitas: «Nadie deberá edificar de nuevo la ciudad de Jericó. Cualquiera que trate de hacerlo caerá bajo un terrible castigo de Dios. Si alguien intenta reconstruirla, Dios hará que mueran todos los hijos de esa persona». **27** Dios ayudó a Josué en todo lo que hizo, y todo el país se enteró de sus victorias.

El pecado de Acán

7 **1** En la familia de Zérah, que formaba parte de la tribu de Judá, había un hombre llamado Acán hijo de Carmí y nieto de Zabdí. Este hombre no obedeció el mandato que Dios había dado al pueblo. Dios les había ordenado destruir por completo la ciudad de Jericó, pero Acán se quedó con algunas de las cosas que debía haber destruido. Por eso Dios se enojó contra los israelitas.

2 Mientras tanto, Josué envió desde Jericó algunos hombres a la ciudad de Ai. Esta ciudad está al este de Betel, cerca de Bet-avén. Les dijo: «Vayan y averigüen todo lo que puedan acerca de Ai y de sus alrededores».

Los hombres de Josué cumplieron sus órdenes, **3** y al volver le informaron: «La ciudad de Ai no es grande. No hace falta enviar todo el ejército para atacarla. Dos o tres mil hombres serán más que suficiente».

4 Entonces subieron sólo tres mil hombres para atacar la ciudad, pero los de Ai los derrotaron, **5** obligándolos a abandonar la ciudad y a huir por una colina, hasta unas canteras. Al bajar por la colina, los de Ai mataron a treinta y seis israelitas. Eso hizo que los israelitas se acobardaran y tuvieran miedo.

6 Josué y los líderes israelitas se acercaron al cofre de Dios, rompieron su ropa y se echaron ceniza sobre la cabeza para mostrar su gran tristeza. Luego se inclinaron hasta tocar el suelo con su frente, y así permanecieron hasta que anocheció. **7** Y Josué dijo:

—Dios nuestro, que gobiernas sobre todos, ¿para qué nos hiciste cruzar el Jordán? ¡No creo que haya sido para entregarnos a los amorreos, ni para destruirnos! ¡Ojalá nos hubiéramos quedado del otro lado del río! **8** Dios mío, nuestro ejército se ha acobardado y huye, ¡y no sé qué decir! **9** Cuando lo sepan los cananeos y todos los que allí viven, nos rodearán y nos matarán. ¿Qué harás entonces para que no digan que fuiste incapaz de proteger a tu pueblo?

10 Dios le respondió a Josué:

—¡Ponte de pie! ¿Por qué te quedas tirado boca abajo? **11** Lo que pasa es que los israelitas han pecado. Yo les ordené que destruyeran todo lo que había en la ciudad de Jericó. Era un trato que habíamos hecho. Pero se quedaron con algunas de esas cosas. Se las robaron, las escondieron entre sus pertenencias, y luego mintieron acerca de lo que habían hecho. **12** Por eso los israelitas no pueden vencer a sus enemigos. ¡Huyen porque ellos mismos merecen ser destruidos! Yo no voy a ayudarlos mientras no destruyan las cosas que les prohibí tocar. **13** ¡Vamos! Ordénale al pueblo que se purifique y que se prepare para mañana. Dile lo siguiente: ''El Dios de Israel dice que les ordenó destruir todo lo que había en la ciudad de Jericó, pero que ustedes se quedaron con algunas cosas que debían haber destruido. **14** Por eso reúnanse mañana y agrúpense por tribus. De la tribu que yo señale, pasarán al frente todos sus grupos familiares, y del grupo familiar que señale pasarán al frente todas sus familias. Luego de la familia que señale pasarán al frente todos los hombres, uno por uno. **15** Y el hombre que yo señale será el que tiene lo que se debía destruir. Quémenlo vivo, junto con su familia y todo lo que posee, por no haber cumplido con

el trato hecho con nuestro Dios. Lo que ha hecho es una vergüenza para Israel''.

16 A la mañana siguiente se reunieron los israelitas. Josué hizo que las tribus se acercaran, una por una, y fue señalada la tribu de Judá. **17** Luego se adelantaron uno por uno los grupos familiares de Judá, y fue señalado el grupo de Zérah. Al acercarse el grupo de Zérah, fue señalada la familia de Zabdí, **18** la cual hizo pasar uno por uno a todos sus hombres. Entonces fue señalado Acán, hijo de Carmí y nieto de Zabdí, de la tribu de Judá. **19** Josué le dijo a Acán:

—Hijo mío, dime la verdad delante del Dios de Israel; confiesa lo que has hecho. No trates de engañarme.

20 —Es cierto —le respondió Acán a Josué—. ¡He pecado contra el Dios de Israel! Lo que pasó fue **21** que entre las cosas que tomamos vi una hermosa capa babilónica, dos kilos de plata, y una barra de oro que pesaba más de medio kilo. Tanto me gustaron esas cosas que las guardé y las enterré debajo de mi carpa. La plata está en el fondo.

22 Josué mandó a unos hombres a la carpa de Acán. Ellos fueron corriendo, y encontraron allí todo lo que Acán había enterrado. La plata estaba debajo de todo. **23** Luego salieron de la carpa con todo aquello y se lo llevaron a Josué, que estaba con el pueblo. Depositaron aquellas cosas en presencia de Dios. **24** Entonces Josué y todos los israelitas llevaron a Acán y lo robado al Valle de Acor. También llevaron a sus hijos e hijas, y a sus bueyes, asnos y ovejas, su carpa y todo lo que tenía. **25** Allí Josué le dijo: «¿Por qué nos has causado tanto mal? Ahora Dios te va a causar mal a ti».

Los israelitas lo mataron a pedradas, y también a su familia. Luego le prendieron fuego a todo, **26** y colocaron un montón de piedras que todavía está allí. Por eso el lugar se llama Valle de Acor. Así Dios calmó su enojo.

Josué ataca la ciudad de Ai

8**1** Dios le dijo a Josué:

«¡Ánimo! ¡No tengas miedo! Sube a la ciudad de Ai con todos tus soldados. Yo te daré la victoria sobre su rey, su gente y su territorio. **2** Harás con la ciudad y con su rey lo mismo que hiciste con Jericó. Esta vez podrás quedarte con sus bienes y sus animales. Ordena que una parte del ejército se quede atrás de la ciudad, para atacarla por sorpresa».

3 Al prepararse para subir a Ai, Josué escogió a un ejército de treinta mil soldados, a los que envió de noche. **4** Les dijo:

«¡Escuchen! Escóndanse detrás de la ciudad, no muy lejos de ella, y prepárense para atacarla. **5** Yo me acercaré por el frente con los demás soldados. Cuando la gente de Ai salga a atacarnos, huiremos como la vez pasada. **6** Ellos pensarán que estamos huyendo otra vez, y nos perseguirán. Así los alejaremos de la ciudad. **7** Entonces ustedes saldrán de su escondite para atacar la ciudad; porque nuestro Dios, nos la va a entregar. **8** Cuando la hayan tomado, le prenderán fuego como ordenó Dios. Estas son mis órdenes».

9 Así los envió Josué al oeste de la ciudad, al lugar donde debían esconderse entre Betel y Ai. Los hombres se fueron allá, mientras que Josué pasó esa noche con su ejército. **10** A la mañana siguiente, Josué se levantó temprano y reunió a los soldados. Se puso al frente de su ejército, y junto con los líderes israelitas marchó hasta la ciudad de Ai. **11** Se detuvieron frente a ella y acamparon. Había un valle entre el campamento y la ciudad. **12** Josué ordenó que cinco mil hombres se escondieran al oeste de la ciudad, entre Betel y Ai. **13** La mayor parte del ejército acampó al norte, y el resto al oeste de la ciudad. Josué pasó la noche en el valle. **14** Cuando el rey de Ai vio al ejército de Josué, salió en seguida con sus hombres. Bajaron en dirección al valle del Jordán para pelear allí contra los israelitas, sin saber que la ciudad iba a ser atacada desde atrás. **15** Josué y sus hombres hicieron como que retrocedían y huyeron hacia el valle del Jordán. **16** Todo el ejército de la ciudad salió a perseguirlos, mientras los israelitas hacían que se alejaran más y más de la ciudad. **17** Ni en Ai ni en Betel quedó un solo soldado; todos persiguieron a los israelitas, dejando abierto el portón de la ciudad.

Captura y destrucción de Ai
18 Dios le dijo a Josué: «Apunta con tu lanza hacia la ciudad de Ai, porque yo te daré la victoria». Entonces Josué extendió el brazo y apuntó con su lanza hacia la ciudad. **19** Al ver que Josué levantaba su lanza, los soldados que estaban escondidos salieron corriendo, se apoderaron de la ciudad y le prendieron fuego. **20-21** Cuando los hombres de Ai se dieron vuelta, vieron que el humo subía hasta el cielo. También Josué y sus hombres vieron el humo, y supieron que los otros soldados israelitas habían tomado la ciudad y le habían prendido fuego. Los de Ai no tenían hacia dónde escapar, así que Josué y sus soldados se volvieron y comenzaron a matarlos. **22-23** Los israelitas que habían quemado la ciudad salieron de allí, rodearon a los de Ai y los mataron a todos. No se escapó ninguno, a excepción del rey, quien fue capturado y llevado ante Josué. **24** Así fue como los israelitas acabaron con todos los de Ai que estaban en el valle y que habían

salido a perseguirlos. Después volvieron a Ai y mataron a todos los que estaban en la ciudad. **25-26** Ese día, mientras Josué mantuvo su lanza en dirección a la ciudad, los israelitas mataron a todos los habitantes de Ai, que eran unos doce mil entre hombres y mujeres. **27** Los israelitas se quedaron con los animales y con todo lo que había en la ciudad, porque Dios le había dicho a Josué que podían hacerlo. **28** Luego José ordenó que se prendiera fuego a la ciudad de Ai, hasta dejarla en ruinas, como todavía puede verse. **29** También mandó que colgaran de un árbol el cuerpo del rey de Ai, y allí lo dejó hasta el anochecer. A esa hora mandó que bajaran el cuerpo, y que lo tiraran a la entrada de la ciudad. Después lo cubrieron con un montón de piedras, las cuales todavía están allí.

Josué lee la Ley en el monte Ebal
30 Más tarde, Josué mandó levantar en el monte Ebal un altar al Dios de Israel. **31** Lo hizo siguiendo las instrucciones que Moisés, servidor de Dios, le había dado a los israelitas. Dice en la Ley de Moisés: «Harás un altar de piedras enteras, es decir, que nadie haya cortado». Allí ofrecieron varias ofrendas a Dios. **32** Todos los israelitas vieron cómo Josué grabó sobre esas piedras la Ley que Moisés había dado. **33** Todo el pueblo de Israel y los extranjeros que vivían con ellos, junto con todos sus líderes, se reunieron en dos grupos. Se pusieron uno frente al otro, teniendo entre ellos el cofre del pacto. Detrás de un grupo quedaba el monte Guerizim, y detrás del otro, el monte Ebal. Junto al cofre estaban los sacerdotes descendientes de Leví. Moisés les había dicho que se formaran así cuando los sacerdotes dieran la bendición al pueblo. **34-35** Luego, Josué leyó en voz alta todo lo que está escrito en el libro de la Ley, incluyendo las bendiciones y las maldiciones. Todos los israelitas estaban presentes: hombres,

mujeres, niños y extranjeros.

Los gabaonitas engañan a Josué
9 **1** Los reyes de los pueblos de Canaán se enteraron de que los israelitas habían derrotado a sus enemigos. **2** Entonces se pusieron de acuerdo para pelear contra Josué y los israelitas.
3 Sin embargo, cuando los gabaonitas, que eran de la tribu de los heveos, supieron lo que Josué había hecho en las ciudades de Ai y Jericó, **4** decidieron engañarlo. Algunos de ellos fueron a buscar alimentos, y los cargaron sobre sus asnos en bolsas ya gastadas, y pusieron vino en viejos recipientes de cuero remendados. **5** Se pusieron ropas y sandalias viejas y gastadas. Sólo llevaban pan seco y hecho pedazos, para hacer creer que venían de lejos. **6** Cuando llegaron al campamento en Guilgal, les dijeron a Josué y a los israelitas:

—Venimos de un país muy lejano. Queremos hacer un trato con ustedes.

7 Pero los israelitas les preguntaron:

—¿Por qué quieren hacer un trato con nosotros? ¿Cómo podemos saber que no viven cerca de aquí?

8 Los gabaonitas le respondieron a Josué:

—Queremos ponernos al servicio de ustedes.

Josué volvió a preguntarles:

—¿Pero quiénes son ustedes? ¿De dónde vienen?

9 Entonces los gabaonitas le contaron esta historia:

—Estimado señor, nosotros venimos de un país muy lejano, porque hemos sabido de las maravillas que ha hecho el Dios de ustedes. Nos enteramos de todo lo que él hizo en

Egipto, **10** y también de lo que hizo con los dos reyes amorreos del otro lado del Jordán, es decir, con Sihón rey de Hesbón y con Og rey de Basán, que vivía en Astarot. **11** Nuestros líderes y toda la gente que vive en nuestro país nos dijeron: ''Llévense alimentos para un viaje largo, y vayan a encontrarse con el pueblo de Israel. Pónganse al servicio de ellos y pídanles que hagan un trato con nosotros. **12** ¡Fíjense en nuestro pan! Cuando salimos de nuestras casas todavía estaba caliente, pero ahora está seco y hecho pedazos. **13** Cuando llenamos estos recipientes de cuero con vino, eran nuevos; pero ¡mírenlos! ¡Están todos remendados, y nuestras ropas y sandalias están gastadas por tan largo viaje!''

14 Los israelitas aceptaron comer de esas provisiones, sin consultar a Dios. **15** Fue así como Josué hizo un pacto con los gabaonitas y prometió dejarlos vivir en paz. También los líderes de los israelitas se comprometieron a respetar ese acuerdo.

Los israelitas descubren el engaño de los gabaonitas

16 Tres días después de haber confirmado el pacto, los israelitas descubrieron que en realidad los gabaonitas eran vecinos suyos, **17** pues llegaron a las ciudades donde vivía esa gente. **18** Pero los israelitas no pudieron matarlos, porque sus líderes habían prometido en el nombre del Dios de Israel, que no los matarían. Entonces el pueblo protestó contra sus líderes, **19** y ellos se defendieron diciendo:

—Recuerden que prometimos en el nombre del Dios de Israel, que no les haríamos daño. **20** Tenemos que dejarlos vivir, pues de lo contrario, Dios nos castigará. **21** Pero ellos tendrán que trabajar para nosotros cortando leña y acarreando agua.

22 Pero Josué mandó llamar a los gabaonitas y les preguntó:

—¿Por qué nos engañaron diciendo que venían de lejos, cuando en realidad viven aquí cerca? **23** Por esto, Dios los condena a ser esclavos, y de ahora en adelante cortarán leña y acarrearán agua para el santuario de mi Dios.

24 Ellos le respondieron:

—Si mentimos, fue porque teníamos miedo de perder la vida. Nosotros sabemos bien lo que el Dios de ustedes prometió a Moisés y a todo el pueblo de Israel. Prometió que les daría toda la tierra, y mandó matar a todos sus habitantes. **25** Estamos en sus manos. Haga usted con nosotros lo que mejor le parezca.

26 Así fue como Josué protegió a los gabaonitas y no permitió que los israelitas los mataran. **27** Pero los puso a trabajar como esclavos, cortando leña y acarreando agua para los israelitas y para el altar de Dios. Hasta el momento de escribir este relato los gabaonitas siguen haciendo estos trabajos en el lugar que Dios eligió para vivir.

Los israelitas derrotan a los amorreos

10 **1** Adonisédec, rey de Jerusalén, supo que Josué había conquistado y destruido totalmente a la ciudad de Ai y a su rey, tal como lo había hecho antes con Jericó y con su rey. También supo que los gabaonitas habían hecho un acuerdo de paz con los israelitas, y que vivían con ellos. **2** Esto le dio mucho miedo, porque Gabaón era una ciudad importante, más grande que Ai. Era como las otras ciudades que tenían rey, y además sus hombres eran muy valientes. **3** Así que Adonisédec envió un mensaje a los reyes Hoham, Piram, Jafía y Debir. Estos eran los reyes de Hebrón, Jarmut, Laquis y Eglón. El

mensaje decía: **4** «Los gabaonitas han hecho un acuerdo de paz con Josué y los israelitas. Vengan y ayúdenme a atacarlos».

5 Estos cinco reyes se juntaron, rodearon la ciudad de Gabaón, y la atacaron. **6** Entonces los gabaonitas enviaron a decir a Josué, que estaba en el campamento en Guilgal: «¡Vengan en seguida a ayudarnos! Los reyes amorreos que viven en los cerros se han unido y nos están atacando. ¡No nos abandonen! ¡Sálvennos!»

7 Entonces Josué salió de Guilgal con todo su ejército, incluyendo sus mejores tropas. **8** Antes de salir, Dios le había dicho a Josué: «Vayan sin miedo, porque yo les daré la victoria. No quedará vivo ninguno de ellos».

9 Toda la noche Josué y sus tropas marcharon hacia Gabaón, y atacaron por sorpresa a los amorreos. **10** Dios les hizo sentir muchísimo miedo cuando vieron al ejército israelita en Gabaón. Y los israelitas mataron allí a muchos de ellos, y persiguieron a los demás por las montañas hasta Bethorón, y aun hasta Azecá y Maquedá, en el sur. **11** Cuando bajaban los amorreos por la cuesta de Bet-horón para escapar de los israelitas, Dios dejó caer sobre ellos grandes piedras de granizo. Esto ocurrió por todo el camino hasta Azecá, y el granizo mató más hombres que el ejército israelita.

12 El día en que Dios les dio la victoria sobre los amorreos, Josué oró a Dios, y delante de todos los israelitas exclamó:

«Sol, no te muevas;
quédate en Gabaón.
y tú, luna,
espera en el valle de Aialón.

13 »Y el sol se detuvo,
y la luna no se movió,
hasta que los israelitas
se vengaron de sus enemigos».

Esto ha quedado registrado así en

el Libro del justo. El sol se quedó quieto en medio del cielo, y durante casi un día entero no se ocultó. **14** Jamás hubo ni habrá un día como este, en que Dios escuchó los ruegos de un hombre. ¡Y es que Dios peleaba por los israelitas! **15** Después de su victoria sobre los amorreos, Josué y su ejército regresaron al campamento en Guilgal.

Captura y muerte de los cinco reyes amorreos

16 Los cinco reyes amorreos lograron escapar y fueron a esconderse en una cueva, en Maquedá. **17** Sin embargo, alguien los encontró y Josué lo supo. **18** Entonces Josué ordenó: «Hagan rodar unas piedras grandes hasta la cueva, para cerrar la entrada, y pongan unos guardias.

19 Pero ustedes no se queden ahí. Sigan al enemigo. ¡Que nadie escape a sus ciudades! Nuestro Dios nos dará la victoria sobre el enemigo».

20 Josué y su ejército mataron a muchos amorreos, pero algunos de ellos pudieron escapar y se refugiaron en sus ciudades. **21** Todos los soldados de Josué volvieron sanos y salvos al campamento en Maquedá donde Josué estaba. Y nadie de los que allí vivían se atrevía a hablar mal de los israelitas.

22 Luego Josué ordenó que se abriera la entrada de la cueva y que llevaran ante él a los cinco reyes. **23-24** Entonces abrieron la cueva y le llevaron los reyes de Jerusalén, Hebrón, Jarmut, Laquis y Eglón. Josué llamó a todo el ejército israelita y ordenó a sus oficiales: «Acérquense y pónganles el pie en el cuello a estos reyes».

Así lo hicieron, **25** y Josué les dijo: «¡Anímense! ¡Sean fuertes y no tengan miedo! Tengan confianza, porque esto es lo que Dios va a hacer con todos los enemigos de ustedes».

26 Luego Josué mató a los cinco reyes, hizo que colgaran a cada uno de un árbol, y mandó que los dejaran allí hasta el anochecer. **27** Cuando el sol se puso, Josué mandó que bajaran los cuerpos y los echaran en la cueva donde habían estado escondidos. Luego se tapó la entrada con grandes piedras, que todavía están allí.

Josué conquista más territorio amorreo

28 Ese día Josué conquistó la ciudad de Maquedá y ordenó que mataran al rey y a todos los habitantes. Al rey de Maquedá le hizo lo mismo que al rey de Jericó. No se salvó ninguno.

29 De Maquedá, Josué y su ejército se fueron a Libná y la atacaron. **30** Dios también les concedió a los israelitas la victoria sobre esta ciudad y sobre su rey, y mataron a todos sus habitantes. Josué mató al rey de Libná, como lo había hecho con el rey de Jericó. No se salvó ninguno.

31 Luego Josué se fue a la ciudad de Laquis, y con su ejército la rodeó y la atacó. **32** El segundo día de combate Dios les dio la victoria a los israelitas. Mataron a todos los que estaban en la ciudad, como lo habían hecho en Libná. **33** También derrotaron a Horam, rey de Guézer, que venía con su ejército para ayudar a Laquis. No se salvó ninguno.

34 De Laquis se fueron a Eglón. Sitiaron la ciudad y la atacaron. **35** Ese mismo día la tomaron y la destruyeron, matando a todos los que allí vivían, como lo habían hecho en Laquis.

36 Luego Josué y todo su ejército fueron a Hebrón, y atacaron la ciudad **37** y la tomaron. Mataron al rey y a todos los habitantes de esa ciudad y de otras ciudades vecinas. Josué mandó destruir totalmente la ciudad, como lo había hecho en Eglón. No se salvó ninguno.

38 Después se dirigieron a Debir, la atacaron, **39** y se apoderaron de esa ciudad y de su rey. También conquistaron las otras ciudades vecinas y mataron a todos los que vivían en ellas. Josué hizo en Debir lo mismo que en Hebrón y en Libná: ordenó matar al rey y a todos sus habitantes. No se salvó ninguno.

40-42 Así fue como Josué conquistó toda esa región. Peleó en las montañas, en los cerros del este y del oeste, y en el desierto del sur. Josué llevó a su ejército desde Cadés-barnea, en el sur, hasta Gaza, cerca de la costa. Recorrieron toda la región de Gosen,¹ hasta Gabaón en el norte. Derrotaron a todos los reyes de la región, y mataron a toda su gente porque así lo había ordenado el Dios de Israel. No se salvó ninguno.

43 Después de eso, volvió Josué con todo el ejército israelita al campamento en Guilgal.

Josué derrota a Jabín y sus aliados

11 **1-2** Cuando Jabín, el rey de Hasor, se enteró de las victorias de Israel, envió un mensaje a los reyes vecinos pidiéndoles que se unieran con él para pelear contra los israelitas. Envió este mensaje al rey Jobab de Madón, a los reyes de Simrón y Acsaf, a los reyes de la región montañosa del norte, a los del valle del Jordán que está al sur del Lago de Galilea, a los de la llanura, y a los de la zona de Dor, hacia el oeste. **3** También envió este mensaje a los cananeos de ambos lados del Jordán, a los amorreos, a los hititas, a los ferezeos, a los jebuseos de las montañas, y a los heveos que vivían al pie del monte Hermón, en la región de Mispá. **4** Y vinieron esos reyes con todos sus soldados, caballos y carros de guerra. Eran tantos como la arena del mar, pues no se podían contar. **5** Todos estos reyes se reunieron cerca del arroyo de Merom, y acamparon allí, dispuestos a pelear contra los israelitas.

6 Dios le dijo a Josué: «No les tengas miedo, porque mañana a esta hora ya los habré matado a todos delante de Israel. Pero ustedes, por su parte, tendrán que dejar inútiles a los caballos⟩

y prenderles fuego a los carros de guerra».

7 Josué, con todo su ejército, los atacó por sorpresa cerca del arroyo de Merom, **8** y Dios les dio la victoria a los israelitas. Ellos atacaron y persiguieron a sus enemigos hacia el norte, hasta la gran ciudad de Sidón y hasta Misrefot-maim, y al este hasta el valle de Mispá. Los guerreros de Josué siguieron peleando hasta no dejar a nadie con vida. **9** Además, Josué cumplió con lo que Dios le había ordenado: dejó inútiles los caballos y les prendió fuego a los carros de guerra.

10 En esa época, el rey de Hasor gobernaba sobre los otros reinos de la región. Así que después de la batalla Josué y sus guerreros fueron a Hasor y la atacaron. Tomaron la ciudad, y mataron al rey **11** y a todos los que vivían allí. No quedó nadie con vida, y la ciudad fue incendiada.

12 Josué conquistó todas estas ciudades con sus reyes, y les ordenó a sus guerreros: «Maten a todos sus habitantes, tal como nos lo mandó Moisés, el servidor de Dios».

13 Los israelitas no le prendieron fuego a ninguna de las ciudades construidas sobre los cerros, sino solamente a la ciudad de Hasor. **14** Se quedaron con las cosas que allí había y con los animales, pero mataron a todos sus habitantes. No dejaron a nadie con vida.

15 Moisés le dio a Josué las órdenes que había recibido de Dios, y Josué cumplió todo al pie de la letra.

16 Josué y su ejército conquistaron todo ese territorio. Tomaron la zona montañosa y el desierto del Négueb, toda la tierra de Gosen y el desierto del sur, además del valle del Jordán. **17-18** El territorio se extendía desde el monte Halac, que está al sur, cerca de Edom, hasta Baal-gad, que está al norte, en el valle del Líbano, al pie del monte Hermón. Durante mucho tiempo Josué estuvo en guerra con los reyes de esta región, pero finalmente conquistó a todas sus ciudades y mató a sus reyes. **19** La única ciudad que hizo un acuerdo de paz con los israelitas fue Gabaón, donde vivían los heveos. Todas las demás ciudades fueron conquistadas. **20** Dios mismo hizo que los enemigos se pusieran tercos y ofrecieran resistencia. Lo hizo para que los israelitas los destruyeran por completo, sin compasión, tal como Dios se lo había ordenado a Moisés.

21-22 Por ese entonces Josué destruyó también a los anaquitas, los gigantes que vivían en las ciudades de Hebrón, Debir y Anab, y en todos los cerros de Israel y Judá. Además, destruyó sus ciudades. Sólo quedaron con vida unos cuantos que vivían en Gaza, Gat y Asdod. **23** De este modo Josué conquistó toda la región, en obediencia al mandamiento que Dios le había dado a Moisés. Luego dividió el territorio, y a cada tribu de Israel le entregó su parte. Después de esto hubo paz en toda la región.

Los reyes derrotados por Moisés

12 **1** Bajo el mando de Moisés, los israelitas ya habían derrotado a dos reyes al este del río Jordán. Se habían apoderado del territorio que va desde el río Arnón, al sur, hasta el monte Hermón, al norte, y también de la región al este del Jordán. **2** Uno de estos reyes era Sihón, rey de los amorreos, que vivía en Hesbón y gobernaba sobre la mitad de Galaad; su territorio se extendía desde el río Jaboc, en el norte, hasta el río Arnón, en el sur. Al sureste su frontera era la ciudad de Aroer, en la ribera del río Arnón. Al suroeste, se extendía hasta la mitad del valle del Arnón, desde Aroer hasta el Mar Muerto. **3** Su frontera oeste era el río Jordán, desde el lago de Galilea, al norte, hasta el Mar Muerto, al sur. También le pertenecía la región al este del Mar Muerto, hasta la ciudad de Bet-jesimot y el monte Pisgá.

4 El otro rey derrotado por Moisés y los israelitas fue Og de Basán, el último de los refaítas. Og gobernaba en Astarot y en Edrei. **5** Su territorio se extendía desde el monte Hermón, al norte, y desde la ciudad de Salcá, al este, incluyendo todo Basán, hasta el límite con los territorios de Guesur y Maacá, en el oeste. Además, gobernaba sobre la parte norte de Galaad, hasta el territorio de Sihón, rey de Hesbón.

6 Bajo el mando de Moisés, estos dos reyes fueron vencidos por los israelitas. Moisés repartió su territorio entre las tribus de Rubén y Gad y la mitad de la tribu de Manasés.

Los reyes derrotados por Josué

7 Bajo el mando de Josué, los israelitas derrotaron a todos los reyes al oeste del río Jordán, desde Baal-gad, en el valle del Líbano, hasta el monte Halac, al sur de Edom. Josué repartió este territorio, dándole a cada tribu su parte. **8** Este territorio incluía la zona montañosa, los cerros del oeste, el valle del Jordán, los cerros del este y el desierto del sur. Antes había pertenecido a los hititas, los amorreos, los cananeos, los ferezeos, los heveos y los jebuseos. **9** Los israelitas derrotaron a los reyes de las siguientes ciudades: Jericó, Ai que está cerca de Betel, **10** Jerusalén, Hebrón, **11** Jarmut, Laquis, **12** Eglón, Guézer, **13** Debir, Guéder, **14** Hormá, Arad, **15** Libná, Adulam, **16** Maquedá, Betel, **17** Tapúah, Héfer, **18** Afec, Sarón, **19** Madón, Hasor, **20** Simrón-merón, Acsaf, **21** Taanac, Meguido, **22** Cedes, Jocneam en el monte Carmelo, **23** Dor en la costa, Goím de Guilgal, **24** y Tirsá. En total fueron treinta y un reyes.

Territorios no conquistados

13 **1** Cuando ya habían pasado muchos años, y Josué era anciano, Dios le dijo:

«Ya estás muy viejo, y todavía hay mucho territorio por conquistar.

² Falta la región de los filisteos y toda la de los guesureos, 3 desde el arroyo Sihor, al este de Egipto, hasta la frontera con Ecrón, en el norte, que es territorio cananeo. Allí hay cinco jefes filisteos que viven en las ciudades de Gaza, Asdod, Ascalón, Gad y Ecrón. Además, falta el territorio de los aveos, 4 al sur. Así que todavía hay territorio cananeo por conquistar, desde Megará de los sidonios hasta Afec, en la frontera con los amorreos. 5 No han tomado aún la zona de los guiblitas, ni la parte este del Líbano, desde Baal-gad al sur del monte Hermón hasta el paso de Hamat. 6 A medida que avancen los israelitas, yo echaré a los sidonios de la región montañosa, desde el Líbano hasta Misrefotmaim. Pero tú debes dividir el territorio entre los israelitas, como te he mandado. 7 Así que reparte esta tierra entre las nueve tribus y la media tribu de Manasés».

Territorio al este del Jordán

⁸ Las tribus de Rubén, Gad y la media tribu de Manasés ya ocupaban el territorio que les correspondía al este del Jordán, pues Moisés se lo había asignado. 9 Su tierra se extendía desde Aroer, a orillas del río Arnón, hasta Dibón, y además incluía la ciudad que está en medio del valle y toda la llanura de Medebá. 10 También recibieron todas las ciudades que había gobernado Sihón, rey de los amorreos, cuando vivía en Hesbón. Su territorio llegaba hasta la frontera de los amonitas. 11 Comprendía Galaad, las tierras de los guesureos y de los maacateos, el monte Hermón, y toda la tierra de Basán, hasta Salcá. 12 Incluía además el reino de Og, el último de los refaítas que gobernó en Astarot y Edrei. Moisés y los israelitas los habían derrotado y los habían desalojado de su territorio, 13 aunque no a todos, pues los guesureos y los maacateos todavía viven en Israel.

14 La única tribu que no recibió ningún territorio fue la de Leví, ya que ellos recibirían una parte de todos los sacrificios que se ofrecen al Dios de Israel, como él mismo le había ordenado a Moisés.

Territorio de la tribu de Rubén

15 Moisés había repartido tierras a la tribu de Rubén, según el número de sus grupos familiares. 16 Su territorio se extendía desde Aroer, a orillas del río Arnón, hasta Hesbón, incluyendo la ciudad que está en medio del valle y toda la llanura de Medebá. 17 Comprendía todas las ciudades que están en la llanura: Dibón, Bamot-baal, Betbaal-megón, 18 Jahas, Cademot, Mefáat, 19 Quiriataim, Sibmá, Séret-sáhar, que está en el cerro del valle, 20 Bet-peor, Bet-jesimot, y las laderas del monte Pisgá. 21 Comprendía todas las ciudades de la llanura y todo el territorio de Sihón, rey de los amorreos, que gobernaba en Hesbón. Moisés lo había derrotado a él, y también a sus gobernadores Eví, Sur, Réquem, Hur y Reba, que vivían en la tierra de Madián. 22 Los israelitas mataron, entre otros, al adivino Balaam hijo de Beor. 23 En resumen: A los grupos familiares de la tribu de Rubén se les dieron todas estas ciudades y aldeas al este del río Jordán.

Territorio de la tribu de Gad

24 Moisés también le dio su parte a la tribu de Gad, según el número de sus grupos familiares. 25 El territorio de ellos incluía Jazer y todas las ciudades de Galaad, y la mitad del territorio de los amonitas, hasta la ciudad de Aroer, que está al este de Rabá. 26 Se extendía desde Hesbón hasta Ramatmispé y Betonim, y desde Mahanaim hasta la frontera de Debir. 27 En el valle les tocó Betaram, Bet-nimrá, Sucot y Safón, que era la otra parte del territorio que el rey Sihón había gobernado desde Hesbón, con el Jordán como frontera en la punta del Lago de Galilea al este del Jordán. 28 Así

que estas fueron las ciudades entregadas a los grupos familiares de la tribu de Gad.

Territorio de la media tribu de Manasés

29-30 Moisés les había entregado toda la zona de Basán a los grupos familiares de la media tribu de Manasés, desde Mahanaim hacia el norte, es decir, todo el territorio donde había gobernado Og, rey de Basán, incluyendo las sesenta ciudades tomadas por Jaír. 31 A esta media tribu, descendiente de Maquir hijo de Manasés, Moisés le entregó la mitad de Galaad, junto con las ciudades de Astarot y Edrei, donde Og había reinado. 32 De esta manera repartió Moisés el territorio de Moab en el valle del río Jordán, al este de Jericó. 33 Pero a la tribu de Leví no le dio ningún territorio, pues Dios mismo les daría todo lo necesario.

El territorio al oeste del Jordán

14 ¹ El sacerdote Eleazar y Josué hijo de Nun, junto con los jefes de las familias, repartieron entre los israelitas el territorio cananeo al oeste del río Jordán. 2 Dios le había ordenado a Moisés repartir los territorios de las nueve tribus y media haciendo sorteos. 3-4 Los descendientes de José se habían dividido en dos tribus: la de Manasés y la de Efraín. Moisés ya había repartido la tierra al este del Jordán entre las tribus de Rubén, Gad y la media tribu de Manasés. A los descendientes de Leví no les dio ningún territorio, pero sí les asignó ciudades donde vivir, y campos para criar sus animales. 5 Los israelitas repartieron el territorio según las instrucciones que Dios le había dado a Moisés.

Caleb recibe la ciudad de Hebrón

⁶ Cierto día, estando los israelitas en Guilgal, algunos de la tribu de Judá vinieron a ver a Josué. Entre ellos estaba Caleb, hijo de Jefuné el quenezita. Caleb le recordó a Josué:

«Tú bien sabes que nuestro Dios habló con Moisés en Cadés-barnea acerca de nosotros dos. **7** Yo tenía cuarenta años cuando Moisés me envió desde Cadés-barnea a explorar esta tierra. Y yo le conté la verdad sobre lo que había visto. **8** Los que me habían acompañado asustaron a nuestra gente; en cambio, yo confié plenamente en mi Dios. **9** Aquel día Moisés juró que a mi familia y a mí nos daría la tierra por donde anduve, porque le fui fiel a Dios. **10** Eso pasó hace cuarenta y cinco años, y todo este tiempo que nuestro pueblo ha andado por el desierto, Dios me ha protegido, tal como lo prometió. ¡Mírame! Ya tengo ochenta y cinco años, **11** pero estoy tan fuerte hoy como cuando Moisés me envió a explorar. ¡Y todavía puedo pelear! **12** Por eso te pido que me des la región montañosa que Dios me prometió aquel día. Tú bien sabes que los descendientes del gigante Anac viven en ciudades grandes y bien protegidas. Pero con la ayuda de Dios los podré desalojar, y así conquistaré esas ciudades, tal como Dios lo prometió».

13 Josué bendijo a Caleb, y a él y a sus descendientes les dio el territorio de Hebrón. **14** Así fue como Hebrón llegó a pertenecer a Caleb y a su familia, porque Caleb obedeció fielmente al Dios de Israel. Y todavía le pertenece. **15** Antes de eso, Hebrón se llamaba Quiriat-arbá, porque Arbá era el nombre del gigante más importante. Después de esto hubo paz en la región.

Territorio de la tribu de Judá

15 **1** El territorio que recibió la tribu de Judá se extendía hacia el sur por el desierto de Sin hasta Temán, en la frontera con Edom. **2** Esta frontera comenzaba en el extremo sur del Mar Muerto, **3-4** seguía hacia el sur por el paso de Acrabim, y cruzaba el desierto de Sin, pasando al sur de Cadés-barnea. Luego seguía hasta la ciudad de Hezrón, subía a Adar, y daba la vuelta por Carcá hasta la ciudad de Asmón. De allí seguía por el arroyo, en la frontera con Egipto, hacia el noroeste, y terminaba en el mar Mediterráneo. Esta era la frontera sur de la tierra de Judá.

5 Al este, la frontera era todo el Mar Muerto, hasta la desembocadura del río Jordán. Allí comenzaba la frontera norte, **6** que se extendía hasta Bet-hoglá, pasando al norte de Bet-arabá hasta la Roca de Bohan hijo de Rubén. **7** Después subía del Valle de Acor hasta Debir, doblando hacia Guilgal frente al paso de Adumim, al sur del valle; pasaba por el manantial de En-semes, y seguía hasta el de En-roguel; **8** luego cruzaba el valle de Ben-hinom, al sur de Jerusalén subía por la cumbre del cerro que está al oeste del valle de Hinom, y de allí bajaba al valle de Refaim; **9** daba la vuelta desde la cumbre del cerro hasta el manantial de Neftóah, y seguía por las ciudades del monte Efrón, pasando por Quiriat-jearim. **10** Hacia el oeste de Baalá, la frontera llegaba hasta el monte de Seír, pasaba por Quesalón, por el lado norte del monte Jearim, y bajaba hasta Bet-semes, pasando por Timná. **11** De allí seguía por los cerros al norte de Ecrón, y seguía a Sicrón, hasta Jabnel, pasando por el monte de Baalá, para terminar en el mar Mediterráneo. **12** Por último, la frontera oeste era el mar Mediterráneo. Estas eran las fronteras del territorio que tocó a los grupos familiares de la tribu de Judá.

Caleb conquista Hebrón y Debir

13 Dios le había dicho a Josué: «Dale a Caleb hijo de Jefuné, una parte del territorio de la tribu de Judá».

Josué le asignó entonces la ciudad de Hebrón, que había fundado Arbá, el padre de la raza de gigantes. **14** En esa ciudad vivían los grupos familiares de los gigantes Sesai, Ahimán y Talmai. Caleb los echó de allí y se apoderó de la ciudad. **15** Después salió para atacar a los habitantes de Debir. **16** Y dijo Caleb: «Al que conquiste Debir le daré mi hija Acsa por esposa».

17 El que conquistó la ciudad fue su sobrino, Otoniel hijo de Quenaz, así que Caleb le dio a su hija Acsa por esposa. **18** El día de su casamiento Otoniel le dijo a su esposa:

—Dile a tu padre que nos dé un terreno.

Entonces ella se bajó de su asno, y Caleb le preguntó qué quería. **19** Ella le contestó:

—Quiero un regalo de bodas. Ya me diste tierras, pero están en zonas áridas. Dame ahora también manantiales.

Y Caleb le dio los manantiales del cerro y los del valle.

Las ciudades de la tribu de Judá

20 El territorio que recibieron los grupos familiares de la tribu de Judá comprendía las siguientes ciudades: **21** En la región sur, cerca de la frontera con Edom, estaban Cabseel, Éder, Jagur, **22** Quiná, Dimoná, Adadá, **23** Cedes, Hasor, Itnán, **24** Zif, Télem, Bealot, **25** Hasor-hadatá, Queriot, Hesrón, **26** Amam, Semá, Moladá, **27** Hasar-gadá, Hesmón, Bet-pélet, **28** Hasar-sual, Beerseba y sus aldeas, **29** Baalá, Iim, Ésem, **30** Eltolad, Quesil, Horma, **31** Siclag, Madmaná, Sansaná, **32** Lebaot, Silhim y En-rimón. En total eran veintinueve ciudades más las aldeas que las rodeaban.

33 Las ciudades de la llanura eran: Estaol, Sorá, Asná,**34** Zanóah, En-ganim, Tapúah, Enam, **35** Jarmut, Adulam, Socó, Azecá, **36** Saaraim, Aditaim, Guederá y Guederotaim, es decir, catorce ciudades con sus aldeas.

37 Otras ciudades eran Senán,

Hadasá, Migdal-gad, **38** Dileán, Mispá, Jocteel, **39** Laquis, Boscat, Eglón, **40** Cabón, Lahmam, Quitlís, **41** Guederot, Bet-dagón, Naamá y Maquedá, es decir, dieciséis ciudades con sus aldeas.

42 Estaban además las ciudades de Libná, Éter, Asán, **43** Ifta, Seana, Nesib, **44** Queilá, Aczib y Maresá, es decir, otras nueve ciudades, con sus aldeas.

45 También estaba Ecrón con sus pueblos y aldeas, **46** y todas las ciudades y aldeas cercanas a Asdod, desde Ecrón hasta el mar Mediterráneo.

47 Formaban parte de este territorio las ciudades de Asdod y Gaza, con sus pueblos y aldeas, cuya zona se extendía hasta el arroyo de Egipto y la costa del mar Mediterráneo.

48 En la región montañosa del pueblo de Judá tenía las siguientes ciudades: Samir, Jatir, Socó, **49** Daná, Debir, **50** Anab, Estemoa, Anim, **51** Gosen, Holón y Guiló. Eran once ciudades con sus aldeas.

52-54 Otras nueve ciudades con sus aldeas eran Arab, Dumá, Esán, Janum, Bet-tapúa, Afecá, Humtá, Sior y Hebrón.

55 Otro grupo de diez ciudades con sus aldeas eran Maón, Carmel, Zif, Jutá, **56** Jezreel, Jocdeam, Zanóah, **57** Caín, Guibeá y Timná.

58 Las ciudades de Halhul, Bet-sur y Guedor, **59** Maarat, Bet-anot y Eltecón, seis ciudades más con sus aldeas.

60 Las ciudades de Quiriat-jearim y Rabá, con sus aldeas.

61 En el desierto les tocaron Bet-arabá, Midín, Secacá, **62** Nibsán, Ciudad de la Sal y En-gadi, es decir, seis ciudades más con sus aldeas.

63 Pero la tribu de Judá no pudo expulsar de Jerusalén a los jebuseos; por eso ellos todavía viven allí.

Los territorios de Efraín y Manasés

16 **1** La frontera del territorio asignado a los descendientes de José comenzaba en el sur, a la altura de los manantiales de Jericó, cerca del río Jordán. Luego pasaba por Jericó hacia el noroeste, atravesando el desierto y la región montañosa, hasta Betel. **2** De Betel pasaba por Atarot, donde vivían los arquitas. **3** Seguía luego hacia el oeste por la región de los jafletitas, hasta Bet-horón de Abajo. De allí iba hasta Guézer, terminando en el mar Mediterráneo. **4** Así, Efraín y Manasés, descendientes de José, recibieron lo que les correspondía.

Territorio de la tribu de Efraín

5 El territorio de la tribu de Efraín comenzaba en Atarot, seguía hacia el este hasta Bet-horón de Arriba, **6** y de allí al mar Mediterráneo. En el extremo norte estaba Micmetat, de donde la frontera seguía hacia el este hasta Taanat-siló, pasando luego por Janóah. **7** Después bajaba a Atarot y Naará, pasaba por Jericó, y terminaba en el río Jordán. **8** Desde Tapúah la frontera iba hacia el oeste, hasta el arroyo de Caná, y terminaba en el mar Mediterráneo. Este fue el territorio entregado a los grupos familiares de la tribu de Efraín. **9** Recibieron, además, algunas aldeas y pueblos que quedaban dentro del territorio de Manasés. **10** Sin embargo, los de Efraín no echaron a los cananeos que vivían en Guézer, sino que los dejaron seguir viviendo allí, pero los obligaron a trabajar para ellos como esclavos.

Territorios de la tribu de Manasés

17 **1** El territorio de la tribu de Manasés, el hijo mayor de José, se dividió de la siguiente manera: Al grupo familiar de Maquir ya Moisés le había asignado las tierras de Galaad y Basán. Maquir, guerrero valiente, era hijo mayor de Manasés y padre de Galaad. **2** A los grupos familiares de Abiézer, Hélec, Asriel, Siquem, Héfer y Semidá, Josué le asignó sus respectivos territorios. Estos eran hijos de Manasés y nietos de José.

3 A Selofhad, bisnieto de Maquir, no se le había dado territorio, porque no tuvo hijos. Sólo tuvo cinco hijas, que se llamaban Mahlá, Noá, Hoglá, Milcá y Tirsá. **4** Entonces ellas se presentaron ante el sacerdote Eleazar, ante Josué y ante los líderes, y les dijeron: «Dios le ordenó a Moisés que a nosotras se nos dieran tierras, lo mismo que a nuestros parientes varones».

Así que de acuerdo con el mandato de Dios, ellas también recibieron tierras.

5-6 Josué asignó tierras tanto a las mujeres como a los hombres descendientes de Manasés. Por eso la tribu de Manasés recibió diez partes al oeste del río Jordán, además de los territorios de Galaad y Basán, que están al este del río. **7** El territorio de Manasés se extendía desde la frontera con la tribu de Aser hasta Micmetat, que está al este de Siquem. De allí seguía hacia el sur hasta el manantial de Tapúah. **8** La región de Tapúah pertenecía a Manasés, excepto la ciudad cerca de la frontera, cuyo nombre también es Tapúah y pertenecía a la tribu de Efraín. **9-10** De allí la frontera sur seguía hacia el oeste por el arroyo Caná, hasta el mar Mediterráneo. La mayor parte del territorio de Manasés estaba al norte del arroyo Caná, pero en la parte que le correspondía al sur del arroyo había algunas ciudades que pertenecían a la tribu de Efraín. Al noroeste, el territorio de Manasés limitaba con el de la tribu de Aser, y en el noreste, con el de la tribu de Isacar. **11** Dentro del territorio de esas tribus había también varias ciudades con sus aldeas que pertenecían a Manasés. Estas son Bet-seán, Ibleam, Dor, Endor, Taanac y Meguido. La tercera ciudad mencionada es la de la costa. **12** Pero la tribu de Manasés no pudo echar a los cananeos de esas ciudades, y todavía están allí. **13** Después, cuando los israelitas se hicieron más fuertes, no desalojaron a los cananeos, pero los obligaron a trabajar para ellos.

Los descendientes de José piden más territorios

14 Un día los descendientes de José le dijeron a Josué:

—Dios nos ha bendecido y ahora somos muchos, pero sólo nos has dado una porción de territorio. Necesitamos más.

15 Josué les respondió:

—Ya que ustedes son muchos y no les alcanza el territorio de Efraín, vayan a la región de los ferezeos y de los gigantes refaítas, y ábranse espacio en los bosques que allí hay.

16 Ellos dijeron entonces:

—Es verdad. No cabemos en la región montañosa de Efraín. Pero los cananeos que viven en el valle tienen carros de hierro, tanto los de Bet-seán y de las aldeas a su alrededor, como los del valle de Jezreel.

17 Josué respondió de esta manera a los descendientes de José, es decir, a Efraín y a Manasés:

—Ustedes son muchos y muy poderosos, así que les daré más de una porción de territorio. **18** Toda la región montañosa será de ustedes. Allí hay bosques, pero ustedes podrán desmontarlos y adueñarse de ese territorio. Es cierto que los cananeos son fuertes y tienen carros de hierro, pero ustedes los echarán del territorio.

Josué reparte el resto del territorio

18 **1** Cuando los israelitas terminaron de conquistar la tierra, se reunieron todos en Siló. Allí levantaron el santuario, donde se reunían con Dios. **2** Pero todavía faltaba asignar territorio a siete tribus.

3 Entonces Josué les dijo:

«¿Qué están esperando para establecerse en la tierra que el Dios de nuestros antepasados, ya les ha dado? **4** Quiero que cada tribu elija a tres hombres. Yo los enviaré a recorrer toda la tierra no repartida, para que luego me informen cómo puede repartirse. **5** Deberán dividir la tierra en siete partes, porque a la tribu de Judá ya se le han asignado territorios en el sur, y a los descendientes de José, en el norte. **6** Cuando me traigan esa información, yo consultaré a Dios para saber cómo asignarlas. **7** Pero los descendientes de Leví no recibirán ninguna parte del territorio. Ellos tendrán el privilegio de servir a Dios como sus sacerdotes. Las tribus de Gad y de Rubén, y la media tribu de Manasés, ya han recibido sus tierras al este del río Jordán. Se las entregó Moisés».

8 Los hombres que habían sido elegidos para hacer el informe se prepararon para salir. Josué les recomendó: «Recorran toda la tierra, regresen aquí con su informe, y yo entonces le consultaré a Dios». **9** Aquellos hombres recorrieron toda la tierra, y en su informe señalaron las siete regiones. También hicieron una lista de las ciudades de cada región. Luego volvieron a Siló, donde estaba Josué, **10** y después de consultar con Dios, Josué repartió la tierra, dándole su parte a cada tribu.

El territorio de la tribu de Benjamín

11 El primer territorio sorteado fue el de la tribu de Benjamín. Las tierras que le tocaron en suerte quedaban entre las de Judá y las de Efraín y Manasés. **12** Al norte, su frontera comenzaba en el río Jordán y subía por el cerro al norte de Jericó. Seguía luego hacia el oeste, por la región montañosa, hasta el desierto de Bet-avén. **13** Después iba hasta el cerro, al sur de Betel, bajaba hasta

Atarot-adar, sobre el cerro al sur de Bet-horón de Abajo. **14** Luego la frontera giraba hacia el sur, desde el lado oeste de este cerro, y llegaba a Quiriat-jearim. Esta ciudad pertenece a la tribu de Judá. Éstos eran los límites del lado oeste.

15 La frontera sur partía de las afueras de Quiriat-jearim, siguiendo hasta los manantiales de Neftóah. **16** Bajaba luego hasta la falda del cerro al norte del valle de Refaim, donde comienza el valle de Ben-hinom. Seguía por ese valle al sur del cerro de Jebús, hasta el manantial de En-roguel. **17** Continuaba después hacia el norte hasta En-semes, y de allí a Guelilot, que está frente al paso de Adumim. Luego bajaba hasta la Roca de Bohan hijo de Rubén, **18** y pasaba al norte de los cerros que están frente al valle del Jordán. De allí bajaba al valle, **19** pasaba al norte de Bet-hoglá, y terminaba en la bahía donde desemboca el río Jordán, al norte del Mar Muerto. Éstos eran los límites del lado sur.

20 El río Jordán formaba la frontera este. Tales eran los límites del territorio que fue entregado a la tribu de Benjamín.

21 Las ciudades que les tocaron a los grupos familiares de la tribu de Benjamín fueron Jericó, Bethoglá, Émec-quesís, **22** Bet-arabá, Semaraim, Betel, **23** Avim, Pará, Ofrá, **24** Quefar-haamoní, Ofní y Gueba, es decir, un total de doce ciudades con sus respectivas aldeas. **25** Había también otras catorce ciudades con sus aldeas: Gabaón, Ramá, Beerot, **26** Mispá, Quefirá, Mosá, **27** Réquem, Irpeel, Taralá, **28** Selá, Élef, Guibeá, Quiriat y Jebús, que después se llamó Jerusalén. Este es el territorio que fue entregado a la tribu de Benjamín.

Territorios de la tribu de Simeón

19 **1** El segundo territorio sorteado fue para los grupos familiares de la tribu de Simeón. Sus tierras quedaban dentro del territorio de la tribu de Judá. 2 Comprendía las ciudades de Beerseba, Moladá, Sebá, 3 Hasar-sual, Balá, Ésem, 4 Eltolad, Betul, Horma, 5 Siclag, Bet-marcabot, Hasar-susá, 6 Bet-lebaot y Saruhén. Eran trece ciudades con sus aldeas.

7 También recibieron las ciudades de En-rimón, Éter y Asán, con sus aldeas. 8 Este territorio comprendía todas las ciudades y aldeas en el sur, hasta la ciudad de Ramá en el Négueb. 9 Josué le había dado a la tribu de Judá más territorio del que necesitaba, así que le entregó parte de sus tierras a la tribu de Simeón.

Territorio de la tribu de Zabulón

10 El tercer territorio sorteado fue para los grupos familiares de la tribu de Zabulón. El territorio que recibieron llegaba al sur, hasta Sarid. 11 De allí la frontera seguía hacia el oeste hasta Maralá, pasando por Dabéset y el arroyo que está al este de Jocneam. 12 Al este de Sarid, la frontera llegaba hasta Quislot-tabor; de allí seguía a Daberat, y luego subía hasta Jafía. 13 Siguiendo hacia el este, llegaba a Gat-héfer, pasaba por Itá-casín, dando luego la vuelta por Nea hasta Rimón. 14 En el norte la frontera daba la vuelta hasta Hanatón, y terminaba en el valle de Jefté-el. 15-16 Este territorio que recibió la tribu de Zabulón incluía doce ciudades con sus aldeas. Entre ellas estaban Catat, Nahalal, Simrón, Idalá y Belén.

Territorio de la tribu de Isacar

17 El cuarto territorio sorteado fue para los grupos familiares de la tribu de Isacar. 18 Comprendía las ciudades de Jezreel, Quesulot, Sunem, 19 Hafaraim, Sihón, Anaharat, 20 Rabit, Quisión, Ebes, 21 Rémet, En-ganim, En-hadá y Bet-pasés. 22 En el norte su frontera hacia el este iba desde el monte Tabor hasta el río Jordán, pasando por las ciudades de Sahasimá y Bet-semes. 23 Todo este territorio, incluyendo las dieciséis ciudades con sus aldeas, pertenecía a la tribu de Isacar.

Territorio de la tribu de Aser

24 El quinto territorio sorteado fue para los grupos familiares de la tribu de Aser. 25 Al sur, la frontera iba desde la ciudad de Helcat hacia el oeste, incluyendo las ciudades de Halí, Beten, Acsaf, 26 Alamélec, Amad y Misal. La frontera oeste era el monte Carmelo y Sihor-libnat. 27 Al este, la frontera partía de Helcat hacia el norte, hasta Bet-dagón. Luego de pasar por el territorio de la tribu de Zabulón, seguía por el valle de Jefté-el hasta Bet-émec y Neiel. Después pasaba por Cabul, 28 Abdón, Ebrón, Rehob, Hamón y Caná, terminando en Sidón. 29 De allí giraba hacia Ramá, llegaba hasta el fuerte de Tiro, continuaba por Hosá y terminaba en el mar Mediterráneo. Comprendía también a Mahaleb, Aczib, 30-31 Umá, Afec y Rehob. Estas veintidós ciudades con sus aldeas estaban comprendidas dentro del territorio que recibió la tribu de Aser.

Territorio de la tribu de Neftalí

32 El sexto territorio sorteado fue para los grupos familiares de la tribu de Neftalí. 33 La frontera norte iba desde la ciudad de Hélef, pasando por el roble cercano a Saanamim, seguía por las ciudades de Adamí-néqueb y Jabneel hasta Lacum, y terminaba en el río Jordán. 34 La frontera sur comenzaba en el Jordán; llegaba, por el oeste, hasta la ciudad de Aznot-tabor. Allí giraba al norte y seguía por la frontera de la tribu de Zabulón, hasta la ciudad de Hucoc. Después seguía hacia el oeste, siempre bordeando la frontera de Zabulón. Al oeste su frontera daba con el territorio de la tribu de Aser, y al este con el río Jordán. 35 Las ciudades fortificadas eran Sidim, Ser, Hamat, Racat, Quinéret, 36 Adamá, Ramá, Hasor, 37 Quedes, Edrei, En-hasor, 38-39 Irón, Migdal-el, Horem, Bet-anat y Bet-semes. En total había diecinueve ciudades con sus aldeas en el territorio entregado a la tribu de Neftalí.

Territorio de la tribu de Dan

40 El séptimo territorio sorteado fue para los grupos familiares de la tribu de Dan. 41 Comprendía las ciudades de Sorá, Estaol, Ir-semes, 42 Saalbim, Aialón, Jetlá, 43 Elón, Timnat, Ecrón, 44 Eltequé, Guibetón, Baalat, 45 Jehúd, Bené-berac, Gat-rimón, 46 Mejarcón y Racón, junto con la región frente a Jope. 47-48 Todas estas ciudades y sus aldeas pertenecían a la tribu de Dan. Más tarde los de Dan perdieron sus tierras, así que fueron al norte y atacaron la ciudad de Lésem. Mataron a toda la gente que allí vivía, y se apoderaron de la ciudad. A la ciudad le cambiaron el nombre, llamándola Dan en honor a su antepasado.

Territorio asignado a Josué

49 Cuando los israelitas terminaron de repartir la tierra, le dieron su parte a Josué. 50 Por orden de Dios le dieron la ciudad que Josué había pedido, es decir, Timnat-sérah, en la región montañosa de la tribu de Efraín. Josué reconstruyó la ciudad y vivió allí. 51 Josué, el sacerdote Eleazar y los jefes de los grupos familiares consultaron a Dios antes de hacer el sorteo de cada uno de estos territorios. Para esto se reunieron a la entrada del santuario, en Siló. Y así terminó el reparto de los territorios.

Las ciudades de refugio

20 1 Después de esto Dios le dijo a Josué:

2 «Recuérdales a los israelitas que deben elegir algunas ciudades que servirán de refugio. Ya les había hablado de esto por medio de Moisés. 3 Cualquiera que, sin querer, mate a otra persona,

podrá refugiarse en esas ciudades y así escapar de los parientes del muerto que quieran vengarse. **4** Al llegar a una de estas ciudades, se presentará ante las autoridades que se reúnen a la entrada de la ciudad, y les explicará lo que pasó. Ellos entonces lo dejarán entrar y le asignarán un lugar donde pueda quedarse a vivir. **5** Si los que buscan vengarse lo siguen hasta allí, las autoridades de la ciudad no se lo entregarán. Tienen que protegerlo, porque dio muerte a otro por accidente y no porque fueran enemigos. **6** El que buscó refugio tendrá que ser juzgado públicamente y se quedará en esa ciudad hasta que haya fallecido el jefe de los sacerdotes que lo juzgó. Sólo entonces podrá volver a su propia casa en la ciudad de donde huyó».

7 Los israelitas eligieron las siguientes ciudades:

Quedes en Galilea, en las montañas de la tribu de Neftalí.

Siquem en las montañas de la tribu de Efraín.

Hebrón, en las montañas de la tribu de Judá.

8 Béser, de la tribu de Rubén, en la meseta del desierto que está al este de Jericó, al otro lado del río Jordán.

Ramot, de la tribu de Gad, en la región de Galaad.

Golán, de la tribu de Manasés, en la región de Basán.

9 Estas ciudades de refugio fueron elegidas para todos los israelitas, y también para los extranjeros que vivieran con ellos. Cualquier persona que matara a otra sin querer, podía refugiarse allí. De esa manera el pariente más cercano del muerto no podía vengarse, y el que buscó refugio tenía derecho a ser juzgado públicamente.

Las ciudades de los levitas

21 **1-2** Los israelitas estaban acampando cerca de la ciudad de Siló, en la tierra de Canaán. Un día, los jefes de los grupos familiares de la tribu de Leví fueron a hablar con los jefes de las otras tribus, con Josué y con el sacerdote Eleazar. Les dijeron: «Por medio de Moisés, Dios ordenó que se nos dieran ciudades para que viviéramos en ellas, y también campos de pastoreo para nuestros ganados».

3 Así que, de acuerdo con ese mandato de Dios, los israelitas dieron a la tribu de Leví algunas de sus ciudades y campos de pastoreo.

4 Primero se asignaron ciudades al grupo familiar de Quehat. A las familias quehatitas que descendían del sacerdote Aarón se les asignaron trece ciudades dentro de los territorios de Judá, Simeón y Benjamín. **5** Los otros quehatitas recibieron diez ciudades dentro de los territorios de Efraín, Dan y Manasés Occidental.

6 El grupo familiar de Guersón recibió trece ciudades de los territorios de Isacar, Aser, Neftalí y Manasés Oriental.

7 El grupo familiar de Merarí recibió doce ciudades de las pertenecientes a Rubén, Gad y Zabulón.

8 Los israelitas asignaron a los de la tribu de Leví estas ciudades y sus campos de pastoreo por medio de un sorteo, de acuerdo con el mandato que Dios le había dado a Moisés.

9-10 En el primer sorteo, algunas de las familias quehatitas recibieron ciudades en los territorios de las tribus de Judá y de Simeón: **11** En la región montañosa de Judá les dieron la ciudad de Arbá, que es Hebrón. Arbá era padre de Anac. También se les entregaron los campos de pastoreo alrededor de la ciudad, **12** pero no así las tierras y aldeas, porque ya se las habían dado a Caleb hijo de Jefuné.

13 Además de Hebrón, que era una de las ciudades de refugio para quienes mataran sin intención, los descendientes de Leví recibieron las siguientes ciudades: Libná, **14** Jatir, Estemoa, **15** Holón, Debir, **16** Ain, Jutá y Bet-semes,

junto con sus campos de pastoreo. Estas nueve ciudades quedaban dentro de los territorios de Judá y de Simeón. **17** En los territorios de Benjamín se les asignaron cuatro ciudades: Gabaón, Gueba, **18** Anatot y Almón, junto con sus campos de pastoreo. **19** En total, a los sacerdotes, descendientes de Aarón, se les entregaron trece ciudades con sus campos de pastoreo. **20** A las otras familias quehatitas se les asignaron cuatro ciudades dentro del territorio de la tribu de Efraín. **21** Una de ellas, Siquem, estaba en las montañas y era una ciudad de refugio. Las otras tres eran: Guézer, **22** Quibsaim y Bet-horón. **23** De la tribu de Dan recibieron cuatro ciudades: Eltequé, Guibetón, **24** Aialón y Gat-rimón, cada una con sus campos de pastoreo. **25** Del territorio de Manasés Occidental recibieron dos ciudades: Taanac y Gat-rimón. **26** En total estas familias quehatitas recibieron diez ciudades, cada una con sus propios campos de pastoreo.

27 A las familias del grupo familiar de Guersón, descendiente de Leví, se les asignaron dos ciudades dentro del territorio de Manasés Oriental. En la región de Basán recibieron Beeterá y Golán, que era una ciudad de refugio. **28** Del territorio del grupo familiar de Isacar recibieron cuatro ciudades: Quisión, Daberat, **29** Jarmut y En-ganim. **30** Del territorio de la tribu de Aser recibieron otras cuatro ciudades: Misael, Abdón, **31** Helcat y Rehob. **32** Del territorio de la tribu de Neftalí recibieron tres ciudades: Hamot-dor, Cartán y Quedes, en la región de Galilea. **33** En total, las familias del grupo familiar de Guersón recibieron trece ciudades con sus correspondientes campos de pastoreo.

34 Al resto de los descendientes de Leví, es decir, al grupo familiar de Merarí, se les asignaron cuatro ciudades en el territorio de la tribu de Zabulón: Jocneam, Carta, **35** Dimná y Nahalal. **36** Del territorio

María PIDE en sus oraciones que DIOS la ayude
a aprender a leer para poder conocer mejor su palabra.

¡María recibe buenas noticias! Su padre le dice que se abrirá una escuela cerca y que ella podrá asistir a clases.

de la tribu de Rubén se les asignaron otras cuatro ciudades: Béser, Jahas, **37** Cademot y Mefáat. **38-39** Del territorio de la tribu de Gad recibieron también cuatro ciudades: Mahanaim, Hesbón, Jazer y Ramot, en la región de Galaad, que era ciudad de refugio. **40** En total el grupo familiar de Merarí recibió doce ciudades con sus respectivos campos de pastoreo. **41** Dentro del territorio israelita los de la tribu de Leví recibieron en total cuarenta y ocho ciudades con sus correspondientes campos de pastoreo. **42** Estos campos estaban ubicados alrededor de cada una de las ciudades.

Dios cumple sus promesas

43 Así fue como Dios entregó a los israelitas toda la tierra que bajo juramento ya había prometido darles. Ellos se instalaron y vivieron allí. **44** Dios también les había prometido que vivirían en paz, y lo cumplió. Les dio la victoria sobre todos sus enemigos, y ninguno pudo hacerles frente. **45** Dios cumplió con todas las promesas que les había hecho a los israelitas; no dejó de cumplir ninguna de ellas.

Las tribus que regresan a su territorio

22 **1** Después que Josué repartió la tierra, mandó llamar a las tribus de Rubén, Gad y Manasés Oriental, **2** y les dijo:

«Ustedes obedecieron todas las órdenes que recibieron de Moisés, y también han obedecido las mías. **3** Han tenido mucho cuidado de obedecer todos los mandamientos de nuestro Dios, y siempre han estado al lado de sus hermanos israelitas para ayudarlos. **4** Ahora ellos tienen paz, tal como se lo prometió nuestro Dios. Pueden regresar a los territorios que conquistaron al este del río Jordán, a las tierras que Moisés les dio. **5** Pero no se olviden de cumplir sus órdenes. Amen a Dios y hagan lo que él quiere. Obedezcan todos sus mandatos y manténganse fieles a

él. Sírvanle de todo corazón y con todas sus fuerzas. **6-9** »Ustedes regresan ahora con muchas riquezas. Les han quitado a sus enemigos vacas, ovejas, oro, plata, bronce, hierro y gran cantidad de ropa. Compartan todo eso con sus familiares.

»Le pido a Dios que los bendiga y los trate bien. Pueden regresar a sus tierras».

Las tribus de Rubén y de Gad dejaron a los demás israelitas en Siló, en la región de Canaán, y regresaron a sus territorios. Se fueron a la región de Galaad, que habían conquistado por una orden de Dios recibida a través de Moisés. Moisés ya le había asignado tierras a media tribu de Manasés en Basán, al este del río Jordán. Josué, por su parte, le asignó tierras a la otra mitad de Manasés, al oeste del Jordán, por lo que ellos se quedaron en Siló con el resto de los israelitas.

El altar al este del Jordán

10 Cuando las tribus de Rubén, Gad y Manasés Oriental llegaron a la región del Jordán, antes de cruzar el río levantaron un gran altar. **11** Los demás israelitas se enteraron de que esas tribus habían levantado un altar en territorio israelita, en la frontera de Canaán sobre la ribera oeste del río Jordán. **12** En cuanto lo supieron, todos los soldados en Siló se reunieron para ir a pelear contra las otras dos tribus y media. **13** Pero antes enviaron a Finees, hijo del sacerdote Eleazar, para hablar con las tribus de Rubén, Gad y Manasés Oriental, que estaban en Galaad. **14** Con él iban también diez jefes de grupos familiares, uno por cada tribu israelita. **15** Al llegar a la tierra de Galaad, en donde estaban las dos tribus y media, **16** hablaron con ellos de parte de todo el pueblo de Dios, y les dijeron:

—¿Por qué han traicionado al Dios de Israel? ¿Por qué han levantado este altar en rebeldía contra

Dios? **17** ¿Se acuerdan del pecado que cometimos en Peor, y de la terrible enfermedad con que Dios nos castigó? Todavía estamos sufriendo las consecuencias, **18** ¿y ahora van a dejar de obedecerle? ¿No se dan cuenta de que, si hoy se ponen ustedes rebeldes, mañana Dios castigará a todos los israelitas?

19 »Si les parece que en el territorio que les ha tocado no pueden adorar a Dios, vengan al lugar que Dios ha elegido para adorarle. Busquen un lugar en nuestro territorio donde puedan establecerse, pero no se rebelen contra Dios. Si se apartan de él, también nosotros resultaremos culpables. Así que no levanten otro altar aparte del altar de nuestro Dios. **20** No se olviden nunca del caso de Acán, hijo de Zérah, que se guardó algo que debía haber destruido, y todo el pueblo israelita fue castigado. ¡Acán no fue el único que murió por su pecado!

21 Entonces las dos tribus y media respondieron:

22-23 —¡Nuestro Dios es el más poderoso de todos los dioses! ¡Él sabe por qué hicimos esto, y queremos que ustedes lo sepan también! Si hemos levantado este altar por rebeldía, o para apartarnos de Dios, no nos perdonen la vida. Que Dios nos castigue si lo hemos construido para presentar nuestras ofrendas.

24 »Pero no es así. Lo construimos porque teníamos miedo de que algún día los hijos de ustedes les dijeran a los nuestros: ''¡Ustedes no tienen nada que ver con el Dios de Israel! **25** Dios dispuso que el río Jordán sirviera como frontera entre ustedes y nosotros, los de Rubén y de Gad. Así que no tienen ustedes nada que ver con Dios''. Entonces los hijos de ustedes podrían obligar a los nuestros a dejar de adorar a Dios.

26 »Por eso levantamos un altar, no para presentar ofrendas,

27 sino como una señal para ustedes y para nosotros, para que nuestros hijos sepan que servimos a nuestro Dios, y que a él presentamos nuestras ofrendas. De esta forma los hijos de ustedes no podrán decirles a nuestros: ''Ustedes no tienen nada que ver con nuestro Dios''. **28** »Si esto ocurriera, pensamos que nuestros hijos podrían responder: ''Nuestros antepasados construyeron un altar igual al de Siló para que se vea que nosotros también le adoramos, y no para presentar ofrendas''. **29** Por cierto que no nos rebelamos contra Dios, ni hemos construido un altar en donde ofrecerle sacrificios, ni queremos reemplazar al que está en Siló.

30 Cuando el sacerdote Finees y los diez jefes escucharon la explicación, quedaron satisfechos. **31** Entonces Finees les dijo:

—Ahora entendemos que ustedes no se estaban rebelando. Dios ha estado actuando entre nosotros, y no nos va a castigar.

32 Después de esto, Finees y los que habían ido con él dejaron a las tribus de Rubén y de Gad que estaban en Galaad, y regresaron a Canaán para hablar con los israelitas y darles un informe. **33** A los israelitas les pareció bien la explicación de las otras tribus, y alabaron a Dios. Ya no hablaron de salir a pelear contra las tribus de Rubén y de Gad, ni de destruir sus tierras. **34** Esas tribus le pusieron al altar el nombre de «Testimonio» porque, según dijeron, sería un testimonio para todos de que nuestro Dios es el único Dios.

Josué se despide de su pueblo

23 **1** Hacía mucho tiempo que Dios les había dado paz a los israelitas. Para entonces, Josué ya era viejo, **2** y mandó llamar a todos los líderes israelitas. Y les dijo:

«Yo ya estoy muy viejo. **3** Ustedes han visto todo lo que nuestro Dios ha hecho en favor de ustedes con estas naciones. Dios mismo ha luchado por ustedes. **4** Les he dado a sus tribus todo el territorio que va desde el río Jordán hasta el mar Mediterráneo. Esto es, la tierra de las naciones que ya hemos conquistado, y también la de las naciones que todavía falta conquistar. **5** Nuestro Dios nos prometió: ''Yo haré retroceder a sus enemigos. A medida que ustedes avancen, echaré a sus enemigos y ustedes se apoderarán de esas tierras''. Y cumplirá su promesa: echará a las naciones que todavía están en la tierra. **6** Pero obedezcan fielmente todo lo que está escrito en el libro de la Ley de Moisés. No se olviden de nada.

7 »No se mezclen con la gente de aquí, que todavía vive entre ustedes. No adoren a sus dioses ni los obedezcan. No juren por esos dioses, y ni siquiera mencionen sus nombres. **8** Al contrario, sigan fieles a Dios, como hasta ahora, **9** porque él expulsó a naciones grandes y poderosas a medida que ustedes avanzaban. Nadie ha podido hacerles frente. **10** Uno solo de ustedes puede hacer huir a mil enemigos, porque tal como lo prometió, nuestro Dios pelea por ustedes.

11 »Pero sólo a Dios deben amar, ¡Sólo él es nuestro Dios! **12** Manténganse fieles a él. No se mezclen con las naciones que todavía viven allí, ni se casen con su gente. **13** De lo contrario, Dios no expulsará a estas naciones de delante de ustedes, sino que serán como una red o una trampa que los hará caer. Dios los usará como un látigo sobre las espaldas de ustedes, y como espinas en sus ojos. Y esto seguirá así, hasta que no quede ninguno de ustedes en esta tierra buena que nuestro Dios nos ha dado.

14 »Pronto moriré, como todo el mundo. Ustedes saben en su corazón que nuestro Dios no ha dejado

de cumplir nada de todo lo bueno que nos prometió. Todo lo que prometió se ha hecho realidad. **15-16** Pero así como ha cumplido con todo lo bueno que les prometió, también cumplirá en castigarlos si lo desobedecen. Dios hizo un trato con ustedes, y espera que lo cumplan. Si ustedes no le son fieles, sino que adoran a otros dioses, él se enojará y los castigará hasta que no quede uno solo de ustedes en esta buena tierra que nuestro Dios nos ha dado».

Josué reúne al pueblo

24 **1** Josué hizo reunir en Siquem a todas las tribus israelitas. Llamó a todos los líderes a reunirse frente al santuario. **2** Allí le dijo a todo el pueblo:

«Esto es lo que el Dios de Israel les dice:

''Hace mucho tiempo, sus antepasados vivían en Mesopotamia, y adoraban a otros dioses. Uno de sus antepasados fue Térah, el padre de Abraham y Nahor. **3** Desde ese país conduje a Abraham por toda la tierra de Canaán, le di un hijo que se llamó Isaac, y de él nació una familia numerosa. **4** A Isaac le di dos hijos, que se llamaron Jacob y Esaú. A Esaú le di la región montañosa de Seír, pero Jacob se fue a Egipto con su familia.

5-6 ''Más tarde, envié a Moisés y a Aarón para liberar a los antepasados de ustedes, pero a los egipcios les causé grandes desastres. De allí hice salir a los antepasados de ustedes, y los guié hasta el Mar de los Juncos. Cuando los egipcios los persiguieron con carros de guerra y caballos, **7** me pidieron que los salvara. Entonces yo puse mucha oscuridad entre ellos y los egipcios, e hice que el mar se los tragara y se ahogaran. Ustedes saben bien todo lo que yo hice en Egipto. Después vivieron mucho tiempo en el desierto, **8** hasta que los traje a la tierra de los amorreos, al este del río Jordán. Los amorreos salieron a combatirlos, pero yo les di la victoria a ustedes, y así conquistaron ese territorio.

9 ''Después Balac, rey de los moabitas, se puso en contra de ustedes, y mandó llamar a Balaam. Le pidió que los maldijera, 10 pero yo no se lo permití y él tuvo que bendecirlos. Fue así como los salvé a ustedes. 11 Luego cruzaron el río Jordán y llegaron hasta Jericó. Los de Jericó pelearon contra ustedes, y también todos los pueblos de Canaán, pero yo hice que ustedes los vencieran. 12 No fueron ustedes los que derrotaron a los dos reyes amorreos, sino que ellos huyeron porque yo los hice temblar de miedo. 13 Yo les di a ustedes esas tierras, no tuvieron que trabajarlas ni edificar ciudades. Ahora viven allí, y comen uvas y aceitunas de huertos que jamás plantaron''».

El pueblo renueva su pacto con Dios
14 Luego Josué añadió:

—Respeten a Dios, obedézcanle, y sean fieles y sinceros con él. Deshágquense de los dioses que sus antepasados adoraban en Mesopotamia y en Egipto, y obedezcan sólo a Dios. 15 Si no quieren serle obedientes, decidan hoy a quién van a dedicar su vida. Tendrán que elegir entre los dioses a quienes sus antepasados adoraron en Mesopotamia, o los dioses de los amorreos en cuyo territorio ustedes viven ahora. Pero mi familia y yo hemos decidido dedicar nuestra vida a nuestro Dios.

16 El pueblo le respondió:

—¡Nunca abandonaremos a nuestro Dios! ¡Jamás seguiremos a otros dioses! 17 Dios puso en libertad a nuestros antepasados;

nos libró de la esclavitud de Egipto. Sabemos de los milagros que él hizo, y de cómo nos ha protegido al pasar por muchas naciones hasta llegar aquí. 18 Dios expulsó a todos los pueblos que estaban en nuestro camino, y a los amorreos que aquí vivían. Por eso obedeceremos a nuestro Dios.

19 Josué les dijo:

—No es fácil vivir para Dios. Él no tolera el pecado ni acepta dioses rivales, y espera que se le obedezca en todo. Si le son infieles no los va a perdonar. 20 »Aunque siempre ha sido bueno con ustedes, se enojará si lo abandonan y adoran a otros dioses. ¡Los castigará y los destruirá por completo!

21 El pueblo le respondió a Josué:

—¡Jamás haremos tal cosa! ¡Hemos decidido dedicar nuestra vida a nuestro Dios!

22 Josué les dijo entonces:

—Ustedes mismos son sus propios testigos de que han decidido vivir para Dios.

—¡Así es! —respondieron ellos.

23 Josué añadió:

—Entonces deshágquense de esos dioses que todavía tienen, y prometan ser fieles al Dios de Israel.

24 Y el pueblo respondió:

—Nosotros viviremos para Dios, y sólo obedeceremos sus órdenes.

25 Así fue como aquel día Josué y el pueblo reafirmaron en Siquem

su pacto con Dios. En ese pacto se insistió una vez más en las leyes y mandamientos que el pueblo debía obedecer. 26 Josué las escribió en el libro de la Ley de Dios. Luego tomó una gran piedra y la colocó debajo del roble que está junto al santuario de Dios. 27 Le dijo a todo el pueblo:

—Esta piedra que ven aquí, es testigo de todo lo que nuestro Dios nos ha dicho. La pongo aquí para recordarles que deben ser fieles a nuestro Dios.

28 Luego Josué despidió al pueblo y cada uno se volvió a su propio territorio.

Entierro de Josué, Eleazar y José
29 Algún tiempo después murió Josué. En el momento de su muerte, este servidor de Dios tenía ciento diez años. 30 Lo enterraron en su propio territorio, en Timnat-sérah, que está en la región montañosa de la tribu de Efraín, al norte del monte Gaas. 31 Mientras vivió Josué, los israelitas obedecieron sólo al Dios de Israel, su Dios. Después de que murió Josué, el pueblo permaneció fiel a Dios. Pero sólo lo hizo mientras vivieron los líderes que sabían todo lo que Dios había hecho a favor de ellos. 32 Cuando los israelitas salieron de Egipto, trajeron consigo los restos de José y los enterraron en un terreno de la ciudad de Siquem. Jacob había comprado ese terreno por cien monedas de plata a los hijos de Hamor, padre de Siquem. Así el terreno llegó a pertenecer a los descendientes de José. 33 También murió Eleazar hijo de Aarón, y fue enterrado en un cerro, en la región montañosa de la tribu de Efraín. Ese cerro pertenecía a su hijo Finees.

Jueces

Las tribus de Judá y Simeón capturan a Adonisédec

1 ¹ Después de la muerte de Josué, los israelitas le preguntaron a Dios:

—¿Cuál de nuestras tribus atacará primero a los cananeos?

² Dios les respondió:

—Primero atacará la tribu de Judá, pues a ellos les voy a entregar ese territorio.

³ Entonces los de Judá les dijeron a los de Simeón: «Vengan con nosotros a pelear contra los cananeos. Primero iremos al territorio que nos ha tocado a nosotros, y después al de ustedes».

Los de Simeón aceptaron, ⁴⁻⁵ así que salieron juntos a pelear, y Dios los ayudó a derrotar a los cananeos y a los ferezeos. En Bézec derrotaron a diez mil ferezeos y cananeos, entre los cuales estaba el rey Adonisédec. ⁶ Durante la lucha Adonisédec había escapado, pero lo persiguieron y capturaron, y le cortaron los pulgares de las manos y los dedos gordos de los pies. ⁷ Entonces Adonisédec dijo: «Dios ha hecho conmigo lo mismo que yo hice con setenta reyes: les corté los pulgares y los dedos gordos, y andaban bajo mi mesa recogiendo las sobras». Después, Adonisédec fue llevado a Jerusalén, y allí murió.

La tribu de Judá conquista Jerusalén y Hebrón

⁸ Los de Judá atacaron a Jerusalén y la conquistaron. Mataron a toda la gente de esa ciudad, y luego la incendiaron. ⁹ Después fueron a atacar a los cananeos que vivían en las montañas, en el desierto del Néguev y en la llanura. ¹⁰ Atacaron también a los cananeos que vivían en Hebrón, ciudad que antes se llamaba Quiriat-

arbá. Allí derrotaron a los grupos cananeos de Sesai, Ahimán y Talmai.

Otoniel conquista la ciudad de Debir

¹¹ Luego los de Judá marcharon hacia la ciudad de Debir, que antes se llamaba Quiriat-séfer. ¹² Caleb había prometido que quien conquistara Debir se casaría con su hija Acsa, ¹³ y fue su sobrino Otoniel quien la conquistó. Así que Caleb le dio a Otoniel su hija Acsa por esposa. Otoniel era hijo de Quenaz, el hermano menor de Caleb. ¹⁴ El día de su casamiento, Otoniel le dijo a Acsa que le pidiera un terreno a su padre. Cuando Caleb la vio bajar de su burro, le preguntó qué quería; ¹⁵ y Acsa le dijo: «Los terrenos que me has dado no tienen agua. Por favor, dame también manantiales».

Y Caleb le dio el manantial Alto y el manantial Bajo.

Conquistas de las tribus de Judá y de Benjamín

¹⁶ Los quenitas, que eran descendientes del suegro de Moisés, salieron de Jericó junto con la tribu de Judá, y se fueron al desierto que está al sur de Arad. Allí se quedaron a vivir. ¹⁷ Después los de Judá, junto con los de Simeón, derrotaron a los cananeos que vivían en Sefat. Como destruyeron por completo esa ciudad, la llamaron Hormá.¹ ¹⁸⁻¹⁹ Con la ayuda de Dios, la tribu de Judá se apoderó de la zona montañosa, pero no de la llanura, porque los habitantes de esa región tenían carros de hierro. No pudieron conquistar Gaza ni Ascalón ni Ecrón, ni tampoco los territorios vecinos. ²⁰ Y tal como Moisés había prometido, la región de Hebrón le fue dada a Caleb, para que allí viviera. Por eso Caleb echó de esa región a los tres grupos de familias que descendían del gigante Anac.² ²¹ Pero los de la tribu de Benjamín no pudieron

echar a los jebuseos, que vivían en Jerusalén. Por eso, hasta el día en que este relato se escribió, los jebuseos vivieron en Jerusalén, junto con los de Benjamín.

Las tribus de Efraín y Manasés conquistan Betel

²²⁻²³ Las tribus de Efraín y Manasés decidieron atacar a Betel, la ciudad que antes se llamaba Luz; así que enviaron espías a esa ciudad, y Dios los ayudó. ²⁴ Cuando esos espías vieron a un hombre que salía de la ciudad, le dijeron: «Si nos muestras cómo entrar en la ciudad, no te haremos ningún daño». ²⁵ Aquel hombre les enseñó cómo entrar en la ciudad, y así pudieron entrar los de Efraín y Manasés. Mataron a todos los que allí vivían, menos al que les había ayudado y a su familia. ²⁶ Más tarde, ese hombre se fue al territorio de los hititas y edificó una nueva ciudad, a la cual llamó Luz; y hasta el momento en que este relato se escribe aún se llama así.

Los territorios no conquistados

²⁷ Los de Manasés no pudieron echar a los que vivían en Betseán, Taanac, Dor, Ibleam y Meguido, ni tampoco a los de las aldeas vecinas. Así que los cananeos siguieron viviendo allí. ²⁸ Después los israelitas se hicieron más poderosos y obligaron a los cananeos a trabajar para ellos, pero no los pudieron echar de su territorio. ²⁹ Los de Efraín tampoco echar a los cananeos que vivían en Guézer, así que los cananeos siguieron allí, viviendo junto a los de Efraín. ³⁰ Los de Zabulón tampoco pudieron echar a los cananeos que vivían en Quitrón y en Nahalal, así que estos siguieron allí, pero obligados a trabajar para los de Zabulón.

³¹⁻³² Tampoco los de Aser pudieron

echar a los cananeos que vivían en Aco, Sidón, Ahlab, Aczib, Helbá, Afec y Rehob, así que se quedaron a vivir entre los cananeos que allí vivían.

33 Tampoco los de la tribu de Neftalí pudieron echar a los cananeos que vivían en Bet-semes y Bet-anat, así que estos siguieron allí, pero obligados a trabajar para los de Neftalí.

34 Los de la tribu de Dan tuvieron que retroceder a las montañas porque los amorreos no los dejaron bajar a la llanura. **35** Así que los amorreos se quedaron en Jeres, Aialón y Saalbim. Tiempo después, los de Efraín y de Manasés se hicieron más poderosos y obligaron a los amorreos a trabajar para ellos. **36** La frontera de los amorreos comenzaba en el paso de Acrabim, llegaba hasta Selá, y de allí seguía hacia las montañas.

El ángel de Dios en Boquim

2 ¹ El ángel de Dios salió de Guilgal y fue a Boquim para darles a los israelitas el siguiente mensaje de parte de Dios:

«Yo los saqué a ustedes de Egipto y los traje al territorio que les había prometido a sus antepasados. A ellos les dije: "Yo les cumpliré mi promesa, ² pero ustedes no deben hacer ningún trato con la gente que vive allí. Al contrario, deben destruir sus altares".

»¿Pero qué hicieron ustedes? Simplemente me desobedecieron. **3** Por eso, ahora que ustedes avancen, no voy a echar a esa gente. Tanto ellos como sus dioses serán una trampa para ustedes».

4 Cuando el ángel de Dios terminó de hablar, los israelitas comenzaron a llorar y a gritar. **5** Por eso llamaron Boquim¹ a ese lugar, y allí ofrecieron sacrificios a Dios.

Muerte de Josué

6 Josué despidió a los israelitas, y estos fueron a establecerse en el territorio que a cada uno le había tocado. **7** Mientras vivieron Josué y los líderes del país, los israelitas obedecieron al único Dios verdadero. Esos líderes habían visto las maravillas que Dios había hecho en favor de los israelitas.

8 Josué murió a los ciento diez años de edad. **9** Lo enterraron en su propio territorio de Timnat-sérah, que está en las montañas de la tribu de Efraín, al norte del monte Gaas. **10** Murieron también todos los israelitas de su época; por eso los que nacieron después no sabían nada acerca del Dios verdadero ni de lo que él había hecho en favor de los israelitas.

Los israelitas dejan de adorar a Dios

11-13 Los israelitas dejaron de adorar al Dios de sus antepasados, que los había sacado de Egipto, y empezaron a adorar a los dioses de la gente que vivía a su alrededor; adoraron las estatuas de dioses falsos como Baal y Astarté. Este pecado de los israelitas hizo enojar a Dios. **14** Tan enojado estaba con ellos que dejó que los atacaran y los robaran. También permitió que los derrotaran sus enemigos, sin que ellos pudieran hacer nada para impedirlo. **15** Cuando iban a pelear, Dios se ponía en contra de ellos, y todo les salía mal, tal como él lo había advertido.

Los israelitas estaban en grandes aprietos, **16** así que Dios les puso jefes para librarlos de quienes les robaban. **17** Sin embargo, ellos no prestaron atención a esos jefes, ni fueron obedientes a Dios, sino que adoraron a otros dioses. Sus antepasados habían cumplido los mandamientos del Dios verdadero, pero ellos no los cumplieron. **18** Dios ayudaba a los jefes que él ponía. Mientras ese jefe vivía, Dios salvaba a los israelitas de sus enemigos, porque se compadecía de ellos al oírlos quejarse de sus sufrimientos. **19** Pero al morir el jefe, los israelitas volvían a pecar. Su comportamiento era peor que el de sus padres, pues servían y adoraban a otros dioses, y tercamente se negaban a cambiar de actitud. **20** Por eso Dios se enfureció contra ellos, y dijo:

«Este pueblo no ha cumplido con el trato que hice con sus antepasados. Me han desobedecido, **21** así que ya no voy a echar a ninguno de los pueblos que todavía quedan en el territorio desde que Josué murió. **22** Usaré a esos pueblos para ver si los israelitas en verdad quieren obedecerme, como lo hicieron sus antepasados».

23 Por eso Dios no expulsó en seguida a los pueblos que Josué no había podido derrotar, sino que les permitió quedarse.

Los pueblos que quedaban en Canaán

3 ¹⁻⁵ Cuando se luchaba para conquistar el territorio de Canaán, muchos de los israelitas todavía no habían nacido. Por eso Dios dejó algunos pueblos cananeos, para que los israelitas que nunca habían combatido aprendieran a pelear. Dejó a cinco jefes filisteos, a todos los cananeos, a los sidonios y a los heveos que vivían en el monte Líbano, desde el monte Baal-hermón hasta el paso de Hamat. Además, dejó a los hititas, amorreos, ferezeos y jebuseos. Con esos pueblos Dios también puso a prueba a los israelitas, para ver si obedecían las órdenes que él había dado por medio de Moisés. Pero los israelitas no obedecieron, sino que permitieron **6** que sus hijos y sus hijas se casaran con gente de esos pueblos, y que adoraran a sus dioses.

Otoniel

7 Los israelitas se olvidaron de Dios y pecaron contra él, pues adoraron las estatuas de Baal y de Astarté. **8** Por eso Dios se enojó y permitió que los conquistara Cusán-risataim, que era rey de Mesopotamia. Después de ocho años de esclavitud, **9** los israelitas le suplicaron a Dios que los salvara, y él les puso por jefe a Otoniel, sobrino de Caleb. **10** El espíritu de Dios actuó sobre Otoniel, y este guió a los israelitas en su lucha contra Cusán-risataim. Así Dios ayudó a Otoniel a derrotar a su enemigo. **11** Después de esto hubo cuarenta años de paz en la región, hasta que murió Otoniel.

Ehud

12 Como los israelitas volvieron a pecar contra Dios, él le dio a Eglón, rey de Moab, más poder que a los israelitas. **13** Para atacarlos, Eglón se unió con los amonitas y los amalecitas, y se apoderó de Jericó. **14** Después de dieciocho años de esclavitud, los israelitas **15-16** le suplicaron a Dios que los salvara, y él les envió a Ehud hijo de Guerá, que era de la tribu de Benjamín. Ehud era el encargado de llevarle a Eglón los impuestos que los israelitas debían pagarle.

Ehud hizo una espada de doble filo, de unos cincuenta centímetros de largo, y como era impedido de la mano derecha se la puso del lado derecho, cubriéndola bajo sus ropas. **17-20** Luego se fue a llevar los impuestos al rey Eglón. Después de entregarle los impuestos, Ehud y sus hombres salieron de allí. Cerca de Guilgal, donde estaban las estatuas de los ídolos, se despidió de ellos y regresó a donde estaba el rey Eglón, que era muy gordo y estaba sentado en su sala de verano. Ehud le dijo: «Su Majestad, tengo un mensaje secreto para usted». El rey ordenó a sus servidores que salieran. Entonces Ehud se acercó al rey, y le dijo: «El mensaje que traigo es de parte de Dios». Al oír eso el rey, como pudo, se puso de pie. **21-22** Ehud tomó con su mano izquierda la espada que llevaba del lado derecho, y con tanta fuerza se la clavó al rey en el vientre, que le reventó los intestinos. Como Eglón era tan gordo, toda la espada quedó atorada en

su gordura. **23** Después Ehud cerró con llave las puertas de la sala de verano, salió por una ventana **24** y se fue.

Cuando los servidores del rey volvieron y encontraron las puertas cerradas con llave, pensaron que Eglón estaba haciendo sus necesidades. **25** Esperaron afuera un buen rato, pero como el rey no salía comenzaron a preocuparse. Entonces abrieron las puertas, y encontraron a su rey tendido en el piso y sin vida.

26 Mientras los servidores habían estado esperando, Ehud se había escapado. Pasó por donde estaban las estatuas de los ídolos, y se refugió en Seirat. **27** Al llegar a las montañas de la tribu de Efraín, tocó la trompeta para reunir a los israelitas. Ellos bajaron de las montañas, con Ehud al frente, **28** y él les dijo: «¡Síganme! ¡Con la ayuda de Dios venceremos a los moabitas!»

Los israelitas lo siguieron, y se apoderaron del paso del río Jordán que lleva a Moab, y no dejaron pasar a nadie. **29-30** Y aunque los moabitas eran fuertes y valientes, aquel día murieron unos diez mil de sus mejores soldados. ¡Ninguno pudo escapar! Después de eso hubo en el territorio ochenta años de paz.

Samgar

31 El siguiente jefe fue Samgar hijo de Anat, quien tomó un palo con punta de hierro y mató a seiscientos filisteos. De esa manera salvó al pueblo de Israel.

Débora y Barac

4 **1** Después de la muerte de Ehud, los israelitas volvieron a pecar contra Dios. **2** Por eso él permitió que los venciera Jabín, un rey cananeo que gobernaba en la ciudad de Hasor. El jefe del ejército de Jabín se llamaba Sísara, y vivía en la ciudad de Haróset-goím. **3** Jabín tenía novecientos carros de hierro, y durante veinte años trató a los israelitas con crueldad y violencia, hasta que ellos le suplicaron a

Dios que los salvara.

4 En esa época una profetisa llamada Débora era jefe de los israelitas. Débora era esposa de Lapidot, **5** y acostumbraba sentarse bajo una palmera, conocida como la Palmera de Débora, que estaba en las montañas de la tribu de Efraín, entre Ramá y Betel. Los israelitas iban a verla para que les solucionara sus problemas.

6 Cierto día, ella mandó llamar a Barac hijo de Abinóam, que vivía en Quedes, un pueblo de la tribu de Neftalí, y le dijo:

—El Dios de Israel, que es el Dios verdadero, te ordena reunir en el monte Tabor a diez mil hombres de las tribus de Neftalí y de Zabulón. **7** Dios hará que Sísara, el jefe del ejército de Jabín, vaya al arroyo Quisón para atacarte con sus soldados y sus carros. Pero Dios les dará a ustedes la victoria.

8 Barac le respondió:

—Iré solamente si tú me acompañas. De otra manera, no iré.

9 Entonces Débora dijo:

—Está bien, te acompañaré. Pero quiero que sepas que no serás tú quien mate a Sísara. Dios le dará ese honor a una mujer.

Y Débora se fue a Quedes con Barac, **10** donde este reunió un ejército con diez mil hombres de las tribus de Zabulón y de Neftalí. **11** Por su parte, Héber el quenita, que era descendiente del suegro de Moisés, se había separado de su tribu y se había ido a vivir cerca de Quedes, junto al roble de Saanaim.

12 Cuando Sísara se enteró de que Barac se dirigía al monte Tabor, **13** reunió a sus novecientos carros de hierro y a todos sus soldados. Salieron de Haróset-goím y marcharon hasta el arroyo Quisón. **14** Entonces Débora le dijo a Barac: «¡En marcha, que hoy Dios te dará la victoria sobre Sísara! ¡Y Dios mismo va al frente de tu ejército!»

Barac bajó del monte Tabor, al frente de sus diez mil soldados. **15** Cuando Barac y sus hombres atacaron, Dios causó confusión entre los carros y los soldados de Sísara. Hasta el mismo Sísara se bajó de su carro y huyó a pie. **16** Barac, mientras tanto, persiguió a los soldados y a los carros hasta Haróset-goím. Aquel día murieron todos los soldados de Sísara. Ni uno solo quedó con vida. **17** Sísara huyó a pie hasta la carpa de Jael, la esposa de Héber, porque el rey Jabín era amigo de la familia de Héber. **18** Jael salió a recibirlo y le dijo: «Pase por aquí, señor. No tenga miedo». Entonces él entró en la carpa, y ella lo escondió detrás de una cortina. **19** Como Sísara tenía mucha sed, le pidió a Jael que le diera agua. Ella destapó la jarra donde guardaba la leche, y le dio a beber. Después volvió, para esconder a Sísara, **20** y él le dijo: «Quédate a la entrada de la carpa. Si alguien pregunta quién está aquí adentro, dile que no hay nadie».

21 Sísara estaba tan cansado que se quedó profundamente dormido. Entonces Jael tomó un martillo y una estaca de la carpa, y sin hacer ruido se acercó hasta donde estaba Sísara; allí le atravesó la cabeza con la estaca, hasta clavarla en la tierra. Así murió Sísara.

22 Cuando llegó Barac buscando a Sísara, Jael salió a recibirlo y le dijo: «Ven y te mostraré al hombre que buscas». Barac entró a la carpa, y vio a Sísara tendido en el suelo, con la estaca clavada en la cabeza. **23-24** De esta manera Dios les dio la victoria a los israelitas, que en aquel día atacaron con todo al rey Jabín hasta destruirlo.

La canción de Débora y Barac

5 **1** Aquel día Débora y Barac cantaron esta canción:

2 «¡Den gracias a Dios, jefes israelitas! ¡Den gracias a Dios todos ustedes, pues se dispusieron a luchar por él!

3 »¡Préstenme atención reyes y gobernantes! Mi canto y mi música son para el verdadero Dios, el Dios de Israel.

4 »Cuando tú, mi Dios, te fuiste de Seír, cuando te marchaste de los campos de Edom, la tierra tembló, el cielo se estremeció, y las nubes dejaron caer su lluvia. **5** El monte Sinaí y todas las montañas temblaron ante el Dios de Israel.

6 »En la época de Samgar y de Jael, eran muy peligrosos los caminos, la gente andaba por veredas angostas; **7** los campesinos no podían cultivar sus tierras. Entonces yo, Débora, me levanté a defender a Israel, como defiende una madre a sus hijos.

8 »Dios mío, cuando nos enviaste la guerra por haber adorado a otros dioses, de entre cuarenta mil soldados no se levantó ningún valiente.

9 »Te doy gracias Dios mío, y felicito a los jefes de Israel, a los pocos valientes que se ofrecieron a luchar.

10 »¡Canten victoria todos ustedes, los pobres y los ricos de Israel! **11** ¡En todo rincón de la ciudad el pueblo celebra los triunfos de Dios, y las victorias de su pueblo Israel!

12 »¡Arriba, Débora, vamos! ¡Canta una canción! ¡Vamos, Barac hijo de Abinóam! ¡Encierra a tus prisioneros!

13 »Los jefes israelitas bajaron, y se unieron al pueblo de Dios para luchar contra el poderoso enemigo. **14** De la tierra de los amalecitas bajaron los de Efraín; detrás de ti, Débora, marcharon los de Benjamín. Se te unieron los jefes de Maquir, y los gobernantes de Zabulón. **15** Los jefes de Isacar te acompañaron, y apoyaron a Barac en la batalla del valle. Pero los de la tribu de Rubén **16** prefirieron quedarse a cuidar las ovejas, que acompañarte a la batalla. **17** Las tribus al otro lado del Jordán se quedaron en sus tierras de Galaad. Los de Dan y de Aser se quedaron en los puertos, cuidando sus barcos. **18** Pero los de Zabulón y Neftalí arriesgaron sus vidas en los campos de batalla.

19 »Luego en Taanac, junto al arroyo Meguido, vinieron a pelear los reyes cananeos. Pero volvieron con las manos vacías. **20** ¡Hasta las estrellas del cielo lucharon contra Sísara! **21** El antiguo arroyo de Quisón barrió con todos nuestros enemigos.

»¡Adelante, siempre adelante! ¡Yo, Débora, marcharé con poder!

22 »Los caballos de Sísara salieron a galope tendido; ¡sus cascos retumbaban como relámpagos! **23** Y anunció el ángel de Dios: ''¡Que Dios castigue a los habitantes de Meroz!

Porque no vinieron a ayudar
al ejército de Dios,
¡no quisieron luchar por él!"

24 »¡Bendita seas Jael,
esposa de Héber el quenita!
¡Bendita entre todas las
mujeres de Israel!
25 Sísara te pidió agua y tú le
diste leche
para hacerlo caer en un sueño
profundo.
26 Con una mano tomaste una
estaca,
y con la otra, un martillo.
De un golpe le aplastaste
la cabeza.
27 Sísara cayó muerto
a tus pies.
¡Quedó tendido en el piso!

28 »La madre de Sísara, afligida,
se asoma por la ventana
y pregunta:
"¿Por qué tarda tanto mi hijo?
¿Por qué no se oyen sus
caballos?"
29 Las sirvientas más sabias le
responden;
y ella misma se repite estas
palabras:
30 "Seguramente se están
repartiendo
lo que ganaron en la guerra:
una o dos muchachas para
cada soldado,
telas de muchos colores para
Sísara,
uno o dos pañuelos bordados
en colores
para adornarse el cuello...".

31 »Y Débora y Barac
terminaron su canto así:
¡Dios mío,
que sean destruidos tus
enemigos,
pero que tus amigos brillen
como el sol de mediodía!»

Después de eso hubo cuarenta
años de paz en todo el territorio.

Gedeón

6 **1** Después los israelitas volvieron a pecar contra Dios, así que
durante siete años Dios permitió

que los madianitas los dominaran. **2** Como los madianitas los
maltrataban, los israelitas se
escondían en los cerros, entre
cuevas y escondites. **3** Cada vez
que los israelitas tenían algo
sembrado, venían los madianitas, los amalecitas y la gente del
este, y los atacaban; **4-6** acampaban en los territorios de los
israelitas y destruían sus cosechas, y además se llevaban sus
ovejas, sus bueyes y sus burros.
No les dejaban nada que comer.
Eran tantos los que venían con
sus camellos, que no se podían
contar. Parecían una plaga de
saltamontes, pues todo lo destruían y hacían sufrir mucho a los
israelitas. Esto mismo pasaba en
la región de la costa cercana a
Gaza.
7 Entonces los israelitas le suplicaron a Dios que los salvara del
poder de los madianitas, **8** y Dios
les envió un profeta para que les
dijera:

«El Dios de Israel los sacó de
Egipto, donde eran esclavos. **9** No
sólo los libró de los egipcios sino
también de todas las otras naciones que los maltrataban y les
robaban. A medida que ustedes
avanzaban, él iba echando fuera
a esas naciones para darles a
ustedes esos territorios. **10** Dios
les dijo que él es el único Dios verdadero, y que ustedes no debían
adorar a los dioses de los amorr-
os, en cuyo territorio ahora
viven. Pero no le hicieron caso».

11 Luego vino el ángel de Dios y se
sentó bajo el roble que está en
Ofrá. Ese árbol pertenecía a Joás,
que era descendiente de Abiézer.
En ese momento, Gedeón hijo de
Joás, estaba limpiando trigo, a
escondidas de los madianitas, en
el lugar donde se pisaban las uvas
para hacer vino. **12** El ángel de Dios
se le apareció a Gedeón y le dijo:

—¡Qué fuerte y valiente eres! ¡Por
eso Dios está contigo!
13 Gedeón le respondió:

—Perdón, señor, pero si Dios está
con nosotros, ¿por qué nos pasa
todo esto? ¿Por qué no hace milagros como cuando nos libró de
Egipto? Nuestros antepasados nos
han contado las maravillas que
Dios hizo antes; pero ahora nos ha
abandonado, nos ha dejado caer
en manos de los madianitas.

14 Entonces Dios mismo miró a
Gedeón y le dijo:

—Pues eres tú quien va a salvar a
Israel del poder de los madianitas. Además de tus propias fuerzas, cuentas con mi apoyo.

15 Gedeón le preguntó a Dios:

—Pero mi Dios, ¿cómo podré librar
a los israelitas? Mi grupo familiar
es el más pobre de la tribu de
Manasés, y yo soy el menos
importante de toda mi familia.

16 Y Dios le contestó:

—Podrás hacerlo porque yo estaré
contigo para ayudarte. Derrotarás
a los madianitas como si derrota-
ras a un solo hombre.

17 Entonces Gedeón se dirigió al
ángel y le dijo:

—Si cuento con la aprobación de
Dios, dame una señal de que realmente es él quien me ha hablado.
18 Por favor, no te vayas de aquí
hasta que yo vuelva. Quiero ofrecerte de comer.

El ángel de Dios le aseguró:

—Esperaré aquí hasta que regreses.

19 Gedeón se fue a su casa.
Preparó un cabrito, y con diez
kilogramos de harina hizo panes
sin levadura. Luego puso la carne
en una canasta y el caldo en una
olla. Lo llevó todo hasta el roble y
se lo ofrendó a Dios. **20** El ángel le
ordenó que pusiera la carne y los
panes sobre una piedra, y que

echara el caldo encima. Y Gedeón obedeció. **21** Por su parte, el ángel, con la punta del bastón que tenía en la mano, tocó la carne y los panes sin levadura. En seguida salió fuego de la piedra y quemó toda la carne y los panes; luego el ángel de Dios desapareció. **22** En ese momento Gedeón se dio cuenta de que se trataba del ángel de Dios, y lleno de miedo exclamó:

—Dios mío, de seguro moriré, pues he visto tu ángel cara a cara.

23 Pero Dios le dijo:

—No tengas miedo, no te vas a morir. Al contrario, he venido a darte paz.

24 Entonces Gedeón edificó allí un altar a Dios, y le puso por nombre «Dios es paz». Hasta el momento en que este relato se escribe, este altar todavía está en Ofrá, ciudad del grupo familiar de Abiézer.

25 Esa misma noche, Dios le dijo a Gedeón:

«Ve al ganado de tu padre y toma el mejor toro. Derriba el altar de Baal que tiene tu padre, y destruye la estatua de la diosa Aserá, que está junto al altar de Baal. **26** Luego, con piedras labradas, edifica un altar en mi honor en la parte alta de la colina. Toma el toro y ofrécemelo como sacrificio, usando como leña la estatua que destruiste».

27 Así que esa noche Gedeón se llevó a diez de sus sirvientes e hizo lo que Dios le había ordenado. No se atrevió a hacerlo de día por miedo a su familia y a gente de la ciudad.

28 A la mañana siguiente, cuando los habitantes de la ciudad se levantaron, vieron que el altar de Baal había sido derribado, y que habían destruido la estatua de Aserá. Vieron, además, que el mejor toro había sido sacrificado sobre el nuevo altar. **29** Unos a otros se preguntaban: «¿Quién habrá hecho esto?» Después de buscar y averiguar, se enteraron de que Gedeón lo había hecho. **30** Entonces buscaron al padre de Gedeón y le dijeron:

—¡Trae aquí a tu hijo! Lo vamos a matar, porque ha derribado el altar de Baal y destruido la estatua de la diosa Aserá.

31 Pero Joás les dijo a todos:

—¡Ahora resulta que ustedes están de parte de Baal, y lo quieren defender! ¡Pues cualquiera que lo defienda, que muera antes del amanecer! Si Baal es dios, que se defienda a sí mismo. Después de todo, el altar derribado era suyo.

32 Desde entonces le cambiaron el nombre a Gedeón y lo llamaron Jerubaal, porque Joás había dicho: «¡Que Baal se defienda a sí mismo!¡ El altar derribado era suyo».

33 Después de esto, todos los madianitas se unieron a los amalecitas y a los pueblos del este. Cruzaron el río Jordán y acamparon en el valle de Jezreel. **34** Pero Gedeón, guiado por el espíritu de Dios, tocó la trompeta para que se le uniera la gente de Abiézer. **35** Mandó mensajeros por todo el territorio de la tribu de Manasés, para que también esta tribu se les uniera. Además, envió mensajeros a las tribus de Aser, Zabulón y Neftalí, y todos se le unieron.

36 Y Gedeón le dijo a Dios:

«Quiero saber si de veras me vas a usar para liberar a los israelitas, tal y como me dijiste. **37** Voy a poner esta lana de oveja en el lugar donde se limpia el trigo. Si por la mañana la lana está mojada de rocío, pero el suelo alrededor está seco, sabré que de veras me vas a usar para salvar a los israelitas».

38 Y eso fue lo que ocurrió. Al día siguiente muy temprano, cuando Gedeón se levantó, exprimió la lana y sacó tanta agua que llenó un tazón. **39** Después Gedeón le dijo a Dios: «¿No te enojas si te digo algo? Déjame, por favor, hacer una prueba más. Que esta vez la lana quede seca y el rocío caiga sólo sobre el suelo». **40** Y eso fue lo que Dios hizo aquella noche. A la mañana siguiente la lana estaba seca, pero el suelo estaba todo mojado.

Gedeón derrota a los madianitas

7 **1** Gedeón, a quien ahora llamaban Jerubaal, y todos los que estaban con él, se levantaron muy temprano y se fueron a acampar junto al manantial de Harod. El campamento de los madianitas les quedaba al norte, en el valle que está al pie del monte Moré. **2** Dios le dijo a Gedeón:

«Hay demasiados soldados en tu ejército, y van a pensar que la victoria sobre los madianitas será de ellos y no mía. **3** Por eso, reúnelos y diles que cualquiera que tenga miedo regrese a su casa».

De esta manera Gedeón los puso a prueba. Veintidós mil soldados regresaron a su casa, y diez mil se quedaron.

4 Dios le volvió a hablar a Gedeón: «Todavía hay demasiados soldados. Llévalos a tomar agua, para que yo los ponga a prueba. Allí te señalaré quiénes irán contigo, y quiénes no».

5 Gedeón los llevó a tomar agua, y Dios le dijo: «Pon a un lado a los que se inclinen para beber, y aparta a todos los que saquen agua con las manos y la beban como los perros».

6 Trescientos soldados recogieron agua con las manos y, llevándosela a la boca, la bebieron como hacen los perros. Todos los demás se inclinaron para beber. **7** Dios le dijo entonces a Gedeón: «Con estos trescientos soldados voy a salvarlos y les daré la victoria sobre los madianitas. Todos los demás, pueden irse a su casa».

8 Así que Gedeón se quedó con trescientos hombres. Recogió los cántaros y las trompetas de los demás, y los mandó de vuelta a sus tiendas de campaña. El campamento de los madianitas quedaba más abajo, en el valle.

9 Esa misma noche Dios le ordenó a Gedeón:

«Levántate y ataca a los madianitas. Yo te daré la victoria sobre ellos. **10** Pero si tienes miedo de atacarlos, baja al campamento con tu sirviente Purá. **11** Cuando oigas lo que están diciendo, perderás el miedo».

Gedeón se fue con su sirviente a los puestos de vigilancia del ejército enemigo. **12** Los madianitas, los amalecitas y toda la gente del este se habían dispersado por todo el valle. Parecían una plaga de saltamontes, y tenían tantos camellos como la arena que hay en la playa. **13** Cuando llegó Gedeón, oyó que un soldado le contaba a otro el sueño que había tenido. Le decía:

—Soñé que un pan de cebada venía rodando sobre nuestro campamento, y chocaba contra una tienda y la derribaba.

14 Su compañero le respondió:

—¡No cabe duda de que se trata del ejército de Gedeón! ¡Dios le va a dar la victoria sobre nuestro ejército!

15 Cuando Gedeón oyó el relato del sueño y lo que significaba, adoró a Dios. Luego Gedeón volvió al campamento israelita y ordenó: «¡Arriba todos! Dios nos va a dar la victoria sobre el ejército madianita».

16 Gedeón dividió a sus hombres en tres grupos, y les dio trompetas y cántaros vacíos. Dentro de los cántaros pusieron antorchas encendidas. **17** Después les dijo:

«Al acercarnos al campamento madianita, fíjense en mí y hagan lo que me vean hacer. **18** Cuando mi grupo y yo toquemos la trompeta, ustedes también hagan sonar las suyas y griten: "¡Por Dios y por Gedeón!"».

19 Gedeón y los cien hombres que estaban con él se acercaron al campamento poco antes de la medianoche, cuando estaba por cambiar el turno de la guardia. Hicieron sonar sus trompetas y rompieron los cántaros que llevaban en las manos, **20** y los otros dos grupos hicieron lo mismo. Con la antorcha en la mano izquierda y la trompeta en la derecha, todos gritaron: «¡Al ataque! ¡Por Dios y por Gedeón!»

21 Los israelitas se quedaron quietos en sus puestos, rodeando el campamento enemigo. Al oír los gritos, todos los del ejército madianita salieron corriendo. **22** Los israelitas por su parte seguían tocando sus trompetas, mientras Dios hacía que las tropas enemigas se atacaran entre sí y salieran huyendo. Se fueron a Betsitá, camino de Sererá, y llegaron hasta la frontera de Abel-meholá, cerca de Tabat.

23 Entonces llamaron a los hombres de las tribus de Neftalí, de Aser y de todo Manasés, para que persiguieran a los madianitas. **24** Gedeón envió mensajeros por todo el territorio de Efraín, con este mensaje: «¡Vengan a pelear contra los madianitas! Vigilen las partes bajas del río Jordán y de los arroyos, hasta Bet-bará, para que los madianitas no puedan cruzar por allí».

Los de la tribu de Efraín obedecieron estas órdenes, **25** y capturaron además a Oreb y a Zeeb, que eran dos jefes madianitas. Mataron a Oreb en la piedra que ahora se conoce como Roca de Oreb. A Zeeb lo mataron en el lugar donde se exprimían las uvas para hacer el vino, y que se conoce como Lagar de Zeeb. Persiguieron a los madianitas, y después llevaron las cabezas de Oreb y de Zeeb a Gedeón, que estaba al otro lado del río Jordán.

Derrota final de los madianitas

8 **1** Los de la tribu de Efraín estaban muy enojados con Gedeón, y le reclamaron:

—¿Por qué no nos dijiste que ibas a pelear contra los madianitas? ¿Por qué no nos avisaste?

2 Gedeón les respondió:

—Comparado con lo que hicieron ustedes, yo no he hecho nada. Lo poco que hicieron ustedes fue mucho más de lo que hicimos nosotros. **3** Con la ayuda de Dios pudieron capturar a Oreb y Zeeb, los jefes madianitas, y eso tiene mucho más valor.

Con estas palabras de Gedeón, se les pasó el enojo a los de Efraín. **4** Gedeón y los trescientos hombres que lo acompañaban llegaron al río Jordán, y lo cruzaron. Estaban muy cansados, pero seguían persiguiendo al enemigo. **5** Al llegar a Sucot, Gedeón les pidió a los que vivían allí:

—Por favor, denles algo de comer a mis soldados, porque están muy cansados. Estamos persiguiendo a Zébah y Salmuná, los dos reyes madianitas.

6 Pero los jefes de Sucot le respondieron:

—¿Por qué tenemos que darle de comer a tu ejército? ¡Todavía no han capturado a Zébah y Salmuná!

7 Entonces Gedeón les dijo:

—Está bien. Con la ayuda de Dios capturaremos a Zébah y a Salmuná, y cuando lo hayamos hecho volveremos a este lugar y nos vengaremos de ustedes. ¡Los azotaremos con ramas espinosas y arbustos del desierto!

8 De allí Gedeón se fue a la ciudad de Penuel, y les pidió lo mismo a los que vivían allí. Los de Penuel les contestaron lo mismo que los de Sucot. 9 Así que Gedeón les dijo a los de Penuel:

—¡Cuando vuelva, después de lograr la paz, echaré abajo esta torre!

10 Zébah y Salmuná estaban en Carcor con unos quince mil hombres, que era lo que quedaba del ejército que salió del este, porque habían muerto ciento veinte mil soldados. 11 Gedeón subió por el camino que pasa al este de Nóbah y Jogbehá, y los atacó por sorpresa. 12 Zébah y Salmuná trataron de huir, pero Gedeón los persiguió y los capturó. Eso causó mucho miedo y confusión en el ejército madianita.

13 Cuando Gedeón volvía de la batalla por el paso de Jeres, 14 capturó a un joven de Sucot y le hizo unas preguntas. El joven le dio los nombres de los setenta y siete jefes de Sucot. 15 Entonces Gedeón fue a hablar con los hombres de Sucot y les dijo: «¿Se acuerdan que se burlaron de mí y no quisieron ayudarme? Me dijeron que no podían darle de comer a mi cansado ejército, porque todavía no habíamos capturado a Zébah y a Salmuná. ¿Se acuerdan? ¡Pues aquí los tienen!»

16 Y Gedeón tomó a los jefes de Sucot, y los azotó con ramas espinosas y arbustos del desierto. 17 También echó abajo la torre de Penuel, y mató a los hombres de esa ciudad.

18 Después les preguntó a Zébah y a Salmuná:

—¿Cómo eran los hombres que mataron ustedes en Tabor?

Ellos le respondieron:

—Se parecían a ti. Todos parecían ser príncipes.

19 Gedeón exclamó:

—¡Eran mis hermanos, los hijos de mi propia madre! Les juro por Dios que, si los hubieran dejado vivir, yo no los mataría a ustedes dos ahora.

20 En seguida Gedeón le ordenó a Jéter, su hijo mayor: «¡Vamos! ¡Mátalos!»

Pero Jéter no se animó a sacar su espada, porque era todavía muy joven. 21 Entonces Zébah y Salmuná le dijeron a Gedeón: «Si realmente eres tan valiente, ¡mátanos tú mismo!»

Entonces Gedeón se levantó y los mató. Luego les quitó a los camellos de Zébah y Salmuná los adornos que llevaban al cuello.

22 Después de eso los israelitas le dijeron a Gedeón:

—Queremos que tú y tus descendientes nos gobiernen, porque nos has salvado de los madianitas.

23 Gedeón les respondió:

—Ni mi hijo ni yo los gobernaremos. Quien los va a gobernar es Dios. 24 Pero una sola cosa les pido: que cada uno me entregue los anillos de la gente que ha capturado.

Y es que los madianitas, como otra gente que vivía en el desierto, usaban anillos de oro. 25 Así que los israelitas le respondieron:

—Con mucho gusto. Aquí están.

Y extendieron en el piso una capa donde cada uno echó un anillo de los que habían capturado. 26 El oro de los anillos que recibió Gedeón pesaba casi diecinueve kilos. Además, le entregaron adornos, joyas y telas finas que usaban los reyes madianitas, y los collares de sus camellos. 27 Con todo ese oro, Gedeón hizo una estatua y la colocó en Ofrá, su ciudad. Todos los israelitas le fueron infieles a Dios, porque iban a adorar esa estatua. Aun

para Gedeón y su familia, la estatua resultó ser una trampa. 28 Así fue como Israel venció a los madianitas, los cuales nunca más recobraron su poder. Y mientras Gedeón vivió, hubo en esa región cuarenta años de paz.

Muerte de Gedeón

29 Gedeón se fue a vivir a su propio pueblo, 30 y allí tuvo muchos hijos con sus varias esposas. 31 Pero en Siquem tuvo otra mujer, de la cual nació un hijo a quien llamó Abimélec. 32 Cuando Gedeón murió, era ya muy anciano. Lo enterraron en la tumba de su padre Joás, en Ofrá, ciudad de Abiézer.

33 Después de que murió Gedeón, los israelitas volvieron a pecar contra Dios, pues adoraron a dioses falsos. Eligieron a Baal-berit como su dios, 34 y se olvidaron del Dios verdadero, que los había librado de todos sus enemigos. 35 Y no fueron bondadosos con la familia de Gedeón, a pesar de todo el bien que él les había hecho.

Abimélec

9 1 Abimélec, hijo de Gedeón, se fue a Siquem para hablar con sus parientes, y les dijo: 2 «Convenzan a la gente de Siquem de que es mejor que los gobierne yo, que soy su pariente materno, y no los muchos hijos de Gedeón».

3 Entonces sus parientes se fueron a hablar con los de Siquem. Estos decidieron apoyar a Abimélec, 4 y le dieron mucho dinero, el cual sacaron del templo de Baal-berit para que matara a los otros hijos de Gedeón. Abimélec alquiló a unos bandoleros para que lo acompañaran, 5 y fue al pueblo de su padre. Allí, sobre una misma piedra mató a sus hermanos. El único que se salvó fue Jotam, el hijo menor de Gedeón, porque se había escondido. 6 Entonces toda la gente de Siquem se reunió con la de Betmiló, junto al roble sagrado que está en Siquem, y nombraron rey a Abimélec.

La fábula de Jotam

7 Cuando Jotam se enteró de que habían nombrado rey a Abimélec, subió a lo más alto del monte Guerizim, y desde allí gritó con voz muy fuerte:

«¡Oigan gente de Siquem lo que voy a contarles! ¡Así tal vez Dios los oiga a ustedes!

8 »En cierta ocasión los árboles salieron a buscar a alguien que reinara sobre ellos. Le pidieron al olivo que fuera su rey, **9** pero el olivo les respondió: ''Para ser rey de los árboles tendría que dejar de producir aceite, el cual se usa para honrar a los dioses y a los hombres''.
10 »Le pidieron entonces a la higuera que reinara sobre ellos, **11** pero la higuera les respondió: ''Para reinar sobre los árboles tendría que dejar de dar higos dulces y sabrosos''.
12 »Luego le pidieron a la planta de uvas que reinara sobre ellos, **13** pero ella les respondió: ''Para reinar sobre los árboles tendría que dejar de producir vino, el cual alegra a los dioses y a los hombres''.
14 »Entonces todos los árboles le pidieron al pequeño arbusto que fuera su rey, **15** pero el arbusto, que estaba lleno de espinas, les respondió: ''Si de veras quieren que sea yo su rey, vengan a refugiarse bajo mi sombra. De lo contrario, aunque soy pequeño, de mí saldrá fuego y consumirá a todos los grandes cedros del Líbano''.

16 »¿Les parece que fueron ustedes honestos y sinceros cuando nombraron rey a Abimélec? ¿Han sido leales a Gedeón, y han tratado bien a su familia, como él los trató a ustedes? **17** Mi padre peleó por ustedes y arriesgó su vida cuando los rescató de los madianitas. **18** En cambio, ustedes se han rebelado hoy contra la familia de mi padre al matar sobre una misma piedra a sus

hijos. Además, han nombrado rey de Siquem a Abimélec, sólo porque es pariente materno de ustedes. **19** Si lo que hicieron hoy con Gedeón y su familia fue en verdad honesto y sincero, alégrense con Abimélec, y que él también esté contento con ustedes. **20** Pero si no es así, que salga de Abimélec un fuego que devore a la gente de Siquem y de Bet-miló, y que de estas dos ciudades salga un fuego que lo destruya a él».

21 Cuando Jotam terminó de decir esto, huyó y se fue a vivir a un pueblo llamado Pozo, porque tenía miedo de su hermanastro Abimélec.

Rebelión contra Abimélec

22 Después de que Abimélec había reinado tres años, **23** Dios hizo que la gente de Siquem se rebelara contra Abimélec. **24** Así pagó Abimélec el haber matado a sus hermanos, y los de Siquem por haberlo ayudado a hacerlo. **25** Algunos de Siquem se escondieron en las montañas, dedicándose a robar a todos los que pasaban por allí. Y Abimélec se enteró de esto.
26 En cierta ocasión, Gáal hijo de Ébed pasó por Siquem con sus hermanos y se ganó la confianza de los de esa ciudad, **27** los cuales salieron al campo y recogieron uvas para hacer vino. Hicieron una gran fiesta, donde además de maldecir a Abimélec, comieron y bebieron en el templo de su dios. **28** Y Gáal dijo:

«¿Quién se cree Abimélec? ¿Por qué los de Siquem tenemos que ser sus esclavos? Se cree mucho por ser hijo de Gedeón, pero la verdad es que tanto Gedeón como Zebul fueron simples ayudantes de Hamor, el verdadero jefe de Siquem. ¡Así que nosotros serviremos a Hamor, pero no a Abimélec! **29** Si yo fuera jefe de ustedes, echaría de aquí a Abimélec y le diría que reúna todos los soldados

que pueda para pelear contra mí».

30 Cuando Zebul, gobernador de la ciudad, oyó lo que decía Gáal, se enojó mucho. **31** Entonces le envió este mensaje a Abimélec, que estaba en Arumá:

«Gáal y sus hermanos han llegado a Siquem, y están alborotando a la gente y poniéndola en contra tuya. **32** Ven con tus soldados esta noche y escóndete en el campo, **33** y ataca la ciudad al amanecer. Y cuando Gáal y sus hombres salgan a pelear contra ti, haz con ellos lo que te parezca mejor».

34 Así que Abimélec y todos los que estaban con él salieron esa noche y, divididos en cuatro grupos, se escondieron alrededor de Siquem. **35** Cuando Gáal salió al portón de la ciudad, Abimélec y sus hombres salieron de sus escondites. **36** Gáal los vio y le dijo a Zebul:

—¡Mira! ¡Por los cerros viene bajando gente!

Zebul le respondió:

—No es gente. Son las sombras de los cerros.

37 Gáal volvió a decirle:

—¡Mira bien! ¡Son hombres los que vienen bajando por el cerro central! ¡Y por el camino del roble de los adivinos viene otro grupo!

38 Entonces Zebul le dijo:

—¿Y ahora qué me dices? ¿No decías que Abimélec no era nadie para hacernos sus esclavos? ¡Ahí están los hombres que despreciaste! ¡Sal a combatirlos!

39 Gáal salió entonces al frente de la gente de Siquem, y peleó contra Abimélec. **40** Pero Abimélec lo persiguió, y Gáal salió huyendo. Muchos cayeron heridos a lo largo del camino, hasta el portón de la ciudad. **41** Zebul, por su parte, echó a Gáal y a sus hermanos, y no los dejó vivir en Siquem. Abimélec se quedó en Arumá.

42 Al día siguiente, Abimélec se enteró de que los de Siquem saldrían al campo. **43** Dividió entonces a sus hombres en tres grupos, los cuales se escondieron en los campos. Cuando Abimélec vio que los de Siquem salían de la ciudad, salió él también de su escondite y los atacó. **44** Rápidamente Abimélec y el grupo que estaba con él fueron a apoderarse del portón de la ciudad, mientras los otros dos grupos atacaban a todos los que estaban en los campos y los mataban. **45** Abimélec siguió peleando todo ese día, hasta que se apoderó de la ciudad, y mató a la gente que estaba allí. Luego destruyó la ciudad y esparció sal sobre las ruinas.

46 Cuando los que estaban en la Torre de Siquem se enteraron de lo que había sucedido, se refugiaron en el templo de El-berit. **47** Abimélec supo que los de la Torre de Siquem se habían refugiado allí, **48** así que se fue con toda su gente al monte Salmón. Con un hacha cortó unas ramas, se las colocó sobre el hombro, y les dijo a sus hombres que hicieran lo mismo con rapidez. **49** Todos cortaron ramas y fueron con Abimélec hasta el refugio del templo, allí pusieron las ramas y les prendieron fuego. Así quemaron la torre, y murieron todos los que estaban dentro de ella, que eran unas mil personas, entre hombres y mujeres.

50 Después Abimélec se fue a Tebés, la rodeó y la capturó. **51** Dentro de la ciudad había una torre muy bien protegida. Todos los hombres y las mujeres de la ciudad se refugiaron allí. Cerraron bien las puertas y se fueron al techo. **52** Abimélec se acercó a la puerta de la torre para atacarla, pero cuando se preparaba para incendiarla **53** una mujer le arrojó una piedra de molino. La piedra le

cayó en la cabeza y le rompió el cráneo. **54** Rápidamente llamó Abimélec a su ayudante de armas, y le dijo: «Saca tu espada y mátame. No quiero que se diga que una mujer me mató».

Entonces su ayudante le clavó la espada, y Abimélec murió. **55** Cuando los israelitas se enteraron de que había muerto, regresaron a sus casas.

56 De esta manera Dios castigó a Abimélec por el crimen que había cometido contra su padre, al matar a sus hermanos. **57** También Dios hizo que los de Siquem pagaran por todos sus crímenes, tal como lo había dicho Jotam cuando los maldijo.

Tolá

10 **1** Después de Abimélec, un hombre llamado Tolá, de la tribu de Isacar, fue el jefe que salvó a Israel. Tolá era hijo de Puá y nieto de Dodó, y vivía en Samir, en las montañas de Efraín. **2** Durante veinte años dirigió a los israelitas, hasta que murió y fue sepultado en Samir.

Jaír

3 Después de Tolá, fue jefe Jaír, que era de Galaad. Jaír fue jefe de los israelitas veintidós años. **4** Tuvo treinta hijos, y todos ellos eran gente importante. Tenían, además, treinta ciudades en Galaad, que todavía se conocen como «las ciudades de Jaír». **5** Cuando Jaír murió, lo enterraron en un lugar llamado Camón.

Los amonitas dominan Israel

6 Los israelitas volvieron a pecar contra Dios porque adoraban a Baal y Astarté, y también a los dioses de los sirios, los sidonios, los moabitas, los amonitas y los filisteos. Abandonaron a Dios y dejaron de adorarlo. **7** Entonces Dios se enfureció contra los israelitas, y dejó que los filisteos y los amonitas los dominaran. **8** Durante dieciocho años los filisteos y los amonitas fueron crueles y maltrataron a todos los

israelitas que vivían en Galaad, al este del río Jordán, en la región de los amorreos. **9** Los amonitas cruzaron el Jordán para atacar también a las tribus de Judá, Benjamín y Efraín, y los israelitas se vieron en graves problemas.

10 Entonces los israelitas le pidieron ayuda a Dios, y le dijeron:

—Hemos pecado contra ti al abandonarte para adorar a dioses falsos.

11 Dios les respondió:

—Yo los libré de los egipcios, de los amorreos, de los amonitas y de los filisteos, ¿no es verdad? **12** Cuando ustedes me suplicaron que los salvara, yo los libré de los sidonios, de los amalecitas y de los madianitas. **13** A pesar de eso, ustedes volvieron a abandonarme para adorar a dioses falsos, así que ahora no los voy a salvar. **14** ¡Vayan a pedirle ayuda a los otros dioses! ¡Ya que ustedes los eligieron, que ellos los saquen del problema!

15 Los israelitas volvieron a decirle a Dios:

—Reconocemos que hemos pecado, así que haz con nosotros lo que mejor te parezca. Pero, por favor, ¡sálvanos ya!

16 Quitaron entonces los dioses falsos que tenían, y volvieron a adorar a Dios. Y él se puso triste al ver cómo sufría su pueblo.

17 Los amonitas se prepararon para la guerra y acamparon en Galaad. Los israelitas, por su parte, se reunieron y acamparon en Mispá. **18** Los líderes israelitas que vivían en Galaad se pusieron de acuerdo y dijeron: «El que se anime a dirigirnos a luchar contra los amonitas será el jefe de todos los que vivimos en Galaad».

Jefté

11 **1** Jefté, un valiente soldado de la zona de Galaad, era hijo de una prostituta. Su padre, que se llamaba Galaad, **2** tuvo otros hijos con su esposa, y cuando éstos crecieron echaron de la casa a Jefté. Le dijeron: «No vas a recibir ninguna herencia de tu padre, porque eres hijo de otra mujer». **3** Entonces Jefté se alejó de sus hermanos y se fue a vivir a la tierra de Tob. Allí reunió a unos bandoleros que salían con él a robar. **4** Después de algún tiempo los amonitas atacaron a los de Israel. **5** Los líderes de Galaad fueron entonces a la tierra de Tob a buscar a Jefté, **6** y le dijeron:

—Queremos que seas nuestro líder en la guerra contra los amonitas. Ven con nosotros.

7 Jefté les respondió:

—Si tanto me odiaban ustedes, que hasta me echaron de la casa de mi padre, ¿por qué ahora que están en problemas me vienen a buscar?

8 Ellos le contestaron:

—Justamente porque estamos en problemas, necesitamos que vengas con nosotros a atacar a los amonitas. Queremos que seas el jefe de todos los que vivimos en Galaad.

9 Jefté entonces les dijo:

—Está bien. Pero si vuelvo con ustedes, y Dios me ayuda a vencer a los amonitas, ¿de veras seré su jefe?

10 Y los líderes le aseguraron:

—Dios es nuestro testigo de que haremos todo lo que tú nos digas.

11 Así que Jefté se fue con ellos, y el pueblo lo nombró jefe y gobernador. En Mispá, Jefté puso a Dios por testigo del trato que hicieron.

12 Después de eso, Jefté envió unos mensajeros al rey de los amonitas para que le dijeran:

«¿Qué tienes contra nosotros? ¿Por qué vienes a atacar mi territorio?»

13 El rey de los amonitas le respondió:

«Vengo a recuperar nuestras tierras, desde el río Arnón hasta los ríos Jaboc y Jordán. Ustedes se apoderaron de ellas cuando salieron de Egipto, pero ahora me las tienen que devolver pacíficamente».

14 Jefté volvió a enviar mensajeros al rey de los amonitas **15** con esta respuesta:

«Nosotros no les hemos quitado tierras a los moabitas ni a los amonitas. **16** Lo que ocurrió fue que, cuando salimos de Egipto, cruzamos el desierto hasta el Mar de los Juncos y llegamos a Cadés. **17** Luego enviamos mensajeros al rey de Edom pidiéndole permiso para pasar por su territorio, pero él no nos dejó pasar. También se enviaron mensajeros al rey de los moabitas, y él tampoco nos dio permiso, así que nos quedamos en Cadés.

18 »Después seguimos por el desierto, rodeando el territorio de Edom y de los moabitas. Cuando llegamos al este del territorio moabita, acampamos allí, al otro lado del río Arnón, y como este río es la frontera no entramos a territorio moabita. **19** Entonces mandamos mensajeros a Sihón, el rey amorreo de Hesbón, pidiéndole que nos dejara pasar por su territorio para llegar al nuestro. **20** Pero el rey Sihón desconfió de nosotros, y no nos permitió pasar por su territorio. Al contrario, acampó en Jahas con todo su ejército y nos atacó. **21** Sin embargo nuestro Dios nos hizo vencer a todo el ejército de Sihón. Entonces nos apoderamos de todo el territorio de los amorreos que vivían allí, **22** desde el río Arnón hasta el río Jaboc, y desde el desierto hasta el Jordán.

23 ¿Y ahora quieres tú recuperar el territorio que el Dios de Israel les quitó a ustedes y nos dio a nosotros? **24** Lo que su dios Quemós les ha dado es de ustedes, y lo que nuestro Dios nos ha dado es de nosotros.

25 »¿Te crees más importante que Balac, el rey de los moabitas? Él nunca combatió contra los israelitas ni les hizo la guerra. **26** Trescientos años hemos vivido en Hesbón y en Aroer, en las aldeas que las rodean, y en las ciudades a orillas del río Arnón; ¿por qué en todo este tiempo no se apoderaron de estos territorios? **27** Yo no les he hecho ningún mal. Son ustedes los que están actuando mal al atacarnos. ¡Pero el Dios de Israel será el que juzgue entre ustedes y nosotros!»

28 Pero el rey de los amonitas no hizo caso del mensaje que Jefté le envió.

Promesa de Jefté

29 Después de esto el espíritu de Dios actuó sobre Jefté, y lo hizo recorrer los territorios de Galaad y Manasés, y volver después a Mispá de Galaad. De allí Jefté fue al territorio de los amonitas, **30** en donde le prometió a Dios: «Si me das la victoria sobre los amonitas, **31** yo te ofreceré como sacrificio a la primera persona de mi familia que salga a recibirme».

32 Jefté cruzó el río para atacar a los amonitas, y Dios le dio la victoria sobre ellos. **33** Mató a muchos enemigos y conquistó veinte ciudades, desde Aroer hasta la zona de Minit, llegando hasta Abel-queramim. Así los israelitas dominaron a los amonitas. **34** Cuando Jefté regresó a su casa en Mispá, su única hija salió a recibirlo, bailando y tocando panderetas. Aparte de ella Jefté no tenía otros hijos, **35** así que se llenó de tristeza al verla, y rompió sus ropas como señal de su desesperación. Le dijo:

—¡Ay, hija mía! ¡Qué tristeza me da verte! Y eres tú quien me causa este gran dolor, porque le hice una promesa a Dios y tengo que cumplírsela.

36 Ella le respondió:

—Padre, si le prometiste algo a Dios, cumple conmigo tu promesa, ya que él te ha dado la victoria sobre tus enemigos, los amonitas. **37** Pero una cosa te pido, padre mío: Déjame ir dos meses a las montañas, con mis amigas. Tengo mucha tristeza por tener que morir sin haberme casado; necesito llorar.

38 Su padre le dio permiso de hacerlo, y ella se fue a las montañas con sus amigas. Allí lloró y lamentó el haberse quedado soltera. **39** Pasados los dos meses, regresó a donde estaba su padre, quien cumplió con ella la promesa que había hecho. Y ella murió sin haberse casado. De ahí comenzó la costumbre **40** de todos los años, de que las jóvenes israelitas dedican cuatro días a hacer lamentos por la hija de Jefté.

Jefté y la tribu de Efraín

12 **1** Los hombres de la tribu de Efraín se prepararon para la batalla. Cruzaron el río Jordán y se dirigieron a Safón. Allí le dijeron a Jefté:

—¿Por qué cruzaste el río para pelear contra los amonitas, y no nos pediste ayuda? ¡Le prenderemos fuego a tu casa, y morirás quemado!

2 Jefté les contestó:

—Mi gente y yo tuvimos una discusión muy seria con los amonitas, y cuando los llamamos a ustedes, no vinieron a ayudarnos. **3** Al ver que ustedes no venían a defendernos, decidí arriesgar mi vida y ataqué a los amonitas. Y si Dios me ayudó a vencerlos, ¿por qué ahora vienen ustedes a atacarme?

4 Pero los de Efraín le contestaron:

—Ustedes los de Galaad son tan sólo unos refugiados en nuestras tierras, pues viven en los territorios de las tribus de Efraín y de Manasés.

Entonces Jefté reunió a todos los hombres de Galaad, y peleó contra los de Efraín y los venció. **5** Para que los de Efraín no pudieran escapar, los de Galaad se quedaron vigilando las partes menos profundas del río Jordán. Cuando algún fugitivo de Efraín se acercaba para cruzar el río, los de Galaad le preguntaban: «¿Eres de la tribu de Efraín?» Si aquel respondía que no, **6** entonces le pedían que dijera: «Muchacho». Si lo pronunciaba «Mushasho», porque no sabía decirlo de otro modo, lo mataban allí mismo. En esa ocasión mataron a cuarenta y dos mil hombres de Efraín.

7 Jefté fue jefe de los israelitas durante seis años. Cuando murió, lo enterraron en Galaad, ciudad donde nació.

Ibsán

8-9 Después de Jefté, Ibsán de Belén fue el jefe de los israelitas durante siete años. Tuvo treinta hijos y treinta hijas, y a todos los casó con gente que no era de su tribu. **10** Cuando murió, lo enterraron en Belén.

Elón

11 Después de Ibsán, Elón, de la tribu de Zabulón, fue jefe de los israelitas durante diez años. **12** Cuando murió, lo enterraron en Aialón, en el territorio de su tribu.

Abdón

13-15 Después de Elón, el jefe de los israelitas fue Abdón hijo de Hilel, y los dirigió durante ocho años. Abdón tuvo cuarenta hijos y treinta nietos, y todos ellos eran gente importante. Cuando murió Abdón, lo enterraron en Piratón, donde había nacido. Piratón estaba en el territorio de Efraín, en la zona montañosa de

los amalecitas.

Nacimiento de Sansón

13 **1** Los israelitas volvieron a pecar contra Dios, así que él dejó que los filisteos los dominaran durante cuarenta años.

2 En ese tiempo vivía en Sorá un hombre de la tribu de Dan, llamado Manoa. Su esposa no podía tener hijos, **3** pero un día un ángel se le apareció y le dijo:

«Aunque no has podido tener hijos, porque eres estéril, ahora vas a quedar embarazada y tendrás un varón. **4-5** Desde su nacimiento dedicarás tu hijo a Dios como nazireo. Por eso no debes beber vino ni otras bebidas fuertes, ni comer comidas impuras, y al niño nunca se le debe cortar el cabello. Ahora los filisteos dominan a los israelitas, pero con este niño comenzará su liberación».

6 La mujer fue a contárselo a su esposo:

—Un hombre de Dios vino a donde yo estaba, y me impresionó tanto que no me atreví a preguntarle cómo se llamaba, ni él me dijo de dónde venía. Su cara era como la de un ángel. **7** Lo que me dijo fue esto: ''Vas a quedar embarazada, y tendrás un varón. Desde que nazca hasta que muera, será dedicado a Dios como nazireo. Por eso, no bebas vino ni otras bebidas fuertes, ni comas comida impura''.

8 Entonces Manoa le rogó a Dios: «¡Dios mío, que venga otra vez ese hombre que mandaste! ¡Que nos enseñe lo que debemos hacer con el hijo que nacerá!»

9 Dios hizo lo que Manoa le pidió, y mandó otra vez al ángel, el cual se le apareció a la mujer cuando ella estaba en el campo. Como Manoa no estaba allí, **10** ella se fue corriendo a llamarlo:

—¡Manoa! ¡Manoa! ¡Aquí está el

hombre que vi el otro día!

11 Manoa se levantó y acompañó a su esposa hasta donde estaba el hombre, y le preguntó:

—¿Eres tú quien habló con mi esposa el otro día?

El hombre le respondió que sí, **12** y entonces Manoa le dijo:

—Cuando se cumpla lo que dijiste, ¿cómo debemos criar al niño? ¿Qué debemos hacer?

13 El ángel de Dios le dijo a Manoa:

—Tu esposa debe cumplir con todo lo que le he dicho. **14** Es decir, no debe comer nada que esté hecho de uvas, ni tomar vino ni otras bebidas alcohólicas, ni comer comida impura. Tiene que hacer todo esto, tal como se lo he mandado.

15-16 Sin saber que ese hombre era un ángel de Dios, Manoa le dijo:

—Quédate a comer con nosotros. Vamos a prepararte un cabrito.

Pero el ángel le contestó:

—Aunque me quedara, no podría comer la comida que preparen. Si quieren, pueden ofrecérsela a Dios como sacrificio.

17 Entonces Manoa le preguntó al ángel:

—¿Cómo te llamas? Dinos tu nombre, para poder darte las gracias cuando se cumpla lo que nos has dicho.

18 El ángel le contestó:

—Mi nombre es un secreto; ¿para qué me lo preguntas?

19 Así que Manoa tomó el cabrito y la ofrenda de cereales, los colocó sobre una roca, y los ofreció en sacrificio a Dios. En ese momento sucedió algo maravilloso: **20-21** Mientras Manoa y su esposa miraban cómo salían las llamas de la roca, vieron que el ángel subía al cielo entre las llamas. Comprendieron entonces que ese hombre era un ángel de Dios, y con respeto se inclinaron hasta tocar el suelo con la frente. El ángel no se volvió a aparecer ni a Manoa ni a su esposa. **22** Entonces Manoa le dijo a su esposa:

—Vamos a morir, porque hemos visto a Dios.

23 Pero ella le respondió:

—Si Dios nos hubiera querido matar, no habría aceptado el sacrificio ni los cereales que le ofrecimos. Tampoco nos habría dejado ver este milagro ni nos habría anunciado todo esto, como lo ha hecho ahora.

24 Y la mujer tuvo un hijo y lo llamó Sansón. El niño creció, y Dios lo bendijo. **25** Un día, cuando estaba en el campamento de Dan, entre Sorá y Estaol, el espíritu de Dios comenzó a actuar en él.

Casamiento de Sansón

14 **1** Sansón fue al pueblo de Timná, y al ver a una joven filistea se enamoró de ella. **2** Cuando volvió, le dijo a sus padres:

—He visto en Timná a una joven filistea, y quiero casarme con ella. Hagan ustedes los arreglos necesarios para la boda.

3 Sus padres, entonces, le preguntaron:

—¿Por qué tienes que elegir como esposa a una mujer de esos filisteos, que no conocen a Dios? ¿Es que no hay mujeres en nuestro pueblo o entre los demás pueblos israelitas?

Pero Sansón insistió:

—Esa muchacha es la que me gusta. Vayan a pedirla para que sea mi esposa.

4 Sus padres no sabían que Dios había dispuesto que esto fuera así, porque buscaba una oportunidad para atacar a los filisteos. En esa época los israelitas estaban bajo el poder de los filisteos, **5** así que Sansón y sus padres se fueron a Timná.

Cuando Sansón pasaba por los viñedos, de pronto se oyó un rugido, y un feroz león lo atacó. **6** Pero el espíritu de Dios actuó sobre Sansón y le dio una gran fuerza. Entonces Sansón tomó al león entre sus manos y lo despedazó como si fuera un cabrito. Pero no les dijo a sus padres lo que había sucedido. **7** Poco después llegaron a Timná, y Sansón fue a hablar con la muchacha de la que estaba enamorado. **8** Unos días más tarde, cuando Sansón volvió para casarse, se apartó del camino para ver al león muerto, y resultó que en el cuerpo del león había un enjambre de abejas y un panal de miel. **9** Sansón tomó la miel con las manos y se fue por el camino comiéndola. Al llegar a donde estaban sus padres, les dio miel, y ellos comieron; pero no les dijo de dónde la había sacado.

10 Su padre fue a la casa de la joven, y Sansón hizo allí una fiesta, porque esa era la costumbre entre los jóvenes. **11** Cuando lo vieron los filisteos, le llevaron treinta muchachos para hacerle compañía. **12** Sansón les dijo a los jóvenes:

—Les voy a decir una adivinanza. Si me dan la respuesta dentro de los siete días que va a durar la fiesta, les daré a cada uno de ustedes una capa de tela fina y un conjunto completo de ropa de fiesta. **13** Pero si no la adivinan, cada uno de ustedes me tendrá que dar a mí una capa de tela fina y un conjunto completo de ropa de fiesta.

¡Qué feliz se siente María al asistir a la escuela! El maestro John Ellis les enseña a los niños a leer y a escribir.

María decide trabajar y ahorrar dinero para comprar su propia Biblia. En casa de la señora Evans practica la lectura.

Los jóvenes contestaron:

—¡Dinos la adivinanza! ¡Queremos oírla!

14 Entonces Sansón les dijo:

«Del devorador salió comida,
y del fuerte salió dulzura».

Pasaron tres días, y los jóvenes no daban con la respuesta. **15** Al cuarto día, le dijeron a la prometida de Sansón:

«Averíguanos la solución de la adivinanza. Haz que tu esposo te la diga porque, si no, te quemaremos a ti y a toda tu familia. ¿Acaso pretenden dejarnos desnudos?»

16 Ella fue a ver a Sansón, y llorando le dijo:

—¡Tú no me quieres! ¡Me desprecias! A mis amigos les contaste una adivinanza, pero a mí no me has dicho la respuesta.

Sansón le respondió:

—¡Pero, mujer! Si ni a mis padres se la he dicho, ¿por qué tengo que decírtela a ti?

17 Ella estuvo llorándole el resto de la semana. Y tanto insistió que el último día Sansón le dio la respuesta. Entonces ella se la dio a conocer a los jóvenes. **18** El séptimo día, antes de que se pusiera el sol, los filisteos fueron a decirle a Sansón:

«No hay nada más dulce que la miel,
y nada más fuerte que un león».

Él les contestó:

«Gracias a mi prometida supieron la respuesta».

19 En seguida el espíritu de Dios le dio mucha fuerza a Sansón.

Entonces él se fue a Ascalón, y allí mató a treinta hombres. Les quitó sus ropas y se las dio a los que habían averiguado la respuesta. Después, regresó a la casa de sus padres, pues estaba muy furioso por lo que había sucedido. **20** En cuanto a la prometida de Sansón, su padre la casó con uno de los invitados a la fiesta.

La venganza de Sansón

15[1] Después de algún tiempo, Sansón fue a visitar a su prometida, y le llevó un cabrito. Era el tiempo de la cosecha. Al llegar dijo:

—Voy a entrar al cuarto de mi mujer. Quiero verla.

Pero el padre de ella no lo dejó entrar, **2** sino que le explicó:

—Yo pensé que ya no la querías, así que la casé con otro. ¿Por qué no te casas con su hermana menor? ¡Es más linda que ella!

3 Lo único que contestó Sansón fue:

—¡Ahora tengo más razones para acabar con los filisteos!

4 Entonces fue y atrapó trescientas zorras, y las ató por la cola, de dos en dos, y a cada par le sujetó una antorcha. **5** Luego soltó a las zorras en los campos de los filisteos, y así se quemó todo el trigo, tanto el cosechado, como el que todavía estaba en pie. También se quemaron todos los viñedos y olivares. **6** Los filisteos preguntaron quién había hecho eso, y les dijeron que era una venganza de Sansón contra su suegro, porque lo había dejado sin esposa. Por eso los filisteos fueron y quemaron a la prometida de Sansón y al padre de ella. **7** Al saber esto, Sansón los amenazó: «¿Conque esas tenemos? ¡Pues les juro que no voy a descansar hasta acabar con todos ustedes!» **8** De inmediato los atacó con furia,

y mató a muchos de ellos. Luego se fue a la cueva que está en la peña de Etam, y allí se quedó.

La quijada de burro

9 Los filisteos vinieron y acamparon en Judá. Cuando atacaron la ciudad de Lejí, **10** los de Judá les preguntaron:

—¿Por qué nos atacan?

Ellos contestaron:

—Hemos venido a capturar a Sansón, para hacerle lo mismo que nos hizo a nosotros.

11 Al oír esto, tres mil hombres de Judá fueron a la cueva de Etam y le dijeron a Sansón:

—¿Por qué nos has metido en problemas? ¿No sabías que los filisteos nos dominan?

Él les respondió:

—Yo les hice a los filisteos lo que ellos me hicieron a mí.

12 Entonces le dijeron:

—Nosotros hemos venido para capturarte y entregarte a los filisteos.

Sansón contestó:

—Júrenme que no me matarán.

13 Ellos le aseguraron que no lo harían. Le dijeron:

—Nosotros no te vamos a matar. Sólo vamos a entregarte a los filisteos.

Así que lo ataron con dos sogas nuevas y lo sacaron de la cueva. **14** Cuando se acercaron a Lejí, los filisteos, muy alborotados, salieron a su encuentro. En ese momento el espíritu de Dios llenó a Sansón de fuerza, y este reventó las sogas que le sujetaban los brazos y las manos como si fueran hilos viejos. **15** Luego encontró una quijada de burro que todavía no estaba seca, y con ella mató a muchos filisteos. **16** Después de eso dijo:

«Con la quijada de un burro maté a muchísimos hombres, y los junté en uno y dos montones».

17 Dicho esto, tiró la quijada. Por eso a ese lugar se le llamó Ramat-lejí, que quiere decir: «Colina de la quijada».
18 Como Sansón tenía muchísima sed, le suplicó a Dios: «¿Después de darme una victoria tan grande, me vas a dejar morir de sed? ¿Vas a dejar que estos filisteos me capturen?»
19 Entonces Dios permitió que saliera agua de un hueco. Al beberla, Sansón se sintió mucho mejor. Por eso, hasta el momento en que esto se escribe, ese lugar se llama En-hacoré, que significa: «Manantial del que suplica».
20 Durante veinte años, Sansón fue jefe de los israelitas. Era el tiempo cuando los filisteos dominaban la región.

Sansón va a Gaza

16 **1** Cierto día, Sansón fue a la ciudad de Gaza. Allí vio a una prostituta, y entró a su casa para pasar la noche. **2** Los de Gaza se enteraron de que Sansón estaba allí, así que rodearon el lugar y se pusieron a vigilar la entrada de la ciudad. Decidieron esperar toda la noche y matar a Sansón al amanecer. **3** Pero él se levantó a la medianoche, fue hasta la entrada y arrancó el portón con todo y pilares y cerrojos. Cargó todo sobre sus hombros y se lo llevó a lo alto del cerro que está frente a Hebrón.

Sansón y Dalila

4 Después Sansón se enamoró de una mujer llamada Dalila, que vivía en el valle de Sorec. **5** Los jefes filisteos le fueron a decir a ella:

«Engaña a Sansón, y averigua el secreto de su gran fuerza. Necesitamos saber cómo vencerlo y atarlo para mantenerlo bajo nuestro poder. Si logras averiguarlo, cada uno de nosotros te dará más de mil monedas de plata».

6 Cuando Sansón fue a visitarla, Dalila le preguntó:

—¿Cuál es el secreto de tu gran fuerza? ¿Cómo se te puede atar sin que te liberes?

7 Sansón le contestó:

—Si me atan con siete cuerdas nuevas, de las más fuertes y resistentes, perderé mi gran fuerza y seré como cualquier otro hombre.

8 Entonces los jefes filisteos le llevaron a Dalila siete cuerdas de las más fuertes y resistentes, y ella ató a Sansón. **9** Dalila había escondido en su cuarto a unos hombres, así que gritó: «¡Sansón! ¡Los filisteos te atacan!»
Pero Sansón rompió las cuerdas como si fueran hilos viejos, y los filisteos no pudieron descubrir el secreto de su gran fuerza.
10 Dalila le dijo a Sansón:

—¡Te burlaste de mí! ¡Me engañaste! ¿Qué hay que hacer para sujetarte?

11 Sansón le respondió:

—Si me atan con sogas nuevas, de las que se usan para atar ganado, perderé mi fuerza y seré como cualquier otro hombre.

12 Entonces Dalila consiguió esa clase de sogas, lo ató, y después gritó: «¡Sansón! ¡Los filisteos te atacan!»
Los hombres estaban esperando en otro cuarto, pero Sansón rompió las sogas que le sujetaban los brazos como si fueran hilos delgados.
13 Dalila le dijo a Sansón:

—¡Volviste a engañarme! ¿Por qué

insistes en mentirme? Por favor, dime, ¿qué hay que hacer para sujetarte?

Sansón le contestó:

—Si tomas las siete trenzas de mi cabello y las entretejes entre los hilos de ese telar, y luego sujetas el telar fuertemente al suelo con estacas, perderé mi fuerza y seré como cualquier otro hombre.

14 Cuando Sansón se durmió, Dalila entretejió las trenzas en el tejido del telar, y sujetó el telar al suelo con las estacas. Luego gritó: «¡Sansón! ¡Los filisteos te atacan!»
Pero Sansón se despertó, arrancó el telar con todo y estacas, y se libró.
15 Entonces Dalila exclamó:

—¿Cómo puedes decir que me amas, si me sigues engañando? ¡Ya es la tercera vez que te burlas de mí, y todavía no me dices cuál es el secreto de tu gran fuerza!

16 Todos los días Dalila seguía insistiendo con la misma pregunta, y tanto se hartó Sansón que se quería morir. **17** Finalmente, Sansón le confesó a Dalila su secreto: «Jamás se me ha cortado el cabello, porque antes de nacer fui dedicado a Dios como nazireo. Si me cortaran el cabello, perdería mi fuerza y sería como cualquier otro hombre».
18 Dalila comprendió que esta vez Sansón le había dicho la verdad, y mandó este mensaje a los jefes filisteos: «Vengan acá otra vez, porque ahora sí me ha dicho la verdad».
Entonces los jefes filisteos volvieron con el dinero en la mano. **19** Dalila hizo que Sansón se durmiera recostado en su falda, y mandó llamar a un hombre para que le cortara las siete trenzas. Después comenzó a maltratarlo, **20** y le gritó: «¡Sansón! ¡Los filisteos te atacan!»
Sansón despertó pensando que iba a librarse como antes, pero

no sabía que Dios ya lo había abandonado. **21** Los filisteos lo sujetaron y le sacaron los ojos; luego se lo llevaron a Gaza, le pusieron cadenas de bronce, y lo obligaron a trabajar en el molino de la cárcel. **22** Pero con el tiempo, su cabello comenzó a crecer de nuevo.

Muerte de Sansón

23 Los jefes de los filisteos se reunieron para ofrecer un gran sacrificio a su dios Dagón. Festejaban así su triunfo y cantaban esta canción:

«Nuestro dios nos ha dado la victoria;
hemos vencido a Sansón, nuestro enemigo».

24-25 Estaban tan contentos que mandaron traer a Sansón para burlarse de él. Cuando lo trajeron de la cárcel, lo pusieron de pie entre dos columnas, y se divertían haciéndole burla. Al verlo, la gente alabó a su dios, y todos cantaban:

«Sansón destruyó nuestros campos
y mató a miles de los nuestros.
Pero nuestro dios nos ha dado la victoria,
hemos vencido a Sansón, nuestro enemigo».

26 Al ver como se burlaban de él, Sansón le dijo al muchacho que lo guiaba: «Déjame tocar las columnas que sostienen el templo. Quiero apoyarme en ellas». **27** El templo estaba lleno de hombres y mujeres. Además de los jefes de los filisteos, había en la terraza unas tres mil personas que se divertían viendo a Sansón. **28** Entonces Sansón oró: «¡Dios todopoderoso, ayúdame sólo una vez más! Los filisteos se han burlado de mí sacándome los ojos, te ruego que me des fuerzas para vengarme de ellos». **29** Dicho esto, Sansón apoyó sus dos manos sobre las columnas

centrales que sostenían el templo, **30** y gritó: «¡Que mueran conmigo los filisteos!» Luego empujó las columnas con todas sus fuerzas, y el templo se vino abajo sobre los jefes filisteos y sobre todos los que allí estaban. Sansón mató a más personas al morir, que las que había matado en toda su vida.

31 Después vinieron los hermanos de Sansón con todos sus parientes a recoger su cuerpo. Lo enterraron en la tumba de Manoa, su padre, entre Sorá y Estaol. Sansón fue jefe de los israelitas durante veinte años.

Las imágenes de Micaías

17 **1** Había un hombre llamado Micaías, que vivía en las montañas de Efraín. **2-3** Un día, le dijo a su madre:

—Te oí maldecir al ladrón que te robó más de mil monedas de plata. Pero en realidad fui yo quien te las quitó. Aquí las tienes.

Y le devolvió las monedas de plata a su madre, quien le dijo:

—¡Dios te bendiga, hijo mío! Ahora aparto esta plata para Dios. Con ella voy a mandar hacer una imagen de madera recubierta de plata, y te la daré a ti.

4 De la plata que le había devuelto su hijo, ella apartó doscientas monedas y se las llevó a un platero, a quien le pidió que hiciera una imagen tallada en madera y recubierta de plata. Después llevó la imagen a la casa de Micaías, **5** quien había hecho un altar en su casa; allí tenía otras imágenes y una túnica sacerdotal, y había nombrado sacerdote a uno de sus hijos. **6** En esa época los israelitas no tenían rey, y cada uno hacía lo que le daba la gana. **7** Había también en ese tiempo un joven de la tribu de Leví, que vivía como extranjero en Belén de Judá. **8** Un día salió de allí en busca de otro lugar donde vivir, y

andando por la zona montañosa de Efraín llegó a la casa de Micaías. **9** Éste le preguntó:

—¿De dónde vienes?

Y el joven le contestó:

—De Belén de Judá. Soy descendiente de Leví, y busco un lugar donde vivir.

10 Entonces Micaías le dijo:

—Quédate conmigo, y serás mi sacerdote y consejero. A cambio, yo te daré diez monedas de plata al año, además ropa y comida.

11-12 El joven sacerdote aceptó quedarse a vivir con Micaías, y fue su sacerdote particular. Hasta llegó a ser como uno de sus hijos. **13** Micaías pensaba que, teniendo como sacerdote a un descendiente de Leví, Dios lo ayudaría y todo le saldría bien.

La tribu de Dan conquista su territorio

18 **1** En ese tiempo en que los israelitas no tenían rey, los de la tribu de Dan estaban buscando un lugar donde vivir. De todas las tribus de Israel, Dan era la única a la que todavía no se le había asignado ningún territorio. **2** Por eso los de Dan eligieron de entre sus familias a cinco valientes de Sorá y Estaol, y en secreto los enviaron a explorar el territorio. Cuando llegaron a la zona montañosa de Efraín, pasaron la noche en la casa de Micaías. **3** Estando allí, se dieron cuenta de que el joven sacerdote era de otro lugar, por su manera de hablar, y le preguntaron:

—¿Quién te trajo acá? ¿Qué estás haciendo? ¿Para qué viniste?

4 Él les explicó:

—Hice un trato con Micaías, y él me paga para que sea yo su sacerdote.

5 Entonces ellos le dijeron:

—Por favor, consulta a Dios por nosotros. Queremos saber si nos irá bien en este viaje.

6 Él les contestó:

—Pueden ir tranquilos, porque Dios los va a proteger.

7 Los cinco hombres salieron, y cuando llegaron a Lais encontraron que allí la gente vivía confiada y tranquila, pues tenía todo lo que necesitaba. Esa gente era de Sidón, pero como estaba lejos de su patria no se relacionaba con nadie. **8** Cuando los que habían ido a explorar volvieron a Sorá y Estaol, sus compañeros les preguntaron:

—¿Cómo les ha ido?

9 Ellos les respondieron:

—¡Hay que atacarlos ya! Recorrimos toda la zona y vimos que la tierra es muy fértil. ¡Vamos, no se queden ahí sin hacer nada! ¡Hay que ir en seguida a conquistar esa tierra! **10** Cuando lleguen, verán que la gente no sospecha nada. ¡Dios nos ha dado un territorio grande, donde hay de todo!

11 Entonces seiscientos hombres de la tribu de Dan salieron bien armados de Sorá y Estaol. **12** Subieron y acamparon al oeste de Quiriat-jearim, en Judá, en un lugar que ahora se llama Campamento de Dan. **13** De allí siguieron hasta la zona montañosa de Efraín, y llegaron a la casa de Micaías.
14 Los cinco hombres que habían explorado el territorio de Lais les dijeron a sus compañeros: «¿Sabían que en una de esas casas hay una imagen de madera y plata? También hay otras imágenes y una túnica sacerdotal. ¿Qué les parece?»
15 Todos se dirigieron hasta la casa de Micaías, y saludaron al joven sacerdote. **16-17** Los seiscientos soldados de la tribu de Dan se quedaron a la puerta con el sacerdote, mientras que los cinco exploradores entraron a la casa y se llevaron las imágenes y la túnica. **18** Cuando el sacerdote se dio cuenta de sus intenciones, les preguntó:

—¿Qué están haciendo?

19 Ellos le contestaron:

—¡Cállate! ¡No digas nada! Ven con nosotros y serás nuestro consejero y sacerdote. Es mejor ser sacerdote de toda una tribu israelita, que de la familia de un solo hombre, ¿no te parece?

20 Esto le pareció bien al sacerdote, así que tomó la túnica y las imágenes, y se fue con los de Dan. **21** Al seguir su camino, pusieron al frente a los niños, el ganado y el equipaje. **22** Ya se habían alejado bastante cuando Micaías salió con sus vecinos a perseguirlos. **23** Cuando los de Dan oyeron los gritos, se dieron vuelta y le preguntaron a Micaías:

—¿Qué te pasa? ¿A qué vienen tantos gritos?

24 Micaías les contestó:

—¿Cómo se atreven a preguntarme qué me pasa? ¡Ustedes me han robado las imágenes que hice, se han llevado a mi sacerdote y me han dejado sin nada!
25 Entonces los de Dan le contestaron:

—¡Cuidado con lo que dices! ¡No nos levantes la voz! Algunos de nosotros podríamos perder la paciencia y atacarte, y morirías tú y tu familia.

26 Micaías se dio cuenta de que eran más fuertes que él, y se volvió a su casa. Los de Dan continuaron su camino.
27-28 Los de Dan se fueron a atacar a la ciudad de Lais, llevándose al sacerdote de Micaías y las imágenes que él había hecho. Lais estaba en el valle que pertenecía al pueblo de Bet-rehob, y allí la gente vivía tranquila y confiada, sin sospechar que iban a ser atacados. Sin embargo, los danitas los mataron a todos, y después incendiaron la ciudad. Y como los de Lais no tenían relaciones con nadie, y estaban lejos de su patria, nadie los ayudó. Después los danitas volvieron a edificar la ciudad y se quedaron a vivir allí. **29** En vez de Lais, le pusieron por nombre Dan, en honor a su antepasado, que fue hijo de Jacob. **30** Colocaron la imagen de madera y plata para adorarla, y nombraron sacerdote a Jonatán, que era hijo de Guersón y nieto de Moisés. Después los descendientes de Jonatán fueron sacerdotes de los danitas hasta los días del exilio. **31** La imagen de Micaías estuvo allí todo el tiempo que el santuario de Dios permaneció en Siló.

El levita y su mujer

19 **1** En los días en que los israelitas todavía no tenían rey, un hombre de la tribu de Leví vivía con una mujer de Belén de Judá, en un lugar muy apartado de las montañas de Efraín. **2** Un día ella se enojó con él y regresó a la casa de su padre en Belén. Estuvo allí cuatro meses, **3** hasta que llegó el hombre para convencerla de que volviera con él. Lo acompañaba un sirviente, y llevaba dos burros. Ella lo hizo pasar a la casa, y cuando el padre vio al esposo de su hija, lo recibió con alegría **4** y lo invitó a quedarse con ellos. El hombre y su sirviente se quedaron allí tres días, comiendo y bebiendo. **5** Al cuarto día se levantaron de madrugada, y el hombre se preparó para viajar, pero su suegro le sugirió: «Come algo antes de irte, aunque sea un poco de pan. Te hará bien».

6 Entonces los dos se sentaron a comer y a beber juntos. Después el padre de la joven le dijo a su yerno: «¡Por favor, quédate una noche más! ¡La pasaremos bien!» **7** El hombre se levantó para irse, pero su suegro le insistió tanto que se quedó. **8** Al quinto día se levantó muy temprano, decidido a salir, pero su suegro le dijo otra vez que comiera algo y que quedara hasta la tarde. Así que los dos se sentaron a comer juntos. **9** Cuando otra vez el hombre se levantó para irse con su mujer y su sirviente, su suegro le dijo: «Quédate, por favor, porque pronto será de noche. Pasaremos un rato agradable, y mañana muy temprano te irás a tu casa».
10 Pero el hombre no quiso quedarse otra noche más, así que se levantó y se fue. Lo acompañaban su mujer, su sirviente y dos burros cargados. **11** Cuando se acercaban a Jebús, es decir, a Jerusalén, el sirviente le dijo:

—Sería bueno quedarnos a pasar la noche en esta ciudad de los jebuseos, ¿no le parece?

12-13 Y el hombre le respondió:

—No. No nos quedaremos en ninguna ciudad que no sea de los israelitas. Sigamos hasta Guibeá, para ver si allí o en Ramá podemos pasar la noche.

14 Siguieron entonces su camino, y a la puesta del sol ya estaban cerca de Guibeá, ciudad de la tribu de Benjamín. **15** Se apartaron del camino y entraron en la ciudad. Como nadie los invitó a su casa para pasar la noche, el hombre fue y se sentó en la plaza. **16** Al caer la tarde, pasó por allí un anciano que volvía de trabajar en el campo. Este anciano era de la zona montañosa de Efraín, pero estaba viviendo en Guibeá. **17** Cuando el anciano vio al viajero sentado en la plaza, le preguntó:

—¿De dónde vienes? ¿A dónde vas?

18 El hombre le contestó:

—Venimos de Belén de Judá. Pasamos por aquí porque estamos volviendo a la parte más apartada de las montañas de Efraín, donde vivimos. Pero nadie nos ha invitado a pasar la noche en su casa. **19** Tenemos de todo: paja y pasto para los burros, y pan y vino para nosotros tres.

20 Entonces el anciano le dijo:

—¡Pero no pueden pasar la noche en la plaza! ¡En mi casa serán bienvenidos! ¡Yo les daré todo lo que necesiten!

21 El anciano los llevó entonces a su casa, y mientras los viajeros se lavaban los pies, él les dio de comer a los burros. Después de eso cenaron.

El crimen de Guibeá

22 Estaban pasando un rato agradable cuando, de pronto, unos hombres de la ciudad rodearon la casa y empezaron a golpear violentamente la puerta. Eran unos hombres malvados, los cuales le gritaron al dueño de la casa:

—¡Que salga el hombre que está de visita en tu casa! ¡Queremos tener relaciones sexuales con él!

23 Entonces el dueño de la casa salió y les dijo:

—¡Amigos míos, por favor, no hagan eso! ¡Es una terrible maldad! El hombre está de visita en mi casa. **24** ¡Miren! Les traeré a su mujer, y también a mi hija, que todavía no ha tenido relaciones sexuales con nadie. Hagan con ellas lo que quieran; ¡humíllenlas, pero no cometan tal maldad con este hombre!

25 Como los hombres seguían molestando, el hombre tomó a su mujer y la echó a la calle. Entonces ellos la violaron, y la siguieron maltratando toda la noche, hasta que amaneció. **26** Estaba amaneciendo cuando la mujer volvió a la casa del anciano, donde estaba su esposo; cayó de bruces delante de la puerta, y así se quedó hasta que se hizo de día. **27** Cuando su esposo se levantó para continuar el viaje, al abrir la puerta encontró a su mujer tirada en el suelo y con las manos extendidas hacia la puerta. **28** Le dijo: «¡Vamos, levántate! Tenemos que irnos». Pero ella estaba muerta. Entonces el hombre puso el cuerpo sobre un burro y se fue a su casa. **29** Al llegar, tomó un cuchillo, cortó el cadáver en doce pedazos, y los mandó a todas las tribus de Israel. **30** Todos los que veían esto decían: «¡Nunca hemos visto algo así! Nunca, desde que nuestro pueblo salió de Egipto, ha ocurrido algo parecido. Tenemos que hacer algo, pero pensémoslo bien antes de actuar».

Reacción de los israelitas

20 **1** Después de meditarlo bien, los israelitas de todo el país se reunieron en Mispá, porque allí estaba el santuario de Dios; fueron del norte y del sur, del este y del oeste. **2** Todos los jefes de las tribus se reunieron allí junto con cuatrocientos mil soldados de infantería. **3** Los de Benjamín se enteraron de que las demás tribus israelitas se habían reunido en Mispá.
Los israelitas querían saber cómo había ocurrido ese crimen, **4** así que el hombre, el esposo de la mujer asesinada, les dijo:

—Llegué con mi mujer a la ciudad de Guibeá, que es de la tribu de Benjamín, para dormir allí. **5** Esa misma noche, unos hombres de la ciudad vinieron para atacarme y rodearon la casa donde estábamos hospedados. Pensaban matarme a mí, pero en vez de eso maltrataron a mi mujer hasta matarla. **6** Entonces yo corté su cuerpo en pedazos, y los mandé por todo el país, para que todos los israelitas se enteraran del terrible crimen que se había cometido. **7** Como israelitas que somos, tenemos que decidir lo que vamos a hacer.

8 Todos se pusieron de pie al mismo tiempo, y dijeron:

—Nadie regresará a su casa o tienda de campaña, **9** sino que se hará un sorteo para ver quiénes irán a atacar a Guibeá. **10** De cada diez hombres apartaremos uno, y formaremos un grupo que se encargue de conseguir comida para el ejército. Los demás irán a castigar a Guibeá por este crimen tan vergonzoso que se ha cometido en Israel.

11 Todos los israelitas estuvieron de acuerdo en atacar la ciudad. **12** Enviaron mensajeros por todo el territorio de la tribu de Benjamín para que dijeran: «No entendemos cómo pudo haberse cometido un crimen tan vergonzoso. **13** Entreguen a esos malvados que están en Guibeá. Hay que matarlos para purificar de esta maldad al pueblo israelita».

Pero los de Benjamín no hicieron caso de lo que decían los demás israelitas, **14** sino que salieron de todas sus ciudades y se reunieron en Guibeá para atacarlos. **15** De las otras ciudades de la tribu de Benjamín vinieron veintiséis mil soldados, los cuales se unieron a los setecientos soldados especiales que había en Guibeá. **16** Había también setecientos soldados zurdos, que eran muy hábiles con sus hondas: podían lanzar una piedra contra una mosca, y nunca fallaban. **17** Las demás tribus israelitas reunieron cuatrocientos mil guerreros bien entrenados.

La guerra contra la tribu de Benjamín

18 Los israelitas fueron a Betel para consultar a Dios. Querían saber cuál tribu debía ser la primera en atacar a los de Benjamín, y Dios les contestó que la de Judá iría primero. **19-20** A la mañana siguiente, los israelitas se fueron a acampar frente a la ciudad de Guibeá, y se prepararon para la batalla. Pero los de Benjamín **21** salieron de la ciudad y ese día mataron a veintidós mil israelitas. **22-23** Entonces los israelitas volvieron a Betel y todo el día se estuvieron lamentando delante de Dios. Después le preguntaron: «Dios nuestro, ¿debemos atacar otra vez a nuestros hermanos de la tribu de Benjamín?»

Dios les contestó que sí. Entonces los israelitas se animaron y nuevamente se prepararon para el combate, en el mismo lugar del día anterior.

24 Por segunda vez los israelitas avanzaron contra los de Benjamín, **25** y éstos nuevamente salieron de la ciudad, matando ese día a dieciocho mil soldados israelitas.

26 Entonces todos los israelitas con su ejército volvieron a Betel para lamentarse delante de Dios. Todo el día estuvieron sentados allí sin comer nada, y le ofrecieron a Dios sacrificios y ofrendas de paz. **27-28** En aquel tiempo, el cofre del pacto de Dios estaba en Betel, y el sacerdote era Finees, hijo de Eleazar y nieto de Aarón. Los israelitas consultaron a Dios para saber si debían volver a atacar a sus hermanos de la tribu de Benjamín, o si debían darse por vencidos. Dios les contestó: «Ataquen, que mañana les daré la victoria».

29 Al tercer día algunos soldados israelitas se escondieron alrededor de Guibeá, **30** mientras el resto del ejército se preparaba para volver a atacar. **31-48** Los de Benjamín respondieron al ataque, y mientras herían y mataban a los israelitas se fueron alejando de la ciudad. El ejército israelita retrocedió ante el ataque de los de Benjamín porque confiaba en los soldados que estaban escondidos alrededor de la ciudad.

En los caminos de Betel y de Guibeá, y a campo abierto, los de Benjamín mataron a unos treinta soldados israelitas, así que pensaron que habían vuelto a vencerlos, como en la primera batalla. Lo cierto era que los israelitas se habían alejado de la ciudad para que sus enemigos los siguieran hasta donde estaba escondido el resto del ejército.

En Baal-tamar se reunieron de nuevo diez mil de los mejores guerreros israelitas y se dispusieron a atacar la ciudad. Mientras tanto, los soldados que se habían quedado alrededor de la ciudad fueron saliendo de sus escondites, y rápidamente entraron en la ciudad, y mataron a todos los que allí estaban. Con el resto del ejército habían acordado que, tan pronto como entraran en la ciudad, les harían una señal, que sería una gran columna de humo; cuando los israelitas que fingían huir vieran la señal, debían darse vuelta y enfrentarse a los de Benjamín.

La lucha fue dura, y los de Benjamín no se daban cuenta de que estaban por perder la batalla. De pronto vieron que comenzaba a salir humo de la ciudad, y cuando quisieron regresar ya toda la ciudad estaba envuelta en llamas. Entonces los israelitas les hicieron frente, y los de Benjamín se llenaron de miedo al ver que estaban a punto de ser destruidos. Trataron de huir hacia el desierto, pero quedaron atrapados entre el ejército y los soldados que salían de la ciudad, así que no lograron ponerse a salvo y fueron muertos.

Los israelitas rodearon a los de Benjamín desde Menuhá hasta el este de Guibeá, y los persiguieron hasta aplastarlos a todos. Ese día Dios les dio la victoria a los israelitas. Así fue como murieron dieciocho mil valientes de la tribu de Benjamín; otros cinco mil fueron muertos en los caminos, y otros dos mil fueron muertos cuando huían hacia Gidom. Finalmente, los de Benjamín se dieron cuenta de que habían sido vencidos.

Fue así como murieron veinticinco

mil soldados de la tribu de Benjamín, todos ellos hombres valientes. De todos ellos sólo pudieron escapar seiscientos soldados, los cuales lograron llegar a la roca de Rimón, en el desierto. Allí se quedaron cuatro meses. Los israelitas, mientras tanto, siguieron atacando y matando a todos los de la tribu de Benjamín que encontraban. Incluso mataban a los animales, y después de eso incendiaban las ciudades.

Esposas para la tribu de Benjamín

21 **1** Los israelitas habían hecho el siguiente juramento en Mispá: «No permitiremos que nuestras hijas se casen con ninguno de la tribu de Benjamín». **2** Esto puso a todos muy tristes, así que fueron a Betel y estuvieron allí todo el día lamentándose delante de Dios. Lloraban amargamente **3** y decían: «¡Dios nuestro! Ahora nos falta una tribu en Israel. ¿Por qué nos tenía que pasar esto?»
4 Al día siguiente, se levantaron muy temprano y construyeron un altar, donde ofrecieron sacrificios y ofrendas de paz. **5** También trataban de averiguar si alguna de las tribus había faltado a la reunión en Mispá, porque habían jurado matar solamente a los que no hubieran asistido.
6 Los israelitas les tenían lástima a sus hermanos de la tribu de Benjamín. Lloraban y decían: «Hoy ha sido arrancada de Israel una de sus tribus. **7** ¿Qué podemos hacer para conseguirles esposas a los que no murieron de la tribu de Benjamín? No les podemos dar como esposas a nuestras hijas, porque hemos jurado ante Dios

que no las casaríamos con ninguno de ellos».
8 Seguían averiguando en todas las tribus israelitas para ver si algún grupo no había asistido a la reunión en Mispá. Recordaron que del campamento de Jabés de Galaad no había asistido nadie, **9** porque al pasar lista ninguno de ese grupo había respondido.
10-11 Así que todo el pueblo envió a doce mil de sus soldados más valientes con esta orden: «Vayan a Jabés y maten a todos los hombres, incluyendo a las mujeres casadas y a los niños, pero no maten a las solteras».
12 Y se encontró que entre los que vivían en Jabés había cuatrocientas jóvenes solteras, y las llevaron al campamento de Siló, que está en Canaán.
13 Después, todo el pueblo envió mensajeros a los de Benjamín que estaban en la gran piedra de Rimón, para invitarlos a hacer la paz. **14** Los de Benjamín volvieron, y los otros israelitas les dieron por esposas a las mujeres que habían traído de Jabés. Pero no hubo suficientes mujeres para todos.
15 Esto puso muy tristes a los israelitas, pues Dios había dejado un vacío en las tribus de Israel. **16** Los jefes del pueblo se decían:

«Todas las mujeres de la tribu de Benjamín han muerto, así que ¿dónde vamos a encontrar esposas para los que no tienen? **17** Tenemos que hallar el modo de que los de Benjamín sigan ocupando el lugar que les corresponde. No debe desaparecer una de las tribus israelitas. **18** Pero no podemos permitir que se casen

con nuestras hijas, porque todos los israelitas hemos jurado pedirle a Dios que castigue a todo aquel que case a su hija con uno de la tribu de Benjamín».

19 Después recordaron que faltaba poco para la fiesta anual en Siló, que está al norte de Betel, al sur de Leboná, al este del camino que sube de Betel a Siquem. **20** Así que les dijeron a los de Benjamín:

«Vayan a Siló. Escóndanse en los viñedos, **21** y esperen allí hasta que las jóvenes empiecen a bailar durante la fiesta. Entonces salgan de sus escondites, tome cada uno de ustedes una de esas mujeres, y vuelva con ella a su territorio. **22** Si los padres o los hermanos de las jóvenes vienen a quejarse, les diremos así: "Por favor, déjenlos que se lleven a las jóvenes. Hacen esto porque en la guerra contra Jabés no pudimos conseguir esposas para todos. En realidad, ustedes no han dejado de cumplir el juramento que hicieron, pues no se las entregaron"».

23 A los de Benjamín les pareció bien hacer lo que se les sugería, así que cada uno tomó una de las jóvenes que estaban bailando, y todos se volvieron a sus territorios. Edificaron de nuevo las ciudades y se quedaron a vivir en ellas. **24** Los otros israelitas también se fueron. Cada uno volvió a su propio territorio, a su tribu y a su grupo familiar.
25 En aquella época los israelitas todavía no tenían rey, y cada uno hacía lo que le daba la gana.

Rut

Elimélec y su familia van a Moab

1 **1-2** Esta historia tuvo lugar cuando en el país de Israel todavía no había reyes; sino que al pueblo lo defendían libertadores ocasionales. En esa época no hubo cosechas y la gente no tenía qué comer.

Por eso, una familia del pueblo de Belén,[1] de la región de Judá, se fue a vivir al país de Moab, porque allí sí había comida. El esposo se llamaba Elimélec, la esposa se llamaba Noemí, y los hijos se llamaban Mahlón y Quilión. **3** Poco tiempo después de haber llegado a Moab, Elimélec murió, así que Noemí y sus hijos se quedaron solos. **4-5** Pasó el tiempo, y Mahlón y Quilión se casaron con muchachas de ese país. Una de ellas se llamaba Orfá y la otra, Rut. Pero pasados unos diez años, murieron Mahlón y Quilión,[2] por lo que Noemí quedó desamparada, sin hijos y sin marido.

Noemí y Rut van a Belén

6 Un día, Noemí supo que Dios había bendecido al país de Israel, dándole abundantes cosechas. **7** Entonces ella y sus nueras se prepararon para irse a Judá. **8** Todavía no habían caminado mucho cuando Noemí les dijo:

—Mejor regresen a vivir con sus familias. Que Dios las trate bien, como ustedes me han tratado a mí y trataron a mis hijos. **9** Pido a Dios que les permita casarse otra vez y formar un nuevo hogar.

Noemí se despidió de ellas con un beso, pero Orfá y Rut empezaron a llorar y **10** a decirle:

—¡No queremos separarnos de ti! ¡Por favor, déjanos ir contigo y vivir entre tu gente!

11-13 Pero Noemí les contestó:

—¡Váyanse, hijas mías! ¿Para qué van a seguirme? Ya no tengo más hijos para que se casen con ustedes, y ya estoy muy vieja para casarme otra vez. Y aún si hoy mismo pudiera casarme y tuviera hijos muy pronto, ¿esperarían ustedes dispuestas a esperarlos hasta que ellos crecieran? ¡No, hijas mías, eso es imposible! Yo estoy sufriendo más que ustedes, pues Dios se ha puesto en mi contra.

14 Al oír esto, las nueras volvieron a llorar amargamente. Por fin Orfá[3] se despidió de su suegra, pero Rut se quedó con ella. **15** Entonces Noemí le dijo a Rut:

—¡Tu cuñada ya regresó a su pueblo y a su dios! ¡Vete con ella!

16 Pero Rut[4] le contestó:

«No me pidas que te deje;
ni me ruegues que te abandone.
Adonde tú vayas iré,
y donde tú vivas viviré.

»Tu pueblo será mi pueblo
y tu Dios será mi Dios.
17 Donde tú mueras moriré,
y allí mismo seré enterrada.

»Que Dios me castigue
si te abandono,
pues nada podrá separarnos;
¡nada, ni siquiera la muerte!»

18 Noemí no insistió más, pues comprendió que Rut había decidido irse con ella. **19** Caminaron y caminaron hasta llegar a Belén. Tan pronto entraron al pueblo, toda la gente se sorprendió al verlas y se armó un gran alboroto. Las mujeres decían: «¡Miren, pero si es la dulce Noemí!»[5]

20 Y ella les dijo:

«Por favor, ya no me digan dulce, llámenme amarga, porque Dios el Todopoderoso me ha amargado la vida.

21 Cuando salí de Belén, tenía de todo; ahora que regreso, Dios me ha traído con las manos vacías. ¿Por qué me van a llamar dulce, si Dios Todopoderoso está contra mí y me ha hecho sufrir?»

22 Fue así como Noemí regresó del país de Moab, acompañada de su nuera Rut. Cuando llegaron a Belén estaba empezando la cosecha de cebada.

Rut trabaja en el campo de Booz

2 **1-2** Pocos días después, Rut le dijo a Noemí:

—Déjame ir a recoger espigas. Seguramente los que cosechan en los campos me dejarán seguirlos para recoger las espigas que vayan quedando.

Noemí le dijo:

—Anda hija mía.

3 Entonces Rut se fue a un campo de cebada y comenzó a recoger las espigas que dejaban los trabajadores. Sin saberlo, Rut tuvo la buena suerte de ir a trabajar al campo de un familiar de Elimélec, el difunto esposo de Noemí. Ese familiar se llamaba Booz, y además era muy rico y muy importante en Belén.

4 Ocurrió que ese día Booz salió de Belén para vigilar el trabajo en sus campos. Cuando llegó al campo, saludó a los trabajadores:

—¡Que Dios los cuide a todos!

Y ellos respondieron:

—¡Que Dios te siga bendiciendo!

5 Luego Booz le preguntó al jefe de los trabajadores:

—¿Quién es esa muchacha?

6 El jefe contestó:

—Es la muchacha de Moab que vino con Noemí.

7 Me suplicó que la dejara recoger las espigas que se les caen a los trabajadores. Desde que llegó en la mañana, ha estado trabajando duramente, y apenas ahora está tomando un corto descanso en la choza.

8 Booz llamó a Rut y le dijo:

—Oye bien lo que te voy a decir: no vayas a recoger espigas en otros campos; quédate aquí **9** y acompaña a mis trabajadoras. Mira bien por dónde van, y síguelas. Les he ordenado a mis trabajadores que no te molesten. Cuando tengas sed, ve y toma agua de las jarras que ellos han llenado.

10 Entonces Rut, en señal de humildad, se inclinó hasta tocar el suelo con la frente, y le preguntó a Booz:

—¿Por qué es usted tan amable conmigo? ¿Por qué se preocupa tanto por mí, si soy una simple extranjera?

11 Booz le contestó:

—Ya me han contado todo lo que has hecho por tu suegra, después de que murió tu esposo. Sé que dejaste a tu familia y tu país para venir a vivir con nosotros, que somos gente totalmente desconocida para ti. **12** ¡Que Dios te premie por todo lo que has hecho! ¡Que el Dios de Israel, en quien ahora buscas protección, te haga mucho bien!

13 Entonces Rut le dijo a Booz:

—¡Muchas gracias, señor! Usted es muy bueno conmigo y me ha hecho sentir bien, aunque ni siquiera soy como una de sus criadas.

14 A la hora de comer, Booz invitó a Rut y le dijo:

—Ven, acércate; aquí hay pan, salsa y granos tostados.

Rut fue y se sentó a comer junto con todos los demás trabajadores. Comió hasta quedar satisfecha, y hasta le sobró comida para llevarle a su suegra. **15** Cuando Rut regresó a recoger espigas, Booz ordenó a los trabajadores:

—Dejen que Rut también recoja espigas donde están los manojos de cebada. **16** Además, dejen caer espigas de sus propios manojos para que ella las pueda recoger. Y no la molesten.

17 Rut estuvo recogiendo espigas hasta que empezó a oscurecer. Cuando separó el grano de las espigas, se dio cuenta de que había recogido más de veinte kilos de cebada. **18** Tomó la cebada y regresó a Belén para mostrarle a su suegra todo lo que había recogido ese día. También le dio a Noemí la comida que le había quedado. Noemí, entonces preguntó:

19 —¿Dónde estuviste trabajando hoy? ¿Cómo es que pudiste recoger tanta cebada? ¡Qué Dios bendiga mucho a quien tanto te ha ayudado!

Rut le contó a su suegra que había estado trabajando en el campo de un señor llamado Booz. **20** Por eso Noemí le dijo:

—¡Que Dios lo bendiga! ¡Qué bueno es ese hombre con nosotras y con nuestros familiares muertos! Déjame decirte que ese hombre es familiar de mi esposo, y de acuerdo con nuestras leyes tiene el deber de protegernos.

21 Rut añadió:

—Pues él me dijo que podía quedarme a trabajar con las demás trabajadoras hasta que se termine la cosecha de cebada.

22 Entonces Noemí le dijo a Rut:

—¡Qué bueno, hija mía! Quédate a trabajar en el campo de Booz. Y no te alejes de sus trabajadores, para que nadie te moleste.

23 Rut siguió recogiendo espigas con las trabajadoras de Booz hasta que terminó la cosecha de cebada y de trigo. Mientras tanto, vivía con su suegra.

Booz trata bien a Rut

3 **1** Un día, Noemí habló con Rut, su nuera:

—Hija mía, me siento obligada a buscarte esposo. Quiero que tengas tu propio hogar y que vivas feliz. **2** ¿Recuerdas lo que te dije acerca de Booz, el dueño del campo donde has estado trabajando? Él es de la misma familia de mi esposo. Escucha bien esto que te voy a decir: Esta noche él va a estar en su campo, separando el grano de la paja. **3** Báñate, perfúmate y ponte tu mejor vestido. Ve al campo donde está Booz trabajando, pero no lo dejes que te vea hasta que termine de comer y beber. **4** Fíjate bien dónde va a acostarse. Cuando ya esté dormido, ve y acuéstate a su lado. Así él sabrá que tú le estás pidiendo su protección, y él mismo te dirá lo que debes hacer.

5 Rut le respondió a su suegra:

—Haré todo lo que tú me mandas.

6 Rut se fue al campo e hizo exactamente lo que Noemí le había mandado. **7** Después de que Booz terminó de comer y beber, se fue a acostar junto al montón de cebada; estaba muy contento. Cuando se quedó dormido, Rut se acercó a él con mucho cuidado, y se acostó a su lado. **8** A medianoche, Booz se despertó de pronto, y al moverse sintió que alguien estaba acostado junto a él.

9 —¿Quién eres? —preguntó Booz.

—Soy Rut, su humilde servidora. Usted es familiar mío y de mi suegra, y las dos necesitamos que usted nos proteja. Quiero pedirle que se case conmigo.

10 —¡Que Dios te bendiga! —dijo Booz—. Veo que eres muy fiel con tu suegra y con tu familia, y que no piensas sólo en ti. Me pides que sea yo tu esposo, aunque bien podrías casarte con un hombre más joven que yo. **11** No tengas miedo, Rut; toda la gente de Belén sabe que tú eres una buena mujer. Por eso, voy a hacer lo que me pides. **12** »Ahora bien, es cierto que yo soy familiar de ustedes y que tengo el deber de protegerlas; sin embargo, tienen un familiar todavía más cercano que yo. **13** Por ahora, duérmete tranquila; ya mañana sabremos si él quiere protegerte. Si acepta, no hay problema conmigo; si no acepta, te prometo, en el nombre de Dios, que yo te protegeré. Anda, acuéstate y duerme tranquila.

14 Rut se acostó cerca de Booz, y se durmió. Cuando todavía estaba oscuro, ella se levantó porque Booz no quería que nadie supiera que una mujer había estado en su campo. Pero antes de dejarla ir a Belén, **15** Booz le pidió a Rut que extendiera su capa, y en ella puso más de cuarenta kilos de cebada. Después la ayudó a ponerse la carga en el hombro, y regresó a Belén.

16 Cuando Rut se encontró de nuevo con Noemí, ésta le preguntó:

—¿Cómo te fue, hija mía?

Rut le contó a su suegra todo lo que Booz había hecho por ella, **17** y agregó:

—Booz me dio toda esta cebada y me dijo: "No debes regresar a la casa de tu suegra con las manos vacías".

18 Entonces Noemí le dijo a Rut:

—Ahora sólo tenemos que esperar con paciencia. Estoy segura de que Booz no va a descansar hasta que este asunto se resuelva.

Booz se casa con Rut

4 **1** Booz fue a la entrada del pueblo, donde la gente se reunía para tratar asuntos importantes. Poco tiempo después, pasó por allí el otro familiar de Elimélec.

—Oye —gritó Booz—, ven aquí y siéntate; tenemos algo de qué hablar.

2 De inmediato Booz llamó a diez de los hombres más importantes de Belén, y los invitó a sentarse con ellos.
Una vez sentados, **3** Booz le dijo al otro familiar:

—Noemí acaba de regresar de Moab y quiere vender el terreno de nuestro familiar Elimélec. **4** Yo quería que tú supieras esto, y además, pedirte que lo compres, porque tienes el derecho de decidir primero. Delante de estos testigos, dime si quieres comprarlo o no, pues aparte de nosotros dos no hay otro familiar que pueda comprarlo.

En seguida el otro familiar respondió:

—Sí, lo voy a comprar.

5 Entonces Booz le dijo:

—Si compras el campo, también tendrás que casarte con Rut, la viuda que vino con Noemí desde Moab. Así, cuando nazca el primer niño, él llevará el apellido del difunto esposo de Rut, y el terreno será para él.

6 —¡Ah, entonces no acepto comprarlo! —dijo el otro familiar—. Si lo compro, voy a perder todo ese dinero, y si nacen otros hijos, mis propios hijos recibirán menos herencia. Será mejor que lo compres tú.

7-8 Y siguiendo la costumbre de esa época, el otro familiar se quitó una de sus sandalias, se la dio a Booz y le dijo:

—Toma mi sandalia; esta es la señal de que sólo tú podrás comprar el terreno.

9 Luego Booz se dirigió a las personas que estaban allí, y les dijo:

—Ustedes son testigos de que hoy le compro a Noemí todo lo que perteneció a Elimélec y a sus hijos. **10** Además, me voy a casar con Rut, la viuda de Mahlón. Así, el primer niño que nazca heredará el terreno, y se mantendrá el nombre de la familia. Sus descendientes seguirán viviendo en Belén.

11 —Sí, somos testigos —respondieron los que estaban presentes—; y dijeron: "Que Dios le permita a Rut ser como Raquel y Lea, quienes tuvieron muchos hijos, de los cuales descendemos todos los israelitas. **12** Que al casarte con esta joven mujer, tu familia llegue a ser tan grande como la familia de Fares, hijo de Judá y Tamar. Y que tú llegues a ser muy rico en toda Efrata y muy importante en Belén".

Nacimiento de Obed

13 Al poco tiempo Booz se casó con Rut y Dios permitió que ella quedara embarazada. **14** Cuando nació el niño, las mujeres de Belén le decían a Noemí:

«Bendito sea Dios que hoy te ha dado un nieto para que cuide de ti. Dios quiera que cuando el niño crezca llegue a ser muy famoso en todo Israel. **15** Él te hará muy feliz, y te cuidará en tu vejez, porque es hijo de tu nuera Rut. Ella vale más que siete hijos, porque te ama mucho y ha sido muy buena contigo».

16 Noemí abrazó al bebé con mucho

cariño, y desde ese día se dedicó a cuidarlo. **17** Las vecinas buscaron un nombre para el bebé y lo llamaron Obed; y a todos los amigos les decían: «¡Noemí ya tiene un hijo!»

Obed, abuelo de David

18 Obed creció y fue el padre de Jesé y el abuelo de David.

Esta es la lista de los descendientes de Fares: Fares, **19** Hesrón, Ram, **20** Aminadab, Nahasón, **21** Salmón, Booz, **22** Obed, Jesé y David.

1 Samuel

HISTORIA DE SAMUEL
(1.1-12.25)

Dios le da un hijo a Ana

1 ¹ En Ramá, un pueblo de los cerros de Efraín, vivía un hombre llamado Elcaná. Sus antepasados fueron: Jeroham, Elihú, Tohu y Suf. Todos ellos eran descendientes de Efraín.

² Elcaná tenía dos esposas: Peniná y Ana. Peniná tenía hijos, pero Ana no tenía ninguno.
³ Cada año Elcaná y su familia salían de su pueblo para ir al santuario de Siló. Allí adoraban al Dios todopoderoso y presentaban ofrendas en su honor. Allí también trabajaban sus hijos del sacerdote Elí, llamados Hofní y Finees.
⁴ Cuando Elcaná presentaba un animal como ofrenda, les daba una parte de la carne a Peniná y a sus hijos. ⁵ Pero a Ana le daba la mejor parte porque la amaba mucho, a pesar de que Dios no le permitía tener hijos.
⁶⁻⁷ Como Ana no tenía hijos, Peniná se burlaba de ella. Tanto la molestaba que Ana lloraba mucho y ni comer quería. Todos los años, cuando iban al santuario, Peniná la trataba así.
⁸ En una de esas visitas, Elcaná le preguntó a Ana: «¿Por qué lloras? ¿Por qué no comes? ¿Por qué te afliges? Para ti, es mejor tenerme a mí que tener muchos hijos».
⁹ Ana dejó de comer, se levantó y se fue a orar al santuario. El sacerdote Elí estaba allí, sentado junto a la puerta. ¹⁰ Ana estaba tan triste que no dejaba de llorar. Por eso oró a Dios ¹¹ y le hizo esta promesa:

«Dios todopoderoso, yo soy tu humilde servidora. Mira lo triste que estoy. Date cuenta de lo mucho que sufro; no te olvides de mí. Si me das un hijo, yo te lo entregaré para que te sirva sólo a ti todos los días de su vida. Como prueba de que te pertenece, nunca se cortará el cabello».

¹²⁻¹³ Ana oraba a Dios en silencio. Elí la veía mover los labios, pero como no escuchaba lo que decía, pensó que estaba borracha. ¹⁴ Por eso le dijo:

—¿No te da vergüenza estar borracha? ¡Deja ya la borrachera!

¹⁵⁻¹⁶ Pero Ana le respondió:

—Señor mío, no crea usted que estoy borracha. No he bebido vino ni cerveza. Estoy muy triste, y por eso estoy aquí suplicándole a Dios que me responda.

¹⁷ Entonces Elí le contestó:

—Vete tranquila, y que el Dios de Israel te conceda lo que has pedido.

¹⁸ Y Ana le dijo:

—¡Usted sí me comprende!

Dicho esto, Ana regresó a comer y dejó de estar triste.
¹⁹ A la mañana siguiente, Elcaná y su familia fueron al santuario para adorar a Dios, y después de eso regresaron a su casa en Ramá. Tiempo después, Elcaná y su esposa Ana tuvieron relaciones sexuales, y Dios permitió ²⁰ que ella quedara embarazada. Cuando nació el niño, Ana le puso por nombre Samuel, porque Dios contestó su oración.
²¹ Al año siguiente, cuando llegó el tiempo de ir al santuario para presentar la ofrenda acostumbrada, Elcaná fue a Siló con toda su familia para cumplir su promesa. ²² Pero Ana no quiso ir con ellos, y por eso le dijo a su marido:

—Cuando el niño ya pueda comer solo, yo misma lo llevaré al santuario y se lo entregaré a Dios. Allí se quedará a vivir.

²³⁻²⁴ Elcaná le dijo:

—Haz lo que te parezca mejor. Que

el niño se quede contigo hasta que pueda comer solo. Y que Dios cumpla su promesa.

Ana se quedó con su hijo, y lo cuidó hasta que el niño comenzó a comer solo. Fue entonces cuando Ana lo llevó al santuario de Siló. También llevó como ofrenda un novillo de tres años, vino y veinte kilos de harina. ²⁵ Después de presentar en el altar al novillo, Ana y su esposo le entregaron el niño al sacerdote Elí. ²⁶ Y Ana le dijo: «Señor mío, hace tiempo yo estuve aquí, orando a Dios. ²⁷ Yo le pedí este niño, y él me lo concedió. ²⁸ Por eso ahora se lo entrego, para que le sirva todos los días de su vida».
Y todos ellos adoraron a Dios.

El canto de Ana

2 ¹ Entonces Ana dedicó a Dios este canto:

«Dios me ha hecho muy feliz,
Dios me ha dado muchas fuerzas.

Puedo taparles la boca a
mis enemigos;
y estoy feliz porque Dios
me ha salvado.

² Nuestro Dios es único.
¡Nadie se le compara!

¡No hay quien pueda protegernos
como nos protege nuestro Dios!

³ ¡Cállense! ¡No sean tan
orgullosos!
¡No hablen como la gente
presumida!
Dios nos conoce muy bien;
sabe cuándo hacemos lo bueno
y cuándo hacemos lo malo.

⁴ Dios quita poder a los
poderosos,
y da fuerza a los débiles.

⁵ A los que antes tenían
mucha comida,
Dios los hace trabajar para

ganarse el pan;
a los que siempre tenían hambre,
hoy los tiene bien alimentados.

La mujer que no tenía hijos
ahora es madre de muchos;
la que tenía muchos hijos,
ahora no tiene ninguno.

6 Dios nos da la vida
y nos trae la muerte.

7 Dios nos hace ricos y nos deja
pobres;
nos humilla y nos exalta.

8 Dios saca del basurero al pobre,
y lo hace reinar entre príncipes.

¡Dios es dueño de todo el
universo!

9 Dios protege a quienes
lo obedecen,
pero los rebeldes mueren
angustiados;
¡de nada les sirve su fuerza!

10 Dios destruye a sus
enemigos;
desde el cielo lanza truenos
contra ellos.

Dios es el juez de todo el mundo.

Al que él pone como rey
le da riqueza y poder».

Samuel y los hijos de Elí

11 Después de esto, Elcaná y su
familia regresaron a su casa en
Ramá, mientras que el niño
Samuel se quedó con el sacerdote
Elí para servir a Dios.

12-17 Los hijos de Elí eran muy
malos y no respetaban ni obedecían a Dios. Hacían cosas terribles
con las ofrendas que la gente llevaba al santuario.
Por ejemplo, la Ley de Dios decía
que, al presentar las ofrendas,
primero se debía quemar la grasa
del animal y luego darle al sacerdote una porción de la carne. Sin
embargo, cuando la gente apenas
iba a quemar la grasa, venía un
sirviente de los hijos de Elí y le

decía al que presentaba la ofrenda: «Dame la carne que le toca al
sacerdote, para que yo se la prepare. Debo llevarla cruda porque el
sacerdote no la quiere ya cocida».
A veces alguien contestaba:
«Déjame quemar primero la grasa, y luego te llevarás lo que gus-
tes». Pero el sirviente le respondía: «Si no me la das ahora, me la
llevaré por la fuerza».
Muchas veces el sirviente llegaba
con un tenedor, lo metía en la
olla donde se estaba cocinando la
carne, y todo lo que sacaba era
para los hijos de Elí.
18 El niño Samuel, por el contrario,
servía fielmente a Dios.

Elí bendice a Ana

Samuel se vestía con ropa de lino,
como los sacerdotes. **19** Cada año
su madre le hacía una túnica pequeña, y se la llevaba cuando iba con su
marido a presentar su ofrenda.
20 En una de esas ocasiones, Elí
bendijo a Elcaná y a Ana y les dijo:
«Ya que han puesto a Samuel al
servicio de Dios, que Dios les conceda tener más hijos».
21 Y así sucedió. En los años
siguientes, Dios bendijo a Ana, y
ella tuvo tres hijos y dos hijas.
Mientras tanto, el niño Samuel
crecía bajo el cuidado de Dios.

Maldad de los hijos de Elí

22 Elí ya era muy viejo. Cuando se
enteró de todo lo que hacían sus
hijos con los israelitas, los llamó y
23 les dijo:

«¿Por qué se comportan así? Ya
la gente me ha contado todo lo
malo que ustedes hacen. **24**
Todos en Israel hablan mal de
ustedes. **25** Si una persona ofende
a otra, Dios puede decidir quién
tiene la razón; pero si alguien
ofende a Dios, no hay quien pueda defenderlo».

Sin embargo, los hijos de Elí no
hicieron caso al regaño de su
padre. Además, Dios ya había
decidido quitarles la vida.
26 Mientras tanto, el niño Samuel

seguía creciendo, y Dios y la gente lo querían mucho.

Un profeta reprende a Elí

27 Dios envió a un profeta para

que le diera este mensaje a Elí:

«Yo me di a conocer a tus antepasados cuando ellos eran esclavos
del rey de Egipto. **28** Entre todas las
tribus de Israel, elegí a tu familia
para que sus descendientes fueran
mis sacerdotes. Les di el privilegio
de ofrecer sacrificios en mi altar,
de quemar incienso, de vestir las
túnicas sacerdotales y de comer
de las ofrendas del pueblo. **29** ¿Por
qué no das importancia a los sacrificios y ofrendas que mandé presentar en mi santuario? Tú les das
más importancia a tus hijos que a
mí. Ellos están cada día más gordos, porque se quedan con lo
mejor de las ofrendas que el pueblo me trae.

30 »Yo les había prometido a tu
familia y a tus antepasados que
siempre serían mis sacerdotes.
Pero ya no será así. Yo aprecio a los
que me aprecian, pero desprecio a
los que me desprecian. **31-33** Viene
el día en que toda tu familia perderá importancia; ninguno de tus
hijos llegará a viejo. Los pocos que
queden como sacerdotes te harán
sufrir mucho y también morirán
jóvenes. Y tú serás testigo del bien
que haré a mi pueblo.

34 »Para que sepas que todo esto
sucederá tal como lo he dicho, te
daré una señal: Tus dos hijos, Hofní
y Finees, morirán el mismo día.
35 »Sin embargo, yo pondré en mi
santuario a un sacerdote fiel,
que hará todo como a mí me gusta. Haré que su familia viva
mucho tiempo, y que sirva al rey
que he elegido.
36 »Los pocos que sobrevivan de
tu familia se arrodillarán delante
del sacerdote fiel, y le suplica-
rán: ''Por favor, denos usted
algún trabajo como sacerdotes,
para que podamos comer aunque
sea un pedazo de pan''».

Dios llama a Samuel

3 ¹⁻⁴ En aquellos tiempos, Dios se comunicaba muy pocas veces con la gente y no le daba a nadie mensajes ni visiones. Por su parte, el niño Samuel servía a Dios bajo la dirección de Elí, que ya casi estaba ciego.

Una noche, poco antes de que se apagara la lámpara del santuario, Dios llamó a Samuel por su nombre. Elí y Samuel estaban ya acostados, cada uno en su habitación. Samuel dormía en el santuario, que es donde estaba el cofre del pacto de Dios.

—¡Samuel, Samuel! —dijo Dios.

5 Samuel fue corriendo al cuarto de Elí y le dijo:

—Aquí estoy. ¿En qué puedo servirle?

Elí le respondió:

—Yo no te llamé. Anda, vuelve a acostarte.

Samuel fue y se acostó, **6** pero Dios volvió a llamarlo: «¡Samuel, Samuel!». él se levantó y fue de nuevo a donde estaba Elí.

—Aquí estoy —le dijo. —¿En qué puedo servirle?

Elí le respondió:

—Yo no te llamé, hijo mío. Anda, vuelve a acostarte.

7 Samuel estaba confundido porque aún no conocía la voz de Dios. Esta era la primera vez que Dios le hablaba.

8 Por tercera vez Dios lo llamó: «¡Samuel, Samuel!». Samuel se levantó, fue a donde estaba Elí y le dijo:

—Aquí estoy. ¿En qué puedo servirle?

En ese momento Elí comprendió que era Dios quien llamaba al niño, **9** así que le dijo:

—Anda a acostarte. Si oyes otra vez que te llaman, contesta así: "Dime, Dios mío, ¿en qué puedo servirte?"

Samuel volvió a costarse, **10** y poco después, Dios mismo se le acercó y lo llamó como antes:

—¡Samuel, Samuel!

Y él contestó:

—Dime, Dios mío, ¿en qué puedo servirte?

11 Dios le dijo:

—Voy a hacer en Israel algo muy terrible. Cuando la gente lo sepa, temblará de miedo. **12** Cumpliré contra la familia de Elí todo lo que he dicho. **13** él sabía que sus hijos me ofendían gravemente, y no hizo nada para corregirlos. Así que voy a castigar a su familia, y nada ni nadie podrá evitarlo. **14** ¡Juro que ninguna ofrenda será suficiente para que yo les perdone su maldad!

15 Samuel volvió a acostarse y, cuando amaneció, se levantó y abrió las puertas del santuario. Pero no se atrevía a contarle a Elí la visión que había tenido. **16** Entonces Elí lo llamó:

—Samuel, hijo mío.

—Aquí estoy —contestó Samuel.

17 Y Elí le preguntó:

—¿Qué te dijo Dios? Cuéntamelo todo. Que Dios te castigue si no me lo dices.

18 Samuel se lo contó todo, sin ocultarle nada, y Elí dijo:

—¡Que se haga la voluntad de Dios! él es quien manda.

19-21 Samuel seguía creciendo, y Dios lo cuidaba. También le daba mensajes en el santuario de Siló, y Samuel se los comunicaba a todo el pueblo. Todo lo que Dios prometía por medio de Samuel, se cumplía. Por eso en todo Israel, la gente confiaba plenamente en las palabras de Samuel.

Los filisteos capturan el cofre del pacto

4 ¹ Un día, los israelitas salieron a pelear contra los filisteos, y acamparon en Eben-ézer. Los filisteos, por su parte, acamparon en Afec **2** y se organizaron para la batalla. Comenzó el combate y los filisteos derrotaron a los israelitas, matando como a cuatro mil de ellos.

3 Cuando el resto del ejército israelita regresó al campamento, los jefes del pueblo se preguntaban: «¿Por qué dejó Dios que los filisteos nos derrotaran? ¡Vamos a Siló a traer el cofre del pacto! ¡Así Dios nos salvará de nuestros enemigos!»

4 Entonces el pueblo mandó traer de Siló el cofre del pacto, donde el Dios todopoderoso reina entre los querubines. Los hijos de Elí, Hofní y Finees venían acompañándolo.

5 Cuando el cofre del pacto llegó al campamento israelita, todo el pueblo gritó tan fuerte que hasta la tierra tembló. **6** Al oír los gritos, los filisteos se preguntaban: «¿Por qué hacen tanto escándalo esos israelitas?»

Cuando los filisteos se enteraron de que los israelitas habían traído el cofre del pacto de Dios a su campamento, **7** les dio mucho miedo y algunos decían:

«¡Estamos perdidos! ¡Dios ha llegado al campamento israelita! ¡Esto nunca nos había pasado! **8** Nadie podrá salvarnos de ese Dios tan poderoso. Es el Dios que destruyó en el desierto a los egipcios con toda clase de terribles castigos».

Y otros gritaban:

9 «Filisteos, ¡no se desanimen!

Sean valientes. De lo contrario, los israelitas dejarán de servirnos y nosotros pasaremos a ser sus esclavos. ¡Peleen como hombres!»

10 Los filisteos pelearon contra los israelitas y los derrotaron. La matanza fue muy grande, pues mataron a treinta mil soldados israelitas, y el resto del ejército huyó a sus casas. **11** Además, los filisteos capturaron el cofre del pacto de Dios y mataron a Hofní y Finees, hijos de Elí.

Muerte de Elí

12-15 Ese mismo día, un hombre de la tribu de Benjamín escapó de la batalla y llegó corriendo a Siló. Había roto su ropa y se había echado polvo sobre la cabeza en señal de luto. Cuando entró en la ciudad y le contó a la gente lo que había pasado, todos empezaron a llorar a gritos. El sacerdote Elí era ya un anciano de noventa y ocho años, y se había quedado ciego. Estaba sentado en una silla, junto al camino. Esperaba saber, con ansias y temor, qué había pasado con el cofre del pacto de Dios. Cuando oyó el griterío, preguntó:

—¿Por qué hay tanto alboroto?

16 Y aquel hombre le dijo:

—Logré escapar del campo de batalla, y acabo de llegar.

—¿Y qué ha pasado, hijo mío? —le preguntó Elí.

17 Y el hombre le contestó:

—Los filisteos nos derrotaron y se llevaron el cofre del pacto de Dios. Miles de nuestros hombres han muertos. Tus hijos, Hofní y Finees, también murieron.

18 Como Elí ya era anciano y muy pesado, cuando oyó lo que había sucedido con el cofre, se fue de espaldas y cayó junto a la puerta, quebrándose el cuello. Allí murió. Había sido líder de Israel cuarenta años.

19 La nuera de Elí estaba embarazada y a punto de tener su bebé. Le afectó saber que el cofre del pacto de Dios había sido capturado, y que su suegro y Finees, su esposo, habían muerto. Por eso empezó a sentir fuertes dolores, y tuvo a su bebé; **20** eso le causó la muerte. Antes de que ella muriera, las mujeres que la atendían le dijeron: «Anímate, tuviste un niño». **21-22** Ella no les respondió ni les hizo caso. Sólo tuvo tiempo de ponerle a su hijo el nombre de «Icabod», y alcanzó a decir: «Israel ha perdido el cofre. ¡Dios nos ha abandonado!»

El cofre del pacto de Dios y los filisteos

5 **1** Después de que los filisteos se apoderaron del cofre del pacto de Dios en **2** Eben-ézer, se lo llevaron a Asdod. Allí lo pusieron en su templo, junto a la estatua del dios Dagón.

3 Al día siguiente, cuando la gente de Asdod se levantó, encontró a Dagón tirado y de cara al suelo, frente al cofre del pacto de Dios. En seguida lo levantaron y lo colocaron en su lugar. **4** Al día siguiente sucedió lo mismo, sólo que esta vez la cabeza y las manos de Dagón estaban tiradas en la entrada del templo. **5** Por eso, hasta el día de hoy en Asdod, ni los sacerdotes ni los que adoran a Dagón pisan la entrada del templo. **6** Además, como la gente de Asdod había capturado el cofre, Dios los castigó duramente, lo mismo que a los pueblos vecinos. Dios hizo que les salieran tumores, y todos ellos sufrían mucho. **7** Por eso, los habitantes de Asdod dijeron: «El Dios de Israel nos ha castigado duramente a nosotros y a nuestro dios Dagón. Ese cofre del Dios de Israel no debe estar entre nosotros». **8** Luego llamaron a todos los jefes filisteos y les preguntaron:

—¿Qué podemos hacer con el cofre del Dios de Israel?

Ellos contestaron:

—Envíenlo a la ciudad de Gat.

Y así lo hicieron.

9 Pero en cuanto el cofre llegó a aquella ciudad, Dios hizo que les salieran tumores a todos los que allí vivían. Toda la gente **10-12** estaba muy asustada. Por eso el cofre del pacto de Dios fue enviado a otra ciudad filistea, llamada Ecrón. Cuando el cofre iba entrando a esa ciudad, sus habitantes empezaron a gritar: «¡Nos han traído el cofre del Dios de Israel para matarnos a todos!»

Los habitantes de Ecrón tenían mucho miedo de morir, así que llamaron a los jefes filisteos y les dijeron: «¡Llévense de aquí ese cofre! ¡Regrésenlo al lugar de donde lo tomaron! De lo contrario, todos moriremos».

Y aunque así lo hicieron, Dios también los castigó duramente. Murió mucha gente, y los que sobrevivieron sufrían mucho a causa de los tumores. Sus lamentos se escuchaban hasta el cielo.

Los filisteos devuelven el cofre

6 **1** Como el cofre del pacto de Dios ya había estado siete meses en su tierra, **2** los filisteos mandaron a llamar a sus sacerdotes y adivinos, y les preguntaron:

—¿Qué podemos hacer con el cofre del pacto de Dios? ¿Cómo podemos enviarlo de vuelta a su lugar?

3 Ellos les contestaron:

—Si lo regresan, deben enviar también ofrendas para pagar por el error de haberlo capturado. Sólo así sanarán de los tumores y entenderán por qué Dios no ha dejado de castigarlos.

4-5 Los filisteos volvieron a preguntar:

—¿Qué ofrenda podemos presentarle al Dios de Israel para que nos perdone?

Y les contestaron:

—Hagan figuras de los tumores y de las ratas que están destruyendo el país. Como ustedes tienen cinco jefes, deben enviar cinco tumores de oro y cinco ratas de oro. Así reconocerán que el Dios de Israel es muy poderoso; tal vez él deje de castigar al pueblo, a sus jefes, a sus dioses y a su tierra.

6 »No vayan a portarse como el rey de Egipto y su gente. Ellos se pusieron muy tercos, y sólo cuando Dios los castigó duramente dejaron que los israelitas se fueran de Egipto.

7-9 »Si quieren saber si fue el Dios de Israel quien los castigó, hagan lo siguiente: Construyan una carreta nueva. Esa carreta deben jalarla dos vacas que nunca hayan trabajado con el yugo puesto ni hayan jalado ninguna carreta. Las vacas deben estar criando terneros.

»Como lo normal es que las vacas vayan hacia donde están sus terneros, encierren a los terneros en el establo. Pongan luego el cofre del pacto de Dios en la carreta, y en una caja pongan las figuras de oro que hicieron. Una vez que hayan hecho esto, suelten la carreta para que las vacas se lleven la ofrenda.

»Fíjense entonces hacia dónde se dirigen las vacas. Si se van hacia Bet-semes, que es un pueblo israelita, podemos estar seguros de que fue el Dios de los israelitas quien nos causó tanto daño. Si no sucede así, entonces sabremos que no nos castigó su Dios sino que todo fue un accidente.

10 Así lo hicieron los filisteos. Pusieron dos vacas para que llevaran el carro, y a los terneros recién nacidos los encerraron en un establo. 11 Luego pusieron en la carreta el cofre del pacto de Dios y la caja con las figuras de oro, y dejaron que las vacas se llevaran la carreta.

12 Las vacas se fueron directamente a Bet-semes. En ningún momento se apartaron del camino ni dejaron de mugir por sus

terneros. Por su parte, los jefes filisteos las siguieron hasta que estuvieron cerca de Bet-semes.

13 La gente de ese lugar estaba cosechando trigo en el valle que está frente al pueblo. Cuando vieron el cofre, les dio mucha alegría. 14-15 La carreta se detuvo junto a una gran piedra que estaba en el campo de un hombre llamado Josué. Entonces los ayudantes de los sacerdotes bajaron el cofre del pacto de Dios y la caja con las figuras de oro, y los pusieron sobre esa gran piedra. Luego los israelitas tomaron la carreta, la hicieron leña, y sacrificaron las vacas como ofrenda a Dios. Además, ese día le presentaron a Dios otras ofrendas.

16 Los cinco jefes filisteos se quedaron a cierta distancia, y después de haber observado todo esto, ese mismo día regresaron a Ecrón. 17 Los filisteos tenían cinco ciudades principales: Asdod, Gaza, Ascalón, Gat y Ecrón. Por cada una de ellas, los jefes filisteos enviaron una figura de oro como ofrenda a Dios, 18 y por cada ciudad y pueblo, enviaron un ratón de oro.

En cuanto a la gran piedra sobre la que colocaron el cofre del pacto de Dios, hasta el día de hoy se conserva en el campo de Josué, el de Bet-semes, como testimonio de todo esto. 19 Mientras el cofre estuvo en Bet-semes, Dios castigó con la muerte a setenta hombres que se atrevieron a mirar dentro del cofre. Toda la gente del pueblo lloró mucho por eso, 20 y decía: «Nadie puede vivir delante de un Dios tan poderoso como el nuestro. Es mejor que mandemos el cofre a otro lugar».

21 Cerca de allí había una aldea llamada Quiriat-jearim. Entonces mandaron a decir a la gente de allí: «Los filisteos nos han devuelto el cofre del pacto de Dios. Vengan por él».

Samuel gobierna Israel

7 1 Los habitantes de Quiriat-jearim pusieron el cofre del pacto

de Dios en la casa de un hombre llamado Abinadab, la cual estaba sobre una colina. También consagraron a su hijo Eleazar para que cuidara del cofre.

2 El cofre estuvo en Quiriat-jearim veinte años. Y toda la gente de Israel lloraba y buscaba a Dios. 3-4 Por eso Samuel les dijo:

«Si de veras quieren volver a obedecer a Dios, dejen de adorar a los dioses ajenos, y a las imágenes de Baal y de Astarté. Adoren solamente a nuestro único y verdadero Dios. Así él los librará del poder de los filisteos».

Los israelitas dejaron de adorar a esos dioses, y adoraron solamente al Dios de Israel. 5 Entonces Samuel les dijo: «Reúnan en Mispá a todos los israelitas, y yo le pediré a Dios que los perdone». 6 Los israelitas se reunieron en Mispá y reconocieron que habían ofendido a Dios. Por eso sacaron agua de los pozos, la derramaron como ofrenda delante de Dios, y después ayunaron.

Fue en Mispá donde Samuel comenzó a gobernar a los israelitas. 7 Cuando los jefes de los filisteos supieron que los israelitas se habían reunido en ese lugar, decidieron ir y atacarlos. Al saberlo, los israelitas se llenaron de miedo 8 y le dijeron a Samuel: «¡No dejes de orar a nuestro Dios; ruégale que nos libre del poder de los filisteos!»

9-10 Samuel tomó un cordero y, mientras lo sacrificaba, le rogó a Dios que ayudara a su pueblo. Mientras tanto, los filisteos iban acercándose para atacar a Israel. Pero Dios escuchó a Samuel, y envió fuertes y espantosos truenos. Cuando los filisteos los oyeron, se llenaron de terror y salieron corriendo.

11-13 Los israelitas persiguieron a los filisteos desde Mispá hasta Bet-car, y los vencieron. Entonces Samuel tomó una piedra, la puso entre los pueblos de Mispá y Sen, y la llamó Eben-ézer, pues declaró: «Hasta aquí nos ha ayudado Dios». Hizo esto para que todos recordaran cómo Dios los había ayudado.

Mientras Samuel vivió, Dios mostró su poder contra los filisteos, y estos ya no volvieron a invadir la tierra de Israel. **14** Por el contrario, los israelitas recuperaron las ciudades y territorios que los filisteos les habían quitado, desde Ecrón hasta Gat. Así fue como hubo paz entre los israelitas y los habitantes de Canaán.

15-17 Cada año Samuel visitaba las ciudades de Betel, Guilgal y Mispá. Allí aconsejaba y dirigía a los israelitas, y los ayudaba a resolver sus pleitos y problemas. Lo mismo hacía en Ramá, donde él vivía y donde había hecho un altar para adorar a Dios. Y Samuel gobernó a Israel durante toda su vida.

Los israelitas piden rey

8 **1-2** Samuel tenía dos hijos. El primero en nacer fue Joel, y el segundo, Abías. Cuando Samuel envejeció, puso a sus hijos para que gobernaran a Israel. **3** Pero los hijos de Samuel no eran como su padre, sino que cometían muchas injusticias. Si dos personas peleaban por algo, y los buscaban a ellos para ver quién tenía la razón, ellos siempre ayudaban a quien les daba dinero.

4 Por eso, todos los representantes de Israel fueron a Ramá para hablar con Samuel. Allí le dijeron: **5** «Usted ya está muy anciano, y sus hijos no son como usted. Es mejor que nos dé un rey como los que tienen las otras naciones».

6 Esto no le gustó nada a Samuel. Pero se puso a orar a Dios, **7** y Dios le dijo:

«Haz lo que te piden. No te están rechazando a ti sino a mí, pues no quieren que yo sea su rey. **8** Desde el día que los saqué de Egipto hasta hoy, ellos me han dejado para adorar a otros dioses, y así también lo hacen ahora contigo. **9** Dales el rey que piden, pero adviérteles todo lo que ese rey les hará».

10 Samuel habló con los que pedían rey, y les repitió lo que Dios le había dicho:

—Esto es lo que les pasará cuando tengan rey: **11** El rey pondrá a los hijos de ustedes a trabajar en sus carros de guerra, o en su caballería, o los hará oficiales de su ejército; **12** a unos los pondrá a cultivar sus tierras, y a otros los pondrá a recoger sus cosechas, o a hacer armas y equipo para sus carros de guerra.

13 »Ese rey hará que las hijas de ustedes le preparen perfumes, comidas y postres; **14** a ustedes les quitará sus mejores campos y cultivos, **15** y les exigirá la décima parte de sus cosechas para dárselas a sus ayudantes y oficiales. **16** También les quitará a ustedes sus burros, sus esclavos y sus mejores jóvenes, y los pondrá a su servicio. **17** A ustedes les hará sus esclavos, y además les quitará uno de cada diez animales de sus rebaños. **18** Entonces se arrepentirán de haber pedido un rey, pero Dios ya no los escuchará.

19 Y aunque Samuel les advirtió a los israelitas todo esto, ellos no le hicieron caso. Al contrario, le dijeron:

—¡Eso no nos importa! ¡Queremos tener un rey! **20** ¡Queremos ser como las otras naciones! ¡Queremos un rey que nos gobierne y que salga con nosotros a la guerra!

21 Samuel escuchó todo lo que dijeron los israelitas, y eso mismo se lo repitió a Dios. **22** Y Dios le dijo: «Hazles caso y dales un rey». Entonces Samuel les dijo a los israelitas: «Está bien. Pero ahora váyanse a sus casas».

Samuel y Saúl se encuentran

9 **1** Había un hombre muy importante llamado Quis. Era hijo de Abiel y nieto de Seror. Su bisabuelo había sido Becorat, hijo de Afíah. Todos ellos eran de la tribu de Benjamín.

2 Quis tenía un hijo llamado Saúl, que era joven y bien parecido, y además muy alto. Ningún israelita podía compararse con él, pues no había nadie que lo pasara de los hombros.

3 Como a Quis se le perdieron unas burras, le dijo a su hijo Saúl: «Ve a buscar las burras. Llévate a uno de tus ayudantes».

4 Saúl y uno de sus ayudantes fueron a buscar las burras en las montañas de Efraín, y también en las regiones de Salisá, Saalim y Benjamín, pero no las encontraron. **5** Cuando llegaron a la región de Suf, Saúl le dijo a su ayudante:

—Tenemos que regresar. Mi padre ha de estar más preocupado por nosotros que por las burras.

6 Pero su ayudante le contestó:

—En este pueblo hay un hombre que sirve a Dios. Toda la gente lo respeta mucho. Dicen que cuando él anuncia que algo va a suceder, sucede. ¡Vamos a verlo! A lo mejor nos dice dónde podemos encontrar las burras.

7 Pero Saúl le respondió:

—Si vamos a consultarlo, ¿qué podemos darle? ¿Con qué le daremos las gracias por su ayuda? Ya no tenemos nada, ni siquiera un poco de pan.

8 El sirviente le dijo:

—Yo traigo una monedita de plata, que pesa como tres gramos. Se la daré a ese hombre para que nos diga dónde encontrar las burras.

9-10 Y Saúl le contestó:

—Está bien, vamos.

En esos días, cuando alguien en Israel tenía problemas y quería que Dios le dijera qué hacer, decía: «Voy a preguntarle al hombre que interpreta visiones». A estos intérpretes se les conocía como «videntes», y tiempo después se les llamó «profetas».

11 Saúl y su sirviente empezaron a subir al cerro para llegar a donde estaba el vidente. Cuando se acercaron al pueblo, se encontraron con unas muchachas que iban a sacar agua del pozo y les preguntaron:

—¿Es aquí donde vive el vidente?

12-13 Y ellas les contestaron:

—Sí, acaba de llegar al pueblo para presentar en el santuario del cerro los animales que se van a ofrendar a Dios. En cuanto entren al pueblo lo verán dirigirse allá para bendecir esos animales. La gente y sus invitados no empezarán a comer de los animales sacrificados hasta que él los bendiga. ¡Vayan rápido y podrán verlo!

14-16 Un día antes de que Saúl llegara, Dios le había dicho a Samuel:

«Mañana vendrá a buscarte un hombre de la tierra de Benjamín. Ese hombre reinará sobre mi pueblo y lo librará del poder de los filisteos. Ya he escuchado las quejas de mi pueblo, y he visto cómo sufre. Así que tú vas a derramar aceite sobre su cabeza, en señal de que será jefe de mi pueblo».

17 Cuando Saúl y su sirviente iban entrando al pueblo, Samuel vio a Saúl. En ese momento Dios le dijo a Samuel: «Este hombre va a reinar sobre mi pueblo».

18 Entonces Samuel se acercó a ellos, y Saúl le preguntó:

—¿Podría usted decirme dónde está la casa del vidente?

19 Y Samuel le contestó:

—Yo soy el vidente. Adelántate al santuario del cerro, porque allí comeremos juntos, y mañana podrás regresar a tu casa.

Ahora mismo voy a decirte lo que quieres saber: **20** Deja de preocuparte por las burras que se perdieron hace tres días, pues ya las encontraron. Además, todo lo mejor de Israel será para ti y para tu familia.

21 Saúl, sorprendido, le contestó:

—¿Por qué me dice usted todo esto? La tribu de Benjamín, a la que pertenezco, es la más pequeña en Israel, y mi familia es la menos importante de esa tribu.

Saúl, futuro rey de Israel

22 En el comedor había como treinta invitados, pero Samuel hizo que Saúl y su ayudante se sentaran en el lugar más importante. **23** Luego, Samuel le dijo al cocinero: «Trae la carne que te ordené que apartaras».

24 En seguida el cocinero trajo una pierna entera y se la sirvió a Saúl. Entonces Samuel le dijo a Saúl: «Esta es la mejor parte de la carne. Come, pues la aparté para que hoy la comieras junto con esta gente».

Samuel y Saúl comieron juntos ese día. **25** Cuando terminaron, bajaron del santuario y se dirigieron a la casa de Samuel, que estaba en el pueblo. Allí, Samuel habló con Saúl en la azotea de su casa. Como la azotea era el lugar más fresco para dormir, allí mismo le prepararon a Saúl una cama, y Saúl se durmió.

26 Al día siguiente, por la mañana, Samuel subió a la azotea y le dijo a Saúl: «Levántate ya, que tienes que regresar a tu casa».

Saúl se levantó y salió de la casa con Samuel. Cuando ya iban a salir de la ciudad, **27** Samuel le dijo a Saúl: «Dile a tu sirviente que se adelante, pues tengo que darte un mensaje de parte de Dios».

10 **1** En cuanto el sirviente se fue, Samuel sacó un frasco de aceite y lo derramó sobre la cabeza de Saúl; luego le dio un beso y le dijo:

«Hoy te ha elegido Dios para que seas rey de su pueblo. **2** Cuando nos hayamos despedido, te vas a encontrar con dos hombres, los cuales te van a decir que ya aparecieron las burras que andabas buscando. También te van a decir que tu padre está preocupado por ti, pues no sabe lo que pudo haberte pasado.

»Te vas a encontrar con ellos en la frontera de la región de Benjamín, junto a la tumba de Raquel. **3** En Tabor hay un árbol muy grande. Cuando llegues allí, encontrarás a tres hombres que van a Betel para adorar a Dios. Uno de ellos irá con tres cabritos, otro con tres panes, y el tercero irá con un recipiente de cuero lleno de vino. **4** Te saludarán y te darán dos panes. Acéptalos.

5 »De allí te irás a Guibeá de Dios, donde los filisteos tienen un cuartel. Al entrar al pueblo, te encontrarás a una banda de músicos con guitarras, panderos, flautas y arpas. Detrás de esa banda verás a un grupo de profetas que bajan del santuario y que van dando mensajes de parte de Dios. **6** »En ese momento el espíritu de Dios vendrá sobre ti y te pondrás a profetizar junto con ellos. A partir de entonces, tu vida cambiará por completo.

7 »Una vez que se cumpla todo esto que ahora te digo, podrás hacer lo que quieras, porque Dios estará contigo.

8 »Pero ahora, vete a Guilgal y espérame allí siete días. Cuando llegue yo, le presentaré a Dios sacrificios y ofrendas de paz, y entonces te diré lo que tienes que hacer como rey».

Saúl regresa a su casa

9 Ese mismo día se cumplió todo lo que Samuel había dicho, pues en cuanto Saúl se dio vuelta y se apartó de Samuel, Dios cambió la vida de Saúl.

10 Cuando Saúl y su ayudante llegaron a Guibeá, se encontraron con el grupo de profetas. Entonces el espíritu de Dios vino sobre Saúl, y Saúl comenzó a profetizar junto con ellos.

11-12 La gente que lo conocía y lo veía profetizar en compañía de aquellos profetas, empezó a decir: «¿Qué le pasa al hijo de Quis? ¿Y esos profetas de dónde salieron? ¿Hasta Saúl es profeta?»

Así fue como nació el dicho: «¡Hasta Saúl es profeta!»

13 Cuando Saúl terminó de profetizar, subió al santuario del cerro. **14** Entonces el tío de Saúl les preguntó a él y a su sirviente:

—¿Dónde estaban?

Saúl respondió:

—Andábamos buscando las burras. Como no podíamos encontrarlas, fuimos a ver al profeta Samuel para preguntarle por ellas.

15 Y el tío le dijo:

—¡Cuéntame lo que te dijo el profeta!

16 Pero Saúl no quiso contarle lo que Samuel le había dicho acerca del reino, así que le contestó:

—Sólo nos dijo que ya habían encontrado las burras.

Saúl es nombrado rey

17 Algunos días después, Samuel reunió a todo el pueblo en Mispá, y en presencia de Dios **18** les dijo:

«Así dice el Dios de Israel: Yo los saqué a ustedes de Egipto. Yo los libré del poder de ese pueblo y de las naciones que los tenían dominados. A pesar de eso, ustedes me han rechazado y ahora quieren tener un rey. **19** Parece que se han olvidado de que soy yo quien siempre los ayuda en todos sus problemas.

»Pero no importa. Ahora preséntense ante mí por tribus y familias».

20 Los israelitas así lo hicieron, y echaron suertes y ganó la tribu de Benjamín. **21** Luego echaron suertes entre las familias de Benjamín

y ganó la familia de Matrí. Volvieron a echar suertes, y Saúl resultó elegido. Sin embargo, no lo podían encontrar. **22** Entonces le consultaron a Dios si Saúl estaba allí, y Dios respondió que estaba escondido entre el equipaje.

23 Rápidamente fueron a sacarlo de allí. Y cuando Saúl se presentó en medio de todos, se dieron cuenta de que era muy alto. No había nadie que le pasara de los hombros. **24** Entonces Samuel le dijo a todo el pueblo:

—¡Aquí tienen al hombre elegido por Dios para que sea su rey! ¡No hay nadie que se le compare!

Los israelitas gritaron a una voz: «¡Viva el rey!» **25** Luego Samuel les explicó cuáles eran los derechos del rey, y los escribió en un libro que puso en el santuario de Dios. Después de eso, Samuel les dijo que regresaran cada uno a su casa. **26** También Saúl se fue a Guibeá, donde vivía, y Dios hizo que un grupo de valientes lo siguiera. **27** Pero un grupo de malvados dijo en son de burla:

«¿Y éste es el que va a salvarnos?» Y como pensaban que Saúl no servía para rey, no le dieron ningún regalo. A pesar de ello, Saúl no dijo nada.

Saúl derrota a los amonitas

11 **1** Un hombre llamado Nahas, jefe de los amonitas, se preparó para atacar la ciudad israelita de Jabés de Galaad. La rodeó con su ejército, pero los habitantes de la ciudad le mandaron a decir: «No queremos guerra. Preferimos hacer un arreglo contigo, aunque tengamos que ser tus esclavos». **2** Nahas les contestó: «Acepto el arreglo, con la condición de que me dejen sacarle el ojo derecho a cada uno de ustedes. Así me burlaré de todo Israel».

3 Los representantes de Jabés le pidieron un plazo de siete días para enviar mensajeros por todo Israel y pedir ayuda. Se comprometieron a rendirse si nadie

venía en su ayuda.

4 Cuando los mensajeros dieron la mala noticia en Guibeá, que era donde vivía Saúl, toda la gente comenzó a llorar a gritos. **5-6** En ese momento Saúl volvía del campo, donde había estado preparando el terreno para la siembra, y preguntó: «¿Qué le pasa a la gente? ¿Por qué llora?»

Cuando le contaron lo que pasaba en Jabés, el espíritu de Dios vino sobre él, y Saúl se enfureció. **7** Tomó entonces dos toros y los partió en pedazos, luego envió mensajeros por todo Israel, con los pedazos de los toros y con este mensaje: «Así despedazaré el ganado de quienes no se unan a mí y a Samuel en esta guerra».

Dios hizo que los israelitas se llenaran de miedo, así que todos se prepararon para la guerra.

8 Cuando Saúl los contó, eran trescientos mil hombres de Israel y treinta mil de Judá. **9** Entonces mandaron este mensaje a los de Jabés de Galaad: «Mañana al mediodía llegaremos para librarlos de los amonitas».

La gente de Jabés se puso muy contenta al recibir este mensaje, **10** pero a los amonitas los engañaron diciéndoles: «Mañana nos rendiremos, y ustedes podrán hacer con nosotros lo que quieran».

11 Al día siguiente, Saúl dividió su ejército en tres grupos. Cuando ya estaba por amanecer, atacaron el campamento de los amonitas. La batalla duró hasta el medio día, y los israelitas mataron a muchos de ellos. Los amonitas que quedaron vivos huyeron, cada uno por su lado.

12 Entonces Samuel dijo al pueblo: «Traigan a los que se burlaron de Saúl. Como no querían que Saúl fuera nuestro rey, los vamos a matar».

13 Pero Saúl dijo: «Por esta vez no vamos a matar a nadie, porque hoy Dios nos ha librado de nuestros enemigos».

14-15 Luego Samuel le dijo a la gente: «Vengan, vamos a Guilgal. Hagamos una fiesta, pues ya tenemos rey».

Toda la gente se fue a la fiesta, y allí le presentaron a Dios ofrendas de paz.

Samuel se despide de su pueblo

12 [»] **1** Más tarde, Samuel les dijo a todos los israelitas:

2-3 —Ustedes me pidieron un rey, y he cumplido su deseo: les he dado un rey, que de ahora en adelante los gobernará.

»Desde que yo era joven, y hasta la fecha, he sido el jefe de ustedes, y mis hijos son parte del pueblo. Pero ya estoy viejo. Ha llegado el momento de que, delante de Dios y de su rey, me digan cómo me he portado.

»¿Con quién he sido injusto? ¿A quién le he quitado algo con engaños, o a la fuerza? ¿De quién he recibido dinero para cometer injusticias? ¿A quién le he robado su buey, o su burro?

»Si algo de esto he cometido contra cualquiera de ustedes, este es el momento de decirlo; ¡este es el momento de acusarme! Así pagaré mis deudas.

4 Pero ellos le respondieron:

—Jamás nos has robado. Jamás nos engañaste, ni aceptaste nunca dinero para cometer injusticias.

5 Entonces Samuel les dijo:

—Dios y el rey que él ha elegido son testigos de que ninguno de ustedes me acusa de nada.

Y ellos respondieron:

—Así es. Dios y el rey son testigos.

6-8 Después de esto, Samuel pronunció este sermón ante el pueblo:

«Préstenme atención, que voy a hacer un recuento de las muchas veces que Dios los ha salvado a ustedes y a sus antepasados.

»Después de que Jacob llegó a Egipto, los israelitas le rogaron a

Dios que los librara de la esclavitud. Entonces Dios envió a Moisés y Aarón, para que sacaran de Egipto a los antepasados de ustedes y los trajeran a esta tierra. **9** »Sin embargo, ellos se olvidaron de su Dios. Por eso él permitió que los dominaran Sísara, el jefe del ejército de Hasor, los filisteos y el rey de Moab. **10** »Pero los israelitas reconocieron que se habían alejado de Dios, y le dijeron: ''Hemos pecado contra ti, pues hemos adorado a Baal y Astarté, dioses de otras naciones. Líbranos del poder de nuestros enemigos, y te adoraremos sólo a ti''. **11** »Dios envió entonces a Jerubaal, Bedán y Jefté, y también a mí, para librarlos del poder de sus enemigos. Por eso ahora ustedes viven en paz. **12** »Acuérdense también de que, cuando supieron que los iba a atacar Nahas, el rey de los amonitas, ustedes me pidieron que les diera un rey, a pesar de que su rey era el Dios que sacó de Egipto a nuestro pueblo.

13 »Pues bien, nuestro Dios les ha dado ya el rey que ustedes pidieron. **14** Si ustedes y su rey obedecen y sirven sólo a Dios, él los bendecirá y ustedes vivirán en paz. **15** Pero si no lo obedecen, entonces los castigará como lo hizo con sus antepasados. **16** »Prepárense, porque en este momento nuestro Dios va a hacer un milagro delante de nosotros. **17** Como saben, ahora es el tiempo de la cosecha y no el tiempo de lluvias; sin embargo, le voy a pedir a Dios que haga llover y envíe truenos. Así Dios les mostrará que ustedes hicieron muy mal al pedirle un rey».

18 Entonces Samuel le pidió a Dios que enviara lluvia y truenos, y Dios así lo hizo. **19** Al ver los israelitas lo que Dios y Samuel habían hecho, sintieron mucho miedo y le dijeron a Samuel:

—Hemos sido muy rebeldes, pues

hasta hemos exigido tener un rey. Ruégale a Dios que no nos quite la vida.

20 Y Samuel les contestó:

—No tengan miedo. Aunque han hecho mal, no dejen de obedecer y amar a Dios; al contrario, sírvanle de buena gana **21** y no adoren a esos ídolos huecos y vacíos que no pueden hacerles bien ni ayudarlos.

22 »Dios no los rechazará a ustedes, pues quedaría mal ante los otros pueblos. Además, él quiso que ustedes fueran suyos.

23 »En cuanto a mí, nunca dejaré de pedirle a Dios por ustedes. Dejar de hacerlo sería un pecado. Yo siempre les enseñaré a portarse bien y a vivir como Dios quiere. **24** »Ustedes saben bien todo lo bueno que Dios ha hecho por ustedes. Por eso, obedézcanlo y sírvanle siempre de buena gana. **25** Si no lo hacen, ustedes y su rey morirán.

HISTORIA DEL REY SAÚL
(13.1-15.35)

Guerra contra los filisteos

13 [»] **1** Saúl ya era adulto cuando empezó a reinar. **2** En el segundo año de su reinado eligió a tres mil hombres de Israel para formar su propio ejército. De ellos, dos mil estaban con él en Micmás y en las colinas de Betel, y los otros mil estaban con su hijo Jonatán en Guibeá de Benjamín. Al resto de los israelitas los mandó de vuelta a su casa.

3 Jonatán atacó y destruyó un cuartel filisteo que estaba en Guibeá. Como los filisteos se enteraron de este ataque, Saúl mandó tocar la trompeta por todo el país en señal de alarma, **4** y decir: «¡Escuchen, israelitas! Saúl ha destruido un cuartel de los filisteos. Prepárense, porque ahora ellos van a odiarnos más, y nos atacarán».

5 Y así sucedió. Los filisteos se reunieron para atacar a los israelitas. Llegaron treinta mil carros de guerra, seis mil soldados de caballería, y un ejército que ni siquiera se podía contar. Todos ellos acamparon en Micmás, al este de Bet-avén. **6** Muchos israelitas pensaron que no podrían vencer al ejército filisteo, así que fueron a esconderse en cuevas y agujeros, entre las piedras y dentro de pozos secos, **7** y no faltaron algunos que cruzaron el río Jordán y se fueron a la tierra de Gad y de Galaad. Saúl se quedó en Guilgal, pero todos en su ejército estaban temblando de miedo. **8** Allí en Guilgal Saúl esperó a Samuel siete días, para que presentara las ofrendas y los sacrificios, pues antes de eso no podían empezar la batalla. Pero al ver Saúl que Samuel no llegaba y que los de su ejército comenzaban a huir, **9** ordenó: «Tráiganme los animales y las ofrendas de paz que vamos a presentarle a Dios». Y Saúl mismo presentó las ofrendas. **10** Todavía no terminaba de ofrecerlas cuando Samuel llegó. Al verlo, Saúl fue a saludarlo; pero Samuel le dijo:

11-12 —¿Qué es lo que has hecho?

Y Saúl le respondió:

—Es que mis soldados ya me estaban abandonando, y tú no llegabas, como prometiste hacerlo. Por eso tuve que presentar las ofrendas para pedir la ayuda de Dios. Además, los filisteos ya estaban en Micmás, listos para venir a Guilgal y atacarme.

13 Pero Samuel le dijo:

—¡Estás loco! Si hubieras obedecido la orden de tu Dios, tu reino habría durado para siempre. **14** Pero, como no lo hiciste, tu reino no durará mucho tiempo. Dios ya ha decidido quién será el próximo rey; ese rey sí lo obedecerá.

15-16 Dicho esto, Samuel se alejó de Guilgal y se fue a Guibeá de

Benjamín. Allí Saúl contó a los soldados que aún estaban con él, y eran como seiscientos. Todos ellos se quedaron con él y con su hijo Jonatán. **17** Mientras tanto, los filisteos que acampaban en Micmás dividieron su ejército en tres grupos; uno de ellos se fue hacia Ofrá, cerca de Sual; el otro se dirigió a Bet-horón, **18** y el tercero se fue hacia la frontera que está en el valle de Seboím, en el camino al desierto. **19-22** Entre los israelitas no había quien trabajara el hierro. Los filisteos no se lo permitían, por temor a que se hicieran espadas y lanzas de ese metal. Ni siquiera tenían cómo afilar sus arados, azadones, hachas y picos. Por eso tenían que ir al país de los filisteos y pagarles mucho dinero para que les afilaran sus herramientas. El día de la batalla los únicos que tenían una espada y una lanza eran Saúl y Jonatán.

Jonatán ataca a los filisteos

23 Una parte del ejército de los filisteos acampó en el paso a Micmás, **14** **1-7** mientras que Saúl acampó en Migrón, bajo un árbol, en las afueras de Guibeá. Con él estaban seiscientos soldados y el sacerdote Ahías, que era hijo de Ahitub y sobrino de Icabod. Su abuelo era Finees, hijo del sacerdote Elí, que había servido a Dios en Siló. Jonatán le dijo al joven que le ayudaba a cargar su armadura:

—Ven, acompáñame al otro lado. Vamos a acercarnos al ejército de los filisteos. Aunque somos pocos, con la ayuda de Dios los vamos a derrotar.

Su ayudante le respondió:

—Haga usted lo que mejor le parezca. Por mi parte, yo lo apoyaré en todo.

Jonatán se fue sin que nadie lo supiera, ni siquiera su padre. **8** Cuando se acercaron adonde

estaban los filisteos, Jonatán le dijo a su ayudante:

—Ven, vamos a acercarnos a ellos, para que nos vean. **9** Si nos dicen: "Alto ahí; no se muevan hasta que lleguemos a donde están", así lo haremos. **10** Pero si nos dicen que vayamos a donde ellos están, esa será la señal de que Dios nos ayudará a derrotarlos.

11 Entonces se acercaron. Y cuando los filisteos los vieron, se dijeron unos a otros: «Miren, los israelitas ya están saliendo de sus escondites».

12 En seguida le gritaron a Jonatán y a su ayudante: «¡Vengan acá, que les vamos a decir algo!» Jonatán le dijo a su ayudante: «Vayamos, pues Dios nos ayudará a vencerlos». **13** Así que subió ayudándose con pies y manos, y tras él subió su ayudante. A cada soldado filisteo que encontraba, lo hería, y su ayudante lo mataba. **14** En ese ataque, y en un lugar tan estrecho, Jonatán y su ayudante mataron a unos veinte hombres. **15** Además, Dios hizo que temblara la tierra, y el ejército filisteo se asustó mucho. **16** Saúl había puesto en Guibeá de Benjamín unos vigilantes, y cuando estos vieron que el ejército filisteo estaba huyendo en completo desorden **17** fueron a decírselo a Saúl. Entonces él ordenó pasar lista, para ver quién faltaba. Una vez que se pasó lista, le informaron a Saúl que faltaban Jonatán y su ayudante. **18** Como en esos días los israelitas tenían con ellos el cofre del pacto de Dios, Saúl le dijo al sacerdote Ahías: «Trae el cofre y consulta a Dios qué debemos hacer». **19** Sin embargo, al darse cuenta de que aumentaba la confusión en el campamento de los filisteos, le dijo a Ahías: «Ya no hace falta que lo traigas».

20-23 Los soldados filisteos estaban tan confundidos que se mataban unos a otros. Entonces Saúl reunió a todos sus hombres, y juntos se lanzaron a la batalla. Durante mucho tiempo algunos israelitas habían sido obligados a formar parte del ejército filisteo, pero en ese momento se unieron al ejército de Saúl y Jonatán. Y cuando los israelitas que se habían escondido en los cerros de Efraín supieron que los filisteos estaban huyendo, fueron también a perseguirlos. Así fue como la batalla llegó hasta Bet-avén.

El juramento de Saúl
24 Todos los israelitas estaban muy cansados, pero ninguno de ellos había comido porque Saúl había hecho este juramento: «Todo el que coma algo antes del anochecer, y antes de que me haya vengado de mis enemigos, será condenado a muerte».
25-27 La gente tenía mucho miedo del juramento de Saúl, así que cuando llegaron a un bosque donde había mucha miel, ninguno de ellos se atrevió a probarla. Como Jonatán no estaba enterado del juramento que había hecho su padre, tomó miel con el palo que llevaba en su mano, y en cuanto la probó, cobró nuevas fuerzas.
28 Pero uno de los soldados le dijo:

—Su padre ha hecho un juramento. Cualquiera que coma algo hoy, quedará bajo maldición y será condenado a muerte. Por eso, aunque estamos muy cansados, no hemos comido nada.

29 Jonatán respondió:

—¡Con ese juramento mi padre le ha hecho mucho daño al pueblo! Si yo, con un poco de miel, he recobrado las fuerzas, **30** imagínense cómo habría sido si el ejército hubiera comido hoy de la comida de nuestros enemigos: ¡su victoria habría sido mayor!

31 La batalla se extendió desde Micmás hasta Aialón, y no paró hasta que los israelitas derrotaron a los filisteos. Pero los israelitas terminaron muy cansados, **32** así que esa misma noche tomaron las ovejas, vacas y terneros que les habían quitado a los filisteos, y los mataron, comiéndose la carne con todo y sangre. **33** Pero alguien le dijo a Saúl:

—La gente está comiendo carne con sangre, y Dios nos ha prohibido hacer eso.

Enojado, Saúl dijo:

—¡Ustedes nunca obedecen a Dios! Tráiganme pronto una piedra grande, y díganle a la gente que traiga aquí su toro o su oveja. **34** Que los maten aquí, y se los coman sin sangre. Así no ofenderán a Dios.

Esa misma noche cada uno llevó su propio toro y lo sacrificó allí. **35** En ese lugar Saúl construyó por primera vez un altar para adorar a Dios. **36** Luego les dijo a sus soldados:

—No pasará esta noche sin que acabemos con los filisteos y nos quedemos con todas sus pertenencias.

Y ellos le contestaron:

—Haremos todo lo que usted nos mande.

Pero el sacerdote le dijo:

—Primero debemos consultar a Dios.

37 Entonces Saúl le preguntó a Dios: «¿Puedo perseguir a los filisteos? ¿Nos ayudarás otra vez a vencerlos?» Pero Dios no le contestó, **38** así que Saúl les dijo a los jefes de su ejército:

—Acérquense y díganme por culpa de quién Dios no me responde. **39** Les juro por Dios que morirá, aunque se trate de mi hijo Jonatán.

Pero ninguno le respondió. **40** Entonces Saúl le dijo a todo el pueblo:

—Pónganse ustedes de aquel lado, y mi hijo Jonatán y yo nos pondremos de este otro.

Y el pueblo le respondió:

—Haremos todo lo que usted nos mande.

41 Saúl echó suertes y le pidió al Dios de Israel: «Dime quién tiene la culpa, si Jonatán, el pueblo, o yo». La suerte recayó sobre Jonatán y Saúl, de modo que el pueblo quedó libre de culpa. **42** Entonces Saúl dijo: «Ahora echemos suertes entre Jonatán y yo».
Como la suerte recayó sobre Jonatán, **43** Saúl le dijo:

—Dime lo que hiciste.

Y Jonatán le respondió:

—Lo único que hice fue probar un poco de miel. ¿Por eso me van a matar?

44 Saúl le contestó:

—¡Jonatán, que Dios me castigue duramente si no mueres!

45 Pero la gente se opuso a Saúl:

—De ninguna manera vamos a permitir que Jonatán muera. Gracias a él, y con la ayuda de Dios, Israel ha alcanzado una victoria total.

Así fue como la gente le salvó la vida a Jonatán.

46-52 Por su parte, Saúl ya no persiguió a los filisteos, así que estos se fueron de regreso a su tierra. A pesar de todo esto, los israelitas estuvieron en guerra con los filisteos mientras Saúl fue rey de Israel. Por eso Saúl siempre tenía en su ejército a los jóvenes más fuertes y valientes. Después de esto, el rey Saúl siguió luchando contra Moab, Amón, Edom, los reyes de Sobá, los filisteos y los amalecitas. Venció a todos sus enemigos, y alcanzó grandes triunfos. Así fue como libró a Israel de los pueblos que les robaban todo lo que tenían. Saúl tuvo tres hijos, que fueron Jonatán, Isví y Malquisúa. También tuvo dos hijas; la mayor se llamaba Merab, y la menor, Mical. Su esposa se llamaba Ahinóam, y era hija de Ahimaas. El general de su ejército se llamaba Abner, y era hijo de Ner, tío de Saúl. El padre de Saúl y el padre de Abner eran hermanos.

Dios rechaza a Saúl

15 ¹ Samuel le dijo a Saúl:

«Dios me envió para que yo te nombrara rey de su pueblo. Ahora me ha enviado a darte este mensaje: ²⁻³ ''Cuando los israelitas salieron de Egipto, los amalecitas los trataron muy mal. Por eso ahora voy a castigarlos. Anda, ataca a los amalecitas y destruye todo lo que tienen. Mata a hombres, mujeres y niños, y a sus toros, ovejas, camellos y burros. No le perdones la vida a nadie''».

⁴ Saúl reunió a su ejército en Telaim. Contó a todos sus hombres, y eran doscientos mil soldados de infantería, sin contar a los diez mil hombres de Judá que se le unieron. ⁵ Se dirigió a la ciudad principal de Amalec para atacarla, y acampó junto a un arroyo. ⁶ Desde allí les mandó este mensaje a los quenitas: «¡Aléjense de los amalecitas! ¡Salgan de esa ciudad! Cuando nuestro pueblo salió de Egipto, ustedes nos trataron muy bien; por eso no quiero que ustedes mueran junto con los amalecitas».

⁷ Luego Saúl atacó todo el territorio de Amalec, desde Havilá hasta Sur, que está al este de Egipto. ⁸⁻⁹ Mató a toda la gente de Amalec, y a todos los animales débiles y de poco valor. Sólo dejó vivo al rey Agag y a los mejores animales de los amalecitas.

¹⁰ Entonces Dios le dijo a Samuel: ¹¹ «Saúl no me hace caso ni me obedece. ¡Lamento haberlo hecho rey!»

Al oír esto, Samuel se preocupó mucho y se pasó toda la noche rogándole a Dios que perdonara a Saúl. ¹² Cuando ya estaba amaneciendo, Samuel se levantó y se fue a buscar a Saúl, pero le dijeron que se había ido a Carmel para levantar un monumento en su honor, y que de allí se había ido a Guilgal. ¹³ Samuel se fue a buscarlo, y cuando lo encontró, Saúl le dijo:

—¡Que Dios te bendiga! Ya cumplí con las órdenes de Dios.

¹⁴ Samuel le preguntó:

—Si en verdad las has cumplido, ¿de quién son esas ovejas y esos toros?

¹⁵ Y Saúl le respondió:

—Son los mejores animales que los soldados les quitaron a los amalecitas. Los trajeron para presentárselos como ofrenda a nuestro Dios. Todo lo demás lo destruimos.

¹⁶ Pero Samuel se enojó y le dijo a Saúl:

—¡Silencio! Ahora voy a decirte lo que Dios me dijo anoche.

—¿Qué fue lo que te dijo? —preguntó Saúl.

¹⁷ Y Samuel le contestó:

—Aunque tú mismo reconocías que no valías gran cosa, Dios te hizo rey de Israel. ¹⁸ Luego, Dios te ordenó claramente que destruyeras a los amalecitas y todo lo que les pertenecía. ¹⁹ ¿Por qué desobedeciste sus órdenes? ¿Por qué te quedaste con lo mejor del ganado de los amalecitas?

²⁰ Y Saúl respondió:

—Yo estoy seguro de haber obedecido a Dios. Lo que me ordenó hacer, lo hice. Acabé con todos los amalecitas, y el único que dejé con vida fue al rey Agag. ²¹ Los soldados, por su parte, trajeron los mejores animales de los amalecitas para sacrificarlos en honor de nuestro Dios.

²² Pero Samuel le dijo:

«A Dios le agrada más que
lo obedezcan,
y no que le traigan ofrendas.
Es mejor obedecerlo
que ofrecerle los mejores
animales.
²³ »Rebelarse contra Dios
es tan malo
como consultar a brujos
y adivinos.
No está bien adorar a
dioses falsos,
ni tampoco desobedecer a Dios.
Como tú no quieres
nada con él,
Dios tampoco quiere nada
contigo».

²⁴ Saúl le dijo a Samuel:

—Tienes razón. Mi pecado ha sido no obedecer a Dios. Pero es que tuve miedo de los soldados; por eso los dejé hacer lo que querían. ²⁵ ¡Por favor, perdóname y acompáñame a adorar a Dios!

²⁶ Pero Samuel le respondió:

—Dios ya no quiere que seas rey, porque no quisiste hacer lo que te mandó. Así que yo no te voy a acompañar.

²⁷ Luego Samuel le dio la espalda a Saúl y empezó a alejarse. Pero Saúl agarró a Samuel por el manto, y de un tirón se lo arrebató. ²⁸ Entonces Samuel le dijo:

—Así es como Dios te va a arrebatar el reino de Israel, para dárselo a un israelita mejor que tú. ²⁹ El Dios que le da la victoria a Israel, siempre cumple su palabra, no cambia de opinión, como lo hace la gente.

³⁰ Saúl le rogó:

—Reconozco mi pecado pero, por favor, ¡trátame como rey delante de los jefes del pueblo y de toda la gente! ¡Ven conmigo y hagamos un culto para adorar a Dios!

31 Samuel aceptó ir con Saúl, y los dos adoraron a Dios. **32** Luego, Samuel ordenó: «¡Tráiganme a Agag, el rey de los amalecitas!» Mientras lo llevaban ante Samuel, Agag pensó que ya no lo iban a matar. **33** Pero Samuel dijo: «Así como muchas mujeres sufrieron cuando mataste a sus hijos, así también va a sufrir tu madre, pues te voy a matar».

Y allí mismo en Guilgal, en presencia de Dios, Samuel cortó en pedazos a Agag. **34** Luego Samuel regresó a Ramá, y Saúl se fue a Guibeá, que era donde vivía. **35** Samuel jamás volvió a ver a Saúl, aunque siempre sintió por él una gran tristeza. Y también a Dios le causó pesar el haber puesto a Saúl como rey de Israel.

HISTORIA DEL REY DAVID
(16.1-31.13)

David es elegido rey

16 **1** Dios le dijo a Samuel:

—¿Hasta cuándo vas a estar triste por Saúl? Yo le he rechazado, así que ya no será rey. Mejor ve a Belén, donde vive Jesé. Ya he elegido a uno de sus hijos para que sea rey de Israel. Lleva aceite contigo y derrámaselo en la cabeza como símbolo de mi elección.

2 Pero Samuel le dijo:

—Dios mío, si Saúl llega a saberlo, me va a matar. ¿Cómo se lo voy a ocultar?

Dios le dijo:

—Llévate una vaquita y dile que vas a presentarme una ofrenda. **3** Pídele a Jesé que te acompañe. Cuando yo te diga a cuál de sus hijos he elegido como rey, tú le pondrás aceite en la cabeza.

4 Y Samuel obedeció a Dios. Cuando llegó a Belén, los líderes del pueblo se preocuparon mucho y le dijeron:

—¿A qué has venido? ¿Hay algún problema?

5 Samuel les contestó:

—Todo está bien. No pasa nada. Sólo vine a presentarle a Dios esta ofrenda. Prepárense y vengan conmigo al culto.

Samuel mismo preparó a Jesé y a sus hijos para que pudieran acompañarlo en el culto.

6 Cuando llegaron, Samuel vio a Eliab y pensó: «Estoy seguro de que Dios ha elegido a este joven».

7 Pero Dios le dijo: «Samuel, no te fijes en su apariencia ni en su gran estatura. Este no es mi elegido. Yo no me fijo en las apariencias; yo me fijo en el corazón».

8 Jesé llamó entonces a Abinadab, y se lo presentó a Samuel. Pero Samuel le dijo: «Tampoco a este lo ha elegido Dios».

9 Luego Jesé llamó a Samá, pero Samuel le dijo: «Tampoco a este lo ha elegido Dios».

10 Jesé le presentó a Samuel siete hijos suyos, pero Samuel le dijo que ninguno de ellos era el elegido de Dios. **11** Finalmente, le preguntó a Jesé:

—¿Ya no tienes más hijos?

Y Jesé le contestó:

—Tengo otro, que es el más joven. Está cuidando las ovejas.

Samuel le dijo:

—Manda a llamarlo, pues no podemos continuar hasta que él venga.

12 Jesé mandó llamar a David, que era un joven de piel morena, ojos brillantes y muy bien parecido. Entonces Dios le dijo a Samuel: «Levántate y échale aceite en la cabeza, porque él es mi elegido».

13 Samuel tomó aceite y lo derramó sobre David, en presencia de sus hermanos. Después de eso, regresó a Ramá. En cuanto a David, desde ese día el espíritu de Dios lo llenó de poder.

David sirve a Saúl

14 Al mismo tiempo, el espíritu de Dios abandonó a Saúl, y un mal espíritu que Dios le envió comenzó a atormentarlo. **15** Un día, uno de los sirvientes de Saúl le dijo:

«Dios ha enviado sobre Su Majestad un espíritu malo, y le está haciendo mucho daño. **16** Mande usted a buscar a alguien que sepa tocar el arpa. Así, cuando venga ese mal espíritu, el músico tocará y usted se sentirá mejor».

17 Saúl le ordenó a sus sirvientes:

—Busquen a alguien que toque bien el arpa, y tráiganmelo.

18 Uno de ellos le dijo:

—Yo conozco a uno. Se llama David, y es hijo de Jesé, el que vive en Belén. David toca muy bien el arpa, y es también un guerrero muy valiente; además, sabe hablar bien y es muy bien parecido. ¡Y Dios siempre lo ayuda!

19 Entonces Saúl le envió a Jesé este mensaje: «Envíame a tu hijo David, el que cuida las ovejas». **20** Jesé envió a su hijo David, y aprovechó la ocasión para enviarle a Saúl, como regalo, un burro cargado con pan, un recipiente de cuero lleno de vino, y un cabrito. **21** David llegó al palacio y se puso al servicio de Saúl. Y tanto le agradó David a Saúl que lo tomó como uno de sus ayudantes. Siempre que el espíritu malo atacaba a Saúl, David tocaba el arpa; entonces el espíritu malo se alejaba y Saúl se sentía aliviado. **22-23** Por eso Saúl le mandó a decir a Jesé: «Estoy muy contento con tu hijo. Déjalo que se quede conmigo, para que sea mi ayudante».

David y Goliat

17 **1** Los filisteos reunieron su ejército en Socó de Judá y se prepararon para pelear contra los israelitas. Pusieron su campamento en Efes-damim, que está entre Socó y Azecá. **2** Por su parte, Saúl y los israelitas también se preparraron para la batalla y acamparon en el valle de Elá. **3** En una colina estaban los filisteos, y en la colina de enfrente estaban los israelitas. En medio de los dos ejércitos estaba el valle.

4-7 En el ejército filisteo había un hombre llamado Goliat, que era de Gat y medía casi tres metros de altura. Llevaba puesto un casco, y también una armadura de bronce que pesaba como cincuenta y siete kilos. Sus piernas estaban protegidas con placas de bronce, y en los hombros llevaba una jabalina. La base de su lanza era enorme, y su punta era de hierro y pesaba como siete kilos. Delante de él iba su ayudante.

8 Goliat se paró frente al ejército israelita y gritó desafiante: «Yo soy filisteo, y ustedes están al servicio de Saúl. No hace falta que todos ustedes salgan a pelear. Elijan a uno de ustedes, y mándenlo a pelear conmigo. **9** Si es buen guerrero y me mata, nosotros seremos esclavos de ustedes. Pero si yo lo mato, ustedes serán nuestros esclavos. **10** »Yo desafío a todo el ejército israelita. Elijan a uno de sus hombres para que luche conmigo».

11-16 Cuando Saúl y los israelitas oyeron lo que decía el filisteo, se desanimaron y les dio mucho miedo. Pero el filisteo siguió provocando a los israelitas a mañana y tarde, durante cuarenta días. Jesé había nacido en Belén de Judá. Ya era muy viejo y tenía ocho hijos, de los cuales David era el menor. Sus tres hijos mayores eran Eliab, Abinadab y Samá, y habían ido con Saúl a la guerra. David pasaba el tiempo cuidando las ovejas de su padre y llevando mensajes y provisiones a sus hermanos, que estaban con Saúl. **17-19** Así fue como un día Jesé le dijo a David:

«Tus hermanos están con Saúl y los demás israelitas en el valle de Elá, peleando contra los filisteos. Llévales ahora mismo unos veinte kilos de trigo tostado y diez panes. Toma también estos diez quesos, y dáselos al jefe del ejército. Fíjate cómo están tus hermanos, y tráeme alguna de sus pertenencias como señal de que están bien».

20 En cuanto amaneció, David se levantó y dejó sus ovejas al cuidado de uno de los pastores, luego tomó la comida que su padre le había indicado, y se puso en camino. **21** Cuando llegó al campamento, el ejército israelita se estaba formando y lanzando el grito de batalla. Y los israelitas y los filisteos se pusieron frente a frente. **22** David dejó la comida con uno de los guardias y se fue corriendo para saludar a sus hermanos. **23** Mientras hablaba con ellos, escuchó cuando Goliat salió de entre los filisteos y empezó a gritar y a desafiar a los israelitas. **24** Cuando estos vieron a Goliat, les dio mucho miedo y huyeron. **25-27** Pero David les preguntó a los que estaban cerca de allí:

—¿Quién se cree este extranjero, que se atreve a desafiar a los ejércitos de Dios? ¿Qué le darán a quien lo mate y le devuelva la honra a Israel?

Y le contestaron a David:

—Quien mate a ese atrevido, se casará con la hija del rey Saúl. También recibirá muchas riquezas, y su familia no volverá a pagar impuestos.

28 Cuando Eliab, que era el hermano mayor de David, escuchó la conversación de David con los soldados, se enojó muchísimo y le preguntó a David:

—¿A qué viniste? ¿Con quién dejaste tus pocas ovejas en el desierto? Yo sé bien que eres un

mentiroso y un malvado. Sólo viniste a ver la batalla.

29 Pero David le respondió:

—¿Y ahora qué hice? ¿Qué, ya no puedo ni hablar?

30 Y David se alejó de su hermano, pero fue y le preguntó a otro soldado en cuanto a la recompensa que ofrecía el rey. Y el soldado le repitió lo que ya le habían dicho.

31 Algunos soldados oyeron que David andaba preguntando, y fueron a decírselo a Saúl. Entonces el rey mandó llamar a David, **32** y David le dijo:

—No se preocupe Su Majestad. Yo mataré a ese filisteo.

33 Pero Saúl le dijo:

—No vas a poder matarlo. Tú eres todavía muy jovencito, y él ha sido guerrero toda su vida.

34 David le contestó:

—Yo soy pastor de las ovejas de mi padre. Pero si un león o un oso vienen a llevarse alguna oveja, **35** yo los persigo, los hiero y les quito del hocico la oveja. **36** Y si el león o el oso se me echan encima, yo los golpeo y los mato. Y eso mismo voy a hacer con este filisteo, pues ha desafiado a los ejércitos del Dios vivo. **37** Si Dios me ha librado de las garras de leones y de osos, también me librará de este filisteo.

Entonces Saúl le dijo a David:

—Anda, pues, y que Dios te acompañe.

38 En seguida Saúl dio órdenes de que le pusieran a David su propia ropa militar, su armadura de bronce y su casco. **39** Por su parte, David se colgó la espada, pero como no estaba acostumbrado a usar armadura, no podía ni caminar. Así que le dijo a Saúl:

—Yo no estoy acostumbrado a usar esto, y no puedo ni caminar.

Y se quitó la armadura. **40** Pero tomó su vara y su honda, y puso en su bolsa cinco piedras del río. Luego fue y se le acercó al filisteo. **41** También Goliat se acercó a David, aunque su ayudante iba siempre delante de él. **42-44** Cuando vio que David no era más que un muchachito de piel morena, lo consideró muy poca cosa y lo maldijo en nombre de sus dioses. Le dijo:

—¡Vaya con el niño bonito! Vienes a pelear conmigo con un palo, como si fuera yo un perro. Ven acá, que te voy a matar, y con tu carne voy a alimentar a los buitres y a las bestias salvajes.

45 Pero David le contestó:

—¡Y tú vienes a pelear conmigo con espada, y flechas y lanza! Pues yo vengo en el nombre del Dios todopoderoso, el Dios de los ejércitos de Israel, a quien te has atrevido a desafiar. **46** Hoy mismo Dios me ayudará a vencerte, y te mataré y te cortaré la cabeza. Hoy mismo alimentaré a los buitres y a las bestias salvajes con los cadáveres de los soldados filisteos. ¡Y todo el mundo sabrá lo grande que es el Dios de Israel! **47** »Todos los que están aquí se darán cuenta de que es Dios quien da la victoria en las batallas. Dios nos dará la victoria sobre ustedes, ¡y así sabrán que para triunfar, Dios no necesita de espadas ni de flechas!

48 Cuando el filisteo se acercó para atacarlo, David también corrió hacia él **49** y, sacando una piedra de su bolsa, disparó su honda y le pegó al filisteo en plena cara. La piedra se le clavó en la frente, y el filisteo cayó al suelo. **50-51** En seguida corrió David y se paró sobre Goliat, le quitó su espada y, de un solo golpe, le cortó la cabeza. Así fue como,

sin tener una espada, David venció al filisteo. Lo mató con sólo una honda y una piedra.
Cuando los filisteos vieron muerto a su poderoso guerrero, salieron corriendo. **52** Pero los hombres de Israel y de Judá, lanzando un grito de batalla, los persiguieron hasta la entrada de Gat y de Ecrón. Todo el camino que lleva a Gat y Ecrón, y que se conoce con el nombre de Saaraim, quedó cubierto de filisteos muertos. **53** Luego de perseguir a los filisteos, los israelitas regresaron al campamento filisteo y se apoderaron de todas sus pertenencias. **54** David, por su parte, llevó a Jerusalén la cabeza del filisteo y se quedó con sus armas. **55** Mientras David peleaba con Goliat, Saúl le preguntó a Abner, que era el jefe de su ejército:

—¿Quién es ese joven? ¿Quién es su padre?

Y Abner le contestó:

—Le juro a Su Majestad que no lo sé.

56 Entonces el rey le dijo:

—Pues averígualo.

57 Luego de que David mató al filisteo, Abner lo llevó a la presencia de Saúl. David llevaba en la mano la cabeza del filisteo. **58** Y Saúl le preguntó:

—¿Quién es tu padre?

Y David le contestó:

—Soy hijo de Jesé de Belén, servidor de Su Majestad.

La amistad de David y Jonatán

18 **1-3** Saúl ya no dejó que David volviera a su casa, sino que lo mantuvo cerca de él, de modo que Jonatán se hizo muy amigo de David. Tanto lo quería Jonatán que, desde ese mismo día, le juró que serían amigos para siempre, pues lo amaba

como a sí mismo. **4** En prueba de su amistad, Jonatán le dio a David su ropa de príncipe, junto con su arco y su espada con todo y cinturón.
5 Siempre que Saúl enviaba a David a luchar contra los filisteos, David salía victorioso. Por eso Saúl lo puso como jefe de sus soldados. Esto le gustó mucho a todo el pueblo, y también a los otros jefes del ejército de Saúl.

Saúl tiene envidia de David

6-9 Sin embargo, desde el día en que David mató a Goliat, Saúl comenzó a tener mucha envidia de David. Y es que cuando el ejército regresó de la batalla, las mujeres salieron a recibir al rey y en sus danzas y cantos decían:

«Saúl mató a mil soldados,
pero David mató a diez mil».

Al oír tales cantos, Saúl se enojó mucho y pensó: «A David le dan diez veces más importancia que a mí. ¡Ahora sólo falta que me quite el trono!»
10 Al día siguiente, mientras David tocaba el arpa, Dios envió a un espíritu malo para que atormentara a Saúl. Entonces Saúl se puso como loco dentro del palacio, y como tenía una lanza en la mano, **11** se la arrojó a David con la intención de dejarlo clavado en la pared. Pero David logró quitarse a tiempo dos veces. **12-15** Saúl le tenía miedo a David, pues se daba cuenta de que Dios lo cuidaba y lo ayudaba a ganar las batallas, mientras que a él lo había abandonado. Entonces Saúl envió a David al campo de batalla y lo puso al frente de mil soldados. David ganó todas las batallas que sostuvo, porque Dios lo ayudaba. **16** En todo Israel y Judá querían mucho a David porque él era su líder.
17 Un día, Saúl le dijo a David: «Mira, te voy a dar como esposa a mi hija Merab. Lo único que te pido es que seas valiente y que, en el nombre de Dios, salgas al frente del ejército en las batallas».

En realidad, lo que Saúl quería era que mataran a David. Por eso pensaba: «En lugar de que lo mate yo, que lo maten los filisteos».

18 Pero David le contestó: «Ni mi familia ni yo merecemos ser parientes del rey».

19 Llegó el día en que Merab debía casarse con David, pero Saúl se la dio como esposa a Adriel de Meholá. **20** Sin embargo, Mical, la otra hija de Saúl, estaba enamorada de David. Cuando Saúl lo supo, se puso muy contento, **21** pues pensó: «Si David quiere casarse con Mical, tendrá que luchar contra los filisteos para ganársela. Y allí los filisteos lo matarán». Entonces le dijo a David: «Hoy mismo te casarás con mi hija».

22 Además, Saúl le ordenó a sus ayudantes: «Hablen a solas con David, y díganle que mis ayudantes y yo lo queremos mucho; que acepte ser mi yerno».

23 Los ayudantes del rey fueron a hablar con David, pero él les dijo: «Yo no soy más que un hombre pobre y sin importancia. ¿Cómo pueden pensar que llegaré a ser yerno del rey?»

24 Los ayudantes del rey fueron y le dijeron a Saúl lo que David pensaba, **25** y Saúl les dijo:

«Díganle a David que no quiero que me dé nada por mi hija. Lo que quiero es que me traiga la prueba de que mató a cien filisteos. Quiero vengarme de ellos».

En realidad, Saúl quería que los filisteos mataran a David.

26 A David le pareció bien lo que el rey pedía, y antes de que se cumpliera el plazo **27** fue con sus hombres y mató a doscientos filisteos, y le llevó a Saúl la prueba que le había pedido. Entonces Saúl le dio como esposa a su hija Mical, y así David llegó a ser parte de la familia del rey.

28 Cuando Saúl comprobó que Dios protegía a David, y que su hija Mical en verdad lo amaba, le dio mucho miedo. **29** Por eso llegó a odiar a David y se convirtió en su enemigo de toda la vida.

30 Siempre que los jefes de los filisteos peleaban contra los israelitas, David mostraba ser más astuto que todos los asistentes y consejeros de Saúl, y ganaba las batallas. Por eso cada vez se hacía más famoso.

Saúl trata de matar a David

19 **1** Saúl le ordenó a su hijo Jonatán y a sus ayudantes que mataran a David. Pero como Jonatán lo quería mucho, **2** le avisó del peligro que corría:

«¡Cuídate mucho, que mi padre quiere matarte! ¡Escóndete en el campo! Mañana temprano **3** yo iré con mi padre cerca del lugar donde estés escondido. Allí le pediré que no te haga daño, y te haré saber lo que me responda».

4 Al día siguiente, Jonatán habló con Saúl en favor de David. Le dijo:

—Padre, no debes hacerle ningún daño a David, pues él tampoco te ha hecho ningún mal. Por el contrario, te ha servido y sólo ha buscado tu bien. Pórtate como el rey que eres. **5** Acuérdate que David arriesgó su vida cuando peleó con Goliat y lo mató. Ese día Dios nos ayudó a vencer a los filisteos, y tú mismo estabas muy contento. ¿Cómo es posible que ahora quieras matar a David, si no ha hecho nada malo?

6 Cuando Saúl escuchó esto, le dijo a Jonatán:

—Te juro por Dios que no le haré ningún daño a David.

7 Entonces Jonatán llamó a David y le contó lo que había hablado con Saúl. Luego llevó a David con el rey Saúl, y David volvió a servir al rey. **8** Tiempo después hubo otra batalla contra los filisteos, y David salió a pelear contra ellos. Y de tal manera venció David a los filisteos que salieron corriendo de miedo.

9 Un día, Saúl estaba sentado en su casa, escuchando a David tocar el arpa. De pronto, un espíritu malo de parte de Dios atacó a Saúl, y como Saúl tenía una lanza en la mano, **10** se la arrojó a David con ganas de clavarlo en la pared. Sin embargo, David logró quitarse a tiempo.

Esa misma noche Saúl intentó de nuevo matar a David, pero David se le volvió a escapar. **11** Entonces Saúl ordenó a algunos de sus hombres que rodearan la casa de David y lo mataran por la mañana. Pero Mical, su esposa, le dijo: «Huye ahora mismo, David; de lo contrario, mañana estarás muerto».

12-13 De inmediato, Mical tomó una estatuilla, le puso pelo de cabra en la cabeza y la cubrió con una capa; luego la colocó donde David dormía, y sacó a David por una ventana. Así fue como David pudo escapar.

14 Cuando los hombres de Saúl llegaron para apresar a David, Mical les dijo: «David está enfermo».

15 Aquellos hombres se regresaron y fueron a decírselo al rey Saúl. Pero él los envió de vuelta y les dijo: «Tráiganme a David, aunque sea en su cama, porque hoy mismo lo voy a matar».

16 Los hombres de Saúl volvieron a la casa de David, pero no encontraron en la cama más que la estatuilla con pelo de cabra en la cabeza. **17** Cuando Saúl se enteró de esto, le reclamó a Mical:

—¿Por qué me engañaste? ¿Por qué ayudaste a escapar a mi enemigo?

Y Mical le contestó:

—David me amenazó. Me dijo que si no lo ayudaba a escapar, me mataría.

Saúl persigue a David

18-19 Mientras tanto, David logró escapar. Cuando llegó a la ciudad de Ramá, le contó a Samuel todo lo que Saúl le había hecho. Entonces los dos se fueron a un pueblo llamado Naiot, que estaba cerca de la ciudad de Ramá, y allí se quedaron a vivir. Pero tan pronto como Saúl lo supo, ²⁰ envió a un grupo de sus hombres para apresar a David.

Cuando los hombres de Saúl llegaron a ese lugar, se encontraron con que Samuel y un grupo de profetas estaban dando mensajes de parte de Dios. Entonces el espíritu de Dios tomó control de los enviados de Saúl, y también ellos empezaron a profetizar. ²¹ Saúl se enteró de lo que había pasado, así que envió a otro grupo de sus hombres, y también a ellos les pasó lo mismo.

Saúl envió un tercer grupo, y también ellos se pusieron a profetizar. ²² Finalmente, Saúl mismo fue a Ramá. Cuando llegó al gran pozo que está en Secú, preguntó:

—¿Dónde están Samuel y David?

—En Naiot, cerca de Ramá —le contestaron.

²³ Saúl se puso en camino hacia Naiot. Pero el espíritu de Dios vino sobre él, y en todo el camino a Naiot iba profetizando. ²⁴ Cuando llegó a donde estaba Samuel, se quitó toda la ropa, y todo el día y toda la noche se los pasó dando mensajes de parte de Dios. De allí viene el refrán que dice: «¡Hasta Saúl es profeta!»

Jonatán ayuda a David

20 ¹ De Naiot, David se fue a donde estaba Jonatán, y le preguntó:

—¿De qué maldad se me acusa? ¿En qué le he fallado a tu padre, para que quiera matarme?

² —¡Nadie va a matarte! —contestó Jonatán. ¡Eso jamás pasará! Mi padre siempre me cuenta todo lo que piensa hacer, tenga o no importancia. ¿Tú crees que no me contaría algo así?

³ Pero David insistió:

—¡Te juro por Dios y por ti mismo que puedo morir en cualquier momento! Tu padre sabe bien que tú y yo somos buenos amigos. Y seguramente habrá pensado: "Si se lo digo a Jonatán, haré que se ponga triste".

⁴ —Dime entonces qué quieres que haga -le respondió Jonatán.

⁵ Y David le dijo:

—Mañana se celebra la fiesta de la luna nueva. Se supone que yo debo comer con tu padre, pues es el rey. Te ruego que me dejes esconderme en el campo hasta pasado mañana. ⁶ Si tu padre pregunta por mí, dile que tú me diste permiso de ir a Belén, que es mi pueblo, a celebrar la fiesta con mi familia. ⁷ Si no se enoja, podré estar tranquilo. Pero si se enoja, ¡puedes estar seguro de que quiere matarme! ⁸ »Tú y yo hemos hecho un pacto de amistad delante de Dios, por eso te ruego que me hagas un favor: Si hice algo malo, mátame tú mismo. Prefiero que lo hagas tú, y no tu padre.

⁹ Pero Jonatán le dijo:

—¡Jamás haría yo tal cosa! Por el contrario, si llego a saber que mi padre quiere matarte, te lo diré de inmediato.

¹⁰ David le preguntó:

—¿Cómo sabré entonces si tu padre quiere matarme?

¹¹ Y Jonatán le dijo:

—Ven conmigo al campo.

Una vez allí, ¹² Jonatán le dijo a David:

—Te juro por el Dios de Israel, que pasado mañana, a esta misma hora, aquí mismo le preguntaré a mi padre qué piensa hacer contigo. Si todo está bien, te lo mandaré a decir. ¹³ Pero si quiere

matarte y no te lo digo, ¡que Dios me castigue duramente si no te ayudo a escapar!

»Que Dios te cuide como cuidó a mi padre. ¹⁴⁻¹⁵ Yo sé que Dios no dejará vivo a ninguno de tus enemigos. Pero tú, ¡júrame que serás bueno conmigo, así como Dios ha sido bueno con nosotros! ¡Júrame que no dejarás que me maten, ni que maten a toda mi familia! ¹⁶ ¡Que Dios castigue a todos tus enemigos!

De este modo Jonatán renovó su pacto con David y su familia. ¹⁷ Además, como amaba tanto a David, volvió a hacerle un juramento de amistad. ¹⁸ Le dijo:

—Mañana se celebra la fiesta de la luna nueva. Como no vas a estar presente, van a preguntar por ti. ¹⁹ Así que vete al lugar donde te escondiste cuando empezaron estos problemas, y espérame pasado mañana cerca de la piedra de Ézel.

²⁰ »Yo voy a disparar algunas flechas hacia ese lugar, como si estuviera tirando al blanco, ²¹ y mandaré a un muchacho para que las levante. Si me oyes decirle: "¡Tráeme las flechas; están aquí cerca!", te juro por Dios que puedes volver tranquilo, pues eso quiere decir que no corres ningún peligro.

²² »Pero si me oyes gritarle: "¡Más allá! ¡Las flechas están más allá!", huye, porque eso es lo que Dios quiere.

²³ »Dios es testigo de que hemos hecho estas promesas.

²⁴ Entonces David fue a esconderse en el campo.

Cuando empezó la fiesta de la luna nueva, el rey se sentó a comer ²⁵ junto a la pared, como siempre lo hacía. Jonatán se sentó enfrente del rey, y Abner se sentó a su lado. El lugar de David estaba vacío. ²⁶ Saúl no dijo nada ese día porque pensó: «Tal vez David no vino por no haber cumplido con los ritos para purificarse». ²⁷ Al día siguiente, que era el segundo día del mes, el lugar de David seguía vacío. Entonces Saúl le preguntó a su hijo Jonatán:

—¿Por qué David no vino a comer ni ayer ni hoy?

28 Y Jonatán le respondió:

—David me rogó que le diera permiso de ir a Belén, **29** porque su hermano lo mandó a llamar. David va a presentar la ofrenda anual en Belén, junto con su familia. Yo le di permiso. Por eso no vino a comer contigo.

30 Saúl se enfureció contra Jonatán y le gritó:

—¡Hijo de mala madre! Ya sabía que estabas del lado de David. ¡Qué vergüenza para ti y para tu madre! **31** Mientras David viva, no podrás llegar a ser rey. Así que manda que me lo traigan, porque está condenado a muerte.

32 Pero Jonatán le respondió:

—¿Y por qué ha de morir? ¿Qué mal ha hecho?

33-34 En vez de responderle, Saúl le arrojó su lanza, con la intención de matarlo. Jonatán, por su parte, se levantó de la mesa y ya no participó en la comida del segundo día de la fiesta. Estaba furioso y triste de que su padre hubiera ofendido a David. Fue así como Jonatán se dio cuenta de que su padre quería matar a David.

35 Al día siguiente, Jonatán salió al campo en compañía de un muchacho, y se dirigió al lugar que le había dicho a David. **36** Al llegar a ese lugar, le ordenó al muchacho: «Ve a recoger las flechas que voy a disparar».

Mientras el muchacho corría a buscar una de las flechas, Jonatán disparó otra, la cual cayó más allá de donde estaba el muchacho. **37-39** Jonatán le gritó: «¡Corre, no te detengas, que más allá hay otra flecha!»

Sin sospechar nada, el muchacho fue y recogió las flechas de Jonatán, pues sólo David y él sabían lo que eso quería decir. **40** Luego Jonatán le dio sus armas al muchacho y le ordenó: «Llévatelas a la casa».

41 Cuando el muchacho se fue, David salió de su escondite y, de cara al suelo en señal de respeto, se inclinó tres veces delante de Jonatán. Luego se abrazaron y lloraron mucho, aunque David lloraba más. **42a** Entonces Jonatán le dijo a David: «Vete en paz. Tú y yo hemos jurado por Dios que siempre seremos buenos amigos. Que Dios nos ayude, y que ayude a nuestras familias a cumplir este juramento».

David huye de Saúl

42b (21.1) Jonatán regresó a la ciudad,

21 **1** (2) y David se fue a Nob, donde vivía el sacerdote Ahimélec. Cuando Ahimélec vio a David, se puso nervioso y le preguntó:

—¿Por qué vienes solo?

2 (3) —Porque el rey me mandó a una misión especial y me pidió guardar el secreto —le contestó David—. Por eso es que ni mis hombres vienen conmigo. Con ellos debo encontrarme en otro lugar. **3** (4) Por cierto, tengo mucha hambre. ¿Podrías darme unas cinco piezas de pan, o lo que tengas?

4 (5) —Sólo tengo el pan que usamos en el templo —le contestó el sacerdote—. Te lo puedo dar, siempre y cuando ni tú ni tus hombres hayan tenido relaciones sexuales.

5 (6) —No te preocupes —respondió David—, que ni siquiera cuando salimos a un viaje de rutina tenemos relaciones sexuales con nuestras esposas, mucho menos ahora.

6 (7) Como el sacerdote no tenía ninguna otra clase de pan, le dio a David el que se ofrendaba a

Dios. Era el pan que acababan de quitar del altar para poner uno nuevo y caliente. **7-9** (8-10) David le dijo a Ahimélec:

—¿Podrías prestarme alguna lanza o espada? Fue tan urgente la orden del rey, que no alcancé a traer ningún arma conmigo.

—No tengo más que la espada de Goliat —contestó el sacerdote—. Es la espada del filisteo que mataste en el valle de Elá. Está allí, envuelta en tela, detrás de mi chaleco sacerdotal. Puedes llevártela, si quieres.

—Está muy bien —aceptó David—. Dámela.

Ese día estaba en el templo un edomita llamado Doeg, que era el jefe de los pastores de Saúl.

10 (11) David siguió huyendo de Saúl, y de allí se fue a Gat, que era una ciudad filistea. Cuando llegó allá, **11** (12) lo llevaron ante el rey Aquís, a quien sus consejeros le dijeron: «Este es David, el rey de esta tierra, de quien habla la canción: "Saúl mató a mil soldados, pero David mató a diez mil"». **12** (13) Cuando David supo esto, tuvo mucho miedo de que el rey Aquís fuera a hacerle daño. **13** (14) Entonces empezó a rasguñar los portones de la ciudad y a babear, como si estuviera loco. **14** (15) Aquís les reclamó a sus consejeros: «¿Para qué me trajeron a este loco? **15** (16) ¡Ya tengo en mi palacio suficientes locos, como para que me traigan otro más!»

22 **1** De Gat, David se fue a la cueva que está en Adulam. Cuando sus hermanos y familiares lo supieron, fueron a verlo. **2** Ese día también se unieron a David como cuatrocientos hombres. Todos ellos eran tan pobres que no tenían dinero para pagar sus deudas. Además, eran gente que sufría mucho y que ya no quería seguir viviendo así. De modo que David llegó a ser su líder.

3 De allí David se fue a una ciudad de Moab llamada Mispá, y le pidió al rey de ese país:

—Por favor, te ruego que dejes que mi padre y mi madre vivan aquí en tu país, hasta que yo sepa lo que Dios va a hacer conmigo.

4 Fue así como los padres de David se quedaron con el rey de Moab todo el tiempo que David estuvo en su escondite.

5 Cierto día, el profeta Gad fue a ver a David y le dijo: «No te quedes en tu escondite. Mejor vete a la tierra de Judá».

Y David se fue al bosque de Héret.

Saúl mata a los sacerdotes de Nob

6 Mientras tanto, Saúl estaba en el cerro de Guibeá, sentado bajo la sombra de un árbol y rodeado de sus ayudantes. En la mano sostenía una lanza. En cuanto Saúl supo dónde estaban David y sus hombres, **7-8** les dijo a sus oficiales:

—Ustedes los de la tribu de Benjamín, oigan bien lo que les voy a decir. ¿Por qué me han traicionado? Díganme si David les ha prometido darles campos y viñedos, o hacerlos jefes de su ejército.

»Si no lo ha hecho, ¿por qué nadie me advirtió que mi hijo se puso de parte de David y le ayudó a rebelarse contra mí? ¿Por qué nadie se preocupa por mí?

9 En ese momento Doeg el edomita, que estaba entre los oficiales de Saúl, le dijo:

—Yo vi a David en Nob, cuando fue a ver a Ahimélec, el hijo de Ahitub. **10** Allí Ahimélec le dio un mensaje de parte de Dios, le dio de comer, y también le entregó la espada de Goliat el filisteo.

11 Entonces el rey mandó traer al sacerdote Ahimélec y a todos sus familiares, que también eran sacerdotes en Nob. **12** Y Saúl le dijo a Ahimélec:

—Escúchame bien.

—Hable Su Majestad —contestó Ahimélec.

13 —¿Por qué me has traicionado, como lo hizo David? —preguntó Saúl—. ¿Por qué le diste a David comida y una espada, y además le pediste a Dios que lo ayudara? ¡David quiere acabar conmigo, y sólo está esperando una oportunidad para hacerlo!

14 Y Ahimélec le respondió:

—¡Pero si David es el más fiel de sus servidores! ¡Está casado con su hija, es jefe de sus guardias, y el hombre más apreciado en palacio! **15** ¡Esta no es la primera vez que yo consulto a Dios en cuanto a lo que David debe hacer! Además, yo no sabía nada de los problemas que él tiene con usted. Ni yo ni mi familia hemos traicionado a Su Majestad.

16 Pero el rey le dijo:

—¡Eso no me importa! ¡Tú y toda tu familia van a morir!

17 En seguida el rey les ordenó a sus guardias:

—¡Maten a los sacerdotes de Dios! Ellos sabían que David estaba huyendo de mí, y en vez de darme aviso le dieron protección.

Pero como los guardias no se atrevieron a matar a los sacerdotes de Dios, **18** el rey le ordenó a Doeg: «¡Mátalos tú!»

Entonces Doeg, como no era israelita, mató ese día a ochenta y cinco sacerdotes. **19** Además, fue a la ciudad de Nob, donde vivían los sacerdotes, y mató a hombres, mujeres, niños y recién nacidos, y a todo el ganado.

20 Sin embargo, uno de los hijos de Ahimélec, llamado Abiatar, pudo escapar y se fue a donde estaba David. **21** Allí le contó cómo Saúl había mandado matar a los sacerdotes de Dios.

22 Entonces David dijo:

—Ya sabía yo que Doeg el edomita le contaría a Saúl lo que vio ese día en el templo. Yo tengo la culpa de que hayan matado a toda tu familia, **23** y ahora Saúl va a querer matarte también a ti. Pero no tengas miedo, que conmigo estarás seguro.

David libera a la ciudad de Queilá

23 **1** Los filisteos atacaron la ciudad de Queilá y se llevaron el trigo recién cosechado. Cuando David lo supo, **2** le preguntó a Dios:

—¿Debo ir a atacar a los filisteos?

Y Dios le contestó:

—Ve y atácalos. Salva a la ciudad de Queilá.

3 Sin embargo, los hombres que andaban con David le aconsejaron:

—No vayas. Si estando aquí en Judá, que es nuestra tierra, tenemos miedo, con mayor razón si vamos a Queilá y atacamos al ejército filisteo.

4 David volvió a preguntarle a Dios si debía ir o no, y Dios le contestó: «Ya te dije que vayas, pues yo te ayudaré a derrotar a los filisteos». **5** David fue con sus hombres a Queilá y peleó contra los filisteos. Los venció y les quitó sus rebaños. Así salvó a la gente de Queilá.

6-8 Cuando le informaron a Saúl que David estaba en Queilá, pensó: «Dios me está ayudando a atrapar a David. Se ha metido en una ciudad que se cierra con portones y candados, y no va a poder escapar».

En seguida Saúl reunió a todo su ejército, y se puso en marcha hacia Queilá para capturar a David y a su gente. Pero Abiatar, el hijo del sacerdote Ahimélec, tenía un chaleco sacerdotal, que usaban los sacerdotes para conocer la voluntad de Dios. Lo había llevado consigo cuando huyó de Saúl y se unió a David en Queilá. **9** Cuando

David supo que otra vez Saúl quería matarlo, llamó a Abiatar y le pidió llevar el chaleco. **10** Entonces David lo consultó a Dios:

—Dios de Israel, sé que Saúl va a venir a Queilá, y que por mi culpa va a matar a toda la gente. **11** ¡Dime si esto es verdad!

—Es verdad —contestó Dios—. Saúl vendrá.

12 David volvió a consultar a Dios:

—Y la gente de Queilá, ¿nos traicionará?

—Así es. Los traicionará —contestó Dios.

13 Entonces David y sus seiscientos hombres se fueron de Queilá, y empezaron a huir de un lado a otro. Cuando le informaron a Saúl que David se había ido de Queilá, ya no atacó la ciudad.

David se esconde en el desierto

14 Desde entonces David se escondía en las cuevas bien protegidas que había en el desierto de Zif. Y aunque Saúl lo buscaba todo el tiempo, Dios no dejaba que lo encontrara.

15 Una vez David estaba en Hores, en el desierto de Zif, y llegó a saber que Saúl lo andaba buscando para matarlo. **16** Pero Jonatán fue a Hores para ver a David, y lo animó a tener confianza en Dios. **17** Le dijo:

—No tengas miedo. Mi padre no va a poder encontrarte. Además, hasta él sabe que tú vas a ser rey de Israel, y que yo seré menos importante que tú.

18 Ese día renovaron su pacto de amistad delante de Dios. Después de eso, David se quedó en Hores y Jonatán se regresó a su casa.

19-20 En otra ocasión, algunas personas de Zif fueron a Guibeá y le dijeron a Saúl:

—David está escondido en nuestra tierra, en las cuevas de Hores. Cuando Su Majestad quiera venir, se lo entregaremos. Está en el cerro de Haquilá, al sur del desierto.

21 —¡Que Dios los bendiga por tenerme compasión! —les dijo Saúl—. **22** Vayan y fíjense bien donde está, pues me han dicho que es muy listo. **23** Vean bien dónde se esconde, y regresen a decírmelo. Entonces yo iré con ustedes y, si David está allí, lo atraparé, ¡aunque tenga que buscarlo entre todas las familias de Judá!

24-25 Aquellas personas regresaron a Zif, y Saúl y sus hombres se fueron tras ellas para buscar a David. David y su gente estaban al sur del desierto de Maón. Cuando David supo que Saúl lo buscaba, bajó a la roca que estaba en el desierto de Maón.

Saúl supo dónde estaba David, y fue a perseguirlo. **26** Por un lado del cerro iba Saúl, y por el otro iba David. Cuando Saúl y su ejército estaban a punto de alcanzar a David y a su gente, **27** llegó un mensajero y le dijo a Saúl: «¡Regrese usted de inmediato, porque los filisteos nos están atacando!» **28** Saúl tuvo entonces que dejar de perseguir a David, y se fue a pelear contra los filisteos. Por eso a aquella roca se le conoce como «la roca del escape».

29 (24.1) Después de eso, David se fue a vivir por un tiempo a las cuevas protegidas de En-gadi.

David le perdona la vida a Saúl

24 1 (2) Cuando Saúl dejó de perseguir a los filisteos, le dijeron: «David está en el desierto de En-gadi».

2 (3) Saúl tomó entonces a los tres mil mejores soldados de su ejército, y se fue al lugar conocido como Cerro de las cabras monteses, para buscar a David. **3** (4) Llegó a un lugar donde había una cueva. Allí los pastores acostumbraban encerrar sus ovejas, y allí también estaban escondidos David y su gente. Saúl entró a la cueva para hacer

sus necesidades. **4-7** (5-8) Entonces los hombres de David le dijeron:

—¿Te acuerdas que Dios te prometió que te vengarías de tu enemigo, y que le harías lo que quisieras? Pues bien, ¡ahora es cuando debes hacerlo!

Pero David les respondió:

—¡Que Dios me libre de hacerle algo a mi señor el rey! ¡Nunca le haré daño, pues Dios mismo lo eligió como rey! ¡Sobre su cabeza se derramó aceite, como señal de la elección de Dios!

Y aunque David les prohibió a sus hombres atacar a Saúl, él mismo se acercó en silencio a donde estaba Saúl, y cortó un pedazo de la orilla de su manto. Sin embargo, más tarde pensó que no debía haberlo hecho.

En cuanto Saúl terminó, se levantó y salió de la cueva para seguir su camino. **8** (9) Pero cuando ya se alejaba, David salió de la cueva y le gritó:

—¡Mi señor y rey!

Cuando Saúl miró hacia atrás, David se inclinó de cara al suelo, **9** (10) y le dijo:

—¿Por qué Su Majestad le hace caso a la gente que dice que quiero hacerle daño? **10** (11) Como usted mismo podrá ver, hoy Dios me dio la oportunidad de matarlo aquí mismo, en la cueva. Algunos de mis hombres me insistían que lo matara, pero yo no quise hacerlo. No quise hacerle ningún daño porque Su Majestad es mi rey. ¡Dios mismo lo eligió!

11-15 (12-16) »¡Vea Su Majestad lo que tengo en la mano! Es un pedazo de su manto, que yo mismo corté. Con esto podrá ver Su Majestad que no quiero matarlo.

»Yo no le he causado ningún mal a Su Majestad; sin embargo, Su Majestad me anda persiguiendo y quiere matarme, ¡a mí, que no valgo más que un perro muerto o una pulga!

»¡Que Dios juzgue entre nosotros dos, y vea quién está haciendo mal! ¡Que Dios castigue a Su Majestad por lo mal que se ha portado conmigo, y no permita que me atrape!

»Bien dice el antiguo refrán, que ''del malvado sólo se puede esperar maldad''. Yo, por mi parte, ¡nunca le haré daño a Su Majestad!

16 (17) Cuando David terminó de hablar, Saúl dijo: «¡Pero si es David en persona!» Luego empezó a llorar a gritos, **17** (18) y le dijo a David:

—Tú, David, eres más bueno que yo. Aunque te he hecho mucho mal, tú siempre me has hecho el bien. **18** (19) Hoy me doy cuenta de que me has tratado con bondad, aun cuando Dios te dio la oportunidad de matarme.

19 (20) »Si alguien puede matar a su enemigo, no lo deja ir con vida. Por eso le pido a Dios que te recompense con muchas cosas buenas, por lo bien que hoy me has tratado.

20 (21) »Yo sé muy bien que llegarás a ser rey, y que al pueblo de Israel le irá muy bien contigo. **21** (22) Por eso, júrame por Dios que no acabarás con mis hijos ni con mis nietos, y que no harás que mi familia se olvide de mí.

22 (23) David se lo juró a Saúl. Luego Saúl se regresó a su casa, y David y su gente volvieron a su escondite.

Muerte de Samuel

25 **1** Cuando Samuel murió, todos los israelitas se reunieron para llorar su muerte y sepultarlo en Ramá, que era la ciudad donde había nacido. Después del entierro, David regresó al desierto de Parán.

David, Nabal y Abigail

2-3 En Maón vivía un hombre de la familia de Caleb. Se llamaba Nabal, y era muy rico, pues tenía propiedades en Carmel y era dueño de tres mil ovejas y mil cabras. Pero también era muy grosero y mal educado. En cambio su esposa, que se llamaba Abigail, era una mujer muy inteligente y hermosa. **4** David supo que Nabal estaba en Carmel, cortando la lana de sus ovejas, **5-6** así que envió a diez de sus ayudantes para que saludaran a Nabal y le dijeran de su parte:

«Que Dios te bendiga, y que siempre le vaya bien a tu familia. »Que cada día tengas más propiedades.

7-8 »Aquí, en Carmel, tus pastores han estado entre nosotros, y nunca les hemos hecho ningún daño, ni les hemos robado nada. Pregúntales y verás que digo la verdad.

»Me he enterado de que tus pastores están cortándoles la lana a tus ovejas, y que por eso estás haciendo fiesta. Yo te ruego que nos des lo que sea tu voluntad. Te lo piden humildemente estos servidores tuyos, y también yo, David, que me considero tu hijo».

9 Los ayudantes que envió David le dieron a Nabal este mensaje, **10** pero él les contestó:

«¿Y quién es ese David, hijo de Jesé? ¡Seguramente ha de ser uno de esos esclavos que huyen de sus amos! **11** ¿Por qué le voy a dar la comida que preparé para mis trabajadores a gente que no sé ni de dónde viene?»

12 Los ayudantes regresaron a donde estaba David, y le contaron lo sucedido. **13** Entonces David les dijo a sus hombres: «Preparen sus espadas».

Y tomando sus espadas, David y cuatrocientos de sus hombres se fueron a atacar a Nabal, mientras doscientos de ellos se quedaban a cuidar lo que tenían. **14** Uno de los sirvientes de Nabal fue a decirle a Abigail, su esposa:

«David envió unos mensajeros a nuestro amo, con un saludo amistoso. Pero él los insultó, **15** a pesar de que ellos han sido muy buenos con nosotros.

»Todo el tiempo que hemos estado con ellos en los campos, nunca nos han maltratado ni nos han robado nada. **16** Al contrario, siempre nos han protegido.

17 »Nuestro amo Nabal es tan malo que nadie se atreve a decirle nada. Y David ya decidió atacarnos a todos nosotros. ¡Por favor, haga usted algo!»

18 Abigail no perdió tiempo. De inmediato le envió a David doscientos panes, dos recipientes de cuero llenos de vino, cinco ovejas asadas, cuarenta kilos de grano tostado, cien racimos de pasas y doscientos panes de higo. Toda esta comida la cargó Abigail en unas burras, **19** y le dijo a sus sirvientes: «Adelántense ustedes, que yo iré después».

Sin decirle nada a su esposo, **20-22** Abigail se montó en un burro y empezó a bajar por el cerro. También David y sus hombres venían bajando del cerro. Y David les dijo:

«De nada nos ha servido cuidar en el desierto las ovejas de ese hombre. Nunca le he pedido nada, y sin embargo me ha pagado mal el bien que le he hecho. ¡Que Dios me castigue duramente si antes de que amanezca no he matado a Nabal y a todos sus hombres!»

En ese momento, David y sus hombres se encontraron con Abigail. **23** Cuando ella lo vio, se bajó del burro y se inclinó de cara al suelo, **24-26** y echándose a los pies de David le dijo:

—Señor mío, por favor, ¡escuche usted mis palabras, aunque no soy más que una simple sirvienta suya! ¡No le dé usted importancia a las groserías de Nabal! ¡Su

Durante seis años María trabaja diligentemente para reunir el dinero necesario para comprar la Biblia que tanto desea.

En una caja de madera María guarda centavo
por centavo para poder comprar su Biblia.

nombre significa "estúpido", y en verdad lo es!

»¡Yo tengo la culpa de todo! Y la tengo, señor mío, porque no vi a los mensajeros que usted envió. Pero Dios no permitirá que usted se desquite matando a gente inocente. Yo le pido a Dios que castigue a los enemigos de usted del mismo modo que será castigado Nabal.

27 »Por favor, acepte usted la comida que he traído para usted y para sus hombres, **28** y perdone mis errores. Usted sólo lucha cuando Dios se lo manda; estoy segura de que Dios hará que todos los descendientes de usted reinen en Israel. Por eso, ni ahora ni nunca haga usted lo malo.

29 »Cuando alguien lo persiga a usted y quiera matarlo, Dios lo cuidará y usted estará seguro. Pero a quienes quieran matarlo, Dios los arrojará lejos, como cuando se arroja una piedra con una honda.

30 »Usted, mi señor, será el líder de Israel, pues Dios le cumplirá todas las promesas que le ha hecho. **31** Cuando eso suceda, usted no se sentirá culpable de haber matado a gente inocente, ni triste por haberse desquitado.

»Cuando todo esto suceda, acuérdese usted de mí, que soy su servidora.

32 David le contestó:

—¡Bendito sea el Dios de Israel, que te envió a mí! **33** ¡Y bendita seas tú, por ser tan inteligente y por no dejar que yo mismo me vengara y matara a gente inocente!

34 »Si no hubieras venido a verme, te juro por Dios que para mañana no habría quedado vivo un solo hombre de la familia de Nabal. ¡Qué bueno que el Dios de Israel no permitió que yo te hiciera daño!

35 David aceptó la comida que Abigail le había traído, y le dijo:

—Puedes irte tranquila, que yo haré lo que me has pedido.

36 Cuando Abigail regresó a su casa, encontró a Nabal muy contento y completamente borracho. Por eso no le contó hasta el día siguiente lo que había pasado.

37-38 Por la mañana, cuando a Nabal ya se le había pasado la borrachera, su esposa le contó lo sucedido. En ese momento, Dios hizo que Nabal tuviera un ataque al corazón, y Nabal se quedó tieso como una piedra. Diez días después, tuvo otro ataque y murió.

39-40 Cuando David se enteró de que Nabal había muerto, dijo: «¡Bendito sea Dios, que castigó a Nabal! Se vengó por lo que me hizo, y no dejó que yo mismo lo castigara».

Luego, David envió algunos de sus ayudantes a Carmel, para que le dijeran a Abigail: «David nos manda a pedirle que acepte usted ser su esposa».

41 Al oír esto, Abigail se inclinó de cara al suelo, y dijo: «Yo estoy para servir a mi señor David, y para hacer lo que él me ordene. ¡Incluso estoy dispuesta a lavar los pies de sus esclavos!»

42 Después de haber dicho esto, se preparó rápidamente y, acompañada de cinco sirvientas, montó en un burro y se fue tras los enviados de David para casarse con él.

43 David tuvo dos esposas, pues además de casarse con Abigail se casó también con una mujer de Jezreel llamada Ahinóam. **44** Aunque Mical había sido esposa de David, más tarde Saúl le ordenó casarse con Paltí hijo de Lais, que era de Galim.

David perdona otra vez a Saúl

26 **1** La gente que vivía en Zif fue a Guibeá, a decirle a Saúl que David estaba escondido en el cerro de Haquilá, frente al desierto. **2** Saúl se levantó y, acompañado de tres mil de sus mejores soldados, se fue al desierto de Zif para buscar a David.

3-4 David estaba en el desierto, pero supo que Saúl lo andaba buscando. Entonces envió espías, para ver si Saúl ya había llegado, y le informaron que Saúl había acampado frente al desierto, en el camino que está junto al cerro de Haquilá.

5-7 David habló entonces con Ahimélec el hitita y con Abisai, que era hijo de Seruiá y hermano de Joab. Les dijo:

—¿Quién me quiere acompañar hasta el campamento de Saúl?

—Yo lo acompaño, Su Majestad —le contestó Abisai.

Esa misma noche David y Abisai fueron al campamento de Saúl, y lo encontraron dormido y rodeado de sus soldados. A un lado de su cabeza estaba su lanza, clavada en el suelo; al otro lado dormía Abner hijo de Ner, capitán de su ejército.

8 Abisai le dijo a David:

—Dios te da la oportunidad de matar a tu enemigo. Déjame que lo clave en la tierra con su propia lanza. Un solo golpe bastará.

9-11 —¡No lo mates! —respondió David—. ¡Y que Dios me libre de matar a quien él mismo eligió para ser rey! Dios no dejará sin castigo a quien le haga daño al rey que él mismo ha elegido.

»Ya le llegará su hora. Estoy seguro de que Dios mismo le quitará la vida, y morirá de muerte natural o lo matarán en batalla. Mejor toma su lanza y su jarra de agua, y vámonos de aquí.

12 Nadie vio a David ni a Abisai, ni nadie se despertó, pues Dios hizo que todos se quedaran bien dormidos. **13** Luego David se fue al otro lado del campamento, se subió a la punta de un cerro lejano, **14** y desde allí empezó a gritarle a Abner y al ejército:

—¡Abner! ¿Por qué no respondes?

—¿Quién eres tú para gritarle así al rey? —contestó Abner.

15-16 Y David le dijo:

—¿No es verdad que tú eres uno de los mejores soldados de Israel? Entonces, ¿cómo es posible que no hayas cuidado a tu señor el rey? Mira lo que tengo en la mano: ¡es la lanza del rey, y su jarra de agua!

»Un hombre del pueblo estuvo a punto de matarlo, y tú no hiciste nada para evitarlo. ¡Muy mal hecho! Mereces la muerte por no haber protegido al rey elegido por Dios.

17 Saúl reconoció la voz de David, y dijo:

—David, ¿eres tú el que habla?

Y David le contestó:

—Sí, mi señor y rey; soy yo. **18** ¿Por qué me persigue usted? ¿Qué mal he cometido? ¿De qué se me acusa? **19** »Yo le suplico a mi señor y rey que me escuche. Si es Dios quien ha puesto a Su Majestad en mi contra, espero que él me perdone y acepte mi ofrenda; pero si es una cuestión de los hombres, que Dios los maldiga. Porque me están arrojando de esta tierra de Dios, y así me obligan a adorar a otros dioses. **20** »Ya que Su Majestad me persigue a muerte, como si fuera yo una pulga, o una perdiz en el monte, yo le ruego que al menos no me mate lejos de la tierra de Dios.

21 Entonces Saúl le contestó:

—¡David, hijo mío! Me he portado muy mal contigo. Pero vuelve, que no te haré ningún mal. Me he portado como un tonto. He cometido un grave error. En cambio tú, hoy me has perdonado la vida.

22-23 David le respondió:

—A cada uno de nosotros Dios lo premiará de acuerdo con su justicia y su verdad. Hoy Dios me dio la oportunidad de matar a Su Majestad, pero no quise hacerlo porque él lo eligió a usted como rey. ¡Aquí está la lanza de Su Majestad! Envíe a uno de sus soldados a recogerla. **24** Yo espero que, así como respeté hoy la vida de Su Majestad, también Dios respete la mía y me libre de todo peligro.

Saúl le dijo:

25 —David, hijo mío, ¡bendito seas! Yo sé que te irá bien en todo lo que hagas.

Y así David siguió su camino, y Saúl se regresó a su casa.

David vive entre los filisteos

27 **1** Pero David se quedó pensando: «Uno de estos días Saúl me va a matar. Es mejor que me vaya a vivir a la tierra de los filisteos. Así Saúl dejará de perseguirme por toda Israel, y podré vivir tranquilo».

2-3 Fue así como David se fue a vivir a la ciudad filistea de Gat, donde reinaba Aquís hijo de Maoc. Con él se fueron sus dos esposas, Ahinóam de Jezreel y Abigail de Carmel, más seiscientos soldados con sus familias.

4 Cuando Saúl supo que David había huido a Gat, dejó de perseguirlo. **5** Mientras tanto, David le rogó a Aquís: «Por favor, deme usted un lugar donde vivir. Yo no soy más que un sirviente de usted, y no está bien que viva yo en la misma ciudad donde usted vive».

6 Ese mismo día, Aquís le dio permiso de vivir en la ciudad de Siclag. Por eso desde entonces Siclag pertenece a los reyes de Judá.

7 David vivió entre los filisteos un año y cuatro meses. **8-11** En todo ese tiempo, David y sus hombres salían con frecuencia a atacar a los pueblos de la región, desde Telaím hasta Egipto, y pasando por el desierto de Sur.

Cuando David atacaba a los pueblos de Guesur, Guézer y Amalec, se llevaba ovejas, vacas, burros, camellos y ropa, y no dejaba vivo a nadie. Mataba a hombres y mujeres, para que nadie lo acusara en Gat de todo lo que hacía.

Cuando regresaba, si Aquís le preguntaba: «¿A quién atacaste hoy?», David le contestaba: «A mis paisanos que viven al sur de Judá».

Algunas veces respondía: «Ataqué a mis paisanos que viven al sur de Jerahmeel». Algunas otras, decía: «Ataqué a mis paisanos que viven al sur de la tierra de los quenitas». **12** Por eso Aquís confiaba mucho en David, ya que pensaba: «Con lo que David hace, los israelitas deben odiarlo mucho. Así que tendrá que vivir siempre en mi tierra, y se quedará a mi servicio».

28 **1** Fue en ese tiempo cuando los filisteos reunieron a su ejército para pelear contra Israel. Entonces Aquís le ordenó a David:

—Tú y tus hombres deben venir conmigo a la guerra.

2 —¡Claro que sí! —le contestó David—. Ahora va usted a ver de lo que soy capaz.

—Muy bien —dijo Aquís—. Tú serás mi guardaespaldas.

Saúl consulta a una adivina

3-7 Los filisteos se reunieron en Sunem, y allí pusieron su campamento. Saúl, por su parte, reunió a todo el ejército de Israel y acampó en Guilboa.

Cuando Saúl vio al ejército filisteo, le dio muchísimo miedo. Entonces consultó con Dios qué debía hacer. Pero Dios no le contestó, ni en sueños, ni por medio de suertes ni de profetas.

Saúl no podía recurrir a Samuel para consultar a Dios, porque Samuel ya había muerto. La gente había llorado mucho por su muerte, y lo habían enterrado en Ramá, el pueblo donde había nacido.

Además, como Saúl mismo había expulsado de Israel a todos los adivinos y espiritistas, les ordenó a sus ayudantes:

—Busquen a una espiritista. Quiero que me ayude a preguntarle a Samuel lo que debo hacer.

—Hay una en Endor —le dijeron sus ayudantes.

8 Una noche Saúl se disfrazó y, acompañado por dos de sus hombres, se fue a ver a esa mujer. Cuando llegó, le dijo:

—Quiero que llames al espíritu de un muerto. Necesito preguntarle algo.

9 La mujer respondió:

—Tú bien sabes que Saúl ha expulsado de Israel a todos los adivinos y espiritistas. Si hago lo que me pides, con toda seguridad me matarán.

10 —Te juro por Dios —le aseguró Saúl—, que nadie te castigará si haces lo que te pido.

11 Ella preguntó:

—¿Quién quieres que se te aparezca?

—Llama a Samuel —le contestó Saúl.

12 La mujer obedeció. Pero cuando vio aparecer a Samuel, lanzó un fuerte grito y le dijo a Saúl:

—¡Usted es Saúl! ¿Por qué me engañó?

13 —No tengas miedo —le aseguró el rey—. ¡Dime lo que ves!

Ella le dijo:

—Veo a un espíritu que sube del fondo de la tierra.

14 —¿Y cómo es él? —le preguntó Saúl.

—Es un anciano vestido con una capa —respondió ella.

Al darse cuenta Saúl de que se trataba de Samuel, se inclinó de cara al suelo. **15** Samuel le preguntó:

—Saúl, ¿por qué me llamaste?

¿Por qué no me dejas descansar?

—Estoy desesperado —contestó Saúl—. Los filisteos me hacen la guerra, y Dios me ha abandonado. Ya no me responde, ni en sueños ni por medio de profetas. Por eso te he llamado, para que me digas qué debo hacer.

16 Y Samuel le dijo:

—Si Dios te ha abandonado, y ahora es tu enemigo, ¿para qué me consultas?

17-18 »Dios está haciendo contigo lo que ya te había dicho yo que iba a hacer. Por haberlo desobedecido y no haber matado a todos los amalecitas, Dios te ha quitado el reino y se lo ha dado a David.

19 »Además, los filisteos vencerán mañana a los israelitas, y tú y tus hijos morirán y vendrán a hacerme compañía.

20 Al oír estas palabras de Samuel, Saúl sintió mucho miedo y se desmayó. Las fuerzas le faltaron, pues no había comido nada en todo el día.

21 La mujer se acercó a Saúl y, al verlo tan espantado, le dijo:

—Yo sólo hice lo que usted me pidió, pues estoy para servirle. Por obedecerlo, he arriesgado mi vida. **22** Pero aunque sólo soy su sirvienta, yo le ruego que me haga caso y se coma este pedazo de pan. Se lo he traído a usted, para que tenga fuerzas para el regreso.

23 Saúl no quería comer nada, pero ante la insistencia de la mujer y de sus ayudantes, se levantó del suelo y se sentó en la cama. **24** La mujer mató un ternero gordo que tenía en su casa, preparó unos panes, **25** y se los llevó a Saúl y sus ayudantes. Todos ellos comieron, y esa misma noche se fueron de allí.

Los filisteos no confían en David

29 **1-2** Los filisteos reunieron todo su ejército en Afec. Sus jefes marchaban al frente de grupos de cien

y de mil soldados. Los israelitas, por su parte, acamparon cerca del arroyo que está en Jezreel. Cuando los filisteos vieron que al final de su ejército pasaba el rey Aquís junto con David y sus hombres, **3** le gritaron:

—¿Qué hacen aquí esos israelitas?

Y Aquís les contestó:

—Vienen con David, el que era ayudante de Saúl, el rey de Israel. David se apartó de Saúl, y hace ya más de un año que está conmigo. Desde entonces ha sido muy fiel. No tengo nada qué decir en su contra.

4 Pero los jefes de los filisteos se enojaron mucho y le exigieron:

—Dile que se vaya de aquí, y que regrese a su país con todos sus hombres. ¿No te das cuenta de que podría volverse nuestro enemigo en la batalla? Con tal de ganarse otra vez la simpatía de Saúl, sería capaz de matar a nuestros soldados. **5** »Toma en cuenta que de él habla la canción: ''Saúl mató a mil soldados, pero David mató a diez mil''.

6 Aquís llamó entonces a David, y le dijo:

—Te juro por Dios que yo no tengo nada contra ti. Desde el día que llegaste hasta hoy, tú has sido fiel conmigo. Pero los jefes de los filisteos no confían en ti. **7** Así que regrésate en paz, y no hagas enojar a los jefes del ejército.

8 Pero David protestó:

—¿De qué se me acusa? ¿En qué he ofendido a Su Majestad desde que empecé a servirle hasta hoy? ¿Por qué no me permite usted pelear contra sus enemigos?

9 Y Aquís le volvió a decir:

—Yo no tengo nada contra ti. En

mi opinión, tú eres tan bueno como un ángel. Pero los jefes de los filisteos no quieren que vayas con nosotros a la batalla.
10 »Yo te agradecería que mañana temprano, en cuanto salga el sol, tú y tus hombres regresen a la ciudad que les di.

11 De modo que al amanecer David y sus hombres regresaron a la tierra de los filisteos. Mientras tanto, los filisteos se dirigieron a Jezreel.

David vence a los amalecitas
30 1-5 Al tercer día, David y sus hombres llegaron a Siclag y descubrieron que los amalecitas habían atacado el Négueb. A Siclag le habían prendido fuego y, aunque no mataron a nadie, se habían llevado como esclavos a mujeres, ancianos y niños. Entre las mujeres, se habían llevado a Ahinóam y Abigail, las esposas de David. Al ver esto, David y sus hombres se echaron a llorar, hasta que ya no tuvieron más fuerzas. 6 Los hombres estuvieron a punto de apedrear a David, pues le echaban la culpa de que los amalecitas se hubieran llevado a sus mujeres y a sus hijos.
Sin embargo, David confiaba en que Dios podía ayudarlo, así que se animó 7 y le dijo al sacerdote Abiatar, el hijo de Ahimélec: «Tráeme tu chaleco sacerdotal. Voy a consultar con Dios qué es lo que debo hacer».
Cuando Abiatar le llevó a David el chaleco sacerdotal, 8 David consultó a Dios:

—¿Debo perseguir a esos bandidos? Y si los persigo, ¿los alcanzaré?

Dios respondió:

—Persíguelos, porque vas a alcanzarlos, y también vas a recuperar lo que se robaron.

9 Entonces David se fue con sus seiscientos hombres. Al llegar al arroyo de Besor, 10 doscientos de ellos estaban tan cansados que no lo pudieron cruzar y se quedaron allí.
David siguió persiguiendo a los amalecitas con los otros cuatrocientos hombres. 11-12 Más adelante, encontraron en el campo a un hombre desmayado. Estaba así porque en tres días no había comido ni bebido nada. Le dieron agua, un pedazo de pan de higos, y dos panes de pasas. Después de comer, aquel hombre se sintió mejor, 13 así que David le preguntó:

—¿De dónde vienes? ¿Al servicio de quién estás?

—Soy egipcio —contestó aquel hombre—. Mi amo es un amalecita. Hace tres días me enfermé, y mi amo me abandonó aquí. 14 Antes de eso, habíamos atacado varios lugares: el territorio de los filisteos, que está al sur, el de Judá y el de Caleb. También quemamos la ciudad de Siclag.

15 David le preguntó:

—¿Me puedes llevar a donde están los amalecitas?

—Te llevaré —contestó el egipcio—. Pero júrame por Dios que no me matarás ni me entregarás a mi amo.

David se lo juró, y el egipcio los condujo hasta ellos. 16 Al llegar, David y sus hombres encontraron a los amalecitas comiendo, bebiendo y danzando por todo el campamento. Estaban celebrando el haberles quitado a los filisteos y a los de Judá todo lo que tenían.
17 Al amanecer David los atacó, y la batalla duró hasta la noche del día siguiente. David mató a todos los amalecitas. Sólo se salvaron cuatrocientos jóvenes, que montaron en camellos y lograron escapar.
18-19 David recobró todo lo que los amalecitas se habían llevado, y también rescató a sus dos esposas.

No faltó ningún niño ni adulto, y ni siquiera el objeto más pequeño.
20 Además, David recobró todas las vacas y ovejas. Y los que iban guiando el ganado decían: «Esta es la parte que le toca a David».
21 David y sus hombres regresaron al arroyo de Besor, donde se habían quedado con el equipaje los doscientos soldados que estaban muy cansados. Cuando ellos vieron que David se acercaba con los otros hombres, salieron a recibirlos. David les contestó el saludo.
22 Entre los hombres que habían ido con David a la batalla, no faltaron algunos malvados y envidiosos que le dijeron a David:

—A esos doscientos hombres que no vinieron con nosotros, no debemos darles nada de lo que les quitamos a los amalecitas. ¡Que se conformen con llevarse a sus mujeres y a sus hijos!

23 Pero David les dijo:

—No, hermanos míos, no debemos hacer eso. Después de todo, Dios nos ha dado todo esto, y nos cuidó y ayudó a vencer a esos amalecitas ladrones. 24 Además, nadie va a estar de acuerdo con ustedes, pues le debe tocar lo mismo al que va a la batalla que al que se queda a cuidar el equipaje.

25 David estableció esta ley en Israel, y desde entonces hasta ahora se ha cumplido.
26-31 De regreso en Siclag, David tomó una parte de lo que le había quitado a los amalecitas, y la envió a los lugares donde había estado con su gente, es decir, a Betel, Ramot del Négueb, Jatir, Aroer, Sifmot, Estemoa y Racal. David también envió regalos a los que estaban en las ciudades de Jerahmeel y de los quenitas, y en Hormá, Corasán, Atac y Hebrón, entre otras. Junto con los regalos, les envió este mensaje: «Este es un regalo para ustedes, de lo que les quité a los enemigos de Dios».

31 [1] Los filisteos lucharon contra los israelitas y los hicieron huir. A muchos de ellos los mataron en el cerro de Guilboa, [2] y a Saúl y a sus hijos los persiguieron hasta matarlos. Así murieron Jonatán, Abinadab y Malquisúa. [3] Luego concentraron sus fuerzas en el ataque a Saúl, y los arqueros filisteos lograron herirlo de muerte. [4] Entonces Saúl le dijo a su escudero:

—Saca tu espada y mátame. Hazlo antes de que vengan esos extranjeros idólatras. De lo contrario, se burlarán de mí y me rematarán.

Pero su escudero tenía tanto miedo que no se atrevió a matarlo.

Entonces Saúl tomó su espada y se echó sobre ella. [5] Al ver muerto a Saúl, también el escudero se echó sobre su espada y se mató. [6] Así fue como Saúl, sus tres hijos, su escudero y todos sus hombres murieron el mismo día.

[7] Cuando los israelitas del otro lado del valle vieron que el ejército de Israel había huido, y que Saúl y sus hijos estaban muertos, también ellos huyeron y abandonaron sus ciudades, lo mismo que la gente que vivía más allá del río Jordán. Entonces llegaron los filisteos y ocuparon esas ciudades.

[8] Al otro día, mientras los filisteos les quitaban a los israelitas muertos sus objetos de valor, encontraron muertos en el cerro de Guilboa a Saúl y a sus tres hijos. [9] Entonces a Saúl le cortaron la cabeza y le quitaron su armadura, y enviaron mensajeros a su país, para que dieran la noticia en los templos de sus dioses y entre todos los filisteos.

[10-12] Más tarde, pusieron la armadura de Saúl en el templo de la diosa Astarté, y a Saúl y a sus hijos los colgaron de la muralla de Bet-sán. Los israelitas que vivían en Jabés de Galaad supieron lo que los filisteos habían hecho con Saúl. Entonces un grupo de valientes viajó toda la noche y quitó de la muralla los cadáveres de Saúl y de sus hijos. Luego los llevaron a Jabés, y allí los quemaron. [13] Después de levantar sus huesos y enterrarlos bajo un árbol, ayunaron siete días en señal de luto.

2 Samuel

Noticia de la muerte de Saúl

1 **1-2** Después de que Saúl murió, David peleó contra los amalecitas y los derrotó. Entonces regresó a Siclag y se quedó allí dos días. Al tercer día, llegó a Siclag uno de los soldados de Saúl. Venía con la ropa toda rota y con ceniza en la cabeza, lo que demostraba que venía muy triste. Cuando llegó ante David, se inclinó hasta tocar el suelo en señal de respeto. **3** David le preguntó:

—¿De dónde vienes?

Y el soldado le contestó:

—Me escapé del campo de batalla, donde peleaban los israelitas.

4 —¿Y qué pasó allí? —volvió a preguntar David.

El soldado respondió:

—El ejército israelita perdió la batalla. Muchos de nosotros escapamos, y muchos otros murieron. También murieron Saúl y su hijo Jonatán.

5 David insistió en preguntar:

—¿Y cómo sabes que Saúl y Jonatán murieron?

6 Y el soldado le respondió:

—Yo estaba en el cerro de Guilboa, y vi cuando Saúl se lanzó sobre su espada. Saúl vio que se acercaban los filisteos con sus carros de guerra y su caballería, **7** me llamó y yo me puse a sus órdenes. **8** »Saúl me preguntó: ''¿Quién eres?'', y yo le respondí: ''Soy un amalecita''. **9** Entonces me ordenó: ''Ven, acércate a mí, y mátame. Estoy agonizando, pero no me puedo morir''. **10** »Yo lo ayudé a morir porque me di cuenta que de todos modos no iba a vivir. Luego le quité la corona y el brazalete que tenía en el brazo, y aquí los tiene usted, mi señor.

11-16 Una vez más, David le preguntó:

—¿De dónde dices que eres?

Él respondió:

—Soy hijo de un amalecita que vino a vivir en Israel.

Entonces David le dijo:

—¿Y cómo te atreviste a matar a quien Dios eligió como rey de su pueblo? Tú mismo reconoces tu culpa al decir: ''Yo maté al elegido de Dios''.

En seguida le ordenó David a uno de sus oficiales que matara al amalecita, y el oficial lo mató. Después de eso, David y sus hombres rompieron su ropa para mostrar su tristeza por la muerte de Saúl y Jonatán, y se echaron a llorar. Luego ayunaron y estuvieron muy tristes, pues también habían muerto muchos soldados israelitas.

David lamenta la muerte de Saúl y Jonatán

17 David entonó un canto para expresar su tristeza por la muerte de Saúl y Jonatán, **18** y ordenó que ese canto se le enseñara a toda la gente de Judá. Ese canto aparece en el libro del Justo, y dice así:

19 «¡Pobre Israel!
¡Los valientes que eran
tu orgullo
cayeron muertos en las
montañas!

20 ¡No se lo digan a nadie en Gat,
ni lo cuenten por las calles de
Ascalón!
¡Que no se alegren las
ciudades filisteas,
ni haga fiesta esa gente
idólatra!

21 ¡Que nunca más vuelva
a llover
en los campos y colinas
de Guilboa!
¡Fue allí donde se burlaron
de los escudos de los valientes!
¡Fue allí donde perdió su brillo
el escudo de Saúl!

22 ¡Tanto las flechas de Jonatán
como la espada de Saúl
siempre estaban empapadas
de sangre!
¡Siempre se clavaban en la grasa
de sus enemigos más valientes!

23 ¡Saúl y Jonatán,
mis amigos más queridos!
¡Más rápidos que las águilas,
y más fuertes que los leones!
¡Juntos disfrutaron de la vida!
¡Juntos sufrieron la muerte!

24 ¡Mujeres de Israel,
lloren por Saúl,
que las vestía con grandes lujos
y las cubría con adornos de oro!

25 ¿Cómo pudieron los valientes
perder la vida en la batalla?
¡Jonatán ha caído muerto
en lo alto de la montaña!

26 ¡Qué triste estoy por ti,
Jonatán!
¡Yo te quería más que a un hermano!
¡Mi cariño por ti fue mayor
que mi amor por las mujeres!

27 ¿Cómo pudieron los valientes
perder la vida en la batalla?»

David llega a ser rey de Judá

2 **1** Después de esto, David consultó a Dios:

—¿Puedo regresar a alguno de los pueblos de Judá?

Y Dios respondió:

—Claro que puedes regresar.

Pero David insistió:

—¿Y a qué pueblo iré?

Y Dios le contestó:

—Ve a Hebrón.

2 Y David se fue a Hebrón con Ahinoám y Abigail, que eran sus dos esposas. Ahinoám era del pueblo de Jezreel, y Abigail había sido esposa de Nabal. **3** David se llevó también a sus soldados con sus familias, y todos ellos vivieron en los pueblos cercanos a Hebrón. **4** Entonces la gente de Judá fue a donde estaba David y le derramó aceite sobre la cabeza. Así lo declararon rey de Judá. Y como le informaron que la gente de Jabés de Galaad había enterrado a Saúl, **5** David envió a los de Jabés este mensaje:

6 «Que Dios los bendiga por ser tan fieles al rey, pues hasta lo enterraron. Que Dios los trate siempre con mucho amor, y que nunca los abandone. Yo también haré lo mismo por el bien que han hecho. **7** Así que anímense y sean valientes, porque aunque Saúl ha muerto, ya la gente de Judá me hizo rey».

Guerra entre Israel y Judá

8-10 Mientras tanto Abner, que era hijo de Ner y había sido jefe del ejército de Saúl, se llevó a Is-bóset al pueblo de Mahanaim. Como Is-bóset era hijo de Saúl, allí lo declaró rey de todo Israel. Así fue como Is-bóset reinó sobre Galaad, Gesuri, Jezreel, Efraín y Benjamín. Is-bóset tenía cuarenta años de edad cuando comenzó a reinar, pero sólo reinó dos años.

Los únicos que reconocieron a David como rey fueron los de Judá. **11** Por eso David se quedó en Hebrón, y fue rey de Judá durante siete años y medio. **12** Un día, Abner y los ayudantes de Is-bóset salieron de Mahanaim y fueron a Gabaón, **13** donde había un depósito de agua. Allí se encontraron con Joab hijo de

Seruiá y con los ayudantes de David. Como los dos grupos estaban sentados uno frente al otro, **14** Abner desafió a Joab y le dijo:

—Deja que tus jóvenes peleen con los míos, para ver quiénes son mejores.

Joab aceptó el desafío, **15** y pasaron al frente doce jóvenes de parte de Benjamín y de Is-bóset, y doce de parte de David. **16** Cada uno agarró de la cabeza a su contrario, y le clavó la espada en las costillas, así que todos murieron al mismo tiempo. Desde entonces ese lugar, que está junto a Gabaón, se conoce como «Campo de las espadas».

17 El resto de los soldados comenzó a pelear, y los de David derrotaron a los de Abner. **18** Con Joab estaban sus hermanos Abisai y Asael. **19** Como Asael podía correr muy rápido, comenzó a perseguir a Abner. Y aunque encontraba a otros soldados enemigos, sólo perseguía a Abner. **20** Cuando Abner miró hacia atrás y lo vio, exclamó:

—¡Vaya, si eres tú, Asael!

Y él le contestó:

—¡Y quién más podría ser!

21 Entonces Abner le dijo:

—Si lo que quieres es quitarme la espada, te aconsejo que te busques a otro.

Asael no le hizo caso, ni dejó de perseguirlo. **22** Por eso Abner volvió a decirle:

—Si no dejas de perseguirme, tendré que matarte. ¿Y qué le voy a decir a tu hermano Joab?

23 Pero Asael siguió persiguiéndolo. Entonces Abner le clavó la lanza en el estómago, y lo atravesó de lado a lado.

Asael cayó muerto de inmediato, y todos los que llegaban a donde estaba tendido, se detenían a verlo. **24** Entonces Joab y Abisai se fueron tras Abner, y al anochecer llegaron a un cerro llamado Amá, que está frente a Guíah, en el camino al desierto de Gabaón. **25** Allí la gente de Benjamín se le unió a Abner, y se dispusieron a pelear en lo alto del cerro. **26** Pero Abner le gritó a Joab:

—Ya no nos matemos unos a otros. Ordénales a tus soldados que dejen de perseguirnos. Al fin de cuentas, somos hermanos, y lo único que vamos a sacar de todo esto es dolor y tristeza.

27 Joab le contestó:

—Te juro por Dios que, si no hubieras dicho nada, mis hombres te habrían perseguido, a ti y a los tuyos, hasta el amanecer.

28 En seguida Joab tocó la trompeta, y sus soldados dejaron de perseguir a los israelitas. A partir de ese momento, dejaron de pelear con ellos. **29** Por su parte, Abner y su ejército caminaron toda esa noche por la llanura de Arabá. Cruzaron el río Jordán por el atajo de Bitrón, y finalmente llegaron a Mahanaim.
30 Cuando Joab reunió a toda su gente, notó que además de haber perdido a Asael también había perdido otros diecinueve soldados de David. **31** Sin embargo, ellos habían matado a trescientos sesenta de la tribu de Benjamín que servían en el ejército de Abner.
32 Joab y su gente enterraron a Asael en la tumba de su padre, la cual está en Belén. De allí se fueron caminando toda la noche, y al día siguiente llegaron a Hebrón.
3 **1** La guerra entre las familias de Saúl y de David duró mucho tiempo, y David iba ganando más poder, mientras que la familia de Saúl se debilitaba.

La familia de David
(1 Cr 3.1-4)

2-5 En Hebrón, David tuvo seis hijos en este orden:

Con Ahinóam, su esposa de Jezreel, tuvo a Amnón.
Con Abigail, la viuda de Nabal, tuvo a Quilab.
Con Maacá, la hija de Talmai, rey de Guesur, tuvo a Absalón.
Con Haguit tuvo a Adonías.
Con Abital tuvo a Sefatías.
Con Egla tuvo a Itream.

Abner se une a David

6-7 Como la guerra seguía entre los seguidores de Saúl y los de David, Abner fue ganando poder sobre la familia de Saúl. Hasta llegó a tener relaciones sexuales con Rispá hija de Aiá, que había sido mujer de Saúl. Pero Is-bóset le reclamó:

—¿Por qué te acostaste con la mujer de mi padre?

8 Abner se enojó tanto que le dijo a Is-bóset:

—¿Y cómo te atreves a reclamarme? ¿Qué te crees que soy yo? ¿Un simple perro, al que no se le da nada por sus servicios? »Yo le he servido fielmente a toda la familia de Saúl, y también a sus hermanos y amigos. ¡A ti mismo te he cuidado, para que David no te atrape! **9** Pues ahora, ¡que Dios me castigue duramente si no hago que se cumpla la promesa de Dios a David! Porque Dios le prometió **10** que le daría el reino de Saúl, y que lo haría rey de todo Israel y de Judá, desde Dan en la frontera norte, hasta Beerseba en la frontera sur.

11 Is-bóset se quedó callado, pues le tenía mucho miedo a Abner.

12 Luego Abner mandó unos mensajeros a Hebrón, para que le dijeran a David: «Haz un pacto conmigo, y yo te ayudaré a que seas rey de todo Israel».

13 David le contestó: «Me parece bien. Haré un pacto contigo, pero con la condición de que, cuando vengas, me traigas a Mical, la hija de Saúl».

14 Al mismo tiempo, David le envió a Is-bóset este mensaje: «Devuélveme a mi esposa Mical, pues yo se la compré a tu padre. El precio que pagué por ella fueron los cien filisteos que maté».

15 Como Mical vivía con Paltiel hijo de Lais, Is-bóset mandó que se la quitaran. **16** Pero Paltiel se fue llorando tras ella, hasta que llegaron a un pueblo llamado Bahurim. Allí Abner le dijo: «¡Ya basta de lloriqueos! ¡Vuelve a tu casa!» Y Paltiel se regresó.

17 Luego Abner envió este mensaje a los jefes de Israel:

«Durante mucho tiempo ustedes han querido que David sea su rey. **18** ¡El momento ha llegado! Recuerden que Dios le prometió a David que por medio de él libraría a Israel de los filisteos y de todos sus enemigos».

19-20 Abner habló también con la gente de Benjamín, y él mismo fue a Hebrón con veinte hombres, y le contó a David que todos en Israel y Benjamín estaban dispuestos a reconocerlo como rey. David hizo entonces una fiesta para Abner y sus soldados, **21** y durante la fiesta Abner le dijo: «Su Majestad, permítame reunir a todos los israelitas para que hagan un pacto con usted, y así usted pueda ser su rey».

Joab mata a Abner

22-23 David se lo permitió, y Abner salió de Hebrón. En ese momento llegaron Joab y los soldados de David. Venían de una batalla, y traían muchas riquezas que les habían quitado a sus enemigos. Cuando Joab supo que Abner había estado hablando con David, y que David lo había dejado irse tranquilamente, **24** fue a verlo y le dijo:

«¡Pero qué ha hecho Su Majestad! ¿Cómo pudo usted dejar que Abner se fuera tan tranquilo? **25** Usted sabe que todo lo que Abner le ha dicho es mentira; él sólo ha venido a espiar».

26-30 En cuanto Joab salió de hablar con David, mandó a decirle a Abner que regresara, pero sin decírselo a David.

Abner ya había llegado al pozo de Sirá, pero regresó a Hebrón. Tan pronto como llegó a la entrada de la ciudad, Joab lo llevó aparte, como si quisiera decirle algo a solas, y le clavó un cuchillo en el estómago. Así fue como Joab y su hermano Abisai se desquitaron de la muerte de su hermano Asael en la batalla de Gabaón.

Cuando David supo lo que había pasado, dijo:

«Juro por Dios que ni yo ni mi gente tenemos la culpa de la muerte de Abner. Que Dios castigue a Joab y a toda su familia. Que entre ellos siempre haya enfermos. Que la piel se les pudra y sus heridas no se cierren. Que haya entre ellos cojos, y que se mueran de hambre o que los maten en la guerra».

31-34 Luego David les dijo a Joab y a todos los que estaban con él: «En señal de tristeza, rompan la ropa que llevan puesta y vístanse con ropas ásperas, y lloren por Abner».

Abner fue enterrado en Hebrón. El día que lo enterraron, el rey David iba adelante del grupo. Toda la gente lloraba mucho, y también el rey lloraba sin consuelo ante la tumba de Abner. Y decía:

«¡Abner no merecía morir así! ¡Bien pudo haber escapado! ¡También pudo haberse defendido! En cambio, ¡murió asesinado!»

La gente no dejaba de llorar, **35** y todo el día le insistieron a David que comiera algo. Pero David les respondía: «No comeré nada antes de que anochezca. Que Dios me castigue muy duramente si lo hago».

36 Esto que dijo el rey le pareció bien a la gente, ya que todo lo que David hacía les agradaba. **37** La gente se dio cuenta de que el rey no era culpable de la muerte de Abner. **38** Luego el rey les dijo a sus oficiales: «¿Se dan cuenta de que hoy ha muerto en Israel un gran hombre? **39** ¿De qué me sirve ser el rey, si no pude evitar que Joab y Abisai lo mataran? ¡Que Dios les dé su merecido por la maldad que cometieron!»

Recab y Baaná matan a Is-bóset

4 **1-4** Jonatán había tenido un hijo, al que le puso por nombre Mefibóset. Cuando llegaron las noticias de que Saúl y Jonatán habían muerto en Jezreel, la niñera de Mefibóset tomó al niño y huyó; pero por las prisas Mefi-bóset se cayó y se quedó cojo. El niño tenía entonces cinco años de edad.

Cuando Is-bóset supo que habían matado a Abner en Hebrón, se preocupó mucho, pues se dio cuenta de que ya no podría seguir siendo rey. Todos en Israel también se preocuparon.

Is-bóset había puesto al frente de su ejército a dos hombres de Beerot, llamados Baaná y Recab, que eran hijos de Rimón. Estos dos hombres habían sido jefes de una banda de ladrones. Aunque la gente de Beerot se había ido a Guitaim, y allí se les consideraba extranjeros, ellos se consideraban miembros de la tribu de Benjamín.

5-7 Baaná y Recab fueron a la casa de Is-bóset, y entraron como si fueran a comprar trigo. Como era la hora en que hacía más calor, lo encontraron durmiendo. Entonces le clavaron un cuchillo en el estómago, le cortaron la cabeza, y luego huyeron sin que nadie los viera. Caminaron toda la noche por el camino de Arabá, **8** hasta llegar a Hebrón. Una vez allí, le llevaron a David la cabeza de Is-bóset y le dijeron:

—Aquí tiene Su Majestad la cabeza de Is-bóset, hijo de su enemigo Saúl, que quería matarlo. Dios ya le ha dado a Saúl su merecido, pues todos sus hijos están muertos.

9 Pero David les contestó:

—Así como Dios me ha protegido del mal, yo les juro que ustedes merecen la muerte por haber hecho esto. **10** Al que me dio la noticia de que Saúl había muerto, lo agarré y lo maté en Siclag. **11** ¡Con más razón los mataré a ustedes, que son unos malvados y mataron en su propia cama a un buen hombre!

12 En seguida David ordenó que mataran a Baaná y Recab, y sus hombres les cortaron las manos y los pies, y los colgaron junto al depósito de agua que está en Hebrón. Luego enterraron la cabeza de Is-bóset en Hebrón, en la tumba de Abner.

David, rey de Israel y de Judá
(1 Cr 11.1-3)

5 **1-3** Después de esto, todas las tribus de Israel fueron a Hebrón para hablar con David, y los líderes le dijeron:

«Su Majestad, nosotros somos familiares de usted. Queremos que sea nuestro rey. Aun cuando Saúl era el rey, usted era el verdadero líder de Israel. Ahora se ha cumplido la promesa de Dios, de que usted llegaría a ser nuestro líder y nuestro jefe».

Entonces David hizo un pacto con ellos y puso a Dios como testigo. Por su parte, los líderes de Israel derramaron aceite sobre la cabeza de David y lo declararon su rey. **4-5** David tenía treinta años cuando empezó a reinar. En Hebrón fue rey de Judá durante siete años y medio, y en Jerusalén fue rey de todo Israel y de Judá durante treinta y tres años. Así que su reinado duró cuarenta años.

David conquista Jerusalén
(1 Cr 11.4-9)

6 Después de esto, el rey y sus soldados fueron a atacar a los jebuseos que vivían en Jerusalén. Los jebuseos estaban seguros de que David no podría conquistar la ciudad, así que le dijeron en son de burla: «A esta ciudad no entrarás. Nos bastan los ciegos y los cojos para impedírtelo».

7-9 Pero David les dijo a sus hombres: «¡Ataquen a los jebuseos! ¡Entren por el canal del agua y maten a mis enemigos! ¡Se creen protegidos por los ciegos y los cojos, a quienes odio con toda mi alma!»

De ahí viene el dicho: «Ni los ciegos ni los cojos podrán entrar al templo».

Luego de haber conquistado la fortaleza de Sión, David se quedó a vivir en Jerusalén y la llamó «Ciudad de David». Más tarde construyó alrededor de la ciudad una muralla, la cual iba desde la rampa hasta el palacio.

Un palacio para David
(1 Cr 14.1-2)

10-12 Cada día David tenía más y más poder, pues el Dios todopoderoso lo ayudaba. David sabía que Dios le había dado ese poder, y que lo había hecho rey de Israel por amor a su pueblo.

Hiram, el rey de Tiro, envió gente que sabía construir con madera y piedra. Con ellos envió madera para que le hicieran a David un palacio en Jerusalén.

Otros hijos de David
(1 Cr 3.5-9; 14.3-7)

13 David se fue de Hebrón para ir a vivir a Jerusalén. Allí tuvo más esposas. Los hijos que tuvo con ellas fueron: **14** Samúa, Sobab, Natán, Salomón, **15** Ibhar, Elisúa, Nefeg, Jafía, **16** Elisamá, Eliadá, Elifélet.

David vence a los filisteos
(1 Cr 14.8-17)

17-19 Cuando los filisteos supieron que David ya era rey de todo

Israel, se unieron para atacarlo y fueron al valle de Refaim. Pero David se enteró y se fue a uno de sus refugios. Allí consultó a Dios: «Si salgo a pelear contra los filisteos, ¿me ayudarás a vencerlos?»

Y Dios le contestó: «Claro que sí. Yo te ayudaré a vencerlos».

20-21 Entonces David salió a Baal-perasim, y allí venció a los filisteos. Los filisteos huyeron y dejaron tirados sus ídolos, así que David y sus hombres los recogieron. A ese lugar David lo llamó Baal-perasim, pues dijo: «Dios es fuerte como la corriente de un río, pues me abrió el camino para vencer a mis enemigos».

22 Pero los filisteos volvieron a atacar a David y ocuparon todo el valle de Refaim. **23** David volvió a consultar a Dios, y Dios le respondió:

«No los ataques de frente; rodéalos y atácalos por detrás. Cuando llegues a donde están los árboles de bálsamo, **24** oirás mis pasos en la punta de los árboles. Esa será la señal para que te lances al ataque. Ahí me verás ir delante de ti, y destruir al ejército filisteo».

25 Así lo hizo David, y ese día venció a los filisteos desde Gueba hasta Guézer.

El cofre del pacto en Jerusalén
(1 Cr 13.5-14)

6 **1** David volvió a reunir a sus mejores hombres, que eran como treinta mil. **2** Salió con ellos de Baalá de Judá para llevarse a Jerusalén el cofre del pacto. Ante ese cofre se ora al Dios todopoderoso que reina entre los querubines.

3-4 El cofre del pacto estaba en la casa de un hombre llamado Abinadab. Esa casa estaba en la punta de una colina. Cuando sacaron de allí el cofre, lo pusieron sobre una carreta nueva que iban guiando Uzá y Ahió, hijos de Abinadab. Ahió iba delante del cofre.

5 David y todos los israelitas iban danzando y cantando muy alegres delante de Dios, al son de la música de arpas, panderos, platillos, castañuelas y otros instrumentos de madera y cuerdas. **6** Cuando llegaron a un lugar donde se limpiaba el trigo, se tropezaron los bueyes que jalaban la carreta. Uzá sostuvo con su mano el cofre para que no se cayera, **7** pero Dios se enojó mucho contra Uzá por haber tocado el cofre, y allí mismo le quitó la vida.

8 David se enojó mucho porque Dios le había quitado la vida a Uzá, partiéndolo en dos, y por eso llamó a ese lugar Perez-uzá. **9** Pero luego sintió miedo y dijo: «Ya no me atrevo a cuidar el cofre de Dios».

10 Y David no se atrevió a llevar el cofre de Dios a Jerusalén, así que lo dejó en casa de Obed-edom, que vivía en Gat. **11** El cofre de Dios se quedó allí tres meses, y durante ese tiempo Dios bendijo a Obed-edom y a todos sus familiares.

David lleva el cofre de Dios a Jerusalén
(1 Cr 15.1-16.6)

12 Alguien fue a decirle a David: «Como Obed-edom tiene en su casa el cofre del pacto, Dios lo ha bendecido mucho, lo mismo que a sus familiares, y le ha dado más de lo que tenía».

Entonces David fue a la casa de Obed-edom para llevarse el cofre a Jerusalén. Hizo una gran fiesta; **13** cada vez que los que llevaban el cofre daban seis pasos, David ofrecía a Dios un toro y un ternero. **14** Para agradar a Dios, David danzaba con mucha alegría. Llevaba puesta sólo una túnica sacerdotal de lino. **15** Y así, entre gritos de alegría y toques se trompeta, David y todos los israelitas llevaron el cofre de Dios a Jerusalén.

16 Mical, la hija de Saúl, estaba en la ventana del palacio cuando el cofre de Dios iba entrando a la ciudad, y se disgustó mucho al ver cómo el rey David saltaba y danzaba para agradar a Dios.

17 El cofre de Dios fue llevado a una carpa que David había preparado, y allí David le presentó a Dios muchas ofrendas de animales y de vegetales. **18** Luego bendijo al pueblo en nombre de Dios, **19** y a cada uno de los presentes le dio un pan de harina, uno de dátiles y otro de pasas. Después de eso, todos se fueron a su casa.

20 También David se fue a su casa, y al llegar empezó a bendecir a su familia. Pero Mical le dijo:

«¡Hoy has hecho el ridículo! No te has portado a la altura de un rey. Con los saltos que dabas, hasta la última de tus sirvientas te vio el trasero. ¡Realmente te has portado como una persona vulgar y sin vergüenza!»

21 David le contestó:

—Si dancé, lo hice para agradar a Dios. Y acuérdate que fue Dios quien rechazó a tu padre y a tu familia. Además, fue Dios mismo quien me eligió como rey de su pueblo. **22** Y si a ti te parece que me rebajo, pues seguiré rebajándome. Pero aun así, esas sirvientas que dices comprenderán por qué lo hago, y me honrarán.

23 Y Dios castigó a Mical; por eso ella nunca tuvo hijos.

Dios hace una promesa a David
(1 Cr 17.1-27)

7 **1** Dios ayudó a David para que lograra la paz con sus enemigos, y pudiera vivir tranquilo en su palacio. **2** Entonces David le dijo al profeta Natán:

—No está bien que yo viva en un palacio de maderas finas, mientras el cofre del pacto de Dios está en una carpa.

3 Natán le contestó:

—Haz lo que creas más conveniente, pues Dios te apoya en todo.

4 Sin embargo, Dios habló con Natán esa misma noche, y le dijo:

5 «Ve y dile de mi parte a David lo siguiente: "¿Cómo está eso de que tú quieres construirme una casa? 6-7 Dime cuándo les pedí a los jefes de Israel que me hicieran una casa de maderas finas. ¡Si desde que los saqué a ustedes de Egipto, siempre he vivido en una carpa!

8 "Yo soy el Dios todopoderoso. Yo soy quien te puso al frente de mi pueblo cuando eras un simple pastor de ovejas. 9 Yo soy quien siempre te ha cuidado, y te ha ayudado a derrotar a tus enemigos. Y soy también quien te hará muy famoso en este mundo.

10 "También a mi pueblo Israel le he dado un lugar donde pueda vivir en paz. Nadie volverá a molestarlos ni a hacerles daño, 11 como cuando los gobernaban los jueces. Tú, por tu parte, vivirás en paz con tus enemigos. Además, yo haré que de tus descendientes salgan los reyes de Israel.

12 "Después de tu muerte, yo haré que uno de tus hijos llegue a ser rey de mi pueblo. 13 A él sí lo dejaré que me construya una casa, y haré que su reino dure para siempre. 14 Yo seré para él como un padre, y él será para mí como un hijo. Si se porta mal, lo castigaré como castiga un padre a su hijo, 15 pero nunca lo abandonaré como abandoné a Saúl.

16 "Además, yo haré que el reino de tus hijos sea firme y dure para siempre"».

17-18 Natán fue y le dio el mensaje a David. Entonces David fue a la carpa donde estaba el cofre, se sentó delante de Dios, y le dijo:

«Mi Dios, ¿cómo puedes darme todo esto, si mi familia y yo valemos tan poco? 19 ¿Y cómo es posible que prometas darme aún más, y que siempre bendecirás a mis descendientes? 20 ¿Qué más te puedo decir, Dios mío, si tú me

conoces muy bien?

21 »Tú me dejas conocer tus grandes planes, porque así lo has querido. 22 ¡Qué grande eres, Dios mío! ¡Todo lo que de ti sabemos es verdad! ¡No hay ningún otro Dios como tú, 23 ni existe tampoco otra nación como tu pueblo Israel! ¿A qué otra nación la libraste de la esclavitud? ¿A qué otra nación la hiciste tan famosa?

»Tú hiciste muchos milagros en favor nuestro, y arrojaste lejos de nosotros a las naciones y a sus dioses. 24 Así hemos llegado a ser tu pueblo, y tú, nuestro Dios; y esto será así por siempre.

25 »Mi Dios, yo te pido que le cumplas a mis descendientes estas promesas que nos acabas de hacer. 26 Haz que ellos se mantengan en tu servicio, para que tu nombre sea siempre reconocido. Y que todo el mundo diga: "El Dios de Israel es el Dios todopoderoso".

27 »Dios mío, yo me atrevo a pedirte esto porque tú has dicho que mis descendientes serán siempre los reyes de tu pueblo. 28-29 Te ruego que los bendigas para que siempre te sirvan. Tú eres Dios, y lo que dices es verdad. Por eso estoy seguro de que cumplirás lo que has prometido. También sé que si tú los bendices, ellos te servirán para siempre».

Otras batallas de David
(1 Cr 18.1-13)

8 1 Poco tiempo después, David atacó a los filisteos. Les quitó la ciudad de Meteg-hamá, y los tuvo bajo su poder. 2 También derrotó a los moabitas. Los hizo acostarse en fila, y de cada tres soldados a dos los mataba y a uno le perdonaba la vida. Así fue como los moabitas tuvieron que reconocer a David como su rey, y pagarle impuestos.

3 Hadad-ézer estaba por recuperar el control sobre la región del río Éufrates, pero David lo derrotó. Este Hadad-ézer era hijo de

Rehob, y rey de Sobá. 4 Como resultado de la batalla David tomó presos a mil setecientos jinetes y a veinte mil soldados de a pie. A la mayoría de los caballos les rompió las patas, y sólo dejó sanos a cien.

5 Los arameos que vivían en Damasco vinieron a ayudar al rey Hadad-ézer, pero David mató a veintidós mil de ellos. 6-8 Luego puso guardias entre los arameos que vivían en Damasco, y también ellos tuvieron que reconocer a David como rey y empezar a pagarle impuestos.

David tomó los escudos de oro que traían los oficiales de Hadad-ézer, y se los llevó a Jerusalén. También se llevó todo el bronce de las ciudades que gobernaba Hadad-ézer, desde Betá hasta Berotai. Así fue como Dios le daba siempre la victoria a David.

9-10 Hadad-ézer había peleado muchas veces contra Toi, rey de Hamat. Por eso, cuando Toi supo que David había derrotado al ejército de Hadad-ézer, envió a su hijo Joram a saludar y felicitar al rey David por su triunfo.

Joram le llevó al rey David regalos de oro, plata y bronce. 11-12 David le entregó todo esto a Dios, junto con el oro y la plata de las naciones que había conquistado: Edom, Moab, Amón, Filistea, Amalec y Sobá.

13 Y David se hacía más y más famoso.

En cierta ocasión mató a dieciocho mil edomitas en el valle de la sal, 14 luego puso guardias por todo su territorio, y así los edomitas lo reconocieron como rey. Dios seguía dándole victorias a David, 15 y como rey de los israelitas, David siempre fue bueno y justo con ellos.

Los asistentes de David
(2 S 20.23-26; 1 Cr 18.14-17)

16 Los principales asistentes de David fueron los siguientes:
Joab hijo de Seruiá, que era jefe del ejército; Josafat hijo de

Ahilud, que era secretario del reino; **17** Sadoc hijo de Ahitub, y Abimélec hijo de Abiatar, que eran sacerdotes; Seraías, que era su secretario personal; **18** Benaías hijo de Joiadá, jefe del grupo filisteo al servicio del rey; y los hijos de David, que eran sacerdotes.

David trata bien a Mefi-bóset

9 **1** Un día, David les preguntó a sus asistentes y consejeros: «¿Vive todavía algún familiar de Saúl, a quien yo pueda ayudar en memoria de Jonatán?» **2** Entonces llamaron a Sibá, que había estado al servicio de Saúl. Cuando Sibá llegó a la presencia de David, este le dijo:

—¿Eres tú Sibá?

Y él respondió:

—Para servir a Su Majestad.

3 Y el rey David le preguntó:

—¿Vive todavía algún familiar de Saúl? Dios ha puesto en mi corazón un gran deseo de ayudarlo.

Sibá le contestó:

—Aún vive un hijo de Jonatán, que no puede caminar. Se llama Mefi-bóset.

4 David le preguntó dónde estaba, y Sibá le respondió:

—Vive en Lodebar, en la casa de Maquir hijo de Amiel.

5 El rey mandó traer a Mefi-bóset, **6** y cuando Mefi-bóset llegó al palacio, se inclinó delante de David en señal de respeto. Entonces David exclamó:

—¡Mefi-bóset!

—¡Para servir a Su Majestad! —respondió.

7 David le dijo:

—No tengas miedo, en memoria de tu padre Jonatán, voy a cuidar de ti. Voy a devolverte todas las tierras de tu abuelo Saúl, y de ahora en adelante comerás en mi mesa.

8 Mefi-bóset volvió a inclinarse delante de David, y dijo:

—¿A qué se debe que Su Majestad me trate así? ¡Un perro muerto y yo somos la misma cosa!

9 Entonces el rey llamó a Sibá y le dijo:

—Todo lo que antes fue de Saúl y de su familia, voy a dárselo a Mefi-bóset. **10** Quiero que tú y tus hijos y sirvientes trabajen la tierra de Mefi-bóset, y le den todo lo que cosechen, para que nunca le falte comida. Aunque de todos modos él siempre comerá en mi mesa.

Como Sibá tenía quince hijos y veinte sirvientes, **11-13** le dijo al rey:

—Yo estoy para servir a Su Majestad, así que haré todo lo que usted ordene.

Y desde ese momento Sibá y todos sus familiares quedaron al servicio de Mefi-bóset y de su hijo Micaías. Como Mefi-bóset no podía caminar, se quedó a vivir en Jerusalén, y siempre comía en la mesa de David, como uno más de sus hijos.

Hanún avergüenza a David
(1 Cr 19.1-19)

10 **1** Poco tiempo después murió el rey de los amonitas, y en su lugar reinó su hijo Hanún. **2** Y David dijo: «Voy a tratar a Hanún con la misma bondad con que me trató Nahas, su padre».

En seguida envió David mensajeros a Hanún para que lo consolara por la muerte de su padre. Pero cuando los mensajeros llegaron a la tierra de los amonitas, **3** los jefes de los amonitas le dijeron a Hanún:

«¿De veras cree Su Majestad que David envió a sus mensajeros para consolarlo? ¡Claro que no! ¡Los envió como espías, para que luego pueda conquistar nuestra ciudad!»

4 Entonces Hanún mandó que apresaran a los mensajeros de David, y que los avergonzaran cortándoles la mitad de la barba, y que los mandaran de regreso a su tierra desnudos de la cintura para abajo.

5 Los mensajeros regresaron muy avergonzados, y cuando David lo supo, les mandó a decir: «Quédense en Jericó, y no regresen hasta que les crezca la barba».

David vence a los amonitas

6-8 Los amonitas se enteraron de que David se había enojado mucho. Entonces contrataron a algunos arameos de Rehob y Sobá para que se unieran a ellos y pelearan contra David. También contrataron a mil hombres del rey Maacá y a doce mil hombres de Tob.

Los arameos enviaron a veinte mil soldados, y se quedaron en el campo junto con los soldados de Tob y Maacá. Por su parte, los amonitas salieron a la guerra y se formaron a la entrada de la ciudad.

David se dio cuenta de esto, y envió a la batalla a Joab, junto con todo su ejército y sus mejores soldados. **9-10** Y cuando Joab vio que los arameos iban a atacarlo por un lado y los amonitas por el otro, eligió a los mejores soldados israelitas y atacó a los arameos. El resto de su ejército lo dejó a las órdenes de su hermano Abisai, para que peleara contra los amonitas, y le dijo:

11 «Si ves que los arameos me están ganando, irás a ayudarme. Si, por el contrario, veo que los amonitas te están ganando, yo te ayudaré. **12** ¡Tú esfuérzate y ten valor! Luchemos por nuestra gente y por las ciudades que Dios nos ha dado, ¡y que Dios haga lo que le parezca mejor!»

13 Joab y sus hombres pelearon contra los arameos, y los hicieron huir. **14** Cuando los amonitas vieron que los arameos estaban huyendo, también ellos huyeron de Abisai y corrieron a refugiarse en su ciudad. Entonces Joab dejó de combatirlos y regresó a Jerusalén.

David vence a los arameos

15 Al ver los arameos que los israelitas los habían derrotado, reunieron a todos sus ejércitos. **16** Hadad-ézer mandó llamar a los arameos que estaban del otro lado del Éufrates, y ellos vinieron a Helam. Al frente de ellos iba Sobac, que era el jefe del ejército de Hadad-ézer.

17 Cuando David supo esto, reunió a todo el ejército de Israel, cruzó el río Jordán y llegó a Helam. Los arameos se formaron frente a David y empezó la batalla. **18** David mató a setecientos soldados que guiaban carros de guerra y a cuarenta mil soldados de caballería. También mató a Sobac, jefe del ejército arameo. Entonces los arameos huyeron de los israelitas. **19** Cuando todos los reyes que estaban bajo el poder de Hadad-ézer vieron que David lo había derrotado, hicieron la paz con Israel y quedaron al servicio de David. Los arameos, por su parte, no volvieron a ayudar a los amonitas.

David, Betsabé y Natán

11 **1** Llegó la primavera, que era cuando los reyes salían a la guerra. Ese año David envió a Joab y a los jefes de su ejército a pelear contra los amonitas, pero él se quedó en Jerusalén. Y Joab y todos sus hombres vencieron a los amonitas y conquistaron la ciudad de Rabá. **2** Una tarde, después de haber descansado un poco, David se levantó y comenzó a pasear por la azotea de su palacio. De pronto, vio que una mujer muy hermosa se estaba bañando. **3** David mandó en seguida a uno de sus sirvientes a preguntar quién era ella. El sirviente volvió y le dijo que se llamaba Betsabé, hija de Eliam, y que estaba casada con un hitita llamado Urías.

4 Entonces David mandó a traerla, y cuando se la llevaron, tuvo relaciones sexuales con ella. Luego ella regresó a su casa, pues apenas había tenido su período de menstruación, y estaba cumpliendo con los ritos de purificación.

5 Betsabé quedó embarazada, así que mandó a decirle a David que iba a tener un hijo suyo.

6 Al oír esto, David le ordenó a Joab que le mandara a Urías el hitita, pues quería hablar con él. Joab así lo hizo, **7** y cuando Urías llegó, David le preguntó cómo estaban Joab y el ejército, y cómo iba la guerra. **8** Luego le ordenó que fuera a descansar a su casa.

En cuanto Urías salió del palacio, el rey le envió de lo mejor de su comida y bebida. **9** Pero Urías no fue a su casa, sino que se quedó a dormir a la entrada del palacio, junto con los soldados de la guardia personal del rey. **10** Al día siguiente le informaron a David que Urías no había dormido en su casa. Entonces David lo mandó llamar y le preguntó:

—¿Por qué no dormiste en tu casa?

11 Y Urías le contestó:

—Mal haría yo en ir a mi casa a comer, beber y tener relaciones sexuales con mi esposa, mientras el cofre del pacto de Dios y todo el ejército están en el campo de batalla. ¡Mal haría yo en dormir cómodamente en mi casa, mientras Joab y sus soldados duermen al aire libre! ¡Yo no puedo hacer algo así!

12-13 Entonces David le dijo a Urías:

—Quédate aquí por lo menos esta noche, y mañana volverás al campo de batalla.

Y en seguida lo invitó a comer y beber, hasta emborracharlo. David creía que así Urías se iría a su casa. Pero aunque Urías se quedó en Jerusalén hasta el día siguiente, tampoco esa noche durmió en su casa, sino que de nuevo se quedó con los soldados de la guardia personal del rey.

14-15 Por la mañana, David escribió una carta y se la dio a Urías, para que se la entregara a Joab. La carta decía: «Pon a Urías en el frente, donde la batalla sea más dura y peligrosa. Luego déjalo solo para que lo maten».

16 Joab así lo hizo: cuando ya había rodeado con su ejército la ciudad de Rabá, puso a Urías a pelear donde estaban los soldados enemigos más valientes. **17** Cuando esos soldados salieron a pelear contra los hombres de Joab, mataron a algunos de los soldados de David, y entre ellos a Urías.

18-19 Entonces Joab mandó un mensajero a darle la noticia a David. Le dijo:

«Cuando le cuentes al rey que algunos de sus hombres murieron en batalla, **20** seguramente se enojará y te dirá: ''¿Por qué se acercaron tanto al muro de la ciudad? **21** ¿No saben que desde la muralla lanzan flechas? Acuérdense de Abimélec, el hijo de Jeroboset. Tanto se acercó al muro durante la batalla en Tebés, que una mujer le dejo caer una piedra de molino y lo mató''.

»Si te dice eso, tú le responderás: ''También ha muerto Urías, el hitita que tan fielmente servía a Su Majestad''».

22 El mensajero se presentó ante David y al darle la noticia todo sucedió como Joab había dicho, **23** y entonces el mensajero le dijo:

—Los enemigos nos estaban

ganando, y hasta salieron de la ciudad a pelear en el campo, pero los hicimos retroceder hasta el portón de la ciudad. **24** Desde el muro de la ciudad nos disparaban flechas, y algunos de nuestros mejores hombres cayeron muertos. Entre ellos también murió Urías, el hitita que tan fielmente servía a Su Majestad.

25 David le contestó:

—Dile a Joab que no se preocupe. En la guerra, cualquiera puede morir. Tú, anímalo y dile que siga atacando la ciudad hasta que la conquiste.

26 Cuando la mujer de Urías supo que su esposo había muerto, se puso muy triste. **27** Pero, luego de que ella guardó el luto acostumbrado, David mandó a llamarla y se casó con ella. Tiempo después, ella tuvo un hijo. Sin embargo, a Dios no le gustó lo que David había hecho.

Dios reprende a David

12 **1** Entonces, Dios envió al profeta Natán para que le diera a David este mensaje:

«En cierta ciudad había dos hombres. Uno de ellos era rico, y el otro era pobre. **2** El rico tenía muchas ovejas y muchas vacas; **3** en cambio, el pobre sólo tenía una ovejita. La había comprado, y él mismo la había criado y cuidado como si fuera su propia hija. Tanto quería ese hombre a la ovejita que hasta le daba de comer de su mismo plato, y la dejaba recargarse y dormir en su pecho. Y así la ovejita fue creciendo junto con los hijos de ese hombre.

4 »Un día llegó un visitante a la casa del rico, y el rico lo invitó a comer. Pero como no quería matar ninguna de sus ovejas ni de sus vacas, le quitó al pobre su ovejita y la mató para darle de comer a su visitante».

5-6 Al oír esto, David se enojó muchísimo contra el hombre rico y le dijo a Natán:

—¿Pero cómo pudo hacer eso? ¡Ese hombre no tiene sentimientos! Te juro por Dios que ahora tendrá que pagarle al pobre cuatro veces más de lo que vale la ovejita. Y además, ¡merece la muerte!

7-8 Entonces Natán le dijo:

—¡Pues tú, David, eres ese hombre! Y ahora el Dios de Israel quiere que oigas esto:

«Yo te hice rey de todo mi pueblo. Yo te cuidé para que Saúl no te matara. Hasta te di su palacio y sus mujeres, y aun te habría dado mucho más, si tú así lo hubieras querido.

9 »¿Por qué te burlaste de mí, que soy tu Dios? ¿Por qué hiciste lo que yo prohíbo? En realidad no fueron los amonitas quienes mataron a Urías; lo mataste tú, ¡y lo hiciste para quedarte con su mujer!

10 »Pero ahora, por haberte burlado de mí, y por haberle quitado a Urías su mujer, siempre habrá en tu familia muertes violentas.

11-12 Tus propios hijos te harán sufrir mucho. Si a escondidas tuviste relaciones sexuales con la mujer de otro, yo haré que otros tomen a tus mujeres y se acuesten con ellas delante de todo el mundo».

13 David le dijo a Natán:

Reconozco que he pecado contra Dios, y que he hecho lo que a él no le gusta.

Natán le contestó:

—Por eso mismo Dios te ha perdonado, y no vas a morir. **14** Pero por haberte burlado de él, no vivirá el hijo que tuviste con Betsabé.

15 Después de decir esto, Natán se fue a su casa.

En efecto, Dios hizo que el niño se enfermara gravemente. **16** David no comía nada, y se pasaba toda la noche tirado en el suelo, rogándole a Dios que curara al niño. **17** Sus consejeros le pedían que se levantara del suelo y comiera, pero David se negaba a hacerlo.

18 Al séptimo día, el niño murió. Los consejeros no se atrevían a decirle nada a David, porque pensaban: «Si cuando el niño aún vivía, le pedíamos que comiera y no nos hacía caso, ahora que el niño ya murió, es capaz de hacer una tontería».

19 Pero David se dio cuenta de que sus consejeros le ocultaban algo, y comprendió que su hijo ya había muerto. Entonces dijo:

—Ya murió el niño, ¿verdad?

Y los consejeros le contestaron:

—Sí, ya murió.

20 De inmediato David se levantó del suelo y se bañó, se perfumó y se cambió de ropa. Luego fue a adorar a Dios a la carpa donde estaba el cofre del pacto, y cuando regresó a su casa pidió que le sirvieran de comer, y comió.

21 Sus consejeros le preguntaron:

—¿Por qué hace esto Su Majestad? Cuando el niño aún vivía, usted no comía y lloraba mucho por él, y ahora que ha muerto, ¡usted se levanta y se pone a comer!

22 David les contestó:

—Mientras el niño aún vivía, yo no comía y lloraba porque creía que Dios me tendría compasión y sanaría a mi hijo. **23** Pero ahora que ya ha muerto, ¿qué gano con no comer? No puedo devolverle la vida, ni hacer que vuelva a estar conmigo. Más bien, algún día yo moriré e iré a reunirme con él.

Nacimiento de Salomón

24 David fue a consolar a Betsabé, y tuvo relaciones sexuales con ella. Con el tiempo, ella tuvo un hijo, y David le puso por nombre Salomón. Fue tanto el amor de Dios por el niño, **25** que envió al profeta Natán para que les dijera: «En mi honor, este niño se llamará Jedidías, que significa "Amado de Dios"».

David vence a los amonitas
(1 Cr 20.1-3)

26 Mientras tanto, Joab había seguido atacando la ciudad de Rabá, pues allí vivía el rey de los amonitas. Cuando ya estaba por conquistarla, **27** mandó a decirle a David:

«Después de muchos días de atacar a Rabá, no he permitido que sus habitantes tenga paso a sus depósitos de agua. Ya estamos por entrar en la ciudad, **28** así que reúna Su Majestad a todo su ejército y venga a tomar la ciudad; de lo contrario, yo tendría que tomarla y le pondría mi nombre».

29 Entonces David reunió a todo su ejército, y atacó y conquistó la ciudad de Rabá. **30** David le quitó al rey la corona, la cual era de oro, pesaba treinta y tres kilos, y tenía una piedra preciosa. David le quitó a la corona esa piedra preciosa y la puso en su propia corona, y se llevó además gran parte de las riquezas de la ciudad.

31 A la gente que vivía en la ciudad la sacó de allí y la condenó a trabajos forzados. La obligó a usar sierras, picos y hachas de hierro. También la obligó a hacer ladrillos, como lo había hecho con todas las ciudades amonitas que había conquistado. Después de eso, David y su ejército regresaron a Jerusalén.

Amnón viola a su hermana

13 **1** Uno de los hijos de David, que se llamaba Absalón, tenía una hermana muy hermosa llamada Tamar. Otro de los hijos de David, que se llamaba Amnón, se enamoró perdidamente de ella. **2** Como Tamar era todavía muy joven y no había tenido relaciones sexuales, Amnón no encontraba la manera de estar a solas con ella. Eso lo angustiaba tanto que hasta se deprimió.

3 Amnón tenía un amigo muy astuto y malicioso, que se llamaba Jonadab. Además de ser su amigo, Jonadab era su primo, pues era hijo de Simá, el hermano de David. **4** Un día, Jonadab le dijo a Amnón:

—Dime, ¿por qué cada día te noto más decaído? ¿Si eres el hijo del rey, qué te puede faltar?

Y Amnón le contestó:

—Es que estoy enamorado de Tamar, ¡y es mi media hermana!

5 Jonadab le aconsejó:

—Pues métete en la cama, y haz como si estuvieras muy enfermo. Y cuando tu padre venga a verte, pídele que mande a tu hermana Tamar. Dile que necesitas a alguien que te prepare la comida y te la dé en la boca.

6 Amnón fue entonces a acostarse, fingiéndose muy enfermo. Cuando el rey llegó a visitarlo, Amnón le dijo:

—Por favor, deja que mi hermana Tamar venga a prepararme unos panes y me dé a comer en la boca.

7 David mandó llamar a Tamar y le dijo: «Ve a la casa de tu hermano Amnón y hazle de comer».

8 Tamar fue a la casa de Amnón, y lo encontró acostado. Entonces tomó harina, preparó la masa, hizo panes y los puso a hornear. Mientras tanto, Amnón no le quitaba la vista de encima. **9** Cuando el pan estuvo listo, Tamar lo puso sobre la mesa. Pero Amnón no quiso levantarse a comer, sino que le dijo a Tamar: «Ordena a los sirvientes que salgan de aquí». En cuanto los sirvientes salieron, **10** Amnón le dijo a Tamar:

—Tráeme el pan a la cama, y dame de comer en la boca.

Tamar tomó el pan y se lo llevó a su hermano hasta la cama. **11** Pero cuando ya estuvo cerca, Amnón la agarró por la fuerza y le dijo:

—Ven, hermanita, acuéstate conmigo.

12 Tamar le contestó:

—No, hermano mío; no me obligues a hacer algo tan malo y vergonzoso. Aquí en Israel, eso no se hace. **13** Si me violas, yo tendré que vivir con esa vergüenza y tú quedarás en Israel como un malvado. Yo te ruego que le pidas al rey que me deje ser tu esposa. Estoy segura de que él aceptará.

14 Pero Amnón no le hizo caso. Y como era más fuerte que ella, la forzó a tener relaciones sexuales con él. **15** Sin embargo, cuando terminó la despreció más de lo que antes la había deseado. Entonces le gritó:

—¡Lárgate de aquí!

16 Ella le suplicaba:

—¡No, hermano mío, no me despidas así! Si lo que has hecho ya es malo, echarme de aquí será peor.

Pero Amnón no le hizo caso. **17** Al contrario, llamó a uno de sus sirvientes y le ordenó: «Saca de aquí a esta mujer, y luego cierra bien la puerta».

18 El sirviente echó de la casa a Tamar, y luego cerró la puerta. Tamar llevaba puesto un vestido largo y de colores, pues así se vestían las hijas de los reyes de Israel que todavía eran solteras.

19 Pero al verse en la calle, se echó ceniza sobre la cabeza y rompió su vestido para demostrar su vergüenza. Luego se fue llorando y gritando por todo el camino, agarrándose la cabeza. **20** Cuando Absalón lo supo, la tranquilizó y le dijo: «Hermanita, lo que Amnón ha hecho contigo es terrible. Pero no le guardes rencor, porque es tu hermano».

Desde entonces Tamar se fue a vivir a la casa de su hermano Absalón, pero siempre prefería estar sola. **21** Cuando David se enteró de lo que había pasado, se puso muy enojado. Sin embargo, no castigó a Amnón, pues era su hijo mayor y lo quería mucho. **22** Absalón, por su parte, dejó de hablarle a Amnón, pues lo odiaba por haber violado a su hermana.

Absalón mata a Amnón

23 Pasaron dos años. Un día, Absalón invitó a todos los hijos del rey a Baal-hasor, cerca de Efraín. Allí había fiesta, porque era la época en que se cortaba la lana a las ovejas. **24** Absalón mismo fue a invitar al rey, y le dijo:

—Me gustaría que Su Majestad y la gente a su servicio vinieran a celebrar conmigo el corte de lana de mis ovejas.

25 Pero el rey le contestó:

—Hijo mío, te agradezco la invitación, pero si vamos todos vas a gastar mucho dinero.

Absalón insistió en invitar a David, pero él no quiso ir. Sin embargo, le dio su bendición. **26** Entonces Absalón le propuso:

—Si usted no puede venir, al menos permita que vaya mi hermano Amnón.

David le preguntó:

—¿Y por qué tanto interés en Amnón?

27 Pero tanto presionó Absalón al rey que, al fin, dejó que Amnón y sus otros hijos fueran a la fiesta. **28** Allí Absalón les dijo a sus sirvientes:

«Vigilen bien a Amnón, y cuando ya esté muy borracho y yo les diga que lo maten, mátenlo. No tengan miedo, que lo van a matar porque yo lo ordeno».

29 Los sirvientes de Absalón cumplieron sus órdenes. Cuando los otros hijos del rey vieron muerto a Amnón, montaron en sus mulas y salieron huyendo.

30 Todavía estaban ellos en camino cuando alguien le avisó a David que Absalón había matado a todos sus hijos. **31** Al oír esto, el rey se levantó de su trono, y en señal de dolor, rompió su ropa y se tiró al suelo. Todos los que estaban a su alrededor hicieron lo mismo, **32-33** pero Jonadab, el sobrino de David, le dijo:

«No crea Su Majestad todo lo que le han dicho. Estoy seguro de que no todos sus hijos han sido asesinados, sino solamente Amnón. Esto es algo que Absalón ya tenía planeado desde el día que Amnón violó a Tamar».

34-39 En ese momento un vigilante fue a decirle a David: «Por el camino de Horonaim, a un costado del cerro, viene mucha gente». Entonces Jonadab le dijo: «Su Majestad puede ver que yo estaba en lo cierto; sus hijos han vuelto con vida».

No había terminado Jonadab de hablar cuando entraron los hijos del rey, y se echaron a llorar. También el rey y sus ayudantes empezaron a llorar amargamente. Durante muchos días David lloró la muerte de su hijo Amnón, aunque también extrañaba mucho a Absalón. Pero Absalón huyó a Guesur y se quedó allí tres años, bajo la protección de Talmai hijo de Amihud, que era rey de ese lugar.

El regreso de Absalón

14 **1** Joab se dio cuenta de que el rey David extrañaba mucho a Absalón, **2** así que mandó traer de Tecoa a una mujer muy astuta, y le dijo:

«Quiero que te vistas como si estuvieras de luto por la muerte de un hijo. **3** Luego, quiero que te presentes ante el rey y le digas exactamente lo que voy a decirte».

Joab le dijo entonces a la mujer lo que debía decir, y ella se fue a ver al rey. **4** Cuando llegó ante David, se inclinó hasta el suelo en señal de respeto, y le dijo:

—¡Ayúdeme usted, Su Majestad!

5 El rey le preguntó:

—¿Qué te pasa?

Y ella contestó:

—¡Mi marido se murió y me he quedado viuda! **6** Además, yo tenía dos hijos, pero un día se pelearon en el campo y, como nadie los separó, uno mató al otro. **7** Ahora toda mi familia se ha puesto en contra mía. Quieren que les entregue al único hijo que me queda, para vengar al que murió, ¡y no les importa que yo me quede sin hijos! Si lo matan, yo me quedaré sola, y el apellido de mi marido se perderá para siempre.

8 El rey le dijo a la mujer:

—Regresa a tu casa, que yo me ocuparé de tu problema.

9 La mujer le respondió:

—¡Pero el problema es mío y de mi familia, y no de Su Majestad ni de su reino!

10 Y el rey le dijo:

—Pues si alguien quiere hacerte daño, dímelo y verás que no volverá a molestarte.

Una moneda de plata para los ahorros de María.
¡Muy pronto tendrá el dinero que necesita
para comprar su biblia!

"**P**idan a dios, y él les dará" *(Mateo 7:7)*.
María guarda en su corazón las sagradas escrituras.

11 Ella dijo entonces:

—Pídale usted a Dios que nadie mate a mi hijo.

El rey contestó:

—Te juro por Dios que nada le pasará a tu hijo.

12 La mujer insistió:

—¿Me permite Su Majestad decirle algo más?

El rey le permitió seguir hablando, **13** y la mujer le dijo:

—Por lo que Su Majestad acaba de decirme, no entiendo cómo puede perdonar a otros, pero a su propio hijo no lo deja volver. Todo esto le hace daño a usted y a su pueblo. **14** »Es verdad que un día todos vamos a morir, y no podemos evitarlo, pero Dios no quiere que Absalón muera sino que regrese. **15** »Si me he atrevido a decirle todo esto a Su Majestad, es porque tengo mucho miedo de la gente que me quiere hacer daño. Yo sabía que usted me escucharía **16** y no dejaría que nos hicieran daño ni a mí ni a mi hijo. **17** Sabía también que las palabras de Su Majestad me calmarían, porque usted es como un ángel de Dios: ¡siempre sabe lo que se debe hacer! ¡Que Dios lo bendiga!

18 Entonces el rey le dijo a la mujer:

—Te voy a preguntar algo, pero quiero que me respondas con toda franqueza.

Y la mujer le dijo:

—Dígame usted.

19 El rey le preguntó:

—¿Verdad que Joab te pidió hacer esto?

Y la mujer contestó:

—Así es, Su Majestad. Joab me mandó a hablar con usted, y me dijo lo que yo debía decir. **20** Claro que él lo hizo para que se arreglen las cosas. Pero Su Majestad es tan sabio como un ángel de Dios, y sabe todo lo que pasa en este mundo.

21 Más tarde, el rey llamó a Joab y le dijo:

—Voy a atender en seguida el problema de esta mujer. Tú ve y ocúpate de que vuelva mi hijo Absalón.

22 Joab se inclinó de cara al suelo delante del rey, y luego de bendecirlo le dijo:

—Muchas gracias, Su Majestad, por haberme concedido lo que le pedí.

23 Luego Joab fue a Guesur y trajo de allá a Absalón, pero cuando éste llegó a Jerusalén, **24** el rey dijo: «No quiero verlo. Que se vaya a su casa». Así que Absalón se fue a su casa, y no se le permitía ver al rey. **25** En todo Israel no había un hombre tan bello y atractivo como Absalón, pues no tenía ningún defecto. **26** El pelo se lo cortaba cada año, cuando ya lo tenía muy largo, y lo que le cortaban pesaba más de dos kilos. **27** Absalón tuvo tres hijos y una hija. Su hija se llamaba Tamar, y era una joven muy hermosa.

28 Absalón vivió dos años en Jerusalén, y durante todo ese tiempo nunca se le permitió ver al rey. **29** Un día, Absalón le pidió a Joab que fuera a ver al rey de su parte, pero Joab no aceptó. Una vez más, Absalón le pidió a Joab que fuera a ver al rey, pero Joab se negó a ir.

30 Entonces Absalón les dijo a sus sirvientes: «Joab tiene un campo junto al mío, y está lleno de cebada. Vayan y préndanle fuego».

Los sirvientes fueron y cumplieron las órdenes de Absalón. **31** Por eso Joab fue a hablar con Absalón y le dijo:

—¿Por qué mandaste a quemar mi campo?

32 Y Absalón le contestó:

—Porque quiero que vayas a ver al rey y le des este mensaje: ''¿Para qué me hiciste venir de Guesur, si no me dejas visitarte? ¡Mejor me hubiera quedado allá! Yo te ruego que me permitas a verte; y si he hecho algo malo, ordena que me maten''.

33 Joab fue a ver al rey y le dio el mensaje de Absalón. Entonces David lo mandó a llamar. Cuando se encontraron, Absalón se inclinó hasta el suelo, pero David lo levantó y le dio un beso.

Absalón quiere ser Rey

15 **1** Tiempo después, Absalón andaba en un carro jalado por caballos; lo acompañaban cincuenta guardaespaldas. **2** Todos los días se levantaba muy temprano y se paraba a un lado del camino, a la entrada de la ciudad. Si alguien iba a ver al rey para arreglar sus problemas, Absalón lo llamaba y le preguntaba de dónde venía. En cuanto aquél le decía de qué tribu era, **3** Absalón le aseguraba:

—Lo que pides es muy justo, pero el rey no tiene a nadie que atienda estos asuntos. **4** Si yo gobernara este país, los atendería y les haría justicia.

5 Además, a los que se acercaban a saludarlo y se inclinaban ante él, Absalón los levantaba, los abrazaba y los besaba. **6** Y así lo hacía con todos los que iban a ver al rey. De esa manera, fue ganándose a la gente.

7-8 Así pasaron cuatro años. Un día, Absalón le dijo al rey:

—Cuando yo vivía en Guesur, le

prometí a Dios que si él me permitía volver a Jerusalén, yo iría a Hebrón para adorarlo. Yo te ruego que me dejes ir allá para cumplir mi promesa.

9-11 El rey le dijo que podía irse tranquilo, y Absalón se fue acompañado de doscientos hombres. Pero ninguno de ellos conocía los planes de Absalón. Desde Hebrón mandó a decir a todas las tribus de Israel: «Cuando oigan sonar la trompeta, griten: ''¡Absalón ha sido coronado rey en Hebrón!''»
12 Mientras Absalón presentaba sus ofrendas a Dios, mandó llamar a Ahitófel, que era uno de los consejeros de David y vivía en la ciudad de Guiló. Mientras tanto, cada día era más la gente que se unía a Absalón, de modo que la rebelión contra David fue cobrando fuerza.

David huye de Jerusalén
13 Un mensajero fue a decirle a David: «Absalón se está ganando la simpatía de todos los israelitas, y ahora ellos lo apoyan».
14 Entonces David le dijo a todos los asistentes y consejeros que estaban con él en Jerusalén:

—Vámonos de aquí, pues de lo contrario ya no podremos escapar. En cualquier momento Absalón va a atacar la ciudad, y nos matará.

15 Sus asistentes le dijeron:

—Nosotros estamos a las órdenes de Su Majestad.

16-17 El rey David huyó con su familia y toda su gente. Sólo dejó en su palacio a diez de sus mujeres. Al salir de la ciudad, se detuvieron en la última casa. Los asistentes de David se pusieron a su lado, y toda la gente marchó delante de David. **18** Primero pasaron los quereteos, seguidos de los peleteos y de seiscientos geteos. Todos estos soldados filisteos habían seguido a David desde Gat.

19-20 Entonces David le dijo a Itai de Gat:

—¿Y tú, por qué vienes con nosotros? Regrésate con tu familia a vivir con el nuevo rey. Hace poco que estás entre nosotros, y tú mismo eres extranjero, así que no te harán ningún daño. No puedo permitir que andes como yo, huyendo de un lado a otro. Anda, regresa, ¡y que Dios te ayude y te acompañe!

21 Pero Itai le contestó:

—Juro por Dios y por la vida de Su Majestad, que adonde usted vaya iré yo. Aunque me cueste la vida, yo estoy al servicio de Su Majestad.

22 Al oír esto, David dejó que los acompañara. **23-30** Cruzó entonces con toda su gente el arroyo de Cedrón, y comenzaron a subir por el monte de los Olivos. Todos ellos iban llorando, y con la cabeza cubierta y descalzos. Estaban por salir de Jerusalén cuando llegaron Abiatar y Sadoc con todos sus ayudantes, y estos llevaban el cofre del pacto de Dios. Los ayudantes pusieron el cofre junto a Abiatar, hasta que pasó toda la gente. Entonces el rey le dijo a Sadoc:

«Lleva el cofre de vuelta a la ciudad. Si Dios me tiene compasión, volveré a ver su cofre. Eso tú debes saberlo, pues eres profeta. Pero si no es así, que sea lo que Dios quiera. Tú y tu hijo Ahimaas pueden regresar a Jerusalén en paz, junto con Abiatar y su hijo Jonatán. En cuanto a mí, andaré por los caminos del desierto. Allí podrás hacerme llegar cualquier mensaje».

Entonces Sadoc y Abiatar, y los ayudantes que llevaban el cofre de Dios, regresaron a Jerusalén y se quedaron allí. Por su parte, David y su gente se fueron al desierto. En el camino, quienes los

veían se ponían a llorar a gritos. **31** Más tarde, David supo que Ahitófel se había unido al grupo de traidores que andaban con Absalón. Entonces dijo: «Dios mío, te ruego que eches a perder los planes de Ahitófel».
32 Cuando llegaron a la parte alta del cerro, que era donde se rendía culto a Dios, Husai el arquita fue a ver a David. Iba con la ropa toda rota, y se había echado polvo en la cabeza para demostrar su tristeza. **33** Al verlo, David dijo:

«Si te unes a mí, me vas a complicar la vida. **34** Mejor regresa a Jerusalén y ponte a las órdenes de Absalón, como antes te pusiste a las mías. Así echarás a perder los planes de Ahitófel. **35-36** Además, en Jerusalén contarás con la ayuda de los sacerdotes Sadoc y Abiatar, y de sus hijos Ahimaas y Jonatán. Cuéntales a ellos todo lo que oigas en el palacio, para que ellos me lo hagan saber».

37 Así fue como Husai, el amigo de David, regresó a Jerusalén y llegó en el momento en que Absalón entraba a la ciudad.

David y Sibá
16 **1** Cuando David terminó de pasar por la parte alta del cerro, un sirviente de Mefi-bóset llamado Sibá fue a verlo. Llevaba dos burros cargados con doscientos panes, cien tortas de uvas pasas, cien frutas maduras y un recipiente de cuero lleno de vino. **2** Al verlo, el rey David le preguntó:

—¿Y para qué me traes todo esto?

Sibá le respondió:

—Los burros son para que la familia de Su Majestad viaje en ellos. Los panes y la fruta son para la gente más joven, y el vino es para los que se desmayen en el desierto.

3 El rey le preguntó:

—¿Y dónde está Mefi-bóset?

Sibá contestó:

—Se quedó en Jerusalén. Como es nieto de Saúl, cree que los israelitas lo harán rey.

4 Entonces el rey David le dijo a Sibá:

—Desde hoy, todo lo que era de Mefi-bóset será para ti. Yo te lo doy.

Sibá le dijo al rey:

—Yo estoy para servir a Su Majestad. Muchas gracias por este favor que me hace.

5-6 Cuando el rey David llegó a Bahurim, salió a su encuentro Simí hijo de Guerá, que era pariente de Saúl. Simí empezó a arrojarles piedras a David y a los guardias que lo rodeaban, **7** Además, insultaba a David y le decía:

«¡Vete de aquí, asesino malvado! **8** ¡Tú querías ser rey, y por eso mataste a los parientes de Saúl! Pero ahora Dios te está castigando. ¡Qué bueno que ahora el rey es tu hijo Absalón! ¡Eso te mereces por asesino!»

9 Abisai hijo de Seruiá le dijo al rey:

—¿Por qué permite Su Majestad que este inútil lo ofenda? ¡Déjeme usted ir a cortarle la cabeza!

10 Pero el rey le dijo:

—No te metas en mis asuntos. Tal vez Dios lo mandó a maldecirme. Si es así, nosotros no somos nadie para impedírselo.

11 En seguida, David les dijo a Abisai y a todos sus sirvientes:

«Déjenlo que me ofenda todo lo que quiera, pues Dios le ha ordenado hacerlo. Si hasta mi propio hijo quiere matarme, ¡con más razón lo hará este hombre de la tribu de Benjamín! **12** Pero cuando

Dios vea lo mucho que estoy sufriendo, tal vez me envíe bendiciones y no maldiciones».

13 David y su gente siguieron caminando, pero desde el otro lado del cerro, Simí lo seguía maldiciendo, arrojándole piedras y levantando polvo. **14** Cuando David y toda su gente llegaron al río Jordán, se quedaron a descansar allí, pues estaban muy cansados.

Absalón entra a Jerusalén

15 Mientras tanto, Absalón y Ahitófel, y sus muchos seguidores entraron a Jerusalén. **16** Husai el arquita, que era amigo de David, se acercó a Absalón y gritó:

«¡Viva el rey! ¡Viva el rey!»

17 Absalón le reclamó:

—¿Qué clase de amigo eres, que no te fuiste con tu amigo David?

18 Husai le contestó:

—Yo estoy para servir a quien todos los israelitas elijan como su rey, y el elegido es usted. Así que yo me quedo aquí. **19** ¿A quién más podría yo servir, si no a Su Majestad, que es hijo de un rey? Yo le serviré a usted como antes serví a su padre.

20 Después Absalón le preguntó a Ahitófel:

—¿Qué me aconsejas hacer?

21 Y Ahitófel le contestó:

—Tome Su Majestad a las mujeres que su padre dejó para que cuidaran el palacio, y acuéstese con ellas. Así los israelitas se darán cuenta de que usted ya ha roto relaciones con su padre, y entonces le tendrán más confianza.

22-23 En aquel tiempo, tanto David como Absalón tomaban los consejos de Ahitófel como si vinieran de Dios mismo. Por eso Absalón ordenó en seguida que pusieran en la

azotea una tienda de campaña, y allí, a la vista de todos, tuvo relaciones sexuales con las mujeres de su padre.

Husai deshace el plan de Ahitófel

17 **1** Más tarde, Ahitófel le sugirió a Absalón:

«Deme usted doce mil de sus mejores soldados, y permítame ir tras David esta misma noche. **2-3** Me será fácil alcanzarlo, pues él está cansado y sin ánimo. ¡Lo asustaré de tal manera, que su gente huirá y lo dejará solo!

»Pero no heriré a nadie más que a David, ya que usted sólo quiere deshacerse de él. Entonces la gente se volverá a usted, y nadie saldrá lastimado».

4 Absalón y los líderes de Israel aceptaron el consejo de Ahitófel. **5** Luego Absalón mandó llamar a Husai el arquita para saber lo que pensaba. **6** Cuando Husai llegó, Absalón le dijo:

—Ahitófel nos aconsejó que persigamos ahora mismo a David. ¿Tú qué crees? ¿Debemos hacerlo, o no?

7 Husai le contestó:

—Esta vez Ahitófel no le ha dado a usted un buen consejo. **8** Usted bien sabe que su padre y sus hombres son muy valientes, y que ahora deben estar muy enojados, como una osa a la que le han robado sus hijos. Además, como su padre tiene mucha experiencia en la guerra, seguramente no pasará la noche con la tropa. **9** Lo más probable es que se esconda en una cueva o en algún otro lugar.

»Si ahora usted envía algunos soldados, y los hombres de David los derrotan, los que se enteren van a creer que David derrotó a todo el ejército. **10** Entonces, hasta los más valientes se volverán cobardes. Recuerde usted que David y sus hombres tienen fama de valientes. Eso, todo el mundo lo sabe.

11 »Más bien, yo le aconsejo a usted que reúna a todos los soldados israelitas del país, es decir, un ejército que nadie pueda contar, y que usted mismo los dirija en la batalla. **12** ¡Así caeremos sobre David como el rocío que cae sobre la tierra, y no dejaremos vivo a nadie!

13 »Tal vez David trate de refugiarse en alguna ciudad. Pero como todos los israelitas vamos a llevar cuerdas, destruiremos esa ciudad, y echaremos en el arroyo hasta la última piedra. ¡De esa ciudad no quedará ni el recuerdo!

14 Absalón y todos los israelitas prefirieron seguir el consejo de Husai, y no el de Ahitófel, porque Dios así lo había decidido para dañar a Absalón.

15 Entonces Husai les dijo a los sacerdotes Sadoc y Abiatar:

«Ahitófel le dio un consejo a Absalón y a los jefes de Israel, pero yo les di este otro. **16** Corran a decirle a David que no pase esta noche en los caminos del desierto, sino que cruce al otro lado del río Jordán. Díganle también que si no lo hace, tanto él como su gente morirán».

17 Mientras tanto, los sacerdotes Jonatán y Ahimaas estaban esperando en el Manantial de Roguel, pues no querían que nadie los viera entrar a la ciudad. Los mensajes los recibían por medio de una muchacha que era sirvienta. **18** Pero un niño se dio cuenta, y fue a contárselo a Absalón. Entonces Jonatán y Ahimaas huyeron rápidamente a la casa de un hombre que vivía en Bahurim. Cuando llegaron allá, se escondieron dentro de un pozo. **19** La esposa de ese hombre cubrió el pozo con una tapa, y sobre la tapa echó trigo. Así nadie pudo darse cuenta de que allí había un pozo. **20** Al llegar los hombres de Absalón a la casa, le preguntaron a la mujer dónde estaban Ahimaas y Jonatán. Ella les dijo

que habían cruzado el arroyo. Y como los buscaron y no pudieron encontrarlos, regresaron a Jerusalén.

21 En cuanto los hombres de Absalón se fueron, los sacerdotes salieron del pozo y fueron a decirle a David: «Váyase usted de aquí. Cruce rápidamente el río, porque Ahitófel le ha dicho a Absalón cómo darle alcance a usted».

22 Esa misma noche David y toda su gente cruzaron el río Jordán. Cuando amaneció, ya todos lo habían cruzado. **23** Mientras tanto, como Ahitófel vio que Absalón no le había hecho caso, montó en su burro y se regresó a su casa en Guiló. Al llegar, arregló sus asuntos familiares, y luego se ahorcó. Así murió y fue enterrado en la tumba de su padre.

David en Mahanaim

24-27 Absalón y todos sus hombres cruzaron el río Jordán y acamparon en la tierra de Galaad. Su ejército estaba al mando de Amasá, a quien Absalón había nombrado jefe en lugar de Joab. Amasá era hijo de un ismaelita llamado Itrá, que vivía con Abigail, la madre de Joab. Abigail era hija de Nahas y hermana de Seruiá.

Mientras tanto, David llegó a Mahanaim. Allí lo recibieron Sobí hijo de Nahas, Maquir hijo de Amiel, y Barzilai. Sobí era de la ciudad amonita de Rebá, Maquir era de la ciudad de Lodebar, y Barzilai era de Roguelim, que está en la región de Galaad. **28** Estos tres les dieron a David y a su gente camas, jarras y ollas de barro. También les dieron trigo, cebada, harina, grano tostado, habas, lentejas, **29** miel, requesón de oveja y queso de vaca. Lo hicieron porque sabían que David y su gente venían del desierto, cansados y con mucha hambre y sed.

Muerte de Absalón

18 **1** David dividió su ejército en grupos de mil y de cien soldados,

y nombró un jefe para cada grupo; **2** luego dividió todo el ejército en tres partes. La primera estaba bajo las órdenes de Joab, la segunda estaba bajo las órdenes de Abisai, que era hermano de Joab, y la tercera estaba bajo las órdenes de Itai, que era de la ciudad de Gat. Después de esto, David le dijo a su ejército:

—Yo iré con ustedes a la batalla.

3 Pero sus hombres le respondieron:

—Usted no debe acompañarnos. Es mejor que se quede en la ciudad y desde aquí nos mande ayuda. Al enemigo no le importa si nos derrota y nos hace huir; tampoco le importa si mata a la mitad del ejército. En cambio, usted vale más que diez mil de nuestros hombres.

4 El rey aceptó quedarse, si ellos creían que era lo mejor. Se paró entonces a la entrada de la ciudad, mientras veía salir su ejército en grupos de cien y de mil soldados. **5-6** Cuando pasaron Joab, Abisai e Itai para enfrentarse al ejército de Absalón, el rey les gritó: «¡Cuiden a mi hijo Absalón!» Y toda la gente oyó esta orden que el rey les dio a los jefes de su ejército.

La batalla tuvo lugar en el bosque de Efraín, **7-8** aunque también se extendió por todo el país. El ejército de David derrotó al de Absalón. Ese día murieron como veinte mil soldados de Absalón. En realidad fueron más los que murieron atrapados en el bosque que por las armas del ejército de David.

9 Cuando Absalón se enfrentó a los hombres de David, iba montado en una mula. De repente, al pasar por debajo de un gran árbol, se le atoró la cabeza entre las ramas y se quedó colgado mientras que la mula siguió corriendo.

10 Un soldado lo vio y fue a decirle a Joab:

—¡Absalón se quedó colgado de un árbol!

11 Y Joab le dijo:

—¡Pues lo hubieras matado! Si lo hubieras hecho, ya te habrías ganado diez monedas de plata y un cinturón.

12 El soldado contestó:

—¡Ni por mil monedas de plata me atrevería a hacerle daño al hijo del rey! Nosotros oímos cuando el rey mismo le ordenó a usted que cuidara al joven Absalón. También se lo dijo a Abisai y a Itai. **13** Si yo lo hubiera matado, el rey llegaría a saberlo, pues él se entera de todo. Y entonces, ¡hasta usted se pondría en mi contra!

14 Joab le dijo:

—¡Estoy perdiendo el tiempo contigo!

En seguida, Joab fue al árbol donde Absalón todavía estaba colgado, y le clavó tres flechas en el pecho. **15** Los diez ayudantes de Joab rodearon a Absalón y acabaron de matarlo. **16-17** Luego echaron su cuerpo en un hoyo muy grande que había en el bosque, y taparon el hoyo con piedras. Después de eso, Joab ordenó la retirada, y sus soldados dejaron de perseguir a los israelitas. Estos corrían a sus casas llenos de miedo. **18** Cuando Absalón era joven, mandó hacer en su honor un monumento de piedra y le puso su nombre. Como no tenía hijos, pensó que así la gente lo recordaría para siempre. Ese monumento está en el Valle del Rey y se le conoce como «Monumento de Absalón».

Noticia de la muerte de Absalón

19 El sacerdote Ahimaas le dijo a Joab:

—Déjeme ir ahora mismo a ver al rey. Quiero darle la noticia de que Dios lo ha librado de sus enemigos.

20 Pero Joab le dijo:

—No conviene que le des al rey esta noticia. Se trata de la muerte de su hijo. Mejor se la das otro día.

21 Sin embargo, Joab mismo le dijo a un etíope:

—Ve y cuéntale al rey lo que has visto.

El etíope se inclinó ante Joab en señal de respeto, y salió corriendo. **22** Entonces Ahimaas volvió a decirle a Joab:

—No me importa lo que me pase, pero déjame ir con el etíope.

Joab le respondió:

—¿Y qué ganas con llevar esa noticia? **23** Ahimaas insistió:

—Pase lo que pase, déjame ir ahora mismo.

Joab se lo permitió, y Ahimaas salió corriendo por el valle. Muy pronto alcanzó al etíope, y lo pasó. **24** Mientras tanto, David estaba sentado a la entrada misma de la ciudad de Mahanaim. De pronto, un soldado que vigilaba desde la muralla vio a un hombre que venía corriendo, **25** y con fuerte voz se lo hizo saber al rey. Entonces el rey dijo: «Si viene solo, debe traer buenas noticias». Cuando ese hombre ya estaba cerca, **26** el vigilante vio otro hombre que también venía corriendo, así que le gritó al que cuidaba la entrada: «¡Viene otro hombre corriendo!» El rey dijo: «También debe traer buenas noticias». **27** El vigilante dijo: «Por la manera en que corre, me parece que el primero es Ahimaas, el hijo de Sadoc». El rey comentó: «Ahimaas es un buen hombre. Seguramente me trae buenas noticias».

28 En ese momento Ahimaas llegó y saludó al rey. Se inclinó hasta el suelo delante de él, y le dijo:

—Bendito sea tu Dios, que acabó con todos tus enemigos.

29 El rey le preguntó:

—¿Cómo está el joven Absalón?

Y Ahimaas respondió:

—Cuando Joab me envió a dar la noticia a Su Majestad, vi que había mucho alboroto, pero no supe por qué.

30 El rey le dijo:

—Hazte a un lado, y espera aquí.

Ahimaas lo hizo así. **31** En ese momento llegó el etíope y le dijo al rey:

—¡Traigo a Su Majestad buenas noticias! ¡Dios ha castigado a los que se rebelaron contra usted!

32 Pero el rey le preguntó:

—¿Cómo está el joven Absalón?

El etíope le contestó:

—¡Quiera Dios que todos los enemigos del rey mueran como ese muchacho!

David llora por su hijo

33 (19.1) El rey David se puso muy triste y se fue a llorar al cuarto que estaba sobre la entrada de Mahanaim. Mientras iba subiendo, decía: «¡Absalón, hijo mío! ¡Absalón, hijo mío! ¡Cómo quisiera yo haber muerto en tu lugar!»

19 1-2 (2-3) Alguien fue a decirle a Joab que el rey estaba muy triste, y que lloraba mucho por la muerte de Absalón. Cuando los soldados de David lo supieron, dejaron de celebrar la victoria y guardaron luto; 3 (4) además, entraron a la ciudad a escondidas, como si hubieran perdido la guerra. 4 (5) Mientras tanto, el rey David se cubría la cara, y a gritos lloraba diciendo: «¡Absalón, hijo mío! ¡Absalón, hijo mío!» 5 (6) Joab fue entonces al palacio y le dijo al rey:

«Hoy Su Majestad ha puesto en vergüenza a todos los oficiales y soldados que le salvaron la vida, y que salvaron también la vida de sus hijos, hijas y esposas. 6 (7) Por lo visto, Su Majestad ama a los que le odian y odia a los que le aman. Hoy nos ha demostrado usted que sus oficiales y soldados no le importamos nada. Su Majestad estaría muy feliz si Absalón estuviera vivo, aunque todos nosotros estuviéramos muertos.
7 (8) »Me permito sugerir que salga usted ahora mismo y anime a su ejército. De lo contrario, le juro a usted por Dios que para mañana no habrá nadie que lo apoye. ¡Y eso será peor que todos los males que usted haya tenido desde su juventud!»

8 (9) Entonces el rey se levantó y ocupó su trono a la entrada de la ciudad de Mahanaim. Cuando sus soldados lo supieron, todos ellos marcharon ante él.

David regresa a Jerusalén
Mientras tanto, todos los israelitas habían huido a sus casas, 9 (10) y por todo el país se comentaba:

«El rey David nos libró de los filisteos y de nuestros enemigos, pero por culpa de Absalón tuvo que abandonar el país. 10 (11) Es verdad que queríamos que Absalón fuera nuestro rey, pero él ya está muerto. ¿Por qué no hacemos que vuelva el rey David?»

11-12 (12-13) Cuando David supo lo que pensaban hacer los antiguos seguidores de Absalón, mandó a decirles a los sacerdotes Sadoc y Abiatar:

«Díganles de mi parte a los líderes de Judá: ''Ustedes y el rey son de la misma tribu. ¿Por qué han de ser los últimos en llamar al rey para que vuelva a su palacio?''»

13 (14) Además, el rey envió este mensaje a Amasá:

«Tú eres como mi propio hermano. Te juro por Dios que voy a hacerte jefe de todo el ejército, en lugar de Joab».

14 (15) Amasá convenció a toda la gente de Judá para que le pidieran al rey que volviera con toda su gente. 15 (16) Así fue como el rey volvió hasta el río Jordán. Entonces la gente de Judá salió hasta Guilgal para recibirlo, y lo acompañaron a cruzar el río.
16 (17) También Simí hijo de Guerá, de la tribu de Benjamín, salió corriendo de Bahurim para recibir al rey David. Lo acompañaban todos los de Judá 17-18 (18-19) y mil personas de la tribu de Benjamín. David y su gente estaban cruzando el río cuando llegó también Sibá, el sirviente de David, junto con sus quince hijos y veinte sirvientes, todos ellos dispuestos a ayudar y servir a la familia del rey.
David cruzó el río Jordán, y Simí lo cruzó también. Cuando llegó a la otra orilla, se arrojó al suelo delante de David 19 (20) y le dijo:

—¡Perdóneme Su Majestad! No me tome en cuenta todo el daño que le causé cuando usted salió de Jerusalén. 20 (21) Yo estoy para servirle, y reconozco que he pecado. Por eso he querido ser el primero del reino del norte en salir a recibirlo.

21 (22) Abisai, el hijo de Seruiá, dijo:

—Simí maldijo al rey que Dios eligió, así que merece la muerte.

22 (23) Pero David dijo:

—¡Tú no te metas, hijo de Seruiá! ¡Hasta parece que fueras mi enemigo! Hoy los israelitas me han reconocido como su rey, así que hoy nadie morirá.

23 (24) Y David le prometió a Simí que no le quitaría la vida.

24-25 (25-26) Desde que David salió de Jerusalén, y hasta que regresó, Mefi-bóset no se había lavado los pies ni la ropa, ni se había arreglado la barba. Sin embargo, cuando supo que David regresaba, salió de Jerusalén a recibirlo. El rey le preguntó:

—¿Por qué no huiste conmigo?

Mefi-bóset, que era nieto de Saúl, 26 (27) le contestó:

—Su Majestad, como yo no puedo caminar, le pedí a mi sirviente que preparara un burro para que yo lo montara. Pero mi sirviente me engañó, 27 (28) y en lugar de preparar el burro fue a contarle a usted cosas que yo nunca dije.
»Pero Su Majestad es como un ángel de Dios, y sé que hará lo mejor. 28 (29) Cuando toda mi familia merecía haber muerto, usted me sentó a su mesa y me trató como si fuera de su familia. Yo no me atrevo a pedirle a usted nada, pues sólo soy un sirviente.

29 (30) El rey le contestó:

—¡No digas más! He decidido que tú y Sibá se repartan las tierras que fueron de Saúl.

30 (31) Pero Mefi-bóset respondió:

—Sibá puede quedarse con todo. Para mí, lo mejor es que Su Majestad haya vuelto sano y salvo a su palacio.

Barzilai se despide de David

31-32 (32-33) Barzilai era un hombre rico de Galaad, que ya tenía ochenta años. Cuando David estuvo en Mahanaim, Barzilai le había dado de comer. Ahora había venido desde Roguelim hasta el Jordán, para acompañar al rey y despedirse de él. **33** (34) El rey le dijo a Barzilai:

—Ven conmigo a Jerusalén. Yo me encargaré de que no te falte nada.

34 (35) Pero Barzilai le respondió:

—Ya me queda poco tiempo de vida como para ir con usted a Jerusalén. **35** (36) Tengo ochenta años, y no quiero ser una carga para Su Majestad. Ya no disfruto de la comida, pues no sé cuándo está buena y cuándo está mala, y ni siquiera puedo oír bien la voz de los cantantes. **36** (37) Su Majestad no tiene que darme nada. Vine sólo para acompañarlo a cruzar el río. **37** (38) »Yo le ruego a Su Majestad que me deje volver a mi tierra. Allí es donde quiero morir, para que me entierren junto a mis padres. Sin embargo, dejo al servicio de Su Majestad a mi hijo Quimham. Trátelo usted como mejor le parezca.

38 (39) El rey le contestó:

—Haré con Quimham lo que tú me pidas. Puede quedarse conmigo.

39 (40) Toda la gente cruzó entonces el río Jordán y el rey también lo cruzó. Luego de besar a Barzilai lo bendijo, y este regresó a su casa. **40** (41) De allí el rey fue a Guilgal, y Quimham se fue con él, lo mismo que toda la gente de Judá y la mitad de los israelitas. **41** (42) Pero los israelitas le reclamaron a David:

—¿Por qué fueron nuestros hermanos de Judá, y no nosotros, los que ayudaron al rey y a su gente a cruzar el río?

42 (43) Y los de Judá respondieron:

—¿Pero por qué se enojan? Lo hicimos porque el rey es nuestro pariente, y no para que nos dé comida o regalos.

43 (44) Entonces los israelitas les contestaron:

—Nosotros tenemos más derechos que ustedes, porque somos diez tribus y ustedes son sólo una. Además, nosotros fuimos los primeros en pedirle al rey que regresara. ¡Pero ustedes nos tratan como si no valiéramos nada!

Sin embargo, los de Judá se portaron muy groseros con los israelitas.

Sebá se rebela contra David

20 **1** En Guilgal estaba Sebá hijo de Bicrí, que era de la tribu de Benjamín. Como Sebá era muy malo, tocó la trompeta y dijo:

«¡Israelitas, regresemos a nuestras casas!
¡No tenemos nada que ver con David,
ni ganamos nada con seguirlo!»

2 Al oír esto, todos los israelitas dejaron a David y siguieron a Sebá. Sin embargo, los de Judá fueron fieles a David y lo siguieron desde el río Jordán hasta Jerusalén. **3** Cuando David llegó a Jerusalén, encerró en una casa a las diez mujeres que había dejado cuidando su palacio. Desde entonces ellas vivieron como si fueran viudas, pues aunque David siguió manteniéndolas ya no volvió a tener relaciones sexuales con ellas. **4** Después de eso, el rey le dijo a Amasá: «Tú eres el jefe de mi ejército, así que reúne a todos los soldados de Judá, y ven a verme con ellos dentro de tres días». **5** Amasá fue a reunirlos, pero se tardó más tiempo. **6** Por eso David le dijo a Abisai:

«Ahora Sebá puede causarnos más problemas que Absalón. Así que toma a tus mejores soldados y ve a perseguirlo. De lo contrario, se irá a alguna ciudad bien protegida y se nos escapará».

7 Abisai salió de Jerusalén y se fue a perseguir a Sebá, acompañado de Joab y sus soldados, y también de los mejores guerreros del grupo filisteo. **8** Cuando llegaron a Gabaón, donde había una gran piedra, se encontraron con Amasá.

Joab llevaba puesta su ropa de campaña. En la cintura llevaba una espada sujetada por un cinturón, pero al caminar se le cayó. **9** Joab la recogió y se acercó a saludar a Amasá. Con la mano derecha le tomó la barba, como si fuera a besarlo, y le preguntó: «Hermano, ¿cómo te va?» **10-13** Amasá no se dio cuenta de que en la otra mano Joab llevaba la espada, así que Joab le clavó la espada en el vientre y se le salieron los intestinos. No hizo falta que Joab lo rematara, pues Amasá murió al instante.

Uno de los soldados de Joab se paró junto a Amasá y dijo: «Los que estén a favor de David y de Joab, ¡sigan a Joab!» Pero todos los que pasaban se detenían a ver a Amasá, pues estaba tirado a la mitad del camino y bañado en su propia sangre. Entonces el soldado arrastró a Amasá hasta el campo y lo cubrió con una capa. Así ya nadie se detuvo a verlo, y todos se fueron tras Joab y su hermano Abisai para perseguir a Sebá.

14 Mientras tanto, Sebá andaba recorriendo todas las tribus de Israel, y en la ciudad de Abel-bet-maacá se le unieron los familiares de su padre Bicrí. **15** Cuando llegaron Joab y su ejército, rodearon la ciudad, y para entrar en ella, construyeron una rampa junto a la muralla; luego, todo el ejército comenzó a derribar la muralla. **16** Desde adentro de la ciudad una mujer muy astuta empezó a gritar:

—¡Escúchenme, escúchenme! ¡Díganle a Joab que quiero hablar con él!

17 Cuando Joab se acercó, la mujer le preguntó:

—¿Es usted Joab?

—Sí, soy yo —le contestó.

Entonces ella le dijo:

—Escúcheme usted con atención.

—Te escucho —dijo Joab.

18-19 Ella le dijo:

—Puedes confiar en nosotros, pues somos israelitas y no nos gusta la guerra. Abel-bet-maacá es una de las ciudades más importantes de Israel. Es tan importante que hasta hay un dicho popular: "Si tienes algún problema, arréglalo en Abel". ¿Por qué va usted a destruir una ciudad que le pertenece a Dios?

20 Y Joab le respondió:

—¡Que Dios me libre de acabar con esta ciudad! **21** No me interesa destruirla. Pero en ella está un hombre de las montañas de Efraín. Se llama Sebá, y se ha rebelado contra el rey David, a quien yo sirvo. Entrégamelo, y no atacaré la ciudad.

La mujer le aseguró:

—Si es así, ahora mismo le echaremos la cabeza de Sebá desde la muralla.

22 La mujer fue a convencer a la gente de que le cortaran la cabeza a Sebá. Así que le cortaron la cabeza, y desde la muralla se la arrojaron a Joab.
Joab ordenó la retirada, y sus soldados regresaron a sus casas. Luego Joab se fue a Jerusalén para encontrarse con el rey.

Los asistentes de David
(2 S 8.15-18; 1 Cr 18.14-17)

23 Así fue como Joab quedó al mando de todo el ejército de Israel. Mientras que Benaías hijo de Joiadá, quedó al mando del grupo de soldados filisteos.
24 Adoram era jefe de los trabajadores, y Josafat hijo de Ahilud tenía a su cargo los documentos oficiales.
25 Sevá era el secretario, y Sadoc y Abiatar eran los sacerdotes.
26 Irá, el del pueblo de Jaír, era sacerdote de David.

David y los gabaonitas

21 **1** Durante el reinado de David pasaron tres años en que no hubo suficiente comida. David le preguntó a Dios por qué los trataba tan mal, y Dios le respondió: «Si ahora ustedes no tienen qué comer, la culpa es de Saúl y de su familia, pues él mató a muchos gabaonitas».

2-3 Los gabaonitas no eran israelitas; eran parientes de los amorreos, pero en los días de Josué, los israelitas habían hecho con ellos un pacto de paz. Sin embargo, Saúl había tratado de destruirlos para que Israel y Judá controlaran todo el territorio.
Por eso David llamó a los gabaonitas y les dijo:

—¿Qué puedo hacer para reparar el daño que Saúl les hizo, y para que ustedes le pidan a Dios que nos bendiga?

4 Los gabaonitas le contestaron:

—Nosotros no queremos dinero, ni tampoco queremos que muera ningún israelita.

El rey David volvió entonces a preguntarles:

—¿Pues qué quieren que haga por ustedes?

5-6 Y ellos le respondieron:

—Dios eligió a Saúl como rey de Israel, pero él trató de destruirnos. Queremos que usted nos entregue a siete de los familiares de Saúl. Vamos a matarlos frente al santuario de Dios, que está en Guibeá, pueblo de Saúl.

El rey David se comprometió a entregarles a siete familiares de Saúl. **7** Debido al juramento que ante Dios David le había hecho a Jonatán, le perdonó la vida a su hijo Mefi-bóset. **8** Sin embargo, apresó a Armoní y Mefi-bóset, los dos hijos que Saúl había tenido con Rispá, la hija de Aiá. Y también les entregó a cinco nietos de Saúl, hijos de su hija Merab y de Adriel, el hijo de Barzilai de Meholá.

9 Los gabaonitas mataron a estos siete descendientes de Saúl al mismo tiempo. Los mataron en un cerro, frente del santuario de Dios. Esto sucedió durante la cosecha de la cebada.
10 En señal de tristeza, Rispá, la viuda de Saúl, se vistió con ropas ásperas, y se acostó sobre una piedra, cerca de los cuerpos de los siete muertos. De día y de noche alejaba de los cuerpos a los buitres y animales salvajes, y se quedó allí desde el día en que murieron hasta el día en que llegaron las lluvias.
11-12 Años atrás, cuando los filisteos mataron a Saúl y a Jonatán en Guilboa, habían colgado sus cuerpos en la plaza pública de Bet-sán. Sin embargo, la gente de Jabés se robó los cuerpos y los enterró en su ciudad. Por eso ahora, al saber David lo que estaba haciendo Rispá, fue a Jabés de Galaad para pedir que le entregaran los huesos de Saúl y Jonatán. **13** David juntó los huesos de Saúl y Jonatán con los huesos de los siete muertos; **14** luego mandó que los enterraran juntos en la tumba del padre de Saúl. Esa tumba estaba en Selá, en la región de Benjamín. Y tan pronto como se cumplieron las órdenes del rey David, Dios escuchó sus oraciones y bendijo al país.

Guerras contra los filisteos

15 Los filisteos volvieron a declararle la guerra a Israel, así que David fue con su ejército a pelear contra ellos. Como David ya estaba muy cansado, **16** un gigante trató de matarlo. El gigante se llamaba Isbí-benot, y la punta de su lanza pesaba más de tres kilos; tenía además una espada nueva. **17** Abisai corrió a ayudar a David, y atacó al filisteo y lo mató. Por su parte, los hombres de David le hicieron jurar que ya no saldría a las batallas, pues no querían perder a su líder y quedarse sin su guía.

Peleas contra gigantes
(1 Cr 20.4-8)

18 Después de esto, hubo en Gob otra batalla contra los filisteos. Allí, Sibecai el husatita mató a un gigante llamado Saf.
19 Tiempo después, hubo también en Gob otra batalla contra los filisteos. Allí Elhanán, hijo de Jaaré-oreguim, el de Belén, mató a Goliat, un hombre de Gat que tenía una lanza enorme.
20 Después hubo otra batalla en Gat. Allí, un gigante que tenía seis dedos en cada mano y en cada pie **21** desafió a los israelitas. Pero lo mató Jonatán, que era hijo de Simei y sobrino de David.
22 Estos cuatro gigantes eran de la familia de Refá, el Gat, pero David y sus oficiales los mataron.

Canto de victoria
(Sa 18)

22 **1** Cuando Dios libró a David de sus enemigos y de Saúl, David entonó **2** este canto:

«¡Dios mío, yo te amo
porque tú me das fuerzas!

Tú eres para mí
la roca que me da refugio;
¡tú me cuidas y me libras!
3 Me proteges como un escudo,
y me salvas con tu poder.
¡Tú eres mi más alto escondite!
4 Tú mereces que te alabe porque,

cuando te llamo,
me libras de mis enemigos.

5 Hubo una vez en que
la muerte
quiso atraparme entre
sus lazos;
fui arrastrado por una corriente
que todo lo destruía.
6 Me vi atrapado por la muerte;
me vi al borde de la tumba.
7 Lleno de angustia
llamé a mi Dios,
y él me escuchó desde su
templo;
¡mi oración llegó hasta
sus oídos!

8 Hubo un temblor de tierra,
y la tierra se estremeció.
También los cerros temblaron
desde sus cimientos;
¡temblaron por el enojo de Dios!
9 Echaba humo por la nariz,
arrojaba fuego por la boca,
lanzaba carbones encendidos.

10 Dios partió el cielo en dos
y bajó en una espesa nube.
11 Cruzó los cielos
sobre un querubín;
se fue volando
sobre las alas del viento.
12 Se escondió en la oscuridad,
entre las nubes cargadas
de agua
que lo encubrían por completo.
13 ¡De su grandioso trono salían
nubes, granizos y carbones
encendidos!

14 De pronto, en el cielo
se oyó una voz de trueno:
¡era la voz del Dios altísimo
que se dejó escuchar
entre granizos y carbones
encendidos!
15 Arrojó sus relámpagos
como si disparara flechas;
¡dispersó a sus enemigos
y los hizo salir corriendo!

16 Dios mío,
tú reprendiste al mar,
y por causa de tu enojo
el fondo del mar quedó
a la vista.

En tu enojo resoplaste,
y los cimientos de la tierra
quedaron al descubierto.
17 Desde los altos cielos
me tendiste la mano
y me sacaste del mar profundo.
18 Mis enemigos me odiaban;
eran más fuertes y poderosos
que yo,
¡pero tú me libraste de ellos!
19 Se enfrentaron a mí
en el peor momento,
pero tú me apoyaste.
20 Me diste libertad;
¡me libraste porque me amas!

21 Me diste mi recompensa
porque hago lo que quieres.
Me trataste con bondad
porque hago lo que es justo.
22 Yo obedezco tus enseñanzas
y no me aparto de ti.
23 Cumplo todas tus leyes,
y jamás me aparto de ellas.
24 He sido honesto contigo
y no he hecho nada malo.
25 Me diste mi recompensa
porque hago lo que quieres,
porque tú sabes
que yo hago lo que es justo.
26 Tú eres fiel
con los que te son fieles,
y tratas bien
a quienes bien se comportan.
27 Eres sincero
con los que son sinceros,
pero con los tramposos
demuestras ser más astuto.
28 A la gente humilde
le concedes la victoria,
pero a los orgullosos
los haces salir derrotados.

29-31 Dios mío,
tú alumbras mi vida;
tú iluminas mi oscuridad.
Con tu ayuda venceré
al enemigo
y podré conquistar sus
ciudades.
Tus enseñanzas son perfectas,
tu palabra no tiene defectos.
Tú proteges como un escudo
a los que buscan refugio en ti.
32 Dios de Israel,
sólo tú eres Dios;
¡sólo tú puedes protegernos!

33 ¡Sólo tú me llenas de valor
y me guías por el buen camino!
34 ¡Tú me das las fuerzas
para correr
con la velocidad de un venado!
Cuando ando por las altas
montañas,
tú no me dejas caer.
35 Tú me enseñas
a enfrentarme a mis enemigos;
tú me das valor para vencerlos.
36 Tú me das tu protección;
me salvas con tu gran poder
y me concedes la victoria.
37 Me despejas el camino
para que no tenga yo
tropiezos.

38 Perseguí a mis enemigos
y los alcancé,
y no volví hasta haberlos
destruido.
39 Los derroté por completo;
¡los aplasté bajo mis pies,
y no volvieron a levantarse!
40 Tú me llenaste de valor
para entrar en combate;
tú hiciste que los rebeldes
cayeran derrotados a mis pies.
41 Me hiciste vencer a
mis enemigos,
y acabé con los que
me odiaban.
42 A gritos pedían ayuda,
pero nadie fue a salvarlos.
Hasta de ti pedían ayuda,
pero tampoco tú los salvaste.
43 Los deshice por completo:
¡quedaron como el polvo
que se lleva el viento!
¡Me di gusto aplastándolos
como al lodo de la calle!

44-46 Dios mío,
tú me libras de la gente
que anda buscando pelea;
me hiciste jefe de naciones,
y gente extraña que yo no
conocía
ahora está dispuesta a servirme.
Tan pronto esos extranjeros
me oyen,
se desaniman por completo
y temblando salen de
sus escondites
dispuestos a obedecerme.
47 ¡Bendito seas, mi Dios,

tú que vives y me proteges!
¡Alabado seas, mi Dios y
Salvador!
48 ¡Tú me permitiste
vengarme de mis enemigos!
¡tú pusiste a los pueblos
bajo mi dominio!
49 Tú me pusiste a salvo
de la furia de mis enemigos.
Me pusiste por encima
de mis adversarios,
y me libraste de gente violenta.
50 Por eso, Dios mío,
yo te alabo y te canto himnos
en medio de las naciones.
51 Tú siempre le das la victoria
al rey que pusiste sobre Israel.
Tú siempre les muestras
tu amor
a David y a sus herederos.

Últimas palabras de David

23 **1** Dios eligió a David, el gran
poeta de Israel, y le dio el lugar
más importante. Lo que sigue
fueron las últimas palabras de
David:

2 «Estas palabras no son mías;
son palabras del espíritu
de Dios,
que habla por medio de mí.
3 Y esto es lo que me dijo
el Dios que ayuda a Israel:
''El rey que me toma en cuenta
en todo lo que hace,
y es justo con su pueblo,
4 es como la luz de la mañana
y como el sol después de la
tormenta:
le hace bien a la tierra,
y hace crecer la hierba''.

5 Dios hizo un pacto conmigo;
un pacto seguro y bien hecho
que durará para siempre.
Por eso mi familia siempre
estará segura,
y Dios cumplirá todos
mis deseos.

6-7 La gente malvada es como
los espinos,
que nadie se atreve a tocarlos.
Más bien, se arrojan al fuego,
como si fueran basura,
hasta quemarlos por completo.

¡Nadie jamás vuelve a
recogerlos!»

Los tres mejores guerreros
(1 Cr 11.10-47)

8 Los guerreros más valientes del
ejército de David eran tres.
El primero de ellos era Joseb-
basébet hijo de Hacmoní, y era el
jefe de los tres. En cierta ocasión, mató con su lanza a ochocientos hombres.
9 El segundo era Eleazar hijo de
Dodó de Ajoj. Eleazar estuvo con
David en Pasadamim, cuando los
filisteos se reunieron para pelear
contra Israel. En esa batalla los
israelitas huyeron, **10** pero
Eleazar se quedó matando filisteos hasta que el brazo se le
acalambró. A pesar de eso, no
soltó la espada. Cuando los soldados israelitas se dieron cuenta, regresaron a ayudarlo, pero
sólo encontraron soldados muertos; así que se apoderaron de las
pertenencias de los filisteos. Ese
día, Dios le dio una gran victoria
a Israel.
11 El tercero era Samá hijo de Agué
de Arat. Los filisteos se habían
reunido en un campo sembrado
con lentejas para atacar a los
israelitas. En cuanto los israelitas
vieron a los filisteos, huyeron;
12 pero Samá no se movió del campo, sino que lo defendió y mató a
los filisteos. Ese día, Dios le dio
una gran victoria.
13-17 Hubo varias ocasiones en
que estos tres valientes realizaron grandes actos de valentía.
Una vez, al comienzo de la cosecha, estos tres valientes fueron
a ayudar a David, que estaba en
la cueva de Adulam. Los filisteos
habían acampado en el valle de
Refaim.
En esa ocasión David estaba en la
cueva, mientras que un grupo de
filisteos estaba en Belén. David
tenía sed y dijo: «¡Cómo quisiera
yo que alguien me trajera agua
del pozo que está junto a la
entrada de Belén!» En seguida
los tres oficiales fueron al campamento filisteo y, sin que nadie

los viera, sacaron agua del pozo y se la llevaron a David.

Sin embargo, David no quiso beberla; prefirió derramarla como una ofrenda a Dios, y dijo: «¡Que Dios me libre de beber esta agua! Estos hombres arriesgaron su vida por traérmela, así que no la tomaré».

Los treinta más valientes

18-19 Abisai, el hijo de Seruiá y hermano de Joab, se hizo muy famoso. Por eso llegó a ser el jefe de los treinta soldados más valientes. Se hizo tan famoso como los otros tres cuando mató con su lanza a trescientos soldados. Pero ni así logró superar la fama de aquellos.

20 Benaías hijo de Joiadá era un soldado muy valiente que vivía en Cabseel. Realizó grandes actos de valentía. En cierta ocasión, mató a dos de los mejores soldados moabitas. En otra ocasión en que cayó nieve, mató a un león que estaba en un hoyo profundo. **21** Y en otra ocasión, mató a un egipcio de gran estatura. El egipcio llevaba una lanza en la mano, y Benaías sólo tenía una vara; pero esa vara le bastó para quitarle al egipcio la lanza y matarlo con ella.

22-23 Entre los treinta soldados más valientes, Benaías llegó a ser tan famoso como los tres más grandes, aunque nunca llegó a ser como ellos. Con todo, David lo nombró jefe de sus guardias.

24 También eran parte del grupo de los treinta los siguientes soldados: Asael, hermano de Joab; Elhanán hijo de Dodó de Belén, **25** Samá de Harod, Elicá de Harod, **26** Heles de Bet-pélet, Irá hijo de Iqués de Tecoa, **27** Abiézer de Anatot, Sibecai de Husá, **28** Salmón de Ajoj, Maharai de Netofá, **29** Héleb hijo de Baaná de Netofá, Itai hijo de Ribai, de Guibeá de Benjamín, **30** Benaías de Piratón, Hidai del arroyo de Gaas, **31** Abí-albón de Arbá, Asmávet de Bahurim, **32-33** Eliahbá de Saalbón, Jasén de Guisón, Jonatán hijo de

Samá de Harar, Ahiam hijo de Sarar de Harar, **34** Elifélet hijo de Ahasbai de Maacá, Eliam hijo de Ahitófel de Siló, **35** Hesrai de Carmel, Paarai de Arbá, **36** Igal hijo de Natán de Sobá, Baní de Gad, **37** Sélec de Amón, Naharai de Beerot, ayudante de Joab hijo de Seruiá; **38** Irá de Jatir, Gareb de Jatir, **39** Urías el hitita.

Pero en total, los más valientes del ejército de David fueron treinta y siete.

Dios castiga a su pueblo
(1 Cr 21.1-17)

24 **1** Dios volvió a enojarse contra Israel. Le hizo creer a David que sería bueno hacer una lista de todos los soldados que había en Israel y Judá. **2** Entonces el rey le dijo a Joab y a los jefes del ejército:

—Vayan por todo el país, y cuenten a todos los hombres en edad militar, para que yo sepa cuántos soldados tengo.

3 Pero Joab le contestó:

—Yo le pido a Dios que multiplique a su pueblo, y que lo haga cien veces más grande de lo que ahora es. También le pido a Dios que le permita a usted llegar a verlo. Pero no creo que contarlos sea una buena idea.

4 Sin embargo, la orden del rey pudo más que la opinión de Joab y de los jefes del ejército, y ellos tuvieron que salir a contar a todos los israelitas. **5** Cruzaron el río Jordán y empezaron a contar a la gente de Aroer, y de una ciudad que está en medio de un valle, en el camino a Gad y a Jazer. **6** Luego fueron a Galaad, y de allí a Cadés, que está en el país de los hititas. Después fueron a Dan, y de allí dieron la vuelta hasta llegar a Sidón. **7** Fueron luego a la fortaleza que está en Tiro, y recorrieron también todas las ciudades de los

heveos y cananeos. Después se fueron al sur de Judá, en dirección de Beerseba.

8 Después de haber recorrido todo el país durante nueve meses y veinte días, regresaron a Jerusalén. **9** Allí Joab le informó al rey: «En Israel hay ochocientos mil hombres que pueden ir a la guerra, y en Judá hay quinientos mil».

10 Pero David se dio cuenta de que había sido un error haber contado a toda la gente, así que dijo: «Dios mío, no está bien lo que hice. Te he ofendido al contar los soldados que tenemos. Yo te ruego que perdones mi error».

11 David siempre consultaba al profeta Gad. Por eso al día siguiente, cuando David se estaba levantando, Dios le dio a Gad un mensaje para David. Le dijo:

12 «Ve a decirle a David que lo voy a castigar, y que puede escoger uno de estos tres castigos: **13** Siete años de hambre en todo el país; ser perseguido por sus enemigos durante tres meses; o que todo el pueblo sufra enfermedades durante tres días».

Gad fue, entregó el mensaje y le dijo a David: «Dime qué respuesta debo llevarle a Dios». **14** Y David le dijo a Gad:

—¡Me resulta difícil elegir uno de los tres! Pero Dios es compasivo, así que prefiero sea él quien me castigue. No quiero que me hagan sufrir mis enemigos.

15 Entonces Dios envió una enfermedad por todo Israel, desde esa mañana hasta el tercer día. Y desde el norte hasta el sur de Israel murieron setenta mil personas.

Dios perdona a su pueblo
(1 Cr 21.18-27)

16-20 El ángel que Dios había enviado a matar a la gente, llegó a Jerusalén. David lo vio cuando llegó adonde Arauna el jebuseo estaba limpiando el trigo. Como el ángel ya estaba a punto de destruir la ciudad, David dijo: «Dios mío, yo fui el que hizo mal; yo fui quien pecó contra ti. Por favor, no castigues a mi pueblo. Mejor castígame a mí y a mi familia».

Dios envió a David este mensaje por medio del profeta Gad: «Ve y construyeme un altar en el lugar donde Arauna limpia el trigo».

David obedeció el mensaje de Dios, y fue con sus sirvientes a construir el altar. Cuando Arauna vio que el rey se acercaba, salió y se inclinó ante él hasta tocar el suelo con su frente, **21** y le dijo:

—¿A qué debo que Su Majestad venga a verme? ¡Yo no soy más que su sirviente!

Pero David le contestó:

—He venido a comprarte el lugar donde limpias el trigo. Quiero construir allí un altar para Dios. Así se detendrá la enfermedad que está matando a la gente.

22 Arauna le contestó:

—Su Majestad, todo lo que tengo es suyo. Presente las ofrendas a Dios, y yo le daré los toros para el sacrificio, y hasta mis herramientas de trabajo para que las use como leña. **23** Yo le doy a usted todo esto, y deseo que Dios acepte lo que usted le ofrezca.

24 —Te lo agradezco —dijo David—, pero yo no puedo ofrecerle a Dios algo que no me haya costado nada. Así que yo te pagaré todo lo que me des.

David le dio a Arauna cincuenta monedas de plata por el terreno y por los toros, **25** y construyó allí un altar para Dios. Para que ya no los castigara, le presentó a Dios los toros como ofrenda, y además le presentó otras ofrendas. Y Dios escuchó sus ruegos y detuvo el castigo contra los israelitas, pues le dio tristeza haberlos castigado. Entonces le dijo al ángel: «Basta, ya no sigas». Así fue como se detuvo la enfermedad en Israel.

1 Reyes

El rey David

1 ¹ El rey David era muy anciano, y aunque lo cubrían con muchas cobijas, no se le quitaba el frío. ² Entonces sus ayudantes le dijeron: «Debemos traer a una muchacha soltera para que sirva y cuide al rey. Que duerma en la misma cama, para que le dé calor». ³ Buscaron entonces en todo Israel una muchacha joven y hermosa, y en el pueblo de Sunem encontraron una que se llamaba Abisag. ⁴ Esta muchacha cuidaba al rey y lo servía, pero aunque era muy bonita, nunca tuvo relaciones sexuales con él.

Adonías quiere ser rey

5-7 Adonías, el hijo que David había tenido con Haguit, era un joven bien parecido. Había nacido poco después que su hermano Absalón. David nunca había corregido a Adonías ni le había preguntado por qué hacía esto o aquello. Y así, Adonías comenzó a presumir de que él sería el próximo rey de Israel. Preparó carros de combate, soldados de caballería y cincuenta guardaespaldas que lo protegieran. Además, buscó el apoyo del sacerdote Abiatar y de Joab, que era el jefe del ejército, e hizo un trato con ellos. La madre de Joab se llamaba Seruiá. ⁸ Pero ni el sacerdote Sadoc, ni Benaías hijo de Joiadá, ni el profeta Natán, ni Simí, hombre en quien el rey confiaba, ni los mejores soldados de David, apoyaban a Adonías.

⁹ Un día, Adonías preparó una fiesta e invitó a todos sus hermanos, los hijos del rey David, y a todos los hombres de Judá que eran asistentes del rey. La fiesta se celebró junto a la piedra de Zohélet, que está cerca del manantial de Roguel. Para el banquete mandó a matar ovejas y toros, y también los terneros más gordos. ¹⁰ Adonías no invitó al profeta Natán, ni a Benaías, ni a los soldados de David, ni a su hermano Salomón.

¹¹ Entonces Natán le dijo a Betsabé, la madre de Salomón:

«¿Ya te enteraste? Adonías se ha nombrado rey, y nuestro señor David ni siquiera lo sabe. ¹² Voy a darte un consejo que puede salvar tu vida y la de tu hijo Salomón. ¹³ Tienes que ir a ver al rey David y decirle: "Su Majestad había jurado que mi hijo Salomón reinaría después de usted. ¿Por qué, entonces, está reinando Adonías?" ¹⁴ Y mientras tú estés hablando con el rey, yo entraré y te apoyaré».

¹⁵ Betsabé fue a ver al rey a su habitación. El rey ya era muy anciano, y Abisag, la muchacha de Sunem, lo atendía. ¹⁶ Betsabé se inclinó delante del rey en señal de respeto. El rey le preguntó:

—¿Qué deseas?

¹⁷ Ella le contestó:

—Su Majestad, usted me juró por su Dios, que mi hijo Salomón reinaría después de usted. ¹⁸ Pero ahora Adonías se ha nombrado rey, y usted ni se ha enterado. ¹⁹ Él ha matado toros, terneros y muchas ovejas, para hacer una fiesta, y ha invitado a los hijos del rey, al sacerdote Abiatar y a Joab, el general del ejército. Pero no ha invitado a Salomón, tu fiel servidor. ²⁰ Todo el pueblo está esperando que Su Majestad diga quién va a reinar después de usted. ²¹ Si Su Majestad muere sin anunciar quién reinará, Adonías nos matará a mí y a mi hijo Salomón.

²² Mientras Betsabé estaba hablando con el rey, llegó el profeta Natán. ²³ Cuando le avisaron al rey que Natán había llegado, éste se presentó ante el rey, se inclinó hasta tocar el suelo con la frente ²⁴ y le preguntó:

«Majestad, ¿mandó usted que Adonías reine después de su muerte? ²⁵ Porque él está celebrando una fiesta, y ha matado toros, terneros y muchas ovejas. Ha invitado a los hijos del rey, al general Joab y al sacerdote Abiatar, y mientras comen y beben, gritan: "¡Viva el rey Adonías!" ²⁶ Lo raro es que no me invitó a mí, ni al sacerdote Sadoc, ni a Benaías, ni a su hijo Salomón. ²⁷ Majestad, ¿ha nombrado usted rey a Adonías sin avisarnos nada de esto?»

David nombra rey a Salomón

²⁸ El rey David pidió que llamaran a Betsabé. Ella entró y se quedó de pie ante el rey. ²⁹ Entonces David le dijo:

—Juro por Dios, que me ha librado de todos los problemas, ³⁰ que lo que te juré por el Dios de Israel, lo voy a cumplir hoy mismo: Tu hijo Salomón reinará después de mí.

³¹ Entonces Betsabé se inclinó delante del rey hasta tocar el suelo con la frente, y dijo:

—¡Que viva para siempre mi señor, el rey David!

³² Después el rey David ordenó que llamaran al sacerdote Sadoc, al profeta Natán y a Benaías, y cuando estos llegaron ³³ el rey les dijo:

—Quiero que mi hijo Salomón se suba a mi mula, y que lo lleven a Guihón. Vayan con mis asistentes. ³⁴ El sacerdote Sadoc y el profeta Natán deben derramar aceite sobre la cabeza de Salomón para nombrarlo rey de Israel. Después, tocarán la trompeta y gritarán: "¡Viva el rey Salomón!" ³⁵ Luego acompañarán a Salomón hasta mi trono, porque él va a reinar en mi lugar. He elegido a Salomón para que gobierne sobre Israel y Judá.

³⁶ Benaías respondió:

—¡Así se hará! Y espero que el Dios de mi rey así lo apruebe. **37** Que Dios ayude a Salomón así como ha ayudado a mi rey, y haga que su reino sea aún mayor que el de Su Majestad.

38 Entonces el sacerdote Sadoc, el profeta Natán, Benaías y la guardia personal del rey, fueron y subieron a Salomón en la mula del rey David y lo llevaron a Guihón. **39** Allí, el sacerdote Sadoc tomó el aceite que estaba en el santuario, y derramó aceite sobre la cabeza de Salomón para nombrarlo rey. Luego sonaron las trompetas y toda la gente gritó: «¡Viva el rey Salomón!»

40 Después de esto, todos marcharon detrás de Salomón, tocando flautas. Estaban tan contentos que parecía que la tierra iba a partirse por el ruido que hacían.

41 Adonías y todos sus invitados ya habían acabado de comer cuando escucharon el ruido. Joab escuchó el sonido de la trompeta, y dijo: «¿Por qué habrá tanto alboroto en la ciudad?»

42 Mientras él hablaba, llegó Jonatán el hijo del sacerdote Abiatar. Adonías le dijo:

—Entra, pues tú eres un hombre respetable y seguramente traes buenas noticias.

43 Jonatán le contestó:

—No, no traigo buenas noticias, porque el rey David ha nombrado rey a Salomón. **44** David le ordenó al sacerdote Sadoc, al profeta Natán, a Benaías y a sus asistentes que acompañaran a Salomón. Ellos subieron a Salomón sobre la mula del rey, **45** y el sacerdote Sadoc y el profeta Natán han derramado aceite sobre la cabeza de Salomón para nombrarlo rey. Esto sucedió en Guihón, de donde han regresado muy contentos. Así que toda la ciudad está muy alborotada, y por eso se escucha tanto ruido. **46** Salomón ya ocupa el trono del rey, **47** y todos los funcionarios del reino han ido a felicitarlo. Todos le decían: "¡Que Dios haga el reino de Salomón más grande que el de David!"

»El rey David se arrodilló junto a su cama y adoró a Dios, **48** diciendo: "¡Bendito sea el Dios de Israel, que me permitió ver a uno de mis hijos sentado en mi trono!"

49 Entonces todos los invitados de Adonías se asustaron, y cada uno se fue huyendo. **50** Adonías, por su parte, tuvo miedo de Salomón, y fue a refugiarse al santuario, y allí se agarró de los cuernos del altar. **51** Alguien le informó a Salomón:

—¡Majestad! Adonías tiene miedo de usted, y se ha refugiado en el santuario. Ha suplicado que usted le jure no matarlo.

52 Salomón contestó:

—Si él se comporta bien, no le va a pasar nada. No le tocaré ni un pelo. Pero si actúa con maldad, te aseguro que morirá.

53 Entonces el rey Salomón ordenó que lo sacaran del santuario. Luego Adonías se inclinó ante el rey en señal de respeto, y Salomón le dijo: «Vete a tu casa».

Últimas instrucciones de David

2 **1** Cuando le faltaba poco para morir, David le encargó a su hijo Salomón lo siguiente:

2 «La muerte nos llega a todos tarde o temprano, y a mí me falta poco para morir. Sé valiente y compórtate como hombre. **3** Obedece todos los mandamientos de nuestro Dios, y todas las leyes que nos dio por medio de Moisés. Si haces esto, te va a ir bien en todo lo que hagas y en cualquier lugar a donde vayas. **4** Dios prometió que el trono de Israel será siempre ocupado por mis descendientes, si ellos se portan bien y le son completamente fieles. Así que pórtate bien para que Dios cumpla su promesa.

5 »Además, como tú bien sabes, el general Joab mató a Abner hijo de Ner, y a Amasá hijo de Jéter. Estos dos eran generales del ejército de Israel, pero Joab los asesinó en tiempos de paz, para vengar las muertes que hubo durante la guerra. Luego me hizo responsable de ese doble crimen, pero él es el culpable. **6** Así que la decisión es tuya, aunque yo te aconsejaría que no lo dejes con vida mucho tiempo.

7 »Trata bien a los descendientes de Barzilai, el de la región de Galaad, y hazte amigo de ellos, porque ellos me protegieron cuando yo escapaba de tu hermano Absalón.

8 »También está contigo Simí, el hijo de Guerá, el de la tribu de Benjamín, y que nació en Bahurim. él me maldijo de una manera terrible cuando yo iba a Mahanaim. Pero después fue al río Jordán a recibirme y tuve que jurarle por Dios que no lo mataría. **9** No lo perdones. Eres lo suficientemente sabio para saber que debes matarlo. Procura que tenga una muerte violenta».

Muerte de David
(1 Cr 29.26-30)

10 David murió y lo enterraron junto a la tumba de sus antepasados, en la ciudad que llevaba su nombre. **11** Fue rey de Israel cuarenta años. Siete de esos años reinó en Hebrón, y treinta y tres años en Jerusalén. **12** Después de él reinó Salomón, y logró hacer de Israel una nación muy poderosa.

Muerte de Adonías

13 Después de la muerte de David, Adonías fue a ver a Betsabé, la madre de Salomón. Ella le preguntó:

—¿Vienes como amigo o como enemigo?

Él contestó:

—Vengo como amigo, **14** y quiero

pedirte un favor.

Betsabé le dijo:

—Dime de qué se trata.

15 Entonces Adonías le respondió:

—Tú sabes que el reino de Israel era para mí. Todo el país esperaba que yo fuera el rey. Pero ahora el rey es mi hermano Salomón, porque así Dios lo ha querido. **16** Sólo quiero pedirte un favor. No me lo niegues.

Ella le dijo:

—¿Qué es lo que quieres?

17 Él le contestó:

—Te ruego que le pidas al rey Salomón que me dé como esposa a Abisag, la joven de Sunem. Estoy seguro de que él no se opondrá.

18 Betsabé dijo:

—Está bien. Voy a hablar con él.

19 Así que Betsabé fue a hablar con el rey Salomón. El rey se levantó para recibir a su madre y, en señal de respeto, se inclinó delante de ella. Después se sentó en su trono, y mandó que trajeran un sillón para Betsabé. Ella se sentó a la derecha de Salomón, que es el lugar más importante, **20** y le dijo:

—Quiero pedirte un pequeño favor; no me digas que no.

El rey le contestó:

—Madre, pídeme lo que quieras que yo te lo daré.

21 Ella le dijo:

—Deja que tu hermano Adonías se case con Abisag, la del pueblo de Sunem.

22 El rey Salomón le contestó a su madre:

—¿Por qué me pides eso? Él es mi hermano mayor, y además el sacerdote Abiatar y el general Joab están de su parte. ¿No quieres que también le dé el reino?

23 Después el rey Salomón hizo este juramento: «Que Dios me castigue para siempre si Adonías no muere por haberme hecho esa petición. **24** ¡Hoy mismo morirá! Lo juro por Dios, que me dio un reino poderoso, y prometió que mis descendientes reinarán después de mí».

25 Entonces el rey Salomón le ordenó a Benaías que matara a Adonías. Y Benaías fue y lo mató.

Expulsión del sacerdote Abiatar

26 Luego, el rey le dijo al sacerdote Abiatar: «Vete a Anatot, tu tierra. Mereces morir, pero no te mataré ahora, porque tú fuiste quien llevaba el cofre del pacto de Dios cuando mi padre David lo trajo a Jerusalén, y además lo acompañaste en los momentos más difíciles».

27 De esta manera, Salomón expulsó a Abiatar del servicio sacerdotal. Así se cumplió lo que Dios había dicho en Siló acerca de la familia de Elí, de que no seguirían siendo sacerdotes.

Muerte de Joab

28 El general Joab estaba de parte de Adonías, aunque no había apoyado a Absalón. Cuando Joab se enteró de lo que dijo Salomón, huyó al santuario de Dios y se agarró de los cuernos del altar en busca de protección. **29** Le informaron al rey Salomón que Joab había escapado al santuario de Dios, y se había refugiado en el altar. Entonces Salomón le dijo a Benaías: «Ve y mata a Joab».

30 Benaías fue al santuario de Dios y le dijo a Joab:

—El rey ordena que salgas.

Pero Joab contestó:

—Si voy a morir, que sea aquí

mismo.

Entonces Benaías fue a contarle al rey lo que había dicho Joab. **31** El rey le contestó:

—Haz como él dijo. Mátalo y entiérralo. De esa manera ya no seremos culpables por los asesinatos que Joab cometió contra gente inocente.

32 »Dios hará que Joab sea el culpable de su propia muerte. Porque él atacó y mató a dos hombres más justos y mejores que él, sin que lo supiera mi padre David. Mató a Abner hijo de Ner, que era jefe del ejército israelita, y a Amasá hijo de Jéter, que era jefe del ejército de Judá. **33** Joab y su familia serán culpables de la muerte de ellos para siempre. Pero David y sus descendientes, y todo Israel, disfrutarán siempre de la paz que Dios da.

34 Entonces Benaías fue y mató a Joab. Luego fueron a la casa de Joab, en el desierto, y allí lo enterraron. **35** Después el rey nombró a Benaías como general del ejército, en lugar de Joab, y al sacerdote Sadoc, en lugar de Abiatar.

Muerte de Simí

36 Luego Salomón mandó llamar a Simí y le dijo:

—Construye una casa para ti en Jerusalén, y vive allí. No salgas a ningún lado. **37** Porque si sales y cruzas el arroyo Cedrón, ten la seguridad de que vas a morir, y yo no respondo por tu muerte.

38-40 Simí le contestó al rey:

—Está bien. Haré lo que ha ordenado Su Majestad.

Simí vivió en Jerusalén tres años. Pero un día, se vio obligado a ir a Gat en busca de dos esclavos que se le habían escapado. Estaban con Aquís hijo de Maacá, rey de Gat. Cuando Simí volvía de Gat, montado en su burro y con sus dos esclavos, **41-42** Salomón se enteró. Entonces lo mandó a llamar y le dijo:

«¡Yo te advertí que no debías salir de Jerusalén, y que si lo hacías ibas a morir! Tú estuviste de acuerdo, y me juraste por Dios que obedecerías. **43** ¿Por qué no cumpliste tu juramento ni seguiste las órdenes que te di? **44** Acuérdate de todo el daño que le hiciste a mi padre. Ahora Dios te va a hacer sufrir como hiciste sufrir a mi padre. **45** En cambio, a mí me va a bendecir, y los descendientes de mi padre reinarán para siempre».

46 Después el rey le ordenó a Benaías que matara a Simí. De esta manera, Salomón tomó completo control de su reino.

Salomón se casa

3 **1** Salomón se casó con la hija del rey de Egipto, y además hizo un pacto de paz con él. Luego llevó a su esposa a vivir en la parte más antigua de Jerusalén, conocida como Ciudad de David. Mientras tanto, él se dedicó a terminar de construir su palacio, el templo de Dios y el muro que rodeaba toda la ciudad. **2** En aquel tiempo el pueblo ofrecía sus sacrificios a Dios en pequeños templos, porque todavía no se había construido un templo para Dios.

Salomón pide sabiduría
(2 Cr 1.1-13)

3 Salomón amaba a Dios y seguía las instrucciones que le había dado su padre David. Sin embargo, ofrecía sacrificios y quemaba incienso en los pequeños santuarios. **4** El santuario más importante de todos estos estaba en Gabaón. Un día, el rey fue allá y ofreció muchos sacrificios. **5** Esa noche, Salomón la pasó en Gabaón. Mientras dormía, Dios se le apareció en un sueño y le dijo:

—Pídeme lo que quieras; yo te lo daré.

6-7 Salomón contestó:

—Dios mío, tú amaste mucho a mi padre David, y fuiste muy bueno con él, porque él te sirvió fielmente, fue un buen rey y te obedeció en todo. Además, permitiste que yo, que soy su hijo, reine ahora en su lugar. Pero yo soy muy joven, y no sé qué hacer. **8-9** Y ahora tengo que dirigir a tu pueblo, que es tan grande y numeroso. Dame sabiduría, para que pueda saber lo que está bien y lo que está mal. Sin tu ayuda yo no podría gobernarlo.

10 A Dios le gustó que Salomón le pidiera esto, **11** y le dijo:

—Como me pediste sabiduría para saber lo que es bueno, en lugar de pedirme una vida larga, riquezas, o la muerte de tus enemigos, **12** voy a darte sabiduría e inteligencia. Serás más sabio que todos los que han vivido antes o vivan después de ti. **13** Pero además te daré riquezas y mucha fama, aunque no hayas pedido eso. Mientras vivas, no habrá otro rey tan rico ni tan famoso como tú. **14** Y si me obedeces en todo como lo hizo tu padre, vivirás muchos años.

15 Cuando Salomón se despertó, se dio cuenta que había estado soñando. Después fue a Jerusalén, se presentó delante del cofre del pacto de Dios y presentó sacrificios y ofrendas de paz. Cuando terminó, hizo una fiesta para todos sus asistentes y consejeros.

Salomón comienza bien su reinado

16 Poco tiempo después, dos prostitutas fueron a ver al rey. **17** Una de ellas le dijo:

—Majestad, nosotras dos vivimos en la misma casa. Yo tuve un hijo, **18** y tres días después, también esta mujer tuvo el suyo. Sólo nosotras dos estábamos en la casa. **19** »Una noche, el bebé de esta mujer murió porque ella lo aplastó mientras dormía. **20** A medianoche se despertó, y al ver que su hijo estaba muerto, lo cambió por el mío. **21** A la mañana, cuando desperté, y quise darle leche a mi hijo, me di cuenta de que el bebé estaba muerto, pero cuando ya hubo más luz en la habitación, descubrí que no era mi hijo.

22 La otra mujer dijo:

—No, el niño que vive es mi hijo. El que está muerto es el tuyo.

La mujer que había hablado primero le contestó:

—No, el niño muerto es tu hijo. ¡El mío es el que está vivo!

Y así estuvieron discutiendo delante del rey. **23** Entonces Salomón dijo:

—Una de ustedes dice: ''Mi hijo está vivo y el tuyo muerto''. Y la otra contesta: ''No, el niño muerto es tu hijo y el mío es el que vive''.

24 Salomón se dirigió a sus ayudantes y les pidió que trajeran una espada. Cuando se la llevaron, **25** Salomón ordenó:

—Corten al niño vivo en dos mitades, y denle una mitad a cada mujer.

26 Entonces la verdadera madre, llena de angustia, gritó:

—¡Por favor, Su Majestad! ¡No maten al niño! Prefiero que se lo den a la otra mujer.

Pero la otra mujer dijo:

—¡Ni para ti ni para mí! ¡Que lo partan en dos!

27 Entonces el rey ordenó:

—No maten al niño. Entréguenlo a la que no quiere que lo maten. Ella es su verdadera madre.

28 Todo el pueblo de Israel escuchó cómo el rey había solucionado este problema. Así Salomón se ganó el respeto del pueblo, porque ellos se dieron cuenta de que Dios le había dado sabiduría para ser un buen rey.

Los funcionarios de Salomón

4 ¹ Salomón fue rey de todo el pueblo de Israel.

2 Esta es la lista de sus funcionarios más importantes:

Azarías hijo de Sadoc: sacerdote principal.

3 Elihóref y Ahiás hijos de Sisá: secretarios.

Josafat hijo de Ahihud: encargado de escribir la historia del reino.

4 Benaías hijo de Joiadá: general del ejército.

Sadoc y Abiatar: sacerdotes.

5 Azarías hijo de Natán: jefe de los gobernadores del reino.

Zabud hijo de Natán: sacerdote y consejero del rey.

6 Ahisar: encargado del palacio.

Adoniram hijo de Abdá: encargado de los trabajos forzados.

7 Salomón tenía doce gobernadores en todo Israel. Cada mes, uno de ellos tenía que proveer alimentos y todo lo necesario para el rey y su familia. **8** Esta es la lista de esos doce gobernadores:

Ben-hur: gobernador de la región montañosa de Efraín.

9 Ben-déquer: gobernador de Macás, Saalbim, Bet-semes, Elón y Bet-hanán.

10 Ben-hésed: gobernador de Arubot, Socó y toda la región de Héfer.

11 Ben-abinadab: gobernador de toda la provincia de Dor. Ben-abinadab era esposo de Tafat, la hija de Salomón.

12 Baaná hijo de Ahilud: gobernador de Taanac, Meguido y toda Bet-seán. Esta región está al lado de Saretán, al sur de Jezreel, y abarca desde Bet-seán hasta Abel-meholá, más allá de Jocmeam.

13 Ben-guéber: gobernador de Ramot y de los demás pueblos de la región de Galaad, que pertenecían a Jaír hijo de Manasés. También fue gobernador de Argob, en la región de Basán. Allí había sesenta ciudades grandes, rodeadas por murallas. Sus portones se cerraban con barras de bronce.

14 Ahinadab hijo de Idó: gobernador de Mahanaim.

15 Ahimaas: gobernador de la región de Neftalí. Ahimaas era esposo de Basemat hija de Salomón.

16 Baaná hijo de Husai: gobernador de las regiones de Aser y Zabulón.

17 Josafat hijo de Parúah: gobernador en la región de Isacar.

18 Simí hijo de Elá: gobernador en la región de Benjamín.

19 Guéber hijo de Urí: gobernador de la región de Gad, donde estaba el país de Sihón, que era el rey de los amorreos, y el reino de Og en Basán.

Además de estos doce gobernadores, había un jefe de gobernadores que gobernaba en todo el país.

Sabiduría y riqueza de Salomón

20 Los habitantes de Israel y Judá eran tantos como la arena del mar, que no se puede contar. Tenían comida y bebida de sobra, y eran muy felices. **21-24** (5.1-4) Por ejemplo, para Salomón y todos los empleados del reino se necesitaban, cada día, seis mil seiscientos kilos de harina fina, trece mil doscientos kilos de harina corriente, cien ovejas, diez toros de los más gordos, veinte toros alimentados con pasto, además de venados, gacelas, antílopes y aves bien gordas.

Salomón dominaba todos los reinos que había entre el río Éufrates y el país de los filisteos, hasta la frontera con Egipto. Esos reinos le pagaban impuestos a Salomón y lo sirvieron durante toda su vida.

El reino de Salomón era muy grande. Abarcaba toda la región al oeste del río Éufrates, desde Tífsah hasta Gaza. Salomón dominaba a todos los reyes de esta región, y había logrado la paz en todo el territorio de alrededor.

25 (5.5) Durante el reinado de Salomón todas las familias de Israel y Judá vivieron con tranquilidad, paz y seguridad, desde Dan hasta Beerseba. Cultivaban huertos, viñas e higueras. **26** (5.6) Además, Salomón tenía cuatro mil caballerizas. Allí guardaba los caballos de sus carros y da su caballería. **27** (5.7) Al rey y a sus invitados nunca les faltaba nada porque los doce gobernadores se ocupaban de llevarles todo lo necesario. Cada uno lo hacía en el mes que le correspondía, **28** (5.8) y a los caballos y animales de trabajo les llevaban cebada y paja.

29 (5.9) Dios le dio a Salomón sabiduría, inteligencia y gran capacidad para comprenderlo todo. **30-31** (5.10-11) Fue más sabio que todos los sabios de Mesopotamia y Egipto. Por ejemplo, fue más sabio que Etán, el de Zérah, y que los músicos Hemán, Calcol y Dardá. Era famoso en todas las regiones de alrededor. **32** (5.12) Escribió tres mil proverbios y mil cinco poemas. **33** (5.13) Habló acerca de los árboles, desde el cedro que crece en el Líbano hasta la hierba que crece en las paredes. También habló acerca de los animales, los pájaros, los reptiles y los peces. **34** (5.14) De todos los países de la tierra venían a escuchar lo sabio que era Salomón.

Salomón hace un pacto con Hiram
(2 Cr 2.1-18)

5 ¹ (15) Hiram era el rey de Tiro, y había sido un buen amigo de David. Por eso, cuando se enteró de que Salomón había sido elegido rey en lugar de David, envió a sus embajadores. **2** (16) Entonces Salomón le mandó este mensaje a Hiram:

3 (17) «Tú sabes que mi padre no pudo construir un templo para adorar a nuestro Dios, porque había estado en muchas guerras, hasta que Dios venció a sus enemigos. 4 (18) Pero ahora, gracias a mi Dios, estamos en paz en todo el reino. Ya no tenemos enemigos ni grandes problemas.

5 (19) »Por eso he decidido construir un templo para adorar a mi Dios. Él ya le había dicho a mi padre que yo sería el siguiente rey, y que edificaría un templo para adorarlo.

6 (20) »Como ninguno de nosotros sabe trabajar la madera tan bien como la gente de tu país, te pido que mandes cortar cedros de las montañas del Líbano para construir el templo. Mis ayudantes trabajarán con los tuyos. Luego yo les pagaré a tus trabajadores el sueldo que tú señales».

7 (21) Cuando Hiram escuchó el pedido de Salomón, se puso muy contento y dijo: «¡Bendito seas Dios de Israel, porque le diste a David un hijo tan sabio para gobernar esa gran nación!»

8 (22) Después Hiram le mandó decir a Salomón:

«He recibido tu mensaje y estoy dispuesto a ayudarte con la madera de cedro y de pino. 9 (23) Mis ayudantes la bajarán de las montañas hasta el mar, y la transportarán en forma de balsa hasta donde tú digas. Allí se desatarán las balsas y tú recibirás la madera. Lo que te pido a cambio es que tú me proveas los alimentos que necesito para mi palacio».

10 (24) Hiram le dio a Salomón toda la madera de cedro y pino que este quiso, 11 (25) y Salomón le proveyó a Hiram alimentos para su palacio: Cada año le entregaba cuatro millones cuatrocientos mil kilos de trigo, y cuatro mil cuatrocientos litros de aceite puro de oliva. 12 (26) Dios cumplió su promesa y le dio mucha sabiduría a Salomón. Hiram y Salomón hicieron un pacto, y siempre hubo paz entre ellos.

13 (27) El rey Salomón obligó a treinta mil hombres a trabajar en la construcción del templo. 14 (28) Se formaron tres grupos de diez mil hombres cada uno, para trabajar por turnos. Así, estos hombres estaban un mes en el Líbano y dos meses en sus casas. Adoniram dirigía los trabajos forzados. 15 (29) Salomón también tenía setenta mil hombres que cargaban los materiales de construcción, ochenta mil que trabajaban las piedras en la montaña 16 (30) y tres mil trescientos capataces que vigilaban a los trabajadores. 17 (31) El rey mandó sacar piedras grandes y costosas para ponerlas como base del templo. 18 (32) Los constructores de Salomón y los de Hiram, junto con los vecinos de Guebal, prepararon la madera y las piedras para construir el templo.

Salomón construye el templo
(2 Cr 3.1-14)

6 1 En el cuarto año de su reinado en Israel, Salomón ordenó que se comenzara a construir el templo de Dios. Esto sucedió en el mes de Ziv. Habían pasado cuatrocientos ochenta años desde que los israelitas habían salido de Egipto.

2 El templo tenía veintisiete metros de largo, nueve de ancho, y trece y medio de alto. 3 El salón que estaba adelante medía nueve metros de largo, y cuatro metros y medio de ancho. 4 Salomón mandó poner en el templo ventanas con rejas. 5 También construyó salones al lado de los muros que rodeaban el templo, tanto alrededor del salón principal como del cuarto de atrás. 6 Los salones edificados alrededor del templo eran de tres pisos. La planta baja medía dos metros y veinticinco centímetros de ancho. El primer piso era de dos metros con setenta centímetros de ancho, y el segundo piso medía tres metros con quince centímetros de ancho. Por fuera había reducido las medidas del templo para no apoyar en las paredes las vigas que sostenían los salones. 7 Las piedras que se usaron para construir el templo fueron prepa-

radas de antemano. De esta manera no se escuchó en el edificio el ruido de martillos, hachas u otras herramientas.

8 La puerta de los salones que rodeaban el templo estaba en el lado derecho del edificio. Para subir a los otros dos pisos había una escalera en forma de caracol. 9 Cuando Salomón terminó de construir el templo, cubrió el techo con tablones y lo decoró con madera de cedro. 10 Los salones que construyó alrededor del templo tenían una altura de dos metros y veinticinco centímetros. Estos salones quedaban unidos al muro del templo por medio de vigas de cedro.

11 Entonces Dios le dijo a Salomón: 12 «Ahora que has comenzado a construir este templo, quiero recordarte que si obedeces todos mis mandamientos, yo cumpliré lo que le prometí a tu padre David y te ayudaré. 13 Viviré entre mi pueblo Israel, y nunca los abandonaré». 14 Salomón terminó de construir el templo. 15-32 Cubrió las paredes de adentro con tablas de madera de cedro talladas con flores, frutos, palmeras y querubines, y luego las recubrió de oro puro. No se veía ninguna piedra. También en las paredes de afuera se tallaron las mismas figuras. El piso lo cubrió con madera de pino y después con oro, tanto el piso de los salones interiores como el de los de afuera.

Salomón preparó el Lugar Santísimo en la parte de atrás del edificio, para colocar allí el cofre del pacto de Dios.

El Lugar Santísimo era una sala que medía nueve metros de alto por nueve de ancho. También le puso tablas de cedro, y luego las recubrió de oro puro. Hizo cadenas de oro para proteger la entrada de este lugar, y puso allí un altar de madera de cedro recubierto de oro. También hizo, con madera de olivo, dos querubines, los recubrió de oro y los puso en el Lugar Santísimo. Cada uno de los querubines era de cuatro metros y medio de altura. Sus alas estaban extendidas. El ala de uno de los querubines tocaba una pared, y el ala del otro, la otra pared. Cada ala medía dos metros y veinticinco centímetros, así que juntas las dos medían cuatro metros y medio.

El Lugar Santísimo tenía dos puertas de entrada hechas de madera de olivo y talladas con figuras de querubines, palmeras y flores. Recubrieron todas estas figuras con oro. La parte superior de las puertas formaba un triángulo. El Lugar Santo estaba frente al Lugar Santísimo, y medía dieciocho metros de largo. **33** Para la entrada del templo, Salomón construyó un marco con postes de madera de olivo, **34** y le puso dos puertas de madera de pino. **35** Las puertas estaban decoradas con figuras de querubines, palmeras y flores; todas ellas recubiertas de oro.

36 Salomón construyó las paredes del patio interior con tres hileras de piedras labradas y arriba les puso vigas de cedro.

37 El templo se comenzó a construir en el mes de Ziv, durante el cuarto año del reinado de Salomón. **38** Se terminó de construir en el año once, en el mes de Bul. 2 Así la construcción del templo duró siete años.

Otras construcciones de Salomón

7 1 Salomón construyó su propio palacio, y lo terminó en trece años. **2-3** También edificó el palacio llamado «Bosque del Líbano». Lo hizo de cuarenta y cinco metros de largo, veintidós metros y medio de ancho y trece metros y medio de alto. Le puso un cielo raso de madera, sostenido por cuarenta y cinco vigas de cedro. Las vigas estaban distribuidas en tres grupos de quince cada uno, y se apoyaban sobre cuatro hileras de columnas de cedro.

4-5 Le mandó a hacer tres hileras con tres ventanas cada una, y colocarlas una frente a la otra. También le colocó tres puertas

a ambos lados. **6** Además, Salomón construyó el Salón de las Columnas, de veintidós metros y medio de largo, y trece metros y medio de ancho. Enfrente había otro salón con columnas y techo.

7 También edificó el Salón de la Justicia, en el que Salomón escuchaba los problemas del pueblo y decidía cómo resolverlos. Ese salón estaba totalmente cubierto de madera de cedro.

8 El palacio en el que vivía Salomón estaba frente al Salón de la Justicia, separado por un patio. Este salón y el palacio se parecían mucho. Además, para la hija del rey de Egipto, que era su esposa, edificó otro palacio parecido al suyo.

9 Por dentro y por fuera, todas estas construcciones fueron hechas con piedras costosas, cortadas a la medida. **10** La base del edificio estaba construida con las mejores piedras. Algunas medían cuatro metros y medio, y otras, tres metros con sesenta centímetros. **11** La parte superior del edificio también estaba hecha de cedro, y de piedras costosas, cortadas a medida. **12** Alrededor del patio grande del palacio se pusieron tres hileras de esas piedras, y una hilera de vigas de cedro que servían para sostener el edificio. Esto mismo se había hecho en el patio interior del templo y en el salón de la entrada del palacio.

Hiram realiza los trabajos de bronce
(2 Cr 2.13-14; 3.15-17)

13 El rey Salomón mandó a llamar a Hiram, que vivía en la ciudad de Tiro. **14** Hiram era hijo de una viuda de la tribu de Neftalí. Su padre era de Tiro y le había enseñado a trabajar el bronce, así que Hiram era muy hábil y capaz.

Hiram se presentó ante el rey Salomón, y realizó en sus construcciones todos los trabajos de bronce. **15** Hizo dos columnas que medían ocho metros de alto, y

cinco metros y medio de circunferencia. **16-22** También preparó en bronce el adorno de la parte superior de cada columna. Ese adorno tenía forma de lirio, y medía dos metros y veinticinco centímetros de alto. Estaba decorado con figuras en forma de cadena. La parte más alta y ancha del adorno de bronce tenía dos hileras de figuras en forma de manzana. Cada hilera estaba formada de cien de esas figuras. Cuando las columnas estuvieron terminadas, Hiram las colocó en el salón de la entrada del templo. A la columna de la derecha la llamó Jaquín y a la de la izquierda Bóaz.

El gran tanque de agua
(2 Cr 4.1-5)

23 Después Hiram fabricó un enorme tanque para el agua. Era redondo, y de un borde al otro medía cuatro metros. Su altura era de dos metros y veinticinco centímetros, y su circunferencia era de trece metros y medio. **24** Decoró todo el borde con dos enredaderas llenas de frutos. Cada cuarenta y cinco centímetros había diez frutos. **25** El tanque estaba sobre doce toros de bronce. Tres de estos toros miraban al norte, tres al sur, tres al este y tres al oeste, de modo que sus patas traseras quedaban hacia adentro. **26** Las paredes del tanque eran de ocho centímetros de grueso. Su borde se parecía a una flor de lirio abierta. En el tanque cabían cuarenta y cuatro mil litros de agua.

Los diez recipientes
(2 Cr 4.6)

27 Hiram hizo también diez bases de bronce. Cada base era cuadrada, de un metro y ochenta centímetros por lado. Su altura era de un metro y treinta y cinco centímetros. **28-36** Cada lado de esas bases estaba decorado con figuras de leones, toros y querubines. Arriba y abajo de los toros y los leones había adornos florales. Cada lado estaba sujeto por un marco, y formaba con la base una sola pieza. Cada base tenía cuatro ruedas de bronce. Sus ejes también eran de bronce y estaban sujetos a la base. En las cuatro esquinas de la base había cuatro agarraderas de bronce decoradas con adornos florales, que servían para moverla. Estas agarraderas y la base formaban una sola pieza.

La boca para el recipiente era redonda, y tenía grabados con marcos cuadrados. Tenía un soporte de sesenta y ocho centímetros de alto y estaba dentro de un cerco que sobresalía cuarenta y cinco centímetros.

La parte superior de la base terminaba en un borde circular de veintidós centímetros y medio de alto. Hiram le talló alrededor querubines, leones, palmeras y guirnaldas, según el espacio que tenía. **37** Así fue como hizo las diez bases. Todas tenían la misma forma y tamaño, pues usó el mismo molde.

38 También hizo diez recipientes de bronce. Cada uno tenía un metro y ochenta centímetros de diámetro, y le cabían ochocientos ochenta litros de agua. Colocó cada recipiente sobre cada una de las bases que había hecho. **39** Cinco estaban en el lado derecho del templo y cinco en el lado izquierdo. El tanque grande lo puso en la esquina sudeste del edificio.

Hiram termina sus trabajos
(2 Cr 4.7-18)

40 Hiram también hizo las ollas, las palas y las vasijas. Así terminó todo el trabajo que hizo para el templo de Dios, por encargo del rey Salomón.

41 Estos son todos los trabajos que realizó: las dos columnas, la parte superior de cada columna, las dos decoraciones en la parte superior de las columnas, **42** y las cuatrocientas figuras de esas decoraciones. **43** También hizo las diez bases y los recipientes que iban sobre ellas, **44** el gran tanque para el agua y los doce toros que lo sostenían, **45** y las ollas, palas y vasijas.

Todo lo que Hiram hizo para el templo de Dios a pedido del rey Salomón era de bronce pulido. **46** Los utensilios de bronce los hicieron en moldes de arena, en la región del Jordán, entre Sucot y Saretán. **47** Salomón no pidió que pesaran los utensilios de bronce porque eran muchos.

Los utensilios del templo
(2 Cr 4.19-5.1)

48-50 Salomón también mandó hacer todos los utensilios que había en el templo de Dios. Los de oro puro eran: el altar, la mesa de los panes para Dios, los diez candelabros del Lugar Santísimo, las figuras de flores, las lámparas, las tenazas, las copas, las tijeras para cortar mechas, las vasijas, los cucharones, los incensarios, las bisagras de las puertas del Lugar Santísimo, las bisagras de la puerta de la entrada principal del edificio.

51 De este modo se terminaron todos los trabajos que Salomón mandó a hacer para el templo de Dios. Después llevó todos los utensilios de oro y de plata que su padre David había dedicado para Dios, y los guardó en el lugar donde estaban los tesoros del templo de Dios.

El cofre del pacto en el templo
(2 Cr 5.2-14)

8 **1** El rey Salomón se reunió con los líderes de Israel, los jefes de las tribus y la gente más importante de las familias israelitas. Salomón quería que todos estuvieran presentes cuando se llevara el cofre del pacto de Dios desde la parte antigua de Jerusalén hasta el templo. **2** Esto ocurrió en la fiesta de las Enramadas, que se celebra el en el mes de Etanim. **3-4** Cuando llegaron todos los representantes de Israel, los sacerdotes y sus ayudantes tomaron el cofre y se lo llevaron al templo. También llevaron el santuario y todos los utensilios

dedicados al culto.

5 El rey Salomón y todos los israelitas allí reunidos se pararon frente al cofre, y le ofrecieron a Dios muchos toros y ovejas.

6 Después los sacerdotes llevaron el cofre del pacto de Dios hasta el fondo del templo, donde estaba el Lugar Santísimo. Lo pusieron bajo las alas de los dos grandes querubines. **7** Las alas extendidas de los querubines cubrían el cofre y las varas que servían para trasladarlo. **8** Estas varas eran tan largas que sus puntas se veían desde el Lugar Santo, que estaba frente al Lugar Santísimo. Sin embargo, no podían verse afuera del templo. Así quedaron hasta el día en que se escribió este relato.

9 Lo único que había en el cofre eran las dos tablas de piedra con las leyes del pacto. Esas leyes se las había dado Dios a los israelitas cuando salieron de Egipto. Moisés las había puesto en el cofre cuando estuvo en el monte Horeb.

Dios en su templo
(2 Cr 6.1-2)

10-11 Cuando los sacerdotes salieron del Lugar Santo, una nube brillante llenó todo el templo, era la presencia de Dios, y por eso los sacerdotes ya no pudieron quedarse para realizar el culto. **12** Entonces Salomón dijo:

«Dios mío,
tú siempre has vivido en la espesa nube
que acompaña al santuario.
13 Pero ahora,
te he construido una casa,
para que vivas allí para siempre».

Salomón habla al pueblo
(2 Cr 6.3-11)

14 Luego el rey se dio vuelta y miró a todo el pueblo de Israel, que se había reunido y estaba de pie. Entonces los bendijo y **15** exclamó:

«Bendito sea el Dios de Israel, que ha cumplido lo que le prometió a mi padre David, pues le dijo: **16** ''Desde que saqué de Egipto a mi pueblo Israel, no he elegido ninguna ciudad de las tribus de Israel para que se construya en ella mi casa. A ti, David, te elegí para que gobiernes a mi pueblo Israel''.

17 »Mi padre David deseaba construir un templo para adorar a nuestro Dios. **18** Sin embargo, Dios le dijo: ''Haces bien en querer construir una casa para mí. **19** Pero no serás tú quien la construya, sino uno de tus hijos''.

20 »Dios cumplió su promesa. Ahora yo soy el rey de Israel, en lugar de mi padre, y he construido una casa para nuestro Dios. **21** Además he preparado un lugar para colocar allí el cofre del pacto que Dios hizo con nosotros cuando nos sacó de Egipto».

Salomón ora por el templo
(2 Cr 6.12-42)

22 Entonces Salomón se puso delante del altar de Dios, a la vista de todo Israel, y levantando las manos al cielo **23** dijo:

«Dios de Israel, ni en el cielo ni en la tierra hay otro que se compare a ti. Tú cumples tu pacto y amas profundamente a los que te obedecen de corazón.

24-25 »Dios de Israel, hoy has cumplido una de tus promesas a mi padre. Ahora cumple también la promesa que le hiciste de que siempre sus descendientes reinarían en Israel si seguían su ejemplo. **26** Por eso, Dios nuestro, cumple las promesas que le hiciste a mi padre.

27 »Dios mío, ni el cielo ni la tierra son suficientes para ti, mucho menos este templo que he construido. **28-30** Pero de todos modos te pido que escuches mi oración: Cuida de este templo de día y de noche, pues tú mismo has dicho que vivirás en él. Cuando estemos lejos de Jerusalén y oremos en dirección a tu templo, escucha desde el cielo nuestras oraciones, y perdónanos.

31 »Si alguien perjudica otra persona, y delante del altar de este templo jura que no lo hizo, **32** escucha desde el cielo y castígalo. Examínanos, castiga al que resulte culpable y deja libre al inocente.

33-34 »Si tu pueblo Israel llega a pecar contra ti, y en castigo sus enemigos se lo llevan prisionero, perdónalo y tráelo de nuevo a este país que tú les diste a sus antepasados. Perdónalos siempre y cuando vengan a tu templo y se arrepientan de haberte ofendido.

35 »Si llegamos a pecar contra ti, y en castigo deja de llover por mucho tiempo, perdónanos, siempre y cuando oremos en este lugar, y nos arrepintamos de haberte ofendido. **36** Escúchanos desde el cielo y perdónanos. Enséñanos a vivir haciendo lo bueno, y mándanos de nuevo la lluvia que nos quitaste.

37-39 »Si en este país nos llegara a faltar la comida, o nos atacaran enfermedades, o plagas de hongos, langostas o pulgón, escúchanos cuando oremos a ti. Y si los enemigos nos rodean o atacan a alguna de las ciudades de Israel, escúchanos cuando oremos a ti. Y cuando en medio de este sufrimiento cualquier persona o todo el pueblo de Israel levante las manos hacia este templo y ore a ti, escúchalo siempre desde el cielo, el lugar en donde vives. Perdónalo. Examínanos, y danos lo que cada uno de nosotros se merece. Sólo tú conoces verdaderamente a todas las personas. **40** Así, te serviremos y obedeceremos durante toda nuestra vida en esta tierra que nos diste.

41-43 »Cuando los extranjeros sepan en su país lo grande y poderoso que eres, y vengan a orar a este templo, escúchalos desde el cielo, que es tu casa. Dales todo lo que te pidan, para que todos los pueblos del mundo te conozcan y obedezcan como lo hace tu pueblo Israel. Así sabrán que este templo lo construí para adorarte.

44 »Si tu pueblo va a la guerra, y allí donde lo envíes ora a ti mirando hacia tu amada ciudad de Jerusalén, y hacia este templo, **45** escucha desde el cielo sus oraciones y ruegos, y ayúdalo.

46 »Dios mío, todos somos pecadores, y si tu pueblo llega a pecar contra ti, a lo mejor te vas a enojar tanto que lo entregarás a sus enemigos. Ellos se llevarán a tu pueblo a otro país, lejos o cerca. **47-48** Pero si en ese lugar donde estén prisioneros, tu pueblo se acerca a ti de nuevo, con toda sinceridad, atiéndelo. Si reconoce que ha pecado y actuado mal y te lo dice, óyelo. Si tu pueblo ora a ti y te ruega, mirando hacia este país que le diste a sus antepasados, hacia la ciudad de Jerusalén, y hacia este templo, **49** escucha desde el cielo sus oraciones y ruegos, y ayúdalo. **50** Perdónale a tu pueblo todos los pecados y faltas que cometió contra ti. Haz que sus enemigos tengan lástima de él y lo ayuden. **51** Porque se trata de tu pueblo; el pueblo que tú sacaste de Egipto, donde sufría tanto como si hubiese estado en un horno ardiente.

52 »Escucha con atención mis oraciones. ¡Oye a tu pueblo Israel! Escúchanos cuando te llamemos. **53** Tú elegiste a tu pueblo de entre todas las otras naciones. ¡Somos tuyos! Así lo dijiste por medio de Moisés, cuando sacaste de Egipto a nuestros antepasados».

Salomón ora por el pueblo

54 Salomón hizo esta oración ante el altar del templo, de rodillas y con las manos en alto. Cuando terminó de orar, **55** se puso de pie y bendijo a todo el pueblo de Israel. En voz alta dijo:

56 «Grande es Dios, que le dio paz a su pueblo Israel, cumpliendo así todo lo que prometió. No ha dejado de cumplir ni una sola de las promesas que nos dio por medio de Moisés.

57 »¡Pidamos a nuestro Dios que esté con nosotros como estuvo con nuestros antepasados! ¡Que no nos abandone! **58** ¡Que ponga en nosotros el deseo de obedecer sus mandamientos! **59** ¡Que nuestro Dios siempre tenga presente todo lo que hoy le hemos pedido! ¡Que nos ayude de acuerdo con nuestras necesidades de cada día! **60** De esta manera, todas las naciones de la tierra sabrán que no hay otro Dios aparte del Dios de Israel. **61** »Todos ustedes, pueblo de Israel, entréguense totalmente a nuestro Dios, y obedezcan todos sus mandamientos, como lo están haciendo hoy».

Salomón dedica el templo a Dios
(2 Cr 7.4-10)

62 Después, el rey y todo el pueblo de Israel mataron animales para ofrecérselos a Dios. **63** Salomón le presentó a Dios una gran cantidad de toros y ovejas, como una ofrenda de paz.

Así fue como el rey y todo el pueblo de Israel le dedicaron el templo a Dios. **64** Ese mismo día, el rey dedicó a Dios el patio interior del templo. Allí ofreció los sacrificios de animales, las ofrendas de cereales y la grasa de las ofrendas de paz. No presentó estas ofrendas en el altar de bronce que está delante del templo, porque el altar era pequeño y las ofrendas no cabían.

65 En esa ocasión, Salomón y todo Israel celebraron la fiesta de las Enramadas, la cual duró siete días. Hubo muchísima gente, pues los israelitas habían venido de todas partes del país, desde Hamat hasta el arroyo de Egipto. Luego celebraron otra fiesta de siete días; en total fueron catorce días de fiesta. **66** Después terminó la fiesta, el rey despidió al pueblo. Ellos bendijeron a Salomón, y se fueron a sus casas. Iban muy contentos por todo lo bueno que Dios le había hecho a David y a su pueblo Israel.

Dios habla con Salomón
(2 Cr 7.11-22)

9 **1** Cuando Salomón terminó de construir el templo de Dios, su propio palacio y todo lo que quiso edificar, **2** Dios se le apareció por segunda vez, como se le había aparecido antes en Gabaón, **3** y le dijo:

«He escuchado tus oraciones y tus ruegos. Este templo que has edificado será mío, y en él viviré para siempre. Voy a cuidarlo; no lo descuidaré ni un momento.

4-5 En cuanto a ti, Salomón, si te comportas bien y me obedeces en todo, Israel siempre tendrá como rey un descendiente tuyo. Así también se lo prometí a tu padre David; compórtate como él lo hizo. **6** »Pero si tú o cualquiera de tus descendientes no me obedecen, sino que sirven y adoran a otros dioses, **7** entonces expulsaré a Israel de la tierra que le he dado. Abandonaré el templo que había elegido para que me adoraran, y las naciones se burlarán de tu pueblo. **8** Este templo no será más que un montón de ruinas y todos los que pasen al lado de él se asombrarán y se burlarán, diciendo: "¿Por qué Dios ha hecho esto con Israel y con este templo?" **9** Y se les contestará: "Porque Israel abandonó a su Dios, quien lo había sacado de Egipto. Su pueblo obedeció y adoró a otros dioses. Por eso Dios ha traído todo este mal sobre ellos"».

Otras actividades de Salomón
(2 Cr 8.1-18)

10-14 Salomón tardó veinte años en construir el templo de Dios y su palacio. Para edificarlos, Hiram, el rey de Tiro, le dio a Salomón toda la madera de cedro y de pino, y todo el oro que quiso. En total, le dio tres mil novecientos sesenta kilos de oro. Por eso, cuando terminó la construcción, Salomón le entregó a Hiram veinte ciudades de la región de Galilea. Pero cuando Hiram fue a ver las ciudades que Salomón le había dado, no le gustaron, así que le reclamó: «Yo pensé que eras mi amigo. Estas ciudades que me diste no valen nada». Por eso las llamó Cabul, que significa «como nada», y ese es el nombre que tienen hasta el momento en que esto se escribe.

15 Salomón obligó a su pueblo a trabajar en la construcción del templo de Dios, en su propio palacio, en la plataforma, en la muralla que rodeaba la ciudad de Jerusalén, y en la reconstrucción de las ciudades de Hasor, Meguido y Guézer. **16** Esta última ciudad había sido conquistada por el rey de Egipto, quien después la quemó y mató a todos los cananeos que allí vivían. Tiempo después, el rey de Egipto le regaló esa ciudad a su hija cuando ella se casó con Salomón. **17** Por eso Salomón reconstruyó Guézer, y también Bet-horón de Abajo, **18** Baalat y Tamar, que está en el desierto de Judá. **19** Además, reconstruyó las ciudades donde se guardaban los alimentos, y las ciudades donde se guardaban los carros de guerra. También reconstruyó los cuarteles de caballería. Todo lo que Salomón planeó construir en Jerusalén, en el Líbano y en todo el territorio que gobernaba, lo llevó a cabo.

20-21 Salomón obligó a trabajar a todos los descendientes de los amorreos, hititas, ferezeos, heveos y jebuseos que habían quedado en el país y que los israelitas dejaron con vida. Ellos siguieron trabajando como esclavos hasta el día en que esto se escribió. **22** Pero a los israelitas no los obligó a trabajar como esclavos, sino que ellos eran soldados, oficiales, jefes, capitanes, jinetes y conductores de carros de guerra. **23** Salomón tenía quinientos cincuenta capataces a cargo de los trabajos, y ellos dirigían a los trabajadores en todo lo que tenían que hacer.

24 Cuando la hija del rey de Egipto se fue de la ciudad de David al palacio que Salomón le edificó, el rey rellenó de tierra el lado este de la ciudad.

25 Después que terminó la construcción del templo, Salomón

ofrecía sacrificios de animales y ofrendas de paz en el altar que había edificado para Dios, y quemaba incienso ante él. Lo hacía tres veces por año.
26 El rey Salomón también construyó barcos en la ciudad de Esióngúeber que está cerca de Elat, en el territorio de Edom, a orillas del Mar de los Juncos. **27-28** Hiram envió en los barcos a sus oficiales, que eran muy buenos marinos y conocían muy bien el mar. Fueron junto con los oficiales de Salomón hasta Ofir. Allí sacaron casi catorce mil kilos de oro, y se los llevaron a Salomón.

La reina de Sabá conoce a Salomón
(2 Cr 9.1-12)

10 **1** Cuando la reina de Sabá escuchó hablar de lo famoso que era Salomón, y que su sabiduría se debía al gran poder de Dios, decidió ir a visitarlo. Ella quería hacerle preguntas difíciles para ver si era tan sabio como decían. **2** Llegó a Jerusalén acompañada de sus consejeros y con camellos cargados de perfumes, y gran cantidad de oro y piedras preciosas.
Cuando se encontró con Salomón, ella le hizo todas las preguntas que había preparado. **3** ¡Y Salomón las contestó todas! No hubo nada que el rey no pudiera explicarle.
4-5 La reina quedó maravillada al ver lo sabio que era Salomón. También tuvo tiempo para admirar la hermosura del palacio, la rica comida que servían a la mesa, los asientos que ocupaban los asistentes, el aspecto y la ropa de todos los sirvientes, y en especial la de los que servían el vino al rey. Se asombró al ver todos los animales que el rey daba como ofrenda en el templo de Dios. **6** Entonces le dijo a Salomón:
«Todo lo que escuché en mi país acerca de lo que has hecho y de lo sabio que eres, es cierto. **7** Yo no lo creía, pero ahora lo he visto con mis propios ojos, y sé que es verdad. En realidad, no me habían

contado ni siquiera la mitad. ¡Eres más sabio y rico de lo que yo había escuchado! **8** ¡Qué felices deben ser tus esposas! ¡Y qué contentos deben estar todos tus servidores, pues siempre cuentan con tus sabios consejos! **9** ¡Bendito sea tu Dios, a quien le agradó tu conducta y te hizo rey de Israel para que gobiernes con justicia! No hay duda, ¡Dios ama a Israel!»

10-12 Después la reina de Sabá le dio a Salomón tres mil novecientos sesenta kilos de oro, y gran cantidad de perfumes y piedras preciosas. Además, los barcos de Hiram, que habían traído desde Ofir el oro para Salomón, trajeron gran cantidad de madera de sándalo y piedras preciosas. Con esa madera el rey hizo barandas para el templo de Dios y para el palacio. También hizo para los músicos arpas y liras. Nunca antes se había visto tanto perfume y tanta madera de sándalo en Israel.
13 El rey Salomón le dio a la reina de Sabá todo lo que ella le pidió, además de los regalos que él ya le había preparado. Después ella volvió a su país con sus consejeros.

Sabiduría y riqueza de Salomón
(2 Cr 9.13-24)

14 Cada año el rey Salomón recibía alrededor de veintidós mil kilos de oro, **15** sin contar los impuestos que le pagaban los comerciantes, los reyes de Arabia y los gobernantes del país.
16-17 Salomón mandó a hacer doscientos escudos grandes, y trescientos pequeños, y los puso en el palacio llamado «Bosque del Líbano». Cada uno de los escudos grandes pesaba seis kilos de oro, y los pequeños pesaban poco más de kilo y medio.
18 También mandó hacer un trono grande de marfil, recubierto con oro puro. **19** El respaldo era redondo y tenía dos brazos. Al lado de cada brazo había un león de pie. El trono tenía seis escalones **20** y en ambos lados de cada escalón había un león de pie. ¡Ningún otro

rey tenía un trono tan hermoso! **21** Todas las copas del rey, y todos los platos del palacio Bosque del Líbano eran de oro puro. No había nada de plata porque en aquella época no la consideraban de mucho valor.
22 Los barcos del rey Salomón y del rey Hiram viajaban juntos, y cada tres años traían de Tarsis oro, plata, marfil, monos y pavos reales.
23 El rey Salomón era más sabio y más rico que todos los reyes de esa región. **24** Todo el mundo quería verlo y escuchar la sabiduría que Dios le había dado, **25** así que cada año le llevaban regalos de oro y plata, ropas, perfumes, caballos y mulas.

Salomón compra y vende
carros y caballos
(2 Cr 1.14-17; 9.25-28)

26 Salomón reunió mil cuatrocientos carros y doce mil jinetes. Algunos estaban en los cuarteles de carros de guerra y otros formaban su guardia personal en Jerusalén. **27-29** Los comerciantes de la corte compraban en Egipto y Cilicia los caballos para Salomón. El precio de un carro comprado en Egipto era de seiscientas monedas de plata, y el de un caballo, ciento cincuenta. El rey Salomón acumuló en Jerusalén grandes cantidades de plata, y sembró tantos árboles de cedro que llegaron a ser tan comunes como las flores del campo.
¡Hasta los reyes hititas y sirios compraban sus carros y caballos a los comerciantes de la corte de Salomón!

Salomón desobedece a Dios

11 **1-8** Salomón tuvo setecientas esposas extranjeras, que eran princesas. Entre ellas estaba la hija del rey de Egipto, además de otras mujeres moabitas, amonitas, edomitas, hititas y sidonias. También tuvo trescientas mujeres, con las que vivió sin haberse casado. Dios le había dicho a los israelitas: «No se casen con mujeres extranjeras, porque ellas los harán adorar a sus dioses». Y así sucedió. Cuando Salomón llegó a viejo, sus mujeres lo apartaron de Dios y lo hicieron adorar a otros dioses. Salomón adoró a la diosa de los sidonios llamada Astarté, y construyó un lugar para adorar a dos ídolos repugnantes: Quemós, que era un dios de Moab, y Milcom, que era el dios de los amonitas. Lo construyó en la montaña que está al este de Jerusalén. También edificó lugares para que sus esposas ofrecieran animales a sus dioses y quemaran incienso. Salomón actuó mal delante de Dios y no lo obedeció; en realidad, nunca se comprometió a obedecerlo por completo, como sí lo había hecho su padre David.

9 El Dios de Israel estaba enojado con Salomón, pues aunque se le había aparecido dos veces **10** y le había ordenado que no adorara a otros dioses, él nunca lo obedeció. **11** Por eso Dios le dijo:

«Te has comportado mal y no has obedecido mis órdenes. Por eso voy a quitarte el reino y se lo daré a uno de tus oficiales. **12-13** Sin embargo, no lo haré ahora, sino cuando tu hijo sea el rey. No le quitaré todo el reino; lo dejaré reinar sobre una tribu, por amor a tu padre David y a la ciudad de Jerusalén que yo he elegido»

Los enemigos de Salomón

14-16 Hadad, que era descendiente de los reyes de Edom, luchó en contra de Salomón, pues así lo permitió Dios. Resulta que años atrás, cuando David había vencido a Edom, Joab, que era el general del ejército, fue a enterrar a los que habían muerto en la batalla. Joab se quedó allí durante seis meses, hasta que logró matar a todos los hombres de Edom. **17-18** En aquel tiempo, Hadad era sólo un niño, y logró escapar junto con algunos edomitas que ayudaban a su padre. Ellos lo sacaron de Madián y lo llevaron a Param, en donde se les unieron algunos hombres que

los ayudaron a llegar a Egipto. Allí el rey les dio casa, tierras y comida. **19** Hadad se hizo amigo del rey de Egipto y este le permitió casarse con su cuñada, la hermana de la reina Tahpenés. **20** Hadad y su esposa tuvieron un hijo al que llamaron Guenubat, el cual vivió en el palacio del rey de Egipto. La reina Tahpenés lo educó junto con sus propios hijos.

21 Pero cuando Hadad se enteró de que habían muerto David y el general Joab, le dijo al rey de Egipto:

—Dame permiso para regresar a mi país.

22 El rey le contestó:

—¿Por qué quieres volver a tu país? ¡Aquí nada te falta!

Hadad le respondió:

—Aun así, te ruego que me dejes ir.

Así que regresó y se enfrentó con Salomón.

23 Dios también permitió que Rezón, el hijo de Eliadá, se pusiera en contra de Salomón. Rezón era un oficial de Hadad-ézer, rey de Sobá, y se había escapado **24** para convertirse en el jefe de una banda de ladrones. Cuando David mató a algunos de esos ladrones, Rezón se fue a vivir a la ciudad de Damasco, y allí lo nombraron rey. **25** Mientras Salomón vivió, Rezón fue enemigo de Israel, y junto con Hadad le hizo mucho daño a Salomón.

26 Otro enemigo de Salomón fue uno de sus oficiales llamado Jeroboam, que era de la tribu de Efraín y de la ciudad de Seredá. Su madre era una viuda llamada Serúa. **27** Esto fue lo que sucedió entre Jeroboam y Salomón: El rey estaba rellenando de tierra la parte este de la Ciudad de David, su padre. **28** Jeroboam era muy fuerte y trabajador, y cuando Salomón se dio cuenta de esto, le encargó vigilar los trabajos forza-

dos que hacían los que habían sido traídos del territorio de Efraín y Manasés.

29 Un día en que Jeroboam salió de Jerusalén, se encontró con el profeta Ahías, que era de Siló. El profeta se había puesto una capa nueva. Los dos estaban solos en el campo. **30** Entonces Ahías tomó su capa nueva, la rompió en doce pedazos **31** y le dijo a Jeroboam:

«Estos diez pedazos son para ti, porque el Dios de Israel le quitará el reino a Salomón y a ti te dará diez tribus. **32** A Salomón le dejará tan sólo una tribu, por amor a David, que le fue fiel, y por amor a Jerusalén, la ciudad que él eligió. **33** Porque Salomón abandonó a Dios y adoró a la diosa de los sidonios llamada Astarté, al dios de Moab llamado Quemós, y al dios de los amonitas, cuyo nombre es Milcom. Lo que Salomón ha hecho no agrada a Dios, pues no obedeció sus mandamientos, como sí lo había hecho su padre David. **34** A pesar de eso, Dios no le quitará todo el reino. Por amor a David, Salomón gobernará mientras viva, pues David fue elegido por Dios, y él lo adoró y obedeció en todo. **35** Pero Dios le quitará el reino al hijo de Salomón y te nombrará como rey de diez tribus. **36** Dios pondrá al hijo de Salomón a reinar sobre una tribu, para que siempre haya alguien de la familia de David que gobierne en Jerusalén, la ciudad de Dios. **37** Él te pondrá como rey de Israel y extenderás tu dominio sobre todos los territorios que quieras. **38** Si obedeces todo lo que Dios te manda, y haces lo que a él le agrada, cumpliendo sus mandamientos como hizo su servidor David, Dios te ayudará en todo. De tu familia saldrán los reyes, así como sucedió con la familia de David. Dios te entregará Israel, **39** y castigará a la familia de David, porque Salomón no lo obedeció. Aunque debo decirte que Dios no la castigará para siempre».

40 Cuando Salomón se enteró de

esto, trató de matar a Jeroboam, pero éste se escapó a Egipto y se quedó allí hasta que murió Salomón. En ese momento Sisac era el rey de Egipto.

Salomón muere
(2 Cr 9.29-31)

41-42 Salomón fue rey de Israel cuarenta y tres años, y todo ese tiempo vivió en Jerusalén. Todo lo que hizo y cómo demostró su sabiduría, se puede leer en el libro que cuenta su historia. **43** Cuando murió, lo enterraron en la Ciudad de David, su padre, y en su lugar reinó su hijo Roboam.

Israel se divide en dos reinos
(2 Cr 10.1-11.4)

12 **1** Roboam fue a Siquem, pues todo el pueblo de Israel había ido allá para nombrarlo rey. **2** La noticia llegó a Jeroboam mientras estaba en Egipto, donde se había quedado a vivir para escapar de Salomón. **3** Entonces las tribus del norte de Israel mandaron a llamar a Jeroboam, y cuando este llegó fueron a hablar con Roboam y le dijeron:

4 —Tu padre fue muy duro con nosotros. Si tú nos tratas mejor, te serviremos.

5 Roboam les contestó:

—Váyanse y vengan a verme de nuevo dentro de tres días.

Así que la gente se fue. **6** Entonces el rey Roboam les preguntó a sus consejeros qué debía hacer; estos consejeros también habían ayudado a su padre Salomón. Les preguntó:

—¿Qué puedo contestarle a esta gente?

7 Ellos le dijeron:

—Si te pones al servicio del pueblo y lo tratas bien, el pueblo te servirá por siempre.
8 Pero Roboam no les hizo caso.

En vez de eso les pidió consejo a los muchachos que habían crecido con él y que estaban a su servicio. **9** Les dijo:

—Esta gente quiere que yo la trate mejor que mi padre lo hizo, ¿ustedes qué opinan?

10 Ellos le contestaron:

—Diles que si tu padre fue duro con ellos, tú lo serás más. **11** Si tu padre los trató mal, tú los tratarás peor. Si tu padre los azotaba con correas, tú lo harás con látigos de puntas de hierro.

12 Después de tres días, Jeroboam y los hombres de las tribus del norte fueron a ver de nuevo a Roboam, como él les había pedido. **13** El rey les habló con dureza. No hizo caso a los consejeros, **14** sino a los muchachos, y les dijo:

—Mi padre fue duro con ustedes, pero yo lo seré más todavía. Mi padre los azotó con correas, pero yo lo haré con látigos de puntas de hierro.

15 Así que el rey no hizo lo que el pueblo le pidió. Y es que Dios así lo había planeado, para cumplir lo que le había prometido a Jeroboam hijo de Nabat. El profeta Ahías de Siló le había dicho a Jeroboam que Dios le quitaría al hijo de Salomón diez tribus de su reino, y se las daría a él. **16** Cuando todos vieron que el rey no les había hecho caso, le dijeron:

«¡No tenemos nada que ver con David, el hijo de Jesé! ¡No queremos que su familia reine sobre nosotros! ¡Volvamos a nuestras casas, israelitas! ¡Qué la familia de David reine sobre su propia tribu!»

Así que los israelitas se fueron a sus casas. **17** Pero Roboam reinó sobre los israelitas que vivían en las ciudades de Judá.

18 Luego Roboam envió a Adoram, el encargado del trabajo obligatorio, a hablar con los demás israelitas, pero ellos lo mataron a pedradas. Entonces el rey Roboam subió rápidamente a su carro y escapó a la ciudad de Jerusalén. **19** Así fue como las tribus del norte de Israel se rebelaron y no quisieron que la familia de David reinara sobre ellas; y así fue hasta el día en que esto se escribió.

20 Cuando todas estas tribus se enteraron de que Jeroboam había vuelto, lo mandaron a llamar ante todo el pueblo, y lo nombraron rey de todo Israel. La tribu de Judá fue la única que no estuvo de acuerdo, pues quería como rey a un descendiente de David.

21 Cuando Roboam llegó a Jerusalén, reunió a ciento ochenta mil soldados que eligió entre todas las familias de Judá y de la tribu de Benjamín, para luchar contra las demás tribus y recuperar el poder sobre todo Israel. **22** Pero Dios habló con Semaías, un hombre que amaba y respetaba a Dios, y le dijo: **23** «Debes darle a Roboam, y a todos los de la tribu de Judá y de Benjamín, y al resto del pueblo este mensaje: **24** ''Dios no quiere que haya guerra contra las demás tribus de Israel, pues ellos son sus parientes. Vuelvan a sus casas, pues es una orden de Dios''».

Al escuchar este mensaje, todos regresaron a sus casas como Dios les mandó.

Los dos toros de oro

25 Jeroboam reconstruyó la ciudad de Siquem, que está en las montañas de Efraín, y vivió en ella. Después se fue de allí y reconstruyó Penuel. **26-27** Entonces Jeroboam pensó: «Si el pueblo va a ofrecer sacrificios al templo de Dios que está en Jerusalén, va a encariñarse con Roboam, el rey de Judá, y luego me matarán y lo nombrarán rey. Entonces la familia de David volverá a reinar sobre nuestras diez tribus».

28 Jeroboam le preguntó a sus consejeros qué podría hacer, y después decidió hacer dos toros de oro. Entonces le dijo al pueblo: «Israelitas, ustedes ya han ido bastante a Jerusalén. Aquí tienen a sus dioses que los sacaron de Egipto». **29** Jeroboam puso uno de los toros en la ciudad de Betel y el otro en la ciudad de Dan. **30** Y el pueblo pecó contra Dios, pues fue a la ciudad de Dan y adoró al toro. **31** Jeroboam también edificó en las colinas pequeños templos, y nombró como sacerdotes a hombres que no pertenecían a la tribu de Leví. **32-33** Además, estableció una fiesta religiosa el día quince del mes de Bul,ı parecida a la fiesta que se celebraba en Judá en esa misma fecha, y él mismo ofreció en Betel sacrificios a los toros de oro. Luego quemó incienso en el altar, y nombró sacerdotes para los templos que había construido.

El profeta de Judá

13 **1** Dios envió a un profeta desde Judá hasta Betel, donde Jeroboam estaba quemando incienso sobre el altar. **2** Dios le ordenó a este profeta que hablara en contra del altar. El profeta, con voz fuerte, dijo:

«Altar, altar, Dios ha dicho que de la familia del rey David nacerá un niño, que se llamará Josías. Cuando él sea grande, matará a los sacerdotes que ofrecen incienso sobre ti. También quemará sobre ti huesos humanos».

3 Para mostrarles que todo eso en verdad sucedería, el profeta dijo que Dios daría una señal ese mismo día, y les dijo: «Este altar será destruido, y las cenizas que hay sobre él serán esparcidas».
4 Cuando Jeroboam escuchó lo que el profeta dijo en contra del altar de Betel, extendió su brazo desde el altar y dijo: «Llévense preso a este hombre». Pero el brazo que había extendido se le quedó tieso y no pudo moverlo más. **5** Además,

el altar se hizo pedazos y las cenizas que había sobre él se esparcieron. Así se cumplió lo que el profeta había dicho de parte de Dios. **6** Entonces el rey le dijo al profeta:

—Por favor, ora por mí a tu Dios. Pídele que me sane el brazo.

El profeta rogó a Dios, y el brazo del rey sanó. **7** Entonces el rey le dijo al profeta:

—Quiero que vengas a mi casa a comer. Voy a darte un regalo.

8 Pero el profeta le contestó:

—Aunque me des la mitad de tu palacio, no iré. Tampoco comeré o beberé en este lugar, **9** porque Dios me ordenó: "No comas pan, no bebas agua, ni vuelvas por el mismo camino".

10 El profeta se fue por otro camino, distinto del que había usado para ir a Betel.
11 En ese tiempo vivía en Betel un anciano que era profeta. Sus hijos fueron y le contaron todo lo que el profeta de Judá había hecho ese día en Betel, y lo que le había dicho al rey. **12** El anciano profeta le preguntó a sus hijos por cuál camino se había marchado el profeta de Judá. **13** Luego les ordenó que le alistaran su burro, y cuando estuvo listo se subió sobre el animal **14** y se fue a buscar al profeta de Judá. Lo encontró sentado debajo de un árbol grande, y le preguntó:

—¿Eres tú el profeta que vino de Judá?

Él le contestó:

—Sí, soy yo.

15 Entonces el anciano le dijo:

—Ven a mi casa, y te daré de comer.

16 Pero el profeta de Judá le contestó:

—No puedo volver contigo ni ir a tu casa. Tampoco puedo comer pan o beber agua en este lugar, **17** porque Dios así me lo ordenó.

18 El anciano le dijo:

—Yo también soy profeta, y un ángel me dio este mensaje de parte de Dios: "Lleva al profeta de Judá a tu casa para que coma pan y beba agua".

El profeta de Judá no sabía que el anciano mentía, **19** entonces se fue con él, comió pan y bebió agua en su casa. **20-21** Pero cuando estaban comiendo, Dios le habló al anciano profeta. Luego el anciano le dijo al profeta de Judá:

—Dios dice que tú desobedeciste sus órdenes, **22** pues has vuelto, y has comido y bebido cuando él te lo había prohibido. Por eso, cuando mueras no serás enterrado en la tumba de tus antepasados.

23 El profeta de Judá terminó de comer y de beber, y el anciano profeta le preparó el burro. **24** El profeta de Judá se fue, pero en el camino un león lo atacó y lo mató. Su cuerpo quedó tirado en el camino, pero el burro y el león permanecieron a su lado. **25** Al rato unos hombres pasaron por ahí, y vieron el cuerpo del profeta tirado en el camino y al león a un lado. Entonces fueron a la ciudad donde vivía el anciano profeta y le contaron lo que habían visto. **26** Cuando el anciano escuchó todo, dijo:

—Ese es el profeta que desobedeció a Dios. Por eso Dios dejó que un león lo atacara, y este lo ha despedazado y matado. Así se cumplió lo que Dios le dijo.

27 Después el anciano profeta les pidió a sus hijos que le prepararan el burro, **28** y se fue a buscar el cuerpo del hombre muerto. Lo encontró tirado en el camino, y junto a él estaban el burro y el león. El león no se había comido el cuerpo del hombre muerto, ni despedazado al burro. **29** Entonces el anciano profeta levantó el cuerpo del profeta de Judá. Lo puso encima del burro y lo llevó a la ciudad para llorar por él y sepultarlo. **30** Lo sepultó en su propia tumba, y allí lloró por él, gritando: «¡Mi hermano!» **31** Después el anciano les dijo a sus hijos:

«Cuando yo muera, entiérrenme en la misma tumba donde está el profeta de Judá. Pongan mi cuerpo encima del suyo. **32** Porque todo lo que Dios le ordenó decir en contra de los pequeños templos de Samaria se cumplirá».

33 A pesar de esto, Jeroboam no cambió su mala conducta. Al contrario, volvió a nombrar como sacerdotes a hombres del pueblo, para que sirvieran en los pequeños templos de Samaria; nombraba como sacerdote a cualquiera que quisiera servir en esos lugares. **34** Esto hizo que toda la familia de Jeroboam pecara, y por eso todos murieron. De esa familia no quedó nadie vivo.

Muerte del hijo de Jeroboam

14 **1** En ese tiempo se enfermó Abías, el hijo de Jeroboam. **2** Entonces Jeroboam le dijo a su esposa:

«Disfrázate para que nadie se dé cuenta de que eres mi mujer. Luego ve a Siló, a la casa del profeta Ahías, el que me dijo que yo sería rey de este país. **3** Toma diez panes, algunas galletas dulces, un frasco de miel, y ve a buscarlo. Él te dirá lo que va a pasar con nuestro hijo».

4 La esposa de Jeroboam se fue a buscar al profeta Ahías, quien ya era muy anciano y no podía ver. **5** Sin embargo, Dios ya le había dicho a Ahías que la esposa de Jeroboam vendría a buscarlo. Dios le dijo al profeta lo que debía responder cuando ella preguntara por el futuro de su hijo.

Cuando ella llegó, trató de hacerse pasar por otra mujer. **6** Pero Ahías escuchó sus pasos al llegar a la puerta, y le dijo:

«Entra, esposa de Jeroboam. ¿Por qué tratas de engañarme? Tengo muy malas noticias para ti. **7** Ve y dile a Jeroboam que este es el mensaje de Dios para él: ''Yo te elegí de entre el pueblo para que gobernaras sobre Israel. **8** Le quité el reino a la familia de David y te lo di a ti. Pero tú no te has comportado como David, mi servidor. Porque él obedeció mis mandamientos y me fue fiel; todo lo que hizo me pareció correcto. **9** En cambio tú, te has comportado peor que todos los reyes anteriores, te has fabricado dioses y otras imágenes de metal para hacerme enojar. ¡Me traicionaste! **10** Por eso castigaré a tu familia. Voy a hacer que todos los varones de tu familia mueran. No quedará ninguno de ellos con vida en Israel. Así como se barre el estiércol de los animales hasta que no queda nada, así haré desaparecer a tus descendientes. **11** A los miembros de tu familia que mueran en la ciudad se los comerán los perros, y los buitres se comerán a los que mueran en el campo. Yo soy Dios, y todo cuanto te he dicho sucederá''».

12 Después Ahías le dijo a la esposa de Jeroboam:

«Vete a tu casa. En cuanto entres en la ciudad el niño morirá. **13** Entonces todo el pueblo de Israel llorará por él y lo sepultará. De la familia de Jeroboam sólo él será sepultado, porque sólo él agradó al Dios de Israel.

14 »Después, Dios pondrá en Israel un rey que acabará con toda la familia de Jeroboam, ¡y eso sucederá muy pronto! **15** Dios hará sufrir a Israel así como la corriente de un río arrastra un árbol. Como Israel ha hecho enojar a Dios al fabricar imágenes de la diosa Astarté, **16** Dios lo abandonará;

lo sacará de esta buena tierra que le dio en el pasado, y lo desparramará más allá del río Éufrates. Todo esto pasará por culpa de Jeroboam, quien pecó contra Dios y también hizo pecar a Israel».

17 Entonces la esposa de Jeroboam se fue, y en cuanto llegó a la ciudad de Tirsá y entró a la casa, el niño murió. **18** Todo el pueblo lamentó su muerte, y luego lo sepultaron. Así se cumplió lo que Dios había dicho por medio del profeta Ahías.

19 Todo lo que Jeroboam hizo durante su reinado, incluyendo las guerras que ganó, está escrito en el libro de la Historia de los reyes de Israel. **20** Jeroboam reinó veintidós años. Después murió y su hijo Nadab reinó en su lugar.

Roboam, rey de Judá
(2 Cr 12.1-16)

21 Roboam, el hijo de Salomón, fue el rey de Judá. Tenía cuarenta y un años cuando comenzó a gobernar. La capital de su reino fue Jerusalén, y su reinado duró diecisiete años. Jerusalén fue el lugar que Dios había elegido para que lo adoraran. La madre de Roboam era amonita, y se llamaba Naamá.

22 Los habitantes de Judá desobedecieron a Dios y pecaron mucho más que sus antepasados, y esto hizo enojar mucho a Dios. **23** Construyeron pequeños templos, hicieron monumentos con piedra y madera en honor de la diosa Astarté, y los colocaron no sólo en lo alto de las colinas y sino también bajo los árboles grandes. **24** Además, permitieron que se practicara la prostitución en esos lugares, y así siguieron las costumbres despreciables de las naciones que no obedecían a Dios y que él había expulsado del territorio israelita.

25 Cuando Roboam empezó su quinto año de reinado, Sisac, rey de Egipto, atacó a Jerusalén. **26** Se llevó los tesoros del templo y del palacio, incluyendo los escudos de oro que había hecho Salomón. **27** Luego Roboam hizo escudos de bronce en lugar de los de oro, y los puso al cuidado de los oficiales que vigilaban la entrada de su palacio. **28** Cada vez que el rey iba al templo, los vigilantes llevaban los escudos. Cuando regresaban, los ponían de nuevo en el cuartel. **29** Todo lo que Roboam hizo está escrito en el libro de la Historia de los reyes de Judá. **30** Este rey y Jeroboam siempre estuvieron en guerra. **31** La madre de Roboam se llamaba Naamá y era amonita. Cuando Roboam murió, lo enterraron en la Ciudad de David, en la tumba de sus antepasados. Su hijo Abiam reinó en su lugar.

Abiam, rey de Judá
(2 Cr 13.1-22)

15 **1** Abiam comenzó a reinar cuando Jeroboam hijo de Nabat tenía ya dieciocho años de gobernar en Israel. **2** La capital de su reino fue Jerusalén, y su reinado duró tres años. Su madre se llamaba Maacá hija de Absalón. **3** Abiam cometió los mismos pecados que había cometido su padre. No le fue fiel a Dios como lo había sido su bisabuelo David. **4** Sin embargo, por amor a David, Dios permitió que un hijo de Abiam reinara en Jerusalén después de él, y además protegió a la ciudad de Jerusalén. **5** Y es que David se había comportado correctamente, y en toda su vida no desobedeció a Dios en nada. El único mal que David cometió fue cuando mandó que mataran a Urías el hitita. **6-7** Mientras Roboam reinó, siempre estuvo en guerra con Jeroboam. Esa guerra continuó entre Jeroboam y el reino de Abiam. Todo lo que Abiam hizo está escrito en el libro de la Historia de los reyes de Judá. **8** Cuando Abiam murió, lo enterraron en la Ciudad de David, y en su lugar reinó su hijo Asá.

Asá, rey de Judá
(2 Cr 14.1-5; 15.16-19; 16.1-14)

9 Asá comenzó a reinar cuando Jeroboam ya tenía veinte años de gobernar en Israel. **10** La capital de su reino fue Jerusalén, y su reinado duró cuarenta y un años. Su abuela fue Maacá, hija de Absalón.

11 Asá obedeció a Dios, tal como lo había hecho su antepasado David. **12** Asá expulsó del país a los que practicaban la prostitución en los lugares de adoración, y quitó todos los ídolos que habían hecho los reyes que gobernaron antes de él. **13** También le quitó a su abuela Maacá su autoridad de reina madre, porque ella había hecho una imagen de la diosa Astarté. El rey Asá destruyó esa imagen y la quemó en el arroyo de Cedrón. **14** Sin embargo, Asá no quitó los pequeños templos de las colinas. A pesar de eso, Asá fue fiel a Dios durante toda su vida. **15** También llevó al templo todos los objetos de oro y plata que tanto él como su padre le habían prometido a Dios.

16 Cuando Baasá llegó a ser rey de Israel, estuvo siempre en guerra con Asá. **17** En una de esas batallas, Baasá atacó a Judá y conquistó la ciudad de Ramá. Luego reforzó la vigilancia de la ciudad para impedir que el rey Asá entrara o saliera del territorio de Judá. **18** En respuesta, Asá tomó todo el oro y la plata que había en los tesoros del templo y del palacio del rey, y se los dio a sus asistentes para que se los llevaran a Ben-hadad, rey de Siria. Este vivía en la ciudad de Damasco y era hijo de Tabrimón y nieto de Hezión. Asá le mandó este mensaje a Ben-hadad:

19 «Hagamos un pacto tú y yo, como hicieron tu padre y el mío. Rompe el pacto que hiciste con Baasá, el rey de Israel, para que ya no pueda luchar contra mí. A cambio te envío este oro y esta plata como regalo».

20 Ben-hadad aceptó la propuesta del rey Asá, y envió a los jefes de su ejército a pelear contra las ciudades de Israel. Así conquistó Iión, Dan, Abel-bet-maacá, toda la región de Neftalí y la región alrededor del Lago de Galilea.

21 Cuando el rey Baasá se enteró de esto, dejó de vigilar Ramá y regresó a la ciudad de Tirsá. **22** Entonces el rey Asá llamó a todo el pueblo de Judá para que se llevaran todas las piedras y la madera que Baasá había usado para reforzar la seguridad en Ramá. Con esas piedras y esa madera, el rey Asá reforzó la seguridad de las ciudades de Mispá y Gueba de Benjamín.

23 Todo lo que Asá hizo, su poder y las ciudades que construyó, está escrito en el libro de la Historia de los reyes de Judá.

Siendo ya muy viejo, Asá se enfermó de los pies, **24** y murió. Lo sepultaron en la Ciudad de David, donde estaban sus antepasados. Después, reinó en su lugar su hijo Josafat.

Nadab, rey de Israel

25 Nadab, el hijo de Jeroboam, fue nombrado rey de Israel en el segundo año del reinado de Asá en Judá. Su reinado duró dos años. **26** Nadab desobedeció a Dios y cometió los mismos pecados que su padre había cometido, y con los que hizo pecar a Israel. **27-28** En una ocasión, cuando Nadab y todo su ejército estaban rodeando la ciudad filistea de Guibetón, Baasá hijo de Ahías, que era de la tribu de Isacar, se rebeló en contra de Nadab y lo mató. Esto sucedió en el tercer año del reinado de Asá en Judá. Baasá reinó en lugar de Nadab, **29** y empezó su reinado matando a toda la familia de Jeroboam. No dejó a nadie con vida. De esta manera se cumplió lo que Dios había dicho por medio del profeta Ahías de Siló. **30** Ese fue el castigo que recibió Jeroboam, junto con su familia, pues pecó contra Dios e hizo pecar a Israel, lo cual hizo enojar a Dios.

31 Lo que Nadab hizo, incluyendo todas estas cosas, está escrito en el libro de la Historia de los reyes de Israel.

32-33 Baasá comenzó a reinar en Israel cuando Asá ya tenía tres años de gobernar en Judá. La capital de su reino fue Tirsá, y su reinado duró veinticuatro años. **34** Baasá desobedeció a Dios y cometió los mismos pecados con los que Jeroboam había hecho pecar a Israel.

16 **1-7** Entonces Dios le dijo al profeta Jehú hijo de Hananí, que dijera en contra de Baasá lo siguiente:

«Tú eras un hombre sin importancia; sin embargo, te puse a gobernar a mi pueblo Israel. Pero me tiene muy enojado que te has comportado igual que Jeroboam y has hecho pecar a Israel. Por eso voy a destruirte a ti y toda tu familia. Haré con ustedes lo mismo que hice con la familia de Jeroboam. A los miembros de tu familia que mueran en la ciudad se los comerán los perros, y los buitres se comerán a los que mueran en el campo».

Aunque Baasá destruyó a Jeroboam y a su familia, al final pecó igual que él. Todo lo que hizo Baasá, incluyendo sus triunfos, está escrito en el libro de la Historia de los reyes de Israel. Cuando Baasá murió, lo sepultaron en la ciudad de Tirsá, y después reinó en su lugar su hijo Elá.

8 Elá fue nombrado rey de Israel cuando Asá ya tenía veintiséis años de gobernar en Judá. La capital de su reino fue Tirsá, y su reinado duró dos años. **9** Pero un oficial del reino, llamado Zimrí, que estaba a cargo de la mitad de los carros de guerra, se rebeló contra Elá.

Cierto día, Elá fue a la casa de Arsá, el encargado del palacio, y allí bebió hasta emborracharse. **10** Entonces Zimrí entró, lo mató y comenzó a reinar en su lugar. Esto ocurrió en el año veintisiete del reinado de Asá en Judá.

11 Tan pronto como Zimrí comenzó a reinar, mató a toda la familia de Baasá y a todos sus amigos. **12** De esta manera se cumplió lo que Dios había dicho en contra de Baasá por medio del profeta Jehú. **13** Todo eso pasó por los pecados de Baasá y de su hijo Elá, pues hicieron enojar a Dios al adorar a dioses falsos, y con ello hicieron pecar a Israel.

14 El resto de la historia de Elá y todo lo que hizo está escrito en el libro de la Historia de los reyes de Israel.

15-19 Zimrí sólo gobernó en Tirsá por siete días. Resulta que el ejército estaba por atacar la ciudad filistea de Guibetón, cuando se enteraron de que Zimrí había matado al rey. Como los soldados no estuvieron de acuerdo nombraron rey a Omrí, general del ejército. Entonces se regresaron a Tirsá para quitar a Zimrí del trono. Pero cuando Zimrí vio que el ejército se habían apoderado de la ciudad, entró en el palacio y le prendió fuego. El palacio se quemó, y él murió dentro. Esto le sucedió como castigo por los pecados que había cometido, pues Zimrí desobedeció a Dios y se comportó igual que Jeroboam, quien había hecho pecar a Israel. Todo esto sucedió en el año veintisiete del reinado de Asá en Judá. **20** El resto de la historia de Zimrí y su traición está escrita en el libro de la Historia de los reyes de Israel.

21 Después de la muerte de Zimrí, el pueblo de Israel se dividió. Unos querían que el rey fuera Tibní hijo de Guinat, y otros que el rey fuera Omrí. **22** Los que querían a Omrí vencieron a los de Tibní. Como resultado Tibní murió, y Omrí fue el rey. **23** Comenzó a reinar cuando Asá ya tenía treinta y un años de gobernar en Judá. Su reinado duró doce años, y durante los seis primeros años tuvo por capital la ciudad de Tirsá. **24** Luego Omrí le compró a Sémer la montaña de Samaria por sesenta y seis kilos de plata. Allí edificó una ciudad con murallas, a la que llamó Samaria, en honor de Sémer, su dueño anterior.

25 Omrí desobedeció a Dios y cometió peores pecados que los que habían cometido todos los reyes anteriores. **26** Cometió los mismos pecados que Jeroboam, pues también hizo pecar a Israel adorando dioses falsos, y eso hizo enojar a Dios.

27 Todo lo que hizo Omrí, incluyendo sus triunfos, está escrito en el libro de la Historia de los reyes de Israel. **28** Cuando murió lo enterraron en Samaria. Después su hijo Ahab reinó en su lugar.

29 Ahab comenzó a reinar cuando Asá ya tenía treinta y ocho años de gobernar en Judá. La capital de su reino fue Samaria, y su reinado duró veintidós años.

30 Ahab desobedeció a Dios y cometió más pecados que todos los reyes anteriores. **31** Se comportó peor que Jeroboam, pues se casó con Jezabel hija de Et-baal, rey de los sidonios, y terminó adorando a Baal. **32** Construyó en Samaria un templo y un altar para ese dios. **33** También hizo una imagen de la diosa Astarté, con lo que hizo enojar al Dios de Israel mucho más que todos los reyes anteriores.

34 Durante el reinado de Ahab, un hombre de la ciudad de Betel que se llamaba Hiel, reconstruyó la ciudad de Jericó. Cuando comenzó a reconstruirla, murió su hijo mayor llamado Abiram. Su hijo menor, llamado Segub, murió cuando puso los portones de la ciudad. Esto sucedió porque Dios había dicho, por medio de Josué, que morirían los hijos del hombre que reconstruyera Jericó.

17 **1** Elías era un profeta de Tisbé, pueblo que estaba en la región de Galaad. Un día, Elías le anunció a Ahab: «Juro por el Dios de Israel, a quien sirvo, que durante varios años no va a llover ni a caer rocío. Lloverá hasta que yo lo diga, y así será».

² Luego Dios le dijo a Elías: ³ «Vete de aquí, y escóndete en el arroyo Querit, que está al este del río Jordán. ⁴ Así tendrás agua para beber. Yo le he ordenado a los cuervos que te lleven comida».

⁵ Elías se fue a vivir al arroyo Querit, como Dios le mandó, ⁶ y todos los día, en la mañana y en la tarde, los cuervos le llevaban pan y carne para que comiera; si quería beber, iba por agua al arroyo. ⁷ Poco tiempo después el arroyo se secó, pues había dejado de llover en el país.

Una viuda le da comida a Elías
⁸ Entonces Dios le dijo a Elías: ⁹ «Ve a Sarepta, pueblo de la región de Sidón, y quédate a vivir ahí. Yo le he ordenado a una viuda que te alimente».

¹⁰ Elías se levantó y se fue. Cuando llegó a Sarepta vio a una viuda que estaba juntando leña. Entonces la llamó y le dijo:

—Por favor, tráeme un poco de agua en un vaso.

¹¹ Cuando la viuda se volvió para traérselo, él le dijo:

—Tráeme también un poco de pan.

¹² Pero la mujer le dijo:

—Te juro por Dios que no tengo pan. Sólo tengo un poco de harina en una jarra y un poco de aceite en una botella. Ahora estoy juntando leña para ver qué preparo para mi hijo y para mí. Después de comer probablemente moriremos de hambre, pues ya no tenemos más comida.

¹³ Entonces Elías le contestó:

—No tengas miedo. Ve y haz lo que has dicho. Pero primero cocina un pequeño pan para mí y tráemelo. Después prepara pan para ti y para tu hijo, ¹⁴ pues el Dios de

Israel dijo que no se terminará la harina que está en la jarra ni el aceite que tienes en la botella hasta que él haga llover otra vez.

¹⁵ La mujer fue e hizo lo que Elías le dijo, y tanto ella como su hijo y Elías tuvieron comida durante muchos días. ¹⁶ Ni la harina de la jarra ni el aceite de la botella se acabaron. Así se cumplió lo que Dios había dicho por medio de Elías. ¹⁷ Un poco después, el hijo de la viuda se enfermó. Su enfermedad era tan grave que se murió. ¹⁸ Entonces la mujer le dijo a Elías:

—Profeta, ¿qué tienes en mi contra? ¿Has venido a recordarme mis pecados y a castigarme con la muerte de mi hijo?

¹⁹ Entonces Elías le contestó:

—Dame a tu hijo.

Elías tomó al niño del regazo de la viuda, lo llevó a su propia habitación, y lo acostó sobre su cama. ²⁰ Luego le rogó a Dios en voz alta: «Dios mío, ¿cómo puedes traer tal desgracia sobre esta viuda, que me recibió en su casa? ¡No dejes morir a ese niño!»
²¹ Luego de haber dicho esto Elías se tendió tres veces sobre el cuerpo del niño y en voz alta le rogó a Dios: «¡Dios mío, Dios mío, devuélvele la vida a este niño!»
²² Dios escuchó la oración de Elías, y el niño volvió a vivir. ²³ Entonces Elías tomó al niño, lo bajó del primer piso, se lo entregó a su madre, y le dijo:

—Mira, tu hijo vive.

²⁴ La mujer le contestó:

—Ahora sé que de veras eres profeta de Dios, y que tus mensajes vienen de él.

Elías habla con Ahab
18 ¹⁻² No había llovido en tres años, y en Samaria todos estaban pasando mucha hambre, pues no

había alimentos. Finalmente, Dios le dijo a Elías: «Ve y habla con Ahab, pues voy a hacer que llueva».

Elías fue a ver a Ahab. ³ Por aquellos días Ahab tenía un mayordomo llamado Abdías, el cual adoraba a Dios fielmente. ⁴ Cuando Jezabel comenzó a matar a los profetas de Dios, Abdías tomó a cien de ellos, los dividió en dos grupos de cincuenta, los escondió en dos cuevas y allí los alimentó con pan y agua. ⁵ Ahab le dijo a Abdías: «Vamos a recorrer todo el país en busca de ríos o manantiales. Tal vez encontremos pasto para los caballos y las mulas, y así los mantendremos con vida. Si no encontramos nada, nuestros animales morirán».

⁶ Entonces se dividieron el país. Ahab fue a recorrer una parte y Abdías la otra. ⁷ Mientras Abdías recorría el país, se encontró con Elías. Al reconocerlo, se inclinó delante de él en señal de respeto, y le dijo:

—¡Profeta Elías, estoy para servirle!

⁸ Elías le contestó:

—¿Así que sabes quién soy? Entonces ve y dile al rey que estoy aquí.

⁹⁻¹² Abdías le dijo:

—El rey ha enviado a muchos hombres a buscarlo por todos los países y reinos. Cuando ellos regresaron sin encontrarlo, el rey les hizo jurar que en verdad no lo encontraron. Le juro a usted por Dios que digo la verdad. No me pida que le diga al rey que usted está aquí, pues en cuanto yo me aleje, el espíritu de Dios se lo llevará a donde yo no lo sepa. ¿Qué pecado he cometido para que usted me pida eso? Hacerlo será como entregarme al rey para que me mate. Porque cuando Ahab venga y no lo encuentre, me matará, a pesar de que yo he obedecido a Dios desde que era joven. ¹³ ¿Acaso no le han contado lo que hice cuando

Jezabel mató a los profetas de Dios? Yo escondí a cien profetas. A cincuenta los puse en una cueva y a los otros cincuenta en otra. Después los alimenté con pan y agua. **14** ¡Y ahora me pide que vaya y le diga al rey que usted está aquí! ¡Si viene y no lo encuentra me matará!

15 Entonces Elías le contestó:

—Te juro por el Dios todopoderoso, a quien sirvo, que hoy me reuniré con el rey.

16 Abdías fue a buscar a Ahab y le dijo lo que Elías le había encargado. Después Ahab fue a buscar a Elías, **17** y cuando lo encontró le dijo:

—¿Así que eres tú el que trae tantos problemas sobre Israel?

18 Elías le contestó:

—No soy yo el que trae problemas sobre Israel, sino tú y tu familia. Porque ustedes han dejado de obedecer los mandamientos de Dios y adoran las imágenes del dios Baal. **19** Ordena que los israelitas se reúnan en el monte Carmelo. Que vayan también los cuatrocientos cincuenta profetas de Baal y los cuatrocientos profetas de la diosa Astarté, a los que Jezabel les da de comer.

El Dios verdadero

20 Ahab llamó a todo el pueblo de Israel y reunió a todos los profetas de Baal y Astarté en el monte Carmelo. **21** Elías se acercó al pueblo y le preguntó:

—¿Por cuánto tiempo van a estar cambiando de dios? Tienen que decidirse por el Dios de Israel o por Baal. Y si Baal es el verdadero dios, síganlo a él.

El pueblo no contestó nada. **22** Entonces Elías agregó:

—Yo soy el único profeta de Dios que ha quedado con vida, pero acá hay cuatrocientos cincuenta profetas de Baal. **23** Traigan dos toros, y que los profetas de Baal elijan uno. Que lo corten en pedazos, lo pongan sobre la leña y no prendan el fuego. Yo voy a preparar el otro toro, lo voy a poner sobre la leña y tampoco voy a prender el fuego. **24** Pídanle a Baal y yo le pediré al Dios de Israel, y el Dios que responda con fuego es el verdadero Dios.

Todo el pueblo contestó:

—¡Nos parece buena idea!

25 Entonces Elías le dijo a los profetas de Baal:

—Elijan un toro para ustedes y prepárenlo primero, porque ustedes son muchos. Pídanle a su dios que mande fuego, pero no lo enciendan ustedes.

26 Entonces ellos tomaron el toro que les dieron, lo prepararon y oraron a su dios desde la mañana hasta el mediodía. Le decían: «¡Baal, contéstanos!» Los profetas de Baal saltaban alrededor del altar que habían construido. Pero no se escuchó ninguna voz ni nadie respondió nada. **27** Al mediodía, Elías se burlaba de ellos, y les decía: «¡Griten más fuerte! ¿No ven que él es dios? A lo mejor está pensando, o salió de viaje; quizás fue al baño. ¡Tal vez está dormido y tienen que despertarlo!»

28 Los profetas de Baal gritaban fuerte. Se cortaban a sí mismos con cuchillos hasta que les salía sangre, pues así acostumbraban hacerlo en sus cultos. **29** Pasó el mediodía, y ellos siguieron gritando y saltando como locos. Por fin llegó la hora acordada para quemar el toro, pero no se oyó ninguna voz. Nadie escuchó ni contestó nada. **30** Entonces Elías le dijo a todo el pueblo:

—Acérquense a mí.

Todos se acercaron, y Elías arregló el altar de Dios, que estaba derrumbado. **31** Tomó doce piedras, una por cada tribu de Israel: nombre que Dios le puso a Jacob, antepasado de los israelitas. **32** Con esas doce piedras construyó un altar. Luego hizo una zanja alrededor del altar, en la que cabían unos doce litros de agua. **33** Acomodó la leña, cortó el toro en pedazos y lo puso sobre la leña. Entonces Elías le dijo a la gente:

—Llenen cuatro jarrones con agua y mojen por completo al toro y a la leña.

Ellos lo hicieron así, **34** y después Elías les dijo:

—Háganlo otra vez.

Ellos echaron nuevamente agua sobre el animal y la leña, y Elías les pidió que hicieran lo mismo por tercera vez. **35** El agua corrió alrededor del altar y llenó la zanja. **36** Cuando llegó el momento de quemar el toro, el profeta Elías se acercó y le pidió a Dios:

«¡Dios de Abraham, de Isaac y de Jacob! Haz que hoy todos sepan que tú eres el Dios de Israel y que yo soy tu servidor, y que he hecho todo esto porque tú me lo has pedido. **37** Contéstame, mi Dios; contéstame para que este pueblo sepa que tú eres Dios, y que deseas que ellos se acerquen a ti».

38 En ese momento, Dios mandó fuego, y quemó el toro, la leña y hasta las piedras y el polvo. ¡También el agua que estaba en la zanja se evaporó! **39** Cuando todo el pueblo vio eso, se inclinó hasta tocar el suelo con su frente y dijo: «¡El Dios de Israel es el Dios verdadero! ¡Él es el Dios verdadero!»

40 Entonces Elías les dijo:

—¡Atrapen a los profetas de Baal! ¡Que no se escape ninguno!

El pueblo los atrapó, y Elías los llevó al arroyo Quisón y allí los mató.

Elías ora para que llueva

41 Después Elías le dijo a Ahab:

—Vete a comer y beber, porque ya se oye el ruido del aguacero.

42 Así que Ahab se fue a comer y beber. Elías subió a lo alto del monte Carmelo, allí se arrodilló en el suelo y apoyó su cara en las rodillas. **43** Después le dijo a su ayudante:

—Ve y mira hacia el mar.

El ayudante fue, miró y le dijo:

—No se ve nada.

Elías le dijo:

—Vuelve siete veces.

44 Después de ir siete veces, el ayudante le dijo a Elías:

—¡Se ve una pequeña nube del tamaño de una mano! Está subiendo del mar.

Entonces Elías le dijo:

—Ve a decirle a Ahab que prepare su carro y se vaya antes de que empiece a llover y no pueda salir.

45 En seguida, las nubes se oscurecieron, el viento sopló fuertemente y cayó un gran aguacero. Ahab subió a su carro y salió de prisa rumbo a la ciudad de Jezreel. **46** Por su parte, Elías se amarró bien la capa y también salió rumbo a Jezreel, pero llegó primero que Ahab, porque Dios le dio fuerzas.

Elías se escapa de Jezabel

19 **1** Ahab le contó a Jezabel todo lo que Elías había hecho y cómo había matado a todos los profetas de Baal. **2** Entonces Jezabel mandó un mensajero a decirle a Elías: «Te voy a matar como tú hiciste con los profetas de Baal. Si mañana a esta hora no estás muerto, que los dioses me maten a mí».

3 Cuando Elías supo esto, se asustó tanto que huyó a Beerseba, en el territorio de Judá. Dejó a su ayudante en Jezreel **4** y anduvo por un día en el desierto. Luego se sentó debajo de un arbusto, y estaba tan triste que se quería morir. Le decía a Dios: «¡Dios, ya no aguanto más! Quítame la vida, pues no soy mejor que mis antepasados?»

5 Después se acostó debajo del arbusto y se quedó dormido. Al rato un ángel lo tocó y le dijo: «Levántate y come».

6 Elías miró y encontró cerca de su cabeza un pan recién horneado, y una jarra de agua. Así que comió, bebió y se acostó de nuevo.

7 El ángel de Dios fue por segunda vez, tocó a Elías y le dijo: «Levántate y come, pues el viaje será largo y pesado».

8 Entonces Elías se levantó, comió y bebió. Esa comida le dio fuerzas para viajar durante cuarenta días y cuarenta noches, hasta que llegó al monte Horeb, que es el monte de Dios. **9** Allí encontró una cueva y se quedó a pasar la noche. Pero Dios le habló de nuevo y le preguntó:

—¿Qué estás haciendo acá, Elías?

10 Él contestó:

—Yo me he preocupado mucho por obedecerte, pues tú eres el Dios todopoderoso. El pueblo de Israel ha abandonado el pacto que tiene contigo, ha destruido tus altares y ha matado a tus profetas. Sólo yo estoy vivo, pero me están buscando para matarme.

11 Entonces Dios le dijo:

—Sal afuera de la cueva y párate delante de mí, en la montaña.

En ese momento Dios pasó por ahí, y de inmediato sopló un viento fuerte que estremeció la montaña, y las piedras se hicieron pedazos. Pero Dios no estaba en el viento. Después del viento hubo un terremoto. Pero Dios tampoco estaba en el terremoto. **12** Después del terremoto hubo un fuego. Pero Dios tampoco estaba en el fuego. Después del fuego se oyó el ruido delicado del silencio. **13** Cuando Elías lo escuchó, se tapó la cara con su capa, salió y se quedó a la entrada de la cueva. En ese momento Elías escuchó una voz que le preguntó:

—¿Qué estás haciendo aquí, Elías?

14 Él contestó:

—Yo me he esforzado mucho por obedecerte, pues tú eres el Dios todopoderoso. El pueblo de Israel ha abandonado el pacto que tiene contigo, ha destruido tus altares y ha matado a tus profetas. Sólo yo estoy vivo, pero me están buscando para matarme.

15 Entonces Dios le dijo:

—Anda, regresa por el mismo camino hasta el desierto de Damasco. Cuando llegues, nombra a Hazael como rey de Siria, **16** y a Jehú hijo de Nimsí, como rey de Israel. También nombra como profeta, en lugar tuyo, a Eliseo hijo de Safat, del pueblo de Abelmeholá. **17** De esta manera, al israelita que escape de morir bajo la espada de Hazael, lo matará Jehú. Y a quien no pueda matar Jehú, lo matará Eliseo. **18** Pero debes saber que siete mil personas no se arrodillaron delante de Baal ni lo besaron; a ellos yo los voy a dejar con vida.

Elías llama a Eliseo

19 Elías se fue de allí y encontró a Eliseo hijo de Safat. Eliseo estaba arando su tierra con doce pares de bueyes. Él iba guiando la última pareja de bueyes. Cuando Eliseo pasó por donde estaba Elías, este le puso su capa encima a Eliseo, y

¡Es grande la emoción de María cuando descubre que tiene suficiente dinero para comprar una Biblia!

"*El* lugar más cercano donde hay biblias queda a cuarenta kilómetros", informa a María el señor huw.

de esta manera le indicó que él sería profeta en lugar de él. **20** Eliseo dejó los bueyes, corrió detrás de Elías y le dijo:

—Déjame darle un beso a mi padre y a mi madre para despedirme, y después te seguiré.

Elías le contestó:

—Está bien, ve a despedirte. Pero recuerda lo que he hecho contigo.

21 Eliseo dejó a Elías, y fue a buscar dos toros suyos y los mató. Tomó la madera del yugo que unía a los toros, y con ella hizo fuego para asar la carne. Eliseo invitó a su gente a comer la carne asada, y luego se fue a buscar a Elías. Desde ese momento, Eliseo fue su ayudante.

El rey de Siria ataca Samaria

20 **1** El rey de Siria se llamaba Ben-hadad. Él reunió a todo su ejército, y a treinta y dos reyes que eran sus amigos, los cuales trajeron sus caballos y carros de combate. Fueron hasta la ciudad de Samaria, la rodearon y la atacaron. **2** Ben-hadad también envió mensajeros a la ciudad para que le llevaran este mensaje a Ahab, rey de Israel: **3** «Dame tu oro y tu plata, y las mujeres e hijos que más quieras, porque son míos». **4** El rey de Israel contestó: «Su Majestad, yo y todo lo que tengo es suyo».

5 Ben-hadad mandó de nuevo unos mensajeros con este mensaje: «Ya te he dicho que tienes que darme tu oro, tu plata, tus mujeres y tus hijos. **6** Además, mañana, como a esta misma hora, enviaré a mis oficiales para que registren tu palacio y las casas de tus funcionarios, y les daré permiso de que tomen todo lo que quieran llevarse».

7 Entonces el rey de Israel llamó a los líderes del país y les dijo:

—Observen cómo este hombre está buscando causarme problemas. Me pidió mis mujeres e hijos, mi plata y oro, y le he dicho que le daré todo.

8 Entonces los líderes y todo el pueblo le dijeron al rey de Israel:

—No escuche ni acepte lo que Ben-hadad le dice.

9 Entonces Ahab dijo a los mensajeros de Ben-hadad:

—Dígale a Su Majestad que le daré lo que me pidió primero, pero que no voy a darle lo que ahora pide.

10 Ben-hadad le mandó a decir a Ahab: «Voy a destruir la ciudad de Samaria, y que los dioses me castiguen si dejo suficiente polvo en la ciudad como para darle un poco a cada uno de mis soldados». **11** Entonces Ahab le respondió: «No cantes victoria antes de tiempo».

12 Cuando Ben-hadad escuchó esto, estaba bebiendo con los otros reyes en los refugios que habían preparado. Entonces Ben-hadad le dijo a su gente: «¡Al ataque!»

En seguida todos se prepararon para atacar la ciudad.

Ahab derrota a Ben-hadad

13 Mientras tanto, un profeta fue a ver a Ahab y le dijo:

—Dios quiere que sepas que aunque este gran ejército te ataque, él te dará la victoria, así sabrás que él es el único Dios.

14 Ahab le preguntó:

—¿Por medio de quién me dará la victoria?

El profeta le contestó:

—Por medio de los ayudantes de los gobernadores de las provincias.

Ahab le preguntó:

—¿Quién atacará primero?

El profeta contestó:

—Tú.

15 Entonces Ahab organizó a los ayudantes de los gobernadores de las provincias, que eran doscientos treinta y dos, y a todo el ejército de Israel que estaba formado por siete mil soldados.

16-17 Al mediodía salieron a atacar al ejército de Siria y a sus aliados. Los ayudantes de los gobernadores de las provincias iban al frente, mientras tanto Ben-hadad y los treinta y dos reyes que lo apoyaban, seguían emborrachándose en los refugios que habían construido.

Ben-hadad mandó exploradores para que observaran lo que estaba pasando, y estos informaron que algunos hombres habían salido de Samaria para encontrarse con ellos. **18** Ben-hadad les dijo: «Tráiganlos vivos, no importa si viene en plan de paz o en plan de guerra».

19 Los ayudantes de los gobernadores y todo el ejército de Israel que iba detrás de ellos, salieron de la ciudad. **20** Cada uno de ellos mató a un enemigo del ejército de Siria. Los sirios se escaparon y los israelitas los persiguieron. Pero Ben-hadad pudo escaparse. **21** El rey de Israel avanzó, capturó los caballos y carros de combate, y mató a muchos sirios.

22 Después el profeta fue a ver al rey de Israel y le dijo:

—Refuerza el ejército y piensa bien lo que tienes que hacer. Porque el rey de Siria vendrá el año que viene para atacarte.

23 Mientras tanto, los oficiales del rey de Siria le dijeron:

—Los israelitas nos vencieron porque sus dioses son dioses de las montañas. Pero luchemos en el campo, y seguro que los derrotaremos. **24** Usted tiene que quitar a los reyes de sus puestos y poner en su lugar a oficiales del ejército. **25** Prepare un ejército como el que tenía antes de la guerra; reúna nuevamente caballos y carros de guerra. Después iremos a luchar contra los israelitas en el campo y seguramente los vamos a vencer.

El rey de Siria siguió el consejo. **26** Un año después, Ben-hadad reunió al ejército sirio y fue a Afec a luchar contra Israel. **27** También los israelitas inspeccionaron su ejército. Luego tomaron los alimentos y el equipo necesario, y salieron a atacar al ejército de Siria. El ejército de Israel era tan pequeño que, comparado con el ejército de Siria, parecía como dos rebaños de cabras en el campo. **28** Un profeta de Dios fue a ver al rey de Israel y le dijo: «Dios quiere que sepas que el rey de Siria ha dicho Dios sólo reina en las montañas y no en el campo. Por eso te dará la victoria sobre este gran ejército sirio. Así sabrás que él es el único Dios».

29 El ejército de Siria y el de Israel estuvieron acampando frente a frente durante siete días. El séptimo día se desató la batalla. Ese día los israelitas mataron a mil soldados sirios que iban a pie. **30** El resto del ejército sirio se escapó a la ciudad de Afec. Pero la muralla de la ciudad cayó encima de los veintisiete mil hombres que habían escapado.

Ben-hadad también escapó y se escondió en una habitación, en una casa de la ciudad. **31** Sus oficiales le dijeron:

—Hemos escuchado que los reyes de Israel siempre cumplen sus compromisos. Nos vestiremos con ropas ásperas, para mostrar nuestra tristeza por tantas muertes. Además nos pondremos una soga alrededor del cuello para mostrar que nos rendimos. Iremos ante el rey de Israel y le pediremos que le perdone la vida.

32 Los oficiales se pusieron ropas ásperas y una soga al cuello.

Después fueron a ver al rey de Israel y le dijeron:

—Su servidor Ben-hadad le ruega que le perdone la vida.

Ahab les preguntó:

—¿Ben-hadad vive todavía? Él es mi amigo.

33 A los hombres les pareció una buena señal lo que dijo el rey de Israel, y rápidamente contestaron:

—¡Sí, Ben-hadad es su amigo!

Entonces el rey de Israel agregó:

—¡Vayan y tráiganlo!

Ben-hadad fue a ver a Ahab y este lo invitó a subir a su carro. **34** Después Ben-hadad le dijo:

—Te voy a devolver las ciudades que mi padre le quitó al tuyo. Tú puedes poner negocios en Damasco, como hizo mi padre en Samaria.

Ahab le contestó:

—Entonces yo te dejaré ir.

Así que Ahab hizo este pacto con Ben-hadad y lo dejó ir.

Un profeta reprende a Ahab

35 Después, un hombre que pertenecía al grupo de los profetas de Dios le dijo a uno de sus compañeros:

—Dios ordena que me hieras. Por favor, hazlo.

Pero su compañero no quiso herirlo. **36** Entonces el profeta le dijo:

—Tan pronto te separes de mí, te matará un león, pues no quisiste obedecer a Dios.

Y así fue. Tan pronto como el hombre se separó del profeta, vino un león y lo mató. **37** Después el profeta encontró a otro hombre y le dijo:

—Te ruego que me hieras.

El hombre lo golpeó y lo hirió. **38** Entonces el profeta partió y fue a esperar al rey en el camino. Se puso una venda sobre los ojos para disfrazarse, **39** y cuando el rey pasó, el profeta le gritó:

—Yo estuve en la batalla. Un soldado salió, trajo un hombre del ejército enemigo y me pidió que lo cuidara. Me dijo que si se escapaba, él me mataría, pero que si le pagaba tres mil monedas de plata me perdonaría. **40** Pero como yo estaba muy ocupado en otras cosas, el prisionero se escapó.

Entonces el rey le contestó:

—Tú mismo has dicho cuál es el castigo que mereces. Lo recibirás.

41 Entonces el profeta se quitó rápidamente la venda de los ojos, y el rey de Israel lo reconoció como uno de los profetas. **42** El profeta le dijo al rey:

—Dios me ordenó que te dijera que debiste haber matado al rey de Siria, pero tú lo dejaste escapar. Por eso vas a morir en su lugar, y también tu pueblo morirá en lugar de su pueblo.

43 Entonces el rey de Israel se fue a su palacio en Samaria. Estaba enojado y triste.

Ahab y el viñedo

21 **1** En la ciudad de Jezreel, vivía un hombre llamado Nabot. Allí tenía una plantación de uvas al lado del palacio de Ahab, rey de Samaria. **2** El rey le dijo a Nabot:

—Quiero comprarte tu viñedo. Como está al lado de mi palacio, quiero sembrar allí verduras. Yo te daré un mejor lugar para cosechar uvas, o si prefieres te pagaré con dinero.

3 Pero Nabot le contestó:

—¡Ni quiera Dios! No te daré lo que mis padres me dejaron al morir.

4 Entonces Ahab se fue a su palacio enojado y triste. Después se acostó en su cama mirando hacia la pared y no quiso comer. **5** Su esposa Jezabel fue a verlo y le preguntó:

—¿Por qué estás tan triste y no quieres comer?

6 Ahab le respondió:

—Porque le pedí a Nabot que me vendiera su plantación de uvas. Le dije que se la iba a pagar o que si prefería le daría un lugar mejor. Pero él me respondió que no me la dará.

7 Su esposa Jezabel le dijo:

—¿Acaso no eres tú el que manda en Israel? Levántate, come y alégrate. Yo te voy a conseguir la plantación de Nabot.

8 Así que Jezabel escribió cartas de parte de Ahab y les puso el sello del rey. Después se las envió a los líderes del pueblo y a los jefes que vivían en la misma ciudad que Nabot. **9-13** En las cartas les decía:

«Ordénenle al pueblo que se ponga a ayunar. Luego llamen a reunión, y hagan sentar a Nabot delante de todos. También hagan sentar delante de él a dos testigos falsos que mientan diciendo que Nabot maldijo a Dios y al rey. Entonces saquen afuera a Nabot y mátenlo a pedradas».

Los líderes y los jefes hicieron lo que Jezabel les dijo. Cuando ya estaban todos reunidos, los dos testigos falsos hablaron en contra de Nabot ante todo el pueblo. Entonces lo sacaron de la ciudad y lo mataron a pedradas. **14** Luego le mandaron a decir a Jezabel: «Nabot está muerto».

15 En seguida Jezabel llamó a Ahab y le dijo:

—Ve y toma el viñedo de Nabot, el que no te quiso vender, porque Nabot ya está muerto.

16 Tan pronto como Ahab escuchó que Nabot había muerto, se levantó y fue al viñedo para adueñarse de él. **17** Entonces Dios le dijo al profeta Elías:

18 «Ve a Samaria y busca a Ahab, el rey de Israel. Él fue a adueñarse del viñedo de Nabot. **19** Debes decirle que va a morir, pues mató a Nabot y se adueñó de su viñedo. Los perros van a lamer su sangre en el mismo lugar en que lamieron la de Nabot».

20 Cuando Elías encontró a Ahab, este le dijo a Elías:

—¡Vaya, mi enemigo Elías anda por aquí!

Elías le contestó:

—Sí, así es. Siempre haces lo que a Dios no le agrada, **21** y por eso él ahora te enviará una desgracia. Destruirá a tu familia; todos tus descendientes en Israel morirán. **22** Dios hará con tu familia lo mismo que hizo con la de Jeroboam hijo de Nabat, y con la de Baasá hijo de Ahías. Porque hiciste pecar a Israel, y eso ha enojado a Dios. **23** Los perros se comerán a Jezabel en los campos de Jezreel. **24** Cualquier familiar tuyo que muera en la ciudad será comido por los perros, y los buitres se comerán a los que mueran en el campo.

25-29 Cuando Ahab escuchó eso, se puso triste; por eso rompió su ropa, se puso ropas ásperas y ayunó. Entonces Dios le dijo a Elías: «¿Viste cómo se arrepintió Ahab por lo malo que hizo? Por eso no voy a castigar a su familia mientras él viva; esperaré a que su hijo sea rey».

Y es que antes de Ahab, nadie había desobedecido tanto a Dios como él. Su esposa Jezabel fue la que más lo animó a hacer lo malo. La peor maldad de Ahab fue adorar a los ídolos, como lo habían hecho los amorreos, antes de que Dios los expulsara del territorio israelita.

Micaías anuncia la derrota de Ahab
(2 Cr 18.1-27)

22 **1** Durante tres años no hubo guerra entre Siria e Israel. **2** Pero al tercer año, Josafat que era el rey de Judá, fue a visitar a Ahab, rey de Israel. **3** Ahab le dijo a sus oficiales:

—Como ustedes saben la ciudad de Ramot de Galaad nos pertenece. Pero ahora está en poder del rey de Siria, y no hemos hecho nada para recuperarla.

4 Después le dijo a Josafat, rey de Judá:

—¿Me ayudarías a quitarle la ciudad de Ramot de Galaad al rey de Siria?

Josafat le contestó:

—Tú y yo somos del mismo pueblo. Mi ejército y mis caballos están a tu disposición. **5** Pero antes de ir a luchar, averigua si Dios está de acuerdo.

6 Entonces el rey de Israel reunió a los profetas, que eran alrededor de cuatrocientos, y les preguntó:

—¿Debo atacar a Ramot de Galaad para recuperarla?

Los profetas contestaron:

—Atácala. Porque Dios te la va a entregar.

7 Pero Josafat dijo:

—¿No hay por acá otro profeta de Dios al que le podamos consultar?

8 El rey de Israel le respondió:

—Hay un profeta al que podemos consultar. Se llama Micaías y es hijo de Imlá. Pero yo lo odio porque nunca me anuncia cosas buenas sino siempre malas.

Josafat le dijo:

—No digas eso.

9 Entonces el rey de Israel llamó a un oficial y le dijo:

—Trae pronto a Micaías hijo de Imlá.

10 Ahab y Josafat tenían puestos sus trajes reales y estaban sentados sobre sus tronos en un lugar alto, ubicado a la entrada de Samaria. En ese lugar se le quitaba la cáscara al trigo. Delante de ellos estaban todos los profetas dando mensajes. **11** Sedequías hijo de Quenaaná, se había hecho unos cuernos de hierro y gritaba: «Dios ha dicho que con estos cuernos Ahab atacará a los sirios hasta destruirlos».

12 Todos los profetas anunciaban lo mismo, y le decían a Ahab: «Ataca a Ramot de Galaad. Vas a triunfar. Dios va a darte la ciudad».

13 Mientras tanto, el oficial que había ido a buscar a Micaías, le dijo a este:

—Todos los profetas han anunciado que el rey Ahab vencerá. Habla tú como ellos y anuncia algo bueno para el rey.

14 Pero Micaías le contestó:

—Juro por Dios que sólo diré lo que Dios me diga.

15 Cuando Micaías se presentó delante del rey, este le preguntó:

—Micaías, ¿debo atacar a Ramot de Galaad?

Micaías le respondió:

—Atácala y triunfarás. Dios te entregará la ciudad.

16 Pero el rey le dijo:

—¿Cuántas veces te he rogado que me digas la verdad de parte de Dios?

17 Micaías contestó:

—Veo a todo el pueblo de Israel desparramado por las montañas. Andan como las ovejas que no tienen pastor. Dios dijo que no tienen quién los dirija. Que cada uno vuelva a su hogar tranquilo.

18 Entonces Ahab le dijo a Josafat:

—¿No te dije que Micaías no me iba a anunciar nada bueno?

19 Micaías dijo:

—No debiste decir eso. Ahora escucha el mensaje que Dios te envía. Yo vi a Dios sentado sobre su trono. Todos los ángeles del cielo estaban de pie, unos a la derecha y otros a la izquierda. **20** Entonces Dios preguntó quién iría a convencer a Ahab para que atacara a Ramot de Galaad y fuera vencido ahí. Unos decían una cosa y otros otra. **21** Pero un espíritu vino delante de Dios y dijo que él iría a convencer a Ahab. **22** Dios le preguntó cómo iba a hacerlo. El espíritu dijo que haría que los profetas dijeran mentiras. Dios le dijo que fuera, y que lograría convencer a Ahab. **23** Por lo tanto, Dios permitió que los profetas dijeran mentiras. Dios ha decidido que en esta batalla te irá mal.

24 Entonces Sedequías hijo de Quenaaná, se acercó, le pegó una bofetada a Micaías en la cara y le dijo:

—¿Cómo te atreves a decir que el espíritu de Dios me ha abandonado, y te ha hablado a ti?

25 Y Micaías le contestó:

—Cuando se cumpla lo que dije, te darás cuenta de que he dicho la verdad, y tendrás que esconderte

en alguna habitación.

26 El rey de Israel ordenó:

—¡Llévense preso a Micaías! Entréguenlo a Amón, el gobernador de la ciudad, y a mi hijo Joás. **27** Díganles que lo pongan en la cárcel y que no le den más que pan y agua hasta que yo regrese sano y salvo de la batalla.

28 Micaías dijo:

—Si tú regresas sano y salvo significará que Dios no ha hablado por medio de mí.

Después, dirigiéndose a todos, agregó:

—¡Tengan en cuenta lo que he dicho!

Los sirios vencen a Ahab
(2 Cr 18.28-34)

29 Ahab y Josafat fueron a atacar Ramot de Galaad. **30** Ahab le dijo a Josafat: «Yo me voy a disfrazar para ir a la batalla, pero tú puedes usar tu propia ropa».

Así que el rey de Israel se disfrazó y fue a luchar.

31 El rey de Siria había dado esta orden a los treinta y dos capitanes de sus carros de combate: «¡Ataquen sólo al rey de Israel!» **32** Cuando los capitanes vieron a Josafat dijeron: «Seguramente él es el rey de Israel».

Así que lo rodearon para atacarlo, pero Josafat gritó pidiendo ayuda. **33** Entonces los capitanes de los carros de combate se dieron cuenta de que no era el rey de Israel y dejaron de perseguirlo.

34 Pero luego un soldado tiró con su arco una flecha al azar e hirió a Ahab. La flecha entró por uno de los huecos de su armadura. Entonces el rey le dijo al soldado que manejaba su carro: «Da la vuelta y sácame del campo de batalla porque estoy malherido». **35** Ese día la batalla fue muy dura. Algunos soldados mantuvieron en pie al rey en su carro de combate, enfrentando a los sirios. Pero la sangre de su herida corría en el piso del carro y en la tarde el rey murió. **36-37** Al anochecer, se corrió la voz en todo el ejército: «¡El rey ha muerto! ¡Cada uno regrese a su ciudad y a su tierra!» Después llevaron el cuerpo del rey a Samaria y lo enterraron allí. **38** Lavaron el carro en un pozo que había en Samaria, en el que se bañaban las prostitutas. Y los perros lamieron la sangre del rey Ahab. Así se cumplió lo que Dios había dicho.

39 Todo lo que hizo Ahab, y el palacio de marfil y todas las ciudades que construyó, está escrito en el libro de la Historia de los reyes de Israel. **40** Después que Ahab murió, su hijo Ocozías fue rey en su lugar.

Josafat, rey de Judá
(2 Cr 20.31-37)

41 Josafat hijo de Asá comenzó a reinar en Judá cuando Ahab tenía ya cuatro años de gobernar en Israel. **42** Josafat tenía treinta y cinco años cuando fue nombrado rey, y reinó en Jerusalén veinticinco años. Su madre se llamaba Azubá, y era hija de Silhí.

43ª Josafat se comportó siempre bien, así como lo había hecho su padre Asá. Josafat obedeció a Dios en todo. **43ᵇ (44)** Sin embargo, Josafat no destruyó los pequeños templos que había en las colinas, donde se adoraba a otros dioses. Y el pueblo continuó haciéndolo.

44-50 (45-51) Josafat firmó la paz con el rey de Israel. También echó del país a los que practicaban la prostitución para adorar a los dioses. Esta costumbre había permanecido desde el reinado de su padre Asá. En ese tiempo no había ningún rey en Edom, sino que gobernaba un encargado.

Josafat construyó barcos como los de Tarsis para traer oro desde Ofir. Pero los barcos no pudieron llegar a Ofir, porque se hundieron en el puerto de Esión-guéber.

Entonces Ocozías hijo de Ahab le pidió a Josafat que permitiera a sus marinos ir con los suyos. Pero Josafat no los dejó.

Cuando Josafat murió, lo enterraron en la Ciudad de David, en la misma tumba de sus antepasados. Su hijo Joram fue rey en su lugar. Todo lo que hizo Josafat, lo poderoso que fue y las guerras que ganó, está escrito en el libro de la Historia de los reyes de Judá.

Ocozías, rey de Israel

51 (52) Ocozías hijo de Ahab comenzó a reinar en Israel cuando Josafat ya tenía dieciséis años de gobernar en Judá. La capital de su reino fue Samaria, y su reinado duró dos años. **52 (53)** Él no obedeció a Dios sino que se comportó mal, lo mismo que su padre, su madre y Jeroboam hijo de Nabat, quien hizo pecar a Israel. **53 (54)** Ocozías adoró también a Baal como lo hizo su padre, haciendo con esto que el Dios de Israel se enojara.

2 Reyes

Elías anuncia la muerte del rey Ocozías

1 ¹⁻² Cuando el rey Ahab murió, y su hijo Ocozías llegó a ser rey de Israel, los moabitas se rebelaron contra los israelitas.

Un día, Ocozías se cayó por una ventana del segundo piso de su palacio en Samaria. Como quedó muy mal herido, envió mensajeros hasta Ecrón para que le preguntaran a Baal-zebub, que era el dios de ese país, si se iba a recuperar. ³ Pero el ángel de Dios le dijo al profeta Elías:

«Busca a los mensajeros de Ocozías y pregúntales por qué no consultan al Dios de Israel en vez de consultar a Baal-zebub. ⁴ Avísale a Ocozías que yo, el Dios de Israel, le advierto que no se va a sanar sino que va a morir».

Elías obedeció, ⁵ y cuando los mensajeros regresaron, Ocozías les preguntó:

—¿Por qué regresaron?

⁶ Ellos le contestaron:

—Un hombre fue a buscarnos y nos pidió darte este mensaje de parte de Dios: ''¿No te acuerdas Ocozías que todavía hay Dios en Israel? ¿Por qué consultas con Baal-zebub? Por eso no te vas a sanar sino que vas a morir''.

⁷ El rey les preguntó a los mensajeros:

—¿Cómo era ese hombre que fue a buscarlos?

⁸ Ellos le contestaron:

—Era un tipo todo peludo, que llevaba puesto un cinturón de cuero.

El rey dijo:

—¡No hay duda, es Elías!

⁹ Entonces envió a un capitán con cincuenta soldados para que buscaran a Elías. Cuando el capitán encontró a Elías sentado en lo alto de un cerro, le dijo:

—Profeta, el rey ordena que bajes a verlo.

¹⁰ Pero Elías le contestó:

—Ya que soy profeta, pido que caiga fuego del cielo y te queme a ti y a tus cincuenta soldados.

En seguida cayó fuego del cielo y mató al capitán y a los cincuenta soldados. ¹¹ Luego el rey mandó a otro capitán con cincuenta soldados más. Cuando el capitán encontró a Elías le dijo:

—Profeta, el rey te ordena que bajes rápidamente.

¹² Pero Elías le contestó:

—Ya que soy profeta, pido que caiga fuego del cielo y te queme a ti y a tus cincuenta soldados.

Y volvió a caer fuego del cielo, matando al capitán y a los cincuenta soldados.

¹³⁻¹⁴ El rey mandó por tercera vez a otro capitán con cincuenta soldados. Pero este capitán subió a donde estaba Elías, se arrodilló delante de él y le rogó:

—Profeta, ya sé que los soldados que vinieron antes de mí murieron consumidos por el fuego que cayó del cielo. Te suplico que no nos mates, ¡somos tus esclavos! ¡Por favor, perdónanos la vida!

¹⁵ El ángel de Dios le dijo a Elías: «Puedes ir con él. No le tengas miedo». Entonces Elías bajó y fue con el capitán a ver al rey. ¹⁶ Al llegar, Elías le dijo al rey: «Dios no te va a sanar, sino que morirás, pues

has consultado con Baal-zebub, el dios de Ecrón, como si en Israel no hubiera Dios».

¹⁷ El rey Ocozías murió como se lo había anunciado Dios por medio de Elías. Y como Ocozías nunca tuvo hijos, en su lugar reinó su hermano Joram. Esto sucedió durante el segundo año del reinado de Joram hijo de Josafat en Judá.

¹⁸ Todo lo que Ocozías hizo está escrito en el libro de la Historia de los reyes de Israel.

Elías es llevado al cielo

2 ¹ Dios había planeado llevarse a Elías al cielo en un remolino. Ese día, Elías y Eliseo salieron de Guilgal, ² y Elías le dijo a Eliseo:

—Te ruego que te quedes aquí, porque Dios me mandó ir a Betel.

Pero Eliseo le contestó:

—Te juro por Dios, y por ti mismo, que no te dejaré ir solo.

Así que los dos fueron a Betel. ³ Los profetas que estaban en Betel salieron a ver a Eliseo y le preguntaron:

—¿Ya sabes que hoy Dios se va a llevar a tu maestro?

Él les contestó:

—Sí, ya lo sé, pero no digan nada.

⁴ Después Elías le dijo a Eliseo:

—Te ruego que te quedes aquí, porque Dios me mandó ir a la ciudad de Jericó.

Pero Eliseo le contestó:

—Te juro por Dios, y por ti mismo, que no te dejaré ir solo.

⁵ Los profetas que vivían en Jericó fueron a ver a Eliseo y le preguntaron:

—¿Ya sabes que Dios va a quitarte a tu maestro hoy?

Él contestó:

—Sí, ya lo sé, pero no digan nada.

6 Después Elías le dijo a Eliseo:

—Te ruego que te quedes acá, porque Dios me mandó ir al río Jordán.

Pero Eliseo contestó:

—Te juro por Dios, y por ti mismo, que no te dejaré ir solo.

Entonces se fueron los dos **7** y se detuvieron a la orilla del río Jordán. Cincuenta profetas los habían seguido, pero permanecieron a cierta distancia de ellos. **8** Entonces Elías tomó su capa, la enrolló y golpeó el agua, y el agua se separó en dos, dejando en medio un camino. Los dos cruzaron por tierra seca, y **9** en seguida Elías le dijo a Eliseo:

—Dime qué quieres que haga por ti antes de que nos separemos.

Eliseo le contestó:

—Quiero ser el que se quede en tu lugar como profeta especial de Dios.

10 Elías le dijo:

—Me pides algo muy difícil. Sin embargo, si logras verme en el momento en que Dios me lleve, recibirás lo que pides. Pero si no me ves, no lo recibirás.

11 Mientras ellos iban caminando y conversando, apareció una carroza de fuego tirada por caballos de fuego y separó a los dos profetas. Entonces Elías subió al cielo en un remolino. **12** Eliseo lo vio y gritó:

—¡Mi maestro! ¡Mi maestro! Fuiste más importante para Israel que

los carros de combate y los soldados de caballería.

Después de esto no volvió a ver a Elías.

Eliseo continúa con el trabajo de Elías

Entonces Eliseo tomó su ropa y la rompió en dos para mostrar su tristeza. **13** También levantó la capa que se le había caído a Elías, volvió al río Jordán, **14** golpeó el agua con la capa, y dijo: «¿Dónde está el Dios de Elías?» Al golpear el agua, ésta se dividió en dos, dejando libre el paso, y Eliseo cruzó por tierra seca. **15** Cuando los profetas de la ciudad de Jericó vieron a Eliseo al otro lado del río, dijeron: «Ahora Eliseo es el sucesor de Elías». Entonces fueron a su encuentro, se inclinaron delante de él en señal de respeto, **16** y le dijeron:

—Eliseo, estamos para servirte. En nuestro grupo hay cincuenta valientes que están dispuestos a buscar a tu maestro Elías. Puede ser que el espíritu de Dios lo haya levantado y dejado sobre alguna montaña o en algún valle.

Eliseo les contestó:

—No envíen a nadie.

17 Pero tanto le insistieron que acabó diciendo:

—De acuerdo, ¡vayan!

Entonces los profetas enviaron a cincuenta hombres, y durante tres días estuvieron buscando a Elías, pero no lo encontraron. **18** Cuando regresaron a la ciudad de Jericó, Eliseo les dijo al verlos:

—Yo les advertí que no fueran.

Eliseo purifica el agua de la ciudad

19 Los habitantes de Jericó le dijeron entonces a Eliseo:

—Eliseo, la ciudad está en un lugar muy bonito, pero el agua es mala y

la tierra no produce frutos.

20 Eliseo les dijo:

—Tráiganme un recipiente nuevo, y pónganle sal adentro.

En cuanto se lo llevaron, **21** Eliseo fue al manantial de la ciudad, arrojó allí la sal y dijo: «Dios dice que ha purificado esta agua, y que nunca más causará la muerte de sus habitantes ni va a impedir que la tierra dé frutos».

22 Desde ese momento, el agua quedó pura, tal y como había dicho Eliseo.

Unos muchachos se burlan de Eliseo

23 Eliseo salió de allí y se fue a la ciudad de Betel. Mientras iba por el camino, unos muchachos salieron de la ciudad y se burlaron de él. Le decían: «¡Sube, calvo, sube!»

24 Eliseo se dio vuelta y los miró. Luego, con la autoridad que Dios le había dado, les anunció que recibirían su castigo. En seguida dos osos salieron del bosque y despedazaron a cuarenta y dos de los muchachos.

25 Después, Eliseo se fue al monte Carmelo, y de allí volvió a la ciudad de Samaria.

Joram, rey de Israel

3 **1** Joram hijo de Ahab comenzó a reinar sobre Israel cuando Josafat ya tenía dieciocho años de gobernar en Judá. La capital de su reino fue Samaria, y su reinado duró doce años. **2** Joram desobedeció a Dios, pues se comportó mal, aunque no tanto como su padre y su madre, pues destruyó el lugar que su padre había preparado para adorar a Baal. **3** Sin embargo, Joram cometió los mismos pecados de Jeroboam hijo de Nabat, quien había hecho pecar a los israelitas.

Moab se rebela contra Israel

4 Mesá, el rey de Moab, se dedicaba a la cría de ovejas, y cada año le pagaba al rey de Israel un impuesto de cien mil corderos y la lana de cien mil carneros.

5 Pero cuando Ahab murió, Mesá se rebeló en contra de Israel. **6** Entonces el rey Joram salió de Samaria y reunió a todo el ejército de Israel. **7** Además, le mandó este mensaje a Josafat, rey de Judá: «El rey de Moab se rebeló contra mí. ¿Quieres ayudarme a luchar contra Moab?» Josafat le contestó: «Por supuesto. Todo mi ejército y mis caballos están a tus órdenes. **8** ¿Cuál es tu plan de ataque?» Joram contestó: «Atacaremos por el camino del desierto de Edom». **9** Así que los reyes de Israel, Judá y Edom se unieron en contra del rey de Moab. Mientras marchaban hacia el campo de batalla tuvieron que desviarse durante siete días, y se les acabó el agua que tenían para el ejército y sus animales. **10** Entonces el rey de Israel dijo: ¡Estamos en problemas! Dios nos entregará en manos del rey de Moab».

11 Josafat preguntó:

—¿Hay aquí algún profeta que nos diga lo que Dios quiere que hagamos?

Uno de los oficiales del rey de Israel contestó:

—Por aquí anda el profeta Eliseo, el ayudante de Elías.

12 Josafat dijo:

—¡Dios nos hablará por medio de él!

De inmediato los tres reyes fueron a ver a Eliseo, **13** pero este le dijo al rey de Israel:

—¡Yo no tengo nada que ver contigo! ¡Pregúntale a esos profetas, a quienes tu padre y tu madre siempre consultan!

El rey de Israel le respondió:

—No lo haré. Quien nos desvió hasta aquí fue Dios, para que el rey de Moab nos destruya.

14 Eliseo dijo:

—Juro por Dios todopoderoso, a quien sirvo, que si no fuera por el respeto que siento por Josafat, no te prestaría atención; es más, ni siquiera levantaría la vista para mirarte. **15** En fin, traigan acá a un músico.

Cuando el músico comenzó a tocar, el poder de Dios vino sobre Eliseo, **16** y Eliseo dijo:

«Dios dice que en este arroyo seco se formarán muchas pozas. **17** Aunque no verán viento ni lluvia, este lugar se llenará de agua. Todos podrán beber agua, y también sus ganados y animales **18** Esto para Dios no es ningún problema. Además, él los ayudará a vencer a los moabitas. **19** Ustedes conquistarán todas las ciudades importantes y las que están bien protegidas. Derribarán todos los árboles frutales, taparán todos los manantiales y llenarán de piedras los sembrados».

20 A la mañana siguiente, muy temprano, comenzó a correr agua desde la región de Edom, y llenó todo el lugar.

21 Mientras tanto, cuando los moabitas se enteraron de que los tres reyes iban a luchar contra ellos, llamaron a todos los que estaban en capacidad de luchar, desde los más jóvenes hasta los más viejos, y se ubicaron en los límites de su país. **22** Al día siguiente, se levantaron muy temprano, y el sol se reflejaba en el agua, lo que hacía que el agua se viera de color rojo. Al verla, los moabitas pensaron que se trataba de sangre, **23** y dijeron: «¡Es sangre! Seguro que los reyes lucharon entre sí y se mataron unos a otros. ¡Vamos a buscar las cosas que quedaron!»

24 Pero cuando los moabitas llegaron al lugar, los israelitas se levantaron y los atacaron. Los moabitas trataron de escapar, pero los israelitas los persiguieron y los

mataron. **25** También destruyeron las ciudades y cubrieron con piedras todos los sembradíos. Taparon todos los manantiales y derribaron todos los árboles frutales. La única ciudad que no destruyeron fue Quir-harések, porque la conquistaron soldados armados con hondas. **26** Cuando el rey de Moab vio que estaba perdiendo la batalla, se fue a atacar al rey de Edom. Para esto se llevó a setecientos soldados armados con espadas. Como no pudo vencerlo, **27** llevó a su hijo mayor hasta el muro de la ciudad, y allí lo mató y lo quemó como una ofrenda a su dios. Ese hijo hubiera sido el rey después de él. Al ver esto, les dio tanto miedo a los israelitas que dejaron la ciudad y regresaron a su país.

Una mujer necesitada

4 **1** Una mujer que había estado casada con un profeta le dijo a Eliseo:

—Mi marido estuvo siempre al servicio de Dios y de usted, pero ahora está muerto. Él había pedido dinero prestado, y ahora la gente que se lo prestó se quiere llevar como esclavos a mis dos hijos.

2 Eliseo le preguntó:

—¿Qué puedo hacer para ayudarte? Dime, ¿qué tienes en tu casa?

La mujer le contestó:

—¡Lo único que tengo es una jarra de aceite!

3 Eliseo le dijo:

—Ve y pídele a tus vecinas que te presten jarras vacías. Trata de conseguir todas las que puedas. **4** Después, entra en tu casa con tus hijos y cierra la puerta. Echa aceite en las jarras y ve poniendo aparte las que se vayan llenando.

5 La mujer se despidió de Eliseo, fue a su casa, entró junto con sus hijos y cerró la puerta. Los hijos le llevaban las jarras y la mujer las llenaba con aceite. **6** Después de un rato, la mujer le dijo a uno de sus hijos:

—Tráeme otra jarra.

Él le contestó:

—Ya no quedan más.

En ese momento el aceite se acabó. **7** La mujer fue a ver al profeta y le contó lo que había pasado. Él le dijo:

—Ve, vende el aceite, y págale a ese hombre lo que le debes. Con lo que te quede podrán vivir tú y tus hijos.

Una mujer valiente

8 Un día, Eliseo fue al pueblo de Sunem. Allí, una mujer muy importante le insistió que fuera a comer a su casa. Y cada vez que Eliseo pasaba por allí, se quedaba a comer en casa de ella. **9** Entonces la mujer le dijo a su esposo:

—Mira, yo sé que este hombre que nos visita cuando pasa por el pueblo, es un profeta de Dios. **10** Construyamos en la terraza una habitación. Pongámosle una cama, una mesa, una silla y una lámpara, y así el profeta podrá quedarse cada vez que venga a visitarnos.

11 Un día, Eliseo llegó y se quedó a dormir en la habitación que le habían construido. **12-15** Luego le dijo a su sirviente Guehazí:

—Esta señora se ha preocupado mucho por nosotros, pregúntale qué podemos hacer por ella. Pregúntale también si quiere que le hablemos bien de ella al rey o al jefe del ejército.

Cuando el sirviente de Eliseo se lo preguntó, la mujer contestó:

—No me falta nada; vivo tranquila entre mi gente.

Cuando Eliseo le preguntó a su sirviente qué podían hacer por ella, Guehazí contestó:

—Bueno, ella no tiene hijos y su marido es anciano.

Entonces Eliseo le dijo:

—Llámala.

El sirviente la llamó, y cuando ella llegó, se quedó en la puerta. **16** Eliseo le dijo:

—El próximo año, por estas fechas, llevarás en tus brazos un hijo tuyo.

La mujer respondió:

—Usted es un profeta de Dios y yo soy su servidora. Por favor, no me mienta.

17 Pero la mujer quedó embarazada y al año siguiente tuvo un hijo, tal como le había dicho Eliseo. **18** El niño creció, y un día fue a ver a su padre, que andaba en el campo con sus trabajadores. **19** El niño se quejó, y le gritó a su padre:

—¡Ay! ¡Mi cabeza! ¡Me duele la cabeza!

El padre le ordenó a un sirviente que llevara al niño a donde estaba su madre. **20** El sirviente lo levantó y se lo llevó a la madre. Ella lo sentó sobre sus rodillas hasta el mediodía, pero a esa hora murió. **21** La madre subió al niño a la habitación del profeta y lo puso sobre la cama. Después salió, cerró la puerta, **22** llamó a su esposo, y le dijo:

—Préstame a uno de tus sirvientes, y también una burra. Necesito ir rápidamente a buscar al profeta; en seguida vuelvo.

23 El esposo le preguntó:

—¿Por qué vas a ir a verlo? Hoy no

es día de fiesta religiosa; tampoco es sábado ni hay luna nueva.

La mujer respondió:

—Yo sé lo que hago.

24 La mujer ordenó que prepararan la burra, y le dijo a su sirviente:

—Apura al animal. Que no se detenga hasta que yo te diga.

25 La mujer partió y fue a ver al profeta, que estaba en el monte Carmelo. Cuando Eliseo la vio, le dijo a su sirviente: «Mira, allá a lo lejos viene la señora del pueblo de Sunem. **26** Corre a recibirla y pregúntale cómo están ella, su marido y su hijo».

Cuando Guehazí se lo preguntó, la mujer respondió que estaban bien. **27** Pero cuando ella llegó a donde estaba Eliseo, se arrojó a sus pies. Guehazí entonces se acercó para apartarla, pero Eliseo le dijo:

—¡Déjala! Ella está muy, pero muy triste, y Dios no me ha dicho qué sucede.

28 Entonces la mujer le dijo a Eliseo:

—¡Yo no le pedí a usted un hijo! ¿Acaso no le dije que no me engañara?

29 Eliseo le ordenó a Guehazí:

—Prepárate, toma mi bastón, y ve a donde está el niño. Si te encuentras con alguien en el camino, no lo saludes. Si alguna persona te saluda, no le contestes. Cuando llegues, coloca mi bastón sobre la cara del niño.

30 Pero la madre del niño le dijo a Eliseo:

—Juro por Dios y por la vida de usted, que no volveré a mi casa si no me acompaña.

Entonces Eliseo se fue con ella.

31 Guehazí llegó más rápido que ellos y puso el bastón sobre la cara del niño, pero éste no se movió ni dio señales de vida. Guehazí regresó para encontrarse con Eliseo y le dijo: «El niño no se mueve ni reacciona». **32** Cuando Eliseo llegó a la casa, vio al niño que estaba muerto y tendido sobre su cama. **33** Así que entró en la habitación, cerró la puerta, y se quedó a solas con el niño. Después de orar a Dios, **34** subió a la cama y se tendió sobre el cuerpo del niño. Puso su boca sobre la boca del niño, sus ojos sobre sus ojos y sus manos sobre sus manos. En cuanto el cuerpo de Eliseo tocó el del niño, este comenzó a revivir. **35** El profeta se levantó y caminó de un lado al otro de la habitación. Después volvió a tenderse sobre el cuerpo del niño. Este estornudó siete veces y después abrió los ojos. **36** Eliseo llamó a Guehazí y le dijo: «Llama de inmediato a la madre». El sirviente llamó a la madre, y cuando ella llegó a donde estaba Eliseo, éste le dijo: «Aquí tienes a tu hijo». **37** La mujer se acercó y se arrojó a los pies de Eliseo. Luego tomó a su hijo y salió de la habitación.

Eliseo da comida a los profetas

38 Después de esto, Eliseo volvió a Guilgal. Por esa época no había qué comer en la región, y todos pasaban hambre. Un día, Eliseo estaba sentado con los profetas, y le dijo a su sirviente: «Prepara en la olla grande un guiso». **39** Uno de los profetas, que había ido al campo para juntar hierbas, encontró un arbusto silvestre, cuyos frutos eran como calabazas. Llenó su capa con ellas, y cuando llegó a la casa las cortó y las puso en el guiso sin saber qué eran. **40** Después sirvieron el guiso a los profetas para que lo comieran. Mientras comían, ellos gritaron: «¡Eliseo, hombre de Dios, el guiso está envenenado!»

No pudieron comerlo, **41** pero Eliseo dijo: «¡Traigan harina!»

Ellos se la llevaron, y Eliseo la echó en la olla, y ordenó: «Sírvanles de comer».

Esta vez todos comieron y no les hizo daño.

42 Después llegó un hombre que venía de Baal-salisá, trayéndole a Eliseo veinte panes de cebada, hechos con harina de la primera cosecha, y además le llevó trigo fresco en una bolsa. Eliseo le dijo a su sirviente:

—Dale a los profetas para que coman.

43 Pero su sirviente dijo:

—¿Cómo le hago para repartir esto entre cien personas?

Eliseo le repitió:

—Dáselos para que coman, porque Dios ha dicho: "Ellos van a comer, y aun sobrará".

44 Así que el sirviente les dio de comer, y tal como Dios había dicho, sobró comida.

Eliseo sana a Naamán

5 **1** Naamán era general del ejército de un país llamado Siria. Era un hombre muy importante y el rey lo quería mucho porque, por medio de él, Dios le había dado grandes victorias a Siria. Pero este valiente soldado tenía una enfermedad de la piel llamada lepra. **2** A veces los sirios iban y atacaban a los israelitas. En una de esas oportunidades, tomaron prisionera a una niña que fue llevada a la casa de Naamán para ayudar a su esposa. **3** Esa niña le dijo a la esposa de Naamán: «¡Si mi patrón fuera a ver al profeta Eliseo, que vive en Samaria, se sanaría de la lepra!»

4 Cuando Naamán se enteró de esto, fue a ver al rey y le contó lo que había dicho la niña. **5** El rey de Siria le contestó: «¡Ve en seguida a Samaria! ¡Voy a darte una carta para el rey de Israel!»

Así que Naamán tomó treinta mil monedas de plata, seis mil monedas de oro y diez vestidos. Partió de allí, **6** llevando la carta para el rey de Israel, la cual decía: «Te envío esta carta para que sepas que Naamán, general de mi ejército, va de mi parte, y quiero que lo sanes de su lepra».

7 Cuando el rey de Israel leyó la carta, se angustió tanto que rompió su ropa, y dijo: «¡Yo no soy Dios! No puedo dar vida ni quitarla. ¿Por qué el rey de Siria me manda este hombre para que lo sane de su lepra? Seguramente está buscando un pretexto para pelear conmigo».

8 Cuando el profeta Eliseo se enteró de que el rey estaba tan angustiado le envió este mensaje: «¿Por qué rompiste tu ropa? Deja que ese hombre venga a verme, para que se dé cuenta de que hay un profeta de Dios en Israel».

9 Así que Naamán fue con su carro y sus caballos, y se detuvo a la puerta de la casa de Eliseo. **10** El profeta le envió un mensajero, diciendo: «Ve y métete siete veces en el río Jordán, y te sanarás de la lepra».

11 Naamán se enojó y se fue diciendo:

«Yo pensé que el profeta saldría a recibirme, y que oraría a su Dios. Creí que pondría su mano sobre mi cuerpo y que así me sanaría de la lepra. **12** ¡Los ríos Abaná y Farfar, que están en Damasco, son mejores que los de Israel! ¿No podría bañarme en ellos y sanarme?»

Así que se fue de allí muy enojado. **13** Pero sus sirvientes se acercaron a él y le dijeron: «Señor, si el profeta le hubiera pedido que hiciera alguna cosa difícil, usted la habría hecho. ¡Con más razón, debiera hacerle caso y meterse en el río Jordán para sanarse!»

14 Naamán fue y se metió siete veces en el río Jordán como le había dicho el profeta. En seguida su piel quedó sana y suave como la de un niño. **15** Luego

Naamán y todos sus acompañantes regresaron a ver a Eliseo. Cuando Naamán llegó ante el profeta, le dijo:

—Ahora estoy seguro de que sólo en Israel se adora al verdadero Dios. Por favor, acepta un regalo de este tu servidor.

16 Eliseo le contestó:

—No voy a aceptar ningún regalo. Lo juro por el Dios al que sirvo.

Naamán le insistió para que lo aceptara, pero Eliseo no quiso. **17** Entonces Naamán le dijo:

—Permítame llevar toda la tierra que pueda cargar en dos mulas, porque de ahora en adelante voy a ofrecer sacrificios y ofrendas sólo a Dios. No se los ofreceré a ningún otro dios. **18** Sólo espero que Dios me perdone, cuando mi rey vaya a adorar al templo de Rimón, y yo tenga que acompañarlo. El rey se apoyará sobre mi brazo y tendré que arrodillarme en ese templo, ¡que Dios me perdone!

19 Eliseo dijo:

—Vete tranquilo.

Naamán se fue, y cuando ya se había alejado bastante, **20** Guehazí, el sirviente de Eliseo, pensó: «El profeta Eliseo ha dejado ir a Naamán sin aceptar ningún regalo. Voy a correr detrás de él para conseguir algo. Lo juro por Dios». **21** Entonces Guehazí siguió a Naamán, y cuando este vio que Guehazí corría tras él, se bajó del carro y le preguntó:

—¿Está todo bien?

22 Guehazí contestó:

—Sí, todo está bien. Eliseo me envió a decirle que dos profetas jóvenes acaban de llegar de las montañas de Efraín. Él le ruega que les dé tres mil monedas de

plata y dos vestidos completos.

23 Naamán dijo:

—Por favor, acepta seis mil monedas de plata.

Naamán insistió en que las aceptara, y las puso en dos bolsos, junto con los dos vestidos. Todo esto se lo dio a dos sirvientes suyos, para que acompañaran a Guehazí de regreso. **24** Cuando llegaron al monte Carmelo, donde vivía Eliseo, Guehazí tomó los bolsos que llevaban los sirvientes de Naamán y los guardó en la casa. Después se despidió de los hombres.

25 Guehazí entró en la casa y se presentó delante de Eliseo, quien le preguntó:

—¿De dónde vienes, Guehazí?

—No he ido a ningún lado —contestó Guehazí.

26 Pero Eliseo le dijo:

—Yo sé que Naamán se bajó de su carro para recibirte, pues yo estaba allí con mi pensamiento. Este no es el momento de aceptar dinero, ropa, viñedos o huertos de olivos, ovejas, toros ni esclavos. **27** Y como tú aceptaste el regalo de Naamán, su lepra se te pasará a ti y a tu familia para siempre.

Cuando Guehazí se separó de Eliseo, ya estaba enfermo de lepra. Su piel quedó pálida como la nieve.

Eliseo y el hacha que cayó al río

6 **1** Un día, los profetas le dijeron a Eliseo:

—Mira, el lugar donde vivimos contigo es demasiado pequeño para nosotros. **2** Déjanos ir al río Jordán, allí tomaremos troncos y nos haremos una casa.

Eliseo les contestó:

—Está bien. Vayan.

3 Entonces uno de los profetas le dijo:

—Ven con nosotros, por favor.

Él contestó:

—Está bien, iré.

4 Así que Eliseo los acompañó, y cuando llegaron al río Jordán cortaron algunos árboles. **5** Mientras uno de los profetas estaba cortando un tronco, se le cayó el hacha al río. Entonces le gritó a Eliseo:

—¡Maestro! ¡Esa hacha no es mía, me la prestaron!

6 Eliseo preguntó:

—¿Dónde cayó?

Cuando le mostró el lugar donde había caído el hacha, Eliseo cortó un palo y lo arrojó allí, haciendo que el hacha flotara, **7** y dijo:

—¡Sácala!

El profeta extendió la mano y tomó el hacha.

Eliseo y el ejército de Siria

8 Cierta vez, el rey de Siria, que estaba en guerra con Israel, reunió a sus oficiales y les indicó en qué lugares planeaba acampar. **9** Pero Eliseo le mandó a decir al rey de Israel dónde iba a acampar el rey de Siria, para que no pasara por allí. **10** Así que el rey de Israel envió a su ejército al lugar que le había indicado Eliseo, y así se salvó en varias oportunidades.

11 El rey de Siria estaba muy confundido por lo que pasaba. Llamó a sus oficiales y les dijo:

—¿Quién de los nuestros está a favor del rey de Israel? ¿Quién le informa lo que pensamos hacer?

12 Uno de sus oficiales contestó:

—Ninguno, Majestad. ¡El profeta de Israel, Eliseo, le informa al rey aun lo que usted habla en lo más privado de su habitación! **13** Entonces el rey de Siria ordenó:

—Vayan y averigüen dónde está Eliseo, para mandar a capturarlo.

Cuando le avisaron al rey que Eliseo estaba en Dotán, **14** envió allí carros, caballos y un gran ejército. Llegaron de noche y rodearon el pueblo. **15** A la mañana siguiente, el sirviente del profeta se despertó temprano. Cuando salió afuera y vio un ejército con carros y caballos que rodeaba la ciudad, le dijo a Eliseo:

—¡Maestro! ¿Qué vamos a hacer?

16 Eliseo le respondió:

—No tengas miedo. ¡Son más los que están con nosotros que los que están con ellos!

17 Luego Eliseo oró y dijo: «Dios, te ruego que lo ayudes a darse cuenta de lo que sucede». Entonces Dios ayudó al sirviente, y este vio que la montaña estaba llena de caballos y carros de fuego que rodeaban a Eliseo. **18** Cuando los sirios ya se acercaban para atacar a Eliseo, éste oró a Dios diciendo: «Te ruego que esta gente se quede ciega». Y todos los soldados de Siria se quedaron ciegos, tal como Eliseo le había pedido a Dios. **19** Entonces Eliseo les dijo: «Este no es el camino, ni esta es la ciudad que ustedes buscan. Síganme y los llevaré a donde está el hombre que buscan». Eliseo los llevó a Samaria, **20** y tan pronto como entraron allí, Eliseo oró: «Dios, devuélveles la vista». Entonces Dios les devolvió la vista, y ellos se dieron cuenta de que estaban en plena ciudad de Samaria. **21** Cuando el rey de Israel vio al ejército de Siria, le preguntó a Eliseo:

—Señor, ¿los mato? ¿Los mato a todos?

22 Eliseo contestó:

—No los mates. No se debe matar a los prisioneros de guerra. Dales pan para comer y agua para beber, y déjalos regresar a donde está su jefe.

23 Entonces el rey preparó una gran fiesta para ellos. Después que comieron y bebieron los despidió, y ellos volvieron a donde estaba su jefe. A partir de ese día, los sirios no molestaron más a los israelitas.

Hambre en Samaria

24 Tiempo después, Ben-hadad, rey de Siria, reunió a todo su ejército y rodeó a la ciudad de Samaria para atacarla. Nadie podía entrar ni salir, y los alimentos se acabaron. **25** Debido a eso, hubo mucha hambre en Samaria, tanta que la cabeza de un burro se vendía en ochenta monedas de plata, y un cuarto de litro de estiércol de paloma se vendía en cinco monedas de plata. **26** Un día, cuando el rey de Israel paseaba sobre el muro que rodeaba la ciudad, una mujer le gritó:

—¡Majestad, ayúdeme!

27 El rey contestó:

—Si Dios no te ayuda, ¿cómo quieres que te ayude yo? No tengo trigo ni vino para darte. **28** ¿Cuál es tu problema?

La mujer respondió:

—Esta mujer me pidió que primero nos comiéramos a mi hijo, y que al día siguiente nos comeríamos el suyo. **29** Así que cocinamos a mi hijo y nos lo comimos. Al día siguiente le recordé que debíamos comernos a su hijo, pero ella lo ha escondido.

30 Cuando el rey escuchó lo que

dijo la mujer, se enojó tanto que rompió su ropa, y como estaba sobre el muro, la gente pudo ver que llevaba puesta ropa áspera. **31** El rey dijo: «¡Hoy mismo le voy a cortar la cabeza a Eliseo, hijo de Safat! ¡Que Dios me castigue si no lo hago!» **32** Eliseo estaba sentado en su casa junto con los líderes del país. Mientras tanto, el rey envió a uno de sus hombres. Antes de que llegara, Eliseo le dijo a los líderes: «El rey es un asesino, y ha mandado a un hombre para que me corte la cabeza. Estén atentos, y cuando ese hombre llegue, cierren la puerta y sosténgala contra él, porque detrás de él viene el rey». **33** Mientras Eliseo estaba hablando con los líderes, el hombre del rey llegó delante de él y dijo:

—Esta desgracia viene de parte de Dios. ¡Ya no puedo esperar que él nos ayude!

7 **1** Eliseo respondió:

—Pon atención al mensaje de Dios: "Mañana a esta hora, a la entrada de la ciudad de Samaria, con una moneda de plata se podrán comprar tres kilos de harina o seis kilos de cebada".

2 El hombre del rey le dijo:

—¡Esto no sucederá ni aunque Dios abra las ventanas de los cielos!

El profeta le contestó:

—Tú lo vas a ver con tus propios ojos, pero de eso no comerás nada.

Los sirios escapan

3 En la entrada de la ciudad había cuatro hombres enfermos de la piel, pues tenían lepra. Decían entre ellos:

«¿Qué estamos haciendo acá sentados esperando morir? **4** Si entramos a la ciudad, moriremos de hambre, pues no hay nada para comer, y si nos quedamos sentados aquí, también vamos a morir. Mejor vayamos al campamento de los sirios; si nos perdonan la vida, que bueno, y si nos matan, no importa, de todos modos vamos a morir».

5 Al anochecer, se levantaron y fueron al campamento de los sirios. Cuando llegaron cerca del lugar, se dieron cuenta de que allí no había nadie. **6** Dios había hecho que el ejército de Siria escuchara ruidos como de carros de guerra, de caballos y de un gran ejército, por lo que los soldados dijeron: «¡El rey de Israel les ha pagado a los reyes hititas y al rey de Egipto para que luchen contra nosotros!» **7** Así que los sirios huyeron al anochecer, abandonando sus tiendas de campaña, sus caballos y burros. Con tal de salvar sus vidas, se fueron y dejaron el campamento tal y como estaba.

8 Cuando los leprosos llegaron al campamento sirio, entraron en una de las carpas, y se pusieron a comer y a beber. También tomaron oro, plata y ropa, y todo eso lo escondieron. Luego entraron en otra carpa, tomaron las cosas que allí había, y fueron a esconderlas. **9** Pero después dijeron: «No estamos haciendo lo correcto. Hoy es un día de buenas noticias. Si nosotros nos callamos y esperamos hasta que amanezca, nos van a castigar. Mejor vayamos al palacio y avisemos lo que sucede».

10 Entonces regresaron, llamaron a los guardias de la ciudad y les dijeron: «Venimos del campamento de los sirios. No hay nadie allí. No se ve ni se escucha nada. Sólo están los caballos y los burros atados, y las tiendas de campaña están como si las acabaran de armar».

11 Los guardias fueron y dieron la noticia a los que estaban en el palacio. **12** Y aunque era de noche, el rey se levantó y les dijo a sus oficiales:

—Les explicaré lo que sucede. Es una trampa de los sirios, pues ellos saben que tenemos hambre. Han salido del campamento para esconderse en el campo. Piensan que cuando salgamos nos van a atrapar vivos, y así entrarán en nuestra ciudad.

13 Entonces uno de sus oficiales le dijo:

—Aún nos quedan algunos caballos. ¿Qué le parece si enviamos a cinco hombres a investigar qué sucede? No tienen nada que perder, pues lo mismo da quedarse aquí o ir allá: todos moriremos.

14 Entonces el rey envió hombres al campamento del ejército sirio para que investigaran lo que sucedía. **15** Ellos fueron y buscaron a los sirios hasta el río Jordán. En todo el camino encontraron ropa y cosas que los sirios habían dejado tiradas por el apuro de escapar. Después los hombres regresaron y le contaron al rey lo que habían visto. **16** En seguida la gente salió y tomó todas las cosas abandonadas en el campamento sirio. Y, tal como Dios lo había anunciado, por una moneda de plata se pudieron comprar tres kilos de harina o seis kilos de cebada.

17 El rey le había encargado a su ayudante personal que cuidara la entrada de la ciudad. Pero la gente lo atropelló, y este murió. Así se cumplió lo que había dicho el profeta Eliseo cuando el rey fue a verlo. **18** El profeta había anunciado al rey que a la misma hora del día siguiente, a la entrada de la ciudad de Samaria, podrían comprarse por una moneda de plata tres kilos de harina o seis kilos de cebada. **19** Sin embargo, el ayudante personal del rey le había dicho: «¡Esto no sucederá ni aunque Dios abra las ventanas de los cielos!» Y fue entonces cuando Eliseo le contestó: «Tú lo vas a ver con tus propios ojos, pero de eso no comerás nada». **20** Y así sucedió, porque la gente lo atropelló a la entrada de la ciudad y murió.

La mujer de Sunem recupera sus bienes

8 **1** Dios había anunciado que todo el país iba a pasar hambre durante siete años. Por eso Eliseo le aconsejó a la madre del niño que resucitó: «Vete con tu familia a otro lugar». **2** La mujer siguió el consejo del profeta, y se fue con su familia a vivir en el país de los filisteos. Allí vivió siete años. **3** Al final de esos siete años, abandonó el territorio de los filisteos, y se fue a hablar con el rey de Israel para que le devolviera su casa y sus tierras. **4-5** El rey le había pedido a Guehazí, el sirviente del profeta Eliseo, que le contara todas las maravillas que había hecho el profeta. Y en el momento en que Guehazí le estaba contando cómo Eliseo había resucitado al hijo de la mujer de Sunem, esta llegó buscando al rey. Entonces Guehazí le dijo: «Majestad, ¡aquí tiene usted a la madre y al muchacho de quienes le hablaba!»

6 El rey le hizo unas preguntas a la mujer y ella las contestó. Después, el rey llamó a uno de sus ayudantes y le dijo: «Devuélvanle a esta mujer todo lo que le pertenecía y todo lo que han producido sus campos desde el momento en que se fue hasta ahora».

Hazael mata a Ben-hadad

7 Tiempo después, Eliseo se fue a la ciudad de Damasco. Ben-hadad, el rey de Siria, estaba enfermo, y cuando le dijeron que el profeta había llegado, **8** le dijo a Hazael: «Toma un regalo y llévaselo al profeta. Dile que le pregunte a Dios si voy a sanar».

9 Hazael fue a buscar a Eliseo, y en cuarenta camellos, le llevó de regalo lo mejor que había en Damasco. Cuando llegó delante de Eliseo, le dijo:

—Ben-hadad, rey de Siria, te considera como un padre. Me envía para que me digas si él va a sanar de su enfermedad.

10 Eliseo le contestó:

—Ve y dile que sí va a sanar, aunque Dios me hizo saber que muy pronto morirá.

11 Después Eliseo miró fijamente a Hazael hasta que éste se sintió incómodo. El profeta se puso a llorar **12** y Hazael le preguntó:

—Señor, ¿por qué llora?

Eliseo le respondió:

—Porque yo sé todo el mal que vas a causarle a mi pueblo Israel. Vas a quemar sus ciudades amuralladas, y acabarás por completo con todos sus habitantes.

13 Hazael dijo:

—¿Por qué me crees capaz de algo tan terrible? Yo valgo menos que un perro.

Eliseo contestó:

—Ya Dios me hizo saber que tú serás el próximo rey de Siria.

14 Después de eso, Hazael se despidió de Eliseo y fue a ver al rey Ben-hadad, quien le preguntó:

—¿Qué te dijo Eliseo?

Hazael le respondió:

—Me dijo que usted va a sanar de su enfermedad.

15 Pero al día siguiente Hazael tomó un paño, lo mojó en agua y se lo puso en la cara a Ben-hadad hasta asfixiarlo. Después de esto, Hazael se convirtió en el nuevo rey de Siria.

Joram, rey de Judá
(2 Cr 21.1-20)

16 Joram hijo de Josafat comenzó a reinar en Judá cuando Joram hijo de Ahab ya tenía cinco años de gobernar en Israel. **17** Joram hijo de Josafat tenía treinta y dos años cuando comenzó a reinar. La capital de su reino fue Jerusalén, y su reinado duró ocho años. **18** Joram desobedeció a Dios, al igual que los otros reyes de Israel, y en especial los de la familia de Ahab, porque se casó con la hija de Ahab. **19** A pesar de eso, Dios no quiso destruir a Judá por amor a David, quien le fue fiel, y a quien Dios le había prometido que su familia siempre reinaría.

20 Durante el reinado de Joram, el país de Edom se rebeló contra Judá. Los edomitas ya no querían seguir bajo el dominio de Judá, y por eso nombraron su propio rey. **21** Joram se puso en marcha hacia Saír con todos sus carros de combate. Los edomitas los rodearon, pero Joram y los capitanes de sus carros de combate se levantaron de noche y los atacaron. Sin embargo, el ejército de Edom logró escapar. **22** Hasta el momento en que esto se escribió, Judá no pudo volver a dominar a los edomitas, como tampoco volvió a controlar la ciudad de Libná.

23 Todo lo que hizo Joram está escrito en el libro de la Historia de los reyes de Judá. **24** Cuando murió, lo enterraron en la ciudad de David, en la tumba de sus antepasados. Después, su hijo Ocozías reinó en su lugar.

Ocozías, rey de Judá
(2 Cr 22.1-6)

25 Ocozías hijo de Joram comenzó a reinar en Judá cuando Joram hijo de Ahab ya tenía doce años de gobernar en Israel. **26** Ocozías tenía veintidós años cuando comenzó a reinar. La capital de su reino fue Jerusalén, y su reinado duró un año. Su madre se llamaba Atalía y era nieta de Omrí, que fue rey en Israel. **27** Ocozías desobedeció a Dios, pues siguió el mal ejemplo de Ahab y su familia, pues eran parientes.

28 Ocozías se unió con Joram hijo de Ahab, para luchar en Ramot de Galaad contra Hazael, rey de Siria. Pero los sirios hirieron a Joram, **29** y este regresó a Jezreel para que le curaran las heridas. Entonces Ocozías, rey de Judá, fue a Jezreel a visitar a Joram.

Dios elige a Jehú para ser rey de Israel

9 **1** Un día, el profeta Eliseo llamó a uno de sus discípulos y le dijo:

«Prepárate para ir a Ramot de Galaad. Toma este frasco de aceite, **2** y cuando llegues allá busca a Jehú, el hijo de Josafat y nieto de Nimsí. Ve a donde está él, sepáralo de sus compañeros y llévalo a otra habitación. **3** Toma el frasco de aceite, derrámalo sobre su cabeza y dile: "Dios te elige para ser rey de Israel". Después abre la puerta y escapa. No te detengas».

4 Entonces el joven profeta fue a Ramot de Galaad. **5** Cuando llegó, los jefes del ejército estaban reunidos. El profeta dijo:

—Tengo que decirle algo, mi capitán.

Jehú preguntó:

—¿A quién de nosotros?

El profeta respondió:

—A usted, mi capitán.

6 Entonces Jehú y el profeta fueron a otra habitación. Allí el joven profeta derramó el aceite sobre la cabeza de Jehú y dijo:

«El Dios de Israel lo elige a usted para ser rey de su pueblo. **7** Usted matará a toda la familia del rey Ahab. De esa manera les dará el castigo que se merecen, pues Jezabel mandó a matar a los profetas que le fueron fieles a Dios. **8** Toda la familia de Ahab va a morir. Dios acabará con todos los descendientes de ese rey que aún vivan en Israel, ya sean libres o esclavos. **9** Dios hará con la familia de Ahab lo mismo que hizo con la familia de Jeroboam hijo de Nabat, y con la familia de Baasá hijo de Ahías. **10** Nadie enterrará a Jezabel, pues los perros se comerán su cuerpo en el campo de Jezreel».

Después de esto, el profeta abrió la puerta y escapó. **11** Cuando Jehú fue a reunirse con los demás jefes del ejército, estos le preguntaron:

—¿Qué quería ese loco? ¿Hay algún problema?

Jehú les contestó:

—Ustedes ya lo conocen; sólo dice tonterías.

12 Ellos le dijeron:

—No es cierto. Dinos qué quería.

Jehú les respondió:

—Me dijo que Dios me eligió para ser rey de Israel.

13 En seguida cada uno de ellos tomó su capa y la puso sobre los escalones como si fuera una alfombra. Después tocaron la trompeta y gritaron: «¡Viva el rey Jehú!»

Jehú se rebela en contra de Joram

14-16 El rey Joram había ido a la ciudad de Ramot de Galaad para defenderla del ataque de Hazael, rey de Siria. Pero los sirios hirieron a Joram en la batalla y este tuvo que regresar a la ciudad de Jezreel para curarse. Ocozías, rey de Judá, se enteró de lo sucedido y fue a visitarlo.

Mientras tanto, Jehú hacía planes para matar a Joram, así que les dijo a sus compañeros: «Si ustedes de verdad quieren que yo sea el rey, no permitan que nadie vaya a Jezreel a avisarle a Joram de mis planes».

Entonces Jehú subió a su carro de combate y se fue a Jezreel. **17** Cuando el guardia que estaba en la torre vio a Jehú y a la gente que lo acompañaba, dijo: «¡Viene gente!»

Joram ordenó: «Que vaya un soldado a preguntarles si vienen en son de paz».

18 Entonces uno de los soldados tomó un caballo y fue a encontrarse con Jehú, y le dijo:

—El rey quiere saber a qué vienen.

Jehú le contestó:

—¿A ti qué te importa? ¡Ponte detrás de mí!

El hombre que estaba observando en la torre avisó: «El jinete llegó hasta donde estaban, pero no regresa». **19** Entonces el rey envió a otro jinete. Cuando este llegó a donde se encontraban Jehú y su gente, les dijo:

—El rey quiere saber si vienen en son de paz.

Jehú le contestó:

—¿A ti qué te importa? ¡Ponte detrás de mí!

20 El hombre de la torre dijo de nuevo: «El otro jinete llegó también, pero no regresa. Por la manera de conducir parece que se trata de Jehú, pues viene muy rápido» **21** Joram entonces ordenó: «¡Preparen mi carro de combate!»

Ellos prepararon el carro, y después Joram y Ocozías salieron en busca de Jehú. Lo encontraron en el campo de Nabot, en Jezreel. **22** Cuando Joram vio a Jehú le dijo:

—¿Vienes como amigo?

Jehú contestó:

—¿Cómo puedo ser amigo tuyo si tu madre sigue adorando a los ídolos y haciendo brujerías?

23 Joram se dio vuelta y escapó mientras le gritaba a Ocozías: «¡Es una traición, Ocozías! ¡Es una traición!»

24 Jehú estiró su arco con todas sus fuerzas, y le disparó una flecha a Joram. La flecha le entró por la espalda y le atravesó el corazón. Joram cayó muerto en su carro. **25** Entonces Jehú le dijo a su sirviente Bidcar:

«Levanta el cuerpo de Joram y llévalo al campo de Nabot, en Jezreel. Recuerdo que cuando tú y yo manejábamos los carros de combate de su padre Ahab, Dios dijo en contra de él: **26** ''Ayer vi cómo mataron a Nabot y a sus hijos. Te aseguro que en este mismo lugar voy a darte el castigo que mereces''. Por lo tanto, levántalo y arrójalo en el campo de Nabot. Así se cumplirá lo que Dios había anunciado».

Jehú mata a Ocozías
(2 Cr 22.7-9)

27 Cuando el rey de Judá vio lo que había pasado, escapó hacia Bet-hagán. Pero Jehú lo persiguió, y le ordenó a sus soldados: «¡Mátenlo a él también!»

Ocozías iba en su carro subiendo por Gur, cerca de Ibleam, cuando fue herido por los soldados de Jehú. Sin embargo, Ocozías pudo escapar a Meguido, donde murió a causa de la herida. **28** Sus sirvientes lo llevaron a Jerusalén en un carro, y lo enterraron en la ciudad de David, en la tumba de sus antepasados. **29** Ocozías había comenzado a reinar sobre Judá cuando Joram tenía once años de reinar en Israel.

Muerte de Jezabel

30 Después Jehú fue a Jezreel, y cuando Jezabel se enteró, se pintó los ojos, se adornó el cabello y se asomó por la ventana. **31** Cuando Jehú llegó a la entrada de la ciudad, Jezabel le dijo:

—¿Cómo estás? Eres como Zimrí, un asesino de tu rey.

32 Jehú miró hacia la ventana y preguntó:

—¿Quién está de mi parte? ¿Quién?

Dos o tres oficiales del palacio se asomaron para verlo. **33** Jehú les dijo:

—¡Échenla abajo!

Entonces ellos la arrojaron por la ventana. Su sangre salpicó la pared y a los caballos, los cuales pisotearon su cuerpo.

34 Después Jehú fue a comer y beber, y al terminar ordenó: «Ocúpense del cadáver de esa maldita mujer. Entiérrenla, porque era hija de un rey».

35 Pero cuando fueron a sepultarla, sólo encontraron los huesos de su cabeza y de sus pies, y las palmas de sus manos. **36** Cuando regresaron y se lo contaron a Jehú, él dijo:

«Sucedió tal como lo había anunciado Dios por medio de su servidor Elías, el de Tisbé. Él dijo que los perros se comerían el cuerpo de Jezabel en el campo de Jezreel. **37** También dijo que su cadáver sería como estiércol de animal sobre la tierra de Jezreel, para que nadie pudiera decir que allí están los restos de Jezabel».

Jehú mata a toda la familia de Ahab
10 **1** Ahab tenía setenta hijos que vivían en Samaria. Por eso Jehú mandó cartas a los gobernantes de la ciudad, a los líderes del pueblo y a los maestros de los hijos de Ahab. En las cartas les decía:

2 «La ciudad de Samaria está bien protegida. Tiene murallas, armas, caballos y carros de combate. Yo sé que los hijos de Ahab viven con ustedes, así que, en cuanto reciban esta carta, **3** elijan al mejor y más capacitado de ellos, para que reine en lugar de su padre. Después de eso, prepá-rense para defender a la familia de su rey».

4 Al recibir la carta, ellos sintieron mucho miedo, y dijeron: «Si dos reyes no pudieron vencer a Jehú, ¡tampoco nosotros vamos a poder resistir!» **5** Entonces le respondieron: «Nosotros te serviremos a ti, y haremos lo que nos ordenes; pero de ninguna manera nombraremos un rey. Haz lo que te parezca mejor».

6 Entonces Jehú les escribió otra carta, en la que les decía: «Si ustedes en verdad están de mi parte, córtenles la cabeza a los hijos de Ahab. Y mañana a esta misma hora, vengan a Jezreel y traigan las cabezas».
Los setenta hijos de Ahab estaban con los líderes de la ciudad, quienes los habían criado. **7** Cuando estos hombres recibieron la carta, tomaron a los setenta muchachos y los mataron. Después echaron sus cabezas en unas canastas y se las enviaron a Jehú a la ciudad de Jezreel.

8 Un mensajero fue a avisarle a Jehú que habían traído las cabezas de los hijos de Ahab. Entonces Jehú ordenó:

—Pónganlas en dos montones a la entrada de la ciudad, y déjenlas allí hasta mañana.

9 A la mañana siguiente, Jehú salió, y puesto de pie, le dijo al pueblo:

«Ustedes son inocentes. Yo me puse en contra de mi rey y lo maté. Pero ¿quién mató a todos estos? **10** Sepan que todo lo que Dios dijo en contra de la familia de Ahab se va a cumplir. Dios ha hecho todo lo que había anunciado por medio de su profeta Elías».

11 Jehú mató en Jezreel a todos los descendientes de Ahab que aún estaban con vida, y también mató a todos sus oficiales, a sus mejores amigos y a sus sacerdotes. No dejó a ninguno con vida.

12 Después Jehú se fue a Samaria. En el camino, pasó por un lugar donde acostumbraban reunirse los pastores. **13** Allí se encontró con los hermanos de Ocozías, el que había sido rey de Judá, y les preguntó:

—¿Quiénes son ustedes?

Ellos respondieron:

—Nosotros somos los hermanos de Ocozías. Hemos venido a saludar a los hijos del rey Ahab y de la reina Jezabel.

14 Entonces Jehú ordenó:

—¡Atrápenlos!

Sus sirvientes los atraparon y los mataron junto al pozo de aquel lugar. Eran cuarenta y dos hombres, y ¡no dejaron a ninguno con vida!

15 Cuando Jehú salió de allí, encontró a Jonadab hijo de Recab, que había ido a buscarlo. Jehú lo saludó, y luego le preguntó:

—¿Eres sincero conmigo, como yo lo soy contigo?

Jonadab le contestó:

—Por supuesto.

Jehú le dijo:

—Si es así, dame la mano.

Jonadab le dio la mano, y Jehú lo ayudó a subir a su carro. **16** Después le dijo:

—Ven conmigo. Vas a ver cuánto amo a mi Dios.

Y Jehú se llevó a Jonadab en su carro. **17** Cuando llegaron a Samaria, Jehú mató a todos los descendientes de Ahab que allí quedaban. Ni uno solo quedó con

"DIOS TE CUIDA Y TE PROTEGE" *(Salmo 121.5)*.
LOS PADRES DE MARÍA PIDEN QUE DIOS CUIDE
A SU HIJA EN EL LARGO VIAJE.

María camina descalza por los campos para no gastar sus zapatos. Su esperanza es comprar una Biblia en el pueblo de Bala.

vida, y así se cumplió lo que Dios había dicho por medio de Elías.

Jehú combate el culto a Baal

18 Después Jehú reunió a todo el pueblo y le dijo:

«Ahab adoró a Baal, pero yo lo voy a adorar aún más. **19** Así que llamen a todos los profetas de Baal, a todos los que lo adoran y a todos sus sacerdotes. ¡Que no falte ninguno, porque tengo que ofrecer un gran sacrificio para Baal! El que falte, morirá».

Pero al decir esto, Jehú no hablaba en serio, lo que quería era matar a los que adoraban a Baal. **20-21** Por eso ordenó que se celebrara una reunión importante para adorarlo, y envió mensajeros a todo Israel. Todos los que adoraban a Baal llegaron a su templo. No faltó ninguno de ellos, por lo que el templo se llenó completamente. **22** Entonces Jehú le ordenó al que estaba encargado de la ropa de los sacerdotes: «Saca ropas especiales para todos los adoradores de Baal», y ese hombre así lo hizo. **23** Después Jehú entró al templo de Baal, acompañado de Jonadab, y dijo a los adoradores de ese dios: «Aquí sólo deben estar los adoradores de Baal. Procuren que no haya nadie que adore al Dios de Israel».

24 Los adoradores de Baal entraron al templo a ofrecer sacrificios. Mientras tanto, Jehú puso afuera a ochenta hombres y les dijo: «Si alguno de ustedes deja escapar a uno solo de los adoradores de Baal, lo pagará con su propia vida».

25 Cuando Jehú terminó de ofrecer el sacrificio, les dijo a los soldados: «¡Entren y maten a todos! ¡Que no escape nadie!»

Entonces ellos entraron y los mataron, y luego sacaron de allí los cuerpos. Después entraron a la sala principal del templo de Baal, **26** y sacaron las imágenes de Astarté y las quemaron.

27 También destruyeron el altar de Baal y su templo, y lo convirtieron en un basurero, el cual permaneció allí hasta el día en que esto se escribió.

28 De esta manera Jehú sacó de Israel todo lo que tenía que ver con Baal. **29** Pero Jehú siguió pecando, como lo había hecho Jeroboam hijo de Nabat. Jehú hizo pecar a los israelitas, porque siguió adorando a los toros de oro que había en Dan y en Betel.

30 Dios le dijo a Jehú: «Has actuado bien. Destruiste a la familia de Ahab, tal como yo quería. Por eso tus hijos, nietos, bisnietos y tataranietos reinarán en Israel».

31 A pesar de eso, Jehú no se ocupó por obedecer de todo corazón los mandatos del Dios de Israel. Siguió cometiendo los mismos pecados que Jeroboam, quien hizo pecar a los israelitas. **32-33** Por aquel tiempo, Dios comenzó a hacer más pequeño el territorio israelita. El rey Hazael venció a los israelitas y les quitó las regiones de Galaad y Basán, al este del río Jordán, y la región al norte de Aroer, cerca del río Arnón. Este era el territorio de las tribus de Gad, Rubén y Manasés.

34 Todo lo que hizo Jehú, y cómo demostró su poder, está escrito en el libro de la Historia de los reyes de Israel. **35-36** Jehú reinó sobre Israel veintiocho años. Vivió en la ciudad de Samaria, y cuando murió, lo enterraron allí. Su hijo Joacaz reinó en su lugar.

Atalía, reina de Judá
(2 Cr 22.10-23.21)

11 **1** Cuando Atalía, la madre de Ocozías, se enteró de que su hijo había muerto, mandó a matar a toda la familia del rey. **2** Pero Joseba hija del rey Joram y hermana de Ocozías, tomó a Joás, que era uno de los hijos de Ocozías, y lo escondió con su niñera en el dormitorio. Así escapó Joás de la muerte, **3** y estuvo escondido con su niñera en el templo de Dios durante seis años. Mientras tanto, Atalía reinaba en el país.

4 Al séptimo año, el sacerdote Joiadá mandó llamar a los capitanes de la guardia personal del rey y a los jefes de la guardia del palacio, y los hizo entrar al templo para hablar con ellos. Allí Joiadá les pidió jurar que guardarían en secreto lo que les iba a revelar. Luego les mostró al hijo del rey, **5** y les ordenó:

«Esto es lo que quiero que hagan. Una tercera parte de ustedes estará de guardia en el palacio el sábado. **6** La otra cuidará la entrada de los cimientos y la última cuidará la entrada trasera del cuartel de la guardia. De esta manera tendrán vigilado el palacio. **7** Los dos grupos que no estén de guardia el sábado, vigilarán el templo de Dios. **8** Deberán rodear al rey y protegerlo de cualquiera que se le acerque. Si alguien lo hiciera, deberán matarlo; por eso quiero que cada uno tenga sus armas en la mano. Ustedes acompañarán al rey a donde quiera que él vaya».

9 Los capitanes hicieron todo lo que se les ordenó. Cada capitán llevó delante del sacerdote Joiadá a sus hombres, tanto a los que iban a estar de guardia el sábado como a los que no lo estarían. **10** El sacerdote les dio a los capitanes las lanzas y los escudos que estaban en el templo, y que habían sido del rey David.

11 Los guardias, con sus armas en la mano, rodearon el altar y el templo desde la parte sur hasta la parte norte, y así protegieron al rey. **12** Entonces Joiadá sacó a Joás, le puso la corona y le dio un documento con instrucciones para gobernar. Después le derramó aceite en la cabeza y así lo nombró rey. Todos aplaudieron y gritaron: «¡Viva el rey!»

13 Cuando Atalía escuchó el alboroto que hacían los guardias y la gente, fue al templo. **14** Allí vio a

Joás de pie, al lado de la columna del templo, como era la costumbre al nombrarse un rey. Junto a él estaban los capitanes y los músicos; la gente, llena de alegría, tocaba las trompetas. Entonces Atalía rompió su ropa y gritó: «¡Traición! ¡Traición!»

15 El sacerdote Joiadá les ordenó a los capitanes del ejército: «¡No la maten en el templo, mátenla afuera, y también a cualquiera que la defienda!» **16** Así que la tomaron presa, la sacaron por la puerta del establo, la llevaron al palacio y allí la mataron.

17 Después Joiadá les pidió al rey y al pueblo apoyarse mutuamente. También les pidió que se mantuvieran fieles a Dios. **18** Después todos fueron al templo de Baal y lo derribaron, y destruyeron los altares y los ídolos. En cuanto al sacerdote de Baal, que se llamaba Matán, le cortaron la cabeza frente a los altares.

Joiadá dejó una guardia vigilando el templo de Dios, **19** y luego reunió al resto de los soldados y a toda la gente. Entre todos ellos llevaron al rey desde el templo hasta el palacio, entrando por el portón de la guardia. El rey Joás se sentó en el trono, **20** y todo el pueblo hizo fiesta. Después de la muerte de Atalía, la ciudad vivió tranquila.

Joás, rey de Judá
(2 Cr 24.1-27)

21 (12.1) Joás comenzó a reinar en Judá a los siete años de edad, **12** [ ]**1** (2) cuando Jehú tenía ya siete años de gobernar en Samaria. La capital de su reino fue Jerusalén, y su reinado duró cuarenta años. Su madre era de Beerseba, y se llamaba Sibiá.

2 (3) Joás obedeció a Dios en todo, pues así lo educó el sacerdote Joiadá. **3** (4) Pero no quitó los pequeños templos donde el pueblo seguía ofreciendo sacrificios y quemando incienso a los ídolos.

4-5 (5-6) Un día Joás le dijo a los sacerdotes:

«Recojan ustedes el dinero de las ofrendas que la gente lleva al templo de Dios, tanto las ofrendas obligatorias como las voluntarias. Tomen todo ese dinero y úsenlo para las reparaciones del templo».

6 (7) Pero veintitrés años después, los sacerdotes aún no habían reparado el templo. **7** (8) Entonces Joás llamó al sacerdote Joiadá y a los demás sacerdotes, y les preguntó: «¿Por qué no están reparando el templo? Les prohíbo pedirle a la gente más dinero. Y devuelvan el dinero que tengan para que se hagan las reparaciones que ordené».

8 (9) Los sacerdotes estuvieron de acuerdo en no seguir manejando el dinero, ni en seguir a cargo de las reparaciones del templo.

9 (10) Entonces el sacerdote Joiadá tomó un cofre y le hizo un agujero en la tapa. Después fue al templo, llegó hasta donde estaba el altar, y colocó el cofre a la derecha. Los sacerdotes que cuidaban la entrada del templo ponían en el cofre todo el dinero que la gente llevaba.

10 (11) Cuando el cofre se llenaba, venía el secretario del rey y el jefe de los sacerdotes a contar todo el dinero y a ponerlo en bolsas. **11-12** (12-13) Después de anotar cuánto había, se lo daban a los encargados de las reparaciones del templo de Dios, y ellos les pagaban a todos los trabajadores. También compraban madera y piedras cortadas a la medida, y pagaban cualquier otro gasto de los arreglos del templo.

13-14 (14-15) El dinero que la gente llevaba se entregaba a los encargados, y se usaba sólo en los arreglos del templo. No se usaba para hacer copas de plata, ni tijeras para cortar las mechas quemadas de las lámparas, ni tazones, ni trompetas ni otros utensilios de oro y plata.

15 (16) Los que recibían el dinero para pagar los gastos de la reparación del templo eran honestos, por

lo que no se les pedían cuentas. **16** (17) El dinero que la gente daba como ofrenda por el perdón de pecados no lo llevaban al templo, porque era para los sacerdotes.

17 (18) En aquel tiempo Hazael rey de Siria atacó la ciudad filistea de Gat y se apoderó de ella. De allí partió hacia la ciudad de Jerusalén, con el fin de atacarla. **18** (19) Entonces Joás, rey de Judá, tomó todos los objetos que sus antepasados Josafat, Joram y Ocozías habían dado para el templo. También tomó los objetos que él mismo había dedicado a Dios, y todo el oro que encontró en los tesoros del templo de Dios y en el palacio. Luego envió todo eso a Hazael, quien al recibirlo suspendió el ataque a Jerusalén.

19 (20) Todo lo que hizo Joás está escrito en el libro de la Historia de los reyes de Judá.

20 (21) Un día, los oficiales de Joás se pusieron en contra de él y lo mataron en el edificio construido sobre el relleno al este de la ciudad, cerca del camino a Silá. **21** (22) Los oficiales que lo asesinaron fueron Josacar hijo de Simat, y Jozabad hijo de Somer. Después lo enterraron en la tumba de sus antepasados en la ciudad de David. Su hijo Amasías reinó en su lugar.

Joacaz, rey de Israel

13 [ ]**1** Joacaz hijo de Jehú comenzó a reinar sobre Israel cuando Joás hijo de Ocozías ya tenía veintitrés años de gobernar en Judá. La capital de su reino fue Samaria, y su reinado duró diecisiete años. **2** Joacaz desobedeció a Dios y cometió los mismos pecados que Jeroboam, quien hizo que los israelitas pecaran, y nunca se arrepintió de hacerlo. **3** Por eso Dios se enojó y permitió que Hazael rey de Siria, y su hijo Ben-hadad, vencieran a Israel en varias oportunidades.

4-7 Hazael destruyó el ejército de Joacaz, y sólo le dejó cincuenta jinetes, diez carros de combate y diez mil soldados de infantería.

Preocupado por esto, Joacaz oró a Dios, pues Hazael estaba haciendo sufrir mucho a los israelitas. En respuesta a su oración, Dios envió un hombre que los libró del poder de los sirios, y así volvió a reinar la paz en los hogares israelitas. A pesar de esto, los israelitas no dejaron de cometer los mismos pecados que habían cometido los descendientes de Jeroboam, quien había hecho pecar a Israel. Al contrario, continuaron pecando y no quitaron de Samaria la imagen de la diosa Astarté. **8** Todo lo que hizo Joacaz, y cómo demostró su poder, está escrito en el libro de la Historia de los reyes de Israel. **9** Cuando Joacaz murió, lo enterraron en Samaria. Su hijo Joás reinó en su lugar.

Joás, rey de Israel

10 Joás hijo de Joacaz comenzó a reinar sobre Israel cuando el rey de Judá, que también se llamaba Joás, tenía ya treinta y siete años de gobernar. La capital de su reino fue Samaria, y su reinado duró dieciséis años. **11** Joás desobedeció a Dios, y cometió los mismos pecados que Jeroboam había cometido, con los cuales hizo pecar a los israelitas.

12 Todo lo que hizo Joás, y el poder con que luchó contra Amasías, rey de Judá, está escrito en el libro de la Historia de los reyes de Israel. **13** Cuando Joás murió, lo enterraron en Samaria, en la tumba de los reyes de Israel. Su hijo Jeroboam reinó en su lugar.

Muerte de Eliseo

14 Eliseo se puso tan enfermo que estaba a punto de morir. Joás, rey de Israel, fue a verlo, y lloró por él, diciendo: «¡Mi señor, mi señor! ¡Fuiste más importante para Israel que los carros de combate y los soldados de caballería!»

15 Eliseo le dijo:

—Toma un arco y algunas flechas.

El rey así lo hizo, **16** y Eliseo le dijo:

—Prepara el arco para disparar.

Él lo preparó. Entonces Eliseo puso sus manos sobre las de Joás, **17** y le ordenó:

—Abre la ventana que da al este.

El rey la abrió, y Eliseo le dijo:

—¡Dispara!

El rey disparó la flecha, y Eliseo exclamó:

—¡Esa flecha es una señal de Dios! Él te dará la victoria sobre Siria. Lucharás contra los sirios en Afec, y los vencerás por completo.

18 Después Eliseo le dijo al rey:

—Toma las flechas.

El rey las tomó, y Eliseo le dijo:

—¡Golpea el piso con las flechas!

El rey golpeó el piso tres veces y se detuvo. **19** Entonces el profeta se enojó con él y le dijo:

—¡Tendrías que haber golpeado el piso cinco o seis veces! Si lo hubieras hecho así, habrías podido vencer a Siria de una vez por todas. Pero ahora sólo vas a derrotarla tres veces.

20-21 Después de esto Eliseo murió, y lo enterraron.

Tiempo después, en cierta ocasión, unos israelitas estaban enterrando a un hombre, y de repente fueron atacados por un grupo de bandidos moabitas que todas las primaveras atacaban el país de Israel. Así que, para huir rápidamente, los israelitas arrojaron al muerto en la tumba de Eliseo. En cuanto el cuerpo tocó los huesos de Eliseo, el muerto volvió a vivir y se puso de pie. **22** Hazael rey de Siria había hecho sufrir a Israel durante todo el reinado de Joacaz. **23** Pero Dios demostró su amor por los israelitas, y los ayudó, pues había hecho un pacto con Abraham, Isaac y Jacob. Por eso no destruyó a Israel por completo, y hasta el momento en que esto se escribió, Dios siguió protegiendo a los israelitas.

24 Cuando murió Hazael, su hijo Ben-hadad reinó en su lugar. **25** Entonces Joás, rey de Israel, se enfrentó a Ben-hadad en tres batallas, y en todas lo derrotó. Así recuperó las ciudades que Hazael le había quitado a su padre Joacaz en la guerra.

Amasías, rey de Judá
(2 Cr 25.1-28)

14 **1-2** Amasías comenzó a reinar en Judá a los veinticinco años, cuando Joás tenía ya dos años de gobernar en Israel. La capital de su reino fue Jerusalén, y su reinado duró veintinueve años. Su madre, que era de esa ciudad, se llamaba Joadán. **3** Amasías obedeció a Dios en todo, aunque no fue tan bueno como su antepasado David. Amasías, al igual que su padre Joás, **4** no quitó los pequeños templos donde el pueblo seguía quemando incienso y ofreciendo sacrificios a los dioses.

5 Cuando Amasías creyó que tenía el control del país, mató a todos los oficiales que habían asesinado a su padre. **6** Sin embargo, no mató a los hijos de los asesinos, pues en la ley que Dios le dio a Moisés dice: «Nadie debe ser castigado por un crimen que no ha cometido. Los padres no deben morir por culpa de sus hijos; y los hijos no deben morir por culpa de sus padres».

7 Amasías mató a diez mil edomitas en el Valle del Arabá y conquistó la ciudad de Selá, a la cual le cambió el nombre por el de Jocteel, y este ha sido su nombre hasta el día en que esto se escribió.

8 Un día Amasías le envió un mensajero a Joás, rey de Israel, en el que le declaraba la guerra. **9** Joás le contestó a Amasías:

«Una vez un pequeño arbusto le mandó a decir a un gran árbol:

"Dale tu hija a mi hijo, para que sea su esposa". Pero una fiera del Líbano pasó y aplastó al arbusto. **10** No hay duda de que has vencido a Edom, y eso hace que te sientas orgulloso. Mejor alégrate en tu triunfo y quédate tranquilo en tu casa. No provoques un desastre ni para ti ni para Judá».

11 Sin embargo, Amasías no hizo caso y se fue a luchar contra Joás. La batalla tuvo lugar en Bet-semes, que está en el territorio de Judá. **12** Los soldados de Joás derrotaron a los de Amasías, quienes huyeron a sus casas. **13** Luego de capturar a Amasías, Joás fue a Jerusalén, y allí derribó ciento ochenta metros de la muralla de la ciudad, desde el Portón de Efraín hasta el Portón de la Esquina. **14** Se apoderó de todo el oro, la plata y los objetos que había en el templo de Dios y en el palacio. Tomó luego varios prisioneros y regresó a Samaria.

15 Todo lo que hizo Joás, su poder y su victoria sobre Amasías, está escrito en el libro de la Historia de los reyes de Israel. **16** Cuando murió, lo enterraron en Samaria, en la tumba de los reyes de Israel. Su hijo Jeroboam reinó en su lugar.

17 Amasías, rey de Judá, vivió quince años más que Joás, rey de Israel. **18** Todo lo que hizo Amasías está escrito en el libro de la Historia de los reyes de Judá. **19** Algunos se pusieron en contra de Amasías en la ciudad de Jerusalén, y aunque él escapó a la ciudad de Laquis, lo siguieron hasta allí y lo mataron. **20** Su cuerpo fue cargado sobre un caballo y llevado a Jerusalén, la ciudad de David, donde lo sepultaron en la tumba de sus antepasados. **21** Luego el pueblo llamó a Azarías, que tenía dieciséis años, y lo nombró rey en lugar de su padre Amasías. **22** Azarías reconstruyó la ciudad de Elat y la recuperó para Judá.

Jeroboam II, rey de Israel

23 Jeroboam hijo de Joás comenzó a reinar en Israel cuando Amasías tenía ya quince años de gobernar en Judá. La capital de su reino fue Samaria, y su reinado duró cuarenta y un años. **24** Jeroboam desobedeció a Dios, pues se comportó igual que Jeroboam hijo de Nabat, quien hizo pecar a Israel. **25-27** Dios se dio cuenta de que todos los israelitas estaban sufriendo mucho y no tenían quien los ayudara. Entonces los salvó por medio de Jeroboam, pues aún no había decidido hacer desaparecer de esta tierra al pueblo de Israel. Jeroboam recuperó el territorio que Israel había perdido, el cual se extendía desde la entrada de Hamat hasta el mar de Arabá. Esto había sido anunciado por medio de Jonás hijo de Amitai, profeta de Dios que era de la ciudad de Gat-héfer. **28** Todo lo que hizo Jeroboam, su poder y cómo luchó y recuperó las ciudades de Damasco y Jamat para Israel, está escrito en el libro de la Historia de los reyes de Israel. **29** Cuando Jeroboam murió lo enterraron en la tumba de sus antepasados. Su hijo Zacarías reinó en su lugar.

Azarías, rey de Judá
(2 Cr 26.3-5, 16-23)

15 **1-2** Azarías hijo de Amasías comenzó a reinar a los dieciséis años en Judá, cuando Jeroboam ya tenía veintisiete años de gobernar en Israel. La capital de su reino fue Jerusalén, y su reinado duró cincuenta y dos años. Su madre, que era de esa ciudad, se llamaba Jecolías.

3 Azarías obedeció a Dios en todo, al igual que lo hizo su padre Amasías. **4** Sin embargo, no quitó los pequeños templos de las colinas, en los que la gente seguía ofreciendo sacrificios y quemando incienso a los dioses. **5** Por eso Dios castigó a Azarías haciendo que se enfermara de lepra, y eso lo obligó a vivir, hasta el día de su muerte, en un lugar aparte dentro del palacio. Su hijo Jotam se encargó de gobernar al pueblo. **6** Todo lo que hizo Azarías está escrito en el libro de la Historia de los reyes de Judá. **7** Cuando murió, lo enterraron en la Ciudad de David, en la tumba de sus antepasados. Su hijo Jotam reinó en su lugar.

Zacarías, rey de Israel

8 Zacarías hijo de Jeroboam comenzó a reinar en Israel cuando Azarías tenía ya treinta y ocho años de gobernar en Judá. La capital de su reino fue Samaria, y su reinado sólo duró seis meses. **9** Zacarías no obedeció a Dios, tal y como lo habían hecho sus antepasados, pues no dejó de cometer los mismos pecados con los que Jeroboam hijo de Nabat hizo pecar a Israel.

10 Salum hijo de Jabés se puso en contra de Zacarías y lo atacó en Ibleam, donde lo mató, y luego reinó en su lugar. **11** Todo lo que hizo Zacarías está escrito en el libro de la Historia de los reyes de Israel. **12** Así se cumplió lo que Dios le había prometido a Jehú: «Tus hijos, nietos, bisnietos y tataranietos reinarán en Israel».

Salum, rey de Israel

13 Salum hijo de Jabés comenzó a reinar cuando Ozías tenía ya treinta y nueve años de gobernar en Judá. La capital de su reino fue Samaria, y su reinado duró sólo un mes, **14** pues Menahem hijo de Gadí vino desde Tirsá, atacó a Salum, y lo mató. Así fue como Menahem se convirtió en rey de Israel.

15 Todo lo que hizo Salum, y su rebelión en contra de Zacarías, está escrito en el libro de la Historia de los reyes de Israel.

Menahem, rey de Israel

16 En ese tiempo Menahem atacó a la ciudad de Tífsah, y desde Tirsá se apoderó de todo lo que había en ella y sus alrededores. También mató a todos sus habitantes, incluyendo a las mujeres embarazadas, porque no quisieron que fuera su rey. **17** Menahem hijo de Gadí comenzó a reinar sobre Israel cuando Azarías tenía ya treinta y nueve años de gobernar en Judá. La capital de su reino fue Samaria, y su reinado duró diez años. **18** Menahem no obedeció a Dios, pues nunca dejó de cometer los mismos pecados con los que Jeroboam hijo de Nabat hizo pecar a Israel.

19 En ese tiempo Tiglat-piléser, rey de Asiria, invadió el país. Entonces Menahem le regaló treinta y tres mil kilos de plata para que lo dejara mantener el control de Israel. **20** Para conseguir la plata, Menahem obligó a todos los ricos a pagar un impuesto de más de medio kilo de plata cada uno. Entonces Tiglat-piléser se regresó a su país.

21 Todo lo que hizo Menahem está escrito en el libro de la Historia de los reyes de Israel. **22** Cuando murió, su hijo Pecahías reinó en su lugar.

Pecahías, rey de Israel

23 Pecahías hijo de Menahem comenzó a reinar sobre Israel cuando Azarías tenía ya cincuenta años de gobernar en Judá. La capital de su reino fue Samaria, y su reinado duró dos años. **24** Pecahías desobedeció a Dios, pues nunca dejó de cometer los mismos pecados con los que Jeroboam hijo de Nabat hizo pecar a Israel.

25 Uno de los jefes del ejército, llamado Pécah hijo de Remalías, se puso en contra de Pecahías. Con la ayuda de cincuenta hombres de Galaad, fue al palacio y allí mató a Pecahías y también a dos hombres más llamados Argob y Arie. Así fue como Pécah se convirtió en rey de Israel.

26 Todo lo que hizo Pecahías está escrito en el libro de la Historia de los reyes de Israel.

Pécah, rey de Israel

27 Pécah hijo de Remalías comenzó a reinar en Israel cuando

Azarías tenía ya cincuenta y dos años de gobernar en Judá. La capital de su reino fue Samaria, y su reinado duró veinte años. **28** Pécah no obedeció a Dios, pues no dejó de cometer los mismos pecados con los que Jeroboam hijo de Nabat hizo pecar a Israel.

29 En ese tiempo llegó Tiglat-piléser, y conquistó las ciudades de Iión, Abel-bet-maacá, Janóah, Quedes, Hasor, Galaad, Galilea y toda la región de Neftalí. A los habitantes de esos lugares se los llevó prisioneros.

30 Entonces Oseas hijo de Elá se puso en contra de Pécah, y lo mató. Así fue como Oseas se convirtió en rey de Israel cuando Jotam hijo de Ozías tenía ya veinte años de gobernar en Judá. **31** Todo lo que hizo Pécah está escrito en el libro de la Historia de los reyes de Israel.

Jotam, rey de Judá
(2 Cr 27.1-9)

32-33 Jotam hijo de Ozías comenzó a reinar en Judá a los veinticinco años, cuando Pécah tenía ya dos años de gobernar en Israel. La capital de su reino fue Jerusalén, y su reinado duró dieciséis años. Su madre se llamaba Jerusá hija de Sadoc.

34 Jotam obedeció a Dios, tal y como lo había hecho su padre Ozías. **35** Jotam construyó el portón superior del templo de Dios, sin embargo, no quitó los pequeños templos de las colinas, en los que la gente seguía ofreciendo sacrificios y quemando incienso a los dioses.

36 Todo lo que hizo Jotam está escrito en el libro de la Historia de los reyes de Judá.

37 Por ese tiempo, Dios comenzó a enviar a Resín, rey de Siria, y a Pécah, rey de Israel, a luchar contra Judá.

38 Cuando Jotam murió, lo enterraron en la Ciudad de David, en la tumba de sus antepasados. Su hijo Ahaz reinó en su lugar.

Ahaz, rey de Judá
(2 Cr 28.1-27)

16 **1-2** Ahaz hijo de Jotam comenzó a reinar en Judá a los dieciséis años, cuando Pécah ya tenía diecisiete años de gobernar en Israel. La capital de su reino fue Jerusalén, y su reinado duró dieciséis años. Tampoco siguió el ejemplo de su antepasado David, sino que desobedeció a Dios, **3** tal como lo habían hecho los otros reyes de Israel. Ahaz mandó a quemar a su hijo como un sacrificio en honor de un dios falso, y así siguió la costumbre vergonzosa de las naciones que Dios había expulsado del territorio israelita.

4 También ofreció sacrificios y quemó incienso a los dioses en los pequeños templos de las colinas y bajo la sombra de los grandes árboles.

5-6 Para aquel tiempo, Resín, rey de Siria, había recuperado para su país la ciudad de Elat, y había expulsado de ella a los de Judá. Hasta el momento en que esto se escribió, los sirios continuaban viviendo allí. Después de esto, Resín y Pécah, rey de Israel, marcharon hacia Jerusalén con el fin de atacarla. Sin embargo, aunque rodearon la ciudad, no pudieron vencer a Ahaz.

7-8 Entonces Ahaz tomó oro y plata del templo de Dios y del tesoro del palacio, y se lo envió de regalo a Tiglat-piléser, rey de Asiria, junto con este mensaje: «Yo soy tu humilde servidor y sólo en ti encuentro protección. Ven y líbrame de los reyes de Siria y de Israel, pues me están atacando».

9 Tiglat-piléser decidió ayudar a Ahaz, y atacó la ciudad de Damasco, capital de Siria. Conquistó la ciudad, mató al rey Resín, y luego se llevó prisioneros a los habitantes y los dejó en Quir.

10 Cuando el rey Ahaz fue a Damasco para encontrarse con Tiglat-piléser, vio un altar que había allí y le gustó. Entonces le envió al sacerdote Urías un dibujo exacto de ese altar con todos sus detalles. **11** Urías construyó un altar siguiendo las instrucciones que Ahaz le había mandado, y lo terminó antes de que éste regresara.

12 Cuando Ahaz regresó de Damasco fue a ver el altar, **13** y ofreció un sacrificio sobre él. Presentó además una ofrenda de cereales, y sobre el altar derramó vino y un poco de la sangre de los sacrificios de reconciliación.

14 Después de esto, Ahaz quitó el altar de bronce que estaba frente al templo de Dios y lo puso a un lado, y en su lugar puso el altar que había mandado a construir. **15** Luego Ahaz le ordenó al sacerdote Urías:

«Usa el altar que acabas de construir para ofrecer los sacrificios de la mañana, la ofrenda de cereales de la tarde, los sacrificios de animales quemados, y las ofrendas de cereales y de vino de todo el pueblo. Luego rocía ese altar con la sangre de los animales sacrificados. El altar de bronce lo usaré sólo para consultar a Dios».

16 El sacerdote Urías hizo todo lo que el rey Ahaz le ordenó. **17** Después el rey quitó los diez recipientes de bronce y el gran tanque de agua que estaba encima de los toros de bronce y lo colocó sobre una base de piedra. **18** También quitó del templo la sala especial que sólo se usaba los sábados para la adoración, y quitó la entrada exterior reservada para el rey. Hizo todo esto con el fin de agradar al rey de Asiria. **19** Todo lo que hizo Ahaz está escrito en el libro de la Historia de los reyes de Judá. **20** Cuando murió lo enterraron en la Ciudad de David, en la misma tumba de sus antepasados. Su hijo Ezequías reinó en su lugar.

Los asirios vencen a los israelitas

17 **1** Oseas hijo de Elá comenzó a reinar en Israel cuando Ahaz tenía ya doce años gobernando sobre Judá. Reinó nueve años, durante los cuales vivió en Samaria. **2** Oseas desobedeció a Dios, aunque no tanto como los reyes de Israel anteriores a él.

3 Salmanasar, rey de Asiria, atacó a Oseas, lo dominó y lo obligó a pagarle impuestos. **4** Pero un día, Oseas se rebeló, envió hombres a Lais con un mensaje para el rey de Egipto, y no le pagó los impuestos a Salmanasar, como lo había hecho en años anteriores. Cuando el rey de Asiria lo descubrió, mandó a arrestar a Oseas y ponerlo en la cárcel. **5** Después invadió todo el país, fue a la ciudad de Samaria y la estuvo atacando durante tres años. **6** Al final, a los nueve años del reinado de Oseas, el rey de Asiria se apoderó de Samaria y se llevó prisioneros a los israelitas hasta su país. Los ubicó en Halah, en la región del río Habor, en Gozán, y en las ciudades de los medos.

7 Esto sucedió porque los israelitas habían pecado en contra de su único y verdadero Dios, que los había sacado de Egipto librándolos del poder del rey. Ellos adoraron a otros dioses, **8** y siguieron las mismas costumbres de las naciones que Dios había expulsado de su territorio, y también las costumbres que habían introducido los reyes de Israel. **9** También trataron de ocultarle a Dios su mal comportamiento, y construyeron otros altares de adoración, tanto en las ciudades grandes como en las torres de vigilancia. **10** Hicieron imágenes de la diosa Astarté y las pusieron en todas las colinas y debajo de la sombra de todos los grandes árboles. **11** También quemaron incienso como hacían las naciones que Dios había expulsado de ese territorio cuando llegaron los israelitas, y así desobedecieron a Dios. Por eso Dios se enojó, **12** pues adoraron ídolos aunque él se los había prohibido terminantemente.

13 Por medio de los profetas, Dios les había advertido muchas veces a los de Israel y de Judá que dejaran de hacer lo malo y obedecieran los mandamientos que les había dado a sus antepasados. **14** Pero ellos no hicieron caso ni confiaron en Dios, sino que fueron tercos, como sus antepasados. **15** No obedecieron los mandamientos ni el pacto que Dios había hecho con el pueblo de Israel. Adoraron ídolos que no valían nada, y por eso ellos mismos llegaron a ser un pueblo que no valía nada. Imitaron a las naciones vecinas, aunque Dios les había prohibido hacerlo. **16** Desobedecieron todos los mandamientos de su Dios, y fabricaron dos toros de oro para adorarlos. Además, hicieron una imagen de Astarté, y adoraron a Baal y al sol, la luna y las estrellas. **17** Quemaron a sus hijos e hijas para ofrecerlos como sacrificios, fueron a consultar con adivinos y brujos que pretendían saber el futuro, y se dedicaron por completo a hacer lo malo, por lo que hicieron enojar a Dios.

18 Dios estaba tan enojado con los israelitas que los abandonó y dejó que se los llevaran prisioneros. Los únicos israelitas que Dios no entregó como prisioneros fueron los de Judá. **19** Sin embargo, ellos tampoco obedecieron los mandamientos de Dios sino que siguieron las mismas costumbres que los de Israel. **20** Entonces Dios también los abandonó y los hizo sufrir, pues dejó que sus enemigos los atacaran y los vencieran.

21 Cuando Dios quitó del trono de Israel a los descendientes de David, los israelitas nombraron rey a Jeroboam hijo de Nabat, quien los hizo apartarse de Dios y pecar en gran manera. **22** El pueblo de Israel no dejó de cometer los mismos pecados que Jeroboam había cometido. **23** Entonces Dios los abandonó, tal como había anunciado por medio de sus profetas. Por eso los israelitas fueron llevados prisioneros a Asiria, y allí han estado hasta el momento en que esto se escribió.

24 El rey de Asiria llevó gente de Babilonia, Cuta, Avá, Hamat y Sefarvaim, y la ubicó en las ciudades de Samaria en lugar de los israelitas que antes vivían allí. Así esa gente se apoderó de Samaria y habitó en sus ciudades. **25** Desde un principio, no mostraron ningún respeto a Dios, por eso él les mandó leones que mataron a algunos de ellos. **26** Entonces le dijeron al rey de Asiria: «La gente que usted llevó a vivir en las ciudades de Samaria no sabe cómo adorar al Dios de ese lugar. Por ese motivo Dios les envió leones que los están matando».

27 Al escuchar esto, el rey de Asiria ordenó: «Envíen a uno de los sacerdotes israelitas que trajeron a vivir a Asiria, para que viva allá y los enseñe a adorar a su Dios».

28 Así que uno de los sacerdotes que habían echado de Samaria fue a vivir a Betel y les enseñó a adorar a Dios. **29** Pero cada pueblo se fabricó su propio dios en la ciudad donde habitaba, y lo puso en los pequeños templos que los samaritanos habían construido en las colinas. **30** Los de Babilonia hicieron una imagen de su dios Sucotbenot; los de Cuta, una de Nergal; y los de Hamat, una de Asimá. **31** Los de Avá fabricaron una imagen de Nibhaz y otra de Tartac, y los de Sefarvaim quemaban a sus hijos y los ofrecían como sacrificio a sus dioses Adramélec y Anamélec. **32** Además, aunque ellos adoraban a Dios, eligieron sacerdotes de su pueblo para ofrecer sacrificios en los pequeños templos de las colinas. **33** Así que adoraban al Dios verdadero, pero también a sus propios dioses, como hacían en los países de los que venían. **34** Ellos continuaron con este comportamiento hasta el momento en que esto se escribió, pues no adoraron a Dios ni obedecieron los mandamientos que él dio a su pueblo Israel. **35-39** Dios había hecho un pacto con ellos y les había ordenado:

«No adoren a otros dioses, no se inclinen delante de ellos, no los alaben ni les ofrezcan sacrificios. Yo soy el Dios verdadero; adórenme y ofrézcanme sacrificios sólo a mí, pues yo los saqué de Egipto mostrando mi gran poder. También deben obedecer todos los mandamientos que les di por escrito. No olviden el pacto que hice con ustedes, ni adoren a otros dioses. Yo los libraré del poder de sus enemigos».

40 Sin embargo, esas naciones no obedecieron a Dios, sino que siguieron las costumbres que tenían antes. **41** Adoraban a Dios, pero al mismo tiempo adoraban a sus dioses. Y los que nacieron después siguieron haciendo lo mismo hasta el momento en que esto se escribió.

Ezequías, rey de Judá
(2 Cr 29.1-2)

18 **1-2** Ezequías hijo de Ahaz comenzó a reinar en Judá a los veinticinco años, cuando Oseas hijo de Elá tenía ya tres años de gobernar en Israel. La capital de su reino fue Jerusalén, y su reinado duró veintinueve años. Su madre se llamaba Abí hija de Zacarías.

3 Ezequías obedeció a Dios en todo, tal como lo había hecho su antepasado David. **4** Quitó los pequeños templos de las colinas en donde la gente adoraba a los dioses, y destruyó todas las imágenes de Astarté. También hizo pedazos a la serpiente de bronce que había hecho Moisés, porque los israelitas la trataban como a un dios, pues la quemaban incienso y la llamaban Nehustán.

5 Ezequías confió en el verdadero Dios de Israel. Ni antes ni después hubo en Judá otro rey como él. **6** Siempre fue fiel a Dios, y obedeció todos los mandamientos que Dios le había dado a Moisés. **7** Por eso Dios siempre lo ayudaba y permitía que le fuera bien en todo. Un día Ezequías se puso en contra del rey de Asiria, y le dijo que no seguiría bajo su dominio. **8** También venció a los filisteos que estaban en los pequeños poblados y en las ciudades, hasta Gaza y sus fronteras.

Los asirios conquistan Samaria

9-10 Durante el cuarto año del reinado de Ezequías, llegó Salmanasar, rey de Asiria, y rodeó la ciudad de Samaria. Era el séptimo año del reinado de Oseas en Israel. Después de mantener rodeada la ciudad durante tres años, Salmanasar se apoderó de ella. **11** Luego Salmanasar llevó a los israelitas a Asiria y los ubicó en Halah, junto al río Habor, en la región de Gozán, y en las ciudades de los medos. **12** Esto sucedió porque los israelitas no obedecieron la ley que Dios les había dado por medio de Moisés, ni fueron fieles al pacto que habían hecho con él.

El rey de Asiria invade Judá
(2 Cr 32.1-19; Is 36.1-22)

13 Ezequías tenía ya catorce años gobernando, cuando el nuevo rey de Asiria, llamado Senaquerib, atacó todas las ciudades fortificadas de Judá y las conquistó. **14** Ezequías mandó entonces un hombre a Laquis, donde estaba el rey de Asiria, con el siguiente mensaje: «Hice mal en negarme a pagar los impuestos. Retírate de mi país, y te pagaré lo que me pidas».

Entonces Senaquerib le pidió a Ezequías un impuesto de nueve mil novecientos kilos de plata y novecientos noventa kilos de oro. **15** Ezequías le dio toda la plata que encontró en el templo de Dios y en los tesoros del palacio. **16** También quitó el oro de las puertas del templo y de sus marcos que él mismo había mandado a poner, y se lo entregó a Senaquerib.

17 Después Senaquerib envió desde Laquis a tres de sus oficiales de confianza al frente de un poderoso ejército para atacar Jerusalén. Cuando llegaron, acamparon junto al canal del estanque de Siloé, por el camino que va a los talleres de los teñidores de telas, y mandaron a llamar a Ezequías. **18** Pero el rey no salió, sino que envió a Eliaquim, encargado del palacio, y a Sebná y a Joah, sus dos secretarios.

19 Entonces uno de los oficiales asirios les dio este mensaje para Ezequías:

«El gran rey de Asiria quiere saber por qué te sientes tan seguro de ganarle. **20** Para triunfar en la guerra no bastan las palabras; hace falta un buen ejército y un buen plan de ataque. ¿En quién confías, que te atreves a luchar contra el rey de Asiria? **21** ¿Acaso confías en Egipto? Ese país y su rey son como una caña astillada que se romperá si te apoyas en ella, y te herirá. **22** Y si me dices que confías en tu Dios, entonces por qué has quitado todos los altares y ordenaste que tu pueblo lo adore solamente en Jerusalén. **23** »Tú no tienes con qué atacarme. Es más, si ahora mismo me muestras a dos jinetes yo te doy los caballos. **24** Y si estás esperando a los egipcios, déjame decirte que los caballos y carros de combate de Egipto no harán temblar ni al más insignificante de mis soldados. **25** Además, hemos venido a destruir este país, porque Dios nos ordenó hacerlo».

26 Eliaquim, Sebná y Joah le dijeron al oficial asirio:

—Por favor, no nos hable usted en hebreo. Háblenos en arameo, porque todos los que están en la muralla de la ciudad nos están escuchando.

27 El oficial asirio les respondió:

—El rey de Asiria me envió a hablarles a ellos y no a ustedes ni a Ezequías, porque ellos, lo mismo que ustedes, se van a quedar sin comida y sin agua. Será tanta el hambre y la sed que tendrán,

que hasta se comerán su propio excremento, y se beberán sus propios orines.

28 Después el oficial asirio se puso de pie y gritó muy fuerte en hebreo:

«Escuchen lo que dice el gran rey de Asiria: **29** ''No se dejen engañar por Ezequías, porque él no puede salvarlos de mi poder. **30** Si les dice que confíen en Dios porque él los va a salvar, **31** no le crean. Hagan las paces conmigo y ríndanse. Entonces podrán comer las uvas de su propio viñedo, los higos de sus árboles y beber su propia agua. **32** Después los llevaré a un país parecido al de ustedes, donde hay trigo, viñedos, olivos y miel. Allí podrán vivir bien y no morirán. No escuchen a Ezequías, pues él los engaña al decirles que Dios los va a salvar.

33-35 A otras naciones, sus dioses no pudieron salvarlas de mi poder. Ni los dioses de Hamat, Arpad, Sefarvaim, Ivá y Hená pudieron salvar a Samaria de mi poder. ¡Cómo esperan que el Dios de ustedes pueda salvar a Jerusalén!''»

36 La gente se quedó callada, porque el rey les había ordenado no contestar. **37** Después Eliaquim, Sebná y Joah rompieron su ropa en señal de angustia, y fueron a contarle al rey Ezequías lo que había dicho el oficial asirio.

Dios salva a Judá
(2 Cr 32.20-23; Is 37.1-38)

19 **1** Cuando el rey Ezequías escuchó el mensaje de Senaquerib, se puso muy triste, y para mostrarlo se rompió la ropa, se puso ropa áspera y se fue al templo. **2** Luego les pidió a Eliaquim, a Sebná y a los sacerdotes más ancianos que fueran a ver al profeta Isaías hijo de Amós. Como ya se ha dicho, Eliaquim era el encargado del palacio, y Sebná era secretario del rey. Todos ellos fueron vestidos con ropa áspera para mostrar

su tristeza, **3** y le dijeron al profeta:

—El rey Ezequías dice que hoy es un día de luto, de castigo y de vergüenza. Ya hemos perdido las fuerzas; estamos completamente desanimados. **4** Ojalá que Dios haya escuchado los insultos que el oficial de Senaquerib lanzó en contra del Dios de Israel, y que lo castigue. Pídele a Dios que ayude a los israelitas que aún quedan con vida.

5-6 Isaías les respondió:

—Denle al rey este mensaje de parte de Dios: ''No tengas miedo de los insultos de ese soldado. **7** Yo haré que el rey Senaquerib reciba una mala noticia que lo obligue a regresar a su país, y allí lo matarán''.

8 El oficial asirio se enteró de que Senaquerib, su rey, se había ido de la ciudad de Laquis. Entonces se fue de Jerusalén y encontró a Senaquerib luchando contra Libná. **9** Allí Senaquerib supo que el rey Tirhaca de Etiopía había salido a luchar contra él. Entonces le mandó de nuevo un mensaje a Ezequías:

10 «Ezequías, rey de Judá: Tú confías en tu Dios, pero no te dejes engañar por él cuando te dice que yo no conquistaré Jerusalén. **11** Como bien sabes, los reyes de Asiria han destruido por completo a cuanto país quisieron. ¡No creas que tú te vas a salvar! **12** Cuando mis antepasados destruyeron a países como Gozán, Harán, Résef, y a la gente de Bet-edén que vivía en Telasar, ni sus dioses pudieron salvarlos. **13** Ni tampoco pudieron los reyes de Hamat, Arpad, Sefarvaim, Ivá y Hená».

14 Ezequías tomó la carta y la leyó. Luego fue al templo, extendió la carta delante de Dios **15** y oró diciendo:

«Dios de Israel, tú tienes tu trono sobre los querubines. Tú eres el único Dios de todos los reinos de la tierra; tú eres el creador del cielo y de la tierra. **16** ¡Préstanos atención! Mira lo que nos está sucediendo. Escucha lo que dijo Senaquerib para ofenderte a ti, el Dios de la vida. **17** Es verdad que los reyes de Asiria han destruido a los países y sus territorios, **18** y que han echado a sus dioses al fuego. Pero en realidad esos no eran dioses, sino imágenes de madera y de piedra hechas por manos humanas, y por eso fueron destruidas. **19** Dios nuestro, te rogamos que nos salves del poder de los asirios, para que todas las naciones de la tierra sepan que tú eres el único Dios».

20 Después Isaías le mandó este mensaje a Ezequías:

«Nuestro Dios, el Dios de Israel, ha escuchado tu oración. **21** Esto es lo que Dios dice de Senaquerib:

''A ti, Senaquerib,
Jerusalén te desprecia;
los israelitas se burlan de ti a
tus espaldas.
22 ¿A quién insultaste y
ofendiste?
¡Me ofendiste a mí, al Dios
Santo de Israel!
23 Tu mensaje es un grave
insulto para mí.

''Tú presumes de tener muchos
carros de combate
y de haber subido con ellos
a las más altas montañas del
Líbano.
Tú presumes de haber derribado
los cedros y los pinos más altos
y hermosos.
Dices que has llegado a los
lugares más lejanos
y a los bosques más tupidos.
24 Tu orgullo es haber hecho
pozos
y haber bebido el agua de otros
países.
Presumes de que a tu paso
los ríos de Egipto se quedaron
secos.

25 ''¿Pero acaso no sabes,
Senaquerib,
que fui yo quien te permitió
hacerlo?
Desde los tiempos antiguos
he planeado lo que ahora sucede.
Por eso destruyes ciudades fortificadas
y las transformas en un montón
de escombros.
26 Por eso dejas sin fuerza a sus
habitantes;
y los confundes y llenas de miedo.
¡Y se han vuelto como la hierba
del campo,
como el pasto verde;
como la hierba de los tejados
que se seca antes de crecer!

27 ''Senaquerib,
yo sé todo lo que haces;
sé a dónde vas y de dónde vienes.
Y sé que te enojaste contra mí.
28 ¡Te enfureciste y te llenaste
de orgullo!
Pero voy a ponerte un gancho
en la nariz,
como se les pone a los bueyes,
y un freno en la boca,
como se les pone a los caballos;
¡voy a hacerte regresar
por el camino por donde
viniste!''»

29 Después Isaías continuó diciéndole a Ezequías:

«Voy a darte una señal que te hará saber lo que va a pasar: Este año y el próximo, lo único que el pueblo comerá será el trigo que crece por sí solo. Pero en el tercer año ya podrán sembrar y cose-char, plantar viñedos y comer las uvas. **30** »Los habitantes de Judá que aún queden con vida serán como árboles bien firmes que producen mucho fruto. **31** Porque no todos en Jerusalén morirán de hambre, sino que un pequeño grupo queda-rá con vida. Dios hará esto porque los ama mucho.

32-33 »Dios quiere que sepas que Senaquerib no entrará a Jerusalén. No disparará ni una sola flecha; no la atacará ni construirá plataformas para subir por sus murallas. Se tendrá que regresar por donde vino. Dios ha dado su palabra. **34** Dios protegerá esta ciudad, por amor a sí mismo, y por amor a David, quien le fue fiel en todo».

35 Esa noche, el ángel de Dios fue y mató a ciento ochenta y cinco mil soldados del ejército asi-rio, y a la mañana siguiente el campo estaba lleno de muertos. **36** Entonces Senaquerib regresó a su país, y se quedó en la ciudad de Nínive. **37** Pero un día, mientras Senaquerib estaba adorando en el templo de su dios Nisroc, sus hijos Adramélec y Sarézer fueron y lo mataron, y luego escaparon a la región de Ararat. En su lugar reinó su hijo Esarhadón.

Dios prolonga la vida de Ezequías
(2 Cr 32.24-26; Is 38.1-8)

20 **1** En esos días, el rey Ezequías se enfermó gravemente y estaba por morir. El profeta Isaías fue a visitarlo y le dijo: «Dios dice que vas a morir, así que arregla todos tus asuntos familiares más importantes».

2 Entonces Ezequías volvió su cara hacia la pared y oró a Dios así: **3** «Dios mío, no te olvides de que yo siempre he sido sincero conti-go, y te he agradado en todo». Luego Ezequías lloró con mucha tristeza. **4** Isaías lo dejó, pero antes de salir al patio central del palacio, Dios le dijo:

5-6 «Vuelve y dile al rey, que yo, el Dios de su antepasado David, escuché su oración y vi sus lágri-mas. Dile que voy a sanarlo, y que le daré quince años más de vida. Dentro de tres días ya podrá venir a mi templo para adorarme. Además, por amor a mí mismo, y a David, quien me fue fiel en todo, salvaré a Ezequías y a Jerusalén del poder del rey de Asiria».

7 Isaías fue y le dio el mensaje a Ezequías. Luego ordenó preparar una pasta de higos y que se la pusieran a Ezequías sobre la parte enferma para que sanara. **8** Ezequías le preguntó:

—¿Y cómo voy a saber que sanaré y que podré ir al templo dentro de tres días? ¿Qué señal me vas a dar?

9 Isaías le respondió:

—Dime tú qué señal prefieres: ¿quieres que la sombra en el reloj del sol se adelante diez grados o prefieres que retroceda?

10 Ezequías contestó:

—Que la sombra se adelante es fácil. Lo difícil es que retroceda. Prefiero que retroceda diez grados.

11 Isaías le rogó a Dios que lo hiciera así, y Dios hizo que la sombra retrocediera diez grados en el reloj de Ahaz.

Los mensajeros de Babilonia
(2 Cr 32.27-31; Is 39.1-8)

12 Merodac-baladán hijo de Baladán, que era rey de Babilonia, se enteró de que Ezequías había estado enfermo, así que le envió mensajeros con cartas y un regalo. **13** Ezequías les dio la bienvenida y les mostró todos los tesoros del palacio, el oro y la plata, los perfumes, los aceites finos, y las armas y todo lo que había en las bodegas. Recorrieron todo el palacio y el reino, y no hubo nada que Ezequías no les mostrara.

14 Entonces el profeta Isaías fue a ver al rey y le preguntó:

—¿Y esa gente de dónde vino? ¿Qué te dijeron?

Ezequías respondió:

—Vinieron de Babilonia, que es un país muy lejano.

15 Isaías le preguntó:

—¿Qué vieron en tu palacio?

Ezequías contestó:

—¡Todo! Les mostré todo lo que tengo en mi palacio y en mis bodegas.

16 Entonces Isaías le dijo:

—Escucha este mensaje de parte de Dios: **17** ''En el futuro, todo lo que hay en tu palacio será llevado a Babilonia. Se llevarán todo lo que juntaron tus antepasados hasta el día de hoy. No va a quedar nada. **18** También a algunos de tus hijos se los llevarán a Babilonia, y allí los harán esclavos y no les permitirán tener descendientes''.

19 Ezequías pensó que por lo menos vivirían seguros y en paz mientras él fuera rey, así que le respondió a Isaías:

—Sí así lo quiere Dios, está bien.

Muerte de Ezequías
(2 Cr 32.32-33)

20 Todo lo que hizo Ezequías, todas sus hazañas y cómo construyó el estanque y el canal para llevar agua a la ciudad, está escrito en el libro de la Historia de los reyes de Judá. **21** Cuando Ezequías murió, lo enterraron en la tumba de sus antepasados. Su hijo Manasés reinó en su lugar.

Manasés, rey de Judá
(2 Cr 33.1-20)

21 **1** Manasés comenzó a reinar a los doce años. La capital de su reino fue Jerusalén, y su reinado duró cincuenta y cinco años. Su madre se llamaba Hepsiba. **2** Manasés no obedeció a Dios, pues practicó las costumbres vergonzosas de las naciones que Dios había expulsado del territorio de los israelitas. **3** Reconstruyó los pequeños templos que su padre Ezequías había destruido, hizo imágenes de la diosa Astarté y edificó altares para adorar a Baal. También siguió el mal ejemplo del rey Ahab y adoró a todos los astros del cielo.

4-5 Construyó altares para esos astros en los patios del templo de Dios, aun cuando Dios había dicho que ese templo sería su casa en Jerusalén».

6-7 Manasés puso la imagen de la diosa Astarté en el templo de Dios, practicó la hechicería y la brujería, y se hizo amigo de los espiritistas y los brujos. También hizo quemar a su hijo como un sacrificio. Su comportamiento fue tan malo, que Dios se enojó mucho.

Dios les había dicho a David y a su hijo Salomón: «De todas las ciudades de Israel, he elegido a Jerusalén, para poner allí mi templo y vivir en él para siempre. **8** Si los israelitas obedecen todos los mandamientos que le di a Moisés, no los expulsaré del país que les he dado».

9 Pero los israelitas no obedecieron a Dios. Al contrario, Manasés los hizo cometer peores pecados que los que habían cometido las naciones que Dios había destruido cuando los israelitas llegaron a la región. **10** Por eso Dios dijo por medio de sus profetas:

11 «Manasés ha cometido pecados vergonzosos; sus pecados son peores que los cometidos por los amorreos. Hizo que Judá pecara adorando ídolos. **12** Por eso yo, el Dios de Israel, causaré terribles daños en Jerusalén y en Judá. Bastará que oigan lo que allí haré para que les duelan los oídos. **13** »De Jerusalén no va a quedar nada. Lo voy a castigar como castigué a Samaria y a la familia de Ahab. Quedará vacía, como un plato que se limpia y se vuelca para dejarlo secar. **14** Aun a los que queden con vida los destruiré. Voy a dejar que sus enemigos los derroten y les quiten todo. **15** Porque desde que saqué de Egipto a sus antepasados, este pueblo se ha comportado mal y me ha hecho enojar».

16 Además de hacer pecar a Judá, Manasés mató a mucha gente inocente. ¡Fueron tantos los que mató que Jerusalén se llenó de sangre desde un extremo al otro! **17** Todo lo que hizo Manasés, y los terribles pecados que cometió, está escrito en el libro de la Historia de los reyes de Judá. **18** Cuando murió, lo enterraron en el jardín de su palacio, el jardín de Uzá. Su hijo Amón reinó en su lugar.

Amón, rey de Judá
(2 Cr 33.21-25)

19 Amón comenzó a reinar a los veintidós años. La capital de su reino fue Jerusalén, y su reinado duró dos años. Su madre vivía en Jotbá, se llamaba Mesulémet y era hija de Harús. **20-22** Amón desobedeció al Dios de Israel, el Dios de sus antepasados, pues adoró a los dioses falsos al igual que su padre Manasés, y cometió los mismos pecados.
23 Un día, los oficiales de Amón se rebelaron contra él y lo asesinaron en su palacio. **24** Pero la gente del pueblo mató a esos oficiales, y nombró como rey a Josías, el hijo de Amón.
25 Todo lo que hizo Amón está escrito en el libro de la Historia de los reyes de Judá. **26** Amón fue enterrado en una tumba de su propiedad, en el jardín de Uzá. Su hijo Josías reinó en su lugar.

Josías, rey de Judá
(2 Cr 34.1-2)

22 **1** Josías comenzó a reinar a los ocho años. La capital de su reino fue Jerusalén, y su reinado duró treinta y un años. Su madre era de Boscat, y se llamaba Jedidá hija de Adaías. **2** Josías obedeció a Dios en todo, pues siguió fielmente el ejemplo de su antepasado David.

El libro de la Ley
(2 Cr 34.8-33)

3 Cuando Josías tenía ya dieciocho años de reinar en Judá, envió al templo a su secretario Safán hijo de Asalías y nieto de Mesulam, **4** para que le dijera a Hilquías,

jefe de los sacerdotes:

«Toma el dinero que la gente ha entregado a los que cuidan las entradas del templo, **5** y entrégaselo a los encargados de la reconstrucción. Así podrán pagarles a los **6** carpinteros, constructores y albañiles. Con ese dinero también podrán comprar la madera y las piedras que se necesitan para reparar el templo. **7** Como los encargados de la construcción son gente honesta, no tienen que dar cuenta de ese dinero».

8 Un día, Hilquías, jefe de los sacerdotes, le dijo al secretario Safán que había encontrado el libro de la Ley en el templo, y se lo entregó. Después de leerlo, Safán **9** fue a ver al rey y le dijo: «Tus servidores reunieron el dinero que había en el templo y se lo dieron a los encargados de la reconstrucción. **10** Además, el sacerdote Hilquías se encontró este libro y me lo entregó. Aquí lo tienes».
Entonces Safán se lo leyó al rey, **11** y cuando el rey escuchó lo que decía el libro, fue tanta su tristeza y angustia, que rompió su ropa. **12** En seguida le ordenó a Hilquías, a Ahicam hijo de Safán, a Acbor hijo de Micaías, al secretario Safán y a su oficial Asaías:

13 «Vayan a consultar a Dios para que sepamos qué debemos hacer en cuanto a lo que dice este libro. ¡Dios debe estar furioso con nosotros, pues nuestros antepasados no obedecieron lo que está escrito aquí!»

14 Entonces ellos fueron a ver a la profetisa Huldá, que vivía en el Segundo Barrio de Jerusalén. Huldá era la esposa de Salum hijo de Ticvá y nieto de Harhás. Salum era el encargado de cuidar la ropa del rey. Cuando la consultaron, **15-16** Huldá les contestó:

«El rey Josías tiene que saber del desastre que el Dios de Israel va a mandar sobre este lugar y sus

habitantes. Así lo dice el libro que le han leído al rey. **17** Dios está muy enojado, pues lo han abandonado para adorar a otros dioses. ¡Ya no los perdonará más!
18-20 Pero díganle al rey que Dios ha visto su arrepentimiento y humildad, y que sabe lo preocupado que está por el castigo que se anuncia en el libro. Como el rey ha prestado atención a todo eso, Dios no enviará este castigo por ahora. Dejará que el rey muera en paz y sea enterrado en la tumba de sus antepasados. Luego el pueblo recibirá el castigo que se merece».

Entonces los mensajeros fueron a contarle al rey lo que había dicho Dios por medio de la profetisa Huldá.
23 **1-2** Luego el rey mandó a llamar a los líderes de Judá y de Jerusalén, para que se reunieran en el templo con él. A la cita acudieron todos los hombres de Judá, los habitantes de Jerusalén, los sacerdotes y los profetas. Toda la nación, desde el más viejo hasta el más joven, fue al templo. Allí, el rey les leyó lo que decía el libro del pacto que habían encontrado. **3** Después se puso de pie, junto a una columna, y se comprometió a obedecer siempre todos los mandamientos de Dios, y a cumplir fielmente el pacto que estaba escrito en el libro. Y el pueblo se comprometió a hacer lo mismo.

Josías sigue las enseñanzas de la Ley
(2 Cr 34.3-7; 35.1-19)

4 El rey Josías ordenó que sacaran del templo todos los objetos que se usaban para adorar a Baal, a Astarté y a todos los astros del cielo. Los sacerdotes, y su jefe Hilquías, y los encargados de cuidar el templo cumplieron sus órdenes. Luego el rey ordenó que quemaran todo en los campos de Cedrón, en las afueras de Jerusalén, y que llevaran las cenizas a Betel. **5** También expulsó a los sacerdotes que los reyes de Judá habían nombrado para quemar incienso en los pequeños templos de las colinas, edificados en honor a Baal, el sol, la luna y las estrellas. Además ordenó que en todas las ciudades de Judá y alrededor de Jerusalén se quitaran los pequeños templos, **6** y sacaran del templo de Dios la imagen de la diosa Astarté y la llevaran al arroyo de Cedrón, en las afueras de Jerusalén. Allí la quemaron y esparcieron las cenizas sobre el cementerio del pueblo. **7** También mandó a derribar las habitaciones del templo donde se practicaba la prostitución para adorar a los dioses, y donde las mujeres tejían mantas para la diosa Astarté.

8-9 En todas las ciudades de Judá, en la región que va de Gueba a Beerseba, había sacerdotes que ofrecían sacrificios a Dios en los pequeños templos de las colinas. Josías mandó a destruirlos, y obligó a los sacerdotes a vivir en Jerusalén. A estos les prohibió trabajar en el templo de Dios, aunque sí les dejó comer de los panes sin levadura, al igual que los demás sacerdotes. Además, Josías ordenó destruir los altares de los dioses falsos que estaban en la entrada del palacio de Josué, quien fue gobernador de Judá. Ese palacio estaba a la izquierda de la entrada de la ciudad. **10** Además Josías destruyó el horno que estaba en el valle de Benhinom, para que nadie pudiera quemar allí a su hijo o hija como sacrificio en honor a Milcom. **11** También eliminó los caballos y quemó los carros de guerra que estaban a la entrada del templo de Dios, junto al cuarto de Natánmélec, encargado de las habitaciones. Los reyes de Judá usaban esos caballos y carros para las ceremonias en honor al dios sol. **12** También derribó los altares que esos reyes habían construido en el techo del palacio, cerca de la habitación de Ahaz, y los que Manasés puso en los patios del templo. Los hizo polvo, y ese polvo lo arrojó en el arroyo Cedrón.

13-15 Josías destruyó además las imágenes y los pequeños templos de las colinas al este de Jerusalén, y los que había en el sur del monte de los Olivos. El rey Salomón los había construido para adorar a los repugnantes dioses Quemós, dios de los moabitas, Milcom, dios de los amonitas, y Astarté, diosa de los sidonios. Después rellenó con huesos humanos los lugares donde había estado esas imágenes. Luego fue a Betel, y derribó y quemó el altar que Jeroboam hijo de Nabat había construido allí, con el cual había hecho pecar a los israelitas. **16** Cuando Josías regresaba de Betel, vio las tumbas que había en las colinas, y mandó sacar los huesos que había en ellas. Luego los quemó sobre el altar del lugar, para que ya no pudieran usarlo. Así se cumplió lo que Dios había anunciado por medio de su profeta. **17** De pronto Josías vio una tumba y preguntó de quién era. Los hombres de la ciudad le respondieron:

—Es la tumba del profeta que vino de Judá y anunció lo que usted hoy ha hecho con el altar de Betel.

18 Entonces Josías ordenó:

—Déjenla como está.

Así que no sacaron los huesos del profeta de Judá, ni los del profeta de Samaria, que estaba enterrado junto a él.

19 Josías quitó todos los pequeños templos que había en Samaria, como lo había hecho también en Betel. Los reyes de Israel los habían construido, provocando el enojo de Dios. **20** Después mató sobre los altares a todos los sacerdotes de esos templos, y sobre esos altares quemó huesos humanos.

Cuando regresó a Jerusalén, **21** el rey Josías le ordenó a todo el pueblo: «Celebren la Pascua en honor al Dios de Israel, tal como

está escrito en este libro del pacto». **22-23** Así que el pueblo celebró la Pascua en Jerusalén, cuando Josías tenía ya dieciocho años de reinar. Nunca antes todo el pueblo había celebrado la Pascua de esa manera, desde que ocuparon el territorio en tiempos de Josué.

24 Además Josías eliminó a todos los brujos y adivinos, y destruyó todos los ídolos, incluso los ídolos familiares. Todos los objetos repugnantes que había en Jerusalén y en Judá para adorar a los dioses falsos, fueron destruidos. Así cumplió Josías los mandamientos del libro que el sacerdote Hilquías había encontrado en el templo.

25 Ni antes ni después hubo otro rey como Josías, que se apartara de su maldad y obedeciera a Dios con todo su corazón y con todas sus fuerzas.

26 Sin embargo, Dios siguió enojado contra Judá porque los pecados de Manasés lo había ofendido mucho. **27** Por eso Dios dijo: «Voy a rechazar a Judá, como lo hice con Israel, y rechazaré a Jerusalén, la ciudad que había elegido, y al templo en el que dije que viviría».

La muerte de Josías
(2 Cr 35.20-27)

28-30 Un día Necao, rey de Egipto, se dirigía hacia el río Éufrates para ayudar al rey de Asiria. Entonces el rey Josías decidió atacar a Necao en Meguido, pero Necao lo mató en cuanto lo vio. Los oficiales de Josías llevaron el cuerpo del rey en una carreta desde Meguido hasta Jerusalén, y lo enterraron en su tumba. El pueblo eligió a su hijo Joacaz para que fuera el siguiente rey de Judá. Todo lo que hizo Josías está escrito en el libro de la Historia de los reyes de Judá.

Joacaz, rey de Judá
(2 Cr 36.1-4)

31 Joacaz comenzó a gobernar a los veintitrés años. La capital de su reino fue Jerusalén, y su reinado duró sólo tres meses. Su madre era de Libná, y se llamaba Hamutal hija de Jeremías. **32** Joacaz desobedeció a Dios, al igual que sus antepasados.

33 El rey Necao capturó a Joacaz y lo dejó preso en Riblá, en la región de Hamat, para que no pudiera reinar en Jerusalén. Además, obligó a Judá a pagar un impuesto de tres mil trescientos kilos de plata, y treinta y tres kilos de oro. **34** Después nombró rey a Eliaquim hijo de Josías, para que reinara en lugar de su padre, pero antes le cambió el nombre, y lo llamó Joacín. Luego llevó a Joacaz a Egipto, donde murió.

Joacín, rey de Judá
(2 Cr 36.5-8)

35 Joacín le dio al rey Necao el oro y la plata que este le pidió, y para hacerlo les cobró un impuesto a todos los habitantes del pueblo: cada uno tuvo que entregar la cantidad que le correspondía.

36 Joacín comenzó a reinar a los veinticinco años. La capital de su reino fue Jerusalén, y su reinado duró once años. Su madre era de Rumá, y se llamaba Zebudá hija de Pedaías. **37** Pero este rey desobedeció a Dios, al igual que sus antepasados.

24 [1] El rey Nabucodonosor de Babilonia fue a luchar contra Judá, y venció al rey Joacín. Judá permaneció bajo el dominio de Nabucodonosor durante tres años, pero después Joacín volvió a ponerse en su contra. **2** Luego Dios envió pequeños grupos de soldados caldeos, sirios, moabitas y amonitas, para que atacaran y destruyeran Judá. Así se cumplió lo que Dios había anunciado por medio de sus profetas. **3-4** Dios castigó a Judá por todos los pecados de Manasés. No quiso perdonarla porque Manasés había matado a mucha gente inocente en Jerusalén.

5 Todo lo que hizo Joacín está escrito en el libro de la Historia de los reyes de Judá. **6** Cuando Joacín murió, su hijo Joaquín reinó en su lugar. **7** Para entonces el rey de Babilonia había conquistado todo el territorio que va desde el arroyo de Egipto hasta el río Éufrates, y por eso el rey de Egipto no volvió a salir de su país.

Joaquín, rey de Judá
(2 Cr 36.9-10)

8 Joaquín comenzó a reinar a los dieciocho años. La capital de su reino fue Jerusalén, y su reinado duró tres meses. Su madre era de Jerusalén, y se llamaba Nehustá hija de Elnatán. **9** Joaquín desobedeció a Dios, al igual que su padre.

10 Durante el reinado de Joaquín, el ejército de Babilonia fue y rodeó la ciudad de Jerusalén para atacarla. **11** Cuando los soldados ya la tenían rodeada, llegó el rey Nabucodonosor. **12** Entonces Joaquín y su madre, junto con sus sirvientes, sus asistentes y los jefes de su ejército se rindieron, y el rey de Babilonia los tomó prisioneros. Esto ocurrió cuando Nabucodonosor tenía ya ocho años como rey de Babilonia. **13** Nabucodonosor tomó todos los tesoros del templo y del palacio de Jerusalén, y rompió todas las vasijas de oro que había hecho el rey Salomón. Así se cumplió lo que Dios había anunciado. **14-16** Nabucodonosor se llevó diez mil prisioneros en total, entre los que estaban los oficiales, siete mil soldados valientes, y mil artesanos y herreros. También se llevó prisioneros al rey Joaquín, a su madre, a sus esposas, a su guardia personal, y a los más importantes líderes del país. Sólo dejó en Jerusalén a los más pobres. **17** Después Nabucodonosor nombró como rey a Matanías, tío de Joaquín, pero antes le cambió el nombre, y lo llamó Sedequías.

Sedequías, rey de Judá
(2 Cr 36.11-16; Jer 52.1-3)

18 Sedequías comenzó a reinar a los veintiún años. La capital de su reino fue Jerusalén, y su reinado duró once años. Su madre era de Libná, y se llamaba Hamutal hija de Jeremías. **19** Sedequías desobedeció a Dios, al igual que Joacín, **20** por eso Dios se enojó muchísimo con Jerusalén y Judá, y las rechazó.

Babilonia vence a Judá
(Jer 39.1-7; 52.3-11)

Después de un tiempo, Sedequías también se puso en contra del rey de Babilonia.

25 [1] Entonces, al día diez del mes de Tébet,[1] durante el noveno año del reinado de Sedequías, el rey Nabucodonosor fue con todo su ejército para atacar a Jerusalén. Rodeó la ciudad, y construyó rampas para atacarla mejor, **2** permaneciendo alrededor de la ciudad hasta el año once del reinado de Sedequías.

3 Para el día nueve del mes de Tammuz[2] de ese año ya no había en Jerusalén nada que comer. **4** Por eso, el rey Sedequías y sus soldados hicieron una abertura en la muralla que rodeaba la ciudad. Pasaron por la entrada que estaba entre las dos murallas, junto a los jardines del rey, y esa noche escaparon por el camino del valle del Jordán. Mientras tanto, los soldados de Babilonia seguían rodeando la ciudad.

5 Pero luego los soldados de Babilonia persiguieron al rey Sedequías, y lo alcanzaron en la llanura de Jericó. Todo el ejército de Sedequías lo abandonó y huyó. **6** Los babilonios atraparon a Sedequías y lo llevaron a Riblá, ante el rey de Babilonia. Como castigo, **7** el rey hizo que mataran a los hijos de Sedequías en su presencia, y luego ordenó que le sacaran los ojos y lo sujetaran con cadenas para llevarlo a Babilonia.

Nebuzaradán destruye el templo
(2 Cr 36.17-21; Jer 39.8-10; 52.12-30)

8 Nebuzaradán, comandante de la guardia personal del rey y general del ejército de Babilonia, llegó a Jerusalén el día siete del mes de

Ab³ del año diecinueve del reinado de Nabucodonosor. **9** Nebuzaradán incendió el templo de Jerusalén, el palacio del rey y las casas de la ciudad, en especial las de los líderes más importantes. **10** Luego los soldados babilonios derribaron las murallas que rodeaban a Jerusalén. **11** Nebuzaradán se llevó a Babilonia a los judíos que habían quedado en Jerusalén, incluyendo a los que se habían unido al rey de Babilonia. **12** Sin embargo, dejó a los judíos más pobres para que cultivaran los viñedos y los campos.

13-14 Los babilonios se llevaron todo el bronce que encontraron: el de las columnas del frente del templo, las bases de los recipientes, el gran tanque de agua, las vasijas, las palas, las tijeras, los cucharones y demás utensilios que se usaban en el templo. **15** Nebuzaradán se llevó además objetos de oro y plata, como hornillos y tazones.

16 No fue posible calcular el peso del bronce de las dos columnas, ni del enorme tanque para el agua ni de las bases que el rey Salomón había mandado hacer para el templo. **17** Las dos columnas eran iguales, y cada una medía más de ocho metros de altura. La parte superior de cada columna tenía un adorno de bronce que medía más de dos metros, con una hilera de figuras de bronce en forma de manzana.

18 Además, Nebuzaradán apresó a Seraías, jefe de los sacerdotes, a Sofonías, sacerdote que le seguía en importancia, y a los tres encargados de la vigilancia del templo. **19** Apresó también a uno de los capitanes del ejército, a cinco de los ayudantes personales del rey, al oficial encargado de reunir a los soldados, y a sesenta líderes del pueblo. Todos ellos estaban en Jerusalén, **20-21** pero Nebuzaradán se llevó a Riblá, en el territorio de Jamat, donde Nabucodonosor, rey de Babilonia, ordenó que los mataran.

De esta manera, casi todo el pueblo de Judá fue sacado de su país.

El resto de la gente huye a Egipto
(Jer 40.7-10; 41.1-3, 16-18)

22 Nabucodonosor eligió a Guedalías hijo de Ahicam y nieto de Safán para que fuera el gobernador de la gente que había dejado en Judá. **23** Cuando los jefes del ejército de Judá y sus hombres se enteraron de esto, fueron a ver a Guedalías en Mispá. Entre ellos estaban Ismael hijo de Netanías, Johanán hijo de Caréah, Serahías hijo de Tanhúmet, de Netofá, y Jaazanías, hijo de un hombre de Maacá. **24** Guedalías les juró que si se quedaban en el país y servían al rey de Babilonia les iría bien, y que no tendrían por qué temer a los oficiales de Babilonia.

25 Pero cuando Guedalías cumplió siete meses como gobernador, Ismael, que era descendiente de los reyes de Judá, llegó a Mispá con diez hombres, y lo mató. Y mató también a los judíos y babilonios que lo apoyaban. **26** Entonces toda la gente, desde el más joven hasta el más viejo, y los oficiales del ejército, huyeron a Egipto, pues tenían miedo de los babilonios.

El rey Joaquín queda en libertad
(Jer 52.31-34)

27 Joaquín tenía ya treinta y siete años viviendo en Babilonia, cuando Evil-merodac comenzó a reinar sobre ese país. El día veintisiete del mes de Adar⁴ de ese año, Evil-merodac sacó de la cárcel a Joaquín. **28** Lo trató bien y le dio un lugar de importancia entre los otros reyes que estaban con él en Babilonia. **29** Así que Joaquín dejó de usar su ropa de prisionero, y el resto de su vida comió con el rey. **30** Además, todos los días recibía dinero para sus gastos personales.

1 Crónicas

Los descendientes de Adán

1 ¹⁻⁴ Los descendientes de Adán son: Set, Enós, Cainán, Mahalalel, Jéred, Henoc, Matusalén, Lámec, Noé.

Los descendientes de Noé

Los descendientes de Noé son: Sem, Cam, Jafet.

⁵ Jafet tuvo siete hijos: Gómer, Magog, Madai, Javán, Tubal, Mésec, Tirás.

⁶ Gómer tuvo tres hijos: Asquenaz, Rifat, Togarmá.

⁷ Javán tuvo cuatro hijos: Elisá, Tarsis, Quitim, Rodanim.

⁸ Cam tuvo cuatro hijos: Cus, Misraim, Fut, Canaán.

⁹⁻¹⁰ Cus tuvo seis hijos: Sebá, Havilá, Sabtá, Raamá, Sabtecá, Nimrod.

Nimrod llegó a ser muy poderoso en toda la tierra.

Raamá tuvo dos hijos: Sebá, Dedán.

¹¹ Estos son los pueblos que descienden de Misraim: los ludeos, los anameos, los lehabitas, los naftuhítas, ¹² los patruseos, los casluhítas y los caftoritas.

Los filisteos descienden de los caftoritas.

¹³ Canaán tuvo dos hijos: Sidón, Het.

¹⁴⁻¹⁶ Estos son los pueblos que descienden de Canaán: los jebuseos, los amorreos, los gergeseos, los heveos, los araceos, los sineos, los arvadeos, los semareos y los hamateos.

Los descendientes de Sem

¹⁷ Sem, el primer hijo de Noé, tuvo cinco hijos: Elam, Asur, Arfaxad, Lud, Aram.

Aram tuvo cuatro hijos: Us, Hul, Mas, Guéter.

¹⁸ Arfaxad tuvo un hijo, Sélah.

Sélah tuvo un hijo, Éber.

¹⁹ Éber tuvo dos hijos: Péleg, Joctán.

En los días cuando Péleg vivía, la gente se dividió. Entonces se formaron muchas tribus y pueblos.

²⁰⁻²³ Joctán tuvo trece hijos: Almodad, Sélef, Hasar-mávet, Jérah, Hadoram, Uzal, Diclá, Obal, Abimael, Sebá, Ofir, Havilá, Jobab.

²⁴ Los descendientes de Sem hasta Abram son los siguientes: Arfaxad, Sélah, ²⁵ Éber, Péleg, Reú, ²⁶ Serug, Nahor, Térah, ²⁷ Abram.

A este Abram, Dios le puso por nombre Abraham.

La familia de Abraham

²⁸⁻³³ Abraham tuvo dos hijos: Isaac, Ismael.

Después, Abraham se casó con Queturá y tuvo seis hijos: Zimrán, Jocsán, Medán, Madián, Isbac, Súah.

Jocsán tuvo dos hijos: Sebá, Dedán.

Madián tuvo cinco hijos: Efá, Éfer, Hanoc, Abidá, Eldaá.

La familia de Ismael

Ismael tuvo doce hijos: Nebaiot, Quedar, Adbeel, Mibsam, Mismá, Dumá, Masá, Hadad, Temá, Jetur, Nafís, Quedmá.

Los descendientes de Isaac

³⁴ Isaac, el otro hijo de Abraham, tuvo dos hijos: Esaú, Jacob.

Los descendientes de Esaú

³⁵⁻⁴² Esaú tuvo doce hijos: Elifaz, Reuel, Jeús, Jaalam, Coré, Lotán, Sobal, Sibón, Aná, Disón, Éser, Disán.

Elifaz tuvo siete hijos: Temán, Omar, Sefó, Gatam, Quenaz, Timná, Amalec.

Reuel tuvo cuatro hijos: Náhat, Zérah, Samá, Mizá.

Lotán tuvo dos hijos: Horí, Hemam.

Lotán tuvo una hermana llamada Timná.

Sobal tuvo cinco hijos: Alván, Manáhat, Ebal, Sefó, Onam.

Sibón tuvo dos hijos: Aiá, Aná.

Aná tuvo un hijo, Disón.

Disón tuvo cuatro hijos: Hemdán, Esbán, Itrán, Querán.

Éser tuvo tres hijos: Bilhán, Zaaván, Jaacán.

Disán tuvo dos hijos: Us, Arán.

Los reyes de Edom

⁴³⁻⁵⁴ Antes de que hubiera reyes en Israel, los descendientes de Esaú, que vivían en Edom, tuvieron varios reyes. Cada rey gobernaba hasta el día de su muerte, y entonces otro ocupaba su lugar. Esta es la lista de los reyes de Edom: Bela hijo de Beor, de la ciudad de Dinhaba. Jobab hijo de Zérah, del pueblo de Bosrá. Husam, de la región de Temán. Hadad hijo de Bedad, de la ciudad de Avit. Samlá, del pueblo de Masrecá. Saúl, del pueblo de Rehobot, junto al Éufrates. Baalhanán hijo de Acbor.Hadad, de la ciudad de Pau.

La esposa de Hadad de Pau se llamaba Mehetabel y era hija de

Matred y nieta de Mezaab.
Hadad de Avit derrotó a Madián cuando pelearon en el campo de Moab. Después de que murió, los edomitas tuvieron a los siguientes jefes: Timná, Alvá, Jetet, Oholibamá, Elá, Pinón, Quenaz, Temán, Mibsar, Magdiel, Iram.

La familia de Jacob

2 1 Jacob, a quien Dios llamó Israel, tuvo doce hijos: Rubén, Simeón, Leví, Judá, Isacar, Zabulón, 2 Dan, José, Benjamín, Neftalí, Gad, Aser.

Los descendientes de Judá

3 Judá tuvo tres hijos con una cananea, hija de un hombre llamado Súa: Er, Onán, Selá.

Er, el hijo mayor, fue tan malo que Dios le quitó la vida.

4 Luego Judá tuvo dos hijos con Tamar su nuera: Fares, Zérah.

Judá tuvo, en total, cinco hijos.

5-17 Fares tuvo dos hijos: Serón, Hamul.

Hesrón tuvo tres hijos: Jerahmeel, Ram, Caleb.

Los descendientes de Ram fueron: Aminadab, Nahasón, Salmá, Booz, Obed, Jesé.

Nahasón fue jefe de los descendientes de Judá.

Jesé tuvo siete hijos: Eliab, Aminadab, Simá, Natanael, Radai, Ósem, David.

Jesé tuvo además dos hijas: Seruiá, Abigail.

Seruiá tuvo tres hijos: Abisai, Joab, Asael.

Abigail se casó con Jéter el ismaelita, y tuvo un hijo, Amasá.

Zérah tuvo cinco hijos: Zimrí, Etán, Hemán, Calcol, Dardá.

Etán tuvo un hijo, Azarías.

Carmí, bisnieto de Zérah, tuvo un hijo, Acar. 1

En cierta ocasión, Dios castigó a todo el pueblo de Israel por culpa de Acar. Cuando Josué conquistó Ai, Dios le ordenó destruirlo todo. Nadie debía quedarse con nada de lo que había en la ciudad, pero Acar no obedeció, y se llevó algunos objetos.

La familia de Hesrón, nieto de Judá

18 Caleb, descendiente de Hesrón, tuvo dos mujeres, Azubá y Jeriot. Sus hijos fueron: Jéser, Sobab, Ardón.

19 Cuando Azubá murió, Caleb se casó con Efrata, y con ella tuvo un hijo, Hur.

20 Hur tuvo un hijo, Urí.

Urí tuvo un hijo, Besalel.

21-23 Cuando Hesrón tenía sesenta años, se casó con la hija de Maquir, padre de Galaad. De ese matrimonio nació un hijo, Segub.
Luego Segub tuvo un hijo, Jaír, quien gobernó veintitrés ciudades en la región de Galaad. Pero Guesur y Aram se apoderaron de sesenta ciudades, entre las cuales estaban los campamentos de Jaír y las aldeas de Quenat.
24 Después de que Hesrón murió en Caleb de Efrata, su mujer Abías tuvo un hijo, Ashur.

Ashur tuvo un hijo, Tecoa.

Los descendientes de Jerahmeel

25-26 Jerahmeel, hijo mayor de Hesrón, tuvo dos esposas; con una de ellas tuvo cinco hijos: Ram, Buná, Oren, Ósem, Ahías.

Con su otra esposa, llamada Atará, tuvo un hijo, Onam.

27-41 Estos fueron los descendientes de Jerahmeel:

Ram, tuvo tres hijos: Maas, Jamín, Équer.

Onam tuvo dos hijos: Samai, Jadá.

Samai tuvo dos hijos: Nadab, Abisur.

Con su esposa Abihail, Abisur tuvo dos hijos: Ahbán, Molid.

Nadab tuvo dos hijos: Séled, Apaim.

Séled murió sin hijos.

Los descendientes de Apaim fueron: Isí, Sesán, Ahlai.

Sesán no tuvo hijos; sólo tuvo hijas. Sesán tenía un esclavo egipcio llamado Jarhá, a quien le dio como esposa una de sus hijas, y ella tuvo un hijo, Atai.

Esta es la lista de los descendientes de Atai: Natán, Zabad, Eflal, Obed, Jehú, Azarías, Heles, Elasá, Sismai, Salum, Jecamías, Elisamá.

Jadá tuvo dos hijos: Jéter, Jonatán.

Jonatán tuvo dos hijos: Pélet, Zazá.

Jéter murió sin tener hijos.

Los descendientes de Caleb

42 Caleb, hermano de Jerahmeel, tuvo dos hijos: Mesá, Maresá.

Mesá tuvo un hijo, Zif.

Maresá tuvo un hijo, Hebrón.

43 Hebrón tuvo cuatro hijos: Coré, Tapúah, Réquem, Sema.

44 Sema tuvo un hijo, Ráham.

Ráham tuvo un hijo, Jorcoam.

Réquem tuvo un hijo, Samai.

45 Samai tuvo un hijo, Maón.

Maón tuvo un hijo, Bet-sur.

46-49 Caleb tuvo dos mujeres: Efá y Maacá. Con Efá tuvo tres hijos: Harán, Mosá, Gazez.

Harán tuvo un hijo. En honor a su hermano lo llamó Gazez.

Con Maacá tuvo cuatro hijos: Séber, Tirhaná, Sáaf, Sevá.

Sáaf tuvo un hijo, Madmaná.

Sevá tuvo dos hijos: Macbená, Guibeá.

Caleb tuvo también una hija, Acsa.

Los hijos de Jahdai, suegro de Caleb, fueron: Réguem, Jotam, Guesán, Pélet, Efá, Sáaf.

50-55 Hur, hijo mayor de Caleb y Efrata, tuvo tres hijos: Sobal, Salmá, Haref.

Haref tuvo un hijo, Bet-gader.

Los descendientes de Sobal fueron: Quiriat-jearim, Reaías, la mitad de los manahetitas.

Los grupos que descienden de Quiriat-jearim son: los itritas, los futitas, los sumatitas y los misraítas.

Los grupos que descienden de los misraítas son: los soratitas, y los estaolitas.

Los descendientes de Salmá fueron: Belén, Atrot-bet-joab, los netofatitas, la otra mitad de los manahetitas, los soreítas y las tribus de los soferitas.

Las tribus soferitas vivían en Jabés, y entre ellas estaban los tirateos, simateos y sucateos. Estos son los quenitas que descienden de Hamat, padre de los recabitas.

Los hijos de David

(2 S 3.2-5; 5.13-16; 1 Cr 14.3-7)

3 **1-9** David reinó en Hebrón siete años y seis meses. Allí nacieron sus primeros seis hijos, en este orden: Con Ahinóam, su esposa de Jezreel, tuvo a Amnón.
Con Abigail, la viuda de Nabal, tuvo a Quilab.
Con Maacá, la hija de Talmai, rey de Guesur, tuvo a Absalón.
Con Haguit tuvo a Adonías.
Con Abital tuvo a Sefatías.
Con Egla tuvo a Itream.

Después de esto, David reinó en Jerusalén treinta y tres años, y allí tuvo trece hijos más, sin contar los hijos que tuvo con otras mujeres. Con Betsabé, hija de Amiel, tuvo cuatro hijos: Simá, Sobab, Natán, Salomón.

Los otros nueve hijos que tuvo David fueron: Ibhar, Elisúa, Elifélet, Nógah, Néfeg, Jafía, Elisamá, Eliadá, Elifélet.

David también tuvo una hija llamada Tamar.

Los reyes descendientes de Salomón

10-24 Estos son los reyes que fueron descendientes de Salomón: Roboam, Abías, Asá, Josafat, Joram, Ocozías, Joás, Amasías, Azarías, Jotam, Ahaz, Ezequías, Manasés, Amón, Josías.

Josías tuvo cuatro hijos: Johanán, Joacín, Sedequías, Salum.

Joacín tuvo dos hijos: Joaquín, Sedequías.

Joaquín tuvo siete hijos en el destierro: Salatiel, Malquiram, Pedaías, Senazar, Jecamías, Hosamá, Nedabías.

Pedaías tuvo dos hijos: Zorobabel, Simí.

Zorobabel tuvo una hija y siete hijos: Selomit, Mesulam, Hananías, Hasubá, Óhel, Berequías, Hasadías, Jusab-hésed.

Los descendientes de Hananías fueron: Pelatías, Isaías, Refaías, Arnán, Abdías, Secanías.

Secanías tuvo seis hijos: Semaías, Hatús, Igal, Baríah, Nearías, Safat.

Nearías tuvo tres hijos: Elioenai, Ezequías, Azricam.

Elioenai tuvo siete hijos: Hodavías, Eliasib, Pelaías, Acub, Johanán, Delaías, Ananí.

Los descendientes de Judá

HIJOS Y NIETOS DE JUDÁ

4 **1** Judá tuvo cinco hijos: Fares, Hesrón, Carmí, Hur, Sobal.

2 Los descendientes de Sobal fueron: Reaías, Jáhat.

Jáhat tuvo dos hijos: Ahumai, Láhad.

De los hijos de Jáhat vienen las tribus soratitas.

HIJOS Y NIETOS DE HUR

3-4 Hur, el hijo mayor de Efrata, antepasado de Belén, tuvo tres hijos: Etam, Penuel, Éser.

Etam tuvo una hija y tres hijos: Haslelponi, Jezreel, Ismá, Idbás.

Penuel tuvo un hijo, Guedor.

Éser tuvo un hijo, Husá.

HIJOS DE ASHUR

5 Ashur, el padre de Tecoa, tuvo dos esposas, Helá y Naará. **6** Con Naará tuvo cuatro hijos: Ahuzam, Héfer, Temení, Ahastarí.

7 Con Helá tuvo tres hijos: Séret, Jesohar, Etnán.

HIJOS DE COS

8 Cos tuvo dos hijos: Anub, Sobebá.

Cos fue el antepasado de las tribus de Aharhel, el hijo de Harum.

JABÉS

9-10 Cuando Jabés nació, su madre le puso ese nombre porque le causó mucho dolor durante el nacimiento. En cierta ocasión, Jabés le rogó a Dios: «Bendíceme y dame un territorio muy grande; ayúdame y líbrame de todo mal y sufrimiento». Dios le concedió su petición, y Jabés llegó a ser más importante que sus hermanos.

HIJOS Y NIETOS DE QUELUB

11-12 Quelub, hermano de Suhá, vivió en Recá, y tuvo un hijo, Mehír.

Mehír tuvo un hijo, Estón.

Estón tuvo tres hijos: Bet-rafá, Paséah, Tehiná.

Tehiná fundó la ciudad de Nahas.

HIJOS Y NIETOS DE QUENAZ

13-14 Quenaz tuvo dos hijos: Otoniel, Seraías.

Otoniel tuvo dos hijos: Hatat, Meonotai.

Meonotai tuvo un hijo, Ofrá.

Seraías tuvo un hijo, Joab.

Joab fue el antepasado de los artesanos que habitaron el valle de Harasim.

HIJOS Y NIETOS DE CALEB

15 Caleb hijo de Jefuné, tuvo tres hijos: Ir, Elá, Náam.

Elá tuvo un hijo, Quenaz.

HIJOS DE JAHALEEL

16 Jahaleel tuvo cuatro hijos: Zif, Zifá, Tirías, Asarel.

HIJOS Y NIETOS DE ESDRAS

17-18 Esdras tuvo cuatro hijos: Jéter, Méred, Éfer, Jalón.

Méred tuvo tres hijos con su esposa Bitiá, la hija del rey de Egipto: Isbah, Samai, María.

Isbah tuvo un hijo, Estemoa.

Méred tenía otra esposa de la tribu de Judá; con ella tuvo tres

hijos: Jéred. Héber, Jecutiel.

Jéred tuvo un hijo, Guedor.

Héber tuvo un hijo, Socó.

Jecutiel tuvo un hijo, Zanóah.

HIJOS DE ODÍAS

19 Odías se casó con la hermana de Náham, y con ella tuvo dos hijos: Queilá, Estemoa.

Queilá perteneció a la tribu garmita, y Estemoa, a la de los maacateos.

HIJOS DE SIMÓN

20 Simón tuvo cuatro hijos: Amnón, Riná, Ben-hanán, Tilón.

HIJOS DE ISÍ

Isí tuvo dos hijos: Zohet, Benzohet.

HIJOS Y NIETOS DE SELÁ

21-23 En documentos muy antiguos se encuentra esta lista de los descendientes de Selá, hijo de Judá: Er, Ladá, Joacín, Joás, Saraf.

Er tuvo un hijo, Lecá.

Ladá tuvo un hijo, Maresá.

Joás y Saraf se casaron con mujeres moabitas, pero regresaron a vivir a Netaim y Guederá, cerca de Belén. Eran alfareros al servicio del rey.
Las tribus de tejedores que vivían en Bet-asbea, y los habitantes de Cozebá, también eran descendientes de Selá.

Los descendientes de Simeón

24-27 Simeón tuvo cinco hijos: Nemuel, Jamín, Jarib, Zérah, Saúl.

Saúl tuvo un hijo, Salum.

Salum tuvo un hijo, Mibsam.

Mibsam tuvo un hijo, Mismá.

Mismá tuvo un hijo, Hamuel.

Hamuel tuvo un hijo, Zacur.

Zacur tuvo un hijo, Simí.

Simí tuvo dieciséis hijos y seis hijas. A pesar de eso no tuvo tantos descendientes como Judá, porque sus hermanos no tuvieron muchos hijos.

28-33 Según cierto documento, antes de que David fuera rey, los descendientes de Simeón vivían en los siguientes lugares: Beerseba, Moladá, Hasar-sual, Bilhá, Ésem, Tolad, Betuel, Hormá, Siclag, Bet-marcabot, Hasar-susim, Bet-birai, Saaraim, Etam, Ain, Rimón, Toquen, Asán.

Además, habitaron las aldeas que estaban alrededor de estas ciudades, y las que estaban en el camino que lleva a la región de Baal.

34-38 Esta es la lista de los jefes cuyos grupos familiares eran los más numerosos: Mesobab, Jamlec, Josías hijo de Amasías; Joel, Jehú, Elioenai, Jaacoba, Jesohaías, Asaías, Adiel, Jesimiel, Benaías, Ziza, Jedaías.

Jehú fue hijo de Josibías, nieto de Seraías y bisnieto de Asiel; Ziza fue hijo de Sifi, nieto de Alón, y bisnieto de Jedaías; y Jedaías fue hijo de Simrí y nieto de Semaías.

39-41 En los días de Ezequías, rey de Judá, todos los que están en la lista anterior se fueron a vivir al este del valle, en la entrada de Guerar. Allí el terreno era muy amplio, seguro y tranquilo; además, había buenos y abundantes pastos para sus rebaños. Cuando llegaron a ese lugar, mataron a los descendientes de Cam que vivían allí, y destruyeron para siempre sus campamentos y viviendas.

42-43 Algo parecido hicieron quinientos hombres de los descendientes de Simeón. Bajo las órdenes de Pelatías, Nearías, Refaías y Uziel, hijos de Isí, se fueron a vivir al monte de Seír. Cuando llegaron a ese lugar, mataron a los amalecitas que aún quedaban allí.

Los descendientes de Rubén

5 ¹⁻³ Aunque Rubén fue el hijo mayor de Jacob, no es el primero que se menciona en estas listas, pues perdió sus derechos como primer hijo por haber tenido relaciones sexuales con una de las esposas de su padre.

Los derechos de Rubén le fueron dados a su hermano José, y los descendientes de José mantuvieron esos derechos, aun cuando la tribu de su hermano Judá llegó a ser la más poderosa de todas, y de ella surgió un gran gobernante. Rubén tuvo cuatro hijos: Hanoc, Falú, Serón, Carmí.

HIJOS DE JOEL:
⁴ Estos fueron los descendientes de Joel: Semaías, Gog, Simí, ⁵ Micaías, Reaías, Baal, ⁶ Beerá.

Beerá fue jefe de los descendientes de Rubén, pero Tiglat-piléser, rey de Asiria, se lo llevó prisionero. ⁷ En la lista de los descendientes de Beerá están registrados los siguientes grupos familiares: grupo de Jeiel, grupo de Zacarías, ⁸⁻⁹ grupo fue Bela.

El grupo de Jeiel fue el principal, y Bela fue hijo de Azaz, nieto de Sema y bisnieto de Joel. Bela vivía en Aroer, pero como sus ganados se multiplicaban mucho y ya no cabían en la tierra de Galaad, extendió su territorio hasta Nebo y Baal-megón. También se estableció hacia el oriente, desde el río Éufrates hasta donde empieza el desierto.
¹⁰ Cuando Saúl era rey, los descendientes de Rubén lucharon contra los agarenos y los derrotaron. Luego se quedaron a vivir en las casas que los agarenos tenían en toda la parte oriental de la región de Galaad.

Los descendientes de Gad

¹¹⁻¹⁷ En los días en que Jotam era rey de Judá y Jeroboam era rey de Israel, se hizo la siguiente lista de los descendientes de Gad, de acuerdo a su orden de importancia: Joel, Safán, Jaanai, Safat.

Sus parientes más cercanos fueron las familias de los siete hijos de Abihail hijo de Hurí: Micael, Mesulam, Sebá, Jorai, Jacán, Zía, Éber.

Esta es la lista de los antepasados de esas familias: Abihail, Hurí, Jaróah, Galaad, Micael, Jesisai, Jahdó, Buz, Aguí, Abdiel, Guní.

Aguí fue el jefe de todos estos, quienes vivieron en los siguientes lugares, frente al territorio de los descendientes de Rubén: la región de Galaad y los pueblos de Basán, hasta Salcá y hasta donde terminan los campos de pastoreo de Sarón.
¹⁸ Las tribus de Rubén y Gad, y la media tribu de Manasés, reunían un total de cuarenta y cuatro mil setecientos sesenta hombres capaces de ir a la guerra. Eran valientes y estaban bien entrenados para usar el escudo, la espada y el arco. ¹⁹⁻²² También eran hombres que confiaban en la ayuda de Dios. Por ejemplo, cuando pelearon contra los agarenos y contra Jetur, Nafís y Nodab, le pidieron ayuda a Dios, y él les dio la victoria. Así fue como mataron a muchos de los agarenos y de sus aliados; se llevaron a cien mil prisioneros; se apropiaron de cincuenta mil camellos, doscientas cincuenta mil ovejas y dos mil burros; además, se quedaron a vivir en la tierra de sus enemigos hasta que ellos mismos fueron llevados prisioneros a otras tierras.

La media tribu de Manasés

²³⁻²⁴ Los descendientes de la media tribu de Manasés fueron: Éfer, Isí, Eliel, Azriel, Jeremías, Hodavías, Jahdiel.

Todos estos fueron jefes de sus grupos familiares; eran soldados valientes y muy famosos. Sus familias eran tan numerosas que vivían en la región que se extiende desde Basán hasta Baal-hermón, Senir y el monte Hermón. ²⁵ Sin embargo, abandonaron al Dios de Israel por adorar a los dioses de los pueblos que Dios había destruido. ²⁶ Por eso el Dios de Israel envió a Tiglat-piléser, rey de Asiria, para que se llevara prisioneros a los de la tribu de Rubén y Gad, y a la media tribu de Manasés. Esa es la razón por la que ellos continuaron viviendo en Halah, Habor, Hará y el río Gozán, hasta el momento en que esto se escribió.

Los sacerdotes hijos de Leví

6 ¹⁻³⁰ (5.27-6.15) Leví tuvo tres hijos: Guersón, Quehat, Merarí.

Guersón tuvo dos hijos: Libní, Simí.

Los descendientes de Guersón fueron: Libní, Jáhat, Zimá, Joah, Idó, Zérah Jeatrai.

Quehat tuvo cuatro hijos: Amram, Ishar, Hebrón, Uziel.

Los descendientes de Quehat fueron: Aminadab, Coré, Asir, Elcaná, Ebiasaf, Asir, Táhat, Uriel, Ozías, Saúl.

Elcaná tuvo dos hijos: Amasai, Ahimot.

Los descendientes de Ahimot fueron: Elcaná, Sofai, Náhat, Eliab, Jeroham, Elcaná.

Merarí tuvo dos hijos: Mahli, Musí.

Los descendientes de Merarí fueron: Mahli, Libní, Simí, Uzá, Simá, Haguías, Asaías.

Samuel tuvo dos hijos: Vasní, Abías.

HIJOS Y NIETOS DE AMRAM
Amram hijo de Quehat, nieto de Leví, tuvo tres hijos: Aarón, Moisés, María.

Aarón tuvo cuatro hijos: Nadab,

Abihú, Eleazar, Itamar.

Los descendientes de Eleazar fueron: Finees, Abisúa, Buquí, Uzí, Zeraías, Meraiot, Amarías, Ahitub, Sadoc, Ahimaas, Azarías, Johanán, Azarías, Amarías, Ahitub, Sadoc, Salum, Hilquías, Azarías, Seraías, Josadac.

Azarías hijo de Johanán fue sacerdote en el templo que Salomón construyó en Jerusalén. Josadac hijo de Seraías fue llevado prisionero cuando Dios hizo que el rey Nabucodonosor de Babilonia se llevara prisioneros a los habitantes de Judá y Jerusalén.

Cantores del templo nombrados por David

31-33 (16-18) Después de que David llevó el cofre del pacto a Jerusalén, nombró a un grupo de hombres de la tribu de Leví para que se encargaran de la música y el canto en el santuario. Una vez que Salomón construyó el templo, ellos continuaron a cargo de la música, siguiendo las instrucciones de David.

Esta es la lista de estos cantores:

Hemán, que era descendiente de Quehat, y sus antepasados: Joel, Samuel, **34** (19) Elcaná, Jeroham, Eliel, Tóah, **35** (20) Suf, Elcaná, Máhat, Amasai, **36** (21) Elcaná, Joel, Azarías, Sofonías, **37** (22) Táhat, Asir, Ebiasaf, Coré, **38** (23) Ishar, Quehat, Leví, Israel.

39 (24) Cuando estos cantaban en el templo, Asaf se colocaba a la derecha de su pariente Hemán. Los antepasados de Asaf fueron: Berequías, Simá, **40** (25) Micael, Baaseías, Malquías, **41** (26) Etní, Zérah, Adaías, **42** (27) Etán, Zimá, Simí, **43** (28) Jáhat, Guersón, Leví.

44 (29) A la izquierda de Hemán se colocaba Etán, descendiente de Merarí. Estos fueron los antepasados de Etán: Quisí, Abdí, Maluc, **45** (30) Hasabías, Amasías, Hilquías, **46** (31) Amsí, Baní,

Sémer, **47** (32) Mahli, Musí, Merarí, Leví.

48-49 (33-34) Las ofrendas que se presentaban a Dios y las ceremonias que se realizaban en el Lugar Santísimo estaban bajo la responsabilidad de Aarón y sus descendientes. A ellos también les correspondía presentar las ofrendas por el perdón de los pecados del pueblo de Israel. Así lo había ordenado Moisés, fiel servidor de Dios. Otros descendientes de la tribu de Leví estaban encargados de las tareas en el templo de Dios.

Los descendientes de Aarón

50-53 (35-38) Los descendientes de Aarón fueron: Eleazar, Finees, Abisúa, Buquí, Uzí, Zeraías, Meraiot, Amarías, Ahitub, Sadoc, Ahimaas.

Lugares asignados a los descendientes de Aarón

54-61 (39-46) Estos fueron los lugares que, por medio de un sorteo, se les asignaron a los descendientes de Aarón:

A los grupos familiares de Quehat les asignaron Hebrón, en la región de Judá, con sus campos de pastoreo. Por medio de un sorteo, les correspondieron diez ciudades en los territorios de la media tribu de Manasés.

A Caleb hijo de Jefuné le asignaron las tierras que estaban alrededor de la ciudad y sus aldeas.

A los grupos familiares de Aarón les asignaron las siguientes ciudades de refugio, cada una con sus campos de pastoreo: Hebrón, Libná, Jatir, Estemoa, Hilén, Debir, Asán, Bet-semes.

Además, de los territorios de Benjamín se les asignaron las siguientes ciudades, cada una con sus campos de pastoreo: Gueba, Alémet, Anatot.

Así pues, a los grupos familiares de Aarón se les asignaron trece ciudades.

62 (47) A los grupos familiares de Guersón se les asignaron trece ciudades en los territorios de las tribus de Isacar, Aser y Neftalí, y de la tribu de Manasés, que se había establecido en Basán.

63 (48) A los grupos familiares de Merarí se les asignaron, por medio de un sorteo, doce ciudades en los territorios de las tribus de Rubén, Gad y Zabulón.

Las ciudades asignadas en cada tribu

64-81 (49-66) Por medio de un sorteo, los israelitas les asignaron a los descendientes de Leví las siguientes ciudades, cada una con sus respectivos campos de pastoreo:

De los territorios de las tribus de Judá, Simeón y Benjamín, las ciudades que ya se mencionaron.

Del territorio de la tribu de Efraín, a algunos de los grupos familiares de Quehat les asignaron las siguientes ciudades de refugio: Siquem, Guézer, Jocmeam, Bet-horón, Aialón, Gat-rimón.

Del territorio de la media tribu de Manasés, a otros grupos familiares de Quehat les asignaron las ciudades de Aner y Bileam.

A los grupos de Guersón les asignaron la ciudad de Golán en Basán, y la ciudad de Astarot; del territorio de la tribu de Isacar les asignaron las ciudades de Quedes, Daberat, Ramot y Anem; del territorio de la tribu de Aser, las ciudades de Masal, Abdón, Hucoc y Rehob; del territorio de la tribu de Neftalí, las ciudades de Hamón, Quiriataim y Quedes de Galilea.

A los demás descendientes de Merarí les asignaron las ciudades de Rimón y Tabor, en el territorio de la tribu de Zabulón; Béser, que está en el desierto, Jahas, Cademot y Mefáat, en el territorio de la tribu de Rubén, al este del Jordán y frente a Jericó; las ciudades de Ramot de Galaad, Mahanaim, Hesbón y Jazer, en el territorio de la tribu de Gad.

Los descendientes de Isacar

7 **1** Isacar tuvo cuatro hijos: Tolá, Puvá, Jasub, Simrón.

2 Tolá tuvo seis hijos: Uzí, Refaías, Jeriel, Jahmai, Ibsam, Samuel.

Estos fueron soldados muy valientes y jefes de sus grupos familiares. En tiempos de David, su número llegó a veintidós mil seiscientos.

3-4 Uzí, el hijo de Tolá, tuvo un hijo, Israhías.

Israhías tuvo cuatro hijos: Micael, Abdías, Joel, Isías.

Estos fueron los jefes de sus grupos familiares. Como tuvieron muchas mujeres e hijos, formaron con sus familias un ejército de treinta y seis mil valientes soldados.

5 Según una lista de todas estas familias que descienden de Isacar, el número de sus soldados llegó a ochenta y siete mil.

Los descendientes de Benjamín

6 Benjamín tuvo tres hijos: Bela, Béquer, Jediael.

7 Bela tuvo cinco hijos: Esbón, Uzí, Uziel, Jerimot, Irí.

Estos fueron los jefes de sus grupos familiares y de sus valientes soldados. Según la lista de todos los descendientes de Bela, su número llegó a veintidós mil treinta y cuatro personas.

8-9 Béquer tuvo nueve hijos: Zemirá, Joás, Eliézer, Elioenai, Omrí, Jerimot, Abías, Anatot, Alémet.

Estos fueron los jefes de sus grupos familiares y de sus valientes soldados. Según la lista de todos los descendientes de Béquer, su número llegó a veinte mil doscientas personas.

10 Jediael tuvo un hijo, Bilhán.

Bilhán tuvo siete hijos: Jeús, Benjamín, Ehud, Quenaaná, Zetán, Tarsis, Ahisáhar.

11 Estos fueron los jefes de sus grupos familiares y de sus valientes soldados. El número de sus hombres capaces de ir a la guerra llegó a diecisiete mil doscientos.

12 Los hijos de Ir fueron: Sufam, Hufam.

El hijo de Aher se llamó Husim.

Los descendientes de Neftalí

13 Neftalí hijo de Bilhá, tuvo cuatro hijos: Jahseel, Guní, Jéser, Salum.

Los descendientes de Manasés

14-17 Estos fueron los descendientes de Manasés:

Manasés se casó con una mujer aramea, y tuvo con ella dos hijos: Asriel, Maquir.

Maquir tuvo cuatro hijos: Galaad, Selofhad, Peres, Seres.

Selofhad solamente tuvo hijas.

Seres tuvo dos hijos: Ulam, Réquem.

Ulam tuvo un hijo, Bedán.

La esposa de Maquir se llamaba Maacá, que era descendiente de Hufam y de Sufam. **18** Hamoléquet, hermana de Maquir, tuvo tres hijos: Is-hod, Abiézer, Mahlá.

19 Semidá tuvo cuatro hijos: Ahián, Siquem, Liquehí, Aniam.

Los descendientes de Efraín

20-21 Los descendientes de Efraín fueron: Sutélah, Béred, Táhat, Eladá, Táhat, Zabad, Sutélah, Éser, Elad.

Éser y Elad fueron a Gat a robar ganado, pero los habitantes de ese lugar los mataron. **22** Efraín, su padre, lloró y estuvo de luto por mucho tiempo, y sus familiares llegaron a consolarlo. **23** Tiempo después, Efraín tuvo otro hijo con su esposa, y por la desgracia que había sufrido su familia, le puso por nombre Beriá, que significa «desgracia».

24 Beriá tuvo una hija llamada Seerá, que edificó las aldeas de Bet-horón el bajo, Bet-horón el alto y Uzén-seerá.

25-27 Los descendientes de Beriá fueron: Réfah, Résef, Télah, Tahán, Ladán, Amihud, Elisamá, Nun, Josué.

28 Sus territorios y las ciudades y aldeas en que vivían eran Betel y Naarán, hacia el este, y Guézer hacia el oeste, incluyendo Siquem y Ayah.

29 Los descendientes de Manasés tenían bajo su control las ciudades de Bet-seán, Taanac, Meguido y Dor, con sus aldeas. En estos lugares vivieron los descendientes de José, hijo de Jacob.

Los descendientes de Aser

30 Aser tuvo una hija y cuatro hijos: Sérah, Imná, Isvá, Isví, Beriá.

31 Beriá tuvo dos hijos: Héber, Malquiel.

Malquiel tuvo un hijo al que llamó Birzávit.

32 Héber tuvo una hija y tres hijos: Suhá, Jaflet, Sémer, Hotam.

33 Jaflet tuvo tres hijos: Pasac, Bimhal, Asvat.

34 Sémer tuvo cuatro hijos: Aguí, Rohgá, Jehubá, Aram.

35 Hotam tuvo cuatro hijos: Sofah, Imná, Seles, Amal.

36 Sofah tuvo once hijos: Súah, Harnéfer, Súal, Berí, Imrá, **37** Béser, Hod, Samá, Silsá, Itrán, Beerá.

38 Jéter, otro descendiente de

Aser, tuvo tres hijos: Jefuné, Pispá,Ará.

39 Ulá, otro descendiente de Aser, tuvo tres hijos: Árah, Haniel, Risiá.

40 Todos estos fueron jefes de sus grupos familiares; eran hombres importantes, y además fueron los mejores y más valientes soldados. Según la lista de su familia, de todos los descendientes de Aser, el número de sus hombres capaces de ir a la guerra llegó a veintiséis mil.

Otros descendientes de Benjamín
8 **1** Benjamín tuvo cinco hijos: Bela, Asbel, Ahrah, **2** Nohá, Rafá.

3 Bela tuvo nueve hijos: Adar, Guerá, Abihud, **4** Abisúa, Naamán, Ahóah, **5** Guerá, Sefufán, Hiram.

6-7 Ehud, otro descendiente de Benjamín, tuvo tres hijos: Naamán, Ahías, Guerá.

Guerá tuvo dos hijos: Uzá, Ahihud.

Los hijos de Ehud eran los jefes de sus grupos familiares, y vivían en Gueba, pero los obligaron a vivir en Manáhat. Guerá los guió hasta allá. **8-27** Saharaim, otro descendiente de Benjamín, tuvo con su esposa Husim dos hijos: Abitub, Elpáal.

Elpáal tuvo catorce hijos: Éber, Misam, Sémed, Beriá, Sema, Sasac, Jeroham, Zebadías, Mesulam, Hizquí, Éber, Ismerai, Izlías, Jobab.

Beriá tuvo seis hijos: Zebadías, Arad, Ader, Micael, Ispá, Johá.

Sasac tuvo once hijos: Ispán, Éber, Eliel, Abdón, Zicrí, Hanán, Hananías, Elam, Anatotías, Ifdaías, Peniel.

Jeroham tuvo seis hijos: Samserai, Seharías, Atalías, Jaresías, Elías, Zicrí.

Sémed edificó las ciudades de Onó y Lod, con sus aldeas. Bería y Sema fueron los jefes de sus grupos familiares, y vivieron en Aialón. Ellos expulsaron a los habitantes de Gat.

Luego, Saharaim se divorció de sus esposas Husim y Baará, y se fue a vivir a Moab. Allí se casó con Hodes, y tuvo siete hijos, que fueron los jefes de sus grupos familiares: Jobab, Sibiá, Mesá, Malcam, Jeús, Saquías, Mirmá.

Simí, otro descendiente de Benjamín, tuvo nueve hijos: Jaquim, Zicrí, Zabdí, Elienai, Siletai, Eliel, Adaías, Beraías, Simrat.

28 Según la lista de los familiares de Benjamín, todos estos fueron jefes principales de sus grupos familiares y vivieron en Jerusalén.

La familia del rey Saúl
(1 Cr 9.35-44)
29 Jehiel fundó la ciudad de Gabaón, y vivió allí con su esposa Maacá. **30-32** Sus hijos, del mayor al menor, fueron: Abdón, Sur, Quis, Baal, Ner, Nadab, Guedor, Ahió, Zéquer, Miclot.

Todos estos vivieron en Jerusalén con sus familiares.

Miclot tuvo un hijo, Simí.

33 Ner tuvo un hijo, Quis.

Quis tuvo un hijo, Saúl.

Saúl tuvo cuatro hijos: Jonatán, Malquisúa, Abinadab, Es-baal.

34 Jonatán tuvo un hijo, Merib-baal.

Merib-baal tuvo un hijo, Micaías.

35 Micaías tuvo cuatro hijos: Pitón, Mélec, Tarea, Ahaz.

36 Ahaz tuvo un hijo, Joadá.

Joadá tuvo tres hijos: Alémet,

Azmávet, Zimrí.
Los descendientes de Zimrí fueron: Mosá, **37** Biná, Rafá, Elasá, Asel.

38 Asel tuvo seis hijos: Azricam, Bocrú, Ismael, Searías, Abdías, Hanán.

39 Ésec, hermano de Asel, tuvo tres hijos: Ulam, Jehús, Elifélet.

40 Ulam tuvo ciento cincuenta hijos y nietos, que fueron soldados valientes bien entrenados en el uso del arco y la flecha. **9** **1** Estas fueron las listas de todo el pueblo de Israel, tal y como están escritas en el «Libro de los reyes de Israel».

Los que regresaron de Babilonia a Jerusalén
Los habitantes más importantes de Judá habían sido llevados por la fuerza a Babilonia por causa de su maldad. **2** Los primeros que regresaron a vivir a sus ciudades y propiedades fueron algunos del pueblo, los sacerdotes y sus ayudantes y los vigilantes de las entradas del templo. **3** Entre ellos llegaron a vivir a Jerusalén algunos de los descendientes de Judá, Benjamín, Efraín y Manasés.

DE JUDÁ
4-6 De los descendientes de Judá regresaron seiscientas noventa personas, que pertenecían a los grupos familiares de Utai, Asaías y Jeuel.
Los antepasados de Utai fueron: Amihud, Omrí, Imrí, Baní, Fares, Judá.

Asaías, que era el mayor del grupo de los silonitas, regresó junto con sus hijos. Jeuel, que era descendiente de Zérah, regresó junto con sus familiares.

DE BENJAMÍN
7-9 De los descendientes de Benjamín regresaron novecientos cincuenta y seis jefes de sus grupos familiares. Entre ellos estaban: Salú hijo de Mesulam, nieto

de Hodavías y bisnieto de Senúa. Ibneías hijo de Jeroham. Elá hijo de Uzí, nieto de Micrí. Mesulam hijo de Sefatías, nieto de Reuel y bisnieto de Ibnías.

DE LOS SACERDOTES

10-13 Regresaron mil setecientos sesenta sacerdotes con sus familias. Todos ellos eran jefes de sus grupos familiares, hombres muy capaces para servir en el templo de Dios. Entre ellos estaban: Jedaías, Joiarib, Jaquín, Azarías.

Azarías fue el jefe de los vigilantes del templo, y sus antepasados fueron: Hilquías, Mesulam, Sadoc, Meraiot, Ahitub, Adaías, Masai.

Los antepasados de Adaías fueron: Jeroham, Pashur, Malquías.

Los antepasados de Masai fueron: Adiel, Jahzera, Mesulam, Mesilemit, Imer.

DE LOS AYUDANTES DE LOS SACERDOTES

14 De los ayudantes de los sacerdotes regresaron: Semaías, Bacbacar, Jeres, Galal, Matanías, Abdías, Berequías.

Los antepasados de Semaías fueron: Hasub, Azricam, Hasabías.

Hasabías fue descendiente de Merarí.

15 Los antepasados de Matanías fueron: Micaías, Zicrí, Asaf.

16 Los antepasados de Abdías fueron: Semaías, Galal, Jedutún.

Los antepasados de Berequías fueron: Asá, Elcaná.

Elcaná vivió en las aldeas de los netofatitas.

DE LOS GUARDIANES DEL TEMPLO

17-19 Los hombres que regresaron a Jerusalén y estuvieron a cargo de vigilar las entradas del templo: Salum, Acub, Talmón, Ahimán.

Los antepasados de Salum fueron: Coré, Ebiasaf, Coré.

Salum fue el jefe de todos los guardianes de las entradas del templo, y hasta el momento en que esto se escribió tuvo la responsabilidad de vigilar el Portón del Rey, al oeste de la ciudad. Los antepasados de estos vigilaron antes las entradas del campamento de la tribu de Leví. Los parientes de Salum, del grupo familiar de Coré, eran los que cuidaban la entrada del templo. Tiempo atrás, sus antepasados habían sido los guardianes de la entrada al santuario en el desierto. **20** Antes de eso, el jefe de estos guardianes había sido Finees hijo de Eleazar, al que Dios siempre ayudaba.

21 Zacarías hijo de Meselemías era el guardián de la entrada al santuario.

22-23 David y el profeta Samuel habían elegido a personas de confianza para vigilar la entrada del santuario. De los descendientes de esas personas se eligieron luego doscientos doce, para que cuidaran la entrada del templo de Dios. Estos guardianes fueron elegidos siguiendo su lista familiar, y de acuerdo a los lugares donde vivían. **24** El templo estaba vigilado por sus cuatro lados. **25-30** Cada siete días, los guardianes elegidos venían de sus pueblos para cumplir con su deber. Algunos de ellos eran responsables de cuidar los utensilios que se usaban en el culto, y les tocaba contarlos cuando se sacaban y cuando se guardaban. Otros estaban encargados de cuidar los demás utensilios sagrados, además de la harina fina, el vino, el aceite, el incienso y los perfumes, que eran preparados por algunos sacerdotes.

Los cuatro guardianes principales eran de la tribu de Leví, y estaban todo el tiempo cuidando los cuartos y los tesoros del templo de Dios: de noche vigilaban sus alrededores, y por la mañana abrían sus puertas.

31 Matatías, el encargado de preparar los panes para las ofrendas diarias, era el hijo mayor de Salum el coreíta y pertenecía a la tribu de Leví. **32** Los encargados de ordenar los panes que todos los sábados se ofrecían a Dios, eran de la tribu de Leví, y descendientes de Quehat.

33 Por último estaban los cantores, que eran de la tribu de Leví y jefes de sus grupos familiares. Ellos vivían en los cuartos del templo; sólo se dedicaban a cumplir con su trabajo, y no podían hacer otro tipo de labores.

34 Según una lista, todos estos servidores del templo eran descendientes de Leví, y jefes de familia que vivían en Jerusalén.

Los descendientes de Saúl
(1 Cr 8.29-40)

35 Jehiel fundó la ciudad de Gabaón, y vivió allí con su esposa Maacá. **36-38** Sus hijos, del mayor al menor, fueron: Abdón, Sur, Quis, Baal, Ner, Nadab, Guedor, Ahió, Zéquer, Miclot.

Todos estos vivieron en Jerusalén con sus familiares.

Miclot tuvo un hijo, Simam.

39 Ner tuvo un hijo, Quis.

Quis tuvo un hijo, Saúl.

Saúl tuvo cuatro hijos: Jonatán, Malquisúa, Abinadab, Es-baal.

40 Jonatán tuvo un hijo, Merib-baal.

Merib-baal tuvo un hijo, Micaías.

41 Micaías tuvo cuatro hijos: Pitón, Mélec, Tarea, Ahaz.

42 Ahaz tuvo un hijo, Jará.

Jará tuvo tres hijos: Alémet, Azmávet, Zimrí.

Los descendientes de Zimrí fueron: Mosá, **43** Biná, Refaías,

Elasá, Asel.

44 Asel tuvo seis hijos: Azricam, Bocrú, Ismael, Searías, Abdías, Hanán.

Muerte de Saúl y de sus hijos
(1 S 31.1-13)

10 **1** Los filisteos lucharon contra los israelitas y los hicieron huir. A muchos de ellos los mataron en el cerro de Guilboa, **2** y a Saúl y a sus hijos los persiguieron hasta matarlos. Así murieron Jonatán, Abinadab y Malquisúa. **3** Luego los filisteos concentraron sus fuerzas en el ataque a Saúl, y sus arqueros lograron herirlo de muerte. **4** Entonces Saúl le dijo a su escudero:

—Saca tu espada y mátame. Hazlo antes de que vengan esos extranjeros idólatras. De lo contrario, se burlarán de mí y me rematarán.

Pero su escudero tenía tanto miedo que no se atrevió a matarlo. Entonces Saúl tomó su espada y se echó sobre ella. **5** Al ver muerto a Saúl, también el escudero se echó sobre su espada y se mató. **6** Así fue como Saúl, sus tres hijos, y toda su familia murieron el mismo día.
7 Cuando los israelitas del otro lado del valle vieron que el ejército de Israel había huido, y que Saúl y sus hijos estaban muertos, también ellos huyeron y abandonaron sus ciudades. Entonces llegaron los filisteos y ocuparon esas ciudades.
8 Al otro día, mientras los filisteos les quitaban a los israelitas muertos sus objetos de valor, encontraron muertos en el cerro de Guilboa a Saúl y a sus tres hijos. **9** Entonces a Saúl le cortaron la cabeza y le quitaron su armadura, y enviaron mensajeros a su país para que dieran la noticia en los templos de sus dioses y entre todos los filisteos. **10** Más tarde, pusieron la armadura de Saúl en el templo de sus dioses, y su cabeza la colgaron en el templo de Dagón. **11** Los israelitas que vivían en Jabés

de Galaad supieron lo que los filisteos habían hecho con Saúl. **12** Entonces un grupo de valientes fue y quitó de la muralla los cadáveres de Saúl y de sus hijos. Se los llevaron a Jabés, y allí tomaron sus huesos y los enterraron bajo un árbol. Después ayunaron por siete días en señal de luto.
13-14 Así fue como Dios le quitó la vida a Saúl, porque no obedeció sus mandamientos y porque fue a consultar a una adivina en vez de consultarlo a él. Por eso Dios hizo rey a David, hijo de Jesé.

David, rey de Israel
(2 S 5.1-5)

11 **1-3** Después de esto, todos los israelitas y sus líderes se reunieron con David en Hebrón, y le dijeron:

«Su Majestad, nosotros somos familiares de usted. Queremos que sea nuestro rey. Aun cuando Saúl era el rey, usted era el verdadero líder de Israel. Ahora se ha cumplido la promesa de Dios, de que usted llegaría a ser nuestro líder y nuestro jefe».

Entonces David hizo un pacto con ellos y puso a Dios como testigo. Por su parte, los líderes de Israel derramaron aceite sobre la cabeza de David y lo declararon su rey. Así cumplió Dios lo que había prometido por medio de Samuel.

David conquista Jerusalén
(2 S 5.6-10)

4-9 Después de esto, David y todo el ejército de Israel fueron a conquistar Jerusalén, que en ese tiempo se llamaba Jebús. Era una ciudad con murallas, conocida como la fortaleza de Sión. Como los jebuseos estaban seguros de que David no podría conquistar la ciudad, le mandaron a decir: «No podrás entrar a la ciudad».
Entonces David le dijo a sus soldados: «¡Al primero que mate a un jebuseo, lo haré general y jefe del ejército!» Joab hijo de Seruiá, fue el primero en hacerlo, y David

lo hizo jefe.
Luego de haber conquistado la fortaleza de Sión, David se quedó a vivir en Jerusalén y la llamó «Ciudad de David». Más tarde, construyó alrededor de la ciudad una muralla, la cual iba desde la rampa hasta el palacio.
Y cada día David tenía más y más poder, pues el Dios todopoderoso lo ayudaba.

Los soldados más valientes del ejército de David
(2 S 23.8-39)

10-12 Estos son los mejores soldados que tuvo David durante su reinado, desde el día en que los israelitas lo nombraron rey, tal como Dios lo había anunciado:

Jasobeam hijo de Hacmoní. Jasobeam fue el principal de los tres soldados más valientes que tuvo David, y cierta vez, mató con su lanza a trescientos hombres.
Eleazar hijo de Dodó. Eleazar **13-14** estuvo con David en Pasdamim, cuando los filisteos hicieron guerra contra los israelitas y los hicieron huir. Sin embargo, ese día Dios les dio una gran victoria, pues Eleazar y David se mantuvieron firmes en un campo sembrado de cebada, y derrotaron a los filisteos.
15-19 Hubo varias ocasiones en que los tres soldados más valientes de David realizaron grandes actos de valentía. Una vez, estos tres valientes fueron a ayudar a David, que estaba en la cueva rocosa de Adulam. Los filisteos habían acampado en el valle de Refaim. En esa ocasión David estaba en la cueva, mientras que un grupo de filisteos estaba en Belén. David tenía sed y dijo: «¡Cómo quisiera yo que alguien me trajera agua del pozo que está junto al portón de Belén!» En seguida los tres valientes fueron al campamento filisteo y, sin que nadie los viera, sacaron agua del pozo y se la llevaron a David. Sin embargo, David no quiso beberla; prefirió derramarla como una ofrenda a Dios, y dijo: «¡Que

Dios me libre de beber esta agua! Estos hombres arriesgaron su vida por traérmela, así que no la tomaré».

20-21 Abisai, el hermano de Joab, se hizo muy famoso. Por eso llegó a ser el jefe de los treinta soldados más valientes. Se hizo famoso cuando mató con su lanza a trescientos soldados. Pero ni así logró superar la fama de aquellos.

22 Benaías hijo de Joiadá era un soldado muy valiente que vivía en Cabseel. Realizó grandes actos de valentía. En cierta ocasión, mató a dos de los mejores soldados moabitas. En otra ocasión en que cayó nieve, mató a un león que estaba en un hoyo profundo. **23** Y en otra ocasión, mató a un egipcio de gran estatura. El egipcio llevaba una lanza en la mano, y Benaías sólo tenía una vara; pero esa vara la bastó para quitarle al egipcio la lanza y matarlo con ella. **24-25** Entre los treinta soldados más valientes, Benaías llegó a ser tan famoso como los tres más grandes, aunque nunca llegó a ser como ellos. Con todo, David lo nombró jefe de sus guardias.

26-47 Estos son los nombres y el lugar de origen de los soldados más valientes del ejército: Asael, hermano de Joab; Elhanán hijo de Dodó, de Belén; Samot de Harod, Heles el pelonita, Irá hijo de Iqués, de Tecoa; Abiézer de Ananot, Sibecai de Husá, Ilai de ahohíta, Maharai y Héled hijo de Baaná, de Netofá; Itai hijo de Ribai, de Guibeá, en la tierra de Benjamín; Benaías de Piratón, Hurai, del arroyo de Gaas; Abiel el arbatita, Asmávet de Bahurim, Eliahbá el saalbonita, los hijos de Jasén el guizonita, Jonatán hijo de Sagué y Ahiam hijo de Sacar, de Ararat; Elifal hijo de Ur, Héfer el mequeratita, Ahías el pelonita, Hesrai de Carmel, Naarai hijo de Esbai, Joel, hermano de Natán; Mibhar hijo de Hagrai, Sélec de Amón, Naharai de Berot, escudero de Joab hijo de Seruiá; Irá y Gareb, de Jatir; Urías el

hitita, Zabad hijo de Ahlai, Adiná hijo de Sizá, jefe de los rubenitas, y sus treinta hombres; Hanán hijo de Maacá, Josafat el mitnita, Ozías de Astarot, Samá y Jehiel, hijos de Hotam, de Aroer; Jediael y Johá el tizita, hijos de Simrí; Eliel de Mahanaim, Jerebai y Josavía, hijos de Elnáam; Itmá el moabita, Eliel, Obed y Jaasiel de Sobá.

Los aliados de David

12 **1** En los días en que David tuvo que huir de Saúl hijo de Quis, un grupo de soldados valientes se le unió en Siclag para ayudarlo en las batallas. **2** Estos soldados eran capaces de disparar piedras y flechas con cualquiera de las dos manos. Esta es la lista de sus nombres y lugares de origen:

DE LOS DESCENDIENTES DE SAÚL

De los descendientes de Saúl, que pertenecían a la tribu de Benjamín: **3** Ahiézer hijo de Semaá, de Guibeá, que era el jefe; Joás hijo de Semaá, de Guibeá; Jeziel y Pélet, hijos de Azmávet; Beracá y Jehú, de Anatot; **4a** Ismaías de Gabaón, jefe de los treinta soldados más valientes; **4b** (5) Jeremías, Jahaziel, Johanán, Jozabad de Guederá, **5-7** (6-8) Eluzai, Jerimot, Bealías, Semarías, Sefatías el harufita, Joelá y Zebadías, hijos de Jeroham, de Guedor.

DE LOS DESCENDIENTES DE CORÉ

De los descendientes de Coré: Elcaná, Isías, Azarel, Joézer, Jasobeam.

DE LA TRIBU DE GAD

8-15 (9-16) De la tribu de Gad hubo algunos hombres que se unieron a David cuando se refugió en una fortaleza del desierto. Eran soldados valientes, entrenados para la guerra, y que usaban muy bien el escudo y la lanza. Peleaban como leones y corrían como venados. Todos eran jefes del ejército; unos eran jefes de cien y otros de mil.

En cierta ocasión, estos hombres

cruzaron el río Jordán e hicieron huir por todos lados a los que vivían en los valles. Esto sucedió al comienzo de la primavera, que es cuando el Jordán crece mucho.

Estos son los nombres de esos soldados, en orden de importancia: Éser, Abdías, Eliab, Mismaná, Jeremías, Atai, Eliel, Johanán, Elzabad, Jeremías, Macbanai.

DE LAS TRIBUS DE BENJAMÍN Y JUDÁ

16 (17) Mientras David estaba en la fortaleza, algunos hombres de las tribus de Benjamín y de Judá fueron a verlo para unirse a él. **17** (18) Al verlos, David salió a su encuentro y les dijo:

«Si sus intenciones son buenas y vienen para ayudarme, acepto de todo corazón que se unan a mi tropa; pero si lo que quieren es traicionarme y entregarme a mis enemigos, ¡que nuestro Dios los castigue! Yo a nadie le he causado daño, pues no soy un criminal».

18 (19) Entonces el espíritu de Dios tomó control de Amasai, jefe de los treinta soldados más valientes del ejército de David, y lo hizo exclamar:

«¡El éxito está contigo, David! ¡La victoria siempre te acompaña, y acompañará a los que se te unan porque Dios te hace triunfar!»

David los aceptó, y hasta los puso entre los jefes de la tropa.

DE LA TRIBU DE MANASÉS

19-21 (20-22) En cierta ocasión, cuando David se unió a uno de los jefes filisteos para enfrentarse a Saúl, los demás jefes no lo aceptaron, pues decían: «¡David nos matará y así podrá regresar al lado de su rey Saúl!»

Los soldados que acompañaban a David a esa batalla eran hombres de la tribu de Manasés, todos ellos soldados valientes y jefes de tropa. Se habían unido a David cuando estaba en el refugio de Siclag, y lo ayudaron a combatir tropas enemigas. Estos son sus nombres: Adná, Jozabad, Jediael, Micael, Jozabad, Elihú, Siletai.

22 (23) Y día tras día más hombres se le unían a David, hasta que llegó a tener un ejército inmenso.

El ejército de David

23-38 (24-39) Cuando Saúl murió, y David ya reinaba sobre Judá en Hebrón, las demás tribus de Israel le pidieron a David que fuera su rey. Por eso, todos los hombres entrenados para la guerra fueron a Hebrón con la firme decisión de reconocer a David como rey de todo Israel. Así cumplió Dios su promesa a David.

Este fue el número total de esos hombres:

De la tribu de Judá: seis mil ochocientos, con escudos y lanzas.

De la tribu de Simeón: siete mil cien valientes soldados.

De la tribu de Leví: cuatro mil seiscientos.

De la familia de Aarón: tres mil setecientos; Joiadá era el jefe.

De la familia de Sadoc, soldado joven y valiente: veintidós.

De la tribu de Benjamín, que había sido fiel a Saúl: tres mil.

De la tribu de Efraín: veinte mil ochocientos soldados reconocidos por su valentía entre sus grupos familiares.

De la media tribu de Manasés: dieciocho mil.

De la tribu de Isacar: doscientos jefes, sin contar los soldados bajo sus órdenes. Estos jefes sabían hacer muy buenos planes de guerra.

De la tribu de Zabulón: cincuenta mil soldados siempre listos para entrar en combate.

De la tribu de Neftalí: mil jefes con treinta y siete mil soldados con lanzas y escudos.

De la tribu de Dan: veintiocho mil seiscientos.

De la tribu de Aser: cuarenta mil soldados listos para entrar en combate.

De las tribus de Rubén y Gad, y de la media tribu de Manasés, que vivían del otro lado del río Jordán: ciento veinte mil soldados bien armados.

39 (40) Durante tres días, todos estos hombres estuvieron con David en Hebrón, comiendo y bebiendo lo que sus parientes les habían preparado. **40** (41) Además, los vecinos de ese lugar, y aun los que vivían en lugares lejanos como Isacar, Zabulón y Neftalí, les llevaron comida en abundancia: harina, panes de higos, pasas, vino, aceite, toros y ovejas. Estos fueron días de fiesta y alegría para todo el pueblo de Israel.

David intenta llevar el cofre a Jerusalén
(2 S 6.1-11)

13 [1] David consultó a los jefes de su ejército, **2-3** y después les dijo a los israelitas:

«Desde que Saúl era rey, nos hemos olvidado del cofre de nuestro Dios. Por eso, si ustedes creen que está bien, y si es la voluntad de nuestro Dios, vamos a llamar al resto del pueblo, y también a todos los sacerdotes y los ayudantes que están en sus ciudades y tierras de pastoreo. Los invitaremos para que, junto con ellos, traigamos el cofre del pacto de Dios».

4 Y los israelitas aceptaron lo que David propuso.

5-6 Entonces David reunió a todo el pueblo de Israel. Lo reunió desde Sihor, en la frontera con Egipto, hasta la entrada de Hamat. Luego fue con ellos a Quiriat-jearim, también llamada Baalá de Judá, para llevarse a Jerusalén el cofre de Dios todopoderoso. Ante ese cofre se ora a Dios, que reina entre los querubines.

7 Los israelitas sacaron el cofre de la casa de Abinadab, y lo pusieron sobre una carreta nueva que iban guiando Uzá y Ahió.

8 David y todos los israelitas iban danzando con todas sus fuerzas y cantando muy alegres delante de Dios, al son de la música de guitarras, arpas, panderos, platillos y trompetas. **9** Cuando llegaron a un lugar donde se limpiaba el trigo, que pertenecía a Quidón, los bueyes que jalaban la carreta se tropezaron. Entonces Uzá sostuvo el cofre para que no se cayera, **10-11** pero a Dios no le gustó que él tocara el cofre, y allí mismo le quitó la vida, partiéndolo en dos. David se enojó mucho porque Dios le había quitado la vida a Uzá, y por eso llamó a ese lugar Peres-uzá.[i] **12** Pero luego sintió miedo y dijo: «Es mejor que no me lleve el cofre de Dios».

13-14 Y David no se atrevió a llevar el cofre de Dios a Jerusalén, así que lo dejó en casa de Obed-edom, que vivía en Gat. El cofre de Dios se quedó allí tres meses, y durante ese tiempo Dios bendijo a la familia de Obed-edom y todo lo que tenía.

Hiram envía sus representantes a David
(2 S 5.11-12)

14 [1-2] Cada día David tenía más y más poder, pues el Dios todopoderoso lo ayudaba. David sabía que Dios le había dado ese poder, y que lo había hecho rey de Israel por amor a su pueblo.

Hiram, el rey de Tiro, envió gente que sabía construir con madera y piedra. Con ellos envió madera para que le hicieran a David un palacio en Jerusalén.

David tiene más hijos
(2 S 5.13-16)

3-4 En Jerusalén David tuvo más esposas; los hijos que tuvo con ellas fueron: Samúa, Sobab, Natán, Salomón, **5** Ibhar, Elisúa, Elpélet, **6** Nógah, Néfeg, Jafía, **7** Elisamá, Beeliadá, Elifélet.

David vence a los filisteos
(2 S 5.17-25)

8-10 Cuando los filisteos supieron que David ya era rey de todo

Israel, se unieron para atacarlo y fueron al valle de Refaim, donde comenzaron a atacar las aldeas vecinas. Pero David se enteró y salió a encontrarse con ellos. Allí consultó a Dios: «Si salgo a pelear contra los filisteos, ¿me ayudarás a vencerlos?»

Y Dios le contestó: «Claro que sí. Yo te ayudaré a vencerlos».

11-12 Entonces David salió a Baal-perasim, y allí venció a los filisteos. Los filisteos huyeron y dejaron tirados sus ídolos, así que David ordenó que los quemaran. A ese lugar David lo llamó Baal-perasim, y pues dijo: «Dios es fuerte como la corriente de un río, pues me abrió el camino para vencer a mis enemigos».

13 Pero los filisteos volvieron a atacar a David y ocuparon todo el valle de Refaim. **14** David volvió a consultar a Dios, y Dios le respondió:

«No los ataques de frente; rodéalos y atácalos por detrás. Cuando llegues a donde están los árboles de bálsamo, **15** oirás mis pasos en la punta de los árboles. Esa será la señal para que te lances al ataque. Ahí me verás ir delante de ti, para destruir al ejército filisteo».

16 Así lo hizo David, y ese día venció a los filisteos desde Gabaón hasta Guézer. **17** David se hizo muy famoso en toda la tierra, y Dios hizo que todas las naciones le tuvieran miedo a David.

David lleva el cofre de Dios a Jerusalén
(2 S 6.12-23)

15 **1-3** El rey David ordenó que le construyeran varias casas en Jerusalén, y que levantaran una carpa para el cofre del pacto de Dios. Luego, David reunió allí en Jerusalén a todo el pueblo de Israel, para que estuvieran presentes cuando trajeran el cofre de Dios al lugar que él le había preparado. También ordenó lo siguiente: «Sólo los ayudantes de los sacerdotes cargarán el cofre, porque Dios los ha elegido para eso, y para que siempre se hagan cargo de los cultos».

4 Por eso, también mandó llamar a los descendientes de Aarón y a los de la tribu de Leví. **5** Esta es la lista de los jefes y familiares que se reunieron: Uriel, al mando de ciento veinte descendientes de Quehat. **6** Asaías, al mando de doscientos veinte descendientes de Merarí. **7** Joel, al mando de ciento treinta descendientes de Guersón. **8** Semaías, al mando de doscientos descendientes de Elisafán. **9** Eliel, al mando de ochenta descendientes de Hebrón. **10** Aminadab, al mando de ciento doce descendientes de Uziel.

11 Luego David llamó a los sacerdotes Sadoc y Abiatar, y a sus ayudantes Uriel, Asaías, Joel, Semaías, Eliel y Aminadab, **12-13** y les recordó:

«La primera vez que intentamos transportar el cofre de Dios, no le consultamos cómo hacerlo, y ustedes no lo trajeron; por eso él nos castigó, mandando a algunos de nosotros. Ustedes son los jefes de las familias de la tribu de Leví; celebren con sus familias la ceremonia de limpieza para que Dios les perdone los pecados, y así puedan trasladar el cofre del Dios de Israel al lugar que le he preparado».

14 Y así lo hicieron. Llevaron a cabo la ceremonia de limpieza y transportaron el cofre, **15** llevándolo sobre los hombros con varas, tal como lo había ordenado Dios por medio de Moisés. **16** Los jefes de los ayudantes de los sacerdotes nombraron cantantes de entre su tribu, para que cantaran con alegría, acompañados de guitarras, arpas y platillos, como lo había mandado David.

17 Esta es la lista de los que fueron nombrados:
De los descendientes de Merarí: Hemán hijo de Joel, Asaf hijo de Berequías, Etán hijo de Cusaías.

18 Luego nombraron a otros parientes que trabajaban como ayudantes en el templo: Zacarías hijo de Jaaziel, Semiramot, Jehiel, Uní, Eliab, Benaías, Maaseías, Matatías, Elifelehu, Mecneías, Obed-edom, Jeiel.

Los dos últimos en la lista eran guardianes de las entradas del templo. **19** Los músicos encargados de tocar los platillos de bronce eran: Hemán, Asaf, Etán.

20 Los que tocaban las guitarras eran: Zacarías, Aziel, Semiramot, Jehiel, Uní, Eliab, Maaseías, Benaías.

21 Los que tocaban las arpas y guiaban el canto eran: Matatías, Elifelehu, Mecneías, Obed-edom, Jeiel, Azazías.

22 Quenanías, hombre muy inteligente, y jefe de los ayudantes de los sacerdotes, era el director de la música. **23-24** Los que vigilaban la entrada de la carpa del cofre eran: Berequías, Elcaná, Obed-edom, Jehías.

Los sacerdotes encargados de tocar las trompetas delante del cofre de Dios eran: Sebanías, Josafat, Natanael, Amasai, Zacarías, Benaías, Eliézer.

El cofre llega a Jerusalén

25 David y los jefes de Israel fueron a la casa de Obed-edom por el cofre del pacto de Dios, y lo trajeron a Jerusalén con gran alegría. Los acompañaron los oficiales de su ejército.

26 Como Dios había ayudado a los encargados de transportar el cofre, ellos le presentaron como ofrenda siete toros y siete carneros.

27-29 David y todos los israelitas trajeron el cofre de Dios a Jerusalén, con cantos de alegría y música de cuernos de carnero, trompetas, platillos, arpas y guitarras.

David, los encargados del cofre, los músicos y Quenanías, director de los cantos, estaban vestidos con mantos de lino fino. Además, David traía puesto un chaleco, y danzaba con mucha alegría.

En el momento en que entraba el cofre, Mical la hija de Saúl estaba viendo desde la ventana del palacio, y al ver lo que hacía David, sintió por él un profundo desprecio.

16 1 El cofre del pacto de Dios fue puesto en una carpa que David había preparado, y allí David le presentó a Dios muchas ofrendas de animales y de vegetales. 2 Luego bendijo al pueblo en nombre de Dios, 3 y a cada uno de los presentes le dio un pan de harina, uno de dátiles y otro de pasas.

4 Además, David nombró a algunos de los ayudantes de los sacerdotes para que se encargaran del culto frente al cofre de Dios, orando, dando gracias y alabando al Dios de Israel. 5-6 Estos son los nombres de esos ayudantes, con Asaf como jefe de ellos: Zacarías, Jeiel, Semiramot, Jehiel, Matatías, Eliab, Benaías, Obed-edom, Jeiel.

Todos estos tocaban instrumentos de cuerdas. Y junto con ellos nombraron a los sacerdotes Benaías y Jahaziel para que se encargaran de tocar siempre las trompetas. Asaf quedó encargado de tocar los platillos.

David da gracias a Dios
(Sal 105.1-15; 96.1-13; 106.47-48)

7 Ese fue el primer día en que David les encargó a Asaf y a sus compañeros que dedicaran a Dios este canto de acción de gracias:

8 ¡Demos gracias a nuestro Dios!
¡Demos a conocer entre las naciones
todo lo que él ha hecho!
9 ¡Cantémosle himnos!
¡Demos a conocer sus grandes milagros!

10 ¡Digamos con orgullo
que no hay otro Dios aparte del nuestro!
¡Alegrémonos de corazón
todos los que adoramos a Dios!
11 Acerquémonos a nuestro poderoso Dios,
y procuremos agradarle siempre.
12 Hagamos memoria de las maravillas
que nuestro Dios ha realizado;
recordemos sus milagros
y los mandamientos que nos dio.
13 Somos los descendientes
de Abraham y de Jacob;
somos el pueblo elegido por Dios
y estamos a su servicio;
por lo tanto, ¡escúchenme!

14 Pertenecemos a nuestro Dios;
su palabra llena la tierra.
15 Él no ha olvidado su pacto
ni las promesas que nos hizo.
16 Hizo el pacto con Abraham,
y se lo confirmó a Isaac.
17 Con Israel lo estableció
como un pacto para toda la vida,
18 y le dijo:
«Yo te daré Canaán.
Es la tierra que te ha tocado».

19 Nosotros no éramos muchos;
¡éramos gente sin patria!
20 ¡Todo el tiempo andábamos
de país en país
y de reino en reino!
21 Pero Dios jamás permitió
que nadie nos molestara,
y les advirtió a los reyes:
22 «No se metan con mi pueblo elegido;
no les hagan daño a mis profetas».

23 ¡Cantemos alabanzas a nuestro Dios!
¡Celebremos día tras día sus victorias!
24 ¡Anunciemos entre todas las naciones
su grandeza y maravillas!

25 ¡Grande y digno de alabanza es nuestro Dios,
y más temible que todos los dioses!
26 Los dioses de otras naciones son dioses falsos,
pero Dios hizo los cielos.
27 Lleno está su santuario
de majestad y esplendor,
de poder y belleza.

28 Pueblos todos,
¡reconozcan el poder de nuestro Dios
y ríndanle homenaje!
29 ¡Vengan ante su presencia
y traigan sus ofrendas!
¡Adórenlo como él se merece!
¡Inclínense ante él
en su santuario majestuoso!
30 ¡Que toda la tierra le rinda homenaje!
Él estableció el mundo con firmeza,
y el mundo jamás se moverá.
¡Él gobierna las naciones con justicia!
31 ¡Que se alegren los cielos!
¡Que grite la tierra de alegría!
Que digan las naciones:
«¡Dios es nuestro rey!»
32 ¡Que ruja el mar,
con todo lo que contiene!
¡Que canten alegres los campos,
con todo lo que hay en ellos!
33 ¡Que griten de alegría
todos los árboles del bosque!
¡Que canten en presencia de Dios,
que viene ya para gobernar al mundo!

34 ¡Démosle gracias porque él es bueno!
¡Dios nunca deja de amarnos!

35 Dios nuestro, ¡sálvanos!
¡Permítenos volver a nuestra tierra,
para que te demos gracias
y te alabemos como nuestro Dios!

36 ¡Bendito sea ahora y siempre el Dios de Israel!
¡Que diga el pueblo de Dios:
«Así sea»!
¡Alabemos a nuestro Dios!

Los encargados del culto

37 Estas son las personas que David nombró para que se hicieran

cargo del culto:

Asaf y sus compañeros se hicieron cargo de celebrar todos los días los cultos delante del cofre del pacto de Dios. **38** Los encargados de vigilar las entradas de la carpa fueron Obed-edom, Hosá, junto con el hijo de Jedután, también llamado Obed-edom, y sesenta y ocho compañeros más. **39** Sadoc y sus compañeros sacerdotes, fueron los encargados del culto en el santuario que estaba en Gabaón; **40** allí ofrecían continuamente sacrificios en honor a Dios; lo hacían por la mañana y por la noche, tal y como lo ordena la ley que Dios le dio a su pueblo Israel. **41-42** Además de esos, David eligió a otros para que entonaran a Dios el canto de gratitud que se titula: «El amor de Dios es eterno». Hemán y Jedután acompañaban este canto con trompetas, platillos y otros instrumentos musicales. Además, los hijos de Jedután vigilaban las entradas del santuario. **43** Después de esto, todos regresaron a sus casas; David también volvió a su casa y bendijo a su familia.

Dios hace un pacto con David
(2 S 7.1-29)

17 ¹ David ya vivía tranquilo en su palacio, cuando le dijo al profeta Natán:

—No está bien que yo viva en un palacio de maderas finas, mientras el cofre del pacto de Dios todavía esta en una carpa.

2 Natán le contestó:

—Haz lo que creas conveniente, pues Dios te apoya en todo.

3 Sin embargo, Dios le habló a Natán esa misma noche, y le dijo:

4 «Ve y dile de mi parte a David lo siguiente: ''David, no serás tú quien me construya una casa.

5-6 Dime cuándo les pedí a los jefes de Israel que me hicieran una casa de maderas finas. ¡Si desde que los saqué a ustedes de Egipto, siempre he vivido en una carpa!

7 ''Yo soy el Dios todopoderoso. Yo soy quien te puso al frente de mi pueblo cuando eras un simple pastor de ovejas. **8** Yo soy quien siempre te ha cuidado, y te ha ayudado a derrotar a tus enemigos. Y soy también quien te hará muy famoso en este mundo.

9-14 ''También a mi pueblo Israel le he dado un lugar donde pueda vivir en paz. Nadie volverá a molestarlos ni a hacerles daño, como cuando los gobernaban los jueces.

''Yo haré que de tus descendientes salgan los reyes de Israel, y humillaré a tus enemigos. Después de tu muerte, yo haré que uno de tus hijos llegue a ser rey de mi pueblo. A él sí le permitiré que me construya una casa, y haré que su reino dure para siempre. Yo seré para él como un padre, y él será para mí como un hijo. Y nunca dejaré de amarlo, ni lo abandonaré como abandoné a Saúl''».

15 Entonces Natán fue y le dio el mensaje a David.

David le da gracias a Dios

16 El rey David fue a la carpa donde estaba el cofre del pacto, se sentó delante de Dios, y le dijo:

«Mi Dios, ¿cómo puedes darme todo esto si mi familia y yo valemos tan poco? **17** ¿Y cómo es posible que prometas darme aún más, y que siempre bendecirás a mis descendientes? Me tratas como si fuera yo alguien muy importante. **18** ¿Qué más te puedo decir Dios mío, por haberme honrado así, si tú me conoces muy bien?

19 »Tú me dejas conocer tus grandes planes, porque así lo has querido. **20** ¡Qué grande eres, Dios mío! ¡Todo lo que de ti sabemos es verdad! ¡No hay ningún otro Dios como tú, **21** ni existe tampoco otra nación como tu pueblo Israel! ¿A qué otra nación la libraste de la esclavitud? ¿A qué otra nación la hiciste tan famosa?

»Tú hiciste muchos milagros en favor nuestro, y arrojaste lejos de nosotros a las naciones y a sus dioses. **22** Así nosotros hemos llegado a ser tu pueblo, y tú eres nuestro Dios; y esto será así por siempre.

23 »Mi Dios, yo te pido que le cumplas a mis descendientes estas promesas que nos acabas de hacer. **24** Haz que ellos se mantengan en tu servicio, para que tu nombre sea siempre reconocido. Y que todo el mundo diga: ''El Dios de Israel es el Dios todopoderoso''.

25 »Dios mío, yo me atrevo a pedirte esto porque tú has dicho que mis descendientes serán siempre los reyes de tu pueblo. **26** »Tú eres Dios, y has prometido hacerme bien. **27** Por eso te ruego que bendigas a mis descendientes para que siempre te sirvan, porque a quien tú bendigas le irá bien».

David vence a sus enemigos
(2 S 8.1-14)

18 ¹ Poco tiempo después, David atacó a los filisteos. Les quitó la ciudad de Gat con sus poblados, y los tuvo bajo su poder. **2** También derrotó a los moabitas, quienes tuvieron que reconocer a David como su rey, y pagarle impuestos.

3 Cuando Hadad-ézer, rey de Sobá, iba hacia Hamat para extender su dominio en la región del río Éufrates, David lo derrotó. **4** Como resultado de la batalla David tomó presos a siete mil jinetes y a veinte mil soldados de a pie. Se quedó con mil carros de combate. A la mayoría de los caballos les rompió las patas, y sólo dejó sanos a cien.

5 Los arameos que vivían en Damasco vinieron a ayudar al rey Hadad-ézer, pero David mató a veintidós mil de ellos. **6-8** Luego puso guardias entre los arameos que vivían en Damasco, y también ellos tuvieron que reconocer a David como rey y empezar a pagarle impuestos.

David tomó los escudos de oro que traían los oficiales de Hadad-ézer y los llevó a Jerusalén. También se llevó muchísimo bronce de Tibhat y Cun, ciudades que gobernaba Hadad-ézer. Con ese bronce Salomón hizo la fuente, las columnas y todos los utensilios de bronce para el templo.

Así fue como Dios le dio a David victoria tras victoria.

9-10 Hadad-ézer había peleado muchas veces contra Toi, rey de Hamat. Por eso, cuando Toi supo que David había derrotado al ejército de Hadad-ézer, envió a su hijo Adoram a saludar y felicitar al rey David por su triunfo.

Adoram le llevó al rey David regalos de oro, plata y bronce. **11** David le entregó todo esto a Dios, junto con el oro y la plata de las naciones que había conquistado: Edom, Moab, Amón, Filistea y Amalec. **12** Abisai, jefe de los treinta mejores soldados de David, mató a dieciocho mil edomitas en el Valle de la Sal. **13** Luego puso guardias en toda la tierra de Edom, y así los edomitas reconocieron a David como rey.

Dios seguía dándole victorias a David, **14** y como rey de los israelitas, David siempre fue bueno y justo con ellos.

Los asistentes de David
(2 S 8.15-18; 20.23-26)

15 Los principales asistentes de David fueron los siguientes: Joab hijo de Seruiá, que era jefe del ejército; Josafat hijo de Ahilud, que era secretario del reino. **16** Sadoc hijo de Ahitub, y Abimélec hijo de Abiatar, que eran sacerdotes; Savsá, que era su secretario personal; **17** Benaías hijo de Joiadá, jefe del grupo filisteo al servicio del rey.

Los hijos de David eran los oficia-

les más importantes del reino.

David vence a los sirios y a los amonitas
(2 S 10.1-19)

19 **1** Poco tiempo después, murió Nahas, el rey de los amonitas, y en su lugar reinó su hijo Hanún. **2** Y David dijo: «Voy a tratar a Hanún con la misma bondad con que me trató Nahas, su padre».

En seguida envió David mensajeros a Hanún para que lo consolaran por la muerte de su padre. Pero cuando los mensajeros llegaron a la tierra de los amonitas, **3** los jefes de los amonitas le dijeron a Hanún:

«¿De veras cree Su Majestad que David envió a sus mensajeros para consolarlo? ¡Claro que no! ¡Los envió como espías, para luego conquistar nuestra ciudad!»

4 Entonces Hanún mandó que apresaran a los mensajeros de David, y que los avergonzaran cortándoles la barba, y que los mandaran de regreso a su tierra desnudos de la cintura para abajo. **5** Los mensajeros regresaron muy avergonzados, y cuando David lo supo, les mandó a decir: «Quédense en Jericó, y no regresen hasta que les crezca la barba».

6 Cuando Hanún y los amonitas supieron que David se había enojado mucho, les pagaron treinta y tres mil kilos de plata a los sirios de las ciudades de Mesopotamia, de Maacá y de Sobá, para que enviaran carros de combate y jinetes que se unieran a ellos y pelearan contra David.

7-9 Los sirios enviaron treinta y dos mil carros de combate, junto con el rey Maacá y su ejército, que acampó frente a Medebá. También vinieron otros reyes sirios, que se quedaron en el campo listos para la batalla.

Los amonitas, por su parte, salieron de sus ciudades listos para entrar en batalla a la entrada de

la ciudad.

David se dio cuenta de esto, y envió a la batalla a Joab, junto con todo su ejército y sus mejores soldados. **10** Y cuando Joab vio que los sirios iban a atacarlo por un lado y los amonitas por el otro, eligió a los mejores soldados israelitas y atacó a los arameos. **11** El resto de su ejército lo dejó a las órdenes de su hermano Abisai, para que peleara contra los amonitas, **12** y le dijo:

«Si ves que los arameos me están ganando, irás a ayudarme. Si, por el contrario, veo que los amonitas te están ganando, yo te ayudaré. **13** ¡Tú esfuérzate y ten valor! Luchemos por nuestra gente y por las ciudades que Dios nos ha dado, ¡y que Dios haga lo que le parezca mejor!»

14 Joab y sus hombres pelearon contra los sirios, y los hicieron huir. **15** Cuando los amonitas vieron que los sirios estaban huyendo, también ellos huyeron de Abisai y corrieron a refugiarse en su ciudad. Entonces Joab dejó de combatirlos y regresó a Jerusalén. **16** Sin embargo, al ver los sirios que los israelitas los habían derrotado, les pidieron ayuda a los sirios que estaban del otro lado del Éufrates. Y cuando estos llegaron, se pusieron bajo las órdenes de Sofac, jefe del ejército de Hadad-ézer.

17 Cuando David supo esto, reunió a todo el ejército de Israel, cruzó el río Jordán y llegó a donde estaban los sirios. David puso a su ejército frente a los sirios en posición de ataque, y empezó la batalla. **18** David mató a siete mil soldados que guiaban los carros de combate, y a cuarenta mil soldados de a pie. También mató a Sofac, jefe del ejército. Entonces los sirios huyeron de los israelitas. **19** Cuando todos los que se habían unido a Hadad-ézer vieron que David los había derrotado, hicieron la paz con David y quedaron a su servicio. Desde entonces los sirios no volvieron a ayudar a los amonitas.

David conquista Rabá
(2 S 12.26-31)

20 ¹ Llegó la primavera, que era cuando los reyes salían a la guerra. Ese año, Joab salió con su ejército y enfrentó a los amonitas. Rodeó la ciudad de Rabá, y la conquistó. David se había quedado en Jerusalén.

² David le quitó la corona al rey amonita, la cual era de oro, pesaba treinta y tres kilos, y tenía una piedra preciosa. David le quitó esa piedra preciosa y la puso en su propia corona, y se llevó además gran parte de las riquezas de la ciudad. ³ A la gente que vivía en la ciudad la sacó de allí y la condenó a trabajos forzados. La obligó a usar sierras, picos y hachas de hierro. También la obligó a hacer ladrillos, como lo había hecho con todas las ciudades que había conquistado. Después de eso, David y su ejército regresaron a Jerusalén.

Batallas contra los filisteos
(2 S 21.18-20)

⁴ Después de esto, hubo en Guézer otra batalla contra los filisteos. Allí, Sibecai el husita mató a un gigante llamado Sipai. Así los israelitas dominaron a los filisteos. ⁵ Tiempo después, hubo otra batalla contra los filisteos. Allí, Elhanán hijo de Jaír mató a Lahmí, hermano de Goliat el de Gat, que tenía una lanza enorme. ⁶ Después hubo otra batalla en Gat. Allí, un gigante que tenía seis dedos en cada mano y en cada pie ⁷ desafió a los israelitas. Pero lo mató Jonatán, que era hijo de Simá y sobrino de David. ⁸ Estos gigantes eran de la familia de Refá, el de Gat, pero David y sus oficiales los mataron.

David hace una lista de sus militares
(2 S 24.1-25)

21 ¹ Satán se levantó contra Israel, y tentó a David para que hiciera una lista de todos los hombres en edad de ser soldados. ² Entonces David les dijo a Joab y a los jefes del ejército:

—Vayan por todo el país, y cuenten a todos los hombres en edad militar, para que yo sepa cuántos soldados tengo.

³ Pero Joab le contestó:

—Yo le pido a Dios que multiplique a su pueblo, y que lo haga cien veces más grande de lo que ahora es. Pero si ya todos te servimos fielmente, ¿para qué quieres saber cuántos somos? Lo único que vas a conseguir es que Dios nos castigue.

⁴ Sin embargo, la orden del rey pudo más que la opinión de Joab, y este se vio obligado a obedecer. Cuando regresó a Jerusalén, ⁵ Joab le informó al rey cuántos hombres había en edad militar. En Israel había un millón cien mil, y en Judá, cuatrocientos setenta mil. ⁶ Pero como a Joab no le gustó lo que el rey había ordenado hacer, no contó a los hombres de las tribus de Leví y de Benjamín. ⁷ A Dios no le agradó lo que David había hecho, y decidió castigar al pueblo de Israel. ⁸ Pero David le dijo a Dios: «Hice muy mal al desconfiar de ti y basar mi seguridad en el número de mis soldados. Te ruego que me perdones por haber sido tan tonto».

⁹⁻¹² Entonces, Dios le habló al profeta Gad y le dijo:

«Ve a decirle a David que lo voy a castigar, y que puede escoger uno de estos tres castigos: Tres años de hambre en todo el país; ser perseguido por sus enemigos durante tres meses; o que todo el pueblo sufra enfermedades y que yo envíe a mi ángel a causar gran destrucción durante tres años».

Gad fue, entregó el mensaje y le dijo a David: «Dime qué respuesta debo llevarle a Dios» ¹³ Y David le dijo a Gad:

—¡Me resulta difícil elegir uno de los tres! Pero Dios es compasivo, así que prefiero que sea él quien me castigue. No quiero que me hagan sufrir mis enemigos.

¹⁴ Entonces Dios envió una enfermedad por todo Israel, y murieron setenta mil personas. ¹⁵⁻²⁷ Luego mandó a un ángel para que destruyera Jerusalén. El ángel salió y comenzó a destruir Jerusalén justo en donde Ornán el jebuseo limpiaba el trigo. El ángel volaba y tenía una espada en la mano.

David y los jefes del pueblo estaban vestidos con ropas ásperas en señal de tristeza. Cuando David y los líderes del pueblo vieron que el ángel estaba a punto de destruir la ciudad, se inclinaron hasta tocar el suelo con la frente. Entonces David dijo: «Dios mío, yo fui el que ordené contar a los soldados. Yo soy el que hizo mal y pecó contra ti. Por favor, no castigues a tu pueblo. Mejor castígame a mí y a mi familia».

Entonces el ángel de Dios envió a Gad con este mensaje para David: «Ve y construyeme un altar en el lugar donde Ornán limpia el trigo».

De inmediato David se fue a construir el altar. Mientras tanto, Ornán y sus cuatro hijos estaban limpiando el trigo. Al ver al ángel, los hijos de Ornán se escondieron. Cuando Ornán vio que el rey se acercaba, salió y se inclinó ante él hasta tocar el suelo con su frente. David le dijo:

—He venido a comprarte el lugar donde limpias el trigo. Quiero construir allí un altar para Dios. Así se detendrá la enfermedad que está matando a la gente.

Ornán le contestó:

—Su Majestad, todo lo que tengo es suyo. Presente las ofrendas a Dios, y yo le daré los toros para el sacrificio, y hasta mis herramientas de trabajo para que las use como leña. También tome trigo para otra ofrenda. Yo se lo daré todo con mucho gusto.

—Te lo agradezco —dijo David—, pero yo no puedo ofrecerle a Dios algo que no me haya costado nada. Así que te pagaré todo lo que me des.

David le dio a Ornán seiscientas monedas de oro por ese lugar. Luego construyó allí un altar para Dios, donde sacrificó y quemó animales en su honor; le presentó ofrendas para hacer las paces, y le rogó que las aceptara.

Dios escuchó su petición, y envió fuego desde el cielo para quemar las ofrendas que estaban sobre el altar. Y se arrepintió Dios al ver el sufrimiento de los israelitas, y le dijo al ángel que los estaba destruyendo y matando: «Basta, ya no sigas».

Entonces el ángel guardó su espada.

El lugar para el templo

28-29 En esos días, el santuario y el altar de los sacrificios, que Moisés había hecho para Dios en el desierto, estaban en Gabaón. Cuando David se dio cuenta de que Dios había escuchado su oración, le presentó más ofrendas en el lugar que le había comprado a Ornán el jebuseo. **30** No quiso ir a Gabaón para conocer la voluntad de Dios, pues le daba miedo encontrarse con el ángel.

22 **1** Así fue como David decidió que allí se construiría el templo de Dios, y el altar para que Israel presentara las ofrendas quemadas.

Preparativos para construir el templo

2-5 Antes de morir, David dejó todo listo para construir el templo, pues pensó: «Mi hijo Salomón es todavía muy joven y no tiene experiencia; el templo de Dios deberá ser el más grandioso. Su fama y gloria serán conocidas en todo el mundo, así que le dejaré todo listo para que lo construya».

Entonces David ordenó que se reunieran todos los extranjeros que vivían en Israel, y les encargó que cortaran piedras para construir con ellas el templo de Dios. También juntó muchísimo hierro para los clavos y las bisagras de los portones; además reunió tanto bronce que no se pudo pesar. Y como la gente de Sidón y de Tiro le habían traído mucha madera de cedro, David guardó una cantidad tan grande de madera que no se pudo saber cuánta era.

La responsabilidad de Salomón

6 Después de esto, le encargó a su hijo Salomón que construyera el templo del Dios de Israel, **7** y le dijo:

«Hijo mío, yo quería construir un templo para honrar a mi Dios. **8** Pero él no me lo permitió, porque he participado en muchas batallas y he matado a mucha gente.

»Sin embargo, Dios me prometió **9** que tendría un hijo amante de la paz, y que no tendría problemas con sus enemigos, sino que durante todo su reinado Israel viviría en paz y tranquilidad. Por eso tu nombre es Salomón.*

10 »Dios me dijo que a ti sí te permitiría construir el templo. Él será como un padre para ti, y te tratará como a un hijo; hará que tu reino en Israel sea firme y permanezca para siempre.

11 »Por eso, hijo mío, mi mayor deseo es que Dios te ayude y que cumpla su promesa para que puedas construirle el templo.

12-13 Que Dios te dé inteligencia y sabiduría, para que cuando seas el rey de Israel obedezcas la ley que Dios dio a su pueblo por medio de Moisés.

»Si obedeces a Dios, tendrás éxito en todo lo que hagas. ¡Sólo te pido que seas muy fuerte y muy valiente! ¡No te desanimes ni tengas miedo!

14 »Mira, con muchos sacrificios he podido juntar esto para el templo de Dios: tres mil trescien-

tas toneladas de oro, treinta y tres mil toneladas de plata, y una cantidad tan grande de bronce y de hierro que ni siquiera se puede pesar. Además, tenemos muchísima madera y piedra. A todo esto, tú debes añadir aún más.

15-16 »También he puesto a tu servicio una gran cantidad de obreros, albañiles, carpinteros y gente que sabe cortar piedras; además te ayudarán muchísimos obreros expertos en todo tipo de trabajos en oro, plata, hierro y bronce. Así que, ¡adelante, y que Dios te ayude!»

La responsabilidad de los jefes de Israel

17 Después de esto, David les ordenó a todos los jefes de Israel que le ayudaran a su hijo Salomón. **18** Les dijo:

«Dios les ha ayudado y les ha permitido vivir en paz en todo el país; él me ha permitido tener bajo mi dominio a todos los habitantes de este país, y ahora ellos están bajo el dominio de Dios y de su pueblo. **19** Por tanto, hagan una firme promesa a Dios, y construyan un templo. Así podremos trasladar el cofre del pacto y los utensilios sagrados al templo que haremos para honrar su nombre».

Los ayudantes de los sacerdotes

23 **1** Cuando David ya era un anciano, eligió a su hijo Salomón para que fuera rey de Israel.

2-32 David le había dicho al pueblo: «El Dios de Israel le ha dado tranquilidad a su pueblo y ha decidido vivir para siempre en Jerusalén. Los ayudantes de los sacerdotes ya no necesitan transportar la carpa de Dios ni los utensilios que se usan en el culto».

Por eso, David reunió a todos los jefes de Israel, a los sacerdotes y a sus ayudantes, y les dio a conocer sus últimas decisiones con respecto a estos ayudantes. Ellos quedarían bajo las órdenes de los sacerdotes, que eran descendientes de Aarón, y les ayudarían

María DISFRUTA JUNTO AL CAMINO DE LA COMIDA
que su mamá le preparó. ¿Y POR QUÉ NO
COMPARTIRLA CON LOS PAJARITOS?

María está cansada y con un poco de hambre.
¡Qué bueno es recibir de una niña el regalo de una manzana!

en el trabajo del templo.

David también decidió contar a todos los ayudantes mayores de treinta años, para organizarlos y repartirles los trabajos del templo. En total se contaron treinta y ocho mil ayudantes, y su trabajo fue distribuido de la siguiente manera: Veinticuatro mil para dirigir el trabajo en el templo; seis mil serían asistentes y jueces; cuatro mil vigilarían las entradas del templo, y cuatro mil serían cantores y músicos encargados de la alabanza a Dios con instrumentos musicales que David había hecho. Todos estos ayudantes eran descendientes de Leví.

Luego, David hizo una lista de los descendientes de Leví que eran mayores de veinte años y jefes de sus grupos familiares, y los dividió en tres, según los hijos que tuvo Leví: Guersón, Quehat y Merarí.

Los guersonitas

Guersón tuvo dos hijos: Ladán, Simí.

Ladán tuvo tres hijos, y fueron jefes de sus grupos familiares: Jehiel, Zetam, Joel.

Simí tuvo siete hijos: Selomit, Haziel, Harán, Jáhat, Ziza, Jeús, Beriá.

Como los dos menores, Jeús y Beriá, no tuvieron muchos hijos, fueron contados y registrados como si fueran una familia.

Los quehatitas

Quehat tuvo cuatro hijos: Amram, Ishar, Hebrón, Uziel.

Amram tuvo dos hijos: Aarón, Moisés.
Aarón y sus descendientes fueron elegidos por Dios para que siempre presentaran ante él las ofrendas más sagradas, quemaran el incienso, y sirvieran y bendijeran al pueblo en el nombre de Dios.
Moisés y sus descendientes fueron contados como parte de la tribu de Leví. Moisés tuvo dos hijos: Guersón, Eliézer.

El hijo mayor de Guersón fue Sebuel.
Eliézer sólo tuvo un hijo llamado Rehabías, quien tuvo muchos hijos.

El hijo mayor de Ishar fue Selomit.

Hebrón tuvo cuatro hijos; sus nombres, del mayor al menor, fueron: Jeraías, Amarías, Jahaziel, Jecamán.

Uziel tuvo dos hijos; sus nombres del mayor al menor, fueron: Micaías, Isías.

Los meraritas

Merarí tuvo dos hijos: Mahli, Musí.

Mahli tuvo dos hijos: Eleazar, Quis.

Eleazar nunca tuvo hijos varones, y las hijas que tuvo se casaron con sus primos, los hijos de Quis.

Musí tuvo tres hijos: Mahli, Éder, Jeremot.

Nuevo trabajo de los ayudantes

Así fue como quedaron inscritos todos estos ayudantes, quienes quedaron a las órdenes de los sacerdotes para ayudarlos en el templo de Dios. De acuerdo al turno y la tarea que les había tocado, los distintos grupos de ayudantes cumplían con estos trabajos:

Cuidar y limpiar los patios del templo, los cuartos y todos los utensilios sagrados.
Ayudar en cualquiera de los cultos que se hacían en el templo.
Tener listo todo lo que se usaba en las ofrendas: el pan santo, la harina, las hojuelas de pan sin levadura, las ofrendas cocidas, la masa y los instrumentos que se usaban para pesar y medir.
Estar presentes en el templo, por la mañana y por la tarde, para dar gracias y alabar a Dios.
Ayudar a los sacerdotes siempre que se presentaban las ofrendas quemadas en honor a Dios, es decir, los sábados, los días de luna nueva y los días de fiesta.

El trabajo de los sacerdotes

24 **1** Aarón tuvo cuatro hijos: Nadab, Abihú, Eleazar, Itamar.

Aarón y sus descendientes fueron los encargados de todos los trabajos sacerdotales. **2** Pero como Nadab y Abihú murieron antes que su padre, y no tuvieron hijos, Eleazar e Itamar se hicieron cargo del trabajo sacerdotal.
3-6 Después de hacer un sorteo, David, Sadoc y Ahimélec les asignaron turnos a los sacerdotes para que prestaran sus servicios. Lo hicieron así porque tanto entre los descendientes de Eleazar como entre los de Itamar había sacerdotes muy importantes dedicados al servicio del templo. Uno de los ayudantes de los sacerdotes, llamado Semaías hijo de Natanael, fue el encargado de anotar todos los nombres en una lista oficial; el rey, los jefes, los sacerdotes Sadoc y Ahimélec, y los jefes de los grupos sacerdotales y de los grupos de ayudantes, fueron testigos de cómo se escribió esta lista.
Como había más sacerdotes descendientes de Eleazar que de Itamar, se asignaron más turnos a los jefes de Eleazar. A los de Itamar se les asignaron ocho turnos, y a los de Eleazar, dieciséis.
7-18 Según el sorteo que se hizo, este es el orden: Joiarib, Jedaías, Harim, Seorim, Malquías, Mijamín, Cos, Abías, Jesús, Secanías, Eliasib, Jaquim, Hupá, Jesebab, Bilgá, Imer, Hezir, Pisés, Petahías, Hezequiel, Jaquín, Gamul, Delaías, Maazías.

19 De acuerdo a este orden, estos sacerdotes se fueron turnando para servir en el templo, tal como lo había ordenado el Dios de Israel por medio de Aarón.

Otra lista de ayudantes

20-31 Hubo otros ayudantes que también fueron asignados para servir en el templo por sorteo. Y tanto los sacerdotes como estos ayudantes fueron tratados de igual manera. También en este caso el rey David, Sadoc, Ahimélec y los jefes de los grupos familiares de los sacerdotes y de los descendientes de Leví, fueron testigos de cómo se hizo el sorteo.

Esta es la lista de sus nombres y del grupo al que pertenecían: Subael, descendiente de Amram; Jehedías, descendiente de Subael; Isías, descendiente de Rehabías. Isías era el principal de ellos. Selomot, descendiente de Ishar; Jáhat, descendiente de Selomot; Jerías, Amarías, Jahaziel, Jecamán; los cuatro anteriores eran descendientes de Hebrón; Micaías, descendiente de Uziel; Samir, descendiente de Micaías; Isías, hermano de Micaías; Zacarías, descendiente de Isías; Mahli, Musí, descendientes de Merarí; Sóham, Zacur, Ibrí, descendientes de Jaazías, hijo de Merarí; Eleazar, descendiente de Mahli, hijo de Merarí. Eleazar no tuvo hijos. Jerahmeel, descendiente de Quis, hijo de Merarí; Mahli, Éder, Jerimot, descendientes de Musí.

Los músicos del templo

25 **1-6** David y los jefes encargados del templo apartaron a Asaf, Hemán y Jedutún, junto con todos sus hijos, para que se encargaran de la música de los cultos. Estos músicos comunicaban mensajes de Dios por medio de sus cantos o acompañados por instrumentos musicales, y estaban bajo las órdenes directas del rey David. Asaf, Hemán y Jedutún dirigían a sus hijos cuando alababan a Dios en el templo, acompañados de arpas, platillos y otros instrumentos de cuerdas. Esta es la lista de sus nombres:

Los hijos de Asaf: Jacur, José, Netanías, Asarela.

Los hijos de Jedutún: Guedalías, Serí, Isaías, Simí, Hasabías, Matatías.

Los hijos de Hemán: Buquías, Matanías, Uziel, Sebuel, Jeremot, Hananías, Hananí, Eliatá, Guidalti, Romamti-ézer, Josbecasa, Malotí, Hotir, Mahaziot.

Estos catorce hombres, junto con sus tres hermanas, formaban la familia de Hemán, y por eso llegó a ser muy poderoso, pues así se lo había prometido Dios. **7** Los que estaban entrenados para cantar a Dios fueron en total doscientos ochenta y ocho. **8** Estos se turnaron, por medio de un sorteo, para prestar su servicio, sin importar que fueran adultos o jóvenes, maestros o estudiantes. **9-31** Se organizaron en grupos de doce; cada grupo estaba compuesto por el jefe de familia, sus hijos y hermanos. Cada grupo tenía el nombre del jefe de familia; este es el orden en que les tocó servir: José, Guedalías, Zacur, Isrí, Netanías, Buquías, Jesarela, Isaías, Matanías, Simí, Azarel, Hasabías, Subael, Matatías, Jeremot, Hananías, Josbecasa, Hananí, Malotí, Eliatá, Hotir, Guidalti, Mahaziot, Romamti-ézer.

Organización de los vigilantes

26 **1-19** Los encargados de vigilar las entradas del templo de Dios también hicieron un sorteo para repartir los turnos de vigilancia. Así, los turnos se asignaron sin importar de qué familia era el vigilante, pues todos fueron tratados de la misma manera en que fueron tratados los ayudantes de los sacerdotes. Quedaron repartidos de acuerdo al siguiente orden:

Del grupo familiar de Coré:

Meselemías, hijo de Coré y nieto de Asaf, y sus siete hijos: Zacarías, Jediael, Zebadías, Jatniel, Elam, Johanán, Eliehoenai.

Obed-edom y sus ocho hijos: Semaías, Jozabad, Joah, Sacar, Natanael, Amiel, Isacar, Peultai.

Semaías y sus seis hijos: Otní, Rafael, Obed, Elzabad, Elihú, Samaquías.

Estos seis fueron los jefes de sus grupos familiares. Obed-edom tuvo entonces sesenta y dos descendientes, pues Dios lo bendijo dándole muchos hijos. Los hijos y hermanos de Meselemías que sirvieron como vigilantes fueron dieciocho en total. Todos estos fueron hombres famosos por la valentía que mostraban como vigilantes del templo.

Del grupo familiar de Merarí:

Hosá y sus hijos: Simrí, Hilquías, Tebalías, Zacarías.

Los hijos y hermanos de Hosá fueron en total trece. Hosá nombró a Simrí como el jefe, aunque este no era su hijo mayor.

Cada día los que vigilaban las entradas se repartían de la siguiente manera:

Seis hombres en la entrada del este, entre los que estaba Selemías.

Cuatro hombres en la entrada del norte, entre los que estaba un consejero sabio llamado Zacarías hijo de Selemías.

Cuatro hombres en la entrada del sur, para vigilar las dos bodegas que allí había. Dos hombres para cada bodega; entre ellos estaban Obed-edom y sus hijos.

Cuatro hombres en la entrada del oeste. Esta entrada estaba junto a la gran cuesta que lleva al patio oeste, y se le llamaba Saléquet. Y entre estos vigilantes estaban Supím y Hosá.

Dos hombres para vigilar el patio oeste.

Los tesoreros

20-28 Otros hombres de la tribu de Leví cuidaban los tesoros del templo y las ofrendas especiales que el profeta Samuel, el rey Saúl, el oficial Abnér y el oficial Joab habían dado para Dios. Entre esas ofrendas también estaba parte del botín de guerra que el rey David, los jefes de las tribus, y todos los jefes del ejército habían entregado para los gastos del templo de Dios.

Entre estos vigilantes había descendientes de Guersón hijo de Moisés, y descendientes de Amram, Zetam y Joel. Unos eran hijos de Jehiel y nietos de Ladán; otros eran hijos de Ishar, Hebrón y Uziel, descendientes de Amram. Otros era descendientes de Eliézer, el hermano de Guersón, entre los cuales estaban Rehabías, Isaías, Joram, Zicrí y Selomit.

Como jefe de todos estos tesoreros nombraron a Sebuel, descendiente de Guersón.

Otros trabajos fuera del templo

29 Quenanías y sus hijos fueron los líderes y jueces encargados de los asuntos del gobierno, y no trabajaban en el templo. Ellos eran descendientes de Ishar.

30 Hasabías, que era descendiente de Hebrón, tenía un total de mil setecientos parientes. Todos eran hombres muy valientes, que estaban encargados de todos los asuntos religiosos y políticos de los israelitas que vivían al oeste del Jordán.

31-32 Cuando David tenía ya cuarenta años gobernando, ordenó que se revisaran las listas de los descendientes de Hebrón. El rey se dio cuenta de que entre esos descendientes había en Jazer de Galaad hombres muy valientes. El jefe de todos esos hombres era Jerías, y en total sumaban dos mil setecientos jefes de familia. Entonces el rey David los puso a cargo de todos los asuntos religiosos y políticos en las tribus de Rubén, Gad y la media tribu de Manasés.

Organización del ejército

27 **1** El ejército de Israel estaba formado por doce grupos, que se turnaban para servir al rey una vez al año. Cada grupo estaba formado por veinticuatro mil hombres, entre los que había jefes de grupos familiares y oficiales del ejército.

2-15 Esta es la lista de los jefes de los grupos militares que cada mes prestaban sus servicios al rey:

Primer mes: Jasobeam hijo de Zabdiel, descendiente de Fares.

Segundo mes: Dodai el ahohíta, y su ayudante Miclot.

Tercer mes: Benaías hijo del jefe de los sacerdotes Joiadá, y jefe de los treinta valientes; pero en realidad, su hijo Amizabad era el jefe del grupo.

Cuarto mes: Asael hermano de Joab; luego ocupó su lugar su hijo Zebadías.

Quinto mes: Samhut el izraíta.

Sexto mes: Irá hijo de Iqués, el tecoíta.

Séptimo mes: Heles el pelonita, descendiente de Efraín.

Octavo mes: Sibecai el de Husá, descendiente de los zarjítas.

Noveno mes: Ebiézer el de Anatot, descendiente de Benjamín.

Décimo mes: Maharai el de Netofá, descendiente de los zarjítas.

Undécimo mes: Benaías el de Piratón, descendiente de Efraín.

Duodécimo mes: Heldai el de Netofá, descendiente de Otoniel.

Organización de las tribus de Israel

16-22 Esta es la lista de los jefes de las tribus de Israel: Eliézer hijo de Zicrí, de la tribu de Rubén. Sefatías hijo de Maacá, de la tribu de Simeón. Hasabías hijo de Quemuel, de la tribu de Leví. Elihú, hermano de David, de la tribu de Judá. Omrí hijo de Micael, de la tribu de Isacar. Ismaías hijo de Abdías, de la tribu de Zabulón. Jerimot hijo de Azriel, de la tribu de Neftalí. Oseas hijo de Azazías, de la tribu de Efraín. Joel hijo de Pedaías, de la media tribu de Manasés. Idó hijo de Zacarías, de la otra media tribu de Manasés, en Galaad. Jaasiel hijo de Abner, de la tribu de Benjamín. Azarel hijo de Jeroham, de la tribu de Dan.

Además, Sadoc fue el jefe de los descendientes de Aarón.

23 Como Dios había prometido que los israelitas se multiplicarían tanto que nadie los podría contar, David no hizo una lista de los que eran menores de veinte años.

24 Y aunque Joab había comenzado a contarlos, no pudo terminar, porque Dios envió una enfermedad sobre los israelitas como castigo. Por esta razón, en el libro que narra los hechos más importantes del reinado de David nunca se anotó cuántos eran.

Administradores del rey David

25-31 Esta es la lista de los que estaban encargados de cuidar y administrar las propiedades del rey David:

Azmávet hijo de Adiel: Era el principal tesorero.

Jonatán hijo de Ozías: Cuidaba los tesoros que estaban guardados en diferentes lugares del territorio de Israel.

Ezrí hijo de Quelub: Era el jefe de los campesinos que cultivaban las tierras del rey.

Simí de Ramat: Administraba y cuidaba los viñedos.

Zabdí de Sefam: Era el encargado de llevar el vino a las bodegas.

Baal-hanán de Guederá: Administraba los olivares y los árboles de higos silvestres que había en la llanura.

Joás: Cuidaba los depósitos de aceite.

Sitrai de Sarón: Atendía el ganado que pastaba en Sarón.

Safat hijo de Adlai: Cuidaba el ganado que pastaba en los valles.

Obil el ismaelita: Vigilaba los camellos.

Jehedías de Meronot: Era el encargado de cuidar las burras.

Jaziz el agareno: Era el encargado de cuidar las ovejas.

Otros ayudantes de David

32-34 Estos son los hombres que ayudaban a David en otros trabajos:

Jonatán el tío de David: Era secretario, y un sabio consejero.

Jehiel hijo de Hacmoní: Cuidaba siempre de los hijos del rey.

Ahitófel: Era consejero del rey; luego ocuparon su lugar Joiadá hijo de Benaías, y Abiatar.

Husai el arquita: Consejero y amigo del rey.

Joab: Era el jefe del ejército.

Últimas instrucciones de David

28 ¹ David reunió en Jerusalén a todos los jefes y autoridades de Israel. Cuando todos estaban reunidos, ² David se puso de pie y les dijo:

«Compatriotas y líderes de mi pueblo, escúchenme con atención: Yo quería construirle un lugar permanente al cofre del pacto, para que allí nuestro Dios reinara; y ya estaba preparado para hacerlo.

³⁻⁴ Nuestro Dios decidió que de la tribu de Judá saldría un rey que gobernaría por siempre en Israel. Por eso eligió a mi familia, y de entre todos mis hermanos me eligió a mí. A pesar de esto, Dios no me permitió construirle el templo, porque yo había participado en muchas guerras y había matado a mucha gente.

⁵ »Sin embargo, de entre todos los hijos que Dios me ha dado, él eligió a Salomón como rey para que gobierne en su nombre sobre Israel. ⁶ Además, Dios me prometió que Salomón construirá el templo y sus salones, y que lo tratará como a un hijo. ⁷ Y si Salomón se esfuerza y obedece todos sus mandamientos como lo hace ahora, Dios hará que su reino sea firme y permanezca para siempre.

⁸ »Dios y todo Israel son testigos de lo que estamos haciendo. Por eso, en este día, delante de ellos, les pido a ustedes, los líderes del pueblo, que respeten y obedezcan todos los mandamientos de Dios; sólo así seguirán viviendo en esta tierra fértil, y podrán dejársela a sus hijos para siempre».

Luego el rey David se volvió a su hijo Salomón y le dijo:

⁹ «Salomón, hijo mío, Dios conoce todos tus pensamientos, y sabe cuáles son tus intenciones en todo momento. Por eso, obedécelo con amor y de buena gana. Él siempre responderá tus peticiones; pero si no lo obedeces, él te rechazará para siempre.

¹⁰ »No olvides que Dios te eligió para construir su templo. Por eso, ¡sé fuerte y ponte a trabajar!»

¹¹⁻¹⁹ Entonces David le entregó a su hijo Salomón los planos que había hecho para la construcción del templo. Los planos seguían las instrucciones de Dios para construir todos los edificios, salones, cuartos y patios del templo. En los cuartos de alrededor se guardarían los utensilios, tesoros y ofrendas especiales, y también dormirían los sacerdotes y los ayudantes que vendrían por turnos a trabajar en el templo.

David también le entregó a Salomón el oro y la plata necesarios para hacer todos los utensilios y muebles que se usarían para los cultos en el templo; le indicó el peso que debían tener, y el material que debían usar para fabricarlos. Esta es la lista de algunos de los muebles y utensilios: los candelabros y sus lámparas; las mesas donde se pondría el pan consagrado; los tenedores, los tazones, las jarras y las copas; el altar del incienso y el carro que serviría para mover los querubines que, con sus alas extendidas, cubrirían el cofre del pacto de Dios.

²⁰⁻²¹ Además, David le indicó a Salomón quiénes quedarían bajo sus órdenes y le ayudarían a construir el templo: los sacerdotes y sus ayudantes, que por turnos prestarían sus servicios en el templo de Dios; los obreros expertos en trabajos manuales; los jefes y todo el pueblo en general.

Luego, David le dijo a Salomón: «¡Sé fuerte y valiente! ¡Cumple con tu trabajo y construye el templo de Dios! ¡No tengas miedo, ni te desanimes, porque Dios siempre estará contigo! Él no te dará la

espalda ni te abandonará».

David habla a todo el pueblo de Israel

29 ¹ Luego, el rey David le dijo a toda la gente que se había reunido:

«Dios eligió a mi hijo Salomón para que le construya el templo; sin embargo, él todavía está muy joven y no tiene experiencia para hacer un trabajo tan importante. ¡Él construirá el templo para nuestro Dios, y no se trata de la construcción de un palacio ordinario!

² »Con muchos sacrificios he podido juntar los materiales necesarios para construir el templo de mi Dios: oro, plata, bronce, hierro y madera para los muebles y utensilios que deben ser confeccionados. También he reunido muchísimas piedras preciosas de toda clase.

³ »Es tan grande mi amor por este templo para mi Dios, que además de todo lo que ya he reunido, voy a entregar de mis propias riquezas lo siguiente: ⁴ cien mil kilos del oro más fino que existe, y doscientos treinta mil kilos de plata fina, para recubrir las paredes del templo y sus edificios, ⁵ y para los muebles y utensilios que harán los artesanos.

»¿Quién de ustedes quiere demostrar hoy su amor a Dios, dando una ofrenda para la construcción del templo?»

Ofrendas del pueblo

⁶ Entonces todos los jefes de Israel y las altas autoridades del reino dieron de buena voluntad las siguientes ofrendas:

⁷ Ciento sesenta y cinco mil kilos y diez mil monedas de oro. Trescientos treinta mil kilos de plata.

Cerca de seiscientos mil kilos de bronce.

Tres millones trescientos mil kilos de hierro.

⁸ Además, los que tenían piedras preciosas se las entregaron a

Jehiel, descendiente de Guersón, que era el encargado de la tesorería del templo.

9 El rey David y todo el pueblo estaban muy contentos porque todos dieron con sinceridad.

10 Y aprovechando que tenía al pueblo reunido, David bendijo a Dios con estas palabras:

«¡Bendito seas, Dios de Israel;
Dios de nuestro antepasado Jacob;
bendito seas para siempre!

11 »¡Dios mío, a ti te pertenecen la grandeza y el poder,
la gloria, el dominio y la majestad!
Porque todo lo que existe es tuyo.
¡Tú reinas sobre todo el mundo!

12 »Tú das las riquezas y el honor,
y tú dominas a todas tus criaturas.
Tuyos son el poder y la fuerza,
y das grandeza y poder a todos.

13 »Por eso es que hoy, Dios nuestro,
te damos gracias,
y alabamos tu nombre glorioso.

14-16 »Dios nuestro, todas estas riquezas que hemos dado para construirte un templo, en realidad te pertenecen a ti. Son tuyas; tú nos diste todo, y ahora sólo te regresamos lo que de ti habíamos recibido. Además, delante de ti, mi pueblo y yo somos como gente

sin patria, que va de un lado a otro, como antes lo hicieron nuestros antepasados. Nuestra vida es como una sombra sobre la tierra, sin esperanza alguna.

»Sabemos que ninguno de nosotros merece reconocimiento por las ofrendas que hemos traído. **17** Yo sé, Dios mío, que tú te das cuenta de nuestras intenciones y que te gusta que seamos sinceros. Por eso me da una gran alegría saber que tu pueblo y yo te hemos presentado nuestras ofrendas, de buena voluntad y con toda sinceridad.

18 »Dios de nuestros antepasados Abraham, Isaac y Jacob: haz que tu pueblo tenga siempre esta manera de pensar y de sentir, y que te ame con todo el corazón. **19** Y te pido que le des a mi hijo Salomón el profundo deseo de obedecer y poner en práctica todos tus mandamientos; también te pido que le permitas construir el templo con estos materiales que he reunido».

20 Cuando terminó, David le dijo al pueblo: «¡Bendigan y alaben a Dios!» Entonces todo el pueblo, inclinándose ante Dios y ante el rey, bendijo y alabó al Dios de sus antepasados.

21 Al día siguiente le presentaron a Dios, en nombre de todo Israel, muchísimos animales para sacrificarlos y quemarlos en su honor: mil toros, mil carneros y mil corderos, con sus ofrendas de vino. **22** Ese día derramaron aceite

sobre la cabeza de Salomón, para nombrarlo sucesor del rey David; lo mismo hicieron con Sadoc, para nombrarlo sacerdote. Esa fue la segunda ocasión en que todo el pueblo reconoció a Salomón como su rey, y todos comieron y bebieron con mucha alegría delante de Dios.

23-24 Así pues, Salomón reinó en lugar de David, su padre. Todos los jefes del pueblo, los soldados más valientes, y todos los hijos del rey David, fueron leales y apoyaron al rey Salomón. Todo el pueblo de Israel le obedeció, y así, su reino fue firme y exitoso.

25 Dios hizo que Salomón fuera grande, poderoso y famoso ante su pueblo, como no lo fue ningún otro rey de Israel.

26 David hijo de Jesé reinó sobre todo Israel **27** durante cuarenta años, siete de los cuales vivió en Hebrón, y los treinta y tres restantes, en Jerusalén.

28 David murió tranquilamente cuando ya era muy anciano, lleno de riquezas y honores. En su lugar reinó su hijo Salomón.

29-30 Los hechos más importantes de la historia del rey David, desde el principio hasta el fin, están escritos en los libros de los profetas Samuel, Natán y Gad. En ellos se narran no sólo los hechos más importantes con respecto al poder y valentía de David, sino también lo que le pasó a Israel y a sus países vecinos.

2 Crónicas

Salomón le pide sabiduría a Dios
(1 R 3.3-15)

1 ¹ Salomón, el hijo de David, se convirtió en un rey muy poderoso, gracias a la ayuda de Dios.

2-6 En aquellos días, el santuario en donde el pueblo se reunía para adorar a Dios estaba en Gabaón. Ese santurio había sido construido en el desierto por Moisés, el servidor de Dios. En ese santuario estaba el altar de bronce que hizo Besalel, hijo de Urí y nieto de Hur. El cofre del pacto de Dios no estaba allí porque David se lo había llevado desde Quiriat-jearim hasta Jerusalén; allí lo había puesto en una carpa que él mismo había preparado.

Un día, Salomón mandó llamar a todos los jefes del ejército, a los jefes del gobierno y a todos los jefes de las familias y de las tribus. Cuando todos llegaron, se fue con ellos al santuario de Gabaón a adorar a Dios. Allí Salomón le presentó a Dios mil ofrendas quemadas sobre el altar de bronce.

7 Esa noche, Dios se le apareció a Salomón y le dijo:

—Pídeme lo que quieras, y yo te lo daré.

8-10 Salomón le respondió:

—Mi Dios, tú fuiste muy bueno con mi padre David, y a mí me has puesto a reinar en su lugar. Ser rey de un pueblo tan numeroso que no se puede contar, es muy difícil. Por eso, ahora te ruego que cumplas lo que le prometiste a mi padre. ¡Dame sabiduría e inteligencia para que pueda gobernar a un pueblo tan grande como el tuyo! Porque sin tu ayuda, nadie es capaz de hacerlo.

11 Entonces Dios le respondió a Salomón:

—Lo normal hubiera sido que me pidieras mucho dinero, poder y fama; o que te permitiera vivir por muchos años y destruyera a todos tus enemigos. Sin embargo, has pedido sabiduría e inteligencia para reinar sobre mi pueblo.

12 »Por eso, te concedo tu deseo, y además te haré el rey más rico, poderoso y famoso que haya existido. Nadie podrá igualarte jamás.

13 Después de esto, Salomón salió del santuario y partió de Gabaón hacia Jerusalén, donde reinó sobre todo Israel.

Las riquezas de Salomón
(1 R 10.26-29; 2 Cr 9.25-28)

14 Salomón reunió mil cuatrocientos carros y doce mil jinetes. Algunos estaban en los cuarteles de carros de guerra, y otros formaban su guardia personal en Jerusalén.

15 Era tan rico que en Jerusalén había plata y oro por todas partes, y abundaban los árboles de madera fina como los árboles comunes en la llanura.

16-17 Los comerciantes de la corte compraban en Egipto y Cilicia los caballos para Salomón. El precio de un carro comprado en Egipto era de seiscientas monedas de plata, y el de un caballo, ciento cincuenta. El rey Salomón acumuló en Jerusalén grandes cantidades de plata, y sembró tantos árboles de cedro que llegaron a ser tan comunes como las flores del campo. ¡Hasta los reyes hititas y sirios compraban sus carros y caballos a los comerciantes de la corte de Salomón!

Salomón le pide ayuda al rey Hiram
(1 R 5.1-18; 7.13-14)

2 ¹ (1.18) Salomón se propuso construir un templo para Dios, y también un palacio para él mismo. **2-18** (1-17) Por ello le envió este mensaje a Hiram, rey de Tiro:

«Yo sé que tú le enviaste madera de cedro a David, mi padre, para que construyera su palacio. Ahora te pido que me ayudes. Voy a construirle un templo a mi Dios, para que el pueblo le lleve allí todas las ofrendas que él nos pide para cada día, y para cada sábado, y durante las fiestas de Luna nueva y para las otras fiestas que él nos ha pedido celebrar.

»Como nuestro Dios es más poderoso que todos los dioses, deseo construirle un templo que sea grandioso. Claro que no es posible hacer un templo para que él viva allí. ¡Hasta el cielo, que es enorme, resulta pequeño para él! Sin embargo, aunque sé que no lo merezco, le construiré un templo para quemar incienso en su honor.

»Por eso te pido que me envíes a alguien que sepa hacer finos trabajos en oro, plata, bronce y hierro, y también en telas de color púrpura, rojo y morado. Que además sepa hacer grabados y pueda trabajar con los expertos que servían a mi padre David, y que ahora están a mi servicio en Judá y en Jerusalén.

»Como tus servidores son expertos para cortar madera del Líbano, mándame de allí maderas finas. Y puesto que el templo que construiré será grande y maravilloso, y necesitaré muchísima madera, enviaré a mis servidores para que les ayuden a los tuyos.

»Yo, por mi parte, te daré nueve mil toneladas de trigo, y también de cebada; y cuatrocientos cuarenta mil litros de vino, y la misma cantidad de aceite, para alimentar a los leñadores que corten la madera».

Entonces Hiram rey de Tiro, le envió a Salomón una carta con este mensaje:

«Dios ama a su pueblo, y por eso le ha concedido que tú seas su rey. ¡Bendito sea el Dios de Israel, creador de todo lo que existe, porque le dio al rey David un hijo sabio, lleno de prudencia e inteligencia, el cual construirá un templo para Dios y un palacio real! »Tal como me lo has pedido, te envío a un hombre que, por cierto, es hijo de una mujer de la tribu de Dan y de un fenicio de la ciudad de Tiro. Se llama Hiram-abí; es muy sabio e inteligente, y trabaja de manera excelente en todo lo que requieres hacer. él trabajará junto con los mejores artesanos que servían a tu padre David, y con los que ahora te sirven.

»Nosotros somos tus servidores. Envíanos el trigo, la cebada, el aceite y el vino que has prometido, y mientras nos llega, cortaremos en el Líbano todas las maderas finas que necesitas. Luego las transportaremos por mar, en forma de balsas, hasta Jope. De allí tú te encargarás de que sean llevadas a Jerusalén».

Aunque David ya había contado a todos los extranjeros que vivían en Israel, Salomón hizo otro censo de ellos, y contaron un total de ciento cincuenta y tres mil seiscientos. Entre ellos distribuyó el trabajo de esta manera: Tres mil seiscientos eran capataces que supervisaban el trabajo; ochenta mil hombres cortaban piedras de la montaña, y setenta mil las cargaban.

Salomón construye el templo
(1 R 6.1-38)

3 **1-2** El día dos del mes de Ziv, cuando ya tenía cuatro años de reinar, Salomón dio la orden para que empezaran a construir el templo de Dios en Jerusalén. Lo construyeron en el lugar que David había elegido, es decir, en el terreno de Ornán el jebuseo, que está en el monte Moria, porque allí Dios se le había aparecido a David. **3** Estas son las medidas del templo de Dios, según lo diseñó Salomón:

Los cimientos medían veintisiete metros de largo por nueve de ancho. **4** El pórtico de la entrada medía lo mismo que el ancho del templo: nueve metros de largo y nueve de

alto. Salomón recubrió de oro fino el interior del pórtico. **5-7** Las vigas, las entradas, las paredes y las puertas de la parte interior del edificio principal estaban cubiertas con tablas de pino que, a su vez, estaban recubiertas de oro finísimo. Sobre el oro grabaron palmeras y cadenas, y colocaron adornos con piedras preciosas. Sobre las paredes estaban grabadas figuras de querubines.

8-14 El Lugar Santísimo medía lo mismo que el ancho del templo: nueve metros de largo y nueve de ancho. Para recubrirlo usaron cerca de veinte mil kilos de oro fino. Cada clavo era de oro y pesaba un poco más de medio kilo. Dentro del Lugar Santísimo pusieron dos querubines totalmente recubiertos de oro. Los querubines estaban de pie; sus caras miraban hacia la entrada, y sus alas extendidas medían en total nueve metros, que era todo el ancho del Lugar Santísimo. Cada querubín tocaba con un ala una pared del lugar, y con la otra, tocaba la punta del ala del otro querubín.

La cortina que separaba el Lugar Santísimo estaba hecha de lino fino tejido con lana morada, azul y roja; sobre ella bordaron figuras de querubines.

Los cuartos de la parte superior del templo también estaban recubiertos de oro.

Las dos columnas
(1 R 7.15-22)

15-17 Salomón mandó hacer dos columnas de casi dieciséis metros de altura, y las colocó a la derecha y a la izquierda de la entrada del templo. Sobre cada columna puso un adorno de dos metros veinticinco centímetros de alto. Cada adorno estaba decorado con figuras en forma de cadena, de las cuales colgaban cien figuras con forma de manzana. A la columna de la derecha Salomón la llamó Jaquín, y a la izquierda Bóaz.

Muebles y utensilios del templo
(1 R 7.23-51)

4 **1** Salomón también mandó hacer un altar de bronce de nueve metros de largo por nueve de ancho y cuatro y medio de alto. **2** Después fabricó un enorme tanque para el agua. Era redondo, y de un borde al otro media cuatro metros. Su altura era de dos metros y veinticinco centímetros, y su circunferencia era de trece metros y medio. **3** Decoró todo el borde con figuras de toros. Cada cuarenta y cinco centímetros había diez toros.

4 El tanque estaba sobre doce toros de bronce. Tres de estos toros miraban al norte, tres al sur, tres al este y tres al oeste, de modo que sus patas traseras quedaban hacia adentro. **5** Las paredes del tanque eran de ocho centímetros de grueso. Su borde se parecía a una flor de lirio abierta. En el tanque cabían cuarenta y cuatro mil litros de agua.

6-10 Salomón también hizo diez recipientes para lavar todo lo que se usaba en las ofrendas quemadas. Cinco recipientes estaban en el lado sur del templo y cinco en el lado norte.

Hizo también diez candelabros de oro, como Dios lo había ordenado, y los puso en el templo; cinco en el lado sur y cinco en el lado norte. Además hizo diez mesas, que también colocó en el templo; cinco en el lado sur y cinco en el lado norte.

Hizo también cien tazones de oro. Además, Salomón mandó a construir el patio de los sacerdotes y el patio principal, cada uno con sus puertas, las cuales recubrió de bronce.

11 Hiram también hizo las ollas, las palas y las vasijas. Así terminó todo el trabajo que hizo para el templo de Dios, por encargo del rey Salomón.

12 Estos son todos los trabajos que realizó: las dos columnas, la parte superior de cada columna, las dos decoraciones en la parte superior de las columnas, **13** y las cuatrocientas figuras de esas decoraciones. **14** También hizo las diez bases y los recipientes que iban sobre ellas, **15** el gran tanque para el agua y los doce toros que lo sostenían, **16** y las ollas, palas y vasijas. Todo lo que Hiram hizo para el templo de Dios a pedido del rey Salomón era de bronce pulido. **17** Los utensilios de bronce los hicieron en moldes de arena, en la región del Jordán, entre Sucot y Saretán. **18** Salomón no pidió que pesaran los utensilios de bronce porque eran muchos.

19-22 Salomón también mandó hacer todos los utensilios que había en el templo de Dios. Los de oro puro eran: el altar, la mesa de los panes para Dios, los diez candelabros del Lugar Santísimo, las figuras de flores, las lámparas, las tenazas, las copas, las tijeras para cortar mechas, las vasijas, los cucharones, los incensarios, las bisagras de las puertas del Lugar Santísimo, y las bisagras de la puerta de la entrada principal del edificio.

5 **1** De este modo se terminaron todos los trabajos que Salomón mandó hacer para el templo de Dios. Después llevó todos los utensilios de oro y de plata que su padre David había dedicado para Dios, y los guardó en el lugar donde estaban los tesoros del templo de Dios.

Salomón lleva el cofre del pacto al templo
(1 R 8.1-9)

2 El rey Salomón se reunió con los líderes de Israel, los jefes de las tribus y la gente más importante de las familias israelitas. Salomón quería que todos estuvieran presentes cuando se llevara el cofre del pacto de Dios desde la parte antigua de Jerusalén hasta el templo. **3** Esto ocurrió en la fiesta de las Enramadas, que se celebra en el mes de Etanim.¹ **4-5** Cuando llegaron todos los representantes de Israel, los sacerdotes y sus ayudantes tomaron el cofre y se lo llevaron al templo. También llevaron el

santuario y todos los utensilios dedicados al culto.

6 El rey Salomón y todos los israelitas allí reunidos se pararon frente al cofre, y le ofrecieron a Dios muchos toros y ovejas.

7 Después los sacerdotes llevaron el cofre del pacto de Dios hasta el fondo del templo, donde estaba el Lugar Santísimo, y lo pusieron bajo las alas de los dos grandes querubines. **8** Las alas extendidas de los querubines cubrían el cofre y las varas que servían para trasladarlo. **9** Estas varas eran tan largas que sus puntas se veían desde el Lugar Santo, que estaba frente al Lugar Santísimo. Sin embargo, no podían verse desde afuera del templo. Así se quedaron hasta el día en que se escribió este relato. **10** Lo único que había en el cofre eran las dos tablas de piedra con las leyes del pacto. Esas leyes se las había dado Dios a los israelitas cuando salieron de Egipto. Moisés las había puesto en el cofre cuando estuvo en el monte Horeb.

Dios llena el templo con su presencia
(1 R 8.10-11)

11-13 Todos los sacerdotes allí presentes, sin importar el grupo al que pertenecían, habían cumplido con la ceremonia de preparación para poder presentarse ante Dios.

Por su parte, los cantores se ubicaron al lado este del altar. Todos estaban de pie y vestidos de lino fino. Entre ellos estaban Asaf, Hemán y Jedutún, con sus hijos y familiares. Todos ellos tocaban platillos, arpas y otros instrumentos de cuerdas. Junto a ellos había ciento veinte sacerdotes que tocaban las trompetas.

Todos juntos alababan y daban gracias a Dios con el canto que dice:

«Alaben a Dios, porque él es bueno,
y nunca dejará de amarnos».

Cuando los sacerdotes salieron del Lugar Santo, una nube llenó

todo el templo. Era la presencia de Dios, **14** y por eso los sacerdotes ya no pudieron quedarse para celebrar el culto.

Salomón ora a Dios
(1 R 8.12-53)

6 **1** Entonces Salomón dijo:

«Dios mío,
tú siempre has vivido en la espesa nube
que acompaña al santuario.
2 Pero ahora,
te he construido una casa,
para que vivas allí para siempre».

3 Luego el rey se dio vuelta y miró a todo el pueblo de Israel, que se había reunido y estaba de pie. Entonces los bendijo. **4** Y exclamó:

«Bendito sea el Dios de Israel, que ha cumplido lo que le prometió a mi padre David, pues le dijo: **5** ''Desde que saqué de Egipto a mi pueblo, no he elegido ninguna ciudad de las tribus de Israel para que se construya en ella mi templo. Tampoco elegí a ningún hombre para que fuera el gobernante de Israel, mi pueblo. **6** Sin embargo, ahora he elegido a Jerusalén como mi lugar de residencia, y te elegí a ti, David, para que gobiernes a mi pueblo Israel''.

7 »Mi padre David deseaba construir un templo para adorar a nuestro Dios. **8** Sin embargo, Dios le dijo: ''Haces bien en querer construirme una casa. **9** Pero no serás tú quien la construya, sino uno de tus hijos''.

10 »Dios cumplió su promesa. Ahora yo soy el rey de Israel, en lugar de mi padre, y he construido una casa para nuestro Dios. **11** Además, he preparado un lugar para colocar allí el cofre del pacto que Dios hizo con nosotros».

12-13 Luego Salomón subió sobre una plataforma de bronce que había construido en medio del patio del templo. Esa plataforma medía dos metros veinticinco centímetros de largo y de ancho, y un metro treinta y cinco centímetros de alto.

Entonces, a la vista de todo el pueblo, Salomón se puso de rodillas delante del altar de Dios, y levantando sus manos al cielo **14** dijo:

«Dios de Israel, ni en el cielo ni en la tierra hay otro que se compare a ti. Tú cumples tu pacto y amas profundamente a los que te obedecen de corazón.

15-16 »Dios de Israel, hoy has cumplido una de tus promesas a mi padre. Ahora cumple también la promesa que le hiciste, de que sus descendientes reinarían siempre en Israel, si seguían su ejemplo. **17** Por eso, Dios nuestro, cumple las promesas que le hiciste a mi padre.

18 »Dios mío, ni el cielo ni la tierra son suficientes para ti, mucho menos esta casa que te he construido. **19-21** Pero de todos modos te pido que escuches mi oración: Cuida de esta casa de día y de noche, pues tú mismo has dicho que vivirás en ella. Cuando estemos lejos de Jerusalén y oremos en dirección a tu templo, escucha desde el cielo nuestras oraciones, y perdónanos.

22 »Si alguien perjudica a otra persona, y delante del altar de este templo jura que no lo hizo, **23** escucha desde el cielo y castígalo. Examínanos, y castiga al que resulte culpable, pero deja libre al inocente.

24-25 »Si tu pueblo Israel llega a pecar contra ti, y en castigo sus enemigos se lo llevan prisionero, perdónalo y tráelo de nuevo a este país que tú les diste a sus antepasados. Perdónalos, siempre y cuando vengan a tu templo y se arrepientan de haberte ofendido.

26 »Si llegamos a pecar contra ti, y en castigo deja de llover por mucho tiempo, perdónanos, siempre y cuando oremos en este lugar y nos arrepintamos de haberte ofendido. **27** Escúchanos desde el cielo, y perdónanos. Enséñanos a vivir haciendo lo

bueno, y mándanos de nuevo la lluvia que nos quitaste.

28-30 »Si en este país nos llegara a faltar la comida, o nos atacaran enfermedades, o plagas de hongos, langostas o pulgón, escúchanos cuando oremos a ti. Y si los enemigos nos rodean, o atacan a alguna de las ciudades de Israel, escúchanos cuando oremos a ti. Y cuando en medio de este sufrimiento alguno de nosotros, o todo el pueblo de Israel, levante las manos hacia este templo y ore a ti, escúchanos siempre desde el cielo, que es en donde vives, y perdónanos. Examínanos, y danos lo que cada uno de nosotros se merezca. Sólo tú nos conoces de verdad. **31** Así que te serviremos y te obedeceremos durante toda nuestra vida en esta tierra que nos diste.

32-33 »Cuando los extranjeros sepan en su país lo grande y poderoso que eres, y vengan a orar a este templo, escúchalos desde el cielo, que es tu casa. Dales todo lo que te pidan, para que todos los pueblos del mundo te conozcan y te obedezcan, como lo hace tu pueblo Israel. Así sabrán que este templo lo construí para adorarte.

34 »Si tu pueblo va a la guerra, y desde allí donde lo envíes ora a ti mirando hacia tu amada ciudad de Jerusalén, y hacia este templo, **35** escucha desde el cielo sus oraciones y ruegos, y ayúdalo.

36 »Dios mío, todos somos pecadores, y si tu pueblo llega a pecar contra ti, a lo mejor te vas a enojar tanto que lo entregarás a sus enemigos, y ellos se llevarán a tu pueblo a otro lugar, lejano o cercano. **37-38** Pero si allí donde estén prisioneros, tu pueblo se acerca a ti de nuevo, con toda sinceridad, atiéndelo. Si reconoce que ha pecado y actuado mal, y te lo dice, óyelo. Si tu pueblo ora a ti y te ruega, mirando hacia este país que le diste a sus antepasados, hacia esta ciudad de Jerusalén, y hacia este templo, **39** escucha desde el cielo sus oraciones y ruegos, y ayúdalo; perdónale a tu

pueblo todos los pecados que haya cometido contra ti.

40 »Dios mío, míranos y escucha las oraciones que se hagan en este lugar.

41 »Y ahora, mi Dios,
¡ven con el cofre de tu pacto,
que es símbolo de tu poder,
al templo donde vivirás
para siempre!

»¡Tus sacerdotes, Dios mío,
llevarán tu salvación a todos!
¡los que siempre te obedecen
gozarán de prosperidad!

42 »Dios mío,
no niegues tu apoyo
al rey que has elegido;
acuérdate de la obediencia
de David,
tu servidor».

Consagración del templo

7 **1** En cuanto Salomón terminó de orar, cayó fuego del cielo y quemó por completo las ofrendas y los sacrificios. Luego, la presencia misma de Dios llenó el templo, **2** y por eso los sacerdotes ya no pudieron entrar en él. **3** Cuando todos los israelitas vieron descender el fuego y la presencia de Dios sobre el templo, se arrodillaron y se inclinaron hasta tocar el suelo con la frente; y adoraron a Dios y le dieron gracias, diciendo una y otra vez: «Dios es bueno, y nunca deja de amarnos».

4-5 Después, el rey, junto con todo el pueblo, dedicó el templo a Dios, y sacrificó en su honor veintidós mil toros y ciento veinte mil ovejas.

6 Todo el pueblo estaba de pie. Los sacerdotes estaban en sus lugares y tocaban las trompetas; los levitas tocaban los instrumentos musicales que David había fabricado para dar gracias a Dios, y cantaban el canto que dice: «Dios nunca deja de amarnos».

7 Salomón dedicó a Dios el centro del patio que está frente al templo, porque allí ofreció los sacrificios para pedir el perdón de Dios. No los pudo presentar en el altar de bronce que había mandado hacer, pues no cabían allí.

8-9 En esa ocasión, Salomón celebró delante de Dios la fiesta de las Enramadas, y una gran cantidad de israelitas de todas partes del país asistió a la fiesta. En total la celebración duró catorce días; siete para la dedicación del altar y siete para la fiesta de las Enramadas. Al final celebraron un culto especial de adoración.

10 El día veintitrés del mes de Etanim,¹ el rey despidió al pueblo. Ellos se fueron a sus casas muy contentos por todo lo bueno que Dios había sido con su servidor David, con Salomón y con su pueblo Israel.

Dios hace un pacto con Salomón
(1 R 9.1-9)

11 Cuando Salomón terminó exitosamente todo lo que había planeado hacer en el templo de Dios y en su palacio, **12-16** Dios se le apareció una noche y le dijo:

«He escuchado tu oración, y he elegido este templo para que en él me ofrezcan sacrificios en mi honor; siempre viviré en él, y lo cuidaré y amaré. Todo el tiempo estaré atento y escucharé las oraciones que aquí se hagan.

»Si ustedes me desobedecen, no les enviaré lluvia, y les enviaré saltamontes para que devoren sus cosechas, o les enviaré una enfermedad. Pero si mi pueblo se humilla, y ora y me busca, y si al mismo tiempo abandona su mala conducta, yo escucharé en el cielo su oración, perdonaré sus pecados y los haré prosperar de nuevo.

17-18 »En cuanto a ti, Salomón, si te comportas bien y me obedeces en todo, Israel siempre tendrá como rey un descendiente tuyo. Así también se lo prometí a tu padre David; compórtate como él lo hizo.

19 »Pero si tú no me obedeces, sino que sirves y adoras a otros dioses, **20** entonces expulsaré a Israel de la tierra que le he dado. Abandonaré el templo que había elegido para que me adoraran, y todas las naciones se burlarán de tu pueblo. **21** Este templo no será más que un montón de ruinas, y todos los que pasen junto a él se asombrarán y se burlarán, diciendo: ''¿Por qué Dios ha hecho esto con Israel y con este templo?'' **22** Y se les contestará: ''Porque Israel abandonó a su Dios, quien lo había sacado de Egipto. Su pueblo adoró y obedeció a otros dioses. Por eso Dios ha traído todo este mal sobre ellos''».

Otras actividades de Salomón
(1 R 9.10-28)

8 **1-10** Salomón tardó veinte años en construir el templo de Dios y su palacio. Además, conquistó el poblado de Hamat en el valle de Sobá. También reconstruyó las ciudades que el rey Hiram le entregó, y se las dio a los israelitas para que vivieran allí.

Salomón obligó a trabajar a todos los descendientes de los amorreos, hititas, ferezeos, heveos y jebuseos que habían quedado en el país y que los israelitas dejaron con vida. Ellos siguieron trabajando como esclavos hasta el día en que esto se escribió. Pero a los israelitas no los obligó a trabajar como esclavos, sino que ellos eran soldados, oficiales, jefes, capitanes, jinetes y conductores de carros de guerra. Salomón tenía doscientos cincuenta capataces a cargo de los trabajos, y ellos dirigían a los trabajadores en todo lo que tenían que hacer. Ellos construyeron todo lo que el rey quiso edificar en Jerusalén, en el Líbano y en todo su territorio.

Estas son algunas de las obras que realizaron:
El templo de Dios.
El palacio del rey.
La ciudad de Tadmor en el desierto.
Las ciudades de Hamat, que al igual que muchas otras, usaba Salomón para guardar alimentos.
Bet-horón de Arriba, y Bet-horón de Abajo.

Las ciudades fortificadas con muros, puertas y barras.
El poblado de Baalat.
Las ciudades en donde Salomón guardaba los carros de combate.
Los cuarteles de caballería.

11 Salomón sabía que todos los lugares en donde había estado el cofre del pacto de Dios eran sagrados; por ello, no quiso que su esposa, que era hija del rey de Egipto, viviera en el mismo palacio en el que el rey David había vivido. Entonces le construyó un palacio en otro lugar, para que allí viviera.

12-16 Desde el día en que pusieron los cimientos del templo, hasta que se terminó la construcción, Salomón presentaba ofrendas quemadas en honor a Dios. Las presentaba sobre el altar que había construido frente a la entrada del templo.

Salomón siempre obedeció lo que Moisés había ordenado en cuanto a las ofrendas. Por eso, presentaba las ofrendas diarias, las de los sábados, las mensuales, y las de las tres grandes fiestas anuales: la fiesta de los Panes sin levadura, la fiesta de la Cosecha y la fiesta de las Enramadas.

Salomón obedeció fielmente lo que su padre David le había dicho en cuanto al culto. Por eso hizo un horario de trabajo para los sacerdotes y sus ayudantes, quienes se encargaban de la alabanza. También hizo horarios de trabajo para los que cuidaban las entradas del templo y para los tesoreros. Todos ellos cumplieron con su deber.

17 Luego, el rey Salomón fue a la ciudad de Esión-guéber, que estaba a la orilla del mar, cerca de Elat, en el territorio de Edom. **18** A ese lugar le envió el rey Hiram, por medio de sus servidores, barcos con muy buenos marineros. Estos hombres fueron a la región de Ofir junto con los servidores de Salomón, y de allí le llevaron a Salomón quince mil kilos de oro.

9 **1** Cuando la reina de Sabá escuchó hablar de lo famoso que era Salomón, decidió ir a visitarlo. Ella quería hacerle preguntas difíciles para ver si era tan sabio como decían. Llegó a Jerusalén acompañada de sus consejeros, y con camellos cargados de perfumes y gran cantidad de oro y piedras preciosas.

Cuando se encontró con Salomón, ella le hizo todas las preguntas que había preparado. **2** ¡Y Salomón contestó todas ellas! No hubo nada que no pudiera explicarle.

3-4 La reina quedó maravillada al ver lo sabio que era Salomón. También tuvo tiempo para admirar la hermosura del palacio, la rica comida que servían a la mesa, los asientos que ocupaban los asistentes, el aspecto y la ropa de todos los sirvientes, y en especial la de los que servían el vino al rey. Y al ver todos los animales que el rey daba como ofrenda en el templo de Dios, se asombró **5** y le dijo al rey:

«Todo lo que escuché en mi país acerca de lo que has hecho, y de lo sabio que eres, es cierto. **6** Yo no lo creía, pero ahora lo he visto con mis propios ojos, y sé que es verdad. En realidad, no me habían contado ni siquiera la mitad. ¡Eres más sabio y rico de lo que yo había escuchado! **7** ¡Qué felices deben ser tus esposas! ¡Y qué contentos deben estar todos sus servidores, pues siempre cuentan con tus sabios consejos! **8** ¡Bendito sea tu Dios, a quien le agradó tu conducta y te hizo rey de Israel, para que reines en su nombre y gobiernes con justicia! No hay duda, ¡Dios ama a Israel, y su pueblo permanecerá por siempre!»

9-11 Después la reina de Sabá le dio a Salomón tres mil novecientos sesenta kilos de oro, y gran cantidad de perfumes y piedras preciosas. Además, los barcos de Hiram y los de Israel, que habían traído desde Ofir el oro para Salomón, trajeron de allá gran cantidad de madera de sándalo y piedras preciosas. Con esa madera el rey hizo barandas para el templo de Dios y para el palacio. También hizo para los músicos arpas y liras. Nunca antes se había visto algo así en el territorio de Judá.

12 El rey Salomón le dio a la reina de Sabá todo lo que ella le pidió, lo cual fue mucho más de lo que ella le había traído. Después ella volvió a su país con sus consejeros.

13 Cada año el rey Salomón recibía alrededor de veintidós mil kilos de oro, **14** sin contar los impuestos que le pagaban los comerciantes, y el oro y la plata que todos los reyes de Arabia y los gobernantes del país le daban. **15-16** Salomón mandó hacer doscientos escudos grandes, y trescientos escudos pequeños, y los puso en el palacio llamado «Bosque del Líbano». Cada uno de los escudos grandes pesaba seis kilos de oro, y los pequeños pesaban un poco más de tres kilos. **17** También mando hacer un trono grande de marfil, recubierto de oro puro. **18** El trono estaba una base de oro y tenía dos brazos. Al lado de cada brazo había un león de pie. El trono tenía seis escalones, **19** y en ambos lados de cada escalón había también un león de pie. ¡Ningún otro rey tenía un trono tan hermoso!

20 Todas las copas del rey, y todos los platos del palacio «Bosque del Líbano» eran de oro puro. No había nada de plata porque en aquella época no la consideraban de mucho valor.

21 Los barcos del rey Salomón y del rey Hiram viajaban juntos, y cada tres años traían de Tarsis oro, plata, marfil, monos y pavos reales.

22 El rey Salomón era más sabio y más rico que todos los reyes de esa región. **23** Todos los reyes de la tierra querían verlo y escuchar la sabiduría que Dios le había dado, **24** así que cada año le llevaban regalos de oro y plata, ropas, perfumes, caballos y mulas.

25 Salomón tenía un ejército tan grande que tuvo que construir cuatro mil cuarteles en Jerusalén y en otras ciudades, para guardar sus caballos y carros de combate, y para albergar a sus doce mil jinetes.

26 Salomón llegó a ser tan poderoso que puso bajo su dominio a todos los reyes del este, desde el río Éufrates; a los reyes del oeste, hasta la tierra de los filisteos; y a los reyes del sur, hasta la frontera con Egipto.

27 El rey Salomón acumuló en Jerusalén grandes cantidades de plata, y sembró tantos árboles de cedro que llegaron a ser tan comunes como las flores del campo. **28** Además, los caballos de Salomón eran comprados en Egipto y en otros países.

29-30 Salomón fue rey de Israel cuarenta y tres años, y todo ese tiempo vivió en Jerusalén. Todo lo que hizo, de principio a fin, está escrito en los siguientes libros: «La historia del profeta Natán», «La profecía de Ahías el de Siló», y «Los mensajes del profeta Iddo acerca de Jeroboam hijo de Nabat». **31** Cuando Salomón murió, lo enterraron en la Ciudad de David, su padre, y en su lugar reinó su hijo Roboam.

10 **1** Roboam fue a Siquem, pues todo el pueblo de Israel había ido allá para nombrarlo rey. **2-3** Pero las tribus del norte de Israel mandaron a llamar a Jeroboam, que se había quedado a vivir en Egipto, para escapar de Salomón. Así fue como la

noticia llegó a sus oídos.
Cuando Jeroboam llegó, él y los hombres de las tribus del norte fueron a hablar con Roboam y le dijeron:

4 —Tu padre fue muy duro con nosotros. Si tú nos tratas mejor, nos pondremos a tu servicio.

5 Roboam les contestó:

—Váyanse y vengan a verme de nuevo dentro de tres días.

Así que la gente se fue. **6** Entonces el rey Roboam les preguntó a sus consejeros qué debía hacer; como estos consejeros también habían ayudado a su padre Salomón, les preguntó:

—¿Qué puedo contestarle a esta gente?

7 Ellos le dijeron:

—Si te pones al servicio del pueblo y lo tratas bien, el pueblo te servirá por siempre.

8 Pero Roboam no les hizo caso. En vez de eso, les pidió consejo a los muchachos que habían crecido con él y que estaban a su servicio. **9** Les dijo:

—Esta gente quiere que yo la trate mejor que mi padre lo hizo. ¿Ustedes qué opinan?

10 Ellos le contestaron:

—Diles que si tu padre fue duro con ellos, tú lo serás más. **11** Si tu padre los trató mal, tú los tratarás peor. Si tu padre los azotaba con correas, tú lo harás con látigos de puntas de hierro.

12 Después de tres días, Jeroboam y los hombres de las tribus del norte fueron a ver de nuevo a Roboam, como él les había pedido. **13** El rey les habló con dureza. No hizo caso a los consejeros, **14** sino a los muchachos, y les dijo:

—Mi padre fue duro con ustedes, pero yo lo seré más todavía. Mi padre los azotó con correas, pero yo lo haré con látigos de puntas de hierro.

15 Así que el rey no hizo caso al pueblo le pidió. Y es que Dios así lo había planeado, para cumplir lo que le había prometido a Jeroboam hijo de Nabat. El profeta Ahías de Siló le había dicho a Jeroboam que Dios le quitaría al hijo de Salomón diez tribus de su reino, y se las daría a él.

16 Cuando todos vieron que el rey no les había hecho caso, le dijeron:

«¡No tenemos nada que ver con David, el hijo de Jesé! ¡No queremos que su familia reine sobre nosotros! ¡Volvamos a nuestras casas, israelitas! ¡Que la familia de David reine sobre su propia tribu!»

Así que los israelitas se fueron a sus casas. **17** Pero Roboam reinó sobre los israelitas que vivían en las ciudades de Judá. **18** Luego Roboam envió a Adoram, el encargado del trabajo obligatorio, a hablar con los demás israelitas, pero ellos lo mataron a pedradas. Entonces el rey Roboam subió rápidamente a su carro y escapó a la ciudad de Jerusalén. **19** Así fue como las tribus del norte de Israel se rebelaron y no quisieron que la familia de David reinara sobre ellas; y así fue hasta el día en que esto se escribió.

11 **1** Cuando Roboam llegó a Jerusalén, reunió a ciento ochenta mil soldados que eligió de entre todas las familias de Judá y de la tribu de Benjamín, para luchar contra las demás tribus y recuperar el poder sobre todo Israel. **2** Pero Dios habló con Semaías, un hombre que amaba y respetaba a Dios, y le dijo: **3** «Debes darle a Roboam, y a todos los de la tribu de Judá y de Benjamín, este mensaje: **4** ''Dios no quiere que haya guerra contra las demás tribus de Israel, pues ellos son sus parientes. Vuelvan a sus casas,

pues es una orden de Dios''».
Al escuchar este mensaje, todos regresaron a sus casas y no atacaron a Jeroboam.

Roboam protege sus ciudades

5-12 Roboam se quedó a vivir en Jerusalén, y logró mantener bajo su control las ciudades de las tribus de Judá y Benjamín. Pudo hacerlo porque protegió y fortaleció algunas ciudades hasta el punto de convertirlas en fortalezas. Además de construir fuertes murallas alrededor de ellas, puso en cada ciudad a jefes del ejército, y los armó con escudos y lanzas. Además, almacenó en las ciudades suficiente comida, aceite y vino.
Estas son las ciudades que reforzó: Belén, Etam, Tecoa, Bet-sur, Socó, Adulam, Gat, Maresá, Zif, Adoraim, Laquis, Azecá, Sorá, Aialón, y Hebrón.

Los sacerdotes y levitas se unen a Roboam

13-15 Jeroboam hizo altares para que la gente adorara a los ídolos y toros que él había fabricado. También nombró sus propios sacerdotes, y él y sus hijos expulsaron a los sacerdotes que servían a Dios. Por esa razón, los sacerdotes y levitas de todo Israel dejaron sus tierras y posesiones, y se unieron a Roboam. Se quedaron a vivir en Jerusalén y en el territorio de Judá.

16 Con ellos, llegaron a Jerusalén israelitas de todas las tribus. Era gente que con toda sinceridad quería adorar al Dios de Israel, el Dios de sus antepasados.

17 Durante tres años, toda esta gente le dio su apoyo a Roboam hijo de Salomón, y así fortalecieron el reino de Judá, siguiendo el buen ejemplo de David y Salomón.

La familia de Roboam

18 Roboam se casó con Mahalat, que era hija de Jerimot y Abihail. Jerimot era hijo de David, y Abihail era hija de Eliab y nieta de Jesé. **19** Roboam y Mahalat tuvieron tres hijos: Jehús, Semarías, Záham.

20 Roboam también se casó con Maacá hija de Absalón, y tuvo cuatro hijos: Abiam, Atai, Ziza, Selomit.

21 Roboam tuvo dieciocho esposas y sesenta mujeres, con las cuales tuvo veintiocho hijos y sesenta hijas.

Como Roboam amaba a Maacá más que a todas sus mujeres, **22** y quería que su hijo Abiam fuera el rey, lo nombró jefe de todos sus hermanos. **23** Pero también fue astuto, y envió a sus demás hijos a vivir en diferentes partes del territorio de Judá y Benjamín. Los nombró jefes de las ciudades que había transformado en fortalezas, y les dio provisiones en abundancia y muchas esposas.

El rey de Egipto conquista Judá
(1 R 14.21-31)

12 **1-9** En cuanto Roboam se dio cuenta de que su reino era firme y poderoso, él y todo el pueblo de Israel dejaron de obedecer la ley de Dios. Por esa razón, cuando Roboam cumplió cinco años en el reinado, Dios permitió que Sisac, rey de Egipto, conquistara a los israelitas.

Sisac tenía un ejército de mil doscientos carros de combate y sesenta mil jinetes; además, venían con él soldados libios, suquienos y etíopes, en tal cantidad que no se podían contar.

El rey de Egipto fue conquistando, una tras otra, las ciudades y fortalezas de Judá, y finalmente llegó hasta Jerusalén. Los principales jefes de Judá se habían reunido allí con Roboam, y fue entonces cuando el profeta Semaías les dijo: «Este es el mensaje de Dios para ustedes: ''Como se olvidaron de mí, ahora yo los abandono y los dejo bajo el poder de Sisac''».

Entonces los jefes y el rey reconocieron con humildad su maldad y confesaron: «¡El castigo de Dios es justo!»

Cuando Dios se dio cuenta de que habían reconocido con humildad su pecado, les mandó este mensaje por medio de Semaías:

«Ustedes han sido humildes al reconocer su pecado, y por eso no dejaré que Sisac destruya por completo Jerusalén. En poco tiempo los liberaré de su poder. Sin embargo, para que sepan cuán diferente es servirme a mí, que servir a los reyes de este mundo, serán servidores del rey de Egipto».

Entonces Sisac atacó y conquistó a Jerusalén. Se llevó todos los tesoros del templo de Dios y del palacio real, incluyendo los escudos de oro que había hecho Salomón. **10** Luego Roboam hizo escudos de bronce en lugar de los de oro, y los puso al cuidado de los oficiales que vigilaban la entrada del palacio. **11** Cada vez que el rey iba al templo, sus vigilantes llevaban los escudos. Cuando regresaban, los ponían de nuevo en el cuartel.

12 Sin embargo, como Roboam se había humillado, Dios no permitió que Jerusalén fuera totalmente destruida, pues aún había algo bueno en Judá. **13** De hecho, Roboam recuperó su poder y siguió reinando en Jerusalén, que era la ciudad que Dios había elegido de entre todas las tribus de Israel, para vivir en ella. Roboam tenía cuarenta y un años de edad cuando comenzó a reinar, y su reinado duró diecisiete años. Su madre se llamaba Naamá, y era amonita. **14** Pero su conducta fue mala, pues no obedeció a Dios con sinceridad.

Muerte de Roboam

15-16 (15) Roboam y Jeroboam siempre estuvieron en guerra. La historia de Roboam, de principio a fin, está escrita en estos libros: «Las historias del profeta Semaías» y «Los mensajes del profeta Iddo».

17 (16) Cuando Roboam murió, lo enterraron en la Ciudad de David, en la tumba de sus antepasados.

Su hijo Abiam reinó en su lugar.

Abiam, rey de Judá
(1 R 15.1-8)

13 **1** Abiam comenzó a reinar cuando Jeroboam tenía ya dieciocho años de gobernar en Israel. **2** La capital de su reino fue Jerusalén, y su reinado duró tres años. Su madre se llamaba Micaías y era hija de Uriel de Guibeá.

Y también hubo guerra entre Abiam y Jeroboam. **3** Abiam eligió para la batalla a cuatrocientos mil soldados de los más valientes. Por su parte, Jeroboam eligió para la batalla a ochocientos mil valientes soldados.

4 Cuando estaba a punto de comenzar la batalla, Abiam subió a la parte más alta de Semaraim, que está en la montaña de Efraín, y gritó:

«¡Jeroboam! ¡Soldados de Israel! ¡Escúchenme! **5** ¿Acaso no recuerdan que Dios hizo un pacto con David y sus descendientes, y les prometió que ellos reinarían sobre Israel por siempre?

6 »Sin embargo, tú, Jeroboam, que no eras más que un sirviente de Salomón, te pusiste en contra. **7** Te has rodeado de un grupo de malvados, buenos para nada. Son los mismos que mal aconsejaron a Roboam, el hijo de Salomón, y como él era muy joven e indeciso, no pudo enfrentarse a ellos.

8 »Dios reina en Israel por medio de los descendientes de David. Pero ahora ustedes creen que podrán vencer a nuestro Dios. Confían en que son muchísimos, y creen que les ayudarán sus dioses, ¡esos toros de oro que Jeroboam les hizo!, creen que podrán vencer a nuestro Dios.

9 »Además, ustedes han expulsado a los sacerdotes y a sus ayudantes, los cuales Dios había elegido, ¡y han nombrado a sus propios sacerdotes! Se están comportando como los pueblos que no conocen al Dios verdadero: nombran como sacerdote de esos dioses falsos a cualquier fulano que traiga como ofrenda un ternero y siete carneros.

10 »Nosotros, al contrario, adoramos a nuestro Dios, y no lo hemos traicionado. Nuestros sacerdotes son los descendientes de Aarón, y sus ayudantes son de la tribu de Leví, a quienes Dios eligió para que le sirvieran.

11 »Tal y como Dios lo mandó, cada mañana y cada tarde ellos le presentan sacrificios e incienso; todas las tardes van a la mesa que ha sido preparada para la adoración, y colocan en ella el pan ofrecido a Dios, y encienden las lámparas del candelabro de oro. ¡Nada de esto hacen ustedes!

12 »Yo les advierto que nuestro capitán es Dios, y que sus sacerdotes están listos para tocar sus trompetas y dar la señal de guerra. Ustedes no podrán ganarnos, así que les aconsejo no pelear contra el Dios de sus antepasados».

13-14 Mientras Abiam hablaba, Jeroboam envió una parte de su ejército para que atacara por detrás al ejército de Abiam. Cuando los de Judá se dieron cuenta de que los iban a atacar por el frente y por detrás, le rogaron a Dios que les ayudara. Entonces los sacerdotes tocaron las trompetas, **15-19** y cuando el ejército de Judá lanzó el grito de guerra, Dios permitió que Abiam y sus hombres derrotaran a Jeroboam. Todo el ejército de Jeroboam salió huyendo de los hombres de Judá, quienes los persiguieron. Los de Judá lograron matar a quinientos mil de los mejores soldados de Jeroboam, y recuperaron las ciudades de Betel, Jesaná y Efraín, junto con las aldeas que las rodeaban.

Ese día, el ejército de Judá obtuvo una gran victoria porque confiaron en el Dios de sus antepasados. Por el contrario, los de Jeroboam sufrieron una gran derrota.

20 Mientras Abiam fue rey, Jeroboam nunca recobró su poder. Un día, Dios hirió a Jeroboam, y este murió. **21** Por su parte, Abiam llegó a ser muy poderoso. Tuvo catorce esposas, veintidós hijos y dieciséis hijas. **22** El resto de la historia de Abiam, y sus acciones y sus palabras, está escrito en el «Comentario del profeta Iddo».

Asá, rey de Judá
(1 R 15.9-12)

14 **1-5** (13.23-14.4) Cuando Abiam murió, lo enterraron en la Ciudad de David. Asá, su hijo, reinó en su lugar, y en esa época Dios le permitió al pueblo disfrutar de diez años de paz.

Asá obedeció a Dios en todo, y mandó quitar de todas las ciudades de Judá los pequeños templos de las colinas, en los que el pueblo adoraba dioses falsos; hizo pedazos los ídolos y las imágenes de la diosa Astarté. Además, le ordenó a toda la gente de Judá que adorara al Dios de sus antepasados y que siempre obedeciera su ley.

6-7 (5-6) Asá aprovechó que había paz, y le dijo al pueblo:

«Dios nos ha permitido estar en paz con nuestros enemigos, pues hemos vuelto a obedecer sus mandamientos. ¡Ahora es el momento de reforzar la seguridad de nuestras ciudades! Vamos a construir murallas alrededor de ellas, y torres y puertas con buenos seguros».

El pueblo estuvo de acuerdo, y logró fortalecer las ciudades con gran éxito.

Guerra de Asá contra Zérah

8-9 (7-8) Tiempo después, Zérah, que era de Etiopía, le declaró la guerra a Judá. Con un ejército de un millón de hombres y trescientos carros de combate, llegó hasta Maresá, muy cerca de Jerusalén.

Aunque Asá tenía un ejército de valientes soldados armados con escudos y lanzas, eran apenas trescientos mil soldados de la tribu de Judá, y doscientos ochenta mil de la tribu de Benjamín. **10** (9) Sin embargo, Asá decidió enfrentarse a Zérah y a su ejército, y colocó a sus hombres en posición para la batalla en el valle de Sefata, que está muy cerca de Maresá. **11** (10) Luego oró a Dios, diciendo:

«Dios nuestro, nos hemos atrevido a pelear contra este ejército tan grande, porque confiamos en ti y queremos honrarte. No hay nadie como tú para ayudar al débil y liberarlo del poderoso. Por eso te rogamos que nos ayudes. ¡Tú eres nuestro Dios! ¡Sabemos que nadie te puede vencer!»

12-13 (11-12) Y efectivamente, Dios y su ejército acabaron con los etíopes. Zérah y su ejército salieron huyendo, pero los hombres de Judá los persiguieron hasta Guerar, y los mataron a todos sin dejar un solo etíope vivo. Luego se apoderaron de todas sus pertenencias. **14** (13) Al ver esto, la gente de los poblados cercanos a Guerar tuvo mucho miedo de Dios. Y el ejército de Judá se aprovechó de eso para quitarle a esa gente sus abundantes riquezas. **15** (14) Atacaron también los campamentos donde había ganado, y se apoderaron de muchísimas ovejas y camellos. Finalmente volvieron a Jerusalén.

Asá es fiel a Dios
(1 R 15.11-15)

15 **1-6** El espíritu de Dios le dio al profeta Azarías hijo de Oded un mensaje para el rey Asá, el cual decía:

«¡Tú, Asá, y ustedes, tribu de Judá y de Benjamín, pongan atención! Hace mucho tiempo, Israel había dejado de adorar al Dios verdadero, y no tuvo sacerdotes que le enseñasen su ley. En esos días, Dios castigaba a los pueblos con toda clase de angustias. Por todas partes, la gente vivía con mucha inseguridad y temor. Había guerras entre los pueblos y entre las ciudades; nadie estaba tranquilo.

»Aun así, cuando nuestra gente estaba angustiada, se arrepentía y se acercaba a nuestro Dios. él siempre los recibía. Por eso ahora les digo: Si ustedes le son fieles, él estará siempre con ustedes; cuando lo necesiten, podrán encontrarlo; pero si ustedes lo abandonan, él también los abandonará. 7 ¡Sean valientes, no dejen de obedecer a Dios, y él les dará su recompensa!»

8 Cuando Asá escuchó al profeta, tuvo el valor de destruir los horribles ídolos que había en todo el territorio de Judá y Benjamín, y en las ciudades que había conquistado en la montaña de Efraín. Al mismo tiempo, reparó el altar de Dios que estaba frente a la entrada del templo.

9 Después Asá mandó llamar a toda la gente de las tribus de Judá y de Benjamín. Y como en su territorio vivían muchos de las tribus de Efraín, Manasés y Simeón, también ellos respondieron al llamado del rey. Estos se habían unido a Asá porque se dieron cuenta de que Dios lo ayudaba en todo.

10 El mes de Siván del año quince del reinado de Asá llegaron todos a Jerusalén, 11 y ese día le ofrendaron a Dios setecientas reses y siete mil ovejas, que antes le habían quitado a sus enemigos.

12-15 Fue entonces cuando hicieron un pacto y juraron en voz alta que con toda sinceridad se esforzarían en obedecer solamente al Dios de sus antepasados. También prometieron que quien no lo hiciera sería condenado a muerte, sin importar su edad o sexo.

Cuando terminaron el juramento, todo el pueblo de Judá se llenó de alegría. Festejaron con gritos de gozo y música de trompetas y cuernos, pues Dios los había aceptado. Y como Dios vio que el pueblo había sido sincero, los bendijo y les permitió vivir en paz con todos los pueblos vecinos.

16 Asá le quitó a su abuela Maacá su autoridad de reina madre, porque ella había hecho una imagen de la diosa Astarté. El rey Asá

destruyó esa imagen y la quemó en el arroyo de Cedrón. 17 Y aunque no todos los pequeños templos de las colinas se destruyeron, Asá fue fiel a Dios durante toda su vida. 18 También llevó al templo todos los objetos de oro y plata que tanto él como su padre le habían prometido a Dios. 19 Y no hubo guerras hasta el año treinta y cinco del reinado de Asá.

16 1 Pero al año siguiente, Baasá, el rey de Israel, fue a atacar a Asá, rey de Judá, y lo primero que hizo fue conquistar la ciudad de Ramá. En seguida comenzó a convertir a esa ciudad en una fortaleza, y puso en ella soldados, porque desde allí podía impedir que cualquiera entrara o saliera del territorio gobernado por Asá. 2 Entonces Asá tomó toda la plata y el oro que había en los tesoros del templo y del palacio del rey, y se los envió a Ben-hadad, rey de Siria, que vivía en la ciudad de Damasco. Además le envió este mensaje: 3 «Hagamos un pacto tú y yo, como lo hicieron tu padre y el mío. Yo te envío plata y oro a cambio de que rompas el pacto que hiciste con Baasá, para que deje de atacarme».

4 Ben-hadad estuvo de acuerdo y envió a los jefes de su ejército a pelear contra las ciudades de Israel. Así conquistó las ciudades de Iión, Dan, Abel-maim, y todas las ciudades de Neftalí en las que se almacenaban alimentos.

5 Cuando el rey Baasá se enteró de esto, dejó de fortificar Ramá. 6 Entonces el rey Asá le ordenó a todos los de Judá que se llevaran las piedras y la madera que Baasá había usado para fortificar la ciudad de Ramá. Con ese material, el rey Asá fortaleció las ciudades de Gueba y Mispá.

7-9 Pero en esos días el profeta Hananí fue a hablar con Asá, rey de Judá, y lo reprendió así:

«Nuestro Dios vigila todo el mundo, y siempre está dispuesto a ayudar a quienes le obedecen y confían en él. Acuérdate de que, gracias a tu confianza en Dios, pudiste derrotar a los etíopes y a los libios, a pesar de que ellos tenían un ejército mucho más poderoso que el tuyo.

»Sin embargo, ahora pusiste tu confianza en el rey de Siria y no en tu Dios; por eso, nunca podrás vencer al ejército sirio. Fuiste muy tonto, y ahora vivirás en guerra toda tu vida».

10 Al oír esto, Asá se enojó tanto contra el profeta que lo encerró en la cárcel. También maltrató con crueldad a varios de los habitantes de la ciudad.

11 La historia de Asá, de principio a fin, está escrita en el libro de la Historia de los reyes de Judá y de Israel.

12 A los treinta y nueve años de su reinado, Asá enfermó gravemente de los pies. Sin embargo, tuvo más confianza en los médicos que en la ayuda que Dios podía brindarle. 13 En el año cuarenta y uno de su reinado, Asá murió. 14 Lo pusieron sobre una camilla, con toda clase de perfumes. Luego encendieron en su honor una gran hoguera, y lo enterraron en la tumba que él mismo había mandado hacer en la Ciudad de David, donde estaban enterrados sus antepasados.

17 1-9 En lugar de Asá reinó su hijo Josafat. Dios ayudó a Josafat porque se comportó como antes lo había hecho David, su antepasado. Josafat no adoró a las imágenes del dios Baal; además tuvo el valor de quitar, en todo el territorio de Judá, los pequeños templos de las colinas, que se usaban para adorar ídolos, y destruyó las imágenes de la diosa Astarté. Josafat obedeció a Dios, al igual que su padre, pues no siguió el

ejemplo de los reyes de Israel. Por el contrario, cuando ya llevaba tres años de gobernar, envió a los oficiales más importantes de su reino a enseñar la ley de Dios a todo el pueblo.

Y ellos así lo hicieron: recorrieron todas las ciudades de Judá enseñando acerca del libro de la Ley. Estos son los nombres de los oficiales que envió el rey: Ben-hail, Abdías, Zacarías, Natanael, Micaías.

Con ellos iban los siguientes ayudantes de los sacerdotes: Semaías, Netanías, Zebadías, Asael, Semiramot, Jonatán, Adonías, Tobías, Tobadonías.

También los acompañaban los sacerdotes Elisamá y Joram.

En respuesta, Dios le permitió al rey Josafat tener bajo su control a todo su reino, y logró fortalecer sus ciudades para resistir cualquier ataque de Israel. El rey puso jefes del ejército y tropas en todo el territorio de Judá y en sus ciudades fortificadas, y en las ciudades que Asá había conquistado en el territorio de Efraín.

Además, toda la gente de Judá le hacía regalos. Por eso Josafat llegó a ser muy rico y estimado. **10** Y como todos los países vecinos de Judá le tenían miedo a Dios, no se atrevían a pelear contra Josafat. **11** Por el contrario, para estar en paz con Josafat, algunos de los filisteos le llevaban plata y otros regalos. De la misma manera, los árabes le llevaron siete mil setecientos carneros y la misma cantidad de chivos.

12 Josafat se hacía cada vez más poderoso; construyó en el territorio de Judá fortalezas y ciudades para almacenar alimentos, **13** y llegó a poseer muchas propiedades en las ciudades de Judá. Además, tenía en Jerusalén una guardia de soldados muy valientes. **14** Esta es la lista de los jefes de esos soldados, de acuerdo a la tribu a la que pertenecían.

De la tribu de Judá:

Adná, jefe principal de trescientos mil soldados.

15 Johanán, jefe de doscientos ochenta mil soldados.

16 Amasías hijo de Zicrí, que servía voluntariamente a Dios, jefe de doscientos mil soldados.

17 De la tribu de Benjamín: Eliadá, jefe de doscientos mil hombres armados con arcos y escudos.

18 Jozabad, jefe de ciento ochenta mil hombres listos para la guerra.

19 Todos estos hombres estaban bajo las ordenes del rey, al igual que los valientes soldados que el rey había enviado a proteger las fortalezas y ciudades por todo el territorio de Judá.

Micaías anuncia que Ahab será vencido
(1 R 22.1-28)

18 **1-3** Josafat llegó a ser muy rico y poderoso. Se casó con una hija de Ahab, quien en ese momento era rey de Israel y vivía en Samaria. Pasados algunos años, Josafat fue a visitar a Ahab. Para celebrar la visita de Josafat y sus acompañantes, Ahab mandó matar muchas ovejas y reses. Luego Ahab trató de convencer a Josafat de que atacaran juntos la ciudad de Ramot, en la región de Galaad. Esa ciudad pertenecía al rey de Siria. Ahab le dijo a Josafat:

—¿Me ayudarías a quitarle al rey de Siria la ciudad de Ramot de Galaad?

Josafat le contestó:

—Tú y yo somos del mismo pueblo. Así que mi ejército y mis caballos están a tu disposición. **4** Pero antes de ir a luchar, averigua si Dios está de acuerdo.

5 Entonces el rey de Israel reunió a los profetas, que eran alrededor de cuatrocientos, y les preguntó:

—¿Debo atacar a Ramot de Galaad para recuperarla?

Los profetas contestaron:

—Atácala, porque Dios te la va a entregar.

6 Pero Josafat dijo:

—¿No hay por acá otro profeta de Dios al que le podamos consultar?

7 El rey de Israel le respondió:

—Hay un profeta al que podemos consultar. Se llama Micaías, y es hijo de Imlá. Pero yo lo odio porque nunca me anuncia cosas buenas sino siempre cosas malas.

Josafat le dijo:

—No digas eso.

8 Entonces el rey de Israel llamó a un oficial y le dijo:

—Trae pronto a Micaías hijo de Imlá.

9 Ahab y Josafat llevaban puestos sus trajes reales y estaban sentados sobre sus tronos en un lugar alto, a la entrada de Samaria. En ese lugar se le quitaba la cáscara al trigo. Delante de ellos estaban todos los profetas dando mensajes. **10** Sedequías hijo de Quenaaná, se había hecho unos cuernos de hierro, y con ellos en la mano gritaba: «Dios ha dicho que con estos cuernos Ahab atacará a los sirios hasta destruirlos».

11 Todos los profetas anunciaban lo mismo, y le decían a Ahab: «Ataca a Ramot de Galaad, porque vas a triunfar. Dios va a darte la ciudad».

12 Mientras tanto, el oficial que había ido a buscar a Micaías, le dijo a este:

—Todos los profetas han anunciado que el rey Ahab vencerá. Habla tú como ellos y anuncia al rey algo bueno.

13 Pero Micaías le contestó:

—Juro por Dios que sólo diré lo que

¡El pueblo de bala! A María le parece increíble
que ya está por cumplirse su sueño de tener una biblia.

Después de muchas horas de camino, por fin María llega a la casa donde espera poder comprar su biblia.

Dios me diga.

14 Cuando Micaías se presentó delante del rey, este le preguntó:

—Micaías, ¿debo atacar a Ramot de Galaad?

Micaías le respondió:

—Atácala y triunfarás. Dios te entregará la ciudad.

15 Pero el rey le dijo:

—¿Cuántas veces te he rogado que me digas la verdad de parte de Dios?

16 Micaías contestó:

—Veo a todo el pueblo de Israel desparramado por las montañas. Andan como las ovejas, cuando no tienen pastor. Dios dijo que no tienen quién los dirija. Que cada uno vuelva tranquilo a su hogar.

17 Entonces Ahab le dijo a Josafat:

—¿No te dije que Micaías no me iba a anunciar nada bueno?

18 Micaías dijo:

—No debiste decir eso. Ahora escucha el mensaje que Dios te envía. Yo vi a Dios sentado sobre su trono. Todos los ángeles del cielo estaban de pie, unos a la derecha y otros a la izquierda. **19** Entonces Dios preguntó quién iría a convencer a Ahab de que atacara a Ramot de Galaad y fuera vencido ahí. Unos decían una cosa, y otros otra. **20** Pero un espíritu vino delante de Dios y dijo que él iría a convencer a Ahab. **21-22** Dios le preguntó cómo iba a hacerlo. El espíritu dijo que haría que los profetas dijeran mentiras. Dios le permitió ir y hacer que los profetas dijeran mentiras, para convencer a Ahab. Así que Dios ha decidido que en esta batalla seas derrotado.

23 Entonces Sedequías hijo de Quenaaná se acercó, le dio a Micaías una bofetada en la cara y le dijo:

—¿Cómo te atreves a decir que el espíritu de Dios me ha abandonado, y que te ha hablado a ti?

24 Y Micaías le contestó:

—Cuando se cumpla lo que dije, te darás cuenta de que he dicho la verdad, y tendrás que esconderte donde puedas.

25 El rey de Israel ordenó:

—¡Llévense preso a Micaías! Entréguenlo a Amón, el gobernador de la ciudad, y a mi hijo Joás. **26** Díganles que lo pongan en la cárcel, y que no le den más que pan y agua hasta que yo regrese sano y salvo de la batalla.

27 Micaías dijo:

—Si tú regresas sano y salvo, significará que Dios no ha hablado por medio de mí.

Después, dirigiéndose a todos, agregó:

—¡Tengan en cuenta lo que he dicho!

Los sirios vencen a Ahab
(1 R 22.29-40)

28 Ahab y Josafat fueron a atacar Ramot de Galaad. **29** Ahab le dijo a Josafat: «Yo me voy a disfrazar para ir a la batalla, pero tú puedes usar tu propia ropa».
Así que el rey de Israel se disfrazó y fue a luchar.
30 El rey de Siria había dado esta orden a los treinta y dos capitanes de sus carros de combate: «¡Ataquen sólo al rey de Israel!» **31-32** Cuando los capitanes vieron a Josafat dijeron: «Seguramente él es el rey de Israel».
Así que lo rodearon para atacarlo, pero Josafat gritó pidiendo ayuda. Y Dios lo ayudó, pues hizo que los capitanes de los carros de combate se dieran cuenta de que no era Ahab, y así dejaran de perseguirlo.

33 Pero un soldado tiró con su arco una flecha al azar e hirió a Ahab. La flecha le entró por uno de los huecos de su armadura. Entonces el rey le dijo al soldado que manejaba su carro: «Da la vuelta y sácame del campo de batalla, porque estoy mal herido».
34 Ese día la batalla fue muy dura. Algunos soldados mantuvieron en pie al rey en su carro de combate, para que se enfrentara a los sirios, pero al caer la tarde murió.

El profeta Jehú reprende a Josafat

19 **1** Por el contrario, Josafat, rey de Judá, regresó sano y salvo a su palacio en Jerusalén. **2** Entonces el profeta Jehú hijo de Hananí, salió a recibirlo y le reclamó: «¿Por qué ayudaste a un malvado, y le hiciste amigo de gente que odia a Dios? Dios está muy enojado contigo. **3** Sin embargo, a Dios le agrada que hayas destruido en todo el país las imágenes de Astarté, y que lo ames con sinceridad».

Josafat habla a su pueblo
y nombra jueces

4-5 Aunque Josafat vivía en Jerusalén, recorría todo su territorio visitando cada una de sus ciudades; hablaba con la gente y hacía que se arrepintiera y adorara al Dios de sus antepasados. Al mismo tiempo, iba nombrando jueces en todas las ciudades de Judá, las cuales había convertido en fortalezas. **6-7** A estos jueces les decía:

«Ustedes serán los representantes de la justicia de Dios, no de la justicia humana. Por eso deben ser muy cuidadosos al cumplir con su deber. Respeten siempre a Dios, y recuerden que él no acepta las injusticias; él no verá bien que ustedes favorezcan más a una persona que a otra, o que le den la razón a alguien a cambio de dinero. Dios les ayudará a ser justos en todo lo que hagan».

8 En la ciudad de Jerusalén, Josafat eligió a algunos de los sacerdotes y de sus ayudantes, así como a algunos jefes de familia de Israel, para que sirvieran como jueces y resolvieran los problemas que tuviera la gente. **9** A ellos les dio las siguientes instrucciones:

«Para que ustedes cumplan con su trabajo como Dios manda, es necesario que siempre obedezcan a Dios, y hagan su trabajo con honestidad.

10 »Ustedes deben enseñarles a sus compatriotas a obedecer todo lo que Dios ha ordenado, ya sea que se trate de un asesinato, o de cualquier otro tipo de problema. Díganle a la gente que no ofenda a Dios, para que él no los castigue. Sigan ustedes mi consejo, y no tendrán de qué arrepentirse.

11 »Como jefe de ustedes he puesto a Amarías, el jefe de los sacerdote; él les guiará en todos los asuntos que tengan que ver con Dios. Zebadías, hijo de Ismael y jefe de la tribu de Judá, les ayudará a resolver los asuntos que tengan que ver con el bienestar del reino. Los ayudantes de los sacerdotes los ayudarán en lo que ustedes pidan. ¡Dios les ayudará a hacer el bien! ¡Sean valientes, y manos a la obra!»

Josafat vence a Moab y Amón
20 **1** Después de esto, los moabitas, los amonitas, y parte de los meunitas, se unieron para atacar a Josafat. **2** Los mensajeros de Josafat le dieron aviso, diciéndole: «¡Un ejército muy numeroso viene a atacarte!; partieron de Edom, del otro lado del Mar Muerto, y ya están muy cerca, en la ciudad de En-gadi».

3 Josafat, lleno de miedo, buscó la ayuda de Dios, y para mostrar su angustia le pidió a todo su pueblo que no comiera. **4-5** De todas las ciudades de Judá llegó gente a Jerusalén para pedir la ayuda de Dios. Al ver a la multitud, Josafat se puso de pie, frente al patio nuevo que está en la entrada del templo de Dios, **6** y oró así:

«Dios de nuestros antepasados, ¡tú estás en los cielos, y dominas a todas las naciones de la tierra! ¡La fuerza y el poder te pertenecen! ¡Nadie puede vencerte! **7** »Dios nuestro, tú expulsaste a los pueblos que antes vivían en este territorio, y nos lo diste a nosotros, que somos descendientes de tu amigo Abraham. **8** »Este ha sido nuestro país, y en él edificamos un templo para honrarte; allí hicimos esta oración: **9** ''Si en alguna ocasión nos castigas con toda clase de males, y en medio de nuestras angustias venimos a buscarte a este templo, escúchanos y ayúdanos''.

10-11 »Cuando nuestros antepasados salieron de Egipto, tú no les permitiste entrar al territorio de Amón, Moab y Seír, sino que les mandaste que fueran por otro camino. Así evitaste que ellos destruyeran a esos pueblos. Pero ahora los ejércitos de esa gente nos están atacando, y nos quieren echar del territorio que tú nos diste.

12 »Dios nuestro, ¡castígalos! Nosotros no podemos hacerle frente a un ejército tan grande. ¡Ni siquiera sabemos qué hacer! Por eso nos dirigimos a ti en busca de ayuda».

13 Todo el pueblo de Judá, hombres, mujeres y niños, estaba de pie en el templo de Dios. **14** Allí también se encontraba uno de los ayudantes de los sacerdotes, llamado Jahaziel hijo de Zacarías. Estos son los antepasados de Jahaziel: Asaf, Matanías, Jeiel, Benaías, Zacarías.

De pronto, el espíritu de Dios le dio este mensaje a Jahaziel, **15-17** quien dijo:

«¡Rey Josafat, y todos los que viven en Judá y en Jerusalén, escuchen bien esto! Dios dice que él peleará contra ese ejército tan numeroso, así que no se alarmen ni tengan miedo.

»El día de mañana, ellos subirán por la cuesta de Sis; ustedes salgan a encontrarlos donde termina el río que está frente al desierto de Jeruel. Pero no los ataquen; más bien quédense quietos allí, y sean testigos de cómo Dios peleará contra ellos».

18 Entonces Josafat se puso de rodillas, hasta tocar el suelo con la frente, y todos los que estaban con él también se arrodillaron ante Dios y lo adoraron. **19** Mientras tanto, los descendientes de Quehat y de Coré, de la tribu de Leví, se pusieron de pie, alzaron su voz y empezaron a cantar alabanzas a Dios.

20 Al día siguiente, se levantaron muy temprano y se prepararon para ir hacia el desierto de Tecoa. Cuando iban saliendo de Jerusalén, Josafat se puso de pie y les dijo: «Escúchenme con atención, todos los que viven en Jerusalén y en Judá: Confíen en nuestro Dios, y en sus profetas; si lo hacen, todo saldrá bien; ¡nada nos sucederá!»

21 Luego Josafat se puso de acuerdo con el pueblo, y eligió a varios cantores para que marcharan al frente del ejército, y fueran cantando y alabando a Dios con el himno que dice: «Den gracias a Dios, porque él nunca deja de amarnos». Los cantores marcharon, vestidos con sus trajes especiales, **22-23** y en cuanto empezaron a cantar, Dios confundió a los enemigos de Judá. Fue tal la confusión, que los amonitas y los moabitas atacaron a los de Seír, hasta que acabaron con todos. Luego, los amonitas y los moabitas se pelearon entre ellos, y acabaron matándose unos a otros. Así fue como cayeron derrotados.

24-25 Cuando el ejército de Judá llegó hasta el punto desde el cual se ve el desierto, sólo vieron un montón de cadáveres regados por todos lados. ¡No quedó nadie con vida!

Entonces Josafat y su ejército fueron a apoderarse de las pertenencias de sus enemigos. Encontraron gran cantidad de alimentos, ropa y utensilios valiosos; era tanto lo que había, que pasaron tres días recogiéndolo todo, y ni aún así pudieron llevárselo. **26** Al cuarto día se reunieron en un valle para bendecir a Dios. Por eso, hasta el día en que se escribió esta historia, a ese lugar se le conoce como «Valle de Bendición». **27** Y como Dios les había dado una gran alegría por la derrota de sus enemigos, todos los hombres de Judá y Jerusalén regresaron muy felices a Jerusalén, bajo el mando de Josafat. **28** Al llegar, se dirigieron al templo de Dios tocando arpas, instrumentos de cuerdas y trompetas. **29** Cuando los demás pueblos de la región se enteraron de que Dios mismo había peleado contra los enemigos de Israel, tuvieron mucho miedo **30** y ya no se atrevieron a pelear contra Israel. Desde entonces, el reinado de Josafat gozó de mucha tranquilidad.

Resumen del reinado de Josafat
(1 R 22.41-50)

31 Josafat tenía treinta y cinco años de edad cuando fue nombrado rey, y reinó en Jerusalén veinticinco años. Su madre se llamaba Azubá, y era hija de Silhí. **32** Josafat se comportó siempre bien, y obedeció a Dios en todo, así como lo había hecho su padre Asá. **33** Sin embargo, Josafat no destruyó los pequeños templos que había en las colinas, donde se adoraba a otros dioses, pues no todos amaban a Dios con sinceridad. **34-37** A pesar de que Ocozías, rey de Israel, era un hombre malvado, Josafat también se unió a él, y juntos construyeron barcos en el puerto de Esión-guéber, para enviarlos a Tarsis. Fue entonces cuando Eliézer hijo de Dodavahu, de la ciudad de Maresá, le dio a Josafat este mensaje de parte de Dios: «A Dios no le agradó que te unieras a Ocozías, y por eso

destruirá los barcos que has construido».
Y así sucedió; los barcos se hundieron y no pudieron partir hacia Tarsis.
La historia de Josafat, de principio a fin, está escrita en «Las historias de Jehú hijo de Hananí», que son parte del libro de la Historia de los reyes de Israel.
21 **1** Cuando Josafat murió, lo enterraron en la tumba de sus antepasados, que está en la Ciudad de David. Joram, su hijo, reinó en su lugar.

Joram, rey de Judá
(2 R 8.16-24)

2 Josafat, rey de Judá, tuvo siete hijos: Joram, Azarías, Jehiel, Zacarías, Azarías, Micael, Sefatías.
3 Joram era el mayor de todos, y por eso le correspondía ser el rey. Al resto de sus hermanos su padre les dio como regalo mucho oro y plata, y objetos de gran valor. Además, los nombró gobernadores de varias ciudades fortificadas en Judá.
4 Sin embargo, cuando Joram tuvo control total del reino, se aseguró de que nadie se lo quitara, y mandó matar a todos sus hermanos y también a algunos de los líderes más importantes del país.
5 Joram tenía treinta y dos años cuando comenzó a reinar. La capital de su reino fue Jerusalén, y su reinado duró ocho años.
6 Joram desobedeció a Dios, al igual que los otros reyes de Israel, y en especial los de la familia de Ahab, porque se casó con la hija de Ahab.
7 A pesar de eso, Dios no quiso destruir a Joram, pues le había prometido a David que su familia siempre reinaría.
8 Durante el reinado de Joram, el país de Edom se rebeló contra Judá. Los edomitas ya no querían seguir bajo el dominio de Judá, y por eso nombraron su propio rey; **9** luego fueron y rodearon con su ejército

a Joram y a su gente. Joram por su parte se levantó de noche, llamó a los jefes del ejército, preparó los carros de combate, y atacó a los de Edom. **10** Pero Joram y su gente perdió la batalla, y hasta el momento en que esto se escribió, Judá no pudo volver a dominar a los edomitas.
Y como Joram había dejado de obedecer y honrar a Dios, en esos días también la gente de Libná se rebeló contra Judá.
11 Por si fuera poco, Joram construyó altares en las colinas de Judá, para que la gente de Jerusalén adorara a dioses falsos. Joram hizo que todo el pueblo de Judá se alejara de Dios.

El profeta Elías reprende a Joram
12 El profeta Elías le envió a Joram una carta que decía:

«Nuestro Dios, a quien tu antepasado David adoró, te envía el siguiente mensaje: "Me he dado cuenta de que, en lugar de seguir el buen ejemplo de tu padre Josafat, o el de Asá, rey de Judá, **13** has seguido el mal ejemplo de los reyes de Israel. Te has comportado como Ahab; por tu culpa todos los habitantes de Judá y de Jerusalén aman a otros dioses. Y para colmo, mandaste a matar a tus hermanos, que eran mejores que tú". **14** »Por eso, Dios castigará duramente a tu pueblo, a tus hijos y a tus mujeres; además, perderás todas las riquezas que has acumulado. **15** Y a ti te vendrá una enfermedad tan grave, que sufrirás terribles dolores de estómago por el resto de tu vida, hasta que se te salgan los intestinos».

16 Y así sucedió. Dios hizo que los filisteos y los árabes, vecinos de los etíopes, odiaran a Joram, **17** por lo cual se levantaron en guerra e invadieron Judá. Se apoderaron de todas las riquezas que el rey Joram tenía en su palacio, y también se llevaron como prisioneros a sus hijos y a sus mujeres.

Solamente le dejaron a Joacaz, su hijo menor.

18 Después de esto, Dios castigó a Joram con una enfermedad en el estómago, que no tenía curación. **19** Su sufrimiento duró dos largos años, y era tan grave su estado, que finalmente se le salieron los intestinos. Murió en medio de terribles dolores.

En su funeral, el pueblo no le hizo grandes honores, pues no encendieron en su memoria una gran hoguera, como lo habían hecho con reyes anteriores.

20 Joram tenía treinta y dos años cuando comenzó a reinar. La capital de su reino fue Jerusalén, y su reinado duró ocho años. Y aunque lo enterraron en la Ciudad de David, nadie se lamentó por su muerte ni lo pusieron junto a las tumbas de los reyes.

Ocozías: un mal rey de Judá
(2 R 8.25-29)

22 **1-2** Los que ayudaron a los árabes en su ataque contra Judá, mataron a todos los hijos de Joram, excepto al menor de ellos, que se llamaba Ocozías. Por esa razón, la gente de Jerusalén lo nombró rey. La madre de Ocozías se llamaba Atalía y era nieta de Omrí.

Ocozías tenía cuarenta y dos años de edad cuando comenzó a reinar en Judá. La capital de su reino fue Jerusalén, y su reinado duró sólo un año.

3-4 Tras la muerte de su padre, Ocozías siguió los consejos de su madre y de sus parientes, los descendientes de Ahab. Pero sus consejos llevaron a este rey al fracaso, pues Ocozías desobedeció a Dios. **5-6** Por ejemplo, siguiendo los consejos de sus parientes, Ocozías se unió a Joram, el rey de Israel, para luchar en contra de Hazael rey de Siria. Pelearon en Ramot de Galaad, y durante la batalla Joram resultó herido, por lo que tuvo que regresar a Jezreel para que le curaran las heridas. Luego Ocozías fue a Jezreel a visitarlo.

Jehú mata a Ocozías
(2 R 9.27-29)

7-8 Dios había decidido que Ocozías muriera durante aquella visita a Joram, y ya había elegido a Jehú hijo de Nimsí, para que matara a toda la familia de Ahab. Y así sucedió; Jehú encontró a los jefes principales de Judá y a los ayudantes de Ocozías, que eran familiares de este, y los mató.

Ocozías había salido con Joram para encontrarse con Jehú, pero al enterarse de lo que Jehú había hecho, **9** huyó y se escondió en Samaria. Sin embargo, los hombres de Jehú lo atraparon y lo llevaron preso ante Jehú y lo mataron. Como Ocozías había sido nieto de Josafat, que había servido a Dios con toda sinceridad, decidieron enterrarlo.

Después de esto ya no hubo en la familia de Ocozías nadie que pudiera ser rey en Judá.

Atalía, reina de Judá
(2 R 11.1-20)

10 Cuando Atalía, la madre de Ocozías, se enteró de que su hijo había muerto, mandó matar a toda la familia del rey. **11-12** Pero Joseba, que era hija del rey Joram, hermana de Ocozías y esposa del sacerdote Joiadá, tomó a Joás, que era uno de los hijos de Ocozías, y lo escondió con su niñera en el dormitorio. Así escapó Joás de la muerte, y durante seis años estuvo escondido con su niñera en el templo de Dios. Mientras tanto, Atalía reinaba en el país.

Rebelión de Joiadá contra Atalía

23 **1-3** Al séptimo año, Joiadá se armó de valor y mandó llamar a estos capitanes del ejército: Azarías hijo de Jeroham, Ismael hijo de Johanán, Azarías hijo de Obed, Maaseías hijo de Adaías, Elisafat hijo de Zicrí.

Ellos, a su vez, fueron por todo el territorio y las ciudades de Judá, y reunieron a los ayudantes de los sacerdotes y a los jefes de las familias de Israel, para que fueran con ellos a Jerusalén. Cuando llegaron, todos los que se habían reunido hicieron un pacto con Joás en el templo de Dios. Joiadá les dijo:

«¡Miren, este es el hijo de Ocozías, nuestro antiguo rey! Como Dios le prometió a David que sus descendientes serían reyes, él es quien debe reinar ahora.

4 »Por eso quiero que tres grupos de sacerdotes y sus ayudantes hagan guardia el sábado: Un grupo vigilará las entradas del templo, **5** otro cuidará el palacio, y el otro vigilará la entrada de los cimientos. El resto de ustedes estará en los patios del templo de Dios.

6 »Solamente los sacerdotes y sus ayudantes entrarán en el templo, pues ellos se han preparado para hacerlo. Todos los demás vigilarán afuera, pues así lo ha ordenado Dios.

7 »Los ayudantes de los sacerdotes serán guardaespaldas del rey Joás; cada uno deberá tener sus armas en la mano, listo para matar a cualquiera que trate de entrar al palacio. Deben proteger al rey en todo momento y en cualquier lugar a donde él vaya».

8 Los ayudantes de los sacerdotes y toda la gente de Judá hicieron lo que les ordenó el sacerdote Joiadá. Y como él no dejó que volvieran a sus casas los que terminaban su turno, los capitanes tuvieron a su disposición a todos sus hombres, tanto a los que iban a estar de guardia el sábado como a los que no. **9** Luego el sacerdote les dio a los capitanes las lanzas y los escudos grandes y pequeños, que habían sido del rey David y que estaban en el templo. **10** Desde la parte sur hasta la parte norte del templo, y alrededor del altar, todo el ejército, armas en mano, protegía al rey. **11** Entonces Joiadá sacó a Joás, le puso la corona y le dio un documento con instrucciones para

gobernar. Después, Joiadá y sus hijos derramaron aceite sobre su cabeza y así lo nombraron rey. Todos gritaron: «¡Viva el rey!»
12 Cuando Atalía escuchó que la gente hacía mucho alboroto y aclamaba al rey, fue al templo. **13** Allí vio a Joás de pie, junto a la columna de la entrada. A su lado estaban los capitanes y los músicos; la gente, llena de alegría, tocaba las trompetas, y los cantores, con sus instrumentos musicales, dirigían al pueblo, que también tocaba trompetas con gran alegría. Entonces Atalía rompió su ropa y gritó: «¡Traición! ¡Traición!»
14 El sacerdote Joiadá les ordenó a los capitanes del ejército: «¡No la maten en el templo! ¡Mátenla afuera, y también a cualquiera que la defienda!» **15** Así que luego de tomarla presa, la sacaron por el portón del establo, la llevaron al palacio y allí la mataron.

Joiadá hace cambios

16 Después Joiadá les pidió al rey y al pueblo que se apoyaran mutuamente. También les pidió que se mantuvieran fieles a Dios. **17** Entonces todos fueron al templo de Baal y lo derribaron, y destruyeron los altares y los ídolos. En cuanto al sacerdote de Baal, que se llamaba Matán, lo mataron frente a los altares.
18 Joiadá puso soldados bajo las órdenes de los sacerdotes y sus ayudantes, para que vigilaran el templo de Dios. Tiempo atrás, David había organizado a los sacerdotes y a sus ayudantes para que, siguiendo las instrucciones de Moisés, presentaran ofrendas en honor a Dios entre cantos de alegría.
19 Además, Joiadá puso vigilantes en las entradas del templo de Dios, para que sólo dejaran entrar a quien se hubiera preparado debidamente. **20** Luego, reunió a los capitanes, a la gente importante, a los gobernadores y al resto del pueblo, y entre todos llevaron al rey desde el templo hasta el pala-

cio, entrando por el portón superior. Allí lo sentaron sobre el trono, **21** y todo el pueblo hizo fiesta. Después de la muerte de Atalía, la ciudad vivió tranquila.

Joás es rey de Judá
(2 R 12.1-21)

24 **1** Joás tenía siete años cuando comenzó a gobernar. La capital de su reino fue Jerusalén, y su reinado duró cuarenta años. Su madre era de Beerseba, y se llamaba Sibiá. **2** Mientras vivió el sacerdote Joiadá, Joás obedeció a Dios en todo. **3** Se casó con dos mujeres que Joiadá eligió para él, y tuvo muchos hijos e hijas.
4 Un día, Joás decidió reparar el templo de Dios; **5** reunió a los sacerdotes y a los ayudantes de estos y les dijo: «Es urgente que vayan por todas las ciudades de Judá y recojan las ofrendas que el pueblo debe dar cada año, para así reparar el templo. ¡Háganlo de inmediato!»
Sin embargo, los ayudantes de los sacerdotes no le dieron importancia a la orden del rey. **6** Entonces Joás mandó llamar a Joiadá, jefe de los sacerdotes, y le reclamó:

«¿Por qué no has enviado a tus ayudantes a recorrer Judá y Jerusalén, para que recolecten la contribución que Moisés y los israelitas acordaron dar para el templo? **7** Recuerda que los hijos de la malvada Atalía robaron muchas cosas del templo de Dios, y que hasta se llevaron nuestros utensilios para adorar a sus dioses falsos».

8 Entonces, el rey mandó hacer un cofre para que lo pusieran en la entrada del templo de Dios. **9** Luego le anunció a toda la gente de Judá y Jerusalén que debían traerle a Dios la contribución que Moisés había ordenado cuando estaban en el desierto.
10 Al oír esto, todos los jefes del país, y el pueblo en general, se alegraron y llevaron sus ofrendas al cofre hasta llenarlo. **11** Cada

día, los ayudantes de los sacerdotes llevaban el cofre a los asistentes del rey. Cuando estos veían que había mucho dinero, le avisaban al secretario del rey y al asistente del jefe de los sacerdotes para que lo vaciaran. Luego, volvían a colocar el cofre a la entrada del templo; de esa manera, lograron juntar una gran cantidad de dinero.
12 El rey y Joiadá le daban el dinero a los encargados de las reparaciones del templo, y estos les pagaban a los albañiles y carpinteros, y a los que trabajaban el hierro y el bronce para reparar el templo de Dios. **13** De esta manera, todos trabajaron, y la obra avanzó, hasta que repararon por completo el templo de Dios
14 Cuando terminaron, le regresaron al rey y a Joiadá el dinero que había sobrado. Con él hicieron utensilios de oro y plata para usarlos en el culto del templo. Y así, mientras Joiadá vivió, se presentaron en el templo sacrificios en honor a Dios.
15 Pero Joiadá envejeció, y al llegar a los ciento treinta años de edad, murió. **16** Y como le había servido bien al pueblo de Israel, a Dios y a su templo, lo sepultaron en la ciudad de David, en el cementerio de los reyes.

Joás se aleja de Dios

17 Después de la muerte de Joiadá, los jefes de Judá fueron a rendirle homenaje al rey. Ellos empezaron a darle malos consejos, **18** y muy pronto el rey y ellos se olvidaron del templo de Dios, y volvieron a adorar las imágenes de Astarté y otros dioses falsos. Esto hizo que Dios se enojara mucho contra Judá y Jerusalén.
19 Sin embargo, Dios les dio una oportunidad y les envió profetas. Ellos les advirtieron del mal que estaban haciendo, para que volvieran a obedecer a Dios. Pero nadie hizo caso.
20 Entonces el espíritu de Dios le dio un mensaje a Zacarías, hijo del sacerdote Joiadá. él fue, se subió

a una tarima, y le dijo al pueblo:

«Así dice Dios: "¡Ustedes se han buscado su propia ruina, por haber desobedecido mi ley! ¡Por haberme abandonado, ahora yo los abandono a ustedes!"»

21-22 El rey Joás se olvidó del amor que Joiadá siempre le tuvo, y cuando el pueblo quiso deshacerse de Zacarías, él mismo dio la orden de que lo mataran en el patio del templo de Dios.

Cuando Zacarías estaba a punto de morir, dijo: «¡Que Dios lo castigue por hacerme esto!»

Muerte de Joás

23-24 Y así sucedió. Un año después, Dios castigó a Joás al permitir que una pequeña parte del ejército sirio derrotara a su gran ejército. Los sirios invadieron Judá y Jerusalén, mataron a todos los jefes del país, y después de robar las pertenencias del pueblo, las enviaron al rey de Siria. **25-26** A Joás lo dejaron gravemente herido; y en cuanto los sirios se retiraron, sus ayudantes, Zabad el amonita y Jozabad el moabita, se vengaron del asesinato de Zacarías y mataron a Joás en su propia cama. Luego lo enterraron en la Ciudad de David, pero no en el cementerio de los reyes. **27** La historia de los hijos de Joás, las muchas profecías que se dijeron contra él, y la manera en que reparó el templo de Dios, están escritas en el «Comentario del libro de los reyes». Amasías, su hijo, reinó en su lugar.

Amasías, rey de Judá
(2 R 14.1-20)

25 **1** Amasías tenía veinticinco años cuando comenzó a gobernar. La capital de su reino fue Jerusalén, y su reinado duró veintinueve años. Su madre era de Jerusalén y se llamaba Joadán. **2** Amasías obedeció a Dios, aunque no lo hizo con sinceridad. **3** Cuando Amasías llegó a ser un

rey muy poderoso, mató a todos los que habían asesinado a su padre. **4** Pero no mató a los hijos de los asesinos, sino que obedeció la ley de Moisés que dice: «Los padres no deben morir por culpa de sus hijos, ni los hijos deben morir por culpa de sus padres. Cada persona debe morir por su propio pecado».

Amasías derrota a Edom

5 Amasías planeaba atacar a los habitantes de Edom, por lo que mandó llamar a todos los hombres mayores de veinte años que pertenecían a las tribus de Judá y de Benjamín. Los organizó de acuerdo a sus familias, y los puso bajo las ordenes de los jefes del ejército. Eligió un total de trescientos mil de los mejores soldados, muy hábiles en el uso de lanzas y escudos. **6-7** Además, contrató a cien mil valientes soldados del reino de Israel, que pertenecían a la tribu de Efraín, y les pagó tres mil trescientos kilos de plata. Sin embargo, un profeta le trajo este mensaje al rey:

—Dios no te ayudará si usas a esos soldados de Israel. **8** Dios es el que concede la victoria o castiga con la derrota; si tú insistes en reforzar tu ejército con la ayuda de ellos, Dios hará que tus enemigos te derroten.

9 Pero Amasías le respondió:

—Si les pido que se vayan, no recuperaré los tres mil trescientos kilos de plata que les di.

El profeta le aseguró:

—Dios te dará mucho más que eso.

10-13 Entonces Amasías mandó de regreso a los soldados de la tribu de Efraín. Ellos se enojaron muchísimo, y en su camino de regreso invadieron las ciudades de Judá, desde Samaria hasta Bet-horón; mataron como a tres mil personas, y se llevaron todas sus pertenencias.

Luego regresaron a sus casas. Mientras tanto, Amasías se llenó de valor, y acompañado de su ejército fue al Valle de la Sal y mató a diez mil hombres de Edom. A otros diez mil se los llevaron presos a la cima de una roca alta, y desde allí los echaron abajo. Todos murieron estrellados contra el suelo. **14** Luego Amasías regresó a Jerusalén, y como se llevó consigo varias imágenes de dioses falsos, comenzó a adorarlos y a quemar incienso en su honor. **15** Dios se enojó mucho con Amasías, y envió un profeta con este mensaje para él:

«¿Cómo es posible que ahora adores a dioses que no pudieron vencerte a ti cuando atacaste al pueblo que los adoraba?»

16 Todavía estaba hablando el profeta, cuando el rey lo interrumpió diciendo:

—¡No necesito de tus consejos! ¡Cállate o te mueres!

Por último, el profeta le dijo:

—A pesar de lo que has hecho, no quieres escucharme. No hay duda de que Dios te ha abandonado, y de que va a destruirte.

17 Después de consultar a sus consejeros, Amasías le envió un mensaje a Joás, rey de Israel, en el que le declaraba la guerra. **18** Joás le contestó a Amasías:

«Una vez un pequeño arbusto le mandó a decir a un gran árbol: "Dale tu hija a mi hijo, para que sea su esposa". Pero una fiera del Líbano pasó y aplastó al arbusto. **19** No hay duda de que has vencido a Edom, y eso hace que te sientas orgulloso. Mejor alégrate en tu triunfo y quédate tranquilo en tu casa. No provoques un desastre, ni para ti ni para Judá».

20 Amasías no le hizo caso a Joás,

y como había adorado a los dioses de Edom, Dios decidió castigarlo y permitió que sus enemigos lo derrotaran.

21 El rey Joás no tuvo más remedio que enfrentarse a Amasías en Bet-semes, que está en el territorio de Judá, **22** y los soldados de Joás derrotaron a los de Amasías, quienes huyeron a sus casas.

23 Luego de capturar a Amasías, Joás fue a Jerusalén, y allí derribó ciento ochenta metros de la muralla de la ciudad, desde el Portón de Efraín hasta el Portón de la Esquina. **24** Se apoderó de todo el oro, la plata y los objetos que había en el templo de Dios bajo el cuidado de Obed-edom, y también se adueñó de los tesoros del palacio. Tomó luego varios prisioneros y regresó a Samaria.

25 Amasías, rey de Judá, vivió quince años más que Joás, rey de Israel. **26** Todo lo que hizo Amasías está escrito en el libro de la Historia de los reyes de Judá.

27 Algunos hombres planearon matar a Amasías en la ciudad de Jerusalén, porque él se había olvidado de Dios. Entonces Amasías escapó a la ciudad de Laquis, pero lo persiguieron, y allí lo mataron.

28 Su cuerpo fue cargado sobre un caballo y llevado a Jerusalén, la ciudad de David, donde lo sepultaron en la tumba de sus antepasados.

Ozías, rey de Judá
(2 R 14.21-22; 15.1-7)

26 **1-3** Después de la muerte de Amasías, su hijo Ozías, a quien también llamaron Azarías, fue nombrado rey por todo el pueblo de Judá. Ozías tenía sólo dieciséis años cuando comenzó a gobernar. La capital de su reino fue Jerusalén, y su reinado duró cincuenta y dos años. Su madre era de Jerusalén, y se llamaba Jecolías. Ozías reconstruyó la ciudad de Elat y la volvió a hacer parte de Judá. **4** Él obedeció a Dios en todo, al igual que su padre Amasías. **5** El profeta Zacarías le enseñó a Ozías a respetar y amar a Dios; mientras el profeta vivió, Ozías obedeció a Dios, y por eso Dios lo hizo prosperar.

6 Ozías se declaró en guerra contra los filisteos, y derribó las murallas de las ciudades de Gat, Jabnia y Asdod. En la ciudad de Asdod, así como en otras partes del territorio filisteo, Ozías construyó ciudades para su pueblo. **7** Dios no sólo ayudó a Ozías a derrotar a los filisteos; también lo ayudó a vencer a los árabes que vivían en Gur-baal, y también a los meunitas. **8** ¡Hasta los amonitas le pagaban impuestos a Ozías! Ozías llegó a ser muy poderoso, y su fama llegó hasta las fronteras de Egipto. **9** Fortaleció la ciudad de Jerusalén y construyó varias torres: una sobre el Portón de la Esquina, otra sobre el Portón del Valle, y una más sobre la Esquina. **10** Además, cavó muchos pozos y construyó torres en el desierto, pues tenía mucho ganado, tanto en el desierto como en la llanura. A Ozías le gustaba mucho cultivar la tierra; por eso tenía muchos campesinos que cultivaban los campos y viñedos, tanto en la región montañosa como en sus huertas.

11-15 El ejército de Ozías era muy poderoso, pues tenía un gran número de soldados, estaba bien organizado y tenía las mejores armas. El comandante Hananías le ordenó al secretario Jehiel y al asistente Maasías que hiciera una lista de los soldados. Según esa lista, el ejército estaba organizado en varios grupos militares, y contaba con dos mil seiscientos jefes de familias al mando de trescientos siete mil quinientos soldados poderosos y valientes. Todos ellos estaban armados con escudos, lanzas, cascos, armaduras, arcos y hondas que Ozías mandó hacer. Además, Ozías les ordenó a los hombres más inteligentes de su reino construir máquinas que pudieran disparar flechas y piedras grandes. Ellos las construyeron y las colocaron en las torres y en las esquinas de la muralla de Jerusalén. Dios hizo tan poderoso a Ozías que su fama se extendió por todas partes.

Ozías desobedece a Dios
16 Ozías llegó a tener tanta fama y poder que se volvió orgulloso, y fue precisamente su orgullo lo que causó su ruina. Llegó a tal punto su orgullo que un día entró al templo y quiso quemar incienso en el altar, lo cual Dios permitía sólo a los sacerdotes. **17** Pero entonces entró el sacerdote Azarías, junto con ochenta sacerdotes más, y con mucho valor **18** se le enfrentaron al rey y le dijeron:

«Solamente nosotros los sacerdotes podemos quemar el incienso, pues somos descendientes de Aarón y para eso nos eligió Dios. Usted no puede hacerlo, aunque sea el rey, así que ¡salga de inmediato!, pues ha ofendido a Dios, y Él le humillará».

19 Ozías estaba de pie, junto al altar, y a punto de quemar el incienso. Al oír a los sacerdotes, se enojó contra ellos, pero de inmediato, y ante la mirada de todos, su frente se llenó de lepra. **20** Entonces los sacerdotes lo sacaron rápidamente del templo, y hasta el mismo rey se apresuró a salir, pues sabía que Dios lo había castigado. **21** Hasta el día de su muerte, el rey Ozías fue un leproso, y por eso tuvo que vivir en un cuarto separado del resto del palacio. Ni siquiera podía ir al templo de Dios. Por eso su hijo Jotam se encargó de gobernar al pueblo. **22** Toda la historia de Ozías está escrita en el libro del profeta Isaías hijo de Amós.

23 Cuando Ozías murió, lo enterraron en la tumba de sus antepasados, cerca del cementerio de los reyes, pero no fue enterrado en la tumba de los reyes porque había muerto de lepra. Luego Jotam, su hijo, reinó en su lugar.

Jotam, rey de Judá
(2 R 15.32-38)

27 ¹ Jotam tenía veinticinco años cuando comenzó a gobernar sobre Judá. La capital de su reino fue Jerusalén, y su reinado duró dieciséis años. Su madre se llamaba Jerusá, hija de Sadoc. ² Jotam obedeció a Dios en todo, y aunque siguió el ejemplo de su padre Ozías, no se atrevió nunca a quemar incienso en el templo. Sin embargo, permitió que la gente siguiera adorando dioses falsos.

³ Jotam hizo construir el portón superior del templo de Dios y se dedicó a la construcción de la muralla del monte Ófel. ⁴ Además, construyó ciudades en la zona montañosa de Judá y fortalezas y torres en los bosques. ⁵ Derrotó en batalla al rey de los amonitas, y durante tres años seguidos los amonitas le pagaron un impuesto anual de tres mil trescientos kilos de plata, mil toneladas de trigo y mil toneladas de cebada. ⁶ Y como Jotam se comportó como a Dios le agrada, llegó a ser muy poderoso.

⁷ La historia de Jotam y de sus batallas, y la manera en que vivió, está escrita en el libro de la Historia de los reyes de Israel y de Judá. ⁸ Jotam tenía veinticinco años cuando comenzó a gobernar sobre Judá. La capital de su reino fue Jerusalén, y su reinado duró dieciséis años. ⁹ Cuando Jotam murió, lo enterraron en la Ciudad de David; Ahaz, su hijo, reinó en su lugar.

Ahaz, rey de Judá
(2 R 16.1-20)

28 ¹ Ahaz tenía veinte años de edad cuando comenzó a gobernar sobre Judá. La capital de su reino fue Jerusalén, y su reinado duró dieciséis años. Pero Ahaz no obedeció a Dios, como sí lo había hecho el rey David. ² Al contrario, Ahaz siguió el mal ejemplo de los reyes de Israel, pues hizo imágenes de dioses falsos, ³ y en su honor quemó incienso en el valle de Ben-hinom. ¡Incluso quemó a sus hijos y los ofreció en sacrificio! Esa era la vergonzosa costumbre de los países que Dios había echado lejos de los israelitas.»

⁴ Ahaz mismo ofrecía sacrificios y quemaba incienso tanto en las colinas como debajo de los árboles en donde se adoraba a los dioses falsos. ⁵⁻⁶ Por esta terrible desobediencia, Dios permitió que el rey de Siria conquistara Judá y se llevara muchos prisioneros a Damasco. También Dios dejó que el rey de Israel los derrotara y matara a mucha gente. En un solo día, Pécah hijo de Remalías mató a ciento veinte mil hombres valientes de Judá. ⁷ Un soldado de la tribu de Efraín, que se llamaba Zicrí, mató a Maaseías, el hijo del rey. También mató a Azricam, que era el jefe del palacio, y a Elcaná, que era el asistente del rey con mayor autoridad en el reino.

⁸ Contando a las mujeres y a los niños, los soldados de Israel se llevaron prisioneras a doscientas mil personas de Judá; además, les quitaron muchísimas cosas y se las llevaron a Samaria.

⁹ Cuando el ejército de Israel estaba a punto de entrar a Samaria, un profeta de Dios llamado Oded, le salió al frente y dijo:

«El Dios de sus antepasados está muy enojado contra los de Judá, y por eso ustedes han podido conquistarlos. Sin embargo, han sido tan crueles y violentos con ellos, que ahora Dios les va a pedir cuentas a ustedes. ¹⁰ ¿Les parece poco lo que han hecho, que todavía quieren hacer que la gente de Judá y Jerusalén sean sus esclavos y esclavas? ¿No les parece que ya han pecado bastante contra su Dios? ¹¹ ¡Escúchenme! Estos prisioneros son sus parientes; ¡déjenlos libres, antes de que Dios los castigue a ustedes!»

¹² Azarías hijo de Johanán, Berequías hijo de Mesilemot, Ezequías hijo de Salum y Amasá hijo de Hadlai, eran los jefes de la tribu de Efraín. Al oír al profeta Obed, se volvieron a los soldados ¹³ y les dijeron:

«No permitiremos que metan a estos prisioneros en la ciudad; lo que ustedes quieren hacer aumentará nuestras faltas ante Dios, que ya de por sí son muchas, y Dios nos castigará duramente».

¹⁴ Entonces los soldados reaccionaron, y delante de aquellos cuatro jefes y de todo el pueblo reunido, dejaron libres a los prisioneros y devolvieron todo lo que habían tomado. ¹⁵ Luego los cuatro jefes se encargaron de atender a los prisioneros. Tomaron la ropa y las sandalias, y se las devolvieron a los prisioneros que estaban desnudos. Todos recibieron ropa, comida y bebida, y algunos fueron curados de sus heridas con aceite. Finalmente, montaron en burros a todos los que no podían caminar, y los llevaron a Jericó, donde los entregaron a sus parientes. Después de eso regresaron a Samaria.

¹⁶⁻²¹ Ahaz siguió desobedeciendo a Dios, y dejó que la maldad creciera en Judá. Por eso Dios volvió a castigar a los de Judá, y permitió que otra vez los edomitas los derrotaran y se llevaran a muchos prisioneros.

También dejó que los filisteos los atacaran, y que se apoderaran de las ciudades que estaban en la llanura y en el desierto del Néguev; entre ellas estaban las ciudades de Bet-semes, Aialón y Guederot, y también las ciudades de Socó, Timná y Guimzó, junto con los pueblos que las rodeaban. Entonces Ahaz le pidió ayuda a Tiglat-piléser, que era el rey de Asiria. Incluso le envió como regalo todos los objetos de valor que encontró en el templo de Dios, en su palacio y en las casas de los principales jefes del pueblo. Sin embargo, el rey de Asiria, lejos de apoyarlo, también lo atacó y lo puso en una situación aún más difícil.

22 A pesar de haber sufrido tanto, el rey Ahaz fue aún más desobediente. **23** Llegó al extremo de presentarle sacrificios a los dioses falsos de Damasco, pues pensaba que si esos dioses habían ayudado a los reyes de Siria a vencerlo, también lo ayudarían a él si los adoraba. Pero eso, en vez de ayudarlo, provocó su ruina y la de todo el reino.

24-25 Dios se enojó muchísimo con Ahaz, porque había destrozado los utensilios del templo de Dios, y había mandado a cerrar las puertas del templo. También había construido altares en todas las esquinas de Jerusalén y en las colinas de Judá, para adorar a dioses falsos.

26 Toda la historia de Ahaz, lo que hizo y la manera en que vivió, está escrita en el libro de la Historia de los reyes de Israel y de Judá. **27** Cuando Ahaz murió, lo enterraron en Jerusalén, la Ciudad de David, junto a la tumba de sus antepasados, pero no lo quisieron poner en el cementerio de los reyes de Israel. Ezequías, su hijo, reinó en su lugar.

Ezequías, rey de Judá
(2 R 18.1-3)

29 **1** Ezequías tenía veinticinco años de edad cuando comenzó a gobernar sobre Judá. La capital de su reino fue Jerusalén, y su reinado duró veintinueve años. Su madre se llamaba Abí, era hija de Zacarías.

2 Ezequías obedeció a Dios, tal como lo había hecho el rey David. **3** En el mes de Abib, del primer año de su reinado, Ezequías ordenó que las puertas del templo se abrieran y fueran reparadas. **4** Después reunió a los sacerdotes y a sus ayudantes en el patio que estaba al este del templo, **5** y les dijo:

«Escúchenme con atención: Es urgente que ustedes se preparen para honrar al Dios de sus antepasados y que preparen también su templo. Saquen de allí todo lo que a Dios no le agrada. **6** »Nuestros antepasados dejaron de adorar a Dios y abandonaron su templo. Desobedecieron a nuestro Dios, **7** pues cerraron las puertas de su templo y dejaron de adorarlo; apagaron las lámparas, dejaron de quemar incienso y no volvieron a presentar ofrendas en su honor.

8 »Por eso Dios castigó a los habitantes de Judá y de Jerusalén. Fue tan terrible el castigo, que no salíamos de nuestro asombro. **9** Nuestros padres murieron en batalla, y nuestros enemigos se llevaron prisioneros a nuestros hijos, hijas y esposas. **10** »Pero si hacemos un pacto con nuestro Dios, podremos volver a agradarle. **11** Dios los ha elegido a ustedes para que estén siempre a su servicio, y para que lo adoren. Por eso ahora les pido, amigos míos, que no sean perezosos y cumplan con su deber».

Los levitas preparan el templo
12 Esta es la lista de los ayudantes de los sacerdotes que respondieron al llamado del rey:

De los descendientes de Quehat: Máhat hijo de Amasai, Joel hijo de Azarías.

De los descendientes de Merarí: Quis hijo de Abdí, Azarías hijo de Jehaleel.

De los descendientes de Guersón: Joah hijo de Zimá, Edén hijo de Joah.

13 De los descendientes de Elisafán: Simrí, Jehiel.

De los descendientes de Asaf: Zacarías, Matanías.

14 De los descendientes de Hemán: Jehiel, Simí.

De los descendientes de Jedutún: Semaías, Uziel.

15-17 El día primero, del mes de Abib, todos ellos obedecieron al rey, siguiendo las instrucciones de la ley de Dios. De inmediato reunieron a sus parientes, y todos se prepararon para adorar a Dios. Luego los sacerdotes entraron en el templo para prepararlo. Encontraron muchos objetos que no agradaban a Dios, y los sacaron al patio del templo para que los ayudantes los tiraran al arroyo llamado Cedrón.

Tardaron ocho días en preparar la parte de afuera del templo, y otros ocho, para preparar el interior. El día dieciséis del mes de Abib terminaron de hacer todo esto. **18** Luego fueron al palacio del rey Ezequías, y le dijeron:

«Ya terminamos de purificar el templo, incluyendo el altar de los sacrificios, la mesa de los panes y todos los utensilios. **19** También hemos preparado y colocado ante el altar todos los utensilios que desechó el rey Ahaz cuando desobedeció a Dios».

20 Al día siguiente, muy temprano, el rey Ezequías reunió a los jefes más importantes de la ciudad y se fue con ellos al templo de Dios. **21** Llevaron como ofrendas siete toros, siete carneros y siete corderos. También llevaron siete cabritos para pedir perdón a Dios por los pecados de la familia del rey, por los pecados del pueblo de Judá, y para hacer del templo un lugar aceptable para Dios.

El rey entregó los animales a los sacerdotes descendientes de Aarón, para que los sacrificaran sobre el altar de Dios. **22** Y así lo hicieron los sacerdotes. Luego, con la sangre de los animales rociaron el altar. **23-24** Como el rey les había ordenado que presentaran la ofrenda para el perdón del pecado de todo el pueblo, los sacerdotes tomaron los cabritos y le pidieron al rey y a los que estaban reunidos con él, que pusieran las manos sobre los animales. Entonces los sacerdotes mataron a los cabritos y derramaron su sangre sobre el altar.

25-28 Mucho tiempo atrás, Dios les había indicado a David y a los profetas Gad y Natán, que los ayudantes de los sacerdotes debían adorarle con música. Entonces Ezequías les ordenó que se pusieran de pie en el templo de Dios, mientras que los sacerdotes tocaban las trompetas.

Por eso, en cuanto Ezequías dio la orden de que los sacerdotes empezaran a presentar los sacrificios, sus ayudantes comenzaron a tocar los platillos y las arpas, y otros instrumentos de cuerdas. Mientras terminaban de presentar los sacrificios, el pueblo adoraba a Dios de rodillas, el coro cantaba y los demás sacerdotes tocaban las trompetas.

29 Al terminar, el rey y todos los que estaban con él también se arrodillaron y adoraron a Dios.

30 Entonces Ezequías y los principales jefes del pueblo ordenaron a los ayudantes de los sacerdotes que le cantaran a Dios los salmos de David y del profeta Asaf. Ellos obedecieron y cantaron con mucha alegría, y al final también se arrodillaron y adoraron a Dios.

31 Después de esto, Ezequías animó a la gente para que también llevaran al templo de Dios sacrificios y ofrendas de gratitud, como señal de que se habían comprometido a obedecer a Dios. Y todo el pueblo le llevó a Dios, con toda sinceridad, sacrificios y ofrendas de gratitud. **32** Esta fue la cantidad de animales que presentaron para honrar a Dios: setenta toros, cien carneros, y doscientos corderos. **33** Además, presentaron como ofrenda un total de seiscientas reses y tres mil ovejas, para pedirle a Dios su bendición.

34-35 Cuando Ezequías les ordenó a los ayudantes de los sacerdotes que se prepararan para adorar a Dios, ellos lo hicieron de inmediato; pero los sacerdotes no lo hicieron así. Por eso, y como no había suficientes sacerdotes para ofrecer los sacrificios, sus

ayudantes, que eran de la misma tribu, tuvieron que ayudarles.

Así fue como se volvió a rendir culto a Dios en el templo. **36** Y como Dios los había ayudado para que hicieran todo esto rápidamente, Ezequías y todo el pueblo se llenaron de alegría.

Ezequías celebra la Pascua

30 **1-5** La fiesta de Pascua no pudo celebrarse en el primer mes del año, como Dios lo había ordenado, porque no se habían preparado todos los sacerdotes que se necesitaban para ofrecer los sacrificios.

Entonces el rey Ezequías consultó a los jefes más importantes y a toda la gente de Jerusalén, para ver si les parecía bien celebrar la Pascua en el mes de Ziv de ese año. Y todos estuvieron de acuerdo. Además, Ezequías mandó una invitación escrita a todos los israelitas; es decir, a los de Judá y a los de Israel, y también a los de la tribu de Efraín y de Manasés. Y así, todo israelita quedó invitado para celebrar la Pascua en el templo de Dios en Jerusalén.

6-10 Los mensajeros fueron entonces por todo el territorio llevando el siguiente mensaje escrito, de parte del rey y de los jefes más importantes:

«Israelitas, sólo ustedes han quedado con vida después del ataque de los reyes de Asiria. Dejen de comportarse con la misma maldad de sus antepasados. ¡Ya es tiempo de que vuelvan a obedecer a Dios!

»Vuelvan a hacer un pacto con el Dios de Abraham, de Isaac y de Jacob; vengan al templo que él mismo eligió para vivir allí por siempre, y adórenlo.

»Si lo hacen, Dios dejará de estar enojado con ustedes, y volverá a aceptarlos. No sean tercos como sus antepasados, que por ser infieles a Dios fueron castigados con la derrota ante sus enemigos. Ustedes saben que digo la verdad.

»Si ustedes vuelven a obedecer a Dios, él hará que sus enemigos dejen en libertad a los israelitas que fueron llevados prisioneros. Nuestro Dios es bueno y muy amoroso; si lo buscan, no los rechazará».

Al oír este mensaje, la mayoría de la gente se reía y se burlaba de los mensajeros, **11** aunque hubo algunos de la tribu de Aser, Manasés y Zabulón que sí se arrepintieron y fueron a Jerusalén. **12** Además, Dios hizo que la gente de Judá sintiera el deseo de obedecer la orden que Dios mismo les había dado por medio del rey y de los principales jefes.

13 Así fue como, en el mes de Ziv, se reunió en Jerusalén una gran cantidad de israelitas para celebrar la fiesta de los Panes sin levadura. **14** Lo primero que hicieron fue quitar todos los altares, y los lugares para quemar incienso a los falsos dioses que adoraban en Jerusalén, y tirarlos en el arroyo Cedrón.

15-17 El día catorce del mes de Ziv empezó la celebración de la Pascua. Como muchos no habían cumplido con la ceremonia de preparación, no pudieron matar el cordero de la Pascua y dedicárselo a Dios. Por eso, los ayudantes de los sacerdotes tuvieron que hacerlo en representación de toda esa gente.

Muchos de los sacerdotes y sus ayudantes se sintieron avergonzados por no haberse preparado para la Pascua, y entonces fueron y lo hicieron de inmediato, y presentaron en el templo de Dios las ofrendas indicadas. Luego de esto pudieron hacer su trabajo, siguiendo las instrucciones de la ley de Moisés. Los ayudantes de los sacerdotes sacrificaban los corderos, les pasaban la sangre a los sacerdotes, y estos la derramaban sobre el altar.

18 Muchos de los que pertenecían a las tribus de Efraín, de Manasés, de Isacar y de Zabulón no se habían preparado para la Pascua, pero de todos modos participaron de la comida de la fiesta. Entonces Ezequías le pidió a Dios que los perdonara. Le dijo:

«Dios, tú eres bueno, y por eso te pido que perdones a todos estos, **19** que no han cumplido con la ceremonia de preparación; ellos han venido a adorarte con toda sinceridad, porque saben que tú eres el Dios de sus antepasados».

20 Dios escuchó la oración de Ezequías y perdonó a esa gente. **21-22** Y por siete días, en un ambiente de mucha alegría, todos en Jerusalén celebraron la fiesta de los Panes sin levadura. Cada día participaba de la comida, presentaban ofrendas para pedir el perdón de sus pecados, y le daban gracias a Dios. Por su parte, los sacerdotes y sus ayudantes alababan a Dios acompañados por sus instrumentos musicales. Al ver esto, Ezequías felicitó a todos los ayudantes de los sacerdotes por la manera en que habían adorado a Dios. **23-24** Y a toda la gente que se había reunido, Ezequías le regaló mil toros y siete mil ovejas; lo mismo hicieron los principales jefes: le regalaron al pueblo mil toros y diez mil ovejas. Muchísimos sacerdotes hicieron la ceremonia de preparación para servir a Dios. Era tanta la alegría de todos los que se habían reunido, que decidieron seguir celebrando la fiesta otros siete días. **25** Todos estaban llenos de felicidad: la gente de Judá, los sacerdotes, sus ayudantes, la gente de Israel, y los extranjeros que venían del territorio de Israel y de Judá. **26** Desde los días del rey Salomón hijo de David, no se había celebrado en Jerusalén una fiesta tan llena de alegría. **27** Los sacerdotes y sus ayudantes se pusieron de pie, y le pidieron a Dios que bendijera a su pueblo. Dios escuchó su petición desde su casa en el cielo, y bendijo al pueblo.

31 **1** Cuando terminó la celebración, todos los israelitas fueron a las ciudades de Judá, y a los territorios de las tribus de Benjamín, Efraín y Manasés, y destrozaron las imágenes que la gente adoraba. También destruyeron las imágenes de la diosa Astarté, y los pequeños templos de las colinas. No descansaron hasta acabar con todo eso. Luego regresaron a sus ciudades, cada uno a su hogar.

Ofrendas para los sacerdotes y sus ayudantes

2 Después Ezequías organizó en grupos a los sacerdotes y a sus ayudantes, de acuerdo al turno y al trabajo que les tocaba hacer. Unos presentaban las ofrendas para agradar a Dios o para pedir perdón por los pecados. Otros daban gracias y alababan a Dios, y otros servían como vigilantes de las entradas del templo.
3 El rey tomó de su propio ganado los animales para hacer los sacrificios que Dios ordena en su ley: las ofrendas de la mañana y de la tarde que se presentaban todos los días de la semana, las ofrendas de los sábados, las de cada mes, y las que se ofrecen a Dios en las fiestas de cada año. **4** Luego el rey le pidió a la gente que vivía en Jerusalén, que también diera ofrendas para que los sacerdotes y sus ayudantes tuvieran todo lo necesario para vivir, y así ellos pudieran dedicarse por completo a servir a Dios como él lo ordena.
5 En cuanto los israelitas se enteraron de la petición del rey, dieron en abundancia de lo mejor que tenían: de su cosecha de trigo, vino, aceite y miel, y de todo lo que habían recogido de sus campos. También entregaron la décima parte de todo lo que tenían, que resultó ser una gran cantidad de cosas.
6-7 Era el mes de Siván,[1] cuando la gente de Israel y de Judá empezó a llevar a Jerusalén la décima parte de sus reses, de sus ovejas y de lo que habían apartado para Dios. Después de cuatro meses dejaron de guardar y acomodar sus ofrendas.
8 Cuando Ezequías y los principales jefes vieron esa gran cantidad de ofrendas, bendijeron a Dios y a su pueblo Israel. **9** Entonces Ezequías les pidió a los sacerdotes y a sus ayudantes que le informaran sobre lo que se estaba haciendo con esas ofrendas. **10** Azarías, que era el jefe de los sacerdotes, y descendiente de Sadoc, le respondió:

«Dios ha bendecido a su pueblo, y es tanto lo que desde el principio han traído al templo, que no nos ha faltado comida; por el contrario, ha sobrado mucho».

11 Entonces Ezequías mandó que prepararan las bodegas del templo de Dios, **12** y allí guardaron todos los diezmos y ofrendas que la gente había traído. Para cuidar de todo eso, nombraron a Conanías y a su hermano Simí, que eran ayudantes de los sacerdotes. **13** Bajo sus ordenes estaban los vigilantes, que también fueron nombrados por el rey y por Azarías, que era el jefe principal del templo de Dios. Sus nombres eran: Jehiel, Azarías, Náhat, Asael, Jerimot, Jozabad, Eliel, Ismaquías, Máhat, Benaías.

14-19 Coré hijo de Imná, de la tribu de Leví, tenía a su cargo la vigilancia de la entrada este del templo, y era el responsable de cuidar las ofrendas que la gente daba voluntariamente a Dios. También se encargaba de repartirlas entre los sacerdotes y sus ayudantes.
Coré tenía seis ayudantes que, con toda honradez, repartían las ofrendas entre los sacerdotes y los ayudantes que vivían en las ciudades y campos de pastoreo del territorio de Judá. Los sacerdotes que recibían esa ayuda debían ser descendientes de Aarón, y los ayudantes debían estar en la lista oficial de ayudantes al servicio de Dios. Estos eran los seis ayudantes: Edén, Minjamín, Jesús, Semaías, Amarías, Secanías.
La repartición se hacía de la

siguiente manera: En un libro estaban escritos los nombres de todos los sacerdotes y los ayudantes mayores de tres años. La lista de los sacerdotes seguía el orden de la familia a la que pertenecían, y la lista de los ayudantes tenía una sección con todos aquellos mayores de veinte años, según el turno y el trabajo que hacían. Como estos estaban totalmente dedicados a servir a Dios, en el libro también estaban registrados los nombres de todos sus familiares, es decir, de sus esposas, hijos e hijas.

Y así, todos los sacerdotes y levitas que iban al templo para cumplir con sus trabajos diarios, según el turno y trabajo que les tocaba hacer, recibían la parte que les correspondía.

20-21 Ezequías tuvo éxito en la organización del trabajo del templo, porque todo lo hizo con el único deseo de agradar a Dios, y porque siempre actuó de acuerdo con su ley. Por eso Dios consideró que todo lo que Ezequías hizo en el territorio de Judá, lo había hecho con sinceridad.

Senaquerib ataca Judá
(2 R 18.13-19.37; Is 36-37)

32 **1** Después de que Ezequías hizo todo esto, con lo que demostró su obediencia y fidelidad a Dios, vino Senaquerib, rey de Asiria, e invadió el territorio de Judá. Y aunque las ciudades tenían murallas, las rodeó para conquistarlas.

2 Cuando Ezequías se dio cuenta de que Senaquerib había decidido atacar también a Jerusalén, **3** reunió a los principales jefes del pueblo y a sus soldados más valientes, y les propuso tapar los pozos que estaban fuera de la ciudad. De esa manera los asirios no tendrían agua para beber. Todos estuvieron de acuerdo en hacerlo, **4** y de inmediato reunieron a mucha gente para tapar todos los pozos, y cortar el paso del río que cruzaba la ciudad. Así, cuando el rey de Asiria llegara, no

tendría suficiente agua.

5 Luego, Ezequías cobró ánimo y mandó reparar la muralla de la ciudad. Construyó torres sobre ella, y también edificó otra muralla exterior. Además, fortaleció el relleno de tierra del lado este de la Ciudad de David, y fabricó una gran cantidad de lanzas y escudos. **6** Luego puso a los jefes del ejército al mando del pueblo, y los reunió en el patio principal que estaba frente a la entrada de la ciudad para darles ánimo. Les dijo:

7 «¡Tengan confianza y sean valientes! ¡No se desanimen ni les tengan miedo al rey de Asiria y a su gran ejército! Nosotros somos más poderosos. **8** El rey de Asiria confía en su ejército; pero nosotros tenemos a Dios de nuestra parte, y él peleará por nosotros».

Al oír al rey, el pueblo cobró valor. **9** Mientras Senaquerib, rey de Asiria, atacaba con todas sus tropas la ciudad de Laquis, envió mensajeros a Jerusalén para que dieran este mensaje a Ezequías y a toda la gente de Judá:

10 «¿Cómo pueden estar tan tranquilos? ¡Los tengo rodeados con mi ejército! ¿A qué se atienen? **11** ¿No será que Ezequías los ha engañado al decirles que su Dios los librará de mi poder? Lo único que Ezequías hará es matarlos de hambre y de sed. **12** ¿No cometió Ezequías el error de quitar los altares donde adoraban a Dios? ¿No fue él quien les ordenó que solamente lo adoraran en un altar? **13** ¿Acaso no se han enterado de lo que yo y mis antepasados hemos hecho con todas las naciones? ¡Ningún dios ha podido detenernos! **14-15** ¿Qué les hace pensar que su Dios sí podrá hacerlo? Si ninguno de esos dioses pudo librar a su pueblo de mi poder, ¡mucho menos podrá hacerlo el Dios de ustedes! ¡No se dejen engañar por Ezequías!»

16 Estos y muchos insultos más lanzaron los mensajeros del rey de Asiria contra Dios y contra su servidor Ezequías. **17-18** Los insultaban a gritos y en el idioma de Judá, para meterles miedo a los que estaban en la muralla de Jerusalén. Pensaban que así sería más fácil conquistar la ciudad.

Además, Senaquerib escribió cartas en las que también insultaba al Dios de Israel. En ellas decía: «Si los dioses de las demás naciones no pudieron librarlas de mi poder, mucho menos podrá el Dios de Ezequías librar a su pueblo». **19** Senaquerib y sus mensajeros pensaban que Dios era como los dioses de las naciones de la tierra, que son fabricados por los hombres.

20 Ante esta situación, el rey Ezequías y el profeta Isaías hijo de Amós, clamaron a Dios y le pidieron ayuda. **21** En respuesta, Dios envió un ángel que mató a los valientes soldados y jefes del ejército del rey de Asiria. A Senaquerib no le quedó más remedio que regresar a su país lleno de vergüenza. Y cuando entró al templo de su dios, sus propios hijos lo mataron.

22 Así fue como Dios libró a Ezequías y a los habitantes de Jerusalén del poder de Senaquerib, rey de Asiria. También lo libró del poder de todos sus enemigos, y les permitió vivir en paz con los pueblos vecinos.

23 En agradecimiento por todo eso, muchos llevaron a Jerusalén ofrendas para Dios, y valiosos regalos para el rey Ezequías. Desde ese día, el rey se hizo muy famoso en todas las naciones.

Ezequías se enferma gravemente
(2 R 20.1-11; Is 38.1-22)

24 En esos días, Ezequías se puso tan enfermo que estaba a punto de morirse. Sin embargo, le pidió a Dios que lo sanara, y Dios le dio una señal de que así lo haría. **25** Pero Ezequías fue tan orgulloso que no le dio gracias a Dios por su ayuda. Entonces Dios se enojó tanto que decidió castigar a Ezequías, y también a todos los de Judá y de Jerusalén. **26** Sin embargo, Ezequías y los que vivían en Jerusalén se arrepintieron de su orgullo. Así, mientras Ezequías estuvo con vida, Dios dejó en paz a los habitantes de Judá y Jerusalén.

Las riquezas de Ezequías

27-29 Dios permitió que Ezequías llegara a tener grandes riquezas y honores. Y fue tanto lo que llegó a poseer, que se construyó lugares para guardar las enormes cantidades que tenía de oro, plata, piedras preciosas, perfumes, escudos y objetos valiosos. También construyó bodegas para almacenar los cereales, el vino y el aceite. Ordenó construir establos para las muchas clases de ganado que tenía, y también hizo corrales para los rebaños. Además, ordenó construir varias ciudades. **30** Ezequías también mandó tapar el paso del agua que salía del pozo de Guihón, y luego hizo construir un canal para llevar el agua hasta el lado oeste de la Ciudad de David. Todo lo que Ezequías hizo tuvo éxito.

Ezequías recibe a los enviados de Babilonia
(2 R 20.12-19; Is 39.1-8)

31 En cierta ocasión, los líderes de Babilonia enviaron gente para averiguar lo que había pasado con Ezequías y la señal que Dios le había dado. Entonces Dios dejó que Ezequías atendiera ese asunto por sí mismo, pues quería saber si lo respetaba y obedecía.

Muerte de Ezequías
(2 R 20.20-21)

32 La historia de Ezequías y de cómo obedeció a Dios, está escrita en el libro del profeta Isaías hijo de Amós, y en el libro de la Historia de los reyes de Israel y de Judá. **33** Cuando Ezequías murió, lo enterraron en el cementerio de los reyes, en una tumba especial

para los reyes más respetados por el pueblo. Toda la gente de Judá, y los que vivían en Jerusalén, hicieron un gran funeral en su honor. Manasés, su hijo, reinó en su lugar.

Manasés, rey de Judá
(2 R 21.1-18)

33 **1** Manasés comenzó a reinar a los doce años. La capital de su reino fue Jerusalén, y su reinado duró cincuenta y cinco años. **2** Manasés no obedeció a Dios, pues practicó las costumbres vergonzosas de las naciones que Dios había expulsado del territorio de los israelitas. **3** Reconstruyó los pequeños templos que su padre Ezequías había destruido, hizo imágenes de la diosa Astarté y edificó altares para adorar a Baal, y adoró a todos los astros del cielo.

4-5 Manasés construyó altares para esos astros en los patios del templo de Dios, aun cuando Dios había dicho que ese templo sería su casa en Jerusalén por siempre. **6-7** Puso la imagen de un ídolo en el templo de Dios, practicó la hechicería y la brujería, y se hizo amigo de brujos y espiritistas. También hizo quemar a su hijo como un sacrificio en el valle de Ben-hinom. Su comportamiento fue tan malo, que Dios se enojó mucho. Dios les había dicho a David y a su hijo Salomón: «De todas las ciudades de Israel, he elegido a Jerusalén, para poner allí mi templo y vivir en él para siempre. **8** Si los israelitas obedecen todos los mandamientos que le di a Moisés, no los expulsaré del país que les he dado».

9 Pero los israelitas no obedecieron a Dios, y Manasés les enseñó a cometer peores pecados que los que habían cometido las naciones que Dios había destruido cuando los israelitas llegaron a la región. **10** Dios le advirtió a Manasés y a su pueblo de su error, pero ellos no le hicieron caso.

Castigo y arrepentimiento de Manasés

11 Entonces Dios hizo que los jefes del ejército del rey de Asiria

atacaran a los israelitas. Los asirios apresaron a Manasés y lo humillaron, pues le pusieron un gancho en la nariz, lo ataron con cadenas de bronce y se lo llevaron prisionero a Babilonia.

12 Allí, mientras sufría tal humillación, Manasés le rogó a Dios que lo perdonara. Se humilló tanto delante del Dios de sus antepasados, **13** que Dios escuchó su oración y lo perdonó. Además, le permitió volver a Jerusalén para reinar sobre Judá. Sólo así pudo Manasés comprender que su Dios era el Dios verdadero.

Manasés hace cambios

14 Después de esto, Manasés construyó una muralla, más alta alrededor de la Ciudad de David. Esta empezaba al oeste de Guihón, pasaba por el arroyo y llegaba al Portón del Pescado, y finalmente rodeaba al monte Ófel. Luego puso a los jefes de su ejército en todas las ciudades de Judá que tenían murallas. **15** También quitó los dioses extranjeros y el ídolo que había puesto en el templo de Dios. Además, destruyó todos los altares que había construido en Jerusalén y en el cerro donde estaba el templo, y los arrojó fuera de la ciudad. **16** Manasés restauró el altar de Dios, y presentó ofrendas para pedir perdón y dar gracias a Dios. Finalmente, le ordenó a toda la gente de Judá que solamente adorara y sirviera al Dios de Israel. **17** El pueblo obedeció a Manasés, presentando ofrendas a su Dios, aunque también siguieron haciéndolo en los pequeños templos de las colinas.

Muerte de Manasés

18-19 La historia de Manasés está escrita en el libro de la Historia de los reyes de Israel, y en la Historia de los profetas. Allí se puede leer acerca de su oración y la respuesta que Dios le dio, y también acerca de sus pecados y su desobediencia. Allí aparece la lista de los pequeños templos de las colinas, en donde edificó altares y puso imágenes de Astarté y de ídolos, y allí se narra también cómo adoró Manasés a esos ídolos, y cuáles fueron los mensajes que recibió de Dios por medio de los profetas. **20** Cuando Manasés murió, lo enterraron en el jardín de su palacio. Su hijo Amón reinó en su lugar.

Amón, rey de Judá
(2 R 21.19-26)

21 Amón tenía veintidós años cuando comenzó a reinar sobre Judá. La capital de su reino fue Jerusalén, y su reinado duró dos años. **22** Amón no obedeció a Dios, sino que siguió el mal ejemplo de su padre Manasés, pues adoró a los ídolos que su padre había fabricado, y les ofreció sacrificios. **23** Pero Amón no se humilló ante Dios, como lo había hecho Manasés, sino que se comportó peor aún. **24** Un día sus servidores se rebelaron contra él y lo mataron en su palacio. **25** Luego el pueblo mató a esos servidores de Amón, y puso como rey a su hijo Josías.

Josías, rey de Judá
(2 R 22.1-2)

34 **1** Josías comenzó a reinar a los ocho años. La capital de su reino fue Jerusalén, y su reinado duró treinta y un años. **2** Josías obedeció a Dios en todo, pues siguió fielmente el ejemplo de su antepasado David.

3-7 A la edad de dieciséis años, el rey Josías empezó a obedecer al Dios de su antepasado David. Cuatro años después, comenzó a quitar los altares en los que el pueblo adoraba al dios Baal. También quitó las imágenes de la diosa Astarté, las imágenes y los ídolos que había por todo el territorio de Judá y en Jerusalén. Josías ordenó que destruyeran todo eso hasta hacerlo polvo, y que luego esparcieran el polvo sobre las tumbas de quienes habían ofrecido sacrificios en ellos. Después mandó a quemar

los huesos de los sacerdotes de esos dioses, y los quemaron sobre los altares que ellos mismos habían usado para quemar incienso. Al terminar, también destruyeron esos altares.

Esto mismo hizo Josías en todo Israel y Judá, y no sólo en las ciudades, sino también en los poblados cercanos.

Se encuentra el libro de la Ley
(2 R 22.3-23.3)

8 Después, a los dieciocho años de su reinado, Josías le ordenó a Safán hijo de Asalías, a Amasías, gobernador de la ciudad, y a su secretario Joah hijo de Joacaz, que repararan el templo de Dios. **9** Ellos fueron a ver a Hilquías, el jefe de los sacerdotes, y le entregaron el dinero que había en el templo de Dios. Ese dinero era el que los vigilantes de las entradas del templo habían recogido entre la gente de las tribus de Manasés, Efraín y Benjamín, y también entre la gente de Judá y Jerusalén, y el resto del territorio israelita. **10** El dinero fue entregado después a los encargados de la construcción del templo para que pagaran **11** a los carpinteros y a los constructores. Con ese mismo dinero compraron la madera y las piedras que necesitaban para las reparaciones. El templo estaba en ruinas, porque los reyes de Judá lo habían descuidado. **12** Los encargados de la construcción del templo eran hombres honestos, dirigidos por los siguientes ayudantes de los sacerdotes: Jáhat, Abdías, Zacarías, Mesulam.

Los dos primeros eran descendientes de Merarí, y los otros dos, descendientes de Quehat.

Los ayudantes de los sacerdotes **13** vigilaban el trabajo de los cargadores, y dirigían a todos los obreros, sin importar el trabajo que realizaran.

Algunos ayudantes de los sacerdotes eran muy buenos músicos, y otros eran secretarios, inspec-

tores o vigilantes de las entradas del templo.

14 En el momento en que estaban sacando el dinero del templo, el sacerdote Hilquías encontró el libro de la Ley de Dios, que había sido dada por medio de Moisés. **15** Entonces Hilquías le dijo al secretario Safán: «¡Encontré el libro de la Ley en el templo de Dios!» Y se lo dio.

16 Safán le llevó el libro al rey, junto con este informe:

«Tus ayudantes están haciendo todo lo que les encargaste: **17** Juntaron el dinero que había en el templo, y se lo dieron a los encargados de la construcción. **18** Además, el sacerdote Hilquías encontró un libro y me lo entregó».

Entonces Safán se lo leyó al rey. **19** Y cuando el rey escuchó lo que decía el libro de la Ley, rompió su ropa en señal de tristeza. **20** Después les dio esta orden a Hilquías, a Ahicam hijo de Safán, a Abdón hijo de Micaías, al secretario Safán y a su ayudante personal Asaías:

21 «Vayan a consultar a Dios, para que sepamos qué debemos hacer en cuanto a lo que dice este libro. ¡Dios debe estar furioso con nosotros, pues nuestros antepasados no obedecieron lo que está escrito aquí!»

22 Ellos fueron a ver a la profetisa Huldá, que vivía en el Segundo Barrio de Jerusalén. Huldá era la esposa de Salum hijo de Ticvá y nieto de Harhás. Salum era el encargado de cuidar la ropa del rey. Cuando la consultaron, **23-25** Huldá les contestó:

«El rey Josías debe enterarse del desastre que el Dios de Israel va a mandar sobre este lugar y sus habitantes. Así lo dice el libro que le han leído al rey. Dios está muy enojado, pues lo han abandonado para adorar a otros dioses. ¡Ya no los perdonará más! **26-28** Pero díganle al rey que Dios ha visto su arrepentimiento y humildad, y que sabe lo preocupado que está por el castigo que se anuncia en el libro. Como el rey ha prestado atención a todo eso, Dios no enviará este castigo por ahora. Dejará que el rey muera en paz y sea enterrado en la tumba de sus antepasados. Luego el pueblo recibirá el castigo que se merece».

Los mensajeros fueron a contarle al rey lo que había dicho Dios por medio de la profetisa Huldá. **29-30** Entonces el rey mandó a llamar a los líderes de Judá y de Jerusalén, para que se reunieran en el templo con él. A la cita acudieron todos los hombres de Judá, los habitantes de Jerusalén, los sacerdotes y sus ayudantes. Toda la nación, desde el más joven hasta el más viejo, fue al templo. Allí, el rey les leyó lo que decía el libro del pacto que habían encontrado. **31** Después se puso de pie, junto a una columna, y se comprometió a obedecer siempre todos los mandamientos de Dios, y a cumplir fielmente el pacto que estaba escrito en el libro. **32** Luego hizo que todos los que estaban allí presentes, y que eran de Jerusalén y de la tribu de Benjamín, se comprometieran a obedecer ese pacto. Y ellos cumplieron el pacto del Dios de sus antepasados.

33 Josías destruyó todos los odiosos ídolos que había en el país, y les ordenó a los israelitas que adoraran solamente al Dios de Israel. Mientras Josías vivió, su pueblo obedeció al Dios de sus antepasados.

Josías celebra la Pascua
(2 R 23.21-26)

35 **1** El día catorce del mes de Abib, Josías ordenó dar inicio a la celebración de la Pascua en Jerusalén, sacrificando el cordero de la fiesta. **2** A los sacerdotes los organizó de acuerdo a sus tareas, y los animó para que hicieran bien su trabajo en el templo de Dios. **3** A los ayudantes de los

sacerdotes que se dedicaban a la enseñanza de la ley de Dios, les ordenó lo siguiente:

«Ya no es necesario que transporten de un lugar a otro el cofre del pacto de Dios. Pónganlo en el templo que el rey Salomón construyó. De ahora en adelante trabajarán en el templo, al servicio de su Dios y su pueblo Israel.

4 »Sigan las instrucciones que el rey David y su hijo Salomón nos dieron, y organícense de acuerdo a sus familias y a sus turnos de trabajo. **5** Así, un grupo de ayudantes de cada familia tendrá su oportunidad de servir en el templo. Cada grupo representará a las demás familias israelitas. **6** Cumplan con la ceremonia de preparación y sacrifiquen el cordero de la Pascua, para que así sus compatriotas tengan todo lo necesario para celebrar la fiesta, tal y como Dios lo ordenó por medio de Moisés».

7 Entonces Josías les dio a todos los que estaban allí treinta mil animales de su propio ganado, para que celebraran la Pascua. Entre los animales iban corderos y cabritos, además de otros tres mil novillos que también ofreció. **8** Al ver esto, los asistentes del rey también regalaron animales, para que el pueblo, los sacerdotes y sus ayudantes celebraran la Pascua.

Además, Hilquías, Zacarías y Jehiel, que eran los asistentes del rey y estaban a cargo del templo de Dios, les dieron a los sacerdotes dos mil seiscientos corderos y trescientos novillos. **9** Conanías y sus hermanos Semaías y Natanael, así como Hasabías, Jehiel y Jozabad, jefes de los ayudantes de los sacerdotes, dieron cinco mil corderos y quinientos novillos. **10** Una vez que los sacerdotes estuvieron listos y sus ayudantes se organizaron por grupos, de acuerdo a las órdenes del rey, empezaron la celebración de la Pascua. **11-13** Los sacerdotes sacrificaron los animales de la Pascua y rocia-

ron el altar con la sangre. Los ayudantes les quitaron la piel a los animales, y les sacaron la grasa para darle a cada familia la parte que le correspondía quemar ante Dios. Luego asaron los animales para la fiesta, y el resto de las ofrendas de Dios las cocinaron en ollas, calderos y sartenes. Todo eso lo repartieron entre la gente del pueblo, y así cumplieron con lo que había ordenado Moisés.

14-15 Los ayudantes de los sacerdotes no sólo tuvieron que cocinar su propia parte, sino también la que les tocó a todos aquellos que estuvieron muy ocupados como para hacerlo por sí mismos. Los sacerdotes, por ejemplo, estuvieron ocupados hasta el anochecer, presentando la grasa y las ofrendas que fueron quemadas. Los cantores estuvieron ocupados siguiendo las indicaciones que habían dejado David, Asaf, Hemán y Jedutún, el profeta del rey. Y los encargados de vigilar las entradas del templo tampoco pudieron dejar su puesto.

16 Así fue como organizaron todo lo que se necesitó para celebrar la Pascua, y para quemar sobre el altar las ofrendas presentadas a Dios. Todo se hizo según las instrucciones del rey Josías. **17** Durante siete días, los israelitas celebraron la fiesta de la Pascua y de los Panes sin levadura.

18-19 Cuando Josías cumplió dieciocho años de gobernar, tanto él como los sacerdotes, y sus ayudantes y el pueblo, celebraron la Pascua en Jerusalén. Nunca antes se había festejado la Pascua de esa manera; ni en la época en que gobernó el profeta Samuel, ni en la época de los reyes que gobernaron Israel antes de Josías.

La muerte de Josías
(2 R 23.28-30)

20 Mucho tiempo después de que Josías reparara el templo, Necao, rey de Egipto, salió en plan de guerra hacia Carquemis, junto al río Éufrates. Josías pensó que Necao quería atacarlo; **21** pero

Necao envió mensajeros a decirle:

«No tengo nada contra ti, rey de Judá. No he salido a pelear contra ti, sino contra una nación enemiga. Además, Dios me ha ordenado hacer esto con prontitud. No te opongas a los planes de Dios, porque él podría destruirte».

22 Pero Josías no se dio cuenta de que Dios le estaba hablando por medio de Necao. Así que se puso su armadura y fue a pelear contra Necao en el valle de Meguido. **23** En medio de la batalla, una flecha alcanzó al rey Josías, y sus ayudantes lo sacaron del campo, pues estaba herido de muerte. **24** Lo sacaron del carro de combate en el que estaba, lo pasaron a otro de sus carros, y lo llevaron a Jerusalén. Sin embargo, poco después murió. Lo enterraron junto a la tumba de sus antepasados, y todos en Judá y Jerusalén lamentaron en gran manera la muerte de Josías.

25 Jeremías compuso un canto que expresaba su gran tristeza por la muerte de Josías. Lo mismo hicieron los cantores y cantoras; y hasta el momento en que esto se escribió, era costumbre en Israel recordar a Josías con esas canciones tan tristes. La letra de estas canciones está escrita en el «Libro de las lamentaciones».

26-27 La historia de Josías está escrita en el libro de la Historia de los reyes de Israel y de Judá. En ese libro se puede leer acerca de todo lo que hizo Josías, y de cómo obedeció la ley de Dios.

Joacaz, rey de Judá
(2 R 23.31-34)

36 **1-2** El pueblo eligió a Joacaz para que reinara en lugar de Josías, su padre. Joacaz tenía veintitrés años cuando comenzó a gobernar. La capital de su reino fue Jerusalén, pero su reinado sólo duró tres meses. **3-4** pues el rey de Egipto no le permitió gobernar, y se lo llevó prisionero. Este rey obligó a todo el país a

pagar un impuesto de treinta y tres kilos de oro y tres mil trescientos kilos de plata. Luego nombró a Eliaquim como rey de Judá en Jerusalén, que era la capital. Eliaquim era hermano de Joacaz, pero el rey de Egipto le cambió el nombre, y le llamó Joacín.

Joacín, rey de Judá
(2 R 23.35–24.7)

5 Joacín tenía veinticinco años cuando comenzó a gobernar sobre Judá. La capital de su reino fue Jerusalén, y su reinado duró once años.

Joacín no obedeció a Dios. **6** Nabucodonosor, rey de Babilonia, peleó contra él, lo encadenó y se lo llevó prisionero a Babilonia. **7** También se llevó con él una parte de los utensilios del templo de Dios, y los puso en el templo de su dios en Babilonia.

8 La historia de Joacín narra su terrible comportamiento, y está escrita en el libro de la Historia de los reyes de Israel y de Judá. Joaquín, su hijo, reinó en su lugar.

Joaquín, rey de Judá
(2 R 24.8-17)

9 Joaquín tenía ocho años cuando comenzó a gobernar sobre Judá. La capital de su reino fue Jerusalén, y su reinado sólo duró tres meses y diez días. Joaquín no obedeció a Dios.

10 En la primavera de ese año, el rey Nabucodonosor ordenó que llevaran a Joaquín preso a Babilonia. En su lugar, Nabucodonosor nombró como rey de Judá a Sedequías, que era hermano de Joaquín. También se llevaron a Babilonia los utensilios de más valor que había en el templo de Dios.

Sedequías, rey de Judá

11 Sedequías tenía veintiún años cuando comenzó a gobernar sobre Judá. La capital de su reino fue Jerusalén, y su reinado duró once años. **12** Sedequías no obedeció a Dios, ni le hizo caso al profeta Jeremías cuando este le dio

mensajes de parte de Dios. **13** Fue muy orgulloso y terco; nunca quiso arrepentirse ni obedecer al Dios de Israel.

Sedequías fue tan rebelde que tampoco obedeció al rey Nabucodonosor ni cumplió con el juramento que le había hecho.

14 De la misma manera se comportaron los principales sacerdotes y el pueblo. Traicionaron a Dios en gran manera, pues siguieron las odiosas costumbres de los países que adoraban dioses falsos. También se comportaron de manera terrible en el templo de Dios, el cual había sido dedicado a su adoración.

15 A pesar de eso, Dios amó a su pueblo y a su templo, y les envió muchos mensajeros para llamarles la atención. **16** Pero la gente siempre se burló de los mensajeros de Dios y de los profetas, y no les hacían caso. Y así siguieron hasta que Dios ya no aguantó más y, muy enojado, decidió castigarlos.

Dios castiga a su pueblo
(2 R 25.8-21; Jer 39.8-10; 52.12-30)

17 Dios hizo que Nabucodonosor atacara Jerusalén y la derrotara. El rey Nabucodonosor mató a los jóvenes en el templo, y luego mató a muchos de los habitantes de Jerusalén, sin importar si eran hombres o mujeres, niños o ancianos.

18 Nabucodonosor se llevó a Babilonia todos los utensilios y tesoros del templo de Dios. También se apoderó de los tesoros del rey y de sus asistentes. **19** Luego derribó la muralla de Jerusalén, les prendió fuego al templo de Dios y a los palacios, y destruyó todos los objetos de valor.

20 Los israelitas que quedaron con vida fueron llevados presos a Babilonia, donde fueron esclavos del rey y de sus descendientes. Así permanecieron, hasta que el reino de Persia se convirtió en un país poderoso y conquistó Babilonia.

21 Así fue como se cumplió lo que Dios había anunciado por medio del profeta Jeremías. El territorio de Judá quedó abandonado setenta años, y sólo así pudo disfrutar de paz.

El emperador Ciro permite el regreso a Jerusalén
(Esd 1.1-14)

22-23 En el primer año del gobierno de Ciro, rey de Persia, este rey dio la siguiente orden a todos los habitantes de su reino:

«El Dios de los cielos, que es dueño de todo, me hizo rey de todas las naciones, y me encargó que le construya un templo en la ciudad de Jerusalén, que está en la región de Judá. Por tanto, todos los que sean de Judá y quieran reconstruir el templo, tienen mi permiso para ir a Jerusalén. ¡Y que Dios los ayude!»
Ciro, rey de Persia

Con esta orden se cumplió la promesa que Dios había hecho por medio del profeta Jeremías.

Esdras

Ciro permite el regreso de los judíos

1 **1-4** En el primer año del gobierno de Ciro, rey de Persia, este rey dio la siguiente orden a todos los habitantes de su reino:

«El Dios de los cielos, que es dueño de todo, me hizo rey de todas las naciones, y me encargó que le construya un templo en la ciudad de Jerusalén, que está en la región de Judá. Por tanto, todos los que sean de Judá y quieran reconstruir el templo, tienen mi permiso para ir a Jerusalén. El Dios de Israel vive allí, y los ayudará.

»Todos los que decidan ir a Jerusalén para trabajar en la reconstrucción, recibirán de sus vecinos ayuda en dinero, mercaderías y ganado. También recibirán donaciones para el templo de Dios».

Ciro, rey de Persia

Con esta orden se cumplió la promesa que Dios había hecho por medio del profeta Jeremías.

5 Cuando los jefes de las tribus de Judá y de Benjamín se enteraron de esta orden, sintieron que Dios les pedía que fueran a Jerusalén para reconstruir su templo. Lo mismo sintieron los sacerdotes, sus ayudantes y muchos otros judíos. **6** Todos sus vecinos les dieron recipientes de oro y plata, mercadería, ganado y otros objetos valiosos, además de muchas donaciones. **7-8** Por su parte, el rey Ciro le ordenó al tesorero Mitrídates que les devolviera a los judíos los utensilios del templo de Dios. Estos utensilios los había sacado del templo de Jerusalén el rey Nabucodonosor, y los había llevado al templo de sus dioses. Mitrídates se aseguró de entregarle todos estos utensilios a Sesbasar, gobernador de Judá. **9-10** Los utensilios entregados fueron: treinta tazones de oro, mil tazones de plata, veintinueve cuchillos, treinta tazas de oro, cuatrocientas diez tazas de plata de un mismo juego, y una gran cantidad de otros utensilios.

11 En total, el tesorero entregó cinco mil cuatrocientos utensilios de oro y plata. Todo esto se lo llevó Sesbasar a Jerusalén cuando regresó con los judíos que muchos años atrás habían sido llevados a Babilonia.

De regreso a Jerusalén

2 **1-2** El rey Nabucodonosor se había llevado cautivos a Babilonia a muchos judíos. Los que volvieron de allá fueron los hijos de esos cautivos. Varios líderes regresaron a Jerusalén y a las ciudades de Judá, bajo el mando de Zorobabel. Esta es la lista de los líderes que regresaron: Josué, Nehemías, Seraías, Reelaías, Mardoqueo, Bilsán, Mispar, Bigvai, Rehúm, Baaná.

3-20 Los otros judíos que volvieron fueron los siguientes: De la familia de Parós, dos mil ciento setenta y dos personas. De la familia de Sefatías, trescientas setenta y dos personas. De la familia de Árah, setecientas setenta y cinco personas. De la familia de Pahat-moab, que descendía de Josué y Joab, dos mil ochocientas doce personas. De la familia de Elam, mil doscientas cincuenta y cuatro personas. De la familia de Zatú, novecientas cuarenta y cinco personas. De la familia de Zacai, seiscientas sesenta personas. De la familia de Binuy, seiscientas cuarenta y dos personas. De la familia de Bebai, seiscientas veintitrés personas. De la familia de Azgad, mil doscientas veintidós personas. De la familia de Adonicam, seiscientas sesenta y seis personas. De la familia de Bigvai, dos mil cincuenta y seis personas. De la familia de Adín, cuatrocientas cincuenta y cuatro personas. De la familia de Ezequías, noventa y ocho personas. De la familia de Besai, trescientas veintitrés personas. De la familia de Jorá, ciento doce personas. De la familia de Hasum, doscientas veintitrés personas. De la familia de Guibar, noventa y cinco personas.

21-35 También volvieron algunas familias que habían vivido en las siguientes ciudades y pueblos: De Belén, ciento veintitrés personas. De Netofá, cincuenta y seis personas. De Anatot, ciento veintiocho personas. De Bet-azmávet, cuarenta y dos personas. De Quiriat-jearim, Quefirá y Beerot, setecientas cuarenta y tres personas. De Ramá y Gueba, seiscientas veintiuna personas. De Micmás, ciento veintidós personas. De Betel y Ai, doscientas veintitrés personas. De Nebo, cincuenta y dos personas. De Magbís, ciento cincuenta y seis personas. De Elam, mil doscientas cincuenta y cuatro personas. De Harim, trescientas veinte personas. De Lod, Hadid y Onó, setecientas veinticinco personas. De Jericó, trescientas cuarenta y cinco personas. De Senaá, tres mil seiscientas treinta personas.

36-39 También volvieron las siguientes familias sacerdotales: De la familia de Jedaías, que descendía de Josué, novecientas setenta y tres personas. De la familia de Imer, mil cincuenta y dos personas. De la familia de Pashur, mil doscientas cuarenta y siete personas. De la familia de Harim, mil diecisiete personas.

40-42 Las familias de la tribu de Leví que volvieron eran las siguientes: De las familias de Josué y de Cadmiel, que descendían de Hodavías, setenta y cuatro personas. De las familias de los cantores que descendían de Asaf, ciento veintiocho personas. De las familias de Ater, Talmón, Acub, Hatitá, Sobai y Salum, que eran los guardianes de las entradas del templo, ciento treinta y nueve personas.

43-54 De los sirvientes del templo volvieron las familias que descendían de: Sihá, Hasufá, Tabaot, Querós, Siahá, Padón, Lebaná, Hagabá, Acub, Hagab, Salmai, Hanán, Guidel, Gáhar, Reaías, Resín, Necodá, Gazam, Uzá, Paséah, Besai, Asná, Meunim, Nefusim, Bacbuc, Hacufá, Harhur, Baslut, Mehidá, Harsá, Barcós, Sísara, Temá, Nesíah, Hatifá.

55-58 Las familias de los sirvientes de Salomón que volvieron fueron los descendientes de: Sotai, Soféret, Perudá, Jaalá, Darcón, Guidel, Sefatías, Hatil, Poquéret-hasebaím, Amón.

Así que los sirvientes del templo y de Salomón que volvieron fueron en total trescientos noventa y dos.

59-60 Desde los pueblos de Tel-mélah, Tel-harsá, Querub, Imer y Adón, llegaron algunas familias que descendían de Delaías, Tobías y Necodá. Eran en total seiscientas cincuenta y dos personas, pero no pudieron comprobar que eran judíos.

61-62 De las familias sacerdotales llegaron las de Hobaías, Cos y Barzilai. Este último se llamaba así porque se había casado con una de las hijas de Barzilai de Galaad y se había puesto el nombre de su suegro. Ellos buscaron sus nombres en el registro de las familias, pero no estaban, así que no pudieron comprobar que eran judíos; por eso no les permitieron ser sacerdotes. **63** El gobernador no les permitió comer de los alimentos ofrecidos a Dios mientras un sacerdote no consultara el Urim y el Tumim,[1] las dos piedritas usadas para conocer la voluntad de Dios.

64 En total se habían reunido cuarenta y dos mil trescientas sesenta personas, **65** además de sus esclavos y esclavas, que sumaban siete mil trescientos treinta y siete. También había doscientos cantores y cantoras. **66-67** También traían los siguientes animales: setecientos treinta y seis caballos, doscientas cuarenta y cinco mulas, cuatrocientos treinta y cinco camellos y seis mil setecientos veinte burros.

68 Algunos jefes de familia llevaron a Jerusalén donaciones para reconstruir el templo de Dios. **69** En total entregaron cuatrocientos ochenta y ocho kilos de oro, dos mil setecientos cincuenta kilos de plata y cien túnicas para sacerdotes; que fue cuanto pudieron dar.

70 Los sacerdotes, sus ayudantes y algunos otros judíos se quedaron a vivir en Jerusalén, pero los cantores, los guardianes y los sirvientes del templo, y los demás judíos se fueron a vivir a sus propios pueblos.

Construcción del altar

3 **1** En el mes de Etanim,[1] los judíos ya se habían instalado en sus pueblos, así que fueron a reunirse en Jerusalén. **2** Entonces el sacerdote Josué hijo de Josadac, y los demás sacerdotes comenzaron a construir el altar de Dios, junto con Zorobabel hijo de Salatiel y sus parientes. Hicieron esto para poder ofrecer allí ofrendas para el perdón de los pecados, de acuerdo con las instrucciones que Moisés había dado. **3** A pesar de que tenían miedo de la gente que vivía en ese lugar, colocaron el altar donde había estado antes, presentaron a Dios ofrendas por la mañana y por la tarde. **4-5** También celebraron la fiesta de las Enramadas de acuerdo con lo que ordenaba la ley, y ofrecieron diariamente la cantidad de ofrendas que correspondían. También ofrecieron las ofrendas acostumbradas en la fiesta de la luna nueva y en todas las fiestas dedicadas a Dios. Además daban a Dios ofrendas voluntarias. **6** Y aunque todavía no habían empezado la reconstrucción del templo, desde el primer día del mes de Etanim comenzaron a presentar a Dios ofrendas para el perdón de pecados.

Comienza la reconstrucción del templo

7 Después, le pidieron permiso al rey Ciro para que los habitantes de Tiro y de Sidón cargaran sus barcos con madera de cedro del Líbano y la llevaran hasta el puerto de Jope. A esta gente le pagaron con comida, bebida y aceite, y a los albañiles y carpinteros les dieron el dinero necesario para comenzar su trabajo.

8 Zorobabel y el sacerdote Josué comenzaron la reconstrucción del templo de Dios un año y dos meses después de haber llegado a Jerusalén. Los ayudaron los sacerdotes, sus ayudantes y todos los judíos que habían regresado a Jerusalén. Y para dirigir los trabajos eligieron a hombres de la tribu de Leví mayores de veinte años. **9** Así Josué, sus hijos y parientes dirigieron los trabajos de reconstrucción del templo de Dios, con la ayuda de Cadmiel y sus hijos, que eran de la familia de Hodavías. También los ayudaron los de la familia de Henadad.

10 Cuando los constructores colocaron los cimientos del templo de Dios, los sacerdotes se pusieron de pie y alabaron a Dios con trompetas. Llevaban puestas sus túnicas sacerdotales. También los descendientes de Leví, de la familia de Asaf, que estaban con ellos, alabaron a Dios haciendo sonar sus platillos, según lo que años atrás había ordenado el rey David. **11-13** Al ver que se había comenzado a reconstruir el templo, todo el pueblo gritaba de alegría y alababa a Dios. Los gritos de alegría se mezclaban con el llanto de la gente, y desde lejos se escuchaba el alboroto. Unos cantaban alabanzas a Dios y otros decía: «¡Dios es bueno! ¡Él nunca deja de amarnos!» Muchos sacerdotes, sus ayudantes y jefes de familia lloraban en voz alta, pues ya eran ancianos y habían conocido el primer templo.

Los enemigos se oponen a la reconstrucción

4 ¹ Los enemigos de los judíos se dieron cuenta de que estos habían regresado del exilio en Babilonia y estaban reconstruyendo el templo de su Dios. ² Así que fueron a ver a Zorobabel y a los jefes judíos, y les dijeron:

—Déjennos ayudarlos a reconstruir el templo de Dios. Nosotros adoramos al mismo Dios que ustedes. Desde que el rey Esarhadón de Asiria nos trajo a vivir aquí, hemos estado presentando ofrendas a Dios.

³ Pero Zorobabel, Josué y los otros jefes judíos contestaron:

—No podemos aceptar la ayuda de ustedes. Sólo nosotros podemos reconstruir el templo de nuestro Dios, porque así nos lo ordenó el rey Ciro de Persia.

⁴ Entonces la gente que vivía allí trataba de desanimar a los judíos y meterles miedo para que no reconstruyeran el templo. ⁵ Además, les pagaron a algunos asistentes del gobierno para que no los dejaran continuar con la reconstrucción. Esto sucedió durante los reinados de Ciro y Darío, reyes de Persia. ⁶ Cuando comenzó a reinar Asuero, el nuevo rey de Persia, los enemigos de los judíos le presentaron una acusación contra ellos. ⁷ Tiempo después hubo otro rey llamado Artajerjes. Al principio de su reinado, Bislam, Mitrídates, Tabeel y sus demás compañeros le escribieron una carta en arameo que fue traducida al persa.

⁸⁻¹¹ El comandante Rehúm y el secretario Simsai también le escribieron al rey Artajerjes una carta en contra de los judíos. La firmaron los gobernadores, los jueces y los consejeros de Persia, Érec, Babilonia y Susa. También la firmaron los asistentes de las naciones que habían sido expulsadas de sus territorios por el famoso y gran rey Asnapar. Esas naciones ahora vivían en las ciudades de Samaria y en el resto de la provincia al oeste del río Éufrates. La carta decía:

¹² «Reciba Usted, gran rey Artajerjes, un saludo de nosotros, sus servidores. Queremos informarle que los judíos que salieron de Babilonia y volvieron a Jerusalén, están reconstruyendo esa ciudad rebelde y malvada. Ya han comenzado a reparar los cimientos y a levantar los muros de protección.

¹³ También le hacemos saber que cuando ellos terminen de reparar esos muros y la ciudad esté reconstruida, no van a querer pagar ninguna clase de impuestos, y el tesoro del reino sufrirá pérdidas. ¹⁴ Nosotros estamos al servicio de Su Majestad, y no podemos permitir que se le ofenda de esta manera. Por eso le enviamos esta información, ¹⁵ para que usted mande a revisar los archivos del palacio. Allí encontrará que esa ciudad es rebelde y peligrosa para los reyes y sus provincias. Comprobará que ya en otros tiempos se habían organizado en ella rebeliones, y que por eso fue destruida. ¹⁶ Queremos que Su Majestad sepa que si se reconstruye esa ciudad y se terminan de reparar sus muros, usted ya no tendrá dominio sobre la provincia que está al oeste del río Éufrates».

¹⁷ El rey les envió esta respuesta:

«Saludos del Rey al comandante Rehúm, al secretario Simsai, y a todos sus compañeros que viven en Samaria y en el resto de la provincia al oeste del río Éufrates. ¹⁸ He leído la traducción de la carta que ustedes me enviaron, ¹⁹ y ordené que se hiciera una investigación. Hemos encontrado que esa ciudad ya se había rebelado antes contra otros reyes, y que en ella siempre ha habido alborotos. ²⁰ También se comprobó que hubo en Jerusalén reyes poderosos que dominaron en la provincia al oeste del río Éufrates, a quienes se les pagaban toda clase de impuestos. ²¹ Por lo tanto, ordeno detener la reconstrucción de la ciudad hasta que reciban órdenes mías. ²² Hagan cumplir esta orden en seguida, para que no se perjudique más el reino».

²³ Tan pronto como Rehúm, el secretario Simsai y sus compañeros leyeron la carta del rey Artajerjes, fueron rápidamente a Jerusalén y obligaron a los judíos a detener los trabajos. ²⁴ Así que la reconstrucción del templo de Dios quedó suspendida hasta el segundo año del reinado de Darío, rey de Persia.

Continúa la reconstrucción

5 ¹ Los profetas Hageo y Zacarías anunciaron un mensaje de parte de Dios a los judíos que vivían en Judá y en Jerusalén. ² Cuando Zorobabel y Josué oyeron el mensaje, reiniciaron la reconstrucción del templo de Dios, y estos profetas los ayudaban. ³⁻⁴ En la provincia que está al oeste del río Éufrates, gobernaba Tatenai y lo ayudaban Setar-boznai y otros servidores del rey. Estos llegaron a Jerusalén y les preguntaron a los judíos: «¿Quién les dio permiso para reconstruir este templo y levantar estos muros? ¿Cómo se llaman sus jefes?» ⁵ Como Dios estaba protegiendo a los jefes judíos, el gobernador permitió que siguieran trabajando hasta que enviara su informe al rey Darío y recibiera su respuesta.

6 Así que el gobernador y sus ayudantes enviaron un informe al rey Darío, **7** el cual decía:

«Reciba Usted, rey Darío, nuestros saludos y deseos de paz y bienestar. **8** Es nuestro deber informar a Su Majestad que fuimos a la provincia de Judá y vimos que el templo del gran Dios se está reconstruyendo, y que están cubriendo las paredes con madera. El trabajo se hace cuidadosamente y la obra avanza. **9-10** Averiguamos los nombres de los jefes encargados del trabajo para comunicárselo a usted. Cuando les preguntamos quién les había dado permiso para reconstruir ese templo y levantar los muros de protección, **11** nos respondieron lo siguiente:

''Nosotros adoramos al Dios todopoderoso, y estamos reconstruyendo el templo que fue edificado hace muchos años por un gran rey de Israel. **12** Pero como nuestros antepasados hicieron enojar a Dios, él permitió que los venciera el rey Nabucodonosor de Babilonia. Ese rey destruyó este templo y envió cautivos a Babilonia a todos los habitantes de Jerusalén. **13** Más tarde, en el primer año de su reinado en Babilonia, el rey Ciro ordenó que se reconstruyera el templo. **14** También ordenó que fueran devueltos los utensilios de oro y plata que Nabucodonosor había sacado del templo de Dios en Jerusalén y se había llevado a Babilonia. Los utensilios le fueron entregados a Sesbasar, quien entonces era gobernador de Judá. **15** Ciro le había dicho a Sesbasar que llevara esos utensilios al lugar donde había estado antes el templo de Dios, y que allí reconstruyera ese templo. **16** Vino entonces Sesbasar a Jerusalén y puso los cimientos

del templo. Desde entonces se ha estado reconstruyendo, y todavía no se termina''.

17 »Si le parece bien a Su Majestad, mande averiguar si hay en los archivos del palacio alguna orden del rey Ciro permitiendo la reconstrucción de este templo. Tan pronto usted tenga información, avísenos lo que ha decidido sobre este asunto».

Aparece la orden de Ciro

6 **1** Entonces el rey Darío ordenó que se buscara en los archivos del palacio la orden de Ciro para reconstruir el templo. **2** En el palacio de Ecbatana, que está en la provincia de Media, se encontró un libro donde estaba escrito el siguiente registro:

3 «En el primer año de su reinado, Ciro ordena: Que se reconstruya el templo de Dios en Jerusalén para que allí se presenten ofrendas. El templo será de veintisiete metros de larga, nueve metros de ancho y trece metros y medio de alto. **4** Por cada tres hileras de grandes piedras se colocará una hilera de madera nueva. El tesoro del reino pagará todos los gastos. **5** Los utensilios de oro y plata del templo de Dios en Jerusalén, que Nabucodonosor trajo a Babilonia deberán ser devueltos. Cada utensilio se colocará de nuevo en el lugar que le corresponde en el templo».

Darío aprueba la reconstrucción

6 Entonces el rey Darío les envió esta respuesta a Tatenai, a Setar-boznai y los demás jefes de la provincia:

«Retírense de Jerusalén **7** y dejen que el gobernador y los jefes de los judíos continúen reconstruyendo el templo de Dios. **8** Además, ustedes deberán ayudarlos en los trabajos, y pagar puntualmente todos los gastos que tengan. Esto se

hará con los impuestos que esa provincia paga al tesoro del reino. **9** Asegúrense de que todos los días se les entregue lo que necesiten para las ofrendas que se presenten al Dios del cielo: toros, carneros o corderos, o bien trigo, sal, vino o aceite. **10** Quiero que las ofrendas que se presenten sean agradables al Dios del cielo y que rueguen por mi vida y la de mis hijos.

11 »Cualquiera que desobedezca esta orden morirá de la siguiente manera: Se le atravesará el cuerpo con la punta afilada de una viga sacada de su propia casa, y la casa deberá ser totalmente destruida.

12 ¡Y que Dios destruya a cualquier rey o nación que se atreva a desobedecer esta orden, o intente destruir su templo!

»Esta orden deberá cumplirse al pie de la letra».

Darío, rey de Persia

Dedicación del templo

13 Entonces Tatenai, Setar-boznai y los demás jefes cumplieron cuidadosamente lo que había ordenado el rey Darío. **14** Animados por los profetas Hageo y Zacarías, los jefes judíos siguieron con la reconstrucción. Terminaron el edificio de acuerdo con lo que el Dios de Israel había indicado y según las órdenes de Ciro, Darío y Artajerjes, reyes de Persia. **15** El templo de Dios quedó terminado el día tres del mes de Adar, i en el año seis del gobierno del rey Darío.

16 Los sacerdotes, sus ayudantes y todos los demás judíos que habían regresado de Babilonia festejaron con alegría la dedicación del templo a Dios. **17** En esa fiesta de dedicación presentaron como ofrenda cien toros, doscientos carneros y cuatrocientos corderos. También presentaron doce chivos como ofrendas para el perdón de los pecados de las doce tribus de Israel. **18** Después organizaron a los sacerdotes y a sus ayudantes según las instrucciones que Moisés había dado para la adoración a Dios en Jerusalén.

Celebración de la Pascua

19 El día catorce del mes de Abib[2] los que habían regresado de Babilonia celebraron la Pascua. **20** Los sacerdotes y sus ayudantes estaban en condiciones de hacerlo, porque ya se habían purificado. Entonces sacrificaron al cordero de la Pascua por todos los que habían regresado de Babilonia, por los otros sacerdotes y por sí mismos. **21** De la comida de Pascua participaron los judíos que habían regresado de Babilonia, y también todos los que allí vivían y habían dejado las malas costumbres de otros pueblos. Todos juntos adoraban al verdadero Dios de Israel. **22** Durante siete días celebraron con alegría la fiesta de los Panes sin levadura. Estaban muy contentos porque Dios había hecho que el rey de Persia los tratara bien, pues los ayudó a reconstruir el templo del Dios de Israel.

Esdras llega a Jerusalén

7 **1** Tiempo después, durante el reinado de Artajerjes, llegó a Jerusalén un hombre llamado Esdras, que era descendiente de Aarón, el primer sacerdote de Israel. Sus antepasados fueron: Seraías, Azarías, Hilquías, **2** Salum, Sadoc, Ahitub, **3** Amarías, Azarías, Meraiot, **4** Zeraías, Uzí, Buquí, **5** Abisúa, Finees, Eleazar.

6-11 Esdras era un sacerdote y un maestro que conocía muy bien la ley que Dios había dado por medio de Moisés; la estudiaba constantemente, la obedecía y la enseñaba a los judíos.

Dios había hecho que el rey Artajerjes le diera a Esdras todo lo que él pidiera. Así Esdras logró salir de Babilonia el día primero del mes de Abib,[1] del séptimo año del reinado de Artajerjes. Llegó a Jerusalén el día primero del mes de Ab[2] de ese mismo año. Lo

acompañaban un grupo de judíos, entre los que había sacerdotes, sus ayudantes, cantores, guardianes y servidores del templo de Dios.

Carta del rey Artajerjes a Esdras

Esdras llevaba una carta del rey Artajerjes que decía así:

12 «El gran rey Artajerjes, saluda al sacerdote Esdras, maestro de la ley del Dios todopoderoso.

13 »Cualquier judío que esté en mi país y quiera acompañarte a Jerusalén, puede hacerlo, incluyendo a los sacerdotes y sus ayudantes. **14** Yo, junto con mis siete consejeros, te envío a Jerusalén para averiguar si se está obedeciendo la ley de Dios que tú conoces bien. **15** Además, quiero que lleves el oro y la plata que nosotros hemos ofrecido al Dios de Israel, que tiene su templo en Jerusalén. **16** Lleva también todo el oro y la plata que puedas conseguir en toda la provincia de Babilonia, más las ofrendas que la gente y los sacerdotes den voluntariamente para el templo. **17** Con ese dinero comprarás toros, carneros y corderos, y también trigo y vino para ofrecerlos sobre el altar del templo. **18** Decidan ustedes lo que se deba hacer con el dinero que sobre, de acuerdo con lo que Dios les indique. **19** Debes entregarle a Dios los utensilios que te han dado para su adoración. **20** Todo lo que necesites, lo pagará el tesoro del reino.

21 »Yo, el rey Artajerjes, ordeno a todos los tesoreros de la provincia al oeste del río Éufrates lo siguiente: Si Esdras, sacerdote y maestro conocedor de la ley del Dios todopoderoso, les pide algo, se lo entregarán sin falta. **22** Le está permitido pedir hasta tres mil trescientos kilos de plata, diez mil kilos de trigo, dos mil doscientos litros de vino, dos mil doscientos litros

de aceite y toda la sal que pida. **23** Tengan cuidado de entregarle de inmediato todo lo que su Dios ha ordenado para su templo. Así Dios no se enojará con mi país ni con mis hijos. **24** Sepan también que no deben cobrar ninguna clase de impuestos a los sacerdotes, sus ayudantes, cantores y guardianes, ni a ningún servidor del templo de Dios.

25 »Esdras, tu Dios te ha dado muchos conocimientos. Úsalos para nombrar gobernantes y jueces que conozcan la ley de tu Dios, y gobiernen con justicia a los habitantes de la provincia al oeste del río Éufrates. Estos líderes deberán enseñar la ley a los judíos que no la conozcan. **26** El castigo inmediato para cualquiera que no obedezca la ley de tu Dios y las órdenes del rey podrá ser: una multa, la cárcel, la expulsión de su país, e incluso la muerte».

Esdras alaba a Dios

27 Al leer la carta Esdras dijo:

«Doy gracias al Dios de nuestros antepasados, que puso en el rey el deseo de devolverle al templo de Dios su belleza. **28** Dios hizo que el rey y sus consejeros me trataran bien, y me dio ánimo para convencer a muchos jefes judíos de que regresaran conmigo a Jerusalén».

Los que regresaron con Esdras

8 **1** Esta es la lista de los jefes de familia que volvieron de Babilonia con Esdras cuando gobernaba el rey Artajerjes. **2-3** Guersón, de la familia de Finees; Daniel, de la familia de Itamar; Hatús, de la familia de David; Zacarías, de la familia de Parós, con otros ciento cincuenta hombres que estaban en la lista; **4** Eliehoenai, de la familia de Pahat-moab, con doscientos hombres; **5** Secanías, de la familia de Zatú, con trescientos hombres; **6** Ébed, de la familia de Adín, con cincuenta hombres; **7** Isaías, de la familia de Elam, con setenta hombres; **8** Zebadías, de la familia de Sefatías, con ochenta hombres; **9** Abdías, de la familia de Joab, con doscientos dieciocho hombres; **10** Selomit, de la familia de Baní, con ciento sesenta hombres; **11** Zacarías, de la familia de Bebai, con veintiocho hombres; **12** Johanán, de la familia de Azgad, con ciento diez hombres; **13** Elifélet, Jeiel y Semaías, de la familia de Adonicam que, junto con sesenta hombres más, regresaron a Jerusalén días más tarde. **14** Utai y Zabud, de la familia de Bigvai, con setenta hombres.

Esdras ordena buscar servidores del templo

15 Yo, Esdras, los reuní a todos junto al río que corre hacia Ahavá, y acampamos allí tres días. Cuando pasé lista a la gente y a los sacerdotes, encontré que no había entre ellos ningún ayudante de la tribu de Leví. **16** Así que mandé buscar a Eliézer, Ariel, Semaías, Elnatán, Jarib, Elnatán, Natán, Zacarías y Mesulam, que eran líderes del pueblo, y a los maestros Joiarib y Elnatán. **17** Les ordené que fueran a ver a Idó, jefe del lugar llamado Casifiá, y le pidieran a él y a sus compañeros que nos enviaran servidores para el templo de nuestro Dios, ya que ellos tenían experiencia en ese trabajo. **18** Gracias a Dios, nos mandaron a Serebías, y a sus hijos y hermanos; en total nos mandaron a dieciocho personas. Serebías era un hombre muy capaz, descendiente de Mahli, un hombre de la tribu de Leví. **19** También nos enviaron a Isaías y Hasabías, y a sus hijos y hermanos, que descendían de Merarí. En total nos enviaron veinte personas. **20** Además de ellos nos enviaron a doscientos veinte servidores del templo de Dios, cuyos antepasados habían sido puestos por David para apoyar a los ayudantes de los sacerdotes. Y se anotaron los nombres de cada uno de ellos.

Esdras ordena un ayuno

21 Después de esto nos reunimos junto al río de Ahavá, y allí mismo ordené que hiciéramos un ayuno para humillarnos ante nuestro Dios, y así pedirle que protegiera a nuestras familias y pertenencias durante el regreso a Jerusalén. **22** Me daba vergüenza pedirle al rey que mandara soldados de caballería para protegernos contra el enemigo en el camino. Le habíamos dicho al rey que Dios cuida a todos los que lo adoran, pero que los que se apartan de él tendrían que soportar todo su enojo. **23** Así que ayunamos y oramos a Dios pidiéndole que nos cuidara, y él nos escuchó.

24 Luego separé a doce de los sacerdotes más importantes: Serebías, Hasabías y otros diez familiares de ellos. **25** Después pesé la plata, el oro, y los utensilios para el templo de Dios que dieron el rey, sus consejeros y todos los judíos allí presentes. Todo esto se lo entregué a los sacerdotes, **26-27** y esta es la lista: veintiún mil cuatrocientos cincuenta kilos de plata, cien utensilios de plata, tres mil trescientos kilos de oro, veinte tazas de oro que pesaban ocho kilos en total, y dos utensilios de bronce pulido.

Esos dos utensilios de bronce eran tan valiosos como el oro.

28 Después de esto, les recomendé a los sacerdotes lo siguiente: Ustedes han sido apartados para servir sólo a Dios. También estos utensilios han sido apartados para el servicio del templo, porque el oro y la plata son ofrendas voluntarias para el Dios de Israel. **29** Cuídenlos bien hasta que sean llevados al templo de Jerusalén, para ser pesados en presencia de los principales sacerdotes, sus ayudantes y los jefes de familia. **30** Entonces los sacerdotes y sus ayudantes recibieron la plata, el oro y los utensilios que habían sido pesados y los llevaron al templo de nuestro Dios en Jerusalén.

El regreso a Jerusalén

31 El día doce del mes de Abib dejamos el río Ahavá y nos pusimos en camino hacia Jerusalén. Nuestro Dios nos cuidó en el camino, pues nos libró de enemigos y de bandidos. **32** Cuando llegamos a Jerusalén, descansamos tres días. **33** Al cuarto día fuimos al templo de nuestro Dios, pesamos la plata, el oro y los utensilios, y entregamos todo al sacerdote Meremot hijo de Urías. También estaban allí Eleazar hijo de Finees y dos descendientes de Leví: Jozabad hijo de Josué y Noadías hijo de Binuy. **34** Todo fue pesado, contado y anotado.

35 Después de esto, los que habían regresado de Babilonia trajeron doce toros, noventa y seis carneros, y setenta y siete corderos y doce chivos para ser presentados como ofrenda para el perdón de los pecados de todo el pueblo. Esos animales fueron quemados en honor a Dios. **36** Luego entregaron la orden del rey a los gobernadores y asistentes de la provincia al oeste del río Éufrates, quienes entonces apoyaron al pueblo y al templo de Dios.

El pecado del pueblo

9 **1-2** Cuando terminaron de hacer todo esto, vinieron los jefes y me dijeron:

«Esdras, queremos informarte que nuestro pueblo no se ha mantenido apartado de la gente que vive aquí. Todos ellos imitan las horribles costumbres de los pueblos que habitan en Canaán y Egipto. Los judíos se han casado con mujeres de esos pueblos, así que el pueblo de Dios se ha mezclado con esa gente. Los primeros en pecar de esta manera han sido los jefes, los gobernantes, los sacerdotes y sus ayudantes».

3 Al saber esto, rompí mis ropas, me arranqué los cabellos y la barba para demostrar mi dolor, y lleno de tristeza me senté en el suelo. 4 Así permanecí hasta el atardecer. A mi lado permanecieron los que habían regresado conmigo, pues tuvieron miedo del castigo que Dios enviaría por causa del pecado de estos israelitas.

5 A la hora del sacrificio de la tarde me recuperé de mi tristeza. Sin quitarme mis ropas rotas me puse de rodillas delante de mi Dios, y extendiendo mis brazos 6 le dije:

«¡Dios mío, qué vergüenza! ¡Estoy tan confundido que no sé cómo hablarte! Nuestros pecados son tantos que si los pusiéramos uno sobre otro llegarían hasta el cielo. 7 Hemos estado pecando gravemente desde hace mucho tiempo. Por causa de nuestra maldad todos nosotros, incluyendo a nuestros reyes y sacerdotes, hemos sido entregados al poder de los reyes de otros países. Hasta hoy nuestros enemigos nos han herido, robado, humillado y sacado de nuestro país.

8 »Pero ahora, Dios nuestro, tú has sido bueno con nosotros y has permitido que algunos quedemos en libertad y vengamos a vivir seguros en este territorio que tú apartaste para nosotros. Nos has dado nueva esperanza y has hecho renacer la alegría en nosotros. 9 Aunque somos esclavos, no nos has abandonado. Tu amor por nosotros es tan grande que hiciste que los reyes de Persia nos permitieran volver para reconstruir tu templo, el cual estaba en ruinas. ¡Aquí en Judea y en Jerusalén tú nos proteges!

10 »Dios nuestro, después de todo lo malo que hemos hecho, ¿qué podemos decir en nuestra defensa? No hemos obedecido las órdenes 11 que nos diste por medio de los profetas, tus servidores. Nos advertiste que el territorio que íbamos a ocupar estaba lleno de maldad, pues los que vivían allí habían llenado todo el territorio con sus horribles costumbres. 12 También nos dijiste que no

debíamos permitir que nuestras hijas se casaran con hombres de esa gente, ni que las hijas de ellos se casaran con nuestros hijos. Tampoco debíamos ayudar a esa gente a tener paz y bienestar. De esa manera seríamos fuertes, disfrutaríamos de todo lo bueno de este territorio y después se lo dejaríamos a nuestros hijos y nietos como herencia para siempre.

13 »Todo lo que nos ha ocurrido fue por nuestros pecados y nuestra grave culpa. Tú, Dios nuestro, no nos has castigado como lo merecíamos, sino que nos has dado libertad. 14 ¿Cómo podríamos, entonces, volver a desobedecerte casándonos con mujeres de esos pueblos, que practican cosas tan horribles? ¡De ninguna manera! Porque entonces te enojarías tanto con nosotros que nos destruirías a nosotros.

15 »Dios de Israel, tú eres justo! Tú permitiste que un grupo de nosotros pueda salvarse, como ahora vemos. Reconocemos que somos culpables y que no tenemos derecho de acercarnos a ti».

El pueblo reconoce su pecado

10 1 Mientras Esdras estaba de rodillas frente al templo, reconociendo el pecado del pueblo, una gran cantidad de hombres, mujeres y niños se juntó alrededor de él, llorando amargamente. 2 Entonces Secanías hijo de Jehiel, que era descendiente de Elam, le dijo a Esdras:

«Nosotros hemos desobedecido a nuestro Dios al casarnos con mujeres de países que adoran a otros dioses. Pero todavía hay esperanza para nuestro pueblo Israel. 3 Vamos a prometerle a nuestro Dios que nos separaremos de todas esas mujeres y sus respectivos hijos. Haremos todo lo que nos indiquen usted y todos los que respetan el mandamiento de Dios. Obedeceremos la ley de Dios. 4 Levántate, porque es tu deber hacer esto; nosotros te apoyaremos. ¡Vamos, anímate!»

5 Entonces Esdras se puso de pie, llamó a todos los israelitas, incluyendo a los principales sacerdotes y a sus ayudantes, y les hizo prometer que cumplirían lo que Secanías había propuesto. Y ellos prometieron hacerlo. 6 Después Esdras salió del templo de Dios y se fue a la habitación de Johanán hijo de Eliasib, y se quedó allí esa noche. Estaba tan triste por la desobediencia de los que habían vuelto de Babilonia que no quiso ni comer ni beber.

7 Más tarde se le ordenó a los habitantes de todo Judá y Jerusalén que los que habían regresado de Babilonia debían reunirse en Jerusalén. 8 Los jefes y los consejeros ordenaron que el que no se presentara dentro de tres días sería echado del grupo de los que regresaron, y se le quitarían todas sus propiedades. 9 Así que a los tres días estaban reunidos en Jerusalén todos los hombres de las tribus de Judá y de Benjamín. Era el día veinte del mes de Quislev, cuando se encontraban todos sentados en la plaza del templo de Dios. Todos temblaban preocupados por lo que Secanías había propuesto y por la fuerte lluvia que caía sobre ellos. 10 El sacerdote Esdras se puso de pie y les dijo:

—Ustedes han pecado al casarse con mujeres que adoran a otros dioses, y así han aumentado la culpa de nuestro pueblo Israel. 11 Reconozcan ahora su maldad delante de nuestro Dios, y obedézcanlo a él. Apártense de todos aquellos extranjeros que adoran a otros dioses, y de las mujeres extranjeras con las que ustedes se han casado.

12 Toda la gente allí reunida respondió en voz alta:

—Está bien. Haremos lo que tú nos ordenas, 13 pero llueve mucho y no nos podemos quedar en la calle. Somos muchos los que hemos pecado y este asunto va a demorar más de dos días. **14** Será mejor que nuestros jefes se queden en Jerusalén y traten este asunto en lugar de nosotros. Después, en una fecha indicada, vendrán los que se hayan casado con mujeres extranjeras, acompañados por sus autoridades y jueces. De esta manera se calmará el tremendo enojo de nuestro Dios por este pecado.

15-16 Todos los que habían regresado estaban de acuerdo con esto, menos Jonatán hijo de Asael y Jahazías hijo de Ticvá, apoyados por Mesulam y Sabtai, de la tribu de Leví. Entonces el sacerdote Esdras escogió a algunos jefes de los grupos familiares y los nombró para investigar cada caso. Comenzaron su tarea el día primero del mes de Tébet, 2 17 y el día primero del mes de Abib 3 del año siguiente, terminaron de examinar los casos de hombres casados con mujeres extranjeras.

Los que tenían esposas extranjeras
18 Esta es la lista de los que estaban casados con mujeres extranjeras:

Lista de sacerdotes:

De los descendientes de Josué hijo de Josadac y sus parientes: Maaseías, Eliézer, Jarib, Guedalías. **19** Ellos prometieron firmemente separarse de sus mujeres, y

presentaron un carnero como ofrenda por el perdón de su pecado.

De los descendientes de Imer: **20** Hananí, Zebadías.

De los descendientes de Harim: **21** Maaseías, Elías, Semaías, Jehiel, Ozías.

De los descendientes de Pashur: **22** Elioenai, Maaseías, Ismael, Natanael, Jozabad, Elasá.

23 Lista de los ayudantes de los sacerdotes: Jozabad, Simí, Petahías, Judá, Eliézer, Quelaías, quien también se conocía como Quelitá.

24 Del grupo de cantores: Eliasib

Lista de vigilantes de las entradas del templo: Salum, Télem, Urí.

25 Las siguientes personas también se habían casado con mujeres de otros países:

De los descendientes de Parós: Ramías, Jezías, Malquías, Mijamín, Eleazar, Malquías, Benaías.

26 De los descendientes de Elam: Matanías, Zacarías, Jehiel, Abdí, Jeremot, Elías.

27 De los descendientes de Zatú: Elioenai, Eliasib, Matanías, Jeremot, Zabad, Azizá.

28 De los descendientes de Bebai: Johanán, Hananías, Zabai, Atlai.

29 De los descendientes de Baní: Mesulam, Maluc, Adaías, Jasub, Seal, Ramot.

30 De los descendientes de Pahat-moab: Adná, Quelal, Benaías, Maaseías, Matanías, Besalel, Binuy, Manasés.

31-32 De los descendientes de Harim: Eliézer, Isías, Malquías, Semaías, Simeón, Benjamín, Maluc, Semarías.

33 De los descendientes de Hasum: Matenai, Matatá, Zabad, Elifélet, Jeremai, Manasés, Simí.

34-37 De los descendientes de Baní: Madai, Amram, Uel, Benaías, Bedías, Queluhu, Vanías, Meremot, Eliasib, Matanías, Matenai, Jaasai.

38-42 De los descendientes de Binuy: Simí, Selemías, Natán, Adaías, Macnadbai, Sasai, Sarai, Azarel, Selemías, Semarías, Salum, Amarías, José.

43 De los descendientes de Nebo: Jeiel, Matatías, Zabad, Zebiná, Jadau, Joel, Benaías.

44 Todos estos se habían casado con mujeres extranjeras, pero se separaron de ellas y de sus hijos.

Nehemías

Nehemías ora por la gente de Jerusalén

1 ¹ Yo soy Nehemías hijo de Hacalías y esta es mi historia. En el mes de Quislev, cuando Artajerjes llevaba veinte años de reinar, yo estaba en el palacio del rey en Susa. ² En ese momento llegó allí mi hermano Hananí con unos hombres que venían de Judá. Cuando les pregunté cómo estaba la ciudad de Jerusalén, y cómo estaban los judíos que no fueron llevados prisioneros a Babilonia, ³ ellos me respondieron: «Los que se quedaron en Jerusalén tienen graves problemas y sienten una terrible vergüenza ante los demás pueblos. Los muros de protección de la ciudad están en ruinas, y sus portones fueron destruidos por el fuego».

⁴ Cuando oí esto, me senté a llorar, y durante varios días estuve muy triste y no comí nada. Entonces le dije a Dios en oración:

⁵ «Dios grande y poderoso; ante ti todo el mundo tiembla de miedo. Tú cumples tus promesas a los que te aman y te obedecen. ⁶ Escúchame y atiende mi oración, pues soy tu servidor. Día y noche te he rogado por los israelitas, que también son tus servidores. Reconozco que todos hemos pecado contra ti. He pecado yo, y también mis antepasados. ⁷ Hemos actuado muy mal y no hemos obedecido los mandamientos que nos diste por medio de Moisés. ⁸ Acuérdate de lo que le dijiste a Moisés: Le advertiste que si no te obedecíamos en todo, tú nos enviarías a países muy lejanos. ⁹ Pero también dijiste que si nos arrepentíamos y obedecíamos tus mandamientos nos volverías a reunir. También dijiste que tú nos traerías de vuelta al sitio que has elegido para que te adoremos, aun cuando estuviéramos en los lugares más lejanos. ¹⁰ »Nosotros somos tus servidores; pertenecemos al pueblo que tú sacaste de Egipto con gran poder. ¹¹ Dios, escucha mi oración y las oraciones de tus servidores que desean adorarte. Haz que el rey me reciba bien y que yo tenga éxito».

En ese tiempo yo era copero del rey Artajerjes.

Nehemías va a Jerusalén

2 ¹ Cierto día, en el mes de Abib, le llevé vino al rey Artajerjes. Como nunca me había visto triste, ² el rey me preguntó:

—¿Qué te pasa? No te ves enfermo. Esa cara triste me dice que debes estar preocupado.

Sentí mucho miedo en ese momento, ³ y le dije al rey:

—¡Deseo que Su Majestad viva muchos años! La verdad, sí estoy triste, y es que la ciudad donde están las tumbas de mis antepasados está en ruinas. Sus portones han sido destruidos por el fuego.

⁴ El rey me preguntó:

—¿Hay algo que pueda hacer por ti?

Yo le pedí ayuda a Dios, ⁵ y le contesté al rey:

—Si le parece bien a Su Majestad, y quiere hacerme un favor, permítame ir a Judá, para reconstruir la ciudad donde están las tumbas de mis antepasados.

⁶ El rey, que estaba acompañado por la reina, me preguntó cuánto tiempo duraría mi viaje y cuándo regresaría. Yo le dije cuánto tardaría, y él me dio permiso para ir. ⁷ Entonces le pedí que me diera cartas para los gobernadores de la provincia que está al oeste del río Éufrates. Ellos debían permitirme pasar por sus territorios para llegar a Judá. ⁸ También le pedí una carta para Asaf, que era el guardabosque del rey. Asaf debía entregarme madera para las puertas de la torre, la cual estaba cerca del templo de Dios, y también para los muros de protección de la ciudad y para mi casa. El rey me dio todo lo que le pedí, porque mi buen Dios me estaba ayudando.

⁹ Luego el rey envió unos oficiales del ejército y soldados de caballería para protegerme en mi viaje. Al llegar a la provincia al oeste del río Éufrates, entregué las cartas del rey a los gobernadores. ¹⁰ Cuando Sambalat el de Horón, y Tobías el funcionario amonita se enteraron de todo esto, se disgustaron mucho de que yo hubiera llegado para ayudar a los israelitas.

Nehemías llega a Jerusalén

¹¹ Al llegar a Jerusalén, dejé pasar tres días ¹² sin decirle a nadie lo que Dios me había indicado hacer por Jerusalén. Después me levanté de noche y salí acompañado por algunos hombres. El único animal que llevábamos era el burro que yo montaba. ¹³ Pasé por la entrada del Valle y me dirigí hacia la entrada del Basurero, pasando por la fuente del Dragón. Revisé los muros de protección de la ciudad que estaban caídos, y los portones que habían sido destruidos por el fuego. ¹⁴ Después seguí hacia la entrada de la Fuente y el estanque del Rey, pero como mi burro no podía pasar por allí, bajé al valle. ¹⁵ Desde el valle revisé los muros, y al regresar pasé por la entrada del Valle. Todavía era de noche.

¹⁶ Los gobernadores no sabían a dónde había ido yo, ni qué había hecho. Tampoco los judíos, pues todavía no les había contado nada a los sacerdotes, ni a los jefes, ni asistentes, ni a los que iban a ayudar en la obra. ¹⁷ Entonces les dije:

—Ustedes conocen bien el problema que tenemos, porque los muros de Jerusalén están en ruinas y sus portones se quemaron. Pero vamos a reconstruirlos, para que no se burlen más de nosotros.

18 Les conté también cómo mi buen Dios me había ayudado, y lo que el rey me había dicho. Entonces ellos respondieron:

—¡Manos a la obra!

Y, muy animados, se prepararon para iniciar la reconstrucción. **19** Pero Sambalat el de Horón, Tobías el funcionario amonita y Guésem el árabe, se burlaron de nosotros y dijeron:

—¿Qué se traen entre manos? ¿Se van a poner en contra del rey?

20 Yo les contesté:

—Dios gobierna desde el cielo, y con su ayuda tendremos éxito. Ustedes no tienen autoridad en Jerusalén. Tampoco tienen ningún derecho, pues no son parte de su historia. Nosotros haremos los trabajos de reconstrucción.

Comienza la reconstrucción

3 **1** Entonces comenzó la reconstrucción. Los sacerdotes, junto con su jefe Eliasib, reconstruyeron la entrada de las Ovejas. Reconstruyeron los muros de protección hasta la torre de los Cien y la torre de Hananel, y colocaron los portones. Luego dedicaron a Dios esa entrada. **2** Los hombres de Jericó reconstruyeron la sección de los muros que seguía.

En la siguiente sección trabajó Zacur hijo de Imrí. **3** La familia de Senaá reconstruyó la entrada de los Pescados. Pusieron vigas y colocaron los portones con sus cerrojos y barras. **4** La siguiente sección del muro fue reparada por Meremot hijo de Urías y nieto de Cos.

La reparación de la siguiente sección la hizo Mesulam hijo de Berequías, y nieto de Mesezabel.

La siguiente sección fue reparada por Sadoc hijo de Baaná. **5** La gente de Tecoa se hizo cargo de la siguiente sección, pero los hombres importantes de ese pueblo no quisieron ayudar a los que dirigían la obra.

6 Joiadá hijo de Paséah y Mesulam hijo de Besodías, repararon la entrada de Jesaná. Le pusieron vigas y colocaron los portones con sus cerrojos y barras. **7** Melatías de Gabaón, y Jadón de Meronot, repararon la siguiente sección del muro, junto con la gente de Gabaón y de Mispá. Estas dos regiones estaban a cargo del gobernador de la provincia que está al oeste del río Éufrates. **8** En la sección que seguía trabajaron Uziel hijo de Harhaías, que era muy bueno trabajando con objetos de plata, y Hananías, que preparaba excelentes perfumes. Estos dos repararon el muro de Jerusalén hasta el muro ancho. **9** La siguiente sección la reparó Refaías hijo de Hur, que era gobernador de la mitad del distrito de Jerusalén. **10** Jedaías hijo de Harumaf reparó la siguiente sección, que quedaba frente a su casa.

El trabajo de la siguiente sección lo hizo Hatús hijo de Hasabnías. **11** Malquías hijo de Harim, y Hasub hijo de Pahat-moab, repararon la siguiente sección y la torre de los Hornos. **12** En la sección que seguía trabajó Salum hijo de Halohés, ayudado por sus hijas. Halohés era gobernador de la otra mitad del distrito de Jerusalén. **13** Hanún y los que vivían en Zanóah repararon la entrada del Valle. La reconstruyeron, le colocaron los portones con sus cerrojos y barras, y también repararon cuatrocientos cincuenta metros del muro, hasta la entrada del Basurero. **14** Malquías hijo de Recab, que era gobernador del distrito de Bethaquérem, reconstruyó la entrada del Basurero. Le colocó los portones con sus cerrojos y barras. **15** Salum hijo de Colhozé, que era

gobernador del distrito de Mispá, reparó la entrada de la Fuente. La cubrió con un techo y colocó los portones con sus cerrojos y sus barras. También arregló el muro desde el estanque de Siloé, que está junto al jardín del rey, hasta las escaleras que bajan de la parte más antigua de la ciudad de Jerusalén. **16** Nehemías hijo de Azbuc, que era gobernador de la mitad del distrito de Bet-sur, reparó la siguiente sección del muro que está frente a la tumba de David, hasta el estanque de agua y el cuartel de los soldados.

Los colaboradores de la tribu de Leví

17 Estos fueron los descendientes de Leví que trabajaron en la reconstrucción del muro de protección:

Rehúm hijo de Baní, y después Hasabías, que era gobernador de la mitad del distrito de Queilá, repararon la sección que seguía, en representación de su distrito. **18** Luego continuaron el trabajo Bavai hijo de Henadad, que era gobernador de la otra mitad del distrito de Queilá. **19** Éser hijo de Josué, gobernador de Mispá, reparó la sección frente a la calle que lleva al depósito de armas de la esquina. **20** Después Baruc hijo de Zabai reparó la sección que va desde la esquina hasta la puerta de la casa de Eliasib, el jefe de los sacerdotes. **21** Meremot hijo de Urías, y nieto de Cos, reparó la sección que va desde la puerta de la casa de Eliasib hasta donde termina.

Los sacerdotes también reconstruyeron

22 Los sacerdotes que vivían en el valle del río Jordán trabajaron en la reconstrucción de las secciones que seguían. **23** Luego los sacerdotes Benjamín y Hasub repararon la sección del muro que quedaba frente a su casa. Azarías hijo de Maaseías, nieto de Ananías, reparó el muro junto a su casa. **24** Binuy hijo de Henadad reparó otra sección, que va de la casa de Azarías

hasta el ángulo de la esquina.
25 Palal hijo de Uzai reparó el muro frente a la esquina, y la torre alta del palacio del rey, que está en el patio de la guardia. Pedaías hijo de Parós **26** y los servidores del templo que vivían en Ófel repararon la sección del este, que está frente a la entrada del Agua. También repararon la torre.

Otros colaboradores

27 Los de Tecoa repararon la sección del muro que iba desde enfrente de la torre grande hasta el muro de Ófel.
28 Algunos sacerdotes repararon el muro frente a sus casas, desde la entrada de los Caballos. **29** También Sadoc hijo de Imer reparó el muro frente a su casa.
La siguiente sección la reconstruyó Semaías hijo de Secanías, que era guardián de la entrada del Este.
30 De la siguiente sección se encargaron Hananías hijo de Selemías y Hanún, el sexto hijo de Salaf.
Mesulam hijo de Berequías trabajó en la sección del muro que estaba frente a su casa. **31** Malquías, que fabricaba excelentes objetos de plata, reparó la sección que seguía, hasta la casa de los servidores del templo y de los comerciantes, frente a la entrada de Revisión y hasta el puesto de vigilancia de la esquina.
32 La sección que va desde allí hasta la entrada de las Ovejas fue reparada por los fabricantes de objetos de plata, y por los comerciantes.

Oposición a la obra

4 **1** (3.33) Cuando Sambalat se enteró de que estábamos reconstruyendo el muro, se enojó mucho. Se puso furioso y comenzó a burlarse de los judíos. **2** (3.34) Delante de sus compañeros y del ejército de Samaria dijo:

«¿Qué se traen entre manos esos pobres judíos? ¿Creen que podrán reconstruir la ciudad y volver a ofrecer sacrificios? ¿Creen que podrán hacerlo en un día? ¿Piensan que de ese montón de escombros van a sacar piedras nuevas?»

3 (3.35) Tobías el amonita, que estaba con él, añadió: «¡El muro que están edificando es muy débil! ¡Basta que se suba una zorra para que se caiga!»
4 (3.36) Entonces yo oré:

«¡Dios nuestro, escucha cómo nos ofenden! Haz que todo lo malo que nos desean les pase a ellos. Haz que se los lleven a la fuerza a otro país, y que les roben todo lo que tienen. **5** (3.37) No les perdones sus maldades ni te olvides de sus pecados pues nos han insultado por reconstruir el muro».

6 (3.38) Así que seguimos reconstruyendo el muro, y como la gente trabajaba con entusiasmo, el muro pronto estaba hasta la mitad de su altura. **7** (1) Pero cuando Sambalat, Tobías, los árabes, los de Amón y los de Asdod se enteraron de que la reparación del muro de Jerusalén seguía adelante, y que ya se estaban cerrando las partes caídas, se enojaron muchísimo. **8** (2) Todos juntos hicieron un plan para pelear contra nosotros y desanimarnos. **9** (3) Entonces oramos a Dios y pusimos guardias de día y de noche para protegernos. **10** (4) La gente de Judá se quejaba: «Ya no tenemos fuerzas, y los escombros son muchos. No podremos terminar de reparar los muros».
11 (5) Nuestros enemigos pensaban que no conocíamos sus planes, y que nos podrían atacar por sorpresa, para matarnos y así detener la reconstrucción. **12** (6) Pero cada vez que nuestros enemigos venían a atacarnos, los nuestros que vivían cerca de ellos nos avisaban. **13** (7) Por eso ordené que todos tuvieran listas sus armas: espadas, lanzas y arcos. Luego les pedí que se colocaran agrupados por familias detrás del muro, en los espacios que todavía no habían sido reparados.

14 (8) Como vi que estaban preocupados, me levanté y les dije a los jefes, a los gobernadores y a todos los demás: «No tengan miedo. Recuerden que Dios es poderoso, y que ante él todos tiemblan. ¡Luchen por sus compatriotas, sus hijos, hijas, esposas y hogares!»
15 (9) Cuando nuestros enemigos se enteraron de que conocíamos sus planes, reconocieron que Dios estaba de nuestra parte. Entonces todos nosotros volvimos a trabajar en la reparación del muro. **16** (10) Desde ese momento, la mitad de nosotros trabajaba en la reconstrucción y la otra mitad permanecía armada con lanzas, escudos, arcos y corazas. Los jefes apoyaban a todos los de Judá **17** (11) que estaban reparando el muro. Los que cargaban materiales lo hacían de tal manera que con una mano trabajaban y con la otra sostenían su arma.
18 (12) Todos tenían su espada sujeta a la cintura mientras trabajaban. El que tocaba la trompeta estaba al lado mío, **19** (13) pues yo les había dicho a los jefes y asistentes, y a todos los demás:

«El trabajo es demasiado y falta mucho por reconstruir; además, estamos repartidos por todo el muro y lejos unos de otros. **20** (14) Por eso, si nos atacan, oirán sonar la trompeta. Si así sucede, corran a ayudarnos. Nuestro Dios luchará por nosotros».

21 (15) Desde que salía el sol hasta que aparecían las estrellas, la mitad de la gente reparaba el muro, y los demás mantenían las lanzas en sus manos. **22** (16) Yo también le había dicho a la gente que todos debían pasar la noche dentro de Jerusalén para protegerse, y trabajar solamente durante el día. **23** (17) Por eso, ni mis parientes ni mis ayudantes, ni los hombres de la guardia que me acompañaban, nos quitábamos la ropa para dormir. Cada uno mantenía el arma en la mano.

Problemas entre el pueblo

5 **¹** Tiempo después, varios hombres y mujeres protestaron contra sus compatriotas judíos. **²** Algunos que tenían muchos hijos decían que les faltaba trigo para darles de comer. **3** Otros decían que, para obtener un préstamo y así poder comprar trigo, habían tenido que hipotecar sus campos, casas y viñedos. **4** También estaban los que decían que, para pagar los impuestos sobre sus campos y viñedos habían tenido que pedir dinero prestado. **5** Además, decían:

«Somos de la misma raza que nuestros compatriotas, y nuestros hijos tienen los mismos derechos que los de ellos. Sin embargo, tendremos que vender a nuestros hijos como esclavos. La verdad es que algunas de nuestras hijas ya lo son, y no podemos hacer nada para evitarlo, porque nuestros campos y viñedos ya pertenecen a otros».

6 Cuando escuché sus quejas, me enojé mucho. **7** Y después de pensarlo bien, reprendí a los jefes y gobernantes por tratar mal a sus propios compatriotas, y les mandé que se reunieran para hablar del asunto. **8** Entonces les dije:

«Nosotros hemos estado haciendo todo lo posible por rescatar a nuestros compatriotas que fueron vendidos como esclavos a otras naciones. Ahora ustedes los están obligando a venderse de nuevo, y después nosotros tendremos que volver a rescatarlos».

Ellos no supieron qué responder, así que se quedaron en silencio. **9** Entonces yo les dije:

—Lo que ustedes están haciendo no está bien. Para evitar las burlas de nuestros enemigos ustedes tienen que demostrar que respetan a Dios. **10** Además, sepan que

mis parientes, mis ayudantes y yo, hemos prestado dinero y trigo a estos compatriotas nuestros. Pero ahora vamos a decirles que no nos deben nada. **11** Ustedes deben devolverles hoy mismo sus campos, sus viñedos, sus olivares y sus casas. No los obliguen a pagar lo que deben, ya sea dinero, trigo, vino o aceite, ni los obliguen a pagar intereses.

12 Ellos respondieron:

—Haremos lo que nos dices. Les devolveremos sus propiedades y no los obligaremos a pagar nada.

Entonces llamé a los sacerdotes para que delante de ellos prometieran cumplir lo que habían dicho. **13** Además, me sacudí la ropa y dije:

—Así sacuda Dios a todos los que no cumplan con esta promesa. Que Dios les quite sus casas, sus terrenos y todo lo que posean.

Todos los que estaban reunidos allí dijeron: «¡Que así sea!», y alabaron a Dios. Y todos cumplieron lo que habían prometido.

Generosidad de Nehemías

14 Durante doce años mis familiares y yo no aceptamos la comida del rey, que me correspondía como gobernador de Judá. Fui nombrado gobernador en el año veinte del reinado de Artajerjes, y estuve en ese cargo hasta el año treinta y dos. **15** Los que habían gobernado antes que yo fueron malos con el pueblo, porque cobraban cuarenta monedas de plata al día por comida y vino. También sus ayudantes habían sido malos, pero yo no hice eso porque amo y respeto a Dios. **16** Me dediqué a reconstruir el muro de la ciudad y no compré ninguna propiedad. Todos mis ayudantes colaboraron en la reconstrucción. **17** Además, yo les daba de comer a ciento cincuenta judíos, incluidos sus jefes, sin contar a todos los de otras naciones

vecinas que también venían a mi mesa. **18** Todos los días se preparaba por mi cuenta un buey, seis de las mejores ovejas, y también aves; cada diez días se servía abundante vino. Sin embargo, no cobraba lo que me correspondía como gobernador, porque la gente ya sufría bastante.

19 Luego oré y le dije a Dios: «Te ruego que te acuerdes de todo lo que he hecho por esta gente».

Plan contra Nehemías

6 **¹** Sambalat, Tobías, Guésem el árabe, y nuestros otros enemigos se enteraron de que habíamos terminado de reparar el muro, y que ya no quedaban secciones caídas, aunque todavía no habíamos colocado los portones en su lugar. **2** Entonces Sambalat y Guésem me enviaron un mensaje pidiéndome que me reuniera con ellos en uno de los pueblitos del valle de Onó. Eso era una trampa para hacerme daño. **3** Entonces yo les mandé a decir que estaba muy ocupado con una tarea importante, y que no podía reunirme con ellos porque el trabajo se detendría. **4** Cuatro veces me enviaron el mismo mensaje, pero yo les respondí lo mismo. **5** La quinta vez Sambalat envió uno de sus ayudantes con una carta abierta. **6** Decía así:

«La gente anda diciendo, y Guésem también me lo dijo, que ustedes y los judíos han reconstruido el muro porque están planeando ponerse en contra del rey Artajerjes. Se dice también que tú quieres ser el rey de Judá, **7** y que has ordenado a algunos profetas que anuncien en Jerusalén que ya eres el rey. Sin duda, Artajerjes se va a enterar de esto. Será mejor que nos reunamos contigo para planear qué haremos».

8 Entonces yo le envié esta respuesta: «Nada de lo que dices es verdad. Es un invento tuyo». **9** Y es que ellos querían asustarnos, pensando que así dejaríamos de trabajar, pero yo le pedí a Dios que me ayudara a seguir trabajando con más fuerza aún. **10** Después me fui a ver a Semaías hijo de Delaías, y nieto de Mehetabel, que se había encerrado en su casa, y él me dijo:

—Vamos al templo de Dios. Allí nos refugiaremos, y cerraremos bien las puertas, porque han planeado matarte esta noche.

11 Pero yo le respondí:

—No pienses que soy un cobarde. ¿Crees que me refugiaría en el templo de Dios para salvar mi vida? ¡No! No lo haré.

12 Me di cuenta de que Semaías decía eso porque Sambalat y Tobías le habían pagado para hacerlo, y que no hablaba de parte de Dios. **13** Querían asustarme para hacerme pecar, y así acusarme de ser una mala persona. **14** Entonces oré a Dios: «¡Dios mío, no olvides lo que han hecho Tobías y Sambalat! ¡Ni te olvides de la profetisa Noadías ni de los otros profetas que quisieron asustarme!»

15 La reconstrucción del muro quedó terminada el día veinticinco del mes de Elul. El trabajo duró cincuenta y dos días. **16** Cuando nuestros enemigos se enteraron de esto, los países vecinos tuvieron miedo y se sintieron avergonzados, porque comprendieron que esta obra se había realizado con la ayuda de nuestro Dios.

17 Durante todo ese tiempo, los jefes de Judá habían mantenido comunicación con Tobías, **18** porque muchos de ellos se habían comprometido a ayudarle. Habían hecho esto porque Tobías era yerno de Secanías hijo de Árah, y porque su hijo Johanán se había casado con la hija de Mesulam hijo de Berequías. **19** Frente a mí, hablaban de todo lo bueno que Tobías había hecho, y a él le contaban todo lo que yo decía. Por su parte, Tobías me enviaba cartas para tratar de asustarme.

Nehemías organiza la defensa de la ciudad

7 **1** Cuando se terminó de reparar el muro, se colocaron los portones en su lugar y se eligieron los guardias de las entradas, los cantores y los ayudantes de los sacerdotes. **2** A mi hermano Hananí lo nombré gobernador de Jerusalén; a Hananías lo nombré jefe del palacio del rey, porque podía confiar en él, y además respetaba a Dios más que otras personas. **3** Les dije que no debían abrirse los portones de la ciudad antes de la salida del sol, y que debían cerrarse al atardecer, antes de que los guardias se retiraran. Además, les ordené que nombraran guardias de entre los que vivían en Jerusalén, algunos para los puestos de vigilancia y otros para vigilar sus casas.

Los que volvieron de Babilonia

4 La ciudad de Jerusalén era grande y extensa, pero había poca gente en ella porque no se habían reconstruido las casas. **5** Entonces Dios me dio la idea de reunir a todos, incluyendo los jefes y asistentes, para hacer una lista de las familias. Yo encontré el libro donde estaban anotados los que habían llegado antes, y en ese libro estaba escrito lo siguiente:

6 «Esta es la lista de las personas de la provincia de Judá que volvieron de Babilonia. Fueron llevados prisioneros por el rey Nabucodonosor de Babilonia, pero volvieron a Jerusalén y a otros lugares de Judá. Cada uno volvió a su pueblo o ciudad. **7** Los líderes que los ayudaron fueron: Zorobabel, Josué, Nehemías, Azarías, Raamías, Nahamaní, Mardoqueo, Bilsán, Mispéret, Bigvai, Nehúm, Baaná.

8 »De los descendientes de Parós regresaron dos mil ciento setenta y dos personas;

9 de los descendientes de Sefatías, trescientas setenta y dos; **10** de los de Árah, seiscientos cincuenta y dos; **11** de los de Pahat-moab, dos mil ochocientos dieciocho. Todos estos eran descendientes de Josué.

12 »De los descendientes de Elam regresaron mil doscientos cincuenta y cuatro personas; **13** de los descendientes de Zatú, ochocientos cuarenta y cinco; **14** de los de Zacai, setecientos sesenta; **15** de los de Binuy, seiscientos cuarenta y ocho; **16** de los de Bebai, seiscientos veintiocho; **17** de los descendientes de Azgad, dos mil trescientos veintidós; **18** de los de Adonicam, seiscientos sesenta y siete; **19** de los Bigvai, dos mil sesenta y siete; **20** de los de Adín, seiscientos cincuenta y cinco; **21** de los de Ater, noventa y ocho. Todos estos eran descendientes de Ezequías.

22 »De los descendientes de Hasum regresaron trescientos veintiocho personas; **23** de los descendientes de Besai, trescientos veinticuatro; **24** de los de Harif, ciento doce; **25** de los de Gabaón, noventa y cinco.

26 »También volvieron los que vivían en las siguientes ciudades y pueblos: De Belén y Netofá regresaron ciento dieciocho personas; **27** de Anatot, ciento veintiocho; **28** de Bet-azmávet, cuarenta y dos; **29** de Quiriat-jearim, Quefirá y Beerot, setecientos cuarenta y tres; **30** de Ramá y de Gueba, seiscientos veintiuno; **31** de Micmás, ciento veintidós; **32** de Betel y de Ai, ciento veintitrés;

33 de Nebo, cincuenta y dos personas;

34 de Elam, mil doscientos cincuenta y cuatro;

35 de Harim, trescientos veinte;

36 de Jericó, trescientos cuarenta y cinco;

37 de Lod, Hadid y Onó, setecientos veintiuno;

38 de Senaá, tres mil novecientos treinta.

39 »De los sacerdotes regresaron los siguientes:

De los descendientes de Jedaías, que eran familia de Josué, regresaron novecientos setenta y tres sacerdotes;

40 de los descendientes de Imer, mil cincuenta y dos;

41 de los de Pashur, mil doscientos cuarenta y siete;

42 de los de Harim, mil diecisiete.

43 »De los ayudantes de los sacerdotes regresaron setenta y cuatro de los descendientes de Josué y de Cadmiel, que eran de la familia de Hodavías.

44 »De los cantores regresaron ciento cuarenta y ocho, que eran descendientes de Asaf.

45 »De los vigilantes de las entradas, que eran descendientes de Salum, de Ater, de Talmón, de Acub, de Hatitá y de Sobai, regresaron ciento treinta y ocho.

46-56 »De los que trabajaban en el templo regresaron todos aquellos que eran descendientes de: Sihá, Hasufá, Tabaot, Queros, Siahá, Padón, Lebaná, Hagabá, Salmai, Hanán, Guidel, Gáhar, Reaías, Resín, Necodá, Gazam, Uzá, Paséah, Besai, Meunim, Nefusim, Bacbuc, Hacufá, Harhur, Baslut, Mehidá, Harsá, Barcós, Sísara, Temá, Nesíah, Hatifá.

57-59 »De los parientes de los ayudantes de Salomón regresaron todos aquellos que eran descendientes de Sotai, Soféret, Perudá, Jaalá, Darcón, Guidel, Sefatías,

Hatil, Poquéret-hasebaím y Amón.

60 »Los que trabajaban en el templo y los descendientes de los ayudantes de Salomón eran en total trescientos noventa y dos.

61 »Algunos que llegaron de Tel-mélah, Tel-harsá, Querub, Imer y Adón no pudieron comprobar que eran israelitas; tampoco pudieron demostrar que sus padres fueran israelitas ni que estuvieran casados con alguna israelita. **62** Esta gente era descendiente de Delaías, de Tobías y de Necodá, y en total eran seiscientos cuarenta y dos.

63 »De los parientes de los sacerdotes que no pudieron demostrar que en verdad eran sacerdotes estaban los descendientes de Hobaías, Cos y Barzilai. Este Barzilai había tomado el apellido de su suegro. Se había casado con la hija de un hombre llamado también Barzilai y que era de Galaad. **64** Todos estos buscaron sus nombres en la lista, pero no los encontraron, así que no se les permitió trabajar como sacerdotes. **65** Además, el gobernador les prohibió comer de los alimentos ofrecidos a Dios, hasta que un sacerdote pudiera consultar a Dios por medio del Urim y el Tumim,[j] para saber qué hacer.

66 »En total regresaron de Babilonia cuarenta y dos mil trescientas sesenta personas. **67** Con esa gente vinieron siete mil trescientos treinta y siete sirvientes y sirvientas, además de doscientas cuarenta y cinco cantantes. **68** Traían setecientos treinta y seis caballos, doscientas cuarenta y cinco mulas, **69** (68b) cuatrocientos treinta y cinco camellos y seis mil setecientos veinte burros. **70** (69) »Algunos jefes de familia hicieron donaciones para el trabajo de reconstrucción. El gobernador entregó a la tesorería ocho kilos de oro, cincuenta tazones y quinientos treinta uniformes para los sacerdotes. **71** (70) Los jefes de familia entregaron a la tesorería ciento sesenta kilos de

oro y mil doscientos diez kilos de plata. **72** (71) Todos los demás dieron en total ciento sesenta kilos de oro, mil cien kilos de plata y sesenta y siete uniformes para los sacerdotes.

73 (72) »Todos los israelitas, incluidos los sacerdotes, sus ayudantes, los guardias de las entradas, los cantores y los servidores del templo de Dios, se quedaron a vivir en sus pueblos».

Esdras lee el libro de la Ley frente a todo el pueblo

Cuando llegó el mes de Etanim,[a] los israelitas ya estaban viviendo en sus pueblos.

8 **1-3** El primer día del mes de Etanim todo el pueblo se reunió en la plaza, frente a la entrada llamada del Agua. Allí estaban los hombres, las mujeres y los niños mayores de doce años. Entonces le pidieron a Esdras, el maestro y sacerdote, que trajera el libro de la Ley, la cual Dios había dado a los israelitas por medio de Moisés. Así que Esdras fue y trajo el libro, y lo leyó desde muy temprano hasta el mediodía. Todos los que estaban allí escucharon con mucha atención.

4-5 Esdras estaba de pie sobre una plataforma de madera que se había construido para esa ocasión, de manera que todos podían verlo. A su derecha, también de pie, estaban Matatías, Sema, Anías, Urías, Hilquías y Maaseías. A su izquierda estaban Pedaías, Misael, Malquías, Hasum, Hasbadana, Zacarías y Mesulam. Cuando abrió el libro, todos se pusieron de pie. **6** Entonces Esdras alabó al Dios todopoderoso, y todos, con los brazos en alto, dijeron: «¡Sí, sí, alabado sea Dios!» Luego se inclinaron hasta tocar el suelo con la frente y adoraron a Dios.

7-8 Después de esto, los siguientes ayudantes de los sacerdotes ayudaron al pueblo a entender la ley de Dios: Josué, Baní, Serebías, Jamín, Acub, Sabtai, Odías, Maaseías, Quelitá, Azarías, Jozabad, Hanán, Pelaías.

Ellos leían y traducían con claridad el libro para que el pueblo pudiera entender. **9** Y al oír lo que el libro decía, todos comenzaron a llorar. Entonces el gobernador Nehemías, el sacerdote Esdras y los ayudantes le dijeron a la gente: «¡No se pongan tristes! No lloren, porque este día está dedicado a nuestro Dios». **10** Esdras también les dijo: «¡Hagan fiesta! Coman de lo mejor, beban jugos; inviten a los que no tengan nada preparado. Hoy es un día dedicado a nuestro Dios, así que no se pongan tristes. ¡Alégrense, que Dios les dará fuerzas!»

11 Los ayudantes de los sacerdotes también calmaban al pueblo y le decían: «Cállense. No lloren, porque este es un día dedicado a Dios. No hay motivo para estar tristes».

12 Así que todos se fueron y organizaron una gran fiesta para celebrar que habían entendido la lectura del libro de la Ley. Todos fueron invitados a la fiesta, y comieron y bebieron con alegría.

13 Al segundo día, los jefes de todos los grupos familiares, los sacerdotes y sus ayudantes se reunieron con Esdras para estudiar el libro de la Ley. **14** Se dieron cuenta entonces que Dios había ordenado por medio de Moisés que todos ellos debían vivir en enramadas[J] durante la fiesta religiosa del mes de Etanim.[2]

15 También se dieron cuenta de que debían dar a conocer en Jerusalén, y en todos los pueblos vecinos, la siguiente orden: «Vayan a los cerros a buscar ramas de olivo, de arrayán, de palmeras o de cualquier otro árbol lleno de hojas, para que hagan las enramadas que ordena la Ley».

16 Así que la gente salió a buscar ramas, y cada uno construyó con ellas su propia enramada. Unos la hicieron en el piso alto de la casa, otros la hicieron en el patio, y aun otros la hicieron en la plaza del templo de Dios, frente a la entrada del Agua y frente a la entrada de Efraín. **17** Todos los que habían vuelto de Babilonia hicieron enramadas y se colocaron debajo de ellas. Estaban muy alegres, pues desde la época de Josué hijo de Nun hasta aquel día, los israelitas no habían celebrado esta fiesta. **18** La fiesta duró siete días, y en cada uno de ellos Esdras leyó el libro de la Ley de Dios. Al octavo día celebraron un culto para adorar a Dios siguiendo las instrucciones del libro de la Ley.

Confesión de pecado

9 [1] El día veinticuatro del mes de Etanim,[1] los israelitas se reunieron para ayunar. Para demostrar que estaban arrepentidos, se pusieron ropas ásperas y se echaron tierra sobre la cabeza. **2** Después de apartarse de todos los extranjeros, se pusieron de pie, confesaron sus pecados y reconocieron la maldad de sus antepasados. **3** Durante tres horas permanecieron en ese mismo lugar, mientras se les leía el libro de la Ley de Dios. Las tres horas siguientes las dedicaron a confesar sus pecados y a adorar a Dios. **4-5** Josué, Binuy, Cadmiel, Sebanías, Binui, Serebías, Baní, Quenaní, Hasabnías, Odías y Petahías, que eran ayudantes de Nehemías y estaban en la plataforma, oraron a Dios en voz alta:

«¡Bendito sea nuestro
poderoso Dios!
¡Alabémosle hoy, mañana
y siempre!
¡Dios nuestro,
no son suficientes las palabras
para darte la alabanza
que mereces!»

6 Luego el pueblo oró así:

«Tú eres el único Dios
verdadero.
Tú hiciste el cielo y
las estrellas,
y lo que está más allá
del cielo.
Hiciste la tierra, los mares
y todo lo que hay en ellos.
Tú das vida a todo lo
que existe,
y las estrellas del cielo
te adoran.

7 »Dios nuestro,
tú elegiste a Abram,
lo sacaste de Ur,
ciudad de los caldeos.
Le cambiaste el nombre
y lo llamaste Abraham.
8 Podías confiar en él,
y por eso le prometiste
hacer de sus descendientes
los dueños de un
gran territorio.

»Ese territorio lo ocupaban
los cananeos y los hititas,
los amorreos y los ferezeos,
los jebuseos y los gergeseos.
¡Y tú cumpliste la promesa!
¡En ti se puede confiar!

9 »Nuestros antepasados
sufrieron mucho en Egipto,
pero tú te fijaste en ellos
y escuchaste sus quejas
a orillas del Mar de los Juncos.
10 Enviaste terribles castigos
al rey de Egipto,
a sus ayudantes
y a todo su pueblo,
porque trataron con crueldad
a nuestros antepasados.
Así te ganaste la fama
que hasta ahora tienes.

11 »Ante nuestros antepasados
dividiste el mar en dos,
para que cruzaran
por tierra seca.
Pero a los egipcios
los hundiste en el agua;
¡los hiciste caer como piedras
hasta el fondo del mar!
12 De día guiaste a tu pueblo
con una columna de nube;
de noche lo dirigiste
con una columna de fuego.
Tú les mostraste el camino
que debían seguir.

13-14 »Después bajaste
al monte Sinaí,
y hablaste desde el cielo
a nuestros antepasados.

"¡Ya no hay biblias!" María llora desconsolada al oír esas palabras. ¿Será que se ha esforzado en vano durante tantos años?

"Es imposible negarte una biblia. ¡Te doy la última que tengo!" -le dice el pastor Charles a la niña desconsolada.

Allí les diste tus mandamientos
por medio de Moisés,
tu servidor.
Y les ordenaste descansar
en el día sábado,
para que te adoraran.
15 Les enviaste pan del cielo
para calmar su hambre,
y sacaste agua de la roca
para calmar su sed.
También les ordenaste
conquistar la tierra
que les habías prometido.

16 »Pero nuestros antepasados
fueron orgullosos y tercos;
no te obedecieron.
17-18 Se olvidaron de
los milagros
que tú hiciste en su favor.
Fueron desobedientes
y nombraron a un jefe
para que los llevara a Egipto,
de vuelta a la esclavitud.
Luego hicieron un toro de metal
y dijeron que ese era su dios,
el dios que los sacó de Egipto.
Pero tú no los abandonaste
pues eres tierno y compasivo,
y siempre estás dispuesto
a perdonar.
No te enojas con facilidad,
y es tanto tu amor
que en ti se puede confiar.

19 »No dejaste de guiarlos
ni de día ni de noche;
no los abandonaste en
el desierto,
pues los amabas mucho.
20 Fuiste bueno con ellos
y con tu espíritu de bondad
les enseñaste a vivir.
No dejaste de enviarles
el maná para comer,
ni el agua para calmar su sed.
21 Cuarenta años
los alimentaste
y nada les faltó en el desierto.
Tampoco se les gastó la ropa
ni se les hincharon los pies.

22 »También les diste
reinos y territorios.
Conquistaron Hesbón y Basán,
que eran gobernados
por los reyes Og y Sihón.

23 Les diste tantos hijos
como estrellas hay en el cielo.
Los trajiste a la
tierra prometida
para que la conquistaran,
24 y ellos entraron y la tomaron.
Tú derrotaste a los pueblos
y a los reyes de Canaán;
los pusiste bajo nuestro poder
para que hiciéramos con ellos
lo que nos pareciera.
25 Israel conquistó
tierras fértiles
y poderosas ciudades;
tomó casas llenas de riqueza,
pozos de agua y viñedos,
olivares y árboles frutales.
Nuestros antepasados
comieron hasta hartarse,
engordaron y disfrutaron
de tu gran bondad.

26 »Pero luego ellos
se pusieron en tu contra.
¡Te insultaron gravemente!
Desobedecieron tu ley,
y mataron a tus profetas.
Y los profetas sólo les decían
que debían arrepentirse
y obedecer tu ley.
27 Por eso los entregaste
en poder de sus enemigos,
para hacerlos sufrir.

»Nuestros antepasados
no aguantaron
que los hicieras sufrir tanto,
y te pidieron ayuda.
Tan grande es tu amor por ellos
que desde el cielo
los escuchaste,
y les enviaste libertadores.
28 Pero en cuanto tenían paz
volvían a desobedecerte.
Entonces, una vez más,
caían en poder de
sus enemigos.
Pero volvían a pedirte ayuda,
y tú desde el cielo
los escuchabas.
Tan grande era tu amor
por ellos,
que una y otra vez
los liberabas.
29 Les ordenaste obedecer
tu ley,
la cual da vida a los que

la obedecen,
pero ellos fueron rebeldes
y orgullosos,
y no la obedecieron.
30 Durante muchos años
les tuviste paciencia;
tu espíritu y tus profetas
les advirtieron del castigo.
Pero ellos no
quisieron escuchar,
así que los dejaste caer
en manos
de sus enemigos.
31 Sin embargo,
los amabas tanto que no
los destruiste
ni los abandonaste.
¡Eres un Dios tierno
y compasivo!

32 »¡Dios nuestro, qué
poderoso eres!
¡Todos tiemblan ante ti!
Eres un Dios fiel
que siempre cumple
sus promesas,
y nunca deja de amarnos.
Mira cuánto han sufrido
nuestros reyes y jefes,
nuestros sacerdotes
y profetas,
y también
nuestros antepasados.
Desde el momento en
que caímos
bajo el poder de los reyes
de Asiria
hasta el día de hoy,
tu pueblo no ha dejado
de sufrir.
33 Pero el castigo ha sido justo,
pues tú fuiste fiel
y nosotros pecamos contra ti.
34 Nuestros reyes y jefes,
nuestros sacerdotes
y antepasados,
no obedecieron tu ley
ni hicieron caso de
tus advertencias.
35 Tenían un reino y riquezas,
y el territorio fértil que
les diste,
pero ni aun así te adoraron
ni dejaron su maldad.

36 »Dios mío,
mira cómo estamos.

Ahora somos esclavos
en el país que les diste
a nuestros antepasados
para que lo disfrutaran.
37 Los reyes que ahora
nos dominan,
son el castigo por
nuestros pecados,
y son ellos quienes disfrutan
de lo mejor de nuestra tierra.
Son nuestros dueños,
y hacen lo que quieren
con todo nuestro ganado.
¡Todo esto nos tiene
muy tristes!»

Los israelitas se comprometen

38 (10.1) Por todo esto que nos ha pasado, nosotros los israelitas nos comprometemos firmemente a obedecer a nuestro Dios. Este compromiso lo ponemos por escrito, sellado y firmado por nuestros jefes, los sacerdotes y sus ayudantes.

10.1 (2) Yo mismo, Nehemías, firmé el documento de compromiso, pues era el gobernador, y también lo firmó Sedequías. La siguiente es la lista de todos los que firmaron el documento:

De los sacerdotes firmaron:
2 (3) Seraías, Azarías, Jeremías, **3** (4) Pashur, Amarías, Malquías, **4** (5) Hatús, Sebanías, Maluc, **5** (6) Harim, Meremot, Abdías, **6** (7) Daniel, Guinetón, Baruc, **7** (8) Mesulam, Abías, Mijamín, **8** (9) Maazías, Bilgai, Semaías.

9-13 (10-14) Josué hijo de Azanías firmó, junto con quince hermanos descendientes de Henadad y Cadmiel: Binuy, Sebanías, Odías, Quelitá, Pelaías, Hanán, Micaías, Rehob, Hasabías, Zacur, Serebías, Sebanías, Hodías, Baní, Beninu.

14 (15) De los jefes del pueblo firmaron: Parós, Pahat-moab, Elam, Zatú, Baní, **15** (16) Binuy, Azgad, Bebai, **16** (17) Adonías, Bigvai, Adín, **17** (18) Ater, Ezequías, Azur, **18** (19) Odías, Hasum, Besai, **19** (20) Harif, Anatot, Nebai, **20** (21) Magpías, Mesulam, Ezir,

21 (22) Mesezabel, Sadoc, Jadúa, **22** (23) Pelatías, Hanán, Anaías, **23** (24) Oseas, Hananías, Hasub, **24** (25) Halohés, Pilhá, Sobec, **25** (26) Rehúm, Hasabná, Maaseías, **26** (27) Ahías, Hanán, Anán, **27** (28) Maluc, Harim, Baaná.

Compromiso del pueblo

28-29 (29-30) Todos los demás ciudadanos, incluidos los sacerdotes, los ayudantes, los vigilantes de las entradas, los cantores y los servidores del templo prometieron obedecer todos los mandamientos de Dios. Todos estos se habían apartado de los extranjeros que vivían en esa región, para obedecer lo que está escrito en el libro de la Ley de Moisés. Lo mismo hicieron sus parientes y jefes, junto con sus esposas y sus hijos mayores de doce años. **30-39** (31-40) Todos nosotros nos comprometimos a cumplir con lo siguiente:

«Ninguno de nuestros hijos o hijas se casará con gente de otro país.

»Si un extranjero viene a vendernos trigo u otros productos en día sábado o en cualquier otro día festivo, no le compraremos nada.

»Cada siete años dejaremos de trabajar la tierra y perdonaremos lo que se nos deba.

»Cada año daremos una contribución de cuatro gramos de plata para los gastos del templo de nuestro Dios. Eso servirá para comprar el pan dedicado a Dios, el cereal y los animales para la ofrenda diaria, las ofrendas de los sábados y de luna nueva, y todas las otras fiestas religiosas. También servirá para comprar las ofrendas por el perdón de nuestros pecados, y para las ofrendas en general.

»Cada año los sacerdotes y sus ayudantes, junto con todo el pueblo, echarán suertes para saber a qué grupo familiar le toca traer la leña que debe ser ofrecida y quemada sobre el altar de nuestro Dios, según lo que está

escrito en el libro de la Ley.

»Cada año traeremos al templo de Dios las primeras cosechas de lo que produzcan nuestras tierras, y los primeros frutos de nuestros árboles.

»Presentaremos nuestros primeros hijos ante los sacerdotes del templo, para dedicarlos a Dios. Además llevaremos el primer ternero de cada vaca y el primer cordero de cada oveja.

»Llevaremos a los sacerdotes la masa hecha con el primer trigo de nuestras cosechas, los primeros frutos de nuestros árboles, el primer vino, y el primer aceite. Ellos lo guardarán en los almacenes del templo de nuestro Dios.

»Entregaremos a los ayudantes de los sacerdotes la décima parte de lo que produzcan nuestras tierras, porque a ellos les toca recoger esas contribuciones en nuestras poblaciones.

»Un sacerdote descendiente de Aarón acompañará a los ayudantes cuando vayan a recoger los diezmos, y luego ellos llevarán una décima parte de esa contribución a los almacenes del templo de nuestro Dios. Todos nosotros llevaremos las contribuciones de trigo, vino y aceite a los almacenes donde se guardan los utensilios del templo, y de los sacerdotes, ayudantes, vigilantes de las entradas y cantores.

»Nunca descuidaremos el templo de nuestro Dios».

Otros informes

LOS QUE VOLVIERON A JERUSALÉN

11.1 Los jefes del país se quedaron a vivir en Jerusalén, que es la ciudad de Dios, y el resto del pueblo hizo un sorteo para elegir quiénes irían a vivir allá también. De cada diez familias una debería ir, y las otras nueve se quedarían en las demás poblaciones. **2** Algunos se ofrecieron voluntariamente para ir, y el pueblo le pidió a Dios que los ayudara en todo. **3** Los sacerdotes, los ayudantes de los sacerdotes, los servidores del templo de Dios, los descendientes de los sirvientes de Salomón, y todos los demás israelitas, se quedaron a vivir en sus respectivas propiedades en la provincia de Judá. Esta es la lista de los líderes del pueblo que vivieron en Jerusalén:

4-6 De la tribu de Judá se quedaron a vivir Ataías y su familia. Estos fueron sus antepasados: Ozías, Zacarías, Amarías, Sefatías, Mahalalel y Fares.

De los descendientes de Fares se quedaron a vivir en Jerusalén cuatrocientos sesenta y ocho hombres valientes para la guerra. También se quedó a vivir en Jerusalén Maaseías. Estos fueron sus antepasados: Baruc, Colhozé, Hazaías, Adías, Joiarib, Zacarías y Siloní.

7 De la tribu de Benjamín se quedó a vivir Salú. Estos son sus antepasados: Mesulam, Joed, Pedaías, Colaías, Maaseías, Itiel, Isaías.

8 También se quedaron Gabai y Salai, que eran familia de Salú. En total, de la tribu de Benjamín se quedaron en Jerusalén novecientas veintiocho personas. **9** El jefe de ellos era Joel hijo de Zicrí, y el segundo jefe de la ciudad era Judá hijo de Senuá.

10 De los sacerdotes se quedaron en Jerusalén Jedaías, Jaquín **11** y Seraías. Los antepasados de Seraías fueron: Hilquías, Mesulam, Sadoc, Meraiot y Ahitub, jefe principal del templo de Dios. **12** Con ellos se quedaron ochocientos veintidós de sus compañeros que trabajaban en el templo.

También se quedó el sacerdote Adaías. Sus antepasados eran: Jeroham, Pelalías, Amsí, Zacarías, Pashur y Malquías. **13** Los líderes de la familia de Adaías eran doscientos cuarenta y dos en total.

Otro sacerdote que se quedó fue Amasai; estos fueron sus antepasados: Azarel, Ahzai, Mesilemot e Imer. **14** Con él se quedaron ciento

veintiocho de sus parientes, que eran guerreros, y su jefe era Zabdiel hijo de Guedolim.

15-18 De los ayudantes de los sacerdotes se quedaron en la ciudad de Jerusalén doscientos ochenta y cuatro en total. Entre ellos estaba Semaías, cuyos antepasados fueron Hasub, Azricam, Hasabías y Binuy.

Abdá, cuyos antepasados fueron Samúa, Galal y Jedutún, también se quedó. Con él se quedaron Sabtai y Jozabad, dos de los jefes de los ayudantes de los sacerdotes. Ellos dirigían el trabajo de la parte exterior del templo. Otro ayudante que se quedó fue Matanías, que era el director del coro y cantaba alabanzas a Dios a la hora de la oración. Los antepasados de Matanías fueron Micaías, Zabdí y Asaf. También se quedó Bacbuquías, ayudante de Matanías.

19 De los vigilantes de las entradas se quedaron Acub y Talmón, junto con sus parientes. En total eran ciento setenta y dos vigilantes.

20 El resto de los israelitas, y los demás sacerdotes y ayudantes, se quedaron a vivir en sus propiedades en otras poblaciones de Judá.

21 Pero los servidores del templo de Dios, cuyos jefes eran Sihá y Guispá, se quedaron en Ófel.

22 El jefe de los ayudantes de los sacerdotes que vivían en Jerusalén era Uzí, cuyos antepasados fueron Baní, Hasabías, Matanías, Micaías y Asaf. Este grupo estaba a cargo del canto en los cultos del templo. **23** El rey les había dado a los cantores instrucciones de cómo debían cumplir sus tareas diarias. **24** Petahías, descendiente de Mesezabel, Zérah y Judá, era el representante del pueblo delante del rey.

Otros pueblos israelitas

25 Algunos de la tribu de Judá se quedaron a vivir en los siguientes pueblos y aldeas de alrededor: Quiriat-arbá, Dibón, Jecabseel, **26** Josué, Moladá, Bet-pélet,

27 Hasar-sual, Beerseba, **28** Siclag, Meconá, **29** En-rimón, Sorá, Jarmut, **30** Zanóah, Adulam, Laquis, Azecá.

Todos ellos se establecieron desde Beerseba, al sur, hasta el valle de Hinom, al norte. **31** Los de la tribu de Benjamín se quedaron a vivir en los siguientes pueblos: Gueba, Micmás, Aías, Betel y sus aldeas.

32 También se quedaron algunos en los siguientes pueblos: Anatot, Nob, Ananías, **33** Hasor, Ramá, Guitaim, **34** Hadid, Seboím, Nebalat, **35** Lod, Onó y el Valle de los Artesanos.

36 Algunos ayudantes de los sacerdotes, que vivían en Judá, se fueron a vivir en el territorio de la tribu de Benjamín.

Sacerdotes y ayudantes que regresaron de Babilonia

12 **1-7** Esta es la lista de los sacerdotes y ayudantes que regresaron de Babilonia con Zorobabel hijo de Salatiel, y con Josué.

Los jefes de los sacerdotes de la época de Josué, que regresaron, son los siguientes: Seraías, Jeremías, Esdras, Amarías, Maluc, Hatús, Secanías, Rehúm, Meremot, Idó, Guinetón, Abías, Mijamín, Maadías, Bilgá, Semaías, Joiarib, Jedaías, Salú, Amoc, Hilquías, Jedaías.

8-9 Había dos coros encargados de los himnos de alabanza. De los cantores que formaban el primer coro regresaron los siguientes: Josué, Binuy, Cadmiel, Serebías, Judá, Matanías.

Del segundo coro regresaron los siguientes: Bacbuquías, Uní y sus ayudantes.

10 Los antepasados del ayudante Josué fueron Joacín, Eliasib, Joiadá, **11** Johanán y Jadúa. **12-21** En la época de Joacín estos eran los jefes de las familias de los sacerdotes que regresaron:

JEFE	FAMILIA SACERDOTAL
Meraías	Seraías
Hananías	Jeremías
Mesulam	Esdras
Johanán	Amarías
Jonatán	Melicú
José	Sebanías
Adná	Harim
Helcai	Meraiot
Zacarías	Idó
Mesulam	Guinetón
Zicrí	Abías
Piltai	Moadías
Samúa	Bilgá
Jonatán	Semaías
Matenai	Joiarib
Uzí	Jedaías
Calai	Salai
Éber	Amoc
Hasabías	Hilquías
Natanael	Jedaías

22 En la época de Eliasib, Joiadá, Johanán y Jadúa, había una lista de los jefes de familia de los sacerdotes y sus ayudantes. La información de esa lista llegaba hasta el año en que Darío comenzó a reinar en Persia. **23** En la lista oficial estaban anotados los jefes de familia de los ayudantes de los sacerdotes, hasta la época de Johanán nieto de Eliasib.

24 Los ayudantes de los sacerdotes estaban divididos en dos coros, que eran dirigidos por Hasabías, Serebías, Josué, Binuy y Cadmiel, y sus asistentes. Durante el culto, el coro principal cantaba una estrofa de un himno, y el otro coro respondía con otra estrofa. Así alababan y daban gracias a Dios, según lo había mandado el rey David. **25** Los vigilantes de las entradas, que también cuidaban las bodegas de al lado, eran: Matanías, Bacbuquías, Abdías, Mesulam, Talmón y Acub. **26** Estos vivieron en la misma época de Joacín hijo de Josué. Era el tiempo cuando Nehemías gobernaba y el sacerdote Esdras era maestro.

DEDICACIÓN DEL MURO DE LA CIUDAD

27-29 Las familias de los cantores que se habían instalado alrededor de Jerusalén, eran descendientes de Leví. También se instalaron en las aldeas de Netofá, en el pueblito de Guilgal y en los campos de Gueba y Azmávet. Para dedicar a Dios el muro de Jerusalén, los fueron a llamar para que participaran en la celebración. Ellos no sólo cantaban sino que también tocaban instrumentos musicales como platillos, arpas y liras. Por eso los invitaron para que cantaran a Dios alegres himnos de gratitud. **30** Los sacerdotes y sus ayudantes realizaron la ceremonia de purificación, para que ellos mismos pudieran adorar a Dios, junto con todo el pueblo. También purificaron las entradas de la ciudad y el muro de protección, para que Dios los aceptara con agrado.

Nehemías continúa su relato

31 Yo, Nehemías, les pedí a los líderes de Judá que se subieran al muro, y que formaran dos grandes grupos para que marcharan por el muro dando gracias a Dios. También organicé dos coros. Un coro marchó primero, hacia la derecha, como si fuera hacia la entrada del Basurero. **32** Detrás de ellos iba Hosaías, con el primer grupo de líderes, **33** en el cual estaban: Azarías, Esdras, Mesulam, **34** Judá, Benjamín, Semaías, Jeremías.

35-36 Los sacerdotes que los acompañaban eran todos miembros de una misma familia: Semaías, Azarel, Milalai, Guilalai, Maai, Natanael, Judá, Hananí, Zacarías.

Todos ellos tocaban trompetas, y otros instrumentos musicales inventados por David. Los antepasados de Zacarías fueron: Jonatán, Semaías, Matanías, Micaías, Zacur, Asaf.

Delante de todos ellos iba el maestro Esdras. **37** Cuando llegaron a la entrada de la Fuente,

siguieron por el muro, subieron las escaleras de la ciudad de Jerusalén, pasaron por el palacio de David y llegaron hasta la entrada del Agua, que está al este. **38** El otro coro marchó hacia la izquierda dando gracias a Dios, y yo iba detrás de ellos con el otro grupo de líderes. Marchamos por el muro desde la torre de los Hornos hasta donde el muro se hace más ancho, **39** pasando por la entrada de Efraín, la entrada de Jesaná, la de los Pescados, la torre de Hananel y la torre de los Cien, hasta la entrada de las Ovejas. Nos detuvimos en la entrada de la Guardia. **40** Luego los dos coros que daban gracias a Dios ocuparon sus puestos en el templo de Dios. Los líderes que me acompañaban y yo, nos colocamos **41-42** junto a varios sacerdotes que tocaban las trompetas. Entre ellos estaban: Eliaquim, Maaseías, Miniamín, Micaías, Elioenai, Zacarías, Hananías, Maaseías, Semaías, Eleazar, Uzí, Johanán, Malquías, Elam, Éser.

Izrahías dirigía a los cantores. **43** Aquel día se ofrecieron muchos sacrificios, y todos nosotros, hombres, mujeres y niños, estuvimos muy contentos, pues Dios nos había llenado de alegría. El gozo que había en Jerusalén se oía desde muy lejos.

Provisiones para el templo de Dios

44 En aquel tiempo nombramos a los encargados de las bodegas en donde se guardaban las provisiones para el templo de Dios, es decir, las ofrendas, los primeros frutos y los diezmos. Eran las porciones que llegaban de los campos de cada ciudad y que, según la ley, les correspondían a los sacerdotes y sus ayudantes. Los de Judá estaban satisfechos con la tarea que hacían los sacerdotes y sus ayudantes. **45** Ellos, junto con los cantores y los vigilantes de las entradas, celebraban el culto a Dios y la ceremonia de la purificación, siguiendo las instrucciones que habían dado David y su hijo Salomón. 46 Antiguamente, en los tiempos de David y Asaf, había un director de coro. Entonces se cantaban himnos para alabar y dar gracias a Dios. 47 En los tiempos de Zorobabel y de Nehemías, todos los israelitas daban ofrendas para los cantores y los vigilantes de las entradas. También daban ofrendas para los ayudantes de los sacerdotes, y estos apartaban lo que les correspondía a los sacerdotes descendientes de Aarón.

Nehemías hace cambios

13 1 Cierto día, mientras el libro de la Ley de Moisés se leía ante todo el pueblo, nos dimos cuenta de que había una ley que decía así: «Jamás se permitirá que los amonitas y los moabitas formen parte del pueblo de Dios».
2 La razón de esta ley era que, en cierta ocasión, esa gente no les dio a los israelitas el pan y el agua que necesitaban, y en cambio le pagó a Balaam para que los maldijera. Pero nuestro Dios hizo que sus malos deseos resultaran en algo bueno. 3 Así que, cuando la gente oyó lo que decía el libro de la Ley, expulsaron de Israel a todos los que se habían mezclado con extranjeros.
4-5 Tiempo atrás, el sacerdote Eliasib era el jefe de las bodegas del templo de nuestro Dios. Como Tobías el amonita era pariente suyo, Eliasib le había dado permiso para vivir en una habitación grande. Allí se guardaban las ofrendas de cereales, el incienso, los utensilios y los diezmos de trigo, vino y aceite. Todo esto era para los sacerdotes, sus ayudantes, los cantores y los vigilantes de las entradas. 6 Cuando Eliasib hizo esto, yo no estaba en Jerusalén, porque en el año treinta y dos del reinado de Artajerjes, había ido a Babilonia para presentarme ante él. Tiempo después, con el permiso del rey, 7 volví a Jerusalén y descubrí que Eliasib había hecho

muy mal en darle a ese amonita una habitación en el templo de Dios. 8 Me enojé mucho, y ordené que sacaran todos los muebles de Tobías, 9 y mandé que purificaran el lugar. Después di instrucciones para que volvieran a colocar allí los utensilios del templo de Dios, los cereales y el incienso.
10 También me enteré de que a los ayudantes de los sacerdotes no se les habían dado sus alimentos, por lo que ellos y los cantores habían tenido que irse a sus propios campos. 11 Entonces reprendí a las autoridades por haber descuidado el templo de Dios, y mandé llamar a los ayudantes de los sacerdotes y cantores. Los volví a colocar en sus puestos, 12 y todos los de Judá trajeron a las bodegas del templo los diezmos de trigo, vino y aceite. 13 Después puse al sacerdote Selemías, al secretario Sadoc y al ayudante Pedaías como jefes de las bodegas, y nombré como ayudante de ellos a Hanán hijo de Zacur, nieto de Matanías. Eran hombres de confianza, y se encargarían de hacer una buena distribución de las provisiones a sus compañeros.
14 Luego de hacer eso, le dije a Dios: «¡Dios mío, toma en cuenta esto que acabo de hacer, y no te olvides de todo lo bueno que he hecho por tu templo y por el culto!»
15 En ese tiempo vi que en Judá, en día sábado, algunos hacían vino, y llevaban manojos de trigo sobre los burros. También cargaban vino, racimos de uvas, higos y toda clase de cargas, y todo eso lo traían a Jerusalén para venderlo. Entonces los reprendí por eso.
16 Además, algunos de Tiro, que vivían en la ciudad, traían a Jerusalén pescado y toda clase de productos, para vendérselos en día sábado a la gente de Judá.
17 Entonces reprendí así a los jefes de Judá:
«¡Está muy mal lo que hacen! ¡No están respetando el día sábado!
18 Acuérdense de que cuando sus

antepasados hicieron lo mismo, Dios nos castigó a nosotros y también a esta ciudad. Si ustedes no descansan y adoran a Dios el día sábado, él nos castigará aún más».
19 Entonces ordené que los portones de Jerusalén se cerraran en cuanto empezara a anochecer el viernes, y que no se abrieran hasta el anochecer del sábado. Puse a algunos de mis ayudantes para que vigilaran las entradas y no dejaran entrar ninguna carga en día sábado. 20 Una o dos veces, algunos comerciantes y vendedores pasaron la noche fuera de Jerusalén. 21 Yo discutí con ellos y les advertí que, si volvían a pasar la noche junto al muro, los sacaría de allí por la fuerza. Desde entonces no volvieron a presentarse en día sábado. 22 Luego ordené a los ayudantes de los sacerdotes que se purificaran, y fueran a vigilar las entradas para que se respetara el día sábado. Entonces le dije a Dios: «¡Dios mío, tampoco olvides esto que he hecho! Ya que eres tan bueno, ¡ten compasión de mí!»
23 En ese tiempo vi también que algunos judíos se habían casado con mujeres de países como Asdod, Amón y Moab. 24 La mitad de sus hijos hablaban el idioma de Asdod y de otros países, pero no conocían el idioma de los judíos.
25 Discutí con esos hombres y los maldije. A algunos les di de golpes, les arranqué el cabello y los obligué a prometer, en nombre de Dios, que ni ellos ni sus hijos o hijas se casarían con extranjeros.
26 Además, les recordé:

«Ustedes han cometido el mismo pecado que cometió Salomón. Entre muchas naciones no hubo un rey como él. Dios lo amó y lo puso como rey sobre Israel, pero fueron sus esposas extranjeras las que lo hicieron pecar. 27 Por eso, nosotros no vamos a permitir que se cometa este grave pecado contra nuestro Dios. No traicionaremos a Dios casándonos con mujeres extranjeras».

28 Joiadá, que era hijo del jefe de los sacerdotes, tenía un hijo que se casó con una extranjera. Ella era hija de Sambalat el de Horón. Así que obligué al hijo de Joiadá a irse lejos de Jerusalén. Luego hablé con Dios, y le dije: 29 «¡Dios mío, castiga a los sacerdotes y a los ayudantes que no han respetado el pacto que hicieron contigo!»

30 De esta manera los separé de los extranjeros y de todo lo que tuviera que ver con ellos. Luego organicé los turnos de los sacerdotes y de sus ayudantes, cada uno en su tarea. 31 Organicé también a los que traían la leña, para que lo hicieran en las fechas indicadas, y organicé la entrega de los primeros frutos. Luego le dije a Dios: «¡Acuérdate de mí, Dios mío, y trátame bien!»

Ester

La gran fiesta del rey Asuero

1 ¹⁻³ Asuero, el rey de Persia, gobernaba sobre ciento veintisiete provincias, que se extendían desde la India hasta Etiopía, y la capital de su reino se llamaba Susa.

En el tercer año de su reinado, Asuero organizó una gran fiesta para todos los funcionarios y líderes del país. También invitó a los jefes de los ejércitos de Persia y Media, y a las autoridades y gobernadores de las provincias. ⁴ Durante seis meses el rey les estuvo mostrando las riquezas que poseía y les hizo ver cuán grande y poderoso era su reino.

⁵ Después ordenó que se preparara otra fiesta para todos los que vivían en Susa, desde el más importante hasta el menos importante. La fiesta se realizó en los jardines del palacio y duró siete días. ⁶ Entre las columnas de mármol se colgaron cortinas de hilo blanco y azul, sujetadas con cuerdas de color púrpura y argollas de plata. Pusieron muebles de oro y plata, y un piso de mármol blanco y negro, con incrustaciones de piedras preciosas. ⁷ Se sirvió una gran cantidad de vino, pues el rey era muy generoso. Las copas en las que se sirvió el vino eran de oro, y cada una con un diseño original. ⁸ Sin embargo, el rey ordenó a los sirvientes que no obligaran a nadie a beber, sino que cada persona bebiera lo que quisiera.

⁹ Por su parte, la reina Vasti ofreció en el palacio del rey Asuero una fiesta para las mujeres de los invitados.

La reina Vasti desobedece al rey

¹⁰ Al séptimo día de la fiesta, el rey estaba muy alegre, pues había bebido vino. Entonces llamó a siete hombres de su confianza: Mehumán, Biztá, Harboná, Bigtá, Abagtá, Zetar y Carcás, ¹¹⁻¹² y les ordenó que fueran a buscar a la reina Vasti. Les dijo que ella debía venir luciendo la corona de reina, para que la gente y los príncipes pudieran ver su belleza, pues era muy hermosa. Pero ella no quiso obedecer la orden del rey.

Al saber esto, el rey se puso furioso ¹³ y les preguntó a los especialistas de la ley qué debía hacer. Era su costumbre pedir consejo a los que conocían bien la ley, ¹⁴ y los que más le ayudaban en esto eran Carsená, Setar, Admata, Tarsis, Meres, Marsená y Memucán. Estos siete hombres eran jefes de Persia y Media, y tenían puestos importantes en el gobierno del país. ¹⁵ Así que el rey les preguntó:

—La reina Vasti ha desobedecido mis órdenes. De acuerdo con la ley, ¿qué debemos hacer con ella?

¹⁶ Entonces Memucán les respondió al rey y a los demás consejeros:

—La reina Vasti no sólo ha ofendido al rey, sino también a todos los jefes y a toda la población. ¹⁷⁻¹⁸ Cuando las mujeres de Persia y Media se enteren de lo que ha hecho la reina, tampoco respetarán a sus esposos. Hoy mismo les dirán a sus esposos lo que hizo la reina, y vamos a tener muchos problemas. ¹⁹ Si le parece bien a Su Majestad, ordene que Vasti ya no siga siendo la reina, y que esa orden sea una ley para los de Persia y Media, para que nadie pueda cambiar su decisión. Además, elija usted otra reina que sea mejor que ella. ²⁰ Cuando se conozca la orden de Su Majestad en todo este gran reino, todas las mujeres respetarán a sus esposos, sean ricos o pobres.

²¹ Al rey y a todos los consejeros les agradó este consejo. Entonces el rey ²² envió cartas a todas las provincias del país. Las cartas fueron escritas en el idioma de cada provincia, y dejaban en claro que el esposo era el jefe de la familia, y que en la casa se debía hablar su idioma.

Asuero busca una nueva reina

2 ¹ Más tarde, cuando al rey Asuero se le pasó el enojo, se acordó de Vasti y de lo que ella había hecho, y de lo que se había ordenado contra ella. ²⁻⁴ Entonces los consejeros le dijeron al rey:

—Su Majestad debe nombrar asistentes en todas las provincias del país, para que busquen jóvenes hermosas y solteras. Esas jóvenes deberán ser llevadas a la casa de las mujeres, en su palacio. Allí estarán bajo el cuidado de Hegai, su hombre de confianza a cargo de las mujeres, para que les dé un tratamiento de belleza. Entonces Su Majestad elegirá a la joven que más le guste, y la nombrará reina en lugar de Vasti.

Esto agradó al rey, y así se hizo.

Ester llega al palacio

⁵ En Susa vivía un judío de la tribu de Benjamín, llamado Mardoqueo hijo de Jaír, nieto de Simí y bisnieto de Quis. ⁶ Era uno de los prisioneros que Nabucodonosor, rey de Babilonia, se había llevado de Jerusalén junto con el rey Joaquín de Judá. ⁷ Mardoqueo había criado a una prima suya llamada Ester, porque era huérfana. Cuando murieron sus padres, Mardoqueo la adoptó como hija propia. Ester era muy hermosa y elegante.

⁸ Cuando se conoció la orden dada por el rey, muchas jóvenes fueron llevadas al palacio, y quedaron al cuidado de Hegai. Entre ellas estaba Ester. ⁹ Hegai se fijó en ella, y le agradó tanto que, en seguida, ordenó que se le dieran cremas de belleza y comida especial. También le ordenó a siete de las mejores muchachas del palacio que atendieran a Ester, y que le dieran

una de las mejores habitaciones en la casa de las mujeres.

¹⁰ Ester no decía de qué pueblo ni de qué raza era ella, porque Mardoqueo le había pedido que no se lo dijera a nadie. ¹¹ Todos los días Mardoqueo iba y venía por el patio de la casa de las mujeres, para ver si Ester estaba bien y cómo la trataban.

¹² Las jóvenes debían presentarse por turno ante el rey, pero antes de hacerlo se debían someter a un tratamiento de belleza durante doce meses, pues esa era la costumbre. Los primeros seis meses debían untarse aceite de mirra en sus cuerpos, y el resto del tiempo ponerse perfumes y cremas.

¹³ A cada joven que se presentaba ante el rey en el palacio, se le permitía vestir la ropa y las joyas que ella escogiera en la casa de las mujeres. ¹⁴ Cada joven se iba al palacio al atardecer, y a la mañana siguiente se retiraba a otra sección de la casa de las mujeres, la cual estaba a cargo de Saasgaz, otro hombre de confianza del rey. Sólo volvía a presentarse ante el rey si él lo deseaba y la mandaba llamar por nombre.

Ester es elegida reina

¹⁵⁻¹⁶ El padre de Ester se llamaba Abihail, y fue tío de Mardoqueo. Ester se había ganado el aprecio de todos en el palacio, y cuando le llegó el turno de presentarse ante el rey, fue vestida con la ropa que Hegai le aconsejó ponerse. Era el mes de Tébet,¹ del séptimo año del reinado de Asuero.

¹⁷ Al rey Asuero le gustó Ester más que todas las otras jóvenes, y la trató mejor que a todas sus mujeres, así que le colocó la corona sobre su cabeza y la nombró reina en lugar de Vasti. ¹⁸ Después el rey hizo una gran fiesta para Ester. A esa fiesta invitó a todos los funcionarios y colaboradores de su reino. También rebajó los impuestos, y repartió excelentes regalos, dignos de un rey.

Mardoqueo descubre un plan para matar al rey

¹⁹⁻²⁰ Ester obedecía a Mardoqueo desde niña, y aún continuaba haciéndolo. Nadie sabía de qué familia ni de qué raza era ella, porque Mardoqueo le había ordenado no decirlo. Un día, mientras las jóvenes se reunían en la otra sección de la casa de las mujeres, Mardoqueo se sentó a la entrada del palacio real ²¹ y escuchó hablar a dos oficiales del rey que vigilaban la entrada del palacio. Eran Bigtán y Teres, que estaban muy enojados con el rey y hacían planes para matarlo. ²² Al oír esto, Mardoqueo fue a decírselo a la reina Ester, y ella se lo dijo al rey. ²³ El rey mandó investigar el asunto, y cuando se comprobó que era cierto, ordenó que esos dos hombres fueran ahorcados. Todo esto fue anotado, en presencia del rey, en el libro de la historia del país.

Mardoqueo y Amán

3 ¹ Tiempo después, el rey Asuero nombró jefe de gobierno a Amán hijo de Hamedata, que era descendiente de Agag. ² Además, el rey ordenó que todos sus sirvientes se arrodillaran e inclinaran su cabeza ante Amán, en señal de respeto.

Pero Mardoqueo ni se arrodillaba ni inclinaba su cabeza, 3 así que los sirvientes del palacio le preguntaron por qué no obedecía la orden del rey. 4 Varias veces le hicieron la misma pregunta, pero él no les hacía caso.

Después de unos días, los sirvientes se lo contaron a Amán. Querían ver si Mardoqueo se atrevería a decirle lo que ya les había dicho a ellos; es decir, que no obedecía esa orden porque era judío.

5 Cuando Amán se enteró de que Mardoqueo no se arrodillaba ni inclinaba su cabeza ante él, se enfureció. 6 Y al saber que Mardoqueo era judío, decidió castigarlo a él y destruir a todos los judíos que vivían en el reino de Asuero.

Amán convence al rey

7 Asuero ya tenía doce años de reinar. En el mes de Abib¹ de ese año, Amán echó suertes para saber en qué fecha debía llevar a cabo su plan, y le salió el mes de Adar.² 8 Entonces Amán le dijo al rey Asuero:

—Majestad, en su reino vive gente de otra raza. Se los encuentra uno por todos lados. Tienen leyes diferentes y no obedecen las órdenes de Su Majestad. No es conveniente dejarlos vivir en el reino. 9 Si a Su Majestad le parece bien, y ordena que sean destruidos, yo daré trescientos treinta mil kilos de plata a los administradores del tesoro del reino.

10 El rey se quitó de su mano el anillo con el sello real, se lo dio a Amán, el enemigo de los judíos, 11 y le dijo:

—Puedes quedarte con tu dinero. Haz con esa gente lo que te parezca.

La orden para destruir a los judíos

12-13 El día trece del mes de Abib³ el rey llamó a sus secretarios para que escribieran las órdenes de Amán y las enviaran a sus asistentes, a los gobernadores de todas las provincias, y a todos los jefes del país. Estos documentos fueron enviados a cada provincia y pueblo del reino en el idioma que entendían, y debidamente firmados y sellados por el rey Asuero. En ellos se ordenaba que el día trece del mes de Adar⁴ se destruyera por completo al pueblo judío. Ese día se mataría a todos los judíos, tanto jóvenes como ancianos, mujeres y niños, y además se les quitaría sus pertenencias. 14 En cada provincia se publicó una copia del documento, para que toda la gente se pudiera preparar para ese día. 15 Ese documento también fue publicado en Susa.

Los mensajeros salieron rápidamente con el documento, y la noticia dejó confundidos a todos en la ciudad. El rey, por su parte, se sentó a beber con Amán.

La tristeza de los judíos

4 ¹ Cuando Mardoqueo se enteró de lo que había pasado, rompió su ropa en señal de tristeza, y se puso ropa áspera. Luego se echó ceniza en la cabeza, y anduvo por la ciudad llorando amargamente y muy alta. ² Llegó hasta la entrada del palacio del rey, pero no entró porque estaba prohibido entrar al palacio vestido de esa manera. ³ Cuando se conocieron las órdenes del rey en las distintas provincias, los judíos se pusieron muy tristes. No comían nada, lloraban amargamente, y la mayoría de ellos se acostó sobre ceniza y se puso ropa áspera.

Mardoqueo le pide ayuda a Ester

⁴ Cuando las sirvientas y los guardias personales de la reina Ester le contaron lo que pasaba, también ella se puso triste. Entonces le envió ropa a Mardoqueo para que se quitara la ropa áspera, pero él no quiso. ⁵ Luego Ester llamó a Hatac, uno de los guardias que el rey había puesto a su servicio, y le ordenó que fuera a preguntarle a Mardoqueo qué le pasaba. ⁶ Hatac fue hasta la plaza de la ciudad, que estaba frente a la entrada del palacio, y allí le preguntó a Mardoqueo ⁷ qué le pasaba. Mardoqueo le dijo que Amán había prometido entregar mucho dinero a la tesorería del rey, a cambio de la destrucción de los judíos. ⁸ Además, le dio una copia del documento publicado en Susa, en el cual se ordenaba la destrucción de los judíos, y le pidió que se lo mostrara a Ester y le explicara todo. Mardoqueo también le pidió que le dijera a Ester que fuera a ver al rey y le suplicara no destruir a su pueblo.

⁹ Hatac fue y le dijo a Ester todo lo que Mardoqueo le había dicho. ¹⁰ Ella a su vez le dio este mensaje para Mardoqueo:

¹¹ «Hace ya treinta días que el rey no me llama. Todos los sirvientes del rey y los habitantes de este país saben que nadie puede presentarse ante el rey sin ser llamado, pues eso se castiga con la muerte. Esa persona es perdonada sólo si el rey le señala con su cetro de oro».

¹² Cuando Mardoqueo recibió el mensaje de Ester, ¹³ le mandó esta respuesta:

«No te vas a salvar sólo porque estás en el palacio. ¹⁴ Si no te atreves a hablar en momentos como éste, la liberación de los judíos vendrá de otra parte, pero tú y toda tu familia morirán. Yo creo que has llegado a ser reina para ayudar a tu pueblo en este momento».

Ester decide ayudar

¹⁵ Entonces Ester le mandó esta respuesta a Mardoqueo:

¹⁶ «Reúne a todos los judíos que se encuentren en Susa, y ayunen por mí, no coman ni beban durante tres días. También mis sirvientas y yo ayunaremos. Después de eso, me presentaré ante el rey, aunque la ley no lo permita. ¡Y si tengo que morir, moriré!»

¹⁷ Mardoqueo fue y cumplió con todo lo que Ester le había ordenado.

Ester se presenta ante el rey

5 ¹ Tres días después, Ester se puso su vestido de reina, se fue a la entrada de la sala del palacio donde está el trono, y se detuvo frente al rey. ² Cuando el rey vio a Ester, se puso contento y la señaló con el cetro de oro que tenía en su mano. Entonces Ester se acercó y tocó la punta del cetro. ³ El rey le preguntó:

—¿Qué deseas, Ester? Te daré lo que me pidas. Hasta la mitad de mi reino te daría si me lo pidieras.

⁴ Ella respondió:

—Su Majestad, he preparado un banquete en su honor. Si le parece bien, quisiera que usted y Amán asistieran.

⁵ El rey dijo a sus sirvientes:

—Vayan a buscar a Amán en seguida, para que vayamos al banquete de Ester.

Así que el rey y Amán fueron al banquete. ⁶ Mientras bebían vino, el rey le preguntó a Ester:

—¿Qué es lo que deseas? Pídeme lo que quieras. Hasta la mitad de mi reino te daría.

⁷⁻⁸ Ester le respondió:

—Si he agradado a Su Majestad, y le parece bien cumplir mis deseos, me gustaría que usted y Amán vengan a otro banquete que les prepararé mañana. Allí le diré qué es lo que deseo.

El odio de Amán contra Mardoqueo

⁹ Aquel día, Amán se fue alegre y contento. Pero cuando llegó a la entrada del palacio y vio que Mardoqueo no se ponía de pie, y ni siquiera se movía, se enfureció mucho. ¹⁰ Sin embargo, no lo demostró, sino que se fue a su casa y mandó buscar a sus amigos y a su esposa Zeres. ¹¹ Amán les habló de las grandes riquezas que poseía, de cuántos hijos tenía, de todos los honores que había recibido del rey, y de cómo le había dado autoridad sobre los asistentes y colaboradores del reino. ¹² Después les dijo:

—La reina Ester invitó sólo al rey y a mí al banquete que ella había preparado. Y nos ha invitado a otro banquete que ofrecerá mañana. ¹³ Pero este gozo se me acaba cuando veo a ese judío Mardoqueo sentado a la entrada del palacio.

14 Entonces su esposa Zeres y todos sus amigos le aconsejaron:

—Manda construir una horca² de unos veintidós metros de altura. Luego, mañana por la mañana, le dirás al rey que haga colgar a Mardoqueo en esa horca. Así podrás disfrutar del banquete, en compañía del rey.

Este consejo le agradó a Amán, y mandó a construir la horca.

Mardoqueo recibe su recompensa

6 ¹ Esa noche el rey no podía dormir, así que mandó traer el libro de la historia del país, para que le leyeran algo de los acontecimientos más importantes de su reinado. ² Cuando leyeron el relato de cuando Mardoqueo había avisado que los guardias Bigtán y Teres habían planeando matar al rey Asuero, ³ éste preguntó:

—¿Qué recompensa recibió Mardoqueo por esto? ¿Qué honor se le dio?

Los asistentes le respondieron:

—No se ha hecho nada.

4 En ese momento, Amán entró al patio exterior del palacio, buscando al rey para convencerlo de colgar a Mardoqueo en la horca que tenía preparada. Entonces el rey preguntó:

—¿Quién anda allí?

5 Los asistentes le dijeron al rey que se trataba de Amán, y el rey ordenó:

—Háganlo pasar.

6 Cuando Amán entró, el rey le preguntó:

—¿Qué podría yo darle a un hombre para honrarlo?

Amán pensó de inmediato que el rey pensaba en él, así que **7** le respondió:

—Su Majestad podría hacer lo siguiente: **8** Mande a traer su capa, y también uno de sus caballos, con un arreglo elegante en la cabeza. **9** Después envíe a su asistente más importante para que le ponga a ese hombre la capa de Su Majestad y lo pasee en su caballo por el centro de la ciudad. El asistente irá anunciando: ''¡Así trata el rey a quien él desea honrar!''

10 Entonces el rey le ordenó a Amán:

—¡Pues ve en seguida y haz todo eso con Mardoqueo el judío! ¡Toma la capa y el caballo, y ve a buscarlo! No olvides ningún detalle de todo lo que has dicho.

11 Amán tomó la capa y se la puso a Mardoqueo, luego lo hizo montar a caballo y lo llevó por toda la ciudad. Amán iba anunciando: «¡Así trata el rey a quien él desea honrar!» **12** Después Mardoqueo regresó a la entrada del palacio, y Amán, muy triste, se apresuró a regresar a su casa. Sentía tanta vergüenza que hasta se cubría la cara. **13** Al llegar a su casa les contó a su esposa y a sus amigos lo que le había ocurrido. Su esposa y sus amigos más sabios le aconsejaron: «Si Mardoqueo es judío, no pienses que lo podrás vencer. Al contrario, esto es apenas el comienzo de tu derrota total». **14** Mientras estaban hablando, llegaron los guardias del rey y se llevaron a Amán al banquete que Ester había preparado.

Ester ofrece otro banquete

7 ¹ El rey Asuero y Amán fueron al banquete que les ofrecía la reina Ester. ² Mientras bebían vino, el rey le volvió a preguntar a Ester:

—¿Dime qué deseas, reina Ester?

Hasta la mitad de mi reino te daría, si me lo pidieras.

3 Ester le respondió:

—Si Su Majestad en verdad me ama, y si le parece bien, le pido que salve mi vida y la de mi pueblo. **4** Se ha puesto precio a nuestra vida, y se nos quiere destruir. Si hubiéramos sido vendidos como esclavos y esclavas, yo me callaría, y no molestaría a Su Majestad por algo sin importancia.

5 El rey Asuero le preguntó:

—¿Y quién se atrevió a hacer esto? ¿Dónde está?

6 Ester, señalando a Amán, le respondió:

—¡Nuestro enemigo es este malvado!

Al oír esto, Amán se quedó paralizado de miedo. **7** El rey Asuero se levantó de la mesa muy enojado, y salió al jardín para calmarse. Cuando Amán se dio cuenta de que el rey estaba decidido a matarlo, se quedó en la sala para rogarle a la reina que lo salvara.

Amán muere en la horca

8-9 Cuando el rey regresó del jardín y entró a la sala, vio que Amán estaba demasiado cerca de Ester. Entonces el rey exclamó:

—¡Sólo eso me faltaba! ¡Que le faltes al respeto a mi esposa ante mis ojos, y en mi propia casa!

Cuando los guardias oyeron los gritos del rey, entraron y le cubrieron la cara² a Amán. Uno de los guardias, llamado Harboná, dijo:

—En la casa de Amán hay una horca de veintidós metros de alto. Él la preparó para Mardoqueo, el judío que le salvó la vida a Su Majestad.

10 Entonces el rey ordenó:

—¡Cuélguenlo allí!

Los guardias colgaron a Amán en la horca que él había preparado para Mardoqueo, y así el rey se tranquilizó.

Ester suplica al rey por los judíos
8 ¹ Ese mismo día el rey Asuero le regaló a la reina Ester la casa de Amán, el enemigo de los judíos. Y Mardoqueo se presentó ante el rey, pues Ester ya le había contado a Asuero que ellos eran parientes. ² Entonces el rey tomó el anillo que antes le había dado a Amán, y se lo entregó a Mardoqueo. Ester, por su parte, le dijo a Mardoqueo que se hiciera cargo de todo lo que antes era de Amán.
³ Ester se arrodilló ante el rey y le rogó, una vez más, que hiciera algo para impedir que se llevara a cabo el plan de Amán en contra de los judíos. ⁴ El rey la señaló con el cetro de oro, ⁵ y entonces ella se puso de pie y le dijo:

—Si a Su Majestad le parece bien y justo, y si en verdad me ama, escriba una orden que anule el documento que Amán dictó para destruir a los judíos. ⁶ ¡No podría yo soportar la tragedia que amenaza a mi pueblo! ¡No podré resistir que se destruya a mi familia!

⁷ Entonces el rey Asuero les dijo a Ester y a Mardoqueo:

—Yo le he regalado a Ester las propiedades de Amán, el cual ha sido colgado en la horca por querer matar a los judíos. ⁸ Escriban ustedes cartas ordenando lo que quieren que se haga en favor de los judíos, y pónganles mi sello. Nadie puede anular una orden escrita y sellada en mi nombre.

⁹ Ester y Mardoqueo llamaron en seguida a los secretarios, y éstos escribieron todo lo que Mardoqueo les ordenó acerca de los judíos. Era el día veintitrés del mes de Siván. La orden fue enviada a todos los gobernadores y principales autoridades de las veintisiete provincias, desde la India hasta Etiopía. A cada provincia se le escribió en su propio idioma, y también a los judíos. ¹⁰ Las cartas fueron escritas en nombre del rey, selladas con su anillo y enviadas por medio de mensajeros que montaban veloces caballos criados en los establos del rey.

La orden que salvaría a los judíos
¹¹ Las cartas daban permiso a los judíos de reunirse en todas las ciudades para defenderse, matar y destruir totalmente a quienes los atacaran, sin importar de dónde vinieran y sin respetar a las mujeres y a los niños. Además, les daba el derecho de apoderarse de sus pertenencias. ¹² Esta orden debía cumplirse en todas las provincias del reino, el mismo día trece del mes de Adar. ¹³ Una copia de la orden debía ser publicada en todas las provincias, y ese día los judíos debían estar listos para vengarse de sus enemigos.
¹⁴ Los mensajeros salieron rápidamente en sus veloces caballos. Una copia de la orden también fue publicada en la ciudad de Susa.
¹⁵ Cuando Mardoqueo salió del palacio, tenía puesto un traje azul y blanco, y lucía una gran corona de oro y un manto de lino y de fina tela roja. Mientras tanto, en la ciudad de Susa todos daban gritos de alegría. ¹⁶ Los judíos estaban tan alegres que hicieron una gran fiesta. ¹⁷ A medida que se iba conociendo la orden del rey y su documento, en cada provincia y ciudad, los judíos festejaban con gran alegría.
Y tanto era el miedo que les tenían a los judíos, que muchos en el país aceptaron su religión.

Victoria de los judíos
9 ¹ Llegó el día trece del mes de Adar, cuando debía cumplirse la orden del rey para que los judíos fueran destruidos. ¡Pero ocurrió lo contrario, porque ese día los judíos triunfaron sobre sus enemigos! ² En todas las provincias del reino de Asuero, los judíos se reunieron en sus respectivas ciudades, dispuestos a atacar a cualquiera que les quisiera hacer daño. Pero nadie se atrevió a hacerles frente, porque ahora todos les tenían miedo. ³ Además, por miedo a Mardoqueo, todas las autoridades ayudaron a los judíos, ⁴ pues ahora él tenía un puesto muy importante en el reino. Mardoqueo se hizo muy famoso en todas las provincias, y cada vez tenía más poder.
⁵ Los judíos se armaron de espadas, y acabaron con todos sus enemigos. ⁶ También en la ciudad de Susa mataron a quinientos hombres, ⁷⁻¹⁰ incluyendo a los diez hijos de Amán que se llamaban: Parsandata, Dalfón, Aspata, Porata, Adalías, Aridata, Parmasta, Arisai, Aridai y Vaizata. Pero no se adueñaron de sus pertenencias.
¹¹ Ese mismo día informaron al rey cuántos habían muerto en Susa. ¹² Entonces el rey le comentó a la reina Ester:

—En la ciudad de Susa los judíos han matado a quinientos hombres, incluyendo a los diez hijos de Amán. ¡Sin duda, en el resto del reino habrán hecho algo parecido! ¿Qué más deseas? Pídeme lo que quieras, que yo te lo concederé.

¹³ Ester le respondió:

—Si a Su Majestad le parece bien, quisiera que también mañana se permita a los judíos de Susa acabar con sus enemigos. También quisiera que los cadáveres de los hijos de Amán sean exhibidos en público.

¹⁴ El rey ordenó que se hiciera así; y el documento con la orden fue entregado en Susa.
¹⁵ Los judíos que estaban en Susa también se reunieron el día

catorce del mes de Adar² y mataron a trescientos hombres, pero no se adueñaron de sus pertenencias. **16-17** Los otros judíos que estaban en las provincias del rey se habían reunido el día trece del mes de Adar para defenderse y librarse de sus enemigos. Ese día mataron a setenta y cinco mil de sus enemigos, pero no se adueñaron de sus pertenencias. El día catorce descansaron y se dedicaron a festejar su victoria. **18** Pero los judíos que estaban en Susa se reunieron los días trece y catorce para defenderse, y el día quince también hicieron fiesta. **19** Por eso los judíos de las provincias eligieron el día catorce del mes de Adar como día de celebración, y en ese día se hacen regalos unos a otros.

La fiesta de Purim

20 Mardoqueo ordenó que se pusiera por escrito lo sucedido, y envió cartas a todos los judíos del reino de Asuero, tanto a los que vivían en las provincias cercanas como en las lejanas. **21** En esas cartas Mardoqueo les ordenaba que, cada año, los días catorce y el quince del mes de Adar³ serían de fiesta, **22** para recordar el mes y los días en que los judíos se libraron de sus enemigos, y su sufrimiento y tristeza se cambió en gozo y alegría. En esos días de fiesta se harían regalos unos a otros, y ayudarían a los pobres. **23** Los judíos se comprometieron a cumplir con las órdenes de Mardoqueo, tal como ya habían comenzado a hacerlo.

24 Amán, el enemigo de los judíos, había ideado un plan para acabar con ellos, y echó suertes para saber cuándo matarlos y destruirlos. **25** Pero la reina Ester se presentó ante el rey, y éste ordenó por escrito que Amán fuera castigado por ese plan tan malvado. Ordenó que Amán y sus hijos fueran ahorcados. **26-27** Por eso a estos días se les conoce como fiesta de Purim, que es el plural de la palabra «pur», y significa «suerte».

Los judíos se comprometieron a celebrar esa fiesta, debido a todo lo que estaba escrito en la carta de Mardoqueo, y también por todo lo que les había ocurrido y habían tenido que enfrentar. Ordenaron que todos los años, sin falta, tanto ellos como sus hijos y sus nietos debían celebrar estos dos días de fiesta, de acuerdo con lo que estaba escrito. También debían celebrar la fiesta todos sus familiares que nacieran en el futuro, y todos los que se unieran a ellos. **28** Ningún judío debía olvidarse nunca de celebrar esta fiesta de Purim. En todas las provincias y ciudades tendrían que celebrarse y recordarse estos días.

29-30 Por eso la reina Ester y Mardoqueo escribieron una segunda carta, amistosa y sincera, para confirmar la fecha de esta fiesta. La enviaron a todos los judíos que vivían en las ciento veintisiete provincias del reino de Asuero. **31** En esa carta, Ester y Mardoqueo ordenaban que todos los judíos y sus descendientes debían celebrar la fiesta en las fechas indicadas, tal como ellos acostumbraban a hacerlo. También daban instrucciones en la carta en cuanto a la manera de ayunar y de expresar sus lamentos. **32** Fue la reina Ester quien dio las instrucciones para celebrar la fiesta de Purim, y esas instrucciones se anotaron en un libro.

Conclusión

10 **1** El rey Asuero cobraba impuestos en todo su territorio, y hasta en las islas. **2** El relato completo de todo lo que este rey hizo con su poder y su fuerza, y del alto puesto de honor que le dio a Mardoqueo, está escrito en el libro de la historia de los reyes de Media y Persia. **3** Mardoqueo el judío era la autoridad más importante, después del rey Asuero. Todos los judíos lo reconocían como un gran hombre y lo apreciaban mucho, porque él procuraba el bienestar de todos ellos y se encargaba de que todos los de su pueblo vivieran tranquilos.

Job

1 ¹ Había una vez, en cierto país llamado Uz, un hombre muy bueno y honrado. Siempre obedecía a Dios en todo y evitaba hacer lo malo. Se llamaba Job, ²⁻³ y era el hombre más rico en la región del este. Tenía siete hijos y tres hijas, y muchos esclavos a su servicio. Además, era dueño de siete mil ovejas, tres mil camellos, mil bueyes y quinientas burras. ⁴ Los hijos de Job hacían grandes fiestas, y siempre invitaban a sus tres hermanas para que comieran y bebieran con ellos. Eran tantas las fiestas que hacían, que se iban turnando entre ellos. ⁵ Después de cada fiesta, Job llamaba a sus hijos y celebraba una ceremonia para pedirle a Dios que les perdonara cualquier pecado que pudieran haber cometido. Se levantaba muy temprano y le presentaba a Dios una ofrenda por cada uno de sus hijos. Job hacía esto pensando que tal vez sus hijos podrían haber ofendido a Dios o pecado contra él. Para Job, esto era una costumbre de todos los días.

El ángel acusador

⁶ El día en que los ángeles tenían por costumbre presentarse ante Dios, llegó también el ángel acusador. ⁷ Y Dios le dijo:

—¡Hola! ¿De dónde vienes?

Y este le contestó:

—Vengo de recorrer toda la tierra.

Entonces Dios le preguntó:

⁸ —¿Qué piensas de Job, mi fiel servidor? No hay en toda la tierra nadie tan bueno como él. Siempre me obedece en todo y evita hacer lo malo.

⁹ El ángel acusador respondió:

—¡Por supuesto! ¡Pero si Job te obedece, es por puro interés!

¹⁰ Tú siempre lo proteges a él y a su familia; cuidas todo lo que tiene, y bendices lo que hace. ¡Sus vacas y ovejas llenan la región! ¹¹ Pero yo te aseguro que si lo maltratas y le quitas todo lo que tiene, ¡te maldecirá en tu propia cara!

¹² Entonces Dios le dijo al acusador:

—Muy bien, haz lo que quieras con todo lo que tiene, pero a él ni lo toques.

Dicho esto, el ángel se marchó.

Primeras pruebas de Job

¹³⁻¹⁴ Un día, mientras los hijos y las hijas de Job celebraban una fiesta en casa del hermano mayor, llegó un mensajero a decirle a Job: «¡Unos bandidos de la región de Sabá nos atacaron y se robaron los animales! Nosotros estábamos arando con los bueyes, mientras los burros se alimentaban por allí cerca. ¹⁵ De repente, esos bandidos comenzaron a matar gente, y sólo yo pude escapar para darle la noticia». ¹⁶ Todavía estaba hablando ese hombre cuando otro mensajero llegó y le dijo a Job: «¡Un rayo acaba de matar a las ovejas y a los pastores! ¡Sólo yo pude escapar para darle la noticia!» ¹⁷ No terminaba de hablar ese hombre cuando otro mensajero llegó y le dijo: «¡Tres grupos de bandidos de la región de Caldea nos atacaron, mataron a los esclavos, y se llevaron los camellos! ¡Sólo yo pude escapar para darle la noticia!» ¹⁸ Todavía estaba hablando ese hombre cuando un cuarto mensajero llegó y le dijo a Job: «Todos sus hijos estaban celebrando una fiesta en casa de su hijo mayor. ¹⁹ De repente, vino un fuerte viento del desierto y derribó la casa. ¡Todos sus hijos murieron aplastados! ¡Sólo yo pude escapar para

darle la noticia!»

²⁰ En cuanto Job oyó esto, se puso de pie y rompió su ropa en señal de dolor; luego se rasuró la cabeza y se inclinó hasta el suelo para adorar a Dios. ²¹ Y dijo:

«Nada he traído a este mundo, y nada me voy a llevar. ¡Bendigo a Dios cuando da! ¡Bendigo a Dios cuando quita!»

²² Y a pesar de todo lo que le había sucedido, Job no ofendió a Dios ni le echó la culpa.

Más pruebas para Job

2 ¹ El día en que los ángeles se reunían con Dios, también el ángel acusador se presentó, ² y Dios le dijo:

—¡Hola! ¿De dónde vienes?

Y el acusador contestó:

—Vengo de recorrer toda la tierra.

³ Entonces Dios le preguntó:

—¿Qué piensas de Job, mi fiel servidor? No hay en toda la tierra nadie tan bueno como él. Siempre me obedece en todo y evita hacer lo malo, y me sigue obedeciendo, a pesar de que me convenciste de hacerle mal sin ningún motivo.

⁴ El ángel acusador le contestó:

—¡Mientras a uno no lo hieren donde más le duele, todo va bien! Pero si de salvar la vida se trata, el hombre es capaz de todo. ⁵ Te aseguro que si lo maltratas, ¡te maldecirá en tu propia cara!

Dios le dijo:

⁶ —Muy bien, te dejaré que lo maltrates, pero no le quites la vida.

⁷ En cuanto el acusador se marchó, llenó a Job con llagas en todo el cuerpo. ⁸ Por eso, Job fue

a sentarse sobre un montón de ceniza, y todo el día se lo pasaba rascándose con una piedra. **9** Su esposa fue a decirle:

—¿Por qué insistes en demostrar que eres bueno? ¡Mejor maldice a Dios, y muérete!

10 Pero Job le respondió:

—No digas tonterías. Si aceptamos todo lo bueno que Dios nos da, también debemos aceptar lo malo.

Y a pesar de todo lo que le había sucedido, Job no pecó contra Dios diciendo algo malo.

Los tres amigos de Job

11 Job tenía tres amigos: Elifaz, que era de la región de Temán; Bildad, de un lugar llamado Súah; y Zofar, de un lugar llamado Naamat. Cuando supieron todo lo malo que le había sucedido a Job, se pusieron de acuerdo para ir a consolarlo y decirle cuán tristes estaban por la muerte de sus hijos.

12 Al llegar a donde vivía Job, lo vieron de lejos, y no lo reconocieron; pero cuando ya estuvieron frente a él, comenzaron a llorar y a gritar. En seguida rompieron su ropa y se echaron ceniza sobre la cabeza para mostrar su tristeza. **13** Durante siete días y siete noches estuvieron sentados en el suelo, haciéndole compañía. Era tan grande el sufrimiento de Job que ninguno de ellos se atrevía a decirle nada.

Las quejas de Job

3 **1** Llegó el momento en que Job ya no pudo más y comenzó a maldecir el día en que nació. **2** Entonces, dijo:

3 «¡Maldito sea el día en que nací!
Maldita la noche en que anunciaron:
''¡Fue niño!''

4-6 ¡Que borren del calendario ese día!
¡Que nadie se acuerde de él,
ni siquiera el Dios del cielo!
¡Que sea arrojado en las tinieblas
y todos se olviden de él!

7 »¡Que en esa noche nadie vuelva a nacer!
¡Que nadie grite de alegría!
8 ¡Que maldigan ese día los que tienen poder sobre el monstruo del mar!
9 ¡Que ese día no salga el sol ni se vea la estrella de la mañana,
10 porque me dejó nacer en un mundo de miserias!

11-13 »Mejor hubiera nacido muerto.
¡Así nadie me habría abrazado ni me habría amamantado,
y ahora estaría descansando en paz!
14-15 ¡Estaría en la compañía de esos reyes, gobernantes y consejeros
que construyeron grandes monumentos
y llenaron de oro y plata sus palacios!

16 »Mejor me hubieran enterrado
como se entierra a los niños que nacen antes de tiempo
y nunca llegan a ver el sol.
17-18 Para los cansados y prisioneros,
la muerte es un descanso,
pues ya no oyen gritar al capataz.
Con la muerte, los malvados dejan de hacer destrozos.
19 En la muerte se encuentran los débiles y los poderosos,
y los esclavos se libran de sus amos.

20 »¿Por qué nos deja nacer Dios
si en la vida sólo vamos a sufrir?
¿Por qué deja seguir viviendo a los que viven amargados?
21 Buscan con ansias la muerte,
como si buscaran un tesoro escondido.
Quisieran morirse,
pero la muerte no llega.
22 ¡Muy grande sería su alegría si pudieran bajar a la tumba!

23 »Dios nos cierra el paso y nos hace caminar a ciegas.
24 Lágrimas y quejas son todo mi alimento.
25-26 Ya he perdido la paz.
Mis peores temores se han hecho realidad».

Primera respuesta de Elifaz

4 **1** Elifaz le dijo a Job:

2 «Puede ser que no te guste lo que tengo que decirte,
pero no puedo quedarme callado.
3 Si bien recuerdo,
tú fuiste maestro de muchos y animabas a los desanimados;
4 palabras no te faltaban para alentar a los tristes
y apoyar a los débiles.
5 Pero ahora que sufres,
no lo soportas
y te das por vencido.
6 Según tú, no haces nada malo,
¿por qué entonces desconfías de Dios?

7 »¡No me vayas a decir que quien hace lo bueno sufre y acaba mal!
8 He podido comprobar que quien mal anda, mal acaba.

9 »Cuando Dios se enoja,
con un soplo destruye al malvado,
10-11 y aunque ruja o gruña como león,
Dios le romperá los dientes.
Como no podrá comer,
se morirá de hambre,
y sus hijos tendrán que huir.

12 »Alguien me confió un secreto,
que apenas pude escuchar.
13 Mientras todo el mundo dormía,

tuve un sueño, y perdí la
calma.
¹⁴ ¡Fue tanto el miedo que
sentí,
que todo el cuerpo me
temblaba!
¹⁵ Sentí en la cara un viento
helado,
y se me erizaron los pelos.
¹⁶ ¡Sabía que alguien
estaba allí,
pero no podía verlo!
Todo alrededor era silencio.
De pronto oí que alguien decía:

¹⁷ ''Nadie es mejor que su
creador.
¡Ante él, no hay inocentes!
¹⁸ Dios ni en sus ángeles
confía,
pues hasta ellos le fallan;
¹⁹ ¡mucho menos va a confiar
en nosotros los humanos!
Estamos hechos de barro,
y somos frágiles como polillas.

²⁰⁻²¹ ''En esta vida estamos
de paso;
un día nacemos
y otro día morimos.
¡Desaparecemos para siempre,
sin que a nadie le importe!
¡Morimos sin llegar a ser
sabios!''

5 ¹ »¡Grita, Job!
¡Grita todo lo que quieras,
a ver si algún ángel te responde!
² Sólo los tontos y necios
se mueren de celos y envidia.
³ Algunos llegan a prosperar,
pero su casa está maldita.
⁴ A sus hijos,
nadie les ayuda ni los
defiende;
¡en los tribunales del pueblo
nadie les hace justicia!
⁵ Sus riquezas y sus cosechas
terminan en la mesa de los
hambrientos.

⁶ »¡Siempre hay una razón
para el mal y la desgracia!
⁷ Así como el fuego es la causa
de que salten chispas,
nosotros somos responsables
de nuestra propia desgracia.

⁸ »Si yo estuviera en tu lugar,
pondría mi caso en manos
de Dios.
⁹ Sus milagros y maravillas
no los podemos entender.
¹⁰ Dios hace que la lluvia
caiga sobre los campos;
¹¹ Dios da poder a los humildes
y ayuda a los afligidos;
¹²⁻¹³ Dios hace que los astutos
caigan en sus propias trampas;
les desbarata sus planes
malvados
y les arruina sus malas
acciones.
¹⁴ Dios hace que se tropiecen
de día
como si anduvieran de noche,
¹⁵ pero salva a la gente pobre
del poder de sus enemigos;
¹⁶ a los pobres les devuelve
la esperanza,
pero a los malvados los deja
callados.

¹⁷ »Cuando el Dios todopoderoso te corrija,
puedes considerarte
bendecido;
no desprecies su corrección.
¹⁸ Dios hiere, pero cura la
herida;
Dios golpea, pero alivia
el dolor.
¹⁹ Una y otra vez vendrá a
ayudarte,
y aunque estés en graves
peligros
no dejará que nada te dañe.
²⁰ En tiempos de hambre,
no dejará que te mueras;
en tiempos de guerra,
no dejará que te maten.
²¹ Cuando alguien te maldiga,
no tendrás por qué tener miedo;
esa maldición no se cumplirá.
²² Te reirás del hambre
y de las calamidades,
y no tendrás por qué temer
a los animales salvajes;
²³ ¡las piedras del campo
y las bestias salvajes
serán tus mejores amigas!
²⁴ En tu casa vivirás tranquilo,
y cuando cuentes tu ganado
no te faltará un solo animal.
²⁵ Tendrás muchos hijos y

muchos nietos;
¡nacerán como la hierba del
campo!
²⁶ Serás como el trigo
que madura en la espiga:
No morirás antes de tiempo,
sino cuando llegue el
momento.
²⁷ Esto es un hecho
comprobado.
Si nos prestas atención,
tú mismo podrás comprobarlo».

Primera respuesta de Job
6 ¹ Job le respondió a Elifaz de la
siguiente manera:

² «¡Me gustaría que todas mis
desgracias
pudieran pesarse en una
balanza!
³ ¡Son tantas, que pesarían
más que toda la arena del mar!
¡No debiera sorprenderles
oírme hablar así!
⁴ El Dios todopoderoso me
ha herido,
y eso me llena de miedo;
¡ya siento correr por mi cuerpo
el veneno de sus flechas!

⁵ »Con pasto en el pesebre,
no hay burro que rebuzne
ni buey que brame.
⁶ Con sal, toda comida es
buena;
¡hasta la clara de huevo es
sabrosa!
⁷ Pero lo que estoy sufriendo,
¡sabe peor que comida sin sal!

⁸ »¡Cómo quisiera que Dios
me diera lo que le pido:
⁹ que de una vez me aplaste,
y me deje hecho polvo!

¹⁰ »¡Jamás he desobedecido
a Dios!
Este es el consuelo que me
queda
en medio de mi dolor.

¹¹⁻¹² »Yo no estoy hecho
de piedra,
ni estoy hecho de bronce.
Ya no me quedan fuerzas
para seguir viviendo,

ni espero nada de esta vida.
13 No tengo a nadie que me
ayude,
ni puedo valerme por mí mismo.
14 Si en verdad fueran mis
amigos
no me abandonarían,
aunque yo no obedeciera
a Dios.
15-16 Pero ustedes, mis amigos,
cambian tanto como los ríos:
unas veces están secos,
y otras veces se desbordan.
Cuando la nieve se derrite,
corren turbios y revueltos,
17 pero en tiempos de calor y
sequías
se quedan secos y dejan de
correr.

18-21 »Ustedes se han portado
conmigo
como lo hacen los comerciantes
de las ciudades de Temá y Sabá.
Salen con sus caravanas,
y al cruzar el desierto,
se apartan del camino
esperando encontrar los ríos.
Al no hallarlos,
se quedan confundidos y
frustrados;
pierden entonces la confianza
y mueren.
Lo mismo hicieron ustedes:
vieron algo espantoso
y se asustaron.

22 »Yo no les pedí que vinieran,
ni tampoco les pedí dinero
23 para que me salvaran
de mis malvados enemigos.
24 Demuéstrenme en qué
he fallado,
y me callaré la boca.
25 Si tuvieran razón, no me
ofendería;
¡pero ustedes me acusan
y no tienen pruebas!
26 No me juzguen por mis
palabras,
hablo así pues estoy
desesperado,
y las palabras se las lleva
el viento.
27 ¡Ustedes son capaces
de todo,
hasta de vender a un huérfano

y abandonar a un amigo!

28 »Mírenme a los ojos,
y díganme si soy un mentiroso.
29 No sean injustos conmigo
y dejen de juzgarme;
reconozcan que soy inocente.
30 No les he mentido.
¿Acaso creen que no sé
distinguir
entre la verdad y la mentira?

7 **1-3** »He pasado noches
miserables,
he pasado meses enteros
esperando en vano
que terminen mis sufrimientos.
Mi vida ha sido como la de un
soldado
que ansioso espera el fin de
la guerra;
como la de un peón,
que ansioso espera su paga;
como un esclavo fatigado,
que ansioso espera que caiga
la noche.
4 Cuando me acuesto,
la noche me parece
interminable;
doy vueltas en la cama
sin poder pegar los ojos,
y me pregunto cuándo
amanecerá.
5 Tengo todo el cuerpo
lleno de gusanos y de costras;
¡por todos lados me sale pus!

6 »La vida se me escapa
con la velocidad del rayo.
¡Ya he perdido toda esperanza!
7 Acuérdate, Dios mío,
que mi vida es como un suspiro
y que no volveré a saber
lo que es la felicidad.
8 Hoy me ves, pero mañana
ya no;
me buscarás, pero ya no
estaré aquí.
9-10 Los que bajan a la tumba
ya no vuelven a subir;
nunca más regresan a su casa.
Son como las nubes:
¡desaparecen y se pierden
para siempre!

11 »En cuanto a mí,
estoy tan angustiado

y tan lleno de amargura
que no puedo quedarme callado.
12 ¿Por qué me vigilas tanto,
si no soy el monstruo del mar?
13 A veces pienso que durmiendo
hallaré consuelo y alivio a
mi queja,
14 pero aun estando acostado
me haces tener pesadillas
y me llenas de terror.
15-16 Ya no quiero seguir
viviendo.
¡Preferiría morir ahorcado
que seguir viviendo en este
mundo!
Mi vida ha perdido valor;
¡ya déjame en paz!

17-18 »Tú nos das mucha
importancia;
todos los días nos examinas.
Yo me pregunto por qué
a todas horas nos pones a prueba.
19-20 Tú, que a todos nos
vigilas,
¿por qué sólo a mí me
castigas?
¡Ya no me vigiles tanto!
¡Déjame al menos tragar saliva!
¿En qué te afecta que
yo peque?
¿Acaso te soy una molestia?
21 ¿Por qué no me perdonas
y te olvidas de mi maldad?
Me queda muy poco de vida;
cuando me busques,
ya estaré muerto».

Primera participación de Bildad
8 **1** Entonces Bildad le dijo a Job:

2 «¡Hablas con la violencia
de un fuerte huracán!
¿Cuándo te vas a callar?
3 El Dios todopoderoso
nunca hace nada injusto.
4 Si tus hijos pecaron
contra Dios,
él les ha dado su merecido.
5-6 Pero si tú eres inocente,
habla con él y pídele perdón;
él te protegerá y te
recompensará
devolviéndote todo lo que
tenías.
7 Tus primeras riquezas no
serán nada,

María casi no lo puede creer. ¡Por fin tendrá una Biblia propia! "Léela y aprende de ella", le aconseja el pastor Charles al darle la Biblia.

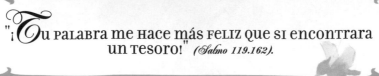

"¡Tu palabra me hace más feliz que si encontrara un tesoro!" *(Salmo 119.162).*

comparadas con las que tendrás después.

8-10 »Pregúntales a nuestros abuelos,
y verás cuántas cosas descubrieron.
Ellos te lo harán saber todo
y compartirán contigo su experiencia.
Nosotros hemos vivido muy poco,
y poco o nada sabemos;
nuestra vida pasa como una sombra.

11 »Los juncos crecen en el agua,
pero si el agua les llega a faltar
12 se secan más pronto que cualquier otra planta.
13 Lo mismo les pasa a los malvados,
a los que se olvidan de Dios:
al morir nada bueno les espera.
14 Su confianza es tan frágil como una telaraña:
15 no les brinda ningún apoyo.
16 Los malvados son como esas hierbas
que cuando les pega el sol se extienden por todo el jardín,
17 y hunden sus raíces en las piedras.
18 Pero si alguien las arranca,
nadie podrá saber dónde estaban.
19 ¡Así termina su alegría de vivir,
y en su lugar nacen otras hierbas!

20 »Dios acepta al honrado,
y rechaza al malvado.
21 Dios hará que vuelvas a reír
y a lanzar gritos de alegría.
22 Tus enemigos quedarán avergonzados,
y sus casas serán destruidas».

Segunda respuesta de Job

9 **1** Al oír esto, Job respondió:

2 «¡Ese cuento ya lo conozco!
Yo sé bien que ante Dios

nadie puede alegar inocencia,
3 ni puede tampoco discutir con él.
Dios puede hacer mil preguntas,
y nadie puede responderle.
4 ¿Quién puede desafiar a Dios
y esperar salir victorioso?
Su sabiduría es muy profunda,
y su poder es muy grande.
5 Cuando Dios se enoja,
cambia de lugar las montañas
sin que nadie se de cuenta;
6 también cambia de lugar a la tierra,
y la hace temblar hasta sus bases.
7 Reprende al sol, y el sol no sale;
también apaga la luz de las estrellas.
8 Con su poder extiende el cielo
y calma las olas del mar.
9 Dios creó todas las estrellas,
y las agrupó en constelaciones:
la Osa Mayor, la Cruz del Sur,
Orión y las Siete Cabritas.

10 »Dios hace cosas tan maravillosas
que es muy difícil comprenderlas,
y más aún hablar de ellas.
11 Si Dios pasara junto a mí,
me sería imposible verlo;
si se alejara de mí,
no me daría cuenta.
12 Si quisiera tomar algo,
¿quién podría ordenarle no hacerlo?
13 Cuando Dios se enoja,
hasta el mar y sus olas se rinden ante él.

14 »Si esto es así,
¿cómo voy a poder responderle?
15 A pesar de que soy inocente,
ante Dios no me puedo defender;
sólo puedo suplicarle
que me tenga compasión.
16 Si lo llamara, y él me respondiera,
no creo que me prestaría atención.
17-18 ¡Al contrario!
¡Por la cosa más simple

aumentaría mis heridas
y no me dejaría ni respirar!
¡Me llenaría de amargura
y con una tormenta me despedazaría!
19 Si de comparar fuerzas se trata,
¡Dios es más poderoso!
Y si le abriera un juicio,
¿quién podría obligarlo a presentarse?
20 ¡Aunque no he hecho nada malo,
mi boca me condena y resulto culpable!

21 »No tengo nada de qué arrepentirme,
pero eso ya no importa;
¡estoy cansado de esta vida!
22 En todo caso, da lo mismo.
Por eso puedo afirmar
que Dios destruye por igual
a los buenos y a los malos.
23 Y si alguna enfermedad provoca
que la gente muera de pronto,
Dios se burla de la angustia
de los que nada malo hicieron.
24 Cuando algún malvado
se apodera de un terreno,
es Dios mismo quien les tapa
los ojos a los jueces.

25-26 »La vida se me escapa
con la rapidez del rayo.
Mis días pasan como el águila
cuando se lanza sobre su presa.
El tiempo es como un barco
que se pierde en la distancia,
y yo aquí estoy,
sin saber lo que es la felicidad.
27 A veces pienso en olvidarlo todo,
en cambiar de actitud
y sonreír;
28 pero me asusto de tanto sufrimiento,
pues sé bien que ante Dios,
no resulto inocente.
29 Y si él me considera culpable,
¿qué caso tiene seguir luchando?
30 Aunque me lave con jabón
las manos y todo el cuerpo,

31 Dios me arrojará al basurero,
¡y no habrá ropa que me cubra!

32 »¿Cómo puedo atreverme
a citar a Dios ante un tribunal,
si soy un simple mortal?
33 ¿Qué juez en este mundo
podría dictar sentencia
entre nosotros?
34 Si alguien pudiera quitarme
el miedo
de sufrir el castigo divino,
35 podría hablar sin temor;
pero en verdad, tengo miedo.

10 ¹ »Si doy rienda suelta a mi
queja
y a la amargura que llevo
dentro,
es porque estoy cansado
de la vida.
2 Por eso le he dicho a Dios:

''Dios mío, no seas injusto
conmigo;
¡dime qué mal he cometido!
3 Tú eres mi creador,
y no está bien que me
maltrates
ni que permitas que los
malvados
hagan planes contra mí.
4 Tú no ves las cosas
como nosotros las vemos,
5 ni vives los pocos años
que nos toca vivir;
6 ¿por qué, entonces,
quieres saber
qué pecados he cometido?
7 ¡Tú sabes que no soy culpable,
y yo bien sé que no es posible
que me libre de tu poder!

8-10 ''Tú, con tus propias
manos,
me fuiste dando forma,
como quien hace una olla
de barro,
como quien derrama crema
para hacer queso;
¿por qué quieres quitarme
la vida
y hacerme volver al polvo?
11 Tú recubriste mis huesos
con carne y con piel;
12 tú me diste vida
y me trataste con bondad;

¡siempre cuidaste de mí!
13 Pero ahora me doy cuenta
de algo que no me dijiste:
14 ¡que me estarías vigilando
para ver si yo pecaba,
pues no perdonarías mi pecado!
15 Pero inocente o culpable,
estoy en un gran problema
y no puedo verte a los ojos.
¡Estoy muy avergonzado
y me muero de tristeza!
16 Siempre me estás vigilando,
como si fueras un león al
acecho;
apenas hago el menor
movimiento,
me haces sentir tu poder.
17 Tu enojo contra mí va
en aumento;
presentas nuevos testigos
que me acusan;
tus ejércitos me atacan
sin cesar.

18 ''¿Por qué me dejaste nacer?
¡Ojalá me hubiera muerto,
sin que nadie llegara a
conocerme!
19 ¡Más me valdría no haber
nacido,
y pasar directamente a
la tumba!
20 Mis días están contados;
ya están llegando a su fin.
¡Por favor, déjame en paz!
¡Quiero tener un momento
de alegría,
21-22 antes de emprender
el viaje sin regreso
al país de las tinieblas y
el desorden!''»

Primera participación de Zofar

11 ¹ Al oír las palabras de Job,
su amigo Zofar le dijo:

2 «¡Tantas palabras sin sentido
no pueden quedar sin
respuesta!
¡Un charlatán como éste
no puede ser inocente!
3 ¿Vamos a quedarnos callados
ante tantas tonterías?
¿Y acaso vas a burlarte
de nosotros
sin que te respondamos?
4 Tú aseguras estar en lo

correcto,
y no haber hecho nada malo.
5 ¡Cómo me gustaría ver
que Dios mismo te acusara,
6 y que te hiciera saber
los secretos de la sabiduría!
Así podrías darte cuenta
de que Dios no te ha castigado
como te mereces.

7 »¿Crees que puedes llegar
a conocer
los secretos del Dios
todopoderoso?
8-9 ¡Nunca podrás llegar a
conocerlos!
¡Son más altos que los cielos,
más profundos que el sepulcro,
más extensos que la tierra
y más anchos que la mar!

10-11 »Dios sabe quién es tonto
y quién es malvado;
lo sabe, y no los perdona.
Si Dios decide llamarte
a cuentas
y meterte en la cárcel,
¿quién se lo impedirá?

12 »No es nada fácil
que el tonto llegue a ser sabio,
como tampoco es fácil
que de un burro nazca un
hombre.

13 »Pero si tú amas a Dios
y le pides perdón,
14 y si tú y tu familia
dejan de hacer el mal,
15 entonces no tendrás que
avergonzarte,
y podrás vivir sin ningún temor.
16 Olvidarás tus sufrimientos
por completo,
y si acaso los recuerdas,
será como recordar cosas sin
importancia.
17 Tendrás una vida muy feliz.
¡Tus pesadillas más horribles,
se convertirán en dulces
sueños!
18-19 Vivirás en paz y protegido
por Dios;
dormirás confiado y lleno de
esperanza,
sin miedo a nada ni a nadie,
y muchos querrán ser

tus amigos.
²⁰ Pero los malvados no podrán escapar:
sus ojos se irán apagando,
hasta que les llegue
la muerte».

Tercera respuesta de Job

12 ¹ Job le respondió a Zofar:

² «¡Ustedes se creen los maestros del pueblo!
¡Y piensan que al morir,
se acabarán los sabios!
³ Pero no creo que ustedes sean más inteligentes que yo.
¡Ustedes no han dicho nada nuevo!

⁴ »Antes, cuando yo llamaba a Dios,
él siempre me respondía;
en cambio, ahora,
hasta mis amigos se burlan de mí;
no soy culpable de nada,
pero todos se burlan de mí.
⁵ Que fácil es criticar al que sufre
cuando no se tienen problemas.
⁶ Los ladrones creen
que ya dominaron a Dios,
y por eso viven tranquilos.

⁷ »Pero pregúntales a las aves,
y también a los animales,
y ellos te lo contarán todo;
¡te darán una gran lección!
⁸ Habla con la tierra,
y con los peces del mar,
y hasta ellos te lo dirán.
⁹ Ellos saben muy bien
que Dios lo ha creado todo.
¹⁰ ¡Dios tiene en sus manos la vida de todos los seres vivos!
¹¹ Así como el oído capta los sonidos
y la lengua capta los sabores,
¹² los que han vivido muchos años
captan la sabiduría y el entendimiento.

¹³ »Dios tiene sabiduría y poder;
hace planes y estos se cumplen.
¹⁴ Si Dios derriba algo,

nadie puede volver a levantarlo.
Si Dios apresa a alguien,
nadie puede ponerlo en libertad.
¹⁵ Si él quiere que no llueva,
todo en el campo se seca;
pero si quiere que llueva,
la tierra entera se inunda.
¹⁶ En sus manos están el poder y la sabiduría,
el engañador y el engañado.
¹⁷⁻¹⁹ Dios hace que pierdan su puesto
los jueces y los consejeros,
los sacerdotes y los poderosos;
a los reyes los quita del trono
y los hace trabajar como esclavos;
²⁰ a los consejeros les calla la boca,
y hace que los ancianos pierdan su sabiduría.

²¹ »Dios pone en vergüenza a los fuertes y poderosos;
²² Dios pone al descubierto las profundidades del sepulcro;
²³ a las naciones las hace prosperar o fracasar,
las engrandece o las destruye.

²⁴ »A los gobernantes les hace olvidar su sabiduría
para que no sepan qué hacer.
²⁵ Así andarán a tientas en la oscuridad,
tropezando como ciegos y borrachos.

13 ¹ »Todo lo que han dicho,
yo mismo lo he visto y oído.
² Creo saber tanto como ustedes;
no creo que sean mejores que yo.
³ Pero yo preferiría discutir mi caso
con el Dios todopoderoso,
⁴ porque ustedes son unos mentirosos;
¡sus consejos no ayudan en nada!
⁵ ¡Si se callaran la boca,
mostrarían algo de sabiduría!

⁶ »Por favor, escúchenme;
pongan atención a mis palabras:

⁷ ¿Van a mentir en nombre de Dios,
y a tratar de defenderlo con engaños?
⁸ ¿Acaso creen que le hacen un favor
actuando como sus abogados defensores?
⁹ Si Dios los examinara a ustedes,
no podrían engañarlo
como engañan a la gente.
¹⁰ Más bien, Dios los reprendería
si quisieran defenderlo con mentiras;
¹¹ ¡es tan grande su poder
que los haría temblar de miedo!

¹² »Las explicaciones de ustedes
han perdido su sentido,
y no sirven para nada.

¹³ »Mejor cállense, y déjenme hablar,
no importa lo que me pase.
¹⁴⁻¹⁵ Voy a defenderme ante Dios,
aunque él quiera matarme;
voy a jugarme la vida,
pues no tengo nada que perder.
¹⁶ Ningún malvado se atrevería a presentarse ante él,
así que él mismo me salvará.

¹⁷ »¡Préstenme atención!
¹⁸ Ya he preparado mi defensa,
y sé que Dios reconocerá mi inocencia.
¹⁹ Si alguien puede acusarme de algo,
yo callaré y jamás volveré a hablar.

²⁰ »Dios mío,
sólo te pido dos cosas;
si me las concedes,
no tendré que esconderme de ti.
²¹ ¡Ya no me castigues,
ni me hagas sentir tanto miedo!
²² Pídeme que presente mi defensa,

y yo te responderé;
si lo prefieres, yo hablaré
primero,
y tú me responderás.
23 ¡Dime en qué te he faltado!
¡Muéstrame en qué te he
ofendido!
24 ¿Por qué te escondes?
¿Por qué me tienes por
enemigo?
25 ¿Por qué me persigues tanto,
si soy como una hoja
que se lleva el viento?
26 Me estás condenando
a un amargo sufrimiento;
¡me estás castigando
por los pecados de mi
juventud!
27 A toda hora me vigilas;
me tienes encadenado.
¡Doy un paso y sigues mis
huellas!

28 »Todos nosotros,
nos gastamos como zapatos,
como vestidos que se come
la polilla.

14 1 »Es muy corta nuestra
vida, y muy grande nuestro
sufrimiento.
2 Somos como las flores:
nacemos, y pronto nos
marchitamos;
somos como una sombra
que pronto desaparece.
3-4 Lo impuro no puede
volverse puro;
no hay nadie que pueda
hacerlo.
Y aun así te fijas en nosotros,
y discutes con alguien
como yo.
5 Nuestra vida tiene un límite;
has decidido cuánto tiempo
viviremos.
6 ¡Deja ya de vigilarnos!
¡Déjanos vivir tranquilos,
y disfrutar de nuestro salario!

7 »Al árbol caído le queda la
esperanza
de volver a retoñar.
8 Tal vez el tronco y las raíces
se pudran en la tierra,
9 pero en cuanto sientan el
agua

volverán a florecer, y echarán
ramas,
como un árbol recién plantado.
10 En cambio, nosotros,
con el último suspiro
perdemos la fuerza
y dejamos de existir.
11 Somos como los lagos
y los ríos:
sin agua, se agotan
y se secan.
12 Mientras el cielo exista,
no habrá uno solo de nosotros
que se levante de la tumba;
una vez que caiga muerto,
no volverá a levantarse.

13-15 »Si fuera posible volver a
la vida
después de la muerte,
preferiría estar muerto.
Tú me esconderías en la tumba,
hasta que se calmara tu enojo.
Luego te acordarías de mí
y volverías a despertarme.
Como eres mi creador,
cuando al fin quisieras verme,
yo respondería a tu llamado.
16 Seguirías viendo todo lo
que hago,
sin tomar en cuenta
mi pecado.
17 Tú me perdonarías;
echarías mi pecado en una
bolsa
y lo arrojarías lejos, muy lejos.

18 »Sin embargo,
nos derrumbamos como los
montes,
rodamos como las piedras,
19 ¡nos desgastamos como
las rocas
ante el constante paso del
agua!
Tú acabas con nuestras
esperanzas;
nos destrozas por completo,
20 nos haces desaparecer,
nos quitas la vida
y luego nos mandas a la tumba.
21 Si más tarde a nuestros hijos
se les honra o se les humilla,
nosotros ya no lo sabremos.
22 Sólo sentiremos en carne
propia
nuestro dolor y sufrimiento».

Segunda participación de Elifaz
15 1 Entonces Elifaz le respondió
a Job:

2-3 «Si en verdad eres
inteligente,
no debieras ser tan violento.
Sólo dices tonterías,
y de tu boca no sale nada
bueno.
4 Tu falta de respeto a Dios
hace que otros no lo obedezcan.

5-6 »No necesito ser tu juez,
pues tus palabras te condenan.
Tienes tan sucia la mente
que sólo dices mentiras.

7 »Tú no eres el primer hombre
que hubo sobre la tierra.
El mundo ya existía
antes de que nacieras.
8 Tampoco eres el único sabio,
ni Dios te pide consejos.
9 Cualquier cosa que tú sepas,
también nosotros la sabemos.
10 Nuestros años y experiencia
nos hacen aun mejores que
tu padre.
11 Dios mismo te consuela
y te habla con cariño,
pero eso no te importa.

12-13 »¿Por qué te enojas
contra Dios
y hablas más de la cuenta?
¡En tus ojos se ve el odio que
sientes!
14-16 Ante Dios
nadie es puro ni inocente;
ni aun los ángeles lo son.
¿Qué oportunidad tenemos
los humanos,
si Dios ni en sus ángeles
confía?

17 »Job, préstame atención,
voy a decirte lo que sé.
18 Es la sabiduría que los sabios
aprendieron hace mucho.
19 ¡No la aprendieron de gente
extraña!
Por eso, como premio,
Dios les dio la tierra.
20 Pero el miedo y el sufrimiento
son el premio de los malvados.
21 Siempre escuchan ruidos

extraños,
y cuando se encuentran en paz
no faltan ladrones que los
ataquen.
22-23 Los malvados no tienen
esperanza;
saben que no escaparán de
la muerte,
y que acabarán devorados por
los buitres.
24-26 Por eso sufren y tienen
miedo
como si un rey los atacara;
saben que les viene la
desgracia,
pues se atrevieron a desafiar
al Dios todopoderoso.

27 »La gordura se les nota
en la cara y la cintura,
28-29 pero acabarán perdiendo
sus terrenos y riquezas,
y al final vivirán en chozas
a punto de derrumbarse.
30 No podrán escapar de la
muerte,
sino que serán como un árbol
consumido por el fuego;
¡de un soplo, Dios los destruirá!

31 »Los malvados no debieran
engañarse
ni confiar en ilusiones,
porque de ellas nada sacarán.
32-33 Morirán antes de tiempo,
se quedarán como los viñedos
cuando se les caen las uvas,
y como los árboles de olivo
cuando no llegan a florecer.
34-35 Los malvados dejarán de
existir;
los que se hacen ricos con
engaños
verán sus casas destruidas
por el fuego».

Cuarta respuesta de Job
16 **1** Job le contestó a Elifaz:

2 «Todo lo que ustedes han
dicho
lo he escuchado muchas veces;
¡y no fue ningún consuelo!
3 ¿Qué es lo que tanto les
molesta?
¿Por qué no me dejan en paz?
4-5 Si estuvieran en mi lugar,

verían que no necesito tanta
palabrería.
¡Lo que necesito es que
me animen,
que calmen mi sufrimiento!

6 »¿Qué se gana con hablar?
¡Mi dolor no me deja
ni tampoco se calma!
7 Dios ha acabado conmigo
y con toda mi familia.
8 Me tiene arrinconado,
se levanta y me condena;
lo que ha dejado de mí
es sólo un montón de huesos.

9 »Tan enojado está Dios
conmigo
que me persigue y me
despedaza;
me considera su enemigo.
Me mira con rabia
y me muestra los dientes.
10 Mis enemigos
se han puesto en mi contra;
se burlan de mí y me dan
bofetadas.
11 Dios me dejó caer
en manos de gente malvada.
12-14 Antes, yo vivía tranquilo;
pero Dios me agarró por el
cuello
y me hizo objeto de sus ataques.
Se lanzó contra mí como
un guerrero
y me abrió una herida
tras otra,
destrozándome sin ninguna
compasión.
¡Regados por el suelo quedaron
mi hígado y mis riñones!

15 »Me vestí con ropas
ásperas,
para mostrar mi angustia;
¡mi orgullo ha quedado por
el suelo!
16 De tanto llorar tengo roja
la cara;
mis ojos muestran profundas
ojeras.
17 ¿Por qué no aceptan
que no soy un malvado,
y que es sincera mi oración?

18 »Si acaso muero,
espero que la tierra

no oculte mi inocencia.
19 Yo sé que en el cielo
tengo un testigo a mi favor.
Allí sin duda, está mi abogado.
20 Ante Dios lloro amargamente,
porque mis amigos se burlan
de mí.
21 Dios me defenderá
como quien defiende a un
amigo.
22 En unos cuantos años
estaré en la tumba, y ya
no volveré.

17 **1-2** »Todos los que
me rodean
se burlan de mí;
tengo que soportar sus
ataques.
La vida se me escapa;
ya la muerte me está
esperando.

3 »¡Dios mío, ven a
defenderme,
pues no hay quien lo haga
por mí!
4 Confunde a mis enemigos,
y no los dejes que triunfen.
5 Si por ganarse unas monedas
pueden acusar a un amigo,
¡merecen ver morir a sus hijos!

6 »Dios mío,
tú me pones en vergüenza,
y todo el mundo se burla de mí;
algunos hasta me escupen
la cara.
7 Los ojos se me cierran de
dolor;
de mí sólo quedan huesos.
8 Cuando me ve la gente buena,
apenas puede creerlo
y se enoja contra los malvados.
9 ¡Cuando uno es honrado
y no ha hecho nada malo,
al final se mantendrá firme
y cada vez se hará más fuerte!

10 »Pueden seguir
atacándome,
que yo sé que entre ustedes
no se encuentra un solo sabio.
11 La muerte anda cerca de mí,
y mis deseos no se cumplen,
12 ¡pero esta gente insiste
en darme falsas esperanzas!
¡Dicen que ya está amaneciendo

cuando todavía es de noche!
13 Si lo único que espero
es tener por casa una tumba,
¡puedo acostarme ya
a dormir entre las sombras!
14 No tendré más familia
que la tumba y los gusanos.
15 No tengo nada que esperar;
no tengo ya ningún futuro.
16 La esperanza morirá conmigo;
¡juntos seremos enterrados!»

Segunda participación de Bildad

18 **1** Bildad respondió:

2 «¡Hablemos menos y
pensemos más;
entonces podremos conversar!
3 Job cree que somos tontos;
nos trata como si fuéramos
animales.
4 Tan enojado está
que él mismo se despedaza;
¡pero eso no cambia nada!

5-6 »La vida de los malvados
es como lámpara que se apaga;
es como la luz de una casa,
que de pronto deja de alumbrar.
7-10 Sus pasos van perdiendo
fuerza;
caen en sus propias trampas,
y allí se quedan atrapados.
11-12 El miedo y el desastre
los siguen por todas partes;
¡no los dejan ni un momento!
13 La enfermedad y la muerte
les devoran todo el cuerpo.
14 La muerte los arranca
de la tranquilidad del hogar;
15 en su casa hay olor a azufre
porque el fuego la consume.
16 Los malvados son como un
árbol,
al que se le secan las raíces
y se le marchitan las ramas.
17-18 Nadie se acuerda de ellos;
se les lanza a la oscuridad
y su fama queda en el olvido.
19 En el pueblo donde vivían,
no les queda ningún pariente.
20 De un extremo al otro de la
tierra,
la gente se asombra y se asusta
al saber cómo acabaron.
21 Así terminan los malvados,
los que no reconocen a Dios».

Quinta respuesta de Job

19 **1** Job respondió:

2 «Tanta palabrería de ustedes
me atormenta y me lastima;
¿Cuándo van a dejarme en paz?
3 Una y otra vez
me insultan sin compasión.
¡Debería darles vergüenza!
4 Aun cuando yo haya pecado,
eso no les afecta.
5 Lo que ustedes realmente
quieren
es sentirse mejores que yo;
se aprovechan de verme
humillado
para lanzarme sus ataques.
6 Pero voy a decirles algo:
es Dios quien me hizo daño,
¡es Dios quien me tendió una
trampa!

7 »A gritos pido ayuda,
pero nadie me responde,
ni conoce la justicia.
8 Dios no me deja pasar,
me tiene cerrado el camino.
9 Me quitó mis riquezas;
10 me dejó como a un árbol
destrozado y sin raíces.

11 »Tan grande es su enojo
contra mí
que me considera su enemigo;
12 me ataca como un ejército,
¡me tiene completamente
rodeado!

13 »Dios ha hecho que me
abandonen
mis amigos y mis hermanos;
14 también ha hecho que me
olviden
mis parientes y conocidos.
15 Los que antes comían en mi
mesa,
hoy me ven como a un extraño;
¡aun las jóvenes que me servían
ahora dicen que no me conocen!
16 Pido que mis esclavos me
sirvan,
y ni con ruegos me atienden.
17 Tengo tan mal aliento
que nadie en la casa me
aguanta.
18-19 Todos mis amigos y seres
queridos

se han puesto en mi contra;
¡hasta los niños se burlan
de mí!
20 La piel se me pega a los
huesos;
¡estoy a un paso de la muerte!

21-22 »Amigos míos,
¡tengan lástima de mí!
Dios se ha vuelto mi enemigo,
no hagan ustedes lo mismo.

23-24 »¡Cómo quisiera que mis
palabras
quedaran grabadas para
siempre
en una placa de hierro!
25 Yo sé que mi Dios vive,
sé que triunfará sobre la
muerte,
y me declarará inocente.
26 Cuando mi cuerpo haya sido
destruido,
veré a Dios con mis propios
ojos.
27 Estoy seguro de que lo veré,
¡con ansias espero el momento!

28 »Ustedes sólo piensan en
perseguirme,
pues creen que soy culpable;
29 pero tengan mucho cuidado.
Dios es el juez de todos
nosotros;
cuando él los juzgue,
los castigará con la muerte».

Segunda participación de Zofar

20 **1** Entonces Zofar le respondió
a Job:

2-3 «Lo que acabo de escuchar
me deja muy confundido.
Es un insulto a mi inteligencia,
y me veo obligado a responderte.

4-5 »Desde que Dios creó al
hombre
y lo puso en este mundo,
la alegría de los malvados
no dura mucho tiempo.
Eso lo sabes muy bien.
6 Son orgullosos que piensan
que pueden tocar el alto cielo,
7-9 pero no son más que basura,
y como basura desaparecerán;
serán como un sueño que se

olvida:
un día se irán para siempre,
y nadie volverá a encontrarlos;
¡sus amigos no volverán a
verlos,
ni sabrán qué pasó con ellos!
10-11 La fuerza de su juventud
se irá con ellos al sepulcro,
y sus hijos tendrán que repartir
entre la gente pobre
todas las riquezas que
acumularon.

12-13 »Ellos creen que la maldad
es dulce como un caramelo,
y la siguen saboreando,
pues no quieren renunciar
a ella.
14-15 Pero la maldad que hoy los
alimenta,
mañana será su veneno.
¡Dios los obligará a devolver
todas las riquezas que se
robaron!
16 Su maldad es como veneno
de víboras,
que acabará por matarlos.
17-19 Se adueñan de casas
que nunca construyeron,
y dejan sin nada a los pobres.
Pero no llegarán a disfrutar
de tanta riqueza y prosperidad,
ni podrán saborear plenamente
lo que sus negocios produzcan.

20-21 »Fueron tan ambiciosos
que nunca estuvieron
contentos;
a pesar de tener tanto,
siempre quisieron tener más;
por eso su bienestar
no durará mucho tiempo.
22 Aunque tengan abundancia,
siempre vivirán angustiados;
¡sobre ellos caerá
todo el peso de la desgracia!
23 Mientras estén comiendo
y bebiendo,
Dios dará rienda suelta a
su enojo
y descargará sus golpes
sobre ellos.
24 Si tratan de librarse de una
espada,
con un cuchillo los matarán;
25 y cuando quieran sacarse
el cuchillo,

se les saldrán los intestinos
y eso los llenará de miedo.
26 Les espera la más negra
oscuridad;
un fuego que ningún hombre
prendió
acabará con ellos y con
sus casas.
27-28 Cuando Dios castigue a
los malvados,
no encontrarán quien
los defienda.
Una gran inundación vendrá
y sus casas serán destruidas.
29 ¡Así ha decidido Dios
que terminen los malvados!»

Sexta respuesta de Job
21 **1** Job le respondió a Zofar:

2 «Para mí sería un gran
consuelo
que me prestaran atención.
3 Tengan paciencia mientras
hablo,
y una vez que haya terminado,
podrán reírse si quieren.

4 »Si he perdido la paciencia
es porque mi reclamo
es contra Dios.
5 Pónganme atención,
y quedarán asombrados.
6-7 ¡No entiendo por qué los
malvados
viven tanto y ganan tanto
dinero!
Mientras más pienso en esto,
más me asusto y me da
escalofríos.
8-9 Como Dios nunca los
castiga,
no tienen miedo de nada;
viven tranquilos en sus casas,
viendo progresar a sus hijos
y crecer a sus nietos.
10 Sus toros y sus vacas
tienen muchos terneros;
¡ninguno muere antes de
tiempo!
11 Sus niños corren y juegan
como ovejas en un prado;
12 cantan y bailan alegres
al son de arpas, flautas y
tambores.
13 Durante toda su vida,
los malvados gozan de gran

bienestar,
y al final tienen una muerte
tranquila.
14 Se mantienen alejados
de Dios,
porque no quieren obedecerlo.
15 No creen estar obligados
a respetar al Dios
todopoderoso,
ni a dirigirle sus oraciones.
16 Se creen dueños de su
felicidad,
pero yo no pienso como ellos.

17 »Nunca se ha visto que los
malvados
mueran antes de tiempo.
Nunca se ha visto que sobre
ellos
haya venido algún desastre.
Nunca Dios se ha enojado
tanto,
como para hacerlos sufrir.
18 Nunca se ha visto que
el viento
se los lleve como a la paja.
19 ¡No me vengan con que
el castigo
va a ser sólo para sus hijos!
Mejor que Dios los castigue
a ellos,
para que aprendan una
lección.
20 ¡Que sufran los malvados
su propia destrucción!
¡Que sufran en carne propia
el enojo del Todopoderoso!
21 Les queda ya poco tiempo de
vida;
¿qué les pueden importar
las viudas y huérfanos
que dejan?

22 »A Dios nadie le enseña
nada;
él es el juez de todos,
¡aun de la gente más
importante!
23-24 Algunos mueren en plena
juventud,
gordos y llenos de vida.
25 Otros mueren amargados
y sin haber disfrutado de nada;
26 ¡pero unos y otros mueren,
y en la tumba se llenan
de gusanos!

27 »Me imagino lo que piensan:
ustedes quieren hacerme daño.
28 De seguro se preguntan:
''¿Dónde quedaron los palacios
que tenía ese rico malvado?''
29 ¡Pregunten a los viajeros!
¡Presten atención a sus
relatos!
30 Los malvados siempre
se libran
del castigo de Dios.
31 Nunca nadie los reprende,
nunca nadie les da su
merecido;
32-33 y cuando se mueren,
mucha gente va al entierro.
Luego hacen guardia en su
tumba,
¡y la tierra los recibe con cariño!

34 »¿Y todavía esperan
consolarme
con sus palabras sin sentido?
¡Es falso todo lo que
han dicho!»

Tercera participación de Elifaz

22 **1** Entonces respondió Elifaz:

2 «Tú podrás ser muy sabio,
pero eso a Dios no le sirve
de nada.
3 Nada gana el Dios
todopoderoso
con que seas un hombre bueno.
4 Si realmente obedecieras a
Dios,
él no te reclamaría nada.
5 ¡Pero tu maldad es demasiada,
y tus pecados ni se pueden
contar!
6 Y hasta por deudas pequeñas
exigiste ropa en garantía,
¡y dejaste desnudo al pobre!
7 No dabas agua al que tenía
sed,
ni comida al que tenía hambre.
8 Fuiste un hombre poderoso
que se adueñó de la tierra;
9 a las viudas no les diste nada,
y a los huérfanos les quitaste
todo.
10 Por eso ahora te ves
atrapado,
y de pronto te asustas,
11 como si anduvieras en
la oscuridad,

o la corriente de un río
te arrastrara.

12 »Dios está en los cielos,
entre las altas y lejanas
estrellas.
13-14 Vive entre espesas nubes,
pero eso no le impide
ver y saber lo que haces.
Si crees que no puede vernos,
recuerda que él recorre el cielo
de un extremo al otro.

15 »Si quieres seguir
el ejemplo de los malvados,
16 recuerda que ellos murieron
en plena juventud,
cuando un río destruyó
sus casas.
17-18 Aunque el Dios
todopoderoso
les dio todo lo mejor,
ellos le exigieron
que los dejara tranquilos.
No creyeron que él los
castigaría.
¡Pero yo no pienso como ellos!

19 »La gente buena e inocente
se burla de los malvados,
y al verlos en desgracia dicen:
20 ''¡El fuego ha destruido
las riquezas de nuestros
enemigos!''

21 »Job, ponte en paz con Dios;
y él te hará prosperar de nuevo.
22-23 Vuelve la mirada al
Todopoderoso;
apréndete de memoria
sus enseñanzas,
y él te devolverá la felicidad.
24-25 Arroja entre las piedras
de los ríos
todo el oro y la plata que tienes,
y tu riqueza será Dios mismo.
26 Él te hará muy feliz,
y ya no sentirás vergüenza.
27 Si tú le cumples tus
promesas,
él escuchará tus oraciones;
28 entonces te irá bien
en todo lo que hagas,
y tu vida estará siempre
iluminada.
29 Dios humilla a los orgullosos,
y levanta a los humildes.

30 Dios salva al que es inocente;
si tú lo eres, también te
salvará».

Séptima respuesta de Job

23 **1** Job le respondió a Elifaz:

2 «A pesar de todo lo dicho,
y de lo amargo de mis quejas,
Dios me sigue castigando.
3 Si yo supiera dónde vive,
iría corriendo a buscarlo;
4 le presentaría mi defensa
en forma detallada.
5 Entonces él me explicaría
por qué me ha tratado así.
6 Trataría de entenderme,
y sin violencia me respondería.
7 En la presencia de Dios,
el inocente puede defenderse.
Yo creo que Dios es mi juez,
y me declarará inocente.

8-9 »Busco a Dios por
todas partes,
y no puedo encontrarlo;
ni en el este, ni en el oeste,
ni en el norte ni en el sur.
10 Pero si lo encuentro,
y él me pone a prueba,
yo saldré tan puro como el oro.
11-12 Jamás lo he desobedecido;
siempre he seguido sus
enseñanzas.

13 »Dios hace lo que quiere,
pues es el único Dios.
Nadie le hace cambiar de planes.
14 Así que él hará conmigo
todo lo que quiera hacer.
15 Cuando pienso en todo esto,
me asusta el presentarme ante
él.
16 ¡El Dios todopoderoso
me hace temblar de miedo!
17 Pero nada hará que me calle,
¡ni aun mi gran sufrimiento!

24 **1** »Nosotros, los amigos
de Dios
esperamos impacientes
que castigue a los malvados.
2-3 Ellos les van robando
terreno a sus vecinos,
y allí crían el ganado que
les roban
a los huérfanos y a las viudas.

4-5 Asaltan a la gente pobre,
y la obliga a esconderse.
Esos pobres huyen al desierto,
y luego van por los campos,
como burros salvajes,
buscando comida para
sus hijos.
6 Van a los campos de esos
malvados
y juntan uvas y espigas
de trigo;
7 luego pasan la noche
desnudos
porque no tienen con
qué cubrirse,
8 y en las grietas de las rocas
se protegen de la lluvia.
9 A las viudas y a los pobres
les arrebatan sus hijos
para que paguen sus deudas,
10 y esos niños recorren los
campos
cosechando trigo ajeno
mientras se mueren
de hambre.
11 Muelen aceitunas para sacar
aceite
y exprimen uvas para
hacer vino,
mientras se mueren de sed.
12 Maltratados y a punto
de morir,
gritan desde las ciudades
pidiendo la ayuda de Dios,
¡pero él no les hace caso!

13-14 »Los malvados y asesinos
no andan a plena luz del día
ni obedecen a Dios;
a penas se pone el sol
salen y matan a los pobres;
ya entrada la noche,
buscan a quién robar.
15 Los que traicionan a su esposa
esperan a que llegue la noche,
pues creen que en la oscuridad
nadie los verá con la
otra mujer.
16-17 Los ladrones roban
de noche;
no salen durante el día.
Aborrecen la luz,
pero aman la oscuridad».

Zofar interrumpe a Job
18 «Los malvados son
tan corruptos

que nadie trabaja en sus
viñedos;
sus terrenos están malditos.
19-20 Cuando les llega
la muerte,
la tierra se los traga
y los gusanos se los comen.
Desaparecen como la nieve
que se derrite al calor del verano;
son como árboles caídos,
a los que nadie toma en
cuenta;
¡ni su madre los recuerda!

21 »Los malvados no tratan
bien
ni a las viudas
ni a las mujeres sin hijos.
22 Pero cuando Dios se decida,
con su poder los aplastará;
pues cuando Dios entra
en acción,
nadie tiene segura la vida.
23 Ahora los deja sentirse
seguros,
pero no deja de vigilarlos.
24 Ahora son gente de
importancia,
pero un día Dios los humillará,
y dejarán de existir.
Los cortará como al trigo,
los quemará como a la hierba.
25 »Nadie puede demostrar
que sea falso lo que he
dicho».

Tercera participación de Bildad
25 ▸ **1** Bildad respondió:

2 «Es tan grande el poder
de Dios
que nos hace temblar de
miedo.
Dios es quien pone orden
en el cielo.
3 ¿Puede alguien contar
sus ejércitos?
¿Hay alguien a quien el
sol no alumbre?
4 ¡Ante Dios no hay nadie
que pueda declararse
inocente!
5 Si a los ojos de Dios nada vale
el brillo de la luna
ni tampoco el de las estrellas
6 ¡mucho menos valemos
nosotros,

que somos simples gusanos!»

Job interrumpe a Bildad
26 ▸ **1** En tono burlón, Job contestó:

2-4 «¿Es así como ayudas
al necesitado,
al que ya no tiene fuerzas?
¡Vaya, vaya!
¡Qué discurso tan hermoso
has pronunciado!
¡Qué buen amigo resultaste!
¡Qué consejos tan buenos
sabes dar
a los ignorantes como yo!
¡Qué inteligencia has
demostrado!»

Bildad continúa su discurso
5 «En lo más profundo de la
tierra,
los muertos tiemblan
de miedo.
6 De Dios nadie puede
esconderse,
ni siquiera la muerte
destructora.
7-9 Dios extendió cielo
y tierra
donde antes no había nada,
y en el cielo puso su trono.

»Dios guarda agua en
las nubes,
y no deja que llueva.
10 Traza una línea en
el horizonte,
y así divide el día y la noche.
11 Reprende a las montañas
que sostienen el cielo,
y las hace temblar de miedo.
12 Usa su poder y sabiduría
y con ellos vence al mar;
13 da muerte con su
propia mano
al gran monstruo marino.
Con un soplo de su boca
deja el cielo despejado.

14 »Esto es apenas un
murmullo
que alcanzamos a escuchar;
es tan sólo una muestra
del gran poder de Dios,
que jamás podremos
comprender».

Octava respuesta de Job

27 1 Job volvió a tomar la palabra y dijo:

2 «Dios me tiene amargado
y no quiere hacerme justicia,
pero juro en su nombre
3 que mientras yo tenga vida
4 jamás diré otra cosa
que no sea la verdad.
5-6 Mientras tenga yo vida,
insistiré en mi inocencia
y jamás les daré la razón.
¡No tengo de qué avergonzarme!

7 »¡Dios quiera que mis enemigos
tengan la muerte que merecen
los injustos y malvados!
8 No hay esperanza para
el malvado
si Dios le quita la vida.
9 Cuando los domina la
angustia,
Dios no escucha sus ruegos,
10 pues el malvado no ama
a Dios
y jamás le pide ayuda.

11 »Voy a mostrarles el
poder de Dios
y no ocultaré sus planes,
12 pero si ya los conocen,
¿por qué dicen tantas
tonterías?»

Tercera participación de Zofar

13 Zofar respondió:

«Dios espera el momento
de castigar a los malvados;
y este será su castigo:
14 Aunque tengan muchos hijos,
unos morirán de hambre
y otros, en la guerra.
15 Si algunos quedan con vida,
morirán de alguna enfermedad
y sus viudas no llorarán
por ellos.
16 Aunque lleguen a amontonar
mucha plata y vestidos,
17 la gente buena e inocente
disfrutará de todo eso.

18 »¡Resiste más una telaraña,
o una choza de paja,
que las casas de los malvados!

19 Por la noche, se
acuestan ricos;
por la mañana, amanecen
pobres;
20 ¡una lluvia de cosas terribles
cae sobre ellos por la noche!
21-22 Del oriente sopla un
fuerte viento,
y sin compasión los arrebata;
quisieran librarse de su poder,
pero el viento se los lleva
y desaparecen para siempre.
23 Así terminan los malvados,
entre burlas y silbidos».

El canto de la sabiduría

28 1 «El oro y la plata
se sacan de las minas
y se limpian con fuego.
2 El hierro y el cobre
se sacan de la tierra
y se les quita la impureza.
3 Ya no hay para los mineros
lugar demasiado oscuro;
en los más lejanos rincones
buscan piedras preciosas;
4 con la ayuda de cuerdas,
bajan a profundos barrancos;
cavan largos túneles
donde nadie ha puesto el pie.

5 »En esas profundas minas,
donde el calor es insoportable,
se gana la vida el minero.
6 De las rocas saca zafiros,
y de entre el polvo saca oro.
7-8 Ningún león, ninguna fiera,
ha llegado a esos lugares;
¡ni siquiera la mirada del halcón
ha podido descubrirlos!
9 Los mineros golpean la
dura roca
y dejan a descubierto
el corazón de las montañas;
10 abren túneles en las rocas,
y contemplan grandes
tesoros;
11 llegan a donde nacen
los ríos,
y entonces sacan a la luz
lo que había permanecido
oculto.

12 »¿Dónde está la sabiduría?
¿Dónde puede encontrarse?
13 Nadie aprecia su valor
porque no pertenece a este

mundo.
14 Tampoco se encuentra
en las profundidades del mar.
15-16 Su precio no puede
pagarse
con todo el oro del mundo,
ni con plata, ni piedras
preciosas.
17 Ni el oro ni el cristal,
ni las joyas más caras
se le pueden comparar,
18-19 ¡mucho menos el coral,
el jaspe y el topacio!
La sabiduría vale más que
las joyas;
¡ni todo el oro del mundo
puede pagar su precio!

20 »Vuelvo, pues, a preguntar:
¿dónde está la sabiduría?
21 Ella se esconde del mundo,
y hasta de las aves del cielo.
22 Aunque la muerte
destructora
dice conocerla,
23 sólo Dios sabe dónde vive,
y cómo llegar hasta ella.
24 Dios ve los rincones
más lejanos
y todo lo que hay debajo
del cielo,
25-27 y mientras daba su
fuerza al viento
y medía el agua de los mares
fijó su mirada en la sabiduría;
mientras establecía la época
de lluvias
y la dirección de las tormentas,
decidió ponerla a prueba;
una vez que confirmó su
gran valor,
le dio su aprobación.
28 Luego dijo a todo el mundo:
''Si ustedes me obedecen
y se apartan del mal,
habrán hallado la sabiduría''».

Fin de la discusión

29 1 Una vez más, Job respondió:

2 «¡Extraño aquellos tiempos,
cuando Dios mismo me cuidaba!
3 ¡No me daba miedo la
oscuridad
porque Dios alumbraba mi
camino!
4 ¡Estaba yo joven y fuerte,

y Dios me bendecía con
su amistad!

5 »En aquellos días,
mis hijos me rodeaban
y Dios me daba su apoyo;
6 no faltaba en mi mesa la
leche,
ni en mi cabeza el perfume;
7 en los tribunales del pueblo
se reconocía mi autoridad;
8 al verme llegar,
los jóvenes me daban paso
y los ancianos me recibían
de pie;
9-10 aun la gente más
importante
se callaba en mi presencia,
o hablaba en voz baja.
11 Los que me escuchaban
no dejaban de felicitarme.
12 A los pobres y a los
huérfanos
que me pedían ayuda
siempre los ayudé;
13 las viudas y los pobres
me bendecían y gritaban
de alegría.
14 Siempre traté a los demás
con justicia y rectitud;
para mí, actuar así,
era como ponerme la ropa.
15 Fui guía de los ciegos
y apoyo de los desvalidos;
16 protegí a la gente pobre
y defendí a los extranjeros;
17 puse fin al poder de los
malvados,
y no los dejé hacer más daño.

18 »Hasta llegué a pensar:
"Viviré una larga vida,
y tendré una muerte tranquila.
19 Estaré fuerte y lleno de vida,
como árbol bien regado.
20 Nadie me faltará el respeto,
ni jamás perderé mi buena
fama".

21 »Ante mí, todos guardaban
silencio
y esperaban recibir mis
consejos.
22 Mis palabras eran bien
recibidas,
y nadie me contradecía.
23 Mis discursos eran esperados

como se espera la lluvia.
24 Si les sonreía, no
podían creerlo;
una sonrisa mía les
daba ánimo.
25 Si estaban enfermos,
me sentaba a consolarlos,
y les decía lo que
debían hacer.
¡Me veían como un rey
al frente de su ejército!

30 **1** »¡Ahora resulta que soy
la burla de unos chiquillos!
¡Yo ni a sus padres
les confiaría
el trabajo de mis perros
ovejeros!
2 ¡Con ellos como empleados
me hubiera quedado pobre!
3 ¡Toda la noche la pasan
en los lugares más apartados,
sufriendo de hambre y dolor!
4 ¡Andan entre los matorrales,
juntando hierbas amargas
y comiendo sólo raíces!
5 Nadie en el pueblo los quiere,
pues los acusan de ladrones.
6 Por eso tienen que vivir
en el lecho de arroyos secos,
en cuevas y entre las rocas;
7 andan entre los matorrales,
rebuznando como burros.
8 Son gente de mala fama;
¡por eso los echaron del país!

9 »¡Ahora resulta que soy
la burla de esos chiquillos!
10 ¡Me escupen en la cara,
y con asco se apartan de mí!
11 Ahora que Dios me humilló,
y me encuentro indefenso,
descaradamente me ofenden.
12 Estos bandidos me atacan
por el lado derecho;
me rodean como un ejército,
y me hacen retroceder.
13 Sin ayuda de nadie
me cierran el paso,
pues me quieren destruir.
14 Me atacan como un ejército
cuando ha conquistado una
ciudad
y avanza entre los escombros.
15 Estoy temblando de miedo,
mi dignidad se va perdiendo;
he perdido la esperanza

de triunfar.

16 »Ya la vida se me escapa;
los días de aflicción me
aplastan.
17 No tiene fin el dolor
que sufro por las noches;
18 me oprime y me ahoga,
como soga al cuello;
19 me convierte en ceniza
y me deja caer en el fango.

20 »Dios mío, yo te llamo,
pero tú no me respondes;
me presento ante ti,
y tú apenas me miras.
21 Eres muy cruel conmigo;
me golpeas con tu
brazo poderoso,
22 me levantas con el viento,
y me lanzas a la tormenta,
23 y un día me arrojarás
a la tumba,
que es nuestro destino final.

24 »Yo nunca le negué ayuda
a quien me la pidió.
25 Al contrario,
he llorado con los que sufren,
y me he dolido con los pobres.
26 Pero vinieron los días malos
cuando esperaba mejores
tiempos;
llegaron los días de sombras
cuando esperaba la luz.
27 Todo el tiempo estoy
inquieto;
me enfrento a días
de aflicción.
28 Estoy triste, como un
día nublado,
pues pido ayuda a mi gente
y los jefes no me la dan.
29 Las lechuzas y los chacales
son mis amigos y mis
hermanos.
30 La piel se me pudre
y se me cae a pedazos;
estoy ardiendo en fiebre.
31 De mi arpa y de mi flauta
brotan notas de tristeza.

31 **1** »Yo siempre me propuse
no mirar con deseos
a ninguna jovencita.
2 ¿Y qué recibí del Dios
del cielo?
3 ¡Tan sólo la ruina y el desastre

que merecen los malhechores!
4 ¡Tal parece que Dios no me ve
ni se fija en lo que hago!

5 »Yo nunca he hecho
nada malo.
Nunca a nadie le he mentido.
6 ¡Que Dios me ponga a prueba,
y verá que soy inocente!
7 Nunca me aparté del
buen camino,
ni me dejé llevar por
mis deseos.
Si se encuentra en mis manos
alguna cosa robada,
8 ¡que otros disfruten
mis cosechas,
y se queden con mis campos!

9 »Si acaso he esperado
que se vaya mi vecino
para estar a solas con
su esposa,
10 ¡que mi esposa se convierta
en esclava y amante de otros!
11-12 Eso sería una vergüenza.
Sería un terrible castigo,
¡peor que si un incendio
destructor
acabara con mis cosechas!

13 »Cuando mis esclavos
me hacían algún reclamo
siempre fui justo con ellos.
14 De otra manera,
¿cómo podría responder a Dios
si él me llamara a cuentas?
15 ¡Tanto a ellos como a mí
Dios nos hizo iguales!

16 »Jamás he dejado
de atender
los ruegos de los pobres;
jamás he dejado que las viudas
se desmayen de hambre;
17 jamás he probado un bocado
sin compartirlo con
los huérfanos.
18 Desde mi más temprana edad,
siempre he sido el apoyo
de huérfanos y viudas;
19 jamás he dejado que los
pobres
mueran por falta de ropa.
20 Muchos me agradecieron
el abrigarlos con ropa de lana.
21 Nunca abusé de mi autoridad

para amenazar a los huérfanos.
22-23 ¡No quiero que Dios me
castigue!
¡No podría resistir su poder!
Pero si acaso he actuado así,
¡que me quede yo sin brazos!

24 »Jamás he puesto
mi confianza
en el poder de las riquezas;
25 jamás las muchas riquezas
me fueron motivo de orgullo.
26-27 El sol y la luna
son dos astros maravillosos,
pero jamás les he
rendido culto,
ni en público ni en secreto.
28 Si hubiera cometido
tal pecado,
Dios tendría que juzgarme
por haberlo traicionado.

29 »Jamás me he alegrado
de ver la desgracia de
mi enemigo;
30 jamás he cometido el pecado
de pedir que le vaya mal;
31 jamás nadie visitó mi casa
sin calmar su hambre en
mi mesa;
32 jamás un extraño tocó
a mi puerta
sin ser invitado a pasar la
noche;
33-34 a diferencia de otros,
jamás he guardado en secreto
ninguno de mis pecados,
y no por miedo a mis parientes
o por temor al qué dirán.

35 »Juro que digo la verdad.
¡Espero que el Dios
todopoderoso
me escuche y me responda!
Si de algo pudiera acusarme,
que lo ponga por escrito.
36 Llevaré su acusación
en los hombros y en la frente.
37 Me presentaré ante Dios
con la frente en alto,
y le daré cuenta de mis actos.
38-39 »Jamás he abusado
de mis tierras,
pues las he dejado descansar.
Jamás he explotado a
mis trabajadores
pues les he pagado su justo

salario.
40 Si lo que digo no es cierto,
¡que en vez de trigo y cebada
produzca mi tierra espinas!»

Así fue como Job dio por terminado su discurso.

Presentación de Elihú
32 **1** Cuando los tres amigos se
dieron cuenta de que Job creía ser
inocente, dejaron de responderle.
2 Pero un joven llamado Elihú se
enojó mucho con Job porque insistía en que era inocente, y que
Dios era injusto con él. Elihú era
hijo de Baraquel, y nieto de Buz,
de la familia de Ram. **3** También se
enojó con los tres amigos porque
habían condenado a Job sin
demostrar que era culpable.
4 Elihú había querido tomar la
palabra antes, pero no lo había
hecho porque Job y sus amigos
eran mayores que él. **5** Sin embargo, cuando vio que los tres amigos ya no tenían nada que decir,
se enojó mucho **6** y comenzó a
hablar.

Primera participación de Elihú
Elihú dijo:

«No me sentía muy seguro
de decir lo que pienso
porque soy muy joven
y ustedes son mayores de edad.
7 Me pareció que era mejor
dejar que hablara la
experiencia,
y que la gente de más edad
se luciera con su sabiduría.
8-9 Sin embargo,
no depende de la edad
entender lo que es justo;
no son los muchos años
los que dan sabiduría.
Lo que nos hace sabios
es el espíritu del Dios
todopoderoso,
¡y ese espíritu vive en nosotros!
10 »También tengo algo
que decir,
así que les ruego que
me escuchen.
11 Mientras ustedes hablaban
y buscaban las mejores

palabras,
yo me propuse esperar
y escuchar lo que tenían
que decir.
¹² Les presté toda mi atención.
Pero ninguno de ustedes
ha sabido responder
a las explicaciones de Job.

¹³ »Si ustedes son los sabios
¡no me salgan ahora
con que es Dios
quien debe responderle!
¹⁴ Job no se ha dirigido a mí,
así que yo no voy a contestar
como ustedes lo han hecho.

¹⁵ »Job, tus amigos se
han callado
porque les faltan las palabras.
¹⁶ ¡Pero no porque ellos callen
debo yo guardar silencio!
¹⁷ Tengo mucho que decir,
y ya no puedo callarme.
¹⁸ A mí no me faltan palabras;
y ya no me puedo aguantar.
¹⁹ Parezco botella de cidra;
¡estoy a punto de reventar!
²⁰ Tengo que desahogarme;
¡tengo que responderte!
²¹⁻²² No voy a tomar partido
ni a favorecer a nadie,
pues no me gustan los halagos;
si así lo hiciera, Dios
me castigaría.

33 ¹ »Yo te ruego, amigo Job,
que prestes mucha atención
a cada una de mis palabras.
² Ya estoy por abrir la boca;
la lengua me hace cosquillas.
³ Cada una de mis palabras
nace de un corazón sincero.
⁴ El Dios todopoderoso me
hizo,
y con su espíritu me dio vida.
⁵ Si puedes responderme,
estoy listo para discutir.
⁶ A los ojos de Dios,
tú y yo somos iguales;
estamos hechos de barro.
⁷ Así que no te alarmes,
pues no soy mejor que tú.

⁸ »Tú has estado insistiendo,
y aún me parece escucharte:
⁹ ''¡Soy inocente, soy inocente!

¡No tengo de que
avergonzarme!
¹⁰ Dios me encuentra culpable
y me ve como su enemigo.
¹¹ Me tiene encadenado
y a todas horas me vigila''.

¹²⁻¹³ »¿Por qué te quejas
de que Dios no te responde?
Estás muy equivocado;
Dios es más grande
que nosotros.
¹⁴ Tal vez no nos damos
cuenta,
pero Dios no deja de
hablarnos;
¹⁵ algunas veces nos habla en
sueños,
mientras dormimos
profundamente;
¹⁶ otras veces nos habla al oído;
claramente nos advierte
¹⁷ que ya no hagamos lo malo
ni sigamos siendo orgullosos;
¹⁸ así nos libra de la muerte.

¹⁹ »A veces Dios nos castiga
con agudos dolores de huesos.
²⁰ Perdemos el apetito,
y no soportamos ningún
alimento;
²¹ la carne se nos va secando,
y hasta se nos ven los huesos.
²² Así se nos acerca la muerte.

²³⁻²⁵ »Si un solo ángel
se compadece de ti
y le ruega a Dios
que te salve de la muerte,
volverás a ser como un niño.
Pero el ángel tendrá que
demostrar
que tú eres inocente.
²⁶ Entonces orarás a Dios,
y lo verás cara a cara;
Dios te brindará su favor
y te hará justicia.
²⁷ Entonces dirás a todo
el mundo:
''Aunque he pecado y he sido
injusto,
Dios no me castigó
como merecía.
²⁸ ¡Estoy vivo, y puedo ver
la luz
porque Dios me salvó de
la muerte!''

²⁹ »Todo esto lo hace Dios
cuantas veces sea necesario,
³⁰ para salvarnos de la muerte
y dejarnos seguir con vida.

³¹ »Amigo Job,
no me interrumpas,
¡escúchame con atención!
³² Pero si tienes algo
que decir,
no te quedes con las ganas;
me gustaría saber que
eres inocente.
³³ Si no tienes nada que decir,
escúchame en silencio;
yo te enseñaré a ser sabio».

Segunda participación de Elihú

34 ¹ Elihú dijo también:

² «A ustedes, los sabios,
y a ustedes los inteligentes,
les ruego que me presten
atención.
³ Si podemos distinguir
los sabores,
podemos distinguir las
palabras.
⁴ Así que examinemos
este caso,
y veamos quién tiene la razón.

⁵ »Job nos ha dicho:

''Soy inocente,
pero Dios no lo quiere aceptar;
⁶ soy un hombre justo,
pero parezco un mentiroso;
no he cometido ningún pecado,
pero Dios me hirió de muerte''.

⁷ »¿Habrá otro como Job,
que siempre se burla de todo?
⁸ Le encanta andar con
malvados
y tenerlos por amigos.
⁹ ¡Y ahora anda diciendo
que no vale la pena
ser amigo de Dios!
¹⁰⁻¹² »Ustedes son
inteligentes,
así que préstenme atención.
¡No debemos siquiera pensar
que el Dios Todopoderoso
pudiera hacer algo injusto!
Al contrario, nos premia
o castiga,

según lo que merecemos.
13 Su poder sobre este mundo
no lo ha recibido de nadie;
14 el día que él decida
quitarnos su espíritu de vida,
15 ¡todos nosotros moriremos
y volveremos a ser polvo!

16 »Job,
si en verdad eres inteligente,
préstame atención.
17 Si Dios no amara la justicia,
no podría gobernar el mundo.
Así que no puedes condenar
al Dios justo y poderoso.
18 Dios no considera superiores
ni a reyes ni a gobernantes.
19 Dios nos hizo a todos,
seamos pobres o ricos;
Él no tiene favoritos.
20 Unos y otros mueren
de repente,
en medio de la noche.

21 »Dios está siempre vigilando
todo lo que hacemos.
22 Ni en la noche más oscura
pueden esconderse los
malvados.
23 Dios no tiene que decidir
cuándo llevarlos a juicio,
24 ni necesita permiso
para acabar con los poderosos
y darles su merecido.
25 Él sabe todo lo que hacen;
por la noche les quita su poder
y los destruye por completo;
26 los castiga por su maldad
donde todos puedan verlos,
27 pues dejaron de obedecerlo
y no siguieron sus enseñanzas;
28 tanto maltrataron a los pobres
que sus gritos de auxilio
llegaron hasta Dios.
29 Pero, si Dios decide no
actuar,
¿quién puede exigirle que lo
haga?
Si él decide que nadie lo vea,
¿quién puede ver su cara?
Sin embargo, Dios vigila
a todos los pueblos del mundo,
30 para que los malvados no
dominen
ni engañen a su pueblo.

31-32 »Aunque te reconozcas

culpable,
y prometas no volver a pecar,
33 Dios no te premiará.
Tú lo has rechazado,
y no voy a responder por ti.
Así que di lo que piensas.

34 »Ustedes que me escuchan
son sabios e inteligentes,
así que tienen que admitir
35 que Job habla por hablar,
y no sabe lo que dice.
36 Ha respondido como
un malvado,
y debe enfrentar el juicio.
37 No sólo ha sido rebelde,
sino que en nuestra propia cara
se ha burlado de nosotros
y ha insultado a Dios».

Tercera participación de Elihú
35 **1** Elihú siguió diciendo:

2 «Job, tú crees tener razón,
y ante Dios dices ser inocente;
3 hasta te atreves a reprocharle:

''¿De qué me sirvió
no haber hecho nada malo?''

4 »Escucha bien lo que
voy a decirte
a ti y a los que son como tú.
5 Mira las nubes y el cielo;
mira lo alto que están.
6 A Dios no le afecta en nada
que te pases la vida pecando.
7 Y aun suponiendo que no
peques,
Dios no se beneficia en nada.
8 ¡El daño o el beneficio
de que peques o no peques
es para los que viven contigo!

9 »Hay tanta maldad en el
mundo
que la gente pide ayuda;
pide ser librada de los poderosos.
10 ¡Pero nadie pregunta
por Dios,
que por las noches nos
da fuerzas!
¡Nadie pregunta por el Creador,
11 que nos hace más sabios
que las aves y las bestias
salvajes!
12 ¡Son tan malvados

y orgullosos
que por eso Dios no les
responde!
13 ¡Por eso el Dios todopoderoso
no atiende sus tontos ruegos!
14 ¿Cómo, entonces, esperas
que Dios responda a tu
insistencia
de ir a juicio con él?
15 Según tú,
Dios no se enoja ni castiga
ni se da cuenta de tanta
maldad;
16 pero lo cierto, Job,
es que dices puras tonterías».

Cuarta participación de Elihú
36 **1** Todavía siguió diciendo
Elihú:

2 «Tenme paciencia.
Quiero explicarte algunas cosas
que hablarán bien de Dios.
3 Mi creador actúa con justicia;
toda mi sabiduría viene de él,
y te lo voy a demostrar.
4 Te aseguro que no miento;
¡si buscas un sabio, aquí
me tienes!

5 »Dios es poderoso,
y todo lo entiende;
no rechaza a nadie,
6 defiende los derechos
del pobre,
pero no deja con vida
al malvado;
7 tiene cuidado de la
gente buena
y le concede un alto puesto:
¡la hace reinar para siempre!
8 A los que están afligidos
o han sido encarcelados,
9 Dios les hace ver
que su pecado es el orgullo;
10 les pide apartarse del mal
y aceptar su corrección.
11 Si ellos aceptan obedecerlo,
pasan el resto de su vida
felices y con gran prosperidad;
12 pero si no le obedecen,
cuando menos lo piensen,
les llegará la muerte.

13 »Los malvados son
rencorosos;
como Dios los castiga,

jamás le piden ayuda.
14 Por eso mueren antes de
tiempo,
como la gente de mala fama.

15 »Dios usa el sufrimiento
para hacernos entender,
16 y ahora mismo
te ha librado de la angustia,
te ha servido un banquete,
y te ha dado plena libertad.

17 »Bien mereces que Dios te
juzgue
como él juzga a los malvados.
18 ¡Así que mucho cuidado!
No te dejes engañar por las
riquezas,
mucho menos si son
mal ganadas,
19 pues ni ellas ni tus esfuerzos
podrán servirte de nada.
20 No esperes que caiga la
noche,
pues la oscuridad no
te esconderá.
21 ¡Mucho cuidado!
¡Apártate de la maldad,
pues por eso estás
sufriendo ahora!

22 »Dios es grande y poderoso;
no hay maestro que se
le compare.
23 Nadie puede pedirle
cuentas,
ni acusarlo de haberse
equivocado.
24 Muchos alaban sus acciones;
tú también debieras hacerlo.
25 Todos podemos ver sus
obras,
aunque sólo desde lejos.
26 Tan grande es Dios
que no podemos conocerlo,
ni saber cuántos años tiene.

27-28 »Dios nos manda la lluvia,
y con esa agua llena los ríos.
29 Pero nadie puede explicar
cómo se mueven las nubes
ni de dónde salen los truenos.
30 Dios está rodeado de luz,
y con ella cubre el fondo
del mar.
31 Dios gobierna a las naciones
y les da abundante comida;

32 toma el relámpago en
sus manos
y lo lanza a donde él quiere.
33 El trueno anuncia la
tormenta,
y el ganado la presiente.

37 **1** »Tiemblo ante
la tormenta,
y siento que el corazón
se me sale del pecho.
2 ¡Escuchen la voz de Dios!
¡Escuchen su voz de trueno!
3 ¡Dios deja oír su voz
de un lado a otro del cielo,
y hasta el fin del mundo!
4 Mientras se oye su voz
poderosa,
¡rayos luminosos cruzan
el cielo!
5 Cuando Dios deja oír sus
truenos,
suceden cosas maravillosas
que no alcanzamos a
comprender.
6 Dios les ordena
a la nieve y a la lluvia
que caigan sobre la tierra
y demuestren su poder.
7 Así todos se quedan en sus
casas
y reconocen el poder de Dios.
8 Los animales corren a sus
cuevas
para protegerse de la
tormenta.
9 Con los vientos del sur
llega la tormenta;
con los vientos del norte
se presenta el frío.
10 Dios sopla sobre el agua,
y ésta se hace hielo.
11-12 A una orden de Dios,
las nubes se llenan de lluvia
y se van a recorrer la tierra,
cubriéndola con sus relámpagos.
13 Y Dios deja caer la lluvia:
para unos como bendición;
para otros como castigo.

14 »Job, ponte a pensar
en las maravillas de Dios.
15 ¿Puedes decirme cómo
controla las nubes,
y cómo nos deslumbra
con sus relámpagos?
16 Tú, que dices saberlo todo,

¿puedes decirme cómo
hace Dios
para que las nubes floten?
17-18 Dios puede cubrir
con nubes
el cielo más ardiente,
y así evitar que sufras
el calor que viene del sur.
¡Eso tú no lo puedes hacer!

19 »Soy tan ignorante
que no sé qué decirle a Dios;
enséñame cómo responderle.
20 Yo ni me atrevo a hablarle,
pues podría perder la vida.
21 Si el cielo está despejado,
nadie puede mirar al sol,
22 ¡y ahora viene del norte
un brillante resplandor!
¡Es Dios,
que viene con todo su poder!
23 No podemos ir a su
encuentro,
su justicia y rectitud no
tienen límite;
su poder es enorme.
24 Él no toma en cuenta
a los que se creen muy sabios,
por eso todos le temen».

Dios responde a Job

38 **1** Dios le respondió a Job desde la tormenta:

2 «¿Quién eres tú
para dudar de mi sabiduría,
si sólo tonterías has dicho?
3 ¡Vamos a ver qué tan
valiente eres!
Ahora yo voy a hablar,
y tú me vas a escuchar.

4 »Si de veras sabes tanto,
dime dónde estabas
cuando puse las bases de
la tierra.
5 ¡Tú no sabes
quién la midió metro a metro,
6 quién puso la primera piedra
y en qué descansan sus
cimientos!
7 ¡Tú no estabas allí,
mientras cantaban las estrellas
y los ángeles danzaban!

8-11 »Dime quién puso límites al
mar

cuando este cubrió la tierra;
dime cuándo lo envolví entre
nubes
y lo dejé en la oscuridad;
dime cuándo les mandé
a las olas
no pasar más allá de la playa.

12 »¿Alguna vez en tu vida
le has dado órdenes al sol
para que comience un
nuevo día?
13 ¿Alguna vez en tu vida
le has dado órdenes a la tierra
para que se quite de encima
a los malvados?
14 Cuando la luz del nuevo día
se asoma tras las montañas,
15 los malvados no soportan
su luz,
y allí se acaba su poder.

16 »¿Has bajado al fondo
del mar
para ver dónde nace el agua?
17 ¿Has bajado al reino de
la muerte
y visitado a los muertos?
18 Si en verdad lo sabes todo,
dime cuánto mide la tierra.

19 »¿Sabes dónde viven
la luz y la oscuridad?
20 ¿Puedes llevarlas al trabajo,
y regresarlas a su casa?
21 ¡Claro que no!
No has vivido tantos años
ni naciste antes que ellas.

22 »¿Has estado en los
depósitos
donde guardo la nieve y
el granizo?
23 Yo los tengo guardados
para los tiempos de guerra
y para castigar a los malvados.
24 ¿Sabes hacia dónde
se dirigen los relámpagos,
y a qué regiones de la tierra
viajan los vientos del este?
25 ¿Sabes quién deja caer
las lluvias torrenciales,
26 y quién riega los desiertos,
donde nadie vive?
27 ¿Quién riega los campos
secos
y los convierte en verdes

prados?
28 ¿Quién produce la lluvia
y el rocío?
29-30 ¡Dime de dónde salen
el hielo y la escarcha,
cuando el agua del mar
profundo
se endurece como la roca!

31-32 »¿Puedes hacer que las
estrellas
se agrupen en constelaciones
y aparezcan todas las noches?
Allí tienes a la Osa Mayor,
a Orión
las Siete Cabritas y la Cruz
del Sur.
33 ¡Si no sabes gobernar la
tierra,
cómo podrías gobernar el cielo!

34 »¿Puedes ordenar que llueva
con sólo levantar la voz?
35 ¿Puedes darle órdenes
al rayo,
y hacer que te obedezca?
36 Dime quién les dio sabiduría
al gallo y a las otras aves.
37 Dime si eres capaz
de contar las nubes
y hacer que llueva
38 para humedecer la tierra
cuando esta se reseca.

39 »Tú no consigues comida
para las leonas y sus cachorros,
40 mientras duermen o
descansan
en el fondo de sus cuevas.
41 Tú no alimentas a
los cuervos,
cuando sus polluelos andan
perdidos
y me piden de comer.

39 ¹⁻² »¿Sabes cuándo nacen
las cabras monteses?
¿Has visto nacer a los venados
y cuánto tardan en nacer?
3-4 Al llegar el momento,
la madre se encorva en
el bosque
y tiene a sus críos;
ellos crecen y se hacen
fuertes,
y luego se van para no volver.

5 »Yo soy quien hizo libres
a los burros salvajes;
6 Yo soy quien les dio el
desierto
para que vivan allí.
7 Son tan libres que no
hacen caso
de los ruidos de la ciudad
ni de los gritos de los arrieros.
8 Y así, andan por los cerros
en busca de pastos verdes.

9 ¿Tú crees que un toro
salvaje
estará dispuesto a servirte
y a dormir en tus establos?
10 ¿Tú crees que si lo amarras
podrás hacer que te siga,
y que no se aparte del surco
hasta que cultives tus campos?
11 ¿Puedes confiar en su fuerza
y echar sobre sus lomos
todo el peso de tu trabajo?
12 ¿Puedes hacer que el toro
junte todo tu grano
y lo lleve hasta el molino?

13 »El avestruz es muy alegre,
y le gusta agitar sus alas,
pero no es un ave cariñosa:
14 pone sus huevos en la arena,
y allí los deja empollar;
15 ¡no parece importarle
que una fiera los aplaste!
16 Maltrata a sus polluelos
como si no fueran suyos,
y no le importa que se pierdan.
17 Cuando yo repartí la
sabiduría,
no le di su porción de
inteligencia,
18 pero cuando extiende sus
alas
es más veloz que cualquier
caballo.

19 »¿Eres tú quien le dio
al caballo
su fuerza y sus largas crines?
20 ¿Eres tú quien lo hace saltar
como si fuera un saltamontes,
y que asuste a la gente
con su orgulloso resoplido?
21 El caballo patea con furia
y se lanza hacia la llanura,
sintiéndose orgulloso de
su fuerza.

22 No tiene miedo de nada,
sino que ataca de frente.
23-25 El ruido de las armas
resuena en sus oídos;
oye a lo lejos la trompeta,
y al oír las órdenes de ataque,
resopla y corre a todo galope
sin que nadie pueda detenerlo.

26 »¿Le enseñaste al halcón
a volar
y dirigirse hacia el sur?
27 ¿Fuiste tú quien ordenó
que el águila remonte el vuelo
y haga su nido en las alturas?
28 El águila vive en las
montañas;
pasa la noche entre las grietas.
29 Desde su lejano escondite
se lanza sobre su presa,
y la mata.
30 Las águilas se juntan
alrededor de la presa,
y sus polluelos se ponen felices
cuando se beben la sangre.

40 ¹⁻² »Yo soy el Dios
todopoderoso;
tú me criticaste y desafiaste,
ahora respóndeme».

3 Y Job le respondió:

4-5 «¿Qué podría responderte
si soy tan poca cosa?
Ya he hablado más de la cuenta,
y no voy a insistir.
Prefiero quedarme callado».

6 Pero Dios le respondió a Job
desde la tempestad, y le dijo:

7 «¡Vamos a ver qué tan
valiente eres!
Ahora yo voy a hablar,
y tú me vas a escuchar.

8 »¿Tienes que acusarme de
injusto
para probar que eres inocente?
9 ¿Acaso tu voz y tu poder
se comparan a los míos?
10 Si así es, ¡demuéstralo!
11 No controles tu enojo;
¡humilla a los orgullosos!
12 Fíjate en esos malvados,
y aplástalos donde se

encuentren;
13 ¡envuélvelos y entiérralos
en la tumba más profunda!
14 Entonces tendré que admitir
que eres lo bastante poderoso
para alcanzar la victoria.

15 »Fíjate en el hipopótamo,
animal parecido a los bueyes,
pues se alimenta de hierba.
A él y a ti los he creado.
16 Toda su fuerza se encuentra
en sus poderosos lomos.
17 Su rabo parece un árbol;
sus músculos son muy fuertes.
18 Sus huesos parecen de
bronce;
sus piernas parecen de hierro.
19 Entre los animales que
he creado,
él ocupa el primer lugar;
pero yo lo he creado, y si
quiero
puedo quitarle la vida.
20 Se alimenta de hierba
del campo,
donde juegan los animales
salvajes.
21-22 Se esconde entre
los juncos,
y a la sombra de los árboles
se tiende a descansar.
23 Puede beberse un río entero;
¡podría tragarse el río Jordán!
24 ¿Quién se le puede enfrentar?
¿Quién se atreve a capturarlo?
¿Quién puede perforarle
la nariz?

41 ⁽*⁾ ¹ (40.25) »No puedes pescar
un cocodrilo
con un simple anzuelo,
ni atarle la lengua con
una cuerda.
2 (40.26) No puedes perforarle
la quijada
ni atarle el hocico.
3 (40.27) ¡Un cocodrilo no
va a rogarte
que le tengas compasión,
4 (40.28) ni va servirte como
esclavo
por el resto de su vida!
5 (40.29) Tampoco podrás
jugar con él
como juegas con los pájaros,
y atarle una cuerda a una pata

para que jueguen tus hijas.
6 (40.30) No se despedaza
un cocodrilo
para venderlo en el mercado;
7 (40.31) ¡las lanzas no le
atraviesan
la piel ni la cabeza!
8 (40.32) Si quieres sujetarlo,
acabarás peleando con él,
y te arrepentirás de hacerlo.
9 (1) No tiene caso que pienses
en llegar a dominarlo;
¡con sólo verlo, caerás
desmayado!
10 (2) Si nadie puede con él,
¿quién va a poder conmigo,
que soy el Dios todopoderoso?
11 (3) ¡Mío es todo lo que hay
debajo del cielo!
¿Quién me puede pedir
cuentas?

12-13 (4-5) »No olvides que
el cocodrilo
tiene patas muy fuertes,
una piel impenetrable,
y un cuerpo enorme
que nadie puede dominar.
14 (6) No hay quien se atreva
a abrirle el enorme hocico
para ver sus filosos colmillos.
15-17 (7-9) Su cuerpo está
cubierto
con hileras de pequeños
escudos,
que ni el aire dejan pasar.
18 (10) Cuando el cocodrilo
resopla,
sus ojos brillan más que el rayo
y que el sol del nuevo día;
19 (11) de su hocico salen
chispas de lumbre y llamas
de fuego;
20-21 (12-13) lanza humo por la
nariz
y fuego por la boca;
¡parece una olla puesta al fuego!
¡Un soplo suyo enciende la
leña!
22 (14) Es tan fuerte su cuello
que sólo de verlo da miedo;
23 (15) la piel más blanda
de su cuerpo
es impenetrable;
24 (16) su pecho es firme
como roca
y duro como piedra de molino.

25 (17) Cuando el cocodrilo
se sacude,
hasta los más poderosos
tiemblan y echan a correr.
26-29 (18-21) No hay arma capaz
de herirlo,
pues rompe el hierro como paja,
y el bronce como madera
podrida;
las flechas no le penetran,
y las piedras de las hondas
tan sólo le hacen cosquillas;
golpearlo con un martillo
es como golpearlo con
una pluma.
30 (22) Cuando se arrastra
por el lodo,
abre surcos como el arado;
31 (23) cuando se lanza al
fondo del lago,
el agua parece una olla
hirviendo,
32 (24) y a su paso va dejando
una estela blanca
y brillante.
33 (25) El cocodrilo a nadie
le teme,
y no hay animal que se
le parezca.
34 (26) Desprecia a los
poderosos,
pues es el rey de los
monstruos».

Respuesta final de Job

42 **1** Entonces Job le respondió a
Dios:

2 «Reconozco tu gran poder;

nadie puede impedirte
llevar a cabo tus planes.
3 Tú preguntas quién soy yo,
que siendo un ignorante
he puesto en duda tu sabiduría.
Reconozco que he dicho cosas
que no alcanzo a comprender,
cosas que son maravillosas
y que en realidad no conozco.

4 »Tú dijiste:

''Ahora yo voy a hablar,
y tú me vas a escuchar''.

5 »Lo que antes sabía de ti
era lo que me habían contado,
pero ahora mis ojos te han
visto,
y he llegado a conocerte.
6 Así que retiro lo dicho,
y te ruego me perdones».

Un final feliz

7 Después de haber hablado con
Job, Dios se dirigió a Elifaz y le
dijo:

«Estoy muy enojado contigo y con
tus dos amigos. Lo que han dicho
ustedes de mí no es verdad; en
cambio sí es verdad lo que ha dicho
Job. **8** Así que ahora acompañen a
Job, y quemen en mi honor siete
toros y siete carneros, para que yo
los perdone. Job me rogará por
ustedes, y en atención a sus ruegos no los haré quedar en vergüenza. Pero reconozcan que, a dife-

rencia de Job, lo que han dicho
ustedes de mí no es verdad».

9 Entonces Elifaz, Bildad y Zofar
fueron y cumplieron con lo que
Dios les mandó hacer, y Dios
atendió a los ruegos de Job.
10 Después de que Job oró por sus
amigos, Dios hizo que Job volviera
a prosperar, y le devolvió el doble
de lo que antes tenía. **11** Todos sus
hermanos y hermanas, y todos los
que antes lo habían conocido,
fueron a visitarlo y celebraron una
gran fiesta. Lo animaron y lo con-
solaron por todas las tragedias
que Dios le había enviado, y cada
uno de ellos le regaló una moneda
de plata y un anillo de oro.
12 En sus últimos años de vida, Job
recibió de Dios más bendiciones
que en los primeros, pues llegó a
tener catorce mil ovejas, seis mil
camellos, dos mil bueyes y mil
burras; **13** además, tuvo catorce
hijos y tres hijas. **14** A la primera
de ellas la llamó Paloma, a la
segunda la llamó Jazmín, y a la
tercera la llamó Azucena. **15** Estas
tres hijas de Job eran las mujeres
más hermosas del país, y tanto a
ellas como a sus hermanos, Job
les dejó una herencia.
16 Job vivió todavía ciento cuarenta años, y llegó a ver a sus hijos y
nietos, hasta la cuarta genera-
ción. **17** Luego de haber disfrutado
de una larga vida, murió siendo ya
muy anciano.

Salmos

Libro 1
(Salmos 1-41)

Éxito y fracaso

1 ¹ Dios bendice
a quienes no siguen malos
consejos
ni andan en malas compañías
ni se juntan con los que se
burlan de Dios.

² Dios bendice
a quienes aman su palabra
y alegres la estudian día
y noche.

³ Son como árboles sembrados
junto a los arroyos:
llegado el momento,
dan mucho fruto
y no se marchitan sus hojas.
¡Todo lo que hacen les sale
bien!

⁴ Con los malvados
no pasa lo mismo;
¡son como el polvo
que se lleva el viento!

⁵ Cuando sean juzgados,
nada los salvará;
¡esos pecadores no tendrán
parte
en la reunión de los buenos!

⁶ En verdad,
Dios cuida a los buenos,
pero los malvados
se encaminan al fracaso.

Dios y su rey

2 ¹⁻² ¿Por qué se rebelan
contra Dios
las naciones y los pueblos?
¿Por qué estudian la manera
de luchar contra él y contra
su rey?
¡Inútiles son los planes
de los reyes de este mundo!
³ ¡Quieren acabar
con su poder!
¡Quieren librarse de su
dominio!

⁴ Pero Dios desde su trono

se ríe y se burla de ellos.
⁵ Luego se enoja y los
reprende,
se enfurece y los asusta.
⁶ Los amenaza diciendo:
«Ya elegí al rey
que gobernará desde el
monte Sión,
que es mi montaña santa».

⁷ Voy a dar a conocer
lo que Dios ha decidido.
Él me dijo:
«Tú eres mi hijo;
desde hoy soy tu padre.
⁸ ¡Pídeme lo que quieras!
Te daré como herencia
las naciones;
¡todo el mundo será tuyo!
⁹ Gobernarás a las naciones
con mano de hierro;
¡las destrozarás
como a ollas de barro!»

¹⁰ Ustedes los reyes,
pónganse a pensar;
déjense enseñar,
gobernantes de la tierra.
¹¹ Adoren a Dios con
reverencia;
y con alegría ríndanle culto.
¹² Adoren a Dios,
para que no se enoje,
pues fácilmente se enfurece,
y podría quitarles la vida.

¡Dios bendice
a todos los que en él confían!

Confiando en Dios

3 ⁽¹⁾ **David compuso este salmo
cuando estaba huyendo de su hijo
Absalón.**
¹ ⁽²⁾ Dios mío,
son muchos mis enemigos;
son muchos los que
me atacan,
² ⁽³⁾ son muchos los que
me dicen
que tú no vas a salvarme.

³ ⁽⁴⁾ Sólo tú, Dios mío,
me proteges como un escudo;
y con tu poder
me das nueva vida.

⁴ ⁽⁵⁾ A gritos te llamo,
y desde tu templo me
respondes.

⁵ ⁽⁶⁾ Yo me acuesto,
y me duermo,
y vuelvo a despertar,
porque tú vigilas mi sueño.

⁶ ⁽⁷⁾ No me asustan los muchos
enemigos
que me tienen acorralado.

⁷ ⁽⁸⁾ ¡Dios mío,
levántate y ponme a salvo!
¡Rómpeles la cara a mis
enemigos!
¡Rómpeles los dientes a los
malvados!

⁸ ⁽⁹⁾ Dios mío,
sólo tú puedes salvarme;
¡bendice a tu pueblo!

Dios nos da paz

4 ⁽¹⁾ **Himno de David.**
**Instrucciones para el director del coro:
Este himno deberá cantarse acompañado de instrumentos de cuerda.**
¹ ⁽²⁾ Tú, Dios mío,
eres mi defensor;
¡respóndeme cuando te llame!
Siempre que tengo problemas,
me ayudas a salir de ellos;
¡compadécete pues de mí,
y escucha mi oración!

² ⁽³⁾ Ustedes los que se creen
importantes;
¿me van a seguir insultando,
y jugando con mi honor?
¿Van a seguir
con sus mentiras y engaños?

³ ⁽⁴⁾ Sépanlo de una vez:
Dios me muestra su amor
porque le soy fiel;
¡por eso me escucha
cuando lo llamo!

⁴ ⁽⁵⁾ ¡Cuidado, no pequen más!
Cuando llegue la noche
y se acuesten a dormir,
pónganse a pensar
en todo lo que han hecho.

5 (6) Ofrézcanle a Dios
lo que él les ha pedido,
y pongan su confianza en él.

6 (7) ¡Hazte presente, Dios mío,
y muéstranos tu bondad,
pues no faltan los que dicen
que tú no eres bondadoso!

7 (8) Hay muchos que
son felices
comiendo y bebiendo de más,
pero yo soy muy feliz
porque mi alegría viene de ti.
8 (9) Cuando me acuesto,
me duermo en seguida,
porque sólo tú, mi Dios,
me das tranquilidad.

La protección de Dios

5 (1) **Himno de David.**
**Instrucciones para el director del coro:
Este himno deberá cantarse acompañado de música de flautas.**
1-3 (2-4) Mi rey y mi Dios,
escucha con atención
mis palabras;
toma en cuenta mis súplicas,
escucha mi llanto,
pues a ti dirijo mi oración.
Tan pronto como amanece
te presento mis ruegos,
y quedo esperando tu
respuesta.

4 (5) A ti, Dios mío,
no te agrada la maldad.
Por eso los malvados
no pueden vivir contigo;
5 (6) no soportas a
los orgullosos
ni amas a los malhechores.
6 (7) ¡Tú destruyes a los
mentirosos,
y rechazas a los tramposos
y asesinos!

7 (8) Pero a mí me quieres tanto
que me dejas entrar
en tu templo,
y allí me dejas hacer
mis oraciones.
8 (9) Dios mío,
¡enséñame a hacer el bien!
¡Llévame por el buen camino
pues no quiero que
mis enemigos

triunfen sobre mí!
9 (10) Ellos son unos mentirosos
y sólo piensan en destruirme.
Nunca dicen la verdad,
y sólo hablan de muerte.
10 (11) ¡No los perdones,
Dios mío!
¡haz que fracasen sus planes
malvados!
Ya es mucho lo que
han pecado;
¡recházalos por luchar
contra ti!

11 (12) Pero que vivan alegres
todos los que en ti confían;
¡que canten siempre de alegría
bajo tu protección!
¡que sean felices
todos los que te aman!
12 (13) Tú, Dios mío,
bendices al que es bueno,
y con tu amor lo proteges.

Dios mío, ayúdame

6 (1) **Himno de David.**
**Instrucciones para el director del coro:
Este himno deberá cantarse acompañado de instrumentos de ocho cuerdas.**
1-2 (2-3) Dios mío, ¡tenme
compasión!
No me reprendas cuando
estés enojado
ni me castigues cuando estés
furioso,
pues ya no me quedan fuerzas.
Devuélveme la salud,
pues todo el cuerpo me
tiembla.
3-4 (4-5) Dios mío, estoy
muy tembloroso;
¿cuándo vendrás en mi ayuda?
¡Vuélvete a mirarme, y sálvame!
Por tu gran amor,
¡te ruego que me salves!
5 (6) En el mundo de los muertos
nadie se acuerda de ti.
Si dejas que me muera,
ya no podré alabarte.

6 (7) ¡Ya estoy cansado de llorar!
Por las noches lloro tanto
que mis lágrimas empapan mi
almohada.
7 (8) Es tanto lo que sufro
que los ojos se me nublan;
¡por culpa de mis enemigos

ya estoy perdiendo la vista!

8-9 (9-10) ¡Gente malvada, apártense de mí,
porque Dios ha escuchado
mis ruegos
y ha aceptado mi oración!
10 (11) Ustedes, mis enemigos,
quedarán confundidos
y avergonzados.
¡En un instante huirán
llenos de vergüenza!

Oración pidiendo justicia

7 (1) **Lamento de David dirigido a
Dios por lo que le hizo un hombre de la
tribu de Benjamín, que se llamaba Cus.**
1 (2) Mi Dios, en ti confío;
¡sálvame de los que me
persiguen!,
¡líbrame de todos ellos!
2 (3) Si no me salvas,
acabarán conmigo;
me despedazarán como leones
y nadie podrá librarme de ellos.

3 (4) Dios mío,
¿qué daño les hice?,
¿qué mal cometí?
4 (5) ¿Acaso le hice daño a
mi amigo?
¿Acaso le quité algo
a quien me maltrata sin razón?
5 (6) Si es así,
deja que mi enemigo
me persiga y me alcance;
deja que me arrastre
por el suelo
y que me ponga en vergüenza.

6-7 (7-8) Dios mío,
¡siéntate ya en tu alto trono,
y rodeado de las naciones,
declárame inocente!
¡Enfréntate a la furia de mis
enemigos
y muéstrales tu enojo!

8 (9) Tú, Dios mío,
eres el juez de los pueblos:
¡Júzgame y dicta mi sentencia,
pero toma en cuenta que
soy inocente!
9 (10) Tú eres un Dios justo,
y conoces nuestros
pensamientos:
¡Acaba, pues, con los

malvados,
para que ya no hagan lo malo,
pero dale tu apoyo a la
gente honrada!

10 (11) Dios mío,
tú me das tu protección;
me proteges como un escudo.
Tú salvas a la gente honrada.
11 (12) Tú eres un juez justo
y siempre castigas a los
malvados.
12 (13) Si estos no se
arrepienten,
tú afilarás tu espada
y prepararás tu arco.
13 (14) Ya tienes listas tus
armas de muerte;
¡ya tienes listas tus
flechas de fuego!

14 (15) ¡Fíjense en el malvado!
Planea el crimen, lo comete
y luego niega haberlo
cometido.
15 (16) Ha hecho un hoyo muy
profundo,
pero en ese mismo hoyo caerá,
16 (17) y sufrirá las
consecuencias
de su violencia y maldad.

17 (18) Yo, en cambio,
alabaré a Dios porque es justo.
¡Yo le cantaré himnos
al Dios altísimo!

Grandeza divina, grandeza humana
8 (1) **Himno de David.**
Instrucciones para el director del coro:
Úsese la melodía que se toca cuando se
exprimen las uvas.

1 (2) Nuestro Dios y nuestro rey,
¡qué grande eres
en toda la tierra!
¡Tu grandeza está por encima
de los cielos más altos!

2 (3) Con las primeras palabras
de los niños más pequeños,
y con los cantos
de los niños mayores
has construido una fortaleza
por causa de tus enemigos.
¡Así has hecho callar
a tus enemigos que buscan
venganza!

3 (4) Cuando contemplo
el cielo,
y la luna y las estrellas
que tú mismo hiciste
4 (5) no puedo menos
que pensar:
«¿Qué somos los mortales
para que pienses en nosotros
y nos tomes en cuenta?»
5 (6) ¡Nos creaste casi
igual a ti!
Nos trataste como a reyes;
6 (7) nos diste plena autoridad
sobre todo lo que hiciste;
nos diste dominio
sobre toda tu creación:
7 (8) sobre ovejas y vacas,
sobre animales salvajes,
8 (9) sobre aves y peces,
¡sobre todo lo que se mueve
en lo profundo del mar!

9 (10) Nuestro Dios y
nuestro rey,
¡qué grande eres
en toda la tierra!

La justicia de Dios
9 (9a) (1) **Himno de David.**
Instrucciones para el director del coro:
Este himno deberá cantarse acompa-
ñado de flautas y arpas.

1-2 (2-3) Dios mío, Dios
altísimo,
yo quiero alabarte de
todo corazón.
Quiero expresarte mi alegría;
¡quiero cantarte himnos
y hablar de tus maravillas!

3-4 (4-5) Tú eres un juez justo:
juzgaste mi caso
y me declaraste inocente.
Por ti mis enemigos huyen,
tropiezan y son destruidos.
5 (6) Reprendiste a los pueblos
que no te adoran;
destruiste a esos malvados,
¡y nadie volvió a recordarlos!
6 (7) Para siempre cayó
la desgracia
sobre nuestros enemigos;
dejaste sin gente
sus ciudades,
y ya nadie se acuerda de ellos.

7 (8) Dios mío, tú reinas

para siempre;
estás sentado en tu trono,
y vas a dictar la sentencia.
8 (9) Juzgarás a los pueblos
del mundo
con justicia y sin preferencias.
9-10 (10-11) Tú, Dios mío,
proteges a los que son
maltratados
y los libras de la angustia.

Los que te conocen
confían en ti,
pues nunca los abandonas
cuando te buscan.

11 (12) ¡Canten himnos a Dios,
que es el rey de Jerusalén!
¡Den a conocer entre
los pueblos
todo lo que ha hecho!
12 (13) Dios sabe que ustedes
han sufrido,
y les hará justicia;
Dios siempre atiende a los
pobres
cuando le piden ayuda.

13 (14) Dios mío,
¡compadécete de mí!
¡Fíjate en los que me odian!
¡Mira cómo me afligen!
¡No dejes que me maten!
14 (15) Tú me salvaste;
por eso estoy feliz.
Iré a donde todos me oigan,
y les diré a los que pasen
que también deben alabarte.

15 (16) Los pueblos que
no te conocen
han caído en su propia
trampa; han quedado atrapados
en la red que ellos tendieron.
16 (17) Tú te has
dado a conocer
como un juez siempre justo;
en cambio, los malvados
caen en su propia trampa.

17 (18) ¡Que se mueran
los malvados,
esas naciones que no
te conocen
ni te toman en cuenta!
18 (19) Pero tú, Dios mío,
nunca te olvides de los pobres

ni pongas fin a sus esperanzas.
19-20 (20-21) ¡Vamos, mi Dios!
¡Llama a cuentas a
las naciones!
¡Hazlos que sientan miedo!
¡No permitas que te desafíen!
¡Que sepan esos paganos
que no son más que polvo!

Oración por la victoria
10 (9b) **1** Dios mío,
¿por qué te quedas tan lejos?
¿por qué te escondes de mí
cuando más te necesito?
2 Los malvados y orgullosos
persiguen a los humildes,
pero acabarán por caer
en sus propias trampas.
3-4 Alaban a los ambiciosos,
pero a ti te menosprecian.
No te buscan,
porque para ellos no existes.
Son groseros. Levantan la nariz
y presumen de su codicia,
pues sólo en eso piensan;
5 ¡siempre les va bien
en todo lo que hacen!

Tus leyes, Dios mío,
no las pueden entender.
Se burlan de sus enemigos,
6 y en su interior piensan
que jamás fracasarán,
que nunca tendrán problemas
y que siempre serán felices.
7 Sus palabras ofenden
y lastiman;
tras sus palabras esconden
sus malas intenciones.
8 Andan por las calles
espiando a los inocentes,
para caerles encima
y matarlos a traición.
9 Siempre se andan
escondiendo,
como el león en su cueva;
siempre están dispuestos
a saltar
sobre la gente indefensa,
y en cuanto la atrapan,
la arrastran en su red.
10 Y así, quedan humillados
los que tienen la desgracia
de caer bajo su dominio.
11 Esos malvados piensan
que a ti no te importa,
y que hasta escondes la cara

para no ver lo que pasa.
12-15 ¡Vamos, Dios mío!
¡Llama a cuentas a
los malvados!
¿Por qué han de burlarse de ti?
¡Pídeles cuentas de su maldad,
y bórralos de este mundo!
¿Por qué han de creer
que no les pedirás cuentas?
Tú conoces su maldad,
tomas en cuenta su violencia,
y un día les darás su merecido.
¡Tú acabarás con su poder!

¡Dios mío,
no te olvides de los humildes!
Los huérfanos y desvalidos
confían en ti;
¡tú eres quien los ayuda!

16-18 Tú, Dios mío, reinas
para siempre
y escuchas la oración
de los humildes.
Tú defiendes a los huérfanos
y a los que son maltratados;
tú los animas y les
prestas atención.
Pero a los que no te reconocen
los echarás de su tierra,
para que nadie en este mundo
vuelva a sembrar el terror.

Dios lo controla todo
11 (10) (1a) **Himno de David.**
1 (1b) Dios es mi protector,
¡no me digan que huya
a los cerros,
como si fuera un pájaro!
2 Fíjense en los malvados:
se esconden en las sombras,
y esperan a la gente honrada,
para atacarla cuando pase.
3 ¡Si este mundo parece estar
bajo el control de los malvados,
qué puede hacer la
gente honrada!

4-5 Pero Dios está en su
santo templo;
desde su palacio celestial
vigila a la humanidad entera.
Dios pone a prueba a los justos;
él mismo los examina,
pero odia con toda su alma
a los malvados y a

los violentos.
6 Sobre ellos dejará caer
una lluvia de brasas de fuego
y de azufre encendido.
¡Un viento caliente los acabará!

7 Dios es justo de verdad,
y ama la justicia;
¡por eso la gente honrada
habrá de verlo cara a cara!

Tú siempre nos proteges
12 (11) (1) **Himno de David.**
**Instrucciones para el director del coro:
Este himno deberá cantarse acompañado de instrumentos de ocho cuerdas.**
1 (2) Sálvanos, Dios mío,
pues ya no hay en este mundo
gente que te sea fiel.
2 (3) Todo el mundo dice
mentiras
y unos a otros se engañan;
ahora dicen una cosa,
y luego dicen otra.

3 (4) Tú acabarás con esa gente
mentirosa y arrogante,
4 (5) con esa gente que dice:
«Lo que nos sobra es lengua;
sabemos hablar muy bien.
¡Nadie podrá dominarnos!»

5 (6) Pero tú mismo has dicho:
«La gente pobre y humilde
ya no aguanta tanto maltrato;
voy a entrar en acción
y los pondré a salvo».

6-8 (7-9) Dios mío,
tú siempre cumples tus promesas;
y lo has demostrado una y otra
vez.
Tus promesas son más valiosas
que plata refinada.

Podrá haber malvados
en el mundo,
y la maldad ir en aumento,
pero tú siempre nos proteges
y nos defiendes de esa gente

Mírame y respóndeme
13 (12) (1) **Himno de David.**
1-3 (2-4) Mi Señor y Dios,
¿vas a tenerme siempre olvidado?
¿Vas a negarte a mirarme?
¿Debe seguir mi corazón

siempre angustiado,
siempre sufriendo?
¿Hasta cuándo el enemigo
me va a seguir dominando?

Mírame y respóndeme;
¡ayúdame a entender
lo que pasa!
De lo contrario perderé la vida,
4 (5) mi enemigo cantará
victoria
y se alegrará de mi fracaso.

5-6 (6-7) Pero yo, Dios mío,
confío en tu gran amor
y me lleno de alegría
porque me salvaste.
¡Voy a cantarte himnos
porque has sido bueno
conmigo!

Los malos rechazan a Dios

14 (13) (1a) **Himno de David.**
1 (1b) Los necios piensan:
«Dios no existe».
Pero son gente corrompida,
todo lo que hacen es odioso;
¡ninguno de ellos hace lo bueno!

2 Dios, desde el cielo,
mira a hombres y mujeres;
busca a alguien inteligente
que lo reconozca como Dios.
3 Pero no hay uno solo
que no se haya alejado de Dios;
no hay uno solo
que no se haya corrompido;
no hay uno solo
que haga el bien.

4-5 Ustedes, gente malvada,
que allí están, llenos de miedo;
que jamás buscan a Dios,
y que se hartan de comida
a costillas de mi pueblo,
debieran saber esto:
¡Dios está con los buenos!
6 Y aunque ustedes desbaratan
los planes de los humildes,
Dios es quien los protege.

7 ¡Cómo quisiera yo que Dios
nos enviara desde Jerusalén
alguien que salve a
nuestro pueblo!
Cuando Dios nos haga
prosperar,

todos en Israel estaremos
felices!

Requisitos para vivir con Dios

15 (14) (1a) **Himno de David.**
1 (1b) Dime, Dios mío,
¿quién puede vivir en tu
santuario?,
¿quién puede vivir en tu monte
santo?
2 Sólo quien hace lo bueno
y practica la justicia;
sólo quien piensa en la verdad
y habla con la verdad;
3 sólo quien no habla mal de
nadie
ni busca el mal de nadie,
ni ofende a nadie;
4 sólo quien desprecia
al que merece desprecio,
pero respeta a quien honra a
Dios;
sólo quien cumple lo que
promete
aunque salga perdiendo;
5 sólo quien presta dinero
sin cobrar intereses,
y jamás acepta dinero
para perjudicar al inocente.

Quien así se comporta,
vivirá siempre seguro.

Tus enseñanzas son mi guía

16 (15) (1a) **Poema de David.**
1 (1b) Cuídame, Dios mío,
porque en ti busco protección.
2 Yo te he dicho:
«Tú eres mi Dios;
todo lo bueno que tengo,
lo he recibido de ti.
Sin ti, no tengo nada».
3 La gente de mi pueblo,
que sólo a ti te adora,
me hace sentir feliz.
4 Pero quienes adoran ídolos
sufrirán en gran manera.

¡Jamás rendiré culto
a los ídolos!
¡Jamás les presentaré ofrendas!

5 Tú eres mi Dios,
eres todo lo que tengo;
tú llenas mi vida
y me das seguridad.
6 Gracias a ti,

la herencia que me tocó
es una tierra muy bella.
7 Yo te bendigo
por los consejos que me das;
tus enseñanzas me guían
en las noches más oscuras.
8 Yo siempre te tengo
presente;
si tú estás a mi lado,
nada me hará caer.

9 Por eso estoy muy contento,
por eso me siento feliz,
por eso vivo confiado.
10 ¡Tú no me dejarás morir
ni me abandonarás
en el sepulcro, pues soy
tu fiel servidor!
11 Tú me enseñaste a vivir
como a ti te gusta.
¡En tu presencia soy muy feliz!
¡A tu lado soy siempre dichoso!

Escúchame y respóndeme

17 (16) (1a) **Oración de David.**
1 (1b) Dios mío,
atiende mis ruegos,
declárame inocente,
pues yo no he mentido.
2 Dicta tú mi sentencia,
pues tú sabes lo que es justo.

3-5 Tú sabes bien lo que pienso;
has venido por las noches
para ponerme a prueba
y no me encontraste
haciendo planes malvados;
tampoco digo malas palabras,
ni actúo con violencia,
como lo hacen los demás.
Yo sólo a ti te obedezco;
cumplo tus mandatos,
y no me aparto de ellos.

6 Dios mío,
yo te llamo porque me
respondes.
Te ruego que me escuches
y que atiendas mis ruegos.
7 ¡Demuéstrame que me amas!
Yo sé que tienes poder
para salvar de sus enemigos
a quienes buscan refugio en ti.

8-9 Cuídame como a tus
propios ojos,
pues me atacan los malvados;

escóndeme bajo tus alas,
pues los que quieren matarme
ya me tienen rodeado.
10 No tienen sentimientos;
hablan sólo para ofenderme.
11 Me siguen muy de cerca;
no dejan de vigilarme;
quieren hacerme caer.
12 Parecen leones en
su escondite,
en espera de su presa.

13-14 ¡Vamos, Dios mío!
¡Enfréntate a ellos
y derrótalos!
¡Echa mano a la espada
y sálvame de esos malvados!
¡Sálvame con tu poder!
¡Sálvame de esta gente
que todo lo tiene!
Mándales todos los castigos
que les tienes reservados,
pero castiga también
a sus hijos y a sus nietos.
15 Yo, por mi parte,
he de quedar satisfecho
cuando me declares inocente.
¡Despertar y verme en
tu presencia
será mi mayor alegría!

Gracias Dios mío

18(17) (1) **Himno de David, fiel servidor de Dios. David dedicó a Dios la letra de esta canción cuando Dios lo salvó de Saúl y de todos sus enemigos. (2a) En aquella ocasión, David dijo:**
1 (2b) ¡Dios mío, yo te amo
porque tú me das fuerzas!

2 (3) Tú eres para mí
la roca que me da refugio;
¡tú me cuidas y me libras!
Me proteges como un escudo,
y me salvas con tu poder.
¡Tú eres mi más alto escondite!
3 (4) Tú mereces que
te alabe porque,
cuando te llamo,
me libras de mis enemigos.

4 (5) Hubo una vez en
que la muerte
quiso atraparme entre
sus lazos;
fui arrastrado por una corriente

que todo lo destruía.
5 (6) Me vi atrapado
por la muerte;
me vi al borde de la tumba.
6 (7) Lleno de angustia
llamé a mi Dios,
y él me escuchó desde
su templo;
¡mi oración llegó hasta
sus oídos!

7 (8) Hubo un temblor de tierra,
y la tierra se estremeció.
También los cerros temblaron
desde sus cimientos;
¡temblaron por el enojo de Dios!
8 (9) Echaba humo por la nariz,
arrojaba fuego por la boca,
y lanzaba carbones encendidos.

9 (10) Dios partió el cielo en dos
y bajó sobre una espesa nube.
10 (11) Cruzó los cielos
sobre un querubín;
se fue volando
sobre las alas del viento.
11 (12) Se escondió en
la oscuridad,
entre las nubes cargadas
de agua
que lo encubrían por completo.
12 (13) ¡De su grandioso
trono salían
nubes, granizos y carbones
encendidos!

13 (14) De pronto, en el cielo
se oyó una voz de trueno;
¡era la voz del Dios altísimo
que se dejó escuchar
entre granizos y carbones
encendidos!
14 (15) Arrojó sus relámpagos
como si disparara flechas;
¡dispersó a sus enemigos,
y los hizo salir corriendo!

15 (16) Dios mío,
tú reprendiste al mar,
y por causa de tu enojo
el fondo del mar quedó
a la vista.
En tu enojo resoplaste,
y los cimientos de la tierra
quedaron al descubierto.
16 (17) Desde los altos cielos
me tendiste la mano

y me sacaste del mar profundo.
17 (18) Mis enemigos
me odiaban;
eran más fuertes y
poderosos que yo,
¡pero tú me libraste de ellos!
18 (19) Se enfrentaron a mí
en el peor momento,
pero tú me apoyaste.
19 (20) Me diste libertad;
¡me libraste porque me amas!

20 (21) Me diste mi recompensa
porque hago lo que quieres.
Me trataste con bondad
porque hago lo que es justo.
21 (22) Yo obedezco
tus enseñanzas
y no me aparto de ti.
22 (23) Cumplo todas tus leyes,
y jamás me aparto de ellas.
23 (24) He sido honesto contigo
y no he hecho nada malo.
24 (25) Me diste mi recompensa
porque hago lo que quieres,
porque tú sabes
que yo hago lo que es justo.
25 (26) Tú eres fiel
con los que te son fieles,
y tratas bien
a quienes bien se comportan.
26 (27) Eres sincero
con los que son sinceros,
pero con los tramposos
demuestras ser más astuto.
27 (28) A la gente humilde
le concedes la victoria,
pero a los orgullosos
los haces salir derrotados.

28-30 (29-31) Dios mío,
tú alumbras mi vida;
tú iluminas mi oscuridad.
Con tu ayuda venceré
al enemigo
y podré conquistar
sus ciudades.
Tus enseñanzas son perfectas,
tu palabra no tiene defectos.
Tú proteges como un escudo
a los que buscan refugio en ti.
31 (32) Dios de Israel,
sólo tú eres Dios;
¡sólo tú puedes protegernos!
32 (33) ¡Sólo tú me llenas
de valor
y me guías por el buen camino!

33 (34) ¡Tú me das fuerzas
para correr
con la velocidad de un venado!
Cuando ando por las
altas montañas,
tú no me dejas caer.
34 (35) Tú me enseñas
a enfrentarme a mis enemigos;
tú me das valor para vencerlos.
35 (36) Tú me das tu
protección;
me salvas con tu gran poder
y me concedes la victoria.
36 (37) Me despejas el camino
para que no tenga
yo tropiezos.

37 (38) Perseguí a mis enemigos
y los alcancé,
y no volví hasta haberlos
destruido.
38 (39) Los derroté por
completo;
¡los aplasté bajo mis pies,
y no volvieron a levantarse!
39 (40) Tú me llenaste de valor
para entrar en combate;
tú hiciste que los rebeldes
cayeran derrotados a mis pies.
40 (41) Me hiciste vencer
a mis enemigos,
y acabé con los que me
odiaban.
41 (42) A gritos pedían ayuda,
pero nadie fue a salvarlos.
Hasta de ti pedían ayuda,
pero tampoco tú los salvaste.
42 (43) Los deshice por
completo:
¡quedaron como el polvo
que se lleva el viento!
¡Me di gusto aplastándolos
como al lodo de la calle!

43-45 (44-46) Dios mío,
tú me libras de la gente
que anda buscando pelea;
me hiciste jefe de naciones,
y gente extraña que
yo no conocía
ahora está dispuesta
a servirme.
Tan pronto esos extranjeros
me oyen,
se desaniman por completo
y temblando salen de sus
escondites

dispuestos a obedecerme.

46 (47) ¡Bendito seas, mi Dios,
tú que vives y me proteges!
¡Alabado seas, mi Dios
y Salvador!
47 (48) ¡Tú me permitiste
vengarme de mis enemigos!
¡Tú pusiste a los pueblos
bajo mi dominio!
48 (49) Tú me pusiste a salvo
de la furia de mis enemigos.
Me pusiste por encima
de mis adversarios,
y me libraste de gente
violenta.
49 (50) Por eso, Dios mío,
yo te alabo y te canto himnos
en medio de las naciones.
50 (51) Tú siempre le das
la victoria
al rey que pusiste sobre Israel.
Tú siempre les muestras
tu amor
a David y a sus herederos.

Creación y palabra

19 (18) (1) **Himno de David.**
1 (2) El cielo azul nos habla
de la grandeza de Dios
y de todo lo que ha hecho.
2 (3) Los días y las noches
lo comentan entre sí.
3 (4) Aunque no hablan
ni dicen nada,
ni se oye un solo sonido,
4 (5) sus palabras recorren
toda la tierra
y llegan hasta el fin
del mundo.

En el cielo Dios ha puesto
una casa para el sol.
5 (6) Y sale el sol de su casa
feliz como un novio,
alegre como un atleta,
se dispone a recorrer
su camino.
6 (7) Sale por un lado
y se oculta por el otro,
sin que nada ni nadie
se libre de su calor.

7 (8) La ley de Dios es
perfecta,
y nos da nueva vida.
Sus mandatos son dignos de

confianza,
pues dan sabiduría a
los jóvenes.
8 (9) Las normas de Dios
son rectas
y alegran el corazón.
Sus mandamientos son puros
y nos dan sabiduría.
9 (10) La palabra de Dios
es limpia
y siempre se mantiene firme.
Sus decisiones son
al mismo tiempo
verdaderas y justas.
10 (11) Yo prefiero sus
decisiones
más que montones de oro;
me endulzan la vida
más que la miel del panal.
11 (12) Me sirven de
advertencia;
el premio es grande
si uno cumple con ellas.

12 (13) Nadie parece
darse cuenta
de los errores que comete.
¡Perdóname, Dios mío,
los pecados que cometo
sin darme cuenta!
13 (14) ¡Líbrame del orgullo!
¡No dejes que me domine!
¡Líbrame de la desobediencia
para no pecar contra ti!

14 (15) ¡Tú eres mi Dios
y mi protector!
¡Tú eres quien me defiende!
¡Recibe, pues, con agrado
lo que digo y lo que pienso!

Dios ayuda al rey

20 (19) (1) **Himno de David.**
1 (2) Que Dios te responda
cuando te encuentres
en aprietos;
que el Dios de Israel
te brinde su protección.
2 (3) Que Dios te envíe su ayuda
desde su santuario;
que Dios te dé su apoyo
desde Jerusalén.
3 (4) Que Dios se acuerde
siempre
de todas tus ofrendas,
y reciba con gusto los animales
que presentas en su honor.

4 (5) Que Dios te conceda
lo que deseas de todo corazón,
y que haga realidad
lo que has pensado hacer.
5 (6) ¡Lanzaremos gritos
de alegría
cuando Dios te conceda
la victoria,
y alabando a nuestro Dios
haremos ondear las banderas!
¡Que Dios te conceda
todo lo que pidas!

6 (7) Ahora estoy bien seguro
de que Dios le dará la victoria
al rey que él ha elegido.
Sé que Dios le responderá
desde su santo cielo;
sé que con su poder
le dará al rey grandes victorias.

7 (8) Algunos confían en sus
carros de guerra,
otros confían en sus caballos,
pero nosotros sólo confiamos
en nuestro Dios.
8 (9) Esa gente tropezará
y caerá,
pero nosotros nos levantaremos
y seguiremos de pie.

9 (10) Dios nuestro,
¡dale al rey la victoria!
¡respóndenos cuando
te llamemos!

Dios le da la victoria al rey

21 (20) (1) Himno de David.

1 (2) Dios mío,
el rey está muy alegre
porque tú le has dado fuerzas;
el rey se alegra mucho
porque le has dado la victoria.
2 (3) Le has concedido
lo que él más deseaba;
jamás le negaste
lo que él te pidió.
3 (4) Saliste a su encuentro
con ricas bendiciones;
le pusiste en la cabeza
una corona de oro fino.
4 (5) Te pidió que le dieras vida,
y lo dejaste vivir muchos años.
5 (6) Gracias a tu ayuda
aumentó su poder;
gracias a tu ayuda
aumentó su fama.

6 (7) Nunca dejas de bendecirlo;
tu presencia lo llena de alegría.

7 (8) El rey confía en tu amor,
y tú, Dios altísimo,
no lo dejarás fracasar.

8-9 (9-10) Rey mío,
cuando tú te hagas presente,
apresarás con tu poder
a todos tus enemigos;
¡apresarás a los que
no te quieren
y les prenderás fuego!
Acabarás con ellos;
¡en tu enojo los consumirás!
10 (11) Borrarás de este mundo
a todos sus hijos.
Borrarás de esta tierra
a todos sus descendientes.
11 (12) Tal vez quieran
hacerte daño
y hagan planes contra ti,
pero no lograrán su propósito.
12 (13) Cuando los ataques,
huirán por todos lados.

13 (14) ¡Dios mío, muestra
tu gran poder,
y cantaremos himnos
por tus grandes victorias!

Alabanza en medio del sufrimiento

22 (21) (1) Himno de David.
Instrucciones para el director del coro:
Este himno deberá cantarse con la
melodía «La gacela de la aurora».
1 (2) Dios mío, Dios mío,
¿por qué me has abandonado?
¡Tan lejos te mantienes
que no vienes en mi ayuda
ni escuchas mis gritos de dolor!
2 (3) Dios mío,
te llamo de día,
y no me escuchas;
te llamo de noche,
y no me respondes.

3 (4) Entre los dioses
tú eres único,
tú eres rey,
tú mereces que Israel te alabe.
4 (5) Nuestros padres confiaron
en ti;
en ti confiaron, y tú los
libraste;
5 (6) te pidieron ayuda,

y los salvaste;
en ti confiaron, y no les
fallaste.

6 (7) En cambio yo,
más que hombre parezco
un gusano.
Soy la burla de hombres
y mujeres;
todo el mundo me desprecia.
7 (8) Todos los que me ven,
se ríen de mí,
y en son de burla
tuercen la boca y mueven
la cabeza.
8 (9) Hasta dicen:
«Ya se confió en Dios,
¡que venga Dios a salvarlo!
Ya que Dios tanto lo quiere,
¡que venga él mismo a librarlo!»

9 (10) Pero digan lo que digan,
fuiste tú quien me hizo nacer;
fuiste tú quien me hizo
descansar
en los brazos de mi madre.
10 (11) Todavía no había
nacido yo,
cuando tú ya me cuidabas.
Aún estaba yo dentro de mi
madre,
cuando tú ya eras mi Dios.
11 (12) ¡No me dejes solo!
¡Me encuentro muy angustiado,
y nadie me brinda su ayuda!

12 (13) Me rodean mis enemigos;
parecen toros bravos
de Basán.
13 (14) Parecen leones feroces,
que se lanzan contra mí
con ganas de despedazarme.
14 (15) Me he quedado
sin fuerzas;
¡estoy totalmente deshecho!
¡Mi corazón ha quedado
como cera derretida!
15 (16) Tengo reseca la
garganta,
y pegada la lengua al paladar;
me dejaste tirado en el suelo,
como si ya estuviera muerto.
16 (17) Una banda de malvados,
que parece manada de perros,
me rodea por todos lados
y me desgarra pies y manos,
17 (18) ¡hasta puedo verme

los huesos!

Mis enemigos me vigilan
sin cesar;
18 (19) hicieron un sorteo
para ver quién se queda
con mi ropa.

19 (20) Dios mío, tú eres
mi apoyo;
¡no me dejes!
¡Ven pronto en mi ayuda!
20-21 (21-22) ¡Respóndeme,
sálvame la vida!
¡No dejes que me maten!
¡No dejes que me despedacen!
Mis enemigos parecen perros,
parecen toros que quieren
atacarme,
parecen leones que quieren
devorarme.

22 (23) Cuando mi pueblo
se junte
para adorarte en el templo;
yo les hablaré de ti,
y te cantaré alabanzas.

23 (24) Ustedes, pueblo
de Israel,
que saben honrar a Dios,
¡reconozcan su poder y adórenlo!
24 (25) Dios recibe a los pobres
con los brazos abiertos.
Dios no les vuelve la espalda,
sino que atiende sus ruegos.

25 (26) Dios mío, sólo
a ti te alabaré;
te cumpliré mis promesas
cuando el pueblo que te honra,
se reúna para alabarte.
26 (27) Los pobres comerán
y quedarán satisfechos;
los que te buscan, Dios mío,
te cantarán alabanzas.
¡Dales larga vida!

27 (28) Dios mío,
desde países lejanos,
todas las tribus y naciones
se acordarán de ti
y vendrán a adorarte.
28 (29) Tú eres rey
y gobiernas a todas
las naciones.
29 (30) Nadie es dueño

de su vida.
Por eso los que habitan
este mundo,
y los que están a punto
de morir
se inclinarán ante ti,
y harán fiestas en tu honor.

30 (31) Mis hijos te
rendirán culto;
las generaciones futuras
te alabarán,
31 (32) y los que nacerán
después
sabrán que tú eres justo
y que haces grandes
maravillas.

Dios cuida de mí
23 (22) (1a) **Himno de David.**
1 (1b) Tú, Dios mío,
eres mi pastor;
contigo nada me falta.
2 Me haces descansar
en verdes pastos,
y para calmar mi sed
me llevas a tranquilas aguas.
3 Me das nuevas fuerzas
y me guías por el
mejor camino,
porque así eres tú.

4 Puedo cruzar lugares
peligrosos
y no tener miedo de nada,
porque tú eres mi pastor
y siempre estás a mi lado;
me guías por el buen camino
y me llenas de confianza.

5 Aunque se enojen
mis enemigos,
tú me ofreces un banquete
y me llenas de felicidad;
¡me das un trato especial!

6 Estoy completamente seguro
de que tu bondad y tu amor
me acompañarán
mientras yo viva,
y de que para siempre
viviré donde tú vives.

El Rey del universo
24 (23) (1a) **Himno de David.**
1 (1b) Dios es dueño de
toda la tierra

y de todo lo que hay en ella;
también es dueño del mundo
y de todos sus habitantes.
2 Dios afirmó la tierra
sobre el agua de los mares;
Dios afirmó este mundo
sobre el agua de los ríos.

3 Sólo puede subir al
monte de Dios
y entrar en su santo templo
4 el que siempre hace lo bueno
y jamás piensa hacer lo malo;
el que no adora a dioses falsos
ni hace juramentos en
su nombre.
5 Al que es así,
Dios lo llena de bendiciones;
¡Dios, su Salvador, le da
la victoria!

6 Dios de Israel,
así son todos los que te buscan;
así son los que a ti acuden.

7 «¡Abran los portones
de Jerusalén!
¡Dejen abiertas sus antiguas
entradas!
¡Está pasando el Rey
poderoso!»

8 «¿Y quién es este Rey
poderoso?»

«¡Es el Dios de Israel;
Dios fuerte y valiente!
¡Es nuestro Dios,
el valiente guerrero!»

9 «¡Abran los portones
de Jerusalén!
¡Dejen abiertas sus antiguas
entradas!
¡Está pasando el Rey
poderoso!»

10 «¿Y quién es este Rey
poderoso?»

«¡Es el Dios de Israel,
el Rey poderoso!
¡Él es el Dios del universo!»

Ayúdanos y protégenos
25 (24) (1a) **Himno de David.**
1-2 (1b-2) Mi Señor y Dios,

a ti dirijo mis ruegos
porque en ti confío.
No me hagas pasar vergüenza;
no permitas que mis enemigos
se burlen de mí.
3 Tampoco dejes que
pasen vergüenza
los que en ti confían;
¡la vergüenza deben pasarla
los que traicionan a otros!

4-5 Dios mío,
enséñame a vivir
como tú siempre has querido.
Tú eres mi Dios y salvador,
y en ti siempre confío.

6-7 Dios mío,
por tu amor y tu bondad
acuérdate de mí.
Recuerda que siempre me has
mostrado
tu ternura y gran amor;
pero olvídate de los pecados
que cometí cuando era joven.

8-10 Dios mío, tú eres bueno
y siempre actúas con justicia.
Enseñas a los pecadores
a hacer lo bueno;
enseñas a los humildes
a hacer lo bueno y lo justo.
Con quienes cumplen tu pacto
y obedecen tus
mandamientos
tú siempre actúas
con amor y fidelidad.

11 Dios mío,
es muy grande mi maldad;
pero por todo lo que tú eres,
te ruego que me perdones.

12 A los que te honran,
tú les muestras cómo deben
vivir.
13 Mientras vivan, les irá bien,
y sus hijos heredarán la tierra.

14 Tú, mi Dios, te haces amigo
de aquellos que te honran,
y les das a conocer tu pacto.
15 Siempre dirijo a ti mis ojos,
pues sólo tú puedes librarme
de todo peligro.
16 Mírame, y tenme compasión,
pues estoy solo y afligido.

17 Más y más mi corazón
se va llenando de angustia;
¡quítame la tristeza!
18 Toma en cuenta que
me encuentro
afligido y con problemas;
¡perdona todos mis pecados!

19 ¡Mira cuántos
enemigos tengo!
Mira su odio tan violento
contra mí!
20 ¡Líbrame de ellos!
¡No me hagas pasar vergüenza!
¡No dejes que me maten,
porque en ti busco refugio!
21 En ti he puesto mi confianza.
Mi honradez y mi inocencia
me harán salir victorioso.

22 ¡Salva a tu pueblo, Dios mío;
mira la angustia de Israel!

Siempre te seré fiel
26 (25) (1a) **Himno de David.**
1-2 (1b-2) Dios mío,
declárame inocente,
pues vivo una vida honrada
y en ti confío ciegamente.
Dime si te agrada
lo que pienso y lo que siento.
3 Yo siempre recuerdo tu amor
y por eso te soy fiel.

4-5 No me junto con gente
tramposa
ni ando con gente mala
y perversa.
¡No soporto cerca de mí
a gente que no es sincera!

6 Dios mío,
yo no he hecho nada malo;
por eso me acerco a tu altar
7 para cantarte a voz en cuello
mis himnos de alabanza
y hablar de tus grandes hechos.

8 Dios mío,
yo amo el templo donde vives,
donde se hace presente
tu grandeza.
9 No me dejes morir
entre gente pecadora;
no me quites la vida
junto con gente asesina,
10 gente que tiene en sus manos

el dinero que ha ganado con
engaños.
11-12 Dios mío,
yo quiero seguir siendo
honrado;
ten compasión de mí,
y sálvame.
Así me mantendré fiel a ti,
y con todo tu pueblo
te alabaré.

Tú proteges mi vida
27 (26) (1a) **Himno de David.**
1 (1b) Dios mío,
tú eres mi luz y mi salvación;
¿de quién voy a tener miedo?
Tú eres quien protege mi vida;
¡nadie me infunde temor!
2 Cuando mis malvados
enemigos
me atacan y amenazan
con destruirme,
son ellos los que tropiezan,
son ellos los que caen.
3 Me puede atacar un ejército,
pero yo no siento miedo;
me pueden hacer la guerra,
pero yo mantengo la calma.

4 Dios mío,
sólo una cosa te pido,
sólo una cosa deseo:
déjame vivir en tu templo
todos los días de mi vida,
para contemplar tu hermosura
y buscarte en oración.
5 Cuando vengan tiempos
difíciles,
tú me darás protección:
me esconderás en tu templo,
que es el lugar más seguro.
6 Tú me darás la victoria
sobre mis enemigos;
yo por mi parte
cantaré himnos en tu honor,
y ofreceré en tu templo
sacrificios de gratitud.

7 Dios mío, te estoy llamando:
¡escúchame!
Ten compasión de mí:
¡respóndeme!

8 Una voz interna me dice:
«¡Busca a Dios!»
Por eso te busco, Dios mío.
9 Yo estoy a tu servicio.

No te escondas de mí.
No me rechaces.
¡Tú eres mi ayuda!

Dios mío,
no me dejes solo;
no me abandones;
¡tú eres mi salvador!
[10] Mis padres podrán
abandonarme,
pero tú me adoptarás
como hijo.

[11] Dios mío,
por causa de mis enemigos
dime cómo quieres que viva
y llévame por el buen camino.
[12] No dejes que mis enemigos
hagan conmigo lo que quieran.

Falsos testigos se levantan,
me acusan y me amenazan.
[13] ¡Pero yo sé que viviré
para disfrutar de tu bondad
junto con todo tu pueblo!
[14] Por eso me armo de valor,
y me digo a mí mismo:
«Pon tu confianza en Dios.
¡Sí, pon tu confianza en él!»

Tú eres la fuerza de tu pueblo
28 (27) (1a) **Himno de David.**
[1] (1b) Dios mío, yo te llamo;
no cierres tus oídos,
porque tú eres quien
me protege.
Si no me respondes,
de seguro moriré.
[2] Atiende mis ruegos
cuando te tienda los brazos
para pedirte ayuda.

[3] No me castigues
junto con los malhechores,
porque hablan con los demás
y les desean lo mejor,
pero en su pensamiento
quisieran matarlos.
[4] ¡Págales con la misma
moneda!
¡Dales su merecido!
Sus acciones han sido malas;
¡devuélveles mal por mal;
[5] pues no toman en cuenta
todo lo que has hecho!
Por eso, ¡destrúyelos
por completo!

¡que no vuelvan a levantarse!
[6-7] ¡Bendito seas, Dios mío,
por atender a mis ruegos!
Tú eres mi fuerza;
me proteges como un escudo.
En ti confío de corazón,
pues de ti recibo ayuda.
El corazón se me llena
de alegría;
por eso te alabo en
mis cantos.

[8-9] Tú, Dios mío,
eres la fuerza de tu pueblo;
danos la victoria,
pues somos tu pueblo elegido.
¡Sálvanos y bendícenos!
¡Llévanos en tus brazos,
pues tú eres nuestro pastor!

La poderosa voz de Dios
29 (28) (1a) **Himno de David.**
[1-2] (1b-2) Ustedes, que
en el cielo
están al servicio de Dios,
denle la honra que merece,
reconozcan su poder
y adórenlo en su
hermoso templo.

[3] La voz de nuestro Dios,
Dios de la gloria,
retumba como el trueno
sobre los grandes océanos.
[4] La voz de nuestro Dios
retumba con fuerza;
la voz de nuestro Dios
retumba con poder.
[5] La voz de nuestro Dios
derriba los cedros;
nuestro Dios derriba
los cedros del Líbano.
[6] A los montes Líbano
y Hermón
los hace saltar como terneros,
¡como si fueran toros salvajes!
[7] La voz de nuestro Dios
lanza llamas de fuego;
[8] la voz de Dios sacude
el desierto;
¡nuestro Dios sacude
el desierto de Cadés!

[9-10] La voz de Dios retuerce
los robles
y deja sin árboles los bosques.
Nuestro Dios es el rey

de las lluvias;
él se sienta en su trono
para reinar por siempre.
En su templo todos lo alaban,
[11] y desde allí le pedimos
que nos llene de fuerzas
y nos bendiga con su paz.

Cambiaste mi tristeza en baile
30 (29) (1) **Himno de David.**
Himno para la dedicación del templo.
[1] (2) Dios mío,
yo alabo tu grandeza
porque me salvaste
del peligro,
porque no dejaste que
mis enemigos
se burlaran de mí.

[2] (3) Mi Señor y Dios,
te pedí ayuda, y me sanaste;
[3] (4) ¡me salvaste
de la muerte!
Estaba a punto de morir
¡y me libraste de la tumba!

[4] (5) Ustedes, los que
aman a Dios,
alábenlo y cántenle himnos.
[5] (6) Cuando Dios se enoja,
el enojo pronto se le pasa;
pero cuando ama,
su amor dura toda la vida.
Tal vez lloremos por la noche,
pero en la mañana
estaremos felices.

[6] (7) Yo vivía tan tranquilo
que hasta llegué a pensar
que jamás fracasaría.
[7] (8) Tú, mi Dios, en
tu bondad,
me habías puesto en
lugar seguro,
pero me diste la espalda
y me quedé lleno de espanto.

[8] (9) Dios mío, te estoy
llamando;
escucha mis ruegos.
[9] (10) ¡Nada ganas con
mi muerte!
¡Nada ganas con verme
en la tumba!
¡Los muertos no pueden
alabarte
ni hablar de tu verdad!

10 (11) Mi Señor y Dios,
¡escúchame y tenme
compasión!
¡No me niegues tu ayuda!
11 (12) Tú cambiaste mi tristeza
y la convertiste en baile.
Me quitaste la ropa de luto
y me pusiste ropa de fiesta,
12 (13) para que te
cante himnos
y alabe tu poder.

Mi Señor y Dios,
no puedo quedarme callado;
por eso siempre te alabaré.

Tú eres quien me protege

31 (30) (1) **Himno de David.**
1 (2) Dios de Israel,
tú eres un Dios justo;
no me dejes pasar vergüenza.
¡Sálvame, pues confío en ti!
2 (3) Préstame atención,
ven pronto a socorrerme.
Protégeme como una
enorme roca,
ródeame como una
alta muralla.
3 (4) ¡Tú eres la roca que
me protege!
¡Tú eres la muralla que
me salva!
Guíame y dirígeme,
pues así lo prometiste.
4 (5) No me dejes caer
en la trampa
que me han puesto mis
enemigos;
¡tú eres mi protector!
5 (6) Tú eres un Dios fiel.
¡Sálvame!
¡Mi vida está en tus manos!

6 (7) Odio a los que
adoran ídolos,
pues estos no sirven para nada;
¡pero yo en ti confío!
7 (8) Tu bondad me
llena de alegría,
pues me viste sufrir
y me cuidaste,
8 (9) me libraste de
mis enemigos,
y me diste libertad.

9 (10) Dios mío, tenme
compasión,

pues estoy muy angustiado;
siento dolor en todo el cuerpo
y mis ojos ya no aguantan más.
10 (11) Toda mi vida he sufrido,
toda mi vida he llorado;
mi maldad me debilita,
mis huesos no me sostienen.
11 (12) Amigos y enemigos
me ven como poca cosa;
al verme en la calle
se espantan y huyen de mí.
12 (13) Me tienen olvidado,
como si ya me hubiera muerto;
¡parezco un vaso
hecho pedazos!
13 (14) Mucha gente habla
mal de mí,
y hasta mí llegan sus chismes
de que parezco un fantasma.
Todos se han puesto
en mi contra,
y hasta quieren matarme.

14 (15) ¡Pero tú eres mi Dios!
¡En ti he puesto mi confianza!
15 (16) Mi vida está
en tus manos;
¡sálvame de mis enemigos!
¡sálvame de los que
me persiguen!
16 (17) Yo estoy a tu servicio:
¡muéstrame tu buena voluntad!
¡por tu gran amor, sálvame!

17 (18) Dios mío,
mira que te estoy llamando;
no me dejes pasar vergüenza.
¡Que pasen vergüenza
los malvados!
¡Échalos a la tumba!
18 (19) ¡Calla a esos mentirosos,
que me desprecian y
me humillan!

19 (20) Tú eres muy bondadoso
con la gente que te honra;
a la vista de todo el mundo
derramas tu bondad
sobre los que en ti confían.
20 (21) Tu presencia los
pone a salvo
de los planes malvados;
tú los proteges de la maldad
como protege la gallina a sus
pollitos.

21 (22) ¡Bendito seas, Dios mío!

Cuando yo estuve en problemas
me mostraste tu gran amor.
22 (23) Estaba yo tan
confundido
que hasta llegué a pensar
que no querías ni verme.
Pero a gritos pedí tu ayuda,
y tú escuchaste mis ruegos.

23 (24) Ustedes, los que
aman a Dios,
¡demuéstrenle su amor!
Nuestro Dios protege
a los que merecen su
confianza,
pero a los orgullosos
les da su merecido.
24 (25) Todos ustedes,
los que confían en Dios,
¡anímense y sean valientes!

La bendición del perdón

32 (31) (1a) **Poema de David.**
1 (1b) Dios mío,
tu perdón nos llega a todos
como una bendición;
tu perdón borra
nuestros pecados y rebeldías.
2 Tú bendices y declaras
inocentes,
a los que no actúan con
malicia.

3 Mientras no te confesé mi
pecado,
las fuerzas se me fueron
acabando de tanto llorar.
4 Me castigabas día y noche,
y fui perdiendo fuerzas,
como una flor que se marchita
bajo el calor del sol.

5 Pero te confesé mi pecado,
y no oculté mi maldad.
Me decidí a reconocer
que había sido rebelde contigo,
y tú, mi Dios, me perdonaste.

6 Por eso los que te amamos
oramos a ti en momentos
de angustia.
Cuando vengan los problemas,
no nos podrán alcanzar.
7 Tú eres mi refugio;
tú me libras del peligro,
por eso, con voz fuerte,
canto y festejo mi liberación.

8 Tú me dijiste:
«Yo te voy a instruir;
te voy a enseñar
cómo debes portarte.
Voy a darte buenos consejos
y a cuidar siempre de ti.
9 Los mulos y los caballos
son tercos y no quieren
aprender;
para acercarse a ellos
y poderlos controlar,
hay que ponerles
rienda y freno.
¡No seas tú como ellos!»

10 A los malvados les esperan
muchos sufrimientos,
pero a los que confían en ti
los cubres con tu gran amor.

11 Ustedes, pueblo de Dios,
¡alábenlo y hagan fiesta!
Y ustedes, los de
corazón sincero,
¡canten a Dios con alegría!

Alabanzas al Dios creador

33 (32) **1** Ustedes, pueblo
de Dios,
¡canten a Dios con alegría!
En labios de gente sincera,
suenan bien las alabanzas.
2 ¡Alaben a Dios con himnos
y con música de arpas!
3 ¡Alábenlo con buena música!
Cántenle canciones
nunca antes escuchadas,
y lancen gritos en su honor.

4-5 Dios es digno de confianza;
Dios ama lo que es justo y recto.
Por todas partes se pueden ver
sus grandes actos de bondad.

6 Con su sola palabra
Dios hizo los cielos,
el sol, la luna y las estrellas,
7 y juntó en un solo lugar
el agua de todos los mares.

8 Habitantes de toda la tierra
¡honren a Dios!
Habitantes del mundo entero:
¡muéstrenle reverencia!
9 Él creó todo lo que existe
por medio de su palabra.
Bastó una orden suya

para que todo quedara firme.

10 Dios no deja que las
naciones
lleven a cabo sus planes;
Dios no deja que los pueblos
realicen sus planes malvados.
11 Pero Dios cumple sus
propios planes,
y realiza sus propósitos.

12 ¡Dios mío,
tú bendices al pueblo
que te reconoce como Dios!
¡Tú bendices a la nación
que te acepta como dueño!

13-14 Desde tu trono en el cielo
te fijas en toda la gente;
desde tu trono vigilas
a todos los habitantes
del mundo.
15 Tú creaste la mente humana
y sabes bien lo que
todos hacen.
16 No hay rey que se salve
por tener muchos soldados,
ni hay valiente que se libre
por tener mucha fuerza.
17 De nada sirven los caballos
para ganar una guerra,
pues a pesar de su fuerza
no pueden salvar a nadie.
18 Pero tú cuidas siempre
de quienes te respetan
y confían en tu amor.
19 En tiempos de escasez,
no los dejas morir de hambre.

20 Tú nos das tu ayuda;
nos proteges como escudo.
Por eso confiamos en ti.
21 Nuestro corazón se alegra
porque en ti confiamos.

22 Dios nuestro,
¡que nunca nos falte tu amor,
pues eso esperamos de ti!

Dios cuida de los suyos

34 (33) (1) **Este salmo lo compuso
David cuando se presentó ante el rey
Abimélec y quiso hacerle creer que
estaba loco. Por eso Abimélec le
ordenó que saliera de su presencia.**
1-2 (2-3) Dios mío,
¡yo estoy muy orgulloso de ti!

¡Todo el tiempo te bendeciré!
¡Mis labios siempre
te alabarán!

Ustedes, los humildes,
¡oigan esto y alégrense
conmigo!
3 (4) ¡Únanse a mí,
y juntos alabemos
la grandeza de Dios!

4 (5) Le pedí a Dios que
me ayudara,
y su respuesta fue positiva:
¡me libró del miedo que tenía!
5 (6) Los que a él acuden
se llenan de alegría
y jamás pasan vergüenzas.
6 (7) Yo, que nada valgo,
llamé a Dios, y él me oyó,
y me salvó de todas
mis angustias.
7 (8) Dios envía a su ángel
para que salve del peligro
a todos los que lo honran.

8-10 (9-11) Dios bendice
a los que en él confían.
Ustedes, pueblo de Dios,
vengan y prueben su bondad;
verán que a quienes lo adoran
nunca les falta nada.
Los ricos pasarán hambre,
pero a los que confían en Dios
nunca les faltará nada bueno.

11 (12) Vengan conmigo,
queridos niños;
¡préstenme atención!
Voy a enseñarles a honrar
a Dios.
12 (13) Si quieren gozar
de la vida
y vivir una vida feliz,
13 (14) dejen de hablar mal
de otros
y de andar diciendo mentiras;
14 (15) aléjense del mal
y hagan lo bueno,
y procuren vivir siempre en paz.

15 (16) Dios siempre cuida
a los suyos
y escucha sus oraciones,
16 (17) pero a los que
hacen lo malo
les vuelve la espalda

y borra de este mundo su recuerdo.

17 (18) Dios escucha a los suyos y los libra de su angustia.
18 (19) Dios siempre está cerca para salvar a los que no tienen ni ánimo ni esperanza.

19 (20) Los que son de Dios podrán tener muchos problemas, pero él los ayuda a vencerlos.

20 (21) Dios cuida de ellos y no sufrirán daño alguno.

21 (22) Los malvados tendrán que sufrir las consecuencias de su maldad, pues Dios habrá de castigar a los que odian a su pueblo.
22 (23) Dios siempre salva a los suyos; los que confían en él no sufrirán ningún castigo.

Dios escucha la oración
35 (34) (1a) **Himno de David.**
1 (1b) Dios mío, ataca a los que me atacan; combate a los que me combaten.
2-3 Prepárate para la lucha y ven en mi ayuda. ¡Preséntales batalla a los que me persiguen! ¡Prométeme que me salvarás!

4 Pon en completa vergüenza a los que quieren matarme; haz que huyan avergonzados los que buscan mi mal.
5 ¡Que el viento los arrastre como si fueran paja! ¡Que tu ángel los persiga!
6 ¡Que se tropiecen y resbalen en los caminos por donde andan! ¡Que tu ángel los persiga!

7 No tenían ningún motivo para tenderme una trampa.
8 ¡Pues que les venga el desastre antes de que se den cuenta!

¡Que caigan en la trampa que quisieron tenderme!
9 Yo me quedaré muy contento con que tú me libres de ellos,
10 y diré con todas mis fuerzas: «¡No hay otro Dios como tú! Tú, Dios nuestro, libras a los pobres e indefensos del poder de quienes los maltratan».

11 Unos testigos malvados se levantan para acusarme, ¡pero yo no sé nada de lo que me preguntan!
12 Lo que más me duele es que yo los traté bien y ahora ellos me tratan mal.
13 Cuando se enfermaban, yo me afligía por ellos. Tan grande era mi tristeza que no comía ni me arreglaba. Más bien, le pedía a Dios que el enfermo fuera yo.
14 Andaba yo muy triste y con la cabeza inclinada, como si hubiera muerto mi madre, mi hermano o mi amigo.

15-16 Pero cuando me vieron caído, esos testigos lo festejaron. Como si fueran unos extraños a los que yo no conociera, se pusieron en mi contra y hablaron mal de mí; ¡sus ojos reflejaban odio!

17 Dios mío, ¿No piensas hacer nada? ¡Esos malvados me quieren destruir! ¡Sálvame la vida, que es lo único que tengo!
18 Así te alabaré y te daré gracias delante de todo tu pueblo, tu pueblo fuerte y numeroso.

19 No dejes que me hagan burla mis terribles enemigos; no dejes que se burlen de mí, pues no tienen por qué odiarme.
20 No hablan de vivir en paz, sino que inventan mentiras

contra la gente tranquila.
21 Sin pensarlo dos veces, dicen: «Tú cometiste ese crimen; ¡nosotros mismos lo vimos!»

22 Mi Señor y Dios, ¡tú me conoces mejor que ellos! ¡no te alejes de mí, ni te niegues a escucharme!
23 ¡Despierta y defiéndeme! ¡Levántate y hazme justicia!

24 Tú eres un Dios justo: defiéndeme como sabes hacerlo. ¡No dejes que se burlen de mí!
25 No les permitas que digan: «¡Se cumplió nuestro deseo! ¡Hemos acabado con él!»

26 Pon en completa vergüenza a todos los que festejan mi mal; cubre de vergüenza y deshonra a los que me creen poca cosa,
27 pero haz que griten de alegría los que desean mi bien. Permíteles que siempre digan: «¡Dios es muy grande! ¡Busca el bien de quien le sirve!»
28 Yo, por mi parte, siempre te alabaré y diré que eres un Dios de bondad.

La inmensa bondad de Dios
36 (35) (1) **Himno de David, fiel servidor de Dios.**
1 (2) El pecador sólo piensa en cómo hacer lo malo. No ve ninguna razón para respetar a Dios.
2 (3) Se cree digno de alabanza, y no reconoce su maldad.
3 (4) Cuando habla, miente y ofende; jamás piensa en hacer el bien.
4 (5) Aun cuando está acostado, sólo piensa en hacer lo malo; no deja su mal camino ni se aparta de la maldad.
5 (6) Dios mío,

María regresa muy contenta a casa.
"¡Por fin tengo mi propia Biblia en mi propio idioma!"

EL PASTOR CHARLES PIENSA EN LA NIÑA QUE TRABAJÓ TAN DURO Y CAMINÓ TANTO PARA CONSEGUIR UNA BIBLIA EN SU PROPIO IDIOMA.

tu amor es tan grande
que llega hasta el cielo;
tan grande es tu bondad
que llega hasta las nubes.
6 (7) Tus decisiones son justas;
son firmes como las montañas
y profundas como el mar.
¡Hombres y animales
están bajo tu cuidado!

7 (8) Dios mío,
¡tu amor es incomparable!
Bajo tu sombra protectora
todos hallamos refugio.
8 (9) Con la abundancia
de tu casa
nos dejas satisfechos;
en tu río de bendiciones
apagas nuestra sed.
9 (10) Sólo en ti se encuentra
la fuente de la vida,
y sólo en tu presencia
podemos ver la luz.

10 (11) ¡Bendice con tu amor
a todos los que te aman!
¡Salva con tu justicia
a los que son sinceros!
11 (12) ¡No dejes que
los orgullosos
me pongan el pie encima!
¡No permitas que los malvados
hagan conmigo lo que quieran!

12 (13) Fíjense en los malvados:
¡han rodado por los suelos,
y no volverán a levantarse!

*Triunfo del bueno, fracaso
del malvado*
37 (36) (1a) **Himno de David.**
1 (1b) No te enojes
por causa de los malvados,
ni sientas envidia
de los malhechores,
2 pues son como la hierba:
que al cortarla pronto se seca.

3 Tú debes confiar en Dios.
Dedícate a hacer el bien,
establécete en la tierra
y mantente fiel a Dios.
4 Entrégale a Dios tu amor,
y él te dará lo que más deseas.
5 Pon tu vida en sus manos;
confía plenamente en él,
y él actuará en tu favor;

6 así todos verán con claridad
que tú eres justo y recto.

7 Calla en presencia de Dios,
y espera paciente a que actúe;
no te enojes
por causa de los que prosperan
ni por los que hacen planes
malvados.

8 No des lugar al enojo
ni te dejes llevar por la ira;
eso es lo peor que
puedes hacer.
9 Los malvados serán
destruidos,
pero los que esperan en Dios
recibirán la tierra prometida.

10 Dentro de poco no habrá
malvados;
podrás buscar y rebuscar,
pero no encontrarás uno solo.
11 En cambio, la gente humilde
recibirá la tierra prometida
y disfrutará de mucha paz.

12 Los malvados, en su enojo,
miran con rabia a los buenos
y buscan hacerles mal;
13 pero Dios se burla de ellos,
pues sabe que pronto
serán destruidos.

14 Los malvados sacan
la espada
y preparan sus arcos y flechas,
para matar a la gente pobre,
a los que viven honradamente.
15 ¡Pero sus arcos y sus flechas
quedarán hechos pedazos,
y será su propia espada
la que les parta el corazón!

16 Más vale un pobre honrado
que muchos ricos malvados.
17 Dios pondrá fin
al poder de los malvados,
pero apoyará a los que son
honrados.
18 Dios conoce la conducta
de los que viven
honradamente;
la tierra prometida
será de ellos para siempre.
19 Cuando lleguen los
días malos

no pasarán vergüenzas;
cuando otros no tengan comida,
a ellos les sobrará.

20 Los malvados serán destruidos;
¡se desvanecerán como humo!
Los enemigos de Dios
se marchitarán
como si fueran flores silvestres.

21 Los malvados piden prestado
y nunca pagan sus deudas,
pero los justos prestan
y dan con generosidad.
22 Los que Dios ha bendecido
vivirán en la tierra prometida,
pero los que él ha maldecido
serán eliminados.

23 Cuando a Dios le agrada
la conducta de un hombre,
lo ayuda a mantenerse firme.
24 Tal vez tenga tropiezos,
pero no llegará a fracasar
porque Dios le dará su apoyo.

25 Ni antes cuando era joven,
ni ahora que ya soy viejo,
he visto jamás gente honrada
viviendo en la miseria,
ni tampoco que sus hijos
anden pidiendo pan.
26 Cuando la gente honrada
regala algo,
siempre lo hace con
generosidad;
sus hijos son una bendición.

27 Así que aléjate de la maldad
y haz siempre lo bueno;
así te quedarás para siempre
en la tierra prometida.

28-29 Dios ama la justicia
y jamás abandonará a
su pueblo.
¡Siempre lo protegerá!
Los suyos vivirán para siempre
en la tierra prometida,
pero los malvados y sus hijos
serán destruidos por completo.
30 Cuando los buenos hablan,
lo hacen siempre con sabiduría,
y siempre dicen lo que es justo.
31 Siempre tienen presentes
las enseñanzas de su Dios;
por eso jamás tienen tropiezos.

32 Los malvados espían
a los buenos
para matarlos cuando menos
lo esperan,
33 pero Dios no permite
que caigan en sus manos;
y si los llevan a juicio,
no permite que los condenen.

34 Pero tú confía en Dios
y cumple su voluntad.
Él te pondrá muy en alto
y te dará la tierra prometida.
¡Ya verás con tus propios ojos
cuando los malvados sean
destruidos!

35 A mí me ha tocado ver
a gente malvada y grosera,
que se extiende por
todos lados
como si fuera un árbol
frondoso.
36 Pero esa gente pronto pasa;
en un instante deja de existir;
cuando la buscas, ya no
la encuentras.

37 Fíjate bien en la gente
honrada;
observa a los que hacen
lo bueno:
¡para esta gente de paz
hay un futuro brillante!
38 Pero los pecadores
serán todos destruidos;
¡el único futuro de los
malvados
es su total destrucción!

39 Dios salva a los buenos.
Cuando llegan los días malos,
Dios es su único refugio.
40 Dios les brinda su ayuda
y los salva de los malvados;
les da la victoria
porque en él confían.

¡Ven en mi ayuda!

38 (37) (1) **Himno de David.**
**Para cantarlo cuando se presentan las
ofrendas de incienso.**

1 (2) Dios mío,
si estás enojado,
no me reprendas;
si estás furioso, no me
castigues.

2 (3) Me has herido con
tu enojo;
has descargado tu mano
sobre mí.
3 (4) Tan grande ha sido
tu disgusto
que nada sano tengo
en el cuerpo;
tan grande ha sido mi pecado
que no tengo paz en
los huesos.
4 (5) Ya no aguanto mi maldad;
¡no soporto carga tan pesada!

5 (6) Tan necio he sido,
que hasta mis llagas apestan;
¡están llenas de pus!
6 (7) Me siento cansado,
y totalmente deprimido;
todo el día ando muy triste.
7 (8) Estoy ardiendo en fiebre;
nada en mi cuerpo está sano.
8 (9) Estoy muy débil
y adolorido;
tengo la mente aturdida.
¡Por eso me quejo!

9 (10) Dios mío, pongo ante ti
mis más grandes deseos;
¡no te los puedo esconder!
10 (11) Mi corazón late
con ansias,
las fuerzas me abandonan,
la vista se me nubla.
11 (12) Mis amigos más queridos
se quedan lejos de mí
por causa de mis males;
mis parientes cercanos
se mantienen a distancia.
12 (13) Los que quieren matarme
me ponen trampas;
los que buscan mi mal
amenazan con destruirme,
¡no hay un solo momento
en que no hagan planes
contra mí!

13-14 (14-15) Pero yo cierro
los oídos
y hago como que no los oigo;
me hago el mudo y
no digo nada.
15 (16) Mi Señor y Dios,
yo en ti confío;
tú serás quien les responda.
16 (17) Sólo una cosa te pido:
si acaso llego a caer,

no les concedas el gusto
de burlarse de mí.

17 (18) Casi me doy por vencido;
este dolor no me deja en paz.
18 (19) Debo reconocer
mi maldad;
me llena de angustia
haber pecado.
19 (20) Mis enemigos son
poderosos;
son muchos y me odian
sin razón.
20 (21) Yo los traté bien,
y ahora ellos me tratan mal;
procuré su bienestar,
y ahora ellos me atacan.

21-22 (22-23) Mi Señor y Dios,
¡tú eres mi salvador!
No me abandones;
no te alejes de mí,
¡ven pronto en mi ayuda!

La vida es corta

39 (38) (1) **Himno de David y de
Jedutún.**

1 (2) Yo me había propuesto
cuidar mi conducta
y no pecar con mis palabras,
y hasta taparme la boca
en presencia de gente
malvada.
2 (3) Así que guardé silencio
y no dije una sola palabra.
Pero eso no me ayudó en nada,
pues mi angustia era mayor:
3 (4) ¡el corazón me ardía
en el pecho!
Mientras más pensaba en esto,
más frustrado me sentía;
al fin abrí la boca y dije:

4 (5) «Dios mío,
hazme saber cuál será mi fin,
y cuánto tiempo me
queda de vida;
hazme saber cuán corta
es mi vida.
5 (6) Me has dado una vida
muy breve,
¡tan breve que no es
nada para ti!
¡Nadie dura más que
un suspiro!
6 (7) Nuestra vida es pasajera;
de nada nos sirve

amontonar riquezas
si al fin y al cabo
otros se quedarán con ellas.

7 (8) »Siendo esto así,
Dios mío,
¿qué es lo que puedo esperar?
¡En ti he puesto mi esperanza!
8 (9) Líbrame de todos
mis pecados;
¡no dejes que esos necios
se burlen de mí!

9 (10) »Yo he guardado
silencio,
no he abierto la boca;
¡nadie puede pedirte cuentas
de lo que decides hacer!
10 (11) Deja ya de castigarme,
pues tus golpes me aniquilan.
11 (12) Tú castigas a la gente
y corriges su maldad;
destruyes como polilla
lo que ellos más valoran.
¡Nadie dura más que
un suspiro!

12 (13) »Dios mío,
oye mi oración,
escucha mi queja,
no desatiendas mi llanto.
Para ti soy un peregrino;
estoy de paso por esta vida,
como mis antepasados.
13 (14) Ya no me mires así,
y antes de abandonar
este mundo
dame un poco de alegría».

Dios es mi libertador

40 (39) (1) **Himno de David.**
1 (2) Toda mi esperanza
la tengo puesta en Dios,
pues aceptó atender
mis ruegos.
2 (3) Mi vida corría peligro,
y él me libró de la muerte;
me puso sobre una roca,
me puso en lugar seguro.
3 (4) Me enseñó un nuevo himno
para cantarle alabanzas.
Muchos, al ver esto,
se sintieron conmovidos
y confiaron en mi Dios.
4 (5) Dios bendice a los que
en él confían,

a los que rechazan a
los orgullosos
que adoran dioses falsos.

5 (6) Mi Señor y Dios,
me faltan palabras para contar
los muchos planes y maravillas
que has hecho en
nuestro favor.
Quisiera mencionarlos todos,
pero me resulta imposible.

6 (7) Tú no pides sacrificios
a cambio de tu perdón;
tan sólo nos pides obediencia.
7 (8) Por eso te he dicho:
«Aquí me tienes».
Así me lo enseña
la Ley de Moisés.
8 (9) Dios mío,
cumplir tu voluntad
es mi más grande alegría;
¡tus enseñanzas las llevo
muy dentro de mí!

9-10 (10-11) Dios mío,
tú bien sabes
que no he guardado silencio.
Siempre he dicho que
eres justo.
A todo el mundo le he dicho
que tú eres fiel y salvas.
No le he ocultado a tu pueblo
tu gran fidelidad.
11 (12) Y tú, Dios mío,
no me dejes sin tus cuidados;
por tu gran fidelidad,
nunca dejes de protegerme.
12 (13) Son tantas mis
maldades
que no las puedo contar;
me dominan,
me tienen acorralado,
ya no puedo ver,
ya no me quedan fuerzas.
¡Tengo más pecados
que pelos en la cabeza!

13 (14) Dios mío,
¡líbrame, por favor!,
¡ven pronto en mi ayuda!
14 (15) Confunde y avergüenza
a todos los que quieren
matarme;
haz que huyan derrotados
todos los que desean mi mal;
15 (16) derrota y avergüenza

a los que se burlan de mí.
16 (17) Pero deja que se alegren
los que en tu templo te
adoran;
que digan siempre
los que aman tu salvación:
«¡Nuestro Dios es poderoso!»

17 (18) Y a mí, Señor y Dios,
¡no me olvides,
pues estoy pobre e indefenso!
No te tardes,
pues tú eres quien me ayuda;
¡tú eres mi libertador!

Devuélveme la salud

41 (40) (1) **Himno de David.**
1 (2) Dios bendice
a los que cuidan de los pobres,
y los pondrá a salvo
cuando vengan las
dificultades.
2 (3) Los cuidará y les dará vida,
los hará vivir felices
en la tierra prometida
y no dejará que sus enemigos
les hagan ningún daño.
3 (4) Cuando se enfermen,
Dios les dará fuerzas
y les devolverá la salud.

4 (5) Yo le he pedido a Dios:
«Tenme compasión;
devuélveme la salud,
pues he pecado contra ti».
5 (6) Mis enemigos
desean mi mal,
y hasta dicen:
«¡Ya quisiéramos verlo muerto,
para que todos lo olviden!»

6 (7) Cuando vienen a visitarme
sólo me traen chismes;
y cuando se van
salen hablando de mí.

7 (8) Mis enemigos se juntan
con la idea de perjudicarme;
con las peores intenciones
hablan mal de mí:
8 (9) «Está en cama,
y no volverá a levantarse.
¡Un demonio lo ha atacado!»

9 (10) Hasta mi mejor amigo,
en quien yo más confiaba,
y con quien compartía mi pan,

se ha puesto en contra mía.

10 (11) Pero tú, Dios mío,
compadécete de mí;
¡devuélveme la salud,
y les daré su merecido!
11 (12) Yo estaré seguro
de haberte complacido
cuando mis enemigos
se den cuenta
que he salido victorioso.
12 (13) Tú siempre me sostendrás
y me mantendrás en
tu presencia,
porque soy inocente.

13 (14) ¡Bendito sea el Dios de
Israel,
ayer, hoy y siempre!
¡Así sea!

Libro 2
(Salmos 42-72)

Pongo mi confianza en Dios

42 (41) (1) **Poema educativo compuesto por la familia de Coré.**
1 (2) Así como un venado
sediento
desea el agua de un arroyo,
así también yo, Dios mío,
busco estar cerca de ti.
2 (3) Tú eres el Dios de la vida,
y anhelo estar contigo.
Quiero ir a tu templo
y cara a cara adorarte
sólo a ti.
3 (4) Día y noche
me he bebido mis lágrimas;
mis enemigos no dejan
de decirme:
«¡Ahora sí, tu Dios
te abandonó!»

4 (5) Cuando me acuerdo
de esto,
me invade el sufrimiento;
recuerdo cuando iba
camino hacia tu templo
guiando multitudes;
recuerdo las grandes fiestas,
y los gritos de alegría
cuando tu pueblo te alababa.

5 (6) ¡Pero no hay razón
para que me inquiete!
¡No hay razón

para que me preocupe!
¡Pondré mi confianza
en Dios mi salvador!
¡Sólo a él alabaré!

6-7 (7-8) Me siento muy
angustiado,
y por eso pienso en ti.
Las olas de tristeza
que has mandado sobre mí,
son como un mar agitado;
son como violentas cascadas
que descienden de los cerros,
de los montes Hermón y Mizar,
y se estrellan en el río Jordán.

8 (9) Te ruego, Dios de mi vida,
que de día me muestres
tu amor,
y que por la noche
tu canto me acompañe.
9 (10) Tú eres mi protector;
¿por qué te olvidaste de mí?
¿Por qué debo andar triste
y perseguido por mis
enemigos?
10 (11) Sus burlas me hieren
profundamente;
pues no dejan de decirme:
«¡Ahora sí, tu Dios
te abandonó!»

11 (12)¡Pero no hay razón
para que me inquiete!
¡No hay razón
para que me preocupe!
¡Pondré mi confianza
en Dios mi salvador!
¡Sólo a él alabaré!

43 (42) **1** Dios mío,
tú sabes que soy inocente,
defiéndeme de los que
no te aman,
pues sólo mienten y hacen
lo malo.
2 Tú eres mi Dios y protector;
¿por qué me rechazaste?
¿Por qué debo andar triste
y perseguido por mis enemigos?
3 Que tu verdad sea nuestra luz
y nos guíe hasta tu templo,
el lugar donde tú vives.
4 Así me presentaré
ante tu altar,
y allí te alabaré
con música de arpas,

pues tú eres mi Dios,
¡tú me llenas de alegría!

5 ¡No hay razón
para que me inquiete!
¡No hay razón
para que me preocupe!
¡Pondré mi confianza
en Dios mi salvador!
¡Sólo a él alabaré!

¡Entra ya en acción!

44 (43) (1) **Poema educativo compuesto por la familia de Coré.**
1 (2) Dios mío,
nuestros padres nos
han contado
las grandes maravillas
que tú hiciste en el pasado.
2 (3) Tú mismo echaste de
su tierra
a los otros pueblos;
los destruiste por completo,
y en lugar de ellos pusiste
a nuestro propio pueblo,
y lo hiciste prosperar.

3 (4) No fue con la espada
como ellos conquistaron
esta tierra;
no fue la fuerza de su brazo
lo que les dio la victoria.
¡Fue tu mano poderosa!
¡Fue la luz de tu presencia,
porque tú los amabas!

4 (5) Tú eres mi Dios y mi rey;
¡tú nos diste la victoria!
5 (6) Por tu gran poder
vencimos a nuestros enemigos;
¡destruimos a nuestros
agresores!
6 (7) Yo no pondría
mi confianza
en mi arco y en mis flechas,
ni pensaría que mi espada
podría darme la victoria;
7 (8) ¡fuiste tú quien nos
hizo vencer
a nuestros enemigos!,
¡fuiste tú quien puso
en vergüenza
a nuestros adversarios!

8 (9) Dios nuestro,
¡siempre te alabaremos!,
¡siempre te daremos gracias!
9 (10) Pero ahora nos

has rechazado;
nos has hecho pasar
vergüenza.
Ya no marchas con
nuestros ejércitos.
10 (11) Nos has hecho huir;
¡el enemigo nos ha quitado
todo lo que teníamos!

11 (12) Has dejado que
nos devoren
como si fuéramos ovejas;
has dejado que nos
dispersemos
entre las otras naciones.
12 (13) Nos vendiste muy
barato,
¿y qué ganaste con eso?

13-14 (14-15) Nos pusiste
en ridículo
delante de nuestros vecinos;
las naciones y los pueblos
se burlan de nosotros;
¡somos el hazmerreír
de todo el mundo!
15 (16) Me muero de vergüenza,
pues a todas horas me
ofenden;
16 (17) ¡mis enemigos me gritan
y buscan vengarse de mí!

17 (18) Todo esto lo hemos
sufrido a pesar de no
haberte olvidado;
jamás hemos faltado a
tu pacto;
18 (19) jamás te hemos
sido infieles,
ni te hemos desobedecido.
19 (20) Y a pesar de todo eso,
nos has echado en lugares
de miseria;
¡nos has dejado en
profunda oscuridad!

20 (21) Si te hubiéramos
olvidado,
o hubiéramos adorado
a dioses de otros pueblos,
21 (22) tú te habrías
dado cuenta,
pues sabes lo que pensamos.
22 (23) Pero por causa tuya
nos matan;
¡por ti nos tratan siempre
como a ovejas para

el matadero!

23 (24) ¡Despierta ya, Dios mío!
¿Por qué sigues durmiendo?
¡Entra ya en acción!
¡No nos sigas rechazando!
24 (25) ¿Por qué te escondes?
¿Por qué nos olvidas?
¡Mira cómo nos oprimen!
25 (26) Estamos derrotados
por completo;
tenemos que arrastrarnos
por el suelo.
26 (27) ¡Ven ya en
nuestra ayuda!
¡Sálvanos por tu gran amor!

Al rey, en sus bodas
45 (44) (1) **Poema compuesto por la
familia de Coré, para las bodas del rey.
Instrucciones para el director del coro:
Este poema debe cantarse con la melo-
día titulada «Los lirios».**
1 (2) Me nace del corazón
decir palabras bonitas.
¡Cómo quisiera tener
la inspiración de un poeta,
y escribirle versos
a Su Majestad!

2 (3) El rey es el hombre
más hermoso
y sabe hablar con elegancia.
Bien puede verse
que Dios siempre lo bendice.
3-4 (4-5) ¡Su Majestad
es valiente
y cabalga con gran elegancia,
llevando la espada en
la cintura!
Sale a luchar por la verdad,
sale a luchar por la justicia.
Con el poder de su brazo
realiza grandes hazañas
y sale victorioso.
5 (6) Traspasa con sus flechas
el corazón de sus enemigos;
¡al paso de Su Majestad
se rinden las naciones!

6 (7) Su Majestad,
su reinado, como el de Dios
durará para siempre
y usará su poder
en favor de la justicia.
7 (8) Su Majestad
se complace en lo bueno,

y rechaza la injusticia.
Dios lo hizo su rey favorito,
¡el rey más feliz de la tierra!
8 (9) De sus vestidos brota
el aroma de finísimos
perfumes.
Desde los palacios de marfil
se oye música de arpas
que lo llenan de alegría.

9 (10) Las más bellas princesas
son las damas de su corte;
sentada a su mano derecha
está la futura reina,
vestida con finas telas de oro.

10 (11) Escúchame, princesa;
préstame atención:
Ya no pienses en tu pueblo,
ya no llores por tus padres.
11 (12) Su Majestad te desea;
tu hermosura lo cautiva.
Harás todo lo que le pida,
pues pronto será tu esposo.
12 (13) Los príncipes de Tiro
te llenarán de regalos;
la gente más importante
buscará quedar bien contigo.

13 (14) La princesa está en
su alcoba;
sus finos vestidos de oro,
resaltan su hermosura.
14-15 (15-16) Vestida de
finos bordados
y acompañada de sus damas,
se presenta ante el rey
entre gritos de alegría.

16 (17) Su Majestad,
sus hijos serán príncipes,
y al igual que sus abuelos,
dominarán toda la tierra.

17 (18) Yo, con mis versos,
haré que Su Majestad
sea recordado siempre
en todas las naciones.

Dios nos brinda protección
46 (45) (1) **Poema compuesto por la
familia de Coré.
Instrucciones para el director del coro:
Para cantarlo en un funeral.**
1 (2) Nuestro Dios es como
un castillo
que nos brinda protección.

Dios siempre nos ayuda
cuando estamos
en problemas.
2-3 (3-4) Aunque tiemble
la tierra
y se hundan las montañas
hasta el fondo del mar;
aunque se levanten
grandes olas
y sacudan los cerros
con violencia,
¡no tendremos miedo!

4 (5) Un río alegra a
los que viven
en la ciudad de Dios;
sus arroyos llenan de alegría
el templo del Dios altísimo.
5 (6) La ciudad de Dios
jamás caerá
porque Dios habita en ella;
Dios mismo vendrá
en su ayuda
al comenzar el día.

6 (7) Cuando Dios deja oír
su voz,
se asustan las naciones,
se tambalean los reinos
y se estremece la tierra.

7 (8) Con nosotros está
el Dios del universo;
él es Dios de nuestro pueblo,
¡él es nuestro refugio!

8 (9) ¡Vengan, vengan a ver
las grandes maravillas
que Dios ha hecho
en toda la tierra!
9 (10) Hasta en los lugares
más lejanos
les puso fin a las guerras;
destrozó arcos y lanzas,
y echó al fuego los escudos.
10 (11) Y dijo:
«¡Todas las naciones
del mundo
reconocen mi grandeza!
¡Reconózcanme como
su Dios
y ya no se peleen!»

11 (12) Con nosotros está
el Dios del universo;
él es Dios de nuestro pueblo,
¡él es nuestro refugio!

Dios es rey de toda la tierra

47 (46) (1) **Poema compuesto por la familia de Coré.**

1 (2) ¡Aplaudan felices,
pueblos del mundo!
¡alaben a Dios con alegría!
2 (3) ¡El Dios altísimo
es el rey de toda la tierra
y merece toda honra!
3 (4) El gran rey nos dio
la victoria
sobre pueblos y naciones.
4 (5) Dios nos ama,
pues somos su pueblo.
Por eso nos dio
la tierra prometida;
¡esa tierra es nuestro orgullo!

5 (6) Dios se ha sentado
en su trono
entre gritos de alegría
y toques de trompeta.
6 (7) ¡Vamos a cantarle
himnos a Dios!
¡Vamos a cantarle a
nuestro rey!
7 (8) ¡Cantémosle un
himno hermoso,
pues él reina en toda la tierra!

8 (9) Dios reina desde su templo
sobre todas las naciones.
9 (10a) Los jefes de las naciones
y el pueblo del Dios
de Abraham, se juntan
para adorarlo,
10 (10b) pues a Dios
le pertenecen
todos los pueblos del mundo.

La ciudad de Dios

48 (47) (1) **Himno compuesto por la familia de Coré.**

1-2 (2-3) Poderoso es
nuestro Dios
y merece nuestra alabanza.
En el templo del monte Sión
habita nuestro Dios y Rey.
¡Allí la tierra se alegra!
¡Allí la tierra lo adora!

3 (4) Dios protege
nuestra ciudad;
por él vivimos confiados.

4 (5) Algunos reyes se unieron
para atacar la ciudad,

5 (6) pero cuando la vieron
ya no supieron qué hacer;
se asustaron por completo
y se echaron a correr.
6 (7) Tú los llenaste de miedo.
Como heridos de muerte,
se retorcían de dolor.
7 (8) Tú los llenaste de miedo,
parecían marineros
en violenta tempestad.

8 (9) Eso ya lo sabíamos;
en la ciudad de nuestro Dios
lo hemos confirmado:
el Dios del universo,
hará que esta ciudad
permanezca para siempre.

9 (10) Dios mío, Dios mío,
en tu templo nos ponemos
a pensar
en la grandeza de tu amor.
10 (11) Tu fama llega
hasta el fin del mundo;
por todas partes
se habla bien de ti.
¡Tú gobiernas con justicia!
11 (12) En el monte Sión,
y entre los pueblos de Judá
tus justas decisiones
son motivo de alegría.

12 (13) ¡Vengan a Jerusalén!
Den un paseo por ella
y vean cuántas torres tiene!
13 (14) ¡Fíjense en sus murallas,
y revisen sus fortalezas!
Así podrán contárselo
a los que todavía no han
nacido.
14 (15) ¡Este es nuestro Dios!
¡Nuestro Dios es un Dios eterno
que siempre guiará nuestra
vida!

No confíes en las riquezas

49 (48) (1) **Himno compuesto por la familia de Coré.**

1-2 (2-3) ¡Escúchenme ustedes,
pueblos que habitan
este mundo!
Y ustedes, gente pobre
y humilde;
y ustedes, gente rica
y poderosa,
¡préstenme atención!
3 (4) No sólo voy a hablarles

como habla la gente sabia,
sino que expresaré mis ideas
con la mayor inteligencia.
4 (5) Voy a decirles
una adivinanza,
y mientras toco el arpa
les diré de qué se trata.

5 (6) ¿Por qué voy a tener miedo
cuando lleguen los problemas?
¿Por qué voy a tener miedo
cuando me ataquen
mis enemigos?
6 (7) ¡No tengo por qué
temerles
a esos ricos orgullosos
que confían en sus riquezas!
7 (8) Ninguno de ellos
es capaz de salvar a otros;
ninguno de ellos
tiene comprada la vida.

8 (9) La vida tiene un precio
muy alto:
¡ningún dinero
la puede comprar!
9 (10) No hay quien viva
para siempre
y nunca llegue a morir.
10 (11) Mueren los sabios,
y mueren los necios.
¡Eso no es nada nuevo!
Al fin de cuentas,
sus riquezas pasan
a otras manos.
11 (12) Podrán haber tenido
tierras,
y haberlas puesto a su nombre,
pero su hogar permanente
será tan sólo la tumba;
¡de allí no saldrán jamás!

12 (13) Puede alguien
ser muy rico,
y no vivir para siempre;
al fin le espera la muerte
como a cualquier animal.

13 (14) Esto es lo que les espera
a quienes confían
en sí mismos;
en esto acaban los orgullosos.
14 (15) Su destino final
es el sepulcro;
la muerte los va llevando
como guía el pastor
a sus ovejas.

En cuanto bajen a la tumba,
abandonarán sus antiguos
dominios.
El día de mañana
los justos abrirán sus tumbas
y esparcirán sus huesos.
15 (16) ¡Pero a mí,
Dios me librará
del poder de la muerte,
y me llevará a vivir con él!

16 (17) Tú no te fijes
en los que se hacen ricos
y llenan su casa con lujos,
17 (18) pues cuando se mueran
no van a llevarse nada.
18 (19) Mientras estén con vida,
tal vez se sientan contentos
y haya quien los felicite
por tener tanto dinero;
19 (20) pero al fin de cuentas
no volverán a ver la luz;
morirán como murieron
sus padres.

20 (21) Puede alguien
ser muy rico,
y jamás imaginarse
que al fin le espera la muerte
como a cualquier animal.

Dios acusa al malvado
50 (49) (1a) **Himno de Asaf.**
1 (1b) Nuestro Dios,
el Dios supremo,
llama a los habitantes
de la tierra
desde donde sale el sol
hasta donde se pone.
2 Desde la ciudad de Jerusalén,
desde la ciudad bella
y perfecta,
Dios deja ver su luz.
3 ¡Ya viene nuestro Dios!
Pero no viene en silencio:
Delante de él viene un fuego
que todo lo destruye;
a su alrededor, ruge
la tormenta.

4 Para juzgar a su pueblo,
Dios llama como testigos
al cielo y a la tierra.
5 Y declara:

«Que se pongan a mi lado
los que me son fieles,

los que han hecho un
pacto conmigo
y me ofrecieron un sacrificio».

6 Y el cielo da a conocer
que Dios mismo será el juez,
y que su juicio será justo.
7 Dios mismo declara:

«Israel, pueblo mío,
escúchame, que
quiero hablarte.
¡Yo soy tu único Dios,
y seré tu acusador!
8 Yo no considero malo
que me ofrezcas animales
para sacrificarlos en mi altar;
9 pero no necesito que
me ofrezcas
los terneros de tu establo,
ni los cabritos de tus corrales,
10 pues yo soy el dueño
de los animales del bosque
y del ganado de los cerros.
11 Yo conozco muy bien
a todas las aves del cielo,
y siempre tomo en cuenta
a los animales más pequeños.

12 »Si yo tuviera hambre,
no te pediría de comer,
pues soy el dueño del mundo
y de todo cuanto hay en él.
13 ¿Acaso crees que
me alimento
con la carne de los toros,
y que bebo sangre de carnero?
14 ¡Yo soy el Dios altísimo!
¡Mejor tráeme ofrendas
de gratitud
y cúmpleme tus promesas!
15 ¡Llámame cuando
tengas problemas!
Yo vendré a salvarte,
y tú me darás alabanza».

16 Al malvado, Dios le dice:

«Tú no tienes ningún derecho
de andar repitiendo mis leyes,
ni de hablar siquiera
de mi pacto,
17 pues no quieres
que te corrija
ni tomas en cuenta
mis palabras.
18 Si ves a un ladrón,

corres a felicitarlo;
con gente infiel en
su matrimonio
haces gran amistad.
19 Para hablar mal
no tiene freno tu boca;
para decir mentiras
se te desata la lengua.
20 A tu propio hermano
lo ofendes,
y siempre hablas mal de él.
21 A pesar de todo eso,
he preferido callarme.
Pero estás muy equivocado
si crees que soy como tú.
Ahora voy a reprenderte:
voy a aclararte las cosas.

22 »Tú te olvidas de mí;
si no quieres que te
despedace,
sigue estos consejos;
de lo contrario,
no habrá quien te salve.
23 Si de veras quieres
honrarme,
tráeme ofrendas de gratitud.
Si corriges tu conducta,
yo te salvaré».

Perdóname, Dios mío

51 (50) (1-2) **David compuso este salmo después de que tuvo relaciones sexuales con Betsabé. El profeta Natán lo reprendió por ese pecado de adulterio.**

1 (3) Dios mío,
tú eres todo bondad,
ten compasión de mí;
tú eres muy compasivo,
no tomes en cuenta
mis pecados.
2 (4) ¡Quítame toda mi maldad!
¡Quítame todo mi pecado!

3 (5) Sé muy bien que
soy pecador,
y sé muy bien que he pecado.
4 (6) A ti, y sólo a ti
te he ofendido;
he hecho lo malo,
en tu propia cara.
Tienes toda la razón
al declararme culpable;
no puedo alegar
que soy inocente.
5 (7) Tengo que admitir

que soy malo de nacimiento,
y que desde antes de nacer
ya era un pecador.
6 (8) Tú quieres que yo
sea sincero;
por eso me diste sabiduría.

7 (9) Quítame la mancha
del pecado,
y quedaré limpio.
Lava todo mi ser,
y quedaré más blanco
que la nieve.
8 (10) Ya me hiciste
sufrir mucho;
¡devuélveme la felicidad!
9 (11) No te fijes en mi maldad
ni tomes en cuenta
mis pecados.

10 (12) Dios mío,
no me dejes tener
malos pensamientos;
cambia todo mi ser.
11 (13) No me apartes de ti;
¡no me quites tu Santo Espíritu!
12 (14) Dame tu ayuda y tu apoyo;
enséñame a ser obediente,
y así volveré a ser feliz.
13 (15) A los pecadores les diré
que deben obedecerte
y cambiar su manera de vivir.

14-15 (16-17) Señor y Dios mío,
Dios de mi salvación,
líbrame de la muerte,
y entre gritos de alegría
te daré gracias
por declararme inocente.
Abre mis labios
y te cantaré alabanzas.
16 (18) Yo con gusto
te ofrecería
animales para ser sacrificados,
pero eso no es lo que quieres;
eso no te complace.
17 (19) Para ti,
la mejor ofrenda es
la humildad.
Tú, mi Dios, no desprecias
a quien con sinceridad
se humilla y se arrepiente.

18 (20) Trata con bondad
a Jerusalén;
vuelve a levantar sus murallas.

19 (21) Entonces recibirás
con gusto
las ofrendas que mereces,
y en tu altar se presentarán
toros en tu honor.

El futuro del malvado

52 (51) (1-2) **David compuso este poema cuando Doeg el edomita fue a decirle a Saúl: «David ha ido a la casa de Ahimélec».**

1 (3) Y tú, campeón
de la violencia,
¿por qué andas siempre
presumiendo de tu maldad?
2 (4) Tienes la lengua
como navaja;
no piensas más que en destruir
y en hacerles daño a los demás.
3 (5) En vez de hacer lo bueno,
prefieres hacer lo malo;
en vez de decir sólo la verdad,
prefieres decir mentiras.
4 (6) Tienes una lengua
mentirosa,
y te gusta herir con las
palabras.
5 (7) ¡Pero Dios te hará pedazos!
De una vez por todas
te agarrará por el cuello
y te echará de tu casa;
¡te arrancará por completo
y te echará de este mundo!
6 (8) Cuando el pueblo
de Dios vea esto
quedará muy impresionado,
y entre burlas te dirá:
7 (9) «¡Así acabarás,
campeón de la violencia,
pues no buscas refugio en Dios!
¡Y así acabarán los ricos,
que sólo confían en
las riquezas!»

8 (10) Por lo que a mí toca,
siempre pongo mi confianza
en el gran amor de Dios;
yo, en su presencia, cobro vida
como árbol cargado de frutos.

9 (11) Dios mío,
yo siempre te daré gracias
por todo lo que has hecho;
en ti pondré mi confianza
porque tú eres bueno.
¡Pongo por testigo
al pueblo que te ama!

Los malos rechazan a Dios

53 (52) (1) **Poema de David.**
Instrucciones para el director del coro:
Este himno debe cantarse con voz triste.

1 (2) Los necios piensan:
«Dios no existe».
Pero son gente corrompida,
todo lo que hacen
es detestable;
¡ninguno de ellos hace
lo bueno!

2 (3) Dios, desde el cielo,
mira a hombres y mujeres;
busca a alguien inteligente
que lo reconozca como Dios.
3 (4) Pero no hay uno solo
que no se haya
apartado de Dios;
no hay uno solo
que no se haya corrompido;
no hay uno solo
que haga el bien.

4-5 (5-6) Ustedes, gente
malvada,
que allí están llenos de miedo,
que jamás buscan a Dios,
y que se hartan de comida
a costillas de mi pueblo,
deberían saber esto:
Dios dispersará por todas
partes
los huesos de sus enemigos;
¡Dios los pondrá en vergüenza
porque los ha rechazado!
En cambio, el pueblo de Dios
no tendrá por qué temer.

6 (7) ¡Cómo quisiera yo que Dios
nos enviara desde Jerusalén
a alguien que salve
a nuestro pueblo!
¡Cuando Dios haga prosperar,
todos en Israel
estaremos felices!

Ven a defenderme

54 (53) (1-2) **David compuso este
poema cuando la gente de Zif fue a
decirle a Saúl: «Parece que David se ha
escondido entre nosotros».
Instrucciones para el director del coro:
Este himno debe cantarse acompañado
de instrumentos de cuerda.**

1 (3) Dios mío,
ven a salvarme,

ven a defenderme;
haz uso de tu poder,
¡muestra quién eres!
2 (4) Dios mío,
escucha mi oración;
atiende mis palabras.
3 (5) Gente extraña y violenta
me ataca y me quiere matar.
¡Esa gente no quiere
nada contigo!

4-6 (5-7) Tú, mi Dios y Señor,
me das tu ayuda y tu apoyo;
harás caer sobre mis enemigos
el mal que quieren hacerme.

¡Destrúyelos, Dios mío,
pues tú eres fiel!
Yo, con mucho gusto,
te presentaré una ofrenda
y alabaré tu bondad,
7 (8) pues me dejaste ver
la derrota de mis enemigos,
y me libraste de todos mis
problemas.

Yo siempre confío en Dios

55 (54) (1) **Poema de David.
Instrucciones para el director del coro:
Este poema debe cantarse acompañado
de instrumentos de cuerda.**

1 (2) Dios mío,
no me des la espalda;
presta oído a mi oración.
2-3 (3-4) ¡Atiéndeme!
¡Respóndeme!
Estoy angustiado,
y no encuentro paz.
Me asusta oír los gritos
de los malvados enemigos
que me oprimen.
No sólo se enojan conmigo;
para colmo, me persiguen.

4 (5) Siento que el corazón
se me sale del pecho;
el miedo a la muerte
me domina.
5 (6) Estoy temblando de susto;
¡realmente estoy espantado!
6 (7) ¡Quisiera yo tener alas,
y volar como paloma
hasta un lugar tranquilo!
7 (8) Me iría muy lejos de aquí;
¡me iría a vivir al desierto!
8 (9) ¡Buscaría refugio,
y me pondría a salvo

de los que me atormentan!

9 (10) Dios mío,
destruye sus planes;
no los dejes ponerse
de acuerdo.
En la ciudad sólo veo
sangre y violencia;
10 (11) dentro de sus murallas
reinan día y noche,
la intriga y la maldad;
11 (12) el engaño y la opresión
dominan en todas sus calles.

12-14 (13-15) ¡Amigo mío,
hasta tú me has ofendido!
Tú, que eres igual que yo,
tú, que eres como
mi hermano,
y que ibas conmigo al templo.
Si otro me hubiera insultado,
lo podría soportar;
si otro me hubiera humillado,
podría esconderme de él.

15 (16) ¡Ojalá que a mis
enemigos
la muerte los tome por
sorpresa!
¡Ojalá que los entierren vivos,
porque en ellos sólo hay
maldad!
16 (17) Yo, por mi parte,
voy a pedirle ayuda a Dios;
¡él habrá de salvarme!
17 (18) Mañana, tarde y noche,
no dejaré de rogarle;
¡él habrá de escucharme!

18 (19) Mucha gente me ataca,
pero él me rescatará;
me hará salir sano y salvo
de la lucha que ahora libro.
19 (20) Dios, el rey eterno,
humillará a mis enemigos.
Son gente que nunca cambia
ni sabe honrar a Dios;
20 (21) amenazan a sus amigos,
y nunca cumplen sus
promesas.
21 (22) Dentro de ellos
sólo piensan en pelear.
Sus palabras son amables
y suaves como la mantequilla;
¡son más suaves que el aceite,
pero más cortantes
que un cuchillo!

22-23 (23-24) Dios mío,
¡tú echarás a los malvados
hasta el fondo de la tumba!
Esos asesinos mentirosos
no vivirán ni la mitad
de su vida!

Mi amigo, te aconsejo
que pongas en manos de Dios
todo lo que te preocupa;
¡él te dará su apoyo!
¡Dios nunca deja fracasar
a los que lo obedecen!
¡Por eso siempre confío en él!

Confío en tus promesas

56 (55) (1) **David compuso este him-no cuando los filisteos lo tomaron preso en Gat.**
Instrucciones para el director del coro: Este himno debe cantarse con la melo-día «La tórtola que vive en los robles lejanos».
1 (2) Dios mío,
ten compasión de mí,
pues hay quienes me
persiguen.
A toda hora
me atacan y me atormentan.
2 (3) Mis enemigos no dejan
de atacarme
ni de noche ni de día;
¡son ya demasiados
los orgullosos que me atacan!

3-4 (4-5) Cuando siento miedo,
confío en ti, mi Dios,
y te alabo por tus promesas;
Confío en ti, mi Dios,
y ya no siento miedo.
¡Nadie podrá
hacerme daño jamás!

5 (6) Siempre cambian
mis palabras,
y sólo piensan en perjudicarme.
6 (7) Se ponen a espiarme
y hacen planes contra mí;
¡tantas ganas tienen
de matarme
que vigilan todos mis pasos!

7 (8) Dios mío,
¡enójate con mis enemigos
y ponlos en vergüenza!
¡No los dejes escapar!
8 (9) Anota en tu libro

todas las veces que he huido;
tú bien sabes
las veces que he llorado.
9 (10) Cuando yo te pida ayuda,
mis enemigos saldrán huyendo.
Yo estoy seguro, Dios mío,
que cuento con tu apoyo.
10 (11) Confío en ti, mi Dios,
y te alabo por tus promesas.
Confío en ti, Señor,
y te alabo por tus promesas.
11 (12) Confío en ti, mi Dios,
y ya no siento miedo.
¡Nadie podrá
hacerme daño jamás!

12 (13) Yo te prometo, Dios mío,
que te cumpliré mis promesas,
y delante de tu altar
te daré las gracias.
13 (14) Tú, mi Dios,
me libraste de caer,
me libraste de morir,
para que nunca deje yo
de andar en tu presencia
que es la luz de la vida.

Quiero que me protejas

57 (56) (1) **David compuso este him-no cuando huyó de Saúl y se escondió en una cueva.**
Instrucciones para el director del coro: Este himno debe cantarse con la melo-día «No destruyas».
1 (2) ¡Ten compasión de mí,
Dios mío!
¡Ten compasión de mí,
porque en ti busco protección!
¡Quiero que me protejas
bajo la sombra de tus alas
hasta que pase el peligro!

2 (3) Dios altísimo,
te llamo porque siempre
me ayudas.
3 (4) Tiéndeme la mano
desde el cielo,
porque tu amor es constante.
Tiéndeme la mano, Dios mío,
y sálvame de mis enemigos.

4 (5) Estoy por el suelo,
rodeado de leones;
rodeado de hombres
que parecen bestias.
En vez de dientes,
tienen lanzas y flechas;

en vez de lengua,
tienen una espada afilada.

5 (6) Pero tú, mi Dios,
estás por encima del cielo;
¡eres tan grande
que cubres toda la tierra!

6 (7) Esa gente me tendió
una trampa
para hacerme caer en ella.
¡Eso me puso muy triste!
Querían que me cayera
en ese hoyo,
pero ellos fueron los
que cayeron.

7 (8) Dios mío,
mi corazón está dispuesto
a cantarte himnos.
8 (9) ¡Voy a despertarme!
¡Despertaré al arpa y a la lira!
¡Despertaré al nuevo día!

9 (10) Dios mío,
yo te alabaré entre los
pueblos,
te cantaré himnos entre
las naciones.
10 (11) Tan grande y constante
es tu amor
que llega hasta los cielos.

11 (12) Tú, mi Dios,
sobrepasas los cielos;
¡eres tan grande
que cubres toda la tierra!

Tú eres un Dios de justicia

58 (57) (1) **Poema de David.**
Instrucciones para el director del coro: Este himno debe cantarse con la melo-día «No destruyas».
1 (2) Yo les pregunto,
gobernantes,
¿de veras actúan con justicia?
Y ustedes, hombres mortales,
¿son justos en sus juicios?
2 (3) ¡Al contrario!
¡Todo lo que piensan
lleva malas intenciones!
¡Todo lo que hacen
provoca violencia en el país!

3 (4) Los malvados ya son malos
desde antes de nacer;
desde que están en el vientre

ya dicen mentiras.
4 (5) Son gente tan venenosa
que hasta parecen víboras.
Son venenosos como
las cobras,
que se hacen las sordas
5 (6) para no oír lo que
dice el mago,
el que hace encantamientos.

6 (7) Dios mío,
¡rómpeles los dientes
a esa gente!,
¡rómpeles los colmillos
a esos leones!
7 (8) ¡Haz que desaparezcan
como agua entre tus dedos!
¡Haz que los pisoteen
como a la hierba del camino!
8 (9) ¡Haz que se derritan
como si fueran de hielo!
¡No los dejes venir al mundo!
¡Destrúyelos antes de nacer!
9 (10) Antes de que sepan
lo que pasa,
¡hazlos que ardan como espinos!
¡Haz que el viento los arrastre,
aunque todavía estén con vida!

10 (11) Tu pueblo verá
el castigo que vas a darles,
y se pondrá muy contento
de poder empaparse los pies
en la sangre de esos malvados.
11 (12) Y dirán hombres
y mujeres:
«¡Vale la pena que seamos
el pueblo de Dios!
¡Hay en este mundo
un Dios que hace justicia!»

Tú eres mi protector
59 (58) (1) David compuso este poema cuando Saúl ordenó que lo vigilaran para matarlo.
Instrucciones para el director del coro: Este himno debe cantarse con la melodía «No destruyas».
1 (2) Dios mío,
sálvame de mis enemigos;
protégeme de los que
me atacan.
2 (3) Sálvame de esos
malhechores;
líbrame de esos asesinos.

3 (4) Dios mío,

¡mira a esa gente cruel,
que se ha puesto en mi contra!
Aunque no he hecho
nada malo,
sólo esperan el momento
de matarme;
4 (5) aunque no he hecho
nada malo,
se apresuran a atacarme.

¡Despiértate ya!
¡Ven a ayudarme!
¡Mira cómo me encuentro!
5 (6) Tú eres el Dios
del universo,
¡eres el Dios de Israel!
¡Despiértate ya!
¡Castiga a todas las naciones!
¡No les tengas lástima
a esos malvados traidores!

6 (7) Cuando llega la noche,
regresan gruñendo como
perros
y dan vueltas por la ciudad.
7 (8) Hablan sólo por hablar,
y hieren con sus palabras,
creyendo que nadie los oye.
8 (9) Pero tú, Dios nuestro,
te burlas de ellos;
te ríes de todas las naciones.
9 (10) Yo pongo en ti
mi confianza,
pues tú eres mi fortaleza.
¡Tú, Dios mío, eres
mi protector!
10 (11) ¡Tú, Dios mío, me amas,
y saldrás a mi encuentro!
¡Con tu ayuda veré
derrotados a todos
mis enemigos!

11 (12) Tú, Dios mío,
eres nuestro protector;
¡sacúdelos con tu poder!
¡Ponlos por el suelo!
Pero no los mates;
así mi pueblo no lo olvidará.
12 (13) Cada vez que
abren la boca
pecan con sus labios;
¡pues déjalos que caigan
en la trampa de su orgullo,
por las maldiciones
que lanzan,
por las mentiras que dicen!
13 (14) Dios mío,

¡destrúyelos con tu enojo!
¡Destrúyelos por completo!
¡Que se sepa en Israel
y en todo el mundo
que tú eres quien gobierna!

14 (15) Cuando llegue la noche,
regresarán gruñendo
como perros
y darán vueltas por la ciudad.
15 (16) Andarán buscando
comida,
pero chillarán de hambre.
16-17 (17-18) Yo, por mi parte,
te alabaré en la mañana
por tu poder y por tu amor.
Tú eres el Dios que
me protege;
tú eres el Dios que me ama.
Por eso te cantaré himnos
porque eres mi fortaleza,
porque has sido mi refugio
en momentos de angustia.

¡Danos la victoria!
60 (59) (1-2) David compuso este himno para que sirviera de enseñanza. Lo compuso cuando luchó contra los arameos que vivían en la región noroeste de Mesopotamia y en la parte central de Siria. En esa ocasión Joab regresó y venció a doce mil edomitas en el Valle de la Sal.
Instrucciones para el director del coro: Este himno debe cantarse con la melodía «El lirio del pacto».
1 (3) Dios mío,
tú te enojaste,
te alejaste de nosotros
y nos destruiste.
¡Ahora vuelve a ayudarnos!
2 (4) Sacudiste la tierra,
y se llenó de grietas;
¡sánala, porque se
desmorona!
3 (5) Nos has dado
pruebas muy duras;
nos has dado a beber un vino
que nos hace tropezar.
4-5 (6-7) Nosotros
te somos fieles;
¡respóndenos!
¡Sálvanos con tu poder!
¡Dinos qué debemos hacer
para escapar de las flechas!
Así este pueblo que amas
quedará a salvo.

6 (8) Desde tu templo
has declarado:

«Cuando yo triunfe
repartiré entre mi pueblo
las tierras de Siquem
y las del valle de Sucot.
7 (9) Las tierras de Galaad
son mías;
al norte están las
tribus de José
para proteger a mi pueblo,
y en Judá he puesto al rey.
8 (10) Los de Moab son
mis esclavos,
Edom es mi propiedad,
y en territorio filisteo
lanzo gritos de victoria».

9 (11) ¿Quién quiere llevarme
hasta la ciudad con muros?
¿Quién quiere enseñarme
el camino que lleva a Edom?
10 (12) ¡Tú, Dios mío,
te has alejado de nosotros
y ya no sales a pelear
al frente de nuestros
ejércitos!
11 (13) La ayuda humana
resulta inútil;
¡ayúdanos a vencer
al enemigo!
12 (14) Dios nuestro,
tú los vencerás;
¡con tu ayuda saldremos
victoriosos!

Protégeme toda la vida
61 (60) (1) **Himno de David.**
Instrucciones para el director del coro:
Este himno debe cantarse acompañado
de instrumentos de cuerda.
1 (2) Dios mío,
oye mis gritos,
escucha mi oración.
2 (3) ¡Ya no aguanto más!
Por eso te llamo
desde el último rincón del
mundo.
Ponme sobre una gran piedra,
donde quede a salvo
del peligro.
3 (4) ¡Tú eres mi protector!
¡Tú me defiendes del enemigo!

4 (5) Quiero pasar toda mi vida
viviendo en tu santuario,

bajo tu protección.
5 (6) ¡Tú, Dios mío,
conoces mis promesas;
tú me entregaste mi parte
en la tierra que le diste
al pueblo que te adora.

6 (7) Concédeme reinar
mucho tiempo,
y vivir una larga vida;
que dure mi reinado
una eternidad.
7 (8) Déjame reinar
para siempre;
¡protégeme con tu amor
toda la vida!
8 (9) Yo te prometo
que siempre te alabaré
con himnos,
y que todos los días
te cumpliré mis promesas.

Con Dios, jamás seré derrotado
62 (61) (1) **Himno de David, dedicado**
a Jedutún.
1-2 (2-3) Sólo Dios me
da tranquilidad,
sólo él puede salvarme;
sólo él me da su protección,
¡jamás seré derrotado!

3 (4) Ustedes, todos ustedes,
¡ya dejen de atacarme
y de querer acabar conmigo!
¡hasta parezco una
pared inclinada,
una cerca a punto de caerse!
4 (5) Ustedes sólo piensan
humillarme.
Les encanta decir mentiras:
de labios para afuera
me expresan buenos deseos,
pero en su pensamiento
me desean las peores cosas.

5 (6) Sólo Dios me da
tranquilidad;
sólo él me da confianza.
6 (7) Sólo él me da
su protección,
sólo él puede salvarme;
¡jamás seré derrotado!
7 (8) Dios es mi salvador;
Dios es mi motivo de orgullo;
me protege y me
llena de fuerza.
¡Dios es mi refugio!

8 (9) Pueblo mío,
¡confía siempre en Dios!
Cuando vayas a su templo,
cuéntale todos tus problemas.
¡Dios es nuestro refugio!

9 (10) No hay un solo hombre
que valga más que un suspiro;
todos son pura ilusión.
Si los pesaran en una balanza,
¡ni juntos pesarían gran cosa!

10 (11) No pongan su confianza
en el dinero mal ganado;
no se hagan ilusiones
con el fruto de sus robos.
¡No vivan sólo para
hacerse ricos!

11 (12) Dios ha dicho
muchas veces:
Soy un Dios poderoso,
12 (13) pero también,
un Dios de amor.

Dios mío,
tú nos das a cada uno
lo que merecen nuestros
hechos.

Tu amor vale más que la vida
63 (62) (1) **David compuso este**
himno cuando estaba en el desierto
de Judá.
1 (2) Dios mío, tú eres mi Dios.
Con ansias te busco
desde que amanece,
como quien busca una fuente
en el más ardiente desierto.
2 (3) ¡Quiero verte en
tu santuario,
y contemplar tu poder
y tu grandeza!
3 (4) Más que vivir,
prefiero que me ames.
Te alabaré con mis labios.
4 (5) ¡Mientras viva te alabaré!
¡Alzaré mis manos
para alabarte!
5 (6) ¡Con mis labios te alabaré
y daré gritos de alegría!
¡Eso me dejará más satisfecho
que la comida más deliciosa!

6 (7) Me acuesto y me
acuerdo de ti;
durante toda la noche

estás en mi pensamiento.
7 (8) ¡Tú eres quien me ayuda!
¡Soy feliz bajo tu protección!
8 (9) ¡A ti me entrego
por completo,
porque tu gran poder
es mi apoyo!

9 (10) ¡Destruye a los que
quieren matarme!
¡Échalos en el hoyo
más profundo!
10 (11) ¡Que los maten
en la guerra!
¡Que se los coman los
perros salvajes!

11 (12) Concédele al rey
y al pueblo que te adora
alabarte y alegrarse en ti,
pero a los mentirosos,
¡tápales la boca!

El destino del malvado

64 (63) (1) **Himno de David.**
1 (2) Dios mío,
¡escucha mi queja!
¡No dejes que mis enemigos
acaben con mi vida!
2 (3) Son una banda de
malvados;
son una pandilla de
malhechores;
¡escóndeme de sus
planes secretos!
3 (4) Sus palabras hieren
como espada afilada;
sus palabras matan
como flechas envenenadas.
4 (5) Se esconden, y desde allí
disparan contra la
gente inocente;
no tienen miedo de nada
ni de nadie;
¡disparan sin que nadie
se lo espere!

5 (6) Cuando hacen sus
planes malvados,
se animan los unos a los otros;
piensan dónde esconder
sus trampas,
y creen que nadie las verá.
6 (7) Planean muy bien
sus maldades
y creen tener el plan perfecto;
piensan que nadie

los descubrirá.
7 (8) Por eso, sin que
lo esperen,
Dios les disparará sus flechas
8 (9) y caerán heridos
de muerte.
Su propia lengua será su ruina,
y quienes los vean
acabarán burlándose de ellos.
9 (10) El mundo entero
alabará a Dios,
hablará de sus acciones,
y llegará a entenderlas.

10 (11) ¡Que se alegre
la gente buena
por todo lo que Dios ha hecho!
¡Que todos los justos lo alaben
y pongan en él su confianza!

Dios nos llena de bendiciones

65 (64) (1) **Himno de David.**
1 (2) Dios mío,
que vives en el monte Sión,
tú mereces nuestras
alabanzas;
mereces que te cumplamos
las promesas que te hacemos.
2-3 (3-4) Tú escuchas
nuestra oración.

Estamos cansados de pecar,
por eso acudimos a ti.
Nuestros pecados nos
dominan,
pero tú nos perdonas.
4 (5) ¡Qué bendición reciben
los que viven cerca de ti,
los que viven en tu
mismo templo!
Quedamos satisfechos
con el alimento
que de ti recibimos.

5 (6) Nuestro Dios y salvador,
tú nos respondes
dándonos la victoria.
Gente de pueblos lejanos
pone en ti su confianza.
Así hacen los que viven
más allá del mar.

6 (7) Tú, con tu poder
y tu fuerza,
formaste las montañas.
7 (8) Calmaste el rugido
de los mares,

calmaste el estruendo
de sus olas,
calmaste el alboroto
de los pueblos.
8 (9) Los que viven en
países lejanos
tiemblan de miedo
al ver tus grandes maravillas;
del oriente al occidente,
haces que la gente
grite de alegría.

9-10 (10-11) Tú tienes cuidado de
la tierra:
la empapas con abundante
lluvia
y riegas los sembrados
para que den muchos frutos.
Con la lluvia aflojas la tierra
y la preparas para la siembra.
Llenas de agua los grandes
arroyos,
y haces brotar nuevas ramas.
Así dejas listo el campo
para que todos tengamos
trigo.
11 (12) Llega el año a su fin
y está lleno de bendiciones;
por donde quiera que pasas
dejas gran abundancia.
12 (13) En el desierto, el pasto
es fresco;
las colinas se revisten
de alegría,
13 (14) las praderas se llenan
de ovejas,
y los valles se cubren
de trigales.
¡Todo el mundo canta
y lanza gritos de alegría!

Alabemos a Dios por sus maravillas

66 (65) (1a) **Himno.**
1 (1b) ¡Cantemos a Dios
con alegría
los que habitamos la tierra!
2 ¡Cantemos himnos a Dios
y alabemos su grandeza!
3 ¡Alabemos su poder;
todo lo que ha hecho
es maravilloso!
¡Sus enemigos se rinden
ante él!
4 Todo el mundo lo adora
y canta himnos en su honor.

5 ¡Vengan a ver las maravillas

que Dios ha realizado!
¡Vengan a ver sus grandes
hechos
en favor de todos nosotros!
6 Convirtió el mar en
tierra seca,
y nosotros, que somos
su pueblo,
lo cruzamos a pie.
¡Allí hicimos fiesta
por todo lo que él hizo!

7 Dios es un rey poderoso.
Siempre está vigilando
a las naciones
para que los rebeldes
no se levanten contra él.

8 Pueblos todos,
¡bendigan a nuestro Dios!
¡Dejen oír sus alabanzas!
9 Dios nos ha protegido,
nos ha conservado la vida;
¡no nos ha dejado morir!

10 Tú, Dios mío,
nos pusiste a prueba,
para ver si éramos fieles.
11 Nos hiciste caer en la trampa
de nuestros enemigos.
¡Cómo nos has hecho sufrir!
12 ¡Manadas enteras de caballos
nos aplastaron la cabeza!
Pasamos por el fuego,
cruzamos por el agua,
pero finalmente nos trajiste
a esta tierra de abundancia.

13 Yo me presentaré en
tu templo
con ofrendas especiales
en tu honor,
así te cumpliré mis promesas,
14 las promesas que yo
mismo te hice
cuando me vi en problemas.
15 Como ofrendas en tu honor
llevaré los toros más gordos;
te ofreceré toros y cabritos,
y también te ofreceré
carneros.

16 Préstenme atención ustedes,
los que adoran a Dios;
vengan, que voy a contarles
lo que Dios ha hecho por mí.
17 Con mis labios y mi lengua

lo llamé y le canté alabanzas.
18 Si mis intenciones
fueran malas,
Dios no me habría escuchado;
19 ¡pero él me escuchó
y contestó mis oraciones!

20 ¡Bendito sea Dios,
pues tomó en cuenta
mi oración
y me demostró su amor!

Dios, guía de todas las naciones

67 (66) (1) **Instrucciones para el
director musical: Este himno debe cantarse acompañado de instrumentos de
cuerda.**
1 (2) Dios mío,
ten compasión de nosotros
y danos tu bendición.
Míranos con alegría
y muéstranos tu amor;
2 (3) así todas las naciones
del mundo
conocerán tus enseñanzas
y tu poder para salvar.

3 (4) Dios mío,
¡que te alaben los pueblos!
¡Que todos los pueblos
te alaben!
4 (5) ¡Que todas las naciones
se alegren
y canten llenas de felicidad!
Tú gobiernas a los pueblos
con justicia;
¡tú guías a las naciones
de la tierra!

5 (6) Dios mío,
¡que te alaben los pueblos!
¡Que todos los pueblos
te alaben!
6 (7) La tierra dará grandes
cosechas,
y tú nos bendecirás.
7 (8) Sí, tú nos bendecirás;
a ti te alabarán
los más lejanos países
de la tierra.

Dios victorioso

68 (67) (1) **Himno de David.**
1 (2) ¡Vamos, Dios mío,
dispersa a tus enemigos!
¡Haz que huya de tu presencia
esa gente que te odia!

2 (3) ¡Haz que desaparezcan
por completo,
como desaparece el humo
tan pronto como sopla
el viento!
¡Haz que esos malvados
se derritan como cera
en el fuego!
3 (4) Pero a la gente honrada
permítele alegrarse
y hacer fiesta,
y estar feliz en tu presencia.

4 (5) ¡Cantemos himnos a Dios!
¡Sí, cantémosle al que manda
la lluvia!
¡Hagamos fiesta en
su presencia!
¡Él es el Dios de Israel!

5 (6) Dios, que vive en su
santo templo,
cuida a los huérfanos
y defiende a las viudas;
6 (7) les da hogar a los
desamparados,
y libertad a los presos;
pero a los que no lo obedecen
les da tierras que nada
producen.

7-8 (8-9) Dios mío,
cuando sacaste de Egipto
a tu pueblo Israel
y lo guiaste por el desierto,
tan pronto llegaste
al monte Sinaí,
la tierra tembló
y el cielo dejó caer su lluvia.
9 (10) Dios mío, tú
enviaste abundantes lluvias
y nuestras tierras
volvieron a producir.
10 (11) Y en esa tierra vivimos;
en la tierra que, por
tu bondad,
preparaste para los pobres.

11 (12) Tú, Dios mío, hablaste,
y miles de mujeres dieron
la noticia:
12 (13) «¡Huyen los reyes,
huyen sus ejércitos!»
Las mujeres, en sus casas,
se reparten las riquezas
que le quitaron al enemigo:
13 (14) objetos de plata

y de oro.
Pero algunos israelitas
se escondieron entre
el ganado.
14 (15) Cuando tú, Dios
todopoderoso,
hiciste que los reyes
de la tierra
salieran huyendo,
lo alto del monte Salmón
se llenó de nieve.

15 (16) Las montañas de Basán
son montañas muy altas;
las montañas de Basán
son montañas majestuosas.
16 (17) Ustedes, altas
montañas,
¿por qué ven con envidia
la montaña que Dios ha elegido
para vivir allí para siempre?
17 (18) Son miles los carros
que Dios usa para la guerra;
en uno de ellos vino del Sinaí
para entrar en su santuario.

18 (19) Cuando tú, Dios y Señor,
subiste a las alturas,
te llevaste contigo a los
presos,
y te quedaste a vivir allí.
¡Todo el mundo, hasta
los rebeldes,
te dieron muchos regalos!
19 (20) ¡Bendito seas siempre,
nuestro Dios!
Tú, Dios y salvador nuestro,
nos ayudas en nuestros
problemas.
20 (21) Tú eres un Dios
que salva;
¡tú nos libras de la muerte!
21 (22) ¡A esos enemigos tuyos
que no dejan de pecar,
les aplastarás la cabeza
y se la partirás en dos!

22 (23) Dios nuestro,
tú nos has dicho:
«Yo los haré volver de Basán;
yo los haré volver
de las profundidades del mar,
23 (24) para que se empapen
los pies
en la sangre de sus enemigos,
¡y hasta los perros de ustedes
lamerán esa sangre!»

24 (25) En el santuario se ven
los desfiles de mi Dios y Rey.
25 (26) Al frente van
los cantores,
seguidos de las que tocan
panderetas;
los músicos cierran el desfile.
26-27 (27-28) Los dirige la tribu
más joven,
que es la de Benjamín,
y los sigue una gran multitud:
¡Son los príncipes de Judá,
de Zabulón y Neftalí!
Ustedes, israelitas,
¡bendigan a nuestro Dios,
cuando celebren sus reuniones!

28 (29) Dios mío, Dios mío,
¡demuéstranos tu poder!
¡Déjanos ver la fuerza
que has usado para ayudarnos!

29-31 (30-32) Dios mío,
por causa de tu templo
los reyes te traen regalos
a la ciudad de Jerusalén.
Reprende a esa nación
que vive sólo para la guerra.
Parece una fiera entre
los juncos;
es como una manada de toros,
¡parece una nación de
terneros!
Es tanta su ambición
por las riquezas
que hasta entre ellos
se pelean.
Egipto te enviará su bronce,
y Etiopía te traerá regalos.

32 (33) Gente de todos
los reinos,
¡cántenle a Dios!
¡Cántenle himnos a
nuestro Dios!
33-34 (34-35) ¡Reconozcan
su poder!
Sobre el cielo de Israel
pueden verse
su poder y su majestad.
Nuestro Dios va por el cielo
como si fuera montando
un caballo,
y deja oír su potente voz,
que resuena como el trueno.
35 (36) Dios mío, Dios de Israel,
¡qué imponente te ves

al venir de tu santuario!
Tú nos das fuerza y poder.
¡Bendito seas!

¡Sálvame, Dios mío!

69 (68) (1) **Himno de David.**
Instrucciones para el director del coro:
Este salmo debe cantarse con la
melodía «Los lirios».

1 (2) Dios mío,
¡sálvame, pues siento que
me ahogo!
2 (3) ¡Siento que me hundo
en el barro
y no tengo dónde apoyarme!
¡Me encuentro en aguas
profundas,
luchando contra la corriente!
3 (4) Cansado estoy de pedir
ayuda;
tengo reseca la garganta.
Ya los ojos se me cierran,
y tú no vienes a ayudarme.
4 (5) ¡Tengo más enemigos
que pelos en la cabeza!
Muchos me odian sin motivo,
y quieren matarme;
¡me exigen que les devuelva
lo que nunca les robé!

5-6 (6-7) Dios de Israel
y Dios del universo,
tú eres mi Dios.
Tú conoces mis tonterías;
¡no te puedo esconder
mis errores!
¡No dejes que por mi culpa
queden en vergüenza
los que confían en ti!
¡No dejes que por mi culpa
sean puestos en ridículo
los que buscan agradarte!
7 (8) Por ti he sido ofendido;
¡me arde la cara de vergüenza!
8 (9) ¡Hasta mis propios
hermanos
me ven como a un extraño!
9 (10) El amor que siento por
tu templo
me quema como un fuego;
por eso me siento ofendido
cuando te ofenden a ti.
10 (11) Si me aflijo y no como,
tengo que aguantar
sus insultos;
11 (12) y si me visto de luto,
tengo que soportar

sus ofensas.
12 (13) ¡Toda la gente del pueblo
y hasta los borrachos
hablan mal de mí!

13 (14) Dios mío,
te ruego que me respondas
en el mejor momento.
Yo sé que me amas,
así que ven a salvarme.
14-15 (15-16) ¡Líbrame de los que
me odian!
¡Sácame del barro en
que me hundo!
¡Sácame de esta profunda
corriente
que me arrastra!
Siento que me traga
un remolino;
¡no me dejes morir!
16 (17) Dios mío,
tú me amas y eres bueno;
¡respóndeme!
tú eres un Dios compasivo;
¡préstame atención!
17 (18) No me des la espalda,
pues estoy en problemas;
¡date prisa!
18 (19) ¡Acércate a mí,
y sálvame de mis enemigos!
19 (20) Tú siempre los
estás viendo
y sabes muy bien que
me ofenden,
me avergüenzan y me
insultan.
20 (21) Cuando escucho
sus ofensas,
se me rompe el corazón;
¡no tengo ánimo para nada!
Esperaba hallar apoyo
y consuelo,
y no los recibí;
21 (22) cuando tuve hambre,
me dieron a comer veneno;
cuando tuve sed,
me dieron a beber vinagre.
22 (23) ¡Haz que sus fiestas
y banquetes
se conviertan en una trampa
para ellos!
23 (24) ¡Haz que se les nublen
los ojos
para que no puedan ver!
¡Haz que se queden
sin fuerzas!

24 (25) ¡Descarga tu enojo
sobre ellos!
¡No los dejes escapar!
25 (26) ¡Que sus casas se
queden vacías!
¡Que nadie viva en ellas!
26 (27) Aunque tú ya me
afligiste
y me hiciste sufrir,
mis enemigos me persiguen
y se burlan de mí.
27 (28) ¡Págales mal por mal!
¡No los dejes disfrutar
de tu perdón!
28 (29) ¡Bórralos del libro
de la vida!
¡No pongas su nombre
en la lista de la gente buena!

29 (30) Dios mío,
¡levántame, dame ánimo!
Yo soy muy pobre y
humilde,
30 (31) pero te alabaré con
mis canciones,
¡te pondré en alto con
mi alabanza!
31 (32) Eso te será más
agradable
que recibir muchas
ofrendas.
32 (33) Cuando vean esto
los pobres que te buscan,
se pondrán muy alegres,
y recobrarán el ánimo.
33 (34) Tú, Dios mío,
atiendes a los pobres;
¡no te olvidas de tu pueblo
que se encuentra cautivo!

34 (35) ¡Que te alaben cielo
y tierra!
¡Que te alabe el mar
y todo lo que hay en él!
35 (36) Tú vendrás en ayuda
de Jerusalén,
y reconstruirás las ciudades
de Judá.
Tu pueblo tomará posesión
del país
y se establecerá en él.
36 (37) Los descendientes
de tu pueblo
recibirán el país como
herencia;
el pueblo que te ama
se quedará a vivir en él.

¡Ven pronto en mi ayuda!

70 (69) (1) **Himno de David.**

1 (2) Mi Dios,
¡ven pronto a salvarme!
¡Ven pronto en mi ayuda!
2 (3) ¡Pon en completa
vergüenza
a los que quieren matarme!
¡Haz que huyan avergonzados
los que quieren hacerme daño!
3 (4) ¡Haz que huyan
avergonzados
los que se burlan de mí!
4 (5) Pero que se alegren
y se pongan contentos
todos los que te buscan.
Que siempre reconozcan
tu grandeza
aquellos a quienes tú
has salvado.

5 (6) Dios mío,
yo soy muy pobre,
y estoy muy necesitado;
¡ven pronto!
Dame tu ayuda,
dame la libertad;
¡no te tardes!

Tú eres mi refugio

71 (70) **1** Dios mío,
en ti he puesto mi confianza;
no me pongas jamás
en vergüenza.
2 Tú eres un Dios justo;
¡rescátame y ponme a salvo!
¡Préstame atención y ayúdame!
3 ¡Protégeme como una roca
donde siempre pueda
refugiarme!
Da la orden, y quedaré a salvo,
pues tú eres esa roca;
¡tú eres mi fortaleza!

4-5 Dios mío,
tú eres mi esperanza;
no permitas que yo caiga
en poder de gente malvada
y violenta.
Desde que era joven
puse mi confianza en ti;
6 desde antes de nacer
ya dependía de ti.
¡Fuiste tú quien me hizo nacer!
¡Por eso te alabaré siempre!
7 Muchos se asombran al verme,
pero tú eres para mí

EL PASTOR CHARLES COMIENZA A ENSEÑAR EN SU CASA. MUCHOS NIÑOS ESCUCHAN ATENTOS LAS HISTORIAS DE LA BIBLIA.

"¿Es usted quizá el pastor Charles?" La gente busca ansiosa al pastor porque todos quieren saber más de la Biblia.

un refugio seguro.
8 A todas horas te alabo;
todo el día anuncio
tu grandeza.

9 No me desprecies
cuando llegue yo a viejo;
no me abandones
cuando ya no tenga fuerzas.
10 Mis enemigos hablan
mal de mí;
me vigilan y piensan
hacerme daño.
11 Hasta ordenan a su gente
que me persigan y me atrapen.
Creen que me abandonaste,
y que nadie podrá salvarme.

12 Dios mío,
¡no me dejes solo!
¡Ven pronto en mi ayuda!
13 Pon en vergüenza
a los que me acusan;
¡pon en completo ridículo
a los que buscan mi mal,
y acaba con ellos!
14 Yo, por mi parte,
siempre confiaré en ti
y te alabaré más todavía.
15 Aunque no alcanzo
a entenderlo,
a todas horas diré
que eres un Dios que salva
con grandes actos de justicia.

16 Dios mío,
ahora voy a recordar
tus hechos poderosos,
y hablaré de la justicia
que sólo tú puedes hacer.
17 Desde que yo era joven
tú has sido mi maestro,
y hasta ahora sigo hablando
de las maravillas que
has hecho.

18-19 Dios mío,
aunque estoy lleno de canas,
no me abandones;
todavía quiero decirles
a los que aún no han nacido
que tú eres un Dios poderoso.
Eres incomparable,
pues has hecho grandes cosas;
tu justicia llega hasta el cielo.
20 Tú me hiciste pasar
por muchos aprietos

y problemas,
pero volverás a darme vida:
¡de lo profundo de la tumba
volverás a levantarme!
21 Me darás mayor poder,
y volverás a consolarme.

22 Santo Dios de Israel,
tú eres un Dios fiel.
Por eso te cantaré himnos
con música de arpas
y de otros instrumentos
de cuerda.
23 Te cantaré himnos
y gritaré de alegría
porque me salvaste la vida.
24 Todo el día hablaré
de tu poder para salvar,
pues los que buscaban
hacerme daño
quedaron avergonzados
por completo.

Himno en honor del rey

72 (71) (1a) **Himno de Salomón**
1 (1b) Dios mío,
haz que el rey sea justo
como lo eres tú;
que nuestro futuro rey
actúe con tu misma rectitud.
2 Así el rey gobernará
a la gente humilde
con rectitud y justicia,
3 y en todo cerro y colina
tu pueblo tendrá
prosperidad y justicia.
4 El rey les hará justicia
a los pobres y necesitados;
¡los salvará de sus opresores!
¡Aplastará a quienes
los maltratan!

5 ¡Que viva el rey!
¡Que viva mucho tiempo,
como el sol y la luna!
6 ¡Que sea como las lluvias,
que empapan la tierra
y los campos sembrados!
7 ¡Que haya prosperidad
y justicia
todo el tiempo que sea rey!
¡Que su reino permanezca
hasta que la luna deje
de existir!

8 ¡Que extienda el rey
su dominio

de mar a mar y de oriente
a occidente!
9 ¡Que las tribus del desierto
reconozcan su dominio!
¡Que sean humillados sus
enemigos!
10 ¡Que le paguen impuestos
los reyes de Tarsis
y de los puertos lejanos!
¡Que le traigan regalos
los reyes de Arabia y Etiopía!
11 ¡Que todos los reyes
se arrodillen en su presencia!
¡Que todas las naciones
se pongan a su servicio!

12 El rey librará a los pobres
cuando ellos le pidan ayuda;
salvará a los afligidos
que no tienen quién los ayude.
13 Tendrá compasión
de los pobres
y salvará a los necesitados
y a los desvalidos.
14 Los librará de quienes
los oprimen
y los tratan con violencia,
porque la vida de ellos
es muy valiosa para él.

15 ¡Que viva el rey!
¡Que reciba todo el oro de
Sabá!
¡Que siempre se ore por él!
¡Que a todas horas se
le bendiga!
16 ¡Que abunde el trigo
en el país!
¡Que se vean ondular los
trigales
en lo alto de las montañas!
¡Que haya mucho trigo,
como en el monte Líbano!
¡Que haya gente en las ciudades
como hay hierba en el campo!

17 ¡Que la fama del rey
permanezca!;
¡que dure siempre como el sol!
¡Que repitan su nombre
las naciones
cuando se bendigan
unas a otras!
¡Que todas ellas bendigan
al rey!

18 ¡Bendito seas,

Dios de Israel!
Sólo tú haces maravillas.
19 ¡Bendito seas por siempre!
¡Que tu grandeza llene
toda la tierra!
¡Que así sea!
20 Aquí terminan los himnos de
David, el hijo de Jesé.

Libro 3
(Salmos 73-89)

¡Qué bueno es Dios!

73 (72) (1a) **Himno de Asaf.**
1 (1b) Dios es muy bueno
con Israel
y con la gente sincera.
2 Yo estuve a punto de pecar;
poco me faltó para caer,
3 pues me llené de envidia
al ver cómo progresan
los orgullosos y los malvados.
4 ¡Tan llenos están de salud
que no les preocupa nada!
5 No tienen los problemas
de todos;
no sufren como los demás.
6 Se adornan con su orgullo
y exhiben su violencia.
7 ¡Tan gordos están
que los ojos se les saltan!
¡En la cara se les ven
sus malos pensamientos!
8 Hablan mal de la gente;
¡de todo el mundo se burlan!
Tan grande es su orgullo
que sólo hablan de violencia.
9 Con sus palabras ofenden
a Dios y a todo el mundo.
10 ¡Pero hay gente que
los consulta
y cree todo lo que dicen!
11 Piensan que el Dios altísimo
no lo sabe ni llegará a saberlo.
12 ¡Así son los malvados!
¡No se preocupan de nada,
y cada vez son más ricos!

13 ¡De nada me sirvió hacer el bien
y evitar los malos
pensamientos!
14 ¡Esos malvados
me golpean a todas horas!
¡En cuanto amanece
me castigan!
15 Si hubiera pensado
como los malvados,

habría traicionado al
pueblo de Dios.
16 Traté de entender esto,
pero me resultó muy difícil.
17 Entonces fui al santuario
de Dios,
y fue allí donde entendí
cómo terminarán los malvados:
18 Dios los ha puesto
en peligro,
y van hacia su propia
desgracia.
19 En un abrir y cerrar de ojos
terminarán por ser destruidos;
el terror acabará con ellos.
20 Cuando Dios entre en acción,
hará que sean olvidados
como se olvida una pesadilla.

21 Dios mío,
yo estuve muy afligido;
Me sentí muy amargado.
22 He sido muy testarudo;
me he portado mal contigo:
¡Me he portado como
una bestia!
23 A pesar de todo,
siempre he estado contigo;
tu poder me mantiene con vida,
24 y tus consejos me dirigen;
cuando este mundo llegue
a su fin,
me recibirás con grandes
honores.
25 ¿A quién tengo en el cielo?
¡A nadie más que a ti!
Contigo a mi lado,
nada me falta en este mundo.
26 Ya casi no tengo fuerzas,
pero a ti siempre te tendré;
¡mi única fuerza eres tú!
27 Los que se apartan de ti
acabarán por ser destruidos;
los que no te sean fieles
acabarán perdiendo la vida.
28 Pero yo estaré cerca de ti,
que es lo que más me gusta.
Tú eres mi Dios y mi dueño,
en ti encuentro protección;
¡por eso quiero contar
todo lo que has hecho!

Dios mío, libera a tu pueblo
74 (73) (1a) **Himno de Asaf.**
1 (1b) Dios y pastor nuestro,
¿por qué nos rechazas?
¿Vas a estar siempre enojado

con este pueblo que es
tu rebaño?
2 ¡No te olvides de nosotros!
Hace mucho tiempo
nos compraste;
somos el pueblo que rescataste
para que fuéramos tuyos.
¡No te olvides de Jerusalén,
la montaña donde habitas!

3 Ven a ver tu templo:
para siempre ha quedado
en ruinas;
¡todo lo destruyó el enemigo!
4 En el centro de tu ciudad,
tus enemigos rugieron
como leones
y agitaron victoriosos
sus banderas.
5 Como si fueran leñadores,
hacha en mano lo
derribaron todo;
6 con hachas y martillos
destrozaron las paredes
talladas en madera.
7 No respetaron tu templo
sino que le prendieron fuego.
8 Lo redujeron a cenizas,
como a todas las sinagogas
del país.
9 Ya no vemos ondear nuestras
banderas;
ya no hay profetas entre
nosotros,
ni hay tampoco quien sepa
cuánto más debemos aguantar.

10 Dios nuestro,
¿hasta cuándo el enemigo
va a seguir ofendiéndote
y burlándose de ti?
11 ¡Demuéstrales tu poder!
¡No te quedes allí
cruzado de brazos!
12 Desde tiempos antiguos
tú has sido nuestro Dios y rey;
en repetidas ocasiones
nos has dado la victoria.
13 Tú, con tu poder,
dividiste el mar en dos;
¡a los monstruos del mar
les partiste la cabeza!
14 Tú aplastaste contra el suelo
las cabezas del monstruo
Leviatán,
y con su cuerpo sin vida
alimentaste a las fieras.

15 Tú hiciste que brotaran
ríos y manantiales,
pero también secaste
por completo
ríos que parecían inagotables.
16 Tuyos son el día y la noche,
pues hiciste el sol y la luna;
17 tú fijaste los límites
de la tierra,
y estableciste las estaciones
del año.

18 Dios nuestro,
el enemigo se burla de ti;
gente malvada te ofende.
¡No se lo perdones!
19 Este pueblo tuyo
es frágil como una mariposa;
¡no te olvides de nosotros,
ni dejes que nos devoren
nuestros feroces enemigos!
20 Acuérdate de tu pacto,
porque en todas partes
hay violencia.
21 No dejes que avergüencen
al pobre y al humilde;
haz que tus enemigos
te alaben.

22 ¡Vamos, Dios nuestro,
defiéndete!
Esos malvados no dejan de
ofenderte;
¡no se lo perdones!
23 ¡No les perdones a tus
enemigos
tanto griterío y alboroto!

Dios hace justicia

75 (74) (1) **Himno de Asaf.**
Instrucciones para el director del coro:
Este himno debe cantarse con la melo-
día «No destruyas».
1 (2) ¡Gracias, nuestro Dios!
Hablamos de tus maravillas,
pues estás cerca de nosotros.
2 (3) Tú has dicho:
«Ya he puesto la fecha
cuando voy a hacer justicia.
3 (4) Podrá temblar la tierra
con todos sus habitantes,
pero yo mantendré firmes
sus bases.
4 (5) A los orgullosos les mando
que no se crean tan
importantes;
a los malvados les ordeno

que no sean orgullosos,
5 (6) que no presuman
de su poder
ni se sientan superiores».

6 (7) Los elogios no vienen
del este,
ni del oeste ni del sur;
7 (8) vienen de Dios, que
es el juez.
A unos les quita el poder,
y a otros se lo da.
8 (9) Dios está muy enojado
y está listo para castigar.
Cuando pierda la paciencia,
dará rienda suelta a su enojo
y todos los malvados
de la tierra
tendrán su merecido.

9 (10) Yo siempre hablaré
del Dios de Israel,
y le cantaré himnos.
10 (11) Dios acabará con
el poder
de todos los malvados,
pero aumentará el poder de
los justos.

Dios es el vencedor

76 (75) (1) **Himno de Asaf.**
Instrucciones para el director del coro:
Este himno debe cantarse acompañado
de instrumentos de cuerda.
1 (2) En Judá se conoce a Dios;
en Israel se reconoce su fama.
2 (3) En Jerusalén se halla
su templo;
allí estableció su residencia.
3 (4) Allí Dios hace pedazos
todas las armas de guerra.
4-6 (5-7) Dios de Israel,
tú eres un Dios maravilloso;
eres más grande
que las montañas eternas.
Todos los hombres de guerra
se quedaron sin sus armas;
cayeron en el campo
de batalla.
Ninguno de esos valientes
pudo siquiera defenderse.
Cuando tú los reprendiste,
su poder militar se derrumbó.
7 (8) Sólo tú inspiras temor.
Cuando tu furia se desata,
no hay quién pueda hacerte
frente.

8-9 (9-10) Cuando tú, Dios mío,
decidiste hacerles justicia
a todos los pobres de la tierra,
dictaste tu sentencia
desde el cielo,
y la tierra, temerosa,
prefirió guardar silencio.
10 (11) Cuando te enojas,
hasta el hombre más furioso;
se rinde ante ti y te alaba.
11 (12) Cumplámosle a
nuestro Dios
todas nuestras promesas;
y ustedes, naciones vecinas,
tráiganle ofrendas al Dios
admirable;
12 (13) él humilla a los
gobernantes
y hace que tiemblen de miedo
todos los reyes de la tierra.

Las maravillas de Dios

77 (76) (1) **Himno de Asaf.**
Instrucciones para el director del coro:
Este himno debe cantarse al estilo
musical de Jedutún.
1 (2) A Dios dirijo mis ruegos,
para que me escuche.
2 (3) En los momentos
más difíciles,
siempre busco a Dios.
Con las manos levantadas
me paso la noche orando,
aunque ni esto me consuela.
3 (4) Cuando pienso en Dios
me siento desalentado
y me dan ganas de llorar.
4 (5) ¡Dios me hace perder
el sueño!
¡Estoy tan confundido
que no sé qué decir!
5-6 (6-7) Por las noches me
pongo a pensar;
recuerdo los tiempos pasados,
los años que se han ido,
y entonces me pregunto:

7-9 (8-10) «¿Estará rechazán-
donos Dios
de una vez y para siempre?
¿Habrá dejado de amarnos?
¿Tan enojado está con
nosotros
que ya no nos tiene
compasión?
¿Dejará de tratarnos

con bondad?
¿Se habrán agotado las promesas
que se comprometió a cumplir?
¿Se habrá olvidado
de que es un Dios bueno?»

¹⁰ (11) Y yo mismo me contesto:

«¡Qué doloroso es darse cuenta
de que Dios ya no es el mismo,
que ya no nos trata como antes!
¹¹ (12) ¡Vale más que me acuerde
de sus grandes hechos
y de sus maravillas pasadas!
¹² (13) ¡Vale más que me acuerde
de sus obras maravillosas!

¹³ (14) »Dios mío,
¡No hay Dios tan grande como tú!
¡Todo lo que haces es perfecto!
¹⁴ (15) Tú eres el Dios que hace milagros,
que muestra su poder entre los pueblos.
¹⁵ (16) Con tu brazo poderoso
diste libertad a tu pueblo Israel.

¹⁶ (17) »Dios mío,
el agua se agitó al verte;
¡el mismo mar profundo
se estremeció con violencia!
¹⁷ (18) Por todo el espacio del cielo
retumbaron los relámpagos,
y las nubes soltaron su lluvia.
¹⁸ (19) En medio del torbellino
retumbó tu voz de trueno,
y la luz de tus relámpagos
iluminaron el mundo;
entonces tembló la tierra.
¹⁹ (20) Hiciste un camino en el mar;
te abriste paso entre las aguas,
pero nadie vio jamás tus huellas.
²⁰ (21) Por medio de Moisés
y de Aarón

fuiste guiando a tu pueblo,
como guía el pastor a sus ovejas».

Dios cuida y guía a su pueblo
78 (77) (1a) **Himno de Asaf.**
¹ (1b) Pueblo mío,
escucha mis enseñanzas;
atiende a mis palabras.
² Te hablaré por medio de ejemplos,
y te explicaré los misterios del pasado.
³ Son cosas que ya conocemos
pues nuestros padres nos las contaron.
⁴ Pero nuestros hijos deben conocerlas;
debemos hablarles a nuestros nietos
del poder de Dios
y de sus grandes acciones;
¡de las maravillas que puede realizar!
⁵ Dios fijó una ley permanente para su pueblo Israel,
y a nuestros abuelos les ordenó
instruir en ella a sus hijos,
⁶ para que ellos, a su vez,
nos instruyeran a nosotros
y a las futuras generaciones
que todavía no han nacido.
⁷ Así confiaremos en Dios,
tendremos presentes sus grandes hechos
y cumpliremos sus mandamientos.
⁸ Así no seremos rebeldes,
como lo fueron nuestros abuelos:
tan malvados eran sus pensamientos
que Dios no podía confiar en ellos.

⁹ Los israelitas eran buenos guerreros,
pero se acobardaron
y no entraron en batalla.
¹⁰ No cumplieron su compromiso con Dios,
ni siguieron sus enseñanzas.
¹¹⁻¹² Cuando estaban en Egipto,
en la región de Soan,
vieron las grandes maravillas
que Dios realizó ante sus ojos,
pero no las tomaron en cuenta.

¹³ Dios partió el mar en dos,
y para que ellos pudieran cruzar,
mantuvo las aguas firmes como paredes.
¹⁴ De día, los guiaba con una nube;
de noche, los alumbraba con un fuego.
¹⁵⁻¹⁶ Cuando llegaron al desierto,
Dios partió en dos una piedra;
¡de ella hizo que brotaran
verdaderos torrentes de agua,
y así apagaron su sed!

¹⁷ Pero nuestros abuelos
volvieron a pecar contra Dios:
¡en pleno desierto se pusieron
en contra del Dios altísimo!
¹⁸ Se les metió en la cabeza
poner a Dios a prueba,
y le pidieron comida a su antojo.
¹⁹ Hablaron mal de Dios,
y hasta llegaron a decir:
«Aquí en el desierto
Dios no puede darnos de comer.
²⁰ Es verdad que golpeó una piedra
y que hizo que brotaran
grandes torrentes de agua,
¡pero no podrá alimentarnos!
¡No va a poder darnos carne!»

²¹ Cuando Dios oyó lo que decían,
se encendió su enojo contra ellos,
²² pues no confiaron en él
ni creyeron que podría ayudarlos.
²³⁻²⁴ Dios, desde el alto cielo,
les dio una orden a las nubes,
y del cielo llovió comida:
Dios les dio a comer maná,
que es el pan del cielo.
²⁵ Dios les mandó mucha comida,
y aunque eran gente insignificante
comieron como los ángeles.
²⁶ Luego, con su poder
Dios hizo que desde el cielo
soplaran vientos encontrados.
²⁷ ¡Dios hizo que les lloviera carne

como si les lloviera polvo!
¡Les mandó nubes de pájaros,
tantos como la arena del mar!
28 Dios dejó caer esos pájaros
dentro y fuera del
campamento,
29 y la gente se hartó de comer,
pues Dios les cumplió
su capricho.

30 No les duró mucho el gusto:
todavía tenían la comida
en la boca
31 cuando Dios se enojó
contra ellos.
¡Les quitó la vida
a sus hombres más fuertes!
¡Hirió de muerte
a los mejores israelitas!

32 Pero ellos siguieron pecando;
dudaron del poder de Dios.
33 Por eso Dios les quitó la vida;
¡les envió una desgracia
repentina,
y acabó con su existencia!

34 Ellos sólo buscaban a Dios
cuando él los castigaba;
sólo así se arrepentían
y volvían a obedecerlo;
35 sólo entonces se acordaban
del Dios altísimo,
su protector y libertador.
36-37 Nunca le decían la verdad;
nunca le fueron sinceros
ni cumplieron fielmente
su pacto.
38 Pero Dios, que es compasivo,
les perdonó su maldad
y no los destruyó.
Más de una vez refrenó
su enojo,
39 pues tomó en cuenta
que eran simples seres
humanos;
sabía que son como el viento
que se va y no vuelve.

40 Muchas veces, en
el desierto,
se rebelaron contra Dios
y lo hicieron ponerse triste.
41 Muchas veces lo pusieron
a prueba;
¡hicieron enojar al santo Dios
de Israel!

42 No se acordaron del día
cuando Dios, con su poder,
los libró de sus enemigos.
43 Tampoco recordaron
los grandes milagros
que Dios hizo en Egipto,
44 cuando convirtió en sangre
todos los ríos egipcios,
y el agua no se podía beber.
45 Les mandó moscas y ranas,
que todo lo destruían;
46 dejó que los saltamontes
acabaran con todos
sus sembrados;
47 destruyó sus viñas
con granizo,
y sus higueras, con
inundaciones;
48 dejó que los rayos y
el granizo
acabaran con sus vacas y
sus ovejas.

49 Dios estaba tan enojado
que los castigó con dureza;
les mandó todo un ejército
de mensajeros de muerte;
50 dio rienda suelta a su enojo
y les mandó un castigo mortal;
¡no les perdonó la vida!
51 En cada familia egipcia
hirió de muerte a los hijos
mayores.
52 Pero a su pueblo lo guió
y lo llevó por el desierto,
como guía el pastor
a sus ovejas;
53 les dio seguridad
para que no tuvieran miedo,
pero hizo que a sus enemigos
se los tragara el mar.

54 Dejó que su pueblo ocupara
toda la tierra prometida,
la cual ganó con su poder.
55 Conforme avanzaban los
israelitas,
Dios echaba fuera
a las naciones,
y a Israel le entregó
las tierras de esos pueblos.
¡Fue así como los israelitas
se establecieron allí!
56 Pero pusieron a Dios
a prueba:
se opusieron al Dios altísimo

y desobedecieron sus
mandatos;
57 no eran dignos de confianza;
se portaron igual que
sus padres,
pues traicionaron a Dios
y no le fueron fieles.
58-59 Dios se puso muy furioso
y rechazó del todo a Israel;
se sintió traicionado
pues adoraron dioses falsos
y les construyeron santuarios.
60 Por eso Dios abandonó Silo,
que era donde vivía en
este mundo;
61 ¡dejó que el cofre del pacto,
que era el símbolo de su poder,
cayera en manos enemigas!
62 Tanto se enojó con su pueblo
que los hizo perder sus
batallas.
63 El fuego acabó con sus
muchachos,
las novias no tuvieron fiesta
de bodas,
64 sus sacerdotes perdieron
la vida,
y sus viudas no les
guardaron luto.

65 Pero Dios despertó,
como quien despierta
de un sueño,
y dando rienda suelta a su
furia
66 puso en retirada a sus
enemigos;
¡para siempre los dejó
en vergüenza!
67 Se negó a favorecer
a los de la tribu de Efraín,
68 pero eligió a la tribu de
Judá
y a su amada Jerusalén.
69 En lo alto del monte Sión
construyó su templo:
alto como los cielos,
y firme para siempre,
como la tierra.
70-71 Dios prefirió a David,
que era su hombre de
confianza,
y lo quitó de cuidar ovejas
para que cuidara a Israel,
que es el pueblo de Dios.
72 Y David fue un gobernante
inteligente y sincero.

Dios no nos abandona

79 (78) (1a) **Himno de Asaf.**

1 (1b) Dios nuestro,
naciones enemigas nos
han invadido,
han entrado en tu santo
templo
y han dejado en ruinas
a Jerusalén.
2 Mataron a tus fieles
servidores,
y echaron sus cadáveres
al campo
para que los devoren
los buitres y las bestias
salvajes.
3 Por toda Jerusalén
derramaron la sangre
de los muertos,
y a los muertos nadie
los entierra.
4 Los pueblos vecinos
se burlan de nosotros;
¡somos el blanco de sus burlas!

5 Dios nuestro,
¿cuánto más tendremos que
esperar?
¿Vas a estar siempre enojado
y ardiendo de enojo, como
el fuego?
6 ¡Enójate entonces con
las naciones
que no quieren reconocerte!
¡Enójate con los reinos
que no te reconocen
como Dios!
7 A Israel lo han destruido;
al país lo han dejado en ruinas.
8 No nos tomes en cuenta
los pecados del pasado;
¡muéstranos tu amor
y ven pronto a nuestro
encuentro,
pues grande es nuestra
miseria!

9 Dios y salvador nuestro,
¡ayúdanos!
Por lo grandioso que eres,
¡líbranos y perdona
nuestros pecados!

10 ¿Por qué tienen que decirnos
las naciones enemigas:
«Dios ya los ha abandonado»?
¿No ves que han matado

a tu pueblo
y han derramado su sangre?
¡Cóbrales su muerte!
¡Haz que esas malvadas
naciones
sufran la muerte en carne
propia,
y a nosotros, déjanos
ser testigos!
11 Escucha, por favor,
las quejas de los prisioneros,
y salva con tu gran poder
a los condenados a muerte.

12 Dios nuestro,
haz que nuestros vecinos
sufran en carne propia
las ofensas que te han hecho.
13 Nosotros somos tu pueblo,
y siempre te alabaremos;
¡siempre te cantaremos
alabanzas!

¡Muéstranos tu bondad!

80 (79) (1) **Himno de Asaf.**
Instrucciones para el director del coro:
Este himno debe cantarse con la melo-
día «Los lirios del pacto».

1-2 (2-3) Dios y Pastor nuestro,
tú guiaste como a un rebaño
a tu pueblo Israel,
tú reinas entre los querubines,
¡ahora escúchanos!
¡Hazte presente y muestra
tu poder
a las tribus de Efraín,
de Manasés y Benjamín!
¡Ven a salvarnos!

3 (4) Dios nuestro,
¡cambia nuestra triste
situación!
¡Muéstranos tu bondad
y sálvanos!

4 (5) Dios nuestro, Señor
del universo,
¿hasta cuándo, por tu enojo,
no atenderás la oración
de tu pueblo?
5 (6) En vez de comida,
nos has dado el pan amargo
que nuestras lágrimas
amasaron;
en vez de bebida,
has hecho que nos bebamos
nuestras propias lágrimas.

6 (7) Has hecho que nuestros
vecinos
se burlen de nosotros;
¡nos ven, y se ríen de nosotros!

7 (8) Dios del universo,
¡cambia nuestra triste
situación!
¡Muéstranos tu bondad
y sálvanos!

8 (9) Nosotros somos como
una vid
que trajiste de Egipto,
y para plantarnos en
esta tierra
echaste fuera a las naciones;
9 (10) una vez limpio el terreno,
nosotros echamos raíces
y nos extendimos por
todo el país.
10 (11) De tal manera crecimos
que llegamos a poblar
las montañas;
¡extendimos nuestro dominio
hasta las montañas del Líbano!
11 (12) Nuestra frontera oriental
llegó hasta el río Éufrates;
nuestra frontera occidental
llegó hasta el mar
Mediterráneo.

12-14 (13-15) Dios del universo,
¿por qué dejaste a tu vid
sin tu protección?
Todos nuestros enemigos
pasan y nos hacen daño;
¡nos devoran como fieras!
¡Deja ya de castigarnos!
¡Asómate desde el cielo
y muéstranos tu cariño!
15 (16) ¡Tú mismo nos plantaste!
¡Tú mismo nos cuidaste!
16 (17) El enemigo nos ha
derrotado;
le ha prendido fuego a nuestras
ciudades.
¡Repréndelos, destrúyelos!
17 (18) Pero no dejes de apoyar
al pueblo en quien confías,
al pueblo que has fortalecido;
18 (19) así no nos apartaremos
de ti.
¡Danos vida, y te alabaremos!

19 (20) Dios nuestro, Señor
del universo,

¡cambia nuestra triste
situación!
¡Muéstranos tu bondad
y sálvanos!

Dios es bueno con su pueblo

81 (80) (1) **Himno de Asaf.**
**Instrucciones para el director del coro:
Este himno debe cantarse con la melo-
día que se canta al exprimir las uvas.**

¹(2) ¡Lancen gritos de alabanza
para Dios!
¡Él es nuestra fortaleza!
¡Canten llenos de alegría
al Dios de Israel!
²(3) ¡Canten himnos!
¡Toquen la pandereta,
el arpa y la lira!
³(4) Toquen las trompetas
en las fiestas de luna nueva,
y en la fiesta de luna llena,
que es nuestra fiesta
principal.
⁴⁻⁵(5-6) Así lo ordenó el Dios
de Israel
cuando salió para atacar
a Egipto.

Escucho la voz de Dios
y no entiendo lo que dice:

⁶(7) «Te he quitado de
los hombros
la carga que llevabas;
ya no tienes que cargar
esos ladrillos tan pesados.
⁷(8) Cuando estabas
angustiado,
me llamaste y te libré;
te respondí desde la oscura
nube
donde estaba yo escondido;
junto al manantial
de Meribá
puse a prueba tu fe.

⁸(9)»Israel, pueblo mío,
escucha mis advertencias;
¡cómo quisiera que me
escucharas!
⁹(10) No tengas dioses
extranjeros
ni los adores.
¹⁰(11) Yo soy tu Dios;
yo te saqué de Egipto.
Dime qué quieres comer,
y te lo daré de sobra.

¹¹(12) »Pero mi pueblo Israel
no quiso prestarme atención.
¹²(13) Por eso los dejé
que hicieran
lo que les diera la gana.

¹³(14) »¡Cómo me gustaría
que mi pueblo me escuchara!
¡Cómo quisiera que Israel
hiciera lo que yo quiero!
¹⁴(15) ¡En muy poco tiempo
derrotaría yo a sus enemigos
y los aplastaría con mi poder!
¹⁵(16) Los que ahora me odian
se rendirían ante mí,
y yo los castigaría
para siempre.
¹⁶(17) En cambio, a mi pueblo
le daría el mejor trigo
y de los panales
que están en la roca
sacaría miel
y lo dejaría satisfecho».

Dios es el gran juez

82 (81) (1a) **Himno de Asaf.**
¹(1b) Dios preside el tribunal
del cielo,
y dicta su sentencia
contra los dioses allí reunidos:

²«¿Hasta cuándo seguirán
ustedes
siendo injustos en sus juicios,
y defendiendo a los malvados?
³¡Defiendan a los huérfanos
y a los indefensos!
¡Háganles justicia a los pobres
y a los necesitados!
⁴¡Libren del poder de
los malvados
a los pobres e indefensos!
⁵Los malvados no saben nada
ni entienden nada;
¡vagan perdidos en la oscuridad!
Eso hace que se estremezcan
todas las bases de este
mundo.
⁶»Ya les he dicho que ustedes
son dioses,
que son hijos del Dios Altísimo;
⁷pero acabarán como todos
los hombres:
¡morirán como todos los
gobernantes!»

⁸Dios nuestro,

¡ven a gobernar el mundo!
¡Tuyas son todas las naciones!

¡Derrota a nuestros enemigos!

83 (82) (1) **Himno de Asaf.**
¹(2) Dios mío, Dios mío,
no guardes silencio;
no te quedes callado
y sin hacer nada.
²(3) ¡Fíjate en tus enemigos:
mira cómo se alborotan!
¡Fíjate en los que no te
quieren:
mira cómo te desafían!
³(4) Hacen planes contra tu
pueblo amado,
con intenciones de
hacerle daño,
⁴(5) y hasta se atreven a decir:
«¡Vamos a destruirlos por
completo!
¡Jamás volverá a mencionarse
el nombre de Israel!»

⁵⁻⁸(6-9) Los ejércitos de muchos
pueblos
se han puesto de acuerdo
para hacerte la guerra:
Se han juntado Edom, Moab,
Asiria y las tribus del desierto;
a ellos se han unido
los ejércitos de Guebal,
Amón, Amalec, Tiro y Filistea.

⁹(10) ¡Acaba con ellos,
como acabaste con Madián!
¡Acaba con ellos,
como acabaste con Sísara
y Jabín
a orillas del río Quisón!
¹⁰(11) Ellos fueron derrotados
en Endor,
y quedaron tendidos
en el suelo,
tirados como el estiércol.
¹¹(12) ¡Acaba con su gente
de importancia,
como acabaste con Oreb
y con Zeeb!
¡Acaba con todos sus jefes,
como acabaste con Zalmuná
y Zébah,
¹²(13) que pensaban adueñarse
de nuestras valiosas tierras!

¹³(14) Dios mío,
haz que el viento se los lleve

como se lleva a la paja.
14-15 (15-16) ¡Persíguelos con tus
tormentas!
¡Espántalos con tus
tempestades!
¡Sé como las llamas de fuego
que acaban con cerros
y bosques!

16 (17) Dios mío,
¡llénalos de vergüenza,
para que te reconozcan
como Dios!
17 (18) ¡Derrótalos para
siempre!
¡Derrótalos y acaba
con ellos!
18 (19) ¡Así conocerán tu poder,
y sabrán que sólo tú
gobiernas sobre toda la tierra!

¡Qué bello es tu templo!

84 (83) (1) **Himno de la Escuela de
música de Coré.
Instrucciones para el director del coro:
Este himno debe cantarse con la melo-
día que se canta al exprimir las uvas.**
1 (2) Dios del universo,
¡qué bello es tu templo,
la casa donde vives!
2 (3) Deseo con toda el alma
estar en los patios de
tu templo;
¡me muero por llegar a ellos!
Tú eres el Dios de la vida;
por eso te canto alegre
con todas las fuerzas
de mi corazón.

3 (4) Mi Dios y rey,
Dios del universo,
cerca de tu altar
gorriones y golondrinas
hallan lugar para sus nidos;
allí ponen a sus polluelos.

4 (5) ¡Qué felices son
los que viven en tu templo!
¡Nunca dejan de alabarte!
5 (6) ¡Qué felices son
los que de ti reciben fuerzas,
y de todo corazón desean
venir hasta tu templo!
6 (7) Cuando cruzan el Valle
del Llanto,
lo convierten en manantial;
hasta las lluvias tempranas

cubren el valle con sus
bendiciones.
7 (8) Mientras más avanzan,
más fuerzas tienen,
y cuando llegan a tu templo
te contemplan a ti, el Dios
verdadero.

8 (9) Dios mío,
¡atiéndeme!
Dios de Israel,
Dios del universo,
¡escucha mi oración!
9 (10) Dios y protector nuestro,
muéstranos tu bondad,
pues somos tu pueblo elegido.
10 (11) Prefiero pasar un día
en tu templo
que estar mil días lejos de él;
prefiero dedicarme a barrer
tu templo
que convivir con los malvados.

11 (12) Señor y Dios nuestro,
tú nos das calor y protección;
nos das honor y gloria.
Tu bondad no tiene medida
para los que siempre hacen
lo bueno.
12 (13) Dios del universo,
¡bendice a los que
en ti confían!

¡Devuélvenos la vida!

85 (84) (1) **Himno de la Escuela de
música de Coré.**
1 (2) Dios mío,
tú has sido bondadoso
con esta tierra tuya:
le devolviste a Israel
su antigua felicidad,
2 (3) le perdonaste a tu pueblo
su maldad y sus pecados,
3 (4) ¡tu enojo con ellos
se calmó!

4 (5) Dios y salvador nuestro,
deja ya de enojarte
con nosotros,
y devuélvenos la felicidad.
5 (6) ¿Acaso para siempre
vas a estar enojado
con nosotros?
6 (7) Estamos como muertos;
¡devuélvenos la vida!
Nosotros somos tu pueblo;
de ti esperamos alegría.

7 (8) Dios mío,
danos muestras de tu amor
y bríndanos tu ayuda.

8 (9) Dejemos de hacer locuras
y obedezcamos a Dios.
Recordemos que somos suyos,
y que él nos ha prometido paz.
9 (10) Dios está siempre cerca
para salvar a quienes
lo honran,
y para que su poder
nunca nos abandone.

10 (11) El amor y la lealtad,
la paz y la justicia,
sellarán su encuentro
con un beso.
11 (12) La lealtad brotará
de la tierra,
y la justicia se asomará
desde el cielo;
12 (13) Dios nos dará bienestar,
nuestra tierra dará buenas
cosechas,
13 (14) y la justicia, como
mensajera,
anunciará la llegada de Dios.

Tú eres mi Dios

86 (85) (1a) **Oración de David.**
1 (1b) Dios mío,
yo soy muy pobre y humilde,
pero te ruego que me atiendas.
¡Respóndeme!
2 Sálvame la vida,
pues te he sido fiel.
Tú eres mi Dios;
sálvame, pues tuyo soy
y en ti he puesto mi confianza.

3 Dios mío,
ten compasión de mí,
pues a todas horas te llamo.
4 Yo estoy a tu servicio;
alégrame la vida,
pues a ti dirijo mis ruegos.

5 Dios mío,
tú eres bueno
y sabes perdonar;
¡qué grande es tu amor
por los que te buscan!

6 Dios mío,
¡atiende mi oración!
¡presta atención a mis ruegos!

7 Cuando estoy angustiado,
te llamo y tú me respondes.
8 Dios mío,
no hay entre todos los dioses
un Dios como tú,
que haga lo que tú haces.
9 Todas las naciones
que tú hiciste
vendrán a adorarte y alabarte.
10 ¡Sólo tú eres imponente!
¡Sólo tú haces grandes
maravillas!

11 Dios mío,
yo quiero hacer siempre
lo que tú ordenes;
¡enséñame a hacerlo!
Pon en mí este único deseo:
¡adorarte sólo a ti!

12 Mi Señor y Dios,
yo quiero alabarte siempre
con todo el corazón.
13 Tanto me amas
que no me dejas morir.

14 Dios mío,
una banda de asesinos
que presume de su maldad
me ataca y quiere matarme.
No quieren nada contigo.
15 Pero tú, mi Dios,
eres bondadoso y compasivo;
no te enojas fácilmente,
y tu amor es siempre el mismo.
16 Dirige a mí tu mirada
y tenme compasión.
Soy tu servidor más humilde,
¡concédeme tu fuerza
y ven a salvarme!
17 Haz que mi vida refleje
lo bueno que eres tú.
Quedarán en ridículo
mis enemigos
cuando vean que tú
me das ayuda y consuelo.

Himno a Jerusalén

87 ♪ **(86) (1a)** **Himno de la Escuela de**
música de Coré.
1 (1b) Dios mismo fundó
la ciudad de Jerusalén
sobre su montaña.
2 No hay en todo Israel
otra ciudad más amada
por Dios
que la ciudad de Jerusalén.

3 Ciudad de Dios,
de ti se dicen cosas
muy bellas.
4-5 Dios ha dicho:
«Entre los pueblos que
me adoran
se encuentran Egipto
y Babilonia,
Tiro, Etiopía y Filistea.
La gente de esas naciones dirá:
'¡Conocí a Dios en Jerusalén!'
Y lo mismo dirán los del
monte Sión.

»Yo, el Dios altísimo,
fundé Jerusalén
con mis propias manos.
6 En mi lista de naciones,
yo mismo escribí:
"Toda esta gente
me conoció en Jerusalén"».

7 Y entre cantos y danzas,
esas naciones dirán:
«Conocimos a Dios
en Jerusalén».

Dios mío, no me dejes solo

88 ♪ **(87) (1)** **Himno de la Escuela de**
música de Coré, compuesto por Hemán
el ezraíta.
Instrucciones para el director del coro:
Este himno debe cantarse como un
lamento.
1 (2) Dios mío,
tú eres mi salvador;
día y noche pido tu ayuda.
2 (3) Permite que mi oración
llegue a tu presencia;
¡presta atención a mis ruegos!
3 (4) Sufro tantas calamidades
que estoy al borde de la
muerte.
4-5 (5-6) ¡Parece que ya
no tengo remedio!
¡Hasta hay quienes me dan
por muerto!
Parezco un cadáver
ya enterrado,
al que nadie toma en cuenta
porque la muerte se lo llevó.
6 (7) Es como si estuviera
en el barranco más oscuro.

7 (8) El golpe de tu furia
ha caído sobre mí;
es como una inmensa ola

que me ha hecho naufragar.
8 (9) Por ti he perdido
a mis amigos;
me consideran repugnante.
Es como si estuviera preso
y no encontrara la salida.
9 (10) Es tan grande mi tristeza
que se llenan de lágrimas
mis ojos.

Hacia ti, Dios mío, tiendo
los brazos,
y te llamo a todas horas.
10 (11) Si realizas un milagro,
¿te darán gracias los muertos?
¡Claro que no!
11 (12) Allá en el sepulcro,
donde termina la vida,
no hay quien hable de tu amor
ni de tu fidelidad.
12 (13) Allá en las tinieblas,
donde todo se olvida,
nadie sabe de tus milagros
ni de tus actos de justicia.

13-14 (14-15) Dios mío,
todas las mañanas
te busco en oración;
¡yo te ruego que me ayudes!
¿Por qué me rechazas?
¿Por qué me das la espalda?
15 (16) Desde que era joven
he sufrido mucho;
¡he estado a punto
de morir!
Soy víctima de tus castigos,
¡y ya no puedo más!
16-17 (17-18) Sobre mí recayó
tu enojo;
me tienes derrotado;
tus ataques me rodean
a todas horas
y me tienen cercado
por completo,
como las olas del mar.
18 (19) Por ti ya no tengo
amigos;
me he quedado sin familia.
¡Ya sólo me queda
esta terrible oscuridad!

Dios hace un pacto con David

89 ♪ **(88) (1)** **Himno de Etán el ezraíta.**
1-2 (2-3) Dios mío,
siempre alabaré tu gran amor,
que nunca cambia;
siempre hablaré de

tu fidelidad,
¡tan firme como el cielo!

3 (4) Tú hiciste un pacto
con David,
el rey que tú elegiste;
le prometiste bajo juramento:
4 (5) «Cuando hayas muerto,
uno de tus descendientes
reinará siempre en tu lugar».

5-7 (6-8) Dios mío,
los cielos te alaban
por tus grandes hechos;
todos los ángeles del cielo
hablan de tu fidelidad
y sólo a ti te honran.
Eres un Dios incomparable;
¡eres grande y maravilloso
entre los dioses!

8 (9) Señor y Dios del universo,
¡no hay Dios como tú,
tan fiel y poderoso!
9 (10) Tú dominas el mar
embravecido,
y calmas sus olas agitadas.
10 (11) Aplastaste al
monstruo del mar,
y con tu brazo poderoso
derrotaste a tus enemigos.
11 (12) Tuyo es el cielo,
tuya es también la tierra;
tú creaste el mundo
y todo lo que hay en él.
12 (13) Tú creaste el norte
y el sur;
los montes Tabor y Hermón
te alaban con alegría.
13 (14) Muy grande es tu poder
para realizar grandes hazañas;
¡levantas la mano derecha
en señal de victoria!
14 (15) Tú gobiernas con
justicia y rectitud,
pero sobre todas las cosas,
nos demuestras tu
constante amor.
15-16 (16-17) Dios mío,
tú bendices y das honra
al pueblo que te alaba,
que acepta tu dirección
y se alegra en tu justicia.
17 (18) De ti recibimos
grandeza y poder;
por tu bondad aumentas
nuestra fuerza.

18 (19) Dios de Israel,
tú eres nuestro rey
y nos das tu protección.

19-20 (20-21) Una vez hablaste
con nosotros,
que somos tu pueblo fiel,
y nos dijiste:

«En mi pueblo hay un valiente;
es el mejor de todos los
jóvenes.
Es David, mi servidor.
Yo le he brindado mi ayuda
y le he dado el más alto honor:
¡lo he declarado rey de Israel!
21 (22) Con mi brazo poderoso
lo sostendré y le daré fuerzas.
22 (23) Sus enemigos no podrán
vencerlo,
ni lo dominarán los malvados.
23 (24) Yo destruiré a sus
enemigos,
y acabaré con quienes lo odian;
¡los borraré de su vista!
24 (25) Mi amor por él
siempre será el mismo,
y yo aumentaré su poder.
25 (26) Su dominio se extenderá
del mar Mediterráneo
a la Mesopotamia.
26 (27) él me dirá:
''Tú eres mi Padre y me
proteges;
eres mi Dios y salvador''.
27 (28) Yo le concederé los
derechos
que merece todo hijo mayor:
lo pondré por encima
de todos los reyes del mundo.
28 (29) Mi amor por él nunca
cambiará,
ni faltaré a la promesa
que le hice.
29 (30) Mientras el cielo exista,
siempre lo mantendré
en el trono;
lo mismo haré con sus
descendientes
que reinarán en su lugar.
30 (31) Pero si ellos no
cumplen
con mis leyes y enseñanzas,
31 (32) sino que se burlan
de ellas,
32 (33) castigaré su maldad
y les daré su merecido.

33 (34) »Sin embargo, mi amor
por David
siempre será el mismo.
34 (35) Jamás faltaré
a mi pacto;
siempre le cumpliré
mis promesas.

35 (36) »A David le hice
una promesa,
y juro por mí mismo que
la cumpliré.
36-37 (37-38) Siempre reinará
en su lugar
uno de sus descendientes.
Mientras el sol y la luna
existan,
su reinado permanecerá».

38-39 (39-40) Pero te has enojado
con David,
el rey que tú mismo elegiste;
has arrojado al suelo su corona,
has roto tu pacto con él
y lo has abandonado.
40 (41) Has derribado y dejado
en ruinas
las murallas que protegen
a Jerusalén.
41 (42) Todos los que pasan, algo
se llevan;
¡somos la burla de nuestros
vecinos!
42 (43) Los enemigos de David
están felices
porque ahora tienen
más poder.
43 (44) pues dejaste sin filo
su espada
y no lo apoyaste en la batalla;
44 (45) pusiste fin a su
esplendor,
y arrojaste al suelo su corona;
45 (46) le quitaste años de vida
y lo cubriste de vergüenza.

46 (47) Dios mío,
¿vas a estar siempre
escondido?
¿Vas a estar siempre enojado?
47-48 (48-49) ¿En qué estabas
pensando
cuando creaste al ser humano?
Nos has dado una vida
muy corta,
y de la muerte nadie se libra.
49 (50) ¿Qué pasó con ese amor

que al principio le juraste
a David?
¡Tú dijiste que nunca
cambiarías!
50 (51) Dios mío,
¡todos se burlan de nosotros!
¡Tenemos que aguantar
las ofensas de mucha gente!
51 (52) Tus enemigos
nos ofenden;
¡a cada paso insultan
a tu pueblo!

52 (53) Dios mío,
¡bendito seas por siempre!
Así sea.

Libro 4
(Salmos 90-106)

¡Bendice nuestro trabajo!

90 (89) (1a) **Oración de Moisés.**
1 (1b) Dios nuestro,
¡tú siempre has sido
nuestra casa!
2 Desde siempre y hasta
siempre,
desde antes de que crearas
las montañas, la tierra
y el mundo,
tú has sido nuestro Dios.
3 Tú marcas el fin de nuestra
existencia
cuando nos ordenas volver
al polvo.
4 Para ti, mil años pasan
pronto;
pasan como el día de ayer,
pasan como unas horas
de la noche.
5 Nuestra vida es como
un sueño
del que nos despiertas al
amanecer.
Somos como la hierba:
6 comienza el día,
y estamos frescos y radiantes;
termina el día,
y estamos secos y marchitos.
7 Si te enojas, nos asustas;
si te enfureces, nos destruyes.
8 Tú conoces nuestros
pecados,
aun los más secretos.
9 Si te enojas, termina
nuestra vida;
los años se nos escapan

como se escapa un suspiro.
10 Si las fuerzas nos ayudan,
podemos vivir setenta años,
y aun llegar a los ochenta;
pero no tiene sentido
que vivamos tanto tiempo:
esa vida de angustia
y problemas
pasa pronto, lo mismo
que nosotros.

11 La fuerza de tu furia
nadie ha llegado a conocerla.
¡Es tan grande tu enojo
como el temor que nos
inspiras!
12 Enséñanos a pensar
cómo vivir
para que nuestra mente
se llene de sabiduría.

13 Dios nuestro,
¿hasta cuándo vas a
abandonarnos?
¡Vuelve a ser nuestro Dios!
¡Compadécete de nosotros
pues somos tu pueblo!
14 ¡Permítenos comenzar el día
llenos de tu amor,
para que toda la vida
cantemos llenos de alegría!
15 Ya hemos tenido días de
tristeza
y muchos años de aflicción;
¡devuélvenos esa alegría
perdida!
16 ¡Permite que nosotros y
nuestros hijos
podamos ver tu grandeza
y tu poder!

17 Dios nuestro,
¡muéstranos tu bondad,
y bendice nuestro trabajo!
¡Sí, bendice nuestro trabajo!

Dios nos protege

91 (90) **1** Vivamos bajo
el cuidado
del Dios altísimo;
pasemos la noche bajo la
protección
del Dios todopoderoso.
2 Él es nuestro refugio,
el Dios que nos da fuerzas,
¡el Dios en quien
confiamos!

3 Sólo él puede librarnos
de los peligros ocultos
y de enfermedades
mortales;
4 sólo bajo su protección
podemos vivir tranquilos,
pues nunca deja de cuidarnos.
5 Ni de día ni de noche
tendremos que preocuparnos
de estar en peligro de
muerte.
6 Ni en las sombras
de la noche,
ni a plena luz del día,
nos caerá desgracia alguna.
7 Tal vez a nuestra izquierda
veamos caer miles de
muertos;
tal vez a nuestra derecha
veamos caer diez mil más,
pero a nosotros nada
nos pasará.
8 Con nuestros propios ojos
veremos
cómo los malvados reciben
su merecido.

9 El Dios altísimo
es nuestro refugio
y protección.
10 Por eso ningún desastre
vendrá sobre nuestros
hogares.
11 Dios mismo les dirá a sus
ángeles
que nos cuiden por todas
partes.
12 Los ángeles nos llevarán
en brazos
para que no tropecemos
con nada;
13 andaremos entre leones y
serpientes,
¡y los aplastaremos!

14 Dios dice:
«Mi pueblo me ama y
me conoce;
por eso yo lo pondré a salvo.
15 Cuando me llame,
le responderé
y estaré con él en su angustia;
lo libraré y lo llenaré de
honores,
16 le daré muchos años de vida,
y lo haré gozar de mi
salvación».

¡Qué bueno es alabar a Dios!

92 (91) (1) **Himno para cantarlo el día de reposo.**

1 (2) Dios altísimo,
¡qué bueno es poder alabarte
y cantarte himnos!
2 (3) ¡Qué bueno es poder alabar
tu amor y tu fidelidad!
3 (4) Día y noche te alabaré
con música de arpas y liras.

4-5 (5-6) Dios mío,
quiero gritar de alegría
por todo lo que has hecho;
todo lo que haces es
impresionante
y me llena de felicidad.

Tus pensamientos son tan
profundos
6 (7) que la gente ignorante
ni los conoce ni los entiende.

7 (8) Aunque los malvados y los
malhechores
se multiplican por todas partes,
un día serán destruidos para
siempre.
8 (9) Sólo tú, mi Dios,
reinas por siempre en el cielo.
9 (10) ¡Tus enemigos serán
destruidos!
¡Todos los malhechores serán
derrotados!
10 (11) Tú has llenado mi vida
de poder;
de ti he recibido un trato
especial,
11 (12) y he podido presenciar
la derrota de mis enemigos.

12-13 (13-14) Dios nuestro,
en tu presencia
la gente buena crece y prospera
como palmeras bien plantadas,
¡como los cedros del Líbano!
14 (15) Vivirán muchos años,
se mantendrán sanos y fuertes.
15 (16) Siempre hablarán
de tu justicia
y de tu constante protección.

Dios es el rey

93 (92) **1** Dios mío,
tú eres nuestro rey.
Has mostrado tu majestad,
tu grandeza y tu poder.

Has afirmado el mundo,
y jamás se moverá.
2 Desde el principio eres rey;
tú siempre has existido.

3 Dios mío,
se revuelven los ríos,
se levantan las olas,
¡se agitan los mares!
4 Pero tú, en el cielo,
te muestras más poderoso
que el rugido de los mares;
¡más poderoso que las olas
del mar!

5 Dios mío,
tus leyes tienen valor
permanente.
Tu presencia da a tu templo
una belleza sin igual.

Dios es un juez justo

94 (93) **1-2** Dios mío,
tú eres el juez de la tierra;
¡hazte presente,
entra en acción,
y castiga a los culpables!
¡Dales su merecido a
los orgullosos!

3 Dios mío,
¡basta ya de malvados,
basta ya de sus burlas!
4 Todos ellos son malhechores;
¡son unos habladores y
orgullosos!
¡Se creen la gran cosa!
5 Aplastan y afligen
a tu pueblo elegido:
6 matan a las viudas,
asesinan a los huérfanos,
masacran a los refugiados,
7 y aun se atreven a decir:
«El Dios de Israel
no se da cuenta de nada».

8 Gente torpe,
quiero que entiendan esto;
¿cuándo van a comprenderlo?
9 Si Dios nos dio
la vista y el oído,
¡de seguro él puede ver y oír!
10 ¡Cómo no va a castigar
el que corrige a las naciones!
¡Como no va a saber
el que nos instruye a todos!
11 ¡Bien sabe nuestro Dios

las tonterías que se nos
ocurren!

12 Mi Dios,
tú bendices a los que corriges,
a los que instruyes en tu ley,
13 para que enfrenten
tranquilos
los tiempos difíciles;
en cambio, a los malvados
se les echará en la tumba.
14 Tú, mi Dios,
jamás abandonarás a tu pueblo.
15 Los jueces volverán a
ser justos,
y la gente honrada los imitará.

16 Cuando los malvados me
atacaron,
nadie se levantó a defenderme;
¡nadie se puso de mi parte
y en contra de los
malhechores!
17 Si tú no me hubieras
ayudado,
muy pronto habría perdido
la vida;
18 pero te llamé
al sentir que me caía,
y tú, con mucho amor,
me sostuviste.
19 En medio de mis angustias
y grandes preocupaciones,
tú me diste consuelo y alegría.

20 Tú no puedes ser amigo
de gobernantes corruptos,
que violan la ley
y hacen planes malvados.
21 Esa clase de gobernantes
siempre está haciendo planes
contra la gente honrada,
y dicta sentencia de muerte
contra la gente inocente.
22-23 Esa gente es tan malvada
que acabarás por destruirla.

Pero tú, mi Dios.
eres mi más alto escondite;
¡eres como una roca
en la que encuentro refugio!

Cantemos a Dios con alegría

95 (94) **1** ¡Vamos, cantemos
con alegría!
¡Alabemos a nuestro Dios!
¡Él nos salva y nos protege!

2 ¡Vayamos a darle gracias!
¡Cantémosle himnos
de alabanza!
3 Nuestro Dios es poderoso,
¡es el rey de todos los dioses!
4 Nuestro Dios tiene en
sus manos
lo más profundo de la tierra;
suyas son las montañas
más altas.
5 Suyos son el mar y la tierra,
pues él mismo los creó.

6 ¡Vamos, adoremos
de rodillas
a nuestro Dios y creador!
7 Pertenecemos a Dios;
nosotros somos su pueblo.
Él es nuestro pastor,
y nosotros somos
su rebaño;
¡estamos bajo su cuidado!
Si hoy escuchamos su voz,
8 no seamos tercos,
como cuando nos rebelamos
en el desierto, cerca de Masá.

9 Dios dice:
«En aquella ocasión,
sus antepasados me pusieron
a prueba,
a pesar de que vieron
lo que hice.
10 Durante cuarenta años
estuve muy enojado
contra ellos,
y al fin les hice ver
que vivían en el error,
pues no obedecían mis
mandamientos.
11 Por eso, ya enojado decidí:
''No voy a permitirles
entrar en la tierra prometida,
donde los haré descansar''».

Dios es nuestro rey

96 (95) **1** ¡Vamos, habitantes
de este mundo!
¡Cantemos a Dios un
nuevo himno!
2 ¡Cantemos alabanzas a
nuestro Dios!
¡Celebremos día tras día
sus victorias!
3 ¡Anunciemos su grandeza
y maravillas
entre todas las naciones!

4 ¡Grande y digno de alabanza
es nuestro Dios,
y más temible que todos
los dioses!
5 Los dioses de otras naciones
son dioses falsos,
pero Dios hizo los cielos.
6 Lleno está su santuario
de majestad y esplendor,
de poder y belleza.

7 Pueblos todos,
¡reconozcan el poder de
nuestro Dios
y ríndanle homenaje!
8 ¡Vengan a los patios de
su templo
y traigan sus ofrendas!
¡Adórenlo como él se merece!
9 ¡Inclínense ante él
en su santuario majestuoso!
¡Que toda la tierra le rinda
homenaje!
10 Que digan las naciones:
«¡Dios es nuestro rey!»

Él estableció el mundo con
firmeza,
y el mundo jamás se moverá.
¡Él gobierna las naciones
con justicia!

11 ¡Que se alegren los cielos!
¡Que grite la tierra de alegría!
¡Que ruja el mar,
con todo lo que contiene!
12 ¡Que canten alegres
los campos,
con todo lo que hay en ellos!
¡Que griten de alegría
todos los árboles del bosque!
13 ¡Que canten en presencia
de Dios,
que viene ya para gobernar
al mundo!
¡Dios gobernará con verdadera
justicia,
a todos los pueblos de
la tierra!

Dios es un rey justo

97 (96) **1** ¡Dios es nuestro rey!
¡Que lo celebre la tierra!
¡Que lo festejen las
islas lejanas!

2-3 Dios es un rey justo,

que hace valer el derecho.
Su trono está rodeado
de oscuros nubarrones.
De su presencia sale fuego
que consume a sus enemigos.
4 Sus relámpagos iluminan
el mundo.
Al verlos, la tierra se
estremece.

5 En presencia de nuestro Dios,
que domina el mundo entero,
las montañas se derriten
como cera;
6 los cielos reconocen
su justicia,
los pueblos contemplan
su poder,
7 y los dioses se inclinan
ante él.
Así quedan en vergüenza
todos los que adoran dioses
falsos.

8 Cuando lo sepan en Jerusalén
y en las ciudades de Judá,
todos se llenarán de alegría
porque tú eres un Dios justo.
9 ¡Tú eres el Dios altísimo!
¡Eres más grande que toda
la tierra!
¡Eres más grande que todos
los dioses!
10 Tú amas y proteges
a quienes odian el mal y
te obedecen;
tú los libras de los malvados;
11 tú derramas luz y alegría
sobre la gente honrada.

12 Ustedes los justos,
¡alégrense en Dios!
¡Alábenlo porque es nuestro
Dios!

Dios es justo

98 (97) (1a) **Himno.**
1 (1b) ¡Cantemos a Dios un
nuevo himno!
¡Él hace grandes maravillas!
Con su brazo santo y poderoso,
venció a sus enemigos.
2 Todo el mundo ha
presenciado
el triunfo de nuestro Dios.
3 Nuestro Dios se acordó

de Israel, su pueblo amado.
¡Los más lejanos lugares de
la tierra
han visto el triunfo de
nuestro Dios!

4 Habitantes de toda la tierra,
griten con todas sus fuerzas:
«¡Viva nuestro Dios!»
¡Alábenlo con himnos y
cánticos alegres!
5 ¡Cántenle himnos
al son de instrumentos
de cuerda
y con voces melodiosas!
6 ¡Canten alegres a
nuestro Rey,
al son de clarines y trompetas!
7 ¡Que se unan en alabanza
el mar y todo lo que contiene,
el mundo y todos sus
habitantes!
8 ¡Que aplaudan los ríos,
y canten alegres todos
los cerros!
9 ¡Que canten delante de Dios,
que viene para gobernar
el mundo!
¡Él es un Dios justo,
y gobernará con justicia
a todos los pueblos de
la tierra!

No hay otro Dios

99 (98) 1 Pueblos de toda
la tierra:
¡pónganse a temblar!
¡Dios es nuestro rey,
y reina entre los querubines!
2 La grandeza de nuestro Dios
está por encima de Jerusalén
y de todos los pueblos.
3 ¡Dios es grande y poderoso!
¡No hay otro Dios!

4 Dios nuestro,
tú eres un rey poderoso
que ama la justicia;
has establecido la igualdad;
has actuado en Israel
con rectitud y justicia.

5 ¡Alaben a nuestro Dios!
¡Inclínense a adorarlo!
¡No hay otro Dios!

6 Moisés y Aarón fueron

sus sacerdotes;
Samuel estuvo a su servicio.
Todos ellos llamaron a Dios,
y él los escuchó;
7 les habló desde una nube,
y ellos cumplieron fielmente
las órdenes que les dio.

8 Dios nuestro,
tú atendiste a su llamado,
y aunque castigaste su maldad
también los perdonaste.

9 ¡Alaben a nuestro Dios!
¡Adórenlo en su propio templo!
¡No hay otro Dios!

¡Viva nuestro Dios!

100 (99) (1a) **Himno de alabanza.**
1 (1b) Habitantes de toda
la tierra,
griten con todas sus fuerzas:
¡Viva Dios!
2 ¡Adórenlo con alegría!
¡Vengan a su templo
lanzando gritos de felicidad!
3 Reconozcan que él es Dios;
él nos hizo, y somos suyos.
Nosotros somos su pueblo:
¡Él es nuestro pastor,
y nosotros somos su rebaño!

4 Vengan a las puertas de
su templo;
¡denle gracias y alábenlo!
5 Él es un Dios bueno;
su amor es siempre el mismo,
y su fidelidad jamás cambia.

Promesa del rey a Dios

101 (100) (1a) Himno de David.
1-2 (1b-2) Dios mío,
tú eres justo y fiel;
por eso quiero cantarte
himnos.
¿Cuándo vendrás a visitarme?
Quiero vivir una vida correcta
y demostrar en mi propio
palacio
que no guardo malos
pensamientos.
3 No quiero poner los ojos
en la maldad que me rodea.
No quiero nada con
los desobedientes.
¡Odio todo lo que hacen!
4 Me alejaré de los malos

pensamientos
y no participaré en nada malo.
5 Destruiré por completo
al que hable mal de su amigo;
no soportaré a mi lado
al que se crea más importante
y más inteligente que
los demás.
6 Pero sí me juntaré
con la gente obediente de
este país;
sólo estará a mi servicio
quien lleve una vida correcta.
7 ¡Ningún mentiroso podrá vivir
bajo mi techo!
¡Ningún hipócrita podrá estar
en mi presencia!
8 ¡Arrojaré de la ciudad de Dios
a todos los malhechores!
¡No pasará un solo día
sin que yo destruya
a todos los malvados del país!

¡Dios mío, tus años no tienen fin!

102 (101) (1) **Oración de un afligido que se desahoga en la presencia
de Dios.**
1-2 (2-3) Dios mío,
escucha mi oración;
atiende a mis ruegos.
No tardes en responderme
cuando te llame;
no me des la espalda
cuando me encuentre
angustiado.

3 (4) La vida es como el humo
y se me escapa.
Los huesos me arden de dolor;
parecen carbones encendidos.
4 (5) Me siento muy afligido;
hasta parezco hierba marchita.
¡Ni ganas de comer tengo,
y hasta los huesos se me ven!
5 (6) ¡Es muy grande mi
angustia!

6-7 (7-8) Estoy tan triste
y solitario
como un buitre en el desierto,
como un búho entre las ruinas,
como un gorrión sobre el tejado.
¡Hasta he perdido el sueño!

8 (9) No pasa un solo día
sin que mis enemigos me
ofendan;

¡hasta me echan maldiciones!
9 (10) Mi comida y mi bebida
son mi propio llanto.
10 (11) ¡Te enojaste,
te llenaste de furia!
¡Me levantaste,
para derribarme después!
11 (12) Mi vida va pasando
como las sombras en la noche;
¡me estoy marchitando como
la hierba!

12 (13) Pero tú, mi Dios,
eres el rey eterno
y vives para siempre.
13-14 (14-15) Un día te
levantarás
y tendrás compasión de
tu pueblo.
¡Ese día ha llegado!
¡Ya es tiempo de que
lo perdones!
Nosotros estamos a tu servicio
y amamos a la ciudad
de Jerusalén;
¡verla en ruinas y entre
escombros
nos causa mucho dolor!

15 (16) Dios mío,
todas las naciones te
adorarán;
todos los reyes de la tierra
reconocerán tu grandeza.
16 (17) Tú reconstruirás
a Jerusalén
y así demostrarás tu poder.
17 (18) Prestarás toda tu
atención
a los ruegos de los
desamparados,
y no dejarás de atenderlos.
18 (19) Que esto quede por
escrito
para los que aún no han
nacido;
para que alabe a Dios
el pueblo que está por nacer.

19 (20) Mientras Dios miraba
desde su palacio celestial,
se fijó en la tierra;
20 (21) al escuchar los lamentos
de los presos condenados
a muerte,
los puso en libertad.
21 (22) Por eso en Jerusalén

se alaba su nombre;
por eso en Jerusalén
se le cantan alabanzas.
22 (23) Todos los pueblos
y reinos
se juntan para adorarlo.

23 (24) En el transcurso
de mi vida,
Dios usó su poder para
humillarme
y para acortar mi existencia.
24 (25) Entonces le rogué:
«Para ti, Dios mío,
los años no tienen fin;
¡no me lleves en plena
juventud!
25 (26) En el principio
tú afirmaste la tierra;
tú mismo hiciste los cielos,
26 (27) pero se irán gastando,
como la ropa,
y un día, los destruirás.

Pero tú te mantendrás firme;
27 (28) siempre serás el mismo,
y tus años no tendrán fin.
28 (29) Nuestros hijos y nuestros
nietos
estarán a tu servicio,
como lo estamos nosotros,
y vivirán contigo para
siempre».

¡Te alabaré con todas mis fuerzas!
103 (102) (1a) **Himno de David.**
1 (1b) ¡Con todas las fuerzas
de mi ser
alabaré a mi Dios!
2 ¡Con todas las fuerzas
de mi ser
lo alabaré y recordaré
todas sus bondades!
3 Mi Dios me perdonó
todo el mal que he hecho;
me devolvió la salud,
4 me libró de la muerte,
¡me llenó de amor y de
ternura!
5 Mi Dios me da siempre todo
lo mejor;
¡me hace fuerte como
las águilas!

6 Mi Dios es un juez justo
que reconoce los derechos
de la gente que sufre.

7 A Moisés y a los israelitas
les dio a conocer sus planes
y lo que esperaba de ellos.

8 Mi Dios es muy tierno y
bondadoso;
no se enoja fácilmente,
y es muy grande su amor.
9 No nos reprende todo
el tiempo
ni nos guarda rencor para
siempre.
10 No nos castigó como
merecían
nuestros pecados y maldades.
11 Su amor por quienes
lo honran
es tan grande e inmenso
como grande es el universo.
12 Apartó de nosotros
los pecados que cometimos
del mismo modo que apartó
los extremos de la tierra.
13 Con quienes lo honran,
Dios es tan tierno
como un padre con sus hijos.
14 Bien sabe nuestro Dios
cómo somos;
¡bien sabe que somos polvo!
15 Nuestra vida es como
la hierba,
que pronto se marchita;
somos como las flores
del campo:
crecemos y florecemos,
16 pero tan pronto sopla
el viento,
dejamos de existir
y nadie vuelve a vernos.
17 En cambio, el amor de Dios
siempre será el mismo;
Dios ama a quienes lo honran,
y siempre les hace justicia
a sus descendientes,
18 a los que cumplen fielmente
su pacto y sus mandamientos.

19 Mi Dios es el rey del cielo;
es el dueño de todo lo que
existe.
20 Ustedes, sus ángeles
poderosos,
que cumplen sus mandatos
y llevan a cabo sus órdenes,
¡alaben a mi Dios!
21 Y ustedes, sus ejércitos,
que están a su servicio

y cumplen su voluntad,
¡alaben a mi Dios!
²² Y ustedes, sus criaturas,
que llenan todos los rincones
de todo lo que existe,
¡alaben a mi Dios!

Yo, por mi parte,
¡alabaré a mi Dios,
con todas las fuerzas
de mi ser!

Himno al Creador

104 ₍₍ (103) ¹⁻³ ¡Alabemos a
nuestro Dios,
con todas nuestras fuerzas!
Dios mío,
tú eres un Dios grandioso,
cubierto de esplendor
y majestad,
y envuelto en un manto de luz.
Extendiste los cielos como
una cortina
y sobre las aguas del cielo
pusiste tu habitación.
Las nubes son tus carros
de combate;
¡viajas sobre las alas del
viento!
⁴ Los vientos son tus
mensajeros;
los relámpagos están a
tu servicio.
⁵ Afirmaste la tierra sobre
sus bases,
y de allí jamás se moverá.
⁶ Cubriste la tierra
con el agua del mar;
¡cubriste por completo
la cumbre de los cerros!
⁷ Pero lo reprendiste,
y el mar se retiró;
al oír tu voz de trueno,
el mar se dio a la fuga.

⁸ Las aguas subieron a los cerros,
y bajaron a los valles,
hasta llegar al lugar
que les habías señalado.
⁹ Tú les pusiste límites
que jamás deben rebasar,
para que nunca más vuelvan
a inundar la tierra.

¹⁰ Dios mío,
tú dejas que los arroyos
corran entre los cerros,

y que llenen los ríos;
¹¹ en sus aguas apagan su sed
las bestias del campo
y los burros salvajes;
¹² en las ramas cercanas
las aves del cielo ponen su nido
y dejan oír su canto.

¹³ Dios mío,
tú, con tu lluvia,
riegas desde el cielo las
montañas;
tu bondad satisface a la tierra.
¹⁴ Tú haces crecer la hierba
para que coma el ganado;
también haces crecer
las plantas
para el bien de toda la gente:
¹⁵ el pan, que da fuerzas,
el vino, que da alegría,
y el perfume, que da belleza.

¹⁶ Los cedros del Líbano,
árboles que tú mismo
plantaste,
tienen agua en abundancia.
¹⁷ En ellos anidan las aves;
en sus ramas habitan
las cigüeñas.
¹⁸ En las montañas más altas
viven las cabras monteses,
y entre las rocas
se refugian los conejos.

¹⁹ Tú hiciste la luna
para medir los meses,
y le enseñaste al sol
a qué hora debe ocultarse.
²⁰ En cuanto el sol se pone,
llega la oscuridad.
Es la hora en que rondan
todos los animales del bosque.
²¹ A esa hora rugen los leones,
y te reclaman su comida.
²² Pero en cuanto sale el sol
corren de nuevo a sus cuevas,
y allí se quedan dormidos.
²³ Entonces nos levantamos
para hacer nuestro trabajo,
hasta que llega la noche.

²⁴ Dios nuestro,
tú has hecho muchas cosas,
y todas las hiciste con
sabiduría.
¡La tierra entera está llena
con todo lo que hiciste!

²⁵ Allí está el ancho mar,
con sus grandes olas;
en él hay muchos animales,
grandes y pequeños;
¡es imposible contarlos!
²⁶ Allí navegan los barcos
y vive el monstruo del mar,
con el que te diviertes.
²⁷ Todos estos animales
dependen de ti,
y esperan que llegue la hora
en que tú los alimentes.
²⁸ Tú les das, y ellos reciben;
abres la mano, y comen
de lo mejor.
²⁹ Si les das la espalda,
se llenan de miedo;
si les quitas el aliento,
mueren y se vuelven polvo;
³⁰ pero envías tu espíritu
y todo en la tierra cobra
nueva vida.

³¹ Dios nuestro,
¡que tu poder dure para
siempre!
¡que todo lo que creaste
sea para ti fuente de alegría!
³² Cuando miras la tierra,
ella se pone a temblar;
cuando tocas los cerros,
ellos echan humo.

³³⁻³⁵ Que los pecadores
desaparezcan de la tierra,
y que los malvados dejen
de existir.

Dios nuestro,
¡mientras tengamos vida
te alabaremos
y te cantaremos himnos!
Recibe con agrado
nuestros pensamientos;
¡tú eres nuestra mayor alegría!

¡Alabemos a nuestro Dios,
con todas nuestras fuerzas!
¡Sí, alabemos a nuestro Dios!

Dios de la historia

105 ₍₍ (104) ¹ ¡Demos gracias a
nuestro Dios!
¡Demos a conocer entre
las naciones
todo lo que él ha hecho!
² ¡Cantémosle himnos!

¡Demos a conocer sus grandes
milagros!

3 ¡Digamos con orgullo
que no hay otro Dios aparte
del nuestro!
¡Alegrémonos de corazón
todos los que adoramos a Dios!
4 Acerquémonos a nuestro
poderoso Dios,
y procuremos agradarle
siempre.
5 Hagamos memoria de
las maravillas
que nuestro Dios ha realizado;
recordemos sus milagros
y los mandamientos que
nos dio.

6 Somos los descendientes
de Abraham y de Jacob;
somos el pueblo elegido de
Dios
y estamos a su servicio;
por lo tanto, ¡escúchenme!

7 Pertenecemos a nuestro Dios;
su palabra llena la tierra.
8 Él no ha olvidado su pacto
ni las promesas que nos hizo.
9 Hizo el pacto con Abraham,
y se lo confirmó a Isaac.
10 Con Israel lo estableció
como un pacto para
toda la vida,
11 y le dijo:
«Yo te daré Canaán.
Es la tierra que te ha tocado».

12 Nosotros no éramos muchos;
¡éramos gente sin patria!
13 ¡Todo el tiempo andábamos
de país en país
y de reino en reino!
14 Pero Dios jamás permitió
que nadie nos molestara,
y les advirtió a los reyes:
15 «No se metan con mi
pueblo elegido;
no les hagan daño a
mis profetas».

16 En Canaán hubo mucha
hambre,
pues Dios destruyó todos
los trigales.
17 Pero él ya había dispuesto
que nos salvara José,

a quien antes sus hermanos
habían vendido como esclavo.
18 Los egipcios humillaron
a José
y lo tuvieron encarcelado,
19 hasta el día en que
se cumplió
lo que él ya había anunciado:
¡ese día Dios dejó en claro
que José había dicho la verdad!
20 Entonces el rey de Egipto,
que gobernaba a muchos
pueblos,
ordenó que liberaran a José,
y fue puesto en libertad.
21 El rey le dio autoridad
sobre todo su pueblo
y sobre todas sus posesiones.
22 José se dedicó a enseñar
a los consejeros y ayudantes
del rey,
y a compartir con ellos
su sabiduría.

23 Nuestros abuelos fueron
a Egipto,
y allí les permitieron vivir.
24 Dios hizo que aumentara
nuestro pueblo,
y lo hizo más fuerte
que sus enemigos.
25 Por eso los egipcios
nos odiaron y maltrataron.
26 Dios envió entonces
a Moisés y Aarón,
sus ayudantes favoritos,
27 y allí en Egipto
ellos hicieron grandes milagros.

28 Dios envió sobre el país
una gran oscuridad,
pero los egipcios no
hicieron caso
de esta señal maravillosa.
29 Dios convirtió en sangre
los ríos de Egipto,
y así mató a sus peces.
30 Todo Egipto se llenó de
ranas;
¡había ranas hasta en el palacio!
31 Dios dio una orden,
y todo el país se llenó
de moscas y de mosquitos.
32 En vez de lluvia,
Dios mandó granizo,
y con sus relámpagos
le prendió fuego al país.

33 Por todo Egipto
Dios derribó viñas e higueras;
¡hizo astillas los árboles!
34 A una orden suya,
vino una plaga de saltamontes
35 que acabó con los frutos
del campo,
y todo lo verde quedó seco.
36 Dios hirió de muerte
a los mejores jóvenes egipcios;
¡en todo el país murió
el hijo mayor de cada familia!
37 En cambio, a nuestros
abuelos
los hizo salir de Egipto
cargados de plata y de oro,
sin que nada se los impidiera.

38 Cuando ellos salieron
de Egipto
los egipcios se alegraron,
pues les tenían mucho miedo.
39 A nuestros abuelos
Dios los protegió con una nube,
y de noche los alumbró
con fuego.
40 Ellos pidieron comida,
y Dios les envió codornices;
¡calmó su hambre con pan
del cielo!
41 Partió una piedra en dos,
y brotó agua como un río
que corrió por el desierto.
42 Dios nunca se olvidó
de la promesa que él mismo
le hizo a Abraham, su servidor.

43 Entre cantos y gritos
de alegría
nuestro Dios sacó de Egipto
a su pueblo elegido,
44 para darle como propiedad
las tierras de otros pueblos.
¡Nuestros abuelos se
adueñaron
de las tierras cultivadas
por otros!
45 Pero Dios les puso como
condición
que respetaran y practicaran
sus mandamientos y sus leyes.

¡Alabemos a nuestro Dios!

El pueblo de Dios se arrepiente
106 (105) **1** ¡Alabemos a
nuestro Dios!

¡Démosle gracias porque
él es bueno!
¡Dios nunca deja de amarnos!
2 ¡Nadie es capaz de describir
los milagros que Dios ha hecho!
¡Nadie puede alabarlo
como él se lo merece!
3 ¡Dios bendice a los que
son justos
y aman la justicia!

4 Dios, acuérdate de mí
cuando muestres tu bondad
a tu pueblo;
tómame en cuenta
cuando vengas a salvarnos.
5 Permíteme cantarte
alabanzas
en compañía de tu pueblo
elegido;
¡permíteme disfrutar
de su bienestar y alegría!
6 Nosotros hemos pecado,
hemos hecho lo malo;
hemos sido muy malvados,
como nuestros padres y
abuelos.
7 Cuando ellos estaban
en Egipto,
no tomaron en cuenta tus
grandes hechos;
no tuvieron presente tu
gran amor,
y a la orilla del Mar de lo Juncos
se rebelaron contra ti.
8 Pero tú los salvaste
para que vieran tu gran poder
y te alabaran.
9 El Mar de lo Juncos quedó seco
cuando oyó tu represión;
tú hiciste que nuestros abuelos
cruzaran el fondo del mar
como si cruzaran el desierto.
10-11 Sus enemigos los odiaban,
pero murieron ahogados
en el mar.
Tú los libraste de ellos;
¡ningún egipcio quedó con vida!
12 Entonces nuestros padres
creyeron en tus promesas
y te cantaron alabanzas;
13 pero al poco tiempo
se olvidaron de tus hechos
y no esperaron a conocer
los planes que tenías.
14 Eran tantas sus ganas
de comer

que allí, en pleno desierto,
te pusieron a prueba
y te exigieron comida.
15 Y tú los complaciste,
pero también les enviaste
una enfermedad mortal.

16-17 Cuando estaban en
el desierto,
los que seguían a Datán
y Abiram
sintieron envidia de Moisés,
y también sintieron celos
de Aarón,
a quien tú habías elegido;
pero se abrió la tierra
y se tragó a todos los rebeldes;
18 ¡llamas de fuego cayeron
sobre esa pandilla de malvados!

19 Nuestros abuelos
llegaron al monte Horeb,
y allí hicieron un ídolo;
¡adoraron un toro de metal!
20 Dejaron de adorar a Dios,
que era su motivo de orgullo,
para adorar la imagen
de un toro.
21-22 Dios hizo grandes
maravillas
frente al Mar de lo Juncos
¡los salvó de los Egipcios!
Pero ellos se olvidaron de él,
23 y tan enojado se puso Dios
que quiso destruirlos.
Moisés, su elegido,
intervino en favor de ellos
y calmó el enojo de Dios
para que no los destruyera.

24 Pero ellos rechazaron
la tierra que Dios les dio
y no confiaron en sus
promesas.
25 Dentro de sus casas
hablaron mal de su Dios
y no quisieron obedecerlo.
26 Dios les advirtió
que los dejaría morir en
el desierto,
27 y que a sus descendientes
también los haría morir,
o que los dispersaría
por todos los pueblos y países.
28 Pero ellos prefirieron
adorar al dios Baal

de la ciudad de Pegor,
y comieron de las ofrendas
que se hacen a dioses muertos.
29 Con esas malas acciones
hicieron enojar a Dios,
y él les mandó un terrible
castigo.
30 Pero un hombre llamado
Finees
intervino en favor de ellos
y logró que Dios no los
castigara.
31 Por eso Finees
será siempre recordado
por este acto de justicia.

32 Junto a las aguas de Meribá
los israelitas hicieron enojar
a Dios,
y por culpa de ellos
le fue muy mal a Moisés;
33 tanto le amargaron el ánimo
que Moisés no midió
sus palabras.
34-35 Dios les había ordenado
destruir a los otros pueblos,
pero ellos no lo obedecieron.
¡Todo lo contrario!
Se mezclaron con ellos
y siguieron sus costumbres;
36 adoraron a sus ídolos
y se volvieron sus seguidores.
37-38 ¡Mancharon la tierra
al derramar sangre inocente!
¡Entregaron a sus hijos
y sus hijas
como ofrenda a esos demonios!
39 Al cometer tales acciones,
se corrompieron a sí mismos
y resultaron culpables.
40 Dios se enojó mucho
con ellos
y acabó por aborrecerlos.
41-42 Por eso los dejó caer
en poder de sus enemigos
para que los humillaran
y los maltrataran.
43 Muchas veces Dios los liberó;
pero ellos, siempre rebeldes,
insistieron en seguir pecando.

44 Dios los vio tan angustiados,
y los escuchó quejarse tanto,
45 que cambió de parecer.
Su amor lo hizo acordarse
de su pacto con los israelitas,
46 e hizo que sus enemigos

les tuvieran compasión.

47 Dios nuestro, ¡sálvanos!
¡Permítenos volver a
nuestra tierra,
para que te demos gracias
y te alabemos como
nuestro Dios!

48 ¡Bendito sea ahora y siempre
el Dios de Israel!

¡Que diga el pueblo de Dios:
«Así sea»!

¡Alabemos a nuestro Dios!

Libro 5
(Salmos 107-150)

Dios es bueno con su pueblo

107 (106) **1** ¡Alabemos a
nuestro Dios!
¡Démosle gracias, porque él es
bueno!
¡Dios nunca deja de amarnos!
2 ¡Digámoslo nosotros
pues él nos liberó
del poder de los egipcios!
3 Digámoslo nosotros,
que somos su pueblo;
pueblo que él reunió
de países del norte y del sur,
del este y del oeste.

4 Nuestros abuelos andaban
sin rumbo
y por lugares desiertos;
no encontraban el camino
que los llevara a un lugar
habitado.
5 Tenían hambre y sed,
y habían perdido la esperanza
de quedar con vida.
6 Llenos de angustia, oraron
a Dios,
y él los libró de su aflicción.
7 Los puso en el camino
correcto
que los llevara a un lugar
habitado.

8 ¡Demos gracias a Dios
por su amor,
por todo lo que ha hecho
en favor nuestro!
9 ¡Dios calma la sed

del sediento,
y el hambre del hambriento!

10 Nuestros abuelos estaban
afligidos;
vivían en la esclavitud
y no sabían qué hacer,
ni a dónde ir,
11 pues no tomaron en cuenta
los consejos del Dios altísimo
y se rebelaron contra él.
12 Por eso Dios los castigó
con los trabajos más
pesados;
tropezaban, y nadie los
levantaba.
13 Llenos de angustia, oraron
a Dios,
y él los salvó de su aflicción;
14 les mostró el camino
a seguir
y los libró de su esclavitud.

15 ¡Demos gracias a Dios
por su amor,
por todo lo que ha hecho
en favor nuestro!
16 ¡Hizo pedazos las puertas
de bronce
y las barras de hierro
que nos tenían prisioneros!

17 Nuestros abuelos fueron
tan rebeldes
que se portaron como unos
tontos;
sufrieron mucho por
su maldad.
18 ¡Tan enfermos se pusieron
que al ver la comida
vomitaban!
19 Llenos de angustia, oraron
a Dios,
y él los salvó de su aflicción;
20 con sólo una orden los sanó.
¡Así los salvó de la muerte!

21 ¡Demos gracias a Dios
por su amor,
por todo lo que ha hecho
en favor nuestro!
22 ¡Démosle muestras
de gratitud,
y presentémosle ofrendas!
¡Anunciemos entre gritos
de alegría
las maravillas que ha hecho!

23 Nuestros abuelos compraron
barcos
y se ganaron la vida
comerciando en otros países.
24 En alta mar presenciaron
la acción maravillosa de
nuestro Dios:
25 Dios dio una orden,
y vino un fuerte viento
que levantaba grandes olas.
26 Cuando se vieron en peligro,
los marineros perdieron
el valor;
eran lanzados de arriba
a abajo,
27 y de nada les servía
ser marineros expertos,
pues se tropezaban y caían
como si estuvieran borrachos.
28 Llenos de angustia, oraron
a Dios,
y él los sacó de su aflicción;
29 calmó la furia de
la tormenta,
y aplacó las olas del mar.
30 Cuando se calmó la
tormenta,
ellos se pusieron muy
contentos
y Dios los llevó a su destino.

31 ¡Demos gracias a Dios
por su amor,
por todo lo que ha hecho
en favor nuestro!
32 ¡Que lo alabe todo el pueblo
y sus gobernantes!

33 Dios convirtió en desiertos
los ríos y los manantiales,
34 pero a la tierra fértil
la convirtió en tierra inútil,
porque los que allí vivían
eran gente muy malvada;
35 en cambio, al desierto
lo convirtió en tierra fértil,
rodeada de lagunas y
manantiales.
36 Al pueblo que había pasado
hambre,
lo dejó vivir allí,
y ellos construyeron grandes
ciudades,
37 sembraron campos,
plantaron viñedos,
y tuvieron muy buenas
cosechas.

38 Dios les dio su bendición,
y ellos tuvieron muchos hijos
y sus ganados se multiplicaron.

39 Tiempo después,
los malvados los humillaron
y los hicieron sufrir,
hasta que sólo unos pocos
quedaron con vida.
40 Pero Dios castigó a esos
malvados
y los hizo perderse
por desiertos sin caminos.

41 A la gente pobre
Dios la saca de su aflicción
y hace que sus familias
aumenten como sus rebaños.
42 Cuando la gente honrada
ve esto,
se llena de alegría;
pero los malvados se quedan
callados.

43 Tomen esto en cuenta
los sabios,
y pónganse a meditar
en lo mucho que Dios nos ama.

Con tu ayuda, saldremos victoriosos
108 (107) (1) **Himno de David.**
1 (2) Dios mío,
mi corazón está dispuesto
a cantarte himnos.
2 (3) ¡Voy a despertarme!
¡Despertaré al arpa y a la lira!
¡Despertaré al nuevo día!
3 (4) Dios mío,
yo te alabaré entre los pueblos;
te cantaré himnos entre
las naciones.
4 (5) Tan grande y constante
es tu amor
que llega hasta lo cielos.
5 (6) Tú, mi Dios,
sobrepasas los cielos;
¡eres tan grande que cubres
toda la tierra!
6 (7) Nosotros te somos fieles:
¡respóndenos!
¡Sálvanos con tu poder!
Así este pueblo que amas
quedará a salvo.
7 (8) Desde tu templo has
declarado:
«Cuando yo triunfe
repartiré entre mi pueblo

las tierras de Siquem
y las del valle de Sucot.
8 (9) Las tierras de Galaad
son mías;
al norte están las tribus
de José
para proteger a mi pueblo,
y en Judá he puesto al rey.
9 (10) Los de Moab son mis
esclavos,
Edom es mi propiedad,
y en territorio filisteo
lanzo gritos de victoria».

10 (11) ¿Quién quiere llevarme
hasta la ciudad con muros?
¿Quién quiere enseñarme
el camino que lleva a Edom?
11 (12) ¡Tú, Dios mío,
te has alejado de nosotros
y ya no sales a pelear
al frente de nuestros ejércitos!
12 (13) La ayuda humana resulta
inútil;
¡ayúdanos a vencer al enemigo!
13 (14) Dios nuestro,
tú los vencerás;
¡con tu ayuda saldremos
victoriosos!

¡Dios mío, ayúdame!
109 (108)(1a) **Himno de David.**
1 (1b) Dios mío, yo te alabo;
¡no te quedes callado!
2 Hay un mentiroso y malvado
que miente acerca de mí.
3 Tanto odio me tiene
que me ataca sin razón;
¡me tiene acorralado!
4 Habla mal de mí,
a pesar de que lo amo
y hago oración por él.
5 Me odia, me trata mal,
a pesar de que lo amo
y lo trato bien.

6 Dios mío,
¡págale con la misma moneda!
¡Haz que lo acuse
su propio abogado!
7 ¡Haz que le declare culpable
el juez que le dicte sentencia!
¡Haz que lo condenen
sus propias mentiras!
8 ¡Quítale la vida
antes de tiempo,
y que otro haga su trabajo!

9 ¡Que se queden huérfanos
sus hijos!
¡Que deje viuda a su esposa!
10 Convierte a sus hijos
en vagos y limosneros;
¡haz que los echen
de esas ruinas donde viven!
11 ¡Que les quiten todo
lo que tienen
los que antes les prestaban
dinero!
12 ¡Que a esos huérfanos
nadie los trate con cariño
ni les tenga compasión!
13 ¡Haz que sus descendientes
pronto desaparezcan!
¡Haz que en el futuro
nadie recuerde que existieron!
14 Dios mío,
no te olvides nunca
de la maldad de su padre
ni del pecado de su madre,
15 y que nadie recuerde
que existieron.

No pierdas de vista a
mi enemigo,
16 pues jamás se le ocurrió
ser bondadoso con nadie;
persiguió a los pobres,
a los humildes y necesitados,
hasta quitarles la vida.
17-18 Ya que le encantaba
maldecir,
¡que le caiga una maldición!
Ya que no le gustaba bendecir,
¡que nadie lo bendiga!
¡Castígalo donde más le duela!
19 ¡Que esa maldición
lo cubra como un manto!
¡Que lo apriete hasta ahogarlo!

20 Dios mío,
¡trata así al que me acuse,
y al que mienta contra mí!
21 Pero a mí, trátame bien;
tú eres un Dios bondadoso,
¡sálvame, por tu gran bondad!

22 Yo soy pobre y humilde,
y es muy grande mi dolor.
23 Poco a poco me voy
debilitando
como las sombras de la noche;
¡hasta parezco una mariposa
sacudida por el viento!
24 Ya casi no como;

tan flaco estoy,
que me tiemblan las rodillas.
²⁵ Cuando la gente me ve,
se ríe y se burla de mí.

²⁶ Dios mío, ¡ayúdame!
Por tu gran amor, ¡sálvame!
²⁷ Que sepan que esto
me sucede
porque tú así lo has querido.
²⁸ Pero si tú me bendices,
no me importa que
me maldigan.
Mis enemigos están listos
para atacarme,
pero tú los pondrás
en vergüenza
y a mí me llenarás de alegría.
²⁹⁻³⁰ Dios mío,
cubre a mis acusadores
de vergüenza y deshonra.

Yo te daré gracias
con el gran pueblo que te alaba,
³¹ porque tú defiendes a
los pobres
y los salvas de los malvados
que los condenan a muerte.

Dios da poder al rey
110 (109) (1a) **Himno de David.**
¹(1b) Mi Dios le dijo a mi señor
el rey:

«Siéntate a la derecha de
mi trono
hasta que yo derrote a tus
enemigos».

² ¡Que Dios te permita
derrotar a tus enemigos,
y extienda desde Jerusalén
el poder de tu reinado!
³ ¡Que tus soldados te juren
lealtad
sobre los cerros de Dios
en el día de la batalla!
Cuando salga el sol
se renovarán tus fuerzas.

⁴ Dios ha hecho un juramento,
y lo cumplirá:

«Tú eres sacerdote para
siempre,
como lo fue Melquisedec».

⁵⁻⁶ Mi Dios está a tu derecha,
y siempre te ayudará.

Cuando manifieste su enojo,
aplastará reyes y gobernantes,
juzgará naciones,
y por toda la tierra
amontonará cadáveres.
⁷ Junto al camino,
el rey apagará su sed
con el agua de un arroyo,
y así recobrará las fuerzas.

Alabemos a Dios
111 (110) ¹ ¡Alabemos a nuestro
Dios!

Ustedes, la gente honrada,
únanse a mí para alabar a Dios
de todo corazón.

² ¡Grandes son las maravillas
que Dios ha realizado!
Grande es la alegría
de los que se admiran al verlas.
³ En todo lo que hace puede
verse
el esplendor y la grandeza
que merece nuestro Dios y rey;
su justicia es siempre
la misma.
⁴ Dios es muy tierno
y bondadoso,
y hace que sus maravillas
sean siempre recordadas.
⁵ Dios da de comer
al pueblo que lo adora,
y jamás se olvida de su pacto.
⁶ Da a conocer a su pueblo
sus actos poderosos,
y le da en posesión
los territorios de otras
naciones.
⁷ La ley de nuestro Dios es
verdadera;
podemos confiar en sus
mandatos,
⁸ pues tienen valor
permanente;
nacen de la verdad y de
la rectitud.
⁹ Dios dio libertad a su pueblo;
así afirmó su pacto eterno.
¡Imponente es el Dios
de Israel;
el único Dios!

¹⁰ Si alguien quiere ser sabio,
que empiece por obedecer
a Dios.
Quienes lo hacen así,
demuestran inteligencia.

¡Dios merece ser siempre
alabado!

Dios bendice a la gente buena
112 (111) ¹ ¡Alabemos a nuestro
Dios!

¡Dios bendice a quienes lo adoran
y gozan cumpliendo sus
mandamientos!
² Los hijos de la gente honrada
dominarán el país
y serán siempre bendecidos.
³ Tendrán en su casa muchas
riquezas,
y siempre triunfarán en todo.
⁴ Como son bondadosos,
justos y compasivos,
guiarán a la gente honrada
como una luz en la oscuridad.

⁵ La gente buena es generosa:
presta a quienes le piden,
y maneja bien sus negocios.
⁶ La gente buena jamás
fracasa;
siempre se le recuerda
con cariño.
⁷ Nunca le asalta el temor
de recibir malas noticias,
pues confía en Dios
de todo corazón.
⁸ No tiene por qué preocuparse,
ni por qué sentir miedo;
hasta mira con aire de triunfo
a todos sus enemigos.
⁹ Siempre que ayuda a
los pobres,
lo hace con generosidad;
en todo sale triunfante,
y levanta la cabeza con
orgullo.

¹⁰ Cuando los malvados ven esto
se enojan y rechinan los dientes,
pero acaban por perderse.
¡Los planes de los malvados
siempre fracasan!

La bondad de Dios
113 (112) ¹ ¡Alabemos a
nuestro Dios!

Ustedes, los que obedecen
a Dios,
¡alábenlo!
2-3 ¡Sea siempre bendito
nuestro Dios!
¡Alábenlo a todas horas!
¡Alábenlo ahora y siempre!
4-6 Dios reina en las alturas,
y desde allí contempla
los cielos y la tierra.
Dios gobierna con poder
sobre todas las naciones.
¡No hay nada que se compare
con nuestro Dios!
7 A la gente pobre y humilde
la saca de la miseria,
8 y le da un sitio de honor
entre la gente importante.
9 A la mujer que no tiene hijos,
le concede dos alegrías:
¡llegar a ser madre,
y tener un hogar!

¡Alabemos a nuestro Dios!

Marcha triunfal de los israelitas
114 (113a) **1** Desde que
los israelitas
salieron de Egipto,
de ese país extranjero,
2 Judá llegó a ser
el lugar donde Dios puso
su templo.
La tierra de Israel
llegó a ser su dominio.

3 Al ver a los israelitas,
el mar les abrió paso
y el río Jordán dejó de correr;
4 las montañas y las colinas
saltaron como corderos.

5 ¿Qué te pasó, mar?
¿Por qué les abriste paso?
¿Qué te pasó, río Jordán?
¿Por qué dejaste de correr?
6 Y ustedes, montañas
y colinas,
¿por qué saltaron como
corderos?

7-8 Tierra,
¡ponte a temblar
en presencia de nuestro Dios!
Él convirtió la roca en
manantial.
¡Él es el Dios de Israel!

Dios merece nuestra alabanza
115 (113b) **1** Tú mereces
alabanzas, Dios nuestro,
y no nosotros;
tú mereces alabanzas
por tu amor y tu fidelidad.

2 Las otras naciones
preguntan en son de burla:
«¿Qué pasó con su Dios?»
3 ¡Pero tú estás en el cielo,
y haces todo lo que quieres!
4 Los ídolos de esas naciones
son objetos de oro y plata;
¡son hechura humana!
5 ¿Y qué es lo que tienen?
Una boca que no habla,
y ojos que no ven;
6 orejas que no oyen,
y narices que no huelen;
7 manos que no tocan,
y pies que no andan;
garganta tienen,
¡pero no emiten ningún sonido!
8 Iguales a esos ídolos
son quienes los hacen
y quienes confían en ellos.

9 Israelitas,
pongan su confianza en Dios;
¡él nos ayuda y nos protege!
10 Sacerdotes,
pongan su confianza en Dios;
¡él nos ayuda y nos protege!
11 Y ustedes, que adoran
a Dios,
pongan en él su confianza;
¡él nos ayuda y nos protege!

12 Dios se acuerda de nosotros
y nos llena de bendiciones:
Bendice a los israelitas,
bendice a los sacerdotes,
13 y bendice a quienes
lo adoran,
sean o no gente importante.

14 ¡Que Dios añada bendiciones
sobre ustedes y sobre sus hijos!
15 ¡Que los bendiga Dios,
creador del cielo y de la tierra!

16 Los cielos son de Dios,
y a nosotros nos confió
la tierra.
17 Los muertos ya han bajado
al mundo del silencio

y no pueden alabar a Dios;
18 ¡nos toca a nosotros alabarlo
desde ahora y para siempre!

¡Alabemos a nuestro Dios!

Ya puedo dormir tranquilo
116 (114-115) **1** Yo amo a mi Dios
porque él escucha mis ruegos.
2 Toda mi vida oraré a él
porque me escucha.

3 La muerte me tenía atrapado;
me dominaba el miedo
de morir.
¡Sentí una angustia terrible!
4 Entonces le rogué a Dios
que me salvara la vida.

5 Mi Dios es justo y compasivo;
es un Dios tierno y cariñoso
6 que protege a los indefensos.
Yo no tenía quien me
defendiera,
y él vino en mi ayuda.

7 Dios mío,
tú has sido bueno conmigo;
ya puedo dormir tranquilo.
8 Me libraste de la muerte,
me secaste las lágrimas,
y no me dejaste caer.
9-10 Mientras tenga yo vida,
siempre te obedeceré.
Confío en ti, mi Dios,
aunque reconozco
que estoy muy afligido.
11 Demasiado pronto he dicho
que no hay nadie en
quien confiar.

12 ¿Cómo podré, mi Dios,
pagarte todas tus bondades?
13 Mostrándome agradecido
y orando en tu nombre,
14 y cumpliéndote mis promesas
en presencia de tu pueblo.

15-16 Dios nuestro,
a ti te duele ver morir
a la gente que te ama.
¡Líbrame de la muerte,
pues estoy a tu servicio!
17 Llevaré hasta tu altar
una ofrenda de gratitud,
y oraré en tu nombre.
18-19 En los patios de tu

templo,
en el centro de Jerusalén,
y en presencia de todo
tu pueblo,
te cumpliré mis promesas.

¡Alabemos a nuestro Dios!

Alabemos a Dios

117 (116) **1** Naciones todas,
pueblos todos,
¡alaben a Dios!
2 ¡Porque él es un Dios fiel,
y nunca deja de amarnos!
¡Alabemos siempre a
nuestro Dios!

Dios nos ama

118 (117) **1** ¡Alabemos a nuestro
Dios!
¡Démosle gracias porque
él es bueno!
¡Él nunca deja de amarnos!

2 Que lo repitan los israelitas:
«¡Dios nunca deja de
amarnos!»

3 Que lo repitan los sacerdotes:
«¡Dios nunca deja de
amarnos!»

4 Que lo repitan
los que adoran a Dios:
«¡Dios nunca deja de
amarnos!»

5 Perdida ya toda esperanza,
llamé a mi Dios,
y él me respondió;
¡me liberó de la angustia!
6 Dios está conmigo:
no tengo miedo.
Nadie puede hacerme daño,
7 Dios está conmigo
y me brinda su ayuda.
¡Estoy seguro de ver la derrota
de los que me odian!

8-9 Vale más confiar en Dios
que confiar en gente
importante.

10-11 Todas las naciones me
rodearon;
me rodearon por completo,
pero Dios me ayudó a
derrotarlas.

12 Me rodearon como avispas,
pero ardieron en el fuego como
espinas;
¡Dios me ayudó a derrotarlas!

13 Me empujaron con violencia
para hacerme tropezar,
pero Dios vino en mi ayuda.
14 Dios me da fuerzas,
Dios inspira mi canto;
¡Dios es mi salvador!

15-16 Los justos, en sus casas,
repiten este grito de alegría:
«¡Dios con su poder
ha alcanzado la victoria!
¡Alabemos su poder!»

17 Aún no quiero morir.
Quiero vivir y seguir hablando
de lo que Dios ha hecho.
18 Él me castigó con dureza,
pero no me entregó
a la muerte.

19-20 ¡Ábranme paso,
puertas del templo de Dios!
Por ustedes sólo pasan
los que Dios considera justos.
¡Ábranme paso,
que quiero darle gracias a Dios!

21 ¡Gracias, Dios mío,
porque me respondiste
y me salvaste!

22 La piedra que rechazaron
los constructores del templo
es ahora la piedra principal.
23 Esto nos deja maravillados,
pues Dios es quien lo hizo.
24 Hagamos fiesta en este día,
porque en un día como éste
Dios actuó en nuestro favor.

25 Dios, Dios mío,
¡danos tu salvación!
¡concédenos tu victoria!
26 ¡Bendito el rey que viene
en el nombre de Dios!
Desde su templo
los bendecimos a todos
ustedes.
27 Dios es nuestra luz.
¡Llevemos flores al altar
y acompañemos al pueblo
de Dios!

28 Tú eres mi Dios;
por eso te doy gracias
y alabo tu grandeza.

29 ¡Alabemos a nuestro Dios!
¡Démosle gracias porque
él es bueno!
¡Él nunca deja de amarnos!

Himno a la palabra de Dios

119 (118) **1-2** Dios, tú bendices
a los que van por
buen camino,
a los que de todo corazón
siguen tus enseñanzas.
3 Ellos no hacen nada malo:
sólo a ti te obedecen.
4 Tú has ordenado
que tus mandamientos
se cumplan al pie de la letra.
5 Quiero corregir mi conducta
y cumplir tus mandamientos.
6 Si los cumplo,
no tendré de qué
avergonzarme.
7 Si me enseñas tu palabra,
te alabaré de todo corazón
8 y seré obediente a tus
mandatos.
¡No me abandones!

9 Sólo obedeciendo tu palabra
pueden los jóvenes corregir
su vida.
10-11 Yo te busco de todo
corazón
y llevo tu palabra en mi
pensamiento.
Mantenme fiel a tus
enseñanzas
para no pecar contra ti.
12 ¡Bendito seas, mi Dios!
¡Enséñame a obedecer tus
mandatos!
13-15 Siempre estoy repitiendo
las enseñanzas que nos diste.
En ellas pongo toda
mi atención,
pues me hacen más feliz
que todo el oro del mundo.
16 Mi mayor placer son tus
mandatos;
jamás me olvido de ellos.

17-19 Yo estoy a tu servicio;
trátame bien y cumpliré
tus órdenes.

Estoy de paso en este mundo;
dame a conocer tus
mandamientos.
¡Ayúdame a entender
tus enseñanzas maravillosas!
20 Todo el día siento
grandes deseos
por conocerlas.
21 ¡Qué lástima me dan
los que no cumplen tus
mandamientos!
¡Tú reprendes a esos
orgullosos!
22 No permitas que
me desprecien
pues siempre obedezco tus
mandatos.
23 Los poderosos hacen planes
contra mí,
pero yo sólo pienso en tus
enseñanzas.
24 Ellas me hacen feliz,
y me dan buenos consejos.

25-28 Cumple tu promesa y dame
ánimo,
pues estoy muy decaído
y el dolor me está matando.
Yo te conté mi vida,
y tú me respondiste.
¡Enséñame a cumplir tus
mandatos
y a pensar sólo en tus
maravillas!
29 No me dejes decir mentiras;
¡por favor, enséñame tu
palabra!
30-31 Dios mío, no me hagas
quedar mal,
pues confío en tus
mandamientos
y he decidido obedecerlos.
32 No me tardo en cumplirlos
porque me ayudaste
a entenderlos.

33-35 Dios mío,
enséñame a cumplir tus
mandamientos,
pues obedecerlos me
hace feliz;
¡los cumpliré toda mi vida!
Aclara mi entendimiento,
y los seguiré de todo corazón.
36 Hazme pensar sólo
en tu palabra,
y no en las ganancias egoístas.

37-38 No me dejes seguir
a dioses falsos,
pues quiero adorarte sólo a ti.
¡Cumple tu promesa y
dame ánimo!
39-40 Lo que más deseo
es tu palabra.
Me asusta pensar
que mis enemigos me
desprecien.
Ponme a salvo y dame ánimo,
pues tú eres un juez justo.

41 Dios mío,
muéstrame tu amor y sálvame,
tal como lo has prometido.
42-43 Así podré responder
a mis enemigos.
Permíteme hablar con
la verdad,
pues confío en tu palabra.
44-45 Puedo andar con
toda libertad
porque sigo tus enseñanzas,
y siempre las cumpliré.
46 En la presencia de reyes
podré hablar de tus
mandamientos
y no sentirme avergonzado.
47-48 Yo amo y deseo
tu palabra
pues me llena de alegría.

49 Tus promesas me dan
esperanza;
¡no te olvides de ellas!
50 Tus promesas me dan vida;
me consuelan en mi dolor.
51-53 Dios mío,
yo nunca olvido tu palabra
eterna,
pues ella me da consuelo.
Los orgullosos me ofenden;
me molesta saber que
esos malvados
no siguen tus enseñanzas.
Pero yo las cumplo sin falta.
54 Poco tiempo estaré
en este mundo,
pero siempre diré
que es buena tu enseñanza.
55 Dios mío,
por las noches pronuncio
tu nombre;
quiero seguir tus enseñanzas,
56 pues es lo que me
corresponde.

57-58 Dios mío,
tú eres todo lo que tengo;
de todo corazón
quiero obedecerte y agradarte.
¡Cumple tu promesa y
dame ánimo!
59-60 No dejaré pasar
más tiempo:
me he puesto a pensar
en mi conducta,
y he decidido seguir tus
mandamientos.
61 Los malvados quieren
atraparme,
pero yo no descuido tus
enseñanzas.
62 A medianoche me levanto
y te alabo
porque tus sentencias
son justas.
63 Soy amigo de los que
te adoran
y de los que te obedecen.
64 Dios mío,
tu amor llena toda la tierra;
¡enséñame tus mandamientos!

65 Dios mío, ¡trátame bien,
tal como lo has prometido!
66 Yo creo en tu palabra.
¡Dame más sabiduría
e inteligencia!
67 Antes de que me castigaras,
estuve alejado de ti,
pero ahora obedezco
tu palabra.
68 Tú eres bueno, y haces
el bien;
enséñame a obedecer tus
mandamientos.
69-70 Los orgullosos hablan
mal de mí;
son gente que no tiene
sentimientos.
Pero yo sigo tus enseñanzas
porque ellas me hacen feliz.
71 Estuvo bien que me
hicieras sufrir
porque así entendí tus
enseñanzas.
72 Para mí, ellas son de
más valor
que el oro y la plata.

73 Tú me hiciste con tus
propias manos;
¡hazme obedecer tus

mandamientos!
74 Los que te adoran
se alegran al verme,
pues confío en tu palabra.
75 Dios mío,
yo sé que tus mandatos
son justos,
y merezco que me castigues.
76-78 Ven con tu amor
a darme ánimo,
pues soy feliz con tus
enseñanzas.
Yo medito en ellas
así que cumple tu promesa.
Avergüenza a esos orgullosos
que sin motivo me hacen daño,
79 Haz que se junten conmigo
todos los que te adoran,
para que conozcan tus
mandamientos.
80 Hazme entender tus
enseñanzas,
para que yo no pase vergüenza.

81-82 La vida se me escapa,
la vista se me nubla,
esperando que cumplas tu
promesa
de venir a salvarme,
pues yo confío en tu palabra.
83 Aunque ya estoy viejo
y arrugado,
no me olvido de tu palabra.
84-87 Esos orgullosos y
embusteros
que no siguen tus enseñanzas,
me ponen trampas.
¿Cuándo vas a castigarlos?
Casi han acabado conmigo,
pero yo obedezco tus
mandamientos
porque son la verdad.
¡Dame tu ayuda!
88 ¡Dame ánimo y te
obedeceré,
pues tú eres un Dios de amor!

89-91 Dios mío,
tú eres eterno y siempre fiel.
Mientras el cielo y la tierra
existan,
tu palabra permanecerá;
¡todo lo creado está a
tu servicio!
92 Si tu palabra no me hiciera
tan feliz,
¡ya me hubiera muerto

de tristeza!
93 Jamás me olvido de
tu palabra,
pues ella me da vida.
94 ¡Sálvame, pues soy tuyo
y busco cumplir tus
mandamientos!
95 Hay malvados que quieren
matarme,
pero yo quiero entender tus
enseñanzas.
96 Todo en este mundo
acabará;
¡sólo tu palabra no tienen fin!

97 ¡Tanto amo tus enseñanzas
que a todas horas medito
en ellas!
98-99 Siempre están conmigo,
y me hacen aún más sabio
que mis enemigos y mis
maestros.
100 Hasta entiendo mejor que
los ancianos,
porque los pongo en práctica.
101 Me he apartado de todo
mal camino
porque quiero obedecer
tu palabra.
102 No me he apartado
de tu enseñanza
porque tú eres mi maestro.
103-104 Me das tanta sabiduría
que no soporto la mentira.
¡Tu palabra es para mí
más dulce que la miel!

105 Tu palabra es una lámpara
que alumbra mi camino.
106 Cumpliré la promesa
que te hice:
obedeceré tus justos
mandamientos.
107-110 Dios mío,
¡ya es mucho lo que he sufrido!
Mi vida está siempre
en peligro,
pero nunca olvido tus
enseñanzas.
Los malvados me ponen
trampas,
pero yo obedezco tus
mandamientos.
Recibe con agrado
esta alabanza que te ofrezco,
y enséñame tu palabra.
Cumple tu promesa y dame

ánimo.
111-112 Tus enseñanzas
son mías;
¡son la alegría de mi corazón!
He decidido cumplirlas
para siempre y hasta el fin.

113-115 ¡Déjenme solo, gente
malvada!
¡Los odio porque no son
sinceros!
Pero a ti, Dios mío, te amo
y quiero seguir tus enseñanzas.
Tú me das refugio y
protección;
tus promesas me llenan de
esperanza.
116 Dame fuerza y seguiré
con vida,
tal como lo has prometido;
¡no defraudes mi confianza!
117 ¡Ayúdame y ponme a salvo
para que obedezca tu palabra!
118-119 A los malvados de
este mundo
que desprecian tus enseñanzas
no los quieres tener cerca;
los tratas como a basura.
De nada les sirve hacer planes
malvados;
yo, en cambio, obedezco tu
palabra.
120 Tiemblo de miedo en
tu presencia;
¡tu palabra me hace temblar!

121 Dios mío, ¡no me dejes caer
en manos de mis enemigos!
Yo hago lo que es bueno
y justo;
122 haz que siempre me
vaya bien,
y que no me molesten
los orgullosos.
123 La vista se me nubla
esperando que cumplas
tu promesa
de venir a ayudarme.
124 ¡Trátame con mucho amor,
y enséñame tus
mandamientos!
125 Permíteme llegar
a entenderlos,
pues los quiero comprender.
126 Dios mío,
ya es hora de que actúes,
pues nadie cumple tus

mandatos.

127 Prefiero tus mandamientos
que tener muchas riquezas.
128 Por eso los sigo
y no soporto la mentira.

129 ¡Tus enseñanzas son
maravillosas!
¡Por eso las sigo fielmente!
130 Cuando un maestro las
explica,
hasta la gente sencilla
las entiende.
131 Deseo conocer tus
mandamientos;
¡me muero por entenderlos!
132 Dios mío,
¡atiéndeme y tenme compasión
como acostumbras hacerlo
con todos los que te aman!
133-134 Guíame, como lo has
prometido;
¡yo quiero cumplir tus
mandamientos!
No dejes que me maltraten,
ni me dejes caer en la maldad.
135 Dame muestras de tu
bondad
y enséñame tus mandamientos.
136 Me dan ganas de llorar
cuando veo que nadie los
cumple.

137 Dios mío,
tú eres justo y juzgas con
rectitud.
138 Los mandamientos
que nos diste
son justos y dignos de
confianza.
139-141 Mis enemigos me
humillan
pero yo no olvido tus
enseñanzas.
Me muero de enojo
porque ellos no las cumplen.
En cambio, yo las amo
pues son puras como
oro refinado.
142 Tú siempre actúas con
justicia,
y tus enseñanzas son
verdaderas.
143 Cuando estoy afligido y
en problemas,
tus mandamientos son
mi alegría.

144 Tus leyes son siempre
justas;
¡dame entendimiento y vida!

145-146 Dios mío,
te llamo con todas mis fuerzas;
¡respóndeme, sálvame!
¡Quiero cumplir tus
mandamientos!
147 Muy temprano me levanto
para pedirte que me ayudes,
pues confío en tu palabra.
148 Me paso la noche en vela
meditando en ella.
149 Dios mío,
tú eres todo amor,
¡escúchame!
Eres todo justicia, ¡dame vida!
150 Cada vez siento más cerca
a los que se han alejado
de tus enseñanzas
y procuran mi mal.
151 Pero a ti, Dios mío, te
siento cerca,
y confío en tus mandamientos.
152 Desde hace mucho tiempo
conozco tu palabra;
tú la estableciste para siempre.

153 ¡Mira mi sufrimiento,
y sálvame!
¡Yo no me olvido de tus
enseñanzas!
154 ¡Ponte de mi parte, y
rescátame!
¡Cumple tu promesa y
dame ánimo!
155-158 Dios mío,
tú eres muy bueno;
eres todo justicia.
¡Dame vida!
Mis enemigos y perseguidores
se cuentan por millares;
¡a esos malvados no los
salvarás
porque no siguen tus
enseñanzas!
No los soporto,
porque no creen en tus
promesas,
pero yo siempre obedezco
tu palabra.
159 Dios mío,
mira cuánto amo tus
mandamientos;
¡por tu gran amor, dame vida!
160 Todas tus palabras

se basan en la verdad;
todas ellas son justas
y permanecen para siempre.

161 Yo no les tengo miedo
a los poderosos que me
persiguen;
sólo tiemblo ante tu palabra.
162 ¡Ella me hace más feliz
que si encontrara un tesoro!
163 Aborrezco la mentira;
¡no la soporto!
Pero amo tus enseñanzas.
164 Ellas son tan justas
que no me canso de alabarte.
165 Los que aman tu palabra
disfrutan de mucha paz
y no sufren ningún tropiezo.
166-168 Dios mío,
espero que me salves,
pues amo tus mandamientos.
Tú bien sabes que los cumplo
de todo corazón.

169-170 Dios mío,
¡acepta mi oración y mis
ruegos!
¡Dame entendimiento,
y sálvame,
tal como lo has prometido!
171 Yo te cantaré alabanzas
porque me enseñas tu palabra.
172 Alabaré tus promesas,
pues todos tus mandamientos
son justos.
173 Ven y tiéndeme la mano,
pues he decidido obedecerte.
174 Dios mío,
ansioso espero que me salves;
tus enseñanzas son mi alegría.
175 Dame vida y te alabaré;
¡que tu palabra me sostenga!
176 Ando como oveja perdida;
ven a buscarme, pues te
pertenezco
y tengo presentes tus
mandamientos.

¡Líbrame de los mentirosos!
120 (119) (1a) **Cántico para las
peregrinaciones.**
1 (1b) Dios mío,
cuando me siento angustiado,
te llamo y tú me respondes.
2 Dios mío,
sálvame de la gente
mentirosa;

sálvame de la gente
embustera.

3 ¡Muy mal les va a ir
a ustedes,
mentirosos!
¡Dios los va a castigar!
4 ¡Les disparará flechas
puntiagudas y encendidas,
como las que lanzan
los guerreros!

5 ¡Pobre de mí!
¡Soy un hombre sin patria
que vive entre gente salvaje!
6 ¡Ya he vivido mucho tiempo
entre los que aborrecen la paz!
7 Yo soy un hombre tranquilo,
¡pero ellos hablan de guerra
mientras yo hablo de paz!

Dios te protegerá

121 (120) (1a) **Cántico para las
peregrinaciones.**
1 (1b) Dirijo la mirada
a las montañas;
¿de dónde vendrá mi ayuda?
2 Mi ayuda viene de Dios,
creador del cielo y de la tierra.

3 Dios jamás permitirá
que sufras daño alguno.
Dios te cuida y nunca duerme.
4 ¡Dios cuida de Israel,
y nunca duerme!

5 Dios te cuida y te protege;
Dios está siempre a tu lado.
6 Durante el día,
el sol no te quemará;
durante la noche,
no te dañará la luna.
7 Dios te protegerá
y te pondrá a salvo
de todos los peligros.
8 Dios te cuidará
ahora y siempre
por dondequiera que vayas.

¡Que haya paz en Jerusalén!

122 (121) (1a) **Cántico de David
para las peregrinaciones.**
1 (1b) Me da gusto que me
digan:
«¡Vamos al templo de Dios!»
2 Ciudad de Jerusalén,
¡aquí nos tienes!

¡Ya llegamos a tus portones!
3 Ciudad de Jerusalén,
¡construida como
punto de reunión
de la comunidad de Israel!
4 ¡Hasta ti llegan las tribus,
todas las tribus de Israel!
¡hasta ti llega el pueblo
para adorar a Dios,
tal como él lo ordenó!
5 En ti se encuentran
los tribunales de justicia;
en ti se encuentra
el palacio de David.
6 Por ti le pedimos a Dios:

«¡Que tengas paz, Jerusalén!

»¡Que vivan en paz los que te
aman!
7 ¡Que dentro de tus murallas
y dentro de tus palacios
haya paz y seguridad!»

8 A mis hermanos y amigos
les deseo que tengan paz.
9 Y a ti, Jerusalén,
te deseo mucho bienestar
porque en ti se encuentra
el templo de nuestro Dios.

De ti dependemos

123 (122) (1a) **Cántico para las
peregrinaciones.**
1-2 (1b-2) Dios, rey de
los cielos,
de ti dependemos,
como dependen los esclavos
de la compasión de sus amos.

Dios nuestro,
de ti dependemos y esperamos
que nos tengas compasión.
3-4 ¡Compadécete de nosotros!
¡Ya estamos cansados
de que esos ricos orgullosos
nos ofendan y nos desprecien!

Dios siempre nos ayuda

124 (123) (1a) **Cántico de David
para las peregrinaciones.**
1 (1b) Si Dios no nos hubiera
ayudado,
¿qué habría sido de nosotros?
¡Todos en Israel lo sabemos!
2 Si Dios no nos hubiera
ayudado

cuando nos atacaba
todo el mundo,
3 nos habrían matado
a todos,
pues nuestros enemigos
estaban muy enojados
con nosotros.
4 Habrían acabado con
nosotros
como aguas desbordadas
que arrasan con todo
a su paso,
5 como aguas turbulentas
que todo lo destruyen.

6 ¡Alabemos a Dios,
que no dejó que esos
malvados
nos despedazaran con
sus dientes!
7 ¡La trampa está hecha
pedazos!
¡Hemos logrado escapar,
como los pájaros!
8 ¡El creador de cielo
y tierra
nos ayudó a escapar!

Dios protege a su pueblo

125 (124) (1a) **Cántico para las
peregrinaciones.**
1 (1b) Los que confían en Dios
son como el monte Sión,
que nadie puede moverlo.
¡Permanecerán para siempre!

2 Las montañas protegen
a Jerusalén,
y Dios protege a Israel
ahora y siempre.

3 No siempre los malvados
reinarán sobre el pueblo
de Dios,
para que la gente buena
no practique la maldad.

4-5 Dios mío,
trata bien a la gente de
buen corazón
pero deja que sean
destruidos,
junto con los malhechores,
los que prefieren hacer
lo malo.

¡Que haya paz en Israel!

De la tristeza a la alegría

126 (125) (1a) **Cántico para las peregrinaciones.**

1 (1b) Cuando Dios nos hizo volver
de Babilonia a Jerusalén,
creíamos estar soñando.
2 De los labios nos brotaban
risas y cánticos alegres.
Hasta decían las demás
naciones:
«Realmente es maravilloso
lo que Dios ha hecho
por ellos».

3 ¡Lo que Dios hizo por nosotros
fue realmente maravilloso,
y nos llenó de alegría!

4 Dios,
devuélvenos el bienestar,
como le devuelves al desierto
sus arroyos.
5-6 Las lágrimas que
derramamos
cuando sembramos la semilla
se volverán cantos de alegría
cuando cosechemos el trigo.

Los hijos son un regalo de Dios

127 (126) (1a) **Himno de Salomón, para las peregrinaciones.**

1 (1b) Si Dios no construye
la casa,
de nada sirve que se esfuercen
los constructores.
Si Dios no vigila la ciudad,
de nada sirve que se desvelen
los vigilantes.
2 De nada sirve que ustedes
se levanten muy temprano,
ni que se acuesten muy tarde,
ni que trabajen muy duro
para ganarse el pan;
cuando Dios quiere a alguien,
le da un sueño tranquilo.

3 Los hijos que tenemos
son un regalo de Dios.
Los hijos que nos nacen
son nuestra recompensa.
4 Los hijos que nos nacen
cuando aún somos jóvenes,
hacen que nos sintamos
seguros,
como guerreros bien armados.
5 Quien tiene muchos hijos,

bien puede decir
que Dios lo ha bendecido.
No tendrá de qué avergonzarse
cuando se defienda en público
delante de sus enemigos.

Dios bendice a la familia

128 (127) (1a) **Cántico para las peregrinaciones.**

1 (1b) ¡Dios bendice
a todos los que le obedecen
y siguen sus enseñanzas!

2-3 Si tú eres uno de ellos,
Dios te bendecirá mucho.
En el seno de tu hogar
comerás y disfrutarás
de lo que ganes con tu trabajo.
Tu esposa tendrá muchos hijos.
¡Parecerá un racimo de uvas!
Nunca en tu mesa faltará
comida,
y tus hijos crecerán
fuertes como los olivos.

4 ¡Así es como Dios bendice
a todos los que le obedecen!

5 ¡Que Dios te bendiga
desde su templo en el monte
Sión!

¡Que veas prosperar a Jerusalén
todos los días de tu vida!

6 ¡Que Dios te deje ver crecer
a tus hijos y a tus nietos!

¡Que haya paz en Israel!

Dios es justo

129 (128) (1a) **Cántico para las peregrinaciones.**

1 (1b) Dejemos que nuestra gente
nos hable de las angustias
que ha pasado desde su
juventud:

2 «Hemos pasado muchas
angustias
desde nuestra juventud,
pero no han podido vencernos.
3 El enemigo nos hirió la
espalda;
¡nos hizo profundas heridas,
como quien abre surcos

con un arado!
4 Pero Dios es justo
y nos libró de los malvados».

5 ¡Que sean derrotados
y puestos en vergüenza
todos los que odian a
Jerusalén!
6 ¡Que se marchiten como
la hierba
que crece en el techo
de la casa!
7 Esa gente es como
la hierba
que de ella no se ocupan
ni los que la cortan
ni los que la recogen.
8 Cuando pasan, nadie
los saluda;
y si saludan, nadie les
contesta.

Nuestra esperanza está en Dios

130 (129) (1a) **Cántico para las peregrinaciones.**

1 (1b) Dios mío,
yo te llamo
pues estoy muy angustiado.
2 ¡Escúchame, Dios mío!
¡Presta oído a mis gritos
que te piden compasión!

3 Si tomaras en cuenta
todos nuestros pecados,
nadie podría presentarse
ante ti.
4 Pero tú nos perdonas.
¡Por eso mereces nuestra
adoración!

5 En Dios he puesto mi
esperanza;
con toda el alma confío en él,
pues confío en sus
promesas.
6 Con ansias espero a Dios;
¡con más ansias lo espero
que los vigilantes a
la mañana!
Los vigilantes esperan
que llegue la mañana,
7 y tú, Israel, esperas
la llegada de Dios
porque él nos ama
y nos da plena libertad.
8 ¡Dios salvará a Israel
de todos sus pecados!

131 (130) (1a) **Cántico de David para las peregrinaciones.**
1 (1b) Dios mío,
yo no me creo más que nadie,
ni miro a nadie con desprecio;
no hago alardes de grandeza,
ni pretendo hacer grandes
maravillas,
pues no podría llevarlas
a cabo.
2 Más bien, me he calmado;
me he tranquilizado
como se tranquiliza un niño
cuando su madre le da el
pecho.
¡Estoy tranquilo como un niño
después de haber tomado
el pecho!

3 Israel,
¡pon tu esperanza en Dios
ahora y siempre!

132 (131) (1a) **Cántico para las peregrinaciones.**
1-2 (1b-2) Dios poderoso de
Israel
acuérdate de David y de sus
sufrimientos;
recuerda lo que él te prometió:

3-5 «Dios poderoso de Israel,
No pondré un pie en mi casa,
ni me daré un momento
de descanso;
no dormiré un solo instante,
y ni siquiera cerraré los ojos,
mientras no encuentre un lugar
dónde construir tu templo».

6 Cuando estábamos en Efrata
oímos hablar del cofre del
pacto,
y finalmente lo hallamos
en la ciudad de Quiriat-jearim.
7 Entonces dijimos:
«¡Vayamos al templo de Dios!
¡Arrodillémonos ante su
presencia!»

8 Dios mío,
¡ven con el cofre de tu pacto,
que es símbolo de tu poder,
al templo donde vivirás para
siempre!

9 Tus sacerdotes se vestirán
con propiedad,
y tu pueblo cantará
con alegría.

10-11 Dios mío,
tú elegiste a David
para que fuera nuestro rey;
¡no le niegues tu apoyo!
También le hiciste este
juramento,
y no dejarás de cumplirlo:

«Tus descendientes
serán reyes;
¡yo los haré reinar!
12 Si ellos cumplen
con mi pacto y con mis leyes
también serán reyes sus hijos
y reinarán en tu lugar para
siempre».

13 Tú elegiste a Jerusalén
para vivir siempre allí.
Dijiste:
14 «Aquí pondré mi templo.
Aquí reinaré siempre,
porque así lo he decidido.
15 Bendeciré ricamente
los alimentos de esta ciudad,
y con abundante pan
calmaré el hambre de
sus pobres.
16 Vestiré a sus sacerdotes
con ropas de triunfo,
y el pueblo cantará con
alegría.
17 Aquí haré que renazca
el poder de David,
el rey que yo elegí;
aquí reinarán para siempre
sus descendientes.
18 Sobre la cabeza de David
brillará siempre la corona;
sobre la cabeza de sus
enemigos
brillará la vergüenza».

133 (132) (1a) **Cántico de David para las peregrinaciones.**
1 (1b) ¡No hay nada más bello
ni más agradable
que ver a los hermanos
vivir juntos y en armonía!

2 Es tan agradable ver esto

como oler el buen perfume
para los sacerdotes,
perfume que corre
de la cabeza a los pies.
3 Es tan agradable
como la lluvia del norte
que cae en el monte Hermón
y corre a Jerusalén, en el sur.

A quienes viven así,
Dios los bendice
con una larga vida.

134 (133) (1a) **Cántico para las peregrinaciones**
1 (1b) ¡Alaben a Dios todos
ustedes,
que están a su servicio!
¡Alábenlo también ustedes,
los que en su templo
le cantan himnos por las
noches!
2 ¡Levanten las manos para
orar!
¡Dirijan la mirada hacia el
altar,
y alaben a Dios!

3 ¡Que Dios,
creador del cielo y de la tierra,
te bendiga desde su templo!

135 (134)1 ¡Alabemos a Dios!
¡Alábenlo ustedes,
los que le obedecen!
2 ¡Alábenlo ustedes,
que siempre están en los
patios
del templo de nuestro Dios!
3 ¡Alabemos a Dios
porque él es bueno!
¡Cantémosle himnos,
porque él es bondadoso!
4 ¡Nuestro Dios eligió a Israel
para que siempre fuera su
pueblo!

5 Yo sé que nuestro Dios,
es más poderoso que todos
los dioses.
6 Dios hace lo que quiere
en el cielo y en la tierra,
en el mar y en sus
profundidades.
7 Dios nos trae las nubes

desde lo más lejano de la
tierra.
Dios nos manda los relámpagos
que anuncian la lluvia.
Dios saca el viento
del lugar donde lo tiene
guardado.

8-9 En Egipto hirió de muerte
al hijo mayor de cada familia;
también les quitó la vida
a las primeras crías de los
animales.
Hizo señales y milagros
contra el faraón y sus
oficiales,
10 hirió de muerte a muchos
pueblos,
y acabó con reyes poderosos:
11 acabó con Sihón, el rey
amorreo;
acabó con Og, el rey
de Basán;
¡acabó con todos los reyes
cananeos!
12 A su pueblo Israel le entregó
las tierras de esos reyes
para que fueran suyas para
siempre.

13 Dios mío,
¡tú vives para siempre!
14 Tú defiendes a tu pueblo
y le tienes compasión.
15 Los dioses de otros pueblos
son hechura humana;
¡son ídolos de oro y plata!
16 De nada les sirve tener boca,
porque no pueden hablar;
tienen ojos, pero no pueden
ver;
17 tienen orejas, pero no
pueden oír;
¡ni siquiera pueden respirar!
18 ¡Pues iguales a esos ídolos
son quienes los hacen
y quienes creen en ellos!

19 Israelitas, ¡bendigan a Dios!
Sacerdotes, ¡bendigan al Dios
de Israel!
20 Levitas, ¡bendigan a Dios!
Ustedes, los que le obedecen,
¡bendigan al Dios de Israel!
21 ¡Alabemos a nuestro Dios,
el Dios que vive en Jerusalén!
Alabémoslo!

Dios nunca deja de amarnos

136 (135) 1 ¡Alabemos a Dios,
porque él es bueno!
¡Dios nunca deja de amarnos!
2 Alabemos al Dios de dioses.
¡Dios nunca deja de amarnos!
3 Alabemos al Señor de señores.
¡Dios nunca deja de amarnos!
4 Sólo Dios hace grandes
maravillas.
¡Dios nunca deja de amarnos!
5 Dios hizo los cielos
con sabiduría.
¡Dios nunca deja de amarnos!
6 Extendió la tierra
sobre el agua.
¡Dios nunca deja de amarnos!
7 Hizo los astros luminosos.
¡Dios nunca deja de amarnos!
8 Hizo el sol, para alumbrar
el día.
¡Dios nunca deja de amarnos!
9 Hizo la luna y las estrellas,
para alumbrar la noche.
¡Dios nunca deja de amarnos!
10 En Egipto hirió de muerte
al hijo mayor de cada familia.
¡Dios nunca deja de amarnos!
11 Sacó de Egipto a Israel.
¡Dios nunca deja de amarnos!
12 Allí mostró su gran poder.
¡Dios nunca deja de amarnos!
13 Partió en dos el Mar
de los Juncos.
¡Dios nunca deja de amarnos!
14 Hizo que Israel cruzara
el mar.
¡Dios nunca deja de amarnos!
15 Hundió en el mar
al faraón y a su ejército.
¡Dios nunca deja de amarnos!
16 Guió a Israel por el desierto.
¡Dios nunca deja de amarnos!
17 Derrotó a reyes poderosos.
¡Dios nunca deja de amarnos!
18 Quitó la vida a reyes
famosos.
¡Dios nunca deja de amarnos!
19 Hirió a Sihón, el rey amorreo.
¡Dios nunca deja de amarnos!
20 Hirió a Og, el rey de Basán.
¡Dios nunca deja de amarnos!
21 Entregó a su pueblo,
las tierras de esos reyes.
¡Dios nunca deja de amarnos!
22 Esa fue la herencia
de Israel.

¡Dios nunca deja de amarnos!
23 Dios no se olvidó de nosotros
cuando nos vio derrotados.
¡Dios nunca deja de amarnos!
24 Nos libró de nuestros
enemigos.
¡Dios nunca deja de amarnos!
25 Alimenta a toda su creación.
¡Dios nunca deja de amarnos!
26 ¡Alabemos al Dios del cielo!
¡Dios nunca deja de amarnos!

Una canción en tierra extraña

137 (136) 1 Cuando
estábamos en Babilonia,
lejos de nuestro país,
acostumbrábamos sentarnos
a la orilla de sus ríos.
¡No podíamos contener
el llanto
al acordarnos de Jerusalén!
2 En las ramas de los árboles
que crecen junto a esos ríos
colgamos nuestras arpas.
3 Los mismos soldados
que nos sacaron de Israel
y nos hacían trabajar,
nos pedían estar alegres;
¡querían oírnos cantar!
¡Querían que les cantáramos
canciones de nuestra tierra!

4 ¡Jamás cantaríamos
en tierra de extranjeros
alabanzas a nuestro Dios!

5-6 ¡Jerusalén, Jerusalén!
Si llegara yo a olvidarte,
¡que la mano derecha se me
seque!
¡Que me corten la lengua
si por estar alegre
dejo de pensar en ti!

7 El día que Jerusalén cayó,
los edomitas gritaban:
«¡Acaben con la ciudad!
¡Que no quede rastro de ella!»
Dios mío,
¡no te olvides de esos gritos!

8 Un día, ciudad de Babilonia,
¡también tú serás destruida!
¡Dios habrá de bendecir
a los que te paguen
con la misma moneda!
9 ¡Dios habrá de bendecir

a los que agarren a tus hijos
y los estrellen contra los
muros!

Dios es bondadoso

138 (137) (1a) Himno de David.
1 (1b) Dios mío,
¡quiero alabarte de todo
corazón!
¡Quiero cantarte himnos
delante de los dioses!
2 Quiero ponerme de rodillas
y orar mirando hacia
tu templo;
quiero alabarte
por tu constante amor.
Por sobre todas las cosas,
has mostrado tu grandeza
has hecho honor a tu palabra.
3 Te llamé y me respondiste;
me diste nuevas fuerzas.

4-5 Dios mío,
¡grande es tu poder!
Te alabarán los reyes de este
mundo
cuando escuchen tu palabra
y sepan todo lo que has hecho.

6 Dios mío,
tú estás en el cielo,
pero cuidas de la gente
humilde;
en cambio, a los orgullosos
los mantienes alejados de ti.
7 Cuando me encuentro
en problemas,
tú me das nuevas fuerzas.
Muestras tu gran poder
y me salvas de mis enemigos.
8 Dios mío,
tú cumplirás en mí
todo lo que has pensado hacer.
Tu amor por mí no cambia,
pues tú mismo me hiciste.
¡No me abandones!

Dios mío, tú me conoces

139 (138) (1a) Himno de David.
1 (1b) Dios mío,
tú me conoces muy bien;
¡sabes todo acerca de mí!
2 Sabes cuándo me siento
y cuándo me levanto;
¡aunque esté lejos de ti,
me lees los pensamientos!
3 Sabes lo que hago

y lo que no hago;
¡no hay nada que no sepas!
4 Todavía no he dicho nada,
y tú ya sabes qué diré.
5 Me tienes rodeado
por completo;
¡estoy bajo tu control!
6 ¡Yo no alcanzo a comprender
tu admirable conocimiento!
¡Queda fuera de mi alcance!
7 ¡Jamás podría yo
alejarme de tu espíritu,
o pretender huir de ti!
8 Si pudiera yo subir al cielo,
allí te encontraría;
si bajara a lo profundo
de la tierra,
también allí te encontraría.
9-10 Si volara yo hacia el este,
tu mano derecha me guiaría;
si me quedara a vivir en
el oeste,
también allí me darías
tu ayuda.
11 Si yo quisiera
que fuera ya de noche
para esconderme en la
oscuridad,
¡de nada serviría!
12 ¡Para ti no hay diferencia
entre la oscuridad y la luz!
¡Para ti, hasta la noche
brilla como la luz del sol!

13 Dios mío,
tú fuiste quien me formó
en el vientre de mi madre.
Tú fuiste quien formó
cada parte de mi cuerpo.
14 Soy una creación
maravillosa,
y por eso te doy gracias.
Todo lo que haces es
maravilloso,
¡de eso estoy bien seguro!
15-16 Tú viste cuando mi cuerpo
fue cobrando forma
en las profundidades de
la tierra;
¡aún no había vivido un
solo día,
cuando tú ya habías decidido
cuánto tiempo viviría!
¡Lo habías anotado en tu libro!
17-18 Dios mío,
¡qué difícil me resulta
entender tus pensamientos!

¡Pero más difícil todavía
me sería tratar de contarlos!
¡Serían más que la arena
del mar!
¡Y aun si pudiera contarlos,
me dormiría, y al despertar,
todavía estarías conmigo!

19 Dios mío,
¡cómo quisiera que a los
asesinos
los apartaras de mí!
¡Cómo quisiera que les
quitaras la vida!
20 Sin motivo alguno,
esa gente habla mal de ti
y se pone en contra tuya.
21 Dios mío,
yo odio a los que te odian;
aborrezco a los que te
rechazan.
22 ¡Los odio profundamente!
¡Tus enemigos son mis
enemigos!

23 Dios mío,
mira en el fondo de mi
corazón,
y pon a prueba mis
pensamientos.
24 Dime si mi conducta no te
agrada,
y enséñame a vivir
como quieres que yo viva.

Dios me protege

140 (139) (1) Himno de David.
1 (2) Dios mío,
¡líbrame de la gente malvada!
¡Protégeme de la gente
violenta,
2 (3) que sólo piensa hacer
lo malo
y todo el tiempo busca pleito!
3 (4) Más que gente,
parecen víboras;
hablan, y sus palabras
son venenosas e hirientes.

4 (5) Dios mío,
protégeme de esos malvados;
protégeme de esos violentos,
que sólo quieren verme
fracasar.
5 (6) Son gente muy orgullosa.
A mi paso pusieron trampas

para hacerme caer en ellas.
6 (7) Pero yo te reconozco
como mi único Dios;
¡por favor, escucha mis ruegos!
7 (8) Tú eres mi Dios;
eres mi poderoso Salvador;
tú me salvas la vida
en el día de la batalla.

8 (9) Dios mío,
no permitas que los malvados
se salgan con la suya;
no permitas que triunfen sus
planes.
9 (10) ¡Haz caer sobre
mis enemigos
todo el mal que me desean!
10 (11) ¡Que caigan sobre ellos
carbones encendidos!
¡Que caigan en pozos profundos
y nunca más salgan de allí!
11 (12) ¡Que la gente mentirosa
no vuelva a vivir en la tierra!
¡Que acabe la calamidad
con toda la gente violenta!

12 (13) Dios mío,
de una cosa estoy seguro:
¡tú defiendes y haces justicia
a los pobres y necesitados!
13 (14) Por eso la gente honrada
te alaba y vive contigo.

¡Protégeme, Dios mío!
141 (140) (1a) Himno de David.
1 (1b) Dios mío, te estoy
llamando:
¡Préstame atención
y ven pronto en mi ayuda!
2 ¡Recibe mi oración
como una ofrenda de incienso!
¡A ti elevo mis manos
como una ofrenda en la tarde!

3 Dios mío,
¡no me dejes decir
ni una sola tontería!
4 ¡No me dejes tener
malos pensamientos,
ni cometer maldad alguna!
¡No me dejes tomar parte
en fiestas de gente malvada!

5 Considero una muestra
de amor
que una persona honrada
me regañe o me golpee;

para mí, sus reprensiones
son como fino perfume.

Dios mío, yo siempre te pido
que castigues a los malvados.
6 Cuando los gobernantes
malvados
acaben en la ruina,
se acordarán de mis palabras
y sabrán que les hablé
con dulzura.
7 Entonces la gente dirá:
«Sus huesos han quedado
esparcidos por el suelo».

8 Por mi parte, Dios mío,
de ti dependo,
y en ti busco refugio.
¡No dejes que me maten!
9 ¡Líbrame de las trampas
que esos malvados me tienden!
10 ¡Haz que sean ellos mismos
los que caigan en sus redes!
Pero a mí, ¡ponme a salvo!

Dios es mi refugio
142 (141) (1) David compuso este
himno cuando huía de Saúl y se escondió en una cueva.
1 (2) Mi Dios,
a ti elevo mi voz
para pedirte ayuda;
a ti elevo mi voz
para pedirte compasión.
2-3 (3-4) Cuando me siento
deprimido,
a ti te hago saber lo que
me angustia.

Tú sabes cómo me comporto.
Hay algunos que a mi paso
me tienden una trampa.
4 (5) Mira bien a mi derecha:
¡nadie me presta atención!
¡No hay nadie que me proteja!
¡A nadie le importo!

5 (6) Dios mío,
a ti te ruego y te digo:
«¡Tú eres mi refugio!
¡En este mundo
tú eres todo lo que tengo!»
6 (7) ¡Atiende mis ruegos,
pues me encuentro muy débil!
¡Líbrame de mis enemigos,
pues son más fuertes que yo!
7 (8) ¡Sácame de esta angustia,

para que pueda alabarte!
Al ver que me tratas bien,
los justos harán fiesta.

En Dios confío
143 (142) (1a) Himno de David.
1 (1b) Dios mío,
¡escucha mi oración!
¡Atiende mis ruegos!
Tú eres fiel y justo:
¡respóndeme!
2 No me llames a cuentas,
que ante ti, nadie en el mundo
puede considerarse inocente.

3 Mis enemigos quieren
matarme;
me tienen acorralado
y en constante peligro
de muerte.
4 Ya no siento latir mi corazón;
¡ya he perdido el ánimo!
5 Me vienen a la mente
los tiempos pasados
y me pongo a pensar
en todas tus acciones;
¡tengo muy presente
todo lo que has hecho!
6 ¡Hacia ti extiendo
mis manos,
pues me haces falta,
como el agua a la tierra seca!

7 Dios mío,
¡respóndeme pronto,
pues la vida se me escapa!
¡No me des la espalda,
o ya puedo darme por muerto!
8 En ti confío;
¡a ti dirijo mi oración!
Cada nuevo día
hazme saber que me amas;
¡dime qué debo hacer!

9 Dios mío,
líbrame de mis enemigos,
pues en ti busco refugio.
10 Tú eres mi Dios.
¡Enséñame a hacer
lo que quieres que yo haga!
¡Permite que tu buen espíritu
me lleve a hacer el bien!

11-12 Dios mío,
tú eres un Dios justo;
¡acaba con mis enemigos!
¡Destruye a los que me

El pastor charles cuenta la impresionante historia de maría. "todos tienen derecho a tener una biblia", dice con fuerza.

"¿Se podrá formar una sociedad?" el pastor charles
está decidido a hacer algo para que todos
tengan una biblia.

persiguen!
Tú eres un Dios de amor
y yo estoy a tu servicio;
¡demuestra tu poder y
dame vida!
¡Sácame de este aprieto!

Dios es mi protector

144 (143) (1a) **Himno de David.**
1 (1b) ¡Bendito seas,
mi Dios y protector!
¡Tú me enseñas a luchar
y a defenderme!
2 ¡Tú me amas y me cuidas!
Eres mi escondite más alto,
el escudo que me protege,
¡el Dios que me permite reinar
sobre mi propio pueblo!

3 Dios mío,
¿qué somos nosotros
para que nos tomes
en cuenta?
¿Qué somos los humanos
para que nos prestes
atención?
4 Somos como las ilusiones;
¡desaparecemos como las
sombras!

5 Dios mío,
baja del cielo,
toca los cerros con tu dedo
y hazlos echar humo.
6 Lanza tus relámpagos,
y pon al enemigo en retirada.
7 ¡Tiéndeme la mano
desde lo alto
y sálvame de las muchas
aguas!
¡No me dejes caer en manos
de gente malvada de otros
pueblos!
8 Esa gente abre la boca
y dice mentiras;
levanta la mano derecha
y hace juramentos falsos.

9 Dios mío,
voy a cantarte un nuevo
canto;
voy a cantarte himnos
al son de música de arpas.
10 A los reyes les das
la victoria,
y al rey David lo libras
de morir a filo de espada.

11 ¡Sálvame también!
¡Líbrame de caer en manos
de gente malvada de otros
pueblos!
Esa gente abre la boca
y dice mentiras;
levanta la mano derecha
y hace juramentos falsos.

12 Permite que nuestros hijos
crezcan en su juventud
fuertes y llenos de vida,
como plantas en un jardín.
Permite que nuestras hijas
sean hermosas
como las columnas de
un palacio.
13 Haz que en nuestros
graneros
haya abundancia de alimentos.
Haz que nuestros rebaños
aumenten en nuestros campos
hasta que sea imposible
contarlos.
14 Permite que nuestros bueyes
lleven carretas bien cargadas.
No dejes que nuestras murallas
vuelvan a ser derribadas,
ni que volvamos a ser
llevadosfuera de nuestro país,
ni que en nuestras calles
vuelvan a oírse gritos de
angustia.

15 ¡Tú bendices al pueblo
donde todo esto se cumple!
¡Tú bendices al pueblo
que te reconoce como su Dios!

¡Grande es Dios!

145 (144) (1a) **David compuso este
himno de alabanza.**
1-2 (1b-2) Mi Dios y rey,
¡siempre te bendeciré
y alabaré tu grandeza!
3 ¡Grande eres, nuestro Dios,
y mereces nuestras alabanzas!
¡Tanta es tu grandeza
que no podemos comprenderla!

4-6 Nosotros hablaremos
del poder, belleza y majestad
de tus hechos maravillosos;
yo pensaré mucho en ellos
y los daré a conocer
a mis propios hijos.
7 Hablaremos de tu

inmensa bondad,
y entre gritos de alegría
diremos que eres un Dios justo.

8-9 Dios mío,
tú eres tierno y bondadoso;
no te enojas fácilmente,
y es muy grande tu amor.
Eres bueno con tu creación,
y te compadeces de ella.

10 ¡Que te alabe tu creación!
¡Que te bendiga tu pueblo fiel!
11-12 ¡Que hablen de tu
glorioso reino
y reconozcan tu belleza
y tu poder!
¡Que anuncien tus grandes
hechos
para que todo el mundo los
conozca!
13 Tu reino siempre
permanecerá,
pues siempre cumples
tus promesas
y todo lo haces con amor.
14 Dios mío,
tú levantas a los caídos
y das fuerza a los cansados.
15 Los ojos de todos están
fijos en ti;
esperando que los alimentes.
16 De buena gana abres la
mano,
y das de comer en abundancia
a todos los seres vivos.

17 Dios mío,
tú siempre cumples tus
promesas
y todo lo haces con amor.
18 Siempre estás cerca
de los que te llaman con
sinceridad.
19 Tú atiendes los ruegos
de los que te honran;
les das lo que necesitan
y los pones a salvo.
20 Siempre estás pendiente
de todos los que te aman,
pero destruyes a los malvados.

21 ¡Mis labios siempre te
alabarán!
¡La humanidad entera te
bendecirá
ahora y siempre!

Dios bendice a los que en él confían

146 (145) **1-2** ¡Alabemos a Dios!

Yo quiero alabarlo,
y mientras tenga vida
le cantaré himnos a mi Dios.

3 No confíen en nadie,
que ni el hombre más poderoso
es capaz de salvarlos.
4 Cuando ese hombre muere
se vuelve polvo;
y ese día mueren con él
todo los planes que hizo.

5 ¡El Dios de Israel
bendice a los que en él confían!
6-7 Dios hizo el cielo y la tierra,
el mar y todo lo que hay en él.
Dios siempre cumple sus
promesas:
hace justicia a los que
son maltratados
por los poderosos,
da de comer a los hambrientos,
y pone en libertad a los presos.
8 Dios da vista a los ciegos,
levanta a los caídos
y ama a los justos.
9 Dios cuida de la gente sin
patria,
y sostiene a huérfanos
y viudas.
Dios hace que fracasen
los planes de los malvados.

10 Ciudad de Jerusalén,
¡que tu Dios reine por siempre,
por todos los siglos!

¡Alabemos a nuestro Dios!

Dios es digno de alabanza

147 (146-147) **1** ¡Alabemos a
nuestro Dios!

Muy agradable en verdad
es cantarle himnos
a nuestro Dios;
muy grato y justo
es cantarle alabanzas.
2 Dios ha reconstruido
la ciudad de Jerusalén.
Dios hizo volver a los israelitas
que los babilonios se llevaron
prisioneros.
3 Dios sanó las heridas

de los que habían perdido
toda esperanza.

4 Dios es quien decide
cuántas estrellas debe haber,
y a todas las conoce.
5 Grande es nuestro Dios,
y grande es su poder;
¡su entendimiento no tiene fin!
6 Dios levanta a los humildes,
pero humilla a los malvados.

7 Cantemos al son del arpa
himnos de gratitud
a nuestro Dios.
8 Dios cubre de nubes el cielo.
Dios hace llover sobre la tierra.
Dios hace que la hierba
crezca sobre los cerros.
9 Dios alimenta a los
animales salvajes
y a los polluelos de
los cuervos,
cuando le piden de comer.
10 Para Dios, lo que cuenta
no es la fuerza del caballo,
ni la fuerza del hombre;
11 para él, lo que cuenta
es que la gente le obedezca
y confíe en su amor.

12 Jerusalén,
¡alaba a tu Dios!
13 Dios es quien refuerza
los cerrojos de tus portones.
Dios es quien bendice
a todos tus habitantes.
14 Dios te hace vivir en paz
y te da comida en abundancia.
15 Dios da órdenes a la tierra,
y sus órdenes se cumplen
en seguida.
16 Dios deja caer sobre la tierra
la nieve y la llovizna.
17 Dios deja caer granizo
como si fueran pedazos
de piedra.
¡El frío que envía nadie
lo resiste!
18 Pero Dios da una orden
y el hielo se derrite;
¡hace que el viento sople,
y el agua vuelve a correr!

19 Dios dio a conocer a Israel
sus mandamientos
y enseñanzas.

20 A ninguna otra nación
le dio a conocer su palabra.
¡Alabemos a nuestro Dios!

Alabanza de toda la creación

148 **1-4** ¡Alabemos a nuestro Dios!

¡Que lo alabe el alto cielo!
¡Que lo alaben sus ángeles!
¡Que lo alaben sol y luna!
¡Que lo alaben las estrellas!
¡Que lo alaben las lluvias!
¡Que lo alabe el universo!

5 Alabemos a nuestro Dios,
porque con una orden suya
fue creado todo lo que existe.
6 Dios lo dejó todo
firme para siempre;
estableció un orden
que no puede ser cambiado.

7 ¡Que lo alabe la tierra!
¡Que lo alaben los monstruos
marinos!
¡Que lo alabe el mar
profundo!
8 ¡Que lo alaben el rayo
y el granizo!
¡Que lo alaben la nieve y la
neblina!
¡Que lo alabe el viento
tempestuoso
que obedece sus órdenes!
9 ¡Que lo alaben cerros
y colinas,
cedros y árboles frutales!
10 ¡Que lo alaben aves
y reptiles
animales domésticos
y salvajes!

11 ¡Que lo alaben los reyes de
este mundo!
Que lo alaben los jefes y
gobernantes
de todas las naciones!
12 ¡Que lo alaben niños
y ancianos,
muchachos y muchachas!

13 ¡Alabemos a Dios,
porque sólo él es nuestro Dios!
¡Sólo él merece alabanzas!
¡Su grandeza está por encima
de la tierra y de los cielos!
14 ¡Dios da fuerza a su pueblo!

¡Por eso nosotros lo alabamos
pues somos su pueblo favorito!

¡Alabemos a nuestro Dios!

Alabemos a Dios, nuestro rey

149 ¹ ¡Alabemos a nuestro
Dios!
¡Alabémoslo todos juntos,
pues somos su pueblo fiel!
¡Cantémosle un cántico nuevo!

² Nosotros, los israelitas
que vivimos en Jerusalén,
cantemos alegres a Dios,
nuestro creador y rey;
³⁻⁴ pues él se agrada de
su pueblo
y da la victoria a los humildes.

¡Alabémoslo con danzas!
¡Cantémosle himnos
con música de arpas
y panderos!
⁵ Pueblo fiel de Dios,

¡alégrate por la victoria
obtenida!
Aunque estés dormido,
¡grita de alegría!
⁶ Lanza a voz en cuello
alabanzas a tu Dios,
y toma entre tus manos
una espada de dos filos,
⁷ para que tomes venganza
de pueblos y naciones;
⁸ para que pongas cadenas de
hierro
sobre reyes y gobernantes;
⁹ para que se cumpla
la sentencia
que Dios dictó contra ellos.

Pueblo fiel de Dios,
¡esto será para ti
un motivo de orgullo!
¡Alabemos a nuestro Dios!

Invitación a la alabanza

150 ¹ ¡Alabemos a nuestro Dios!
¡Alabemos a Dios en su santuario!

¡Alabemos su poder en el cielo!
² ¡Alabemos sus grandes
acciones!
¡Alabemos su incomparable
grandeza!
³ ¡Alabémoslo con sonido de
trompeta!
¡Alabémoslo con arpas y liras!
⁴ ¡Alabémoslo con panderos y
danzas!
¡Alabémoslo con cuerdas y
flautas!
⁵ ¡Alabémoslo con sonoros
platillos!
¡Alabémoslo con platillos
vibrantes!

⁶ ¡Que alaben a Dios
todos los seres vivos!

¡Alabemos a nuestro Dios!

Proverbios

Propósito de este libro

1 ¹ Estos son los proverbios de Salomón, hijo de David, rey de Israel.

²⁻⁴ Estos proverbios tienen
como propósito
que ustedes los jóvenes
lleguen a ser sabios,
corrijan su conducta
y entiendan palabras
bien dichas y bien pensadas.

También sirven para enseñar
a los que no tienen experiencia,
a fin de que sean cuidadosos,
honrados y justos en todo;
que muestren astucia y
conocimiento,
y piensen bien lo que hacen.

⁵ Ustedes, los sabios e
inteligentes,
escuchen lo que voy a decirles.
Así se harán más sabios
y ganarán experiencia.
⁶ Así podrán entender
lo que es un proverbio
lo que es un ejemplo,
y lo que es una adivinanza.

⁷ Todo el que quiera ser sabio
debe empezar por obedecer
a Dios.
Pero la gente ignorante
no quiere ser corregida
ni llegar a ser sabia.

Consejos contra los falsos amigos

⁸ Querido jovencito:
Atiende a tu padre
cuando te llame la atención,
y muestra respeto
cuando tu madre te enseñe.
⁹ Sus enseñanzas te adornarán
como una corona en la cabeza,
como un collar en el cuello.

¹⁰ Querido jovencito,
si los malvados quieren
que te portes mal,
no te dejes llevar por ellos.
¹¹⁻¹² Tal vez te digan:

«Ven con nosotros,

ataquemos al primero que pase
y quitémosle lo que traiga.
Si se muere, que se muera,
y que se lo coman los gusanos.
¡Matemos por el gusto de
matar!
¹³ Con lo que robemos,
llenaremos nuestras casas
y nos haremos ricos.
¹⁴ ¡Júntate con nosotros,
y juntos nos repartiremos
todo lo que ganemos!»

¹⁵ ¡Pero no lo hagas, jovencito!
¡No sigas su mal ejemplo!
¡No dejes que te engañen!
¹⁶ ¡Tal parece que tienen prisa
de hacer lo malo y de
matar gente!

¹⁷ Ningún pájaro cae en
la trampa
si ve a quien lo quiere atrapar.
¹⁸ Pero estos malvados
juegan con su vida
y acabarán por perderla.
¹⁹ Acabarán muy mal
los que quieren hacerse ricos
sin importarles cómo lograrlo:
¡acabarán perdiendo la vida!

La sabiduría llama a los jóvenes

²⁰ La sabiduría se deja oír
por calles y avenidas.
²¹ Por las esquinas más
transitadas
y en los lugares más
concurridos
se le oye decir con insistencia:

²² «Ustedes, jovencitos sin
experiencia, ¹
enamorados de su propia
ignorancia;
y ustedes, jovencitos
malcriados,
que parecen muy contentos
con su mala educación,
¿seguirán siendo siempre así?
Y ustedes, los ignorantes,
¿seguirán odiando el
conocimiento?
²³ ¡Háganme caso cuando
los instruya!
Así compartiré con ustedes

mis enseñanzas y pensamientos.
²⁴ Yo los llamo,
pero ustedes no me responden;
les hago señas,
pero ustedes no me hacen
caso.
²⁵ Rechazan todos mis consejos,
y desobedecen mis regaños.
²⁶⁻²⁷ ¡Pues yo también
me burlaré
cuando estén llenos de miedo,
y se queden en la ruina!
Será como si los arrastrara
el viento
o les cayera una tormenta.
²⁸ Me llamarán, y no
les responderé;
me buscarán, y no me
encontrarán.
²⁹ Ustedes no quieren aprender
ni obedecer a Dios;
³⁰ no siguen mis consejos,
ni aceptan mis enseñanzas.
³¹ Por eso recibirán su
merecido:
¡tendrán problemas de sobra!
³² ¡Sufrirán las consecuencias
de sus malas decisiones
y de su mala conducta!
¡Acabarán siendo destruidos
por su necedad
y por su poca atención!
³³ Pero los que me hagan caso
vivirán tranquilos y en paz,
y no tendrán miedo del mal».

La sabiduría y sus ventajas

2 ¹ Querido jovencito,
acepta mis enseñanzas;
valora mis mandamientos.
² Trata de ser sabio
y actúa con inteligencia.
³⁻⁴ Pide entendimiento
y busca la sabiduría
como si buscaras plata
o un tesoro escondido.
⁵ Así llegarás a entender
lo que es obedecer a Dios
y conocerlo de verdad.
⁶ Sólo Dios puede hacerte
sabio;
sólo Dios puede darte
conocimiento.
⁷ Dios ayuda y protege
a quienes son honrados

y siempre hacen lo bueno.
8 Dios cuida y protege
a quienes siempre le obedecen
y se preocupan por el débil.
9 Sólo él te hará entender
lo que es bueno y justo,
y lo que es siempre tratar
a todos por igual.
10 La sabiduría y el conocimiento
llenarán tu vida de alegría.
11 Piensa bien antes
de actuar,
y estarás bien protegido;
12 el mal no te alcanzará
ni los malvados podrán contigo.
13 Esa gente deja de hacer el
bien
para sólo hacer el mal;
14 son felices haciendo lo malo
y festejando sus malas
acciones.
15 ¡Todo lo que hacen
es para destruir a los demás!

16-17 La sabiduría te librará
de la mujer que engaña a su
esposo,
y también te engaña a ti
con sus dulces mentiras;
de esa mujer que se olvida
de su promesa ante Dios.
18 El que se mete con ella
puede darse por muerto.
19 ¡El que se mete con ella
ya no vuelve a la vida!

20 Querido jovencito,
tú sigue por el buen camino
y haz siempre lo correcto,
21 porque sólo habitarán
la tierra
y permanecerán en ella
los que siempre hagan lo bueno.
22 En cambio, esos malvados,
en los que no se puede confiar,
serán destruidos por completo.

Otras ventajas de la sabiduría
3 **1** Querido jovencito,
grábate bien mis enseñanzas;
memoriza mis mandamientos.
2 Así te irá siempre bien
por el resto de tu vida.

3 Ama siempre a Dios
y sé sincero con tus amigos;
4 así estarás bien con Dios

y con tus semejantes.

5 Pon toda tu confianza en Dios
y no en lo mucho que sabes.
6 Toma en cuenta a Dios
en todas tus acciones,
y él te ayudará en todo.
7 No te creas muy sabio;
obedece a Dios y aléjate
del mal;
8 así te mantendrás sano
y fuerte.

9 Demuéstrale a Dios
que para ti él es lo más
importante.
Dale de lo que tienes
y de todo lo que ganes;
10 así nunca te faltará
ni comida ni bebida.

11 Querido jovencito,
no rechaces la instrucción
de Dios
ni te enojes cuando te
reprenda.
12 Porque Dios corrige a
quienes ama,
como corrige un padre
a sus hijos.

13 Dios bendice al joven
que actúa con sabiduría,
14 y que saca de ella
más provecho
que del oro y la plata.
15 La sabiduría y el
conocimiento
valen más que las piedras
preciosas;
¡ni los tesoros más valiosos
se les pueden comparar!
16 Por un lado, te dan
larga vida;
por el otro, buena fama
y riquezas.
17 Qué grato es seguir
sus consejos,
pues en ellos hay bienestar.

18 ¡Dios bendice al joven
que ama a la sabiduría,
pues de ella obtiene la vida!
19 Con sabiduría y gran cuidado
Dios afirmó cielo y tierra.
20 Con su conocimiento
hizo brotar lagos y ríos

y dejó caer la lluvia.

21 Querido jovencito,
aprende a tomar buenas
decisiones
y piensa bien lo que haces.
22 Hacerlo así te dará vida
y los demás te admirarán.
23 Andarás por la vida
sin problemas ni tropiezos.
24 Cuando te acuestes,
podrás dormir tranquilo
y sin preocupaciones.
25 No sufrirás las desgracias
que caen sobre los malvados.
26 Dios siempre estará
a tu lado
y nada te hará caer.

27 No te niegues a hacer
un favor,
siempre que puedas hacerlo.
28 Nunca digas: «Te ayudaré
mañana»,
cuando puedas ayudar hoy.
29 Nunca traiciones al amigo
que confía en ti.
30 No andes buscando pleitos,
si nadie te ha hecho daño.
31 No envidies a los violentos,
ni sigas su mal ejemplo.
32 Dios no soporta a los
malvados,
pero es amigo de la gente
honrada.
33 Dios bendice el hogar del
hombre honrado,
pero maldice la casa
del malvado.
34 Dios se burla de los burlones,
pero brinda su ayuda a
los humildes.
35 Los sabios merecen honra,
y los tontos, sólo deshonra.

No hay nada como la sabiduría
4 **1** Queridos jovencitos:
cuando su padre los instruya,
préstenle atención,
si realmente quieren aprender.
2 Yo, como maestro,
les doy este buen consejo:
no abandonen sus enseñanzas.
3 Yo también fui niño;
tuve un padre y una madre
que me trataban con ternura.
4 Mi padre me dio este consejo:

«Grábate bien lo que te digo,
y haz lo que te mando;
así tendrás larga vida.
5 Hazte cada vez
más sabio y entendido;
nunca olvides mis enseñanzas.
¡Jamás te apartes de ellas!
6 Si amas a la sabiduría,
y nunca la abandonas,
ella te cuidará y te protegerá.
7 Lo que realmente importa
es que cada día seas
más sabio,
y que aumentes tus
conocimientos,
aunque tengas que vender
todo lo que poseas.
8 Valoriza el conocimiento,
y tu vida tendrá más valor;
si haces tuyo el conocimiento,
todos te tratarán con respeto,
9 y quedarán admirados
de tu gran sabiduría.

10 Escúchame, jovencito:
hazme caso y vivirás
muchos años.
11 Yo, como maestro,
te enseño a vivir sabiamente
y a siempre hacer el bien.
12 Vayas rápido o despacio,
no tendrás ningún problema
para alcanzar el éxito.
13 Acepta mis enseñanzas
y no te apartes de ellas;
cuídalas mucho,
que de ellas depende tu vida.
14 No te juntes con gente
malvada
ni sigas su mal ejemplo.
15 ¡Aléjate de su compañía!
¡Aléjate, y sigue adelante!
16 Esa gente no duerme
hasta que hace algo malo;
¡no descansa hasta destruir
a alguien!
17 En vez de comer,
se satisface cometiendo
maldades;
en vez de beber,
festeja la violencia
que comete.

18 La vida de los hombres
buenos
brilla como la luz de
la mañana:

va siendo más y más brillante,
hasta que alcanza todo
su esplendor.
19 La vida de los malvados
es todo lo contrario:
es como una gran oscuridad
donde no saben ni en
qué tropiezan.

20 Querido jovencito,
escucha bien lo que te digo.
21 Grábate bien mis
enseñanzas,
y no te apartes de ellas,
22 pues son una fuente de vida
para quienes las encuentran;
son el remedio para una
vida mejor.
23 Y sobre todas las cosas,
cuida tu mente,
porque ella es la fuente
de la vida.
24 No te rebajes diciendo
palabras malas e indecentes.
25 Pon siempre tu mirada
en lo que está por venir.
26 Corrige tu conducta,
afirma todas tus acciones.
27 Por nada de este mundo
dejes de hacer el bien;
¡apártate de la maldad!»

Advertencias contra la mujer infiel

5 **1** Querido jovencito,
atiende a mis sabios consejos,
2 para que cuando hables
lo hagas con sabiduría.
3 La mujer infiel te engaña
con palabras suaves y dulces,
4 que al fin de cuentas
resultan más amargas
que la hiel
y más peligrosas que una
espada.
5 Quien se enreda con ella,
¡va derecho a la tumba!
6 A ella no le importa
lo que digan de su conducta;
lleva una vida sin control,
pero no lo reconoce.

7 Querido jovencito, escúchame:
¡no desprecies mis consejos!
8 Apártate de esa mujer
y no te acerques a su casa,
9 o acabarás entregando
tu salud

y los mejores años de tu vida
a gente cruel y peligrosa;
10 ¡todo tu salario, y el dinero
que con tanto esfuerzo te
ganaste,
irá a parar en otras manos!
11-12 Cuando te hayas quedado
pobre,
dirás entre llantos y lamentos:
«¡Pobre de mí, pobre de mí!
¡Nunca acepté ningún consejo!
13 Jamás les hice caso a mis
maestros,
ni obedecí a los que me
orientaban.
14 ¡Ahora estoy casi en la
desgracia
ante toda la comunidad!»

Sé fiel a tu esposa

15 Si quieres disfrutar del amor
disfrútalo con tu esposa.
16 ¡Guarda tu amor sólo
para ella!
¡No se lo des a ninguna otra!
17 No compartas con nadie
el gozo de tu matrimonio.
18 ¡Bendita sea tu esposa!,
¡la novia de tu juventud!
19 Es como una linda venadita;
deja que su amor y sus caricias
te hagan siempre feliz.

Dios mira tu conducta

20 Querido jovencito,
no dejes que otra mujer
te cautive
ni busques las caricias
de la mujer casada.
21 Dios mira con mucha
atención
la conducta de todos
nosotros.
22 El pecado y las malas
acciones
son trampas para el malvado,
y lo hacen su prisionero.
23 Así muere esta clase
de gente
que no quiere ser corregida;
¡su falta de entendimiento
acaba por destruirla!

Piensa antes de actuar

6 **1** Querido jovencito,
si algún amigo te pide
que respondas por él

y te comprometas
a pagar sus deudas,
2 no aceptes ese compromiso,
pues caerás en la trampa.
3 No dejes que tu amigo
te atrape;
¡mejor ponte a salvo!
Te recomiendo que vayas a verlo
y le ruegues que no te
comprometa.
4 Que no te agarren de tonto;
5 mejor ponte a salvo,
como huyen del cazador,
las aves y los venados.

No seas perezoso

6 ¡Vamos, joven perezoso,
fíjate en la hormiga!
¡Fíjate en cómo trabaja,
y aprende a ser sabio
como ella!
7 La hormiga no tiene jefes,
ni capataces ni gobernantes,
8 pero durante la cosecha
recoge su comida y la guarda.

9 Jovencito perezoso,
¿hasta cuándo vas a seguir
durmiendo?
¿hasta cuándo vas a despertar?
10 Te duermes un poco,
te tomas la siesta,
tomas un descansito
y te cruzas de brazos...
11 ¡así acabarás
en la más terrible pobreza!

No seas mentiroso

12 Hay gente mala y
sinvergüenza
que anda contando mentiras;
13 para engañar a los otros,
guiña el ojo,
apunta con los dedos,
y hace señas con los pies.
14 Esa gente sólo piensa
hacer lo malo,
y siempre anda provocando
pleitos.
15 Por eso la desgracia
vendrá sobre ellos de repente;
cuando menos lo esperen
serán destruidos sin remedio.

No seas peleonero

16 Hay seis clases de gente,
y puede añadirse una más

que Dios no puede soportar:
17 La gente orgullosa,
la gente violenta,
la gente mentirosa,
18 la gente malvada,
la gente ansiosa de hacer
lo malo,
19 la gente que miente en
un juicio,
y la que provoca pleitos
familiares.

Cuidado con la mujer infiel

20 Querido jovencito,
cumple al pie de la letra
con los mandamientos de
tu padre
y con las enseñanzas de
tu madre.
21 Grábatelos en la memoria,
y tenlos siempre presentes;
22 te mostrarán el camino
a seguir,
velarán tu sueño mientras
duermes,
y hablarán contigo cuando
despiertes.
23 Los mandamientos y
las enseñanzas
son como una lámpara
encendida;
la corrección y la disciplina
te mostrarán cómo debes vivir;
24 te cuidarán de la
mujer infiel,
que con palabras dulces
te convence.
25 No pienses en esa malvada;
no te dejes engañar por
su hermosura
ni te dejes cautivar por
su mirada.
26 Por una prostituta
puedes perder la comida,
pero por la mujer de otro
puedes perder la vida.

27 Si te echas brasas en
el pecho,
te quemarás la ropa;
28 si caminas sobre brasas,
te quemarás los pies;
29 si te enredas con la
esposa de otro,
no quedarás sin castigo.

30 No se ve mal que un ladrón

robe para calmar su hambre,
31 aunque si lo sorprenden
robando
debe devolver siete veces
el valor de lo robado;
a veces tiene que pagar
con todas sus posesiones.
32-33 Pero el que se enreda
con la mujer de otro
comete la peor estupidez:
busca golpes,
encuentra vergüenzas,
¡y acaba perdiendo la vida!
34 Además, el marido engañado
da rienda suelta a su furia;
si de vengarse se trata,
no perdona a nadie.
35 Un marido ofendido
no acepta nada a cambio;
no se da por satisfecho
ni con todo el oro del mundo.

Invitación de la mujer infiel

7 **1** Querido jovencito,
ten presente lo que te digo
y obedece mis mandamientos.
2-3 Cúmplelos, y vivirás;
grábalos en tu mente,
nunca te olvides de ellos.
Cuida mis enseñanzas
como a tu propia vida.

4 Hazte hermano de la
sabiduría;
hazte amigo del conocimiento,
5 y te librará de la mujer
que te engaña con sus palabras
y le es infiel a su esposo.

6 Un día en que yo estaba
mirando a través de
la ventana,
7 vi entre los muchachos impru-
dentes
a uno más imprudente
que otros.
8 Llegó a la esquina,
cruzó la calle,
y lentamente se dirigió
a la casa de esa mujer.
9 Ya había caído la noche.
El día llegaba a su fin.

10 En ese preciso instante
la mujer salió a su encuentro.
Iba vestida como una
prostituta,

y no disimulaba sus intenciones.
11 Llamaba mucho la atención;
se veía que era una mujer
incapaz de quedarse en casa.
12 A esa clase de mujeres
se las ve andar por las calles,
o andar vagando por las plazas,
o detenerse en cada esquina
esperando a ver quién pasa.
13 Cuando la mujer vio al joven,
se le echó al cuello y lo besó,
y abiertamente le propuso:

14 «Puedo invitarte a comer
de la carne ofrecida a mis dioses.
Hoy les cumplí mis promesas,
y estoy en paz con ellos.
15 Por eso salí a tu encuentro;
te buscaba, ¡y ya te encontré!
16 Tengo tendida en la cama
una colcha muy fina y colorida.
17 Mi cama despide el aroma
de los perfumes más excitantes.
18 Ven conmigo;
hagamos el amor hasta mañana.
19 Mi esposo no está en casa,
pues ha salido de viaje.
20 Llenó de dinero sus bolsas,
y no volverá hasta mediados
del mes».

21 Con tanta dulzura le habló,
que lo hizo caer en sus redes.
22 Y el joven se fue tras ella
como va el buey al matadero;
cayó en la trampa como
un venado
23 cuando le clavan la flecha;
cayó como los pájaros,
que vuelan contra la red
sin saber que perderán la vida.

24 Querido jovencito:
obedéceme;
pon atención a lo que te digo.
25 No pienses en esa mujer,
ni pierdas por ella la cabeza.
26 Por culpa suya muchos han
muerto;
¡sus víctimas son ya
demasiadas!
27 Todo el que entra en su casa
va derecho a la tumba.

Invitación de la sabiduría
8 **1** ¡La sabiduría está
llamando!

¡Gritando está la experiencia!
2 Se para a la orilla del camino
o a la mitad de la calle,
para que todos puedan verla.
3 Se para junto a los portones,
a la entrada de la ciudad,
y grita a voz en cuello:

4 «Gente de todo el mundo,
¡a ustedes estoy llamando!
5 Jovencitos ignorantes,
muchachitos inexpertos,
¡piensen bien lo que hacen!
6 Préstenme atención,
pues voy a decirles algo
importante;
7-8 no me gusta la mentira
ni tampoco la hipocresía,
siempre digo la verdad.
9 La gente que sabe entender
reconoce que mis palabras
son justas y verdaderas.
10 No busquen las riquezas,
mejor busquen mis enseñanzas
y adquieran mis conocimientos,
11 pues son más valiosos
que el oro y la plata.
¡Los más ricos tesoros
no se comparan conmigo!

12 »Yo soy la sabiduría,
y mi compañera es la
experiencia;
siempre pienso antes
de actuar.
13 Los que obedecen a Dios
aborrecen la maldad.
Yo aborrezco a la gente
que es orgullosa y presumida,
que nunca dice la verdad
ni vive como es debido.
14 Yo tengo en mi poder
el consejo y el buen juicio,
el valor y el entendimiento.
15-16 Yo hago que actúen con
justicia
reyes, príncipes y gobernantes.
17 Yo amo a los que me aman,
y me dejo encontrar
por todos los que me buscan.
18 Mis compañeras son
la riqueza, el honor,
la abundancia y la justicia.
19 Lo que tengo para ofrecer
vale más que el oro y la plata.
20 Siempre actúo con justicia,
21 y lleno de riquezas

a todos los que me aman.

22-23 »Dios fue quien me creó.
Me formó desde el principio,
desde antes de crear el mundo.
Aún no había creado nada
cuando me hizo nacer a mí.
24 Nací cuando aún no había
mares ni manantiales.
25-26 Nací mucho antes
de que Dios hiciera
los cerros y las montañas,
la tierra y sus paisajes.
27 Yo vi cuando Dios puso
el cielo azul sobre los mares;
28 cuando puso las nubes
en el cielo
y cerró las fuentes del
gran mar,
29-30 cuando les ordenó
a las aguas
no salirse de sus límites.

»Cuando Dios afirmó la tierra,
yo estaba allí, a su lado,
como su consejera.
Mi dicha de todos los días
era siempre gozar de su
presencia.
31 El mundo creado por Dios
me llenaba de alegría;
¡la humanidad creada por Dios
me llenaba de felicidad!

32 »Querido jovencito,
¡escúchame bien!
Dios te bendecirá
si sigues mis consejos.
33 Acepta mis enseñanzas;
no las rechaces.
¡Piensa con la cabeza!
34 Si todos los días
vienes a mi casa
y escuchas mis enseñanzas,
Dios te bendecirá.
35 Los que me encuentran,
encuentran también la vida
y reciben bendiciones de Dios;
36 pero los que me ofenden
ponen su vida en peligro;
odiarme es amar la muerte».

La sabiduría y la ignorancia
9 **1** La sabiduría hizo una casa
y le puso siete columnas
labradas.
2 Hizo además una fiesta,

en la que ofreció el mejor vino.
Una vez puesta la mesa,
3 mandó mensajeras
a la parte alta de la ciudad,
para que desde allí gritaran:

4 «Jovencitos sin experiencia,
ya que les falta entendimiento,
vengan conmigo.
5 Vengan a gozar de mi
banquete;
beban del vino que he
preparado.
6 Si realmente quieren vivir,
déjense de tonterías
y actúen con inteligencia.

7 »Si corriges a los burlones,
sólo ganarás que te insulten;
si reprendes a los malvados,
sólo te ganarás su desprecio.
8 No reprendas a los burlones,
o acabarán por odiarte;
mejor reprende a los sabios,
y acabarán por amarte.
9 Educa al sabio,
y aumentará su sabiduría;
enséñale algo al justo,
y aumentará su saber.

10 »Todo el que quiera
ser sabio
que comience por obedecer
a Dios;
conocer al Dios santo
es dar muestras de
inteligencia.
11 Yo, la sabiduría,
te daré muchos años de vida.
12 Si eres sabio,
tú eres quien sale ganando;
pero si eres malcriado,
sufrirás las consecuencias».

13 La ignorancia es
escandalosa,
tonta y sinvergüenza.
14 Cuando está en su casa,
se sienta a la entrada misma;
cuando está en la ciudad,
se sienta donde todos la vean,
15 y llama a los distraídos
que pasan por el camino:

16 «Jovencitos inexpertos,
faltos de entendimiento,
¡vengan conmigo!

17 ¡No hay nada más sabroso
que beber agua robada!
¡No hay pan que sepa tan dulce
como el que se come a
escondidas!»

18 Pero estos tontos no saben
que esa casa es un cementerio;
¡no saben que sus invitados
ahora están en el fondo de
la tumba!

Los dichos del sabio Salomón
10 ¹ Qué dicha es tener un
hijo sabio;
qué triste es tener un
hijo tonto.

2 De muy poco aprovecha
el dinero mal ganado.
Lo que vale es la honradez,
pues te salva de la muerte.

3 Dios calma el hambre de
la gente buena,
pero no el apetito de la
gente malvada.

4 Si no trabajas,
te quedas pobre;
si trabajas, te vuelves rico.

5 El que es precavido
guarda comida durante
el verano;
el que duerme durante
la cosecha
termina en la vergüenza.

6 Al hombre honrado, Dios
lo bendice;
al malvado, la violencia
lo domina.

7 Al hombre honrado,
se le bendice;
al malvado, su mala
fama lo destruye.

8 El hombre sabio cumple
una orden;
el imprudente acaba
en la ruina.

9 El que vive honradamente
lleva una vida tranquila.
El que es sinvergüenza

un día será descubierto.

10 El engaño causa muchos
problemas
y la imprudencia lleva a
la ruina.

11 Las palabras del hombre
honrado
son una fuente de vida.
Al malvado, la violencia
lo domina.

12 El odio produce más odio;
el amor todo lo perdona.

13 En los labios del sabio
no falta la sabiduría;
en la espalda del imprudente
no faltan los garrotazos.

14 El sabio sabe callar;
el tonto habla y causa
problemas.

15 Al rico lo defiende su
riqueza;
al pobre no lo defiende nada.

16 ¿Qué gana el justo? La vida.
¿Qué gana el malvado?
El pecado.

17 El que acepta la corrección
tendrá una larga vida,
pero quien no oye consejos
no llegará muy lejos.

18 Los mentirosos no
muestran su odio,
pero los tontos todo
lo cuentan.

19 Hablar mucho es de tontos;
saber callar es de sabios.

20 La palabra justa vale mucho;
los planes malvados no
valen nada.

21 El buen consejo es ayuda de
muchos,
pero la imprudencia es trampa
de tontos.

22 La bendición de Dios es riqueza
que viene libre de

preocupaciones.

23 Al tonto lo divierte la maldad;
al sabio lo entretiene la
sabiduría.

24 Lo que menos desea
el malvado
es lo que más le sucede,
en cambio al que es honrado
se le cumplen sus deseos.

25 Llegan los problemas,
se acaban los malvados;
¡sólo el que es honrado
permanece para siempre!

26 El mensajero perezoso
es peor que vinagre en
los dientes;
¡es peor que humo en los ojos!

27 Quien obedece a Dios vivirá
muchos años,
pero el malvado no vivirá
mucho tiempo.

28 A los justos les espera
la felicidad;
a los malvados, la ruina.

29 Dios cuida de los buenos,
pero destruye a los malvados.

30 Los buenos nunca fracasarán;
los malvados no habitarán
la tierra.

31 Los buenos hablan
siempre con sabiduría;
a los malvados se les obliga
a callar.

32 Los buenos saben decir
cosas bonitas;
los malvados sólo dicen
cosas feas.

¡Cuidado con lo que haces!
¡Cuidado con lo que dices!

11 **1** Dios rechaza a los
tramposos,
pero acepta a los honrados.

2 El orgulloso termina en la vergüenza,
y el humilde llega a ser sabio.

3 Al bueno lo guía la justicia;
al traidor lo destruye la
hipocresía.

4 Cuando te enfrentes al
Gran Juez,
de nada te servirán las
riquezas;
sólo haciendo lo que es
justo
te librarás de la muerte.

5 Cuando somos honrados,
todo en la vida es más fácil;
pero a los malvados
su propia maldad los destruye.

6 Cuando somos honrados,
estamos a salvo del mal;
pero a los traidores
su ambición los domina.

7 Cuando mueren los malvados,
mueren con ellos su esperanza
y sus sueños de grandeza.

8 A los malvados les cae la
desgracia,
pero los buenos quedan a
salvo.

9 Los chismes de los malvados
destruyen a sus semejantes,
pero a la gente honrada
la salva la sabiduría.

10 Cuando los buenos triunfan,
la ciudad se alegra;
cuando los malvados mueren,
todo el mundo hace fiesta.

11 La presencia de los buenos
trae bienestar a la ciudad;
la presencia de los malvados
sólo le trae desgracias.

12 El que es imprudente
critica a su amigo;
el que piensa lo que dice
sabe cuándo guardar silencio.

13 La gente chismosa todo lo
cuenta;
la gente confiable sabe callar.

14 Sin buenos gobernantes,
la nación fracasa;

con muchos consejeros
puede salvarse..

15 Si te comprometes a pagar
las deudas de un desconocido
te metes en grandes
problemas;
evita esos compromisos
y vivirás tranquilo.

16 La mujer bondadosa
gana respeto,
y el hombre emprendedor
gana riquezas.

17 Compadécete de los demás
y te harás bien a ti mismo;
pero si les haces daño,
el daño te lo harás tú.

18 Las ganancias del malvado
no son más que una mentira;
la verdadera ganancia
consiste en hacer el bien.

19 El premio del bueno
es la vida,
y el del malvado es la muerte.

20 Dios no soporta a los
malvados,
pues piensan sólo en la maldad;
en cambio a la gente honrada
le muestra su bondad.

21 Una cosa es segura:
Los malvados no quedarán
sin castigo,
pero la gente buena
se salvará.

22 La mujer bella pero tonta
es como una anillo de oro
en la trompa de un cerdo.

23 Los deseos de los buenos
siempre traen bendición;
los deseos de los malos
sólo traen destrucción.

24 Quienes son generosos,
reciben en abundancia;
quienes ni sus deudas pagan,
acaban en la miseria.

25 El que es generoso, progresa;
el que siembra, también

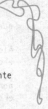

cosecha.

26 Al que esconde el trigo
para venderlo más caro,
la gente lo maldice;
al que lo vende a buen precio,
la gente lo bendice.

27 Trata de hacer el bien,
y te ganarás amigos;
busca hacer la maldad,
y el mal te destruirá.

28 Quien confía en sus riquezas,
se encamina al fracaso;
pero quien es honrado
camina seguro al triunfo.

29 El tonto que daña a
su familia
acaba perdiéndolo todo,
y termina siendo esclavo
del sabio.

30 El premio de los buenos
es la vida misma,
y el premio de los sabios
es el aprecio de la gente.

31 Si aquí en la tierra
los buenos reciben su
recompensa,
¡con más razón reciben
su merecido
los malvados
y los pecadores!

Haz el bien y vivirás

12 **1** Quien ama la corrección,
también ama el conocimiento;
¡hay que ser tonto
para no aprender del castigo!

2 Al que es bondadoso
Dios le muestra su bondad,
pero al que es tramposo
Dios le da su merecido.

3 La maldad no es apoyo seguro;
la bondad es una base firme.

4 La buena esposa
llena de orgullo a su esposo;
la mala esposa le arruina
la vida.

5 La gente buena hace planes
justos;

la malvada sólo piensa
en engañar.

6 Cuando habla la gente
malvada,
tiende trampas mortales;
cuando habla la gente buena,
libra a otros de la muerte.

7 Caen los malvados,
y termina su existencia;
sólo queda con vida
toda la gente buena.

8 Al sabio se le alaba
por su sabiduría;
al tonto se le desprecia
por su estupidez.

9 Más vale pobre acompañado,
que rico abandonado.

10 Los buenos saben
que hasta los animales sufren,
pero los malvados
de nadie tienen compasión.

11 El que trabaja la tierra
siempre tiene comida de sobra,
pero el que sueña despierto
es un gran tonto.

12 Los malvados son esclavos
de sus malos deseos;
pero los buenos son
como árboles
que dan mucho fruto.

13 Los malvados caen en
la trampa
de sus propias mentiras;
los buenos triunfan
sobre el mal.

14 Cada uno recibe lo que
merecen
sus palabras y sus hechos.

15 El tonto está seguro
de que hace lo correcto;
el sabio hace caso del consejo.

16 Los tontos fácilmente
se enojan;
los sabios perdonan la ofensa.

17 La gente honrada
siempre dice la verdad,

pero el testigo falso
dice puras mentiras.

18 El que habla sin pensar
hiere como un cuchillo,
pero el que habla sabiamente
sabe sanar la herida.

19 El que dice la verdad
vive una larga vida;
el que sólo dice mentiras
no vive mucho tiempo.

20 En la mente de los malvados
sólo hay engaño;
entre los que aman la paz
reina la alegría.

21 El bueno no sufre
ningún daño;
al malvado los males le
llegan juntos.

22 Dios no soporta a los
mentirosos,
pero ama a la gente sincera.

23 Si realmente eres sabio,
no presumas de lo que sabes;
sólo los tontos
se jactan de su estupidez.

24 Trabaja, y triunfarás;
no trabajes, y fracasarás.

25 La angustia causa tristeza;
pero una palabra amable
trae alegría.

26 El buen amigo da buenos
consejos;
el malvado se pierde en
su maldad.

27 El perezoso se queda
sin comida;
el trabajador la tiene en
abundancia.

28 Hacer lo bueno
da larga vida;
haz el bien y vivirás.

*Recompensa de los buenos,
castigo de los malos*

13 **1** El hijo sabio acepta
que su padre lo castigue;
el hijo malcriado no permite

que le llamen la atención.

2 Los que hablan de hacer
el bien
reciben su justo premio,
pero los traidores reciben
el castigo que se merecen.

3 El que cuida lo que dice
protege su vida;
el que sólo dice tonterías
provoca su propia desgracia.

4 El que desea tener sin
trabajar,
al final no consigue nada;
¡trabaja, y todo lo tendrás!

5 La gente honrada odia
la mentira;
el malvado siempre causa
vergüenza y deshonra.

6 Al bueno lo protege su
honradez;
al pecador lo arruina
su maldad.

7 Algunos dicen ser ricos
y no tienen nada;
otros dicen ser pobres
y nada les falta.

8 El rico, por su dinero,
corre el peligro de ser
secuestrado;
el pobre no tiene ese
problema,
pues nadie lo amenaza.

9 La vida de los buenos
es luz que llena de alegría;
la vida de los malvados
es una lámpara apagada.

10 La gente orgullosa
provoca peleas;
la gente humilde
escucha consejos.

11 Lo que fácilmente se gana,
fácilmente se acaba;
ahorra poco a poco,
y un día serás rico.

12 ¡Qué tristeza da
que los deseos no se cumplan!

¡Y cómo nos llena de alegría
ver cumplidos nuestros deseos!

13 Si te burlas de una orden,
tendrás tu merecido;
si la obedeces,
tendrás tu recompensa.

14 Las enseñanzas del sabio
son una fuente de vida
y pueden salvarte de la muerte.

15 El que da buenos consejos
se gana el aprecio de todos,
pero el que da malos consejos
acabará en la ruina.

16 El sabio piensa bien
lo que hace;
el tonto deja ver su estupidez.

17 El mensajero malvado
te mete en problemas;
el buen mensajero
te saca de ellos.

18 Si no aprecias la disciplina,
te esperan la pobreza y
la deshonra;
si aceptas que se te corrija,
recibirás grandes honores.

19 ¡Cómo nos alegramos
cuando se cumplen nuestros
deseos!
¡Y cómo le cuesta trabajo
al necio
apartarse del mal!

20 Quien con sabios anda,
a pensar aprende;
quien con tontos se junta,
acaba en la ruina.

21 El bien te trae bendiciones;
el mal sólo te trae problemas.

22 Las riquezas del hombre
bueno
serán para sus nietos;
las riquezas del pecador
serán la herencia de la
gente honrada.

23 En los campos de los pobres
hay comida de sobra;
donde hay maldad todo

se pierde.

24 Si amas a tu hijo, corrígelo;
si no lo amas,
no lo castigues.
25 Los buenos comen hasta
llenarse,
pero los malvados se quedan
con hambre.

Mente sana en cuerpo sano
14 **1** La mujer sabia une a su
familia;
la mujer tonta la desbarata.

2 La gente honrada obedece a
Dios;
la gente malvada lo desprecia.

3 Es de tontos hablar con
orgullo;
es de sabios ser de pocas
palabras.

4 Sin las herramientas
apropiadas,
el trabajo no da fruto;
con buenas herramientas
se saca mejor provecho.

5 El testigo verdadero dice
la verdad;
el testigo falso siempre
dice mentiras.

6 El malcriado quisiera ser
sabio,
pero jamás llegará a serlo;
en cambio, el entendido
muy pronto gana
conocimientos.

7 Aléjate de los tontos,
que nunca aprenderás
nada de ellos.

8 El que es sabio lo demuestra
en que piensa bien lo que hace,
pero el tonto vive engañado
por su propia estupidez.

9 A los necios no les importa
si Dios los perdona o no,
pero la gente buena
quiere el perdón de Dios.

10 Nadie más que tú

conoce realmente
tus tristezas y tus alegrías.

11 La familia del malvado
será destruida,
pero el hogar del bueno
prosperará.

12 Hay cosas que hacemos
que nos parecen correctas,
pero que al fin de cuentas
nos llevan a la tumba.

13 La mucha risa causa dolor;
hay alegrías que acaban
en tristeza.

14 La gente tonta
es feliz con su mala conducta;
la gente buena es feliz
con sus buenas acciones.

15 La gente tonta cree
todo lo que le dicen;
la gente sabia piensa bien
antes de actuar.

16 El sabio conoce el miedo
y se cuida del peligro,
pero el tonto es atrevido
y se pasa de confiado.

17 El que pronto se enoja
pronto hace tonterías,
pero el que piensa en lo
que hace
muestra gran paciencia.

18 La recompensa de los tontos
es su propia estupidez;
el premio de los sabios
consiste en saber cómo actuar.

19 Los malvados no resisten
la justicia de los buenos.

20 Si eres pobre
ni tus amigos te buscan;
si eres rico,
todo el mundo es tu amigo.

21 No debes despreciar al amigo;
¡si eres bueno con los pobres,
Dios te bendecirá!

22 Los que piensan hacer
lo malo

cometen un grave error;
los que procuran hacer lo bueno
reciben el gran amor de Dios.

23 Todo esfuerzo vale la pena,
pero quien habla y no actúa
acaba en la pobreza.

24 La riqueza del sabio es
su sabiduría;
la pobreza del tonto es
su estupidez.

25 El testigo que dice la verdad
salva a otros de la muerte,
pero hay testigos mentirosos.

26 El que obedece a Dios
ya tiene un poderoso protector
para él y para sus hijos.

27 El que obedece a Dios
tiene larga vida;
ha escapado de la muerte.

28 Para el rey es un orgullo
gobernar a un pueblo numeroso;
¡qué vergüenza es para él
no tener a quién gobernar!

29 El sabio domina su enojo;
el tonto no controla su
violencia.

30 Mente sana en cuerpo sano;
por eso la envidia
te destruye por completo.

31 Quien le quita todo al pobre
ofende a Dios, su creador;
quien obedece a Dios
trata bien al pobre.

32 El malvado fracasa por
su maldad;
pero el hombre bueno
confía en Dios hasta la muerte.

33 En la mente del sabio
hay lugar para la sabiduría;
pero la gente tonta
no llega a conocerla.

34 El orgullo de un pueblo
es que se haga justicia;
la desgracia de los pueblos
es que se cometa pecado.

35 El ayudante inteligente
se gana el aprecio del jefe,
pero el empleado sinvergüenza
provoca su enojo.

El valor de la humildad

15 **1** La respuesta amable calma
el enojo;
la respuesta grosera lo
enciende más.

2 Cuando los sabios hablan,
comparten sus conocimientos;
cuando los tontos hablan,
sólo dicen tonterías.

3 Dios está en todas partes,
y vigila a buenos y a malos.

4 Las palabras que brindan
consuelo
son la mejor medicina;
las palabras dichas con mala
intención
son causa de mucha tristeza.

5 El que es tonto no acepta
que su padre lo corrija,
pero el que es sabio
acepta la corrección.

6 A la familia del hombre
honrado
nunca le falta nada;
al malvado sus ganancias
le traen grandes problemas.

7 Cuando los sabios hablan,
comparten su conocimiento;
¡los ignorantes no hacen esto
ni con el pensamiento!

8 A Dios no le agradan
las ofrendas de los malvados,
pero recibe con agrado
las oraciones de la gente
buena.

9 A Dios no le agrada
la conducta de los malvados,
pero les muestra su amor
a los que aman la justicia.

10 Un buen castigo merece
quien muestra mala conducta;
hasta merece la muerte
quien no acepta ser corregido.

11 Para Dios no están ocultos
la tumba ni la muerte,
ni tampoco nuestros
pensamientos.
12 Al malcriado no le gusta
que nadie lo corrija,
ni se junta con los sabios.

13 La tristeza y la alegría
se reflejan en la cara.

14 Los que aman el
conocimiento
siempre buscan aprender más;
pero los ignorantes hablan
y sólo dicen tonterías.

15 Para el que anda triste,
todos los días son malos;
para el que anda feliz,
todos los días son alegres.

16 Más vale ser pobre y
obedecer a Dios
que ser rico y vivir en
problemas.

17 Las verduras son mejores
que la carne
cuando se comen con amor.

18 Quien fácilmente
se enoja,
fácilmente entra en pleito;
quien mantiene la calma,
mantiene la paz.

19 ¡Qué difícil es la vida
para el que es perezoso!
¡Y qué fácil es la vida
para la persona honrada!

20 El hijo sabio alegra a
sus padres;
el hijo tonto los avergüenza.

21 El tonto encuentra
muy graciosa
su falta de inteligencia;
el que es inteligente
corrige su conducta.

22 Ningún proyecto prospera
si no hay buena dirección;
los proyectos que alcanzan
el éxito
son los que están bien dirigidos.

23 Es muy bueno dar
buenas respuestas,
pero responder a tiempo
es aún mejor.
24 Los sabios van rumbo
al cielo;
los tontos, rumbo a la muerte.

25 Dios derriba la casa
del orgulloso,
pero protege los terrenos
de las viudas.

26 Dios no soporta los planes
malvados,
pero le agradan las palabras
amables.

27 El que siempre quiere
tener más
hace daño a su familia,
pero el que no vende su
honradez
a cambio de dinero,
tendrá una larga vida.

28 El bueno piensa antes
de responder;
el malvado habla y deja
ver su maldad.

29 Dios se aparta de los
malvados,
pero escucha la oración
de los buenos.

30 Una mirada amistosa alegra
el corazón;
una buena noticia renueva
las fuerzas.

31 Si quieres ser sabio,
acepta las correcciones
que buscan mejorar tu vida.

32 Quien no acepta la
corrección
se hace daño a sí mismo;
quien la acepta, gana
en entendimiento.

33 Quien obedece a Dios
gana en sabiduría y
disciplina;
quien quiera recibir honores
debe empezar por
ser humilde.

16 **1** El hombre propone
y Dios dispone.
2 Todo el mundo cree hacer
lo mejor,
pero Dios juzga las
intenciones.

3 Deja en manos de Dios
todo lo que haces,
y tus proyectos se harán
realidad.

4 Todo lo que Dios hace
tiene un propósito;
¡hasta creó al malvado
para el día del castigo!

5 Dios no soporta a los
orgullosos,
y una cosa es segura:
no los dejará sin castigo.

6 El pecado se perdona
cuando se ama de verdad;
uno se aleja del mal
cuando obedece a Dios.

7 Cuando Dios está contento
con nuestro comportamiento,
hasta con nuestros enemigos
nos hace vivir en paz.

8 Más vale ser pobre pero
honrado,
que ser rico pero tramposo.

9 El hombre planea su futuro,
pero Dios le marca el rumbo.

10 No hay rey que cometa
errores,
si deja que Dios lo aconseje.

11 Dios quiere que seas honrado
en todos tus negocios.

12 Ningún rey soporta a los malvados;
todo buen reinado depende
de que se practique la justicia.

13 Los reyes aprecian a la gente
que les habla con la verdad.

14 El enojo del rey

es amenaza de muerte;
el que es sabio procura
calmarlo.

15 La sonrisa del rey
es promesa de vida;
contar con su apoyo
es recibir un premio
inesperado.

16 La sabiduría y el
entendimiento
valen más que el oro y la plata.

17 La gente honrada se
aparta del mal,
y así protege su vida.

18 El orgulloso y arrogante
al fin de cuentas fracasa.

19 Vale más compartir
la pobreza de los humildes
que las riquezas de los
orgullosos.

20 El buen administrador
prospera;
¡Dios bendice a quienes
en él confían!

21 Al que piensa bien las cosas
se le llama inteligente;
quien habla con dulzura
convence mejor.

22 El que piensa antes de actuar
vivirá por muchos años,
pero es una tontería
corregir a los tontos.

23 Quien piensa bien
las cosas
se fija en lo que dice;
quien se fija en lo que dice
convence mejor.

24 Las palabras amables
son como la miel:
endulzan la vida
y sanan el cuerpo.

25 Hay quienes piensan
que está bien todo lo
que hacen,
pero al fin de cuentas
acaban en la tumba.

26 Mientras más hambre
se tiene,
más duro se trabaja.

27 El malvado es un horno
lleno de maldad;
sus palabras queman como
el fuego.

28 El que es malvado y chismoso
provoca peleas y causa
divisiones.

29 El violento engaña a
su amigo,
y lo lleva por camino de
maldad.

30 Quien te hace señas
con los ojos
y te sonríe sin razón,
algo malo trama contra ti,
o algo malo ha cometido.

31 Llegar a viejo es una honra;
las canas son la corona
que se gana por ser honrado.

32 Vale más ser paciente que
valiente;
vale más dominarse uno mismo
que dominar a los demás.

33 El hombre propone,
y Dios dispone.

La sabiduría no tiene precio
17 **1** Vale más pan duro entre
amigos
que mucha carne entre
enemigos.

2 El sirviente que se esfuerza
se convierte en jefe del
mal hijo,
y se queda con la herencia
que a este le tocaba.

3 El oro y la plata
se prueban en el fuego;
nuestras intenciones
las pone a prueba Dios.

4 El mentiroso le cree
al mentiroso
y el malvado le cree al
malvado.

5 Es una ofensa contra Dios
burlarse del pobre en
desgracia;
quien lo haga, no quedará
sin castigo.
6 El orgullo de los padres
son los hijos;
la alegría de los abuelos
son los nietos.

7 Tan ridículo resulta que
un tonto
pretenda hablar con
elegancia,
como que un gobernante
piense
que en su país todos son
tontos.

8 El que da dinero a otros
para que le hagan favores
cree tener una varita mágica,
para conseguir siempre lo que
quiere.

9 Quien perdona, gana un
amigo;
quien no perdona, gana un
enemigo.

10 El que es inteligente
con un regaño aprende,
pero el que es necio
ni con cien golpes entiende.

11 El que es revoltoso
siempre anda buscando pelea,
pero un día se enfrentará
con un adversario más cruel.

12 El necio que cree tener la
razón
es más peligroso que una osa
que defiende a sus cachorros.

13 Al que es mal agradecido
siempre le irá mal.

14 Si comienzas una pelea
ya no podrás controlarla;
es como un río desbordado,
que arrastra todo a su paso.

15 Dios no soporta dos cosas:
que el culpable sea declarado
inocente,
y que el inocente sea

declarado culpable.

16 De qué le sirve al tonto
el dinero,
si no tiene entendimiento;
¡la sabiduría no se compra!

17 El amigo siempre es amigo,
y en los tiempos difíciles
es más que un hermano.

18 Hay que ser muy tonto
para salir fiador de otros;
¿por qué pagar deudas ajenas?

19 Dime quién pelea
y te diré quién peca;
dime quién se cree mucho
y te diré quién fracasa.

20 Al que es mal intencionado
nunca le irá bien;
al que es mentiroso
siempre le irá mal.

21 ¡Qué triste es tener
un hijo falto de entendimiento!
No es motivo de alegría
ser el padre de un tonto.

22 No hay mejor medicina
que tener pensamientos
alegres.
Cuando se pierde el ánimo,
todo el cuerpo se enferma.

23 El malvado se vende
por dinero;
¡por eso hay tanta
injusticia!

24 El sabio quiere más
sabiduría;
el tonto no sabe lo
que quiere.

25 ¡Cuánto enojo y cuánta
amargura
causa a sus padres el hijo
necio!

26 No es justo castigar
al inocente,
ni azotar al hombre honrado.

27 Hablar poco es de sabios;
la gente inteligente

mantiene la calma.

28 Hasta el tonto pasa
por sabio
si se calla y mantiene la calma.

*Premio o castigo,
tú lo decides.*

18 *1 El que es egoísta
sólo piensa en sí mismo
y no acepta ningún consejo.

2 Al tonto no le interesa
aprender
sino mostrar lo poco que sabe.

3 La maldad nunca llega sola;
viene siempre acompañada
de vergüenza y desprecio.

4 Las palabras del sabio
son fuente de sabiduría.

5 ¡Qué malo es
declarar inocente al malvado
y no hacerle justicia al
inocente!

6 Cuando el tonto abre la boca,
causa discusiones y pleitos.

7 Cuando el necio abre la boca,
pone su vida en peligro.

8 ¡Qué sabrosos son
los chismes,
pero cuánto daño causan!

9 El vago y el destructor,
¡hasta parecen hermanos!

10 Dios es como una alta torre;
hacia él corren los buenos
para ponerse a salvo.

11 El rico cree estar
protegido;
piensa que sus riquezas
son como una ciudad
con murallas
donde nadie puede
hacerle daño.

12 El orgullo acaba en fracaso;
la honra comienza con la
humildad.

13 Es muy tonto y vergonzoso

responder antes de escuchar.

14 Con ánimo se alivia al enfermo,
pero no a quien está
deprimido.

15 El que es sabio e inteligente
presta atención y aprende
más.

16 Con un regalo generoso
todo el mundo te recibe;
¡hasta la gente más
importante
te abre sus puertas!

17 El primero en defenderse
alega ser inocente,
pero llegan los testigos
y afirman lo contrario.

18 Los pleitos más difíciles
hay que ponerlos en manos
de Dios.

19 Es más fácil derribar
un muro
que calmar al amigo ofendido.

20 Cada uno recibe por
sus palabras
su premio o su castigo.

21 La lengua tiene poder
para dar vida y para quitarla;
los que no paran de hablar
sufren las consecuencias.

22 Si ya tienes esposa,
ya tienes lo mejor:
¡Dios te ha demostrado
su amor!

23 El pobre suplica;
el rico insulta.

24 Con ciertos amigos,
no hacen falta enemigos,
pero hay otros amigos
que valen más que un
hermano.

El sabio oye consejos
19 *1 Más vale ser pobre
y honrado,
que ser necio y tramposo.
2 No es bueno actuar sin

*E*L PASTOR CHARLES SE REÚNE EN LONDRES
CON LA SOCIEDAD RELIGIOSA DE TRATADOS.

"Hay escasez de biblias. Tenemos que hacer algo para que todos tengan la biblia."

pensar;
la prisa es madre del error.

3 El tonto fracasa en todo,
y luego dice:
«¡Dios tiene la culpa!»

4 El rico tiene muchos amigos;
el pobre no tiene ninguno.

5 No hay testigo falso
que salga bien librado;
todo mentiroso recibe
su castigo.

6 A los ricos les sobran amigos;
todo el mundo busca
su amistad
por los regalos que dan.

7 Al pobre ni sus hermanos
lo quieren;
¡mucho menos lo buscan
sus amigos!
Cuando más los necesita,
no están para ayudarlo.

8 Si en verdad te aprecias,
estudia.
Bien harás en practicar lo
aprendido.

9 No hay testigo falso
que salga bien librado;
todos los mentirosos serán
destruidos.

10 No hay nada más absurdo
que un tonto viviendo
entre lujos,
y un esclavo gobernando
a reyes.

11 Es de sabios tener paciencia,
y es más honroso perdonar
la ofensa.

12 Cuando el rey se enoja,
grita como león furioso.
Cuando el rey está contento,
reanima como fresca lluvia.

13 El hijo tonto arruina
a su padre,
y la esposa peleonera
poco a poco arruina al marido.
14 La casa y el dinero

son regalo de los padres;
la esposa inteligente
es un regalo de Dios.

15 Tanto duerme el perezoso
que acaba pasando hambre.

16 El que respeta una orden
se respeta a sí mismo;
el que deja de cumplirla
dicta su sentencia de muerte.

17 Prestarle al pobre
es como prestarle a Dios.
¡Y Dios siempre paga sus
deudas!

18 Corrige a tu hijo
antes de que sea muy tarde;
no te hagas culpable de
su muerte.

19 Quien fácilmente se enoja
sufrirá las consecuencias;
no tiene caso calmarlo,
pues se enciende
más su enojo.

20 El que oye consejo
y acepta que lo corrijan,
acabará siendo sabio.

21 El hombre propone,
y Dios dispone.

22 Todo el mundo quiere tener
a alguien en quien confiar;
todo el mundo prefiere
al pobre
más que al mentiroso.

23 Obedece a Dios y vivirás;
así dormirás tranquilo
y no tendrás ningún temor.

24 Hay gente tan perezosa
que hasta de comer se cansa.

25 El tonto sólo aprende
a través del castigo;
al que es sabio le basta
con sólo ser reprendido.

26 No hay hijo más malo
ni más sinvergüenza
que el que roba a su padre
y echa a la calle a su madre.

27 Querido jovencito,
si no aceptas la corrección,
te apartarás de los sabios
consejos.

28 Un testigo malvado
se burla de la justicia;
su alimento es la maldad.

29 Para el malcriado,
el castigo;
para el tonto, los azotes.

Dios dirige nuestra vida
20 **1** Es de tontos emborracharse
porque se pierde el control
y se provoca mucho alboroto.

2 Cuando el rey se enoja
es como un león que ruge;
quien lo hace enojar,
pone en peligro su vida.

3 Cualquier tonto inicia
un pleito,
pero quien lo evita merece
aplausos.

4 Quien no trabaja en otoño
se muere de hambre en
invierno.

5 Los planes de la mente
humana
son profundos como el mar;
quien es inteligente los
descubre.

6 Hay muchos que afirman
ser leales,
pero nadie encuentra gente
confiable.

7 Dios bendice
a los hijos del hombre honrado,
cuando ellos siguen su ejemplo.

8 En cuanto el rey se sienta
para juzgar al acusado,
con una mirada suya
acaba con el malvado.

9 Nadie puede decir
que tiene buenos
pensamientos
ni que está limpio de pecado.

10 Dios no soporta dos cosas:

que engañes al que te vende,
y que engañes al que
te compra.

11 Por los hechos se llega
a saber
si el joven tiene buena conducta.

12 Dios ha creado dos cosas:
los oídos para oír
y los ojos para ver.

13 Si sólo piensas en dormir
terminarás en la pobreza.
Mejor piensa en trabajar,
y nunca te faltará comida.

14 Para el que compra,
ninguna mercancía es buena;
para el que vende,
ninguna mercancía es mejor.

15 Podrá haber mucho oro,
y muchas piedras preciosas,
pero nada hay más valioso
que las enseñanzas del sabio.

16 Si te comprometes a pagar
las deudas de un desconocido,
te pedirán dar algo en garantía
y perderás hasta el abrigo.

17 Tal vez te sepa muy sabroso
ganarte el pan con engaños,
pero acabarás comiendo
basura.

18 Siempre que hagas planes,
sigue los buenos consejos;
nunca vayas a la guerra
sin un buen plan de batalla.

19 El que habla mucho
no sabe guardar secretos.
No te juntes con gente
chismosa.

20 El que maldice a sus padres
morirá antes de tiempo.

21 Lo que al principio
se gana fácilmente,
al final no trae ninguna
alegría.

22 Nunca hables de tomar
venganza;

mejor confía en Dios,
y él vendrá en tu ayuda.

23 Dios no soporta dos cosas:
que engañes al que te vende,
y que engañes al que
te compra.

24 Nadie sabe cuál será
su futuro.
Por eso debemos dejar
que Dios dirija nuestra vida.

25 No caigas en la trampa
de prometerle algo a Dios,
para luego no cumplirle.

26 Cuando el rey sabio
castiga al malvado,
lo destruye por completo.

27 Dios nos ha dado la
conciencia
para que podamos examinarnos
a nosotros mismos.

28 El rey afirma su reinado
cuando es fiel a Dios
y trata bien a su pueblo.

29 El orgullo del joven es
su fuerza;
el del anciano, su experiencia.

30 Con golpes y con azotes
se corrigen los malos
pensamientos.

Ante Dios, humildad
21 **1** En las manos de Dios
los planes del rey
son como un río:
toman el curso
que Dios quiere darles.

2 Todo el mundo cree
hacer lo mejor,
pero Dios juzga las
intenciones.

3 Más que recibir ofrendas
y sacrificios,
Dios prefiere que se
haga justicia
y que se practique la
honradez.
4 Hay tres cosas que son pecado:

ser orgulloso,
creerse muy inteligente,
y vivir como un malvado.

5 Cuando las cosas se
piensan bien,
el resultado es provechoso.
Cuando se hacen a la carrera,
el resultado es desastroso.

6 Las riquezas que amontona
el mentiroso
se desvanecen como el humo;
son una trampa mortal.

7 La violencia destruye
a los malvados
porque se niegan a
hacer justicia.

8 Quien mal se comporta,
lleva una vida difícil;
quien vive honradamente
lleva una vida sin problemas.

9 Más vale vivir
en un rincón del patio,
que dentro de un palacio
con una persona peleonera.

10 El malvado sólo piensa
en el mal,
y hasta con sus amigos
es malvado.

11 Jóvenes sin experiencia,
acepten el consejo de
los sabios,
y aprendan del castigo
a los malcriados.

12 Dios es justo, y sabe bien
lo que piensa el malvado;
por eso acaba por destruirlo.

13 Quien no hace caso
de las súplicas del pobre,
un día pedirá ayuda
y nadie se la dará.

14 Un buen regalo calma
el enojo
si se da en el momento
oportuno.

15 El hombre honrado es feliz
cuando ve que se hace

justicia,
¡pero cómo se asusta el
malvado!

16 Quien deja de hacer lo bueno,
pronto termina en la tumba.

17 Quien sólo piensa en fiestas,
en perfumes y en borracheras,
se queda en la pobreza,
y jamás llega a rico.

18 Los malvados y ladrones
tendrán que pagar el rescate
de los hombres buenos
y honrados.

19 Vale más la soledad
que la vida matrimonial
con una persona peleonera
y de mal genio.

20 En casa del sabio
hay riquezas y perfumes;
en casa del tonto
sólo hay desperdicios.

21 Busca la justicia y el amor,
y encontrarás vida,
justicia y riquezas.

22 Basta un solo sabio
para conquistar una
gran ciudad.

23 Quien tiene cuidado
de lo que dice,
nunca se mete en problemas.

24 Qué bien le queda
al orgulloso
que lo llamen «¡Malcriado
y vanidoso!»

25-26 El perezoso quiere
de todo,
lo que no quiere es trabajar.
El hombre honrado siempre da
y no pide nada a cambio.

27 Dios no soporta a los
malvados
que le traen ofrendas,
y no son sinceros.

28 El testigo falso será
destruido,

pero al testigo verdadero
siempre se le da la palabra.

29 El malvado parece estar
muy seguro;
pero sólo el hombre honrado
está seguro de verdad.

30 Reconozcamos que
ante Dios,
no hay sabiduría
ni conocimiento,
ni consejos que valgan.
31 A los soldados les toca
preparar sus caballos para
el combate;
pero Dios es quien decide
a quien darle la victoria.

De nada valen las riquezas

22 **1** Vale más ser conocido y
respetado
que andar presumiendo de rico.

2 Los ricos y los pobres
son criaturas de Dios.

3 El que es inteligente
ve el peligro y lo evita;
el que es tonto sigue adelante
y sufre las consecuencias.

4 Humíllate y obedece a Dios,
y recibirás riquezas, honra
y vida.

5 La conducta de los malvados
es una trampa para los demás;
si te cuidas a ti mismo
te apartarás de ella.

6 Educa a tu hijo desde niño,
y aún cuando llegue a viejo
seguirá tus enseñanzas.

7 El pobre trabaja para el rico;
el que pide prestado,
se hace esclavo del
prestamista.

8 Siembra maldad
y cosecharás desgracia;
con el palo que pegues,
serás golpeado.

9 Dios bendice al que
es generoso

y al que comparte su pan con
los pobres.

10 Aleja de ti al buscapleitos
y se acabarán los problemas.

11 Al que convence con
su sinceridad,
el rey le brinda su amistad.

12 Dios protege al sabio,
pero pone en vergüenza
al mentiroso.

13 El haragán siempre
pone pretextos
para no ir al trabajo;
dice que un león en la calle
se lo quiere comer.

14 Los besos de la mujer infiel
son una trampa sin fondo;
Dios no deja sin castigo
a los que se enredan con ella.

15 La necedad del niño,
a golpes se corrige.

16 El rico que roba al pobre
para hacerse más rico,
acabará en la miseria.

Cucharadas de sabiduría

17 Presta atención a mis
palabras,
que son consejos sabios,
y ponte a pensar en mis
enseñanzas.
18 Si te las aprendes de
memoria
y las repites al pie de la letra,
tendrás una grata experiencia.
19-20 Confía siempre en Dios.
Hoy te doy treinta sabios
consejos;
los he escrito pensando en ti.
21 Son dignos de confianza,
para que sepas responder
a quienes te pregunten.

22 No abuses del pobre
sólo porque es pobre,
ni seas injusto con él
en los tribunales.
23 Dios es abogado de
los pobres,
y dejará sin nada

a quienes les quiten todo.

24 No te juntes con gente enojona
ni te hagas amigo de gente violenta,
25 porque puedes volverte como ellos
y pondrás tu vida en peligro.

26 No te comprometas a pagar deudas que no sean tuyas,
27 porque si no las pagas
te quedarás en la calle.

28 Mantén el tamaño de tu terreno
tal como lo recibiste de tus padres.

29 Dime quién se esfuerza en el trabajo
y te diré quien comerá como rey.

23 **1** Cuando comas con gente importante,
piensa bien ante quién te encuentras.
2 Si te gusta comer mucho,
no demuestres que tienes hambre.
3 No dejes que te engañe
la apariencia de esos platillos.

4 No hagas de las riquezas tu única meta en la vida,
5 pues son como las águilas:
abren las alas y salen volando.
Si acaso llegas a verlas,
muy pronto desaparecen.

6 Nunca comas con gente tacaña,
ni dejes que sus platillos te despierten el apetito.
7 Esa gente te invita a comer,
pero su invitación no es sincera;
esa gente es tan tacaña
que se fija en cuánto comes.
8 Al fin de cuentas vomitarás
todo lo que hayas comido,
y todos tus halagos
no habrán servido de nada.

9 No des buenos consejos
a los tontos

porque se burlarán de ti.

10 Mantén el tamaño de tu propiedad
tal como la recibiste de tus padres,
y no invadas el terreno de los huérfanos.
11 Dios es su pariente más cercano
y los defenderá de ti.

12 Recibe la enseñanza con agrado,
y presta atención a los buenos consejos.

13 A los niños hay que corregirlos.
Unos buenos golpes no los matarán,
14 pero sí los librarán de la muerte.

15 Querido jovencito,
cuando alcances la sabiduría,
seré muy feliz.
16 Muy grande será mi alegría
cuando hables como se debe.

17 No envidies a los pecadores,
y obedece siempre a Dios;
18 así tu futuro será feliz.

19 Querido jovencito,
préstame atención,
actúa con inteligencia,
y no dejes de hacer el bien.
20 No te juntes con borrachos
ni te hagas amigo de glotones,
21 pues unos y otros
acaban en la ruina.

22 Presta atención a tus padres,
pues ellos te dieron la vida;
y cuando lleguen a viejos,
no los abandones.
23 Acumula verdad y sabiduría,
disciplina y entendimiento,
¡y no los cambies por nada!
24-25 El hijo bueno y sabio
es motivo de gran alegría
para su padre y su madre
que le dieron la vida.

26 Querido jovencito,
prométeme que pensarás

en mis consejos
y harás tuyas mis enseñanzas.
27 No hay nada más angustioso
que enredarse con la mujer infiel.
28 Esa mujer es como los bandidos:
se esconde para atrapar
a sus víctimas,
y una a una las hace caer
en sus redes.

29-30 El borracho llora y sufre;
anda en pleitos y se queja,
lo hieren sin motivo
y le ponen los ojos morados.
Eso le pasa por borracho,
y por probar nuevas bebidas.

31 Querido jovencito,
no te fijes en bebidas embriagantes
que atraen por su color y brillo,
pues se beben fácilmente,
32 pero muerden como víboras
y envenenan como serpientes.
33 Si las bebes, verás cosas raras
y te vendrán las ideas más tontas.
34 Sentirás que estás en un barco,
navegando en alta mar.
35 Te herirán, y no te darás cuenta;
te golpearán, y no lo sentirás.
Y cuando te despiertes
sólo una idea vendrá a tu mente:
«Quiero que me sirvan
otra copa».

24 **1** No envidies ni busques
la amistad de los malvados,
2 pues sólo piensan en la violencia
y sólo hablan de matar.

3 Construye tu casa
con sabiduría y entendimiento,
4 y llena sus cuartos de conocimiento
que es el más bello tesoro.

5 Más vale maña que fuerza;
más vale el saber que el poder.
6 Quien quiera pelear,

primero debe pensar;
quien quiera ganar,
debe saber escuchar.

7 El necio nunca llegará
a ser sabio.
Cuando está ante el juez,
ni siquiera abre la boca,
pues no sabe qué decir.

8 El que sólo piensa en
la maldad
se gana el título de malvado.
9 El que sólo piensa en pecar
se gana el título de necio.
¡Y nadie los aguanta!

10 Quien se rinde ante
un problema,
no demuestra fuerza
ni carácter.

11 Haz cuanto puedas por salvar
a los que van camino a la
muerte,
12 porque Dios todo lo sabe
y no podrás alegar ignorancia.
¡Si no lo haces, recibirás
tu merecido!

13 ¡Una delicia al paladar
es la dulce miel del panal!
Cómela, jovencito;
¡saboréala!
14 Quiera Dios que en la
sabiduría
halles esa misma dulzura.
Si la encuentras, tendrás
buen futuro
y tus deseos se verán
cumplidos.

15 No tiendas trampas
al hombre honrado,
ni destruyas la casa donde vive.
16 No importa cuantas
veces caiga,
siempre se levantará.
En cambio, el malvado cae
y no vuelve a levantarse.

17 No te burles de tu enemigo
cuando lo veas fracasar,
ni te alegres de su desgracia;
18 si Dios te ve,
no aprobará tu conducta
y se enojará contigo.

19 No te enojes con
los malvados,
ni les tengas envidia,
20 pues no tendrán un
final feliz;
¡su vida será una lámpara
apagada!

21 Querido jovencito,
obedece a Dios y al rey,
y no te juntes con
gente rebelde,
22 pues tal vez Dios
los castigue
cuando tú menos lo esperes,
¡y quién sabe qué puede pasar!

Otra colección de proverbios
23 La siguiente es otra lista
de dichos:

Todo juez debe ser justo
y no favorecer a nadie.
24 Si declara inocente
al culpable
merece que todo el mundo
lo maldiga y lo desprecie.
25 Si condena al culpable,
es bien visto y alabado.

26 Una respuesta sincera
es tan dulce como un beso.

27 Si piensas construir tu casa,
atiende primero a tus
negocios,
y no desatiendas a tu familia.

28 No des falso testimonio
ni mientas en contra de tu
amigo.
29 Nunca pienses en
la venganza,
¡abandona esa idea!

30 En cierta ocasión pasé
por el campo y por la viña
de un tipo tonto y perezoso.
31 Por todos lados vi espinas.
El terreno estaba lleno
de hierba,
y la cerca de piedras,
derribada.
32 Lo que vi jamás se me olvidó,
y de allí saqué una lección:
33 Si te duermes un poco

y te tomas la siesta,
y si tomas un descansito
y te cruzas de brazos...
34 acabarás en la más terrible
pobreza.

Otros proverbios de Salomón
25 **1** La siguiente lista de proverbios de Salomón fue preparada
por los servidores de Ezequías, rey
de Judá.

2 A Dios lo alabamos
porque vive en el misterio;
al rey lo respetamos
porque trata de entenderlo.

3 El cielo está allá arriba,
la tierra está aquí abajo,
pero la mente de los reyes
nadie sabe dónde está.

4 En cuanto el joyero
limpia de impurezas la plata,
puede hacer una copa.
5 En cuanto el rey
limpia de malvados el reino,
puede hacer justicia.

6 Cuando estés ante el rey,
no te sientas importante
ni te des aires de grandeza.
7 Vale más que el propio rey
te diga dónde sentarte,
y no que pases vergüenza
ante sus invitados.

Si de algo eres testigo,
8 no vayas corriendo a
los tribunales,
no sea que, al fin de cuentas,
otro testigo lo niegue
y te ponga en vergüenza.

9 Defiéndete si es necesario,
pero no le cuentes a nadie
lo que otros te han confiado,
10 no sea que alguien te oiga
y te ponga en vergüenza,
y te ganes mala fama.

11 Las palabras dichas a tiempo
son como manzanas de oro
con adornos de plata.

12 Para quien sabe apreciarla,
una sabia reprensión vale tanto

como una joya de oro muy fino.

13 Tan refrescante
como apagar tu sed
con un vaso de agua fresca,
es contar con un amigo
a quien puedes confiarle
un mensaje.

14 Hay quienes hablan de dar
y nunca dan nada.
Son como las nubes oscuras,
que anuncian lluvia...
¡y no llueve!
15 La paciencia vence toda
resistencia.
La cortesía vence toda
oposición.

16 Si encuentras miel,
no comas demasiada;
la mucha miel empalaga.

17 Con los amigos, guarda
tu distancia;
visitarlos demasiado
ya es molestia.

18 Quien habla mal de su amigo
lo hiere más que una espada.

19 Confiar en gente traicionera
cuando se tienen problemas,
es peor que comer con
dolor de muelas
o caminar con una pierna rota.

20 Nadie cura con vinagre
una herida,
ni anda desnudo en el frío,
ni les canta canciones
a los que están afligidos.

21 Si tu enemigo tiene hambre,
dale de comer;
y si tiene sed, dale de beber.
22 Así Dios te premiará,
y tu enemigo se pondrá
rojo de vergüenza.

23 El viento del norte
hace llover,
y las malas lenguas
hacen enojar.

24 Más vale vivir
en un rincón del patio

que dentro de un palacio
con una persona peleonera.

25 Con qué gusto se recibe
el agua fresca cuando
se tiene sed;
así se reciben las buenas
noticias
que vienen de tierras lejanas.

26 Cuando el hombre bueno
se rinde ante el malvado,
se contamina como un río
al que se arrojan desperdicios.
27 Tan malo es comer
mucha miel,
como recibir muchos halagos.

28 Quien no controla
su carácter
es como una ciudad
sin protección.

La necedad

26 **1** No es posible imaginar
que caiga nieve en la selva,
ni que llueva en el desierto,
ni que se alabe a un tonto.

2 La maldición sin motivo
jamás surte efecto;
es como un ave sin rumbo.

3 Para el caballo, el látigo;
para el burro, el freno;
para el necio, el garrote.

4 No te pongas al nivel
del necio,
o resultará que el necio
eres tú.

5 Pon al tonto en su lugar,
para que no se crea muy sabio.

6 Enviar como mensajero
a un tonto
da lo mismo que no
enviar a nadie.

7 Dime de qué sirve
que el tonto diga proverbios,
y te diré de qué sirve
una carreta sin bueyes.

8 Dime de qué sirve
alabar al tonto,

y te diré de qué sirve
un arco sin flechas.

9 Un proverbio en labios
de un tonto
es lo mismo que un cuchillo
en manos de un borracho.

10 Tan peligroso es que lances
piedras al aire,
como que a un tonto
le des trabajo en tu casa.

11 El perro vuelve a su vómito,
y el necio insiste en
su necedad.

12 Más puede esperarse
de quien reconoce que
es tonto,
que de un tonto que
se cree muy sabio.

La pereza

13 El perezoso pone como
pretexto
que en la calle hay leones
que se lo quieren comer.

14 ¿En qué se parece
el perezoso a la puerta?
¡En que los dos se mueven,
pero ninguno avanza!

15 Al que es perezoso
hasta comer le cuesta trabajo.

16 El perezoso se cree
muy sabio;
piensa que no hay nadie
como él.

17 Tan peligroso resulta
meterse en pleitos ajenos,
como querer agarrar
por la cola
a un perro bravo.

18 Como loco que lanza
piedras al aire,
19 es quien engaña al amigo
y dice que estaba bromeando.

20 El fuego se apaga
si no se le echa más leña,
y el pleito se acaba
si no siguen los chismes.

21 ¿En qué se parecen
la leña y el peleonero?
En que la leña aviva el fuego,
y el peleonero aviva el pleito.

22 Los chismes son
muy sabrosos,
pero también hacen
mucho daño.

23 Los piropos del malvado
son tan engañosos
como una olla de barro
cubierta de plata.

24 El que esconde sus
rencores,
en el fondo es mentiroso.
25 No creas lo que te diga,
pues te habla con dulzura
pero busca hacerte daño.
26 Miente al decir que
te quiere,
pues todos saben que te odia.

27 No abras zanjas
si no quieres caer en ellas,
ni hagas rodar piedras
si no quieres que te aplasten.

28 Quien miente, no se quiere
a sí mismo;
quien a todos alaba, se
busca problemas.

¡Nadie controla el futuro!

27 **1** No presumas hoy
de lo que piensas hacer
mañana;
¡nadie sabe lo que traerá
el futuro!

2 No presumas de ti mismo;
deja que te alaben los demás.

3 Las piedras son pesadas,
y la arena también,
pero aún más pesado
es el enojo del necio.

4 El enojo es cruel,
la ira es destructiva,
y la envidia es incontrolable.

5 Quien de veras te ama
te reprenderá abiertamente.
6 Más te quiere tu amigo

cuando te hiere
que tu enemigo cuando
te besa.

7 Cuando no se tiene hambre,
hasta la miel empalaga;
cuando se tiene hambre,
hasta lo amargo sabe dulce.

8 Estar lejos de la patria,
es andar como pájaro sin nido.

9 Con un buen perfume
se alegra el corazón;
con la dulzura de la amistad
se vuelve a la vida.

10 Nunca les falles a
los amigos,
sean tuyos o de tu padre.

Nunca lleves tus problemas
a la casa de tu hermano.

Más vale amigo cercano
que pariente lejano.

11 Querido jovencito,
hazme feliz actuando
con sabiduría,
para taparles la boca
a los que quieran humillarme.

12 Prever el peligro y evitarlo
es actuar con inteligencia;
hay que ser muy tonto
para no preverlo ni evitarlo.

13 El que se comprometa
a pagar
las deudas de un desconocido
y se enrede con una
mujer infiel,
perderá todo lo que tenga.

14 Hasta el mejor saludo
es un insulto grave,
si se hace a gritos
y en la madrugada.

15 Peor que gotera en
día lluvioso,
es la persona que por
todo pelea.
16 ¡Querer controlarla
es querer atajar el viento
o retener aceite en la mano!

17 Para afilar el hierro, la lima;
para ser mejor persona,
el amigo.

18 Si quieres buena fruta,
cuida del árbol;
si quieres buen trato,
trata bien a tu jefe.

19 El espejo refleja el rostro;
y los ojos revelan
la personalidad.

20 Hay tres cosas
que nunca están satisfechas:
la tumba, la muerte,
y la ambición humana.
21 Con el fuego se descubre
qué clase de metal tenemos;
con los elogios se descubre
qué clase de persona somos.

22 Si al trigo lo machacas,
puedes quitarle la cáscara,
pero al necio, aunque
lo remuelas,
no se le quita lo necio.

23-25 Las riquezas no son
eternas,
ni el dinero dura para siempre.
Las cosechas se acaban,
y la hierba se seca.
Por eso, cuida bien tu rebaños.
26-27 Tus ovejas te darán
su lana,
tus cabras te darán
mucha leche,
y así podrán alimentarse
tú y tu familia
y hasta tus empleados.
Además podrás vender
tus cabras
y con el dinero comprar
un terreno.

Haz el bien, y te irá bien

28 **1** El que nada debe,
nada teme,
pero el malvado siempre huye
aunque nadie lo persiga.

2 En un país lleno de maldad
todos se creen líderes,
pero el gobernante capaz
logra poner el orden.
3 El pobre que maltrata

a otro pobre
es como una tormenta
que acaba con las cosechas.

4 Los que se apartan de la ley
aplauden a los malvados,
pero los que la obedecen
se oponen a ellos.

5 Los malvados no
entienden nada
acerca de la justicia,
pero los que obedecen a Dios
demuestran que sí
la entienden.

6 Vale más el pobre honrado,
que el rico malvado.

7 El que es inteligente
obedece la ley;
el que todo lo malgasta,
llena de vergüenza a su padre.

8 Al que presta dinero
y luego exige que
le devuelvan el doble,
Dios le quitará todo
y hará que alguien
de buen corazón
se lo dé a los pobres.

9 Dios rechaza las oraciones
de los que no lo obedecen.

10 Quien hace pecar al
hombre honrado
quedará atrapado en
su propia trampa.

Los que hacen el bien
recibirán como premio el bien.

11 Aunque el rico se crea
muy sabio,
el pobre con su inteligencia
se da cuenta que el rico
no es más que un tonto.

12 El triunfo de los justos
siempre es motivo de fiesta;
el triunfo de los malvados
espanta a todo el mundo.

13 Quien esconde su pecado
jamás puede prosperar;
quien lo confiesa y lo deja,

recibe el perdón.

14 ¡Dios bendice a quienes
lo obedecen!
Pero los necios caen
en la desgracia.

15 El gobernante malvado
que maltrata a un
pueblo pobre
es como un león hambriento
que despedaza a su presa.

16 El gobernante estúpido
sólo piensa en maltratar
y robar;
pero el que no lo hace
vivirá muchos años.
17 El que mata a otro
no merece ayuda.
¡Tarde o temprano
le pasará lo mismo!

18 El hombre honrado
quedará a salvo;
el de mala conducta
un día caerá.

19 El que trabaja
tendrá suficiente comida;
el que no trabaja
acabará en la pobreza.

20 El hombre digno de
confianza
siempre será alabado;
el que sólo quiere hacerse rico
no quedará sin castigo.

21 No aceptes ser testigo falso
contra ninguna persona;
porque hay quienes lo hacen
hasta por un pedazo de pan.

22 Quien sólo vive
pensando en dinero,
acabará más pobre
de lo que se imagina.

23 El tiempo te demostrará
que vale más
una crítica sincera
que un elogio.

24 Amigo de gente malvada
es quien roba a sus padres
y alega que no ha hecho nada.

25 El amor al dinero es
causa de pleitos.
Confía en Dios, y prosperarás.

26 El necio confía en sí mismo;
el sabio se pone a salvo.

27 El que ayuda al pobre
siempre tendrá de todo;
el que no ayuda al pobre
terminará en la desgracia.

28 Cuando triunfan
los malvados,
todo el mundo corre
a esconderse;
pero cuando son destruidos,
prosperan los hombres buenos.

Hacer el bien trae alegría
29 **1** Quien no acepta las
reprensiones
será destruido,
y nadie podrá evitarlo.

2 Cuando la gente buena
prospera,
el pueblo se pone alegre;
cuando gobiernan los
malvados,
el pueblo se pone triste.

3 El que ama la sabiduría
trae alegría a su padre;
el que anda con prostitutas
malgasta todo lo que tiene.

4 El rey que hace justicia
da seguridad al país;
el que sólo cobra impuestos
lleva el país a la ruina.

5 Quien mucho alaba al amigo,
mucho lo engaña.

6 El malvado cae en su
propia trampa;
pero el que es bueno
vive con gran alegría.

7 La gente buena se preocupa
por defender al indefenso;
pero a los malvados
eso ni les preocupa.

8 Los que aman la intriga
enredan a todos en pleitos,

pero los sabios siembran la paz.

9 Sólo burlas y enojos saca el sabio
que discute con un tonto.

10 Los asesinos desean la muerte
de la gente buena y honrada.

11 El necio no esconde su enojo;
el sabio sabe controlarse.

12 El gobernante que presta atención
a toda clase de mentiras,
vivirá rodeado de ayudantes malvados.
13 Al pobre y al que lo maltrata
Dios les ha dado la vida.

14 El rey afirma su reinado
cuando gobierna bien a los pobres.

15 Los golpes y la disciplina
enseñan a ser sabio,
pero el que es malcriado
sólo avergüenza a su madre.

16 Donde aumentan los malvados,
aumenta la maldad;
¡pero la gente buena los verá fracasar!

17 Corrige a tu hijo
y vivirás tranquilo
y satisfecho.

18 Donde no hay un buen gobernante,
el pueblo no sabe qué hacer;
pero Dios bendice
a los que obedecen su ley.

19 Cuando el esclavo es necio,
no bastan las palabras;
sólo con golpes obedece.

20 Fíjate en la gente
que no piensa lo que dice:
¡más puedes esperar de un tonto
que de esa clase de gente!

21 Si empiezas por consentir
a tu sirviente,
al final tendrás que lamentarlo.

22 La gente que fácil se enoja
siempre provoca peleas;
la gente violenta
comete muchos errores.

23 El orgulloso será humillado,
y el humilde será alabado.

24 Si te juntas con ladrones
no aprecias en nada tu vida;
pues cuando ellos
sean acusados,
no podrás negar que
eres culpable.

25 Si tienes miedo de la gente,
tú mismo te tiendes
una trampa;
pero si confías en Dios
estarás fuera de peligro.

26 No busques la amistad
del gobernante
para que él te haga justicia;
mejor confía en Dios,
pues él es justo con todos.

27 Ni el hombre justo soporta
al malvado,
ni el malvado soporta al
hombre justo.

La sabiduría de Agur

30 **1** Estas son las palabras
de Agur, hijo de Jaqué de Masa.
Agur les habló a Itiel y Ucal de la
siguiente manera:

2 «Soy el más ignorante
entre los ignorantes;
no tengo capacidad de razonar.
3 No tengo sabiduría,
y mucho menos conocimiento
de quién es Dios.

4 »Al cielo nadie ha subido;
del cielo nadie ha bajado.
No hay nadie que pueda
retener el viento en un puño,
ni envolver el mar en un manto.
Nadie sabe quién puso
los límites de la tierra;
¡nadie lo conoce,
ni sabe quién es su hijo!

5 »Toda palabra de Dios
ha pasado la prueba de fuego.
Dios protege como escudo
a los que buscan su protección.
6 No añadas a sus palabras
ninguna idea tuya,
porque puede reprenderte
y mostrar que eres
un mentiroso.

7 »Dios mío,
antes de mi muerte
concédeme sólo dos cosas;
¡no me las niegues!
8 Mantenme alejado de
la mentira,
y no me hagas pobre ni rico;
¡aléjame de toda falsedad
y dame sólo el pan de cada día!
9 Porque si llego a ser rico
tal vez me olvide de ti
y hasta me atreva a decir
que no te conozco.
Y si vivo en la pobreza,
puedo llegar a robar
y así ponerte en vergüenza.

10 »No hables mal de
un esclavo
ante su amo,
porque el esclavo podría
hablar mal de ti
y quedarás en ridículo
ante todos.

11 »Algunos hablan mal
de sus padres,
y hasta los maldicen.
12 Hay quienes se creen
perfectos,
pero están llenos
de pecado.
13 Hay quienes se creen
superiores,
y a todos miran con
desprecio.
14 Hay quienes aman
tanto el dinero
que despojan a los pobres
y a los indefensos de
este mundo;
les sacan hasta el
último centavo,
y los dejan desnudos
en la calle.
15 »La chupasangre tiene
dos hijas:

una se llama ''Dame'',
y la otra, ''Damemás''.
Es amiga del que ama
el dinero,
pues este siempre
quiere más.

»Hay tres, y hasta
cuatro cosas
que nunca quedan
satisfechas:
16 la mujer estéril que
pide hijos,
la tierra que pide más agua,
el fuego que pide más leña
y la tumba que pide
más muertos.

17 »El que desobedece
y desprecia a sus padres,
bien merece
que los cuervos le
saquen los ojos
y que los buitres se lo
coman vivo.

18 »Hay tres, y hasta
cuatro cosas
que me parecen increíbles
y que no alcanzo a
comprender:
19 cómo saber que un águila
ha pasado por el cielo;
cómo saber que una
serpiente
ha pasado por una roca;
cómo saber que un barco
ha pasado por el mar;
y cómo saber que un hombre
se ha acostado con una mujer.

20 »La mujer infiel se acuesta
con otro hombre,
luego se baña y dice:
''¡Aquí no ha pasado nada!''

21 »Hay tres, y hasta
cuatro personas
que la tierra no soporta
y que la hacen estremecerse:
22 El sirviente
que llega a gobernar,
el tonto
que llega a ser muy rico,
23 la mujer infiel
que vuelve a casarse,
y la sirvienta que llega a ser

la señora de la casa.
24 »Hay cuatro cosas
en el mundo
que a pesar de ser pequeñas
son más sabias que los sabios:
25 Las hormigas,
insectos muy pequeños
que guardan comida
en el verano,
para tener suficiente
en el invierno;
26 los tejones,
animalitos que por ser
indefensos
hacen sus cuevas entre
las rocas;
27 los saltamontes,
que aunque no tienen
comandante
son tan ordenados
y disciplinados
como un ejército,
28 y las lagartijas,
que son fáciles de atrapar
pero viven libres en
los palacios.

29 »Hay tres, y hasta cuatro
cosas
que caminan con elegancia:
30 el león con su gran melena,
que sin miedo reina
en la selva;
31 el gallo vanidoso,
con su roja cresta;
el carnero de la montaña
con sus enormes cuernos;
y el rey con su corona de oro
que marcha frente a
su ejército.
32 »Si te portas como
un tonto,
y te crees muy importante
y haces planes contra otros,
ten presente lo siguiente:
33 Si bates la leche, sacarás
mantequilla;
si te suenas fuerte la nariz,
te sacarás sangre;
y si buscas pleitos,
pleitos tendrás».

Dichos del rey Lemuel
31 **1** Con estas palabras el rey
Lemuel fue educado por su madre.
2 «Querido hijo mío,
que naciste como respuesta

de mis oraciones a Dios,
¿qué consejos podría darte?
3 ¡No te vuelvas loco por
las mujeres!,
pues han llevado a la ruina
a muchos reyes.

4 »Querido Lemuel,
no conviene que los reyes
tomen bebidas alcohólicas,
ni que se emborrachen.
5 Porque en cuanto
se emborrachan
se olvidan de la ley
y no protegen a los pobres.
6 El alcohol es para
los que viven amargados
y ya no tienen esperanza.
7 ¡Déjalos que se emborrachen
y se olviden de su miseria!
¡Que no se acuerden
de lo mucho que sufren!

8 »Habla en favor de
las viudas;
defiende los derechos
de los huérfanos.
9 Habla en favor de ellos;
¡hazles justicia!
¡Defiende a los pobres
y humildes!»

La mujer ejemplar
10 ¡Qué difícil es hallar
una esposa extraordinaria!
¡Hallarla es como encontrarse
una joya muy valiosa!
11 Quien se casa con ella
puede darle toda su confianza;
dinero nunca le faltará.
12 A ella todo le sale bien;
nunca nada le sale mal.
13 Sale a comprar lana y lino,
y con sus propias manos
trabaja con alegría.
14 Se parece a los barcos
mercantes:
de muy lejos trae su comida.
15 Se levanta muy temprano,
y da de comer a sus hijos
y asigna tareas a sus
sirvientas.
16 Calcula el precio de
un campo;
con sus ganancias lo compra,
planta un viñedo,
17 y en él trabaja

de sol a sol.
18 Ella misma se asegura
de que el negocio marche bien;
toda la noche hay luz
en su casa,
pues toda la noche trabaja.
19 Ella fabrica su propia ropa,
20 y siempre ayuda a los pobres.
21 No le preocupa que haga frío,
pues todos en su casa
andan siempre bien
abrigados.
22 Toma telas de lino y
de púrpura,
y ella misma hace colchas
y vestidos.
23 En la ciudad y en el país
su esposo es bien conocido,
pues ocupa un lugar importante
entre la gente de autoridad.
24 La ropa y los cinturones
que ella misma fabrica,
los vende a los comerciantes.
25 Es mujer de carácter;
mantiene su dignidad,
y enfrenta confiada el futuro.
26 Siempre habla con sabiduría,
y enseña a sus hijos con amor.
27 Siempre está pendiente
de su casa
y de que todo marche bien.
Cuando come pan,
es porque se lo ha ganado.
28 Sus hijos la felicitan;
su esposo la alaba y le dice:
29 «Mujeres buenas
hay muchas,
pero tú las superas a todas».

30 La hermosura es engañosa,
la belleza es una ilusión;
¡sólo merece alabanzas
la mujer que obedece a Dios!
31 ¡Que todo el mundo
reconozca
los frutos de su esfuerzo!
¡Que todos en la ciudad
la alaben por sus acciones!

Eclesiastés

Nada tiene sentido

1 **1-2** Estas son las palabras del Predicador, hijo de David, que fue rey en Jerusalén:

¡En esta vida nada tiene
sentido!
¡Todo es una ilusión!

3 Realmente, en esta vida
nada ganamos con tanto
trabajar.
4 Unos nacemos, y otros
morimos,
pero la tierra jamás cambia.
5 El sol sale por la mañana,
y por la tarde se oculta,
y vuelve corriendo a su lugar
para salir al día siguiente.
6 El viento gira y gira,
y no deja de girar;
a veces sopla hacia el norte,
y a veces sopla hacia el sur.
7 Los ríos corren hacia el mar,
y luego vuelven a sus fuentes
para volver a vaciarse en
el mar,
pero el mar jamás se llena.
8 ¡Qué difícil me resulta
explicar lo aburrido que es
todo esto!
¡Nadie se cansa de ver!
¡Nadie se cansa de oír!
9 Lo que antes sucedió,
vuelve a suceder;
lo que antes se hizo,
vuelve a hacerse.
¡En esta vida no hay
nada nuevo!

10 Cuando alguien llega a decir:
«¡Aquí tengo algo nuevo!»,
resulta que eso ya existía
antes de que naciéramos.
11 Nosotros no nos acordamos
de lo que otros hicieron,
ni los que vengan después
se acordarán de lo que hicimos.
¡Los que vengan después
creerán empezar de nuevo!

Nada vale la pena

12 Yo, el Predicador, fui rey de
Israel, y reiné en la ciudad de
Jerusalén. **13** Toda mi sabiduría la
dediqué a tratar de entender lo
que se hace en este mundo. ¡Esta
es la tarea que Dios nos dejó, y es
una tarea muy pesada! **14** Pude
darme cuenta de que no tiene
sentido nada de lo que se hace en
este mundo; ¡todo es como querer atrapar el viento! **15** Como dice
el dicho: «Nadie puede enderezar
lo torcido, ni contar lo que no
tiene».

16 Entonces me puse a pensar:
«Vaya, vaya, aquí me tienen,
hecho todo un gran personaje.
Nunca hubo en Jerusalén nadie
más sabio que yo; nunca nadie
tuvo tantos conocimientos.
17 Aquí me tienen, dedicado por
completo a tratar de comprender
lo que es la sabiduría; ¡conozco
hasta las más grandes tonterías!
Pero también eso es como querer
atrapar el viento. **18** Lo cierto es
que mientras más se sabe, más se
sufre; mientras más se llena uno
de conocimientos, más se llena de
problemas».

2 **1** Entonces decidí ver qué de
bueno ofrecen los placeres, ¡pero
tampoco a esto le encontré sentido! **2** Y concluí que las diversiones son una locura, y que los placeres no sirven para nada.

3 Hice luego la prueba de beber
mucho vino y de cometer las más
grandes tonterías. Quería ver qué
de bueno le encuentra la gente a
sus pocos años de vida en este
mundo. Pero hice esto sabiendo
lo que hacía. Nunca perdí el control de la situación. **4** Todo lo hice
en grande: construí mis propias
casas, planté mis propios viñedos, **5** cultivé mis propios jardines, y en mis huertos planté
toda clase de árboles frutales.
6 También mandé construir repre-
sas de agua para regar los árboles
que allí crecían. **7** Llegué a tener
muchos esclavos y esclavas, y
también tuve más vacas y ovejas
que todos los que reinaron en
Jerusalén antes que yo. **8** Llegué a
tener montones de oro y plata, y
me quedé con las riquezas de
otros reyes y de otras naciones.
Tuve a mi servicio hombres y
mujeres que cantaban para mí, y
gocé de todos los placeres humanos, pues tuve muchas mujeres.
9 Entre los que reinaron en
Jerusalén antes que yo, nunca
nadie fue tan importante ni tan
sabio. **10** Hice todo lo que quise,
todo lo que se me ocurrió. Disfruté
plenamente de todos mis trabajos, pues bien ganado me lo tenía.
11 Luego me puse a pensar en todo
lo que había hecho, y en todo el
trabajo que me había costado
hacerlo, y me di cuenta de que
nada de esto tenía sentido; todo
había sido como querer atrapar el
viento. ¡En esta vida nadie saca
ningún provecho!

Nada nos llevamos de este mundo

12 Como yo era el nuevo rey, y no
podía hacer más de lo que ya
estaba hecho, me puse a pensar
en lo que significa ser sabio y ser
tonto. **13** Entonces me di cuenta
de que ser sabio es como andar
en la luz, y que ser tonto es como
andar a oscuras, **14** pues el sabio
sabe lo que hace, pero el tonto
no sabe nada de nada.
Pero también me di cuenta de
que todos tenemos un mismo
final, **15** así que me puse a pensar:
«¿Qué gano yo con ser tan sabio,
si al fin de cuentas moriré igual
que los tontos? ¡Esto no tiene
ningún sentido!» **16** Como los
sabios mueren igual que los tontos, y como todo se olvida con el
tiempo, después nadie vuelve a
acordarse ni de unos ni de otros.
17 Como nada en este mundo me
causaba alegría, terminé por
aborrecer la vida. Lo cierto es que
nada tiene sentido; ¡todo es
como querer atrapar el viento!
18 También terminé por aborrecer
el haber trabajado tanto en esta
vida, pues el fruto de todo mi
trabajo tendría que dejárselo a
quien reinara después de mí,
19 sin importar que ese nuevo rey
fuera sabio o tonto. ¡Realmente

no tiene sentido que alguien venga y se quede con todo lo que tanto trabajo nos ha costado llegar a tener!

20 Una vez más me desanimó el haber trabajado tanto en esta vida. **21** Resulta que algunos ponemos a trabajar nuestra sabiduría, nuestros conocimientos y experiencia, ¡tan sólo para dejarle todos nuestros bienes a quien nunca hizo nada para ganárselos! ¡Eso está muy mal, y no tiene ningún sentido! **22** Después de tantos trabajos, esfuerzos y preocupaciones, ¿qué nos llevamos de este mundo? ¡Nada! **23** Nuestra vida está llena de dolor y sufrimiento; ni de noche logramos descansar. ¡Eso no tiene sentido!

24 Lo mejor que podemos hacer es comer y beber, y disfrutar de nuestro trabajo. He podido darme cuenta de que eso es un regalo de Dios, **25** pues si no fuera por él, ¿quién podría comer y estar alegre? **26** Cuando Dios quiere a alguien, le da sabiduría y conocimientos, y lo hace estar alegre; en cambio, al que desobedece lo hace trabajar y amontonar mucho dinero, para luego dárselo todo a quien él quiere. ¡Pero eso tampoco tiene sentido! ¡Es como querer atrapar el viento!

Hay un tiempo para todo

3 **1** En esta vida todo tiene su momento; hay un tiempo para todo:

2 Hoy nacemos,
mañana morimos;
hoy plantamos,
mañana cosechamos;
3 hoy herimos,
mañana curamos;
hoy destruimos,
mañana edificamos;
4 hoy lloramos,
mañana reímos;
hoy guardamos luto,
mañana bailamos de gusto;
5 hoy esparcimos piedras,
mañana las recogemos;
hoy nos abrazamos,
mañana nos despedimos;
6 hoy todo lo ganamos,
mañana todo lo perdemos;
hoy todo lo guardamos,
mañana todo lo tiramos;
7 hoy rompemos,
mañana cosemos;
hoy callamos,
mañana hablaremos;
8 hoy amamos,
mañana odiaremos;
hoy tenemos guerra,
mañana tendremos paz.

Los regalos de Dios

9-10 Me he fijado en la carga tan pesada que Dios ha echado sobre nosotros. ¡Pero nada nos queda después de tanto trabajar! **11** Cuando Dios creó este mundo, todo lo hizo hermoso. Además, nos dio la capacidad de entender que hay un pasado, un presente y un futuro. Sin embargo, no podemos comprender todo lo que Dios ha hecho. **12-13** Mientras tengamos vida, hagamos lo bueno y pasémosla bien. El comer y el beber, y el disfrutar del fruto de tanto trabajo, es algo que Dios nos permite. Eso lo sé muy bien, **14** como sé también que todo lo que Dios ha hecho permanecerá para siempre; a su creación no hay nada que agregarle ni nada que quitarle; Dios lo hizo todo así para que reconozcamos su poder. **15** Todo lo que ahora existe, ya existía mucho antes; y todo lo que habrá de existir, existe ya. Dios hace que todo vuelva a repetirse.

Todo vuelve al polvo

16 En esta vida he visto también las injusticias que cometen los jueces, de quienes esperamos que hagan justicia. **17** Pero como todo en este mundo tiene «su hoy y su mañana», me consuela pensar que un día, Dios juzgará al justo y al malvado. **18** También me consuela pensar que Dios nos pone a prueba, para que nosotros mismos nos demos cuenta de que no somos diferentes a los animales, ni superiores a ellos; **19** nuestro destino es el mismo: tanto ellos como nosotros necesitamos del aire para vivir, y morimos por igual. En realidad, nada tiene sentido. **20** Todos vamos al mismo lugar, pues «todo salió del polvo, y al polvo todo volverá».

21 Lo cierto es que nadie sabe si el espíritu del hombre sube a las alturas, ni tampoco si el espíritu de los animales baja al fondo de la tierra. **22** Lo que sí he visto es que, cuando morimos, nadie nos trae de vuelta para ver lo que pasará después. Por eso, disfrutemos de nuestro trabajo, ya que trabajar es nuestro destino.

4 **1** Miré hacia otro lado, y esto fue lo que vi en este mundo: hay mucha gente maltratada, y quienes la maltratan son los que tienen el poder. La gente llora, pero nadie la consuela. **2** Entonces dije: «¡Qué felices son los que han muerto, y qué lástima dan los que aún viven!» **3** Aunque, en realidad, son más felices los que no han nacido, pues todavía no han visto la maldad que hay en este mundo.

4 También vi que todos trabajan y buscan progresar sólo para tener más que los otros. Pero tampoco esto tiene sentido, porque es como querer atrapar el viento. **5** Es verdad que, «el tonto no quiere trabajar y por eso acaba muriéndose de hambre»; **6** pero «más vale una hora de descanso que dos horas de trabajo», pues el mucho trabajo no sirve de nada.

La unión hace la fuerza

7 Miré hacia otro lado, y vi que en esta vida hay algo más que no tiene sentido. **8** Me refiero al hombre solitario, que no tiene hijos ni hermanos: todo el tiempo se lo pasa trabajando, y nunca está satisfecho; siempre quiere tener más. Ese hombre jamás se pone a pensar si vale la pena tanto trabajar y nunca gozar de la vida. ¡No tiene sentido esforzarse tanto!

9 La verdad, «más valen dos que uno», porque sacan más provecho de lo que hacen. **10** Además, si uno de ellos se tropieza, el otro puede levantarlo. Pero ¡pobre del que cae y no tiene quien lo ayude a levantarse! **11** Y también, si dos se acuestan juntos, entran en calor; pero uno solo se muere de frío. **12** Un solo hombre puede ser vencido, pero dos ya pueden defenderse; y si tres unen sus fuerzas, ya no es fácil derrotarlos.

Juventud y sabiduría

13 Si tengo que elegir, prefiero al joven pobre pero sabio, que al rey viejo pero tonto, que no deja que nadie lo aconseje. **14-16** Porque ese rey viejo muere y viene otro más joven, y aunque el nuevo rey haya nacido en la pobreza, o haya estado en la cárcel, la gente lo apoya al principio. Sin embargo, con el tiempo habrá muchos que tampoco estarán contentos con él. Y esto no tiene sentido; ¡es como querer atrapar el viento!

Cumple lo que prometes

5 **1** (4.17) Si vas al templo, ten cuidado con lo que haces y presta atención a lo que allí se enseña. Es mejor obedecer a Dios que ofenderlo presentando ofrendas sin pensar en lo que se hace. **2** (1) Ante Dios, piensa bien lo que vas a decir, pues Dios es más poderoso que tú. **3** (2) Recuerda que «el que mucho se preocupa tiene muchas pesadillas», y que «el que mucho habla dice muchas tonterías».

4 (3) Si le haces una promesa a Dios, no te tardes en cumplirla, porque a Dios no le gusta la gente tonta que no cumple. **5** (4) Recuerda que «vale más no prometer, que prometer y no cumplir».

6 (5) No cometas el error de hablar sin pensar. Tampoco te disculpes luego con el sacerdote, y digas que lo hiciste sin querer. No hay necesidad de que Dios se enoje contigo y destruya lo que tanto trabajo te ha costado, ¡y todo por hablar sin pensar! **7** (6) Éste es un mundo de sueños y palabras y cosas sin sentido, pero tú debes

mostrar respeto por Dios.

De nada sirven las riquezas

8 (7) Que no te extrañe ver países donde a los pobres se les maltrata y no se les hace justicia. Esto sucede cuando a un funcionario importante lo protege otro más importante, y cuando otros aún más importantes protegen a estos dos. **9** (8) Sin embargo, te dirán: «Esto lo hacemos por el bien del país. Nosotros los gobernantes estamos para servir a los campesinos».

10 (9) Hay gente que dice que el dinero no es importante, pero cuando ya lo tiene, todavía quiere más. Eso tampoco tiene sentido, **11** (10) porque quien se llena de dinero también se llena de gente que quiere gastarlo. Lo único que sacan los ricos es el gusto de ver tanto dinero, **12** (11) porque de tanto tener hasta el sueño se les quita. En cambio, la gente que trabaja puede comer mucho o comer poco, pero siempre duerme tranquila.

13 (12) En esta vida he visto que guardar mucho dinero no es nada bueno, pues acaba por perjudicar a quien lo tiene. **14** (13) Además, todo ese dinero puede perderse en un mal negocio; así, quien antes fue rico luego no tiene nada que dejarle a sus hijos; **15** (14) al fin de cuentas, acaba por irse de este mundo tan desnudo como cuando nació, ¡y sin llevarse nada de lo que tanto trabajo le costó ganar! **16** (15) A mí me parece terrible que al morir nos vayamos tan desnudos como vinimos. ¿De qué nos sirve entonces tanto trabajar, **17** (16) y pasarnos la vida tristes, molestos, enfermos y enojados?

18 (17) Desde mi punto de vista, es muy poco lo que vivimos. Así que comamos y bebamos, y disfrutemos de lo que tanto trabajo nos ha costado ganar, pues así Dios lo ha querido. **19** (18) Si él nos da mucho, también nos permite disfrutar de lo que nos da; disfrutemos entonces de lo que tanto

trabajo nos ha costado, porque es un regalo de Dios. **20** (19) Ya que Dios nos hace estar felices, dejemos de preocuparnos tanto por la vida.

La vida no tiene sentido

6 **1** En esta vida he visto un mal que a todos nos afecta: **2** a veces Dios nos da mucho dinero y honores, y cumple todos nuestros deseos, pero al fin de cuentas son otros los que acaban disfrutando de todo eso. ¡A mí me parece algo terrible y sin sentido! **3** Podemos vivir cien años, y llegar a tener cien hijos, pero si no disfrutamos de las cosas buenas de la vida, ni tampoco nos entierran como se debe, yo digo que un niño que nace muerto ha tenido mejor suerte que nosotros. **4-5** Porque ese niño nunca llegó a ver la luz ni supo nada; tampoco nadie supo nada de él, ni siquiera su nombre; sin embargo, tuvo más tranquilidad **6** que quien pudiera vivir dos mil años y no disfrutar de la vida. Pero al fin de cuentas, ¡todos terminaremos en el mismo lugar!

7 Todo el tiempo trabajamos para calmar el hambre, pero nuestro estómago nunca queda satisfecho. **8** Al fin de cuentas, el sabio no es mejor que el tonto. Lo que el pobre necesita es superar sus problemas. **9** Por eso, «vale más pájaro en mano que cien volando». Aunque tampoco esto tiene sentido, porque es como querer atrapar el viento. **10** Nosotros existimos porque Dios quiso que existiéramos, y hasta nos puso el nombre que tenemos; pero no podemos luchar contra él, porque es más fuerte que nosotros. **11** Pero nada ganamos con hablar. Mientras más hablamos, más tonterías decimos. **12** En realidad, no sabemos qué es lo mejor para nosotros. No tiene ningún sentido vivir tan poco tiempo y desaparecer como las sombras. Además, nadie puede decirnos qué pasará en este mundo después de nuestra muerte.

Nueva escala de valores

7 **1** Más vale ser respetado
que andar bien perfumado.

Más vale el día en que morimos
que el día en que nacemos.

2 Más vale ir a un entierro
que a una fiesta,
pues nos hace bien recordar
que algún día moriremos.

3 Más vale llorar que reír;
el llanto nos hace madurar.

4 En un funeral
los sabios saben cómo
portarse,
pero los tontos
sólo se ríen y hacen chistes.

5 Más vale una reprensión
de sabios
que una alabanza de tontos.

6 Qué hueca es la risa
del tonto,
pronto se apaga,
como la paja en el fuego.

7 El sabio actúa como un tonto
cuando abusa de su poder
y acepta dinero
a cambio de favores.

8 Más vale un buen final
que un buen principio.
El que tiene paciencia
llega a la meta;
el orgulloso habla mucho,
pero no logra nada.

9 Si ya enojarse es malo,
guardar rencor es peor.

10 Hay quienes se quejan de
que «todo tiempo pasado fue
mejor». Pero esas quejas no
demuestran mucha sabiduría.
11 En esta vida ser sabio es bueno,
pero ser sabio y rico es mejor.
12 La sabiduría protege, y el dinero también, pero la sabiduría nos
permite llegar a viejos.
13 Fíjate en lo que Dios ha hecho,
y verás que nadie puede enderezar
lo que él ha torcido. **14** Por eso,

cuando vengan los buenos tiempos, disfrútalos; pero cuando lleguen los tiempos malos ponte a
pensar que todo viene de Dios, y
que nunca sabemos lo que nos
espera.

15 En esta vida sin sentido que me
ha tocado vivir, he visto lo
siguiente: hay gente buena, que
por su bondad acaba en la ruina, y
hay gente malvada, que a pesar
de su maldad vive muchos años.
16 Yo creo que no hay que exagerar. ¡Ni tan bueno ni tan sabio que
acabes en la ruina! **17** ¡Ni tan malo
ni tan tonto que mueras antes de
tiempo! **18** No te vayas a los extremos. Respeta a Dios y todo te saldrá bien.
19 Una ciudad está mejor protegida con la sabiduría de un hombre
sabio que con la fuerza de diez
gobernantes. **20** Sin embargo, no
hay en este mundo nadie tan bueno que siempre haga el bien y
nunca peque.
21 No hagas caso de los chismes, y
así no sabrás cuando tu empleado
hable mal de ti; **22** aunque tú bien
sabes que muchas veces también
has hablado mal de otros.

El por qué de las cosas

23 Como yo quería ser sabio, traté
de entender todo esto haciendo
uso de mi inteligencia, pero era
más de lo que yo podía entender.
24 Todo lo que existe es muy difícil de comprender, y entenderlo
está fuera de mi alcance. En realidad, no hay nadie que pueda
entenderlo.
25 Entonces decidí investigar todo
lo que pudiera acerca de la sabiduría y llegar a una conclusión.
Así pude darme cuenta de que ser
malo es una tontería, y que ser
tonto es una locura. **26** También
pude darme cuenta de que una
mala mujer causa más amargura
que la muerte; cuando te abraza,
lo que realmente quiere es atraparte. Si tú obedeces a Dios, te
librarás de ella; pero si no lo obedeces, caerás en sus redes.
27 Después de estudiar con cuidado todas las cosas, yo, el

Predicador, he llegado a esta
conclusión: **28** ¡Todavía no he
encontrado lo que busco! He
encontrado un hombre bueno
entre mil, pero no he encontrado
una sola mujer buena. **29** Lo que sí
he llegado a entender es que Dios
nos hizo perfectos, pero nosotros
lo enredamos todo.

8 **1** No hay quien pueda compararse al sabio, ni quien sepa todas
las respuestas. El que es sabio
siempre se ve sonriente y amable.

La obediencia al rey

2 Yo creo que debemos obedecer
al rey, si así lo hemos jurado ante
Dios. **3-4** La autoridad del rey no se
discute. Nadie puede pedirle
cuentas. El rey puede hacer lo que
quiera. Por eso no hay que salir de
su presencia sin su permiso, ni
tampoco insistir en hacer lo malo.

5 Quien obedece sus órdenes no
sufre ningún daño, y quien es
inteligente sabe cuándo y cómo
debe obedecerlas. **6-7** Lo cierto es
que todo tiene su cómo y su cuándo; nuestro gran problema es que
no sabemos cuándo y cómo van a
pasar las cosas, ni hay tampoco
nadie que nos lo pueda decir.
8 Nadie tiene tanto poder como
para evitar la muerte y vivir para
siempre. De la batalla entre la
vida y la muerte nadie se libra, ni
siquiera los malvados.

La vida es difícil de entender

9 Me he dedicado a tratar de
entender todo lo que se hace en
esta vida, y he visto casos en que
unos dominan a otros, pero que al
final todos salen perjudicados.
10 También he visto que sepultan
con honores a gente malvada, y
que a la gente buena ni en su propio pueblo la recuerdan. ¡Y esto
tampoco tiene sentido! **11** Cuando
al malvado no se le castiga en
seguida, la gente piensa que puede seguir haciendo lo malo.
12-13 Tal vez haya gente malvada
que peque y vuelva a pecar, y viva
muchos años, pero yo sé que no les
irá bien ni vivirán mucho tiempo.

Pasarán por la vida como una sombra, porque no respetan a Dios. En cambio, a quienes aman y obedecen a Dios les irá mejor. **14** En este mundo pasan cosas que no tienen sentido; a la gente buena le va como si fuera mala, y a la gente mala le va como si fuera buena. ¡Yo digo que esto no tiene sentido! **15** Por eso digo: «¡A pasarla bien!» En esta vida que Dios nos ha dado, lo mejor que podemos hacer es comer, beber y divertirnos. Eso es lo único que nos queda después de mucho trabajar.

16 Tanto me dediqué a observar todo lo que se hace en este mundo, y a tratar de entender lo que es la sabiduría, que ni de noche ni de día podía dormir. **17** Fue así como vi todo lo que Dios ha hecho en este mundo, y que es algo que jamás podremos comprender. Aunque tratemos de hallarle algún sentido, no se lo encontraremos; y aunque haya algún sabio que crea entenderlo, en realidad no podrá comprender.

Un destino común

9 **1** Puse todo mi empeño en entender todo esto, y pude comprobar que todo está en las manos de Dios: en sus manos está lo que hacen los sabios y la gente honesta. Ninguno de nosotros sabe en realidad lo que son el amor y el odio. **2** Lo mismo da ser justo que ser injusto, ser bueno o malo, puro o impuro, ofrecerle sacrificios a Dios o no ofrecérselos, pecar o no pecar, hacerle a Dios promesas o no hacérselas, pues todos tenemos un mismo final.

3 Y eso es lo malo de todo lo que se hace en esta vida: que todos tengamos un mismo final. Además, siempre estamos pensando en la maldad; nos pasamos la vida pensando tonterías, ¡y al fin de cuentas todos paramos en el cementerio!

4 No hay mucho de dónde elegir, aunque «mientras haya vida hay esperanza», por eso digo, «más vale plebeyo vivo que rey muerto». **5** Los que aún vivimos sabemos que un día habremos de morir, pero los muertos ya no saben nada ni esperan nada, y muy pronto son olvidados. **6** Con la muerte se acaban sus amores, sus odios, sus pasiones y su participación en todo lo que se hace en esta vida.

7 ¡Ánimo, pues! ¡Comamos y bebamos alegres, que Dios aprueba lo que hacemos!

8 ¡Vistámonos bien y perfumémonos! **9** Puesto que Dios nos ha dado una corta vida en este mundo, disfrutemos de cada momento con la mujer amada. ¡Disfrutemos cada día de esta vida sin sentido, pues sólo eso nos queda después de tanto trabajar! **10** Y todo lo que podamos hacer, hagámoslo con alegría. Vamos camino a la tumba, y allá no hay trabajo ni planes, ni conocimiento ni sabiduría.

Más vale maña que fuerza

11 Miré hacia otro lado y vi que en esta vida no son los más veloces los que ganan la carrera, ni tampoco son los más valientes los que ganan la batalla. No siempre los sabios tienen qué comer, ni los inteligentes tienen mucho dinero, ni todo el mundo quiere a la gente bien preparada. En realidad, todos dependemos de un momento de suerte, **12** y nunca sabemos lo que nos espera. En cualquier momento podemos caer en la desgracia, y quedar atrapados como peces en la red o como pájaros en la trampa.

13 En este mundo vi algo de lo que también aprendí mucho: **14** había una ciudad muy pequeña y con muy pocos habitantes, que fue atacada por un rey muy poderoso. Ese rey rodeó la ciudad con sus máquinas de guerra, y se preparó para conquistarla. **15** En esa ciudad vivía un hombre muy sabio, que con su sabiduría pudo haber salvado a la ciudad, pero como era muy pobre, ¡nadie se acordó de él!

16 Aunque la gente se fije más en la pobreza del sabio que en la sabiduría de sus palabras, yo sigo pensando que «más vale maña que fuerza», **17** pues se oyen mejor las suaves palabras de los sabios que los gritos del más grande de los tontos. **18** En realidad, puede más la sabiduría que las armas de guerra, aunque un solo error puede causar mucho daño.

Otros dichos sabios

10 **1** La mejor sopa se echa a perder si le cae una mosca. La menor tontería echa a perder tu fama de sabio.

2 El sabio siempre piensa en hacer lo bueno; el tonto sólo piensa en hacer lo malo. **3** Tiene el tonto tan poco cerebro que sin abrir la boca anuncia su tontería.

4 Si el gobernante se enoja contigo, no renuncies a tu cargo. Para los grandes errores, un gran remedio: la paciencia.

5 En esta vida he visto algo muy grave, parecido al error que cometen los gobernantes: **6** que a la gente incapaz se le dan puestos de gran responsabilidad, mientras que a la gente capaz se le dan los puestos más bajos. **7** ¡Y resulta que los esclavos andan a caballo, mientras que la gente que vale anda a pie!

8 Si haces hoyos,
puedes caerte en ellos.

Si partes en dos un muro,
puede morderte una serpiente.

9 Si partes piedras,
puedes salir herido.

Si partes leña,
puedes salir lastimado.

10 El hacha sin filo no corta.
Si no se le saca filo,
hay que golpear con más fuerza.

Si quieres prosperar,
tienes que saber qué hacer

y hacerlo bien.
11 ¿De qué te sirve tener
un encantador de serpientes,
si la serpiente te muerde
antes de ser encantada?

12 Cuando el sabio habla,
a todos les cae bien;
cuando el tonto abre la boca,
provoca su propia ruina.

13 Comienza diciendo tonterías,
y acaba diciendo estupideces,

14 ¡pero palabras no le faltan!

¿Qué va a pasar mañana?
¿Qué va a pasar después?
¡Nadie puede saberlo!

15 No tiene ningún sentido
que tanto trabaje el tonto,
si no sabe ni en dónde está.

16 ¡Qué lástima da el país
que tiene un rey incapaz
y malos gobernantes
que siempre están de fiesta!

17 ¡Pero qué dichoso es el país
que tiene un rey bien
preparado,
con gobernantes que comen
para vivir
y no viven para comer!

18 En la casa del perezoso
pasan muchas desgracias:
primero se cae el techo,
y después toda la casa.

19 Para estar feliz
hace falta pan,
para estar contento
hace falta vino,
y para gozar de todo
hace falta dinero.

20 Nunca hables mal del rey
ni de la gente poderosa,
aunque creas que nadie te oye.
Las palabras vuelan;
son como los pájaros,
y todo llega a saberse.

11 **1** Dale de comer al
hambriento,
y un día serás recompensado.

2 Comparte lo que tienes
con siete y hasta ocho amigos,
pues no sabes si mañana
el país estará en problemas.

3 Cuando las nubes se ponen
negras,
de seguro va a llover.

4 Cuando el árbol cae,
no importa de qué lado caiga;
donde cae, allí se queda.

Si quieres sembrar,
no te quedes mirando al viento;
si quieres cosechar,
no te quedes mirando al cielo.

5 Nadie sabe qué rumbo toma el
viento, ni cómo se forma el niño
en el vientre de la madre, ni cómo
hizo Dios todas las cosas.
6 Hay que sembrar en la mañana,
y volver a sembrar en la tarde.
Nunca se sabe cuál de las dos
siembras será mejor, o si las dos
serán abundantes.
7 ¡Qué bueno es disfrutar de la luz
del sol! **8** Pero aunque vivamos
muchos años, y todo ese tiempo
lo vivamos felices, no debemos
olvidar que nos esperan muchos
días de oscuridad, y que del
mañana no esperamos nada.

Acuérdate de tu creador
9 Alégrate ahora que eres joven.
Déjate llevar por lo que tus ojos
ven y por lo que tu corazón desea,
pero no olvides que un día Dios te
llamará a cuentas por todo lo que
hagas. **10** Deja de preocuparte,
pero apártate de la maldad. Ten
presente que ni los mejores días
de tu juventud tienen sentido
alguno.

12 **1** Acuérdate de tu creador
ahora que eres joven.
Acuérdate de tu creador
antes que vengan los días malos.
Llegará el día en que digas:
«No da gusto vivir tantos
años».

2 Acuérdate de tu creador
antes que dejen de brillar

el sol, la luna y las estrellas.
Acuérdate de tu creador
ahora que después de la lluvia
las nubes siguen cargadas.

3 Llegará el día en que tiemblen
los guardianes del palacio;
llegará el día en que se doblen
los héroes de mil batallas.

Cuando llegue ese día,
habrá tan pocas molineras
que dejarán de moler;
las que espían por las ventanas
dejarán de asomarse a la calle;
4 las puertas de la casa
se cerrarán por completo;
el ruido del molino
parecerá perder fuerza,
y el canto de los pájaros
dejará de escucharse.

5 Cuando llegue ese día,
te darán miedo las alturas
y los peligros del camino.
Tu almendro echará
flores blancas,
el saltamontes y
la alcaparra
te resultarán una carga,
y no te servirán de nada.

Cuando llegue ese día,
irás camino al lugar
de donde ya no volverás,
y en la calle te rodearán
los que lamenten tu muerte.

6 Acuérdate de tu creador
antes que se hagan pedazos
el cordón de plata
y la vasija de oro;
antes que el cántaro
se estrelle contra
la fuente
y la polea del pozo
se parta en mil pedazos.

7 Cuando llegue ese día,
volverás a ser polvo,
porque polvo fuiste,
y el espíritu volverá a Dios,
pues él fue quien lo dio.

8 Yo, el Predicador, declaro:
¡En esta vida nada tiene sentido!
¡Todo es una ilusión!

Palabras finales

9 Entre otras cosas, el Predicador se dedicó a enseñar a otros todo lo que sabía. Todo lo estudiaba con cuidado y lo investigaba a fondo. Además, hizo una gran colección de proverbios. **10** Siempre procuró expresar sus ideas de la mejor manera posible, y escribirlas con palabras claras y verdaderas.

11 Cuando los sabios hablan, sus palabras son como la vara que guía al buey. Sus colecciones de proverbios vienen de Dios, y son como las estacas que sostienen la tienda de campaña. **12** Pero yo les recomiendo a los jóvenes tener presente esto: ponerse a escribir muchos libros es cuento de nunca acabar, y ponerse a leerlos es un trabajo muy agotador.

13 Puedo terminar este libro diciendo que ya todo está dicho. Todo lo que debemos hacer es alabar a Dios y obedecerlo. **14** Un día Dios nos llamará a cuentas por todo lo que hayamos hecho, tanto lo bueno como lo malo, aunque creamos que nadie nos vio hacerlo.

Cantares

1 [1] Este es el poema más hermoso de Salomón.

Primer canto

LA NOVIA
[2] ¡Ay, amado mío,
cómo deseo que me beses!
Prefiero tus caricias,
más que el vino;
[3] prefiero disfrutar
del aroma de tus perfumes.
Y eso eres tú:
¡perfume agradable!

¡Ahora me doy cuenta
por qué te aman las mujeres!

[4] ¡Vamos, date prisa
y llévame contigo!
¡Llévame ya a tus habitaciones,
rey de mi vida!
Por ti haremos fiesta,
por ti estaremos alegres;
nos olvidaremos del vino
y disfrutaré de tus caricias.
¡Ahora me doy cuenta
por qué las mujeres te aman
tanto!

[5] ¡Mujeres de Jerusalén!
Yo soy morena, sí,
como las tiendas de Quedar.
Y soy también hermosa,
como las cortinas de Salomón.
[6] No se fijen en mi piel morena,
pues el sol la requemó.
Mis hermanos se enojaron
contra mí,
y me obligaron a cuidar sus
viñas,
¡y así mi propia viña descuidé!

[7] Cuéntame, amor de mi vida,
¿adónde llevas tus rebaños?
A la hora de la siesta,
¿dónde los haces descansar?
No tengo por qué andar,
como una vagabunda;
¡no tengo por qué buscarte
entre los rebaños de tus amigos!

LOS PASTORES
[8] Si acaso no lo sabes,
mujer bella entre las bellas,
sigue las huellas del rebaño
y lleva a pastar tus cabritos
junto a las carpas de los
pastores.

EL NOVIO
[9] Amada mía,
tu andar tiene la gracia
del trote de las yeguas
que tiran del carro del rey.
[10] ¡Preciosas se ven tus mejillas
en medio de tus trenzas!
¡Bellísimo luce tu cuello
entre tan bellos collares!
[11] ¡Voy a regalarte
joyas de oro,
incrustadas de plata!

LA NOVIA
[12] Mientras el rey se recuesta,
mi perfume esparce su fragancia.
[13] Mi amado es para mí
como el saquito perfumado
que llevo entre mis pechos.
[14] Mi amado es para mí
como un ramito de flores
de las viñas de En-gadi.

EL NOVIO
[15] ¡Tú eres bella, amada mía;
eres muy bella!
¡Tus ojos son dos luceros!

LA NOVIA
[16] ¡Tú eres hermoso, amado mío!
¡Eres un hombre encantador!

LOS NOVIOS
La verde hierba será
nuestro lecho de bodas,
[17] y a la sombra de los cedros
pondremos nuestro nido de
amor.

LA NOVIA
2 [1] Yo soy una flor
de los llanos de Sarón;
soy una rosa de los valles.

EL NOVIO
[2] Mi amada es una rosa
entre las espinas.

LA NOVIA
[3] Mi amado es un manzano
entre árboles silvestres.
¡Me muero por sentarme a su
sombra
y saborear sus deliciosos
frutos!

[4] Mi amado me llevó
a la sala de banquetes,
y allí me cubrió de besos.

[5] ¡Denme a comer uvas!
¡Denme a comer manzanas!
¡Ayúdenme a recobrar las
fuerzas,
que me estoy muriendo de
amor!
[6] ¡Que ponga él su brazo
izquierdo
debajo de mi cabeza!
¡Que me apriete contra
su cuerpo
con el brazo derecho!

EL NOVIO
[7] Mujeres de Jerusalén,
quiero que me prometan,
por las gacelas y venaditas
que corren por los bosques,
que no molestarán a mi amada
ni la despertarán de su sueño
de amor
hasta que ella sola se despierte.

Segundo canto

LA NOVIA
[8] ¡Oigo la voz de mi amado!
¡Ya lo veo venir!
Viene saltando por las colinas,
viene brincando por las
montañas.
[9] Mi amado es como un cabrito.
¡Allí está, tras el muro!
¡Se asoma por las ventanas,
me espía por las rejas!

[10] Mi amado me dijo:

«Acompáñame, amada mía;
¡ven conmigo, bella mujer!
[11] El invierno ya se ha ido;
las lluvias han terminado.
[12] Ya hay flores en los campos;
ha llegado el tiempo de cantar.
¡El arrullo de las tórtolas
se escucha en nuestra tierra!

13 En las higueras hay higos,
y las flores de las viñas
esparcen suave aroma.
Acompáñame, amada mía;
¡ven conmigo, bella mujer!»

EL NOVIO
14 Palomita amada,
no te escondas en las rocas.
Muéstrame tu rostro,
déjame oír tu voz.

¡Tu voz es dulce!
¡Tu rostro es bello!

LOS NOVIOS
15 Las zorras pequeñas
causan daño a nuestras viñas.
¡Ayúdennos a atraparlas,
pues nuestras viñas están
en flor!

LA NOVIA
16 Mi amado es mío,
y yo soy suya;
mi amado cuida de su rebaño
entre las rosas.

17 Regresa a mí, amado mío,
mientras sopla todavía
la brisa de la tarde,
y las sombras van cayendo.
¡Corre como un venado!
¡Corre como cabrito
por las colinas que nos separan!

3 1 En la oscuridad de la noche
busco al amor de mi vida.
En la soledad de mi cuarto
lo busco y no lo encuentro.
2 Me levanto,
recorro la ciudad,
voy por calles y mercados,
buscando al amor de mi vida.
Lo busco y no lo encuentro.

3 Me topo con los guardias,
con los que vigilan la ciudad,
y les pregunto si han visto
al amor de mi vida.
4 Apenas los dejo,
encuentro al amor de mi vida.
Lo abrazo,
no lo suelto,
lo llevo a mi casa,
¡lo hago entrar
en la habitación donde nací!

EL NOVIO
5 Mujeres de Jerusalén,
quiero que me prometan,
por las gacelas y venaditas
que corren por el bosque,
que no molestarán a mi amada
ni la despertarán de su sueño
de amor
hasta que ella sola se despierte.

Tercer canto

LOS AMIGOS
6 ¡Algo viene por el desierto!
¿Qué podrá ser?
Parece una columna de humo
que avanza entre aromas
de flores, incienso y perfumes.

7 ¡Pero si es Salomón,
y viene en su carruaje real!
Lo escoltan sesenta valientes,
¡los mejores soldados de Israel!
8 Armados con espadas,
son maestros en el combate;
todos llevan la espada lista
por causa de los peligros
que presenta la noche.

9 Este carruaje fue hecho
con finas maderas del Líbano.
Salomón mismo lo mandó
hacer.
10 Ordenó que le pusieran
columnas de plata,
soportes de oro,
y un asiento de tela púrpura.
Las mujeres de Jerusalén
decoraron su interior
con gran delicadeza.

11 ¡Salgan, mujeres de
Jerusalén!
¡Vengan a ver al rey Salomón!
Lleva puesta la corona
que su propia madre le hizo
para el día de su boda,
¡para el día más feliz de
su vida!

EL NOVIO
4 1 ¡Eres bella, amada mía!
¡Eres sumamente bella!
Son tus ojos dos palomas
que se asoman tras el velo.
Son tus negros cabellos
cabritos que juguetean
en los montes de Galaad.

2 Son blancos tus dientes,
como ovejas recién bañadas
listas para la trasquila.
3 Son rojos tus labios
cual cinta escarlata,
y melodiosas tus palabras.
Tus mejillas, tras el velo,
son rojas como manzanas.
4 Tu cuello me recuerda
a la torre de David,
hecha de piedras labradas
y adornada con mil escudos
de valientes guerreros.
5 Tus pechos son dos gacelas,
¡son dos gacelas
que pastan entre las rosas!
6 Mientras sopla todavía
la brisa de la tarde,
y las sombras van cayendo,
subiré a la colina
de las suaves fragancias.

7 ¡Qué bella eres, amada mía!
¡Todo en ti es perfecto!
8 ¡Vamos, novia mía,
baja del Líbano conmigo!
Baja de las cumbres de
los montes,
baja de las cuevas de
los leones,
de los montes de los
leopardos.

9 Amada mía,
desde que me miraste
mi corazón te pertenece.
Es tuyo desde que lo envolviste
entre los hilos de tu collar.
10 ¡Qué dulces son tus caricias,
amada mía!
¡Son más dulces que el vino!
¡Más fragantes tus perfumes
que todas las especias!
11 Son tus labios un panal,
amada mía;
de tu lengua brotan leche
y miel.
Hay en tus vestidos
la dulce fragancia
de los bosques del Líbano.

12 Tú eres un jardín cerrado,
amada mía;
eres un jardín cerrado,
¡eres sellado manantial!
13 El paraíso de tus pechos
es un huerto de manzanos.

Hay en él nardos y azahares,
14 los más variados aromas,
y las más finas especias.
15 Eres la fuente de los
jardines,
¡el manantial de agua viva
que baja del monte Líbano!

LA NOVIA
16 ¡Despierta, viento del norte!
¡Ven acá, viento del sur!
¡Soplen sobre mi jardín
y esparzan su fragancia!
¡Ven a tu jardín, amado mío,
y prueba sus deliciosos frutos!

EL NOVIO
5 1 Ya estoy dentro de
mi jardín,
amada mía;
y encuentro en él bálsamo
y mirra.
Allí pruebo la miel de mi panal,
y bebo vino y leche.

LOS PASTORES
¡Vamos, amigos,
coman y beban!
¡Queden saciados de amor!

Cuarto canto

LA NOVIA
2 En medio de mis sueños
mi corazón despertó
y alcancé a oír una voz.
Era la voz de mi amado,
que estaba a la puerta:

EL NOVIO
«Amada mía;
mi preciosa palomita,
¡déjame pasar!
Tengo la cabeza bañada
en rocío;
¡me corre por el cabello
la lluvia de la noche!»

LA NOVIA
3 «Pero ya me quité la ropa,
¡tendría que volver a vestirme!
Ya me lavé los pies;
¡me los ensuciaría de nuevo!»

4 Mi amado metió la mano
por un hoyo de la puerta;
¡todo mi ser se estremeció!
5 Salté de la cama

para abrirle a mi amado;
¡por las manos y los dedos
me corrían gotas de perfume,
y caían sobre la aldaba!

6 Al oír la voz de mi amado,
sentí que me moría.
Le abrí la puerta,
pero él se había marchado;
¡ya no estaba allí!
Me dispuse a seguirlo:
lo busqué y no lo encontré;
lo llamé y no me respondió.
7 Me topé con los guardias,
con los que vigilan la ciudad;
y ellos me hirieron, me
golpearon,
¡y me dejaron desnuda!

8 Mujeres de Jerusalén,
quiero que me prometan
que, si encuentran a mi amado,
le digan que...
¡Que me estoy muriendo de
amor!

LAS MUJERES DE JERUSALÉN
9 ¿Qué tiene de especial
tu amado,
mujer bella entre las bellas?
¿En qué es diferente tu amado
del resto de los hombres,
que nos pides tales promesas?

LA NOVIA
10 Tan elegante es mi amado,
y tan rosada es su piel,
que entre diez mil hombres
es fácil reconocerlo.
11 Su cabeza es oro puro;
sus cabellos son rizados
y negros como un cuervo.
12 Sus ojos son dos palomas
bañadas en leche
y sentadas junto a los arroyos.
13 Sus mejillas son un huerto
de hierbas aromáticas.
Sus labios parecen rosas,
y por ellos corre miel.
14 Por brazos tiene
un par de barras de oro
adornadas con topacios.
Su cuerpo es tan terso
como el pulido marfil,
y lo adorna un cielo de zafiros.
15 Son sus poderosas piernas,
dos pilares de mármol

apoyados sobre bases
de oro puro.
Su presencia es majestuosa
como los cedros del Líbano.
16 Hay dulzura en sus labios;
¡es un hombre encantador!

¡Así es mi amado,
mujeres de Jerusalén!
¡Así es mi amado!

LAS MUJERES DE JERUSALÉN
6 1 Dinos entonces,
mujer bella entre las bellas,
¿adónde se ha ido tu amado?
¿Qué rumbo tomó?
¡Vamos juntas a buscarlo!

LA NOVIA
2 Mi amado ha venido a
su jardín,
al huerto de hierbas
aromáticas,
para juguetear entre las flores
y para cortar rosas.

3 Yo soy de mi amado,
y mi amado es mío;
mi amado cuida de
su rebaño
entre las rosas.

Quinto canto

CÁNTICO DEL NOVIO
4 Eres bella, amada mía;
bella como la ciudad de Tirsá,
hermosa como Jerusalén,
majestuosa como las estrellas.
5 ¡Por favor, ya no me mires,
que tus ojos me conquistaron!

Son tus negros cabellos
cabritos que juguetean
en los montes de Galaad.
6 Son tus blancos dientes
cabritas recién bañadas.
Son perfectos,
no te falta ninguno.
7 Tus mejillas, tras el velo,
son rojas como manzanas.

8 Puede haber sesenta
reinas,
y más de ochenta mujeres;
9 pero mi palomita amada
es una mujer singular;
¡es una mujer perfecta!

Es la hija preferida de
su madre.
Hasta las mujeres mismas
la ven y la felicitan;
reinas y princesas
no se cansan de alabarla.

LOS AMIGOS
10 ¿Y quién es esta hermosura?
Es admirable, como la aurora;
bella es, como la luna,
y esplendorosa como el sol;
¡majestuosa como las estrellas!

LA NOVIA
11 Bajé al jardín de los nogales
para ver las nuevas flores
del valle,
los retoños de las vides
y los manzanos en flor.
12 Pero, antes de darme cuenta,
¡mi pasión me condujo
hasta el carro de mi príncipe!

LOS AMIGOS
13 (7.1) Danza, Sulamita;
danza para nosotros:
¡queremos verte danzar!

LA NOVIA
¿Por qué me quieren ver
danzar?
¿Por qué quieren que baile
en público?

EL NOVIO
7 **1** (2) Princesa mía,
lucen bellos tus pies
en las sandalias.
Las curvas de tus caderas
son la obra maestra
de un experto joyero.
2 (3) Tu ombligo es una copa
llena del mejor vino.
Tu vientre, un montón de trigo
rodeado de rosas.
3 (4) Tus pechos son dos
gacelas,
4 (5) tu cuello me recuerda
a una torre de marfil.
Tienen tus ojos el brillo
de los manantiales de Hesbón.
Afilada es tu nariz,
como la torre del Líbano
orientada hacia Damasco.
5 (6) Tu cabeza sobresale
como la cumbre del monte

Carmelo;
hilos de púrpura
parecen tus cabellos;
¡cautivo de tus rizos
ha quedado el rey!

6 (7) ¡Eres muy bella,
amada mía!
¡Eres una mujer encantadora!
7 (8) Eres alta como palmera,
y tus pechos son dos racimos.
8 (9) He pensado en treparme
y hacer míos esos racimos.

Tus pechos se volverán
dos racimos de uvas,
y tu aliento tendrá
fragancia de manzanas.
9 (10) Habrá en tus labios
el gusto del buen vino
que al correr moja y acaricia
los labios y los dientes.

LA NOVIA
10 (11) Yo soy de mi amado,
y su pasión lo obliga a buscarme.

11 (12) Ven conmigo, amado
mío,
acompáñame a los campos.
Pasaremos la noche
entre flores de azahar.
12 (13) Cuando amanezca,
iremos a los viñedos
y veremos sus retoños,
los capullos abiertos,
y los granados en flor.
¡Allí te entregaré mi amor!

13 (14) Ya esparcen las
mandrágoras
la fragancia de sus frutos;
hay a nuestra puerta
fruta fresca y fruta seca.
Amado mío,
¡los frutos más variados
los he guardado para ti!

8 **1** ¡Cómo quisiera
que fueras mi hermano!
¡Cómo quisiera que mi madre
te hubiera alimentado!
Podría darte un beso
al encontrarte en la calle,
y nadie lo notaría.
2 Podría tomarte de la mano
y llevarte a la casa de mi madre,

para que allí me enseñaras
el arte del amor.
Yo misma te daría a beber
un vino con especias
y el jugo de mis manzanas.

3 ¡Pon tu brazo izquierdo
bajo mi cabeza!
¡Con tu brazo derecho
aprieta tu cuerpo contra el mío!

EL NOVIO
4 Mujeres de Jerusalén,
quiero que me prometan
que no molestarán a mi amada
ni la despertarán de su sueño
de amor,
hasta que ella sola se despierte.

Sexto canto
LAS MUJERES DE JERUSALÉN
5 ¡Alguien viene por el desierto!
Avanza recostada
sobre el hombro de su amado.
¿Quién podrá ser?

LA NOVIA
Bajo un manzano
te concibió tu madre,
y allí mismo te dio a luz.
¡Bajo ese mismo manzano
te desperté al amor!

6 ¡Graba mi nombre en tu
corazón!
¡Graba mi imagen en tu brazo!
¡Tan fuerte es el amor
como la muerte!
¡Tan cierta es la pasión
como la tumba!
¡El fuego del amor es una llama
que Dios mismo ha encendido!
7 ¡No hay mares que puedan
apagarlo,
ni ríos que puedan extinguirlo!
Si alguien se atreviera
a ofrecer todas sus riquezas
a cambio del amor,
no recibiría más que desprecio.

LAS MUJERES DE JERUSALÉN
8 Nuestra hermana es muy
pequeña;
todavía no tiene pechos.
¿Qué podemos hacer por ella
si la vienen a pedir?

9 ¡Ojalá fuera una muralla,

para levantar sobre ella
defensas de plata!
¡Ojalá fuera una puerta,
para recubrirla toda
con hojas de madera de cedro!

La NOVIA
10 ¡Yo soy ya una muralla
y mis pechos son dos torres!
¡A los ojos de mi amado
no podría ser más bella!

11 Salomón tenía una viña,

pues era un rey muy rico.
Puso gente a su cuidado
y al final de la cosecha
cada uno le entregaba
mil monedas de plata.

12 Tú, Salomón,
puedes quedarte con mil
monedas;
y que tu gente se quede
sólo con doscientas.
¡Yo me quedo con mi viña,
pues sólo a mí me pertenece!

El NOVIO
13 Mi reina de los jardines,
nuestros amigos están atentos
para escuchar tu voz;
¡déjame escucharla!

La NOVIA
14 ¡Date prisa, amado mío!
¡Corre como venado!
¡Corre como un cervatillo!
Ya están cubiertas las colinas
con hierbas aromáticas.

Isaías

Introducción

1 ¹ Dios le habló al profeta Isaías hijo de Amós, y le dio varios mensajes para todos los israelitas que vivían en el reino de Judá. Esto sucedió durante los reinados de Ozías, Jotam, Ahaz y Ezequías.

Dios acusa a su pueblo

2-3 Dios le dijo a Isaías:

«Tengo un pleito
contra los israelitas,
y el cielo y la tierra
son mis testigos.

»El buey y el burro conocen
a su dueño
y saben quién les da de comer;
pero a Israel, el pueblo
que formé,
le falta inteligencia,
¡se ha rebelado contra mí!

4 »Todos ellos son pecadores
y están llenos de maldad.
Se alejaron de mí,
que soy el Dios de Israel;
¡me abandonaron por
completo!

5-6 »Han sido tan rebeldes,
y los he castigado tanto,
que ya no les queda un
lugar sano.
De pies a cabeza
están cubiertos de heridas.
Nadie se las ha curado
ni vendado,
ni les ha calmado los dolores
con aceite.
¡Se han quedado sin fuerzas!

El país está en ruinas

7 »Israel está destruido,
sus ciudades arden en llamas;
ante la mirada de sus habitantes
el enemigo se come
sus cosechas.
El país ha quedado desierto,
pues un ejército enemigo
lo atacó hasta destruirlo.

8 »Jerusalén se salvó de la
destrucción,
pero se ha quedado
abandonada,
tan sola como un guarda
en un campo de melones;
tan sola como una ciudad
rodeada por el enemigo.

9 »Si yo, el Dios todopoderoso,
no hubiera salvado a
unos pocos,
Jerusalén se habría quedado
en ruinas,
como sucedió con Sodoma
y Gomorra».

Israel no sabe adorar a Dios

10 El profeta Isaías les dijo a los jefes de Israel:

«Ustedes, que son tan malos
como fueron los jefes
de Sodoma
y los habitantes de Gomorra,
¡escúchenme bien!
¡Atiendan a lo que Dios les dice!

11 »Dios les advierte:

"¿Por qué me traen
tantos animales
para presentarlos en mi altar?
¡Ya estoy harto de
esas ofrendas;
me da asco ver tanta sangre
de toros, carneros y cabritos!

12 "Yo nunca les he pedido
que me traigan esos animales
cuando vienen a adorarme;
sólo vienen para ensuciar
mi templo
y burlarse de mí.
¡Váyanse de mi templo!

13-14 "¡Para mí, esas ofrendas
no tienen ningún valor!
¡Ya no quiero que las traigan!
Y no me ofrezcan incienso
porque ya no lo soporto.
Tampoco soporto sus fiestas
de sábado y luna nueva,
ni reuniones de gente malvada.
Me resultan tan molestas
que ya no las aguanto.

15 "Ustedes oran mucho,
y al orar levantan las manos,
pero yo no los veo ni
los escucho.
¡Han matado a tanta gente
que las manos que levantan
están manchadas de sangre!
16 ¡Dejen ya de pecar!
¡No quiero ver su maldad!
¡Dejen ya de hacer lo malo
17 y aprendan a hacer lo bueno!
Ayuden al maltratado,
traten con justicia al huérfano
y defiendan a la viuda.

18-19 "Vengan ya, vamos a
discutir en serio,
a ver si nos ponemos
de acuerdo.
Si ustedes me obedecen, yo
los perdonaré.
Sus pecados los han manchado
como con tinta roja;
pero yo los limpiaré.
¡Los dejaré blancos como
la nieve!

"Entonces comerán
de lo mejor de la tierra;
20 pero si siguen siendo
rebeldes,
morirán en el campo de batalla.
Les juro que así será"».

Dios castigará a los rebeldes

21 Isaías dijo:

«Los habitantes de Jerusalén
eran fieles, honestos y justos,
pero ahora son unos asesinos.
22 Eran como la plata,
pero se han vuelto basura;
eran como el buen vino,
pero se han vuelto vinagre.

23 »Los gobernantes
son rebeldes
y amigos de bandidos.
A cambio de dinero y regalos
declaran culpable al inocente.
Maltratan al huérfano
y niegan ayuda a las viudas.

24-25 »Por eso, el Dios
todopoderoso, dice:

''¡Basta ya!
Ustedes son mis enemigos,
y voy a castigarlos.
Borraré todos sus pecados
como quien quema basura,
como quien quita una mancha.

26 ''Haré que los jueces y
consejeros
vuelvan a ser honrados y
sinceros.
Se volverá a decir que en
Jerusalén
se practica la justicia
y que su gente me es fiel.

27 ''A los habitantes de
Jerusalén
que vuelvan a obedecerme
los libraré con mi gran poder
de ese terrible castigo.
28 Pero haré pedazos a los
rebeldes
y a los que me abandonen.

29 ''Ustedes van a sentir
vergüenza
de esos árboles y jardines,
de los que se sienten
orgullosos.

30 ''A ustedes los dejaré
arruinados,
y serán como árboles sin hojas,
como jardines completamente
secos.
31 El más fuerte de ustedes
arderá en llamas como la paja;
¡y de él no quedará
ni el recuerdo de sus obras!''»

El mundo vivirá en paz

2 **1** Este es el mensaje que Dios le
dio a Isaías hijo de Amós, para el
reino de Judá y la ciudad de
Jerusalén.

2 En el futuro,
el monte donde se encuentra
el templo de nuestro Dios
será el monte más importante.
Allí vendrán muchos pueblos
3 y gente de muchas naciones,
y unos a otros se dirán:

«Subamos al monte de Sión,
al templo del Dios de Israel,

para que él mismo nos enseñe
y obedezcamos sus
mandamientos».

Dios mismo será nuestro
maestro
desde el monte de Sión,
¡desde la ciudad de Jerusalén!
4 Dios mismo dictará sentencia
contra naciones y pueblos
lejanos,
y ellos convertirán sus espadas
en herramientas de trabajo.
Nunca más nación alguna
volverá a pelear contra otra,
ni se entrenará para la guerra.

5 ¡Vamos, pueblo de Israel,
deja que Dios sea tu guía!

Los muchos pecados de Israel

6 Isaías dijo:

«¡Dios mío,
tú has abandonado a tu
pueblo Israel!

»El país está lleno de adivinos,
que han venido de Asiria y
Babilonia.
Israel practica la brujería,
igual que sus vecinos, los
filisteos.

»Israel hace negocios sucios
con gente extranjera.
7 Por eso se ha llenado de
oro y plata;
son muchos sus tesoros.

»Israel se ha convertido
en gran potencia militar,
pues tiene muchos caballos
y numerosos carros de guerra.

8 »¡Israel está lleno de ídolos!
Todos adoran a dioses
fabricados con sus propias
manos.
9 Esto es una vergüenza
y una terrible desgracia;
¡no los perdones, Dios mío!

Dios castigará a los orgullosos

10 »Israelitas,
escóndanse entre las rocas,
escóndanse en las cuevas,

para que puedan escapar
del poderoso y temible Dios.
11 Los orgullosos bajarán
la vista,
y agacharán la cabeza.
Sólo el Dios todopoderoso
será adorado,
12 pues ya está cerca el día
en que humillará a esos
orgullosos.
13 Cuando llegue ese día,
Dios actuará contra aquellos
que se creen muy importantes;
se creen más grandes y altos
que los cedros del monte
Líbano
y que los robles del Valle de
Basán.
14 Dios actuará contra aquellos
que se creen muy importantes;
se creen más grandes y altos
que las montañas y los cerros,
15 más altos que las torres
y más fuertes que las murallas.
16 Se creen más ricos que un
barco
cargado de muchos tesoros.

17-18 »Cuando llegue ese día
serán humillados por completo
los creídos y orgullosos.
Cuando llegue ese día,
Dios acabará con todos
los ídolos,
y solamente él será adorado.

Dios castigará a su pueblo

19-21 »Cuando Dios decida
castigarlos
escóndanse entre las rocas,
escóndanse en las cuevas,
para que puedan escapar
de Dios y de su terrible poder.
Cuando llegue ese día,
la gente tomará sus
falsos dioses,
esos ídolos de oro y plata
que fabricaron con sus
propias manos,
y los arrojarán a las ratas y a
los murciélagos.

22 »Por eso,
¡dejen de confiar en su
propio poder,
porque tarde o temprano
todos van a morir!»

Judá y Jerusalén serán castigadas

3 **1** Isaías advierte a los habitantes de Judá y Jerusalén:

«¡Fíjense bien!
El Dios todopoderoso
dejará sin pan ni agua
a Jerusalén y al reino de Judá.

2-3 »Dios hará que
desaparezcan
el valiente y el guerrero,
el juez y el profeta,
el capitán y el anciano,
el rico y el consejero,
el adivino y el artesano.

4 »Dios pondrá a niños y
muchachos
como jefes y gobernantes.
5 La vida se volverá tan difícil
que hasta entre amigos se
atacarán.
Los jóvenes insultarán a
los viejos
y los pobres a los ricos.
6 Uno le dirá a su hermano:

''Sólo tú puedes gobernar
sobre este montón de ruinas,
porque en casa de nuestro padre
al menos tienes ropa que
ponerte''.

7 »Pero el otro le responderá:

''En mi casa no tengo comida
ni ropa que ponerme.
Ni se te ocurra hacerme jefe
del pueblo;
¡yo no puedo arreglar este
desastre!''

8 »Jerusalén se derrumba,
el reino de Judá está en ruinas,
porque allí todos ofenden
a Dios.

9 »Todos ellos son culpables;
¡en la cara se les ve!
Nadie esconde sus pecados;
ni siquiera los disimulan.
Se están portando igual
que los habitantes de Sodoma.
Nada bueno les espera;
se están ganando su
propio castigo.

10-11 ¡Qué mal le irá al
malvado!
¡Dios lo castigará por todo lo
que ha hecho!
En cambio, Dios bendecirá
al obediente,
y lo recompensará por su
buena conducta.

Los malos gobernantes

12 »Los gobernantes engañan a
mi pueblo,
y lo llevan por mal camino;
hasta las mujeres y los niños
gobiernan y abusan de la gente.

13 »Dios está por juzgar
a su pueblo.
14 Lo llamará a juicio
y le dirá a sus líderes y jefes:

''Ustedes han destruido a mi
pueblo querido.
Han robado a los pobres
y han guardado en sus casas
todo lo que se robaron.
15 ¿Con qué derecho abusan de
mi pueblo
y maltratan a los pobres?''

»Yo, el Dios todopoderoso,
les juro que así es».

Dios castiga a las mujeres orgullosas
16 Dios les dijo a las mujeres de
Jerusalén:

«Mujeres de Jerusalén,
ustedes son tan orgullosas
que andan con la cabeza
levantada,
miran a todos con desprecio,
se menean al caminar
y llaman la atención
haciendo sonar
los adornos que llevan en los
tobillos.
17 Pero yo las dejaré desnudas,
con las cabezas peladas
y llenas de llagas.

18-23 »Mujeres de Jerusalén,
llegará el día en que haré
desaparecer
todos los adornos que
ustedes usan
en las manos y en los pies,

en la cara y en el cuello,
en el pelo y en las orejas,
en los dedos y en la cintura.
También les quitaré
sus perfumes y sus espejos,
sus mantos y sus bolsos
sus sandalias y sus finos
vestidos.

24 »Mujeres de Jerusalén,
hoy andan perfumadas,
mañana olerán mal;
hoy usan cinturón,
mañana usarán una soga;
hoy se visten con ropa fina,
mañana vestirán trapos viejos;
hoy se ven muy hermosas,
mañana estarán llenas
de cicatrices;
hoy se peinan con elegancia,
mañana no tendrán nada
que peinarse».

25 Dios también dijo:

«Los guerreros de Jerusalén
morirán en el campo de
batalla.
26 La gente llorará y se pondrá
de luto,
y la ciudad quedará abandonada.

4 **1** »En aquel día quedarán tan
pocos hombres,
que siete mujeres se pelearán
por uno de ellos.
Las mujeres les dirán a los
hombres:

''Si te casas conmigo
yo me compraré mi propio pan
y también mi propia ropa;
por favor, cásate conmigo
para que no me muera de
vergüenza''».

Dios perdonará a Israel
2-3 Dios también dijo:

«No castigaré a todos.
A los que deje con vida,
les permitiré vivir en Jerusalén
y serán llamados:
''Pueblo elegido de Dios''.

»Cuando llegue ese día
haré que prosperen
y vivan bien.

Mi pueblo se pondrá orgulloso
de los frutos que su tierra le
dará.

4 »Cuando yo dicte sentencia
y castigue a mi pueblo,
perdonaré a los habitantes de
Jerusalén
de los crímenes que
han cometido.
5-6 Entonces protegeré a
mi pueblo
con una nube durante el día
y una llama de fuego durante
la noche.
Así, durante el día,
los protegeré del calor,
de la lluvia y de la tempestad».

El canto de la viña

5 ¹ Dios dijo:

«Esta canción habla de
una viña,
y quiero dedicársela a mi pueblo.

»Mi amigo plantó un viña
en un terreno muy fértil.
² Removió la tierra, le quitó
]las piedras
y plantó semillas de la
mejor calidad.
Puso una torre en medio
del terreno
y construyó un lugar para
hacer el vino.
Mi amigo esperaba uvas dulces,
pero sólo cosechó uvas agrias.

³ »Ahora, díganme ustedes,
habitantes de Jerusalén
y de Judá,
digan quién tiene la culpa,
si ustedes o yo.
⁴ ¿Qué no hice por ustedes?
Lo que tenía que hacer, lo hice.
Yo esperaba que hicieran
lo bueno,
pero sólo hicieron lo malo.

5 »Pues bien, ustedes son
mi viña,
y ahora les diré lo qué
piensa hacer:
dejaré de protegerlos para que
los destruyan,
derribaré sus muros para que

los pisoteen.
⁶ Los dejaré abandonados,
y pasarán hambre y sed,
y no los bendeciré.

⁷ »Mi viña, mi plantación
más querida,
son ustedes, pueblo de Israel;
son ustedes, pueblo de Judá.
Yo, el Dios todopoderoso,
esperaba de ustedes obediencia,
pero sólo encuentro
desobediencia;
esperaba justicia,
pero sólo encuentro
injusticia».

Seis amenazas

Contra los que abusan de los pobres

⁸ El profeta Isaías anunció seis
amenazas contra Judá:

«¡Qué mal les va a ir
a ustedes!
Compran casas y más casas,
campos y más campos,
y no dejan lugar para
nadie más.
Se creen los únicos dueños
del país.
⁹ El Dios todopoderoso me ha
prometido:

''Todas esas casas grandes
y hermosas,
serán destruidas y nadie podrá
habitarlas.
¹⁰ Tres hectáreas plantadas
de uvas
no darán más que un barril
de vino;
diez bolsas de semilla
sólo producirán una bolsa
de trigo''.

Contra los desenfrenados

¹¹ »¡Qué mal les va a ir
a ustedes!
Muy temprano empiezan a
emborracharse,
y todavía de noche siguen
tomando.
¹² En sus fiestas se oye música
de arpas, tambores y flautas,
y abunda el vino.
Ustedes nunca se fijan
ni toman en cuenta

todo lo que Dios ha hecho.
¹³ Por eso, el pueblo y sus jefes
serán llevados a un país
extraño,
y allí morirán de hambre
y de sed.

¹⁴ »Les aseguro que las tumbas
se abrirán
para tragarse al pueblo
y a sus jefes,
porque se divierten haciendo
el mal.
¹⁵ El pueblo quedará humillado,
y sus jefes agacharán la
cabeza.
¹⁶-¹⁷ Las ciudades serán
destruidas,
y ovejas y cabras
comerán pasto entre sus
ruinas.
Así el Dios todopoderoso
mostrará su grandeza y
santidad
cuando haga justicia.

Contra los malvados

¹⁸ »¡Qué mal les va a ir
a ustedes!
¡El pecado los tiene atrapados!

¹⁹ »Para colmo, ustedes se
animan a decir:

''Que Dios nos demuestre
que cumplirá
todo lo que ha prometido;
que el Dios único y
todopoderoso
se apresure a cumplir
sus planes,
para que podamos
conocerlos''.

Contra los que engañan

²⁰ »¡Qué mal les va a ir
a ustedes!
Dicen que lo malo es bueno,
y que las tinieblas son luz.
También dicen que lo amargo
es dulce.

Contra los creídos

²¹ »¡Qué mal les va a ir
a ustedes!
¡Se creen muy sabios
y muy inteligentes!

CONTRA LOS QUE PRACTICAN LA INJUSTICIA

22 »¡Qué mal les va a ir
a ustedes!
¡Para beber vino y mezclar
licores
son unos campeones!
23 ¡Pero en realidad,
son todos unos corruptos!
Por dinero dejan en libertad
al culpable,
y no respetan los derechos del
inocente.
24 Rechazan la enseñanza
del Dios santo de Israel;
desprecian los mandamientos
del Dios único y perfecto.
Por eso, así como el fuego
quema la paja
así también desaparecerán
ustedes:
serán como plantas que se
pudren de raíz
y sus flores se convierten
en polvo.

El enojo de Dios

25 »Por eso Dios se enojó
con ustedes,
que son su pueblo,
y levantó su mano poderosa
para castigarlos.
Temblaron las montañas,
y los cadáveres quedaron
tirados
como basura en las calles.
Pero Dios sigue muy enojado,
su mano está lista para seguir
con el castigo.

La invasión del enemigo

26 »Dios llama a una
nación lejana
para atacar a su pueblo.
Los soldados de esa nación
atienden pronto a su llamado.
27 Son fuertes y no se cansan;
están siempre alertas
y listos para la guerra.

28 »Ya han preparado
sus arcos,
y han afilado sus flechas.
Los cascos de sus caballos
son duros como las piedras;
las ruedas de sus carros
avanzan con rapidez.

29 Los soldados lanzan gritos
de guerra;
parecen leones feroces
que arrastran la presa y se
la llevan;
¡nadie se las puede quitar!
30 En el momento indicado,
esa nación atacará a Israel
con la fuerza de un mar
tormentoso.
Entonces la tierra
quedará envuelta en tinieblas,
y la luz del día se perderá
entre oscuros nubarrones.
Israel quedará muy angustiada!»

Isaías tiene una visión en el templo

6 **1** Yo, Isaías, vi a Dios sentado en un trono muy alto, y el
templo quedó cubierto bajo su
capa. Esto me sucedió en el año
en que murió el rey Ozías. **2** Vi
además a unos serafines que
volaban por encima de Dios. Cada
uno tenía seis alas: con dos alas
volaban, con otras dos se cubrían la cara, y con las otras dos se
cubrían de la cintura para abajo.
3 Con fuerte voz se decían el uno
al otro:

«Santo, santo, santo
es el Dios único de Israel,
el Dios del universo;
¡toda la tierra está llena
de su poder!»

4 Mientras ellos alababan a
Dios, temblaban las puertas del
templo, y este se llenó de humo.
5 Entonces exclamé:

«¡Ahora sí voy a morir!
Porque yo, que soy un
hombre pecador
y vivo en medio de un
pueblo pecador,
he visto al rey del universo,
al Dios todopoderoso».

6 En ese momento, uno de los
serafines voló hacia mí. Traía en
su mano unas tenazas, y en ellas
llevaba una brasa que había
tomado del fuego del altar. **7** Con
esa brasa me tocó los labios, y
me dijo:

«Esta brasa ha tocado
tus labios.
Con ella, Dios ha quitado tu
maldad
y ha perdonado tus pecados».

8 En seguida oí la voz de Dios que
decía:

«¿A quién voy a enviar?
¿Quién será mi mensajero?»

Yo respondí:

«Envíame a mí, yo seré
tu mensajero».

9 Entonces Dios me dijo:

«Ve y dile a este pueblo:

''Por más que oigan, no van a
entender;
por más que miren, no van
comprender''.

10 »Confunde la mente de
este pueblo;
que no pueda ver ni oír
ni tampoco entender.
Así no podrá arrepentirse,
y yo no lo perdonaré».

11 Entonces le pregunté:

«Dios mío, ¿por cuánto tiempo
tendré que predicar?»

Dios me respondió:

«Hasta que todas las ciudades
sean destruidas
y se queden sin habitantes;
hasta que en las casas no haya
más gente
y los campos queden desiertos;
12 hasta que yo mande al
pueblo fuera de su tierra,
y el país quede abandonado.
13 Y si de cien personas quedan
sólo diez,
hasta esas diez serán
destruidas.
Quedarán como el tronco de
un árbol,
que recién ha sido cortado.
Pero unos pocos israelitas

quedarán con vida,
y de ellos saldrá un pueblo
obediente y fiel».

7 **1** Resín, rey de Siria, y Pécah, rey de Israel, se unieron para atacar a Ahaz, rey de Judá, que se encontraba en la ciudad de Jerusalén. Trataron de conquistar la ciudad, pero no lo consiguieron. **2** En esa ocasión, el rey Ahaz y su familia se enteraron de que los sirios se habían aliado con los israelitas del norte. Al oír esto, el rey y el pueblo se pusieron a temblar de miedo, como tiemblan las hojas de los árboles cuando sopla el viento.
3 Entonces Dios le dijo a Isaías:

«Toma a tu hijo Sear-iasub y preséntate ante el rey Ahaz. Lo encontrarás cerca del canal que trae el agua del estanque superior. Ese canal está en el camino que va al Campo del Tintorero. **4** Allí le dirás al rey lo siguiente:

''Ten cuidado, pero no te asustes;
el rey Resín y el rey Pécah
están furiosos,
pero no les tengas miedo,
pues no son más que un fuego
que sólo echa humo y pronto
se apaga.

5-6 Ellos piensan hacerte daño;
quieren invadir el territorio
de Judá,
conquistarlo y llenar de miedo
a su gente.
Piensan poner como rey al hijo
de Tabeel.
7 Pero Dios ha dicho:

'¡Eso no sucederá jamás!
8-9 Damasco es tan sólo la
capital de Siria
y Resín no es más que su rey;
Samaria es tan sólo la capital
de Israel
y Pécah no es más que su rey.
Dentro de sesenta y cinco años
Israel dejará de ser una nación.
Pero si tú y tus oficiales

no confían en mí,
que soy el Dios de Israel,
serán derrotados por
completo' ''».

EL NACIMIENTO DEL MESÍAS
10 Dios también le dijo a Ahaz:

11 «Pídeme que haga un milagro que te sirva de señal. Puede ser algo que suceda en lo más profundo de la tierra, o en lo más alto de los cielos».

12 Pero Ahaz le respondió:

«No pretendo poner a prueba
a Dios
pidiéndole una señal».

13 Entonces Isaías dijo:

«Escuchen ustedes,
los de la familia del rey
de Judá:
¿No les basta con fastidiar a
los hombres
que también quieren molestar
a Dios?
14 Dios mismo les va a dar
una señal:
La joven está embarazada,
y pronto tendrá un hijo,
al que pondrá por nombre
Emanuel,
es decir, ''Dios con nosotros''.
15 En sus primeros años de vida,
el niño sólo comerá yogurt
y miel.
16 Pero antes de que el niño
sepa distinguir entre lo bueno
y lo malo,
serán destruidos los países
de Resín y Pécah,
a los que tanto miedo les
tienes».

EL ANUNCIO DE UNA TERRIBLE INVASIÓN
17 Isaías continuó diciendo:

«Dios mandará contra Judá al
rey de Asiria.
Él atacará a la familia del rey
y a todo su pueblo.
Sucederán cosas muy terribles,
cosas que no se habían visto

desde que el reino de Israel
se separó del reino de Judá.

18 »Cuando llegue ese día,
Dios llamará a los ejércitos
egipcios,
quienes vendrán como moscas;
y a los ejércitos asirios,
quienes vendrán como abejas.

19 »Todos ellos vendrán
a ocupar
las cuevas y los valles,
los matorrales llenos
de espinas
y los sitios donde toma
agua el ganado.
20 Cuando llegue ese día,
el rey de Asiria castigará a Judá
y la humillará por completo.

EL ANUNCIO DE TIEMPOS DIFÍCILES
21-22 »Cuando llegue ese día, quedarán con vida sólo unos pocos. Una vaca y dos ovejas bastarán para alimentarlos. Tendrán suficiente yogurt y miel. **23** »Los viñedos que antes tenían mil plantas y valían mil monedas de plata se convertirán en matorrales llenos de espinos. **24** Sólo se podrá entrar allí con arcos y flechas para cazar. **25** Antes, se cultivaba el suelo de las colinas con un azadón. Pero cuando llegue ese día, habrá tantos matorrales y espinos que les dará miedo meterse en ellos. Sólo servirán para que pasten allí los bueyes y las ovejas».

8 **1-2** Dios me dijo:

«Isaías, quiero que llames al sacerdote Urías y a Zacarías hijo de Jeberequías, para que sean testigos de lo que vas a hacer. Delante de ellos tomarás una tabla de arcilla grande y escribirás, con letras grandes y claras, el nombre Maher-salal-hasbaz, que significa ''Ya viene la destrucción, ya están aquí los ladrones''».

3 Tiempo después mi esposa y yo

tuvimos un hijo. Entonces Dios me dijo:

«Ponle por nombre Maher-salal-hasbaz. **4** Porque antes que el niño aprenda a decir "mamá" y "papá", el rey de Asiria destruirá las ciudades de Damasco y Samaria, y se quedará con todas sus riquezas».

5 Luego Dios me volvió a decir:

6 «Yo soy tranquilo,
como las aguas del estanque
de Siloé.
Pero esta gente de Judá me
ha despreciado,
pues tiene miedo de Resín
y de Pécah,
los reyes de Siria y
de Israel.

7 »Por eso enviaré contra Judá
al ejército de Asiria.
Los asirios la atacarán y
la destruirán,
como cuando se inunda el
río Éufrates,
y el agua se desborda por
todos sus canales
cubriendo todo lo que se pone
en su camino.
8 Los enemigos asirios llegarán
hasta Judá
como cuando llega una gran
inundación.
Atacarán como un águila,
que con sus alas
extendidas,
se lanza sobre toda
la tierra.
¡Pero Dios está con nosotros!

9 »¡Escuchen esto,
naciones lejanas,
de nada sirve que se preparen
para la guerra!
Aunque se armen hasta
los dientes,
quedarán aterrorizados
y destruidos.
10 De nada servirán sus planes,
pues Dios los hará fracasar.
Aunque llamen a la batalla,
nadie les hará caso,
pues Dios está con nosotros».

Sólo a Dios hay que temer

11 Dios me tomó fuertemente con su mano y me advirtió que no me comportara como los de Judá. También me dio este mensaje para ellos:

12 «No llamen "conspiración" a todo lo que la gente llama "conspiración". A la gente le da miedo cuando los reyes se juntan para hacer planes de guerra. Pero ustedes no deben asustarse ni tener miedo.
13 Yo soy el Dios todopoderoso y es a mí a quien deben adorar y temer. **14** De lo contrario, seré para ustedes como una trampa, en la que caerán todos los habitantes de Jerusalén. Seré como una piedra con la que tropezarán los dos reinos de Israel. **15** Muchos tropezarán, caerán y morirán; muchos caerán en la trampa y quedarán atrapados».

Instrucciones de Isaías a sus discípulos

16 Entonces Isaías les dijo a sus discípulos:

«Mantengan en secreto
mis mensajes
y las enseñanzas que les
he dado.
17 Dios está enojado con
su pueblo,
pero yo confío en su bondad,
y en él he puesto mi esperanza.
18 Dios vive en el monte Sión,
y él me ha dado hijos
para que juntos sirvamos
de advertencia a su pueblo.

19-20 »Seguramente la gente les dirá:

"Todos los pueblos consultan
a sus dioses
y les piden instrucciones
o mensajes.
Vayan ustedes y consulten
a los brujos y adivinos,
para que les digan qué va a
suceder".

»¡Pero no hagan caso,

son puras tonterías!

21 »La gente irá de un lado
para el otro,
hambrienta y maltratada;
el hambre los pondrá furiosos
y maldecirán a su rey y a
sus dioses.
Mirarán por todas partes
22 y sólo verán miseria
y angustia.
¡Vivirán en la más terrible
oscuridad!

9 **1a** (8.23a) »Sin embargo,
no durará para siempre
su angustia y su dolor».

El reinado del Príncipe de paz

1b (8.23b) La tierra de Zabulón y Neftalí es una región de Galilea, cerca de donde habitan pueblos que no adoran a nuestro Dios. Esa región se extiende desde el otro lado del río Jordán hasta la orilla del mar. Hace mucho tiempo, Dios humilló a esa región de Galilea, pero después le concedió un gran honor, el cual Isaías anunció así:

2 (1) «Aunque tu gente viva
en la oscuridad
verá una gran luz.
Una luz alumbrará
a los que vivan
en las tinieblas.
3 (2) ¡Dios nuestro,
tú nos has llenado de alegría!
Todos nos alegramos en tu
presencia,
como cuando llega la cosecha,
como cuando la gente
se reparte muchas riquezas.
4 (3) Tú nos has liberado
de los que nos esclavizaron.
Tu victoria sobre ellos fue
tan grande
como tu victoria sobre el
pueblo de Madián.
5 (4) Tú echarás al fuego
las botas de los soldados
y sus ropas manchadas
de sangre.

6 (5) »Nos ha nacido un niño,
Dios nos ha dado un hijo:
a ese niño se le ha dado

el poder de gobernar;
y se le darán estos nombres:
Consejero admirable,
Dios invencible,
Padre eterno, Príncipe de paz.
7 (6) Él se sentará en el trono de David,
y reinará sobre todo el mundo
y por siempre habrá paz.

»Su reino será invencible,
y para siempre reinarán
la justicia y el derecho.

»Esto lo hará el Dios todopoderoso
por el gran amor que nos tiene».

El enojo de Dios contra el reino de Israel

8-9 (7-8) Isaías le dijo al pueblo de Israel:

«Dios le ha advertido a Israel
que lo va a castigar.
Y todo el pueblo,
incluyendo a los habitantes
de Samaria,
ha recibido esta advertencia.

»Pero todos dicen con mucho orgullo:

10 (9) ''No importa que
hayan tirado
los edificios de ladrillo;
nosotros construiremos otros,
y los haremos de piedra.
Han derribado los árboles
de sicómoro,
pero nosotros plantaremos
cedros''.

11 (10) »Dios ordenó que
los atacaran
unos enemigos terribles.
12 (11) Por el este, los atacaron
los sirios;
por el oeste, los filisteos.
De un solo bocado
se tragaron a Israel.
A pesar de todo esto,
el enojo de Dios no se
ha calmado;
nos sigue amenazando todavía.
13 (12) »El Dios todopoderoso

castigó a su pueblo,
pero este no se arrepintió,
ni buscó su ayuda.
14-15 (13-14) Entonces Dios,
en un solo día,
eliminó a los líderes y jefes
de Israel,
y a sus profetas
mentirosos.

16 (15) »Los jefes engañaron
a este pueblo,
y confundieron a toda
su gente.
17 (16) Por eso Dios no
perdonó a sus jóvenes,
ni se compadeció de
sus huérfanos
ni de sus viudas.
Porque todo el pueblo
fue muy malo
y sólo decía tonterías.
A pesar de todo esto,
el enojo de Dios no se
ha calmado;
nos sigue amenazando
todavía.

18 (17) »La maldad es como
el fuego,
que todo lo devora;
no deja espinos
ni matorrales,
ni árboles en el bosque
y el humo sube en
grandes columnas.

19 (18) »Dios es el rey
del universo,
y cuando se enoja
todo el país queda destruido.

»Nadie se compadece de
su hermano,
20 (19) se destruyen unos
a otros,
y aun así no quedan
satisfechos.
21 (20) Las tribus de Efraín y
Manasés
se pelean entre ellos,
y luego los dos juntos atacan
a Judá.
A pesar de todo esto,
el enojo de Dios no se
ha calmado;
nos sigue amenazando todavía.

Mensaje para los jefes de Israel

10 ¹ »¡Qué mal les va a ir
a ustedes
los que inventan leyes
insoportables e injustas!
² ¡Ustedes no protegen a
los débiles
ni respetan los derechos de los pobres;
maltratan a las viudas
y les roban a los huérfanos!

³ »¿Qué harán cuando Dios
les pida cuenta de lo
que hacen?
¿Qué harán cuando Dios
les mande el castigo
que merecen?
¿A quién le pedirán ayuda?
¿Dónde esconderán
sus riquezas?

⁴ »Porque ustedes
serán humillados,
llevados presos y asesinados.
A pesar de todo esto,
el enojo de Dios no se calmará;
nos seguirá amenazando
todavía.

Dios enviará a los asirios

⁵ »Dios dice:

''Estoy muy enojado;
por eso usaré al rey de Asiria
para castigar a los que
me ofenden.
⁶ Le ordenaré que ataque
a este pueblo malvado;
que le quite sus riquezas
y lo pisotee como al barro de
las calles.

7-8 ''Pero el rey de Asiria
cree que no está bajo
mis órdenes;
más bien dice que todos
los reyes
siguen sus instrucciones.
él no piensa más que
en destruir
y en arrasar a muchas
naciones.

⁹ ''A este rey no le importó
si se trataba de Carquemis o de
Calnó,

de Hamat o de Arpad,
de Samaria o de Damasco;
a todas estas ciudades
las destruyó.
10 Por eso dice:
'He vencido a muchas naciones
con más dioses que Jerusalén y
Samaria.
11 Por eso destruiré a Jerusalén
así como destruí a Samaria' ''.

12 »Dios hará lo que ha
planeado hacer
contra el monte Sión y
Jerusalén.
Y una vez que lo haya
cumplido,
castigará al rey de Asiria
por su orgullo y su arrogancia.

13 »El rey de Asiria ha dicho:

''Yo soy muy inteligente.
Todo lo hago con sabiduría
y con mis propias fuerzas.
Como un valiente,
he vencido a muchos reyes.
Me he adueñado de sus países
y les he robado sus riquezas.

14 ''He arrasado con toda
la tierra.
He dejado sin nada a
los pueblos
como quien roba huevos de
un nido;
¡nadie movió un dedo!,
¡nadie protestó!''

15 »Pero Dios dice:

''El rey de Asiria
está equivocado,
porque ni el hacha ni la sierra
son más importantes
que el hombre que las maneja.
¡Dónde se ha visto que
el bastón
controle al que lo usa!''

16 »Por eso el Dios todopoderoso
mandará una enfermedad;
una alta fiebre dejará
sin fuerzas
a ese rey y a todo su ejército.

17 »El Dios único y perfecto

es nuestra luz,
y se convertirá en una llama
de fuego;
en un solo día quemará
al ejército de Asiria,
como si fueran espinos y
matorrales.
18-19 Dios destruirá
por completo
la belleza de sus bosques
y sus huertos.
Quedarán tan pocos árboles,
que hasta un niño los
podrá contar.

Unos cuantos se volverán a Dios
20 »Cuando llegue ese día,
los pocos israelitas que se
hayan salvado
dejarán de confiar en Asiria;
volverán a confiar en Dios,
el Dios santo de Israel.
21 Sólo unos cuantos israelitas
se volverán hacia el Dios
de poder.

22 »Aunque ustedes,
israelitas,
sean tan numerosos como la
arena del mar,
Dios hará justicia,
pues la destrucción ya está
decidida;
sólo unos cuantos se salvarán.
23 Así lo ha resuelto el Dios
todopoderoso;
su decisión se cumplirá
en el país.

La destrucción de Asiria
24 »Por eso, el Dios
todopoderoso dice:

''Pueblo mío, que vives en el
monte Sión,
no les tengas miedo a
los asirios.
Ellos te golpean y maltratan
como antes lo hicieron
los egipcios.
25 Pero dentro de poco tiempo
dejaré de estar
enojado contigo.
Mi enojo será contra los asirios,
a quienes destruiré
por completo.
26 Yo, el Dios todopoderoso,

los voy a castigar;
mostraré mi poder
contra Asiria,
como lo mostré contra Egipto;
los destruiré como lo hice
con Madián
donde está la roca de Oreb.
27 Entonces, yo, el Dios
de Israel,
los libraré de los asirios
y de su terrible dominio''.

28 »El ejército asirio avanza
por el lado de Rimón;
llega hasta Aiat,
pasa por Migrón,
y deja su equipaje en Micmás.
29 Las tropas cruzan
el desfiladero,
y pasan la noche en Gueba.
Tiembla de miedo la gente
de Ramá,
y se escapa la gente de
Guibeá de Saúl.
30 Se escuchan gritos de
Bat Galim,
de Laisa, y de Anatot.
31 Se desbanda Madmená,
se esconden los habitantes
de Guebim.
32 Hoy mismo los
invasores asirios
se detienen en Nob;
dan la señal de atacar el
monte Sión,
la ciudad de Jerusalén

33 »¡Miren a los asirios!
¡Son como árboles en
un bosque!
El Dios todopoderoso
los derriba con una
fuerza terrible;
a los más altos los corta,
y los tira al suelo.
34 ¡Dios derriba de un
solo golpe
los árboles más bellos
del Líbano!

Un reinado de paz y justicia
11 **1** »Si de un tronco viejo sale
un retoño,
también de la familia de David
saldrá un nuevo rey.
2 El espíritu de Dios estará
sobre él

" Formemos una asociación para llevar la biblia a todos los países y en todos los idiomas. "

La primera sociedad bíblica británica y extranjera, fundada en 1804.

y le dará sabiduría,
inteligencia y prudencia.
Será un rey poderoso,
y conocerá y obedecerá a Dios.

3 »No juzgará por las
apariencias,
ni se guiará por los rumores,
pues su alegría será
obedecer a Dios.
4 Defenderá a los pobres
y hará justicia a los indefensos.
Castigará a los violentos,
y hará morir a los malvados.
Su palabra se convertirá en ley.
5 Siempre hará triunfar la
justicia y la verdad.

6 »Cuando llegue ese día,
el lobo y el cordero se
llevarán bien,
el tigre y el cabrito
descansarán juntos,
el ternero y el león crecerán
uno junto al otro
y se dejarán guiar por
un niño pequeño.
7 La vaca y la osa serán amigas,
sus crías descansarán juntas,
y el león y el buey comerán
pasto juntos.
8 El niño jugará con la serpiente
y meterá la mano en su nido.
9 En la Jerusalén de aquel día
no habrá nadie que haga daño,
porque todos conocerán a Dios,
y ese conocimiento llenará
todo el país,
así como el agua llena el mar.

10 »Cuando llegue ese día,
subirá al trono un descendiente
de David,
y juntará a todas las naciones.
Su país alcanzará la fama
y el poder.

11 »Entonces, Dios hará
que vuelva
todo su pueblo dispersado
en los países de:
Asiria,
Egipto,
Patros,
Etiopía,
Elam,
Sinar,

Hamat,
y las islas del mar.

12 »Reunirá a las naciones
y a los refugiados
de Israel y de Judá,
que fueron esparcidos por
todo el mundo.

13 »Ya no habrá celos entre
Israel y Judá,
ni tampoco serán enemigos.
14 Juntos atacarán a
los filisteos
que viven en la costa del
Mediterráneo.
Juntos atacarán a
los edomitas,
moabitas y amonitas,
que viven al otro lado del
río Jordán.
15 Dios secará el Mar de
los Juncos.
Enviará un viento caluroso
sobre el río Éufrates,
y lo dividirá en siete arroyos
para que lo puedan cruzar
a pie.
16 Así como hubo un camino
para Israel
cuando salió de Egipto,
habrá un camino de regreso
para los que hayan quedado
en Asiria».

Canto de gratitud

12 1 Isaías continuó diciendo:

«Ese día, el pueblo de Israel
cantará:

"Te damos gracias,
Dios nuestro,
porque aunque estuviste
enojado,
ya se te pasó el enojo
y nos has consolado.
2 Confiamos en ti,
Dios nuestro,
y no tenemos miedo,
porque tú eres
nuestro salvador,
nuestro refugio y nuestra
fuerza".

3 »También ustedes
se alegrarán

y gozarán de la salvación
de Dios,
4 y entonces dirán:

"Demos gracias,
adoremos a nuestro Dios,
digamos a las naciones
todo lo que él ha hecho.
Que se reconozca
que él es el rey del universo.
5 Cantemos a Dios,
porque él ha hecho algo
muy grande,
algo que debe darse a conocer
en toda la tierra.
6 Demos gritos de alegría,
habitantes de Jerusalén,
porque en medio de nosotros
está el Dios único y perfecto,
con toda su grandeza"».

Mensaje contra Babilonia

13 1 Dios le mostró a Isaías lo
que haría contra Babilonia, y él se
lo comunicó al pueblo:

2 «¡Den la señal de ataque
sobre un monte desierto!
¡Manden a los soldados
al combate!
¡Den la orden de que avancen
por los portones de Babilonia,
y que ataquen a sus jefes!

3 »Dios ha llamado a
sus valientes
para castigar a los babilonios.
Dios llamó a sus mejores
guerreros,
y estos se alegran con
su triunfo.

4-5 »En los montes se oyen
los gritos
de una gran multitud;
se escucha el movimiento
de naciones,
de pueblos que se están
reuniendo.
El Dios todopoderoso prepara
a su ejército;
sus tropas han venido de
muy lejos,
¡ya están listas para el
combate!

»Dios está muy enojado;

por eso ha enviado sus tropas
para destruir a Babilonia.

6 »Comiencen a llorar,
babilonios,
porque el día de su destrucción
se acerca.
El Dios todopoderoso
los atacará.
7 Todos ustedes
se quedarán sin fuerzas,
perderán el valor,
8 y se llenarán de miedo.
Se retorcerán de dolor,
como si fueran a tener un hijo.
Se mirarán asombrados
y en la cara se les verá
el terror.

9 »¡Ya llega el día de
la destrucción!
Dios está tan enojado,
que cuando llegue ese día
dejará la tierra hecha
un desierto
y acabará con todos
los pecadores.
10 Ese día el sol se apagará,
la luna dejará de brillar
y las estrellas no darán su luz.

11-13 »El Dios todopoderoso
dice:

''¡Estoy muy enojado y furioso!
Haré que tiemblen el cielo
y la tierra,
castigaré a los malvados,
y humillaré a los orgullosos.
Cuando acabe con ellos;
será más difícil encontrar
un babilonio con vida
que una aguja en un pajar.

14 ''La gente de otros países
que ese día esté en Babilonia
huirá a su país como gacela
espantada;
correrá asustada como oveja
sin pastor.
15 Mi ejército no tomará
prisioneros,
y nadie quedará con vida.
Las casas serán robadas,
16 las mujeres serán violadas,
y los niños, ¡estrellados contra
el suelo!

17-18 ''Yo haré que Persia
ataque a Babilonia,
y no lo hará por dinero.
Derribará a los jóvenes con
sus flechas,
y no tendrá compasión de
los niños
ni de los recién nacidos.

19 ''Ahora escúchame bien,
Babilonia:
tú eres una ciudad bella y
poderosa;
¡eres el orgullo de tu pueblo!
Pero yo soy el Dios
todopoderoso,
y te voy a destruir
como destruí a las ciudades
de Sodoma y Gomorra.

20 ''Babilonia nunca volverá a
ser habitada,
ni acamparán los árabes en
su territorio
ni los pastores alimentarán allí
a sus ovejas.
21 Allí sólo vivirán
los gatos monteses y los
avestruces;
las lechuzas llenarán las casas,
y las cabras brincarán de un
lado a otro.
22 Los chacales aullarán en
los castillos
y los lobos llenarán los palacios.

''¡Babilonia, te llegó la hora;
pronto serás castigada!''»

Dios tendrá compasión de Israel

14 **1** Dios tendrá compasión de
Israel, y de nuevo seremos su
pueblo elegido. Dios nos hará volver a nuestra tierra. Gente de
muchas naciones vendrá a refugiarse en nuestro país, y se unirá
a nuestro pueblo. **2** Muchas naciones nos ayudarán a regresar a la
patria que Dios nos dio. Pero luego tomaremos prisioneras a esas
naciones, y así, los que antes nos
dominaron y nos maltrataron acabarán siendo nuestros esclavos.

Israel se burlará del rey de Babilonia

3 Israelitas, Dios calmará nuestro
sufrimiento y nos librará de la
terrible esclavitud. **4** Entonces nos burlaremos del rey de
Babilonia y le cantaremos este
poema:

«¡Qué mal que te fue, tirano!
¡Mira en qué terminó tu orgullo!

5-6 »Dios ha destruido
por completo
a los malvados reyes
de Babilonia.
Ya no seguirán maltratando
sin compasión a los pueblos.

7 »Ahora, toda la tierra está
en paz,
y canta de alegría.
8 Hasta los pinos y los cedros
del Líbano
se alegran de tu ruina y dicen:

''Rey de Babilonia,
ya fuiste derrotado;
ahora nadie volverá a
derribarnos''.

9 »En el reino de la muerte
hay un gran alboroto:
los muertos han despertado
y salen a recibir al rey
de Babilonia.
Todos los reyes que allí están
se levantan de sus tronos
y salen a su encuentro.
10 Todos ellos le dicen:

''También tú has perdido
tu fuerza,
ahora eres como uno
de nosotros.
11 La muerte puso fin a
tu orgullo
y a la música de tus arpas.
Ahora duermes envuelto en
gusanos''.

12 »Rey de Babilonia,
tú que derrotabas a
las naciones,
¡has caído de muy alto!
Te creías un dios en el cielo
pero yo fuiste derribado a
la tierra.
13 Te decías a ti mismo:

''Voy a subir hasta el cielo;

allí pondré mi trono
por encima de las estrellas
de Dios.
Reinaré desde la montaña
donde viven los dioses.
14 Subiré más allá de las nubes,
y seré como el Dios altísimo''.

15 »¡Pero ahora te
han derribado
y has caído a lo más profundo
del reino de los muertos!
16 Los que te vuelven a ver
se quedan mirándote
y con asombro dicen:

''¿Es este el hombre
que hacía temblar a la tierra?
¿Es este el hombre
que derrotaba a las naciones?
17 No, este no puede ser
el hombre
que convertía todo en
un desierto,
que destruía las ciudades,
y que no liberaba a los
prisioneros''.

18-20 »Cuando los reyes de la
tierra mueren,
son enterrados en
hermosas tumbas.
A ti, en cambio,
no te enterrarán con honores
porque arruinaste a tu país
y masacraste a tu pueblo.
Tu cadáver quedará tirado
en el suelo,
y será pisoteado como basura.
Luego lo arrojarán a la zanja
donde tiran a los que mueren
en batalla.

»¡Nadie se acordará de tus
descendientes
porque fuiste un malvado!
21 ¡Mataremos a tus hijos
por culpa de tu maldad!
¡Ellos pagarán por los crímenes
que cometieron sus
antepasados!
¡Ellos no podrán dominar
la tierra,
ni llenar de ciudades el mundo!

22-23 »El Dios todopoderoso ha
jurado que destruirá a Babilonia.

La destruirá por completo;
¡barrerá con todo! En ella no
quedará nadie con vida, y nunca
más será recordada. Dios la convertirá en un pantano, y en una
región llena de lechuzas».

Amenaza de Dios contra Asiria
24 El Dios todopoderoso ha hecho
este juramento:

«¡Mis planes no fallarán!
Tal como lo dije, todo
se cumplirá.
25 Haré pedazos a los asirios
que ahora ocupan mi tierra;
los aplastaré en mis montañas.
¡Libraré a mi pueblo de su
esclavitud!

26 »Este es el plan que
he preparado
contra todas las naciones
de la tierra,
27 ¡y nadie podrá detenerme!
Yo, el Dios todopoderoso,
juro que así será».

Amenaza de Dios contra los filisteos
28 El año en que murió el rey Ahaz,
Dios envió este mensaje:

29 «Pueblo filisteo,
ya ha muerto el rey de Asiria,
que tanto te maltrató.
Pero no cantes victoria,
pues ese país se convertirá
en tu peor enemigo;
será peor que una serpiente
venenosa.

30 »Yo mataré a los pocos
que te queden con vida;
haré que tu gente
se muera de hambre.

»En cambio, los pobres
de Israel
tendrán pasto para
sus rebaños,
y descansarán tranquilos.

31 »¡Filisteos, griten de dolor;
tiemblen de miedo!
Porque del norte llega
un ejército
como una nube de humo,

y todos sus soldados
están listos para la batalla.
32 A los mensajeros de ese país
se les dirá:
''Dios construyó a Jerusalén,
y allí se refugiarán
los más pobres de su
pueblo''».

Mensaje contra Moab
15 **1-2** Dios dijo:

«¡El reino de Moab ha quedado
en ruinas!
Todos en Moab están de luto,
se han rapado la cabeza
y se han cortado la barba.
En una sola noche fueron
destruidas
las ciudades de Ar y de Quir,
de Nebo y de Medebá.

»Los habitantes de Dibón
corren al templo y a los altares
que construyeron en
las colinas;
van para lamentar ante
sus dioses
tanta destrucción y tanto
dolor.
3 En las terrazas y en las plazas
todos se lamentan y gritan
de dolor;
la gente va por la calle vestida
de luto,
y llora a más no poder.

4 »Los que viven en Hesbón
y en Elalé
gritan pidiendo auxilio;
hasta en Jahas se oyen
sus gritos.
Los guerreros de Moab
se asustan y tiemblan
de miedo».

5 Isaías dijo:

«Siento lástima por el reino
de Moab.
Los moabitas están llenos
de miedo,
y huyen al pueblo de Sóar;
corren hacia Eglat-selisiya,
suben llorando por la cuesta
de Luhit,
y lanzan gritos de dolor

por el camino de Horonaim.

6 »Se han secado los pozos
de Nimrim;
la hierba está marchita,
y no queda una sola hoja verde.
7 La gente toma todo lo
que tiene
y cruza el arroyo de Los Sauces.

8 »En todo el territorio
de Moab
se escucha a la gente pedir
auxilio;
sus gritos llegan hasta Eglaim
y se oyen en Beer-elim.
9 Si ahora los pozos de Dimón
están llenos de sangre,
Dios les enviará aun peores
castigos,
y los moabitas que queden
con vida,
serán atacados por leones.

La gente de Moab se refugia en Judá

16 **1** »Desde la ciudad de Selá,
que está en el desierto,
los jefes de Moab envían
corderos
para presentar ofrendas a Dios
en el templo de Jerusalén.

2 »Los habitantes de Moab
cruzan el río Arnón;
parecen pájaros asustados
que escapan de sus nidos.
3-4 Vienen con este mensaje
para los habitantes de
Jerusalén:

''¡Necesitamos protección!
Necesitamos un lugar para
escondernos.
No nos entreguen en manos
del enemigo destructor''.

»Cuando el enemigo se vaya
de Moab
y terminen la guerra y la
destrucción,
5 un descendiente del
rey David
llegará a ser rey de Israel.
Su reinado será justo y
honesto;
él guiará a todos con bondad,
y no tardará en hacer justicia.

El orgullo de Moab desaparecerá

6 »Los habitantes de Moab
son famosos por su orgullo:
se creen muy importantes,
y miran con desprecio a
los demás.
¡Pero están equivocados!

7-8 »Todos ellos llorarán por
su país;
se llenarán de tristeza al
recordar
los ricos viñedos de
Quir-haréset,
de Hesbón y de Sibná.
Esos viñedos eran tan grandes
que se extendían por
el desierto,
y llegaban a la ciudad de Jazer
y hasta el mar Mediterráneo.
Pero ahora esos viñedos
están marchitos,
pues los asirios
los han destrozado
por completo.

9 »Por eso ahora lloro
por los viñedos de Sibmá
y Jazer.
También lloro por Hesbón
y Elalé,
pues en sus campos
ya no hay frutos ni cosechas
que den alegría a la gente.

10 »Ya no habrá en los campos
alegría ni alboroto;
ya no se oirá el canto
de los que recogen las uvas
ni la alegría de los que hacen
el vino.
¡Se acabaron las canciones
y los gritos de alegría!

11 »Mi corazón tiembla
como las cuerdas de un arpa;
tiembla de tristeza por la
desgracia
de Moab y de Quir-haréset.
12 De nada les sirve a sus
habitantes
subir a las colinas para adorar
a sus dioses;
por más que rueguen
no van a conseguir ayuda».

13 Este fue el mensaje que hace

mucho tiempo Dios dio en contra
de Moab. **14** Y ahora Dios dice: «El
contrato de trabajo de cualquier
obrero dura tres años. Por eso les
digo que dentro de tres años el
poder de Moab será destruido. Su
gente morirá; sólo unos cuantos
quedarán con vida, pero sin
fuerzas».

Mensaje contra Damasco

17 **1** Mensaje de Dios contra
Damasco:

«La ciudad de Damasco dejará
de existir;
quedará hecha un montón
de ruinas.
2 Será abandonada para
siempre;
en sus ruinas comerán
los animales,
sin que nadie los moleste.
3 Todo el reino de Siria dejará
de existir,
al igual que la ciudad de
Damasco;
además, las ciudades
del norte,
que son el orgullo de Israel,
se quedarán sin murallas.
Yo soy el Dios todopoderoso,
y juro que así será».

El castigo de Israel

4 Dios continuó diciendo:

«Cuando Siria sea destruida,
también el gran pueblo
de Israel
se quedará sin fuerzas
y perderá todas sus riquezas.

5-6 »Israel será arrasada;
quedará como un campo
de trigo
después de la cosecha.
Los pocos que queden con vida
serán como esas espigas
que quedan tiradas en
el campo,
o como las pocas aceitunas
que quedan en la punta
del árbol
después de sacudirlo.
Yo soy el Dios de Israel,
y juro que así será».

El fin de la idolatría

7 En ese día, los israelitas se arrepentirán y volverán a confiar en su creador, el Dios santo de Israel. **8** No volverán a ofrecer sacrificios al dios Baal, ni a adorar a las estatuas de la diosa Astarté, las cuales hicieron con sus propias manos.

9 En ese día,
las ciudades fortificadas
de Israel
quedarán abandonadas
y desiertas,
tal como quedaron
las ciudades
que Israel conquistó
en Canaán.

10 Ustedes, israelitas,
se olvidaron de Dios,
que es su protector y salvador.
Ahora siembran hermosos huertos
en honor de otros dioses.
11 Se dedican a cuidar
las plantas
y al día siguiente brota
la semilla.
Pero llegará el día en
que sufrirán,
y esa cosecha no les servirá
de nada.

12-14 Oigan a los muchos
ejércitos enemigos;
¡rugen más que un mar
embravecido!
Por la noche causan terror,
pero al amanecer desaparecen.
En cuanto Dios los reprende,
salen corriendo y se van
muy lejos.
¡Son como la paja que se lleva
el viento,
como la hierba que arrastra el
huracán!

¡Así acabarán las naciones
que han robado a Israel
y lo han dejado en la ruina!

Mensaje contra Egipto

18 **1** ¡Qué mal le va a ir a Egipto,
ese país lleno de mosquitos,
2 y que envía a sus mensajeros

por el río Nilo en barcas
de junco!

Veloces mensajeros, regresen
a Egipto,
a ese pueblo rodeado de ríos,
de gente muy alta y de piel
brillante;
a ese pueblo fuerte y
orgulloso,
que todo el mundo teme.

3 ¡Habitantes del mundo,
no dejen de mirar hacia
las montañas!
Estén alertas, porque pronto se
dará la señal;
pronto sonará la trompeta
que anuncia la llegada
del castigo.

4 Dios me dijo:

«Isaías, yo estoy en el cielo
y desde aquí observo tranquilo
a todo el mundo.
Estoy tranquilo,
como la luz del sol en un día
de verano,
como la nube de rocío
en el día caluroso de
la cosecha.

5-6 »La gente de Egipto
quedará abandonada en las
montañas.
Será abandonada como los
viñedos
después de la cosecha.
Será comida de buitres en
el verano,
y alimento de las fieras en el
invierno».

7 Egipto está rodeado de ríos,
tiene gente muy alta, de piel
brillante.
Es un pueblo fuerte y orgulloso,
y todo el mundo le teme.
Pero cuando llegue el día de
su castigo
traerá ofrendas a Jerusalén
y adorará al Dios todopoderoso.

19 **1** Dios le dio este mensaje a
Isaías, y él se lo comunicó al pueblo:

«¡Miren! Dios se acerca a
Egipto,
cabalgando en una nube veloz.
Ante él tiemblan los dioses de
Egipto,
y el pueblo egipcio se llena
de miedo.

2 »Dios dice:

''Haré que los egipcios
se peleen unos con otros:
el amigo contra su amigo,
una ciudad contra otra,
un reino contra otro reino.
3 Haré que se vuelvan locos,
y que fracasen sus planes.
Entonces buscarán a los dioses,
a los brujos y adivinos,
y a los espíritus de los
muertos,
y les preguntarán qué hacer.

4 ''Yo haré que un rey cruel y
malvado
gobierne sobre Egipto.
Yo soy el Dios todopoderoso,
y les juro que así será''.

El río Nilo se secará

5-6 »Egipto se quedará
sin agua,
y se marchitarán las cañas y
los juncos.
El río Nilo se quedará seco,
y sus canales despedirán
mal olor.
7 Los campos sembrados
a orillas del Nilo
se echarán a perder.
8 Todos los pescadores del Nilo
se pondrán tristes y llorarán.
9-10 Los que tejen lino,
los que fabrican telas
y todos los artesanos
se asustarán y no sabrán
qué hacer.

Los consejeros de Egipto fallan

11 »¡Ustedes, jefes de la ciudad
de Soan,
que son los consejeros más
sabios de Egipto,
en realidad son unos tontos!
¿De qué le sirve al rey de Egipto
que ustedes sean hijos de sabios
y de reyes?

12 »Pobre de ti, rey de Egipto;
te has quedado sin consejeros.
Nadie podrá decirte ahora
los planes que el Dios
todopoderoso
tiene preparados contra
tu pueblo.
13 Los jefes de Soan son
unos tontos,
los jefes de Menfis se
dejaron engañar
y los jefes de las provincias
hicieron que Egipto
se equivocara.
14-15 Dios ha confundido a
sus consejeros
porque son unos malvados.
Egipto se tambalea
como borracho,
y nadie podrá ayudarlo.

Israel, Egipto y Asiria vivirán en paz

16 »Los egipcios se llenarán de miedo cuando vean que el Dios todopoderoso se prepara para castigarlos. **17** Los egipcios tendrán miedo de la gente de Judá; con sólo acordarse de ellos se llenarán de espanto, porque los planes que el Dios todopoderoso tiene contra Egipto son terribles.

18-22 »Dios castigará a los egipcios, pero después ellos se arrepentirán de su maldad. Entonces Dios les tendrá compasión y los perdonará.

»Cuando llegue ese momento, cinco de las ciudades de Egipto hablarán el idioma de los israelitas y jurarán ser fieles al Dios todopoderoso. Una de esas ciudades se llamará "Ciudad del Sol". También habrá en Egipto un altar dedicado a Dios, y cerca de su frontera se levantará un monumento en su honor. Ese monumento servirá de señal de que en Egipto se adora al Dios todopoderoso. Cuando los egipcios le pidan a Dios que los libere de sus enemigos, él les enviará un libertador para que los defienda y los salve. Así, Dios hará que los egipcios lo reconozcan y obedezcan, y ellos le presentarán ofrendas y regalos; le harán promesas y se las cumplirán.

23 »En ese tiempo habrá un camino entre Egipto y Asiria. Los egipcios irán a Asiria, y los asirios a Egipto, y ambos pueblos adorarán a Dios. **24** Israel, Egipto y Asiria vivirán en paz. Israel será una bendición para todos los pueblos de la tierra. **25** Y el Dios todopoderoso los bendecirá diciendo:

"Bendigo a Egipto,
pues me pertenece.
Bendigo a Asiria,
pues la hice con mis manos.
Bendigo a Israel,
pues es mi pueblo
escogido"».

*Asiria conquistará a Egipto
y a Etiopía*

20 **1** En cierta ocasión, el rey Sargón de Asiria envió a la ciudad de Asdod a uno de sus generales con su ejército. Ellos atacaron la ciudad y la conquistaron.

2-3 Entonces Dios le pidió al profeta Isaías que se quitara las sandalias y la ropa de luto que llevaba puesta. Isaías obedeció, y anduvo descalzo y medio desnudo durante tres años. Después, Dios envió a través de Isaías este mensaje:

«Durante tres años mi profeta ha andado descalzo y medio desnudo. Eso es una señal de lo que les pasará a Egipto y a Etiopía. **4** El rey de Asiria se llevará prisioneros a los egipcios y a los etíopes, desde el más joven hasta el más viejo; se los llevará descalzos y desnudos, para que sientan vergüenza.
5 »Los demás países habían puesto su confianza en Etiopía y se sentían orgullosos de Egipto, pero ese día sentirán vergüenza de haberlo hecho, y tendrán mucho miedo.
6 »Ese día los habitantes de la costa dirán: "Miren cómo han terminado Egipto y Etiopía. Teníamos la esperanza de que nos ayudarían a librarnos del rey de Asiria. ¿Ahora quién podrá defendernos?"»

La destrucción de Babilonia

21 **1** Dios le mostró a Isaías lo que haría con Babilonia, y este dijo:

«Como las tormentas
que vienen del sur,
así atacará un ejército
que viene del terrible desierto.
2 Lo que Dios me mostró
es algo terrible:
el traidor y el destructor
cumplen su tarea.

»¡Pueblo de Elam, a las armas!
¡Pueblo de Media, al ataque!
¡Destruyan a Babilonia!
Dios pondrá fin al sufrimiento
que han causado los
babilonios.

3 »Cuando veo lo que Dios
hace con Babilonia,
me tiembla todo el cuerpo;
me causa un terrible dolor,
como el que siente una mujer
cuando va a tener un hijo.
El miedo y la angustia
no me dejan ver ni oír nada.
4 Tengo la mente confundida,
estoy temblando de miedo.
La frescura del atardecer,
que tanto me gustaba,
ahora se me ha vuelto
insoportable.

5 »En Babilonia,
los generales están de fiesta,
disfrutando de un
gran banquete.
Vamos, capitanes,
¡basta ya de fiestas!;
¡preparen sus escudos!»

6 Dios le dijo a Isaías:

«Envía un hombre a vigilar el
horizonte;
que te haga saber todo lo
que vea.
7 Si ve hombres montados
a caballo,
en burros o en camellos,
y marchando en dos columnas,
que dé la voz de alarma».

8 El vigilante le gritó a Isaías:

«Señor, he permanecido en
mi puesto;
día y noche he vigilado el
horizonte.
9 ¡Veo venir carros de guerra
y hombres montados a
caballo!»

Entonces alguien gritó:

«¡Babilonia ha sido destruida!
Todas las estatuas de sus
dioses
están hechas pedazos,
tendidas por el suelo».

10 Isaías dijo:

«Pueblo mío,
que has sufrido grandemente,
yo te he anunciado lo que
me mostró
el Dios todopoderoso,
el Dios de Israel».

Anuncio de Dios contra el país de Edom

11 Dios le mostró a Isaías lo que
iba a hacer contra el país de
Edom, y en esa visión él escuchó
que alguien le gritaba desde ese
país:

«Isaías, ¿cuánto tiempo falta
para que termine nuestro
castigo?»

12 Y él le respondió:

«Pronto llegará alivio,
pero el castigo volverá.
Si quieren saber más,
vuelvan a preguntar más
tarde».

Mensaje contra Arabia

13 Dios le mostró a Isaías lo que
iba a hacer contra los árabes, que
pasan la noche entre los matorrales del desierto:

«¡Árabes de la región de
Dedán!,
14 salgan al encuentro del que
tiene sed
y ofrézcanle agua.
Y ustedes, árabes de la región

de Temá,
salgan al encuentro del
que huye
y ofrézcanle algo de comer.
15 Porque ellos son sus
compatriotas,
que escapan de la terrible
batalla;
huyen de la espada y de las
flechas».

16 Dios le dijo a Isaías: «Dentro de
un año acabaré con la hermosura
de la región árabe de Quedar,
como quien termina el contrato
de un trabajador. 17 Sus valientes
guerreros no tendrán con qué
defenderse. Yo soy el Dios de
Israel, y les juro que así será».

Mensaje contra Jerusalén

22 1 Dios le mostró a Isaías lo
que iba a hacer en el Valle de la
Visión:

«¿Qué pasa en Jerusalén?
¿Por qué todos suben a
las azoteas
y gritan de alegría?

»Es verdad que los enemigos se
han retirado,
2 pero esta ciudad, que antes
vivía alegre,
ahora está llena de muertos;
ninguno presentó pelea,
ninguno murió en batalla.
3 Nuestros jefes y soldados
huyeron;
salieron corriendo,
pero fueron atrapados.

4 »¡Déjenme solo!,
no traten de consolarme.
Mi pueblo está en ruinas,
y quiero llorar y apagar mi
tristeza.

5 »El Dios todopoderoso
nos ha enviado este terrible
castigo.
En el Valle de la Visión
sólo veo destrucción y terror.
¡El enemigo derribó nuestras
murallas,
y se oyen gritos de dolor en las
montañas!

6 »Los soldados de Elam
y de Quir
llegaron en sus carros
de guerra,
armados con escudos y flechas.
7 Sus carros de guerra llenaron
los hermosos valles de
Jerusalén.
Los soldados y sus caballos
rodearon la ciudad.
8 ¡Judá quedó indefensa!»

Ese día nuestra gente se dio cuenta de que había armas en el Palacio
del Bosque. 9-10 También se dieron
cuenta de que los muros de
Jerusalén estaban dañados; entonces revisaron las casas de la ciudad
y derribaron algunas de ellas. Así
tuvieron suficientes piedras para
reparar los muros. Luego tomaron
el agua del tanque viejo, 11 y llenaron un tanque que construyeron
entre las dos murallas. Pero no se
dieron cuenta de que fue Dios
quien había planeado ese ataque
desde hacía mucho tiempo.

No hay perdón para Jerusalén

12 Isaías dijo:

«El Dios todopoderoso les
aconsejó
que debían ponerse a llorar
y vestirse de luto en señal
de dolor.
13 Pero ustedes hicieron fiesta
y se llenaron de alegría;
comieron carne y tomaron vino,
y dijeron:
''Comamos y bebamos
que mañana moriremos''.

14 »Por eso Dios me dijo
al oído:
''Yo soy el Dios todopoderoso,
y nunca les perdonaré este
pecado''».

Cambio de funcionarios

15 El Dios todopoderoso le dijo a
Isaías:

«Busca a Sená, el mayordomo del
palacio, y dile:

16 ''Y tú, ¿quién te crees?

¿Quién te dio permiso
para construirte una tumba
en el cementerio de los reyes?

17-19 "Dios te quitará de
tu puesto,
y serás la vergüenza de tu jefe.
Dios hará que te lleven
como esclavo
a un país muy lejano.
Él te pateará con fuerza
y te arrojará a campo abierto,
como si fueras una pelota.
Allí morirás,
y de nada te servirán
tus famosos carros de guerra.

20 "Escucha bien, Sená:
Dios llamará a Eliaquim, su
leal servidor,
21 le dará tu puesto y tu
misma autoridad.
Eliaquim será como un padre
para los habitantes de
Jerusalén
y para la familia del rey
de Judá.
22 Dios le entregará
el poder que tuvo el rey David.
Lo que Eliaquim ordene
se cumplirá,
y nadie podrá contradecirlo.
23 Él será un orgullo para
su familia,
y Dios lo protegerá de todo
enemigo.
24 Toda su familia se sentirá
orgullosa
y contará con su apoyo.

25 "Pero llegará un día
en el que también Eliaquim
pecará
junto con toda su familia
y todos los que en él confiaron.
El Dios todopoderoso
jura que así será"».

Mensaje contra Tiro y Sidón

23 **1** Dios le mostró a Isaías lo
que haría contra la ciudad de
Tiro:

«Los marineros de Tarsis
están tristes:
desde la isla de Chipre
les ha llegado una terrible

noticia;
la ciudad de Tiro ha sido
destruida
y el puerto ha quedado
en ruinas.

2 »Los habitantes de Tiro
y los comerciantes de Sidón
se han quedado en silencio.
Sus barcos iban y venían
con ricas mercancías.
3 Comerciaban con muchas
naciones,
y con el trigo de Egipto
ganaban mucho dinero.

4 »Pero ahora los de Sidón
se llenarán de vergüenza;
han sido los amos y señores del
mar,
pero el mar ya no les dará
riquezas,
y sus hijos no prosperarán.

5 »Cuando la noticia llegue
a Egipto,
todos llorarán de tristeza
por Tiro,
6 y dirán a los habitantes
de la costa:
"Vayan al lugar más lejano
del mundo,
y al llegar pónganse a
llorar".

7 »Tiro era la ciudad más
antigua
y la más alegre que
conocíamos.
Su gente podía viajar a lugares
lejanos,
y allí se quedaba a vivir.
8 Sus comerciantes eran gente
importante;
todo el mundo los recibía
con honores.

»¿Quién decidió destruir tan
importante ciudad?
9 ¡Lo decidió el Dios
todopoderoso,
para humillar a todos los
orgullosos
y derribar a los poderosos de
la tierra!

10 »¡Habitantes de Tiro,

mejor dedíquense a la
agricultura,
porque el puerto está
destruido
y los barcos de Tarsis ya no
vendrán!

11 »Dios mostró su poder
en el mar
y atacó a las naciones.
Dios mandó destruir
las fuertes ciudades de
Canaán,
12 y le dijo a Sidón:
"Tu fiesta se acabó;
tu ciudad capital ha sido
destruida.
Aunque huyas a la isla
de Chipre,
no encontrarás paz allí".

13 »Gente de Tiro y de Sidón,
miren lo que pasó con
Babilonia.
Ese pueblo ya no existe,
porque el ejército de Asiria lo
destruyó.
Los soldados levantaron torres
de asalto,
y destruyeron los palacios.
Ahora los animales del desierto
viven entre sus ruinas.

14 »¡Los marineros de Tarsis
están tristes,
porque su puerto ha sido
destruido!»

15 Todos se olvidarán de la ciudad
de Tiro por unos setenta años,
que es lo que llega a vivir un rey.
Al cabo de ese tiempo, a Tiro le
pasará lo que dice la canción de
la prostituta:

16 «Prostituta olvidada,
toma tu arpa y recorre
la ciudad;
toca buena música,
entona muchos cantos,
a ver si se acuerdan de ti».

17 Cuando esos setenta años terminen, Dios dejará que Tiro vuelva a tener su actividad comer-
cial, y volverá a tener relaciones
comerciales con todos los países

de la tierra. **18** Pero Tiro no disfrutará de sus ganancias, sino que se las dará a Dios, y con ellas se comprarán abundantes alimentos y ropas finas para los que adoran a Dios.

Dios castiga la tierra

24 **1** Isaías dijo:

«¡Dios va a convertir la tierra
en un desierto!
¡Todos sus habitantes se
dispersarán!
2 A todos les pasará lo mismo:
al sacerdote y al pueblo,
a los amos y a los esclavos,
al que compra y al que vende,
al que presta y al que pide
prestado,
al rico y al pobre.
3 ¡La tierra quedará totalmente
arruinada!
El Dios de Israel ha jurado que
así lo hará.

4 »La tierra se ha secado
y marchitado;
la gente más poderosa
se ha quedado sin fuerzas.
5 La tierra se ha llenado
de maldad,
porque sus habitantes
no han cumplido las leyes
de Dios.
Se habían comprometido
a obedecerlo por siempre,
pero ninguno cumplió con
ese pacto.
6 Todos han pecado;
por eso la tierra está bajo
maldición
y muy pocos han quedado
con vida.
La ciudad está desierta.

7 »Los viñedos se han secado;
ya casi no hay vino.
Los que antes cantaban
de alegría
ahora mueren de tristeza.
8 Ya no suenan los alegres
tambores
y el arpa ha quedado en silencio;
¡se acabó la fiesta!

9 »El vino se ha vuelto vinagre

y nadie entona una canción.
10 La ciudad está en ruinas,
todo es un desorden,
y las casas se han cerrado.
11 Por las calles la gente
pide a gritos un poco de vino.

»¡La alegría abandonó la tierra!
12 La ciudad quedó destruida,
y sus portones, hechos
pedazos.
13 Las naciones quedaron
vacías,
como un árbol de olivo
después de la cosecha.

Algunos se salvarán

14-16 »Los pocos que se salven
gritarán y saltarán de alegría.
¡Por todos los rincones
del mundo
se oirán cantos de alabanza
para el Dios que ama la
justicia!»

El triunfo de Dios

Isaías continuó diciendo:

«Mi ánimo está por los suelos;
¡siento que me muero de
tristeza!

»No se puede confiar en
los traidores,
porque engañan y no tienen
compasión.
17 Y a ti, habitante de
la tierra,
te esperan el terror y
las trampas:
18 si te libras del terror,
te hundirás en una trampa,
y si sales de ella con vida,
caerás en otra trampa.

»Lloverá muy fuerte;
un diluvio hará temblar
los cimientos de la tierra.
19 Un gran terremoto sacudirá
la tierra
hasta dejarla hecha pedazos.
20 La tierra temblará como
un borracho,
y se vendrá abajo como
frágil choza.
¡Pesa tanto el pecado de
la gente

que la tierra caerá
y no volverá a levantarse!

21 »Ese día, Dios castigará
a los que gobiernan con maldad
en el cielo y en la tierra.
22 Los meterá en un calabozo,
los tendrá encarcelados,
y al final los castigará.
23 El sol y la luna se
oscurecerán,
porque el Dios todopoderoso
reinará desde Jerusalén,
y los jefes de su pueblo
serán testigos del poder de
Dios».

Canto de acción de gracias

25 **1** Isaías dijo:

«Tú eres mi Dios.
Yo alabo y bendigo tu nombre,
porque has realizado planes
admirables
que prometiste desde tiempos
antiguos.
2 Has destruido las fortalezas
de nuestros enemigos,
has dejado las ciudades
hechas un montón de ruinas.
¡Nunca más serán reconstruidas!
3 Ahora los pueblos fuertes
y tiranos
te obedecen y te adoran.

4 »Has sido un refugio para
el débil
y has protegido al pobre en
su aflicción.
Tú eres un refugio en la
tormenta,
una sombra que protege
del calor.

»El soplo de los tiranos
es como una tormenta de
invierno;
5 es como el calor del desierto.
Tú frenaste el ataque de los
enemigos,
y así pusiste fin
al canto de victoria de los
tiranos.

El banquete de Dios

6 »El Dios todopoderoso
prepara en Jerusalén

un banquete para todas las
naciones.
Allí hay ricos manjares,
comidas deliciosas,
y los mejores vinos.

7 »Dios acabará
con la tristeza de las
naciones.
8-9 Dios destruirá para siempre
el poder de la muerte.
Dios secará las lágrimas de
todos
y borrará la vergüenza de
su pueblo
en toda la tierra.

»Ese día se dirá:

''Ahí está nuestro Dios.
En él confiamos, y nos salvó.
¡Gritemos de alegría
porque Dios nos ha salvado!''

»Dios ha jurado que así será».

La derrota del pueblo de Moab
10 Isaías continuó diciendo:

«Dios protegerá a Jerusalén,
pero Moab será pisoteado
como se pisotea la basura.
11 Moab intentará surgir
de nuevo
pero por más que se esfuerce,
Dios aplastará su orgullo.
12 Dios hará caer sus altas
murallas
y las dejará tendidas por
el suelo».

Canto de victoria del pueblo de Dios
26 1 Cuando Dios castigue a
nuestros enemigos, la gente de
Judá entonará esta canción:

«Tenemos una ciudad muy
fuerte;
Dios levantó murallas y
fortalezas
para protegernos.
2 Abran los portones
de Jerusalén,
pues por ellos entrará
un pueblo justo y fiel.
3 Dios hará vivir en paz
a quienes le son fieles

y confían en él.

4 »Dios es nuestro
refugio eterno;
¡confiemos siempre en él!
5 Dios castiga a los creídos
y derrota a la ciudad orgullosa,
6 para que la pisoteen
los humildes y los pobres.

7 »Dios nuestro,
tú cuidas a la gente buena
para que cumpla tus
mandamientos.
8 Por tus enseñanzas
aprendemos a vivir;
ellas nos hacen sentirnos
seguros.
Lo que más deseamos
es obedecerte y adorarte.
9 De día y de noche
mi corazón te busca;
cuando tú das una orden,
todos aprenden a hacer
lo bueno.

10 »Dios nuestro,
los malvados no aprenden
a ser buenos
aunque se les tenga
compasión.
Aunque estén entre
gente buena,
siguen actuando con maldad
y no les importa
que seas el Dios todopoderoso.
11 Tú les tienes preparado
su castigo,
pero ellos ni siquiera se
dan cuenta.
¡Demuéstrales cuánto
nos amas,
para que sientan vergüenza!
¡Destrúyelos con tu enojo!

12 »Dios nuestro,
tú nos aseguras la paz,
y todo lo que hemos logrado
ha sido por tu gran poder.

13 »Dios nuestro,
aunque otros dioses nos
han dominado,
tú eres nuestro único Dios.
14 Esos dioses no tienen vida;
son dioses muertos y no se
pueden mover.

Tú les diste su merecido,
y ahora nadie los recuerda.

15 »Tú has engrandecido
nuestra nación.
Has extendido nuestras
fronteras
para dar a conocer
tu fama y tu poder.
16 Cuando nos castigaste,
nos volvimos a ti
a pesar de nuestro dolor.
17 Tu castigo nos hizo
sufrir mucho;
nuestro dolor fue muy grande.
18 Pero ese dolor no
produjo nada.
No le dimos a nuestro país
la alegría de la victoria
ni tampoco la alegría
de tener muchos hijos.
19 Pero somos tu pueblo,
y aunque estemos destruidos
volveremos a vivir.
Tú llenarás de vida y alegría
a esta nación sin vida.

20 »¡Vamos, pueblo mío,
entra ya en tu ciudad!
Cierra los portones para
a que Dios calme su enojo.
21 Dios saldrá de su palacio
y castigará por su maldad
a los que habitan la tierra.
Los crímenes de los violentos
no quedarán sin castigo».

El castigo del monstruo del mar
27 1 Isaías dijo:

«Los enemigos de Israel
son como un monstruo
del mar,
y escurridizos como
serpientes,
pero Dios empuñará su espada,
grande y poderosa,
y los destruirá».

El canto a Israel
2 Cuando llegue el castigo de
nuestros enemigos, Dios dirá:

«Canten una canción a Israel.
3 Yo la cuido y la protejo;
día y noche le brindo
protección

para que nadie le haga daño.
4 Ya no estoy enojado con ella;
todavía hay algunos rebeldes,
pero yo los sacaré de allí.
5 Si Israel quiere que yo
la proteja,
deberá reconciliarse conmigo;
¡tendrá que hacer las paces!»

Israel quedará libre de sus pecados
6 Isaías dijo:

«En el futuro
el pueblo de Israel prosperará
y poblará el mundo.
7-8 Dios no ha castigado
a Israel
como castigó a sus enemigos;
es verdad que los castigó
expulsándolos de su país
y mandándolos a
tierras lejanas,
pero no los destruyó
como destruyó a sus asesinos.

9 »Dios perdonará a los
israelitas
siempre y cuando ellos
destruyan
esos despreciables altares
donde adoran a otros dioses.

10-11 »Pero los habitantes de
Samaria
son un pueblo sin inteligencia,
y Dios, su creador,
ya no les tiene compasión.
Por eso su ciudad fortificada
ha quedado abandonada
y solitaria;
allí sólo pasta el ganado,
los animales se comen
las ramas
y luego se echan a dormir.
Las ramas se quiebran
al secarse,
y las mujeres hacen fuego
con ellas.

Los israelitas vuelven a su patria
12 »Cuando Dios perdone a Israel,
hará que tiemble la tierra
desde el río Éufrates
hasta el río de Egipto;
pero a ustedes los israelitas
los juntará uno por uno,
como junta el campesino

las espigas.
13 Ese día sonará la gran
trompeta.
Todos los que estaban
prisioneros
en el país de Asiria
y en el país de Egipto,
vendrán para adorar a Dios
en la santa ciudad de
Jerusalén».

*Anuncio de la destrucción
de Samaria*
28 1-3 Isaías anunció:

«¡Qué mal le va a ir a Samaria,
capital del reino del Norte!
Para sus habitantes
esa ciudad es como una corona
que los llena de orgullo.
Pero es una ciudad de
borrachos
y sus jefes son como flores
que se secan y se marchitan.

»Asiria es un pueblo poderoso;
Dios lo tiene preparado
como una tormenta de granizo,
como lluvia torrencial y
destructora,
como una terrible inundación.
Con su poder y su fuerza,
Asiria echará por tierra
a la ciudad de Samaria;
4 ese adorno de flores
marchitas.
¡La arrancará como a fruta
madura!

5 »Ese día, el Dios
todopoderoso
será una corona maravillosa
para la gente de su pueblo
que aún quede con vida.
6 Dios hará que sus jueces
sean justos
y dará valor a los soldados
que defiendan la ciudad».

Amenaza y promesas a Jerusalén
7 Isaías también dijo:

«Los profetas y los sacerdotes
se tambalean y tropiezan
por tanto licor que beben.
Están demasiado borrachos
para recibir palabra de Dios.

8 ¡Todas sus mesas
están llenas de vómitos!
¡No hay un solo lugar limpio!
9 Además, se burlan de mí y
dicen:
''¡Cómo se atreve a darnos
lecciones
y a enseñarnos lo que
dice Dios!
¡Ni que fuéramos niños
chiquitos
10 que estuviéramos
aprendiendo a leer!''

11 »Pues bien, si ustedes no
hacen caso,
Dios les hablará,
pero lo hará en un lenguaje
extraño,
en un idioma que no podrán
entender.
12 Ya Dios les había dicho:
''Aquí hay tranquilidad;
¡aquí pueden descansar!''
Pero ustedes no quisieron
obedecerle.
13 Por eso Dios les hablará
como si fueran unos niños
chiquitos
que apenas saben leer.
Serán como niños que
empiezan a caminar:
se caerán de espaldas,
se lastimarán
y no podrán levantarse.

Amenazas a los gobernantes
14 »Hombres sinvergüenzas,
que gobiernan en Jerusalén:
¡escuchen bien a Dios!

15 »Ustedes se sienten muy
seguros
por haber hecho un trato
con Egipto;
pero es un trato de muerte,
es un trato engañoso.

16 »Por eso Dios dice:
''Yo seré para Jerusalén
una piedra valiosa y escogida.
Seré la piedra principal
y serviré de base al edificio.
El que se apoye en mí
podrá vivir tranquilo,
17 porque usaré como guías
la justicia y la rectitud''.

»Ustedes confían
en que Egipto los protegerá,
pero el poderoso ejército
de Asiria
destruirá esa falsa protección.
18 Quedará anulado ese trato
de muerte
que hicieron con Egipto;
cuando llegue el momento
terrible,
una gran desgracia los
aplastará.
19 El enemigo los arrastrará
cada vez que los ataque.
Vendrá día tras día;
vendrá de día y de noche.
Cuando oigan que viene
el enemigo,
se pondrán a temblar
de miedo.
20 Será como si se acostaran
en una cama demasiado chica;
será como si se abrigaran
con una manta demasiado
corta.

21 »Dios está decidido
a actuar
como actuó en el monte
Perasim;
Dios va a manifestar su enojo
como en el valle de Gabaón.
Dios está a punto de actuar,
y lo hará de manera
misteriosa.
22 Por eso, ¡dejen ya
de burlarse,
no sea que les vaya peor!
He sabido que el Dios
todopoderoso
ha resuelto destruir todo
el país.

La parábola del agricultor
23 »¡Presten atención,
oigan mis palabras,
escúchenlas con cuidado!
24 Cuando el campesino va a
sembrar,
no se pasa todo el tiempo
arando, abriendo surcos
y rastrillando el terreno.
25 Primero empareja la tierra,
luego arroja las semillas
de eneldo o de comino,
siembra el trigo en hileras,
y planta cebada y centeno

en los bordes de su campo.
26-28 Porque el eneldo
no se trilla
ni se pasa sobre el comino
la rueda de una carreta;
el eneldo se sacude con
un palo,
y el comino, con una vara.
El trigo no se trilla sin parar;
más bien, se le pasa
una carreta
y el grano se separa,
pero sin molerlo.

»Todo esto se aprende
de Dios.
29 Todo este conocimiento
proviene del Dios
todopoderoso.
Dios hace planes admirables
y los realiza con sabiduría».

Ataque contra Jerusalén
29 **1** Dios anunció:

«Jerusalén, ciudad de David,
¡qué mal te va a ir!
Sigue con tus celebraciones
y haz fiesta año tras año,
2 pero yo te pondré en
problemas.

»Entonces gritarás y llorarás,
y la ciudad arderá en llamas,
como se queman los animales
que se ofrecen en el altar.
3 Yo te rodearé con mi
ejército;
pondré alrededor de ti
fortalezas y torres de asalto.
4 Tú serás humillada,
quedarás tirada en el suelo;
apenas se oirán tus palabras,
tu voz parecerá la de un
fantasma.

5-6 »Yo, el Dios todopoderoso,
castigaré de repente a tus
enemigos.
Los castigaré con truenos,
con el estruendo de un
terremoto,
con incendios, tormentas
y tempestades.
Los muchos enemigos que
te persiguen
quedarán hechos polvo;

¡serán arrastrados como paja!

7 »Los ejércitos que atacan a
Jerusalén
y quieren derribar sus
fortalezas
desaparecerán por completo,
como la niebla al salir el sol.
8 Los grandes ejércitos
que atacan a Jerusalén,
morirán de hambre y de sed.
Soñarán que comen y beben,
pero cuando se despierten
tendrán el estómago vacío
y la garganta reseca».

Israel parece estar ciego
9 Isaías dijo:

«¡Ustedes los profetas,
sigan actuando como unos
tontos!
¡Sigan como ciegos, sin
ver nada!
¡Sigan tambaleándose como
borrachos,
aun sin haber tomado vino!
10 Dios ha hecho caer
sobre ustedes
un sueño muy profundo.
Ustedes los profetas
deberían ser los ojos
del pueblo,
pero son incapaces de
ver nada.
11 Las visiones que reciben
de Dios
no pueden entenderlas;
es como si quisieran leer
el texto de un libro cerrado.
Si se les diera ese libro
para que lo leyeran,
dirían: "No podemos leerlo,
porque el libro está cerrado".
12 Mientras tanto, otros dicen:
"No podemos leerlo
porque no sabemos leer"».

13 Dios le dijo a Isaías:

«Este pueblo dice que me ama,
pero no me obedece;
me rinde culto,
pero no es sincero
ni lo hace de corazón.
14 Por eso, voy a hacer
cosas tan maravillosas

que este pueblo quedará
asombrado.
Entonces destruiré
la sabiduría de sus
hombres sabios
y la inteligencia
de sus personas inteligentes».

Advertencia de Isaías

15 Isaías dijo:

«¡Qué mal les va a ir
a los que tratan de esconderse
para que Dios no los vea
cuando hacen sus planes
malvados!
¡Qué mal les va a ir
a los que andan diciendo:
''Nadie nos ve, nadie se
da cuenta''!
16 ¡Pero eso es un disparate!
Es como si el plato de barro
quisiera ser igual a quien
lo hizo.
Pero no hay un solo objeto
que pueda decir a quien lo hizo:
''¡Tú no me hiciste!''
Tampoco puede decirle:
''¡No sabes lo que estás
haciendo!''

Promesa de salvación a Israel

17 »Dentro de muy
poco tiempo,
el bosque se convertirá
en un campo de cultivo,
y el campo de cultivo
se parecerá a un bosque.
18 En ese día los sordos
podrán oír
cuando alguien les lea
en voz alta,
y los ciegos podrán ver,
porque para ellos
no habrá más oscuridad.
19 Los más pobres y necesitados
se alegrarán en nuestro
santo Dios.
20 Ese día desaparecerán
los insolentes, los orgullosos,
y los que sólo piensan
en hacer el mal.

21 »Se acabarán los mentirosos
que acusan a otros falsamente.
Se acabarán también
los que ponen trampas

a los jueces
y los que con engaños
niegan justicia al inocente».

22 Por eso dice el Dios de Israel, el
que rescató a Abraham:

«De ahora en adelante,
los israelitas no sentirán más
vergüenza.
23 Cuando sus descendientes
vean
todo lo que hice entre ellos,
reconocerán que soy un
Dios santo
y me mostrarán su respeto.
24 Los que estaban confundidos
aprenderán a ser sabios;
¡hasta los más testarudos
aceptarán mis enseñanzas!»

Contra los que confían en Egipto

30 **1** Dios dijo:

«¡Qué mal les va a ir
a ustedes,
israelitas rebeldes!
Hacen planes sin tomarme
en cuenta,
y pecan una y otra vez.
2 Piden ayuda al rey
de Egipto,
pero sin consultarme;
buscan refugio bajo su poder,
3 pero ese rey no podrá
protegerlos;
Egipto no les dará refugio.

4 »Ustedes, los israelitas,
han mandado embajadores
hasta las ciudades egipcias
de Soan y de Hanés;
5 pero van a quedar
avergonzados,
porque esa gente inútil,
en vez de ayudarlos,
les causará muchas
desgracias».

La ayuda de Egipto no
servirá de nada

6 Isaías dijo:

«Esto dice nuestro Dios
acerca de Egipto,
ese animal feroz del
desierto del Sur:

''Los israelitas llevan a Egipto
todos sus tesoros y riquezas.
Todo eso lo llevan
a lomo de burro y de camello.
Cruzan el desierto,
que está lleno de peligros.
Allí hay leones feroces,
víboras y dragones voladores.
7 Pero Egipto no podrá
ayudarlos.
Por eso he dicho acerca de él:
'Perro que ladra, no
muerde' ''».

8 Entonces Dios le dijo a Isaías:

«Ven ahora y escribe
este refrán;
ponlo sobre una tablilla
para que sirva de testimonio
y siempre se recuerde».

El castigo de la rebeldía

9 Isaías dijo:

«Los israelitas son un pueblo
que no quiere obedecer
las enseñanzas de Dios.
Son infieles y rebeldes.
10 No quieren que los videntes
cuenten sus visiones;
tampoco quieren que los
profetas
les digan la verdad.
Prefieren que les hablen
de cosas agradables;
prefieren seguir creyendo
que todo les saldrá bien.
11 A unos y otros les piden
que dejen de obedecer a Dios;
no quieren que sigan hablando
del Dios santo de Israel.

12 »Por eso, Dios les dijo:

''Ustedes rechazan mis
advertencias,
y prefieren confiar en la
violencia
y en palabras mentirosas.
13 Por lo tanto,
su pecado caerá sobre ustedes
como un muro alto y agrietado,
que se viene abajo
cuando uno menos lo espera.
14 Será como un jarro
que se rompe por completo.

Tan pequeños son los pedazos
que no sirven para nada;
¡ni para remover el fuego
ni para sacar agua de
un pozo!''

15 »Por lo tanto,
así dice el Dios santo de Israel:

''Vuelvan a obedecerme,
y yo les daré poder.
Si en verdad confían en mí,
manténganse en calma
y quedarán a salvo.
Pero ustedes me rechazan;
16 prefieren escapar a caballo
o en carros muy veloces.

''Pues bien, si así lo prefieren,
tendrán que huir a caballo;
¡pero sus perseguidores
serán más veloces
que ustedes!
17 Bastará un solo enemigo
para llenar de miedo a mil;
¡serán suficientes cinco
de ellos
para amenazar a
todos ustedes!
Y cuando todo haya terminado,
de ustedes quedarán tan pocos
que parecerán un
poste solitario
en la parte alta de
un monte''».

Promesas de salvación
18 Isaías continuó diciendo:

«Nuestro Dios ama la justicia y
quiere demostrarles cuánto los
ama. En verdad, Dios ama a los
que confían en él, y desea mostrarles
compasión.
19 »Y ustedes, israelitas que
viven en la ciudad de Jerusalén,
ya no tienen por qué llorar. Dios
les tendrá compasión tan pronto
como le pidan ayuda. En cuanto
oiga sus gritos, les responderá.
20 Y si acaso les envía algún
sufrimiento, ya no se quedará
escondido. Dios es su maestro, y
ustedes lo verán con sus propios
ojos.
21 »Si acaso dejan de adorarlo,
oirán una voz que les dirá: ''No

hagan eso, porque eso no me
agrada. Adórenme sólo a mí''.
22 Ustedes llegarán a ver como
basura sus ídolos de oro y plata.**23** Entonces, cuando siembren
sus campos, Dios les enviará lluvia. Así la tierra producirá trigo
en abundancia.
»Ese día, su ganado tendrá
mucho lugar donde pastar.
24 También los bueyes y los
burros que trabajan en sus campos podrán alimentarse de ricos
pastos.
25 »Cuando Dios castigue a sus
enemigos y destruya sus fortalezas, bajarán de las colinas y
de las altas montañas grandes
corrientes de agua. **26** Ese día
Dios les sanará las heridas, porque ustedes son su pueblo. La luz
de la luna será tan brillante como
la del sol, y el sol brillará siete
veces más. ¡Será como si brilla-
ran siete soles juntos!»

El castigo de Asiria
27 Isaías continuó diciendo:

«¡Miren a lo lejos!
¡Dios mismo se acerca!
Su furia es como fuego
ardiente;
sus labios y su lengua
son un fuego destructor.
28 El aliento de Dios
parece un río desbordado
que todo lo inunda.
Dios viene contra las naciones,
para derrotarlas por completo
y hacerlas perder el rumbo.

29 »Ustedes, en cambio,
escucharán canciones
como en una noche de fiesta;
irán con el corazón alegre,
como los que caminan
al ritmo de las flautas.
Irán al monte de Dios,
pues él es nuestro refugio.

30 »Dios dejará oír su voz
majestuosa
y nos demostrará su poder.
Sus rayos, aguaceros y granizos
son destructores como
el fuego.

31 »Cuando Asiria oiga
la voz de Dios,
sabrá el castigo que la espera
y se llenará de miedo.
32 Dios la atacará en la guerra,
y cuando la destruya,
sonarán arpas y tambores.
33 Desde hace mucho tiempo
Dios tiene preparado
un lugar de castigo
para Asiria y para su rey.
Es un lugar ancho y profundo,
y tiene mucha leña.
Cuando Dios sople sobre ella,
la leña se encenderá
como una lluvia de azufre».

Reproches a los que buscan ayuda en Egipto
31 **1** Isaías dijo:

«¡Qué mal les va a ir
a los que van a Egipto
a pedir ayuda!
¡Todos ellos confían
en sus fuerzas militares,
pero no miran ni buscan
al Dios santo de Israel!
2 Pero a Dios no se le engaña;
él sabe causar desgracias,
y cuando promete algo,
lo cumple.
Dios destruirá a los malvados
y a quienes les piden ayuda.

3 »Los egipcios no son dioses
sino simples seres humanos.
Sus caballos son de carne
y no vivirán para siempre.
Dios castigará a los egipcios
y a quienes les piden ayuda.
¡Todos van a desaparecer!»

Dios protege a Jerusalén
4 Dios le dijo a Isaías:

«Yo defenderé a mi pueblo
que vive en Jerusalén,
como se defiende el león
cuando ha matado a una oveja:
no se deja asustar
por los gritos de los pastores.
5 Yo protegeré a Jerusalén
como protege el pájaro
a su nido:
¡Yo la cuidaré y la salvaré!
Yo soy el Dios todopoderoso,

y les juro que así lo haré».

6 Isaías advirtió:

«Israelitas,
ya no sean desobedientes;
¡vuelvan a obedecer a Dios!
7 Ustedes pecaron contra mí
al fabricar ídolos de oro
y plata,
pero viene el día
en que dejarán de adorarlos.
8 Ese día, Asiria será derrotada,
pero no por ningún ser humano.
Por causa de la guerra
su gente querrá escapar,
y sus jóvenes guerreros
serán hechos esclavos.
9 Su rey se llenará de miedo
y saldrá corriendo;
también sus capitanes
dejarán abandonada su
bandera.
Dios ya tiene preparado
el castigo para sus enemigos
en la ciudad de Jerusalén».

32 **1** Isaías continuó diciendo:

«Llegará el momento
en que el rey
y los gobernantes de mi pueblo
actuarán con justicia;
2 brindarán protección y refugio
contra los ataques enemigos,
contra los tiempos difíciles,
y contra la corrupción.

3 »Estarán siempre vigilantes
y escucharán con atención;
4 actuarán con prudencia,
y hablarán con la verdad.

5 »Los malvados y tramposos
serán despreciados
6 porque siempre que hablan,
ofenden;
hacen planes perversos,
cometen muchos crímenes,
no dan de comer al hambriento
ni dan de beber al sediento
¡y hasta mienten contra Dios!

7 »Esos tramposos
dicen mentiras

y hacen planes malvados;
con sus mentiras perjudican
a los pobres y necesitados
que reclaman justicia.
8 En cambio, la gente honesta
sólo hace lo bueno,
y por eso es confiable».

9 Isaías les dijo a las mujeres:

«Ustedes, mujeres
irresponsables,
oigan bien lo que les voy
a decir.
Escuchen bien mis palabras,
ustedes, que viven tan
tranquilas.
10 Ahora todo parece
estar bien;
pero dentro de un año
se pondrán a temblar
de miedo,
porque no habrá pan ni vino.

11 »Les repito:
Ustedes, mujeres
irresponsables,
que viven tan tranquilas,
comiencen a temblar.
Quítense esos vestidos
y pónganse ropas ásperas
en señal de dolor.
12 Recorran con lágrimas
en los ojos
los campos llenos de trigo,
los viñedos llenos de uvas,
13 y los hogares de Jerusalén,
que alguna vez fueron felices.
Porque todo mi país
se llenará de espinos
y matorrales.

14 »Mi ciudad, antes llena
de gente,
quedará abandonada
para siempre.
También quedarán abandonados
el palacio y las fortalezas.
En su lugar vivirán contentos
los asnos salvajes,
y podrá pastar el ganado.

15 »Pero Dios vendrá a
visitarnos,
y con su poder creador

convertirá el desierto en
tierra fértil,
y la tierra fértil en un
bosque hermoso.
16 Entonces habrá justicia
en todos los rincones del país.
17 La justicia traerá
para siempre
paz, tranquilidad y confianza.
18 Mi pueblo vivirá
en un lugar tranquilo y seguro.
19 Aun cuando caiga granizo
y los bosques sean dañados,
aun cuando mi ciudad
vuelva a ser humillada,
20 ustedes vivirán felices.
Sus sembrados tendrán
mucha agua,
y los burros y los bueyes
tendrán pastos en
abundancia».

33 **1** Isaías anunció:

«¡Qué mal te va a ir, Asiria!
¡Tú eres el destructor
de mi pueblo!
Cuando acabes de destruirlo,
también tú serás destruido;
cuando acabes de traicionarlo,
también tú serás traicionado».

2 Isaías continuó diciendo:

«Sálvanos, Dios nuestro:
¡ten compasión de nosotros!
Danos fuerzas cada mañana;
¡ayúdanos en momentos
difíciles!

3 »Los pueblos huyen
al oír tus amenazas;
las naciones se dispersan
cuando muestras tu poder.
4 Los enemigos de esos pueblos
parecen saltamontes
que se lanzan sobre ellos
y les quitan sus riquezas.

5 »Dios nuestro,
tú eres el Dios soberano
que vive en el cielo.
Has hecho que en Jerusalén
haya honestidad y justicia;
6 nos haces vivir seguros;
tu sabiduría y tus

conocimientos
nos han dado la salvación;
¡el obedecerte es nuestro
tesoro!

Dios ayuda en el sufrimiento
7 »Nuestros valientes
gritan por las calles;
nuestros mensajeros de paz
lloran amargamente.
8 Los caminos están desiertos,
nadie transita por ellos;
se han roto los pactos,
se rechaza a los testigos,
y no hay respeto por nadie.
9 Todos en el país están tristes;
los bosques del Líbano
se han secado
y han perdido su color.
Todo el valle de Sarón
ha quedado hecho un desierto;
la región de Basán
y el monte Carmelo
han perdido su verdor».

10 Dios dice:

«Ahora mismo voy a actuar
y demostraré mi poder.
11 Todos los planes de Asiria
son pura paja y basura;
pero mi soplo es un fuego
que los quemará por completo.
12 Sus ejércitos arderán
como espinas en el fuego,
y quedarán reducidos a cenizas.
13 Ustedes, los que están lejos,
miren lo que hice;
y ustedes, los que
están cerca,
reconozcan mi poder.

14 »En Jerusalén
los pecadores tiemblan,
los malvados se
llenan de miedo
y gritan:
''No podremos sobrevivir
al fuego destructor de Dios;
¡ese fuego no se apaga
y no quedaremos con vida!''».

*¿Quién se salvará en
el juicio de Dios?*
15-16 Isaías dijo:

«Sólo vivirá segura

la gente que es honesta
y siempre dice la verdad,
la que no se enriquece
a costa de los demás,
la que no acepta regalos
a cambio de hacer favores,
la que no se presta
a cometer un crimen,
¡la que ni siquiera se fija
en la maldad que
otros cometen!
Esa gente tendrá como refugio
una fortaleza hecha de rocas;
siempre tendrá pan,
y jamás le faltará agua».

La gloria futura de Jerusalén
17 Isaías les dijo a los israelitas:

«Ustedes verán a un rey
en todo su esplendor;
verán un país tan grande
que parecerá no tener
fronteras.
18 Y cuando se pongan a pensar
en el miedo que sentían, dirán:

''¿Y dónde han quedado
los que nos cobraban los
impuestos?
¿Dónde están los
contadores
que nos cobraban
tanto dinero?''

19 »Ya no volverán a ver
a ese pueblo tan violento,
que hablaba un idioma
tan difícil y enredado
que nadie podía entender.
20 Fíjense en mi templo
y en la ciudad de Jerusalén:
¡allí celebraremos
nuestras fiestas!
Será un lugar tan seguro
como una carpa bien plantada,
con estacas bien clavadas
y cuerdas que no se rompen.
21 ¡Allí Dios mostrará su poder!

»Jerusalén tendrá ríos
muy anchos,
pero los barcos enemigos
no podrán pasar por allí.
22 Dios es nuestro juez
y nuestro rey.
¡Nuestro Dios nos salvará!

23 »Las naves de Asiria
tienen flojas las cuerdas,
su mástil tambalea
y no sostiene su bandera.
Sus enemigos, y hasta
los cojos,
les quitan todas sus riquezas.
24 Pero Dios perdonará
los pecados
de los habitantes de Jerusalén.
Ninguno de ellos
volverá a decir:
''Siento que me muero''».

Dios juzgará a las naciones
34 **1** Isaías advirtió:

«Pueblos y naciones;
habitantes de toda la tierra:
¡Acérquense y escuchen!
¡Presten atención!
2 Dios está enojado con ustedes
y con todos sus ejércitos.
Dios los ha condenado
a una total destrucción.

3 »Por las montañas correrán
verdaderos ríos de sangre.
Los muertos quedarán
abandonados,
y despedirán mal olor.
4 Los planetas dejarán de verse,
el cielo se cerrará,
y las estrellas caerán
como hojas secas en otoño».

Dios castigará al reino de Edom
5 Isaías continuó diciendo:

«Ya se ve en el cielo
la espada de nuestro Dios;
está a punto de castigar
a todo el pueblo de Edom.
¡Dios lo ha condenado
a muerte!
6 Habrá una matanza en Bosrá,
la ciudad capital de Edom,
y correrá mucha sangre.
La espada de Dios se empapará
de sangre y de grasa,
como cuando en el altar
se ofrecen corderos y cabras.
7 La gente caerá muerta
como los toros en el matadero.
Su país se empapará de sangre;
¡la tierra se llenará de grasa!

"Vayan por todos los países del mundo y anuncien las buenas noticias a todas las personas" *(Marcos 16:15)*.

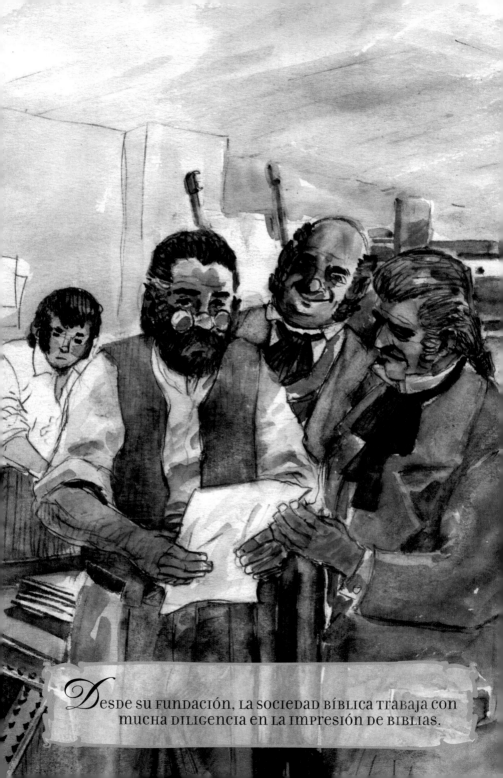

Desde su fundación, la sociedad bíblica trabaja con mucha diligencia en la impresión de biblias.

8 Ese día Dios se vengará;
será el año de su venganza
en favor de Jerusalén.

9 »Por los arroyos de Edom
correrá brea en vez de agua;
la tierra se volverá azufre
y arderá como resina caliente,
10 que arde todo el tiempo
y siempre levanta mucho humo.
El país quedará abandonado
para siempre,
y nadie volverá a pasar por allí.
11 Dios convertirá ese país
en el más árido desierto.
Allí se refugiarán los búhos;
allí pondrán sus nidos
los cuervos y las lechuzas.

12 »No volverán a tener reyes,
y se quedarán sin jefes.
13 En sus palacios y fortalezas
crecerán cardos y espinos,
y allí buscarán refugio
los chacales y los avestruces.
14 Allí las cabras
se llamarán unas a otras;
se juntarán los chacales
y los gatos monteses.

»Allí encontrará su lugar
el fantasma que espanta
de noche;
15 allí anidará la serpiente,
que pondrá sus huevos
y tendrá sus crías;
¡allí se reunirán los buitres,
cada uno con su pareja!

16 »Estudien el libro de Dios;
lean lo que allí dice:
De todos estos animales
no faltará uno solo;
todos tendrán su pareja
porque así Dios lo decidió;
Dios los ha reunido
con un soplo de su aliento.
17 A cada uno de estos animales
le dio su propio territorio,
y allí vivirán para siempre».

Los israelitas volverán a Jerusalén
35 **1** Isaías anunció:

«¡El desierto florecerá
y la tierra seca dará fruto!
2 Todo el mundo se alegrará

porque Dios le dará al desierto
la belleza del monte del Líbano,
la fertilidad del monte Carmelo
y la hermosura del valle de
Sarón.

3 »Fortalezcan a los débiles,
den fuerza a los cansados,
4 y digan a los tímidos:

''¡Anímense, no tengan miedo!
Dios vendrá a salvarlos,
y a castigar a sus enemigos''.

5 »Entonces se abrirán
los ojos de los ciegos
y se destaparán
los oídos de los sordos;
6-7 los que no pueden andar
saltarán como venados,
y los que no pueden hablar
gritarán de alegría.

»En medio del árido desierto
brotará agua en abundancia;
en medio de la tierra seca
habrá muchos lagos
y manantiales;
crecerán cañas y juncos
donde ahora habitan
los chacales,
8 en pleno desierto habrá
un sendero
al que llamarán ''Camino
Sagrado''.

»No pasarán por ese camino
ni los impuros ni los necios;
9 no se acercarán a él
ni los leones ni otras fieras.
Ese camino es para
los israelitas,
que han estado prisioneros
10 pero que Dios va a liberar.
Y ellos entrarán a Jerusalén
cantando con mucha alegría,
y para siempre vivirán felices.
Se acabarán el llanto y el dolor,
y sólo habrá alegría
y felicidad».

El rey de Asiria invade Judá
(2 R 18.13-37; 2 Cr 32.1-19)
36 **1** Ezequías tenía ya catorce
años gobernando, cuando el nuevo
rey de Asiria, llamado Senaquerib,
atacó todas las ciudades forti-

ficadas de Judá y las conquistó.
2 Senaquerib envió desde Laquis a
uno de sus oficiales de confianza
al frente de un poderoso ejército
para que hablara con Ezequías
en Jerusalén. Cuando llegaron,
acamparon junto al canal del
estanque de Siloé, por el camino
que va a los talleres de los teñidores de telas. **3** Eliaquim, encargado del palacio del rey Ezequías,
y Sebná y Joah, sus dos secretarios, salieron a recibirlo. **4** Entonces
el oficial asirio les dio este mensaje para Ezequías:

«El gran rey de Asiria quiere saber
por qué te sientes tan seguro de
ganarle. **5** Para triunfar en la guerra no bastan las palabras; hace
falta un buen ejército y un buen
plan de ataque. ¿En quién confías, que te atreves a luchar contra
el rey de Asiria? **6** ¿Acaso confías
en Egipto? Ese país y su rey son
como una caña astillada que se
romperá si te apoyas en ella, y te
herirá. **7** Y si me dices que confías
en tu Dios, entonces por qué has
quitado todos los altares y ordenaste que tu pueblo lo adore solamente en Jerusalén.
8 »Tú no tienes con qué atacarme. Es más, si ahora mismo me
muestras a dos jinetes yo te doy
los caballos. **9** Y si estás esperando
a los egipcios, déjame decirte que
los caballos y carros de combate
de Egipto no harán temblar ni al
más insignificante de mis soldados. **10** Además, hemos venido a
destruir este país, porque Dios nos
ordenó hacerlo».

11 Eliaquim, Sebná y Joah le dijeron
al oficial asirio:

—Por favor, no nos hable usted en
hebreo. Háblenos en arameo, porque todos los que están en la
muralla de la ciudad nos están
escuchando.

12 El oficial asirio les respondió:

—El rey de Asiria me envió a
hablarles a ellos y no a ustedes ni

a Ezequías, porque ellos, lo mismo que ustedes, se van a quedar sin comida y sin agua. Será tanta el hambre y la sed que tendrán, que hasta se comerán su propio excremento, y se beberán sus propios orines.

13 Después el oficial asirio se puso de pie y gritó muy fuerte en hebreo:

«Escuchen lo que dice el gran rey de Asiria: **14** "No se dejen engañar por Ezequías, porque él no puede salvarlos de mi poder. **15** Si les dice que confíen en Dios porque él los va a salvar, **16** no le crean. Hagan las paces conmigo y ríndanse. Entonces podrán comer las uvas de su propio viñedo, los higos de sus árboles y beber su propia agua. **17** Después los llevaré a un país parecido al de ustedes, donde hay trigo, viñedos, olivos y miel. **18-20** No escuchen a Ezequías, pues él los engaña al decirles que Dios los va a salvar. A otras naciones, sus dioses no pudieron salvarlas de mi poder. Ni los dioses de Hamat, Arpad y Sefarvaim, pudieron salvar a Samaria de mi poder. ¡Cómo esperan que el Dios de ustedes pueda salvar a Jerusalén!"»

21 La gente se quedó callada, porque el rey les había ordenado no contestar. **22** Después Eliaquim, Sebná y Joah rompieron su ropa en señal de angustia, y fueron a contarle al rey Ezequías lo que había dicho el oficial asirio.

Dios salva a Judá
(2 R 19.1-37; 2 Cr 32.20-23)

37 **1** Cuando el rey Ezequías escuchó el mensaje de Senaquerib, se puso muy triste, y para mostrarlo se rompió la ropa, se puso ropa áspera y se fue al templo. **2** Luego les pidió a Eliaquim, a Sebná y a los sacerdotes más ancianos que fueran a ver al profeta Isaías hijo de Amós. Como ya se ha dicho, Eliaquim era el encargado del palacio, y Sebná era secretario

del rey. Todos ellos fueron vestidos con ropa áspera para mostrar su tristeza, **3** y le dijeron al profeta:

—El rey Ezequías dice que hoy es un día de luto, de castigo y de vergüenza. Ya hemos perdido las fuerzas; estamos completamente desanimados. **4** Ojalá que Dios haya escuchado los insultos que el oficial de Senaquerib lanzó en contra del Dios de Israel, y que lo castigue. Pídele a Dios que ayude a los israelitas que aún quedan con vida.

5-6 Isaías les respondió:

—Denle al rey este mensaje de parte de Dios: "No tengas miedo de los insultos de ese soldado. **7** Yo haré que el rey Senaquerib reciba una mala noticia que lo obligue a regresar a su país, y allí lo matarán".

8 El oficial asirio se enteró de que Senaquerib, su rey, se había ido de la ciudad de Laquis. Entonces se fue de Jerusalén y encontró a Senaquerib luchando contra Libná. **9** Allí Senaquerib supo que el rey Tirhaca de Etiopía había salido a luchar contra él. Entonces le mandó de nuevo un mensaje a Ezequías:

10 «Ezequías, rey de Judá: Tú confías en tu Dios, pero no te dejes engañar por él cuando te dice que yo no conquistaré Jerusalén. **11** Como bien sabes, los reyes de Asiria han destruido por completo a cuanto país quisieron. ¡No creas que tú te vas a salvar! **12** Cuando mis antepasados destruyeron a países como Gozán, Harán, Résef, y a la gente de Beted-én que vivían en Telasar, ni sus dioses pudieron salvarlos. **13** Ni tampoco pudieron los reyes de Hamat, Arpad, Sefarvaim, Ivá y Hená».

14 Ezequías tomó la carta y la leyó. Luego fue al templo, exten-

dió la carta delante de Dios **15** y oró diciendo:

16 «Dios de Israel, tú tienes tu trono sobre los querubines. Tú eres el único Dios de todos los reinos de la tierra; tú eres el creador del cielo y de la tierra. **17** ¡Préstanos atención! Mira lo que nos está sucediendo. Escucha lo que dijo Senaquerib para ofenderte a ti, el Dios de la vida. **18** Es verdad que los reyes de Asiria han destruido a los países y sus territorios, **19** y que han echado a sus dioses al fuego. Pero en realidad esos no eran dioses, sino imágenes de madera y de piedra hechas por manos humanas, y por eso fueron destruidas. **20** Dios nuestro, te rogamos que nos salves del poder de los asirios, para que todas las naciones de la tierra sepan que tú eres el único Dios».

21 Después Isaías le mandó este mensaje a Ezequías:

«Nuestro Dios, el Dios de Israel, ha escuchado tu oración. **22** Esto es lo que Dios dice de Senaquerib:

"A ti, Senaquerib,
Jerusalén te desprecia;
los israelitas se burlan
de ti a tus espaldas.
23 ¿A quién insultaste y
ofendiste?
¡Me ofendiste a mí, al Dios
santo de Israel!
24 Tú mensaje es un grave
insulto para mí.

"Tú presumes de tener muchos
carros de combate
y de haber subido con ellos
a las más altas montañas
del Líbano.
Tú presumes de haber
derribado
los cedros y los pinos más altos
y hermosos.
Dices que has llegado a los
lugares más lejanos
y a los bosques más tupidos.
25 Tu orgullo es haber
hecho pozos

y haber bebido el agua
de otros países.
Presumes de que a tu paso
los ríos de Egipto se
quedaron secos.

26 ''¿Pero acaso no sabes,
Senaquerib,
que fui yo quien te permitió
hacerlo?
Desde los tiempos antiguos
he planeado lo que
ahora sucede.
Por eso destruyes ciudades
fortificadas
y las transformas en un montón
de escombros.
27 Por eso dejas sin fuerza
a sus habitantes;
y los confundes y llenas
de miedo.
¡Y se han vuelto como la hierba
del campo,
como el pasto verde;
como la hierba de los tejados
que se seca antes de crecer!

28 ''Senaquerib,
yo sé todo lo que haces;
sé a dónde vas y de
dónde vienes.
Y sé que te enojaste contra mí.
29 ¡Te enfureciste y te llenaste
de orgullo!
Pero voy a ponerte un gancho
en la nariz,
como se les pone a los bueyes,
y un freno en la boca,
como se les pone a
los caballos;
¡voy a hacerte regresar
por el camino por donde
viniste!''»

30 Después Isaías continuó diciéndole a Ezequías:

«Voy a darte una señal que te
hará saber lo que va a pasar: Este
año y el próximo, lo único que el
pueblo comerá será el trigo que
crece por sí solo. Pero en el tercer
año ya podrán sembrar y cosechar, plantar viñedos y comer las
uvas.
31 »Los habitantes de Judá que
aún queden con vida serán como

árboles bien firmes que producen
mucho fruto. 32 Porque no todos
en Jerusalén morirán de hambre,
sino que un pequeño grupo quedará con vida. Dios hará esto porque
los ama mucho.
33-34 »Dios quiere que sepas que
Senaquerib no entrará a Jerusalén.
No disparará ni una sola flecha;
no la atacará ni construirá plataformas para subir por sus murallas. Se tendrá que regresar por
donde vino. Dios ha dado su palabra. 35 Dios protegerá esta ciudad, por amor a sí mismo, y por
amor a David, quien le fue fiel en
todo».

36 Esa noche, el ángel de Dios
fue y mató a ciento ochenta y
cinco mil soldados del ejército
asirio, y a la mañana siguiente
el campo estaba lleno de muer-
tos.37 Entonces Senaquerib regresó a su país y se quedó en la ciudad de Nínive. 38 Pero un día,
mientras Senaquerib estaba adorando en el templo de su dios
Nisroc, sus hijos Adramélec y
Sarézer fueron y lo mataron, y
luego escaparon a la región de
Ararat. En su lugar reinó su hijo
Esarhadón.

Dios prolonga la vida de Ezequías
(2 R 20.1-11; 2 Cr 32.24-26)

38 1-22 En esos días, el rey
Ezequías se enfermó gravemente
y estaba por morir. El profeta
Isaías fue a visitarlo y le dijo:
«Dios dice que vas a morir, así
que arregla todos tus asuntos
familiares más importantes».
Entonces Ezequías volvió su cara
hacia la pared y oró a Dios así:
«Dios mío, no te olvides de que
yo siempre he sido sincero contigo, y te he agradado en todo».
Luego Ezequías lloró con mucha
tristeza.
El profeta Isaías salió, y ordenó
que le pusieran al rey Ezequías una
pasta de higos en la herida para
que sanara. Luego el rey preguntó:
«¿Cómo puedo estar seguro de
que voy a sanar, y que podré ir al
templo de mi Dios?»

Dios le dijo a Isaías:
«Vuelve y dile al rey Ezequías, que
yo, el Dios de su antepasado David,
he escuchado su oración y he visto
sus lágrimas. Dile que lo sanaré, y
que voy a darle quince años más de
vida. Yo salvaré a Ezequías y a
Jerusalén del poder del rey de
Asiria. Dile además que, como
prueba de que cumpliré mi promesa, le daré esta señal: la sombra
del reloj del rey Ahaz va a retroceder diez grados».

Todo sucedió como Dios dijo.

Escrito de Ezequías

Luego de recuperarse de su enfermedad, el rey Ezequías escribió lo
siguiente:

«Yo pensé que iba a morirme
justo cuando estaba viviendo
los mejores años de mi vida.
Pensé que aquí en la tierra
no volvería a ver a nadie,
y que tampoco vería a mi Dios.
Desbarataron mi casa,
y me deprimí bastante;
¡perdí las ganas de vivir!

»Todo esto pasó de
un día para otro,
pero esperé con paciencia
a que saliera el sol.
Me sentía derrotado,
como si un león me hubiera
atacado.
Chillé como golondrina,
¡me quejé como paloma!
Me cansé de mirar al cielo
y gritar:
''¡Dios mío, estoy angustiado!
¡Dios mío, ven en mi ayuda!''

»Era tanta mi amargura
que ya ni dormir podía.
Pero no podía quejarme
porque tú, mi Dios,
ya me lo habías anunciado,
y cumpliste tu palabra.

»Tú, mi Dios,
me devolviste la salud
y me diste nueva vida.
Tus enseñanzas son buenas;
porque dan vida y salud.

Sin duda fue para mi bien
pasar por tantos sufrimientos.
Por tu amor me salvaste
de la muerte,
y perdonaste todos
mis pecados.

»Los que han muerto
ya no pueden alabarte,
ni confiar en tu fidelidad;
en cambio, los que aún viven
pueden alabarte como
te alabo yo.
También nuestros hijos y
nuestros nietos
podrán hablar de tu fidelidad.

»Dios mío, tú me salvarás,
y en tu templo te alabaremos
con música de arpas
todos los días de
nuestra vida».

Los mensajeros de Babilonia
(2 R 20.12-19; 2 Cr 32.27-31)

39 **1** Merodac-baladán hijo de Baladán, que era rey de Babilonia, se enteró de que Ezequías había estado enfermo, así que le envió mensajeros con cartas y un regalo. **2** Ezequías les dio la bienvenida y les mostró todos los tesoros del palacio, el oro y la plata, los perfumes, los aceites finos, y las armas y todo lo que había en los bodegas. Recorrieron todo el palacio y el reino, y no hubo nada que Ezequías no les mostrara. **3** Entonces el profeta Isaías fue a ver al rey y le preguntó:

—¿Y esa gente de dónde vino? ¿Qué te dijeron?

Ezequías respondió:

—Vinieron de Babilonia, que es un país muy lejano.

4 Isaías le preguntó:

—¿Qué vieron en tu palacio?

Ezequías contestó:

—¡Todo! Les mostré todo lo que tengo en mi palacio y en mis

bodegas.
5 Entonces Isaías le dijo:

—Escucha este mensaje de parte de Dios. **6** "En el futuro, todo lo que hay en tu palacio será llevado a Babilonia. Se llevarán todo lo que juntaron tus antepasados hasta el día de hoy. No va a quedar nada. **7** También a algunos de tus hijos se los llevarán a Babilonia, y allí los harán esclavos y no les permitirán tener descendientes".

8 Ezequías pensó que por lo menos vivirían seguros y en paz mientras él fuera rey, así que le respondió a Isaías:

—Sí así lo quiere Dios, está bien.

Dios consuela a Jerusalén

40 **1** Dios dijo:

«¡Consuelen a mi pueblo!
¡Denle ánimo!
2 Hablen con mucho cariño
a los habitantes de Jerusalén,
y anúncienles de mi parte
que ya han dejado de
ser esclavos.
Ya les hice pagar por
sus pecados,
y el castigo que han recibido
es más que suficiente».

El camino de Dios en el desierto

3 Isaías anunció:

«Preparen para Dios
un camino en el desierto.
4 Rellenen todos los valles
y conviertan en llanura
la región montañosa.
5 Entonces Dios mostrará
su poder
y lo verá la humanidad entera.
Dios así lo ha dicho.

El poder de la palabra de Dios

6 »Alguien me ordenó
que gritara,
y yo pregunté: "¿Qué
debo gritar?"
Entonces escuché:

"Grita que todo ser humano

es como la hierba
y como las flores del campo.
7 Grita que la hierba se seca,
y las flores se marchitan,
cuando Dios lanza sobre ellas
el viento del desierto.
8 En cambio, la palabra de Dios
permanece para siempre"».

¡Dios llega con poder!

9 Dios le dijo a Isaías:

«Súbete a una montaña
y anuncia esta buena noticia
a los habitantes de Jerusalén.
No tengas miedo;
grita con todas tus fuerzas
y di a las ciudades de Judá:

"¡Aquí viene nuestro Dios!
10 ¡Viene con todo su poder!
Dios es un rey poderoso,
y trae con él a su pueblo,
el pueblo que ha liberado.
11 Viene cuidando a su pueblo,
como cuida un pastor
a su rebaño:
lleva en brazos a los corderos
y guía con cuidado a las ovejas
que acaban de tener
su cría"».

Nadie es más grande que Dios

12 Isaías dijo:

«Dios puede medir el océano
con la palma de su mano.
Puede calcular con los dedos
toda la extensión del cielo.
Dios es capaz de recoger
todo el polvo de la tierra,
y de pesar en una balanza
los cerros y las montañas.

13-14 »A Dios nadie le
enseña nada;
nadie le da consejos
ni lecciones de ciencia
y sabiduría.

15 »Las naciones son, para él,
como una gota de agua;
¡como un grano de polvo
en la balanza!
Los poderosos países
que están en las islas del mar
son para él lo mismo

que un simple grano de arena.

16 »No hay en los bosques
del Líbano,
animales ni leña suficientes
para presentar en su altar
una ofrenda como él
se la merece.
17 Para Dios, nada valen
las naciones;
¡son lo mismo que nada!

Los ídolos no son Dios

18-20 »A Dios no se le compara
con nada ni con nadie.
No puede ser representado
con ninguna imagen.
Los escultores fabrican
estatuas,
los joyeros las recubren de oro
y les ponen cadenitas
de plata.
Los que no tienen dinero
buscan un palo que no se pudra
y se lo llevan a un artesano;
pero éste, por más
hábil que sea,
hace un ídolo que ni
pararse puede.
¡Pero a Dios no se le compara
con ninguna de estas imágenes!

El poder de Dios

21 »Ustedes saben muy bien,
y ya lo han oído decir,
22 que Dios tiene su trono
muy por encima del cielo.
Desde allí, Dios nos ve
como si fuéramos insectos.
Dios extiende el cielo
como un toldo,
lo levanta como una carpa
para vivir en ella.
23-24 Dios hace que los
poderosos de este mundo
desaparezcan como plantas
tiernas y sin raíces.
¡Esas plantas se marchitan
y se las lleva el huracán!

La grandeza de Dios

25 »Nuestro santo Dios afirma:
''Con nadie me pueden
comparar.
Nadie puede igualarse a mí''».

26 Isaías dijo:

«Levanten los ojos al cielo:
¿quién ha creado todo esto?
Dios hace que salgan
las estrellas;
las llama por su nombre
y las ordena una por una.
¡Es tan grande su poder
que nunca falta una estrella!

27 »Pueblo de Israel,
¿por qué te quejas?
¿Por qué crees que Dios
no se preocupa por ti?
28 Tú debes saber que Dios
no se cansa como nosotros;
debes saber que su inteligencia
es más de lo que imaginas.
29 Dios les da nuevas fuerzas
a los débiles y cansados.
30 Los jóvenes se cansan
por más fuertes que sean,
31 pero los que confían en Dios
siempre tendrán
nuevas fuerzas.
Podrán volar como las águilas,
podrán caminar sin cansarse
y correr sin fatigarse».

El rey Ciro, un enviado de Dios

41 **1** Dios dijo:

«Ustedes, países del mar,
¡guarden silencio y escuchen!
Y ustedes, naciones todas,
¡sean valientes!
Vengan, que vamos a tratar
un asunto muy importante;
¡juntémonos para discutirlo!

2 »Yo soy el Dios de Israel;
yo hice venir del este
al victorioso rey Ciro.
Conforme avanza su ejército
yo humillo a los reyes,
y le entrego sus naciones.
Con sus armas en la mano,
Ciro los ha borrado del mapa
como a un puñado de polvo.
3 Los persigue con tanta rapidez
que parece no tocar el suelo.

4 »Yo soy el único Dios
y mantengo bajo control
todo lo que pasa en
este mundo.
He existido desde el principio,
y existiré hasta el final.

5 »Los pueblos del mar
se llenaron de miedo
cuando vieron que se
acercaban
Ciro y sus ejércitos.
La tierra también tembló
de un extremo a otro.

6 »Los que adoran ídolos
se ayudan unos a otros:
7 el artesano anima al escultor,
y el que trabaja con el martillo
dice al que golpea en
el yunque:
''Has hecho un buen trabajo''.
Después sujeta al ídolo
con clavos
para mantenerlo firme».

La confianza en Dios

8 Dios siguió diciendo:

«Escúchenme, israelitas,
descendientes de mi
amigo Abraham.
9 De las regiones más lejanas
yo los llamé a mi servicio;
los elegí, y no los he
rechazado.
10 Por tanto, no tengan miedo,
pues yo soy su Dios
y estoy con ustedes.
Mi mano victoriosa
les dará fuerza y ayuda;
mi mano victoriosa
siempre les dará su apoyo.

11-12 »Ustedes tienen enemigos
que los odian y los combaten,
pero yo haré que desaparezcan
llenos de vergüenza.
Los buscarán, y no los
encontrarán,
pues habrán dejado de existir.

13 »Israelitas, yo soy su Dios
y los he tomado de la mano;
No deben tener miedo,
porque cuentan con mi ayuda.

14 »Ustedes, israelitas,
son un pueblo débil y pequeño;
pero no tengan miedo,
porque cuentan con mi ayuda.
Yo soy el Dios santo de Israel,
yo les he dado libertad.
15 Yo haré que ustedes

destruyan a sus enemigos.
Los dejarán hechos polvo,
los convertirán en un
montón de paja;
16 luego los lanzarán al viento
y la tormenta se los llevará.
Ustedes, por el contrario,
se alegrarán y harán fiesta
porque yo soy su Dios,
el Dios santo de Israel».

Dios hace grandes maravillas

17 Dios dijo:

«Cuando los pobres
tengan sed,
y con la lengua reseca
busquen agua y no
la encuentren,
yo vendré a rescatarlos
y no los abandonaré.
Yo soy el Dios de Israel.

18 »Entre los cerros desiertos,
y entre los áridos valles,
haré que broten ríos,
arroyos y manantiales.
19 En los lugares más secos
plantaré toda clase de árboles.
20 Así todo el mundo verá
que con mi poder,
yo he creado todo esto.
Entonces comprenderán
que yo soy el Dios santo
de Israel».

Dios desafía a los falsos dioses

21 Dios les dijo a los ídolos:

«Yo soy el rey de Israel.
Vengan y defiéndanse.
¡Muestren lo que pueden hacer!
22 Vengan a explicarnos
el pasado;
vengan a anunciarnos
el futuro.
23 Anuncien lo que está
por suceder;
¡demuestren que de veras
son dioses!
Hagan algo que nos asuste,
hagan algo, bueno o malo.

24 ¡Pero ustedes no son nada,
ni tampoco pueden
hacer nada!
¡Confiar en ustedes es

una tontería!»

La incapacidad de los dioses falsos

25 Dios continuó diciendo:

«De Persia viene un rey
a quien he llamado por
su nombre,
y aplastará a los gobernantes.
Llegará por el norte,
y los aplastará bajo sus pies.

26 »Todo esto lo estoy
anunciando
antes de que suceda.
Ninguno de los dioses falsos
lo ha anunciado antes que yo;
¡nadie los ha oído decir
una palabra!

27 »Pero yo, el Dios de Israel,
desde un principio anuncié
al pueblo de Jerusalén
todas estas cosas;
además, les envié un
mensajero
para anunciarles que
muy pronto
su gente volverá.

28 »Miro a mi alrededor,
y no veo ningún otro dios.
Si les pregunto algo,
no pueden responderme,
¡y mucho menos instruirme!

29 »¡Miren a esos falsos
dioses!
Todos ellos no son nada,
ni pueden hacer nada;
¡son absolutamente inútiles!»

El elegido de Dios

42 **1** Dios dijo:

«¡Miren a mi elegido,
al que he llamado a
mi servicio!
Él cuenta con mi apoyo;
yo mismo lo elegí,
y él me llena de alegría.

»He puesto en él mi espíritu,
y hará justicia entre
las naciones.
2 Mi fiel servidor no gritará,
no levantará la voz,

ni se le oirá en las calles.
3 No les causará más daño
a los que estén heridos,
ni acabará de matar
a los que estén agonizando.
Al contrario, fortalecerá
a los débiles
y hará que reine la justicia.
4 No tendrá un momento
de descanso
hasta que haya establecido
la justicia en esta tierra.
¡Los países de las islas del mar
esperan recibir sus
enseñanzas!»

5 Dios le dijo a su fiel servidor:

«Yo soy Dios,
yo soy el creador del cielo;
yo fui quien formó la tierra
y todo lo que en ella crece;
yo soy quien da vida y aliento
a los hombres y mujeres
que habitan este mundo.

6 »Yo soy el Dios único;
yo te llamé y te tomé
de la mano
para que hagas justicia,
para que seas ante
mi pueblo
señal de mi pacto con ellos,
para que seas ante
las naciones
la luz que las ilumine.

7 »Esto quiero de ti:
que abras los ojos de
los ciegos,
que des libertad a
los presos,
y que hagas ver la luz
a los que viven en tinieblas.

8 »Yo soy el Dios
todopoderoso.
Ese es mi nombre.
No permito que otros
dioses reciban
la honra y la alabanza
que sólo yo merezco recibir.
9 Lo que antes anuncié
ya se ha cumplido,
y ahora les anuncio
cosas nuevas
que aún están por ocurrir».

Gracias a Dios por la salvación

10 Isaías dijo:

«Canten a Dios
una canción nueva.
¡Que lo alaben
los países más lejanos!
¡Que lo alaben el mar
y todo lo que hay en él!
¡Que lo alaben las
costas lejanas
y todos sus habitantes!

11 »¡Alégrense ustedes,
ciudades del desierto!
¡Alégrense también ustedes,
campamentos de la
tribu de Quedar!
¡Canten de gozo ustedes,
habitantes de Selá!
¡Hagan oír su canto
desde la cumbre de los montes!
12 ¡Den gloria a Dios
y alábenlo en todas partes!
13 Dios saldrá marchando
con toda la furia de
un guerrero:
¡lanzará un grito de guerra
y derrotará a sus enemigos!»

14 Dios dijo:

«Yo estuve callado
durante mucho tiempo;
he guardado silencio
y no he dicho nada;
pero ahora voy a gritar:
voy a gemir como una mujer
a punto de tener un hijo.
15 Voy a acabar con
montañas y cerros;
voy a secar todas sus plantas;
voy a convertir sus ríos
en lugares desiertos,
y a dejar sin agua las lagunas.
16 Llevaré a los ciegos
por caminos
que nunca antes conocieron;
que nunca antes transitaron,
y convertiré en luz
sus tinieblas.
Convertiré los caminos
rocosos
en sendas totalmente llanas.
Todo esto voy a hacerlo
porque no he abandonado
a mi pueblo.

17 »Esos que confían en
los ídolos,
esos que adoran a
las estatuas,
se alejarán de ellos llenos
de vergüenza».

Israel, pueblo ciego y sordo

18 Isaías dijo:

«¡Sordos, escuchen!
¡Ciegos, miren con atención!
19 Israel está al servicio
de Dios;
él lo eligió como su mensajero;
¡pero no hay otro pueblo
más ciego ni más sordo
que el pueblo de Israel!
20 Ha visto muchas cosas,
pero no ha prestado atención;
tiene abiertos los oídos,
pero no ha escuchado nada.

21 »Dios es un Dios que salva,
y quiso que su enseñanza
fuera maravillosa.
22 Pero Israel es un pueblo
que todo lo ha perdido;
sus enemigos le han quitado
todo lo que tenía;
unos se esconden en cuevas
y otros son hechos prisioneros,
¡y no hay nadie que los libre!
23 A pesar de todo esto,
Israel no quiere obedecer.

24 »Dios permitió que Israel
fuera vencido y secuestrado.
Israel pecó contra Dios;
no quiso andar por el camino
que Dios le había señalado,
ni quiso obedecer
sus enseñanzas.
25 Por eso Dios se enojó
con ellos,
los hizo entrar en guerra
y con fuego los castigó.
¡Pero ni así lo obedecieron!»

Sólo Dios salva

43 **1** Isaías dijo:

«Ahora, pueblo de Israel,
Dios tu creador te dice:

''No tengas miedo.
Yo te he liberado;

te he llamado por tu nombre
y tú me perteneces.
2 Aunque tengas graves
problemas,
yo siempre estaré contigo;
cruzarás ríos y no te ahogarás,
caminarás en el fuego y
no te quemarás
3-4 porque yo soy tu Dios
y te pondré a salvo.
Yo soy el Dios santo de Israel.

''Israel, yo te amo;
tú vales mucho para mí.
Para salvarte la vida
y para que fueras mi pueblo,
tuve que pagar un alto precio.
Para poder llamarte mi pueblo,
entregué a naciones enteras,
como Sabá, Etiopía y Egipto.

5 ''No tengas miedo;
yo siempre estaré contigo.
Te llamaré de donde
quiera que estés;
te haré volver a tu tierra,
y volverás a ser mi pueblo.
6 A las naciones del norte
y a las naciones del sur
les diré:

'Devuélvanme a mi pueblo;
no se queden con ellos.
Dejen que mis hijos y mis hijas,
vuelvan de los lugares
más lejanos.
7 Yo los he creado
para que me adoren
y me canten alabanzas' ''».

Israel, único testigo de Dios

8-9 Dios dijo:

«Mi pueblo tiene ojos,
pero no ve;
tiene oídos, pero no escucha.
Pero ustedes, pueblos
y naciones,
júntense y díganme
quién de ustedes
ha anunciado
lo que antes sucedió.
Presenten a sus testigos
y demuestren que dicen
la verdad».

10 Dios les dijo a los israelitas:

«Ustedes son mis testigos
y están a mi servicio.
Yo los elegí porque quería
que ustedes confiaran en mí;
los elegí para que entendieran
que yo soy el único Dios.
No habrá otro, ni antes
ni después.

11 »Sólo yo soy Dios,
sólo yo puedo salvarlos.
12 Yo les anuncié que
los salvaría,
y así lo hice.
No los salvó un dios extraño;
de eso, ustedes son
mis testigos.
Yo soy el Dios de Israel,
y juro que así es.

13 »Yo soy Dios desde
el principio,
y lo seré hasta el final.
Nadie puede librarse
de mi poder,
ni deshacer lo que yo hago».

Babilonia será destruida

14 Isaías dijo:

«El Dios santo de Israel
les dio la libertad,
y ahora les dice:

''Para salvarlos a ustedes,
he mandado contra Babilonia
un ejército que derribará
todas las puertas de la ciudad.
Entonces la alegría de
los babilonios
se convertirá en dolor.

15 ''Yo soy el Dios santo
de Israel,
yo soy su creador y su rey''».

Liberación de los israelitas

16 Isaías dijo:

«Dios abrió un camino
en el mar,
a través de las aguas
profundas,
y por allí pasó su pueblo.
17 Los guerreros de Egipto
persiguieron a los israelitas
con caballos y carros

de guerra,
pero se hundieron en el mar
y ya no pudieron levantarse;
la luz de su vida se apagó».

18 Y ahora, Dios le dice a su pueblo:

«No recuerden ni piensen más
en las cosas del pasado.
19 Yo voy a hacer algo nuevo,
y ya he empezado a hacerlo.
Estoy abriendo un camino
en el desierto
y haré brotar ríos en
la tierra seca.
20 Los chacales y los
avestruces,
y todos los animales salvajes
entonarán cantos en mi honor.
Haré brotar agua en
el desierto
y le daré de beber a
mi pueblo elegido.
21 Yo mismo lo he creado
para que me adore.

22-23 »Pero tú, pueblo
de Israel,
no me adoraste,
ni me honraste
con tus sacrificios.
Más bien, te cansaste de mí.
Yo nunca insistí
en que me presentaras
ofrendas,
24 ni en que me dieras riquezas,
ni en que me agradaras
con sacrificios de animales.
En cambio tú, me tienes harto
con tus pecados y maldades.

25 »Pero yo, que soy tu Dios,
borraré todos tus pecados
y no me acordaré más
de todas tus rebeldías.
26 Si tienes algo contra mí,
ven a discutir conmigo.
Preséntame tus razones,
a ver si eres inocente.
27 Tu primer antepasado y
tus maestros
pecaron contra mí,
28 tus gobernantes no
respetaron mi templo;
por eso yo, el único Dios,
permití que fueras humillado
y destruido».

Dios es fiel

44 **1** Dios dijo:

«Escúchame ahora,
pueblo de Israel,
mi fiel servidor y mi elegido.
2 Yo soy Dios, tu creador;
yo te formé desde antes
que nacieras,
y vengo en tu ayuda.

»No tengas miedo,
querido pueblo mío,
tú eres mi fiel servidor,
tú eres mi elegido.
3 Yo haré que corra agua
en el desierto
y que broten arroyos en
tierras secas.
A tus descendientes les daré
vida nueva
y les enviaré mi bendición.
4 Ellos crecerán como hierba
bien regada,
como árboles a la orilla del río.
5 Unos dirán: ''Yo pertenezco
a Dios'';
otros se darán cuenta
que son descendientes
de Jacob,
y se grabarán en la mano:
''Yo soy propiedad de Dios''».

6 El Dios todopoderoso, rey y salvador de Israel, continuó diciendo:

«Yo soy el primero y el último;
fuera de mí no hay otro Dios.
7 Si acaso lo hay,
que se presente y lo diga;
que anuncie el futuro
y diga lo que va a suceder.

8 »¡Ánimo, no tengan miedo!
Desde hace mucho tiempo
les he anunciado estas cosas
y ustedes son mis testigos.
No hay otro dios fuera de mí,
no hay otro dios que
los proteja.
¡Y si lo hay, yo no lo conozco!»

Crítica contra la idolatría

9 Isaías dijo:

«Los fabricantes de ídolos no

valen nada, como tampoco valen nada los ídolos que ellos tanto quieren. Los que adoran a los ídolos son unos ciegos y estúpidos. **10** El que funde el metal para hacer una estatua y adorarla como un dios, pierde el tiempo. **11** Esos artesanos son simples seres humanos: ¡que se enfrenten conmigo en un juicio, y quedarán llenos de vergüenza!

12 »Miren lo que hace el herrero: calienta el metal en el fuego, lo moldea a golpe de martillo y lo trabaja con su fuerte brazo. Pero si el herrero no se alimenta ni bebe agua, se cansa y pierde todas sus fuerzas.

13 »O fíjense en el escultor: toma las medidas con su regla, hace un dibujo con el lápiz y el compás. Luego hace una estatua que se parece a un ser humano, y coloca en un templo esa estatua sin vida.

14 »Hay otros que plantan cedros, y la lluvia los hace crecer. Si prefieren cipreses o robles, los cultivan en el bosque hasta que están bien crecidos. **15** Luego se llevan unas ramas de los árboles para hacer fuego y calentarse, o para cocer el pan. Pero también usan otros pedazos del árbol para hacer la estatua de un dios, ¡y se arrodillan para adorarla!

16 »También hay quienes encienden fuego con la mitad de la madera, asan la carne, se comen el asado, y se sienten satisfechos. Además, se calientan junto al fuego y dicen: "¡Qué bien se está aquí! ¡Ya estamos entrando en calor!" **17** Y con el resto de la madera hacen la estatua de un dios, se arrodillan ante ella para adorarla, y le dirigen esta oración: "¡Sálvanos, pues tú eres nuestro dios!"

18 »Esa gente no entiende nada. Están tan confundidos y cegados que no pueden comprender nada. **19** Les falta inteligencia para entender y poder decir: "Si la mitad de la madera la usamos para hacer el fuego, para asar la carne y cocer el pan, ¡lo que estamos adorando no es más que

un simple trozo de madera!" **20** Esa gente se deja engañar por ideas falsas, y no son capaces de entender que lo que tienen en sus manos es pura mentira».

Dios perdona y salva a su pueblo Israel

21 Dios dijo:

«Recuerda, Israel,
que tú eres mi fiel servidor.
No te olvides de mí,
porque yo soy tu creador.
22 Yo hice desaparecer
tus faltas y pecados
como desaparecen
las nubes en el cielo.
¡Vuelve a obedecerme,
porque yo te di libertad!»

Dios es el libertador de su pueblo

23 El profeta Isaías declaró:

«¡Cielos, griten de alegría
por todo lo que Dios ha hecho!
¡Montañas y árboles
del bosque,
griten llenos de alegría!
Dios ha mostrado su
tremendo poder,
dando libertad a su
pueblo Israel».

La ciudad de Jerusalén volverá a ser habitada

24 Isaías le dijo al pueblo:

«Dios, tu salvador,
el que te formó
desde antes que
nacieras, dice:

"Yo soy Dios,
el creador de todas las cosas;
yo extendí el cielo y
afirmé la tierra,
sin que nadie me ayudara.
25 Cuando hablan los
falsos profetas,
no dejo que se cumpla
lo que ellos anuncian;
demuestro que los adivinos
no tienen razón,
y convierto en puras tonterías
la sabiduría de los
seres humanos.

26 "En cambio,
hago que las palabras
y los planes
de mis servidores y mensajeros
se cumplan y tengan éxito.
Yo declaro que la ciudad
de Jerusalén
volverá a ser habitada;
las ciudades de Judá
volverán a ser reconstruidas,
y no estarán más en ruinas.
27 Yo puedo hacer
que el océano se quede seco
y que los ríos se queden
sin agua.

28 "Yo le digo a Ciro,
el rey de Persia:
'Tú eres como un pastor
de ovejas,
y harás lo que yo quiero'.
Yo le digo a Jerusalén:
'Tú serás reconstruida'.
Y al templo le anuncio:
'Serás reconstruido desde
tus cimientos' "».

45 **1** Isaías dijo:

«Dios hizo que Ciro
llegara a ser rey de Persia.
Le permitió dominar
a las naciones
y dejar desarmados a sus reyes.
Dios hizo que ninguna ciudad
resistiera los ataques de Ciro.
Entonces Dios le dijo:

2 "Yo avanzaré delante de ti
y convertiré los montes
en llanuras;
romperé los portones de bronce
y haré pedazos sus barras
de hierro.

3 "Yo te daré tesoros
escondidos
que tengo en lugares secretos.
Así sabrás que yo soy Dios,
el único Dios de Israel.
4 Israel es mi pueblo elegido,
y mi fiel servidor.
Por amor a él,
y aunque tú no me conocías,
yo te llamé por tu nombre
y te di el título de rey.

5 "Yo soy Dios,

y fuera de mí no hay otro.
Tú no me conocías,
pero yo te preparé
para la lucha,
6 para que todo el
mundo supiera
que yo soy el único Dios.
7 Yo he creado la luz y
la oscuridad;
yo hago el bien y envío
la desgracia.
Yo soy el único Dios,
y sólo yo hago todo esto''».

Isaías pide la salvación del pueblo
8 Isaías dijo:

«Que Dios mande justicia
desde los cielos,
que la justicia descienda
como rocío del cielo,
como lluvia de las nubes.
¡Que haya justicia en la tierra
y Dios traiga salvación!»

El misterioso poder de Dios
9 Dios dijo:

«El barro no le dice al alfarero:
''¿Qué estás haciendo?'',
ni la vasija lo critica, diciendo:
''Tú no sabes trabajar''.
10 Un hijo no le reprocha
a sus padres
el haberlo traído a este mundo.

11 »Por eso, yo, el Dios santo,
que formó al pueblo de
Israel, les digo:

''Ustedes no pueden
pedirme cuentas
sobre el futuro de
mi pueblo,
ni enseñarme lo que
debo hacer.
12 Yo hice la tierra y
sus habitantes,
yo extendí el cielo
con mis manos
y allí coloqué a los astros.
13 Yo hice triunfar a Ciro,
el rey de Persia,
y ahora lo ayudaré en todo
para que
reconstruya Jerusalén,
que es mi ciudad.

''Ciro pondrá en libertad
a los israelitas
que viven como esclavos
en el país de Babilonia;
los liberará sin pedirles
nada a cambio''».

14 Dios también le dijo
a Israel:

«Los campesinos de Egipto,
los comerciantes de Etiopía
y los hombres de Jabá,
que son todos muy altos,
desfilarán ante ti
y se volverán tus esclavos.
Se arrodillarán ante
ti y te dirán:
''Sólo entre ustedes está Dios;
no hay ningún otro''».

La humillación de los idólatras
15 Isaías dijo:

«Dios nuestro,
tú eres un Dios misterioso,
el Dios salvador de Israel.

16 »Todos los que
fabrican ídolos
se llenarán de vergüenza,
serán humillados
y quedarán en ridículo.
17 Pero al pueblo de Israel
lo salvarás para siempre
y nunca más se llenará
de vergüenza
ni volverá a ser humillado».

Dios desafía a los ídolos
18 Isaías dijo:

«Dios desafía a los ídolos
y dice:

''¡Yo soy el único Dios!
Yo he creado los cielos
y he formado la tierra
para que sea habitada.
Yo no formé a la tierra
como un desierto seco,
19 ni hablé desde un lugar
oscuro y secreto;
tampoco les dije a
los israelitas:
'Búsquenme, pero no
me encontrarán'.

''Yo, el único Dios,
siempre hablo con la verdad,
y por eso le digo
a la gente de los pueblos
que ha escapado con vida:

20 'Reúnanse y acérquense.
Hay gente ignorante
que carga ídolos de madera
y ora a dioses que no
pueden salvar.

'Esa gente no entiende nada.
21 Vamos ante el juez,
para ver si pueden
responderme:
¿Quién anunció estas cosas
mucho antes de que
sucedieran?
Fui yo, el único Dios,
y no hay otro dios fuera de mí.
Sólo yo tengo el poder
para ofrecer justicia
y salvación.

22 'Vengan a mí todos
los pueblos
que habitan en lugares lejanos.
Yo los salvaré,
porque yo soy Dios
y no hay otro.
23 Lo que digo es verdad,
y mi palabra no dejará
de cumplirse.
Ante mí, todos doblarán
la rodilla
y me adorarán.
Les juro que así será'.

24 ''Entonces todos dirán:
'Sólo Dios puede dar
la victoria'.
Los que se enojaron conmigo,
se llenarán de vergüenza,
y volverán a obedecerme.
25 Gracias a mí,
los israelitas triunfarán
y se llenarán de orgullo''».

*La derrota de los dioses
de Babilonia*
46 **1** Isaías dijo:

«Las estatuas de Bel y Nebo,
dioses de Babilonia,
se tambalean y caen al suelo.
Los babilonios las ponen

sobre animales de carga,
que no soportan tanto peso.
2 Estas estatuas se
caen al suelo,
y son llevadas a otros países,
porque son incapaces
de salvarse».

3 Dios dijo:

«Óiganme ustedes,
israelitas que aún quedan
con vida:
Yo los he cuidado
desde antes que nacieran;
los he llevado en brazos;
4 y seguiré haciendo lo mismo
hasta que lleguen a viejos
y peinen canas;
los sostendré y los salvaré
porque yo soy su creador.

5 »¿Con quién pueden
compararme?
Yo no me parezco a nadie.
6 Hay gente que gasta mucho
oro y plata
para contratar un artesano
que le fabrique un dios.
Luego se arrodilla ante él
para adorarlo.
7 Cargan la estatua del dios
sobre sus hombros,
lo ponen en su sitio,
y de allí no se mueve.
Por más que griten
pidiéndole agua,
ese dios no les responde
ni puede librarlos de sus males.

8 »Recuerden esto,
pecadores,
y piénsenlo bien:
9 recuerden todo lo
que ha pasado
desde tiempos antiguos.
Yo soy Dios, y no hay otro;
soy Dios, y no hay nadie
igual a mí.
10 Yo anuncio desde el principio
lo que va a pasar al final,
y doy a conocer el futuro
desde mucho tiempo antes.
Les aseguro que todos
mis planes
se cumplirán tal como
yo quiero.

11 »Yo he llamado de Persia
a un rey llamado Ciro;
él vendrá desde lejos,
como un ave de rapiña,
y hará lo que yo diga.
Tengo un plan, y haré
que se cumpla.
Juro que así será.

12 »Escúchenme, gente terca:
ustedes no están a salvo.
13 Pero pronto vendré
a salvarlos;
ya no demoraré más.
Yo le daré a Jerusalén
la salvación,
y mi honor al pueblo
de Israel».

La caída de Babilonia

47 **1** Dios dijo:

«Ciudad de Babilonia,
baja ya de tu trono
y siéntate en el suelo.
Eres como una viuda joven,
y no volverán a llamarte
''hermosa'' y ''delicada''.

2 »Ya no podrás disfrutar
de lujos y privilegios;
ahora tendrás que trabajar.
Toma una piedra y
muele el grano
para hacer la harina,
pues has quedado destruida
y tendrás que valerte
por ti misma.

3-4 »Yo, el Dios santo
de Israel,
el Dios Todopoderoso,
voy a vengarme de ti.
¡Ya te ven los pueblos
como si estuvieras desnuda!

5 »¡Siéntate en silencio,
ciudad de Babilonia!
Siéntate en un rincón oscuro,
porque no volverán a llamarte
''Reina de las naciones''.

6 »Yo me enojé con mi pueblo
me enojé con los israelitas
y los dejé caer en tu poder.
Pero tú, Babilonia,
no te compadeciste de ellos,

y maltrataste a los ancianos
con una carga muy pesada.

7 »Creíste que nunca dejarías
de ser reina
y no te pusiste a pensar
cómo terminaría todo esto.

8 »Por eso, ciudad
de Babilonia,
escucha bien:
tú eres como una mujer
que ama el lujo
y se sienta tranquila
en su trono;
piensas que nadie
es mejor que tú,
y crees que nunca serás viuda
ni te quedarás sin hijos.

9 »Pero de repente,
en un majestuoso día,
te sucederán dos desgracias,
y de nada te servirán
tus brujerías y tu magia:
Te quedarás viuda
y perderás todos tus hijos.

10 »A pesar de tu maldad,
te sentías segura,
porque nadie te llamaba
la atención.
Tu sabiduría y tus
conocimientos
te hicieron perder la cabeza,
mientras te decías a ti misma:
''Yo, y nadie más que yo''.
11 Pero cuando menos lo esperes
te caerá una desgracia,
que ni con tu magia
podrás evitar.

12 »Babilonia,
sigue con las brujerías
y la magia
que has practicado
toda tu vida,
a ver si te sirven de algo,
a ver si consigues
asustar a alguien.

13 »¡Que se presenten ahora
los sabios que te han
dado consejos!
¡Que traten de salvarte
los que miran a los astros
para anunciarte el futuro!

¹⁴ Pero esos adivinos
son como paja;
el fuego los devorará
y no podrán salvarse
de las llamas.
Ese fuego no será
como el fuego de
una chimenea
que da calor al hogar.
¹⁵ Esos adivinos,
que has consultado
toda tu vida,
andan perdidos, cada uno
por su lado.
¡Así que nadie podrá salvarte!»

Dios cumple su palabra

48 ¹ Isaías dijo:

«Escuchen esto, israelitas,
descendientes de Jacob;
escuchen esto, ustedes,
los que pertenecen a la
tribu de Judá:
Ustedes juran y oran
en el nombre del Dios
de Israel,
pero no lo hacen como
es debido.
² Ustedes están muy orgullosos
de vivir en la santa ciudad
de Jerusalén,
y de ser protegidos por
el Dios de Israel,
cuyo nombre es Dios
Todopoderoso».

³ Sin embargo, Dios declara:

«Yo di a conocer los hechos
del pasado
antes de que sucedieran;
y tal como lo había anunciado
estos hechos se cumplieron.
⁴ Como yo sabía que ustedes
tienen la cabeza más dura
que el hierro y el bronce,
⁵ les anuncié todo esto
desde mucho antes;
así no podrían decir
que eso lo hizo un falso dios.
⁶ Si ustedes se fijan bien,
reconocerán que todo
esto es cierto.

Dios anuncia cosas nuevas

»Ahora les voy a anunciar
cosas nuevas y ocultas,
que ustedes no conocían.
⁷ Hoy voy a crear algo nuevo,
algo que antes no existía.
Ustedes, hasta hoy,
no habían oído
hablar de ellas;
así que no podrán decir
que ya las sabían.
⁸ Ustedes no habían oído
ni conocido nada de esto,
porque yo bien sabía
que ustedes son infieles
y que siempre han
sido rebeldes.

⁹ »Yo he tenido paciencia
con ustedes.
Por respeto a mí mismo,
controlé mis deseos
de destruirlos.
¹⁰ Yo los limpié de su maldad
por medio del sufrimiento,
y no lo hice por dinero.
¹¹ Lo hice por respeto
a mí mismo
y para salvar mi honor.
Porque mi nombre
debe ser siempre respetado.
Yo nunca permitiré
que adoren a otros dioses,
porque sólo a mí
deben adorar».

Dios salvará a su pueblo

¹² Dios dijo:

«Pueblo de Israel, yo
te he llamado.
Yo soy el único Dios,
el primero y el último.
¹³ Con mi poder hice el
cielo y la tierra:
con sólo pronunciar
sus nombres,
comenzaron a existir.
¹⁴ Por lo tanto, israelitas,
reúnanse ahora
todos ustedes,
y escúchenme:

»Yo elegí a Ciro, el rey
de Persia,
y él hará con Babilonia
todo lo que he decidido.
Nadie antes anunció
todo esto de antemano.
¹⁵ Fui yo quien lo dijo;
fui yo quien hizo venir a Ciro,
y quien siempre le dará
la victoria.

¹⁶ »Acérquense a mí
y escuchen:
todo esto lo pensé de
antemano
y nunca lo guardé en secreto.
Ahora yo, el único Dios,
he enviado a Ciro
y le he dado mi poder».

Dios guía a su pueblo

¹⁷ Dios, el Salvador y santo de
Israel, continuó diciendo:

«Israel, yo soy tu Dios,
que te enseña lo bueno
y te dice lo que debes hacer.
¹⁸ ¡Ojalá me hubieras
hecho caso!
Entonces habrías sido muy feliz
¹⁹ y ahora tus descendientes
serían tan numerosos
como las arenas del mar.
Yo nunca los habría destruido
ni los habría apartado
de mi vista».

Dios da la libertad a su pueblo

²⁰ Isaías les dijo a los israelitas:

«¡Salgan ya de Babilonia,
huyan de ese país!
¡Anuncien su liberación
con gritos de alegría!
Griten por todas partes:
''¡Dios ha puesto en libertad
a Israel, su fiel servidor!''

²¹ »Dios hizo que
ustedes pasaran
por lugares desiertos,
pero no sufrieron de sed,
porque él partió la roca
y brotó agua en abundancia.
²² En cambio a los malvados
nunca les va bien».

La luz de las naciones

49 ¹ Israel dijo:

«¡Ustedes,
pueblos de las costas
más lejanas,
óiganme y presten atención!

»Yo soy el fiel servidor de Dios.
Él pronunció mi nombre
desde antes que yo existiera
como pueblo.
² Dios hizo que mis palabras
fueran poderosas como
flechas,
como espadas afiladas.
Dios me protegió, me cuidó,
³ y me dijo:
"Tú eres mi fiel servidor;
gracias a ti daré a conocer
mi poder".

⁴ »Sin embargo, yo me dije:
"He trabajado inútilmente;
me he quedado sin fuerzas
y no he logrado nada".
En realidad, lo que hago
es gracias al poder de Dios,
y ya él ha preparado
mi recompensa.
⁵ Dios me formó
desde antes que naciera
para que fuera yo
su fiel servidor,
y siempre estuviéramos unidos.
Para Dios, yo valgo mucho;
por eso él me fortalece».

⁶ Dios le dijo a su fiel servidor:

«Yo te he enviado
para que reúnas a las
tribus de Israel
y las hagas volver a su patria.
Aun esto es muy poco para ti.
Por eso te pondré
como una luz para
las naciones,
y haré que lleves la salvación
hasta el último rincón
del mundo».

Una promesa de Dios a su pueblo
⁷ Dios, el Salvador y santo de
Israel, le dijo al pueblo:

«Israel,
tú has sido despreciado
y odiado por otros pueblos,
y ahora eres esclavo
de esos tiranos.
Pon atención a mis palabras:
"Yo soy tu único Dios;
cuando los reyes y los príncipes
de otras naciones te vean,

se humillarán ante ti.

"¡Yo te he elegido
y te cumpliré esta promesa!"»

Restauración de Israel
⁸ Dios les dijo a los israelitas:

«Cuando llegó el momento
de mostrarles mi bondad,
fui bondadoso con ustedes;
cuando necesitaron salvación,
yo les di libertad.
Yo los formé para que fueran
una bendición para
otros pueblos.
Por eso ustedes, israelitas,
volverán a ocupar las tierras
que sus enemigos
destruyeron,
y reconstruirán el país.
⁹ Ustedes les dirán a los presos:
"¡Quedan en libertad!",
y a los que viven en
la oscuridad:
"¡Salgan a la luz!"

*La alegría de los que vuelven
a su patria*
»Ustedes encontrarán
buenos pastos
junto a todos los caminos,
y en cualquier cerro desierto
tendrán alimento para
el ganado.
¹⁰ No tendrán hambre ni sed,
ni los molestará el sol
ni el calor,
porque yo los amo y los guío,
y los llevaré a fuentes de agua.
¹¹ Les abriré un camino
a través de las montañas
y los haré pasar por
un terreno llano.
¹² Ustedes, los israelitas,
vendrán de muy lejos,
de todos los rincones
del mundo.

¹³ »¡Cielos, griten de alegría!
¡Tierra, alégrate mucho!
¡Montañas, lancen gritos
de felicidad!
Porque yo, el único Dios,
consuelo a mi pueblo
y tengo compasión
de los pobres».

La reconstrucción de Jerusalén
¹⁴ El pueblo de Jerusalén decía:

«Dios me abandonó,
mi Dios se olvidó de mí».

¹⁵ Pero Dios respondió:

«Jerusalén,
¿acaso puede una
madre olvidar
o dejar de amar a su hijo?
Y aunque ella lo olvidara,
yo no me olvidaré de ti.
¹⁶ Yo te llevo grabada
como un tatuaje en mis manos,
siempre tengo presentes
tus murallas.

¹⁷ »Ya se han ido tus
destructores;
si con rapidez te destruyeron,
con más rapidez serás
reconstruida.
¹⁸ Levanta los ojos
y mira a tu alrededor,
todos los israelitas se reúnen
y vuelven hacia ti.
Yo soy el único Dios,
y juro por mi vida
que todos tus habitantes serán
como los adornos de una novia.

¹⁹ »Tú, Jerusalén, estabas
en ruinas,
pero ya se han alejado
los que te destruyeron.
Ahora tendrás tantos
habitantes
que el país te resultará
pequeño.
²⁰ Los hijos que dabas
por perdidos
te dirán al oído:
"Este país es demasiado
pequeño
para todos nosotros".

²¹ »Tú, Jerusalén,
dirás como una madre:
"¿Quién me dio tantos hijos?
Yo no tenía hijos ni podía
tenerlos;
me habían dejado sola,
quedé completamente
abandonada.
¿Quién crió a estos hijos míos?

¿De dónde vinieron?''

22 »Yo daré una orden
a las naciones
para que traigan en brazos
a tus hijos y a tus hijas.
23 Los reyes serán tus padres
adoptivos
y las princesas, tus niñeras.
Se arrodillarán ante ti
y reconocerán
que no quedan avergonzados
los que confían en mí,
y que yo soy el único Dios.

24 »A un guerrero no se
le puede quitar
lo que ha ganado en
el combate;
un prisionero de guerra
no se puede escapar del tirano.
25 Pero, yo, el único Dios,
declaro que al guerrero
y al tirano
les quitarán lo que hayan
conquistado.
A ustedes los israelitas
les digo,
que yo salvaré a sus hijos
y a sus hijas
de manos de sus enemigos.
26 Haré que sus opresores
se coman su propia carne
y se emborrachen con
su sangre.
Así sabrá toda la humanidad
que yo soy el único Dios,
soy el Dios todopoderoso,
y el salvador de Israel».

50 ¹⁻³ Dios dijo:

«Israelitas,
cuando vine a buscarlos,
no los encontré;
cuando los llamé,
no me respondieron.
Yo no los abandoné,
ni los vendí como esclavos
para pagar deudas;
lo hice por causa de
sus pecados.

»Pero tengo el poder
para salvarlos y rescatarlos.
Yo cubro los cielos
de oscuridad

como si se vistieran de luto.
Basta una simple orden mía
para que el mar y los ríos
se sequen,
para que por falta de agua
los peces se mueran
y se pudran».

4 El fiel servidor dijo:

«Dios me enseñó a consolar
a los que están afligidos
y cansados.
Me despierta todas
las mañanas,
para que reciba sus enseñanzas
como todo buen discípulo.
5 Dios me enseñó a obedecer,
y no he sido rebelde
ni desobediente.

6 »No quité mi espalda
a los que me golpeaban,
ni escondí mis mejillas
de los que me arrancaban
la barba;
ni me cubrí la cara
cuando me escupían
y se burlaban de mí.

7 »Por eso, no seré humillado,
pues es Dios quien me ayuda.
Por eso me mantengo firme
como si fuera una roca,
y sé que no seré avergonzado.

8 »Conmigo está el que
me protege.
Nadie puede acusarme
de un delito.
El que quiera acusarme,
¡que venga y se me enfrente!
9 ¡El Dios todopoderoso
es quien me ayuda!
Nadie podrá condenarme.
Mis enemigos desaparecerán
como la ropa comida
por la polilla.

10 »Ninguno de ustedes
teme a Dios
ni obedece la voz de
su fiel servidor.
Caminan en la oscuridad,
sin un rayo de luz,
no confían en el único Dios.
11 Al contrario,

encienden fuegos y prenden
antorchas;
caminan a la luz de
su propio fuego.
Pero el Dios todopoderoso,
los castigará y los
hará sufrir».

Salvación para Jerusalén

51 ¹ Dios dijo:

«¡Escúchenme todos ustedes,
los que buscan a Dios
y aman la justicia!
Ustedes son descendientes
de Abraham y de Sara.
2 Miren el ejemplo
que ellos les han dejado.
Cuando yo llamé a Abraham,
él era sólo uno,
pero lo bendije
y le di muchos hijos.

3 »Aunque Jerusalén
está en ruinas
yo la consolaré
y la convertiré en un
hermoso jardín.
Será como el jardín que
planté en Edén.
Entonces Jerusalén celebrará
y cantará canciones de alegría
y de acción de gracias».

4 Dios continuó diciendo:

«Préstame atención,
pueblo mío;
voy a dar mi enseñanza,
y mi justicia servirá de guía
para las naciones.
5 Ya se acerca mi justicia,
mi salvación está en camino.
¡Con mi poder juzgaré
a las naciones!
Los pueblos de las
costas lejanas
confían en mí.
Mi poder los llena
de esperanza.

6 »¡Levanten los ojos al cielo!
¡Miren la tierra aquí abajo!
El cielo desaparecerá
como humo,
la tierra se gastará como
un vestido,

y sus habitantes morirán
como moscas.
Pero mi salvación y mi justicia
permanecerán para siempre.

7 »Escúchenme,
ustedes que saben lo
que es bueno
y que conocen mi ley.
No teman ni se desalienten
por los insultos de la gente,
8 porque esa gente
desaparecerá
como ropa comida por
la polilla,
como lana devorada por
los gusanos.
Pero mi salvación y mi justicia
permanecerán para siempre».

9 Los Israelitas clamaron:

«¡Despierta, Dios, despierta!
¡Despierta y vístete de fuerza!
Muestra tu poder
como lo hiciste en el pasado,
cuando destruiste
a los egipcios.

10 »Tú secaste las
aguas del mar
y allí abriste un camino
por donde marchó
tu pueblo liberado.
11 Lo mismo que en el pasado,
ahora volverán los que
tú rescataste
y entrarán en Jerusalén
con gritos de alegría.
Estarán llenos de alegría
y el llanto y el dolor
desaparecerán».

12 Dios dijo:

«Soy yo mismo
el que los anima.
¿Por qué le tienen miedo
a simples seres humanos,
que no son más que hierba?
13 No olviden que yo
soy su creador,
yo soy el que extendió
los cielos
y afirmó la tierra.
No teman al enemigo
que con furia quiere

destruirlos.
Frente a mi poder
toda su furia desaparece.

14 »Pronto serán liberados
los prisioneros;
no les faltará el pan
ni morirán en la cárcel,
15 porque yo soy el único Dios,
el Dios todopoderoso.
Yo agito el mar,
y las olas se levantan
con estruendo.

16 »Yo les dije lo que
deben decir,
y los protegeré con mi poder.
Yo he extendido los cielos
y afirmado la tierra,
y ahora digo:
"Habitantes de Jerusalén,
¡ustedes son mi pueblo!"»

El enojo de Dios

17 Isaías dijo:

«¡Despierta, Jerusalén,
despierta!
Levántate, tú,
que has sufrido el
enojo de Dios.
Lo has sufrido tanto
que ya ni levantarte puedes.
18 De todos los hijos
que tuviste,
no hubo ninguno que te guiara;
de todos los hijos que criaste,
ninguno te tomó de la mano.

19 »Estas dos desgracias
han venido sobre ti:
¡Has sufrido la guerra
y el hambre!
¿Quién tendrá compasión de ti?
¿Quién te consolará?
20 Tus hijos están tirados
por las calles,
están como venados
atrapados en la red.
Toda la furia y el reproche
de Dios
ha caído sobre ellos.

21 »Por eso,
habitantes de Jerusalén,
ustedes que están borrachos
pero no de vino,

escuchen lo que dice su Dios,
22 el Dios que defiende
a su pueblo:

"En mi enojo los castigué
duramente
y los hice rodar por el suelo;
pero ya no volveré a
castigarlos.
23 Más bien castigaré a
sus enemigos,
esos que les dijeron:
'¡Tírense al suelo,
para que los aplastemos!'
Ustedes obedecieron,
¡y ellos los aplastaron!"»

52 **1** Dios dijo:

«¡Despierta, Jerusalén,
despierta!
¡Levántate y sé fuerte!
Jerusalén, ciudad santa,
vístete de gala,
que los enemigos extranjeros
ya no volverán a atacarte.

2 »¡Jerusalén, levántate!
¡Sacúdete el polvo!
¡Quítate del cuello
las cadenas,
y siéntate en el trono!

3 »Ustedes fueron vendidos
por nada,
y ahora, sin dinero serán
liberados.

4 »Hace mucho tiempo
mi pueblo descendió a Egipto
y vivió allí como pueblo
esclavo.
Y ahora, sin motivo alguno,
Asiria ha maltratado
a mi pueblo.

5 »Pero, ¿qué está pasando?
Sin motivo se han llevado
a mi pueblo
a la nación de Babilonia;
sus gobernantes se
burlan de él,
y en todo momento
me ofenden.
6 »Pero vendrá un día
en que mi pueblo me conocerá.
En aquel día sabrán

que yo soy quien dice:
''¡Aquí estoy!''»

7 Isaías dijo:

«Qué hermoso es ver
al que llega por las colinas
trayendo buenas noticias:
noticias de paz,
noticias de salvación,
y le dice a Jerusalén:
''¡Tu Dios reina!''

8 »¡Escucha!
Tus guardias gritan de alegría,
porque ven con sus
propios ojos
que Dios vuelve a Jerusalén.

9 »Habitantes de Jerusalén,
¡entonen canciones de alegría!
Dios ha consolado a su pueblo,
¡ha liberado a Jerusalén!
10 Dios mostrará su poder
a todas las naciones,
y todas las regiones
de la tierra
verán la salvación de
nuestro Dios.

11 »Ustedes,
pónganse en marcha,
¡salgan ya de Babilonia!
Ustedes que transportan
los utensilios del templo,
¡no toquen nada impuro!
12 No tendrán que apurarse
ni salir huyendo,
porque nadie los perseguirá.
¡El Dios de Israel
los protegerá de todo
peligro!»

Sufrimiento y gloria del fiel servidor
13 Dios dijo:

«Mi fiel servidor triunfará;
se le pondrá en un alto trono
y recibirá los honores
que merece.

14 »Muchos se asombrarán
al verlo,
por tener la cara desfigurada,
y no parecer un ser humano.

15 »Muchas naciones se

asombrarán,
y en la presencia de mi
fiel servidor
los reyes quedarán mudos,
porque verán y entenderán
lo que jamás habían oído».

53 **1** Isaías dijo:

«¡Nadie ha creído a
nuestro mensaje!
¡Nadie ha visto el poder
de Dios!
2 El fiel servidor creció
como raíz tierna en
tierra seca.
No había en él belleza
ni majestad alguna;
su aspecto no era atractivo
ni deseable.
3 Todos lo despreciaban
y rechazaban
Fue un hombre que sufrió
el dolor
y experimentó mucho
sufrimiento.
Todos evitábamos mirarlo;
lo despreciamos y no lo
tuvimos en cuenta.

4 »A pesar de todo esto,
él cargó con nuestras
enfermedades
y soportó nuestros dolores.
Nosotros pensamos
que Dios lo había herido
y humillado.
5 Pero él fue herido
por nuestras rebeliones,
fue golpeado por nuestras
maldades;
él sufrió en nuestro lugar,
y gracias a sus heridas
recibimos la paz y
fuimos sanados.

6 »Todos andábamos perdidos,
como suelen andar las ovejas.
Cada uno hacía lo que
bien le parecía;
pero Dios hizo recaer en
su fiel servidor
el castigo que nosotros
merecíamos.
7 »Fue maltratado y humillado,
pero nunca se quejó.
Se quedó completamente

callado,
como las ovejas cuando les
cortan la lana;
y como cordero llevado
al matadero,
ni siquiera abrió su boca.

8 »Cuando lo arrestaron,
no lo trataron con justicia.
Nadie lo defendió ni se
preocupó por él;
y al final, por culpa de
nuestros pecados
le quitaron la vida.
9 El fiel servidor de Dios
murió entre criminales
y fue enterrado con
los malvados,
aunque nunca cometió
ningún crimen,
ni jamás engañó a nadie.

10 »Dios quiso humillarlo y
hacerlo sufrir,
y el fiel servidor ofreció su vida
como sacrificio por nosotros.
Por eso, él tendrá una vida
muy larga,
llegará a ver a sus
descendientes,
y hará todo lo que Dios desea.

11-12 »Después de tanto
sufrimiento,
comprenderá el valor de
obedecer a Dios.
El fiel servidor, aunque inocente,
fue considerado un criminal,
pues cargó con los pecados
de muchos
para que ellos fueran
perdonados.
Él dio su vida por los demás;
por eso Dios lo premiará
con poder y con honor».

Dios es el esposo de su pueblo
54 **1** Isaías dijo:

«Jerusalén,
tú que nunca has sido madre,
ni has podido tener hijos,
lanza gritos de alegría,
entona alegres canciones,
porque Dios dice:
''Jerusalén, mujer abandonada,
tendrás más hijos que

la mujer casada''.

2-3 »Nación de Israel,
agranda tu tienda de campaña,
extiende las cuerdas
y clava bien las estacas,
porque te vas a extender
de un extremo al otro.
Tus hijos conquistarán
muchas naciones
y ocuparán las ciudades
que ahora están deshabitadas.

4 »No tengas miedo,
pues no te insultarán
ni pasarás vergüenza.
Cuando eras joven
pasaste la vergüenza
de no tener hijos.
Después te quedaste sola
como una viuda.
Pero no volverás a acordarte
de tu vergüenza,
5 porque Dios es tu creador
y te tomará por esposa.

»El Dios santo de Israel
es tu salvador;
es el Dios todopoderoso
y reina en toda la tierra.

6 »Pueblo de Israel,
tú eras como una esposa joven,
que quedó abandonada
y afligida,
pero tu Dios vuelve a llamarte
y te dice:

7 ''Sólo por un momento
te dejé abandonada,
pero con gran ternura
te aceptaré de nuevo.

8 ''Cuando me enojé contigo,
me alejé de ti por un poco
de tiempo,
pero muy pronto tuve
compasión de ti
y te manifesté mi
amor eterno''».

El amor de Dios es eterno

9 Dios le dijo al pueblo de Israel:

«Después que cubrí toda
la tierra
con las aguas del diluvio,

yo le juré a Noé:
''Nunca más habrá otro diluvio''.
Del mismo modo, ahora te juro
que nunca más me enojaré
contigo
ni volveré a amenazarte.
10 Las montañas podrán cambiar
de lugar,
los cerros podrán venirse abajo,
pero mi amor por ti no cambiará.
Siempre estaré a tu lado
y juntos viviremos en paz.
Te juro que tendré
compasión de ti.

La nueva Jerusalén

11-12 »Ciudad de Jerusalén,
ahora estás oprimida
y atormentada,
y no hay nadie que te consuele.
Pero yo construiré con
piedras preciosas
tus cimientos y tus muros,
tus torres y tus puertas.
13 Yo instruiré a tus habitantes,
y todos vivirán en paz.
14 La justicia te hará fuerte,
y no volverás a sentir miedo.
15 Si una nación te ataca,
tú la vencerás
porque no cuenta
con mi apoyo.

16 »Mira, yo he creado
al herrero
que fabrica herramientas.
Pero también he creado
ejércitos
que todo lo arruinan
y destruyen.
17 Sin embargo,
nadie ha hecho un arma
capaz de destruirte.

»Israel, tú harás callar
a todo el que te acuse,
porque yo, el único Dios,
hago triunfar a los que
me adoran.
Te juro que así será».

Dios se unirá a su pueblo

55 **1** Dios dijo:

«Todos los que tengan sed,
vengan a beber agua;
y los que no tengan dinero,

vengan y lleven trigo,
vino y leche
sin pagar nada.
2 ¡Óiganme bien,
y comerán una comida
buena y deliciosa!
No vale la pena ganar dinero
y gastarlo en comidas
que no quitan el hambre.

3 »¡Vengan a mí
y presten atención;
obedézcanme y vivirán!
Yo me uniré a ustedes
para siempre,
y así cumpliré las promesas
que hice a mi amado rey David.
4 Yo lo puse a él por testigo,
para que guiara y enseñara
a todas las naciones.

5 »Pueblo de Israel,
llamarás a pueblos que
no conocías,
y ellos irán corriendo hacia ti,
porque yo, tu Dios,
te pondré sobre todas
las naciones».

6 Isaías dijo:

«Ahora es el momento
oportuno:
¡busquen a Dios!;
¡llámenlo ahora que está cerca!
7 Arrepiéntanse,
porque Dios está siempre
dispuesto a perdonar;
él tiene compasión de ustedes.

»Que cambien los malvados
su manera de pensar,
y que dejen su mala conducta».

8-9 Dios dijo:

«Yo no pienso
como piensan ustedes
ni actúo como ustedes actúan.
Mis pensamientos y
mis acciones
están muy por encima
de lo que ustedes piensan
y hacen;
¡están más altos que los cielos!
Les juro que así es».

El poder de la palabra de Dios
10 Dios dijo:

«La lluvia y la nieve bajan
del cielo,
y no vuelven a subir
sin antes mojar y alimentar
la tierra.
Así es como brotan las semillas
y el trigo que comemos.
11 Lo mismo pasa con
mi palabra
cuando sale de mis labios:
no vuelve a mí
sin antes cumplir mis órdenes,
sin antes hacer lo
que yo quiero.

Últimas palabras de consuelo
12 »Ustedes, los israelitas,
saldrán de Babilonia
con alegría
y volverán con bien a su
propio país.
Cuando los vean los montes y
los cerros
cantarán canciones
muy alegres,
y los árboles del campo
aplaudirán.
13 Crecerán pinos en lugar
de espinos
y arrayanes en lugar de ortigas.

»El mundo entero alabará
a Dios,
y eso será muestra
de su maravilloso poder».

Dios premia a los que son fieles
56 **1** Dios dijo:

«Hagan lo que es justo y bueno
porque pronto voy a mostrar
mi poder salvador.
2 Dichoso el que obedece
mis mandamientos
y los cumple con fidelidad.
Dichoso el que respeta
el día de descanso
y nunca hace nada malo.

3 »Si un extranjero me adora,
no tiene por qué decir:
''Dios me apartará de
su pueblo''.
El hombre que no puede

tener hijos
tampoco debe decir:
''Yo parezco un árbol seco''.
4 Porque si estos hombres
respetan el día de descanso,
si me obedecen y son fieles
a mi pacto,
5 yo les daré algo mejor
que tener hijos e hijas:
haré que el nombre de ellos
quede grabado para siempre
en los muros de mi templo.
Les daré un nombre eterno
que nunca será borrado.

6-7 »A los extranjeros
que me adoran,
que respetan el día de
descanso,
y son fieles a mi pacto,
yo los traeré a mi
monte santo
y los haré dichosos
en mi casa de oración.
Si esos extranjeros me adoran
me sirven y me aman,
yo aceptaré los sacrificios
que ofrecen sobre mi altar,
porque mi casa será llamada:
''Casa de oración
para todos los pueblos''.

8 »Yo haré que los israelitas
que aún están fuera
de su tierra
vuelvan a reunirse en su país.
Les juro que así será».

Dios reprende a los jefes malos
9 Dios dijo:

«Naciones enemigas,
vengan y ataquen a mi pueblo;
devórenlo como animales
salvajes.

10 »Ustedes, jefes de
mi pueblo,
deberían protegerlo
como perros guardianes;
pero parecen estar ciegos,
no se dan cuenta de nada;
parecen estar mudos,
no hacen ni dicen nada;
les gusta mucho dormir,
se pasan la vida durmiendo
y soñando.

11 »Ustedes, jefes de
mi pueblo,
son como perros hambrientos
que nunca se llenan.
Son gente que no
entiende nada,
cada uno va por su camino,
siempre detrás de sus
ganancias.

12 »Ustedes, jefes de
mi pueblo, dicen:

''¡Vengan!
Vamos a emborracharnos.
Y mañana haremos lo mismo,
o beberemos mucho más''».

La muerte de la gente buena
57 **1** Isaías dijo:

«Muere la gente honrada
y a nadie le llama la atención;
desaparece la gente buena
y nadie entiende que la muerte
los libra de sus males.
2 Ellos me obedecieron en todo
y ahora descansan en paz».

Contra el culto de los ídolos
3 Dios dijo:

«Y ustedes, gente infiel,
que adora a los ídolos,
acérquense y presten atención.
4 ¿De quién se burlan ustedes?
¿A quién le sacan la lengua?
Ustedes son hijos del pecado;
son gente mentirosa.
5 Debajo de los robles
y de todo árbol verde
tienen relaciones sexuales
para adorar a dioses falsos;
junto a los arroyos
y en las cuevas de las rocas
sacrifican niños en su honor.

6 »Ustedes, los israelitas,
prefieren adorar
las piedras lisas del arroyo;
a ellas les han llevado
ofrendas de vino y de cereales.
Y después de todo esto,
¿esperan verme contento?

7 »Sobre un monte alto
y empinado

tendieron sus camas,
y allí subieron a ofrecer
sacrificios.
8 Detrás de las puertas
de sus casas
colocaron sus dioses falsos,
se olvidaron de mí, y los
adoraron;
hicieron pactos con otras
naciones
mientras adoraban a esos ídolos.

9 »Van corriendo hacia
el dios Mélec,
llevando aceite y muchos
perfumes;
hasta buscan consejo
de los espíritus de los muertos.
10 Caminan y caminan
para adorar a sus dioses,
y parecen no cansarse.
¿Para qué tantas
peregrinaciones,
si todo eso es inútil?
11 ¿Quiénes son esos dioses
que tanto los asustan,
para que me sean infieles
y me olviden por completo?

»Cuando ustedes no
me adoraban,
yo me quedaba callado
y cerraba los ojos.
12 Pero ahora voy a denunciar
todo lo que están haciendo.
Todas sus obras
no les servirán de nada.
13 Cuando griten pidiendo
auxilio,
esos ídolos no los ayudarán
ni los librarán.
El viento se los llevará;
de un soplo desaparecerán.
En cambio, el que se
refugia en mí,
heredará la tierra y vivirá
en Jerusalén.
Yo soy el Dios todopoderoso».

Castigo y curación de Israel
14 Entonces Dios dijo:

«¡Abran paso, abran paso,
preparen un camino llano,
para que pase mi pueblo!
15 Porque yo soy el Dios eterno
y mi nombre es santo.

Yo vivo en un lugar alto
y sagrado,
pero también estoy con
los pobres
y animo a los afligidos.

16 »Pueblo mío,
no siempre voy a acusarte,
ni estaré enojado todo
el tiempo.
Yo mismo te hice,
y no quiero que
te desanimes.

17 »Israel, a causa de
tu pecado
por un tiempo estuve
enojado contigo;
entonces te castigué y me
alejé de ti.
Pero ustedes los israelitas
se pusieron muy caprichosos
y se rebelaron contra mí.
18 Yo he visto su desobediencia,
pero les quitaré su rebeldía
y les daré descanso.
A todos los que están tristes
19 los haré entonar
este canto de acción
de gracias:

''¡Paz al que está lejos,
paz al que está cerca!
¡Yo perdonaré a mi pueblo!
20 Pero los malvados
son como un mar agitado
que no se puede calmar;
sus olas arrastran barro
y suciedad.
21 ¡No pueden vivir en paz!''

»Les juro que así es».

El ayuno que no agrada a Dios
58 **1** Dios le dijo a Isaías:

«¡Grita bien fuerte,
grita sin miedo,
alza la voz como una trompeta!
¡Reprende a mi pueblo,
el pueblo de Israel,
a causa de sus culpas
y de todos sus pecados!
2 »Ellos me consultan
todos los días
y dicen que quieren
obedecerme,

como si fueran gente de bien
que no se aparta de mis leyes.
Ellos me piden leyes justas
y quieren estar cerca de mí.
3 Sin embargo, andan diciendo:
''¿Para qué ayunar,
si Dios no nos ve?
¿Para qué sacrificarnos,
si a él no le importa?''.

»En el día de ayuno
ustedes hacen negocios
y maltratan a sus trabajadores.
4 Ese día discuten, se pelean,
y se agarran a golpes.
¡Si quieren que escuche
sus oraciones
no ayunen de esa manera!
5 Ese tipo de ayuno
no me agrada para nada.

»Ustedes agachan la cabeza
como una caña del río,
y vestidos de luto
se acuestan sobre la ceniza.
Y a eso le llaman ''ayuno''
y ''día agradable para Dios''.
6 ¡Pero en realidad no es así!

El ayuno que a Dios le agrada
»El ayuno que a mí me agrada
es que liberen a los presos
encadenados injustamente,
es que liberen a los esclavos,
es que dejen en libertad a los
maltratados
y que acaben con toda
injusticia;
7 es que compartan el pan
con los que tienen hambre,
es que den refugio a
los pobres,
vistan a los que no
tienen ropa,
y ayuden a los demás.

8 »Los que ayunan así
brillarán como la luz de
la aurora,
y sus heridas sanarán
muy pronto.
Delante de ellos irá la justicia
y detrás de ellos,
la protección de Dios.

9 »Si me llaman,
yo les responderé;

si gritan pidiendo ayuda,
yo les diré: "Aquí estoy".
Si dejan de maltratar
a los demás,
y no los insultan ni
los maldicen;
¹⁰ si ofrecen su pan
al hambriento
y ayudan a los que sufren,
brillarán como luz en
la oscuridad,
como la luz del mediodía.

¹¹ »Yo los guiaré
constantemente,
les daré agua en el calor
del desierto,
daré fuerzas a su cuerpo,
y serán como un jardín
bien regado,
como una corriente de agua.
¹² Reconstruirán las
ruinas antiguas,
reforzarán los cimientos
antiguos,
y los llamarán:
"Reparadores de
muros caídos",
"Reconstructores de casas
en ruinas".

¹³ »Respeten el día
de descanso,
y no se ocupen de sus
negocios.
Que ese día sea santo
para ustedes,
y un motivo de alegría.
Que sea un día dedicado
sólo a mí.

»Si respetan ese día,
dejando de hacer negocios
y de hablar inútilmente,
¹⁴ entonces yo, su Dios,
seré su alegría.
Los haré gobernantes del país
y les entregaré la tierra
que prometí a su
antepasado Jacob.
Les juro que así será».

La maldad de Israel

59 ¹ Isaías dijo:

«Dios tiene poder para salvar

y tiene buenos oídos para oír.
² Pero la maldad de ustedes
los ha separado de Dios.
Sus pecados han hecho
que Dios se tape los oídos
y no quiera escucharlos.

³ »Ustedes tienen las manos
llenas de sangre
por los crímenes que
han cometido.
Ustedes mienten y maldicen.
⁴ Nadie se presenta
ante el juez
con buenas intenciones,
y en los juicios falta
la honradez.
Confían en la mentira
y nadie dice la verdad.
Están llenos de maldad
y no lo disimulan.

⁵⁻⁶ »Ustedes sólo planean
maldades,
y traen la muerte a todos.
Viven haciendo el mal,
y están enredados en
la violencia.
⁷ Se apresuran a cometer
crímenes
y corren a derramar sangre
inocente;
a su paso quedan sólo ruinas.

⁸ »No son gente de paz,
ni hay rectitud en sus
acciones.
Su conducta está torcida,
y los que andan con ellos
tampoco vivirán en paz».

Confesión de pecados
⁹ El pueblo de Israel dijo:

«Por causa de nuestra maldad
la justicia no se cumple
entre nosotros:
esperábamos vivir en la luz,
pero nos hemos quedado
en tinieblas.
¹⁰ Caminamos como ciegos,
tocando la pared;
tropezamos en pleno mediodía
como si fuera de noche;
aunque parezcamos tener vida,
en realidad estamos muertos.
¹¹ Nos pasamos la vida

llorando,
y esperando que se nos
haga justicia,
pero Dios no viene en
nuestra ayuda.

¹² »Hemos ofendido a Dios,
y nuestros pecados
nos acusan;
nuestras maldades nos
acompañan,
y reconocemos nuestras
culpas.
¹³ Hemos sido infieles a Dios,
no le hemos obedecido;
somos violentos y traicioneros,
y engañamos a la gente.
¹⁴⁻¹⁵ Nos hemos burlado
de la justicia
y Dios no viene a salvarnos.
La sinceridad está por
los suelos;
ya no hay honradez,
y al que hace el bien
se le quita lo que tiene».

Dios hace justicia
Isaías dijo:

«Dios se mostró muy
disgustado
al ver la falta de justicia.
¹⁶ Vio con sorpresa
que esto a nadie le importaba.
Entonces decidió usar su
propio poder
y así nos dio la salvación.
¹⁷ Tomó la justicia como escudo
y se puso la salvación
como casco;
la venganza lo cubrió como
una capa
y el enojo lo envolvió como
un manto,
¹⁸ para castigar a sus enemigos
y darle a cada cual su
merecido.

¹⁹ »Al ver el poder de Dios,
todo el mundo temblará
de miedo.
Porque Dios vendrá
con la furia de un río
desbordado,
y empujado por un fuerte
viento.
²⁰ Dios vendrá a salvar

a los que viven en Jerusalén,
y a todos los israelitas
que se arrepientan de
sus pecados.
Dios ha jurado que así será».

Anuncio de la salvación

21 Dios dijo:

«Yo hago un pacto
con ustedes:
les prometo que mi poder,
y las enseñanzas que les
he dado,
nunca se apartarán de ustedes
ni de sus descendientes».

La nueva Jerusalén

60 1-3 Isaías dijo:

«Habitantes de Jerusalén,
ustedes están llenos
de esplendor
porque la gloria de Dios
brilla sobre ustedes.
Una noche oscura
envuelve a las naciones,
pero Dios hará brillar su luz,
y así los reyes del mundo
verán la gloria futura
de Israel».

4 Dios dijo:

«Habitantes de Jerusalén,
levanten los ojos y miren
a su alrededor:
todo el mundo se reúne
en Jerusalén.
De muy lejos vienen familias
enteras,
con sus niños en brazos.
5 Al verlos llegar,
con los tesoros del mar
y las riquezas de las naciones,
se llenarán de gozo y alegría.

6 »A Jerusalén vendrá
mucha gente
de las regiones del desierto.
Vendrán montados
sobre muchos camellos.
También vendrá gente
del reino de Sabá.
Vendrá con incienso y oro,
y alabará mis grandes hechos.
7 Las ovejas del país de Quedar

serán para ustedes;
sobre mi altar me podrán
presentar
los carneros de Nebaiot
como ofrendas agradables,
y yo haré que mi templo
se vea aún más hermoso.

8-9 »Llegan barcos de alta mar
trayendo a los habitantes
de Jerusalén
con su oro y su plata.
Vienen para adorarme
pues soy el Dios santo de Israel
que los llena de poder.

10 »Habitantes de Jerusalén,
yo estuve muy enojado con
ustedes
y por eso los castigué;
pero ahora les mostraré
lo mucho que los amo.
Gente extranjera reconstruirá
las murallas de la ciudad,
y los reyes de otras naciones
se pondrán a su servicio.

11 »Los portones de Jerusalén
no se cerrarán ni de día
ni de noche;
así las naciones,
bajo la guía de sus reyes,
podrán traerles sus riquezas.
12 Todas las naciones
que no estén al servicio
de ustedes
serán destruidas por
completo».

13 Dios continuó diciendo a los
habitantes de Jerusalén:

«Todas las riquezas del Líbano,
y todas sus finas maderas,
vendrán a dar hermosura
a mi templo,
donde he puesto mi trono.

14 »Los descendientes
de sus antiguos enemigos
vendrán y se humillarán
ante ustedes;
quienes antes los
despreciaban,
se arrodillarán ante ustedes
y llamarán a Jerusalén:
"Ciudad del Dios santo

de Israel''.

15 »Jerusalén se ha quedado
abandonada, odiada y
muy sola,
pero yo haré que llegue a ser
motivo de orgullo y alegría.
16 Las naciones traerán
sus mejores alimentos
y los reyes le entregarán sus
regalos.
Así los habitantes de Jerusalén
reconocerán que yo soy
el Poderoso salvador de Israel.

17 »Yo, el Dios de Israel,
haré que gobierne la paz
y que haya justicia.
Les daré oro en vez de bronce,
plata en vez de hierro,
bronce en vez de madera,
y hierro en vez de piedras.

18 »Nunca más se oirá en Israel
el ruido de la violencia,
ni habrá destrucción ni ruina:
a las murallas de Jerusalén
las llamarán "Salvación"
y a sus portones "Alabanza".
19 Ya no será necesario
que el sol alumbre de día
y que la luna brille de noche,
porque para siempre
yo seré su luz y resplandor.

20 »El sol jamás se ocultará
y la luna nunca perderá su luz,
porque yo soy el Dios de Israel,
y seré para ustedes
una luz que brillará
para siempre.
Así pondré fin a su tristeza.

21 »En Jerusalén sólo vivirá
gente honrada
que será la dueña del país.
Será como los brotes de
una planta
que yo mismo plantaré;
será la obra de mis manos
que manifestará mi poder.
22 Hasta la familia más pequeña
se convertirá en una g
ran nación.
Yo soy el único Dios,
y cuando llegue el momento
haré que todo esto suceda
pronto».

Anuncio de la salvación a Israel

61 ¹ El fiel servidor de Dios dijo:

«El espíritu de Dios está
sobre mí,
porque Dios me eligió y
me envió
para dar buenas noticias
a los pobres,
para consolar a los afligidos,
y para anunciarles a
los prisioneros
que pronto van a quedar
en libertad.

² »Dios también me envió
para anunciar:
''Este es el tiempo que
Dios eligió
para darnos salvación,
y para vengarse de nuestros
enemigos''.

»Dios también me envió
para consolar a los tristes,
³ para cambiar su derrota
en victoria,
y su tristeza en un canto
de alabanza.

»Entonces los llamarán:
''Robles victoriosos,
plantados por Dios
para manifestar su poder''.

⁴ »Ustedes, habitantes
de Jerusalén
reconstruirán las ciudades
antiguas
que quedaron en ruinas.
⁵ Gente de otras naciones
vendrá a cuidar los rebaños,
los campos y las viñas
de ustedes.

⁶ »Ustedes serán llamados
''Sacerdotes de Dios'',
''Fieles servidores de Dios''.
Disfrutarán de las riquezas de
las naciones
y se adornarán con sus
magníficas joyas.
⁷ Porque ustedes han tenido
que sufrir
el doble de lo que se merecían,
y los han llenado de vergüenza
y de insultos.

Por eso recibirán doble porción
de riquezas
y para siempre vivirán
felices».

⁸ Dios dijo:

«Yo, el único Dios, amo
la justicia,
pero odio el robo y el crimen.
Por eso les daré una gran
recompensa
y haré con ustedes un pacto
que nunca tendrá fin.
⁹ Sus descendientes serán
famosos
entre todas las naciones;
cuando la gente los vea, dirá:
''Son un pueblo bendecido
por Dios''».

*La alegría de los que habitan
en Jerusalén*

¹⁰ Isaías dijo:

«¡Mi Dios me llena de alegría;
su presencia me llena de gozo!
Él me dio salvación
y me trató con justicia.

¹¹ »Así como de la tierra
brotan las semillas,
y en el jardín nacen
las plantas,
así Dios hará brotar
la justicia y la alabanza
entre todas las naciones».

La nueva Jerusalén

62 ¹ Isaías dijo:

«Por amor a ustedes,
habitantes de Jerusalén,
no me callaré.
Por amor a ustedes,
no descansaré
hasta que Dios les dé
la victoria.
Cuando Dios los salve,
ustedes brillarán
como el sol al amanecer.
² »Israelitas, las
naciones verán
cuando Dios los salve,
y todos los reyes de la tierra
reconocerán su grandeza.
Entonces Dios les dará

un nombre nuevo,
³ y serán en la mano de Dios
como la hermosa corona
de un rey.

⁴ »Ya no le dirán a Jerusalén:
''Ciudad abandonada'',
sino: ''La favorita de Dios'',
ni a la tierra de Israel:
''País en ruinas'',
sino: ''La esposa de Dios''.
⁵ Porque Dios se casará
con ella,
como se casa un joven
con su novia;
Dios la reconstruirá y vivirá
feliz con ella,
como vive feliz el marido con
su esposa.

⁶ »Jerusalén, en tus murallas
yo he puesto guardias
que día y noche dirán:

''Ustedes, los que adoran
a Dios,
no se queden callados.
⁷ No le den a Dios
ni un minuto de descanso,
hasta que reconstruya
a Jerusalén
y la haga una ciudad famosa''.

⁸ »Dios ha jurado por sí mismo:

''Nunca más permitiré
que los enemigos de Israel
se coman su trigo,
o que los extranjeros les
quiten el vino
que con tanto trabajo hicieron.
⁹ Israel comerá lo que coseche,
recogerá las uvas y beberá
el vino nuevo,
cantando alabanzas a
mi nombre
en los patios de mi
santo templo''».

¹⁰ Isaías continuó diciendo:

«¡Habitantes de Jerusalén,
salgan por los portones
de la ciudad,
preparen un camino para
el pueblo!
Háganlo con cuidado,

quítenle las piedras
y pongan señales
que sirvan de guía a
las naciones.

11 »Dios ha dado este mensaje
a todos los habitantes
de la tierra:

''Digan a la ciudad de Jerusalén
que ha llegado su salvador;
díganle que Dios ha liberado
a su pueblo.
12 Los israelitas serán llamados:
'Pueblo santo, salvado
por su Dios',
y a Jerusalén la llamarán:
'Ciudad deseada',
'Ciudad llena de vida' ''».

La victoria de Dios sobre Edom
63 ¶ Isaías
1 ¿Quién es ese
que llega desde Bosrá,
la capital del reino de Edom,
con las ropas teñidas de rojo?
¿Quién es ese
que está tan bien vestido
y avanza con una
fuerza terrible?

Dios
Soy yo, el Dios de Israel,
el que anuncia la victoria
y tiene poder para salvar.

Isaías
2 ¿Y por qué están rojas
tus ropas,
como si hubieras pisado uvas?

Dios
3 Yo he destruido a mis
enemigos;
los he aplastado como a la uvas
cuando se hace el vino;
Con furia los he pisoteado,
y su sangre me manchó la ropa.

4 Consideré que ya era tiempo
de hacer justicia
y de salvar a mi pueblo.
5 Miré, y vi con sorpresa
que nadie estaba dispuesto
a ayudarme.
Fue mi poder el que me dio
la victoria;

6 lleno de furia aplasté
a las naciones,
y su sangre corrió por el suelo.

Dios es bondadoso con su pueblo
7 Isaías dijo:

«Quiero hablar del amor
de Dios,
y cantar sus alabanzas
por todos sus favores.

»Dios ha sido muy bondadoso
con el pueblo de Israel,
le ha mostrado su bondad
y su gran amor.

8 »Dios había dicho:

''Ellos son mi pueblo,
son mis hijos fieles''.

»Por eso Dios los salvó
de todos sus males.
9 No fue un enviado suyo
el que los salvó,
sino Dios en persona.
Él los libró por su amor
y su misericordia;
los levantó en sus brazos,
como siempre lo había hecho.

10 »Pero los israelitas
desobedecieron
y ofendieron al Dios santo;
por eso, él los trató
como si fueran enemigos
y les declaró la guerra.

11 »Entonces ellos se acordaron
de lo que Dios había hecho
en los tiempos pasados;
se acordaron de cómo Moisés
había liberado a su pueblo,
y por eso se preguntaban:

''¿Dónde está ahora
el Dios que sacó del río
Nilo a Moisés,
el líder de los israelitas?''

»También se preguntaban:
''¿Dónde está ahora
el Dios que puso en Moisés
su santo espíritu?
12-13 ¿Dónde está ahora
el Dios que con su gran poder,

acompañó a Moisés;
el Dios que se hizo famoso
cuando dividió el mar
para que su pueblo cruzara
librándolo de todo peligro?
14 ¿Dónde está el Dios
que le dio descanso a
su pueblo,
como cuando el ganado
baja a pastar a la llanura?''»

Isaías terminó diciendo:

«¡Dios nuestro,
así guiaste a tu pueblo,
y te cubriste de gloria!»

Israel pide ayuda a Dios
15 Israel oró a Dios y le dijo:

«Dios nuestro,
tú tienes en el cielo
tu santo y grandioso trono.
Muéstranos tu amor y tu poder;
déjanos ver tu ternura
y compasión.
No seas indiferente a
nuestro dolor.

16 »¡Tú eres nuestro padre!
Aunque Abraham no
nos reconozca,
ni Jacob se acuerde de
nosotros,
tú eres nuestro Dios y
nuestro padre;
¡siempre has sido nuestro
salvador!

17 »No permitas que nos
alejemos de ti,
ni que seamos desobedientes.
¡Por amor a nosotros,
tus fieles servidores,
y a las tribus que te
pertenecen,
vuelve a mostrarnos
tu bondad!
18 No permitas que
los malvados
sigan pisoteando tu
santo templo.
19 Desde hace mucho tiempo
nos hemos alejado de tus
mandamientos;
¡vuelve a mostrarnos
tu bondad!»

64 **1-2** El pueblo de Israel continuó su oración:

«¡Dios nuestro,
cómo quisiéramos
que abrieras el cielo y bajaras,
haciendo temblar las montañas
con tu presencia!
Así tus enemigos te
reconocerían
como al único Dios.

»¡Cómo quisiéramos
que bajaras como el fuego
que hace hervir el agua
y quema la paja!
Así las naciones temblarían
ante ti.

3 »Tus terribles hechos
nos dejaron sorprendidos;
por eso hasta las montañas
temblaron ante ti.

4 »Jamás se ha escuchado
ni se ha visto que otro dios
haya hecho grandes milagros
a favor de los que en
él confían.
5 A ti te agradan
los que hacen el bien
con alegría
y se acuerdan de obedecerte.

»Tú estás enojado
porque desde hace tiempo
hemos pecado y te
hemos ofendido.
6 Aun nuestras mejores obras
son como un trapo sucio;
hemos caído como
hojas secas,
y nuestros pecados
nos arrastran como el viento.
7 No hay nadie que te adore
ni haga nada para
apoyarse en ti.
Somos unos malvados;
por eso te has escondido
y nos has abandonado.

8 »Dios, tú eres nuestro padre;
nosotros somos el barro
y tú eres el alfarero:
¡tú eres nuestro creador!

9 »Dios, no te enojes demasiado

ni te acuerdes todo el tiempo
de nuestros pecados:
¡mira que somos tu pueblo!
10 Las ciudades de tu
pueblo elegido
son ahora un desierto;
Jerusalén está en ruinas,
completamente destruida.

11 »Nuestro grandioso
santuario,
donde nuestros padres
te alababan,
ha sido destruido por el fuego.
¡Todo lo que tanto queríamos
ha quedado en ruinas!

12 »Y ahora, Dios nuestro,
no te quedes sin hacer nada;
no te quedes callado,
ni nos humilles más».

Dios condena la idolatría

65 **1** Dios dijo:

«Yo he salido al encuentro
de gente que no me buscaba;
a un pueblo que no me
había llamado,
yo le dije: "Aquí estoy".
2 Siempre he estado dispuesto
a recibir a ese pueblo rebelde,
que va por malos caminos
y sigue sus propios caprichos.
3 Ese pueblo siempre
me ofende:
ofrece sacrificios a los ídolos
y quema incienso sobre
unos ladrillos.

4 »Este pueblo se sienta
en los sepulcros
y pasa la noche en las cuevas
para rendirles culto a
sus muertos;
hasta come carne de cerdo
y llena sus ollas con el caldo
que ha ofrecido a los ídolos.

5 »Este pueblo anda diciendo:

"No se metan con nosotros;
somos un pueblo elegido
por Dios".

»Pero son un pueblo
tan molesto

como el humo en las narices,
como un fuego que arde
todo el día.
6 Por eso llevo la cuenta
de todo lo que hace,
y no me quedaré callado
sino que le daré su merecido.

7 »Castigaré a este pueblo
por todos los crímenes
que ha cometido.
Me ofendió grandemente
al quemar incienso a los ídolos
sobre los montes y las colinas.
Por eso, ajustaremos cuentas,
y le daré su merecido.
Les juro que así será».

Dios da a cada uno su merecido

8 Dios también dijo:

«Cuando las uvas están
jugosas,
la gente no las desecha,
porque puede sacar
mucho vino.
Por eso yo,
por amor a mis servidores,
no destruiré a toda la nación.
9 Haré que Israel y Judá
tengan muchos descendientes,
y que habiten esta tierra
llena de colinas y montañas.
Mis elegidos poseerán la tierra,
mis servidores habitarán allí.
10 En la llanura de Sarón
habrá muchas ovejas,
y en el Valle de Acor
pastará el ganado
que tendrá mi pueblo fiel.

11 »Pero a ustedes,
que se apartan de mí,
que se olvidan de mi templo,
y ofrecen comida y vino
a los dioses de la
buena fortuna
y del destino,
12 no les espera nada bueno.
Porque yo los llamé
y ustedes no me respondieron,
les hablé y no me obedecieron;
hicieron lo que no me gusta,
y eligieron lo que no
me agrada».

13 Dios también dijo:

«Mis fieles seguidores
tendrán comida,
pero ustedes,
los que se apartan de mí,
sentirán hambre;
mis seguidores tendrán agua,
pero ustedes tendrán sed.

»Mis seguidores
se alegrarán,
pero ustedes quedarán
avergonzados.
14 Ellos cantarán con el
corazón alegre,
mientras que ustedes
gritarán y llorarán
con el corazón hecho
pedazos.

15 »A mis seguidores les daré
un nombre hermoso;
en cambio, el nombre
de ustedes
se usará para maldecir a otros.

16 »Yo soy un Dios fiel,
y prometo que mis fieles
seguidores
dejarán de sufrir.
Todo el que pida
una bendición en el país,
la pedirá en mi nombre,
porque yo cumplo lo
que prometo;
y todo el que haga
un juramento
jurará en mi nombre,
porque yo cumplo mis
juramentos».

El cielo nuevo y la tierra nueva
17-18 Dios dijo:

«Llénense de alegría,
porque voy a crear algo nuevo.
Voy a crear un cielo nuevo
y una tierra nueva.
Todo lo del pasado
será olvidado,
y nadie lo recordará más.

»Voy a crear una
nueva Jerusalén;
será una ciudad feliz
y en ella vivirá un
pueblo alegre.
19 Yo mismo me alegraré

con Jerusalén
y haré fiesta con mi pueblo.
En Jerusalén no habrá más llanto
ni se oirán gritos de angustia.

20 »No habrá niños
que mueran al nacer,
ni ancianos que mueran
antes de tiempo.
Morir a los cien años
será morir joven;
no llegar a esa edad
será una maldición.

21-22 »Mi pueblo construirá
casas,
y vivirá en ellas;
sembrará viñedos y campos
de trigo,
y comerá pan y beberá vino.
Mi pueblo tendrá una
larga vida,
y podrá disfrutar del trabajo
de sus manos.

23 »Mi pueblo no trabajará
en vano,
ni sus hijos morirán antes
de tiempo.
Porque yo los bendeciré
a ellos, a sus hijos y a
sus nietos.
24 Antes de que me llamen,
yo les responderé;
antes de que terminen
de hablar,
ya los habré escuchado.

25 »El lobo y el cordero
comerán juntos,
el león comerá pasto como
el buey,
y la serpiente sólo comerá tierra.
No habrá en toda Jerusalén
nadie que haga daño
a los demás.
Les juro que así será».

Dios es el creador
66 **1** Dios dijo:

«El cielo es mi trono;
sobre la tierra apoyo mis pies.
Nadie puede hacerme una casa
donde pueda descansar.
2 Yo hice todo lo que existe,
y todo me pertenece».

El culto que desagrada a Dios
Dios continuó diciendo:

«Yo miro con bondad
a los pobres y afligidos
que respetan mi palabra.
3 Pero hay gente que me adora
ofreciendo un toro
en sacrificio,
y después sale y mata
a una persona.

»Hay gente que me sacrifica
una oveja
y ofrece a los ídolos un perro.
Hay gente que me presenta
ofrendas de cereales
y luego me ofende
ofreciendo a los ídolos sangre
de cerdos.
Hay gente que me honra
con incienso
y luego bendice a un ídolo.

»Esa gente hace lo que quiere,
porque así lo ha decidido;
4 pero también yo decidiré
con qué desgracias castigarlos.

»Llamé, y nadie me respondió;
hablé, y nadie me obedeció;
hicieron lo que no me gusta
y eligieron lo que no
me agrada».

La nueva Jerusalén
5 Isaías dijo:

«Ustedes que adoran a Dios,
escuchen su mensaje:

''Algunos de sus compatriotas,
que les tienen mucho odio
porque me adoran,
dicen burlonamente:
'Que Dios muestre su poder,
a ver si se ponen contentos'.
¡Pero esos que los odian
serán avergonzados!

6 ''Una voz resuena en la ciudad,
una voz se oye desde
el templo:
es mi voz,
que reprende a
sus enemigos.
7 ''Jerusalén ha dado a luz

antes de sentir dolores
de parto.

8 ¿Quién ha oído algo parecido?
¿Quién ha visto algo
semejante?
Una nación no nace en
un solo día.
Un pueblo no surge de repente.
En cambio la ciudad
de Jerusalén,
sí nació en un día.

9 Yo no iba a impedirlo,
porque soy el Dios de la vida.
Les juro que así es''».

La felicidad de Israel

10 Dios dijo:

«Ustedes, los que aman
a Jerusalén,
y han llorado con ella,
alégrense ahora y únanse
a su alegría.

11 »Así Jerusalén, como
una madre,
les dará un alimento delicioso,
y los dejará satisfechos.

12 Yo soy el único Dios;
yo haré que la paz
y las riquezas de las naciones
lleguen hasta Jerusalén
como un río desbordado.

»Jerusalén los llevará en
sus brazos,
los alimentará y les mostrará
su cariño.

13 »Yo, por mi parte,
los consolaré a ustedes,
como una madre consuela
a su hijo.
Así ustedes recibirán consuelo
en la ciudad de Jerusalén».

14 Isaías dijo:

«Cuando vean todo esto,
el corazón se les llenará
de alegría
y tendrán nuevas fuerzas.
Porque Dios mostrará
su poder entre sus seguidores
y su enojo entre sus enemigos.

15 Dios llegará en medio
del fuego;
sus carros son como
un torbellino.
Dios descargará su enojo;
su castigo será como fuego
ardiente.

16 Dios juzgará al mundo entero
con el fuego y con la espada,
y serán muchos los muertos».

17-19 Dios dijo:

«Hay gente que entra en
los jardines,
y allí adora a los ídolos.
Otros comen carne de cerdo,
de ratas
y de otros animales impuros.
Pero yo sé bien
lo que esa gente hace
y piensa;
por eso, de un solo golpe,
los castigaré.

»Yo mismo vendré,
y les daré una señal
a los que aún queden vivos.
Los enviaré a los pueblos
y naciones,
para que hablen de mi poder.
Los enviaré a Tarsis,
a Libia y a Lidia,
a Tubal y a Grecia,
y a los más lejanos países
del mar.

20 »Ellos harán venir
de las naciones
a todos los sobrevivientes
de mi pueblo.
A unos los traerán a caballo,
a otros en carruajes,
a lomo de mulas o en camellos.
Serán una ofrenda especial
para mí.
Los traerán hasta Jerusalén
como los israelitas
traen sus ofrendas a mi templo.
Les juro que así será».

21 Dios siguió diciendo:

«A algunos de ellos los elegiré
para que sean sacerdotes
y ayudantes en el templo.

22 »La descendencia y el
nombre de ustedes
permanecerán para siempre,
así como permanecerán
el cielo nuevo y la tierra nueva
que yo voy a crear.

23-24 »El primer día de
cada mes,
y el día sábado, de
cada semana,
todos vendrán a adorarme.

»Cuando mi pueblo salga,
verá en el suelo los cadáveres
de los que se rebelaron
contra mí.
Allí los gusanos nunca mueren,
y el fuego nunca se apaga.

»¡El mundo entero lo verá
y se llenará de espanto!
Les juro que así será».

Jeremías

Introducción

1 **1-3** Yo soy el profeta Jeremías hijo de Hilcías. Soy del pueblo de Anatot, y vengo de una familia de sacerdotes. Anatot está en el territorio de la tribu de Benjamín. Dios me dio el siguiente mensaje, cuando Josías hijo de Amón llevaba trece años como rey de Judá. También me dio otros mensajes durante los reinados de Joacín y de Sedequías, hijos del rey Josías. Sedequías reinó durante once años y cinco meses, pero dejó de ser rey cuando los babilonios lo derrotaron y se llevaron prisioneros a los que vivían en Jerusalén.

Dios llama a Jeremías

4 Dios me dijo:

5 «Yo te elegí antes de que nacieras;
te aparté para que hablaras en mi nombre
a todas las naciones del mundo».

6 Le contesté:

—Dios todopoderoso, yo no sé hablar en público, y todavía soy muy joven.

7-9 Pero Dios me tocó los labios y me dijo:

—No digas que eres muy joven. A partir de este momento tú hablarás por mí. Irás a donde yo te mande, y dirás todo lo que yo te diga. No tengas miedo, que yo estaré a tu lado para cuidarte. **10** Desde hoy tendrás poder sobre reinos y naciones, para destruir o derribar, pero también para levantar y reconstruir.

11-13 Luego Dios me hizo dos preguntas:

—Jeremías, ¿dime qué ves?

Yo le respondí:

—Veo la rama de un almendro. Sus frutos son los primeros en madurar.

Entonces me dijo:

—Tienes razón. Yo soy el primero en hacer cumplir mis palabras. Pero, ¿qué más ves?

Le respondí:

—Veo en el norte una olla hirviendo, que está por volcarse hacia el sur.

14 Entonces Dios me explicó:

«Desde el norte voy a enviar un terrible castigo sobre todos los que viven en este país. **15** Ya lo he decidido. Estoy reuniendo a todos los reinos del norte, y vendrán y pondrán sus tronos a la entrada misma de Jerusalén. Atacarán a sus habitantes y a todos los que viven en Judá, y se los llevarán presos. **16** Voy a castigar a mi pueblo, porque todos ellos han sido muy malos. Adoraron ídolos que ellos mismos hicieron, y les ofrecieron incienso, pero a mí me abandonaron. **17** »Así que, ¡prepárate! Ve y diles todo lo que yo te mando. No les tengas miedo, pues de lo contrario te haré temblar de miedo cuando te enfrentes a ellos. **18** Yo te haré tan fuerte como un poste de hierro, como un portón de bronce, como una ciudad amurallada. Vas a enfrentarte a todas las autoridades de Judá. **19** Esa gente peleará contra ti, pero te aseguro que no te podrán vencer, porque yo estaré a tu lado para cuidarte».

Israel se rebela contra su Dios

2 **1** Dios me dijo:

2-3 «Jeremías, ve y diles de mi parte a todos los habitantes de Jerusalén:

"Yo recuerdo, pueblo de Israel,
que en tus primeros años me amabas sólo a mí.
Parecías una novia enamorada y me seguiste por el desierto,
por tierras donde nada crece.
Tú eras sólo mía;
¡fuiste mi primer amor!
Si alguien te hacía algún daño,
sufría las consecuencias.
Te juro que así fue".

4-5 »Escúchenme, israelitas:

"Yo no traté mal a sus antepasados,
sin embargo, ellos se alejaron de mí.
Adoraron a ídolos inútiles,
y ellos mismos se volvieron inútiles.
6 Jamás preguntaron por mí,
a pesar de que fui yo quien los liberó de Egipto,
quien los llevó por el desierto,
por un terreno seco y peligroso,
donde nadie pasa y donde nadie vive.
7 Fui yo quien los trajo a esta buena tierra,
donde hay comida en abundancia.
Pero llegaron ustedes y todo lo ensuciaron;
¡convirtieron mi tierra en un lugar asqueroso!

8 "Los sacerdotes nunca preguntaron por mí,
los maestros de Biblia jamás me conocieron,
los dirigentes pecaron contra mí,
y los profetas no hablaron en mi nombre.
Todos ellos siguieron a otros dioses
que no sirven para nada,
y en nombre de ellos hablaron.

9 "Por eso, a ustedes,
a sus hijos y a sus nietos,
los voy a llevar ante

los jueces
Les juro que así lo haré.
10 ''Envíen mensajeros
al desierto de Arabia,
o a las islas del Mediterráneo,
para que se fijen y averigüen
si alguna vez pasó algo
parecido.
11 Jamás he conocido a una
nación
que haya abandonado a sus
dioses,
aun cuando sus dioses sean
falsos.
Pero ustedes me cambiaron
a mí,
que soy el Dios verdadero
y glorioso,
por dioses que no sirven
para nada.
12 El universo entero se
sorprende
y tiembla de espanto.
Les juro que esto es así.

13-18 ''Ustedes, pueblo mío,
cometieron dos pecados:
me abandonaron a mí,
que soy para ustedes
una fuente
de agua que les da vida,
y se hicieron sus propios
estanques,
que no retienen el agua.
Yo era su guía,
pero ustedes me rechazaron.

''Israelitas,
¿qué ganan ahora con confiar
en el poder de Egipto
y en el poder de Asiria?
Ustedes son libres;
¡no nacieron siendo esclavos!
¿Por qué ahora los tratan así?

''¡Los soldados de Menfis y
Tafnes
han acabado con sus
gobernantes!
¡Lanzan rugidos, como leones,
y destruyen el país!
¡Han quemado las ciudades,
y ya nadie vive en ellas!

19 ''Sus propias rebeliones
y maldades
demuestran que ustedes son

culpables.
Pónganse a pensar, y
reconozcan
lo malo y triste que es
abandonarme
y no obedecerme.
Les juro que esto es así.

20 ''Hace ya mucho tiempo
que ustedes me abandonaron;
rompieron los lazos que nos
unían,
y se negaron a adorarme.
Me traicionaron,
pues en lo alto de las colinas
y bajo todo árbol frondoso,
se entregaron a otros dioses.
21-22 Tan grande es la mancha
de su pecado
que ni el mejor jabón del mundo
podrá quitarles esa mancha.

''Yo los he cuidado
como se cuida al mejor viñedo.
Sus antepasados me
obedecieron,
pero ustedes son tan rebeldes,
que son como un viñedo
que sólo produce uvas podridas.
Les aseguro que esto es así.

23-24 ''¿Cómo se atreven a decir
que no han pecado
ni han adorado a dioses falsos?
¡Miren cómo se portaron
en el valle de Ben-hinom!
¡Admitan todo lo que han hecho!
Son como una burra en celo
cuando anda en busca del
macho:
se pone a olfatear el viento,
y en cuanto corre al monte
nadie la puede frenar.
Si el macho la busca,
fácilmente la encuentra.

25-26 ''Ustedes están
empeñados
en seguir adorando dioses
extraños,
pero su terquedad los hará
sufrir.
Por eso andan descalzos
y muriéndose de sed.
Ustedes y sus autoridades
quedarán avergonzados,
como el ladrón cuando

es sorprendido.

27 ''Ustedes, israelitas,
llaman 'padre' a un pedazo
de madera;
¡llaman 'madre' a una piedra!
Me dan la espalda
y no me miran a la cara,
pero en cuanto están en peligro
gritan pidiéndome ayuda.

28 ''¿Y dónde están esos dioses
que ustedes mismos se
fabricaron?
¡Que vengan ellos a salvarlos
cuando se encuentren en
peligro!
¡Al fin y al cabo,
ustedes tienen más dioses
que ciudades!
29 ¡Por qué me acusan,
si todos ustedes me rechazan!
Les juro que es así.

30 ''No tiene caso castigar a
sus hijos,
pues no aceptan mis
correcciones.
¡Todos ustedes, como leones
feroces,
mataron a mis profetas!
31 Pero escúchenme bien
todos los que están presentes:
¡Yo no he sido cruel con
ustedes
como el ardiente desierto,
ni como la terrible oscuridad de
una cueva!
¿Entonces, por qué me dicen
que van a hacer lo que quieran,
y que no volverán a adorarme?
32 No hay novia que se olvide
de su vestido ni de sus joyas,
¡pero ustedes, que son mi
pueblo,
hace mucho que se olvidaron
de mí!

33 ''Y tú, Judá, eres muy hábil
para conseguirte amantes.
¡De ti aprenden hasta las
prostitutas!
34 Tus vestidos están
manchados
con la sangre de pobres
e inocentes.
Y a pesar de que nunca los viste

cometer ningún delito,
35 todavía te atreves a decir
que no has pecado,
y que yo no estoy enojado
contigo.
¡Pues voy a llevarte ante
los jueces
por insistir en que eres
inocente!
36 Tú cambias de opinión
con mucha facilidad;
pero Egipto te abandonará
como antes te abandonó Asiria.
37 Yo mismo te rechazaré
a esos que llamas tus amigos.
Así que volverás de Egipto
derrotada y llena de vergüenza,
¡y de nada te servirá
su ayuda!''»

3 ¹ Dios le dijo al pueblo de Judá:

«Supongamos que un hombre se
divorcia, y que luego la que era
su esposa se casa con otro hombre; ¿tú crees que el primer
esposo volvería a casarse con esa
mujer? ¡Claro que no! ¡Eso sería
una vergüenza para el país!
Entonces, ¿cómo es que tú pre-
tendes volver conmigo? ¡Si tienes
más dioses que los amantes que
tiene una prostituta! Y esta es la
pura verdad.

2 »Mira hacia las colinas
desiertas,
y dime dónde no has adorado
dioses extraños.
Te sientas junto a los caminos,
y te ofreces como prostituta
a todos los que pasan.
Con tu infidelidad
has llenado de maldad el país.
3 Por eso no llegan las lluvias,
ni caen aguaceros en la
primavera.
No tienes vergüenza;
eres peor que una prostituta.
4 Hasta hace poco me decías
que me querías como a un
esposo,
que yo era el novio de
tu juventud.
5 También me pediste calmar
mi enojo,
pero no hablabas en serio,

pues seguiste haciendo lo
malo».

Israel es como una esposa infiel
6 Cuando Josías era rey, Dios me
dijo:

«Jeremías, ¿te has fijado en lo
que ha hecho mi pueblo Israel? Se
ha comportado como una esposa
infiel. En los cerros altos y bajo la
sombra de cualquier árbol adora a
dioses extraños. **7** Después de
todo lo malo que había hecho,
pensé que se arrepentiría y volvería conmigo; pero no lo hizo. Y el
pueblo de Judá se ha comportado
igual. **8** Aunque supo que yo
rechacé a Israel, me fue infiel y
me puso en vergüenza al adorar a
otros dioses.

9 »A Israel no le importó traicionarme; al contrario, contaminó
el país y me ofendió al adorar ídolos hechos de piedra y de madera.
10 Para colmo de males, Judá quiso engañarme diciendo que se
había arrepentido. Pero no era
verdad. Yo les juro que así fue».

11 Dios también me dijo:

«Jeremías, aunque Israel me fue
infiel, al fin de cuentas resultó
ser mejor que Judá. **12-13** Así que
dirígete al norte y anuncia este
mensaje:

''Israel, pueblo infiel,
¡vuélvete a mí!
Me olvidaré por completo de
mi enojo,
y te recibiré con los brazos
abiertos,
porque soy un Dios bondadoso.
Tan sólo te pido que
reconozcas tu culpa,
que admitas que te rebelaste
contra mí,
que no has querido obedecerme,
y que bajo la sombra de
cualquier árbol
has adorado a otros dioses.
Te juro que así es''.

Israel es como un hijo rebelde
14 »¡Vuelvan a mí, israelitas
rebeldes! ¡Ustedes son mis hijos!

De cada ciudad tomaré a uno de
ustedes, y de cada familia tomaré a dos, y los traeré a Jerusalén.
15 Yo les daré gobernantes que
actúen como a mí me gusta, para
que los guíen con sabiduría y con
inteligencia.
16 »En el futuro, cuando ustedes
hayan poblado el país, no se
hablará más del cofre del pacto,
ni nadie volverá a acordarse de él.
Tampoco volverá a fabricarse uno
nuevo, porque ya no será necesario. Les juro que así será.
17 »Cuando llegue ese día, la ciudad de Jerusalén será conocida
como ''el trono de Dios''. Todas
las naciones vendrán a Jerusalén
para adorarme, y ya no se dejarán
llevar por los malos deseos de su
necio corazón. **18** Entonces los
reinos de Israel y de Judá volverán
a unirse, y desde el norte volverán a la tierra que les di como
herencia a los antepasados de
ustedes.

19 »Pueblo de Israel,
yo quise tratarte como a un
hijo.
Pensé en regalarte la mejor
tierra,
¡el país más hermoso
del mundo!
Creí que me llamarías
''Padre'',
y que siempre estarías
a mi lado.
20 Pero me fuiste infiel,
pues adoraste a otros dioses.
Te juro que así fue.

21 »Puede oírse por las
montañas desiertas,
el llanto angustiado de los
israelitas.
Eligieron el camino equivocado,
y a mí, que soy su Dios,
me abandonaron.

22 »¡Vuelvan conmigo, hijos
rebeldes!
¡Yo los convertiré en hijos
obedientes!»

Los israelitas respondieron:

«Dios nuestro, aquí nos tienes.
A ti volvemos, porque eres
nuestro Dios.
²³ De nada nos sirve ir a
las colinas,
ni lanzar nuestros gritos
en las montañas.
Solamente en ti, Dios nuestro,
hallaremos nuestra salvación.
²⁴ Desde que éramos jóvenes,
nuestra vergonzosa idolatría
echó a perder a nuestros
hijos e hijas,
y perdimos nuestras ovejas
y ganados,
y todo lo que consiguieron
nuestros antepasados.
²⁵ Nosotros y nuestros
antepasados
hemos pecado contra ti.
Desde que éramos jóvenes,
y hasta el día de hoy,
jamás te hemos obedecido.
Por eso, debemos
avergonzarnos
y humillarnos por completo».

4 ¹ Entonces Dios les contestó:

«Israelitas, si piensan volver,
dejen de pecar.
Desháganse de esos ídolos
asquerosos,
y no se aparten de mí.
² Cuando juren en mi nombre,
sean sinceros y justos
conmigo y con los demás.
Así, por amor a ustedes
bendeciré a todas las
naciones,
y ellas me cantarán
alabanzas».

Peligro en el norte

³⁻⁴ Dios les dijo a los habitantes
de Judá y de Jerusalén:

«Preparen su corazón
para recibir mi mensaje.
Cumplan el pacto que hice
con ustedes,
pero cúmplanlo en verdad.
Mi mensaje es como
una semilla;
¡no la siembren entre espinos!
Si siguen haciendo lo malo,
mi enojo se encenderá como

un fuego
y nadie podrá apagarlo.

⁵ »¡Anuncien esto a gritos
en Judá y en todo Jerusalén!
¡Hagan sonar la trompeta
por todo el país!
¡Avisen a la gente
que corra a protegerse
dentro de las ciudades
amuralladas!
⁶ ¡Vamos, no pierdan tiempo!
¡Corran y pónganse a salvo!
¡Agiten la bandera
en dirección a Jerusalén!

»Yo estoy por mandar
desde el norte
la más terrible destrucción.
⁷ Ya está en marcha un ejército.
Ha salido para destruir
naciones,
y también destruirá su país.
Los atacará como si
fuera un león
que sale de su cueva.
Las ciudades quedarán
en ruinas,
y nadie podrá vivir en ellas.
⁸ Vístanse con ropa vieja y
áspera,
y lloren y griten de dolor,
porque yo sigo enojado con
ustedes.

⁹ »Cuando llegue ese día,
el rey y los gobernantes
se asustarán y temblarán de
miedo
y también los sacerdotes y los
profetas.
Les juro que así será».

¹⁰ Yo, Jeremías, dije:

«Poderoso Dios de Israel,
¿por qué has engañado
a los que viven en Jerusalén?
¿Por qué les prometiste
que vivirían en paz,
cuando en realidad viven
en constante peligro de
muerte?»

¹¹ Y Dios contestó:

«Cuando llegue el día del

castigo,
se le dirá a este pueblo de
Jerusalén:
''Desde los áridos cerros
del desierto
sopla un viento muy caluroso,
y se dirige a Jerusalén,
la capital de nuestro pueblo''.
No se tratará de la suave brisa
que limpia de paja el trigo;
¹² el viento que yo haré soplar
será mucho más fuerte.
Ahora mismo dictaré
sentencia contra ellos.

¹³ »Entonces dirán los
israelitas:

''¡Miren cómo avanza el
enemigo!
¡Parece el nubarrón de una
tormenta!
Sus carros y sus caballos
de guerra
son más veloces que
las águilas;
¡hasta parecen un huracán!
¿Qué será de nosotros?
¡No tenemos escapatoria!''

¹⁴ »Pero yo responderé:

''Jerusalén, todavía puedes
salvarte.
Sólo tienes que quitarte de la
mente
todos esos malos
pensamientos.
¿Hasta cuándo vas a dejar
que esos pensamientos te
dominen?''
¹⁵ »Ya se anuncia la desgracia
desde la ciudad de Dan
y desde los montes de Efraín.
¹⁶ Avisen a las naciones,
y adviértanle también a
Jerusalén,
que de una tierra lejana
vienen los invasores.
Lanzan gritos de guerra
contra las ciudades de Judá,
¹⁷ y las rodearán por completo,
porque ellas se rebelaron
contra mí.
Les juro que así será.

¹⁸ »Jerusalén, todo esto

te pasa
por tu mal comportamiento.
Tu desgracia es tan amarga,
que te hiere el corazón».

Queja de Jeremías

19 «¡No aguanto más este dolor!
¡Mi corazón está por estallar!
¡Estoy tan agitado
que no puedo quedarme
callado!
Ya escucho el sonido de la
trompeta;
ya oigo los gritos de batalla.
20 Tras un desastre viene otro,
y el país va quedando
en ruinas.
De repente me he quedado
sin casa,
pues mis campamentos
fueron destruidos.
21 Sólo veo banderas enemigas
y escucho sus trompetas
victoriosas.
¿Hasta cuándo tendré que
soportarlo?

22 »Dios dice que no
lo conocemos;
que somos hijos necios
que no entendemos nada;
que somos hábiles para
hacer lo malo,
pero incapaces de hacer lo
bueno.

23 »Veo la tierra:
no tiene forma ni vida;
miro el cielo, y todo es
oscuridad.
24 Las montañas tiemblan,
las colinas se estremecen.
25 Me fijo, y no veo a nadie;
todas las aves del cielo
se han ido.
26 La tierra que antes era fértil
ahora parece un desierto.
¡Todas las ciudades están
en ruinas!
Dios, en su terrible enojo,
hizo que todo esto sucediera».

Destrucción de Jerusalén

27 Dios dice:

«Toda la nación será destruida,
pero no la destruiré por

completo.
28 Todo el país se pondrá
muy triste,
y el cielo se cubrirá de
tinieblas.
Ya he tomado una decisión,
y no voy a cambiarla;
ya lo he resuelto,
y no pienso dar marcha atrás.

29 »Cuando escuchen el ruido
de los soldados y sus caballos,
toda la gente saldrá corriendo;
algunos se meterán en
el monte,
otros treparán por las rocas,
y todas las ciudades quedarán
abandonadas.
¡No quedará en ellas un solo
habitante!

30 »¿En qué piensan ustedes,
habitantes de Jerusalén?
Su ciudad está en ruinas,
y ustedes la visten con
ropa fina.
¿Para qué le ponen joyas
de oro?
¿Para qué la maquillan,
si Egipto y Asiria la han
traicionado
y lo único que buscan
es su muerte?»

Habla el profeta

31 «Escucho gritos de dolor.
¿Será acaso una mujer
dando a luz por primera vez?
No, no es eso;
son los gritos de Jerusalén
que ya no puede respirar,
y a gritos pide ayuda.
Con los brazos extendidos,
dice:
''¡Me estoy muriendo!
¡He caído en manos
de asesinos!''»

Pecado de Jerusalén

5 **1** Dios dijo:

«Vayan por las calles de
Jerusalén;
miren bien por las plazas,
y busquen a una sola persona
buena,
que haga justicia y diga

la verdad.
Si la encuentran,
entonces yo perdonaré
a la ciudad.
2 Porque ellos juran en
mi nombre,
pero nunca cumplen
sus promesas».

3 Yo contesté:

«Dios de Israel,
yo sé que tú buscas gente
honesta.
Pero este pueblo es muy terco
y más duro que una roca;
no ha querido arrepentirse.
Por eso lo has castigado,
pero parece que no le dolió;
y aunque lo has aplastado,
no ha querido hacerte caso.
4 Yo creía que sólo la gente
común
se comportaba tontamente,
y no entendía tus órdenes
ni lo que tú quieres que hagan.
5 Entonces decidí hablar con
sus jefes,
pues creí que ellos sí
entenderían.
Pero también ellos te desobedecieron
y no quisieron hacerte caso.
6 Esta gente ha pecado
muchas veces,
y muchas otras te ha
traicionado.
Sus enemigos están ahora
escondidos
cerca de las ciudades de Judá
y están a punto de atacar.
Vendrán como leones feroces,
como leopardos o lobos del
desierto;
¡los atacarán y los harán
pedazos!
Todo el que salga de la ciudad
será despedazado».

Respuesta de Dios

7 «Israelitas,
¿qué les hace pensar,
que los voy a perdonar?
¡Sus hijos me abandonaron,
y han jurado por dioses falsos!
Yo les di todo lo que
necesitaban,

pero ellos me fueron infieles;
¡no hubo uno solo de ellos
que no corriera tras dioses
falsos!
⁸ Parecen caballos en celo:
¡relinchan de ganas por la
mujer ajena!
⁹ Este pueblo merece mi
castigo
y debo vengarme de ellos.
Les juro que lo haré.

¹⁰⁻¹¹ »La gente de Israel
y de Judá
me traicionó, y ya no es mi
pueblo.
¡Que los invada el enemigo!
¡Que les cause grandes daños!
Pero no permitiré
que los destruya del todo.
Juro que así será.

¹² »Se han atrevido a negarme;
¡hasta afirman que yo
no existo!
Dicen que nada malo
les pasará,
que vivirán en paz
y no pasarán hambre.
¹³⁻¹⁴ Pero yo soy el Dios
todopoderoso,
y mis palabras, en tus labios,
serán como un fuego
que los hará arder como leña.

»Tú, Jeremías, les dirás
de mi parte:
''Sus profetas no valen nada,
pues no hablan de parte de
Dios.
Y ahora, por lo que han dicho,
sufrirán la guerra y el hambre
que jamás pensaron sufrir''.

¹⁵ »Israelitas,
yo les aseguro
que voy a lanzar contra ustedes
una nación que viene de lejos.
Es una nación muy poderosa
y antigua.
Ustedes no hablan su idioma,
así que no entenderán lo
que digan.
¹⁶ Tiene guerreros valientes
y cuando disparan sus flechas,
es seguro que alguien muere.
¹⁷ Destruirán las ciudades

amuralladas,
en las que ustedes se
sienten seguros.
Se comerán sus cosechas
y su comida,
matarán a sus hijos y a
sus hijas,
acabarán con sus ovejas
y sus vacas,
y destruirán sus viñas y sus
higueras.
¹⁸ »Sin embargo, no destruiré por
completo a Judá. ¹⁹ Y cuando los
que sobrevivan te pregunten:
''¿Por qué nos hizo todo esto
nuestro Dios?'', tú, Jeremías, les
contestarás: ''Ustedes abandonaron a nuestro Dios, y en su propia tierra adoraron a dioses
extranjeros. Por eso tendrán que
servir a gente extraña en un país
que no será el de ustedes''.

²⁰ »Quiero que esto lo sepan
todos
en los reinos de Israel y de Judá:
²¹ Escucha, pueblo tonto
y estúpido,
que tiene ojos pero no
quiere ver,
que tiene oídos pero no
quiere oír.

²² Yo, su Dios, pregunto:
¿Ya no me quieren obedecer?
¿Ya no me tienen respeto?
Fui yo quien le puso límite
al mar
y aunque sus olas se pongan
bravas
y hagan mucho ruido,
no van más allá de la playa.
²³ Pero este pueblo es muy
rebelde;
me abandonó y se fue por
mal camino.
²⁴ Jamás se puso a pensar:
''Debemos adorar a nuestro
Dios,
pues él es quien nos da la lluvia
cuando más nos hace falta;
nos la manda en otoño y
primavera,
y nos deja cosechar a tiempo''.
²⁵ Pero todo esto ha cambiado
por causa de sus muchos
pecados;

por eso ustedes ya no
disfrutan
de todos esos beneficios.
²⁶ Hay entre ustedes gente tan
mala,
que cuando ponen trampas
no lo hacen para cazar pájaros
sino para atrapar personas.
²⁷ Sus casas parecen jaulas;
¡pero no están llenas de
pájaros
sino repletas de cosas robadas!
Así fue como se llenaron
de plata
y llegaron a ser poderosos.
²⁸ Su maldad no tiene límites.
Están demasiado gordos
y demasiado llenos de orgullo.
No les hacen justicia a los
huérfanos,
ni reconocen los derechos de
los pobres.
²⁹ ¿Y acaso piensan ustedes
que no los castigaré por
todo esto?
¿Qué les hace pensar
que no me voy a vengar de
ustedes?
Les juro que sí lo haré.

³⁰ »¡Miren lo que pasa en
el país!
¡Esto es algo muy terrible!
³¹ Los profetas sólo dicen
mentiras,
los sacerdotes enseñan lo
que quieren,
y mi pueblo parece estar feliz.
Pero cuando llegue el
desastre,
nadie acudirá en su ayuda».

Jerusalén está en peligro

6 ¹ Dios siguió diciendo:

«¡Huyan de Jerusalén, todos
ustedes,
los que viven en la región
de Benjamín!
¡Den el toque de alarma
en Tecoa!
¡Prendan fuego como señal
en Bet-haquérem!
¡Del norte viene el desastre!
¡Se acerca una terrible
destrucción!
² Estoy a punto de destruir

Llega un cargamento de biblias. Los campesinos acuden en masa para recibir la palabra de dios.

" *Sólo* obedeciendo tu palabra pueden los jóvenes corregir su vida ... mantenme fiel a tus enseñanzas para no pecar contra ti " *(Salmo 119.9,11).*

a la bella y delicada ciudad de Jerusalén.
3 Los reyes y sus ejércitos acamparán a su alrededor y harán con ella lo que quieran».

4 El enemigo grita:

«¡Prepárense para pelear contra Jerusalén!
¡La atacaremos al mediodía!
¡Qué lástima que el día se va, y ya está cayendo la noche!
5 Pero no importa, de noche la atacaremos, y destruiremos sus torres fortificadas».

6 Y el poderoso Dios de Israel les ordena:

«¡Corten árboles!
¡Construyan una rampa y ataquen a Jerusalén!
Sus habitantes serán castigados;
son gente muy injusta.
7 Abunda la maldad en Jerusalén como abunda el agua en el mar.
No se oye hablar en ella más que de violencia y destrucción, ni se ve ninguna otra cosa que no sean heridas y dolor.
8 ¡Cambien de conducta, habitantes de Jerusalén!
De lo contrario, los abandonaré y convertiré su país en un desierto».

9 El poderoso Dios de Israel anuncia:

«Los israelitas que queden con vida serán buscados por todas partes hasta que no quede uno solo.
Será como cuando, en una viña, se rebuscan todas las uvas hasta que no queda un solo racimo».

10 Y yo, Jeremías, pregunto:

«¿Con quién voy a poder hablar?
¿Quién va a hacerme caso?
Se tapan los oídos porque no quieren escuchar.
Se burlan de la palabra de Dios porque no la quieren obedecer.
11 ¡Me invade la ira de Dios, y ya no puedo contenerme!»

Dios me dijo:

«Da rienda suelta a tu enojo sobre las pandillas de jóvenes, sobre los hombres y sus esposas, y aun sobre los ancianos.
¡Todos ellos serán capturados!

12 »Yo voy a castigar a todos los que viven en Judá.
Sus casas, campos y mujeres pasarán a manos de otros.
Les juro que así será.

13 »Todos desean lo que no es suyo, desde el más chico hasta el más grande.
Ya no se puede confiar ni en el profeta ni en el sacerdote.
14 Con pañitos de agua tibia pretenden curar las heridas de mi pueblo.
Insisten en que todo está bien, cuando en realidad todo está mal.
15 Han cometido los pecados más asquerosos, pero ni vergüenza les da, pues ya ni saben lo que es tener vergüenza.
Por eso, voy a castigarlos, y todos serán destruidos.
Les juro que así será.

16 »También les he dicho:

''Deténganse en los cruces de camino, y pregunten qué camino deben seguir, y no se aparten de él.

Sólo siguiendo el mejor camino podrán descansar.
¡Pero ustedes se niegan a seguirlo!''

17 »Yo les he enviado mensajeros para advertirles del peligro, pero ustedes no han prestado atención.
18 Por eso quiero que las naciones sepan lo que le espera a mi pueblo.
19 Quiero que todo el mundo me escuche:
por los pecados que han cometido voy a enviarles una desgracia, pues no quisieron hacerme caso, y rechazaron mis enseñanzas.

20 »¿De qué me sirve este incienso que me traen del reino de Sabá?
¿Para qué quiero la caña dulce que me traen de un país lejano?
¡Me disgustan todas las ofrendas que queman sobre mi altar!

21-23 »Por eso, también les digo:
Del norte, desde una región muy lejana, viene una nación muy poderosa.
Sus soldados están bien armados, son muy crueles y no tienen compasión.
Vienen cabalgando sobre sus caballos, y gritan con tanta fuerza que parecen un mar furioso.
¡Vienen contra ti, Jerusalén!
¡Vienen dispuestos a atacarte!
Yo haré que te destruyan».

24 El pueblo respondió:

«Nos ha llegado la noticia, y tenemos mucho miedo;
es tanto nuestro sufrimiento

que parecemos una mujer
a punto de tener un hijo.
25 ¡Que no salga nadie
al campo,
ni ande nadie por los caminos!
¡Ya se acerca el enemigo,
y viene con la espada en
la mano!
¡Hay terror en todas partes!»

Yo dije:

26 «Ponte ropa de luto, pueblo
mío,
y revuélcate en las cenizas.
Llora de dolor,
como si hubiera muerto
tu único hijo;
el enemigo que nos va
a destruir,
nos atacará por sorpresa».

Dios dijo:

27 «Yo te he puesto entre
mi pueblo
para que vigiles su conducta.
28 Todos ellos son muy rebeldes,
son tercos y mentirosos.
Aparentan ser honestos,
pero en realidad son unos
corruptos.
29 El metal se purifica
en el fuego,
pero a los malvados no los
purifica nada.
¡Son un caso perdido!
30 Los llaman ''basura'',
porque yo los deseché».

La religión que no sirve

7 **1** Dios me dijo: **2** «Jeremías, ve
a la puerta del templo, y desde
allí anuncia este mensaje: ''¡Escúchenme, todos ustedes, que
viven en Judá y que pasan por
estas puertas para adorar a nuestro Dios! **3-7** Así dice el todopoderoso Dios de Israel:

'No les presten atención a esos
que andan asegurando que no voy
a destruir esta ciudad porque aquí
está mi templo. Al contrario,
hagan lo siguiente:

'Mejoren su conducta,

sean justos los unos con
los otros,
traten bien a los refugiados,
a las viudas y a los huérfanos;
hagan justicia al inocente
y adórenme sólo a mí.
Si no lo hacen, les irá mal;
pero si lo hacen,
vivirán por siempre en este país,
el cual di a sus antepasados.

8 '¡Pero ustedes creen en las
mentiras que les dicen, y que no
les sirven para nada! **9** Ustedes
roban, matan, tienen relaciones
sexuales con la esposa de otro
hombre, no cumplen lo que prometen, adoran al dios Baal, y a
otros dioses que ni conocen.
10 Aun así, vienen a este templo,
que es mi casa, y piensan que por
estar aquí están a salvo. Después
salen y siguen haciendo todas
estas porquerías. **11** Este templo
es mi casa, pero ustedes lo han
convertido en una cueva de ladrones. ¡Yo mismo lo he visto! Les
juro que así es.
12 'Israelitas, vayan ahora al santuario de Siló, donde me adoraron
al principio, y vean cómo destruí
ese santuario por culpa de ustedes. **13** Yo les he hablado muchas
veces, pero no han querido escucharme; en vez de tomar en
cuenta mis advertencias, han
seguido haciendo lo malo. Les juro
que así es. **14** Por eso, aunque
este templo es mi casa, y ustedes
han puesto en él su confianza, yo
lo destruiré como destruí el santuario de Siló. Yo les di este templo a ustedes y a sus antepasados, **15** pero los voy a expulsar de
mi presencia, así como expulsé a
todos sus hermanos, los descendientes de Efraín'.

16 »Y ahora, Jeremías, escúchame bien: no me ruegues ni me
supliques por este pueblo. No me
insistas, porque no voy a escucharte. **17** ¡Mira lo que pasa en las
ciudades de Judá y en las calles de
Jerusalén! **18** Los niños juntan la
leña, los padres encienden el fuego, y las mujeres preparan la

masa, ¡y hacen panes para adorar
a la que llaman ''reina del cielo''!
Además, las ofrendas que presentan a otros dioses son un insulto
para mí. **19** Lo más vergonzoso es
que, en realidad, no me insultan
a mí; ¡se insultan ellos mismos!
Les juro que así es.
20 »Por eso, castigaré con furia a
este lugar, y a los hombres y animales, a los árboles del campo y a
los frutos de la tierra. ¡Mi enojo
será como un fuego difícil de
apagar! Les juro que así será. **21** Si
quieren sigan juntando las ofrendas y los animales que presentan
en mi honor, y empáchense con la
carne. **22** Pero lo cierto es que,
cuando yo saqué de Egipto a sus
antepasados, no les mandé presentarme ofrendas ni animales.
23 Lo que sí les mandé fue que me
obedecieran. Sólo así yo sería su
Dios, y ellos serían mi pueblo.
También les mandé obedecer mis
mandamientos, para que siempre
les fuera bien. **24** Pero sus antepasados no me obedecieron ni me
prestaron atención; al contrario,
fueron tercos y actuaron con
maldad. Fue así como, en vez de
mejorar, empeoraron. **25** Desde el
día en que sus antepasados salieron de Egipto y hasta ahora, yo no
he dejado de enviarles a mis servidores, los profetas. Lo he hecho
una y otra vez, **26** y a pesar de
todo eso, ellos no me obedecen ni
me prestan atención, sino que
son peores que sus antepasados.
27 »Jeremías, diles todo esto,
aunque yo sé que no te van a contestar, y ni siquiera te harán
caso. **28** Diles que son una nación
mentirosa, que no ha querido
obedecerme ni ha aceptado ser
corregida».

Dios advierte a Jerusalén

29 «Habitantes de Jerusalén,
vístanse de luto;
vayan a las montañas desiertas
y canten una canción fúnebre.
Ustedes me hicieron enojar,
y por eso los he rechazado;
¡los he abandonado por
completo!

30 »Ustedes, que son descendientes de Judá, han cometido el peor de los males: Han llenado de pecado este templo, que es mi casa, al poner allí sus ídolos asquerosos. Les juro que así es. **31** Para colmo, en el valle de Ben-hinom construyeron el santuario de Tófet, y sobre el altar quemaron a sus hijos y a sus hijas. Pero eso es algo que jamás les ordené y ni siquiera se me ocurrió. **32** Por eso, vienen días en que ese lugar no se llamará más santuario de Tófet ni valle de Ben-hinom, sino valle de la Matanza. ¡Allí enterrarán a sus muertos, porque no habrá otro lugar! **33** Las aves del cielo y los animales de la tierra se comerán los cadáveres de esta gente, y nadie lo podrá evitar. **34** Haré que en las ciudades de Judá y en las calles de Jerusalén dejen de escucharse los gritos de alegría y de entusiasmo, y las canciones de los novios y las novias, porque el país quedará convertido en un horrible desierto.

8 **1-2** »Cuando llegue ese día, sacarán de las tumbas los huesos de todas las autoridades y de todos los habitantes de Judá. Los tenderán en el suelo, a la luz del sol, la luna y las estrellas, pues ellos no solamente adoraron a estos astros del cielo, sino que los amaron y los consultaron. Esos huesos no volverán a ser enterrados, sino que se quedarán sobre la tierra, tirados como basura. Les juro que así será. **3** Dispersaré por todo el mundo a esta gente tan malvada, y los que queden con vida preferirán morir antes que seguir viviendo. Les juro que así será.

Pecado y castigo

4 »Cuando alguien se equivoca, se corrige;
cuando pierde el camino,
vuelve a buscarlo.
5 Pero este pueblo me abandonó
y no quiere volver a mí.
La gente de Jerusalén insiste en rechazarme;
prefiere a los dioses falsos,
y no quiere volver a mí,
que soy el Dios verdadero.
6 Los he escuchado con mucha atención,
pero no hay quien diga la verdad,
ni quien se arrepienta de su maldad.
¡Nadie admite que ha hecho mal!
Todos hacen lo que les da la gana,
¡parecen caballos fuera de control!
7 Hasta la cigüeña y la grulla conocen las estaciones del año;
también la tórtola y la golondrina
saben cuándo ir a un lugar más cálido.
En cambio, este pueblo no me conoce
ni quiere obedecer mis leyes.

8 »¿Cómo se atreven ustedes a decir
que son un pueblo inteligente
y que me obedecen?
¡Hasta los maestros enseñan mentiras,
y luego andan diciendo que así dice la Biblia!
9 Esos sabios quedarán avergonzados,
pues su derrota será completa.
De sabios no tienen nada,
pues han rechazado mis enseñanzas.
10 Castigaré a todos los de Judá;
sus casas, campos y mujeres
pasarán a manos de otros.
Les juro que así será.

»Todos desean lo que no es suyo,
desde el más chico hasta el más grande.
Ya no se puede confiar ni en el profeta ni en el sacerdote.
11 Con pañitos de agua tibia pretenden curar las heridas del pueblo.
Insisten en que todo está bien,
cuando en realidad todo está mal.
12 Han cometido los pecados más asquerosos,
pero ni vergüenza les da,
pues ya ni saben lo que es tener vergüenza.
Por eso, voy a castigarlos,
y todos serán destruidos.
Les juro que así será.

13 »Una viña me daría uvas,
una higuera me daría higos,
pero ustedes no me dan nada.
¡Por eso voy a quitarles todo lo que les había dado!»

14 El pueblo respondió:

«¿Qué hacemos aquí sentados?
¡Vayamos a las ciudades fortificadas,
y murámonos de una vez!
Nuestro Dios nos está matando;
nos ha dado agua envenenada
porque hemos pecado contra él.
15 Esperábamos que nos fuera bien,
pero nada bueno hemos recibido;
esperábamos ser sanados,
pero estamos llenos de miedo.

16 »Desde la ciudad de Dan se escucha
cómo relinchan y resoplan los caballos,
y cómo hacen temblar toda la tierra.
¡Viene el ejército enemigo a destruir a Jerusalén
y a todos sus habitantes!
¡Se acerca el enemigo,
para destruir el país
y todo lo que hay en él!»

17 Dios volvió a decirles a los israelitas:

«¡Voy a enviarles serpientes venenosas!
Cuando los muerdan,
ni la magia podrá salvarlos».

Jeremías sufre por su pueblo

Entonces yo, Jeremías, dije:

18 «Estoy tan triste
que no me quedan ganas
de vivir.
19 Por todos los rincones
del país
mi pueblo llora y exclama:
''Nuestro Dios nos ha
abandonado;
ya no está en Jerusalén''».

Dios respondió:

«¿Por qué me hacen enojar
los israelitas
con sus dioses inútiles
y extraños?»

20 El pueblo dijo:

«Ya el verano terminó,
y la cosecha llegó a su fin,
pero nosotros seguimos
sufriendo».

Y yo respondí:

21 «Veo sufrir a mi pueblo,
y eso me duele,
me entristece y me asusta.
22 ¿Cómo es posible que no
hallemos
consuelo para nuestro
sufrimiento?
¿Cómo es posible
que nadie pueda ayudarnos?
¿Cómo es posible que mi pueblo
siga estando enfermo?

9 **1** (8.23) »¡Quisiera tener lágrimas suficientes,
para llorar día y noche
por los muertos de mi pueblo!
2 (1) ¡Quisiera huir al desierto,
para alejarme de los que aún
viven!
Todos ellos son unos infieles;
¡son una banda de traidores!»

3 (2) Dios dijo:

«Esta gente dice que me ama,
pero en este país todos
mienten
y todo va de mal en peor.

¡Este pueblo dice más mentiras
que las flechas que un
guerrero
dispara en la batalla!

4-6 (3-5) »Nadie confía
en nadie,
ni siquiera en su propio
hermano,
porque nadie dice la verdad.
Todos se cuidan de todos,
porque entre hermanos se
engañan
y hasta entre amigos se
mienten.
¡Están acostumbrados a
mentir,
y no se cansan de pecar!
Esta gente no quiere confiar
en mí.
Les juro que así es».

7 (6) Por eso yo, el todopoderoso
Dios de Israel, digo:

«Voy a hacer sufrir a mi pueblo,
a ver si así cambia;
¿qué más puedo hacer con
ellos?
8 (7) Sólo saben decir mentiras;
¡su lengua hiere más que
una flecha.
Les desean lo mejor a sus
amigos,
pero eso son sólo palabras,
pues lo que en verdad quieren
es tenderles una trampa.
9 (8) ¡Por eso voy a castigarlos
y a darles su merecido!
Les juro que así será.

10 (9) »Por montañas y desiertos
los haré llorar y se oirán sus
lamentos.
Las praderas quedarán
desiertas,
pues ya nadie pasará por ellas.
Ya no se oirán los mugidos del
ganado,
y desaparecerán por completo
las aves del cielo
y los animales del campo.
11 (10) Destruiré las ciudades
de Judá,
y las dejaré sin gente.
Dejaré a la ciudad de Jerusalén
hecha un montón de ruinas.

¡En ese lugar vivirán
sólo los perros salvajes!»

*Dios castigará a Judá
y a las naciones*

12 (11) Jeremías dijo:

«¿Por qué está tan arruinado el
país? Ya nadie pasa por aquí.
¡Hasta parece un desierto!
¿Quién puede entender esto?
¿Hay algún profeta que nos hable
de parte de Dios, y nos lo pueda
explicar? **13** (12) Dios dice que
esto le pasó a su pueblo porque
no le obedecieron ni vivieron de
acuerdo con sus enseñanzas.
14 (13) Más bien, siguieron el
ejemplo de sus antepasados,
fueron necios y adoraron a los
dioses falsos. **15** (14) También dice
el todopoderoso Dios de Israel
que le dará a este pueblo comida podrida y agua envenenada,
16 (15) y que los dispersará por
naciones que ni ellos ni sus antepasados conocieron. ¡Los perseguirá espada en mano, hasta que
ninguno de ellos quede con vida!»

17-18 (16-17) Así dice el Dios todopoderoso:

«¡Préstenme atención!
¡Llamen a las mujeres que se
contratan
para llorar por los muertos!
¡Traigan a las más expertas
y que empiecen a llorar por
ustedes!
Sus ojos se llenarán de
lágrimas;
el llanto correrá por sus
mejillas.

19 (18) »Por todo el país
se escuchan gritos y lamentos:
''Estamos destruidos y llenos
de vergüenza.
Nuestras casas han sido
derribadas;
tenemos que abandonar
nuestro país''.

20 (19) »¡Escúchenme bien,
lloronas profesionales!
¡Presten atención a mis

palabras!
Enséñenles a sus hijas y amigas
a entonar canciones fúnebres;
enséñenles a cantar este
lamento:

21 (20) ''La muerte entró a
nuestros palacios;
se metió por nuestras
ventanas,
y mató a los niños que jugaban
en la calle
y a los jóvenes que se reunían
en las plazas.
22 (21) Sus cadáveres quedaron
en el suelo
como el grano que se cae al
cosecharlo;
¡quedaron desparramados
como basura,
sin que nadie los levantara!''

»Les juro que así será.

23 (22) »Que nadie se sienta
orgulloso:
ni el sabio de su sabiduría,
ni el poderoso de su poder,
ni el rico de su riqueza.
24 (23) Si alguien quiere sentirse orgulloso,
que se sienta orgulloso de mí
y de que me obedece.
¡Eso es conocerme!
Pues yo actúo en la tierra
con amor,
y amo la justicia y la rectitud.

25-26 (24-25) »Vienen días en que yo
castigaré a los habitantes de
Egipto, Edom, Amón y Moab. Y
también castigaré a los que viven
en el desierto, porque ellos se
afeitan las patillas para adorar a
los muertos; y además se circuncidan. Pero eso no significa que
todas estas naciones pertenezcan
a mi pueblo. A los habitantes de
Judá también los castigaré, pues
aunque también se circuncidan,
en realidad no me obedecen».

Dios rechaza los ídolos

10 **1-2** Israelitas, escuchen la
palabra de nuestro Dios:

«No tiemblen de miedo

cuando vean señales en
el cielo,
como hacen las otras
naciones.
3 Las costumbres religiosas
de esa gente
no tienen ningún valor.
Van al bosque, cortan
un tronco,
y un artesano le va dando
forma.
4 Otros lo adornan con oro
y plata,
y lo aseguran con clavos
y martillo
para que no se caiga.

5 Esos ídolos no pueden hablar;
¡parecen espantapájaros
en un campo sembrado de
melones!
Tienen que llevarlos
porque no pueden caminar,
así que no los adoren;
ellos no los pueden ayudar
ni les pueden hacer daño».

El Dios verdadero

6 Jeremías dijo:

«Dios mío, tú eres muy
poderoso,
¡no hay nadie como tú!
7 Eres el rey de las naciones
y todos tiemblan ante ti.
Entre los sabios de las
naciones,
y entre todos los reinos,
no hay nadie como tú.
¡Tú mereces que todos
te adoren!

8 »Los habitantes de esas
naciones
son gente tonta y bruta,
pues tienen por maestros
a ídolos de palo que no sirven
para nada.
9 Los artesanos hacen
esos ídolos
con el oro y la plata
que traen desde España,
y más tarde los visten
con lujosas telas rojas;
¡pero todos esos ídolos
están hechos por hombres!
10 Pero tú, nuestro Dios,

eres el Dios verdadero;
¡Tú nos das vida
y reinas por siempre!
Cuando te enojas, tiembla
la tierra;
¡no hay nación que resista
tu furia!»

Los ídolos no sirven para nada

11 Dios le pidió a Jeremías que les
diera a los israelitas el siguiente
mensaje:

«Como los ídolos no hicieron
ni el cielo ni la tierra,
están condenados a
desaparecer.

12 »Con su poder y sabiduría,
y con mucha inteligencia,
Dios hizo la tierra, afirmó
el mundo
y extendió los cielos.

13 »Basta una palabra de Dios
para que rujan los cielos
y aparezcan las nubes en el
horizonte.
En medio de fuertes
relámpagos,
y de vientos huracanados,
Dios hace que llueva.

14 »La gente es necia, no
sabe nada;
los ídolos son una vergüenza
para quienes los fabrican.
Esos ídolos son un engaño;
por supuesto, no tienen vida.
15 No valen nada, son pura
fantasía;
cuando Dios los juzgue, serán
destruidos.
16 Pero nuestro Dios no es así;
¡él hizo todo lo que existe!
Nuestro Dios nos eligió
y nos hizo su pueblo.
¡Su nombre es el Dios
todopoderoso!»

La destrucción no tarda en llegar

17-18 El Dios de Israel ha dicho:

«Habitantes de Jerusalén,
esta vez voy a enviarlos
muy lejos,
como si lanzara una piedra con

la honda.
Voy a ponerlos en aprietos,
y dejaré que los capturen.
Agarren todo lo que puedan
y salgan corriendo,
pues ya se acerca el
enemigo».

19 Jeremías dijo:

«¡Qué terrible es mi dolor!
¡Mi sufrimiento no se acaba!
Estoy sufriendo en carne propia
los males de mi pueblo.
20 Toda mi patria está
destruida
y no puedo reconstruirla.
Ya no hay nadie que pueda
ayudarme;
toda mi gente está muerta.
¡He quedado abandonado!
21 Los gobernantes de
este pueblo
resultaron ser unos tontos
que no buscaron a Dios.
Por eso no tuvieron éxito,
y ahora nosotros parecemos
un rebaño de ovejas perdidas.

22 »¡Escuchen! ¡Llega una mala
noticia!
Un gran ejército viene del
norte,
y convertirá las ciudades
de Judá
en un montón de ruinas;
¡allí harán su casa los perros
salvajes!

23 Jeremías oró así:

«Dios mío,
yo sé que nadie es dueño
de su vida y su futuro.
24 Te pido que nos corrijas,
pero hazlo con justicia.
No nos corrijas mientras
estés enojado,
pues nos destrozarías por
completo.
25 Mejor castiga con furia
a los habitantes de las otras
naciones.
Ellos no te reconocen como
su Dios,
pues nos han destruido por
completo

y han arruinado nuestro país».

Judá no respeta el pacto
11 **1** Dios me dijo:

«Jeremías, **2** presta atención a
las obligaciones de este pacto, y
comunícaselas a todos los habitantes de Judá. **3** Diles que yo soy
el Dios de Israel, y que maldeciré
a quien no obedezca las obligaciones del pacto. **4** Este pacto es
el mismo que hice con los antepasados de ellos, cuando los saqué
de Egipto, país que parecía un
horno para fundir hierro. Yo les
pedí que obedecieran todos mis
mandamientos, así ellos serían mi
pueblo y yo sería su Dios.
5 Entonces yo cumpliría el juramento que les hice a sus antepasados: les daría un país muy fértil, donde siempre habría abundancia de alimentos. ¡Y ese es el
país que hoy tienen ustedes!»

Yo respondí: «Que así sea, Dios
mío».

6 Dios me dijo:

«Anuncia todo esto en las ciudades de Judá y en las calles de
Jerusalén. Diles que presten atención a las obligaciones de este
pacto y que las obedezcan.
7 Desde que los saqué de Egipto y
hasta ahora, les he estado advir-
tiendo que me obedezcan. **8** Pero
ellos no me obedecen ni me prestan atención. Al contrario, siguen
haciendo lo que les dicta su malvado corazón. Por eso les he
enviado los castigos anunciados
en este pacto.
9 »La gente de Judá y de Jerusalén
se ha rebelado contra mí. **10** Sus
antepasados se negaron a obedecerme, y ellos hacen lo mismo,
pues adoran a otros dioses. ¡Ni el
pueblo de Israel ni el de Judá han
cumplido el pacto que hice con
sus antepasados!
11 »Por eso, les advierto que voy a
mandarles una desgracia de la
que nadie podrá escapar. Aunque
me rueguen de rodillas que no los

castigue, no los escucharé. **12** Les
pedirán ayuda a los dioses que
adoraron, pero ellos no podrán
salvarlos de su desgracia.
13 Porque tú, Judá, tienes tantos
dioses como ciudades, y tantos
altares como calles tiene
Jerusalén; en esos altares quemaste incienso a Baal, lo cual es
una vergüenza.
14 »Y tú, Jeremías, no me ruegues
por este pueblo. Cuando les llegue
la desgracia, yo no escucharé sus
oraciones.

15 »Este es mi pueblo querido,
pero ya ha pecado demasiado;
¿para qué viene ahora a mi
templo,
a presentarme sus ofrendas?
Ni con ofrendas ni con fiestas
evitarán el castigo.

16 »Yo le decía con cariño:
''Bello árbol de olivo,
¡qué deliciosos son tus
frutos!''
Pero ahora voy a prenderle
fuego,
¡y sus ramas arderán
en medio de grandes gritos!

17 »Yo soy el todopoderoso Dios de
Israel. Yo planté a Israel y a Judá
en esta tierra, como quien planta
un árbol. Pero les he mandado
esta desgracia por causa de su
maldad, pues adoraron a Baal y
con eso me hicieron enojar».

Planes contra Jeremías
18 Dios me dijo: «Jeremías, tus
enemigos están tramando hacerte
daño». **19** Pero yo parecía un
manso cordero que es llevado al
matadero, pues ni idea tenía de
sus planes. Mis enemigos decían:

«Vamos a matarlo.
Vamos a derribarlo como
a un árbol,
y a destruir todos sus frutos,
¡para que nunca vuelva
a recordarlo!»

20 Pero tú, Dios todopoderoso,
eres un juez justo;

tú conoces todo lo
que sentimos
y todo lo que pensamos.
¡Yo confío en ti,
déjame ver cómo los castigas!

21-22 Los habitantes de Anatot
querían matarme. Entre gritos y
amenazas me decían: «¡Ya no
hables en nombre de Dios! De lo
contrario, te mataremos». Pero
el todopoderoso Dios de Israel me
aseguró: «Yo castigaré a los de
Anatot. Sus mejores soldados
morirán a filo de espada, y sus
hijos y sus hijas morirán de hambre. **23** Cuando llegue el momento
de castigarlos, les mandaré una
terrible desgracia, ¡y ninguno de
ellos quedará con vida!»

12 ¹ Jeremías le dijo a Dios:

«Dios mío,
en todos mis pleitos contigo,
tú siempre sales ganando;
pero de todas maneras,
insisto en mis demandas.
¿Por qué prosperan los
malvados?
¿Por qué viven tranquilos
los traidores?
2 Tú los plantas como a los
árboles,
y ellos echan raíces,
crecen y dan fruto.
Te alaban con los labios,
pero te niegan con sus hechos.
3-4 Llévalos al matadero, como
a las ovejas;
márcalos para el día de la
matanza.

»La tierra y el pasto están
secos;
¿cuándo vas a hacer
que llueva?
Los animales y las aves
se mueren
por culpa de los que habitan
el país.
¡Son tan atrevidos que
hasta dicen
que tú no puedes verlos!

»Tú me conoces, Dios mío;

tú sabes lo que siento por ti».

5 Dios le respondió a Jeremías:

«Tú no estás preparado
para discutir conmigo;
¡ni siquiera puedes ganarle
un pleito a tus semejantes!
Si tienes problemas
para ganar un caso fácil,
¿qué te hace pensar
que puedes enfrentarte a mí?

6 »Todos te han traicionado,
hasta tu propia familia te
maldice.
Tal vez te hablen con dulzura,
pero no debes confiar en ellos.

7 »He abandonado a mi pueblo;
lo he dejado en manos del
enemigo,
8 porque se rebeló contra mí.
Se portó conmigo como león
salvaje.
9-13 ¡Y yo que lo consideraba
un ave de muchos colores
amenazada por los buitres!

»Son muchos los reyes
enemigos
que vendrán a atacarlo;
¡vendrán como animales
salvajes,
y devorarán a mi pueblo!
Alguna vez fue un hermoso
viñedo,
pero yo mismo lo destruiré,
y todo quedará hecho
un desierto.

»Mi pueblo trabajará en vano;
sembrará trigo, pero cosechará
espinos.
¡Por causa de mi intenso enojo
se dañarán todas sus cosechas!
Los enemigos se reunirán
en las lomas del desierto.
Todo el país quedará arruinado,
pero eso a nadie le importará.
¡No habrá paz para nadie!

14-15 »Todas las naciones vecinas
han atacado y arruinado esta
tierra, la cual yo le di a mi pue-

blo. Pero les advierto que voy a
arrancarlas de sus tierras, y lo
mismo haré con mi pueblo Judá.
Sin embargo, volveré a tener
compasión de mi pueblo, y lo
sacaré de en medio de las naciones. Una vez que lo haya sacado
de allí, haré que vuelva a su tierra. **16** Y si estas naciones enemigas dejan de enseñarle a mi pueblo a jurar por Baal, llegarán a
formar parte de mi pueblo. Pero
deben aceptar mis enseñanzas y
aprender a jurar por mi nombre, y
decir: ''Que viva el Dios de
Israel''. **17** A la nación que no
obedezca, la expulsaré de su
país y la destruiré por completo.
Les juro que así será».

13 ¹ En Anatot, Dios me dijo:

—Jeremías, cómprate un calzoncillo de tela de lino, y póntelo;
pero no lo laves.

2 Yo fui y compré el calzoncillo, y
me lo puse, tal como Dios me lo
había ordenado. **3** Entonces Dios
volvió a decirme:

4 —Ahora, toma ese mismo calzoncillo y vete al río Éufrates para
esconderlo allí, en la grieta de
una roca.

5 Yo fui al río Éufrates y lo escondí, tal como Dios me lo había
ordenado. **6** Pero tiempo después
Dios volvió a decirme:

—Jeremías, ve al río Éufrates y
busca el calzoncillo que te mandé
esconder.

7 Yo fui al río Éufrates, y saqué el
calzoncillo del hoyo donde lo había
escondido, pero el calzoncillo ya
estaba podrido y no servía para
nada. **8** Entonces Dios me dijo:

9-10 —Así como se ha podrido el
calzoncillo, así también haré que
se pudran el reino de Judá y su
capital Jerusalén. Son gente muy
terca, orgullosa y malvada; no

quieren obedecerme, y para colmo adoran a otros dioses. ¡Pero quedarán como este calzoncillo, que no sirve para nada! **11** Yo quise que toda la gente de Israel y de Judá se ajustaran a mi ley, así como el calzoncillo se ajusta a la cintura de quien lo lleva puesto. Sólo así serían mi pueblo, y gozarían de fama y respeto, y la gente los alabaría. ¡Pero no quisieron obedecerme! Te aseguro que así será.

Vasijas rotas

12 »Ahora, Jeremías, dile a mi pueblo: "Todas las vasijas deben llenarse de vino". Si ellos te dicen que eso ya lo saben, **13** tú les responderás: "Dios me mandó a decirles que él va a emborrachar con vino a todos los que viven en este país. Emborrachará a los reyes que descienden del rey David, a los sacerdotes, a los profetas, y a todos los habitantes de Jerusalén. **14** Dios hará que se destrocen entre ustedes mismos, padres e hijos por igual. No va a tenerles lástima; ¡los destruirá sin compasión!" Te juro que así será.»

Tengan cuidado

15 Jeremías le dijo al pueblo:

«¡Escúchenme, no sean tan orgullosos!
¡Préstenme atención, que Dios ha hablado!
16 Den honra a nuestro Dios, antes de que él mande las tinieblas
y ustedes tropiecen en la oscuridad.
La salvación que ustedes esperan,
Dios la cambiará en profunda oscuridad.
17 Si por causa de su orgullo ustedes no obedecen,
lloraré amargamente y en secreto,
hasta que ya no pueda más, porque ustedes, pueblo de Dios,
serán llevados presos a una nación lejana.

18 »Díganle al rey,
y también a su madre,
que bajen de su trono
y se sienten en el suelo,
pues ya no tienen derecho a lucir
sus hermosas coronas.
19 El ejército enemigo ha rodeado
las ciudades del desierto del Sur,
y nadie puede entrar ni salir.
Todos los habitantes de Judá serán llevados prisioneros.

20 »Ustedes, los que viven en Jerusalén,
salgan a ver a sus enemigos:
¡ya vienen del norte!
Ustedes estaban muy orgullosos
del pueblo que Dios les dio a cuidar;
pero ese pueblo se ha perdido.
21 Cuando Dios les ponga por jefes
a sus amigos preferidos,
en quienes ustedes confiaban,
lo van a lamentar.
Van a sentir los mismos dolores
que una mujer cuando tiene un hijo.
22 Cuando esto les pase, no se sorprendan,
pues si los desnudan y los violan,
será por sus muchos pecados.

23 »Nadie puede cambiar el color de su piel,
ni puede el leopardo quitarse sus manchas;
¡tampoco ustedes pueden hacer lo bueno,
pues sólo saben hacer lo malo!

24 »Dios los dispersará
por todas las naciones.
Serán como la paja
que se lleva el viento.
25 ¡Eso es lo que se merecen,
ya que ustedes se olvidaron de mí,
y decidieron confiar en dioses falsos!
26 ¡También los dejaré desnudos para que pasen vergüenza!
27 Ustedes, habitantes de Jerusalén,
son igual que una prostituta.
Han adorado a dioses falsos
en los campos y en las colinas.
Han sido un pueblo infiel.
Yo lo he visto, y digo:
"Este pueblo nunca cambiará"».

Sequía, hambre y guerra

14 **1** Hubo una época en que durante mucho tiempo no llovió. Por eso Dios le dijo a Jeremías:

2 «Todas las ciudades de Judá están tristes y desanimadas;
la gente se sienta en el suelo,
y en Jerusalén todos lloran.
3 Los gobernantes piden agua,
y sus sirvientes van a buscarla,
pero los pozos están secos.
Confundidos y llenos de vergüenza
se agarran la cabeza,
pues regresan con sus baldes vacíos.
4 Los campesinos se preocupan
y se agarran la cabeza,
porque el suelo está reseco
y no ha llovido en el país.
5 Tan escasos están los pastos
que los venados, en el campo,
dejan abandonadas a sus crías.
6 Los burros salvajes parecen chacales:
se paran en las lomas desiertas
y desde allí olfatean el aire;
pero se desmayan de hambre
porque no tienen pastos».

Súplica de Jeremías

7-8 Jeremías dijo:

«Dios mío,
¿Por qué actúas en nuestro país
como si estuvieras de paso?
Te portas como un viajero
que sólo se queda a pasar la noche.
Admitimos que somos muy infieles
y que son muchos nuestros pecados;
¡demuestra que tú sí eres fiel

y ven pronto a ayudarnos!
Tú eres nuestra única
esperanza;
¡eres la salvación de Israel
en momentos de angustia!

9 »Dios de Israel,
todos saben que somos tuyos,
y que vives con nosotros.
¡No nos abandones!
Nos parece que estás
confundido,
que eres un guerrero sin
fuerzas,
incapaz de salvar a nadie».

10 Dios le dijo a su pueblo:

«A ustedes les gusta
adorar a muchos dioses,
y andan de altar en altar.
Eso yo no lo acepto,
y por este terrible pecado,
los voy a castigar».

11 Y a mí me dijo:

«Jeremías, no me pidas que ayude a este pueblo. 12 Por más que ayunen, no escucharé sus ruegos; por más que me presenten ofrendas de animales y de cereal, no los aceptaré. Ya he decidido destruirlos, y voy a enviarles guerra, hambre y enfermedades».

13 Yo le respondí:

«¡Poderoso Dios de Israel! Hay profetas que le aseguran a tu pueblo que no habrá guerra ni van a pasar hambre; dicen que tú los dejarás aquí para siempre, y que vivirán en paz».

14-16 Dios me contestó:

«Esos profetas que dicen hablar de mi parte, son unos mentirosos. Yo no los he enviado, ni les he dado ninguna orden. Es más, ni siquiera he hablado con ellos. Sus mensajes son una mentira, ¡un invento de su propia imaginación! Dicen también que no habrá guerra ni hambre en este país; pero yo les digo que morirán de hambre

o los matarán en la guerra. No sólo ellos morirán, sino también sus esposas, sus hijos y sus hijas. Sus cadáveres serán arrojados a las calles de Jerusalén, y no habrá nadie que los entierre. ¡Así los haré pagar su maldad!

17 »Tú, Jeremías, diles de mi parte:

''Día y noche lloraré sin cesar
porque mi pueblo preferido
ha sufrido una terrible
desgracia;
¡ha recibido una herida muy
grave!
18 Salgo al campo, y veo los
cuerpos
de los que murieron en
la guerra;
entro en la ciudad, y veo el
desastre
que ha causado el hambre.
¡Pero ni profetas ni sacerdotes
parecen entender lo que
pasa!''»

Respuesta de Jeremías

19-20 Jeremías respondió:

«Dios de Israel,
nos has herido tanto
que ya no podremos
recuperarnos.
Has rechazado por completo
a Judá,
y ya no quieres a Jerusalén.
Esperábamos pasarla bien,
y la estamos pasando mal.
Esperábamos vivir en paz,
pero vivimos llenos de miedo.
Reconocemos nuestra maldad,
y los pecados de nuestros
padres;
¡hemos pecado contra ti!
21 Demuestra que eres fiel,
y no nos rechaces.
¡Cumple el trato
que hiciste con nosotros,
y no destruyas la bella ciudad
donde has puesto tu trono!
22 Dios nuestro,
sabemos que ningún ídolo
puede hacer que llueva;
eres tú quien manda los
aguaceros.
Tú has creado todo lo

que existe;
¡por eso confiamos en ti!»

Los cuatro castigos

15 1 Dios me dijo:

«Jeremías, aleja de mí a los israelitas. Diles que se vayan. ¡Yo no voy a perdonarlos! No lo haría, ni aunque sus antepasados, Moisés y Samuel, me lo pidieran. 2 Y si acaso te preguntan a dónde ir, respóndeles:

''Los que merecen la muerte,
irán a la muerte;
los que merecen la guerra,
morirán en la guerra;
los que merecen el hambre,
morirán de hambre;
los que merecen el destierro,
irán al destierro''.

3-4 »Les voy a mandar cuatro castigos diferentes: primero, morirán en la guerra; luego los arrastrarán los perros; además, los devorarán las aves del cielo; y finalmente los destrozarán las fieras del campo. Esto lo haré por culpa de Manasés hijo de Ezequías. No me he olvidado de lo que este rey de Judá hizo en Jerusalén. ¡Yo haré que todos los reinos de la tierra se asusten al verlos! Te juro que así será».

Morirán los habitantes de Jerusalén

5-6 Dios dijo a su pueblo:

«Jerusalén, Jerusalén,
me rechazaste; me
traicionaste.
¿Quién va a llorar por ti?
¿Quién va a tenerte
compasión?
¿Quién va a desear que
te vaya bien?
Yo estoy cansado ya
de tenerte compasión,
así que te atacaré y
te destruiré;
7 te arrojaré fuera de
la ciudad,
como si fueras paja en
el viento.
¡Voy a dejarte sin habitantes

porque no quisiste volverte
a mí!
8 Habrá tantas viudas en el
pueblo,
como arena hay en el mar;
¡a plena luz del día destruiré
a las madres de hijos jóvenes!
De repente enviaré contra ellas
la angustia y el terror.
9 Las que hayan tenido
muchos hijos
se desmayarán y perderán
la vida.
Quedarán humilladas y en
vergüenza,
pues la brillante luz del día
se les volverá densa oscuridad.
¡Yo dejaré que sus enemigos
maten a los que queden
con vida!
Les juro que así será».

Lamento de Jeremías
10 Jeremías dijo:

«¡Sufro mucho, madre mía!
¡Mejor no hubiera yo nacido!
A nadie le hice daño,
pero todos me maldicen
y me acusan de rebelde.

11 »Dios prometió protegerme
en momentos difíciles,
y hacer que mis enemigos
me pidieran compasión».

Esclavizados en un país ajeno
12 Dios le dijo a su pueblo:

«No hay quien pueda vencer
a los ejércitos de Asiria y
Babilonia.
13 Ustedes han pecado tanto
que yo les entregaré a sus
enemigos
todas sus riquezas y tesoros.
14 Estoy tan enojado con
ustedes
que los quemaré como el fuego.
Los haré esclavos de sus
enemigos
en un país que no conocen».

Queja de Jeremías
15 Jeremías dijo:

«Dios mío, tú lo sabes todo;

tú bien sabes que, por ti,
me insultan a todas horas.
¡Acuérdate de mí, y ven
a ayudarme!
¡No te quedes cruzado
de brazos
y castiga a los que
me persiguen,
antes de que me maten!

16 »Todopoderoso Dios de
Israel,
cuando tú me hablaste,
tomé en serio tu mensaje.
Mi corazón se llenó de alegría
al escuchar tus palabras,
porque yo soy tuyo.

17 »Yo no ando de fiesta en
fiesta,
ni me interesa divertirme.
Prefiero estar solo, porque
estoy contigo
y comparto tu odio por
el pecado.
18 ¿Por qué tengo, entonces,
que sufrir este dolor
constante?
¿Por qué no sanan mis heridas?
Realmente, me decepcionas;
eres, para mí, como un arroyo
seco;
¡como una fuente sin agua!»

Dios acompaña a Jeremías
19 Dios me contestó:

«Yo soy el Dios de Israel.
Si te vuelves a mí,
yo calmaré tu dolor
y podrás de nuevo servirme.
Si dejas de hablar tonterías,
y comienzas a anunciar
lo que realmente vale la pena,
entonces tú serás mi profeta.
No le hagas caso al pueblo;
son ellos quienes deben
escucharte.

20-21 »Yo haré que seas para
este pueblo
como un fuerte muro
de bronce.
Los malvados pelearán
contra ti,
pero no te podrán vencer,
porque yo estaré contigo

para librarte de su poder.
¡Yo te salvaré de esos tiranos!
Te juro que así lo haré».

Jeremías no debe casarse
16 **1-3** Dios me dijo:

«Jeremías, no te cases en este
país, ni tengas hijos ni hijas, porque de todos los que viven en este
país, **4** algunos morirán de enfermedades horribles, otros morirán
de hambre y otros en la guerra.
Nadie llorará por ellos, ni los
sepultará. Sus cadáveres quedarán tendidos sobre el suelo, como
si fueran basura, y con ellos se
alimentarán las aves del cielo y
los animales salvajes.

5 »He decidido retirar de este
pueblo mi paz, mi amor y mi compasión. Así que no vayas a ningún
entierro, ni llores por ningún
muerto. **6** En este país todos morirán, sean ricos o pobres, y nadie
llorará por ellos ni los sepultará,
ni guardará luto. **7** Nadie ofrecerá
una comida para consolar a los
que hayan perdido un ser querido.
A nadie se le ofrecerá consuelo,
aunque haya muerto su padre o su
madre.

8 »Tampoco vayas a ninguna
boda, ni comas ni bebas nada allí.
9 Yo, el todopoderoso Dios de
Israel, te digo que pondré fin a
los gritos de alegría y de entusiasmo, y a las canciones de los
novios y de las novias. Eso lo verán
con sus propios ojos.

10 »Cuando comuniques todo esto
al pueblo, te van a preguntar por
qué decidí enviarles esta terrible
desgracia. También preguntarán si
se han portado mal, y si acaso han
pecado contra mí. **11** Respóndeles
que eso les pasa porque sus antepasados me rechazaron, no obedecieron mis enseñanzas y creyeron en otros dioses, a los cuales
sirvieron y adoraron. Te juro que
así fue. **12** Pero diles que ellos son
peores que sus antepasados, porque no me obedecen. Ellos insisten en llevar a cabo sus planes
malvados. **13** Por eso no les voy a
tener compasión. Más bien, los

echaré fuera de esta tierra; los llevaré a un país que ni ellos ni sus antepasados conocieron. Allá tendrán que adorar a otros dioses, día y noche.

¹⁴ »Llegará el día en que ya no dirán: "Viva Dios, que sacó de Egipto a los israelitas"; ¹⁵ sino que dirán: "Viva Dios, que sacó a los israelitas del país de los asirios y de los babilonios, y de todos los países adonde los obligó a ir". Pero yo te aseguro que, en el futuro, haré que vuelvan a la tierra que les regalé a sus antepasados.

¹⁶ »Por lo pronto, voy a hacer que vengan muchos enemigos, y que los pesquen como si fueran peces. Después de eso, haré que vengan muchos enemigos y los persigan por todas las montañas y colinas, y hasta en las grietas de las rocas, como si fueran cazadores tras su presa. ¹⁷ Yo estoy enterado de todo lo que ellos hacen, pues no hay nada que yo no sepa. Ellos no me pueden ocultar ninguno de sus pecados. ¹⁸ Antes que nada, les daré un castigo doble por los terribles pecados que han cometido. Le han quitado al país su buena fama; ¡lo han llenado de ídolos malolientes que no tienen vida!»

Oración de Jeremías

¹⁹⁻²⁰ Yo, Jeremías, le rogué a Dios:

«Dios mío, tú me das nuevas fuerzas;
cuando me encuentro en peligro,
tú eres mi refugio.
Desde los lugares más lejanos del mundo
vendrán a ti las naciones,
y dirán:
"Nuestros antepasados
fabricaron dioses falsos
que no sirven para nada"».

²¹ Dios me respondió:

«Voy a mostrarles mi gran poder;

ahora sabrán quién soy yo:
¡Yo soy el único Dios de Israel!»

Dios castigará a Judá por su pecado

17 ¹ Dios le dijo a su pueblo:

«Gente de Judá,
ustedes llevan el pecado
grabado en el corazón.
Sus altares están marcados
con su rebelión.

²⁻³ »Los altares y las imágenes de Astarté
que ustedes levantaron
bajo los grandes árboles
y en las altas colinas,
son un peligro para sus hijos.

»Yo entregaré a sus enemigos
todo lo que ustedes tienen,
hasta sus altares y tesoros.
Esto lo haré por los pecados
que cometieron en su territorio.
⁴ Por su propia culpa perderán
el país que yo les había dado.
Serán esclavos en una tierra
que ustedes no conocen.

»¡Es tan grande mi enojo
que parece un fuego
que nunca se apaga!

⁵ »Yo, el Dios de Israel, declaro:

"¡Maldito quien confía en los demás!
¡Maldito quien confía en sí mismo!
¡Maldito quien se aleja de mí!
⁶ Son como las espinas del desierto,
que nunca disfrutarán del agua,
pues viven en tierras áridas,
donde nada crece.

⁷ "¡Pero benditos sean aquellos que sólo confían en mí!
⁸ Son como árboles plantados
a la orilla de un río:
extienden sus raíces hacia la corriente,
el calor no les causa ningún daño,
sus hojas siempre están verdes
y todo el año dan fruto.

⁹ "Ustedes se creen buenos,
pero son malos y mentirosos;
¡no tienen remedio!
¹⁰ Sólo yo, el Dios de Israel,
sé muy bien lo que piensan,
y los castigaré por su mala conducta.

¹¹ "Los que se vuelven ricos
haciendo trampa,
perderán sus riquezas
y, cuando menos lo esperen,
acabarán en la miseria"».

Jeremías pide protección

¹² Yo, Jeremías, dije:

«El templo donde tienes tu trono
desde un principio está en lo alto;
¡es un lugar muy hermoso!

¹³ »Los que te abandonan,
quedarán avergonzados.
¡Desaparecerán como el polvo
que se lleva el viento!

»Sólo tú, Dios de Israel,
eres la fuente de vida.
¡Tú eres nuestra única esperanza!

¹⁴ »Dios mío,
sólo tú mereces mis alabanzas.
¡Devuélveme la salud,
dame salvación!
Así viviré feliz y en paz.

¹⁵ »La gente de Judá me dice:
"Dios no ha cumplido sus promesas.
¡Queremos que se cumplan ya!"

¹⁶ »Dios mío, yo no te pedí
que castigues a tu pueblo;
al contrario, lo cuidé
como un pastor a sus ovejas.
¹⁷ Cuando estoy en peligro,
tú me proteges.
¡No dejes que el miedo
se apodere de mí!
¹⁸ ¡Avergüenza a mis enemigos,
pero no me avergüences a mí!
¡Haz que tiemblen de miedo,

pero a mí no me asustes!
¡Mándales tiempos difíciles,
y destrúyelos de una vez!»

El día de descanso

19 Dios me dijo:

«Jeremías, ve a todos los portones de Jerusalén, y repite allí el mensaje que te voy a dar. Comienza por el portón principal, que es por donde entran y salen los reyes de Judá. 20 Esto es lo que tienes que decir:

''Reyes de Judá y habitantes del país, y todos los que pasan por estos portones, ¡escuchen la palabra de nuestro Dios! 21 Él me manda a recordarles que el sábado es día de descanso. Por lo tanto, ese día no lleven ninguna carga, ni la introduzcan por los portones de Jerusalén. 22 Ese día no saquen de sus casas ninguna carga ni hagan ningún tipo de trabajo. El sábado es un día que deben dedicar a Dios; así se lo ordenó a nuestros antepasados.
23 ''Ustedes, los que viven en Judá, no han querido obedecer a Dios; al contrario, se empeñan en desobedecerlo y no quieren ser disciplinados. 24 Pero si siguen fielmente las instrucciones acerca del sábado, y se lo dedican a Dios tal como ya les dije, Dios les asegura 25 que por estas puertas entrarán reyes y príncipes, y se sentarán en el trono de David para reinar sobre esta ciudad. Entrarán montados en carros y en caballos, seguidos por la gente de Jerusalén y de las otras ciudades de Judá. Además, la ciudad de Jerusalén siempre será habitada. 26 Vendrán al templo todos los habitantes del país, y darán gracias a Dios con ofrendas de cereal y de incienso, que son las que le agradan.
27 ''Pero si ustedes no siguen las instrucciones de Dios acerca del sábado, sino que siguen en ese día introducen cargas por los portones de Jerusalén, entonces les prenderé fuego a esos portones. Ese fuego no podrá ser apagado, sino que

quemará toda la ciudad, junto con los palacios de Jerusalén''».

Parábola del alfarero

18 1 Dios me dijo: 2 «Jeremías, ve al taller del alfarero. Allí voy a darte un mensaje».
3 Yo fui y me encontré al alfarero haciendo en el torno vasijas de barro. 4 Cada vez que una vasija se le dañaba, volvía a hacer otra, hasta que la nueva vasija quedaba como él quería. 5 Allí Dios me dio este mensaje 6 para los israelitas:

«Ustedes están en mis manos. Yo puedo hacer con ustedes lo mismo que este alfarero hace con el barro. 7 En el momento que yo quiera, puedo amenazar a una nación o a un reino, y anunciarle su completa destrucción. 8 Pero si esa nación deja de hacer lo malo, entonces yo decidiré no castigarlos como pensaba hacerlo. 9 En algún otro momento, puedo decidir que alguna nación o reino prospere y llegue a tener mucho poder. 10 Pero si esa nación hace lo malo y no me obedece, entonces decidiré no darle todo lo bueno que había pensado darle».

Dios abandonará a su pueblo

11 Luego Dios me dijo:

«Jeremías, adviérteles a la gente de Judá, y a los que viven en Jerusalén, que yo, el Dios de Israel, estoy por enviarles un desastre. Diles que dejen ya de hacer lo malo, y que mejoren por completo su manera de vivir. 12 Ellos te dirán que no insistas, que van a seguir viviendo como les dé la gana, y que cada uno seguirá haciendo todo lo malo que les dicte su malvado corazón.
13 »Por lo tanto, yo les digo:

''Este pueblo dice ser mío, pero pregunten entre las naciones y verán que ningún otro pueblo ha hecho cosas tan terribles.
14 Las altas montañas del Líbano

nunca se han quedado sin nieve;
ni tampoco han dejado de correr
las frías aguas de las montañas.
15 Pero este pueblo cambia a cada rato,
pues se olvida de mí
y adora ídolos inútiles.
No sigue las enseñanzas que desde un principio le di,
ni se da cuenta del peligro de seguir las malas costumbres de las otras naciones.
16-17 Por eso enviaré un ejército poderoso
y los haré huir ante sus enemigos.
¡Su país será destruido;
será la burla de todas las naciones!
Los que pasen y lo vean,
no podrán disimular su asombro.
¡Ese día sabrán que los he abandonado!»

Planes contra Jeremías

18 La gente comenzó a hacer planes en contra de Jeremías. Decían:

«Acusémoslo de algún crimen, y así lo callaremos para siempre. De todos modos, nunca nos faltará un sacerdote que nos enseñe la ley, ni un sabio que nos dé consejos, ni un profeta que nos hable de parte de Dios».

Oración de Jeremías

19 Jeremías oró así:

«Dios mío,
escucha los gritos de mis enemigos.
20-22 ¡Han cavado un pozo para hacerme caer en él!
¡No es justo que así me paguen todo el bien que les he hecho!
¡Recuerda que vine a pedirte que no los castigues!
¡Quítales la vida a sus hijos!
¡Haz que se mueran de hambre, o que los maten en la guerra!
¡Que los hombres mueran

asesinados!
¡Que las mujeres se queden
viudas
y sin hijos que las ayuden!
¡Que los jóvenes mueran
en la guerra!
¡Que se oigan sus gritos
de angustia
cuando envíes contra ellos
un ejército poderoso!

23 »Dios mío,
tú sabes que ellos piensan
matarme.
¡No olvides sus pecados,
ni les perdones ningún crimen!
¡Desata tu furia contra ellos!
¡Hazlos caer derrotados!»

La vasija rota

19 **1-4** Dios me dijo:

«Jeremías, compra en el taller
del alfarero una vasija de barro, y
ve al valle de Ben-hinom, que está
a la entrada del portón oriental.
Haz que te acompañen algunos
jefes del pueblo y los sacerdotes
más importantes. Cuando llegues
allá, diles a los reyes de Judá y a
los habitantes de Jerusalén que
presten atención a mis palabras.
Este es el mensaje que les darás
de mi parte:

''Ustedes son mi pueblo, pero me
abandonaron. Para colmo, me
ofendieron al adorar a otros dioses.
a otros dioses. Esos dioses nunca
se preocuparon por ustedes, ni
por sus padres, ni por los reyes de
Judá. Por eso yo, el todopoderoso
Dios de Israel, voy a mandarles un
desastre tan terrible, que quienes lo sepan temblarán de miedo.
''En este mismo valle ustedes han
matado a mucha gente inocente.
5 Han construido altares a Baal, y
en ellos han presentado a sus
hijos como ofrenda a ese dios.
¡Pero eso es algo que yo nunca les
ordené! ¡Jamás lo mencioné, ni
siquiera me pasó por la mente!
6 Llegará el momento en que este
lugar no se llamará santuario de
Tófet ni valle de Ben-hinom; más
bien, se le conocerá como valle

de la Matanza. **7** Yo desbarataré
aquí los planes de la gente de
Judá y de Jerusalén; los entregaré a sus enemigos, para que los
maten en el campo de batalla.
Allí quedarán tendidos los cadáveres, y haré que se los coman las
aves del cielo y las fieras salvajes.
8 ''A Jerusalén la convertiré en un
lugar horrible. Los que pasen por
aquí verán con asombro cómo
quedó la ciudad, y se burlarán de
ella. **9** Sus enemigos rodearán la
ciudad para destruir a sus habitantes. Habrá tanta falta de
comida que la gente se comerá a
sus propios hijos, y hasta se
comerán los unos a los otros''.

10 »Tan pronto anuncies este
mensaje, dirígete a los jefes y a
los sacerdotes, y rompe en mil
pedazos la vasija de barro.
11 Entonces les dirás de mi parte:

''Yo, el Dios todopoderoso, romperé en mil pedazos esta nación y
esta ciudad, y ya no podrán volver
a levantarse. Tendrán que enterrar a sus muertos en el santuario
de Tófet, porque no habrá otro
lugar donde enterrarlos. **12** La ciudad quedará arruinada, lo mismo
que el santuario de Tófet. Les juro
que así será. **13** No permitiré que
se me adore en las casas de
Jerusalén ni en los palacios de los
reyes de Judá, pues en sus azoteas se quemó incienso para adorar
a las estrellas de los cielos, y
también ofrendaron bebidas a
otros dioses. Ni en el santuario de
Tófet ni en esos lugares permitiré
que me adoren''».

14 Cuando Jeremías volvió de profetizar en el santuario de Tófet,
se detuvo a la entrada del templo
de Dios. Desde allí dijo a todo el
pueblo:

15 «Así dice el todopoderoso Dios
de Israel: ''Esta ciudad y sus pueblos vecinos se han empeñado en
desobedecerme. Por eso les voy a
mandar todas las desgracias que

les he anunciado''».

Jeremías y el sacerdote Pashur

20 **1-2** Cuando Pashur hijo de
Imer oyó lo que el profeta
Jeremías estaba predicando,
ordenó que lo golpearan y lo
metieran en la cárcel que estaba a un lado de la entrada de
Benjamín, cerca del templo de
Dios. **3** Sin embargo, a la mañana
siguiente Pashur mandó que lo
sacaran. Entonces Jeremías le
dijo:

«Dios te va a cambiar de nombre.
En vez de Pashur, te vas a llamar
Magor-misabib, que quiere
decir, ''terror por todas partes''. **4** Porque Dios dice que tú
serás un terror para ti mismo y
para tus amigos. ¡Hasta verás
cuando el enemigo mate a tus
amigos! A todos los habitantes
de Judá los entregaré al rey de
Babilonia, para que se los lleve
como esclavos a su país o para
que los mate. **5** Además, a los
enemigos de Judá les daré toda
la riqueza de esta ciudad, junto
con todos los tesoros de los
reyes de Judá. Todo eso lo tomarán y se lo llevarán a Babilonia.
6 Y tú, Pashur, serás esclavo en
Babilonia junto con toda tu
familia. Allá morirás y serás
enterrado; y lo mismo les pasará a todos tus amigos, a quienes
les decías puras mentiras».

Protesta de Jeremías

7 Jeremías le dijo a Dios:

«Dios mío,
con lindas palabras me
llamaste,
y yo acepté tu invitación.
Eres más fuerte que yo,
y por eso me convenciste.

»A toda hora,
la gente se burla de mí.
8 Cada vez que abro la boca,
tengo que gritar:
''¡Ya viene el desastre!
¡Ha llegado la destrucción!''
No hay día que no me ofendan

por predicar tu mensaje.

9 »Hay días en que quisiera
no acordarme más de ti
ni anunciar más tus mensajes;
pero tus palabras
arden dentro de mí;
¡son un fuego
que me quema hasta
los huesos!
He tratado de no hablar,
¡pero no me puedo quedar
callado!

10 »La gente, en tono burlón,
me grita:
''¡Hay terror por todas partes!''
También los oigo cuando dicen:
''¡Vamos a denunciarlo!''
Hasta mis mejores amigos
quieren que yo cometa
un error;
buscan cómo ponerme una
trampa
para derrotarme y vengarse
de mí.

11-12 »Pero tú, mi Dios,
eres el Todopoderoso.
Tú examinas al que es justo
y sabes lo que pensamos y
deseamos.
Eres un guerrero invencible,
y siempre estás a mi lado;
por eso no podrán vencerme
los que me persiguen;
¡quiero ver cómo los castigas,
porque en ti confío!
¡Quiero ver cómo los derrotas
y los pones en vergüenza!
¡Que nunca nadie se olvide
de que tú los derrotaste!
13 Alabemos a nuestro Dios,
porque él libera a los pobres
de las garras de los malvados.

14-15 »¡Maldito el día
en que nací!
Maldito el que le dijo a mi padre:
''¡Te felicito! ¡Tuviste un
hijo varón!''
16 ¡Cómo quisiera que ese tipo
terminara como las ciudades
que Dios destruyó sin
compasión!
¡Quisiera que se vuelva loco
de remate!

17-18 »¿Por qué tuve que nacer,
si vivo sólo para sufrir?
Si voy a morir humillado,
mejor hubiera nacido muerto.
¡Así mi tumba habría sido
el vientre de mi madre!»

La oración de Sedequías

21 **1-3** El rey Sedequías envió a
Pashur y al sacerdote Sofonías, a
que le dijeran al profeta Jeremías:

«Nabucodonosor, el rey de Babilonia, nos está atacando. Por
favor, ruégale a Dios que nos ayude. Pídele que haga uno de sus
milagros a favor de nosotros, para
que ese rey nos deje tranquilos».

Pero Dios tenía otro plan, y se lo
comunicó a Jeremías. Entonces
Jeremías les respondió a Pashur y
a Sofonías:

«Díganle al rey Sedequías **4** que el
Dios de Israel dice: ''El rey de
Babilonia y sus soldados están
rodeando y atacando la ciudad de
Jerusalén. Frente a sus ataques,
tus tropas retrocederán y se
refugiarán en la ciudad. **5** Es más,
yo mismo voy a pelear contra
ustedes, y lo haré con todo mi
poder y con toda mi furia. ¡Ya me
tienen harto! **6** Voy a mandarles
una enfermedad terrible, que
matará a todos los que viven en
esta ciudad, y hasta los animales. **7** A ti, Sedequías, y a tus oficiales, los pondré en manos de
Nabucodonosor y de su ejército.
También entregaré a la gente que
no haya muerto por la enfermedad, la guerra o el hambre. Les
juro que ese rey los matará sin
compasión''».

8 Dios le dijo a Jeremías:

«Dile de mi parte a este pueblo:

''A todos los que viven en Jerusalén
les daré a elegir entre la vida y la
muerte. **9** Los que se queden en la
ciudad morirán en la guerra, o los
matará la enfermedad y el hambre. Sólo se salvarán si salen y se

rinden a los babilonios. **10** Ya me
cansé de tratar con bondad a
esta ciudad. La voy a destruir. Se
la entregaré al rey de Babilonia,
para que la destruya con fuego.
Les juro que así lo haré''.

11-12 »A los descendientes del rey
David diles que presten atención a
mis palabras. Este es mi mensaje
para ellos:

''No dejen de hacer el bien,
y protejan a los que son
maltratados.
Si no lo hacen así,
mi enojo arderá como un fuego
y nadie podrá apagarlo.
Así los castigaré por todas sus
maldades.

13 ''Habitantes de Jerusalén,
yo estoy muy enojado
con ustedes.
Ustedes creen que Jerusalén,
por estar en la montaña,
es la más fuerte de la región.
Creen que nadie puede
conquistarla
ni destruir sus murallas.
14 Pero yo les daré su
merecido:
Le prenderé fuego a su bosque,
y ese fuego destruirá
todo lo que haya a
su alrededor.
Les juro que así lo haré''».

Dios castigará a los jefes de Judá

22 **1** Dios me dijo:

«Jeremías, ve al palacio del rey de
Judá, y anuncia allí este mensaje:

2 ''Rey de Judá, oficiales del palacio y habitantes de Jerusalén, les
pido que presten mucha atención
a lo que Dios dice. **3** Él les ordena
hacer el bien: proteger a los que
son maltratados, cuidar al
extranjero, al huérfano y a la viuda, y no matar al inocente. **4** Si de
veras me obedecen, siempre
habrá en Judá un rey de la familia
de David. Sus ejércitos entrarán y
saldrán por los portones de la ciudad, acompañados por el pueblo y

sus gobernantes. **5** De lo contrario, les aseguro que este palacio será totalmente destruido''.

6 »Yo, el Dios de Israel, les digo a los que están en el palacio de Judá:

''Ustedes son para mí
tan especiales como el
monte Galaad
y como las altas montañas
del Líbano.
Pero voy a convertirlos en
un desierto,
en una ciudad deshabitada.
7 Yo enviaré contra ustedes
un ejército para que los
destruya,
y para que les prenda fuego
a sus bosques más hermosos.

8 ''Mucha gente de otras naciones pasará por aquí, y se preguntará por qué hice esto con esta gran ciudad. **9** Y la respuesta será que ustedes adoraron a otros dioses y no cumplieron con mi pacto.

10-12 ''No lloren ni se pongan
tristes
por la muerte del rey Josías.
Lloren más bien por su hijo Salum
que será llevado a otro país.
Allí lo tratarán como esclavo,
y nunca más volverá a ver
la tierra donde nació''.

»Y yo declaro que Salum nunca más volverá a ver este país, pues morirá en el lugar al que será llevado».

Y así sucedió. Tiempo después, tras la muerte de su padre Josías, Salum llegó a ser rey de Judá, pero se lo llevaron a Babilonia.

Advertencia contra el rey Joacín
13-14 Dios continuó diciendo:

«En cuanto al rey Joacín, tengo algo que decirle:

''¡Qué mal te irá, Joacín!
Edificas tu casa con
mucho lujo;
piensas ponerle grandes
ventanas,
y recubrirlas con finas
maderas.
Pero maltratas a los
trabajadores,
y para colmo no les pagas.
15 Te crees un gran rey
porque vives en lujosos
palacios.

''Tu padre Josías disfrutó
de la vida
y celebró grandes fiestas,
pero pero siempre actuó
con justicia.
16 Protegió al pobre y al
necesitado,
y por eso le fue bien en todo.
¡A eso le llamo conocerme!

17 ''A ti sólo te interesa el
dinero
y no te importa cómo lo ganes.
Con gran violencia robas
y matas a gente inocente.

18 ''Por eso estoy enojado
contigo.
Cuando te mueras,
nadie llorará por ti;
ningún israelita se pondrá
triste
de que ya no seas su rey.
19 Morirás como los animales:
te arrastrarán por todo
Jerusalén
y te arrojarán fuera de
la ciudad''».

Advertencia contra Jerusalén
20 Dios también les dijo a los habitantes de Jerusalén:

«¡Vayan por todo el país;
suban a las montañas más
altas,
y lloren desconsolados!
Los países que iban a ayudarles
ya han sido destruidos.

21 »Cuando les iba bien,
les advertí del peligro
pero no me hicieron caso.
¡Siempre han sido rebeldes!

22-23 »Los que ahora viven
en el palacio,
rodeados de finas maderas,
¡pronto sabrán lo que es sufrir!
Cuando les llegue la desgracia,
sabrán lo que es el dolor.
Serán llevados a otro país,
y allí serán tratados como
esclavos.
Las naciones en las que ellos
confiaron,
sufrirán el mismo castigo».

Advertencia contra Joaquín
24 Dios le dio este mensaje a Joaquín:

«Tú eres hijo de Joacín,
y ahora reinas en Judá.
Aunque te quiero mucho,
juro que te expulsaré de aquí.
25 Te entregaré en manos
del rey de Babilonia y de su
ejército,
y temblarás de miedo.
26-27 A ti y a tu madre los
enviaré
a un país extranjero.
Aunque quieran volver a Israel,
nunca más volverán,
porque morirán en ese país».

28-29 Dios continuó diciendo:

«¡Israelitas,
escuchen mis palabras!
Joaquín no sirve para nada;
es como una vasija rota.
¿Para qué lo quieren expulsar
del país,
junto con todos sus familiares?
Por gente como esa
no vale la pena preocuparse.
30 Yo, el Dios de Israel, les digo:
''Bórrenlo de su memoria,
es un hombre fracasado.
¡Ninguno de sus hijos
llegará a ser rey de Judá!''»

El rey justo y sabio
23 **1-2** El Dios de Israel dijo:

«¡Qué mal les va ir a esos gobernantes que descuidan a mi pueblo y lo destruyen! Jamás se preocupan por él. Al contrario, se comportan como esos pastores que abandonan a sus ovejas. Les advierto que voy a castigarlos, porque abandonaron a mi pueblo en manos de otras naciones. **3** Sin embargo, aunque permití que así fuera, yo mismo haré que mi pueblo vuelva a su país, y que se convierta en una gran nación. **4** Le daré otros gobernantes que lo protejan, y así no volverá a tener miedo. Juro que así lo haré.

5 »En el futuro
haré que un rey justo y sabio
gobierne a mi pueblo.
Será de la familia de David,
gobernará con verdadera
justicia,
6 y le pondrán por nombre
"Dios es nuestro salvador".
Durante su reinado
mi pueblo vivirá en paz
y libertad.

7 »Yo les aseguro que viene el día en que ya no se dirá: "¡Lo juro por Dios, que sacó a Israel de Egipto!" **8** Más bien, se dirá: "¡Lo juro por Dios, que sacó a nuestro pueblo de Babilonia! ¡Lo sacó de todos los países adonde lo había expulsado!" Entonces los israelitas habitarán en su propio país».

Los profetas mentirosos

9 Yo, Jeremías, les advierto a los profetas:

«Dios me dio un mensaje
especial.
Por eso siento un dolor profundo
y me tiembla todo el cuerpo;
¡hasta parezco un borracho
a punto de caerse!

10 »Los habitantes de este país
son gente malvada;
no saben lo que es ser fieles,
¡no saben hacer lo bueno,
sólo cometen injusticias!
Por eso la tierra está bajo
maldición:
los pastos se han secado,
y la tierra es un desierto.

11 »Dios mismo lo afirma:

"Los profetas y los sacerdotes
son los primeros en hacer

el mal;
¡hasta en el templo
cometen terribles maldades!
12 Por eso los voy a castigar
y caerá sobre ellos la desgracia.
¡Nada ni nadie podrá salvarlos!

13 "¡En Samaria he visto
las cosas más repugnantes!
Los profetas predican
en nombre del dios Baal
y hacen que mi pueblo me
abandone.
14 Pero los profetas de
Jerusalén
son peores que ellos;
no sólo me abandonan,
sino que dicen mentiras
y ayudan a los malvados.
No hay uno solo de ellos
que quiera cambiar su
conducta.
¡Son peores que la gente
de Sodoma y de Gomorra!"

15 »Por tanto, el Dios todopoderoso declara en contra de los profetas de Jerusalén:

"Ustedes son los responsables
de tanta maldad en este país.
Su sufrimiento será terrible
y su dolor no tendrá fin".

16 »Y a ustedes, los israelitas,
Dios les advierte:

"Esos profetas son unos
mentirosos,
¡no les hagan caso!
Yo no les di ningún mensaje,
y los sueños que dicen haber
tenido
son puro invento de ellos.
17 Aseguran que yo dije
que a los malvados
siempre les irá bien;
que a los que me desprecian
nada malo les pasará.
18 ¡Pero ninguno de esos
profetas
ha estado en mi presencia!
¡Ninguno de ellos ha querido
oír mi voz y obedecerme!

19-20 "Yo estoy muy enojado
con ellos

y no voy a quedarme tranquilo
hasta que los haya castigado.
Mi enojo será como un
huracán,
que azotará a esos malvados.

"¡Un día de estos entenderán
por qué hago todo esto!

21 "Esos profetas salen
a predicar,
aunque yo no los he enviado
ni les he dado ningún mensaje.
22 Si hubieran estado en mi
presencia,
habrían anunciado mi mensaje;
habrían invitado a mi pueblo
a dejar su mala conducta.

23-24 "Yo soy el Dios de Israel.
Nadie puede esconderse de mí,
pues yo estoy en todas partes,
lo mismo lejos que cerca.

25 "Ya he escuchado las mentiras de esos profetas. Según ellos, han soñado que les he dado un mensaje. **26** ¡Eso lo inventaron ellos! ¿Cuándo dejarán de mentir? **27** Lo que quieren es que mi pueblo me olvide, como me olvidaron sus antepasados por adorar al dios Baal.

28 "Yo, el Dios de Israel, les digo: si un profeta tiene un sueño, que lo cuente; si recibe un mensaje de mi parte, que lo comunique al pie de la letra. ¡Pero que se dejen de cuentos! **29-32** Estoy cansado de sus mentiras. ¡Y todavía se atreven a decir que hablan de mi parte! Estoy en contra de esos profetas que dicen haber recibido mensajes de mi parte, pero yo no les he comunicado nada. Esa clase de mentiras no le hace ningún bien a mi pueblo; al contrario, lo conducen al error.

"Mi palabra es tan poderosa como el fuego, y tan dura como un martillo; ¡hasta puede hacer pedazos una roca! Les aseguro que así es.

Profetas falsos

33 "Escucha bien, Jeremías: Cuando un profeta o sacerdote, o alguien del pueblo, te pregunte si

En un momento de descanso, un trabajador aprovecha la oportunidad para leer la Biblia.

El pastor charles fue diligente en su trabajo de difundir
la biblia. en su lecho de muerte dice:
"la palabra de dios es mi refugio."

tienes algún mensaje de mi parte, respóndeme que sí lo tienes. Diles que voy a abandonarlos. **34** Pero si otro profeta o sacerdote, o cualquier otra persona asegura tener un mensaje de mi parte, yo los castigaré, a ellos y a su familia"».

35-37 Dios les dijo a los falsos profetas:

«Yo soy el Dios de la vida, el Dios todopoderoso. Si alguno de ustedes cambia mi mensaje por una mentira, se burla de mí. Más vale que nadie diga: "Tengo un mensaje de parte de Dios". Al que se atreva a decirlo, le haré tragar sus propias palabras. Si preguntan entre ustedes, se darán cuenta que yo no le he hablado a nadie. **38** Por eso les prohíbo decir: "Tengo un mensaje de parte de Dios".
39-40 »Si me desobedecen, abandonaré a Jerusalén, la ciudad que les di a ustedes y a sus antepasados. De tal manera los humillaré y los avergonzaré, que nunca podrán olvidarlo. ¡Los lanzaré lejos de aquí!»

Las dos canastas de higos
24 **1** Tiempo después, el rey Nabucodonosor tomó preso a Joaquín hijo de Joacín, que había sido rey de Judá, y se lo llevó a Babilonia. Con él se llevó a los jefes de Judá, y también a los artesanos y herreros.
Poco después de eso, Dios me llevó a su templo, y allí me mostró dos canastas de higos. **2** En una de las canastas había higos muy buenos, de los que maduran primero, pero en la otra canasta sólo había higos podridos. Esos higos estaban tan malos que no se podían comer. **3** Dios me preguntó: «Jeremías, ¿qué es lo que ves?» Yo le contesté: «Veo dos clases de higos. Unos están muy buenos, pero los otros están tan malos que no se pueden comer».
4-6 Entonces el Dios de Israel me dijo:

«Los higos buenos representan al pueblo de Judá que fue llevado como esclavo a Babilonia. Aunque yo permití que se lo llevaran, ahora lo cuidaré y lo haré volver a su tierra. Dejaré que se establezca allí y que vuelva a edificar sus casas, y nunca más volveré a destruirlo ni a enviarlo a otro país. **7** Cambiaré su manera de ser y de pensar, para que me reconozca como su Dios y me obedezca en todo. Judá será mi pueblo, y yo seré su Dios.
8 »Los higos malos representan al rey y a los gobernantes de Judá, y a todos los ricos de Jerusalén, la capital de Judá, que no fueron llevados a Babilonia. También representan a los que buscaron protección en Egipto. A todos ellos los castigaré. **9** Tan grande será mi castigo que, al verlo, todos los reinos de la tierra temblarán de miedo. La gente de los países por donde yo los disperse se burlará de ellos, los insultará y los tratará con desprecio. **10** Yo les mandaré guerras, hambre y enfermedades, y así los eliminaré del país que le di a ellos y a sus antepasados».

Los años de esclavitud
25 **1** Dios le dio al profeta Jeremías un mensaje para todo el pueblo de Judá. Ese mensaje lo recibió cuando Joacín hijo de Josías llevaba cuatro años como rey de Judá, y Nabucodonosor tenía un año de reinar en Babilonia. **2** Y este es el mensaje que el profeta comunicó a todo el pueblo de Judá y a todos los habitantes de Jerusalén:

3 «Desde hace veintitrés años Dios me comunica sus mensajes. El primero que me dio fue cuando Josías hijo de Amón tenía trece años de reinar en Judá. Yo les he anunciado estos mensajes una y otra vez, pero ustedes no han querido hacerme caso.
4 »Dios también les ha enviado a otros profetas que están a su servicio, pero ustedes no les han

hecho caso ni se han mostrado dispuestos a obedecer. **5** Ellos les han dicho: "Dejen ya de hacer lo malo; abandonen sus malas acciones. Si lo hacen, siempre podrán habitar en la tierra que Dios les ha dado a ustedes y a sus antepasados. **6** No confíen en esos dioses que ustedes mismos se han fabricado. No los adoren, y Dios no se enojará con ustedes ni los castigará".
7 »Pero ustedes no han prestado atención a estos mensajes de Dios. Al contrario, lo han ofendido con esos ídolos que ustedes mismos se fabrican. Lo único que consiguen es causar su propia desgracia. **8** Por lo tanto, el Dios todopoderoso dice:

"Ya que ustedes no quieren obedecerme, **9** voy a enviar contra ustedes al rey de Babilonia y a todos los pueblos del norte. Ese rey está a mi servicio, así que lo enviaré contra ustedes y contra sus vecinos. Voy a destruirlos por completo; voy a convertirlos en un montón de ruinas, que sólo causarán terror y burla. Les juro que así será. **10** No dejaré que vuelvan a escucharse los gritos de alegría y de entusiasmo, ni las serenatas de los novios, ni se oirá ruido en las calles, ni se verá luz en las casas. **11** Todo este país quedará convertido en un montón de ruinas, que sólo producirá terror. Y durante muchos años todos quedarán bajo el dominio del rey de Babilonia.
12 "Pasado ese tiempo, yo castigaré por su maldad al rey de Babilonia y a su nación, ¡y ese país quedará destruido para siempre! Yo les juro que así será. **13** Haré con ese país todo lo que dije contra las otras naciones. Cumpliré las amenazas que anunció mi profeta Jeremías, y que han quedado escritas en este libro. **14** También los babilonios quedarán bajo el dominio de naciones y reyes más poderosos. De ese modo los castigaré por todo el mal que han hecho"».

El castigo a las naciones

15 El Dios de Israel me dijo:

«Jeremías, esta copa que tengo en la mano representa mi enojo. Tómala y haz que beban de ella todas las naciones a las que voy a enviarte. **16** Esas naciones comenzarán a tambalearse, y sus habitantes se volverán locos por causa de la guerra que voy a enviar contra ellos».

17 Yo recibí la copa de las manos de Dios, y se la di a beber a todas las naciones a las que él me envió. **18** También se la di a los habitantes de Jerusalén y de las ciudades de Judá, y a sus gobernantes, para destruirlos. Sus ciudades quedaron convertidas en ruinas. Hasta el momento en que esto se escribe, esas ciudades son motivo de espanto, de burla y de insultos. **19** También les di la copa del castigo al rey de Egipto, a sus jefes y oficiales, a todo su pueblo, **20** y a todos los extranjeros que allí vivían. Además bebieron de ella todos los reyes del país de Uz, los reyes filisteos de Ascalón, Gaza y Ecrón; los sobrevivientes de Asdod, **21** Edom, Moab y los amonitas. **22** Luego bebieron de ella los reyes de Tiro y de Sidón, y los reyes de los pueblos que viven en las costas del mar Mediterráneo; **23-24** los reyes de Dedán, Tema y Buz; todos los pueblos y tribus del desierto; los reyes de Arabia **25** Zimri, Elam y Media; **26** todos los reyes del norte, tanto los cercanos como los lejanos, y todos los reinos que hay en la tierra. Por último, el rey de Babilonia también bebió de la copa. **27** El Dios todopoderoso también me dijo:

«Jeremías, esta copa representa mi enojo y la guerra que voy a mandar contra ellos. Ordénales que beban de la copa, hasta que vomiten y se caigan, y no vuelvan a levantarse. **28** Pero si se niegan a beber de ella, tú les dirás de mi parte:

''¡Tendrán que beber de ella, aunque no quieran! **29** Ya he comenzado a castigar a Jerusalén, ciudad donde se me adora, y están muy equivocados si creen que a ustedes no los castigaré''.

»Jeremías, voy a castigar a toda esas naciones, y lo haré por medio de la guerra. Yo, el Dios todopoderoso, te juro que así será. **30-31** Anuncia este mensaje contra esas naciones:

''Dios lanza un grito de guerra desde el cielo, donde él tiene su trono.
Es tanto su enojo contra su pueblo
y contra los habitantes de la tierra,
que su voz retumba a lo lejos,
y se oyen sus botas aplastando a las naciones.

''Dios está en pleito contra todas las naciones y contra todos los habitantes del mundo.
¡Él condenará a los malvados!

32 ''El Dios todopoderoso les advierte que ninguna nación escapará de la desgracia; un poderoso ejército las atacará por todos lados.

33 ''Ese día, aquellos a los que yo castigue con la muerte quedarán tendidos por toda la tierra, como si fueran basura. No habrá nadie que llore por ellos, ni habrá tampoco quien los recoja y los entierre.

34 ''Jefes y gobernantes del pueblo,
¡lloren y revuélquense en el suelo!
Ha llegado el día de la matanza, y ustedes serán sacrificados como si fueran ovejas engordadas.

35-37 ''Jefes y gobernantes del pueblo,
¡no podrán escapar a ninguna parte!

¡Sólo se oirán sus gritos de dolor,
porque Dios está furioso y ha destruido sus campos!
¡Ya no tienen qué comer!

38 ''Es tanto el enojo de Dios que ha abandonado a su pueblo.
Dios salió en contra de ellos como un león furioso,
¡y los hizo morir en la guerra!''»

Jeremías recibe amenazas de muerte

26 **1** Cuando Joacín, hijo de Josías comenzó a reinar sobre Judá, Dios le habló a Jeremías en Jerusalén, y le dijo:

2 «Ve al patio de mi templo. Quiero que hables con la gente de toda Judá que viene a adorarme. Comunícales todo lo que te voy a decir. **3** Si te hacen caso y dejan de hacer lo malo, entonces ya no los castigaré como había pensado hacerlo. **4** Y este es el mensaje que debes darles:

''Ustedes no me obedecieron ni siguieron las enseñanzas que les di **5** por medio de mis profetas. Una y otra vez los he enviado para hablar con ustedes, pero no han querido escucharlos. **6** Por eso, así como destruí el santuario de Siló, también destruiré el templo de Jerusalén, y esta ciudad será objeto de burla y de insulto''».

7-9 Jeremías anunció este mensaje en el templo de Dios, y lo escucharon los sacerdotes, los profetas y todo el pueblo. Pero tan pronto como terminó de anunciarlo, todos los que estaban allí se lanzaron contra él y lo apresaron, y amenazantes le dijeron:

«¡Esto te va a costar la vida! ¿Cómo te atreves a hablar en el nombre de Dios, y decir que este templo será destruido como el santuario de Siló? ¿Cómo te atreves a decir que Jerusalén será destruida, y que se quedará sin habitantes?»

¹⁰ Cuando los jefes de Judá supieron lo que había pasado, salieron del palacio del rey y fueron hasta la Puerta Nueva del templo. Al llegar allí, se sentaron, ¹¹ y entonces los sacerdotes y los profetas dijeron a los jefes y a toda la gente: «¡Este tipo merece la muerte! ¡Ustedes mismos lo han oído decir que esta ciudad va a ser destruida!»

¹² Pero Jeremías, dirigiéndose a los jefes y a todo el pueblo, dijo:

«Lo que he dicho contra el templo y contra Jerusalén, Dios mismo me mandó a anunciarlo. ¹³ Así que más les vale obedecer a nuestro Dios, y mejorar su conducta. Si en verdad lo hacen así, Dios ya no los castigará. ¹⁴ Yo estoy en las manos de ustedes, y pueden hacer conmigo lo que les parezca. ¹⁵ Pero si me matan, ustedes, jefes y pueblo, serán los culpables de haber matado a un inocente. Lo cierto es que Dios me mandó a darles este mensaje».

¹⁶ Los jefes y la gente del pueblo les dijeron a los sacerdotes y a los profetas: «No hay razón para matar a este hombre; lo único que hizo fue darnos el mensaje que recibió de nuestro Dios». ¹⁷ Entonces algunos jefes se levantaron y les dijeron a los que estaban allí reunidos:

¹⁸ «Cuando Ezequías era el rey de Judá, el profeta Miqueas de Moréset habló de parte de Dios y le anunció al pueblo de Judá este mensaje:

''La ciudad de Jerusalén será destruida;
quedará hecha un montón de ruinas.
Y en el monte de Sión,
donde se levanta el templo,
sólo crecerán matorrales''.

¹⁹ »Y aunque Miqueas dijo esto,

no lo mataron. Al contrario, el rey y el pueblo se humillaron ante Dios, y él los perdonó. Pero si nosotros matamos a Jeremías, Dios nos castigará».

²⁰ Además de Jeremías, el profeta Urías hijo de Semaías, que era del pueblo de Quiriat-jearim, habló en contra de Jerusalén y del país. ²¹ Y como el rey Joacín y sus jefes y asistentes oyeron la denuncia del profeta, el rey intentó matarlo. Cuando Urías se enteró de los planes del rey Joacín, tuvo miedo y huyó a Egipto. ²² Pero el rey envió a Elnatán hijo de Acbor y a otros hombres, para que buscaran a Urías. ²³ Cuando lo encontraron, lo trajeron ante el rey. Entonces el rey mandó que mataran al profeta y que arrojaran su cadáver a una fosa en donde echaban muertos.

²⁴ Sin embargo, Jeremías contó con la protección de un hombre importante llamado Ahicam hijo de Safán. Por eso no fue entregado al pueblo y se libró de que lo mataran.

¡Es mejor rendirse!

27 ¹ Cuando Sedequías comenzó a reinar en Judá, ² Dios me dijo:

«Jeremías, quiero que fabriques un yugo de madera y que le pongas unas correas para atarlo a tu cuello. ³ Ve luego ante los mensajeros que han venido a Jerusalén para visitar a Sedequías, y lleva puesto el yugo que representa el poder de Babilonia. Envía con ellos el siguiente mensaje a los reyes de Edom, Moab, Amón, Tiro y Sidón:

⁴ ''Yo soy el Dios todopoderoso; soy el Dios de Israel. ⁵ Con mi gran poder hice la tierra, y a los hombres y a los animales que viven en ella. Yo decido quién la gobierna. ⁶⁻⁸ Y como el rey de Babilonia está a mi servicio, ya he decidido darles a él, a su hijo y a su nieto, el dominio de todos esos países. Hasta les he dado las bestias del

campo, para que los dominen. Si alguno de esos países no se rinde por las buenas ante el rey de Babilonia, yo lo castigaré con guerras, hambre y enfermedades, hasta que se rinda por completo. Les juro que así lo haré. ''Sin embargo, llegará el día en que también Babilonia será dominada por muchas naciones y por reyes más poderosos.

⁹⁻¹⁰ ''Por tanto, no crean en las mentiras que les dicen los falsos profetas, los adivinos, los soñadores, los brujos y los astrólogos. Ellos les aconsejan que no se rindan ante el rey de Babilonia; pero si les hacen caso, serán llevados presos a otros países, y allí morirán. ¹¹ En cambio, a la nación que se rinda por completo al rey de Babilonia y se ponga a su servicio, yo la dejaré en su propio país, para que viva en él y cultive la tierra. Les juro que así será''».

¹² Al rey Sedequías le di el mismo mensaje, y además le dije:

«Si ustedes quieren seguir con vida, ríndanse y pónganse al servicio del rey de Babilonia y de su pueblo, ¹³ tal como Dios lo ha dicho. Si no lo hacen, morirán a causa de la guerra, el hambre o la enfermedad. ¡Sería una locura no obedecer a Dios! ¹⁴⁻¹⁵ No confíen en esos profetas que les aconsejan no rendirse. Ellos dicen que hablan de parte de Dios, pero Dios mismo ha dicho que no los ha enviado. Esos mentirosos sólo conseguirán que Dios los expulse de esta tierra, y tanto ellos como ustedes morirán».

¹⁶ También hablé con los sacerdotes y con el pueblo, y les dije:

«Dios me manda a decirles que no les hagan caso a esos profetas. Ellos aseguran que, muy pronto, los babilonios van a devolver los utensilios del templo de Dios. ¡Pero son puras mentiras! ¹⁷⁻¹⁸ Si esos profetas de veras hablan de parte de Dios, mejor que le pidan que los babilonios no se lleven los utensilios que aún quedan en el templo, en el palacio del rey y en Jerusalén. Repito: ¡no les hagan caso! Mejor ríndanse al rey de Babilonia, y seguirán con vida. ¿Qué necesidad hay de que ustedes y Jerusalén sean destruidos?

19-21 »Cuando el rey de Babilonia se llevó preso al rey Joaquín y a la gente importante del país, no se llevó todo lo que había de valor en el templo y en la ciudad de Jerusalén. Dejó las columnas, el tanque para el agua, las bases y otros artículos de valor. Pero el Dios todopoderoso les advierte **22** que todos estos objetos serán llevados a Babilonia. Allí se quedarán hasta que Dios decida que sean traídos de nuevo a Jerusalén».

Hananías, el profeta mentiroso

28 **1** Había en el pueblo de Gabaón un profeta llamado Hananías hijo de Azur. Cuando Sedequías tenía cuatro años de reinar en Judá, Hananías habló conmigo en el templo de Dios, en presencia de los sacerdotes y de todos los que estaban allí, y me dijo:

2-3 —El Dios todopoderoso afirma:

"Voy a quitarle todo su poder al rey de Babilonia, porque sacó de mi templo todos los objetos de valor, y se los llevó a su país. Pero dentro de dos años los traeré de vuelta a Jerusalén. **4** También traeré de vuelta a Joaquín hijo de Joacín, que era rey de Judá, y a todos los habitantes de Judá que fueron llevados como esclavos a Babilonia. Yo soy el Dios de Israel, y les juro que voy a acabar con el poder del rey de Babilonia".

5 Yo le contesté, también en presencia de los sacerdotes y de todos los que allí estaban:

6 —¡Qué bien, Hananías! ¡Quiera Dios hacer todo eso que ahora nos anuncias! Sería muy bueno que los babilonios devolvieran los utensilios del templo de Dios, y que volvieran acá todos los que fueron llevados prisioneros a Babilonia. **7** Pero antes escucha esto, y también ustedes, los que están aquí presentes: **8** Los profetas que vivieron antes que nosotros anunciaron que habría guerra, hambre y enfermedades en muchas naciones y en grandes reinos. **9** Pero cuando un profeta habla de paz, sabremos que habla de parte de Dios sólo si se cumplen sus palabras.

10 Entonces el profeta Hananías tomó el yugo que llevaba yo en el cuello, el cual representaba el poder de Babilonia, y lo hizo pedazos. **11** Y dijo delante de todos:

—Esto es lo que Dios ha declarado: "Dentro de dos años haré pedazos el poder del rey de Babilonia, y no volverá a dominar a las naciones".

Yo me retiré de allí, **12** pero algunos días después Dios me dijo:

13 «Jeremías, ve y dile de mi parte a Hananías lo siguiente:

"Tú has hecho pedazos un yugo de madera, pero ahora voy a cambiarlo por uno de hierro. **14** Yo soy el Dios todopoderoso, y voy a darle al rey de Babilonia un poder extraordinario. Ahora va a dominar a todas estas naciones, y las hará sus esclavas. ¡Hasta las bestias del campo estarán bajo su dominio!"»

15 Entonces yo le dije a Hananías:

—Ahora escúchame tú, señor profeta. Tú estás haciendo que este pueblo crea en una mentira, pues Dios nunca te envió a hablarles. **16** Lo que Dios ha declarado es que va a destruirte por completo. Con tus palabras has hecho que este pueblo se rebele contra Dios. Por eso, antes de que termine el año morirás.

17 Y así sucedió: el mes de Etanim de ese mismo año, el profeta Hananías murió.

Carta de Jeremías

29 **1** Yo, Jeremías, les envié desde Jerusalén una carta a los jefes del país y a los sacerdotes, a los profetas y a todos los que el rey de Babilonia se había llevado prisioneros a su país. **2-3** Esa carta la envié con Elasá hijo de Safán y con Guemarías hijo de Hilquías. A estos dos el rey Sedequías los había enviado antes a Babilonia, para hablar con el rey de ese país. Cuando yo envié la carta, ya habían sido llevados prisioneros a Babilonia el rey Joaquín, la reina madre, los funcionarios y jefes de Judá, y también los artesanos y los herreros. La carta decía:

4 «Del Dios de Israel
A todos los que llevé a Babilonia:

5-6 "Ya que están allí, construyan casas y vivan en ellas. Cultiven sus granjas y coman los frutos que allí se den. Cásense y tengan hijos; no dejen que su población disminuya. Asegúrense de que sus hijos e hijas también se casen y tengan hijos. **7** Además, trabajen para que prospere la ciudad. Rueguen por Babilonia, pues si la ciudad prospera, también ustedes prosperarán. **8-9** "No se dejen engañar por esos profetas y adivinos que andan entre ustedes, y que usan mi nombre para anunciar sus mentiras. No crean en los sueños que dicen tener. Les aseguro que yo no los he enviado.

10 "Ustedes van a vivir unos setenta años en Babilonia. Cuando se cumpla ese tiempo, les prometo que los haré volver a Jerusalén. **11** Mis planes para ustedes solamente yo los sé, y no son para su mal sino para su bien. Voy a darles un futuro lleno de bienestar. ¹² Cuando ustedes me pidan algo en oración, yo los escucharé. ¹³ Cuando ustedes me busquen, me encontrarán, siempre y cuando me busquen de todo corazón. ¹⁴ Estaré con ustedes y pondré fin a su condición de esclavos. Los reuniré de todas las naciones por donde los haya dispersado, y los haré volver a Jerusalén. Les juro que así lo haré.

¹⁵⁻¹⁷ ''Tal vez dirán ustedes que yo les he puesto profetas en Babilonia. Pero debo aclararles algo. Yo, el Dios todopoderoso, voy a mandar guerra, hambre y enfermedades contra el rey que ocupa el trono de David, y contra todos los parientes de ustedes que aún quedan en Jerusalén, es decir, contra todos los que no fueron llevados como esclavos a Babilonia. ¡Serán como higos podridos, que de tan podridos no se pueden comer!

¹⁸⁻²⁰ ''Todos ustedes, los que fueron llevados prisioneros de Jerusalén a Babilonia, ¡obedezcan de una vez por todas mi palabra! Hasta ahora no han querido obedecerme. No han hecho caso de los mensajes que, una y otra vez, les he enviado por medio de mis servidores los profetas. Por eso, yo los perseguiré con guerras, hambre y enfermedades. Al verlos, todas las naciones adonde yo los mande temblarán de miedo. ¡Ustedes serán objeto de burla y de insulto! Les juro que así será.

²¹⁻²³ ''Yo, el Dios todopoderoso, sé todo lo que han hecho, y les advierto que voy a entregar a Ahab hijo de Colaías, y a Sedequías hijo de Maasías. Los entregaré al rey de Babilonia, porque usaron mi nombre para anunciar cosas que yo jamás les ordené decir. Todo lo que han dicho es mentira. Además,

cometieron algo terrible en Israel, pues tuvieron relaciones sexuales con mujeres que no eran sus esposas. Por eso el rey de Babilonia los matará delante de ustedes. Y cuando los que fueron llevados prisioneros a Babilonia quieran maldecir a alguien, dirán: 'Que Dios te quite la vida como lo hizo con Ahab y Sedequías'. A estos dos el rey de Babilonia los quemó en el fuego. Les juro que así será''».

Mensaje para Semaías

²⁴ Después Dios me ordenó darle este mensaje a Semaías, el soñador:

²⁵ «Yo, el Dios todopoderoso, sé que tú enviaste cartas al sacerdote Sofonías hijo de Maaseías, a todos los otros sacerdotes y a toda la gente que está en Jerusalén. En esas cartas le decías a Sofonías ²⁶ que yo lo había nombrado sacerdote en lugar de Joiadá, para que cuidara mi templo. También le decías que a todo loco que se creyera profeta, él debería meterlo en el calabozo y atarlo con cadenas. ²⁷ Además, le reclamabas a Sofonías el no haber apresado a Jeremías. Según tú, Jeremías se hacía pasar por profeta ²⁸ y hasta se había atrevido a enviar una carta a los prisioneros en Babilonia. En esa carta, Jeremías les aconsejaba construir casas y vivir en ellas, plantar árboles frutales y comer de los frutos que dieran, porque pasarían muchos años como esclavos en Babilonia».

²⁹ ¡Esa carta se la leyó el sacerdote Sofonías al profeta Jeremías! ³⁰ Dios también me ordenó ³¹ darles el siguiente mensaje a todos los que habían sido llevados como esclavos a Babilonia:

«Semaías, el soñador, les ha dado un mensaje en mi nombre, y les ha hecho creer en una mentira. Pero yo no lo he enviado. ³² Y

como ha hecho que mi pueblo se rebele contra mí, yo lo voy a castigar. Él y su familia dejarán de ser parte de mi pueblo, y no disfrutarán del bienestar que yo le daré a mi pueblo. Les juro que así será».

Restauración de Israel

30 ¹ Dios me dijo:

² «Jeremías, yo soy el Dios de Israel y te ordeno que pongas por escrito todo lo que te he dicho hasta ahora. ³ Viene el día en que haré volver de la esclavitud a Israel y Judá. Los dos son mi pueblo, y los traeré a la tierra que les di a sus antepasados. Te juro que así lo haré».

⁴⁻⁵ En cuanto a Israel y Judá, Dios me dijo:

«Se oyen gritos de espanto,
de terror y de preocupación.
⁶ ¿Por qué están pálidos los hombres?
¡Los veo retorcerse de dolor,
como si fueran a tener un hijo!
¡Pregunten, y todos les dirán
que los hombres no dan a luz!
⁷⁻⁸ Viene un día terrible,
como nunca ha habido otro.
Cuando llegue ese día,
mi pueblo sufrirá muchísimo,
pero al final lo salvaré;
romperé las cadenas de su esclavitud,
lo libraré del poder que lo domina,
y nunca más volverá a ser esclavo de extranjeros.
¡Les juro que así lo haré!

⁹⁻¹⁰ »Mi amado pueblo de Israel,
no tengas miedo ni te asustes,
porque a ti y a tus hijos
los libraré de la esclavitud
que sufren en Babilonia.
Podrán vivir seguros y tranquilos;
no volverán a tener miedo de nadie.

»Yo soy tu Dios,

y sólo a mí me adorarás.
Servirás al rey,
porque el rey que te daré
reinará como David.

11 »Yo soy tu Dios;
yo estoy contigo para salvarte.
Destruiré a todas las naciones
por las que te he dispersado.
A ti no te voy a destruir,
pero te daré el castigo que
mereces.
Te juro que así lo haré».

12 Dios también le dijo a
Jerusalén:

«Tu herida es una llaga
que ya no tiene remedio.
13 No hay nadie que
te defienda;
no hay medicina que
te sirva;
jamás volverás a
estar sano.
14-15 Los países en
que confiabas
te han olvidado;
¡ya no les importas!
Yo te he causado dolor,
como si fuera tu enemigo.
Pero no tiene caso que
te quejes;
¡para tu dolor ya no hay
remedio!
Te he castigado y corregido,
porque has cometido muchos
pecados.

16 »Por esa misma razón,
los que te roben serán
robados,
los que te ataquen serán
atacados,
y los que te destruyan serán
destruidos.
Castigaré a todos tus enemigos
y los mandaré como esclavos
a las naciones más lejanas.
17 Pero a ti te curaré las
heridas.
No importa que todos te
desprecien
y te llamen ''Ciudad
abandonada''».

18 Dios también les dijo a los
israelitas:

«Haré volver a los prisioneros,
y los trataré con amor y
compasión.
Jerusalén será reconstruida,
y el palacio volverá a
edificarse.
19 En las calles volverán
a oírse
alabanzas y gritos de alegría.
Yo les daré muchos hijos,
y volverán a ser un pueblo
numeroso;
volverán a ser un pueblo
respetado.

20 »Ustedes, pueblo
de Israel,
volverán a ser
importantes,
pues yo les devolveré
su fuerza.
¡Castigaré a todos sus
enemigos!
21 Del mismo pueblo saldrá
su rey,
a quien permitiré estar en
mi presencia,
aunque no a todos se
lo permito.
22 Ustedes serán mi pueblo,
y yo seré su Dios.
Les juro que así será.

23 »Mi enojo es como una
tormenta
que azotará a los malvados.
24 Sólo me calmaré
cuando mis planes se hayan
cumplido.
Esto ahora no lo entienden,
pero un día lo entenderán».

Israel volverá de Babilonia
31 **1** El Dios de Israel declara:

«El día que vuelvan de Babilonia,
yo seré el Dios de todos los israelitas, y ellos serán mi pueblo.

2 »Cuando andaban por el
desierto,
yo les demostré mi gran amor.
A los que no murieron en la
guerra,
los hice descansar.

3-4 Hace mucho, mucho tiempo
me aparecí ante ellos y les dije:

''Pueblo de Israel,
siempre te he amado,
siempre te he sido fiel.
Por eso nunca dejaré
de tratarte con bondad.
Volveré a reconstruirte,
y volverás a danzar
alegremente,
a ritmo de panderetas.
5 En las colinas de Samaria
volverás a plantar viñedos,
y disfrutarás de las uvas.
6 Muy pronto los guardias
gritarán
por las colinas de Efraín:
'¡Vengan, vayamos a Jerusalén,
y adoremos a nuestro Dios!' ''»

7 El Dios de Israel dice:

«¡Canten alegres, israelitas!
¡Ustedes son los más
importantes
entre todas las naciones!
En sus alabanzas canten:
''¡Tú, Dios nuestro,
nos salvaste!
¡Salvaste a los pocos israelitas
que aún quedábamos
con vida!''

8 »Yo los haré volver de
Babilonia;
los haré volver
de todos los rincones
del mundo,
y los llevaré a su tierra.
Serán muchos los que vuelvan.
Volverán los ciegos y los cojos,
las que estén embarazadas,
y las que llevan bebés
en brazos.
9 Vendrán arrepentidos,
con lágrimas en los ojos,
y yo los llevaré por un
camino seguro.
Israel, yo soy tu padre,
y tú eres mi hijo mayor».

10 Dios les dice a las naciones:

«Escuchen mi mensaje.
Digan a las islas lejanas
que yo dispersé a Israel

pero que volveré a reunirlo.
Ahora voy a cuidarlos,
como cuida el pastor a
sus ovejas.
¹¹ Rescataré a los israelitas;
los libraré del poder de
ustedes,
pues son más fuertes que
ellos.
¹² Cuando ellos lleguen a
Jerusalén
disfrutarán de mis
bendiciones.
Yo les daré trigo, vino y
aceite,
y también vacas y ovejas,
para que hagan fiesta.
Serán como un jardín bien
regado,
y nunca más perderán
su fuerza.
¹³ Yo les daré consuelo;
cambiaré su dolor en danza
y su tristeza en alegría.
Bailarán alegres jóvenes
y viejos.
¹⁴ Los sacerdotes
y mi pueblo
disfrutarán de mis
bendiciones,
y tendrán más de lo que
necesitan.
Les juro que así lo haré».

¹⁵ El Dios de Israel dice:

«Grandes llantos y lamentos
oyó la gente de Ramá.
Es Raquel, que llora
por la muerte de sus hijos,
y no quiere ser consolada».

¹⁶⁻¹⁷ Pero Dios le dice:

«Sécate las lágrimas, Raquel;
ya no sigas llorando
ni pierdas la esperanza.
Tus hijos volverán a su patria;
volverán de ese país enemigo,
y tu sufrimiento se verá
recompensado.
Te juro que así será».

¹⁸ »Ya he escuchado a mi
pueblo
llorar amargamente.
Los he oído reclamarme:

''Dios de Israel,
¡tú eres nuestro Dios!
éramos como un toro salvaje,
pero tú pudiste domarnos
y ahora sabemos obedecer.
¡Acéptanos de nuevo!

¹⁹ ''Cuando jóvenes, te
abandonamos;
pero ahora estamos
arrepentidos.
¡Estamos tan avergonzados
que nosotros mismos
nos herimos!''

²⁰ »Pero yo les he dicho:

''Ustedes son mi pueblo
preferido;
¡y los quiero más que a nadie!
Es verdad que los reprendo,
pero siempre pienso en
ustedes.
¡Los amo de todo corazón!
¡Les tengo un gran cariño!

²¹ ''Amado pueblo de Israel,
¡regresa ya a tus ciudades!
¡Pon señales en el camino
para que puedas encontrarlo!
²² ¡Deja ya de andar perdido!
¡Deja ya de serme infiel!
Yo soy el Dios de Israel,
y he creado algo nuevo
y sorprendente,
tanto que nadie podría
imaginárselo''».

El sueño de Jeremías
²³ En un sueño, el Dios todopoderoso me dijo:

«Cuando yo haga volver a los
israelitas del país donde ahora
son esclavos, los que viven en las
ciudades de Judá volverán a
decir:

''¡Dios te bendiga, Jerusalén!
¡Ciudad elegida por Dios!
¡Dios te bendiga, templo
de Dios,
pues en ti habita la justicia!''

²⁴ »Allí vivirán todos los que ahora viven en las ciudades de Judá,
junto con los campesinos y los

pastores de ovejas. ²⁵ A los que
tengan hambre les daré de
comer, y a los que tengan sed les
daré de beber».

²⁶ Cuando me desperté y abrí los
ojos, me di cuenta de que había
tenido un sueño muy hermoso.

Responsabilidad personal
²⁷ El Dios de Israel dice:

«Viene el día en que haré que
Israel y Judá vuelvan a poblarse
de gente y de animales. ²⁸ Así
como antes me dediqué a derri-
barlos, arrancarlos y destruirlos,
ahora me dedicaré a plantarlos,
reconstruirlos y ayudarlos a crecer. ²⁹ Cuando llegue ese día,
nadie volverá a decir: ''Los padres
la hacen, y los hijos la pagan'',
³⁰ porque cada quien será responsable de sus propios actos. En
otras palabras, cada uno de
ustedes morirá por su propio
pecado».

El nuevo pacto
³¹ El Dios de Israel dice:

«Viene el día en que haré un nuevo pacto con el pueblo de Israel y
con el pueblo de Judá. ³²⁻³³ En el
pasado, tomé de la mano a sus
antepasados y los saqué de
Egipto, y luego hice un pacto con
ellos. Pero no lo cumplieron, a
pesar de que yo era su Dios. Por
eso, mi nuevo pacto con el pueblo de Israel será este:

»Haré que mis enseñanzas
las aprendan de memoria,
y que sean la guía de su vida.
Yo seré su Dios,
y ellos serán mi pueblo.
Les juro que así será.

³⁴ »Ya no hará falta que unos
sean maestros de otros, y que les
enseñen a conocerme, porque
todos me conocerán, desde el
más joven hasta el más viejo. Yo
les perdonaré todas sus maldades, y nunca más me acordaré de
sus pecados. Les juro que así
será».

El gran poder de Dios

35 El Dios todopoderoso dice:

«Yo hago que el sol alumbre
de día,
y que la luna y las estrellas
alumbren de noche.
Yo hago que ruja el mar
y que se agiten las olas.
¡Yo soy el Dios de Israel!

36-37 »El día que estas leyes
naturales
lleguen a faltar,
ese día el pueblo de Israel
dejará de ser mi nación
preferida.
El día que alguien pueda
medir la altura del cielo
o explorar lo profundo
de la tierra,
ese día yo rechazaré a
mi pueblo
por todo el mal que ha hecho.
¡Pero eso nunca sucederá!
¡Les doy mi palabra!»

Jerusalén será reconstruida

38 El Dios de Israel dice:

«Viene el día en que Jerusalén, mi ciudad, será reconstruida desde la torre de Hananel hasta el portón de la Esquina, **39** y de allí hasta la colina de Gareb y el barrio de Goá. **40** Y serán dedicados a mí el valle donde se arrojan los cadáveres y las cenizas, y también los campos que llegan hasta el arroyo de Cedrón y hasta la entrada de los Caballos, en la esquina del este. ¡Nunca más la ciudad de Jerusalén volverá a ser arrancada ni destruida!»

Un plan maravilloso

32 **1-2** Dios me habló otra vez cuando el rey Sedequías me tenía preso en el patio de la guardia de su palacio. Fue en el tiempo en que el ejército babilonio tenía rodeada a la ciudad de Jerusalén. Para entonces Sedequías llevaba diez años de reinar en Judá, y Nabucodonosor llevaba dieciocho años como rey de Babilonia. **3-5** El rey Sedequías ordenó que me

encarcelaran porque yo anuncié un mensaje de parte de Dios. Este fue el mensaje:

«Yo, el Dios de Israel, voy a dejar que el rey de Babilonia conquiste la ciudad de Jerusalén. Ni siquiera Sedequías podrá escapar del poder de los babilonios. Ahora es rey, pero será derrotado por el rey de Babilonia. Será llevado preso, y en ese país se quedará hasta que yo decida otra cosa. Si ustedes quieren pelear contra los babilonios, háganlo; pero saldrán derrotados. Juro que así será».

6 Yo dejé en claro que Dios habló conmigo, **7-8** y que me dijo que mi primo Hanamel vendría a ofrecerme un terreno, para que yo se lo comprara. Hanamel era hijo de mi tío Salum, y su terreno estaba en Anatot, en el territorio de Benjamín. Y así fue. Hanamel vino al patio de la guardia, donde yo estaba preso, y me dijo que yo tenía el derecho y la responsabilidad de comprárselo para que el terreno quedara en familia. Con eso quedaba demostrado que Dios había hablado conmigo. **9** Entonces le compré a mi primo el terreno, y le pagué por él diecisiete monedas de plata.

10 Llamé a unos testigos, y delante de ellos le pagué y firmé la escritura del terreno.

11 Se hicieron dos copias de este documento, y en las dos copias se explicaban las condiciones de compraventa; una de ellas quedó sellada, y la otra quedó abierta. **12** Yo le entregué las dos copias a Baruc, que era hijo de Nerías y nieto de Maaseías. Esto lo hice delante de mi primo Hanamel, de los testigos que habían firmado la escritura, y de toda la gente de Judá que estaba sentada en el patio de la guardia. **13** También delante de ellos le dije a Baruc:

14 «El Dios todopoderoso te ordena recibir esta escritura, tanto la copia sellada como la copia abierta. Guárdalas en una vasija de

barro, para que no se echen a perder. **15** Dios nos promete que en este país volveremos a comprar casas, terrenos y viñedos».

16 Después de entregarle a Baruc la escritura, le pedí a Dios en oración:

17 «Dios de Israel. Tú, con tu extraordinario poder, has creado el cielo y la tierra. ¡No hay nada que tú no puedas hacer! **18** Demuestras tu gran amor a miles de personas, pero también castigas a los hijos por el pecado de sus padres. ¡Tú eres grande y poderoso! ¡Por eso te llaman Dios del universo! **19** Tus planes son maravillosos, pero aún más maravilloso es todo lo que haces. Tú estás al tanto de todo lo que hacemos, y a cada uno nos das lo que merecen nuestras acciones. **20** »Todos saben de los milagros que hiciste en Egipto, y de los que sigues haciendo en todo el mundo. **21** Tú nos sacaste de Egipto con gran poder, por medio de milagros que a todos llenaron de miedo. **22** Tú nos diste este país muy fértil, donde siempre hay abundancia de alimentos, tal como se lo habías prometido a nuestros antepasados.

23 »Pero cuando nuestros antepasados llegaron para habitar este país, no te obedecieron ni tuvieron en cuenta tus enseñanzas. ¡No cumplieron con lo que tú les mandaste hacer, y por eso los castigaste con esta desgracia! **24** Los ejércitos de Babilonia están listos para atacar a Jerusalén, y nuestra ciudad será conquistada por medio de la guerra, el hambre y las enfermedades.

»Dios de Israel, ¡tú mismo puedes ver cómo se cumple ahora todo lo que habías anunciado! **25** Si la ciudad está a punto de caer en manos de los babilonios, ¡para qué me ordenaste comprar un terreno delante de testigos!»

26 Entonces Dios me explicó:

27 «Jeremías, yo soy el Dios de

Israel y de todo el mundo. No hay absolutamente nada que yo no pueda hacer. **28** Tienes razón, voy a permitir que el rey de Babilonia y sus soldados se apoderen de Jerusalén. **29** El ejército babilonio atacará a Jerusalén, y les prenderá fuego a todas esas casas donde se quemaba incienso para adorar al dios Baal, y donde se presentaban ofrendas de vino en honor de los dioses falsos. Todo eso lo hacían para ofenderme. **30** Siempre, desde que comenzaron a existir como nación, el pueblo de Israel y el de Judá han hecho lo que les ha dado la gana.

»A mí me molesta mucho que adoren esos ídolos. ¡Son dioses que ellos mismos han fabricado! **31-32** Por eso voy a destruir a Jerusalén, pues desde que la construyeron, los habitantes de Judá y de Jerusalén no han dejado de ofenderme con su conducta. También los pueblos de Israel y de Judá, y sus reyes, jefes, sacerdotes y profetas, no han hecho más que ofenderme y hacerme enojar. **33** Por más que yo traté de enseñarles y corregirlos, ellos no me escucharon ni me prestaron atención; en vez de seguirme, se alejaron de mí. **34** Para colmo, ¡en mi propio templo colocaron sus asquerosos ídolos! ¡Eso no lo puedo aceptar! **35** También construyeron altares en el valle de Benhinom, para adorar a Baal. Pero lo que más aborrezco es que en esos altares ofrecieron a sus hijos y a sus hijas en honor del dios Moloc. Yo jamás les ordené que hicieran eso, ¡y ni siquiera me pasó por la mente! Así fue como hicieron pecar a los habitantes de Judá.

36 »Por eso yo, el Dios de Israel, te digo que lo que has anunciado es verdad: la ciudad de Jerusalén caerá en manos del rey de Babilonia por causa de la guerra, el hambre y la enfermedad. **37** Yo estoy muy enojado con mi pueblo, y por eso lo he dispersado por muchos países. Pero en el futuro, volveré a reunirlos, haré que vuelvan a Jerusalén, y entonces vivirán tranquilos y seguros. **38** Ellos serán mi pueblo, y yo seré su Dios. **39** Haré que tengan buenos pensamientos, y que cambien de conducta. Así me respetarán siempre, y eso será provechoso para ellos y para sus hijos. **40** Haré con ellos un pacto que durará para siempre. Estaré con mi pueblo en todo momento, y lo ayudaré; haré que me respete, y que no vuelva a alejarse de mí. **41** Con todo mi corazón volveré a establecerlo en esta tierra, y mi mayor alegría será que mi pueblo esté bien.

42 »Yo, el Dios de Israel, declaro: Así como le di a mi pueblo este castigo, también le daré todo lo bueno que le he prometido. **43** Ahora mi pueblo dice que esta tierra es un desierto, y que no tiene gente ni animales porque yo la puse en manos de los babilonios. Pero yo les aseguro a todos que volverán a comprar terrenos en este país. **44** Sí, volverán a comprar propiedades y firmarán y sellarán las escrituras delante de testigos. Esas compras las harán en el territorio de Benjamín y en los pueblos cercanos a Jerusalén, en las ciudades de Judá y en las ciudades de la región montañosa, y también en las ciudades de la llanura y en el desierto. Les juro que los haré volver de Babilonia».

Promesas de restauración

33 **1** Yo, Jeremías, todavía estaba preso en el patio de la guardia cuando Dios me habló una vez más y me dijo:

2 «Yo soy el Dios de Israel. Yo fui quien creó la tierra y la puso en su lugar. **3** Llámame y te responderé. Te haré conocer cosas maravillosas y misteriosas que nunca has conocido.

4-5 »¡Ya vienen los babilonios! ¡Atacarán a Jerusalén! Cuando la ataquen, destruirán todas las casas y llenarán de cadáveres la ciudad. Los israelitas se defenderán y buscarán protección en los palacios de los reyes de Judá; pero como yo estoy muy enojado con la gente de esta ciudad, los abandonaré y los destruiré, pues han cometido pecados terribles. **6** »Sin embargo, más adelante les devolveré la paz y la tranquilidad, y los haré disfrutar de una vida segura. **7** Haré que vuelvan del país adonde fueron llevados prisioneros, para que reconstruyan su ciudad y vuelva a ser tan fuertes como antes. **8** Los limpiaré de todas las maldades y pecados que cometieron contra mí, y les perdonaré su rebeldía. **9** La ciudad de Jerusalén vivirá en paz y bienestar, y recibirá mis bendiciones. Además, me dará fama y alegría. Cuando todas las naciones vean esto se asombrarán y temblarán de miedo».

10 Dios también me dijo:

«Según dicen ustedes, este lugar está destruido y no hay en él gente ni animales. Es verdad. Las ciudades de Judá están en ruinas, y por las calles de Jerusalén no se ve gente ni animales, pero yo les aseguro que de nuevo se poblará la ciudad, **11** y volverán oírse las serenatas de los enamorados, y los gritos de gozo y alegría. También se escucharán las alabanzas de los que van hacia mi templo llevando ofrendas de agradecimiento. Irán cantando:

''¡Alabemos al Dios de Israel!
¡Alabemos al Dios
todopoderoso!
¡Nuestro Dios es bueno
y nunca deja de amarnos!''

»¡Yo les juro que los haré volver del país adonde fueron llevados prisioneros, y todo volverá a ser como al principio!»

12-13 Además, el Dios todopoderoso me dijo:

«Este lugar está ahora destruido, y no hay en él gente ni animales. Pero yo les aseguro que el pasto volverá a crecer en los pueblos, y abundarán las ovejas. Los pastores las alimentarán en la región montañosa, en todos los pueblos de Judá y de la llanura, en el Négueb, en el territorio de Benjamín y en los pueblos cercanos a Jerusalén.

14 »Viene el día en que cumpliré la promesa maravillosa que les hice a la gente de Israel y de Judá. **15** Cuando llegue ese día, en el momento preciso nombraré a un rey de la familia de David, que reinará con honradez y justicia. **16** Entonces el reino de Judá estará a salvo, y en Jerusalén habrá seguridad. Por eso la llamarán ''Dios es nuestra justicia''. **17** »En Israel siempre habrá un rey de la familia de David. **18** De igual manera, siempre tendré a mi servicio sacerdotes que desciendan de Leví. Ellos presentarán en mi altar las ofrendas de cereal que se queman en mi honor, y también las que se me ofrecen todos los días».

Dios es fiel

19 Dios volvió a hablarme, y me dijo:

20-26 «Jeremías, fíjate en el sol y la luna, que siempre salen a su debido tiempo. Eso no cambia nunca, como tampoco cambiará el pacto que hice con mi servidor David, con los sacerdotes, y con los descendientes de Abraham, Isaac y Jacob. Nunca faltará en Israel un rey de la familia de David, ni faltarán sacerdotes de la familia de Leví. Serán tan numerosos como las estrellas del cielo, y como los granos de arena del mar; nadie podrá contarlos.

»Jeremías, hay gente que odia a mi pueblo, y lo desprecia como nación. Dicen que primero elegí a Israel y Judá, y que hasta hice un pacto con ellos, pero que ahora los he rechazado. Pero yo siempre cumplo mis pactos, así que los haré volver del país adonde fueron llevados prisioneros».

Advertencia al rey Sedequías

34 **1** El rey de Babilonia estaba atacando a Jerusalén y a sus ciudades vecinas, con el apoyo de todo su ejército y de los reinos y naciones bajo su dominio. Mientras esto sucedía, Dios me habló y me dijo:

2 «Jeremías, ve y dile de mi parte al rey Sedequías:

''Yo soy el Dios de Israel, y quiero decirte algo. Voy a permitir que el rey de Babilonia conquiste Jerusalén y le prenda fuego. **3** Tú no podrás escapar de su poder, sino que serás capturado y entregado en sus manos. Te llevarán ante su presencia, y después de eso serás llevado prisionero a Babilonia. **4** Pero te prometo que no morirás en la batalla, **5** sino que morirás en paz. Cuando mueras, la gente se pondrá muy triste y quemará incienso en tu honor, como lo hicieron con tus antepasados''».

6 Yo fui a Jerusalén y le dije todo esto al rey Sedequías. **7** Mientras tanto, el ejército del rey de Babilonia estaba atacando las ciudades de Jerusalén, Laquis y Azeca. Estas ciudades eran las únicas protegidas por grandes murallas, y por eso aún no habían sido conquistadas.

Los esclavos son liberados

8 Dios volvió a hablarme después de que el rey Sedequías y toda la gente de Jerusalén decidieron liberar a los esclavos. **9** Según esa decisión, ningún israelita debía esclavizar a sus compatriotas, sino que debían ponerlos en libertad. **10** Los jefes y toda la gente estuvieron de acuerdo en hacerlo así, **11** pero después se arrepintieron y volvieron a hacerlos sus esclavos. **12** Por eso Dios me dijo:

13 «Jeremías, yo soy el Dios de Israel. Los antepasados de ustedes vivieron como esclavos en Egipto. Cuando yo los saqué de ese país hice un pacto con ellos. Parte de ese pacto establecía **14** que cada siete años dejarían libre a todo esclavo israelita que hubieran comprado. Esto significa que todo esclavo debía ser liberado después de siete años de servicio. Sin embargo, sus antepasados no me hicieron caso ni respetaron mi pacto.

15 »En cuanto a ustedes, al principio se arrepintieron de sus pecados, volvieron a obedecerme y pusieron en libertad a sus esclavos. Además, hicieron un pacto conmigo en mi templo. **16** Pero después cambiaron de parecer y me ofendieron; volvieron a esclavizar a los mismos que ustedes ya habían puesto en libertad.

17-18 »Ustedes me desobedecieron. No cumplieron con su parte del pacto, pues no dejaron en libertad a los esclavos. Por eso yo declaro que voy a enviar contra ustedes guerra, enfermedad y hambre. ¡Haré que se conviertan en motivo de espanto para todas las naciones de la tierra! Recuerden que cuando hicieron el pacto conmigo, cumplieron con la ceremonia de cortar el toro en dos, y dijeron: ''Así nos haga Dios si no cumplimos el pacto''. Pues ahora, como no lo cumplieron, los haré pedazos. **19** Esto va para todos los jefes de Judá y de Jerusalén, los oficiales de la corte, los sacerdotes, y para todos los que hicieron el juramento. **20** A todos los entregaré en manos de sus enemigos, para que los maten. ¡Sus cadáveres servirán de alimento a los buitres y a las fieras salvajes!

21 »Los enemigos del rey Sedequías y de sus jefes quieren matarlos. Y aunque por ahora el rey de Babilonia ha dejado de atacar a Jerusalén, más tarde yo los pondré en sus manos, para que los maten. **22** Yo haré que los babilonios vuelvan a atacar a Jerusalén; ¡dejaré que se apoderen de ella, y que la quemen! La destrucción de las ciudades de Judá será total, ¡nadie podrá volver a vivir en ellas!»

Los descendientes de Recab

35 **1** Cuando Joacín hijo de Josías era el rey de Judá, Dios me habló de nuevo y me dijo: **2** «Jeremías, quiero que vayas a hablar con los descendientes de Recab. Invítalos a venir a una de las salas de mi templo. Una vez que estén allí, ofréceles una copa de vino».

3 Yo fui en busca de Jaazanías, hijo de mi tocayo Jeremías y nieto de Habasinías. También fui en busca de todas las familias descendentes de Recab, **4** y las llevé al templo. Nos reunimos en la sala de los hijos de Hanán hijo de Igdalías, que era un hombre de Dios. Esta sala se encontraba junto a la de los jefes, y estaba encima de la de Maaseías hijo de Salum, que era el que vigilaba la entrada del templo. **5** Allí les ofrecí vino a todos ellos, **6-10** pero me respondieron que ni ellos ni sus hijos acostumbraban beber vino, porque su antepasado Jonadab hijo de Recab se lo había prohibido. También me dijeron que tenían prohibido sembrar semillas, plantar viñedos, tener propiedades y construir casas. Jonadab les había dicho que, si querían vivir mucho tiempo en la tierra donde vivían como peregrinos, tenían que habitar siempre en carpas.

Los recabitas habían seguido al pie de la letra todas las instrucciones de su antepasado Jonadab. **11** Pero cuando el rey de Babilonia invadió Israel, ellos decidieron refugiarse en Jerusalén, para escapar del ejército de Babilonia y de Siria.

12-13 Entonces el Dios de Israel me dijo:

«Jeremías, ve y dile a toda la gente de Judá y de Jerusalén que se fijen en el ejemplo de los recabitas. Eso es lo que yo quiero: que obedezcan sin falta mis mandamientos. **14** Jonadab les ordenó que no bebieran vino, y hasta el día de hoy siguen obedeciendo esa orden. Ustedes, en cambio, no me hacen caso, aun cuando una y otra vez les he pedido que me obedezcan. **15** Siempre les he mandado a mis profetas, para decirles que

dejen de hacer lo malo y no adoren a otros dioses. Les he pedido que me obedezcan, para que puedan vivir en la tierra que les prometí a ustedes y a sus antepasados. Sin embargo, ustedes insisten en desobedecerme. **16** Los descendientes de Jonadab siempre han obedecido la orden de su antepasado; en cambio, ustedes nunca han sido obedientes.

17 »Por eso ahora les anuncio todos los castigos que enviaré sobre Judá y sobre todos los que viven en Jerusalén. Los voy a castigar porque no han prestado atención a mis palabras ni han obedecido mis mandamientos. Yo, el Dios todopoderoso, les juro que así será».

18 Yo fui y hablé con los recabitas. Les dije:

«El Dios todopoderoso me manda a decirles lo siguiente:

''Ustedes siempre han obedecido las órdenes de su antepasado Jonadab. Han seguido al pie de la letra todas sus instrucciones. **19** Por eso, yo les prometo que uno de sus descendientes siempre estará a mi servicio''».

El libro dictado por Jeremías
36 **1** Cuando Joacín hijo de Josías tenía cuatro años de reinar en Judá, Dios me habló. Me dijo:

2 «Jeremías, ve y consigue unos pedazos de cuero. Quiero que escribas en ellos todo lo que te he dicho acerca de Israel, de Judá y de las otras naciones. Escribe todo lo que ha sucedido desde la época del rey Josías hasta hoy. **3** Tal vez los de Judá cambien su mala conducta cuando se enteren de los terribles castigos que pienso darles. Si lo hacen, yo les perdonaré sus horribles pecados».

4 Llamé entonces a Baruc hijo de Nerías, y le dicté todo lo que Dios me había dicho. Una vez que

Baruc lo había escrito, **5** le dije:

«Yo no puedo ir al templo de Dios, porque estoy preso. **6** Así que tendrás que ir tú. Irás el día que la gente hace ayuno, y leerás en voz alta todo lo que te he dictado. Son las palabras mismas de Dios. Asegúrate de que te escuchen todos los que viven en Jerusalén, y toda la gente que haya venido al templo desde las otras ciudades de Judá. **7** Tal vez se arrepientan y cambien de conducta cuando sepan que Dios está muy enojado con ellos, y que los ha amenazado».

8-10 Tal como se lo ordené, Baruc fue al templo y entró en el patio superior, que estaba a la entrada del Portón Nuevo. Allí había una sala, que era del secretario llamado Guemarías hijo de Safán. Desde aquella sala, Baruc leyó ante el pueblo todo lo que yo le había dictado.

Ese día se les pidió a todos los habitantes de Judá que ayunaran para honrar a Dios. En ese entonces Joacín hijo de Josías tenía cinco años y nueve meses de reinar en Judá.

11-13 Uno de los que escucharon a Baruc fue Miqueas, que era hijo de Guemarías y nieto de Safán. Y en cuanto Baruc terminó de leer, Miqueas bajó a la sala del secretario, en el palacio del rey, y les contó a los que allí estaban todo lo que había oído. Allí estaban reunidos el secretario Elisamá, Delaías, Elnatán, Guemarías y Sedequías, que eran jefes de Judá. **14** Al oír eso, todos ellos mandaron a decirle a Baruc que les llevara el libro que había leído. El encargado de llevarle el mensaje fue Jehudí hijo de Netanías, que era nieto de Selemías y bisnieto de Cusí. Baruc obedeció y fue adonde ellos estaban. **15** Los jefes lo invitaron a sentarse y le dijeron:

—Por favor, léenos lo que dice el libro.

Baruc les leyó el libro. **16-17** Cuando terminó de leer, los jefes se miraron unos a otros y, con mucho miedo, le dijeron:

—Esto tiene que saberlo el rey. Pero, dinos, ¿de dónde sacaste todo esto? ¿Acaso te lo dictó Jeremías?

18 Y Baruc les respondió:

—Así es. Jeremías me dictó todo lo que dice el libro, y yo fui quien lo escribí.

19 Entonces los jefes le dijeron:

—Pues tú y Jeremías van a tener que esconderse ahora mismo. ¡Y que nadie sepa dónde están escondidos!

20 En seguida los jefes dejaron el libro en la sala del secretario Elisamá, y fueron a ver al rey para contarle todo lo que habían escuchado. **21** Entonces el rey mandó a Jehudí a buscar el libro. Cuando Jehudí volvió, le leyó el libro al rey y a todos los jefes que estaban con él. **22** Era el mes de Quislev, y hacía frío, así que el rey estaba en su casa de invierno, sentado junto a un calentador. **23** A medida que Jehudí leía tres o cuatro columnas, el rey las cortaba con una navaja y las arrojaba al fuego. Así lo hizo, hasta quemar todo el libro.

24 Mientras el rey y los jefes escuchaban las palabras escritas en el libro, no tuvieron miedo ni se mostraron arrepentidos. **25** Elnatán, Delaías y Guemarías le rogaban al rey que no quemara el libro, pero él, en vez de hacerles caso, **26** mandó que a mí y a Baruc nos metieran en la cárcel. En seguida salieron a buscarnos su hijo Jerahmeel, Seraías hijo de Azriel, y Selemías hijo de Abdeel, pero Dios no permitió que nos encontraran.

27 Después de que el rey quemó todo el libro que yo le había dictado a Baruc, Dios me habló de nuevo. Me dijo:

28 «Jeremías, ve y consigue más pedazos de cuero, y vuelve a escribir en ellos todo lo que estaba escrito antes y que Joacín quemó. **29** Además, ve a hablar con Joacín, y dile de mi parte lo siguiente:

"Tú quemaste aquel libro, y te atreviste a reclamarle a Jeremías por haberlo escrito. Pero no dudes ni por un momento que el rey de Babilonia va a destruir este país, y va a acabar con todas las personas y con todos los animales que aquí viven. **30** Y quiero que sepas, Joacín, que ninguno de tus hijos llegará a ser rey de Judá. Tu cadáver no será enterrado, sino que quedará al aire libre, recibiendo el calor del día y el frío de la noche. **31** Yo castigaré tu pecado, el de tus hijos y el de tus sirvientes. Voy a mandar una desgracia contra ellos, y contra los que viven en Jerusalén y en Judá. ¡Y todo esto les pasará porque no me hicieron caso!"»

32 Yo fui y conseguí otros pedazos de cuero, y se los di al secretario Baruc, para que escribiera en ellos todo lo que yo le dictara. Y le dicté lo mismo que decía en el libro que el rey Joacín había quemado, aunque esta vez agregué muchas otras cosas.

Jeremías en la cárcel

37 **1** El rey de Babilonia ordenó que Sedequías hijo de Josías pasara a ser rey de Judá, en lugar de Joaquín hijo de Joacín. **2** Pero ni Sedequías ni sus sirvientes ni la gente de Judá hicieron caso del mensaje que yo les anuncié de parte de Dios. **3** Sin embargo, el rey Sedequías me envió un mensaje por medio de Jucal hijo de Selemías, y del sacerdote Sofonías hijo de Maaseías. En ese mensaje me pedía orar a Dios por ellos.

4 En aquel tiempo yo podía andar libremente entre la gente, pues todavía no me habían metido en la cárcel. **5** Por aquellos días los babilonios habían dejado de atacar a Jerusalén y se habían regresado a su país, pues se habían enterado de que el ejército egipcio se había puesto en marcha para ayudar a los de Judá. **6** Entonces Dios me dio este mensaje:

7 «Jeremías, ve y diles a los mensajeros que envió el rey Sedequías, que el ejército del rey de Egipto salió en su ayuda, pero se devolverá a su país. **8** Diles también que los babilonios volverán a atacar a Jerusalén, y que la conquistarán y le prenderán fuego. **9** Así que no canten victoria antes de tiempo. Se equivocan si creen que los babilonios no van a volver. Yo les aseguro que volverán a atacarlos. **10** Y aun si ustedes llegaran a derrotarlos, y en el campamento quedaran sólo unos cuantos babilonios heridos, esos pocos heridos se levantarán y le prenderán fuego a esta ciudad».

11 Cuando el ejército egipcio estuvo cerca de Jerusalén, el ejército babilonio se retiró de la ciudad. **12** Entonces yo intenté salir de Jerusalén para ir al territorio de Benjamín, pues iba a recibir una herencia. **13** Pero al llegar al Portón de Benjamín, me detuvo Irías, que era hijo de Selemías y nieto de Hananías. Como era capitán de la guardia, me dijo:

—¡Así que quieres unirte a los babilonios!

14 Yo le contesté que no era esa mi intención, pero Irías no me creyó. Al contrario, me arrestó y me llevó ante los asistentes del rey. **15** Como ellos estaban muy enojados conmigo, mandaron que me golpearan en la espalda y que me encerraran en la casa del secretario Jonatán, la cual habían convertido en prisión. **16** Me encerraron en una celda que estaba en el sótano, y allí me dejaron mucho tiempo. **17** Finalmente, el rey Sedequías ordenó que me llevaran a su palacio, y allí, sin que nadie se enterara, me preguntó:

—Jeremías, ¿tienes algún mensaje de Dios para mí?

Yo le contesté:

—Así es, y el mensaje es que usted caerá en poder del rey de Babilonia. **18** Además, quiero hacerle a usted algunas preguntas personales: ¿Qué crimen he cometido contra Su Majestad? ¿Qué mal le he hecho a usted, o a sus ministros o a este pueblo? Yo no merezco estar en la cárcel. **19** Dígame usted dónde están sus profetas, esos que decían que el rey de Babilonia nunca atacaría este país. **20** Yo le ruego a Su Majestad que me tenga compasión. Por favor, ¡no me mande de nuevo a la casa del secretario Jonatán! ¡No me deje usted morir encerrado en ese lugar!

21 Entonces el rey Sedequías ordenó que me encerraran en el patio de la guardia, y ordenó también que todos los días me llevaran pan fresco del que vendían en la calle de los Panaderos. Fue así como me dejaron encerrado en el patio de la guardia. Y todos los días me llevaban de comer, hasta que ya no hubo más pan en toda la ciudad.

Jeremías es arrojado en un pozo
38 **1** Tiempo después, cuando yo estaba hablando a la gente, Sefatías, Guedalías, Jucal y Pashur, que eran mis enemigos, me escucharon decir:

2-3 «Dios dice que Jerusalén caerá definitivamente bajo el poder del ejército del rey de Babilonia. Dios dice también que los que se queden en Jerusalén morirán en la guerra, o de hambre o de enfermedad. Por el contrario, los que se entreguen a los babilonios sal-

varán su vida. Serán tratados como prisioneros de guerra, pero seguirán con vida».

4 Por eso algunos jefes fueron a decirle al rey:

—¡Hay que matar a Jeremías! Lo que él anuncia está desanimando a los soldados y a la gente que aún queda en la ciudad. Jeremías no busca nuestro bien; al contrario, nos desea lo peor.

5 Sedequías les respondió:

—Yo soy el rey, pero no voy a oponerme a lo que ustedes decidan. ¡Hagan lo que quieran!

6 Entonces los jefes fueron a atraparme. Primero me ataron con sogas, y luego me bajaron hasta el fondo de un pozo, el cual estaba en el patio de la guardia y pertenecía a Malquías, el hijo del rey. Como el pozo no tenía agua sino barro, yo me hundí por completo.

7 En el palacio del rey trabajaba un hombre de Etiopía, que se llamaba Ébed-mélec, el cual supo que me habían arrojado al pozo. Un día en que el rey estaba en una reunión, frente al portón de Benjamín, **8** Ébed-mélec salió del palacio real y fue a decirle al rey:

9 —Su Majestad, esta gente está tratando a Jeremías con mucha crueldad. Lo han echado en el pozo, y allí se va a morir de hambre, pues ya no se consigue pan en la ciudad.

10 Entonces el rey le ordenó:

—Bien, Ébed-mélec. Busca a tres hombres, y diles que te ayuden a sacar de allí a Jeremías, antes de que se muera.

11 Ébed-mélec fue entonces con aquellos hombres, y del depósito de ropa del palacio real sacó ropas y trapos viejos. Luego ató toda esa ropa y la bajó hasta el

fondo del pozo, donde estaba yo. **12** Entonces me dijo:

—Jeremías, colócate estos trapos bajo los brazos, para que las sogas no te lastimen.

Yo seguí sus instrucciones, **13** y aquellos hombres tiraron de las sogas y me sacaron del pozo. A partir de ese momento, me quedé en el patio de la guardia.

Sedequías vuelve a interrogar
a Jeremías
14 Poco tiempo después, el rey Sedequías ordenó que me llevaran a la tercera entrada del templo, y allí me dijo:

—Jeremías, quiero preguntarte algo, y espero que me digas todo lo que sepas.

15 Yo le contesté:

—No tiene caso; cualquiera que sea mi respuesta, usted me mandará a matar; y si le doy un consejo, no me va a hacer caso.

16 Pero, sin que nadie se diera cuenta, el rey me hizo este juramento:

—¡No pienso matarte, ni tampoco pienso dejar que te maten! ¡Eso te lo juro por el Dios que nos ha dado la vida!

17 Entonces le dije:

—El Dios todopoderoso asegura que, si todos ustedes se rinden ante los jefes del rey de Babilonia, tanto Su Majestad como su familia se salvarán de morir, y evitará que le prendan fuego a la ciudad. **18** Si no se rinden, entonces el ejército babilonio conquistará la ciudad y le prenderá fuego, y usted no podrá escapar.

19 El rey Sedequías me respondió:

—Francamente, tengo miedo de los judíos que se han unido a los babilonios. Si llego a caer en sus manos, no me irá nada bien.

20 Yo le aseguré:

—Dios ha dicho que si Su Majestad obedece, todo saldrá bien y esos judíos no le harán ningún daño. **21** Por el contrario, si Su Majestad no se rinde ante los babilonios, **22** todas las mujeres que aún quedan en su palacio caerán en manos de los jefes del rey de Babilonia. Entonces esas mismas mujeres le dirán a Su Majestad:

''Tus amigos te engañaron
y te vencieron.
¡Eso te pasa por confiar
en ellos!
Tus amigos te abandonaron
por completo,
y ahora estás con el agua
hasta el cuello''.

23 »Todas las mujeres y los hijos de Su Majestad caerán bajo el poder de los babilonios, y la ciudad será quemada. ¡Ni siquiera usted logrará escapar!

24 Sedequías me amenazó:

—Escúchame, Jeremías: si en algo aprecias tu vida, más te vale quedarte callado, y que nadie sepa nada de esto. **25** Si los jefes llegan a saber que he hablado contigo, seguramente te van a preguntar de qué hablamos, y si no les dices todo te amenazarán de muerte. **26** Te aconsejo que les digas que viniste a verme, para que no te mande de nuevo a la casa de Jonatán, pues no quieres morir allí.

27 Y así sucedió. Todos los jefes vinieron a interrogarme. Pero yo les dije exactamente lo que el rey me ordenó. Después de eso, no volvieron a molestarme; así que nadie se enteró de lo que habíamos hablado. **28** Y yo me quedé en el patio de la guardia, viviendo como un prisionero,

hasta el día en que Jerusalén fue conquistada.

La derrota de Jerusalén

39 **1** Sedequías llevaba diez años y nueve meses de reinar en Judá cuando el rey de Babilonia y sus soldados marcharon contra la ciudad de Jerusalén y la atacaron. **2-3** Durante más de año y medio la tuvieron rodeada, y finalmente pudieron abrirse paso a través de un hueco en el muro de la ciudad. Por ese hueco pasaron todos los jefes del rey de Babilonia, y fueron a instalarse en la entrada principal. Los jefes eran: Nergal-sarézer, Samgar, Nebo-sarse-quim, que era un alto oficial, otro Nergal-sarézer, que también era un alto funcionario, y todos los otros jefes del rey de Babilonia. Esto ocurrió el día nueve del mes de Tammuz,[I] del año once del reinado de Sedequías.

4 El rey Sedequías se dio cuenta de que Jerusalén había sido conquistada; por eso él y todos sus soldados huyeron de la ciudad. Salieron de noche por el jardín del rey y, luego de pasar por el portón que está entre los dos muros, se dirigieron hacia el valle del Jordán. **5** Pero el ejército babilonio los persiguió y los alcanzó cerca de Jericó. Allí capturaron a Sedequías y lo llevaron ante el rey de Babilonia, que en ese momento estaba en Riblá, en el territorio de Hamat. Allí mismo el rey decidió el castigo que se le daría a Sedequías. **6** En primer lugar, mandó que mataran delante de él a sus hijos y a todos los hombres importantes de Judá; **7** luego mandó que a Sedequías le sacaran los ojos, y para terminar mandó que lo sujetaran con cadenas de bronce y lo llevaran preso a Babilonia. **8** Los babilonios quemaron el palacio del rey y todas las casas de la ciudad, y derribaron los muros de Jerusalén. **9** El comandante de la guardia personal del rey, que se llamaba Nebuzaradán, se llevó

presos a Babilonia a todos los que quedaban en Jerusalén, y también a los que apoyaron a los babilonios. **10** En el territorio de Judá dejó solamente a los más pobres, y a ellos les dio campos y viñedos.

11-12 El rey de Babilonia le ordenó a Nebuzaradán que me vigilara muy bien, y le dijo: «No le hagas ningún daño, y dale todo lo que necesite». **13** Entonces, el comandante de la guardia y otros oficiales del rey de Babilonia **14** ordenaron que me sacaran del patio de la guardia, y que me entregaran a un tal Guedalías, que era hijo de Ahicam y nieto de Safán. Como Guedalías me permitió regresar a mi casa, yo me quedé a vivir con la gente de la ciudad.

15 Recuerdo que cuando estuve preso en el patio de la guardia, Dios me dijo:

16 «Jeremías, quiero que hables con Ébed-mélec, el etíope. Dile de mi parte que a Jerusalén no le va a ir nada bien, pues le voy a enviar un terrible castigo. Dile que yo, el Dios de Israel, lo he anunciado, y él estará allí cuando eso ocurra. **17** Dile además que yo me comprometo a no dejarlo caer en manos de los babilonios. Ébed-mélec les tiene miedo, **18** pero yo le aseguro que no permitiré que lo maten. Le salvaré la vida, y así lo recompensaré por haber confiado en mí».

Jeremías sale de la cárcel

40 **1-2** Dios volvió a hablarme cuando me llevaban a Babilonia junto con los prisioneros de Judá y Jerusalén. Cuando llegamos a Ramá, el comandante Nebuzaradán me quitó las cadenas y me dijo a solas:

«El Dios de Israel me pidió que te dijera que él mandó este desastre sobre tu país, **3** para cumplir con sus amenazas. Ustedes se rebelaron contra él y fueron muy desobedientes. Por eso les pasó todo esto. **4** Ahora mismo voy a quitarte de las manos esas cadenas. Si quieres, puedes venir conmigo a Babilonia; ahí yo te cuidaré muy bien. Si no quieres, puedes irte a donde quieras. ¡Toda la tierra está a tu disposición!»

5 Como Nebuzaradán me vio indeciso, me dijo:

«El rey de Babilonia ha nombrado a Guedalías como gobernador de las ciudades de Judá. Creo que te conviene quedarte a vivir en este lugar, con él y con tu pueblo. Pero estás en libertad de ir adonde quieras».

Dicho esto, Nebuzaradán me dio bastante comida y un regalo, y me dejó ir. **6** Fue así como me quedé en Israel, con la gente de Judá que no fue llevada prisionera a Babilonia. Me quedé a vivir en Mispá, cerca de la casa de Guedalías.

Plan para matar a Guedalías

7-8 El rey de Babilonia nombró a Guedalías gobernador de Judá. Lo puso a cargo de los que se habían quedado allí, que eran los más pobres del país. Cuando se supo la noticia, algunos jefes y soldados de Judá todavía estaban en el campo. Entonces fueron a Mispá, junto con los soldados que estaban bajo su mando, y se presentaron ante Guedalías. Entre ellos estaban Ismael, los hermanos Johanán y Jonatán, Seraías, Jezanías y los hijos de Efai. **9** Guedalías les dio ánimo a todos ellos, y les hizo la siguiente promesa:

«No tengan miedo de los babilonios. Quédense a vivir en Babilonia, y ríndanse al rey. Yo les prometo que les irá bien. **10** Voy a quedarme a vivir en Mispá, y cuando los babilonios vengan acá, yo hablaré a favor de ustedes. Sólo les pido que vuelvan a sus ciudades, y que se encarguen de cosechar los frutos de verano, y de

almacenar el vino y el aceite».

11 Los judíos que estaban en Moab, Amón y Edom se enteraron de que el rey de Babilonia había dejado en Judá a unos cuantos judíos, y que había puesto a Guedalías como gobernador de Judá. También lo supieron los judíos que vivían en otros países, **12** así que todos ellos vinieron a volver a establecerse en Judá. En cuanto llegaron, fueron a presentarse ante el gobernador Guedalías, que estaba en Mispá. También ellos se dedicaron a cosechar los frutos de verano y a guardar mucho vino en las bodegas.

13 Un día, Johanán hijo de Caréah fue a Mispá para hablar con Guedalías. Lo acompañaron todos los jefes militares que estaban en el campo. **14** Al llegar, le dijeron:

—Queremos advertirte que Baalís, el rey de Amón, quiere matarte. Para eso ha contratado a Ismael hijo de Netanías.

Como Guedalías no les creyó, **15** Johanán le propuso en secreto:

—Guedalías, no podemos permitir que ese Ismael te mate. Si llega a matarte, se dispersarán todos los judíos que se han puesto a tus órdenes, y con eso Judá acabará de hundirse. ¡Déjame ir a matarlo! ¡Te prometo que nadie sabrá quién lo hizo!

16 Pero Guedalías le advirtió a Johanán:

—¡Ni si te ocurra hacerlo! ¡Eso que me dices de Ismael es pura mentira!

Muerte de Guedalías

41 **1** Ismael era hijo de Netanías y nieto de Elisamá. Había servido como oficial del rey de Judá, pues pertenecía a la familia del rey. En el mes de Etanim, Ismael fue a Mispá y se presentó ante el gobernador Guedalías. Iba acompañado de diez soldados. Guedalías invitó a

comer a Ismael y a sus acompañantes. Allí en Mispá, **2** mientras comían, Ismael y sus hombres se levantaron y mataron a Guedalías. **3** Ismael mató también a todos los judíos y soldados babilonios que estaban allí.

4 Al día siguiente, nadie se había enterado todavía del asesinato de Guedalías. **5** Entonces llegaron ochenta hombres de Siquem, Siló y Samaria. Iban al templo para presentar ofrendas y quemar incienso en honor de Dios. Iban sin barba, con la ropa rota y con el cuerpo lleno de heridas que ellos mismos se habían hecho. **6** Como Ismael todavía estaba en Mispá, salió a su encuentro. Mientras avanzaba, fingía estar tan triste como ellos. Cuando estuvo cerca, les dijo:

—¡Vengan a saludar al gobernador Guedalías!

7-9 Pero antes de que llegaran al centro de la ciudad, Ismael y sus hombres comenzaron a matarlos, y los iban arrojando en un pozo seco. Ese pozo había sido construido por el rey Asá de Judá, para defenderse de los ataques del rey Baasa de Israel. En ese mismo pozo habían arrojado el cadáver de Guedalías. El pozo ya se estaba llenando de cadáveres, cuando diez de los ochenta hombres le rogaron a Ismael:

—¡No nos mates! ¡En el campo tenemos escondido mucho trigo, cebada, aceite y miel!

Ismael los dejó con vida, **10** pero se llevó prisioneras a las hijas del rey, y también a la gente que se había quedado en Mispá, y que Nebuzaradán había puesto bajo el cuidado de Guedalías. Con toda esa gente prisionera, Ismael se dirigió a la región de los amonitas. **11-12** Cuando se supo lo que había hecho Ismael, salieron a perseguirlo Johanán hijo de Caréah y todos los jefes militares que estaban con él. Lo alcanzaron cerca del gran pozo de agua que está en Gabaón. **13** Todos los prisioneros que llevaba Ismael se pusieron muy alegres cuando vieron a Johanán y a todos los jefes militares, **14** y en seguida se dieron vuelta y se fueron con Johanán. **15** Pero Ismael y ocho de sus hombres lograron escapar y huyeron hacia la región de los amonitas.

El pueblo quiere escaparse a Egipto
16 Johanán y los jefes militares que lo acompañaban rescataron a los que Ismael se había llevado desde Mispá, luego de haber asesinado a Guedalías. Entre ellos había mujeres, niños, soldados y oficiales del rey. **17** Luego comenzaron el largo viaje de regreso, y descansaron en Guerut-quimam, un lugar de descanso que está junto a Belén. De allí pensaban seguir hasta Egipto, **18** para escaparse de los babilonios. Tenían mucho miedo de ellos porque Ismael había matado al gobernador Guedalía.

42 **1-2** Pero Johanán y Azarías hijo de Hosaías vinieron a hablar conmigo, junto con los jefes militares y el pueblo, desde el más viejo hasta el más joven. Me dijeron:

—Por favor, Jeremías, atiéndenos y pídele a Dios por todos nosotros. Tú bien sabes que antes éramos muchos, pero ahora sólo quedamos muy pocos. **3** Pídele a Dios que nos diga a dónde tenemos que ir, y qué debemos hacer.

4 Yo les contesté:

—Está bien. Voy a rogarle a Dios por ustedes, tal como me lo han pedido. Todo lo que él me diga, yo se lo diré a ustedes. No les voy a esconder nada.

5-6 Ellos me prometieron:

—Haremos todo lo que Dios nos mande hacer, nos guste o no nos guste. Ponemos a Dios como testigo fiel y verdadero de que cumpliremos nuestra promesa. Si le obedecemos, estamos seguros de que nos irá bien.

7 Días después, Dios me habló. **8** Entonces yo llamé a Johanán y a todos los que habían venido con él, **9** y les dije:

«El Dios todopoderoso me manda a decirles **10** que se queden a vivir en Babilonia, y les promete que no volverá a destruirlos, sino que los bendecirá. ¡Le duele mucho haber tenido que castigarlos! **11** No tengan miedo del rey de Babilonia. Pueden estar seguros de que el Dios de Israel va a protegerlos y a salvarlos del poder de ese rey. **12** Dios tendrá compasión de ustedes, y hará que también el rey de Babilonia los trate bien y les permita volver a su país.

13-15 »Pero si ustedes se desobedecen, y en vez de quedarse a vivir aquí deciden irse a vivir a Egipto, entonces deben prestar mucha atención. Ustedes creen que si se van a Egipto, no correrán ningún peligro. **16** Pero yo les aseguro que también allá sufrirán a causa de la guerra y el hambre, y allí morirán. **17** Una vez más les digo: todos los que decidan irse a vivir a Egipto morirán en la guerra, o de hambre, o de alguna enfermedad. ¡Ninguno podrá librarse del terrible castigo que voy a mandarles!

18 »El Dios de Israel les advierte que, así como se enfureció contra los que vivían en Jerusalén, así también se enojará contra los que se vayan a Egipto. La gente se burlará de ustedes y los atacará. ¡Nunca volverán a ver este lugar!

19 »Recuerden que Dios les ha dicho que no vayan a Egipto. Ustedes son los únicos que quedan de Judá, y deben entender bien lo que les estoy diciendo. **20** Ustedes mismos me pidieron que le rogara a Dios por ustedes, y se comprometieron a cumplir todo lo que él les ordenara hacer. **21** Hoy les he dicho lo que Dios quiere que hagan. Sin embargo,

ustedes no quieren obedecer. **22** Por eso yo les aseguro que, si insisten en irse a vivir a Egipto, morirán en la guerra, o de hambre o de enfermedad».

Babilonia derrota a Egipto
43 **1** Yo le comuniqué al pueblo todo lo que Dios me había dicho, **2** pero Azarías y Johanán, y otras personas muy creídas, me contestaron:

«Jeremías, tú nos dices que no vayamos a vivir a Egipto, pero Dios no te mandó a decirnos eso. ¡Eres un mentiroso! **3** Seguro que fue Baruc el que te puso en contra nuestra. Lo que él quiere es que caigamos en poder de los babilonios, para que nos lleven prisioneros o nos maten».

4 Y todos desobedecieron a Dios. Ni Johanán ni los jefes militares ni el resto de la gente se quedaron a vivir en Judá. **5** Al contrario, se llevaron a todos los que habían vuelto de otras naciones. **6-7** Se llevaron a hombres, mujeres y niños, y también a las hijas del rey. A toda esa gente Nebuzaradán la había puesto bajo el cuidado de Guedalías. A todos nos llevaron a Egipto, incluyendo a mi secretario Baruc y a mí, y nos quedamos en la ciudad de Tafnes. **8-11** Allí, el Dios de Israel volvió a hablarme:

«Jeremías, toma unas piedras grandes y llévalas a Tafnes. Entiérralas a la entrada del palacio del rey de Egipto, y asegúrate de que todos te vean hacerlo. Luego diles que yo haré que venga el rey de Babilonia, y pondré su trono sobre las piedras que has enterrado.

»Y así será. El rey de Babilonia conquistará Egipto. A unos se los llevará prisioneros a otro país, y a otros los matará. **12-13** Destruirá los templos de Egipto y los monumentos de Bet-semes, y se llevará los ídolos que haya en esos templos. ¡El rey de Babilonia va a sacudir a Egipto, como cuando los pastores de ovejas sacuden la ropa para quitarle los piojos! Luego se irá de allí, y nadie podrá detenerlo».

No adoren a dioses falsos

44 ¹⁻² El Dios todopoderoso me ordenó hablar con todos los judíos que vivían en las ciudades egipcias de Migdol, Tafnes y Menfis, y en la región del sur. Me dijo:

«Jeremías, adviérteles que ya han visto lo que hice con la ciudad de Jerusalén, y con todas las ciudades de Judá. Yo les envié terribles desastres, y esas ciudades quedaron en ruinas, y hasta ahora nadie vive en ellas. ³ La culpa la tuvieron sus habitantes, pues cometieron muchos pecados. Adoraron a otros dioses y les ofrecieron incienso, y con eso me hicieron enojar muchísimo. A esos dioses, ni ellos ni sus antepasados los conocían. ⁴ Muchas veces les mandé profetas, para que les dijeran que no adoraran a otros dioses, pues eso es algo horrible, que yo no soporto. ⁵ »Pero ellos, como de costumbre, no me prestaron atención ni me obedecieron, ni se arrepintieron de sus pecados. Al contrario, siguieron quemando incienso en honor a otros dioses. ⁶ Por eso me enojé y destruí a Jerusalén y al resto de las ciudades de Judá. ⁷ »¡Y ahora quieren meterse en un lío más grande! ¡Quieren que mueran hombres, mujeres y niños, y hasta los recién nacidos! ⁸ Desde que llegaron a Egipto, lo único que han hecho es hacerme enojar; han estado adorando a dioses falsos, que ellos mismos se fabrican. ¡Lo único que van a conseguir es que yo los destruya! Cuando eso ocurra, todo el mundo se burlará de ellos, y los insultará. ⁹ »¿Acaso ya se olvidaron de todos los pecados que cometieron sus antepasados? En Judá, y en las calles de Jerusalén, pecaron ellos y sus esposas, y también los reyes de Judá y sus espo-

sas. ¿Acaso ya no se acuerdan? ¹⁰ Sin embargo, hasta ahora no se han arrepentido. No me respetan, ni obedecen los mandamientos que les di, a ellos y a sus antepasados.

¹¹ »Por eso he decidido hacerles la guerra y borrarlos del mapa. ¡Yo soy el Dios de Israel! ¹² Los pocos que aún quedaban en Judá, y que insistieron en irse a vivir a Egipto, morirán en ese país. Morirán en la guerra, o se morirán de hambre. Desde el más joven hasta el más viejo, nadie quedará con vida, y entre las naciones serán objeto de odio, burlas, desprecio y maldición. ¹³ Castigaré a los que viven en Egipto tal como castigué a los habitantes de Jerusalén: los haré morir de hambre, enfermedad y guerra. ¹⁴ Ninguno de los que se fueron a Egipto quedará con vida, ni volverá a Judá, aunque lo desee. Sólo unos cuantos lograrán huir y volverán».

¹⁵ Yo les entregué el mensaje a todos los judíos que vivían en Egipto. Algunos de ellos sabían que sus esposas quemaban incienso en honor a otros dioses. Todos vinieron y me dijeron:

¹⁶ —Escucha, Jeremías: Este mensaje que nos has dado de parte de Dios, no lo vamos a obedecer. ¹⁷ Al contrario, vamos a seguir haciendo lo que nos da la gana, tal como lo hicieron nuestros antepasados, nuestros reyes y nuestros funcionarios. Seguiremos adorando a nuestra diosa, la Reina del Cielo, y le ofreceremos incienso y vino. En realidad, cuando lo hacíamos, teníamos mucha comida y no nos faltaba nada ni nos pasaba nada malo. ¹⁸ En cambio, desde que dejamos de hacerle ofrendas de incienso y vino, nos ha faltado de todo, y la guerra y el hambre nos están matando.

¹⁹ Las mujeres dijeron:

—Nuestros esposos sabían muy bien lo que estábamos haciendo.

Sabían que nosotras adorábamos a la Reina del Cielo, y que le ofrecíamos incienso y vino, y panes que tenían su imagen.

²⁰ Yo les contesté:

²¹ —¿Y acaso creen que Dios no lo sabía? Al contrario, Dios sabía muy bien que ustedes y sus antepasados, sus reyes y funcionarios, y todo el pueblo, adoraban a otros dioses. ²² Pero llegó el momento en que Dios ya no aguantó más. Y no aguantó, por la forma en que ustedes actuaban y por las cosas asquerosas que hacían. Por eso su país se convirtió en un desierto horrible, en un montón de ruinas donde nadie vive. La ciudad es un ejemplo de maldición para todos sus vecinos. ¡Y esto es así, hasta el momento de escribir esto! ²³ Ustedes pecaron contra Dios al adorar a otros dioses, y al no querer obedecer ninguno de sus mandamientos. Por eso ahora tienen que sufrir tan terrible desastre.

²⁴ Luego me dirigí al pueblo, sobre todo a las mujeres, y añadí:

—Ustedes, gente de Judá que vive en Egipto, escuchen bien lo que Dios les dice:

²⁵ "Yo soy el Dios de Israel. Me doy cuenta de que ustedes y sus mujeres cumplen sus promesas de adorar a la Reina del Cielo, y de presentarle ofrendas. ¡Muy bien! ¡Sigan cumpliendo sus promesas! ¡Sigan haciendo lo que les dé la gana! ²⁶ Ustedes son de Judá, y ahora viven en Egipto. Pues escúchenme bien: yo les juro que ninguno de ustedes volverá a jurar aquí usando mi nombre. Nadie volverá a decir: 'Lo juro por el Dios de Israel!' ²⁷ En vez de vigilarlos para protegerlos, voy a vigilarlos para hacerles daño. Les aseguro que toda la gente de Judá que vive en Egipto morirá de hambre, o en la guerra. ²⁸ ¡Y van

a ver todos ustedes si cumplo o no mi palabra! Unos cuantos se salvarán de la guerra y del hambre, y podrán regresar a Judá; pero la mayoría de los que se fueron a Egipto, morirán.

29-30 "Yo soy el Dios de Israel. Esta es la señal de que cumpliré mis amenazas contra ustedes: dejaré que Hofra, el rey de Egipto, muera a manos de sus enemigos. Haré con él lo mismo que hice con Sedequías, el rey de Judá, a quien puse en manos del rey de Babilonia, para que lo matara".

Mensaje para Baruc

45 **1** Cuando Joacín hijo de Josías llevaba cuatro años de reinar en Judá, yo le dicté a mi secretario Baruc el mensaje que Dios me dio para él:

2 «El Dios todopoderoso te dice lo siguiente: **3** "Tú, Baruc, siempre estás quejándote. Dices que eres muy infeliz, y que yo sólo te hago sufrir más y más. También dices que ya estás cansado de sufrir, y que no logras descansar. **4** Pues quiero que sepas que yo voy a destruir lo que he construido, y voy a arrancar lo que he plantado. ¡Voy a acabar con toda esta tierra! **5** Estoy por enviar un gran castigo sobre toda la gente, así que ni creas que tú vas a lograr grandes cosas. Pero esto sí te prometo, en recompensa te salvaré la vida, y te protegeré por dondequiera que vayas. Te juro que así lo haré"».

Advertencia contra los egipcios

46 **1-2** Cuando Joacín llevaba cuatro años de reinar en Judá, el Dios de Israel me habló acerca de las otras naciones, y del ejército de Necao, rey de Egipto. Por esos días el rey de Babilonia había derrotado a Necao en la ciudad de Carquemis, junto al río Éufrates. El mensaje que me dio fue el siguiente:

3 «¡Egipcios, tomen sus armas y prepárense para el combate!

4 ¡Ensillen y monten los caballos!
¡Afilen las lanzas y pónganse las corazas!
¡Cúbranse con los cascos!

5 »¿Pero qué es lo que veo?
¡Los soldados egipcios retroceden!
Derrotados y llenos de miedo, huyen sin mirar atrás.
¡Hay terror por todas partes!

6 »¡Los más veloces no pueden huir!
¡Los más fuertes no logran escapar!
¡Allá en el norte,
a la orilla del río Éufrates, tropiezan y ruedan por el suelo!

7 »Una nación se acerca con violencia.
¡Hasta se parece al río Nilo cuando sus aguas se desbordan!
¿Qué nación puede ser?
8 ¡Es Egipto, que se ha enfurecido,
que ha crecido como el Nilo!
Viene decidido a inundar la tierra,
a destruir ciudades y a matar gente.

9 »¡Que ataquen los caballos!
¡Que avancen los carros de guerra!
¡Que marchen los soldados!
¡Que tomen sus armas los soldados
de los países africanos!

10 »El día de la victoria pertenece
al poderoso Dios de Israel.
Él ganará la batalla;
se vengará de sus enemigos.
La espada se empapará de sangre
y acabará por matar a todos.
Allá en el país del norte,
a la orilla del río Éufrates,
Él Dios de Israel matará mucha gente.

11 »Soldados de Egipto:

de nada les servirá que vayan a Galaad
y consigan alguna crema curativa;
aunque consigan medicinas, no les servirán de nada.
12 Todo el mundo está enterado
de que han sido derrotados;
por todas partes se escuchan sus gritos de dolor;
chocan los guerreros unos contra otros,
y ruedan por el suelo».

13 Cuando el rey de Babilonia vino para atacar a los egipcios, Dios me dio este mensaje:

14 «Esto debe saberse en Egipto;
debe anunciarse en sus ciudades:
"¡Soldados, prepárense para la batalla!
¡Ya viene su destrucción!"

15-17 »Los soldados se tropiezan;
caen uno encima del otro, y dicen:
"¡Huyamos!
¡Volvamos a nuestro país antes que nos mate el enemigo!
¡Nuestro rey es un charlatán!
¡Habla mucho y no hace nada!"

»Pero los soldados han caído, y ya no podrán levantarse, porque yo los derribé.
¡Yo soy el Dios de Israel!

18-19 »Ustedes, los que viven en Egipto,
vayan empacando lo que tienen,
porque serán llevados prisioneros;
la capital será destruida y quedará en ruinas y sin gente.

»Les juro por mí mismo que el enemigo que viene se parece al monte Tabor, que sobresale entre

los montes;
se parece al monte Carmelo,
que está por encima del mar.
¡Yo soy el Dios todopoderoso!
¡Yo soy el único Rey!

20 »La hermosura de Egipto
será destruida;
Babilonia vendrá del norte
y la atacará.
21 Egipto contrató soldados
extranjeros,
todos muy fuertes y valientes,
¡pero hasta ellos saldrán
huyendo!;
¡saldrán corriendo a toda
prisa!
Ya llegó el día de su derrota;
¡ya llegó el día de su castigo!

22 »El ejército babilonio es
muy numeroso;
tanto que nadie lo puede
contar.
Por eso los soldados egipcios
huirán como serpientes
desprotegidas.

23 »Egipto parece un bosque
tupido,
pero sus enemigos lo rodearán
y lo atacarán con sus hachas,
dispuestos a derribar todos
los árboles.

24 »¡Egipto quedará humillado!
¡Caerá bajo el poder de
Babilonia!»

Esperanza para el pueblo de Dios
25 El Dios de Israel dice:

«Voy a castigar al rey de Egipto,
a sus dioses y a todos los que
confían en ellos. **26** Dejaré que
caigan en poder del rey de
Babilonia y de su ejército, para
que los maten. Sin embargo, en el
futuro Egipto volverá a ser habitado como antes. Les juro que así
lo haré.

27-28 »Y ustedes, pueblo
de Israel,
no tengan miedo ni
se asusten;
yo haré que vuelvan

de Babilonia,
adonde fueron llevados
como esclavos.
No tengan miedo, israelitas.
Ustedes son mi pueblo;
son descendientes de Jacob.
Yo les prometo
que volverán a vivir
tranquilos
porque yo estoy
con ustedes.

»Destruiré a todas las naciones
por las que los dispersé,
pero a ustedes no los
destruiré;
sólo los castigaré por su bien,
pues merecen que los corrija.
Les juro que así lo haré».

Advertencia contra los filisteos
47 **1** Dios me habló poco antes
de que el rey de Egipto atacara la
ciudad de Gaza, y me dio este
mensaje para los filisteos:

2 «Yo soy el Dios de Israel,
y quiero que sepan esto:
Desde el norte vienen los
babilonios;
son un ejército que destruye
ciudades enteras con sus
habitantes.
¡Parecen un río desbordado!
¡Todos los habitantes de
la tierra
lloran y piden auxilio!
3 Tan pronto como escuchan
el galope de los caballos
los padres pierden el ánimo;
abandonan a sus hijos
al escuchar el chirrido
de los carros de guerra.

4 »¡Ha llegado el día
en que acabaré con los
filisteos!
¡Ha llegado el día
en que acabaré con los
que ayudan
a las ciudades de Tiro y Sidón!
¡Destruiré a todos los filisteos
que vinieron de las costas
de Creta!
5 Los que viven en la ciudad
de Gaza
se raparán avergonzados

la cabeza;
los que viven en la ciudad de
Ascalón
se quedarán mudos de miedo.
Y ustedes que aún viven en las
llanuras,
no dejarán de herirse el cuerpo
6 ni cesarán de gritar:
"¡Ay, terrible espada de Dios,
¿hasta cuándo nos seguirás
atacando?
¡Regresa ya a tu funda
y deja de matarnos!"

7 »Pero yo soy el Dios de
Israel.
Ya he decidido matar
a todos los filisteos
en Ascalón y en toda la costa.
¡No haré descansar mi
espada!»

Advertencia contra Moab
48 **1** El Dios todopoderoso me
dio este mensaje para los habitantes de las ciudades de Moab:

«¡Pobrecita de la ciudad de
Nebo!
¡Estoy a punto de destruirla!
¡Humillaré a la ciudad de
Quiriataim,
y dejaré en ruinas su fortaleza!
2 Moab ha perdido su
importancia,
y en Hesbón están pensando
destruirla.
Babilonia invita a otras
naciones
a venir y borrar del mapa a
Moab.
También a la ciudad de
Madmén
la perseguiré espada en mano.
3 Los de Horonaim lloran
a gritos;
toda la ciudad ha quedado
destruida.
4 Moab se volverá un montón
de ruinas,
y los niños gritarán
desesperados.
5 Por la cuesta de Luhit,
los que suben no dejan
de llorar.

»Por la pendiente de Horonaim

los que bajan no dejan
de gritar:

"¡Qué desastre hemos sufrido!
⁶ ¡Sálvese quien pueda!
¡Huyamos como burros
salvajes!"

⁷ »A los de Moab los tomarán
presos,
junto con su dios Quemós,
sus sacerdotes y sus oficiales,
por confiar en su ejército
y en sus muchas riquezas.
⁸⁻⁹ Valles y llanos serán
destruidos.
La destrucción llegará a
toda ciudad,
y ninguna de ellas se salvará.

»¡Prepárenle a Moab su tumba,
porque ha dejado de existir!
¡Sus ciudades están vacías
y ya nadie vive en ellas!
Les juro que así es.

¹⁰ »¡Maldito sea el que
no quiera
tomar la espada para matar!
¡Maldito sea el que de
mala gana
haga lo que yo le ordene!

¹¹ »Desde un principio,
Moab siempre ha disfrutado
de paz;
ni uno solo de sus habitantes
ha sido llevado prisionero.
Moab se parece al buen vino:
siempre ha estado en reposo
y en el mismo lugar.
Por eso le ha ido bien
y no ha perdido sus
tradiciones.

¹² »Pero ya se acerca el día
en que lo atacará el enemigo
y se lo llevará prisionero.
Les juro que así será.

¹³ »Los moabitas se
avergonzarán
de su dios Quemós,
como antes los israelitas
se avergonzaron del dios Baal,
en quien pusieron toda su
confianza.

¹⁴ »Pobrecitos soldados
moabitas,
ustedes se creen muy
valientes,
¹⁵ pero su país será destruido
y el enemigo conquistará sus
ciudades.
¡Hasta sus mejores soldados
morirán en el campo de
batalla!
Yo soy el Dios de Israel;
yo soy el Dios todopoderoso,
y les juró que así será.

¹⁶ »Ya no falta mucho tiempo;
muy pronto Moab será
destruido.
¹⁷ Todos sus vecinos y
conocidos
llorarán por esta famosa
nación,
y dirán: "¡Pobrecita de Moab!
¡Miren cómo se vino abajo
una nación tan grande
y poderosa!"

¹⁸ »Ustedes, los que viven
en Dibón,
¡bajen ya de su alto trono
y siéntense en el duro suelo!
¡El enemigo ha comenzado a
destruir!,
¡y caerán las murallas de Moab!

¹⁹ »Y ustedes, los que viven en
Aroer,
deténganse a la orilla del
camino
y fíjense cómo huye la gente.
¡Pregunten qué fue lo que
pasó!
²⁰ Seguramente les dirán
que Moab ha sido derrotada;
les dirán también que lloren,
y que anuncien por el río Arnón
que Moab ha quedado en ruinas.
²¹ Y es que voy a castigar
a las ciudades de la llanura;
castigaré a Holón, Jahas y
Mefáat;
²² a Dibón, Nebo y
Bet-diblataim;
²³ a Quiriataim, Bet-gamul y
Bet-megón,
²⁴ a Queriot y Bosrá,
y a todas las ciudades
de Moab,

cercanas y lejanas.
²⁵ Moab ha perdido su poder;
¡se le han acabado las fuerzas!
Les juro que así es.

²⁶ »Tú, Moab, me ofendiste;
¡ahora dejaré que tus enemigos
te dejen en vergüenza y se
burlen de ti!
²⁷ Tú, Moab, te burlabas de mi
pueblo;
siempre hablabas de ellos con
desprecio,
como si fueran unos ladrones.
²⁸ Pero ahora les toca a
ustedes
dejar abandonadas sus
ciudades
y quedarse a vivir entre las
rocas;
les toca vivir como las
palomas,
que anidan al borde de los
precipicios.

²⁹⁻³⁰ »Mi pueblo y yo
te conocemos.
Bien sabemos que tú, Moab,
eres un pueblo muy orgulloso
que se cree superior a todos.
¡Pero de nada te servirá ese
orgullo!

³¹ »Por eso lloro y me angustio
por la gente de Moab y de
Quir-heres.
³² Lloro también por ustedes,
los que viven en Sibmá,
pues se extendieron como un
viñedo;
sus ramas llegaban hasta Jazer
y se extendían más allá
del mar.
Pero llegó la destrucción
y acabó con tu cosecha.
³³ Ya no hay fiesta ni alegría
en los fértiles campos de
Moab;
ya no hay quien exprima uvas
ni quien prepare vino;
¡yo puse fin a esa alegría!

³⁴ »¡Los pozos de Nimrim se
han secado!
El llanto de la gente de Hesbón
se oye por todo el país
de Moab.

35 »Yo acabaré con los
moabitas
que adoran a otros dioses
en los pequeños santuarios
que han construido en
los cerros.
Les juro que así lo haré.

36 »Mi corazón parece una
flauta triste:
llora por la gente de Moab
y por los que viven en
Quir-heres,
porque amontonaron grandes
riquezas
y todo eso lo han perdido.
37 No hay un solo hombre
en Moab
que no se haya rapado la cabeza
ni se haya afeitado la barba
en señal de dolor y tristeza.
Todos se visten de luto
y se hacen heridas en
las manos.
38 En todas las casas de Moab
se oyen gritos de dolor;
por todas sus calles
se oye llorar a la gente,
porque hice pedazos a Moab
como si fuera un frasco inútil.
39 ¡Todos en Moab lloran
a gritos
porque su nación ha quedado
destrozada!
Sus ruinas producen espanto;
¡causan risa entre todos
sus vecinos!

40 »¡Miren a los soldados
de Babilonia!
¡Ya vienen los enemigos
de Moab!
¡Parecen águilas dispuestas
a atacar!
41 Cuando llegue el momento,
se apoderarán de sus ciudades,
y entonces sus guerreros,
asustados,
temblarán como tiemblan
las mujeres
cuando van a tener un hijo.
42-44 Ustedes, los que viven
en Moab,
tratarán de escapar, pero
sin éxito,
pues caerán de trampa en
trampa;

y aun si lograran escapar,
acabarán por caer en la tumba.
Ya está muy cerca el día
en que castigaré a Moab;
y dejará de ser una nación
porque se rebeló contra mí.
Les juro que así será.

45 »Los que alcancen a escapar
llegarán a Hesbón casi
muertos;
pero aun a esa orgullosa
ciudad,
donde gobernaba el rey Sihón,
le prenderé fuego.

46 »¡Pobres de ustedes, los
moabitas,
que adoran al dios Quemós!
Van a ser destruidos,
y a sus hijos y a sus hijas
los llevarán como esclavos a
otra nación.
47 Pero cuando todo haya
terminado,
haré que vuelvan de ese país.
Les juro que así lo haré.
Este es mi castigo contra
Moab».

Advertencia contra Amón

49 **1** Acerca de la nación de
Amón, Dios dijo:

«El territorio de Gad era de los
israelitas,
pero me desobedecieron,
y por eso ahora los amonitas,
que adoran al dios Milcom,
se han apropiado del país.

2 »Ya se acerca el día
en que haré que se escuchen
gritos de guerra en la ciudad
de Rabá,
que está en el territorio
de Amón.
Tanto Rabá como las ciudades
vecinas
arderán en llamas y quedarán
en ruinas,
y entonces Israel echará
de allí
a todos los que le robaron
su tierra.

3 »¡Lloren ustedes, los que

viven en Hesbón,
porque su ciudad quedará
en ruinas!
¡Griten ustedes, las que viven
en Rabá!
¡Vístanse de luto y hagan
lamentos!
Corran de un lado para otro,
dentro de los muros de
la ciudad,
porque su dios Milcom y sus
sacerdotes
serán llevados a otro país,
junto con sus oficiales.
4 Ustedes los amonitas se
sienten orgullosos
de tener un país con valles
fértiles;
confían mucho en sus riquezas
y creen que nadie los atacará.
5 Pero yo soy el Dios de Israel;
soy el Dios todopoderoso,
y haré que las naciones vecinas
los asusten y persigan por
todas partes.
Todos ustedes serán
expulsados de aquí,
y nadie podrá reunir a los que
huyan.
6 Pero después de todo esto,
yo haré que ustedes,
los amonitas,
vuelvan del país adonde hayan
sido llevados».

Advertencia contra Edom
7 Acerca de la nación de Edom, el
Dios todopoderoso dijo:

«¡Ya no hay sabios en Temán!
Ya no queda ni uno solo.
Se ha acabado la sabiduría,
no hay nadie que dé consejos.
8 Ustedes, los que viven en
Dedán,
¡Den media vuelta y huyan
de aquí!
¡Métanse en las cuevas más
profundas!
Voy a enviar una terrible
desgracia
contra los habitantes
de Edom,
pues ya es hora de que los
castigue.

9 »Los que cosechan uvas

siempre dejan algo para
los pobres.
Los ladrones que roban
de noche
nunca se llevan todo.
¹⁰ Pero a los habitantes de Edom
no voy a dejarles nada;
¡dañaré hasta sus escondites,
para que no tengan dónde
esconderse!
Morirán sus hijos y sus
familias;
morirán también sus vecinos.
¹¹ Pero sepan que yo cuidaré
de sus huérfanos y de sus
viudas;
¡pueden confiar en mí!»

¹²⁻¹³ Dios también dijo:

«Ciudad de Bosrá, no creas que
escaparás del castigo. Si he castigado a las naciones que no debían
sufrir ningún castigo, ¡con mayor
razón te castigaré a ti! Yo soy el
Dios de Israel, y te juro que serás
destruida y humillada; ¡llegarás a
ser el hazmerreír de todos!
También tus otras ciudades quedarán en ruinas para siempre.

⁴ »Ya he mandado un mensajero
para que anuncie entre las
naciones:
''¡Prepárense para la guerra!
¡Únanse y ataquen a Edom!''

¹⁵ »Edom, voy a convertirte
en la nación más débil del
mundo;
voy a hacer que todos te
desprecien.
¹⁶ Tú te sientes orgullosa
de vivir en los altos montes.
Como si fueras un ave
has puesto tu nido entre
las rocas
y por eso te crees a salvo.
Pero de allí te derribaré,
aunque tu nido sea tan alto
como el nido de las águilas.
Te juro que así lo haré.

¹⁷ »Tu caída será tan terrible
que se espantarán al verte
los que pasen por tus ruinas.
¹⁸ Quedarás como Sodoma y

Gomorra,
¡y nadie volverá a vivir en ti!

¹⁹ »Edom, yo te atacaré sin
aviso,
como lo hace un león con su
presa.
Yo elegiré a tu enemigo,
para que en poco tiempo te
derrote.
¡No hay otro Dios como yo!
¡No hay quien me pueda
desafiar!
¡Ningún pastor de ovejas
es capaz de hacerme frente!

²⁰ »Por lo tanto, presten
atención;
escuchen lo que he pensado
hacer
con los que viven en Temán.
Ya tengo preparado un plan
contra Edom.
Los más jóvenes serán
arrastrados
y todo el país quedará
destruido.
²¹ Edom caerá en forma tan
violenta
que la tierra temblará,
y los gritos de la gente
se oirán hasta el Mar de los
Juncos.
²² El enemigo se lanzará
al ataque
con la rapidez de las águilas;
atacará con las alas abiertas,
y cubrirá la ciudad de Bosrá.
Ese día, los soldados edomitas
temblarán como tiemblan las
mujeres
cuando van a tener un hijo».

Advertencia contra Damasco
²³ Acerca de Damasco, Dios dijo:

«Las ciudades de Hamat y
Arpad
ya recibieron la mala noticia
y no hay nada que las
consuele;
¡están inquietas y agitadas
como las olas del mar!
²⁴ Los habitantes de Damasco
se han quedado sin fuerzas;
quieren huir, pero les tiemblan
las piernas;

se retuercen de angustia y
dolor,
como si fueran mujeres
a punto de tener su primer hijo.
²⁵ Damasco fue en otros
tiempos
una ciudad importante
y alegre,
pero ahora ha quedado
abandonada.
²⁶⁻²⁷ Y cuando llegue el momento,
sus mejores guerreros y sus
jóvenes
caerán muertos por las calles.
Con el fuego que prenderé
a los altos muros de Damasco,
arderán los palacios
de Ben-adad.
Yo soy el Dios todopoderoso
y les juro que así será».

Advertencia contra Quedar y Hasor
²⁸ El rey de Babilonia había vencido a las tribus de Quedar y de
Hasor. Acerca de ellas, Dios dijo:

«¡Soldados de Babilonia,
ataquen a la nación de Quedar!
¡Maten a esa gente
del oriente!
²⁹ ¡Atáquenlos! ¡Quítenles todo!
¡Quítenles sus carpas y sus
ovejas!
¡Quítenles sus camellos
y sus cosas de valor!
Asústenlos con este grito:
''¡Hay terror por todas
partes!''

³⁰ »Ustedes, los que viven en
Hasor,
¡escápense ya!,
¡escóndanse bajo tierra!
El rey de Babilonia
ha preparado contra ustedes
un terrible plan de ataque.
Les juro que va a atacarlos.

³¹⁻³² »Y ustedes, soldados de
Babilonia,
¡ataquen a esta nación
orgullosa!
Es una nación egoísta,
y se siente tan segura
que nunca cierra sus portones.
Pero yo voy a dispersarla

por todo el mundo,
y de todos lados le traeré
el desastre.
A ustedes, babilonios,
les permito
que les quiten sus camellos
y sus tesoros.
Les juro que así será.

33 »La ciudad de Hasor quedará
en ruinas
y se llenará de perros salvajes;
nunca más volverá a ser
habitada,
porque nadie va a querer
vivir allí».

Advertencia contra Elam

34 Cuando el rey Sedequías
comenzó a reinar en Judá, Dios
me habló acerca de la nación de
Elam. Me dijo:

35 «Jeremías, yo soy el Dios todopoderoso, y este es mi mensaje
acerca de Elam:

»Voy a acabar con el ejército
elamita.
Sus soldados son expertos
guerreros,
pero yo los haré pedazos.
36 Desde los cuatro puntos
cardinales
enviaré contra Elam grandes
ejércitos,
y con la fuerza del viento
los dispersaré por todas
partes;
¡no habrá un solo país
donde no haya elamitas
refugiados!

37 »Los elamitas temblarán
de miedo
cuando se enfrenten a sus
enemigos,
y ellos los destruirán por
completo.
Yo estoy muy enojado con
ellos,
así que les enviaré terribles
castigos.
Haré que haya guerra
entre ellos,
hasta que nadie quede
con vida.

38 Mataré a su rey y a sus
oficiales,
y el rey de Elam seré yo.
39 Sin embargo, cuando todo
termine,
haré volver a los elamitas
de los países adonde fueron
llevados.
Les juro que así lo haré».

Advertencia contra Babilonia

50 **1** Dios me dio este mensaje
acerca de Babilonia. Me dijo:

2 «A ti, Jeremías, te encargo
que se anuncie entre las
naciones mi mensaje,
para que todos se enteren.
Que se agite la señal de
victoria
y se dé a conocer la noticia:

''¡Babilonia será conquistada!
¡El dios Bel quedará en ridículo!
¡El dios Marduc temblará de
miedo!
¡Todos los dioses de Babilonia
se asustarán y quedarán
humillados!''

3 »Del norte vendrá una nación
que atacará y destruirá a
Babilonia.
Hombres y animales saldrán
corriendo,
y nadie volverá a vivir allí.

4 »Cuando todo esto suceda,
la gente de Israel y de Judá
vendrá llorando a buscarme,
pues yo soy el Dios de Israel.
5 Preguntarán cómo llegar a
Jerusalén,
y hacia allá se dirigirán.
Al llegar, se reunirán conmigo
para que hagamos un pacto
eterno,
del cual nunca más se
olvidarán.

6 »Mi pueblo ha perdido
el rumbo;
ha vivido como un rebaño
perdido,
pues sus jefes no supieron
dirigirlo.
Por eso anduvo por las

montañas,
extraviado y sin rumbo fijo;
¡hasta olvidó su lugar de
descanso!
7 Al verlos, sus enemigos se
burlaban
y les decían:

''De esto no tenemos la culpa,
pues ustedes pecaron contra
Dios;
contra el Dios que todo les
daba,
y en quien confiaban sus
antepasados''.

8 »Pueblo mío, ¡salgan ya de
Babilonia!
¡Escápense de ese país!
¡Corran al frente de los
que huyen!
9-10 Yo enviaré contra Babilonia
grandes naciones del norte
que la atacarán, la
conquistarán
y se quedarán con todas sus
riquezas.
Sus soldados son de lo mejor;
¡sus flechas siempre dan en
el blanco!

11 »Y ustedes, babilonios,
que le han robado a mi pueblo,
¡ríanse si quieren, y hagan
fiesta,
12 pero su patria quedará humillada
y al final morirá avergonzada
y hecha un desierto solitario!

13 »Yo haré que Babilonia
nunca más vuelva a ser
habitada.
Estoy tan enojado con ella
que voy a destruirla.
Todos los que pasen por allí
se asustarán al ver sus ruinas.

14 »Y ustedes, guerreros,
¡prepárense para atacar a
Babilonia!
¡Disparen contra ella sus
flechas,
porque ha pecado contra mí!
15 Griten por todas partes:

''¡Babilonia se ha rendido!

¡Sus torres se derrumban!
¡Sus muros caen por los
suelos!''

»¡Y ahora ustedes hagan
con ella
lo mismo que ella hizo con
ustedes!
¡Esta es mi venganza contra
Babilonia!
16 ¡Que no quede en ese país
nadie que siembre ni coseche!

»Cuando Babilonia sea atacada
los que fueron llevados
prisioneros
huirán de allá y volverán a
su país.

17 »Israel es un pueblo que ha
vivido perdido como oveja, y
siempre en peligro de que se lo
devoren los leones. El primero en
devorarlo fue el rey de Asiria, y a
él le siguió el rey de Babilonia,
que lo devoró hasta los huesos.
18 Pero yo soy el Dios de Israel, y
así como antes castigué al rey
de Asiria, castigaré al rey de
Babilonia y a su nación. **19** Yo haré
que Israel regrese a su propia tierra, y yo mismo le daré de comer
en el monte Carmelo, en la región
de Basán y en las montañas de
Efraín y Galaad. **20** Cuando llegue
ese día, perdonaré a los que aún
queden con vida. A Israel y a Judá
les perdonaré su maldad.

21 »Y a ustedes, enemigos de
Babilonia,
les mando que ataquen
y persigan
a estos despreciables
babilonios.

22 »Ya se escuchan los gritos
de guerra
y el ruido de una gran
destrucción.
23 Tú, Babilonia, eras como
un martillo
que golpeaba a todo el mundo,
pero ahora pareces un martillo
inútil;
¡Has quedado hecha pedazos,
y todas las naciones están

asombradas!
24 Al rebelarte contra mí,
tú misma te pusiste una
trampa
y acabaste cayendo en ella.

25 »Yo soy el Dios de Israel;
yo soy el Dios todopoderoso.
Tengo algo pendiente con
Babilonia.
Ya he abierto mi depósito de
armas,
y sacaré las más destructivas.
Estoy muy enojado,
y haré pedazos a los
babilonios.

26 »¡Vengan de todas partes
y ataquen a Babilonia!
¡Abran sus depósitos de trigo
y llévense todo ese grano!
¡Amontonen lo que encuentren
y destrúyanlo todo!
¡Que no le quede nada!
27 ¡Llegó la hora del castigo!
¡Maten a todos sus soldados!
¡Maten a toda su gente!

28 »Ahora escuchen a la gente
que ha escapado de Babilonia;
óiganlos hablar de mi
venganza:
''¡Dios acabó con los
babilonios
porque ellos destruyeron su
templo!''

29 »¡Que vengan los guerreros,
y ataquen a Babilonia!
¡Que la rodeen
para que nadie se escape!
Babilonia se rebeló contra mí.
Por eso, ¡denle su merecido!
¡Trátenla como ella trató
a otros!
Yo soy el Dios de Israel,
yo soy un Dios diferente.

30 »Yo les juro que en ese día
sus jóvenes y sus mejores soldados
caerán muertos por las calles.

31-32 »Babilonia, nación
orgullosa,
cuando llegue el día de
tu castigo

vendré y te daré tu merecido.
Les prenderé fuego a
tus ciudades
y a todos sus alrededores.
Tus habitantes tropezarán y
caerán,
y nadie los ayudará a
levantarse.
Yo soy el Dios todopoderoso,
yo soy el Dios de Israel,
y les juro que así lo haré.

33 »Ustedes los babilonios
han tratado muy mal
al pueblo de Israel y de Judá.
Los han hecho prisioneros
y no quieren dejarlos libres.
34 Yo soy el Dios todopoderoso,
y con mi poder les daré libertad
y los haré vivir en paz.
Pero a ustedes, los babilonios,
les voy a enviar un gran
castigo.

35 »¡Que mueran los
babilonios!
¡Que mueran sus jefes y sus
sabios!
36 ¡Que todos sus profetas
mentirosos
se vuelvan locos y pierdan
la vida!
¡Que tiemblen de miedo sus
soldados!
37 ¡Que se mueran sus caballos,
y sean destrozados sus carros
de guerra!
¡Que todos sus soldados
extranjeros
se acobarden y se mueran!
¡Que les roben todos sus
tesoros!
¡Que se sequen sus ríos!

38 »Tantos ídolos hay en
Babilonia
que la gente ha perdido
la razón.

39-40 »Nunca más Babilonia
volverá a ser habitada.
Será como cuando destruí
a Sodoma y Gomorra,
y las ciudades vecinas:
allí sólo vivirán chacales,
lechuzas y perros salvajes.
Les juró que así será.

41 »¡Miren lo que viene
del norte!
¡Es el ejército de una gran
nación!
¡Viene desde muy lejos,
y se le han unido muchos reyes!
42 Son gente cruel y
sanguinaria,
armada con arcos y lanzas;
vienen a todo galope
y dispuestos a atacarte,
bella ciudad de Babilonia.
El estruendo de sus gritos
resuena como las olas del mar.
43 El rey de Babilonia lo sabe,
y se muere de miedo;
se retuerce de angustia.

44 »¡No hay otro Dios como yo!
¡No hay quien me pueda
desafiar!
¡No hay jefe que se me oponga!
Yo atacaré a Babilonia de
repente,
como ataca el león a su presa.
Yo elegiré a su destructor.

45 »Presten atención al plan
que tengo;
escuchen lo que voy a hacer
con Babilonia y sus habitantes:
hasta los niños más pequeños
serán llevados a rastras,
y la nación entera será
destruida.
46 Babilonia caerá con tanta
violencia
que la tierra misma se sacudirá,
y por todas las naciones
se escucharán sus gritos».

51 ⟨* **1** Dios también me dijo:

«Voy a enviar una tormenta
destructora
contra Babilonia, ese pueblo
rebelde.
2 Mandaré contra ella naciones
enteras
para que la lancen al viento,
la destruyan y la dejen vacía.
El día que sea destruida,
la atacarán por todos lados.

3 »Los soldados babilonios
ya están preparando sus
armas,

pero ustedes ni siquiera
deben dejar
que se pongan la armadura.
Al contrario, ¡maten a sus
jóvenes!,
¡quítenles la vida a sus
soldados!
4 ¡Que sus cadáveres queden
tendidos
por las calles de Babilonia!

5 »Todos en Israel y en Judá
son culpables delante de mí,
pero nunca los he abandonado.
Yo soy el Dios todopoderoso;
¡soy el único Dios de Israel!

6 »¡Salgan ya de Babilonia!
¡Sálvese quien pueda!
¡No tienen por qué morir
por culpa de los babilonios!
Finalmente ha llegado la hora
en que voy a vengarme de ellos.
¡Voy a darles su merecido!
7 Babilonia fue en mis manos
como una fina copa de oro;
todo el mundo bebió de
esa copa
y con el vino se emborrachó.
8 Pero, cuando menos lo
esperaba,
fue derrotada y quedó
destruida.
¡Lloren por ella!
¡Busquen algún remedio para
su pena,
a ver si recobra la salud!

9 »Algunas naciones quisieron
sanarla,
pero no lo consiguieron.
Eran tantos sus pecados
que llegaban hasta el cielo,
¡más allá de las nubes!

10 »Los israelitas dicen:

''¡Nuestro Dios nos ha hecho
justicia!
¡Vayamos y contemos en
Jerusalén
lo que Dios ha hecho
por nosotros!''

11 »Y yo digo:

''Ustedes, reyes del país

de Media,
sáquenle punta a sus flechas
y tengan listos sus escudos,
pues quiero que destruyan a
Babilonia.
Los babilonios destruyeron
mi templo;
por eso quiero vengarme
de ellos.

12 ''¡Den la señal de ataque
y derriben los muros de
Babilonia!
¡Vigilen de cerca a los
babilonios
y háganlos caer en la trampa!
Yo soy el Dios de Israel
y cumpliré mis planes
contra ellos''.

13 »Ustedes los babilonios
viven junto a los ríos
y gozan de grandes riquezas;
¡pero ya les llegó la hora de
morir!
14 Voy a enviarles muchos
enemigos
que cantarán victoria sobre
ustedes.
Yo soy el Dios todopoderoso
y les juro que así lo haré».

Canción de alabanza a Dios
15 «Con su poder y sabiduría,
y con mucha inteligencia,
Dios hizo la tierra, afirmó
el mundo
y extendió los cielos.

16 »Basta con que Dios hable
para que rujan los cielos
y aparezcan las nubes en el
horizonte.
En medio de fuertes
relámpagos
y de vientos huracanados
Dios hace que llueva.

17 »La gente es estúpida, no
sabe nada;
los ídolos son una vergüenza
para quienes los fabrican.
Esas imágenes son un engaño;
por supuesto, no tienen vida.
18 No valen nada, son pura fantasía;
cuando Dios las juzgue, serán

destruidas.

19 Pero nuestro Dios no es así;
¡él hizo todo lo que existe!
Nuestro Dios nos eligió
y nos hizo su pueblo.
¡Su nombre es el Dios
todopoderoso!»

Mi arma de guerra

20 Dios también me dijo:

«Babilonia, tú eres mi arma de
guerra.
Contigo destruyo naciones
y reinos,
21 contigo destruyo jinetes
y caballos,
contigo destruyo carros de
guerra.
22 Contigo destruyo hombres
y mujeres,
contigo destruyo jóvenes
y ancianos,
contigo destruyo muchachos
y muchachas.
23 Contigo destruyo ejércitos
y generales,
contigo destruyo campesinos
y bueyes,
contigo destruyo jefes
y gobernantes.

Castigo final de Babilonia

24 »Ustedes, gente de Judá, verán
con sus propios ojos cómo voy a
castigar a Babilonia y a todos los
que viven allí. Los castigaré por
todo el daño que le hicieron a
Jerusalén. Les juro que así lo haré.
25 »A ti, Babilonia, te dicen
''máquina de la destrucción''
porque con tu poder destruyes la
tierra. Pero yo voy a lanzarme
contra ti. Te agarraré entre mis
manos y te haré rodar por el precipicio; ¡te convertiré en una
máquina inservible! **26** Nunca más
tus piedras se usarán para construir, ni para poner los cimientos
de casas y edificios. Tu territorio
quedará vacío para siempre. Te
juro que así será».

Destrucción de Babilonia

27 Dios también me dijo:

«¡Que agiten las naciones su

bandera
contra la tierra de Babilonia!
¡Que suene el toque de
trompeta,
y que ataquen a Babilonia
los reinos de Ararat, Miní y
Askenaz!
¡Que nombren a un general,
y que ataque la caballería!
28 ¡Llamen a los reyes del país
de Media,
y a sus gobernadores y
oficiales!
¡Llamen a todo el imperio
de Media!
¡Llamen a todas las naciones!
¡Que vengan y ataquen a
Babilonia!

29 »Los babilonios se retuercen
de dolor
porque he decidido llevar
a cabo
mis planes contra su país.
¡Voy a destruirlos por completo,
y nadie quedará con vida!

30 »Los soldados de Babilonia
ya no tienen valor para luchar.
Débiles y llenos de miedo,
se han refugiado en sus torres;
mientras tanto, el enemigo
quema casas y derriba puertas.
31-32 Un mensajero tras otro
llega y da al rey la noticia:

''¡Ha caído la ciudad de
Babilonia!
El enemigo controla los
puentes,
los cañaverales están en
llamas,
y todos los soldados babilonios
están temblando de miedo''.

33 »La ciudad de Babilonia
va a quedar tan desierta
como un campo arrasado
por el fuego.
¡Llegó la hora de su
destrucción!

34 »La gente de Jerusalén
se queja
de que el rey de Babilonia
los dejó como un plato vacío.
Dicen que les causó

mucho miedo,
que se llevó todas
sus riquezas,
que se los tragó como un
monstruo
y luego los arrojó a la basura.
35 Ahora me piden que los
castigue
por las humillaciones que
sufrieron;
¡me piden que paguen
con sangre
toda la sangre israelita que
derramaron!»

36 Dios le dijo al pueblo de Judá:

«Por todo eso que los
babilonios
han hecho con ustedes,
yo los voy a defender,
voy a vengarme de ellos.
Dejaré secos todos sus pozos,
37 y Babilonia quedará
en ruinas,
allí vivirán sólo perros salvajes.
Babilonia será un país
sin gente,
del que todo el mundo
se burlará.

38 »Los babilonios rugen
y gruñen
como cachorros de león.
39-40 Cuando tengan hambre
yo les daré de comer y beber
para que se diviertan y se
emborrachen.
Así caerán en un sueño
profundo
del que nunca más
despertarán;
yo los llevaré al matadero,
como se lleva a los carneros,
a los corderos y a los chivos.
Les juro que así lo haré.

41 »¡La gran ciudad de
Babilonia,
a la que todo el mundo
admiraba,
ha caído en poder de sus
enemigos!
¡Todas las naciones se
espantan
al ver cómo ha quedado
destruida!

42 »Sus enemigos se levantaron,
como las agitadas olas del mar,
y la inundaron por completo.
43 Sus ciudades han quedado vacías;
nadie vive en ellas,
nadie pasa por allí.
¡Hasta parecen un desierto!

44 »Bel es el dios de Babilonia,
pero yo lo voy a castigar:
¡haré que vomite lo que se comió!
Las naciones ya no vendrán a adorarlo,
y los muros de Babilonia serán derribados.

45-46 »Ustedes, pueblo mío,
no tengan miedo ni se desanimen
por los rumores que se escuchan;
todos los años hay nuevos rumores,
abunda la violencia en el país,
y todos los gobernantes se pelean.
¡Salgan ya de Babilonia,
y pónganse a salvo de mi enojo!

47 »Viene el día en que castigaré
a los dioses de Babilonia.
Todo el país quedará humillado,
y por todas partes habrá cadáveres.
48 Del norte llegarán los ejércitos
que destruirán a Babilonia.
El cielo y la tierra, y todo lo que existe,
entonarán cantos de alegría.
49 Babilonia merece la muerte
por haber matado a tantos israelitas
y a tanta gente de otras naciones.

50 »Ustedes, los de Judá,
que escaparon con vida
cuando Jerusalén fue conquistada,

y ahora viven en lejanas tierras,
¡salgan ya de Babilonia!
Aunque vivan lejos,
recuérdenme,
y no se olviden nunca de Jerusalén.

51 »Los extranjeros no respetaron mi santuario.
Por eso ustedes sienten vergüenza,
pues oyen que la gente los insulta y se burla de ustedes.
52 Pero en un día ya muy cercano
castigaré a los dioses de Babilonia;
¡por todo ese país habrá gritos de dolor!
53 Aunque Babilonia tenga murallas
tan altas como los cielos,
yo voy a enviar un ejército
que derribará esas altas murallas.
Les juro que así lo haré».

54 Dios continuó diciendo:

«¡Escuchen los gritos de terror
que nos llegan desde Babilonia!
¡Babilonia será destruida!
55-57 Se acerca ya un ejército
dispuesto a destruirla.
Sus enemigos rugen como las olas;
por todas partes se escuchan sus gritos.
Los soldados babilonios serán capturados,
y sus armas serán despedazadas.
Haré que se emborrachen
sus jefes y sus sabios,
sus gobernadores y sus oficiales,
y todos sus soldados.
¡Se dormirán, y nunca más despertarán!
Yo dejaré a Babilonia en ruinas,
y pondré fin a sus fiestas.

»Yo soy rey de Israel;
soy el Dios todopoderoso,

y a cada quien le doy su merecido.
Les juro que así lo haré».

58 El Dios de Israel también me dijo:

«Los anchos muros de Babilonia
serán derribados por completo,
y sus majestuosos portones serán quemados.
¡De nada habrá servido tanto esfuerzo
de las naciones y de los pueblos,
pues todo eso acabará en el fuego!»

El rollo de cuero

59-60 Cuando Sedequías tenía cuatro años de reinar en Judá, fue a Babilonia. Con él fue también Seraías, que estaba a cargo de ese viaje. Antes del viaje, yo, Jeremías, le di a Seraías un mensaje. Escribí en un rollo de cuero todas las desgracias que iban a venir sobre Babilonia, **61** luego se lo entregué a Seraías, y le dije:

«En cuanto llegues a Babilonia, deberás leer en voz alta todo lo que aquí dice. **62** Cuando hayas terminado, orarás así a nuestro Dios: ''Tú has prometido que vas a destruir este lugar. Has dicho que vas a dejarlo hecho un desierto, y que aquí no podrá vivir ninguna persona ni ningún animal''. **63** Entonces atarás una piedra al rollo, y lo arrojarás al río Éufrates. **64** Luego dirás: ''Así como este rollo de cuero se hundió en el río, también Babilonia se hundirá, y nunca más volverá a levantarse. Todos los que viven en Babilonia morirán. Esta ciudad nunca podrá recuperarse del castigo que Dios le va a mandar''».

Aquí termina todo lo que yo, Jeremías, dije y escribí.

Nabucodonosor destruye a Jerusalén

52 **1** Sedequías comenzó a reinar a los veintiún años. La capital de su reino fue Jerusalén, y su reinado duró once años. Su madre era de Libná, y se llamaba Hamutal hija de Jeremías. **2** Sedequías desobedeció a Dios, al igual que Joacín; **3** por eso Dios se enojó muchísimo con Jerusalén y Judá, y los rechazó.

Después de un tiempo, Sedequías también se puso en contra del rey de Babilonia. **4** El día diez del mes de Tébet, durante el noveno año del reinado de Sedequías, el rey Nabucodonosor fue con todo su ejército para atacar a Jerusalén. Rodeó la ciudad y construyó rampas para atacarla mejor, **5** permaneciendo alrededor de la ciudad hasta el año once del reinado de Sedequías.

6 Para el día nueve del mes de Tammuz de ese año, ya no había en Jerusalén nada que comer. **7** Por eso el rey Sedequías y sus soldados hicieron una abertura en la muralla que rodeaba la ciudad. Pasaron por la entrada que estaba entre las dos murallas, junto a los jardines del rey, y esa noche se escaparon. Salieron corriendo por el camino del Valle del Jordán. Mientras tanto, los soldados de Babilonia seguían rodeando la ciudad.

8 Pero luego los soldados de Babilonia persiguieron al rey Sedequías, y lo alcanzaron en la llanura de Jericó. Todo su ejército huyó y lo abandonó. **9** Los babilonios atraparon a Sedequías y lo llevaron ante el rey de Babilonia, que estaba en Riblá, en el territorio de Jamat. Allí Nabucodonosor decidió cómo castigar a Sedequías. **10** En primer lugar, mandó que mataran en su presencia a los hijos de Sedequías y a todos los hombres importantes de Judá; **11** y luego mandó que a Sedequías le sacaran los ojos y lo sujetaran con cadenas de bronce. Así fue como se lo llevaron a Babilonia, donde estuvo preso hasta el día en que murió.

12 Nebuzaradán, comandante de la guardia personal del rey y general del ejército de Babilonia, llegó a Jerusalén el día del mes de Ab, del año diecinueve del reinado de Nabucodonosor. **13** Nebuzaradán incendió el templo de Dios, el palacio del rey y todas las casas de Jerusalén, en especial las de los líderes más importantes. **14** Luego, los soldados babilonios derribaron todas las murallas que rodeaban a la ciudad de Jerusalén. **15** Finalmente, Nebuzaradán se llevó prisioneros a Babilonia a todos los que habían quedado en la ciudad, incluyendo a los que se habían unido al rey de Babilonia. **16** Sin embargo, dejó a los judíos más pobres para que cultivaran los viñedos y los campos.

17-18 Los babilonios se llevaron todo el bronce que encontraron: el de las columnas del frente del templo, las bases de los recipientes, el gran tanque de agua, las vasijas, las palas, las tijeras, los cucharones y demás utensilios que se usaban en el templo. **19** Nebuzaradán se llevó además objetos de oro y plata, como hornillos y tazones.

20 No fue posible calcular el peso del bronce de las dos columnas, ni el del enorme tanque para el agua ni el de los doce toros que estaban debajo del tanque, ni el de las bases que el rey Salomón había mandado hacer para el templo. **21** Las dos columnas eran iguales, y cada una medía más de ocho metros de altura y tenía una circunferencia de cinco metros y medio. Las columnas eran huecas por dentro, y en la parte superior tenían una cobertura de bronce de siete centímetros de grueso. **22** La parte superior de cada columna tenía un adorno de bronce, que medía más de dos metros, con una hilera de figuras de bronce, **23** una en forma de manzana y otras en forma de cadena. Alrededor de cada columna había labradas unas noventa y seis manzanas, pero por encima de las cadenas había más de cien.

24 Además, Nebuzaradán apresó a Seraías, jefe de los sacerdotes, a Sofonías, sacerdote que le seguía en importancia, y a tres encargados de la vigilancia del templo. **25** En la ciudad apresó también a uno de los capitanes del ejército, a siete consejeros del rey, al oficial encargado de reunir a los soldados, y a otros sesenta hombres. Todos ellos estaban en Jerusalén, **26-27** pero Nebuzaradán se los llevó a Riblá, en el territorio de Hamat, donde Nabucodonosor, rey de Babilonia, ordenó que los mataran. De esta manera, casi todo el pueblo de Judá fue sacado de su país.

28-30 Los prisioneros que Nabucodonosor se llevó a Babilonia fueron un total de 4.600, de la siguiente manera:

A los siete años de su reinado: 3.023 judíos.

A los dieciocho años de su reinado: 832 habitantes de Jerusalén.

A los veintitrés años de su reinado, 745 judíos, que se llevó Nebuzaradán, el capitán de su guardia.

El rey Joaquín es liberado

31 Joaquín tenía ya treinta y siete años viviendo en Babilonia, cuando Evil-merodac comenzó a reinar sobre ese país. El día veinticinco del mes de Adar de ese año, Evil-merodac sacó de la cárcel a Joaquín. **32** Lo trató bien y le dio un lugar de importancia entre los otros reyes que estaban con él en Babilonia. **33** Así que Joaquín dejó de usar su ropa de prisionero, y el resto de su vida comió con el rey. **34** Además, todos los días recibía dinero para sus gastos personales. Joaquín disfrutó de este privilegio hasta el día de su muerte.

Lamentaciones

1 EL PROFETA

1 ¡**P**obrecita de ti, Jerusalén!
Antes eras la más famosa
de todas las ciudades.
¡Antes estabas llena de gente,
pero te has quedado muy sola,
te has quedado viuda!
¡Fuiste la reina de las naciones,
pero hoy eres esclava de ellas!

2 Olvidada y bañada en lágrimas
pasas todas las noches.
Muchos decían que te amaban,
pero hoy nadie te consuela.
Los que se decían tus amigos
hoy son tus enemigos.

3 Bajo el peso de las cadenas,
la gente de Judá salió
prisionera.
Sus enemigos los atraparon
y los maltrataron con crueldad.
Ahora son esclavos
en países lejanos,
y no han dejado de sufrir.

4 Ruido ya no se escucha
en tus portones, Jerusalén.
¡Qué triste es ver
tus calles desiertas!
Los sacerdotes lloran
y las jóvenes se afligen.
Todo en ti es amargura;
ya nadie viene a tus fiestas.

5 Es tanto tu pecado,
que Dios te castigó.
El enemigo se llevó prisioneros
a todos tus habitantes.
Ahora el enemigo te domina
y vive feliz y contento.

6 ¡**C**ómo has perdido, Jerusalén,
la belleza que tuviste!
Tus jefes, ya sin fuerzas,
huyen de quienes los persiguen.
¡Hasta parecen venados
hambrientos
en busca de pastos frescos!

7 Insistes en recordar
que alguna vez fuiste rica.
Ahora vives en la tristeza
y no tienes a dónde ir.

Cuando el enemigo
te conquistó,
no hubo nadie que te ayudara.
Cuando el enemigo te
vio vencida,
se burló de verte en desgracia.

8 Tanto has pecado, Jerusalén,
que todos te desprecian.
Los que antes te admiraban
hoy se burlan al verte
en desgracia.
¡Ahora derramas lágrimas,
y avergonzada escondes
la cara!

9 ¡**A**sombrosa ha sido tu caída!
¡No hay nadie que te consuele!
Jamás pensaste en llegar a ser
tan despreciada,
y ahora exclamas:
«Mis enemigos me vencieron.
¡Mira, Dios mío, mi aflicción!»

10 Dueño de todas tus riquezas
es ahora tu enemigo.
Tú misma viste entrar al templo
gente de otros pueblos,
aunque Dios había ordenado
que no debían entrar allí.

11 El pueblo entero llora
y anda en busca de pan.
Con tal de seguir con vida,
cambian sus riquezas
por comida.
Llorando le dicen a Dios:
«¡Mira cómo nos humillan!»

JERUSALÉN
12 Todos ustedes, que
pasan y me ven,
¿por qué gozan al verme sufrir?
¿Dónde han visto a alguien
que sufra tanto como yo?
Cuando Dios se enojó conmigo,
me mandó este sufrimiento.

13 Intensa lluvia de fuego
ha enviado Dios sobre mí.
Mis huesos se han quemado,
y siento que me muero.
Dios me cerró el paso,
y me hizo retroceder.
Me dejó en el abandono;

mi sufrimiento no tiene fin.

14 Juntó Dios todos mis pecados
y me los ató al cuello.
Ya no me quedan fuerzas;
ya no los soporto más.
Dios me entregó al enemigo,
y no puedo defenderme.

15 En mis calles hay muchos
muertos.
¡Dios rechazó a mis valientes!
Juntó un ejército para
atacarme,
y acabó con todos mis jóvenes.
Dios me aplastó por completo;
¡me exprimió como a las uvas!

16 Ruedan por mis mejillas
lágrimas que no puedo
contener.
Cerca de mí no hay nadie
que me consuele y me reanime.
Mi gente no puede creer
que el enemigo nos
haya vencido.

EL PROFETA
17 Un montón de escombros
es ahora Jerusalén.
Suplicante pide ayuda,
pero nadie la consuela.
Dios mismo ordenó
que sus vecinos la atacaran.

JERUSALÉN
18 Siempre Dios hace lo justo,
pero yo soy muy rebelde.
¡Escuchen, naciones todas!
¡Miren cómo sufro!
¡El enemigo se llevó prisioneros
a todos mis habitantes!

19 Ayuda pedí a mis amigos,
pero me dieron la espalda.
Los jefes y sacerdotes
acabaron perdiendo la vida.
Andaban buscando comida,
y no pudieron sobrevivir.

20 ¡**L**a muerte me quitó
a mis hijos
dentro y fuera de la ciudad!
¡Mira mi angustia, Dios mío!
¡Siento que me muero!

¡Tan rebelde he sido contigo
que estoy totalmente
confundida!

²¹ **El** enemigo no esconde
su alegría
porque tú, Dios mío, me
haces sufrir.
Todo el mundo escucha
mi llanto,
pero nadie me consuela.
¡Ya es tiempo de que
los castigues
como me castigaste a mí!

²² **No** hay un solo pecado
que ellos no hayan cometido;
¡castiga entonces su rebeldía,
como me castigaste a mí!
¡Ya es mucho lo que he llorado,
y siento que me muero!

Segundo lamento acróstico[1]
2 EL PROFETA
¹ ¡Pobrecita de ti, Jerusalén!
Cuando Dios se enojó contigo,
derribó tu templo
y acabó con tu belleza.
Ni siquiera se acordó
de tu reino en este mundo.

² **O**fendido y enojado,
Dios destruyó por completo
todas las casas de Israel.
Derribó las fortalezas de Judá;
quitó al rey de su trono,
y puso en vergüenza
a sus capitanes.

³ **B**orró Dios nuestro poder
cuando se enojó con nosotros.
Nos enfrentamos al enemigo,
pero Dios nos retiró su ayuda.
¡Todo Israel arde en llamas!
¡Todo lo destruye el fuego!

⁴ **R**ompió en mil pedazos
las casas de Jerusalén,
y acabó con nuestros
seres queridos.
Como si fuera nuestro enemigo,
decidió quitarnos la vida;
su enojo fue como un fuego
que nos destruyó por completo.

⁵ **E**l llanto por los muertos
se oye por todo Judá.

Dios parece nuestro enemigo,
pues ha acabado con nosotros.
¡Todas sus fortalezas y palacios
han quedado en ruinas!

⁶ **C**omo quien derriba
una choza,
Dios destruyó su templo.
Ya nadie en Jerusalén celebra
los sábados ni los días
de fiesta.
Dio rienda suelta a su enojo
contra el rey y los sacerdotes.

⁷ **I**ncitó al ejército enemigo
a conquistar Jerusalén,
y el enemigo gritó en su templo
como si estuviera de fiesta.
¡Dios ha rechazado
por completo
su altar y su santuario!

⁸ **T**odos los muros y las rampas
son ahora un montón de
escombros.
Dios decidió derribar
el muro que protegía
a Jerusalén.
Todo lo tenía planeado;
¡la destruyó sin compasión!

⁹ ¡**A**diós, maestros de la ley!
¡Adiós, profetas!
¡Dios ya no habla con nosotros!
El rey y los capitanes
andan perdidos entre
las naciones.
La ciudad quedó desprotegida,
pues Dios derribó sus portones.

¹⁰ **D**e luto están vestidos
los ancianos de Jerusalén.
En silencio se sientan
en el suelo
y se cubren de ceniza
la cabeza.
¡Las jóvenes de Jerusalén
bajan la cabeza llenas
de vergüenza!

¹¹ **E**stoy muy triste y
desanimado
porque ha sido destruida
mi ciudad.
¡Ya no me quedan lágrimas!
¡Siento que me muero!
Por las calles de Jerusalén

veo morir a los recién nacidos.

¹² **T**ímidamente claman
los niños:
«¡Mamá, tengo hambre!»;
luego van cerrando los ojos
y mueren en las calles,
en brazos de su madre.

¹³ **I**ncomparable eres
tú, Jerusalén;
¿Qué más te puedo decir?
¿Qué puedo hacer para
consolarte,
bella ciudad de Jerusalén?
Tus heridas son muy profundas;
¿quién podría sanarlas?

¹⁴ **J**amás te dijeron la verdad;
los profetas te mintieron.
Si no te hubieran engañado,
ahora estarías a salvo.
Pero te hicieron creer
en mentiras
y no señalaron tu maldad.

¹⁵ «¿**E**n dónde quedó
la hermosura
de la bella Jerusalén,
la ciudad más alegre
del mundo?»
Eso preguntan al verte
los que pasan por el camino,
y se burlan de tu desgracia.

¹⁶ **R**abiosos están tus
enemigos,
y no dejan de hablar mal de ti.
Gritan en son de victoria:
«¡Llegó el día que
habíamos esperado!
¡Hemos acabado con Jerusalén,
y hemos vivido para contarlo!»

¹⁷ **U**na vez, años atrás,
Dios juró que te destruiría,
Y ha cumplido su palabra:
te destruyó sin compasión,
y permitió que tus enemigos
te vencieran y te humillaran.

¹⁸ **S**í, bella Jerusalén,
deja que tus habitantes
se desahoguen ante Dios.
Y tú, no dejes de llorar;
¡da rienda suelta a tu llanto
de día y de noche!

19 Alza la voz y ruega a Dios
por la vida de tus niños,
que por falta de comida
caen muertos por las calles.
Clama a Dios en las noches;
cuéntale cómo te sientes.

JERUSALÉN
20 Las madres están
por comerse
a los hijos que tanto aman.
Los sacerdotes y los profetas
agonizan en tu templo.
Piensa por favor, Dios mío,
¿a quién has tratado así?

21 En tu enojo les quitaste
la vida
a los jóvenes y a los ancianos.
Mis muchachos y muchachas
cayeron muertos por las calles
bajo el golpe de la espada;
¡no les tuviste compasión!

22 Nadie quedó con vida
el día que nos castigaste;
fue como una gran fiesta
para el ejército enemigo:
murieron todos mis familiares,
¡nos atacaste por todos lados!

Tercer lamento acróstico
3 EL PROFETA
1 Yo soy el que ha sufrido
el duro castigo de Dios.
2 Él me forzó a caminar
por los caminos más oscuros;
3 no hay un solo momento
en que no me castigue.

4-6 Oscura tumba es mi vida;
¡es como si ya estuviera
muerto!
Dios me rodeó por completo
de la miseria más terrible.
Me dejó sin fuerzas;
¡no tengo un solo hueso sano!

7-9 Se niega Dios
a escucharme,
aunque siempre le pido ayuda.
A cada paso me pone tropiezos
y me hace perder el camino.
Me tiene preso y encadenado.
¡No puedo escaparme de él!

10-12 Objeto soy de

sus ataques;
¡soy el blanco de sus flechas!
Como animal feroz me vigila,
esperando el momento
de atacarme.
¡Me obliga a apartarme
del camino
para que no pueda
defenderme!

13-15 Ya me partió el corazón
con sus terribles flechas.
Dios ha llenado mi vida
de tristeza y amargura.
Todo el día y a todas horas,
la gente se burla de mí.

16 Estoy completamente
derrotado,
porque Dios me hizo caer.
17 Ya no tengo tranquilidad;
la felicidad es sólo
un recuerdo.
18 Me parece que de Dios
ya no puedo esperar nada.

19 Los más tristes recuerdos
me llenan de amargura.
20 Siempre los tengo presentes,
y eso me quita el ánimo.
21 Pero también me acuerdo
de algo que me da esperanza:

22 Sé que no hemos
sido destruidos
porque Dios nos tiene
compasión.
23 Sé que cada mañana
se renuevan
su gran amor y su fidelidad.
24 Por eso digo que
en él confío;
¡Dios es todo para mí!

25 Invito a todos a
confiar en Dios
porque él es bondadoso.
26 Es bueno esperar
con paciencia
que Dios venga a salvarnos,
27 y aprender desde nuestra
juventud
que debemos soportar
el sufrimiento.

28 Es conveniente callar
cuando Dios así lo ordena.

29-30 Y olvidar la venganza
cuando alguien nos golpea.
Debemos esperar con paciencia
que Dios venga a ayudarnos.

31 Realmente Dios nos
ha rechazado,
pero no lo hará para siempre.
32-33 Nos hace sufrir y
nos aflige,
pero no porque le guste
hacerlo.
Nos hiere, pero nos tiene
compasión,
porque su amor es muy grande.

34-36 Violar los derechos
humanos
es algo que Dios no soporta.
Maltratar a los prisioneros
o no darles un juicio justo,
es algo que Dios no aprueba.

37 ¡Oye bien esto: Nada
puedes hacer
sin que Dios te lo ordene!
38 ¡Todo lo bueno y lo malo
pasa porque él así lo ordena!
39 ¡No tenemos razón
para quejarnos
si nos castiga por
nuestros pecados!

40-42 Si pecamos contra Dios,
y él no quiere perdonarnos,
pensemos en qué lo
hemos ofendido.
Dirijamos al Dios del cielo
nuestras oraciones
más sinceras,
y corrijamos nuestra conducta.

43-44 Una nube envuelve a Dios;
no le deja escuchar
nuestra oración.
Lleno de enojo, Dios
nos persigue;
nos destruye sin ninguna
compasión.
45 Nos ha expuesto ante las
naciones
como si fuéramos lo peor.

46 Fuimos la burla del enemigo.
47 Sufrimos en carne propia
los horrores de la destrucción.
48 Cuando vi destruida mi ciudad

no pude contener las lágrimas.

49-51 Realmente me duele
ver sufrir
a las mujeres de Jerusalén.
Se me llenan de lágrimas
los ojos,
pero no hay quien me consuele.
¡Espero que desde el cielo
Dios nos mire y nos
tenga compasión!

52-53 ¡Intentaron matarme,
y no sé por qué razón!
Mis enemigos me atraparon,
me encerraron en un pozo.
54 Estuve a punto de ahogarme;
¡creí que había llegado mi fin!

55 En la profundidad
de ese pozo
te pedí ayuda, Dios mío,
56 y tú atendiste mis ruegos;
¡escuchaste mi oración!
57 Te llamé, y viniste a mí;
me dijiste que no
tuviera miedo.

58 No me negaste tu ayuda,
sino que me salvaste la vida.
59 Dios mío, ¡ayúdame!
Mira el mal que me causaron,
60 mira el mal que piensan
hacerme,
¡quieren vengarse de mí!

61 Tú sabes cómo me ofenden;
tú sabes que me hacen daño.
62 Tú bien sabes que
mis enemigos
siempre hacen planes
contra mí.
63 ¡Míralos! No importa
lo que hagan,
siempre están burlándose de mí.

64-66 ¡Espero que los castigues
con toda tu furia!
¡Bórralos de este mundo!
Mi Dios, ¡dales su merecido
por todo lo que han hecho!
¡Maldícelos y hazlos sufrir!

Cuarto lamento acróstico[1]
4 EL PROFETA
1 ¡Perdió el oro su brillo!
¡Quedó totalmente empañado!

¡Por las esquinas de las calles
quedaron regadas las joyas
del templo!

2 ¡Oro puro! Así se valoraba
a los habitantes de Jerusalén,
¡pero ahora no valen más
que simples ollas de barro!

3 Bondadosas se muestran
las lobas
cuando alimentan a
sus cachorros,
pero las crueles madres
israelitas
abandonan a sus hijos.

4 Reclaman pan nuestros niños
pero nadie les da nada.
La lengua se les pega
al paladar,
y casi se mueren de sed.

5 En las calles se mueren
de hambre
los que antes comían manjares;
entre la basura se revuelcan
los que antes vestían
con elegancia.

6 Cayó Jerusalén, pues
ha pecado
más de lo que pecó Sodoma.
¡De pronto se vino abajo
y nadie pudo ayudarla!

7 Increíblemente hermosos
eran los líderes de Jerusalén;
estaban fuertes y sanos,
estaban llenos de vida.

8 Tan feos y enfermos
se ven ahora
que nadie los reconoce.
Tienen la piel reseca
como leña,
¡hasta se les ven los huesos!

9 A falta de alimentos,
todos mueren poco a poco.
¡Más vale morir en la guerra
que morirse de hambre!

10 ¡Destruida ha
quedado Jerusalén!
¡Hasta las madres más
cariñosas

cocinan a sus propios hijos
para alimentarse con ellos!

11 El enojo de Dios fue
tan grande
que ya no pudo contenerse;
le prendió fuego a Jerusalén
y la destruyó por completo.

12 ¡Terminaron entrando
a la ciudad
los enemigos de Jerusalén!
¡Nadie en el mundo
se imaginaba
que esto pudiera ocurrir!

13 Injustamente ha
muerto gente
a manos de profetas
y sacerdotes.
Dios castigó a Jerusalén
por este grave pecado.

14 Juntos andan esos asesinos
como ciegos por las calles.
Tienen las manos llenas
de sangre;
¡nadie se atreve a tocarlos!

15 En todas partes les gritan:
«¡Fuera de aquí, vagabundos!
¡No se atrevan a tocarnos!
¡No pueden quedarse
a vivir aquí!»

16 Rechazados por Dios,
los líderes y sacerdotes
vagan por el mundo.
¡Dios se olvidó de ellos!

17 Una falsa esperanza
tenemos:
que un pueblo venga
a salvarnos;
pero nuestros ojos están
cansados.
¡Nadie vendrá en
nuestra ayuda!

18 Se acerca nuestro fin.
No podemos andar libremente,
pues por todas partes
nos vigilan;
¡nuestros días están contados!

19 Aun más veloces
que las águilas

"*La* hermosura es engañosa, la belleza es una ilusión; ¡sólo merece alabanzas la mujer que obedece a Dios!" *(Proverbios 31.30)*

María Jones se casa con un tejedor.
"¡Hallar una esposa extraordinaria es como encontrarse una joya muy valiosa!" *(Proverbios 31.10).*

son nuestros enemigos.
Por las montañas y por
el desierto
nos persiguen sin descanso.

20 La sombra que nos protegía
era nuestro rey;
Dios mismo nos lo había dado.
¡Pero hasta él cayó prisionero!

21 Esto mismo lo sufrirás tú,
que te crees la reina
del desierto.
Puedes reírte ahora,
ciudad de Edom,
¡pero un día te quedarás
desnuda!

22 No volverá Dios a castigarte,
bella ciudad de Jerusalén,
pues ya se ha cumplido
tu castigo.
Pero a ti, ciudad de Edom,
Dios te castigará por
tus pecados.

Quinto lamento

5 ❋ EL PUEBLO DE JERUSALÉN
1 Dios mío, fíjate en nuestra
desgracia;
date cuenta de que
nos ofenden.

2 Nuestras tierras y
nuestra patria
ha caído en manos

de extranjeros.
3 Nos hemos quedado sin padre;
nuestras madres han
quedado viudas.

4 ¡Hasta el agua y la leña
tenemos que pagarlas!

5 El enemigo nos persigue.
Nos tiene acorralados.

6 ¡A nuestros peores enemigos,
tenemos que pedirles alimento!

7 Pecaron nuestros
antepasados,
¡y Dios nos castigó a nosotros!

8 Los esclavos se creen reyes,
¡y no podemos librarnos
de ellos!

9 Para conseguir alimentos,
arriesgamos la vida
en el desierto.

10 Tanta es el hambre
que tenemos
que hasta deliramos.

11 En todas nuestras ciudades
violaron a nuestras mujeres.

12 No respetaron a
nuestros jefes;
¡los colgaron de las manos!

13 Nuestros jóvenes y niños
cargan leña como esclavos.
14 Ya los jóvenes no cantan
ni se reúnen los ancianos.

15 No tenemos motivo
de alegría; en vez de danzas,
hay tristeza.

16 ¡Pobres de nosotros!
Por el pecado perdimos
el reino.

17 Vamos perdiendo las fuerzas;
estamos a punto de morir.

18 El monte Sión ha
quedado desierto;
sólo se ven animales salvajes.

19 Pero tú, Dios nuestro,
reinas para siempre.
¡Tú eres nuestro rey!

20 ¿Por qué te olvidas
de nosotros
y nos abandonas tanto tiempo?

21 ¡Déjanos volver a ti,
y volveremos!
¡Devuélvenos el poder
que tuvimos!

22 En verdad nos diste
la espalda;
¡se te fue la mano!

Ezequiel

1 **1-3** Mi nombre es Ezequiel hijo de Buzí, y soy sacerdote. Fui llevado prisionero a Babilonia, junto con el rey Joaquín y muchos otros israelitas. Cinco años después, Dios me habló y me hizo sentir su poder y me permitió ver algunas cosas que iban a suceder. Estaba yo junto al río Quebar. Era el día cinco del mes de Tammuz del año treinta.

Ese día pude ver que el cielo se abría **4** y que se aproximaba una gran tormenta. Un fuerte viento soplaba desde el norte y trajo una nube muy grande y brillante. De la nube salían relámpagos en todas direcciones, y de en medio de la nube salía un fuego que brillaba como metal pulido.

5 Luego salieron cuatro seres muy extraños. **6-14** Sus piernas eran rectas; sus pies parecían pezuñas de toro y brillaban como el bronce pulido. Cada uno tenía cuatro alas, y en sus cuatro costados, debajo de las alas, tenían brazos y manos humanas. Extendían dos de sus alas para tocarse entre sí, y con las otras dos alas se cubrían el cuerpo.

Los seres tenían también cuatro caras. Vistas de frente, tenían apariencia humana; vistas del lado derecho, parecían caras de león; por el lado izquierdo, parecían caras de toro, y por atrás parecían caras de águila. Como el espíritu de Dios los hacía avanzar, se movían de un lado a otro con la rapidez del relámpago, pero siempre hacia delante. Nunca se volvían para mirar hacia atrás.

Estos seres brillaban como carbones encendidos; parecía como si en medio de ellos hubiera antorchas moviéndose de un lado a otro, o como si de un fuego muy brillante salieran rayos de luz.

15 Mientras yo los miraba, vi que en el suelo había una rueda junto a cada uno de ellos. **16** Las cuatro ruedas eran iguales, y brillaban como las piedras preciosas. Todas ellas estaban entrelazadas, como si formaran una estrella. **17** Eso les permitía girar en cualquier dirección, sin tener que volver atrás.

18 Pude ver también que los aros de las cuatro ruedas tenían ojos alrededor. Eso me llenó de miedo. **19-21** Y como el espíritu de Dios estaba en los seres y en las ruedas, los hacía avanzar en la dirección que quería: hacia delante, hacia arriba o hacia atrás.

22 Por encima de las cabezas de estos seres había algo muy brillante, parecido a una cúpula de cristal. **23-25** Debajo de esa cúpula, los seres se movían y extendían totalmente dos de sus alas para tocarse entre sí, lo que causaba un ruido muy fuerte, semejante a un mar embravecido. Y cuando se detenían, cerraban sus alas. Mientras tanto, con sus otras dos alas se cubrían el cuerpo. Entonces podía oírse por encima de la cúpula un fuerte ruido, como si allí estuviera acampado un gran ejército. ¡Era como oír la voz del Dios todopoderoso!

26 Sobre la cúpula de cristal había una piedra preciosa, que tenía la forma de un trono. Sobre ese trono podía verse la figura de un ser humano. **27-28** De la cintura para arriba brillaba como el metal derretido; de la cintura para abajo, brillaba como el fuego. ¡Era como ver el arco iris después de un día lluvioso! Entonces me di cuenta de que estaba contemplando a Dios en todo su esplendor, y me arrodillé hasta tocar el suelo con la frente, en actitud de adoración. Entonces escuché una voz que me hablaba.

2 **1** Era la voz de Dios, y oí que me decía: «Ezequiel, hombre mortal, levántate, que quiero hablar contigo».

2 En ese momento sentí que algo dentro de mí me hacía levantarme, y pude oír que Dios me daba este encargo:

3-4 «Tú, Ezequiel, llevarás de mi parte un mensaje a los israelitas. Son un pueblo muy desobediente, se parecen a las naciones que no confían en mí. Tanto sus antepasados como ellos y sus hijos son muy rebeldes, necios e incorregibles. Hasta el día de hoy son así. »Voy a enviarte a ellos, para que les digas lo que yo quiero que hagan. **5-8** Es muy posible que no te hagan caso, pues son muy rebeldes; pero no te preocupes. Lo importante es que se den cuenta de que no les ha faltado quien les hable de mi parte. Y aunque te parezca que estás rodeado de espinas o en medio de alacranes, tú, no les tengas miedo ni te espantes por lo que te digan, ni por la cara que te pongan. Ellos son muy rebeldes, pero tú no seas como ellos. Al contrario, obedece siempre todo lo que yo te ordene. »Para empezar, abre la boca y come lo que te voy a dar».

9 Entonces vi una mano que tenía un librito; esa mano se extendió hacia donde yo estaba, **10** y comenzó a abrir ese librito delante de mis ojos. Y pude ver que el libro contenía mensajes de luto, de dolor y de tristeza.

3 **1-4** Entonces Dios me dijo: «Ezequiel, cómete este libro, y llena tu estómago con él». Yo tomé el libro y me lo comí, y su sabor era tan dulce como la miel. Después, Dios me dijo:

«Quiero que lleves un mensaje para el pueblo de Israel. **5-6** No te estoy enviando a países donde se hablan idiomas desconocidos para ti. Pero si lo hiciera, la gente de esos países te haría caso. **7** En cambio, los israelitas, a pesar de que hablan tu idioma, son tan necios y rebeldes que te van a ignorar, como me han ignorado a mí.

8 »Sin embargo, yo haré que seas tan terco como ellos. Y mientras menos caso te hagan, más insistirás tú en que te escuchen. **9** Te haré más duro que los diamantes y las piedras. Así que no te espantes ni les tengas miedo, por más rebeldes que sean».

10 Dios también me dijo:

«Apréndete de memoria todo lo que voy a decirte, y repítelo al pie de la letra. **11** Ve al lugar donde está prisionera la gente de tu pueblo, y dales este mensaje de mi parte. Si te hacen caso; bien; si no te hacen caso, también».

12-14 Cuando el esplendor de Dios comenzó a retirarse de donde estaba, escuché detrás de mí un ruido muy fuerte, parecido al de un terremoto. Ese ruido lo hacían aquellos seres extraños. Lo hacían sus alas al tocarse unas con otras, y también las ruedas que estaban a su lado. Y pude oír que alguien decía con fuerte voz: «¡Bendito sea en su templo nuestro gran Dios!»
Entonces, algo dentro de mí me hizo levantarme y me sacó de allí; era como si Dios me hubiera tomado fuertemente de la mano. Yo estaba muy molesto y enojado. **15** De pronto me vi en Tel Abib, que está a la orilla del río Quebar. En esa ciudad estaban los israelitas que habían sido sacados de su país, y allí me quedé entre ellos siete días, sin saber qué hacer ni qué decir.

Dios pone a Ezequiel como vigilante
16 Pasados los siete días, Dios me dijo:

17 «Ezequiel, tu tarea será mantenerte siempre vigilante y decirles a los israelitas que están en grave peligro. Tan pronto como yo te diga algo, tú deberás decírselo a ellos.
18 »Si yo le anuncio a alguien que va a morir por causa de su mala conducta, y tú no se lo adviertes, esa persona morirá por causa de su pecado, pero el culpable de su muerte serás tú.
19 »En cambio, si tú le adviertes que debe apartarse del mal, y no

te hace caso, esa persona morirá por causa de su pecado, pero tú no serás culpable de nada.
20 »Puede ser que una persona buena deje de hacer el bien y haga lo malo. Si yo la pongo en peligro de muerte, y tú no se lo adviertes, morirá por causa de su pecado, y no tomaré en cuenta lo bueno que haya hecho antes. Pero el culpable de su muerte serás tú.
21 En cambio, si le adviertes y deja de pecar, seguirá con vida, y tú quedarás libre de culpa».

Ezequiel se queda mudo
22 Mientras yo estaba allí, Dios me hizo sentir su poder y me dio esta orden: «Levántate y ve al valle. Allí te diré lo que tienes que hacer». **23** Así lo hice. Y cuando llegué al valle, vi de nuevo a Dios en todo su esplendor, como lo había contemplado a orillas del río Quebar. Yo me arrodillé para adorarlo, **24** pero algo en mí me hizo levantarme. Entonces, Dios me dijo:

«Ve a tu casa, y quédate allí encerrado. **25** Debes saber que te van a atar, y no podrás caminar libremente entre la gente. **26** Como los israelitas son muy rebeldes, voy a hacer que te quedes mudo. La lengua se te pegará al paladar, y no podrás reprenderlos. **27** Volverás a hablar cuando yo lo decida, y entonces te daré mi mensaje. Unos te harán caso y otro no. Pues bien, el que quiera oír, que oiga, y el que no quiera oír, que no lo haga.

La destrucción de Jerusalén
4 {❦} **1** »Ezequiel, toma un molde de barro fresco y dibuja en él la ciudad de Jerusalén. **2** Dibuja también un ejército a su alrededor, dispuesto a conquistarla con escaleras y máquinas para derribar murallas. Dibuja además una rampa, para que los soldados puedan subir a la muralla.

3 »Después de eso coloca una lámina de hierro entre la ciudad y tú, como si la lámina fuera una

muralla, y haz como si estuvieras por atacarla. Esto será una señal para los israelitas.
4 »Luego te acostarás sobre tu lado izquierdo, para representar el castigo que la gente de Israel va a recibir por sus pecados. **5** Quédate así durante trescientos noventa días, que son los trescientos noventa años que ellos pecaron.
6 »Pasado ese tiempo, te acostarás sobre tu lado derecho, para representar el castigo que va a recibir la gente de Judá. Te quedarás así durante cuarenta días, que son los cuarenta años que ellos pecaron.
7-8 »Yo te ataré con cuerdas, para que no puedas moverte ni a un lado ni a otro, hasta que se complete todo este tiempo de sufrimiento. Cuando cumplas con esto, te volverás hacia Jerusalén y extenderás la mano, como amenazando a la ciudad, y le advertirás a todos que ella será destruida.
9 »Durante los trescientos noventa días que estarás acostado sobre tu lado izquierdo, comerás de la siguiente manera: En un recipiente mezclarás trigo, cebada, habas, lentejas, mijo y avena para hacer una masa. **10-12** Encenderás un fuego con estiércol humano en vez de leña, y delante de todos prepararás un pan con esa masa. Todos los días, a la misma hora, comerás un cuarto de kilo de ese pan, y beberás medio litro de agua».

13 Para terminar, Dios me dijo: «Cuando yo disperse a los israelitas por todo el mundo, ésta es la clase de comida contaminada que tendrán que comer».

14 Yo protesté, y le dije:

—Dios mío, yo nunca he comido nada contaminado, pues tú me rechazaste. Nunca he comido la carne de los animales impuros que nos has prohibido comer. ¡Ni siquiera cuando era niño lo hice!

15 Pero Dios me contestó:

—Está bien. En vez de encender el fuego con estiércol humano usa estiércol de vaca. **16** Pronto verás que habrá muy poca comida en Jerusalén. Tú y los demás tendrán que conformarse con sólo un poco de pan y un poco de agua. Aun así, comerán y beberán con mucho miedo y angustia, **17** pues les angustiará ver cómo se les acaba el pan y el agua; les llenará de espanto ver a sus hermanos morirse poco a poco. Y todo esto les pasará por causa de sus pecados.

5 **1** Luego Dios me dijo:

«Ezequiel, hombre mortal, toma una navaja afilada y córtate el pelo de la cabeza y de la barba. Toma luego una balanza y pesa el pelo en tres partes iguales. **2** Cuando Jerusalén haya sido conquistada, irás al centro de la ciudad y quemarás allí una tercera parte del pelo. Otra tercera parte la cortarás con una espada y la esparcirás alrededor de la ciudad. La tercera parte restante la arrojarás al viento, para que el pelo se esparza por todos lados. Por mi parte, yo los perseguiré para destruirlos.

3 »Un poco de ese pelo lo atarás al borde de tu capa, **4** y otro poco lo quemarás en el fuego. Esta será la señal de que todo el pueblo de Israel será quemado.

5 »Puedes estar seguro de que cumpliré mi palabra. Yo hice que Jerusalén fuera el centro de todas las naciones; yo la hice el lugar más importante de la tierra. **6-9** Pero Jerusalén fue más rebelde que las naciones y los pueblos vecinos; no se comportó como las otras naciones, sino que fue peor que ellas, pues desobedeció mis leyes y mis mandamientos.

»Puesto que Jerusalén se ha portado así, yo declaro que me pondré en contra suya. Yo soy el Dios de Israel. La castigaré por su horrible maldad; la castigaré delante de todas las naciones, como nunca antes lo hice ni lo volveré a hacer.

10 »Cuando yo declare culpables a sus habitantes, tendrán tanta hambre que los padres se comerán a sus hijos, y los hijos se comerán a sus padres. A los que logren escapar con vida, los dispersaré por todo el mundo.

11 »Juro que acabaré con todos los habitantes de Jerusalén. No les tendré compasión. Yo soy el Dios de Israel. Puesto que no respetaron mi templo, sino que adoraron a sus ídolos odiosos y siguieron con su maldad, **12** la tercera parte de ellos morirá de hambre y de enfermedad. ¡Caerán muertos en las calles de la ciudad! En los alrededores, otra tercera parte morirá atravesada por la espada. Y a la tercera parte restante la dispersaré por todo el mundo, aunque no dejaré de perseguirlos para destruirlos.

13 »Yo los castigaré con furia, y cuando mi enojo se haya calmado, reconocerán que yo, el Dios de Israel, soy un Dios muy celoso que cumple su palabra.

14-15 »Cuando haya descargado mi furia contra Jerusalén, la dejaré completamente destruida. Al verla, todos los pueblos vecinos se burlarán de ella. Y aunque la insultarán y la ofenderán, también se espantarán al ver el castigo tan duro que le mandé, y aprenderán la lección. Yo, el Dios de Israel, cumpliré mi palabra.

16-17 »No les enviaré comida, así que morirán de hambre. Mandaré animales salvajes, para que devoren a sus hijos. La guerra y las enfermedades acabarán con los habitantes de Jerusalén. Yo, el Dios de Israel, cumpliré mi palabra».

Mensaje contra los que adoran ídolos
6 **1** Dios me dijo:

2 «Ezequiel, hombre mortal, dirige la mirada hacia las montañas de Israel, y dales de mi parte el siguiente mensaje a los que van a adorar allí:

3 ''¡Ustedes, que adoran dioses falsos en las montañas de Israel, presten atención a mi mensaje! Voy a destruirlos a todos, junto con los pequeños templos donde adoran a esos dioses. **4-6** Haré pedazos los altares y los hornillos donde queman incienso; cualquiera que se acerque a uno de esos ídolos malolientes caerá muerto allí mismo, y alrededor de su altar dispersaré sus huesos. Destruiré por completo las ciudades; ¡destruiré todo lo que los israelitas han construido! **7** Y cuando vean caer muerta a tanta gente, reconocerán que yo soy el Dios de Israel.

8-9 ''Sin embargo, yo dejaré con vida a algunos israelitas, los cuales serán llevados prisioneros a otras naciones de la tierra. Cuando estén allá, se acordarán de mí y del castigo que les di por engañarme y adorar a los ídolos. Entonces se darán cuenta de lo mal que se portaron, y se les revolverá el estómago al acordarse de sus actos repugnantes. **10** Entonces reconocerán que yo soy el Dios de Israel, y que siempre hablé en serio''».

11 Después, el Dios de Israel me dio esta orden:

«¡Búrlate de los israelitas, felicitándolos por su repugnante maldad! ¡Apláudeles con todas tus fuerzas! ¡Recuérdales que gracias a ellos la guerra, el hambre y las enfermedades acabarán con todo el pueblo! **12** Los que estén lejos, morirán por causa de las enfermedades; los que estén cerca, morirán en la guerra, y los que aún vivan se morirán de hambre, pues descargaré mi enojo contra ellos.

13 »Los cuerpos de sus muertos quedarán tirados junto a sus ídolos malolientes. Habrá muertos por todas partes: alrededor de los altares, en las colinas y en las montañas, y aun debajo de cualquier árbol. Entonces reconocerán que yo soy el Dios de Israel.

14 »Mi castigo contra ellos será muy duro. De norte a sur, y desde Riblá hasta el desierto, todo el país quedará en ruinas. Entonces reconocerán que yo soy el Dios de Israel».

El fin está cerca

7 ¹ Dios me dijo lo siguiente:

2-4 «Ezequiel, dile a los israelitas que el Dios de Israel les envía esta advertencia:

''¡El fin está cerca! ¡Les llegó la hora, a ustedes y a toda la tierra! Voy a llamarlos a cuentas. Descargaré mi enojo sobre ustedes, y no les tendré ninguna compasión. Voy a castigarlos. Voy a hacerles sufrir las consecuencias de todos sus actos repugnantes. Así reconocerán que yo soy el Dios de Israel.

5-6 ''Les aseguro que ya llegó su fin. Desgracia tras desgracia caerá sobre ustedes. 7 Les ha llegado la hora a los que viven en este país. Ha llegado el día de espanto. ¡Se acabó la fiesta en las montañas! 8-9 No quedaré satisfecho hasta haber calmado mi enojo contra ustedes. Voy a llamarlos a cuentas. Voy a castigarlos. Voy a hacerles sufrir las consecuencias de todos sus actos repugnantes. Así reconocerán que yo soy el Dios de Israel, y que también sé castigar.

10 ''¡Ha llegado el día! ¡Ha llegado la hora! ¡Por todas partes se ve orgullo y maldad! 11 Crece la violencia y brota la maldad. ¡Pero de ustedes no quedará nada! ¡Ni grandes ciudades, ni grandes riquezas!

12 ''¡Ha llegado la hora! ¡Ha llegado el día! ¡Se acabó la alegría de los que compran y los que venden! ¡Voy a castigar a estas multitudes! 13 Aunque los comerciantes queden con vida, no podrán recuperar sus mercancías. Ya he anunciado lo que haré con esta gran

ciudad, y nada hará que cambie de opinión: ¡nadie quedará con vida!

14 ''Voy a castigar a esta gran ciudad. Y aunque sus habitantes toquen la trompeta, nadie saldrá a la batalla. 15 Los que se queden fuera de la ciudad, morirán en el combate; los que se queden adentro, morirán de hambre y de enfermedad; 16 los que quieran escapar a las montañas, también morirán por causa de sus pecados, aunque traten de huir como palomas espantadas. 17 A todos les temblarán las rodillas, y no tendrán fuerza en los brazos. 18 Se vestirán de luto y se llenarán de terror; irán con la cara avergonzada y con la cabeza rapada. 19 Tirarán a la calle su oro y su plata, como si fueran basura. Ese día descargaré mi ira, y nada podrá salvarlos, ni siquiera su oro y su plata, pues fueron la causa de sus pecados. Todas esas riquezas no podrán quitarles el hambre ni llenarles el estomago.

20 ''Tan orgullosos estaban de sus valiosas joyas, que con ellas hicieron imágenes de sus ídolos. ¡Pero yo haré que esas joyas les den asco! 21-22 Cuando yo abandone este país, vendrán ladrones extranjeros y se robarán esas riquezas. Vendrán los peores criminales y entrarán en mi templo, llevándose mis tesoros y dejando el lugar inservible.

23 ''Por toda la ciudad hay violencia; por todo el país se mata a la gente. Ezequiel, prepara las cadenas para arrastrar los cadáveres, 24 pues voy a traer naciones malvadas para que los echen de sus casas. Esas naciones no respetarán los templos, así que ya no tendrán nada de qué sentirse orgullosos.

25 ''Entonces se llenarán de angustia. Y querrán tener paz, pero ya no habrá paz. 26 ¡Vendrá desgracia tras desgracia! ¡Sólo habrá malas noticias! No habrá profetas que les hablen de mi parte, ni sacerdotes que puedan enseñarles, ni gente capaz de dirigirlos. 27 El rey estará de luto, el gobernante

estará deprimido, y todo el pueblo estará aterrado. Los trataré tal y como ellos trataron a los demás; los juzgaré tal y como ellos juzgaron a otros. Entonces reconocerán que yo soy el Dios de Israel''».

Dios acusa a Jerusalén

8 ¹ El día cinco del mes de Etul, los jefes de Judá fueron a verme a mi casa. Para entonces ya teníamos seis años viviendo como prisioneros en Babilonia. De pronto, mientras ellos estaban sentados frente a mí, el Dios de Israel me hizo sentir su poder ² y me permitió ver la figura de algo que parecía un ser humano. De la cintura para abajo, parecía fuego; de la cintura para arriba, brillaba como bronce pulido.

3-4 Esa figura extendió lo que parecía ser una mano, y me agarró por el pelo. Entonces una fuerza dentro de mí me levantó por los aires y me llevó a Jerusalén; una vez allí, me dejó a la entrada del portón interior, que da al norte. Allí habían colocado un ídolo, pero allí también estaba el Dios de Israel en todo su esplendor, tal y como antes lo había visto en el valle. Al ver Dios aquel ídolo se puso celoso y se enojó.

5 Luego Dios me dijo que mirara hacia el norte, y cuando lo hice, vi que en el portón del altar, junto a la entrada, estaba aquel ídolo. 6 Entonces Dios me dijo: «Fíjate en las acciones tan repugnantes que cometen los israelitas. Eso hace que yo me aleje de mi templo. Pero todavía vas a ver cosas peores».

7 Dios me llevó luego a la entrada del patio del templo, y en la pared vi un agujero. 8 Dios me dijo: «Haz más grande ese agujero».

Así lo hice, y encontré una entrada. 9 Entonces Dios me dijo: «Entra y verás las acciones tan repugnantes que allí se cometen».

10 En cuanto entré, pude ver toda clase de reptiles y de animales asquerosos, pintados sobre la pared. También estaban pintados todos los repugnantes ídolos de los israelitas. 11 Pude ver también

que los setenta jefes de los israelitas estaban adorando a esos
ídolos. Entre los jefes estaba
Jaazanías hijo de Safán. El olor a
incienso era muy fuerte, pues
cada uno de los jefes tenía un
incensario en la mano. 12 Entonces
Dios me dijo:

«Mira a los jefes de Israel. ¡Allí
los tienes, cada uno adorando en
secreto a su propio ídolo! Ellos
creen que he abandonado el país,
y por eso piensan que no los veo.
13 Pero esto no es todo; todavía
vas a ver cosas peores».

14 De allí me llevó a la entrada
norte de su templo. Allí vi sentadas unas mujeres que lloraban por
el dios Tamuz. 15 Entonces Dios me
dijo: «¿Ves esto? Pues todavía
vas a ver cosas peores».

16 Luego Dios me llevó al patio
que está dentro del templo, y
vi que entre el patio y el altar
había unos veinticinco hombres.
Estaban de espaldas al Lugar Santo
y mirando hacia el este; arrodilla-
dos, tocaban el suelo con la cara,
y adoraban al sol. 17 Entonces Dios
me dijo:

«¿Ya viste, Ezequiel? Parece
que el pueblo de Judá no se con-
forma con cometer tantos actos
repugnantes aquí en el templo.
También ha llenado de violencia a
todo el país. ¡Todo el tiempo me
están haciendo enojar! ¡Y para
colmo, me obligan a oler los ramos
malolientes con que adoran a su
ídolo! 18 Estoy tan enojado que voy
a castigarlos sin ninguna compasión. A gritos me pedirán que los
perdone, ¡pero no les haré caso!»

Dios castigará a Jerusalén

9 1 Entonces escuché que Dios
gritaba con fuerza: «Ustedes,
los que tienen que castigar a
Jerusalén, ¡tomen sus armas des-
tructoras y vengan a destruirla!»
2 Por la entrada del norte del
templo llegaron seis hombres. Los
vi llegar con sus armas y pararse

junto al altar de bronce. Entre
ellos había un hombre con ropa de
lino. Por los utensilios que llevaba
a la cintura, se veía que era un
escritor. 3 En ese momento el
gran esplendor de Dios, que hasta entonces había estado sobre
los seres de apariencia extraña,
se elevó de allí y fue a detenerse
a la entrada del templo.
Dios llamó al escritor 4 y le dio la
siguiente orden:

«Ve a recorrer la ciudad de
Jerusalén, y pon una marca en la
frente de todos los que realmente estén tristes por las acciones
tan repugnantes que se cometen
en la ciudad».

5-7 A los otros hombres les ordenó:

«Ustedes, sigan al escritor y
maten sin ninguna compasión a
cualquiera que no tenga la marca
en la frente. No se fijen en la
edad ni en el sexo. Comiencen
aquí, en el templo, y llenen sus
patios de cadáveres, ¡no importa
que quede sucio y no sirva más
para el culto!»

Aquellos hombres lo hicieron así,
y comenzaron a matar gente por
toda la ciudad. Primero mataron
a los jefes de los israelitas,
que estaban frente al templo.
8 Mientras mataban a la gente,
yo me quedé solo. Entonces me
arrodillé hasta tocar el suelo con
mi frente, y grité:

—¡Ay, Dios nuestro! ¿Tan enojado
estás contra Jerusalén, que vas a
acabar con los israelitas que aún
quedan vivos?

9 Y Dios me respondió:

—La gente de Israel y de Judá ha
pecado mucho. Ellos creen que yo
los he abandonado, y por eso no
me fijo en lo que hacen. Han
manchado todo el país con la
sangre de sus crímenes; han llenado toda la ciudad con sus injusticias. 10 Por eso voy a llamarlos a

cuentas; voy a castigarlos sin
ninguna compasión.

11 Después de todo esto, el escritor volvió y le informó a Dios: «Ya
he cumplido tus órdenes».

Dios abandona el templo

10 1 De pronto vi que arriba de
la cúpula que estaba sobre los
cuatro seres con apariencia
extraña, había algo que parecía
un trono. Era tan azul que parecía estar hecho de zafiro. 2-8 En
ese momento Dios le ordenó al
escritor:

«Métete entre las ruedas que
están debajo de los cuatro seres,
toma un puñado de los carbones
encendidos que hay allí, y espár-
celos por toda la ciudad».

Aquel hombre obedeció y se
metió entre las ruedas, pero se
quedó junto a una de ellas.
Entonces, debajo de las alas de
los cuatro seres apareció algo
semejante a una mano. Uno de los
seres extendió la mano hacia el
fuego, tomó algunos carbones y
se los dio al escritor.
Cuando esto sucedió, los cuatro
seres todavía estaban en la parte
sur del templo. Una nube cubría el
patio interior, y el gran resplandor de Dios, que estaba por encima de los seres, se elevó y fue a
detenerse a la entrada del templo. En ese momento la nube llenó el templo, y todo el patio se
iluminó con el resplandor. Era
tanto el ruido que los cuatro
seres hacían con sus alas, que se
podía oírse hasta el patio de
afuera. ¡Parecía como si Dios
mismo estuviera hablando!
9-10 Al lado de los cuatro seres vi
cuatro ruedas, una junto a cada
uno de ellos. Las ruedas eran todas
iguales y brillaban como si fueran
piedras preciosas. Estaban puestas en forma de estrella, y parecían estar encajadas la una dentro de la otra. 11 Podían girar en
cualquier dirección, sin tener que
darse vuelta. Eso permitía que los

seres siempre pudieran avanzar de frente.

12 Los seres tenían ojos en todo el cuerpo: en la espalda, las manos, las alas, y hasta en las cuatro ruedas. **13** Y pude oír que a las ruedas les pusieron por nombre «carruaje».

14-22 El espíritu que impulsaba a los seres también estaba en las ruedas. Por eso, cuando los seres se movían, o se paraban, o se elevaban de la tierra, las ruedas hacían lo mismo.

Cada uno de los seres tenía cuatro alas, y en sus costados, debajo de las alas, tenían manos humanas. También tenían cuatro caras. La primera de ellas era la de un toro, la segunda era la de un hombre, la tercera era la de un león, y la cuarta era la de un águila. Todos ellos avanzaban de frente. Cuando vi sus caras, me di cuenta de que eran los mismos seres extraños que yo había visto junto al río Quebar, a los pies del Dios de Israel.

En ese momento el gran resplandor de Dios se elevó por encima de la entrada del templo, y se detuvo sobre los cuatro seres. Entonces ellos extendieron sus alas y, con sus ruedas a un lado, se elevaron del suelo. Luego se detuvieron en la entrada que está en el lado este del templo de Dios. Por encima de ellos podía verse el gran resplandor del Dios de Israel.

Los líderes de Israel serán juzgados

11 **1** Una fuerza dentro de mí me levantó y me llevó hasta la entrada del templo de Dios, que está en el lado este. Allí había veinticinco hombres, entre los que se encontraban dos jefes del pueblo, que eran Jaazanías hijo de Azur y Pelatías hijo de Benaías. **2** Entonces Dios me dijo:

«Estos son los que hacen planes malvados y dan malos consejos a la gente de Jerusalén. **3** Les aseguran: ''No es urgente reconstruir las casas. Aquí en la ciudad estamos a salvo''. **4** Por eso tú,

Ezequiel, tienes que darles un mensaje de mi parte».

5 Entonces el espíritu de Dios vino sobre mí, y me ordenó decirles:

«El Dios de Israel afirma:

''Israelitas, yo sé lo que ustedes dicen y piensan. **6** Ya han matado a mucha gente en esta ciudad. Por eso las calles están llenas de cadáveres.

7 ''Pero yo, el Dios de Israel, les aseguro que voy a sacarlos de Jerusalén, a pesar de que ustedes creen estar a salvo dentro de ella. Sólo dejaré dentro de la ciudad los cadáveres de la gente que ustedes mataron. **8** ¿No es verdad que tienen miedo de morir en la guerra? ¡Pues les juro que morirán en plena batalla! **9** Los sacaré de Jerusalén, y dejaré que los extranjeros hagan con ustedes lo que quieran. Ese será el castigo que merecen.

10-12 ''Si creían estar seguros dentro de la ciudad, verán que ni siquiera el país les dará protección. En las fronteras mismas de Israel morirán traspasados por las espadas. Yo los castigaré, porque no obedecieron mis mandamientos sino que prefirieron vivir como los pueblos vecinos que no me obedecen. Así ustedes reconocerán que yo soy el Dios de Israel''».

13 Todavía estaba yo hablando, cuando cayó muerto Pelatías hijo de Benaías. Entonces me arrodillé, y tocando el suelo con mi frente, grité con todas mis fuerzas:

—¡Ay, Dios mío! ¿Vas a matar a los pocos israelitas que aún quedan con vida?

14 Y Dios me contestó:

15 —Los que aún viven en Jerusalén piensan que los israelitas que fueron llevados prisioneros a Babilonia son los que se apartaron de mí. Ellos creen que ahora el país les

pertenece sólo a ellos. **16** Pero tú diles a los israelitas en Babilonia que, aunque es verdad que yo los expulsé de esta tierra y los dispersé por todas las naciones, no será por mucho tiempo. Además, también allí pueden adorarme.

17 »Yo les prometo que los haré volver a las naciones por donde los dispersé. Y cuando ya los haya reunido, les devolveré la tierra de Israel. **18** Cuando ellos regresen, deberán destruir todos esos ídolos odiosos con que me ofenden los que han quedado en Jerusalén. También pondrán fin a todas sus maldades repugnantes.

19 »Yo haré que ellos cambien su manera de pensar y su manera de adorarme. Haré que dejen de ser tercos y testarudos, y los haré leales y obedientes. **20** Entonces obedecerán mis mandamientos y vivirán como se los he ordenado que vivan. Ellos serán mi pueblo y yo seré su Dios. **21** Pero a los que sigan adorando a esos ídolos odiosos, y no se aparten de sus repugnantes maldades, yo les pediré cuentas de su conducta. Yo soy el Dios de Israel, y cumpliré mi palabra.

La presencia de Dios se aleja de Jerusalén

22 Los cuatro seres con apariencia extraña extendieron sus alas y se llevaron sus ruedas. Entonces el gran resplandor de Dios, que estaba encima de ellos, **23** comenzó a alejarse de Jerusalén, y se detuvo sobre el cerro que está al este de la ciudad.

24 Mientras yo veía todo esto, una fuerza dentro de mí me levantó y me llevó a donde estaban los que habían sido llevados prisioneros a Babilonia. Cuando esta visión terminó, **25** yo les narré a ellos todo lo que Dios me había permitido ver.

Drama: El pueblo será llevado prisionero

12 **1** Dios me habló y me dio esta orden:

2-6 «Tú, Ezequiel, vives entre

gente tan rebelde, que hasta cierra los ojos y se tapa los oídos, para no verte ni oírte. Por eso quiero que salgas de tu casa a plena luz del día, cuando todos puedan verte, y finjas caminar como si te llevaran preso a otro país. No lleves contigo más de lo que puedas cargar; llévate solamente lo que se llevaría un prisionero. Esta gente es muy rebelde, pero espero que entienda el mensaje.

»Por la tarde, haz un hueco en la muralla y pasa por ahí con tu equipaje, como para iniciar tu viaje al país donde quedarás prisionero. Y por la noche, échate al hombro lo que lleves en la mano y ponte en marcha. Tápate la cara para no ver el país. De este modo le darás una lección al pueblo de Israel».

7 Yo hice todo lo que Dios me mandó hacer, 8 y al día siguiente Dios me dijo:

9 «Dime, Ezequiel, ¿qué piensan los israelitas de lo que has estado haciendo? Si te lo preguntan, 10 diles que es un mensaje de mi parte para el rey y para la gente de Jerusalén. 11 Diles que todo lo que has hecho es anunciarles lo que les va a suceder. Porque así será. Todos ellos serán llevados prisioneros a otro país. 12 El rey se echará al hombro su equipaje, y por la noche hará un hueco en la muralla y saldrá por ahí. Y será tal su vergüenza que se tapará la cara para no ver el país.

13 »Yo lanzaré mi red sobre el rey, y lo llevaré preso a Babilonia. Pero no llegará a ver ese país, pues antes de llegar morirá. 14 A los guardias que lo protegen los dispersaré por toda la tierra, y a su ejército lo perseguiré hasta destruirlo. 15 Y cuando se encuentren dispersos entre las naciones, reconocerán que yo soy Dios.

16 »Dejaré que algunos de ellos queden con vida. Sobrevivirán a la guerra, el hambre y las enfermedades, para que les cuenten a las naciones todas las maldades

repugnantes que cometieron. Entonces reconocerán que yo soy Dios».

El mensaje del castigo se cumplirá

17 Después, Dios me dijo:

18 «Ezequiel, hombre mortal, tiembla de miedo cuando comas tu pan, y bebe tu agua con ansiedad y angustia. 19-20 Luego busca a los que viven en Jerusalén y en la tierra de Israel, y dales de mi parte este mensaje: ''Por causa de tanta violencia que ustedes han cometido, viene el día en que también ustedes comerán su pan llenos de miedo, y beberán su agua llenos de angustia. Todo su país y todas sus ciudades serán destruidas. Sus terrenos quedarán vacíos como un desierto, y no producirán nada. Sólo entonces reconocerán que yo soy el Dios de Israel''».

21 Dios también me dijo:

22 «¿Qué se han creído los israelitas? Andan repitiendo este dicho: ''Pasan y pasan los días, y lo que anunció el profeta no se cumple''. 23 Pues ahora, ve y diles de mi parte que ese dicho no volverá a repetirse en Israel. Más bien, diles este otro dicho: ''Viene el día en que se cumplirá lo que el profeta anunció''. 24 Nunca más ustedes los israelitas volverán a escuchar mensajes falsos ni predicciones engañosas. 25 Ustedes son un pueblo rebelde, pero vivirán para ver que cumplo lo que digo. Yo soy el Dios de Israel, y no tardaré en cumplir mi palabra.

26-27 »También andan diciendo que tú anuncias algo que tardará mucho en suceder. 28 Por eso, ve y diles de mi parte que ya no tardan en cumplirse mis palabras. Lo que digo, lo cumplo. Yo soy el Dios de Israel, y no tardaré en cumplir mi palabra».

Mensaje contra los falsos profetas

13 1 Dios me dijo:

2-3 «Hay profetas que anuncian a

Israel mensajes que ellos mismos inventaron. Por eso, ve y diles de mi parte lo siguiente:

''¡Pobres profetas, qué tontos son ustedes! Yo no les he dado ningún mensaje. Ustedes inventan sus mensajes; 4 son como los chacales cuando buscan alimento entre las ruinas. 5 No han preparado a los israelitas para que puedan evitar el castigo que voy a darles. 6-7 Todo lo que ustedes anuncian es mentira; es sólo producto de su imaginación. Aseguran que hablan de mi parte, pero eso es mentira: yo nunca les he pedido que hablen por mí. ¿Y todavía esperan que se cumplan sus palabras?

8 ''Yo soy el Dios de Israel, y les aseguro que me pondré en contra de ustedes, pues sólo dicen mentiras y falsedades. 9 Yo los castigaré por dar mensajes falsos. Borraré sus nombres de la lista de los israelitas, y no tendrán entre ellos arte ni parte. ¡Ni siquiera podrán volver a poner un pie en su tierra! Así reconocerán que yo soy el Dios de Israel.

10 ''Todo esto les sucederá por haber engañado a mi pueblo; por haberles asegurado que todo estaba bien, cuando en realidad todo estaba mal. Sus mentiras son como una pared de piedras pegadas con yeso. ¡Y esa pared se vendrá abajo! 11-12 Pues sepan, señores albañiles, que voy a lanzar una fuerte tempestad contra esa pared, y que la derribaré con lluvia, granizo y un viento muy fuerte. Entonces la gente dirá: ¡a quién se le ocurre confiar en mentiras!

13 ''Yo soy el Dios de Israel, y estoy tan enojado que enviaré contra ustedes un viento huracanado, y abundante lluvia y granizo, y lo destruiré todo. Estoy tan enojado 14-15 que derribaré esa pared de mentiras que ustedes construyeron. Entonces reconocerán que yo soy el Dios de Israel.

''Cuando esto suceda, ustedes

quedarán aplastados bajo el peso de sus mentiras. Entonces yo les preguntaré: ¿Qué pasó con sus profecías? ¿Qué pasó con esos tontos profetas? **16** ¿Dónde están esos profetas de Israel que le daban falsos mensajes a Jerusalén? ¿Dónde están los que le aseguraban que todo estaba bien, cuando en realidad todo estaba mal? Yo soy el Dios de Israel, y cumpliré mi palabra''.

Mensaje contra las hechiceras

17 »Pero tú, hombre mortal, ¡enfréntate también a esas mujeres de tu pueblo que dicen hablar de parte mía! ¡Reprende a las que anuncian puras mentiras! **18** Diles de mi parte:

''¡Pobres de ustedes, mujercitas que engañan a mi pueblo con pulseras, velos y hechicerías! ¿Acaso creen que podrán salvarse, y que mantendrán atrapado a mi pueblo? **19** Por un puñado de cebada, y por unas cuantas migajas de pan, ustedes han insultado mi nombre delante de mi pueblo. Prometen larga vida a los que van a morir, y anuncian muerte a los que deben vivir; ¡y hacen que mi pueblo crea en esas mentiras!

20-21 ''Por eso estoy en contra de ustedes y de sus hechicerías, pues atrapan a la gente como si atraparan pájaros. Pero yo les quitaré de las manos a la gente que atraparon con sus brujerías, y no volverán a atraparla. Entonces ustedes reconocerán que yo soy el Dios de Israel.

22 ''Ustedes han actuado en contra de mi voluntad. Con sus mentiras, han afligido a la gente buena; en cambio, han animado a la gente mala para que siga portándose mal, y no se salven de mi castigo. **23** Por eso no volverán ustedes a dar mensajes falsos, ni a practicar la hechicería. Yo libraré a mi pueblo del control que ustedes tienen sobre él. Y entonces reconocerán que yo soy el Dios de Israel''».

Mensaje contra los que adoran ídolos

14 **1** Algunos de los jefes de Israel vinieron a verme. Cuando llegaron, se sentaron frente a mí. **2** Entonces Dios me dijo:

3 «Dime, Ezequiel, ¿cómo voy a darles un mensaje a estos hombres, si no piensan más que en hacer lo malo y en adorar a esos ídolos malolientes? **4** Más bien, ve a decirles de mi parte lo siguiente:

''El Dios de Israel dice que ustedes no piensan más que en hacer lo malo y en adorar a esos ídolos malolientes, ¡y también van a ver al profeta para consultarme por medio de él! Pero como respuesta recibirán el castigo que se merecen, por adorar a tantos ídolos. **5** Quizás así se arrepientan de haberme abandonado por adorar a esos ídolos''.

6 »A los israelitas les dirás de mi parte:

''Dejen ya de hacer lo malo, abandonen a sus ídolos y vuelvan a obedecerme. **7** Mi respuesta a todos los israelitas, y a los extranjeros que viven en Israel, es la siguiente: Ustedes les preguntan a los profetas por mis mensajes, pero se han alejado de mí para adorar a esos ídolos malolientes, y no piensan más que en hacer lo malo. Por eso, quiero que sepan **8** que yo mismo me enfrentaré a ustedes. Yo los eliminaré de mi pueblo, y ese castigo será una lección para todos. Entonces reconocerán que yo soy el Dios de Israel.

9 ''Pero si algún profeta les da un mensaje falso, será porque así lo quise. Sin embargo, castigaré a ese profeta y lo eliminaré del pueblo. **10** Castigaré al profeta y a quien lo haya consultado. **11** Así los israelitas no volverán a darme la espalda ni seguirán pecando. Entonces serán mi pueblo, y yo seré su Dios. Yo soy el Dios de Israel, y cumpliré mi palabra''».

El castigo será inevitable

12 Dios también me dijo:

13 «Al país que peque contra mí, y que una y otra vez me sea infiel, yo lo castigaré duramente. Echaré a perder sus cosechas de trigo, y sufrirá hambre; así acabaré con los habitantes de ese país y con sus animales. **14** Si en ese país vivieran Noé, Daniel y Job, sólo ellos se salvarían, pues eran hombres justos. Yo soy el Dios de Israel, y cumpliré mi palabra.

15 »También podría yo castigar a ese país enviando bestias salvajes, para que acabaran con sus habitantes. La tierra quedaría sin vida alguna, como un desierto, y nadie se atrevería a pasar por él, por miedo a las bestias salvajes. **16** Pero aun si Noé, Daniel y Job vivieran en ese país, no podrían salvar ni a sus hijos ni a sus hijas. Sólo ellos se salvarían, pero el país quedaría totalmente destruido. Yo soy el Dios de Israel, y cumpliré mi palabra.

17 »También podría yo castigar a ese país enviando un ejército que lo ataque y acabe con sus habitantes. **18** Pero aun si Noé, Daniel y Job vivieran en ese país, no podrían salvar ni a sus hijos ni a sus hijas. Sólo ellos se salvarían. Yo soy el Dios de Israel, y cumpliré mi palabra.

19 »También podría yo, en mi enojo, castigar a ese país con graves enfermedades, para acabar con sus habitantes y con todos sus animales. **20** Pero aun si Noé, Daniel y Job vivieran en ese país, no podrían salvar ni a sus hijos ni a sus hijas. Sólo ellos se salvarían, pues eran hombres justos. Yo soy el Dios de Israel, y cumpliré mi palabra».

21 Dios también me dijo:

«Mi castigo contra Jerusalén será peor cuando envíe contra ella mis cuatro castigos mortales: la guerra, el hambre, las bestias salvajes y las enfermedades. Con estos cuatro castigos destruiré a todos sus habitantes y a sus animales. **22-23** Sin embargo, haré que algunos de ellos queden con vida. Lograrán escapar con sus hijos y sus hijas, y se irán a Babilonia, donde están ustedes. Cuando lleguen allá, ustedes se darán cuenta del comportamiento de ellos, y me darán la razón por haber castigado así a Jerusalén. Yo soy el Dios de Israel, y cumpliré mi palabra».

Jerusalén no vale nada

15 **1** Dios también me dijo:

2 «Hombre mortal,
si fueras a sacar madera
no la sacarías de una vid.
3 Su tronco no sirve
para hacer muebles,
ni para colgar nada.
4 Sólo sirve como leña;
en cuanto se queman
sus puntas,
y el centro se hace carbón,
¡ya no sirve para nada!
5 Y si no es buena como leña,
¡mucho menos como carbón!

6 »Por eso yo les digo:
Los habitantes de Jerusalén
son como esa leña;
¡sirven sólo para avivar
el fuego!
7 Yo pelearé contra ellos,
y aunque se escapen
de un fuego,
otro fuego los consumirá.
Cuando yo me enfrente a ellos,
reconocerán que yo
soy su Dios.
8 Puesto que fueron infieles,
yo convertiré su país
en desierto.
Yo soy el Dios de Israel,
y cumpliré mi palabra».

Jerusalén es como una esposa infiel

16 **1** Dios también me dijo:

2-3 «Ezequiel, hombre mortal, habla con los habitantes de Jerusalén y hazles entender que me repugna su conducta. Dales de mi parte el siguiente mensaje:

"La ciudad de Jerusalén fue fundada en Canaán. Antes fue habitada por los amorreos y los hititas. ¡Desde sus inicios es una ciudad malvada! **4-5** Cuando la fundaron, fue como una niña abandonada al nacer. Nadie se interesó por ella, ni la cuidó ni le cortó el ombligo. Nadie la bañó, ni la frotó con sal, ni la envolvió en pañales. Al contrario, la abandonaron como si fuera basura.

6 "Yo pasaba por ahí y la vi en el suelo, revolcándose en su propia sangre. Parecía una niña abandonada. Pensé que merecía una oportunidad, **7** y la ayudé a crecer. La ciudad creció; fue como ver a la niña convertirse en una joven muy hermosa. Le crecieron los pechos, y le salió el vello de mujer. Aun así, estaba totalmente desnuda.

8-9 "Tiempo después volví a pasar, y vi que la ciudad ya había crecido bastante. Era como una jovencita convertida en mujer lista para casarse. La puse entonces bajo mi cuidado, y me comprometí a amarla para siempre, como si ella fuera mi mujer y yo su marido. La bañé, la limpié y la perfumé. Les juro que así fue. **10-13** Luego le puse un vestido de pura seda y finos bordados, y le puse calzado en sus pies. Así de amoroso fui con Jerusalén. Y no sólo la alimenté bien, sino que la llené de grandes riquezas, como quien le regala a su novia brazaletes, collares, anillos, aretes, y una lujosa corona. Era la ciudad más hermosa de todas; ¡parecía una reina! **14** De tal manera traté a Jerusalén, que la hice famosa. Todo el mundo la consideraba una belleza perfecta. Les juro que así fue.

15 "Pero esta ciudad se sintió orgullosa de sí misma. Llegó a confiar sólo en su belleza y en su fama, y acabó como cualquier otra ciudad despreciable, pues adoró a cuanto ídolo quiso. **16** Con las mismas riquezas que le di se fue a los cerros, y allí adoró a esos ídolos. ¡Nunca antes se había visto algo semejante! **17** Con las joyas de oro y de plata que le regalé, hizo figuras de hombres, y las adoró; **18-19** las vistió con finos vestidos y les rindió culto. Los ricos ungüentos y perfumes, y hasta los mejores alimentos que le di, los usó para adorar falsos dioses. Les juro que así fue.

20-21 "Pero no le bastó con portarse como una ciudad cualquiera. Sus habitantes tomaron a sus hijos y a sus hijas, y los quemaron como ofrenda en honor de esos ídolos. **22** Esta ciudad cayó tan bajo en sus prácticas repugnantes que parecía una prostituta. Me traicionó con cualquiera, y se olvidó que fui yo quien la aceptó cuando todos la despreciaron. En aquel tiempo parecía un bebé abandonado en el suelo, revolcándose en su propia sangre. **23** "¡Jerusalén, qué lástima me das! ¡Yo soy quien te lo dice! Para colmo de todos tus males, **24-26** en las plazas y en las esquinas de las calles los israelitas construyeron altares para adorar cuanto ídolo quisieron. Se hicieron amigos de los egipcios, y juntos adoraron a sus ídolos, creyendo que podían más que yo. Realmente me hicieron enojar. ¡Jerusalén, has perdido toda tu belleza! **27** Por eso te castigué. Por eso permití que perdieras parte de tu territorio. Por eso te dejé caer en manos de los filisteos, tus enemigos de siempre, ¡y hasta ellos se avergonzaron de tu mal comportamiento!

28 "Siempre buscaste la amistad de los asirios, y tus habitantes adoraron sus dioses, pero no quedaron satisfechos y siguieron buscando amigos con quienes adorar otros dioses. **29** Luego adoraron a los dioses de Babilonia, ¡y ni así quedaron satisfechos! **30** ¡Tus habitantes no tienen cura! ¡Eres más desvergonzada que una prostituta! Te juro que así es. **31-33** "¡Jerusalén, te comportas como una mujer que engaña a su esposo! ¡Me engañaste! En realidad, te has portado peor que una prostituta. Porque la prostituta cobra por tener relaciones sexuales con alguien; tú, en cambio, cuando adoras a otros ídolos, lo haces a cambio de nada, más bien eres tú quien lo da todo. Obligas a la gente a venir de todas partes, para adorar juntos a los ídolos en los altares que construiste en las plazas y las esquinas. **34** Y como ya nadie quiere venir, ni te da nada a cambio, eres tú quien les paga para que vengan. ¡Sólo en eso eres diferente a una prostituta!

35-36 ''Por lo tanto, ciudad infiel, presta atención a lo que voy a decirte: Como no te dio vergüenza adorar descaradamente a los ídolos de otras naciones, y como les ofreciste la sangre de tus hijos, **37** voy a reunir a todas esas naciones, y delante de todas ellas te humillaré.

38 ''Te voy a juzgar como a una prostituta y asesina. Es tanto mi enojo que te condenaré a morir, **39** y serán esas naciones amigas tuyas las que cumplan la sentencia. Ellas derribarán todos los altares que hiciste para adorar a sus ídolos. Te quitarán tus joyas, te arrancarán tus riquezas y te dejarán en la pobreza. **40** Luego, esas naciones dirán a la gente que te acuchille y te mate a pedradas, **41** y que a tus casas les prendan fuego. Así cumplirán tus amigas la sentencia contra ti, delante de muchas otras naciones. Sólo así dejarás de portarte como una prostituta, y ya no les darás tus riquezas a los ídolos de esas naciones. **42** Una vez que se me pase el enojo, y que se hayan calmado mis celos por ti, volveré a estar tranquilo. **43** Pero yo te castigaré, porque has sido una ingrata. Tú, Jerusalén, te olvidaste de todo lo que hice por ti cuando no eras una ciudad importante. Me hiciste enojar con tus acciones tan repugnantes. Te juro que así es.

44 ''La gente dirá que en ti se cumple el dicho: 'De tal madre, tal hija', **45** pues eres igual que tus fundadores, los hititas y los amorreos. Ellos tampoco fueron fieles a sus fundadores, y nunca se preocuparon por sus descendientes. Tampoco a tus ciudades hermanas les importaban mucho sus fundadores y sus descendientes. **46-48** Tu hermana mayor es la ciudad de Samaria, que está al norte, y sus descendientes son los pueblos que la rodean. Tu hermana menor es la ciudad de Sodoma, que está al sur, y sus descendientes son también los pueblos que la rodean. Pero ni ella ni sus pueblos se portaron como tú y tus pueblos, porque tú empezaste por seguir su mal ejemplo y cometer sus mismas maldades, pero acabaste siendo peor que ella. Te juro que así es.

49 ''Sodoma y sus pueblos pecaron por creer que tenían demasiado, pues les sobraba comida y vivían sin preocupaciones; también pecaron porque nunca ayudaron a los pobres y necesitados. **50** Era tanto su orgullo que delante de mí cometían maldades repugnantes. Por eso los destruí, y tú lo sabes. **51-55** Pero ni Samaria ni sus pueblos llegaron a pecar como tú. Comparadas contigo, tus dos hermanas resultan ser blancas palomitas. ¡Así de graves son tus repugnantes acciones! Por todo eso, ahora tú tendrás que sufrir la vergüenza, y tu castigo será la humillación.

''Sin embargo, tu castigo les servirá de consuelo a Sodoma y Samaria, y a sus pueblos, pues yo haré que ellas vuelvan a ser lo que antes fueron, ¡y lo mismo haré contigo y con tus pueblos! **56** Hubo un tiempo en que te burlabas de tu hermana Sodoma; ¡tan orgullosa eras! **57** Pero ahora son los pueblos edomitas los que se burlan de ti, junto con los filisteos y todos los pueblos vecinos, pues ya todo el mundo conoce tu maldad. **58** Ahora tienes que sufrir las consecuencias de tus repugnantes maldades. Te juro que así será.

59 ''Y también quiero decirte que te voy a castigar por no cumplir con tu parte de nuestro compromiso. **60-63** Sin embargo, yo sí cumpliré mi compromiso contigo, lo mismo que las promesas que te hice cuando aún no eras una ciudad importante. ¡Jerusalén, mi amor por ti será siempre el mismo! Así reconocerás que yo soy tu Dios.

»''Yo haré también que Samaria y Sodoma lleguen a ser tuyas, aun cuando esto no formaba parte de mi compromiso contigo. Cuando yo te haya perdonado por completo, te acordarás de todos los pecados que cometiste. Y te sentirás tan avergonzada y humillada, que no volverás a abrir la boca. Te juro que así lo haré''».

La vid y las dos águilas

17 **1** Dios también me dijo:

2-4 «Habla con los israelitas y ponlos a pensar en esta comparación, a ver si la entienden:

''Había un águila muy grande,
de anchas alas y coloridas plumas.
Esa águila fue al monte Líbano
y de la punta de un árbol
cortó la rama más alta.
Luego fue a un país de comerciantes,
y allí plantó la rama.
5 De ese país tomó una semilla,
y fue a sembrarla en buena tierra.
La plantó junto a un río,
Como se plantan los sauces.

6 ''Y la semilla creció,
y se convirtió en una vid.
Esa vid no era muy alta,
Pero tenía muchas ramas.
Y cuando la vid maduró,
extendió sus ramas hacia el águila
y hundió sus raíces en el suelo.
7-8 La vid estaba sembrada
en buena tierra,
y junto a un río caudaloso;
pudo haber sido una
vid hermosa,
cargada de ramas y de uvas,
pero llegó otra águila
más grande,

de anchas alas y coloridas
plumas,
y la vid extendió sus ramas
hacia ella,
para que le diera más
agua todavía''.

9 »Diles, por tanto, de mi parte:

''¿Creen que tendrá éxito
la vid?
¡Claro que no!
El águila la arrancará del suelo,
le quitará todas las uvas,
y dejará que se marchite.
¡Para hacerlo no hace falta
mucha gente ni mucho
esfuerzo!
10 Si la plantan en otro lugar,
no volverá a retoñar;
al golpearla el viento del este,
se marchitará por completo
y morirá donde fue
plantada''».

11 Dios también me dijo:

12-14 «Pregúntale a esta gente
rebelde si sabe lo que significa la
comparación. Si no lo sabe, explícale que, cuando el rey de
Babilonia vino a Jerusalén, hizo
prisioneros al rey de Judá y a sus
principales jefes, y se los llevó a
su país. Sin embargo, hizo un trato con uno de ellos, que era de la
familia del rey, y lo hizo jurar que
no lo traicionaría. Mediante ese
trato, el rey de Babilonia esperaba que los de Judá no se rebelaran, sino que cumplieran fielmente el pacto.
15 »Pero aquel jefe de Judá se
rebeló contra el rey de Babilonia,
y le pidió ayuda a los egipcios, y
ellos le enviaron caballos y un
gran ejército. Ahora bien, ¿ustedes creen que quien hace un trato y no lo cumple puede escapar
con vida? 16-18 ¡Claro que no! Yo
soy el Dios de Israel, y les juro
que ese jefe de Judá morirá en
Babilonia. Y morirá porque no
supo cumplir su palabra, ¡porque
no respetó el trato que hizo con
el rey que lo dejó seguir reinando!
»Cuando los babilonios ataquen a

Jerusalén, y construyan rampas y
escaleras para conquistar la ciudad, y maten a mucha gente, de
nada le servirá el gran ejército
que le mandó el rey de Egipto. ¡Ni
siquiera ese jefe saldrá con vida!
19 »Yo soy el Dios de Israel, y les
juro que castigaré a ese jefe de
Judá. Lo castigaré por no haber
respetado el trato que hizo, faltando así a su palabra. 20 Lo atraparé con mis redes por haberse
burlado de mí; lo llevaré preso a
Babilonia, y allí le haré un juicio.
21 Aun sus mejores soldados morirán en la guerra, y los que logren
salvarse serán dispersados por
toda la tierra. Entonces reconocerán que yo soy el Dios de Israel,
y que cumplo mi palabra.
22 »Yo, el Dios de Israel, afirmo:

''Yo también cortaré una rama
de la punta del árbol más alto,
y la plantaré sobre un
alto monte,
23 ¡sobre el monte más
alto de Israel!
Y le crecerán muchas ramas,
y se llenará de frutos,
y llegará a ser un gran árbol.
Bajo la sombra de sus ramas
pondrán su nido las aves,
24 y todos los árboles
del bosque
reconocerán que yo soy Dios.
Yo echo abajo a los
árboles altos,
y hago que se sequen;
pero hago crecer a los árboles
pequeños,
y hago que reverdezca
el árbol seco.

''Yo, el Dios de Israel,
lo afirmo''».

El que peque, morirá

18 ¹ Dios también me dijo:

2 «Los israelitas repiten a todas
horas ese refrán que dice: ''Los
padres lo hacen, y los hijos la
pagan''. Pero yo me pregunto por
qué lo repiten. 3 Porque yo les
aseguro que ese refrán no volverá a repetirse en Israel. 4 La vida

de todo ser humano me pertenece, tanto la de los padres como
la de los hijos. Sólo morirá aquel
que peque.

Cualidades del justo

5 »La persona que es justa sabe lo
que es justo, y lo hace.
6 »No se junta con los que van a
los pequeños templos de las montañas, ni adora a dioses falsos, ni
pone en ellos su confianza.
»No sostiene relaciones sexuales
con la mujer de otro hombre.
»No tiene relaciones sexuales
con su esposa cuando ella tiene
su período de menstruación.
7 »No es injusta con nadie, sino
que devuelve a su deudor lo que
recibió en garantía de pago.
»No le roba a nadie, sino que
comparte su pan con el que tiene
hambre, y su ropa con el que está
desnudo.
8 »No cobra intereses cuando
presta su dinero.
»No le hace daño a nadie.
»No tiene favoritos cuando tiene
que juzgar en un pleito entre dos
personas.
9 »Esa persona vivirá porque es
justa y porque obedece fielmente
todos mis mandamientos. Les juro
que así será.

Defectos del pecador

10 »Pero puede suceder que esa
persona justa tenga un hijo violento y asesino que, en vez de
seguir el ejemplo de su padre, 11 se
junta con los que van a los pequeños templos y adoran a los dioses
falsos; sostiene relaciones
sexuales con la mujer de otro
hombre; 12 maltrata a los pobres y
les roba a los demás; no le
devuelve a su deudor lo que recibió en garantía de pago; adora a
dioses falsos y comete pecados
repugnantes, 13 y cobra intereses
muy altos cuando presta dinero.
»Pues bien, esa persona no puede seguir viviendo, pues ha
cometido acciones repugnantes.
Yo les aseguro que esa persona
morirá, y que sólo ella será culpable de su muerte.

A cada quien su merecido

14 »Supongamos ahora que ese malvado tiene un hijo que no sigue el mal ejemplo de su padre. Aunque sabe que su padre es un pecador, él, por su parte, **15** no se junta con los que van a los pequeños templos en los cerros, ni adora a dioses falsos, ni pone en ellos su confianza.

»No sostiene relaciones sexuales con la mujer de otro hombre.

16 »No maltrata a nadie, sino que le devuelve a su deudor lo que recibió en garantía de pago.

»No le roba a nadie, sino que comparte su pan con el que tiene hambre, y su ropa con el que está desnudo.

17 »Se aparta de la maldad, y no cobra intereses cuando presta su dinero.

»Esa persona no merece morir por culpa de los pecados de su padre. Al contrario, merece vivir, pues vive obedeciendo fielmente todos mis mandamientos. **18** En cambio, su padre morirá por culpa de sus propios pecados, pues es un malvado, un ladrón y un malhechor.

19 »Tal vez ustedes me pregunten: ''¿Y por qué no es castigado el hijo por los pecados del padre?'' Y yo contesto: ''Porque el hijo llevó una vida recta y justa, y obedeció todos mis mandamientos. Ese hijo merece vivir. **20** Ni el hijo tiene que ser castigado por los pecados del padre, ni el padre tiene que ser castigado por los pecados del hijo. Sólo morirá la persona que peque. Quien haga lo bueno, recibirá lo que merecen sus buenas acciones; quien haga lo malo, recibirá lo que merece su maldad''.

Esperanza y peligro

21 »Sin embargo, puede ser que el malvado se arrepienta de todos los pecados que cometía, y se aparte de la maldad. Pues yo les aseguro que si realmente obedece todos mis mandamientos, y vive una vida recta y justa, no morirá. **22** Al contrario, vivirá por causa de su rectitud, y yo no volveré a acordarme de todos los pecados que cometió. **23** Les doy mi palabra: yo no quiero que la gente malvada muera; más bien, quiero que se aparte de la maldad y viva.

24 »Pero si la persona justa deja de hacer lo bueno y comienza a comportarse como un malvado, y hace cosas malas y repugnantes, no esperen que yo le deje seguir viviendo. Al contrario, no tomaré en cuenta sus buenas acciones, y morirá por culpa de sus pecados y por desobedecerme.

25 »Ustedes me critican y piensan que soy injusto. Pero escúchenme bien, israelitas, y respóndanme: ¿De veras soy injusto? ¿No será, más bien, que son ustedes los injustos?

26 »Si una persona justa deja de serlo, y comienza a hacer lo malo, morirá por culpa de su maldad. **27-28** Por el contrario, si una persona malvada deja de hacer lo malo, y comienza a hacer lo que es recto y justo, yo les aseguro que vivirá, si es que reconoce su maldad y se aparta de ella.

29 »Sin embargo, ustedes los israelitas no dejan de criticarme y siguen pensando que soy injusto. Pues yo insisto en mi pregunta: ¿De veras soy injusto? ¿No será, más bien, que son ustedes los injustos?

30 »Israelitas, yo juzgo a cada uno de ustedes de acuerdo con su conducta. Yo soy el Dios de Israel, y les aseguro que si dejan de portarse mal y se apartan de sus maldades, no sufrirán las consecuencias de sus pecados. **31** Arrojen a la basura todas las maldades que cometieron contra mí. Vuelvan a amarme de todo corazón, y busquen recibir nueva vida. ¡Ustedes, israelitas, no tienen por qué morir! **32** ¡Yo no quiero que mueran! ¡Apártense de la maldad, y vivirán! Yo soy el Dios de Israel, y cumpliré mi palabra.

Lamento por los jefes de Israel

19 ^{¡¹¹²¹} »Pero tú, dedica a los jefes de Israel este lamento:

2 ''Israel era como una leona:
vivía entre los leones
y cuidaba de sus cachorros.
3 Uno de ellos fue Joacaz,
y ella lo vio crecer
hasta convertirse en un león;
y el que antes fue cachorro
aprendió a devorar gente.

4 ''Las naciones oyeron
hablar de él,
le pusieron una trampa
y lo atraparon;
le pusieron un gancho
en la nariz,
y se lo llevaron a Egipto.

5 ''Israel perdió toda esperanza
de volver a ver a su cachorro;
crió entonces a Joaquín,
otro de sus cachorros,
hasta convertirlo en león.
6 Y este león andaba
entre leones,
muy seguro de sí mismo,
y aprendió a devorar gente.
7 Hacía destrozos en
los palacios
y dejaba en ruinas
las ciudades;
con sus feroces rugidos
hacía temblar a todo el mundo.

8 ''Las naciones vecinas
se juntaron
con la intención de apresarlo;
le tendieron una trampa,
y Joaquín cayó en ella.
9 Le pusieron un gancho
en la nariz,
y se lo llevaron al rey
de Babilonia.
Lo encerraron en una jaula,
y no volvieron a oírse
sus rugidos
en las montañas de Israel.

Lamento por Jerusalén

10 ''Israelitas,
nuestra nación parecía una vid
en medio de un viñedo;
estaba plantada junto al agua,
y era tanta el agua que tenía,
que estaba llena de
uvas y ramas.
11 Era la más alta de las vides;
podía verse por encima

de otros árboles.
Sus ramas eran tan fuertes
que con ellas se hacían
los cetros para los reyes.
¡Tanto se extendían sus ramas
que todo mundo podía verla!

12 "Pero el viento del este
la marchitó,
y todas sus uvas se cayeron.
Ella misma fue arrancada
con furia
y arrojada por el suelo.
Sus fuertes ramas se secaron,
y el fuego acabó con ellas.
13 Ahora está sembrada
en el desierto,
y no recibe gota de agua.
14 De sus ramas brota fuego,
y ese fuego consume
sus frutos.
¡Ya no tiene ramas fuertes
para hacer cetros de reyes!"

»Este es un lamento, y se
usará como canto de luto».

Historia de un pueblo infiel

20 **1** Habían pasado siete años
desde que habíamos sido llevados
presos a Babilonia. El día diez del
mes de Ab¹ de ese año, algunos
de los jefes de Israel vinieron a
verme para consultar a Dios. En
cuanto se sentaron delante de
mí, **2** Dios me dijo:

3-4 «Ezequiel, hombre mortal,
habla con los jefes de Israel y
dales de mi parte el siguiente
mensaje: "Ustedes vienen a consultarme, para que les diga lo que
deben hacer. Pero les juro que no
les diré nada. Yo soy el Dios de
Israel, y cumpliré mi palabra".

»Lo mejor será que tú te encar-
gues de juzgarlos y les hagas ver
lo mal que se portaron sus antepasados. **5** Diles de mi parte lo que
voy a contarle:

»El día que yo elegí a Israel, le
juré seriamente que yo sería el
Dios de sus descendientes. Luego
me di a conocer a ellos en Egipto,
y les repetí mi juramento. Les dije
que yo soy su Dios. **6** Ese mismo
día les prometí sacarlos de Egipto

y llevarlos al país que yo mismo
había buscado para ellos, ¡una
tierra muy bella y fértil, donde
siempre hay abundancia de alimentos! **7** A todos ellos les ordené
que tiraran los ídolos odiosos que
tanto querían, y que no tuvieran
nada que ver con los malolientes
ídolos egipcios, porque el Dios de
Israel soy yo.

8 »Pero ellos fueron rebeldes y no
me obedecieron. Ninguno de ellos
tiró sus odiosos ídolos, ni renun-
ciaron a los malolientes ídolos
egipcios.

»Yo estaba tan enojado que,
para desahogarme, quise castigarlos allí en Egipto. **9** Si no lo
hice, fue por respeto a mí mismo
y para que no hablaran mal de mí
los pueblos entre los cuales vivían
los israelitas. Y es que yo me di a
conocer a los israelitas, y los
saqué de Egipto, en presencia de
esos pueblos.

10 »Fue entonces cuando los llevé
al desierto. **11** Allí les di todos mis
mandamientos, que dan vida a
quienes los obedecen. **12** También
les dije que el día sábado me pertenece, y que en ese día debían
adorarme. Así reconocerían que
yo soy su Dios. **13** Pero ellos se rebelaron contra mí allá en el desierto; no obedecieron mis mandamientos, que dan vida a quienes
los obedecen, ni me adoraron el
día sábado.

»Yo estaba tan enojado que,
para desahogarme, quise acabar
con ellos en el desierto. **14** Si no lo
hice, fue por respeto a mí mis-
mo, y para que no hablaran mal
de mí los pueblos que me vieron
sacarlos de Egipto. **15** También
allí, en el desierto, les juré seriamente que no los llevaría a la tierra que les había dado, esa tierra
bella y fértil, donde siempre hay
abundancia de alimentos. **16** Pero
ellos, en vez de obedecer mis
mandamientos, los rechazaron;
en vez de adorarme el día sábado,
siguieron adorando a sus ídolos
malolientes.

17 »A pesar de todo, yo les tuve
compasión y no los destruí en el

desierto; **18** pero a sus hijos les
advertí que no siguieran el mal
ejemplo de sus padres, ni tuvieran nada que ver con sus ídolos
malolientes.

19 »Yo soy el Dios de Israel. Por
eso les pedí que obedecieran
todos mis mandamientos, **20** y
que me adoraran el día sábado,
como señal de que me reconocían
como su Dios. **21** Sin embargo,
ellos fueron rebeldes. No obedecieron mis mandamientos, que
dan vida a quienes los obedecen,
ni me adoraron el día sábado.

»Yo estaba tan enojado que, para
desahogarme, allí en el desierto
quise acabar con ellos. **22** Si no lo
hice, fue por respeto a mí mismo,
y para que no hablaran mal de mí
los pueblos que me vieron sacarlos
de Egipto. **23** También allí, en el
desierto, les juré seriamente que
los dispersaría por todas las naciones del mundo, **24** porque ellos no
obedecieron mis mandamientos ni
me adoraron el día sábado, sino
que siguieron adorando a los ídolos malolientes que adoraron sus
antepasados.

25 »Llegué al extremo de dejarlos
seguir leyes que no eran buenas y
mandamientos que no les daban
vida. **26** Dejé que presentaran a sus
hijos mayores como ofrenda a sus
ídolos. Lo hice para luego recha-
zarlos y ver si así se llenaban de
horror y reconocían que yo soy su
Dios.

27 »Por todo esto, habla con los
israelitas y diles de mi parte lo
siguiente: "También los antepasados de ustedes me ofendieron
con su infidelidad. **28** Cuando yo
les entregué la tierra que había
prometido darles, ellos hicieron
pequeños templos en lo alto de
los cerros y bajo la sombra de los
árboles, y allí presentaron toda
clase de ofrendas a los dioses
falsos. **29** Yo les pregunté: ¿Por
qué adoran ídolos en esos
pequeños templos en lo alto de
los cerros?"

30 »Por eso, dales de mi parte el
siguiente mensaje a los israelitas:

"Ustedes siguen el mal ejemplo de sus antepasados. Ya no puedo recibir sus cultos con agrado, pues ustedes se han relacionado con esos ídolos odiosos. ³¹ Ustedes siguen presentando a sus hijos como ofrendas quemadas en honor de sus ídolos malolientes. ¿Y todavía esperan que yo les dé mensajes cuando vienen a consultarme? Pues les juro que no les daré ninguna respuesta. Yo soy el Dios de Israel.

³² "Ustedes quieren ser como las demás naciones de la tierra, que adoran a ídolos hechos de palo y de piedra, ³³⁻³⁴ pero yo les juro que eso nunca sucederá. Yo soy el Dios de Israel.

"Ustedes, israelitas van a conocer mi enojo y mi gran poder. Yo los reuniré de entre los pueblos y naciones donde ahora están dispersos, y seré su rey. ³⁵⁻³⁶ Así como en el desierto de Egipto castigué a sus antepasados, así también los castigaré a ustedes. Los llevaré al desierto, lejos de todos los pueblos, y yo mismo los castigaré. Yo soy el Dios de Israel, y cumpliré mi palabra.

³⁷ "Así como los pastores apartan sus ovejas de las que no son suyas, yo elegiré uno por uno a los que formarán mi pueblo. Haré un pacto con ustedes, ³⁸ y los sacaré del país donde ahora viven como extranjeros. Pero pondré aparte a los rebeldes que no me obedezcan, y ellos no volverán a la tierra de Israel. Entonces ustedes reconocerán que yo soy el Dios de Israel.

³⁹ "¡Israelitas! Yo soy su Dios. Si no quieren obedecerme, ¡entonces sigan adorando a sus ídolos malolientes! Pero llegará el día en que tendrán que obedecerme y no dejaré que me falten al respeto presentando esas ofrendas a sus ídolos. ⁴⁰⁻⁴² Delante de todas las naciones les mostraré que soy diferente. Yo los sacaré de entre todos los pueblos y naciones donde ahora andan dispersos. Los reuniré de nuevo en Israel, tierra que juré dar a sus antepasados, y

me adorarán en mi montaña santa, que es la montaña más alta de Israel. Allí recibiré todas las ofrendas que ustedes quieran presentarme, y ustedes serán para mí tan agradables como el aroma del incienso. Entonces reconocerán que yo soy el Dios de Israel, y que yo cumplo mi palabra.

⁴³⁻⁴⁴ "Israelitas, ustedes han sido malvados y corruptos, pero no los castigaré como se merecen. Voy a tratarlos bien sólo por honor a mí mismo. Y cuando ustedes se acuerden de su mala conducta y de todas las malas acciones por las que los rechacé, sentirán asco de ustedes mismos. Entonces reconocerán que yo soy el Dios de Israel, y que cumplo mi palabra"».

Un mensaje contra el bosque del sur

⁴⁵ (21.1) Dios también me dijo:

⁴⁶⁻⁴⁷ (21.2-3) «Ezequiel, dirige la mirada hacia el sur, y dale a Jerusalén este mensaje de mi parte:

"Jerusalén, voy a prenderte fuego. Destruiré a todos tus habitantes, y no dejaré a ninguno con vida. El fuego se extenderá de sur a norte, y acabará con todos a su paso. ¡Nadie podrá apagar ese incendio. ⁴⁸ (21.4) Todo el mundo se dará cuenta entonces de que el fuego que Dios enciende, nadie puede apagarlo"».

⁴⁹ (21.5) Yo me quejé con Dios y le dije: «¡Ay, Dios mío! ¡La gente dice que yo sólo hablo por hablar!»

Dios castiga a Jerusalén

21 ¹ (6) Dios también me dijo:

²⁻⁴ (7-9) «Ezequiel, hombre mortal, vuelve la mirada hacia Jerusalén y diles a los israelitas que yo me he declarado enemigo de ellos y del templo. Tomaré la espada y, desde el norte hasta el sur, mataré por igual a justos y pecadores. ⁵ (10) Todo el mundo

se dará cuenta entonces de que, cuando yo saco la espada, algo terrible va a suceder.

⁶ (11) »Pero tú, ve y llora amargamente delante de todos ellos. Déjales ver tu dolor. ⁷ (12) Y si te preguntan por qué lloras, diles que te da tristeza saber que pronto pasará algo que dejará a todos sin aliento, sin fuerzas y temblando de miedo. Esto sucederá en cualquier momento. Ya no tarda. Les juro que así será».

⁸ (13) Dios también me dijo:

⁹ (14) «Anuncia de mi parte lo siguiente:

"¡La espada, la espada!
Ya le he sacado filo y brillo.
¹⁰ (15) Le saqué filo
para matar;
le saqué brillo para deslumbrar.
¹¹ (16) Está afilada y pulida,
lista para que sea puesta
en manos del asesino.
¹² (17) ¡Llora de dolor,
hombre mortal!
¡Golpéate con rabia el pecho,
porque esta espada matará
a mi pueblo!
Todos los jefes de Israel
y todos los israelitas
están condenados a muerte.
¹³ (18) Les juro que así será".

¹⁴⁻¹⁵ (19-20) »Pero tú, Ezequiel, da este mensaje de mi parte:

"¡Que hiera la espada!
¡Que mate y vuelva a matar!
¡Que todos tiemblen de miedo!
¡Los tengo acorralados!

"Por todas partes he puesto la espada asesina.
Pulida está, para deslumbrar;
afilada está, para matar.
¹⁶ (21) Se mueve de un
lado a otro;
¡su filo hiere por todas partes!

¹⁷ (22) "Dejaré que la
espada mate
hasta que se calme mi enojo.
¡Les juro que así será!"»

18 (23) Dios también me dijo:

19-20 (24-25) «Tú, Ezequiel, dibuja dos caminos, para que el rey de Babilonia pase por ellos con su espada. Los dos caminos saldrán del mismo país. Allí donde comience cada camino pondrás señales que indiquen a dónde llevan. Una de las señales apuntará hacia Rabá, la ciudad de los amonitas, y la otra apuntará hacia Jerusalén, la ciudad amurallada de Judá.

21 (26) »El rey de Babilonia se detendrá allí donde se aparten los dos caminos, y se preguntará qué camino seguir. Usará toda forma de adivinación con la esperanza de saber qué ciudad atacar. **22** (27) Y la respuesta será: "Marcha contra Jerusalén". El rey dará la orden: "¡Al ataque! ¡Preparen las máquinas y derriben los portones! ¡Hagan rampas para trepar a la muralla! ¡Pongan escaleras para entrar a la ciudad! ¡Lancen gritos de guerra! ¡Que empiece la matanza!"

23 (28) »La gente de Jerusalén no va a creer en tus palabras, pues confían en el tratado que hicieron con el rey de Babilonia. Sin embargo, este rey les recordará sus pecados y se los llevará prisioneros. **24** (29) Por eso yo, el Dios de Israel, afirmo:

"No me he olvidado de
sus maldades;
sus crímenes todo el mundo
los conoce.
Todo lo que ustedes hacen
demuestra que son
unos pecadores.
Por eso serán capturados
con violencia.

25-26 (30-31) "Y tú, rey
de Israel,
eres un criminal malvado.
Pero te ha llegado la hora;
¡llegó el día de tu castigo!
¡Quítate de la cabeza
el turbante!
¡Entrega ya tu corona,
que todo va a cambiar!

Lo que hoy está arriba,
mañana estará abajo;
lo que hoy está abajo,
mañana estará arriba.
Les juro que así será".

27 (32) »Voy a destruir esta ciudad, y la dejaré convertida en un montón de escombros. Todo esto pasará cuando llegue el rey de Babilonia. A él le he encargado ejecutar la sentencia.

Dios castigará también
a los amonitas

28 (33) »Los amonitas han ofendido a mi pueblo. Pero tú, Ezequiel, les dirás de mi parte:

"¡Ya está lista la espada!
Pulida está, para deslumbrar;
Afilada está, para destruir.
29 (34) ¡Ustedes reciben
mensajes falsos!
¡Sus adivinos les dicen mentiras!
Ustedes son unos criminales
malvados,
pero les ha llegado la hora.
¡Llegó el día de su castigo,
y les cortarán la cabeza!

Dios castigará a Babilonia

30 (35) "Y tú, Babilonia,
guarda ya la espada
en la funda,
que ahora voy a juzgarte
en tu propio país.
31 (36) Descargaré mi
enojo sobre ti
y te destruiré por completo,
como si el fuego te consumiera.
Dejaré que caigas en manos
de gente cruel y sin piedad,
que fue entrenada
para destruir.
32 (37) Les prenderán fuego a
tus ciudades
y las destruirán por completo;
por todo el país
correrá sangre,
y nadie volverá a recordarte.
Te juro que así será"».

Los delitos de Jerusalén

22 **1** Dios también me dijo:

2 «Ezequiel, hombre mortal, declara culpable a esa ciudad asesina. ¡Échale en cara todas sus repugnantes maldades! **3-5** Dile de mi parte lo siguiente:

"¡Te llegó la hora, ciudad de Jerusalén! ¡Pronto serás castigada! Has matado a tus habitantes, y te has rebajado al adorar esos ídolos malolientes que tú misma has fabricado. Por eso voy a dejar que todos los pueblos y naciones se burlen de ti. Te has ganado la fama de ser una ciudad corrupta y llena de ídolos. **6** Tus gobernantes abusan de su poder y asesinan a cuantos pueden. **7** Tus habitantes no respetan ni a su padre ni a su madre, oprimen a las viudas y a los huérfanos, y maltratan a los extranjeros refugiados. **8** Para colmo, no me adoran en sábado ni respetan los lugares sagrados.

9 "Hay quienes son culpables de la muerte de otros, por haberlos acusado falsamente. Hay también quienes hacen fiestas en honor de los ídolos, y allí cometen las peores maldades. **10** No faltan los que tienen relaciones sexuales con la esposa de su padre, ni los que abusan sexualmente de la mujer cuando está en su período de menstruación. **11** Otros tienen relaciones sexuales con la mujer de su prójimo, o tienen relaciones sexuales con su nuera, o violan a su media hermana. **12** Hay también quienes matan por dinero, y quienes cobran altos intereses a los que les piden dinero prestado. ¡Por maltratar así a su prójimo, se han olvidado de mí! Les juro que así es.

13 "Tú, Jerusalén, te has hecho rica injustamente; tus asesinatos me ponen furioso. **14** Cuando decida castigarte, no tendrás ánimo ni fuerzas para enfrentarte conmigo. Yo soy tu Dios, y lo que digo lo cumplo. **15** Te dispersaré por todo el mundo, y así te limpiaré de tus pecados. **16** Por tu culpa, todas las naciones hablarán mal de mí, pero al final reconocerás que yo soy el Dios de Israel"».

María y sus hijos.
"Educa a tu hijo desde niño, y aún cuando llegue a viejo seguirá tus enseñanzas" *(Proverbios 22.6).*

Un pequeño tesoro para el señor.
"¡DIOS ama al que da con alegría!" *(2 Corintios 9.7).*

17 Dios también me dijo:

18 «Para mí, los israelitas son como la basura que queda en el horno después de fundir diferentes metales. **19** Por eso quiero dejar esto bien claro con ellos: Puesto que son como basura en el horno, voy a juntarlos dentro de Jerusalén **20-22** como se juntan dentro del horno los metales. Estoy tan enojado con ellos que los juntaré, y atizaré el fuego de mi enojo, y los fundiré en medio de la ciudad como si fueran metal. Así, cuando haya descargado mi enojo sobre ellos, reconocerán que yo soy el Dios de Israel».

Israel no tiene quien la defienda
23 Dios también me dijo:

24 «Dale de mi parte el siguiente mensaje a Israel:

''Eres como una tierra sucia y castigada por falta de lluvia. **25** Tus profetas se ponen de acuerdo para quitarle a la gente sus objetos de valor, y para dejar viudas a muchas mujeres. ¡Devoran a la gente como leones feroces, que despedazan a su presa! **26** Tus sacerdotes no respetan mi ley ni nada de lo que para mí es sagrado. No distinguen entre lo que es mío y lo que es de ellos, ni entre lo que me gusta y lo que me disgusta. Me desobedecen al no adorarme en sábado, que es mi día especial. **27** Tus gobernantes siempre están dispuestos a matar y eliminar gente, con tal de hacerse ricos. ¡Parecen lobos, que despedazan a su presa! **28** Tus profetas creen que pueden engañarme. Aseguran hablar de parte mía y repetir mis propias palabras, pero eso es mentira. Lo único cierto es que yo nunca les he hablado. **29** Los ricos son injustos; roban y asaltan a los pobres, maltratan a los necesitados y se aprovechan de los extranjeros refugiados''.

30 »Yo he buscado entre ellos a alguien que los defienda; alguien que se ponga entre ellos y yo, y que los proteja como una muralla; alguien que me ruegue por ellos para que no los destruya. Pero no he encontrado a nadie. **31** Por eso voy a descargar sobre ellos mi enojo; voy a consumirlos por completo con el fuego de mi ira. ¡Me las pagarán por todo el mal que han hecho! Les juro que así será».

Historia de dos prostitutas
23 ¹ Dios también me dijo:

2-8 «Ezequiel, voy a contarte la historia de dos hermanas. La mayor se llamaba Oholá, y representa a la ciudad de Samaria. La menor se llamaba Oholibá, y representa a la ciudad de Jerusalén. Desde que eran jóvenes se portaron como prostitutas, y eso es lo que son: Mientras vivían en Egipto, se dejaban tocar los pechos, y acabaron teniendo relaciones sexuales con muchos hombres.
»A pesar de todo esto, yo me casé con ellas, y tuvimos hijos e hijas.

La historia de Oholá
»Como esposa, Oholá me fue infiel. Se enamoró locamente de sus amantes asirios, que eran jóvenes muy bien parecidos. Vestían elegantes uniformes y sabían montar a caballo; en su país los reconocían como jefes. Eran los mejores hombres de su país. Y Oholá no sólo tuvo amoríos con ellos, sino que además adoró a todos sus ídolos malolientes.
9 »Tan enamorada estaba Oholá de sus amantes asirios, que dejé que ellos hicieran con ella lo que quisieran. **10** Así que ellos la maltrataron y le quitaron sus hijos y sus hijas, y a ella la mataron. Todas las mujeres hablaban del castigo que Oholá sufrió.

La historia de Oholibá
11-15 »Oholibá se dio cuenta de lo que pasó con Oholá, pero no aprendió la lección. Al contrario, se enamoró locamente de los asirios, que eran jóvenes muy bien parecidos y vestían elegantes uniformes, además de saber montar a caballo y ser jefes de su nación.
»Oholibá resultó peor que su hermana. En cierta ocasión, vio dibujados en las paredes a unos babilonios. Estaban pintados de rojo y, a juzgar por su modo de vestir, parecían ser oficiales de alto rango. **16** En cuanto los vio Oholibá, se enamoró de ellos. En seguida mandó mensajeros a Babilonia **17** y los hizo venir a donde ella estaba. Cuando llegaron, tuvieron relaciones sexuales con ella. Esto se repitió tantas veces, que finalmente ella quedó asqueada y se apartó de ellos.
18-21 »Pero también yo sentí asco de ella, como antes lo había sentido de su hermana. Ella, por su parte, se acordó de los días de su juventud en Egipto. Se acordó de cuando dejaba que los egipcios le tocaran los pechos, y de cuando tenía relaciones sexuales con ellos. Oholibá amaba a los egipcios con locura porque, en su trato sexual, se portaban como animales.
»Tú, Oholibá, sentiste nostalgia al acordarte de esos días, y te entregaste de lleno a la prostitución. **22** Pero yo soy tu Dios, y te advierto que haré que tus amantes se vuelvan tus enemigos. Ahora te dan asco, pero vendrán contra ti de todas partes. **23** Vendrán los babilonios, los caldeos, los de Pecod, Soa y Coa. Vendrán también los asirios, esos jóvenes bien parecidos y elegantemente uniformados, que saben montar a caballo y son jefes de su nación. Todos ellos vendrán contra ti. Llegarán bien armados y con grandes ejércitos, te rodearán por completo, y te castigarán de acuerdo con sus leyes.
25-29 »Yo descargaré todo mi enojo sobre ti, y ellos te maltratarán con gran crueldad: te arrancarán tus vestidos y te quitarán tus joyas; también te quitarán tus hijos y tus hijas, y a los que logren escapar los consumirá el fuego; a

ti te cortarán la nariz y las orejas, y a quien quede vivo lo matarán. Sólo así les pondré freno a tus deseos sexuales y a la vida de prostituta que llevaste en Egipto. Así no andarás buscando a los egipcios, ni volverás a acordarte de ellos.

»Yo soy tu Dios, y te aseguro que voy a entregarte en manos de esa gente que odias y que te da asco. Entonces todo el mundo se dará cuenta de la clase de mujerzuela que eres.

»Tu desobediencia **30** es la causa de todo lo que te ha pasado. Tuviste relaciones sexuales con esa gente y adoraste a sus ídolos malolientes; **31** además, seguiste el mal ejemplo de tu hermana. Por eso, te castigaré igual que a ella. **32-34** »Yo, el Dios de Israel, te juro que sufrirás el mismo castigo que sufrió tu hermana. Sufrirás burlas y desprecios, grandes sufrimientos y una terrible soledad. Así castigué a tu hermana Samaria, y así también te castigaré a ti. Después de eso, tú misma te desgarrarás los pechos. Yo, el Dios de Israel, he dado mi palabra y la cumpliré.

35 »Como te olvidaste de mí y me diste la espalda, tendrás que sufrir las consecuencias de tu desvergüenza como prostituta. Te juro que así lo haré».

Ezequiel acusa a las dos hermanas
36 Dios también me dijo:

«Tú, Ezequiel, encárgate de anunciarles a Oholá y Oholibá que son culpables. ¡Recuérdales a Samaria y a Jerusalén sus repugnantes acciones! **37-39** Ellas me fueron infieles, pues adoraron a sus ídolos malolientes. Además, son unas asesinas, pues presentaron a nuestros hijos como ofrenda a esos ídolos. Por si fuera poco, iban los sábados al templo no para adorarme, sino para ofenderme. ¡Todo eso lo hicieron en mi propio templo!

40 »Luego mandaron traer a gente de tierras lejanas, y mientras

tanto se bañaron, se pintaron los ojos y se adornaron con joyas. Cuando ellos llegaron, ellas los recibieron **41** recostadas en lujosas camas. La mesa estaba ya servida, frente a ellas, y allí pusieron el incienso y el perfume que antes me ofrecían a mí.

42 »El griterío que se escuchaba era el de una multitud en fiesta. Era la gente que había llegado del desierto, y que estaba adornando a esas mujeres con pulseras y con bellas diademas. **43** Entonces pensé: "Estos van a acostarse con esas prostitutas. ¡Pero tan acabadas están, que ni para prostitutas sirven!" **44** Y así sucedió. Una y otra vez tuvieron relaciones sexuales con Oholá y Oholibá, ese par de mujerzuelas. **45** Pero un día los hombres justos las acusarán y declararán culpables, porque son unas adúlteras y asesinas.

46 »Yo, el Dios de Israel, ordeno que se reúna todo el pueblo para acusarlas, y que las haga sentir miedo y les quite todo lo que tengan. **47-48** Que las mate a pedradas y las atraviese con espadas. Que mate a sus hijos y a sus hijas, y que les prenda fuego a sus casas. Así terminaré de una vez por todas con esa conducta repugnante. Y cuando las demás mujeres vean el castigo que les daré a Oholá y Oholibá, no seguirán su mal ejemplo. **49** Esas dos hermanas sufrirán el castigo que merecen, por entregarse a la prostitución y por adorar a los ídolos. Entonces reconocerán que yo soy el Dios de Israel».

El ejemplo de la olla hirviendo
24 **1** Habían pasado nueve años desde que llegamos presos a Babilonia. Era el día diez del mes de Tébet cuando Dios me dijo:

2-6 «Ezequiel, toma nota de esta fecha, porque hoy mismo el rey de Babilonia ha empezado su ataque contra Jerusalén. Quiero que vayas a ver a los israelitas, y que delante de ellos hagas lo siguien-

te: Pon una olla en el fuego, y llénala de agua para cocinar carne. Echa en ella lo mejor de la pierna, del lomo y de los huesos. échale leña al fuego, para que se cueza bien todo. Cuando termines, dales este mensaje de mi parte:

"¡Ay de ti, ciudad asesina!
Eres como una olla oxidada,
que no se puede limpiar.
Saca ahora los
trozos de carne,
no importa el orden
en que salgan.
7 ¡Estás toda manchada
de sangre!
A la gente que mataste,
la estrellaste contra
los rocas;
¡no dejaste que esa sangre
la absorbiera la tierra!
8 Pero yo dejaré que la sangre
se seque sobre la roca desnuda.
Así podré verla siempre,
y no se calmará mi enojo
hasta que haya hecho justicia.
9-10 Les juro que así será.

"¡Ay de ti, ciudad asesina!
Yo mismo traeré la leña.
Y tú, Ezequiel, ¡atiza el fuego!
Que se cueza bien la carne,
hasta que el caldo se
consuma
y los huesos se quemen
por completo.
11 Pon sobre el fuego
la olla vacía,
para que el cobre se caliente.
Así se pondrá al rojo vivo,
y el óxido se le quitará.
12 ¡Aunque es tanto el
óxido que tiene
que ni con fuego se le quitará!

13 "Tú, Jerusalén, eres como una olla oxidada. Tienes tan pegado tu pecado, que aunque quise limpiarte no quedaste limpia. Sólo quedarás limpia después de que te haya castigado. **14** De eso me encargaré yo mismo. No voy a cambiar de parecer. Voy a castigarte sin piedad ni compasión, por todo lo que has hecho. Te juro que lo haré; ya he dado mi palabra, y la cumpliré''».

Muerte de la esposa de Ezequiel

15 Dios también me dijo:

16-17 «Ezequiel, tú quieres mucho a tu esposa, pero yo te la voy a quitar de repente. Y no quiero que llores, ni que des muestras de dolor como hace todo el mundo cuando alguien muere. Vas a tener que sufrir en silencio».

18 Por la mañana hablé con la gente, y por la tarde mi esposa murió. Al día siguiente me comporté como Dios me ordenó que lo hiciera. **19** La gente me decía:

—Con esto que haces, tú nos quieres decir algo. ¿De qué se trata?

20 Y yo les contestaba:

—Se trata de un mensaje que Dios me dio. **21** Me ordenó decirles de su parte lo siguiente:

''Israelitas, ustedes se sienten muy orgullosos de mi templo. Pero aunque lo quieren y lo admiran, yo voy a destruirlo. Y voy a dejar que maten a los hijos y a las hijas de ustedes, que se quedaron en Jerusalén. **22-24** ''Cuando eso pase, ustedes no deberán llorar ni dar muestras de dolor como lo hace todo el mundo cuando alguien se muere. Al contrario, harán lo mismo que Ezequiel. Y por causa de sus pecados, quedarán sin fuerzas y apenas les quedarán fuerzas para llorar. Entonces reconocerán que yo soy el Dios de Israel. **25-26** ''Israelitas, yo les quitaré el templo del que están orgullosos, y al que tanto quieren y admiran; y también les arrebataré a sus hijos y a sus hijas. Cuando eso suceda, uno de los que queden con vida vendrá a darte la noticia. Entonces tú **27** romperás tu silencio y hablarás con quien te traiga la noticia. Tú mismo serás la señal para el pueblo, y así reconocerán que yo soy el Dios de Israel''.

Mensajes contra las naciones
25 ❀ Contra Amón
1-3 Dios también me dijo:

«Ezequiel, enfréntate a los amonitas y diles de mi parte que pongan mucha atención a este mensaje contra ellos:

''Ustedes se alegraron cuando vieron que mi templo y la tierra de Israel eran destruidos. Ustedes se burlaron de mi pueblo cuando vieron que se lo llevaban prisionero a otro país. **4** Por eso, voy a dejar que los pueblos del este los conquisten a ustedes y se adueñen de su tierra. Ellos vendrán y pondrán sus campamentos en el país de ustedes, y allí se quedarán a vivir. Todo lo que produzcan los campos y los rebaños de ustedes les servirá de alimento a ellos. **5** Y aunque Rabá es la ciudad más importante de ustedes, yo la convertiré en pastizal para los camellos. ¡Amonitas, yo convertiré su país en un campo de ovejas! Entonces reconocerán que yo soy el Dios de Israel.
6 ''Ustedes los amonitas se han burlado de Israel. Han festejado su desgracia. Yo sé que así fue, **7** y por eso voy a castigarlos. Voy a dejar que las naciones se apoderen de todo lo que ustedes tienen. De tal manera los destruiré, que ustedes desaparecerán de entre los pueblos. Así reconocerán que yo soy el Dios de Israel''.

Contra Moab
8 »Yo, el Dios de Israel, afirmo:

''Ustedes los moabitas menosprecian a Judá. Piensan que es igual que las otras naciones. **9-11** Por eso voy a dejar que los pueblos del este se adueñen de su país. Harán con ustedes lo mismo que hicieron con los amonitas: de un extremo al otro les quitarán las mejores ciudades. Les quitarán Bet-jesimot, Baal-megón y Quiriataim, que son su motivo de orgullo. Así es como voy a castigarlos, y nun-

ca nadie volverá a acordarse de ustedes. Entonces reconocerán que yo soy el Dios de Israel''.

Contra Edom
12 »Yo, el Dios de Israel, afirmo:

''Edom se vengó cruelmente del pueblo de Judá. Resulta grandemente culpable, **13** y por eso lo voy a castigar. Desde Temán hasta Dedán, todo el país quedará en ruinas. Voy a destruir a todos sus animales, y su gente morirá atravesada por la espada. **14** Mi pueblo Israel se encargará de ejecutar mi castigo contra Edom. Por medio de él descargaré sobre Edom todo mi enojo. Así sabrán cómo soy cuando tomo venganza. Les juro que así lo haré''.

Contra los filisteos
15 »Yo, el Dios de Israel, afirmo:

''Desde hace mucho tiempo, los filisteos han sido enemigos de mi pueblo Judá. Para vengarse de él, lo destruyeron con gran crueldad. **16** Por eso declaro que los voy a castigar. En mi enojo los destruiré, y acabaré con todos los que aún quedan en los pueblos de la costa. **17** Es tanto mi enojo que los castigaré duramente. ¡Mi venganza contra ellos será terrible! Cuando lo haga, reconocerán que yo soy el Dios de Israel''».

Contra Tiro
26 ❀ **1-2** Habían pasado once años desde que llegamos presos a Babilonia, y el día primero del mes de Adar, Dios me dijo:

«Ezequiel, hombre mortal, la ciudad de Tiro se burla de Jerusalén y dice:

''¡La gran ciudad,
centro del comercio mundial,
ha quedado en ruinas!
¡Ahora me toca a mí
hacerme rica como ella!''

3 »Por eso yo, el Dios de Israel, afirmo:

''Ciudad de Tiro, yo me pondré en contra tuya. Haré que se levanten contra ti muchas naciones, como se levantan las olas en el mar. 4 Esas naciones derribarán tus murallas y echarán abajo tus torres; de la ciudad no quedarán más que piedras. 5-6 Te saquearán por completo. Tus playas no servirán más que para poner las redes a secar, y en tus ciudades en tierra firme la gente morirá atravesada por la espada. Entonces reconocerán que yo soy el Dios de Israel. Les juro que así será.

7 ''Ciudad de Tiro, voy a traer del norte al rey Nabucodonosor, para que te ataque. Nabucodonosor es rey de Babilonia; es el rey más poderoso que existe. Vendrá con un ejército grande y poderoso, 8 y matará a la gente de tus ciudades en tierra firme. Para conquistarte, lanzará sus ejércitos contra ti. Construirá rampas y hará escaleras, 9 y traerá máquinas para derribar la muralla y las torres de la ciudad.

10 ''El rey de Babilonia entrará por los portones de tu ciudad, como todo un conquistador. Sus caballos levantarán tanto polvo que ni respirar podrás, y harán tanto ruido al andar que las murallas se sacudirán. 11 ¡Tus calles quedarán totalmente pisoteadas!

''Nabucodonosor matará a todo tu pueblo, y derribará tus gruesas columnas. 12 Sus soldados se adueñarán de todas tus riquezas y mercancías, derribarán tus murallas y tus hermosos palacios, y luego echarán al mar todos los escombros. 13 Así es como pondré fin a tus fiestas y celebraciones. 14 Ciudad de Tiro, vas a quedar completamente desierta, como una roca donde se ponen las redes a secar, y nadie volverá a edificarte. Yo, el Dios de Israel, he dado mi palabra y la cumpliré. 15 ''Además, ciudad de Tiro, quiero decirte que será tan fuerte el ruido de tu caída, y tan agudos los gritos de dolor de quienes queden con vida, que los países cercanos al mar temblarán de

miedo. 16 Todos sus reyes bajarán de sus tronos, se quitarán sus ropas reales, y llenos de miedo se sentarán en el suelo. Cuando vean lo que va a pasar contigo, se espantarán tanto que no dejarán de temblar. 17 Entonces te dedicarán este canto fúnebre:

''Ciudad de Tiro, antes
tan conocida,
tan poderosa en el mar
y tan temida por todos,
¡cómo has quedado destruida!
18 Tu caída hace que tiemblen
los países a la orilla del mar;
los que viven en las islas
están llenos de miedo.

19 ''Pon atención a lo que te digo. Ciudad de Tiro, quedarás hecha un basurero. Serás como una ciudad fantasma, donde nadie vivirá. Yo haré que te hundas en las profundidades del mar. 20 Te hundirás en lo más profundo de la tierra. Allí, en ese mundo de ruinas, te harán compañía los que murieron hace tiempo.

''Jamás volverás a ser reconstruida. Nadie volverá a vivir en ti. 21 Cuando la gente te busque, no volverá a encontrarte. Yo te convertiré en un lugar espantoso, y así dejarás de existir. Te juro que así será''».

Lamento por la ciudad de Tiro

27 ¹ Dios también me dijo:

² «Dedica este lamento a la ciudad de Tiro por su destrucción. Dales este mensaje de parte del Dios de Israel:

3 ''Tú, ciudad de Tiro,
te creías bella y perfecta;
te aprovechaste de estar
junto al mar
para comerciar con
muchos países.
4 Ciertamente, dominabas
los mares.
Tenías la belleza
de un barco bien construido.
5 Tu casco lo hicieron
con pinos del monte Senir;

tu palo mayor fue labrado
en cedro del monte Líbano.
6 Tus remos eran de roble,
fina madera del monte
de Basán.
Las tablas de tu cubierta
eran de ciprés traído de Chipre.
Todas ellas estaban adornadas
con incrustaciones de marfil.
7 Tus velas te servían
de bandera,
y eran de fino bordado egipcio.
Tus toldos, de tela roja
y morada,
los trajeron de las costas
de Elisá.

8 ''Contabas con una
tripulación experta.
Tenías los mejores capitanes
y marinos:
gente de Tiro, Arvad y Sidón.
9 Tus daños los reparaban
expertos carpinteros
de Guebal.
Marineros de todas partes
hacían negocios en
tus puertos.
10 Tu ejército estaba formado
por gente de Persia,
Lidia y Libia;
cuando te adornaban
con sus armas,
hacían que te vieras
muy hermosa.

11 ''Soldados de Arvad y
de Gamad
defendían tus murallas
con la ayuda de tu ejército.
Todo el tiempo vigilaban
tus torres,
y cuando colgaban sus escudos
a lo largo de tus murallas,
hacían que te vieras
más hermosa''.

12 ''Tú, ciudad de Tiro, eras tan rica que la gente de Tarsis venía para hacer negocios contigo. Tu mercancía la pagaban con plata, plomo, hierro y estaño. 13 También los comerciantes de Grecia, Tubal y Mésec compraban tus mercancías, y te pagaban con esclavos y con utensilios de bronce. 14 La gente de Bet-togarmá te pagaba

con finos caballos para montar, y con caballos y mulas para el trabajo. **15** También hacías negocios con los comerciantes de Dedán y de otros puertos lejanos, los cuales te pagaban con marfil y con madera de ébano.

16-18 ''Tus mercancías eran tan variadas, y tu riqueza tan grande, que hasta los sirios comerciaban contigo, y te pagaban con piedras preciosas y telas muy finas. También Israel y Judá te compraban mercancías, y te pagaban con su mejor trigo, y con pasteles, miel, aceite de oliva y especias aromáticas. Damasco te pagaba con vino de Helbón y con lana de Sahar. **19** Los comerciantes de Dan y los griegos te traían de Uzal hierro forjado y especias aromáticas.

20 ''La gente de Dedán te pagaba con sillas de montar. **21** Los de Arabia y todos los príncipes de Quedar te pagaban con corderos, chivos y carneros. **22** Tus clientes de Sabá y Raamá te pagaban con finos perfumes, y con oro y piedras preciosas. **23** Entre tus clientes estaban también los comerciantes de Harán, Cané, Edén, Sabá, Asiria y Media; **24** ellos te vendían telas finas, mantos bordados de color púrpura, tapices de muchos colores y fuertes cuerdas trenzadas. **25** ¡Las naves de Tarsis transportaban tus mercancías!

''Tú, ciudad de Tiro, parecías un barco en alta mar cuando va cargado de riquezas. **26** Pero tus marinos te llevaron por los mares más profundos, y allí te hizo pedazos el fuerte viento del este. **27** ¡Al fondo del mar se fueron tus mercancías y tus productos! El día que te hundiste, se fueron al fondo del mar todas tus riquezas, tus marineros y tus capitanes, tus carpinteros y tus comerciantes, tus soldados y tus pasajeros.

28 ''Tus capitanes

pedían ayuda, y temblaba la gente de las costas; **29** los marineros se lanzaron al agua, y bajaron a tierra junto con los capitanes. **30-31** Sus gritos eran desesperados; amargamente lloraban por ti, se pusieron ropa de luto, y de muchas otras maneras mostraron su dolor. **32** Entonaron por ti un lamento, y exclamaron con gran tristeza: '¡Ay, ciudad incomparable, ahora estás en el fondo del mar!'

33 ''Cuando bajaban de los barcos las mercancías que vendías, las naciones quedaban satisfechas; con tus riquezas y abundantes productos se enriquecían los reyes del mundo. **34** Pero te hundiste en el océano; ya descansas en el fondo del mar. ¡Y contigo se hundieron también tus mercancías y tus pasajeros!

35 ''Esto que te ha sucedido hace que tiemble de miedo la gente que vive en las costas. Sus reyes están espantados; en la cara se les nota el terror. **36** Los comerciantes de otras naciones te lanzan silbidos de burla. ¡Eres motivo de espanto porque has dejado de existir!''»

Mensaje contra el rey de Tiro

28 **1** Dios también me dijo:

2 «Tú, Ezequiel, dile de mi parte al rey de Tiro:

''Eres demasiado orgulloso. hasta crees que eres un dios porque reinas en medio

del mar. Pero no te creas tan sabio, porque no eres más que un hombre. **3** No eres más sabio que el profeta Daniel, ni conoces todos los secretos, **4** pero ciertamente eres muy listo: has logrado amontonar oro y plata, y te has hecho muy rico. **5** Sabes cómo hacer negocios. Por eso te has hecho rico y te has llenado de orgullo.

6-8 ''Como te sientes muy sabio, y hasta te crees un dios, voy a lanzar contra ti gente cruel de otros países. Esa gente te atacará y te hará la guerra. Acabará con tu belleza, con tu sabiduría y tu grandeza. Con violencia te quitará la vida, y morirás en el fondo del mar. Te juro que así lo haré. **9** ''Cuando te enfrentes a ellos, dejarás de creerte un dios. Cuando te quiten la vida, te verás como un simple hombre. **10** Gente extraña te quitará la vida, y morirás como mueren los que no me conocen. Yo soy el Dios de Israel, y cumpliré mi palabra''».

Lamento por el rey de Tiro

11 Dios también me dijo:

12 «Ezequiel, entona un canto fúnebre por el rey de Tiro. Dile de mi parte lo siguiente:

''Tú, rey de Tiro, eras perfecto en todo; tu sabiduría y tu belleza no tenían comparación. **13** Vivías en el jardín de Edén, y te adornabas con piedras preciosas. Tus joyas y tus aretes estaban hechos de oro, y desde el día de tu nacimiento

estuvieron a tu disposición.
14 Un ángel te protegía,
mientras pisabas piedras
de fuego
en el monte elegido por Dios.

15 "Desde el día en que naciste
te habías portado bien,
pero un día mostraste
tu maldad.
16 En los muchos negocios
que hacías,
llegaste a ser muy violento.
Por eso te arrojé de
mi montaña.
¡El ángel que te protegía
te alejó de las piedras
de fuego!

17 "Era tan singular tu belleza
que te volviste muy orgulloso.
¡Tu orgullo y tu hermosura
te hicieron perder la cabeza!
Por eso te arrojé al suelo
y en presencia de los reyes
te hice quedar en ridículo.
18-19 ¡Fueron tantos
tus pecados,
y tan sucios tus negocios,
que ni tus templos respetaste!

"Por eso hice que de
tu interior
brotara un fuego que
te quemara.
Las naciones que te conocían,
y que antes te admiraban,
hoy se quedan impresionadas
al verte por el suelo,
convertido ya en cenizas.
¡Eres motivo de espanto
porque has dejado
de existir!"»

Mensaje contra la ciudad de Sidón

20 Dios también me dijo:

21-22 «Ezequiel, enfréntate a la ciudad de Sidón y dile de mi parte lo siguiente:

"Yo me pondré en contra tuya.
Cuando te dé tu merecido,
la gente reconocerá
mi grandeza.
Sabrá que soy el Dios de Israel,

Y que soy diferente a
otros dioses.

23 "Voy a enviar plagas
contra ti;
haré que tus enemigos
te ataquen por todos lados.
Correrá la sangre por
tus calles,
y la gente morirá por
la espada.
Así reconocerán que
yo soy Dios.

24 "No volverán los israelitas
a sufrir el desprecio
de sus vecinos,
que tanto les hiere y
hace daño.
Así reconocerán que
yo soy Dios".

25 »Por eso yo, el Dios de Israel, afirmo:

"Ahora los israelitas viven prisioneros entre las naciones, pero yo volveré a reunirlos y los llevaré de nuevo a su tierra. Yo prometí dársela a Jacob, su antepasado, pues él siempre estuvo a mi servicio. **26** Allí podrán vivir seguros. Volverán a construir casas y a plantar viñedos.
"Ahora sus vecinos los desprecian, pero yo les daré el castigo que se merecen. Entonces los israelitas y las demás naciones se darán cuenta de que yo soy diferente, y me reconocerán como el Dios de Israel"».

Mensaje contra Egipto

29 **1** Habían pasado diez años desde que llegamos presos a Babilonia. El día doce del mes de Tébet, Dios me dijo:

2-3 «Ezequiel, hombre mortal, enfréntate al rey de Egipto y a su pueblo, y dales de mi parte este mensaje:

"¡Escúchame, rey de Egipto,
yo me pondré en contra tuya!
Tú eres como un
monstruo enorme

que descansa junto al río Nilo.
Piensas que ese río
te pertenece,
y que tú mismo lo hiciste.
4 Pero yo te sacaré del río,
enganchado por el hocico.
Los peces que allí nadan
se te pegarán a las escamas.
5 Luego te arrojaré al desierto
junto con todos los
peces del Nilo.
¡Allí te quedarás tirado,
sin que nadie te recoja,
y les servirás de alimento
a los animales salvajes
y a las aves de rapiña!

6 "Todos los que viven en
Egipto
reconocerán que yo soy Dios.
Los israelitas buscaron
tu apoyo,
pero ni para bastón sirves:
7 Buscaron tu ayuda,
y les fallaste;
en vez de apoyarlos,
los heriste.

8 "Pero yo soy el Dios de
Israel,
y te juro que te quitaré la vida;
Tú, y tu gente y tus animales
morirán atravesados por
la espada,
9 y Egipto se volverá
un desierto.
Sólo entonces reconocerán
que yo soy el Dios de Israel.

"Tú, rey de Egipto, piensas que el río Nilo te pertenece, y que tú mismo lo hiciste. **10-12** Por eso yo me pondré en contra tuya y de tu río. Convertiré en desierto toda la tierra de Egipto, desde Migdol hasta Asuán, y hasta la frontera con Etiopía. No quedará allí nadie con vida, pues Egipto será el país más desolado de todos. Nadie lo habitará durante cuarenta años, y ni siquiera pasarán por allí personas ni animales. No habrá ciudades más destruidas que las ciudades de Egipto, pues yo haré que los egipcios sean llevados prisioneros a otros países, y que sean dispersados entre las naciones.

13-15 "Al cabo de esos cuarenta años, haré que los egipcios vuelvan de los países por donde los dispersé. Haré que vuelvan a Patros, su tierra natal en el sur de Egipto, y allí establecerán un reino pequeño y sin poder. No volverán a ser fuertes, ni podrán dominar a las demás naciones. Les juro que así será.

16 "Los israelitas, por su parte, no volverán a poner su confianza en Egipto; al contrario, se darán cuenta de que me ofendieron al buscar la ayuda de los egipcios, y entonces reconocerán que yo soy el Dios de Israel'".

Nabucodonosor conquistará Egipto

17 Habían pasado veintisiete años desde que llegamos presos a Babilonia. El primer día del mes de Abib, ² Dios me dijo:

18 «Tú sabes que Nabucodonosor, el rey de Babilonia, hizo todo lo posible por conquistar la ciudad de Tiro. Llegó con su ejército para rodearla, y sus soldados llevaban tan pesada carga que hasta la cabeza y las espaldas se les pelaron. A pesar de todo, no pudieron conquistarla. **19-20** Por eso, voy a dejar que Nabucodonosor conquiste a Egipto. Le permitiré adueñarse de sus riquezas y de todas sus pertenencias, para que pueda pagarles a sus soldados. Así premiaré a Nabucodonosor por haber atacado a Egipto en mi lugar. Les juro que así lo haré.

21 »Ese día le devolveré a Israel el poder que antes tuvo, y tú podrás hablarles con toda libertad. Entonces reconocerán que yo soy el Dios de Israel».

Lamento por Egipto

30 ¹ Dios también me dijo:

2-3 «Ezequiel, hombre mortal, dile de mi parte a Egipto:

"¡El día de tu castigo ya está cerca!
¡Grita de dolor!
¡Ese día será nublado!

¡Día terrible para todas las naciones!
4 Habrá guerra contra Egipto, y hasta Etiopía temblará de miedo.
Muchos egipcios perderán la vida,
y perderán también sus riquezas;
¡sus ciudades serán destruidas!

5 "En esa guerra morirán los países vecinos de Egipto:
Libia, Lidia y Etiopía,
Arabia y los países aliados".

6 »Por eso yo, el Dios de Israel, afirmo:

"Los que se unan a Egipto morirán en la batalla.
Presumían de ser poderosos, pero serán humillados.
Desde Migdol hasta Asuán, sus cadáveres quedarán tirados por todo el territorio egipcio.
Les juro que cumpliré mi palabra.

7 "No habrá en ninguna parte ciudades más destruidas que las ciudades egipcias.
8 Yo le prenderé fuego a Egipto, y acabaré con todos los pueblos que le prestaron ayuda.
De ese modo reconocerán que yo soy el Dios de Israel.

9 "Etiopía está muy confiada, pero yo enviaré mensajeros por mar
para que la espanten cuando yo castigue a Egipto.
¡Ese día ya está cerca!

10 "Por medio de Nabucodonosor, rey de Babilonia, acabaré con las riquezas de Egipto.
11 No hay en el mundo soldados más violentos que los de Nabucodonosor.
Cuando ellos destruyan a Egipto, dejarán el país lleno de muertos.

12 Dejaré sin agua al río Nilo, y a Egipto entero lo pondré bajo el poder de gente malvada que lo llevará a la ruina.
Les juro que cumpliré mi palabra.

13-17 "En Menfis destruiré a los dioses falsos, ¡esos ídolos malolientes!
Egipto se quedará sin rey, y todos los que allí viven se llenarán de miedo.
Destruiré la ciudad de Patros; a Soan le prenderé fuego, y a Tebas le daré su merecido.
Sobre la ciudad de Sin descargaré mi enojo, y nunca más volverá a ser la fortaleza de Egipto.
Acabaré con las riquezas de Tebas,
y dejaré que en sus murallas se abran grandes huecos.
A todo Egipto le prenderé fuego, y todos en el puerto de Sin se retorcerán de dolor.
Menfis, On y Bubastis serán conquistadas en pleno día.
Los jóvenes morirán en la batalla, y las mujeres serán hechas prisioneras.
Les juro que cumpliré mi palabra.

18 "Egipto es un país poderoso, y eso lo llena de orgullo; pero, cuando yo lo destruya, todo el país quedará a oscuras; se nublará la ciudad de Tafnes, y sus mujeres serán capturadas.
19 Cuando yo le dé a Egipto el castigo que se merece, reconocerán que yo soy Dios'".

Mensaje sobre la derrota de Egipto

20 Habían pasado once años desde que llegamos presos a Babilonia. El día siete del mes de Abib, ¹ Dios me dijo:

21 «Ezequiel, hombre mortal, ya le

he roto un brazo al rey de Egipto, y no podrá volver a tomar su espada para pelear. Está herido, y nadie lo ha curado ni le ha vendado las heridas. ²² Yo, el Dios de Israel, les anuncio que me he puesto en contra del rey de Egipto. Ya le he roto un brazo, y voy a romperle los dos, para que no pueda manejar la espada.

²³⁻²⁶ »Ahora voy a fortalecer los brazos del rey de Babilonia, que es enemigo de Egipto, y hasta le prestaré mi espada. El rey de Egipto está sin fuerzas y tiene los brazos rotos. Cuando el rey de Babilonia lo ataque con mi espada, llorará de dolor como si estuviera a punto de morir. A los egipcios los dispersaré por todos los pueblos y naciones del mundo. Entonces ellos reconocerán que yo soy el Dios de Israel».

El rey de Egipto es comparado a un árbol

31 ¹ Habían pasado once años desde que llegamos presos a Babilonia. El día primero del mes de Siván, Dios me dijo:

² «Ezequiel, hombre mortal, diles de mi parte al rey de Egipto y a toda su gente:

''¡Tu grandeza es
incomparable!
³ Pareces un cedro del Líbano,
cubierto de abundantes ramas.
¡Con ellas tocas el cielo!
⁴ La lluvia y el agua del suelo
te han hecho crecer;
los ríos que te rodean
te riegan con sus corrientes,
como a los árboles del bosque.

⁵ ''Eres el árbol más alto;
con ramas altas y abundantes,
pues tienes agua en
abundancia.
⁶ A ti vienen todas las naciones
en busca de protección;
se parecen a los pájaros:
hacen nidos en tus ramas;
son como los animales salvajes:
buscan la protección
de tu sombra.

⁷ ''¡Tu grandeza es
impresionante!
Eres como un árbol
de grandes ramas y
profundas raíces,
regado con agua abundante.
⁸ No hay en todo el paraíso
un solo cedro igual a ti.
Tampoco hay un solo pino
con ramas como las tuyas,
ni un castaño con
tantas hojas.
¡No hay en todo el paraíso
un solo árbol tan hermoso
como tú!
⁹ Todos los árboles de mi jardín
te ven y sienten envidia,
porque yo te hice muy hermoso
y te di abundantes ramas.

¹⁰ ''Yo soy el Dios de Israel, y quiero que sepas una cosa: Has llegado a ser como un árbol muy alto. Con la punta de tus ramas puedes tocar el cielo. Por eso te has llenado de orgullo. ¹¹ Por eso también te he rechazado. Voy a dejarte caer bajo el poder de otro rey, que te castigará como merece tu maldad. ¹² Gente de naciones violentas te echará abajo y te dejará abandonado. Tus ramas caerán por los valles, las montañas y los ríos del país. Todos los pueblos que buscaban la protección de tu sombra huirán y te dejarán abandonado. ¹³ Cuando caigas, las aves del cielo harán su nido en tu tronco, y los animales salvajes pisotearán tus ramas.

¹⁴ ''De ahora en adelante, ningún árbol crecerá tan alto, ni volverá a tocar el cielo con sus ramas. Aunque esté bien regado y crezca junto a muchos ríos, al final caerá a lo más profundo de la tierra. ¡Morirá como mueren todos!

¹⁵⁻¹⁶ ''Yo soy el Dios de Israel, y quiero que sepas una cosa: El día que mueras y caigas hasta el fondo de la tumba, haré que el mar profundo se quede seco, y que los ríos y los arroyos dejen de correr. ¡Todos los árboles del campo, y hasta las montañas del Líbano, se marchitarán de tristeza!

''Cuando llegue ese día, será tan fuerte tu caída que, al oír el ruido, las naciones temblarán de miedo. Allí, en lo más profundo de la tierra, los árboles de mi jardín lanzarán un suspiro de alivio, lo mismo que los árboles más bellos de los bosques del Líbano. ¹⁷ Y todos tus aliados, los que buscaron tu protección, morirán y bajarán contigo a la tumba, como los que mueren en batalla.

¹⁸ ''No había en todo el paraíso un solo árbol que pudiera compararse contigo. No había nadie que tuviera tu grandeza y hermosura. Sin embargo, caerás a lo más profundo de la tierra, junto con los demás árboles de mi jardín. Allí quedarás tendido. ¡Morirás como mueren en batalla los que no creen en mí!

''En este ejemplo, tú, rey de Egipto, eres el árbol, junto con todo tu pueblo. Te juro que así es''».

Lamento por el rey de Egipto

32 ¹ Habían pasado doce años desde que llegamos presos a Babilonia. El día primero del mes de Adar, Dios me dijo:

² «Ezequiel, hombre mortal, entona este lamento por el rey de Egipto:

''Tú eres el rey de Egipto,
y te crees un león entre
las naciones;
pero no eres más que
un lagarto
que chapotea en el río Nilo.
Ensucias el agua con las patas,
y dejas turbios los arroyos.

³ ''Pero yo soy el Dios de Israel.
Aunque vivas entre
mucha gente,
te atraparé con mi red.
⁴ Te arrastraré por el suelo,
y te dejaré tirado en el campo.
Haré que las aves del cielo
se detengan sobre tu cuerpo;
¡haré que los animales salvajes
te devoren hasta quedar
asqueados!
⁵ Luego echaré tu carne podrida

por los montes y los valles.
6 ¡Con tu sangre regaré
la tierra,
empaparé las montañas
y llenaré los ríos!

7-8 "Cuando dejes de existir,
haré que el cielo se oscurezca.
Las estrellas más brillantes
se apagarán;
cubriré el sol con una nube,
y la luna perderá su brillo.
¡Todo tu país quedará
en tinieblas!
Te juro que así lo haré.

9-10 "Yo te castigaré delante de
muchos pueblos lejanos, que ni
siquiera conoces. Y cuando sepan
que has sido destruido, tanto
ellos como sus reyes temblarán
por miedo a perder la vida.
11 "Yo soy el Dios de Israel, y quiero que sepas que el rey de
Babilonia te matará con su espada. **12** Sus soldados son muy crueles y violentos, y derrotarán por
completo a tus grandes ejércitos.
¡Así acabará la grandeza y el
orgullo de Egipto!
13 "Yo destruiré todos los ganados que se alimentan junto a tus
ríos. El agua no volverá a ensuciarse con las pisadas de personas o animales, **14** sino que estará
siempre clara y correrá tranquila
como el aceite. Te juro que así
será. **15** Y cuando yo haya convertido a Egipto en un desierto, y haya
acabado con los que allí viven,
reconocerán que yo soy Dios.
16 "Cuando las mujeres de otras
naciones lloren por Egipto y sus
riquezas, lo harán entonando
este lamento. Te juro que así
será".

Lamento por la caída de Egipto

17 Habían pasado doce años desde
que llegamos presos a Babilonia.
El día quince del mes de Adar,
Dios me dijo:

18 «Ezequiel, hombre mortal,
entierra a Egipto y sus riquezas;
arrójalo a su tumba, junto con las
naciones más poderosas. Y cuando vayan cayendo a lo más profundo de la tierra, donde se
encuentran los muertos, entona
este lamento:

19 "Entre todas las naciones
ustedes fueron muy
privilegiadas,
pero ahora les toca morir
como mueren los pecadores.

20 "¡Ya la espada está lista! ¡Los
ejércitos de Egipto perderán la
vida en la batalla! **21** En la tumba,
los valientes soldados que ya
murieron recibirán a los egipcios y
a sus ejércitos aliados. Y dirán:
'¡Ya llegaron! ¡Miren, los que no
confiaron en Dios ahora están
tendidos entre los que murieron
en batalla!
22-23 'Aquí está Asiria, rodeada de
sus soldados, que tanto asustaban
a la gente. Todos ellos murieron en
batalla, y ahora están aquí, ¡en lo
más profundo de la tierra!
24-25 'Aquí también está Elam,
rodeada de sus soldados, que
tanto asustaban a la gente. Todos
ellos murieron en batalla, y ahora
están aquí, enterrados sin honor,
como se lo merecen los que no
confían en Dios, ¡en lo más profundo de la tierra!
26-27 'Aquí también están Mésec y
Tubal, rodeados de sus soldados,
que tanto asustaban a la gente.
Todos estos murieron en batalla,
pero no los sepultaron con honores. Sus héroes bajaron a la tumba vestidos con su armadura de
guerra. Pero estos asustaban
tanto a la gente que, aun después de muertos, sufrieron el
castigo que merecían sus pecados.
28-30 'Aquí también está Edom,
con todos sus reyes y jefes principales. Eran muy poderosos, pero
ahora están aquí, ¡enterrados sin
honor entre los que murieron en
batalla por no confiar en Dios!
'Aquí están todos los jefes importantes del norte, y todos los jefes
de Sidón. Eran muy poderosos y
asustaban a la gente, pero finalmente bajaron a la tumba, pues

no confiaron en Dios. Ahora están
aquí, ¡humillados y tendidos en el
suelo, entre los que murieron en
batalla!
'¡Y aquí estás tú, Egipto, todo
destrozado y sepultado entre los
malvados que murieron en batalla!'
31-32 "Cuando el rey de Egipto vea
en la tumba a todas esas naciones, se consolará de la muerte de
todos sus soldados. Y aunque yo le
permití llenar de miedo a todo el
mundo, tanto él como su ejército
serán enterrados entre los malvados que murieron en batalla. Juro
que así será"».

El profeta debe vigilar a su pueblo

33 **1** Dios también me dijo:

2 «Ezequiel, dales de mi parte
este mensaje a los israelitas:

"Cuando yo permito que haya
guerra en algún país, la gente de
ese lugar elige a alguien y lo pone
como vigilante. **3** Ese vigilante
tiene la obligación de tocar la
trompeta si ve que el ejército
enemigo se acerca. **4-5** Si alguien
escucha la trompeta, pero no le
hace caso, y los enemigos lo
matan, esa persona es culpable
de su propia muerte. Si hubiera
hecho caso de la advertencia, se
habría salvado.
6 "También puede suceder que el
vigilante vea que se acerca el
enemigo, y no toque la trompeta.
En tal caso, si el enemigo llega y
mata a alguien, esa persona
morirá por causa de su pecado,
pero yo le pediré cuentas de esa
muerte al vigilante".

7-9 »Yo te he elegido como mi
vigilante oficial ante los israelitas. Si me oyes sentenciar a
muerte a algún malvado, y tú no
le adviertes que debe cambiar su
mala conducta, ese malvado
morirá por causa de su pecado,
pero yo te pediré a ti cuentas de
su muerte. Por el contrario, si le
adviertes que debe cambiar su
mala conducta, y no te hace

caso, ese malvado morirá por causa de su pecado, pero tú salvarás tu vida.

10 »Los israelitas creen que ya no tienen remedio. Creen que se están pudriendo en vida porque han pecado mucho. Pero tú debes decirles **11** de mi parte que yo no quiero que muera la gente malvada. Lo que quiero es que dejen su mala conducta y vivan. Israelitas, ¡cambien su mala conducta! ¡Dejen de hacer lo malo, y no morirán!

12-19 »Pon atención, Ezequiel. Los israelitas me critican y dicen que soy injusto, pero en realidad los injustos son ellos. Por eso quiero que les aclares esto: Si una persona buena hace lo malo, todo lo bueno que haya hecho no la salvará de morir; pero si una persona malvada deja de hacer lo malo, todo lo malo que haya hecho le será perdonado, y vivirá por hacer lo que es recto y justo. Si roba algo, o recibe algo en prenda, pero lo devuelve, no volveré a acordarme de sus pecados, pues habrá obedecido mis mandamientos, que dan vida.

»Si a una persona buena le prometo que vivirá muchos años, y confiada en eso empieza a pecar, yo no tomaré en cuenta todo lo bueno que haya hecho, sino que morirá por los pecados que haya cometido.

20 »Sin embargo, los israelitas me critican y siguen diciendo que soy injusto. Pero yo voy a juzgar a cada quien de acuerdo con su conducta».

La destrucción de Jerusalén

21 Habían pasado doce años desde que llegamos presos a Babilonia. El día cinco del mes de Tébet me enteré de que Jerusalén había sido destruida. Uno de los que habían logrado escapar con vida me dio la noticia. **22** La noche anterior, Dios me había hecho sentir su poder y me dejó mudo. Pero al día siguiente, cuando llegó el sobreviviente, Dios me permitió volver a hablar **23** y

me dijo:

24 «Israel es un país en ruinas. Sin embargo, hay israelitas que se consuelan diciendo: ''Si Abraham por sí solo pudo adueñarse de este país, ¡con mayor razón nosotros, que somos muchos, podremos permanecer en él!'' **25-26** Por lo tanto, ve y diles de mi parte: ''Ustedes hacen cosas repugnantes, comen alimentos prohibidos, adoran dioses falsos, matan gente, confían en sus armas, y tienen relaciones sexuales con la mujer de su prójimo. ¿Y aún así esperan adueñarse de esta tierra?''

27 »Diles también de mi parte:

''Yo les juro que los israelitas que aún viven en estas ruinas morirán atravesados por la espada. Los animales salvajes se comerán a los que vivan en el campo, y la enfermedad acabará con los que se esconden en cuevas y fortalezas.

28-29 ''Ustedes han cometido pecados que yo no soporto. Pero yo les quitaré su poder y su orgullo. Dejaré este país hecho un desierto. Quedará totalmente abandonado, y nadie pasará por sus montañas. Entonces reconocerán que yo soy el Dios de Israel''.

30 »Ezequiel, los israelitas también hablan de la ciudad. Hasta en las murallas de la ciudad, y en las puertas de sus casas, se les oye decir: ''Vengan, vamos a oír el mensaje que Dios nos ha enviado por medio de Ezequiel''. **31-32** Y así lo hacen: llegan, se sientan delante de ti, y te prestan atención. Para ellos, tú eres como un cantante de dulce voz, que sabe tocar bien su instrumento musical, y que le canta al amor. Les gusta mucho cómo hablas, pero les gusta más el dinero. Te oyen, pero no hacen lo que les dices. **33** »Muy pronto se cumplirá todo lo que he dicho. Cuando se cumpla, van a darse cuenta de que hubo entre ellos alguien que les hablaba de mi parte».

34 **1** Dios también me dijo:

2 «Ezequiel, dales a los gobernantes de los israelitas el siguiente mensaje de mi parte:

''¡Ay de ustedes, malos gobernantes! Ustedes debieran cuidar a los israelitas, como cuidan los pastores a sus ovejas, ¡pero sólo se cuidan a sí mismos! **3** En vez de cuidar a las ovejas, se beben la leche, se hacen vestidos con la lana, y hasta matan a las ovejas más gordas. **4** No apoyan a las ovejas débiles, ni curan a las ovejas enfermas, ni les ponen vendas a las ovejas heridas. Tampoco van tras las ovejas que se pierden, ni tras las que se apartan del camino. Al contrario, las golpean y las maltratan.

5-6 ''Mi pueblo es como un rebaño de ovejas. Andan por los cerros como ovejas sin pastor. Corren grave peligro, pero a nadie le importa.

7 ''¡Escúchenme ahora, gobernantes! ¡Préstenme atención! **8** Ustedes debían cuidar de mi pueblo, como los pastores cuidan de sus ovejas, ¡pero sólo se cuidan a sí mismos! Por eso mi pueblo ha sufrido a manos de ladrones y de gente cruel. Les juro que así es.

9-11 ''Por lo tanto, gobernantes de Israel, escuchen lo que voy a decirles: Yo me declaro en contra de ustedes, y voy a pedirles cuentas por lo que han hecho con mi pueblo. Van a dejar de gobernarlo, y no volverán a aprovecharse de él. Les quitaré a mi pueblo, para que no lo sigan maltratando. Yo mismo lo cuidaré. Les juro que así lo haré''.

El buen pastor de Israel

12 »Así como un buen pastor va en busca de las ovejas perdidas, también yo iré en busca de mi pueblo. Lo traeré de los lugares por donde se perdió un día oscuro y lleno de nubes. **13-15** Lo sacaré de los países donde ahora está preso; lo reuniré y lo llevaré de vuelta a su tierra. Luego lo llevaré a las montañas de Israel, y a los arroyos, y a todas las poblaciones del país, para que se alimente con la mejor comida. Vivirá en las montañas más altas de Israel. Yo mismo le daré de comer y lo haré descansar. Juro que así ha de ser.

16 »Yo cuidaré de mi pueblo como cuida un buen pastor a sus ovejas. Mi pueblo anda perdido, pero yo lo buscaré. Se ha apartado del camino, pero yo lo haré volver. Anda herido, pero yo vendaré sus heridas. Está débil, pero yo le daré fuerzas. Y aun cuando esté gordo y fuerte, cuidaré de él.

17 »Y a ustedes, pueblo mío, quiero decirles que seré justo, tanto con los débiles como con los fuertes. Algunos de ustedes son como las ovejas, otros son como los carneros y otros son como los chivos. **18** Algunos de ustedes no se conforman con comerse el mejor pasto, sino que pisotean el pasto que no se comieron. A otros les gusta beber el agua clara, pero con las patas revuelven toda el agua. **19** Y así, los más débiles tienen que comerse el pasto pisoteado y beberse el agua revuelta.

20 »Yo juzgaré a los fuertes y a los débiles. Les doy mi palabra. **21** Ustedes los fuertes empujan a los débiles, y los hacen a un lado; además, los atacan y los hacen huir. **22** Pero yo soy su juez, y voy a protegerlos. No dejaré que vuelvan a aprovecharse de ellos, **23** pues les enviaré de nuevo a David, mi fiel servidor, para que los cuide. **24** Yo soy el Dios de Israel, y David será su gobernante. Les doy mi palabra.

25 »Este es el pacto de paz que haré con ustedes: Alejaré a los pueblos violentos. Así podrán vivir tranquilos en el desierto, y podrán dormir en los bosques. **26** Yo los dejaré vivir alrededor de mi monte, y les enviaré abundantes lluvias en el momento oportuno. **27** Los árboles del campo darán sus frutos, la tierra dará su cosecha, y ustedes vivirán tranquilos

en su propia tierra. Y cuando yo los libre de quienes los hicieron esclavos, reconocerán que soy el Dios de Israel.

28 »Ninguna nación volverá a esclavizarlos, ni los animales salvajes volverán a devorarlos. Por el contrario, vivirán tranquilos y sin miedo de nada ni de nadie. **29** Yo haré que su tierra sea famosa por sus cosechas, y no volverán a sufrir hambre ni tendrán que aguantar las burlas de las naciones. **30** Entonces reconocerán que estoy con ustedes, y que yo soy su Dios y ustedes son mi pueblo. Les juro que así será, **31** y les aseguro que seré como un pastor para ustedes, mis ovejas».

Mensaje contra Edom

35 **1** Dios también me dijo:

2-3 «Ezequiel, dirige la mirada hacia la región montañosa de Edom, y dales este mensaje a sus habitantes:

''Así dice el Dios de Israel:
¡Yo estoy contra ustedes,
habitantes de Edom!
¡Voy a castigarlos como
se merecen!
¡Dejaré su país hecho
un desierto!
4 Sus ciudades quedarán
abandonadas,
y su país quedará en ruinas.
Entonces reconocerán
que yo soy el Dios de Israel.

5 ''Ustedes siempre han sido enemigos de los israelitas. Cuando yo los castigué, ustedes lucharon contra ellos. **6** Ustedes dicen que odian la violencia, pero yo les juro que sufrirán una muerte violenta. **7** Sus montañas quedarán abandonadas y desiertas, porque yo destruiré a todo el que pase por allí. **8** Sus cerros y sus colinas, sus valles y sus ríos, quedarán cubiertos de soldados muertos en batalla. **9** Su país quedará hecho un desierto, y nadie volverá a vivir en sus ciudades. Entonces reconocerán que yo soy el Dios de Israel.

10 ''Ustedes sabían que yo vivo en Israel. Sin embargo, creyeron poder adueñarse de mis dos naciones, y de mis dos territorios. **11** Tanta envidia sentían de Israel que lo trataron muy mal: lo atacaron con mucho odio y rencor. Por eso, les juro que voy a tratarlos de la misma manera. Y cuando los castigue, reconocerán que yo soy el Dios de Israel. Juro que así será.

12 ''Yo los oí cuando se burlaban de los israelitas. Los oí decir que dejarían el país convertido en un desierto, y que ustedes acabarían con ellos. **13** Los oí provocarme con sus insultos y desafíos. **14** Pero les juro que seré yo quien acabe con ustedes. Y cuando lo haya hecho, toda la tierra se alegrará. **15** Cuando la tierra de Israel quedó convertida en desierto, ustedes se alegraron. Pero será mayor mi alegría cuando sus montañas y todo su país queden como un desierto. Entonces reconocerán que yo soy el Dios de Israel.

Las naciones se burlan de Israel

36 **1** »Pero tú, Ezequiel, dales de mi parte este mensaje a los israelitas. Diles que lo escuchen con atención:

2-4 ''Ustedes, israelitas, ¡presten atención a mis palabras! ¡Y escúchenme también ustedes, los que viven alrededor! Sus enemigos se burlan de ustedes, y los ofenden. Dicen que ahora el país les pertenece, aunque éste siempre ha sido de Israel. Además, las naciones vecinas los atacan, destruyen sus ciudades, y les roban todo lo que tienen. Además, toda la gente se burla de ustedes.

5 ''Pero yo soy el Dios de Israel, y me declaro en contra de Edom y de las otras naciones. Estoy muy enojado con ellas, porque entre burlas y desprecios se han adueñado de mi tierra y la han destruido''.

6 »Tú dales de mi parte este mensaje a los israelitas, y a las naciones de alrededor:

''Yo estoy muy enojado contra las naciones vecinas, porque se han burlado de ustedes. **7** Por eso juro que las pondré en vergüenza. **8** Pero ustedes, los israelitas, verán su país llenarse de altos árboles que darán mucho fruto. Les aseguro que muy pronto regresarán. **9** Yo mismo voy a cuidar de ustedes, y volverán a sembrar y cultivar sus terrenos. **10-11** El pueblo crecerá mucho, y podrá entonces reconstruir sus ciudades y vivir en ellas. También haré que sus animales se reproduzcan y aumenten en número. ''Ustedes, israelitas, volverán a llenar el país. Llegarán a estar mejor que antes, y entonces reconocerán que yo soy el Dios de Israel. **12-15** Volverán a caminar por las montañas del país sin temor alguno. Nunca más abriré las montañas para que se traguen a los desobedientes. No volverán a oír las burlas y los insultos de las naciones. Les juro que así lo haré''».

Dios defiende su buen nombre
16 Dios también me dijo:

17-19 «Quiero que sepas que cuando los israelitas vivían en su país, mataron a tanta gente que dejaron la tierra manchada de sangre. ¡Quedó manchada como una mujer en su período de menstruación! Para colmo, llenaron el país de ídolos malolientes. Por eso me enojé con ellos y los dispersé entre las naciones.

20-21 »Por culpa de ellos la gente se burló de mí, pues a donde quiera que llegaban, la gente decía: ''Si estos son el pueblo de Dios, ¿por qué han tenido que abandonar su tierra?'' Entonces decidí defenderme.

22-23 »Por lo tanto, diles de mi parte a los israelitas:

''Ustedes no merecen ser libres, pues por culpa de ustedes las naciones se burlan de mí. Sin embargo, para poner fin a sus burlas les daré libertad. Así las naciones verán que soy un Dios grande y poderoso, y reconocerán que yo soy el Dios de Israel. Lo he dicho, y lo cumpliré.

24 ''Yo los libraré de todas esas naciones; los reuniré y los llevaré a su tierra. **25** Ustedes adoraron ídolos malolientes, pero yo me olvidaré de sus maldades; los limpiaré como quien limpia un trapo sucio. **26** Yo les daré nueva vida. Haré que cambien su manera de pensar. Entonces dejarán de ser tercos y testarudos, pues yo haré que sean leales y obedientes. **27** Pondré mi espíritu en ustedes, y así haré que obedezcan todos mis mandamientos. **28** Entonces vivirán en la tierra que les di a sus antepasados, y ustedes serán mi pueblo y yo seré su Dios.

29-30 ''Ya no dejaré que sigan pecando así. Les daré tanta comida que no volverán a sufrir de hambre, ni a pasar vergüenzas delante de las naciones. **31** Entonces se acordarán de su mala conducta y de sus acciones tan repugnantes, y se avergonzarán. **32** Entiéndanme bien: todo esto lo haré para que ustedes se avergüencen de su mala conducta, y no porque se lo merezcan. Les juro que así lo haré.

33 ''Y cuando ya los haya limpiado de todas sus maldades, los dejaré reconstruir sus ciudades, que ahora están en ruinas. Vivirán en ellas, **34** y cultivarán la tierra que se quedó abandonada. Todo el mundo lo verá, **35** y dirá: 'Esta tierra parecía un desierto, pero ahora parece un jardín; ¡es un paraíso! Las ciudades habían quedado destruidas y desiertas, pero ahora las han convertido en fortalezas, y ya vive gente en ellas'. **36** ''Entonces los pueblos vecinos que hayan quedado con vida reconocerán que yo soy el Dios de Israel. Reconocerán que puedo reconstruir lo que está destruido, y que puedo volver a sembrar en terrenos desiertos. Yo soy el Dios de Israel, y cumpliré mi palabra''.

37-38 »Además, los israelitas llegarán a ser un pueblo muy numeroso, pues así me lo han pedido. Juro que así lo haré. Ahora sus ciudades están desiertas, pero yo haré que vuelvan a llenarse de gente. Así como la ciudad se llenaba de ovejas en los días de fiestas, así se llenará de gente. Entonces reconocerán que yo soy el Dios de Israel».

El valle de los huesos secos
37 ¹ El poder de Dios vino sobre mí, y su espíritu me llevó a un valle que estaba lleno de huesos. **2** Me hizo recorrer el valle de un lado a otro, y pude ver que allí había muchísimos huesos, y que todos estaban completamente secos. **3** Entonces Dios me dijo:

—Ezequiel, hombre mortal, ¿Crees que estos huesos puedan volver a la vida?

Yo le respondí:

—Dios mío, sólo tú lo sabes.

4-5 Dios me dio entonces esta orden:

—Diles de mi parte a estos huesos que presten atención a este mensaje: ''¡Huesos secos, yo voy a soplar en ustedes, para que reciban el aliento de vida y revivan! **6** Voy a ponerles tendones, y a recubrirlos de carne y piel. Voy a darles aliento de vida, para que revivan. Así reconocerán que yo soy el Dios de Israel''.

7 Yo les dije a los huesos lo que Dios me había ordenado decir. Y mientras hablaba de parte de Dios, escuché un ruido muy fuerte. Eran los huesos, que se estaban juntando los unos con los otros. **8** Pude ver cómo les salían tendones, y les crecía carne y se recubrían de piel. Sin embargo, seguían sin vida. **9** Entonces Dios me dijo:

—Llama al aliento de vida. Dile que yo le ordeno que venga de los cuatro puntos cardinales, y que les dé vida a estos huesos muertos.

10 Yo le repetí al aliento de vida lo que Dios me ordenó decirle, y el aliento de vida entró en los huesos. Entonces los huesos revivieron y se pusieron de pie. ¡Eran tantos que parecían un ejército! **11** Dios me dijo entonces:

—Ezequiel, estos huesos representan a los israelitas. Ellos se andan quejando, y dicen: "No hay remedio; estamos perdidos. ¡Somos unos huesos secos!" **12-14** Pero tú vas a hablar con ellos, y vas a darles de mi parte este mensaje: "Israelitas, ustedes creen que están muertos, pero yo soy su Dios. Yo abriré las tumbas donde creen estar enterrados, y los sacaré de allí. Soplaré sobre ustedes para darles mi aliento de vida, y los haré volver a la tierra de Israel. Cuando yo haga esto, ustedes volverán a vivir y reconocerán que yo soy su Dios. Yo, el Dios de Israel, lo he dicho y lo cumpliré".

Israel y Judá volverán a ser un solo reino

15 Dios también me dijo:

16 «Toma un trozo de madera y escribe en él: "Del reino de Judá". Toma luego otro pedazo de madera y escribe en él: "Del reino de Israel". **17** Junta en tus manos los dos trozos de madera, **18** y cuando la gente de tu pueblo pregunte qué quieres decir con eso, **19** tú les dirás: "Dios ha declarado que juntará a Judá y a Israel, y que hará de los dos un solo reino".

20 »Después de eso, levanta los dos trozos de madera, para que todos los vean, **21** y diles: "Dios ha prometido reunir y sacar a los israelitas de las naciones donde ahora se encuentran, para llevarlos de nuevo a su tierra". **22** Porque en esta tierra, y en estas montañas de Israel, los convertiré en una sola nación. Tendrán un solo rey, y no volverán

a dividirse en dos reinos.

23 »Nunca más volverán los israelitas a contaminarse con sus ídolos malolientes, ni con sus pecados y acciones repugnantes. Yo los limpiaré de sus pecados y no dejaré que vuelvan a serme infieles. Ellos serán mi pueblo, y yo seré su Dios.

24-25 »Entonces los israelitas obedecerán mis mandamientos, como deben hacerlo. Vivirán para siempre, junto con sus hijos y sus nietos, en la tierra que les di a Jacob y a sus antepasados. David será su único rey y jefe.

26-28 »Haré con ellos un pacto eterno de paz, y llegarán a ser un pueblo numeroso. Y cuando ponga mi templo en medio de ellos, y viva allí para siempre, yo seré su Dios y ellos serán mi pueblo. Entonces las naciones reconocerán que yo habré convertido a Israel en un pueblo muy especial. Yo soy el Dios de Israel».

Mensaje contra Gog

38 **1** Dios también me dijo:

2 «Ezequiel, hombre mortal, vuelve la mirada hacia la región de Magog, y dale a su rey el siguiente mensaje de mi parte:

"Gog, jefe principal de Mésec y de Tubal, **3** quiero que sepas que estoy en contra tuya. **4** Te pondré ganchos en la boca, y te obligaré a entrar en batalla, junto con todo tu gran ejército. Tú vendrás con caballos y con jinetes bien vestidos y armados hasta los dientes. **5** Te acompañarán soldados de Persia, Etiopía y Libia, todos ellos igualmente bien armados; **6** de las lejanas regiones del norte vendrán todas las tropas de Gómer y de Bet-togarmá. ¡Son muchos los ejércitos que te apoyan!

7 "¡Prepárate, pues, para la batalla! ¡Ten listos a todos los ejércitos bajo tus órdenes, **8** pues te voy a dar una misión! Dentro de algunos años te daré la orden de invadir a Israel. Este pueblo fue destruido, y durante mucho tiem-

po quedó en ruinas. Su gente estuvo presa, y fue dispersada por muchas naciones. Pero yo lo he rescatado, y ahora ha vuelto a reunirse en las montañas de Israel. Allí vive tranquilo y se va recuperando de la guerra, **9** pero tú llegarás con todos tus numerosos ejércitos, y lo atacarás con violencia. ¡Llegarás como oscura nube, y cubrirás toda la tierra!

10 "Yo te advierto que en ese tiempo harás toda clase de planes malvados. **11-12** Y dirás: 'Esta gente acaba de regresar a su tierra, después de haber andado dispersa entre las naciones. Ya han reconstruido las ciudades que estaban en ruinas, y ahora tienen mucho ganado y muchos terrenos. ¡Viven en la mejor región del país! Y no sólo eso. Esta gente es pacífica y vive tan confiada que sus ciudades no tienen murallas, ni portones ni cerrojos. Por eso, ¡voy a invadir a este país indefenso! ¡Atacaré sus ciudades, y me llevaré todo lo que haya de valor!'

13 "La gente de Sabá y Dedán, y los comerciantes y gente rica de Tarsis, te preguntarán: '¿Así que vienes a robarnos? ¿Así que has reunido a tus ejércitos para quitarnos todas nuestras riquezas?'"

14 »Por eso, dile a Gog de mi parte lo siguiente:

"El día en que mi pueblo Israel viva confiado en su tierra, **15-16** tú, Gog, vendrás desde las lejanas tierras del norte y atacarás a mi pueblo Israel. Con tus ejércitos grandes y poderosos, parecerás una gran nube gris que cubrirá toda la tierra. Cuando lleguen los últimos días, te usaré para que ataques a mi pueblo. Así les demostraré a todas las naciones que yo soy diferente, y ellas lo reconocerán.

17 "En el pasado hablé acerca de ti por medio de los profetas de Israel, que están a mi servicio. Durante mucho tiempo anunciaron que yo te haría atacar a mi pueblo, y te juro que así lo haré.

El castigo de Gog

18-19 ''Pero cuando tú invadas a Israel, será tanto mi enojo que ese día habrá allí un fuerte terremoto. Te juro que así será. **20** En mi presencia temblarán de miedo la gente y todos los seres vivos que he creado. Se derrumbarán las montañas y los barrancos, y se vendrán abajo todas las murallas. **21-22** ''Escucha, Gog: cuando llegue ese día, te castigaré a ti y a tus numerosos ejércitos. Te enviaré toda clase de males. En todas las montañas se harán la guerra, y tus soldados lucharán entre ellos mismos; yo les mandaré enfermedades, y sufrirán una muerte violenta; ¡sobre ellos caerán fuertes lluvias, y granizo, fuego y azufre! Te juro que así lo haré. **23** Así me daré a conocer ante muchas naciones. Les demostraré que soy poderoso y diferente, y ellas reconocerán que yo soy Dios''.

Dios derrota a Gog

39 **1** »Ezequiel, hombre mortal, dale a Gog este mensaje de mi parte:

''¡Gog, jefe principal de Mésec y Tubal, yo me pondré en contra tuya! **2** ¡A rastras te haré venir de las lejanas tierras del norte, para que ataques a las montañas de Israel! **3** Haré pedazos el arco que traes en la mano izquierda, y tiraré a la basura las flechas que llevas en la mano derecha. **4** Tú y tus grandes ejércitos caerán muertos en las montañas de Israel, y con los cadáveres alimentaré a los buitres y a las fieras. **5** ¡Todos ustedes quedarán tendidos en el campo! Te juro que así lo haré''.

6-7 »Ezequiel, yo enviaré fuego sobre Magog y sobre la gente que vive tranquila en los países más lejanos. Y haré que mi pueblo reconozca que soy diferente, y no dejaré que vuelva a burlarse de

mí. Entonces todas las naciones y mi pueblo reconocerán que yo soy el Dios de Israel.

8 »Todo esto sucederá pronto. Ya se acerca el día anunciado. Juro que así será. **9-10** Ese día, los que viven en las ciudades de Israel saldrán y quemarán las armas de sus enemigos; serán tantas, que no tendrán que ir por leña al bosque, pues esas armas les servirán de leña durante siete años. Así, mi pueblo se quedará con las riquezas de quienes le robaron las suyas. Juro que así será.

El entierro de Gog y su ejército

11 »En aquel día permitiré que Gog sea enterrado en Israel. Podrán enterrarlo en el Valle de Los Viajeros, al este del mar, junto con todos sus ejércitos. Ese lugar impedirá el paso a los que crucen por allí, y llegará a conocerse como ''Valle del ejército de Gog''. **12-13** »Los israelitas pasarán siete meses enterrando al ejército de Gog. Después de eso, el país quedará limpio. Para los israelitas será un honor enterrar a todo ese ejército, y yo habré mostrado ese día mi gran poder. Juro que así será.

14-16 »Después de esos siete meses, varios grupos de exploradores recorrerán el país. Cuando encuentren restos humanos del ejército de Gog, pondrán una señal junto a ellos. Así los enterradores podrán llevarlos al Valle del ejército de Gog, para enterrarlos allí. Así el país volverá a quedar limpio».

17-18 Dios también me dio esta orden:

«Tú, hombre mortal, llama a todas las aves y las bestias. Hazlas venir de todas partes, pues voy a ofrecerles un banquete en las montañas de Israel. Allí podrán comerse la carne de los soldados más valientes, y beberse la sangre de los jefes de esta región, como si comieran carneros, corderos, chivos o toros

engordados con pastos de Basán. **19-20** En ese banquete podrán comer toda la carne de caballos y de jinetes que quieran, y toda clase de carne de soldados. También podrán beber toda la sangre que quieran, hasta desmayarse. Juro que así será.

Dios se compadece de Israel

21 »Yo mostraré mi gran poder a todas las naciones. Todas ellas verán que yo soy un juez que dicta sentencia y castigo. **22** Y a partir de ese día, los israelitas reconocerán que yo soy su Dios.

23-24 »También las naciones reconocerán que los israelitas tuvieron la culpa de haber ido presos a otros países. Si yo los abandoné, fue porque resultaron infieles. Si dejé que cayeran bajo el poder de sus enemigos, y que los mataran en batalla, fue porque se lo merecían.

25 »Pero les aseguro que tendré compasión de todo el pueblo de Israel, y ustedes volverán a ser felices; así haré que todos me guarden el debido respeto. **26-28** Es verdad que permití que se los llevaran presos y que los dispersaran entre las naciones, pero cuando yo libere a todos ellos, y vuelva a reunirlos en su tierra, reconocerán que yo soy su Dios.

»Entonces vivirán tranquilos, sin que nadie los asuste, y se olvidarán de su vergüenza y de su desobediencia. Todo esto lo haré en favor de mi pueblo, en presencia de muchas naciones. Así les mostraré que yo soy diferente. **29** Derramaré mi espíritu en el pueblo de Israel, y no volveré a darle la espalda. Juro que así lo haré».

El templo del futuro

40 **1-2** Habían pasado veinticinco años desde que llegamos presos a Babilonia, y catorce años desde la destrucción de Jerusalén. El día diez del mes de Abib, al comenzar el año, Dios me llenó de su poder y me llevó al territorio de Israel. Allí me colocó sobre una montaña muy alta, y al mirar hacia el sur pude ver muchas construcciones, como las de una ciudad. **3** Dios me llevó a esa ciudad, y allí vi a un hombre que parecía estar hecho de bronce. Estaba de pie, junto a la entrada, y en la mano tenía una cinta de lino y una regla para medir. **4** Aquel hombre me dijo:

«Ezequiel, hombre mortal, Dios te trajo aquí para mostrarte la ciudad santa y su templo. Así que presta mucha atención, para que comprendas muy bien lo que te voy a enseñar. Luego tú deberás decir a los israelitas todo lo que veas».

Las entradas de la muralla

5 Lo primero que vi fue una muralla que rodeaba al templo. La regla que aquel hombre tenía en la mano medía tres metros, y con ella midió la muralla. Y la muralla tenía tres metros de espesor y tres de alto.

LA ENTRADA ESTE

6-7 Luego se fue a la entrada del lado este, que atraviesa la muralla; subió los siete escalones y entró en un largo pasillo. En ambos lados de ese pasillo había tres cuartos de vigilancia; cada uno medía tres metros de ancho por tres metros de largo. Entre un cuarto y otro había dos metros y medio de distancia. Los cuartos eran todos iguales, y cada uno tenía una baranda de medio metro de ancho por medio metro de alto. También midió la distancia que había desde la pared del fondo de cada cuarto hasta la pared del fondo del cuarto de enfrente, y fue de doce metros y medio. Todos los cuartos tenían ventanas con rejas por dentro. Aquel hombre midió la distancia que había entre la entrada del pasillo y la entrada del primer cuarto de vigilancia, y fue de tres metros, que es el espesor de la muralla.

Al final del pasillo vi un salón que miraba hacia el patio interno del templo. La distancia desde la entrada de este salón a la entrada del último cuarto de vigilancia también era de tres metros. **8-16** El hombre midió el salón, y resultó que tenía cuatro metros de largo por diez de ancho. La puerta de entrada al salón resultó tener cinco metros de ancho. Las paredes de este salón tenían ventanas.

Luego el hombre midió el pasillo, y tenía seis metros y medio de ancho por veinticinco metros de largo. La puerta de entrada al pasillo resultó tener cinco metros de ancho, y sus paredes estaban decoradas con palmeras.

EL PATIO EXTERIOR

17-19 Más tarde aquel hombre me llevó al patio exterior, que estaba entre la muralla y la entrada al patio del templo. Tanto al norte como al este, el patio medía cincuenta metros. Alrededor del patio había treinta cuartos, que a la entrada estaban pavimentados con piedra. Este pavimento se extendía también alrededor del patio, un poco más abajo de los portones.

LA ENTRADA NORTE

20-23 Aquel hombre me llevó también a otra entrada, que estaba al norte del patio exterior. Esta entrada se parecía en todo a la entrada del este, pues medía también veinticinco metros de largo y doce metros y medio de ancho. Tenía además siete escalones y un portón de entrada, un pasillo con cuartos, columnas decoradas y ventanas a los lados; al final del pasillo, por la parte de adentro, había una sala; frente a la entrada exterior había otra entrada, la cual conducía al patio interior del templo, a la misma distancia que en la entrada del este.

LA ENTRADA DEL SUR

24-27 Luego el hombre me llevó a otra entrada, que estaba al sur del patio exterior del templo. Sus medidas, escalones, portones, cuartos, columnas decoradas y pasillo, eran iguales en todo a las de las otras entradas. Tenía además un portón que conducía al patio interior del templo.

Las entradas del patio interior del templo

LA ENTRADA DEL SUR

28-31 Aquel hombre y yo subimos ocho escalones, y entramos por la entrada del sur, que llevaba hacia el patio interior del templo. Sus medidas, portones, cuartos, columnas decoradas, ventanas y pasillo eran iguales en todo a las de las otras entradas. La única diferencia era que la sala daba hacia el patio exterior del templo, y que a esta entrada se subía por una escalera de ocho escalones.

LA ENTRADA DEL ESTE

32-34 Entramos luego al patio interior del templo, por la entrada que estaba al este. Sus medidas, portones, cuartos, columnas decoradas, ventanas y pasillo eran iguales en todo a las de las otras entradas.

LA ENTRADA DEL NORTE

35-37 Después aquel hombre me llevó a la entrada que estaba al lado norte. Esta entrada era en todo igual a las anteriores, pues también tenía cuartos, columnas decoradas, ventanas y pasillo, y sus medidas eran iguales en todo a las de las otras entradas.

EL CUARTO JUNTO A LA ENTRADA DEL NORTE

38 Al lado de la sala de la entrada del norte había también un cuarto, donde los ayudantes de los sacerdotes lavaban los animales que se presentaban para quemarlos como ofrendas. **39** En la sala de esa entrada había cuatro mesas, dos a cada lado; sobre esas mesas mataban a los animales para los diferentes tipos de ofrendas. **40** Afuera de esa sala también había cuatro mesas, dos de cada lado de las escaleras. **41** En total había ocho mesas para sacrificar a los animales, cuatro dentro de la sala y cuatro afuera.

42-43 Además, había otras cuatro mesas cuadradas, labradas en piedra, que medían setenta y cinco centímetros por lado, y cincuenta centímetros de alto. Estas mesas se usaban para las ofrendas quemadas. Sobre ellas se colocaban los instrumentos para matar a los animales, y también la carne de las ofrendas. Alrededor de la parte interior de la sala había unos ganchos dobles, de veinticinco centímetros de largo.

LOS CUARTOS PARA LOS SACERDOTES

44 En el patio interior había dos cuartos para los cantores. Uno de ellos estaba junto a la entrada del norte, y daba al sur; el otro estaba junto a la entrada del sur, y daba al norte. **45** Aquel hombre me dijo:

«El cuarto que da hacia el sur es para los sacerdotes que prestan su servicio en el templo; **46** el cuarto que da hacia el norte es para los sacerdotes que prestan su servicio en el altar. Ellos son los únicos que pueden acercarse a Dios para servirle, pues son descendientes de Sadoc».

EL PATIO INTERIOR DEL TEMPLO

47 Luego, aquel hombre midió el patio interior del templo, que era cuadrado y medía cincuenta metros por lado. El altar estaba delante del templo. **48-49** Luego subimos diez escalones para llegar al pórtico que medía diez metros de ancho por seis de largo. Aquel hombre midió las columnas del pórtico, y cada una medía dos metros y medio de grueso. Junto a cada marco del pórtico había una columna. El portón era de siete metros de ancho, y las paredes que estaban al lado del portón medían un metro y medio de ancho.

El Lugar Santo

41 **1** Aquel hombre me hizo entrar en el templo y midió las columnas, y resultó que tenían tres metros de grueso. **2** La entrada misma tenía cinco metros de ancho, y las paredes en ambos lados medían dos metros y medio de ancho. El hombre midió la sala principal del templo, y resultó tener veinte metros de largo por diez de ancho.

El Lugar Santísimo

3 Después aquel hombre entró a la sala del fondo, para medirla. Midió las columnas de la entrada, y tenían un metro de grueso. La entrada tenía tres metros de ancho, y el espesor de las columnas que estaban a cada lado era de tres metros y medio. **4** Luego midió la sala, y resultó de diez metros por lado. Entonces aquel hombre me dijo: «Este es el Lugar Santísimo».

Los cuartos del templo

5 Luego el hombre midió la pared del templo, y resultó que tenía tres metros de espesor. Alrededor del templo había cuartos, los cuales medían dos metros de largo. **6** El edificio tenía tres pisos, y en cada piso había treinta cuartos. Alrededor del templo, por la parte de afuera, había unos soportes que sostenían los cuartos, para que no se apoyaran en la pared del templo. **7** En el costado del templo había una escalera, para subir de un piso al otro. A medida que uno pasaba a un piso superior, las salas iban siendo cada vez más anchas.

8 Alrededor del templo había una base de tres metros de alto. Esta base estaba elevada y servía de cimiento a los cuartos que estaban junto al templo. **9-10** La pared de esos cuartos era de dos metros y medio de espesor, y había un espacio de diez metros entre estos cuartos y los cuartos de los sacerdotes, los cuales también estaban alrededor del templo. **11** Dos puertas daban salida a ese espacio, una hacia el norte y otra hacia el sur. El espacio libre alrededor de los cuartos tenía un ancho de dos metros y medio.

El edificio al oeste del templo

12 Frente al patio, hacia el oeste, había un edificio que medía treinta y cinco metros de ancho por cuarenta y cinco de largo; su muro tenía dos metros y medio de espesor.

Medidas del templo

13 Aquel hombre midió el templo, y medía de largo lo mismo que el patio, el edificio y sus muros: cincuenta metros. **14** El frente del templo, junto con la parte del patio que daba al oeste, también medía cincuenta metros. **15** La parte posterior del templo que daba al patio, junto con los cuartos que tenía a cada lado, medía cincuenta metros de largo.

Otras partes del templo

El pórtico y las salas que había dentro del templo **16** estaban recubiertos de madera, lo mismo que las entradas, las ventanas con sus rejas, y los tres pisos de cuartos que rodeaban el templo de arriba a abajo. **17-20** Las paredes del templo estaban decoradas con figuras de querubines y palmeras. Las figuras estaban una junto a la otra, y podían verse por dentro y por fuera, de arriba a abajo, y desde la entrada hasta el Lugar Santísimo.

Cada querubín tenía dos rostros, un rostro de hombre y un rostro de león. Cada rostro miraba a la palmera que tenía a su lado. Estaban colocados en ese orden, alrededor de todo el templo.

21 Los postes del marco de la entrada del templo eran cuadrados. Frente a la entrada del Lugar Santísimo había una especie **22** de altar, hecho totalmente de madera, que medía un metro y medio de alto, un metro de largo y un metro de ancho. El hombre que me mostraba todo esto me dijo: «Esta es la mesa que está delante de Dios».

23-24 Tanto la entrada al Lugar

Santo como la entrada al Lugar Santísimo tenían puertas dobles, y cada puerta se abría hacia la pared. **25-26** Las puertas del templo estaban decoradas igual que las paredes, con querubines y palmeras. Un techo de madera cubría la parte exterior del templo, el pórtico y los cuartos que estaban junto al templo. En ambos lados del pórtico, y en los cuartos que estaban junto al templo, había ventanas enrejadas y decoraciones de palmeras.

Los cuartos de los sacerdotes

42 **1** Después aquel hombre me llevó al patio, y me hizo entrar en el edificio de cuartos que estaba hacia el norte, en la parte posterior del templo, frente al patio. **2** Por el lado norte, el edificio medía cincuenta metros de largo y veinticinco metros de ancho. **3** Tenía tres pisos. Por un lado daba al espacio abierto que medía diez metros de ancho, y por el otro daba al piso empedrado del patio exterior. **4** Frente a los cuartos había un pasillo de cinco metros de ancho y cincuenta de largo. Las puertas de los cuartos daban al norte.

5 Los cuartos del piso superior eran más pequeños que los del piso intermedio, y estos eran menores que los de la planta baja, **6** porque el piso de arriba no tenía columnas como el piso de abajo. Por eso se iban haciendo más angostos.

7-8 Los cuartos que daban al patio medían, todos juntos, veinticinco metros de largo, lo mismo que el muro que tenían enfrente. Los cuartos que daban hacia el templo medían, todos juntos, cincuenta metros de largo. **9** A la planta baja de esos cuartos se podía entrar sólo por el lado este del patio.

10 Por el lado sur había otro edificio de cuartos. Esos cuartos estaban detrás del templo, y también a lo largo del muro del patio. **11** En todo eran iguales a los del lado norte. **12** A estos cuartos del lado sur se podía entrar sólo por el lado este, por donde comenzaba el pasillo frente al muro. **13** Aquel hombre me explicó lo siguiente:

«Los cuartos del lado norte están destinados a un uso especial, lo mismo que los del lado sur, que están frente al patio. Los sacerdotes comen allí las ofrendas que se presentan a Dios. Como son lugares muy especiales, allí también se llevan todas las ofrendas que se presentan a Dios. **14** Cuando los sacerdotes salen de esos cuartos, después de haber cumplido con sus servicios, deben dejar allí sus vestiduras especiales de sacerdotes. No se les permite salir con esas vestiduras al patio donde está el pueblo, sino que tienen que cambiarse de ropa».

15 En cuanto el hombre terminó de medir el templo, me sacó por la puerta que da al este, y empezó a medir la muralla. **16-20** Luego midió los cuatro lados de la muralla, y cada lado medía doscientos cincuenta metros de largo. Esta muralla servía para separar el templo del resto de la ciudad.

Dios vuelve al templo con gran poder

43 **1** Aquel hombre me llevó a la entrada del este, **2** y vi que venía el poderoso Dios de Israel. A su paso se oía un fuerte ruido, como cuando el río lleva mucha agua, y la tierra se cubrió de luz. **3** Al ver esto, me acordé de lo que Dios me había mostrado cuando vino a destruir a Jerusalén. Todo esto era muy parecido a lo que él me dejó ver junto al río Quebar. Yo me incliné hasta el suelo, **4** mientras Dios entraba con gran poder en el templo, por la puerta del este. **5** Entonces su espíritu me puso de pie, y me llevó al patio. Allí me di cuenta de que la grandeza de Dios había llenado el templo.

6 El hombre se paró a mi lado. En ese momento oí que alguien me hablaba desde el templo. **7** Me decía:

«Ezequiel, hombre mortal, en este lugar he puesto mi trono. Aquí es donde yo reino, y donde viviré para siempre con los israelitas. No hay otro Dios como yo. No voy a permitir que ni ellos ni sus reyes vuelvan a serme infieles, ni que me falten al respeto adorando a sus reyes muertos. **8** Tampoco volverán a construir sus palacios junto a mi templo, separados sólo por una pared. Sus infidelidades me ofenden, pues yo soy un Dios diferente. Tanto me hicieron enojar, que por eso los destruí. **9** Sin embargo, si me son fieles, y no vuelven a adorar a sus reyes, yo viviré siempre con ellos.

10-11 »Anda y di a los israelitas cómo debe ser el templo, y sus salidas y entradas. Muéstrales la forma exacta y las medidas que deben tener; descríbeles todo esto, para que lo hagan tal como te lo he ordenado. Enséñales también todos los mandamientos que te he dado, para que los obedezcan y se avergüencen de sus malas acciones.

12 »Esta es la ley del templo: Todo el terreno en la parte alta de la colina que rodea el templo, será declarado un lugar santo».

El altar

13-17 Las medidas oficiales del altar eran las siguientes: Alrededor del altar había un canal de medio metro de hondo y medio metro de ancho. Por toda la orilla tenía un borde de veinticinco centímetros.

El altar era cuadrado y estaba hecho de tres partes. La parte inferior medía medio metro de ancho y un metro de alto, aunque por causa del canal sólo se veía medio metro. La parte central era cuadrada y medía siete metros por lado, tenía un metro de ancho y dos metros de alto. La parte superior, donde se quemaban las ofrendas, era cuadrada; medía seis metros por lado, y tenía dos metros de altura. Por la parte de arriba sobresalían cuatro ganchos en forma de cuernos. Los escalones para subir al altar daban hacia el este.

Las ofrendas para consagrar el altar

18 Luego, aquel hombre me dijo:

«El Dios de Israel ordena hacer lo siguiente:

"Cuando el altar ya esté listo para rociarlo con sangre y presentar en él ofrendas, **19** sólo podrán acercarse al altar y servirme los sacerdotes descendientes de Sadoc. Tú les darás un ternero para que me lo presenten como ofrenda por el pecado. Yo, el Dios de Israel, lo ordeno.

20 "Después de eso, purificarás el altar con un poco de la sangre del ternero. La rociarás en los cuatro ganchos del altar, en las cuatro esquinas de la parte superior, y alrededor de todo el borde. **21** Luego tomarás el ternero que se ofrendó por el pecado, y lo quemarás afuera del templo, en el lugar señalado.

22 "El segundo día presentarás, como ofrenda por el pecado, un cabrito sin defectos, y los sacerdotes harán lo mismo que hicieron con el ternero, para purificar el altar. **23** Una vez que hayan presentado estas ofrendas, tomarás un ternero y un carnero, que no tengan ningún defecto, **24** y me los presentarás como ofrenda. Los sacerdotes les echarán sal y los quemarán por completo en mi honor.

25-27 "Durante siete días me presentarás diariamente, como ofrenda por el pecado, un cabrito, un ternero y un carnero que no tengan ningún defecto. Cada día los sacerdotes purificarán por completo el altar, y así quedará consagrado a mi servicio. A partir del octavo día, los sacerdotes podrán presentarme las ofrendas que ustedes lleven para quemar-

las en mi honor, y las ofrendas para pedirme salud y bienestar. Entonces yo los aceptaré a ustedes con mucho gusto. Yo, el Dios de Israel, lo afirmo"».

La puerta cerrada

44 **1** Más tarde, aquel hombre me llevó a la puerta exterior del templo, la cual daba al este y estaba cerrada. **2** Entonces Dios me dijo:

«Esta puerta debe estar siempre cerrada. Nadie podrá abrirla ni entrar por ella, porque por ella he pasado yo, el Dios de Israel. **3** El único que podrá sentarse junto a ella será el gobernador, pero lo hará sólo cuando coma en mi presencia parte de las ofrendas. Aún en ese caso, entrará y saldrá únicamente por el pórtico».

Los que pueden entrar al templo

4 Después aquel hombre me llevó por la entrada del norte, que está frente al templo. Cuando vi que el gran poder de Dios había llenado el templo, me arrodillé hasta tocar el suelo con la frente. **5** Entonces Dios me dijo:

«Ezequiel, hombre mortal, presta mucha atención a todas las instrucciones que te voy a dar acerca del templo. Es tu obligación saber quiénes pueden entrar en el templo y quiénes no. **6** Al pueblo de Israel le dirás de mi parte:

"Ustedes son muy rebeldes, y yo estoy cansado ya de sus acciones repugnantes. **7-8** No le dan ninguna importancia a mi templo; al contrario, dejan entrar en él a extranjeros, que ni en su cuerpo ni en su mente llevan la señal de mi pacto. Dejan en manos de esa gente el culto en el templo, que es algo muy especial y que a ustedes les corresponde hacer. Además, ustedes me faltan al respeto, pues me presentan grasa y sangre como ofrenda. Con esos actos repugnantes, ustedes

faltan a mi pacto.

9 "Por eso, yo les aseguro que no entrará en mi templo nadie que no sea israelita. No entrará nadie que no lleve en su cuerpo y en su mente la señal de mi pacto, ¡ni siquiera los extranjeros refugiados en el país!

10-12 "Los ayudantes de los sacerdotes podrán servir en mi templo como vigilantes de las entradas, o sirviendo al pueblo, o matando los animales que el pueblo me presente como ofrenda para quemarlos en mi honor. Sin embargo, tendrán que pagar por su pecado, porque me traicionaron. Cuando los israelitas se alejaron de mí para adorar a esos ídolos malolientes, ellos les sirvieron como sacerdotes. Les juro que así fue.

Los ayudantes de los sacerdotes

13-14 "Los ayudantes de los sacerdotes tendrán que sufrir las consecuencias de haber cometido acciones repugnantes. Estarán a cargo del cuidado del templo, y de todo lo que se necesita para los servicios que se hacen en él, pero no podrán servirme como sacerdotes, ni podrán acercarse a ninguno de los utensilios que se usan en el culto.

Los sacerdotes

15 "A pesar de que los israelitas dejaron de obedecerme, los sacerdotes descendientes de Sadoc siguieron sirviéndome en el templo con fidelidad. Por eso, ellos sí podrán acercarse a mí y presentar ofrendas en mi honor. Les juro que así será.

16 "Sólo ellos podrán entrar en mi templo, y acercarse al altar y servirme. **17-18** Pero cuando entren en el templo, o por la puerta del patio interior, no podrán vestir ropa de lana. Toda la ropa que se pongan será de lino, ya sea el gorro o los calzoncillos. En la cintura no deberán ponerse nada que los haga sudar. **19** "Cuando salgan al patio exterior, para encontrarse con el pueblo, se quitarán esa ropa de lino y la dejarán en las salas del templo. Esto es para que esa ropa especial no tenga contacto con la gente común.

20 ''Los sacerdotes deben recortarse el pelo, pero no raparse.

21 ''Ningún sacerdote deberá tomar vino cuando vaya a entrar al patio interior.

22 ''Ningún sacerdote debe casarse con una mujer viuda o divorciada; sólo podrá casarse con una israelita que nunca antes haya tenido relaciones sexuales, o bien con la viuda de un sacerdote.

23 ''Los sacerdotes deben enseñar a mi pueblo a distinguir entre lo divino y lo humano, y entre lo que es puro y lo que es impuro.

24 Cuando haya pleitos, deberán actuar como jueces, y las sentencias que dicten deben estar de acuerdo con mis enseñanzas. Además, deben obedecer todos los mandamientos que he dado acerca del sábado y las fiestas religiosas.

25 ''No deben tocar un cadáver, para no contaminarse, a menos que se trate de su padre, madre, hijo, hija, hermano o hermana soltera. 26 En caso de que se contaminen, deberán purificarse y esperar siete días. 27 Y cuando regresen a hacer sus servicios al patio interior del templo, deben presentar una ofrenda por el pecado. Esta es una orden.

28 ''Los sacerdotes no tendrán propiedades en Israel; yo seré su única posesión y herencia.

29 ''Ellos podrán comer de las ofrendas de cereales, y los animales que los israelitas me presentan. Todo lo que los israelitas aparten para mí, será para ellos.

30 Y también serán para ellos los mejores primeros frutos de las cosechas y lo mejor de todas las ofrendas. El pueblo deberá darles también la mejor masa para su pan. Si lo hacen así, yo bendeciré sus hogares.

31 ''Ningún sacerdote debe comer la carne de algún animal que sea encontrado muerto, o que haya sido despedazado por las fieras.

El terreno para el templo

45 ¹ ''Cuando se haga el reparto de tierras, y a cada tribu se le dé la parte que le corresponda, se apartará para Dios un terreno de doce kilómetros y medio de largo por diez de ancho. Este terreno será exclusivamente para el servicio de Dios.

2 ''De este terreno se apartará un área cuadrada de doscientos cincuenta metros por lado, alrededor de la cual quedará un espacio libre de veinticinco metros de ancho. Esta área será el terreno del templo.

3-4 ''Para los sacerdotes que sirven a Dios en el templo, se apartará un terreno de doce kilómetros y medio de largo por cinco de ancho. Este terreno será para las casas de los sacerdotes y para el templo. Por lo tanto, será considerado terreno sagrado.

5 ''A los ayudantes de los sacerdotes se les dará un terreno, también de doce kilómetros y medio de largo por cinco de ancho, para que tengan ciudades donde vivir.

6 ''Por último, se apartará un terreno de doce kilómetros y medio de largo por dos kilómetros y medio de ancho. Este terreno será para la ciudad de todo el pueblo de Israel, y quedará junto al terreno sagrado del templo.

El terreno para el gobernador

7 ''También se apartará un terreno para el gobernador. Este terreno quedará a ambos lados del terreno del templo y del terreno para la ciudad. Por el oeste se extenderá hacia el mar Mediterráneo; por el este se extenderá hacia el río Jordán. De este a oeste, el terreno medirá de largo lo mismo que cualquier terreno de las tribus de Israel. 8 El gobernador de Israel tendrá su propio terreno, así que no deberá quitarle terreno a nadie. Cada tribu de Israel tendrá su propio terreno.

Leyes para el gobernador

9 ''Yo, el Dios de Israel, declaro: 'Gobernantes de Israel, ¡ya basta de tanta violencia y explotación! ¡Dejen ya de robarle a mi pueblo! ¡Mejor háganle justicia, y pórtense honradamente!'

10 ''Usen pesas y medidas exactas, 11 y usen la misma medida para los granos y los líquidos. La medida básica debe ser de doscientos veinte litros, y dividirse en diez y hasta cien unidades.

12 ''Para las medidas de peso usen la medida básica de cinco kilos, que podrán dividir en cincuenta y hasta mil unidades.

Las ofrendas para el culto

13 ''Para las ofrendas de trigo y de cebada, deberán dividir sus cosechas en sesenta partes iguales, y me presentarán como ofrenda una de ellas. 14 También deben presentarme como ofrenda uno de cada cien litros del aceite que produzcan. 15 De sus ovejas, me darán una de cada doscientas, pero de las mejor alimentadas. Estas ovejas acompañarán a las ofrendas de cereales, a las ofrendas que se queman por completo, y a las que se presentan para pedirme salud y bienestar. De este modo yo les perdonaré sus pecados. Esta es una orden.

16 ''Es obligación de todos en este país entregar esta ofrenda al gobernador de Israel. 17 A su vez, el gobernador tendrá que dar los animales para las ofrendas que se queman por completo, y también lo que se usa en las ofrendas por el pecado, de cereales y de vino, y para pedirme salud y bienestar. Esto lo hará en las fiestas que Israel celebra cada semana, cada mes y cada año. De este modo yo perdonaré sus pecados a los israelitas.

La fiesta de la Pascua

18 ''Yo, el Dios de Israel, ordeno: El día primero del mes de Abib, ustedes me presentarán como ofrenda un ternero sin ningún defecto. Esta ofrenda será para

limpiar el templo de cualquier pecado.

19-20 "La purificación se hará de la siguiente manera: El sacerdote untará la sangre del animal en los postes de las puertas del templo, en las cuatro esquinas del altar y en los postes de las puertas del patio interior. Esto mismo volverá a hacerlo el día siete del mes, en favor de quienes hayan cometido un pecado sin quererlo, o sin darse cuenta de lo que hacían.

21 "La fiesta de la Pascua deberá celebrarse el día catorce de ese mes. Durante siete días comerán pan sin levadura. **22** Ese día el gobernador me presentará como ofrenda un ternero, para perdón de sus propios pecados y de los de todo el pueblo. **23** Además, en cada uno de los siete días de la fiesta el gobernador me presentará como ofrenda siete terneros y siete carneros sin ningún defecto. Cada día me ofrecerá también un chivo, para que yo le perdone sus pecados. **24** Con cada ternero y con cada carnero me presentará como ofrenda veinte kilos de cereal y tres litros y medio de aceite.

La fiesta de las Enramadas

25 "El día quince del mes de Tishri se celebrará la fiesta de las Enramadas. Durante los siete días de la fiesta, el gobernador deberá presentarme las mismas ofrendas por el pecado, las mismas ofrendas que se queman en mi honor, y las mismas ofrendas de cereales y de aceite.

Las ofrendas del gobernador y del pueblo

46 **1** "Durante los seis días de trabajo, la puerta del lado este del patio interior estará cerrada; sólo se abrirá el sábado y el día en que haya luna nueva. Esta es una orden. **2** "El gobernador entrará al pórtico viniendo del patio exterior, y se detendrá junto al marco de la entrada. Allí mismo, en la entrada, el gobernador se arrodillará

hasta tocar el suelo con su frente para adorarme; mientras tanto, los sacerdotes quemarán los animales en mi honor y presentarán las ofrendas para pedirme salud y bienestar. Luego saldrá el gobernador, y la puerta permanecerá cerrada hasta el anochecer. **3** "Los sábados y los días de luna nueva, el pueblo en general me adorará frente a esa misma puerta. **4** El gobernador, por su parte, deberá presentarme como ofrenda los siguientes animales:

"Cada sábado me ofrecerá seis corderos y un carnero sin ningún defecto. **5** Con cada carnero me ofrecerá veinte kilos de cereal, pero con los corderos me ofrecerá solamente lo que pueda dar. Con cada veinte kilos de cereal me ofrecerá tres litros y medio de aceite.

6 "Cada mes, en el día de luna nueva, me presentará un ternero, seis corderos y un carnero sin ningún defecto. **7** Con cada ternero y con cada carnero me ofrecerá veinte kilos de cereal; con los corderos me ofrecerá lo que pueda dar. Con cada veinte kilos de cereal me ofrecerá también tres litros y medio de aceite.

8 "El gobernador entrará y saldrá por el pórtico de la entrada, **9** pero durante las fiestas, cuando el pueblo entre a adorar a Dios, se hará lo siguiente:

"El que entre por la puerta norte saldrá por la puerta sur, y el que entre por la puerta sur saldrá por la puerta norte. Nadie podrá salir por la misma puerta por la que entró; siempre saldrá por la puerta opuesta.

10 "El gobernador deberá acompañar siempre al pueblo, tanto cuando entre al templo como cuando salga.

11 "En cada una de las fiestas, las ofrendas se presentarán de la siguiente manera: Con cada ternero, y con cada carnero, me ofrecerán veinte kilos de cereal; con los corderos me ofrecerán lo que puedan dar. Con cada veinte kilos de cereal me ofrecerán

también tres litros y medio de aceite.

12 "Cuando el gobernador me presente una ofrenda voluntaria, ya sea para que se queme por completo, o para pedirme salud y bienestar, se abrirá la puerta del este para que me ofrezca el animal como se hace los sábados. Una vez que me presente sus ofrendas y haya salido, volverá a cerrarse la puerta.

13-15 "Todas las mañanas, sin falta, deberán ofrecerme un cordero de un año, sin ningún defecto, para que sea quemado en mi honor. También deberán presentarme cada mañana una ofrenda de siete kilos de cereal y un litro de aceite. El aceite deberá derramarse sobre la harina.

Las obligaciones del gobernador

16 "Cuando el gobernador regale una porción de sus tierras a alguno de sus hijos, esa porción de terreno será la herencia de ese hijo. Esta es una orden.

17 "Pero si el gobernador regala una porción de sus tierras a uno de sus sirvientes, esa porción de terreno será del sirviente sólo hasta el año de liberación. En ese año el sirviente devolverá el terreno al gobernador, pues se trata de la herencia de sus hijos. **18** El gobernador no podrá adueñarse de la tierra que es del pueblo, ni podrá dársela a sus hijos como herencia. Si les quiere dar algo, debe darles lo que sea de su propiedad. Así que no le podrán quitar a la gente de mi pueblo sus propiedades"».

Las cocinas del templo

19 Después de esto, el hombre me llevó por la entrada que había al lado de la puerta, a ver los cuartos que daban hacia el norte; eran los cuartos que solamente podían usar los sacerdotes. Allí me mostró la parte posterior del edificio, que daba hacia el oeste. **20** Entonces me dijo:

«Aquí es donde los sacerdotes

deben hervir la carne de los animales que me ofrecen para el perdón de sus pecados; aquí también deben cocinarse las ofrendas de cereales. De este modo no hará falta sacar la comida al patio exterior, donde la gente podría tocar estos alimentos especiales».

21-22 Luego ese hombre me llevó a recorrer las cuatro esquinas del patio exterior. En cada esquina había un patio pequeño, y cada patio medía veinte metros de largo por quince de ancho. **23** Todos ellos estaban rodeados por un muro de piedra, y por toda la parte baja del muro había fogones. **24** Entonces ese hombre me dijo que estas eran las cocinas, y que allí era donde los que sirven en el templo debían cocinar las ofrendas del pueblo.

El río que salía del templo

47 *1* Aquel hombre me llevó de nuevo a la entrada del templo. Allí me di cuenta de que, por debajo de la entrada, salía agua. Esa agua venía del sur y, luego de pasar por el costado derecho del templo, corría hacia el este, que era hacia donde estaba orientado el templo. **2** Luego aquel hombre me hizo salir por la puerta norte, y rodeando el templo por la parte de afuera me llevó hasta la entrada del este. Allí pude ver que también por el lado sur brotaba agua.

3 El hombre se dirigió hacia el este. Tomó una cuerda y midió quinientos metros; luego me ordenó cruzar la corriente. El agua me llegaba a los tobillos. **4** En seguida midió otros quinientos metros, y nuevamente me ordenó cruzar la corriente. Ahora el agua me llegaba a las rodillas.

El hombre midió otros quinientos metros, y otra vez me hizo cruzar la corriente. Para entonces el agua me llegaba a la cintura. **5** Midió quinientos metros más, y la corriente era ya un río muy hondo, que no pude cruzar a pie. La única manera de cruzarlo era

nadando. **6** Entonces el hombre me preguntó: «¿Te fijaste bien en todo esto?»

Cuando regresamos a la orilla del río, **7** vi que en las dos orillas había muchos árboles. **8** Entonces el hombre me dijo:

«Estas aguas corren hacia el este, y al llegar al desierto desembocan en el Mar Muerto. Allí el agua salada se vuelve dulce. **9-10** Desde En-gadi hasta En-eglaim, y por donde-quiera que pasen estas aguas, habrá muchísimos peces. También habrá pescadores que pondrán a secar sus redes. ¡Habrá tantos peces, y de tantas clases, como en el mar Mediterráneo! Todo lo que se mueva en esas aguas vivirá, porque ellas harán que el agua amarga se vuelva dulce. **11** Sólo seguirán siendo salados los charcos y los pantanos, que no servirán más que para sacar sal.

12 »En las dos orillas del río crecerá toda clase de árboles frutales. Sus hojas nunca se caerán, sino que se usarán como medicina. Serán regados con el agua que sale del templo, y el fruto que darán cada mes servirá de alimento».

Límites de la tierra de Israel

13-14 Dios ha establecido ya los límites de la tierra de Israel. Él mismo ha dicho:

«Esta tierra se la prometí a los antepasados de ustedes, y es la herencia que les daré. Ustedes deberán repartirla por partes iguales entre las doce tribus, pero a la tribu de José deben darle dos partes.

15-17 »Por el norte, el límite partirá del mar Mediterráneo, y pasará por las ciudades de Hetlón, Sedad, Berotá y Sibraim. Estas ciudades están entre los territorios de Damasco y Hamat. De allí seguirá hasta Hasar-haticón, o Hasar-enán, que limita con Haurán.

18 »Por el este, el límite lo marcará el río Jordán. Partirá del punto que está entre Haurán y

Damasco, y se extenderá por toda la frontera que divide a Galaad y a Israel, hasta la ciudad de Tamar, que está junto al Mar Muerto.

19 »Por el sur, el límite partirá de Tamar, y se extenderá hasta el oasis de Meribá-cadés, en dirección al arroyo de Egipto, hasta llegar al Mediterráneo.

20 »Por el oeste, el límite será el mar Mediterráneo, desde la frontera con Egipto hasta la costa que está frente a la entrada de Hamat. **21-22** »Esta tierra es su herencia, y deberán repartirla por sorteo entre las doce tribus de Israel. En el reparto deben incluir a los extranjeros refugiados, y también a los hijos que ellos tengan mientras vivan entre ustedes. Sus hijos tendrán el mismo derecho que los israelitas por nacimiento. **23** El territorio que les den lo tomarán de la tribu donde estén viviendo. Esta es una orden de Dios.

Cómo se debe repartir la tierra

48 *1-7* »Esta es la lista de las tribus de Israel. La tierra se repartirá entre ellas de norte a sur, comenzando por la frontera norte. Esa frontera va desde el Mediterráneo hasta la parte sur de Damasco y Hamat, pasando por Hetlón, la entrada de Hamat y Hasar-enán. Cada tribu recibirá su propio territorio. Partiendo de este a oeste, el orden de distribución será el siguiente: Dan, Aser, Neftalí, Manasés, Efraín, Rubén, y Judá».

El terreno apartado para Dios

8 Dios también dijo:

«En la parte sur de Judá, y también de este a oeste, se apartará un territorio de doce kilómetros y medio de ancho, y del mismo largo que los otros territorios. **9-13** También se apartará un terreno para mí, de doce kilómetros y medio de largo por diez de ancho. En ese terreno estará mi templo. Por el norte y por el sur medirá doce kilómetros y medio, y por el este y el oeste, diez kilómetros.

»Este terreno será para mí, y lo ocuparán únicamente los sacerdotes descendientes de Sadoc. Estos sacerdotes siempre han estado a mi servicio, y nunca lo abandonaron, como lo hicieron los de la tribu de Leví y las demás tribus israelitas.

»También los ayudantes de los sacerdotes tendrán su propio terreno, que estará junto al de los sacerdotes. Medirá doce kilómetros y medio de largo por cinco de ancho.

14 »Como ésta será la mejor parte de la tierra, y estará consagrada a mí, ni siquiera una parte de ella podrá venderse, o cambiarse, o traspasarse a otra persona. 15 La parte restante, de doce kilómetros y medio de largo por dos y medio de ancho, sí podrá usarse para que la gente viva allí, y también para que el ganado se alimente con sus pastos, pues no es un terreno consagrado a mí.

»En medio del terreno estará la ciudad. 16 Será de forma cuadrada, y medirá dos mil doscientos cincuenta metros por lado. 17 Los campos de pastos para los animales medirán ciento veinticinco metros de ancho, y rodearán por completo la ciudad.

18-19 »En los lados este y oeste de la ciudad, junto al terreno apartado para mí, habrá un terreno cuadrado de cinco kilómetros por lado. Este terreno lo cultivarán los que trabajen en la ciudad, sin importar de qué tribu sean. Todo lo que produzcan será para ellos.

20 »La parte consagrada a mí, junto con el terreno de la ciudad, formará un cuadrado de doce kilómetros y medio por lado.

El terreno del gobernador

21 »Al gobernador le tocarán los terrenos que están en ambos lados de la parte que me corresponde, así como el resto del terreno, que es de la ciudad. El terreno del lado este se extenderá hasta la frontera este, y el terreno del lado oeste se extenderá hasta el mar Mediterráneo. Cada terreno medirá doce kilómetros y medio de ancho, y ambos correrán paralelos a los terrenos de las tribus. En el centro estarán el templo y la parte que me corresponde. 22 Los terrenos de los ayudantes de los sacerdotes, y los de la ciudad, quedarán en medio del terreno del gobernador, entre los territorios de Judá y de Benjamín.

El terreno de las otras tribus

23-27 »Las otras tribus recibirán también su propio terreno. El orden será el siguiente, partiendo de norte a sur y de este a oeste: Benjamín, Simeón, Isacar, Zabulón, y Gad.

28 »Al sur del territorio de Gad, la frontera irá de este a oeste, partiendo de Tamar y hasta llegar al mar Mediterráneo, pasando por el oasis de Meribá-cadés y el arroyo de Egipto.

29 »Así es como deberá sortearse y repartirse la tierra que es la herencia de las tribus de Israel. Yo soy el Dios de Israel.

Los portones de Jerusalén

30-34 »La ciudad será de forma cuadrada, y tendrá dos mil doscientos cincuenta metros por lado. En cada lado habrá tres entradas, y cada una tendrá un portón que llevará el nombre de una de las tribus de Israel, en el siguiente orden: Los portones del norte: Rubén, Judá y Leví; los portones del este: José, Benjamín y Dan; los portones del sur: Simeón, Isacar y Zabulón; los portones del oeste: Gad, Aser y Neftalí.

35 »La muralla que rodeará la ciudad será de nueve mil metros. A partir de ese día, la ciudad se llamará: ''Casa de Dios''».

Daniel

HISTORIA DE DANIEL
(1-6)

Comienzo de la historia

1 **1-2** El rey Nabucodonosor de Babilonia llegó a la ciudad de Jerusalén para conquistarla con su ejército, y Dios le permitió tomar prisioneros al rey Joacín y a muchos israelitas, y llevárselos a Babilonia. Dios también le permitió llevarse muchos de los utensilios que se usaban en el templo de Jerusalén. Nabucodonosor se los llevó y los juntó con los tesoros que había en el templo de sus dioses. Cuando esto sucedió, Joacín llevaba tres años de reinar en Judá.

3-5 El rey Nabucodonosor quería tener a su servicio gente joven y bien parecida, que no tuviera ningún defecto; además deberían saber de todo. Por eso ordenó que, de entre los prisioneros israelitas, le llevaran los jóvenes más inteligentes y de las mejores familias. Durante tres años, esos jóvenes comerían y beberían lo mismo que el rey; mientras tanto, estudiarían y aprenderían el idioma y la cultura de los babilonios. Pasado ese tiempo, ellos entrarían a servir en el palacio del rey.

Aspenaz, jefe de los que servían en el palacio, se encargaría de cumplir las órdenes del rey.

Daniel y sus amigos en el palacio del rey

6 Entre los que fueron llevados al palacio del rey estaban cuatro jóvenes de la tribu de Judá. Se llamaban Daniel, Ananías, Misael y Azarías, **7** pero el jefe de los sirvientes del palacio les cambió el nombre. A Daniel le puso Beltsasar, a Ananías le puso Sadrac, a Misael le puso Mesac, y a Azarías le puso Abed-nego. **8** Daniel decidió no comer ni beber lo mismo que el rey, porque para él eso era un pecado. Por eso le pidió a Aspenaz que no los obligara a pecar ni a él ni a sus amigos,

comiendo esos alimentos. **9** Y aunque Dios había hecho que Daniel le cayera bien a Aspenaz, **10** de todos modos Aspenaz le dijo:

«El rey ya decidió lo que ustedes deben comer y beber. Y yo le tengo miedo. Si llega a ver que ustedes tienen cara de enfermos, mientras que los otros jóvenes se ven sanos, me mandará matar. Y de eso ustedes tendrán la culpa».

11 Entonces Daniel fue a hablar con quien estaba encargado de cuidar de él y de sus amigos, y le dijo:

12 «Nosotros somos sus humildes servidores. Yo le ruego a usted que haga con nosotros una prueba de diez días. Durante ese tiempo, denos usted de comer solamente verduras, y de beber solamente agua. **13** Pasados los diez días, compare usted nuestra cara con la de los jóvenes que comen lo que come el rey. Entonces podrá usted hacer con nosotros lo que le parezca mejor».

14-15 El encargado de cuidarlos aceptó hacer lo que Daniel le propuso, y diez días después Daniel y sus amigos se veían más sanos y fuertes que los jóvenes que comían lo mismo que el rey. **16** Entonces el encargado de ellos dejó de darles el vino y la comida que estaban obligados a beber y comer, y en vez de eso les daba a comer verduras.

17 Estos cuatro jóvenes recibieron de Dios mucha inteligencia y sabiduría para entender toda clase de libros y de ciencias. Además, Daniel podía entender el significado de los sueños y las visiones. **18** Cuando se cumplió el plazo que el rey había puesto, Aspenaz llevó a los jóvenes ante el rey Nabucodonosor. **19** El rey conversó con todos los jóvenes, pero no encontró entre todos ellos uno solo tan

inteligente como Daniel y sus amigos Ananías, Misael y Asarías. Por lo tanto, los cuatro se quedaron al servicio del rey, **20** haciendo todo lo que el rey les pedía, aunque lo hacían mejor y con más sabiduría que todos los sabios y adivinos del reino juntos. **21** Fue así como Daniel se quedó en Babilonia hasta un año después de la llegada del rey Ciro de Persia.

El sueño de Nabucodonosor

2 **1-2** En cierta ocasión, Nabucodonosor tuvo unos sueños muy extraños, y se quedó tan inquieto que ya ni dormir podía. Entonces mandó llamar a todos los sabios y adivinos que había en su reino, pues quería que le dijeran qué significado tenían sus sueños. Cuando esto sucedió, Nabucodonosor llevaba dos años de ser rey. Los sabios y adivinos se presentaron ante el rey, **3** y el rey les dijo:

—Tuve un sueño, y me preocupa el no saber lo que significa.

4 Como los sabios hablaban arameo, le contestaron al rey en ese idioma:

—Nosotros estamos para servir a Su Majestad, y le deseamos muchos años de vida. Si Su Majestad nos cuenta su sueño, nosotros le diremos lo que significa.

5-6 El rey les contestó:

—Ya he tomado una decisión. Si ustedes me dicen lo que soñé y lo que el sueño significa, yo les daré muchos regalos y haré que todos les rindan honores. Pero si no me dicen lo que soñé, ni lo que el sueño significa, mandaré que los partan en pedazos y que conviertan sus casas en basureros. Más les vale, entonces, decirme lo que soñé y lo que quiere decir.

7 Los sabios volvieron a decirle:

—Si Su Majestad nos cuenta lo que soñó, nosotros le diremos lo que significa.

8-9 El rey les dijo:

—Creo que ustedes quieren ganar tiempo. Se están poniendo de acuerdo para decirme puras mentiras. Pero mi decisión no va a cambiar. Díganme qué fue lo que soñé, y así sabré que son capaces de decirme lo que significa. Si no me lo dicen, mandaré que los castiguen a todos.

10 Los sabios se defendieron:

—Nunca ningún rey, por más poderoso que fuera, les ha pedido a sus sabios y adivinos responder a algo tan difícil. Ni hay nadie en el mundo capaz de adivinar lo que Su Majestad quiere saber. **11** Tal vez los dioses podrían darle una respuesta, ¡pero ellos no viven en este mundo!

12 Al oír esto, el rey se enojó mucho y mandó que mataran a todos los sabios que vivían en Babilonia, **13** así que también buscaron a Daniel y a sus amigos, para matarlos.

Daniel le explica al rey su sueño

14 El jefe de los soldados del rey, que se llamaba Arioc, se dispuso a matar a todos los sabios de Babilonia, **15** pero Daniel fue a verlo, y con mucho tacto le preguntó por qué había ordenado el rey matar a todos los sabios.

En cuanto Arioc le explicó la razón de la orden, **16** Daniel fue a hablar con el rey y se comprometió a explicarle el significado del sueño. Pero le dijo que, para eso, necesitaba un poco más de tiempo. **17-18** Después fue a su casa, y allí les contó a sus amigos lo que pasaba. También les pidió que oraran a Dios por él, para que no les pasara nada ni a él ni a ellos, ni a los sabios de Babilonia. **19** Esa misma noche, Dios le ayudó a Daniel y le aclaró el misterio del sueño. Entonces Daniel bendijo a Dios con estas palabras:

20 Dios mío,
sólo tú eres sabio y poderoso.
¡Bendito seas por siempre!
21-22 Tú eres el Dios de la historia.
Todo en el mundo sucede
porque quieres que suceda.

A unos los haces reinar,
y a otros los quitas del trono.
Tú haces que los sabios entiendan
los misterios más profundos.
Donde tú te encuentras
no hay lugar para las sombras,
porque la luz eres tú.

23 A ti, Dios de mis padres,
te doy gracias y te alabo,
porque me has hecho entender
qué fue lo que el rey soñó.

24 Después de eso, Daniel fue a ver a Arioc y le dijo: «Antes de que mate usted a alguien, lléveme a ver al rey. Yo le voy a explicar lo que quiere decir su sueño». **25** En seguida Arioc presentó a Daniel ante el rey, y le dijo: «Tengo aquí a un jovencito, de los que trajimos de Judá. Dice que él puede decir a Su Majestad lo que significa su sueño». **26** En Babilonia conocían a Daniel con el nombre de Beltsasar. Entonces el rey le dijo a Daniel:

—¿Así que tú vas a decirme lo que soñé, y lo que significa mi sueño?

27 Y Daniel le contestó:

—No hay ningún sabio ni adivino capaz de adivinar lo que Su Majestad quiere saber. **28-30** Yo mismo, no soy más sabio que nadie. Pero en el cielo hay un Dios que conoce todos los misterios.

»Mientras Su Majestad dormía, pensaba mucho en el futuro y comenzó a soñar. Pues bien, Dios ha hecho ver a Su Majestad, en esos sueños, lo que está por suceder. Y a mí, me ha dado a conocer el significado de esos sueños.

31 »Su Majestad soñaba que veía una estatua muy grande y fea, la cual le causaba mucho miedo. **32** La cabeza de la estatua era de oro puro, el pecho y los brazos eran de plata, el vientre y los muslos eran de cobre, **33** y las piernas eran de hierro. ¡Pero los pies eran de una mezcla de hierro y barro!

34 »Mientras Su Majestad contemplaba la estatua, una piedra que nadie arrojó vino rodando, golpeó a la estatua en los pies, ¡y la estatua se vino abajo! **35** Todos los metales de la estatua se hicieron polvo. Y en seguida vino un viento muy fuerte, y se llevó todo eso como si fuera paja. Nunca volvió a encontrarse nada de la estatua. Sin embargo, la piedra que golpeó a la estatua llegó a ser una gran montaña. ¡Era tan grande que llenaba toda la tierra!

36-38 »Este sueño quiere decir que Su Majestad es el rey más poderoso de todos los reyes. Su Majestad es la cabeza de oro, pues el Dios del cielo lo ha hecho rey y le ha dado mucho poder y mucha honra. También le ha dado poder sobre toda la gente que vive en la tierra, y sobre todos los animales que hay en la tierra y en el cielo. **39** »Después de Su Majestad habrá otro rey, menos importante que usted. Luego vendrá un tercer rey, representado por el cobre, que dominará toda la tierra. **40** Por último, vendrá otro rey que tendrá la fuerza del hierro. Este rey vencerá a los otros reyes, así como el hierro vence a los otros metales.

41-42 »Su Majestad vio en su sueño que los pies de la estatua eran de hierro y de barro. Eso quiere decir que el último reino estará dividido. Será fuerte como el hierro, pero también será débil como el barro. **43** La mezcla de hierro y barro en sus pies quiere decir que este reino tratará de mantenerse unido. Para eso, habrá matrimonios entre las familias de diferentes reinos.

Pero así como no es posible unir el hierro con el barro, tampoco será posible que ese reino se mantenga unido.
44 »Sin embargo, en esos días el Dios del cielo enviará a un rey que reinará para siempre, y al que nadie podrá vencer. Al contrario, será él quien destruya a los otros reinos. **45** Eso es lo que significa la piedra que nadie arrojó, y que destruyó a la estatua.
»Su Majestad, esto es lo que el gran Dios quiere que usted sepa acerca del futuro. Tanto el sueño como su significado son verdad, y todo pasará como se lo he dicho.

46 Cuando el rey Nabucodonosor oyó esto, se arrojó al suelo con la intención de adorar a Daniel. Además, ordenó que le presentaran a Daniel ofrendas, como si Daniel fuera Dios. **47** Luego le dijo a Daniel:

—No hay duda. Tu Dios es el Dios de todos los dioses; ¡es el rey de todos los reyes! él lo sabe todo, y por eso tú pudiste explicarme este sueño tan misterioso.

48 En seguida, el rey le dio muchos regalos costosos, y además lo nombró gobernador de toda Babilonia y jefe de todos los sabios. **49** Entonces Daniel le pidió al rey que pusiera a sus amigos en puestos de mucha importancia. Y así Sadrac, Mesac y Abed-nego llegaron a ser administradores en Babilonia. Daniel, por su parte, se quedó en la corte del rey.

La gente adora la estatua de oro
3 ¹ El rey Nabucodonosor mandó hacer una estatua de oro. La estatua tenía treinta metros de alto y tres metros de ancho, y fue puesta en el valle de Durá, que está en la provincia de Babilonia. **2-3** Para la presentación de la estatua, el rey mandó que se reunieran todas las personas importantes de su gobierno. Cuando toda esa gente estuvo reunida, **4-5** un mensajero anunció:

«Hay aquí gente que viene de diferentes pueblos y habla distintos idiomas. A todos ustedes, el rey Nabucodonosor les ordena prestar atención a los músicos, que van a tocar sus instrumentos. En cuanto oigan la música, todos ustedes deberán inclinarse hasta el suelo y adorar a la estatua que el rey mandó hacer. ⁶ Quien no se incline para adorar la estatua, será arrojado de inmediato a un horno encendido».

⁷ Y así fue. En cuanto la gente oyó la música, todos se arrodillaron y adoraron a la estatua de oro. Pero como los judíos no obedecieron la orden, ⁸ unos babilonios fueron a ver al rey para acusarlos. ⁹ Le dijeron:

«¡Deseamos que Su Majestad viva muchos años! ¹⁰ Sabemos que usted nos ha ordenado adorar a la estatua de oro, tan pronto como oigamos la música. ¹¹ También sabemos que quien no obedezca será arrojado a un horno encendido. ¹² Pero hay unos judíos que no respetan a Su Majestad, ni adoran a sus dioses, ni quieren inclinarse ante la estatua de oro. Y esto, a pesar de que Su Majestad les dio puestos muy importantes en el gobierno de Babilonia. Estamos hablando de Sadrac, Mesac y Abed-nego».

¹³ Al oír esto, el rey Nabucodonosor se enojó muchísimo y mandó que le llevaran a esos tres judíos. Cuando ellos se presentaron ante el rey, ¹⁴ él les preguntó:

—He sabido que ustedes no adoran a mis dioses, ni quieren inclinarse ante la estatua de oro. ¿Es cierto eso? ¹⁵ Voy a darles una oportunidad. Si al escuchar la música, se inclinan y adoran a la estatua, no les haré nada. Pero si no la adoran, ordenaré que de inmediato los echen al horno. ¡Y ya verán que no habrá Dios que pueda salvarlos!

16-18 Sadrac, Mesac y Abed-nego

le respondieron:

—Su Majestad, eso no es algo que nos preocupe. Si el Dios que adoramos así lo quiere, es capaz de librarnos del fuego y del poder de Su Majestad. Pero aun si no quisiera hacerlo, nosotros no pensamos adorar esa estatua de oro.

Dios salva del fuego a los tres jóvenes
¹⁹ Cuando Nabucodonosor oyó esto, se enojó mucho con los tres jóvenes y mandó que calentaran el horno al máximo. ²⁰ Luego ordenó que sus hombres más fuertes ataran a los jóvenes y los echaran al fuego.
21-22 Los hombres del rey ataron de inmediato a Sadrac, Mesac y Abed-nego. Como el rey quería que los echaran al horno en seguida, los hombres del rey les dejaron la misma ropa fina que traían puesta. Pero el horno estaba demasiado caliente, así que al momento en que arrojaron a los tres jóvenes al horno, el fuego alcanzó a los hombres del rey y los mató. ²³ Los jóvenes, en cambio, cayeron al horno atados. ²⁴ Cuando Nabucodonosor vio esto, se levantó rápidamente y les preguntó a sus consejeros:

—Me parece que los jóvenes que echamos al horno eran tres, y los tres estaban atados.

—Así es -respondieron los consejeros.

²⁵ —Entonces —dijo el rey—, ¿cómo es que yo veo a cuatro? Todos ellos están desatados, y andan paseándose por el horno, sin que les pase nada. Además, ¡el cuarto joven parece un ángel!

²⁶ Dicho esto, Nabucodonosor se acercó al horno lo más que pudo, y gritó: «Sadrac, Mesac y Abed-nego, servidores del Dios altísimo, ¡salgan de allí!»
Los tres jóvenes salieron del horno. ²⁷ En seguida los rodearon

todas las personas importantes del gobierno, y se quedaron sorprendidos al ver que el fuego no les había hecho ningún daño. No se les había quemado la piel, ni el pelo, ¡y ni siquiera su ropa olía a quemado!
28 El rey exclamó:

«Bendito sea el Dios de Sadrac, Mesac y Abed-nego, que envió a su ángel para salvarlos. Tanto confían ellos en su Dios, que no quisieron obedecer mis órdenes. ¡Estaban dispuestos a morir, antes que adorar a otro dios! **29** »No hay otro dios que pueda hacer lo que el Dios de estos jóvenes ha hecho. Por lo tanto, ordeno que quien hable mal de este Dios sea cortado en pedazos, y que su casa se convierta en un basurero. ¡No me importa de dónde sea, ni qué idioma hable!»

30 Además, Nabucodonosor les dio a los tres jóvenes puestos aun más importantes en el gobierno de Babilonia.

Nabucodonosor se vuelve loco

4 **1** (3.31) Después de eso, Nabucodonosor dijo:

«Con mis mejores deseos de paz y abundancia para todos los pueblos de la tierra, yo, el rey Nabucodonosor, **2** (3.32) quiero contar las cosas tan maravillosas que el Dios altísimo ha hecho conmigo. **3** (3.33) ¡Qué grandes son sus milagros y maravillas! Su reino durará para siempre, y su poder nunca tendrá fin.

4 (4.1) »Mientras yo descansaba muy tranquilamente en mi palacio, **5** (2) tuve un sueño. Lo que vi en el sueño me asustó mucho. **6** (3) Entonces ordené que se presentaran ante mí todos los sabios de Babilonia, para que me explicaran el sueño. **7** (4) Cuando vinieron, les conté mi sueño; pero ninguno pudo decirme lo que significaba. **8-9** (5-6) Después se presentó Daniel. Nosotros lo conocemos

como Beltsasar, en honor a mi Dios. Yo sé que a Daniel lo guía el espíritu del Dios único. Por eso le conté mi sueño, y le dije:

«Tú, Beltsasar, eres más sabio que todos los sabios juntos. Yo sé que no hay nada que tú no sepas. He tenido un sueño, y quiero que me digas lo que significa. **10** (7) Esto fue lo que soñé:

»En medio de la tierra había un árbol muy alto. **11** (8) No había otro árbol más fuerte; no había otro árbol más grande. Se podía ver desde lejos, y llegaba hasta el cielo. **12** (9) Eran tan verdes sus hojas, y tan abundante su fruta, que alcanzaba para alimentar a todas las aves del cielo, a todos los animales del campo y a toda la gente. **13** (10) »Mientras yo seguía acostado, un ángel bajó del cielo **14** (11) y a gritos anunció:

''¡Echen abajo ese árbol! Córtenle las ramas, déjenlo sin hojas, arránquenle su fruta. Que se vayan los animales que se cubren con su sombra; que se vayan los pájaros que anidan en sus ramas. **15-16** (12-13) Déjenle sólo el tronco, y no le arranquen las raíces. Déjenlo entre la hierba del campo, y que lo riegue el rocío.

''Dejen que ese árbol, que es el rey Nabucodonosor, cambie su manera de pensar y se vuelva como los animales. Déjenlo que coma hierba, como los animales, y sujétenlo con cadenas durante siete años.

17 (14) ''Los mensajeros de Dios

han decidido castigarlo. Así todo el mundo sabrá que sólo el Dios altísimo gobierna a todos los reinos. Hace rey a quien él quiere, y hace jefe de un país a la persona más sencilla''.

18 (15) »Este es el sueño que tuve, y que ningún sabio me pudo explicar. Pero yo sé que tú puedes hacerlo, porque el espíritu del Dios único está en ti».

19 (16) Daniel estaba muy preocupado por las ideas que le venían a la cabeza, así que se quedó callado. Pero el rey lo llamó por su otro nombre y le dijo:

—No te preocupes, Beltsasar. Dime lo que significa el sueño.

Y Daniel le contestó:

—¡Cómo quisiera yo que el significado del sueño tuviera que ver con los enemigos de Su Majestad! **20-22** (17-19) El árbol grande y poderoso que usted vio en su sueño, es usted mismo. Su Majestad llegó a ser tan poderoso que por su grandeza llegaba hasta el cielo. Y así como el árbol tenía hojas muy verdes, y todos comían de su fruta, así también Su Majestad cubría toda la tierra, y todo el mundo sabía de su poder. **23** (20) »En el sueño usted vio que un ángel bajaba del cielo, y ordenaba que cortaran el árbol. Pero tenían que dejarle el tronco y las raíces, y sujetarlo con cadenas durante siete años. Además, el árbol debía quedarse en el campo, junto con los animales. **24** (21) »Eso quiere decir que el Dios altísimo ha decidido castigar a Su Majestad. **25** (22) Usted ya no vivirá con la gente, sino que vivirá con los animales, y comerá hierba como ellos. Se bañará con el rocío del cielo, y así estará usted durante siete años. Al final de esos siete años, Su Majestad reconocerá que sólo el Dios altísimo gobierna a todos los reinos del mundo, y que sólo él puede hacer rey a quien él quiere.

26 (23) »Al árbol se le dejaron el tronco y las raíces. Eso quiere decir que Su Majestad volverá a reinar, pero sólo cuando haya reconocido el poder del Dios del cielo.

27 (24) »Yo le aconsejo a Su Majestad que deje de hacer lo malo, y que ayude a la gente pobre y necesitada. Tal vez así pueda vivir Su Majestad tranquilo y feliz.

28 (25) Lo que Daniel le dijo al rey Nabucodonosor, se hizo realidad. **29** (26) Un año después, el rey andaba paseando por su palacio **30** (27) y dijo: «¡Qué grande es Babilonia! ¡Yo fui quien la hizo grande y hermosa, para mostrar mi poder a todo el mundo!»

31 (28) Todavía estaba hablando el rey, cuando se oyó una voz del cielo que le dijo:

«Rey Nabucodonosor, a partir de este momento dejarás de ser rey. **32** (29) No vivirás ya entre la gente, sino que vivirás siete años entre los animales. Comerás hierba del campo, como ellos, hasta que reconozcas que el Dios altísimo es el único rey de este mundo. Sólo Dios puede hacer rey a quien él quiere que sea rey».

33 (30) Estas palabras se cumplieron inmediatamente, y el rey dejó de vivir entre la gente. Comía pasto, como los toros, y se bañaba con el rocío del cielo. Sus cabellos parecían plumas de águila, y sus uñas parecían garras de pájaro.

Nabucodonosor sana de su locura

34 (31) «Al cabo de los siete años, yo, Nabucodonosor, dejé de estar loco. Entonces levanté los ojos al cielo y le di gracias al Dios altísimo, que vive para siempre. Lo alabé y le dije:

''Tu poder durará para
siempre,
y tu reino no tendrá fin.

35 (32) Ante ti, nada podemos hacer
los que vivimos en la tierra.
Tú haces lo que quieres
con los ejércitos del cielo
y con los habitantes
del mundo.
Nadie puede oponerse a ti,
ni hacerte ningún reclamo''.

36 (33) »Tan pronto como dije esto, sané de mi locura y recuperé la grandeza de mi reino. ¡Volví a ser el mismo de antes! Todos mis consejeros y jefes de mi reino vinieron a servirme, y llegué a ser más poderoso que antes. **37** (34) Por eso alabo y adoro al Rey del cielo, pues todo lo que hace está bien hecho. Él es un Dios justo, que humilla a los que son orgullosos. Lo digo yo, el rey Nabucodonosor».

La fiesta de Belsasar

5 ¹ El rey Belsasar hizo una gran fiesta, a la que invitó a las mil personas más importantes de su reino. Todos los asistentes a la fiesta bebieron mucho vino. **2-3** También Belsasar bebió mucho, y ya borracho mandó traer las copas de oro y plata que su padre Nabucodonosor había traído del templo de Jerusalén. Las mandó traer para que él y sus invitados siguieran bebiendo en ellas. **4** Y mientras bebían, cantaban alabanzas a sus dioses, que eran simples estatuas de oro, plata, cobre, hierro, madera y piedra.

Dios escribe en la pared

5 De pronto, una mano apareció sobre la pared y comenzó a escribir. La luz de las lámparas permitía ver bien cómo escribía. En cuanto el rey vio la mano, **6** se puso blanco y comenzó a temblar de miedo. **7** En seguida llamó a gritos a sus sabios y adivinos, y les ordenó: «¿Hay alguien aquí, que me pueda explicar lo que está escrito en la pared? Al que lo haga, lo vestiré como un príncipe y le daré el tercer lugar de

importancia, y autoridad en mi reino».

8 Pero ninguno de los sabios y adivinos entendía lo que estaba escrito, así que tampoco podían explicárselo al rey. **9** Por eso el rey se preocupó mucho, y se asustó aún más. También sus invitados estaban muy confundidos.

10 Cuando la reina oyó los gritos de Belsasar y de sus invitados, entró al salón del banquete y le dijo al rey:

«¡Deseo que Su Majestad viva muchos años! ¡No se preocupe más, ni tenga tanto miedo! **11** Aquí en Babilonia hay un joven muy inteligente y sabio. En él vive el espíritu del Dios único. Nabucodonosor, padre de Su Majestad, lo conocía bien, y por eso lo puso como jefe de todos los sabios. **12** »Ese joven puede explicar los sueños y las cosas más difíciles y misteriosas. Se llama Daniel, aunque el rey Nabucodonosor le cambió el nombre y le puso Belsasar. Llámelo usted. Él le dirá a Su Majestad lo que significa esa escritura en la pared».

13 El rey mandó llamar a Daniel. Y cuando Daniel llegó, el rey le preguntó:

—¿Así que tú eres uno de esos judíos que mi padre trajo de Judá? **14** Según me contaron, en ti vive el espíritu del Dios único, y por eso eres muy inteligente y sabio. **15** »Yo mandé traer a todos los sabios y adivinos, para que me explicaran lo que está escrito en la pared, pero no pudieron hacerlo. **16** Yo sé que tú puedes explicar cosas muy difíciles. Si me dices qué significa lo que está escrito en la pared, mandaré que te vistan como a un príncipe. Además, te daré el tercer lugar de importancia y autoridad en mi reino.

17 Y Daniel le contestó:

—Yo puedo explicar a Su Majestad lo que significa la escritura en la pared. Pero no tiene que hacerme ningún regalo ni darme ningún puesto importante.

18-19 »El Dios altísimo dio un reino muy grande al rey Nabucodonosor, padre de Su Majestad. Todas las naciones lo respetaban y reconocían su grandeza. También le tenían miedo, porque él decidía a quién matar y a quién dejar con vida, a quién humillar y a quién poner en un lugar importante.

20 »El rey Nabucodonosor se sentía tan importante y poderoso, que empezó a tratar mal a la gente. Por eso Dios le quitó el reino, **21** y Nabucodonosor no pudo seguir viviendo entre la gente, pues se portaba como un animal. Vivía entre los burros salvajes, comía pasto como los toros, y se bañaba con el rocío del cielo. Así vivió hasta que reconoció que sólo el Dios altísimo reina sobre todas las naciones, y que sólo él decide quién puede ser rey.

22 »Su Majestad ya sabía todo esto, y aunque lo sabía no quiso ser humilde. **23** Al contrario, Su Majestad mandó traer las copas del templo de Dios, y en ellas bebieron Su Majestad y todos sus invitados. Para colmo, en vez de que usted adorara al Dios que lo hizo y que tiene poder sobre su vida, tanto usted como sus invitados adoraron a sus dioses. ¡Esos dioses no pueden ver, ni oír ni pensar, pues están hechos de metal, madera y piedra!

»Tales acciones de Su Majestad hicieron enojar al Dios del cielo. **24** Por eso él mandó a la mano, para que escribiera. Las palabras escritas son **25** ''mené, mené, tekel y parsín'', **26** y esto es lo que significan:

»''Mené'' quiere decir que Dios ha decidido poner fin al reinado de Su Majestad. **27** ''Tekel'' quiere decir que Dios concedió a Su Majestad una oportunidad, pero Su Majestad no la aprovechó. **28** ''Parsín'' quiere decir que Dios partirá en dos el reino de Su Majestad, y que se lo dará a los medos y a los persas.

29 En seguida el rey Belsasar ordenó que vistieran a Daniel como a un príncipe. También hizo anunciar que, en todo el reino, Daniel tendría el tercer lugar de mayor importancia y autoridad. **30** Y esa misma noche mataron a Belsasar, rey de los babilonios. **31** (6.1) Así Darío llegó a ser rey de los medos. Cuando esto sucedió, Darío tenía sesenta y dos años.

Daniel en la cueva de los leones

6 ((**1** (2) Para mantener el control de su reino, Darío nombró a ciento veinte personas que le ayudaban a gobernar. **2** (3) A esos ciento veinte los vigilaban tres jefes superiores a ellos. Uno de esos tres jefes era Daniel. **3** (4) Y tan bueno fue el desempeño de Daniel que el rey lo nombró jefe de todos, y hasta llegó a pensar en hacerlo jefe de todo el reino. **4** (5) Los otros sólo esperaban que Daniel hiciera algo malo, o que cometiera algún error, para acusarlo con el rey. Pero no pudieron acusarlo de nada, pues Daniel siempre hacía bien su trabajo. **5** (6) Por eso se pusieron de acuerdo y dijeron: «Como no tenemos nada de qué acusar a Daniel, lo haremos caer solamente con algo que tenga que ver con su religión».

6 (7) Entonces los jefes principales fueron a ver al rey Darío, y le dijeron:

«¡Deseamos que Su Majestad viva muchos años! **7** (8) Todos los jefes y gobernantes queremos sugerir a Su Majestad que ponga en vigor una nueva ley. Según esa ley, durante un mes nadie podrá adorar a ningún dios ni persona, sino sólo a Su Majestad. Esa ley se aplicará en todo el reino, y cualquiera que la desobedezca será echado vivo a la cueva de los leones. **8** (9) Si Su Majestad firma esta ley, nada ni nadie podrá cambiarla. Así lo dice la ley de los medos y los persas».

9 (10) El rey aceptó firmar la ley.

10 (11) Daniel lo supo, pero de todos modos se fue a su casa para orar a Dios. Daniel acostumbraba orar tres veces al día, así que entró en su cuarto, abrió la ventana y, mirando hacia Jerusalén, se arrodilló y comenzó a orar.

11 (12) Cuando los jefes principales vieron que Daniel estaba orando a Dios, **12** (13) fueron y lo acusaron con el rey. Le dijeron:

—Su Majestad ha ordenado que durante un mes nadie adore a ningún dios ni persona, que no sea usted. El mes no ha terminado todavía, ¿no es cierto? Además, Su Majestad ha ordenado también que quien desobedezca sea echado a la cueva de los leones.

El rey respondió:

—Así es, y las leyes de los medos y los persas nadie las puede cambiar.

13 (14) Entonces dijeron:

—Pues ese Daniel, que trajeron preso de la tierra de Judá, no obedece la ley de Su Majestad. Al contrario, ¡tres veces al día se arrodilla para orar a su Dios!

14 (15) Cuando el rey escuchó esto, se puso muy triste, y toda la noche estuvo pensando en cómo salvar a Daniel. **15** (16) Al día siguiente, los jefes principales fueron a verlo y le dijeron:

—Su Majestad sabe bien que Daniel debe morir. Cuando un rey de los medos y los persas firma una ley, nadie puede cambiarla.

16 (17) Entonces el rey mandó traer a Daniel, para que lo echaran a la cueva de los leones. Pero antes de que lo echaran, el rey le dijo: «Daniel, deseo que te salve el Dios a quien tú siempre has adorado». **17** (18) En seguida echaron a Daniel a la cueva de los leones. Luego taparon la cueva con una piedra muy grande, y el rey puso su sello en la entrada. Lo mismo hicieron los jefes principales, para que nadie se atreviera a sacar de allí a Daniel.

18 (19) Después de eso, el rey se fue a su palacio, pero en toda la noche no comió nada. Y aunque no podía dormir, tampoco quiso que le llevaran música. **19** (20) En cuanto amaneció, el rey se levantó y fue en seguida a la cueva donde habían echado a Daniel. **20** (21) Cuando estuvo cerca de la cueva, se puso muy triste y gritó:

—¡Daniel, tú siempre has adorado al Dios de la vida! ¿Pudo tu Dios salvarte de los leones?

21 (22) Y Daniel le contestó:

—¡Deseo que Su Majestad viva muchos años! **22** (23) Mi Dios envió a su ángel para cerrarles la boca a los leones, para que no me hicieran daño. Mi Dios sabía que yo no he hecho nada malo, y que tampoco he traicionado a Su Majestad.

23 (24) Al oír esto, el rey se puso muy contento y mandó que sacaran de la cueva a Daniel. Una vez que lo sacaron, todos pudieron ver que los leones no le habían hecho ningún daño, porque él había confiado en su Dios.

24 (25) Más tarde, el rey mandó que trajeran a quienes habían acusado a Daniel, y que los echaran a la cueva de los leones, junto con sus mujeres y sus hijos. ¡Y en seguida los leones los agarraron y les rompieron los huesos! ¡Antes de que tocaran el suelo, ya los habían despedazado!

25 (26) Entonces el rey Darío escribió un mensaje para todas las naciones y los pueblos de su reino. Ese mensaje decía:

«Con mis deseos de paz para todos, **26** (27) ordeno a los habitantes de mi reino que adoren y obedezcan al Dios de Daniel. Su Dios vive para siempre, y su reino nadie puede destruirlo. Su poder

será siempre el mismo. **27** (28) El Dios de Daniel puede salvar y libertar, y hacer grandes maravillas en el cielo y en la tierra. ¡El Dios de Daniel pudo salvarlo de las garras de los leones!»

28 (29) Y así Daniel siguió siendo una persona muy importante en el reinado de Darío, y también en el reinado de Ciro, rey de Persia.

SUEÑOS DE DANIEL
(7-12)

7 **1** Durante el primer año del reinado de Belsasar en Babilonia, Daniel tuvo un sueño, y en ese sueño vio muchas cosas. Cuando despertó, puso por escrito lo que había soñado. Y esto fue lo que escribió:

Los cuatro monstruos

2 «Yo soy Daniel. Una noche soñé que los cuatro vientos del cielo soplaban muy fuerte sobre el gran mar. **3** De repente salieron del mar cuatro grandes monstruos, todos ellos diferentes.

4 »El primer monstruo parecía un león con alas de águila. Pero le cortaron las alas, y entonces se paró sobre sus pies como una persona. Y en lugar de su corazón, se le dio un corazón humano.

5 »El segundo monstruo parecía un oso, pero uno de sus costados era más alto que el otro. Entre sus dientes tenía tres costillas. Entonces recibió la orden de levantarse y comer mucha carne. **6** »El tercer monstruo parecía una pantera. Tenía cuatro alas de ave en la espalda, y tenía también cuatro cabezas. A este monstruo se le dio poder para reinar.

7 »Yo seguí soñando, y de pronto apareció el cuarto monstruo. Era muy diferente a los otros tres, y tan fuerte que sólo de verlo daba mucho miedo. Tenía diez cuernos, y sus dientes eran dos grandes hileras de puntas de hierro. Hacía pedazos todo lo que comía, y lo demás lo pisoteaba y destruía. **8-12** »Mientras yo miraba los diez cuernos, de pronto le salió otro

cuerno más pequeño, que al salir echó abajo a tres de ellos. A estos tres se les quitó el poder, pero se les dejó con vida, pues todavía no había llegado la hora de su muerte. Luego mataron al cuarto monstruo y echaron su cuerpo al fuego. El pequeño cuerno tenía ojos humanos, y mientras todo esto sucedía hablaba con mucho orgullo.

»Vi que aparecieron unos tronos,
y un Anciano tomó asiento.
Su ropa era blanca como la nieve,
y su pelo era blanco como la lana.
Del trono y de sus ruedas brotaba un río de fuego.
Miles y miles de personas adoraban al Anciano todo el tiempo.
El Anciano se sentó para juzgar y abrió los libros.

13 »Mientras yo miraba todo esto,
un hombre apareció entre las nubes
y se acercó al Anciano.
14 Y ese hombre recibió honra y poder
para reinar sobre todo el mundo.
Pude ver que lo obedecían todos los pueblos y naciones.
Su poder será siempre el mismo y nunca tendrá fin,
y su reino jamás será destruido.

15 »Yo quedé tan confundido por lo que vi, que hasta me enfermé. **16** Entonces me acerqué a uno de los que allí estaban, y le pedí que me explicara lo que significaba el sueño. Y me dijo: **17** ''Estos cuatro monstruos son cuatro reyes que reinarán sobre la tierra. **18** Pero el pueblo que ha elegido el Dios altísimo recibirá el reino, y reinará para siempre''.

19-23 »También le pregunté a esa persona por qué el cuarto monstruo era tan diferente. Y es que ese monstruo, con sus dientes de hierro y sus garras de cobre, daba mucho miedo; todo lo devoraba, y el resto lo pisoteaba. Y esa persona me dijo: "El cuarto monstruo es el cuarto reino que habrá sobre la tierra. Será muy diferente a los otros reinos, pues acabará con toda la tierra, y la pisoteará y aplastará".

»Pregunté entonces qué significaban los diez cuernos que tenía el monstruo en la cabeza. También pregunté qué significaba el pequeño cuerno con ojos, que hablaba con tanto orgullo. Pedí que se me explicara por qué, cuando salió, echó abajo tres cuernos. Yo había visto que ese cuerno pequeño se ponía tan orgulloso, que hasta peleaba contra el pueblo elegido por Dios y lo vencía. Pero llegó el Anciano y le dio a su pueblo la autoridad de juzgar, y también autoridad para reinar.

»Aquella persona me dio esta explicación:

24 "Los diez cuernos representan a diez reyes, que reinarán en la tierra. Después de ellos, se levantará otro rey, muy diferente a los demás, y humillará a tres reyes. **25** Hablará mal contra el Dios altísimo, y peleará contra su pueblo elegido. Tratará de cambiar las costumbres religiosas y la ley de Dios, y durante tres años y medio hará lo que le parezca mejor. **26** Pero ese rey será juzgado y perderá su poder, pues será totalmente destruido. **27** Entonces el pueblo de Dios recibirá poder y dominio sobre todos los reinos de la tierra, y reinará para siempre".

28 »Esto fue todo lo que vi, y me quedé muy preocupado. Y aunque me entró mucho miedo, no le dije a nadie lo que había visto».

El carnero y el chivo

8 **1** »Además de este sueño que ya he contado, yo, Daniel, volví a tener otro sueño. Esto sucedió cuando Belsasar llevaba tres años

de reinar. **2** En ese sueño me pareció estar junto al río Ulai, en la ciudad de Susa. Esta ciudad es la capital del reino, y se encuentra en la región conocida como Elam. **3** »En el sueño veía yo, a lo lejos, un carnero parado junto al río. Ese carnero tenía dos cuernos largos, pero uno era más largo que el otro y le había salido después. **4** El carnero atacaba hacia el norte, hacia el sur y hacia el oeste. Pude ver que ningún otro animal podía hacerle frente, ni tampoco se libraba de sus golpes. El carnero hacía lo que quería, y cada vez se volvía más fuerte.

5 »Mientras yo pensaba en lo que había visto, vi que del oeste venía un chivo. Tenía un cuerno muy grande entre los dos ojos, y corría con tanta rapidez que parecía que volaba. **6** Cuando el chivo estuvo cerca del carnero de dos cuernos, lo atacó con todas sus fuerzas **7** y le rompió sus dos cuernos. El carnero no tuvo fuerzas para defenderse, así que el chivo lo tiró al suelo y lo pisoteó. Y nadie pudo salvarlo.

8 »El chivo se iba haciendo más y más fuerte. Pero en su momento de mayor fuerza, el cuerno más grande se le rompió. En lugar de ese gran cuerno, le salieron otros cuatro cuernos. Uno de ellos apuntaba hacia el norte, otro hacia el sur, otro hacia el este y otro hacia el oeste. **9** A uno de los cuernos le salió otro cuerno pequeño. Y ese cuerno creció mucho, y se extendió hacia el sur, hacia el oeste y hacia la tierra más hermosa. **10** Fue tanto lo que creció, que llegó a tocar las estrellas del cielo. A muchas de ellas las derribó y las pisoteó.

11 »Este cuerno pequeño se atrevió también a desafiar al jefe mismo de las estrellas. Para colmo, prohibió que se presentaran a Dios las ofrendas diarias y se burló del templo. **12** Era tanta su maldad, que ordenó que su ejército acampara en donde todos los días se presentaban las ofrendas; luego echó por los suelos la verdad y

comenzó a hacer todo lo que quiso. ¡Y todo le salió bien!

13 »Poco después oí que un ángel le decía a otro ángel: "Esto que estamos viendo, pasa todos los días en el altar de las ofrendas. ¿Cuándo terminará? ¿Hasta cuándo va a permitir Dios que sigan pecando así en el templo? ¿Hasta cuándo va a permitir que sigan maltratando a los creyentes?"

14 »Y el otro ángel contestó: "Hasta que hayan pasado mil ciento cincuenta días, que es un poco más de tres años. Pasado ese tiempo, el templo quedará limpio".

15 »Mientras yo veía todo esto, y trataba de entenderlo, se apareció ante mí alguien que parecía un hombre. **16** Entonces escuché la voz de alguien que venía del río Ulai. Esa voz decía: "Gabriel, explícale a este hombre lo que significa el sueño".

17 »Cuando Gabriel se me acercó, yo me asusté tanto que me arrojé al suelo. Pero él me dijo: "Lo que has visto, se hará realidad cuando llegue el fin del mundo".

18 »Mientras Gabriel me decía esto, yo perdí el sentido y me quedé tirado en el suelo. Pero él vino en mi ayuda y me levantó. **19** Luego me dijo:

"Ahora voy a decirte lo que pasará cuando llegue el fin del mundo. Cuando eso suceda, Dios estará muy enojado con la gente. **20** Tú viste un carnero con dos cuernos. Esos dos cuernos son los reyes de Media y de Persia. **21** El chivo es el rey de Grecia, y el cuerno grande que le salió entre los ojos es el más importante de todos sus reyes. **22** Los cuatro cuernos que salieron cuando se rompió el primero son los cuatro reinos que saldrán de esta nación. Pero esos reinos no tendrán tanto poder como el primero.

23 "Cuando llegue a su fin el poder de estos reinos, y ya nadie soporte su maldad, vendrá un rey egoísta y orgulloso.

24 Ese rey se irá haciendo
más y más poderoso,
aunque no por sus propias
fuerzas.
Le irá bien en todo lo que haga,
Pero causará muchos
destrozos.
Destruirá a gente poderosa,
y también al pueblo de Dios.
25 Será un rey muy astuto,
y engañará a mucha gente.
Se creerá el rey más
importante,
y matará a traición
a gente que vivía tranquila.
Se levantará en armas
contra el Príncipe de príncipes,
pero saldrá derrotado.

26 "Ya te he explicado lo que viste
acerca de los tres años y días. Eso
va a suceder así. Pero tú no se lo
digas a nadie, porque se hará realidad después de mucho tiempo".

27 »Yo, Daniel, perdí las fuerzas
y estuve muy enfermo durante
varios días. Pero finalmente me
levanté y seguí ocupándome de
los asuntos del rey. Sin embargo,
seguí preocupado porque no
entendía bien todo lo que había
visto».

Daniel le pide a Dios por su gente
9 **1-4** Daniel también escribió:

«Un día, yo estaba leyendo el
libro del profeta Jeremías. Cuando llegué al pasaje donde Dios le
anuncia al profeta que Jerusalén
quedaría destruida durante
setenta años, decidí ayunar. Luego me vestí con ropas ásperas,
me senté sobre ceniza, y comencé a pedirle a Dios por mi pueblo.
Cuando esto sucedió, el rey Darío
llevaba un año de reinar sobre los
babilonios. Darío era hijo del rey
Asuero, y pertenecía al pueblo de
los medos.
»Yo le dije a Dios en mi oración:
"Dios mío, tú eres grande y poderoso. Tú siempre cumples lo que
prometes, y muestras tu amor a
quienes te aman y te obedecen.
Por eso, tengo que reconocer

5 que hemos pecado. Nos hemos
portado muy mal contigo; hemos
vivido como si tú no existieras, y
te hemos desobedecido. **6** Los
profetas hablaron de ti a nuestros reyes y a nuestros jefes, y
también a nuestros padres y a
todos nosotros. Pero nunca ninguno de nosotros les hizo caso.
7 "Dios mío, tú eres justo. Por
eso nos sentimos muy avergonzados. Así se sienten los que viven
en Jerusalén, y también los que
viven en los países lejanos, adonde los expulsaste por haber pecado contra ti.
8 "Dios mío, todos estamos muy
avergonzados por haber pecado
contra ti. Están avergonzados
nuestros reyes, nuestros jefes y
nuestros padres. **9** Pero tú nos
entiendes, y habrás de perdonarnos.
"Todos nosotros hemos pecado
contra ti. **10-14** No te hemos hecho
caso, ni hemos obedecido las
enseñanzas que nos diste por
medio de tus profetas. No te
hemos buscado, ni hemos dejado
de hacer lo malo.
"Dios nuestro, tú ya nos lo habías advertido. Si no nos portába-
mos bien, caerían sobre nosotros
maldiciones y castigos. Así nos lo
había enseñado Moisés, que
siempre estuvo a tu servicio. Y ya
has cumplido tus amenazas contra nosotros y nuestros gobernantes. Nunca antes habías castigado a nadie como nos has castigado a nosotros. ¡La destrucción de Jerusalén ha sido terrible!
Pero tú eres justo en todo lo que
haces. Tú eres nuestro Dios, y ni
así te hemos escuchado.
15-16 "Dios nuestro, en el pasado
tú nos diste muestras de tu gran
poder. Tú sacaste de Egipto a tu
pueblo, y desde entonces te
hiciste muy famoso. Además,
sabemos que eres muy bondadoso. Es verdad que hemos pecado y
que hemos hecho lo malo, pero te
rogamos que ya no te enojes contra Jerusalén. Todos los pueblos
vecinos se burlan de ella y de tu
pueblo. De eso tenemos la culpa

nosotros y nuestros padres. Lo
reconocemos. ¡Pero recuerda que
Jerusalén es tu ciudad, y que está
en tu monte santo!
17 "Por favor, Dios nuestro, escucha mi oración y mis ruegos. Por
tu propio honor, te ruego que
mires la triste situación en que
ha quedado tu templo, y nos
muestres tu amor. **18** ¡Escúchame, Dios mío! ¡Mira cómo ha quedado destruida la ciudad donde
te adoramos!
"Si te pedimos esto, no es porque creamos que somos buenos,
ni porque creamos merecer lo que
te pedimos. Lo hacemos porque
creemos que tú eres muy compasivo y bondadoso. **19** ¡Escúchanos,
Dios mío, y perdónanos! ¡Atiéndenos, y ven en nuestra ayuda! ¡Dios
mío, te lo pedimos por ti mismo,
por tu ciudad y por tu pueblo, que
te adora!"

20 »Mientras yo estaba orando por
Jerusalén, y pidiendo perdón por
mis pecados y los de mi pueblo,
21 llegó volando el ángel Gabriel,
que ya se me había aparecido en
sueños. Ya casi era la hora de presentar a Dios las ofrendas de la
tarde. **22** Y Gabriel me dijo:

"Escucha, Daniel: vengo para
ayudarte a entender todo esto.
23 Dios te quiere mucho, así que
tan pronto como empezaste a
orar, Dios contestó tus oraciones. Y yo he venido a darte su respuesta. Pon mucha atención,
para que entiendas lo que quiere
decir tu sueño.

24 "Tienen que pasar setenta
semanas
para que termine el castigo
contra tu pueblo y la ciudad
santa,
y Dios les perdone su maldad.
Tienen que pasar setenta
semanas
para que lleguen a su fin
la desobediencia y el pecado.
Al cabo de ese tiempo
siempre habrá justicia,
y sucederá lo que viste,

y Dios cumplirá su promesa.
Su santo templo será
purificado,
y se le volverá a dedicar.

25 ''Tú debes entender
bien esto:
Pasarán siete semanas
desde que se dé la orden
de arreglar y reconstruir
Jerusalén,
hasta la llegada del Príncipe
elegido.
Las calles de Jerusalén
y sus muros reconstruidos
durarán sesenta y dos
semanas.
¡Serán días de angustia
y tristeza!

26 ''Pasadas las sesenta
y dos semanas,
vendrá un rey con su ejército
y matará al Príncipe elegido.
¡Jerusalén y el templo
serán destruidos por completo!
El fin llegará de repente,
como llega una inundación.
¡La guerra y las destrucciones
que habían sido anunciadas
seguirán hasta que llegue
el fin!

27 Durante una semana más,
ese rey malvado hará un pacto
con gran número de gente;
pero a la mitad de la semana
prohibirá que se hagan
ofrendas,
y en el altar de los
sacrificios
se ofenderá gravemente a Dios.
Después de eso, Dios
destruirá
al malvado que lo ofendió''».

Daniel sueña con ángeles

10 1-3 Daniel también escribió:

«Yo tuve otro sueño acerca de lo
que estaba por pasar. Cuando eso
sucedió, Ciro llevaba ya tres años
como rey de Persia. También ese
sueño era muy difícil de entender, pero yo me propuse entenderlo, y lo logré.
»Durante tres semanas estuve
muy triste. No comí carne ni tomé

vino, ni probé nada de lo que me
gustaba. Tampoco me puse ningún
perfume. 4 El día veinticuatro del
mes de Abib, yo estaba a la orilla
del gran río Tigris. 5 De pronto,
miré a alguien parecido a un hombre. Estaba vestido con ropa de
lino, y tenía puesto un cinturón de
oro puro. 6 Su cuerpo parecía estar
hecho de cristal amarillo, y su
cara tenía el brillo de un relámpago. Sus ojos parecían llamas de
fuego, sus brazos y sus pies brillaban como metal pulido, y hablaba
tan fuerte que su voz sonaba
como el murmullo de mucha gente. Se trataba del ángel Gabriel.
7-8 Cuando tuve este sueño, yo
estaba solo, pues los que estaban
conmigo se asustaron tanto que
fueron a esconderse. Hasta yo
mismo me puse pálido de miedo, y
sentí que me desmayaba.
9 »Al oír que el ángel me hablaba,
me desmayé y caí de cara al suelo.
10 Pero el ángel me ayudó a levantarme, y me puso de rodillas, con
las manos sobre el suelo. 11 Entonces me dijo: ''Daniel, levántate y
escucha bien lo que voy a decirte.
Dios te ama, y por eso me envió a
darte este mensaje''.
»Mientras el ángel hablaba conmigo, yo me puse de pie, pero
seguía temblando. 12-14 Y el ángel
me dijo:

''Daniel, no tengas miedo. Dios
escuchó tus oraciones desde el
primer día, cuando trataste de
entender ese sueño tan difícil y
te humillaste ante él. Por eso Dios
me envió a decirte que tú has visto lo que va a pasarle a tu pueblo
en el futuro.
''Yo iba a venir antes, pero no
pude hacerlo porque, durante
veintiún días, el ángel encargado
de cuidar al reino de Persia me lo
impidió. Yo me había quedado
solo, junto a los reyes de Persia,
pero vino en mi ayuda Miguel, uno
de los ángeles más importantes
de todos''.

15 »Mientras el ángel Gabriel me
decía todo esto, yo me quedé

callado y sólo miraba al suelo.
16-17 Entonces alguien más, que
también parecía un hombre, me
tocó los labios. Yo le dije al ángel
que estaba conmigo: ''Mi señor,
lo que estoy viendo me llena de
angustia y me deja sin fuerzas.
¿Cómo quiere usted que le hable,
si casi no puedo respirar?''
18 »Aquel personaje volvió a
tocarme, y me dio nuevas fuerzas. 19 Me dijo: ''¡No tengas miedo, ni te preocupes de nada!
¡Alégrate y ten valor, pues Dios
te ama!''
»Y mientras me decía esto, sentí
que me volvían las fuerzas. Entonces le dije: ''Mi señor, ahora puede usted hablarme, pues ya tengo
nuevas fuerzas''.
20 »Entonces aquel personaje me
dijo: ''He venido a verte porque
tengo que pelear con el ángel
encargado de cuidar a Persia.
Cuando yo termine de pelear con
él, vendrá el ángel encargado de
cuidar a Grecia. 21 En mi lucha
contra él, sólo cuento con la ayuda de Miguel, que es el ángel que
protege a Israel. Ahora yo te voy
a explicar lo que dice el libro de la
verdad''».

Guerras entre norte y sur

11 1 Y aquel personaje siguió
diciendo:

«Durante el primer año del reinado de Darío en Media, yo le
brindé mi ayuda y mi apoyo. 2 Y es
que Persia todavía tendrá tres
reyes. Después vendrá un cuarto
rey, que será más rico que los
tres anteriores. Será tan rico y
poderoso que atacará al reino de
Grecia.
3 »Después vendrá un rey muy
valiente, que gobernará un gran
imperio y hará lo que se le antoje.
4 Cuando su reino ya esté bien
establecido, será destruido y se
dividirá en cuatro partes. Este rey
no les dejará el reino a sus hijos,
ni será tan poderoso como antes
fue, porque su reino estará dividido y en su lugar gobernarán otros
reyes.

La anciana María Jones con su amada BIBLIA,
su fiel compañera de muchos años.

La biblia de María Jones está en una vitrina de la sociedad bíblica británica y extranjera en Londres.

5 »El rey del sur será muy poderoso, pero uno de los jefes de su ejército le ganará en poder y controlará a muchas naciones y pueblos. **6** Después de algunos años, el rey del norte y el rey del sur unirán sus fuerzas. Para que haya paz entre ellos, el rey del norte se casará con la hija del rey del sur. Sin embargo, este plan no tendrá éxito porque matarán a la hija y a su esposo, junto con su hijo y sus criados.

7 »Un miembro de la familia del rey del sur peleará contra el ejército del rey del norte, y lo vencerá; luego ocupará el castillo del rey, y con su ejército lo controlará todo. **8** Se llevará a Egipto sus dioses de metal, y otros objetos de oro y plata. De este modo, durante algún tiempo no habrá guerra entre estos dos reinos.

9 »Tiempo después, el rey del norte tratará de conquistar al reino del sur, pero tendrá que regresar a su tierra. **10** Entonces los hijos del rey del norte se enojarán y reunirán un gran ejército para luchar contra el rey del sur. Y lo atacarán, y llegarán hasta el castillo de ese rey. A su paso lo destruirán todo, como si fueran un río desbordado.

11 »Ante este ataque, el rey del sur se enojará mucho. Entonces saldrá a luchar contra el ejército del rey del norte, y lo derrotará por completo. **12** Esta victoria hará que el rey del sur se vuelva muy orgulloso. Pero su orgullo no le durará mucho tiempo, **13** porque el rey del norte organizará otro ejército, más grande y mejor preparado que el primero, y después de algunos años volverá a atacar al rey del sur y lo vencerá.

14 »En ese tiempo, muchos se unirán al rey del norte para pelear contra el rey del sur. Tal y como lo viste en tu sueño, entre ellos habrá algunos israelitas malvados; pero no les irá bien, pues serán derrotados. **15** El rey del norte construirá una rampa alrededor de una ciudad amurallada, y subirá a sus muros y la conquistará. ¡Ni los soldados más valientes del sur podrán detener al ejército enemigo! **16** El rey conquistador hará lo que quiera, y nadie se atreverá a hacerle frente. Destruirá todo lo que encuentre a su paso, y se quedará en la tierra más hermosa.

17 »El rey del norte tratará de vencer por completo al rey del sur. Para quedarse con su reino, firmará la paz y dejará que su hija se case con él. Pero su plan no tendrá éxito. **18** Entonces atacará las ciudades que están a la orilla del mar, y a muchas de ellas las conquistará. Pero un jefe del ejército terminará con esto, y pondrá en vergüenza al rey del norte. **19** Así el rey del norte volverá a sus castillos, pero un accidente le causará la muerte, y nadie más volverá a hablar de él.

20 »Su lugar lo ocupará otro rey, que para hacerse rico mandará uno de sus criados a cobrar impuestos. Pero pocos días después morirá, aunque no en la guerra.

21 »Después de ese rey vendrá un malvado, que no merecerá ser rey pero que llegará a serlo por medio de engaños, y sin que nadie se dé cuenta de sus intenciones. **22** Ese malvado derrotará por completo a los ejércitos enemigos, y también al príncipe con quien hizo un tratado. **23** Engañará también a sus amigos, y a pesar de no tener un gran ejército logrará sus propósitos.

24 »Ese malvado tomará por sorpresa las tierras más ricas del lugar, y hará lo que no hicieron sus padres ni sus abuelos: repartirá entre sus soldados las riquezas que hayan ganado en la guerra, y hará planes para conquistar a las ciudades más protegidas. Pero esto no durará mucho tiempo. **25** Sin embargo, se sentirá tan poderoso que, con su gran ejército, atacará al rey del sur.

»Pero el rey del sur se le enfrentará valientemente, apoyado por su ejército grande y poderoso. Sin embargo, este rey será traicionado y no podrá resistir los ataques de sus enemigos. **26** Sus propios amigos, a quienes invitaba a comer en su propia mesa, serán la causa de su desgracia. Y así, su ejército perderá la guerra, y muchos de sus soldados perderán la vida.

27 »Estos dos reyes se sentarán a comer en la misma mesa, pero sólo pensarán en hacerse daño. Se engañarán el uno al otro, pero ninguno de los dos logrará su propósito, porque todavía no será el tiempo adecuado. **28** Después de llevar a cabo sus planes, el rey del norte regresará a su país, llevándose todo lo que ganó en la guerra.

»Pasado el tiempo, el rey del norte no cumplirá con el tratado de paz que hizo. **29** Al contrario, en el momento preciso volverá a luchar contra el rey del sur, sólo que esta vez no triunfará. **30** Vendrá en barcos un ejército del oeste, y lo atacará. Esto le dará tanto miedo que lo hará huir. Entonces les hará caso a quienes, por estar a su servicio, no cumplieron con el tratado de paz. Será tanto su odio que hará cosas terribles en contra de ese tratado.

31 »Sus soldados no respetarán el templo ni la ciudad amurallada. No permitirán que se presente la ofrenda de todos los días, y en su lugar ofrecerán algo espantoso. **32** El rey tratará de ganarse la simpatía de los que no cumplieron con el tratado de paz, pero los que aman a su Dios se mantendrán firmes y no le harán caso.

33-35 »Los maestros del pueblo enseñarán a mucha gente a mantenerse fieles a Dios, aunque serán perseguidos. A unos los matarán, a otros los quemarán, y a otros les robarán todas sus pertenencias. Muchos de ellos serán llevados como esclavos a otros países. Mientras esto suceda, no les faltará un poco de ayuda, aunque muchos se unirán a ellos sólo por conveniencia. Todo esto sucederá como preparación, para que puedan resistir mejor otras

pruebas. Pero esto durará sólo un poco de tiempo, hasta que llegue el momento final señalado por Dios.

36-37 »El rey del norte hará todo lo que quiera. Será tanto su orgullo que se creerá superior a todos los dioses. Hasta llegará a ofender gravemente al verdadero Dios. Y todo le saldrá bien, pero sólo hasta que Dios lo castigue, porque lo que Dios tiene que hacer lo hace.

38 »Este rey adorará al dios de las ciudades amuralladas, dios al que ni sus padres ni sus abuelos adoraron, y hasta le ofrecerá oro, plata, piedras preciosas y objetos de mucho valor. **39** Para defender las ciudades conquistadas, pedirá el apoyo de un ejército que adora a otros dioses. Y a todos los que le rindan honores, los recompensará con puestos muy importantes y con grandes territorios.

40 »Cuando llegue el momento final, el rey del sur atacará al rey del norte, pero éste responderá a los ataques. Saldrá al frente de carros de guerra, y de todo un ejército montado a caballo, y apoyado por muchos barcos. ¡Caerá sobre todo el país, con la fuerza de una tormenta! **41** También invadirá la tierra más hermosa, y matará a muchísimas personas; sin embargo, no les pasará nada a los que viven en Edom y Moab, ni a la mayoría de los que viven en Amón.

42 »El ejército del rey del norte conquistará varios países, y ni siquiera Egipto se escapará. **43** El rey se llevará todos los tesoros de Egipto: el oro, la plata y todas sus riquezas. Después de eso, conquistará a Libia y Etiopía.

44 »Pero le llegarán noticias del este y del norte, que le darán mucho miedo. Se enojará tanto

que querrá matar a muchos. **45** Entonces pondrá su campamento entre el mar y la montaña de Dios, que está en la tierra más hermosa. Allí le llegará la hora de su muerte, y nadie podrá ayudarlo.

Los días finales

12 **1** »En ese tiempo aparecerá Miguel, que es jefe de los ángeles y defensor de Israel.

»Serán días de grandes
preocupaciones,
como no los ha habido
desde que Dios creó este
mundo.
Cuando llegue el momento,
Dios pondrá a salvo
a todos los de tu pueblo.
Ya el nombre de ellos está
escrito
en el libro de la vida.
2 Ese día volverán a vivir
muchos de los que ya han
muerto.
Unos se levantarán de la tumba
para vivir para siempre,
pero otros volverán a vivir
para sufrir por siempre
la vergüenza y el horror.
3 Pero los maestros sabios,
que enseñaron a muchos
a andar por el buen camino,
brillarán para siempre
como las estrellas del cielo.

4 »Y tú Daniel, no digas nada de esto a nadie. Mantén cerrado el libro hasta que llegue la hora final, pues muchos andarán de un lado a otro queriendo saber más».

5 Yo, Daniel, vi también a otros dos hombres. Uno de ellos estaba en una de las orillas del río, y el otro estaba en la orilla opuesta. **6** Mientras el ángel vestido con

ropa de lino estaba parado sobre las aguas del río, uno de aquellos hombres le preguntó:

—¿Cuándo dejarán de suceder estas cosas tan maravillosas?

7 El ángel levantó las manos al cielo y, en el nombre del Dios de la vida, juró:

—Esto terminará cuando termine la destrucción del pueblo de Dios, es decir, dentro de tres años y medio.

8 Yo oí lo que el ángel dijo, pero no entendí nada. Por eso le pregunté:

—Mi señor, y después de que haya pasado todo esto, ¿qué sucederá?

9 El ángel me contestó:

—A ti, Daniel, te toca llevar una vida normal. Nadie debe saber nada de todo esto, hasta que llegue la hora final. **10** Muchos van a sufrir por todo lo que te he dicho, pero después de ese sufrimiento serán mejores personas. La gente malvada seguirá siendo malvada, y no se dará cuenta de lo que estará sucediendo. Pero los maestros sabios sí se darán cuenta de todo.

11-12 »A partir del momento en que no se permita presentar las ofrendas diarias, y que se ofrezca en el templo del Señor algo horrible y espantoso, pasarán mil doscientos noventa días. Felices los que esperen todo ese tiempo confiando en Dios. **13** Y tú, Daniel, vive tranquilo hasta el día de tu muerte. Cuando llegue la hora final, te levantarás de entre los muertos para recibir tu premio.

Oseas

1 ¹ Dios le habló al profeta Oseas hijo de Beerí, cuando Jeroboam hijo de Joás era rey de Israel. Esto sucedió durante los reinados de Ozías, Jotam, Ahaz y Ezequías en Judá. ² Lo primero que Dios le dijo a Oseas fue lo siguiente:

«Ve y cásate con una
prostituta,
y ten hijos con ella,
porque los israelitas me
abandonaron,
y se comportaron como las
prostitutas».

³ Oseas obedeció y se casó con Gómer, la hija de Diblaim. Ella quedó embarazada y tuvo un hijo. ⁴⁻⁵ Entonces Dios le dijo a Oseas:

«El rey Jehú ha cometido
muchos crímenes
en el valle de Jezreel.
Por lo tanto, en ese mismo
valle
derrotaré a su ejército.
Castigaré a sus descendientes
y acabaré con el reino de
Israel.
Por eso, a tu hijo
le pondrás por nombre
Jezreel».

⁶ Tiempo después, Gómer volvió a quedar embarazada y tuvo una hija. Entonces Dios le dijo a Oseas:

«A esta niña la llamarás
Lo-ruhama,
que quiere decir
"no-compadecida",
porque no volveré a perdonar
ni a tener compasión
de los habitantes del reino
de Israel.
⁷ Sólo tendré compasión
de los habitantes del reino
de Judá.
Yo mismo los salvaré,
y para eso no necesito
ejércitos
ni armas de guerra».

⁸ Cuando Gómer dejó de darle pecho a Lo-ruhama, volvió a quedar embarazada; pero esta vez tuvo un hijo. ⁹ Entonces Dios le dijo a Oseas:

«A este niño lo llamarás
Lo-amí,
que quiere decir
"no-mi pueblo".
Porque los israelitas ya no son
mi pueblo
y yo he dejado de ser su Dios.
¹⁰ (2.1) Pero un día los del reino
de Israel
volverán a ser como la arena
del mar,
que no se puede contar.

»Cuando llegue ese día,
ya no volveré a decirles:
"Ustedes no son mi pueblo";
al contrario, les diré:
"Ustedes son mi pueblo,
porque yo soy el Dios de
la vida".
¹¹ (2.2) Ese día será
grandioso,
pues yo les devolveré
a los reinos de Judá y
de Israel
la grandeza que tuvieron.
Volverán a ser una sola nación;
tendrán un solo rey,
y volverán a Jerusalén
los que fueron llevados a
otros países.
2 ¹ (3) El día que vuelvan,
los hombres serán llamados
"Pueblo de Dios",
y las mujeres serán llamadas
"Compadecidas"».

² (4) Dios también dijo:

«Para mí, Israel fue como
una esposa,
pero me fue infiel
y ya no tengo nada que ver
con ella.
¡Así que ustedes, israelitas,
preséntenla ante los jueces!
¡Que deje de portarse como
una cualquiera!

¡Que deje de complacer a sus
amantes!

³ (5) »Si no lo hace,
la desnudaré;
¡la mostraré tal como vino al
mundo!
¡La rechazaré,
y no volveré a tener hijos
con ella!
⁴ (6) No tendré compasión de
sus hijos,
porque esos hijos no son míos.

⁵ (7) »¡Israel se comporta
como una desvergonzada!
Todo el tiempo anda diciendo:
"Voy a buscar a mis amantes,
pues ellos son los que me dan
todo lo que me hace falta:
me alimentan, me visten,
me perfuman y me divierten".

⁶⁻⁷ (8-9) »Irá en busca de sus
amantes,
pero no podrá alcanzarlos
ni tampoco los encontrará.
Yo voy a encerrarla
en una cerca de espinos,
para que no pueda salir.
Allí se pondrá a pensar:
"Me iba mejor con mi primer
marido,
así que voy a volver con él".

⁸ (10) »Ella no quiere reconocer
que soy yo quien la alimenta
y le da todo lo que le falta;
¡hasta oro y plata le he dado
y con ellos se hizo ídolos!
⁹ (11) Por eso voy a quitarle
todo eso que le he dado,
¹⁰ (12) y ante sus amantes
la desnudaré y la avergonzaré.
¡De esta no se va a salvar!

¹¹ (13) »Voy a ponerles fin
a sus fiestas de cada semana,
de cada mes y de cada año;
¡ya no volverá a alegrarse!

¹² (14) »Ella siempre presume
de las muchas higueras y viñas
que le han regalado sus
amantes;

pero yo las voy a destruir
y las convertiré en matorrales;
¡los animales salvajes las
devorarán!

13 (15) »Cuando visita a sus
amantes
se pone joyas y les lleva
regalos,
pero a mí me tiene olvidado.
Por eso la voy a castigar,
pues ha adorado a dioses
falsos.

»Yo soy el Dios de Israel,
y les juro que así lo haré.

Dios perdonará a su pueblo

14 (16) »A pesar de todo eso,
llevaré a Israel al desierto;
y allí, con mucho cariño,
haré que se vuelva a
enamorar de mí.
15 (17) Le devolveré sus viñas,
y convertiré su desgracia
en gran bendición.
Volverá a responderme
como cuando era joven,
como cuando salió de Egipto.
16-17 (18-19) Ya no volverá a
serme infiel
adorando a otros dioses,
sino que me reconocerá
como su único Dios.

»Yo soy el Dios de Israel,
y les juro que así será.

18 (20) »Cuando llegue ese día,
me comprometo a que los
israelitas
vivirán tranquilos y en paz.
No habrá animal que les
haga daño
ni pueblo que les declare
la guerra.

19-20 (21-22) »Israel, Israel,
yo volveré a casarme contigo
y serás mi esposa para siempre.
Cuando tú seas mi esposa,
realmente llegarás a
conocerme;
seré para ti un esposo fiel,
sincero y lleno de amor.

21 (23) »Yo soy el Dios de Israel,

y te juro que así será.

»Israel, cuando llegue ese día,
yo haré que el cielo
derrame su lluvia sobre
la tierra,
22 (24) y que la tierra produzca
trigo, vino y aceite en
abundancia,
y así el valle de Jezreel
prosperará.
23 (25) Te daré la tierra,
y serás solamente para mí.
Y te diré: "No eras mi pueblo,
pero ahora ya lo eres";
Tú, por tu parte, me dirás:
"¡Y tú eres mi Dios!"

Oseas y su esposa infiel

3 ¹ Dios volvió a decirme:

«Oseas, tu esposa te es infiel:
tiene un amigo que es su
amante.
También los israelitas me
son infieles,
pues adoran a dioses falsos
y comen de las ofrendas que
presentan.
Sin embargo, ve y ama a tu
esposa,
así como yo amo a los
israelitas».

² Yo, Oseas, le pagué al amante
de mi esposa quince monedas de
plata y le di trescientos treinta
kilos de cebada, para que ella
volviera a vivir conmigo. ³ Y luego
le dije a ella:

«Ya eres mía,
y vivirás conmigo mucho
tiempo.
Si tú prometes serme fiel,
yo también te seré fiel,
aunque por un tiempo
no viviremos como esposos».

⁴ Lo mismo sucederá con los
israelitas: Durante mucho tiempo
no tendrán rey ni jefe; tampoco
podrán presentar ofrendas a
Dios, ni sabrán lo que Dios quiere
que hagan; además, no tendrán
sacerdotes ni ídolos familiares.
⁵ Después de esto, se arrepenti-

rán. Cuando llegue el tiempo del
fin, volverán a obedecer a Dios y
pedirán sus bendiciones, y también seguirán el ejemplo del rey
David.

Pecados de los israelitas

4 ¹⁻² ¡Escuchen, israelitas, el
mensaje de su Dios! Él les dice:

«Yo tengo un pleito
contra ustedes, los israelitas.
Ustedes no son sinceros,
ni aman a su prójimo.
Todo el mundo mata y roba,
miente y jura en falso,
y no es fiel en su matrimonio.
Por todos lados hay violencia.
¡Nadie me reconoce como su
Dios!
³ Por eso todos en el país
lloran y se desaniman,
y van desapareciendo
los animales de la tierra,
del cielo y del mar.

⁴ »Mi acusación
es sólo contra los sacerdotes,
¡nadie más es responsable!
⁵ De día y de noche pecan,
y hacen pecar a los profetas;
¡por eso destruiré a su
descendencia!

⁶ »Mi pueblo no ha querido
reconocerme como su Dios,
y por eso se está muriendo.
¡Ni los sacerdotes me
reconocen!
Por eso no quiero que sigan
sirviendo en mi templo.
Ya que olvidaron mis
mandamientos,
yo también me olvidaré de
sus hijos.

⁷ »Mientras más sacerdotes
había,
más gente pecaba contra mí;
por eso, en vez de premiarlos,
los voy a humillar.
⁸ Con las ofrendas que da mi
pueblo
para el perdón de sus pecados,
ustedes hacen negocio.
Por eso hacen todo lo posible
para que el pueblo siga

pecando.

9 »La verdad es que castigaré
tanto al pueblo como a los
sacerdotes,
10 pues ambos se han alejado
de mí.
Por eso, aunque coman
mucho,
siempre se quedarán con
hambre;
y por más que traten de
tener hijos,
jamás llegarán a tenerlos.

Israel adora a los ídolos

11 »¡Por andar con prostitutas
y emborracharse con vino,
han perdido la cabeza!
12 Es tan fuerte su deseo
sexual
que prefieren andar con
mujerzuelas;
por eso se han apartado de mí.

»¡Es increíble!
Mi pueblo le pide consejos
a un pedazo de madera;
¡quiere que un simple palo
le ayude a adivinar el futuro!
13 Suben a lo alto de las
colinas,
y bajo la sombra de los árboles
presentan ofrendas a sus
dioses;
¡sus hijas y sus nueras
se portan como unas
mujerzuelas!
14 Pero yo no voy a castigarlas
por tener sexo con tantos
hombres,
pues ustedes mismos
tienen sexo
con mujeres que adoran
a otros dioses.

»¡Un pueblo que pierde la
cabeza,
acaba por destruirse!
15 Si ustedes, israelitas,
siguen adorando a otros
dioses,
¡por lo menos que Judá
no siga ese mal ejemplo!
¡Ya no adoren a esos ídolos
de Guilgal y Bet-avén!
¡Ya no juren en mi nombre!
16 Ustedes son muy rebeldes;

¡son más tercos que una mula!
No esperen que yo los trate
como si fueran mansos
corderos.

17 »Si ustedes, israelitas,
quieren seguir adorando ídolos,
¡pues sigan haciéndolo!
18 ¡Mientras se emborrachan,
van en busca de mujerzuelas!
Prefieren la mala vida
a vivir como gente decente.
19 Por seguir adorando a
esos ídolos,
van a quedar en vergüenza
y serán destruidos por
completo.

Mensaje contra Israel

5 **1-2** »¡Escúchenme,
sacerdotes!
¡Atiéndanme, jefes de Israel!
¡Préstenme atención,
familiares del rey!
Yo los voy a juzgar y a castigar
porque han engañado a
mi pueblo.
¡Hicieron a Israel aun más
rebelde!
Lo obligaron a adorar a otros
dioses
en los santuarios de Mispá
y de Tabor.

3 »Israelitas,
yo sé cómo se portan ustedes;
¡se portan como una
prostituta,
4 porque adoran a otros
dioses!
No me reconocen como
su Dios,
ni se arrepienten de su
maldad.
5 Ustedes son tan malos y
orgullosos
que acabarán por ser
destruidos;
¡lo mismo pasará con Judá!

6 »Pero un día me buscarán;
y llevarán como ofrenda
sus vacas y sus ovejas,
pero no podrán encontrarme.
¡Yo los abandonaré!
7 Se han portado como una
adúltera:

me engañaron adorando a
otros dioses,
y sus descendientes ya no
serán mi pueblo.
Por eso, muy pronto,
tanto ustedes como sus
campos
serán destruidos.

Dios castiga a Israel

8 »¡Avísenles a todos en
Guibeá,
Ramá y Bet-avén!
¡Den el toque de alerta!
¡Adviertan a los del reino
de Judá!
9 Israelitas, yo les aseguro
que cumpliré lo que antes
anuncié.
El día que yo los castigue,
¡dejaré su país en ruinas!

10 »Voy a castigar con furia
a los jefes de Judá,
porque son como los ladrones
de terrenos:
han invadido el territorio de
Israel.
11 El reino de Israel es
maltratado
y nadie respeta sus derechos
porque prefirió adorar a dioses
falsos.
12 Por eso yo acabaré con
ese reino
y con el reino de Judá;
¡los destruiré por completo,
como destruye la polilla a
la madera!
13 Y cuando Israel y Judá
se vean en ruinas,
buscarán la ayuda del rey
de Asiria;
pero él no podrá ayudarlos.

14-15 »Yo atacaré a Israel y
a Judá
con la misma furia de un león.
Los agarraré y los haré pedazos,
y no habrá quien los salve.
Luego los dejaré por un tiempo,
y esperaré a que se
arrepientan;
cuando reconozcan que me
han ofendido,
se llenarán de angustia y me
buscarán».

Los israelitas se arrepienten

6 **1** Entonces los israelitas dijeron:

«¡Volvamos a Dios!
Aunque él nos ha castigado mucho,
también nos dará su perdón.
2 Dos o tres días le serán suficientes
para restaurarnos por completo.

3 »¡Volvamos a Dios!
Si lo hacemos así,
él vendrá a buscarnos;
vendrá como el sol de cada día,
¡como las primeras lluvias
que caen en primavera!»

Dios responde a Israel

4 Pero Dios respondió:

«Habitantes de Israel y de Judá:
¿qué voy a hacer con ustedes?,
¿cómo debo tratarlos?
Ustedes dicen que me aman,
pero su amor es como la niebla
y como el rocío de la mañana:
¡muy pronto desaparecen!

5 »Por eso el mensaje que les di
por medio de mis profetas,
fue como un rayo destructor
que les trajo la muerte.

6 »Ustedes me traen ofrendas,
pero eso no es lo que quiero.
Lo que quiero es que me amen
y que me reconozcan como su Dios.
7 Pero ustedes se portan como Adán:
son traidores y desobedientes,
pues no han cumplido con mi pacto.
8 En la ciudad de Galaad
sólo hay gente malvada y asesina.
9 En el camino que lleva
al santuario de Siquem,
los sacerdotes parecen ladrones:
se esconden para asaltar y matar

a todos los que pasan por allí.
10 Por lo que he visto,
ustedes los de Israel son de lo peor:
son gente infiel y desobediente.
11 ¡Pero ustedes, los de Judá,
no son muy buenos que digamos,
y por eso recibirán su castigo!

»Tiempo después,
haré que todo mi pueblo
regrese a su tierra».

Dios quiere ayudar a su pueblo

7 **1** Dios continuó diciendo:

«Yo quiero salvar a mi pueblo,
pero veo que todos ellos
han cometido grandes pecados.
Todos ellos son mentirosos y ladrones;
entran a robar en las casas
y en plena calle cometen asaltos.
2 Yo los conozco muy bien:
están llenos de maldad,
pero ellos no quieren reconocerlo.
3 Con sus pecados y mentiras
alegran al rey y a sus jefes.
4 No hay uno solo de ellos
que sea fiel en su matrimonio;
se parecen a un horno caliente,
al que no hace falta calentarlo más:
el panadero sólo tiene que esperar
a que fermente la masa.

5 »Cuando el rey celebra alguna fiesta,
los jefes beben hasta emborracharse;
¡y son esos borrachos burlones
a quienes el rey llama sus amigos!
6 Pero ellos se acercan al rey
con la intención de traicionarlo.
No descansan durante la noche,
sino que se la pasan planeando
cómo destruirlo al día siguiente.

7 Son como un horno:
¡arden para quemar por completo
a todos sus gobernantes!
Quitan del trono a sus reyes,
¡pero ninguno de ellos busca mi ayuda!

El pueblo abandona a Dios

8 »Los de Israel han hecho amistad
con gente que no cree en mí.
Mi pueblo se parece al pan mal horneado:
por un lado está bien cocido
y por el otro lado está crudo.
9 Los egipcios y los sirios
están acabando con Israel,
pero Israel ni siquiera se da cuenta.
¡Han acabado con sus fuerzas,
pero tampoco se da cuenta!

10 »Israel no ha querido arrepentirse
ni buscarme a mí, que soy su Dios.
Su orgullo no lo deja hacerlo.

11 »Israel les pide ayuda y apoyo
a las naciones de Egipto y Asiria.
Actúa como una paloma
confundida y sin inteligencia;
12 pero, cuando vaya a buscar ayuda,
lo atraparé como a los pájaros
y lo castigaré por su maldad.

13 »¡Qué mal les va a ir!
¡Se arrepentirán de haberme abandonado!
¡Terribles cosas vendrán sobre ellos
porque se han rebelado contra mí!
Yo estoy dispuesto a salvarlos,
pero ellos sólo me dicen mentiras.
14 En sus camas lloran de dolor,
y se hacen heridas a propósito,
pero sus oraciones no son sinceras;
lo hacen para pedirme buenas cosechas,
pero siguen siendo rebeldes.

15 »Yo les he dado
enseñanzas,
los he llenado de fuerza,
pero ellos hacen planes
contra mí.
16 No me toman en cuenta,
y por eso fracasan en todo.
Sus jefes se creen muy
valientes,
pero morirán en el campo
de batalla
y los egipcios se burlarán
de ellos.

8 **1** »¡Vigilante, toca la
trompeta!
¡Da la señal de alerta!
Ya viene el destructor de mi
pueblo;
se parece a un águila
que se lanza sobre su presa.
Mi pueblo es muy
desobediente;
no ha cumplido con mi pacto
ni ha seguido mis
mandamientos.
2 Ellos quieren convencerme
a gritos
de que reconocen que
soy su Dios,
3 pero no quieren hacer
lo bueno.
¡Por eso los perseguirá
el enemigo!
4 Cuando eligieron a sus reyes,
no me tomaron en cuenta;
cuando nombraron a sus jefes,
no me pidieron consejo;
¡ellos mismos se hicieron daño
al fabricarse ídolos de oro
y plata!

5-6 »Habitantes de Samaria,
¡dejen ya de pecar!
Estoy muy enojado con ustedes
porque adoran a ese toro.
¡Es tan sólo un dios falso,
hecho por ustedes mismos!
Pero yo lo haré pedazos.

7 »Si no me obedecen,
recibirán su castigo:
sus campos no darán frutos;
y si llegaran a darlos,
servirán de alimento para
gente extraña.
8 ¡Israel quedará en ruinas!

¡Será la burla de todas las
naciones!

9 »Mi pueblo anda solo y
perdido
como perro callejero.
Ha pedido ayuda a los asirios,
10 pero de nada le servirá pagar
impuestos
ni a Asiria ni a las otras
naciones.
Yo lo enviaré como prisionero
a otras naciones lejanas,
y por un tiempo
no tendrá reyes ni jefes.

11 »Israelitas,
ustedes han construido
muchos altares,
que sólo les sirven para pecar.
12 Yo les di muchas enseñanzas,
y se las puse por escrito,
pero ustedes las despreciaron.
13 Les encanta presentar ofrendas,
y luego se comen la carne
de los animales que presentan;
pero todo eso me disgusta.
Yo soy su Dios,
y tengo presente sus muchos
pecados.
Por eso los voy a castigar,
y volverán a ser esclavos de
Egipto.

14 »Israelitas, ustedes se
olvidan de mí,
que soy su creador.
Construyen palacios,
edifican ciudades y altas
murallas,
pero yo le prenderé fuego
a todo lo que construyan».

Dios castigará a Israel

9 **1** El profeta le dijo al pueblo:

«¡No cantes victoria, Israel!
¡No imites a esos pueblos
que saltan de alegría!
Te has apartado de Dios;
has adorado a dioses falsos.
Has sido infiel a tu Dios,
porque al ver tus cosechas
diste gracias a dioses falsos.

2 »Por eso, pueblo de Israel,

faltará el trigo en tus graneros
y el vino en tus bodegas.
3-4 No tendrás pan ni vino
para ofrecerlos en honor de
tu Dios;
el poco pan que comas
será como pan de velorio:
sólo sirve para calmar el
hambre,
pero no para ofrecérselo
a Dios,
porque Dios no lo acepta.

»Israel, ya no vivirás en la
tierra
que Dios te dio.
Más bien volverás al país de
Egipto
y al país de Asiria.
Allí tendrás que alimentarte
con lo que Dios te ha
prohibido comer.
5 Ya no podrás celebrar
ninguna fiesta en honor a Dios.
6 Si escapas de la destrucción,
Egipto se encargará de
atraparte,
y te enterrará en la ciudad
de Menfis.
¡En tus ciudades y entre tus
tesoros
crecerán la maleza y los
espinos!»

7-8 Dios dijo:

«Pronto entenderás, Israel,
que ya ha llegado el día
en que te daré tu merecido.
Tan grande es tu maldad,
y tan exagerado es tu odio,
que llamas "tontos"
y "locos"
a los profetas que te
he enviado.
Los envié para avisarte
del peligro,
pero tú les tendiste trampas;
¡ni en mi propio templo
les ocultaste tu gran odio!
9 Tu maldad es tan grande
que en nada eres diferente
a los que vivían en Guibeá;
¡pero no olvidaré tu maldad
y te castigaré por tus pecados!

10 »Grande fue mi alegría

cuando te hallé por
primera vez.
Fue como hallar uvas en el
desierto;
¡fue como cortar los primeros
frutos!
Pero al llegar a Baal-peor
tus antepasados se volvieron
repugnantes
por adorar a dioses falsos,
a esos ídolos que tanto
amaban.

11 »Israel tiene grandes
riquezas,
pero esas riquezas no durarán;
¡volarán como hojas al viento!
Sus mujeres ya no tendrán
hijos.
12 Y si llegaran a tenerlos,
yo les quitaré la vida.
¡Pobres de ellos cuando yo
los abandone!

13 »Israel y Tiro se parecen:
los dos países tienen un
hermoso territorio,
¡pero Israel conduce a sus hijos
por un camino de muerte!»

Oración de Oseas

14 «Dios nuestro, ¡dales su
merecido!
¡Que no tengan hijos sus
mujeres!
Y, si acaso llegan a tenerlos,
¡que no puedan alimentarlos!»

Respuesta de Dios

15 «Ustedes los israelitas
llegaron a Guilgal
y cometieron toda clase de
maldad;
por eso he dejado de amarlos,
y los echaré de aquí.
Ustedes son tan rebeldes
como lo fueron sus jefes;
por eso he dejado de amarlos.

16 »Ustedes, israelitas,
han sido heridos de muerte;
¡son como un árbol con
raíces secas,
que ya no da fruto!
Si acaso llegan a tener hijos,
yo les quitaré la vida,
aunque los quieran mucho».

Habla el profeta

17 Oseas le dijo al pueblo:

«Israelitas, mi Dios los
rechazará
porque lo han desobedecido.
Por eso perderán su patria
y andarán vagando entre
las naciones.

10 **1** »Ustedes, israelitas,
llegaron a ser muy ricos;
¡parecían viñas cargadas
de uvas!
Pero mientras más ricos eran,
más templos construían
para sus dioses;
mientras más fértil era
su tierra,
más bellos eran los
monumentos
que construían para sus ídolos.

2 »Por eso Dios los va a
castigar;
destruirá sus templos
y monumentos,
y les hará pagar por su pecado,
pues quieren al mismo tiempo
amar a Dios y a los dioses
falsos.

3 »Ahora ustedes dirán:
''Por no respetar a Dios,
nos hemos quedado sin rey.
Pero aunque lo tuviéramos,
ya no podría ayudarnos''.

4 »Ustedes hablan por hablar;
hacen tratos y no los cumplen.
¡Ustedes han sembrado maldad
donde debería haber justicia!

5-6 »Los habitantes de
Samaria,
la ciudad capital de Israel,
se sienten orgullosos del toro
que adoran en Bet-avén.
Pero vendrá el ejército asirio
y se llevará ese ídolo a su país
como un regalo para su rey.

»Por eso los israelitas
lloran y tiemblan de miedo,
junto con sus sacerdotes;
ahora todos se avergüenzan
de haber adorado a ese ídolo.

7 Su rey, que vive en Samaria,
será arrastrado por el río
como un pedazo de madera.

8 »Los templos que están en
los cerros
serán destruidos por completo,
porque allí pecaban
adorando a dioses falsos.
En sus ruinas crecerán
la maleza y las espinas.

»Entonces ustedes los
israelitas
desearán que una montaña
les caiga encima y los mate».

Dios reprende a Israel

9 Dios le dijo a su pueblo:

«Israelitas,
¡ustedes son unos malvados!
Comenzaron a pecar en Guibeá,
y no han dejado de hacerlo;
por eso serán destruidos
en el mismo lugar donde
pecaron.
10-11 Haré que las naciones
se unan contra ustedes;
así los castigaré, y quedaré
satisfecho.
Ustedes me obedecían con
alegría,
pero es tanto lo que han
pecado
que ahora tendré que
castigarlos.
Ni los de Judá ni los de Israel
escaparán del castigo».

Habla el profeta

12 Oseas le dijo al pueblo:

«¡Prepárense para buscar a
Dios!
Ustedes son como un campo
nuevo;
siembren la semilla de justicia,
y tendrán una cosecha de
amor.
Entonces Dios vendrá y
los salvará;
será como la lluvia
cuando cae sobre la tierra seca.

13 »Pero ustedes han sembrado
maldad;

por eso ahora cosechan
violencia
y comen el fruto de sus
mentiras.
Pusieron su confianza
en el poder de su ejército.
14 Ahora estalla la guerra,
los fuertes murallas son
destruidas,
y mueren las madres y
los hijos,
como cuando el rey Salmán
destruyó la ciudad de
Bet-arbel.
15 Esto mismo les ha pasado
a los habitantes de Betel,
porque es grande su maldad.
¡Tan pronto como amanezca,
el rey de Israel perderá la
vida!»

El amor de Dios por su pueblo

11 **1** Dios le dijo a su pueblo:

»Israel,
cuando eras un país joven,
yo te demostré mi amor por ti.
Yo te saqué de Egipto
porque eres un hijo para mí.
2 Pero mientras más
te llamaba,
más te alejabas de mí,
y les presentabas ofrendas
a tus ídolos y dioses falsos.

3-4 »Israel,
por el gran amor que te tengo
te llevé de la mano como
a un niño,
te enseñé a caminar,
te di de comer
y te ayudé en tus problemas;
pero no te diste cuenta
de todos estos cuidados.

5 »No quisiste volver a mí;
no quisiste dejar tu mala
conducta.
Por eso te castigaré
y volverás a ser esclavo
en Egipto;
por eso Asiria te dominará.
6 Habrá guerra en tus
ciudades,
tus enemigos matarán a toda
tu gente,
y echarán a perder tus planes.

7 »Pueblo mío; ya lo has
decidido;
me abandonaste por otros
dioses.
Los crees más fuertes que yo,
pero no podrán ayudarte.

8 »Israelitas,
¡yo no puedo abandonarlos!
¡No sería capaz de hacerlo!
¡No podría destruirlos,
como destruí a la gente
malvada
de Admá y Seboím!
¡Mi gran amor por ustedes
no me lo permite!

9 »No volveré a enojarme
con ustedes;
ni volveré a destruirlos,
pues no soy un simple hombre;
¡yo soy Dios,
y habito en medio de
mi pueblo!

10-11 »Yo rugiré como un león,
y ustedes me obedecerán.
Desde Egipto y desde Asiria,
sus descendientes volverán
a mí;
vendrán temblando de miedo,
como las aves que vienen
del oeste,
y yo los llevaré a sus casas
para que vuelvan a habitarlas.
Yo soy el Dios de Israel,
y les juro que así será.

Los pecados del pueblo de Dios

12 (12.1) »Ustedes los israelitas
me mienten todo el tiempo;
siempre me están engañando.
Y ustedes los de Judá me
traicionan,
pues adoran dioses falsos.

12 **1** (2) Son cada vez
más mentirosos y violentos.
Hacen pactos con Asiria,
y envían regalos a Egipto;
¡y hasta piensan que del desierto
les puede llegar ayuda!»

Habla el profeta

2 (3) Oseas le dijo al pueblo:

«Dios ha iniciado un juicio
contra el pueblo de Israel;

va a castigar su mala
conducta.

3-4 (4-5) »Desde antes de nacer
Jacob, el antepasado
de ustedes,
engañó a su hermano;
y cuando llegó a ser hombre
Dios se le apareció en Betel.
Allí Jacob luchó con un ángel,
¡y consiguió vencerlo!
Luego, con lágrimas en
los ojos,
le pidió a Dios que lo
perdonara,
y Dios lo perdonó.

5 (6) ¡Nuestro Dios
es el Dios todopoderoso!
6 (7) Por eso, israelitas,
pídanle a Dios que los perdone,
actúen con amor y con
justicia,
y confíen siempre en su Dios».

Habla Dios

7-8 (8-9) Dios le dijo al pueblo:

«Israelitas,
ustedes son como los
comerciantes
que engañan a sus clientes:
¡les gusta usar pesas falsas!
Se creen muy ricos
y que tienen grandes riquezas;
piensan que nadie puede
probar
que todo se lo han robado.

9 (10) »Pero yo soy su Dios
desde que estaban en Egipto,
y los haré vivir de nuevo en
carpas,
como cuando andaban en
el desierto.
10 (11) Yo les he hablado
muchas veces
por medio de mis profetas.

11 (12) »¡Los israelitas que
viven en Galaad,
son gente malvada!
Van a Guilgal, y allí matan toros
para ofrecerlos a sus dioses;
¡pero yo los destruiré por
completo!
¡Sus altares quedarán en

ruinas!
¡Quedarán esparcidos por
el campo!»

12 (13) Oseas dijo:

«Jacob, antepasado de
ustedes,
huyó al país de los arameos
y allí, para conseguir esposa,
trabajó como pastor de ovejas.
13 (14) Por medio de un profeta,
Dios cuidó de los israelitas
y los sacó de Egipto.
14 (15) Pero ahora los israelitas
han hecho enojar a Dios,
por eso los castigará.
¡Les hará pagar sus crímenes
y toda la maldad que han
cometido!

Dios castigará a Israel
13 1 »Hubo un tiempo,
cuando la tribu de Efraín
hablaba
y las demás tribus de Israel
escuchaban con respeto;
pero luego la gente de Efraín
adoró al dios Baal,
y esa fue su sentencia de
muerte.
2 »Y todavía sigue pecando!
A sus artesanos les piden
que hagan toros de plata,
y ellos los fabrican a su gusto.
¡Besan a esos dioses falsos
y les presentan ofrendas!

3 »Por eso, pronto dejarán
de existir.
Se esfumarán como la niebla
y como el rocío de la mañana.
El viento los arrastrará
como a hojas secas,
como al humo que sale de
la chimenea».

4 Dios le dijo a su pueblo:

«Israel, yo soy tu Dios;
no tienes otro salvador.
Yo he sido tu único Dios
desde que estabas en Egipto.
5-6 Yo te cuidé y te alimenté
cuando andabas por el desierto;
pero te llenaste de orgullo

y te olvidaste de mí
en cuanto calmaste tu hambre.

7 »Por eso voy a tratarte
con la misma furia de un león.
Me esconderé en el camino
y te atacaré como un leopardo.
8 ¡Te atacaré como una osa
que ha perdido a sus cachorros!
Te desgarraré el pecho,
y allí mismo te haré pedazos;
te devoraré como un león,
¡como una fiera salvaje!
9 Israel, yo soy tu única ayuda,
¡pero ahora voy a destruirte!

10 »Tú les dijiste a tus jefes
que querías tener reyes
y príncipes
para que salvaran tus ciudades;
pero, ¿dónde están esos reyes?
¿Y qué pasó con esos jefes?
11 Tanto me hiciste enojar
que te di el rey que pediste,
pero tanto me has hecho enojar
que ahora te lo he quitado;
12 ¡he anotado en un libro
toda la maldad que has
cometido!

13 »¡Qué tonto eres, Israel!
¡Te pareces a esos niños
que están a punto de nacer,
pero que no se acomodan!
14 ¿Y así esperas todavía
que yo te libre de la muerte?
¡Pues ya no te mostraré
compasión!
Muerte, ¡ven con tu poder,
ven a destruir a este pueblo!

15 »Tal vez vuelvas a prosperar,
pero yo te destruiré
como el viento del desierto
que seca los manantiales.
Entonces tus enemigos se
adueñarán
de todos tus tesoros.
16 (14.1) Castigaré a Samaria,
tu ciudad capital,
porque su gente se rebeló
contra mí.
Sus habitantes morirán en la
batalla,
a sus niños los estrellarán
contra el suelo,
¡y partirán en dos a las

embarazadas!»

14 1-2 (2-3) Oseas le dijo al pueblo:

«¡Israel, Israel,
tu maldad te ha hecho caer!
¡Arrepiéntete y regresa a tu Dios!
Llega ante él con esta oración:

''Dios mío,
tú eres bueno;
¡perdona nuestros pecados
y acepta nuestras alabanzas!
3 (4) Asiria no puede salvarnos,
ni con todos sus carros de
guerra,
así que no volveremos a adorar
a dioses que hemos fabricado.
Sólo en ti, Dios nuestro,
encuentra el huérfano
ternura''».

Dios promete bendecir a su pueblo
4 (5) Dios les dijo a los israelitas:

«Ya mi enojo se ha calmado.
Ahora voy a mostrarles cuánto
los amo
y no volverán a ser rebeldes.
5-6 (6-7) Haré que prosperen.
Seré para ustedes como
el rocío,
que hace florecer a
los lirios.
Los haré crecer como
un árbol;
así echarán profundas raíces
y extenderán sus hermosas
ramas;
tendrán la belleza de los olivos
y el grato aroma de los cedros.
7 (8) Todos vivirán en paz
bajo la sombra de su árbol;
volverán a cultivar sus campos,
verán florecer sus viñas
y disfrutarán del aroma del
monte Líbano.

8 (9) »Israelitas,
dejen ya esos ídolos inútiles.
¡Yo seré quien los cuide
y quien escuche sus oraciones!
Yo les daré sombra como
un pino,
y en mí encontrarán
bienestar».

Mensaje final del libro

9 (10) Si alguien es sabio
e inteligente
debe prestar atención a este

mensaje.
Todo lo que Dios hace es
correcto,
¡Pero los malvados son

desobedientes
y por eso Dios los destruye!

+ ···· *Joel* ····+

El ataque de los saltamontes

1 ¹ Dios le dio un mensaje a Joel hijo de Petuel, y Joel se lo comunicó al pueblo de Israel:

²⁻⁴ «¡Pongan mucha atención ustedes, jefes del pueblo, y todos los que viven en este país! ¡Cuatro plagas de saltamontes han venido sobre nuestra tierra y han acabado con nuestras siembras! ¿Cuándo han visto ustedes algo así? ¡Ni siquiera los antepasados de ustedes vieron en su vida algo parecido!

»¡Cuéntenselo a sus hijos, para que ellos, a su vez, se lo cuenten a sus nietos, bisnietos y tataranietos!

⁵ »¡Vamos, borrachos, levántense! ¡Despierten y pónganse a llorar, pues ya no van a tener vino! ⁶ Una plaga de saltamontes ha invadido nuestro país, como si fuera un gran ejército. Sus dientes tienen tanto filo que hasta parecen leones furiosos. ⁷ Destruyeron nuestras viñas y despedazaron nuestras higueras; ¡pelaron las ramas por completo!

⁸ »La gente llora desconsolada, como la novia que llora de tristeza porque se ha muerto su novio. ⁹ También lloran los sacerdotes que están al servicio de Dios, pues ya nadie lleva al templo ofrendas de vino y de cereales.

¹⁰ »Ya no hay trigo, ya no hay vino ni aceite, pues los campos se secaron y quedaron hechos un desierto.

¹¹ »Ustedes, los campesinos,

y ustedes, los agricultores: ¡lloren de tristeza! Ya se han perdido las cosechas de trigo y de cebada; ¹² ya se han secado los viñedos, las higueras, los granados, las palmeras, los manzanos y todos los árboles del campo; ¡la gente misma ha perdido la alegría!

¹³ »Ustedes, los sacerdotes, que sirven a Dios en el altar, pónganse ropa de luto y pasen la noche llorando, pues ya nadie trae al templo ofrendas de vino y de cereales. ¹⁴ Reúnan en el templo a los israelitas y a sus jefes, para que ayunen y oren a Dios. ¹⁵ ¡Nuestro Dios viene! ¡Ya está cerca el día! ¡Será un día de destrucción por parte del Todopoderoso!

¹⁶ »En nuestra propia cara nos quitaron la comida; nos quitaron la alegría de estar en el templo de nuestro Dios. ¹⁷ La siembra de trigo se secó; por eso están vacíos todos nuestros graneros. ¹⁸ ¡Mugen nuestras vacas y balan nuestras ovejas! ¡Los ganados se mueren de hambre porque ya no encuentran pastos!

¹⁹ »Dios nuestro, ¡en ti buscamos ayuda porque el fuego ha quemado nuestros campos y nuestros bosques! ²⁰ ¡También te piden ayuda los animales del campo, pues los arroyos están secos y el fuego ha acabado con los pastos!

La invasión de un ejército enemigo

2 ¹ »¡Que toquen la trompeta en Jerusalén! ¡Que suene la alarma en el templo!

¡Que comiencen a temblar todos los habitantes de este país! ¡Nuestro Dios viene! ¡Ya está cerca el día! ² Será un día de gran oscuridad, un día de nubes y de sombras.

»Un ejército grande y poderoso se extenderá sobre los montes, y caerá sobre toda la tierra como las sombras al anochecer. No hubo antes, ni habrá después, otro ejército que se le parezca. ³ Ese ejército es como el fuego, que quema todo lo que encuentra: antes de su llegada, la tierra es un paraíso; después de su llegada, la tierra queda hecha un desierto. ¡No hay nada que se le escape!

⁴ »Ese ejército de saltamontes ataca como la caballería; ⁵ cuando saltan sobre los montes, el ruido que hacen se parece al que hacen los carros de guerra; son como el crujido de hojas secas que se queman en el fuego; son como un ejército poderoso que está listo para el ataque.

⁶⁻⁹ »Estos saltamontes parecen una banda de ladrones, son como un ejército que ataca por sorpresa la ciudad, y siempre ataca de frente. Escalan las murallas, se trepan a las casas, se meten por las ventanas, sin chocar unos con otros. Todos mantienen el paso, jamás rompen la formación, ¡jamás dan un paso atrás! ¡Ni una lluvia de flechas puede hacer que se detengan! Al ver estos saltamontes la gente tiembla

y se pone pálida de miedo.
¹⁰ Tiemblan el cielo y la tierra,
se oscurecen el sol y la luna,
y pierden su brillo las estrellas.

¹¹ »Al frente de este ejército,
que es muy grande y poderoso,
Dios deja oír su voz de mando
y este ejército le obedece.
Nuestro Dios viene.
¡El día de su llegada
será impresionante y terrible!
¡Nadie podrá mantenerse firme!

El pueblo de Dios debe arrepentirse
¹² »Nuestro Dios nos dice:

''¡Arrepiéntanse ahora mismo
y cambien su manera de vivir!
¡Lloren, ayunen y
vístanse de luto!
¹³ ¡Arrepiéntanse y
vuelvan a mí,
pero háganlo de todo corazón,
y no sólo de palabra!
Yo soy tierno y bondadoso,
y no me enojo fácilmente;
yo los amo mucho
y estoy dispuesto a
perdonarlos''.

¹⁴ »¡Tal vez Dios decida
perdonarnos!
¡Tal vez nos dé en abundancia
vino y cereal para las ofrendas!

¹⁵⁻¹⁶ »¡Toquen la trompeta
en Jerusalén!
¡Que se reúna todo el pueblo!
¡Que vengan los ancianos
y los niños,
y hasta los recién casados!
¡Que ayunen y se preparen para
adorar a Dios!
¹⁷ ¡Que vengan los sacerdotes,
los servidores de Dios!
Que se paren ante el altar,
y con lágrimas en los ojos
oren de esta manera:

''¡Dios nuestro,
perdona a tu pueblo!
¡No permitas que las naciones
nos desprecien y nos humillen!
No permitas que con tono burlón
nos pregunten:
'¿Dónde está su Dios?' ''

Dios ama a los que se arrepienten
¹⁸⁻¹⁹ »Dios ama mucho
a esta tierra,
por eso nos tendrá compasión
y nos responderá:

''Pongan mucha atención:
Voy a llenar sus graneros
de trigo,
y sus bodegas de vino y
de aceite.
No volveré a permitir
que las naciones los humillen.
²⁰⁻²¹ A ese enemigo del norte,
que se atrevió a atacarlos,
lo arrojaré al desierto;
a los que venían al frente
los ahogaré en el Mar Muerto,
y a los que venían atrás
los ahogaré en el Mediterráneo.
¡Sus cadáveres despedirán
mal olor!''

»Patria mía, ¡no tengas miedo!
Al contrario, llénate de gozo,
pues Dios hace grandes
maravillas;
¡sí, Dios hace grandes
maravillas!

²² »Bestias salvajes, ¡no
tengan miedo!
Los campos se cubrirán
de pasto,
los árboles se llenarán
de frutos,
y habrá higos y uvas en
abundancia.

²³ »Ustedes, habitantes
de Jerusalén,
¡hagan fiesta en honor de
nuestro Dios!
En el momento justo
Dios nos enviará la lluvia,
como lo hacía en tiempos
pasados.
Como prueba de su perdón,
hará que llueva en primavera,
así como llueve en invierno.
²⁴ Así habrá una buena cosecha,
y tendremos gran abundancia
de trigo, vino y aceite.

²⁵ »Dios habrá de devolvernos
todo lo que perdimos estos años
por culpa de los saltamontes

que él mandó contra nosotros.
²⁶⁻²⁷ Tendremos mucha comida,
y alabaremos a nuestro Dios
por todas las grandes
maravillas
que ha hecho en favor
nuestro».

Dios promete enviar su espíritu
Dios le dijo al profeta:

«Yo soy el Dios de los israelitas.
Yo vivo en medio de mi pueblo.
Ellos me reconocerán como su
único Dios,
pues no hay otro como yo.
¡Y no volverán a ser humillados!

²⁸ (3.1) »Cuando esto
haya pasado,
les daré a todos mi espíritu:
hombres y mujeres hablarán
de parte mía;
a los ancianos les hablaré
en sueños
y a los jóvenes, en visiones.

²⁹ (3.2) También en esos tiempos
daré mi espíritu
a los esclavos y a las esclavas.

³⁰ (3.3) »Daré muestras
de mi poder
en el cielo y en la tierra:
habrá sangre y fuego,
y grandes columnas de humo.
³¹ (3.4) El sol dejará de
alumbrar,
y la luna se pondrá roja,
como si estuviera bañada
en sangre.
Esto pasará antes de que llegue
el maravilloso día
en que juzgaré a este mundo.

³² (3.5) »Pero yo salvaré,
a los que me reconozcan
como su Dios.
Mi templo está en Jerusalén,
y en esta ciudad vivirán
los que hayan escapado,
junto con mis elegidos.

Dios juzgará a las naciones
3 ¹ (4.1) »Cuando llegue
ese día,
haré que los de Judá

y de Jerusalén
vuelvan de las naciones
a donde los llevaron
prisioneros.
2-3 (4.2-3) Reuniré a todas
las naciones
en el valle de Josafat,
y las declararé culpables
por todo lo que le hicieron
a mi querido pueblo Israel:
lo dispersaron por todas partes,
y echando suertes entre ellos
se repartieron su territorio;
vendieron como esclavos
a los niños y a las niñas,
¡y con ese dinero compraron
vino para emborracharse,
y les pagaron a las prostitutas!

4 (4.4) »Ciudades de Tiro
y de Sidón,
no les conviene ponerse
en mi contra.
Y a ustedes, provincias
de Filistea,
no les conviene desquitarse
conmigo,
porque yo les daré su merecido
más pronto de lo que piensan.
5 (4.5) Ustedes se han robado
todo mi oro y toda mi plata;
¡mis más ricos tesoros
se los llevaron a sus templos!

6-7 (4.6-7) »Ustedes, gente de
Tiro y de Sidón,
se llevaron muy lejos a la gente
de Judá;
a los habitantes de Jerusalén
los vendieron como esclavos.
Pero yo los rescataré;
los haré volver de Grecia,
donde ustedes los vendieron.

»Ahora yo haré con ustedes
lo mismo que hicieron
con mi pueblo:
8 (4.8) venderé a sus hijos y a

sus hijas
al pueblo de Judá,
para que ellos los revendan
a las tribus del desierto.
Les juro que así lo haré».

El profeta anuncia el juicio

9 (4.9) El profeta Joel les dijo a las
naciones vecinas:

«¡Preparen a sus ejércitos!
¡Prepárenlos para la batalla!
¡Dios les declara la guerra!
10 (4.10) ¡Conviertan sus
herramientas
en armas de guerra!
¡Conviertan a los más cobardes
en hombres de valor!

11-12 (4.11-12)»¡Vengan,
naciones vecinas!
Reúnanse pronto en el valle
de Josafat.
¡Allí Dios las juzgará
y las declarará culpables!
13 (4.13) Dios las cortará como
al trigo
cuando está listo para
la cosecha;
las aplastará como a las uvas
cuando están listas
para hacer vino.
¡Ya es demasiada su maldad!

14 (4.14)»Mucha gente
se ha reunido
en el valle de la Decisión,
porque allí llegará nuestro Dios.
¡Cercano está el día
de su llegada!
15 (4.15) Cuando Dios llegue,
se oscurecerán el sol
y la luna,
y perderán su brillo
las estrellas;
16 (4.16) temblarán el cielo
y la tierra,
y nuestro Dios se enojará

y hablará desde Jerusalén.
Pero protegerá a los israelitas
y será un refugio para ellos».

Habla Dios

17 (4.17) Dios le dijo a su pueblo:

«Cuando llegue ese día,
ustedes reconocerán que yo
soy su Dios.
Me quedaré a vivir
en mi templo,
y Jerusalén será mi
ciudad preferida.
¡Nunca más un ejército
extranjero
volverá a poner un pie en ella!

18 (4.18) »Cuando llegue
ese día,
en los cerros y en las colinas
habrá vino y leche
en abundancia;
y nunca faltará el agua
en los arroyos de Judá,
pues del templo saldrá
un manantial
que regará el valle
de Sitim.

19 (4.19) »A Egipto y a Edom
los convertiré en un desierto,
porque atacaron sin motivo
a los habitantes de Judá,
y en su propio país
mataron a gente inocente.
20-21 (4.20-21) Pero yo
vengaré su muerte;
el culpable no quedará
sin castigo.
Las ciudades de Judá
y de Jerusalén
serán habitadas todo
el tiempo,
y yo viviré en mi templo
para castigar al culpable
y defender al inocente».

Amós

Dios está enojado

1 ¹En el pueblo de Tecoa vivía un ganadero llamado Amós, que comunicó a los israelitas varios mensajes de parte de Dios. Esto sucedió dos años antes del terremoto, cuando Ozías era rey de Judá y Jeroboam hijo de Joás era rey de Israel. ²Estos fueron los mensajes de Amós:

Cuando Dios se enoja
y habla desde Jerusalén,
se marchitan los pastos;
¡se reseca el monte Carmelo!

Mensajes contra las naciones

CONTRA DAMASCO

3 El Dios de Israel ha dicho:

«Ustedes, habitantes
de Damasco
han llegado al colmo
de la maldad.
Por eso, ¡no los perdonaré!
Hicieron pedazos a la
gente de Galaad
como si desgranaran trigo
con una máquina de hierro.
⁴Por eso, les prenderé fuego
al palacio del rey Hazael
y al de su hijo Ben-hadad;
⁵derribaré los portones
de Damasco,
destruiré a los reyes
de Bicat-avén y Bet-edén,
y haré que a todos ustedes
se los lleven a la
ciudad de Quir.
Les juro que así será».

CONTRA GAZA

6 El Dios de Israel ha dicho:

«Ustedes, habitantes de Gaza,
han llegado al colmo
de la maldad.
Por eso, ¡no los perdonaré!
Tomaron presos
pueblos enteros,
y en Edom los vendieron
como esclavos.

⁷»Por eso les prenderé fuego
a las murallas de Gaza

y sus palacios quedarán
hechos cenizas;
⁸destruiré a los reyes
de Asdod y de Ascalón,
y descargaré mi poder
contra Ecrón,
hasta que mueran
todos ustedes.
Les juro que así será».

CONTRA TIRO

9 El Dios de Israel ha dicho:

«Ustedes, habitantes de Tiro,
han llegado al colmo
de la maldad.
Por eso, ¡no los perdonaré!
Tomaron presos pueblos enteros
y en Edom los vendieron
como esclavos;
¡no respetaron el pacto
de hermanos
que habían hecho con
esos pueblos!
¹⁰Por eso les prenderé fuego
a las murallas de Tiro
y sus palacios quedarán
hechos cenizas».

CONTRA EDOM

11 El Dios de Israel ha dicho:

«Ustedes, habitantes de Edom,
han llegado al colmo
de la maldad.
Por eso, ¡no los perdonaré!
Persiguieron a sus
propios hermanos
y los mataron sin
ninguna compasión;
dieron rienda suelta a su enojo,
y siempre guardaron su rencor.
¹²Por eso les prenderé fuego
a las ciudades de
Temán y Bosrá,
y sus palacios quedarán
hechos cenizas».

CONTRA AMÓN

13 El Dios de Israel ha dicho:

«Ustedes, habitantes
de Amón,
han llegado al colmo
de la maldad.

Por eso, ¡no los perdonaré!
Para agrandar su territorio,
en Galaad partieron en dos
a las mujeres embarazadas.
¹⁴Por eso les prenderé fuego
a las murallas de Rabá,
y sus palacios quedarán
hechos cenizas.
Lo haré el día de la batalla,
en medio del estruendo
de un día de tempestad,
¹⁵y su rey y sus jefes
serán llevados a otro país.
Les juro que así será».

CONTRA MOAB

2 ¹El Dios de Israel ha dicho:

«Ustedes, habitantes de Moab,
han llegado al colmo
de la maldad.
Por eso, ¡no los perdonaré!
Quemaron los huesos
del rey de Edom
hasta dejarlos hechos cenizas.
²Por eso les prenderé fuego
a las ciudades de Moab,
y dejaré hechos cenizas
los palacios de Queriot;
¡ustedes, moabitas,
perderán la vida
entre gritos de batalla
y toques de trompeta!
³¡Yo les quitaré la vida
a su rey y a sus jefes!
Les juro que así será».

CONTRA JUDÁ

4 El Dios de Israel ha dicho:

«Ustedes, habitantes de Judá,
han llegado al colmo
de la maldad.
Por eso, ¡no los perdonaré!
Rechazaron mis enseñanzas
y no quisieron obedecerlas.
Prefirieron adorar a
los dioses falsos
que antes adoraron
sus antepasados.

⁵»Por eso les prenderé fuego
a las ciudades de Judá,
y dejaré hechos cenizas
los palacios de Jerusalén».

CONTRA ISRAEL

6 El Dios de Israel ha dicho:

«Ustedes, pueblo de Israel,
han llegado al colmo
de la maldad.
Por eso, ¡no los perdonaré!
A la gente humilde y honrada
la venden como esclava
por unas cuantas monedas
y hasta por un par de zapatos;
7 a los pobres los humillan,
los arrastran por el suelo
y son injustos con ellos;
los padres y los hijos
me ofenden
al tener relaciones sexuales
con una misma mujer.
8 Se acuestan con ella
junto a cualquier altar;
se acuestan sobre la ropa
que algún pobre les dejó
como garantía de pago;
con el dinero de multas injustas
compran vino y se emborrachan
en el templo de su dios.

9-10 »Pueblo de Israel,
yo los saqué de Egipto,
y durante cuarenta años
los guié a través del desierto;
destruí por completo a
los amorreos
y les di a ustedes su país,
aunque ellos eran un pueblo
de mucha fuerza y
gran estatura.
11 De entre los hijos de ustedes,
elegí a algunos como profetas
y a otros los aparté
como nazireos.
¡Díganme ustedes si miento!
Les juro que así fue.

12 »Pero ustedes, pueblo
de Israel,
emborracharon a los nazireos
y no dejaron que los profetas
les comunicaran mis mensajes.

13 »Por eso, pueblo de Israel,
¡yo los aplastaré
contra el suelo,
como si los aplastara
una carreta cargada de trigo!
14-15 De mí no podrán escapar
ni los corredores más veloces,

ni los soldados más fuertes,
ni los guerreros más valientes,
ni los flechadores más diestros,
ni los que huyan a caballo;
16 ¡hasta los más valientes
huirán desnudos ese día!
Les juro que así será.

3 **1-2** ¡Israelitas,
escuchen la palabra de su Dios!
De todos los pueblos
de la tierra,
sólo a ustedes los elegí;
sólo a ustedes los saqué
de Egipto.
Por eso voy a hacerles pagar
toda la maldad que
han cometido».

Hay una razón para todo

3 Si dos personas andan juntas,
es porque están de acuerdo.
4 Si el león ruge en la selva,
es porque está hambriento;
si gruñe en su cueva,
es porque atrapó un animal.
5 Si el ave queda atrapada,
es porque alguien puso
una trampa.
6 Si la gente se alborota,
es porque sonó la alarma;
y si la gente se espanta,
es porque algo malo sucede.
Y si algo malo sucede,
es porque Dios lo causó.
7 ¡Dios nunca hace nada
sin comunicarlo a sus profetas!
8 Si el león ruge,
todo el mundo tiembla
de miedo.
Si nuestro Dios habla,
todo profeta tiene que hablar.

Samaria será destruida

9-10 Nuestro Dios ha dicho:

«¡Den a conocer esto
en los palacios de Asdod
y en los palacios de Egipto!
¡Díganle a la gente que se junte
en las montañas de Samaria!
¡Que vea el desorden
y la violencia
que hay en esa ciudad!

»Los de Samaria no saben
qué significa hacer lo bueno.

Sólo saben robar a la fuerza,
y guardar en sus palacios
lo robado».

11-12 Por lo tanto, pueblo de
Israel, nuestro Dios les advierte:

«Un ejército enemigo vendrá
a Samaria
y la rodeará para conquistarla;
derribará sus fortalezas
y dejará vacíos sus palacios.
Cuando un león ataca
las ovejas,
el pastor lucha por salvarlas,
pero sólo alcanza a rescatar
dos patas o un pedazo de oreja;
así también ustedes, israelitas
que ahora viven en Samaria,
querrán escapar y
llevarse todo,
pero sólo podrán llevarse
la pata de una cama
o una alfombra de Damasco».

13 Nuestro Dios, el poderoso Dios
de Israel, también ha dicho:

«¡Pongan mucha atención!
¡Adviertan a los descendientes
de Jacob
14 que pronto voy a castigarlos
por los pecados que
han cometido!
Cuando llegue ese día,
derribaré los altares
que construyeron en Betel;
destruiré los cuernos del altar
y los arrojaré al suelo.
15 Derribaré todas sus casas
y todos sus palacios;
derribaré las casas adornadas
de marfil,
que los ricos construyeron
para pasar el invierno
y descansar en verano.
¡Les juro que así lo haré!»

Las mujeres ricas de Samaria

4 **1** Y ustedes, mujeres
de Samaria,
escuchen lo que tengo
que decirles:
Ustedes están gordas
como vacas de la región
de Basán,

Nuevos testamentos y evangelios
para los prisioneros de guerra españoles en 1805.

"Las lágrimas que derramamos cuando sembramos la semilla se volverán cantos de alegría cuando cosechemos el trigo" *(Salmo 126.5-6).*

pues maltratan y humillan
a los pobres,
y a sus propios maridos
les piden vino para
emborracharse.
² Pero el poderoso Dios
de Israel
les jura que ya está
cerca el día
en que a ustedes y a sus hijos
se los llevarán lejos de aquí.
Tanto a ellos como a ustedes
les pondrán ganchos
en la boca,
³ y a ustedes las sacarán
por los huecos de las murallas,
una detrás de la otra,
para llevarlas al matadero.

Israel no se arrepiente

Nuestro Dios les dice:

⁴⁻⁵ «¡Ya que a ustedes
les gusta tanto pecar,
sigan adorando a sus ídolos
en el santuario de Betel
y en el santuario de Guilgal!
No me importa lo que hagan.
Yo, el Dios de Israel,
les juro que así es.

» ¡Sigan pecando más y más!
Sigan presentando sus ofrendas
todas las mañanas,
y lleven cada tercer día
la décima parte de
sus cosechas;
presenten toda clase
de ofrendas,
y anuncien sus ofrendas
voluntarias.

⁶ » Cuando les hice
pasar hambre,
¡en ninguna ciudad había
de comer!
Pero a pesar de eso,
ustedes no se arrepintieron.
Yo, el Dios de Israel,
les juro que así fue.

⁷ » Tres meses antes
de la cosecha
decidí no enviarles lluvia;
mientras que en una
ciudad llovía,
en otra no caía ni gota

de agua;
unos campos quedaron
empapados,
mientras que otros
quedaron resecos.
⁸ Los que no tenían agua
iban a las ciudades que
sí tenían,
aunque no lograban calmar
su sed.
Pero a pesar de eso,
ustedes no se arrepintieron.
Yo, el Dios de Israel,
les juro que así fue.

⁹ » Yo destruí sus cosechas
y acabé con sus árboles
frutales;
yo envié sobre sus campos
grandes plagas de saltamontes
y calientes vientos
del desierto;
Pero a pesar de eso,
ustedes no se arrepintieron.
Yo, el Dios de Israel,
les juro que así fue.

¹⁰ » Mandé plagas contra
ustedes,
como las que mandé
contra Egipto;
hice que perdieran en la guerra
sus caballos y sus mejores
soldados;
¡el mal olor de los muertos
se sentía por todas partes!
Pero a pesar de eso,
ustedes no se arrepintieron.
Yo, el Dios de Israel,
les juro que así fue.

¹¹ » A muchos de ustedes
los destruí
como destruí a las ciudades
de Sodoma y de Gomorra;
¡hasta parecían una brasa
recién sacada del fuego!
Pero a pesar de eso,
ustedes no se arrepintieron.
Yo, el Dios de Israel,
les juro que así fue.

¹² » Por todo eso, pueblo
de Israel,
ahora voy a castigarlos;
y como no podrán evitarlo,
¡prepárense para

encontrarse conmigo!

¹³ » Yo soy quien hizo
el viento y las montañas;
yo soy quien convierte
la luz del día en oscuridad;
yo soy quien comunica
sus planes a la
humanidad entera;
yo soy el que camina
por las alturas de la tierra;
¡yo soy el poderoso
Dios de Israel!»

Israel debe arrepentirse

5 ¹⁻⁴ Pueblo de Israel,
escuchen este triste canto
que entono por lo que va
a suceder.

Pueblo de Israel,
nuestro Dios les advierte:

«Ya ustedes pueden darse
por muertos.
Quedarán tendidos en el suelo,
y no volverán a levantarse;
serán como una
jovencita muerta
que no volverá a la vida.

» No les irá bien en la guerra.
Si de una ciudad salen
mil soldados,
sólo cien volverán con vida;
si de un pueblo salen cien
soldados,
sólo diez volverán con vida.

» Si quieren seguir viviendo,
vuelvan a obedecerme.
⁵ No vayan al santuario
de Betel,
porque pronto será destruido;
tampoco vayan al santuario
de Beerseba
ni pasen por el de Guilgal,
porque todos sus habitantes
serán llevados presos
a otro país.

⁶ » Si quieren seguir viviendo,
vuelvan a obedecerme.
Si no lo hacen,
yo destruiré al reino de Israel;
¡le prenderé fuego al santuario
de Betel,

y nadie será capaz de apagarlo!

7 »Ustedes no han tratado
con justicia
a los que son maltratados,
ni han respetado sus derechos;
¡han convertido en malo
lo que es bueno!

8-9 »Yo soy quien hizo
todas las estrellas del cielo;
yo soy quien convierte
la luz del día en oscuridad,
y la oscura noche en día;
yo soy quien manda a las nubes
que vengan y rieguen la tierra;
yo soy quien derriba murallas
y quien convierte grandes
fortalezas
en un montón de ruinas;
¡yo soy el Dios todopoderoso!

10 »Ustedes desprecian
al que lucha por la justicia
y al que dice la verdad;
11 ustedes humillan a los pobres
y les quitan el pan de la boca
al cobrarles altos impuestos.
Por eso no podrán disfrutar
de las lujosas casas
que construyeron,
ni tampoco beberán el vino
de los hermosos viñedos
que plantaron.

12 »Yo conozco todos
sus pecados;
conozco sus muchas maldades.
Sé que los jueces
aceptan dinero
para juzgar a favor de
los malvados
y en contra de la gente
inocente.
Por eso el juicio lo ganan
los ricos
y lo pierden los pobres.
13 ¡Hay tanta maldad hoy en día
que los sabios prefieren
callarse!

14-15 »Ustedes dicen
estar seguros
de que yo vivo entre ustedes.
Si en verdad quieren
que así sea,
dejen de hacer lo malo,

empiecen a hacer lo bueno
y traten a todos con justicia.
Puede ser que entonces
yo, el Dios todopoderoso,
viva entre ustedes y les dé vida.
Puede ser que entonces
yo, el Dios todopoderoso,
bendiga a los pocos de ustedes
que hayan quedado con vida».

El llanto de Israel

16-17 Nuestro Dios, el poderoso Dios
de Israel, ha dicho:

«Cuando yo venga
a castigarlos,
el llanto se oirá por
todas partes.
Se llorará en las calles,
se llorará en los mercados,
se llorará en los viñedos,
se llorará en los campos,
¡y también en los velorios!
18 ¡Qué mal les va a
ir a ustedes,
los que esperan con ansias
el día de mi llegada!
¡No saben lo que les espera!
¡No será un día de luz,
sino un día de terrible
oscuridad!
19 Ese día sabrán lo que sienten
los que huyen de un león
y se encuentran con un oso.
Ese día sabrán lo que sienten
los que entran en su casa
y los muerde una serpiente
al apoyarse en la pared.

20 »En verdad, así será
el día de mi llegada:
¡no será un día de felicidad,
sino un día de terrible tristeza!

21 »¡Yo aborrezco sus
fiestas religiosas!
¡No soporto sus cultos
de adoración!
22 Ustedes se acercan a mí
trayendo toda clase
de ofrendas,
pero yo no quiero ni mirarlas.
23 ¡Vayan a cantar a otra parte!
¡No quiero oír esa música
de arpa!
24 Mejor traten con justicia a
los demás

y sean justos como yo lo soy.
¡Que abunden sus buenas
acciones
como abundan las aguas
de un río caudaloso!

25 »Pueblo de Israel,
durante los cuarenta años
que anduvieron por el desierto,
ustedes nunca me presentaron
ofrendas.
26 En cambio, llevaban
en hombros
la imagen de Sicut,
el dios que llaman rey,
y cargaban la imagen
del dios Quiiún
que tenía la forma de
una estrella.
27 Por eso haré que a ustedes
se los lleven presos a otro país
que está más allá de Siria.
Yo, el Dios todopoderoso,
les juro que así será».

Dios castigará a Israel

6 **1** Amós continuó diciendo:

¡Que mal les va a ir a ustedes,
los que viven cómodos
en Jerusalén!
¡Que mal les va a ir a ustedes,
los poderosos de este
gran país!
Si creen que Jerusalén
y Samaria
son ciudades seguras
y confiables,
2 vayan a la ciudad de Calné,
a la gran ciudad de Hamat
y a Gat, ciudad filistea,
¡y vean lo que pasó con ellas!
¿Se creen ustedes mejores
que ellos,
o creen que su país es
más grande?
3 ¡Aunque pongan un rey
muy violento
no podrán alejar la desgracia!

4 Ustedes se pasan el día
recostados en lujosas
camas de marfil
y comiéndose lo mejor
del ganado.
5 Ustedes se la pasan
tocando el arpa,

se ponen a componer canciones,
y hasta inventan nuevos
instrumentos.
¡Así también hacía el rey David!
6 Beben vino hasta
emborracharse,
y usan los más finos perfumes,
¡pero nada les importa
que el país esté en la ruina!
7 Por eso voy a poner fin
a sus falsas fiestas religiosas,
y cuando el pueblo
sea llevado a otro país
a ustedes se los
llevarán primero.

8 Nuestro Dios, el todopoderoso,
claramente ha dicho:

«¡Ya no quiero a los israelitas!
¡Se sienten muy orgullosos
de sus hermosos palacios!
Por eso voy a entregarlos,
a ellos y a su ciudad,
en manos de sus enemigos.

9 »Cuando eso pase, no importa si
sólo diez hombres quedan con vida
en una casa, todos ellos morirán.
10 Tal vez llegue algún pariente
para recoger y quemar los cadáveres; si algún otro pariente le pregunta si todavía queda alguien, el
primero le responderá que no, y le
advertirá que se calle, porque
podrían pronunciar mi santo nombre, y entonces les iría peor.

11 »Tomen esto en cuenta:
Yo, el Dios de Israel,
voy a destruir por completo
todas las casas, ¡grandes
y pequeñas!

12 »Hay dos cosas imposibles de
hacer:
correr a caballo entre
las piedras
y arar en el mar.
Pero ustedes hicieron
lo que parecía imposible:
convirtieron la justicia
en muerte
y en tristeza la alegría
de un pueblo.
13 Ustedes se sienten muy felices
de haber conquistado

una ciudad insignificante
y creen que pueden vencer
a pueblos más poderosos.

14 »Pues oigan esto, israelitas:
Voy a mandar contra ustedes
una nación que los conquiste,
y los vencerá por completo;
desde Hamat, en el norte,
hasta el desierto, en el sur.
Yo, el Dios todopoderoso,
les juro que así será».

Los saltamontes

7 **1** Nuestro Dios me permitió ver
los saltamontes que estaba por
lanzar sobre los campos de Israel.
Ya se había levantado la primera
cosecha, la que pertenece al rey.
Pero faltaba levantar la segunda
cosecha, la que es para el pueblo.
2 Cuando vi que los saltamontes se
estaban comiendo hasta la hierba, le rogué a Dios:

—¡Perdona a tu pueblo, Dios mío!
¿Cómo vamos a sobrevivir, si
somos un pueblo tan pequeño?

3 Entonces Dios sintió compasión
de nosotros, y dijo:

—Está bien. No voy a mandar estos
saltamontes contra ustedes.

El fuego

4 Nuestro Dios me permitió ver el
fuego con que pensaba castigarnos. Ese fuego quemaría toda la
tierra, y también lo más profundo
del mar. **5** Pero yo le rogué a Dios:

—¡No lo hagas, Dios mío! ¿Cómo
vamos a sobrevivir, si somos un
pueblo tan pequeño?

6 Entonces Dios sintió compasión
de nosotros, y dijo:

—Está bien. Tampoco voy a mandar este fuego contra ustedes.

La plomada

7 Nuestro Dios también me permitió verlo cuando estaba junto a un
muro, con una plomada de albañil
en la mano. **8** Me preguntó:

—¿Qué es lo que ves, Amós?

Yo le respondí:

—Veo una plomada de albañil.

Entonces Dios me dijo:

—Con esta plomada voy a ver si
mi pueblo se comporta rectamente. Ya no voy a perdonarle
un solo pecado más. **9** Destruiré
los pequeños templos donde los
israelitas adoran a sus ídolos, y le
declararé la guerra a la familia
del rey Jeroboam.

Amós y Amasías

10 Un sacerdote de Betel, llamado
Amasías, mandó a decirle a
Jeroboam, rey de Israel:

«Amós anda haciendo planes en
contra de Su Majestad. Como
israelitas, no podemos dejar que
siga haciéndolo. **11** Según él, Su
Majestad morirá en el campo de
batalla, y los israelitas serán llevados presos a otro país».

12 Amasías habló también conmigo, y me dijo:

—Óyeme tú, que dices que has
visto lo que va a suceder: ¡largo
de aquí! Mejor vete a Judá. Allá
podrás ganarte la vida como profeta. **13** Deja ya de profetizar aquí
en Betel, porque en esta ciudad
está el templo más importante
del reino, y aquí es donde el rey
viene a adorar.

14 Yo le respondí:

—Pues fíjate que no soy ningún
profeta, ni tampoco mi padre lo
fue. Me gano la vida cuidando
ganado y cosechando higos silvestres. **15** Si ahora profetizo, es
porque Dios mismo me pidió que
dejara de cuidar el ganado, y me
mandó a anunciarle este mensaje a su pueblo Israel.

16-17 »Tú dices que yo no debo profetizar contra los israelitas, porque son descendientes de Isaac.

Ahora escúchame tú lo que Dios me manda a decirte:

''En esta misma ciudad,
tu mujer se volverá prostituta,
y tus hijos y tus hijas
morirán atravesados
por la espada.
Otros se quedarán con
tus tierras,
tú morirás lejos de tu patria,
y los israelitas serán llevados
a un país muy lejano''.

La canasta con fruta

8 ¹Nuestro Dios también me permitió ver una canasta, en la que había fruta madura. ²Entonces me preguntó:

—¿Qué es lo que ves, Amós?

Yo le respondí:

—Veo una canasta llena de fruta madura.

Entonces Dios me dijo:

—Israel está lleno de maldad. Ya no volveré a perdonar sus pecados. ³Está cerca el día en que convertiré los himnos del templo en tristes lamentos por los muertos. Ese día habrá tantos cadáveres que los arrojarán en cualquier parte. ¡Será mejor que se callen! Yo, el Dios de Israel, les juro que así es.

⁴»Escúchenme bien:
Ustedes humillan a los pobres
y están acabando con ellos.
⁵Para vender más caro el trigo
ustedes se la pasan deseando
que pronto termine
el día sábado
y que pase la fiesta de
fin de mes.
Sólo piensan en engañar
a sus clientes,
usando pesas y medidas falsas.
⁶Quieren venderlo todo,
¡hasta la cáscara del trigo!
Quieren hacer esclavos
a los pobres
a cambio de unas monedas

o por el precio de unas
sandalias.

⁷»Pero yo soy el Dios de Israel,
y les juro que nunca olvidaré
sus malas acciones.
⁸Por causa de todo esto,
la tierra misma temblará;
subirá como el agua
del río Nilo,
y luego se hundirá
por completo,
haciendo llorar a sus
habitantes.

⁹»Yo soy el Dios de Israel,
y les aseguro que ese día
el sol dejará de brillar;
el mediodía se convertirá
en noche,
y toda la tierra quedará
a oscuras.
¹⁰Convertiré sus fiestas
en velorios,
y sus canciones en tristes
lamentos;
todos ustedes andarán de luto
y se raparán la cabeza;
andarán tristes y llenos
de amargura,
como si hubiera muerto
su único hijo.

¹¹»Yo soy el Dios de Israel,
y les aseguro que vienen días
en que haré que sientan
hambre;
tendrán hambre, pero
no de pan,
tendrán sed, pero no de agua;
¡tendrán hambre de oír
mi palabra!
¹²Andarán de este a oeste,
y de norte a sur,
con deseos de oír mi palabra,
pero yo no les hablaré.

¹³»Cuando llegue ese día,
aun las muchachas más sanas
y los jóvenes más fuertes
se desmayarán de sed.
¹⁴Además, caerán sin vida
los que adoraban a los ídolos
de Samaria, de Dan y
de Beerseba.
Juraban en nombre de
esos dioses,

creyendo que eran dioses vivos,
por eso no volverán
a levantarse.

Dios juzgará a su pueblo

9 ¹Después de eso vi a Dios. Estaba de pie, junto al altar, y me dijo:

«Golpea la parte alta
de las columnas del templo,
para que el templo se derrumbe
y caiga sobre la gente.
¡Nadie escapará con vida!
Pero si alguno logra escapar,
morirá en el campo de batalla.

²»No importa que se escondan
en lo más profundo de la tierra:
de allí los voy a sacar;
no importa que se escondan
en lo más alto del cielo:
de allí los voy a bajar.
³Tal vez se escondan
en lo más alto del
monte Carmelo,
pero yo mismo iré a buscarlos
y de allí los voy a sacar.
Tal vez se escondan de mi vista
en lo más profundo del mar,
pero yo mandaré una serpiente
para que los muerda.
⁴Y si acaso sus enemigos
los llevan presos a otro país,
aun allí daré la orden:
''¡Que los maten a filo
de espada!''
Voy a estar pendiente de ellos,
pero no para hacerles bien
sino para hacerles mal».

El gran poder de Dios

⁵Y yo les digo:

¡Nuestro Dios es todopoderoso!
Toca la tierra,
y esta se desmorona;
la hace subir y bajar
como al agua del río Nilo,
haciendo llorar a
sus habitantes.

⁶Dios hizo su casa en el cielo,
pero puso las bases en la tierra.
Dios llama a las aguas
del océano,
y las derrama sobre la tierra.

¡Nuestro Dios es todopoderoso!

Israel será castigado

7 Nuestro Dios ha dicho:

«Para mí, ustedes
los israelitas
no son diferentes a
otros pueblos:
a ustedes los saqué de Egipto,
a los filisteos los saqué
de Creta,
y a los arameos los
saqué de Quir.
8 Yo he visto que ustedes
también son un pueblo
pecador;
¡por eso los borraré del mapa!
Pero salvaré a los descendientes de Jacob.
Yo soy el Dios de Israel,
y les juro que así lo haré.

9 »Pueblo de Israel,
ahora mismo daré la orden
de que ustedes sean sacudidos,
como se sacude el trigo
para limpiarlo de basura,
sin dejar caer un solo grano.
10 Todos ustedes piensan
que nada malo les pasará,
pero al final sus pecados
les causarán la muerte.

Dios reconstruirá a Israel

11 »Cuando llegue ese día,
haré que los descendientes
de David,
vuelvan a reinar sobre Israel.
Volverán a ser fuertes
como antes.
12 Así, lo que quede de Edom
y de las otras naciones
volverá a ser de Israel,
el pueblo que alaba mi nombre.
Yo soy el Dios de Israel,
y les juro que así será.

13 »Ya está cerca el día
en que tendrán abundantes
cosechas.
No habrán terminado de cosechar el trigo
cuando tendrán que volver
a sembrar;
No habrán acabado de
preparar el vino
cuando tendrán que plantar
más viñas.

»¡En los cerros y en las colinas
correrá el vino como un río!

14 »Pueblo de Israel,
cuando llegue ese día,
los haré volver a su país.
Entonces reconstruirán
sus ciudades
y volverán a habitarlas;
plantarán viñedos y beberán
su vino,
sembrarán huertos y comerán
sus frutos.
15 Yo mismo los plantaré
en su tierra,
y nadie volverá a arrancarlos
de la tierra que les di.
Yo soy su Dios,
y les juro que así lo haré».

Abdías

1 **1-2** Dios le comunicó al profeta Abdías lo que pensaba hacer con el país de Edom. Le dijo:

«Yo soy el Dios de Israel,
y ya envié un mensajero
por todas las naciones.
Escuchen bien su mensaje:
''¡Tomen sus armas, naciones todas!
¡Vamos a la guerra contra Edom!''

»Y tú, Edom, escúchame bien:
Yo voy a hacer de ti
la más pequeña de las naciones.
¡Todo el mundo te despreciará!

3 »Tú te crees muy importante
porque vives entre las rocas;
piensas que estás muy seguro
por vivir en las altas montañas;
crees que nadie podrá derribarte,
¡pero estás muy equivocado!

4 »Yo soy el Dios todopoderoso,
y juro que te derribaré
aunque vueles como las águilas
y pongas tu nido entre
las estrellas.

5 »Cuando un ladrón te asalta
de noche,
no te quita todo lo que tienes,
sino lo que tengas de
más valor;
y cuando los que cosechan uvas
entran a tus viñedos,
no se llevan todos los racimos.
6 ¡Pero a ti te han quitado todo!
¡Se han llevado todos
tus tesoros!
7 Los que estaban de tu parte
y decían que eran tus amigos
te pusieron trampas y
te engañaron;
los que compartían tu mesa
se volvieron tus enemigos;
te echaron de tu propia tierra
¡y tú ni cuenta te diste!

8 »Pero escúchame, Edom:
yo soy el Dios todopoderoso,
y te juro que viene el día
en que no quedará en
tus montañas
ni uno solo de tus sabios.
¡Yo acabaré con todos ellos!
9 En la ciudad de Temán
tus valientes temblarán
de miedo,
y en las montañas de Edom
todos morirán en la batalla.

El pecado de Edom

10 »Tú, Edom, quedarás
en vergüenza
y serás destruido por completo
por haber tratado con violencia
a tus parientes, los israelitas.
11 Cuando un ejército enemigo
atacó la ciudad de Jerusalén
y derribó sus portones,
tú te portaste igual que ellos;
viste cómo se repartían
las riquezas de la ciudad,
¡y no hiciste nada
para impedirlo!

12 »No debiste haberte
alegrado
cuando tus hermanos sufrían;
no debiste haberte reído
cuando Judá estaba en ruinas;
no debiste burlarte de ellos
cuando estaban angustiados;
13 no debiste entrar
a Jerusalén
ni alegrarte de su desgracia
cuando mi ciudad
era destruida;
no debiste robarles riquezas
cuando ya no podía
defenderse.
14 No debiste quedarte
donde se cruzan los caminos
para matar allí a los que huían,
ni debiste haberlos entregado
en manos de sus enemigos
cuando ya no sabían qué hacer.

15 »¡Pero ya está cerca el día
en que juzgaré a todas
las naciones!
¡Ese día te daré tu merecido!
¡Ese día te voy a dar
el mismo trato que
diste a otros!

Dios juzgará a todas las naciones

16 »Mi pueblo sufrió mucho
en el monte donde
está mi templo;
¡pero así sufrirán también
todas las naciones
extranjeras,
y al fin desaparecerán!
¡Será como si no
hubieran existido!

17 »Pero algunos de mi pueblo
buscarán refugio en mi templo
y allí se pondrán a salvo,
pues Sión es mi
monte preferido.
Allí los descendientes de Jacob
recobrarán lo que
les pertenece.

18 »Así como el fuego
quema la estopa,
la gente de Edom
será destruida
por las doce tribus
de Israel.
¡Nadie en Edom quedará
con vida!
Yo soy el Dios de Israel,
y les juro que así será.

19 »Los israelitas del sur
recibirán las montañas
de Edom;
los israelitas de la llanura
recibirán el territorio filisteo,
el territorio de Efraín
y el territorio de Samaria;
los de la tribu de Benjamín
recibirán el territorio de Galaad;
20 la gran multitud de israelitas
que fueron llevados
a otros países
recibirá el territorio
de los cananeos,
hasta la ciudad de Sarepta;
y los habitantes de Jerusalén
que fueron llevados a Sefarad,
recibirán las ciudades del sur.
21 Todos ellos vendrán
a mi templo
como un pueblo victorioso;
gobernarán al orgulloso
país de Edom,
¡y yo seré su rey!»

⊹ ···· *Jonás* ···· ⊹

Jonás desobedece a Dios

1 ¹ Cierto día, un hombre llamado Jonás hijo de Amitai, recibió un mensaje de parte de Dios: ² «¡Levántate, ve a la gran ciudad de Nínive y diles que ya he visto lo malvados que son!»
³ Pero en vez de ir a Nínive, Jonás decidió irse lo más lejos posible, a un lugar donde Dios no pudiera encontrarlo. Llegó al puerto de Jope y encontró un barco que estaba a punto de salir. Pagó su pasaje y se embarcó, contento de irse lo más lejos posible de Dios.
⁴ Cuando ya estaban en alta mar, Dios mandó un viento muy fuerte que pronto se convirtió en una terrible tempestad. El barco estaba a punto de romperse en pedazos.
⁵ Cada uno de los marineros, temblando de miedo, llamaba a gritos a su dios. Ya desesperados, arrojaron al mar toda la carga del barco para quitarle peso. Mientras tanto, Jonás dormía plácidamente en la bodega del barco.
⁶ El capitán se le acercó y le dijo:

—¡Qué haces aquí, dormilón! ¡Levántate y pide ayuda a tu dios! ¡Tal vez nos salve al ver que estamos en peligro!

⁷ Al mismo tiempo, los marineros decían:

—Echemos suertes para saber quién tiene la culpa de nuestra desgracia.

Echaron suertes, y Jonás resultó culpable. ⁸ Entonces, los marineros preguntaron a Jonás:

—¡Dinos ya por qué estamos sufriendo todo esto! ¿En qué trabajas? ¿De dónde vienes? ¿Cuál es tu país? ¿De qué nacionalidad eres?

⁹ Jonás respondió:

—Soy hebreo y adoro a nuestro Dios, soberano y creador de todas las cosas. Lo que está pasando es culpa mía, pues estoy huyendo de él.

¹⁰⁻¹¹ Los marineros, llenos de terror, le dijeron:

—¿Por qué has hecho esto? ¿Qué podemos hacer contigo? ¡El agua se nos viene encima y la tormenta se está poniendo más violenta!

¹² —Échenme al mar, y el mar se calmará —contestó Jonás—. Esta terrible tempestad cayó sobre ustedes por mi culpa.

¹³ Los marineros comenzaron a remar con todas sus fuerzas, tratando de acercar el barco a tierra; pero no pudieron. Las olas eran cada vez más altas, y la tormenta casi los destruía. ¹⁴ Desesperados, los marineros gritaron: «¡Dios! ¡Por favor, no nos dejes morir por matar a un hombre inocente! No nos culpes de su muerte, pues eres tú, Dios mío, quien ha querido hacer todo esto».
¹⁵ Entonces los marineros tomaron a Jonás y lo tiraron al mar. De inmediato el mar se calmó. ¹⁶ Al ver lo sucedido, los marineros reconocieron al Dios de Israel como su Dios, le presentaron una ofrenda y prometieron seguir adorándolo.

Jonás ora a Dios

¹⁷ (2.1) Dios mandó un pez enorme que se tragó a Jonás. Tres días y tres noches estuvo Jonás en la barriga del pez.
2 ¹ (2) Desde allí oró a Dios:

² (3) «Cuando estaba
sufriendo,
tú, mi Dios, me ayudaste.
Cuando estaba casi muerto,
pedí ayuda y me la diste.

³ (4) »Me arrojaste a lo más
hondo del mar.

Sólo agua veía yo por
todos lados;
grandes olas cruzaban
sobre mí.

⁴ (5) »Llegué a pensar que ya
no me querías,
que no volvería a entrar
en tu templo.

⁵ (6) » Me había hundido por
completo.
El mar me cubría todo,
y las algas se enredaban
en mi cabeza.

⁶ (7) »Creí que ya nunca saldría
del fondo del mar.
Pero tú, Dios mío, me salvaste
la vida.

⁷ (8) »Cuando ya estaba
sin fuerzas,
me acordé de ti, y oré.
Mi oración llegó hasta
tu santuario.

⁸ (9) »Los que adoran a
otros dioses,
a los ídolos sin vida,
no pueden decir que tú
eres su Dios.

⁹ (10) »Pero yo voy a adorarte;
te cantaré con alegría.
Cumpliré las promesas
que te hice.
¡Porque sólo tú puedes
salvar!»

¹⁰ (11) Por fin, Dios le ordenó al pez: «¡Arroja a Jonás en la orilla del mar!»

Jonás obedece a Dios

3 ¹ Dios volvió a hablarle a Jonás, y le dio esta orden: ² «¡Levántate, ve a la gran ciudad de Nínive! Anúnciales el mensaje que voy a darte».

³ Esta vez Jonás sí obedeció a Dios: se levantó y se fue a Nínive. Aquella ciudad era tan grande que para recorrerla toda se

necesitaban tres días completos. **4** Jonás entró en la ciudad, y durante todo un día estuvo anunciando: «¡Dentro de cuarenta días Dios va a destruir esta ciudad!»

5 Entonces toda la gente de Nínive dejó de hacer lo malo y decidió obedecer sólo a Dios. Y como querían demostrar que deseaban cambiar su manera de vivir, se pusieron ropa de tela áspera y ayunaron. Todos ellos, desde el más rico hasta el más pobre, no comieron nada ese día.

6 Cuando el rey de Nínive supo esto, se levantó de su trono. Luego se quitó sus ropas finas, se puso ropas ásperas, y se sentó en el suelo. Todo esto lo hizo en señal de humildad ante Dios. **7** De inmediato el rey envió un anuncio a toda la gente de Nínive:

«Esta es una orden del rey y de sus ministros: Que nadie coma nada. Se prohíbe que la gente, las vacas y las ovejas coman o beban. **8** Todo el mundo está obligado a ponerse ropas ásperas, y deberán cubrir los animales con mantas ásperas.

»Además, les pedimos a todos ustedes que oren a Dios con todas sus fuerzas, que dejen de hacer lo malo, y que ya no se peleen ni maltraten a nadie. **9** Si dejamos de hacer lo malo, tal vez a Dios se le pase el enojo, y no

nos destruirá».

10 Y al ver que toda la gente de Nínive dejó de hacer lo malo, Dios decidió no destruirlos.

Jonás discute con Dios

4 **1** Jonás se enojó muchísimo, pues no le gustó que Dios hubiera perdonado a la gente de Nínive. **2** Muy molesto, le dijo a Dios:

—¡Ya lo decía yo, mi Dios, ya lo decía yo! Hiciste lo que pensé que harías cuando aún estaba en mi tierra. Por eso quise huir lejos de ti.

»Yo sé que eres un Dios muy bueno; te compadeces de todos y es difícil que te enojes. Eres tan cariñoso, que cuando dices que vas a castigar, después cambias de opinión y no lo haces. **3** A mí me molesta eso; prefiero que me quites la vida. Si vas a ser así, mejor mátame.

4 Dios le preguntó a Jonás:

—¿Qué razón tienes para enojarte así?

5 Jonás salió de la ciudad y se fue a un lugar desde donde podía verlo todo. Luego cortó unas ramas y construyó un refugio para protegerse del sol. Se sentó bajo la sombra, y se puso a esperar lo que iba a pasarle a la ciudad.

6 Por su parte, Dios hizo brotar

una planta; ésta creció y cubrió el refugio de Jonás. Así Dios le dio a Jonás una sombra mejor, para que no sintiera tanto calor. ¡Jonás quedó muy contento con aquella planta!

7 Pero después, Dios hizo que un gusano viniera al otro día, y picara la planta. Esta pronto se secó, **8** y cuando salió el sol, Dios mandó un viento tan caliente que el pobre Jonás casi se desmayaba. Era tanto el calor que Jonás quería morirse; por eso gritó:

—¡Prefiero morir que seguir viviendo!

9 Entonces Dios le preguntó a Jonás:

—¿Crees que es justo que te enojes tanto porque se secó esa planta?

—Por supuesto que sí —dijo Jonás—. Sin ella, prefiero morirme.

10 Dios le respondió a Jonás:

—Estás preocupado por una planta que no sembraste ni hiciste crecer. En una noche creció, y en la otra se secó. **11** ¿No crees que yo debo preocuparme y tener compasión por la ciudad de Nínive? En esta gran ciudad viven ciento veinte mil personas que no saben qué hacer para salvarse, y hay muchos animales.

Miqueas

1 ¹ Yo soy Miqueas de Moréset. Dios me comunicó lo que pensaba hacer contra las ciudades de Samaria y Jerusalén. Esto sucedió cuando Jotán, Ahaz y Ezequías eran reyes de Judá. Esto es lo que Dios me dijo:

Juicio contra Samaria

² «¡Escúchenme bien,
pueblos todos de la tierra!
¡Préstenme atención,
habitantes de este país!
Yo soy el Dios de Israel
y desde mi santo templo
voy a denunciar sus maldades.

³ »Ya estoy por salir
y destruiré los pequeños templos
que han construido
en los cerros de este país.

⁴ »Cuando ponga mis pies
sobre las montañas,
ellas se derretirán
como la cera en el fuego,
y los valles se partirán en dos,
como se parten las montañas
cuando los ríos bajan por ellas.

⁵ »Todo esto sucederá
por la rebeldía de los israelitas,
pues ya son muchos sus pecados.
Los de Israel pecaron
en la ciudad de Samaria;
los de Judá adoraron a
otros dioses
en la ciudad de Jerusalén.
⁶ Por eso convertiré a Samaria
en un montón de ruinas;
esparciré sus piedras por
el valle
y la dejaré al descubierto.
¡Sólo servirá para plantar
viñedos!

⁷ »Por eso haré pedazos
todos los ídolos de Samaria.
Los hicieron con las monedas
que ganaron las prostitutas;
¡pues yo los fundiré en el fuego
y en monedas los convertiré de
nuevo!»

Lamento de Miqueas

⁸⁻⁹ Entonces yo dije:

«Samaria y mi pueblo Judá
han sido heridos de muerte.
La muerte también amenaza
a Jerusalén, capital de Judá.

»Por eso lloro y estoy triste;
por eso ando desnudo y
descalzo;
por eso chillo como avestruz,
por eso lanzo aullidos como
chacal.

¹⁰ »Pero no se pongan a llorar
ni digan nada a los de Gat.
Más bien retuérzanse de dolor
en ese pueblo polvoriento
que se llama Polvareda.

¹¹ »Ustedes, habitantes de
Bellavista,
serán llevados como esclavos;
avanzarán desnudos y
avergonzados.
Habrá lágrimas en el pueblo
vecino,
pero los habitantes de Zaanán
no saldrán en su ayuda.
¹² Los habitantes del pueblo de
Amargura
se quedarán esperando ayuda,
pero Dios enviará la desgracia
hasta la entrada misma de
Jerusalén.

¹³ »Ustedes, habitantes de
Laquis,
¡enganchen sus caballos a
los carros!
Fue en la ciudad de ustedes
donde todos nuestros males
comenzaron.
Allí pecaron los israelitas,
y allí pecaron los de Jerusalén.
¹⁴ Por eso tendrán que
despedirse
de su amado pueblo de
Moréset-gat.
Los reyes de Israel serán
engañados
en el pueblo llamado Trampa».

¹⁵ Y Dios dijo:

«Contra ustedes,
habitantes del pueblo llamado
Conquista,
les voy a enviar un
conquistador,
y aun los israelitas más
valientes
huirán hasta la cueva de
Adulam.
¹⁶ Habitantes de Jerusalén,
¡lloren y aféitense la barba!,
¡lloren y córtense el cabello
hasta quedar calvos como
un buitre!
¡Sus hijos queridos serán
llevados
a un país lejos de aquí!»

La maldad de los poderosos

2 ¹ Dios continuó diciendo:

«¡Gente malvada,
qué mal les va ir a ustedes!
Al acostarse hacen planes
malvados;
al levantarse los llevan a cabo,
porque tienen el poder de
hacerlo.
² Si quieren terrenos, los
invaden;
si quieren casas, se adueñan
de ellas;
maltratan al dueño y a su
familia,
y con engaños los echan fuera.

³ »Por eso yo, el Dios de
Israel,
también tengo planes contra
ustedes:
voy a enviarles una desgracia
de la que no podrán librarse.
Les vienen tiempos tan
difíciles
que se les acabará el orgullo.
⁴ Cuando llegue ese día,
la gente se burlará de ustedes
y les cantará esta canción:

''¡Se han quedado en la ruina!
¡Antes eran el pueblo de Dios,
pero han cambiado de dueño!
¡Nuestros ejércitos los
conquistaron
y nos repartimos sus campos!''

5 »¡Escúchenme, israelitas!
Ustedes fueron mi pueblo,
pero no volveré a darles
terrenos.

6-7 »Ustedes los israelitas
no quieren que los profetas
les den malas noticias.
Ustedes no quieren creer
que algo malo puede
sucederles;
por eso no quieren escucharlos.
Les dicen que yo no estoy
enojado,
y que ese no es mi modo de
actuar.
Dicen que yo siempre trato bien
a todos los que hacen lo bueno.

8 »Si ustedes fueron mi
pueblo,
¿por qué ahora son mis
enemigos?
A los que vuelven de la guerra
y van tranquilos por el camino,
les arrebatan la ropa;
9 a las mujeres de mi pueblo
les quitan las casas,
donde antes vivían felices,
y a sus hijos les arrebatan
las riquezas que yo mismo les di.

10 »¡Vamos, largo de aquí!
¡Ustedes han hecho de mi
templo
una sala de diversiones!
¡Por eso voy a destruirlo!
11 Ustedes serían felices
con profetas mentirosos
que sólo hablaran de vino
y de licor.

Dios da esperanza a su pueblo
12 »Pero a los descendientes de
Jacob
que hayan quedado con vida,
los reuniré como a un rebaño.
Tal vez no sean muchos,
pero harán mucho alboroto.
13 Yo mismo iré delante de ellos
para abrirles paso y darles
libertad.
¡Yo soy su Dios y su rey!

Los malos gobernantes
3 1-3 »¡Escúchenme ustedes,
jefes y gobernantes de Israel!

¡Ustedes debieran hacer justicia,
pero hacen todo lo contrario!
Prefieren hacer lo malo,
en lugar de hacer lo bueno.
Maltratan mucho a mi pueblo;
se lo están comiendo vivo.

4 »Por eso, cuando me llamen,
yo no les responderé.
Es tan grande su maldad
que los abandonaré».

Los profetas mentirosos
5 A los profetas que engañan a mi
pueblo, Dios les ha dicho:

«Ustedes sólo hablan de paz
a quienes les dan de comer,
pero a quienes no los
alimentan
les declaran la guerra.
6 Por eso no les voy a informar
lo que pienso hacer.
Nunca más les comunicaré
mensajes
y ya no podrán anunciar el
futuro.
7 Esos profetas y adivinos
quedarán en completo ridículo.
No tendrán nada que decir,
porque yo no les responderé».

8 Pero yo, Miqueas, estoy lleno
del poder de Dios. Por eso puedo
afirmar que nuestro Dios es un
Dios justo. También puedo acusar
a los israelitas de ser un pueblo
pecador y desobediente.

La derrota de Jerusalén
9 Dios dijo:

«¡Escúchenme ustedes,
jefes y gobernantes de Israel!
Ustedes rechazan la justicia,
y no respetan ninguna ley.
10 En Jerusalén y en mi templo
los crímenes y la violencia
son cosa de todos los días.
11 Los sacerdotes, profetas y
jueces
enseñan, predican o dictan
sentencia
sólo a cambio de dinero.

»Y para colmo se atreven a
decir:

''No tenemos nada que temer.
¡Dios está con nosotros!''

12 »¡Por culpa de ustedes
mi templo será derribado!
¡Por culpa de ustedes
Jerusalén quedará en ruinas,
y el monte de Sión
se cubrirá de maleza!»

Paz a las naciones
4 1 En el futuro,
el monte donde se encuentra
el templo de nuestro Dios
será el monte más importante.
Allí vendrán muchos pueblos
2 y gente de muchas naciones,
y unos a otros se dirán:

«Subamos al monte de Sión,
al templo del Dios de Israel,
para que él mismo nos enseñe
y obedezcamos sus
mandamientos».

»Dios mismo será nuestro
maestro
desde el monte de Sión,
¡desde la ciudad de Jerusalén!
3 Dios mismo dictará sentencia
contra naciones y pueblos
lejanos,
y ellos convertirán sus espadas
en herramientas de trabajo.
Nunca más nación alguna
volverá a pelear contra otra,
ni se entrenará para la guerra.

4 »Todo el mundo vivirá
tranquilo
bajo la sombra de su viña,
o a la sombra de su higuera,
porque así Dios lo ha
prometido.
5 ¡Qué importa que otras
naciones
adoren a sus propios dioses!
¡Nosotros siempre
obedeceremos
a nuestro poderoso Dios!»

Dios salvará a Israel
6-7 Así ha dicho nuestro Dios:

«Mi pueblo parece un rebaño
de ovejas cojas y perdidas,
porque está sufriendo

mi castigo.
Pero ya está cerca el día
en que volveré a reunirlo.
Cuando llegue ese día,
con los pocos que hayan
quedado
volveré a hacer una gran
nación,
y desde mi templo en Jerusalén
reinaré sobre ella para
siempre.

8 »Hermoso monte de Sión,
tú has sido una torre
protectora
para mi amada Jerusalén;
así que volverás a ser como
antes,
¡serás la gran capital de mi
pueblo!

9-10 »Tú, Jerusalén,
lloras y te retuerces de dolor,
como si fueras una mujer
a punto de tener un hijo.
Pero no hay razón para que
llores;
¡tienes rey y no te faltan
consejeros!
Más bien, llora
porque tus habitantes te
abandonarán
y vivirán en el campo,
y después serán llevados a
Babilonia.
Sin embargo, yo los pondré en
libertad;
¡yo mismo los libraré
del poder de sus enemigos!

11 »Muchas naciones se han
reunido,
y dicen en contra tuya:

"¡Ojalá podamos ver
la derrota de Jerusalén!"

12 »Pero esas naciones no
saben
lo que tengo pensado hacer;
es algo que no pueden
entender:
¡voy a juntarlas para hacerlas
polvo!

13 »¡Vamos, Jerusalén!
¡Levántate y hazlos pedazos!

Yo te daré la fuerza de un
toro,
para que destruyas a muchos
pueblos;
¡tus cuernos parecerán de
hierro!,
¡tus cascos parecerán de
bronce!
Les quitarás todas sus riquezas
y me las entregarás,
pues toda la tierra me
pertenece».

Grandeza de la pequeña Belén
5 **1** (4.14) Yo, Miqueas, anuncio:

«Jerusalén, Jerusalén,
prepárate para la guerra.
Por medio de tus enemigos
Dios castigará duramente
al rey de Israel.

2 (5.1) »Pero tú, Belén Efrata,
entre los pueblos de Judá
eres un pueblo pequeño,
pero llegarás a ser muy
importante.
En ti nacerá un rey
de familia muy antigua,
que gobernará sobre Judá.

3 (5.2) »Dios nos va a
abandonar
hasta que nazca ese rey.
Luego de su nacimiento
los que hayan quedado con
vida
se reunirán con los demás
israelitas.
4 (5.3) Entonces Dios le dará a
ese rey
toda su fuerza y poder
para dirigir a su pueblo
y hacerlo vivir en paz.
Ese rey extenderá su dominio
hasta el último rincón de la
tierra.

5-6 (5.4-5) »Cuando vengan los
asirios
para invadir nuestro país
y quieran ocupar nuestros
palacios,
ese rey nos librará de ellos
y nos hará vivir en paz.
Ordenará que los ataquen
siete jefes y ocho capitanes.

¡Así conquistaremos por
la fuerza
el país de Asiria, territorio
de Nimrod!

Judá entre las naciones
7-8 (5.6-7) »Los que quedemos
con vida
seremos entre las naciones,
como la lluvia que Dios envía:
cae del cielo y riega la hierba
sin la intervención humana.
Seremos también como
los leones:
cuando están entre un rebaño,
atrapan a las ovejas y las
destrozan,
y no las dejan escapar.
9 (5.8) ¡Tú, mi Dios, atacarás a
tus enemigos
y los destruirás por
completo!»

Destrucción total
10 (5.9) Dios dijo a su pueblo:

«Cuando llegue ese día,
mataré a todos tus caballos
y destruiré tus carros de
guerra.
11 (5.10) Destruiré también tus
ciudades
y derribaré todas tus torres.
12 (5.11) Pondré fin a tus
hechicerías
y acabaré con todos tus
adivinos.
13 (5.12) Destruiré tus ídolos y
tus imágenes,
y no volverás a adorar
a dioses que tú mismo hiciste.
14 (5.13) ¡Yo destruiré tus
ciudades
y las imágenes de tu diosa
Astarté!
15 (5.14) ¡Yo me vengaré con
gran furia
de las naciones que no me
obedecieron!»

Pleito de Dios contra Israel
6 **1-3** Israelitas, prestemos
atención. Nuestro Dios tiene un
pleito contra nosotros, y ahora
mismo está presentando su acusación. Esto es lo que Dios nos
dice:

«Pueblo mío,
tengo una queja contra ti,
y espero que te defiendas.
Llama como testigos a tu favor
a las montañas y a las colinas,
y pídeles que escuchen tu
defensa.

»Pero antes quiero que me
digas:
¿en qué te he perjudicado?,
¿en qué te he ofendido?
4 Recuerda que yo te di
libertad;
yo fui quien te sacó de Egipto,
país donde eras esclavo;
yo envié a Moisés, Aarón y María
para que te sacaran de allí.

5 »Recuerda también,
pueblo mío,
que Balac, rey de Moab,
tenía pensado hacerte daño,
pero que Balaam hijo de Beor
te bendijo en mi nombre.

»No olvides tampoco lo que
ocurrió
cuando pasaste de Sitim a
Guilgal;
reconoce que yo fui quien
te salvó».

Lo que Dios espera de su pueblo
Ustedes, israelitas, se defienden
diciendo:

6 «Altísimo Dios y rey nuestro,
¿cómo podemos presentarnos
ante ti?
Podemos ofrecerte terneros
de un año,
pero no es eso lo que quieres;
7 podemos ofrecerte mil
carneros,
o diez mil litros de aceite,
pero tampoco eso te agrada;
¡ni siquiera esperas como
ofrenda
al mayor de nuestros hijos
en pago por nuestros
pecados!»

8 Pero ya Dios les ha dicho qué es
lo mejor que pueden hacer y lo
que espera de ustedes. Es muy
sencillo: Dios quiere que ustedes

sean justos los unos con los
otros, que sean bondadosos con
los más débiles, y que lo adoren
como su único Dios.

El castigo de Jerusalén
9 Habitantes de Jerusalén, escuchen las palabras de nuestro Dios:

10-11 «Israelitas,
ya no voy a soportar
que sigan siendo tan malvados.
Todo lo que hacen me disgusta.
Se hacen ricos mediante
el engaño;
usan pesas y medidas falsas,
y luego amontonan en
sus casas
todo lo que se han robado.
12 Los ricos se aprovechan de
los pobres,
y todos en esta ciudad son
unos mentirosos.

13 »Por eso voy a castigarlos;
¡voy a destruirlos por sus
pecados!
14 Aunque coman, no quedarán
satisfechos,
sino que se quedarán con
hambre;
lo que cosechen, lo perderán;
y aun si logran rescatar algo,
yo haré que lo pierdan en
la guerra.

15 »Sembrarán trigo,
pero no llegarán a cosecharlo;
exprimirán aceitunas para
sacar aceite,
pero no llegarán a usarlo;
exprimirán uvas para
hacer vino,
pero no llegarán a beberlo.
16 Ustedes se han portado
tan mal como Omrí, rey de
Israel;
¡han seguido el mal ejemplo
de la familia del rey Ahab!
Por eso voy a destruirlos;
¡voy a hacer que la gente
los humille y se burle de
ustedes!»

Lamento del profeta
7 1 Yo, Miqueas, soy un
miserable,

y quisiera calmar mi apetito.
Ando en busca de uvas o higos,
pero no encuentro nada
que comer;
ya todo lo han cosechado.

2 Ya no hay en este mundo
gente buena y que ame a Dios;
unos a otros se hacen daño.
Sólo esperan el momento
de matarse unos a otros.

3 Los gobernantes y los jueces
exigen dinero para favorecer a
los ricos.
Los poderosos dicen lo
que quieren
y siempre actúan con falsedad.
¡Son unos maestros para hacer
lo malo!
4 ¡El más bueno y honrado
de ellos
es peor que una mata de espinos!
Pero ya está cerca el día
en que Dios los castigará,
tal como lo anunciaron los
profetas.
¡Ese día no sabrán qué hacer!

5-6 Por eso, no confíen en nadie
ni crean en lo que otros
les digan.
Tengan cuidado de lo que hablan,
porque los hijos y las hijas
no respetan a sus padres,
las nueras desprecian a
sus suegras,
y nuestros peores enemigos
los tenemos en la familia.
¡Por eso no confíen en nadie,
ni en su propia esposa!

7 Yo, por mi parte,
pondré mi confianza en Dios.
Él es mi salvador,
y sé que habrá de escucharme.

Dios salvará a su pueblo
8 Los israelitas dijeron:

«Babilonia, nación enemiga,
no te alegres de vernos en
desgracia.
Fuimos derrotados,
pero volveremos a levantarnos;
ahora estamos en graves
problemas,

pero el Dios de Israel nos
salvará.

9 »Es verdad que pecamos
contra Dios;
por eso soportamos
su castigo.
Pero un día habrá de juzgarnos,
y entonces nos hará justicia
y nos hará gozar de su
salvación.

10 »Babilonia, enemiga
nuestra,
tú preguntabas por
nuestro Dios;
¡pues vas a quedar
en vergüenza
cuando veas lo que hará
por nosotros!
¡Ya nos alegraremos
al verte
pisoteada como el barro
de las calles!

11 »Jerusalén,
ya está cerca el día
en que tus muros serán
reconstruidos
y tu territorio será extendido.
12 Ya está cerca el día
en que vendrán a visitarte
pueblos de todas partes:
vendrán de Asiria y de Egipto,

del río Nilo y del río Éufrates,
de un mar a otro mar,
de una montaña a otra
montaña;
13 porque el territorio de
esos países
quedará hecho un desierto
por los pecados de sus
habitantes.

Oración a favor del pueblo

14 »Dios nuestro,
cuida de tu pueblo;
cuida de este rebaño tuyo.
Aunque vivimos en tierras
fértiles
parecemos ovejas perdidas
en el bosque.
Tú eres nuestro pastor,
ven y ayúdanos
como lo hiciste en otros
tiempos.
Aliméntanos con lo mejor
que nos ofrecen las regiones
de Basán y de Galaad.

15 »Muéstranos tus grandes
acciones,
como cuando nos sacaste
de Egipto.
16 ¡Haz que las naciones
poderosas
las vean y se queden
asombradas!

¡Haz que de la sorpresa
no sepan qué hacer ni
qué decir!

17 »Dios nuestro,
¡obliga a esas naciones
a arrastrarse por el suelo,
como lo hacen las serpientes!
¡Obliga a esos pueblos
a salir de sus refugios,
para que llenos de miedo
se humillen ante ti!

18 »No hay otro Dios como tú.
Somos pocos los que quedamos
con vida.
Tú perdonas nuestra maldad
y olvidas nuestro pecado.
Tan grande es tu amor por
nosotros
que tu enojo no dura para
siempre.

19 »¡Vuelve a compadecerte
de nosotros,
y arroja todos nuestros
pecados
a lo más profundo del mar!
20 Déjanos disfrutar de tu amor
y fidelidad,
porque así lo prometiste
a Abraham, a Jacob,
y a todos nuestros
antepasados».

Nahúm

Mensaje contra Nínive, la capital de Asiria

1 ¹Yo soy Nahúm de Elcós. En un sueño Dios me habló acerca de Nínive, y éste es el mensaje que escribí contra esa ciudad:

² Nuestro Dios exige
que le seamos fieles.
Cuando se enoja, toma venganza
de sus enemigos y de sus contrarios.

³ Nuestro Dios es muy poderoso
y siempre castiga a quien
lo merece,
pero también es un Dios
paciente,
y no se enoja con facilidad.

Nuestro Dios camina entre
las tormentas;
las nubes son el polvo
que levanta.
⁴ Si reprende al mar y los ríos,
estos se quedan secos
por completo
y se marchitan las flores
del Líbano,
los campos de Basán y el
monte Carmelo.

⁵ En presencia de nuestro Dios
tiemblan la tierra y sus
habitantes,
y los cerros y montañas
se sacuden.

⁶ Cuando nuestro Dios se enoja,
las piedras se hacen polvo,
como si las partiera un rayo;
cuando nuestro Dios se enoja,
nadie puede mantenerse firme.

⁷ Nuestro Dios es bondadoso
y cuida de los que en
él confían.
En momentos de angustia,
él nos brinda protección.
⁸ Pero también destruye
a sus enemigos;
los arrastra como un río
desbordado,
¡los persigue hasta en
la oscuridad!

⁹⁻¹¹ Ustedes, habitantes
de Nínive,
¿por qué hacen planes
malvados?
Hay entre ustedes un
consejero malvado,
que hace planes contra
nuestro Dios,
pero Dios acabará con ustedes;
los destruirá por completo,
y no les dará otra oportunidad;
les prenderá fuego, como
a la paja,
como si fueran un montón
de espinas.

Mensaje al pueblo de Dios

¹²⁻¹⁴ Nuestro Dios ha dicho:

«Asiria es un país poderoso,
pero yo lo voy a destruir.
Destruiré su templo,
sus ídolos y sus imágenes,
y todos se olvidarán de él.
Dejaré ese país en ruinas,
pues sólo merece mi desprecio.

»Y aunque a ti, pueblo
de Judá,
te hice sufrir al principio,
ya no te haré sufrir más.
Al contrario, te pondré
en libertad
y no volverás a ser esclavo.

¹⁵ (2.1) »Miren, habitantes
de Judá:
¡ya vienen sobre los montes
los que traen buenas noticias!
¡Ya es tiempo de que
hagan fiesta
y de que me cumplan sus
promesas!
Porque yo destruiré a esos
malvados,
y nunca más los volverán
a atacar».

Asiria será destruida

2 ¹⁻² (2-3) Habitantes de Asiria,
ustedes atacaron a mi pueblo;
lo dejaron como a un arbusto
con las ramas rotas,

pero Dios le devolverá
su grandeza
al reino de Israel.

¡Prepárate, Asiria,
tu destructor ya va en camino!
¡Reúne a tu ejército!
¡Pon guardias en tus murallas!
¡Vigila el camino
y prepara tus armas!

³⁻⁴ (4-5) ¡Ya llega tu enemigo!
Viene agitando sus lanzas;
sus soldados visten de rojo,
y del mismo color son
sus escudos;
sus carros son veloces
como el rayo
y brillantes como el relámpago;
ya están listos para la batalla,
y recorren calles y plazas.

⁵ (6) Los generales dan órdenes,
y los soldados corren
a cumplirlas;
ya colocan las torres para
el asalto,
pero caen al trepar por
las murallas.

⁶ (7) ¡Asiria,
tus enemigos derriban
las puertas
de tu ciudad capital!
Los soldados llenan la ciudad
y en el palacio todos tiemblan
de miedo.
⁷ (8) Toman presa a la reina,
y junto con sus sirvientas
se la llevan a otro país.
¡Todas ellas gimen
y lloran de dolor!

⁸ (9) Tus habitantes huyen
de la ciudad;
¡son como el agua que
se escapa
de un estanque roto!
El enemigo intenta detenerlos,
pero sin éxito alguno.

⁹ (10) Los soldados enemigos
gritan:
«Tomemos el oro y la plata;
¡son tantas las riquezas

de Asiria
que parecen no tener fin!»

10 (11) Asiria,
tu capital ha quedado
destruida,
arruinada y con poca gente;
los que quedaron tiemblan
de miedo,
las fuerzas los abandonan,
y el terror los deja pálidos.

11-12 (12-13) Asiria parecía un
león feroz:
mataba y despedazaba
a sus enemigos,
luego tomaba sus riquezas
y las repartía entre su gente.
Nadie invadía su territorio.
¿Pero dónde está ahora
su poder?
¿Dónde están sus feroces
soldados?

13 (14) Así dice nuestro Dios:

«Asiria, yo estoy contra ti.
Voy a quemar tus carros
de guerra;
voy a matar a todos tus
habitantes.
Pondré fin a todos tus robos,
y no volverán a escucharse
las amenazas de tus
mensajeros.
Yo soy el Dios de Israel,
y te juro que así lo haré».

Un canto fúnebre

3 **1** Así dice nuestro Dios:

«¡Pobrecita de ti,
capital de Asiria!
¡Estás llena de asesinos,
de mentirosos y ladrones
que no se cansan de robar!

2 »¡Ya se escuchan los látigos
y el estruendo de las ruedas!
¡Ya se oye el galopar
de los caballos
y el ruido de los carros
de guerra!
3 ¡Ya ataca la caballería,
y deslumbran las espadas
y las lanzas!

¡No es posible contar
los heridos
ni saber cuántos son
los muertos!
¡Los cadáveres se amontonan!
¡La gente tropieza con ellos!

4 »Asiria, esto te ha pasado
por engañar a los pueblos.
Las naciones se enamoraron
de tus dioses y brujerías,
y entraron en tratos contigo.

5 »Pero yo estoy en
contra tuya,
y haré que las naciones
y reinos
se den cuenta de lo que
en verdad eres.
6 Voy a embarrarte de
excremento,
y quedarás en vergüenza.
7 Todos los que te vean
se alejarán de ti, diciendo:
''¡Asiria está destruida!
¿Habrá alguien que
la consuele?
¿Habrá quién le tenga
compasión?''
Yo soy el Dios de Israel,
y juro que así lo haré.

8-10 »Nínive, capital de Asiria,
tú no eres mejor que Tebas.
A esa ciudad la protegía
el río Nilo.
La protección que le brindaban
Etiopía, Egipto, Fut y Libia
aumentaba su poder.

»Pero Tebas fue conquistada.
A sus pobres niños
los estrellaron contra el suelo.
A la gente importante
se la repartieron en sorteo,
y a sus jefes se los llevaron
a un país lejano.

11 »También tú, Asiria,
te quedarás tambaleando
como si estuvieras borracha.
Tratarás de esconderte de
tus enemigos,
pero no lo conseguirás.
12 Tus murallas se caerán;
serán como higueras

cargadas de higos maduros,
que si alguien las sacude,
sus higos caen al suelo
y la gente se los come.

13 »El fuego ha quemado
tus portones,
y el enemigo ya está por
entrar;
por eso tus soldados se
acobardan.
14 Aunque guardes mucha agua
para resistir el ataque,
de nada te servirá.
Aunque hagas muchos ladrillos
para reforzar tus murallas,
15 morirás quemada
por el fuego
y destrozada por la guerra;
el enemigo acabará contigo
como una plaga de
saltamontes.
De nada te servirán
tu fuerza militar y tus
muchos soldados.

16-17 »Tus comerciantes y
tus generales
son tantos como las estrellas
del cielo,
¡pero en cuanto ven el peligro
huyen como saltamontes!
Todos conocemos a
estos insectos:
en cuanto cambian de
piel, vuelan;
en un día frío se paran
a calentarse;
pero en cuanto sale el sol
emprenden vuelo y
desaparecen.

18-19 »Rey de Asiria,
tú hiciste sufrir a muchas
naciones.
Pero ahora van a morir
tus generales y tus jefes
principales.
Tu ejército andará perdido
por los montes,
y no habrá quien pueda
reunirlo.
Tú estás herido de muerte,
y ya nadie podrá sanarte.
Todos los que oyen la noticia
aplauden de alegría».

Habacuc

1 **1** Yo soy el profeta Habacuc. Dios me encargó dar este mensaje a su pueblo.

Habacuc habla con Dios

2 Dios mío,
a gritos te pido que
me ayudes,
pero tú no me escuchas;
¿cuándo vas a hacerme caso?
Te he rogado que acabes con
la violencia,
pero tú no haces nada.
3 ¿Por qué me obligas a ver
tanta violencia e injusticia?

Por todas partes veo
sólo pleitos y peleas;
por todas partes veo
sólo violencia y destrucción.
4 Nadie obedece tus
mandamientos,
nadie es justo con nadie.
Los malvados maltratan
a los buenos,
y por todas partes
hay injusticia.

5 Dios respondió:

«Fíjense en las naciones.
Miren lo que sucede
entre ellas.
Lo que pronto van a ver
los dejará con la boca abierta.
Si alguien les contara esto,
ustedes no podrían creerlo.

6 »Voy a hacer que los
babilonios
se dispongan a atacarlos.
Son un pueblo muy cruel,
y recorren el mundo
para adueñarse de
tierras ajenas.
7 Para ellos sólo vale su ley
y sólo importa su honor;
¡son un pueblo terrible!

8 »Sus caballos y sus jinetes
vienen galopando desde
muy lejos;
son más veloces que los
leopardos
y más feroces que los lobos

nocturnos;
se lanzan sobre sus enemigos
como el águila sobre su presa.
9 A su paso lo destruyen todo;
a su paso siembran el terror,
y los prisioneros que toman
son tantos como la arena
del mar.

10 »Se ríen de reyes y
gobernantes,
se burlan de sus murallas,
y construyen rampas de arena
para conquistar sus ciudades.
11 Son como un viento violento
que llega, golpea y se va;
pero son culpables de un
gran pecado:
no tienen más dios que
su fuerza».

12 Yo, Habacuc, digo:

Dios de Israel,
tú eres un Dios santo;
siempre has existido,
y no nos dejarás morir
porque eres nuestro refugio;
sé que usarás a Babilonia
sólo para castigar
a tu pueblo.

13 Tú no soportas la maldad,
ni aceptas el pecado.
No te quedes callado
ni permitas que los malvados
maten a quienes
somos buenos.

14 Tú nos tratas como
si fuéramos
simples peces del mar;
como si fuéramos reptiles,
que no tienen quién los dirija.
15 Por eso los babilonios
nos atrapan fácilmente,
como se atrapan los peces
con el anzuelo o con la red.
¡Eso les encanta!
16 Por eso los babilonios
han hecho de sus armas
un dios
y le rinden culto.
Gracias a ellas
se han hecho muy ricos.

17 ¡No permitas que
los babilonios
nos sigan matando sin
compasión!

2 **1** Ya te he presentado
mi queja,
y ahora voy a estar
muy atento;
voy a esperar tu respuesta.

2 Y Dios me respondió:

«Voy a darte a conocer
lo que está por suceder.
Escríbelo en unas tablas,
para que se lea de corrido.
3 Tardará un poco en
cumplirse,
pero tú no te desesperes;
aún no ha llegado la hora
de que todo esto se cumpla,
pero puedo asegurarte
que se cumplirá sin falta.

4 »Esos babilonios son
muy orgullosos,
pero ustedes, que
son humildes,
vivirán porque confían en mí.
5 Los babilonios son orgullosos,
son traicioneros como el vino;
su hambre de poder los hace
conquistar naciones y
pueblos enteros.
Son como la muerte,
que siempre quiere más;
son como la tumba,
que nunca está satisfecha.
6 Pero un día serán humillados.
Las naciones se burlarán
de ellos
y les cantarán esta canción:

''¡Qué mal te va a ir Babilonia!
¡Te hiciste rica con lo ajeno!
¿Cuándo vas a dejar de robar?''

7 »El día que menos lo esperes,
tus víctimas se vengarán de ti;
te harán temblar de miedo
y te quitarán todo lo
que tienes.
8 Tú les robaste a muchas
naciones,
pero otras naciones te

robarán a ti.
Así pagarás todos tus
crímenes,
tu violencia contra
nuestro país,
contra nuestras ciudades
y sus habitantes.

9 »¡Qué mal te va a ir Babilonia!
Hiciste ricos a los tuyos
mediante el robo y el engaño.
Creíste que así los librarías
de caer en la desgracia,
10 pero lo único que hiciste
fue ponerlos en vergüenza.
Quisiste acabar con
muchos pueblos,
y tú misma te hiciste el daño.
11 ¡Las paredes de tus ciudades
son testigos de tu maldad!

12 »¡Qué mal te va a
ir Babilonia!
¡Has construido tus ciudades
mediante el crimen y
la violencia!
13 Pero yo soy el Dios de Israel,
y de nada va a servirte
todo lo que has hecho;
yo lo quemaré por completo.
14 Y así como el agua
llena los mares,
también la tierra se llenará
de gente que reconocerá
mi poder.

15 »¡Qué mal te va a
ir Babilonia!
Humillaste a las
naciones vecinas
y las dejaste en vergüenza;
16 pero yo te humillaré a ti,
pues no mereces
ninguna alabanza;
yo te dejaré en vergüenza;
tu orgullo se volverá
humillación.

17 »La violencia con
que trataste
a los animales del monte Líbano
se volverá en contra tuya;
así pagarás por todos
tus crímenes,
por tu violencia contra
nuestro país,
contra nuestras ciudades

y sus habitantes.

18-19 »¡Qué mal te va a
ir, Babilonia!
¿Cómo puedes confiar en
dioses falsos?
¿Cómo puedes pedirles
que te ayuden?
Son ídolos de madera,
son figuras de piedra
que tú misma te has hecho,
pero que no valen nada.
Son simples figuras de metal
recubiertas de oro y plata,
que no son capaces
ni de hablar;
¡simplemente, no tienen vida!
20 Pero yo estoy en mi
santo templo;
¡ante mí debe callar toda
la tierra!»

Oración final de Habacuc

3 **1** Yo, el profeta Habacuc, compuse esta oración para acompañarla con una melodía especial.

2 ¡Dios mío,
yo sé bien todo lo que
has hecho,
y por eso tiemblo en
tu presencia!
Déjanos ver en nuestros días
tus grandes hechos de
otros tiempos;
si te enojas con nosotros,
no dejes de tenernos
compasión.

3 Tú eres nuestro santo Dios;
vienes de la región de Temán,
vienes del monte Parán.
Tu grandeza ilumina los cielos;
la tierra entera te alaba.
4 Un gran resplandor te rodea;
de tus manos brotan
rayos de luz
y dejan ver tu poder escondido.
5 Plagas terribles anuncian
tu llegada;
vas dejando en el camino
graves enfermedades.

6-7 Cuando tú te detienes,
la tierra se pone a temblar;
cuando miras a las naciones,
todas ellas se llenan de miedo;

los cerros se desmoronan,
las antiguas montañas
se derrumban;
¡hasta he visto temblar
de miedo
a la gente de Cusán y
de Madián,
porque tú has vuelto a actuar!

8 Dios nuestro,
¿por qué te decidiste
a montar
en tu carro de combate?
¿Será porque te enojaste
con los dioses Río y Mar?
9 Con tus flechas heriste
la tierra,
y esas heridas son los ríos.
10 Cuando las montañas
te vieron,
temblaron de miedo,
las nubes dejaron caer su lluvia
y el mar rugió con furia;
¡sus grandes olas se elevaron
al cielo!
11 Cuando lanzaste tus
brillantes rayos,
el sol y la luna se detuvieron.

12 Pero te enojaste y recorriste
la tierra;
en tu enojo aplastaste
naciones.
13 Saliste a rescatar a
tu pueblo,
y al rey que tú elegiste.
Destrozaste al jefe de
esos malvados,
y acabaste por completo
con su reino.
14 Sus orgullosos jinetes
nos atacaron
con la furia de una tempestad;
querían dispersarnos y
destruirnos,
pues no podíamos defendernos.
¡Pero tú los mataste
con sus propias flechas!
15 Montaste en tu caballo
y marchaste sobre el
agitado mar.

16 Cuando escucho todo esto,
me tiemblan los labios y
todo el cuerpo;
siento que mis huesos
se desmoronan,

y que el suelo se hunde
bajo mis pies.
Pero yo espero con paciencia
el día en que castigarás
a los que ahora nos atacan.

17 Aunque no den higos
las higueras,

ni den uvas las viñas
ni aceitunas los olivos;
aunque no haya en
nuestros campos
nada que cosechar;
aunque no tengamos
vacas ni ovejas,
18 siempre te alabaré

con alegría
porque tú eres mi salvador.

19 Dios mío,
tú me das nuevas fuerzas;
me das la rapidez
de un venado,
y me pones en lugares altos.

Sofonías

1 [1] Yo soy Sofonías hijo de Cusí. Mi padre era descendiente de Guedalías, Amarías y Ezequías. Dios me dio este mensaje cuando Josías hijo de Amón era rey de Judá.

Dios destruirá a Judá

[2-3] Nuestro Dios dice:

«Voy a destruir por completo
todo lo que hay sobre la tierra.
Destruiré a la humanidad
entera,
y también a los animales,
a las aves y a los peces.
¡Voy a hacer que tropiecen
los malvados!
Yo soy el Dios de Israel,
y juro que así lo haré.

[4] »Castigaré a los habitantes
de Judá;
quitaré de Jerusalén
a los ídolos;
quitaré a süs sacerdotes,
[5] a los que adoran a
las estrellas
en los techos de sus casas,
y a los que me adoran a mí,
pero también adoran
al dios Milcom.
[6] Y voy a destruir igualmente
a los que se han
apartado de mí
y jamás buscan mis consejos.

[7] »¡Silencio!
¡Ya se acerca el día
del castigo!
¡Todo está preparado!
¡Los invitados ya están aquí!
¡Voy a destruir a mi pueblo!

[8] »Ese día castigaré
a los hijos del rey,
a los jefes principales
y a los que siguen el
mal ejemplo
de los que no creen en mí.
[9] Ese día castigaré también
a los que adoran a otros dioses
y llenan los templos
de esos dioses
con riquezas conseguidas
mediante el engaño y
la violencia.

[10] »Ese día gritarán
pidiendo ayuda
desde la Puerta de los
Pescados;
un gran clamor se escuchará
desde el Segundo Barrio
y desde las colinas.
[11] ¡Griten también ustedes,
vecinos del Barrio del Mortero!
¡Ese día morirán los
comerciantes
y los que cambian dinero!

[12] »Cuando llegue ese día,
tomaré una lámpara y buscaré
en la ciudad de Jerusalén
a los que viven tranquilos;
cuando los encuentre,
los castigaré.
Se parecen al vino
que se pone a reposar,
y hasta se atreven a decir:
''¡Dios no hace nada bueno,
pero tampoco hace
nada malo!''
[13] Construyeron casas,
pero no habitarán en ellas;
cultivaron viñas,
pero no beberán el vino;
¡sus riquezas les serán
quitadas,
y sus casas serán destruidas!

[14] »¡Ya se acerca el gran día
en que vendré a castigarlos!
¡Se acerca con gran rapidez!
¡Ese día se oirán gritos
tan horribles
que hasta los más valientes
llorarán!
[15] Será un día de gran enojo,
un día de aflicción y angustia,
un día de completa
destrucción,
un día de grandes nubarrones,
un día de profunda oscuridad.
[16] Entre gritos y toques
de trompeta,
ese día se dará la orden
de ataque
contra las ciudades
amuralladas
y contra sus altas torres.

[17] »Todos han pecado
contra mí.
Por eso haré que se angustien
y que caminen como ciegos.
Su sangre se esparcirá
como el polvo,
y sus cuerpos se volverán
estiércol.
[18] El día que yo me enoje,
le prenderé fuego a la tierra.
No habrá nada que los salve;
¡ni siquiera su oro y su plata!
¡En un instante serán
destruidos
todos los que habitan
este mundo!»

Obedezcan a Dios

2 [1] Entonces yo, Sofonías, dije:

Pueblo de Judá,
¡ustedes no tienen vergüenza!
Pero vengan y preséntense
ante Dios
[2] antes de que llegue el día
en que él los arrastre
como paja;
antes de que los alcance
y caiga sobre ustedes
toda la furia de nuestro Dios.

[3] Y ustedes, los humildes,
que obedecen a nuestro Dios,
búsquenlo y procuren
ser justos;
tal vez así podrán salvarse
el día en que Dios nos castigue.

Mensaje contra los filisteos

[4] Las ciudades de Gaza
y Ascalón
quedarán en ruinas y
sin habitantes;
los que viven en Asdod y Ecrón
serán arrojados de sus ciudades
a plena luz del día.

[5] ¡Qué mal les va ir a ustedes,
filisteos, habitantes de Creta
que viven a la orilla del mar!
¡Dios ha decidido destruirlos
y dejar su país sin habitantes,
como antes lo hizo con Canaán!
[6] ¡Todas sus costas
se convertirán

en campos para alimentar
ovejas!

7 Cuando nuestro Dios permita
que vuelvan los sobrevivientes
de Judá,
del país adonde los llevaron
presos,
él mismo los llevará a la costa,
para que alimenten a
sus rebaños.
Ellos pasarán la noche
en las casas abandonadas
de la ciudad de Ascalón.

Mensaje contra Moab y Amón
8-11 Así dice el Dios de Israel:

«Los de Moab y los de Amón
han insultado a mi pueblo
y se han adueñado de
su territorio,
pero yo haré que esos
dos pueblos
se queden completamente
desiertos;
se volverán campos de espinos,
se volverán pozos de sal,
como Sodoma y Gomorra.
Los pocos sobrevivientes
de Judá
les quitarán todas sus riquezas
y se adueñarán de su territorio.
¡Yo les daré su merecido
por haberse burlado
de mi pueblo
y por haber invadido su tierra!
Cuando yo destruya por
completo
a los dioses de este mundo,
todos temblarán de
miedo ante mí,
y aun las naciones más lejanas
me reconocerán como su Dios.
Yo soy el Dios de Israel,
y les juro que así lo haré.

Mensaje contra los etíopes
12 »¡A ustedes, pueblo
de Etiopía,
yo los mataré con mi espada!»

Mensaje contra los asirios
13 Dios continuó diciendo:

«Atacaré y destruiré a
los asirios;

¡convertiré a Nínive,
su ciudad capital,
en un montón de ruinas!
14 La madera de sus casas
quedará al descubierto,
y allí descansarán ovejas
y toda clase de animales.
En las vigas y en las ventanas
anidarán búhos y erizos,
y sus puertas parecerán
basureros.

15 »Así quedará esa ciudad
orgullosa,
que se sentía muy segura!
¡Así quedará la ciudad
que se creía incomparable!
¡Quedará hecha un montón
de ruinas,
un refugio de animales
salvajes!
Los que la vean destruida
se alegrarán y se burlarán
de ella.

Los pecados de Jerusalén
3 **1** »¡Qué mal te va a ir,
Jerusalén!
Eres una ciudad desobediente,
y maltratas a los demás.
¡Estás llena de pecado!
2 No aceptas consejos de nadie,
ni permites que se te corrija;
no me buscas ni confías en mí.

3 »Tus jefes más importantes
parecen leones feroces;
tus gobernantes parecen lobos,
que atacan por la noche
y no dejan nada para la mañana.
4 Tus profetas son orgullosos,
y no se puede confiar en ellos;
tus sacerdotes ofenden
mi santuario
y no obedecen mis
mandamientos.
5 ¡Esos malvados no
tienen vergüenza!

»Yo estoy en ti, Jerusalén,
para hacerte bien,
no para hacerte daño.
Todos los días te trato
con justicia.

6 »Yo he destruido naciones,
y he derribado sus torres;

ya no hay nadie que camine
por sus calles solitarias;
sus ciudades están desiertas,
pues no queda un solo
habitante.

7 »Todo esto lo hice por
ti, Jerusalén.
Pensé que así me obedecerías
y no tendría que castigarte.
Pero tus habitantes se
dieron prisa
para cometer toda clase
de maldad.

8 »Y ahora, como han
actuado así,
ya se acerca el día
en que vendré a castigarlos.
Yo soy el Dios de Israel,
y les juro que así lo haré.
Ya he decidido reunir
a las naciones
para castigarlas con toda
mi furia.
Cuando me enojo, soy como
el fuego;
¡voy a quemar toda la tierra!

Dios salvará a las naciones
9 »Cuando llegue ese día,
haré que todos los
pueblos hablen
un lenguaje limpio de
toda maldad,
para que juntos me adoren
y puedan pronunciar
mi nombre.
10 Entonces la gente que
me adora,
y que ahora anda en
otros países,
vendrá a presentarme ofrendas
desde el país de Etiopía.

11 »Tú, Jerusalén,
has sido muy rebelde;
pero no volverás a quedar
en vergüenza.
Viene el día en que
expulsaré de ti
a los que se creen muy
importantes.
En ti no habrá lugar para
los orgullosos.
12 En tus calles sólo habrá
gente humilde y sencilla,

que pondrá en mí
su confianza.
13 Los pocos israelitas
que hayan quedado con vida
no cometerán ninguna maldad;
no mentirán ni engañarán
a nadie,
sino que vivirán en paz
y sin ningún temor».

Dios hará volver a su pueblo
14 Yo, Sofonías, les digo:

¡Canten de alegría, israelitas!
¡Alégrense, habitantes
de Jerusalén!
15 No tienen nada que temer,
porque Dios, el rey de Israel,
no volverá a castigarlos;
ha expulsado a sus enemigos,

y va a vivir en medio
de ustedes.
16 En ese día se dirá:

«No tengas miedo, Jerusalén,
ni pierdas el ánimo,
17 pues tu Dios está contigo
y con su poder te salvará.
Aunque no necesita
de palabras
para demostrarte que te ama,
con cantos de alegría
te expresará
la felicidad que le
haces sentir,
18 como en un día de fiesta».

Dios promete poner fin
a la desgracia que ahora sufren
y a la vergüenza que

ahora sienten.
19-20 Este es su mensaje:

«Cuando llegue ese día,
ayudaré a los indefensos
y castigaré a quienes
los maltratan.
Yo haré que cambie la suerte
de los que ahora andan
dispersos,
y los haré volver a su tierra.
¡Esto lo verán ustedes mismos!

»Si antes los ofendían,
ahora sólo hablarán bien
de ustedes,
y la fama de ustedes llegará
a todos los países de la tierra.
Yo, el Dios de Israel,
juro que así será».

Hageo

Reconstrucción del templo

1 1-3 Dios le dio al profeta Hageo un mensaje para Zorobabel hijo de Salatiel y para Josué hijo de Josadac. Esto sucedió el primer día del mes de Elul, 1 durante el segundo año del gobierno de Darío, rey de Persia. En aquel tiempo el gobernador de Judá era Zorobabel, y el jefe principal de los sacerdotes se llamaba Josué.

Dios le dijo a Hageo:

«Yo soy el Dios de Israel. Ustedes dicen que aún no es tiempo
de reconstruir mi templo,
4 ¡pero viven en lujosas casas mientras mi templo está en ruinas!

5 »Yo soy el Dios de Israel, y quiero que piensen seriamente en lo que están haciendo.
6 Ustedes siembran mucho y cosechan poco,
comen y no calman su hambre, beben y no calman su sed,
se abrigan y siguen teniendo frío,
y el sueldo que les pagan no les alcanza para nada.

7 »Yo soy el Dios de Israel, y quiero que piensen seriamente
en lo que están haciendo.
8-11 Ustedes esperan grandes ganancias,
pero es muy poco lo que han logrado;
lo que guardan en su casa, lo destruí en un instante.
¿Y saben por qué lo hice?
¡Pues porque mi templo está en ruinas
mientras que ustedes sólo piensan
en arreglar sus propias casas!
Por eso no he dejado que llueva sobre los campos y sobre los montes;
por eso se han perdido sus cosechas

de trigo, de uvas y de aceitunas;
¡por eso sufren hombres y animales!

»Yo soy el Dios de Israel.
Si quieren verme contento,
y quieren ver mi grandeza, vayan a las montañas
y traigan madera;
¡reconstruyan mi templo!»

Respuesta al profeta

12 Cuando Zorobabel y Josué oyeron el mensaje que Dios les envió por medio de Hageo, tanto ellos como el resto del pueblo sintieron mucho miedo. 13 Pero el profeta Hageo los tranquilizó. Les aseguró que Dios les daría su apoyo. 14-15 Así fue como el Dios todopoderoso puso en ellos el deseo de reconstruir su templo. Veinticuatro días después Zorobabel, Josué y el resto del pueblo comenzaron a reconstruirlo.

Segundo mensaje de Hageo

2 1 El día veintiuno del mes de Etanim, 1 Dios le dio al profeta Hageo 2 este mensaje para Zorobabel, Josué y el resto del pueblo:

3 «Todavía hay entre ustedes algunos que conocieron mi templo anterior.
¿Qué les parece el templo de ahora?
¿Verdad que es muy poca cosa, si lo comparamos con el primero?
4 Pero yo soy el Dios de Israel y estoy contigo, Zorobabel, con Josué y con todo el pueblo; ¡anímense y pongan manos a la obra!
5 Cuando ustedes salieron de Egipto,
yo les prometí que los acompañaría;
y así ha sido siempre:
¡mi espíritu los acompaña!
Por eso, no tengan miedo.

6-8 »Yo soy el Dios de Israel,

y dentro de poco tiempo haré temblar el cielo
y la tierra;
¡sacudiré el mar y la tierra firme!
Haré que tiemblen todas las naciones;
haré que me traigan todas sus riquezas
para llenar con ellas mi templo,
pues la plata y el oro me pertenecen.
9 La grandeza de este segundo templo
será mayor que la del primero, y en él se vivirá en paz.
Yo soy el Dios de Israel, y juro que así lo haré».

Promesa de Dios

10-11 También durante el segundo año del gobierno de Darío, rey de Persia, Dios le ordenó al profeta Hageo que les hiciera unas preguntas a los sacerdotes. Esto sucedió el día veinticuatro del mes de Quislev. 2 Hageo les hizo estas preguntas:

12 —Supongamos que alguien aparta un trozo de carne para presentarlo como ofrenda a Dios. Luego lo pone en su manto para llevarlo al templo. Supongamos también que la capa de esa persona toca sin querer algún otro alimento. ¿Bastará eso para que también ese alimento sea considerado una ofrenda para Dios?

Todos los sacerdotes contestaron:

—¡Por supuesto que no!

13 Entonces Hageo les hizo otra pregunta:

—Supongamos ahora que alguien toca un cadáver, y que por tocarlo se contamina y ya no puede adorar a Dios. Si esa persona toca algún alimento, ¿acaso también ese alimento se contamina y tampoco sirve para adorar a Dios?

Todos los sacerdotes contestaron:

—¡Por supuesto que sí!

14 Entonces Hageo les dijo:

—Ahora escuchen lo que nuestro Dios les dice:

"Algo parecido pasa con ustedes. Todo lo que hacen y todo lo que me ofrecen está contaminado y no me agrada. **15** Ahora pónganse a pensar en lo que les pasaba antes de que comenzaran a reconstruir mi templo: **16** Antes de eso, ustedes esperaban cosechar veinte sacos de trigo y cosechaban sola-

mente diez; esperaban que sus viñas dieran cincuenta barriles de vino y daban solamente veinte. **17** Esto les sucedía porque yo enviaba plagas y granizo para destruir el fruto de su trabajo. A pesar de todo, ustedes no quisieron obedecerme. Yo, el Dios de Israel, les juro que así fue. **18** "Pero hoy, que es el veinticuatro de Quislev, ustedes han puesto los cimientos de mi templo. Presten mucha atención, porque a partir de hoy todo será diferente. **19** Ustedes todavía no tienen trigo en sus graneros, ni hay uvas en sus viñas, ni frutos en sus árboles, pero a partir de hoy voy a bendecirlos".

Promesas para los últimos días

20 Ese mismo día, Dios le dio al profeta Hageo este mensaje:

21 «Zorobabel es el gobernador de Judá, pero ve a decirle de mi parte que yo voy a hacer temblar el cielo y la tierra. **22** Voy a acabar con el poder de los reyes; pondré fin a su reinado, destruiré sus carros de guerra y sus caballos, y los jinetes se matarán unos a otros. **23** Pero yo he elegido a Zorobabel, y cuando llegue ese día lo tomaré y le daré toda mi autoridad. Yo soy el Dios de Israel, y juro que así lo haré».

Zacarías

Dios está dispuesto a perdonar

1 1-3 Yo soy el profeta Zacarías, hijo de Berequías y nieto de Idó. El Dios todopoderoso me habló en el mes de Bul, durante el segundo año del gobierno de Darío, rey de Persia. Me ordenó que les diera este mensaje a los israelitas:

«Yo estuve muy enojado con los antepasados de ustedes, pero estoy dispuesto a perdonarlos si ustedes me piden perdón. Yo soy el Dios todopoderoso, y les juro que así lo haré. 4 Tiempo atrás, mis profetas hablaron con los antepasados de ustedes y les dijeron que ya no siguieran pecando contra mí. A pesar de eso, ustedes no me hicieron caso; al contrario, me desobedecieron. Yo soy su Dios, y les aseguro que así fue.

5 »Los antiguos profetas que estaban a mi servicio ya han muerto, y también han muerto los antepasados de ustedes. 6 A ellos los castigué, tal y como mis profetas se lo habían advertido. Pero ellos volvieron a obedecerme, porque reconocieron que yo los castigué por causa de sus pecados».

Los caballos de colores

7-8 Dios volvió a hablarme en un sueño el día veinticuatro del mes de Sebat, también durante el segundo año del gobierno del rey Darío. Era de noche, y en ese sueño vi un hombre que montaba un caballo de pelo colorado. Ese hombre estaba parado en medio de un valle. El valle estaba lleno de esos arbustos conocidos como mirtos. Detrás de él había otros hombres que montaban caballos de pelo colorado, café y blanco. 9 En mi sueño un ángel hablaba conmigo, así que le pregunté:

—¿Podría usted decirme quiénes son estos hombres?

Y el ángel me contestó:

—Ahora te lo voy a decir.

10 Pero antes de que me lo dijera, el jinete que estaba entre los mirtos me explicó:

—Dios ha enviado a estos jinetes para que recorran todo el mundo.

11 El ángel se había quedado entre los mirtos. En ese momento los jinetes le informaron:

—Ya recorrimos toda la tierra, y la hemos encontrado tranquila y en paz.

12 Entonces el ángel preguntó:

—Dios todopoderoso, hace ya setenta años que estás enojado con Jerusalén y con las ciudades de Judá. ¿Cuándo vas a tener compasión de ellas?

13 Dios le respondió con palabras muy amables y tranquilizadoras. Luego el ángel 14 me ordenó que anunciara de parte de Dios el siguiente mensaje:

«Yo amo mucho a Jerusalén,
y amo mucho a mi templo.
15 Y aunque por algún tiempo
estuve enojado con mi ciudad,
me llena de furia ver a naciones
que se sienten muy orgullosas,
y que se aprovecharon
de mi enojo
para hacer sufrir a Jerusalén.

16 »Pero quiero que sepan
que reconstruiré mi ciudad,
y también mi templo.
¡Le mostraré cuánto la quiero!
Yo soy el Dios todopoderoso,
y les juro que así lo haré».

17 Todavía el ángel me ordenó que anunciara de parte de Dios este otro mensaje:

«Volveré a dar prosperidad
a todas mis ciudades;
mostraré amor por mi templo,
y Jerusalén volverá a ser
mi ciudad elegida».

Los cuernos y los herreros

18-21 (2.1-4) Más tarde levanté la vista, y vi cuatro cuernos. Como el ángel seguía a mi lado, le pregunté:

—Y estos cuernos, ¿qué representan?

El ángel me explicó:

—Estos cuernos representan a los reinos que, con su poder, dispersaron por toda la tierra a la gente de Judá, de Israel y de Jerusalén.

Después Dios me mostró a cuatro herreros. Yo le pregunté:

—¿Y qué van a hacer estos herreros?

Y él me respondió:

—Van a llenar de miedo a esos reinos. Les quitarán su poder, por todo lo que le hicieron a Judá.

El hombre que medía Jerusalén

2 1 (5) Volví a levantar la vista, y vi delante de mí a un hombre con una cinta de medir en la mano. 2 (6) Le pregunté a dónde iba, y me dijo: «Voy a medir la ciudad de Jerusalén. Quiero saber cuánto mide de largo y cuánto de ancho».

3 (7) Ese hombre era un ángel, y ya estaba por irse; pero otro ángel vino a su encuentro 4 (8) y le ordenó que me diera este mensaje:

«La ciudad de Jerusalén
tendrá tanta gente y
tanto ganado,
que no tendrá murallas.
5 (9) Yo seré para mi ciudad
como una muralla de fuego;
¡yo la llenaré de riquezas!
Yo soy el Dios de Israel,
y juro que así lo haré.

6-7 (10-11) »Yo fui quien
los dispersó

por todas las naciones,
pero ahora les ordeno
que salgan ya de Babilonia
y regresen a Jerusalén;
¡huyan de ese país del norte!
Yo soy el Dios de Israel,
y les ordeno que así lo hagan».

8-9 (12-13) El Dios todopoderoso
me envió a acusar a las naciones
que le robaron todo a Jerusalén.
Así dice nuestro Dios:

«Yo castigaré a todas
las naciones
que le han hecho daño
a mi pueblo.
Quien le hace daño a mi pueblo
también me lo hace a mí.
¡Yo haré que sus propios
esclavos
les roben todas sus
pertenencias!»

Cuando esto suceda, esas naciones sabrán que fue el Dios todopoderoso quien me envió a acusarlas. Él dijo:

10 (14) «¡Griten de alegría,
habitantes de Jerusalén,
porque yo viviré entre ustedes!
Yo soy el Dios de Israel,
y les juro que así lo haré.

11 (15) »Cuando llegue ese día,
muchas naciones me seguirán.
Entonces yo viviré entre ellas,
y llegarán a ser también
mi pueblo».

Cuando esto suceda, ustedes
sabrán que fue el Dios todopoderoso quien me envió a anunciarles
su mensaje. **12** (16) Entonces Judá
volverá a ser propiedad de nuestro
Dios, y Jerusalén volverá a ser su
ciudad elegida.

13 (17) Nuestro Dios ha salido ya
de su templo santo;
¡guarden silencio en
su presencia!

Dios perdona a su pueblo

3 **1-3** En otro sueño vi a Josué,
parado frente al ángel de Dios.

Josué era el jefe de los sacerdotes, y había pecado; por eso en el
sueño su ropa sacerdotal no estaba limpia. El ángel acusador estaba a la derecha de Josué, dispuesto a acusarlo ante Dios, pero
el ángel de Dios le dijo:

«Ángel acusador, si Dios debe
castigar a alguien, es a ti. Así
como Dios ha elegido a la ciudad
de Jerusalén, también a este hombre lo ha librado del castigo».

4 En seguida, el ángel de Dios habló
con sus ayudantes y les ordenó que
le quitaran a Josué las ropas
sucias. A Josué le dijo: «Toma en
cuenta que ya he perdonado tus
pecados. Por eso ahora te voy a
vestir con ropa limpia».
5 Mientras el ángel de Dios seguía
allí de pie, él le ordenó a los ayudantes que también le pusieran
a Josué un turbante limpio en la
cabeza, y ellos lo hicieron así.
6 Cuando terminaron de vestirlo,
el ángel de Dios le advirtió:

7-8 «Así dice el Dios todo poderoso:

''Yo te elegí
como jefe de los sacerdotes.
Si obedeces mis mandamientos
y eres un buen sacerdote,
te pondré a cargo de
mi templo.
Te daré además un puesto
de honor
entre mis más cercanos
servidores.
Y ustedes, el resto de los
sacerdotes,
también pongan atención,
pues ustedes son una
buena señal:
Yo haré que vuelva a reinar
en Israel
mi servidor escogido.

9-10 ''¡Fíjate bien, Josué!
Delante de ti he puesto
una piedra.
Es una piedra de siete
costados.
Voy a grabar algo en esa piedra,
y en un solo día borraré

los pecados de toda la tierra.
Cuando llegue ese día,
se invitarán unos a otros
a sentarse bajo los árboles,
y podrán disfrutar tranquilos
de sus uvas y de sus higos.
Yo soy el Dios de Israel,
y les juro que así será'''».

El candelero de oro y los dos olivos

4 **1** En ese momento, el ángel
que hablaba conmigo se acercó a
mí para despertarme, **2** y me dijo:

—Zacarías, dime qué es lo que ves.

Yo le contesté:

—Veo un candelero de oro puro. En
la parte de arriba, el candelero
tiene siete lámparas; los tubos
por donde pasa el aceite del candelero se conectan con la punta,
la cual tiene la forma de un plato
hondo. **3** A la izquierda y a la derecha del candelero hay dos olivos.

4 Pero también le pregunté:

—¿Y qué quiere decir todo esto,
mi señor?

5 El ángel me contestó:

—¿No sabes lo que significa?

Yo le contesté que no lo sabía,
6 así que el ángel me explicó:

—Dios le está mandando un mensaje a Zorobabel, y es el siguiente:

''Zorobabel,
no hace falta que seas
poderoso,
ni necesitas un gran ejército;
lo único que necesitas
es mi espíritu.
Yo soy el Dios todopoderoso,
y te aseguro que así es.

7 ''No importa que tus enemigos
sean los poderosos babilonios,
tú los derrotarás por completo.
Y cuando pongas la
piedra principal
para reconstruir mi templo,

mi pueblo gritará con alegría:
¡Dios ama mucho a Jerusalén!''

8 Dios también me dio este mensaje:

9-10 «Ustedes, pueblo
de Israel,
verán a Zorobabel tomar
la plomada.
Él pondrá los cimientos
de mi templo,
y llevará a cabo su
reconstrucción.
Su trabajo es ahora
muy pequeño,
pero cuando lo haya
terminado,
¡hasta los que no creían en él
se llenarán de alegría!

»Así sabrán que yo, su Dios,
fui quien envió a Zacarías
a anunciarles todo esto.
Las siete lámparas representan
mis ojos,
pues yo vigilo toda la tierra».

11-12 Entonces yo le pregunté al ángel:

—¿Qué significan los olivos que están a los lados del candelero? ¿Y qué significan las dos ramas de olivo? ¿Por qué están junto a los dos tubos de oro, por donde pasa el aceite?

13 El ángel me preguntó si no sabía yo lo que significaban, y como le dije que no, **14** él me explicó:

—Estos dos olivos representan a Zorobabel y a Josué. El Dios de toda la tierra los ha elegido para que estén a su servicio.

El libro que volaba

5 **1** Volví a levantar la vista, y ante mis ojos vi volar un libro. **2** El ángel me preguntó:

—¿Qué es lo que ves, Zacarías?

Yo le respondí:

—Veo un libro que vuela. El libro

mide diez metros de largo y cinco de ancho.

3 Entonces el ángel me explicó:

—Este libro representa la maldición que pronto caerá sobre toda la tierra. En un lado está escrita la maldición que caerá sobre los ladrones. En el otro lado está la maldición que caerá sobre los mentirosos, esos que usan mi nombre para hacer falsos juramentos. **4** El libro entrará en la casa de los ladrones y de los mentirosos, y allí se quedará hasta destruirlos por completo. El Dios todopoderoso jura que así será.

La maldad

5 Luego, el ángel salió y me dijo:

—Fíjate en lo que acaba de aparecer.

6 —¿De qué se trata? —pregunté.

Y el ángel me explicó:

—Se trata de una medida. Con ella Dios ha medido toda la maldad de este país.

7 La medida tenía una tapa de plomo. El ángel levantó la tapa, y pude ver que allí adentro estaba una mujer sentada. **8** Esa mujer trató de salir, pero el ángel la empujó hacia dentro y volvió a tapar la medida. Entonces me dijo: «Aquí está representada la maldad».
9 Una vez más levanté la mirada, y vi a dos mujeres con alas de cigüeña. Esas mujeres volaron y se llevaron la medida. **10** Yo le pregunté al ángel:

—¿A dónde se llevan la medida?

11 Y el ángel me respondió:

—Se la llevan a Babilonia. En ese país construirán un templo, y sobre el altar pondrán la medida.

Los cuatro carros de guerra

6 **1** Levanté otra vez la vista, y vi ante mí cuatro carros de guerra. Los carros salían de en medio de dos montañas de bronce. **2** Al primer carro lo jalaban caballos de pelo colorado, al segundo carro lo jalaban caballos de pelo negro, **3** al tercer carro lo jalaban caballos de pelo blanco, y al cuarto carro lo jalaban caballos de pelo pinto. **4** Yo le pregunté al ángel:

—¿Y estos carros qué significan?

5 El ángel me explicó:

—Estos carros son los cuatro vientos del cielo. Siempre están al servicio de Dios, y ahora salen a recorrer todo el mundo. **6** El carro de los caballos negros va hacia el norte, el de los caballos blancos va hacia el oeste, y el de los caballos pintos va hacia el sur.

7 Los caballos de pelo pinto estaban ansiosos por recorrer el mundo, así que el ángel les ordenó:

—¡Vayan a recorrer el mundo!

Los caballos obedecieron. **8** Entonces el ángel me dijo:

—Los caballos negros van hacia el país del norte para llevar a cabo mis planes.

Josué recibe la corona

9 Dios también me dio este mensaje:

10-11 «Heldai, Tobías y Jedaías fueron llevados como esclavos a Babilonia, pero ya han regresado. Ve a verlos y pídeles que te den oro y plata. Con ese oro y esa plata irás a ver ese mismo día a Josías hijo de Sofonías para que te haga una corona. Esa corona se la pondrás a Josué hijo de Josadac, que es el jefe de los sacerdotes. Al ponérsela, **12-13** darás este mensaje:

''Así dice el Dios todopoderoso:

Yo haré que de aquí salga
un hombre
para que reconstruya
mi templo,
y lo llamaré 'Renuevo'.
Él se vestirá como rey,
y ocupará el trono para reinar.
Compartirá el trono con
un sacerdote,
pero habrá paz entre
ellos dos''.

14 »Después quiero que pongas esa corona en mi templo. Así Heldai, Tobías, Jedaías y Josías recordarán siempre mi mensaje. **15** »Si ustedes me obedecen, otros vendrán de lejos y los ayudarán a reconstruir mi templo. Cuando eso suceda, ustedes se darán cuenta de que yo, el Dios todopoderoso, envié a Zacarías para que les diera este mensaje».

Lo que Dios quiere de su pueblo

7 **1-4** En el cuarto año del gobierno de Darío, rey de Persia, los habitantes de Betel preguntaron a los profetas y a los sacerdotes si debían seguir ayunando los días cinco de cada mes. Para eso enviaron al templo del Dios todopoderoso a Sarezer y Réguemmélec, y a su gente. Era el día cuatro del mes de Quislev.[1] Entonces Dios me dio un mensaje. Me dijo:

«Zacarías, **5** diles de mi parte a los sacerdotes y a toda la gente de este país:

''Durante los últimos
setenta años
ustedes han estado ayunando
todos los meses quinto
y séptimo.
Pero no lo hacen pensando
en mí.
6 Y cuando dejan de ayunar,
comen pensando sólo
en ustedes.
7 Esto que ahora les digo
ya lo dije hace mucho tiempo
por medio de los profetas,
cuando aún estaban habitadas
Jerusalén y las ciudades

vecinas,
cuando aún se vivía en paz
en el desierto y en
la llanura''».

8-9 El Dios todopoderoso también me dio este mensaje:

«Ustedes deben tratar
a los demás
con justicia, amor y
compasión.
10 No maltraten a nadie,
ni hagan daño a los demás;
en vez de hacer planes
malvados,
cuiden de las viudas, de los
huérfanos,
de los pobres y de los
refugiados.

11-12 »En el pasado, puse mi espíritu en los profetas para que ellos me comunicaran mis mensajes. Pero ustedes siempre han sido tercos; en vez de obedecerme, me abandonaron y no me hicieron caso. Por eso me enojé y les dije: **13** ''Como ustedes no me hicieron caso cuando yo los llamé, tampoco yo les haré caso cuando me llamen. Yo soy el Dios todopoderoso, y les juro que así lo haré''.

14 »Por eso los dispersé por naciones que ustedes no conocían. Por eso su país quedó hecho un desierto, por el que nadie se atrevía a pasar. Por culpa de ustedes, su hermoso país quedó abandonado y en ruinas».

Dios bendecirá a su pueblo

8 **1-2** El Dios todopoderoso también me dio este mensaje:

«Grande es mi amor
por Jerusalén;
y así de grande es también
mi enojo
contra sus enemigos.
3 Pero volveré a vivir en ella,
y será llamada ''Ciudad Fiel'';
habitaré de nuevo en
mi templo,
y Sión será llamado
''Monte Santo''.

Yo soy el Dios de Israel,
y juro que así será.

4-5 »En las calles de Jerusalén
jugarán los niños y las niñas,
y descansarán los ancianos y
las ancianas,
apoyándose en sus bastones.
Yo soy el Dios de Israel,
y juro que así será.

6 »Cuando llegue ese día,
los que hayan quedado con vida
creerán que esto es imposible,
pero nada hay imposible
para mí.
Yo soy el Dios de Israel,
y juró que así lo haré.

7 »Yo rescataré a mi pueblo
de los países del este y
del oeste,
8 y lo haré volver a Jerusalén.
Será mi pueblo,
y yo seré su Dios;
un Dios fiel y justo.
Yo soy el Dios de Israel,
y juro que así lo haré.

9-11 »Ustedes han oído
mi mensaje
por medio de mis profetas,
desde que se puso la
primera piedra
para reconstruir mi templo.
Por lo tanto, ¡anímense!

»Antes de empezar la
reconstrucción
no se les pagaba a los
trabajadores
ni se alimentaba a
los animales;
por culpa del enemigo
nadie viajaba con tranquilidad,
y todos se peleaban
contra todos.
Pero ya no voy a tratar así
a los que aún quedan con vida.
Yo soy el Dios de Israel,
y les juro que así será.

12-13 »¡Habitantes de Judá!
¡Pueblo de Israel!
Ustedes fueron entre
las naciones
un pueblo al que todos

maldecían,
pero yo los salvaré
y serán una bendición.
Sembrarán sus campos en paz,
y sus viñedos darán
mucho fruto;
el cielo enviará sus lluvias
y la tierra dará sus cosechas.
Todo eso les daré a ustedes,
los que han quedado con vida.
Por lo tanto, ¡anímense!

14-15 »Habitantes de Judá
y de Jerusalén:
Sus antepasados me
hicieron enojar;
por eso los destruí sin
compasión.
Pero no tengan miedo,
que ahora voy a tratarlos bien.
Yo soy el Dios de Israel,
y les juro que así lo haré.

16 »Estos son mis
mandamientos:
Digan siempre la verdad,
procuren hacer la paz,
y traten a todos con justicia.
17 No hagan planes malvados
en contra de sus semejantes,
ni hagan juramentos falsos,
porque todo eso lo aborrezco.
Yo soy el Dios de Israel,
y les juro que así es».

18-19 El Dios todopoderoso también
me dio este mensaje:

«Habitantes de Judá:
amen la paz y la verdad.
Así serán muy felices
cuando ayunen en el
mes cuarto,
y en el quinto, séptimo
y décimo.
¡Será como si estuvieran
de fiesta!

20-21 »Vendrán muchos pueblos
y naciones,
y pasarán de una ciudad a otra
diciéndole a la gente:
''Busquen la bendición de Dios.
Nosotros también la
buscaremos''.
Yo soy el Dios de Israel,
y les juro que así será.

22-23 »Cuando llegue ese día,
muchos pueblos y naciones
poderosas
vendrán a Jerusalén para
pedirme
que los trate con bondad.
Diez hombres buscarán
a un judío,
y agarrándolo de la ropa
le dirán en otro idioma:

''¡Déjanos acompañarte
a Jerusalén!
¡Sabemos que Dios está
con ustedes!''

»Yo soy el Dios de Israel,
y les juro que así será».

Mensajes de Dios contra las naciones

9 **1-2** Dios está vigilando a toda
la raza humana. Por eso ha anunciado este mensaje contra las
ciudades de Hadrac y Damasco, y
también contra las tribus de
Israel, contra su vecina Hamat, y
contra naciones tan desarrolla-
das como Tiro y Sidón:

3 «La ciudad de Tiro tiene
tantas riquezas
como polvo hay en las calles.
Para protegerse, construyó
murallas;
4 pero Dios le quitará
esas riquezas
y las echará al mar,
y a ella la quemará por
completo.

5 »Los habitantes de Ascalón
verán esto y temblarán
de miedo,
y la ciudad se quedará vacía;
los habitantes de Gaza
sufrirán al perder su rey,
y los habitantes de Ecrón
sufrirán al perder la esperanza.
6-7 En la ciudad filistea
de Asdod
vivirá gente malvada
y violenta,
que despedaza a sus enemigos.
Pero yo salvaré a sus víctimas.
¡Así humillaré a los orgullosos
filisteos!

»Pero a algunos los dejaré
con vida,
como antes dejé a los
jebuseos,
y será gente importante
en Judá.
8 Jamás volveré a permitir
que otras naciones los
ataquen,
pues yo mismo vigilaré
mi templo.

Llegada del rey de Jerusalén

9 »¡Alégrate, bella ciudad
de Jerusalén!
¡Ya tu rey viene hacia ti,
montado sobre un burrito!
Es humilde pero justo,
y viene a darte la victoria.
10 Destruirá todas las armas
de guerra
y en todo Israel destruirá
los ejércitos;
anunciará la paz en todas
las naciones,
y dominará de mar a mar,
¡del río Éufrates al fin
del mundo!

Dios renovará a su pueblo

11 »Yo hice un pacto contigo,
y lo sellé con sangre;
por eso rescataré a tus presos
del pozo seco donde
ahora están,
12 y volverán llenos de
esperanza
a esas ciudades que parecen
fortalezas.
Si hasta ahora han sufrido,
yo me comprometo en este día
a hacerlos dos veces
más felices.

13 »Con los de Judá y de Israel
destruiré a los griegos.
14 Cuando dé la orden
de atacarlos,
sus flechas serán como
relámpagos;
y marcharé contra ellos
como una tormenta
del desierto.

15 »Yo mismo cuidaré de
mi pueblo;
así ellos destruirán las

armas enemigas,
y ofrecerán un gran banquete
para celebrar su victoria.
Beberán hasta emborracharse;
llenarán de vino sus copas,
como se llenan de sangre
los tazones
que se derraman sobre el altar.

16 »Cuando llegue ese día,
yo salvaré a mi pueblo
como salva el pastor a
su rebaño;
y cuando ya estén en su tierra,
brillarán como las joyas
de una corona.
17 ¡Qué maravilloso será
ver a los muchachos
y muchachas
alegres, fuertes y bien
alimentados!»

Dios promete bendecir
a su pueblo

10 1 Dios continuó diciendo:

«Yo soy el Dios de Israel.
Pídanme lluvia en época
de sequía
y yo haré que llueva
en abundancia.
Yo soy quien forma
las tormentas
y quien hace que los campos
produzcan.
2 Pero los ídolos son engañosos;
los adivinos sólo dicen
mentiras.
Engañan a la gente con
sus sueños,
y escucharlos no da ningún
consuelo.
¡Por eso ustedes andan
perdidos,
como un rebaño sin pastor!

3 »Yo soy el Dios de Israel,
y voy a castigar a esos pastores
porque estoy muy enojado
con ellos.
Yo mismo cuidaré de mi pueblo.
Judá es ahora un rebaño
de ovejas,
pero pronto voy a convertirlos
en briosos caballos de batalla.
4 De entre ellos saldrán
grandes jefes

que brindarán su apoyo
a mi pueblo;
serán como la estaca
de una tienda,
como un arco para
lanzar flechas,
¡como la piedra principal
de un edificio!
5 Serán como los soldados
valientes
que luchan en medio del lodo;
lucharán contra soldados
de a caballo
y les ganarán la batalla,
porque yo estaré con ellos.

6 »Yo soy el Dios de Israel,
y escucho las oraciones
de mi pueblo.
Yo fortaleceré a la gente
de Judá
y salvaré a todos los israelitas;
los haré volver a su tierra,
y parecerá que nunca
los rechacé
porque les mostraré mi
compasión.

7 »Los israelitas se alegrarán
como se alegran los soldados
cuando han tomado
mucho vino;
cuando sus hijos vean esto,
también se llenarán de alegría
por lo que yo haré con ellos.

8 »Cuando les dé la señal,
los llamaré y volveré
a reunirlos;
y cuando los haya salvado
volverán a ser un pueblo
numeroso
como lo fueron en tiempos
pasados.
9 Yo los dispersé entre
las naciones,
pero aún allí se acordarán
de mí,
y regresarán a su tierra
en compañía de sus hijos.

10 »Los haré volver de Egipto
y Asiria,
y los haré vivir en Galaad
y en la región del
monte Líbano;
pero serán muchos

cuando vuelvan
y no habrá lugar para todos.
11 Angustiados, cruzarán
el mar,
pero yo calmaré sus olas
y secaré por completo
el río Nilo;
¡yo acabaré con el poder
de Egipto,
y pondré fin al orgullo de Asiria!
12 Yo fortaleceré a mi pueblo,
y en mi nombre avanzarán
sin miedo.
Yo soy el Dios de Israel,
y les juro que así será.

11 1 »Monte Líbano,
¡abre paso al fuego,
porque va a devorar
tus cedros!
2 Ustedes los pinos,
¡lloren por esos enormes
árboles!
¡Los grandes cedros han sido
derribados!
Y ustedes, robles de Basán,
¡lloren por esos grandes
bosques
que han dejado de existir!
3 Los pastores lloran
desesperados,
porque sus verdes pastos
se quemaron;
los leones rugen furiosos,
porque los llanos del río Jordán
ahora parecen un desierto».

Los dos pastores

4 El Dios todopoderoso me dio este
mensaje:

«Ve y cuida de las ovejas que serán
llevadas al matadero. 5 Los que las
compran, las matan sin ninguna
compasión; los que las venden,
dicen "¡Gracias a Dios ya soy
rico!"; y ni siquiera sus propios
pastores se compadecen de ellas.
6 »Yo haré lo mismo: ¡no tendré
compasión de los habitantes de
este país! Dejaré que caigan bajo
el poder de las naciones vecinas y
del rey que las gobierne. Y aunque
su tierra sea destruida por completo, yo no iré en su ayuda. Yo
soy el Dios todopoderoso, y juro
que así lo haré».

7 Yo me dediqué a cuidar de las ovejas que irían al matadero, y di especial atención a las ovejas más débiles. Tenía yo dos varas de pastor; a una de ellas la llamé «Bondad», y a la otra la llamé «Unión». **8** Como los pastores no me querían, ni yo los quería a ellos, en un mes despedí a tres. **9** A las ovejas les dije: «¡Ya no quiero ser su pastor! ¡No me importa si se mueren o las matan! ¡Tampoco me importa si se comen las unas a las otras!»

10 Después tomé la vara llamada «Bondad», y la rompí. Con eso di a entender a otro a los que estaban allí que Dios había roto su pacto con todas las naciones. **11** Los comerciantes de ovejas vieron lo que hice, y entendieron que eso era un mensaje de Dios para ellos, en el que yo representaba a Dios y las ovejas representaban al pueblo. **12** Luego les dije a los comerciantes: «Quiero que me paguen mi sueldo. Pero si no quieren pagarme, no lo hagan». Entonces ellos me pagaron treinta monedas de plata.

13 Dios me dijo: «¡Treinta monedas de plata es muy poco por todo lo que yo he hecho a favor de mi pueblo! ¡Toma las monedas, y tíralas en el cofre de las ofrendas!»

Tomé entonces las monedas, y cumplí con lo que Dios me ordenó hacer. **14** Después de eso, rompí la vara llamada «Unión», y así se rompió el lazo fraternal que unía a Israel con Judá.

Los malos pastores

15 Dios me dio este otro mensaje:

«Ahora vas a representar a esos pastores que no se preocupan por sus ovejas. **16** Porque voy a poner este país al cuidado de un rey que no se preocupará por su pueblo. Será como un pastor descuidado: No se preocupará por las ovejas que se apartan del camino, ni buscará a las ovejas perdidas, ni curará a las ovejas lastimadas, ni alimentará a la ovejas hambrientas. Ese rey sólo se ocupará de los ricos y poderosos que le dan de comer.

17 »¡Que mal le va a ir
al pastor inútil,
que no cuida del rebaño!
¡Ojalá que con una espada
le corten una mano,
y que con un cuchillo
le saquen los ojos!»

Dios destruirá a los enemigos de Jerusalén

12 **1** Dios me dio este mensaje para los israelitas:

«Yo soy el Dios todopoderoso.
Yo fui quien extendió los cielos
y afirmó las bases de la tierra.
Yo soy quien dio vida
a todos los seres humanos.

2-3 »Cuando las naciones vecinas quieran atacar a Jerusalén y a las ciudades de Judá, yo los haré fracasar. Su ataque será tan torpe que mi pueblo pensará que están borrachos.

»Cuando llegue ese día, todas las naciones se unirán para acabar con Jerusalén. Pero yo haré que Jerusalén sea como una piedra enorme; ¡todo el que trate de moverla será aplastado por ella!

4 »Yo estaré vigilando al pueblo de Judá, así que ese día dejaré ciegos a todos los caballos de las naciones, y espantaré a sus jinetes. **5** Cuando los jefes de Judá vean esto, dirán convencidos: "¡El único Dios todopoderoso es el Dios de los que vivimos en Jerusalén! ¡Nuestro Dios es nuestra fortaleza!"

6-7 »Ese día convertiré a los jefes de Judá en fuego, y con ese fuego consumiré por completo a todas las naciones vecinas, pero a la ciudad de Jerusalén no le pasará nada. Salvaré a las familias de Judá, pues para mí son tan importantes como la familia de David y como los que viven en Jerusalén. Que nadie piense lo contrario.

8-9 »Yo estoy dispuesto a destruir a cualquier nación que ataque a Jerusalén. De tal manera protegeré a sus habitantes que, ese día, los más débiles entre ellos serán tan poderosos como David; además, los descendientes de David volverán a gobernar como si mi propio ángel los dirigiera.

10 »Yo haré que los descendientes de David oren y se pongan muy tristes, al mirar al que atravesaron con una lanza. También haré que lloren los habitantes de Jerusalén. Y será tan grande su tristeza, que llorarán como si hubieran perdido a su único hijo. **11** Ese día llorarán en Jerusalén, como cuando lloran la muerte del dios Hadad-rimón en la llanura de Meguido. **12-14** Todos en el país estarán de luto, y cada familia llorará por separado. Llorarán hombres y mujeres entre los descendientes de David, Natán, Leví y Simí, y entre todas las demás familias.

Dios purificará a su pueblo

13 **1-3** »Ese día yo perdonaré a mi pueblo. Los descendientes de David y los habitantes de Jerusalén siempre encontrarán perdón en mí. Borraré de la tierra a todos los ídolos, y nunca más serán recordados. Acabaré también con sus profetas, que hablaban guiados por malos espíritus. Cuando alguien quiera engañarlos, diciendo que habla de mi parte, sus propios padres lo condenarán a morir, y ellos mismos lo matarán. Yo soy el Dios todopoderoso, y juro que así se hará.

4-5 »Ese día los profetas se avergonzarán de haber anunciado mensajes falsos, y nunca más volverán a engañar a otros. En vez de llamarse profetas, dirán que son campesinos y que desde jóvenes han cultivado la tierra. **6** Y si alguien les pregunta por las cicatrices que tienen en las manos, dirán que se cortaron en casa de unos amigos, y no en los cultos de dioses extraños».

Castigo y perdón

7 El Dios todopoderoso afirma:

«¡Despiértate, espada,
y mata a mi rey escogido!
¡Mata a mi mejor amigo!
Así mi pueblo se dispersará
y yo acabaré con sus
descendientes.

8-9 »De la gente de este país
morirán dos terceras partes,
y el resto quedará con vida;
pero los castigaré para
hacerlos cambiar,
y volverán a obedecerme.
Yo soy el Dios de Israel,
y juro que así será.

»Cuando me llamen,
les responderé;
yo los reconoceré como
mi pueblo,
y ellos me reconocerán
como su Dios».

La victoria final de Dios

14 **1-2** Ciudad de Jerusalén, ya
viene el día en que Dios reunirá
contra ti a todas las naciones. Te
atacarán y te conquistarán; se
llevarán todo lo que haya en tus
casas, y en las calles se lo repartirán. A tus mujeres las violarán, y
a la mitad de tus habitantes se
los llevarán a otro país, pero
dejarán en ti a un pequeño grupo
de gente.
3-4 Cuando llegue ese día, Dios
mismo luchará contra esas naciones. Pondrá su campamento en el
monte de los Olivos, que está al
este de Jerusalén. Partirá en dos
el monte para formar un gran
valle, que se extenderá de este a
oeste. Una mitad del monte quedará en la parte norte, y la otra
mitad quedará en la parte sur.
5 Dios hará esto para que ustedes
puedan huir por en medio, pues el
valle llegará hasta Asal. Huirán
como en los días del terremoto,
cuando Ozías era rey de Judá.
Entonces vendrá mi Dios, junto
con todos sus ángeles.
6-7 Ese día será tan especial, que
no habrá diferencia entre el día
y la noche, pues hasta en la
noche habrá luz de día. ¡Sólo
Dios sabe cómo será ese día!
8 Entonces de Jerusalén saldrá
un río que nunca se secará. Sus
aguas correrán en época de lluvia y en época de sequía; la
mitad de sus aguas se vaciarán
en el Mar Muerto, y la otra mitad
en el mar Mediterráneo.
9 Cuando llegue ese día, un solo
Dios reinará en toda la tierra. ¡Ese
Dios es nuestro Dios! **10-11** De norte
a sur, todo el país se volverá una
llanura. Sólo la ciudad de Jerusalén
permanecerá en su monte, y todo
en ella seguirá siendo igual, tanto
en el Portón de Benjamín como en
el Portón de la Esquina, lo mismo
en la torre de Hananel que en las
bodegas del rey. Sus habitantes
vivirán tranquilos, porque nadie
volverá a destruirla.
12-13 Pero Dios castigará a las naciones que atacaron a Jerusalén. Hará

que se llenen de miedo, y que
empiecen a pelear entre ellas
mismas; ¡aun en vida se les
pudrirá la carne, los ojos y la lengua! **14** Entonces la gente de Judá
vendrá a Jerusalén para luchar
contra esas naciones, y les quitará grandes cantidades de oro
y plata, y muchos vestidos.
15 Dios castigará también a los
caballos, camellos y burros, y a
todas las bestias que haya en los
campamentos enemigos.
16-19 Después de esto, los que
atacaron a Jerusalén y hayan
quedado con vida vendrán a la
ciudad cada año para adorar a
nuestro Rey, el Dios todopoderoso, y para celebrar la fiesta de
las Enramadas. Pero si Egipto, o
alguna otra nación, no viene a
Jerusalén, Dios impedirá que
llueva en esa nación, y así la
castigará.
20-21 Cuando llegue ese día, todo
será propiedad exclusiva del Dios
todopoderoso y quedará sólo a su
servicio. ¡Hasta los cascabeles de
los caballos estarán marcados
como propiedad exclusiva de
Dios! Serán propiedad de Dios los
tazones que se usan en el altar,
las ollas que se usan en la cocina
del templo, y todas las ollas que
haya en Jerusalén y en Judá. La
gente que vaya al templo para
presentar ofrendas, deberá cocinar en esas ollas. Así nadie volverá a hacer negocios en el templo
del Dios todopoderoso.

Malaquías

Dios ama a su pueblo

1 **1-3** Yo soy Malaquías. Dios me dio la orden de comunicarles a ustedes, los israelitas, este mensaje:

«Israelitas, Dios los ama».

Y ustedes preguntan:

«¿Y cómo nos demuestra ese amor?»

Dios les responde:

«Recuerden, israelitas, que yo preferí a Jacob y no a Esaú, a pesar de que Esaú era su hermano mayor. Recuerden también que yo convertí en un desierto la tierra de Esaú, a pesar de que era una región montañosa. Ahora sólo viven allí los chacales. **4** Si los descendientes de Esaú intentan reconstruir su país, yo les aseguro que volveré a destruir lo que ellos construyan. La tierra de Esaú será conocida como ''el país de la maldad'', y su pueblo será conocido como ''el pueblo con el que Dios siempre está enojado''. Yo soy el Dios todopoderoso, y les juró que así será. **5** Ustedes lo verán con sus propios ojos, y entonces dirán: ''¡La grandeza de nuestro Dios va más allá de nuestras fronteras!''»

Mensaje contra los sacerdotes

6-8 Sacerdotes, nuestro poderoso Dios me manda a decirles a ustedes:

«Los hijos respetan a sus padres, y los esclavos respetan a sus amos. ¡Pues yo soy su Padre y su Amo, y sin embargo ustedes los sacerdotes no me respetan! ¡Me tratan como si no valiera nada!»

Ustedes los sacerdotes se defienden, y preguntan:

«¿Por qué nos acusa Dios? ¿Cuándo le hemos faltado al respeto? ¿Cuándo lo hemos ofendido?»

Pero el Dios todopoderoso les responde:

«Me ofenden cuando desprecian mi altar, cuando me presentan como ofrenda animales impuros, que no valen nada porque están ciegos, cojos y enfermos. ¿No creen que eso está mal? Si esos mismos animales se los ofrecieran a su gobernador, ¡se ofendería y no los aceptaría! **9** ¿Y después de presentarme esa clase de ofrendas, todavía esperan que yo los escuche y les tenga compasión? Pues yo soy el Dios todopoderoso y quiero que les quede claro lo siguiente: **10** ¡Prefiero que se cierren las puertas de mi templo! Ya no me traigan esta clase de ofrendas, porque estoy muy molesto con ustedes y no se las voy a aceptar. **11** »En todas las naciones del mundo hay quienes reconocen mi grandeza, y por eso me presentan ofrendas aceptables. **12** Pero ustedes los sacerdotes hacen todo lo contrario: me faltan al respeto, y desprecian mi altar y las ofrendas que allí se me presentan».

13 Ustedes los sacerdotes se quejan, y dicen:

«Nuestro trabajo es muy pesado».

Pero el Dios todopoderoso les dice:

«¿Creen ustedes que voy a recibir con gusto esos animales cojos y enfermos, que ustedes me traen como ofrenda? Eso es un insulto, pues para colmo me traen animales con defectos. **14** ¡Maldito sea el que me prometa uno de sus mejores animales, y luego me presente un animal defectuoso! ¡Yo soy el gran Rey, y todas las naciones me respetan! Yo soy el Dios todopoderoso, y les juro que así lo haré.

Dios castigará a los sacerdotes

2 **1** »Esta advertencia va para ustedes, los sacerdotes: **2-3** Si no me obedecen ni aprenden a respetarme, yo los maldeciré. Si no me sirven con sinceridad, cambiaré en maldición mis bendiciones para ustedes. Además, les quitaré el poder y les untaré en la cara el estiércol de los animales que me ofrecen. ¡Entonces los barrerán a ustedes junto con ese estiércol! Yo soy el Dios todopoderoso, y les juro que así lo haré. **4-5** Si les advierto esto, es para que sepan que quiero cumplir el pacto que hice con Leví, el antepasado de ustedes. Con ese pacto me comprometí a darle vida y paz; Leví, por su parte, se comprometió a respetarme y honrarme, y así lo hizo. Yo soy el Dios todopoderoso, y les juro que así fue. **6** Leví nunca engañó a la gente, sino que les enseñó la verdad; siempre vivió en armonía conmigo, y fue una persona tan honesta que a muchos los apartó de la maldad.

7 »Ustedes los sacerdotes son mis mensajeros. Su deber es enseñar mis mandamientos a los que me buscan. **8** Pero ustedes han dejado de hacer el bien; con su mal ejemplo han hecho pecar a mucha gente, y han desobedecido el pacto que hice con Leví. Yo soy el Dios todopoderoso, y les juro que así es.

9 »Si yo he hecho que el pueblo los desprecie y les pierda el respeto, es porque ustedes no me han obedecido, ni tratan con justicia a todos por igual».

Los matrimonios mixtos

10 Yo, Malaquías, les digo:

«Todos nosotros tenemos un mismo antepasado. Y a todos nosotros nos creó un solo Dios. Si esto es así, ¿por qué nos engañamos los unos a los otros? ¿Por

Predicadores ambulantes anuncian el mensaje de Dios en plazas y parques con altavoces y láminas.

En todos lados se lee la Biblia:
"Este libro ha hecho mucho bien a mi alma.
Léanlo y les hará bien a ustedes."

qué no cumplimos con el pacto que Dios hizo con nuestros antepasados? **11** ¡Todos en Judá y en Israel hemos sido infieles a Dios! ¡Todos hemos hecho actos vergonzosos en Jerusalén, en el templo mismo que Dios tanto ama! Los hombres de Judá se casan con mujeres que adoran a otros dioses, **12-14** y todavía se preguntan por qué Dios ya no recibe con gusto sus ofrendas. Pues ahora, ¡que acabe Dios con quienes hacen eso, no importa que le traigan ofrendas y que llenen de lágrimas su altar! ¡Y que acabe también con quienes ven esto y no hacen nada para impedirlo!

»Dios ha visto lo que han hecho todos ustedes: Cuando eran jóvenes, se casaron y se comprometieron a ser fieles a su esposa. Pero no han cumplido con su compromiso. **15-16** Nuestro Dios nos creó para que fuéramos un solo cuerpo y un solo espíritu. Nos creó así para que fuéramos un pueblo consagrado a él. Nuestro Dios odia a quienes son violentos y abandonan a su esposa. Por lo tanto, ¡tengan cuidado y no le sean infieles a su esposa!

17 »Nuestro Dios ya está cansado de sus quejas. Y lo cansan cuando dicen que Dios no es justo porque ve con buenos ojos a los malvados».

Dios enviará a su mensajero

3 **1-2** El Dios todopoderoso ha dicho:

«¡Miren al mensajero de mi pacto! Ustedes esperan su llegada, y él ya se ha puesto en marcha. Lo estoy enviando delante de mí, para que me prepare el camino. Cuando menos lo esperen, yo entraré en mi templo. Yo soy el Dios todopoderoso, a quien ustedes buscan.

»Mi mensajero ya viene. Pero, cuando llegue, nadie va a poder resistir su presencia. ¡Ese día nadie va a poder mantenerse en pie! Mi mensajero es como el fuego que purifica los metales;

es como el jabón que limpia la mugre. **3-4** Cuando llegue, se sentará a borrar los pecados de los descendientes de Leví, como si purificara oro y plata en el fuego. Así ellos podrán presentar las ofrendas de la gente de Judá y de Jerusalén. Las presentarán como a mí me agrada, y yo las recibiré con alegría, como antes las recibía».

Dios juzgará a su pueblo

5 El Dios todopoderoso ha dicho:

«Voy a iniciar un juicio contra ustedes. Actuaré como testigo contra los que practican la brujería, contra los que son adúlteros, contra los que hacen juramentos falsos, contra los que explotan a sus trabajadores, contra los que abusan de las viudas y de los huérfanos, contra los que maltratan a los que no son israelitas, y contra los que me faltan al respeto.

6 »Óiganme, israelitas: Si ustedes no han sido destruidos es porque yo soy el Dios todopoderoso y mi amor no cambia. **7** En cambio ustedes, desde los días de sus antepasados, siempre han desobedecido mis mandamientos. Pero si ustedes se arrepienten y vuelven a mí, yo también me volveré a ustedes. Yo soy el Dios todopoderoso, y les aseguro que así lo haré.

»Ustedes me preguntan: ''¿Y de qué tenemos que arrepentirnos?'' **8** Yo les respondo: ''No es fácil que alguien me robe; sin embargo, ¡ustedes me han robado!''

»Todavía se atreven a preguntarme: ''¿Y qué te hemos robado?'' Pues escúchenme bien: ¡Me han robado porque han dejado de darme el diezmo y las ofrendas! **9** Todos ustedes, como nación, me han robado; por eso yo los maldigo a todos ustedes, también como nación.

10 »Traigan a mi templo sus diezmos, y échenlos en el cofre de las ofrendas; así no les faltará alimento. ¡Pónganme a prueba con esto! Verán que abriré las ventanas del cielo, y les enviaré abun-

dantes lluvias. **11-12** Además, alejaré de sus campos las plagas de insectos que destruyen sus cosechas y sus viñedos. Tendrán entonces un país muy hermoso, y todas las naciones los considerarán muy dichosos. Yo soy el Dios todopoderoso, y les juro que así lo haré.

13 »Pero ustedes hablan mal de mí, y todavía preguntan: ''¿Y qué de malo hemos dicho?'' **14** Pues esto es lo que han dicho: ''No vale la pena servir al Dios todopoderoso. Aun si pecamos contra él, no tiene caso que nos pongamos tristes, ni vale la pena obedecer sus mandamientos. **15** Bien sabemos que los orgullosos viven felices, y que a los malvados siempre les va bien; nunca les pasa nada malo, ni siquiera cuando ofenden a Dios y lo ponen a prueba''».

El libro de Dios

16 Cuando los que adoran a Dios y lo respetan oyeron lo que Dios dijo, hablaron entre sí. Dios se dio cuenta de esto, y les prestó atención, y entonces mandó que se anotaran en un libro sus nombres para recordarlos. **17** Además, Dios dijo acerca de ellos:

«Ya viene el día en que ellos volverán a ser míos. Serán mi tesoro especial, y no les haré ningún daño; los trataré como trata un padre a los hijos que le sirven. **18** Entonces ustedes verán, una vez más, que hay diferencia entre el bueno y el malo, entre el que adora a Dios y el que no lo adora».

Dios juzga a su pueblo

4 **1** (3.19) Dios dice:

«Ya está cerca el día
en que los orgullosos
y malvados
arderán como la paja
y se quemarán por completo
a causa de mi enojo.
Yo soy el Dios todopoderoso,
y les juro que así será.

2 (3.20) »Para ustedes,
que me respetan,
la justicia brillará como el sol
y les traerá mi salvación.
Entonces ustedes saltarán
de alegría,
como saltan los terneros
cuando salen del establo.
3 (3.21) Ya tengo preparado
ese día,
y ustedes aplastarán a
los malvados
como aplastan al polvo
que pisan.
Yo soy el Dios todopoderoso,
y les juro que así será.

Un consejo final

4 (3.22) »Israelitas,
recuerden que en el
monte Horeb
yo les di por medio de Moisés
mis enseñanzas y
mandamientos.

¡No se olviden de obedecerlos!

5 (3.23) »Antes de que
llegue el día
en que yo los castigaré,
les enviaré al profeta Elías.
6 (3.24) Él hará que los padres
se reconcilien con sus hijos
y vivan en paz.
Pero si no se reconcilian,
yo vendré y destruiré
la tierra».

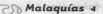

NUEVO TESTAMENTO

Mateo

1 ¹ Jesús era descendiente de David y de Abraham. Esta es la lista de todos sus familiares que vivieron antes que él:

² Desde Abraham hasta David fueron: Abraham, Isaac, Jacob, Judá y sus hermanos, 3 Fares y Zérah (su madre se llamaba Tamar), Hesrón, Aram, 4 Aminadab, Nahasón, Salmón, 5 Booz (su madre se llamaba Rahab), Obed (su madre se llamaba Rut), Isaí, 6 el rey David.

Desde David hasta el tiempo en que los judíos fueron llevados como prisioneros a Babilonia, sus antepasados fueron: David, Salomón (su madre había sido esposa de Urías), 7 Roboam, Abías, Asá, 8 Josafat, Joram, Ozías, 9 Jotam, Acaz, Ezequías, 10 Manasés, Amón, Josías, 11 Joaquín y sus hermanos.

¹² Desde el tiempo en que los judíos fueron llevados a Babilonia hasta el nacimiento de Jesús, sus antepasados fueron: Joaquín, Salatiel, Zorobabel, 13 Abihud, Eliaquim, Azor, 14 Sadoc, Aquim, Eliud, 15 Eleazar, Matán, Jacob, 16 José, el esposo de María, la madre de Jesús, conocido como el Mesías.

¹⁷ Desde Abraham hasta David, hubo catorce generaciones. Desde David hasta que los judíos fueron llevados prisioneros a Babilonia también hubo catorce generaciones, y otras catorce desde ese momento hasta el nacimiento del Mesías.

¹⁸⁻²⁰ Así fue como nació Jesús, el Mesías: Una joven llamada María estaba comprometida para casarse con José. Pero antes de que vivieran juntos, se supo que ella estaba embarazada. José era un hombre bueno y obediente a la ley de Dios. Como no quería acusar a

María delante de todo el pueblo, decidió romper en secreto el compromiso.

Mientras pensaba en todo esto, un ángel de Dios se le apareció en un sueño y le dijo: «José, no tengas miedo de casarte con María. El Espíritu Santo fue quien hizo que ella quedara embarazada. 21 Cuando nazca el niño, lo llamarás Jesús. Él va a salvar a su pueblo del castigo que merece por sus pecados».

²²⁻²⁵ Cuando José despertó, obedeció al ángel de Dios y se casó con María. Pero no durmieron juntos como esposos antes de que naciera el niño. Y cuando este nació, José le puso por nombre Jesús. Todo esto sucedió para que se cumpliera lo que Dios había dicho por medio del profeta Isaías:

«¡Presten atención!
Una joven virgen
quedará embarazada,
y tendrá un hijo.
Y llamarán a ese niño
Emanuel».

Este nombre significa «Dios está con nosotros».

2 ¹ Jesús nació en Belén de Judea cuando Herodes el Grande era rey de ese país. En esa época, unos sabios de lejanos países llegaron a Jerusalén ² y preguntaron: «¿Dónde está el niño que nació para ser el rey de los judíos? Vimos su estrella en el Oriente y hemos venido a adorarlo».
3 El rey Herodes y todos los habitantes de Jerusalén se pusieron muy nerviosos cuando oyeron hablar de esto. 4 Entonces Herodes reunió a los sacerdotes principales y a los maestros de la Ley, y les preguntó:

—¿Dónde tiene que nacer el Mesías?

5 Ellos le dijeron:

—En Belén de Judea, porque así lo anunció el profeta cuando escribió:

6 «Tú, Belén,
eres importante
entre los pueblos de Judá.
De ti nacerá un príncipe,
que guiará a mi pueblo Israel».

7 Herodes mandó llamar en secreto a los sabios y averiguó cuándo había aparecido la estrella. 8 Luego les dijo: «Vayan a Belén y averigüen todo lo que puedan acerca del niño. Cuando lo encuentren, avísenme. Yo también quiero ir a adorarlo».

9 Después de escuchar al rey, los sabios salieron hacia Belén. Delante de ellos iba la misma estrella que habían visto en su país. Finalmente, la estrella se detuvo sobre la casa donde estaba el niño. 10 ¡Qué felices se pusieron los sabios al ver la estrella!

¹¹ Cuando entraron en la casa, vieron al niño con María, su madre, y se arrodillaron para adorarlo. Abrieron los cofres que llevaban y le regalaron al niño oro, incienso y mirra.

¹² Dios les avisó a los sabios, en un sueño, que no volvieran al palacio de Herodes. Ellos, entonces, regresaron a su país por otro camino.

¹³ Después de que los sabios regresaron a su país, un ángel de Dios se apareció a José en un sueño y le dijo: «Levántate. Escapa con el niño y su madre a Egipto. Quédate allí hasta que yo te avise, porque Herodes va a buscar al niño para matarlo».
¹⁴ Esa noche, José escapó a Egipto, con María y el niño, 15 y se quedó allí hasta que Herodes murió. Así se cumplió lo que Dios había dicho por medio del profeta: «De Egipto llamé a mi hijo».

Herodes intenta matar a Jesús

16 Cuando Herodes se dio cuenta de que los sabios lo habían engañado, se puso muy furioso y mandó matar a todos los niños menores de dos años, que vivieran en Belén y sus alrededores. **17** Así se cumplió lo que Dios dijo por medio del profeta Jeremías:

18 «Grandes llantos y lamentos
oyó la gente de Ramá.
Era Raquel, que lloraba
por la muerte de sus hijos,
y no quería ser consolada».

Viaje a Nazaret

19 José estaba en Egipto, y después de que murió Herodes, un ángel de Dios se le apareció **20** y le dijo: «Regresa ahora mismo a Israel junto con el niño y la madre, porque ya murieron los que querían matar al niño».
21 José, María y el niño regresaron a Israel. **22** Pero José tuvo miedo de ir a la región de Judea, porque supo que Arquelao, el hijo de Herodes, era el nuevo rey allí. Entonces el ángel de Dios le dijo a José que siguiera hasta la región de Galilea.
23 Cuando llegaron allá, se fueron a vivir a un pueblo llamado Nazaret. Así se cumplió lo que Dios había dicho por medio de los profetas: «El Mesías será llamado nazareno».

Juan el Bautista

3 **1** Años después, Juan el Bautista salió al desierto de Judea, para predicarle a la gente. Les decía: **2** «Vuélvanse a Dios, porque su reino se establecerá aquí muy pronto».
3 Juan era la persona de quien hablaba el profeta Isaías cuando dijo:

«Alguien grita en el desierto:
''Prepárenle el camino al Señor.
¡Ábranle paso!
¡Que no encuentre estorbos!''»

4 Juan se vestía con ropa hecha de pelo de camello y usaba un cinturón de cuero. Comía saltamontes y miel silvestre.
5 Muchos iban a oír a Juan. Llegaban no sólo de los alrededores del río, sino también de la región de Judea y de Jerusalén. **6** Confesaban sus pecados y él los bautizaba en el río. **7** Al ver Juan que muchos fariseos y saduceos venían para que él los bautizara, les dijo:

«¡Ustedes son unas víboras! ¿Creen que van a escaparse del castigo que Dios les enviará? **8** Demuestren con su conducta que han dejado de pecar. **9** No piensen que se salvarán sólo por ser descendientes de Abraham porque, si Dios así lo quiere, hasta estas piedras las puede convertir en familiares de Abraham. **10** Cuando un árbol no produce buenos frutos, su dueño lo corta de raíz y lo quema. Dios ya está listo para destruir a los que no hacen lo bueno.

11 »Yo los bautizo a ustedes con agua para que muestren a los demás que han cambiado su forma de vivir. Pero hay alguien que viene después de mí, y que es más poderoso que yo. Él los bautizará con el Espíritu Santo y con fuego. ¡Yo ni siquiera merezco ser su esclavo! **12** El que viene después de mí separará a los buenos de los malos. A los buenos los pondrá a salvo, pero a los malos los echará en un fuego que nunca se apaga».

Juan bautiza a Jesús

13 Jesús salió de Galilea y se fue al río Jordán para que Juan lo bautizara. **14** Pero Juan no quería hacerlo, y le dijo:

—¿Quieres que yo te bautice? ¡Más bien, tú deberías bautizarme a mí!

15 Jesús le respondió:

—Hazlo así por ahora, pues debemos cumplir con lo que Dios manda.

Juan estuvo de acuerdo, **16** y lo bautizó. Cuando Jesús salió del agua, vio que el cielo se abría y que el Espíritu de Dios bajaba sobre él en forma de paloma. **17** Y una voz que venía del cielo dijo: «Este es mi Hijo. Yo lo amo mucho y estoy muy contento con él».

Jesús vence al diablo

4 **1** Luego el Espíritu de Dios llevó a Jesús al desierto para que el diablo tratara de hacerlo caer en sus trampas.
2 Después de ayunar cuarenta días en el desierto, Jesús tuvo hambre. **3** Entonces llegó el diablo para ponerle una trampa y le dijo:

—Si en verdad eres el Hijo de Dios, ordena que estas piedras se conviertan en pan.

4 Jesús le contestó:

—La Biblia dice:

''No sólo de pan vive la gente,
también necesita obedecer
todo lo que Dios manda''.

5 Después el diablo llevó a Jesús a la santa ciudad de Jerusalén. Allí lo subió a la parte más alta del templo, **6** y le dijo:

—Si en verdad eres el Hijo de Dios, tírate abajo, pues la Biblia dice:

''Dios mandará a sus ángeles
para que te cuiden.
Ellos te sostendrán,
para que no te lastimes
los pies
contra ninguna piedra''.

7 Jesús le contestó:

—La Biblia también dice:

''Nunca trates de hacer caer a tu Dios en una trampa''.

8 Por último, el diablo llevó a Jesús a una montaña altísima. Desde allí podían verse los países más ricos y poderosos del mundo.

9 El diablo le dijo:

—Todos estos países serán tuyos, si te arrodillas delante de mí y me adoras.

10 Jesús le respondió:

—Vete de aquí, Satanás, porque la Biblia dice:

"Adoren a Dios y obedézcanlo sólo a él".

11 Entonces el diablo se fue, y unos ángeles vinieron a servir a Jesús.

Jesús comienza su trabajo

12 Cuando Jesús oyó que Juan el Bautista estaba en la cárcel, se marchó a la región de Galilea. **13** Pero no volvió a su casa en Nazaret, sino que se fue a vivir a Cafarnaúm. Este pueblo se encuentra a orillas del Lago de Galilea. Allí vivieron las tribus israelitas de Zabulón y de Neftalí. **14** Así se cumplió lo que Dios había dicho por medio del profeta Isaías cuando escribió:

15 «Escucha, tierra de Zabulón,
que estás cerca del gran mar;
escucha, tierra de Neftalí,
que estás al oeste del
río Jordán;
escucha tú, Galilea,
tierra de extranjeros.
16 Aunque tu gente viva en la
oscuridad,
verá una gran luz.
Una luz alumbrará
a los que vivan
en sombra de muerte».

17 Desde entonces, Jesús comenzó a decirles a todos: «Vuélvanse a Dios, porque su reino se va a establecer aquí».

Jesús elige a cuatro pescadores

18 Jesús pasaba por la orilla del Lago de Galilea cuando vio a dos hermanos que eran pescadores: Simón Pedro y Andrés. Mientras pescaban con sus redes,

19 Jesús les dijo: «Síganme. En lugar de pescar peces, les voy a enseñar a ganar seguidores para mí».
20 En ese mismo instante, Pedro y Andrés dejaron sus redes y siguieron a Jesús.
21 Jesús siguió caminando por la orilla del lago y vio a otros dos hermanos pescadores: Santiago y Juan. Los dos estaban en una barca arreglando las redes, junto con su padre Zebedeo. Jesús llamó a los dos. **22** Ellos salieron de inmediato de la barca, dejaron a su padre y siguieron a Jesús.
23 Jesús recorrió toda la región de Galilea. Enseñaba en las sinagogas, anunciaba las buenas noticias del reino de Dios y sanaba a todos los que estaban enfermos. **24** Jesús se hizo muy famoso en toda la región de Siria. La gente le traía personas que sufrían dolores y enfermedades, o que tenían demonios. También le traían a los que sufrían de ataques o que no podían caminar ni moverse, y a todos ellos los sanó. **25** Muchísima gente de las regiones de Galilea, Judea y Decápolis seguía a Jesús. También venían de la ciudad de Jerusalén y de los pueblos que están al otro lado del río Jordán.

Bendiciones

5 **1** Cuando Jesús vio a tanta gente, subió a una montaña y se sentó. Los discípulos se acercaron, **2** y él comenzó a enseñarles:

3 «Dios bendice a los que
confían
totalmente en él,
pues ellos forman parte
de su reino.
4 Dios bendice a los que sufren,
pues él los consolará.
5 Dios bendice a los humildes,
pues ellos recibirán
la tierra prometida.
6 Dios bendice a los que
desean la justicia,
pues él les cumplirá su deseo.
7 Dios bendice a los que son
compasivos,

pues él será compasivo con
ellos.
8 Dios bendice a los que tienen
un corazón puro,
pues ellos verán a Dios.
9 Dios bendice a los que
trabajan
para que haya paz en el mundo,
pues ellos serán llamados
hijos de Dios.
10 Dios bendice a los que son
maltratados
por practicar la justicia,
pues ellos forman parte de
su reino.

11-12 »Dios los bendecirá cuando, por causa mía, la gente los maltrate y diga mentiras contra ustedes. ¡Alégrense! ¡Pónganse contentos! Porque van a recibir un gran premio en el cielo. Así maltrataron también a los profetas que vivieron antes que ustedes.

La sal y la luz del mundo

13 »Ustedes son como la sal que se pone en el horno de barro para aumentar su calor. Si la sal pierde esa capacidad, ya no sirve para nada, sino para tirarla afuera y que la gente la pisotee.
14 »Ustedes son como una luz que ilumina a todos. Son como una ciudad construida en la parte más alta de un cerro y que todos pueden ver. **15** Nadie enciende una lámpara para meterla debajo de un cajón. Todo lo contrario: la pone en un lugar alto para que alumbre a todos los que están en la casa. **16** De la misma manera, su conducta debe ser como una luz que ilumine y muestre cómo se obedece a Dios. Hagan buenas acciones. Así las verán los demás y alabarán a Dios, el Padre de ustedes que está en el cielo.

La ley y los profetas

17 »No crean que vine a quitar la ley ni a decir que la enseñanza de los profetas ya no vale. Al contrario: vine a darles su verdadero valor. **18** Les aseguro que mientras existan el cielo y la tierra, ni siquiera un punto o una coma se quitará de la ley, hasta que todo se cumpla. **19** Por eso, si alguien no obedece uno solo de los mandatos de Dios, aun el menos importante, será la persona menos importante en el reino de Dios. Lo mismo le sucederá al que enseñe a otros a desobedecer. Pero el que obedezca los mandamientos y enseñe a otros a obedecerlos, será muy importante en el reino de Dios. **20** Les aseguro que si ustedes no son más obedientes que los fariseos y los maestros de la Ley, nunca entrarán en el reino de Dios.

El enojo

21 »Recuerden que hace mucho tiempo Moisés dijo: ''No maten, pues si alguien mata a otro, será castigado''. **22** Pero ahora yo les aseguro que cualquiera que se enoje con otro tendrá que ir a juicio. Cualquiera que insulte a otro será llevado a los tribunales. Y el que maldiga a otro será echado en el fuego del infierno.
23 »Por eso, si llevas al altar del templo una ofrenda para Dios, y allí te acuerdas de que alguien está enojado contigo, **24** deja la ofrenda delante del altar, ve de inmediato a reconciliarte con esa persona, y después de eso regresa a presentar tu ofrenda a Dios.
25 »Si alguien te acusa de haberle hecho algo malo, arregla el problema con esa persona antes de que te entregue al juez. Si no, el juez le ordenará a un policía que te lleve a la cárcel. **26** Te aseguro que no saldrás de allí sin haber pagado hasta la última moneda que debas.

El matrimonio

27 »Moisés también dijo: no sean infieles en su matrimonio''. **28** Pero ahora yo les aseguro que si un hombre mira a otra mujer y desea tener relaciones sexuales con ella, ya fue infiel en su corazón. **29** »Si lo que ves con tu ojo derecho te hace desobedecer a Dios, sácatelo y tíralo lejos. Es mejor perder una parte del cuerpo y no que todo el cuerpo sea echado al

infierno. **30** Si lo que haces con tu mano derecha te hace desobedecer, córtatela y tírala lejos. Es mejor perder una parte del cuerpo y no que todo el cuerpo vaya al infierno.

El divorcio

31 »También hace mucho tiempo Moisés dijo: ''Si alguno ya no quiere vivir casado con su mujer, dele un certificado de divorcio''. **32** Pero ahora yo les digo que el hombre sólo puede divorciarse si su esposa tiene relaciones sexuales con otro hombre. Si se divorcia de su esposa por otra razón, la pone en peligro de cometer ese mismo pecado. Si esa mujer vuelve a casarse, tanto ella como su nuevo esposo serán culpables de adulterio.

Las promesas

33 »En ese mismo tiempo, Moisés también enseñó: ''No usen el nombre de Dios para prometer lo que no van a cumplir''. **34** Pero ahora yo les digo a ustedes que, cuando prometan algo, no hagan ningún juramento. No juren por el cielo, porque es el trono de Dios, **35** ni juren por la tierra, porque Dios gobierna sobre ella. Tampoco juren por Jerusalén, pues esta ciudad pertenece a Dios, el gran Rey. **36** Nunca juren por su vida, porque ustedes no son dueños de ella. **37** Si van a hacer algo digan que sí, y si no lo van a hacer digan que no. Todo lo que digan de más viene del diablo.

La venganza

38 »Otra de las enseñanzas de Moisés fue esta: que si alguien le saca un ojo a otro, también a él se le sacará un ojo; si le rompe un diente, se le romperá uno suyo **39** Pero ahora yo les digo: No traten de vengarse de quien les hace daño. Si alguien les da una bofetada en la mejilla derecha, pídanle que les pegue también en la izquierda. **40** Si alguien los acusa ante un juez y quiere quitarles la camisa, denle también el abrigo.

41 Si un soldado los obliga a llevar una carga por un kilómetro, cárguenla por dos. **42** A quien les pida algo, dénselo, y a quien les pida prestado, préstenle.

Amar a los enemigos

43 »Esta es otra orden que dio Moisés hace muchísimo tiempo: ''Amen a su prójimo y odien a su enemigo''. **44** Pero ahora yo les digo: Amen a sus enemigos y oren por quienes los maltratan. **45** Así demostrarán que actúan como su Padre Dios que está en el cielo. Él hace que salga el sol sobre los buenos y sobre los malos. Él manda la lluvia para el bien de los que lo obedecen y de los que no lo obedecen.
46 »Si ustedes aman sólo a quienes los aman, ¿qué premio recibirán por eso? Hasta los que cobran impuestos para el gobierno de Roma aman sólo a sus amigos. **47** Si saludan sólo a sus amigos, no hacen nada extraordinario. ¡Hasta los que no creen en Dios hacen eso!
48 »Ustedes deben ser perfectos como Dios, su Padre que está en el cielo,³ es perfecto.

Dar

6 ¹ »Cuando ustedes hagan una buena acción, no lo anuncien por todos lados; de lo contrario, Dios su Padre no les dará ningún premio.
2 »Si uno de ustedes ayuda a los pobres, no se ponga a publicarlo en las sinagogas y en los lugares por donde pasa la gente; eso lo hacen los hipócritas, que quieren que la gente los alabe. Les aseguro que ese es el único premio que recibirán.
3 »Cuando alguno de ustedes ayude a los pobres, no se lo cuente a nadie. **4** Así esa ayuda se mantendrá en secreto, y Dios el Padre que conoce ese secreto, les dará su premio.

Jesús enseña a orar

5 »Cuando ustedes oren, no hagan como los hipócritas. A ellos les encanta que la gente los vea orar. Por eso oran de pie en las sinagogas y en los lugares por donde pasa mucha gente. Pueden estar seguros de que no tendrán otra recompensa.

6 »Cuando alguno de ustedes ore, hágalo a solas. Vaya a su cuarto, cierre la puerta y hable allí en secreto con Dios, su Padre, pues él da lo que se le pide en secreto.

7 »Cuando ustedes oren, no usen muchas palabras, como hacen los que no conocen verdaderamente a Dios. Ellos creen que Dios les va a hacer más caso porque hablan mucho. 8 No los imiten, porque Dios, nuestro Padre, sabe lo que ustedes necesitan, aun antes de que se lo pidan.

9 »Ustedes deben orar así:

''Padre nuestro
que estás en el cielo:
Que todos reconozcan
que tú eres el verdadero Dios.
10 Ven y sé nuestro único rey.
Que todos los que viven
en la tierra te obedezcan,
como te obedecen
los que están en el cielo.
11 Danos la comida que
necesitamos hoy.
12 Perdona el mal que
hacemos,
así como nosotros perdonamos
a los que nos hacen mal.
13 Y cuando vengan las
pruebas,
no permitas que ellas nos
aparten de ti,
y líbranos del poder del diablo''.

14 »Si ustedes perdonan a otros el mal que les han hecho, Dios, su Padre que está en el cielo, los perdonará a ustedes. 15 Pero si ustedes no perdonan a los demás, tampoco su Padre los perdonará a ustedes.

El ayuno

16 »Cuando ustedes ayunen, no pongan cara triste, como hacen los hipócritas. A ellos les gusta que la gente sepa que están ayunando. Les aseguro que ese será

el único premio que ellos recibirán. 17 Cuando ustedes ayunen, péinense bien y lávense la cara, 18 para que la gente no se dé cuenta de que están ayunando. Sólo Dios, su Padre, quien conoce todos los secretos, sabrá que están ayunando y les dará su premio.

La riqueza verdadera

19 »No traten de amontonar riquezas aquí en la tierra. Esas cosas se echan a perder o son destruidas por la polilla. Además, los ladrones pueden entrar y robarlas. 20 Es mejor que guarden en el cielo lo más valioso de su vida. Allí, las cosas no se echan a perder ni la polilla las destruye. Tampoco los ladrones pueden entrar y robarlas. 21 Recuerden que siempre pondrán toda su atención en donde estén sus riquezas.

22-23 »La persona sincera siempre es generosa y por eso le va bien. Es como si viviera en la luz. Pero a la persona tacaña y envidiosa siempre le va mal; es como si viviera en completa oscuridad.

El dinero

24 »Ningún esclavo puede trabajar para dos amos al mismo tiempo, porque siempre obedecerá o amará más a uno que a otro. Del mismo modo, tampoco ustedes pueden servir al mismo tiempo a Dios y a las riquezas.

Las preocupaciones

25 »No vivan preocupados pensando qué van a comer, qué van a beber o qué ropa se van a poner. ¿Acaso la vida consiste sólo en comer? ¿Acaso el cuerpo sólo sirve para que lo vistan?

26 »Miren los pajaritos que vuelan por el aire. Ellos no siembran ni cosechan, ni guardan semillas en graneros. Sin embargo, Dios, el Padre que está en el cielo, les da todo lo que necesitan. ¿Acaso no son ustedes más importantes que ellos?

27 »¿Creen ustedes que por

preocuparse vivirán un día más? 28 Aprendan de las flores que están en el campo. Ellas no trabajan para hacerse sus vestidos. 29 Sin embargo, les aseguro que ni el rey Salomón se vistió tan bien como ellas, aunque tuvo muchas riquezas.

30 »Si Dios hace tan hermosas a las flores, que viven tan poco tiempo, ¿acaso no hará más por ustedes? ¡Veo que todavía no han aprendido a confiar en Dios!

31 »Ya no se preocupen preguntando qué van a comer, qué van a beber o qué ropa se van a poner. 32 Sólo los que no conocen a Dios se preocupan por eso. Ustedes no se desesperen por esas cosas. Su Padre que está en el cielo sabe que las necesitan.

33 »Lo más importante es que reconozcan a Dios como único rey, y que hagan lo que él les pide. Todo lo demás, él se los dará a su tiempo. 34 Así que no se preocupen por lo que pasará mañana. Ya tendrán tiempo para eso. Recuerden que ya tenemos bastante con los problemas de cada día.

No juzguen a los demás

7 1 »No se conviertan en jueces de los demás, y así Dios no los juzgará a ustedes. 2 Si son muy duros para juzgar a otras personas, Dios será igualmente duro con ustedes. Él los tratará como ustedes traten a los demás.

3 »¿Por qué te fijas en lo malo que hacen otros, y no te das cuenta de las muchas cosas malas que haces tú? Es como si te fijaras que en el ojo del otro hay una basurita y no te dieras cuenta de que en tu ojo hay una rama. 4 ¿Cómo te atreves a decirle a otro: ''Déjame sacarte la basurita que tienes en el ojo'', si tú tienes una rama en el tuyo? 5 ¡Hipócrita! Primero saca la rama que tienes en tu ojo, y así podrás ver bien para sacar la basurita que está en el ojo del otro.

6 »No den a los perros las cosas

que pertenecen a Dios. Tampoco echen lo más valioso a los cerdos. Ninguno de ellos sabe apreciar su valor, y lo que harán será pisotearlas y morderlos a ustedes.

Pedir, buscar y llamar

7 »Pidan a Dios, y él les dará. Hablen con Dios, y encontrarán lo que buscan. Llámenlo, y él los atenderá. 8 Porque el que confía en Dios recibe lo que pide, encuentra lo que busca y, si llama, es atendido.

9 »¿Alguno de ustedes le daría a su hijo una piedra, si él le pidiera pan? 10 ¿Le daría una serpiente, si le pidiera pescado?

11 »Si ustedes, que son malos, saben dar buenas cosas a sus hijos, con mayor razón Dios, su Padre que está en el cielo, dará buenas cosas a quienes se las pidan.

12 »Traten a los demás como ustedes quisieran ser tratados, porque eso nos enseña la Biblia.

La entrada estrecha

13 »La entrada que lleva a la perdición es ancha. El camino hacia allá es fácil de seguir. ¡Mucha gente pasa por esa entrada! 14 Pero la entrada que lleva a la vida es muy estrecha. El camino hacia allá es muy difícil de seguir. Por eso, son pocos los que la encuentran. Entren por la entrada estrecha, pues ella nos lleva a la vida.

El árbol y su fruto

15 »¡Cuídense de esos mentirosos que dicen hablar de parte de Dios! Ellos se presentarán ante ustedes tan inofensivos como una oveja, pero en realidad son tan peligrosos como un lobo feroz. 16 Ustedes pueden reconocer a esos falsos profetas si se fijan en lo que hacen. No se recogen uvas ni higos de una planta de espinas, porque ella no los puede producir. 17 Los árboles buenos producen buenos frutos, y los árboles malos producen malos frutos. 18 Ningún árbol bueno produce malos fru-tos, y ningún árbol malo produce buenos frutos. 19 El árbol que no da buenos frutos se corta y se quema. 20 ¡Ustedes reconocerán a esos mentirosos por lo que hacen!

¡Cuidado!

21 »No todos los que dicen que yo soy su Señor y dueño entrarán en el reino de Dios. Eso no es suficiente; tienen que obedecer los mandamientos de mi Padre que está en el cielo. 22 Cuando llegue el día en que Dios juzgará a todo el mundo, muchos me dirán: ''Señor y dueño nuestro, nosotros anunciamos de parte tuya el mensaje a otras personas. Usamos tu nombre para echar fuera demonios, y también para hacer milagros''. 23 Pero yo les diré: ¡Yo no tengo nada que ver con ustedes! ¡Gente malvada, apártense de mí!

Dos clases de personas

24 »El que escucha lo que yo enseño y hace lo que yo digo, es como una persona precavida que construyó su casa sobre piedra firme. 25 Vino la lluvia, el agua de los ríos subió mucho, y el viento sopló con fuerza contra la casa. Pero la casa no se cayó, porque estaba construida sobre piedra firme. 26 »Pero el que escucha lo que yo enseño y no hace lo que yo digo es como una persona tonta que construyó su casa sobre arena. 27 Vino la lluvia, el agua de los ríos subió mucho, y el viento sopló con fuerza contra la casa. Y la casa se cayó y quedó totalmente destruida».

28 Cuando Jesús terminó de hablar, todos los que escuchaban quedaron admirados de sus enseñanzas, 29 porque Jesús hablaba con su propia autoridad, y no como los maestros de la Ley.

Jesús sana a un hombre

8 1 Después de que Jesús bajó de la montaña, mucha gente lo siguió. 2 De pronto, un hombre que tenía lepra se acercó a Jesús, se arrodilló delante de él y le dijo:

—Señor, yo sé que tú puedes sanarme. ¿Quieres hacerlo?

3 Jesús puso la mano sobre él y le contestó:

—¡Sí quiero! ¡Queda sano!

El hombre quedó sano de inmediato. 4 Después, Jesús le dijo:

—¡Escucha bien esto! No le digas a nadie lo que sucedió. Vete a donde está el sacerdote, y lleva la ofrenda que Moisés ordenó. Así los sacerdotes serán testigos de que ya no tienes esa enfermedad.

Un capitán romano

5 En cierta ocasión, Jesús fue al pueblo de Cafarnaúm. Allí, se le acercó un capitán del ejército romano 6 y le dijo:

—Señor, mi sirviente está en casa enfermo. No puede moverse y tiene fuertes dolores.

7 Entonces Jesús le dijo:

—Iré a sanarlo.

8 Pero el capitán respondió:

—Señor, no merezco que entres en mi casa. Sólo ordena desde aquí que mi sirviente se sane y él sanará. 9 Porque yo sé lo que es obedecer y dar órdenes. Si yo le ordeno a uno de mis soldados que vaya a algún sitio, él va. Si le ordeno a otro que venga, viene; y si mando a mi sirviente que haga algo, lo hace.

10 Jesús se admiró al escuchar la respuesta del capitán. Entonces le dijo a la gente que lo seguía:

—¡Les aseguro que en todo Israel nunca había conocido a alguien que confiara tanto en mí como este extranjero! 11 Oigan bien esto: De todas partes del mundo vendrá gente que confía en Dios como confía este hombre. Ellos participarán de la gran cena que

Dios dará en su reino. Se sentarán a la mesa con sus antepasados Abraham, Isaac y Jacob. **12** Pero los que habían sido invitados primero a participar en el reino de Dios, serán echados a la oscuridad. Allí llorarán de dolor y rechinarán los dientes de miedo.

13 Luego Jesús le dijo al capitán:

—Regresa a tu casa, y que todo suceda tal como has creído.

En ese mismo instante, su sirviente quedó sano.

Jesús sana a mucha gente
14 Jesús fue a casa de Pedro y encontró a la suegra de este en cama, con mucha fiebre. **15** Jesús la tocó en la mano y la fiebre se le quitó. Ella se levantó y le dio de comer a Jesús.
16 Al anochecer, la gente llevó a muchas personas que tenían demonios. Jesús echó a los demonios con una sola palabra. También sanó a todos los enfermos que estaban allí.
17 Así, Dios cumplió su promesa, tal como lo había anunciado el profeta Isaías en su libro: «él nos sanó de nuestras enfermedades».

Los que querían seguir a Jesús
18 Jesús vio que mucha gente lo rodeaba. Por eso, ordenó a sus discípulos que fueran con él al otro lado del Lago de Galilea. **19** Cuando llegaron, un maestro de la Ley se le acercó y le dijo:

—Maestro, yo te acompañaré a donde quiera que vayas.

20 Jesús le contestó:

—Las zorras tienen cuevas y las aves tienen nidos, pero yo, el Hijo del hombre, no tengo un lugar donde descansar.

21 Otro de sus discípulos le dijo después:

—Señor, dame permiso para ir primero a enterrar a mi padre; luego te seguiré.

22 Jesús le contestó:

—Sígueme, lo importante es que tú vengas conmigo ahora mismo. ¡Deja que los muertos³ entierren a sus muertos!

La gran tormenta
23 Jesús subió a la barca y se fue con sus discípulos. **24** Todavía estaban navegando cuando se desató una tormenta tan fuerte que las olas entraban a la barca. Mientras tanto, Jesús dormía. **25** Entonces sus discípulos fueron a despertarlo:

—¡Señor, sálvanos! ¡Nos hundimos!

26 Jesús les dijo:

—¿Por qué están tan asustados? ¡Qué poco confían ustedes en Dios!

Jesús se levantó y les ordenó al viento y a las olas que se calmaran, y todo quedó muy tranquilo. **27** Los discípulos preguntaban asombrados:

—¿Quién será este hombre, que hasta el viento y las olas lo obedecen?

Dos hombres con muchos demonios
28 Cuando Jesús llegó a la otra orilla del lago, a la región de Gadara, dos hombres que tenían demonios salieron de entre las tumbas. Eran tan peligrosos que nadie podía pasar por ese camino. Cuando los dos hombres se acercaron a Jesús, **29** los demonios gritaron:

—¡Jesús, Hijo de Dios!, ¿qué vas a hacernos? ¿Vas a castigarnos antes del juicio final?

30 No muy lejos de allí había muchos cerdos, y **31** los demonios le suplicaron a Jesús:

—Si nos sacas de estos hombres,

déjanos entrar en esos cerdos.

32 Jesús les dijo:

—Vayan.

Los demonios salieron de los dos hombres y entraron en los cerdos. Entonces todos los cerdos corrieron sin parar hasta que cayeron en el lago, donde se ahogaron. **33** Los hombres que cuidaban los cerdos huyeron al pueblo. Allí contaron lo que había pasado con los cerdos y con los dos hombres que habían tenido demonios. **34** La gente del pueblo fue a ver a Jesús y le rogaron que se marchara de aquella región.

El hombre que no podía caminar
9 **1** Después de esto, Jesús subió a una barca y cruzó al otro lado del lago para llegar al pueblo de Cafarnaúm, donde vivía. **2** Allí, algunas personas le llevaron a un hombre acostado en una camilla, pues no podía caminar. Como Jesús vio que estas personas confiaban en él, le dijo al hombre: «¡ánimo, amigo! Te perdono tus pecados».
3 Algunos de los maestros de la Ley que estaban en aquel lugar, pensaron: «¿Qué se cree este hombre? ¿Se imagina que es Dios? ¡Qué equivocado está!»
4 Pero como Jesús se dio cuenta de lo que pensaban, les preguntó: «¿Por qué piensan algo tan malo? **5** Díganme: ¿Es más fácil perdonarlo o sanarlo? **6** Pues voy a demostrarles que yo, el Hijo del hombre, tengo poder en la tierra para perdonar pecados».
Entonces Jesús le dijo al que no podía caminar: «Levántate, toma tu camilla y vete a tu casa».
7 El hombre se levantó y se fue a su casa. **8** Al ver esto, la gente quedó muy impresionada y alabó a Dios por haber dado ese poder a todos los seres humanos.

Jesús llama a Mateo
9 Cuando Jesús salió de allí, vio a un hombre llamado Mateo, que

estaba sentado cobrando impuestos para el gobierno de Roma. Entonces Jesús le dijo: «Sígueme».

Mateo se levantó y lo siguió.

10 Ese mismo día, Jesús y sus discípulos fueron a comer a casa de Mateo. Allí también estaban comiendo otros cobradores de impuestos y gente de mala fama. **11** Cuando algunos fariseos vieron a toda esa gente, les preguntaron a los discípulos:

—¿Por qué su maestro come con cobradores de impuestos y con pecadores?

12 Jesús oyó lo que decían los fariseos y les dijo:

—Los que necesitan del médico son los enfermos, no los que están sanos. **13** Mejor vayan y traten de averiguar lo que Dios quiso decir con estas palabras: ''Prefiero que sean compasivos con la gente, y no que me traigan ofrendas''. Yo vine a invitar a los pecadores para que sean mis discípulos, no a los que se creen buenos.

Jesús enseña sobre el ayuno

14 Los discípulos de Juan el Bautista fueron a ver a Jesús y le preguntaron:

—Nosotros y los fariseos ayunamos mucho. ¿Por qué tus discípulos no hacen lo mismo?

15 Jesús respondió:

—Los invitados a una boda no están tristes mientras el novio está con ellos. Pero llegará el momento en que se lleven al novio. Entonces los invitados estarán de luto y ayunarán.

16 »Si un vestido viejo se rompe, no se le pone un remiendo de tela nueva. Porque al lavarse el vestido, la tela nueva se encoge y rompe el vestido viejo; y entonces el daño sería mayor.

17 »Tampoco se echa vino nuevo en recipientes viejos. Porque

cuando el vino nuevo fermente, hará que se reviente el cuero viejo. Así se perderá el vino nuevo, y se destruirán los recipientes. Por eso, hay que echar vino nuevo en recipientes de cuero nuevo. De ese modo, ni el vino ni los recipientes se pierden.

Una niña muerta y una mujer enferma

18 Mientras Jesús hablaba, llegó un jefe de los judíos, se arrodilló delante de él y le dijo: «¡Mi hija acaba de morir! Pero si tú vienes y pones tu mano sobre ella, volverá a vivir».

19 Jesús se levantó y fue con él. Sus discípulos también lo acompañaron.

20-21 En el camino, pasaron por donde estaba una mujer que desde hacía doce años tenía una enfermedad que le hacía perder mucha sangre. Al verlos pasar, ella pensó: «Si pudiera tocar el manto de Jesús, con sólo eso quedaría sana». Entonces se acercó a Jesús por detrás y tocó su manto. **22** Jesús se dio vuelta, vio a la mujer y le dijo: «Ya no te preocupes, tu confianza en Dios te ha sanado».

Y desde ese momento la mujer quedó sana.

23 Jesús siguió su camino hasta la casa del jefe judío. Cuando llegó, vio a los músicos preparados para el entierro, y a mucha gente llorando a gritos. **24** Jesús les dijo: «Salgan de aquí. La niña no está muerta, sino dormida».

La gente se rió de Jesús. **25** Pero cuando sacaron a todos, Jesús entró, tomó de la mano a la niña y ella se levantó.

26 Todos en esa región supieron lo que había pasado.

Jesús sana a dos ciegos

27 Cuando Jesús salió de allí, dos ciegos lo siguieron y comenzaron a gritarle:

—¡Jesús, tú que eres el Mesías, ten compasión de nosotros!

28 Los ciegos siguieron a Jesús

hasta la casa. Y cuando ya estaban adentro, Jesús les preguntó:

—¿Creen ustedes que puedo sanarlos?

Ellos respondieron:

—Sí lo creemos, Señor.

29 Entonces Jesús les tocó los ojos y dijo:

—Por haber confiado en mí, serán sanados.

30 De inmediato, los ciegos pudieron ver de nuevo. Jesús les ordenó:

—No le cuenten a nadie lo que pasó.

31 Pero ellos salieron y contaron a toda la gente de aquella región lo que Jesús había hecho.

Jesús sana a un mudo

32 Después de que aquellos hombres salieron de la casa, unas personas le trajeron a Jesús un hombre que no podía hablar porque tenía un demonio. **33** Cuando Jesús expulsó al demonio, el hombre pudo hablar. La gente que estaba allí quedó asombrada, y decía: «¡Nunca se había visto algo así en Israel!»

34 Pero los fariseos decían: «Jesús expulsa a los demonios, porque el mismo jefe de todos los demonios le da ese poder».

Jesús tiene compasión de la gente

35 Jesús recorría todas las ciudades y pueblos. Enseñaba en las sinagogas, anunciaba las buenas noticias del reino de Dios y sanaba a la gente que sufría de dolores y de enfermedades. **36** Jesús vio la gran cantidad de gente que lo seguía y sintió mucha compasión por todas esas personas, porque estaban confundidas e indefensas. Eran como ovejas que no tienen un pastor que las cuide. **37** Jesús les dijo a sus discípulos: «Muchos son los que necesitan entrar al reino de Dios, pero hay muy pocos discípulos para anunciarles las buenas noticias. **38** Por eso, pídanle a Dios que envíe más discípulos para compartir las buenas noticias con toda esa gente».

Los doce discípulos

10 **1** Jesús reunió a sus doce discípulos. A cada uno le dio poder para expulsar malos espíritus y para sanar toda clase de enfermedades.

2 Estos son los nombres de los doce discípulos que Jesús eligió, a los que llamó apóstoles: Simón, mejor conocido como Pedro, y su hermano Andrés; Santiago y Juan, hijos de Zebedeo; **3** Felipe, Bartolomé, Tomás y Mateo, el cobrador de impuestos; Santiago, el hijo de Alfeo, y Tadeo; **4** Simón el patriota y Judas Iscariote, el que después traicionó a Jesús.

Jesús envía a los doce

5 Jesús envió a estos doce discípulos con las siguientes instrucciones:

«No vayan a las regiones donde vive gente que no es judía. Tampoco vayan a los pueblos de la región de Samaria. **6** Sólo vayan a los israelitas, pues son un pueblo que vive como si fueran ovejas perdidas.

7 »Cuando vayan, anuncien este mensaje: ''El reino de Dios muy pronto estará aquí''.

8 »Sanen también a los enfermos. Devuélvanles la vida a los muertos. Sanen a los leprosos, y expulsen demonios de la gente. ¡No cobren nada por hacerlo, pues el poder que Dios les dio a ustedes no les costó nada!

9 »Tampoco lleven dinero **10** ni provisiones para el camino. No lleven bastón ni zapatos de repuesto ni ropa para cambiarse. Porque todo trabajador tiene derecho a su comida.

11 »Cuando lleguen a un pueblo o a una ciudad, busquen a una persona que sea de confianza. Qué-

dense a vivir en su casa hasta que se vayan del lugar. **12** Cuando entren en esa casa, saluden ofreciendo la paz para los que viven en ella. **13** Si ellos lo merecen, tendrán paz. Si no lo merecen, no la tendrán.

14 »Si en alguna casa o pueblo no quieren recibirlos ni escucharlos, salgan de ese lugar y sacúdanse el polvo de los pies en señal de rechazo. **15** Les aseguro que, en el día del juicio final, ese pueblo será más castigado que las ciudades de Sodoma y Gomorra.

Advertencia sobre el peligro

16 »El trabajo que yo les envío a hacer es peligroso. Es como enviar ovejas a un lugar lleno de lobos. Por eso, sean listos y estén atentos como las serpientes, pero sean también humildes, como las palomas.

17 »Tengan cuidado, porque los entregarán a las autoridades y los golpearán en las sinagogas. **18** Los llevarán ante los gobernadores y los reyes para que hablen de mí ante ellos y ante los extranjeros, porque son mis discípulos.

19 »Cuando los entreguen, no se preocupen por lo que van a decir, ni cómo lo dirán, porque en ese momento Dios les indicará lo que deben decir. **20** Ustedes no son los que van a hablar, sino que el Espíritu de Dios hablará por ustedes.

21 »Entre hermanos se traicionarán unos a otros. Cada uno entregará al otro para que lo maten. Los padres traicionarán a sus hijos, y los hijos atacarán a sus padres y los matarán. **22** ¡Todo el mundo los odiará por ser mis discípulos! Pero yo salvaré al que confíe en mí hasta el final.

23 »Cuando la gente de un pueblo los persiga para maltratarlos, huyan a otro pueblo. Les aseguro que yo, el Hijo del hombre, regresaré con todo el poder de Dios, antes de que ustedes terminen de recorrer todos los pueblos de Israel.

24 »El discípulo no es más importante que su maestro, ni el esclavo es más importante que su amo. **25** Lo más que puede hacer el discípulo es ser igual a su maestro, y el esclavo igual a su amo. Si la gente dice que yo soy el diablo, entonces, ¿qué no dirán de ustedes, que son mis discípulos?

Consejos

26 »No le tengan miedo a nadie. Porque todo lo que esté escondido se descubrirá, y todo lo que se mantenga en secreto llegará a conocerse. **27** Si les digo algo en la oscuridad, díganlo ustedes a plena luz del día. Si les cuento un secreto, cuéntenselo a todo el mundo. **28** No tengan miedo de la gente que puede destruir el cuerpo, pero no el alma. Teman a Dios, que sí puede destruir en el infierno el cuerpo y el alma. **29** »Dos pajarillos no valen sino una monedita. Sin embargo, ninguno de los dos muere sin que Dios, el Padre de ustedes, lo permita. **30** ¡Dios sabe hasta cuántos cabellos tienen ustedes en la cabeza! **31** Por eso, no tengan miedo. Ustedes valen mucho más que todos los pajarillos.

Hablar de Jesús

32 »Si ustedes les dicen a otros que son mis seguidores, yo le diré a mi Padre que está en el cielo, que sí lo son. **33** Pero si ustedes dicen a la gente que no son mis seguidores, yo también le diré a mi Padre que no lo son.

Jesús advierte a sus discípulos

34 »No crean ustedes que vine para establecer la paz en este mundo. No he venido a traer paz, sino pleitos y dificultades. **35** He venido para poner al hijo en contra de su padre, a la hija en contra de su madre, y a la nuera en contra de su suegra. **36** El peor enemigo de ustedes lo tendrán en su propia familia **37** »Si prefieren a su padre o a su madre más que a mí, o si prefieren a sus hijos o a sus hijas más que a mí, no merecen ser míos. **38** Si ustedes no cargan su cruz y me siguen, no merecen ser míos. **39** Si sólo están preocupados por su propia vida, la van a perder. Pero si están dispuestos a dar su vida por causa mía, les aseguro que la van a ganar.

Los premios

40 »Cuando una persona los recibe a ustedes, también me recibe a mí. Y cuando una persona me recibe a mí, también recibe a Dios, que es el que me envió. **41** »Dios les dará un premio a los que reciban en su casa a un profeta, sólo por saber que el profeta anuncia el mensaje de Dios. El premio será igual al que Dios les da a sus profetas.

»De la misma manera, Dios dará un premio a los que reciban a alguien que obedece a Dios. El premio será el mismo que Dios les da a quienes le obedecen y hacen lo bueno.

42 »Les aseguro que Dios no se olvidará de premiar al que dé un vaso de agua fresca a uno de mis seguidores, aunque se trate del menos importante».

Juan el Bautista

11 **1** Cuando Jesús terminó de dar estas instrucciones a sus doce discípulos, se fue para enseñar y anunciar las buenas noticias en otros pueblos.

2 Juan el Bautista, que estaba en la cárcel, oyó hablar de todo lo que Jesús hacía y envió a algunos de sus propios discípulos para que le preguntaran a Jesús:

3 —¿Eres tú el Mesías que Dios prometió enviarnos, o debemos esperar a otro?

4 Jesús respondió:

—Regresen y cuéntenle a Juan todo lo que ustedes están oyendo y viendo:

5 »Ahora los ciegos pueden ver y los cojos caminan bien.

Los leprosos quedan sanos, y los sordos ya pueden oír. Los que estaban muertos han vuelto a la vida, y a los pobres se les anuncia la buena noticia de salvación.

6 »Dios va a bendecir a los que no me abandonan al verme hacer todo esto.

7 Cuando los discípulos de Juan se fueron, Jesús comenzó a hablar con la gente acerca de Juan, y les dijo:

«¿A quién fueron ustedes a ver al desierto? ¿Era acaso un hombre doblado, como las cañas que dobla el viento? **8** ¿Se trataba de alguien vestido con ropa muy lujosa? Recuerden que los que se visten así, viven en el palacio de los reyes. **9** ¿A quién fueron a ver entonces? ¿Fueron a ver a un profeta? Por supuesto que sí. En realidad, Juan era más que profeta; **10** era el mensajero de quien Dios había hablado cuando dijo:

''Yo envío a mi mensajero delante de ti, a preparar todo para tu llegada''.

11 »Les aseguro que en la tierra no ha nacido un hombre más importante que Juan el Bautista. Pero la persona menos importante en el reino de Dios es superior a Juan. **12** »Desde que Juan el Bautista comenzó a predicar hasta ahora, el reino de Dios ha sido atacado con furia por gente violenta que trata de destruirlo. **13** Dios había anunciado en la Biblia todo lo que iba a pasar hasta el momento en que viniera Juan el Bautista. **14** Y créanlo o no, cuando Dios dijo que enviaría al profeta Elías, se estaba refiriendo a Juan el Bautista. **15** Si en verdad tienen oídos, ¡presten atención!

16 »Ustedes, los que viven en esta época, son como los niños que se sientan a jugar en las plazas y les gritan a otros niños:

17 ''Tocamos la flauta, pero ustedes no bailaron. Cantamos canciones tristes, pero ustedes no lloraron''.

18 »Porque Juan el Bautista ayunaba, y ustedes decían que tenía un demonio dentro. **19** Luego vine yo, el Hijo del hombre, que como y bebo, y ustedes dicen que soy un glotón y un borracho, que soy amigo de gente de mala fama y de los que no obedecen a Dios. Pero recuerden que la sabiduría de Dios se prueba por sus resultados».

La gente que no cree

20 Jesús estaba muy disgustado con los pueblos donde había hecho la mayoría de sus milagros, porque la gente de esos lugares no había cambiado su forma de vivir ni quería obedecer sólo a Dios. Por eso les dijo:

21 «Habitantes de Corazín, ¡qué mal les va a ir a ustedes! ¡Y también les va a ir mal a los que viven en Betsaida! Si los milagros hechos entre ustedes se hubieran hecho en las ciudades de Tiro y de Sidón, hace tiempo que los que viven allí habrían cambiado su forma de vivir. Se habrían vestido de ropas ásperas y se habrían echado ceniza en la cabeza para mostrar su arrepentimiento. **22** Les aseguro que en el día del juicio final ustedes van a recibir un castigo mayor que el de ellos. **23** »Habitantes del pueblo de Cafarnaúm, ¿creen que van a ser bienvenidos en el cielo? Déjenme decirles que van a ser enviados a lo más profundo del infierno. Si los milagros que se han hecho entre ustedes se hubieran hecho entre los habitantes de la ciudad de Sodoma, ellos habrían cambiado y la ciudad aún existiría. **24** Les aseguro que en el día del juicio final el castigo que ustedes recibirán será peor que el de ellos».

Jesús alaba a Dios

25 En ese momento, Jesús se dirigió a Dios y le dijo:

«¡Padre, tú gobiernas en el cielo y en la tierra! Te doy gracias porque no mostraste estas cosas a los que conocen mucho y son sabios. En cambio, las mostraste a gente humilde y sencilla. **26** Y todo, Padre, porque tú así lo has querido».

27 Y dijo a los que estaban allí:

«Mi Padre me ha dado todo, y es el único que me conoce, porque soy su Hijo. Nadie conoce a mi Padre tan bien como yo. Por eso quiero hablarles a otros acerca de mi Padre, para que ellos también puedan conocerlo.
28 »Ustedes viven siempre angustiados; siempre preocupados. Vengan a mí, y yo los haré descansar. **29** Obedezcan mis mandamientos y aprendan de mí, pues yo soy paciente y humilde de verdad. Conmigo podrán descansar. **30** Lo que yo les impongo no es difícil de cumplir; la carga que les hago llevar no es pesada».

Los discípulos arrancan espigas de trigo

12 **1** Un sábado, Jesús y sus discípulos andaban por un campo sembrado de trigo. Los discípulos tuvieron hambre y comenzaron a arrancar las espigas y a comerse el grano. **2** Los fariseos vieron a los discípulos arrancando trigo, y le dijeron a Jesús:

—¡Mira lo que hacen tus discípulos! ¡Está prohibido hacer eso en el día de descanso!

3 Jesús les respondió:

—¿No han leído en la Biblia lo que hizo el rey David cuando él y sus compañeros tuvieron hambre? **4** Entraron en la casa de Dios y comieron el pan sagrado. Ni a David ni a sus compañeros les estaba permitido comer ese pan. Sólo los sacerdotes podían comerlo. **5** ¿Tampoco han leído los libros de la ley de Moisés? ¿No

saben que los sacerdotes pueden trabajar en el templo en el día de descanso, sin que nadie los acuse de nada? **6** Pues les aseguro que aquí hay algo más importante que el templo. **7** Ustedes no entienden esto que Dios dijo: "No quiero que me sacrifiquen animales, sino que amen y ayuden a los demás". Si lo entendieran, no estarían acusando a gente inocente. **8** Porque yo, el Hijo del hombre, soy quien decide lo que puede hacerse en el día de descanso, y lo que no puede hacerse.

Jesús sana a un hombre en sábado

9 Jesús se fue y entró en la sinagoga del lugar. **10** Allí había un hombre que tenía una mano tullida. Como los fariseos buscaban la manera de acusar de algo malo a Jesús, le preguntaron:

—¿Permite nuestra ley sanar a una persona en el día de descanso?

11 Jesús les respondió:

—Si a uno de ustedes se le cae una oveja en un pozo en el día de descanso, ¿la sacaría de allí? ¡Por supuesto que sí! **12** ¡Pues una persona vale mucho más que una oveja! Por eso está permitido hacer el bien en ese día.

13 Luego Jesús le dijo al hombre que no podía mover la mano: «Extiende tu mano». El hombre la extendió; y la mano le quedó tan sana como la otra. **14** Entonces los fariseos salieron de la sinagoga y comenzaron a hacer planes para matar a Jesús.

Jesús, servidor de Dios

15 Al enterarse Jesús de lo que planeaban los fariseos, se fue de allí, y mucha gente lo siguió. Jesús sanó a todos los que estaban enfermos **16** y les ordenó que no contaran a nadie nada acerca de él. **17** Así se cumplió lo que Dios había dicho por medio del profeta Isaías:

18 «¡Miren a mi elegido al que he llamado a mi servicio!
Yo lo amo mucho, y él me llena de alegría.
Yo pondré en él mi Espíritu, y hablará de la justicia entre las naciones.
19 No discutirá con nadie, ni gritará.
¡Nadie escuchará su voz en las calles!
20 No les causará más daño a los que estén heridos, ni acabará de matar a los que estén agonizando.
Al contrario, fortalecerá a los débiles y hará que triunfe la justicia.
21 ¡Todas las personas del mundo confiarán en él!»

Jesús y el jefe de los demonios

22 Unas personas llevaron un hombre a Jesús para que lo sanara. Era ciego y mudo porque tenía un demonio. Jesús lo sanó, y el hombre pudo ver y hablar. **23** La gente estaba asombrada de lo que Jesús hacía, y se preguntaba: «¿Será Jesús el Mesías que Dios prometió para salvarnos?» **24** Pero algunos de los fariseos oyeron a la gente y pensaron: «Jesús libera de los demonios a la gente, porque Beelzebú, el jefe de los demonios, le da poder para hacerlo».

25 Jesús se dio cuenta de lo que ellos pensaban y les dijo:

«Si los habitantes de un país se pelean entre ellos, el país se destruirá. Si los habitantes de una ciudad se pelean unos contra otros, la ciudad se destruirá. Y si los miembros de una familia se pelean entre ellos, la familia también se destruirá. **26** Si Satanás lucha contra sí mismo, destruirá su propio reino. **27** Según ustedes, yo expulso los demonios por el poder de Satanás. Si eso fuera cierto, entonces ¿quién les da poder a los discípulos de ustedes para echar fuera los demonios? Si ustedes me responden que Dios les da ese poder, eso demuestra que ustedes están equivocados. **28** Y si yo echo fuera los demonios con el poder del Espíritu de Dios, eso demuestra que el reino de Dios ya está aquí. **29** »Si alguien quiere robar lo que hay en la casa de un hombre fuerte, primero tiene que atar al hombre. Después puede robarle todo.

30 »El que no está de mi parte, está contra mí. El que no me ayuda a traer a otros para que me sigan, es como si los estuviera ahuyentando.

31-32 »Les aseguro que Dios les perdonará cualquier pecado y todo lo malo que digan. Aun si dicen algo contra mí, que soy el Hijo del hombre, Dios los perdonará. Pero lo que no les perdonará es que hablen contra el Espíritu Santo. ¡Eso no lo perdonará, ni ahora, ni nunca!

El fruto bueno y el fruto malo

33 »Un buen árbol produce buenos frutos, y un mal árbol produce malos frutos. Para saber si un árbol es bueno o malo, sólo hay que fijarse en sus frutos. Lo mismo sucede con las personas: para saber si son buenas o malas, sólo hay que fijarse en las cosas que hacen. **34-35** Lo que ustedes enseñan es tan malo como el veneno de una serpiente. ¡Claro! ¿Cómo van a decir cosas buenas, si ustedes son malos? Porque si alguien es bueno, siempre habla cosas buenas, y si es malo, siempre habla cosas malas. **36** Les aseguro que en el día del juicio final todos tendrán que explicar por qué usaron su boca y su lengua para hacer mal a los demás. **37** Dios juzgará a cada uno de acuerdo con sus palabras: si dijeron cosas buenas se salvarán, pero si dijeron cosas malas serán castigados».

Una señal milagrosa

38 Entonces algunos fariseos y maestros de la Ley le dijeron a Jesús:

—Maestro, queremos que hagas algo que nos pruebe que tú fuiste enviado por Dios.

39 Pero Jesús les contestó:

—Ustedes, que son malos y no confían en Dios, me piden darles una prueba. Pero la única prueba que les daré será la del profeta Jonás: **40** Así como Jonás estuvo tres días dentro del gran pez, así yo, el Hijo del hombre, estaré muerto durante tres días. **41** En el juicio final, la gente de la ciudad de Nínive se levantará y hablará contra ustedes para que Dios los castigue. Porque esa gente sí cambió de vida cuando oyó el mensaje que le dio Jonás. Pero ustedes oyen mi mensaje y no cambian, aunque yo soy más importante que Jonás. **42** »La reina del Sur² también se levantará en el día del juicio, y hablará contra ustedes. Porque ella vino desde muy lejos a escuchar las sabias enseñanzas del rey Salomón. Pero ustedes no quieren escuchar mis enseñanzas, aunque yo soy más importante que Salomón.

El espíritu malo que regresa

43 »Cuando un espíritu malo sale de alguien, viaja por el desierto buscando dónde descansar. **44** Cuando no encuentra ningún lugar, dice: "Mejor regresaré a mi antigua casa y me meteré de nuevo en ella". Cuando regresa, la encuentra desocupada, limpia y ordenada. **45** Entonces va y busca a otros siete espíritus peores que él, y se meten dentro de aquella persona y viven allí. ¡Y la pobre termina peor que cuando sólo tenía un espíritu malo! Esto mismo va a pasarles a ustedes, porque son muy malos.

La madre y los hermanos de Jesús

46 Mientras Jesús seguía hablando con la gente, su madre y sus hermanos llegaron a donde él estaba y esperaron afuera, pues querían hablar con él. **47** Entonces alguien

le dijo a Jesús:

—Tu madre y tus hermanos están afuera, y quieren hablar contigo.

48 Pero él le preguntó:

—¿Quiénes son en verdad mi madre y mis hermanos?

49 Jesús señaló a todos sus discípulos y le dijo:

50 —Estos son mi madre y mis hermanos. Porque cualquiera que obedece los mandamientos de mi Padre que está en el cielo, es en verdad mi madre, mi hermano y mi hermana.

El ejemplo de las semillas

13 **1** Ese mismo día, Jesús salió de la casa donde estaba, fue a la orilla del Lago de Galilea, y allí se sentó para enseñar. **2** Como mucha gente llegó a escucharlo, tuvo que subir a una barca y sentarse para enseñar desde allí. La gente permaneció de pie en la playa.

3 Jesús les enseñó muchas cosas por medio de ejemplos y comparaciones. Les puso esta comparación:

4 «Un agricultor salió a sembrar trigo. Mientras sembraba, algunas semillas cayeron en el camino. Poco después vinieron unos pájaros y se las comieron.

5 »Otras semillas cayeron en un terreno con muchas piedras y poca tierra. Allí pronto brotaron plantas de trigo, pues la tierra era poco profunda. **6** Pero las plantas no vivieron mucho tiempo porque no tenían buenas raíces, y se quemaron cuando salió el sol. **7** »Otras semillas cayeron entre espinos. Cuando los espinos crecieron, apretaron las espigas de trigo y no las dejaron crecer.

8 »Pero otras semillas cayeron en tierra buena y produjeron una cosecha excelente. En algunos casos, las semillas sembradas produjeron espigas con cien semillas, otras produjeron espigas con

En todo momento hay alguien que lee la biblia. "¡Ayúdame a entender tus enseñanzas maravillosas!" *(Salmo 119.19)*

Un prisionero destinado a morir recibe
un paquete con un nuevo testamento.

sesenta semillas, y otras produjeron espigas con treinta semillas. 9 »¡Ustedes, si en verdad tienen oídos, presten mucha atención!»

¿Por qué Jesús enseña con ejemplos?
10 Los discípulos se acercaron a Jesús y le preguntaron:

—¿Por qué pones ejemplos para enseñar a la gente?

11 Jesús les dijo:

«Yo les he explicado a ustedes los secretos del reino de Dios, pero no a los demás. 12 Porque a los que saben algo acerca de los secretos del reino, se les hará saber mucho más. Pero a los que no saben de los secretos del reino, Dios hará que olviden aun lo poquito que saben. 13 Yo enseño a la gente por medio de ejemplos; así, por más que miren no verán nada, y por más que oigan no entenderán. 14 Así se cumple lo que Dios había dicho por medio del profeta Isaías:

''Esta gente,
por más que escuche,
nunca entenderá;
y por más que mire,
nunca verá.
15 Pues no aprende, ni piensa;
cierra los ojos para no ver,
y se tapa los oídos para no oír.
Si no fuera así,
entendería mi mensaje,
cambiaría su manera de vivir,
¡y yo la salvaría!''

16 »Pero a ustedes, mis discípulos, Dios los ha bendecido, porque ven y escuchan mi mensaje. 17 Muchos profetas y mucha gente buena hubieran querido ver lo que ustedes ven y oyen, pero no pudieron.

Jesús explica el ejemplo
de las semillas
18 »Ahora, pongan atención y les diré lo que significa el ejemplo del agricultor. 19 Hay algunos que escuchan el mensaje del reino de Dios, pero como no lo entienden, el diablo viene y hace que lo olviden. Estos son como las semillas que cayeron junto al camino.
20 »Las semillas que cayeron entre piedras representan a los que oyen el mensaje del reino de Dios y lo aceptan rápidamente y con gran alegría. 21 Pero como no entendieron muy bien el mensaje, su alegría dura muy poco. Cuando tienen problemas, o los maltratan por ser obedientes a Dios, en seguida se olvidan del mensaje. 22 »Luego están las semillas que cayeron entre los espinos. Estas semillas representan a los que oyen el mensaje, pero no dejan que este cambie sus vidas. Sólo piensan en lo que necesitan y en cómo hacerse ricos.
23 »Finalmente, las semillas que cayeron en buena tierra representan a los que oyen y entienden el mensaje. Estos sí cambian sus vidas y hacen lo bueno. Son como esas semillas que produjeron espigas con cien, con sesenta, y hasta con treinta semillas».

La mala hierba y el trigo
24 Jesús les puso este otro ejemplo:

«En el reino de Dios sucede lo mismo que le pasó a uno que sembró en su terreno muy buenas semillas de trigo. 25 Mientras todos dormían, llegó su enemigo y, junto a las semillas de trigo, sembró unas semillas de una mala hierba llamada cizaña, y después se fue.
26 »Cuando las semillas de trigo produjeron espigas, los trabajadores se dieron cuenta de que también había crecido cizaña.
27 Entonces fueron adonde estaba el dueño del terreno y le dijeron: ''Señor, si usted sembró buenas semillas de trigo, ¿por qué creció también la cizaña?''
28 »El dueño les dijo: ''Esto lo hizo mi enemigo''.
»Los trabajadores le preguntaron: ''¿Quieres que vayamos a quitar la mala hierba?''
29 »El dueño les dijo: ''¡No! A lo mejor ustedes van y arrancan el trigo junto con la cizaña, porque el trigo y la cizaña se parecen mucho. 30 Cuando llegue el tiempo de la cosecha podremos distinguir entre el trigo y la cizaña. Dejen que las dos plantas crezcan juntas. Cuando llegue el tiempo de la cosecha, enviaré a los trabajadores para que arranquen primero la cizaña, la amontonen y la quemen. Luego recogerán el trigo y lo llevarán a mi granero''».

La semilla de mostaza
31 Jesús también les hizo esta comparación:

«Con el reino de Dios pasa algo parecido a lo que sucede con la semilla de mostaza que un hombre siembra en su terreno. 32 A pesar de ser la más pequeña de todas las semillas, cuando crece se convierte en la más grande de las plantas del huerto. Llega a ser tan grande como un árbol, y hasta los pájaros hacen nidos en sus ramas».

La levadura
33 Jesús les puso esta otra comparación:

«Con el reino de Dios pasa lo mismo que cuando una mujer pone un poquito de levadura en un montón de harina. Ese poquito hace crecer toda la masa».

Jesús cumple lo dicho por
medio de un profeta
34 Jesús le enseñó todo esto a la gente por medio de ejemplos y comparaciones, y sólo así les enseñaba. 35 De esa manera, Jesús cumplió lo que Dios había dicho por medio del profeta:

«Hablaré a la gente
por medio de ejemplos,
y contaré cosas
que Dios ha tenido en secreto
desde que hizo el mundo».

Jesús explica el ejemplo de la cizaña
36 Jesús dejó a la gente allí y se fue a la casa. Sus discípulos fueron y le dijeron:

—Explícanos qué significa el ejemplo de la mala hierba en el terreno.

37 Jesús les dijo:

«El que siembra la buena semilla de trigo soy yo, el Hijo del hombre. **38** El terreno es el mundo, y las buenas semillas de trigo son todos los que obedecen las leyes del reino de Dios. Las semillas de cizaña son los que obedecen al diablo, **39** que fue quien las sembró en el mundo. El tiempo de la cosecha es el juicio final, y los trabajadores que recogen la cosecha son los ángeles. **40** Así como se arranca la mala hierba y se quema, así sucederá cuando Dios juzgue a todos. **41** Yo, el Hijo del hombre, enviaré a mis ángeles para que saquen de mi reino a todos los que hacen lo malo y obligan a otros a hacerlo. **42** Los ángeles echarán a esas personas en el infierno, y allí tendrán tanto miedo que llorarán y rechinarán los dientes. **43** Pero los que obedecen a Dios brillarán como el sol en su reino. ¡Ustedes, si en verdad tienen oídos, presten atención!

El tesoro escondido

44 »Con el reino de Dios pasa lo mismo que cuando alguien encuentra un tesoro escondido en un terreno, y lo vuelve a esconder. Después va muy alegre a vender todo lo que tiene para comprar el terreno y quedarse con el tesoro.

La joya fina

45 »El reino de Dios también se parece a un comerciante que compra joyas finas. **46** Cuando encuentra una joya muy valiosa, vende todo lo que tiene y va a la compra.

La red de pescar

47 »El reino de Dios se parece a una red de pescar. Los pescadores echan la red al mar, y en ella recogen toda clase de peces. **48** Cuando la red ya está llena, la sacan a la orilla y se sientan a separar los pescados. Guardan los buenos en una canasta y tiran los malos. **49** Así también sucederá cuando llegue el fin del mundo: Los ángeles saldrán a separar a las personas buenas de las malas. **50** A las malas las echarán en el infierno, y allí tendrán tanto horror que llorarán y rechinarán los dientes».

Cosas nuevas y viejas

51 Jesús les preguntó a sus discípulos:

—¿Entienden ustedes todas estas enseñanzas?

Ellos contestaron:

—Sí, las entendemos.

52 Jesús les dijo:

—Todo maestro de la Ley que se convierte en discípulo del reino de Dios, se parece al que va a su bodega y de allí saca cosas nuevas y cosas viejas.

Jesús viaja a Nazaret

53 Cuando Jesús terminó de enseñar con estos ejemplos, se fue de allí. **54** Llegó a su pueblo y comenzó a enseñar en la sinagoga. La gente estaba tan sorprendida que algunos decían: «¿Dónde aprendió este hombre tantas cosas? ¿Cómo puede hacer estos milagros?» Otros decían: **55** «Pero, ¡si es Jesús, el hijo de José, el carpintero! María es su madre, y sus hermanos son Santiago, José, Simón y Judas. **56** Sus hermanas aún viven aquí. ¿Cómo es que Jesús sabe tanto y puede hacer estos milagros?» **57** Ninguno de los que estaban allí quiso aceptar las enseñanzas de Jesús. Entonces él dijo: «A un profeta se le respeta en todas partes, menos en su propio pueblo y en su propia familia».

58 Jesús no hizo muchos milagros en aquel lugar, porque la gente no creía en él.

La muerte de Juan el Bautista

14 **1** En aquel tiempo, Herodes Antipas, gobernador de Galilea, oyó lo que la gente decía acerca de Jesús. **2** Un día dijo a sus asistentes: «Ese Jesús es en realidad Juan el Bautista, que ha vuelto a vivir. Por eso tiene poder para hacer milagros».

3-4 Tiempo atrás, Juan el Bautista le había dicho a Herodes: «¡Lo que hiciste no está bien! Herodías es la esposa de tu hermano Felipe, y tú se la quitaste y te casaste con ella».

Entonces Herodes se enojó contra Juan, y ordenó que lo arrestaran, lo encadenaran y lo pusieran en la cárcel. **5** Pero no se atrevía a matarlo porque le tenía miedo a la gente. Muchos creían que Juan era un profeta.

6 Cierto día, en la fiesta de cumpleaños de Herodes, la hija de Herodías bailó delante de los invitados. **7** A Herodes le gustó mucho su baile, y le prometió darle cualquier cosa que ella le pidiera. **8** Herodías convenció entonces a su hija para que le dijera a Herodes: «¡Quiero que ahora mismo me traigas en un plato la cabeza de Juan el Bautista!»

9 Herodes se puso muy triste, pues le había prometido darle lo que ella le pidiera, y no podía romper una promesa hecha delante de sus invitados. Así que no tuvo más remedio que ordenar a sus sirvientes que le dieran a la muchacha lo que pedía. **10** Entonces los sirvientes fueron a la cárcel y le cortaron la cabeza a Juan, **11** la pusieron en un plato, y se la llevaron a la muchacha. Ella se la entregó a su madre.

12 Los discípulos de Juan pasaron a recoger su cuerpo y lo enterraron. Después, fueron y le contaron a Jesús lo que había sucedido.

Jesús da de comer a mucha gente

13 Cuando Jesús oyó lo que le habían hecho a Juan el Bautista, subió a una barca y se fue a un lugar donde pudiera estar solo. Cuando la gente de los pueblos cercanos supo que Jesús se iba, lo siguió por tierra.

14 Jesús bajó de la barca y vio la

gran cantidad de gente que estaba allí. Entonces tuvo compasión de ellos y sanó a todos los que estaban enfermos.

15 Cuando ya empezaba a atardecer, los discípulos se acercaron a Jesús y le dijeron:

—Este es un lugar solitario, y se está haciendo tarde. Dile a la gente que se vaya a los pueblos y compre su comida.

16 Jesús les contestó:

—No tienen que irse. Denles ustedes de comer.

17 Los discípulos respondieron:

—Pero no tenemos más que cinco panes y dos pescados.

18 Jesús les dijo:

—Tráiganlos aquí.

19 Luego de ordenar que la gente se sentara sobre la hierba, Jesús tomó los cinco panes y los dos pescados, miró al cielo y dio gracias a Dios. Después partió los panes y se los dio a los discípulos, para que ellos los repartieran a la gente. **20** Todos comieron hasta quedar satisfechos. Y cuando los discípulos recogieron los pedazos que sobraron, llenaron doce canastas. **21** Los que comieron fueron como cinco mil hombres, además de las mujeres y los niños.

Jesús camina sobre el agua
22 Después de esto, Jesús ordenó a los discípulos: «Suban a la barca y vayan a la otra orilla del lago. Yo me quedaré aquí para despedir a la gente, y los alcanzaré más tarde».

23 Cuando toda la gente se había ido, Jesús subió solo a un cerro para orar. Allí estuvo orando hasta que anocheció.

24 Mientras tanto, la barca ya se había alejado bastante de la orilla; navegaba contra el viento y las olas la golpeaban con mucha fuerza.

25 Todavía estaba oscuro cuando Jesús se acercó a la barca. Iba caminando sobre el agua. **26** Los discípulos lo vieron, pero no lo reconocieron. Llenos de miedo, gritaron:

—¡Un fantasma! ¡Un fantasma!

27 En seguida Jesús les dijo:

—¡Cálmense! ¡Soy yo! ¡No tengan miedo!

28 Entonces Pedro le respondió:

—Señor, si realmente eres tú, ordena que yo camine también sobre el agua y vaya hasta donde tú estás.

29 Y Jesús le dijo:

—¡Ven!

De inmediato Pedro bajó de la barca. Caminó sobre el agua y fue hacia Jesús. **30** Pero cuando sintió la fuerza del viento, tuvo miedo. Allí mismo empezó a hundirse, y gritó:

—¡Señor, sálvame!

31 Entonces Jesús extendió su brazo, agarró a Pedro y le dijo:

—Pedro, tú confías muy poco en mí. ¿Por qué dudaste?

32 Cuando los dos subieron a la barca, el viento dejó de soplar. **33** Todos los que estaban en la barca se arrodillaron ante Jesús y le dijeron:

—¡Es verdad, tú eres el Hijo de Dios!

Jesús sana a los enfermos en Genesaret
34 Jesús y sus discípulos cruzaron el lago hasta llegar al pueblo de Genesaret. **35** Cuando los del pueblo reconocieron a Jesús, dieron aviso por toda la región. La gen-

te llevó a los enfermos adonde estaba Jesús, **36** y le rogaban que al menos los dejara tocar el borde de su manto. ¡Y todos los enfermos que tocaron el manto de Jesús quedaron sanos!

Las enseñanzas de los antepasados
15 **1** Algunos de los fariseos y de los maestros de la Ley que habían venido de Jerusalén le preguntaron a Jesús:

2 —¿Por qué tus discípulos no siguen las costumbres que nuestros antepasados han practicado desde hace mucho tiempo? ¿Por qué no se lavan las manos antes de comer?

3 Jesús les dijo:

—¿Y por qué ustedes desobedecen el mandamiento de Dios para obedecer sus propias costumbres? **4** Porque Dios dijo: "Obedezcan y cuiden a su padre y a su madre; la persona que maltrate a su padre o a su madre tendrá que morir". **5-6** »Pero ustedes dicen que uno no desobedece a Dios si le dice a sus padres: "No puedo ayudarlos, porque prometí darle a Dios todo lo que tengo, incluyendo mi dinero".

»Ustedes no hacen caso de los mandamientos de Dios, con tal de seguir sus propias costumbres. **7** ¡Son unos hipócritas! Dios tenía razón cuando dijo por medio del profeta Isaías:

8 "Este pueblo dice que me obedece,
pero en verdad nunca piensa en mí.
9 De nada sirve que ustedes me alaben,
pues inventan reglas
y luego las enseñan
diciendo que yo las ordené".

Lo que realmente contamina
10 Jesús llamó a la gente y le dijo:

—Escuchen y entiendan bien: **11** No es la comida que entra por la boca lo que los hace impuros delante de Dios. Lo que los hace impuros son los insultos y malas palabras que salen de su boca.

12 Entonces los discípulos de Jesús se acercaron y le dijeron:

—A los fariseos no les gustó lo que dijiste.

13 Jesús respondió:

—Mi Padre tratará a los fariseos como trata el jardinero a las plantas que no ha sembrado: las arranca de raíz y las echa fuera. **14** No hagan caso de los fariseos: son como el ciego que guía a otro ciego, y si un ciego guía a otro, los dos terminan cayéndose en una zanja.

15 Pedro preguntó:

—Explícanos qué quisiste decir cuando hablaste de lo que nos hace impuros delante de Dios.

16 Jesús respondió:

—¿Tampoco ustedes entienden? **17** Todo lo que comemos o bebemos va al estómago, y después el cuerpo lo expulsa. **18-20** Pero si la gente dice cosas malas, es porque es mala y siempre está pensando en lo malo: en cómo matar, en ser infieles en el matrimonio, en hacer cosas indecentes, en robar, insultar a otras personas, y mentir. A Dios no le agrada que gente así lo alabe. Pero cualquiera puede alabar a Dios, aunque coma sin lavarse las manos.

Una mujer no judía confía en Dios
21 Jesús se fue de allí a la región de Tiro y de Sidón. **22** Una mujer de esa región, que era del grupo al que los judíos llamaban cananeos, se acercó a Jesús y le dijo a gritos:

—¡Señor, tú que eres el Mesías, ten compasión de mí y ayúdame! ¡Mi hija tiene un demonio que la

hace sufrir mucho!
23 Jesús no le hizo caso. Pero los discípulos se acercaron a él y le rogaron:

—Atiende a esa mujer, pues viene gritando detrás de nosotros.

24 Jesús respondió:

—Dios me envió para ayudar sólo a los israelitas, pues ellos son para mí como ovejas perdidas.

25 Pero la mujer se acercó a Jesús, se arrodilló delante de él y le dijo:

—¡Señor, ayúdame!

26 Jesús le dijo:

—No es correcto quitarle la comida a los hijos para echársela a los perros.

27 La mujer le respondió:

—¡Señor, eso es cierto! Pero aun los perros comen de las sobras que caen de la mesa de sus dueños.

28 Entonces Jesús le dijo:

—¡Mujer, tú sí que tienes confianza en Dios! Lo que me has pedido se hará.

Y en ese mismo instante su hija quedó sana.

Jesús sana a muchos enfermos
29 Jesús salió de allí y llegó a la orilla del Lago de Galilea. Luego subió a un cerro y se sentó. **30** Mucha gente se le acercó llevando cojos, ciegos, mancos, mudos y muchos otros enfermos. Pusieron a todos esos enfermos delante de Jesús, y él los sanó. **31** La gente se asombraba de ver a todos completamente sanos, y comenzó a alabar al Dios de los israelitas.

Jesús da de comer a mucha gente
32 Jesús llamó a sus discípulos y les dijo:

—Siento compasión de toda esta gente. Ya han estado conmigo tres días, y no tienen comida. No quiero que se vayan sin comer, pues podrían desmayarse en el camino.

33 Los discípulos le dijeron:

—Pero en un lugar tan solitario como este, ¿dónde vamos a conseguir comida para tanta gente?

34 Jesús les preguntó:

—¿Cuántos panes tienen?

—Siete panes y unos pescaditos —contestaron los discípulos.

35 Jesús le ordenó a la gente que se sentara en el suelo. **36** Luego tomó los siete panes y los pescados, y dio gracias a Dios. Partió los panes y los pescados en pedazos y se los entregó a sus discípulos, y ellos los repartieron a la gente. **37** Todos comieron hasta quedar satisfechos. Con los pedazos que sobraron, llenaron siete canastas. **38** Los que comieron fueron como cuatro mil hombres, además de las mujeres y los niños.

39 Después Jesús despidió a la gente, subió a una barca y se fue al pueblo de Magadán.

La señal de Jonás
16 **1** Algunos de los fariseos y de los saduceos se acercaron a Jesús para ponerle una trampa y le dijeron:

—Queremos que hagas un milagro que pruebe que Dios te ha enviado.

2 Pero Jesús les dijo:

—Cuando ustedes miran el cielo por la tarde, y está rojo, dicen: ''¡Va a hacer buen tiempo!'' **3** Pero si en la mañana el cielo está rojo y nublado, dicen: ''¡Hoy va a hacer mal tiempo!'' Ustedes entienden muy bien las señales en el cielo acerca del tiempo. ¿Por qué, entonces, no entienden que las cosas que yo hago ahora son una señal de Dios? **4** Ustedes piden una señal porque son malos y no quieren creer. Pero la única señal que les daré será lo que le pasó al profeta Jonás.

Dicho esto, Jesús los dejó y se fue.

Las enseñanzas de los fariseos

5 Jesús y sus discípulos cruzaron al otro lado del Lago de Galilea. Pero los discípulos se olvidaron de llevar pan. **6** Y Jesús les dijo:

—Miren, tengan cuidado con la levadura de los fariseos y de los saduceos.

7 Los discípulos comenzaron a hablar entre ellos y decían: «Seguramente Jesús dijo eso porque no trajimos pan». **8** Jesús se dio cuenta de lo que hablaban y les dijo:

—¡Qué poco confían en Dios! ¿Por qué se preocupan por no tener pan? **9** Entiendan bien lo que les quiero decir; ¿o ya se olvidaron de aquella vez, cuando alimenté a cinco mil hombres con cinco panes nada más? ¿Ya se olvidaron de las canastas que llenaron con los pedazos que sobraron? **10** ¿Ya no recuerdan que también alimenté a otros cuatro mil con sólo siete panes, y que ustedes llenaron muchas canastas? **11** ¿No entienden que yo no estaba hablando de pan? ¡Cuídense de la levadura de los fariseos y de los saduceos!

12 Entonces los discípulos entendieron que Jesús no estaba hablando de la levadura que se pone en la masa del pan, sino de las malas enseñanzas de los fariseos y de los saduceos.

¿Quién es Jesús?

13 Cuando llegaron cerca del pueblo de Cesarea de Filipo, Jesús preguntó a sus discípulos:

—¿Qué dice la gente acerca de mí, el Hijo del hombre?

14 Los discípulos contestaron:

—Algunos dicen que eres Juan el Bautista, y otros dicen que eres el profeta Elías, el profeta Jeremías, o alguno de los profetas.

15 Entonces Jesús les preguntó:

—Y ustedes, ¿qué opinan? ¿Quién soy yo?

16 Pedro contestó:

—Tú eres el Mesías, el Hijo del Dios que vive y da vida.

17 Jesús le dijo:

—¡Bendito seas, Pedro hijo de Jonás! Porque no sabes esto por tu propia cuenta, sino que te lo enseñó mi Padre que está en el cielo. **18** Por eso te llamaré Pedro, que quiere decir ''piedra''. Sobre esta piedra construiré mi iglesia, y la muerte no podrá destruirla. **19** A ti, Pedro, te daré autoridad en el reino de Dios. Todas las cosas que tú prohíbas aquí en la tierra, desde el cielo Dios las prohibirá. Y las cosas que tú permitas, también Dios las permitirá.

20 Entonces Jesús ordenó a sus discípulos que no le contaran a nadie que él era el Mesías.

Jesús habla de su muerte

21 Desde ese momento, Jesús comenzó a decirles a sus discípulos lo que le iba a pasar: «Tendré que ir a Jerusalén, y los líderes del país, los sacerdotes principales y los maestros de la Ley me harán sufrir mucho. Allí van a matarme, pero tres días después volveré a vivir». **22** Entonces Pedro se llevó a Jesús aparte y lo reprendió por decir esas cosas, y le dijo:

—¡Qué Dios nunca lo permita! Eso no puede sucederte, Señor.

23 Jesús se volvió y le dijo:

—¡Pedro, estás hablando como Satanás! ¡Vete! Tú no entiendes los planes de Dios, y me estás pidiendo que los desobedezca.

24 Luego Jesús les dijo a sus discípulos:

«Si ustedes quieren ser mis discípulos, tienen que olvidarse de hacer su propia voluntad. Tienen que estar dispuestos a morir en una cruz y a hacer lo que yo les diga. **25** Si sólo les preocupa salvar su vida, la van a perder. Pero si deciden dar su vida por mi causa, entonces se salvarán. **26** De nada sirve que una persona gane en este mundo todo lo que quiera, si al fin de cuentas pierde su vida. Y nadie puede dar nada para salvarla. **27** Porque yo, el Hijo del hombre, vendré pronto con el poder de Dios y con mis ángeles, para darles su premio a los que hicieron el bien y para castigar a los que hicieron el mal. **28** Les aseguro que algunos de ustedes, que están aquí conmigo, no morirán hasta que me vean reinar».

Jesús se transforma

17 **1** Seis días después, Jesús llevó a Pedro y a los hermanos Santiago y Juan hasta un cerro alto, para estar solos. **2** Frente a ellos, Jesús se transformó: Su cara brillaba como el sol, y su ropa se puso tan blanca como la luz del mediodía. **3** Luego los tres discípulos vieron aparecer al profeta Elías y a Moisés, que conversaban con Jesús.

4 Entonces Pedro le dijo a Jesús: «Señor, ¡qué bueno que estemos aquí! Si quieres, voy a construir tres enramadas: una para ti, una para Moisés y otra para Elías». **5** Mientras Pedro hablaba, una nube brillante vino y se detuvo sobre ellos. Desde la nube se oyó una voz que decía: «Este es mi Hijo, yo lo amo mucho y estoy muy contento con él. Ustedes deben obedecerlo».

6 Al oír esto, los discípulos se tiraron al suelo, y no se atrevían a mirar, pues tenían mucho miedo. **7** Jesús se acercó, los tocó y les dijo: «Levántense y no tengan miedo».

8 Cuando los discípulos se levantaron, vieron que Jesús estaba solo. **9** Mientras bajaban del cerro, Jesús les ordenó:

—No le cuenten a nadie lo que han visto hasta que yo, el Hijo del hombre, muera y resucite.

10 Los discípulos le preguntaron:

—¿Por qué los maestros de la Ley dicen que el profeta Elías va a venir antes que el Mesías?

11 Jesús les respondió:

—Eso es verdad. Elías viene primero para prepararlo todo. **12** Sin embargo, les aseguro que Elías ya vino; pero la gente no lo reconoció, y lo trataron como quisieron. A mí, el Hijo del hombre, también me tratarán así y sufriré mucho.

13 Los tres discípulos entendieron que Jesús estaba hablando de Juan el Bautista.

Jesús sana a un muchacho

14 Cuando llegaron a donde estaba la gente, un hombre se acercó a Jesús, se arrodilló ante él **15** y le dijo:

—¡Señor, ten compasión de mi hijo y ayúdalo! Está muy enfermo y sufre de terribles ataques. Muchas veces, cuando le da un ataque, cae al fuego o al agua. **16** Lo traje para que tus discípulos lo sanaran, pero no han podido hacerlo.

17 Jesús contestó:

—Ustedes están confundidos y no confían en Dios. ¿Acaso no pueden hacer nada sin mí? ¿Cuándo van a aprender? ¡Tráiganme aquí al muchacho!

18 Jesús reprendió al demonio que estaba en el muchacho, y lo obligó a salir. El muchacho quedó sano. **19** Poco después, los discípulos llamaron a Jesús aparte y le preguntaron:

—¿Por qué nosotros no pudimos sacar ese demonio?

20-21 Jesús les respondió:

—Porque ustedes no confían en Dios. Les aseguro que si tuvieran una confianza tan pequeña como un grano de mostaza, podrían ordenarle a esta montaña que se moviera de su lugar, y les obedecería. ¡Nada sería imposible para ustedes!

Jesús habla otra vez de su muerte

22 Mientras viajaban juntos por la región de Galilea, Jesús les dijo a sus discípulos: «Mis enemigos me atraparán y me entregarán a otros hombres. **23** Y me matarán, pero yo, el Hijo del hombre, volveré a vivir tres días después».

Al oír eso, los discípulos se pusieron muy tristes.

El impuesto para el templo

24 Cuando Jesús y sus discípulos llegaron al pueblo de Cafarnaúm, los que cobraban el impuesto para el templo fueron a preguntarle a Pedro:

—¿Paga tu maestro el impuesto para el templo?

25 Pedro contestó:

—Sí, lo paga.

Cuando Pedro entró en la casa donde estaban todos, Jesús le habló primero y le dijo:

—Dime, Pedro, ¿a quiénes cobran los reyes impuestos y contribuciones?; ¿a los ciudadanos de su reino o a los extranjeros?

26 Pedro contestó:

—A los extranjeros.

Jesús dijo:

—Entonces, los ciudadanos del reino no tienen que pagar impuestos. **27** Sin embargo, para que estos cobradores no se enojen, ve al mar y echa tu anzuelo. Ábrele la boca al primer pez que saques, y allí encontrarás una moneda. Toma ese dinero, y paga mi impuesto y el tuyo.

¿Quién es el más importante?

18 **1** En esa misma ocasión, los discípulos le preguntaron a Jesús:

—¿Quién es el más importante en el reino de Dios?

2 Jesús llamó a un niño, lo puso en medio de ellos, **3** y les dijo:

—Les aseguro que para entrar en el reino de Dios, ustedes tienen que cambiar su manera de vivir y ser como niños. **4** Porque en el reino de Dios, las personas más importantes son humildes como este niño. **5** Si alguien acepta a un niño como este, me acepta a mí. **6** »Pero si alguno hace que uno de estos pequeños seguidores míos deje de confiar en mí, mejor le sería que le ataran al cuello una piedra enorme y lo tiraran al fondo del mar.

7 »Muchas cosas en el mundo hacen que la gente desobedezca a Dios, y no hay manera de evitarlo. Pero ¡qué mal le irá a quien haga que otro desobedezca a Dios!

8 »Si lo que haces con tu mano o tu pie te hace desobedecer a Dios, mejor córtatelos y tíralos bien lejos. Es mejor vivir para siempre sin una mano o sin un pie, que ir al infierno con las dos manos y los dos pies. **9** Si lo que ves con tu ojo te hace desobedecer a Dios, mejor sácatelo y tíralo lejos. Es mejor vivir para siempre con un solo ojo, que ser echado al infierno con los dos ojos.

10-11 »Recuerden: No desprecien

a ninguno de estos pequeños, porque a ellos los cuidan los ángeles más importantes de Dios.¹

La oveja

¹² »¿Qué opinan? Si uno de ustedes tiene cien ovejas y se da cuenta de que ha perdido una, ¿acaso no deja las otras noventa y nueve en la montaña y se va a buscar la oveja perdida? ¹³ Y si la encuentra, de seguro se alegrará más por esa oveja que por las otras noventa y nueve que no se habían perdido. ¹⁴ De la misma manera, el Padre de ustedes, que está en el cielo, no quiere que ninguno de estos pequeños se pierda y quede separado de él para siempre.

Perdonar es importante

¹⁵ »Si uno de mis seguidores te hace algo malo, habla con él a solas para que reconozca su falta. Si te hace caso, lo habrás ganado de nuevo. ¹⁶ Si no te hace caso, llama a uno o dos seguidores míos, para que te sirvan de testigos. La Biblia enseña que toda acusación debe hacerse frente a dos o más testigos. ¹⁷ Y si aquel no les hace caso, infórmalo a la iglesia. Y si tampoco quiere hacerle caso a la iglesia, tendrás que tratarlo como a los que no creen en Dios, o como a uno de los que cobran impuestos para el gobierno de Roma.

¹⁸ »Les aseguro que cualquier cosa que ustedes prohíban aquí en la tierra, desde el cielo Dios la prohibirá. Y cualquier cosa que ustedes permitan, también Dios la permitirá.

¹⁹ »Les aseguro que si dos de ustedes se ponen de acuerdo aquí en la tierra para pedirle algo a Dios que está en el cielo, él se lo dará. ²⁰ Porque allí donde dos o tres de ustedes se reúnan en mi nombre, allí estaré yo.

²¹ Entonces Pedro se acercó a Jesús y le preguntó:

—Señor, si un hermano de la iglesia me hace algo malo, ¿cuántas veces debo perdonarlo? ¿Sólo siete veces?

²² Jesús le contestó:

—No basta con perdonar al hermano sólo siete veces. Hay que perdonarlo una y otra vez; es decir, siempre.

El que no quiso perdonar

²³ »En el reino de Dios sucede algo parecido a lo que sucedió cierta vez en un país. El rey mandó llamar a sus empleados para que le informaran cómo andaban sus negocios y para que le pagaran todo lo que le debían.

²⁴ »Cuando comenzó a sacar cuentas, le llevaron un empleado que le debía sesenta millones de monedas de plata. ²⁵ Como el empleado no tenía dinero para pagar, el rey ordenó que lo vendieran como esclavo, junto con su esposa y sus hijos, y que vendieran también todo lo que tenía. Así, con el dinero de esa venta, la deuda quedaría pagada.

²⁶ »Pero el empleado se arrodilló delante del rey y le suplicó: ''Señor, deme usted un poco más de tiempo y le pagaré todo lo que le debo''.

²⁷ »El rey sintió compasión de su empleado y le dijo: ''Vete tranquilo; te perdono todo lo que me debes''.

²⁸ »Al salir del palacio del rey, ese empleado se encontró con un compañero que le debía cien monedas de plata. Lo agarró por el cuello y le dijo: ''¡Págame ahora mismo lo que me debes!''

²⁹ »El compañero se arrodilló delante de él y le suplicó: ''Dame un poco más de tiempo y te lo pagaré todo''.

³⁰ »Pero él no quiso, y mandó que lo metieran en la cárcel hasta que pagara el dinero que le debía.

³¹ »Los otros compañeros, al ver lo que había pasado, se molestaron mucho y fueron a contárselo al rey.

³² »Entonces el rey mandó llamar a aquel empleado y le dijo: ''¡Qué malvado eres! Te perdoné todo lo que me debías, porque me lo suplicaste. ³³ ¿Por qué no tuviste compasión de tu compañero, así como yo la tuve de ti?''

³⁴ »El rey se puso furioso y ordenó que castigaran a ese empleado hasta que pagara todo lo que le debía.

³⁵ Jesús terminó diciendo: «Lo mismo hará mi Padre que está en el cielo con cada uno de ustedes, si no perdonan sinceramente a su hermano».

Enseñanza sobre el divorcio

19 ¹ Cuando Jesús terminó de enseñar, salió de la región de Galilea y se fue a la región de Judea, al este del río Jordán. ² Mucha gente lo siguió, y allí sanó a todos los que estaban enfermos.

³ Algunos de los fariseos llegaron para tenderle una trampa. Entonces le preguntaron:

—¿Puede un hombre divorciarse de su esposa por cualquier razón?

⁴ Jesús les respondió:

—¿No recuerdan lo que dice la Biblia? En ella está escrito que, desde el principio, Dios hizo al hombre y a la mujer para que vivieran juntos. ⁵ Por eso Dios dijo: ''El hombre tiene que dejar a su padre y a su madre para casarse y vivir con su esposa. Los dos vivirán como si fueran una sola persona''. ⁶ De esta manera, los que se casan ya no viven como dos personas separadas, sino como si fueran una sola. Por tanto, si Dios ha unido a un hombre y a una mujer, nadie debe separarlos.

⁷ Los fariseos le preguntaron:

—Entonces, ¿por qué Moisés nos dejó una ley que dice que el hombre puede separarse de su esposa dándole un certificado de divorcio?

8 Jesús les respondió:

—Moisés les permitió divorciarse porque ustedes son muy tercos y no quieren obedecer a Dios. Pero Dios, desde un principio, nunca ha querido que el hombre se separe de su esposa. **9** Y yo les digo que si su esposa no ha cometido ningún pecado sexual, ustedes no deben divorciarse de ella ni casarse con otra mujer. Porque si lo hacen, serán castigados por ser infieles en el matrimonio.

10 Los discípulos le dijeron a Jesús:

—Si eso pasa entre el esposo y la esposa, lo mejor sería no casarse.

11 Jesús les contestó:

—Esta enseñanza sólo la entienden las personas a quienes Dios les da como regalo no casarse. **12** Es cierto que algunos no pueden casarse porque nacen con algún defecto que se lo impide. Otros no pueden casarse porque alguien les ha dañado el cuerpo. Pero también hay personas que no se casan para dedicarse sólo a trabajar en el reino de Dios. Por eso, esta enseñanza es sólo para quienes decidan vivir así.

Jesús bendice a los niños

13 Algunas madres llevaron a sus niños para que Jesús pusiera sus manos sobre ellos y orara. Pero los discípulos las regañaron. **14** Entonces Jesús les dijo a sus discípulos: «Dejen que los niños se acerquen a mí. No se lo impidan; porque el reino de Dios es de los que son como ellos».

15 Jesús puso su mano sobre la cabeza de cada uno de los niños; y luego se fue de aquel lugar.

El joven rico

16 Un joven vino a ver a Jesús y le preguntó:

—Maestro, ¿qué cosa buena debo hacer para tener vida eterna?

17 Jesús le contestó:

—¿Por qué me preguntas qué cosa es buena? Sólo Dios es bueno. Si quieres vivir de verdad, obedece los mandamientos.

18 El joven preguntó:

—¿Cuáles mandamientos?

Jesús le dijo:

—No mates; no seas infiel en tu matrimonio; no robes; no mientas para hacerle daño a otra persona; **19** obedece y cuida a tu padre y a tu madre; ama a los demás tanto como te amas a ti mismo.

20 Entonces el joven dijo:

—Todos esos mandamientos los he obedecido. ¿Qué más puedo hacer?

21 Jesús le dijo:

—Si quieres ser perfecto, vende todo lo que tienes y da el dinero a los pobres. Así, Dios te dará un gran premio en el cielo. Luego ven y conviértete en uno de mis seguidores.

22 Cuando el joven oyó eso, se fue muy triste, porque era muy rico. **23** Jesús entonces les dijo a sus discípulos:

—Les aseguro que es muy difícil que una persona rica entre en el reino de Dios. **24** En realidad, es más fácil para un camello pasar por el ojo de una aguja, que para una persona rica entrar en el reino de Dios.

25 Los discípulos se sorprendieron mucho al oír lo que Jesús dijo, y comentaban entre ellos:

—Entonces, ¿quién podrá salvarse?

26 Jesús los miró y les dijo:

—Para la gente eso es imposible de conseguir; pero para Dios todo es posible.

27 Pedro le contestó:

—Recuerda que nosotros hemos dejado todo lo que teníamos y te hemos seguido. ¿Qué premio vamos a recibir?

28 Jesús les respondió:

—Les aseguro que todos ustedes reinarán conmigo cuando yo, el Hijo del hombre, me siente en el trono de mi reino poderoso. Entonces Dios cambiará todas las cosas y las hará nuevas. Cada uno de ustedes gobernará a una de las doce tribus de Israel. **29** Y todos los que por seguirme hayan dejado a su esposa y a sus hijos, a sus hermanas o a sus hermanas, al padre o la madre, su casa o un terreno, recibirán cien veces más de lo que dejaron, y tendrán además vida eterna. **30** Pero muchas personas que ahora son importantes, serán las menos importantes; y muchos que ahora no son importantes, serán los más importantes.

Los trabajadores en la viña

20 **1** »En el reino de Dios sucede algo parecido a lo que pasó en una viña. El dueño salió muy de mañana a contratar hombres para trabajar en ella. **2** Se puso de acuerdo con los trabajadores para pagarles el salario de un día completo; y los envió a trabajar. **3** Luego, como a las nueve de la mañana, el dueño volvió a salir y encontró en la plaza a varios hombres que estaban desocupados. **4** Y les dijo: ''Vayan a trabajar a mi viña y les pagaré un salario justo''. Los hombres aceptaron y fueron a trabajar. **5** Como a las doce del día, el dueño volvió a hacer lo mismo; y salió otra vez a las tres de la tarde. **6** Ya eran las cinco de la tarde cuando el dueño fue de nuevo a la plaza y vio a otros hombres desocupados. Entonces les preguntó: ''¿Por qué han estado ahí todo el día sin hacer nada?''

7 »Ellos le contestaron: ''¡Porque nadie nos contrató!''

»El dueño les dijo: ''Vayan a trabajar a mi terreno''.

8 »Cuando se hizo de noche, el dueño le dijo al jefe de los trabajadores: ''Llama a cada uno y págales, comenzando por los últimos que vinieron, y terminando por los que vinieron primero''.

9 »Entonces se acercaron los trabajadores que llegaron a las cinco de la tarde y recibieron el salario de un día completo.

10 Después, cuando pasaron los que habían llegado primero, muy de mañana, pensaron que a ellos les pagarían mucho más. Pero cada uno de ellos recibió también el salario de un día completo.

11 Cuando ya tenían el dinero, esos trabajadores comenzaron a hablar mal del dueño de la viña

12 y le dijeron: ''Los que llegaron a las cinco de la tarde sólo trabajaron una hora. Usted les pagó a ellos igual que a nosotros, que trabajamos todo el día aguantando el calor. Eso no es justo''.

13 »Pero el dueño le contestó a uno de ellos: ''¡Mira, amigo! Yo no he hecho nada malo contra ti. Recuerda que los dos acordamos que tú trabajarías por el salario de un día completo. **14** Toma el dinero que te ganaste y vete. No es problema tuyo que yo les pague lo mismo a los que vinieron a las cinco. **15** Yo puedo hacer con mi dinero lo que me parezca. ¿Por qué te da envidia que yo sea bueno con los demás?''

16 Jesús terminó diciendo: «Así, los que ahora son los primeros, serán los últimos; y los que ahora son los últimos, serán los primeros».

Jesús habla otra vez de su muerte

17 Jesús iba hacia Jerusalén, y en el camino reunió a sus doce discípulos y les dijo:

18 «Como pueden ver, ahora vamos a Jerusalén. Y a mí, el Hijo del hombre, me entregarán a los sacerdotes principales y a los maestros de la Ley. Ellos dirán que debo morir, **19** y me entregarán a los extranjeros para que se burlen de mí, y me golpeen y me hagan morir en una cruz. Pero después de tres días, volveré a vivir».

La petición de una madre

20-21 Dos de los discípulos, Santiago y Juan, fueron con su madre a ver a Jesús. Cuando llegaron, ella se arrodilló delante de Jesús para pedirle un favor. Jesús le preguntó:

—¿Qué es lo que quieres?

Ella le dijo:

—Por favor, ordena que cuando estés sentado en el trono de tu reino, mis hijos se sienten siempre uno a tu derecha y el otro a tu izquierda.

22 Jesús respondió:

—Ustedes no saben lo que piden. ¿Están dispuestos a sufrir todo lo malo que va a pasarme?

Ellos le dijeron:

—Sí, lo estamos.

23 Jesús les dijo:

—Les aseguro que ustedes sufrirán mucho, igual que yo. Pero sólo mi Padre decide quiénes serán los más importantes en mi reino. Eso no lo decido yo.

24 Cuando los otros diez discípulos se dieron cuenta de todo esto, se enojaron con Santiago y Juan. **25** Entonces Jesús los llamó a todos y les dijo:

«En este mundo, como ustedes bien saben, los jefes de los países gobiernan sobre sus pueblos y no los dejan hacer absolutamente nada sin su permiso. Además, los líderes más importantes del país imponen su autoridad sobre cada uno de sus habitantes. **26** Pero entre ustedes no deben tratarse así. Al contrario, si alguno de ustedes quiere ser importante, tendrá que servir a los demás. **27** Si alguno quiere ser el primero, deberá ser el esclavo de todos. **28** Yo, el Hijo del hombre, soy así. No vine a este mundo para que me sirvan, sino para servir a los demás. Vine para liberar a la gente que es esclava del pecado, y para lograrlo pagaré con mi vida».

Jesús sana a dos ciegos

29 Cuando Jesús salió de la ciudad de Jericó acompañado de sus discípulos, mucha gente lo siguió. **30** Junto al camino estaban sentados dos ciegos. Cuando oyeron que Jesús iba pasando, comenzaron a gritar: «¡Señor, tú que eres el Mesías, ten compasión de nosotros y ayúdanos!»

31 La gente comenzó a reprender a los ciegos para que se callaran, pero ellos gritaron con más fuerza todavía: «¡Señor, tú que eres el Mesías, ten compasión de nosotros y ayúdanos!»

32 Entonces Jesús se detuvo, llamó a los ciegos y les preguntó:

—¿Qué quieren que haga por ustedes?

33 Ellos le respondieron:

—Señor, que podamos ver de nuevo.

34 Jesús tuvo compasión de ellos, y les tocó los ojos. En ese mismo instante, los ciegos pudieron ver de nuevo, y siguieron a Jesús.

Jesús entra a Jerusalén

21 **1** Jesús y sus discípulos llegaron al pueblo de Betfagé y se detuvieron junto al Monte de los Olivos, ya muy cerca de la ciudad de Jerusalén. **2** Al llegar allí, Jesús dijo a dos de sus discípulos:

«Vayan a ese pueblo que se ve desde aquí. Tan pronto como

entren van a encontrar una burra atada, junto con un burrito. Desátenlos y tráiganmelos. **3** Si alguien les dice algo, ustedes responderán: ''El Señor los necesita; en seguida se los devolverá''».

4 Esto sucedió para que se cumpliera lo que Dios había anunciado por medio del profeta:

5 «Díganle a la gente de
Jerusalén:
¡Miren, ahí viene su rey!
Él es humilde,
viene montado en un burro,
en un burrito».

6 Los dos discípulos fueron al pueblo e hicieron lo que Jesús les había ordenado. **7** Llevaron la burra y el burrito, y pusieron sus mantos sobre ellos. Jesús se montó y fue hacia Jerusalén. **8** Muchas personas empezaron a extender sus mantos en el camino por donde iba a pasar Jesús. Otros cortaron ramas de árboles y también las pusieron como alfombra en el suelo. **9** Y toda la gente, tanto la que iba delante de él como la que iba detrás, gritaba:

«¡Sálvanos, Mesías nuestro!
¡Bendito tú, que vienes en el
nombre de Dios!
Por favor, ¡sálvanos, Dios
altísimo!»

10 Cuando Jesús entró en la ciudad de Jerusalén, toda la gente se alborotó, y decía:

—¿Quién es este hombre?

11 Y los que venían con Jesús contestaban:

—¡Es Jesús, el profeta! él es de Nazaret, el pueblo de Galilea.

Jesús y los comerciantes del templo

12 Cuando Jesús entró en la ciudad de Jerusalén, fue al templo y empezó a sacar a todos los que estaban vendiendo y comprando cosas. Derribó las mesas de los que cambiaban dinero de otros países por dinero del templo, y también tiró los cajones de los que vendían palomas. **13** Y les dijo: «Dios dice en la Biblia: ''mi casa será llamada: 'Casa de oración' ''. Pero ustedes lo han convertido en cueva de ladrones».

14 Luego, algunos ciegos y otros que tenían dificultades para caminar se acercaron a Jesús; y él los sanó. **15** Los sacerdotes principales y los maestros de la Ley vieron los milagros que él hacía, y oyeron que los niños gritaban alabanzas a Jesús, el Mesías. Eso los enojó mucho, **16** y dijeron a Jesús:

—¿Acaso no oyes lo que estos niños están diciendo?

Jesús les contestó:

—Sí, los oigo bien. ¿No recuerdan lo que dice la Biblia?:

''Los niños pequeños,
los que aún son bebés,
te cantarán alabanzas''.

17 Jesús salió de Jerusalén y se fue al pueblo de Betania. Allí pasó la noche.

Jesús y la higuera

18 Muy de mañana, Jesús fue otra vez a la ciudad de Jerusalén. En el camino tuvo hambre, **19** y vio por allí una higuera. Pero cuando se acercó, no encontró ningún higo para comer. El árbol sólo tenía hojas. Entonces, Jesús le dijo: «¡Nunca volverás a dar higos!» En aquel mismo instante, el árbol se secó. **20** Y cuando los discípulos vieron lo que pasó, se asombraron y preguntaron a Jesús:

—¿Cómo fue que el árbol se secó tan rápidamente?

21-22 Jesús les contestó:

—Les aseguro que si ustedes tienen confianza y no dudan del poder de Dios, todo lo que pidan en sus oraciones sucederá. Hasta podrían hacer lo mismo que yo hice con la higuera, y más todavía. Si le dijeran a esta montaña: ''Quítate de aquí y échate en el mar'', ella les obedecería.

La autoridad de Jesús

23 Jesús entró en el templo y comenzó a enseñar a la gente. Los sacerdotes principales y los líderes del país se acercaron a Jesús y le preguntaron:

—¿Quién te dio autoridad para hacer todo esto?

24-25 Jesús les contestó:

—Yo también voy a preguntarles algo: ¿Quién le dio autoridad a Juan el Bautista para bautizar? ¿Dios o alguna otra persona? Si me responden eso, yo les diré quién me dio autoridad para hacer todo lo que han visto.

Ellos comenzaron a discutir y se decían unos a otros: «Si respondemos que Dios le dio autoridad a Juan, Jesús nos preguntará por qué no le creímos. **26** Por otro lado, nos da miedo decir que un ser humano fue quien se la dio; porque la gente cree que Juan era un profeta enviado por Dios». **27** Entonces respondieron:

—No lo sabemos.

Jesús les dijo:

—Pues yo tampoco les diré quién me da autoridad para hacer todo esto.

Los dos hijos

28 Jesús también les dijo:

—¿Qué opinan ustedes de esto que voy a contarles? Un hombre tenía dos hijos, y le dijo al mayor de ellos: ''Hijo, ve a trabajar en la viña''. **29** Él le respondió: ''¡No quiero ir!''

»Pero después cambió de idea y fue a trabajar.

30 »Luego el hombre también le dijo a su hijo menor que fuera a trabajar, y él le respondió: "¡Sí, señor, iré!"

»Pero el muchacho en verdad no fue. **31** ¿Cuál de los dos hijos hizo lo que el padre quería?

Los sacerdotes y los líderes contestaron:

—El hijo mayor hizo lo que el padre le pidió.

Jesús les dijo:

—Les aseguro que la gente de mala fama, como los cobradores de impuestos y las prostitutas, entrará al reino de Dios antes que ustedes. **32** Porque Juan el Bautista vino y les enseñó cómo hacer lo bueno y obedecer a Dios, pero ustedes no le creyeron. En cambio, los cobradores y las prostitutas sí le creyeron. Y ustedes, aunque vieron eso, no cambiaron de idea, sino que siguieron sin creer en él.

La viña alquilada

33 »Escuchen este otro ejemplo: El dueño de un terreno sembró una viña y construyó un cerco alrededor de ella. Preparó un lugar para hacer vino con las uvas que cosechara, y construyó una torre para vigilar el terreno. Luego, alquiló la viña a unos hombres y se fue de viaje.

34 »Cuando llegó el tiempo de la cosecha, el dueño del terreno envió a unos sirvientes para pedir la parte de la cosecha que le correspondía. **35** Pero los que alquilaron la viña trataron mal a los sirvientes. A uno de ellos lo golpearon, a otro lo mataron, y a otro le tiraron piedras.

36 »Entonces el dueño envió más sirvientes que al principio, pero los hombres los trataron igual. **37** Finalmente, el dueño envió a su hijo, porque pensó: "Esos hombres sí respetarán a mi hijo".

38 »Pero cuando los hombres vieron que había llegado el hijo del dueño, dijeron entre ellos: "Este muchacho heredará la viña cuando el dueño muera. Vamos a matarlo; así nos quedaremos con todo".

39 »Los hombres agarraron al muchacho, lo sacaron de la viña y lo mataron.

40 »Cuando venga el dueño de la viña, ¿qué piensan ustedes que hará con esos hombres?

41 Ellos contestaron:

—El dueño matará sin compasión a esos malvados. Luego les alquilará la viña a otros hombres que le entreguen la parte de la cosecha que le corresponde.

42 Jesús les dijo:

—¿No recuerdan lo que dice la Biblia?:

"La piedra que rechazaron
los constructores del templo
es ahora la piedra principal.
Esto nos deja maravillados,
pues Dios es quien lo hizo".

43 »Les aseguro que Dios les quitará a ustedes el derecho de pertenecer a su reino, y se lo dará a los que sí le obedecen en todo. **44** Cualquiera que caiga sobre la piedra que despreciaron los constructores quedará hecho pedazos. Y si la piedra cae sobre alguien, lo dejará hecho polvo.

45 Cuando los sacerdotes principales y los fariseos escucharon estas comparaciones y ejemplos, se dieron cuenta de que Jesús hablaba de ellos. **46** Entonces quisieron apresar a Jesús, pero no se atrevieron a hacerlo porque tenían miedo de la gente, ya que esta pensaba que Jesús era un profeta.

La fiesta de bodas

22 **1** Una vez más, Jesús les puso un ejemplo a los sacerdotes, a los líderes judíos y a los fariseos:

2 «En el reino de Dios pasa lo mismo que cuando un rey hizo una fiesta para celebrar la boda de su hijo. **3** El rey envió a sus sirvientes para que llamaran a los invitados a la fiesta. Pero los invitados no quisieron ir. **4** Entonces el rey envió a otros sirvientes con este mensaje: "La comida ya está lista. He mandado preparar la carne de mis mejores terneros. ¡Vengan a la fiesta!"

5 »Pero los invitados no hicieron caso, y cada uno se fue a hacer otras cosas. Uno fue a ver sus terrenos, otro fue a atender su negocio, **6** y los otros agarraron a los sirvientes del rey y los mataron a golpes.

7 »El rey se enojó mucho, y envió a sus soldados para que mataran a esos invitados y quemaran la ciudad donde vivían. **8** Luego, el rey dijo a sus sirvientes: "La fiesta de bodas está lista, y aquellos invitados no merecían venir. **9** Vayan por las calles, e inviten a todos los que encuentren para que vengan a la fiesta de la boda".

10 »Los sirvientes fueron a las calles de la ciudad e invitaron a muchas personas, unas malas y otras buenas; y así el salón de la fiesta se llenó de invitados.

11 »Cuando el rey entró al salón para conocer a los invitados, vio a uno que no estaba bien vestido para la fiesta, **12** y le dijo: "¡Oye, tú! ¿Cómo hiciste para entrar, si no estás vestido para la fiesta?"

»Pero él no contestó nada. **13** Entonces el rey les ordenó a sus sirvientes: "átenlo de pies y manos, y échenlo afuera, a la oscuridad; allí la gente llora y rechina los dientes de terror".

14 »Esto pasa porque son muchos los invitados a participar en el reino de Dios, pero son muy pocos aquellos a los que Dios acepta».

Una trampa para Jesús

15 Un día, los fariseos se reunieron y decidieron ponerle una trampa a Jesús, para hacerle decir algo malo. **16** Mandaron a algunos de sus seguidores, junto con unos partidarios del rey Herodes, para que dijeran a Jesús:

—Maestro, sabemos que siempre dices la verdad. Tú le enseñas a la gente que debe obedecer a Dios en todo. No te importa lo que digan los demás acerca de tus enseñanzas, porque tú no hablas para quedar bien con ellos. **17** Dinos ahora qué opinas: ¿Está bien que le paguemos impuestos al emperador de Roma, o no?

18 Pero como Jesús conocía las malas intenciones que tenían, les dijo:

—¡Hipócritas! ¿Por qué quieren ponerme una trampa? **19** Muéstrenme una de las monedas que se usan para pagar el impuesto.

Entonces le trajeron una moneda de plata, **20** y Jesús les preguntó:

—¿De quién es la cara dibujada en la moneda? ¿De quién es el nombre que tiene escrito?

21 Ellos contestaron:

—Del emperador romano.

Jesús les dijo:

—Pues denle al Emperador lo que es del Emperador, y a Dios lo que es de Dios.

22 Los fariseos se sorprendieron al escuchar la respuesta, y se fueron.

Los saduceos hablan con Jesús
23 Ese mismo día, unos saduceos fueron a ver a Jesús. Ellos no creían que los muertos pueden volver a vivir, **24** y le preguntaron:

—Maestro, Moisés escribió que si un hombre muere sin tener hijos con su esposa, el hermano de ese hombre debe casarse con la viuda y tener hijos con ella. De acuerdo con la Ley, esos hijos le pertenecen al hermano muerto y llevan su nombre.

25 »Pues bien, aquí vivieron una vez siete hermanos. El hermano mayor se casó, y tiempo más tarde murió sin tener hijos. Entonces el hermano que seguía se casó con la mujer que dejó el mayor, **26** pero, tiempo después, también él murió sin tener hijos. Con el tercer hermano pasó lo mismo. Y así pasó con los siete hermanos. **27** Finalmente, murió la mujer. **28** »Ahora bien, cuando Dios haga que los muertos vuelvan a vivir, ¿de quién será esposa esta mujer, si estuvo casada con los siete?

29 Jesús contestó:

—Ustedes están equivocados. Ni saben lo que dice la Biblia, ni conocen el poder de Dios. **30** Cuando Dios haga que los muertos vuelvan a vivir, nadie se va a casar, porque todos serán como los ángeles del cielo. **31** Y en cuanto a si los muertos vuelven a vivir, ustedes pueden leer en la Biblia lo que Dios le dijo a Moisés: **32** "Yo soy el Dios de Abraham, de Isaac y de Jacob, tus antepasados". Por tanto, Dios no es Dios de muertos, sino de vivos, pues para Dios todos ellos están vivos.

33 La gente que estaba allí se quedó asombrada al oír las enseñanzas de Jesús.

Los dos mandamientos más importantes
34 Cuando los fariseos se dieron cuenta de que Jesús había dejado callados a los saduceos, se reunieron y fueron a ver a Jesús. **35** Uno de ellos, que sabía mucho acerca de la ley de los judíos, quiso ponerle una trampa a Jesús y le preguntó:

36 —Maestro, ¿cuál es el mandamiento más importante de todos?

37-38 Jesús le respondió:

—El primer mandamiento y el más importante es el que dice así:

"Ama a tu Dios con todo lo que piensas y con todo lo que eres". **39** Y el segundo mandamiento en importancia es parecido a ese, y dice así: "Cada uno debe amar a su prójimo, como se ama a sí mismo". **40** Toda la enseñanza de la Biblia se basa en estos dos mandamientos.

La pregunta acerca del Mesías
41 Mientras los fariseos todavía estaban reunidos, Jesús les preguntó:

42 —¿A qué familia pertenecerá el Mesías?

Ellos respondieron:

—A la familia del rey David.

43-45 Jesús les dijo:

—Con la ayuda del Espíritu Santo, David escribió:

"Dios le dijo a mi Señor
el Mesías:
'Siéntate a la derecha de
mi trono
hasta que yo derrote a tus
enemigos' ".

»A ver, explíquenme: Si el rey David llama Señor al Mesías, ¿cómo puede el Mesías ser su descendiente? ¡Hasta David lo considera más importante que él mismo!

46 Nadie pudo responderle a Jesús, y desde ese momento ya nadie se atrevió a hacerle más preguntas.

Advertencias de Jesús
23 **1** Tiempo después, Jesús les dijo a la gente y a sus discípulos:

2 «Los fariseos y los maestros de la Ley son los que más conocen la ley de Moisés. **3** Ustedes deben hacer todo lo que ellos digan; pero no hagan lo que ellos hacen, porque enseñan una cosa y hacen otra. **4** Imponen mandamientos muy difíciles de cumplir, pero no hacen ni el más mínimo esfuerzo por cumplirlos. **5** Todo lo hacen para que la gente los vea y los admire. Por eso escriben frases de la Biblia en papelitos que guardan en cajitas de cuero, y se las ponen en la frente y en los brazos. Cada vez hacen más grandes esas cajitas y los flecos que le ponen a la ropa, para que la gente piense que son muy obedientes a Dios. **6** Cuando van a la sinagoga o asisten a fiestas, les encanta que los traten como si fueran los más importantes. **7** Les gusta que la gente los salude en el mercado con gran respeto, y que los llame maestros.

8 »Ustedes no esperen que la gente los llame maestros, porque ustedes son como hermanos y tienen solamente un maestro. **9** No le digan padre a nadie, porque el único padre que ustedes tienen es Dios, que está en el cielo. **10** Tampoco esperen que la gente los trate como líderes, porque yo, el Mesías, soy su único líder. **11** El más importante de ustedes deberá ser el sirviente de todos. **12** Porque los que se creen más importantes que los demás serán tratados como los menos importantes. Y los que se comportan como los menos importantes, serán tratados como los más importantes».

¡Qué mal les va a ir!

13-14 Jesús les dijo a los fariseos y maestros de la Ley:

«¡Qué mal les va a ir, hipócritas! Ustedes les cierran la puerta del reino de Dios a los demás. Y ni entran ustedes, ni dejan que otros entren.

15 »¡Qué mal les va a ir, hipócritas! Ustedes van por todas partes tratando de ganar un seguidor y, cuando lo consiguen, lo hacen dos veces más merecedor del infierno que ustedes mismos.

16 »¡Qué mal les va a ir! Se supone que ustedes deben enseñar al pueblo cómo obedecer a Dios, pero ni ustedes mismos saben cómo hacerlo. Enseñan que si una persona jura por el templo que cumplirá una promesa, la puede romper. Pero que si jura por el oro del templo, entonces sí está obligada a cumplirla. **17** ¡Ustedes no saben nada, son unos tontos! No ven que el templo es más importante que el oro, y que el templo hace que el oro sea valioso ante Dios.

18 »También enseñan que si una persona jura por el altar del templo, entonces la promesa se puede romper. Pero que si jura por la ofrenda que está sobre el altar, entonces está obligada a cumplir la promesa. **19** ¡Ignorantes! El altar de Dios es más importante que la ofrenda, y hace que la ofrenda sea valiosa ante Dios. **20** Cuando una persona promete algo, y jura por el altar del templo que lo cumplirá, está jurando no sólo por el altar sino también por todo lo que hay sobre el altar. **21** Y si alguien jura por el templo, no sólo está jurando por el templo sino también por Dios, que vive allí. **22** Si jura por el cielo, también jura por Dios, porque el trono de Dios está en el cielo.

23 »¡Qué mal les va a ir a ustedes, maestros de la Ley y fariseos! ¡Hipócritas! Se preocupan por dar como ofrenda la décima parte de la menta, del anís y del comino que cosechan en sus terrenos. Pero no obedecen las enseñanzas más importantes de la ley: ser justos con los demás, tratarlos con amor y obedecer a Dios en todo. Hay que hacer esas tres cosas, sin dejar de obedecer los demás mandamientos. **24** ¡Ustedes, como líderes, no saben nada! Cumplen los detalles más insignificantes de la ley, pero no cumplen lo más importante de ella. Ustedes son como los que, al beber vino, sacan el mosquito pero se tragan el camello que hay en el vino.

25-26 »¡Qué mal les va a ir, hipócritas! Parecen buena gente, pero en realidad son malos, no ayudan a nadie, y roban a los demás. ¡Tontos! Sean buenos de verdad, porque si no lo hacen, serán como un vaso o un plato limpio por fuera, pero lleno de suciedad por dentro. Pero si el vaso o el plato se limpian por dentro, todo estará limpio de verdad. **27-28** »¡Qué mal les va a ir! Aparentan ser gente buena y honrada, pero en realidad son hipócritas y malvados. Son como una tumba pintada de blanco, que por fuera se ve limpia, pero por dentro está llena de huesos y suciedad.

29 »¡Pobrecitos de ustedes, qué mal les va a ir, hipócritas! Construyen monumentos para recordar a los profetas muertos, y ponen adornos en las tumbas de las personas buenas. **30** Dicen que si hubieran vivido en aquel tiempo, no habrían estado de acuerdo con los que mataron a los profetas. **31** Pero, en realidad, demuestran ser iguales a ellos. **32** ¡Terminen, pues, de hacer lo que ellos comenzaron!

33 »¡Ustedes son unos mentirosos y unos malvados! Son tan malos como el veneno de una serpiente. ¡No se escaparán de ir al infierno! **34** Yo les enviaré profetas, sabios y maestros, pero a algunos de ellos ustedes los matarán o los clavarán en una cruz; a otros los golpearán en las sinagogas, y a otros los perseguirán por todas las ciudades. **35** Por eso, serán culpables de la muerte de toda persona buena en el mundo; comenzando por la muerte de Abel hasta terminar con la muerte del profeta Zacarías, que era hijo de Berequías. A este profeta lo mataron entre el templo y el altar de los sacrificios. **36** Les aseguro que todos ustedes serán castigados por esto.

Jesús llora por la gente de Jerusalén

37 »¡Gente de Jerusalén, gente de Jerusalén! Ustedes matan a los profetas y a los mensajeros que Dios les envía. Muchas veces quise protegerlos, como la gallina que cuida a sus pollitos debajo de sus alas, pero ustedes no me dejaron. **38** Su templo quedará abandonado. **39** Les aseguro que a partir de este momento no volverán a verme, hasta que digan: ''Bendito el Mesías que viene en el nombre de Dios''».

El templo será destruido

24 **1** Cuando Jesús salió del templo, sus discípulos se le acercaron para mostrarle los edificios del templo. **2** Entonces él les dijo: «¿Ven ustedes todos estos edificios? Les aseguro que todos serán destruidos. ¡Ni una sola pared quedará en pie!»

Prepárense para el fin

3 Después, Jesús y sus discípulos se fueron al Monte de los Olivos. Jesús se sentó y, cuando ya estaban solos, los discípulos le preguntaron:

—¿Cuándo será destruido el templo? ¿Cómo sabremos que tú vendrás otra vez, y que ha llegado el fin del mundo? ¿Cuáles serán las señales?

4 Jesús les respondió:

—¡Cuidado! No se dejen engañar. **5** Muchos vendrán, y se harán pasar por mí y le dirán a la gente: ''Yo soy el Mesías''. Usarán mi nombre y lograrán engañar a muchos.

6 »Ustedes oirán que en algunos países habrá guerras, y que otros países están a punto de pelearse. Pero no se asusten; esas cosas pasarán, pero todavía no será el fin del mundo. **7** Porque los países pelearán unos contra otros, la gente no tendrá qué comer, y en muchos lugares habrá terremotos. **8** Eso es sólo el principio de todo lo que el mundo sufrirá.

9 »Ustedes serán llevados presos, y entregados a las autoridades para que los maltraten y los maten. Todo el mundo los odiará por ser mis discípulos. **10** Muchos de mis seguidores dejarán de creer en mí; uno traicionará al otro y lo odiará. **11** Llegarán muchos falsos profetas y engañarán a muchas personas. **12** La gente será tan mala que la mayoría dejará de amarse. **13** Pero yo salvaré a todo seguidor mío que confíe en mí hasta el final. **14** El fin del mundo llegará cuando las buenas noticias del reino de Dios sean anunciadas en toda la tierra, y todo el mundo las haya escuchado.

Una señal para huir

15 Jesús siguió hablando con sus discípulos acerca del fin del mundo y les dijo:

—El que lea esto debe tratar de entender lo que dijo el profeta Daniel. Él anunció que algún día se presentaría una ofrenda espantosa en el templo.

»Cuando vean que en el lugar santo pasa lo que anunció Daniel, entonces huyan. **16** Los que estén en la región de Judea, que corran hacia las montañas; **17** el que esté en la azotea de su casa, que no baje a sacar nada; **18** y el que esté en el campo, que no vaya a su casa a buscar ropa. **19** Las mujeres que en ese momento estén embarazadas van a sufrir mucho. ¡Pobrecitas de las que tengan hijos recién nacidos! **20** Oren a Dios y pídanle que esto no suceda en tiempo de invierno, o en un día de descanso, **21** porque ese día la gente sufrirá muchísimo. Nunca, desde que Dios creó el mundo hasta ahora, la gente ha sufrido tanto como sufrirá ese día; y jamás volverá a sufrir así. **22** Dios ama a quienes él ha elegido, y por eso el tiempo de sufrimiento no será muy largo. Si no fuera así, todos morirían.

23 »Si en esos días alguien les dice: ''Miren, aquí está el Mesías'', o ''allí está el Mesías'', no le crean. **24** Porque vendrán falsos Mesías y falsos profetas, y harán cosas tan maravillosas que engañarán a la gente. Si pueden, también engañarán a los que Dios ha llamado a seguirlo. **25** Ya antes les había dicho a ustedes **26** que si otros vienen y les anuncian: ''¡El Mesías está en el desierto!'', no vayan. Y si les dicen: ''¡El Mesías está escondido allí!'', no lo crean. **27** Cuando yo, el Hijo del hombre, venga, no me esconderé. Todos me verán, pues mi venida será como un relámpago que ilumina todo el cielo. **28** Todo el mundo sabe que donde se juntan los buitres, allí hay un cuerpo muerto. Así será cuando yo venga: todos lo sabrán.

El regreso del Hijo del hombre

29 Jesús continuó diciendo:

—Cuando pase ese tiempo de sufrimiento:

''El sol se pondrá oscuro,
y la luna dejará de brillar.
Las estrellas caerán,
y temblarán los poderes
que están en el cielo''.

30 »Entonces todos verán en el cielo una señal que indicará que yo, el Hijo del hombre, vengo de nuevo. Y todos los países del mundo temblarán de miedo cuando me vean venir entre las nubes del cielo, con mucho poder y gloria. **31** Y enviaré por todo el mundo a mis ángeles con una gran trompeta, para que reúnan a mis seguidores.

La lección de la higuera

32 »Aprendan la enseñanza que da la higuera. Cuando a este árbol le salen ramas tiernas y hojas nuevas, ustedes saben que ya se acerca el verano. **33** Del mismo modo, cuando vean que todo está pasando como les he dicho, sabrán que pronto vendré de nuevo. **34** Les aseguro que todo esto pasará antes de que mueran algunos de los que ahora están vivos. **35** El cielo y la tierra dejarán de existir, pero mis palabras permanecerán para siempre.

36 »Nadie sabe el día ni la hora en que yo vendré; no lo saben ni siquiera los ángeles del cielo. Es más, tampoco yo lo sé. Sólo Dios, mi Padre, lo sabe.

37 »Cuando yo, el Hijo del hombre,

venga otra vez, la gente estará viviendo como en la época de Noé, **38** que seguía comiendo, bebiendo y casándose hasta el momento mismo en que Noé entró en el gran barco; y luego vino la inundación. **39** La gente no sabía lo que pasaba hasta el momento en que llegó el diluvio y todos se ahogaron. Algo así pasará cuando yo, el Hijo del hombre, venga otra vez. **40** Si en ese momento hay dos hombres trabajando en el campo, me llevaré a uno y dejaré al otro. **41** Si dos mujeres están moliendo granos, me llevaré a una y dejaré a la otra. **42** Por eso, estén siempre alerta, pues ustedes no saben el día en que yo, su Señor, vendré otra vez. **43** Les aseguro que si el dueño de una casa supiera a qué hora va a llegar el ladrón, vigilaría la casa y no permitiría que el ladrón entre. **44** Del mismo modo, ustedes deben estar atentos y preparados, porque yo, el Hijo del hombre, llegaré cuando menos lo esperen.

Los sirvientes

45 »¿Quién es el sirviente responsable y atento? Es aquel a quien el amo deja encargado de toda su familia, para darles de comer a su debido tiempo. **46** ¡Qué feliz es el sirviente si su dueño lo encuentra cumpliendo sus órdenes. **47** Les aseguro que el dueño lo pondrá a administrar todas sus posesiones. **48** Pero supongamos que un sirviente malo piensa: ''Mi amo salió de viaje y tardará mucho en volver'', **49** y comienza a golpear a sus compañeros y a comer y beber con borrachos. **50** Cuando vuelva su amo, en el día y la hora en que menos lo espera, **51** lo castigará como se castiga a todos los que engañan a sus amos. Entonces llorará y rechinará los dientes de terror.

Las diez muchachas

25 **1** »En el reino de Dios pasará lo mismo que sucedió una noche en una boda. Diez muchachas tomaron sus lámparas de aceite y salieron a recibir al novio. **2** Cinco de ellas eran descuidadas, y las otras cinco, responsables. **3** Las cinco descuidadas no llevaron aceite suficiente, **4** pero las cinco responsables llevaron aceite para llenar sus lámparas de nuevo.

5 »Como el novio tardó mucho en llegar, a las diez muchachas les dio sueño y se durmieron. **6** Como a la media noche, se oyeron gritos: ''¡Ya viene el novio, salgan a recibirlo!''

7 »Las muchachas se levantaron y comenzaron a preparar sus lámparas. **8** Entonces las cinco muchachas descuidadas dijeron a las responsables: ''Dennos aceite del que ustedes traen, porque nuestras lámparas se están apagando''.

9 »Las cinco responsables contestaron: ''No tenemos bastante aceite para darles también a ustedes. Es mejor que vayan a comprarlo''.

10 »Mientras las cinco muchachas descuidadas fueron a comprar aceite, llegó el novio. Entonces, las cinco muchachas responsables entraron con él a la fiesta de bodas y la puerta se cerró. **11** Cuando las cinco descuidadas volvieron, encontraron todo cerrado y gritaron: ''¡Señor! ¡Señor! ábranos la puerta''.

12 »Pero el novio les contestó: ''No sé quiénes son ustedes. No las conozco''.

13 »Por eso ustedes, mis discípulos, deben estar siempre alerta, porque no saben ni el día ni la hora en que yo volveré.

Los tres empleados

14 »En el reino de Dios pasará lo mismo que sucedió cierta vez con un hombre que decidió irse de viaje. Llamó a sus empleados y les encargó su dinero. **15** El hombre sabía muy bien lo que cada uno podía hacer. Por eso, a uno de ellos le entregó cinco mil monedas, a otro dos mil y a otro mil. Luego se fue de viaje.

16 »El empleado que había recibido cinco mil monedas hizo negocios con ellas y logró ganar otras cinco mil. **17** El que recibió dos mil monedas ganó otras dos mil. **18** Pero el que recibió mil monedas fue y las escondió bajo tierra.

19 »Mucho tiempo después, el hombre que se había ido de viaje regresó y quiso arreglar cuentas con sus empleados. **20** Llegó el que había recibido cinco mil monedas, se las entregó junto con otras cinco mil y le dijo: ''Señor, usted me dio cinco mil monedas y aquí tiene otras cinco mil que yo gané''.

21 »El hombre le dijo: ''¡Excelente! Eres un empleado bueno y se puede confiar en ti. Ya que cuidaste bien lo poco que te di, ahora voy a encargarte cosas más importantes. Vamos a celebrarlo''.

22 »Después llegó el empleado que había recibido dos mil monedas y le dijo: ''Señor, usted me dio dos mil monedas y aquí tiene otras dos mil que yo gané''.

23 »El hombre le contestó: ''¡Excelente! Eres un empleado bueno y se puede confiar en ti. Ya que cuidaste bien lo poco que te di, ahora voy a encargarte cosas más importantes. Vamos a celebrarlo''.

24 »Por último, llegó el empleado que había recibido mil monedas y dijo: ''Señor, yo sabía que usted es un hombre muy exigente, que pide hasta lo imposible. **25** Me dio miedo y escondí el dinero bajo tierra. Aquí le devuelvo exactamente sus mil monedas''.

26 »El hombre le respondió: ''Eres un empleado malo y perezoso. Si sabías que soy muy exigente, **27** ¿por qué no llevaste el dinero al banco? Al volver, yo recibiría el dinero que te di, más los intereses''.

28 »Entonces, el hombre dijo a sus ayudantes: ''Quítenle a este las mil monedas y dénselas al que tiene diez mil. **29** Porque al que tiene mucho se le dará más, y le sobrará; pero al que no tiene nada, hasta lo poco que tiene se le quitará. **30** Y a este empleado inútil, échenlo afuera, a la oscuridad; allí tendrá tanto miedo que llorará y rechinará los dientes''.

El juicio final

31 »Cuando yo, el Hijo del hombre, regrese, vendré como un rey poderoso, rodeado de mis ángeles, y me sentaré en mi trono. **32** Gente de todos los países se presentará delante de mí, y apartaré a los malos de los buenos, como el pastor que aparta las cabras de las ovejas. **33** A los buenos los pondré a mi derecha, y a los malos a mi izquierda. **34** Entonces yo, el Rey, les diré a los buenos: ''¡Mi Padre los ha bendecido! ¡Vengan, participen del reino que mi Padre preparó desde antes de la creación del mundo! **35** Porque cuando tuve hambre, ustedes me dieron de comer; cuando tuve sed, me dieron de beber; cuando tuve que salir de mi país, ustedes me recibieron en su casa; **36** cuando no tuve ropa, ustedes me la dieron; cuando estuve enfermo, me visitaron; cuando estuve en la cárcel, ustedes fueron a verme''. **37** »Y los buenos me preguntarán: ''Señor, ¿cuándo te vimos con hambre y te dimos de comer? ¿Cuándo tuviste sed y te dimos de beber? **38** ¿Alguna vez tuviste que salir de tu país y te recibimos en nuestra casa, o te vimos sin ropa y te dimos qué ponerte? **39** No recordamos que estuvieras enfermo o en la cárcel, y que te hayamos visitado''. **40** »Yo, el Rey, les diré: ''Lo que ustedes hicieron para ayudar a una de las personas menos importantes de este mundo, a quienes yo considero como hermanos, es como si me lo hubieran hecho a mí''. **41** »Luego les diré a los malos: ''¡Aléjense de mí! Dios tiene sólo cosas malas para ustedes. Váyanse al fuego que nunca se apaga, al fuego que Dios preparó para el diablo y sus ayudantes. **42** Porque cuando tuve hambre, ustedes no me dieron de comer; tuve sed, y no me dieron de beber; **43** cuando tuve que salir de mi país, ustedes no me recibieron en sus casas; cuando no tuve ropa, ustedes tampoco me dieron qué ponerme; estuve enfermo y en la cárcel, y no fueron a verme''. **44** »Ellos me responderán: ''Señor, nunca te vimos con hambre o con sed. Nunca supimos que tuviste que salir de tu país, ni te vimos sin ropa. Tampoco supimos que estuviste enfermo o en la cárcel. Por eso no te ayudamos''. **45** »Entonces les contestaré: ''Como ustedes no ayudaron ni a una de las personas menos importantes de este mundo, yo considero que tampoco me ayudaron a mí''. **46** »Esta gente malvada recibirá un castigo interminable, pero los que obedecen a Dios recibirán la vida eterna.

Un plan contra Jesús

26 **1** Cuando Jesús terminó de enseñar, dijo a sus discípulos: **2** «Ustedes saben que dentro de dos días se celebrará la fiesta de la Pascua. Durante la fiesta, yo, el Hijo del hombre, seré apresado y moriré clavado en una cruz». **3** En esos días, los sacerdotes principales y los líderes del país se reunieron en el palacio del jefe de los sacerdotes, llamado Caifás. **4** Todos se pusieron de acuerdo para ponerle una trampa a Jesús, apresarlo y matarlo. **5** Pero algunos decían: «No lo hagamos durante la fiesta, para que la gente no se enoje contra nosotros ni se arme un gran alboroto».

Una mujer perfuma a Jesús

6 Jesús estaba en el pueblo de Betania, en casa de Simón, el que había tenido lepra. **7** Mientras Jesús comía, llegó una mujer con un frasco de perfume muy caro. Se acercó a él y le echó el perfume sobre la cabeza. **8** Los discípulos se enojaron y dijeron:

—¡Qué desperdicio! **9** Ese perfume pudo haberse vendido, y con el dinero hubiéramos ayudado a muchos pobres.

10 Jesús los escuchó y en seguida les dijo:

—No critiquen a esta mujer. Ella me ha tratado con bondad. **11** Siempre habrá gente pobre cerca de ustedes, pero muy pronto ya no estaré aquí con ustedes. **12** Esta mujer echó perfume sobre mi cabeza, sin saber que estaba preparando mi cuerpo para mi entierro. **13** Les aseguro que esto que ella hizo se recordará en todos los lugares donde se anuncien las buenas noticias de Dios.

Judas traiciona a Jesús

14 Ese mismo día, Judas Iscariote, uno de los doce discípulos de Jesús, fue a ver a los sacerdotes principales **15** y les dijo: «¿Cuánto me pagarán si les ayudo a atrapar a Jesús?»

Ellos le ofrecieron treinta monedas de plata. **16** Y desde ese momento, Judas buscó una buena oportunidad para entregarles a Jesús.

Una cena inolvidable

17 El primer día de la fiesta de los Panes sin levadura, los discípulos se acercaron a Jesús y le dijeron:

—¿Dónde quieres que preparemos la cena de Pascua?

18 Jesús les respondió:

—Vayan a la ciudad, busquen al amigo que ustedes ya conocen, y denle este mensaje: ''El Maestro dice: yo sé que pronto moriré; por eso quiero celebrar la Pascua en tu casa, con mis discípulos''.

19 Los discípulos fueron y prepararon todo, tal y como Jesús les mandó.

20 Al anochecer, mientras Jesús y sus discípulos comían, **21** él les dijo:

—Uno de ustedes me va a entregar a mis enemigos.

22 Los discípulos se pusieron muy tristes, y cada uno le dijo:

—Señor, no estarás acusándome a mí, ¿verdad?

23 Jesús respondió:

—El que ha mojado su pan en el mismo plato que yo, ese va a traicionarme. **24** La Biblia dice claramente que yo, el Hijo del hombre, tengo que morir. Sin embargo, al que me traiciona va a pasarle algo muy terrible. ¡Más le valdría no haber nacido!

25 Judas, el que después entregó a Jesús, también le preguntó:

—Maestro, ¿soy yo?

Jesús le contestó:

—Tú lo has dicho.

26 Mientras estaban comiendo, Jesús tomó un pan y dio gracias a Dios. Luego lo partió, lo dio a sus discípulos y les dijo:

«Tomen y coman; esto es mi cuerpo».

27 Después tomó una copa llena de vino y dio gracias a Dios. Luego la pasó a sus discípulos y les dijo:

«Beban todos ustedes de este vino. **28** Esto es mi sangre, y con ella Dios hace un trato con todos ustedes. Esa sangre servirá para perdonar los pecados de mucha gente. **29** Esta es la última vez que bebo de este vino con ustedes. Pero cuando estemos juntos otra vez en el reino de mi Padre, entonces beberemos del vino nuevo».

30 Después cantaron un himno y se fueron al Monte de los Olivos.

Pedro promete no dejar a Jesús

31 Cuando llegaron al Monte de los Olivos, Jesús les dijo a los discípulos:

—Esta noche ustedes van a perder su confianza en mí. Porque la Biblia dice:

"Mataré a mi mejor amigo
y así mi pueblo se dispersará".

32 »Pero cuando Dios me devuelva la vida, iré a Galilea antes que ustedes.

33 Entonces Pedro le dijo:

—Aunque todos te abandonen, yo no te abandonaré.

34 Jesús le respondió:

—Pedro, no estés muy seguro de eso; antes de que el gallo cante, tres veces dirás que no me conoces.

35 Pedro le contestó:

—Aunque tenga que morir contigo, yo nunca diré que no te conozco.

Los demás discípulos dijeron lo mismo.

Jesús ora con mucha tristeza

36 Después, Jesús fue con sus discípulos a un lugar llamado Getsemaní, y les dijo: «Quédense aquí, mientras yo voy allí a orar».
37 Jesús invitó a Pedro, a Santiago y a Juan para que lo acompañaran. Luego empezó a sentirse muy, pero muy triste, **38** y les dijo: «Estoy muy triste, y siento que me voy a morir; quédense aquí conmigo y no se duerman».
39 Jesús se alejó un poco de ellos, se arrodilló y se inclinó hasta tocar el suelo con la frente, y oró a Dios: «Padre, ¡cómo deseo que me libres de este sufrimiento! Pero que no suceda lo que yo quiero, sino lo que quieras tú».
40 Jesús regresó a donde estaban

los tres discípulos, y los encontró durmiendo. Entonces le dijo a Pedro: «¿No han podido quedarse despiertos conmigo ni una hora?
41 No se duerman; oren para que puedan resistir la prueba que se acerca. Ustedes están dispuestos a hacer lo bueno, pero no pueden hacerlo con sus propias fuerzas».
42 Jesús se fue a orar otra vez, y decía:

—Padre, si tengo que pasar por este sufrimiento, estoy dispuesto a obedecerte.

43 Jesús regresó de nuevo a donde estaban los tres discípulos, y otra vez los encontró bien dormidos, pues estaban muy cansados.
44 Nuevamente se apartó de ellos y oró por tercera vez, repitiendo las mismas palabras con que había orado antes. **45** Luego volvió Jesús a donde estaban los tres discípulos y les dijo: «¿Siguen descansando y durmiendo? Ya vienen los malvados para apresarme a mí, el Hijo del hombre.
46 ¡Levántense y vengan conmigo, que allí viene el que me va a entregar!»

Los enemigos apresan a Jesús

47 Todavía estaba hablando Jesús cuando llegó Judas, uno de los doce discípulos. Con él venían muchos hombres armados con cuchillos y palos. Los sacerdotes principales y los líderes del país los habían enviado. **48** Judas ya les había dicho: «Al que yo bese, ese es Jesús; ¡arréstenlo!»
49 Judas se acercó a Jesús y le dijo:

—¡Hola, Maestro!

Y lo besó.
50 Jesús le dijo:

—Amigo, ya que estás aquí, haz pronto lo que tienes que hacer.

Los hombres arrestaron a Jesús.
51 Entonces uno de los que acompañaban a Jesús sacó su espada y

le cortó una oreja al sirviente del jefe de los sacerdotes. **52** Pero Jesús le dijo:

«Guarda tu espada, porque al que mata con espada, con espada lo matarán. **53** ¿No sabes que yo puedo pedirle ayuda a mi Padre, y de inmediato me enviaría más de doce ejércitos de ángeles para defenderme? **54** Deja que las cosas pasen como están sucediendo ahora; sólo así puede cumplirse lo que dice la Biblia».

55 Jesús se volvió a la gente y le preguntó:

«¿Por qué han venido con cuchillos y palos, como si yo fuera un criminal? Todos los días estuve enseñando en el templo, y allí nunca me apresaron. **56** Pero todo esto debe suceder para que se cumpla lo que anunciaron los profetas».

En ese momento, todos los discípulos abandonaron a Jesús y huyeron.

El juicio contra Jesús
57-58 Pedro siguió a Jesús desde lejos y llegó hasta el patio del palacio. Allí se sentó con los guardias para no perderse de nada. Los que arrestaron a Jesús lo llevaron al palacio de Caifás, el jefe de los sacerdotes. Allí estaban reunidos los maestros de la Ley y los líderes del pueblo. **59** Los sacerdotes principales y todos los de la Junta Suprema buscaban gente que mintiera contra Jesús, para poder condenarlo a muerte. **60** Sin embargo, aunque muchos vinieron con mentiras, no pudieron condenarlo. **61** Por fin, hubo dos que dijeron: «Este hombre dijo que es capaz de destruir el templo de Dios, y de construirlo de nuevo en tres días». **62** El jefe de los sacerdotes dijo a Jesús:

—¿Oíste bien de qué te acusan?

¿Qué puedes decir para defenderte?

63 Pero Jesús no respondió nada. Entonces el jefe de los sacerdotes le dijo:

—Dinos por Dios, quien vive para siempre, si eres tú el Mesías, el Hijo de Dios.

64 Jesús le respondió:

—Tú lo has dicho. Y déjame decirte que dentro de poco tiempo ustedes verán cuando yo, el Hijo del hombre, venga en las nubes del cielo con el poder y la autoridad que me da Dios todopoderoso.

65 Al escuchar esto, el jefe de los sacerdotes rompió sus ropas para mostrar su enojo, y dijo:

—¡Ha insultado a Dios! Ya no necesitamos más pruebas. Dice que él es Dios. **66** ¿Qué les parece?

—¡Que muera! —contestaron todos.

67 Entonces algunos le escupieron en la cara y otros lo golpearon. Aun otros le pegaban en la cara, **68** y le decían: «Mesías, ¡adivina quién te pegó!»

Pedro niega conocer a Jesús
69 Mientras sucedía todo esto, Pedro estaba sentado en el patio del palacio. De pronto, una sirvienta se le acercó y le dijo:

—Tú siempre estabas con Jesús, el de Galilea.

70 Y delante de todos, Pedro le contestó:

—Eso no es cierto; ¡no sé de qué me hablas!

71 Pedro salió por la puerta del patio, pero otra sirvienta lo vio y dijo a los que estaban allí:

—Este también estaba con Jesús, el que vino de Nazaret.

72 Pedro lo negó de nuevo y dijo:

—¡Les juro que no conozco a ese hombre!

73 Un poco más tarde, algunos de los que estaban por allí se acercaron a Pedro y le dijeron:

—Estamos seguros de que tú eres uno de los seguidores de Jesús; hablas como los de Galilea.

74 Pedro les contestó con más fuerza:

—¡Ya les dije que no conozco a ese hombre! ¡Que Dios me castigue si no estoy diciendo la verdad!

En ese momento un gallo cantó, **75** y Pedro se acordó de lo que Jesús le había dicho: «Antes de que el gallo cante, vas a decir tres veces que no me conoces». Pedro salió de aquel lugar y se puso a llorar con mucha tristeza.

Jesús en el palacio de Pilato
27 **1** Al amanecer, todos los sacerdotes principales y los líderes del país hicieron juntos un plan para matar a Jesús. **2** Lo ataron, lo sacaron del palacio de Caifás y lo entregaron a Poncio Pilato, el gobernador romano.

Judas muere
3 Cuando Judas supo que habían condenado a muerte a Jesús, se sintió muy mal por haberlo traicionado. Entonces fue a donde estaban los sacerdotes principales y los líderes del país, les devolvió las treinta monedas de plata, **4** y les dijo:

—He pecado contra Dios porque entregué a Jesús, y él es inocente.

Ellos le contestaron:

—¡Y eso qué nos importa! ¡Es problema tuyo!

5 Entonces Judas tiró las monedas

en el templo, y fue y se ahorcó. **6** Los sacerdotes principales recogieron las monedas y dijeron: «Con estas monedas pagamos para que se mate a un hombre; la ley no nos permite que las pongamos en la caja de las ofrendas». **7** Entonces decidieron comprar con ese dinero el terreno llamado «Campo del Alfarero», para enterrar allí a los extranjeros. **8** Por eso, aquel terreno se conoce con el nombre de «Campo de Sangre». **9** Así se cumplió lo que había dicho el profeta Jeremías:

«La gente de Israel puso el precio
que se pagó por la vida de aquel hombre:
¡Treinta monedas de plata!
10 Y ellos tomaron ese dinero,
para comprar
el Campo del Alfarero,
tal como Dios me lo había ordenado».

Jesús y Pilato

11 Cuando Jesús estaba ante Pilato, este le preguntó:

—¿Eres en verdad el rey de los judíos?

Jesús respondió:

—Tú lo dices.

12 Los sacerdotes principales y los líderes del país acusaban a Jesús delante de Pilato, pero Jesús no respondía nada. **13** Pilato le preguntó:

—¿No oyes todo lo que dicen contra ti?

14 Y como Jesús no respondió nada, el gobernador se quedó muy asombrado.

¡Que lo claven en una cruz!

15 Durante la fiesta de la Pascua, el gobernador tenía la costumbre de poner en libertad a uno de los presos; el que el pueblo quisiera.

16 En ese tiempo estaba encarcelado un bandido muy famoso que se llamaba Jesús Barrabás. **17** Pilato le preguntó a la gente que estaba allí: «¿A quién quieren ustedes que ponga en libertad: a Jesús Barrabás o a Jesús, a quien llaman el Mesías?» **18** Pilato preguntó esto porque sabía que los sacerdotes principales y los líderes acusaban a Jesús porque le tenían envidia. **19** Mientras Pilato estaba juzgando el caso, su esposa le mandó este mensaje: «No te metas con ese hombre, porque es inocente. Anoche tuve un sueño horrible por causa de el». **20** Mientras tanto, los sacerdotes principales y los líderes convencieron a los que estaban allí para que pidieran la libertad de Barrabás y la muerte de Jesús. **21** El gobernador volvió a preguntarle al pueblo:

—¿A cuál de los dos quieren que ponga en libertad?

Y todos respondieron:

—¡A Barrabás!

22 Entonces Pilato les dijo:

—¿Y qué quieren que haga con Jesús, llamado el Mesías?

—¡Que muera en una cruz! —respondieron a coro.

23 El gobernador les preguntó:

—Díganme, ¿qué mal ha hecho este hombre?

Pero la multitud gritó con más fuerza:

—¡Que muera en una cruz!

24 Pilato vio que ya no le hacían caso, y que aquello podía terminar en un alboroto muy peligroso. Entonces mandó que le llevaran agua, se lavó las manos delante de la gente y dijo:

—Yo no soy culpable de la muerte de este hombre. Los culpables son ustedes.

25 Y la gente le contestó:

—¡Nosotros y nuestros hijos seremos responsables por la muerte de este hombre!

26 Pilato puso en libertad a Barrabás. Luego ordenó que golpearan a Jesús en la espalda con un látigo, y que después lo clavaran en una cruz.

Todos se burlaron de Jesús

27 Los soldados de Pilato llevaron a Jesús al patio del cuartel y llamaron al resto de la tropa. **28** Allí desvistieron a Jesús y le pusieron un manto rojo, **29** le colocaron en la cabeza una corona hecha con ramas de espinos, y le pusieron una vara en la mano derecha. Luego se arrodillaron ante él, y en son de burla le decían: «¡Viva el rey de los judíos!» **30** Lo escupían y, con la misma vara que le habían dado, le pegaban en la cabeza. **31** Cuando se cansaron de burlarse de él, le quitaron el manto, le pusieron su propia ropa y se lo llevaron para clavarlo en la cruz. **32** Los soldados salieron con Jesús. En el camino encontraron a un hombre llamado Simón, que era del pueblo de Cirene, y obligaron a ese hombre a cargar la cruz de Jesús.

33 Llegaron a un lugar llamado Gólgota, que quiere decir «La Calavera». **34** Allí le dieron vino mezclado con una hierba amarga que servía para aliviar los dolores. Jesús lo probó, pero no quiso beberlo.

35-38 Los soldados clavaron a Jesús en la cruz y luego hicieron un sorteo para ver quién de ellos se quedaría con su ropa. También colocaron un letrero por encima de la cabeza de Jesús, para explicar por qué lo habían clavado en la cruz. El letrero decía: «Este es Jesús, el Rey de los judíos».

Junto con Jesús clavaron también a dos bandidos, y los pusieron uno a su derecha y el otro a su izquierda. Luego, los soldados se sentaron para vigilarlos.

39 La gente que pasaba por allí insultaba a Jesús y se burlaba de él, haciéndole muecas **40** y diciéndole: «Tú dijiste que podías destruir el templo y construirlo de nuevo en tres días. ¡Si tienes tanto poder, sálvate a ti mismo! ¡Si eres el Hijo de Dios, baja de la cruz!»

41 También los sacerdotes principales, los maestros de la Ley y los líderes del pueblo se burlaban de él. Decían: **42** «Salvó a otros, pero no puede salvarse él mismo. Dice que es el rey de Israel. ¡Pues que baje de la cruz y creeremos en él! **43** Dijo que confiaba en Dios, y que era el Hijo de Dios. ¡Pues si en verdad Dios lo ama, que lo salve ahora!»

44 También los bandidos que fueron clavados junto a Jesús lo insultaban.

Jesús muere

45 El cielo se puso oscuro desde el mediodía hasta las tres de la tarde. **46** A esa hora, Jesús gritó con mucha fuerza: «¡Elí, Elí!, ¿lemá sabactani?»

Eso quiere decir: «¡Dios mío, Dios mío! ¿Por qué me has abandonado?»

47 Algunos de los que estaban allí lo oyeron y dijeron: «Está llamando al profeta Elías».

48 Uno de ellos consiguió de inmediato una esponja, la empapó con vinagre, la ató en el extremo de un palo largo y se la acercó a Jesús para que bebiera. **49** Los demás que observaban le dijeron: «Déjalo, vamos a ver si Elías viene a salvarlo».

50 Jesús dio otro fuerte grito y murió. **51** En aquel momento, la cortina del templo se partió en dos pedazos de arriba abajo, la tierra tembló y las rocas se partieron; **52** las tumbas se abrieron; y muchos de los que confiaban en Dios y ya habían muerto, volvieron

a vivir. **53** Después de que Jesús resucitó, esas personas entraron en Jerusalén y mucha gente las vio.

54 El oficial romano y los soldados que vigilaban a Jesús sintieron el terremoto y vieron todo lo que pasaba. Temblando de miedo dijeron: «¡Es verdad, este hombre era el Hijo de Dios!»

55 Había allí muchas mujeres que miraban desde lejos. Ellas habían seguido y ayudado a Jesús durante su viaje desde Galilea. **56** Entre esas mujeres estaban María Magdalena, María la madre de Santiago y de José, y la esposa de Zebedeo.

El entierro de Jesús

57 Al anochecer, un hombre rico llamado José se acercó al lugar. Era del pueblo de Arimatea y se había hecho seguidor de Jesús. **58** José le pidió a Pilato que le permitiera llevarse el cuerpo de Jesús para enterrarlo. Pilato ordenó que se lo dieran.

59 José tomó el cuerpo de Jesús, lo envolvió en una sábana limpia **60** y lo puso en una tumba. Era una tumba nueva, que hacía poco tiempo él había ordenado construir en una gran roca. José tapó la entrada de la tumba con una piedra muy grande, y se fue.

61 Frente a la tumba se quedaron sentadas María Magdalena y la otra María.

62 El día siguiente era sábado, el día de descanso de los judíos. Los sacerdotes principales y los fariseos fueron a ver a Pilato **63** y le dijeron:

—Señor, nos acordamos que cuando ese mentiroso de Jesús aún vivía, dijo: ''Tres días después de que me maten volveré a vivir''. **64** Ahora sus discípulos pueden robar el cuerpo y empezar a decir a la gente que Jesús resucitó. Ese engaño sería peor que cuando él dijo que era el Mesías. Para que no pase esto, ordene usted que unos guardias vigilen cuidadosamente la tumba hasta después del tercer día.

65 Pilato les dijo:

—Ustedes tienen soldados a su servicio; vayan y protejan la tumba lo mejor que puedan.

66 Entonces ellos fueron a la tumba y ataron la piedra que tapaba la entrada para que no se moviera. También dejaron allí a los soldados para que vigilaran.

¡Él está vivo!

28 **1** El domingo al amanecer, cuando ya había pasado el tiempo del descanso obligatorio, María Magdalena y la otra María fueron a ver la tumba de Jesús.

2 De pronto, hubo un gran temblor; un ángel de Dios bajó del cielo, movió la piedra que cerraba la tumba, y se sentó sobre ella. **3** El ángel brillaba como un relámpago, y su ropa era blanca como la nieve. **4** Al verlo, los guardias se asustaron tanto que empezaron a temblar y se quedaron como muertos. **5** El ángel les dijo a las mujeres:

«No se asusten. Yo sé que están buscando a Jesús, el que murió en la cruz. **6** No está aquí; volvió a vivir, como lo había anunciado. Vengan, vean el lugar donde habían puesto su cuerpo. **7** Y ahora vayan de inmediato a contarles a sus discípulos que él ya resucitó, y que va a Galilea para llegar antes que ellos. Allí podrán verlo. Este es el mensaje que les doy».

8 Las mujeres se asustaron mucho, pero también se pusieron muy alegres; y en seguida corrieron a dar la noticia a los discípulos. **9** En eso, Jesús les salió al encuentro y las saludó. Ellas se acercaron a él, le abrazaron los pies y lo adoraron. **10** Entonces Jesús les dijo: «No tengan miedo. Corran a avisarles a mis discípulos, para que vayan a Galilea; allí me verán».

La mentira que contaron los soldados

11 Las mujeres fueron a buscar a los discípulos. Mientras tanto, algunos de los soldados que habían cuidado la tumba regresaron a la ciudad. Allí les contaron a los sacerdotes principales todo lo que había pasado. **12** Entonces los sacerdotes y los líderes del país decidieron pagar mucho dinero a los soldados para que no dijeran lo que en verdad había sucedido. **13** Les dijeron:

«Cuéntenle a la gente que los discípulos de Jesús vinieron por la noche, cuando ustedes estaban dormidos, y se robaron el cuerpo de Jesús. **14** Si el gobernador llega a saber esto, nosotros hablaremos con él, y a ustedes no se les culpará de nada».

15 Los soldados aceptaron el dinero y le contaron a la gente lo que los sacerdotes principales les habían indicado. Esta misma mentira es la que se sigue contando entre los judíos hasta el momento de escribir esta historia.

La misión de los discípulos

16 Los once discípulos se fueron a Galilea, al cerro que Jesús les había indicado. **17** Cuando se encontraron con él, lo adoraron, aunque algunos de ellos todavía dudaban de que realmente fuera Jesús.

18 Él se acercó y les dijo:

«Dios me ha dado todo el poder para que gobierne en todo el universo. **19** Ustedes vayan y hagan más discípulos míos en todos los países de la tierra. Bautícenlos en el nombre del Padre, del Hijo y del Espíritu Santo. **20** Enséñenles a obedecer todo lo que yo les he enseñado. Yo estaré siempre con ustedes hasta el fin del mundo».

Marcos

1 ¹ Esta es la historia de cómo empezaron a anunciarse las buenas noticias acerca de Jesús, que es el Hijo de Dios y el Mesías. ² Todo comenzó tal y como Dios lo había anunciado por medio del profeta Isaías:

«Yo envío a mi mensajero
delante de ti
a preparar todo
para tu llegada.

³ Alguien grita en el desierto:
''¡Prepárenle el camino
al Señor!
¡ábranle paso!
¡Que no encuentre
estorbos!''»

⁴⁻⁸ Por esos días, Juan el Bautista apareció en el desierto. Se vestía con ropa hecha de pelo de camello y usaba un cinturón de cuero. Comía saltamontes y miel silvestre.

Juan le decía a la gente: «¡Bautícense y demuestren que ya no quieren hacer lo malo! Sólo así Dios los perdonará». También decía: «Después de mí viene alguien más poderoso que yo. ¡Ni siquiera merezco ser su esclavo! Yo los he bautizado a ustedes con agua, pero él los bautizará con el Espíritu Santo».

Todos los que vivían en la región de Judea, y en Jerusalén, iban al desierto para oír a Juan. Muchos confesaban sus pecados y Juan los bautizaba en el río Jordán.

⁹ En esos días, Jesús estaba en la región de Galilea, en un pueblo llamado Nazaret. Desde allí viajó hasta el río Jordán, donde Juan lo bautizó. ¹⁰ Cuando Jesús salió del agua, vio que se abría el cielo, y que el Espíritu de Dios bajaba sobre él en forma de paloma. ¹¹ En ese momento, una voz que venía del cielo le dijo: «Tú eres mi Hijo, a quien quiero mucho.

Estoy muy contento contigo».

¹² De inmediato, el Espíritu de Dios llevó a Jesús al desierto. ¹³ Y Jesús estuvo allí cuarenta días, viviendo entre los animales salvajes. Satanás trataba de hacerlo caer en sus trampas, pero los ángeles de Dios cuidaban a Jesús.

¹⁴ Después de que a Juan lo metieron en la cárcel, Jesús fue a la región de Galilea. Allí anunciaba las buenas noticias acerca de Dios: ¹⁵ «¡Ya está cercano el día en que Dios comience a reinar! Vuélvanse a Dios y crean en la buena noticia».

¹⁶ Jesús pasaba por la orilla del Lago de Galilea cuando vio a Simón y a Andrés, dos pescadores que eran hermanos, y estaban pescando con sus redes. ¹⁷ Jesús les dijo: «Síganme. En lugar de pescar peces, les voy a enseñar a ganar seguidores para mí».

¹⁸ En ese mismo instante, Simón y Andrés dejaron sus redes y siguieron a Jesús.

¹⁹ Un poco más adelante, Jesús vio a Santiago y a Juan, hijos de Zebedeo. Ellos también eran pescadores, y estaban en una barca arreglando las redes. ²⁰ Jesús los llamó, y ellos lo siguieron, dejando a su padre en la barca, con los empleados.

²¹ Jesús y sus discípulos fueron al pueblo de Cafarnaúm. El sábado, Jesús fue a la sinagoga y comenzó a enseñar. ²² Todos estaban admirados de sus enseñanzas, pues cuando les hablaba lo hacía con autoridad, y no como los maestros de la Ley.

²³ En la sinagoga, había un hombre que tenía un espíritu malo. ²⁴ El espíritu le gritó a Jesús:

—¡Jesús de Nazaret! ¿Qué tienes contra nosotros? ¿Acaso vienes a destruirnos? Yo te conozco. ¡Tú eres el Hijo de Dios!

²⁵ Jesús reprendió al espíritu malo y le dijo:

—¡Cállate! ¡Sal de este hombre!

²⁶ El espíritu malo salió gritando y haciendo que el hombre se pusiera a temblar muy fuerte.

²⁷ La gente se quedó muy asombrada, y se preguntaba: «¿¿Qué es esto? ¿Una nueva enseñanza? ¿Qué clase de poder tiene este hombre? Con autoridad y poder ordena a los espíritus malos que salgan, ¡y ellos lo obedecen!»

²⁸ Y Jesús se hizo famoso en toda la región de Galilea.

²⁹ Luego Jesús salió de la sinagoga y se fue con Santiago y Juan a la casa de Simón y Andrés. ³⁰ Cuando entró en la casa, le dijeron que la suegra de Simón estaba enferma y con fiebre. ³¹ Jesús fue a verla, la tomó de la mano y la levantó. En ese mismo instante la fiebre se le quitó, y la suegra de Simón les sirvió de comer.

³² Al anochecer, la gente le llevó a Jesús todos los enfermos y todos los que tenían demonios. ³³ Todo el pueblo se reunió a la entrada de la casa de Simón. ³⁴ Allí Jesús sanó a mucha gente que tenía diferentes enfermedades, y también expulsó muchos demonios. Pero no dejaba hablar a esos demonios, porque ellos lo conocían.

³⁵ En la madrugada, Jesús se levantó y fue a un lugar solitario para orar. ³⁶ Más tarde, Simón y sus compañeros salieron a buscarlo. ³⁷ Cuando lo encontraron, le dijeron:

—Todos te andan buscando.

38 Pero Jesús les dijo:

—Vamos a otros pueblos cercanos. También allí debo anunciar estas buenas noticias, pues para eso vine al mundo.

39 Jesús recorrió toda la región de Galilea anunciando las buenas noticias en las sinagogas de cada pueblo, y expulsando a los demonios.

Jesús sana a un leproso

40 Un hombre que tenía la piel enferma se acercó a Jesús, se arrodilló ante él y le dijo:

—Señor, yo sé que tú puedes sanarme. ¿Quieres hacerlo?

41 Jesús tuvo compasión de él, extendió la mano, tocó al enfermo y le dijo:

—¡Sí quiero! ¡Queda sano!

42 De inmediato, aquel hombre quedó completamente sano. **43** Pero Jesús lo despidió con una seria advertencia:

44 —No le digas a nadie lo que te sucedió. Sólo ve con el sacerdote para que te examine, y lleva la ofrenda que Moisés ordenó. Así los sacerdotes verán que ya no tienes esa enfermedad.

45 Pero el hombre empezó a contarles a todos cómo había sido sanado. Por eso Jesús no podía entrar libremente en los pueblos. Tenía que quedarse en las afueras, donde no había gente. De todos modos, la gente iba a verlo.

Jesús y el paralítico

2 **1** Después de varios días, Jesús regresó al pueblo de Cafarnaúm. Apenas supieron que Jesús estaba en casa, **2** mucha gente fue a verlo. Eran tantos que ya no cabía nadie más frente a la entrada. Jesús comenzó a anunciarles las buenas noticias.

3 De pronto, llegaron a la casa cua-tro personas. Llevaban en una camilla a un hombre que nunca había podido caminar. **4** Como había tanta gente, subieron al techo y abrieron un agujero. Por allí bajaron al enfermo en la camilla donde estaba acostado.

5 Cuando Jesús vio la gran confianza que tenían en él aquellos hombres, le dijo al paralítico: «Amigo, te perdono tus pecados».

6 Al oír lo que Jesús le dijo al paralítico, unos maestros de la Ley que allí estaban pensaron: **7** «¿Cómo se atreve este a hablar así? ¡Lo que dice es una ofensa contra Dios! Sólo Dios puede perdonar pecados».

8 Pero Jesús se dio cuenta de lo que estaban pensando, y les dijo: «¿Por qué piensan así? **9** Díganme, ¿qué es más fácil: perdonar a este enfermo, o sanarlo? **10** Pues voy a demostrarles que yo, el Hijo del hombre, tengo autoridad aquí en la tierra para perdonar pecados».

Entonces le dijo al que no podía caminar: **11** «Levántate, toma tu camilla y vete a tu casa».

12 En ese mismo instante, y ante la mirada de todos, aquel hombre se levantó, tomó la camilla y salió de allí. Al verlo, todos se quedaron admirados y comenzaron a alabar a Dios diciendo: «¡Nunca habíamos visto nada como esto!»

Jesús llama a Mateo

13 Después de esto, Jesús fue otra vez a la orilla del Lago de Galilea. Mucha gente se reunió a su alrededor, y él se puso a enseñarles. **14** Luego, mientras caminaban, Jesús vio a Mateo, el hijo de Alfeo, sentado en el lugar donde cobraba los impuestos para Roma. Jesús le dijo: «Sígueme». Mateo se levantó en seguida y lo siguió.

15 Más tarde, Jesús y sus discípulos estaban cenando en la casa de Mateo. Muchos de los que cobraban impuestos, y otras personas de mala fama que ahora seguían a Jesús, también fueron invitados a la cena.

16 Cuando algunos maestros de la Ley, que eran fariseos, vieron a Jesús comiendo con toda esa gente, les preguntaron a los discípulos:

—¿Por qué su maestro come con cobradores de impuestos y con gente de mala fama?

17 Jesús los oyó y les contestó:

—Los que necesitan al médico son los enfermos, no los sanos. Y yo vine a invitar a los pecadores para que regresen a Dios, no a los que se creen buenos.

Jesús enseña sobre el ayuno

18 Una vez, los discípulos de Juan el Bautista y los discípulos de los fariseos estaban ayunando. Algunas personas fueron adonde estaba Jesús y le preguntaron:

—¿Por qué tus discípulos no ayunan? Los discípulos de Juan y los discípulos de los fariseos sí lo hacen.

19 Jesús les respondió:

—Los invitados a una fiesta de bodas no ayunan mientras el novio está con ellos. **20** Pero llegará el momento en que se lleven al novio, y entonces los invitados ayunarán.

21 »Si un vestido viejo se rompe, nadie le pone un remiendo de tela nueva. Porque al lavarse el vestido, la tela nueva se encoge y el hueco se hace más grande.

22 »Tampoco se echa vino nuevo en recipientes de cuero viejo. Porque al fermentar el vino nuevo, hace que se reviente el cuero viejo. Así el vino nuevo se pierde, y los recipientes también. Por eso hay que echar vino nuevo en recipientes nuevos.

Los discípulos arrancan espigas de trigo

23 Un sábado, Jesús y sus discípulos iban por un campo sembrado de trigo. Los discípulos comenzaron a arrancar espigas. **24** Cuando los fariseos vieron esto, le dijeron a Jesús:

—¡Mira lo que hacen tus discípulos! ¿Acaso no saben que está prohibido arrancar espigas en el día de descanso?

25-26 Jesús les respondió:

—¿No han leído ustedes en la Biblia lo que hizo el rey David cuando Abiatar era el jefe de los sacerdotes? David y sus compañeros sufrían gran necesidad y tenían mucha hambre. Entonces David entró en la casa de Dios y comió del pan especial que sólo a los sacerdotes les estaba permitido comer, y lo compartió con sus compañeros.

Además les dijo:

27 —El sábado se hizo para el bien de los seres humanos, y no los seres humanos para el bien del sábado. **28** Yo, el Hijo del hombre, soy quien decide qué puede hacerse y qué no puede hacerse en el día de descanso.

Jesús sana a un hombre en sábado

3 **1** Jesús volvió a entrar en la sinagoga. Allí había un hombre que tenía una mano tullida. **2** Los fariseos estaban vigilando a Jesús para ver si sanaba a ese hombre en día sábado, y poder así acusarlo de trabajar en ese día de descanso. **3** Jesús le dijo al enfermo: «Levántate y ponte en medio de todos». **4** Luego, les preguntó a los que estaban allí: «¿Qué es correcto hacer en sábado: el bien o el mal? ¿Salvar una vida o destruirla?»

Pero nadie le contestó. **5** Jesús miró con enojo a los que lo rodeaban y, al ver que eran muy tercos y no tenían amor, se puso muy triste. Entonces le dijo al enfermo: «Extiende la mano».

El hombre extendió la mano, y le quedó sana. **6** Los fariseos salieron de la sinagoga y en seguida se reunieron con los partidarios del rey Herodes; y juntos comenzaron a hacer planes para matar a Jesús.

Jesús enseña y sana

7-8 Jesús se fue con sus discípulos a la orilla del lago. Los seguía mucha gente que había oído hablar de las cosas que él hacía. Era gente de las regiones de Galilea y de Judea, de la ciudad de Jerusalén y de Idumea. Algunos venían también del otro lado del río Jordán, y de los alrededores de las ciudades de Tiro y de Sidón. **9** Como había tanta gente, Jesús les pidió a sus discípulos que prepararan una barca, para que la gente no lo apretujara. **10** Aunque Jesús había sanado a muchos, todavía quedaba una gran cantidad de enfermos que lo rodeaba y que quería tocarlo para quedar sanos. **11** Cuando los espíritus malos veían a Jesús, caían al suelo y gritaban: «¡Tú eres el Hijo de Dios!» **12** Pero Jesús les advertía muy seriamente que no dijeran a la gente quién era él.

Jesús elige a doce apóstoles

13 Después, Jesús invitó a algunos de sus seguidores para que subieran con él a un cerro. Cuando ya todos estaban juntos, **14** eligió a doce de ellos para que lo acompañaran siempre y para enviarlos a anunciar las buenas noticias. A esos doce les llamó apóstoles **15** y les dio poder para expulsar de la gente a los demonios. **16** Estos son los doce que eligió: Simón, a quien llamó Pedro; **17** Santiago y Juan, hijos de Zebedeo, y a quienes llamó Boanerges, que quiere decir «hijos del trueno»; **18** Andrés, Felipe, Bartolomé, Mateo, Tomás, Santiago hijo de Alfeo, Tadeo, Simón el patriota y **19** Judas Iscariote, que después traicionó a Jesús.

Jesús y el jefe de los demonios

20 Después de esto Jesús regresó a la casa. Y era tanta la gente que volvió a reunirse, que ni él ni sus discípulos podían siquiera comer. **21** Cuando los familiares de Jesús supieron lo que hacía, fueron para llevárselo, porque decían que se había vuelto loco. **22** Pero los maestros de la Ley que habían llegado de Jerusalén decían: «Este hombre tiene a Beelzebú, el jefe de los demonios. Sólo por el poder que Beelzebú le da, puede expulsarlos». **23** Entonces Jesús los llamó y les puso este ejemplo:

«¿Cómo puede Satanás expulsarse a sí mismo? **24** Si los habitantes de un país se pelean entre sí, el país acaba por destruirse. **25** Si los miembros de una familia se pelean unos con otros, la familia también acabará por destruirse. **26** Y si Satanás lucha contra sí mismo, acabará con su propio reino.

27 »Si alguien quiere robar todo lo que hay en la casa de un hombre fuerte, primero tiene que atar a ese hombre.

28 »Les aseguro que Dios le perdonará a la gente cualquier pecado que haga, y todo lo malo que diga. **29** Pero jamás perdonará a quien hable en contra del Espíritu Santo. ¡Eso nunca le será perdonado!»

30 Jesús dijo esto porque los maestros de la Ley pensaban que él tenía un espíritu malo.

La madre y los hermanos de Jesús

31-32 Mientras tanto, llegaron la madre y los hermanos de Jesús a la casa donde él estaba, pero prefirieron quedarse afuera y mandarlo llamar. La gente que estaba sentada alrededor de Jesús le dijo:

—Tu madre, tus hermanos y tus hermanas están allá afuera, y quieren hablar contigo.

33 Pero Jesús les preguntó:

—¿Quiénes son en verdad mi

730

madre y mis hermanos?

34 Luego miró a todos los que estaban sentados a su alrededor y dijo:

—¡Estos son mi madre y mis hermanos! **35** Porque, en verdad, cualquiera que obedece a Dios es mi hermano, mi hermana y mi madre.

El ejemplo de las semillas

4 **1** Otro día, Jesús estaba enseñando en la orilla del Lago de Galilea. Como se reunió tanta gente para escucharlo, Jesús tuvo que subirse a una barca y sentarse para hablar desde allí. La gente se quedó de pie en la playa.

2 Jesús les enseñó muchas cosas por medio de ejemplos y comparaciones. Les puso esta comparación:

3 «Escuchen bien esto: Un agricultor salió a sembrar trigo. **4** Mientras sembraba, algunas semillas cayeron en el camino. Poco después vinieron unos pájaros y se las comieron.

5 »Otras semillas cayeron en un terreno con muchas piedras y poca tierra. Como la tierra era poco profunda, pronto brotaron plantas de trigo. **6** Pero como las plantas no tenían buenas raíces, no duraron mucho tiempo, pues al salir el sol se quemaron.

7 »Otras semillas cayeron entre espinos. Cuando los espinos crecieron, ahogaron el trigo y no lo dejaron crecer. Por eso, las semillas no produjeron nada.

8 »En cambio, otras semillas cayeron en buena tierra y dieron espigas que crecieron muy bien y produjeron una excelente cosecha. Algunas espigas produjeron treinta semillas, otras sesenta, y otras cien».

9 Luego Jesús dijo: «¡Si en verdad tienen oídos, presten mucha atención!»

¿Por qué Jesús enseña con ejemplos?

10 Después, cuando ya se había ido casi toda la gente, los que se quedaron con Jesús y los doce discípulos le preguntaron qué significaba el ejemplo del agricultor. **11** Jesús les respondió:

«A ustedes les he explicado los secretos del reino de Dios, pero no a los demás. A ellos les enseño por medio de ejemplos. **12** Así, aunque miren, no verán, y aunque oigan, no entenderán, a menos que se arrepientan de sus pecados y pidan perdón a Dios».

Jesús explica el ejemplo de las semillas

13 Jesús les dijo:

«Si no entienden el ejemplo de las semillas, ¿cómo entenderán los otros ejemplos y comparaciones?

14 »El agricultor representa al que anuncia las buenas noticias. **15** Las semillas que cayeron en el camino representan a los que escuchan las buenas noticias; pero cuando viene Satanás, hace que olviden todo lo que oyeron.

16 »Las semillas que cayeron entre piedras representan a quienes oyen el mensaje del reino de Dios y rápidamente lo aceptan con gran alegría. **17** Pero como no entienden muy bien el mensaje, la alegría les dura muy poco. Tan pronto tienen problemas, o son maltratados por ser obedientes a Dios, se olvidan del mensaje.

18 »Hay otros que son como las semillas que cayeron entre los espinos. Oyen el mensaje, **19** pero no dejan que el mensaje cambie su vida. Sólo piensan en las cosas que necesitan, en cómo ganar dinero, y en cómo disfrutar de esta vida.

20 »Finalmente, las semillas que cayeron en buena tierra representan a los que escuchan el mensaje y lo aceptan. Esas personas cambian su vida y hacen lo bueno. Son como las semillas que produjeron espigas con treinta, sesenta y hasta cien semillas».

El ejemplo de la luz

21 Después de esto, Jesús les dijo:

«¿Se enciende una lámpara para ponerla debajo de un cajón o debajo de la cama? ¡Claro que no! La lámpara se pone en un lugar alto, para que alumbre bien. **22** Porque todo lo que esté escondido se descubrirá, y todo lo que se mantenga en secreto llegará a saberse.

23 »¡Si en verdad tienen oídos, presten mucha atención!»

24 También les dijo:

«¡Presten mucha atención! Dios les dará a ustedes la misma cantidad que ustedes den a los demás, y mucho más todavía. **25** Porque al que tenga algo, se le dará más; pero al que no tenga nada, se le quitará aun lo poquito que tenga».

La comparación de la semilla que crece

26 Jesús también les puso esta otra comparación:

«Con el reino de Dios pasa algo parecido a lo que sucede cuando un hombre siembra una semilla en la tierra. **27** No importa si está dormido o despierto, o si es de noche o de día; la semilla siempre nace y crece sin que el agricultor entienda cómo. **28** La tierra produce primero el tallo, después la espiga, y finalmente las semillas. **29** Y cuando llega el tiempo de la cosecha el agricultor recoge las semillas».

La semilla de mostaza

30 Jesús también dijo:

«¿Con qué puede compararse el reino de Dios? ¿A qué se parece? **31** Es como la semilla de mostaza que el agricultor siembra en la tierra. A pesar de ser la más pequeña de todas las semillas del mundo, **32** cuando crece se hace la más grande de las plantas del huerto. ¡Tiene ramas bien grandes, y hasta los pájaros pueden hacer nidos bajo su sombra!»

Las comparaciones que usaba Jesús

33 Jesús enseñó el mensaje del reino de Dios por medio de muchas comparaciones, de acuerdo con lo que la gente podía entender. **34** Sólo hablaba por medio de comparaciones y ejemplos, aunque cuando estaba sólo con sus discípulos les explicaba todo con claridad.

La gran tormenta

35 Ese mismo día, cuando llegó la noche, Jesús les dijo a sus discípulos: «Vamos al otro lado del lago».
36 Entonces dejaron a la gente y atravesaron el lago en una barca. Algunos fueron también en otras barcas.
37 De pronto se desató una tormenta. El viento soplaba tan fuerte que las olas se metían en la barca, y esta empezó a llenarse de agua.
38 Entre tanto, Jesús se había quedado dormido en la parte de atrás de la barca, recostado sobre una almohada. Los discípulos lo despertaron y le gritaron:

—Maestro, ¿no te importa que nos estemos hundiendo?

39 Jesús se levantó y ordenó al viento y al mar que se calmaran. En seguida el viento se calmó, y todo quedó completamente tranquilo.
40 Entonces Jesús dijo a sus discípulos:

—¿Por qué estaban tan asustados? ¿Todavía no confían en mí?

41 Pero ellos estaban muy asombrados, y se decían unos a otros: «¿Quién es este hombre, que hasta el viento y el mar le obedecen?»

El hombre con muchos espíritus malos

5 **1** Jesús y sus discípulos cruzaron el Lago de Galilea y llegaron a un lugar cerca del pueblo de Gerasa. **2-6** Allí había un cementerio, donde vivía un hombre que tenía un espíritu malo. Nadie podía sujetarlo, ni siquiera con cadenas. ¡Cuántas veces lo habían encadenado y le habían sujetado los pies con gruesos aros de hierro! Pero él rompía las cadenas y despedazaba los aros. ¡Nadie podía con su terrible fuerza! Día y noche andaba en el cementerio y por los cerros, dando gritos y lastimándose con piedras.
En el momento en que Jesús bajaba de la barca, el hombre salía del cementerio, y al ver a Jesús a lo lejos, corrió y se puso de rodillas delante de él.
7-8 Jesús ordenó al espíritu malo:

—¡Espíritu malo, sal de este hombre!

Entonces el espíritu malo le contestó a gritos:

—¿Qué tengo que ver contigo, Jesús, Hijo del Dios altísimo? ¡No me hagas sufrir! ¡Por Dios, te pido que no me hagas sufrir!

9 Jesús le preguntó:

—¿Cómo te llamas?

Él respondió:

—Me llamo Ejército, porque somos muchos los malos espíritus que estamos dentro de este hombre. **10** Por favor, te ruego que no nos mandes a otra parte.

11 En una colina, cerca de donde estaban, había unos dos mil cerdos comiendo. **12** Entonces los malos espíritus le rogaron a Jesús:

—¡Déjanos entrar en esos cerdos!

13 Jesús les dio permiso, y ellos salieron del hombre y entraron en los cerdos. Los animales echaron a correr cuesta abajo, hasta que cayeron en el lago y se ahogaron. **14** Los que cuidaban los cerdos corrieron al pueblo y contaron a todos lo que había sucedido. La gente fue a ver qué había pasado. **15** Cuando llegaron a donde estaba Jesús, vieron al hombre que antes estaba endemoniado, y lo encontraron sentado, vestido y portándose normalmente. Los que estaban allí temblaban de miedo.
16 Las personas que vieron cómo Jesús había sanado a aquel hombre empezaron a contárselo a todo el mundo. **17** Pero la gente le pidió a Jesús que se fuera a otro lugar.
18 Cuando Jesús estaba subiendo a la barca, el hombre que ahora estaba sano le rogó que lo dejara ir con él. **19** Pero Jesús le dijo:

—Vuelve a tu casa y cuéntales a tu familia y a tus amigos todo lo que Dios ha hecho por ti, y lo bueno que ha sido contigo.

20 El hombre se fue, y en todos los pueblos de la región de Decápolis contaba lo que Jesús había hecho por él. La gente escuchaba y se quedaba asombrada.

Una niña muerta y una mujer enferma

21 Jesús llegó en la barca al otro lado del lago y se quedó en la orilla, porque mucha gente se juntó a su alrededor.
22 En ese momento llegó un hombre llamado Jairo, que era uno de los jefes de la sinagoga. Cuando Jairo vio a Jesús, se inclinó hasta el suelo **23** y le rogó:

—Mi hijita está a punto de morir. ¡Por favor, venga usted a mi casa a poner sus manos sobre ella, para que sane y pueda vivir!

24 Jesús se fue con Jairo. Mucha gente se juntó alrededor de Jesús y lo acompañaron. **25** Entre la gente iba una mujer que había estado enferma durante doce años, pues perdía mucha sangre. **26** Había gastado en médicos todo el dinero que tenía, pero ellos no habían podido sanarla; más bien, la maltrataron más. Cada día se ponía más enferma. **27-28** La mujer había oído hablar de Jesús, y pensaba: «Si tan sólo pudiera tocar su ropa, sanaría». Por eso, cuando vio a Jesús, se abrió paso entre la gente, se le acercó por detrás y le tocó la ropa. **29** Inmediatamente dejó de sangrar y supo que ya estaba sana.

30 Jesús se dio cuenta de que había salido poder de él. Entonces miró a la gente y preguntó:

—¿Quién me tocó la ropa?

31 Sus discípulos le respondieron:

—¡Mira cómo se amontona la gente sobre ti! ¿Y todavía preguntas quién te tocó la ropa?

32 Pero Jesús miraba y miraba a la gente para descubrir quién lo había tocado. **33** La mujer, sabiendo lo que le había pasado, fue y se arrodilló delante de él, y temblando de miedo le contó toda la verdad. **34** Jesús le dijo:

—Hija, has sido sanada porque confiaste en Dios. Vete tranquila.

35 Jesús no había terminado de hablar cuando llegaron unas personas de la casa de Jairo y le dijeron:

—¡Su hija ha muerto! ¿Para qué molestar más al Maestro?

36 Jesús no hizo caso de lo que ellos dijeron, sino que le dijo a Jairo:

—No tengas miedo; solamente confía.

37 Y sólo permitió que lo acompañaran Pedro y los dos hermanos Santiago y Juan. **38** Cuando llegaron a la casa de Jairo, vieron el alboroto y que la gente lloraba y gritaba. **39** Entonces Jesús entró a la casa y les dijo:

—¿Por qué lloran y hacen tanto escándalo? La niña no está muerta; sólo está dormida.

40 La gente se burló de Jesús. Entonces él hizo que todos salieran de allí. Luego, junto con los padres de la niña y los tres discípulos, entró al cuarto donde ella estaba. **41** La tomó por la mano y le dijo en idioma arameo:

—¡Talitá, cum!

Eso quiere decir: «Niña, levántate». **42** En ese mismo instante la niña, que tenía doce años, se levantó y comenzó a caminar. Cuando la gente la vio, se quedó muy asombrada. **43** Jesús ordenó que no le contaran a nadie lo que había pasado. Después mandó que le dieran de comer a la niña.

Jesús en Nazaret

6 **1** De allí Jesús se fue a Nazaret, que era su propio pueblo, y sus discípulos lo acompañaron. **2** Cuando llegó el sábado, Jesús empezó a enseñar en la sinagoga. Al escucharlo, los que estaban presentes se preguntaban admirados:

—¿Dónde aprendió este tantas cosas? ¿De dónde ha sacado tantos conocimientos? ¿De dónde saca el poder para hacer los milagros que hace? **3** ¿Acaso no es este el carpintero, el hijo de María y hermano de Santiago, José, Judas y Simón? ¿Y no es verdad que sus hermanas viven en este mismo pueblo?

Y Jesús los dejaba sin saber qué hacer. **4** Entonces él les contestó:

—A un profeta se le reconoce y se le acepta en todas partes, menos en su propio pueblo, en su propia familia y en su propia casa.

5 Y poniendo las manos sobre los enfermos, Jesús sanó a algunos de ellos; pero no pudo hacer nin-

gún otro milagro, **6** pues se sorprendió mucho de que aquella gente no creyera en él.

Jesús envía a los doce apóstoles

Jesús iba por todos los pueblos cercanos enseñando las buenas noticias. **7** Reunió a los doce apóstoles y los envió de dos en dos. Les dio poder para expulsar de la gente a los espíritus malos, **8** y también les ordenó:

«Lleven un bastón para el camino; pero no lleven comida, ni bolsa, ni dinero. **9** Pónganse sandalias, pero no lleven ropa de más. **10** Cuando entren en un pueblo, quédense en una sola casa hasta que salgan de ese pueblo. **11** Si en algún lugar no quieren recibirlos, ni escucharlos, váyanse de allí y sacúdanse el polvo de los pies. Eso le servirá de advertencia a esa gente».

12 Los discípulos partieron y comenzaron a decirle a la gente que dejara de pecar y se volviera a Dios. **13** También expulsaron muchos demonios, y sanaron a muchos enfermos frotándoles aceite de oliva.

La muerte de Juan el Bautista

14 Jesús era tan conocido que hasta el rey Herodes Antipas oyó hablar de él. Algunos decían que Jesús era Juan el Bautista, que había vuelto a vivir y hacía muchos milagros. **15** Otros decían que era el profeta Elías, o alguno de los profetas que habían vivido hacía mucho tiempo.

16 Cuando el rey Herodes oyó hablar de Jesús, estaba seguro de que se trataba de Juan, y decía: «Jesús es Juan. Yo mismo ordené que le cortaran la cabeza, pero ha resucitado».

17-19 Resulta que Herodes Antipas se había casado con Herodías, la esposa de su hermano Filipo, y Juan lo había reprendido, diciéndole: «No te está permitido tener a la esposa de tu hermano».

Esto enfureció a Herodías, la cual

decidió matar a Juan a como diera lugar. Pero Herodes sólo mandó que lo arrestaran y lo metieran en la cárcel. **20** Herodes le tenía miedo a Juan y lo protegía, porque sabía que Juan era un hombre justo y santo. Y aunque Herodes no sabía qué hacer cuando lo oía hablar, lo escuchaba de buena gana.

21 El día de su cumpleaños, el rey Herodes Antipas organizó una gran fiesta. Invitó a los jefes, a los comandantes y a la gente más importante de la región de Galilea. Herodías vio que esa era su gran oportunidad para matar a Juan. **22** Mientras cenaban, la hija de Herodías entró al salón y bailó delante de todos. Tanto le gustó el baile al rey Herodes y a todos los que estaban allí, que el rey le dijo a la muchacha:

—Pídeme lo que quieras, y yo te lo daré. **23** Aun si me pides la mitad de mi reino, te juro que te lo daré.

24 La muchacha salió del salón, fue adonde estaba Herodías, su madre, y le preguntó:

—¿Qué podría pedir?

Herodías le respondió:

—Pide la cabeza de Juan el Bautista.

25 La muchacha entró de prisa al salón y le dijo al rey:

—Quiero que ahora mismo me des en un plato la cabeza de Juan el Bautista.

26 El rey se puso muy triste, pero no quiso negarle a la muchacha lo que pedía, porque se lo había jurado delante de sus invitados. **27** En seguida ordenó a un soldado que le trajera la cabeza de Juan. El soldado fue a la cárcel, le cortó a Juan la cabeza **28** y se la llevó en un plato a la muchacha. Después, ella se la entregó a su madre. **29** Cuando los discípulos de Juan supieron esto, fueron a recoger el cuerpo de Juan y lo enterraron.

Jesús da de comer a mucha gente

30 Los apóstoles volvieron a reunirse con Jesús, y le contaron todo lo que habían hecho y enseñado. **31** Pero eran tantos los que iban y venían que ni tiempo tenían para comer. Entonces Jesús les dijo: «Vengan, vamos a un lugar tranquilo para descansar a solas». **32** Él y los apóstoles se fueron en una barca a un lugar apartado. **33** Pero la gente que los vio partir adivinó hacia donde iban. Así, la gente de todos los pueblos cercanos se fue a ese lugar, y llegó antes que Jesús y sus discípulos. **34** Cuando Jesús bajó de la barca, vio la gran cantidad de gente que se había reunido y les tuvo compasión, porque parecían ovejas sin pastor. Entonces empezó a enseñarles muchas cosas.

35 Por la tarde, los discípulos se acercaron a Jesús y le dijeron:

—Este lugar está muy solitario, y ya está haciéndose tarde. **36** Despide a la gente, para que vaya a buscar comida por los campos y los pueblos cercanos.

37 Jesús les dijo:

—Denles ustedes de comer.

Ellos respondieron:

—¿Cómo vamos a comprar pan para toda esta gente? ¡Se necesitaría el salario de casi todo un año para poder comprar tanto pan!

38 Jesús les dijo:

—Vayan a ver cuántos panes tienen ustedes.

Ellos fueron, y al rato regresaron diciendo:

—Tenemos cinco panes y dos pescados.

39 Entonces Jesús ordenó que todos se sentaran en grupos sobre el pasto verde. **40** La gente se sentó en grupos de cien y de cincuenta. **41** Luego Jesús tomó los cinco panes y los dos pescados, miró al cielo y dio gracias a Dios. Después partió los panes y los dio a los discípulos para que los repartieran entre toda la gente; lo mismo hizo con los dos pescados.

42 Todos comieron hasta quedar satisfechos. **43** Luego los discípulos llenaron doce canastas con los pedazos de pan y de pescado que habían sobrado. **44** ¡Y fueron más de cinco mil los que comieron de aquellos panes y pescados!

Jesús camina sobre el agua

45 Después Jesús ordenó a sus discípulos que subieran a la barca y cruzaran el lago, en dirección al pueblo de Betsaida, pero él se quedó en la orilla para despedir a toda la gente. **46** Luego de despedirla se fue a un cerro a orar.

47 Cuando llegó la noche, la barca ya estaba en medio del lago, pero Jesús aún permanecía en tierra. **48** Desde allí pudo ver que los discípulos remaban con mucha dificultad, pues navegaban contra el viento. Poco antes del amanecer, Jesús fue hacia ellos caminando sobre el agua. Cuando ya estaba cerca, hizo como que pasaría de largo. **49** Al verlo caminar sobre el agua, los discípulos creyeron que era un fantasma y se pusieron a gritar. **50** Estaban muy asustados, pero en seguida Jesús les dijo: «Tranquilos; no tengan miedo. Soy yo».

51 Entonces Jesús se subió a la barca y el viento se calmó. Los discípulos estaban asombrados. **52** Tenían la mente cerrada, pues no habían entendido el verdadero significado del milagro de los panes.

Jesús en Genesaret

53 Después de cruzar el lago, llegaron al pueblo de Genesaret y ataron la barca en la orilla. **54** Tan pronto salieron, la gente reconoció a Jesús y **55** corrió por toda aquella región para llevarle enfermos. Cuando oían que Jesús estaba en un lugar, ponían a los enfermos en camillas y los llevaban ante él. **56** A donde quiera que iba Jesús, ya fuera por aldeas, pueblos o campos, la gente ponía a los enfermos en las calles. Y cuando él pasaba, le rogaban que dejara que los enfermos tocaran aunque fuera el borde de su ropa. Y todos los que lo tocaban quedaban sanos.

Lo que realmente ensucia

7 **1-4** Los judíos, y en especial los fariseos, siguiendo la costumbre de sus antepasados, no comen sin antes lavarse las manos debidamente. Cuando llegan a sus casas después de haber ido al mercado, no comen nada de lo que compran allí sin antes lavarlo bien.
Cierto día, se acercaron a Jesús algunos fariseos y maestros de la Ley que habían venido de Jerusalén. Al ver que los discípulos de Jesús comían sin lavarse las manos, 2 comenzaron a criticarlos. **5** Y le preguntaron a Jesús:

—¿Por qué tus discípulos no siguen las costumbres que desde hace tiempo han practicado nuestros antepasados? ¿Por qué comen sin haberse lavado las manos?

6 Jesús les respondió:

—¡Ustedes son unos hipócritas! Dios tenía razón cuando dijo por medio del profeta Isaías:

"Este pueblo dice que
me obedece,
pero en verdad nunca
piensa en mí.

7 De nada sirve que ustedes
me alaben,
pues inventan reglas y luego
las enseñan diciendo
que yo las ordené".

8 »Ustedes desobedecen los mandamientos de Dios para poder seguir enseñanzas humanas.

9 Han aprendido muy bien la manera de rechazar los mandamientos de Dios para seguir sus propias enseñanzas. **10** Porque Moisés dijo: "Obedezcan y cuiden a su padre y a su madre; la persona que maltrate a su padre o a su madre tendrá que morir". Y también dijo: "El que maldiga a su padre o a su madre tendrá que morir".**11-12** Sin embargo, ustedes enseñan que un hijo no tiene la obligación de ayudar a sus padres si les dice: "No puedo ayudarlos, porque todo lo que tengo se lo he ofrecido a Dios".3 **13** De esa manera, desobedecen los mandamientos de Dios para seguir sus propias enseñanzas. Y hacen muchas otras cosas parecidas a esta.

14 Luego Jesús llamó a la gente y le dijo: «Escúchenme todos, y entiendan bien: **15-16** La comida que entra por su boca no los hace impuros delante de Dios. Lo que los hace impuros son los insultos y malas palabras que salen de su boca».

17 Cuando Jesús dejó a la gente y entró en la casa, los discípulos le preguntaron qué significaba esa enseñanza. **18** Él les respondió: «¿Tampoco ustedes entienden? Nada de lo que entra en la persona la hace impura delante de Dios. **19** Lo que se come no va a la mente sino al estómago, y después el cuerpo lo expulsa». Jesús dijo eso para que supieran que ningún alimento es impuro. **20** Y también dijo:

«Lo que hace impura delante de Dios a la gente, es lo que la gente dice y hace. **21-23** Porque si alguien dice cosas malas, es porque es malo y siempre está pensando en el mal y en cómo hacer cosas indecentes, robar, matar a otros, ser infieles en el matrimonio, vivir sólo pensando en cómo hacerse ricos, hacer maldades, engañar, ser envidiosos, insultar y maldecir a otros, ser necios y orgullosos».

Una mujer no judía confía en Dios

24 Después, Jesús salió de allí y fue hasta la región de la ciudad de Tiro. En ese lugar, se quedó unos días en una casa, y no quería que nadie supiera dónde estaba. Pero no pudo esconderse.
25-26 Una mujer supo que Jesús estaba en el lugar, y fue a buscarlo, pues su hija tenía un espíritu malo. Esta mujer no era judía; era de la región de Fenicia, que está en Siria. Cuando encontró a Jesús, se arrodilló delante de él y le rogó que librara del espíritu malo a su hija. **27** Pero Jesús le dijo:

—Deja que primero coman los hijos, pues no está bien quitarles la comida para echársela a los perros.4

28 Y ella le contestó:

—¡Señor, eso es cierto! Pero aun los perros comen las sobras que se les caen a los hijos debajo de la mesa.

29 Jesús le dijo:

—¡Mujer, es muy cierto lo que dices! Vete tranquila a tu casa, pues el demonio ya salió de tu hija.

30 La mujer regresó a su casa, y cuando llegó, encontró a su hija acostada en la cama. El demonio ya había salido de ella.

Jesús sana a un hombre sordo y tartamudo

31 Jesús volvió a salir de la región de Tiro. Pasó por la región de Sidón y llegó al Lago de Galilea, en el territorio de Decápolis.5 **32** Allí le llevaron a Jesús un hombre sordo y tartamudo, y le rogaron que pusiera las manos sobre él para sanarlo. **33** Jesús tomó al hombre y lo llevó aparte, lejos de la gente. Luego puso sus dedos en los oídos del hombre y le puso saliva en la lengua. **34** Después miró al cielo, suspiró y dijo: «¡Efatá!» Esta palabra significa «¡ábrete!» 35 En ese momento el hombre pudo oír y hablar normalmente.

36 Jesús le ordenó a la gente que no se lo contara a nadie. Pero cuanto más lo ordenaba, más lo contaba la gente, 37 porque estaba muy admirada y decía: «Jesús todo lo hace bien. ¡Hasta puede hacer que los sordos oigan y que los mudos hablen!»

Jesús alimenta a mucha gente

8 1 Un día se volvió a reunir mucha gente junto a Jesús, y como no tenían nada para comer, él llamó a sus discípulos y les dijo:

2 —Siento compasión de toda esta gente. Ya han estado conmigo tres días y no tienen nada que comer. 3 Algunos han venido desde muy lejos; si los mando a sus casas sin comer, pueden desmayarse en el camino.

4 Sus discípulos le respondieron:

—Pero en este lugar no vive nadie. ¿Dónde vamos a conseguir comida para tanta gente?

5 Jesús les preguntó:

—¿Cuántos panes tienen?

—Siete —contestaron los discípulos.

6 Jesús le ordenó a la gente que se sentara en el suelo. Luego tomó los siete panes y dio gracias a Dios. Partió los panes en pedazos y se los entregó a sus discípulos para que los repartieran entre la gente. Ellos hicieron lo que Jesús les había mandado.

7 Como también tenían unos cuantos pescaditos, Jesús dio gracias y mandó que los repartieran.

8 Todos los que estaban allí comieron hasta quedar satisfechos, y con los pedazos que sobraron llenaron siete canastas. 9 Los que comieron eran como cuatro mil personas.

Luego Jesús los despidió, 10 subió a la barca y se fue con sus discípulos a la región de Dalmanuta.

Una señal milagrosa

11 Los fariseos llegaron adonde estaba Jesús y comenzaron a discutir con él. Para ponerle una trampa, le pidieron que con alguna señal milagrosa demostrara que él venía de parte de Dios.

12 Jesús se molestó mucho por esto, y dijo: «¿Por qué siempre piden ustedes una señal? Les aseguro que no se les dará ninguna».

13 Entonces Jesús los dejó, volvió a subir a la barca, y se fue al otro lado del lago.

Las enseñanzas de los fariseos

14 Los discípulos se habían olvidado de llevar comida, y sólo tenían un pan en la barca. 15 Jesús les advirtió:

—Les recomiendo que se cuiden de la levadura de los fariseos y de la levadura de Herodes Antipas.

16 Los discípulos comenzaron a hablar entre ellos y decían:

—Seguramente dijo eso porque no trajimos pan.

17 Jesús se dio cuenta de lo que hablaban y les dijo:

—¿Por qué hablan de pan? ¿Todavía no comprenden? ¿Tienen la mente cerrada? 18 Si tienen ojos, ¿cómo es que no ven? Si tienen oídos, ¿por qué no oyen? ¿No se acuerdan 19 de aquella vez, cuando repartí cinco panes entre cinco mil hombres? ¿Cuántas canastas llenaron entonces con lo que sobró?

Los discípulos respondieron:

—Doce canastas.

20 Jesús les preguntó:

—Y cuando repartí siete panes entre cuatro mil, ¿cuántas canastas llenaron?

—Siete —contestaron los discípulos.

21 Jesús les dijo entonces:

—¿Y todavía no entienden?

Jesús sana a un ciego en Betsaida

22 Cuando llegaron al pueblo de Betsaida, unas personas guiaron a un ciego hasta Jesús y le pidieron que lo tocara.

23 Jesús tomó al ciego de la mano y lo llevó fuera del pueblo. Después le mojó los ojos con saliva, colocó las manos sobre él, y le preguntó si veía algo. 24 El ciego respondió:

—Veo gente, pero parecen árboles que caminan.

25 Entonces Jesús volvió a ponerle las manos sobre los ojos. El hombre miró de nuevo con cuidado, y vio todo claramente, porque ya estaba sano. 26 Jesús le mandó que volviera a su casa, y le dijo:

—No regreses al pueblo.

¿Quién es Jesús?

27 Después de esto, Jesús y sus discípulos fueron a los caseríos cercanos al pueblo de Cesarea de Filipo. En el camino, Jesús les preguntó:

—¿Qué dice la gente acerca de mí?

28 Los discípulos contestaron:

—Algunos dicen que eres Juan el Bautista; otros dicen que eres el profeta Elías. Hay otros que piensan que eres alguno de los profetas.

29 Entonces Jesús les preguntó:

—Y ustedes, ¿qué opinan? ¿Quién soy yo?

Y Pedro contestó:

—Tú eres el Mesías.

30 Jesús les ordenó que no le contaran a nadie que él era el Mesías.

Jesús habla de su muerte

31 Jesús comenzó a anunciar a sus discípulos lo que le iba a pasar:

«Yo, el Hijo del hombre, voy a sufrir mucho. Seré rechazado por los líderes del pueblo, por los sacerdotes principales y por los maestros de la Ley. Me van a matar, pero tres días después volveré a vivir».

32 Como Jesús habló tan claro de su muerte, Pedro lo llevó aparte y lo reprendió por hablar de eso. **33** Pero Jesús se volvió, y frente a todos sus discípulos regañó a Pedro: «¡Pedro, estás hablando como Satanás! ¡Apártate de mí, pues no entiendes los planes de Dios! Te comportas como cualquier ser humano».

34 Después, Jesús llamó a sus discípulos y a la gente, y les dijo:

«Si ustedes quieren ser mis discípulos, tienen que olvidarse de hacer su propia voluntad. Tienen que estar dispuestos a morir en una cruz y a hacer lo que yo les diga. **35** Porque si sólo les preocupa salvar la vida, la van a perder. Pero si deciden dar su vida por mí y por anunciar las buenas noticias, entonces se salvarán. **36** De nada sirve que una persona gane todo lo que quiera en el mundo, si a fin de cuentas pierde su vida. **37** Y no hay nada que una persona pueda dar para salvar su vida. **38** »Delante de esta gente malvada que rechaza a Dios, no se avergüencen de mí ni de mis palabras. Si lo hacen, yo, el Hijo del hombre, me avergonzaré de ustedes cuando venga con el poder de mi Padre y con sus ángeles».

9 **1** Jesús también les dijo:

—Les aseguro que algunos de los que están aquí no morirán hasta que vean llegar el reino de Dios con poder.

Jesús se transforma

2 Seis días después, Jesús llevó a Pedro, a Santiago y a Juan hasta un cerro alto, para estar solos. Frente a ellos, Jesús se transformó: **3** Su ropa se puso tan blanca y brillante, como jamás aquí en la tierra podría blanquearse. **4** Luego, los tres discípulos vieron aparecer al profeta Elías y a Moisés conversando con Jesús.

5 Entonces Pedro le dijo a Jesús: «Maestro, ¡qué bueno que estemos aquí! Vamos a hacer tres enramadas: una para ti, otra para Moisés y otra más para Elías».

6 Los discípulos estaban muy asustados, y Pedro se puso a hablar sin pensar en lo que decía. **7** De pronto bajó una nube y se detuvo sobre ellos. Desde la nube se oyó una voz que decía: «Este es mi Hijo, yo lo amo mucho. Ustedes deben obedecerlo».

8 En seguida, miraron a su alrededor y ya no había nadie con ellos. Sólo estaba Jesús.

9 Mientras bajaban del cerro, Jesús les ordenó que no le contaran a nadie lo que habían visto hasta que él, el Hijo del hombre, volviera a vivir. **10** Pedro, Santiago y Juan guardaron el secreto, pero se preguntaban qué significaba aquello de volver a vivir. **11** Entonces le preguntaron:

—¿Por qué dicen los maestros de la Ley que el profeta Elías va a venir antes que el Mesías?

12 Jesús les respondió:

—Eso es verdad. Elías viene primero a preparar todas las cosas. Aunque también es cierto que la Biblia dice que el Hijo del hombre debe sufrir mucho y ser despreciado. **13** Pero yo les aseguro que Elías ya vino, y muchos lo trataron muy mal. Así se anunciaba ya en la Biblia.

Jesús sana a un muchacho

14 Cuando llegaron adonde estaban los otros discípulos, vieron que había mucha gente a su alrededor, y que los maestros de la Ley estaban discutiendo con ellos. **15** Al ver a Jesús, la gente se puso muy contenta, pues no esperaba verlo. Todos corrieron a saludarlo. **16** Jesús les preguntó:

—¿Qué es lo que discuten entre ustedes?

17 Uno de los que estaban allí le dijo:

—Maestro, te traje a mi hijo, pues tiene un espíritu malo que no lo deja hablar. **18** Cuando el espíritu entra en él, mi hijo se cae al suelo y empieza a echar espuma por la boca. Sus dientes empiezan a rechinar y se pone tieso. Les pedí a tus discípulos que expulsaran de mi hijo a ese espíritu malo, pero no han podido.

19 Jesús les dijo:

—¿Por qué no han aprendido a confiar en Dios? ¿Acaso no pueden hacer nada sin mí? ¿Cuándo van a aprender? ¡Tráiganme aquí al muchacho!

20 En seguida se lo llevaron. Cuando el espíritu malo vio a Jesús, empezó a sacudir al muchacho con gran fuerza. El joven cayó al suelo y empezó a echar espuma por la boca. **21** Jesús le preguntó al padre:

—¿Desde cuándo le pasa esto?

El padre respondió:

—Desde que era pequeño. **22** Desde entonces, el espíritu malo siempre ha querido matarlo, lanzándolo al fuego o al agua. Por favor, haz algo para ayudarnos. ¡Ten compasión de nosotros!

23 Jesús le preguntó:

—¿Puedes confiar en Dios? Para el que confía en él, todo es posible.

24 En seguida el padre gritó:

—Sí, confío en Dios. ¡Ayúdame a confiar más en él!

25 Cuando Jesús vio que se estaba juntando mucha gente a su alrededor, reprendió al espíritu malo y le dijo:

—Espíritu malvado, que impides hablar a este joven, ¡te ordeno que salgas y no vuelvas a entrar en él! **26** El espíritu malo gritó, e hizo que el muchacho sufriera otro ataque. Luego salió y lo dejó como muerto. Mucha gente decía: «¡Está muerto!» **27** Pero Jesús tomó al joven por la mano y lo ayudó a levantarse.

28 Tiempo después, cuando Jesús regresó a casa, los discípulos lo llevaron aparte y le preguntaron:

—¿Por qué nosotros no pudimos expulsar a ese espíritu?

29 Jesús les contestó:

—Esta clase de espíritu malo sólo se puede expulsar por medio de la oración.

Jesús habla otra vez de su muerte
30 Jesús y sus discípulos se fueron de ese lugar, y viajaron por la región de Galilea. En su camino, Jesús no quiso que la gente supiera que él pasaba por allí, **31** pues quería dedicarse a enseñar a sus discípulos. Les decía: «Yo, el Hijo del hombre, seré entregado en manos de los que me han de matar. Pero tres días después volveré a vivir». **32** Los discípulos no entendían lo que Jesús les quería decir, pero tenían miedo de preguntarle.

¿Quién es el más importante?
33 Jesús y sus discípulos llegaron al pueblo de Cafarnaúm. Cuando ya estaban en la casa, él les preguntó: «¿De qué estaban hablando cuando venían por el camino?» **34** Los discípulos no contestaron nada, porque habían estado discutiendo cuál de ellos era el más importante. **35** Entonces Jesús se sentó, llamó a los doce discípulos y les dijo: «Si alguno de ustedes quiere ser el más importante, deberá ocupar el último lugar y ser el servidor de todos los demás». **36** Luego llamó a un niño y lo puso frente a ellos. Lo tomó en sus brazos y les dijo: **37** «Si ustedes aceptan a un niño como este, me aceptan a mí. Y si me aceptan a mí, aceptan a Dios, que fue quien me envió».

Los que están a favor de Jesús
38 Juan, uno de los doce discípulos, le dijo a Jesús:

—Maestro, vimos a alguien que usaba tu nombre para sacar demonios de las personas. Pero nosotros le dijimos que no lo hiciera, porque él no es de nuestro grupo.

39 Pero Jesús dijo:

—No se lo prohíban, porque nadie podría maldecirme después de haber hecho un milagro usando mi nombre. **40** Quien no está contra nosotros, realmente está a nuestro favor.

41 »Les aseguro que Dios no se olvidará de premiar a quien les dé un vaso de agua sólo porque ustedes son míos.

Las tentaciones
42 »Si alguien hace que uno de estos pequeños seguidores míos deje de confiar en mí, mejor le sería que le ataran al cuello una piedra enorme y lo tiraran al mar. **43-44** »Si lo que haces con tu mano te hace desobedecer a Dios, mejor córtatela. Es mejor quedarse para siempre sin una mano, que tener las dos manos y ser echado al infierno, donde el fuego nunca se apaga. **45-46** »Si lo que haces con tu pie te hace desobedecer a Dios, mejor córtatelo. Es mejor quedarse para siempre sin un pie, que tener los dos pies y ser echado al infierno. **47** »Si lo que ves con tu ojo te hace desobedecer a Dios, mejor sácatelo. Es mejor que entres al reino de Dios con un solo ojo, que tener los dos ojos y ser echado al infierno, **48** donde hay gusanos que nunca mueren, y donde el fuego nunca se apaga.

49 »Dios va a purificar a todos como cuando purificamos las cosas con la sal o con el fuego. **50** La sal es buena. Pero si deja de estar salada, ¿cómo podrán ustedes devolverle su sabor? Por eso, sean buenos como la sal: hagan el bien y vivan en paz con todos.

Jesús enseña sobre el divorcio
10 **1** Jesús salió del pueblo de Cafarnaúm, y se fue a la región de Judea y a los lugares que están al este del río Jordán. Mucha gente se reunió otra vez a su alrededor y, como siempre, Jesús empezó a enseñar.

2 Unos fariseos se acercaron a él para ponerle una trampa, y le preguntaron:

—¿Puede un hombre divorciarse de su esposa?

3 Jesús les respondió:

—¿Qué les mandó Moisés?

4 Ellos dijeron:

—Moisés permitió escribir un certificado de divorcio y separarse de ella.

5 Entonces Jesús dijo:

—Moisés les dejó escrito ese mandamiento porque ustedes son muy tercos. **6** Pero desde el principio Dios hizo al hombre y a la mujer para que vivieran juntos. **7** Por eso el hombre tiene que dejar a su padre y a su madre para casarse y vivir con su mujer. **8** Los dos vivirán como si fueran una sola persona. Así, los que se casan ya no viven como dos personas separadas,

Un colportor visita a un carpintero enfermo.
"cuando estuve enfermo, me visitaron" *(Mateo 25.36)*.

Hombres que se levantan de madrugada para estudiar la Biblia antes de ir al trabajo.

sino como si fueran una sola. **9** Si Dios ha unido a un hombre y a una mujer, nadie debe separarlos.

10 Más tarde, cuando ya estaban en casa, los discípulos preguntaron de nuevo a Jesús sobre el divorcio. **11** Él les respondió: «Si un hombre se divorcia de su esposa y se casa con otra mujer, comete pecado, pues sería infiel a su matrimonio. **12** Y si la mujer deja a su esposo y se casa con otro hombre, también comete el mismo pecado».

Jesús bendice a los niños

13 Algunas madres llevaron a sus niños para que Jesús colocara su mano sobre sus cabezas y los bendijera. Pero los discípulos las regañaron.
14 Al ver Jesús lo que estaban haciendo sus discípulos, se enojó con ellos y les dijo:

«Dejen que los niños se acerquen a mí. No se lo impidan; porque el reino de Dios es de los que son como ellos. **15** Les aseguro que si alguien no confía en Dios como lo hace un niñito, no podrá ser parte del reino de Dios».

16 Jesús tomó en sus brazos a los niños, y poniendo sus manos sobre ellos los bendijo.

El hombre rico

17 Mientras Jesús iba de camino, un hombre llegó corriendo, se arrodilló delante de él y le preguntó:

—Maestro bueno, dime, ¿qué debo hacer para tener vida eterna?

18 Jesús le contestó:

—¿Por qué dices que soy bueno? Sólo Dios es bueno. **19** Tú conoces bien los mandamientos: No mates; no seas infiel en el matrimonio; no robes; no mientas para hacerle daño a otra persona; no hagas trampas; obedece y cuida a tu padre y a tu madre.

20 El hombre le dijo:

—Maestro, todos esos mandamientos los he obedecido desde que era niño.

21 Jesús lo miró con amor y le dijo:

—Sólo te falta hacer una cosa. Ve y vende todo lo que tienes, y da el dinero a los pobres. Así, Dios te dará un gran premio en el cielo. Luego ven y conviértete en uno de mis seguidores.

22 Al oír esto, el hombre se puso muy triste y se fue desanimado, porque era muy rico.
23 Jesús miró a su alrededor y dijo a sus discípulos:

—¡Es muy difícil que una persona rica acepte a Dios como su rey!

24 Los discípulos se sorprendieron al oír eso, pero Jesús volvió a decirles:

—Amigos, ¡es muy difícil entrar al reino de Dios! **25** Es más fácil que un camello pase por el ojo de una aguja, a que una persona rica entre en el reino de Dios.

26 Los discípulos se sorprendieron mucho al oír lo que Jesús dijo, y comentaban entre ellos:

—Entonces, ¿quién podrá salvarse?

27 Jesús los miró y les dijo:

—Para los seres humanos eso es imposible. Pero todo es posible para Dios.

28 Pedro le dijo:

—Recuerda que nosotros hemos dejado todo lo que teníamos y te hemos seguido.

29 Jesús les respondió:

—Les aseguro que si alguno ha dejado algo por seguirme y por anunciar las buenas noticias,

recibirá su premio. Si ha dejado a sus hermanos o hermanas, a su padre o a su madre, a sus hijos, su casa o algún terreno, **30** recibirá en esta vida cien veces más casas, terrenos y familiares, aunque también será maltratado por sus enemigos. Y cuando muera, vivirá con Dios para siempre. **31** Pero muchos que ahora son importantes, serán los menos importantes; y muchos que ahora no son importantes, serán los más importantes.

Jesús habla otra vez de su muerte

32 Los discípulos iban confundidos, mientras Jesús caminaba delante de ellos hacia Jerusalén. Por su parte, los otros seguidores, estaban llenos de miedo. Jesús volvió a reunirse a solas con los doce discípulos y les contó lo que le iba a pasar:

33 «Como pueden ver, ahora vamos a Jerusalén. Y a mí, el Hijo del hombre, me entregarán a los sacerdotes principales y a los maestros de la Ley. Me condenarán a muerte y me entregarán a los extranjeros **34** para que se burlen de mí, me escupan en la cara y me maten. Pero después de tres días volveré a vivir».

La petición de Santiago y de Juan

35 Santiago y Juan, hijos de Zebedeo, que eran dos de sus discípulos, se acercaron a Jesús y le dijeron:

—Maestro, queremos que nos hagas un favor.

36 Jesús les preguntó:

—¿Qué es lo que quieren?

37 Ellos le contestaron:

—Por favor, cuando estés en tu reino poderoso, déjanos sentarnos a tu lado, uno a tu derecha y el otro a tu izquierda. ¹

38 Jesús respondió:

—Ustedes no saben lo que piden. ¿Están dispuestos a sufrir todo lo malo que va a pasarme?

39 Ellos dijeron:

—Sí, lo estamos.

Jesús les dijo:

—Les aseguro que ustedes sufrirán mucho, igual que yo. **40** Pero sólo Dios decide quiénes serán los más importantes en mi reino. Eso no lo decido yo.

41 Cuando los otros diez discípulos supieron lo que Santiago y Juan habían pedido, se enojaron con ellos. **42** Entonces Jesús los llamó a todos y les dijo:

—En este mundo, como ustedes bien saben, los jefes de las naciones gobiernan sobre sus pueblos y no los dejan hacer nada sin su permiso. Además, los líderes más importantes de un país imponen su autoridad sobre cada uno de sus habitantes. **43** Pero entre ustedes no debe ser así. Al contrario, si alguien quiere ser importante, tendrá que servir a los demás. **44** Si alguno quiere ser el primero, deberá ser el esclavo de todos. **45** Yo, el Hijo del hombre, soy así. No vine a este mundo para que me sirvan, sino para servir a los demás. Vine para liberar a la gente que es esclava del pecado, y para lograrlo pagaré con mi vida.

Jesús y el ciego Bartimeo

46 Jesús y sus discípulos pasaron por la ciudad de Jericó, y al salir de allí mucha gente los siguió. Junto al camino estaba sentado un ciego pidiendo limosna. Se llamaba Bartimeo. **47** Cuando oyó que Jesús de Nazaret estaba pasando por allí, empezó a gritar:

—Jesús, tú que eres el Mesías, ¡ten compasión de mí y ayúdame!

48 La gente comenzó a reprender al ciego para que se callara, pero él gritaba con más fuerza todavía:

—Señor, tú que eres el Mesías, ¡ten compasión de mí y ayúdame!

49 Entonces Jesús se detuvo y dijo:

—Llámenlo.

Llamaron al ciego diciéndole:

—¡No tengas miedo! Ven, que él te llama.

50 El ciego tiró su manto, y de un salto se puso de pie y se acercó a Jesús. **51** Jesús le dijo:

—¿Qué quieres que haga por ti? El ciego respondió:

—Maestro, haz que pueda yo ver de nuevo.

52 Jesús le dijo:

—Puedes irte; estás sano porque confiaste en Dios.

En ese momento, el ciego pudo ver de nuevo, y siguió a Jesús por el camino.

Jesús entra en Jerusalén

11 **1** Jesús y sus discípulos llegaron al Monte de los Olivos, cerca de los pueblos de Betfagé y Betania, y de la ciudad de Jerusalén. **2** Allí, Jesús dijo a dos de sus discípulos:

«Vayan a ese pueblo que se ve desde aquí. Tan pronto como entren van a encontrar a un burro atado, que nunca ha sido montado. Desátenlo y tráiganlo. **3** Si alguien les pregunta por qué lo están desatando, respondan: ''El Señor lo necesita y pronto lo devolverá''».

4 Los discípulos fueron al pueblo. Allí encontraron un burro atado en la calle, y lo desataron. **5** Algunas personas que estaban por allí les preguntaron: «¿Qué están haciendo? ¿Por qué desatan al burro?»

6 Los discípulos contestaron lo que Jesús les dijo. Y entonces aquellos los dejaron ir. **7** Luego pusieron sus mantos sobre el burro, lo llevaron adonde estaba Jesús, y él se montó.

8 Mucha gente empezó a extender sus mantos sobre el camino por donde iba a pasar Jesús. Algunos cortaban ramas de los árboles del campo, y también las ponían en el suelo como alfombra. **9** Y toda la gente, tanto la que iba delante de Jesús como la que iba detrás, gritaba:

«¡Sálvanos!

¡Bendito tú, que vienes en el nombre de Dios!

10 »¡Que Dios bendiga el futuro reinado
de nuestro antepasado David!

»Por favor, ¡sálvanos, Dios altísimo!»

11 Cuando Jesús entró en Jerusalén, fue al templo y se puso a ver cómo estaba todo. Pero como ya era tarde, se fue con sus discípulos al pueblo de Betania.

Jesús y la higuera

12 Al día siguiente, Jesús y sus discípulos salieron de Betania. En el camino, Jesús tuvo hambre, y **13** vio a lo lejos una higuera que tenía hojas. Pero cuando se acercó, no encontró ningún higo para comer. El árbol sólo tenía hojas, porque todavía no era época de higos. **14** Entonces Jesús le dijo al árbol: «¡Que nadie vuelva a comer de tus higos!» Y sus discípulos lo oyeron.

Jesús y los comerciantes del templo

15 Cuando llegaron a Jerusalén, Jesús entró en el templo y empezó a sacar a los que estaban vendiendo y comprando. Tiró las mesas de los que cambiaban dinero de otros países por dinero del templo, y también derribó los cajones de los que vendían palomas. **16** Y no dejaba que nadie caminara por el templo llevando cosas. **17** Luego se puso a enseñar a la gente y le dijo: «Dios dice en la Biblia: ''mi casa será llamada: 'Casa de oración para todos los pueblos' ''. Pero ustedes lo han convertido en cueva de ladrones».

18 Cuando los sacerdotes principales y los maestros de la Ley escucharon a Jesús, empezaron a buscar la forma de matarlo. Y es que le tenían miedo, pues toda la gente estaba asombrada por lo que enseñaba.

19 Al llegar la noche, Jesús y sus discípulos salieron de la ciudad.

La lección de la higuera

20 A la mañana siguiente, Jesús y sus discípulos pasaron junto a la higuera, y vieron que se había secado hasta la raíz.

21 Pedro recordó lo que había pasado el día anterior, y le dijo a Jesús:

—Maestro, ¡mira! El árbol que maldijiste está seco.

22 Jesús les dijo:

—Confíen en Dios. **23-24** Les aseguro que si tienen confianza y no dudan del poder de Dios, todo lo que pidan en sus oraciones sucederá. Si le dijeran a esta montaña: ''Quítate de aquí y échate en el mar'', así sucedería. Sólo deben creer que ya está hecho lo que han pedido.

25-26 »Cuando oren, perdonen todo lo malo que otra persona les haya hecho. Así, Dios, su Padre que está en el cielo, les perdonará a ustedes todos sus pecados.

La autoridad de Jesús

27 Después volvieron a entrar en Jerusalén. Y mientras Jesús caminaba por el templo, se le acercaron los sacerdotes principales, los maestros de la Ley y los líderes del país, **28** para preguntarle:

—¿Quién te dio autoridad para hacer todo esto?

29-30 Jesús les dijo:

—Yo también voy a preguntarles algo: ¿Quién le dio autoridad a Juan el Bautista para bautizar? ¿Dios o alguna otra persona? Si me contestan eso, yo les diré quién me dio autoridad para hacer todo lo que han visto.

31 Ellos comenzaron a discutir, y se decían unos a otros: «Si contestamos que Dios le dio autoridad a Juan, Jesús nos preguntará por qué no le creímos. **32** Pero tampoco podemos decir que fue un ser humano quien se la dio». No querían decir eso, porque tenían miedo de la gente; pues todos creían que Juan era un profeta enviado por Dios. **33** Por eso le respondieron a Jesús:

—No lo sabemos.

Entonces Jesús les dijo:

—Pues yo tampoco les diré quién me da autoridad para hacer todo esto.

La viña alquilada

12 **1** Este es uno de los ejemplos que Jesús usaba cuando le hablaba a la gente:

«Un hombre sembró una viña y construyó un cerco alrededor de ella. También preparó un lugar para hacer vino con las uvas que cosechara, y construyó una torre para vigilar el terreno. Luego, alquiló la viña a unos hombres y se fue de viaje.

2 »Cuando llegó el tiempo de la cosecha, el dueño de la viña envió a un sirviente para pedir la parte de la cosecha que le correspondía. **3** Pero los que alquilaron la viña golpearon al sirviente y lo enviaron con las manos vacías.

4 »El dueño volvió a enviar a otro sirviente, pero los hombres lo insultaron y lo golpearon en la cabeza.

5 »Envió luego a un tercer sirviente, y a ese lo mataron. Después envió a muchos otros sirvientes; a unos los golpearon y a otros los mataron.

6 »Sólo le quedaba su hijo, a quien amaba mucho. Finalmente decidió enviarlo, pues pensó: ''A mi hijo sí lo respetarán''.

7 »Pero los hombres que alquilaron la viña se dijeron unos a otros: ''Este muchacho es el que heredará la viña cuando el dueño muera. Vamos a matarlo; así nos quedaremos con todo''.

8 »Entonces los hombres agarraron al muchacho, lo mataron y arrojaron su cuerpo fuera del terreno.

9 »¿Qué piensan ustedes que hará el dueño de la viña? Yo se lo voy a decir: irá a la viña, matará a esos hombres y luego dará la viña a otras personas.

10 »¿No recuerdan lo que dice la Biblia?:

''La piedra que rechazaron los constructores del templo es ahora la piedra principal. **11** Esto nos deja maravillados, pues Dios es quien lo hizo''».

12 Los sacerdotes principales, los maestros de la Ley y los líderes del país se dieron cuenta de que Jesús había hecho esa comparación para hablar de ellos, y quisieron arrestarlo. Pero no se atrevieron a hacerlo porque tenían miedo de la gente. Entonces lo dejaron y se fueron.

Una trampa para Jesús

13 Después mandaron a algunos de los fariseos y a unos partidarios del rey Herodes, para ponerle a Jesús una trampa. **14** Ellos fueron y le dijeron:

—Maestro, sabemos que siempre dices la verdad. No te importa lo que digan los demás acerca de tus enseñanzas, porque siempre insistes en que debemos obedecer a Dios en todo. Dinos qué opinas.

¿Está bien que le paguemos impuestos al emperador de Roma? **15** Como Jesús sabía que ellos eran unos hipócritas, les respondió:

—¿Por qué quieren ponerme una trampa? Tráiganme una de las monedas que se usan para pagar el impuesto.

16 Entonces le llevaron una moneda de plata, y Jesús les preguntó:

—¿De quién es la cara dibujada en la moneda? ¿De quién es el nombre escrito en ella?

Ellos contestaron:

—Del emperador de Roma.

17 Jesús les dijo:

—Denle entonces al Emperador lo que es del Emperador, y a Dios lo que es de Dios.

Al escuchar la respuesta de Jesús, todos quedaron muy sorprendidos.

Los saduceos hablan con Jesús

18 Unos saduceos fueron a ver a Jesús y, como no creían que los muertos pueden volver a vivir, le preguntaron:

19 —Maestro, Moisés escribió que si un hombre muere sin tener hijos con su esposa, el hermano de ese hombre debe casarse con esa mujer y tener hijos con ella. De acuerdo con la ley, esos hijos son del hermano muerto y llevan su nombre.

20 »Pues bien, aquí vivían siete hermanos. El mayor se casó, y tiempo después murió sin tener hijos. **21** Entonces el segundo hermano se casó con la mujer que dejó el mayor, pero al poco tiempo también él murió sin tener hijos. Con el tercer hermano pasó lo mismo. **22** Y así pasó con los siete hermanos. Finalmente, murió la mujer.

23 »Ahora bien, cuando Dios haga que todos los muertos vuelvan a vivir, ¿de quién será esposa esta mujer, si estuvo casada con los siete?

24 Jesús les contestó:

—Ustedes están equivocados. No saben lo que dice la Biblia, ni conocen el poder de Dios. **25** Porque cuando Dios haga que los muertos vuelvan a vivir, nadie se va a casar, porque todos serán como los ángeles del cielo. **26** Y en cuanto a si los muertos vuelven a vivir, ustedes pueden leer en la Biblia la historia de la zarza. Allí, Dios le dijo a Moisés: ''Yo soy el Dios de Abraham, de Isaac y de Jacob, tus antepasados''. **27** Por tanto, Dios no es Dios de muertos, sino de vivos, pues para Dios todos ellos están vivos. ¡Qué equivocados están ustedes!

Los dos mandamientos más importantes

28 Uno de los maestros de la Ley escuchó la conversación entre Jesús y los saduceos. Al ver que Jesús les respondió muy bien, se acercó y le preguntó:

—¿Cuál es el mandamiento más importante de todos?

29 Jesús le contestó:

—El primero y más importante de los mandamientos es el que dice así: ''¡Escucha, pueblo de Israel! Nuestro único Dios es el Dios de Israel. **30** Ama a tu Dios con todo lo que piensas, con todo lo que eres y con todo lo que vales''. **31** Y el segundo mandamiento en importancia es: ''Ama a tu prójimo como te amas a ti mismo''. Ningún otro mandamiento es más importante que estos dos.

32 El maestro de la Ley le dijo:

—Muy bien, Maestro. Lo que dices es cierto: sólo Dios es nuestro dueño, y no hay otro como él. **33** Debemos amarlo con todo nuestro ser, y amar a los demás como nos amamos a nosotros mismos. Estos mandamientos son más importantes que cumplir todos los ritos y deberes religiosos.

34 Como Jesús vio que el maestro de la Ley le dio una buena respuesta, le dijo:

—No estás lejos del reino de Dios. Y nadie se atrevió a hacerle más preguntas.

La pregunta acerca del Mesías

35 Mientras enseñaba en el templo, Jesús preguntó:

«¿Por qué dicen los maestros de la Ley que el Mesías será de la familia del rey David? **36** Recuerden que el Espíritu Santo dijo lo siguiente a través de David:

Dios le dijo a mi Señor
el Mesías:
''Siéntate a la derecha
de mi trono,
hasta que yo derrote
a tus enemigos''.

37 »A ver, explíquenme: ¿Por qué el rey David llama Señor al Mesías? ¿Cómo puede el Mesías ser su descendiente? ¡Hasta David lo considera más importante que él mismo!»

Había allí mucha gente, y todos escuchaban a Jesús con agrado.

Jesús advierte a la gente y a sus discípulos

38 Jesús siguió enseñando y les dijo:

«¡Cuídense de los maestros de la Ley! A ellos les gusta vestirse como gente importante, y que en el mercado los saluden con mucho respeto. **39** Cuando van a una fiesta o a la sinagoga, les gusta ocupar los mejores asientos. **40** ¡Y son ellos los que roban las casas de las viudas, y luego hacen oraciones muy largas! Pero Dios los castigará más duro que a los demás».

La ofrenda de la viuda pobre

41 Un día, Jesús estaba en el templo, y se sentó frente a las cajas de las ofrendas. Allí veía cómo la gente echaba dinero en ellas. Mucha gente rica echaba grandes cantidades de dinero. **42** En eso llegó una viuda pobre, y echó en una de las cajas dos moneditas de poquísimo valor. **43** Entonces Jesús dijo a sus discípulos:

—Les aseguro que esta viuda pobre dio más que todos los ricos. **44** Porque todos ellos dieron de lo que les sobraba, pero ella, que es tan pobre, dio todo lo que tenía para vivir.

El templo será destruido

13 **1** Al salir del templo, uno de los discípulos le dijo a Jesús:

—Maestro, ¡mira qué piedras y qué edificios más hermosos!

2 Jesús le respondió:

—¿Ves estos grandes edificios? Pues de ellos no va a quedar en pie ni una pared. Todo será destruido.

Prepárense para el fin

3 Después, Jesús y sus discípulos se fueron al Monte de los Olivos, que está frente al templo. Jesús se sentó y, cuando estaban solos, Pedro, Santiago, Juan y Andrés le preguntaron:

4 —¿Cuándo será destruido el templo? ¿Qué cosas servirán de señal para indicar que todo eso está por suceder?

5 Jesús les respondió:

—¡Cuidado! No se dejen engañar. **6** Muchos vendrán y se harán pasar por mí, y le dirán a la gente: "Yo soy el Mesías". Usarán mi nombre y lograrán engañar a muchos.

7 »Ustedes oirán que hay guerras en algunos países, y que otros países están a punto de pelearse. No se asusten; esas cosas pasarán, pero todavía no será el fin del mundo. **8** Porque los países pelearán unos contra otros, la gente no tendrá qué comer y habrá terremotos en muchos lugares. Eso será sólo el principio de todo lo que el mundo sufrirá.

9 »Tengan cuidado, porque los entregarán a las autoridades y los golpearán en las sinagogas. Los llevarán ante los gobernadores y los reyes para que hablen de mí ante ellos, porque son mis discípulos. **10** Antes de que llegue el fin del mundo, en todos los países de la tierra deberán anunciarse las buenas noticias del reino.

11 »Cuando los entreguen a las autoridades y los lleven a juicio, no se preocupen por lo que van a decir para defenderse. En ese momento, Dios les indicará lo que deben decir. Ustedes no son los que van a hablar, sino que el Espíritu Santo hablará por ustedes. **12** »Los hermanos se traicionarán unos a otros. Cada uno entregará al otro para que lo maten. Los padres traicionarán a sus hijos, y los hijos atacarán a sus padres y los matarán. **13** ¡Todo el mundo los odiará a ustedes por ser mis discípulos! Pero yo salvaré al que confíe en mí hasta el final.

Una señal para huir

14 »El que lea esto debe tratar de entender lo que digo. Cuando vean que se presenta una ofrenda espantosa en el lugar donde no debe ser, huyan de inmediato. Los que estén en la región de Judea, que corran hacia las montañas; **15** el que esté en la azotea de su casa, que no baje a sacar nada; **16** y el que esté en el campo, que no vaya a su casa a buscar ropa. **17** Las mujeres que en ese momento estén embarazadas van a sufrir mucho. ¡Pobres de las que tengan hijos recién nacidos! **18** Oren a Dios y pídanle que esto no suceda en el invierno, **19** porque la gente sufrirá muchísimo en esos días. Desde que Dios creó el mundo hasta ahora, la gente nunca ha sufrido tanto como sufrirá ese día, ni jamás volverá a sufrir así. **20** Dios ama a las personas que él ha elegido, y por eso el tiempo de sufrimiento no será muy largo. Si no fuera así, todos morirían.

21 »Si en esos días alguien les dice: "Miren, aquí está el Mesías" o "allí está el Mesías", no le crean. **22** Porque vendrán falsos Mesías y falsos profetas, y harán cosas tan maravillosas que engañarán a la gente. Si pueden, engañarán también a los que Dios ha llamado a seguirlo. **23** ¡Tengan cuidado! Ya les he advertido de todo esto antes de que pase.

El regreso del Hijo del hombre

24 »Cuando pase ese tiempo de sufrimiento,

el sol se pondrá oscuro;
la luna dejará de brillar.
25 Las estrellas caerán;
y temblarán los poderes
del cielo.

26 »Entonces me verán a mí, el Hijo del hombre, venir en las nubes del cielo con mucho poder y gloria. **27** Y enviaré por todo el mundo a mis ángeles para que reúnan a mis seguidores.

La lección de la higuera

28 »Aprendan la enseñanza que da la higuera. Cuando a este árbol le salen ramas tiernas y hojas nuevas, ustedes saben que ya se acerca el verano. **29** Del mismo modo, cuando vean que todo está pasando como les he dicho, sabrán que pronto vendré de nuevo. **30** Les aseguro que todo esto pasará antes de que mueran algunos de los que ahora están vivos. **31** El cielo y la tierra dejarán de existir, pero mis palabras permanecerán para siempre.

32 »Nadie sabe el día ni la hora en que yo vendré; ni siquiera los ángeles del cielo lo saben. Es más, ni yo lo sé. Dios es el único que lo sabe.

33 »Por eso, tengan cuidado y estén alerta, porque no saben cuándo volveré.

34 »Sucede lo mismo que cuando un hombre decide irse de viaje. Llama a sus empleados y les encarga que le cuiden la casa. A cada uno le encarga un trabajo, y al portero le ordena que vigile. **35** Ellos se mantienen alerta porque no saben si el dueño de la casa va a llegar en la tarde o en la mañana, a media noche o en la madrugada. De igual modo, ustedes deben estar alerta, **36** pues yo podría venir de repente y encontrarlos durmiendo. **37** Lo que les digo a ustedes se lo digo a todo el mundo: ¡Estén siempre alerta, vigilen todo el tiempo!

Un plan contra Jesús

14 **1** Faltaban dos días para que se celebrara la fiesta de la Pascua. A esta fiesta también se le llamaba fiesta de los Panes sin levadura. En esos días, los sacerdotes principales y los maestros de la Ley buscaban la manera de engañar a Jesús, para poder arrestarlo y matarlo. **2** Decían entre ellos: «Lo haremos, pero no durante la fiesta, para que la gente no se alborote y se ponga en contra de nosotros».

Una mujer derrama perfume sobre Jesús

3 Jesús estaba en el pueblo de Betania, en casa de Simón, el que había tenido lepra. Mientras Jesús comía, llegó una mujer con un frasco de perfume muy caro. Se acercó a él, rompió el frasco y derramó el perfume sobre la cabeza de Jesús.
4 Algunos de los que estaban allí se enojaron y dijeron: «¡Qué desperdicio tan grande! **5** Ese perfume se hubiera podido vender por trescientas monedas de plata, y con el dinero podríamos haber ayudado a muchos pobres».
Y se pusieron a criticar a la mujer, **6** pero Jesús les dijo:

«¡Déjenla tranquila! ¿Por qué la molestan? Ella hizo una cosa buena para mí. **7** Siempre habrá gente pobre cerca de ustedes, y podrán ayudarlos cuando lo deseen. Pero muy pronto ya no estaré con ustedes. **8** Esta mujer hizo lo único que podía hacer: echó perfume sobre mi cabeza, sin saber que estaba preparando mi cuerpo para mi entierro. **9** Les aseguro que esto que ella hizo se recordará en todos los lugares donde se anuncien las buenas noticias de Dios».

Judas traiciona a Jesús

10 Judas Iscariote, uno de los doce discípulos, fue a ver a los sacerdotes principales y les prometió ayudarlos a arrestar a Jesús. **11** Ellos se alegraron al oír esto, y le ofrecieron dinero. Y desde ese momento, Judas buscaba una buena oportunidad para entregarles a Jesús.

Una cena inolvidable

12 En el primer día de la fiesta de los Panes sin levadura se sacrificaba el cordero de la Pascua. Ese día, los discípulos le preguntaron a Jesús:

—¿Dónde quieres que preparemos la cena de la Pascua?

13 Jesús les dijo a dos de ellos:

—Vayan a Jerusalén; allí verán a un hombre que lleva un jarrón de agua. Síganlo **14** hasta la casa donde entre, y díganle al dueño de la casa: ''El Maestro quiere saber dónde está la sala en la que va a comer con sus discípulos en la noche de Pascua''. **15** Él les mostrará una sala grande y arreglada en el piso de arriba. Preparen allí todo.

16 Los dos discípulos fueron a la ciudad y encontraron todo tal como Jesús les había dicho, y prepararon la cena de la Pascua.
17 Al anochecer, Jesús y los doce discípulos fueron al salón. **18** Mientras cenaban, Jesús dijo:

—El que va a entregarme a mis enemigos, está aquí cenando conmigo.

19 Los discípulos se pusieron muy tristes, y cada uno le dijo:

—No estarás acusándome a mí, ¿verdad?

20 Jesús respondió:

—Es uno de ustedes, y ahora mismo está mojando su pan en el mismo plato que yo. **21** La Biblia dice claramente que yo, el Hijo del hombre, tengo que morir. Sin embargo, al que me traiciona va a pasarle algo muy terrible. ¡Más le valdría no haber nacido!

22 Mientras estaban comiendo, Jesús tomó un pan y dio gracias a Dios. Luego lo partió, lo dio a sus discípulos y les dijo:

«Tomen, esto es mi cuerpo».

23 Después tomó una copa llena de vino y dio gracias a Dios. Luego la pasó a los discípulos y todos bebieron de ella. **24** Jesús les dijo:

«Esto es mi sangre, y con ella Dios hace un trato con ustedes. Esta sangre servirá para que muchos puedan ser salvos. **25** Será la última vez que beba este vino con ustedes. Pero cuando estemos juntos otra vez en el reino de Dios, entonces beberemos del vino nuevo».

26 Después cantaron un himno y se fueron al Monte de los Olivos.

Pedro promete no dejar a Jesús

27 Cuando llegaron al Monte de los Olivos, Jesús dijo a sus discípulos:

—Todos ustedes van a perder su confianza en mí. Porque la Biblia dice:

''Mataré a mi mejor amigo
y así mi pueblo se dispersará''.

28 »Pero después de que Dios me devuelva la vida, iré a Galilea antes que ustedes.

29 Entonces Pedro le dijo:

—Aunque todos te abandonen, yo no lo haré.

30 Jesús le respondió:

—Pedro, no estés muy seguro de eso; antes de que el gallo cante dos veces, tú dirás tres veces que no me conoces.

31 Pero Pedro insistió:

—Aunque tenga que morir, nunca diré que no te conozco.
Los demás discípulos decían lo mismo.

Jesús ora con mucha tristeza

32 Jesús y sus discípulos fueron a un lugar llamado Getsemaní, y él les dijo: «Quédense aquí mientras yo voy a orar».

33 Jesús invitó a Pedro, a Santiago y a Juan, para que lo acompañaran. Empezó a sentirse muy, pero muy triste, **34** y les dijo a los tres: «Estoy muy triste, y siento que me voy a morir; quédense aquí y no se duerman».

35-36 Jesús se alejó un poco de ellos, se arrodilló y oró a Dios: «¡Padre!, ¡papá!, si fuera posible, no me dejes sufrir. Para ti todo es posible. ¡Cómo deseo que me libres de este sufrimiento! Pero que no suceda lo que yo quiero, sino lo que quieras tú».

37 Jesús regresó adonde estaban los tres discípulos, y los encontró durmiendo. Entonces le dijo a Pedro:

«Simón, ¿te has quedado dormido? ¿No pudiste quedarte despierto ni una hora? **38** No se duerman; oren para que puedan resistir la prueba que se acerca. Ustedes quieren hacer lo bueno, pero no pueden hacerlo con sus propias fuerzas».

39 Jesús se apartó otra vez, y repitió la misma oración. **40** Regresó de nuevo adonde estaban los tres discípulos, y otra vez los encontró dormidos, pues estaban muy cansados. Jesús los despertó, pero ellos no

sabían qué decir. **41** Luego fue a orar por tercera vez, y cuando volvió les dijo: «¿Siguen descansando y durmiendo? ¡Levántense! Ya vienen los hombres malvados para arrestarme a mí, el Hijo del hombre. **42** Levántense y vengan conmigo, que allí viene el que me va a entregar».

Los enemigos apresan a Jesús

43 Todavía estaba hablando Jesús cuando llegó Judas, uno de los doce discípulos. Con él venían muchos hombres armados con cuchillos y palos. Los sacerdotes principales, los maestros de la Ley y los líderes judíos los habían enviado. **44** Judas ya les había dicho: «Al que yo bese, ese es Jesús. Arréstenlo y llévenselo bien atado».

45 Judas se acercó a Jesús y le dijo: «¡Maestro!» Y lo besó.

46 Los hombres arrestaron a Jesús. **47** Pero uno de los que estaban allí sacó su espada y le cortó una oreja al sirviente del jefe de los sacerdotes.

48 Luego Jesús preguntó a la gente:

—¿Por qué han venido con cuchillos y palos, como si fuera yo un criminal? **49** Todos los días estuve enseñando en el templo, y allí nunca me apresaron. Pero todo esto debe suceder así para que se cumpla lo que dice la Biblia.

50 En ese momento, todos los discípulos abandonaron a Jesús y huyeron. **51** Uno de ellos era un joven que estaba cubierto sólo con una sábana. Cuando los soldados lo apresaron, **52** él dejó tirada la sábana y escapó desnudo.

El juicio contra Jesús

53-54 Pedro siguió a Jesús desde lejos, y llegó hasta el patio del palacio del jefe de los sacerdotes. Allí se sentó con las guardias junto al fuego, para calentarse. Mientras tanto, los que habían arrestado a Jesús lo llevaron ante el jefe de los sacerdotes. Allí estaban reunidos los sacerdotes principales, los líderes judíos y

los maestros de la Ley.

55 Los sacerdotes principales y todos los miembros de la Junta Suprema buscaban a alguien que acusara a Jesús, para poder condenarlo a muerte; pero no lo encontraban. **56** Muchos vinieron con mentiras en contra de Jesús, pero se contradecían entre ellos. **57** Algunos se pusieron en pie y mintieron diciendo: **58** «Nosotros oímos a Jesús decir que él iba a destruir este templo que nosotros hicimos. Él mismo dijo que en tres días iba a construir otro templo, sin la ayuda de nadie». **59** Pero ni en eso se ponían de acuerdo los que acusaban a Jesús.

60 Entonces el jefe de los sacerdotes se puso de pie y le preguntó a Jesús:

—¿Oíste bien de qué te acusan? ¿Qué puedes decir para defenderte?

61 Pero Jesús no respondió nada, sino que se quedó callado.
El jefe de los sacerdotes volvió a preguntarle:

—¿Eres tú el Mesías, el Hijo del Dios que todos adoran?

62 Jesús le respondió:

—Sí, lo soy. Y ustedes me verán cuando yo, el Hijo del hombre, venga en las nubes del cielo con el poder y la autoridad que me da Dios todopoderoso.

63 Al escuchar esto, el jefe de los sacerdotes rompió sus ropas para mostrar su enojo, y dijo:

—Ya no necesitamos más pruebas. **64** Dice que él es Dios. ¿Qué les parece? ¿Qué deciden?

Y todos estuvieron de acuerdo en que Jesús debía morir. **65** Algunos empezaron a escupir a Jesús. Le tapaban los ojos, lo golpeaban y le decían: «¡Adivina quién te pegó!»

Luego, los soldados del templo se hicieron cargo de Jesús y lo recibieron a bofetadas.

Pedro niega que conoce a Jesús

66 Mientras pasaba todo esto, Pedro estaba en el patio del palacio. De pronto llegó una sirvienta del jefe de los sacerdotes, **67** y vio a Pedro calentándose junto al fuego; lo miró fijamente y le dijo:

—Tú siempre estabas con Jesús, el hombre de Nazaret.

68 Pedro respondió:

—Eso no es cierto; ¡no sé de qué me hablas!

Y se fue a la entrada del patio. En ese momento el gallo cantó. **69** Un poco más tarde, la sirvienta volvió a ver a Pedro, y dijo a los que estaban allí:

—Este hombre es uno de los seguidores de Jesús.

70 Pedro volvió a negarlo.

Un poco más tarde, algunos de los que estaban por allí le dijeron a Pedro:

—Estamos seguros de que tú eres uno de los seguidores de Jesús; tú también eres de la región de Galilea.

71 Pedro les contestó con más fuerza:

—¡Ya les dije que no conozco a ese hombre! ¡Que Dios me castigue si no estoy diciendo la verdad!

72 En ese momento, el gallo cantó por segunda vez, y Pedro se acordó de lo que Jesús le había dicho: «Antes de que el gallo cante dos veces, tú dirás tres veces que no me conoces». Y Pedro se puso a llorar con mucha tristeza.

Jesús y Pilato

15 **1** Al amanecer, los sacerdotes principales, los líderes del país y los maestros de la Ley se reunieron con los miembros de la Junta Suprema. Terminada la reunión, ataron a Jesús, lo sacaron del palacio de Caifás y lo entregaron a Poncio Pilato, el gobernador romano. **2** Pilato le preguntó a Jesús:

—¿Eres en verdad el rey de los judíos?

Jesús respondió:

—Tú lo dices.

3 Los sacerdotes principales presentaban muchas acusaciones contra Jesús. **4** Por eso, Pilato volvió a preguntarle:

—Mira, te acusan de muchas cosas. ¿No vas a defenderte?

5 Y como Jesús no le respondía, el gobernador se quedó asombrado.

¡Que lo claven en una cruz!

6 Durante la fiesta de la Pascua, Pilato tenía la costumbre de poner en libertad a alguno de los presos, el que el pueblo quisiera. **7** En ese tiempo estaba encarcelado un bandido muy famoso, que se llamaba Barrabás. Junto con otros había matado a alguien durante un gran pleito que se armó en contra del gobierno de Roma.

8 La gente fue a ver a Pilato y empezó a pedirle que dejara libre a un prisionero, como era su costumbre. **9-10** Y como Pilato sabía que los sacerdotes principales habían entregado a Jesús sólo por envidia, le preguntó a la gente:

—¿Quieren que deje libre al rey de los judíos?

11 Pero los sacerdotes principales alborotaron a la gente para que pidiera la liberación de Barrabás. **12** Pilato volvió a preguntar:

—¿Y qué quieren que haga con el hombre que ustedes llaman el rey de los judíos?

13 —¡Clávalo en una cruz! —contestaron a coro.

14 Pilato les preguntó:

—Díganme, ¿qué mal ha hecho este hombre?

Pero la multitud gritó con más fuerza:

—¡Clávalo en una cruz!

15 Pilato quería quedar bien con la gente, así que dejó en libertad a Barrabás. Luego ordenó que azotaran a Jesús con un látigo y que lo clavaran en una cruz.

Todos se burlan de Jesús

16 Los soldados romanos llevaron a Jesús al patio del cuartel y llamaron al resto de la tropa. **17** Luego le pusieron a Jesús un manto de color rojo oscuro, y le colocaron en la cabeza una corona hecha con ramas de espinos. **18** Entonces comenzaron a burlarse de él y gritaban: «¡Viva el rey de los judíos!» **19** Lo golpeaban en la cabeza con una vara y lo escupían, y arrodillándose delante de él le hacían reverencias. **20** Cuando se cansaron de burlarse de él, le quitaron el manto rojo y le pusieron su propia ropa. Después se lo llevaron para clavarlo en la cruz.

21 Los soldados salieron con Jesús, y en el camino encontraron a un hombre llamado Simón, que era del pueblo de Cirene. Simón era padre de Alejandro y de Rufo; regresaba del campo y los soldados lo obligaron a cargar la cruz de Jesús.

22 Así llevaron a Jesús a un lugar llamado Gólgota, que quiere decir «La Calavera». **23** Allí le ofrecieron vino mezclado con mirra, para calmar sus dolores; pero Jesús no quiso beberlo.

24-28 Eran las nueve de la mañana cuando los soldados romanos clavaron a Jesús en la cruz. Luego hicieron un sorteo para ver quién de ellos se quedaría con su ropa. Además, colocaron un letrero para explicar por qué lo habían clavado en la cruz. El letrero decía: «El Rey de los judíos».

Junto a Jesús clavaron a dos bandidos, uno a su derecha y el otro a su izquierda. **29** La gente que pasaba por allí insultaba a Jesús y se burlaba de él, haciéndole muecas y diciéndole: «¡Hey! Tú dijiste que podías destruir el templo y construirlo de nuevo en tres días. **30** ¡Si tienes tanto poder, sálvate a ti mismo! ¡Baja de la cruz!»

31 También los sacerdotes principales y los maestros de la Ley se burlaban de él, y se decían entre sí: «Salvó a otros, pero no puede salvarse a sí mismo. **32** Dice que es el Mesías, el rey de Israel. ¡Pues que baje de la cruz y creeremos en él!»

También los bandidos que habían sido clavados junto a Jesús lo insultaban.

Jesús muere

33 El cielo se puso oscuro desde el mediodía hasta las tres de la tarde. **34** A esa hora, Jesús gritó con mucha fuerza: «Eloí, Eloí, ¿lemá sabactani?» Eso quiere decir: «¡Dios mío, Dios mío! ¿Por qué me has abandonado?»

35 Algunos de los que estaban allí lo oyeron y dijeron: «Oigan, está llamando al profeta Elías».

36 Uno de ellos consiguió una esponja, la empapó con vinagre, la ató en el extremo de un palo largo y se la acercó a Jesús para que bebiera. Entonces dijo: «Vamos a ver si Elías viene a bajarlo de la cruz».

37 Jesús lanzó un fuerte grito y murió. **38** En aquel momento, la cortina del templo se partió en dos pedazos de arriba abajo.

39 El oficial romano que estaba frente a Jesús lo vio morir, y dijo:

—En verdad este hombre era el Hijo de Dios.

40 Había allí muchas mujeres mirando desde lejos. Entre ellas estaban María Magdalena, Salomé y María la madre de José y de Santiago el menor. **41** Ellas habían seguido y ayudado a Jesús en Galilea. Además, estaban allí muchas otras mujeres que habían acompañado a Jesús en su viaje a Jerusalén.

El entierro de Jesús

42 Ya era viernes por la tarde, y los judíos se estaban preparando para las celebraciones especiales del día sábado. **43** Un hombre llamado José, del pueblo de Arimatea, no tuvo miedo de pedirle a Pilato el cuerpo de Jesús. José era un miembro muy importante de la Junta Suprema. Además, él oraba para que el reinado de Dios empezara pronto.

44 Pilato se sorprendió mucho al oír que Jesús ya había muerto. Por eso, llamó al oficial romano para ver si era cierto, y para averiguar cuándo había sucedido. **45** Cuando el oficial regresó con el informe, Pilato dio permiso para que le entregaran a José el cuerpo de Jesús.

46 José compró entonces una sábana de tela muy fina y cara. Bajó a Jesús de la cruz, lo envolvió en la sábana y lo puso en una tumba. Hacía poco tiempo que José la había mandado construir en una gran roca. Luego tapó la entrada de la tumba con una piedra muy grande. **47** Mientras tanto, María Magdalena y María la madre de José, miraban dónde ponían el cuerpo de Jesús.

¡Él está vivo!

16 **1** Cuando terminó el descanso obligatorio de los judíos, María Magdalena, Salomé y María la madre de Santiago compraron perfumes para untárselos al cuerpo de Jesús. **2** Así que, el domingo en la mañana, cuando el sol apenas había salido, fueron a la tumba de Jesús. **3-4** Mientras caminaban, se decían unas a otras: «¿Quién quitará la piedra que tapa la entrada de la tumba? ¡Esa piedra es muy grande!» Pero, al mirar la tumba, vieron que la piedra ya no tapaba la entrada.

5 Cuando entraron, vieron a un joven vestido con ropa blanca y larga, sentado al lado derecho de la tumba. Ellas se asustaron, **6** pero el joven les dijo:

«No se asusten. Ustedes están buscando a Jesús, el de Nazaret, el que murió en la cruz. No está aquí; ha vuelto a vivir. Vean el lugar donde habían puesto su cuerpo. **7** Y ahora, vayan y cuenten a sus discípulos y a Pedro que Jesús va a Galilea para llegar antes que ellos. Allí podrán verlo, tal como les dijo antes de morir».

8 Las mujeres, temblando de miedo, huyeron de la tumba. Pero no le dijeron nada a nadie en el camino porque estaban muy asustadas.

Jesús se le aparece a María Magdalena

9 El domingo muy temprano, después de que Jesús resucitó, se le apareció a María Magdalena. Tiempo atrás, Jesús había expulsado de ella siete demonios. **10** Mientras los discípulos estaban tristes y llorando por la muerte de Jesús, ella llegó y les contó que Jesús estaba vivo. **11** Pero ellos no creyeron que Jesús estuviera vivo ni que María lo había visto.

Jesús se les aparece a dos discípulos

12 Después Jesús se les apareció a dos discípulos que iban por el campo. **13** Estos dos discípulos fueron y les avisaron a los demás, pero tampoco les creyeron.

La misión de los discípulos

14 Luego, Jesús se les apareció a los once discípulos mientras ellos comían. Los reprendió por su falta de confianza y por su terquedad; ellos no habían creído a los que lo habían visto resucitado. **15** Jesús les dijo:

«Vayan por todos los países del mundo y anuncien las buenas noticias a todas las personas. **16** Los que crean en mí y se bauticen serán salvos. Pero a los que no crean en mí, yo los voy a rechazar. **17** Los que confíen en mí y usen mi nombre podrán hacer cosas maravillosas: Podrán expulsar demonios; podrán hablar idiomas nuevos y extraños; **18** podrán agarrar serpientes o beber algo venenoso, y nada les pasará. Además, pondrán las manos sobre los enfermos y los sanarán».

Jesús sube al cielo

19 Cuando el Señor Jesús terminó de hablar con sus discípulos, Dios lo subió al cielo. Allí, Jesús se sentó en el lugar de honor, al lado derecho de Dios.

20 Y los discípulos, por su parte, salieron a anunciar por todas partes las buenas noticias del reino. El Señor Jesús los acompañaba y los ayudaba por medio de señales milagrosas, y así Dios demostraba que los discípulos predicaban el mensaje verdadero. Amén.

Otra manera de finalizar el libro de Marcos

9-10 Las tres mujeres fueron a ver a Pedro y a los otros discípulos, y les dieron un corto informe de lo que ellas habían oído. Después, Jesús envió a los discípulos a todos los países del mundo, para anunciar el mensaje especial de Dios, que durará para siempre.

Lucas

1 **1-4** Muy distinguido amigo Teófilo:

Usted sabe que muchos se han puesto a escribir informes acerca de las cosas que han pasado entre nosotros. Las escribieron tal como nos las contaron quienes estuvieron con Jesús desde el principio. A ellos, Jesús los mandó a anunciar su mensaje.

Yo también he estudiado con mucho cuidado todo lo sucedido, y creo conveniente ponerlo por escrito, tal y como sucedió. Así, usted podrá saber si le han contado la verdad.

El ángel Gabriel y Zacarías

5 Zacarías fue un sacerdote que vivió cuando Herodes el Grande era rey de los judíos. Prestaba servicio en el templo con el grupo del sacerdote Abías. Su esposa se llamaba Isabel y era descendiente del sacerdote Aarón. **6** Isabel y Zacarías eran muy buenos y obedecían todos los mandamientos de Dios. **7** No tenían hijos, pues Isabel no había podido quedar embarazada y, además, los dos eran muy viejos.

8 Cierto día, le tocó al grupo de sacerdotes de Zacarías el turno de servir a Dios en el templo. **9** Los sacerdotes acostumbraban nombrar a uno del grupo para que entrara al templo de Dios y quemara incienso en el altar. Esta vez le tocó a Zacarías entrar a quemar el incienso, **10** mientras el pueblo se quedaba afuera orando.

11 De pronto, un ángel de Dios se le apareció a Zacarías al lado derecho del altar. **12** Cuando Zacarías vio al ángel, tuvo mucho miedo y no supo qué hacer. **13** Pero el ángel le dijo:

—¡No tengas miedo, Zacarías! Dios ha escuchado tus oraciones. Tu esposa Isabel tendrá un hijo, y lo llamarás Juan. **14** Su nacimiento te va a hacer muy feliz, y muchos también se alegrarán. **15** Tu hijo va

a ser muy importante ante Dios. No tomará vino ni cerveza, y el Espíritu Santo estará con él desde antes de que nazca.

16 »Este niño hará que muchos en Israel dejen de hacer lo malo y obedezcan a Dios. **17** Llegará antes que el Mesías, con el mismo poder y el mismo espíritu que antes tuvo el profeta Elías. Su mensaje hará que los padres se reconcilien con sus hijos, y que los desobedientes comprendan su error y sigan el ejemplo de los que sí obedecen. Además, preparará al pueblo de Israel para recibir al Mesías.

18 Zacarías le dijo al ángel:

—Mi esposa y yo somos ya muy viejos. ¿Cómo sabré que todo pasará tal como dices?

19 El ángel le respondió:

—Yo soy Gabriel, ayudante especial de Dios. Él me envió a darte esta buena noticia. **20** Pero como no me creíste, no vas a poder hablar hasta que suceda lo que te dije.

21 Toda la gente estaba afuera, esperando a Zacarías, y se preguntaba por qué no salía del templo. **22** Cuando Zacarías salió, no podía hablar y sólo hacía señas con las manos. Entonces la gente comprendió que Zacarías había tenido una visión.

23 Al terminar su turno en el templo, Zacarías regresó a su casa. **24** Poco tiempo después, su esposa quedó embarazada, y durante cinco meses no salió de la casa, pues pensaba: **25** «¡Dios ha hecho esto conmigo para que la gente ya no me desprecie!»

El ángel Gabriel y María

26 Isabel ya tenía seis meses de embarazo cuando Dios mandó al ángel Gabriel a Nazaret, un pueblo de la región de Galilea. **27** Llevaba

un mensaje para una joven llamada María. Ella estaba comprometida para casarse con José, quien era descendiente del rey David.

28 El ángel entró en el lugar donde estaba María, la saludó y le dijo:

—¡Dios te ha bendecido de manera especial! El Señor está contigo.

29 María se sorprendió mucho al oír un saludo tan extraño, y se preguntaba qué significaba eso. **30** Entonces el ángel le dijo:

—No tengas miedo, María, porque Dios te ha dado un gran privilegio. **31** Vas a quedar embarazada y tendrás un hijo, a quien le pondrás por nombre Jesús. **32** Este niño llegará a ser muy importante y lo llamarán ''Hijo del Dios altísimo''. Dios lo hará rey, como hizo con su antepasado David; **33** gobernará a la nación de Israel para siempre, y su reinado no terminará nunca.

34 María le preguntó al ángel:

—¿Cómo pasará esto, si aún no me he casado?

35 El ángel le contestó:

—El Espíritu Santo se acercará a ti; el Dios altísimo te cubrirá con su poder. Por eso, el niño vivirá completamente dedicado a Dios y será llamado ''Hijo de Dios''. **36** Tu prima Isabel, aunque ya es muy vieja, también va a tener un hijo. La gente pensaba que ella nunca podría tener hijos, pero hace ya seis meses que está embarazada. **37** Eso demuestra que para Dios todo es posible.

38 María respondió:

—Yo soy la esclava del Señor. Que suceda todo tal como me lo has dicho.

Y el ángel se fue.

María visita a Isabel

39 A los pocos días, María fue de prisa a un pueblo de la región montañosa de Judea. **40** Entró en la casa de Zacarías y saludó a Isabel. **41** Cuando Isabel oyó el saludo, el niño saltó de alegría dentro de ella.

Isabel, llena del Espíritu Santo, **42** dijo en voz alta a María:

—¡Dios te ha bendecido más que a todas las mujeres! Y también ha bendecido al hijo que tendrás. **43** ¿Por qué has venido a visitarme, tú que eres la madre de mi Señor? **44** Tan pronto como oí tu saludo, el bebé saltó de alegría dentro de mí. **45** ¡Dios te ha bendecido porque confiaste en sus promesas!

María alaba a Dios

46 María respondió:

«Le doy gracias a Dios con todo mi corazón, **47** y estoy alegre porque él es mi Salvador!

48 »Dios tiene especial cuidado de mí, su humilde esclava.

»Desde ahora todos me dirán: ''¡María, Dios te ha bendecido!''

49 »El Dios todopoderoso ha hecho grandes cosas conmigo. ¡Su nombre es santo!

50 »Él nunca deja de amar a todos los que lo adoran.

51 »Dios actúa con poder y hace huir a los orgullosos.

52 »Quita a los poderosos de sus tronos, y da poder a los pobres.

53 »Da cosas buenas a los hambrientos, pero despide a los ricos con las manos vacías.

54 »Ayuda a los israelitas, sus servidores, y nunca deja de ser bondadoso con ellos.

55 »Así lo prometió a nuestros antepasados, a Abraham y a sus descendientes, para siempre».

56 Y María se quedó tres meses con Isabel. Después, regresó a su casa.

El nacimiento de Juan el Bautista

57 Cuando nació el hijo de Isabel, **58** todos sus vecinos y familiares se alegraron mucho, pues vieron que Dios había sido muy bondadoso. **59** A los ocho días, vinieron a circuncidar al niño. Los que estaban allí querían ponerle Zacarías, que era el nombre de su padre. **60** Pero Isabel dijo:

—¡No! Va a llamarse Juan.

61 Ellos le dijeron:

—Ningún familiar tuyo se llama así.

62 Y le preguntaron por señas a Zacarías cómo quería llamar al niño. **63** Zacarías pidió una tabla y escribió: «Juan». Todos quedaron sorprendidos. **64** En ese mismo momento, Zacarías empezó a hablar y alabó a Dios. **65** Todos los vecinos se quedaron impresionados, y en toda la región montañosa de Judea no se hablaba de otra cosa. **66** Los que oían hablar del asunto se preguntaban: «¿Qué será de este niño cuando crezca?» Porque todos sabían que Dios estaba con él.

Zacarías alaba a Dios

67 Zacarías, lleno del Espíritu Santo, dio este mensaje:

68 «¡Alabemos al Dios de Israel, porque ha venido a salvarnos!

69 »Nos ha dado un Salvador muy poderoso,

descendiente del rey David, su servidor.

70 »Esto lo había prometido hace mucho tiempo, por medio de sus santos profetas: **71** que él iba a salvarnos de nuestros enemigos y de todos aquellos que nos odian.

72 »Él dijo que sería bondadoso con su pueblo, y que cumpliría su santa promesa.

73 »Él prometió a nuestro antepasado Abraham, **74** que iba a salvarnos de nuestros enemigos.

»Así podríamos servirle sin ningún temor, **75** y vivir sólo para él, practicando la justicia todos los días de nuestra vida.

76 »Y tú, hijo mío, serás llamado: ''Profeta del Dios altísimo''.

»Tú irás delante del Mesías, preparando a la gente para su llegada.

77 »Le dirás a su pueblo que ya tiene salvación, pues Dios perdona sus pecados.

78 »Dios nos ama tanto, que desde el cielo nos envió un Salvador, como si fuera el sol de un nuevo día.

79 »Él salvará a los que viven en peligro de muerte.

»Será como una luz que alumbra en la oscuridad, para guiarnos hacia el camino de la paz».

80 El niño Juan crecía en estatura y con mucho poder espiritual. Vivió en el desierto hasta el día en que Dios lo mandó a llevar su mensaje al pueblo de Israel.

El nacimiento de Jesús

2 ¹ Poco antes de que Jesús naciera, Augusto, emperador de Roma, mandó hacer un censo, es decir, una lista de toda la gente que vivía en el Imperio Romano. ² En ese tiempo Quirinio era el gobernador de Siria, y fue el responsable de hacer este primer censo en la región de Palestina. ³ Todos tenían que ir al pueblo de donde era su familia, para que anotaran sus nombres en esa lista. ⁴ José pertenecía a la familia de David. Y como vivía en Nazaret, tuvo que ir a Belén para que lo anotaran, porque allí había nacido mucho tiempo antes el rey David. ⁵ Lo acompañó María, su esposa, que estaba embarazada. ⁶ Mientras estaban en Belén, a María le llegó la hora de tener ⁷ su primer hijo. Como no encontraron lugar en ningún hotel, los dejaron pasar la noche en una casa, en el lugar donde se cuidan los animales. Cuando el niño nació, María lo envolvió en pañales y lo acostó en un pesebre. ⁸ Esa misma noche, unos pastores estaban cuidando sus ovejas cerca de Belén. ⁹ De pronto, un ángel de Dios se les apareció, y la gloria de Dios brilló alrededor de ellos. Los pastores se asustaron mucho, ¹⁰ pero el ángel les dijo: «No tengan miedo. Les traigo una buena noticia que los dejará muy contentos: ¹¹ ¡Su Salvador acaba de nacer en Belén! ¡Es el Mesías, el Señor! ¹² Lo reconocerán porque está durmiendo en un pesebre, envuelto en pañales».

¹³ De pronto, muchos ángeles aparecieron en el cielo y alababan a Dios cantando:

¹⁴ «¡Gloria a Dios en el cielo,
y paz en la tierra
para todos los que Dios ama!»

¹⁵ Después de que los ángeles volvieron al cielo, los pastores se dijeron unos a otros: «¡Vayamos corriendo a Belén para ver esto que Dios nos ha anunciado!» ¹⁶ Los pastores fueron de prisa a Belén y encontraron a María y a José, y al niño acostado en el pesebre. ¹⁷ Luego salieron y contaron lo que el ángel les había dicho acerca del niño. ¹⁸ Todos los que estaban allí se admiraron al oírlos.

¹⁹ María quedó muy impresionada por todo lo que estaba sucediendo, y no dejaba de pensar en eso. ²⁰ Finalmente, los pastores regresaron a cuidar sus ovejas. Por el camino iban alabando a Dios y dándole gracias por lo que habían visto y oído. Todo había pasado tal y como el ángel les había dicho.

²¹ Cuando Jesús cumplió ocho días de nacido, lo circuncidaron y le pusieron por nombre Jesús. Así lo había pedido el ángel cuando le anunció a María que iba a tener un hijo.

Jesús y Simeón

²² Cuarenta días después de que Jesús nació, sus padres lo llevaron al templo de Jerusalén para presentarlo delante de Dios. ²³ Así lo ordenaba la ley que dio Moisés: «Cuando el primer niño que nace es un varón, hay que dedicárselo a Dios». ²⁴ La ley también decía que debían presentar como ofrenda a Dios dos pichones de paloma o dos tórtolas.

²⁵ En ese tiempo había en Jerusalén un hombre llamado Simeón, que obedecía a Dios y lo amaba mucho. Vivía esperando que Dios libertara al pueblo de Israel. El Espíritu Santo estaba sobre Simeón, ²⁶ y le había dicho que no iba a morir sin ver antes al Mesías que Dios les había prometido.

²⁷ Ese día, el Espíritu Santo le ordenó a Simeón que fuera al templo. Cuando los padres de Jesús entraron al templo con el niño, para cumplir lo que mandaba la ley, ²⁸ Simeón lo tomó en sus brazos y alabó a Dios diciendo:

²⁹ «Ahora, Dios mío,
puedes dejarme morir en paz.

¡Ya cumpliste tu promesa!

³⁰ Con mis propios ojos
he visto al Salvador,
³¹ a quien tú enviaste
y al que todos los
pueblos verán.

³² Él será una luz
que alumbrará
a todas las naciones,
y será la honra
de tu pueblo Israel».

³³ José y María quedaron maravillados por las cosas que Simeón decía del niño. ³⁴ Simeón los bendijo, y le dijo a María: «Dios envió a este niño para que muchos en Israel se salven, y para que otros sean castigados. Él será una señal de advertencia, y muchos estarán en su contra. ³⁵ Así se sabrá lo que en verdad piensa cada uno. Y a ti, María, esto te hará sufrir como si te clavaran una espada en el corazón».

Jesús y la profetisa Ana

³⁶ En el templo estaba también una mujer muy anciana, que era profetisa. Se llamaba Ana, era hija de Penuel y pertenecía a la tribu de Aser. Cuando Ana era joven, estuvo casada durante siete años, ³⁷ pero ahora era viuda y tenía ochenta y cuatro años de edad. Se pasaba noche y día en el templo ayunando, orando y adorando a Dios.

³⁸ Cuando Simeón terminó de hablar, Ana se acercó y comenzó a alabar a Dios, y a hablar acerca del niño Jesús a todos los que esperaban que Dios liberara a Jerusalén.

³⁹ Por su parte, José y María cumplieron con todo lo que mandaba la ley de Dios y volvieron a su pueblo Nazaret, en la región de Galilea.

⁴⁰ El niño Jesús crecía en estatura y con poder espiritual. Estaba

lleno de sabiduría, y Dios estaba muy contento con él.

Jesús en el templo

41 José y María iban todos los años a la ciudad de Jerusalén para celebrar la fiesta de la Pascua. **42** Cuando Jesús cumplió doce años, los acompañó a Jerusalén. **43** Al terminar los días de la fiesta, sus padres regresaron a su casa; pero, sin que se dieran cuenta, Jesús se quedó en Jerusalén. **44** José y María caminaron un día entero, pensando que Jesús iba entre los compañeros de viaje. Después lo buscaron entre los familiares y conocidos, **45** pero no lo encontraron. Entonces volvieron a Jerusalén para buscarlo. **46** Al día siguiente encontraron a Jesús en el templo, en medio de los maestros de la Ley. Él los escuchaba con atención y les hacía preguntas. **47** Todos estaban admirados de su inteligencia y de las respuestas que daba a las preguntas que le hacían. **48** Sus padres se sorprendieron al verlo, y su madre le reclamó:

—¡Hijo! ¿Por qué nos has hecho esto? Tu padre y yo hemos estado muy preocupados buscándote.

49 Pero Jesús les respondió:

—¿Y por qué me buscaban? ¿No sabían que yo debo estar en la casa de mi Padre?

50 Ellos no entendieron lo que quiso decirles.

51 Entonces Jesús volvió con sus padres a Nazaret, y los obedecía en todo.

Su madre pensaba mucho en todo lo que había pasado. **52** Mientras tanto, Jesús seguía creciendo en sabiduría y en estatura. Dios y toda la gente del pueblo estaban muy contentos con él, y lo querían mucho.

Juan el Bautista

3 **1-2** Juan el Bautista, el hijo de Zacarías, vivía en el desierto.

Dios le habló allí en el desierto cuando Tiberio tenía ya quince años de ser el emperador romano, y Poncio Pilato era el gobernador de la región de Judea. En ese tiempo Herodes Antipas gobernaba en la región de Galilea; por su parte Filipo, el hermano de Herodes, gobernaba en las regiones de Iturea y Traconítide; Lisanias gobernaba en la región de Abilene. Anás y Caifás eran los jefes de los sacerdotes del pueblo judío.

3 Juan fue entonces a la región cercana al río Jordán. Allí le decía a la gente: «¡Bautícense y vuélvanse a Dios! Sólo así los perdonará».

4 Mucho tiempo atrás, el profeta Isaías había escrito acerca de Juan:

«Alguien grita en el desierto:
''Prepárenle el camino
al Señor.
¡Ábranle paso!
¡Que no encuentre estorbos!

5 Rellenen los valles,
y conviertan en llanura
la región montañosa.
Enderecen los caminos
torcidos.
6 ¡Todo el mundo verá
al Salvador que Dios envía!''»

7 Mucha gente venía para que Juan los bautizara, y él les decía:

—¡Ustedes son unas víboras! ¿Creen que van a escaparse del castigo que Dios les enviará? **8** Muestren con su conducta que realmente han dejado de pecar. No piensen que sólo por ser descendientes de Abraham van a salvarse. Si Dios así lo quiere, hasta estas piedras las puede convertir en familiares de Abraham. **9** Cuando un árbol no produce buenos frutos, su dueño lo corta de raíz y lo quema. Dios ya está listo para destruir a los que no hacen lo que es bueno.

10 La gente le preguntaba:

—¿Qué podemos hacer para salvarnos?

11 Él les respondía:

—El que tenga dos mantos, comparta uno con quien no tenga qué ponerse. El que tenga comida, compártala con quien no tenga qué comer.

12 Vinieron también unos cobradores de impuestos y le preguntaron a Juan:

—Maestro, ¿qué podemos hacer para salvarnos?

13 Juan les contestó:

—No le cobren a la gente más dinero del que debe pagar.

14 Unos soldados preguntaron:

—Juan, ¿qué podemos hacer nosotros?

Él les contestó:

—Ustedes amenazan a la gente y la obligan a que les dé dinero. Sólo así le prometen dejarla en paz. ¡No lo vuelvan a hacer, y quédense satisfechos con su salario!

15 Todos se admiraban y querían saber si Juan era el Mesías que esperaban. **16** Pero Juan les respondió:

—Yo los bautizo a ustedes con agua. Pero hay alguien que viene después de mí, y que es más poderoso que yo. Él los bautizará con el Espíritu Santo y con fuego. ¡Yo ni siquiera merezco ser su esclavo! **17** El que viene después de mí separará a los buenos de los malos. A los buenos los pondrá a salvo, y a los malos los echará en un fuego que nunca se apaga.

18 De este modo, y de otras maneras, Juan anunciaba las buenas noticias a la gente. **19** Además, reprendió a Herodes Antipas porque vivía con Herodías, la esposa de su hermano Filipo, y por todo lo malo que había hecho. **20** Pero a toda su maldad Herodes añadió otra mala acción: puso a Juan en la cárcel.

Juan bautiza a Jesús

21 Cuando Juan terminó de bautizar a todos, Jesús vino y también se bautizó. Mientras Jesús oraba, el cielo se abrió **22** y el Espíritu Santo bajó sobre él en forma de paloma. Luego se oyó una voz que desde el cielo decía: «Tú eres mi Hijo a quien quiero mucho. Estoy muy contento contigo».

Los antepasados de Jesús

23 Jesús comenzó a predicar cuando tenía unos treinta años y, según la gente, era hijo de José. Esta es la lista de sus antepasados: José, Elí, **24** Matat, Leví, Melquí, Janai, José, **25** Matatías, Amós, Nahúm, Eslí, Nagai, **26** Máhat, Matatías, Semeí, Josec, Joiadá, **27** Johanán, Resá, Zorobabel, Salatiel, Nerí, **28** Melquí, Adí, Cosam, Elmadam, Er, **29** Jesús, Eliézer, Jorim, Matat, **30** Leví, Simeón, Judá, José, Jonam, Eliaquim, **31** Meleá, Mená, Matatá, Natán, **32** David, Jesé, Obed, Booz, Sélah, Nahasón, **33** Aminadab, Admín, Arní, Hersón, Fares, Judá, **34** Jacob, Isaac, Abraham, Térah, Nahor, **35** Serug, Ragau, Péleg, Éber, Sélah, **36** Cainán, Arfaxad, Sem, Noé, Lámec, **37** Matusalén, Henoc, Jéred, Mahalaleel, Caián, **38** Enós, Set, Adán Dios mismo.

Jesús vence al diablo

4 **1** El Espíritu de Dios llenó a Jesús con su poder. Y cuando Jesús se alejó del río Jordán, el Espíritu lo guió al desierto. **2** Allí, durante cuarenta días, el diablo trató de hacerlo caer en sus trampas, y en todo ese tiempo Jesús no comió nada. Cuando pasaron los cuarenta días, Jesús sintió hambre. **3** El diablo le dijo:

—Si en verdad eres el Hijo de Dios,

ordena que estas piedras se conviertan en pan.

4 Jesús le contestó:

—La Biblia dice: ''No sólo de pan vive la gente''.

5 Después el diablo llevó a Jesús a un lugar alto. Desde allí le mostró en un momento todos los países más ricos y poderosos del mundo, **6** y le dijo:

—Todos estos países me los dieron a mí, y puedo dárselos a quien yo quiera. **7** Te haré dueño de todos ellos si te arrodillas delante de mí y me adoras.

8 Jesús le respondió:

—La Biblia dice: ''Adoren a Dios y obedézcanlo sólo a él''.

9 Finalmente, el diablo llevó a Jesús a la ciudad de Jerusalén, a la parte más alta del templo, y le dijo:

—Si en verdad eres el Hijo de Dios, tírate desde aquí, **10** pues la Biblia dice:

''Dios mandará a sus ángeles para que te cuiden. **11** Ellos te sostendrán, para que no te lastimes los pies contra ninguna piedra''.

12 Jesús le contestó:

—La Biblia también dice: ''Nunca trates de hacer caer a Dios en una trampa''.

13 El diablo le puso a Jesús todas las trampas posibles, y como ya no encontró más qué decir, se alejó por algún tiempo.

Jesús comienza su trabajo

14-15 Jesús regresó a la región de Galilea lleno del poder del Espíritu de Dios. Iba de lugar en lugar enseñando en las sinagogas, y

todas las personas hablaban bien de él. Pronto llegó a ser muy conocido en toda la región. **16** Después volvió a Nazaret, el pueblo donde había crecido. Un sábado, como era su costumbre, fue a la sinagoga. Cuando se levantó a leer, **17** le dieron el libro del profeta Isaías. Jesús lo abrió y leyó:

18 «El espíritu de Dios está sobre mí, porque me eligió y me envió para dar buenas noticias a los pobres, para anunciar libertad a los prisioneros, para devolverles la vista a los ciegos, para rescatar a los que son maltratados **19** y para anunciar a todos que: ''¡Este es el tiempo que Dios eligió para darnos salvación!''»

20 Jesús cerró el libro, lo devolvió al encargado y se sentó. Todos los que estaban en la sinagoga se quedaron mirándolo. **21** Entonces Jesús les dijo: «Hoy se ha cumplido esto que he leído».

22 Todos hablaban bien de Jesús, pues se admiraban de las cosas tan bonitas que decía. La gente preguntaba:

—¿No es este el hijo de José?

23 Jesús les dijo:

—Sin duda ustedes me recitarán este dicho: ''¡Médico, primero cúrate a ti mismo!''

»Ustedes saben todo lo que hice en Cafarnaúm, y por eso ahora me pedirán que haga aquí lo mismo. **24** Pero les aseguro que ningún profeta es bien recibido en su propio pueblo. **25** Hace muchos años, cuando aún vivía el profeta Elías, no llovió durante tres años y medio, y la gente se moría de hambre. En Israel había muchas viudas; **26** sin embargo, Dios no envió a Elías para ayudarlas a todas. El profeta sólo ayudó a una viuda del pueblo de Sarepta, cerca de la ciudad de Sidón. **27** En ese tiempo, también había en Israel muchas personas enfermas de lepra, pero Eliseo sanó sólo a Naamán, que era del país de Siria.

28 Al oír eso, los que estaban en la sinagoga se enojaron muchísimo. **29** Entonces sacaron de allí a Jesús, y lo llevaron a lo alto de la colina donde estaba el pueblo, pues querían arrojarlo por el precipicio. **30** Pero Jesús pasó en medio de ellos, y se fue de Nazaret.

El hombre con un espíritu malo

31 Jesús se fue al pueblo de Cafarnaúm, en la región de Galilea. Allí se puso a enseñar un día sábado. **32** Todos estaban admirados de sus enseñanzas, porque les hablaba con autoridad.

33 En la sinagoga había un hombre que tenía un espíritu malo. El espíritu le gritó a Jesús:

34 —¡Jesús de Nazaret! ¿Qué quieres hacer con nosotros? ¿Acaso vienes a destruirnos? Yo sé quien eres tú. ¡Eres el Hijo de Dios!²

35 Jesús reprendió al espíritu malo y le dijo:

—¡Cállate! ¡Sal de este hombre!

El espíritu malo lanzó al hombre al suelo, delante de todos, y salió de él sin hacerle daño.

36 La gente se asombró mucho, y decía: «¿Qué clase de poder tiene este hombre? Con autoridad y poder les ordena a los espíritus malos que salgan, y ellos le obedecen».

37 En toda aquella región se hablaba de Jesús y de lo que él hacía.

Jesús sana a mucha gente

38 Jesús salió de la sinagoga y fue a la casa de Simón.

Cuando entró en la casa, le contaron que la suegra de Simón estaba enferma, con mucha fiebre. **39** Jesús fue a verla y ordenó que la fiebre se le quitara. La fiebre se le quitó, y la suegra de Simón se levantó y les dio de comer a los que estaban en la casa.

40 Al anochecer, la gente le trajo a Jesús muchas personas con diferentes enfermedades. Jesús puso sus manos sobre los enfermos, y los sanó. **41** Los demonios que salían de la gente gritaban:

—¡Tú eres el Hijo de Dios!

Pero Jesús reprendía a los demonios y no los dejaba hablar, porque ellos sabían que él era el Mesías.

Jesús anuncia las buenas noticias

42 Al amanecer, Jesús salió de la ciudad y fue a un lugar solitario. Sin embargo, la gente lo buscaba y le pedía que no se fuera del pueblo. **43** Pero Jesús les dijo: «Dios me ha enviado a anunciar a todos las buenas noticias de su reino. Por eso debo ir a otros poblados». **44** Entonces Jesús fue a las sinagogas de todo el país, anunciando las buenas noticias.

Una pesca milagrosa

5 **1** Una vez, Jesús estaba a la orilla del Lago de Galilea y la gente se amontonaba alrededor de él para escuchar el mensaje de Dios. **2** Jesús vio dos barcas en la playa. Estaban vacías porque los pescadores estaban lavando sus redes. **3** Una de esas barcas era de Simón Pedro. Jesús subió a ella y le pidió a Pedro que la alejara un poco de la orilla. Luego se sentó en la barca, y desde allí comenzó a enseñar a la gente.

4 Cuando Jesús terminó de enseñarles, le dijo a Pedro:

—Lleva la barca a la parte honda y lanza las redes para pescar.

5 Pedro respondió:

—Maestro, toda la noche estuvimos trabajando muy duro y no pescamos nada. Pero, si tú lo mandas, voy a echar las redes.

6 Hicieron lo que Jesús les dijo, y fueron tantos los pescados que recogieron, que las redes estaban a punto de romperse. **7** Entonces hicieron señas a los compañeros de la otra barca para que fueran en seguida a ayudarles. Entre todos llenaron las dos barcas. Eran tantos los pescados, que las barcas estaban a punto de hundirse. **8** Al ver esto, Pedro se arrodilló delante de Jesús y le dijo:

—¡Señor, apártate de mí, porque soy un pecador!

9-10 Pedro, Santiago y Juan, que eran hijos de Zebedeo, y todos los demás, estaban muy asombrados por la gran pesca que habían hecho. Pero Jesús le dijo a Pedro:

—No tengas miedo. De hoy en adelante, en lugar de pescar peces, voy a enseñarte a ganar seguidores para mí.

11 Luego llevaron las barcas a la orilla, dejaron todo lo que llevaban, y se fueron con Jesús.

Jesús sana a un hombre

12 Un día, Jesús estaba en un pueblo. De pronto, llegó un hombre que estaba enfermo de lepra; se inclinó delante de Jesús hasta tocar el suelo con su frente, y le suplicó:

—Señor, yo sé que tú puedes sanarme.² ¿Quieres hacerlo?

13 Jesús extendió la mano, tocó al enfermo y le dijo:

—¡Sí quiero! ¡Queda sano!

De inmediato, el hombre quedó completamente sano. **14** Después, Jesús le dijo:

—No le digas a nadie lo que sucedió. Ve con el sacerdote y lleva la ofrenda que Moisés ordenó;² así los sacerdotes verán que ya no estás enfermo.

Los colportores llevan la biblia de casa en casa, a hoteles y hospitales.

La palabra de dios es también difundida
en trenes y autobuses.

15 Jesús se hacía cada vez más famoso. Mucha gente se reunía para escuchar su mensaje, y otros venían para que él los sanara. **16** Pero Jesús siempre buscaba un lugar para estar solo y orar.

17 En cierta ocasión Jesús estaba enseñando en una casa. Allí estaban sentados algunos fariseos y algunos maestros de la Ley. Habían venido de todos los pueblos de Galilea, de Judea, y de la ciudad de Jerusalén, para oír a Jesús.

Y como Jesús tenía el poder de Dios para sanar enfermos, **18** llegaron unas personas con una camilla, en la que llevaban a un hombre que no podía caminar. Querían poner al enfermo delante de Jesús, **19** pero no podían entrar en la casa porque en la entrada había mucha gente. Entonces subieron al techo, y abrieron un agujero. Por allí bajaron al enfermo en la camilla, hasta ponerlo en medio de la gente, delante de Jesús.

20 Cuando Jesús vio la gran confianza que aquellos hombres tenían en él, le dijo al enfermo: «¡Amigo, te perdono tus pecados!»

21 Los maestros de la Ley y los fariseos pensaron: «¿Y este quién se cree que es? ¡Qué barbaridades dice contra Dios! ¡Sólo Dios puede perdonar pecados!»

22 Jesús se dio cuenta de lo que estaban pensando y les preguntó: «¿Por qué piensan esas cosas? **23** Díganme: ¿Qué es más fácil: perdonar a este enfermo, o sanarlo? **24** Pues voy a demostrarles que yo, el Hijo del hombre, tengo autoridad aquí en la tierra para perdonar pecados».

Entonces le dijo al hombre que no podía caminar: «Levántate, toma tu camilla y vete a tu casa».

25 En ese mismo instante, y ante la mirada de todos, el hombre se levantó, tomó la camilla y se fue a su casa alabando a Dios.

26 Todos quedaron admirados y llenos de temor, y comenzaron a alabar a Dios diciendo: «¡Qué cosas tan maravillosas hemos visto hoy!»

27 Después de esto, Jesús se fue de aquel lugar. En el camino vio a un hombre llamado Mateo, que estaba cobrando impuestos para el gobierno de Roma. Jesús le dijo: «Sígueme».

28 Mateo se levantó, dejó todo lo que tenía, y lo siguió.

29 Ese mismo día, Mateo ofreció en su casa una gran fiesta en honor de Jesús. Allí estaban comiendo muchos cobradores de impuestos y otras personas. **30** Algunos fariseos y maestros de la Ley comenzaron a hablar contra los discípulos de Jesús, y les dijeron:

—¿Por qué comen ustedes con los cobradores de impuestos y con toda esta gente mala?

31 Jesús les respondió:

—Los que necesitan del médico son los enfermos, no los que están sanos. **32** Yo vine a invitar a los pecadores para que regresen a Dios, no a los que se creen buenos.

33 Algunas personas le dijeron a Jesús:

—Los discípulos de Juan el Bautista y los seguidores de los fariseos siempre dedican tiempo para ayunar y para orar. Tus discípulos, en cambio, nunca dejan de comer y de beber.

34 Jesús les respondió:

—Los invitados a una fiesta de bodas no ayunan mientras el novio está con ellos. **35** Pero llegará el momento en que se lleven al novio, y entonces los invitados ayunarán.

36 Jesús también les puso esta comparación:

«Si un vestido viejo se rompe, nadie corta un pedazo de un vestido nuevo para remendar el viejo. Si lo hace, echa a perder el vestido nuevo. Además, el remiendo nuevo se verá feo en el vestido viejo.

37 »Tampoco se echa vino nuevo en recipientes viejos. Porque cuando el vino nuevo fermente, hará que reviente el cuero viejo. Entonces se perderá el vino nuevo, y los recipientes se destruirán. **38** Por eso, hay que echar vino nuevo en recipientes de cuero nuevo.

39 »Además, si una persona prueba el vino viejo, ya no quiere beber vino nuevo, porque habrá aprendido que el viejo es mejor».

6 **1** Un sábado, Jesús y sus discípulos caminaban por un campo sembrado de trigo. Los discípulos comenzaron a arrancar espigas y a frotarlas entre las manos para sacar el trigo y comérselo. **2** Los fariseos vieron a los discípulos hacer esto, y dijeron:

—¿Por qué desobedecen la ley? Está prohibido hacer eso en el día de descanso.

3 Jesús les respondió:

—¿No han leído ustedes en la Biblia lo que hizo el rey David cuando él y sus compañeros tuvieron hambre? **4** David entró en la casa de Dios, tomó el pan sagrado que sólo los sacerdotes tenían permiso de comer, y comieron él y sus compañeros. **5** Yo, el Hijo del hombre, soy quien decide lo que puede hacerse y lo que no puede hacerse en el día de descanso.

6 Otro sábado, Jesús fue a la sinagoga para enseñar. Allí estaba un hombre que tenía tullida la mano derecha.

7 Los fariseos y los maestros de

la Ley estaban vigilando a Jesús para ver si sanaba la mano de aquel hombre. Si lo hacía, podrían acusarlo de trabajar en el día de descanso.

8 Jesús se dio cuenta de lo que ellos estaban pensando; entonces llamó al hombre que no podía mover la mano, y le dijo: «Levántate y párate en medio de todos». El hombre se levantó y se paró en el centro.

9 Luego Jesús dijo a todos los que estaban allí: «Voy a hacerles una pregunta: ''¿Qué es correcto hacer en día sábado, el bien o el mal? ¿Salvar una vida o destruirla?''»

10 Y después de mirar a todos, Jesús le dijo al hombre: «Extiende la mano».

El hombre extendió la mano, y le quedó sana.

11 Aquellos hombres se enojaron muchísimo y comenzaron a hacer planes contra Jesús.

Jesús elige a doce apóstoles

12 En aquellos días Jesús subió a una montaña para orar. Allí pasó toda la noche hablando con Dios. **13** Al día siguiente llamó a sus seguidores, y eligió a doce de ellos. A estos doce Jesús los llamó apóstoles: **14** Simón, a quien llamó Pedro, y su hermano Andrés; Santiago, Juan, Felipe, Bartolomé, **15** Mateo y Tomás; Santiago hijo de Alfeo, y Simón, que era miembro del partido de los patriotas; **16** Judas, que era hijo de Santiago, y Judas Iscariote, que después traicionó a Jesús.

Jesús enseña y sana

17 Jesús y los doce apóstoles bajaron de la montaña y se fueron a una llanura. Allí se habían reunido muchos de sus seguidores. También estaban allí muchas personas de la región de Judea, de Jerusalén y de las ciudades de Tiro y Sidón. 2 **18** Habían llegado para escuchar a Jesús y para que los sanara de sus enfermedades. Los que tenían espíritus malos también quedaron sanos. **19** Todos

querían tocar a Jesús, porque sabían que el poder que salía de él los sanaría.

Bendiciones

20 Jesús miró fijamente a sus discípulos y les dijo:

«Dios los bendecirá a ustedes,
los que son pobres,
porque el reino de Dios
les pertenece.

21 Dios los bendecirá a ustedes,
los que ahora pasan hambre,
porque tendrán comida
suficiente.

Dios los bendecirá a ustedes,
los que ahora están tristes,
porque después vivirán alegres.

22 »Dios los bendecirá a ustedes cuando la gente los odie o los insulte, o cuando sean rechazados y nadie quiera convivir con ustedes. La gente los tratará así sólo porque me obedecen a mí, el Hijo del hombre. **23** Siéntanse felices, salten de alegría, porque Dios ya les tiene preparado un premio muy grande. Hace mucho tiempo, su propia gente también trató muy mal a los profetas».

Maldiciones

24 Jesús miró a los otros y les dijo:

«¡Qué mal les va a ir
a ustedes,
los que son ricos,
pues ahora viven cómodos
y tranquilos!

25 ¡Qué mal les va a ir
a ustedes,
los que tienen mucho
que comer,
porque pasarán hambre!

¡Qué mal les va a ir a ustedes,
los que ahora ríen,
porque sabrán lo que es llorar
y estar tristes!

26 »¡Qué mal les va a ir a ustedes,

los que siempre reciben halagos! Hace mucho tiempo, su propia gente también halagó a los profetas mentirosos.

Amar a los enemigos

27 »¡Escuchen bien lo que tengo que decirles!: Amen a sus enemigos, y traten bien a quienes los maltraten. **28** A quienes los insulten, respóndanles con buenas palabras. Si alguien los rechaza, oren por esa persona. **29** Si alguien les da una bofetada en una mejilla, pídanle que les pegue en la otra. Si alguien quiere quitarles el abrigo, dejen que también se lleve la camisa. **30** Si alguien les pide algo, dénselo. Si alguien les quita algo, no le pidan que lo devuelva. **31** Traten a los demás como les gustaría que los demás los trataran a ustedes.

32 »Si sólo aman a la gente que los ama, no hacen nada extraordinario. ¡Hasta los pecadores hacen eso! **33** Y si sólo tratan bien a la gente que los trata bien, tampoco hacen nada extraordinario. ¡Hasta los pecadores hacen eso! **34** Si ustedes les prestan cosas sólo a los que pueden darles algo, no hacen nada que merezca premio. Los pecadores también se prestan unos a otros, esperando recibir muchas ganancias.

35 »Amen a sus enemigos, hagan el bien y presten sin esperar nada a cambio. Si lo hacen, el Dios altísimo les dará un gran premio, y serán sus hijos. Dios es bueno hasta con la gente mala y desagradecida. **36** Ustedes deben ser compasivos con todas las personas, así como Dios, su Padre, es compasivo con todos».

No juzguen a los demás

37 Jesús también les dijo:

«No se conviertan en jueces de los demás, y Dios no los juzgará a ustedes. No sean duros con los demás, y Dios no será duro con ustedes. Perdonen a los demás y Dios los perdonará a ustedes. **38** Denles a otros lo necesario, y

Dios les dará a ustedes lo que necesiten. En verdad, Dios les dará la misma medida que den a los demás. Si dan trigo, recibirán una bolsa llena de trigo, bien apretada y repleta, sin que tengan que ir a buscarla».

39 Jesús también les puso esta comparación:

«Un ciego no puede guiar a otro ciego, porque los dos caerían en el mismo hueco. 40 El alumno no sabe más que su maestro, pero cuando termine sus estudios sabrá lo mismo que él. 41 »¿Por qué te fijas en lo malo que hacen otros, y no te das cuenta de las muchas cosas malas que haces tú? Es como si te fijaras que en el ojo de alguien hay una basurita, y no te dieras cuenta de que en el tuyo hay una rama. 42 ¿Cómo te atreves a decirle al otro: ''Déjame sacarte la basurita que tienes en el ojo'', si tú tienes una rama en el tuyo? ¡Hipócrita! Saca primero la rama que tienes en tu ojo, y así podrás ver bien para sacar la basurita que está en el ojo del otro».

El árbol y su fruto

43 Jesús también les dijo:

«Ningún árbol bueno produce frutos malos, y ningún árbol malo produce frutos buenos. 44 Cada árbol se conoce por los frutos que produce. De una planta de espinos no se pueden recoger ni higos ni uvas. 45 La gente buena siempre hace el bien, porque el bien habita en su corazón. La gente mala siempre hace el mal, porque en su corazón está el mal. Las palabras que salen de tu boca muestran lo que está en tu corazón».

Dos clases de personas

46 Jesús continuó diciendo:

«Ustedes dicen que yo soy su Señor y su dueño, pero no hacen lo que yo les ordeno. 47 Si alguien se acerca a mí, y escucha lo que yo enseño y me obedece, 48 es como el que construyó su casa sobre la roca. Hizo un hoyo profundo, hasta encontrar la roca, y allí puso las bases. Cuando vino una inundación, la corriente de agua pegó muy fuerte contra la casa. Pero la casa no se movió, porque estaba bien construida.

49 »En cambio, el que escucha lo que yo enseño y no me obedece, es como el que construyó su casa sobre terreno blando. Vino la corriente de agua y pegó muy fuerte contra la casa; la casa en seguida se vino abajo y se hizo pedazos».

Un capitán romano

7 1 Jesús terminó de enseñar a la gente y se fue al pueblo de Cafarnaúm. 2 Allí vivía un capitán del ejército romano, que tenía un sirviente a quien amaba mucho. Ese sirviente estaba muy enfermo y a punto de morir. 3 Cuando el capitán oyó hablar de Jesús, mandó a unos jefes de los judíos para que lo buscaran y le dijeran: «Por favor, venga a mi casa y sane a mi sirviente». 4 Ellos fueron a ver a Jesús y le dieron el mensaje. Además le rogaron: «Por favor, haz lo que te pide este capitán romano. Merece que lo ayudes, porque es un hombre bueno. 5 A los judíos nos trata bien; ¡hasta mandó construir una sinagoga para nosotros!» 6 Jesús fue con ellos, y cuando estaban cerca de la casa, el capitán romano mandó a unos amigos para que le dijeran a Jesús: «Señor, no se moleste usted por mí; yo no merezco que entre en mi casa. 7 Tampoco me siento digno de ir a verlo yo mismo. Solamente le ruego que ordene que mi sirviente se sane; yo sé que él quedará completamente sano. 8 Yo estoy acostumbrado a dar órdenes y a obedecerlas. Cuando le digo a uno de mis soldados: ''¡Ve!'', me obedece y va. Si le digo a otro: ''¡Ven!'', me obedece y viene. Y si le digo a uno de mis sirvientes: ''¡Haz esto!'', lo hace».

9 Al escuchar las palabras del capitán, Jesús se admiró y le dijo a la gente que lo seguía: «En todo Israel no he encontrado a nadie que confíe tanto en mí como este capitán romano».

10 Cuando los mensajeros regresaron a la casa, encontraron al sirviente completamente sano.

El hijo de una viuda

11 Poco después, Jesús y sus discípulos fueron al pueblo de Naín. Mucha gente iba con ellos. 12 Cuando llegaron a la entrada del pueblo, vieron a unos hombres que llevaban a enterrar a un muchacho. El muerto era el único hijo de una viuda. Mucha gente del pueblo iba acompañando a esa pobre mujer. 13 Cuando Jesús la vio, sintió compasión por ella y le dijo: «No llores». 14 Entonces se acercó y tocó la camilla. Los hombres dejaron de caminar, y Jesús le dijo al muerto: «¡Joven, te ordeno que te levantes!» 15 El muchacho se levantó y empezó a hablar. Entonces Jesús llevó al muchacho a donde estaba su madre.

16 Al ver eso, la gente tuvo mucho miedo y comenzó a alabar a Dios. Todos decían: «¡Hay un profeta entre nosotros! ¡Ahora Dios va a ayudarnos!»

17 La gente de la región de Judea y de sus alrededores pronto supo lo que Jesús había hecho.

Juan el Bautista

18 Los discípulos de Juan el Bautista fueron a contarle todo lo que Jesús hacía. Por eso, Juan envió a dos de sus discípulos 19 para que le preguntaran a Jesús si él era el Mesías, o si debían esperar a otro. 20 Cuando llegaron a donde estaba Jesús, le dijeron:

—Juan el Bautista nos envió a preguntarte si eres el Mesías, o si debemos esperar a otro.

21 En ese momento, Jesús sanó a

muchos que estaban enfermos y que sufrían mucho. También sanó a los que tenían espíritus malos, y a muchos ciegos les devolvió la vista. **22** Luego les respondió a los dos hombres:

—Vayan y díganle a Juan todo lo que ustedes han visto y oído:

Ahora los ciegos pueden ver
y los cojos caminan bien.

Los leprosos quedan sanos,
y los sordos ya pueden oír.

Los que estaban muertos
han vuelto a la vida,
y a los pobres se les anuncia
la buena noticia de salvación.

23 »¡Dios bendecirá a los que no me abandonan porque hago esas cosas!

24 Cuando los discípulos de Juan se fueron, Jesús comenzó a hablarle a la gente acerca de Juan y le dijo:

«¿A quién fueron a ver al desierto? ¿Era acaso un hombre doblado como las cañas que dobla el viento? **25** ¿Se trataba de alguien vestido con ropa muy lujosa? Recuerden que los que se visten así viven en el palacio de los reyes. **26** ¿A quién fueron a ver entonces? ¿Fueron a ver a un profeta? Por supuesto que sí. En realidad, Juan era más que profeta; **27** era el mensajero de quien Dios había hablado cuando dijo:

''Yo envío a mi mensajero
delante de ti,
a preparar todo
para tu llegada''.

28 »Les aseguro que en este mundo no ha nacido un hombre más importante que Juan el Bautista. Sin embargo, el menos importante en el reino de Dios es superior a Juan».

29 Los que habían escuchado a Juan le pidieron que los bautizara,

y hasta los cobradores de impuestos hicieron lo mismo. Así obedecieron lo que Dios había mandado. **30** Pero los fariseos y los maestros de la Ley no quisieron obedecer a Dios ni que Juan los bautizara.

31-32 Jesús siguió diciendo:

«Ustedes, los que viven en esta época, son como los niños que se sientan a jugar en las plazas, y gritan a otros niños:

''Tocamos la flauta,
pero ustedes no bailaron.

Cantamos canciones tristes,
pero ustedes no lloraron''.

33 »Porque Juan el Bautista ayunaba y no bebía vino, y ustedes decían que tenía un demonio. **34** Luego, vine yo, el Hijo del hombre, que como y bebo, y ustedes dicen que soy un glotón y un borracho; que soy amigo de gente de mala fama y de los que cobran impuestos para Roma.[1] **35** Pero recuerden que la sabiduría de Dios se prueba por sus resultados».

Simón el fariseo

36 Un fariseo llamado Simón invitó a Jesús a comer en su casa. Jesús aceptó y se sentó a la mesa.[2] **37** Una mujer de mala fama[3] que vivía en aquel pueblo supo que Jesús estaba comiendo en casa de Simón. Tomó un frasco de perfume muy fino, y fue a ver a Jesús. **38** La mujer entró y se arrodilló a sus pies, y tanto lloraba que sus lágrimas caían sobre los pies de Jesús. Después le secó los pies con sus propios cabellos, se los besó y les puso el perfume que llevaba. **39** Al ver esto, Simón pensó: «Si de veras este hombre fuera profeta, sabría que lo está tocando una mujer de mala fama».
40 Jesús dijo:

—Simón, tengo algo que decirte.

—Te escucho, Maestro —dijo él.

41 Jesús le puso este ejemplo:

—Dos personas le debían dinero a un señor. Una le debía quinientas monedas de plata, y la otra sólo cincuenta. **42** Como ninguna tenía con qué pagar, el señor les perdonó a las dos lo que le debían. ¿Qué opinas tú? ¿Cuál de las dos estará más agradecida con ese señor?

43 Simón contestó:

—La que debía más.

—¡Muy bien! —dijo Jesús.

44 Luego Jesús miró a la mujer y le dijo a Simón:

—¿Ves a esta mujer? Cuando entré en tu casa, tú no me diste agua para lavarme los pies. Ella, en cambio, me los ha lavado con sus lágrimas y los ha secado con sus cabellos. **45** Tú no me saludaste con un beso. Ella, en cambio, desde que llegué a tu casa no ha dejado de besarme los pies. **46** Tú no me pusiste aceite sobre la cabeza. Ella, en cambio, me ha perfumado los pies. **47** Me ama mucho porque sabe que sus muchos pecados ya están perdonados. En cambio, al que se le perdonan pocos pecados, ama poco.

48 Después Jesús le dijo a la mujer: «Tus pecados están perdonados». **49** Los otros invitados comenzaron a preguntarse: «¿Cómo se atreve este a perdonar pecados?» **50** Pero Jesús le dijo a la mujer: «Tú confías en mí y por eso te has salvado. Vete tranquila».

Algunas mujeres ayudan a Jesús

8 **1** Los días siguientes, Jesús fue por muchos pueblos y ciudades anunciando las buenas noticias del reino de Dios. Con Jesús andaban también sus doce discípulos **2-3** y muchas mujeres. Estas mujeres ayudaban con dinero a Jesús y a sus discípulos. A algunas de ellas, Jesús las había sanado de diferentes enfermedades y de los espíritus malos. Entre esas mujeres estaba María, a la que llamaban Magdalena, que antes había tenido siete demonios. También estaban Juana y Susana. Juana era la esposa de Cuza, el administrador del rey Herodes Antipas.

El ejemplo de las semillas

4 Mucha gente había venido de distintos pueblos para ver a Jesús. Él les puso este ejemplo:

5 «Un agricultor salió a sembrar trigo. Mientras sembraba, unas semillas cayeron en el camino. La gente que pasaba por allí las pisoteaba, y los pájaros se las comían. **6** Otras semillas cayeron en un lugar donde había muchas piedras. Las plantas nacieron, pero pronto se secaron porque no tenían agua. **7** Otras semillas cayeron entre espinos. Las plantas brotaron, pero los espinos las ahogaron y no las dejaron crecer. **8** El resto de las semillas cayó en buena tierra. Las plantas nacieron, crecieron y produjeron espigas que tenían hasta cien semillas».

Después, Jesús dijo con voz muy fuerte: «¡Si ustedes en verdad tienen oídos, pongan mucha atención!»

¿Por qué Jesús enseña con ejemplos?

9 Luego, los discípulos le preguntaron:

—¿Qué significa ese ejemplo que contaste?

10 Jesús les respondió:

—A ustedes les he explicado los secretos acerca del reino de Dios. Pero a los demás sólo les enseño por medio de ejemplos. Así, aunque miren, no verán, y aunque oigan, no entenderán.

Jesús explica el ejemplo de las semillas

11 «El ejemplo significa lo siguiente: Las semillas representan el mensaje de Dios. **12** Las que cayeron en el camino representan a los que oyen el mensaje; pero cuando viene el diablo los hace olvidar el mensaje, para que ya no crean y no reciban la salvación que Dios les ofrece. **13** Las semillas que cayeron entre piedras representan a los que reciben el mensaje con alegría; pero, como no lo entienden muy bien, cuando tienen problemas pronto dejan de confiar en Dios. **14** Las semillas que cayeron entre espinos representan a los que oyen el mensaje, pero no dejan que el mensaje cambie sus vidas, pues viven preocupados por tener más dinero y por divertirse. **15** Las semillas que cayeron en buena tierra representan a los que oyen el mensaje de Dios y lo aceptan con una actitud obediente y sincera. Estos últimos se mantienen firmes y sus acciones son buenas.

El ejemplo de la luz

16 »Nadie enciende una lámpara para taparla con una olla, o para ponerla debajo de la cama. Más bien, la pone en un lugar alto para que alumbre a todos los que entran en la casa. **17** Porque todo lo que esté escondido se descubrirá, y todo lo que se mantenga en secreto llegará a conocerse. **18** »Por eso, presten mucha atención, porque a los que saben algo acerca de los secretos del reino se les contarán muchísimas cosas más. Pero a los que no saben de los secretos del reino, Dios los hará olvidar lo que creen saber.

La madre y los hermanos de Jesús

19 La madre y los hermanos de Jesús fueron a verlo, pero no podían llegar hasta donde él estaba porque mucha gente lo rodeaba. **20** Entonces alguien le dijo a Jesús:

—Tu madre y tus hermanos están afuera, y quieren hablar contigo.

21 Jesús contestó:

—Mi madre y mis hermanos son todos aquellos que escuchan y obedecen el mensaje de Dios.

La gran tormenta

22 Un día, Jesús subió a una barca con sus discípulos y les dijo: «Vamos al otro lado del lago». Partieron, **23-24** y mientras navegaban, Jesús se quedó dormido. De pronto se desató una tormenta sobre el lago, y el agua empezó a meterse en la barca. Los discípulos vieron el grave peligro que corrían, así que, a gritos, despertaron a Jesús:

—¡Maestro, Maestro, nos hundimos!

Jesús se levantó, y ordenó al viento y a las olas que se calmaran. Y así fue; todo quedó tranquilo. **25** Luego les dijo a los discípulos:

—¡Ustedes no confían en mí!

Pero ellos estaban tan asustados y asombrados que se decían: «¿Quién es este hombre, que hasta el viento y las olas le obedecen?»

El hombre con muchos demonios

26 Jesús y sus discípulos llegaron a la otra orilla del lago, a la región de Gerasa. **27** Cuando Jesús bajó de la barca, le salió al encuentro un hombre de ese lugar, que tenía muchos demonios. Este hombre no vivía en una casa, sino en el cementerio, y hacía ya mucho tiempo que andaba desnudo. **28-29** Como los demonios lo atacaban muchas veces, la gente le ponía cadenas en los manos y en los pies, y lo mantenían vigilado. Pero él rompía las cadenas, y los demonios lo hacían huir a lugares solitarios.

Cuando este hombre vio a Jesús, lanzó un grito y cayó de rodillas ante él. Entonces Jesús ordenó a los demonios que salieran del hombre, pero ellos gritaron:

—¡Jesús, Hijo del Dios altísimo! ¿Qué vas a hacer con nosotros? Te rogamos que no nos hagas sufrir.

30 Jesús le preguntó al hombre:

—¿Cómo te llamas?

Él contestó:

—Me llamo Ejército.

Dijo eso porque eran muchos los demonios que habían entrado en él. **31** Los demonios le rogaron a Jesús que no los mandara al abismo, donde castigan a los demonios. **32** Cerca de allí, en un cerro, había muchos cerdos comiendo. Los demonios le suplicaron a Jesús que los dejara entrar en esos animales, y él les dio permiso. **33** Los demonios salieron del hombre y se metieron dentro de los cerdos. Los cerdos corrieron cuesta abajo, y cayeron en el lago y se ahogaron. **34** Cuando los hombres que cuidaban los cerdos vieron lo que había pasado, corrieron al pueblo y les contaron a todos lo sucedido. **35** La gente fue a ver qué había pasado. Al llegar, vieron sentado a los pies de Jesús al hombre que antes tenía los demonios. El hombre estaba vestido y se comportaba normalmente, y los que estaban allí temblaban de miedo. **36** Los que vieron cómo Jesús había sanado a aquel hombre empezaron a contárselo a todo el mundo. **37** Entonces los habitantes de la región de Gerasa le rogaron a Jesús que se fuera de allí, porque tenían mucho miedo.

Cuando Jesús subió a la barca para regresar a Galilea, **38** el hombre que ahora estaba sano le rogó a Jesús que lo dejara ir con él. Pero Jesús le dijo: **39** «Vuelve a tu casa y cuéntales a todos lo que Dios ha hecho por ti».

El hombre se fue al pueblo y contó todo lo que Jesús había hecho por él.

Una niña muerta y una mujer enferma

40 Cuando Jesús regresó a Galilea, la gente lo recibió con mucha alegría, pues lo había estado esperando. **41** En ese momento llegó un hombre llamado Jairo, que era jefe de la sinagoga. Se acercó a Jesús, se inclinó hasta el suelo y le suplicó que fuera a su casa, **42** porque su única hija, que tenía doce años, se estaba muriendo.

Jesús se fue con Jairo. Mucha gente los siguió y se amontonó alrededor de Jesús. **43** Entre esa gente estaba una mujer que desde hacía doce años tenía una enfermedad que le hacía perder mucha sangre. Había gastado mucho dinero en médicos, pero ninguno había podido sanarla. **44** Ella se acercó a Jesús por detrás, tocó levemente su manto y en seguida quedó sana. **45** Entonces Jesús le preguntó a la gente:

—¿Quién me tocó?

Como todos decían que no habían sido ellos, Pedro le dijo:

—Maestro, ¿no ves que todos se amontonan a tu alrededor y te empujan?

46 Pero Jesús volvió a decirles:

—Estoy seguro de que alguien me ha tocado, pues sentí que de mí salió poder.

47 Cuando la mujer vio que ya no podía esconderse, temblando de miedo fue y se arrodilló delante de Jesús. Luego, frente a todos los que estaban allí, contó por qué había tocado el manto de Jesús y cómo de inmediato había quedado sana. **48** Jesús entonces le dijo a la mujer:

—Hija, fuiste sanada porque confiaste en mí. Puedes irte en paz.

49 Jesús no había terminado de hablar cuando llegó un mensajero, que venía de la casa de Jairo, y le dijo:

—Ya murió su hija. No moleste usted más al Maestro.

50 Al oír esto, Jesús le dijo a Jairo:

—No tengas miedo. Confía en mí y ella se pondrá bien.

51-53 Cuando llegaron a la casa, todos lloraban y lamentaban la muerte de la niña, pero Jesús les dijo: «¡No lloren! La niña no está muerta; sólo está dormida». La gente empezó a burlarse de Jesús, pues sabían que la niña estaba muerta. Entonces Jesús entró con Pedro, Santiago, Juan, Jairo y la madre de la niña, y no dejó que nadie más entrara. **54** Tomó de la mano a la niña y le dijo: «¡Niña, levántate!»

55 La niña volvió a vivir y al instante se levantó. Jesús mandó entonces que le dieran a la niña algo de comer. **56** Los padres estaban muy asombrados, pero Jesús les pidió que no le contaran a nadie lo que había pasado.

Jesús envía a los doce discípulos

9 **1** Jesús reunió a sus doce discípulos y les dio poder para sanar enfermedades y autoridad sobre todos los demonios. **2** Luego los envió a anunciar las buenas noticias del reino de Dios y a sanar a los enfermos. **3** Jesús les dijo:

«No lleven nada para el viaje. No lleven bastón, ni mochila, ni comida, ni dinero. Tampoco lleven ropa de más. **4** Cuando lleguen a una casa, quédense a vivir allí hasta que se vayan del lugar. **5** Si en alguna parte no quieren recibirlos, cuando salgan de allí sacúdanse el polvo de los pies en señal de rechazo».

6 Entonces los discípulos salieron y fueron por todos los pueblos de la región, anunciando las buenas noticias y sanando a los enfermos.

Herodes no sabe quién es Jesús

7 El rey Herodes Antipas se enteró de todo lo que estaba sucediendo, y se preocupó mucho porque algunas personas decían que Juan el Bautista había resucitado. **8** Otros decían que había aparecido el profeta Elías, o que había resucitado alguno de los antiguos profetas. **9** Pero Herodes dijo: «¿Quién será este hombre del que tanto se oye hablar? No puede ser Juan el Bautista, porque yo mismo ordené que lo mataran». Por eso, Herodes tenía mucho interés en conocer a Jesús.

Jesús da de comer a mucha gente

10 Cuando los doce apóstoles regresaron, le contaron a Jesús todo lo que habían hecho. Luego Jesús los llevó al pueblo de Betsaida, pues quería estar a solas con ellos. **11** Pero tan pronto como la gente se dio cuenta de que Jesús se había ido a Betsaida, lo siguió. Jesús recibió a toda la gente amablemente y empezó a hablarles acerca del reino de Dios. También sanó a los enfermos. **12** Cuando ya empezaba a oscurecer, los doce apóstoles fueron a decirle a Jesús:

—Envía a esta gente a los pueblos y caseríos cercanos, a buscar un lugar donde puedan pasar la noche y comprar comida. ¡Aquí no hay nada!

13 Jesús les dijo:

—Denles ustedes de comer.

Pero ellos respondieron:

—Sólo tenemos cinco panes y dos pescados. Si fuéramos a dar de comer a toda esta gente, tendríamos que ir a comprar comida, **14** pues hay más de cinco mil personas.

Pero Jesús les dijo:

—Hagan que la gente se siente en grupos de cincuenta.

15 Y los discípulos hicieron lo que Jesús les ordenó.

16 Jesús tomó los cinco panes y los dos pescados, miró al cielo y los bendijo. Luego los partió y dio los pedazos a los discípulos para que

los repartieran entre la gente. **17** Todos comieron y quedaron satisfechos. Y con los pedazos que sobraron se llenaron doce canastas.

¿Quién es Jesús?

18 En una ocasión, Jesús estaba orando solo, y sus discípulos llegaron al lugar donde él estaba. Jesús les preguntó:

—¿Qué dice la gente acerca de mí?

19 Los discípulos contestaron:

—Algunos dicen que eres Juan el Bautista; otros dicen que eres el profeta Elías; otros dicen que eres alguno de los profetas antiguos, que ha resucitado.

20 Después Jesús les preguntó:

—¿Y ustedes qué opinan? ¿Quién soy yo?

Pedro contestó:

—Tú eres el Mesías que Dios envió.

21 Pero Jesús les ordenó a todos que no le contaran a nadie que él era el Mesías.

Jesús habla de su muerte

22 Jesús también les dijo a sus discípulos: «Yo, el Hijo del hombre, voy a sufrir mucho. Los líderes del país, los sacerdotes principales y los maestros de la Ley me rechazarán y me matarán. Pero tres días después resucitaré».

23 Después Jesús les dijo a todos los que estaban allí:

«Si alguno quiere ser mi discípulo, tiene que olvidarse de hacer lo que quiera. Tiene que estar siempre dispuesto a morir y hacer lo que yo mando. **24** Porque si alguno piensa que su vida es más importante que seguirme, entonces la perderá para siempre. Pero el que prefiera seguirme y elija morir por mí, ese se salvará. **25** De nada sirve que una persona sea dueña de todo el

mundo, si al final se destruye a sí misma y se pierde para siempre.

26 »Si alguno se avergüenza de mí y de mis enseñanzas, entonces yo, el Hijo del hombre, me avergonzaré de esa persona cuando venga con todo mi poder, y con el poder de mi Padre y de los santos ángeles. **27** Les aseguro que algunos de ustedes, que están aquí conmigo, no morirán hasta que vean el reino de Dios».

Jesús se transforma

28 Ocho días después, Jesús llevó a Pedro, a Juan y a Santiago hasta un cerro alto, para orar. **29** Mientras Jesús oraba, su cara cambió de aspecto y su ropa se puso blanca y brillante. **30** De pronto aparecieron Moisés y el profeta Elías, **31** rodeados de una luz hermosa. Los dos hablaban con Jesús acerca de su muerte en Jerusalén, y de su resurrección y partida al cielo. **32** Pedro y los otros dos discípulos ya se habían dormido. Pero en seguida se despertaron y vieron a Jesús rodeado de su gloria; Moisés y Elías estaban con él. **33** Cuando Moisés y Elías estaban a punto de irse, Pedro le dijo a Jesús: «Maestro, ¡qué bueno que estamos aquí! Si quieres, voy a construir tres enramadas: una para ti, otra para Moisés y otra para Elías».

Pedro estaba hablando sin pensar en lo que decía. **34** Mientras hablaba, una nube bajó y se detuvo encima de todos ellos. Los tres discípulos tuvieron mucho miedo. **35** Luego, desde la nube se oyó una voz que decía: «¡Este es mi Hijo, el Mesías que yo elegí! Ustedes deben obedecerlo».

36 Después de oír la voz, los discípulos vieron que Jesús había quedado solo. Y durante algún tiempo no le contaron a nadie lo que habían visto.

Jesús sana a un muchacho

37 Al día siguiente, cuando Jesús y sus tres discípulos bajaron del cerro, mucha gente les salió al encuentro. **38** Un hombre que estaba entre esa gente se acercó y le dijo a Jesús:

—Maestro, te ruego que ayudes a mi único hijo. **39** Un espíritu lo ataca de repente y lo hace gritar. También lo hace temblar terriblemente y echar espuma por la boca. Cuando por fin deja de atacarlo, el muchacho queda todo maltratado. **40** Le pedí a tus discípulos que sacaran al espíritu, pero no pudieron.

41 Jesús miró a sus seguidores y les dijo:

—¿No pueden hacer nada sin mí? ¿Hasta cuándo voy a tener que soportarlos? Ustedes están confundidos y no confían en Dios.

Entonces Jesús le dijo al hombre:

—Trae a tu hijo.

42 Cuando el muchacho se acercaba, el demonio lo atacó, lo tiró al suelo y lo hizo temblar muy fuerte. Entonces Jesús reprendió al demonio, sanó al muchacho y lo entregó a su padre. **43** Toda la gente estaba asombrada del gran poder de Dios.

Jesús habla otra vez de su muerte

Mientras la gente seguía asombrada por todo lo que Jesús hacía, él les dijo a sus discípulos: **44** «Pongan mucha atención en lo que voy a decirles. Yo, el Hijo del hombre, seré entregado a mis enemigos». **45** Los discípulos no entendieron lo que Jesús decía, pues aún no había llegado el momento de comprenderlo. Además, ellos tuvieron miedo de preguntarle qué quiso decir.

¿Quién es el más importante?

46 En cierta ocasión, los discípulos discutían acerca de cuál de ellos era el más importante de todos. **47** Cuando Jesús se dio cuenta de lo que ellos pensaban, llamó a un niño, lo puso junto a él, **48** y les dijo: «Si alguno acepta a un niño como este, me acepta a mí. Y si alguno me acepta a mí, acepta a

Dios, que fue quien me envió. El más humilde de todos ustedes es la persona más importante».

Los que están a favor de Jesús

49 Juan, uno de los doce discípulos, le dijo a Jesús:

—Maestro, vimos a alguien que usaba tu nombre para echar demonios fuera de la gente. Pero nosotros le dijimos que no lo hiciera, porque él no es parte de nuestro grupo.

50 Pero Jesús le dijo:

—No se lo prohíban, porque quien no está en contra de ustedes, realmente está a favor de ustedes.

Jesús regaña a Santiago y a Juan

51 Cuando ya se acercaba el tiempo en que Jesús debía subir al cielo, decidió ir hacia Jerusalén. **52** Envió a unos mensajeros a un pueblo de Samaria para que le buscaran un lugar donde pasar la noche. **53** Pero la gente de esa región no quiso recibir a Jesús, porque sabían que él viajaba a Jerusalén. **54** Cuando sus discípulos Santiago y Juan vieron lo que había pasado, le dijeron a Jesús: «Señor, permítenos orar para que caiga fuego del cielo y destruya a todos los que viven aquí». **55** Pero Jesús se volvió hacia ellos y los reprendió. **56** Después, se fueron a otro pueblo.

Los que querían seguir a Jesús

57 Cuando iban por el camino, alguien le dijo a Jesús:

—Te seguiré a cualquier sitio que vayas.

58 Jesús le contestó:

—Las zorras tienen sus cuevas y las aves tienen nidos, pero yo, el Hijo del hombre, no tengo ni siquiera un sitio donde descansar.

59 Después Jesús le dijo a otro:

—¡Sígueme!

Pero él respondió:

—Señor, primero déjame ir a enterrar a mi padre.

60 Jesús le dijo:

—Lo importante es que tú vayas ahora mismo a anunciar las buenas noticias del reino de Dios. ¡Deja que los muertos[2] entierren a sus muertos!

61 Luego vino otra persona y le dijo a Jesús:

—Señor, quiero seguirte, pero primero déjame ir a despedirme de mi familia.

62 Jesús le dijo:

—No se puede pertenecer al reino de Dios y hacer lo mismo que hace un mal agricultor. Al que se pone a arar el terreno y vuelve la vista atrás, los surcos le salen torcidos.

Jesús envía a setenta y dos discípulos

10 **1** Después, Jesús eligió a setenta y dos discípulos, y los envió en grupos de dos en dos a los pueblos y lugares por donde él iba a pasar. **2** Jesús les dijo:

«Son muchos los que necesitan entrar en el reino de Dios, pero son muy pocos los que hay para anunciarles las buenas noticias. Por eso, pídanle a Dios que envíe más seguidores míos para compartir las buenas noticias con toda esa gente. **3** Vayan ahora; pero tengan cuidado, porque yo los envío como quien manda corderos a una cueva de lobos.

4 »No lleven dinero, ni mochila, ni zapatos. No se detengan a saludar a nadie en el camino. **5** Cuando lleguen a alguna casa, saluden a todos los que vivan allí, deseando que les vaya bien. **6** Si la gente merece el bien, el deseo de ustedes se cumplirá. Pero si no lo merece, no se cumplirá su deseo. **7** No anden de casa en casa. Quédense con una sola familia, y coman y beban lo que allí les den, porque el trabajador merece que le paguen.

8 »Si entran en un pueblo y los reciben bien, coman lo que les sirvan, **9** sanen a los enfermos, y díganles que el reino de Dios está por llegar. **10** Pero si entran en un pueblo y no los reciben bien, salgan a la calle y protesten, diciendo: **11** ''No tenemos nada que ver con ustedes. Por eso, hasta el polvo de su pueblo lo sacudimos de nuestros pies. Pero sepan esto: ya está por llegar el reino de Dios''. **12** Les aseguro que, en el día del juicio, Dios castigará más duramente a la gente de ese pueblo que a la de Sodoma».

La gente que no cree

13 Jesús también dijo:

«Habitantes del pueblo de Corazín, ¡qué mal les va a ir a ustedes! ¡Y también les va a ir mal a los que viven en el pueblo de Betsaida! Si los milagros que hice entre ustedes los hubiera hecho entre los que viven en las ciudades de Tiro y de Sidón, hace tiempo que ellos habrían cambiado su modo de vivir. Se habrían vestido de ropas ásperas y se habrían echado ceniza en la cabeza para mostrar su arrepentimiento. **14** Les aseguro que en el día del juicio final ustedes van a recibir un castigo mayor que el de ellos.

15 »Habitantes del pueblo de Cafarnaúm, ¿creen que van a ser bien recibidos en el cielo? No, sino que van a ser enviados a lo más profundo del infierno».

16 Luego Jesús les dijo a sus discípulos: «Cualquiera que los escuche a ustedes, me escucha a mí. Cualquiera que los rechace, a mí me rechaza; y la persona que me rechaza, rechaza también a Dios, que fue quien me envió».

Los setenta y dos discípulos regresan

17 Los setenta y dos discípulos que Jesús había enviado regresaron muy contentos y le dijeron:

—¡Señor, hasta los demonios nos obedecen cuando los reprendemos en tu nombre!

18 Jesús les dijo:

—Yo vi que Satanás caía del cielo como un rayo. **19** Yo les he dado poder para que ni las serpientes ni los escorpiones les hagan daño, y para que derroten a Satanás, su enemigo. **20** Sin embargo, no se alegren de que los malos espíritus los obedezcan. Alégrense más bien de que sus nombres estén escritos en el libro del cielo.

Jesús alaba a Dios

21 En ese mismo momento, el Espíritu Santo hizo que Jesús sintiera mucha alegría. Entonces Jesús dijo:

«Padre mío, que gobiernas el cielo y la tierra, te alabo porque has mostrado estas cosas a los niños y a los que son como ellos. En cambio, no se las mostraste a los que conocen mucho y son sabios, porque así lo has querido, Padre mío».

22 Luego Jesús le dijo a la gente que estaba con él: «Mi Padre me ha entregado todo, y nadie me conoce mejor que él. Y yo, que soy su Hijo, conozco mejor que nadie a Dios, mi Padre; y elijo a las personas que lo conocerán como yo». **23** Cuando Jesús se quedó a solas con sus discípulos, les dijo: «Dichosos ustedes, que pueden ver todo lo que sucede ahora. **24** A muchos profetas y reyes les habría gustado ver y oír lo que ustedes ven y oyen ahora, pero no pudieron».

Un extranjero compasivo

25 Un maestro de la Ley se acercó para ver si Jesús podía responder a una pregunta difícil, y le dijo:

—Maestro, ¿qué debo hacer para tener la vida eterna?

26 Jesús le respondió:

—¿Sabes lo que dicen los libros de la Ley?

27 El maestro de la Ley respondió:

—''Ama a tu Dios con todo lo que piensas, con todo lo que vales y con todo lo que eres, y cada uno debe amar a su prójimo como se ama a sí mismo''.

28 —¡Muy bien! —respondió Jesús—. Haz todo eso y tendrás la vida eterna.

29 Pero el maestro de la Ley no quedó satisfecho con la respuesta de Jesús e insistió:

—¿Y quién es mi prójimo?

30 Entonces Jesús le puso este ejemplo:

«Un día, un hombre iba de Jerusalén a Jericó. En el camino lo asaltaron unos ladrones que, después de golpearlo, le robaron todo lo que llevaba y lo dejaron medio muerto.

31 »Por casualidad, por el mismo camino pasaba un sacerdote judío. Al ver a aquel hombre, el sacerdote se hizo a un lado y siguió su camino. **32** Luego pasó por ese lugar otro judío, que ayudaba en el culto del templo; cuando aquel otro vio al hombre, se hizo a un lado y siguió su camino.

33 »Pero también pasó por allí un extranjero, de la región de Samaria, y al ver a aquel hombre tirado en el suelo, le tuvo compasión. **34** Se acercó, sanó sus heridas con vino y aceite, y le puso vendas. Lo subió sobre su burro, lo llevó a un pequeño hotel y allí lo cuidó. **35** »Al día siguiente, el extranjero le dio dinero al encargado de la posada y le dijo: ''Cuídeme bien a este hombre. Si el dinero que le dejo no alcanza para todos los gastos, yo le pagaré lo que falte cuando regrese"».

36 Jesús terminó el relato y le dijo al maestro de la Ley:

—A ver, dime. De los tres hombres que pasaron por el camino, ¿cuál fue el prójimo del que maltrataron los ladrones?

37 —El que se preocupó por él y lo cuidó —contestó el maestro de la Ley.

Jesús entonces le dijo:

—Anda y haz tú lo mismo.

Marta y María

38 En su viaje hacia Jerusalén, Jesús y sus discípulos pasaron por un pueblo. Allí, una mujer llamada Marta recibió a Jesús en su casa. **39** En la casa también estaba María, que era hermana de Marta. María se sentó junto a Jesús y escuchaba atentamente lo que él decía. **40** Marta, en cambio, estaba ocupada en preparar la comida y en los quehaceres de la casa. Por eso, se acercó a Jesús y le dijo:

—Señor, ¿no te importa que mi hermana me deje sola haciendo todo el trabajo de la casa? Dile que me ayude.

41-42 Pero Jesús le contestó:

—Marta, Marta, ¿por qué te preocupas por tantas cosas? Hay algo más importante. María lo ha elegido, y nadie se lo va a quitar.

Jesús enseña a orar

11 **1** Un día, Jesús fue a cierto lugar para orar. Cuando terminó, uno de sus discípulos se acercó y le pidió:

—Señor, enséñanos a orar, así como Juan el Bautista enseñó a sus seguidores.

2 Jesús les dijo:

—Cuando ustedes oren, digan:

"Padre, que todos reconozcan que tú eres el verdadero Dios.

"Ven y sé nuestro único rey.

3 "Danos la comida que hoy necesitamos.

4 "Perdona nuestros pecados, como también nosotros perdonamos a todos los que nos hacen mal.

"Y cuando vengan las pruebas, no permitas que ellas nos aparten de ti".

5 También les dijo:

«Supongamos que, a medianoche, uno de ustedes va a la casa de un amigo y le dice: "Vecino, por favor, préstame tres panes. **6** Un amigo mío vino de viaje; va a quedarse en mi casa y no tengo nada para darle de comer". **7** Supongamos también que el vecino le responda así: "¡No me molestes! La puerta ya está cerrada con llave, y mi familia y yo estamos acostados. No puedo levantarme a darte los panes". **8** Si el otro sigue insistiendo, de seguro el vecino le dará lo que necesite, no tanto porque aquel sea su amigo, sino para no ser avergonzado ante el pueblo.

9 »Por eso les digo esto: pidan a Dios y él les dará; hablen con Dios y encontrarán lo que buscan; llámenlo y él los atenderá. **10** Porque el que confía en Dios recibe lo que pide, encuentra lo que busca y, si llama, es atendido.

11 »¿Alguno de ustedes le daría a su hijo una serpiente si él le pidiera un pescado? **12** ¿O le daría un escorpión si le pidiera un huevo? **13** Si ustedes, que son malos, saben dar cosas buenas a sus hijos, con mayor razón Dios, su Padre que está en el cielo, dará el Espíritu Santo a quienes se lo pidan».

Jesús y el jefe de los demonios

14 Jesús expulsó a un demonio que había dejado mudo a un hombre. Cuando el demonio salió, el hombre empezó a hablar. La gente estaba asombrada por lo que hizo Jesús, **15** pero algunas personas dijeron: «Jesús libera de los demonios a la gente porque Beelzebú, el jefe de los demonios, le da poder para hacerlo». **16** Otros querían ponerle una trampa a Jesús. Por eso le pidieron un milagro que demostrara que había sido enviado por Dios. **17** Jesús se dio cuenta de lo que pensaban y les dijo:

«Si los habitantes de un país se pelean entre ellos, el país se destruirá. Si los miembros de una familia se pelean entre sí, la familia también se destruirá. **18** Y si Satanás lucha contra sí mismo, destruirá su propio reino. Ustedes dicen que yo expulso los demonios por el poder de Satanás. **19** Si eso fuera verdad, entonces ¿quién les da poder a los discípulos de ustedes para echar fuera demonios? Si ustedes me responden que Dios les da ese poder, eso demuestra que están equivocados. **20** Y si yo echo fuera los demonios con el poder de Dios, eso demuestra que el reino de Dios ya está aquí.

21 »Es muy difícil robar en la casa de un hombre fuerte y bien armado. **22** Pero si un hombre más fuerte que él lo vence, le quitará las armas, le robará todo y lo repartirá entre sus amigos.

23 »Si ustedes no están de acuerdo con lo que hago, entonces están contra mí. Si no me ayudan a traer a otros para que me sigan, es como si los estuvieran ahuyentando.

El espíritu malo que regresa

24 »Cuando un espíritu malo sale de una persona, viaja por el desierto buscando dónde descansar. Cuando no encuentra ningún lugar, dice: "Mejor regresaré a mi antigua casa y me meteré de nuevo en ella". **25** Cuando regresa, la encuentra limpia y ordenada.

26 Entonces va y busca a otros siete espíritus peores que él, y todos se meten dentro de aquella persona y se quedan a vivir allí. ¡Y la pobre termina peor que cuando sólo tenía un espíritu malo!»

¿Para quién es la bendición?

27 Mientras Jesús hablaba, llegó una mujer y le gritó:

—¡Dichosa la mujer que te dio a luz y te amamantó!

28 Pero Jesús le respondió:

—¡Dichosa más bien la gente que escucha el mensaje de Dios, y lo obedece!

Una señal milagrosa

29 Mucha gente se acercó para escuchar a Jesús. Entonces él les dijo:

«Ustedes me piden como prueba una señal, pero son malos y no confían en Dios. La única prueba que les daré será lo que le pasó a Jonás. 30 Así como él fue señal para los habitantes de la ciudad de Nínive, así yo, el Hijo del hombre, seré una señal para la gente de este tiempo.

31 »La reina del Sur se levantará en el día del juicio, y hablará contra ustedes para que Dios los castigue. Ella vino desde muy lejos a escuchar las sabias enseñanzas del rey Salomón. Pero ustedes no quieren escuchar mis enseñanzas, aunque soy más importante que Salomón.

32 »En el juicio final, la gente de la ciudad de Nínive también se levantará, y hablará contra ustedes. Porque esa gente sí cambió de vida cuando oyó el mensaje que le anunció Jonás. Pero ustedes oyen mi mensaje y no cambian, a pesar de que soy más importante que Jonás».

La luz del cuerpo

Jesús también les dijo:

33 «Nadie enciende una lámpara para esconderla o para ponerla debajo de un cajón. Todo lo contrario: se pone en un lugar alto, para que alumbre a todos los que entran en la casa. 34 Los ojos de una persona son como una lámpara que alumbra su cuerpo. Por eso, si miran con ojos sinceros y amables, la luz entrará en su vida. Pero si sus ojos son envidiosos y orgullosos, vivirán en completa oscuridad. 35 Así que, tengan cuidado; no dejen que se apague la luz de su vida. 36 Si todo su cuerpo está iluminado, sin que haya ninguna parte oscura, entonces la vida de ustedes alumbrará en todos lados, como cuando una lámpara los ilumina con su luz.

¡Qué mal les va a ir!

37 Cuando Jesús terminó de hablar, un fariseo lo invitó a comer en su casa. Jesús fue y se sentó a la mesa. 38 El fariseo se sorprendió mucho al ver que Jesús no se había lavado las manos antes de comer. 39 Pero Jesús le dijo:

—Ustedes los fariseos se lavan por fuera, pero por dentro son malos, no ayudan a nadie y roban a la gente. 40 ¡Tontos! Dios hizo las cosas de afuera y también las de adentro. 41 La mejor forma de estar completamente limpios es compartir lo que uno tiene con los pobres.

42 »¡Qué mal les va a ir! Ustedes se preocupan por dar como ofrenda a Dios la décima parte de las legumbres, de la menta y de la ruda que cosechan en sus terrenos. Pero no son justos con los demás, ni aman a Dios. Deben dar a Dios la décima parte de todo, pero sin dejar de amar a Dios y de ser justos.

43 »¡Qué mal les va a ir, fariseos! Cuando ustedes van a la sinagoga, les encanta que los traten como si fueran las personas más importantes. Les gusta que en el mercado la gente los salude con gran respeto.

44 »¡Qué mal les va a ir! Porque ustedes son como tumbas ocultas,[3] que la gente pisa sin saberlo.

45 Entonces, un maestro de la Ley le dijo a Jesús:

—Maestro, todo esto que dices contra los fariseos, nos ofende también a nosotros.

46 Jesús le dijo:

—¡Qué mal les va a ir a ustedes también! Porque imponen mandamientos muy difíciles de cumplir, pero no hacen ni el más mínimo esfuerzo por cumplirlos.

47 »¡Qué mal les va a ir a ustedes, que construyen monumentos para recordar a los profetas que sus mismos antepasados mataron! 48 Así ustedes están aprobando lo que hicieron sus antepasados: ellos mataron a los profetas, y ustedes construyen sus monumentos.

49 »Por eso Dios ha dicho sabiamente acerca de ustedes: ''Yo les enviaré profetas y apóstoles, pero ustedes matarán a algunos de ellos, y a otros los perseguirán por todas las ciudades''. 50 Así que, ustedes se han hecho culpables de la muerte de todos los profetas del mundo, 51 comenzando por la muerte de Abel y terminando por la muerte del profeta Zacarías, a quien mataron entre el templo y el altar de los sacrificios. Les aseguro que todos ustedes serán castigados por esto.

52 »¡Qué mal les va a ir, maestros de la Ley! Ustedes saben muy bien lo que significa conocer a Dios, pero no hacen nada por conocerlo, ni dejan que otros lo hagan.

53 Cuando Jesús salió de esa casa, los maestros de la Ley y los fariseos comenzaron a seguirlo, y a hacerle muchas preguntas. 54 Pero en realidad le estaban poniendo una trampa, para ver si decía algo malo y así poder atraparlo.

Consejos

12 1 Mientras muchísimas personas rodeaban a Jesús y se

atropellaban unas a otras, él les dijo a sus discípulos:

«Tengan cuidado de las mentiras que enseñan los fariseos. Ellos engañan a la gente diciéndoles cosas que parecen verdad. **2** Porque todo lo que esté escondido se descubrirá, y todo lo que se mantenga en secreto llegará a conocerse. **3** Lo que ustedes digan en la oscuridad, se sabrá a plena luz del día; lo que digan en secreto, lo llegará a saber todo el mundo.

A quién debemos tenerle miedo

4 »Amigos míos, no tengan miedo de la gente que puede quitarles la vida. Más que eso no pueden hacerles. **5** Tengan más bien temor de Dios, pues él no sólo puede quitarles la vida, sino que también puede enviarlos al infierno. A él sí deben tenerle miedo.

6 »Cinco pajarillos apenas valen unas cuantas monedas. Sin embargo, Dios se preocupa por cada uno de ellos. **7** Lo mismo pasa con ustedes: Dios sabe hasta cuántos cabellos tienen. Por eso, ¡no tengan miedo! Ustedes valen más que muchos pajarillos.

Hablar de Jesús

8 »Si ustedes les dicen a otros que son mis seguidores, yo, el Hijo del hombre, les diré a los ángeles de Dios que ustedes en verdad lo son. **9** Pero si le dicen a la gente que no son mis seguidores, yo les diré a los ángeles de Dios que ustedes no lo son.

10 »Si ustedes dicen algo contra mí, que soy el Hijo del hombre, Dios los perdonará. Pero si dicen algo malo en contra del Espíritu Santo, Dios no los perdonará.

11 »Cuando los lleven a las sinagogas o ante los jueces y las autoridades para ser juzgados, no se preocupen por lo que van a decir o cómo van a defenderse. **12** Porque en el momento preciso, el Espíritu Santo les dirá lo que deben decir».

El rico tonto

13 Uno de los que estaban allí le dijo a Jesús:

—Maestro, ordénale a mi hermano que me dé la parte de la herencia que me dejó nuestro padre.

14 Jesús le respondió:

—A mí no me corresponde resolver el pleito entre tú y tu hermano.

15 Miró entonces a los que estaban allí y les dijo: «¡No vivan siempre deseando tener más y más! No por ser dueños de muchas cosas se vive una vida larga y feliz».

16 Y en seguida Jesús les puso este ejemplo:

«Las tierras de un hombre muy rico habían dado una gran cosecha. **17** Era tanto lo que se había recogido, que el rico no sabía dónde guardar los granos. **18** Pero después de pensarlo dijo: "Ya sé lo que haré. Destruiré mis viejos graneros y mandaré a construir unos mucho más grandes. Allí guardaré lo que he cosechado y todo lo que tengo. **19** Después me diré: ¡Ya tienes suficiente para vivir muchos años! ¡Come, bebe, diviértete y disfruta de la vida lo más que puedas!''

20 »Pero Dios le dijo: ''¡Qué tonto eres! Esta misma noche vas a morir, y otros disfrutarán de todo esto que has guardado''.

21 »Así les pasa a todos los que amontonan riquezas para sí mismos. Creen que son ricos, pero ante Dios en realidad son pobres».

Las preocupaciones

22 Después Jesús les dijo a sus discípulos:

«No se pasen la vida preocupándose de qué van a comer, qué van a beber, o qué ropa van a ponerse. **23** La vida no consiste sólo en comer, ni el cuerpo existe sólo para que lo vistan. **24** »Miren a los cuervos: no siembran, ni cosechan, ni tienen graneros para guardar las semillas. Sin embargo, Dios les da de comer. ¡Recuerden que ustedes son más importantes que las aves!

25 »¿Creen ustedes que por preocuparse mucho vivirán un día más? **26** Si no pueden conseguir ni siquiera esto, ¿por qué se preocupan por las demás cosas?

27 »Aprendan de las flores del campo: no trabajan para hacerse sus vestidos; sin embargo, les aseguro que ni el rey Salomón, con todas sus riquezas, se vistió tan bien como ellas.

28 »Si Dios hace tan hermosas a las flores, que viven tan poco tiempo, ¿no hará mucho más por ustedes? ¡Veo que todavía no han aprendido a confiar en Dios!

29 »No se desesperen preguntándose qué van a comer, o qué van a beber. **30** Sólo los que no conocen a Dios se preocupan por eso. Dios, el Padre de ustedes, sabe que todo eso lo necesitan.

31 »Lo más importante es que reconozcan a Dios como único rey. Todo lo demás, él se los dará a su debido tiempo.

La riqueza verdadera

32 »¡No tengan miedo, mi pequeño grupo de discípulos! Dios, el Padre de ustedes, quiere darles su reino. **33** Vendan lo que tienen, y denle ese dinero a los pobres. Fabriquen bolsas que nunca se rompan, y guarden en el cielo lo más valioso de su vida. Allí, los ladrones no podrán robar, ni la polilla podrá destruir. **34** Recuerden que siempre pondrán toda su atención en donde estén sus riquezas.

Los sirvientes

35-36 »Ustedes tienen que estar siempre listos. Deben ser como los sirvientes de aquel que va a una fiesta de bodas. Ellos se quedan despiertos, con las lámparas encendidas, esperando a que su dueño llame a la puerta para abrirle de inmediato. **37-38** ¡Qué felices serán cuando llegue el dueño a la casa, en la noche, o en la madrugada! Les aseguro que el dueño hará que sus sirvientes se sienten a la mesa, y él mismo les servirá la comida.

39 »Si el dueño de una casa supiera a qué hora se va a meter un ladrón, lo esperaría para no dejarlo entrar. **40** Ustedes deben estar listos, porque yo, el Hijo del hombre, vendré a la hora que menos lo esperen».

41 Pedro entonces le preguntó:

—Señor, ¿esa enseñanza es sólo para nosotros, o para todos los que están aquí?

42 El Señor le respondió:

—¿Quién es el sirviente responsable y atento? Es aquel a quien el dueño de la casa deja encargado de toda su familia, para que él les sirva la comida a tiempo. **43** ¡Qué feliz es el sirviente si su dueño lo encuentra cumpliendo sus órdenes! **44** Les aseguro que el dueño hará que ese sirviente administre todas sus posesiones. **45** Pero supongamos que el sirviente piensa: "Mi amo salió de viaje y tardará mucho en volver", y entonces comienza a golpear a los otros sirvientes y sirvientas, y a comer y a beber hasta emborracharse. **46** Cuando vuelva su amo, en el día y la hora en que menos lo espere, lo castigará como se castiga a los sirvientes que no obedecen.

47 »El sirviente que conoce las órdenes de su dueño y no las cumple, recibirá un castigo severo. **48** Pero el sirviente que, sin saberlo, hace algo que merece castigo, recibirá un castigo menor. Dios es bueno con ustedes, y espera que ustedes lo sean con él. Y así como él se muestra muy generoso con ustedes, también espera que ustedes le sirvan con la misma generosidad.

Jesús advierte a sus discípulos

49 »Yo he venido para encender fuego en el mundo. ¡Y cómo me gustaría que ya estuviera ardiendo! **50** Pero primero tengo que pasar por una prueba muy difícil, y sufro mucho hasta que llegue ese momento. **51** ¿Creen ustedes que vine para establecer la paz en este mundo? ¡No! Yo no vine a eso. Vine a causar división. **52** En una familia de cinco, tres estarán en contra de los otros dos. **53** El padre y el hijo se pelearán, la madre y la hija harán lo mismo, y la suegra y la nuera serán enemigas.

Las señales de Dios

54 Jesús le dijo a la gente:

«Cuando ustedes miran hacia el oeste, y ven una nube en el cielo, dicen: "¡Va a llover!"; y en verdad llueve. **55** Y si ven que sopla viento desde el sur, dicen: "¡Va a hacer calor!"; y así pasa. **56** ¿A quién tratan de engañar? A ustedes les basta mirar el aspecto del cielo y de la tierra para saber si el tiempo será bueno o malo. ¡Pero miran las cosas que yo hago y no son capaces de entender que son señales de Dios!

Paz con el enemigo

57 »Elige hacer lo correcto. **58** Si alguien te acusa de hacer algo malo en su contra, arregla el problema con esa persona antes de que te entregue al juez. Si no, el juez le ordenará a un policía que te lleve a la cárcel. **59** Te aseguro que sólo saldrás cuando hayas pagado hasta el último centavo».

Cambiar de vida

13 **1** Por aquel tiempo, algunos le dijeron a Jesús que Pilato, el gobernador romano, había mandado matar a varios hombres de la región de Galilea. Esto les había sucedido mientras ellos estaban en el templo ofreciendo sacrificios a Dios. **2** Jesús les dijo:

«¿Creen ustedes que esos hombres murieron porque eran más malos que los demás habitantes de Galilea? **3** ¡De ninguna manera! Y si ustedes no cambian su manera de vivir ni obedecen a Dios, de seguro morirán. **4** Recuerden a los dieciocho que murieron cuando se les vino encima la torre que se derrumbó en Siloé. ¿Creen ustedes que eso les pasó porque eran más malos que todos los habitantes de Jerusalén? **5** ¡De ninguna manera! Y si ustedes no cambian su manera de vivir ni obedecen a Dios, también morirán».

La higuera

6 Además, Jesús les puso este ejemplo:

«Un hombre había sembrado una higuera en su viñedo. Un día, fue a ver si el árbol tenía higos, pero no encontró ninguno. **7** Entonces le dijo al encargado del viñedo: "Tres años seguidos he venido a ver si esta higuera ya tiene higos, y nunca encuentro nada. Córtala, pues sólo está ocupando terreno". **8** El encargado le dijo: "Señor, deje usted la higuera un año más. Aflojaré la tierra a su alrededor, y le pondré abono. **9** Si el próximo año da higos, la dejará vivir; si no, puede ordenar que la corten"».

Jesús sana a una mujer

10 Un sábado, Jesús estaba enseñando en una sinagoga. **11** Allí había una mujer que tenía dieciocho años de estar jorobada. Un espíritu malo la había dejado así, y no podía enderezarse para nada. **12** Cuando Jesús la vio, la llamó y le dijo: «¡Mujer, quedas libre de tu enfermedad!» **13** Jesús puso sus manos sobre ella, y en ese momento la mujer se enderezó y comenzó a alabar a Dios.

14 El jefe de la sinagoga se enojó mucho con Jesús, por lo que Jesús había hecho en un día de descanso obligatorio. Por eso, le dijo a la gente que estaba reunida: «La semana tiene seis días para trabajar, y uno para descansar. Ustedes deben venir para ser sanados en uno de esos seis días, pero no en sábado».

15 Jesús contestó: «¿A quién tratan de engañar? Ustedes llevan a su buey o a su burro a beber agua el día sábado, **16** y esta mujer vale mucho más que un buey o un burro, porque es descendiente de Abraham. Si Satanás la tuvo enferma durante dieciocho años, ¿por qué no podía ser sanada en un día sábado?»

17 Al oír esto, sus enemigos sintieron mucha vergüenza. El resto de la gente, en cambio, se puso muy feliz al ver las cosas tan maravillosas que Jesús hacía.

La semilla de mostaza

18 Jesús también les dijo:

«¿Cómo les puedo explicar qué es el reino de Dios? ¿Con qué puedo compararlo? **19** Se puede comparar con la semilla de mostaza: Cuando un hombre va y la siembra en su terreno, ella crece y se convierte en un árbol tan grande que hasta los pájaros vienen y hacen nidos en sus ramas».

La levadura

20 Jesús también les dijo:

«¿Con qué más puedo comparar el reino de Dios? **21** Se puede comparar con lo que sucede cuando una mujer pone un poquito de levadura en un montón de harina. ¡Ese poquito hace crecer toda la masa!»

La entrada estrecha

22 Durante el viaje hacia Jerusalén, Jesús pasaba por los pueblos y aldeas y enseñaba a la gente. **23** Un día, alguien le preguntó:

—Señor, ¿serán pocos los que se van a salvar?

Jesús contestó:

24 «Traten de entrar por la entrada estrecha. Porque muchos querrán entrar al reino de Dios y no podrán. **25** Cuando Dios cierre la puerta, si ustedes están afuera ya

no podrán entrar. Tocarán a la puerta y dirán: ''¡Señor, ábrenos!'' Pero yo les diré: ''No sé quiénes sean ustedes, ni de dónde vengan''. **26** Y ustedes dirán: ''Nosotros comimos y bebimos contigo; además, tú enseñaste en las calles de nuestro pueblo''. **27** Pero yo les contestaré: ''¡Ya les dije que no los conozco! ¡Gente malvada, apártense de mí!''

28 »Ustedes se quedarán afuera, y llorarán y rechinarán los dientes de terror. Porque verán a sus antepasados Abraham, Isaac y Jacob, y a los profetas, en el reino de Dios. **29** De todas partes del mundo vendrán a la gran cena que Dios dará en su reino. **30** Allí, los que ahora son los menos importantes, serán los más importantes. Y los que ahora son importantes, serán los menos importantes».

Jesús y Herodes

31 En ese momento, llegaron unos fariseos y le dijeron a Jesús:

—¡Huye, porque el rey Herodes Antipas quiere matarte!

32 Jesús les dijo:

—Vayan y díganle a esa zorra que hoy y mañana estaré expulsando demonios y curando a los enfermos, y que el tercer día ya habré terminado. **33** Aunque, en verdad, hoy, mañana y pasado mañana deberé seguir mi viaje hasta llegar a Jerusalén. Después de todo, allí es donde matan a los profetas.

Jesús llora por la gente de Jerusalén

34 »¡Habitantes de Jerusalén! ¡Gente que mata a los profetas y a los mensajeros que Dios les envía! Muchas veces quise protegerlos a ustedes, como la gallina que cuida a sus pollitos debajo de sus alas; pero ustedes no me dejaron. **35** Por eso su templo quedará abandonado. Y les aseguro que ya no volverán a verme, hasta que digan: ''¡Bendito el Mesías que viene en el nombre de Dios!''

Jesús sana a un enfermo

14 **1** Un sábado, Jesús estaba cenando en la casa de un jefe de los fariseos; todos los que estaban presentes lo vigilaban muy atentos. **2** De pronto, un hombre que tenía las piernas y los brazos hinchados se paró delante de él. **3** Jesús miró a los maestros de la Ley y a los fariseos, y les preguntó: «¿Se debe o no se debe sanar a un enfermo el día de descanso?» **4** Ellos se quedaron callados. Entonces Jesús tomó de la mano al enfermo, lo sanó y lo despidió. **5** Después, les preguntó a los que estaban presentes: «¿Si uno de sus hijos, o uno de sus bueyes, se cae en un pozo, no es cierto que lo sacarían de inmediato, aunque fuera sábado?» **6** Pero ellos no pudieron decir nada.

Los invitados a la cena

7 Jesús se había dado cuenta de cómo los invitados a la cena llegaban y se sentaban en los mejores lugares. Por eso les dio este consejo:

8 «Cuando alguien te invite a una fiesta de bodas, no te sientes en el mejor lugar. Porque si llega alguien más importante que tú, **9** el que te invitó te dirá: ''Dale tu puesto a este otro invitado''. Eso sería muy vergonzoso para ti, y tendrías que sentarte en el último lugar.

10 »Por eso, cuando alguien te invite, busca el último puesto. Así, cuando llegue el que te invitó, te dirá: ''Amigo, ven siéntate aquí; este lugar es mejor''. De esa manera, recibirás honores delante de los demás invitados. **11** El que se crea superior a los demás, será puesto en el lugar menos importante. El que es humilde será puesto en un lugar más importante».

12 Luego, Jesús le dijo al hombre que lo había invitado:

«Cuando hagas una fiesta o una cena, no invites a tus amigos, ni a tus hermanos, ni a tus otros familiares, ni a tus vecinos más ricos. Si haces eso, también ellos te invitarán a ti, y de esa manera te recompensarán por haberlos invitado. **13** En el futuro, cuando hagas una fiesta, invita a los pobres, a los tullidos, a los cojos y a los ciegos. **14** Ellos no podrán darte nada a cambio, pero Dios te bendecirá. Él te dará un premio cuando resuciten todos los que practican la justicia».

La gran cena

15 Al oír esto, uno de los invitados le dijo a Jesús:

—¡La bendición más grande será participar en la gran fiesta del reino de Dios!

16 Jesús le respondió:

«En cierta ocasión, un hombre organizó una gran cena e invitó a mucha gente. **17** Cuando llegó la hora, envió a su sirviente para que llamara a los invitados y les dijera: ''Vengan, ya todo está listo''.

18 »Pero cada uno de los invitados dio una excusa y rechazó la invitación. Uno dijo: ''Dile a tu amo que por favor me disculpe, pues acabo de comprar un terreno y necesito ir a verlo''.

19 »Otro dijo: ''Le ruego que me disculpe, pues hoy compré cinco yuntas de bueyes y tengo que probarlas''.

20 »Otro más dijo: ''Acabo de casarme; dile que no puedo ir''.

21 »El sirviente regresó y le contó a su amo todo esto. El amo se enojó mucho y le dijo: ''Ve en seguida a las calles y callejones de la ciudad, y trae a cenar a los pobres, a los tullidos, a los ciegos y a los cojos''.

22 »Cuando el sirviente regresó, le dijo: ''Señor, ya hice lo que usted me mandó; pero todavía queda lugar en la casa''.

23 »El amo le ordenó: ''Ve por las calles y callejones, y obliga a la gente a entrar. Quiero que mi casa se llene. **24** Pero ninguno de los que invité la primera vez probará un bocado de mi cena''».

Condiciones para ser discípulo de Jesús

25 Una gran cantidad de gente caminaba con Jesús. De pronto, él se volvió y les dijo:

26 «Si alguno de ustedes quiere ser mi discípulo, tendrá que amarme más que a su padre o a su madre, más que a su esposa o a sus hijos, y más que a sus hermanos o a sus hermanas. Ustedes no pueden seguirme, a menos que me amen más que a su propia vida. **27** Si ustedes no están dispuestos a morir en una cruz y a hacer lo que yo les diga, no pueden ser mis discípulos.

28 »Si alguno de ustedes quiere construir una torre, ¿qué es lo primero que hace? Pues se sienta a pensar cuánto va a costarle, para ver si tiene suficiente dinero. **29** Porque si empieza a construir la torre y después no tiene dinero para terminarla, la gente se burlará de él. **30** Todo el mundo le dirá: ''¡Qué tonto eres! Empezaste a construir la torre, y ahora no puedes terminarla''.

31 »¿Qué hace un rey, que sólo tiene diez mil soldados, para defenderse de otro rey que lo va a atacar con veinte mil? Primero tendrá que ver si puede ganar la batalla con sólo diez mil soldados. **32** Y si ve que no puede ganar, aprovecha que el otro rey todavía está lejos y manda mensajeros a pedir la paz.

33 »Por eso, piénsenlo bien. Si quieren ser mis discípulos, tendrán que abandonar todo lo que tienen.

La sal del mundo

34-35 »La sal es buena, pero cuando pierde sus capacidades se tira a la basura, pues ya no sirve ni para el horno de barro ni para hacer combustible con el estiércol. ¡Si en verdad tienen oídos, presten mucha atención!»

La oveja

15 **1** Mientras Jesús enseñaba, se le acercaron muchos de los que cobraban impuestos para el gobierno de Roma, y otras personas a quienes los fariseos consideraban gente de mala fama. **2** Al ver esto, los fariseos y los maestros de la Ley comenzaron a criticar a Jesús, y decían: «Este hombre es amigo de los pecadores, y hasta come con ellos».

3 Al oír eso, Jesús les puso este ejemplo:

4 «Si alguno de ustedes tiene cien ovejas y se da cuenta de que ha perdido una, ¿acaso no deja las otras noventa y nueve en el campo y se va a buscar la oveja perdida? **5** Y cuando la encuentra, la pone en sus hombros **6** y vuelve muy contento con ella. Después, llama a sus amigos y vecinos y les dice: ''¡Vengan a mi casa y alégrense conmigo! ¡Ya encontré la oveja que había perdido!''

7 »De la misma manera, hay más alegría allá en el cielo por una de estas personas que se vuelve a Dios, que por noventa y nueve personas buenas que no necesitan volverse a él».

La moneda

8 Jesús les puso otro ejemplo:

«¿Qué haría una mujer que con mucho cuidado guardó diez monedas, y de pronto se da cuenta de que ha perdido una de ellas? De inmediato prendería las luces, y se pondría a barrer la casa, buscando en todos los rincones hasta encontrarla. **9** Y cuando la encuentre, invitará a sus amigas y vecinas y les dirá: ''¡Vengan a mi casa y alégrense conmigo! ¡Ya encontré la moneda que había perdido!''

10 »De la misma manera, los ángeles de Dios hacen fiesta cuando alguien se vuelve a Dios».

El padre amoroso

11 Jesús también les dijo:

«Un hombre tenía dos hijos.

12 Un día, el hijo más joven le dijo a su padre: "Papá, dame la parte de tu propiedad que me toca como herencia". Entonces el padre repartió la herencia entre sus dos hijos.

13 »A los pocos días, el hijo menor vendió lo que su padre le había dado y se fue lejos, a otro país. Allá se dedicó a darse gusto, haciendo lo malo y gastando todo el dinero.

14 »Ya se había quedado sin nada, cuando comenzó a faltar la comida en aquel país, y el joven empezó a pasar hambre. **15** Entonces buscó trabajo, y el hombre que lo empleó lo mandó a cuidar cerdos en su finca. **16** Al joven le daban ganas de comer aunque fuera la comida con que alimentaban a los cerdos, pero nadie se la daba.

17 »Por fin comprendió lo tonto que había sido, y pensó: "En la finca de mi padre los trabajadores tienen toda la comida que desean, y yo aquí me estoy muriendo de hambre. **18** Volveré a mi casa, y apenas llegue, le diré a mi padre que me he portado muy mal con Dios y con él. **19** Le diré que no merezco ser su hijo, pero que me dé empleo y que me trate como a cualquiera de sus trabajadores". **20** Entonces regresó a la casa de su padre.

»Cuando todavía estaba lejos, su padre corrió hacia él lleno de amor, y lo recibió con abrazos y besos. **21** El joven empezó a decirle: "¡Papá, me he portado muy mal contra Dios y contra ti! Ya no merezco ser tu hijo".

22 »Pero antes de que el muchacho terminara de hablar, el padre llamó a los sirvientes y les dijo: "¡Pronto! Traigan la mejor ropa y vístanlo. Pónganle un anillo, y también sandalias. **23** ¡Maten el ternero más gordo y hagamos una gran fiesta, **24** porque mi hijo ha regresado! Es como si hubiera muerto, y ha vuelto a vivir. Se había perdido y lo hemos encontrado".

»Y comenzó la fiesta.

25 »El hijo mayor estaba trabajando en el campo. Cuando regresó, se acercó a la casa y oyó la música y el baile. **26** Llamó a uno de los sirvientes y le preguntó: "¿Qué pasa?"

27 »El sirviente le dijo: "Es que tu hermano ha vuelto sano y salvo, y tu papá mandó matar el ternero más gordo para hacer una fiesta". **28** Entonces el hermano mayor se enojó mucho y no quiso entrar. Su padre tuvo que salir a rogarle que entrara. **29** Pero él, muy enojado, le dijo: "He trabajado para ti desde hace muchos años, y nunca te he desobedecido. Pero a mí jamás me has dado siquiera un cabrito para que haga una fiesta con mis amigos. **30** ¡Y ahora que vuelve ese hijo tuyo, después de malgastar todo tu dinero con prostitutas, matas para él el ternero más gordo!"

31 »El padre le contestó: "¡Pero hijo! Tú siempre estás conmigo, y todo lo que tengo es tuyo. **32** ¡Cómo no íbamos a hacer una fiesta y alegrarnos por el regreso de tu hermano! Es como si hubiera muerto y vuelto a vivir; como si se hubiera perdido y lo hubiéramos encontrado"».

El empleado astuto

16 **1** Jesús también les dijo a sus discípulos:

«Había una vez un hombre muy rico, que tenía un empleado encargado de cuidar todas sus riquezas. Pero llegó a saber que ese empleado malgastaba su dinero. **2** Entonces lo llamó y le dijo: "¿Qué es todo esto que me han dicho de ti? Preséntame un informe de todo mi dinero y posesiones, porque ya no vas a trabajar más para mí".

3 »El empleado pensó: "¿Qué voy a hacer ahora que mi patrón me despide del trabajo? No soy fuerte para hacer zanjas, y me da vergüenza pedir limosna. **4** ¡Ya sé lo que haré, para que algunos me reciban en sus casas cuando me despidan!"

5 »El empleado llamó a cada uno de los que le debían algo a su patrón, y al primero le preguntó: "¿Cuánto le debes a mi patrón?" **6** Aquel hombre contestó: "Le debo cien barriles de aceite de oliva". El empleado le dijo: "Aquí está tu cuenta. Rápido, siéntate y, en lugar de cien barriles, anota cincuenta". **7** Luego le preguntó a otro: "¿Y tú, cuánto le debes a mi patrón?" Ese hombre respondió: "Diez mil kilos de trigo". El empleado le dijo: "Toma tu cuenta y anota ocho mil kilos".

8 »Al saber esto, el patrón felicitó al empleado deshonesto por ser tan astuto. Y es que la gente de este mundo es más astuta para atender sus propios negocios que los hijos de Dios.

9 »Por eso, a ustedes, mis discípulos, yo les aconsejo que usen el dinero ganado deshonestamente para ganar amigos. Así, cuando se les acabe ese dinero, Dios los recibirá en el cielo.

10 »Al que cuida bien lo que vale poco, también se le puede confiar lo que vale mucho. Y el que es deshonesto con lo de poco valor, también lo será con lo de mucho valor. **11** Si a ustedes no se les puede confiar algo que vale tan poco como el dinero ganado deshonestamente, ¿quién les confiará lo que sí es valioso? **12** Y si no se les puede confiar lo que es de otra persona, ¿quién les dará lo que será de ustedes?

13 »Nadie puede ser esclavo de dos amos, porque preferirá a uno más que a otro. Y si obedece a uno, desobedecerá al otro. No se puede servir al mismo tiempo a Dios y al dinero».

Otras enseñanzas de Jesús

14 A los fariseos les gustaba mucho el dinero. Por eso, cuando escucharon todo lo que Jesús decía, se burlaron de él. **15** Entonces Jesús les dijo:

«Ustedes tratan de aparecer delante de los demás como personas muy honestas, pero Dios los conoce muy bien. Lo que la mayoría de la gente considera de mucho valor, para Dios no vale nada.

16 »Hasta la época de Juan el Bautista, la gente ha tenido que obedecer la Ley y la enseñanza de los Profetas. Desde entonces, se anuncian las buenas noticias del reino de Dios, y todos luchan por entrar en él.

17 »Sin embargo, es más fácil que desaparezcan el cielo y la tierra, a que deje de cumplirse el detalle más insignificante de la Ley.

18 »Si un hombre se divorcia de su esposa y se casa con otra mujer, comete pecado, porque es infiel en el matrimonio. Y si un hombre soltero se casa con una mujer divorciada, también comete el mismo pecado».

Lázaro y el hombre rico

Jesús también dijo:

19 «Había una vez un hombre muy rico, que vestía ropas muy lujosas. Hacía fiestas todos los días, y servía las comidas más caras. 20 En cambio, junto a la entrada de su casa había un hombre pobre, llamado Lázaro, que tenía la piel llena de llagas. Unas personas lo sentaban siempre allí, 21 y los perros venían a lamerle las llagas. Este pobre hombre tenía tanta hambre que deseaba comer, por lo menos, las sobras que caían de la mesa del hombre rico. 22 Un día, el hombre pobre murió y los ángeles lo pusieron en el sitio de honor, junto a su antepasado Abraham. Después murió también el hombre rico. Lo enterraron 23 y se fue al infierno, donde sufría muchísimo. Desde allí vio a lo lejos a Abraham, y a Lázaro sentado junto a él.

24 »Entonces el rico llamó a Abraham y le dijo: ''¡Abraham, antepasado mío, compadécete de mí! Manda a Lázaro para que moje la punta de su dedo en agua y me refresque la lengua. Sufro muchísimo con este fuego''. 25 Pero Abraham le respondió: ''Tú eres mi descendiente, pero recuerda

que cuando ustedes vivían, a ti te iba muy bien, y a Lázaro, muy mal. Ahora, él es feliz aquí, mientras que a ti te toca sufrir. 26 Además, a ustedes y a nosotros nos separa un gran abismo, y nadie puede pasar de un lado a otro''. 27 El hombre rico dijo: ''Abraham, te ruego entonces que mandes a Lázaro a la casa de mi familia. 28 Que avise a mis cinco hermanos que, si no dejan de hacer lo malo, vendrán a este horrible lugar''. 29 Pero Abraham le contestó: ''Tus hermanos tienen la Biblia. ¿Por qué no la leen? ¿Por qué no la obedecen?'' 30 El hombre rico respondió: ''Abraham, querido antepasado, ¡eso no basta! Pero si alguno de los muertos va y habla con ellos, te aseguro que se volverán a Dios''. 31 Abraham le dijo: ''Si no hacen caso de lo que dice la Biblia, tampoco le harán caso a un muerto que vuelva a vivir''».

¡Cuidado!

17 1 Jesús les dijo a sus discípulos:

«Muchas cosas en el mundo hacen que la gente desobedezca a Dios. Y eso siempre será así. Pero ¡qué mal le irá a quien haga que otro lo desobedezca! 2 Si alguien hace que uno de estos pequeños seguidores míos desobedezca a Dios, recibirá un castigo peor que si se amarraran al cuello una piedra enorme y lo tiraran al fondo del mar. 3 Así que, ¡tengan cuidado con lo que hacen!

»Si tu amigo te hace algo malo, llámale la atención. Si te pide perdón, perdónalo. 4 No importa que en un solo día te haga muchas maldades; si él te pide perdón, perdónalo».

Confianza en el poder de Dios

5 Los apóstoles le dijeron al Señor:

—Haz que confiemos más en el poder de Dios.

6 El Señor les dijo:

—Si la confianza de ustedes fuera tan pequeña como una semilla de mostaza, podrían decirle a este árbol: ''Levántate de aquí y plántate en el mar'', y el árbol les obedecería.

Sirvientes inútiles

7 »Ninguno de ustedes que tenga un esclavo, le dice: ''Ven, siéntate a comer'', cuando este regresa de trabajar en el campo o de cuidar las ovejas. 8 Más bien, le dice: ''Prepárame la cena. Quiero que estés atento a servirme hasta que yo termine de comer y beber. Ya después podrás comer y beber tú''. 9 Tampoco le da las gracias por cumplir con sus órdenes. 10 De modo que, cuando ustedes hayan hecho todo lo que Dios les ordena, no esperen que él les dé las gracias. Más bien, piensen: ''Nosotros somos sólo sirvientes; no hemos hecho más que cumplir con nuestra obligación''.

El extranjero agradecido

11 Jesús siguió su viaje hacia Jerusalén, y tomó un camino que pasaba entre la región de Samaria y la región de Galilea. 12 Cuando entró en una aldea, diez hombres que estaban enfermos de lepra fueron hacia él. Se quedaron un poco lejos de Jesús 13 y le gritaron:

—¡Jesús, Maestro, ten compasión de nosotros y sánanos!

14 Jesús los vio y les dijo:

—Vayan al templo, para que los sacerdotes los examinen y vean si ustedes están totalmente sanos.

Y mientras los diez hombres iban al templo, quedaron sanos. 15 Uno de ellos, al verse sano, regresó gritando: «¡Gracias, Dios mío! ¡Muchas gracias!» 16 Cuando llegó ante Jesús, se arrodilló hasta tocar el suelo con su frente, y le dio las gracias. Este hombre era de la región de Samaria. 17 Al ver eso, Jesús preguntó a sus discípulos: «¿No eran diez los que quedaron sanos? **18** ¿Por qué sólo este extranjero volvió para dar gracias a Dios?»

19 Luego Jesús le dijo al hombre: «¡Levántate y vete! Has quedado sano porque confiaste en mí».

¿Cuándo comenzará el reino de Dios?

20 Algunos fariseos le preguntaron a Jesús:

—¿Cuándo comenzará Dios a reinar aquí?

Jesús respondió:

—El reino de Dios no es algo que pueda verse. **21** Tampoco se puede decir: ''¡Aquí está!'' o ''¡Allí está!'' Porque el reino de Dios ya está entre ustedes.

22 Luego, Jesús les dijo a sus discípulos:

«Llegará el día en que ustedes van a querer ver, por lo menos un momento, cuando yo, el Hijo del hombre, me presente con todo mi poder y gloria. **23** Algunos les dirán: ''¡Allí está!'' o ''¡Aquí está!'', pero no vayan. **24** Cuando yo, el Hijo del hombre, regrese, todos me verán. Será como un relámpago que alumbra todo el cielo. **25** Pero primero tendré que sufrir cosas terribles, y la gente de este tiempo me rechazará.

26 »Cuando yo, el Hijo del hombre, regrese, la gente estará viviendo como en los tiempos de Noé. **27** Antes de que Dios inundara toda la tierra con agua, la gente comía, se divertía y se casaba. Después Noé entró en el arca, vino la inundación, y toda esa gente murió. **28** Lo mismo pasó en los tiempos de Lot. En la ciudad de Sodoma, la gente comía y se divertía, compraba y vendía, sembraba y construía casas. **29** Pero cuando Lot salió de la ciudad, cayó fuego y azufre desde el cielo, y toda esa gente murió.

30 »Algo así pasará cuando yo, el Hijo del hombre, vuelva otra vez. **31** Si en ese momento alguien está en la azotea de su casa, que no baje a sacar sus pertenencias. El que esté trabajando en el campo, que no regrese a su casa. **32** Recuerden que la esposa de Lot se convirtió en estatua de sal por mirar hacia atrás. **33** Los que quieran salvar su vida, la perderán. Pero los que la pierdan, se salvarán.

34 »La noche en que yo regrese, si hay dos personas durmiendo en una cama, me llevaré a una y dejaré a la otra. **35-36** De igual manera, si dos mujeres estuvieran moliendo trigo, me llevaré a una y dejaré a la otra».

37 Los discípulos le preguntaron:

—Señor, ¿dónde ocurrirá eso?

Jesús les respondió:

—Todos saben bien que allí donde se juntan los buitres, hay un cuerpo muerto. Así será cuando yo venga: Todos lo sabrán con seguridad.

La viuda y el juez

18 **1** Jesús les contó una historia a sus discípulos, para enseñarles que debían orar siempre y sin desanimarse. **2** Les dijo:

«En una ciudad había un juez que no le tenía miedo a Dios ni le importaba la gente. **3** Allí también vivía una viuda, que siempre lo buscaba y le decía: ''Por favor, haga usted todo lo posible para que se me haga justicia en la corte''. **4-5** Al principio, el juez no quería atender a la viuda. Pero luego pensó: ''Esta viuda molesta mucho. Aunque no le tengo miedo a Dios ni me importa la gente, la voy a ayudar. Si no lo hago, nunca dejará de molestarme''».

6 Jesús agregó:

«Fíjense en lo que dijo ese mal juez. **7** ¿Creen ustedes que Dios no defenderá a las personas que él eligió, y que oran pidiéndole ayuda día y noche? ¿Tardará él en responderles? **8** ¡Claro que no, sino que les responderá de inmediato! Pero cuando yo, el Hijo del hombre, regrese a este mundo, ¿acaso encontraré gente que confíe en Dios?»

El hombre orgulloso y el hombre humilde

9 Una vez, Jesús estuvo hablando con unas personas, de esas que se creen muy buenas y que siempre están despreciando a los demás. A estas, Jesús les puso este ejemplo:

10 «Dos hombres fueron al templo a orar. Uno de ellos era fariseo y el otro era cobrador de impuestos. **11** »El fariseo, de pie, oraba así: ''Dios, te doy gracias porque no soy como los demás hombres. Ellos son ladrones y malvados, y engañan a sus esposas con otras mujeres. ¡Tampoco soy como ese cobrador de impuestos! **12** Yo ayuno dos veces por semana y te doy la décima parte de todo lo que gano''.

13 »El cobrador de impuestos, en cambio, se quedó un poco más atrás. Ni siquiera se atrevía a levantar la mirada hacia el cielo, sino que se daba golpes en el pecho y decía: ''¡Dios, ten compasión de mí y perdóname por todo lo malo que he hecho!''»

14 Cuando terminó de contar esto, Jesús les dijo a aquellos hombres: «Les aseguro que cuando el cobrador de impuestos regresó a su casa, Dios ya lo había perdonado, pero al fariseo no. Porque los que se creen más importantes que los demás, son los menos valiosos para Dios. En cambio, los más importantes para Dios son los humildes».

Jesús bendice a los niños

15 Algunas madres llevaron a sus niños pequeños para que Jesús pusiera su mano sobre sus cabezas y los bendijera. Pero los discípulos comenzaron a reprenderlas para que no los trajeran. **16** Entonces Jesús llamó a los niños y les dijo a sus discípulos: «Dejen que los niños se acerquen a mí. No se lo impidan, porque el reino de Dios es de los que son como ellos. **17** Les aseguro que la persona que no confía en Dios como lo hace un niño, no podrá entrar en el reino de Dios».

El hombre rico

18 Un líder de los judíos fue a ver a Jesús y le preguntó:

—Tú, que eres un maestro bueno, dime, ¿qué cosa debo hacer para tener vida eterna?

19 Jesús le contestó:

—¿Por qué dices que soy bueno? Sólo Dios es bueno. **20** Tú conoces bien los mandamientos: No seas infiel en el matrimonio; no mates; no robes; no mientas para hacerle daño a otra persona; obedece y cuida a tu padre y a tu madre.

21 El líder le dijo:

—¡He obedecido todos esos mandamientos desde que era un niño!

22 Jesús le respondió:

—Sólo te falta hacer una cosa: Vende todo lo que tienes y dale ese dinero a los pobres. Así, Dios te dará un gran premio en el cielo. Luego ven y conviértete en uno de mis seguidores.

23 Cuando el líder oyó esto, se puso muy triste, porque era muy rico. **24** Jesús lo miró y dijo:

—¡Qué difícil es que una persona rica entre en el reino de Dios! **25** En realidad, es más fácil para un camello pasar por el ojo de una aguja, que para una persona rica entrar en el reino de Dios.

26 La gente que estaba allí y que oyó a Jesús, preguntó:

—Entonces, ¿quién podrá salvarse?

27 Jesús les respondió:

—Para la gente eso es imposible, pero todo es posible para Dios.

28 Pedro le dijo:

—Recuerda que nosotros dejamos todo lo que teníamos y te hemos seguido.

29 Jesús les respondió:

—Les aseguro que si alguno ha dejado su casa, su esposa, sus hermanos, sus padres, o sus hijos, por ser obediente al reino de Dios, **30** sin duda recibirá aquí mucho más de lo que dejó. Además, cuando muera, vivirá con Dios para siempre.

Jesús habla otra vez de su muerte

31 Jesús se reunió a solas con los doce discípulos y les dijo: «Ahora iniciamos nuestro viaje hacia Jerusalén. Allí pasará todo lo que anunciaron los profetas acerca de mí, el Hijo del hombre. **32** Porque en Jerusalén unos hombres me entregarán a las autoridades de Roma. Los romanos se burlarán de mí, me insultarán y me escupirán en la cara. **33** Luego me golpearán y me matarán, pero después de tres días, resucitaré». **34** Los discípulos no entendieron de qué hablaba Jesús. Era algo que ellos no podían comprender.

Jesús sana a un ciego

35 Jesús iba llegando a la ciudad de Jericó. Junto al camino estaba un ciego pidiendo limosna. **36** Cuando el ciego oyó el ruido de la gente que pasaba, preguntó:

—¿Qué sucede?

37 La gente le explicó:

—Ahí viene Jesús, el del pueblo de Nazaret.

38 Entonces el ciego se puso a gritar: «¡Jesús, tú que eres el Mesías, ten compasión de mí y ayúdame!»

39 Los que iban adelante reprendían al ciego para que se callara, pero él gritó con más fuerza: «¡Mesías, ten compasión de mí y ayúdame!»

40 Jesús se detuvo y ordenó que trajeran al ciego. Cuando el ciego estuvo cerca, Jesús le preguntó:

41 —¿Qué quieres que haga por ti?

El ciego le respondió:

—Señor, ¡quiero volver a ver!

42 Jesús le dijo:

—¡Muy bien, ya puedes ver! Te has sanado porque confiaste en mí.

43 En ese mismo instante, el ciego pudo ver, y siguió a Jesús, alabando a Dios. Toda la gente que vio esto también alababa a Dios.

Zaqueo

19 **1** Jesús entró en Jericó. **2** Allí vivía Zaqueo, un hombre muy rico que era jefe de los cobradores de impuestos. **3** Zaqueo salió a la calle para conocer a Jesús, pero no podía verlo, pues era muy bajito y había mucha gente delante de él. **4** Entonces corrió a un lugar por donde Jesús tenía que pasar y, para poder verlo, se subió a un árbol de higos.

5 Cuando Jesús pasó por allí, miró hacia arriba y le dijo: «Zaqueo, bájate ahora mismo, porque quiero hospedarme en tu casa». **6** Zaqueo se bajó rápidamente, y con mucha alegría recibió en su casa a Jesús.

7 Cuando la gente vio lo que había pasado, empezó a criticar a Jesús y a decir: «¿Cómo se le ocurre ir a la casa de ese hombre tan malo?»

8 Después de la comida, Zaqueo se levantó y le dijo a Jesús:

—Señor, voy a dar a los pobres la

mitad de todo lo que tengo. Y si he robado algo, devolveré cuatro veces esa cantidad. *1*

9 Jesús le respondió:

—Desde hoy, tú y tu familia son salvos, pues eres un verdadero descendiente de Abraham. *2* **10** Yo, el Hijo del hombre, he venido para buscar y salvar a los que viven alejados de Dios.

Los diez empleados

11 Jesús estaba muy cerca de la ciudad de Jerusalén, y la gente que lo escuchaba creía que el reino de Dios comenzaría de inmediato. **12** Entonces Jesús les puso este ejemplo:

«Un príncipe fue nombrado rey de su país, y tuvo que hacer un largo viaje para que el Emperador lo coronara. Después de la coronación, volvería a su país. **13** Por eso llamó a diez de sus empleados, y a cada uno le dio cierta cantidad de dinero, y les dijo: "Hagan negocios con este dinero hasta que yo vuelva".

14 »Pero la gente de aquel país no quería a este príncipe, así que envió a un grupo de personas para que dieran este mensaje al Emperador: "No queremos que este hombre sea nuestro rey".

15 »Sin embargo, el príncipe fue coronado rey, y cuando regresó a su país, mandó llamar a los diez empleados encargados del dinero para ver cómo les había ido. **16** »Llegó el primero de ellos y dijo: "Señor, hice negocios con el dinero y gané diez veces más de lo que usted me dio". **17** El rey le dijo: "¡Excelente!, eres un empleado bueno. Ya que cuidaste muy bien lo poco que te di, te nombro gobernador de diez ciudades". **18** »Llegó el segundo empleado y dijo: "Señor, hice negocios con el dinero y gané cinco veces más de lo que usted me dio". **19** El rey le dijo: "Tú serás gobernador de cinco ciudades".

20-21 »Después llegó otro empleado y dijo: "Señor, yo sé que usted es un hombre muy exigente, que pide hasta lo imposible. Por eso me dio miedo, envolví el dinero en un pañuelo y lo guardé. Aquí se lo devuelvo todo". *22* El rey le respondió: "Eres un empleado malo. Tú mismo te has condenado con tus propias palabras. Si sabías que soy muy exigente, y que pido hasta lo imposible, **23** ¿por qué no llevaste el dinero al banco? Así, cuando yo volviera, recibiría el dinero que te di, más los intereses".

24 »El rey les ordenó a unos empleados que estaban allí: "Quítenle a este el dinero, y dénselo al que ganó diez veces más de lo que recibió". **25** Pero ellos contestaron: "Señor, ¿por qué a él, si ya tiene diez veces más?" **26** »El rey les respondió: "Les aseguro que al que tiene mucho se le dará más, pero al que no tiene, hasta lo poquito que tiene se le quitará. **27** En cuanto a mis enemigos, tráiganlos y mátenlos delante de mí, porque ellos no querían que yo fuera su rey"».

Jesús entra en Jerusalén

28 Jesús terminó de hablar y siguió su camino hacia Jerusalén. **29** Cuando llegó cerca de los pueblos de Betfagé y Betania, se detuvo junto al Monte de los Olivos. Allí les dijo a dos de sus discípulos: **30** «Vayan a ese pueblo que está allá. Tan pronto entren, van a encontrar un burro atado. Nadie se ha montado en ese burro antes. Desátenlo y tráiganlo. **31** Si alguien les pregunta por qué lo desatan, respondan: "El Señor lo necesita"».

32 Los dos discípulos fueron al pueblo y encontraron el burro tal como Jesús les había dicho. **33** Cuando estaban desatándolo, los dueños preguntaron:

—¿Por qué desatan el burro?

34 Ellos contestaron:

—El Señor lo necesita.

35 Luego se llevaron el burro, pusieron sus mantos sobre él y ayudaron a Jesús para que se montara.

36 Jesús se dirigió a Jerusalén, y muchas personas empezaron a extender sus mantos en el camino por donde él iba a pasar. **37** Cuando llegaron cerca del Monte de los Olivos y empezaron a bajar a Jerusalén, todos los seguidores de Jesús se alegraron mucho. Todos gritaban, alabando a Dios por los milagros que Jesús había hecho y que ellos habían visto. **38** Decían:

«¡Bendito el rey
que viene en el nombre de Dios!

¡Que haya paz en el cielo!

¡Que todos reconozcan
el poder de Dios!»

39 Entre la gente había también unos fariseos, y le dijeron a Jesús:

—¡Maestro, reprende a tus discípulos!

40 Jesús les contestó:

—Les aseguro que si ellos se callan, las piedras gritarán.

41 Cuando Jesús estuvo cerca de Jerusalén y vio la ciudad, lloró **42** y dijo:

«¡Habitantes de Jerusalén! ¡Cómo me gustaría que hoy ustedes pudieran entender lo que significa vivir en paz! Pero no, ustedes son incapaces de comprenderlo. **43** Llegará el momento en que sus enemigos vendrán y harán rampas alrededor de la ciudad para atacarla por todos lados. **44** La destruirán por completo y no dejarán en pie una sola pared. Todos ustedes morirán, y sufrirán todo esto, porque no quisieron reconocer que Dios me envió a salvarlos».

Jesús y los comerciantes del templo

45 Cuando Jesús entró a la ciudad de Jerusalén, fue al templo y comenzó a sacar a todos los vendedores que estaban allí, **46** y les dijo: «Dios dice en la Biblia: "mi casa será una casa de oración". Pero ustedes la han convertido en una cueva de ladrones».

47 Jesús iba al templo todos los días para enseñar. Los sacerdotes principales, los maestros de la Ley y los líderes del pueblo planeaban cómo matarlo. **48** Pero no podían hacer nada contra él, pues la gente quería escuchar sus enseñanzas y le prestaba mucha atención.

La autoridad de Jesús

20 **1** Jesús estaba en el templo enseñando a la gente y anunciando las buenas noticias. Los sacerdotes principales, los maestros de la Ley y los líderes del país se acercaron **2** y le preguntaron:

—¿Quién te dio autoridad para hacer todo esto?

3 Jesús les contestó:

—Yo también voy a preguntarles algo: **4** ¿Quién le dio autoridad a Juan el Bautista para bautizar? ¿Dios o alguna otra persona?

5 Ellos comenzaron a discutir y se decían unos a otros: «Si contestamos que fue Dios el que le dio autoridad a Juan, Jesús nos preguntará por qué no le creímos. **6** Y si decimos que fue un ser humano, la gente nos matará a pedradas, porque creen que Juan era un profeta enviado por Dios». **7** Entonces respondieron:

—No sabemos quién le dio autoridad a Juan.

8 Jesús les dijo:

—Pues yo tampoco les diré quién me da autoridad para hacer todo esto.

La viña alquilada

9 Jesús le puso a la gente este ejemplo:

«El dueño de un terreno sembró una viña, luego la alquiló y se fue de viaje por largo tiempo. **10** Cuando llegó la época de la cosecha, envió a un sirviente para pedir la parte que le correspondía. Pero los hombres que alquilaron la viña golpearon al sirviente y lo enviaron con las manos vacías.

11 »El dueño envió a otro sirviente, pero también a este lo golpearon, lo insultaron y lo enviaron sin nada. **12** Luego envió a otro, y a este también lo hirieron y lo echaron fuera de la viña.

13 »Finalmente, el dueño se puso a pensar: "¿Qué puedo hacer?" Y se dijo: "Ya sé; enviaré a mi hijo que tanto quiero. Estoy seguro que a él sí lo respetarán".

14 »Cuando aquellos hombres vieron que había llegado el hijo del dueño, se dijeron unos a otros: "Este muchacho es el que recibirá la viña cuando el dueño muera. Vamos a matarlo; así nos quedaremos con el terreno".

15 »Entonces agarraron al muchacho, lo sacaron del terreno y lo mataron».

Después Jesús preguntó:

—¿Qué piensan ustedes que hará el dueño con aquellos hombres? **16** Pues bien, el dueño regresará y los matará, luego entregará la viña a otras personas.

Cuando la gente oyó eso, dijo:

—¡Qué jamás suceda tal cosa!

17 Jesús miró a todos y les dijo:

—Entonces, cuando la Biblia dice:

"La piedra que rechazaron
los constructores del templo,
es ahora la piedra principal".

»¿Qué quiso decir con eso? **18** Porque todo el que caiga sobre esa piedra quedará hecho pedazos. Y si la piedra cae sobre alguien, lo dejará hecho polvo.

19 Los sacerdotes principales y los maestros de la Ley se dieron cuenta de que Jesús los estaba comparando con los hombres malos que alquilaron la viña. Entonces quisieron apresar a Jesús en ese mismo instante, pero no se atrevieron porque le tenían miedo a la gente.

Una trampa para Jesús

20 Los enemigos de Jesús querían arrestarlo y entregarlo al gobernador romano. Pero como no tenían de qué acusarlo, enviaron unos espías para que se hicieran pasar por personas buenas y vigilaran en qué momento Jesús decía algo malo.

21 Los espías le dijeron a Jesús:

—Maestro, sabemos que siempre dices la verdad. Tú enseñas que todos deben obedecer a Dios, y tratas a todos por igual. **22** Por eso te preguntamos: ¿Está bien que paguemos impuestos al emperador de Roma o no?

23 Como Jesús sabía que ellos querían ponerle una trampa, les respondió:

24 —Muéstrenme una moneda. ¿De quién es la cara dibujada en la moneda? ¿De quién es el nombre que tiene escrito?

Ellos contestaron:

—Del emperador de Roma.

25 Jesús les dijo:

—Pues denle al Emperador lo que es del Emperador, y a Dios lo que es de Dios.

26 Los espías no lograron que Jesús cayera en la trampa. Quedaron sorprendidos por su respuesta y no supieron decir nada más.

Los saduceos hablan con Jesús

27 Después, unos saduceos fueron a ver a Jesús. Como ellos no creían que los muertos pueden volver a vivir, **28** le preguntaron:

—Maestro, Moisés escribió que si un hombre muere sin tener hijos con su esposa, el hermano de ese hombre debe casarse con esa mujer y tener hijos con ella. De acuerdo con la Ley, esos hijos son del hermano muerto y llevan su nombre.

29 »Pues bien, aquí vivían siete hermanos. El hermano mayor se casó y, tiempo más tarde, murió sin tener hijos. **30** El segundo hermano se casó con la misma mujer, pero tiempo después también él murió sin tener hijos. **31** Lo mismo sucedió con el tercer hermano y con el resto de los siete hermanos. **32** El tiempo pasó y la mujer también murió.

33 »Ahora bien, cuando Dios haga que todos los muertos vuelvan a vivir, ¿de quién será esposa esta mujer, si estuvo casada con los siete?

34 Jesús contestó:

—Ahora los hombres y las mujeres se casan. **35** Pero Dios decidirá quiénes merecen volver a vivir, y cuando eso suceda nadie se casará **36** ni morirá. Todos serán como los ángeles, y serán hijos de Dios porque han vuelto a vivir. **37** Hasta Moisés mismo nos demuestra que los muertos vuelven a vivir. En la historia del arbusto que ardía, Moisés dijo que Dios es el Dios de sus antepasados Abraham, Isaac y Jacob. **38** Con eso, Moisés estaba demostrando que Dios no es Dios de muertos, sino de vivos, pues para Dios todos ellos están vivos.

39 Algunos maestros de la Ley que estaban allí dijeron:

—¡Maestro, diste una buena respuesta!

40 Después de esto, ya nadie se atrevía a hacerle más preguntas.

La pregunta acerca del Mesías

41 Jesús preguntó a los que estaban allí:

—¿Por qué dice la gente que el Mesías será un descendiente del rey David? **42** Si en el libro de los Salmos el mismo David dice:

''Dios le dijo a mi Señor el Mesías: 'Siéntate a la derecha de mi trono, **43** hasta que yo derrote a tus enemigos' ''.

44 »Si David llama Señor al Mesías, ¿cómo puede ser el Mesías descendiente de David?

Advertencia

45 Delante de toda la gente, Jesús les dijo a sus discípulos:

46 —¡Cuídense de los maestros de la Ley! A ellos les gusta vestir como gente importante, y que los saluden en el mercado con mucho respeto. Cuando van a una fiesta o a la sinagoga, les gusta ocupar los mejores puestos. **47** Ellos les quitan a las viudas sus casas, y luego hacen oraciones muy largas para que todos piensen que son gente buena. Pero Dios los castigará más duro que a los demás.

La ofrenda de la viuda pobre

21 **1** Jesús estaba en el templo y vio cómo algunos ricos ponían dinero en las cajas de las ofrendas. **2** También vio a una viuda que echó dos monedas de muy poco valor. **3** Entonces Jesús dijo a sus discípulos:

—Les aseguro que esta viuda pobre dio más que todos los ricos. **4** Porque todos ellos dieron de lo que les sobraba; pero ella, que es tan pobre, dio todo lo que tenía para vivir.

El templo será destruido

5 Algunas personas estaban hablando de los hermosos bloques de piedra que se habían usado para construir el templo, y de los preciosos adornos colocados en sus paredes. Jesús dijo: **6** ''Llegará el momento en que todo esto será destruido. ¡Ni una sola pared del templo quedará en pie!''

Prepárense para el fin

7 Los discípulos le preguntaron a Jesús:

—¿Cuándo será destruido el templo? ¿Cuál será la señal de que todo eso está por suceder?

8 Jesús les respondió:

—¡Cuidado! No se dejen engañar. Muchos vendrán y se harán pasar por mí, diciendo a la gente: ''Yo soy el Mesías'', o ''Ya ha llegado la hora''. Pero no les hagan caso. **9** Ustedes oirán que hay guerras y revoluciones en algunos países, pero no se asusten. Esas cosas pasarán, pero todavía no será el fin del mundo. **10** Los países pelearán unos contra otros, **11** y habrá grandes terremotos en muchos lugares. En otras partes, la gente no tendrá nada para comer, y muchos sufrirán de enfermedades terribles. En el cielo aparecerán cosas muy extrañas que los harán temblar de miedo.

12 »Antes de que pase todo esto, habrá gente que los perseguirá y los tomará presos. Los entregará a las autoridades de la sinagoga y los meterá en la cárcel. Por ser mis discípulos, los llevarán ante los gobernadores y los reyes para que los castiguen.

13 »Esa será una oportunidad para que ustedes hablen de mí. **14** No se preocupen en pensar qué dirán para defenderse. **15** Yo les ayudaré a contestar con inteligencia, y ninguno de sus enemigos podrá contradecirlos ni decir que están equivocados.

16 »Sus padres, hermanos, familiares y amigos los entregarán a las autoridades. A algunos de ustedes los matarán. **17** Todo el mundo los odiará por ser mis discípulos. **18** ¡Pero no se preocupen!

19 Si ustedes se mantienen firmes hasta el fin, se salvarán.

20 »Cuando vean a los ejércitos rodear la ciudad de Jerusalén, sepan que pronto será destruida. **21** Los que estén en la ciudad, salgan de ella; los que estén en los pueblos de la región de Judea, huyan hacia las montañas; y los que estén en el campo, no regresen a la ciudad. **22** En esos días, Dios castigará a los desobedientes, tal como estaba anunciado en la Biblia. **23** Las mujeres que en ese momento estén embarazadas van a sufrir mucho. ¡Pobrecitas de las que tengan hijos recién nacidos! Porque todos en este país sufrirán mucho y serán castigados. **24** A unos los matarán con espada, y a otros los llevarán prisioneros a otros países. La ciudad de Jerusalén será destruida y conquistada por gente de otro país, hasta que llegue el momento en que también esa gente sea destruida.

El regreso del Hijo del hombre

25 »Pasarán cosas extrañas en el sol, la luna y las estrellas. En todos los países, la gente estará confundida y asustada por el terrible ruido de las olas del mar. **26** La gente vivirá en tal terror que se desmayará al pensar en el fin del mundo. ¡Todas las potencias del cielo serán derribadas! **27** Esas cosas serán una señal de que estoy por volver al mundo. Porque entonces verán que yo, el Hijo del hombre, vengo en las nubes con mucho poder y gloria. **28** Cuando suceda todo eso, estén atentos, porque Dios los salvará pronto.

La lección de la higuera

29 Jesús también les puso este ejemplo:

«Aprendan la enseñanza que les da la higuera, o cualquier otro árbol. **30** Cuando a un árbol le salen hojas nuevas, ustedes saben que ya se acerca el verano. **31** Del mismo modo, cuando vean que suceden todo lo que yo les he dicho, sepan que el reino de Dios pronto comenzará. **32** Les aseguro que todo esto sucederá antes de que mueran algunos de los que ahora están vivos. **33** El cielo y la tierra dejarán de existir, pero mis palabras permanecerán para siempre.

Jesús advierte a sus discípulos

34 »¡Tengan cuidado! No pasen el tiempo pensando en banquetes y borracheras, ni en las muchas cosas que esta vida les ofrece. Porque el fin del mundo podría sorprenderlos en el momento menos esperado. **35** Serán como un animal que, de pronto, se ve atrapado en una trampa. **36** Por eso, estén siempre alerta. Oren en todo momento, para que puedan escapar de todas las cosas terribles que van a suceder. Así podrán estar conmigo, el Hijo del hombre».

37 Jesús enseñaba en el templo todos los días, y por las noches iba al Monte de los Olivos. **38** Cada mañana, la gente iba al templo para escuchar a Jesús.

Un plan contra Jesús

22 **1** Faltaban pocos días para que los judíos celebraran la fiesta de los Panes sin levadura. A esta fiesta también se le llamaba Pascua. **2** En esos días, los sacerdotes principales y los maestros de la Ley buscaban la manera de matar a Jesús en secreto, porque le tenían miedo a la gente. **3** Entonces Satanás entró en el corazón de Judas Iscariote, uno de los doce discípulos, y le puso la idea de traicionar a Jesús **4** Judas fue a hablar con los sacerdotes principales y con los capitanes de los guardias que cuidaban el templo, y se puso de acuerdo con ellos para entregarles a Jesús. **5** Ellos se alegraron y prometieron darle dinero. **6** Judas aceptó y empezó a buscar la oportunidad de estar a solas con Jesús para entregarlo.

Una cena inolvidable

7 Cuando llegó el día de la fiesta de los Panes sin levadura, en que se mata el cordero para la cena de Pascua, **8** Jesús llamó a Pedro y a Juan, y les dijo:

—Vayan y preparen la cena de Pascua.

9 Ellos le preguntaron:

—¿Dónde quieres que la preparemos?

10 Jesús les respondió:

—Vayan a Jerusalén, y a la entrada de la ciudad verán a un hombre que lleva un jarrón de agua. Síganlo hasta la casa donde entre, **11** y díganle al dueño de la casa: ''El Maestro quiere saber dónde está la sala en la que va a comer con sus discípulos en la noche de Pascua''. **12** Él les mostrará una sala grande y arreglada en el piso de arriba. Preparen allí todo lo necesario.

13 Pedro y Juan fueron y encontraron todo tal como Jesús les había dicho. En seguida prepararon la cena de Pascua.

14 Cuando llegó la hora, Jesús y sus discípulos se sentaron a la mesa. **15** Jesús les dijo:

«He deseado muchísimo comer con ustedes en esta Pascua, antes de que yo sufra y muera. **16** Porque les aseguro que ya no celebraré más esta cena hasta el día en que comamos todos juntos en el gran banquete del reino de Dios».

17 Luego tomó una copa con vino, le dio gracias a Dios y dijo:

«Tomen esto y compártanlo entre ustedes. **18** Porque les aseguro que desde ahora no beberé más vino, hasta que llegue el reino de Dios».

19 También tomó pan y le dio gracias a Dios; luego lo partió, lo dio a sus discípulos y les dijo:

«Esto es mi cuerpo que ahora es entregado en favor de ustedes. De ahora en adelante, celebren esta cena y acuérdense de mí cuando partan el pan».

20 Cuando terminaron de cenar, Jesús tomó otra copa con vino y dijo:

«Este vino es mi sangre derramada en favor de ustedes. Con ella, Dios hace un nuevo pacto con ustedes.

21 »El que va a traicionarme está aquí, sentado a la mesa conmigo. **22** Yo, el Hijo del hombre, moriré tal como Dios lo ha decidido. Pero al que va a traicionarme le pasará algo terrible».

23 Los discípulos empezaron a preguntarse quién de ellos se atrevería a entregar a Jesús.

El más importante de todos

24 Luego los discípulos empezaron a discutir sobre quién de ellos sería el más importante. **25** Entonces Jesús les dijo:

«En este mundo, los reyes de los países gobiernan a sus pueblos y no los dejan hacer nada sin su permiso. Además, los jefes que gobiernan dicen a la gente: ''Nosotros somos sus amigos y les hacemos el bien''.

26 »Pero ustedes no deberán ser como ellos. El más importante entre ustedes debe ser como el menos importante de todos; y el jefe de todos debe servir a los demás.

27 »Piensen en esto: ¿Quién es más importante: el que está sentado a la mesa o el que le sirve la comida? ¿No es cierto que se considera más importante al que está sentado a la mesa? Sin embargo, vean que yo, el Maestro, he servido la comida a todos ustedes.

28 »Ustedes me han acompañado en los tiempos más difíciles. **29** Por eso, yo los haré reyes, así

como mi Padre me hizo rey a mí. **30** En mi reino, ustedes comerán y beberán en mi mesa, se sentarán en tronos y juzgarán a las doce tribus de Israel».

¡Manténganse firmes!

31 Después, Jesús le dijo a Pedro:

—Pedro, escucha bien. Satanás ha pedido permiso a Dios para ponerles pruebas difíciles a todos ustedes, y Dios se lo ha dado. **32** Pero yo he pedido a Dios que te ayude para que te mantengas firme. Por un tiempo vas a dejarme solo, pero después cambiarás. Cuando eso pase, ayudarás a tus compañeros para que siempre se mantengan fieles a mí.

33 En seguida Pedro le dijo:

—Señor, si tengo que ir a la cárcel contigo, iré; y si tengo que morir contigo, moriré.

34 Y Jesús le dijo:

—Pedro, hoy mismo, antes de que el gallo cante, vas a decir tres veces que no me conoces.

Los discípulos no entienden a Jesús

35 Luego, Jesús les preguntó a sus discípulos:

—¿Recuerdan cuando los envié a anunciar las buenas noticias y les dije que no llevaran dinero, ni mochila ni sandalias? Díganme, ¿les hizo falta algo?

Ellos le respondieron:

—No Señor, nada nos faltó.

36 Entonces Jesús les dijo:

—Pues bien, yo ahora les digo: el que tenga dinero, que lo traiga; y si tiene mochila, que la lleve con él. Si alguno no tiene espada, que venda su manto y se compre una. **37** »La Biblia dice acerca de mí: ''Y fue considerado un criminal''. Les

aseguro que pronto me pasará eso. **38** Los discípulos dijeron:

—Señor, aquí tenemos dos espadas.

Y él les contestó:

—¡Ustedes no me entienden! Pero ya no hablemos más de esto.

Jesús ora con mucha tristeza

39 Jesús salió de la ciudad y se fue al Monte de los Olivos, como era su costumbre. Los discípulos lo acompañaron.

40 Cuando llegaron al lugar, Jesús les dijo: «Oren para que puedan soportar las dificultades que tendrán».

41 Jesús se alejó un poco de los discípulos, se arrodilló y oró a Dios: **42** «Padre, ¡cómo deseo que me libres de este sufrimiento! Pero que no suceda lo que yo quiero, sino lo que tú quieres».

43 En ese momento, un ángel bajó del cielo para darle fuerzas. **44** Jesús sufría mucho, pero oraba con más fuerza que antes. Su sudor caía al suelo como grandes gotas de sangre.

45 Cuando Jesús terminó de orar, regresó adonde estaban los discípulos y los encontró durmiendo, pues estaban tan tristes que les había dado sueño. **46** Entonces les dijo: «¿Por qué duermen? ¡Levántense y oren, para que puedan soportar las dificultades que tendrán!»

Los enemigos apresan a Jesús

47 Jesús estaba hablando todavía cuando llegó Judas, uno de los doce discípulos. Con él venían muchos hombres. Judas se acercó para besar a Jesús. **48** Pero Jesús le dijo: «¡Judas! ¿Con un beso me traicionas a mí, el Hijo del hombre?»

49 Cuando los discípulos vieron lo que iba a pasar, le dijeron a Jesús:

—Señor, ¿los atacamos con la espada?

50 Entonces uno de ellos sacó su espada y le cortó una oreja al sirviente del jefe de los sacerdotes. **51** Pero Jesús dijo:

—¡Alto! ¡No peleen!

Luego, tocó la oreja del sirviente y lo sanó.

52 Los que habían llegado a arrestar a Jesús eran los sacerdotes principales, los capitanes de la guardia del templo y los líderes del pueblo. Jesús les dijo: «¿Por qué han venido con cuchillos y palos, como si yo fuera un ladrón? **53** Todos estos días estuve enseñando en el templo delante de ustedes, y nunca me arrestaron. Pero bueno, el diablo los controla a ustedes y él les mandó que lo hicieran ahora, en la oscuridad. Además, Dios hasta ahora se lo permite».

Pedro niega que conoce a Jesús

54 Los que arrestaron a Jesús lo llevaron al palacio del jefe de los sacerdotes. Pedro los siguió desde lejos.

55 Allí en medio del patio del palacio, habían encendido una fogata y se sentaron alrededor de ella. Pedro también se sentó con ellos. **56** En eso, una sirvienta vio a Pedro sentado junto al fuego, se quedó viéndolo bien y dijo:

—Este también andaba con Jesús.

57 Pedro lo negó:

—¡Mujer, yo ni siquiera lo conozco!

58 Al poco rato, un hombre lo vio y dijo:

—¡Tú también eres uno de los seguidores de Jesús!

Pedro contestó:

—¡No, hombre! ¡No lo soy!

59 Como una hora después, otro hombre insistió y dijo:

—Estoy seguro de que este era uno de sus seguidores, pues también es de Galilea.

60 Pedro contestó:

—¡Hombre, ni siquiera sé de qué me hablas!

No había terminado Pedro de hablar cuando de inmediato el gallo cantó. **61** En ese momento, Jesús se volvió y miró a Pedro. Entonces Pedro se acordó de lo que Jesús le había dicho: «Hoy, antes de que el gallo cante, vas a decir tres veces que no me conoces». **62** Pedro salió de aquel lugar y se puso a llorar con mucha tristeza.

63 Los guardias que vigilaban a Jesús se burlaban de él; **64** le tapaban los ojos, le pegaban, y luego le decían: «¡Profeta, adivina quién te pegó!» **65** Luego, lo insultaron diciéndole muchas otras cosas.

El juicio contra Jesús

66 Cuando amaneció, los líderes del pueblo, los sacerdotes principales y los maestros de la Ley se reunieron y llevaron a Jesús ante la Junta Suprema. Allí le preguntaron:

67 —Dinos, ¿eres tú el Mesías?

Él les contestó:

—Si les dijera que sí, ustedes no me creerían. **68** Si les hiciera una pregunta, ustedes no me contestarían. **69** Pero de ahora en adelante yo, el Hijo del hombre, tendré el poder y la autoridad que me da Dios todopoderoso.

70 Entonces todos le preguntaron:

—¿Así que tú eres el Hijo de Dios?

Jesús les dijo:

—Ustedes mismos lo han dicho.

71 Ellos dijeron:

—Ya no necesitamos más testigos. Nosotros lo hemos oído de sus propios labios.

Jesús y Pilato

23 **1** Luego, todos los de la Junta Suprema se pusieron de pie y llevaron a Jesús ante Pilato, el gobernador romano. **2** Cuando llegaron, comenzaron a acusar a Jesús y dijeron:

—Señor gobernador, encontramos a este hombre alborotando al pueblo para que se rebele contra Roma. Dice que no debemos pagar impuestos al Emperador, y que él es el Mesías. Es decir, se cree rey.

3 Pilato le preguntó a Jesús:

—¿De verdad eres el rey de los judíos?

Jesús respondió:

—Tú lo dices.

4 Entonces Pilato les dijo a los sacerdotes principales y a la gente que se había reunido:

—No hay ninguna razón para condenar a este hombre.

5 Pero los acusadores insistieron:

—Con sus enseñanzas está alborotando al pueblo. Lo ha hecho en toda la región de Judea. Comenzó en la región de Galilea y ahora ha llegado aquí.

6 Cuando Pilato oyó eso, les preguntó si Jesús era de Galilea. **7** Ellos dijeron que sí, por lo que Pilato se dio cuenta de que Jesús debía ser juzgado por Herodes Antipas, el rey de esa región. Por eso envió a Jesús ante Herodes, que en ese momento estaba en Jerusalén.

Jesús y Herodes

8 Cuando Herodes vio a Jesús, se puso muy contento, porque hacía tiempo que quería conocerlo. Había oído hablar mucho de él y esperaba verlo hacer un milagro.

9 Le hizo muchas preguntas, pero Jesús no respondió nada. **10** Los sacerdotes principales y los maestros de la Ley estaban allí y lo acusaban con insistencia. **11** Herodes y sus soldados insultaron a Jesús, y para burlarse de él lo vistieron como si fuera un rey. Luego lo enviaron a Pilato. **12** Herodes y Pilato, que antes eran enemigos, se hicieron amigos ese día.

¡Que lo claven en una cruz!

13 Pilato reunió entonces a los sacerdotes principales, al pueblo y a sus líderes, **14** y les dijo:

—Ustedes trajeron a este hombre y lo acusan de alborotar al pueblo contra Roma. Pero le he hecho muchas preguntas delante de ustedes, y no creo que sea culpable. **15** Tampoco Herodes cree que sea culpable, y por eso lo envió de vuelta. Este hombre no ha hecho nada malo y no merece morir. **16-17** Ordenaré que lo azoten como castigo, y luego lo dejaré en libertad. *[1]*

18 Pero toda la gente que estaba allí gritó:

—¡Ordena que maten a Jesús! ¡Deja libre a Barrabás!

19 Este Barrabás estaba en la cárcel por haberse rebelado contra el gobierno de Roma en la ciudad de Jerusalén, y por haber matado a una persona. **20** Pilato quería dejar libre a Jesús. Por eso habló otra vez con todos los que estaban allí. **21** Pero ellos gritaron:

—¡Que lo claven en una cruz! ¡Que lo claven en una cruz!

22 Pilato habló con ellos por tercera vez, y les dijo:

—¿Por qué quieren que muera? ¿Qué mal ha hecho? Por lo que sé, este hombre no ha hecho nada malo para merecer la muerte. Ordenaré que lo azoten, y luego lo dejaré en libertad.

23 Pero ellos siguieron gritando con más fuerza, pidiendo que mataran a Jesús. Al fin, Pilato les hizo caso. **24-25** Ordenó que mataran a Jesús como ellos querían, y dejó libre a Barrabás, el rebelde y asesino.

Jesús es clavado en la cruz

26 Los soldados se llevaron a Jesús para clavarlo en una cruz. En el camino detuvieron a un hombre llamado Simón, y lo obligaron a llevar la cruz detrás de Jesús. Simón era del pueblo de Cirene, y en ese momento volvía del campo. **27** Muchas personas seguían a Jesús, y entre ellas había muchas mujeres que gritaban y lloraban de tristeza por él. **28** Jesús se volvió y les dijo:

—¡Mujeres de Jerusalén! No lloren por mí. Más bien, lloren por ustedes y por sus hijos. **29** Porque llegará el momento en que la gente dirá: ''¡Dichosas las mujeres que no pueden tener hijos! ¡Dichosas las que nunca fueron madres, ni tuvieron niños que alimentar!'' **30** La gente deseará que una montaña les caiga encima y las mate. **31** Porque si a mí, que no he hecho nada malo, me matan así, ¿qué le pasará a los que hacen lo malo?»

32 También llevaron a dos malvados, para matarlos junto con Jesús. **33** Cuando llegaron al lugar llamado La Calavera, *[2]* los soldados clavaron a Jesús en la cruz. También clavaron a los dos criminales; uno a la derecha y el otro a la izquierda de Jesús.

34 Poco después, Jesús dijo: «¡Padre, perdona a toda esta gente! ¡Ellos no saben lo que hacen!»*[3]* Mientras los soldados hacían un sorteo para ver quién de ellos se quedaría con la ropa de Jesús, **35** la gente miraba todo lo que pasaba. Los líderes del pueblo, entre tanto, se burlaban de Jesús y decían: «él salvó a otros, y si de

verdad es el Mesías que Dios eligió, que se salve a sí mismo». **36** Los soldados también se burlaban de él. Le ofrecieron vinagre para que lo bebiera **37** y le dijeron: «¡Si en verdad eres el Rey de los judíos, sálvate a ti mismo!» **38** Sobre la cabeza de Jesús había un letrero que decía: «Este es el Rey de los judíos». **39** Uno de los criminales que estaban clavados junto a Jesús también lo insultaba:

—¿No que tú eres el Mesías? Sálvate tú, y sálvanos a nosotros también.

40 Pero el otro hombre lo reprendió:

—¿No tienes miedo de Dios? ¿Acaso no estás sufriendo el mismo castigo? **41** Nosotros sí merecemos el castigo, porque hemos sido muy malos; pero este hombre no ha hecho nada malo para merecerlo.

42 Luego, le dijo a Jesús:

—Jesús, no te olvides de mí cuando comiences a reinar.

43 Jesús le dijo:

—Te aseguro que hoy estarás conmigo en el paraíso. *[4]*

Jesús muere

44-45 Como a las doce del día el sol dejó de brillar, y todo el país quedó en oscuridad hasta las tres de la tarde. La cortina del templo se partió en dos, de arriba a abajo. **46** Jesús gritó con fuerza y dijo: «¡Padre, mi vida está en tus manos!»

Después de decir esto, murió. **47** El capitán romano vio lo que había pasado, alabó a Dios y dijo: «En verdad, este era un hombre bueno». **48** Al ver todo esto, la gente que estaba allí se fue llena de tristeza a su casa, pues se sentían culpables. **49** Todos los amigos íntimos de Jesús, y las mujeres que lo habían seguido desde Galilea, estaban a cierta distancia, mirando lo que pasaba.

El entierro de Jesús

50-51 Había un hombre llamado José, que era del pueblo de Arimatea, en la región de Judea. Era bueno y honesto, y deseaba que Dios comenzara ya a reinar en el mundo. José era miembro de la Junta Suprema, pero cuando la Junta decidió que Jesús debía morir, él no estuvo de acuerdo. **52** José fue a hablar con Pilato y le pidió el cuerpo de Jesús para enterrarlo. **53** Por eso fue y bajó de la cruz el cuerpo, lo envolvió en una tela fina, y lo puso en una tumba hecha en una gran roca. Esa tumba nunca antes había sido usada. **54** Ese día era viernes, y los judíos se preparaban para el descanso del día sábado, que estaba a punto de empezar. **55** Las mujeres que habían seguido a Jesús desde Galilea, fueron con José a la tumba y vieron cómo colocaban el cuerpo de Jesús. **56** Luego regresaron a su casa y prepararon perfumes para ponerle al cuerpo de Jesús. Pero tuvieron que descansar el día sábado, tal como lo ordenaba la ley de Moisés.

¡Él está vivo!

24 **1** El domingo, al amanecer, las mujeres fueron a la tumba de Jesús, llevando los perfumes que habían preparado. **2** Cuando llegaron, vieron que la piedra que tapaba la entrada de la tumba ya no estaba en su lugar. **3** Entonces entraron a la tumba, pero no encontraron el cuerpo de Jesús. **4** Ellas no sabían qué pensar ni qué hacer.

De pronto, dos hombres se pararon junto a ellas. Tenían ropa muy blanca y brillante. **5** Las mujeres tuvieron tanto miedo que se inclinaron hasta tocar el suelo con su frente. Los hombres les dijeron:

«¿Por qué buscan entre los muertos al que está vivo? **6-7** Recuerden lo que Jesús, el Hijo del hombre,

les dijo cuando todavía estaba en la región de Galilea. Él les dijo que sería entregado a hombres malvados que lo matarían en una cruz, pero que al tercer día iba a resucitar».

8 Ellas recordaron esas palabras, **9-11** y salieron de aquel lugar. Cuando llegaron a donde estaban los once apóstoles y los otros discípulos, les contaron lo que había pasado. Pero ellos pensaron que las mujeres se habían vuelto locas y no les creyeron.

Entre las mujeres estaban María Magdalena, Juana y María, la madre del discípulo que se llamaba Santiago.

12 Sin embargo, Pedro salió corriendo hacia la tumba. Al llegar, miró adentro, pero sólo vio las telas con que habían envuelto el cuerpo de Jesús. Entonces regresó a la casa, muy sorprendido de lo que había pasado.

¡Quédate con nosotros!

13 Ese mismo día, dos de los seguidores de Jesús iban a Emaús, un pueblo a once kilómetros de Jerusalén. **14** Mientras conversaban de todo lo que había pasado, **15** Jesús se les acercó y empezó a caminar con ellos, **16** pero ellos no lo reconocieron. **17** Jesús les preguntó:

—¿De qué están hablando por el camino?

Los dos hombres se detuvieron; sus caras se veían tristes, **18** y uno de ellos, llamado Cleofás, le dijo a Jesús:

—¿Eres tú el único en Jerusalén que no se ha dado cuenta de lo que ha pasado en estos días?

19 Jesús preguntó:

—¿Qué ha pasado?

Ellos le respondieron:

—¡Lo que le han hecho a Jesús, el profeta de Nazaret! Para Dios y

para la gente, Jesús hablaba y actuaba con mucho poder. **20** Pero los sacerdotes principales y nuestros líderes lograron que los romanos lo mataran clavándolo en una cruz. **21** Nosotros esperábamos que él fuera el libertador de Israel. Pero ya hace tres días que murió.

22 »Esta mañana, algunas de las mujeres de nuestro grupo nos dieron un gran susto. Ellas fueron muy temprano a la tumba **23** y nos dijeron que no encontraron el cuerpo de Jesús. También nos contaron que unos ángeles se les aparecieron y les dijeron que Jesús está vivo. **24** Algunos hombres del grupo fueron a la tumba y encontraron todo tal como las mujeres habían dicho. Pero ellos tampoco vieron a Jesús.

25 Jesús les dijo:

—¿Tan tontos son ustedes que no pueden entender? ¿Por qué son tan lentos para creer todo lo que enseñaron los profetas? **26** ¿No sabían ustedes que el Mesías tenía que sufrir antes de subir al cielo para reinar?

27 Luego Jesús les explicó todo lo que la Biblia decía acerca de él. Empezó con los libros de la ley de Moisés y siguió con los libros de los profetas.

28 Cuando se acercaron al pueblo de Emaús, Jesús se despidió de ellos. **29** Pero los dos hombres insistieron:

—¡Quédate con nosotros! Ya es muy tarde, y pronto el camino estará oscuro.

Jesús se fue a la casa con ellos. **30** Cuando se sentaron a comer, Jesús tomó el pan, dio gracias a Dios, lo partió y se lo dio a ellos. **31** Entonces los dos discípulos pudieron reconocerlo, pero Jesús desapareció. **32** Los dos se dijeron: «¿No es verdad que cuando él nos hablaba en el camino y nos explicaba la Biblia, sentíamos como fuego que ardía en nuestros corazones?»

33 En ese mismo momento, regresaron a Jerusalén. Allí encontraron reunidos a los once apóstoles junto con los otros miembros del grupo. **34** Los que estaban allí les dijeron: «¡Jesús resucitó! ¡Se le apareció a Pedro!»

35 Los dos discípulos contaron a los del grupo todo lo que había pasado en el camino a Emaús, y cómo reconocieron que era Jesús cuando partió el pan.

Jesús se aparece a los discípulos

36 Los dos todavía estaban contando su historia cuando Jesús se presentó en medio de todos y los saludó: «¡Reciban la paz de Dios!» **37** Todos se asustaron muchísimo porque creyeron que era un fantasma. **38** Pero Jesús les dijo: «¿Por qué están tan asustados?

¿Por qué les cuesta tanto creer? **39** ¡Miren mis manos y mis pies! ¡Soy yo! ¡Tóquenme! ¡Mírenme! ¡Soy yo! Los fantasmas no tienen carne ni huesos; en cambio, yo sí».

40 Mientras les decía eso, Jesús les mostraba sus manos y sus pies. **41** Pero ellos, entre asustados y contentos, no podían creer lo que estaban viendo. Entonces Jesús les preguntó: «¿Tienen algo de comer?»

42 Ellos le dieron un pedazo de pescado asado, **43** y Jesús se lo comió mientras todos lo miraban. **44** Después les dijo: «Recuerden lo que les dije cuando estuve con ustedes: ''Tenía que cumplirse todo lo que dicen acerca de mí los libros de la Ley de Moisés, los libros de los profetas y los Salmos''».

45 Entonces les explicó la Biblia con palabras fáciles, para que pudieran entenderla:

46 «La Biblia dice que el Mesías

tenía que morir y resucitar después de tres días. **47** También dice que en todas las naciones se hablará de mí, para que todos se vuelvan a Dios y él los perdone.

»Ustedes deben hablar en Jerusalén **48** de todo esto que han visto. **49** Ahora quédense en la ciudad, porque muy pronto les enviaré a quien mi Padre prometió. No se vayan a ningún otro lado hasta que reciban el poder que Dios les enviará».

Jesús sube al cielo

50 Jesús fue con sus discípulos hasta Betania. Allí, levantó sus manos y los bendijo. **51** Y en ese mismo instante, fue llevado al cielo, **52** mientras ellos lo adoraban.

Después de esto, los discípulos regresaron muy contentos a Jerusalén. **53** Y todos los días iban al templo para adorar a Dios.

Juan

La Palabra, luz y vida

1 ¹ Antes de que todo comenzara
ya existía aquel que es la Palabra.

La Palabra estaba con Dios,
y era Dios.

² Cuando Dios creó todas las cosas,
allí estaba la Palabra.

³ Todo fue creado por ella,
y sin ella, nada se hizo.

⁴ De la Palabra nace la vida,
y ella, que es la vida,
es también nuestra luz.
⁵ La luz alumbra en
la oscuridad,
¡nada puede destruirla!

⁶ Dios envió a un hombre llamado Juan, ⁷ para que hablara a la gente y la convenciera de creer en aquel que es la luz. ⁸ Juan no era la luz; él sólo vino para mostrar quién era la luz. ⁹ Aquel que con su vida llenaría de luz a todos, pronto llegaría a este mundo.

¹⁰ Aquel que es la Palabra estaba en el mundo. Dios creó el mundo por medio de él, pero la gente no lo reconoció. ¹¹ Vino a vivir a este mundo, pero su pueblo no lo aceptó.

¹² Pero aquellos que lo aceptaron
y creyeron en él,
llegaron a ser hijos de Dios.

¹³ Son hijos de Dios
por voluntad divina,
no por voluntad humana.

¹⁴ Aquel que es la Palabra
habitó entre nosotros
y fue como uno de nosotros.

Vimos el poder que
le pertenece

como Hijo único de Dios,
pues nos ha mostrado
todo el amor y toda la verdad.

¹⁵ Juan habló de aquel que era la Palabra, y anunció: «Ya les había dicho que él estaba por llegar. Él es más importante que yo, porque vive desde antes que yo naciera». ¹⁶⁻¹⁸ Dios nos dio a conocer sus leyes por medio de Moisés, pero por medio de Jesucristo nos hizo conocer el amor y la verdad. Nadie ha visto a Dios jamás; pero el Hijo único, que está más cerca del Padre y que es Dios mismo, nos ha enseñado cómo es Dios. Gracias a lo que el Hijo de Dios es, hemos recibido muchas bendiciones.

Juan el Bautista habla de Jesús

¹⁹⁻²⁰ Los jefes de los judíos, que vivían en Jerusalén, enviaron a algunos sacerdotes y a otros ayudantes del templo, para que le preguntaran a Juan quién era él. Juan les respondió claramente:

—Yo no soy el Mesías.

²¹ Y ellos volvieron a preguntarle:

—¿Eres Elías?

Juan les respondió:

—No; no soy Elías.

Pero los sacerdotes y sus acompañantes insistieron:

—¿Eres tú el profeta que Dios iba a enviar?¹

—No —dijo Juan.

²² Finalmente, le dijeron:

—Tenemos que llevar una respuesta a los que nos enviaron. Dinos, ¿quién eres tú?

²³ Juan les dijo lo mismo que el profeta Isaías había anunciado

acerca de él:

—Yo soy el que grita en el desierto: ''Preparen el camino al Señor''.

²⁴⁻²⁵ Entonces los mensajeros de los fariseos le dijeron a Juan:

—Si tú no eres el Mesías, ni Elías ni el profeta, ¿por qué bautizas?

²⁶ Juan contestó:

—Yo bautizo con agua. Pero hay entre ustedes uno a quien todavía no conocen. ²⁷ Aunque yo llegué primero, él es más importante que yo, y ni siquiera merezco ser su esclavo.

²⁸ Todo esto pasó en el pueblo de Betania, al otro lado del río Jordán, donde Juan bautizaba.

El Cordero de Dios

²⁹ Al día siguiente, al ver que Jesús se acercaba, Juan le dijo a toda la gente:

«¡Aquí viene el Cordero de Dios!² Por medio de él, Dios les perdonará a ustedes todos sus pecados. ³⁰ De él hablaba cuando dije: ''Después de mí viene uno que es más importante que yo, porque existe desde antes que yo naciera''. ³¹ Yo no sabía quién era, pero Dios me mandó a bautizar con agua para que todos puedan conocerlo. ³² »Yo vi cuando el Espíritu de Dios bajó del cielo en forma de paloma y se colocó sobre él. ³³ No sabía quién era él, pero Dios me dijo: ''Conocerás al que bautiza con el Espíritu Santo cuando veas que mi Espíritu baja y se coloca sobre él''. ³⁴ Ahora lo he visto, y les aseguro que él es el Hijo de Dios».

Los primeros discípulos de Jesús

³⁵ Al día siguiente, Juan estaba en el mismo lugar con dos de sus discípulos. ³⁶ Cuando vio que Jesús

pasaba por allí, les dijo: «¡Miren; aquí viene el Cordero de Dios!»³ **37** Al oír eso, los dos discípulos siguieron a Jesús. **38** Jesús se dio vuelta, y al ver que lo seguían les preguntó qué querían. Ellos preguntaron:

—¿Dónde vives, Maestro?

39 —Síganme y lo verán —contestó Jesús.

Ellos fueron y vieron dónde vivía Jesús, y como eran casi las cuatro de la tarde se quedaron con él por el resto del día. **40** Uno de ellos era Andrés, el hermano de Simón Pedro. **41** Lo primero que hizo Andrés fue buscar a su hermano Simón. Cuando lo encontró, le dijo: «¡Hemos encontrado al Mesías, es decir, al Cristo!» **42** Entonces Andrés llevó a Simón a donde estaba Jesús. Cuando Jesús vio a Simón, le dijo: «Tú eres Simón, hijo de Juan, pero ahora te van a llamar Cefas, es decir, Pedro».⁴

Jesús llama a Felipe y a Natanael

43-44 Al día siguiente, Jesús decidió ir a la región de Galilea. Allí encontró a Felipe, que era de Betsaida, el pueblo donde vivían Andrés y Pedro. Jesús le dijo a Felipe: «Sígueme».

45 Luego, Felipe fue a buscar a Natanael, y le dijo:

—Hemos encontrado a aquel de quien Moisés escribió en la Biblia, y del que también hablan los profetas. Es Jesús de Nazaret, el hijo de José.

46 Natanael preguntó:

—¿Acaso puede salir algo bueno de Nazaret?

—Ven y lo verás —contestó Felipe.

47 Cuando Jesús vio que Natanael se acercaba, dijo:

—Aquí viene un verdadero israelita, un hombre realmente sincero.

48 Natanael le preguntó:

—¿Cómo es que me conoces?

Jesús le respondió:

—Me fijé en ti cuando estabas bajo la higuera, antes que Felipe te llamara.

49 Entonces Natanael respondió:

—Maestro, ¡tú eres el Hijo de Dios y el Rey de Israel!

50 Jesús le dijo:

—¿Crees eso sólo porque dije que te vi debajo de la higuera? Pues todavía verás cosas más importantes que estas.

51 Y luego les dijo a todos: «Les aseguro que ustedes verán el cielo abierto, y también a los ángeles de Dios subir y bajar sobre mí, que soy el Hijo del hombre».

Jesús convierte agua en vino

2 ¹ Tres días después María, la madre de Jesús, fue a una boda en un pueblo llamado Caná, en la región de Galilea. ² Jesús y sus discípulos también habían sido invitados.

³ Durante la fiesta de bodas se acabó el vino. Entonces María le dijo a Jesús:

—Ya no tienen vino.

⁴ Jesús le respondió:

—Madre, ese no es asunto nuestro. Aún no ha llegado el momento de que yo muestre quién soy.

⁵ Entonces María les dijo a los sirvientes: «Hagan todo lo que Jesús les diga». ⁶ Allí había seis grandes tinajas para agua, de las que usan los judíos en sus ceremonias religiosas. En cada tinaja cabían unos cien litros. ⁷ Jesús les dijo a los sirvientes: «Llenen de agua esas tinajas». Los sirvientes llenaron las tinajas hasta el borde. ⁸ Luego Jesús les dijo: «Ahora, saquen un poco y llévenselo al encargado de la fiesta, para que lo pruebe».

Así lo hicieron. ⁹ El encargado de la fiesta probó el agua que había sido convertida en vino, y se sorprendió, porque no sabía de dónde había salido ese vino. Pero los sirvientes sí lo sabían.

En seguida el encargado de la fiesta llamó al novio ¹⁰ y le dijo: «Siempre se sirve primero el mejor vino, y cuando ya los invitados han bebido bastante, se sirve el vino corriente. Tú, en cambio, has dejado el mejor vino para el final». ¹¹ Jesús hizo esta primera señal en Caná de Galilea. Así empezó a mostrar el gran poder que tenía, y sus discípulos creyeron en él.

¹² Después de esto, Jesús fue con su madre, sus hermanos y sus discípulos al pueblo de Cafarnaúm, y allí se quedaron unos días.

Jesús va al templo

¹³ Como ya se acercaba la fiesta de los judíos llamada la Pascua, Jesús fue a la ciudad de Jerusalén. ¹⁴ Allí, en el templo, encontró algunos hombres vendiendo bueyes, ovejas y palomas; otros estaban sentados a sus mesas, cambiando monedas extranjeras por monedas judías. ¹⁵ Al ver esto, Jesús tomó unas cuerdas, hizo un látigo con ellas, y echó a todos del templo, junto con sus ovejas y bueyes. También arrojó al piso las monedas de los que cambiaban dinero, y volcó sus mesas. ¹⁶ Y a los que vendían palomas les ordenó: «Saquen esto de aquí. ¡La casa de Dios, mi Padre, no es un mercado!»

¹⁷ Al ver esto, los discípulos recordaron el pasaje de la Biblia que dice: «El amor que siento por tu templo me quema como un fuego».

¹⁸ Luego, los jefes de los judíos le preguntaron a Jesús:

—¿Qué señal vas a hacer que nos

demuestre que tienes derecho de hacer esto?

19 Jesús les contestó:

—Destruyan este templo, y en sólo tres días lo construiré de nuevo.

20 Los jefes respondieron:

—Se ha trabajado cuarenta y seis años en la construcción de este templo, ¡y tú crees que lo construirás de nuevo en tres días!

21 Pero Jesús estaba hablando de su propio cuerpo. **22** Por eso, cuando Jesús resucitó, los discípulos recordaron que él había dicho esto. Entonces creyeron lo que dice la Biblia y lo que Jesús había dicho.

Jesús conoce a todos

23 Mientras Jesús estaba en la ciudad de Jerusalén, durante la fiesta de la Pascua, muchos creyeron en él porque vieron los milagros que hacía. **24-25** Pero Jesús no confiaba en ellos ni necesitaba que le dijeran nada de nadie, porque los conocía a todos y sabía lo que pensaban.

Jesús y Nicodemo

3 **1-2** Una noche, un fariseo llamado Nicodemo, líder de los judíos, fue a visitar a Jesús y le dijo:

—Maestro, sabemos que Dios te ha enviado a enseñarnos, pues nadie podría hacer los milagros que tú haces si Dios no estuviera con él.

3 Jesús le dijo:

—Te aseguro que si una persona no nace de nuevo¹ no podrá ver el reino de Dios.

4 Nicodemo le preguntó:

—¿Cómo puede alguien ya viejo volver a nacer? ¿Acaso puede entrar otra vez en el vientre de su madre?

5 Jesús le respondió:

—Te aseguro que si uno no nace del agua y del Espíritu, no puede entrar en el reino de Dios. **6** Todos nacen de padres humanos; pero los hijos de Dios sólo nacen del Espíritu. **7** No te sorprendas si te digo que hay que nacer de nuevo. **8** El viento sopla por donde quiere, y aunque oyes su sonido, no sabes de dónde viene ni a dónde va. Así también sucede con todos los que nacen del Espíritu.

9 Nicodemo volvió a preguntarle:

—¿Cómo puede suceder esto?

10 Jesús le contestó:

—Tú eres un maestro famoso en Israel, y ¿no sabes esto? **11** Te aseguro que nosotros sabemos lo que decimos, porque lo hemos visto; pero ustedes no creen lo que les decimos. **12** Si no me creen cuando les hablo de las cosas de este mundo, ¿cómo me creerán si les hablo de las cosas del cielo? **13** Nadie ha subido al cielo, sino solamente el que bajó de allí, es decir, yo, el Hijo del hombre.

14 »Moisés levantó la serpiente de bronce en el desierto, y del mismo modo yo, el Hijo del hombre, tengo que ser levantado en alto, **15** para que todo el que crea en mí tenga vida eterna.

16 »Dios amó tanto a la gente de este mundo, que me entregó a mí, que soy su único Hijo, para que todo el que crea en mí no muera, sino que tenga vida eterna. **17** Porque Dios no me envió al mundo para condenar a la gente, sino para salvar a todos.

18 »El que cree en mí, que soy el Hijo de Dios, no será condenado por Dios. Pero el que no cree ya ha sido condenado, precisamente por no haber creído en el Hijo único de Dios. **19** Y así es como Dios juzga: Yo he venido al mundo, y soy la luz que brilla en la oscuridad, pero como la gente hacía lo

malo prefirió más la oscuridad que la luz. **20** Todos los que hacen lo malo odian la luz, y no se acercan a ella para que no se descubra lo que están haciendo. **21** Pero los que prefieren la verdad sí se acercan a la luz, pues quieren que los demás sepan que obedecen todos los mandamientos de Dios.

Juan el Bautista y Jesús

22 Después de esto, Jesús fue con sus discípulos a la región de Judea, y estuvo allí algún tiempo con ellos bautizando a la gente. **23-24** En ese tiempo Juan el Bautista todavía no había sido encarcelado, y también estaba bautizando en el pueblo de Enón, cerca de un lugar llamado Salim. En Enón había mucha agua, y la gente buscaba a Juan para que él los bautizara.

25 Entonces algunos discípulos de Juan comenzaron a discutir con un judío acerca de una ceremonia de purificación.² **26** Fueron a ver a Juan y le dijeron:

—Maestro, ¿recuerdas a aquel de quien nos hablaste, el que estaba contigo al otro lado del río Jordán? Pues bien, ahora él está bautizando y todos lo siguen.

27 Juan les contestó:

—Nadie puede hacer algo si Dios no se lo permite. **28** Ustedes mismos me escucharon decir claramente que yo no soy el Mesías, sino que fui enviado antes que él para prepararlo todo.

29 »En una boda, el que se casa es el novio, y el mejor amigo del novio se llena de alegría con sólo escuchar su voz. Así de alegre estoy ahora, porque el Mesías está aquí. **30** Él debe tener cada vez más importancia, y yo tenerla menos.

31 »El Hijo de Dios viene del cielo, y es más importante que todos nosotros, los que vivimos aquí en la tierra y hablamos de las cosas que aquí suceden. Pero el que viene del cielo es más importante, **32** y habla de lo que ha visto y oído en el cielo. Sin embargo, muchos no quieren creer en lo que él dice. **33** Pero si alguien le cree, reconoce que Dios dice la verdad, **34** ya que cuando el Hijo habla, el que habla es Dios mismo, porque Dios le ha dado todo el poder de su Espíritu.

35 »Dios, el Padre, ama al Hijo, y le ha dado poder sobre todo el universo. **36** El que cree en el Hijo tiene vida eterna, pero el que no obedece al Hijo no la tiene, sino que ya ha sido condenado por Dios.

La samaritana y Jesús

4 **1** Los fariseos se enteraron de que el número de seguidores de Jesús aumentaba cada día más, y de que Jesús bautizaba más que Juan el Bautista. **2** En realidad, los que bautizaban eran los discípulos, y no Jesús.

3 Cuando Jesús se dio cuenta de que los fariseos se habían enterado de eso, salió de la región de Judea y regresó a Galilea. **4** En el viaje, tenía que pasar por Samaria. **5** En esa región llegó a un pueblo llamado Sicar. Cerca de allí había un pozo de agua que hacía mucho tiempo había pertenecido a Jacob. Cuando Jacob murió, el nuevo dueño del terreno donde estaba ese pozo fue su hijo José. **6** Eran como las doce del día, y Jesús estaba cansado del viaje. Por eso se sentó a la orilla del pozo, **7-8** mientras los discípulos iban al pueblo a comprar comida. En eso, una mujer de Samaria llegó a sacar agua del pozo. Jesús le dijo a la mujer:

—Dame un poco de agua.

9 Como los judíos no se llevaban bien con los de Samaria, la mujer le preguntó:

—¡Pero si usted es judío! ¿Cómo es que me pide agua a mí, que soy samaritana?

10 Jesús le respondió:

—Tú no sabes lo que Dios quiere darte, y tampoco sabes quién soy yo. Si lo supieras, tú me pedirías agua, y yo te daría el agua que da vida.

11 La mujer le dijo:

—Señor, ni siquiera tiene usted con qué sacar agua de este pozo profundo. ¿Cómo va a darme esa agua? **12** Hace mucho tiempo nuestro antepasado Jacob nos dejó este pozo. Él, sus hijos y sus rebaños bebían agua de aquí. ¿Acaso es usted más importante que Jacob?

13 Jesús le contestó:

—Cualquiera que beba del agua de este pozo volverá a tener sed, **14** pero el que beba del agua que yo doy nunca más tendrá sed. Porque esa agua es como un manantial del que brota vida eterna.

15 Entonces la mujer le dijo:

—Señor, deme usted de esa agua, para que yo no vuelva a tener sed, ni tenga que venir aquí a sacarla.

16 Jesús le dijo:

—Ve a llamar a tu esposo y regresa aquí con él.

17 —No tengo esposo —respondió la mujer.

Jesús le dijo:

—Es cierto, **18** porque has tenido cinco, y el hombre con el que ahora vives no es tu esposo.

19 Al oír esto, la mujer le dijo:

—Señor, me parece que usted es un profeta. **20** Desde hace mucho tiempo mis antepasados han adorado a Dios en este cerro, pero ustedes los judíos dicen que se debe adorar a Dios en Jerusalén.

21 Jesús le contestó:

—Créeme, mujer, pronto llegará el tiempo cuando nadie tendrá que venir a este cerro ni ir a Jerusalén para adorar a Dios. **22** Ustedes los samaritanos no saben a quién adoran. Pero nosotros los judíos sí sabemos a quién adoramos. Porque el salvador saldrá de los judíos. **23-24** Dios es espíritu, y los que le adoran deben ser guiados por el Espíritu para que lo adoren como se debe. Se acerca el tiempo en que los que adoran a Dios el Padre lo harán como se debe, guiados por el Espíritu, porque el Padre quiere ser adorado así. ¡Y ese tiempo ya ha llegado!

25 La mujer le dijo:

—Yo sé que va a venir el Mesías, a quien también llamamos el Cristo. Cuando él venga, nos explicará todas las cosas.

26 Jesús le dijo:

—Yo soy el Mesías. Yo soy, el que habla contigo.

27 En ese momento llegaron los discípulos de Jesús, y se extrañaron de verlo hablando con una mujer. Pero ninguno se atrevió a preguntarle qué quería, o de qué conversaba con ella. **28** La mujer dejó su cántaro, se fue al pueblo y le dijo a la gente: **29** «Vengan a ver a un hombre que sabe todo lo que he hecho en la vida. ¡Podría ser el Mesías!» **30** Entonces la gente salió del pueblo y fue a buscar a Jesús. **31** Mientras esto sucedía, los discípulos le rogaban a Jesús:

—Maestro, por favor, come algo.

32 Pero él les dijo:

—Yo tengo una comida que ustedes no conocen.

33 Los discípulos se preguntaban: «¿Será que alguien le trajo

María Jones, con su trabajo y ferviente deseo, logró ser el instrumento de Dios para que muchos hoy tengan la Biblia en su propio idioma.

Desde los días de María Jones, como instrumentos de Dios, muchos niños, jóvenes y ancianos han llevado la palabra de Dios por el mundo.

comida?» **34** Pero Jesús les dijo:

«Mi comida es obedecer a Dios, y completar el trabajo que él me envió a hacer.
35 »Después de sembrar el trigo, ustedes dicen: "Dentro de cuatro meses recogeremos la cosecha". Fíjense bien: toda esa gente que viene es como un campo de trigo que ya está listo para la cosecha. **36** Dios premiará a los que trabajan recogiendo toda esta cosecha de gente, pues todos tendrán vida eterna. Así, el que sembró el campo y los que recogen la cosecha se alegrarán juntos. **37** Es cierto lo que dice el refrán: "Uno es el que siembra y otro el que cosecha". **38** Yo los envío a cosechar lo que a ustedes no les costó ningún trabajo sembrar. Otros invitaron a toda esta gente a venir, y ustedes se han beneficiado del trabajo de ellos».

39 Mucha gente que vivía en ese pueblo de Samaria creyó en Jesús porque la mujer les había dicho: «él sabe todo lo que me ha hecho en la vida». **40** Por eso, cuando la gente del pueblo llegó a donde estaba Jesús, le rogó que se quedara con ellos. Él se quedó allí dos días, **41** y muchas otras personas creyeron al oír lo que él decía. **42** La gente le dijo a la mujer: «Ahora creemos, no por lo que tú nos dijiste, sino porque nosotros mismos le hemos oído; y sabemos que en verdad él es el Salvador del mundo».

Jesús sana al hijo de un oficial

43-44 Algunos no trataban bien a Jesús cuando él les hablaba. Por eso Jesús dijo una vez: «A ningún profeta lo reciben bien en su propio pueblo».
Después de estar dos días en aquel pueblo de Samaria, Jesús y sus discípulos salieron **45** hacia la región de Galilea. La gente de Galilea lo recibió muy bien, porque habían estado en la ciudad de Jerusalén para la fiesta de la Pascua y habían visto todo lo que

Jesús hizo en aquella ocasión.
46 Más tarde, Jesús regresó al pueblo de Caná, en Galilea, donde había convertido el agua en vino. En ese pueblo había un oficial importante del rey Herodes Antipas. Ese oficial tenía un hijo enfermo en el pueblo de Cafarnaúm. **47** Cuando el oficial supo que Jesús había viajado desde la región de Judea a Galilea, fue y le pidió que lo acompañara a su casa y sanara a su hijo, pues el muchacho estaba a punto de morir.
48 Jesús le contestó:

—Ustedes sólo creen en Dios si ven señales y milagros.

49 Pero el oficial insistió:

—Señor, venga usted pronto a mi casa, antes de que muera mi hijo.
50 Jesús le dijo:

—Regresa a tu casa. Tu hijo vive.

El hombre creyó lo que Jesús dijo, y se fue. **51** Mientras regresaba a su casa, sus criados salieron a su encuentro y le dijeron: «¡Su hijo vive!»
52 El oficial les preguntó a qué hora el muchacho había empezado a sentirse mejor, y ellos respondieron: «La fiebre se le quitó ayer a la una de la tarde».
53 El padre del muchacho recordó que a esa misma hora Jesús le dijo: «Regresa a tu casa. Tu hijo vive». Por eso, el oficial del rey y toda su familia creyeron en Jesús.
54 Esta fue la segunda señal que Jesús hizo en Galilea al volver de Judea.

Jesús sana a un paralítico

5 **1** Tiempo después, Jesús regresó a la ciudad de Jerusalén para asistir a una fiesta de los judíos. **2** En Jerusalén, cerca de la entrada llamada «Portón de las Ovejas», había una piscina con cinco entradas que en hebreo se llamaba Betzatá. **3-4** Allí se

encontraban muchos enfermos acostados en el suelo: ciegos, cojos y paralíticos. **5** Entre ellos había un hombre que desde hacía treinta y ocho años estaba enfermo. **6** Cuando Jesús lo vio allí acostado, y se enteró de cuánto tenía de estar enfermo, le preguntó:

—¿Quieres que Dios te sane?

7 El enfermo contestó:

—Señor, no tengo a nadie que me meta en la piscina cuando el agua se remueve. Cada vez que trato de meterme, alguien lo hace primero.

8 Jesús le dijo:

—Levántate, alza tu camilla y camina.

9 En ese momento el hombre quedó sano, alzó su camilla y comenzó a caminar.
Esto sucedió un sábado, el día de descanso obligatorio para los judíos. **10** Por eso, unos jefes de los judíos le dijeron al hombre que había sido sanado:

—Hoy es sábado, y está prohibido que andes cargando tu camilla.

11 Pero él les contestó:

—El que me sanó me dijo: "Levántate, alza tu camilla y camina".

12 Ellos preguntaron:

—¿Quién te dijo que hicieras eso?

13 Pero el hombre no sabía quién lo había sanado, porque Jesús había desaparecido entre toda la gente que estaba allí. **14** Más tarde, Jesús encontró al hombre en el templo, y le dijo: «Ahora que estás sano, no vuelvas a pecar, porque te puede pasar algo peor».
15 El hombre fue a ver a los jefes judíos y les dijo que Jesús lo había

sanado. **16** Así que empezaron a perseguir a Jesús por hacer milagros los sábados.

17 Pero Jesús les dijo: «Mi Padre nunca deja de trabajar, ni yo tampoco».

18 Los jefes judíos se molestaron tanto que tuvieron aún más ganas de matar a Jesús. No lo querían porque además de sanar a los enfermos en día sábado, decía que Dios era su Padre, y que por eso era igual a Dios.

La autoridad del Hijo de Dios

19 Jesús les dijo:

«Les aseguro que yo, el Hijo de Dios, no puedo hacer nada por mi propia cuenta. Sólo hago lo que veo que hace Dios, mi Padre. **20** Él me ama y me muestra todo lo que hace. Pero me mostrará cosas aún más grandes, a ustedes los dejarán asombrados. **21** Porque así como mi Padre hace que los muertos vuelvan a vivir, así también yo le doy vida a quien quiero. **22** Y mi Padre no juzga a nadie, sino que me ha dado a mí, su Hijo, el poder para juzgar, **23** para que todos me honren como lo honran a él. Cuando alguien no me honra, tampoco honra a mi Padre, que me envió.

24 »Les aseguro que todo el que preste atención a lo que digo, y crea en Dios, quien me envió, tendrá vida eterna. Aunque antes vivía alejado de Dios, ya no será condenado, pues ha recibido la vida eterna. **25** Una cosa es cierta, ahora es cuando los que viven alejados de Dios me oirán a mí, que soy su Hijo. Si obedecen lo que digo, tendrán vida eterna. **26** Porque Dios, mi Padre, tiene el poder para dar la vida, y me ha dado a mí ese poder. **27** También me ha dado autoridad para juzgar, pues yo soy el Hijo del hombre. **28** »No se sorprendan de lo que les digo, porque va a llegar el momento en que los muertos oirán mi voz **29** y saldrán de sus tumbas. Entonces los que hicieron lo bueno volverán a vivir, y

estarán con Dios para siempre; pero los que hicieron lo malo volverán a vivir para ser castigados.

Pruebas de la autoridad de Jesús

30 »Yo no puedo hacer nada por mi propia cuenta. Mi Padre me envió, y él me dice cómo debo juzgar a las personas. Por eso yo juzgo correctamente, porque no hago lo que yo quiero, sino que obedezco a mi Padre.

31 »Si yo hablara bien de mí mismo, ustedes dirían que miento. **32** Pero conozco bien a alguien que confirmará que digo la verdad. **33** Cuando ustedes enviaron mensajeros a Juan, él les dijo la verdad. **34-35** Lo que Juan enseñaba era tan bueno como una lámpara encendida en la oscuridad, y por un tiempo ustedes se alegraron de oírlo.

»Pero yo no necesito que nadie hable bien de mí. Mencioné a Juan sólo para que ustedes crean, y Dios los salve. **36** Yo puedo probarles que de verdad mi Padre me ha enviado. Así lo prueba todo lo que hago, y ni siquiera Juan puede ser mejor testigo. Porque yo hago las cosas que mi Padre me envió a hacer.

37 »Mi Padre me ha enviado, y él también habla bien de mí. Lo que pasa es que ustedes nunca lo han oído hablar, ni lo han visto cara a cara. **38** Ustedes no aceptan su mensaje, pues no han creído en mí, a quien él envió.

39 »Ustedes estudian la Biblia con mucho cuidado porque creen que así tendrán vida eterna. Sin embargo, a pesar de que la Biblia habla bien de mí, **40** ustedes no quieren creerme para tener vida eterna.

41 »A mí no me interesa que la gente hable bien de mí. **42** Además, a ustedes los conozco muy bien, y sé que no aman a Dios. **43** Él es mi Padre, y me ha enviado, pero ustedes no me han aceptado. Sin embargo, si alguien viene por su propia cuenta, ustedes sí lo reciben. **44** ¡Cómo van a creerme, si les gusta que sea la gente la

que hable bien de ustedes, y no el Dios único!

45 »No crean que yo voy a acusarlos con mi Padre. Ustedes han confiado en lo que Moisés escribió, y será él quien los acuse. **46** Porque si le creyeran a Moisés, también creerían en mí, pues él escribió acerca de mí. **47** Si no creen en lo que él escribió, ¿cómo van a creer en lo que yo les digo?»

Jesús alimenta a más de cinco mil

6 **1** Después de esto, Jesús fue al otro lado del Lago de Galilea, también conocido como Lago de Tiberias. **2** Muchos lo seguían, pues habían visto los milagros que él hacía, sanando a los enfermos. **3-4** Se acercaba la fiesta de los judíos llamada la Pascua, y Jesús fue a un cerro con sus discípulos, y se sentó. **5** Cuando Jesús vio que mucha gente venía hacia él, le preguntó a Felipe:

—¿Dónde podemos comprar comida para tanta gente?

6 Jesús ya sabía lo que iba a hacer, pero preguntó esto para ver qué decía su discípulo. **7** Y Felipe respondió:

—Ni trabajando doscientos días ganaría uno el suficiente dinero para dar un poco de pan a tanta gente.

8 Andrés, que era hermano de Simón Pedro, y que también era discípulo, le dijo a Jesús:

9 —Aquí hay un muchacho que tiene cinco panes de cebada y dos pescados. Pero eso no alcanzará para repartirlo entre todos.

10 Jesús les dijo a sus discípulos que sentaran a la gente. Había allí unos cinco mil hombres, y todos se sentaron sobre la hierba. **11** Jesús, entonces, tomó los panes en sus manos y oró dando gracias a Dios. Después, los repartió entre toda la gente, e hizo lo mismo con los pescados. Todos comieron cuanto quisieron. **12** Una vez que todos comieron y quedaron satisfechos, Jesús les dijo a sus discípulos: «Recojan lo que sobró, para que no se desperdicie nada».

13 Ellos obedecieron, y con lo que sobró llenaron doce canastos. **14** Cuando todos vieron este milagro, dijeron: «De veras este es el profeta que tenía que venir al mundo».

15 Jesús se dio cuenta de que la gente quería llevárselo a la fuerza para hacerlo su rey. Por eso se fue a lo alto del cerro para estar solo.

Jesús camina sobre el agua

16-17 Al anochecer los discípulos de Jesús subieron a una barca y comenzaron a cruzar el lago para ir al pueblo de Cafarnaúm. Ya había oscurecido totalmente, y Jesús todavía no había regresado. **18** De pronto, empezó a soplar un fuerte viento y las olas se hicieron cada vez más grandes. **19** Los discípulos ya habían navegado cinco o seis kilómetros cuando vieron a Jesús caminar sobre el agua. Como Jesús se acercaba cada vez más a la barca, tuvieron miedo. **20** Pero él les dijo: «¡Soy yo! ¡No tengan miedo!»

21 Los discípulos querían que Jesús subiera a la barca, pero de inmediato la barca llegó al lugar a donde iban.

El pan que da vida

22 Al día siguiente, la gente que estaba al otro lado del lago se enteró de que los discípulos se habían ido en la única barca que había, y de que Jesús no se había ido con ellos. **23** Otras barcas llegaron de la ciudad de Tiberias y se detuvieron cerca del lugar donde el Señor había dado gracias por el pan con que alimentó a la gente. **24** Cuando la gente vio que ni Jesús ni sus discípulos venían en esas barcas, decidieron ir a buscarlo. Entonces subieron a las barcas y cruzaron el lago en dirección a Cafarnaúm.

25 Cuando la gente encontró a Jesús al otro lado del lago, le preguntaron:

—Maestro, ¿cuándo llegaste?

26 Jesús les respondió:

—Francamente, ustedes me buscan porque comieron hasta quedar satisfechos, y no por haber entendido los milagros que hice. **27** No se preocupen tanto por la comida que se acaba, sino por la comida que dura y que da vida eterna. Esa es la comida que yo, el Hijo del hombre, les daré, porque Dios mi Padre les ha mostrado que yo tengo autoridad.

28 La gente le preguntó:

—¿Qué es lo que Dios quiere que hagamos?

29 Jesús respondió:

—Lo único que Dios quiere es que crean en mí, pues él me envió.

30 Entonces le preguntaron:

—¿Qué milagro harás para que te creamos? ¡Danos una prueba! **31** Nuestros antepasados comieron el maná en el desierto, y según la Biblia, este es el pan del cielo.

32 Jesús les contestó:

—Les aseguro que no fue Moisés quien les dio el verdadero pan del cielo, sino Dios mi Padre. **33** El pan que da vida es el que Dios ha enviado desde el cielo.

34 Entonces la gente le dijo:

—Señor, danos siempre de ese pan.

35 Jesús les dijo:

—Yo soy ese pan que da vida. El que confía en mí nunca más volverá a tener hambre; el que cree en mí, nunca más volverá a tener sed. **36** Como les dije, aunque ustedes han podido verme, todavía no creen en mí. **37** Todos los que mi Padre ha elegido para que sean mis seguidores vendrán a buscarme, y yo no los rechazaré. **38** No bajé del cielo para hacer lo que yo quiera, sino para obedecer a Dios mi Padre, pues él fue quien me envió. **39-40** Y mi Padre quiere estar seguro de que no se perderá ninguno de los que él eligió para ser mis seguidores. Cuando llegue el fin del mundo, haré que mis seguidores que hayan muerto vuelvan a vivir. Porque mi Padre quiere que todos los que me vean y crean en mí, que soy su Hijo, tengan vida eterna.

41 Algunos judíos empezaron a hablar mal de Jesús, porque había dicho que él era el pan que bajó del cielo. **42** Decían: «¿No es este Jesús, el hijo de José? ¡Nosotros conocemos a sus padres! ¿Cómo se atreve a decir que bajó del cielo?»

43 Jesús les respondió:

«Dejen ya de murmurar. **44** Dios mi Padre me envió, así que nadie puede ser mi seguidor si él no lo quiere. Y yo haré que, cuando llegue el fin, mis seguidores vuelvan a vivir para estar con Dios para siempre. **45** En uno de los libros de los profetas se dice: ''Dios les enseñará a todos''. Por eso, todos los que escuchan a mi Padre y aprenden de él, vienen y se convierten en mis seguidores. **46** »Como les he dicho, Dios mi Padre me envió, y nadie más ha visto al Padre sino sólo yo. **47** Les aseguro que el que cree en mí tendrá vida eterna.

48 »Yo puedo dar vida, pues soy el pan que da vida. **49** Los antepasados de ustedes comieron el maná en el desierto, pero todos murieron. **50-51** El que cree en mí es como si comiera pan del cielo, y nunca estará separado de Dios. Yo he bajado del cielo, y puedo hacer que todos tengan vida eterna. Yo moriré para darles esa vida a los que creen en mí. Por eso les digo que mi cuerpo es ese pan que da vida; el que lo coma tendrá vida eterna».

52 Los judíos que hablaban mal de Jesús empezaron a discutir entre ellos, preguntándose: «¿Cómo puede este darnos su propio cuerpo para que lo comamos?» **53** Jesús les dijo:

«Yo soy el Hijo del hombre, y les aseguro que si ustedes no comen mi cuerpo ni beben mi sangre, no tendrán vida eterna. **54** El que come mi cuerpo y bebe mi sangre, tendrá vida eterna. Cuando llegue el fin del mundo, los resucitaré. **55** Mi cuerpo es la comida verdadera, y mi sangre es la bebida verdadera. **56** Si ustedes comen mi cuerpo, y beben mi sangre, viven unidos a mí, y yo vivo unido a ustedes.

57 »Dios mi Padre fue el que me envió, y tiene poder para dar la vida eterna, y fue él quien me dio esa vida. Por eso, todo el que crea en mí tendrá vida eterna. **58** Yo soy el pan que bajó del cielo, y el que crea en mí tendrá vida eterna. Yo no soy como el pan que comieron sus antepasados, que después de haberlo comido murieron».

59 Jesús dijo todas estas cosas en la sinagoga de Cafarnaúm.

Palabras que dan vida eterna

60 Cuando muchos de los seguidores de Jesús le oyeron enseñar esto, dijeron:

—Esto que dices es muy difícil de aceptar. ¿Quién puede estar de acuerdo contigo?

61 Pero Jesús les respondió:

—¿Esto los ofende? **62** Entonces, ¿qué sucedería si me vieran a mí, el Hijo del hombre, subir al cielo, donde antes estaba? **63** El que da

vida eterna es el Espíritu de Dios; ninguna persona puede dar esa vida. Las palabras que les he dicho vienen del Espíritu que da esa vida. **64** Pero todavía hay algunos de ustedes que no creen.

Jesús dijo esto porque desde el principio sabía quiénes eran los que no creían y quién era el que lo traicionaría. **65** También les dijo que nadie puede ser su seguidor si Dios su Padre no se lo permite. **66** Desde ese momento, muchos de los que seguían a Jesús lo abandonaron. **67** Entonces Jesús les preguntó a sus doce apóstoles:

—¿También ustedes quieren irse?

68 Simón Pedro le contestó:

—¿Y a quién seguiríamos, Señor? Sólo tus palabras dan vida eterna. **69** Nosotros hemos creído en ti, y sabemos que tú eres el Hijo de Dios.³

70 Jesús les dijo:

—A ustedes doce yo los elegí; sin embargo, uno de ustedes es un demonio.

71 Jesús se refería a Judas, el hijo de Simón Iscariote. Porque Judas, que era uno de los doce, lo iba a traicionar.

Los hermanos de Jesús
no creían en él

7 **1** Tiempo después, Jesús recorrió la región de Galilea. No quería ir a Judea porque los jefes judíos lo buscaban para matarlo. **2** Como se acercaban los días de la fiesta judía de las Enramadas, **3** sus hermanos le dijeron:

—Debes ir a Judea, para que tus seguidores puedan ver las grandes obras que haces. **4** Cuando uno quiere que todos lo conozcan, no hace nada en secreto. ¡Deja que todo el mundo sepa lo que haces!

5 Dijeron eso porque ni siquiera

ellos le creían. **6** Pero Jesús les respondió:

—Aún no ha llegado el momento para que todos sepan que soy el Hijo de Dios. Para ustedes, cualquier hora es buena. **7** La gente de este mundo no los odia a ustedes. Pero a mí me odia porque les digo que su conducta es mala. **8** Vayan ustedes a la fiesta; yo no iré, porque todavía no ha llegado el momento de que todos sepan quién soy yo.

9 Después de decir esto, Jesús se quedó en Galilea.

Jesús en la fiesta de las Enramadas

10 Después de que se fueron sus hermanos, Jesús fue en secreto a la fiesta, sin decírselo a nadie. **11** Durante la fiesta, los jefes judíos buscaban a Jesús, y decían: «¿Dónde estará ese hombre?»

12 La gente hablaba mucho de él, y algunos decían: «Jesús es un buen hombre». Pero otros decían: «De bueno no tiene nada; es un embustero».

13 Todos hablaban de él en secreto, porque tenían miedo de los jefes judíos.

14 A mediados de la fiesta, Jesús entró en el templo y empezó a enseñar. **15** Los jefes judíos estaban asombrados, y decían entre ellos: «¿Cómo es que este sabe tantas cosas, si nunca ha estudiado?» **16** Jesús les contestó:

—Yo no invento lo que enseño. Dios me envió y me ha dicho lo que debo enseñar. **17** Si alguien quiere obedecer a Dios, podrá saber si yo enseño lo que Dios ordena, o si hablo por mi propia cuenta. **18** Quien habla por su propia cuenta sólo quiere que la gente lo admire. Pero yo sólo deseo que mi Padre, que me envió, reciba el honor que le corresponde; por eso siempre digo la verdad. **19** Moisés les dio a ustedes la ley y, sin embargo, ninguno la obedece. ¿Por qué quieren matarme?

²⁰ La gente le contestó:

—¡Estás loco! ¿Quién quiere matarte?

²¹ Jesús les dijo:

—Todos ustedes se admiran por un solo milagro que hice. ²² Moisés les mandó practicar la ceremonia de la circuncisión, y ustedes la practican aunque caiga en sábado. Esa orden no viene del tiempo de Moisés, sino de antes, cuando aún vivían Abraham, Isaac y Jacob. ²³ Entonces, si para obedecer la ley de Moisés ustedes circuncidan a un niño aunque sea en sábado, ¿por qué se enojan conmigo por haber sanado a un hombre en sábado? ²⁴ No digan que algo está mal sólo porque así les parece. Antes de afirmar algo, deben estar seguros de que así es.

¿Quién es Jesús?

²⁵ Algunos de los que vivían en Jerusalén empezaron a preguntar:

«¿No es este al que andan buscando para matarlo? ²⁶ Pues ahí está, hablando con la gente; ¡y nadie le dice nada! ¿No será que nuestros gobernantes creen de verdad que él es el Mesías? ²⁷ Pero ¡no puede ser! Porque, cuando venga el Mesías, nadie sabrá de dónde viene; en cambio, nosotros sabemos de dónde viene este hombre».

²⁸ Jesús estaba enseñando en el templo y dijo con voz fuerte:

«En realidad, ustedes no saben quién soy yo, ni de dónde vengo. Yo no he venido por mi propia cuenta. He sido enviado por alguien en quien se puede confiar, y a quien ustedes no conocen. ²⁹ Yo sí lo conozco, pues vengo de él, y él es quien me envió».

³⁰ Algunos hombres de Jerusalén quisieron arrestar a Jesús, pero no pudieron, pues todavía no había llegado el momento de que todos supieran quién era. ³¹ Sin embargo, muchos creyeron en él, y decían: «Ni el Mesías podría hacer los milagros que hace este hombre».

Los fariseos quieren arrestar a Jesús

³² Los fariseos oyeron lo que la gente decía. Entonces ellos y los sacerdotes principales enviaron a unos guardias del templo para que arrestaran a Jesús. ³³ Pero Jesús dijo: «Sólo estaré con ustedes un poco más de tiempo. Luego volveré a donde está el que me envió. ³⁴ Ustedes me buscarán, pero no me encontrarán, porque no pueden ir a donde yo voy».

³⁵ Los jefes judíos comenzaron a preguntarse entre ellos:

«¿Y a dónde podrá ir, que no podamos encontrarlo? ¿Acaso piensa ir a vivir entre los judíos de otros países, y enseñar también a los que no son judíos? ³⁶ ¿Qué quiere decir con eso de que: ''Me buscarán, pero no me encontrarán, porque no pueden ir a donde yo voy?''»

Ríos de agua viva

³⁷ El último día de la fiesta de las Enramadas era el más importante. Ese día, Jesús se puso en pie y dijo con voz fuerte: «El que tenga sed, venga a mí. ³⁸ Ríos de agua viva brotarán del corazón de los que creen en mí. Así lo dice la Biblia».

³⁹ Al decir esto, Jesús estaba hablando del Espíritu de Dios que recibirían los que creyeran en él. Es que mientras Jesús no muriera y resucitara, el Espíritu no se haría presente.

¿Realmente quién es Jesús?

⁴⁰ Cuando algunos de los que estaban allí oyeron esto, dijeron: «De veras que este hombre es el profeta¹ que Dios nos iba a enviar». ⁴¹ Otros decían: «Este hombre es el Mesías». Y aun otros decían: «El Mesías no puede venir de la región de Galilea. ⁴² La Biblia dice que el Mesías debe ser de la misma familia del rey David, y que nacerá en Belén, el pueblo de donde era David». ⁴³ Nadie se ponía de acuerdo acerca de quién era Jesús. ⁴⁴ Y aunque no faltaba quien quería llevárselo a la cárcel, nadie se atrevía a tocarlo.

Los jefes judíos no creían en Jesús

⁴⁵ Los guardias del templo regresaron a donde estaban los sacerdotes principales y los fariseos, quienes les preguntaron:

—¿Por qué no trajeron a Jesús?

⁴⁶ Los guardias contestaron:

—¡Nunca ha hablado nadie como lo hace ese hombre!

⁴⁷ Los fariseos les dijeron:

—¿También ustedes se han dejado engañar? ⁴⁸ ¿Acaso ha creído en él alguno de nuestros jefes, o alguno de los fariseos? ⁴⁹ Los que creen en él no conocen la ley de Moisés, y por eso Dios los castigará.

⁵⁰ Allí estaba Nicodemo, el fariseo que una noche fue a ver a Jesús, y les dijo:

⁵¹ —Según nuestras leyes, no podemos condenar a nadie sin antes escucharlo.

⁵² Ellos le respondieron:

—¿Tú también crees que de Galilea puede salir algo bueno? Estudia la Biblia y verás que ningún profeta ha venido de allá.

⁵³ Después de esto cada quien se fue a su casa,

8 ¹ pero Jesús fue al Monte de los Olivos.

¡No vuelvas a pecar!

² Al día siguiente, al amanecer, Jesús regresó al templo. La gente

se acercó, y él se sentó para enseñarles. **3** Entonces los maestros de la Ley y los fariseos llevaron al templo a una mujer. La habían sorprendido teniendo relaciones sexuales con un hombre que no era su esposo. Pusieron a la mujer en medio de toda la gente, **4** y le dijeron a Jesús:

—Maestro, encontramos a esta mujer cometiendo pecado de adulterio. **5** En nuestra ley, Moisés manda que a esta clase de mujeres las matemos a pedradas. ¿Tú qué opinas?

6 Ellos le hicieron esa pregunta para ponerle una trampa. Si él respondía mal, podrían acusarlo. Pero Jesús se inclinó y empezó a escribir en el suelo con su dedo. **7** Sin embargo, como no dejaban de hacerle preguntas, Jesús se levantó y les dijo:

—Si alguno de ustedes nunca ha pecado, tire la primera piedra.

8 Luego, volvió a inclinarse y siguió escribiendo en el suelo. **9** Al escuchar a Jesús, todos empezaron a irse, comenzando por los más viejos, hasta que Jesús se quedó solo con la mujer. **10** Entonces Jesús se puso de pie y le dijo:

—Mujer, los que te trajeron se han ido. ¡Nadie te ha condenado!

11 Ella le respondió:

—Así es, Señor. Nadie me ha condenado.

Jesús le dijo:

—Tampoco yo te condeno. Puedes irte, pero no vuelvas a pecar.

Jesús es la luz
12 Jesús volvió a hablarle a la gente:

—Yo soy la luz que alumbra a todos los que viven en este mundo.

Síganme y no caminarán en la oscuridad, pues tendrán la luz que les da vida.

13 Los fariseos le dijeron:

—Tú te estás alabando a ti mismo. ¿Cómo sabremos que dices la verdad?

14 Jesús les respondió:

—Aunque hable bien de mí, lo que digo es cierto. Porque yo sé de dónde vine, y a dónde voy; sin embargo, ustedes no lo saben. **15** Ustedes juzgan como todos los demás, pero yo no juzgo a nadie. **16** Si lo hiciera, juzgaría de acuerdo con la verdad, porque no juzgo yo solo. Mi Padre, quien me envió, juzga conmigo. **17** La ley de ustedes dice que se necesitan dos testigos para probar que algo es verdad. **18** Pues bien, yo hablo bien de mí mismo; y mi Padre, quien me envió, también habla bien de mí.

19 Entonces le preguntaron:

—¿Dónde está tu padre?

Jesús les respondió:

—Si me conocieran, conocerían a mi Padre. Pero como no me conocen, tampoco a él lo conocen.

20 Jesús dijo todo esto mientras enseñaba en el templo, en el lugar donde se ponen las ofrendas. Pero nadie se lo llevó preso, porque no había llegado el momento de que todos supieran quién era él realmente.

Los jefes judíos y Jesús
21 Jesús habló de nuevo:

—Yo me voy, y ustedes me buscarán. Pero no pueden ir a donde yo voy, porque morirán sin que Dios les perdone sus pecados.

22 Los jefes judíos dijeron:

—¿Estará pensando en matarse, y por eso dice que no podemos ir a donde él va?

23 Jesús les aclaró:

—Ustedes son pecadores, como todos los que viven en este mundo. Pero yo no soy de este mundo, porque vengo del cielo. **24** Por eso les dije que si no creen en mí, ni en quién soy yo, morirán sin que Dios les perdone sus pecados.

25 Le preguntaron:

—¿Y quién eres tú?

Jesús les contestó:

—¿Por qué tengo que responderles? **26** Más bien, yo tengo mucho que decir de todo lo malo que ustedes hacen. El que me envió dice la verdad, y yo sólo digo lo que le escuché decir.

27 Pero ellos no entendieron que Jesús les estaba hablando de Dios su Padre. **28** Por eso les dijo:

—Ustedes sabrán quién es en realidad el Hijo del hombre cuando me cuelguen de una cruz. También sabrán que no hago nada por mi propia cuenta, sino que sólo digo lo que mi Padre me ha enseñado. **29** Mi Padre nunca me ha abandonado, pues yo siempre hago lo que a él le agrada.

30 Cuando Jesús dijo esto, mucha gente creyó en él.

La verdad los hará libres
31 Jesús les dijo a los judíos que habían creído en él:

—Si ustedes obedecen mis enseñanzas, serán verdaderamente mis discípulos; **32** y conocerán la verdad, y la verdad los hará libres.

33 Ellos le contestaron:

—Nosotros somos descendientes de Abraham, y nunca hemos sido esclavos de nadie. ¿Por qué dices que seremos libres?

34-36 Jesús les respondió:

—Ningún esclavo se queda para siempre con la familia para la cual trabaja. El hijo de la familia sí se queda para siempre, y si él quiere puede dejar en libertad al esclavo. Les aseguro que cualquiera que peca es esclavo del pecado. Por eso, si yo, el Hijo de Dios, les perdono sus pecados, serán libres de verdad.

37 »Yo sé que ustedes son descendientes de Abraham, pero quieren matarme porque no aceptan mis enseñanzas. **38** Yo sólo les digo lo que mi Padre me ha enseñado. Ustedes, en cambio, hacen lo que les ha enseñado su padre.

39 Ellos le dijeron:

—¡Nuestro padre es Abraham!

Entonces Jesús les contestó:

—Si en verdad ustedes fueran descendientes de Abraham, harían lo que él hizo. **40** Pero yo les he dicho la verdad que he escuchado de Dios, y ustedes quieren matarme. ¡Abraham nunca hizo algo así! **41** Pero ustedes hacen exactamente lo mismo que hace su padre.

Ellos le contestaron:

—¡No nos acuses de tener otro padre! Nuestro único Padre es Dios.

42 Jesús les respondió:

—Si en verdad Dios fuera su Padre, ustedes me amarían, porque yo vengo del cielo, donde está Dios. Yo no vine por mi propia cuenta, sino que Dios me envió. **43** Ustedes no pueden entender lo que les digo, porque no les gusta escuchar mi mensaje. **44** El padre de ustedes es el diablo, y ustedes tratan de hacer lo que él quiere. Siempre ha sido un asesino y un

gran mentiroso. Todo lo que dice son sólo mentiras, y hace que las personas mientan. **45** »Por eso ustedes no pueden creer que digo la verdad. **46** ¿Quién de ustedes puede acusarme de haber hecho algo malo? Y si digo la verdad, ¿por qué no me creen? **47** Los hijos de Dios escuchan con atención todo lo que Dios dice. Pero ustedes no le ponen atención porque no son sus hijos.

Jesús y Abraham

48 Entonces, algunos judíos le dijeron:

—Cuando decimos que eres un extranjero indeseable, y que tienes un demonio, no estamos equivocados.

49 Jesús les contestó:

—Yo no tengo ningún demonio. Lo que hago es hablar bien de mi Padre; pero ustedes hablan mal de mí. **50** Yo no le pido a la gente que hable bien de mí; es Dios quien lo quiere así, y es él quien juzga. **51** Les aseguro que quien obedezca mi enseñanza, vivirá para siempre con Dios.

52 Ellos le dijeron:

—Ahora sí estamos seguros de que tienes un demonio. Nuestro antepasado Abraham murió, y también murieron los profetas. Sin embargo, tú dices que el que te obedezca vivirá para siempre. **53** ¿Acaso te crees más importante que Abraham? Él y los profetas murieron. ¿Qué te estás creyendo?

54 Jesús les respondió:

—¿De qué me serviría hablar bien de mí mismo? Mi Padre es el que habla bien de mí, y ustedes dicen que él es su Dios. **55** En realidad, ustedes no lo conocen. Yo sí lo conozco. Lo conozco, y lo obedezco. Si dijera lo contrario, sería un mentiroso como ustedes.

56 Abraham, el antepasado de ustedes, se alegró mucho con sólo pensar que vería el tiempo en que yo vendría al mundo; lo vio, y le causó mucha alegría.

57 Entonces le preguntaron:

—Ni siquiera has cumplido cincuenta años de edad. ¿Cómo puedes decir que has visto a Abraham?

58 Jesús les dijo:

—Les aseguro que mucho antes de que naciera Abraham ya existía yo.

59 Entonces aquellos judíos quisieron matar a Jesús a pedradas; pero él se mezcló entre la multitud y salió del templo.

Jesús sana a un ciego

9 **1** Cuando Jesús salió del templo, vio por el camino a un joven que había nacido ciego. **2** Los discípulos le preguntaron a Jesús:

—Maestro, ¿quién tiene la culpa de que este joven haya nacido ciego? ¿Fue por algo malo que hizo él mismo, o por algo malo que hicieron sus padres?

3 Jesús les respondió:

—Ni él ni sus padres tienen la culpa. Nació así para que ustedes vean cómo el poder de Dios lo sana. **4** Mientras yo esté con ustedes, hagamos el trabajo que Dios mi Padre me mandó hacer; vendrá el momento en que ya nadie podrá trabajar. **5** Mientras yo estoy en el mundo, soy la luz que alumbra a todos.

6 En seguida Jesús escupió en el suelo, hizo un poco de lodo con la saliva, y se lo puso al joven en los ojos. **7** Entonces le dijo: «Vete a la piscina de Siloé y lávate los ojos». El ciego fue y se lavó, y cuando regresó ya podía ver. **8** Sus vecinos y todos los que antes lo habían visto pedir limosna se preguntaban: «¿No es este el joven ciego que se sentaba a pedir dinero?» **9** Unos decían: «Sí, es él». Otros decían: «No, no es él, aunque se le parece mucho». Pero él mismo decía: «Claro que soy yo». **10** Entonces le preguntaron:

—¿Cómo es que ya puedes ver?

11 Él respondió:

—Un hombre llamado Jesús hizo lodo, me lo puso en los ojos, y me dijo que fuera a la piscina de Siloé y que me lavara. Yo fui, y cuando me lavé los ojos pude ver.

12 —¿Y dónde está Jesús? —le preguntaron.

—No lo sé —contestó él.

Los fariseos y el ciego sanado

13-14 Cuando Jesús hizo lodo y sanó al ciego era día de descanso obligatorio. Por eso, algunos llevaron ante los fariseos al joven que había sido sanado. **15** Los fariseos le preguntaron:

—¿Cómo es que ya puedes ver?

El joven les respondió:

—Jesús me puso lodo en los ojos, y ahora puedo ver.

16 Algunos fariseos dijeron: «A ese hombre no lo ha enviado Dios, pues desobedece la ley que prohíbe trabajar en sábado». Pero otros decían: «¿Cómo puede un pecador hacer milagros como este?» Y no se ponían de acuerdo. **17** Entonces le preguntaron al que había sido ciego:

—Ya que ese hombre te dio la vista, ¿qué opinas de él?

—Yo creo que es un profeta —les contestó.

18 Pero los jefes judíos no creían que ese joven hubiera sido ciego y

que ahora pudiera ver. Entonces llamaron a los padres del joven **19** y les preguntaron:

—¿Es este su hijo? ¿Es cierto que nació ciego? ¿Cómo es que ahora puede ver?

20 Los padres respondieron:

—De que este es nuestro hijo, y de que nació ciego, no tenemos ninguna duda. **21** Pero no sabemos cómo es que ya puede ver, ni quién lo sanó. Pregúntenselo a él, pues ya es mayor de edad y puede contestar por sí mismo.

22-23 Los padres dijeron esto porque tenían miedo de los jefes judíos, ya que ellos se habían puesto de acuerdo para expulsar de la sinagoga a todo el que creyera y dijera que Jesús era el Mesías. **24** Los jefes judíos volvieron a llamar al que había sido ciego, y le dijeron:

—Júranos por Dios que nos vas a decir la verdad. Nosotros sabemos que el hombre que te sanó es un pecador.

25 Él les contestó:

—Yo no sé si es pecador. ¡Lo que sí sé es que antes yo era ciego, y ahora veo!

26 Volvieron a preguntarle:

—¿Qué hizo? ¿Cómo fue que te sanó?

27 Él les contestó:

—Ya les dije lo que hizo, pero ustedes no me hacen caso. ¿Para qué quieren que les repita lo mismo? ¿Es que también ustedes quieren ser sus seguidores?

28 Los jefes judíos lo insultaron y le dijeron:

—Seguidor de ese hombre lo serás tú. Nosotros somos seguidores de Moisés. **29** Y sabemos que Dios le

habló a Moisés; pero de ese Jesús no sabemos nada.

30 El joven les respondió:

—¡Qué extraño! Ustedes no saben de dónde viene, y sin embargo, a mí me ha sanado. **31** Sabemos que Dios no escucha a los pecadores, pero sí escucha a los que le adoran y le obedecen. **32** Nunca he sabido que alguien le haya dado la vista a uno que nació ciego. **33** Si este hombre no fuera enviado por Dios, no podría hacer nada.

34 Entonces le contestaron:

—Ahora resulta, que tú siendo pecador desde que naciste nos vas a enseñar. ¡Ya no te queremos en nuestra sinagoga!

35 Jesús se enteró de esto, y cuando se encontró con el joven le preguntó:

—¿Crees en el Hijo del hombre?

36 El joven le respondió:

—Señor, dígame quién es, para que yo crea en él.

37 Jesús le dijo:

—Lo estás viendo. Soy yo, el que habla contigo.

38 Entonces el joven se arrodilló ante Jesús y le dijo:

—Señor, creo en ti.

39 Luego Jesús dijo: «Yo he venido al mundo para juzgarlos a todos. Les daré vista a los ciegos, y se la quitaré a los que ahora creen ver bien».

40 Algunos fariseos que estaban por allí le oyeron decir esto, y le preguntaron:

—¿Quieres decir que nosotros también somos ciegos?

41 Jesús les contestó:

—Si ustedes reconocieran que no ven tanto como creen, Dios no los culparía por sus pecados. Pero como creen ver muy bien, Dios sí los culpará por sus pecados.

El ejemplo del pastor de ovejas

10 ¹ Jesús les dijo:

«Ustedes saben que sólo los ladrones y bandidos entran al corral saltándose la cerca. ² En cambio, el pastor de las ovejas entra por la puerta. ³ El que cuida la entrada le abre, y el pastor llama a cada una de sus ovejas por nombre, y ellas reconocen su voz. Luego el pastor las lleva fuera del corral, ⁴ y cuando ya han salido todas, él va delante de ellas.
»Las ovejas siguen al pastor porque reconocen su voz. ⁵ Pero no seguirían a un desconocido; más bien huirían de él, pues no reconocerían su voz».

⁶ Jesús les puso el ejemplo anterior, pero ellos no entendieron lo que les quería decir.

Jesús es el buen pastor

⁷ Entonces Jesús les explicó el ejemplo:

«Yo soy la puerta de las ovejas. ⁸ Todos los que vinieron antes que yo, eran bandidos y ladrones; por eso las ovejas no les hicieron caso. ⁹ Yo soy la puerta del reino de Dios: cualquiera que entre por esta puerta, se salvará; podrá salir y entrar, y siempre encontrará alimento. ¹⁰ Cuando el ladrón llega, se dedica a robar, matar y destruir. Yo he venido para que todos ustedes tengan vida, y para que la vivan plenamente. ¹¹ Yo soy el buen pastor. El buen pastor está dispuesto a morir por sus ovejas. ¹² El que recibe un salario por cuidar a las ovejas, huye cuando ve que se acerca el lobo. Deja a las ovejas solas, porque él no es el pastor y las ovejas no son suyas. Por eso, cuando el lobo llega y ataca a las ovejas, ellas huyen

por todos lados. ¹³ Y es que a ese no le interesan las ovejas, sólo busca el dinero; por eso huye.
¹⁴⁻¹⁵ »Así como Dios mi Padre me conoce, yo lo conozco a él; y de igual manera yo conozco a mis seguidores y ellos me conocen a mí. Yo soy su buen pastor, y ellos son mis ovejas. Así como el buen pastor está dispuesto a morir para salvar a sus ovejas, también yo estoy dispuesto a morir para salvar a mis seguidores.
¹⁶ También tengo otros seguidores que ustedes no conocen; son ovejas que traeré de otro corral, y me obedecerán. Así tendré un solo grupo de seguidores, y yo seré su único pastor.
¹⁷ »Mi Padre me ama porque estoy dispuesto a entregar mi vida para luego volver a recibirla. ¹⁸ Nadie me quita la vida, sino que yo la entrego porque así lo quiero. Tengo poder para entregar mi vida, y tengo poder para volver a recibirla, pues esto es lo que mi Padre me ha ordenado hacer».

¹⁹ Cuando aquellos judíos oyeron esto, se pusieron a discutir, pues unos pensaban una cosa y otros otra. ²⁰ Muchos decían: «Ese hombre tiene un demonio y está loco. ¿Por qué le hacen caso?» ²¹ Pero otros decían: «Nadie que tenga un demonio puede hablar así. Además, ningún demonio puede darle la vista a un ciego».

Los jefes judíos quieren matar a Jesús

²² Era invierno, y Jesús había ido a Jerusalén para participar en la fiesta del Templo. ²³ Mientras andaba por los patios del templo, cerca del Portón de Salomón, ²⁴ lo rodeó la gente y le preguntó:

—¿Hasta cuándo nos tendrás con esta duda? Dinos ahora mismo si eres el Mesías.

²⁵ Jesús les respondió:

—Ya les dije quién soy, pero ustedes

no me lo han creído. Yo hago todo con la autoridad y el poder de mi Padre, y eso demuestra quién soy yo. ²⁶ Pero ustedes no me creen, porque no me siguen ni me obedecen. ²⁷ Mis seguidores me conocen, y yo también los conozco a ellos. Son como las ovejas, que reconocen la voz de su pastor, y él las conoce a ellas. Mis seguidores me obedecen, ²⁸ y yo les doy vida eterna; nadie me los quitará. ²⁹ Dios mi Padre me los ha dado; él es más poderoso que todos, y nadie puede quitárselos. ³⁰ Mi Padre y yo somos uno solo.

³¹ Otra vez, los jefes judíos quisieron apedrear a Jesús, ³² pero él les dijo:

—Ustedes me han visto hacer muchas cosas buenas con el poder que mi Padre me ha dado. A ver, díganme, ¿por cuál de ellas merezco morir?

³³ Ellos le respondieron:

—No queremos matarte por lo bueno que hayas hecho, sino por haber ofendido a Dios. Tú no eres más que un hombre, y dices que eres igual a Dios.

³⁴⁻³⁵ Jesús les dijo:

—¡Pero en la Biblia Dios dice que somos dioses! Y ella siempre dice la verdad. ³⁶ Y si Dios me envió al mundo, ¿por qué dicen ustedes que ofendo a Dios diciendo que soy su Hijo? ³⁷ Si no hago lo que mi Padre quiere, entonces no me crean. ³⁸ Pero si yo lo obedezco, crean en lo que hago, aunque no crean en lo que digo. Así, de una vez por todas, sabrán que mi Padre y yo somos uno solo.

³⁹ De nuevo intentaron encarcelar a Jesús. Pero él se les escapó, ⁴⁰ y se fue de nuevo al otro lado del río Jordán, al lugar donde Juan el Bautista había estado bautizando. Mientras estaba allí, ⁴¹ muchas personas fueron a

verlo, y decían: «Juan el Bautista no hizo ningún milagro, pero todo lo que dijo de Jesús era verdad». **42** Y mucha gente de aquel lugar creyó en Jesús.

La muerte de Lázaro

11 **1-2** Lázaro y sus hermanas Marta y María vivían en el pueblo de Betania. María fue la que derramó perfume en los pies de Jesús y luego los secó con sus cabellos.

Un día, Lázaro se enfermó **3** y sus hermanas le mandaron este mensaje a Jesús: «Señor, tu querido amigo Lázaro está enfermo».

4 Cuando Jesús recibió el mensaje, dijo: «Esta enfermedad no terminará en muerte. Servirá para mostrar el poder de Dios, y el poder que tengo yo, el Hijo de Dios».

5 Jesús amaba a Marta, a María y a Lázaro. **6** Pero cuando recibió la noticia de que Lázaro estaba enfermo, decidió quedarse dos días más en donde estaba. **7** Al tercer día les dijo a sus discípulos:

—Regresemos a la región de Judea.

8 Los discípulos le dijeron:

—Maestro, algunos de los judíos de esa región trataron de matarte hace poco. ¿Aún así quieres regresar allá?

9 Jesús les respondió:

—Cada día, el sol brilla durante doce horas. Si uno camina de día, no tropieza con nada, porque la luz del sol le alumbra el camino. **10-11** Pero si camina de noche tropieza, porque le hace falta la luz. Nuestro amigo Lázaro está dormido, y yo voy a despertarlo.

12 Los discípulos le dijeron:

—Señor, si Lázaro está dormido para qué te preocupas.

13 Lo que Jesús quería darles a entender era que Lázaro había muerto, pero los discípulos entendieron

que estaba descansando. **14** Por eso Jesús les explicó:

—Lázaro ha muerto, **15** y me alegro de no haber estado allí, porque ahora ustedes tendrán oportunidad de confiar en mí. Vayamos adonde está él.

16 Entonces Tomás, al que llamaban el Gemelo, les dijo a los otros discípulos: «Vayamos también nosotros, para morir con Jesús».

Jesús es la vida

17-19 Como el pueblo de Betania estaba a unos tres kilómetros de la ciudad de Jerusalén, muchos de los judíos que vivían cerca fueron a visitar a Marta y a María, para consolarlas por la muerte de su hermano. Cuando Jesús llegó a Betania, se enteró de que habían sepultado a Lázaro cuatro días antes.

20 Al enterarse Marta de que Jesús había llegado, salió a recibirlo, y María se quedó en la casa. **21** Entonces Marta le dijo a Jesús:

—Señor, si tú hubieras estado aquí, mi hermano no habría muerto. **22** Pero a pesar de todo lo que ha pasado, Dios hará lo que tú le pidas. De eso estoy segura.

23 Jesús le contestó:

—Tu hermano volverá a vivir.

24 Y Marta le dijo:

—Claro que sí, cuando llegue el fin, todos los muertos volverán a vivir.

25 A esto Jesús respondió:

—Yo soy el que da la vida y el que hace que los muertos vuelvan a vivir. Quien pone su confianza en mí, aunque muera, vivirá. **26** Los que todavía viven y confían en mí, nunca morirán para siempre. ¿Puedes creer esto?

27 Marta le respondió:

—Sí, Señor. Yo creo que tú eres el Mesías, el Hijo de Dios, que debía venir al mundo.

Jesús llora por su amigo

28 Después de decir esto, Marta llamó a María y le dijo en secreto: «El Maestro ha llegado, y te llama».

29 María se levantó en seguida y fue a verlo. **30** Jesús no había llegado todavía a la casa, sino que estaba en el lugar donde Marta lo había encontrado.

31 Al ver que María se levantó y salió rápidamente, los judíos que estaban consolándola en su casa la siguieron. Ellos pensaban que María iba a llorar ante la tumba de su hermano.

32 Cuando María llegó adonde estaba Jesús, se arrodilló delante de él y le dijo:

—Señor, si hubieras estado aquí, mi hermano no habría muerto.

33 Cuando Jesús vio que María y los judíos que habían ido con ella lloraban mucho, se sintió muy triste y les tuvo compasión. **34** Les preguntó:

—¿Dónde sepultaron a Lázaro?

Ellos le dijeron:

—Ven Señor; aquí está.

35 Jesús se puso a llorar, **36** y los judíos que estaban allí dijeron: «Se ve que Jesús amaba mucho a su amigo Lázaro». **37** Pero otros decían: «Jesús hizo que el ciego pudiera ver. También pudo haber hecho algo para que Lázaro no muriera».

Lázaro vuelve a vivir

38-39 Todavía con lágrimas en los ojos, Jesús se acercó a la cueva donde habían sepultado el cuerpo de Lázaro, y ordenó que quitaran la piedra que cubría la entrada. Pero Marta le dijo:

—Señor, hace cuatro días que

murió Lázaro. Seguramente ya huele mal.

40 Jesús le contestó:

—¿No te dije que si confías en mí verás el poder de Dios?

41 La gente quitó la piedra de la entrada. Luego, Jesús miró al cielo y dijo:

«Padre, te doy gracias porque me has escuchado. **42** Yo sé que siempre me escuchas, pero lo digo por el bien de todos los que están aquí, para que crean que tú me enviaste».

43 Después de decir esto, Jesús gritó: «¡Lázaro, sal de ahí!» **44** Lázaro salió de la cueva envuelto totalmente en las vendas de lino con que lo habían sepultado. Su cara estaba envuelta con un pañuelo. Por eso Jesús le dijo a los que estaban allí: «Quítenle todas las vendas, y déjenlo libre».

El plan para matar a Jesús

45 Muchos de los judíos que habían ido al pueblo de Betania para acompañar a María vieron lo que Jesús hizo, y creyeron en él. **46** Pero otros fueron a ver a los fariseos, y les contaron lo que Jesús había hecho. **47** Los sacerdotes principales y los fariseos reunieron a la Junta Suprema, y dijeron:

—¿Qué vamos a hacer con este hombre que hace tantos milagros? **48** Si lo dejamos, todos van a creer que él es el Mesías. Entonces vendrán los romanos y destruirán nuestro templo y a todo el país.

49 Pero Caifás, que ese año era el jefe de los sacerdotes, les dijo:

—Ustedes sí que son tontos. **50** ¿No se dan cuenta de que es mejor que muera un solo hombre por el pueblo, y no que sea destruida toda la nación?

51 Caifás no dijo esto por su propia cuenta, sino que Dios se lo hizo saber porque era el jefe de los sacerdotes. **52** En realidad, Jesús no iba a morir para salvar sólo a los judíos, sino también para reunir a todos los hijos de Dios que hay en el mundo. **53** A partir de ese momento, la Junta Suprema tomó la decisión de matar a Jesús. **54** Sin embargo, Jesús no dejó que ninguno de los judíos de la región de Judea supiera dónde estaba él. Salió de esa región y se fue a un pueblo llamado Efraín, que estaba cerca del desierto. Allí se quedó con sus discípulos.

55 Como ya faltaba poco tiempo para que se celebrara la fiesta de la Pascua, mucha gente iba desde sus pueblos a la ciudad de Jerusalén a prepararse para la fiesta. **56** Buscaban a Jesús, y cuando llegaron al templo se preguntaron unos a otros: «¿Qué creen ustedes? ¿Vendrá Jesús a celebrar la fiesta?» **57** Los sacerdotes principales y los fariseos habían ordenado que, si alguien veía a Jesús, fuera a avisarles, pues querían arrestarlo.

Una mujer perfuma los pies de Jesús

12 **1** Seis días antes de que se celebrara la fiesta de la Pascua, Jesús fue al pueblo de Betania. Allí vivía Lázaro, el hombre a quien Jesús había resucitado.

2 En ese pueblo, unos amigos de Jesús hicieron una cena para él. Lázaro estaba sentado a la mesa con Jesús, y su hermana Marta servía la comida. **3** María, su otra hermana, tomó una botella de un perfume muy caro, y perfumó los pies de Jesús. Después los secó con sus cabellos, y toda la casa se llenó con el olor del perfume. **4** Pero uno de los discípulos, llamado Judas Iscariote, el que después traicionaría a Jesús, dijo:

5 —¿Por qué no se vendió este perfume? Nos habrían dado el dinero de trescientos días de tra-

bajo, y con él podríamos haber ayudado a los pobres.

6-8 Entonces Jesús le dijo a Judas:

—¡Déjala tranquila! Ella estaba guardando ese perfume para el día de mi entierro. En cuanto a los pobres, siempre los tendrán cerca de ustedes, pero a mí no siempre me tendrán.

En realidad, a Judas no le importaban los pobres; dijo eso porque era un ladrón. Como él era el encargado de cuidar el dinero de Jesús y de los discípulos, a veces se lo robaba.

El plan para matar a Lázaro

9 Muchos de los judíos que vivían en Jerusalén se enteraron de que Jesús estaba en Betania; así que fueron allá, no sólo para verlo sino para ver también a Lázaro, a quien Jesús había resucitado. **10** Cuando los sacerdotes principales se enteraron de esto, planearon matar también a Lázaro, **11** pues por su culpa muchos judíos ya no querían nada con los sacerdotes y se habían vuelto seguidores de Jesús.

Jesús entra en Jerusalén

12 Mucha gente había ido a la ciudad de Jerusalén para la fiesta de la Pascua. Al día siguiente, cuando algunos escucharon que Jesús iba a llegar a la ciudad, **13** cortaron ramas de palmera y salieron a encontrarlo, gritando:

«¡Sálvanos, Dios nuestro!
¡Bendito el que viene
de parte de Dios!
¡Bendito sea el Rey de Israel!»

14 Jesús, por su parte se montó en un burrito que encontró en el camino. Así cumplió con lo que anunciaba la Biblia:

15 «¡No tengan miedo,
habitantes de Jerusalén!

»¡Ya viene su Rey!»

¡Viene montado en un burrito!»

16-19 Los que estuvieron presentes en Betania cuando Jesús resucitó a Lázaro habían contado en Jerusalén este milagro. Por eso la gente salió al encuentro de Jesús. Pero los fariseos se decían unos a otros: «Miren, ¡todos lo siguen! No vamos a poder hacer nada». Al principio, los discípulos de Jesús no entendían lo que estaba pasando; pero después de que Jesús murió y resucitó, se acordaron de que todo lo que le habían hecho a Jesús ya estaba anunciado en la Biblia.

Jesús anuncia su muerte

20 Entre las personas que habían ido a Jerusalén para la fiesta de la Pascua, había unos griegos. **21** Ellos fueron a un pueblo de Galilea para ver a Felipe, uno de los discípulos de Jesús, y le dijeron:

—Señor, queremos ver a Jesús.

Felipe, que era de Betsaida, **22** fue a contárselo a Andrés, y los dos fueron a decírselo a Jesús. **23** Él les dijo:

—Ha llegado el momento de que todos sepan de verdad quién es el Hijo del hombre. **24** Ustedes saben que si un grano de trigo cae en la tierra y no muere, no produce nada. Pero si muere, da una cosecha abundante. **25** Si ustedes consideran que su vida es más importante que obedecerme, no tendrán vida eterna. Pero si consideran que su vida en este mundo no es importante y me obedecen, entonces tendrán vida eterna. **26** Si alguno de ustedes quiere servirme, tiene que obedecerme. Donde yo esté, ahí también estarán los que me sirven, y mi Padre los premiará.

27 »En este momento estoy sufriendo mucho y me encuentro confundido. Quisiera decirle a mi Padre que no me deje sufrir así.

Pero no lo haré, porque yo vine al mundo precisamente para hacer lo que él me mandó. **28** Más bien le diré a mi Padre: "Muéstrale al mundo tu poder".

Luego, desde el cielo se oyó una voz que decía: «Ya he mostrado mi poder, y volveré a hacerlo de nuevo». **29** Los que estaban allí decían que habían oído un trueno. Otros decían: «Un ángel le ha hablado a Jesús». **30** Pero Jesús les dijo:

«El propósito de la voz que ustedes oyeron es para ayudarlos a confiar en mí. **31** Ahora es cuando la gente de este mundo va a ser juzgada; y el que manda en este mundo, que es el diablo, será echado fuera. **32** Pero, cuando me cuelguen en la cruz, haré que todos crean en mí».

33 Cuando Jesús dijo que lo colgarían en la cruz, se refería al modo en que iba a morir.

34 La gente le preguntó:

—¿Por qué dices tú que al Hijo del hombre lo van colgar en una cruz? ¿Quién es este Hijo del hombre? La Biblia dice que el Mesías vivirá para siempre.

35-36 Jesús les contestó:

—Yo soy la luz, y estaré con ustedes poco tiempo. Crean en mí mientras aún estoy aquí. Creer en mí significa andar por el camino mientras todavía hay luz, para no ser sorprendido por la noche; porque el que camina en la oscuridad no sabe por dónde va.

Después de decir esto, Jesús se apartó de todos y se fue a un lugar donde no lo pudieran encontrar.

La gente no creía en Jesús

37 Jesús había hecho muchos milagros delante de esa gente, pero aun así nadie creía en él. **38** Esto sucedió porque tenía que cumplirse lo que había escrito el profeta Isaías:

«Dios mío, ¿quién ha creído en nuestro mensaje? ¿A quién le has mostrado tu poder?»

39 Por eso no podían creer, pues Isaías también escribió:

40 «Dios los ha hecho tercos, y no los deja entender, para que no se arrepientan ni crean en él, ni se salven».

41 Isaías escribió esto porque ya había visto el poder y la fama que Jesús habría de tener. **42** Sin embargo, muchos judíos y algunos de sus líderes creyeron en Jesús, pero no se lo decían a nadie porque tenían miedo de que los fariseos los expulsaran de la sinagoga. **43** Ellos preferían quedar bien con la gente y no con Dios.

Jesús vino a salvar al mundo

44 Jesús dijo con voz fuerte:

«Si alguien cree en mí, también cree en Dios, que me envió. **45** Y si alguien me ve a mí, también ve al que me envió. **46** Yo soy la luz que ha venido para alumbrar este mundo. El que cree en mí no vivirá en la oscuridad.

47 »Yo no vine para juzgar a los que oyen mis enseñanzas y no las obedecen. No vine para condenar a la gente de este mundo, sino para salvarla. **48** El que me rechaza y no obedece lo que enseño, será condenado cuando llegue el fin, por no obedecer mi enseñanza. **49** Porque yo no hablo por mi propia cuenta, sino que mi Padre me envió y me dijo todo lo que debo enseñar. **50** Y sé que los que obedecen los mandamientos de mi Padre tendrán vida eterna. Por eso les he dicho todo lo que mi Padre me ordenó enseñarles».

Jesús lava los pies de sus discípulos

13 **1** Faltaba muy poco para que empezara la fiesta de la Pascua, y Jesús sabía que se acercaba el momento de dejar este mundo

para ir a reunirse con Dios su Padre. Él siempre había amado a sus seguidores que estaban en el mundo, y los amó de la misma manera hasta el fin.
2 Aun antes de empezar la cena, el diablo ya había hecho que Judas, el hijo de Simón Iscariote, se decidiera traicionar a Jesús.
3 Dios había enviado a Jesús, y Jesús lo sabía; y también sabía que regresaría para estar con Dios, pues Dios era su Padre y le había dado todo el poder. 4 Por eso, mientras estaban cenando, Jesús se levantó de la mesa, se quitó su manto y se ató una toalla a la cintura. 5 Luego echó agua en una palangana y comenzó a enjuagar los pies de sus discípulos y a secárselos con la toalla.
6 Cuando le tocó el turno a Pedro, le dijo a Jesús:

—Señor, no creo que tú debas lavarme los pies.

7 Jesús le respondió:

—Ahora no entiendes lo que estoy haciendo, pero después lo entenderás.

8 Pedro le dijo:

—¡Nunca dejaré que me laves los pies!

Jesús le contestó:

—Si no te lavo los pies, ya no podrás ser mi seguidor.

9 Simón Pedro dijo:

—¡Señor, entonces no me laves sólo los pies, sino lávame también las manos y la cabeza!

10 Jesús le dijo:

—El que está recién bañado está totalmente limpio, y no necesita lavarse más que los pies. Y ustedes están limpios, aunque no todos.

11 Jesús ya sabía quién iba a traicionarlo; por eso dijo que no todos estaban limpios.
12 Después de lavarles los pies, Jesús se puso otra vez el manto y volvió a sentarse a la mesa. Les preguntó:

«¿Entienden ustedes lo que acabo de hacer? 13 Ustedes me llaman Maestro y Señor; y tienen razón, porque soy Maestro y Señor. 14 Pues si yo, su Señor y Maestro, les he lavado los pies, también ustedes deben lavarse los pies unos a otros. 15 Yo les he dado el ejemplo, para que ustedes hagan lo mismo. 16 Ustedes saben que ningún esclavo es más importante que su amo, y que ningún mensajero es más importante que quien lo envía. 17 Si entienden estas cosas, háganlas, y así Dios los bendecirá.
18 »No estoy hablando de todos ustedes. Yo sé a quiénes elegí. Pero debe cumplirse lo que la Biblia anunció:

    ''El que come conmigo
    se volvió mi enemigo''.

19 »Les digo esto desde ahora para que, cuando suceda, ustedes crean que Yo Soy. 20 Si alguien recibe al que yo envío, me recibe a mí. Y el que me recibe a mí, recibe también al que me envió».

Jesús anuncia que será traicionado
21 Después de decir esto, Jesús se sintió muy preocupado, y dijo: «Yo sé que uno de ustedes me va a traicionar».
22 Los discípulos comenzaron a verse unos a otros, sin saber de quién estaba hablando. 23 El discípulo favorito de Jesús estaba sentado junto a él mientras cenaban. 24 Simón Pedro le hizo señas para que le preguntara a Jesús de quién estaba hablando. 25 Ese discípulo se acercó más a Jesús y le preguntó:

—Señor, ¿quién te va a traicionar?

26 Jesús le respondió:

—Es el que va a recibir el pedazo de pan que voy a mojar en la salsa. Jesús mojó el pan y se lo entregó a Judas, el hijo de Simón Iscariote. 27 En ese mismo instante, Satanás se metió en el corazón de Judas.
Jesús le dijo: «Judas, apúrate a hacer lo que has planeado».
28 Pero ninguno de los que estaban allí entendió lo que Jesús había dicho. 29 Como Judas era el encargado de guardar el dinero del grupo, algunos pensaron que Jesús le había pedido que comprara lo necesario para la fiesta de la Pascua, o que repartiera dinero a los pobres.
30 Después de recibir el pan, Judas salió inmediatamente. Para entonces, ya estaba oscuro.

El nuevo mandamiento
31 Después de que Judas salió, Jesús les dijo a los otros discípulos:

—Ahora la gente podrá ver lo grande y poderoso que soy yo, el Hijo del hombre. Gracias a mí también podrán ver lo poderoso y grande que es Dios. 32 Si yo hago que la gente vea lo grande y poderoso que es Dios, entonces Dios hará que la gente también vea lo poderoso y grande que soy yo. Y Dios hará esto pronto.
33 »Mis amados amigos, dentro de poco ya no estaré más con ustedes. Me buscarán, pero no me encontrarán. Les digo a ustedes lo mismo que les dije a los jefes judíos: No pueden ir a donde yo voy.
34 »Les doy un mandamiento nuevo: ámense unos a otros.
»Ustedes deben amarse de la misma manera que yo los amo. 35 Si se aman de verdad, entonces todos sabrán que ustedes son mis seguidores.

Pedro niega conocer a Jesús
36 Simón Pedro le preguntó a Jesús:

—Señor, ¿a dónde vas a ir?

Jesús le respondió:

—Ahora no puedes venir conmigo. Pero después sí vendrás.

37 Pero Pedro insistió:

—¿Por qué no puedo acompañarte ahora, Señor? ¡Estoy dispuesto a morir por ti!

38 Jesús le contestó:

—¿En verdad estás dispuesto a morir por mí? Te aseguro que antes de que el gallo cante, tres veces dirás que no me conoces.

14 **1** Poco después, Jesús les dijo a sus discípulos:

—No se preocupen. Confíen en Dios y confíen también en mí. **2** En la casa de mi Padre hay lugar para todos. Si no fuera cierto, no les habría dicho que voy allá a prepararles un lugar. **3** Después de esto, volveré para llevarlos conmigo. Así estaremos juntos. **4** Ustedes conocen el camino para ir a donde yo voy.

5 Pero Tomás le dijo:

—Señor, si no sabemos a dónde vas, ¿cómo vamos a saber el camino?

6 Jesús le respondió:

—Yo soy el camino, la verdad y la vida. Sin mí, nadie puede llegar a Dios el Padre. **7** Si ustedes me conocen a mí, también conocerán a mi Padre. Y desde ahora lo conocen, porque lo están viendo.

8 Entonces Felipe le dijo:

—Señor, déjanos ver al Padre. Eso es todo lo que necesitamos.

9 Jesús le contestó:

—Felipe, ya hace mucho tiempo que estoy con ustedes, ¿y todavía no me conoces? El que me ha visto a mí, también ha visto al Padre. ¿Por qué me dices "Déjanos ver al Padre"? **10** ¿No crees que yo y el Padre somos uno?

Y a los discípulos les dijo:

—Lo que les he dicho, no lo dije por mi propia cuenta. Yo sólo hago lo que el Padre quiere que haga. Él hace sus propias obras por medio de mí. **11** Créanme cuando les digo que mi Padre y yo somos uno solo. Y si no, al menos crean en mí por lo que hago. **12** Les aseguro que el que confía en mí hará lo mismo que yo hago. Y, como yo voy a donde está mi Padre, ustedes harán cosas todavía mayores de las que yo he hecho. **13** Yo haré todo lo que ustedes me pidan. De ese modo haré que la gente vea, a través de mí, el poder que tiene Dios el Padre. **14** Yo haré todo lo que ustedes me pidan.

Jesús promete enviar
al Espíritu Santo

15 »Ustedes demostrarán que me aman si obedecen lo que les mando. **16** Y yo le pediré a Dios el Padre que les envíe al Espíritu Santo, para que siempre los ayude y siempre esté con ustedes. **17** Él les enseñará lo que es la verdad.

»Los que no creen en Dios y sólo se preocupan por lo que pasa en este mundo, no pueden recibir al Espíritu, porque no lo ven ni lo conocen. Pero ustedes sí lo conocen, porque está con ustedes, y siempre estará en medio de ustedes.

18 »No voy a dejarlos solos; volveré a estar con ustedes. **19** Dentro de poco, la gente de este mundo no podrá verme, pero ustedes sí me verán. Porque aunque yo moriré, resucitaré, y haré que ustedes también vuelvan a vivir. **20** Cuando yo regrese a donde estén ustedes, se darán cuenta de que el Padre y yo somos uno; y ustedes y yo también seremos uno.

21 »El que me obedece y hace lo que yo mando, demuestra que me ama de verdad. Al que me ame así, mi Padre lo amará, y yo también lo amaré y le mostraré cómo soy en realidad.

22 Entonces el otro Judas, no Judas Iscariote, le preguntó:

—Señor, ¿por qué sólo te vas a mostrar a nosotros, y no a los demás?

23 Jesús le contestó:

—Si alguien me ama, también me obedece. Dios mi Padre lo amará, y vendremos a vivir con él. **24** Los que no me aman, no me obedecen. Pero yo sólo les he dicho lo que mi Padre me envió a decirles, no lo que a mí se me ocurrió.

25 »Les digo esto mientras todavía estoy con ustedes. **26** El Espíritu Santo vendrá y los ayudará, porque el Padre lo enviará para tomar mi lugar. El Espíritu Santo les enseñará todas las cosas, y les recordará todo lo que les he enseñado.

27 »Les doy la paz. Pero no una paz como la que se desea en el mundo; lo que les doy es mi propia paz. No se preocupen ni tengan miedo por lo que va a pasar pronto. **28** Ustedes me oyeron decir que me voy, pero regresaré por ustedes. Y si me aman de verdad, deberían estar alegres de esto, porque voy a regresar a donde está mi Padre, y él es mayor que yo.

29 »Les digo todo esto desde ahora para que, cuando suceda, confíen en mí. **30** Ya no puedo hablarles de otras cosas porque se está acercando el diablo, que manda en este mundo. Él no tiene poder para vencerme, **31** pero yo tengo que obedecer a mi Padre, para que todos sepan que lo amo.

Y para terminar, Jesús les dijo:

—Levántense; salgamos de aquí.

15 ¹ Jesús continuó diciendo a sus discípulos:

«Yo soy la vid verdadera, y Dios mi Padre es el que la cuida. ² Si una de mis ramas no da uvas, mi Padre la corta; pero limpia las ramas que dan fruto para que den más fruto. ³ Ustedes ya están limpios, gracias al mensaje que les he anunciado.

⁴ »Si ustedes siguen unidos a mí, yo seguiré unido a ustedes. Ya saben que una rama no puede producir uvas si no está unida a la planta. Del mismo modo, ustedes no podrán hacer nada si no están unidos a mí.

⁵ »El discípulo que sigue unido a mí, y yo unido a él, es como una rama que da mucho fruto; pero si uno de ustedes se separa de mí, no podrá hacer nada. ⁶ Si alguno no sigue unido a mí, le pasará lo mismo que a las ramas que no dan fruto: las cortan, las tiran y cuando se secan les prenden fuego.

⁷ »Si ustedes siguen unidos a mí y obedecen todo lo que les he enseñado, mi Padre les dará todo lo que pidan. ⁸ Él se sentirá orgulloso si ustedes dan mucho fruto y viven realmente como discípulos míos. ⁹ Así como el Padre me ama a mí, también yo los amo a ustedes. No se alejen de mi amor. ¹⁰ Si obedecen todo lo que yo les he mandado, los amaré siempre, así como mi Padre me ama, porque yo lo obedezco en todo.

¹¹ »Les digo todo esto para que sean tan felices como yo. ¹² Y esto es lo que les mando: que se amen unos a otros, así como yo los amo a ustedes. ¹³ Nadie muestra más amor que quien da la vida por sus amigos. ¹⁴ Ustedes son mis amigos, si hacen lo que les mando. ¹⁵ Ya no los llamo sirvientes, porque un sirviente no sabe lo que hace su jefe. Los llamo amigos, porque les he contado todo lo que me enseñó mi Padre. ¹⁶ Ustedes no fueron los que me eligieron a mí, sino que fui yo quien los eligió a ustedes. Les he mandado que vayan y sean como ramas que siempre dan mucho fruto. Así, mi Padre les dará lo que ustedes le pidan en mi nombre. ¹⁷ Esto les ordeno: Que se amen unos a otros.

El odio de la gente

¹⁸ »Los que se interesan sólo por las cosas de este mundo los odian a ustedes, pero recuerden que primero me odiaron a mí. ¹⁹ Ellos los amarían a ustedes si ustedes fueran como ellos. Pero ustedes ya no son así, porque yo los elegí para que no fueran como esa gente. Por eso los odian.

²⁰ »¿Recuerdan que les dije que ningún sirviente es más importante que su jefe? Por eso, si la gente que sólo ama este mundo me ha maltratado a mí, también los maltratará a ustedes. Y si hace caso de lo que yo digo, también hará caso de lo que ustedes digan. ²¹ Todo esto les va a pasar por ser mis discípulos, y porque los de este mundo no conocen a Dios, que me envió.

²²⁻²⁴ »Esa gente no sería culpable por sus pecados si yo no hubiera venido a hablarles, y si delante de ellos no hubiera hecho yo cosas que nadie jamás ha hecho. Pero aun así me odian a mí, y también a mi Padre. Porque el que me odia, también odia a mi Padre. ²⁵ Pero todo esto debe suceder para que se cumpla lo que está escrito en los libros de la ley: "Me odiaron sin motivo".

²⁶ »Yo les enviaré al Espíritu que viene del Padre, y que les enseñará lo que es la verdad. El Espíritu los ayudará y les hablará bien de mí. ²⁷ Y ustedes también hablarán bien de mí, porque han estado conmigo desde el principio.

16 ¹ »Les he dicho todo esto para que no dejen de confiar en mí. ² Ustedes van a ser expulsados de las sinagogas; y llegará el día cuando cualquiera que los mate creerá que le está haciendo un favor a Dios. ³ Esa gente hará esto porque no me han conocido a mí, ni han conocido a Dios mi Padre. ⁴ Pero les digo esto para que, cuando suceda, recuerden que ya se lo había dicho.

El trabajo del Espíritu Santo

»Yo no les dije esto desde un principio porque estaba con ustedes, ⁵ pero ahora que regreso para estar con Dios mi Padre, ninguno de ustedes me pregunta a dónde voy. ⁶ Sin embargo, se han puesto muy tristes por lo que les dije. ⁷ En realidad, a ustedes les conviene que me vaya. Porque si no me voy, el Espíritu que los ayudará y consolará no vendrá; en cambio, si me voy, yo lo enviaré. ⁸⁻¹¹ Cuando el Espíritu venga, les hará ver a los de este mundo que no creer en mí es pecado. También les hará ver que yo no he hecho nada malo, y que soy inocente. Finalmente, el Espíritu mostrará que Dios ya ha juzgado al que gobierna este mundo, y lo castigará. Yo, por mi parte, regreso a mi Padre, y ustedes ya no me verán.

¹² »Tengo mucho que decirles, pero ahora no podrían entenderlo. ¹³ Cuando venga el Espíritu Santo, él les dirá lo que es la verdad y los guiará para que siempre vivan en la verdad. Él no hablará por su propia cuenta, sino que les dirá lo que oiga de Dios el Padre, y les enseñará lo que van a pasar. ¹⁴ También les hará saber todo acerca de mí, y así me honrará. ¹⁵ Todo lo que es del Padre, también es mío; por eso dije que el Espíritu les hará saber todo acerca de mí.

¹⁶ »Dentro de poco tiempo ustedes ya no me verán. Pero un poco después volverán a verme».

Serán muy felices

¹⁷ Algunos de los discípulos empezaron a preguntarse:

«¿Qué significa esto? Nos dice que dentro de poco ya no lo veremos, pero que un poco más tarde volveremos a verlo. Y también dice que todo eso sucede porque va a regresar a donde está Dios el Padre. **18** ¿Y qué quiere decir con ''dentro de poco''? No entendemos nada de lo que está diciendo».

19 Jesús se dio cuenta de que los discípulos querían hacerle preguntas. Entonces les dijo:

—¿Se están preguntando qué significa lo que les dije? **20** Les aseguro que ustedes se pondrán muy tristes y llorarán; en cambio, la gente que sólo piensa en las cosas del mundo se alegrará. Ustedes estarán tristes, pero luego se pondrán muy alegres. **21** »Cuando una mujer embarazada está dando a luz, sufre en ese momento. Pero una vez que nace el bebé, la madre olvida todo el sufrimiento, y se alegra porque ha traído un niño al mundo. **22** Del mismo modo, ustedes ahora están tristes, pero yo volveré a verlos, y se pondrán tan felices que ya nadie les quitará esa alegría. **23** »Cuando venga ese día, ustedes ya no me preguntarán nada. Les aseguro que, por ser mis discípulos, mi Padre les dará todo lo que pidan. **24** Hasta ahora ustedes no han pedido nada en mi nombre. Háganlo, y Dios les dará lo que pidan; así serán completamente felices.

Jesús ha vencido al mundo
25 »Hasta ahora les he hablado por medio de ejemplos y comparaciones. Pero se acerca el momento en que hablaré claramente acerca de Dios el Padre, y ya no usaré más comparaciones. **26** Ya no hará falta que le ruegue a mi Padre por ustedes, sino que ustedes mismos le rogarán a él, porque son mis seguidores. **27** Dios los ama, porque ustedes me aman, y porque han creído que el Padre me envió. **28** Yo vine al mundo enviado por mi Padre, y ahora dejo el mundo para volver a estar con él.

29 Los discípulos le dijeron:

—¡Ahora sí que estás hablando claramente, y no usas comparaciones! **30** No necesitas esperar a que alguien te pregunte, porque tú ya sabes lo que está pensando. Por eso creemos que Dios te ha enviado.

31 Entonces Jesús les respondió:

—¿Así que ahora creen? **32** Pronto, muy pronto, todos ustedes huirán, cada uno por su lado, y me dejarán solo. Pero no estaré solo, porque Dios mi Padre está conmigo. **33** Les digo estas cosas para que estén unidos a mí y así sean felices de verdad. Pero tengan valor: yo he vencido a los poderes que gobiernan este mundo.

Jesús ora por sus discípulos
17 **1** Después de que Jesús terminó de hablar con sus discípulos, miró al cielo y dijo:

«Padre mío, ha llegado el momento de que muestres a la gente lo grande y poderoso que soy. De ese modo yo también les mostraré lo grandioso y maravilloso que eres tú.
2 »Tú me diste autoridad sobre todos los que viven en el mundo, y también poder para dar vida eterna a todos los que me diste como mis seguidores. **3** Esta vida eterna la reciben cuando creen en ti y en mí; en ti, porque eres el único Dios verdadero, y en mí, porque soy el Mesías que tú enviaste al mundo.
4 »A todo el mundo le he mostrado lo grande y poderoso que eres tú, porque cumplí con todo lo que me ordenaste. **5** Y ahora, Padre, dame el poder y la grandeza que tenía cuando estaba contigo, antes de que existiera el mundo.
6 »A los seguidores que me diste les he mostrado quién eres. Ellos eran tuyos, y tú me los diste, y a través de mí han obedecido todo lo que les ordenaste. **7** Ahora saben que tú me diste todo lo que tengo, **8** porque les he dado el mensaje que me diste, y ellos lo

han aceptado. Saben que tú me enviaste, y lo han creído.
9 »Ruego por ellos. No pido por la gente que no me acepta y que sólo piensa en las cosas de este mundo. Más bien pido por los seguidores que me diste y que son tuyos. **10** Todo lo que tengo es tuyo, y todo lo que tú tienes es mío. Y en todo esto se muestra lo grande y poderoso que soy.
11 »Padre celestial, dentro de poco ya no estaré en el mundo, pues voy a donde tú estás. Pero mis seguidores van a permanecer en este mundo. Por eso te pido que los cuides, y que uses el poder que me diste para que se mantengan unidos como tú y yo lo estamos. **12** Mientras yo estaba con ellos, los cuidé con el poder que me diste, y ninguno dejó de confiar en mí. El único que nunca creyó en mí fue Judas. Así se cumplió lo que dice la Biblia.
13 »Ahora regreso adonde tú estás. Pero digo esto mientras estoy en el mundo, para que mis seguidores sean tan felices como yo. **14** Les he dado tu mensaje, y por eso los de este mundo los odian, pues ellos ya no son como esa gente, y tampoco yo soy así. **15** No te pido que los quites del mundo, sino que los protejas de Satanás. **16** Yo no soy de este mundo, y tampoco ellos lo son. **17** Tu mensaje es verdad; haz que al escucharlo, ellos se entreguen totalmente a ti. **18** Los envío a dar tu mensaje a la gente de este mundo, así como tú me enviaste a mí. **19** Toda mi vida te la he entregado, y lo mismo espero que hagan mis seguidores.
20 »No pido sólo por ellos, sino también por los que creerán en mí cuando escuchen su mensaje. **21** Te pido que se mantengan unidos entre ellos, y que así como tú y yo estamos unidos, también ellos se mantengan unidos a nosotros. Así la gente de este mundo creerá que tú me enviaste. **22-23** Yo les he dado a mis seguidores el mismo poder que tú me diste, con el propósito de que se

mantengan unidos. Para eso deberán permanecer unidos a mí, como yo estoy unido a ti. Así la unidad entre ellos será perfecta, y los de este mundo entenderán que tú me enviaste, y que los amas tanto como me amas tú. **24** »Padre, los seguidores que tengo me los diste tú, y quiero que estén donde yo voy a estar, para que vean todo el poder que me has dado, pues me has amado desde antes de que existiera el mundo. **25** »Padre, tú eres justo, pero los de este mundo no conocen tu justicia. Yo sí te conozco, y los que me diste saben que tú me enviaste. **26** Les he dicho quién eres, y no dejaré de hacerlo, para que se mantengan unidos a mí, y amen a los demás como tú y yo nos amamos».

Traición y arresto

18 **1** Después de que Jesús terminó de orar, fue con sus discípulos a un jardín que estaba junto al arroyo de Cedrón.

2-5 Judas Iscariote había prometido traicionar a Jesús. Conocía bien el lugar donde estaban Jesús y los otros discípulos, porque allí se habían reunido muchas veces. Entonces, llegó Judas al jardín con una tropa de soldados romanos. Los acompañaban unos guardias del templo que habían sido enviados por los sacerdotes principales y por los fariseos. Iban armados, y llevaban lámparas y antorchas.

Jesús ya sabía lo que iba a suceder, y cuando los vio venir, salió a su encuentro y les preguntó:

—¿A quién buscan?

—A Jesús de Nazaret -respondieron ellos.

Jesús les dijo:

—Yo soy.[1]

6 Los soldados y los guardias del templo cayeron de espaldas al suelo. **7** Entonces, Jesús volvió a preguntarles:

—¿A quién buscan?

—A Jesús de Nazaret —respondieron de nuevo.

8 —Ya les dije que soy yo —contestó Jesús—. Así que, si me buscan a mí, dejen ir a mis seguidores.

9 Esto sucedió para que se cumpliera lo que el mismo Jesús había dicho: «No se perdió ninguno de los que me diste».

10 En ese momento, Simón Pedro sacó su espada y le cortó la oreja derecha a Malco, que era uno de los sirvientes del jefe de los sacerdotes. **11** De inmediato, Jesús le dijo a Pedro:

—Guarda tu espada. Si mi Padre me ha ordenado que sufra, ¿crees que no estoy dispuesto a sufrir?

12 Los soldados de la tropa, con su capitán y los guardias del templo, arrestaron a Jesús y lo ataron. **13** Primero lo llevaron ante Anás, el suegro de Caifás que ese año era el jefe de los sacerdotes. **14** Tiempo atrás, Caifás les había dicho a los jefes judíos que les convenía más la muerte de un solo hombre, con tal de salvar a todo el pueblo.

Pedro asegura no conocer a Jesús

15 Simón Pedro y otro discípulo siguieron a Jesús. Como el otro discípulo conocía al jefe de los sacerdotes, entró con Jesús en el palacio de Anás. **16** Pero al ver que Pedro se quedó afuera, salió y habló con la muchacha que cuidaba la entrada, para que lo dejara entrar. **17** Ella le preguntó a Pedro:

—¿No eres tú uno de los seguidores de ese hombre?

—No, no lo soy —respondió Pedro. **18** Como hacía mucho frío, los sirvientes del jefe de los sacerdotes y los guardias del templo hicieron una fogata para calentarse. También Pedro se acercó a ellos para hacer lo mismo.

Jesús y el jefe de los sacerdotes

19 El jefe de los sacerdotes[2] empezó a preguntarle a Jesús acerca de sus discípulos y de lo que enseñaba. **20-21** Jesús le dijo:

—¿Por qué me preguntas a mí? Yo he hablado delante de todo el mundo. Siempre he enseñado en las sinagogas y en el templo, y nunca he dicho nada en secreto. Pregúntales a los que me han escuchado. Ellos les dirán lo que he dicho.

22 Cuando Jesús dijo esto, uno de los guardias del templo lo golpeó en la cara y le dijo:

—¡Esa no es manera de contestarle al jefe de los sacerdotes!

23 Jesús le respondió:

—Si dije algo malo, dime qué fue. Pero si lo que dije está bien, ¿por qué me golpeas?

24 Luego Anás envió a Jesús, todavía atado, a Caifás, el jefe de los sacerdotes.

Pedro insiste en no conocer a Jesús

25 Mientras tanto, Pedro seguía calentándose junto a la fogata, y alguien le preguntó:

—¿No eres tú uno de los seguidores de Jesús?

—No, no lo soy —insistió Pedro.

26 Luego un sirviente del jefe de los sacerdotes, familiar del hombre al que Pedro le cortó la oreja, le dijo:

—¡Yo te vi en el jardín cuando arrestaron a ese hombre!

27 Pedro volvió a decir que no. En ese mismo momento, el gallo cantó.

28 Muy de mañana, llevaron a Jesús de la casa de Caifás al palacio del gobernador romano. Los jefes de los judíos no entraron al palacio porque la ley no les permitía entrar a la casa de un extranjero antes de la cena de la Pascua. **29** Por eso Pilato, el gobernador romano, salió y les dijo:

—¿De qué acusan a este hombre?

30 Ellos le contestaron:

—No lo habríamos traído si no fuera un criminal.

31 Pilato les dijo:

—Llévenselo y júzguenlo de acuerdo con sus propias leyes.

Los jefes judíos respondieron:

—Nosotros no tenemos autoridad para enviar a nadie a la muerte.

32 Así se cumplió lo que el mismo Jesús había dicho sobre el modo en que iba a morir. **33** Pilato, entonces, entró de nuevo al palacio, llamó a Jesús y le preguntó:

—¿Acaso eres tú el rey de los judíos?

34 Jesús le contestó con otra pregunta:

—¿Se te ocurrió a ti esa idea, o alguien te ha hablado de mí?

35 Pilato le contestó:

—¿Me ves cara de judío? La gente de tu mismo país y los sacerdotes principales son los que te han entregado. ¿Qué fue lo que hiciste?

36 Jesús le respondió:

—Yo no soy como los reyes de este mundo. Si lo fuera, mis ayudantes habrían luchado para que yo no fuera entregado a los jefes de los judíos.

37 —Entonces sí eres rey —replicó Pilato.

Y Jesús le contestó:

—Si tú lo dices... Yo por mi parte vine al mundo para hablar acerca de la verdad. Y todos los que conocen y dicen la verdad me escuchan.

38 —¿Y qué es la verdad? —preguntó Pilato.

Después de decir esto, Pilato regresó a donde estaba la gente, y le dijo:

«No encuentro ninguna razón para castigar a este hombre. **39** Ustedes tienen la costumbre de que yo libere a un preso durante la Pascua. ¿Quieren que deje libre al rey de los judíos?»

40 Hacía algún tiempo, Pilato había arrestado a un bandido llamado Barrabás. Por eso, cuando Pilato preguntó si querían que soltara al rey de los judíos, algunos de ellos gritaron: «¡No, a ese no! ¡Deja libre a Barrabás!»
19 **1** Entonces Pilato ordenó que le dieran azotes a Jesús. **2** Luego, los soldados romanos hicieron una corona de espinas y se la pusieron a Jesús. También le pusieron un manto de color rojo oscuro **3** y, acercándose a él, dijeron: «¡Viva el rey de los judíos!» Y le pegaban en la cara.
4 Pilato volvió a salir, y dijo a la gente: «¡Escuchen! Ordené que traigan a Jesús de nuevo. Yo no creo que sea culpable de nada malo».
5 Cuando sacaron a Jesús, llevaba puesta la corona de espinas y vestía el manto rojo. Pilato dijo:

—¡Aquí está el hombre!
6 Cuando los jefes de los sacerdotes y los guardias del templo vieron a Jesús, comenzaron a gritar:

—¡Clávenlo en una cruz! ¡Clávenlo en una cruz!

Pilato les dijo:

—Yo no creo que sea culpable de nada. Así que llévenselo y clávenlo en la cruz ustedes mismos.

7 La gente respondió:

—De acuerdo con nuestra ley este hombre tiene que morir, porque dice ser el Hijo de Dios.

8 Cuando Pilato oyó lo que decían, sintió más miedo. **9** Volvió a entrar en el palacio, llamó a Jesús y le preguntó:

—¿De dónde eres?

Pero Jesús no le contestó. **10** Entonces Pilato le dijo:

—¿No me vas a contestar? ¿Acaso no sabes que tengo poder para mandar que te dejen libre, o para que mueras clavado en una cruz?

11 Jesús le respondió:

—No tendrías ningún poder sobre mí si Dios no te lo hubiera dado. El hombre que me entregó es más culpable de pecado que tú.

12 A partir de ese momento, Pilato buscó la manera de dejar libre a Jesús, pero la gente gritó:

—¡Si dejas libre a ese hombre, no eres amigo del emperador romano! ¡Cualquiera que quiera hacerse rey, es enemigo del emperador!

13 Al oír esto, Pilato mandó que sacaran a Jesús del palacio. Luego se sentó en el asiento del tribunal, en un lugar llamado Gabatá, que en hebreo significa El Empedrado. **14** Faltaba un día para la fiesta de la Pascua, y eran como las doce del día. Entonces

---

Pilato dijo a los judíos:

—¡Aquí tienen a su rey!

15 Pero la gente gritó:

—¡Clávalo en una cruz! ¡Clávalo en una cruz!

Pilato les preguntó:

—¿De veras quieren que mate a su rey?

Y los sacerdotes principales le respondieron:

—¡Nosotros no tenemos más rey que el emperador de Roma!

16 Entonces Pilato les entregó a Jesús para que lo mataran en una cruz, y ellos se lo llevaron.

Jesús es clavado en una cruz

17 Jesús salió de allí cargando su propia cruz, y fue al lugar que en hebreo se llama Gólgota, que significa «Lugar de la Calavera». **18** Allí clavaron a Jesús en la cruz. También crucificaron a otros dos hombres, uno a cada lado de Jesús.

19-20 Pilato ordenó que escribieran un letrero que explicara por qué habían matado a Jesús. El letrero fue escrito en tres idiomas: hebreo, latín y griego; y decía: «Jesús de Nazaret, Rey de los judíos». Colocaron el letrero en la cruz, por encima de la cabeza de Jesús.

Como el lugar donde clavaron a Jesús estaba cerca de la ciudad, muchos judíos leyeron el letrero. **21** Por eso los sacerdotes principales le dijeron a Pilato:

—No escribas: ''Rey de los judíos''. Más bien debes escribir: ''Este hombre afirma ser el Rey de los judíos''.

22 Pilato les dijo:

—Lo que he escrito así se queda.

23 Después de que los soldados romanos clavaron a Jesús en la cruz, recogieron su ropa y la partieron en cuatro pedazos, una para cada soldado. También tomaron el manto de Jesús, pero como era un tejido de una sola pieza y sin costuras, **24** decidieron no romperlo sino echarlo a la suerte para ver a quién le tocaba. Así se cumplió lo que dice la Biblia:

«Hicieron un sorteo
para ver quién se quedaba
con mi ropa».

25 Cerca de la cruz estaban María la madre de Jesús, María la esposa de Cleofás y tía de Jesús, y María Magdalena. **26** Cuando Jesús vio a su madre junto al discípulo preferido, le dijo a ella: «Madre, ahí tienes a tu hijo». **27** Después le dijo al discípulo: «Ahí tienes a tu madre». Desde ese momento, el discípulo llevó a María a su propia casa.

La muerte de Jesús

28 Jesús sabía que ya había hecho todo lo que Dios le había ordenado. Por eso, y para que se cumpliera lo que dice la Biblia, dijo: «Tengo sed».

29 Había allí un jarro lleno de vinagre. Entonces empaparon una esponja en el vinagre, la ataron a una rama, y la acercaron a la boca de Jesús. **30** Él probó el vinagre y dijo: «Todo está cumplido». Luego inclinó su cabeza y murió.

La lanza en el costado de Jesús

31 Era viernes, y al día siguiente sería la fiesta de la Pascua. Los jefes judíos no querían que en el día sábado siguieran los tres hombres colgados en las cruces, porque ese sería un sábado muy especial. Por eso le pidieron a Pilato ordenar que se les quebraran las piernas a los tres hombres. Así los harían morir más rápido y podrían quitar los cuerpos. **32** Los soldados fueron y les quebraron las piernas a los dos que habían sido clavados junto a Jesús. **33** Cuando llegaron a Jesús, se dieron cuenta de que ya había muerto. Por eso no le quebraron las piernas.

34 Sin embargo, uno de los soldados atravesó con una lanza el costado de Jesús, y en seguida salió sangre y agua.

35-37 Todo esto sucedió para que se cumpliera lo que dice la Biblia: «No le quebrarán ningún hueso». En otra parte la Biblia también dice: «Mirarán al que atravesaron con una lanza».

El que dice esto, también vio lo que pasó, y sabe que todo esto es cierto. Él cuenta la verdad para que ustedes crean.

Jesús es sepultado

38 Después de esto, José, de la ciudad de Arimatea, le pidió permiso a Pilato para llevarse el cuerpo de Jesús. José era seguidor de Jesús, pero no se lo había dicho a nadie porque tenía miedo de los líderes judíos. Pilato le dio permiso, y José se llevó el cuerpo. **39** También Nicodemo, el que una noche había ido a hablar con Jesús, llegó con unos treinta kilos de perfume a donde estaba José. **40** Los dos tomaron el cuerpo de Jesús y lo envolvieron en vendas de una tela muy cara. Luego empaparon las vendas con el perfume que había llevado Nicodemo. Los judíos acostumbraban sepultar así a los muertos.

41 En el lugar donde Jesús murió había un jardín con una tumba nueva. Allí no habían puesto a nadie todavía. **42** Como ya iba a empezar el sábado, que era el día de descanso obligatorio para los judíos, y esa era la tumba más cercana, pusieron el cuerpo de Jesús allí.

20 **1** El domingo muy temprano, cuando todavía estaba oscuro, María Magdalena fue a la tumba donde habían puesto a Jesús. Al acercarse, se dio cuenta de que habían movido la piedra que tapaba la entrada de la tumba. ² Entonces fue corriendo a donde estaban Simón Pedro y el discípulo favorito de Jesús, y les dijo: «¡Se han llevado de la tumba al Señor, y no sabemos dónde lo habrán puesto!»

³⁻⁴ Pedro y el otro discípulo salieron corriendo hacia la tumba. El otro discípulo corrió más rápido que Pedro, y llegó primero. ⁵ Se inclinó para ver dentro de la tumba, y vio las vendas, pero no entró. ⁶ Al rato llegó Simón Pedro y entró en la tumba. También él vio las vendas, ⁷ y vio además que la tela que había servido para envolver la cabeza de Jesús no estaba con las vendas, sino que la habían enrollado y puesto aparte. ⁸ Luego el otro discípulo entró en la tumba. Cuando vio lo que había pasado, creyó. ⁹ Antes de eso, los discípulos no habían entendido lo que dice la Biblia acerca de que Jesús tenía que volver a vivir. ¹⁰ Entonces Pedro y el otro discípulo regresaron a sus casas.

Jesús se aparece a María Magdalena

¹¹ María se quedó afuera de la tumba, llorando. Mientras lloraba, se inclinó para ver dentro de la tumba, ¹² y vio a dos ángeles vestidos de blanco. Estaban sentados, uno donde había estado la cabeza de Jesús y el otro donde habían estado sus pies. ¹³ Los ángeles le preguntaron:

—Mujer, ¿por qué estás llorando?

Ella les respondió:

—Porque alguien se ha llevado el cuerpo de mi Señor, y no sé dónde lo habrá puesto.

¹⁴ Apenas dijo esto, volvió la cara y vio a Jesús allí, pero no sabía que era él. ¹⁵ Jesús le dijo:

—Mujer, ¿por qué lloras? ¿A quién buscas?

María pensó que estaba hablando con el que cuidaba el jardín donde estaba la tumba. Por eso le dijo:

—Señor, si usted se ha llevado el cuerpo que estaba en esta tumba, dígame dónde lo puso y yo iré a buscarlo.

¹⁶ Jesús le dijo:

—María.

Ella se volvió y le dijo:

—¡Maestro!

¹⁷ Jesús le dijo:

—No me detengas, pues todavía no he ido a reunirme con mi Padre. Pero ve y dile a mis discípulos que voy a reunirme con él, pues también es Padre de ustedes. Él es mi Dios, y también es Dios de ustedes.

¹⁸ María Magdalena fue y les contó a los discípulos que había visto al Señor, y les contó todo lo que él había dicho.

Jesús aparece a sus discípulos

¹⁹ En la noche de ese mismo domingo, los discípulos se reunieron en una casa. Las puertas de la casa estaban bien cerradas, porque los discípulos tenían miedo de los líderes judíos. Jesús entró, se puso en medio de ellos, y los saludó diciendo: «¡Que Dios los bendiga y les dé paz!»

²⁰ Después les mostró las heridas de sus manos y de su costado, y los discípulos se alegraron de ver al Señor. ²¹ Jesús los volvió a saludar de la misma manera, y les dijo: «Como mi Padre me envió, así también yo los envío a ustedes».

²² Luego sopló sobre ellos, y les dijo: «Reciban al Espíritu Santo. ²³ Si ustedes perdonan los pecados de alguien, Dios también se los perdonará. Y si no se los perdonan, Dios tampoco se los perdonará».

Jesús y Tomás

²⁴ Tomás, uno de los doce discípulos, al que le decían el Gemelo, no estaba con los otros cuando Jesús se les apareció. ²⁵ Cuando Tomás llegó, los otros discípulos le dijeron:

—¡Hemos visto al Señor!

Pero él les contestó:

—No creeré nada de lo que me dicen hasta que vea las marcas de los clavos en sus manos y meta mi dedo en ellas, y ponga mi mano en la herida de su costado.

²⁶ Ocho días después, los discípulos estaban reunidos otra vez en la casa. Tomás estaba con ellos. Las puertas de la casa estaban bien cerradas, pero Jesús entró, se puso en medio de ellos, y los saludó diciendo: «¡Que Dios los bendiga y les dé paz!»

²⁷ Luego le dijo a Tomás:

—Mira mis manos y mi costado, y mete tus dedos en las heridas. Y en vez de dudar, debes creer.

²⁸ Tomás contestó:

—¡Tú eres mi dueño y mi Dios!

²⁹ Jesús le dijo:

—¿Creíste porque me viste? ¡Felices los que confían en mí sin haberme visto!

La razón por la que se escribió este libro

³⁰ Delante de sus discípulos, Jesús hizo muchas otras cosas que no están escritas en este libro. ³¹ Pero las cosas que aquí se dicen se escribieron para que ustedes crean que Jesús es el Mesías, el Hijo de Dios, y para que así, por medio de su poder reciban la vida eterna.

Jesús se aparece a siete de sus discípulos

21 ¹ Poco tiempo después, Jesús se apareció a los discípulos a la orilla del Lago de Tiberias. Esto fue lo que sucedió: ² Estaban juntos Simón Pedro, Tomás el Gemelo, Natanael, que era del pueblo de Caná de Galilea, Santiago y Juan, hijos de Zebedeo, y otros dos discípulos de Jesús. **3** Pedro les dijo:

—Voy a pescar.

—Nosotros vamos contigo —dijeron ellos.

Todos subieron a una barca y se fueron a pescar. Pero esa noche no pudieron pescar nada. **4** En la madrugada, Jesús estaba de pie a la orilla del lago, pero los discípulos no sabían que era él. **5** Jesús les preguntó:

—Amigos, ¿pescaron algo?

—No —respondieron ellos.

6 Jesús les dijo:

—Echen la red por el lado derecho de la barca, y pescarán algo.

Los discípulos obedecieron, y después no podían sacar la red del agua, pues eran muchos los pescados.
7 Entonces el discípulo favorito de Jesús le dijo a Pedro: «¡Es el Señor!»
Cuando Simón Pedro oyó que se trataba del Señor, se puso la ropa que se había quitado para trabajar, y se tiró al agua. **8** Los otros discípulos llegaron a la orilla en la barca, arrastrando la red llena de pescados, pues estaban como a cien metros de la playa.
9 Cuando llegaron a tierra firme, vieron una fogata, con un pescado encima, y pan. **10** Jesús les dijo: «Traigan algunos de los pescados que acaban de sacar».
11 Simón Pedro subió a la barca y arrastró la red hasta la playa. Estaba repleta, pues tenía ciento cincuenta y tres pescados

grandes. A pesar de tantos pescados, la red no se rompió.
12 Jesús les dijo: «Vengan a desayunar».
Ninguno de los discípulos se atrevía a preguntarle quién era; ¡bien sabían que era el Señor! **13** Jesús se acercó, tomó el pan y se lo dio a ellos, y también les dio el pescado. **14** Esa era la tercera vez que Jesús se aparecía a sus discípulos después de haber resucitado.

Jesús y Pedro

15 Cuando terminaron de desayunar, Jesús le preguntó a Pedro:

—Simón, hijo de Juan, ¿me amas más que estos?

Él le respondió:

—Sí, Señor. Tú sabes que te quiero.

Jesús le dijo:

—Entonces cuida de mis seguidores, pues son como corderos.

16 Jesús volvió a preguntarle:

—Simón, hijo de Juan, ¿me quieres?

Pedro le contestó:

—Sí, Señor. Tú sabes que te quiero.

Jesús le dijo:

—Entonces cuida de mis seguidores, pues son como ovejas.

17 Por tercera vez le dijo:

—Simón, hijo de Juan, ¿me quieres?

Pedro se puso muy triste de que tres veces le había preguntado si lo quería. Entonces le contestó:

—Señor, tú lo sabes todo; tú sabes que te quiero.

Jesús le dijo:

—Cuida de mis ovejas. **18** Cuando eras joven, te vestías e ibas a donde querías. Pero te aseguro que, cuando seas viejo, extenderás los brazos y otra persona te vestirá y te llevará a donde no quieras ir.

19 Jesús se refería a cómo iba a morir Pedro, y cómo de esa manera iba a honrar a Dios.

Después le dijo a Pedro:

—Sígueme.

Jesús y el discípulo favorito

20 El discípulo preferido de Jesús estaba siguiendo a Jesús y a Pedro. Ese discípulo era el mismo que estaba cerca de Jesús en la cena de la Pascua, antes de que Jesús fuera clavado en la cruz, y él fue quien le preguntó a Jesús quién era el que iba a traicionarlo. **21** Cuando Pedro lo vio, le preguntó a Jesús:

—Señor, ¿qué va a pasar con este?

22 Jesús le contestó:

—Si yo quiero que él viva hasta que yo regrese, ¿qué te importa a ti? Tú sígueme.

23 Por eso, entre los seguidores de Jesús corrió el rumor de que este discípulo no iba a morir. Pero eso no fue lo que dijo Jesús. Lo que dijo fue: «Si quiero que él viva hasta que yo regrese, ¿qué te importa a ti?»
24 Este es el mismo discípulo que ha dicho todas estas cosas. Él las escribió, y sabemos que lo que dice es verdad.
25 Jesús hizo muchas otras cosas, tantas que, si se escribiera cada una de ellas, creo que no cabrían en el mundo todos los libros que serían escritos.

Hechos

Jesús anuncia la venida del Espíritu Santo

1 ¹Muy distinguido amigo Teófilo:

En mi primer libro le escribí a usted acerca de todo lo que Jesús hizo y enseñó, desde el principio ²⁻⁴ hasta el día en que subió al cielo.

Jesús murió en una cruz, pero resucitó y luego se apareció a los apóstoles que había elegido. Durante cuarenta días les demostró que realmente estaba vivo, y siguió hablándoles del reino de Dios.

Un día en que estaban todos juntos, Jesús, con el poder del Espíritu Santo, les ordenó: «No salgan de Jerusalén. Esperen aquí, hasta que Dios mi Padre cumpla su promesa, de la cual yo les hablé. ⁵Juan bautizaba con agua, pero dentro de poco tiempo Dios los bautizará con el Espíritu Santo».
⁶Cierto día, estando reunidos, los apóstoles le preguntaron a Jesús:

—Señor, ¿no crees que éste es un buen momento para que les des a los israelitas su propio rey?

⁷Pero Jesús les respondió:

—Sólo Dios decide cuándo llevar a cabo lo que piensa hacer. ⁸Pero quiero que sepan que el Espíritu Santo vendrá sobre ustedes, y que recibirán poder para hablar de mí en Jerusalén, en todo el territorio de Judea y de Samaria, y hasta en los lugares más lejanos del mundo.

Jesús sube al cielo

⁹Después de esto, los apóstoles vieron cómo Jesús era llevado al cielo, hasta que una nube lo cubrió y ya no volvieron a verlo. ¹⁰Mientras tanto, dos hombres se aparecieron junto a los apóstoles. Estaban vestidos con ropas muy blancas, pero los apóstoles no los vieron porque estaban asombrados mirando al cielo. ¹¹Entonces aquellos dos les dijeron: «Hombres de Galilea, ¿qué hacen ahí, de pie y mirando al cielo? ¡Alégrense! Acaban de ver que Jesús fue llevado al cielo, pero así como se ha ido, un día volverá».

Matías ocupa el lugar de Judas

¹²⁻¹³Los apóstoles que vieron a Jesús subir al cielo eran Pedro, Juan, Santiago, Andrés, Felipe, Tomás, Bartolomé, Mateo, Santiago el hijo de Alfeo, Simón el Celote y Judas el hijo de Santiago. Todos ellos se alejaron del Monte de los Olivos y caminaron como un kilómetro, hasta llegar de nuevo a Jerusalén. Cuando llegaron a la casa donde se estaban quedando, subieron a su cuarto. ¹⁴⁻¹⁵Estos seguidores de Jesús eran un grupo muy unido, y siempre oraban juntos. Con ellos se reunían los hermanos de Jesús y algunas mujeres, entre las que se encontraba María, la madre de Jesús. Todos los de este grupo eran como ciento veinte personas. Un día en que todos ellos estaban juntos, Pedro se levantó de pronto y les dijo:

¹⁶«Queridos amigos, todos sabemos que a Jesús lo arrestaron porque Judas llevó a los enemigos de Jesús hasta donde él estaba. Eso ya lo había anunciado el Espíritu Santo por medio de David. Así lo dice la Biblia, y así sucedió.
¹⁷»No hay que olvidar que Judas era uno de los nuestros, y que trabajaba con nosotros. ¹⁸Cuando traicionó a Jesús, fue y compró un terreno con el dinero que le dieron. Pero luego se cayó de cabeza, estrellándose contra el suelo. ¹⁹Todos en Jerusalén lo supieron, y desde entonces, a ese lugar se le conoce como "Campo de sangre". ²⁰Ahora tiene que suceder lo que dice el libro de los Salmos:

"¡Que su casa se quede vacía!
¡que nadie viva en ella!
Que otro haga su trabajo".

²¹⁻²²»Por eso, es necesario que otro ocupe el lugar de Judas, para que junto con nosotros anuncie a todo el mundo que Jesús resucitó. Tiene que ser uno que desde el principio haya andado con Jesús y con nosotros, desde que Juan bautizó a Jesús hasta el día en que Jesús subió al cielo».

²³Los candidatos presentados para ocupar el puesto de Judas fueron dos. Uno de ellos se llamaba José Barsabás, más conocido como «el Justo», y el otro se llamaba Matías. ²⁴Luego todos oraron:

«Señor, tú sabes lo que nosotros pensamos y sentimos. Por eso te rogamos que nos muestres cuál de estos dos ²⁵debe hacer el trabajo que a Judas le correspondía».

²⁶Después de eso se hizo un sorteo, y Matías resultó elegido. Desde ese día, Matías se agregó al grupo de los apóstoles.

Jesús cumple su promesa

2 ¹El día de la fiesta de Pentecostés, los seguidores de Jesús estaban reunidos en un mismo lugar. ²De pronto, oyeron un ruido muy fuerte que venía del cielo. Parecía el estruendo de una tormenta, y llenó todo el salón. ³Luego vieron que algo parecido a llamas de fuego, se colocaba sobre cada uno de ellos. ⁴Fue así como el Espíritu Santo los llenó de poder a todos ellos, y en seguida empezaron a hablar en otros idiomas. Cada uno hablaba según lo que el Espíritu Santo le indicaba.
⁵En aquel tiempo vivían en Jerusalén muchos judíos que amaban a Dios y que habían llegado de todos los países del Imperio Romano. ⁶Al oír el ruido, muchos de ellos se acercaron al salón, y ⁷se sorprendieron de que podían entender lo que decían los seguidores de Jesús. Tan admirados estaban que se decían unos a otros:

«Pero estos que están hablando, ¿acaso no son de la región de Galilea? **8** ¿Cómo es que los oímos hablar en nuestro propio idioma? **9** Los que estamos aquí somos de diferentes países. Algunos somos de Partia, Media y Elam. Otros vinimos de Mesopotamia, Judea, Capadocia, Ponto, Asia, **10** Frigia, Panfilia y Egipto, y de las regiones de Libia cercanas al pueblo de Cirene. Muchos han venido de Roma, otros han viajado desde la isla de Creta y desde la península de Arabia. **11-12** Algunos somos judíos de nacimiento, y otros nos hemos convertido a la religión judía. ¡Es increíble que en nuestro propio idioma los oigamos hablar de las maravillas de Dios!»

Y no salían de su asombro, ni dejaban de preguntarse: «¿Y esto qué significa?»

13 Pero algunos comenzaron a burlarse de los apóstoles, y los acusaban de estar borrachos. **14** Pero los apóstoles se pusieron de pie, y con fuerte voz Pedro dijo:

«Israelitas y habitantes de Jerusalén, escuchen bien lo que les voy a decir. **15** Se equivocan si creen que estamos borrachos. ¡Apenas son las nueve de la mañana! **16** Lo que pasa es que hoy Dios ha cumplido lo que nos prometió por medio del profeta Joel, cuando dijo:

17 ''En los últimos tiempos,
les daré a todos de mi Espíritu:
hombres y mujeres hablarán
de parte mía;
a los jóvenes les hablaré
en visiones
y a los ancianos, en sueños.

18 ''También en esos tiempos
les daré de mi Espíritu
a los esclavos y esclavas,
para que hablen en mi nombre.

19 ''Daré muestras de mi poder
en el cielo y en la tierra:
habrá sangre, fuego y humo.
20 El sol dejará de alumbrar,

y la luna se pondrá roja
como si estuviera bañada
en sangre.

''Esto pasará antes de
que llegue
el maravilloso día
en que juzgaré a
este mundo.
21 Pero yo salvaré
a los que me reconozcan
como su Dios''.

22 »Escúchenme bien, porque voy a hablarles de Jesús, el que vivía en Nazaret. Todos nosotros sabemos que Dios envió a Jesús. También sabemos que Dios le dio grandes poderes porque lo vimos hacer grandes maravillas y señales.

23 »Desde el principio, Dios ya había decidido que Jesús sufriera y fuera entregado a sus enemigos. Ustedes lo ataron y lo entregaron a los romanos para que lo mataran. **24** ¡Pero Dios hizo que Jesús volviera a vivir! ¡Y es que la muerte no tenía ningún poder sobre él! **25** Hace mucho tiempo el rey David dijo lo siguiente, refiriéndose a Jesús:

''Yo siempre te tengo
presente;
si tú estás a mi lado,
nada me hará caer.
no tengo nada qué temer.
26 Por eso estoy muy contento,
por eso canto de alegría,
por eso vivo confiado.

27 ¡Tú no me dejarás morir
ni me abandonarás en
el sepulcro,
pues soy tu fiel servidor!
28 Tú me enseñaste a vivir
como a ti te gusta.
Contigo a mi lado
soy verdaderamente feliz''.

29 »Amigos israelitas, hablemos claro. Cuando David murió, fue enterrado, y todos sabemos dónde está su tumba. **30** Y como David era profeta, Dios le prometió que un familiar suyo sería rey de Israel. **31** »David sabía que Dios cumpliría

su promesa. Por eso dijo que el Mesías no moriría para siempre, sino que volvería a vivir. **32** Y todos nosotros somos testigos de que Dios resucitó a Jesús, **33** y de que luego lo llevó al cielo y lo sentó a su derecha.

»Dios le dio a Jesús el Espíritu Santo. Y ahora Jesús nos ha dado ese mismo Espíritu, pues nos lo había prometido. ¡Y esto es lo que ustedes están viendo y oyendo!

34 »Sabemos que quien subió al cielo no fue David, pues él mismo dice:

''Dios le dijo a mi Señor
el Mesías:
'Siéntate a la derecha
de mi trono
35 hasta que yo derrote
a tus enemigos' ''.

36 »Israelitas, ustedes tienen que reconocer, de una vez por todas, que a este mismo Jesús, a quien ustedes mataron en una cruz, Dios le ha dado poder y autoridad sobre toda la humanidad».

37 Todos los que oyeron estas palabras se pusieron muy tristes y preocupados. Entonces les preguntaron a Pedro y a los demás apóstoles:

—Amigos israelitas, ¿y qué debemos hacer?

38 Pedro les contestó:

—Pídanle perdón a Dios, vuelvan a obedecerlo, y dejen que nosotros los bauticemos en el nombre de Jesucristo. Así Dios los perdonará y les dará el Espíritu Santo. **39** Esta promesa es para ustedes y para sus hijos, y para todos los que nuestro Dios quiera salvar en otras partes del mundo.

Los primeros cristianos

40 Pedro siguió hablando a la gente con mucho entusiasmo. Les dijo: «Sálvense del castigo que les espera a todos los malvados». **41** Ese día, unas tres mil personas creyeron en el mensaje de Pedro.

Tan pronto como los apóstoles los bautizaron, todas esas personas se unieron al grupo de los seguidores de Jesús **42** y decidieron vivir como una gran familia. Y cada día los apóstoles compartían con ellos las enseñanzas acerca de Dios y de Jesús. También celebraban la Cena del Señor y oraban juntos.

43 Al ver los milagros y las maravillas que hacían los apóstoles, la gente se quedaba asombrada. **44** Los seguidores de Jesús compartían unos con otros lo que tenían. **45** Vendían sus propiedades y repartían el dinero entre todos. A cada uno le daban según lo que necesitaba. **46** Además, todos los días iban al templo, y celebraban la Cena del Señor y compartían la comida con cariño y alegría. **47** Juntos alababan a Dios, y todos en la ciudad los querían. Cada día el Señor hacía que muchos creyeran en él y se salvaran. De ese modo el grupo de sus seguidores se iba haciendo cada vez más grande.

Pedro sana a un hombre que no podía caminar

3 **1** Un día, como a las tres de la tarde, Pedro y Juan fueron al templo. A esa hora los judíos acostumbraban orar. **2** Un hombre que nunca había podido caminar, era llevado todos los días a una de las entradas del templo, conocida como Portón Hermoso. Ese hombre pedía limosna a la gente que entraba en el templo. **3** Tan pronto como aquel hombre vio a Pedro y a Juan, les pidió dinero. **4** Ellos se le quedaron mirando, y Pedro le dijo: «Préstanos atención».

5 Aquel hombre los miró atentamente, pensando que iban a darle algo. **6** Sin embargo, Pedro le dijo: «No tengo oro ni plata, pero te voy a dar lo que sí tengo: En el nombre de Jesucristo de Nazaret, te ordeno que te levantes y camines».

7 En seguida, Pedro lo tomó de la mano derecha y lo levantó. En ese mismo instante, las piernas y los pies de aquel hombre se hicieron fuertes, **8** y de un salto, se puso en pie y empezó a caminar. Alegremente, y sin pensarlo dos veces, entró al templo con Pedro y Juan, caminando y saltando y alabando a Dios.

9-10 Todos los que lo veían caminar y alabar a Dios estaban realmente sorprendidos, pues no entendían lo que había pasado. Sabían, sin embargo, que era el mismo hombre que antes se sentaba a pedir dinero junto al Portón Hermoso.

Pedro habla frente al templo

11 Sin separarse de Pedro ni de Juan, el hombre siguió caminando. La gente corrió asombrada tras ellos hasta otra entrada, conocida como Portón de Salomón, y los rodeó. **12** Al ver eso, Pedro les dijo:

«Amigos israelitas, ¿qué les sorprende? ¿Por qué nos miran así? ¿Acaso creen que nosotros sanamos a este hombre con nuestro propio poder? **13** Nuestros antepasados Abraham, Isaac y Jacob adoraron a Dios. Y ese mismo Dios es quien nos ha enviado a Jesús como Mesías, y nos ha mostrado lo maravilloso y poderoso que es Jesús. Pero ustedes lo entregaron a los gobernantes romanos, y aunque Pilato quiso soltarlo, ustedes no se lo permitieron.

14 »Jesús sólo obedecía a Dios y siempre hacía lo bueno. Pero ustedes lo rechazaron y le pidieron a Pilato que dejara libre a un asesino. **15** Fue así como mataron a Jesús, el único que podía darles vida eterna. Pero Dios ha hecho que Jesús vuelva a vivir, y de eso nosotros somos testigos.

16 »Nosotros confiamos en el poder de Jesús, y como todos ustedes vieron, esa confianza es la que ha sanado completamente a este hombre.

17 »Israelitas, ni ustedes ni sus líderes se dieron cuenta del mal que estaban haciendo. **18** Pero Dios ya había anunciado, por medio de sus profetas, que el Mesías tendría que sufrir, y así ocurrió. **19** Por eso, dejen de pecar y vuelvan a obedecer a Dios. Así él olvidará todo lo malo que ustedes han hecho, les dará nuevas fuerzas **20** y les enviará a Jesús, que es el Mesías que desde un principio Dios había decidido enviarles. **21** Por ahora Jesús tiene que quedarse en el cielo, hasta que Dios vuelva a hacer nuevas todas las cosas. Esto también lo anunciaron hace mucho los santos profetas.

22 »Uno de esos profetas fue Moisés, quien dijo: ''Dios elegirá a uno de nuestro pueblo, para que sea un profeta como yo. Ustedes harán todo lo que él les diga. **23** El que no lo obedezca, dejará de ser parte de nuestro pueblo''.

24 »Samuel y todos los demás profetas también anunciaron las cosas que están pasando ahora. **25** Hace mucho tiempo Dios hizo un pacto con los antepasados de ustedes, y les hizo una promesa. Pues todo lo que Dios les prometió por medio de los profetas, ahora lo cumplirá con ustedes. Y ésta es la promesa que Dios le hizo a Abraham, uno de nuestros antepasados:

''Todos los pueblos de la tierra
recibirán mis bendiciones
por medio de
tus descendientes''.

26 »Ahora que Dios ha resucitado a su hijo Jesús, lo primero que hizo fue enviarlo a ustedes, para bendecirlos y para que dejen de hacer lo malo».

Pedro y Juan hablan ante la Junta Suprema

4 **1** Todavía Pedro y Juan estaban hablando con la gente cuando se acercaron algunos sacerdotes y saduceos, y el jefe de los guardias del templo. **2** Estaban muy enojados porque Pedro y Juan enseñaban que los muertos podían resucitar, así como Jesús había sido resucitado. **3** Entonces apresaron a Pedro y a Juan, pero como ya estaba anocheciendo, los encerraron en la cárcel hasta el día siguiente. **4** Sin embargo, cuando escucharon el mensaje que daban los apóstoles, muchos creyeron en Jesús. Ese mismo día, el grupo de los seguidores de Jesús llegó como a cinco mil personas. **5** Al día siguiente, la Junta Suprema se reunió en Jerusalén. En la Junta estaban los líderes del país, con sus consejeros y los maestros de la Ley. **6** Allí estaba Anás, que era el jefe de los sacerdotes, acompañado de Caifás, Juan, Alejandro y los otros sacerdotes principales. **7** Pedro y Juan fueron llevados a la presencia de todos ellos, y ellos empezaron a preguntarles:

—¿Quién les ha dado permiso para enseñar a la gente? ¿Quién les dio poder para hacer milagros?

8 Entonces Pedro, lleno del poder del Espíritu Santo, les dijo a los líderes y a sus consejeros:

—Señores, **9** ustedes nos preguntan acerca del hombre que estaba enfermo y que ahora está sano. **10** Ustedes y toda la gente de Israel deben saber que este hombre está aquí, completamente sano, gracias al poder de Jesús de Nazaret, el Mesías. Ustedes ordenaron que lo mataran en una cruz, pero Dios lo ha resucitado. **11** Ustedes han actuado como los constructores que rechazaron una piedra, y luego resultó que esa piedra llegó a ser la piedra principal que sostiene todo el edificio. **12** Sólo Jesús tiene poder para salvar. Sólo él fue enviado por Dios, y en este mundo sólo él tiene poder para salvarnos.

13 Todos los de la Junta Suprema se sorprendieron de oír a Pedro y Juan hablar sin ningún temor, a pesar de que eran hombres sencillos y de poca educación. Se dieron cuenta entonces de que ellos habían andado con Jesús. **14** Y no

podían acusarlos de nada porque allí, de pie junto a ellos, estaba el hombre que había sido sanado. **15** Los de la Junta ordenaron sacar de la sala a los acusados y se pusieron a discutir entre ellos. **16** «¿Qué vamos a hacer?», se decían. «No podemos acusarlos de mentirosos, pues lo que hicieron por ese hombre es realmente un milagro, y todos en Jerusalén lo saben».

Otros decían: **17** «Debemos impedir que lo sepa más gente. Tenemos que amenazarlos para que dejen de hablar del poder de Jesús».

18 Así que los llamaron y les ordenaron:

—No le digan a nadie lo que ha pasado, y dejen de enseñar a la gente acerca del poder de Jesús.

19 Pero Pedro y Juan les respondieron:

—Díganos, entonces: ¿debemos obedecerlos a ustedes antes que a Dios? **20** ¡Nosotros no podemos dejar de hablar de todo lo que hemos visto y oído!

21-22 Los jefes de la Junta Suprema les advirtieron que tenían que dejar de hablar de Jesús. Luego los soltaron, porque no podían castigarlos, pues todo el pueblo alababa a Dios por haber sanado milagrosamente a ese hombre, que tenía más de cuarenta años de edad.

Los seguidores de Jesús oran a Dios

23 En cuanto Pedro y Juan fueron puestos en libertad, se reunieron con los otros apóstoles y les contaron lo que habían dicho los de la Junta Suprema. **24** Luego de escucharlos, todos juntos oraron:

«Dios nuestro, tú hiciste el cielo y la tierra, y el mar y todo lo que hay en ellos. **25-26** Tú, por medio del Espíritu Santo, le hablaste al rey David, nuestro antepasado. Por medio de él, que estaba a tu

servicio, dijiste:

"¿Por qué se rebelan
contra Dios
las naciones y los pueblos?
¿Por qué estudian la manera
de luchar contra Dios
y contra el Mesías que
él escogió?
¡Inútiles son los planes
de los reyes del mundo!"

27 »Es verdad que en esta ciudad se unieron Herodes Antipas, Poncio Pilato, el pueblo romano y el pueblo de Israel, para matar a Jesús, a quien tú elegiste para que fuera nuestro rey. **28** Pero ellos sólo estaban haciendo lo que tú, desde el principio, habías decidido hacer.

29 »Ahora, Señor, mira cómo nos han amenazado. Ayúdanos a no tener miedo de hablar de ti ante nadie. **30** Ayúdanos a sanar a los enfermos, y a hacer milagros y señales maravillosas. Así harás que la gente vea el poder de Jesús, a quien tú llamaste a tu servicio».

31 Cuando terminaron de orar, el lugar donde estaban reunidos tembló, y todos quedaron llenos del Espíritu Santo. A partir de ese momento, todos hablaban acerca de Jesús sin ningún temor.

La vida de los seguidores de Jesús

32 Todos los seguidores de Jesús tenían una misma manera de pensar y de sentir. Todo lo que tenían lo compartían entre ellos, y nadie se sentía dueño de nada.

33 Llenos de gran poder, los apóstoles enseñaban que Jesús había resucitado. Dios los bendecía mucho, **34** y no les hacía falta nada, porque los que tenían alguna casa o terreno lo vendían **35** y entregaban el dinero a los apóstoles. Entonces ellos lo repartían y le daban a cada uno lo que necesitaba.

36 Esto también lo hizo un hombre de la tribu de Leví, que había nacido en la isla de Chipre. Se llamaba José, pero los apóstoles le decían

Bernabé, que significa «El que consuela a otros». 37 Bernabé vendió un terreno suyo, y todo el dinero de la venta se lo entregó a los apóstoles.

Ananías y Safira

5 1 Algo muy diferente pasó con un hombre llamado Ananías. Este hombre se puso de acuerdo con su esposa, que se llamaba Safira, y vendieron un terreno, 2 pero se quedaron con parte del dinero de la venta. El resto se lo entregaron a los apóstoles. 3 Entonces Pedro le dijo a Ananías:

—¿Por qué le hiciste caso a Satanás? Te quedaste con parte del dinero, creyendo que podrías engañar al Espíritu Santo. 4 Antes de vender el terreno, era todo tuyo y de tu esposa. Y cuando lo vendiste, todo el dinero también era de ustedes. ¿Por qué lo hiciste? No nos has mentido a nosotros, sino a Dios.

5-6 Al oír esto, Ananías cayó muerto allí mismo. Entonces unos muchachos envolvieron el cuerpo de Ananías y lo llevaron a enterrar. Y todos los que estaban en ese lugar sintieron mucho miedo. 7 Como tres horas más tarde llegó Safira, sin saber lo que había pasado. 8 Entonces Pedro le preguntó:

—Dime, ¿vendieron ustedes el terreno en este precio?

—Así es —respondió ella—. Ese fue el precio.

Entonces Pedro le dijo:

9 —¿Por qué se pusieron de acuerdo para engañar al Espíritu del Señor? Mira, ahí vienen los muchachos que acaban de enterrar a tu esposo, y ellos mismos te enterrarán a ti.

10 Al instante, Safira cayó muerta, así que los muchachos entraron y se la llevaron para enterrarla junto a su esposo. 11 Todos los que pertenecían a la iglesia, y todos los que se enteraron de lo sucedido, sintieron mucho miedo.

Dios hace cosas maravillosas

12 Por medio de los apóstoles, Dios seguía haciendo milagros y señales maravillosas entre la gente. Todos los días, los seguidores de Jesús se reunían en el Portón de Salomón, 13 y los que no eran del grupo no se atrevían a acercarse, aunque todo el mundo los respetaba y hablaba bien de ellos. 14 Cada día se agregaban al grupo más hombres y mujeres que creían en Jesús. 15 La gente sacaba a los enfermos en camas y en camillas, y los ponía en las calles por donde Pedro iba a pasar, esperando que por lo menos su sombra cayera sobre alguno y lo sanara. 16 Mucha gente de los pueblos cercanos a Jerusalén también llevaba enfermos y gente con espíritus malos. Y todos eran sanados.

Los apóstoles y la Junta Suprema

17 El jefe de los sacerdotes y todos los saduceos que lo acompañaban sintieron mucha envidia de los apóstoles. 18 Por eso mandaron que los arrestaran y los pusieran en la cárcel de la ciudad. 19 Pero en la noche un ángel del Señor se les apareció, abrió las puertas de la cárcel, y los liberó. Luego les dijo: 20 «Vayan al templo y compartan con la gente el mensaje de salvación».

21 Ya estaba por amanecer cuando los apóstoles llegaron frente al templo y empezaron a hablarle a la gente.

Mientras tanto, el jefe de los sacerdotes y sus ayudantes reunieron a toda la Junta Suprema y a los líderes del pueblo. Después mandaron traer a los apóstoles, 22 pero los guardias llegaron a la cárcel y no los encontraron. Así que regresaron y dijeron: 23 «La cárcel estaba bien cerrada, y los soldados vigilaban las entradas, pero cuando abrimos la celda no encontramos a nadie».

24 Cuando el jefe de los guardias del templo y los sacerdotes principales oyeron eso, no sabían qué pensar, y ni siquiera podían imaginarse lo que había sucedido.

25 De pronto, llegó alguien y dijo: «¡Los hombres que ustedes encerraron en la cárcel están frente al templo, hablándole a la gente!» 26 Entonces el jefe de los guardias y sus ayudantes fueron y arrestaron de nuevo a los apóstoles, pero no los maltrataron porque tenían miedo de que la gente se enojara y los apedreara. 27 Cuando llegaron ante la Junta Suprema, el jefe de los sacerdotes les dijo:

28 —Ya les habíamos advertido que no enseñaran más acerca de ese hombre Jesús, pero no nos obedecieron. A todos en Jerusalén les han hablado de Jesús, y hasta nos acusan a nosotros de haberlo matado.

29 Pedro y los demás apóstoles respondieron:

—Nosotros primero obedecemos a Dios antes que a los humanos. 30 Ustedes mataron a Jesús en una cruz, pero el Dios a quien adoraron nuestros antepasados lo resucitó. 31 Dios ha hecho que Jesús se siente a la derecha de su trono, y lo ha nombrado Jefe y Salvador, para que el pueblo de Israel deje de pecar y Dios le perdone sus pecados. 32 Nosotros somos testigos de estas cosas, y también el Espíritu Santo. Porque Dios da su Espíritu Santo a todos los que le obedecen.

Un buen consejo

33 La Junta Suprema los escuchó, y sus miembros se enojaron tanto que querían matarlos. 34 Pero un fariseo llamado Gamaliel ordenó que sacaran a los apóstoles por un momento. Gamaliel era maestro de la Ley, y los judíos lo respetaban mucho, 35 así que les dijo a sus compañeros:

—Israelitas, piensen bien lo que van a hacer con estos hombres. 36 Recuerden que hace algún tiempo apareció un hombre llamado Teudas, quien se creía muy importante, y como cuatrocientos hombres le creyeron. Luego alguien lo mató, y todos sus seguidores huyeron, y no se volvió a hablar de él. **37** Después apareció un tal Judas, de la región de Galilea, y muchos le hicieron caso. Eso fue en los días en que se estaba haciendo la lista de todos los habitantes de Israel. A ese también lo mataron, y sus seguidores huyeron.

38 »En este caso, yo les aconsejo que dejen en libertad a estos hombres, y que no se preocupen. Si lo que están haciendo lo planearon ellos mismos, esto no durará mucho. **39** Pero si es un plan de Dios, nada ni nadie podrá detenerlos, y ustedes se encontrarán luchando contra Dios».

A todos les pareció bueno el consejo. **40** En seguida mandaron traer a los apóstoles, y ordenaron que los azotaran en la espalda con un látigo. Luego les prohibieron hablar de Jesús, y los dejaron en libertad. **41** Y los apóstoles salieron de allí muy contentos, porque Dios les había permitido sufrir por obedecer a Jesús.

42 Los seguidores de Jesús iban al templo todos los días, y también se reunían en las casas. Los apóstoles, por su parte, no dejaban de enseñar y de anunciar la buena noticia acerca de Jesús, el rey elegido por Dios.

Los siete servidores

6 **1** Cada vez había más y más seguidores de Jesús, y comenzó a haber problemas entre los seguidores judíos que hablaban griego y los que hablaban arameo. Y es que los que hablaban griego decían que las viudas de su grupo no recibían suficiente ayuda para sus necesidades de cada día.

2 Entonces los apóstoles llamaron a todos a una reunión, y allí dijeron:

—Nuestro deber principal es anunciar el mensaje de Dios. No está bien que sigamos siendo los encargados de repartir el dinero y la comida. **3** Por eso, elijan con cuidado a siete hombres para que se encarguen de ese trabajo. Tienen que ser personas en las que todos ustedes confíen, que hagan lo bueno y sean muy sabios, y que tengan el poder del Espíritu Santo. **4** Nosotros nos dedicaremos entonces a servir a Dios por medio de la oración, y a anunciar el mensaje de salvación.

5 A todo el grupo le pareció buena la idea, y eligieron a Esteban, un hombre que confiaba mucho en Dios y que tenía el poder del Espíritu Santo. También eligieron a otros seis: Felipe, Prócoro, Nicanor, Timón, Pármenas y Nicolás. Este Nicolás era de la región de Antioquía, y antes se había convertido a la religión judía. **6** Luego los llevaron ante los apóstoles, y estos pusieron sus manos sobre la cabeza de cada uno y oraron.

7 Los apóstoles siguieron anunciando el mensaje de Dios. Por eso, más y más personas se convirtieron en seguidores de Jesús, y muchos sacerdotes judíos también creyeron en él.

Arresto de Esteban

8 Dios le dio a un joven llamado Esteban un poder especial para hacer milagros y señales maravillosas entre la gente. **9** Sin embargo, algunos judíos del pueblo de Cirene se pusieron a discutir con él, junto con otros judíos de la ciudad de Alejandría, que pertenecían a la Sinagoga de los Hombres Libres. También discutieron con Esteban otros que venían de la región de Cilicia y de la provincia de Asia. **10** Pero ninguno de ellos pudo vencerlo, porque él hablaba con la sabiduría que le daba el Espíritu Santo. **11** Entonces aquellos judíos les dieron dinero a otros para que mintieran. Tenían que decir: «Esteban ha insultado a Dios y a nuestro antepasado Moisés. Nosotros mismos lo hemos oído».

12 Fue así como alborotaron al pueblo, a los líderes del país y a los maestros de la Ley. Luego apresaron a Esteban, y lo llevaron ante la Junta Suprema, **13** y llamaron a algunos hombres para que dijeran más mentiras. Uno de ellos dijo: «Este hombre anda diciendo cosas terribles contra el santo templo y contra la Ley de Moisés. **14** Lo hemos oído decir que Jesús de Nazaret destruirá el templo, y que cambiará las costumbres que Moisés nos enseñó».

15 Cuando todos los de la Junta Suprema se fijaron en Esteban, vieron que su cara parecía la de un ángel.

Esteban ante la Junta Suprema

7 **1** El jefe de los sacerdotes le preguntó a Esteban:

—¿Es verdad todo eso que dicen de ti?

2 Y Esteban respondió:

—Amigos israelitas y líderes del país: escúchenme. Nuestro poderoso Dios se le apareció a nuestro antepasado Abraham en Mesopotamia, antes de que fuera a vivir en Harán. **3** Y le dijo: ''Deja a tu pueblo y a tus familiares, y vete al lugar que te voy a mostrar''.

4 »Abraham salió del país de Caldea y se fue a vivir a Harán. Tiempo después murió su padre, y Dios le dijo a Abraham que viniera a este lugar donde ustedes viven ahora. **5** Aunque Abraham vivió aquí, Dios nunca le permitió ser dueño ni del pedazo de tierra que tenía bajo sus pies. Sin embargo, le prometió que le daría este territorio a sus descendientes después de que él muriera.

»Cuando Dios le hizo esa promesa, Abraham no tenía hijos. **6** Dios le dijo: ''Tus descendientes vivirán como extranjeros en otro país. Allí serán esclavos y los tratarán muy mal durante cuatrocientos años. **7** Pero yo castigaré a los habitantes de ese país, y tus descendientes saldrán libres y me adorarán en este lugar''.

8 »Con esta promesa, Dios hizo un pacto con Abraham. Le ordenó que, a partir de ese día, todos los hombres israelitas debían circuncidarse para indicar que Dios los aceptaba como parte de su pueblo. Por eso, cuando nació su hijo Isaac, Abraham esperó ocho días y lo circuncidó. De la misma manera, Isaac circuncidó a su hijo Jacob, y Jacob a sus doce hijos.

9 »José fue uno de los doce hijos de Jacob. Como sus hermanos le tenían envidia, lo vendieron como esclavo a unos comerciantes que lo llevaron a Egipto. Sin embargo, Dios amaba a José, **10** así que lo ayudó en todos sus problemas; le dio sabiduría y lo hizo una persona muy agradable. Por eso el rey de Egipto lo tomó en cuenta, y lo nombró gobernador de todo Egipto y jefe de su palacio.

11 »Tiempo después, hubo pocas cosechas de trigo en toda la región de Egipto y Canaán. Nuestros antepasados no tenían nada qué comer, ni nada qué comprar. **12** Pero Jacob se enteró de que en Egipto había bastante trigo, y envió a sus hijos para que compraran. Los hijos de Jacob fueron allá una primera vez. **13** Cuando fueron la segunda vez, José permitió que sus hermanos lo reconocieran. Así el rey de Egipto conoció más de cerca a la familia de José.

14 »Al final, José ordenó que vinieran a Egipto su padre Jacob y todos sus familiares. Eran en total setenta y cinco personas, **15** que vivieron en Egipto hasta que murieron. **16** Todos ellos fueron enterrados en Siquem, en la misma tumba que Abraham había comprado a los hijos de Hamor.

17 »Pasó el tiempo, y a Dios le pareció bien cumplir la promesa que le había hecho a Abraham. Mientras tanto, en Egipto, cada vez había más y más israelitas. **18** »Comenzó a gobernar en Egipto un nuevo rey que no había oído hablar de José. **19** Este rey fue muy malo con los israelitas y los enga-

ñó. Además, los obligó a abandonar a los niños recién nacidos para que murieran.

20 »En ese tiempo nació Moisés. Era un niño muy hermoso, a quien sus padres cuidaron durante tres meses, sin que nadie se diera cuenta. **21** Luego tuvieron que abandonarlo, pero la hija del rey lo rescató y lo crió como si fuera su propio hijo. **22** Moisés recibió la mejor educación que se daba a los jóvenes egipcios, y llegó a ser un hombre muy importante por lo que decía y hacía.

23 »Cuando Moisés tenía cuarenta años, decidió ir a visitar a los israelitas, porque eran de su propia nación. **24** De pronto, vio que un egipcio maltrataba a un israelita. Sin pensarlo mucho, defendió al israelita y mató al egipcio. **25** »Moisés pensó que los israelitas entenderían que Dios los libraría de la esclavitud por medio de él. Pero ellos no pensaron lo mismo. **26** Al día siguiente, Moisés vio que dos israelitas se estaban peleando. Trató de calmarlos y les dijo: ''Ustedes son de la misma nación. ¿Por qué se pelean?'' **27** »Pero el que estaba maltratando al otro se dio vuelta, empujó a Moisés y le respondió: ''¡Y a ti qué te importa! ¿Quién te ha dicho que tú eres nuestro jefe o nuestro juez? **28** ¿Acaso piensas matarme como al egipcio?''

29 »Al oír eso, Moisés huyó de Egipto tan pronto como pudo, y se fue a vivir a Madián. En ese país vivió como extranjero, y allí nacieron dos de sus hijos.

30 »Pasaron cuarenta años. Pero un día en que Moisés estaba en el desierto, cerca del monte Sinaí, un ángel se le apareció entre un arbusto que ardía en llamas. **31** Moisés tuvo mucho miedo, pero se acercó para ver mejor lo que pasaba. Entonces Dios, con voz muy fuerte le dijo: **32** ''Yo soy el Dios de tus antepasados. Soy el Dios de Abraham, de Isaac y de Jacob''.

»Moisés empezó a temblar, y ya no se atrevió a mirar más. **33** Pero

Dios le dijo: ''Quítate las sandalias, porque estás en mi presencia. **34** Yo sé muy bien que mi pueblo Israel sufre mucho porque los egipcios los han esclavizado. También he escuchado sus gritos pidiéndome ayuda. Por eso he venido a librarlos del poder egipcio. Así que prepárate, pues voy a mandarte a Egipto''.

35 »Los israelitas rechazaron a Moisés al decirle: ''¿Quién te ha dicho que tú eres nuestro jefe o nuestro juez?'' Pero Dios mismo lo convirtió en jefe y libertador de su pueblo. Esto lo hizo por medio del ángel que se le apareció a Moisés en el arbusto.

36 »Con milagros y señales maravillosas, Moisés sacó de Egipto a su pueblo. Lo llevó a través del Mar de los Juncos, y durante cuarenta años lo guió por el desierto. **37** Y fue él mismo quien les anunció a los israelitas: ''Dios elegirá a uno de nuestro pueblo, para que sea un profeta como yo''.

38 »Moisés estuvo con nuestros antepasados en el desierto, y les comunicó todos los mensajes que el ángel de Dios le dio en el monte Sinaí. Esos mensajes son palabras que dan vida.

39 »Pero los israelitas fueron rebeldes. No quisieron obedecer a Moisés y, en cambio, deseaban volver a Egipto.

40 »Un día, los israelitas le dijeron a Aarón, el hermano de Moisés: ''Moisés nos sacó de Egipto, pero ahora no sabemos qué le sucedió. Es mejor que hagas un dios, para que sea nuestro guía y protector''.

41 »Hicieron entonces una estatua con forma de toro y sacrificaron animales para adorarla. Luego hicieron una gran fiesta en honor de la estatua, y estaban muy orgullosos de lo que habían hecho. **42** Por eso Dios decidió olvidarse de ellos, pues se pusieron a adorar a las estrellas del cielo.

»En el libro del profeta Amós dice: ''Pueblo de Israel: Durante los cuarenta años que ustedes estuvieron en el desierto, nunca me sacrificaron animales ni me dieron ofrendas para adorarme. 43 En cambio, sí llevaron en sus hombros la tienda con el altar del dios Moloc y la imagen de la estrella del dios Refán. Ustedes se hicieron esos ídolos y los adoraron. Por eso, yo haré que a ustedes se los lleven lejos, más allá de Babilonia''.

44 »Allí, en el desierto, nuestros antepasados tenían el santuario del pacto, que Moisés construyó según el modelo que Dios le había mostrado. 45 El santuario pasó de padres a hijos, hasta el tiempo en que Josué llegó a ser el nuevo jefe de Israel. Entonces los israelitas llevaron consigo el santuario para ocupar el territorio que Dios estaba quitándoles a otros pueblos. Y el santuario estuvo allí hasta el tiempo del rey David. 46 »Como Dios quería mucho a David, este le pidió permiso para construirle un templo donde el pueblo de Israel pudiera adorarlo. 47 Sin embargo, fue su hijo Salomón quien se lo construyó. 48 »Pero como el Dios todopoderoso no vive en lugares hechos por seres humanos, dijo por medio de un profeta:

49 ''El cielo es mi trono;
sobre la tierra apoyo mis pies.
Nadie puede hacerme una casa
donde yo pueda escansar.

50 Yo hice todo lo que existe''»

51 Antes de terminar su discurso, Esteban les dijo a los de la Junta Suprema:

—¡Ustedes son muy tercos! ¡No entienden el mensaje de Dios! Son igual que sus antepasados. Siempre han desobedecido al Espíritu Santo. 52 Ellos trataron mal a todos los profetas, y mataron a los que habían anunciado la venida de Jesús, el Mesías. Y ustedes lo traicionaron y lo mataron. 53 Por medio de los ángeles, todos ustedes recibieron la Ley de Dios, pero no la han obedecido.

Esteban muere apedreado

54 Al escuchar esto, los de la Junta Suprema se enfurecieron mucho contra Esteban. 55 Pero como tenía el poder del Espíritu Santo, Esteban miró al cielo y vio a Dios en todo su poder. Al lado derecho de Dios estaba Jesús, de pie. 56 Entonces Esteban dijo: «Veo el cielo abierto. Y veo también a Jesús, el Hijo del hombre, de pie en el lugar de honor».

57 Los de la Junta Suprema se taparon los oídos y gritaron. Luego todos juntos atacaron a Esteban, 58 lo arrastraron fuera de la ciudad, y empezaron a apedrearlo. Los que lo habían acusado falsamente se quitaron sus mantos, y los dejaron a los pies de un joven llamado Saulo.[1]

59 Mientras le tiraban piedras, Esteban oraba así: «Señor Jesús, recíbeme en el cielo». 60 Luego cayó de rodillas y gritó con todas sus fuerzas: «Señor, no los castigues por este pecado que cometen conmigo».

Y con estas palabras en sus labios, murió.

8 1-2 Saulo vio cómo mataban a Esteban, y le pareció muy bien. Más tarde, unos hombres que amaban mucho al Señor recogieron el cuerpo de Esteban, lo enterraron, y durante varios días lloraron su muerte.

La iglesia empieza a sufrir

A partir de ese día, mucha gente comenzó a maltratar a los seguidores de Jesús que vivían en Jerusalén. Así que todos tuvieron que separarse y huir a las regiones de Judea y de Samaria. Solamente los apóstoles se quedaron en Jerusalén.

3 Mientras tanto, Saulo seguía maltratando a los miembros de la iglesia. Entraba a las casas, sacaba por la fuerza a hombres y mujeres, y los encerraba en la cárcel.

Felipe en Samaria

4 Pero los que habían huido de la ciudad de Jerusalén, seguían anunciando las buenas noticias de salvación en los lugares por donde pasaban.

5 Felipe fue a la ciudad de Samaria y allí se puso a hablar acerca de Jesús, el Mesías. Felipe era uno de los siete ayudantes de la iglesia. 6 Toda la gente se reunía para escucharlo con atención y para ver los milagros que hacía. 7 Muchos de los que fueron a verlo tenían espíritus impuros, pero Felipe los expulsaba, y los espíritus salían dando gritos. Además, muchos cojos y paralíticos volvían a caminar. 8 Y todos en la ciudad estaban muy alegres.

9 Desde hacía algún tiempo, un hombre llamado Simón andaba por ahí, asombrando a la gente de Samaria con sus trucos de magia y haciéndose pasar por gente importante. 10 Ricos y pobres le prestaban atención, y decían: «Este hombre tiene lo que se llama el gran poder de Dios».

11 Toda la gente prestaba mucha atención a los trucos mágicos que realizaba. 12 Pero llegó Felipe y les anunció las buenas noticias del reino de Dios. Les habló sobre Jesús, el Mesías, y todos en Samaria le creyeron. Y así Felipe bautizó a muchos hombres y mujeres. 13 También Simón creyó en el mensaje de Felipe, y Felipe lo bautizó. Tan asombrado estaba Simón de los milagros y las maravillas que Felipe hacía, que no se apartaba de él.

Pedro y Juan viajan a Samaria

14 Los apóstoles estaban en Jerusalén. En cuanto supieron que la gente de Samaria había aceptado el mensaje de Dios, mandaron allá a Pedro y a Juan. 15 Cuando estos llegaron, oraron para que los nuevos seguidores recibieran el Espíritu Santo, 16 porque todavía no lo habían recibido. Y es que sólo los habían bautizado en el nombre de Jesús. 17 Entonces Pedro y Juan pusieron sus manos sobre la cabeza de cada uno, y todos recibieron el Espíritu Santo. 18 Al ver Simón que la gente recibía el Espíritu Santo cuando los

apóstoles les ponían las manos sobre la cabeza, les ofreció dinero a los apóstoles y les dijo:

19 —Denme ese mismo poder que tienen ustedes. Así yo también podré darle el Espíritu Santo a quien le imponga las manos.

20 Pero Pedro le respondió:

—¡Vete al infierno con todo y tu dinero! ¡Lo que Dios da como regalo, no se compra con dinero! **21** Tú no tienes parte con nosotros, pues bien sabe Dios que tus intenciones no son buenas. **22-23** Claramente veo que tienes envidia y que no puedes dejar de hacer lo malo. Tienes que dejar de hacerlo. Si le pides perdón a Dios por tus malas intenciones, tal vez te perdone.

24 Simón les suplicó:

—¡Por favor, pídanle a Dios que me perdone, para que no me vaya al infierno!

25 Antes de irse de Samaria, Pedro y Juan le contaron a la gente todo lo que había pasado mientras estuvieron con Jesús y compartieron el mensaje del Señor. Después regresaron a la ciudad de Jerusalén, pero en el camino iban anunciando a los samaritanos las buenas noticias del reino de Dios.

Felipe y un oficial etíope

26 Un ángel del Señor se le apareció a Felipe y le dijo: «Prepárate y cruza el desierto, dirígete al sur por el camino que va de la ciudad de Jerusalén a la ciudad de Gaza». **27-28** Felipe obedeció. En el camino se encontró con un oficial de la reina de Etiopía, país en donde era muy importante, pues era el tesorero. Este oficial había ido a Jerusalén a adorar a Dios, y ahora volvía a su país.

El oficial iba sentado en su carruaje, leyendo el libro del profeta Isaías. **29** Entonces el Espíritu de Dios le dijo a Felipe: «Acércate al carruaje, y camina junto a él». **30** Felipe corrió a alcanzar el carruaje. Cuando ya estuvo cerca, escuchó que el oficial leía el libro del profeta Isaías. Entonces le preguntó:

—¿Entiende usted lo que está leyendo?

31 Y el oficial etíope le respondió:

—¿Y cómo voy a entenderlo, si no hay quien me lo explique?

Dicho esto, el oficial invitó a Felipe a que subiera a su carruaje y se sentara a su lado. **32-33** En ese momento el oficial leía el pasaje que dice:

«Como las ovejas cuando les
cortan la lana;
como un cordero que es
llevado al matadero,
él ni siquiera abrió su boca.
Fue maltratado y humillado,
pero nunca se quejó.

»No lo trataron con justicia;
y no llegó a tener hijos,
porque le quitaron la vida».

34 El oficial le preguntó a Felipe:

—Dígame usted, por favor: ¿está hablando el profeta de él mismo, o de otra persona?

35 Partiendo entonces de ese pasaje de Isaías, Felipe le explicó las buenas noticias acerca de Jesús. **36-37** En el camino, al pasar por un lugar donde había agua, el oficial dijo de pronto: «¡Allí hay agua! ¿No podría usted bautizarme ahora?» **38** En seguida el oficial mandó parar el carruaje, bajó con Felipe al agua, y Felipe lo bautizó. **39** Pero cuando salieron del agua, el Espíritu del Señor se llevó a Felipe, y aunque el oficial ya no volvió a verlo, siguió su viaje muy contento. **40** Más tarde, Felipe apareció en la ciudad de Azoto y se dirigió a la ciudad de Cesarea. Y en todos los pueblos por donde pasaba, anunciaba las buenas noticias acerca de Jesús.

Saulo, seguidor de Jesús

9 **1-2** Saulo estaba furioso y amenazaba con matar a todos los seguidores del Señor. Por eso fue a pedirle al jefe de los sacerdotes unas cartas con un permiso especial. Quería ir a la ciudad de Damasco y sacar de las sinagogas a todos los que siguieran las enseñanzas de Jesús, para llevarlos presos a la cárcel de Jerusalén. **3** Ya estaba Saulo por llegar a Damasco cuando, de pronto, desde el cielo lo rodeó un gran resplandor, como un rayo. **4** Saulo cayó al suelo, y una voz le dijo:

—¡Saulo, Saulo! ¿Por qué me persigues?

5 —¿Quién eres, Señor? —preguntó Saulo.

—Yo soy Jesús —respondió la voz—. Es a mí a quien estás persiguiendo. **6** Pero levántate y entra en la ciudad, que allí sabrás lo que tienes que hacer.

7 Los hombres que iban con Saulo se quedaron muy asustados, pues oyeron la voz, pero no vieron a nadie. **8** Por fin, Saulo se puso de pie pero, aunque tenía los ojos abiertos, no podía ver nada. Entonces lo tomaron de la mano y lo llevaron a la ciudad. **9** Allí Saulo estuvo ciego durante tres días, y no quiso comer ni beber nada. **10** En Damasco vivía un seguidor de Jesús llamado Ananías. En una visión que tuvo, oyó que el Señor lo llamaba:

—¡Ananías! ¡Ananías!

—Señor, aquí estoy —respondió.

Y el Señor le dijo:

11 —Levántate y ve a la Calle Recta. En la casa de Judas, busca a un hombre de la ciudad de Tarso. Se llama Saulo, y está orando allí. [12] Yo le he mostrado a un hombre llamado Ananías, el cual llegará a poner sus manos sobre él para que pueda ver de nuevo.

[13] —Señor —respondió Ananías—, me han contado muchas cosas terribles que este hombre les ha hecho a tus seguidores en Jerusalén. [14] ¡Hasta el jefe de los sacerdotes le ha dado permiso para que atrape aquí en Damasco a todos los que te adoran!

[15] Sin embargo, el Señor le dijo:

—Ve, porque yo he elegido a ese hombre para que me sirva. Él hablará de mí ante extranjeros y reyes, y ante el pueblo de Israel. [16] Yo le voy a mostrar lo mucho que va a sufrir por mí.

[17] Ananías fue y entró en la casa donde estaba Saulo. Al llegar, le puso las manos sobre la cabeza y le dijo: «Amigo Saulo, el Señor Jesús se te apareció cuando venías hacia Damasco. Él mismo me mandó que viniera aquí, para que puedas ver de nuevo y para que recibas al Espíritu Santo». [18] Al instante, algo duro, parecido a las escamas de pescado, cayó de los ojos de Saulo, y este pudo volver a ver. Entonces se puso de pie y fue bautizado. [19] Después de eso, comió y tuvo nuevas fuerzas.

Saulo huye de Damasco
Saulo₂ pasó algunos días allí en Damasco, con los seguidores de Jesús, [20] y muy pronto empezó a ir a las sinagogas para anunciar a los judíos que Jesús era el Hijo de Dios. [21] Todos los que lo oían, decían asombrados: «¡Pero si es el mismo que allá en Jerusalén perseguía y maltrataba a los seguidores de Jesús! ¡Precisamente vino a Damasco a buscar más, para llevarlos atados ante los sacerdotes principales!»
[22] Y cada día Saulo hablaba con más poder del Espíritu Santo, y les probaba que Jesús era el Mesías.

Sin embargo, los judíos que vivían en Damasco lo escuchaban pero no entendían nada. [23] Tiempo después se pusieron de acuerdo para matarlo, [24] pero Saulo se dio cuenta de ese plan. Supo que la entrada de la ciudad era vigilada de día y de noche, y que habían puesto hombres dispuestos a matarlo. [25] Así que, una noche, los seguidores de Jesús lo escondieron dentro de un canasto y lo bajaron por la muralla de la ciudad.

Saulo en Jerusalén
[26] Saulo se fue a la ciudad de Jerusalén, y allí trató de unirse a los seguidores de Jesús. Pero estos tenían miedo de Saulo, pues no estaban seguros de que en verdad él creyera en Jesús. [27] Bernabé sí lo ayudó, y lo llevó ante los apóstoles. Allí Bernabé les contó cómo Saulo se había encontrado con el Señor Jesús en el camino a Damasco, y cómo le había hablado. También les contó que allí, en Damasco, Saulo había anunciado sin miedo la buena noticia acerca de Jesús.

[28] Desde entonces Saulo andaba con los demás seguidores de Jesús en toda la ciudad de Jerusalén, y hablaba sin miedo acerca de Jesús el Señor. [29] También trataba de convencer a los judíos de habla griega, pero ellos empezaron a hacer planes para matarlo. [30] Cuando los seguidores de Jesús se enteraron, llevaron a Saulo hasta la ciudad de Cesarea, y de allí lo enviaron a la ciudad de Tarso. [31] Los miembros de la iglesia en las regiones de Judea, Galilea y Samaria, vivían sin miedo de ser maltratados. Seguían adorando al Señor y cada día confiaban más en él. Con la ayuda del Espíritu Santo, cada vez se unían más y más personas al grupo de seguidores del Señor.

Pedro sana a Eneas
[32] Pedro viajaba por muchos lugares, para visitar a los seguidores del Señor Jesús. En cierta ocasión, pasó a visitar a los miembros de la iglesia en la ciudad de

Lida. [33] Allí conoció a un hombre llamado Eneas, que desde hacía ocho años estaba enfermo y no podía levantarse de su cama.
[34] Pedro le dijo: «Eneas, Jesús el Mesías te ha sanado. Levántate y arregla tu cama».
Al instante, Eneas se levantó. [35] Y cuando todos los que vivían en Lida y en la región de Sarón vieron ese milagro, creyeron en el Señor Jesús.

Tabitá vuelve a vivir
[36] En el puerto de Jope vivía una seguidora de Jesús llamada Tabitá. Su nombre griego era Dorcas, que significa «Gacela». Tabitá siempre servía a los demás y ayudaba mucho a los pobres. [37] Por esos días Tabitá se enfermó y murió. Entonces, lavaron su cuerpo y lo pusieron en un cuarto del piso superior de la casa, según era la costumbre.
[38] Pedro estaba en Lida, ciudad cercana al puerto de Jope. Cuando los seguidores de Jesús que vivían en Jope lo supieron, en seguida enviaron a dos hombres con este mensaje urgente: «Por favor, venga tan pronto como pueda».
[39] De inmediato, Pedro se fue a Jope con ellos. Al llegar, lo llevaron adonde estaba el cuerpo de Tabitá. Muchas viudas se acercaron llorosas a Pedro, y todas le mostraban los vestidos y los mantos que Tabitá les había hecho cuando aún vivía.
[40] Pedro mandó que toda la gente saliera del lugar. Luego se arrodilló y oró al Señor. Después de eso, se dio vuelta hacia donde estaba el cuerpo de Tabitá y le ordenó: «¡Tabitá, levántate!»
Ella abrió los ojos, miró a Pedro y se sentó. [41] Pedro le dio la mano para ayudarla a ponerse de pie; luego llamó a los seguidores de Jesús y a las viudas, y les presentó a Tabitá viva.
[42] Todos los que vivían en Jope se enteraron de esto, y muchos creyeron en el Señor. [43] Así que Pedro se quedó un tiempo en Jope, en la

casa de un hombre llamado Simón, que trabajaba curtiendo pieles.

Cornelio recibe un mensaje especial

10 ¹En la ciudad de Cesarea vivía un hombre llamado Cornelio. Era capitán de un grupo de cien soldados romanos, al que se conocía como Regimiento Italiano. ² Cornelio y todos los de su casa amaban y adoraban a Dios. Además, Cornelio ayudaba mucho a los judíos pobres, y siempre oraba a Dios.

³ Un día, a eso de las tres de la tarde, Cornelio tuvo una visión, en la que claramente veía que un ángel de Dios llegaba adonde él estaba y lo llamaba por su nombre. 4 Cornelio sintió miedo, pero miró fijamente al ángel y le respondió: «¿Qué desea mi Señor?» El ángel le dijo:

«Dios ha escuchado tus oraciones, y está contento con todo lo que haces para ayudar a los pobres. 5 Envía ahora mismo dos hombres al puerto de Jope. Diles que busquen allí a un hombre llamado Pedro, 6 que está viviendo en casa de un curtidor de pieles llamado Simón. La casa está junto al mar».

7 Tan pronto como el ángel se fue, Cornelio llamó a dos de sus sirvientes y a un soldado de su confianza que amaba a Dios, 8 y les contó lo que le había pasado y los envió a Jope.

Pedro recibe un mensaje especial

9 Al día siguiente, mientras el soldado y los sirvientes se acercaban al puerto de Jope, Pedro subió a la azotea de la casa para orar. Era como el mediodía. 10 De pronto, sintió hambre y quiso comer algo. Mientras le preparaban la comida, Pedro tuvo una visión. 11 Vio que el cielo se abría, y que algo como un gran manto bajaba a la tierra colgado de las cuatro puntas. 12 En el manto había toda clase de animales, hasta reptiles y aves. 13 Pedro oyó la voz de Dios, que le decía:

«¡Pedro, mata y come de estos animales!»

14 Pedro respondió: «¡No, Señor, de ninguna manera! Nuestra ley no nos permite comer carne de esos animales, y yo jamás he comido nada que esté prohibido».

15 Dios le dijo: «Pedro, si yo digo que puedes comer de estos animales, no digas tú que son malos».

16 Esto ocurrió tres veces. Luego, Dios retiró el manto y lo subió al cielo. 17 Mientras tanto, Pedro se quedó admirado, pensando en el significado de esa visión.

En eso, los hombres que Cornelio había enviado llegaron a la casa de Simón 18 y preguntaron: «¿Es aquí donde vive un hombre llamado Pedro?»

19 Pedro seguía pensando en lo que había visto, pero el Espíritu del Señor le dijo: «Mira, unos hombres te buscan. 20 Baja y vete con ellos. No te preocupes, porque yo los he enviado».

21 Entonces Pedro bajó y les dijo a los hombres:

—Yo soy Pedro. ¿Para qué me buscan?

22 Ellos respondieron:

—Nos envía el capitán Cornelio, que es un hombre bueno y obedece a Dios. Todos los judíos lo respetan mucho. Un ángel del Señor se le apareció y le dijo: "Haz que Pedro venga a tu casa, y escucha bien lo que va a decirte".

23 Pedro les dijo:

—Entren en la casa, y pasen aquí la noche.

Al amanecer, Pedro y aquellos hombres se prepararon y salieron hacia la ciudad de Cesarea. Con ellos fueron algunos miembros de la iglesia del puerto de Jope.

Pedro habla en la casa de Cornelio

24 Un día después llegaron a Cesarea. Cornelio estaba esperándolos, junto con sus familiares y un grupo de sus mejores amigos, a quienes él había invitado. 25 Cuando Pedro estuvo frente a la casa, Cornelio salió a recibirlo, y con mucho respeto se arrodilló ante él. 26 Pedro le dijo: «Levántate Cornelio, que no soy ningún dios».

27 Luego se pusieron a conversar, y entraron juntos en la casa. Allí Pedro encontró a toda la gente que se había reunido para recibirlo, 28 y les dijo:

—Ustedes deben saber que a nosotros, los judíos, la ley no nos permite visitar a personas de otra raza ni estar con ellas. Pero Dios me ha mostrado que yo no debo rechazar a nadie. 29 Por eso he aceptado venir a esta casa. Díganme, ¿para qué me han hecho venir?

30 Cornelio le respondió:

—Hace cuatro días, como a las tres de la tarde, yo estaba aquí en mi casa, orando. De pronto se me apareció un hombre con ropa muy brillante, 31 y me dijo: "Cornelio, Dios ha escuchado tus oraciones y ha tomado en cuenta todo lo que has hecho para ayudar a los pobres. 32 Envía unos mensajeros a Jope, para que busquen a un hombre llamado Pedro, que está viviendo en casa de un curtidor de pieles llamado Simón. La casa está junto al mar".

33 »En seguida envié a mis mensajeros, y tú has aceptado muy amablemente mi invitación. Todos estamos aquí, listos para oír lo que Dios te ha ordenado que nos digas, y estamos seguros de que él nos está viendo en este momento.

34 Entonces Pedro comenzó a decirles:

—Ahora comprendo que para Dios todos somos iguales. 35 Dios ama a todos los que le obedecen, y también a los que tratan bien a los demás y se dedican a hacer lo bueno, sin importar de qué país sean. **36** Este es el mismo mensaje que Dios enseñó a los israelitas cuando envió a Jesús, el Mesías y Señor que manda sobre todos; para que por medio de él todos vivan en paz con Dios.

37 »Ustedes ya saben lo que ha pasado en toda la región de Judea. Todo comenzó en Galilea, después de que Juan bautizó a **38** Jesús de Nazaret y Dios le dio el poder del Espíritu Santo. Como Dios estaba con él, Jesús hizo siempre lo bueno y sanó a todos los que vivían bajo el poder del diablo. **39** Nosotros vimos todas las cosas que Jesús hizo en la ciudad de Jerusalén y en todo el territorio judío. Y también vimos cuando lo mataron clavándolo en una cruz. **40** Pero tres días después Dios lo resucitó y nos permitió verlo de nuevo, **41** y comer y beber con él. Dios no permitió que todos lo vieran. Sólo nos lo permitió a nosotros, porque nos había elegido para anunciar que Jesús vive.

42 »Jesús nos ha encargado anunciar que Dios lo ha nombrado juez de todo el mundo, y que él juzgará a los que aún viven y a los que ya han muerto.

43 »Los profetas hablaron acerca de Jesús, y dijeron que Dios perdonará a todos los que confíen en él. Sólo por medio de él podemos alcanzar el perdón de Dios.

44 Todavía estaba hablándoles Pedro cuando, de repente, el Espíritu Santo vino sobre todos los que estaban escuchando el mensaje. **45** Los que habían venido de Jope con Pedro se quedaron sorprendidos al ver que el Espíritu Santo había venido también sobre los que no eran judíos. **46** Y los oían hablar y alabar a Dios en idiomas desconocidos.

47 Pedro les dijo a sus compañeros: «Dios ha enviado el Espíritu Santo para dirigir la vida de gente de otros países, así como nos lo envió a nosotros, los judíos. Ahora nadie puede impedir que también los bauticemos».

48 Habiendo dicho esto, Pedro ordenó que todos fueran bautizados en el nombre de Jesús, el Mesías. Luego, ellos le rogaron a Pedro que se quedara en su casa algunos días más.

Pedro regresa a Jerusalén

11 **1-2** En toda la región de Judea se supo que los que no eran judíos habían recibido el mensaje de Dios. Así que cuando Pedro regresó a Jerusalén, los apóstoles y los seguidores judíos se pusieron a discutir con él. **3** Y le reclamaron:

—¡Tú entraste en la casa de gente que no es judía, y hasta comiste con ellos!

4 Pedro empezó a explicarles todo lo que había pasado:

5 —Un día, yo estaba orando en el puerto de Jope. De pronto, tuve una visión: Vi que del cielo bajaba algo como un gran manto colgado de las cuatro puntas. **6** Miré con atención, y en el manto había toda clase de animales domésticos y salvajes, y también serpientes y aves. **7** Luego oí la voz de Dios que me dijo: "Pedro, levántate; mata y come de estos animales".

8 »Yo le respondí: "¡No, Señor, de ninguna manera! Nuestra ley no nos permite comer carne de esos animales. Yo jamás he comido cosas prohibidas".

9 »Pero Dios me dijo: "Si yo digo que puedes comer de estos animales, no digas que eso es malo".

10 »Esto ocurrió tres veces. Luego Dios retiró el manto y lo devolvió al cielo. **11** Poco después llegaron tres hombres que fueron a buscarme desde Cesarea. **12** El Espíritu Santo me dijo que fuera con ellos y que no tuviera miedo. Seis miembros de la iglesia de Jope fueron conmigo.

»Al llegar a Cesarea, entramos en la casa de Cornelio. **13** Él nos contó que un ángel del Señor se le apareció y le dijo: "Envía unos mensajeros a Jope para que hagan

venir a un hombre llamado Pedro. **14** El mensaje que él te va a dar, hará que se salven tú y toda tu familia".

15 »Yo empecé a hablarles, y de pronto el Espíritu Santo vino sobre todos ellos, así como nos ocurrió a nosotros al principio. **16** Y me acordé de que el Señor nos había dicho: "Juan bautizó con agua, pero a ustedes Dios los va a bautizar con el Espíritu Santo".

17 »Entonces pensé: "Dios le ha dado a esta gente el mismo regalo que nos dio a nosotros los judíos, porque creímos en Jesús, el Mesías y Señor". Y yo no soy más poderoso que Dios para ponerme en contra de lo que él ha decidido hacer.

18 Cuando los hermanos judíos oyeron esto, dejaron de discutir y se pusieron a alabar a Dios. Y decían muy admirados: «¡Así que también a los que no son judíos Dios les ha permitido arrepentirse y tener vida eterna!»

La buena noticia llega a Antioquía

19 Después de la muerte de Esteban, los seguidores de Jesús fueron perseguidos y maltratados. Por eso muchos de ellos huyeron a la región de Fenicia y a la isla de Chipre, y hasta al puerto de Antioquía. En todos esos lugares, ellos anunciaron las buenas noticias de Jesús solamente a la gente judía. **20** Sin embargo, algunos de Chipre y otros de Cirene fueron a Antioquía y anunciaron el mensaje del Señor Jesús también a los que no eran judíos. **21** Y Dios les dio poder y los ayudó para que muchos aceptaran el mensaje y creyeran en Jesús.

22 Los de la iglesia de Jerusalén supieron lo que estaba pasando en Antioquía, y en seguida mandaron para allá a Bernabé. **23-24** Bernabé era un hombre bueno, que tenía el poder del Espíritu Santo y confiaba solamente en el Señor. Cuando Bernabé llegó y vio que Dios había bendecido a toda esa gente, se alegró mucho y los animó para que siguieran siendo fieles y obedientes al Señor. Y fueron muchos los que escucharon a Bernabé y obedecieron el mensaje de Dios.

25 De allí, Bernabé se fue a la ciudad de Tarso para buscar a Saulo. **26** Cuando lo encontró, lo llevó a Antioquía. Allí estuvieron un año con toda la gente de la iglesia, y enseñaron a muchas personas. Fue allí, en Antioquía, donde por primera vez la gente comenzó a llamar cristianos a los seguidores de Jesús.

27 En ese tiempo, unos profetas fueron de Jerusalén a Antioquía. **28** Uno de ellos, llamado Agabo, recibió la ayuda del Espíritu Santo y anunció que mucha gente en el mundo no tendría nada para comer. Y esto ocurrió en verdad cuando gobernaba en Roma el emperador Claudio.

29 Los seguidores de Jesús en Antioquía se pusieron de acuerdo para ayudar a los cristianos en la región de Judea. Cada uno dio según lo que podía. **30** Bernabé y Saulo llevaron el dinero a Jerusalén y lo entregaron a los líderes de la iglesia.

Matan a Santiago y encarcelan a Pedro

12 **1** En aquel tiempo, Herodes Agripa, que gobernaba a los judíos, empezó a maltratar a algunos miembros de la iglesia. **2** Mandó que mataran a Santiago, el hermano de Juan. **3-4** Y como vio que esto les agradó a los judíos, mandó que apresaran a Pedro y que lo encerraran hasta que pasara la fiesta de la Pascua. Además, ordenó que cuatro grupos de soldados vigilaran la cárcel.

Herodes planeaba acusar a Pedro delante del pueblo judío y ordenar que lo mataran, pero no quería hacerlo en esos días, porque los judíos estaban celebrando la fiesta de los Panes sin levadura.

El Señor libera a Pedro

5 Mientras Pedro estaba en la cárcel, todos los miembros de la iglesia oraban a Dios por él en todo momento.

6 Una noche, Pedro estaba durmiendo en medio de dos soldados y atado con dos cadenas. Afuera, los demás soldados seguían vigilando la entrada de la cárcel. Era un día antes de que Herodes Agripa presentara a Pedro ante el pueblo. **7** De repente, un ángel de Dios se presentó, y una luz brilló en la cárcel. El ángel tocó a Pedro para despertarlo y le dijo: «Levántate, date prisa».

En ese momento las cadenas se cayeron de las manos de Pedro, **8** y el ángel le ordenó: «Ponte el cinturón y amárrate las sandalias». Pedro obedeció. Luego el ángel le dijo: «Cúbrete con tu manto y sígueme».

9 Pedro siguió al ángel, sin saber si todo eso realmente estaba sucediendo, o si era sólo un sueño. **10** Pasaron frente a los soldados y, cuando llegaron a la salida principal, el gran portón de hierro se abrió solo. Caminaron juntos por una calle y, de pronto, el ángel desapareció. **11** Pedro entendió entonces lo que le había pasado, y dijo: «Sí, es verdad. Dios envió a un ángel para librarme de todo lo malo que Herodes Agripa y los judíos querían hacerme».

12 En seguida Pedro se fue a la casa de María, la madre de Juan Marcos, pues muchos de los seguidores de Jesús estaban orando allí. **13** Pedro llegó a la entrada de la casa y llamó a la puerta. Una muchacha llamada Rode salió a ver quién llamaba, **14** y fue tanta su alegría al reconocer la voz de Pedro que, en vez de abrir la puerta, se fue corriendo a avisarles a los demás.

15 Todos le decían que estaba loca, pero como ella insistía en que Pedro estaba a la puerta, pensaron entonces que tal vez había visto a un ángel. **16** Mientras tanto, Pedro seguía llamando a la puerta. Cuando finalmente le abrieron, todos se quedaron sorprendidos de verlo allí.

17 Pedro les hizo señas para que se callaran, y empezó a contarles cómo Dios lo había sacado de la cárcel. También les dijo: «Vayan y cuenten esto a Jacobo y a los demás seguidores de Jesús». Luego se despidió de todos, y se fue a otro pueblo.

18 Al amanecer hubo un gran alboroto entre los soldados. Ninguno sabía lo que había pasado, pero todos preguntaban: «¿Dónde está Pedro?»

19 El rey Herodes Agripa ordenó a sus soldados que buscaran a Pedro, pero ellos no pudieron encontrarlo. Entonces Herodes les echó la culpa y mandó que los mataran.

Después de esto, Herodes salió de Judea y se fue a vivir por un tiempo en Cesarea.

Dios castiga a Herodes Agripa

20 Herodes Agripa estaba muy enojado con la gente de los puertos de Tiro y de Sidón. Por eso un grupo de gente de esos puertos fue a ver a Blasto, un asistente muy importante en el palacio de Herodes Agripa, y le dijeron: «Nosotros no queremos pelear con Herodes, porque nuestra gente recibe alimentos a través de su país».

Entonces Blasto convenció a Herodes para que los recibiera. **21** El día en que iba a recibirlos, Herodes se vistió con sus ropas de rey y se sentó en su trono. Luego, lleno de orgullo, les habló. **22** Entonces la gente empezó a gritar: «¡Herodes Agripa, tú no hablas como un hombre sino como un dios!»

23 En ese momento, un ángel de Dios hizo que Herodes se pusiera muy enfermo, porque Herodes se había creído Dios. Más tarde murió comido por los gusanos.

24 Los cristianos siguieron anunciando el mensaje de Dios. **25** Bernabé y Saulo terminaron su trabajo en Jerusalén y regresaron a Antioquía. Con ellos se llevaron a Juan Marcos.

13 ¹ En la iglesia de Antioquía estaban Bernabé, Simeón «el Negro», Lucio el del pueblo de Cirene, Menahem y Saulo. Menahem había crecido con el rey Herodes Antipas. Todos ellos eran profetas y maestros.

² Un día, mientras ellos estaban adorando al Señor y ayunando, el Espíritu Santo les dijo: «Prepárenme a Bernabé y a Saulo. Yo los he elegido para un trabajo especial».

³ Todos siguieron orando y ayunando; después oraron por Bernabé y Saulo, les pusieron las manos sobre la cabeza, y los despidieron.

Bernabé y Saulo en Chipre

⁴ El Espíritu Santo envió a Bernabé y a Saulo a anunciar el mensaje de Dios. Primero fueron a la región de Seleucia, y allí tomaron un barco que los llevó a la isla de Chipre. ⁵ Cuando llegaron al puerto de Salamina, en seguida comenzaron a anunciar el mensaje de Dios en las sinagogas de los judíos. Juan Marcos fue con ellos como ayudante.

⁶ Después atravesaron toda la isla y llegaron al puerto de Pafos. Allí encontraron a Barjesús, un judío que hacía brujerías y decía que hablaba de parte de Dios. ⁷⁻⁸ Barjesús era amigo del gobernador de Chipre, que era un hombre inteligente. El gobernador, que se llamaba Sergio Paulo, mandó llamar a Bernabé y a Saulo, pues tenía muchos deseos de oír el mensaje de Dios. Pero el brujo Barjesús, al que en griego lo llamaban Elimas, se puso frente a ellos para no dejarlos pasar. Elimas no quería que el gobernador los escuchara y creyera en el Señor.

⁹ Entonces Saulo, que también se llamaba Pablo y tenía el poder del Espíritu Santo, miró fijamente al brujo y le dijo: ¹⁰ «Tú eres un hijo del diablo, un mentiroso y un malvado. A ti no te gusta hacer lo bueno. ¡Deja ya de mentir diciendo que hablas de parte de Dios! ¹¹ Ahora Dios te va a castigar: te quedarás ciego por algún tiempo y no podrás ver la luz del sol».

En ese mismo instante, Elimas sintió como si una nube oscura le hubiera cubierto los ojos, y andaba como perdido, buscando que alguien le diera la mano para guiarlo. Estaba completamente ciego.

¹² Al ver esto el gobernador, se quedó muy admirado de la enseñanza acerca del Señor Jesús y creyó verdaderamente en él.

Pablo y Bernabé en Pisidia

¹³ En Pafos, Pablo y sus compañeros subieron a un barco, y se fueron a la ciudad de Perge, en la región de Panfilia. Allí, Juan Marcos se separó del grupo y regresó a la ciudad de Jerusalén. ¹⁴ Pablo y los demás siguieron el viaje a pie hasta la ciudad de Antioquía, en la región de Pisidia.

Un sábado fueron a la sinagoga de la ciudad, y se sentaron allí. ¹⁵ Alguien leyó un pasaje de la Biblia y, al terminar, los jefes de la sinagoga mandaron a decir a Pablo y a los demás: «Amigos israelitas, si tienen algún mensaje para darle ánimo a la gente, pasen a decírnoslo».

¹⁶ Pablo se puso de pie, levantó la mano para pedir silencio, y dijo:

«Israelitas, y todos ustedes, los que aman y obedecen a Dios, escúchenme. ¹⁷ El Dios de Israel eligió a nuestros antepasados para hacer de ellos un gran pueblo. Y Dios lo hizo cuando ellos estuvieron en Egipto. Luego los egipcios los hicieron esclavos, pero Dios, con su gran poder, los sacó de allí. ¹⁸ El pueblo anduvo en el desierto unos cuarenta años, y durante todo ese tiempo Dios los cuidó. ¹⁹ Después Dios destruyó a siete países en el territorio de Canaán, y le dio ese territorio al pueblo de Israel. ²⁰ Todo esto sucedió en unos cuatrocientos cincuenta años.

»Luego Dios envió unos hombres para que fueran los líderes de la nación. Dios continuó enviando líderes hasta que llegó el profeta Samuel. ²¹ Pero todos le pidieron a Dios que los dejara tener un rey que los gobernara. Dios nombró entonces a Saúl rey de la nación.

»Saúl era hijo de un hombre llamado Quis, que era de la tribu de Benjamín. Y gobernó Saúl durante cuarenta años. ²² Luego, Dios lo quitó del trono y puso como nuevo rey a David. Acerca de David, Dios dijo: ''Yo quiero mucho a David el hijo de Jesé, pues siempre me obedece en todo''.

²³ »Dios prometió que un descendiente de David vendría a salvar al pueblo israelita. Pues bien, ese descendiente de David es Jesús. ²⁴ Antes de que él llegara, Juan el Bautista vino y le dijo a los israelitas que debían arrepentirse de sus pecados y ser bautizados. ²⁵ Cuando Juan estaba a punto de morir, les dijo a los israelitas: ''Yo no soy el Mesías que Dios les prometió. Él vendrá después, y yo ni siquiera merezco ser su esclavo''.

²⁶ »Pónganme atención, amigos israelitas descendientes de Abraham. Y pónganme atención también ustedes, los que obedecen a Dios aunque no son israelitas. Este mensaje de salvación es para todos nosotros. ²⁷ Sabemos que los habitantes de Jerusalén y los líderes del país no se dieron cuenta de quién era Jesús. Todos los sábados leían los libros de los profetas, pero no se dieron cuenta de que esos libros se referían a Jesús. Entonces ordenaron matar a Jesús y, sin saberlo, cumplieron así lo que los profetas habían anunciado. ²⁸ Aunque no tenían nada de qué acusarlo, le pidieron a Pilato que lo matara. ²⁹ Luego, cuando hicieron todo lo que los profetas habían anunciado, bajaron de la cruz el cuerpo de Jesús y lo pusieron en una tumba. ³⁰ Pero Dios hizo que Jesús volviera a vivir, ³¹ y durante muchos días, Jesús se apareció a todos los discípulos. Estos habían viajado con él desde la región de Galilea hasta

la ciudad de Jerusalén. Ahora ellos les cuentan a todos quién es Jesús.

32 »Dios prometió a nuestros antepasados que enviaría a un salvador, y nosotros les estamos dando esa buena noticia: **33** Dios ya cumplió su promesa, pues resucitó a Jesús. Todo sucedió como dice en el segundo salmo:

''Tú eres mi Hijo;
desde hoy soy tu padre''.

34 »Dios ya había anunciado en la Biblia que Jesús volvería a vivir, y que no dejaría su cuerpo de Jesús se descompusiera en la tumba. Así lo había anunciado cuando le dijo:

''Te haré las mismas promesas
que hice a David;
promesas especiales,
¡promesas que se cumplirán!''

35 »Por eso, en otro salmo dice:

''No dejarás mi cuerpo
en la tumba;
no dejarás que tu amigo fiel
sufra la muerte''.

36 »La verdad es que David obedeció todo lo que Dios le ordenó. Pero luego murió y fue enterrado en la tumba de sus antepasados, y su cuerpo se descompuso. **37** En cambio, Dios resucitó a Jesús, y su cuerpo no se descompuso.

38 »Amigos israelitas, este es el mensaje que anunciamos: ¡Jesús puede perdonarles sus pecados! La ley de Moisés no puede librarlos de todos sus pecados, **39** pero Dios perdona a todo aquel que cree en Jesús. **40** Tengan cuidado, para que no reciban el castigo que anunciaron los profetas cuando dijeron:

41 ''Ustedes se burlan de Dios,
pero asómbrense ahora
y huyan.
Tan terribles serán los castigos
que les daré a los
desobedientes,

que no van a creerlo
si alguien se los cuenta''».

42 Cuando Pablo y sus amigos salieron de la sinagoga, la gente les rogó que volvieran el siguiente sábado y les hablara más de todo esto. **43** Muchos judíos y algunos extranjeros que habían seguido la religión judía, se fueron con ellos. A estos, Pablo y Bernabé les pidieron que nunca dejaran de confiar en el amor de Dios.

44 Al sábado siguiente, casi toda la gente de la ciudad se reunió en la sinagoga para oír el mensaje de Dios que iban a dar Pablo y Bernabé. **45** Pero cuando los judíos vieron reunida a tanta gente, tuvieron envidia. Entonces comenzaron a decir que Pablo estaba equivocado en todo lo que decía, y también lo insultaron. **46** Pero Pablo y Bernabé les contestaron con mucha valentía:

«Nuestra primera obligación era darles el mensaje de Dios a ustedes los judíos. Pero como ustedes lo rechazan y no creen merecer la vida eterna, ahora les anunciaremos el mensaje a los que no son judíos. **47** Porque así nos lo ordenó Dios:

''Yo te he puesto, Israel,
para que seas luz
de las naciones;
para que anuncies mi salvación
hasta el último rincón
del mundo''».

48 Cuando los que no eran judíos oyeron eso, se pusieron muy contentos y decían que el mensaje de Dios era bueno. Y todos los que Dios había elegido para recibir la vida eterna creyeron en él. **49** El mensaje de Dios se anunciaba por todos los lugares de aquella región. **50** Pero los judíos hablaron con las mujeres más respetadas y religiosas de la ciudad, y también con los hombres más importantes, y los convencieron de perseguir a Pablo y a Bernabé para echarlos fuera de esa región.

51 Por eso Pablo y Bernabé, en señal de rechazo contra ellos, se sacudieron los pies para quitarse el polvo de ese lugar, y se fueron a Iconio. **52** Los seguidores de Jesús que quedaron en Antioquía estaban muy alegres, y recibieron todo el poder del Espíritu Santo.

Pablo y Bernabé en Iconio

14 **1** Cuando Pablo y Bernabé llegaron a la ciudad de Iconio, entraron juntos en la sinagoga de los judíos. Allí hablaron a la gente acerca de Jesús, y muchos judíos y gente de otros pueblos creyeron en él. **2** Pero los judíos que no creyeron en Jesús hicieron que se enojaran los que no eran judíos. Los pusieron en contra de los seguidores de Jesús.

3 Pablo y Bernabé se quedaron en Iconio por algún tiempo. Confiaban mucho en Dios y le contaban a la gente toda la verdad acerca del amor de Dios. El Señor les daba poder para hacer milagros y maravillas, para que así la gente creyera todo lo que decían. **4** La gente de Iconio no sabía qué hacer, pues unos apoyaban a los judíos, y otros a Pablo y a Bernabé. **5** Entonces, los judíos y los que no eran judíos se pusieron de acuerdo con los líderes de Iconio para maltratar a Pablo y a Bernabé, y matarlos a pedradas. **6-7** Pero Pablo y Bernabé se dieron cuenta y huyeron a la región de Licaonia y sus alrededores. Allí anunciaron las buenas noticias en los pueblos de Listra y Derbe.

Problemas en Listra

8 En el pueblo de Listra había un hombre que nunca había podido caminar. Era cojo desde el día en que nació. Este hombre estaba sentado, **9** escuchando a Pablo, quien lo miró fijamente, y se dio cuenta de que el hombre confiaba en que él lo podía sanar. **10** Entonces le dijo en voz alta: «¡Levántate y camina!»

Aquel hombre dio un salto y comenzó a caminar. **11** Al ver lo que Pablo hizo, los allí presentes comenzaron a gritar en el idioma licaonio: «¡Los dioses han tomado forma humana y han venido a visitarnos!»

¹²⁻¹³ Y el sacerdote y la gente querían ofrecer sacrificios en honor de Bernabé y de Pablo. Pensaban que Bernabé era el dios Zeus, y que Pablo era el dios Hermes, porque él era el que hablaba. Y como el templo del dios Zeus estaba a la entrada del pueblo, el sacerdote llevó al templo toros y adornos de flores.

¹⁴ Cuando Bernabé y Pablo se dieron cuenta de lo que pasaba, rompieron su ropa para mostrar su horror por lo que la gente hacía. Luego se pusieron en medio de todos, y gritaron:

¹⁵ «¡Oigan! ¿Por qué hacen esto? Nosotros no somos dioses, somos simples hombres, como ustedes. Por favor, ya no hagan estas tonterías, sino pídanle perdón a Dios. Él es quien hizo el cielo, la tierra, el mar y todo lo que hay en ellos. ¹⁶ Y aunque en otro tiempo permitió que todos hicieran lo que quisieran, ¹⁷ siempre ha mostrado quién es él, pues busca el bien de todos. Él hace que llueva y que las plantas den a tiempo sus frutos, para que todos tengan qué comer y estén siempre alegres».

¹⁸ A pesar de lo que Bernabé y Pablo dijeron, les fue muy difícil convencer a la gente de no ofrecerles sacrificios. ¹⁹ Pero llegaron unos judíos de Iconio y Antioquía, y convencieron a la gente para que se pusiera en contra de Pablo. Entonces la gente lo apedreó y, pensando que estaba muerto, lo arrastró fuera del pueblo. ²⁰ Pero Pablo, rodeado de los seguidores de Jesús, se levantó y entró de nuevo al pueblo. Al día siguiente, se fue con Bernabé al pueblo de Derbe.

Pablo y Bernabé vuelven a Antioquía

²¹ Pablo y Bernabé anunciaron las buenas noticias en Derbe, y mucha gente creyó en Jesús. Después volvieron a los pueblos de Listra, Iconio y Antioquía. ²² Allí visitaron a los que habían creído en Jesús, y les recomendaron que siguieran confiando en él. También les dijeron: «Debemos sufrir mucho antes de entrar en el reino de Dios».

²³ En cada iglesia, Pablo y Bernabé nombraron líderes para que ayudaran a los seguidores de Jesús. Después de orar y ayunar, ponían las manos sobre esos líderes y le pedían a Dios que los ayudara, pues ellos habían creído en él.

²⁴ Pablo y Bernabé continuaron su viaje, y pasaron por la región de Pisidia hasta llegar a la región de Panfilia. ²⁵ Allí anunciaron las buenas noticias, primero a los del pueblo de Perge y luego a los de Atalía. ²⁶ Después tomaron un barco y se fueron a la ciudad de Antioquía, en la región de Siria. En esa ciudad, los miembros de la iglesia le habían pedido a Dios con mucho amor que cuidara a Pablo y a Bernabé, para que no tuvieran problemas al anunciar las buenas noticias.

²⁷ Cuando Pablo y Bernabé llegaron a Antioquía, se reunieron con los miembros de la iglesia y les contaron todo lo que Dios había hecho por medio de ellos. Les contaron también cómo el Señor les había ayudado a anunciar las buenas noticias a los que no eran judíos, para que también ellos pudieran creer en Jesús. ²⁸ Pablo y Bernabé se quedaron allí mucho tiempo, con los miembros de la iglesia.

Una decisión bien pensada

15 ¹ Por esos días llegaron a Antioquía algunos hombres de la región de Judea. Ellos les enseñaban a los seguidores de Jesús que debían circuncidarse porque así lo ordenaba la ley de Moisés, y que si no lo hacían, Dios no los salvaría. ² Pablo y Bernabé no estaban de acuerdo con eso, y discutieron con ellos. Por esa razón, los de la iglesia de Antioquía les pidieron a Pablo y a Ber-

nabé que fueran a Jerusalén, y trataran de resolver ese problema con los apóstoles y los líderes de la iglesia en esa ciudad. Pablo y Bernabé se pusieron en camino, y los acompañaron algunos otros seguidores.

³ En su camino a Jerusalén pasaron por las regiones de Fenicia y Samaria. Allí les contaron a los cristianos judíos que mucha gente no judía había decidido seguir a Dios. Al oír esta noticia, los cristianos judíos se alegraron mucho. ⁴ Pablo y Bernabé llegaron a Jerusalén. Allí fueron recibidos por los miembros de la iglesia, los apóstoles y los líderes. Luego Pablo y Bernabé les contaron todo lo que Dios había hecho por medio de ellos. ⁵ Pero algunos fariseos que se habían convertido en seguidores de Jesús, dijeron: «A los no judíos que han creído en Jesús debemos exigirles que obedezcan la ley de Moisés y se circunciden». ⁶ Los apóstoles y los líderes de la iglesia se reunieron para tomar una decisión bien pensada. ⁷ Luego de una larga discusión, Pedro les dijo:

«Amigos míos, como ustedes saben, hace algún tiempo Dios me eligió para anunciar las buenas noticias de Jesús a los que no son judíos, para que ellos crean en él. ⁸ Y Dios, que conoce nuestros pensamientos, ha demostrado que también ama a los que no son judíos, pues les ha dado el Espíritu Santo lo mismo que a nosotros. ⁹ Dios no ha hecho ninguna diferencia entre ellos y nosotros, pues también a ellos les perdonó sus pecados cuando creyeron en Jesús.

¹⁰ »¿Por qué quieren ir en contra de lo que Dios ha hecho? ¿Por qué quieren obligar a esos seguidores de Jesús a obedecer leyes que ni nuestros antepasados ni nosotros hemos podido obedecer? ¹¹ Más bien, nosotros creemos que somos salvos gracias a que Jesús nos amó mucho, y también ellos lo creen».

¹² Todos se quedaron callados. Luego, escucharon también a Bernabé y a Pablo, quienes contaron las maravillas y los milagros que Dios había hecho por medio de ellos entre los no judíos.
¹³ Cuando terminaron de hablar, Santiago, el hermano de Jesús, les dijo a todos:

«Amigos míos, escúchenme. ¹⁴ Simón Pedro nos ha contado cómo Dios, desde un principio, trató bien a los que no son judíos, y los eligió para que también formaran parte de su pueblo. ¹⁵ Esto es lo mismo que Dios anunció en la Biblia por medio de los profetas:

¹⁶ "Yo soy el Señor su Dios, y volveré de nuevo. Haré que vuelva a reinar un descendiente de David.

¹⁷ Cuando eso pase, gente de otros países vendrá a mí, y serán mis elegidos.

¹⁸ Yo soy el Señor su Dios. Yo había prometido esto desde hace mucho tiempo".

¹⁹ »Los que no son judíos han decidido ser seguidores de Dios. Yo creo que no debemos obligarlos a obedecer leyes innecesarias. ²⁰ Sólo debemos escribirles una carta y pedirles que no coman ninguna comida que haya sido ofrecida a los ídolos. Que tampoco coman carne de animales que hayan muerto ahogados, ni carne que todavía tenga sangre. Además, deberán evitar las relaciones sexuales que la ley de Moisés prohíbe. ²¹ Hay que recordar que desde hace mucho tiempo, en esos mismos pueblos y ciudades, se ha estado enseñando y predicando la ley de Moisés. Esto pasa cada sábado en nuestras sinagogas».

La carta

²² Los apóstoles, los líderes y todos los miembros de la iglesia decidieron elegir a algunos de ellos y enviarlos a Antioquía junto con Pablo y Bernabé. Eligieron a Judas, a quien la gente también llamaba Barsabás, y a Silas. Estos dos eran líderes de la iglesia. ²³ Con ellos mandaron esta carta:

«Nosotros, los apóstoles y líderes de la iglesia en Jerusalén, les enviamos un cariñoso saludo a todos ustedes, los que viven en las regiones de Antioquía, Siria y Cilicia, y que no son judíos pero creen en Jesús. ²⁴ Hemos sabido que algunos de aquí han ido a verlos, sin nuestro permiso, y los han confundido con sus enseñanzas. ²⁵ Por eso hemos decidido enviarles a algunos de nuestra iglesia. Ellos acompañarán a nuestros queridos compañeros Bernabé y Pablo, ²⁶ los cuales han puesto su vida en peligro por ser obedientes a nuestro Señor Jesucristo. ²⁷ También les enviamos a Judas y a Silas. Ellos personalmente les explicarán el acuerdo a que hemos llegado. ²⁸ »Al Espíritu Santo y a nosotros nos ha parecido bien no obligarlos a obedecer más que las siguientes reglas, que no podemos dejar de cumplir: ²⁹ No coman carne de animales que hayan sido sacrificados en honor a los ídolos; no coman sangre, ni carne de animales que todavía tengan sangre adentro, y eviten las relaciones sexuales que la ley de Moisés prohíbe. Si cumplen con esto, harán muy bien. Reciban nuestro cariñoso saludo».

³⁰ Entonces Bernabé, Pablo, Judas y Silas se fueron a Antioquía. Cuando llegaron allá, se reunieron con los miembros de la iglesia y les entregaron la carta. ³¹ Cuando la carta se leyó, todos en la iglesia se pusieron muy alegres, pues lo que decía los tranquilizaba. ³² Además, como Judas y Silas eran profetas, hablaron con los seguidores de Jesús. Los tranquilizaron y los animaron mucho. ³³ Después de pasar algún tiempo con los de la iglesia en Antioquía, los que habían venido de Jerusalén fueron despedidos con mucho cariño. ³⁴⁻³⁵ Pero Silas, Pablo y Bernabé se quedaron en Antioquía y, junto con muchos otros seguidores, enseñaban y anunciaban las buenas noticias del Señor Jesucristo.

Pablo y Bernabé se separan

³⁶ Tiempo después, Pablo le dijo a Bernabé: «Regresemos a todos los pueblos y ciudades donde hemos anunciado las buenas noticias, para ver cómo están los seguidores de Jesús». ³⁷ Bernabé quería que Juan Marcos los acompañara. ³⁸ Pero Pablo no estuvo de acuerdo. Hacía algún tiempo, Juan Marcos los había abandonado en la región de Panfilia, pues no quiso seguir trabajando con ellos. ³⁹ Pablo y Bernabé no pudieron ponerse de acuerdo, y terminaron por separarse. Bernabé y Marcos tomaron un barco y se fueron a la isla de Chipre. ⁴⁰ Pablo eligió a Silas como compañero. Luego, los miembros de la iglesia de Antioquía los despidieron, rogándole a Dios que no dejara de amarlos y cuidarlos. Entonces Pablo y Silas salieron de allí ⁴¹ y pasaron por las regiones de Siria y Cilicia, animando a los miembros de las iglesias a seguir confiando en el Señor.

Timoteo acompaña a Pablo y a Silas

16 ¹ Pablo siguió su viaje y llegó a los pueblos de Derbe y de Listra. Allí vivía un joven llamado Timoteo, que era seguidor de Jesús. La madre de Timoteo era una judía cristiana, y su padre era griego. ² Los miembros de la iglesia en Listra y en Iconio hablaban muy bien de Timoteo. ³ Por eso Pablo quiso que Timoteo lo acompañara en su viaje. Pero como todos los judíos de esos lugares sabían que el padre de Timoteo era griego, Pablo llevó a Timoteo para que lo circuncidaran.
⁴ Pablo y sus compañeros continuaron el viaje. En todos los

pueblos por donde pasaban, informaban a los seguidores de Jesús de lo que se había decidido en Jerusalén.

5 Los miembros de las iglesias de todos esos lugares confiaban cada vez más en Jesús, y cada día más y más personas se unían a ellos.

Pablo tiene una visión

6 Pablo y sus compañeros intentaron anunciar el mensaje de Dios en la provincia de Asia, pero el Espíritu Santo no se lo permitió. Entonces viajaron por la región de Frigia y Galacia, **7** y llegaron a la frontera con la región de Misia. Luego intentaron pasar a la región de Bitinia, pero el Espíritu de Jesús tampoco les permitió hacerlo.

8 Entonces siguieron su viaje por la región de Misia, y llegaron al puerto de Tróade. **9** Al caer la noche, Pablo tuvo allí una visión. Vio a un hombre de la región de Macedonia, que le rogaba: «¡Por favor, venga a Macedonia y ayúdenos!» **10** Cuando Pablo vio eso, todos nos preparamos de inmediato para viajar a la región de Macedonia. Estábamos seguros de que Dios nos ordenaba ir a ese lugar, para anunciar las buenas noticias a la gente que allí vivía.

Pablo en Filipos

11 Salimos de Tróade en barco, y fuimos directamente a la isla de Samotracia. Al día siguiente, fuimos al puerto de Neápolis, **12** y de allí a la ciudad de Filipos. Esta era la ciudad más importante de la región de Macedonia, y también una colonia de Roma. En Filipos nos quedamos durante algunos días.

13 Un sábado, fuimos a la orilla del río, en las afueras de la ciudad. Pensábamos que por allí se reunían los judíos para orar. Al llegar, nos sentamos y hablamos con las mujeres que se reunían en el lugar. **14** Una de las que nos escuchaba se llamaba Lidia. Era de la ciudad de Tiatira, vendía telas muy finas de color púrpura, y honraba a Dios. El Señor hizo que Lidia pusiera mucha atención a

Pablo, **15** así que cuando ella y toda su familia fueron bautizados, nos invitó con mucha insistencia a quedarnos en su casa, y así lo hicimos.

Pablo y Silas en la cárcel

16 Un día que íbamos con Pablo al lugar de oración, en el camino nos encontramos con una esclava. Esta muchacha tenía un espíritu que le daba poder para anunciar lo que iba a suceder en el futuro. De esa manera, los dueños de la muchacha ganaban mucho dinero. **17** La muchacha nos seguía y gritaba a la gente: «¡Estos hombres trabajan para el Dios Altísimo, y han venido a decirles que Dios puede salvarlos!»

18 La muchacha hizo eso durante varios días, hasta que Pablo no aguantó más y, muy enojado, le dijo al espíritu: «¡En el nombre de Jesucristo, te ordeno que salgas de esta muchacha!»

Al instante, el espíritu salió de ella. **19** Pero los dueños de la muchacha, al ver que se les había acabado la oportunidad de ganar más dinero, llevaron a Pablo y a Silas ante las autoridades, en la plaza principal. **20** Allí les dijeron a los jueces: «Estos judíos están causando problemas en nuestra ciudad. **21** Enseñan costumbres que nosotros los romanos no podemos aceptar ni seguir».

22 También la gente comenzó a atacar a Pablo y a Silas. Los jueces ordenaron que les quitaran la ropa y los golpearan en la espalda. **23** Después de golpearlos bastante, los soldados los metieron en la cárcel y le ordenaron al carcelero que los vigilara muy bien. **24** El carcelero los puso en la parte más escondida de la prisión, y les sujetó los pies con unas piezas de madera grandes y pesadas. **25** Cerca de la media noche, Pablo y Silas oraban y cantaban alabanzas a Dios, mientras los otros prisioneros escuchaban. **26** De repente, un fuerte temblor sacudió con violencia las paredes y los cimientos de la cárcel. En ese mismo

instante, todas las puertas de la cárcel se abrieron y las cadenas de los prisioneros se soltaron. **27** Cuando el carcelero despertó y vio las puertas abiertas, pensó que los prisioneros se habían escapado. Sacó entonces su espada para matarse, **28** pero Pablo le gritó: «¡No te mates! Todos estamos aquí».

29 El carcelero pidió que le trajeran una lámpara, y entró corriendo en la cárcel. Cuando llegó junto a Pablo y Silas, se arrodilló temblando de miedo. **30** Luego sacó a los dos de la cárcel y les preguntó:

—Señores, ¿qué tengo que hacer para salvarme?

31 Ellos le respondieron:

—Cree en el Señor Jesús, y tú y tu familia se salvarán.

32 Pablo y Silas compartieron el mensaje del Señor con el carcelero y con todos los que estaban en su casa. **33** Después, cuando todavía era de noche, el carcelero llevó a Pablo y a Silas a otro lugar y les lavó las heridas. Luego, Pablo y Silas bautizaron al carcelero y a toda su familia. **34** El carcelero les llevó de nuevo a su casa y les dio de comer. Él y su familia estaban muy felices de haber creído en Dios.

35 Por la mañana, los jueces enviaron unos guardias a decirle al carcelero que dejara libres a Pablo y a Silas. **36** El carcelero le dijo a Pablo: «Ya pueden irse tranquilos, pues los jueces me ordenaron dejarlos en libertad».

37 Pero Pablo les dijo a los guardias:

«Nosotros somos ciudadanos romanos. Los jueces ordenaron que nos golpearan delante de toda la gente de la ciudad, y nos pusieron en la cárcel, sin averiguar primero si éramos culpables o inocentes. ¿Y ahora quieren dejarnos ir sin que digamos nada, y sin que nadie se dé cuenta? ¡Pues no! No nos iremos; ¡que vengan a sacarnos ellos mismos!»

38 Los guardias fueron y les contaron todo eso a los jueces. Al oír los jueces que Pablo y Silas eran ciudadanos romanos, se asustaron mucho. **39** Entonces fueron a disculparse con ellos, los sacaron de la cárcel y les pidieron que salieran de la ciudad.

40 En cuanto Pablo y Silas salieron de la cárcel, se fueron a la casa de Lidia. Allí vieron a los miembros de la iglesia y los animaron a seguir confiando en Jesús. Luego, Pablo y Silas se fueron de la ciudad.

Alboroto en Tesalónica

17 **1** Pablo y Silas continuaron su viaje. Pasaron por las ciudades de Anfípolis y Apolonia, y llegaron a la ciudad de Tesalónica, donde había una sinagoga de los judíos. **2** Como siempre, Pablo fue a la sinagoga, y durante tres sábados seguidos habló con los judíos de ese lugar. Les leía la Biblia, **3** y les probaba con ella que el Mesías tenía que morir y resucitar. Les decía: «Jesús, de quien yo les he hablado, es el Mesías».

4 Algunos judíos creyeron en lo que Pablo decía y llegaron a ser seguidores de Jesús, uniéndose al grupo de Pablo y Silas. También creyeron en Jesús muchos griegos que amaban y obedecían a Dios, y muchas mujeres importantes de la ciudad. **5** Pero los demás judíos tuvieron envidia. Buscaron a unos vagos que andaban por allí, y les pidieron que alborotaran al pueblo en contra de Pablo y Silas. Esos malvados reunieron a muchos más, y fueron a la casa de Jasón a sacar de allí a Pablo y a Silas, para que el pueblo los maltratara. **6** Como no los encontraron en la casa, apresaron a Jasón y a otros miembros de la iglesia, y los llevaron ante las autoridades de la ciudad. Los acusaron diciendo:

«Pablo y Silas andan por todas partes causando problemas entre la gente. Ahora han venido aquí, **7** y Jasón los ha recibido en su casa. Desobedecen las leyes del emperador de Roma, y dicen que tienen otro rey que se llama Jesús».

8 Al oír todo eso, la gente de la ciudad y las autoridades se pusieron muy inquietas y nerviosas. **9** Pero les pidieron a Jasón y a los otros hermanos que pagaran una fianza, y los dejaron ir.

Pablo y Silas en Berea

10 Al llegar la noche, los seguidores de Jesús enviaron a Pablo y a Silas a la ciudad de Berea. Cuando ellos llegaron allí, fueron a la sinagoga. **11** Los judíos que vivían en esa ciudad eran más buenos que los judíos de Tesalónica. Escucharon muy contentos las buenas noticias acerca de Jesús, y todos los días leían la Biblia para ver si todo lo que les enseñaban era cierto. **12** Muchos de esos judíos creyeron en Jesús, y también muchos griegos, tanto hombres como mujeres. Estos griegos eran personas muy importantes en la ciudad.

13 En cuanto los judíos de Tesalónica supieron que Pablo estaba en Berea, anunciando las buenas noticias, fueron y alborotaron a la gente en contra de Pablo. **14** Los seguidores de Jesús enviaron de inmediato a Pablo hacia la costa, pero Silas y Timoteo se quedaron allí. **15** Los que se llevaron a Pablo lo acompañaron hasta la ciudad de Atenas, pero Pablo les pidió que, cuando regresaran a Berea, les avisaran a Silas y a Timoteo que fueran a Atenas lo más pronto posible.

Pablo en Atenas

16 Mientras Pablo esperaba a Silas y a Timoteo en Atenas, le dio mucha tristeza ver que la ciudad estaba llena de ídolos. **17** En la sinagoga hablaba con los judíos y con los no judíos que amaban a Dios. También iba todos los días al mercado y hablaba con los que encontraba allí. **18** Algunos eran filósofos, de los que pensaban que lo más importante en la vida es ser feliz. **2** Otros eran filósofos que enseñaban que la gente tiene que controlarse a sí misma para no hacer lo malo. **3** Algunos de ellos preguntaban: «¿De qué habla este charlatán?» Otros decían: «Parece que habla de dioses de otros países, pues habla de Jesús y de la diosa Resurrección».

19-21 En Atenas, llamaban Areópago a la Junta que gobernaba la ciudad. A la gente y a los extranjeros que vivían allí, les gustaba mucho escuchar y hablar de cosas nuevas. Llevaron a Pablo ante los gobernantes de la ciudad, y estos le dijeron: «Lo que tú enseñas es nuevo y extraño para nosotros. ¿Podrías explicarnos un poco mejor de qué se trata?»

22 Pablo se puso de pie ante los de la Junta, y les dijo:

«Habitantes de Atenas: He notado que ustedes son muy religiosos. **23** Mientras caminaba por la ciudad, vi que ustedes adoran a muchos dioses, y hasta encontré un altar dedicado "al Dios desconocido". Pues ese Dios, que ustedes honran sin conocerlo, es el Dios del que yo les hablo. **24** Es el Dios que hizo el mundo y todo lo que hay en él; es el dueño del cielo y de la tierra, y no vive en templos hechos por seres humanos. **25** Tampoco necesita la ayuda de nadie. Al contrario, él es quien da la vida, el aire y todo lo que la gente necesita. **26** A partir de una sola persona, hizo a toda la gente del mundo, y a cada nación le dijo cuándo y dónde debía vivir.

27 »Dios hizo esto para que todos lo busquen y puedan encontrarlo. Aunque lo cierto es que no está lejos de nosotros. **28** Él nos da poder para vivir y movernos, y para ser lo que somos. Así lo dice uno de los poetas de este país: "Realmente somos hijos de Dios". **29** »Así que, si somos hijos de

Dios, no es posible que él sea como una de esas estatuas de oro, de plata o de piedra. No hay quien pueda imaginarse cómo es Dios, y hacer una estatua o pintura de él. **30** Durante mucho tiempo Dios perdonó a los que hacían todo eso, porque no sabían lo que hacían; pero ahora Dios ordena que todos los que habitan este mundo se arrepientan y sólo a él lo obedezcan. **31** Porque ya él decidió en qué día juzgará a todo el mundo, y será justo con todos. él eligió a Jesús para que sea el juez de todos, y nos demostró que esto es cierto cuando hizo que Jesús resucitara».

32 Cuando oyeron que Jesús murió y resucitó, algunos comenzaron a burlarse de Pablo, pero otros dijeron: «Mejor hablamos de esto otro día».

33 Pablo salió de allí, **34** pero algunos creyeron en Jesús y se fueron con Pablo. Entre esas personas estaba una mujer llamada Dámaris, y también Dionisio, que era miembro del Areópago.

Pablo en Corinto

18 **1** Pablo salió de Atenas y se fue a la ciudad de Corinto. **2** Allí encontró a un judío llamado Áquila, que era de la región de Ponto. Hacía poco tiempo que Áquila y su esposa Priscila habían salido de Italia, pues Claudio, el emperador de Roma, había ordenado que todos los judíos salieran del país. Pablo fue a visitar a Áquila y a Priscila, **3** y al ver que ellos se dedicaban a fabricar tiendas de campaña, se quedó a trabajar con ellos, pues también él sabía cómo hacerlas.

4 Todos los sábados Pablo iba a la sinagoga, y hablaba con judíos y griegos para tratar de convencerlos de hacerse seguidores de Jesús.

5 Silas y Timoteo viajaron desde la región de Macedonia hasta Corinto. Cuando llegaron, Pablo estaba dando a los judíos las buenas noticias de que Jesús era el Mesías. **6** Pero los judíos se pusieron en

contra de Pablo y lo insultaron. Entonces Pablo se sacudió el polvo de su ropa en señal de rechazo, y les dijo: «Si Dios los castiga, la culpa será de ustedes y no mía. De ahora en adelante les hablaré a los que no son judíos».

7 De allí Pablo se fue a la casa de un hombre llamado Ticio Justo, que adoraba a Dios. La casa de Ticio estaba junto a la sinagoga. **8** El encargado de la sinagoga se llamaba Crispo, y él y toda su familia creyeron en el Señor Jesús. También muchos de los habitantes de Corinto que escucharon a Pablo creyeron y fueron bautizados.

9 Una noche, el Señor habló con Pablo por medio de una visión, y le dijo: «No tengas miedo de hablar de mí a la gente; ¡nunca te calles! **10** Yo te ayudaré en todo, y nadie te hará daño. En esta ciudad hay mucha gente que me pertenece». **11** Pablo se quedó un año y medio en Corinto, enseñando a la gente el mensaje de Dios.

12 Tiempo después, en los días en que Galión era gobernador de la provincia de Acaya, los judíos de Corinto atacaron a Pablo y lo llevaron ante el tribunal. **13** Les dijeron a las autoridades:

—Este hombre hace que la gente adore a Dios en una forma que está prohibida por la ley.

14 Pablo estaba a punto de decir algo, cuando el gobernador Galión dijo a los judíos:

—Yo no tengo por qué tratar estos asuntos con ustedes, porque no se trata de ningún crimen. **15** Este es un asunto de palabras, de nombres y de la ley de ustedes. Así que ustedes arréglenlo. Yo, en estas cuestiones, no me meto.

16 Galión ordenó que sacaran del tribunal a todos. **17** Entonces los judíos agarraron a Sóstenes, el encargado de la sinagoga, y lo golpearon frente al edificio del tribunal. Pero esto a Galión no le importó nada.

Pablo regresa a Antioquía

18 Pablo se quedó algún tiempo en la ciudad de Corinto. Después se despidió de los miembros de la iglesia y decidió irse a la región de Siria. Priscila y Áquila lo acompañaron. Cuando llegaron a Cencreas, que es el puerto de la ciudad de Corinto, Pablo se cortó todo el pelo, porque le había hecho una promesa a Dios. Luego, se subieron en un barco y salieron rumbo a Siria.

19 Cuando llegaron al puerto de Éfeso, Pablo se separó de Priscila y áquila. Fue a la sinagoga, y allí habló con los judíos acerca de Jesús. **20** Los judíos de ese lugar le pidieron que se quedara unos días más, pero Pablo no quiso. **21** Se despidió de ellos y les dijo: «Si Dios quiere, regresaré a verlos». Luego partió en barco y continuó su viaje hacia Siria. **22** Cuando llegó al puerto de Cesarea, fue a visitar a los miembros de la iglesia y los saludó. Después salió hacia la ciudad de Antioquía.

23 Pablo se quedó en Antioquía sólo algunos días, y después se fue a visitar varios lugares de las regiones de Galacia y de Frigia, donde animó a los seguidores a mantenerse fieles a Jesús.

Apolo anuncia la buena noticia en Éfeso

24 Por aquel tiempo llegó a la ciudad de Éfeso un hombre de la ciudad de Alejandría, que se llamaba Apolo. Sabía convencer a la gente con sus palabras, y conocía mucho de la Biblia. **25** Apolo sabía también bastante acerca de Jesús, y hablaba con entusiasmo a la gente y le explicaba muy bien lo que sabía acerca de Jesús. Sin embargo, del bautismo sólo sabía lo que Juan el Bautista había enseñado.

26 Un día Apolo, confiado en sus conocimientos, comenzó a hablarle a la gente que estaba en la sinagoga. Pero cuando Priscila y Áquila lo escucharon, lo llamaron aparte y lo ayudaron a entender mejor el mensaje de Dios.

27 Como Apolo quería recorrer la región de Acaya, los miembros de la iglesia escribieron una carta a los cristianos de la región, para que fuera bien recibido por todos. Cuando Apolo llegó a Acaya, ayudó mucho a los que, gracias al amor de Dios, habían creído en Jesús. **28** Apolo se enfrentaba a los judíos que no creían en Jesús, y con las enseñanzas de la Biblia les probaba que Jesús era el Mesías.

Pablo va a Éfeso

19 **1** Mientras Apolo estaba en Corinto, Pablo cruzó la región montañosa y llegó a la ciudad de Éfeso. Allí encontró a algunos que habían creído en el Mesías, **2** y les preguntó:

—¿Recibieron el Espíritu Santo cuando creyeron?

Ellos contestaron:

—No. Ni siquiera sabemos nada acerca del Espíritu Santo.

3 Pablo les dijo:

—¿Por qué se bautizaron ustedes?

Ellos contestaron:

—Nos bautizamos por lo que Juan el Bautista nos enseñó.

4 Pablo les dijo:

—Juan bautizaba a la gente que le pedía perdón a Dios. Pero también le dijo a la gente que tenía que creer en Jesús, quien vendría después de él.

5 Cuando ellos oyeron eso, se bautizaron aceptando a Jesús como su Señor. **6-7** Pablo puso sus manos sobre la cabeza de esos doce hombres y, en ese momento, el Espíritu Santo vino sobre ellos. Entonces comenzaron a hablar en idiomas extraños y dieron mensajes de parte de Dios.

8 Durante tres meses, Pablo estu-vo yendo a la sinagoga todos los sábados. Sin ningún temor hablaba a la gente acerca del reino de Dios, y trataba de convencerla para que creyera en Jesús. **9** Pero algunos judíos se pusieron tercos y no quisieron creer. Al contrario, comenzaron a decirle a la gente cosas terribles acerca de los seguidores de Jesús. Al ver esto, Pablo dejó de reunirse con ellos y, acompañado de los nuevos seguidores, comenzó a reunirse todos los días en la escuela de un hombre llamado Tirano. **10** Durante dos años Pablo fue a ese lugar para hablar de Jesús. Fue así como muchos de los que vivían en toda la provincia de Asia escucharon el mensaje del Señor Jesús. Algunos de ellos eran judíos, y otros no lo eran.

Los hijos de Esceva

11 En Éfeso, Dios hizo grandes milagros por medio de Pablo. **12** La gente llevaba los pañuelos o la ropa que Pablo había tocado, y los ponían sobre los enfermos, y ellos se sanaban. También ponían pañuelos sobre los que tenían espíritus malos, y los espíritus salían.

13 Algunos judíos andaban por la ciudad de Éfeso expulsando de la gente espíritus malos, y usaban el poder del Señor Jesús para expulsarlos. Les decían a los espíritus: «Por el poder de Jesús, de quien Pablo habla, les ordeno que salgan».

14 Esto es lo que hacían los siete hijos de un sacerdote judío llamado Esceva. **15** Pero una vez, un espíritu malo les contestó: «Conozco a Jesús, y también conozco a Pablo, pero ustedes ¿quiénes son?»

16 En seguida el hombre que tenía el espíritu malo saltó sobre ellos y comenzó a golpearlos. Tanto los maltrató, que tuvieron que huir del lugar completamente desnudos y lastimados. **17** Los judíos y los no judíos que vivían en Éfeso se dieron cuenta de lo que pasó, y tuvieron mucho miedo. Y por todos lados se respetaba el nombre del Señor Jesús.

18 Muchos de los que habían creído en Jesús le contaban a la gente todo lo malo que antes habían hecho. **19** Otros, que habían sido brujos, traían sus libros de brujería y los quemaban delante de la gente. Y el valor de los libros quemados era como de cincuenta mil monedas de plata.

20 El mensaje del Señor Jesús se anunciaba en más y más lugares, y cada vez más personas creían en él, porque veían el gran poder que tenía.

Alboroto en Éfeso

21 Después de todo eso, Pablo decidió ir a la ciudad de Jerusalén, pasando por las regiones de Macedonia y Acaya. Luego pensó ir de Jerusalén a la ciudad de Roma, **22** así que envió a Timoteo y Erasto, que eran dos de sus ayudantes, a la región de Macedonia, mientras él se quedaba unos días más en Asia.

23 Por aquel tiempo los seguidores de Jesús tuvieron un gran problema, **24** provocado por un hombre llamado Demetrio. Este hombre se dedicaba a fabricar figuras de plata, y él y sus ayudantes ganaban mucho dinero haciendo la figura del templo de la diosa Artemisa. **25** Demetrio se reunió con sus ayudantes y con otros hombres que trabajaban haciendo cosas parecidas, y les dijo:

«Amigos, ustedes saben cuánto necesitamos de este trabajo para vivir bien. **26** Pero, según hemos visto y oído, este hombre llamado Pablo ha estado alborotando a la gente de Éfeso y de toda la provincia de Asia. Les ha dicho que los dioses que nosotros hacemos no son dioses de verdad, y mucha gente le ha creído. **27** Pablo no sólo está dañando nuestro negocio, sino que también le está quitando fama al templo de la gran diosa Artemisa. Hasta el momento, ella es amada y respetada en toda la provincia de Asia y en el mundo entero, pero muy pronto nadie va a querer saber nada de ella».

28 Cuando aquellos hombres oyeron eso, se enojaron mucho y gritaron: «¡Viva Artemisa, la diosa de los efesios!» **29** Entonces toda la gente de la ciudad se alborotó, y algunos fueron y apresaron a Gayo y a Aristarco, los dos compañeros de Pablo que habían venido de Macedonia, y los arrastraron hasta el teatro. **30** Pablo quiso entrar para hablar con la gente, pero los seguidores de Jesús no se lo aconsejaron. **31** Además, algunos amigos de Pablo, autoridades del lugar, le mandaron a decir que no debía entrar.

32 Mientras tanto, en el teatro todo era confusión. La gente se puso a gritar, aunque algunos ni siquiera sabían para qué estaban allí. **33** Varios de los líderes judíos empujaron a un hombre, llamado Alejandro, para que pasara al frente y viera lo que pasaba. Alejandro levantó la mano y pidió silencio para defender a los judíos. **34** Pero, cuando se dieron cuenta de que Alejandro también era judío, todos se pusieron a gritar durante casi dos horas: «¡Viva Artemisa, la diosa de los efesios!»

35 Finalmente, el secretario de la ciudad los hizo callar, y les dijo:

«Habitantes de Éfeso, nosotros somos los encargados de cuidar el templo de la gran diosa Artemisa y su estatua, la cual bajó del cielo. **36** Esto, todos lo sabemos muy bien, así que no hay razón para este alboroto. Cálmense y piensen bien las cosas. **37** Estos hombres que ustedes han traído no han hecho nada en contra del templo de la diosa Artemisa, ni han hablado mal de ella. **38** Si Demetrio y sus ayudantes tienen alguna queja en contra de ellos, que vayan ante los tribunales y hablen con los jueces. Allí cada uno podrá defenderse. **39** Y si aún tuvieran alguna otra cosa de qué hablar, deberán tratar el asunto cuando las autoridades de la ciudad se reúnan. **40** No tenemos ningún motivo para causar todo este alboroto, y más bien se nos podría acusar ante los jueces de alborotar a la gente».

Cuando el secretario terminó de hablar, les pidió a todos que se marcharan.

Pablo en Macedonia y Grecia

20 **1** Cuando todo aquel alboroto terminó, Pablo mandó llamar a los que habían creído y les pidió que no dejaran de confiar en Jesús. Luego se despidió de ellos y fue a la provincia de Macedonia. **2** Iba de lugar en lugar, animando a los miembros de las iglesias de esa región. De allí se fue a Grecia, **3** país donde se quedó tres meses. Estaba Pablo a punto de salir en barco hacia la provincia de Siria, cuando supo que algunos judíos planeaban atacarlo. Entonces decidió volver por Macedonia. **4** Varios hombres lo acompañaron: Sópatro, que era hijo de Pirro y vivía en la ciudad de Berea; Aristarco y Segundo, que eran de la ciudad de Tesalónica; Gayo, del pueblo de Derbe; y Timoteo, Tíquico y Trófimo, que eran de la provincia de Asia. **5** Todos ellos viajaron antes que nosotros y nos esperaron en la ciudad de Tróade. **6** Cuando terminó la fiesta de los Panes sin levadura, Pablo y los que estábamos con él salimos en barco, desde el puerto de Filipos hacia la ciudad de Tróade. Después de cinco días de viaje, llegamos y encontramos a aquellos hombres, y nos quedamos allí siete días.

Pablo viaja a Tróade

7-8 El domingo nos reunimos en uno de los pisos altos de una casa, para celebrar la Cena del Señor. Había muchas lámparas encendidas. Como Pablo saldría de viaje al día siguiente, estuvo hablando de Jesús hasta la media noche. **9** Mientras Pablo hablaba, un joven llamado Eutico, que estaba sentado en el marco de la ventana, se quedó profundamente dormido y se cayó desde el tercer piso. Cuando fueron a levantarlo, ya estaba muerto. **10** Pero Pablo bajó, se inclinó sobre él, y tomándolo en sus brazos dijo: «¡No se preocupen! Está vivo». **11** Pablo volvió luego al piso alto, celebró la Cena del Señor y siguió hablándoles hasta que salió el sol. Después continuó su viaje.

12 En cuanto a Eutico, los miembros de la iglesia lo llevaron sano y salvo a su casa, y eso los animó mucho.

Pablo en Mileto

13 Pablo había decidido ir por tierra hasta Aso, pero nosotros tomamos un barco para recogerlo allá. **14** Cuando llegamos, él se nos unió en el barco y nos fuimos al puerto de Mitilene. **15-16** Al día siguiente, el barco pasó frente a la isla Quío, y un día más tarde llegamos al puerto de Samos, porque Pablo no quería pasar a Éfeso ni perder mucho tiempo en la provincia de Asia. Lo que deseaba era llegar lo más pronto posible a la ciudad de Jerusalén, para estar allá en el día de Pentecostés. Seguimos navegando, y un día después llegamos al puerto de Mileto.

Pablo y los líderes de Éfeso

17 Estando en la ciudad de Mileto, Pablo mandó llamar a los líderes de la iglesia de Éfeso para hablar con ellos. **18** Cuando llegaron, les dijo: «Ustedes saben muy bien cómo me he portado desde el primer día que llegué a la provincia de Asia. **19** Aunque he sufrido mucho por los problemas que me han causado algunos judíos, con toda humildad he cumplido con lo que el Señor Jesús me ha ordenado. **20** Nunca he dejado de anunciarles a ustedes todas las cosas que les ayudarían a vivir mejor, ni de enseñarles en las calles y en sus casas. **21** A los judíos y a los que no son judíos les he dicho que le pidan perdón a Dios y crean en nuestro Señor Jesucristo.

22 »Ahora debo ir a Jerusalén, pues el Espíritu Santo me lo ordena. No sé lo que me va a pasar allá. **23** A donde quiera que voy, el Espíritu Santo me dice que en Jerusalén van a meterme a la cárcel, y que van a maltratarme mucho. **24** No me preocupa si tengo que morir. Lo que sí quiero es tener la satisfacción de haber anunciado la buena noticia del amor de Dios, como me lo ordenó el Señor Jesús.

25 »Estoy seguro de que no me volverá a ver ninguno de ustedes, a los que he anunciado el mensaje del reino de Dios. **26** Por eso quiero decirles que no me siento responsable por ninguno de ustedes, **27** pues ya les he anunciado los planes de Dios. No les he ocultado nada.

28 »Ustedes deben cuidarse a sí mismos, y cuidar a los miembros de la iglesia. Recuerden que el Espíritu Santo los puso como líderes de la iglesia de Dios, para que cuiden a todos los que Dios salvó por medio de la sangre de su propio Hijo. **29** »Cuando yo muera, vendrán otros que atacarán a todos los de la iglesia como si fueran lobos feroces. **30** También algunos de los que ahora son seguidores de Jesús comenzarán a enseñar mentiras, para que todos en la iglesia los sigan y los obedezcan. **31** »Por eso, tengan mucho cuidado. Recuerden los consejos que les he dado durante tres años, a pesar de tantos problemas y dificultades.

32 »Ahora le pido a Dios que los cuide con mucho amor. Su amoroso mensaje puede ayudarles a ser cada día mejores. Si lo obedecen, Dios cumplirá las promesas que ha hecho a todos los que ha elegido para ser su pueblo.

33 »Nunca he querido que me den dinero ni ropa. **34** Ustedes bien saben que con mis propias manos he trabajado para conseguir todo lo que mis ayudantes y yo hemos necesitado para vivir. **35** Les he enseñado que deben trabajar y ayudar a los que nada tienen. Recuerden lo que nos dijo el Señor Jesús: ''Dios bendice más al que da que al que recibe''».

36 Cuando Pablo terminó de hablar, se arrodilló con todos los líderes y oró por ellos. **37** Todos comenzaron a llorar, y abrazaron y besaron a Pablo. **38** Estaban muy tristes porque Pablo les había dicho que jamás lo volverían a ver. Después, todos acompañaron a Pablo hasta el barco.

Pablo viaja a Jerusalén

21 **1** Cuando nos despedimos de los líderes de la iglesia de Éfeso, subimos al barco y fuimos directamente a la isla de Cos. Al día siguiente, salimos de allí hacia la isla de Rodas, y de allí hacia el puerto de Pátara. **2** En Pátara encontramos un barco que iba hacia Fenicia, y nos fuimos en él. **3** En el viaje, vimos la costa sur de la isla de Chipre. Seguimos hacia la región de Siria y llegamos al puerto de Tiro, pues los marineros tenían que descargar algo. **4** Allí encontramos a unos seguidores del Señor Jesús, y nos quedamos con ellos siete días. Como el Espíritu Santo les había dicho que Pablo no debía ir a Jerusalén, ellos le rogaban que no siguiera su viaje.

5 Pasados los siete días decidimos seguir nuestro viaje. Todos los hombres, las mujeres y los niños nos acompañaron hasta salir del poblado. Al llegar a la playa, nos arrodillamos y oramos. **6** Luego nos despedimos de todos y subimos al barco, y ellos regresaron a sus casas.

7 Seguimos nuestro viaje desde Tiro hasta el puerto de Tolemaida. Allí saludamos a los miembros de la iglesia, y ese día nos quedamos con ellos. **8** Al día siguiente, fuimos por tierra hasta la ciudad de Cesarea. Allí nos quedamos con Felipe, quien anunciaba las buenas noticias y era uno de los siete ayudantes de los apóstoles. **9** Felipe tenía cuatro hijas solteras, que eran profetisas. **10** Teníamos varios días de estar en Cesarea cuando llegó un profeta llamado Agabo, que venía de la región de Judea. **11** Se acercó a nosotros y, tomando el cinturón de Pablo, se ató las manos y los pies. Luego dijo: «El Espíritu Santo dice que así atarán los judíos en Jerusalén al dueño de este cinturón, para entregarlo a las autoridades de Roma».

12 Cuando los que acompañábamos a Pablo escuchamos eso, le rogamos que no fuera a Jerusalén. También los de la iglesia de Cesarea le rogaban lo mismo. **13** Pero Pablo nos contestó: «¡No lloren, pues me ponen muy triste! Tanto amo al Señor Jesús, que estoy dispuesto a ir a la cárcel, y también a morir en Jerusalén».

14 Hicimos todo lo posible para evitar que Pablo fuera a Jerusalén, pero él no quiso escucharnos. Así que dijimos: «¡Señor Jesús, enséñanos a hacer lo que nos ordenas!»

15 Pocos días después, nos preparamos y fuimos a Jerusalén, **16** acompañados de algunos de los miembros de la iglesia de Cesarea. Nos llevaron a la casa de un hombre llamado Mnasón, que nos invitaba a quedarnos con él. Mnasón había creído en Jesús hacía mucho tiempo, y era de la isla de Chipre.

Pablo visita a Santiago

17 Cuando llegamos a la ciudad de Jerusalén, los miembros de la iglesia nos recibieron con mucha alegría. **18** Al día siguiente, fuimos con Pablo a visitar a Santiago, el hermano de Jesús. Cuando llegamos, también encontramos allí a los líderes de la iglesia. **19** Pablo los saludó y les contó todo lo que Dios había hecho por medio de él entre los que no eran judíos. **20** Cuando los miembros de la iglesia oyeron eso, dieron gracias a Dios y le dijeron a Pablo:

«Bueno, querido amigo Pablo,

como has podido ver, muchos judíos han creído en Jesús. Pero todos ellos dicen que deben seguir obedeciendo las leyes de Moisés. **21** Ellos se han enterado de que, a los judíos que viven en el extranjero, tú los enseñas a no obedecer la ley de Moisés, y que les dices que no deben circuncidar a sus hijos ni hacer lo que todos los judíos hacemos. **22** ¿Qué vamos a decir cuando la gente se dé cuenta de que tú has venido? **23** Mejor haz lo siguiente. Hay entre nosotros cuatro hombres que han hecho una promesa a Dios, y tienen que cumplirla en estos días. **24** Llévalos al templo y celebra con ellos la ceremonia de purificación. Paga tú los gastos de ellos para que puedan cortarse todo el pelo.¹ Si haces eso, los hermanos² sabrán que no es cierto lo que les han contado acerca de ti. Más bien, verán que tú también obedeces la Ley.

25 »En cuanto a los que no son judíos y han creído en Jesús, ya les habíamos mandado una carta. En ella les hicimos saber que no deben comer carne de animales que se hayan sacrificado a los ídolos, ni sangre, ni carne de animales que todavía tengan sangre adentro. Tampoco deben practicar las relaciones sexuales prohibidas por nuestra ley».

Pablo en la cárcel

26 Entonces Pablo se llevó a los cuatro hombres que habían hecho la promesa, y con ellos celebró al día siguiente la ceremonia de purificación. Después entró al templo para avisarles cuándo terminarían de cumplir la promesa, y así llevar la ofrenda que cada uno debía presentar.

27 Cuando estaban por cumplirse los siete días de la promesa, unos judíos de la provincia de Asia vieron a Pablo en el templo. En seguida alborotaron a la gente **28** y gritaron:

«¡Israelitas, ayúdennos! ¡Este es el hombre que anda por todas partes, hablando en contra de

nuestro país, en contra de la ley de Moisés, y en contra de este templo! ¡Hasta extranjeros ha metido en el templo! ¡No respeta ni este lugar santo!»

29 Dijeron eso porque en la ciudad habían visto a Pablo con Trófimo, que era de Éfeso, y pensaron que Pablo lo había llevado al templo.

30 Toda la gente de la ciudad se alborotó, y pronto se reunió una gran multitud. Agarraron a Pablo, lo sacaron del templo, y de inmediato cerraron las puertas. **31** Estaban a punto de matar a Pablo cuando el jefe del batallón de soldados romanos supo que la gente estaba alborotada. **32** Tomó entonces un grupo de soldados y oficiales, y fue al lugar.

Cuando la gente vio llegar al jefe y a sus soldados, dejó de golpear a Pablo. **33** El jefe arrestó a Pablo y ordenó que le pusieran dos cadenas. Luego le preguntó a la gente: «¿Quién es este hombre, y qué ha hecho?»

34 Pero unos gritaban una cosa y otros otra. Y era tanto el escándalo que hacían, que el comandante no pudo averiguar lo que pasaba. Entonces les ordenó a los soldados: «¡Llévense al prisionero al cuartel!»

35 Cuando llegaron a las gradas del cuartel, los soldados tuvieron que llevar alzado a Pablo, **36** pues la gente estaba furiosa y gritaba: «¡Que muera!»

Pablo habla en Jerusalén

37 Los soldados ya iban a meter a Pablo a la cárcel, cuando él le preguntó al jefe de ellos:

—¿Podría hablar con usted un momento?

El jefe, extrañado, le dijo:

—No sabía que tú hablaras griego. **38** Hace algún tiempo, un egipcio inició una rebelión contra el gobierno de Roma y se fue al desierto con cuatro mil guerrilleros.

¡Yo pensé que ese eras tú! **39** Pablo contestó:

— No. Yo soy judío y nací en Tarso, una ciudad muy importante de la provincia de Cilicia. ¿Me permitiría usted hablar con la gente?

40 El jefe le dio permiso. Entonces Pablo se puso de pie en las gradas del cuartel y levantó su mano pidiendo silencio. Cuando la gente se calló, Pablo les habló en arameo y les dijo:

22 **1** «Amigos israelitas y líderes del país, déjenme defenderme y escúchenme».

2 Cuando la gente oyó que Pablo les hablaba en arameo, guardaron más silencio. Pablo entonces les dijo:

3 «Yo soy judío. Nací en la ciudad de Tarso, en la provincia de Cilicia, pero crecí aquí en Jerusalén. Cuando estudié, mi maestro fue Gamaliel, y me enseñó a obedecer la ley de nuestros antepasados. Siempre he tratado de obedecer a Dios con mucho entusiasmo, así como lo hacen ustedes. **4** Antes buscaba por todas partes a los seguidores del Señor Jesús, para matarlos. A muchos de ellos, hombres y mujeres, los atrapé y los metí en la cárcel. **5** El jefe de los sacerdotes y todos los líderes del país saben bien que esto es cierto. Ellos mismos me dieron cartas para que mis amigos judíos de la ciudad de Damasco me ayudaran a atrapar más seguidores de Jesús. Yo fui a Damasco para traerlos a Jerusalén y castigarlos. **6** »Todavía estábamos en el camino, ya muy cerca de Damasco, cuando de repente, como a las doce del día, vino del cielo una fuerte luz y todo a mi alrededor se iluminó. **7** Caí al suelo, y escuché una voz que me decía: ''¡Saulo! ¡Saulo! ¿Por qué me persigues?'' **8** »Yo pregunté: ''¿Quién eres, Señor?''

»La voz me dijo: ''Yo soy Jesús de Nazaret. Es a mí a quien estás persiguiendo''.

9 »Los amigos que me acompañaban vieron la luz, pero no oyeron la voz. **10** Entonces pregunté: ''Señor, ¿qué debo hacer?''

»El Señor me dijo: ''Levántate y entra en la ciudad de Damasco. Allí te dirán lo que debes hacer''.

11 »Mis amigos me llevaron de la mano a Damasco, porque la luz me había dejado ciego. **12** Allí había un hombre llamado Ananías, que amaba a Dios y obedecía la ley de Moisés. La gente de Damasco hablaba muy bien de él. **13** Ananías fue a verme y me dijo: ''Saulo, amigo, ahora puedes ver de nuevo''.

»De inmediato recobré la vista y vi a Ananías. **14** Y él me dijo: ''El Dios de nuestros antepasados te ha elegido para que conozcas sus planes. Él quiere que veas a Jesús, quien es justo, y que oigas su voz. **15** Porque tú le anunciarás a todo el mundo lo que has visto y lo que has oído. **16** Así que, no esperes más; levántate, bautízate y pídele al Señor que perdone tus pecados''.

17 »Cuando regresé a Jerusalén, fui al templo a orar, y allí tuve una visión. **18** Vi al Señor que me decía: ''Vete en seguida de Jerusalén, porque la gente de aquí no creerá lo que digas de mí''.

19 »Yo contesté: ''Señor, esta gente sabe que yo iba a todas las sinagogas para atrapar a los que creían en ti. Los llevaba a la cárcel, y los maltrataba mucho. **20** Cuando mataron a Esteban, yo estaba allí, y estuve de acuerdo en que lo mataran porque hablaba de ti. ¡Hasta cuidé la ropa de los que lo mataron!''

21 »Pero el Señor me dijo: ''Vete ya, pues voy a enviarte a países que están muy lejos de aquí''».

22 La gente ya no quiso escuchar más y comenzó a gritar: «¡Ese hombre no merece vivir! ¡Que muera! ¡No queremos volver a verlo en este mundo!»

23 La gente siguió gritando y sacudiéndose el polvo de sus ropas en señal de rechazo, y lanzaba tierra al aire.

Pablo y el jefe de los soldados

24 El jefe de los soldados ordenó que metieran a Pablo en el cuartel, y que lo golpearan. Quería saber por qué la gente gritaba en contra suya. **25** Pero cuando los soldados lo ataron para pegarle, Pablo le preguntó al capitán de los soldados:

—¿Tienen ustedes permiso para golpear a un ciudadano romano, sin saber siquiera si es culpable o inocente?

26 El capitán fue y le contó esto al jefe de los soldados. Le dijo:

—¿Qué va a hacer usted? ¡Este hombre es ciudadano romano!

27 El jefe fue a ver a Pablo y le preguntó:

—¿De veras eres ciudadano romano?

—Sí —contestó Pablo.

28 El jefe le dijo:

—Yo compré el derecho de ser ciudadano romano, y me costó mucho dinero.

—¡Pero yo no lo compré! —le contestó Pablo—. Yo nací en una ciudad romana. Por eso soy ciudadano romano.

29 Los que iban a golpear a Pablo para que hablara, se apartaron de él. El jefe de los soldados también tuvo mucho miedo, pues había ordenado sujetar con cadenas a un ciudadano romano.

Pablo y la Junta Suprema

30 Al día siguiente, el jefe de los soldados romanos mandó a reunir a los sacerdotes principales y a los judíos de la Junta Suprema, pues quería saber exactamente de qué acusaban a Pablo. Luego ordenó que le quitaran las cadenas, que lo sacaran de la cárcel y que lo pusieran delante de todos ellos.

23 **1** Pablo miró a todos los de la Junta Suprema y les dijo:

—Amigos israelitas, yo tengo la conciencia tranquila, porque hasta ahora he obedecido a Dios en todo.

2 Entonces Ananías, el jefe de los sacerdotes, ordenó que golpearan a Pablo en la boca. **3** Pero Pablo le dijo:

—Dios lo va a golpear a usted, ¡hipócrita! Usted tiene que juzgarme de acuerdo con la Ley, entonces ¿por qué la desobedece ordenando que me golpeen?

4 Los demás judíos de la Junta le dijeron:

—¿Por qué insultas al jefe de los sacerdotes de Dios?

5 Pablo contestó:

—Amigos, yo no sabía que él era el jefe de los sacerdotes. La Biblia dice que no debemos hablar mal del jefe de nuestro pueblo.

6 Cuando Pablo vio que algunos de los judíos de la Junta eran saduceos, y que otros eran fariseos, dijo en voz alta:

—Amigos israelitas, yo soy fariseo, y muchos en mi familia también lo han sido. ¿Por qué se me juzga? ¿Por creer que los muertos pueden volver a vivir?

7 Apenas Pablo dijo eso, los fariseos y los saduceos comenzaron a discutir. La reunión no pudo continuar en paz, pues unos pensaban una cosa y otros otra. **8** Los saduceos dicen que los muertos no pueden volver a vivir, y que no existen los ángeles ni los espíritus. Pero los fariseos sí creen en todo eso. **9** Se armó entonces un gran alboroto, en el que todos gritaban. Algunos maestros de la Ley, que eran fariseos, dijeron: «No creemos que este hombre sea culpable de nada. Tal vez un ángel o un espíritu le ha hablado».

10 El alboroto era cada vez peor. Entonces el jefe de los soldados romanos tuvo miedo de que mataran a Pablo, y ordenó que vinieran los soldados y se lo llevaran de nuevo al cuartel.

11 A la noche siguiente, el Señor se le apareció a Pablo y le dijo: «Anímate, porque así como has hablado de mí en Jerusalén, también lo harás en Roma».

Plan para matar a Pablo

12-14 Al día siguiente, unos cuarenta judíos se pusieron de acuerdo para matar a Pablo. Fueron entonces a ver a los sacerdotes principales y a los líderes del país, y les dijeron:

—Hemos jurado no comer ni beber nada hasta que hayamos matado a Pablo. Que una maldición caiga sobre nosotros si no cumplimos el juramento. 15 Ahora bien, este es nuestro plan: ustedes, y los demás judíos de la Junta Suprema, pídanle al jefe de los soldados romanos que traiga mañana a Pablo. Díganle que desean investigar más acerca de él. Nosotros, por nuestra parte, estaremos listos para matarlo antes de que llegue aquí.

16 Pero un sobrino de Pablo se dio cuenta de lo que planeaban, y fue al cuartel a avisarle. 17 Pablo llamó entonces a uno de los capitanes romanos y le dijo:

—Este muchacho tiene algo importante que decirle al jefe de usted; llévelo con él.

18 El capitán lo llevó y le dijo a su jefe:

—El prisionero Pablo me pidió que trajera a este muchacho, pues tiene algo que decirle a usted.

19 El jefe tomó de la mano al muchacho y lo llevó a un lugar

aparte. Allí le preguntó:

—¿Qué vienes a decirme?

20 El muchacho le dijo:

—Unos judíos han hecho un plan para pedirle a usted que lleve mañana a Pablo ante la Junta Suprema. Van a decirle que es para investigarlo con más cuidado. 21 Pero usted no les haga caso, porque más de cuarenta hombres estarán escondidos esperando a Pablo, y han jurado que no comerán ni beberán nada hasta matarlo, y que si no lo hacen les caerá una maldición. Ellos están ahora esperando su respuesta.

22 El jefe despidió al muchacho y le ordenó:

—No le digas a nadie lo que me has dicho.

Pablo ante el gobernador Félix

23-24 El jefe de los guardias llamó a dos de sus capitanes y les dio esta orden: «Preparen a doscientos soldados para viajar a pie, setenta soldados que viajen a caballo, y doscientos que lleven lanzas. Preparen también un caballo para Pablo. Quiero que a las nueve de la noche vayan a la ciudad de Cesarea y lleven a Pablo ante el gobernador Félix. Cuiden que nada malo le pase a Pablo».

25 Además, el jefe envió con los soldados una carta que decía:

26 «De Claudio Lisias para el excelentísimo gobernador Félix. Saludos.

27 »Los líderes judíos arrestaron a este hombre y querían matarlo. Cuando supe que él es ciudadano romano, 2 fui con mis soldados y lo rescaté. 28 Luego lo llevé ante la Junta Suprema de los judíos para saber de qué lo culpaban. 29 Así supe que lo acusaban de cuestiones que tienen que ver con la ley de ellos. Pero yo no creo que haya

razón para matarlo o tenerlo en la cárcel. 30 Me he enterado también de que unos judíos planean matarlo, y por eso lo he enviado ante usted. A los judíos que lo acusan les he dicho que vayan y traten con usted el asunto que tienen contra él».

31 Los soldados cumplieron las órdenes de su jefe, y por la noche llevaron a Pablo al cuartel de Antipatris. 32 Al día siguiente, los soldados que iban a pie regresaron al cuartel de Jerusalén, y los que iban a caballo continuaron el viaje con Pablo. 33 Cuando llegaron a Cesarea, se presentaron ante el gobernador Félix, y le entregaron a Pablo junto con la carta.

34 El gobernador leyó la carta y luego preguntó de dónde era Pablo. Cuando supo que era de la región de Cilicia, 35 le dijo a Pablo: «Escucharé lo que tengas que decir cuando vengan los que te acusan».

Después, el gobernador ordenó a unos soldados que llevaran a Pablo, y que lo vigilaran bien. Los soldados lo llevaron al palacio que había construido el rey Herodes el Grande. 3

Pablo habla ante Félix

24 1 Cinco días después, el jefe de los sacerdotes y unos líderes de los judíos llegaron a Cesarea, acompañados por un abogado llamado Tértulo. Todos ellos se presentaron ante el gobernador Félix para acusar a Pablo. 2 Cuando trajeron a Pablo a la reunión, Tértulo comenzó a acusarlo ante Félix:

—Señor gobernador: Gracias a usted tenemos paz en nuestro país, y las cosas que usted ha mandado hacer nos han ayudado mucho. 3 Estamos muy agradecidos con todo lo que usted, excelentísimo Félix, nos ha dado. 4 No queremos hacerle perder tiempo, y por eso le pedimos que nos escuche un momento. 5 Este hombre es un verdadero problema para nosotros. Anda por todas partes haciendo que los judíos nos enojemos unos contra otros. Es uno de los jefes de un grupo de hombres y mujeres llamados nazarenos.¹ 6-7 Además, trató de hacer algo terrible contra nuestro templo, y por eso lo metimos en la cárcel.² ⁸ Si usted lo interroga, se dará cuenta de que todo esto es verdad.

9 Los judíos que estaban allí presentes aseguraban que todo eso era cierto. ¹⁰ Entonces el gobernador le hizo señas a Pablo para que hablara. Pablo le dijo:

—Yo sé que usted ha sido juez de este país durante muchos años. Por eso estoy contento de poder hablar ante usted para defenderme. ¹¹ Hace algunos días llegué a Jerusalén para adorar a Dios y, si usted lo averigua, sabrá que digo la verdad. ¹² La gente que me acusa no me encontró discutiendo con nadie, ni alborotando a la gente en el templo, ni en la sinagoga, ni en ninguna otra parte de la ciudad. ¹³ Ellos no pueden probar que sea cierto todo lo que dicen de mí.

¹⁴ »Una cosa sí es cierta: Yo estoy al servicio del Dios de mis antepasados, y soy cristiano. Ellos dicen que seguir a Jesús es malo, pero yo creo que estoy obedeciendo todo lo que está escrito en la Biblia. ¹⁵ Yo creo que Dios hará que los muertos vuelvan a vivir, no importa si fueron malos o buenos. Y los que me acusan también creen lo mismo. ¹⁶ Por eso siempre trato de obedecer a Dios y de estar en paz con los demás; así que no tengo nada de qué preocuparme.

¹⁷ »Durante muchos años anduve por otros países. Luego volví a mi país para traer dinero a los pobres y presentar una ofrenda a Dios. ¹⁸ Fui al templo para entregar las ofrendas y hacer una ceremonia de purificación. Yo no estaba haciendo ningún alboroto, y ni siquiera había mucha gente. Allí me encontraron unos judíos de la provincia de Asia, y fueron ellos los que armaron el alboroto. ¹⁹ Si es que algo tienen en contra mía, son ellos los que deberían estar aquí, acusándome delante de usted. ²⁰ Si no es así, que los presentes digan si la Junta Suprema de los judíos pudo culparme de hacer algo malo. ²¹ Lo único que dije ante la Junta, fue que me estaban juzgando por creer que los muertos pueden volver a vivir.

²² Cuando Félix oyó eso, decidió terminar la reunión, pues conocía bien todo lo que se relacionaba con el mensaje de Jesús. Y les dijo a los judíos: «Cuando venga el jefe Lisias, me contará lo que pasó; y sabré más acerca de este asunto».

²³ Luego, Félix le ordenó al capitán de los soldados que mantuviera preso a Pablo, pero que lo dejara hacer algunas cosas. Además, dio permiso para que Pablo recibiera a sus amigos y lo atendieran.

²⁴ Días después, Félix fue otra vez a ver a Pablo. Lo acompañó Drusila, su esposa, que era judía. Félix llamó a Pablo y lo escuchó hablar acerca de la confianza que se debe tener en Jesús. ²⁵ Pero Pablo también le habló de que tenía que vivir sin hacer lo malo, que tenía que controlarse para no hacer lo que quisiera, sino sólo lo bueno, y que algún día Dios juzgaría a todos. Entonces Félix se asustó mucho y le dijo: «Vete ya; cuando tenga tiempo volveré a llamarte».

²⁶ Félix llamaba mucho a Pablo para hablar con él, pero más bien quería ver si Pablo le daría algún dinero para dejarlo en libertad.

²⁷ Dos años después, Félix dejó de ser el gobernador, y en su lugar empezó a gobernar Porcio Festo.³ Pero, como Felix quería quedar bien con los judíos, dejó preso a Pablo.

Pablo ante Festo

25 ¹ Festo llegó a la ciudad de Cesarea para ocupar su puesto de gobernador. Tres días después se fue a la ciudad de Jerusalén. ² Cuando llegó, los sacerdotes principales y los judíos más importantes de la ciudad hicieron una acusación formal contra Pablo. ³ También le pidieron a Festo que les hiciera el favor de ordenar que Pablo fuera llevado a Jerusalén. Ellos planeaban matar a Pablo cuando viniera de camino a la ciudad. 4-5 Pero Festo les dijo:

—No; Pablo seguirá preso en Cesarea, y muy pronto yo iré para allá. Si él ha hecho algo malo y las autoridades de ustedes quieren acusarlo, que vengan conmigo. Allá podrán acusarlo.

⁶ Festo se quedó ocho días en Jerusalén, y luego regresó a Cesarea. Al día siguiente fue a la corte, se sentó en la silla del juez, y mandó traer a Pablo. ⁷ Cuando Pablo entró en la corte, los judíos que habían venido desde Jerusalén comenzaron a acusarlo de hacer cosas muy malas. Pero no pudieron demostrar que todo eso fuera cierto. ⁸ Pablo entonces tomó la palabra para defenderse, y dijo:

—Yo no he hecho nada malo contra el templo de Jerusalén, ni contra el emperador de Roma. Tampoco he desobedecido las leyes judías.

⁹ Como Festo quería quedar bien con los judíos, le preguntó a Pablo:

—¿Te gustaría ir a Jerusalén para que yo te juzgue allí?

¹⁰ Pablo le contestó:

—Este es el tribunal del emperador de Roma, y aquí debo ser juzgado. Usted sabe muy bien que yo no he hecho nada malo contra los judíos. ¹¹ Si lo hubiera hecho, no me importaría si como castigo mandaran a matarme. Pero si lo que ellos dicen de mí no es cierto, nadie tiene derecho de entregarme a ellos. Yo pido que el emperador sea mi juez. **12** Festo se reunió con sus consejeros para hablar del asunto, y luego le dijo a Pablo:

—Si quieres que el emperador sea tu juez, entonces irás a Roma.

Pablo ante el rey Agripa

13 Pasaron algunos días, y el rey Agripa₁ y Berenice₂ fueron a la ciudad de Cesarea para saludar al gobernador Festo. **14** Como Agripa y Berenice se quedaron allí varios días, Festo le contó al rey Agripa lo que pasaba con Pablo:

—Tenemos aquí a un hombre que Félix dejó preso. **15** Cuando fui a Jerusalén, los principales sacerdotes y los líderes judíos lo acusaron formalmente. Ellos querían que yo ordenara matarlo. **16** Pero les dije que nosotros, los romanos, no acostumbramos ordenar la muerte de nadie sin que esa persona tenga la oportunidad de ver a sus acusadores y defenderse. **17** Entonces los acusadores vinieron a Cesarea y yo, sin pensarlo mucho, al día siguiente fui al tribunal y ocupé mi puesto de juez. Ordené que trajeran al hombre, **18** pero no lo acusaron de nada terrible, como yo pensaba. **19** Lo acusaban sólo de cosas que tenían que ver con su religión, y de andar diciendo que un tal Jesús, que murió, ha vuelto a vivir. **20** Yo no sabía qué hacer, así que le pregunté a Pablo si quería ir a Jerusalén para ser juzgado allá. **21** Pero él contestó que prefería quedarse preso hasta que el emperador lo juzgue. Entonces ordené que lo dejaran preso hasta que yo pueda enviarlo a Roma.

22 Agripa le dijo a Festo:

—Me gustaría escuchar a ese hombre.

—Mañana mismo podrás oírlo —le contestó Festo.

23 Al día siguiente, Agripa y Berenice llegaron al tribunal, y con mucha pompa entraron a la sala. Iban acompañados de los jefes del ejército y de los hombres más importantes de la ciudad. Festo ordenó que trajeran a Pablo, **24** y luego dijo:

—Rey Agripa, y señores que hoy nos acompañan. Aquí está el hombre. Muchos judíos han venido a verme aquí, en Cesarea, y allá en Jerusalén, para acusarlo de muchas cosas. Ellos quieren que yo ordene matarlo, **25** pero no creo que haya hecho algo tan malo como para merecer la muerte. Sin embargo, él ha pedido que sea el emperador quien lo juzgue, y yo he decidido enviarlo a Roma. **26** Pero no sé qué decirle al emperador acerca de él. Por eso lo he traído hoy aquí, para que ustedes, y sobre todo usted, rey Agripa, le hagan preguntas. Así sabré lo que puedo escribir en la carta que enviaré al emperador. **27** Porque no tendría sentido enviar a un preso sin decir de qué se le acusa.

Discurso de Pablo ante el rey Agripa

26 **1** El rey Agripa le dijo a Pablo:

—Puedes hablar para defenderte.

Pablo levantó su mano en alto y dijo:

2 —Me alegra poder hablar hoy delante de Su Majestad, el rey Agripa. Estoy contento porque podré defenderme de todas las acusaciones que hacen contra mí esos judíos. **3** Yo sé que Su Majestad conoce bien las costumbres judías, y sabe también acerca de las cosas que discutimos. Por eso le pido ahora que me escuche con paciencia.

4 »Todos los judíos me conocen desde que yo era niño. Saben cómo he vivido en mi país y en Jerusalén. **5** Siempre he sido un fariseo. Si ellos quisieran, podrían asegurarlo, pues lo saben.

»Los fariseos somos el grupo más exigente de nuestra religión. **6** Ahora me están juzgando aquí sólo porque creo en la promesa que Dios les hizo a nuestros antepasados. **7** Nuestras doce tribus de Israel esperan que Dios cumpla esa promesa. Por eso aman y adoran a Dios día y noche. Gran rey Agripa, los judíos que me acusan no creen en esa promesa. **8** ¿Por qué ninguno de ustedes cree que Dios puede hacer que los muertos vuelvan a vivir?

9 »Antes, yo pensaba que debía hacer todo lo posible por destruir a los que creían en Jesús de Nazaret. **10** Eso hice en la ciudad de Jerusalén, y con el permiso de los sacerdotes principales metí en la cárcel a muchos de los que creían en él. Cuando los mataban, yo estaba de acuerdo. **11** Muchas veces los castigué en las sinagogas para que dejaran de creer en Jesús. Tanto los odiaba que hasta los perseguí en otras ciudades.

12 »Para eso mismo iba a la ciudad de Damasco, con el permiso y la autorización de los sacerdotes principales. **13** Pero en el camino, gran rey Agripa, cuando eran las doce del día, vi una luz muy fuerte que brilló alrededor de todos los que íbamos. **14** Todos caímos al suelo. Luego oí una voz que venía del cielo, y que me dijo en arameo: "Saulo, Saulo, ¿por qué me persigues? ¡Sólo los tontos pelean contra mí!"

15 »Entonces respondí: "¿Quién eres, Señor?"

»Él me contestó: "Yo soy Jesús. Es a mí a quien estás persiguiendo. **16** Levántate, porque me he aparecido ante ti para nombrarte como uno de mis servidores. Quiero que anuncies lo que ahora sabes de mí, y también lo que sabrás después. **17** Te enviaré a hablar con los judíos y con los que no son judíos, y no dejaré que ninguno de ellos te haga daño. **18** Quiero que hables con ellos para que se den cuenta de todo lo malo que hacen, y para que comiencen a obedecer a Dios. Ellos ahora caminan como si estuvieran ciegos, pero tú les abrirás los ojos. Así dejarán de obedecer a Satanás y obedecerán a Dios. Podrán creer en mí, y Dios les perdonará sus pecados. Así serán parte del santo pueblo de Dios''.

19 »Gran rey Agripa, yo no desobedecí esa visión que Dios puso ante mí. **20** Por eso, primero anuncié el mensaje a la gente de Damasco, y luego a la de Jerusalén y a la de toda la región de Judea. También hablé con los que no eran judíos, y les dije que debían pedirle perdón a Dios y obedecerle, y hacer lo bueno para demostrar que en verdad se habían arrepentido.

21 »¡Por eso algunos judíos me tomaron prisionero en el templo, y quisieron matarme! **22** Pero todavía sigo hablando de Jesús a todo el mundo, a ricos y a pobres, pues Dios me ayuda y me da fuerzas para seguir adelante. Siempre les hablo de lo que la Biblia ha dicho sobre todo esto: **23** que el Mesías tenía que morir, pero que después de tres días volvería a vivir, y que sería como una luz en la oscuridad, para salvar a los judíos y a los no judíos.

Agripa le responde a Pablo

24 Cuando Pablo terminó de defenderse, Festo le gritó:

—¡Pablo, estás loco! De tanto estudiar te has vuelto loco.

25 Pablo contestó:

—Excelentísimo Festo, yo no estoy loco. Lo que he dicho es la verdad y no una locura. **26** El rey Agripa sabe mucho acerca de todo esto, y por eso hablo con tanta confianza delante de él. Estoy seguro de que él sabe todo esto, porque no se trata de cosas que hayan pasado en secreto.

27 Luego Pablo se dirigió al rey Agripa y le dijo:

—Majestad, ¿acepta usted lo que dijeron los profetas en la Biblia? Yo sé que sí lo acepta.

28 Agripa le contestó:

—¿En tan poco tiempo piensas que puedes convencerme de ser cristiano?

29 Pablo le dijo:

—Me gustaría que en poco tiempo, o en mucho tiempo, Su Majestad y todos los que están aquí fueran como yo. Pero claro, sin estas cadenas.

30 Entonces el rey Agripa, Festo y Berenice, y todos los que estaban allí, se levantaron **31** y salieron para conversar a solas. Decían: «Este hombre no ha hecho nada malo como para merecer la muerte. Tampoco debería estar en la cárcel».

32 Agripa le dijo a Festo:

—Este hombre podría ser puesto en libertad, si no hubiera pedido que el emperador lo juzgue.

Pablo es llevado a Roma

27 ¹ Cuando por fin decidieron mandarnos a Italia, Pablo y los demás prisioneros fueron entregados a un capitán romano llamado Julio, que estaba a cargo de un grupo especial de soldados al servicio del emperador. **2** Fuimos llevados al puerto de Adramitio. Allí, un barco estaba a punto de salir para hacer un recorrido por los puertos de la provincia de Asia. Con nosotros estaba también Aristarco, que era de la ciudad de Tesalónica, en la provincia de Macedonia.

Subimos al barco y salimos. **3** Al día siguiente llegamos al puerto de Sidón. El capitán Julio trató bien a Pablo, pues lo dejó visitar a sus amigos en Sidón, y también permitió que ellos lo atendieran. **4** Cuando salimos de Sidón, navegamos con el viento en contra. Entonces nos acercamos a la costa de la isla de Chipre para protegernos del viento. **5** Luego pasamos por la costa de las provincias

de Cilicia y de Panfilia, y así llegamos a una ciudad llamada Mira, en la provincia de Licia.

6 El capitán Julio encontró allí un barco de Alejandría que iba hacia Italia, y nos ordenó subir al barco para continuar nuestro viaje. **7-8** Viajamos despacio durante varios días, y nos costó trabajo llegar frente al puerto de Cnido. El viento todavía soplaba en contra nuestra, por lo que pasamos frente a la isla de Salmona y, con mucha dificultad, navegamos por la costa sur de la isla de Creta. Por fin llegamos a un lugar llamado Buenos Puertos, que está cerca de la ciudad de Lasea, en la misma isla de Creta.

9 Era peligroso seguir navegando, pues habíamos perdido mucho tiempo y ya casi llegaba el invierno. Entonces Pablo les dijo a todos en el barco: **10** «Señores, este viaje va a ser peligroso. No sólo puede destruirse la carga y el barco, sino que hasta podemos morir».

11 Pero el capitán de los soldados no le hizo caso a Pablo, sino que decidió seguir el viaje, como insistían el dueño y el capitán del barco. **12** Buenos Puertos no era un buen lugar para pasar el invierno. Por eso, todos creían que lo mejor era seguir y tratar de llegar al puerto de Fenice para pasar allí el invierno. Fenice estaba en la misma isla de Creta, y desde allí se podía salir hacia el noroeste y el sudoeste.

Tempestad en el mar

13 De pronto, comenzó a soplar un viento suave que venía del sur. Por eso, el capitán y los demás pensaron que podían seguir el viaje, y salimos navegando junto a la costa de la isla de Creta. **14** Al poco tiempo, un huracán vino desde el noreste, y el fuerte viento comenzó a pegar contra el barco. **15** Como no podíamos navegar en contra del viento, tuvimos que dejarnos llevar por él. **16** Pasamos frente a la costa sur de una pequeña isla llamada Cauda, la

cual nos protegió del viento. Allí pudimos subir el bote salvavidas, aunque con mucha dificultad. ¹⁷ Después, los marineros usaron cuerdas, tratando de sujetar el casco del barco para que no se rompiera. Todos tenían miedo de que el barco quedara atrapado en los depósitos de arena llamados Sirte. Bajaron las velas y dejaron que el viento nos llevara a donde quisiera. ¹⁸ Al día siguiente la tempestad empeoró, por lo que todos comenzaron a echar al mar la carga del barco. ¹⁹ Tres días después también echaron al mar todas las cuerdas que usaban para manejar el barco. ²⁰ Durante muchos días no vimos ni el sol ni las estrellas. La tempestad era tan fuerte que habíamos perdido la esperanza de salvarnos.

²¹ Como habíamos pasado mucho tiempo sin comer, Pablo se levantó y les dijo a todos:

«Señores, habría sido mejor que me hubieran hecho caso, y que no hubiéramos salido de la isla de Creta. Así no le habría pasado nada al barco, ni a nosotros. ²² Pero no se pongan tristes, porque ninguno de ustedes va a morir. Sólo se perderá el barco. ²³ Anoche se me apareció un ángel, enviado por el Dios a quien sirvo y pertenezco. ²⁴ El ángel me dijo: ''Pablo, no tengas miedo, porque tienes que presentarte delante del emperador de Roma. Gracias a ti, Dios no dejará que muera ninguno de los que están en el barco''. ²⁵⁻²⁶ Así que, aunque el barco se quedará atascado en una isla, alégrense, pues yo confío en Dios y estoy seguro de que todo pasará como me dijo el ángel».

²⁷ El viento nos llevaba de un lugar a otro. Una noche, como a las doce, después de viajar dos semanas por el mar Adriático, los marineros vieron que estábamos cerca de tierra firme. ²⁸ Midieron y se dieron cuenta de que el agua tenía treinta y seis metros de profundidad. Más adelante vol-

vieron a medir, y estaba a veintisiete metros. ²⁹ Esto asustó a los marineros, pues quería decir que el barco podía chocar contra las rocas. Echaron cuatro anclas por la parte trasera del barco, y le pidieron a Dios que pronto amaneciera. ³⁰ Pero aun así, los marineros querían escapar del barco. Comenzaron a bajar el bote salvavidas, haciendo como que iban a echar más anclas en la parte delantera del barco. ³¹ Pablo se dio cuenta de sus planes, y les dijo al capitán y a los soldados: «Si esos marineros se van, ustedes no podrán salvarse». ³² Entonces los soldados cortaron las cuerdas que sostenían el bote y lo dejaron caer al mar.

³³ A la madrugada, Pablo pensó que todos debían comer algo y les dijo: «Hace dos semanas que sólo se preocupan por ver qué va a pasar, y no comen nada. ³⁴ Por favor, coman algo. Es necesario que tengan fuerzas, pues nadie va a morir por causa de este problema».

³⁵ Luego Pablo tomó un pan y oró delante de todos. Dando gracias a Dios, partió el pan y empezó a comer. ³⁶ Todos se animaron y también comieron. ³⁷ En el barco había doscientas setenta y seis personas, ³⁸ y todos comimos lo que quisimos. Luego los marineros tiraron el trigo al mar, para que el barco quedara más liviano.

El barco se hace pedazos

³⁹ Al amanecer, los marineros no sabían dónde estábamos, pero vieron una bahía con playa y trataron de arrimar el barco hasta allá. ⁴⁰ Cortaron las cuerdas de las anclas y las dejaron en el mar. También aflojaron los remos que guiaban el barco, y levantaron la vela delantera. El viento empujó el barco, y este comenzó a moverse hacia la playa, ⁴¹ pero poco después quedó atrapado en un montón de arena. La parte delantera no se podía mover, pues quedó enterrada en la arena, y las olas

comenzaron a golpear con tanta fuerza la parte trasera, que la despedazaron toda.

⁴² Los soldados querían matar a los prisioneros para que no se escaparan nadando. ⁴³ Pero el capitán no los dejó, porque quería salvar a Pablo. Ordenó que todos los que supieran nadar se tiraran al agua y llegaran a la playa, ⁴⁴ y los que no supieran se agarraran de tablas o pedazos del barco. Todos llegamos a la playa sanos y salvos.

Pablo en la isla de Malta

28 ¹ Cuando todos estuvimos a salvo, nos dimos cuenta de que nos encontrábamos en una isla llamada Malta. ² Los habitantes de la isla nos trataron muy bien, y encendieron un fuego para que nos calentáramos, porque estaba lloviendo y hacía mucho frío. ³ Pablo había recogido leña y la estaba echando al fuego. De repente, una serpiente salió huyendo del fuego y le mordió la mano a Pablo. ⁴ Cuando los que vivían en la isla vieron a la serpiente colgando de la mano de Pablo, dijeron: «Este hombre debe ser un asesino porque, aunque se salvó de morir ahogado en el mar, la diosa de la justicia no lo deja vivir». ⁵ Pablo arrojó la serpiente al fuego. ⁶ Todos esperaban que Pablo se hinchara, o que cayera muerto en cualquier momento. Pero se cansaron de esperar, porque a Pablo no le pasó nada. Entonces cambiaron de idea y pensaron que Pablo era un dios.

⁷ Cerca de donde estábamos había unos terrenos. Pertenecían a un hombre llamado Publio, que era la persona más importante de la isla. Publio nos recibió y nos atendió muy bien tres días.

⁸ El padre de Publio estaba muy enfermo de diarrea, y con mucha fiebre. Entonces Pablo fue a verlo, y oró por él; luego puso las manos sobre él, y lo sanó. ⁹ Cuando los otros enfermos de la isla se enteraron de eso, fueron a buscar a Pablo para que también los

sanara, y Pablo los sanó.

Pablo llega a Roma

10-11 En esa isla pasamos tres meses. La gente de allí nos atendió muy bien y nos dio de todo. Luego, cuando subimos a otro barco para irnos, nos dieron todo lo necesario para el viaje. El barco en que íbamos a viajar era de Alejandría, y había pasado el invierno en la isla. Estaba cargado de trigo, y por la parte delantera tenía la figura de los dioses Cástor y Pólux. **12** Salimos en el barco y llegamos al puerto de Siracusa, donde pasamos tres días. **13** Luego, salimos de allí y fuimos a la ciudad de Regio. Al día siguiente el viento soplaba desde el sur, y en un día de viaje llegamos a Puerto Pozzuoli. **14** Allí encontramos a algunos miembros de la iglesia, que nos invitaron a quedarnos una semana. Finalmente, llegamos a Roma. **15** Los de la iglesia ya sabían que nosotros íbamos a llegar, y por eso fueron a recibirnos al Foro de Apio y a un lugar llamado Tres Tabernas. Cuando los vimos, Pablo dio gracias a Dios y se sintió contento. **16** Al llegar a la ciudad, las autoridades permitieron que Pablo viviera aparte y no en la cárcel. Sólo dejaron a un soldado para que lo vigilara.

Pablo en Roma

17 Tres días después, Pablo invitó a los líderes judíos que vivían en Roma para que lo visitaran en la casa donde él estaba. Cuando ya todos estaban juntos, Pablo les dijo:

—Amigos israelitas, yo no he hecho nada contra nuestro pueblo, ni contra nuestras costumbres. Sin embargo, algunos judíos de Jerusalén me entregaron a las autoridades romanas. **18** Los romanos me hicieron muchas preguntas y, como vieron que yo era inocente, quisieron dejarme libre. **19** Pero como los judíos me acusaban querían matarme, tuve que pedir que el emperador de Roma se hiciera cargo de mi situación. En realidad, no quiero causarle ningún problema a mi pueblo. **20** Yo los he invitado a ustedes porque quería decirles que me encuentro preso por tener la misma esperanza que tienen todos los judíos.

21 Los líderes contestaron:

—Nosotros no hemos recibido ninguna carta de Judea que hable acerca de ti. Ninguno de los que han llegado de allá te ha acusado de nada malo. **22** Sin embargo, sí queremos que nos digas lo que tú piensas, porque hemos sabido que en todas partes se habla en contra de este nuevo grupo al que tú perteneces.

23 Entonces los líderes pusieron una fecha para reunirse de nuevo. Cuando llegó el día acordado, muchos judíos llegaron a la casa de Pablo. Y desde la mañana hasta la tarde, Pablo estuvo hablándoles acerca del reino de Dios. Usó la Biblia, porque quería que ellos aceptaran a Jesús como su salvador.

24 Algunos aceptaron lo que Pablo decía, pero otros no. **25** Y como no pudieron ponerse de acuerdo, decidieron retirarse. Pero antes de hacerlo, Pablo les dijo:

«El Espíritu Santo dijo lo correcto cuando, por medio del profeta Isaías, les habló a los antepasados de ustedes:

26 ''Ve y dile a
los israelitas:
Por más que ustedes escuchen,
nada entenderán;
por más que miren,
nada verán.

27 Tienen el corazón endurecido,
tapados están sus oídos
y cubiertos sus ojos.

Por eso no pueden entender,
ni ver ni escuchar.

No quieren volverse a mí,
ni quieren que yo los sane''».

28-29 Finalmente, Pablo les dijo: «¡Les aseguro que Dios quiere salvar a los que no son judíos! ¡Ellos sí escucharán!»

30 Pablo se quedó dos años en la casa que había alquilado, y allí recibía a todas las personas que querían visitarlo. **31** Nunca tuvo miedo de hablar del reino de Dios, ni de enseñar acerca del Señor Jesús, el Mesías, ni nadie se atrevió a impedírselo.

Romanos

Pablo saluda a los hermanos en Roma

1 ¹ Queridos hermanos de la iglesia en Roma:

Yo soy servidor y apóstol de Jesucristo porque Dios me eligió para anunciar las buenas noticias que él tiene para nosotros. ²⁻⁴ Dios había prometido enviarnos a su Hijo. Así lo habían anunciado sus profetas en la Biblia. Esas buenas noticias nos dicen que su hijo Jesucristo vino al mundo como descendiente del rey David. Jesucristo murió, pero Dios lo resucitó, y con eso demostró que Jesucristo es el poderoso Hijo de Dios.

⁵ Jesús me demostró su amor y me eligió para que le sirva como apóstol, pues quiere que todo el mundo le obedezca y crea en él.

⁶ Ustedes, que viven en Roma, son algunos de los que han creído en Jesucristo. ⁷ Dios los ama y los ha elegido para formar parte de su pueblo. Le pido a Dios, nuestro Padre, y al Señor Jesucristo, que también ellos les demuestren su amor y les den su paz.

Agradecimiento

⁸ En primer lugar, doy gracias a mi Dios por cada uno de ustedes, en nombre de Jesucristo. En todas partes se habla bien de ustedes y se sabe que confían en Dios y le obedecen.

⁹ Yo sirvo a Dios anunciando las buenas noticias acerca de su Hijo, y lo hago de todo corazón. Dios es testigo de que siempre oro por ustedes, ¹⁰ y de que siempre le pido que, si él así lo quiere, me permita ir por fin a visitarlos. ¹¹ Tengo muchos deseos de ir a verlos y darles ayuda espiritual. Así su confianza en Dios será permanente, ¹² y podremos ayudarnos unos a otros gracias a la fuerza de esa confianza que tenemos en Dios.

¹³ Hermanos en Cristo, quiero que sepan que muchas veces he tratado de ir a Roma para verlos, pero nunca ha faltado algo que me lo impida. Me gustaría ir allá para anunciar esta buena noticia, como ya lo he hecho en otros lugares, para que muchos crean en Jesús. ¹⁴⁻¹⁵ Tengo que anunciar esta buena noticia a todo el mundo, no importa que sepan mucho o no sepan nada, ni que sean humildes o importantes. Por eso tengo tantos deseos de ir a Roma.

La buena noticia es poderosa

¹⁶ No me da vergüenza anunciar esta buena noticia. Gracias al poder de Dios, todos los que la escuchan y creen en Jesús son salvados; no importa si son judíos o no lo son. ¹⁷ La buena noticia nos enseña que Dios acepta a los que creen en Jesús. Como dice la Biblia: «Aquellos a quienes Dios ha aceptado y confían en él, vivirán para siempre».

Todos somos culpables

¹⁸ Pero hay gente malvada que no deja que otros conozcan la verdad acerca de Dios. Y Dios, que vive en el cielo, está muy enojado con ellos. ¹⁹ Esa gente sabe todo lo que se puede saber acerca de Dios, pues Dios mismo se lo ha mostrado. ²⁰ Por medio de lo que Dios ha creado, todos podemos conocerlo, y también podemos ver su poder. Así que esa gente no tiene excusa, ²¹ pues saben de Dios, pero no lo respetan ni le dan las gracias. No piensan más que en puras tonterías e en hacer lo malo. ²² Creen que lo saben todo, pero en realidad no saben nada. ²³ En vez de adorar al único y poderoso Dios que vive para siempre, adoran a ídolos que ellos mismos se han hecho: ídolos con forma de seres humanos, mortales al fin y al cabo, o con forma de pájaros, de animales de cuatro patas y de serpientes.

²⁴ Por eso Dios los ha dejado hacer lo que quieran, y sus malos pensamientos los han llevado a hacer con sus cuerpos cosas vergonzosas. ²⁵ En vez de adorar al Dios verdadero, adoran dioses falsos; adoran las cosas que Dios ha creado, en vez de adorar al Dios que las creó y que merece ser adorado por siempre. Amén.

²⁶ Por esa razón, Dios ha dejado que esa gente haga todo lo malo que quiera. Por ejemplo, entre ellos hay mujeres que no quieren tener relaciones sexuales con los hombres, sino con otras mujeres. ²⁷ Y también hay hombres que se comportan así, pues no volvieron a tener relaciones sexuales con sus mujeres y se dejaron dominar por sus deseos de tener relaciones con otros hombres. De este modo, hicieron cosas vergonzosas los unos con los otros, y ahora sufren en carne propia el castigo que se buscaron.

²⁸ Como no han querido tener en cuenta a Dios, Dios los ha dejado hacer todo lo malo que su inútil mente los lleva hacer. ²⁹ Son gente injusta, malvada y codiciosa. Son envidiosos, asesinos, peleoneros, tramposos y chismosos. ³⁰ Hablan mal de los demás, odian a Dios, son insolentes y orgullosos, y se creen muy importantes. Siempre están inventando nuevas maneras de hacer el mal, y no obedecen a sus padres. ³¹ No quieren entender la verdad, ni se puede confiar en ellos. No aman a nadie ni se compadecen de nadie. ³² Saben que Dios ha dicho que quienes hacen esto merecen la muerte, pero no sólo siguen haciéndolo sino que felicitan a quienes también lo hacen.

Dios es justo

2 ¹ Cuando alguno de ustedes acusa a otro de hacer algo malo, él solo se acusa porque también hace lo mismo. Así que, no tiene ninguna razón de acusar y juzgar a otro, ² aunque todos sabemos que, cuando Dios juzga a quienes hacen lo malo, los juzga correctamente.

3 Si acusan y juzgan a los demás, pero hacen lo mismo que ellos, están muy equivocados si creen que Dios no los va a castigar. **4** Dios es muy bueno, y tiene mucha paciencia y soporta todo lo malo que hacen. Pero no vayan a pensar que lo que hacen no tiene importancia. Dios los trata con bondad, para que se arrepientan de su maldad. **5** Pero si insisten en desobedecerlo, y no se arrepienten, harán que Dios les dé un castigo peor. Llegará el día del juicio final, cuando Dios juzgará a todos, y muy enojado, los castigará a ustedes. **6** Porque a cada uno Dios le dará lo que se merece: **7** a los que hicieron lo bueno, con la esperanza de recibir de parte de Dios reconocimiento, honor y vida eterna, Dios los dejará vivir para siempre con él. **8** Pero a los egoístas y malvados, que no quieren hacer lo bueno, los castigará con todo su enojo. **9** Todos los malvados serán castigados con dolor y sufrimiento; en primer lugar, los judíos, pero también los que no son judíos. **10** A los que hayan hecho el bien, Dios les dará un lugar muy especial, y también honor y paz; en primer lugar, a los judíos, pero también a los que no son judíos. **11** ¡Dios no tiene favoritos!

12-13 Dios acepta a los que obedecen la ley de Moisés, pero rechaza a quienes solamente la escuchan y no la obedecen. Los que conocen la ley serán juzgados de acuerdo con esa misma ley. Los que no la conocen, y pecan, serán castigados aunque no conozcan esa ley. **14** Porque los que no son judíos obedecen los mandatos de la ley de Dios aunque no la conozcan, pues ellos mismos saben qué es lo bueno y qué es lo malo. **15-16** Es como si tuvieran la ley escrita en su mente. Su conducta así lo demuestra, pues cuando piensan en algo, ya saben si eso está bueno o mal.

La buena noticia que yo anuncio enseña que Dios juzgará a toda la humanidad por medio de Cristo Jesús. En ese día, Dios juzgará hasta los pensamientos más secretos.

Los judíos y la ley

17 Algunos de ustedes dicen con orgullo que son judíos. Se sienten muy seguros porque tienen la ley de Moisés y están orgullosos de su Dios. **18** Creen saber lo que Dios quiere, y cuando estudian la Biblia aprenden a conocer qué es lo mejor. **19** Se sienten muy seguros al decirles a los pecadores lo que deben hacer para ser salvos. **20** Y como tienen la Biblia en la mano, se creen maestros de los ignorantes y de los inexpertos, dueños de la verdad y del conocimiento.

21 Pero, ¿cómo pueden enseñar a otros si ustedes mismos no aprenden primero? ¿Cómo pueden enseñar que no se debe robar, si ustedes mismos roban? **22** Dicen que todos deben ser fieles en el matrimonio, pero ustedes mismos son infieles. Odian a los ídolos, pero roban en los templos de esos ídolos. **23** Están orgullosos de tener la Biblia, pero no la obedecen y son una vergüenza para Dios.

24 Tiene razón la Biblia cuando dice: «La gente de otros países habla mal de Dios por culpa de ustedes mismos».

25 De nada sirve que alguien se circuncide, si no obedece la ley. Si la desobedece, es como si nunca se hubiera circuncidado. **26** En cambio, los que no están circuncidados, pero obedecen la ley, son aceptados por Dios, aunque no estén circuncidados. **27** Así que los que obedecen la ley, los juzgarán a ustedes, aunque ellos nunca hayan sido circuncidados. Porque ustedes, aunque se circuncidaron y tuvieron la ley, nunca la obedecieron.

28 No crean que ustedes son judíos sólo por vivir como judíos y por estar circuncidados. **29** El verdadero judío es el que obedece a Dios y no a leyes humanas. A este Dios lo acepta aunque la gente lo rechace.

3 **1** Vamos a ver: ¿Vale la pena ser judío? ¿Conviene circuncidarse? **2** ¡Claro que sí! Porque el mensaje de Dios se les dio a los judíos antes que a nadie. **3** Y aunque es verdad que algunos de ellos no hicieron caso del mensaje, eso no significa que Dios dejará de cumplirles todo lo que les prometió. **4** ¡De ninguna manera! Aunque todo el mundo miente, Dios siempre dice la verdad. Así lo dice la Biblia:

«Todos reconocerán,
que siempre dices la verdad.
Por eso ganarás el pleito
cuando te acusen ante
los jueces».

5 Todo lo malo que hacemos demuestra que Dios es justo cuando se enoja y nos castiga. No por eso vamos a decir que Dios es injusto. **6** ¡De ninguna manera! Si Dios no fuera justo, ¿cómo podría decidir quiénes son malos y quiénes son buenos? **7-8** Alguien podría pensar que no merece ser castigado, ya que sus mentiras hacen que la verdad de Dios se vea con mayor claridad. En tal caso podría alegarse que es mejor hacer lo malo, ya que Dios convierte lo malo en bueno. Pero no se equivoquen. Pensar así es un error. Además, no es eso lo que quiero enseñar, aunque algunos me acusan de hacerlo. En todo caso, Dios es justo y castigará a esos mentirosos.

Nadie es justo

9 ¿Quiere decir todo esto que nosotros los judíos somos mejores que los demás? ¡Claro que no! Como ya les dije, seamos judíos o no lo seamos, todos somos pecadores. **10** La Biblia nos lo dice:

«Nadie es justo.
11 Nadie entiende nada,
ni quiere buscar a Dios.

12 Todos se han alejado
de él;

todos se han vuelto malos.

Nadie, absolutamente nadie,
quiere hacer lo bueno.

13 Sólo dicen cosas malas;
sólo saben decir mentiras.

Hacen tanto daño
con sus palabras,
como una serpiente
con su veneno.

14 Hablan con amargura
y maldicen a la gente.

15 Fácilmente se enojan
y matan a cualquiera.

16 A donde quiera que van,
todo lo destruyen
y lo dejan destrozado.

17 No saben vivir en paz,
18 ni respetan a Dios».

19 Sabemos que la ley de Moisés tiene valor para los que se someten a ella. Y lo que la ley dice es para que nadie pueda declararse inocente; es para que todo el mundo se reconozca culpable ante Dios. **20** El cumplimiento de la ley no nos hace inocentes ante Dios; la ley sólo sirve para que reconozcamos que somos pecadores.

La confianza en Jesucristo

21 La Biblia misma nos enseña claramente que ahora Dios nos acepta sin necesidad de cumplir la ley. **22** Dios acepta a todos los que creen y confían en Jesucristo, sin importar si son judíos o no lo . **23** Todos hemos pecado, y por eso estamos lejos de Dios. **24** Pero él nos ama mucho y nos declara inocentes sin pedirnos nada a cambio. Por medio de Jesús nos ha librado del castigo que merecían nuestros pecados. **25-26** Dios envió a Jesucristo para morir por nosotros. Si confiamos en que Jesús murió por nosotros, Dios nos perdonará. Con esto Dios demuestra que es justo y que, gracias a su

paciencia, ahora nos perdona todo lo malo que antes hicimos. Él es justo, y sólo acepta a los que confían en Jesús.

27-28 Ante Dios, no tenemos nada de qué estar orgullosos. Pues Dios nos acepta porque confiamos en Jesucristo, y no por obedecer la ley de Moisés. **29** Dios no es solamente Dios de los judíos; en realidad, él es Dios de todos, sean o no judíos. **30** Hay un solo Dios, y es el Dios que acepta a todos los que confían en Jesucristo, sean judíos o no lo sean. **31** Pero si confiamos en Jesús, eso no quiere decir que la ley ya no sirva. Al contrario, si confiamos en él, la ley cobra más valor.

El ejemplo de Abraham

4 **1** Pensemos en lo que le pasó a Abraham, nuestro antepasado. **2** Si Dios lo hubiera aceptado por todo lo que hizo, entonces podría sentirse orgulloso ante nosotros. Pero ante Dios no podía sentirse orgulloso de nada. **3** La Biblia dice:

«Dios aceptó a Abraham
porque Abraham confió
en Dios».

4 Ahora bien, el dinero que se le paga a alguien por un trabajo no es ningún regalo, sino algo que se le debe. **5** En cambio, Dios declara inocente al pecador, aunque el pecador no haya hecho nada para merecerlo, porque Dios le toma en cuenta su confianza en él. **6** David nos habla de la felicidad de aquellos a los que, sin hacer nada para merecerlo, Dios declara inocentes por confiar en él. Así lo dice en la Biblia:

7 «¡Qué felices son aquellos
a los que Dios perdona!
¡Dios ya se ha olvidado
de los pecados que
cometieron!

8 »¡Qué felices son aquellos
a los que Dios perdona

de todo lo malo que han
hecho!»

9 Pero esta felicidad, ¿es sólo de los que están circuncidados, o también de los que no lo están? Ya dijimos que Dios aceptó a Abraham porque él confió en Dios. **10** Y no hay duda de que Dios aceptó a Abraham antes de que fuera circuncidado. **11** En realidad, Abraham fue circuncidado para demostrar que Dios ya lo había aceptado por confiar en él. Fue así como Abraham se convirtió en el padre de todos los que confían en Dios, aunque no estén circuncidados. **12** Pero Abraham es también el padre de los que están circuncidados, y que a la vez confían en Dios. Pues con esto siguen el ejemplo de Abraham antes de que fuera circuncidado.

Promesa a los que confían en Dios

13 Dios le prometió a Abraham que a él y a sus descendientes les daría el mundo. Se lo prometió, no porque Abraham hubiera obedecido la ley sino porque confió en Dios; esto hizo que Dios lo aceptara. **14** Si la promesa de Dios fuera para los que obedecen la ley, entonces de nada serviría confiar en Dios, y su promesa no valdría de nada. **15** Dios castiga a los que desobedecen la ley. Pero cuando no hay ley, nadie es culpable de desobedecerla. **16** Por eso, para que la promesa de Dios tuviera valor para los descendientes de Abraham, Dios no pidió nada a cambio. Hizo la promesa para todos los que confiaran en él. No sólo para los que obedecen la ley, sino también para los que confían como Abraham. Por eso Abraham es el padre de todos nosotros. **17** En la Biblia, Dios le dijo a Abraham que llegaría a ser el antepasado de gente de muchos países. Esta promesa Dios se la hizo a Abraham porque creyó en él, que es el único Dios con poder para resucitar a los muertos y

para crear cosas nuevas.

18 Cuando Dios le prometió a Abraham que tendría muchísimos descendientes, esto parecía imposible. Sin embargo, por su esperanza y confianza en Dios, Abraham llegó a ser el antepasado de gente de muchos países que también confían en Dios. **19** Aunque ya tenía casi cien años y sabía que pronto moriría, Abraham nunca dejó de confiar en Dios. Y aunque sabía que su esposa Sara no podía tener hijos, **20** nunca dudó de que Dios cumpliría su promesa. Al contrario, su confianza era cada vez más firme, y daba gracias a Dios.

21 Abraham estaba completamente seguro de que Dios tenía poder para cumplir su promesa. **22** Por eso Dios lo aceptó. **23** Y cuando la Biblia dice que Dios aceptó a Abraham, no se refiere sólo a él **24** sino también a nosotros. Dios es el mismo Dios que resucitó a Jesús nuestro Señor, y nos acepta si confiamos en él. **25** Dios entregó a Jesús para que muriera por nuestros pecados, y lo resucitó para que fuéramos declarados inocentes.

Vivimos en paz con Dios

5 **1** Dios nos ha aceptado porque confiamos en él. Esto lo hizo posible nuestro Señor Jesucristo. Por eso ahora vivimos en paz con Dios. **2** Nos alegra saber que por confiar en Jesucristo, ahora podemos disfrutar del amor de Dios y un día compartiremos con él toda su grandeza. **3** Pero también nos alegra tener que sufrir, porque sabemos que así aprenderemos a soportar el sufrimiento. **4-5** Y si aprendemos a soportarlo, seremos aprobados por Dios. Y si él nos aprueba podremos estar seguros de nuestra salvación. De eso estamos seguros: Dios cumplirá su promesa, porque él nos ha llenado el corazón con su amor, por medio del Espíritu Santo que nos ha dado.

6 Cuando nosotros los pecadores no podíamos salvarnos, Cristo

murió por nosotros. Murió en el tiempo escogido por Dios. **7** En realidad, no es fácil que alguien esté dispuesto a morir en lugar de otra persona, aunque sea buena y honrada. Tal vez podríamos encontrar a alguien que diera su vida por alguna persona realmente buena. **8** Pero aunque nosotros todavía éramos pecadores, Dios nos demostró su gran amor al enviar a Jesucristo a morir por nosotros.

9 Si Dios nos declaró inocentes por medio de la muerte de Cristo, con mayor razón gracias a Cristo nos librará del castigo final. **10** Si cuando todavía éramos sus enemigos, Dios hizo las paces con nosotros por medio de la muerte de su Hijo, con mayor razón nos salvará ahora que su Hijo vive y nosotros estamos en paz con Dios. **11** Además, Dios nos ha hecho muy felices, pues ahora vivimos en paz con él por medio de nuestro Señor Jesucristo.

12 El primer pecado en el mundo fue la desobediencia de Adán. Así, en castigo por el pecado, apareció la muerte en el mundo. Y como todos han pecado, todos tienen que morir. **13** Antes de que Dios diera la ley, todos pecaban. Pero cuando no hay ley, no se puede acusar a nadie de desobedecerla. **14** Sin embargo, los que vivieron desde Adán hasta Moisés tuvieron que morir porque pecaron, aunque su pecado no fue la desobediencia a un mandato específico de Dios, como en el caso de Adán.

En algunas cosas, Adán se parece a Cristo. **15** Sin embargo, no hay comparación entre el pecado de Adán y el regalo que Dios nos ha dado. Por culpa de Adán, muchos murieron; pero por medio de Jesucristo Dios nos dio un regalo mucho más importante, y para el bien de muchas personas. **16** El pecado de Adán no puede compararse con el regalo de Dios. El pecado de Adán hizo que Dios lo declarara culpable. Pero gracias al regalo de Dios, ahora él decla-

ra inocentes a los pecadores, aunque no lo merezcan. **17** Si por el pecado de Adán, la muerte reina en el mundo, con mayor razón, por medio de Jesucristo, nosotros reinaremos en la nueva vida. Pues Dios nos ama, y nos ha aceptado sin pedirnos nada a cambio.

18 Por el pecado de Adán, Dios declaró que todos merecemos morir. Pero gracias a Jesucristo, que murió por nosotros, Dios nos declara inocentes y nos da vida eterna. **19** O sea, que la desobediencia de uno solo, hizo que muchos desobedecieran, pero por la obediencia de Jesús, Dios declaró inocentes a muchos.

20 La ley apareció para que el pecado se hiciera fuerte. Pero si bien el pecado se hizo fuerte, el amor de Dios lo superó. **21** Y si el pecado reinó sobre la muerte, el amor de Dios reinó sobre la vida. Por eso Dios nos ha declarado inocentes, y nos ha dado vida eterna por medio de nuestro Señor Jesucristo.

Vivimos gracias a Cristo

6 **1** ¿Qué más podemos decir? ¿Seguiremos pecando para que Dios nos ame más todavía? **2** ¡Por supuesto que no! Nosotros ya no tenemos nada que ver con el pecado, así que ya no podemos seguir pecando. **3** Ustedes bien saben, que por medio del bautismo, nos unimos a Cristo en su muerte. **4** Al ser bautizados, morimos y somos sepultados con él. Pero morimos para nacer a una vida totalmente diferente. Eso mismo pasó con Jesús, cuando Dios el Padre lo resucitó con gran poder.

5 Si al bautizarnos participamos en la muerte de Cristo, también participaremos de su nueva vida. **6** Una cosa es clara: antes éramos pecadores, pero cuando Cristo murió en la cruz, nosotros morimos con él. Así que el pecado ya no nos gobierna. **7** Cuando morimos, el pecado ya no tiene poder sobre uno.

8 Si por medio del bautismo

morimos con Cristo, estamos seguros de que también viviremos con él. **9** Sabemos que Jesucristo resucitó y nunca más volverá a morir, pues la muerte ya no tiene poder sobre él. **10** Cuando Jesucristo murió, el pecado perdió para siempre su poder sobre él. La vida que ahora vive, es para agradar a Dios.

11 De igual manera, el pecado ya no tiene poder sobre ustedes, sino que Cristo les ha dado vida, y ahora viven para agradar a Dios. **12** Algún día sus cuerpos serán destruidos, así que no dejen que el pecado los obligue a obedecer los deseos de su cuerpo. **13** Ustedes ya han muerto al pecado, pero ahora han vuelto a vivir. Así que no dejen que el pecado los use para hacer lo malo. Más bien, entréguense a Dios, y hagan lo que a él le agrada. **14** Así el pecado ya no tendrá poder sobre ustedes, porque ya no son esclavos de la ley. Ahora están al servicio del amor de Dios.

Al servicio de Dios

15 Alguien podría decir que como ya no somos esclavos de la ley, sino que estamos al servicio del amor de Dios, podemos seguir pecando. Pero eso no es posible. **16** Ustedes saben que quien siempre obedece a una persona, llega a ser su esclavo. Nosotros podemos servir al pecado y morir, o bien obedecer a Dios y recibir su perdón. **17** Antes, ustedes eran esclavos del pecado. Pero gracias a Dios que obedecieron de todo corazón la enseñanza que se les dio. **18** Ahora son libres del pecado, y están al servicio de Dios para hacer el bien.

19 Como a ustedes todavía les cuesta entender esto, se lo explico con palabras sencillas y bien conocidas. Antes ustedes eran esclavos del mal, y cometían pecados sexuales y toda clase de maldades. Pero ahora tienen que dedicarse completamente al servicio de Dios.

20 Cuando ustedes eran esclavos del pecado, no tenían que vivir como a Dios le agrada. **21** ¿Y qué provecho sacaron? Tan sólo la vergüenza de vivir separados de Dios para siempre. **22** Pero ustedes ya no son esclavos del pecado. Ahora son servidores de Dios. Y esto sí que es bueno, pues el vivir sólo para Dios les asegura que tendrán la vida eterna. **23** Quien sólo vive para pecar, recibirá como castigo la muerte. Pero Dios nos regala la vida eterna por medio de Cristo Jesús, nuestro Señor.

Ahora pertenecemos a Cristo

7 **1** Hermanos en Cristo, ustedes conocen la ley de Moisés y saben que debemos obedecerla sólo mientras vivamos. **2** Por ejemplo, la ley dice que la mujer casada será esposa de su marido sólo mientras él viva. Pero si su esposo muere, ella quedará libre de la ley que la unía a su esposo. **3** Si ella se va a vivir con otro hombre mientras su esposo vive todavía, se le podrá culpar de ser infiel a su esposo. Pero si su esposo muere, ella quedará libre de esa ley y podrá volver a casarse sin que se le culpe de haber sido infiel.

4 Algo parecido sucede con ustedes, mis hermanos. Por medio de la muerte de Cristo, ustedes ya no están bajo el control de la ley. Ahora ustedes son de Cristo, a quien Dios resucitó. De modo que podemos servir a Dios haciendo el bien. **5** Cuando vivíamos sin poder dominar nuestros deseos de hacer lo malo, la ley sólo servía para que deseáramos hacerlo más. Así que todo lo que hacíamos nos separaba más de Dios. **6** Pero ahora la ley ya no puede controlarnos. Es como si estuviéramos muertos. Somos libres y podemos servir a Dios de manera distinta. Ya no lo hacemos como antes, cuando obedecíamos la antigua ley, sino que ahora obedecemos al Espíritu Santo.

La lucha contra el pecado

7 ¿Quiere decir esto que la ley es pecado? ¡Claro que no! Pero si no hubiera sido por la ley, yo no habría entendido lo que es el pecado. Por ejemplo, si la ley no dijera: «No se dejen dominar por el deseo de tener lo que otros tienen», yo no sabría que eso es malo. **8** Cuando no hay ley, el pecado no tiene ningún poder. Pero el pecado usó ese mandamiento de la ley, y me hizo desear toda clase de mal.

9 Cuando yo todavía no conocía la ley, vivía tranquilo. Pero, cuando conocí la ley, me di cuenta de que era un gran pecador **10** y de que vivía alejado de Dios. Así, pues, la ley que debió haberme dado la vida eterna, más bien me dio la muerte eterna. **11** Porque el pecado usó la ley para engañarme, y con esa misma ley me alejó de Dios.

12 Así que podemos decir que la ley viene de Dios. Cada uno de sus mandatos, es buena y justo. **13** Con esto no estoy diciendo que la ley, que es buena, me llevó a la muerte. ¡De ninguna manera! El que hizo esto fue el pecado, que usó un mandato bueno. Así, por medio de un mandato bueno todos podemos saber lo realmente terrible y malo que es el pecado. **14** Nosotros sabemos que la ley viene de Dios. Pero yo no soy más que un simple hombre, y no puedo controlar mis malos deseos. Soy un esclavo del pecado. **15** La verdad es que no entiendo nada de lo que hago, pues en vez de lo bueno que quiero hacer, hago lo malo que no quiero hacer. **16** Pero, aunque hago lo que no quiero hacer, reconozco que la ley es buena. **17** Así que no soy yo quien hace lo malo, sino el pecado que está dentro de mí. **18** Yo sé que mis deseos egoístas no me permiten hacer lo bueno, pues aunque quiero hacerlo, no puedo hacerlo. **19** En vez de lo bueno que quiero hacer, hago lo malo que no quiero hacer. **20** Pero si hago lo que no quiero hacer, en realidad no soy yo quien lo hace, sino el pecado que está dentro de mí. **21** Me doy cuenta entonces de que, aunque quiero hacer lo bueno, sólo puedo hacer lo malo. **22** En lo más profundo de mi corazón amo la ley de Dios. **23-25** Pero también me sucede otra cosa: Hay algo dentro de mí que lucha contra lo que creo que es bueno. Trato de obedecer la ley de Dios, pero me siento como en una cárcel, donde lo único que puedo hacer es pecar. Sinceramente, deseo obedecer la ley de Dios, pero no puedo dejar de pecar porque mi cuerpo es débil para obedecerla. ¡Pobre de mí! ¿Quién me librará de este cuerpo que me hace pecar y me separa de Dios? ¡Le doy gracias a Dios, porque sé que Jesucristo me ha librado!

El Espíritu de Dios nos da vida

8 **1** Por lo tanto, los que vivimos unidos a Jesucristo no seremos castigados. **2** Ahora, por estar unidos a él, el Espíritu Santo nos controla y nos da vida, y nos ha librado del pecado y de la muerte. **3** Dios ha hecho lo que la ley de Moisés no era capaz de hacer, ni podría haber hecho, porque nadie puede controlar sus deseos de hacer lo malo. Dios envió a su propio Hijo, y lo envió tan débil como nosotros, los pecadores. Lo envió para que muriera por nuestros pecados. Así, por medio de él, Dios destruyó al pecado. **4** Lo hizo para que ya no vivamos de acuerdo con nuestros malos deseos, sino conforme a todos los justos mandamientos de la ley, con la ayuda del Espíritu Santo. **5** Los que viven sin controlar sus malos deseos, sólo piensan en hacer lo malo. Pero los que viven obedeciendo al Espíritu Santo, sólo piensan en hacer lo que desea el Espíritu. **6** Si vivimos pensando en todo lo malo que nuestros cuerpos desean, entonces quedaremos separados de Dios. Pero si pensamos sólo en lo que desea el Espíritu Santo, entonces tendremos vida eterna y paz. **7** Los que no controlan sus malos deseos sólo piensan en hacer lo malo. Son enemigos de Dios, porque no quieren ni pueden obedecer la ley de Dios. **8** Por eso, los que viven obedeciendo sus malos deseos no pueden agradarlo.

9 Pero, si el Espíritu de Dios vive en ustedes, ya no tienen que seguir sus malos deseos, sino obedecer al Espíritu de Dios. El que no tiene el Espíritu de Cristo, no es de Cristo. **10** Por culpa del pecado, sus cuerpos tienen que morir. Pero si Cristo vive en ustedes, también el espíritu de ustedes vivirá, porque Dios los habrá declarado inocentes. **11** Dios resucitó a Jesús, y él también hará que los cuerpos muertos de ustedes vuelvan a vivir, si el Espíritu de Dios vive en ustedes. Esto Dios lo hará por medio de su Espíritu, que vive en ustedes.

12 Por eso, hermanos, ya no estamos obligados a vivir de acuerdo con nuestros propios deseos. **13** Si ustedes viven de acuerdo a esos deseos, morirán para siempre; pero si por medio del Espíritu Santo ponen fin a esos malos deseos, tendrán vida eterna. **14** Todos los que viven en obediencia al Espíritu de Dios, son hijos de Dios. **15** Porque el Espíritu que Dios les ha dado no los esclaviza ni les hace tener miedo. Por el contrario, el Espíritu nos convierte en hijos de Dios y nos permite decirle a Dios: «¡Papá!» **16** El Espíritu de Dios se une a nuestro espíritu y nos asegura que somos hijos de Dios. **17** Y como somos sus hijos, tenemos derecho a todo lo bueno que él ha preparado para nosotros. Todo eso lo compartiremos con Cristo. Y si de alguna manera sufrimos como él sufrió, seguramente también compartiremos con él la honra que recibirá.

Un futuro maravilloso

18 Estoy seguro de que los sufrimientos por los que ahora pasamos no son nada, si los comparamos con la gloriosa vida que Dios nos dará junto a él. **19** El mundo entero espera impaciente que Dios muestre a todos que nosotros somos sus hijos. **20** Pues todo el mundo está confundido, y no por su culpa, sino porque Dios así lo decidió. Pero al mundo le queda todavía la esperanza **21** de ser liberado de su destrucción. Tiene la esperanza de compartir la maravillosa libertad de los hijos de Dios. **22** Nosotros sabemos que este mundo se queja y sufre de dolor, como cuando una mujer embarazada está a punto de dar a luz.

23 Y no sólo sufre el mundo, sino que también sufrimos nosotros, los que tenemos al Espíritu Santo como anticipo de todo lo que Dios nos dará después. Mientras esperamos que Dios nos adopte definitivamente como sus hijos, y nos libere del todo, sufrimos en silencio. **24** Dios nos salvó porque tenemos la confianza de que así sucederá. Pero esperar lo que ya se está viendo no es esperanza, pues ¿quién sigue esperando algo que ya tiene? **25** Sin embargo, si esperamos recibir algo que todavía no vemos, tenemos que esperarlo con paciencia.

26 Del mismo modo, y puesto que nuestra confianza en Dios es débil, el Espíritu Santo nos ayuda. Porque no sabemos cómo debemos orar a Dios, pero el Espíritu mismo ruega por nosotros, y lo hace de modo tan especial que no hay palabras para expresarlo. **27** Y Dios, que conoce todos nuestros pensamientos, sabe lo que el Espíritu Santo quiere decir. Porque el Espíritu ruega a Dios por su pueblo especial, y sus ruegos van de acuerdo con lo que Dios quiere.

28 Sabemos que Dios va preparando todo para el bien de los que le aman, es decir, de los que él ha llamado de acuerdo con su plan. **29** Desde el principio, Dios ya sabía a quiénes iba a elegir, y ya había decidido que fueran semejantes a su Hijo, para que este sea el Hijo mayor. **30** A los que él ya había elegido, los llamó; y a los que llamó también los aceptó; y a los que aceptó les dio un lugar de honor.

31 Sólo nos queda decir que si Dios está de nuestra parte, nadie podrá ponerse en contra de nosotros. **32** Dios no nos negó ni siquiera a su propio Hijo, sino que lo entregó por nosotros, así que también nos dará junto con él todas las cosas. **33** ¿Quién puede acusar de algo malo a los que Dios ha elegido? ¡Si Dios mismo los ha declarado inocentes! **34** ¿Puede alguien castigarlos? ¡De ninguna manera, pues Jesucristo murió por ellos! Es más, Jesucristo resucitó, y ahora está a la derecha de Dios, rogando por nosotros. **35** ¿Quién podrá separarnos del amor de Jesucristo? Nada ni nadie. Ni los problemas, ni los sufrimientos, ni las dificultades. Tampoco podrán hacerlo el hambre ni el frío, ni los peligros ni la muerte. **36** Como dice la Biblia:

«Por causa tuya nos matan;
¡por ti nos tratan siempre
como ovejas para el
matadero!».

37 En medio de todos nuestros problemas, estamos seguros de que Jesucristo, quien nos amó, nos dará la victoria total. **38** Yo estoy seguro de que nada podrá separarnos del amor de Dios: ni la vida, ni la muerte, ni los ángeles, ni los espíritus, ni lo presente, ni lo futuro, **39** ni los poderes del cielo, ni los del infierno, ni nada de lo creado por Dios. ¡Nada, absolutamente nada, podrá separarnos del amor que Dios nos ha mostrado por medio de nuestro Señor Jesucristo!

El pueblo de Dios

9 **1** Yo creo en Jesucristo, y por eso digo la verdad. El Espíritu Santo me guía, y en lo más profundo de mi ser me asegura que no miento. **2** Es verdad que estoy muy triste, y que en mi corazón siento un dolor que no me deja. **3** Sufro por los judíos, que son mi pueblo, y quisiera ayudarlos. Yo estaría dispuesto a caer bajo la maldición de Dios, y a quedar separado de Cristo, si eso los ayudara a estar cerca de Dios. **4** Ellos son el pueblo que Dios ha elegido. A ellos Dios les dio el derecho de ser sus hijos. Dios ha estado con ellos y les ha mostrado su gran poder. Hizo pactos con ellos, y les dio su ley. Les enseñó a adorarlo de verdad, y también les hizo promesas. **5** Ellos pertenecen al pueblo de Dios. Y el Mesías, como hombre, pertenece a ese mismo pueblo. Él gobierna sobre todas las cosas, y es Dios. ¡Alabado sea Dios por siempre! Amén.

6 No estoy diciendo que Dios no haya cumplido sus promesas con el pueblo de Israel. Pero no todos los judíos son realmente parte del pueblo de Israel. **7** Ni todos los descendientes de Abraham son verdaderos hijos de Abraham, pues Dios le había dicho: «Tu descendencia vendrá por medio de Isaac». **8-9** Esto significa que nadie es hijo de Dios sólo por pertenecer a cierta familia o raza. Al contrario, la verdadera familia de Abraham la forman todos los descendientes de Isaac. Porque Isaac fue quien nació para cumplir la promesa que Dios le hizo a Abraham: «Dentro de un año volveré, y para entonces Sara ya tendrá un hijo».

10-12 Pero eso no es todo. Aun cuando los dos hijos de Rebeca eran de nuestro antepasado Isaac, Dios eligió sólo a uno de ellos para formar su pueblo. Antes de nacer, ninguno de los niños había hecho nada, ni bueno ni malo. Sin embargo, Dios le dijo a Rebeca que el mayor serviría al menor. Con esto Dios demostró que él elige a quien él quiere, de acuerdo con su plan. Así que la elección de Dios no depende de lo que hagamos. **13** Como dice la Biblia: «Preferí a Jacob, y no a Esaú».

14 ¿Y por eso vamos a decir que Dios es injusto? ¡Claro que no! **15** Porque Dios le dijo a Moisés: «Yo tendré compasión de quien yo quiera tenerla». **16** Así que la elección de Dios no depende de que las personas quieran ser elegidas o se esfuercen por serlo, sino de que Dios les tenga compasión. **17** En la Biblia leemos que Dios le dijo al rey de Egipto: «Te hice rey, precisamente para mostrar mi poder por medio de todo lo que haré contigo, y para que todo el mundo me conozca». **18** Así que todo depende de lo que Dios decida hacer: él se compadece de quien quiere, y a quien quiere lo vuelve terco.

El enojo y la compasión de Dios

19 Si alguien me dijera: «¿De qué nos va a culpar Dios, si nadie puede oponerse a sus deseos?», **20** yo le contestaría: «Amigo mío, tú no eres nadie para cuestionar las decisiones de Dios». La olla de barro no puede quejarse con el que la hizo, de haberle dado esa forma. **21** El alfarero puede hacer con el barro lo que quiera. Con el mismo barro puede hacer una vasija para usarla en ocasiones especiales, y también una vasija de uso diario. **22** Algo parecido ha hecho Dios. Ha querido dar un ejemplo de castigo, para que todo el mundo conozca su poder. Por eso tuvo mucha paciencia con los que merecían ser castigados y destruidos. **23** Al mismo tiempo, demostró su gran amor y poder para salvarnos. Desde un principio nos tuvo compasión y nos eligió para vivir con él. **24** Y no le importó que fuéramos judíos o no lo fuéramos. **25** Como dice Dios en el libro del profeta Oseas:

«A un pueblo que no me
pertenece,
lo llamaré mi pueblo.
A un pueblo que no amo,
le mostraré mi amor.

26 Y allí donde les dije:
''Ustedes no son mi pueblo'',
les diré:
''Ustedes son mi pueblo,
porque yo soy el Dios de la
vida''».

27 Además, el profeta Isaías dijo acerca de los israelitas:

«Aunque los israelitas sean tantos
como los granos de arena
en la playa,
sólo unos cuantos serán salvados.

28 Muy pronto el Señor juzgará a todos los habitantes de la tierra».

29 Y, como el mismo Isaías dijo:

«Si Dios todopoderoso
no hubiera salvado a
unos pocos,
ahora mismo estaríamos
como las ciudades de
Sodoma y Gomorra».

Israel y Cristo

30 ¿Qué más les puedo decir? Que aunque la gente de otros pueblos no estaba haciendo nada para que Dios los aceptara, él los aceptó porque confiaron en él. **31** En cambio, los israelitas fueron rechazados, porque trataban de cumplir la ley para que Dios los aceptara. **32** ¿Y por qué no fueron aceptados? Porque querían que Dios los aceptara por lo que hacían, y no por confiar sólo en él. Por eso Cristo fue para ellos como una piedra en la que tropezaron. **33** En la Biblia Dios dijo:

«Yo pongo en Jerusalén
una roca con la cual
muchos tropezarán y caerán.
Pero Dios no defraudará
a los que confíen en él».

10 **1** Hermanos en Cristo, con todo mi corazón deseo y pido a Dios que él salve del castigo a los israelitas. **2** Estoy seguro de que ellos tienen muchos deseos de servir a Dios, pero no saben cómo hacerlo. **3** No comprenden que sólo Dios nos puede declarar inocentes. Por eso han tratado de hacer algo para que Dios los acepte. En realidad, han rechazado la manera en que Dios quiere acep-

tarlos. **4** Dios ya no nos acepta por obedecer la ley; ahora sólo acepta a los que confían en Cristo. Con Cristo, la ley llegó a su cumplimiento.

Todos pueden ser salvos

5 Al referirse a los que obedecen la ley para que Dios los acepte, Moisés escribió lo siguiente: «La persona que obedezca la ley se salvará si la cumple». **6** Al contrario, esto es lo que dice de los que confían en Dios para que él los acepte: «Nunca te preguntes: ''¿Quién subirá al cielo?''», es decir, subir al cielo para pedirle a Cristo que baje. **7** «Tampoco te preguntes: ''¿Quién bajará al mundo de los muertos?''», es decir, bajar allá para pedirle a Cristo que vuelva a vivir. **8** Más bien, la Biblia dice: «El mensaje de Dios está cerca de ti; está en tu boca y en tu corazón». Y ese mismo mensaje es el que les traemos: que debemos confiar en Dios. **9** Pues si ustedes reconocen con su propia boca que Jesús es el Señor, y si creen de corazón que Dios lo resucitó, entonces se librarán del castigo que merecen. **10** Pues si creemos de todo corazón, seremos aceptados por Dios; y si con nuestra boca reconocemos que Jesús es el Señor, Dios nos salvará. **11** La Biblia dice: «Dios no deja en vergüenza a los que confían en él». **12** No importa si son judíos o no lo son, porque todos tienen el mismo Dios, y él es muy bueno con todos los que le piden ayuda. **13** Pues la Biblia también dice: «Dios salvará a los que lo reconozcan como su Dios». **14** Pero, ¿cómo van a reconocerlo si no confían en él? ¿Y cómo van a confiar en él, si nada saben de él? ¿Y cómo van a saberlo, si nadie les habla acerca del Señor Jesucristo? **15** ¿Y cómo hablarán de Jesucristo, si Dios no los envía? Como dice la Biblia: «¡Qué hermoso es ver llegar a los que traen buenas noticias!» **16** Sin embargo, no todos han

aceptado estas buenas noticias. Como dijo el profeta Isaías: «Señor, ¡nadie ha creído a nuestro mensaje!» **17** Así que las personas llegan a confiar en Dios cuando oyen el mensaje acerca de Jesucristo.

18 Pero yo pregunto: ¿Será que no han tenido oportunidad de oír el mensaje? ¡Claro que lo han oído! Porque la Biblia dice:

«Sus palabras recorren toda la tierra
y llegan hasta el fin del mundo».

19 Vuelvo entonces a preguntar: ¿Será que los israelitas no se han dado cuenta? ¡Claro que sí se han dado cuenta! Pues, en primer lugar, Dios dijo por medio de Moisés:

«Haré que los israelitas se pongan celosos
de un pueblo sin importancia.
Haré que se enojen
con gente de poco entendimiento».

20 Después, Isaías se atrevió a recordar algo que Dios había dicho:

«Me encontraron aquellos
que no me buscaban.
Me aparecí a gente
que no preguntaba por mí».

21 Pero del pueblo de Israel, Dios dijo por medio de Isaías:

«Todo el día le ofrecí ayuda
a un pueblo terco y
desobediente».

Dios no ha rechazado a su pueblo

11 **1-2** Entonces me pregunto: ¿Será que Dios ha rechazado al pueblo que él mismo eligió? ¡Claro que no! Dios no ha rechazado a los judíos, a quienes eligió desde el principio de la creación. Yo mismo soy israelita; soy descendiente de Abraham y pertenezco a la tribu de Benjamín.

Como ustedes bien saben, hay en

la Biblia un relato en donde Elías se queja con Dios acerca del pueblo de Israel. **3** Allí Elías le dice a Dios: «Señor, han matado a tus profetas y han destruido tus altares. Yo soy el único profeta que queda con vida, y también me quieren matar». **4** Pero Dios le contesta: «Todavía tengo siete mil israelitas que no han adorado al falso dios Baal».

5 Lo mismo pasa ahora. Dios es bueno y ha elegido a un pequeño grupo de judíos que aún confían en él. **6** Pero Dios los eligió porque él es bueno, y no porque ellos hayan hecho algo para merecerlo. Esto sólo puede suceder así porque Dios es bueno de verdad.

7 Realmente, sólo el pequeño grupo elegido por Dios logró encontrar lo que todos los demás buscaban. Y es que los demás eran muy tercos. **8** Como dice la Biblia:

«Dios les cerró la mente,
los ojos y los oídos,
hasta el día de hoy».

9 También leemos que David dijo:

«¡Que sus fiestas se
conviertan
en trampas y redes,
para que desagraden a Dios
y sean castigados!

10 »¡Que se nublen sus ojos
para que no puedan ver!
¡Que para siempre sus espaldas
se doblen de tanto sufrir!»

La salvación de los no judíos

11 Sin embargo, aunque los judíos no pudieron agradar a Dios, tampoco fallaron del todo. Más bien, por la desobediencia de los judíos, los que no son judíos pueden ser salvados por Dios. Y esto hará que los judíos se pongan celosos. **12** Ahora bien, si por la desobediencia de los judíos el resto del mundo recibió ayuda, ¡con más razón la recibirá cuando todos los judíos sean aceptados por Dios! **13** Lo que voy a decir ahora es para

ustedes, los que no son judíos. Dios me ha enviado para trabajar entre ustedes, y para mí esa tarea es muy importante. **14** Espero que con esto algunos de mi país se pongan celosos de ustedes, y así Dios pueda salvarlos también a ellos. **15** Pues si Dios, al rechazar a los judíos, aceptó al resto de la humanidad, ¡cómo será cuando los judíos sean aceptados! ¡Sucederá que los que viven como muertos tendrán vida eterna!

16 Si alguien le ofrece a Dios el primer pan que hornea, en realidad le está ofreciendo toda la masa con que hizo el pan. Si a Dios se le ofrecen las raíces de un árbol, entonces también las ramas del árbol le pertenecen. **17** Cuando Dios rechazó a algunos judíos y los aceptó a ustedes en su lugar, ustedes llegaron a formar parte del pueblo de Dios, y así recibieron la vida eterna. **18** Pero no vayan a creerse mejores que los judíos que fueron rechazados. Recuerden que ustedes han recibido esa vida gracias a ellos, y no ellos gracias a ustedes. **19** Tal vez piensen que ellos fueron rechazados para que ustedes fueran aceptados en el pueblo de Dios. **20** Y es verdad. Pero ellos fueron rechazados por no confiar en Dios, y ustedes fueron aceptados solamente por confiar en él. Así que no se pongan orgullosos; más bien, tengan cuidado. **21** Si Dios rechazó a los judíos en general, también podría hacer lo mismo con ustedes.

22 Fíjense en lo bueno que es Dios, pero también tomen en cuenta que es muy estricto. Es estricto con los que han pecado, pero ha sido bueno con ustedes. Y seguirá siéndolo, si ustedes le son agradecidos y se portan bien. De lo contrario, también a ustedes los rechazará. **23** Si los judíos cambian y confían en Dios, volverán a formar parte de su pueblo, pues Dios tiene poder para hacerlo. **24** Después de

todo, no es lógico tomar algo de buena calidad y mezclarlo con algo de mala calidad. Si Dios aceptó a ustedes, que no eran parte de su pueblo, con más razón volverá a aceptar a los judíos, que sí lo son.

Dios salvará a su pueblo

25 Hermanos en Cristo,[1] hay mucho que ustedes todavía no saben. Por eso voy a explicarles el plan que Dios tenía en secreto. Algunos de los judíos se han vuelto muy tercos y no quieren creer en Jesucristo. Pero sólo se portarán así hasta que los no judíos pasen a formar parte de su pueblo. **26** Después de esto, Dios salvará a todo el pueblo de Israel. Como lo dice en la Biblia:

«El Salvador vendrá de
Jerusalén,
y limpiará toda la maldad
del pueblo de Israel.
27 Yo he prometido hacer esto
cuando les perdone sus
pecados».

28 Por ahora, Dios actúa con los judíos como si fueran sus enemigos. Pero lo hace sólo para darles a ustedes la oportunidad de creer en la buena noticia. Dios sigue amando a los judíos, pues eligió a sus antepasados para formar su pueblo. **29** Dios no da regalos para luego quitarlos, ni se olvida de las personas que ha elegido. **30** En el pasado, ustedes desobedecieron a Dios. Pero ahora que los judíos no han querido obedecerlo, Dios se ha compadecido de ustedes. **31** Y así como Dios les ha mostrado a ustedes su compasión, también lo hará con ellos. **32** Pues Dios hizo que todos fueran desobedientes, para así tenerles compasión a todos.

Dios merece nuestra alabanza

33 ¡Dios es inmensamente rico! ¡Su inteligencia y su conocimiento son tan grandes que no se pueden medir! Nadie es capaz de entender sus decisiones, ni de explicar sus hechos. **34** Como dice la Biblia:

«¿Sabe alguien cómo piensa Dios?
¿Puede alguien darle consejos?

35 »¿Puede acaso alguien regalarle algo a Dios, para que él esté obligado a darle algo a cambio?»

36 En realidad, todo fue creado por Dios, y existe por él y para él. Así que, ¡alabemos a Dios por siempre! Amén.

La nueva vida

12 **1** Por eso, hermanos míos, ya que Dios es tan bueno con ustedes, les ruego que dediquen toda su vida a servirle y a hacer todo lo que a él le agrada. Así es como se debe adorarlo. **2** Y no vivan ya como vive todo el mundo. Al contrario, cambien de manera de ser y de pensar. Así podrán saber qué es lo que Dios quiere, es decir, todo lo que es bueno, agradable y perfecto.

3 Dios en su bondad me nombró apóstol, y por eso les pido que no se crean mejores de lo que realmente son. Más bien, véanse ustedes mismos según la capacidad que Dios les ha dado como seguidores de Cristo. **4** El cuerpo humano está compuesto de muchas partes, pero no todas ellas tienen la misma función. **5** Algo parecido pasa con nosotros como iglesia: aunque somos muchos, todos juntos formamos el cuerpo de Cristo.

6 Dios nos ha dado a todos diferentes capacidades, según lo que él quiso darle a cada uno. Por eso, si Dios nos autoriza para hablar en su nombre, hagámoslo como corresponde a un seguidor de Cristo. **7** Si nos pone a servir a otros, sirvámosles bien. Si nos da la capacidad de enseñar, dediquémonos a enseñar. **8** Si nos pide animar a los demás, debemos animarlos. Si de compartir nuestros bienes se trata, no seamos tacaños. Si debe-

mos dirigir a los demás, pongamos todo nuestro empeño. Y si nos toca ayudar a los necesitados, hagámoslo con alegría.

Cómo vivir la vida cristiana

9 Amen a los demás con sinceridad. Rechacen todo lo que sea malo, y no se aparten de lo que sea bueno. **10** Ámense unos a otros como hermanos,² y respétense siempre.

11 Trabajen con mucho ánimo, y no sean perezosos. Trabajen para Dios con mucho entusiasmo.

12 Mientras esperan al Señor, muéstrense alegres; cuando sufran por el Señor, muestren paciencia; cuando oren al Señor, muéstrense constantes.

13 Compartan lo que tengan con los pobres de la iglesia. Reciban en sus hogares a los que vengan de otras ciudades y países.

14 No maldigan a sus perseguidores; más bien, pídanle a Dios que los bendiga.

15 Si alguno está alegre, alégrense con él; si alguno está triste, acompáñenlo en su tristeza.

16 Vivan siempre en armonía. Y no sean orgullosos, sino traten como iguales a la gente humilde. No se crean más inteligentes que los demás.

17 Si alguien los trata mal, no le paguen con la misma moneda. Al contrario, busquen siempre hacerle el bien a todos. **18** Hagan todo lo posible por vivir en paz con todo el mundo. **19** Queridos hermanos, no busquen venganza, sino dejen que Dios se encargue de castigar a los malos. Pues en la Biblia Dios dice: «A mí me toca vengarme. Yo le daré a cada cual su merecido». **20** Y también dice: «Si tu enemigo tiene hambre, dale de comer; si tiene sed, dale de beber. Así harás que se ponga rojo de vergüenza».

21 No se dejen vencer por el mal. Al contrario, triunfen sobre el mal, haciendo el bien.

Dios y las autoridades

13 **1** Sólo Dios puede darle autoridad a una persona, y es él quien

les ha dado poder a los gobernantes que tenemos. Por lo tanto, debemos obedecer a las autoridades del gobierno. **2** Quien no obedece a los gobernantes, se está oponiendo a lo que Dios ordena. Y quien se oponga será castigado, **3** porque los que gobiernan no están para meterles miedo a los que se portan bien, sino a los que se portan mal. Si ustedes no quieren tenerles miedo a los gobernantes, hagan lo que es bueno, y los gobernantes hablarán bien de ustedes. **4** Porque ellos están para servir a Dios y para beneficiarlos a ustedes. Pero si se portan mal, ¡pónganse a temblar!, porque la espada que llevan no es de adorno. Ellos están para servir a Dios, pero también para castigar a los que hacen lo malo. **5** Así que ustedes deben obedecer a los gobernantes, no sólo para que no los castiguen, sino porque eso es lo correcto.

6 Los gobernantes están al servicio de Dios y están cumpliendo un deber. Por eso pagan ustedes sus impuestos. **7** Así que páguenle a cada uno lo que deban pagarle, ya sea que se trate de impuestos, contribuciones, respeto o estimación.

El amor

8 No le deban nada a nadie. La única deuda que deben tener es la de amarse unos a otros. El que ama a los demás ya ha cumplido con todo lo que la ley exige. **9** En la ley hay mandatos como estos: «No sean infieles en el matrimonio. No maten. No roben. No se dejen dominar por el deseo de tener lo que otros tienen». Estos mandamientos, y todos los demás, pueden resumirse en uno solo: «Cada uno debe amar a su prójimo, como se ama sí mismo». **10** El amor no causa daño a nadie. Cuando amamos a los demás, estamos cumpliendo toda la ley.

El regreso de Cristo

11 Estamos viviendo tiempos muy importantes, y ustedes han vivido como si estuvieran dormidos. ¡Ya es hora de que despierten! Ya está muy cerca el día en que Dios nos salvará; mucho más cerca que cuando empezamos a creer en Jesús. **12-14** ¡Ya casi llega el momento! Así que dejemos de pecar, porque pecar es como vivir en la oscuridad. Hagamos el bien, que es como vivir en la luz. Controlemos nuestros deseos de hacer lo malo, y comportémonos correctamente, como si todo el tiempo anduviéramos a plena luz del día. No vayamos a fiestas donde haya desórdenes, ni nos emborrachemos, ni seamos vulgares, ni tengamos ninguna clase de vicios. No busquemos pelea ni seamos celosos. Más bien, dejemos que Jesucristo nos proteja.

No critiquen a los demás

14 **1** Reciban bien a los cristianos débiles, es decir, a los que todavía no entienden bien qué es lo que Dios ordena. Si en algo no están de acuerdo con ellos, no discutan. **2** Por ejemplo, hay quienes se sienten fuertes y creen que está bien comer de todo, mientras los débiles sólo comen verduras. **3** Pero los que comen de todo no deben despreciar a los otros. De igual manera, los que sólo comen verduras no deben criticar a los que comen de todo, pues Dios los ha aceptado por igual. **4** Ustedes no tienen derecho de criticar al esclavo de otro. Es el dueño del esclavo quien decide si su esclavo trabaja bien o no. Así también, Dios es el único que tiene poder para ayudar a cada uno a cumplir bien su trabajo. **5** Permítanme darles otro ejemplo. Hay algunos que piensan que ciertos días son especiales, mientras que para otras personas todos los días son iguales. Cada uno debe estar seguro de que piensa lo correcto. **6** Los que piensan que cierto día es especial, lo hacen para honrar a Dios. Y los que comen de todo, lo hacen también para honrar a

Dios, y le dan las gracias. Igual sucede con los que sólo comen verduras, pues lo hacen para honrar a Dios, y también le dan las gracias. **7** Nuestra vida y nuestra muerte ya no son nuestras, sino que son de Dios. **8** Si vivimos o morimos, es para honrar al Señor Jesucristo. Ya sea que estemos vivos, o que estemos muertos, somos de él. **9** En realidad, Jesucristo murió y resucitó para tener autoridad sobre los vivos y los muertos. **10** Por eso no deben ustedes criticar a los otros hermanos de la iglesia, ni despreciarlos, porque todos seremos juzgados por Dios. **11** En la Biblia Dios dice:

«Juro por mi vida
que, en mi presencia,
todos se arrodillarán
y me alabarán».

12 Así que todos tendremos que presentarnos delante de Dios para que él nos juzgue.

No hagan daño a otros

13 Ya no debemos criticarnos unos a otros. Al contrario, no hagamos que por culpa nuestra un seguidor de Cristo peque o pierda su confianza en Dios. **14** A mí, nuestro Señor Jesús me ha enseñado que ningún alimento es malo en sí mismo. Pero si alguien piensa que alguna comida no se debe comer, entonces no debe comerla. **15** Si algún hermano se ofende por lo que ustedes comen, es porque no le están mostrando amor. No permitan que, por insistir en comer ciertos alimentos, acabe en el infierno alguien por quien Cristo murió. **16** No permitan que se hable mal de la libertad que Cristo les ha dado. **17** En el reino de Dios no importa lo que se come ni lo que se bebe. Más bien, lo que importa es hacer el bien, y vivir en paz y con alegría. Y todo esto puede hacerse por medio del Espíritu Santo. **18** Si servimos a Jesucristo de esta manera, agradaremos a Dios y la gente nos

respetará.

19 Por lo tanto, vivamos en paz unos con otros, y ayudémonos a crecer más en la nueva vida que Cristo nos ha dado. **20** No permitan que por insistir en lo que se debe o no se debe comer, se arruine todo lo bueno que Dios ha hecho en la vida del hermano débil. La verdad es que toda comida es buena; lo malo es que por comer algo, se haga que otro hermano deje de creer en Dios. **21** Más vale no comer carne, ni beber vino, ni hacer nada que pueda causarle problemas a otros hermanos. **22** Lo que ustedes decidan sobre estas cosas es algo entre Dios y ustedes. ¡Dichosos los que se sienten libres para hacer algo, y no se sienten mal de haberlo hecho! **23** Pero si alguien no está seguro si debe o no comer algo, y lo come, hace mal, porque no está actuando de acuerdo con lo que cree. Y ustedes bien saben que eso es malo, pues todo lo que se hace en contra de lo que uno cree, es pecado.

Ayudar a los más débiles

15 **1** Nosotros, los que sí sabemos lo que Dios quiere, no debemos pensar sólo en lo que es bueno para nosotros mismos. Más bien, debemos ayudar a los que todavía no tienen esa seguridad. **2** Todos debemos apoyar a los demás, y buscar su bien. Así los ayudaremos a confiar más en Dios. **3** Porque ni aun Cristo pensaba sólo en lo que le agradaba a él. Como Dios dice en la Biblia: «Me siento ofendido cuando te ofenden a ti». **4** Todo lo que está escrito en la Biblia es para enseñarnos. Lo que ella nos dice nos ayuda a tener ánimo y paciencia, y nos da seguridad en lo que hemos creído. **5** Aunque, en realidad, es Dios quien nos da paciencia y nos anima. A él le pido que los ayude a ustedes a llevarse bien con todos, siguiendo el ejemplo de Jesucristo. **6** Así, todos juntos podrán alabar a Dios el Padre.

La buena noticia es para todos

7 Por eso es necesario que se acepten unos a otros tal y como son, así como Cristo los aceptó a ustedes. Así, todos alabarán a Dios. **8** Pues Cristo vino y sirvió a los judíos, para mostrar que Dios es fiel y cumple las promesas que les hizo a nuestros antepasados. **9** También vino para que los que no son judíos den gracias a Dios por su bondad. Pues así dice la Biblia:

«Por eso te alabaré
en todos los países,
y te cantaré himnos».

10 También leemos:

«Y ustedes, pueblos vecinos,
alégrense junto con el pueblo
de Dios».

11 En otra parte, la Biblia dice:

«Naciones todas, pueblos
todos
¡alaben a Dios!».

12 Y también el profeta Isaías escribió:

«Un descendiente de Jesé
se levantará con poder.

Él gobernará a las naciones,
y ellas confiarán sólo en él».

13 Que Dios, quien nos da seguridad, los llene de alegría. Que les dé la paz que trae el confiar en él. Y que, por el poder del Espíritu Santo, los llene de esperanza.

El trabajo de Pablo como apóstol

14 Hermanos en Cristo, estoy seguro de que ustedes son muy buenos y están llenos de conocimientos, pues saben aconsejarse unos a otros. **15** Sin embargo, me he atrevido a escribirles abiertamente acerca de algunas cosas, para que no las olviden. Lo hago porque Dios ha sido bueno conmigo, **16** y porque me eligió para servir a Jesucristo y ayudar a los que no son judíos. Debo ser para ellos

como un sacerdote que les anuncie la buena noticia de Dios y los lleve a su presencia como una ofrenda agradable, dedicada sólo para él por medio del Espíritu Santo. **17** Por lo que Jesucristo ha hecho en mí, puedo sentirme orgulloso de mi servicio a Dios. **18** En realidad, sólo hablaré de lo que Cristo hizo a través de mí, para lograr que los no judíos obedezcan a Dios. Y lo he logrado, no sólo por medio de mis palabras, sino también por mis hechos. **19** Por el poder del Espíritu Santo he hecho muchos milagros y maravillas, y he anunciado la buena noticia por todas partes, desde Jerusalén hasta la región de Iliria. **20** Siempre he tratado de anunciar a Cristo en regiones donde nadie antes hubiera oído hablar de él. Así, al anunciar la buena noticia, no me he aprovechado del trabajo anterior de otros apóstoles. **21** Más bien, he querido hacer lo que dice la Biblia:

«Lo verán y lo comprenderán
aquellos que nunca antes
habían oído hablar de él».

Pablo piensa visitar Roma

22-23 Hermanos míos, muchas veces he querido ir a Roma, para visitarlos. No he podido hacerlo porque el anunciar las buenas noticias me ha mantenido muy ocupado. Pero, como ya terminé mi trabajo en esta región, y como ya hace tiempo he querido verlos, **24** pienso pasar por allí cuando vaya a España. No podré quedarme mucho tiempo con ustedes, pero sé que disfrutaré de su compañía, y espero que me ayuden a seguir mi viaje. **25** Ahora voy a Jerusalén, a llevar un dinero para los seguidores de Cristo que viven allí. **26** Ese dinero lo recogieron las iglesias de las regiones de Macedonia y Acaya, para ayudar a los cristianos pobres de Jerusalén. **27** Lo hicieron de manera voluntaria, aunque en realidad estaban obligados a

hacerlo. Porque si los cristianos judíos compartieron sus riquezas espirituales con los cristianos que no son judíos, también los no judíos deben compartir con los judíos sus riquezas materiales. **28** En cuanto yo termine con este asunto y haya entregado el dinero a los cristianos de Jerusalén, saldré hacia España, y de paso los visitaré a ustedes. **29** Estoy seguro de que, cuando llegue a la ciudad de Roma, compartiré con ustedes todo lo bueno que hemos recibido de Cristo.

30 Yo les ruego, hermanos míos, por nuestro Señor Jesucristo y por el amor que nos da el Espíritu Santo, que oren mucho a Dios por mí. **31** Pídanle que en la región de Judea me proteja de los que no creen en él, y que el dinero que llevo a los hermanos de Jerusalén sea bien recibido. **32** Entonces podré visitarlos lleno de alegría, y disfrutar de un tiempo de descanso con ustedes, si es que Dios así lo permite. **33** Que Dios, quien nos da paz, esté con cada uno de ustedes. Amén.

Saludos personales

16 **1** Tengo muchas cosas buenas que decir acerca de Febe. Ella es una cristiana muy activa en la iglesia de Puerto Cencreas. **2** Ella ha entregado su vida al servicio del Señor Jesucristo. Recíbanla bien, como debe recibirse a todos los que pertenecen a la gran familia de Dios, y ayúdenla en todo lo que necesite, porque ella ha ayudado a muchos, y a mí también.

3 Les mando saludos a Priscila y a Áquila, que han trabajado conmigo sirviendo a Jesucristo. **4** Por ayudarme, pusieron en peligro sus vidas, así que les estoy muy agradecido, como lo están las iglesias de los cristianos no judíos. **5** Saluden de mi parte a los miembros de la iglesia que se reúne en la casa de ellos.

Saluden a mi querido amigo Epéneto, que fue el primero en la provincia de Asia que aceptó a Cristo como su salvador.

6 Saluden a María, que ha trabajado mucho por ustedes. **7** Saluden a Andrónico y a Junías, que son judíos como yo, y que estuvieron en la cárcel conmigo. Son apóstoles muy bien conocidos, y llegaron a creer en Cristo antes que yo.

8 Saluden a Ampliato, quien gracias a nuestro Señor Jesucristo, es un querido amigo mío.

9 Saluden a Urbano, que es un compañero de trabajo en el servicio a Cristo, y también a mi querido amigo Estaquis.

10 Saluden a Apeles, que tantas veces ha demostrado ser fiel a Cristo. Saluden también a todos los de la familia de Aristóbulo.

11 También a Herodión, judío como yo, y a los de la familia de Narciso, que confía mucho en Dios.

12 Saluden a Trifena y Trifosa, que trabajan para Dios. Saluden a mi querida amiga Pérside, que también ha trabajado mucho para Dios.

13 Les mando saludos a Rufo, que es un distinguido servidor de Cristo, y a su madre, que me ha tratado como a un hijo.

14 Saluden a Asíncrito, Flegonte, Hermes, Patrobas y Hermas, y a todos los hermanos¹ que están con ellos. **15** Saluden a Filólogo y a Julia, a Nereo y a su hermana, a Olimpas y a todos los hermanos que están con ellos.

16 Salúdense entre ustedes con mucho cariño y afecto. Todas las iglesias de Cristo les envían sus saludos.

Instrucciones finales

17 Queridos hermanos,² les ruego que se fijen en los que causan pleitos en la iglesia. Ellos están en contra de todo lo que a ustedes se les ha enseñado. Apártense de esa gente, **18** porque no sirven a Cristo, nuestro Señor, sino que buscan su propio bien. Hablan a la gente con palabras bonitas, pero son unos mentirosos y engañan a los que no entienden.

19 Todo el mundo sabe que ustedes obedecen a Dios, y eso me hace muy feliz. Quiero que demuestren su inteligencia haciendo lo bueno, y no lo malo. **20** Así el Dios de paz pronto vencerá a Satanás y lo pondrá bajo el dominio de ustedes. ¡Que Jesús, nuestro Señor, siga mostrándoles su amor!

21 Les envía saludos Timoteo, que trabaja conmigo. También les envían saludos Lucio, Jasón y Sosípatro, que son judíos como yo. **22-24** Los saluda Gayo, quien me ha recibido en su casa, donde también se reúne la iglesia. También los saludan Erasto, tesorero de la ciudad, y nuestro hermano Cuarto.

También yo les envío saludos en el amor de Cristo. Me llamo Tercio, y Pablo me dictó esta carta.

Oración final

25 Dios puede hacer que ustedes se mantengan firmes en la vida que Jesucristo nos ha dado. ¡Alabémoslo! Así lo dije cuando les anuncié la buena noticia y les hablé de Jesucristo. Esto va de acuerdo con el plan que Dios nos dio a conocer, y que mantuvo en secreto desde antes de crear el mundo. **26** Ahora conocemos ese plan por medio de lo que escribieron los profetas. Además, Dios, que vive para siempre, así lo ordenó, para que todo el mundo crea y obedezca al Señor. **27** Y ahora, por medio de Jesucristo, alabemos por siempre al único y sabio Dios. Amén.

1 Corintios

Saludo

1 **1-3** Queridos hermanos de la iglesia de Dios en Corinto:
Reciban saludos míos, y de nuestro hermano Sóstenes.
Yo, Pablo, deseo de todo corazón que nuestro Padre Dios y el Señor Jesucristo les den mucho amor y paz.
Dios me eligió para ser apóstol de Jesucristo, y también los eligió a ustedes para que vivan unidos a él y formen parte de su pueblo especial. Así estarán unidos a nosotros y a todos los que adoran y alaban a nuestro Señor Jesucristo en todo el mundo.

La oración de Pablo

4 Siempre le doy gracias a Dios por ustedes. Dios fue bueno y les dio a Jesucristo, **5** y además los ayudó a que comprendieran su mensaje y lo comunicaran mejor. **6** Ustedes creyeron completamente en el mensaje de Jesucristo. **7** Por eso, mientras esperan que Jesucristo vuelva, no les faltará ninguna bendición de Dios. **8** De ese modo no dejarán de confiar en él, y cuando Jesús llegue nadie los acusará de haber hecho algo malo. **9** Dios los eligió a ustedes para que compartan todo con su Hijo Jesucristo, nuestro Señor, y él siempre cumple su palabra.

¡Vivamos unidos!

10-11 Hermanos míos, yo les ruego, de parte de nuestro Señor Jesucristo, que se pongan todos de acuerdo y que no haya divisiones entre ustedes. Al contrario, vivan unidos y traten de ponerse de acuerdo en lo que piensan.
Algunos de la familia de Cloe me dijeron que hay asuntos por los que ustedes están discutiendo mucho. **12** Mientras que algunos dicen: «Yo soy seguidor de Pablo», otros dicen: «Yo no, yo soy seguidor de Apolo». Y hay otros que responden: «Pues yo soy seguidor de Pedro», y aun otros dicen: «Yo sigo a Cristo».

13 ¡Pero no hay tal cosa como un Cristo dividido! Además, no fui yo el que murió en la cruz para salvarlos a ustedes. Así que no tienen por qué formar un grupo de seguidores míos. Por otra parte, ustedes no fueron bautizados en mi nombre. **14-16** Gracias a Dios, sólo bauticé a Crispo, a Gayo y a la familia de Estéfanas. No recuerdo haber bautizado a nadie más. En todo caso, nadie puede decir que fue bautizado en mi nombre. **17** Y es que Cristo no me mandó a bautizar, sino a anunciar la buena noticia. Y no me mandó a anunciarla con palabras elegantes. Si yo hago que la gente se fije más en mí que en Cristo, su muerte en la cruz no servirá de nada.

¡Cristo es poderoso!

18 Algunos piensan que hablar de la muerte de Cristo en la cruz es una tontería. Pero los que así piensan no se salvarán, pues viven haciendo el mal. Sin embargo, para los que sí van a salvarse, es decir, para nosotros, ese mensaje tiene el poder de Dios. **19** En la Biblia Dios dice:

«¡Dejaré confundidos a los que creen que saben mucho!»

20 Dios ha demostrado que la gente de este mundo es tonta, pues cree saberlo todo. En realidad, nada saben los sabios, ni los expertos en la Biblia, ni los que creen tener todas las respuestas. **21** Dios es tan sabio que no permitió que la gente de este mundo lo conociera mediante el conocimiento humano. En lugar de eso, decidió salvar a los que creyeran en el mensaje que anunciamos, aun cuando este mensaje parezca una tontería.
22 Los judíos quieren ver milagros para creer en el mensaje que les anunciamos, y los griegos quieren oír un mensaje que suene razonable e inteligente. **23** Sin embargo,

nosotros les anunciamos que Jesús es el Mesías, ¡y que murió en la cruz! Para la mayoría de los judíos, esto es un insulto; y para los que no son judíos, es una tontería. **24** En cambio, para los que fueron elegidos por Dios, sean judíos o no, el poder y la sabiduría de Dios se han manifestado en la muerte del Mesías que Dios envió. **25** Así que lo que parece una tontería de Dios, es algo mucho más sabio de lo que cualquiera pueda pensar. Podría pensarse que Dios es débil, pero en realidad es más fuerte que cualquiera.

26 Recuerden lo que ustedes eran cuando Dios los eligió. De acuerdo a la gente, muy pocos de ustedes eran sabios, y muy pocos de ustedes ocupaban puestos de poder o pertenecían a familias importantes. **27-28** Y aunque la gente de este mundo piensa que ustedes son tontos y no tienen importancia, Dios los eligió para que los que se creen sabios entiendan que no saben nada. Dios eligió a los que, desde el punto de vista humano, son débiles, despreciables y de poca importancia, para que los que se creen muy importantes se den cuenta de que en realidad no lo son. Así, Dios ha demostrado que, en realidad, esa gente no vale nada. **29** Por eso ante Dios nadie tiene de qué sentirse orgulloso. **30** Dios los ha unido a ustedes con Cristo, y gracias a esa unión ahora son sabios; Dios los ha aceptado como parte del pueblo de Dios, y han recibido la vida eterna. **31** Por lo tanto, como dice la Biblia, si alguien quiere sentirse orgulloso de algo, que se sienta orgulloso de Jesucristo, el Señor.

Los planes secretos de Dios

2 **1** Hermanos en Cristo, cuando fui a hablarles de los planes que Dios tenía en secreto, no lo hice con palabras difíciles, ni traté de impresionarlos. **2** Al contrario, decidí hablarles sólo de Cristo, y principalmente de su muerte en la cruz. **3** Cuando me acerqué para enseñarles y anunciarles el mensaje, me sentía poco importante y temblaba de miedo. **4** No fui como un sabelotodo, ni usé palabras elegantes. Sólo dejé que el Espíritu de Dios mostrara su poder y los convenciera. **5** Y así, ustedes creyeron en Dios, no por medio de la sabiduría humana sino por el poder de Dios.

Dios da a conocer sus planes

6 Sin embargo, cuando hablamos con los que ya entienden mejor el mensaje de Dios, hablamos con sabiduría. Pero no empleamos la sabiduría humana como la emplean la gente y los gobernantes de este mundo. El poder que ellos tienen está condenado a desaparecer. **7** Nosotros enseñamos el mensaje con palabras inteligentes que vienen de Dios. Ese mensaje habla de los planes que Dios tenía en secreto desde antes de crear el mundo, y que él quiso manifestarnos para que podamos compartir su gloria. **8** Claro que este plan inteligente de Dios no lo entendió ninguno de los gobernantes del mundo. Si lo hubieran entendido, no habrían matado en la cruz a nuestro Señor, quien es el dueño de la vida. **9** Como dice la Biblia:

«Para aquellos que lo aman,
Dios ha preparado cosas
que nadie jamás pudo ver,
ni escuchar ni imaginar».

10 Dios nos dio a conocer todo esto por medio de su Espíritu, porque el Espíritu de Dios lo examina todo, hasta los secretos más profundos de Dios. **11** Nadie puede saber lo que piensa otra persona. Sólo el espíritu de esa persona sabe lo que ella está pensando. De la misma manera, sólo el Espíritu de Dios sabe lo que piensa Dios. **12** Pero como Dios nos dio su Espíritu, nosotros podemos darnos cuenta de lo que Dios, en su bondad, ha hecho por nosotros. **13** Cuando hablamos de lo que Dios ha hecho por nosotros, no usamos las palabras que nos dicta la inteligencia humana, sino que usamos el lenguaje espiritual que nos enseña el Espíritu de Dios.

14 Los que no tienen el Espíritu de Dios no aceptan las enseñanzas espirituales, pues las consideran una tontería. Y tampoco pueden entenderlas, porque no tienen el Espíritu de Dios. **15** Los que tienen el Espíritu de Dios, todo lo examinan y todo lo entienden. En cambio, los que no tienen el Espíritu, no pueden examinar ni entender a los que sí lo tienen. **16** Como dice la Biblia: «¿Quién sabe lo que piensa el Señor? ¿Quién puede darle consejos?» Pero nosotros tenemos el Espíritu de Dios, y por eso pensamos como Cristo.

Servidores de Dios

3 **1** Hermanos míos, antes de ahora no les pude hablar como a quienes ya tienen el Espíritu de Dios, porque ustedes se comportaban como la gente pecadora de este mundo. Por eso tuve que hablarles como si apenas comenzaran a creer en Cristo. **2** En vez de enseñarles cosas difíciles, les enseñé cosas sencillas, porque ustedes parecen niños pequeños, que apenas pueden tomar leche y no alimentos fuertes. En aquel entonces no estaban preparados para entender cosas más difíciles. Y todavía no lo están, **3-4** pues siguen viviendo como la gente pecadora de este mundo. Tienen celos los unos de los otros, y se pelean entre sí. Porque cuando uno dice: «Yo soy seguidor de Pablo», y otro contesta: «Yo soy seguidor de Apolo», están actuando como la gente de este mundo. ¿No se dan cuenta de que así se comportan los pecadores? **5** Después de todo, Apolo y yo sólo somos servidores de Dios para ayudarlos a creer en Jesucristo. Cada uno de nosotros hizo lo que el Señor nos mandó hacer: **6** yo les anuncié a ustedes la buena noticia de Jesucristo, y Apolo les enseñó a seguir confiando en él. Pero fue Dios quien les hizo sentirse cada vez más seguros en Cristo. **7** Así que lo importante no es quién anuncia la noticia, ni quién la enseña. El único importante es Dios, pues él es quien nos hace crecer. **8** Tanta importancia tienen los que anuncian la noticia como los que la enseñan. Cada uno de ellos recibirá su premio, según el trabajo que haya hecho. **9** Apolo y yo somos servidores de Dios. Ustedes son como un campo de trigo, y Dios es el dueño; son como un edificio construido por él. **10** Dios, por su bondad, me permitió actuar como si yo fuera el arquitecto de ese edificio. Y yo, como buen arquitecto, puse una base firme: les di la buena noticia de Jesucristo. Luego otros construyeron sobre esa base, y les enseñaron a seguir confiando en él. Pero cada uno debe tener cuidado de la manera en que construye. **11** Nadie puede poner una base distinta de la que ya está puesta, y esa base es Jesucristo. **12** A partir de esa base podemos seguir construyendo con oro, plata, piedras preciosas, madera, paja o caña. **13** Pero, cuando llegue el fin del mundo, Dios pondrá a prueba lo que cada uno enseñó. Será como probar con fuego los materiales que usamos para la construcción. **14** Si lo que uno enseñó resulta ser como un material que no se quema, recibirá un premio. **15** En cambio, si es como un material que se quema, perderá todo, aunque él mismo se salvará como si escapara del fuego.

16 ¿Acaso no saben que ustedes son un templo de Dios, y que el Espíritu de Dios vive en ustedes? **17** Ustedes son el templo santo de Dios, y a cualquiera que destruya su templo Dios también lo destruirá.

18 ¡No se engañen a ustedes mismos! Si alguno cree que es muy sabio y que sabe mucho de las cosas de este mundo, para ser sabio de verdad debe comportarse como un ignorante. **19** Porque, para Dios, la sabiduría de este mundo es una tontería. Como dice la Biblia: «Dios hace que los sabios caigan en sus propias trampas cuando estos tratan de engañarlo». **20** Y también dice: «Bien sabe nuestro Dios las tonterías que a los sabios se les ocurren». **21** Por lo tanto, nadie se llene de orgullo por lo que hacen simples seres humanos. En realidad todo es de ustedes: **22** Pablo, Apolo, Pedro, el mundo, la vida, la muerte, el presente y el futuro. Todo es de ustedes, **23** y ustedes son de Cristo y Cristo es de Dios.

Servidores de Cristo

4 **1** Ustedes deben considerarnos como simples servidores de Cristo, encargados de enseñar los planes que Dios tenía en secreto. **2** Los que están encargados de alguna tarea deben demostrar que se puede confiar en ellos. **3** A mí, en lo personal, no me importa si ustedes o un tribunal de justicia de este mundo se ponen a averiguar si hago bien o mal. Ni siquiera me juzgo a mí mismo. **4** No recuerdo haber hecho nada malo, pero eso no significa que esté totalmente libre de culpa. Dios es el único que tiene derecho a juzgarme. **5** Por eso, no culpen a nadie antes de que Jesucristo vuelva. Cuando él venga, mostrará todo lo que está oculto y lo que piensa cada uno. Entonces Dios le dará a cada uno el premio que se merezca.

6 Hablé de Apolo, y de mí mismo, para que aprendan de nuestro ejemplo lo que significa el dicho: «No hay que hacer ni decir más de lo que dice la Biblia». Así que no anden presumiendo de que un servidor de Dios es mejor que otro. **7** No hay nada que los haga a ustedes más importantes que otros. Todo lo que tienen, lo han recibido de Dios. Y si todo se lo deben a él, ¿por qué presumen, como si ustedes solos lo hubieran conseguido?

8 Ustedes tienen ahora todo lo que desean: ya son ricos, y actúan como reyes, como si no necesitaran

de nosotros. ¡Ojalá de veras fueran reyes! ¡Así nosotros podríamos reinar junto con ustedes! **9** Pero me parece que a nosotros, los apóstoles, Dios nos ha dejado en el último lugar. Parecemos prisioneros condenados a muerte. Somos la diversión del mundo entero, ¡y hasta de los ángeles! **10** Por obedecer a Cristo, la gente nos considera tontos. En cambio, gracias a Cristo, a ustedes los consideran sabios. Nosotros somos los débiles, y ustedes los fuertes. A ustedes los respetan, y a nosotros no. **11** Ahora mismo tenemos hambre y sed, andamos casi desnudos, la gente nos maltrata, y no tenemos ni dónde vivir. **12** Nos cansamos trabajando con nuestras manos. Bendecimos a los que nos insultan. Cuando sufrimos, lo soportamos con paciencia. **13** Cuando hablan mal de nosotros, contestamos con palabras amables. Hasta ahora, se nos ha tratado como si fuéramos la basura del mundo.

14 No les escribo esto para avergonzarlos. Al contrario, lo que quiero es darles una enseñanza, pues los amo como si fueran mis hijos. **15** Podrán tener diez mil maestros que los instruyan acerca de Cristo, pero padres no tienen muchos. El único padre que tienen soy yo, pues cuando les anuncié la buena noticia de Jesucristo, ustedes llegaron a ser mis hijos. **16** Por lo tanto, les ruego que sigan mi ejemplo.

17 Por eso les envié a Timoteo, a quien amo como a un hijo y quien es fiel al Señor. Por eso confío en él. Timoteo les recordará mis enseñanzas, que son las mismas de Cristo. Eso es lo que yo enseño en todas las iglesias. **18** Algunos de ustedes se sienten muy valientes, pues creen que no iré a verlos. **19** Sin embargo, si Dios quiere, muy pronto iré a visitarlos, y sabré si esos valentones, además de hablar, hacen lo que dicen. **20** Cuando alguien pertenece al reino de Dios, lo demuestra por lo que hace, y no sólo por lo que dice.

21 ¿Cómo quieren que vaya a visitarlos? ¿Con un palo en la mano, o con mucho cariño y ternura?

Disciplina en la iglesia

5 **1** Ya todo el mundo sabe que uno de ustedes está viviendo con su madrastra como si fuera su esposa. ¡Muy mal! ¡Eso no lo hacen ni los no cristianos! **2** Y ustedes presumen de esto, cuando deberían estar tristes y echar de la iglesia a ese hombre. **3-4** Yo, aunque estoy lejos, siempre me preocupo y pienso en ustedes. Así que, cuando se reúnan, imagínense que estoy con ustedes, y recuerden que tienen el poder y la autoridad del Señor Jesús. Por eso, de parte de Jesucristo les digo que ese hombre es culpable, **5** y que deben entregarlo a Satanás. De ese modo, aunque Satanás destruya su cuerpo, su espíritu se salvará cuando vuelva el Señor Jesús.

6 No está bien que ustedes se sientan orgullosos de esto. Seguramente saben que con un poco de levadura se infla toda la masa. **7-8** Por lo tanto, dejen de pecar. El pecado es como levadura vieja, que a todos echa a perder. Si dejan de pecar, serán personas nuevas, como los panes nuevos y sin levadura que se comen en la Pascua. Nuestra nueva vida es como una fiesta de Pascua. Nuestro cordero de la Pascua es Cristo, que fue sacrificado en la cruz. Nosotros somos como el pan de la fiesta, y debemos ser como el pan sin levadura, es decir, sinceros y honestos. No seamos malos ni hagamos daño a nadie, pues seríamos como el pan que se hace con levadura vieja.

9 En la carta que les escribí antes, les ordené que no tuvieran nada que ver con las personas que tienen relaciones sexuales prohibidas. **10** No quise decir que se aparten totalmente de ellas, pues para no juntarse con personas así tendrían que salir de este mundo. No podrían apartarse totalmente de los que siempre desean más de lo que tienen, ni de los ladrones, ni de los que adoran a los ídolos, ni de los borrachos o de los que hablan mal de los demás. **11** Lo que quise decir fue que no deben tener amistad con los que dicen que son cristianos pero hacen esas cosas. Con personas así, ni siquiera deben sentarse a comer. **12-13** A mí no me toca juzgar a los que no son de la iglesia. Ya Dios los juzgará. Pero ustedes sí deben juzgar a los de la iglesia, y hacer lo que dice la Biblia: «Echen lejos de ustedes al pecador».

Arreglemos los problemas entre nosotros

6 **1** Cuando alguno de ustedes tenga un problema serio con otro miembro de la iglesia, no debe pedirle a un juez de este mundo que lo solucione. Más bien debe pedírselo a un juez de la iglesia. **2** Porque en el juicio final el pueblo de Dios juzgará al mundo. Y si ustedes van a juzgar al mundo, también pueden juzgar los problemas menos importantes. **3** ¡Si vamos juzgar a los mismos ángeles, con mayor razón podemos juzgar los problemas de esta vida! **4** ¿Por qué tratan de resolver esos problemas con jueces que no pertenecen a la iglesia? **5** Les digo esto para que les dé vergüenza. Entre ustedes hay gente sabia que puede juzgar y solucionar los problemas. **6** Pero ustedes no sólo pelean el uno contra el otro, ¡sino que buscan jueces que no creen en Jesús para solucionar sus pleitos!

7 En sus peleas, los únicos que salen perdiendo son ustedes mismos. Vale más ser maltratado y robado, **8** que robar y maltratar. Pero ustedes hacen lo contrario: ¡se maltratan y se roban entre ustedes mismos!

9-10 No se dejen engañar. Ustedes bien saben que los que hacen lo malo no participarán en el reino de Dios. Me refiero a los que tienen relaciones sexuales prohibidas, *1* a los que adoran a los ídolos,

a los que son infieles en el matrimonio, a los hombres que se comportan como mujeres, a los homosexuales, a los ladrones, a los que siempre quieren más de lo que tienen, a los borrachos, a los que hablan mal de los demás, y a los tramposos. Ninguno de ellos participará del reino de Dios. **11** Y algunos de ustedes eran así. Pero Dios les perdonó esos pecados, los limpió y los hizo parte de su pueblo. Todo esto fue posible por el poder del Señor Jesucristo y del Espíritu de nuestro Dios.

Agradamos a Dios con todo lo que somos

12 Algunos de ustedes dicen: «Soy libre de hacer lo que quiera». ¡Claro que sí! Pero no todo lo que uno quiere conviene, y por eso no permito que nada me domine. **13** También dicen: «La comida es para el estómago, y el estómago es para la comida». ¡Claro que sí! Pero Dios va a destruir las dos cosas. En cambio, el cuerpo no es para que lo usemos en relaciones sexuales prohibidas. *2* Al contrario, debemos usarlo para servir al Señor, pues nuestro cuerpo es de él. **14** Y así como Dios hizo que Jesucristo volviera a vivir, así también a nosotros nos dará vida después de la muerte, pues tiene el poder para hacerlo.

15 Ustedes saben que cada uno de ustedes forma parte de la iglesia, que es el cuerpo de Cristo. No está bien que una parte de ese cuerpo de la iglesia de Cristo se junte con una prostituta, **16** pues al tener relaciones sexuales con ella, se hace uno con ella. Así lo dice la Biblia: «Los dos serán una sola persona». **17** En cambio, quien se une con el Señor se hace un solo cuerpo espiritual con él.

18 No tengan relaciones sexuales prohibidas. Ese pecado le hace más daño al cuerpo que cualquier otro pecado. **19** El cuerpo de ustedes es como un templo, y en ese templo vive el Espíritu Santo que Dios les ha dado. Ustedes no son sus propios dueños. **20** Cuando

Dios los salvó, en realidad los compró, y el precio que pagó por ustedes fue muy alto. Por eso deben dedicar su cuerpo a honrar y agradar a Dios.

Consejos para los casados

7 **1** En la carta que recibí de ustedes me preguntan si está bien que la gente no se case. **2** ¡Claro que sí. Pero lo mejor es que cada hombre tenga su propia esposa, y que cada mujer tenga su propio esposo, para que no caigan en relaciones sexuales prohibidas. *1* **3** El esposo debe tener relaciones sexuales sólo con su esposa, y la esposa debe tenerlas sólo con su esposo. **4** Ni él ni ella son dueños de su propio cuerpo, sino que son el uno del otro. **5** Por eso, ninguno de los dos debe decirle al otro que no desea tener relaciones sexuales. Sin embargo, pueden ponerse de acuerdo los dos y dejar de tener relaciones por un tiempo, para dedicarse a orar. Pero después deben volver a tener relaciones; no vaya a ser que, al no poder controlar sus deseos, Satanás los haga caer en una trampa. **6** Por supuesto, les estoy dando un consejo, no una orden. **7-8** Yo preferiría que tanto los solteros como las viudas se quedaran sin casarse; pero a cada uno Dios le ha dado capacidades distintas. Unos hacen esto, y otros aquello.

9 Pero si no pueden dominar sus deseos sexuales, es mejor que se casen. Como dice el dicho: «Vale más casarse que quemarse».

10-11 A los que están casados, Dios les da esta orden: No deben separarse. Si una mujer se separa de su esposo, no debe volver a casarse. Lo mejor sería que arreglara el problema que tenga con su esposo. Pero tampoco el esposo debe abandonar a su esposa. Y esto no lo ordeno yo, sino Dios.

12 A los demás les aconsejo lo siguiente: Si alguno de la iglesia está casado con una mujer que no es cristiana, pero ella quiere seguir viviendo con él, no deben separarse. **13** Del mismo modo, si una mujer de la iglesia está casada con un hombre que no es cristiano, pero él quiere seguir viviendo con ella, tampoco deben separarse. **14** Porque el esposo que no cree en Cristo, puede ser aceptado por Dios si está unido a una mujer cristiana. Del mismo modo, una esposa que no cree en Cristo, puede ser aceptada por Dios si está unida a un hombre que sí cree en Cristo. Además, los hijos de ellos serán aceptados por Dios como parte de su pueblo, y Dios no los rechazará como si fueran algo sucio. **15** Pero si el esposo o la esposa no cristianos insisten en separarse, que lo hagan. En estos casos, la esposa o el esposo cristianos no están obligados a mantener ese matrimonio, pues Dios quiere que vivamos en paz. **16** Por otra parte, la esposa o el esposo que son cristianos podrían ayudar a que el esposo o la esposa que no son cristianos se salven.

Lo importante es obedecer a Dios

17 Una cosa quiero dejar bien clara para todas las iglesias: Todo hombre y toda mujer deben permanecer en la condición en que estaban cuando Dios los invitó a formar parte de su pueblo. **18** Si algunos de ustedes creyeron en Cristo después de haberse circuncidado, no traten de ocultar la circuncisión. Si los otros creyeron sin estar circuncidados, no tienen por qué circuncidarse. **19** Lo importante no es que uno se circuncide o no, sino que obedezca lo que Dios manda. **20** Cada uno debe quedarse como estaba cuando creyó en Cristo. **21** Si eras esclavo, no te preocupes. Pero si puedes conseguir tu libertad, aprovecha la oportunidad. **22** Porque si alguien es esclavo y cree en el Señor, él le dará la libertad. Del mismo modo, el que era libre se convierte en esclavo del Señor. **23** Cuando Dios nos hizo libres por medio de la muerte de Cristo, pagó un precio muy alto. Por eso, no debemos hacernos esclavos de

nadie. **24** Ante Dios, cada uno debe quedarse como estaba cuando creyó en Cristo.

Consejos para los solteros

25 Para las viudas y las solteras, no tengo ninguna orden del Señor. Sólo les doy mi opinión, y pueden confiar en mí gracias al amor con que Dios me ha tratado. **26-27** Me parece que los que están casados no deben separarse, y que si están solteros no deben casarse. Estamos viviendo momentos difíciles. Por eso creo que es mejor que cada uno se quede como está. **28** Sin embargo, quien se casa no comete ningún pecado. Y si una mujer soltera se casa, tampoco peca. Pero los casados van a tener problemas, y me gustaría evitárselos.

29 Lo que quiero decirles es que ya no hay tiempo que perder. Los que están casados deben vivir como si no lo estuvieran; **30** los que están tristes, como si estuvieran alegres; los que están alegres, como si estuvieran tristes; los que compran, como si no tuvieran nada; **31** los que están sacándole provecho a este mundo, como si no se lo sacaran. Porque este mundo que conocemos pronto dejará de existir.

32-34 Yo quisiera no verlos preocupados. Los solteros se preocupan de las cosas de Dios y de cómo agradarle. También las viudas y las solteras se preocupan por agradar a Dios en todo lo que hacen y piensan. En cambio, los casados se preocupan por las cosas de este mundo y por agradar a su propia esposa. Del mismo modo, las casadas se preocupan por las cosas de este mundo y por agradar a su propio esposo. Por eso tienen que pensar en distintas cosas a la vez.

35 No les digo todo esto para complicarles la vida, sino para ayudarlos a vivir correctamente y para que amen a Dios por encima de todo. **36** Sin embargo, si un hombre está comprometido con su novia y piensa que lo mejor es

casarse con ella porque ya tiene edad para hacerlo, que se casen, pues no están pecando. **37** Pero si alguno no se siente obligado a casarse y puede controlar sus deseos, hará bien en no casarse. **38** Así que, quien se casa hace bien, y quien no se casa, hace mejor.

39 La casada está unida a su esposo mientras el esposo vive. Pero si el esposo muere, ella queda en libertad de casarse con cualquier hombre cristiano. **40** Sin embargo, creo que sería más feliz si no volviera a casarse. Me permito opinar, pues creo que yo también tengo el Espíritu de Dios.

No hagamos pecar a los más débiles

8 **1** Ahora quiero responder a lo que me preguntaron acerca de los alimentos ofrecidos a los ídolos. Todos nosotros sabemos algo acerca de esto. Sin embargo, debemos reconocer que el conocimiento nos vuelve orgullosos, mientras que el amor fortalece nuestra vida cristiana. **2** Sin duda, el que cree que sabe mucho, en realidad no sabe nada. **3** Pero Dios reconoce a todo aquel que lo ama. **4** En cuanto a esto de comer alimentos ofrecidos a los ídolos, bien sabemos que los ídolos no tienen vida, y que solamente hay un Dios. **5** Algunos llaman dioses o señores a muchas cosas que hay en el cielo y en la tierra. **6** Sin embargo, para nosotros sólo hay un Dios, que es el Padre. Él creó todas las cosas, y nosotros vivimos para él. También hay sólo un Señor, que es Jesucristo. Dios creó todo por medio de él, y gracias a él nosotros vivimos ahora. **7** No todos saben estas cosas. Antes de creer en Cristo, algunos de ustedes adoraban ídolos, y todavía creen que esos ídolos tienen vida. Por eso, cuando comen alimentos que fueron ofrecidos a los ídolos, se les remuerde la conciencia y se sienten culpables. **8** Pero nuestra relación con Dios no va a ser mejor o peor por causa de los alimentos que comamos. **9** Sin embargo, aunque tengamos derecho a comer de todo, debemos tener cuidado de no causarles problemas a los miembros de la iglesia que todavía no están debidamente instruidos. **10-11** Supongamos que uno de ustedes va a comer a un lugar donde se adora a los ídolos, y que lo ve algún miembro de la iglesia que todavía cree que los ídolos tienen vida. Entonces, aunque bien sabemos que los ídolos no tienen vida, aquel miembro de la iglesia va a pensar que está bien adorar ídolos, y dejará de creer en Cristo, quien murió por él. **12** Cuando le hacemos daño a los miembros de la iglesia que no saben distinguir entre lo bueno y lo malo, le hacemos daño también a Cristo. **13** Por eso, yo jamás voy a comer algo, si por comerlo hago que un miembro de la iglesia peque.

Los derechos de los servidores de Dios

9 **1** Yo soy libre. Soy apóstol. He visto al Señor Jesús. Y gracias a mi trabajo, ahora ustedes son de Cristo. **2** Aunque otros piensen que no soy apóstol, para ustedes sí lo soy; ustedes son cristianos, y eso demuestra que realmente soy un apóstol.

3 A los que discuten conmigo, yo les respondo **4** que también Bernabé y yo tenemos derecho a recibir comida y bebida por el trabajo que hacemos. **5** También tenemos derecho a que nuestra esposa nos acompañe en nuestros viajes. Así lo hacen Pedro y los otros apóstoles y los hermanos de Jesucristo. **6** ¿Acaso sólo Bernabé y yo estamos obligados a trabajar para vivir? **7** En el ejército ningún soldado paga sus gastos. Los que cultivan uvas, comen de las uvas que recogen. Y los que cuidan cabras, toman de la leche que ordeñan. **8** Esto no es una opinión mía, sino que así lo enseña la Biblia. **9** Porque en los libros que escribió Moisés leemos: «No impidan que el buey coma mientras desgrana el trigo». Y si la Biblia dice eso, no es porque Dios se preocupe de los

bueyes, **10** sino porque se preocupa por nosotros. Tanto los que preparan el terreno como los que desgranan el trigo lo hacen con la esperanza de recibir parte de la cosecha. **11** De la misma manera, cuando nosotros les comunicamos a ustedes la buena noticia, es como si sembráramos en ustedes una semilla espiritual. Por eso, como recompensa por nuestro trabajo, tenemos derecho a que ustedes nos den lo necesario para vivir. **12** Si otros tienen ese derecho, con más razón nosotros. Pero no hemos hecho valer ese derecho, sino que todo lo hemos soportado con tal de no crear problemas al anunciar la buena noticia de Cristo.

13 Ustedes saben que los que trabajan en el templo viven de lo que hay en el templo. Es decir, que los que trabajan en el altar del templo, comen de los animales que allí se sacrifican como ofrenda a Dios. **14** De la misma manera, el Señor mandó que los que anuncian la buena noticia vivan de ese mismo trabajo. **15** Sin embargo, yo nunca he reclamado ese derecho. Tampoco les escribo esto para que me den algo. ¡Prefiero morirme antes de que alguien me quite la satisfacción de ser apóstol sin sueldo!

16 Yo no anuncio la buena noticia de Cristo para sentirme importante. Lo hago porque Dios así me lo ordenó. ¡Y pobre de mí si no lo hago! **17** Yo no puedo esperar que se me pague por anunciar la buena noticia, pues no se me preguntó si quería hacerlo; ¡se me ordenó hacerlo! **18** Pero entonces, ¿qué gano yo con eso? Nada menos que la satisfacción de poder anunciar la buena noticia sin recibir nada a cambio. Es decir, anunciarlo sin hacer valer mi derecho de vivir de mi trabajo como apóstol.

Esforcémonos para recibir nuestro premio

19 Aunque soy libre, vivo como si fuera el esclavo de todos. Así ayudo al mayor número posible de

personas a creer en Cristo. **20** Cuando estoy con los judíos, vivo como judío para ayudarlos a creer en Cristo. Por eso cumplo con la ley de Moisés, aunque en realidad no estoy obligado a hacerlo. **21** Y cuando estoy con los que no obedecen la ley de Moisés, vivo como uno de ellos, para ayudarlos a creer en Cristo. Esto no significa que no obedezca yo la ley de Dios. Al contrario, la obedezco, pues sigo la ley de Cristo. **22** Cuando estoy con los que apenas empiezan a ser cristianos, me comporto como uno de ellos para poder ayudarlos. Es decir, me he hecho igual a todos, para que algunos se salven. **23** Y todo esto lo hago porque amo la buena noticia, y porque quiero participar de sus buenos resultados.

24 Ustedes saben que, en una carrera, no todos ganan el premio sino uno solo. Y nuestra vida como seguidores de Cristo es como una carrera, así que vivamos bien para llevarnos el premio. **25** Los que se preparan para competir en un deporte, dejan de hacer todo lo que pueda perjudicarles. ¡Y lo hacen para ganarse un premio que no dura mucho! Nosotros, en cambio, lo hacemos para recibir un premio que dura para siempre. **26** Yo me esfuerzo por recibirlo. Así que no lucho sin un propósito. **27** Al contrario, vivo con mucha disciplina y trato de dominarme a mí mismo. Pues si anuncio a otros la buena noticia, no quiero que al final Dios me descalifique a mí.

Obedezcamos y adoremos sólo a Dios

10 **1** Queridos hermanos en Cristo, *1* tengan presente que cuando nuestros antepasados cruzaron el Mar de los Juncos, Dios los cubrió con una nube. **2** De ese modo, todos fueron bautizados en la nube y en el mar, y así quedaron unidos a Moisés como seguidores suyos. **3** Todos ellos comieron el alimento espiritual que Dios les dio. **4** Cristo los acompañaba, y era la roca espiritual que les dio agua para calmar su sed. Todos bebieron de esa agua espiritual. **5** Sin embargo, la mayoría de esa gente no agradó a Dios; por eso murieron y sus cuerpos quedaron tendidos en el desierto.

6 De esto que le sucedió a nuestro pueblo, nosotros tenemos que aprender nuestra lección. No debemos desear lo malo como ellos. **7** Tampoco debemos adorar a los ídolos, como hicieron algunos. Así dice la Biblia: «La gente se sentó a comer y beber, y luego se puso a bailar en honor de los ídolos». **8** Ni debemos tener relaciones sexuales prohibidas,² como algunos de ellos. ¡Por eso en un solo día murieron veintitrés mil! **9** No tratemos de ver cuánto podemos pecar sin que Cristo nos castigue. Algunos del pueblo lo hicieron, y murieron mordidos por serpientes. **10** Tampoco debemos quejarnos como algunos de ellos lo hicieron. Por eso el ángel de la muerte los mató.

11 Todo eso le sucedió a nuestro pueblo para darnos una lección. Y quedó escrito en la Biblia para que nos sirva de enseñanza a los que vivimos en estos últimos tiempos. **12** Por eso, que nadie se sienta seguro de que no va a pecar, pues puede ser el primero en pecar. **13** Ustedes no han pasado por ninguna tentación que otros no hayan tenido. Y pueden confiar en Dios, pues él no va a permitir que sufran más tentaciones de las que pueden soportar. Además, cuando vengan las tentaciones, Dios mismo les mostrará cómo vencerlas, y así podrán resistir.

14 Por eso, queridos hermanos, no adoren a los ídolos. **15** Ustedes son personas inteligentes, y estoy seguro de que me entienden. **16** En la Cena del Señor, cuando tomamos la copa y pedimos que Dios la bendiga, todos nosotros estamos participando de la sangre de Cristo. Y cuando partimos el pan, también participamos todos del cuerpo de Cristo. **17** Aunque somos muchos, somos un solo cuerpo, porque comemos de un solo pan. **18** Por ejemplo, en el pueblo de Israel, los que comen la carne de los animales que se sacrifican en el altar del templo, participan de ellos con Dios y con los que toman parte en el sacrificio. **19** Eso no quiere decir que tengan algún valor los ídolos que otros pueblos adoran, ni tampoco los alimentos que se les ofrecen. **20** Cuando los que no creen en Cristo ofrecen algo, se lo dan a los demonios y no a Dios. ¡Y yo no quiero que ustedes tengan nada que ver con los demonios! **21** Ustedes no pueden beber de la copa en la Cena del Señor, y al mismo tiempo beber de la copa que se usa en las ceremonias donde se honra a los demonios. Tampoco pueden participar en la Cena del Señor y al mismo tiempo en las fiestas para los demonios. **22** ¿O quieren que Dios se enoje? ¡Nosotros no somos más fuertes que Dios!

Busquemos el bien de los demás

23 Algunos de ustedes dicen: «Soy libre de hacer lo que quiera». ¡Claro que sí! Pero no todo lo que uno quiere conviene, ni todo fortalece la vida cristiana. **24** Por eso, tenemos que pensar en el bien de los demás, y no sólo en nosotros mismos.

25-26 Dios es dueño de toda la tierra y de todo lo que hay en ella. Así que ustedes pueden comer de todo lo que se vende en la carnicería, sin tener que pensar de dónde viene esa carne.

27 Si alguien que no cree en Cristo los invita a comer, y ustedes quieren ir, vayan. Coman de todo lo que les sirvan, y no se pongan a pensar si está bien comer, o no.

28-29 Pero si alguien les dice: «Esta carne fue ofrecida a los ídolos», entonces no la coman, para evitar problemas. Tal vez tú no tengas problemas en comerla, pero otras personas sí.

A mí realmente no me gusta la idea de no poder hacer algo, sólo porque otra persona piensa que está mal. **30** Si yo le doy gracias a Dios por la comida, ¿por qué me van a criticar por comerla?

31 Cuando ustedes coman, beban, o hagan cualquier otra cosa, háganlo para honrar a Dios. **32** No le causen problemas a los judíos, ni a los que no son judíos, ni a los que son de la iglesia de Dios. **33** En todo lo que hago, yo trato de agradar a todas las personas. No busco ventajas para mí mismo, sino que busco el bien de los demás, para que se salven.

Cómo participar en las reuniones de la iglesia

11 **1** Así que sigan mi ejemplo, como yo sigo el ejemplo de Cristo. **2** Los felicito, porque ustedes siempre se acuerdan de mí y obedecen mis enseñanzas. **3** Ahora quiero que sepan esto: Cristo tiene autoridad sobre todo hombre, el hombre tiene autoridad sobre su esposa, y Dios tiene autoridad sobre Cristo.

4 Si el hombre ora a Dios o habla en su nombre con la cabeza cubierta, no le da a Cristo la honra que merece. **5** Y si la mujer ora a Dios o habla en su nombre sin cubrirse la cabeza, le falta el respeto a su esposo. Es lo mismo que si se afeitara la cabeza. **6** Si la mujer no quiere cubrirse la cabeza, entonces que se la afeite. Pero si le da vergüenza afeitársela, entonces que se la cubra.

7 El hombre no debe cubrirse la cabeza, pues fue hecho parecido a Dios y refleja su grandeza. La mujer, por su parte, refleja la grandeza del hombre. **8** Porque Dios no sacó de la mujer al hombre, sino que del hombre sacó a la mujer. **9** Y no creó Dios al hombre para la mujer, sino a la mujer para el hombre. **10** Por eso la mujer debe cubrirse la cabeza: para mostrar su respeto por la autoridad del hombre, y también su respeto por los ángeles.

11 Sin embargo, para nosotros los cristianos, ni la mujer existe sin el hombre, ni el hombre existe sin la mujer. **12** Es verdad que a la primera mujer Dios la sacó del primer hombre, pero también es verdad que ahora todos los hombres nacen de alguna mujer. Y el hombre, la mujer y todo lo que existe han sido creados por Dios. **13** Piensen ustedes mismos si está bien que la mujer ore a Dios con la cabeza descubierta. **14** Según nuestras costumbres, es una vergüenza que al hombre se deje crecer el cabello, **15** pero no lo es que la mujer se lo deje crecer. Y es que Dios le dio el cabello largo para que se cubra la cabeza. **16** En todo caso, si alguien no está de acuerdo con esto y quiere discutirlo, le digo que ni nosotros ni las iglesias de Dios conocemos otra forma de actuar.

La Cena del Señor

17 Hay algo de lo que no puedo felicitarlos, y son las reuniones que ustedes tienen. En vez de ayudarlos, les perjudica. **18** Para empezar, me han dicho que cuando ustedes se reúnen en la iglesia, no se llevan bien, sino que se dividen en grupos y se pelean entre sí. Yo creo que hay algo de verdad en esto. **19** En realidad, todo esto tiene que pasar para que se vea quiénes son los verdaderos seguidores de Cristo. **20-21** Según entiendo, cuando ustedes se reúnen, cada uno se apura a comer su propia comida y no espera a los demás. Así resulta que algunos se quedan con hambre mientras que otros se emborrachan. ¡Y eso ya no es participar en la Cena del Señor! **22** Más bien, eso es una falta de respeto a la iglesia de Dios, y es poner en vergüenza a los pobres. Si lo que quieren es comer y emborracharse, ¡mejor quédense en sus casas! ¿O esperan acaso que los felicite? ¡Pues no hay de qué felicitarlos!

23 Lo que el Señor Jesucristo me enseñó, es lo mismo que yo les he enseñado a ustedes: La noche en que el Señor Jesús fue entregado para que lo mataran en la cruz, tomó en sus manos pan, **24** dio gracias a Dios, lo partió en peda-

zos y dijo: «Esto es mi cuerpo, que es entregado en favor de ustedes. Cuando coman de este pan, acuérdense de mí». **25** Después de cenar, Jesús tomó en sus manos la copa y dijo: «Esta copa de vino es mi sangre. Con ella, Dios hace un nuevo compromiso con ustedes. Cada vez que beban de esta copa, acuérdense de mí». **26** Así que, cada vez que ustedes comen de ese pan o beben de esa copa, anuncian la muerte del Señor Jesús hasta el día en que él vuelva.

Cómo participar en la Cena del Señor

27 Por eso, si una persona come del pan o bebe de la copa del Señor Jesucristo sin darle la debida importancia, peca en contra del cuerpo y de la sangre de Jesucristo. **28** Por lo tanto, antes de comer el pan y beber de la copa, cada uno debe preguntarse si está actuando bien o mal. **29** Porque Dios va a castigar al que coma del pan y beba de la copa sin darse cuenta de que se trata del cuerpo de Cristo. **30** Por eso algunos de ustedes están débiles o enfermos, y otros ya han muerto. **31-32** El Señor se fija en nuestra conducta. él nos corrige para que aprendamos, y así no tengamos que ser castigados junto con la gente de este mundo que no cree en él. Si pensamos bien lo que hacemos, no seremos castigados. **33** Por eso, hermanos¹ míos, cuando se junten para comer, esperen a que todos estén reunidos. **34** Si alguno tiene hambre, es mejor que coma en su casa. Así Dios no tendrá que castigarlos por su comportamiento en las reuniones. En cuanto a los otros preguntas que me hicieron, ya les daré instrucciones cuando vaya a visitarlos.

Las capacidades que da el Espíritu Santo

12 **1** Queridos hermanos,¹ quiero que sepan acerca de las capacidades que da el Espíritu Santo.

2 Cuando ustedes aún no habían creído en Cristo, cometían el error de adorar ídolos que ni siquiera pueden hablar. **3** Por eso quiero que entiendan que ninguna persona guiada por el Espíritu Santo puede maldecir a Jesús. Y sólo los que hablan guiados por el Espíritu Santo reconocen que Jesús es el Señor.

4 Los que pertenecen a la iglesia pueden tener distintas capacidades, pero todas estas las da el mismo Espíritu. **5** La gente puede servir al Señor de distintas maneras, pero todos sirven al mismo Señor. **6** Se pueden realizar distintas actividades, pero es el mismo Dios quien da a cada uno la habilidad de hacerlas. **7** Dios nos enseña que, cuando el Espíritu Santo nos da alguna capacidad especial, lo hace para que procuremos el bien de los demás. **8** A algunos, el Espíritu les da la capacidad de hablar con sabiduría, a otros les da la capacidad de hablar con mucho conocimiento, **9** a otros les da una gran confianza en Dios, y a otros les da el poder de sanar a los enfermos. **10** Algunos reciben el poder de hacer milagros, y otros reciben la autoridad de hablar de parte de Dios. Unos tienen la capacidad de reconocer al Espíritu de Dios, y de descubrir a los espíritus falsos. Algunos pueden hablar en idiomas desconocidos, y otros pueden entender lo que se dice en esos idiomas. **11** Pero es el Espíritu Santo mismo el que hace todo esto, y el que decide qué capacidad darle a cada uno.

Todos son necesarios e importantes en la iglesia

12 La iglesia de Cristo es como el cuerpo humano. Está compuesto de distintas partes, pero es un solo cuerpo. **13** Entre nosotros, unos son judíos y otros no lo son. Algunos son esclavos, y otros son personas libres. Pero todos fuimos bautizados por el mismo Espíritu Santo, para formar una sola iglesia y un solo cuerpo. A cada uno de nosotros Dios nos dio el mismo Espíritu Santo.

14 El cuerpo no está formado por una sola parte, sino por muchas. **15** Si al pie se le ocurriera decir: «Yo no soy del cuerpo porque no soy mano», todos sabemos que no por eso dejaría de ser parte del cuerpo. **16** Y si la oreja dijera: «Como yo no soy ojo, no soy del cuerpo», de todos modos seguiría siendo parte del cuerpo. **17** Si todo el cuerpo fuera ojo, no podríamos oír. Y si todo el cuerpo fuera oído, no podríamos oler. **18** Pero Dios puso cada parte del cuerpo en donde quiso ponerla. **19** Una sola parte del cuerpo no es todo el cuerpo. **20** Y aunque las partes del cuerpo pueden ser muchas, el cuerpo es uno solo. **21** El ojo no puede decirle a la mano: «No te necesito». Tampoco la cabeza puede decirle a los pies: «No los necesito». **22** Al contrario, las partes que nos parecen más débiles, son las que más necesitamos. **23** Y las partes que nos parecen menos importantes, son las que vestimos con mayor cuidado. Lo mismo hacemos con las partes del cuerpo que preferimos no mostrar. **24** En cambio, con las partes que mostramos no somos tan cuidadosos. Y es que Dios hizo el cuerpo de modo que le demos más importancia a las partes que consideramos de menos valor. **25** Así las partes del cuerpo se mantienen unidas y se preocupan las unas por las otras. **26** Cuando una parte del cuerpo sufre, también sufren todas las demás. Cuando se le da importancia a una parte del cuerpo, las partes restantes se ponen contentas.

27 Cada uno de ustedes es parte de la iglesia, y todos juntos forman el cuerpo de Cristo. **28** En la iglesia, Dios le dio una función a cada una de las partes. En primer lugar, puso apóstoles; en segundo lugar, puso profetas, y en tercer lugar, puso maestros. También hay algunos que hacen milagros, y otros que tienen la capacidad de sanar a los enfermos; algunos

ayudan, otros dirigen, y aun otros hablan en idiomas desconocidos. **29** No todos son apóstoles, profetas o maestros. Tampoco todos pueden hacer milagros **30** o curar enfermos. No todos pueden hablar idiomas desconocidos, ni todos pueden entender lo que se dice en esos idiomas. **31** Está muy bien que ustedes quieran recibir del Espíritu las mejores capacidades. Yo, por mi parte, voy a enseñarles algo más importante.

El amor verdadero

13 **1** Si no tengo amor, de nada me sirve hablar todos los idiomas del mundo, y hasta el idioma de los ángeles. Si no tengo amor, soy como un pedazo de metal ruidoso; ¡soy como una campana desafinada!

2 Si no tengo amor, de nada me sirve hablar de parte de Dios y conocer sus planes secretos. De nada me sirve que mi confianza en Dios sea capaz de mover montañas.

3 Si no tengo amor, de nada me sirve darles a los pobres todo lo que tengo. De nada me sirve dedicarme en cuerpo y alma a ayudar a los demás.

4 El que ama tiene paciencia en todo, y siempre es amable.
El que ama no es envidioso, ni se cree más que nadie.
No es orgulloso.
5 No es grosero ni egoísta.
No se enoja por cualquier cosa.
No se pasa la vida recordando lo malo que otros le han hecho.
6 No aplaude a los malvados, sino a los que hablan con la verdad.
7 El que ama es capaz de aguantarlo todo, de creerlo todo, de esperarlo todo, de soportarlo todo.
8 Sólo el amor vive para siempre. Llegará el día en que ya nadie hable de parte de Dios, ni se hable en idiomas extraños, ni sea necesario conocer los planes secretos de Dios. **9** Las profecías, y todo lo que ahora conocemos, es imperfecto. **10** Cuando llegue lo que es perfecto, todo lo demás se acabará.
11 Alguna vez fui niño. Y mi modo de

hablar, mi modo de entender las cosas, y mi manera de pensar eran los de un niño. Pero ahora soy una persona adulta, y todo eso lo he dejado atrás. **12** Ahora conocemos a Dios de manera no muy clara, como cuando vemos nuestra imagen reflejada en un espejo a oscuras. Pero, cuando todo sea perfecto, veremos a Dios cara a cara. Ahora lo conozco de manera imperfecta; pero cuando todo sea perfecto, podré conocerlo tan bien como él me conoce a mí.

13 Hay tres cosas que son permanentes: la confianza en Dios, la seguridad de que él cumplirá sus promesas, y el amor. De estas tres cosas, la más importante es el amor.

Las capacidades más importantes

14 **1** Procuren amar con sinceridad, y pídanle al Espíritu Santo que los capacite de manera especial para hablar de parte de Dios. **2-4** Cuando ustedes hablan en un idioma extraño, se ayudan sólo a ustedes mismos. Dios los entiende porque hablan de verdades secretas que sólo el Espíritu Santo conoce. Pero aparte de él, nadie más sabe lo que ustedes dicen. En cambio, cuando Dios les ordena hablar de su parte, la gente sí les entiende. Además, así ustedes ayudan a todos en la iglesia a confiar más en Cristo, a sentirse mejor y a estar alegres. **5** Me gustaría que todos ustedes hablaran en idiomas desconocidos, pero más me gustaría que hablaran de parte de Dios. En realidad, es más importante hablar de parte de Dios que hablar en idiomas que otros no entienden, a menos que alguien pueda traducir lo que se dice. Porque así se ayuda a los miembros de la iglesia.

6 Hermanos míos, si yo fuera a visitarlos y les hablara en idiomas desconocidos, ¿de qué les serviría? Sólo les ayudaría si les diera a conocer algo desconocido, o si les diera algún conocimiento, o si les comunicara algún mensaje de parte de Dios, o alguna enseñanza.

7 Si todos los instrumentos musicales tuvieran el mismo sonido, ¿cómo podría distinguirse una flauta de un arpa? **8** Si en una guerra nadie pudiera distinguir el sonido de la trompeta que anuncia la batalla, ninguno se prepararía para combatir. **9** Algo así pasa cuando ustedes hablan en idiomas desconocidos. Si nadie entiende lo que significan, es como si estuvieran hablándole al aire.

10 En el mundo hay muchos idiomas, y en todos ellos se pueden decir cosas que tienen significado. **11** Pero si alguien me habla y yo no entiendo lo que dice, esa persona pensará que soy un extranjero. Y lo mismo pensaré yo si esa persona no me entiende a mí. **12** Por eso, ya que desean las capacidades que da el Espíritu, traten de tener aquellas que ayuden a todos los de la iglesia.

13 Por lo tanto, cuando ustedes hablen en idiomas desconocidos, deben pedirle a Dios que les dé la capacidad de explicar lo que se esté diciendo. **14** Por ejemplo, si yo oro en un idioma desconocido, es mi espíritu el que ora, porque yo no entiendo lo que digo. **15** ¿Qué debo hacer entonces? Pues orar y cantar con mi espíritu, pero también orar y cantar con mi entendimiento. **16** Porque si tú das gracias a Dios con tu espíritu, y te escucha algún extraño, no podrá unirse a tu oración porque no entenderá lo que dices. No podrá hacerlo, porque no habrá comprendido nada. **17** Tu oración podrá ser muy buena, pero no estarás ayudando a nadie. **18** Yo le doy gracias a Dios porque hablo en idiomas desconocidos más que todos ustedes. **19** Sin embargo, cuando estoy en la iglesia, prefiero decir cinco palabras que se entiendan y que ayuden a otros, más que decir diez mil palabras en un idioma que nadie entiende.

20 Hermanos en Cristo, sean inocentes como niños, pero no piensen como niños. Piensen como personas maduras. **21** Dios dice en la Biblia:

«Le hablaré a este pueblo
por medio de extranjeros
y en idiomas desconocidos.
¡Pero ni así me harán caso!»

22 Por lo tanto, hablar en idiomas desconocidos podrá probarles algo a los no cristianos, pero para los cristianos esos idiomas no prueban nada. En cambio, los mensajes de parte de Dios son para los cristianos, no para los que no creen en Dios.

23 Supongamos que todos los de la iglesia se reúnen y comienzan a hablar en idiomas desconocidos. Si en ese momento entra gente de afuera, o algunos que no creen en Cristo, van a pensar que ustedes están locos. **24** Pero si todos ustedes hablaran de parte de Dios, esa gente se daría cuenta de que es pecadora **25** y les confiaría a ustedes hasta sus pensamientos más secretos. Luego se arrodillaría delante de Dios, lo adoraría, y reconocería que de verdad Dios está entre ustedes.

Las reuniones de la iglesia

26 Hermanos míos, cuando se reúnan, todo lo que hagan debe ayudar a los demás. Unos pueden cantar, otros pueden enseñar o comunicar lo que Dios les haya mostrado, otros pueden hablar en idiomas desconocidos, o traducir lo que se dice en esos idiomas. **27** Si algunos hablan en idiomas desconocidos, que no sean más de dos o tres personas, y que cada uno espere su turno para hablar. Además, alguien debe traducir lo que estén diciendo. **28** Pero si no hay en la iglesia nadie que traduzca, entonces deben callarse. O que hablen sólo para sí mismos y para Dios.

29 Y si algunos hablan de parte de Dios, que sean sólo dos o tres personas. Los demás deben prestar atención para ver si el mensaje es de parte de Dios o no. **30** Pero si alguno de los que están sentados recibe un mensaje de Dios, el que está hablando debe callarse y dejar que la otra persona diga lo que tenga que decir. **31** Así todos tendrán la oportunidad de anunciar un mensaje de Dios, y todos los que escuchan podrán aprender y sentirse animados. **32** La persona que hable de parte de Dios podrá decidir cuándo hablar y cuándo callar. **33** Porque a Dios no le gusta el desorden y el alboroto, sino la paz y el orden.

Como es costumbre en nuestras iglesias, **34** no se debe permitir que las mujeres hablen en las reuniones. La ley de Moisés dice que las mujeres deben aprender en silencio. **35** Si quieren saber algo, que les pregunten a sus esposos cuando ya estén en su casa. Se ve mal que la mujer hable en la iglesia.

36 Ustedes no inventaron el mensaje de Dios, ni fueron los únicos que lo recibieron. **37** Si alguien cree que puede hablar de parte de Dios, o cree que obedece al Espíritu Santo en todo, debe reconocer que esto que les escribo es una orden de Dios. **38** Pero si no quiere reconocerlo, ustedes no deben prestarle atención.

39 Mis queridos hermanos, ustedes deben procurar hablar de parte de Dios, y no impidan que se hable en idiomas desconocidos. **40** Pero háganlo todo de manera correcta y ordenada.

¡Cristo ha resucitado!

15 **1** Queridos hermanos, quiero recordarles la buena noticia que les di. Ustedes la recibieron con gusto y confiaron en ella. **2** Si continúan confiando firmemente en esa buena noticia, serán salvos. Pero si no, de nada les servirá haberla aceptado.

3 Lo primero que les enseñé fue lo mismo que yo aprendí: que Cristo murió en lugar de nosotros, que éramos pecadores. Tal como lo enseña la Biblia, **4** fue sepultado y, después de tres días, Dios lo resucitó. **5** Primero se le apareció a Pedro, y después a los doce apóstoles. **6** Luego se les apareció a más de quinientos de sus seguidores a la vez. Algunos de ellos todavía viven, y otros ya murieron. **7** Más tarde se apareció a Santiago, y luego a todos los apóstoles. **8** Por último, se me apareció a mí; a pesar de que lo conocí mucho tiempo después que los otros apóstoles.

Por eso me considero **9** el menos importante de los apóstoles, y ni siquiera merezco que la gente me llame así, pues le hice mucho daño a la iglesia de Dios. **10** Sin embargo, Dios fue bueno conmigo, y por eso soy apóstol. No desprecié el poder especial que me dio, y trabajé más que los otros apóstoles; aunque en realidad todo lo hice gracias a ese poder especial de Dios. **11** Pero ni yo ni los otros apóstoles importamos. Lo que sí importa es que todos nosotros hemos anunciado esa buena noticia, y que ustedes han creído en ella.

Nosotros también resucitaremos

12 Y esta es la buena noticia que anunciamos: que Dios resucitó a Cristo. Entonces, ¿cómo es que algunos de ustedes dicen que los muertos no pueden volver a vivir? **13** Porque si los muertos no pueden volver a vivir, entonces Cristo tampoco volvió a vivir. **14** Y si Cristo no volvió a vivir, esta buena noticia que anunciamos no sirve para nada, y de nada sirve tampoco que ustedes crean en Cristo. **15** Si fuera cierto que los muertos no vuelven a vivir, nosotros estaríamos diciendo una mentira acerca de Dios, pues afirmamos que él resucitó a Cristo. **16** Si en realidad los muertos no vuelven a vivir, entonces tampoco Cristo volvió a vivir. **17** Y si Cristo no volvió a vivir, de nada sirve que ustedes crean en él, y sus pecados todavía no han sido perdonados. **18** Y los que antes creyeron en Cristo y murieron, están totalmente perdidos. **19** Si nuestra esperanza es que Cristo nos ayude solamente en esta vida, no hay nadie más digno de lástima que nosotros. **20** Sin embargo, ¡Cristo volvió a

vivir! Esto nos enseña que también volverán a vivir los que murieron. **21-22** Por el pecado de Adán, todos fuimos castigados con la muerte; pero, gracias a Cristo, ahora podemos volver a vivir. **23** Cada uno resucitará a su debido tiempo: primero resucitará Cristo; después, cuando él vuelva, resucitarán los que creyeron en él. **24** Luego vendrá el fin del mundo, cuando Cristo derrotará a todas las autoridades y a todos los poderes, y le entregará el reinado a Dios el Padre. **25** Cristo reinará hasta que haya vencido a todos sus enemigos. **26** El último enemigo que Cristo vencerá es la muerte. **27** Cuando la Biblia dice: «Dios puso todo bajo su dominio», la palabra «todo» no incluye a Dios, porque es Dios quien puso todo bajo la autoridad de Cristo. **28** Y cuando todo esté bajo el dominio del Hijo, él mismo se pondrá bajo la autoridad de Dios. Así, Dios estará sobre todas las cosas, pues él es quien puso todo bajo el dominio de Cristo.

29 Algunos se bautizan en lugar de alguien que ya ha muerto, y piensan que así lo salvarán. Pero si en verdad los muertos no vuelven a vivir, ¿para qué bautizarse? **30** ¿Y para qué poner en peligro nuestra vida en todo momento? **31** Ustedes bien saben que todos los días estoy en peligro de muerte. Esto es tan cierto como la satisfacción que tengo de que ustedes creen en Cristo. **32** En Éfeso luché con hombres que parecían fieras salvajes. Pero si es verdad que los muertos no vuelven a vivir, entonces ¿qué gané con eso? Mejor hagamos lo que algunos dicen: «Comamos y bebamos que mañana moriremos».

33 ¡No se dejen engañar! Bien dice el dicho, que «Las malas amistades echan a perder las buenas costumbres». **34** Piensen bien lo que hacen, y no desobedezcan más a Dios. Algunos de ustedes deberían sentir vergüenza de no conocerlo.

Cómo resucitarán los muertos

35 Tal vez alguien me pregunte: ¿Y cómo volverán los muertos a la vida? ¿Qué clase de cuerpo tendrán? **36** ¡Qué preguntas más tontas! Para que una planta crezca, primero tiene que morir la semilla que fue sembrada. **37** Lo que se siembra es una simple semilla de trigo o de alguna otra cosa, muy distinta de la planta que va a nacer. **38** A cada semilla Dios le da el cuerpo que él quiere darle. **39** No todos los cuerpos son iguales. Los seres humanos tenemos una clase de cuerpo, y los animales tienen otra clase. Lo mismo pasa con los pájaros y los peces. **40** Hay también cuerpos que viven en el cielo, y cuerpos que viven en la tierra. La belleza de los cuerpos del cielo no es como la de los cuerpos de la tierra. **41** El brillo del sol no es como el de la luna y las estrellas, y aun cada una de las estrellas tiene un brillo distinto.

42 Así pasará cuando los muertos vuelvan a la vida. **43** Cuando alguien muere, se entierra su cuerpo, y ese cuerpo se vuelve feo y débil. Pero cuando esa persona vuelva a la vida, su cuerpo será hermoso y fuerte, y no volverá a morir. **44** Se entierra el cuerpo físico, pero resucita un cuerpo espiritual. Así como hay cuerpos físicos, hay también cuerpos espirituales.

45 La Biblia dice que Dios hizo a Adán, que fue el primer hombre con vida. Pero Cristo, a quien podemos llamar el último Adán, es un espíritu que da vida. **46** Así que primero llegó a existir lo físico, y luego lo espiritual. **47** El primer hombre fue hecho del polvo de la tierra. El segundo hombre vino del cielo. **48** Todos los que vivimos en esta tierra tenemos un cuerpo como el de Adán, que fue hecho de tierra. Todos los que viven en el cielo tienen un cuerpo como el de Cristo. **49** Y así como nos parecemos al primer hombre, que fue sacado de la tierra, así también nos pareceremos a

Cristo, que es del cielo.

50 Hermanos míos, lo que es de sangre y carne no tiene cabida en el reino de Dios, que es eterno. **51** Les voy a contar algo que Dios tenía en secreto: No todos moriremos, pero todos seremos transformados. **52** En un abrir y cerrar de ojos, cuando Cristo vuelva, se oirá el último toque de la trompeta, y los muertos volverán a vivir y no morirán jamás. Nosotros, los que creemos en Cristo y todavía estemos vivos, seremos transformados. **53** Dios cambiará estos cuerpos nuestros, que mueren y se destruyen, por cuerpos que vivirán para siempre y nunca serán destruidos. **54** Cuando esto suceda, se cumplirá lo que dice la Biblia:

«¡La muerte ha sido destruida!
55 ¿Dónde está su victoria?
¿Dónde está su poder
para herirnos?»

56 El pecado produce la muerte y existe porque hay una ley. **57** ¡Pero gracias a Dios, podemos vencerlo por medio de nuestro Señor Jesucristo! **58** Por eso, mis queridos hermanos, manténganse firmes, y nunca dejen de trabajar más y más por el Señor. Y sepan que nada de lo que hacen para Dios es inútil.

Una ayuda para los hermanos de otra iglesia

16 **1** Ahora quiero hablarles acerca del dinero que van a dar para ayudar a los del pueblo de Dios en Jerusalén. Hagan lo mismo que les dije a las iglesias de la región de Galacia. **2** Es decir, que cada domingo, cada uno de ustedes debe apartar y guardar algo de dinero, según lo que haya ganado. De este modo no tendrán que recogerlo cuando yo vaya a verlos. **3** Elijan a algunos hermanos, para que lleven el dinero a Jerusalén. Cuando yo llegue, los mandaré con el dinero que ustedes hayan dado, y también con cartas, para que los hermanos de la iglesia en Jerusalén los reciban bien. **4** Si ustedes creen conveniente que yo también vaya, iré con ellos.

Los planes de Pablo

5 Después de pasar por la región de Macedonia, iré a Corinto. **6** Tal vez entonces me quede con ustedes algún tiempo, posiblemente todo el invierno. Así podrán ayudarme a pagar mi próximo viaje. **7** No quiero visitarlos poco tiempo. Si el Señor me lo permite, espero estar un buen tiempo con ustedes. **8** Me voy a quedar en la ciudad de Éfeso hasta la fiesta de Pentecostés. **9** Aunque muchos allí están en contra mía, tengo una buena oportunidad de servir a Dios y de obtener buenos resultados.

10 Si Timoteo va a visitarlos, procuren que se sienta bien entre ustedes. Él trabaja para Dios, lo mismo que yo. **11** No lo traten mal. Ayúdenlo a continuar su viaje con tranquilidad, para que pueda venir a verme, pues lo estoy esperando junto con los otros hermanos de la iglesia.

12 Muchas veces he tratado de que Apolo vaya a visitarlos, junto con los otros hermanos de la iglesia. Por el momento no ha querido hacerlo, pero lo hará en cuanto pueda.

Consejos finales

13 Manténganse siempre alertas, confiando en Cristo. Sean fuertes y valientes. **14** Y todo lo que hagan, háganlo con amor.

15 Queridos hermanos, ustedes saben que Estéfanas y su familia fueron los primeros en aceptar la buena noticia en la región de Acaya, y que se han dedicado a servir a los miembros de la iglesia. **16** Yo les ruego que obedezcan a Estéfanas, y a todos los que trabajan y sirven a Dios como él lo hace. **17** Me alegro de que hayan venido Estéfanas, Fortunato y Acaico. Estar con ellos fue como estar con ustedes. **18** Me hicieron sentir muy bien, lo mismo que a ustedes. A personas como ellos, préstenles mucha atención.

Saludo y despedida

19 Las iglesias de la provincia de Asia les mandan saludos. También Áquila y Prisca, y la iglesia que se reúne en su casa, les mandan cariñosos saludos en el nombre del Señor. **20** Todos los hermanos de la iglesia les mandan saludos. Salúdense unos a otros con un beso de hermanos.

21 Yo, Pablo, les escribo este saludo con mi propia mano.

22 Si alguien no ama al Señor Jesucristo, que la maldición de Dios caiga sobre él. Yo, por mi parte, oro al Señor Jesucristo y le digo: «¡Ven, Señor nuestro!»

23 Que el amor del Señor Jesús los acompañe siempre. **24** Yo los amo a todos ustedes con el amor del Señor Jesús.

2 Corintios

Saludo

1 1-2 Queridos hermanos de la iglesia de Corinto y de la región de Acaya:

Nosotros, Pablo y Timoteo, les enviamos nuestros saludos. Que Dios nuestro Padre, y el Señor Jesucristo, quien me eligió como apóstol, les den su amor y su paz.

Dios nos ayuda en las dificultades y sufrimientos

3 ¡Demos gracias a Dios, Padre de nuestro Señor Jesucristo! Él es un Padre bueno y amoroso, y siempre nos ayuda. 4 Cuando tenemos dificultades, o cuando sufrimos, Dios nos ayuda para que podamos ayudar a los que sufren o tienen problemas.

5 Nosotros sufrimos mucho, lo mismo que Cristo. Pero también, por medio de él, Dios nos consuela. 6 Sufrimos para que ustedes puedan ser consolados y reciban la salvación. Dios nos ayuda para que nosotros podamos consolarlos a ustedes. Así ustedes podrán soportar con paciencia las dificultades y sufrimientos que también nosotros afrontamos. 7 Confiamos mucho en ustedes y sabemos que, si ahora sufren, también Dios los consolará.

8 Hermanos en Cristo, queremos que conozcan los problemas y sufrimientos que tuvimos en la provincia de Asia. Fueron tan tremendos que casi no podíamos soportarlos, y hasta creímos que íbamos a morir. 9 En realidad, nos sentíamos como los condenados a muerte. Pero eso nos ayudó a no confiar en nosotros mismos, sino en Dios, que puede hacer que los muertos vuelvan a la vida. 10 Dios nos protegió de grandes peligros de muerte, y confiamos en que él seguirá cuidándonos y protegiéndonos. 11 Por favor, ayúdennos orando por nosotros. Si muchos oran, muchos también darán gracias a Dios por la ayuda y por todo lo bueno que él nos da.

Cambio de planes

12 Nos satisface saber que nos hemos comportado bien, y que hemos sido sinceros con todos, especialmente con ustedes. No lo hicimos guiados por nuestra propia sabiduría, sino con la ayuda de Dios, y gracias a su gran amor. 13 Ahora les escribimos con palabras e ideas fáciles de entender. Y espero que puedan comprender del todo 14 lo que ahora no entienden bien. Así, cuando el Señor Jesucristo vuelva, ustedes podrán estar orgullosos de nosotros, como nosotros lo estamos de ustedes.

15 Mi primera intención fue ir a verlos primero, para así poder visitarlos dos veces. 16 Tenía la idea de visitarlos en mi viaje hacia la región de Macedonia, y a mi regreso pasar otra vez por allí. Así ustedes podrían ayudarme a seguir mi viaje a la región de Judea. 17 ¿Acaso creen que esos planes los hice sin pensarlo bien? ¿O creen que soy como todos, que primero digo que sí, y luego digo que no? ¡Pues se equivocan! 18 Dios es testigo de que cumplimos nuestra palabra. 19 Timoteo, Silas y yo les anunciamos el mensaje de Jesucristo, el Hijo de Dios. Y Jesucristo no decía una cosa primero y otra después. Al contrario, siempre cumplía su palabra. 20 Y todas las promesas que Dios hizo se cumplen por medio de Jesucristo. Por eso, cuando alabamos a Dios por medio de Jesucristo, decimos «Amén».

21 Tanto a mí como a ustedes, Dios nos mantiene firmemente unidos a Cristo. Él nos eligió 22 y, para mostrar que somos suyos, nos puso una marca: Nos dio su Espíritu Santo.

23 Si no he ido a visitarlos, ha sido porque los respeto. ¡Que Dios me quite la vida si miento! 24 Nosotros no queremos decirles qué es lo que deben creer, pues de eso ustedes están ya bien seguros. Lo que sí queremos es colaborar con ustedes, para que sean más felices.

2 1 Como no era mi intención ponerlos tristes, decidí mejor no ir a visitarlos. 2 Porque, si yo los pongo tristes, ¿quién me alegrará después a mí? Nadie más que ustedes. 3 Yo sabía muy bien que todos ustedes compartirían mi alegría. Pero tampoco era mi intención que ustedes me pusieran triste, cuando más bien deberían alegrarme. Por eso decidí escribirles en vez de ir a visitarlos. 4 Pero cuando les escribí, estaba yo tan triste y preocupado que hasta lloraba. No quería ponerlos tristes, pero sí quería que se dieran cuenta del gran amor que les tengo.

Perdonemos al que nos ofendió

5 No quiero exagerar en este asunto, pero la persona que causó mi tristeza, hasta cierto punto también causó la tristeza de todos ustedes. 6 Pero ya es suficiente con el castigo que la mayoría de ustedes le impuso. 7 Ahora deben perdonarlo y ayudarlo a sentirse bien, para que no vaya a enfermarse de tanta tristeza y remordimiento. 8 Yo les ruego que le muestren nuevamente que lo aman.

9 La carta que les escribí era para saber si realmente están dispuestos a obedecerme en todo. 10 Yo, por mi parte, estoy dispuesto a perdonar a todo el que ustedes perdonen, suponiendo que haya algo que perdonar. Lo hago pensando en ustedes, y poniendo a Cristo como testigo. 11 Así Satanás no se aprovechará de nosotros. ¡Ya conocemos sus malas intenciones!

12 Cuando fui a la ciudad de Tróade para anunciar la buena noticia de Cristo, tuve la gran oportunidad de trabajar por el Señor en aquel lugar. 13 Pero me preocupó no encontrar allí a nuestro hermano Tito. Por eso me despedí de los miembros de la

iglesia en Tróade, y me fui a la región de Macedonia.

14-16 Doy gracias a Dios porque nos hace participar del triunfo de Cristo, y porque nos permite anunciar por todas partes su mensaje, para que así todos conozcan a Cristo. Anunciar la buena noticia es como ir dejando por todas partes el rico olor de un perfume. Y nosotros somos ese suave aroma que Cristo ofrece a Dios. Somos como un perfume que da vida a los que creen en Cristo. Por el contrario, para los que no creen somos como un olor mortal. ¿Quién es capaz de cumplir con la tarea que Dios nos ha dejado? 17 Algunos anuncian el mensaje de Dios sólo para ganarse la vida, pero nosotros no lo hacemos así. Al contrario, Dios es testigo de que trabajamos con sinceridad y honradez, porque Dios nos envió y porque estamos muy unidos a Cristo.

3 1 No decimos todo esto para hablar bien de nosotros mismos. Tampoco necesitamos presentarles cartas que hablen bien de nosotros, ni les pedimos que ustedes las escriban para que se las presenten a otros. Algunos sí las necesitan, pero nosotros no. 2-3 Todos pueden ver claramente el bien que Cristo ha hecho en la vida de ustedes. Para que la gente hable bien de nosotros, sólo tiene que fijarse en ustedes. Porque ustedes son como una carta que habla en nuestro favor. Cristo mismo la escribió en nuestro corazón, para que nosotros la presentemos. No la escribió en piedra, ni con tinta, sino que la escribió con el Espíritu del Dios vivo. Y esa carta está a la vista de todos los que la quieran leer. 4 Por medio de Cristo, Dios nos asegura que todo eso es cierto. 5 Pero nosotros no somos capaces de hacer algo por nosotros

mismos; es Dios quien nos da la capacidad de hacerlo. 6 Ahora Dios nos ha preparado para que anunciemos a todos nuestro nuevo compromiso con él. Este nuevo compromiso no se apoya en la ley, sino en el Espíritu de Dios. Porque la ley condena al pecador a muerte, pero el Espíritu de Dios da vida.
7-9 Dios escribió la ley en tablas de piedra, y se la entregó a Moisés. Aquel momento fue tan grandioso, que la cara de Moisés resplandecía. Y el resplandor era tan fuerte que los israelitas no podían mirar a Moisés cara a cara. Sin embargo, ese brillo pronto iba a desaparecer.
Si la entrega de esa ley fue tan grandiosa, el anuncio de la salvación será más grandioso todavía. Porque esa ley dice que merecemos morir por nuestros pecados. Pero gracias a lo que el Espíritu Santo hizo en nosotros, Dios nos declara inocentes. 10 ¡Y eso es mucho más grandioso que lo que hace la ley! 11 Y si fue grandiosa la ley que iba a desaparecer, mucho más gloriosa es la buena noticia que anuncia la salvación eterna. 12 Tan seguros estamos de todo esto, que no nos da miedo hablar. 13 No hacemos como Moisés, que se tapaba la cara con un velo para que los israelitas no vieran que el brillo de su cara se iba apagando. 14-15 Ellos nunca lo entendieron. Por eso hasta el día de hoy, cuando leen los libros de Moisés, no lo entienden. Es como si su entendimiento estuviera tapado con un velo. Sólo Cristo puede ayudarles a entender.
16 Sin embargo, cuando alguien se arrepiente y pide perdón al Señor, llega a comprenderlo. Es como si le quitaran el velo a su entendimiento. 17-18 Porque el Señor y el Espíritu son uno mismo, y donde está el Espíritu del Señor hay libertad. Y nosotros no tenemos ningún velo que nos cubra la cara. Somos como un espejo que refleja la grandeza del Señor, quien cambia nuestra vida. Gracias a la

acción de su Espíritu en nosotros, cada vez nos parecemos más a él.

4 1 Dios es bueno y nos permite servirle. Por eso no nos desanimamos. 2 No sentimos vergüenza de nada, ni hacemos nada a escondidas. No tratamos de engañar a la gente ni cambiamos el mensaje de Dios. Al contrario, Dios es testigo de que decimos sólo la verdad. Por eso, todos pueden confiar en nosotros. 3 Los únicos que no pueden entender la buena noticia que anunciamos son los que no se salvarán.
4 La buena noticia nos habla de la grandeza de Cristo, y Cristo a su vez nos muestra la grandeza de Dios. Ese mensaje brilla como la luz; pero los que no creen no pueden verla, porque Satanás no los deja. 5 Y nosotros no nos anunciamos a nosotros mismos. Al contrario, anunciamos que Jesucristo es nuestro Señor, y que nosotros somos servidores de ustedes porque somos seguidores de Jesucristo. 6 Cuando Dios creó el mundo, dijo: «Que brille la luz donde ahora hay oscuridad». Y cuando nos permitió entender la buena noticia, también iluminó nuestro entendimiento, para que por medio de Cristo conociéramos su grandeza.
7 Cuando Dios nos dio la buena noticia, puso, por así decirlo, un tesoro en una frágil vasija de barro. Así, cuando anunciamos la buena noticia, la gente sabe que el poder de ese mensaje viene de Dios y no de nosotros, que somos tan frágiles como el barro. 8 Por eso, aunque pasamos por muchas dificultades, no nos desanimamos. Tenemos preocupaciones, pero no perdemos la calma. 9 La gente nos persigue, pero Dios no nos abandona. Nos hacen caer, pero no nos destruyen. 10-11 A donde quiera que vamos, todos pueden ver que sufrimos lo mismo que Cristo, y que por obedecerlo estamos siempre en peligro de muerte. Pero también pueden

ver, en nosotros, que Jesús tiene poder para dar vida a los muertos. ¹² Y así, aunque nosotros vamos muriendo, ustedes van cobrando nueva vida.

¹³ La Biblia dice: «Yo confié en Dios, y por eso hablé». Nosotros también confiamos en Dios, y por eso anunciamos la buena noticia. ¹⁴ Porque sabemos que, cuando muramos, Dios nos dará vida, así como lo hizo con Jesús, y que después nos llevará con él. ¹⁵ Todo esto es por el bien de ustedes. Porque mientras más sean los que reciban el amor y la bondad de Dios, muchos más serán los que le den las gracias y reconozcan su grandeza.

¹⁶ Por eso no nos desanimamos. Aunque nuestro cuerpo se va gastando, nuestro espíritu va cobrando más fuerza. ¹⁷ Las dificultades que tenemos son pequeñas, y no van a durar siempre. Pero, gracias a ellas, Dios nos llenará de la gloria que dura para siempre: una gloria grande y maravillosa. ¹⁸ Porque nosotros no nos preocupamos por lo que nos pasa en esta vida, que pronto acabará. Al contrario, nos preocupamos por lo que nos pasará en la vida que tendremos en el cielo. Ahora no sabemos cómo será esa vida. Lo que sí sabemos es que será eterna.

¡Queremos estar en el hogar de Dios!

5 ¹ Bien sabemos que en este mundo vivimos como en una tienda de campaña que un día será destruida. Pero en el cielo tenemos una casa permanente, construida por Dios y no por humanos. ²⁻³ Mientras vivimos en este mundo, suspiramos por la casa donde viviremos para siempre. Sabemos que, cuando estemos allí, estaremos bien protegidos. ⁴ Mientras vivimos en esta tienda de campaña que es nuestro cuerpo, nos sentimos muy tristes y cansados. Y no es que no queramos morir. Más bien, quisiéramos que nuestros cuerpos fueran transformados, y que lo que ha de morir se

cambie por lo que vivirá para siempre. ⁵ Dios nos preparó para ese cambio, y como prueba de que así lo hará nos dio el Espíritu Santo.

⁶ Por eso estamos siempre alegres. Sabemos que, mientras vivamos en este cuerpo, estaremos lejos del Señor. ⁷ Pero aunque no lo podamos ver, confiamos en él. ⁸ No nos sentimos tristes, aunque preferiríamos dejar este cuerpo para ir a vivir con el Señor. ⁹ Por eso tratamos de obedecerlo, ya sea en esta vida o en la otra. ¹⁰ Porque todos nosotros vamos a tener que presentarnos delante de Cristo, que es nuestro juez. Él juzgará lo que hicimos mientras vivíamos en este cuerpo, y decidirá si merecemos que nos premie o nos castigue.

¡Seamos amigos de Dios!

¹¹ Nosotros sabemos que hay que obedecer y adorar a Dios. Por eso tratamos de convencer a los demás para que crean en él. Dios nos conoce muy bien, y espero que también ustedes nos conozcan. ¹² No estamos tratando de impresionarlos al hablar bien de nosotros mismos. Lo que queremos es darles una razón para que se sientan orgullosos de nosotros. Así sabrán cómo responder a los que se creen importantes, pero que en realidad no lo son. ¹³ Si les parece que estamos locos, es porque queremos servir a Dios. Si les parece que no lo estamos, es para el bien de ustedes. ¹⁴ El amor de Cristo domina nuestras vidas. Sabemos que él murió por todos, y por lo tanto todos hemos muerto. ¹⁵ Así que, si Cristo murió por nosotros, entonces ya no debemos vivir más para nosotros mismos, sino para Cristo, que murió y resucitó para darnos vida. ¹⁶ A partir de ahora, ya no vamos a valorar a los demás desde el punto de vista humano. Y aunque antes valoramos a Cristo así, ya no lo haremos más. ¹⁷⁻¹⁹ Ahora

que estamos unidos a Cristo, somos una nueva creación. Dios ya no tiene en cuenta nuestra antigua manera de vivir, sino que nos ha hecho comenzar una vida nueva. Y todo esto viene de Dios. Antes éramos sus enemigos, pero ahora, por medio de Cristo, hemos llegado a ser sus amigos, y nos ha encargado que anunciemos a todo el mundo esta buena noticia: Por medio de Cristo, Dios perdona los pecados y hace las paces con todos. ²⁰ Cristo nos envió para que hablemos de su parte, y Dios mismo les ruega a ustedes que escuchen nuestro mensaje. Por eso, de parte de Cristo les pedimos: hagan las paces con Dios.

²¹ Cristo nunca pecó. Pero Dios lo trató como si hubiera pecado, para declararnos inocentes por medio de Cristo.

6 ¹ Nosotros trabajamos para Dios. Por eso les rogamos que no desaprovechen todo el amor que Dios les ha demostrado. ² Dios dice en la Biblia:

«Cuando llegó el momento de mostrarles mi bondad, fui bondadoso con ustedes; cuando necesitaron salvación, yo les di libertad».

¡Escuchen! Ese momento oportuno ha llegado. ¡Hoy es el día en que Dios puede salvarlos!

Pablo sufre por servir a Dios

3 No queremos que nadie critique nuestro trabajo. Por eso tratamos de no dar mal ejemplo. ⁴ En todo lo que hacemos, demostramos que somos servidores de Dios, y todo lo soportamos con paciencia. Hemos sufrido y tenido muchos problemas y necesidades. Nos han dado latigazos. ⁵ Nos han puesto en la cárcel, y en medio de gran alboroto nos han maltratado. Hemos trabajado mucho. Algunas veces no hemos dormido ni comido. ⁶ A pesar de todo eso, nuestra conducta ha sido impecable, conocemos la verdad, somos pacientes y amables. El Espíritu Santo está en nuestras vidas, y amamos de verdad. **7** Con el poder que Dios nos da, anunciamos el mensaje verdadero. Cuando tenemos dificultades, las enfrentamos, y nos defendemos haciendo y diciendo siempre lo que es correcto. **8** A veces nos respetan y nos tratan bien, pero otras veces nos desprecian y nos maltratan. Unas veces hablan bien de nosotros, y otras veces mal. Aunque decimos la verdad, nos llaman mentirosos. **9** Aunque nos conocen muy bien, nos tratan como a desconocidos. Siempre estamos en peligro de muerte, pero todavía estamos vivos. Nos castigan, pero no nos matan. **10** Parece que estamos tristes, pero en realidad estamos contentos. Parece que somos pobres, pero a muchos los hacemos ricos. Parece que no tenemos nada, pero lo tenemos todo. **11** Queridos hermanosᴶ de la iglesia de Corinto, les hemos hablado con toda sinceridad, y con el corazón abierto. **12** Nosotros los amamos mucho, pero ustedes no nos responden con el mismo amor. **13** Amor con amor se paga. Por eso, como si fuera su padre, les suplico: ¡ámenme como los amo yo!

La unión desigual

14 No participen en nada de lo que hacen los que no son seguidores de Cristo. Lo bueno no tiene nada que ver con lo malo. Tampoco pueden estar juntas la luz y la oscuridad. **15** Ni puede haber amistad entre Cristo y el diablo. El que es seguidor de Cristo no llama hermano al que no lo es. **16** Nosotros somos el templo del Dios vivo, y si Dios está en nosotros, no tenemos nada que ver con los ídolos. Dios mismo dijo:

«Viviré con este pueblo,
y caminaré con ellos.

Yo seré su Dios
y ellos serán mi pueblo».

17 Por eso, el Señor también dice:

«Apártense de ellos.
No toquen nada impuro
y yo los aceptaré.

18 »Yo seré para ustedes
como un padre,
y ustedes serán para mí
como mis hijos y mis hijas.

»Esto lo afirmo yo,
el Dios todopoderoso».

7 **1** Queridos hermanos en Cristo,ᴶ Dios nos hizo esa promesa. Por eso no debemos hacer el mal, sino mantenernos libres de pecado para que Dios nos acepte. Honremos a Dios, y tratemos de ser santos como él.

Los corintios alegran a Pablo

2 ¡Háganos un lugar en su corazón! Con nadie hemos sido injustos. A nadie hemos dañado, ni de nadie nos hemos aprovechado. **3** No les digo esto para que se sientan mal, pues ya les hemos dicho que ni la vida ni la muerte podrán impedir que los amemos. **4** Me siento orgulloso de ustedes y les tengo mucha confianza. Estoy muy contento, a pesar de todas las dificultades que hemos tenido. **5** Desde que llegamos a la región de Macedonia no hemos descansado. Al contrario, hemos sufrido mucho. Hemos luchado contra nuestros enemigos y contra nuestro miedo. **6** Pero Dios, que anima a los que sufren, nos consoló con la llegada de Tito. **7** Y no sólo nos alegramos de verlo, sino también de saber que él estuvo muy contento con ustedes. Tito nos contó que desean vernos, que están tristes por lo que ha pasado, y que se preocupan por mí. Al oír esas noticias, me puse más contento todavía. **8** La carta que les escribí² los entristeció, pero no lamento haberla escrito. Lo lamenté al principio, pues supe que por un tiempo esa carta los llenó de

tristeza. **9** Pero ahora estoy contento, porque esa tristeza hizo que ustedes cambiaran y que le pidieran perdón a Dios. En realidad, Dios así lo quiso. Por eso no creo que hayamos hecho mal al escribirles. **10** Cuando Dios los ponga tristes, no lo lamenten, pues esa tristeza hará que ustedes cambien, y que pidan perdón y se salven. Pero la tristeza provocada por las dificultades de este mundo, los puede matar. **11** ¡Qué bueno que Dios los haya hecho ponerse tristes! ¡Vaya cambio que tuvieron! Así pudieron darse cuenta de que soy inocente, y hasta me defendieron. También se enojaron y tuvieron miedo de lo que podría suceder. Sintieron deseos de verme, y castigaron al culpable. Con todo esto, ustedes demostraron que no tenían nada que ver en el asunto. **12** Por mi parte, cuando les escribí esa carta, no estaba pensando en la persona que hizo el daño, ni a quién se lo hizo. Más bien, quería que Dios fuera testigo de lo mucho que ustedes se preocupan por nosotros. **13** Esto nos hace sentirnos mejor.
Tito está muy contento, pues ustedes lo ayudaron a seguir adelante. Eso nos alegró más todavía. **14** Ya le había dicho a Tito que yo estaba muy orgulloso de ustedes. ¡Y no me hicieron quedar mal! Al contrario, todo lo que le dijimos a Tito fue verdad, como también es verdad lo que les dijimos a ustedes. **15** Tito recuerda que todos lo obedecieron y lo respetaron mucho. Por eso los quiere más todavía. **16** ¡Me alegro de poder confiar plenamente en ustedes!

Demos con amor

8 **1** Hermanosᴶ míos, queremos contarles cómo Dios ha mostrado su amor y su bondad a las iglesias de la región de Macedonia. **2** Estas iglesias han pasado por muchas dificultades, pero están muy felices. Son muy pobres, pero han dado ofrendas como si fueran ricas. **3** Les aseguro que dieron todo lo que podían, y aún más de lo que podían. No lo hicieron por obligación, sino porque quisieron hacerlo, **4** y hasta nos rogaron mucho que los dejáramos colaborar en esta ayuda al pueblo de Dios. **5** Hicieron más de lo que esperábamos. Primero se entregaron a sí mismos al Señor, y después a nosotros. De este modo, hicieron lo que Dios esperaba de ellos.

6 Tito fue quien comenzó a recoger entre ustedes las ofrendas para esta bondadosa ayuda. Por eso le rogamos que siga haciéndolo. **7** Todos saben que ustedes son buenos en todo: su confianza en Dios es firme, hablan mejor, saben más, tienen mucho entusiasmo para servir a los demás y nos aman mucho. Ahora les toca ser los mejores, contribuyendo para esta bondadosa ayuda.

8 No les estoy dando una orden. Sólo quiero que sepan cómo ofrendan los hermanos de otras iglesias, para que ustedes puedan demostrar que su amor es sincero. **9** Ustedes saben que nuestro Señor Jesucristo era rico, pero tanto nos amó a ustedes que vino al mundo y se hizo pobre, para que con su pobreza ustedes llegaran a ser ricos.

10 Por el bien de ustedes les doy mi consejo acerca de esto. El año pasado ustedes fueron los primeros en dar, y además, lo hicieron con mucho entusiasmo. **11** Terminen lo que empezaron a hacer, y háganlo con el mismo entusiasmo que tenían cuando comenzaron, dando lo que cada uno pueda. **12** Si realmente desean contribuir, Dios acepta con agrado sus ofrendas, pues él no espera que demos lo que no tenemos.

13 Pero no queremos que, por ayudar a otros, les falte a ustedes lo necesario. Lo que deseamos es que haya igualdad. **14** Ahora ustedes tienen mucho, y deben ayudar a los que tienen poco. Puede ser que, en otro momento, ellos tengan mucho y los ayuden a ustedes. De esta

manera habrá igualdad. **15** Como dice la Biblia: «Ni le sobró al que recogió mucho, ni le faltó al que recogió poco».

Ideas para recoger la ayuda

16 ¡Gracias a Dios que Tito se preocupa por ayudarlos a ustedes tanto como yo! **17** Él estaba tan interesado en ustedes que aceptó mi encargo, y de todo corazón quiso ir a visitarlos.

18 Junto con Tito, mandamos a un hermano en Cristo que trabaja mucho anunciando la buena noticia. En todas las iglesias se habla bien de él, **19** y lo eligieron para que viaje con nosotros cuando llevemos las ofrendas. Todo esto lo hacemos para honrar a Dios, y para mostrar nuestro deseo de ayudar. **20** No queremos que alguien vaya a criticarnos por la manera en que actuamos con esta gran ofrenda. **21** Tratamos de hacerlo todo bien ante Dios y ante la gente.

22 Con ellos dos les enviamos a otro seguidor de Cristo que muchas veces, y de distintas maneras, ha mostrado su deseo de ayudar. Ahora más que nunca desea hacerlo, pues confía mucho en ustedes. **23** Recuerden que Tito es mi compañero, y que trabajamos juntos para ayudarlos. Recuerden que los otros dos seguidores que van con Tito son enviados por las iglesias para honrar a Cristo. **24** Por eso, demuéstrenles su amor, para que las iglesias que los envían sepan que teníamos razón de estar orgullosos de ustedes.

9 **1** En realidad, no hace falta que siga escribiéndoles acerca de la ofrenda para ayudar a los cristianos en la región de Judea. **2** Ya sé que ustedes desean ayudarlos. Por eso con mucho orgullo les dije a los hermanos¹ de la región de Macedonia que ustedes, los de la región de Acaya, estaban dispuestos a ayudarlos desde el año pasado. Cuando los de Macedonia oyeron esto, la mayoría de ellos decidió ayudar.

3 Sin embargo, les envío a Tito y a los dos hermanos para que los animen a preparar todo lo necesario para la ofrenda; así podrá verse que teníamos razón de estar orgullosos de ustedes. **4** Imagínense la vergüenza que pasaríamos nosotros, para no hablar de la que pasarían ustedes, si algunos hermanos de Macedonia me acompañaran y ustedes no tuvieran preparada la ofrenda. ¡Dónde quedaría nuestra confianza en ustedes! **5** Por eso he creído necesario mandar a estos hermanos antes de que yo vaya a verlos. Ellos pueden ayudarlos a juntar la ofrenda que ustedes prometieron. Así ustedes mostrarán que dan con gusto y por amor, y no por obligación.

Demos con alegría

6 Acuérdense de esto: «El que da poco, recibe poco; el que da mucho, recibe mucho». **7** Cada uno debe dar según crea que deba hacerlo. No tenemos que dar con tristeza ni por obligación. ¡Dios ama al que da con alegría! **8** Dios puede darles muchas cosas, a fin de que tengan todo lo necesario, y aun les sobre. Así podrán hacer algo en favor de otros. **9** Como dice la Biblia, refiriéndose al que es generoso:

«Siempre ayuda a los pobres,
lo hace con generosidad.
y en todo sale triunfante».

10 Dios da la semilla que se siembra y el pan que nos alimenta, y también les dará a ustedes todo lo necesario y hará que cada vez tengan más y más, para que puedan ayudar a otros. **11** Los hará ricos, para que puedan dar mucho. Así, serán más los que den gracias a Dios por el dinero que ustedes van a reunir y que nosotros vamos a llevar. **12** Porque la ayuda de ustedes no sólo servirá para que los hermanos² tengan lo que necesitan, sino que también hará que ellos den gracias a Dios. **13** Esa ayuda demostrará que ustedes han confiado en la buena noticia y obedecen su mensaje. Por eso, ellos alabarán y honrarán a Dios. **14** También orarán por ustedes con mucho cariño, porque Dios les ha mostrado su bondad. **15** ¡Gracias a Dios por lo que nos ha dado! ¡Es tan valioso que no hay palabras para describirlo!

Dios le dio autoridad a Pablo

10 **1-2** Dicen que soy muy tímido cuando estoy entre ustedes, pero muy valiente cuando estoy lejos. Yo les ruego, por el cariño y la bondad de Cristo, que cuando vaya a verlos, no me obliguen a ser duro con los que nos acusan. Ellos dicen que nosotros hacemos las cosas sólo por interés, como lo hace la gente de este mundo. **3** Es verdad que vivimos en este mundo, pero no actuamos como todo el mundo, **4** ni luchamos con las armas de este mundo. Al contrario, usamos el poder de Dios para destruir las fuerzas del mal, las acusaciones **5** y el orgullo de quienes quieren impedir que todos conozcan a Dios. Con ese poder hacemos que los pecadores cambien su manera de pensar y obedezcan a Cristo. **6** Estamos dispuestos a castigar a todo el que no obedezca a Cristo, comenzando por ustedes, hasta que llegue el día en que todos lo obedezcan.

7 Ustedes sólo aceptan lo que pueden ver. A los que están seguros de que son de Cristo, quiero decirles que yo también lo soy. **8** Aunque yo exagere un poco en mi autoridad, no me da vergüenza. El Señor Jesucristo me dio autoridad sobre ustedes, para ayudarlos a confiar más en él y no para destruirlos. **9** No quiero que piensen que trato de asustarlos con mis cartas. **10** Algunos dicen que mis cartas son duras y fuertes, pero que cuando hablo en persona soy débil, y que no sé hablar bien ni impresiono a nadie. **11** Esas personas tienen que entender que, cuando vaya a verlos, seré tan fuerte como lo soy

en las cartas que envío desde lejos. **12** Jamás llegaré a compararme con los que hablan bien de sí mismos. Compararse con uno mismo es una tontería. **13** Tampoco voy a presumir de lo que no he hecho. Si de algo voy a sentirme orgulloso, es del trabajo que Dios me mandó hacer. ¡Y ustedes son parte de ese trabajo! **14** No voy a presumir más de lo que debo, pero fui de los primeros en llegar a Corinto y anunciarles la buena noticia de Jesucristo. **15** Tampoco voy a sentirme orgulloso del trabajo que otros hicieron. Al contrario, espero que conforme vayan aumentando su confianza en Dios, pueda yo trabajar más entre ustedes. Esa es la meta de mi trabajo. **16** También deseo anunciar la buena noticia en lugares más lejanos que Corinto, donde nadie haya trabajado antes. Así nadie podrá decir que ando presumiendo con el trabajo de otros.

17 La Biblia dice: «Si alguien quiere sentirse orgulloso por algo, que sea por creer en el Señor». **18** La persona que merece aplausos no es la que habla bien de sí misma, sino aquella de quien el Señor habla bien.

Pablo y los falsos apóstoles

11 **1** Por favor, sopórtenme aunque parezca estar un poco loco. **2** Dios ha hecho que yo me preocupe por ustedes. Lo que yo quiero es que ustedes sean siempre fieles a Cristo, es decir, que sean como una novia ya comprometida para casarse, que le es fiel a su novio y se mantiene pura para él. **3** Pero tengo miedo de que les pase lo mismo que a Eva, que fue engañada por la astuta serpiente. También ustedes pueden ser engañados y dejar de pensar con sinceridad y pureza acerca de Cristo. **4** Y es que ustedes aceptan con gusto a cualquiera que venga y les hable de un Jesús distinto del que nosotros les hemos anunciado. Aceptan un espíritu diferente del Espíritu Santo que recibieron,

y un mensaje distinto del que aceptaron. **5** Pero yo no soy menos importante que los que vinieron después, y que se creen unos superapóstoles. **6** Aunque yo no hable tan bien como ellos, sé tanto o más que ellos, y lo he demostrado una y otra vez.

7 ¿Cuál fue mi pecado? Lo único que hice fue anunciarles la buena noticia de Dios sin cobrarles nada; me resté importancia, para dársela a ustedes, **8** y para servirlos y ayudarlos, recibí dinero de otras iglesias. **9** Cuando estuve entre ustedes y necesité algo, nunca les pedí que me ayudaran. Los miembros de la iglesia en la región de Macedonia llegaron y me dieron lo que necesitaba. Traté de que ustedes no tuvieran que molestarse por mí, y así lo seguiré haciendo. **10** Así como estoy seguro de que conozco la verdad de Cristo, también estoy seguro de que en toda la región de Acaya nadie me quitará esta satisfacción. **11** Pero no digo esto porque no los quiera. ¡Dios sabe que los quiero mucho!

12-13 Voy a continuar como hasta ahora, sin recibir dinero de ustedes. Así esos falsos profetas no podrán sentirse importantes. Andan engañando a la gente diciendo que son apóstoles de Cristo y que sirven a Dios igual que nosotros. **14** Lo cual no es extraño. ¡Hasta Satanás se disfraza de ángel de luz, **15** y también sus ayudantes se disfrazan de gente que hace el bien! Pero al final recibirán el castigo que merecen por sus malas acciones.

Pablo sufre por ser apóstol

16 Vuelvo a repetirles: no quiero que me tomen por loco. Y aunque lo estuviera, acéptenme así, para que pueda sentirme un poco orgulloso. **17** Voy a decirles algo, pero no de parte de Dios. Reconozco que hablar bien de mí mismo es una locura, **18** pero ya que hay tantos que hablan bien de sí mismos, ¿por qué no voy a hacerlo yo también? **19** ¡Ustedes son tan inteligentes, que con mucho gusto soportan a los locos! **20** ¡Hasta aguantan a quienes los tratan como esclavos y se aprovechan de ustedes, a quienes los engañan y desprecian, y a quienes los golpean en la cara!

21 Me da vergüenza decirlo, pero nosotros no nos atrevimos a tratarlos así. Pero ya que otros se atreven a presumir, yo también lo voy a hacer, aunque sea una locura. **22** Si ellos son hebreos, yo también lo soy. ¿Son israelitas? Yo también. ¿Son de la familia de Abraham? Yo también. **23** ¿Son servidores de Cristo? Yo lo soy más todavía, aunque sea una locura decirlo. Yo he trabajado más que ellos, he estado preso más veces, me han azotado con látigos más que a ellos, y he estado más veces que ellos en peligro de muerte. **24** Cinco veces las autoridades judías me han dado treinta y nueve azotes con un látigo. **25** Tres veces las autoridades romanas me han golpeado con varas. Una vez me tiraron piedras. En tres ocasiones se hundió el barco en que yo viajaba. Una vez pasé una noche y un día en alta mar, hasta que me rescataron. **26** He viajado mucho. He cruzado ríos arriesgando mi vida, he estado a punto de ser asaltado, me he visto en peligro entre la gente de mi pueblo y entre los extranjeros, en la ciudad y en el campo, en el mar y entre falsos hermanos de la iglesia. **27** He trabajado mucho, y he tenido dificultades. Muchas noches las he pasado sin dormir. He sufrido hambre y sed, y por falta de ropa he pasado frío.

28 Por si esto fuera poco, nunca dejo de preocuparme por todas las iglesias. **29** Me enferma ver que alguien se enferme, y me avergüenza y me enoja ver que se haga pecar a otros.

30 Si de algo puedo estar orgulloso, es de lo débil que soy. **31** El Dios y Padre del Señor Jesús, que merece ser siempre alabado, sabe que no estoy mintiendo. **32** Cuando estuve en Damasco, el gobernador nombrado por el rey Aretas puso guardias en la ciudad para arrestarme. **33** Pero unos amigos me pusieron en un canasto y me bajaron por una ventana de la muralla de la ciudad. Así fue como escapé.

La fuerza y el orgullo de Pablo

12 **1** Nada se gana con hablar bien de uno mismo. Pero tengo que hacerlo. Así que ahora les voy a contar las visiones que tuve, y lo que el Señor Jesucristo me dio a conocer. **2-3** Conozco a un hombre que cree en Cristo, y que hace catorce años fue llevado a lo más alto del cielo. No sé si fue llevado vivo, o si se trató de una visión espiritual. Eso sólo Dios lo sabe. **4** Lo que sé es que fue llevado al paraíso, y que allí escuchó cosas tan secretas que a ninguna persona le está permitido decirlas. **5** Yo podría estar orgulloso de conocer a una persona así, pero no de mí mismo, pues yo sólo puedo hablar de mis debilidades. **6** Claro que hablar bien de mí no sería una locura, pues estaría diciendo la verdad. Pero no lo voy a hacer, porque no quiero que alguien piense que soy más importante de lo que en realidad soy, sólo por las cosas que hago o digo, **7** o por las cosas maravillosas que Dios me ha mostrado. Por eso, para que no me llene de orgullo, padezco de algo muy grave. Es como si Satanás me clavara una espina en el cuerpo para hacerme sufrir. **8** Tres veces le he pedido a Dios que me quite este sufrimiento, **9** pero Dios me ha contestado: «Mi amor es todo lo que necesitas. Mi poder se muestra en la debilidad». Por eso, prefiero sentirme orgulloso de mi debilidad, para que el poder de Cristo se muestre en mí. **10** Me alegro de ser débil, de ser insultado y perseguido, y de tener necesidades y dificultades por ser fiel a Cristo. Pues lo que me hace fuerte es reconocer que soy débil.

Pablo se preocupa por los hermanos

11 Sé que hablar bien de mí es una locura, pero ustedes me han obligado a hacerlo. Yo soy tan capaz como esos superapóstoles, ¡así que son ustedes los que deberían hablar bien de mí! **12** La paciencia con que he trabajado por ustedes, y los milagros y las cosas maravillosas que he hecho con el poder de Dios, demuestran que soy un verdadero apóstol. **13** Sólo una cosa buena les faltó, y otras iglesias sí tuvieron: ¡ustedes no me ayudaron con dinero! ¡Perdónenme! Tal vez sea mi culpa no haberles pedido ayuda.

14 Ya estoy listo para ir a visitarlos por tercera vez, pero tampoco ahora les pediré que me ayuden con dinero. Me interesan ustedes, no su dinero. Al fin de cuentas, no son los hijos los que deben juntar dinero para los padres, sino los padres los que deben juntar dinero para los hijos. Y ustedes son mis hijos. **15** Y yo con mucho gusto gastaré lo que tengo, y hasta yo mismo me gastaré, para ayudarlos a ustedes. Si yo los amo tanto, ¿por qué ustedes me aman tan poco?

16 Ustedes saben que no quise que se preocuparan por darme dinero. Sin embargo, hay quienes dicen que con mucha astucia los hice caer en una trampa. **17** Pero yo no los engañé por medio de las personas que les envié. **18** Cuando les pedí a Tito y al otro hermano de la iglesia que fueran a verlos, ellos no se aprovecharon de ustedes. ¿No es verdad que Tito y yo nos hemos portado con ustedes de la misma manera? ¿No pensamos lo mismo acerca de este asunto?

19 Tal vez crean ustedes que estamos pidiéndoles disculpas, pero no es así. Nosotros pertenecemos a Cristo, y Dios es testigo de todo lo que hablamos. Todo lo que hemos hecho, queridos hermanos, lo hicimos para ayudarlos a confiar cada vez más en Cristo. **20** Me da miedo pensar que, cuando vaya a visitarlos, no los encuentre como yo quisiera, y que tampoco yo resulte ser lo que ustedes esperan. Tengo miedo de encontrarlos peleándose, o enviándose, o enojados unos contra otros, o que resulten ser egoístas, chismosos, murmuradores, orgullosos y alborotadores. **21** Me da miedo pensar que, cuando vaya a visitarlos, mi Dios me haga sentir tanta vergüenza que me ponga a llorar porque muchos de ustedes no han dejado de pecar ni de hacer lo malo, sino que siguen teniendo relaciones sexuales prohibidas.

Advertencia final

13 **1** Esta es la tercera vez que iré a visitarlos. Recuerden lo que la Biblia dice: «Para acusar a alguien será necesario que se presenten dos o tres testigos». **2** La segunda vez que los visité, les advertí que iba a ser duro con los que habían pecado y con todos los que pecaran después. Ahora que estoy lejos de ustedes, lo vuelvo a repetir. **3** Y lo hago porque ustedes quieren que les demuestre que hablo de parte de Cristo. Cristo no es débil cuando los corrige, sino que manifiesta su poder entre ustedes. **4** Él era débil cuando fue crucificado, pero ahora está vivo por el poder de Dios. Nosotros compartimos con Cristo su debilidad, pero gracias al poder de Dios también compartimos con él la vida. Si es necesario, cuando vayamos a verlos, les daremos pruebas de ese poder.

5 Pónganse a pensar en su manera de vivir, y vean si de verdad siguen confiando en Cristo. Hagan la prueba, y si la pasan, es porque él vive en ustedes. Pero si no confían en Cristo de verdad, es porque él no está en ustedes. **6** Espero que reconozcan que nosotros sí hemos pasado la prueba. **7** No nos importa si parecemos haber fracasado. Oramos a Dios para que ustedes no hagan nada malo, y no lo pedimos para demostrar que pasamos la prueba, sino para que ustedes hagan lo bueno. **8** Sólo podemos hacer lo que está a favor de la verdad, y no lo que está en contra de ella. **9** Por eso, si ustedes pueden ser fuertes, nos alegramos de ser débiles. Oramos para que sean cada vez mejores seguidores de Cristo. **10** Y les escribo antes de ir a verlos, para que tengan tiempo de cambiar, y así no tenga yo que tratarlos con dureza cuando llegue. La autoridad que Dios me ha dado, es para ayudarlos a confiar más en él y no para destruirlos.

Despedida

11 Eso es todo, queridos hermanos. Me despido de ustedes pidiéndoles que estén alegres. Traten de ser mejores. Háganme caso. Pónganse de acuerdo unos con otros y vivan tranquilos. Y el Dios que nos ama y nos da paz, estará con ustedes. **12** Salúdense unos a otros con un beso de hermanos. Todos en la iglesia les mandan saludos.

13 ¡Que el Señor Jesucristo los bendiga!
¡Que Dios les muestre su amor!
¡Que el Espíritu Santo los acompañe siempre!

Gálatas

Saludo

1 **1-3** Queridos hermanos: de las iglesias de la región de Galacia:

Yo, Pablo, y los seguidores de Cristo que están conmigo, los saludamos. Le pido a Dios, nuestro Padre, y al Señor Jesucristo, que los amen mucho y les den su paz. Soy un apóstol enviado a anunciar esta buena noticia: ¡Jesucristo ha resucitado! No me envió nadie de este mundo, sino Jesucristo mismo, y Dios el Padre, que lo resucitó.

4 Jesucristo siempre obedeció a nuestro Padre Dios, y se dispuso a morir para que Dios perdonara nuestros pecados y nos librara de este mundo malvado. **5** ¡Que todos lo alaben por siempre! Amén.

Un solo mensaje verdadero

6 Dios los llamó a ustedes, y por medio de Cristo les mostró su amor. Por eso casi no puedo creer que, en tan poco tiempo, hayan dejado de obedecer a Dios y aceptado un mensaje diferente de esta buena noticia. **7** En realidad, no hay otro mensaje. Pero digo esto porque hay quienes quieren cambiar la buena noticia de Jesucristo, y confundirlos a ustedes. **8** De modo que si alguien viene y les dice que el mensaje de la buena noticia es diferente del que nosotros les hemos anunciado, yo le pido a Dios que lo castigue, no importa que sea un ángel del cielo o alguno de nosotros. **9** Vuelvo a repetirles lo que ya les había dicho: Si alguien les anuncia un mensaje diferente del que recibieron, ¡que Dios lo castigue!

Pablo fue llamado por Cristo

10 Yo no ando buscando que la gente apruebe lo que digo. Ni ando buscando quedar bien con nadie. Si así lo hiciera, ya no sería yo un servidor de Cristo. ¡Para mí, lo importante es que Dios me apruebe!

11 Queridos hermanos en Cristo, quiero que les quede claro que nadie en este mundo inventó la buena noticia que yo les he anunciado. **12** No me la contó ni me la enseñó cualquier ser humano, sino que fue Jesucristo mismo quien me la enseñó.

13 Ustedes ya saben cómo era yo cuando pertenecía a la religión judía. Saben también con qué violencia hacía yo sufrir a los miembros de las iglesias de Dios, y cómo hice todo lo posible por destruirlos. **14** Cumplí con la religión judía mejor que muchos de los judíos de mi edad, y me dediqué más que ellos a cumplir las enseñanzas recibidas de mis antepasados. **15-16** Pero Dios me amó mucho y, desde antes de nacer, me eligió para servirle. Además, me mostró quién era su Hijo, para que yo les anunciara a todos los países del mundo la buena noticia acerca de él. Cuando eso sucedió, no le pedí consejo a nadie, **17** ni fui a Jerusalén para pedir la opinión de aquellos que ya eran apóstoles. Más bien, me fui inmediatamente a la región de Arabia, y luego regresé a la ciudad de Damasco. **18** Tres años después fui a Jerusalén, para conocer a Pedro, y sólo estuve quince días con él. **19** También vi allí al apóstol Santiago, hermano de Jesucristo nuestro Señor. Aparte de ellos, no vi a ningún otro apóstol. **20** Les estoy diciendo la verdad. ¡Dios sabe que no miento!

21 Después de eso, me fui a las regiones de Siria y Cilicia. **22** En ese tiempo las iglesias de Cristo que están en Judea no me conocían personalmente. **23** Sólo habían oído decir: «Ese hombre, que antes nos hacía sufrir, está ahora anunciando la buena noticia que antes quería destruir». **24** Y alababan a Dios por el cambio que él había hecho en mí.

Pablo y los otros apóstoles

2 **1-2** Catorce años después, Dios me hizo ver que yo debía ir a Jerusalén. En esa ocasión me acompañaron Bernabé y Tito. Allí nos reunimos con los miembros de la iglesia y les explicamos el mensaje que anuncio a los que no son judíos. Luego me reuní a solas con los que eran reconocidos como líderes de la iglesia, pues quería estar seguro de que mi trabajo pasado y presente no iba a resultar un esfuerzo inútil. **3** Ellos no obligaron a nadie a circuncidarse; ni siquiera a Tito, que no era judío. **4** Tuvimos esa reunión porque hubo algunos que, a escondidas, se metieron en el grupo de la iglesia para espiarnos. Esos falsos seguidores sólo querían quitarnos la libertad que Jesucristo nos dio, y obligarnos a obedecer las leyes judías. **5** Pero ni por un momento nos dejamos convencer, pues queríamos que ustedes siguieran obedeciendo el verdadero mensaje de la buena noticia.

6 Aquellos que en la iglesia eran reconocidos como líderes no agregaron nada nuevo al mensaje que yo predico. Y no me interesa saber si en verdad eran líderes o no, pues Dios no se fija en las apariencias. **7** Más bien, ellos comprendieron que a Pedro se le había encargado anunciar la buena noticia a los judíos, y que a mí se me había encargado anunciarla a todos los que no lo son. **8** Fue Dios mismo quien envió a Pedro como apóstol para los judíos, y a mí como apóstol para aquellos que no lo son. **9** Santiago, Pedro y Juan, que eran considerados los líderes más importantes de la iglesia, se dieron cuenta de ese privilegio que Dios me había dado. Entonces quedamos de acuerdo en que Bernabé y yo anunciaríamos la buena noticia a los que no son judíos, y que ellos la anunciarían a quienes sí lo son. Y para mostrarnos que estaban de acuerdo, nos dieron la mano. **10** La única condición que nos pusieron fue que no dejáramos de ayudar a los pobres de la iglesia en Jerusalén. Y eso es precisamente lo que he estado procurando hacer.

Pablo corrige a Pedro

11 Cuando Pedro vino a la ciudad de Antioquía, me enfrenté a él y le dije que no estaba bien lo que hacía. **12** Pues antes de que llegaran los judíos que Santiago envió, Pedro comía con los cristianos que no son judíos, pero en cuanto llegaron los judíos dejó de hacerlo, porque les tenía miedo. **13** Pedro y los judíos disimularon muy bien sus verdaderos sentimientos, y hasta el mismo Bernabé les creyó. **14** ¡Esa conducta iba en contra del verdadero mensaje de la buena noticia! Por eso, hablé con Pedro delante de todos los miembros de la iglesia de Antioquía, y le dije: «Tú, que eres judío, has estado viviendo como si no lo fueras. ¿Por qué, entonces, quieres obligar a los que no son judíos a vivir como si lo fueran?»

La salvación viene sólo por confiar en Jesucristo

15 Todos nosotros somos judíos desde que nacimos, y no somos pecadores como los que no son judíos. **16** Sabemos muy bien que Dios sólo acepta a los que confían en Jesucristo, y que nadie se salva sólo por obedecer la ley. Nosotros mismos hemos confiado en Jesucristo, para que Dios nos acepte por confiar en él. Porque Dios no aceptará a nadie sólo por obedecer la ley.

17 Nosotros queremos que Dios nos acepte por medio de Cristo. Pero si al hacer esto descubrimos que también nosotros somos pecadores como la gente de otros países, ¿vamos a pensar por eso que Cristo nos hizo pecar? ¡Claro que no! **18** Si yo digo que la ley no sirve, pero luego vuelvo a obedecerla, demuestro que estoy totalmente equivocado. **19** Para la ley estoy muerto, y lo estoy por causa de la ley misma. Sin embargo, ¡ahora

vivo para Dios! **20** En realidad, también yo he muerto en la cruz, junto con Jesucristo. Y ya no soy yo el que vive, sino que es Jesucristo el que vive en mí. Y ahora vivo gracias a mi confianza en el Hijo de Dios, porque él me amó y quiso morir para salvarme. **21** No rechazo el amor de Dios. Porque si él nos aceptara sólo porque obedecemos la ley, entonces de nada serviría que Cristo haya muerto.

Obedecer la ley o confiar en Jesucristo

3 **1** ¡Ay, gálatas, qué tontos son ustedes! ¡Hasta parece que estuvieran embrujados! Yo mismo me di una explicación clara de cómo murió Jesucristo en la cruz. **2** Sólo quiero que me digan una cosa: Cuando recibieron el Espíritu de Dios ¿fue por obedecer la ley, o por aceptar la buena noticia? ¡Claro que fue por aceptar la buena noticia! **3** Y si esto fue así, ¿por qué no quieren entender? Si para comenzar esta nueva vida necesitaron la ayuda del Espíritu de Dios, ¿por qué ahora quieren terminarla mediante sus propios esfuerzos? **4** ¿Tantos sufrimientos, para nada? ¡Aunque no creo que no hayan servido de nada! **5** Dios no les ha dado el Espíritu, ni ha hecho milagros entre ustedes, sólo porque ustedes obedecen la ley. ¡No! Lo hace porque ustedes aceptaron el mensaje de la buena noticia.

El ejemplo de Abraham

6 Dios aceptó a Abraham porque él confió en Dios. **7** Sepan, entonces, que los verdaderos descendientes de Abraham son todos los que confían en Dios. **8** Desde mucho antes, la Biblia decía que Dios también iba a aceptar a los que no son judíos, siempre y cuando pusieran su confianza en Jesucristo. Por eso Dios le dio a Abraham esta buena noticia: «Gracias a ti, bendeciré a todas las naciones del mundo». **9** Así que Dios bendecirá, por medio de

Abraham, a todos los que confían en él como Abraham lo hizo. **10** Pero corren un grave peligro los que buscan agradar a Dios obedeciendo la ley, porque la Biblia dice: «Maldito sea el que no obedezca todo lo que la ley ordena». **11** Nadie puede agradar a Dios sólo obedeciendo la ley, pues la Biblia dice: «Los que Dios ha aceptado y confían en él, vivirán para siempre». **12** Pero para tener vida eterna por medio de la ley no haría falta confiar en Dios; sólo habría que obedecer la ley. Por eso dice la Biblia: «El que obedece la ley se salvará por su obediencia». **13** Pero Cristo prefirió recibir por nosotros la maldición que cae sobre el que no obedece la ley. De ese modo nos salvó. Porque la Biblia dice: «Dios maldecirá a cualquiera que muera colgado de un madero». **14** Por eso, la bendición que Dios prometió darle a Abraham es también para los que no son judíos. Así que si confiamos en Cristo, recibiremos el Espíritu que Dios nos ha prometido.

La ley y la promesa

15 Hermanos míos, les voy a dar un ejemplo que cualquiera puede entender. Cuando una persona hace un pacto con otra y lo firma, nadie puede anularlo ni agregarle nada. **16** Ahora bien, las promesas que Dios le hizo a Abraham eran para él y para su descendencia. La Biblia no dice que las promesas eran para «sus descendientes», sino para «su descendencia», la cual es Cristo. **17** Lo que quiero decir es esto: la promesa de Dios no puede cambiarla ni dejarla sin valor una ley que Dios dio cuatrocientos treinta años después. **18** Porque si Dios diera lo que prometió sólo a quien obedece la ley, entonces ya no lo daría para cumplir su promesa. Pero lo cierto es que cuando Dios le aseguró a Abraham que le daría lo prometido, no le pidió nada a cambio. **19** Entonces, ¿para qué sirve la ley? Pues después de hacerle su promesa a Abraham, Dios nos dio la ley para mostrarnos lo que estábamos haciendo mal. Pero esa ley serviría sólo hasta que viniera el descendiente de Abraham a quien Dios le hizo la promesa. Dios le dio la ley a Moisés por medio de los ángeles, para que él nos la diera a nosotros. **20** Pero cuando Dios le hizo la promesa a Abraham, no usó mensajeros sino que se la hizo personalmente.

¿Para qué sirvió la ley?

21 Esto no significa que la ley esté en contra de las promesas de Dios. ¡De ninguna manera! Porque si la ley pudiera darnos vida eterna, entonces Dios nos hubiera aceptado por obedecerla. **22** La Biblia dice que el pecado nos domina a todos, de modo que el regalo que Dios prometió es para los que confían en Jesucristo. **23** Antes de eso, la ley fue como una cárcel, donde estuvimos encerrados hasta que vimos que podíamos confiar en Cristo. **24** La ley fue como un maestro que nos guió y llevó hasta Cristo, para que Dios nos aceptara por confiar en él. **25** Pero ahora que ha llegado el tiempo en que podemos confiar en Jesucristo, no hace falta que la ley nos guíe y nos enseñe.
26 Ustedes han confiado en Jesucristo, y por eso todos ustedes son hijos de Dios. **27** Porque cuando fueron bautizados, también quedaron unidos a Cristo, y ahora actúan como él. **28** Así que no importa si son judíos o no lo son, si son esclavos o libres, o si son hombres o mujeres. Si están unidos a Jesucristo, todos son iguales. **29** Y si están unidos a Cristo, entonces son miembros de la gran familia de Abraham y tienen derecho a recibir las promesas que Dios le hizo.

Ahora somos hijos de Dios

4 **1-2** Lo que quiero decir es esto: Mientras el hijo es menor de edad, es igual a cualquier esclavo de la familia y depende de las personas que lo cuidan y le enseñan, hasta

el día en que su padre le entregue sus propiedades y lo haga dueño de todo. **3** Algo así pasaba con nosotros cuando todavía no conocíamos a Cristo: Los espíritus que controlan el universo nos trataban como si fuéramos sus esclavos. **4** Pero cuando llegó el día señalado por Dios, él envió a su Hijo, que nació de una mujer y se sometió a la ley de los judíos. **5** Dios lo envió para liberar a todos los que teníamos que obedecer la ley, y luego nos adoptó como hijos suyos. **6** Ahora, como ustedes son sus hijos, Dios nos envió el Espíritu de su Hijo a vivir en ustedes. Por eso, cuando oramos a Dios, el Espíritu nos permite llamarlo: «Papá, querido Papá». **7** Ustedes ya no son como los esclavos de cualquier familia, sino que son hijos de Dios. Y como son sus hijos, gracias a él tienen derecho a sus riquezas.

Pablo se preocupa por los gálatas

8 Antes, cuando ustedes todavía no conocían a Dios, vivían como esclavos de los dioses falsos. **9** Pero ahora conocen a Dios. Mejor dicho, Dios los conoce a ustedes. Por eso no puedo entender por qué se dejan dominar de nuevo por esos dioses falsos. ¡Si no tienen poder, ni valen nada! **10** Ustedes todavía les dan importancia a ciertos días, meses, épocas y años. **11** ¡Me asusto al pensar que de nada haya servido todo lo que he hecho por ustedes!
12 Hermanos[j] míos, yo les ruego que se amolden a mí como yo me he amoldado a ustedes. Ustedes no me causaron ningún daño, **13** enfermé y, por eso, tuve que pasar un tiempo en Galacia. **14** Aunque mi enfermedad les causó muchos problemas, ustedes no me despreciaron ni me rechazaron. Al contrario, me recibieron en sus hogares como si yo fuera un ángel de Dios, ¡o Jesucristo mismo! **15** Yo sé muy bien que, de haberles sido posible, hasta se hubieran sacado los ojos para dármelos. ¿Qué pasó

con toda esa alegría? **16** ¡Ahora resulta que por decirles la verdad me he hecho enemigo de ustedes!
17 Los que quieren obligarlos a obedecer la ley judía se muestran ahora muy interesados en ustedes. Pero lo que en verdad quieren es hacerles daño, pues desean que se olviden de mí y que se interesen por ellos. **18** Está bien interesarse por otras personas, si lo que se desea es hacerles el bien. Si realmente se interesan por mí, háganlo siempre y no sólo cuando estoy con ustedes. **19** Yo los quiero como a hijos, pero mientras no lleguen a ser como Cristo me harán sufrir mucho, como sufre una madre al nacer su hijo. **20** ¡Cómo quisiera estar con ustedes en este momento, para hablarles de otra manera! ¡Estoy muy confundido, y no sé cómo tratarlos!

El ejemplo de Agar y Sara

21 Ustedes, los que quieren obedecer la ley, díganme una cosa: ¿No han leído lo que la Biblia nos dice de Abraham? **22** Dice que él tuvo dos hijos, uno de ellos con su esclava, y el otro con su esposa, que era libre. **23** El hijo de la esclava nació como nacemos todos nosotros, pero el hijo de su esposa nació gracias a que Dios se lo prometió a Abraham. **24-25** Estos dos casos pueden servirnos de ejemplo. Las dos mujeres representan dos pactos. Agar representa el pacto del monte Sinaí, que está en Arabia, pues todos sus descendientes nacen siendo esclavos. Ese monte representa a la ciudad de Jerusalén y a todos los que viven como esclavos de la ley. **26** Pero Sara representa al nuevo pacto, por el cual pertenecemos a la Jerusalén del cielo, la ciudad de todos los que somos libres. **27** Refiriéndose a Sara, la Biblia dice:

«¡Alégrate, mujer,
tú que no puedes tener hijos!
»¡Grita de alegría, mujer,

tú que no los has tenido!

»Y tú, mujer abandonada, ¡ahora tendrás más hijos que la mujer casada!»

28 Hermanos[2] míos, ustedes son como Isaac, el hijo que Dios le prometió a Abraham. Y digo que son como él porque son los hijos que Dios le había prometido. **29** En aquel tiempo, el hijo que Abraham tuvo con Agar perseguía a Isaac, que nació gracias al poder del Espíritu. Y ahora pasa lo mismo: los que desean seguir bajo el control de la ley nos persiguen a nosotros, que somos los hijos de la promesa. **30** Pero la Biblia nos cuenta que Dios le dijo a Abraham: «Echa de aquí a esa esclava y a su hijo; él no tiene derecho a compartir la herencia con tu hijo Isaac, que nació de una mujer libre».

31 Hermanos, nosotros no somos esclavos de la ley, sino libres. No somos como el hijo de la esclava, sino como el de la mujer libre.

Libertad por medio de Jesucristo

5 **1** ¡Jesucristo nos ha hecho libres! ¡Él nos ha hecho libres de verdad! Así que no abandonen esa libertad, ni vuelvan nunca a ser esclavos de la ley.

2 Pero quiero decirles algo: Si ustedes se circuncidan, lo que hizo Cristo ya no les sirve de nada. **3** Les advierto una vez más que cualquiera que se circuncida está obligado a obedecer la ley. **4** Los que quieran que Dios los acepte por obedecer la ley, rechazan el amor de Dios y dejan de estar unidos a Cristo. **5** En cambio, a nosotros, el Espíritu nos da la seguridad de que Dios va a aceptarnos, pues confiamos en Cristo. **6** Gracias a lo que Cristo hizo, ya no importa si estamos circuncidados o no. Lo que sí importa es que confiamos en Cristo, y que esa confianza nos hace amar a los demás.

7 ¡Ustedes iban muy bien! ¿Quién les impidió seguir obedeciendo el verdadero mensaje? **8** Con toda seguridad no fue Dios, pues él mismo los invitó a obedecerlo. **9** No hay duda de que un solo falso maestro daña toda la enseñanza. **10** Estoy seguro de que ustedes estarán de acuerdo conmigo, pues somos cristianos. Y no tengo la menor duda de que Dios castigará a quien los está molestando, no importa quién sea.

11 Hermanos,[1] si yo anunciara que todos deben circuncidarse, mis enemigos dejarían de perseguirme y el mensaje de la muerte de Cristo en la cruz no los haría enojar. **12** ¡Ojalá que quienes los molestan no sólo se circunciden sino que se corten todo de una vez!

13 Hermanos, Dios los llamó a ustedes a ser libres. Pero no usen esa libertad como pretexto para hacer lo malo. Al contrario, ayúdense unos a otros por amor. **14** Porque toda la ley de Dios se resume en un solo mandamiento: «Cada uno debe amar a su prójimo, como se ama a sí mismo». **15** Les advierto que, si se pelean y se hacen daño, terminarán por destruirse unos a otros.

Obedecer al Espíritu de Dios

16 Por eso les digo: Obedezcan al Espíritu de Dios y así no desearán hacer lo malo. **17** Porque los malos deseos están en contra de lo que quiere el Espíritu de Dios, y el Espíritu está en contra de los malos deseos. Por lo tanto, ustedes no pueden hacer lo que se les antoje. **18** Pero si obedecen al Espíritu de Dios, ya no están obligados a obedecer la ley.

19 Todo el mundo conoce la conducta de los que obedecen a sus malos deseos: No son fieles en el matrimonio, tienen relaciones sexuales prohibidas, muchos vicios y malos pensamientos. **20** Adoran a dioses falsos, practican la brujería y odian a los demás. Se pelean unos con otros, son celosos y se enojan por todo. Son egoístas, discuten y causan divisiones. **21** Son envidiosos, y hasta matan; se emborrachan, y en sus fiestas hacen locuras y muchas cosas malas. Les advierto, como ya lo había hecho antes, que los que hacen esto no formarán parte del reino de Dios.

22 En cambio, el Espíritu de Dios nos hace amar a los demás, estar siempre alegres y vivir en paz con todos. Nos hace ser pacientes y amables, y tratar bien a los demás, tener confianza en Dios, **23** ser humildes, y saber controlar nuestros malos deseos. No hay ley que esté en contra de todo esto. **24** Y los que somos de Jesucristo ya hemos hecho morir en su cruz nuestro egoísmo y nuestros malos deseos.

25 Si el Espíritu ha cambiado nuestra manera de vivir, debemos obedecerlo en todo. **26** No seamos orgullosos, ni provoquemos el enojo y la envidia de los demás, creyendo que somos mejores que ellos.

Ayúdense unos a otros

6 **1** Hermanos,[1] ustedes son guiados por el Espíritu de Dios. Por lo tanto, si descubren que alguien ha pecado, deben corregirlo con buenas palabras. Pero tengan cuidado de no ser tentados a hacer lo malo. **2** Cuando tengan dificultades, ayúdense unos a otros. Esa es la manera de obedecer la ley de Cristo.

3 Si alguien se cree importante, cuando en realidad no lo es, se está engañando a sí mismo. **4** Cada uno debe examinar su propia conducta. Si es buena, podrá sentirse satisfecho de sus acciones, pero no debe compararse con los demás. **5** Cada uno es responsable ante Dios de su propia conducta.

6 El que esté siendo instruido en el mensaje de Dios debe compartir con su maestro todo lo bueno que reciba.

7 No crean ustedes que pueden engañar a Dios. Cada uno cosechará lo que haya sembrado. **8** Si seguimos nuestros malos deseos, moriremos para siempre; pero si obedecemos al Espíritu, tendremos vida eterna. **9** Así que no nos

cansemos de hacer el bien porque, si seguimos haciéndolo, Dios
nos premiará a su debido tiempo.
[10] Siempre que nos sea posible,
hagamos el bien a todos, pero
especialmente a los seguidores
de Cristo.

Advertencia y saludo final

[11] Esta parte la escribí yo mismo.
Fíjense que les escribo esto con
letras bien grandes. [12] Los que
quieren obligarlos a circuncidarse, sólo desean quedar bien con
la gente. No quieren que se les

maltrate por anunciar el mensaje
de la cruz de Cristo. [13] Ellos están
circuncidados pero no obedecen
la ley de Moisés. Lo único que
desean es que ustedes se circunciden para luego decir con orgullo
que ellos pudieron convencerlos
de circuncidarse. [14] Yo, en cambio, sólo me sentiré orgulloso de
haber creído en la muerte de
nuestro Señor Jesucristo. Gracias
a su muerte, lo que este mundo
malo piense de mí ya no me
importa; es como si para este
mundo yo ya hubiera muerto.

[15] En realidad, no importa si uno
está o no circuncidado. Lo que sí
importa es ser una persona distinta. [16] Que Dios dé su paz a los que
viven así, y que muestre también
su bondad a los que son suyos.
[17] De ahora en adelante que nadie
me cause problemas, porque tengo en mi cuerpo las cicatrices
que demuestran que he sufrido
por pertenecer a Cristo.
[18] Hermanos, que nuestro Señor
Jesucristo les muestre su amor.
¡Amén!

Efesios

Saludo

1 ¹ Queridos hermanos de Éfeso:

A ustedes, que pertenecen al pueblo especial de Dios, que siguen creyendo en Jesucristo y viven muy unidos a él, les envío mis saludos.

Yo, Pablo, soy apóstol de Jesucristo porque Dios así lo quiso. ² Les pido a nuestro Padre Dios y al Señor Jesucristo que los amen mucho y les den su paz.

Pablo da gracias a Dios

3 Demos gracias al Dios y Padre de nuestro Señor Jesucristo por las bendiciones espirituales que Cristo nos trajo del cielo. ⁴ Desde antes de crear el mundo, Dios nos eligió por medio de Cristo para que fuéramos sólo de él y viviéramos sin pecado.

Dios nos amó tanto que ⁵ decidió enviar a Jesucristo para adoptarnos como hijos suyos, pues así había pensado hacerlo desde un principio. ⁶ Dios hizo todo eso para que lo alabemos por su grande y maravilloso amor. Gracias a su amor, nos dio la salvación por medio de su amado Hijo. ⁷⁻⁸ Por la muerte de Cristo en la cruz, Dios perdonó nuestros pecados y nos liberó de toda culpa. Esto lo hizo por su inmenso amor. Por su gran sabiduría y conocimiento, ⁹ Dios nos mostró el plan que había guardado en secreto y que había decidido realizar por medio de Cristo. ¹⁰ Cuando llegue el momento preciso, completará su plan y reunirá todas las cosas del cielo y de la tierra, al frente de las cuales pondrá como jefe a Cristo.

¹¹ Por medio de Cristo, Dios nos había elegido desde un principio para que fuéramos suyos y recibiéramos todo lo que él había prometido. Así lo había decidido Dios, quien siempre lleva a cabo sus planes. ¹² Dios quiso que los judíos fuéramos los primeros en poner nuestra esperanza en Cristo, para que lo alabemos por su gran poder.

¹³ Ustedes oyeron y creyeron la buena noticia de su salvación, que es un mensaje verdadero, y gracias a Cristo pasaron a formar parte del pueblo de Dios y recibieron el Espíritu Santo que nos había prometido. ¹⁴ Lo recibieron como prueba de que Dios cumplirá su promesa cuando haya liberado totalmente a los que formamos su pueblo. Por eso, alabamos la grandeza de Dios.

Pablo ora por la iglesia en Éfeso

¹⁵ Me he enterado de que ustedes confían mucho en el Señor Jesús y aman a todos los del pueblo de Dios. Por eso, y por lo que antes dije, ¹⁶ me acuerdo de ustedes cuando estoy orando y le doy gracias a Dios por la confianza que en él tienen. ¹⁷ Le pido al Dios de nuestro Señor Jesucristo, es decir, al Padre maravilloso, que les dé su Espíritu para que sean sabios y puedan entender cómo es Dios. ¹⁸ También le pido a Dios que les haga comprender con claridad el gran valor de la salvación que él ha dado a los que son suyos. Que sepan cuál es la esperanza prometida. ¹⁹ Que entiendan bien el gran poder con que nos ayuda en todo. Es un poder sin límites, el mismo que Dios usó para ²⁰ resucitar a Cristo y darle un lugar en el cielo, a la derecha de su trono. ²¹ Con ese gran poder, Dios le dio a Cristo dominio sobre todos los espíritus que tienen poder y autoridad, y sobre todo lo que existe en este mundo y en el nuevo mundo que vendrá. ²²⁻²³ Dios puso todas las cosas bajo el poder de Cristo; lo nombró jefe de la iglesia. Cristo es para la iglesia, lo que la cabeza es para el cuerpo. Con Cristo, que todo lo llena, la iglesia queda completa.

Dios nos da vida

2 ¹ Antes, ustedes estaban muertos para Dios, pues hacían el mal y vivían en pecado. ² Seguían el mal ejemplo de la gente de este mundo. Obedecían al poderoso espíritu en los aires que gobierna sobre los malos espíritus y domina a las personas que desobedecen a Dios. ³ Antes nosotros nos comportábamos así, y vivíamos obedeciendo a los malos deseos de nuestro cuerpo y nuestra mente. ¡Con justa razón merecíamos ser castigados por Dios, como todos los demás! ⁴ Pero Dios es muy compasivo, y su amor por nosotros es inmenso. ⁵ Por eso, aunque estábamos muertos por culpa de nuestros pecados, él nos dio vida cuando resucitó a Cristo. Nos hemos salvado gracias al amor de Dios, aunque no lo merecíamos. ⁶ Dios, al resucitar a Jesucristo, nos resucitó y nos dio un lugar en el cielo, junto a él. ⁷ Hizo esto para mostrar en el futuro la bondad y el gran amor con que nos amó por medio de Jesucristo. ⁸ Ustedes han sido salvados porque aceptaron el amor de Dios. Ninguno de ustedes se ganó la salvación, sino que Dios se la regaló. ⁹ La salvación de ustedes no es el resultado de sus propios esfuerzos. Por eso nadie puede sentirse orgulloso. ¹⁰ Nosotros somos creación de Dios. Por nuestra unión con Jesucristo, nos creó para que vivamos haciendo el bien, lo cual Dios ya había planeado desde antes.

Cristo nos une a todos

¹¹⁻¹² Los judíos los llaman a ustedes «los no circuncidados», y ellos a sí mismos se llaman «los circuncidados», pues se circuncidan en el cuerpo. Ustedes no son judíos, y deben recordar que antes no tenían a Cristo ni eran parte del pueblo de Israel. No formaban parte del pacto ni de la promesa que Dios hizo con su pueblo. Vivían en este mundo sin Dios y sin esperanza. ¹³ Pero ahora, ustedes que estaban lejos de

Dios, ya han sido acercados a él, pues están unidos a Jesucristo por medio de su muerte en la cruz.

14 Cristo nos ha dado la paz. Por medio de su sacrificio en la cruz, Cristo ha derribado el muro de odio que separaba a judíos y no judíos, y de nuestros dos pueblos ha hecho uno solo. **15** Cristo ha puesto fin a los mandatos y reglas de la ley, y por medio de sí mismo ha creado, con los dos grupos, un solo pueblo amigo. **16** Por medio de su muerte en la cruz, Jesucristo puso fin a la enemistad que había entre los dos grupos; clavó en la cruz esa enemistad, y los unió para formar un solo pueblo que viviera en paz con Dios. **17** Cristo vino y anunció a todos las buenas noticias de paz: tanto a los que no son judíos y estaban lejos de Dios, como a los que son judíos y estaban cerca de él. **18** Por medio de lo que Jesucristo hizo, judíos y no judíos tenemos un mismo Espíritu y podemos acercarnos a Dios el Padre. **19** Por eso, para Dios ustedes ya no son extranjeros. Al contrario, ahora forman parte del pueblo de Dios y tienen todos los derechos; ahora son de la familia de Dios. **20** Todos los de la iglesia son como un edificio construido sobre la enseñanza de los apóstoles y los profetas, y en ese edificio Jesucristo es la piedra principal. **21** Es él quien mantiene firme todo el edificio y lo hace crecer, hasta formar un templo dedicado al Señor. **22** Por su unión con Jesucristo, ustedes también forman parte de ese edificio, donde Dios habita por medio de su Espíritu.

La misión de Pablo

3 **1** Yo, Pablo, estoy preso porque sirvo a Jesucristo y trabajo por el bien de ustedes, que no son judíos. **2** Ustedes ya saben que Dios me encargó anunciarles el plan que, gracias a su gran amor, había preparado. **3** Dios me dio a conocer el plan que tenía en secreto, y del cual ya les escribí brevemente. **4** Si leen lo que escribí, sabrán cómo entiendo ese plan que Dios ha llevado a cabo por medio de Jesucristo. **5** Tal secreto no se les dio a conocer a los que vivieron antes de nosotros; pero ahora, por medio de su Espíritu, Dios se lo ha mostrado a sus santos apóstoles y profetas. **6** Y el plan secreto es este: Por medio de Jesucristo, todos los que no son judíos también pueden recibir la salvación y las promesas dadas al pueblo de Israel, y formar con él un solo pueblo. Todo lo que tienen que hacer es aceptar esa buena noticia.

7 Dios ha sido bueno conmigo y, gracias a su gran poder, me encargó anunciar esa buena noticia, sin que yo lo mereciera. **8** Aunque soy la persona más insignificante en el pueblo de Dios, él me dio el privilegio de anunciar a los que no son judíos la buena noticia de las bendiciones de Cristo, las cuales nadie puede contar. **9** También me encargó enseñarles a todos cómo se va cumpliendo su plan. Dios, creador del universo, tuvo ese plan en secreto durante siglos. **10** Así, por medio de la iglesia, los ángeles y espíritus poderosos de los aires sabrán ahora que Dios es sabio en todo. **11** Esto era lo que Dios había planeado desde el principio, y que ha hecho realidad por medio de Jesucristo nuestro Señor. **12** Gracias a Cristo, y porque confiamos en él, tenemos libertad para acercarnos a Dios sin temor. **13** Les ruego, entonces, que no se desanimen por mis sufrimientos, pues esto es más bien un honor para ustedes.

El amor de Jesucristo

14 Por todo esto, me arrodillo a orar delante de Dios el Padre, **15** creador de todo lo que existe tanto en el cielo como en la tierra. **16** Por la inmensa riqueza de su gloria, pido a Dios que por medio de su Espíritu los haga cristianos fuertes de ánimo. **17** También le pido a Dios que Jesucristo viva en sus corazones, gracias a la confianza que tienen en él, y que vivan sólo para amar a Dios y a los demás. **18** Así, con todos los que formamos el pueblo de Dios, podrán comprender ustedes el amor de Cristo en toda su plenitud. **19** Le pido a Dios que puedan conocer ese amor, que es más grande de lo que podemos entender, para que reciban todo lo que Dios tiene para darles.

20 Dios tiene poder para hacer mucho más de lo que le pedimos. ¡Ni siquiera podemos imaginarnos lo que Dios puede hacer para ayudarnos con su poder! **21** Todos los que pertenecemos a la iglesia de Cristo, debemos alabarlo por siempre. Amén.

Unidad en la iglesia

4 **1** Yo, que estoy preso por servir al Señor, les ruego que vivan como deben vivir quienes, como ustedes, han sido llamados a formar parte del pueblo de Dios. **2** Sean humildes, amables y pacientes, y con amor dense apoyo los unos a los otros. **3** Hagan todo lo posible por vivir en paz, para que no pierdan la unidad que el Espíritu les dio. **4** Sólo hay una iglesia, sólo hay un Espíritu, y Dios los llamó a una sola esperanza de salvación. **5** Sólo hay un Señor, una fe[1] y un bautismo. **6** Sólo hay un Dios, y es Padre de todos: gobierna sobre todos, actúa por medio de todos, y está en todos.

7 A cada uno de nosotros Cristo nos dio las capacidades que quiso darnos. **8** Como dice la Biblia:

«Cuando subió al cielo,
llevó muchos prisioneros,[2]
y dio capacidades a la gente».

9 Pero, ¿qué significa eso de que «subió»? Pues significa que primero bajó a las partes más profundas de la tierra. **10** Y el que bajó es el mismo que después subió a lo más alto del cielo, para llenar todo el universo. **11** Él fue quien les dio a unos la capacidad de ser apóstoles; a otros, la de ser evangelistas; y a otros, la de ser pastores y maestros. **12** Hizo esto para que todos los que formamos la iglesia, que es su cuerpo, estemos capacitados para servir y dar instrucción a los creyentes. **13** Así seremos un grupo muy unido y llegaremos a tener todo lo que nos falta; seremos perfectos, como lo es Cristo, porque conocemos al Hijo de Dios y hemos confiado en él. **14** Ya no seremos como niños, que ahora piensan una cosa y más tarde piensan otra, y que son fácilmente engañados por las falsas enseñanzas de gente astuta que recurre a toda clase de trampas. **15** Al contrario, el amor debe hacernos decir siempre la verdad, para que en todo lo que hagamos nos parezcamos cada vez más a Cristo, quien gobierna sobre la iglesia. **16** Cristo es quien va uniendo a cada miembro de la iglesia, según sus funciones, y hace que cada uno trabaje en armonía, para que la iglesia vaya creciendo y cobrando más fuerza por causa del amor.

Una nueva vida

17 Ahora les pido, de parte del Señor, que ya no vivan como los que no conocen a Dios, pues ellos viven de acuerdo con sus tontas ideas. **18** Son gente ignorante y terca, que no entiende nada, y por eso no disfruta de la vida que Dios da. **19** Han perdido la vergüenza, se han entregado totalmente a los vicios, y hacen toda clase de indecencias.

20 ¡Pero esto no es lo que ustedes aprendieron acerca de Cristo! **21** Porque ustedes oyeron el mensaje acerca de él, y saben vivir como él manda, siguiendo la verdad que él enseñó. **22** Por eso, ya no vivan ni sean como antes, cuando los malos deseos dirigían su manera de vivir. **23-24** Ustedes deben cambiar completamente su manera de pensar, y ser honestos y santos de verdad, como corresponde a personas que Dios ha vuelto a crear para ser como él.

Cómo vivir ahora

25 Por eso, ya no deben mentirse los unos a los otros. Todos nosotros somos miembros de un mismo cuerpo, así que digan siempre la verdad.

26 Si se enojan, no permitan que eso los haga pecar. El enojo no debe durarles todo el día, **27** ni deben darle al diablo oportunidad de tentarlos.

28 Quien antes fue ladrón, debe dejar de robar, y ahora trabajar bien y con sus propias manos. Así tendrá dinero para ayudar a las personas necesitadas.

29 No digan malas palabras. Al contrario, digan siempre cosas buenas, que ayuden a los demás a crecer espiritualmente, pues eso es muy necesario.

30 No hagan que se ponga triste el Espíritu Santo de Dios, que es como un sello de identidad que Dios puso en ustedes, para reconocerlos cuando llegue el día en que para siempre serán liberados del pecado.

31 Dejen de estar tristes y enojados. No griten ni insulten a los demás. Dejen de hacer el mal. **32** Por el contrario, sean buenos y compasivos los unos con los otros, y perdónense, así como Dios los perdonó a ustedes por medio de Cristo.

5 **1** Ustedes son hijos de Dios, y él los ama. Por eso deben tratar de ser como él es. **2** Deben amar a los demás, así como Cristo nos amó y murió por nosotros. Su muerte es para Dios como el delicado aroma de una ofrenda.

3 Ustedes son parte del pueblo de Dios; por eso, ni siquiera deben hablar de pecados sexuales, ni de indecencias ni de ambiciones exageradas. **4** No digan malas palabras, ni tonterías, ni vulgaridades, pues eso no es correcto. Más bien, usen su boca para dar gracias a Dios. **5** Bien saben ustedes que nadie que tenga relaciones sexuales prohibidas o indecentes, o que nunca esté satisfecho con lo mucho que tiene, tendrá parte en el reino de Cristo y de Dios. Eso es tan malo como adorar a un ídolo.

Vivir obedeciendo a Dios

6 No se dejen engañar con ideas tontas, pues por cosas así Dios castigará terriblemente a quienes no le obedecen. **7** Así que, no tengan nada que ver con esa clase de gente.

8 No conocer a Dios es como vivir en la oscuridad, y antes ustedes vivían así, pues no lo conocían. Pero ahora ya lo conocen, han pasado a la luz. Así que vivan como corresponde a quienes conocen a Dios, **9** pues su Espíritu nos hace actuar con bondad, justicia y verdad. **10** Traten de hacer lo que le agrada a Dios. **11** No se hagan cómplices de los que no conocen a Dios, pues sus hechos no aprovechan de nada. Al contrario, háganles ver su error. **12** ¡La verdad es que da vergüenza hablar de lo que ellos hacen a escondidas! **13** Cuando la luz brilla, todo queda al descubierto y puede verse cómo es en realidad. **14** Por eso alguien ha escrito:

«¡Despiértate, tú que duermes!
Levántate de entre los muertos,
y Cristo te alumbrará».

15 Tengan cuidado de cómo se comportan. Vivan como gente que piensa lo que hace, y no como tontos. **16** Aprovechen cada oportunidad que tengan de hacer el bien, porque estamos viviendo tiempos muy malos. **17** No sean tontos, sino traten de averiguar qué es lo que Dios quiere que hagan.

18 No se emborrachen, pues perderán el control de sus actos. Más bien, permitan que el Espíritu Santo los llene y los controle. **19** Cuando se reúnan, canten salmos, himnos y canciones sagradas; ¡alaben a Dios de todo corazón! **20** Denle siempre gracias por todo a Dios el Padre, en el nombre de nuestro Señor Jesucristo.

21 Ustedes, que honran a Cristo, deben sujetarse los unos a los otros. **22** Las esposas deben sujetarse a sus esposos, así como lo hacen con Cristo. **23** Porque el esposo es cabeza de su esposa, así como Cristo es cabeza de su iglesia, y también su Salvador. Cristo es la cabeza, y la iglesia es el cuerpo. **24** Por eso, la esposa debe sujetarse a su esposo en todo, así como la iglesia se sujeta a Cristo.

25 Los esposos deben amar a sus esposas, así como Cristo amó a la iglesia y dio su vida por ella. **26** Lo hizo para hacerla sólo suya, limpiándola por medio de su mensaje y del bautismo. **27** Cristo quiso regalarse a sí mismo una iglesia gloriosa, apartada del mal y perfecta, como si fuera un vestido que no tiene una sola arruga ni una sola mancha, ni nada parecido. **28** El esposo debe amar a su esposa, así como ama a su propio cuerpo. El hombre que ama a su esposa se ama a sí mismo. **29** Porque nadie desprecia su propio cuerpo. Al contrario, lo alimenta y lo cuida, del mismo modo que Cristo cuida a la iglesia. **30** En realidad, cada uno de nosotros forma parte de la iglesia, que es el cuerpo de Cristo. **31** Dice la Biblia: «Por eso el hombre deja a su padre y a su madre, y se une a una mujer para formar un solo cuerpo». **32** Esa es una verdad muy grande, y yo la uso para hablar de Cristo y de la iglesia. **33** En todo caso, el esposo debe amar a su esposa como si se tratara de sí mismo, y la esposa debe respetar a su esposo.

Los padres y los hijos

6 **1** Hijos, obedezcan a sus padres, porque ustedes son de Cristo y eso es lo que les corresponde hacer. **2** El primer mandamiento que va acompañado de una promesa es el siguiente: «Obedezcan y cuiden a su padre y a su madre. **3** Así les irá bien, y podrán vivir muchos años en la tierra».

4 Y ustedes, padres, no hagan enojar a sus hijos. Más bien edúquenlos y denles enseñanzas cristianas.

Los esclavos y sus amos

5 Esclavos, obedezcan a los que aquí en la tierra son sus amos. Obedézcanlos con respeto, sinceridad, y de buena gana, como si estuvieran sirviendo a Cristo mismo. **6-7** Esto deben hacerlo en todo momento, y no sólo cuando sus amos los estén viendo. Ustedes son esclavos de Cristo, así que deben hacer con alegría y entusiasmo lo que Dios quiere que hagan, como si lo hicieran para el Señor y no sólo para sus amos. **8** Pueden estar seguros de que el Señor premiará a todos por lo bueno que hayan hecho, sin importar si eran esclavos o libres. **9** También ustedes, amos, deben tratar a sus esclavos con igual respeto y sin amenazas. Recuerden que tanto ustedes como ellos pertenecen al mismo Dueño. Ese Dueño es Dios, que está en el cielo, y él no tiene favoritos.

La armadura de Dios

10 Finalmente, dejen que el gran poder de Cristo les dé las fuerzas necesarias. **11** Protéjanse con la armadura que Dios les ha dado, y así podrán resistir los ataques del diablo. **12** Porque no luchamos contra gente como nosotros, sino contra espíritus malvados que actúan en el cielo. Ellos imponen su autoridad y su poder en el mundo actual. **13** Por lo tanto, ¡protéjanse con la armadura completa! Así, cuando llegue el mal malo, podrán resistir los ataques del enemigo. Y cuando hayan peleado hasta el fin, seguirán estando firmes.

14 ¡Manténganse alerta! Que la verdad y la justicia de Dios los vistan y protejan como una armadura. **15** Compartan la buena noticia de la paz; ¡estén siempre listos a anunciarla! **16** Que su confianza en Dios sea como un escudo que apague las flechas encendidas que arroja el diablo. **17** Que la salvación los proteja como un casco, y que los defienda la Palabra de Dios, que es la espada del Espíritu Santo.

18 No se olviden de orar. Y siempre que oren a Dios, háganlo dirigidos por el Espíritu Santo. Manténganse en estado de alerta, y no se den por vencidos. Oren siempre, pidiendo por todos los que forman parte del pueblo de Dios. **19** Y oren también por mí; pídanle a Dios que me dé el valor de anunciar el plan que él había mantenido en secreto. **20** El Señor me envió a anunciar ese plan, y por eso estoy preso. Pídanle a Dios que me dé el valor de anunciar sin ningún temor la buena noticia.

Saludos finales

21-22 Les envío a Tíquico, nuestro querido compañero y fiel servidor de Cristo, para que los anime y les cuente cómo estoy y qué hago. **23** Deseo que Dios el Padre, y el Señor Jesucristo, les den paz, amor y confianza a todos los miembros de la iglesia. **24** Y espero que Dios sea bueno con todos los que nunca dejan de amar a nuestro Señor Jesucristo.

Filipenses

1 ¹ Queridos hermanos de la iglesia de Filipos:

Nosotros, Pablo y Timoteo, que somos servidores de Jesucristo, enviamos un saludo a todos ustedes, que pertenecen al pueblo especial de Dios y están unidos a Jesucristo. Saludos también para los líderes y los diáconos.

² Que Dios, nuestro Padre, y el Señor Jesucristo, los amen mucho y les den su paz.

Pablo ora por los miembros de la iglesia

³ Siempre doy gracias a mi Dios, al acordarme de ustedes; ⁴ y cuando oro, siempre pido con alegría por todos, ⁵ porque me ayudaron a anunciar la buena noticia desde el primer día que la oyeron hasta ahora. ⁶ Dios empezó el buen trabajo en ustedes, y estoy seguro de que lo irá perfeccionando hasta el día en que Jesucristo vuelva.

⁷ Está bien que yo piense así de todos ustedes, porque los quiero mucho, y porque ustedes comparten conmigo el trabajo de amor que Dios me ha encargado. En la cárcel o delante de los jueces, ustedes siempre me apoyan para afirmar la verdad de esta buena noticia. ⁸ Dios sabe que no miento cuando digo que los extraño y los quiero con el tierno amor que Jesucristo me da.

⁹ Le pido a Dios que ustedes se amen cada vez más, y que todo lo aprendan bien y lo juzguen correctamente, ¹⁰ para que sepan cómo elegir lo mejor. Así, cuando Cristo vuelva, estarán sin pecado y nadie podrá acusarlos de nada. ¹¹ Porque con la ayuda de Jesucristo ustedes harán lo bueno, para que la gente alabe y honre a Dios.

Lo que Pablo piensa de la vida

¹² Queridos hermanos, quiero que sepan que lo que me ha pasado, más bien me ha ayudado a anunciar la buena noticia. ¹³ Todos los guardias del palacio, y el resto de la gente, saben que estoy preso por servir a Cristo. ¹⁴ Además, al saber que estoy preso, la mayoría de los hermanos se ha animado a anunciar el mensaje de Dios sin miedo y con más confianza en el Señor Jesucristo. ¹⁵⁻¹⁶ Es cierto que algunos anuncian la buena noticia porque de veras quieren ayudar: aman a Cristo y saben que Dios me ha dado la tarea de defender la buena noticia. En cambio, hay otros que lo hacen sólo por competir conmigo, o porque me envidian. ¹⁷ Y esos que me envidian no la anuncian con sinceridad; lo hacen porque son egoístas y sólo quieren crearme más problemas aquí en la cárcel. ¹⁸ Pero eso no importa, porque, sean sinceros o no, están anunciando el mensaje de Cristo, y eso me hace sentirme muy feliz. Y más feliz me sentiré, ¹⁹ al saber que por medio de las oraciones de ustedes, y con la ayuda del Espíritu de Jesucristo, pronto saldré de la cárcel. ²⁰ Espero firmemente no hacer nada que pueda avergonzarme. Al contrario, ya sea que viva o que muera, quiero portarme siempre con valor para que, por medio de mí, la gente hable de lo maravilloso que es Cristo.

²¹ Si vivo, quiero hacerlo para servir a Cristo, pero si muero, salgo ganando. ²²⁻²³ En realidad, no sé qué es mejor, y me cuesta mucho trabajo elegir. Si sigo viviendo, puedo serle útil a Dios aquí en la tierra; pero si muero, iré a reunirme con Jesucristo, lo cual prefiero mil veces. ²⁴⁻²⁵ Pero yo sé que ustedes me necesitan vivo. Por eso estoy seguro de que me quedaré, para poder ayudarles a tener más confianza en Dios y a vivir felices. ²⁶ Así que, cuando esté otra vez con ustedes, tendrán más motivos para alabar a Jesucristo.

Vivir confiando en Cristo

²⁷ Sólo les pido que vivan dignamente, como lo enseña la buena noticia de Cristo. Porque, ya sea que vaya a verlos o no, quiero estar seguro de que todos ustedes viven muy unidos y se ponen de acuerdo en todo, y que luchan unidos por anunciar la buena noticia.

²⁸ No tengan miedo de sus enemigos. Si se comportan con valentía, verán cómo ellos serán destruidos y ustedes serán salvados, porque Dios les dará el triunfo. ²⁹ Dios les ha dado a ustedes el privilegio de confiar en Cristo, y también de sufrir por él. ³⁰ Así que pasarán por los mismos problemas que yo he tenido, y ya saben muy bien lo que he sufrido y estoy sufriendo.

Ser como Jesucristo

2 ¹ Estoy seguro de que Cristo les ha dado a ustedes poder para animar a los demás. El amor que ustedes tienen los lleva a consolar a otros, y sé que todos tienen el mismo Espíritu y son compasivos. ² Por eso les pido a todos ustedes que me hagan totalmente feliz, viviendo en armonía y amándose unos a otros. Pónganse de acuerdo en lo que piensan, deseen las mismas cosas y ³ no hagan nada por orgullo o sólo por pelear. Al contrario, hagan todo con humildad y vean a los demás como mejores a ustedes mismos. ⁴ Nadie busque el bien sólo para sí mismo, sino para todos. ⁵ Tengan la misma manera de pensar que tuvo Jesucristo:

⁶ Aunque Cristo siempre fue
igual a Dios,
no insistió en esa igualdad.

⁷ Al contrario,
renunció a esa igualdad,
y se hizo igual a nosotros,
haciéndose esclavo de todos.

⁸ Como hombre, se humilló

a sí mismo
y obedeció a Dios hasta
la muerte:
¡murió clavado en una cruz!

9 Por eso Dios le otorgó
el más alto privilegio,
y le dio el más importante
de todos los nombres,
10 para que ante él se arrodillen
todos los que están en el cielo,
y los que están en la tierra,
y los que están debajo
de la tierra;
11 para que todos reconozcan
que Jesucristo es el Señor
y den gloria a Dios el Padre.

Cómo vivir en este mundo

12 Queridos hermanos,[1] cuando yo estaba con ustedes, siempre me obedecían. Ahora que estoy lejos, deben obedecerme más que nunca. Por eso, con respeto y devoción a Dios, dedíquense a entender lo que significa ser salvado por Dios. **13** Porque es Dios quien los motiva a hacer el bien y les ayuda a practicarlo, y lo hace porque así lo quiere.

14 Hagan todo sin hablar mal de nadie ni discutir por todo, **15** para que no pequen ni nadie pueda culparlos de nada. En este mundo lleno de gente malvada y pecadora, ustedes, como hijos de Dios, deben alejarse de la maldad y brillar por su buen comportamiento. **16** Nunca dejen de creer en el mensaje que da vida. Así yo podré estar orgulloso de ustedes el día que Cristo vuelva, y sabré que mi trabajo y mis esfuerzos no fueron inútiles.

17 Ustedes confían en Dios y le sirven, y eso es como si le presentaran una ofrenda. Tal vez a mí me maten, y entonces mi muerte será parte de esa ofrenda a Dios. Si esto llega a suceder, seré muy feliz, y quiero compartir esa alegría con ustedes. **18** ¡Alégrense, pues, conmigo!

Timoteo

19 Espero que pronto el Señor me permita enviarles a Timoteo, y me

alegrará mucho recibir noticias de ustedes. **20** Timoteo es el único que se preocupa por ustedes, y que los quiere tanto como yo. **21** Los demás sólo se ocupan de sus propias cosas y no de lo que le agrada a Jesucristo. **22** Pero ustedes ya conocen la buena conducta de Timoteo, y saben que él me ha ayudado como si fuera mi hijo. Juntos hemos anunciado la buena noticia. **23** Espero enviarlo a ustedes, tan pronto sepa yo si quedaré o no en libertad, **24** aunque confío que pronto Dios también me dejará ir a verlos.

Epafrodito

25 Hace algún tiempo, ustedes enviaron al hermano Epafrodito para que me ayudara en lo que me hiciera falta. Él ha trabajado y luchado conmigo para defender el mensaje de la buena noticia. Ahora me parece conveniente que él vuelva a ustedes, **26** pues tiene muchos deseos de verlos de nuevo. Está preocupado porque ustedes se enteraron de su enfermedad. **27** Y la verdad es que estuvo tan grave que casi se muere. Pero Dios fue bueno con él, y también conmigo, para que no me pusiera más triste de lo que estoy. **28** Por eso lo envío en seguida, para que ustedes se alegren al verlo y yo deje de estar triste. **29** Recíbanlo con alegría, como se lo merece un servidor del Señor. Muestren aprecio por quienes son como él, **30** pues por trabajar para Cristo casi se muere: arriesgó su propia vida para darme la ayuda que ustedes no podían darme personalmente.

Lo más importante es conocer a Cristo

3 **1** Además, hermanos,[1] alégrense de estar unidos al Señor. A mí no me molesta repetirles lo que ya les había escrito, y a ustedes les hace bien que lo repita. **2** ¡Cuídense de esa gente despreciable[2] y malvada, que los quiere circuncidar! **3-4** Los verdaderos circuncidados somos nosotros, los que guiados por el Espíritu

adoramos a Dios y estamos orgullosos de pertenecer a Jesucristo. Nosotros no creemos que podamos hacer nada para salvarnos. Si la salvación dependiera de la circuncisión, yo podría sentirme más orgulloso que cualquiera: **5** me circuncidaron a los ocho días de nacido, pertenezco a la nación de Israel y soy de la tribu de Benjamín; ¡soy más hebreo[3] que muchos hebreos! En cuanto a cumplir la ley, pertenecí al grupo de los fariseos. **6** Tanto me preocupaba por cumplir la ley que perseguía a los miembros de la iglesia. ¡Nadie puede culparme de no haber cumplido la ley! **7** Pero, gracias a lo que Cristo hizo por mí, ahora pienso que no vale la pena lo que antes consideré de valor. **8-9** Todo eso lo he dejado a un lado, y lo considero basura, con tal de llegar a conocer bien a Cristo, pues no hay mejor conocimiento. Y quiero que Dios me acepte, no por haber obedecido la ley sino por confiar en Cristo, pues así es como Dios quiere aceptarnos. **10** Por eso, lo único que deseo es conocer a Cristo; es decir, sentir el poder de su resurrección, sufrir como él sufrió, y aun morir como él murió, **11** ¡y espero que Dios me conceda resucitar de los muertos!

Hacia la meta

12 Con esto no quiero decir que yo haya logrado ya hacer todo lo que les he dicho, ni tampoco que ya sea yo perfecto. Pero sí puedo decir que sigo adelante, luchando por alcanzar esa meta, pues para eso me salvó Jesucristo. **13** Hermanos,[4] yo sé muy bien que todavía no he alcanzado la meta; pero he decidido no fijarme en lo que ya he recorrido, sino que ahora me concentro en lo que me falta por recorrer. **14** Así que sigo adelante, hacia la meta, para llevarme el premio que Dios nos llama a recibir por medio de Jesucristo. **15** Todos los que ya hemos progresado mucho en nuestra vida cristiana debemos pensar de esta manera. Y si algunos de ustedes piensan de manera diferente, hasta eso lo hará ver Dios con claridad. ¹⁶ Lo importante es que todos nosotros sigamos las mismas reglas.

¹⁷ Hermanos míos, sigan mi ejemplo. Y fíjense en los que así lo hacen. ¹⁸ Hay muchos que viven como si la muerte de Cristo en la cruz no sirviera de nada. Eso ya se lo había dicho a ustedes varias veces, pero ahora vuelvo a repetirlo con lágrimas en los ojos. ¹⁹ Esa gente va a terminar en el infierno. Vive sólo para comer, y está orgullosa de lo que hace, cuando en realidad debería sentir vergüenza. Sólo piensa en las cosas malas de este mundo. ²⁰ Nosotros, en cambio, somos ciudadanos del cielo y esperamos que de allí vuelva nuestro Salvador, el Señor Jesucristo. ²¹ Nuestros débiles cuerpos serán destruidos, pero él los transformará en cuerpos grandiosos como el suyo. Esto lo hará con el mismo poder con que controla todo el universo.

Instrucciones para la iglesia

4 ¹ Queridos hermanos y amigos, estoy muy contento y orgulloso de ustedes. ¡Realmente los extraño! ¡No dejen de confiar en el Señor!

² Le ruego a Evodia y a Síntique que se pongan de acuerdo, pues las dos son cristianas. ³ A ti, mi fiel compañero de trabajo, te pido que las ayudes. Porque ellas, junto con Clemente y todos mis otros compañeros de trabajo, me han ayudado mucho para anunciar la buena noticia. Los nombres de todos ellos ya están anotados en el libro de la vida eterna.

⁴ ¡Vivan con alegría su vida cristiana! Lo he dicho y lo repito: ¡Vivan con alegría su vida cristiana! ⁵ Que todo el mundo se dé cuenta de que ustedes son buenos y amables. El Señor viene pronto.

⁶ No se preocupen por nada. Más bien, oren y pídanle a Dios todo lo que necesiten, y sean agradecidos. ⁷ Así Dios les dará su paz, esa paz que la gente de este mundo no alcanza a comprender, pero que protege el corazón y el entendimiento de los que ya son de Cristo.

⁸ Finalmente, hermanos, piensen en todo lo que es verdadero, en todo lo que merece respeto, en todo lo que es justo y bueno; piensen en todo lo que se reconoce como una virtud, y en todo lo que es agradable y merece ser alabado.

⁹ Practiquen todas las enseñanzas que les he dado; hagan todo lo que me vieron hacer y me oyeron decir. Y Dios, que nos da su paz, estará con ustedes siempre.

Pablo da gracias a los filipenses

¹⁰ Me alegra mucho que, como hermanos en Cristo, al fin hayan vuelto a pensar en mí. Yo estaba seguro de que no me habían olvidado, sólo que no me habían tenido oportunidad de ayudarme. ¹¹ No lo digo porque esté necesitado, pues he aprendido a estar satisfecho con lo que tengo. ¹² Sé bien lo que es vivir en la pobreza, y también lo que es tener de todo. He aprendido a vivir en toda clase de circunstancias, ya sea que tenga mucho para comer, o que pase hambre; ya sea que tenga de todo o que no tenga nada. ¹³ Cristo me da fuerzas para enfrentarme a toda clase de situaciones. ¹⁴ Sin embargo, fue muy bueno de parte de ustedes ayudarme en mis dificultades.

¹⁵ Al principio, cuando comencé a anunciar la buena noticia y salí de Macedonia, los únicos que me ayudaron fueron ustedes, los de la iglesia en Filipos. Ninguna otra iglesia colaboró conmigo. ¹⁶ Aun cuando estuve en Tesalónica y necesité ayuda, más de una vez ustedes me enviaron lo que necesitaba. ¹⁷ No lo digo para que ustedes me den algo, sino para que Dios les tome esto en cuenta. ¹⁸ Epafrodito me entregó todo lo que ustedes me enviaron, y fue más que suficiente. La ayuda de ustedes fue tan agradable como el suave aroma de las ofrendas que Dios acepta con agrado ¹⁹ Por eso, de sus riquezas maravillosas mi Dios les dará, por medio de Jesucristo, todo lo que les haga falta. ²⁰ ¡Que todos alaben a Dios nuestro Padre por siempre jamás! Amén.

Saludos finales

²¹ Saluden de mi parte a todos los hermanos en Cristo que forman parte del pueblo de Dios.
Los hermanos que están conmigo les envían sus saludos. ²² También los saludan todos los que aquí forman parte del pueblo de Dios, especialmente los que trabajan para el emperador romano.

²³ ¡Que nuestro Señor Jesucristo llene de amor sus vidas!

Colosenses

Saludo

1 **1-2** Queridos hermanos de la iglesia de Colosas:

Nosotros, Pablo y Timoteo, les enviamos nuestros saludos. Ustedes son parte del pueblo especial de Dios y han puesto su confianza en Cristo. Yo soy apóstol de Jesucristo porque Dios, nuestro Padre, así lo quiso.

Deseo de todo corazón que Dios y el Señor Jesucristo les den mucho amor y paz.

Pablo da gracias a Dios

3 Siempre que oramos por ustedes, damos gracias a Dios, el Padre de nuestro Señor Jesucristo, **4** pues hemos sabido que confían mucho en Cristo y aman a todos los que forman parte del pueblo de Dios. **5** Ustedes se comportan así porque, desde que oyeron el mensaje verdadero de la buena noticia, saben bien lo que Dios les tiene guardado en el cielo. **6** Esta buena noticia se está anunciando por todo el Imperio Romano, y está produciendo resultados. Así ocurrió entre ustedes desde el día en que supieron de verdad cuánto los ama Dios. **7** Eso lo aprendieron de labios de Epafras, nuestro querido compañero de trabajo, que tan fielmente les sirve por amor a Jesucristo. **8** Él nos ha traído noticias acerca de ustedes, y de cómo el Espíritu Santo les hace amar a los demás.

Pablo pide fortaleza para la iglesia de Colosas

9 Desde el momento en que supimos de todo eso, no hemos dejado de orar por ustedes. Y siempre le pedimos a Dios que puedan conocer su voluntad y que tengan toda la sabiduría y la inteligencia que da el Espíritu Santo. **10** Así podrán vivir de acuerdo con lo que el Señor quiere, y él estará contento con ustedes porque harán toda clase de cosas buenas y sabrán más cómo es Dios; **11** por el gran poder de Dios cobrarán nuevas fuerzas y podrán soportar con paciencia todas las dificultades. Así, con gran alegría, **12** darán gracias a Dios, el Padre. Porque él nos ha preparado para que recibamos, en su reino de luz, la herencia que él ha prometido a su pueblo especial. **13** Dios nos rescató de la oscuridad en que vivíamos, y nos llevó al reino de su amado Hijo, **14** quien por su muerte nos salvó y perdonó nuestros pecados.

La obra de Cristo

15 Cristo es el Hijo de Dios, y existe desde antes de la creación del mundo; él es la imagen del Dios que no podemos ver. **16** Por medio de él, Dios creó todo lo que hay en el cielo y en la tierra, lo que puede verse y lo que no se puede ver, y también los espíritus poderosos que tienen dominio y autoridad. En pocas palabras: Dios creó todo por medio de Cristo y para Cristo.

17 Cristo existía antes de todas las cosas. Por medio de él, todo se mantiene en orden, **18** y él gobierna a su iglesia y le da vida. Él es la cabeza y la iglesia es su cuerpo. Cristo es el principio de todas las cosas. Por eso fue el primero en resucitar, para ocupar el primer lugar en todo. **19** Y en él se encuentra todo el poder divino.

20 Por medio de Cristo, Dios hizo que todo el universo volviera a estar en paz con él. Y esto lo hizo posible por medio de la muerte de su Hijo en la cruz.

Cristo nos hace amigos de Dios

21-22 Antes, ustedes estaban lejos de Dios y eran sus enemigos, pues pensaban y hacían lo malo. Sin embargo, ahora Dios los ha hecho sus amigos por medio de la muerte de su Hijo, quien se hizo hombre. Dios lo hizo así para que ustedes pudieran presentarse ante él sin pecado y libres de culpa. **23** Pero esto será así, sólo si mantienen su confianza en Cristo y siguen creyendo en lo que nos promete el mensaje de la buena noticia. Este mensaje ha sido anunciado por todo el Imperio Romano, y yo colaboro anunciándolo.

El trabajo de Pablo para la Iglesia

24 Ahora me alegro de sufrir por ustedes, pues así voy completando en mi propio cuerpo los sufrimientos del cuerpo de Cristo, que es la iglesia. **25** Por el bien de ustedes, Dios me ha hecho servidor de la iglesia y me ha enviado a anunciar su mensaje. **26** Este mensaje habla del plan que desde hacía muchos siglos Dios había mantenido en secreto, pero que ahora ha revelado a su pueblo especial. **27** Él decidió darles a conocer este plan tan grande y maravilloso para todas las naciones, y que es el siguiente: Dios envió a Cristo para que habite en ustedes y les dé la seguridad de que van a compartir el poder y la gloria de Dios.

28 Nosotros anunciamos a Cristo, y con toda sabiduría aconsejamos y enseñamos a todos, para que lleguen a ser perfectos como Cristo. **29** Para esto trabajo y lucho con la fuerza y el poder que Cristo me da.

2 **1** Yo quiero que sepan que estoy luchando bastante; tanto por ustedes, los de la iglesia en el pueblo de Laodicea, como por los que no me conocen personalmente. **2** Y lucho para animarlos a todos, y para que se mantengan unidos en el amor de Cristo, y así lleguen a tener la plena seguridad de comprender todo el plan que Dios y Cristo tenían en secreto. **3** Todas las riquezas de la sabiduría y del conocimiento se encuentran presentes en Cristo. **4** Les digo esto para que nadie los engañe con frases bonitas pero falsas. **5** Porque aunque no estoy con ustedes, siempre los recuerdo y me alegro de saber que son ordenados y siguen confiando plenamente en Jesucristo.

La vida nueva que Cristo da

6 Ustedes han aceptado a Jesucristo como su dueño y Señor. Por eso deben vivir como a él le agrada. **7** Tal como se les enseñó, confíen en él cada vez más, vivan obedeciendo sus enseñanzas para ser cada vez mejores, y den siempre gracias a Dios.

8 Tengan cuidado. No presten atención a los que quieren engañarlos con ideas y razonamientos que parecen sabios, pero que sólo son enseñanzas humanas. Esa gente obedece a los espíritus poderosos de este mundo y no a Cristo.

9 Cristo es completamente igual a Dios, **10** y reina sobre todos los espíritus que tienen poder y autoridad. A ustedes no les falta nada, pues están unidos a Cristo. **11** Los judíos se circuncidan en señal de que son parte del pueblo de Dios. Pero a ustedes Dios los hizo parte de su pueblo uniéndolos a Cristo, y así les quitó el deseo de seguir pecando. Esa fue la circuncisión que Dios mismo les hizo. **12** Cuando ustedes fueron bautizados, fueron sepultados con Cristo. Y resucitaran con él, porque confiaron en el poder de Dios. **13** Antes, ustedes estaban muertos, pues eran pecadores y no formaban parte del pueblo de Dios. Pero ahora Dios les ha dado vida junto con Cristo, y les ha perdonado todos sus pecados. **14** La ley escrita estaba en contra de nosotros, pero Dios le puso fin por medio de la muerte de Cristo en la cruz. **15** Dios les quitó el poder a los espíritus que tienen autoridad, y por medio de Cristo los humilló delante de todos, al pasearlos como prisioneros en su desfile victorioso.

16 No dejen que nadie los critique por lo que comen o beben, o porque no celebran ciertas fiestas ni respetan los días de luna nueva o de descanso. **17** Todo eso no era más que la sombra engañosa de lo que estaba por venir. Lo real y verdadero es Cristo. **18** Así que no dejen que nadie los condene, y

menos esa gente que adora a los ángeles y que aparenta ser humilde. Dicen que ven visiones, pero mienten. Sus pensamientos los llenan de orgullo, pero sólo piensan cosas malas. **19** Esa gente no está unida a Cristo, que es quien gobierna la iglesia y quien le da más y más fuerzas. Cristo le da a la iglesia todo lo que necesita, y une a todos sus miembros de acuerdo con el plan de Dios.

Vivir como Dios quiere

20 Ustedes están unidos a Cristo por medio de su muerte en la cruz, y ya no están sometidos a los espíritus que gobiernan este mundo. Entonces, ¿por qué se comportan como si todavía estuvieran bajo su dominio? ¿Por qué obedecen a quienes les dicen **21** «No toquen esto», «No coman eso», «No prueben aquello»? **22** Esas reglas no son más que enseñanzas humanas, que con el tiempo van perdiendo su valor. **23** No se puede negar que son útiles, porque enseñan acerca de la conducta religiosa, la humildad y el dominio del cuerpo. Pero lo cierto es que no ayudan a combatir los malos deseos de nuestra naturaleza humana.

3 **1-2** Dios les dio nueva vida, pues los resucitó juntamente con Cristo. Por eso, dediquen toda su vida a hacer lo que a Dios le agrada. Piensen en las cosas del cielo, donde Cristo gobierna a la derecha de Dios. No piensen en las cosas de este mundo. **3-4** Pues ustedes ya han muerto para el mundo, y ahora, por medio de Cristo, Dios les ha dado la verdadera vida. Cuando Cristo venga, también ustedes estarán con él y compartirán su gloriosa presencia.

Cómo deben vivir ahora

5 Por eso, den muerte a todos sus malos deseos; no tengan relaciones sexuales prohibidas, no sean indecentes, dominen sus malos deseos y no busquen amontonar dinero, pues es lo mismo que

adorar a dioses falsos. **6** Todo esto hace que Dios se enoje con los desobedientes. **7** Ustedes mismos se comportaban así antes de conocer a Cristo. **8** Pero ahora tienen que dejar también todo esto: no se enojen, no busquen hacer el mal a otros, no ofendan a Dios ni insulten a sus semejantes, **9** ni se mientan unos a otros, porque ustedes ya han dejado la vida de pecado **10** y ahora viven de manera diferente.

En realidad, ustedes son personas nuevas, que cada vez se parecen más a Dios su creador, y cada vez lo conocen mejor. **11** Por eso ya no importa si alguien es judío o no lo es, o si está circuncidado o no lo está. Tampoco tiene importancia si pertenece a un pueblo muy desarrollado o poco desarrollado, o si es esclavo o libre. Lo que importa es que Cristo lo es todo, y está en todos.

12 Dios los ama mucho a ustedes, y los ha elegido para que formen parte de su pueblo. Por eso, vivan como se espera de ustedes: amen a los demás, sean buenos, humildes, amables y pacientes. **13** Sean tolerantes los unos con los otros, y si alguien tiene alguna queja contra otro, perdónense, así como el Señor los ha perdonado a ustedes. **14** Y sobre todo, ámense unos a otros, porque el amor es el mejor lazo de unión. **15** Ustedes fueron llamados a formar un solo cuerpo, el cuerpo de Cristo. Dejen que la paz de Cristo gobierne sus corazones, y sean agradecidos.

16 No se olviden nunca de las maravillosas enseñanzas de Cristo. Y cuando se enseñen unos a otros, o se corrijan, háganlo de manera inteligente. Canten salmos, himnos y cantos espirituales, dando gracias a Dios de todo corazón. **17** Y todo lo que hagan o digan, háganlo como verdaderos seguidores del Señor Jesucristo, y denle gracias a Dios el Padre por lo que Cristo ha hecho por ustedes.

La familia cristiana

18 Ustedes, las esposas, deben sujetarse a sus esposos, pues es lo que se espera de ustedes como cristianas. **19** Y ustedes, los esposos, deben amar a sus esposas y no maltratarlas.

20 Ustedes, los hijos, deben obedecer a sus padres en todo, pues eso agrada al Señor. **21** Y ustedes, los padres, no deben hacer enojar a sus hijos, para que no se desanimen.

22 Ustedes, los esclavos, deben obedecer en todo a sus amos aquí en la tierra. No lo hagan para quedar bien con ellos y sólo cuando los estén mirando. Más bien, háganlo con sinceridad y por respeto al Señor. **23** Todo lo que hagan, háganlo de buena gana, como si estuvieran sirviendo al Señor Jesucristo y no a la gente. **24** Porque ya saben que Dios les dará en recompensa parte de la herencia que ha prometido a su pueblo. Recuerden que sirven a Cristo, que es su verdadero dueño. **25** En cambio, todo el que haga lo malo será castigado según lo que haya hecho, porque Dios no tiene favoritos.

4 **1** Los que aún tienen esclavos, deben ser amos justos y tratar bien a sus esclavos. Recuerden que en el cielo también tienen un Amo: Jesucristo el Señor.

Otras enseñanzas

2 Oren siempre, dando gracias a Dios y prestando mucha atención.

3 Oren también por nosotros. Pídanle a Dios que podamos anunciar libremente el mensaje y explicar el plan secreto de Cristo. Precisamente por anunciarlo ahora estoy preso. **4** Pídanle a Dios que yo pueda explicar ese mensaje con la claridad debida.

5 Usen su inteligencia para saber cómo deben tratar a los que no confían en Cristo. Aprovechen bien cada oportunidad que tengan **6** de conversar con ellos. Hablen siempre de cosas buenas y díganlas en manera agradable, y piensen bien cómo hay que contestar a cada uno.

Saludos finales

7 Tíquico, fiel seguidor de Cristo y compañero nuestro, les contará todo lo que tiene que ver conmigo. Él siempre me ha ayudado, y juntos hemos servido al Señor. **8** Por eso mismo lo estoy enviando a ustedes, para que les dé ánimo y les diga cómo estamos. **9** Con él va también Onésimo, miembro de la iglesia de ustedes, al que también queremos mucho y nunca deja de confiar en Cristo. Ellos les contarán todo lo que pasa por aquí.

10 Aristarco, que está preso conmigo, les envía saludos. También los saluda Marcos, el primo de Bernabé. Si él llega a visitarlos, no dejen de recibirlo. **11** Jesús, al que llaman el Justo, también les envía saludos. De todos los judíos que han confiado en Cristo, sólo ellos me han ayudado en mi trabajo por el reino de Dios, y me han animado mucho.

12 Reciban saludos de Epafras, un servidor de Jesucristo que también pertenece a la iglesia de ustedes. Él siempre ora por ustedes, y pide a Dios que los ayude para que sigan confiando firmemente en Cristo y se mantengan cumpliendo la voluntad de Dios sin cometer ninguna falta. **13** Yo mismo he visto cómo Epafras se preocupa por ustedes y por los de las iglesias en Hierápolis y Laodicea.

14 También les envían saludos Demas y el médico Lucas, a quien queremos mucho.

15 Saluden de mi parte a los miembros de la iglesia en Laodicea. También a Ninfa y a los cristianos que se reúnen en su casa para adorar a Dios. **16** Cuando ustedes hayan leído esta carta, hágansela llegar a los que se reúnen en Laodicea, para que también ellos la lean, y ustedes a su vez lean la carta que yo les envié a ellos. **17** Díganle a Arquipo que trate de hacer bien el trabajo que el Señor Jesucristo le ha encargado.

18 Yo mismo, con mi propia mano les escribo esto: «Recuerden que estoy preso. Deseo de todo corazón que Dios los llene de su amor».

1 Tesalonicenses

Saludo

1 ¹Queridos hermanos¹ de la iglesia de Tesalónica:

Nosotros, Pablo, Silvano y Timoteo, los saludamos a ustedes, que pertenecen a Dios Padre y al Señor Jesucristo.

Deseamos de todo corazón que Dios los llene de su amor y les dé su paz.

Los tesalonicenses son un ejemplo

²⁻³Siempre damos gracias a Dios nuestro Padre, y en nuestras oraciones pedimos que Dios los ayude. Sabemos bien que todo lo que ustedes hacen demuestra su confianza en Dios y su amor por él. Y aun cuando sufren, se mantienen firmes, esperando la salvación que nuestro Señor Jesucristo les dará. ⁴Hermanos,² Dios los ama, y nosotros sabemos que él los ha elegido para que sean parte de su pueblo. ⁵Cuando les anunciamos la buena noticia, no lo hicimos sólo con palabras. Al contrario, cuando estuvimos entre ustedes dejamos bien claro que tenemos el poder de Dios y que el Espíritu Santo actúa por medio de nosotros, para el bien de ustedes. ⁶Ustedes siguieron nuestro ejemplo y el de nuestro Señor, y aunque sufrieron mucho, recibieron ese mensaje con la profunda alegría que da el Espíritu Santo. ⁷Por eso llegaron a ser un ejemplo para todos los seguidores de Jesucristo que viven en las regiones de Macedonia y Acaya. ⁸Ustedes han anunciado el mensaje de Jesucristo no sólo en esas regiones sino en muchas otras partes. La gente de esos lugares ya sabe que ustedes confían mucho en Dios, y no hace falta que nosotros les digamos nada más. ⁹Porque todos hablan de lo bien que ustedes nos recibieron, y cuentan cómo ustedes dejaron de adorar ídolos para adorar y servir al Dios vivo y verdadero. ¹⁰Ellos saben que ustedes esperan que Jesucristo regrese del cielo. Dios hizo que él resucitara para salvarnos del castigo que Dios dará a los pecadores en el día del juicio.

El trabajo de Pablo en Tesalónica

2 ¹Hermanos en Cristo,¹ ustedes saben bien que la visita que les hice no fue inútil. ²También saben que en la ciudad de Filipos nos insultaron y maltrataron. Pero aunque tuvimos muchas dificultades, Dios nos dio valor para anunciarles la buena noticia. ³Y cuando la anunciamos, dijimos siempre la verdad: nuestras intenciones eran buenas y no tratamos de engañar a nadie. ⁴Al contrario, Dios nos aprobó y nos encargó anunciar la buena noticia, y eso es lo que hacemos. No tratamos de agradar a nadie sino sólo a Dios, pues él examina todo lo que sentimos y pensamos. ⁵Como ustedes saben, jamás les hemos dicho cosas lindas para tratar de convencerlos, ni los hemos engañado para ganar dinero. Dios sabe que esto es cierto. ⁶Nunca hemos querido que ustedes, ni ninguna otra persona, nos traten como a gente importante. ⁷Como somos apóstoles de Cristo, pudimos haberles exigido que nos ayudaran, pero no lo hicimos. En vez de eso, cuando estuvimos con ustedes los tratamos con mucho cariño, con la ternura de una madre que cuida y cría a sus propios hijos. ⁸Tanto los amamos y queremos que no sólo les habríamos anunciado la buena noticia de Dios sino que, de haber sido necesario, hasta habríamos dado nuestra vida por ustedes.

⁹Hermanos míos, ustedes seguramente se acuerdan de lo duro que trabajamos para ganarnos la vida. Mientras les anunciábamos la buena noticia de Dios, trabajábamos de día y de noche para que ninguno de ustedes tuviera que darnos dinero. ¹⁰Ustedes confían en Dios, y nosotros nos hemos portado bien y correctamente con ustedes. Dios sabe que eso es cierto, y ustedes también. Nadie puede acusarnos de nada. ¹¹Saben que a cada uno de ustedes lo hemos tratado como un padre trata a sus hijos. Los animamos, los consolamos, ¹²y también insistíamos en que vivieran como deben vivir los que son de Dios, los que han sido llamados a compartir su propio reino y poder.

¹³Además, siempre damos gracias a Dios porque al llevarles su mensaje, ustedes lo aceptaron como de parte de Dios y no de un ser humano. Y es verdad, ese mensaje es de Dios y hace que los que confían en él cambien su manera de vivir. ¹⁴A ustedes, hermanos, les pasó lo mismo que a los cristianos de las iglesias de Dios en Judea: ¡su propia gente se burló de ellos y los atacó! Eso les pasó a ustedes cuando gente de su propio país los buscó para maltratarlos. ¹⁵Los judíos mataron al Señor Jesús y a los profetas, y luego nos echaron de su país. Ellos no hacen lo que a Dios le agrada, sino que están en contra de todos, ¹⁶y a nosotros no nos dejan anunciar el mensaje de salvación a los que no son judíos. Así añaden más pecados a los que ya han cometido. Pero al final Dios los castigará terriblemente.

Pablo deseaba visitar a los tesalonicenses

¹⁷Sin embargo, hermanos² míos, aunque nosotros nos separamos de ustedes por un tiempo, siempre los recordábamos con cariño y deseábamos mucho ir a verlos. ¹⁸Intentamos visitarlos, y en más de una ocasión yo mismo traté de ir, pero Satanás nos lo impidió. ¹⁹Teníamos deseos de verlos, pues cuando nuestro Señor Jesús regrese y nos pida cuentas, nos sentiremos orgullosos, felices y seguros de nuestro trabajo por ustedes. ²⁰¡Ustedes son nuestro orgullo y alegría!

3 ¹ Por eso, cuando ya no pudimos resistir el deseo de saber de ustedes, decidimos quedarnos solos en Atenas ² y enviarles a Timoteo, nuestro querido amigo. Él colabora con nosotros y sirve a Dios anunciando la buena noticia de Cristo. Lo enviamos para que los animara y ayudara a confiar fuertemente en Jesucristo; ³ así las dificultades y problemas que ustedes afrontan no los harán dudar. Ustedes saben que tenemos que hacer frente a esos problemas. ⁴ Además, cuando todavía estábamos con ustedes les advertimos que tendríamos dificultades. Y como ustedes bien saben, así ha sido. ⁵ Por eso, como ya no pude resistir más, envié a Timoteo, pues necesitaba saber si ustedes seguían confiando en Dios. ¡Temía que el diablo los hubiera hecho caer en sus trampas, y que hubiera echado a perder todo lo que hicimos por ustedes!

⁶ Pero ahora Timoteo ha regresado de la ciudad de Tesalónica, y nos ha contado que ustedes se aman unos a otros y no han dejado de confiar en Dios. También nos dijo que ustedes nos recuerdan siempre con cariño, y que desean vernos, así como nosotros deseamos verlos a ustedes.

⁷ Hermanos, a pesar de todos nuestros problemas y sufrimientos, nos alegra saber que siguen confiando en el Señor. ⁸ Ahora que sabemos esto, sentimos nuevas fuerzas para seguir viviendo. ⁹ ¿Cómo podremos dar suficientes gracias a Dios por la gran alegría que ustedes nos han dado? ¹⁰ Día y noche suplicamos a Dios que nos permita verlos personalmente, para ayudarlos a confiar completamente en él.

Oración de Pablo y de sus compañeros

¹¹ Pedimos a Dios nuestro Padre, y a nuestro Señor Jesús, que nos den la oportunidad de ir a visitarlos. ¹² Le pedimos al Señor que los haga amarse más los unos a los otros, y amar también a todos por

igual. Porque así los amamos nosotros a ustedes. ¹³ También le pedimos al Señor Jesús que les dé fuerzas para confiar plenamente en Dios, y les de también un corazón puro y sin pecado. Así, cuando él venga con todo su pueblo especial, nadie podrá acusarlos de nada delante de Dios. Amén.

Vivamos como a Dios le agrada

4 ¹ Queridos hermanos en Cristo, nosotros les hemos enseñado a vivir como a Dios le agrada, y en verdad lo están haciendo. Ahora les rogamos y los animamos de parte del Señor Jesús a que se esfuercen cada vez más por vivir así.

² Ustedes ya conocen las instrucciones que les dimos con la autoridad que recibimos del Señor Jesús. ³ Dios quiere que ustedes sean santos, que no tengan relaciones sexuales prohibidas, ⁴ y que cada uno de ustedes trate a su propia esposa con mucho respeto. ⁵ Deben dominar sus malos deseos sexuales, y no portarse como los que no creen en Dios. ⁶ No deben engañar a los demás miembros de la iglesia, ni aprovecharse de ellos. Ya les hemos advertido que el Señor castigará duramente a los que se comporten así. ⁷ Porque Dios no nos ha llamado a seguir pecando, sino a vivir una vida santa. ⁸ Por eso, el que rechaza esta enseñanza no nos está rechazando a nosotros, sino a Dios mismo, que les ha dado a ustedes su Espíritu Santo. ⁹ No hace falta que les escriba acerca del amor que debe existir entre los miembros de la iglesia, pues Dios mismo les ha enseñado a amarse unos a otros. ¹⁰ Así lo han hecho ustedes con todos los seguidores de Cristo en la región de Macedonia. Les rogamos, entonces, que se amen más y más. ¹¹ Traten de vivir tranquilos, ocúpense de sus propios asuntos y trabajen, como ya les ordenamos antes. ¹² De ese modo se ganarán el respeto de la gente que no confía en Dios, y no tendrán que

pedirle nada a nadie.

El regreso del Señor

¹³ Hermanos míos, queremos que sepan lo que en verdad pasa con los que mueren, para que no se pongan tristes, como los que no tienen esperanza. ¹⁴ Nosotros creemos que Jesucristo murió y resucitó, y que del mismo modo Dios resucitará a los que vivieron y murieron confiando en él.

¹⁵ Por eso, de acuerdo con lo que el Señor nos enseñó, les decimos que los que aún vivamos cuando él venga, nos reuniremos con él después de que se hayan reunido con él los que estaban muertos. ¹⁶ Porque cuando Dios dé la orden por medio del jefe de los ángeles, y oigamos la trompeta anunciando que el Señor baja del cielo, los que antes de morir confiaron en él, serán los primeros en resucitar. ¹⁷ Después Dios nos llevará a nosotros, los que estemos vivos en ese momento, y nos reunirá con los demás en las nubes. Allí, todos juntos nos encontraremos con el Señor, y nos quedaremos con él para siempre. ¹⁸ Así que, anímense los unos a los otros con esta enseñanza.

5 ¹ Hermanos míos, no hace falta que yo les escriba acerca del momento exacto en que todo esto ocurrirá. ² Ustedes saben muy bien que el Señor regresará en el día menos esperado, como un ladrón en la noche. ³ Cuando la gente diga: «Todo está tranquilo y no hay por qué tener miedo», entonces todo será destruido de repente. Nadie podrá escapar, pues sucederá en el momento menos esperado, como cuando les vienen los dolores a una mujer embarazada. ¡No podrán escapar!

⁴ Pero ustedes, hermanos, no viven en la ignorancia, así que el regreso del Señor no los sorprenderá como un ladrón en la noche. ⁵ Todos ustedes confían en el Señor, y eso es como vivir a plena luz del día y no en la oscuridad. ⁶ Por eso, debemos mantenernos alerta, viviendo correctamente, y

no tan despreocupados como viven algunos. **7** Los que no se preocupan por el regreso del Señor y viven pecando y emborrachándose, están viviendo en la oscuridad. **8** Pero nosotros no vivimos en la oscuridad, sino en la luz. Por eso debemos mantenernos alerta, y confiar en Dios y amar a toda persona. ¡Nuestra confianza y nuestro amor nos pueden proteger del pecado como una armadura! Y si no dudamos nunca de nuestra salvación, esa seguridad nos protegerá como un casco. **9** Porque Dios no nos ha llamado para castigarnos, sino que recibamos la salvación por medio de nuestro Señor Jesucristo. **10** Porque Jesucristo murió por nosotros para que podamos vivir con él, ya sea que estemos vivos o muertos cuando él vuelva. **11** Por eso, anímense los unos a los otros, y ayúdense a fortalecer su vida cristiana, como ya lo están haciendo.

Instrucciones finales

12 Hermanos, 2 les rogamos que respeten a los líderes de la iglesia. Ellos se esfuerzan mucho para enseñarles a vivir su vida cristiana. **13** Por eso, trátenlos con respeto y amor por todo lo que hacen, y vivan en paz los unos con los otros.

14 También les recomendamos, hermanos, que reprendan a los que no quieren hacer nada. Anímen a los que son tímidos, apoyen a los que todavía dudan del Señor, y tengan paciencia con todos.

15 No permitan que ninguno tome venganza del que le hace mal. Al contrario, deben esforzarse por hacer el bien entre ustedes mismos y con todos los demás.

16 Estén siempre contentos. **17** Oren en todo momento. **18** Den gracias a Dios en cualquier circunstancia. Esto es lo que Dios espera de ustedes como cristianos que son. **19** No alejen de uste-

des al Espíritu Santo. **20** Y si él les da la capacidad de profetizar, no la desprecien. **21** Pónganlo todo a prueba, pero quédense sólo con lo bueno **22** y rechacen todo lo malo. **23** Que el Dios de paz los mantenga completamente dedicados a su servicio. Que los conserve sin pecado hasta que vuelva nuestro Señor Jesucristo, para que ni el espíritu, ni el alma, ni el cuerpo de ustedes sean hallados culpables delante de Dios. **24** Él los eligió para ser parte de su pueblo, y hará todo esto porque siempre cumple lo que promete.

Despedida

25 Hermanos, 3 oren también por nosotros.
26 Saluden con un beso santo4 a todos los hermanos de la iglesia.
27 Con la autoridad que me da el Señor, les encargo que lean esta carta a todos los de la iglesia.
28 Pido a nuestro Señor Jesucristo que les siga mostrando su amor.

2 Tesalonicenses

Saludo

1 1-2 Queridos hermanos¹ de la iglesia en Tesalónica:
Nosotros, Pablo, Silvano y Timoteo, los saludamos a ustedes, que pertenecen a Dios nuestro Padre y al Señor Jesucristo, a quienes les pido de todo corazón les den su amor y su paz.

Pablo ora por los tesalonicenses

3 Hermanos² míos, en todo momento tenemos que dar gracias a Dios por ustedes. Y así debe ser, pues ustedes confían cada vez más en Dios y se aman más y más los unos a los otros. 4 Por eso, nos sentimos orgullosos cuando hablamos de ustedes en las otras iglesias de Dios. Porque, aunque ustedes tienen dificultades y problemas, se mantienen firmes y siguen confiando en Dios. 5 Esto demuestra que en verdad Dios es justo, y que los está haciendo merecedores de su reino, por el que ahora sufren.
6 Dios es justo, y castigará a quienes ahora los hacen sufrir. 7 Cuando el Señor Jesús venga desde el cielo, entre llamas de fuego y acompañado de sus poderosos ángeles, Dios les dará alivio a todos ustedes, como lo ha hecho con nosotros. 8 Castigará a los que no obedecen su mensaje ni quieren reconocerlo. 9 Los destruirá para siempre y los echará lejos de su presencia, donde no podrán compartir su gloria y su poder. 10 Esto sucederá cuando el Señor Jesucristo vuelva para que todo su pueblo especial lo alabe y admire. Y ustedes son parte de ese pueblo, pues han creído en el mensaje que les dimos.
11 Por eso oramos siempre por ustedes. Le pedimos a nuestro Dios que los haga merecedores de haber sido elegidos para formar parte de su pueblo. También le pedimos que con su poder cumpla todo lo bueno que ustedes desean, y complete lo que ustedes han empezado a hacer gracias a su confianza en él. 12 De este modo ustedes honrarán a nuestro Señor Jesús, y él los honrará a ustedes, de acuerdo con el gran amor de Dios y de nuestro Señor Jesucristo.

El hombre malvado

2 1 Cuando nuestro Señor Jesucristo regrese, nosotros nos reuniremos con él. Por eso, les rogamos, hermanos, 1 2 que no se dejen confundir tan fácilmente. No se asusten si alguien asegura que ya llegó el día en que el Señor volverá. Tal vez alguien les mienta diciendo que el Espíritu le dijo eso, o que nosotros le enseñamos eso personalmente o por carta. 3 No permitan que nadie los engañe. Ese día no llegará hasta que los enemigos de Dios se rebelen contra él y haya aparecido el hombre malvado, 2 que será destruido. 4 Ese hombre está en contra de Dios y de todo lo que está dedicado a Dios. Hasta pondrá su trono en el templo de Dios y afirmará que él mismo es Dios. 5 Acuérdense de que ya les había hablado de esto cuando estuve con ustedes.
6 Ustedes saben qué es lo que está deteniendo al hombre malvado para que no aparezca antes de lo planeado. 7 Porque su plan secreto de maldad ya está en marcha; sólo falta que se quite de en medio lo que detiene a ese hombre. 8-12 Después de eso, el malvado aparecerá. Satanás lo ayudará a engañar a muchos con señales y falsos milagros. Engañará con toda clase de mentiras a los que no quisieron amar y aceptar el verdadero mensaje de Jesucristo, mensaje que podría haberlos salvado del castigo que recibirán. Dios deja que ese hombre mentiroso y malvado los engañe para que acepten lo que es falso. Así Dios castigará a todos los que no han querido creer en el verdadero mensaje y son felices haciendo el mal. Pero cuando el Señor Jesús vuelva con todo su poder y su gloria, con el soplo de su boca destruirá al hombre malvado y le quitará su poder.

Confiar en Dios

13 Pero nosotros siempre debemos darle gracias a Dios por ustedes. Dios los ama y los eligió desde un principio para que se salvaran del castigo. Los eligió por medio del Espíritu que los separó para él, y por aceptar la buena noticia. 14 Dios los llamó por medio de la buena noticia que les anunciamos, para que participen del poder y de la gloria de nuestro Señor Jesucristo.
15 Por eso, hermanos³ míos, sigan confiando en Dios y no se olviden de las enseñanzas que, personalmente o por carta, les hemos dado. 16 Dios nuestro Padre es bueno; por eso nos ha amado, nos ha dado el consuelo eterno y la seguridad de que seremos salvos. A él y a nuestro Señor Jesucristo les pido 17 que les den ánimo y fuerzas para que siempre digan y hagan lo bueno.

Pablo pide que oren

3 1 Por último, hermanos, 1 les pedimos que oren por nosotros, para que hagamos llegar a todas partes el mensaje del Señor, y para que la gente lo reciba con aprecio, así como lo hicieron ustedes. 2 Pídanle también a Dios que nos proteja de la gente malvada, porque no todos quieren confiar en Jesucristo. 3 Pero el Señor Jesucristo les dará una firme confianza y los protegerá del mal, porque él siempre cumple lo que dice. 4 Gracias al Señor Jesucristo estamos seguros de que ustedes hacen y seguirán haciendo lo que les hemos ordenado. 5 Deseamos que el Señor los ayude a amar a los demás, así como Dios ama a todos, y que les dé su fortaleza para resistir en medio del sufrimiento.

Todos tienen que trabajar

6 Hermanos[2] míos, con la autoridad que nuestro Señor Jesucristo nos da, les ordenamos que se alejen de cualquier miembro de la iglesia que no quiera trabajar ni viva de acuerdo con la enseñanza que les dimos. **7** Ustedes saben cómo deben vivir para seguir nuestro ejemplo: nunca estuvimos entre ustedes sin hacer nada, **8** y nunca recibimos comida sin pagar por ella. Al contrario, trabajábamos de día y de noche para que ninguno de ustedes tuviera que pagar nada por nosotros. **9** En realidad, teníamos derecho a pedirles que nos ayudaran, pero preferimos trabajar

para ganarnos el pan y así darles un ejemplo a seguir. **10** Cuando estábamos con ustedes les decíamos que quien no quiera trabajar tampoco tiene derecho a comer. **11** Pero nos hemos enterado de que hay entre ustedes algunos que no quieren trabajar, y que se la pasan metiéndose en asuntos ajenos. **12** A esas personas les llamamos la atención y, con la autoridad que el Señor Jesucristo nos da, les ordenamos que trabajen para ganarse la vida, y que dejen de molestar a los demás.

13 En cuanto a ustedes, hermanos, no se cansen de hacer el bien. **14** Aléjense de cualquier miembro de la iglesia que no obedezca lo que ordenamos en esta carta, para que le dé vergüenza. **15** Pero no lo traten como a un enemigo, sino repréndanlo como a un hermano.

Despedida

16 Que el Señor que da la paz, les dé paz en todo lugar y en todo tiempo, y los acompañe siempre. **17** Yo, Pablo, escribo este saludo final con mi propia mano. Así es como firmo todas mis cartas; esta es mi letra. **18** Deseo que nuestro Señor sea bueno y amoroso con todos ustedes.

1 Timoteo

1 **1-2** Querido Timoteo:
Te envío mis saludos.

Yo, Pablo, soy apóstol de Jesucristo, pues Dios nuestro Salvador, y Cristo Jesús, nuestra esperanza, me enviaron a comunicar su mensaje.

Tú eres como un hijo para mí. Por eso les pido a Dios nuestro Padre y a Jesucristo nuestro Señor que te amen mucho, que te ayuden en todo, y que te den su paz.

¡Cuidado con las falsas enseñanzas!

3 Cuando me fui a la región de Macedonia, te pedí que te quedaras en la ciudad de Éfeso. Y ahora te lo vuelvo a pedir. Allí hay ciertas personas que imparten enseñanzas falsas. Ordénales que no lo hagan más. **4** Diles que no pierdan el tiempo estudiando historias falsas y las interminables listas de sus antepasados. Los que se interesan en esas cosas discuten por nada, y eso no les ayuda a conocer los planes de Dios. Esos planes sólo podemos conocerlos si confiamos en él.

5 Te pido que les enseñes a amar de verdad. Sólo los que tienen la conciencia tranquila, y confían sinceramente en Dios, pueden amar así.

6 Algunos han dejado esa clase de amor y pierden su tiempo en discusiones tontas. **7** Pretenden ser maestros de la Ley, y se sienten muy seguros de lo que dicen y enseñan, pero ni ellos mismos saben de qué están hablando.

8 Todos sabemos que la ley es buena, siempre y cuando se use correctamente. **9** También sabemos que las leyes no se dan para los que hacen lo bueno, sino para los que hacen lo malo. Son para los rebeldes, los desobedientes, los pecadores y los que no respetan a Dios ni a la religión. También son para los que matan a sus semejantes, y hasta a sus propios padres. **10** Son para los que tienen relaciones sexuales prohibidas y para los homosexuales; para los secuestradores, los mentirosos y los que juran decir la verdad pero luego mienten. En fin, las leyes son para corregir a los que no están de acuerdo con la correcta enseñanza **11** del maravilloso mensaje que nuestro Dios bendito me ha encargado enseñar.

Pablo da gracias a Jesucristo

12 Le doy gracias a nuestro Señor Jesucristo, porque ha confiado en mí y me ha dado fuerzas para trabajar por él. **13** Antes yo ofendía a Jesucristo, lo perseguía y lo insultaba. Aun así, él confió en mí. Y es que Dios fue bueno conmigo y me perdonó, pues yo todavía no creía en Cristo ni sabía lo que estaba haciendo. **14** Nuestro Dios me amó mucho y me perdonó: por medio de Jesucristo me dio confianza y amor.

15-16 Esto es verdad, y todos deben creerlo: Jesucristo vino a este mundo para salvar a los pecadores del castigo que merecen, ¡y yo soy el peor pecador de todos! Pero Dios fue bueno y me salvó. Así demostró la gran paciencia que Jesucristo tuvo conmigo. Lo hizo para que otros sigan mi ejemplo y confíen en Cristo para tener vida eterna. **17** ¡Alabemos y honremos siempre al Rey eterno, al Dios único e invisible, que vive por siempre! Amén.

18 Timoteo, hijo mío, las cosas que te pido hacer están de acuerdo con las profecías que se dijeron acerca de ti. Si cumples con ellas serás como un buen soldado que sabe pelear. **19-20** Serás un soldado que confía en Dios y a quien no se le puede acusar de nada malo. Algunas personas, como Himeneo y Alejandro, dejaron de confiar en Dios. Por eso no les permití seguir en la iglesia, para que Satanás haga con ellos lo que quiera, y así aprendan a no insultar a Dios.

2 **1** En primer lugar, recomiendo orar por todo el mundo, dando gracias a Dios por todos y pidiéndole que les muestre su bondad y los ayude. **2** Recomiendo que se ore por los gobernantes y por todas las autoridades, para que podamos vivir en paz y tranquilos, obedeciendo a Dios y llevándonos bien con los demás. **3** Esta clase de oración es buena y le agrada a Dios, nuestro Salvador; **4** pues él quiere que todos se salven y sepan que:

5 Sólo hay un Dios,
y sólo hay uno que puede
ponernos en paz con Dios:
Jesucristo, el hombre.
6 Jesús dio su propia vida
para salvar a todo el mundo.
En el momento oportuno,
Dios nos demostró
que quiere salvar a todos.

7 Dios me envió a dar esta buena noticia a los que no son judíos. Debo enseñarles la verdad y lo que significa confiar en Dios. ¡Les aseguro que no estoy mintiendo, sino que digo la verdad!

8 Deseo que en todas partes la gente deje de discutir y de enojarse, y que en vez de eso sean buenos cristianos y oren.

9 También deseo que las mujeres se vistan con decencia, sencillez y modestia. Que no llamen la atención con peinados exagerados ni poniéndose ropa muy cara, ni que usen costosas joyas de oro o adornos de perlas. **10** Al contrario, la gente debe admirarlas por las buenas cosas que hagan, como se espera de las mujeres que aman y respetan a Dios.

11 Quiero que las mujeres escuchen con respeto y en silencio lo que se les enseñe. **12** Y no permito que las mujeres enseñen en las reuniones de la iglesia, ni que les den órdenes a los hombres. **13** Porque Dios creó primero a Adán, y después a Eva. **14** Además,

Adán no fue el engañado por Satanás, sino Eva. Y cuando Eva fue engañada, pecó. **15** Sin embargo, las mujeres se salvarán si tienen hijos, si confían en Jesucristo, y si aman a los demás y viven con modestia y santidad.

Los líderes de la iglesia

3 **1** Es verdad que si alguien desea dirigir una iglesia, desea un buen trabajo. **2** Pero debe ser alguien a quien no se le pueda acusar de nada malo. Debe tener una sola esposa, controlar todos sus deseos y pensar dos veces lo que va a hacer. Debe comportarse correctamente, recibir con gusto a los viajeros en su hogar y saber enseñar. **3** No debe ser borracho, ni violento, ni buscar pelea. Al contrario, debe ser amable y tranquilo, y no estar preocupado sólo por el dinero.

4 Además, debe gobernar bien a su propia familia y educar a sus hijos para que sean obedientes y respetuosos. **5** Porque si no puede gobernar a su propia familia, tampoco podrá gobernar a la iglesia de Dios. **6** Y no debe ser alguien con poco tiempo de haber creído en Jesucristo, pues puede volverse orgulloso y entonces recibirá el mismo castigo que Satanás. **7** Por último, debe contar con el respeto de la gente que no cree en Jesucristo, para que nunca pase vergüenza delante de ellos ni caiga en alguna trampa de Satanás.

Los diáconos de la iglesia

8 Los diáconos deben ser gente respetable; no deben mentir ni beber mucho vino, ni estar preocupados por ganar mucho dinero. **9** Además, deben creer siempre en todo el mensaje de la buena noticia que Dios nos ha dado, y tener la conciencia tranquila. **10-12** Deben tener una sola esposa, y dirigir bien a sus hijos y a toda su familia.

Las mujeres también deben hacer bien su trabajo. No deben ser chismosas, sino saber controlarse en todo, y ser personas en las que se pueda confiar.

A los que quieran ser diáconos se les deberá poner a prueba. Si no se les puede acusar de nada malo y pasan la prueba, trabajarán en la iglesia. **13** Los que hagan bien su trabajo como diáconos tendrán buena fama y se ganarán el respeto y la confianza de todos en la iglesia de Cristo.

La gran verdad

14 Espero visitarte pronto. Pero te escribo todo esto **15** por si acaso no llego a tiempo. Así sabrás cómo debemos comportarnos los que pertenecemos a la iglesia, que es la familia del Dios vivo. La iglesia sostiene y defiende la verdad.

16 No hay duda de que es muy profunda la verdad de la religión cristiana:

Cristo vino al mundo
como hombre.
El Espíritu lo declaró inocente.
Los ángeles lo vieron.
Su mensaje se anunció
entre las naciones,
y el mundo creyó en él.
Fue llevado al cielo
y Dios lo colmó de honores.

Las falsas enseñanzas

4 **1** El Espíritu Santo ha dicho claramente que en los últimos tiempos algunas personas dejarán de confiar en Dios. Serán engañadas por espíritus mentirosos y obedecerán enseñanzas de demonios. **2** Le harán caso a gente hipócrita y mentirosa, incapaz de sentir vergüenza de nada. **3** Esa gente prohíbe casarse y comer ciertos alimentos. Pero Dios creó todos los alimentos para que nosotros los comamos y le demos las gracias por ellos. Los creó para todos los que confiamos en él y conocemos la verdad. **4** Porque todo lo que Dios ha creado es bueno, y podemos comer de todo sin rechazar nada, si le damos las gracias. **5** Por tanto, podemos comerlos porque Dios así lo ha dicho, y porque nosotros hemos orado por esos alimentos.

Instrucciones para Timoteo

6 Si enseñas la verdad a los miembros de la iglesia, serás un buen servidor de Jesucristo. Estudiar y obedecer las enseñanzas cristianas, como tú lo haces, es lo mismo que alimentarse bien. **7** No prestes atención a historias falsas, inventadas por los que no creen en Cristo. Esfuérzate por ser un buen discípulo de Jesucristo. **8-9** Es verdad que el ejercicio físico ayuda a que todo el cuerpo esté sano. Pero esforzarse en confiar cada vez más en Dios es mucho mejor, porque nos hace bien aquí en la tierra y también cuando vivamos en el cielo. Esto es una verdad que podemos y debemos creer. **10** Por eso nos esforzamos tanto, pues confiamos firmemente en Dios. Él vive para siempre y es el Salvador de todos, especialmente de los que confían en él. **11** Enseña estas cosas, y diles a todos que las obedezcan. **12** No permitas que nadie te desprecie por ser joven. Al contrario, trata de ser un ejemplo para los demás cristianos. Que cuando todos oigan tu modo de hablar, y vean cómo vives, traten de ser puros como tú. Que todos imiten tu carácter amoroso y tu confianza en Dios.

13 Mientras llego a visitarte, sigue leyéndoles la Biblia a los miembros de la iglesia, y no dejes de animarlos ni de enseñarles. **14** No dejes de usar las capacidades especiales que Dios te dio cuando los líderes de la iglesia pusieron sus manos sobre tu cabeza. El Espíritu Santo habló con ellos y les ordenó hacerlo. **15** Haz todo eso y dedícales tiempo, para que todos vean que cada vez eres mejor.

16 Timoteo, compórtate como es debido, y ten cuidado de lo que enseñas. Sigue haciendo esto, y no sólo te salvarás a ti mismo sino que también salvarás a los que te escuchen.

Cómo tratar a los demás

5 **1-2** Cuando corrijas a un anciano, no lo regañes; al contrario, aconséjalo como si fuera tu propio padre. Trata a la mujer anciana como si fuera tu propia madre, y a las jóvenes trátalas con todo respeto, como si fueran tus hermanas.

3 Ayuda a las viudas que no tengan familiares que las ayuden. **4** Pero si alguna viuda tiene hijos o nietos, ellos deben ser los primeros en ayudarla en todas sus necesidades, así como ella antes los cuidó y ayudó. Esto es lo que conviene hacer ante Dios, pues así quiere él que se haga.

5 La viuda que realmente está sola, confía en Dios y le pide su ayuda de día y de noche. **6** Pero la viuda que sólo piensa en divertirse está muerta en vida. **7** Por eso, ordénales a todos que hagan lo que te he dicho, para que nadie pueda criticarlos. **8** Pues quien no cuida de sus parientes, y especialmente de su familia, no se porta como un cristiano; es más, tal persona es peor que quien nunca ha creído en Dios.

9 Para que una viuda esté en la lista de ayuda de la iglesia, debe tener por lo menos sesenta años de edad y haber estado casada una sola vez. **10** También debe ser conocida por sus buenas obras. Por ejemplo, tiene que haber criado bien a sus hijos e hijas, haber recibido bien a quienes visitaron su casa, haber sido humilde con los miembros de la iglesia, y haber ayudado a los que sufren. Es decir, en esa lista deben estar las que hayan hecho lo bueno.

11-12 No pongas en esa lista a las viudas de menos edad, porque más tarde quieren volver a casarse y se oponen a Cristo, dejando de cumplir su promesa de no casarse para trabajar en la iglesia. ¡Y Dios tendrá que castigarlas! **13** Además, se vuelven perezosas y se acostumbran a andar de casa en casa, llevando y trayendo chismes, y metiéndose en asuntos ajenos y hablando de lo que no deben.

14 Por eso quiero que las viudas jóvenes se vuelvan a casar, y tengan hijos y se ocupen de cuidar a su familia. Así, los que no creen en Jesucristo no podrán criticarnos. **15** Pues algunas de ellas ya han dejado de confiar en Cristo y ahora obedecen a Satanás.

16 Si alguna mujer cree en Jesucristo y en su familia hay alguna viuda, debe ayudarla. De este modo la iglesia tendrá una responsabilidad menos y podrá ayudar a las viudas que realmente lo necesiten.

17 Los líderes de la iglesia que hacen bien su trabajo merecen que se les pague el doble, especialmente los que anuncian y enseñan la buena noticia. **18** Porque la Biblia dice: «No le impidas al buey comer mientras desgrana el trigo». Y también se dice: «Quien trabaja, merece que le paguen».

19 Cuando alguien acuse a un líder, pídele que presente a dos o tres testigos. Si no lo hace, no le prestes atención. **20** Si alguno de los líderes sigue pecando, corrígelo ante toda la iglesia, para que los demás tengan miedo y no hagan lo mismo.

21 Dios, y Jesucristo, y todos los ángeles que Dios ha elegido, están escuchando lo que te voy a decir: Obedece todo lo que te he ordenado hacer y sé justo con todos, sin tener favoritos. **22** Antes de nombrar a alguien para el servicio a Dios, piénsalo bien. Porque si esa persona hace algo malo, tú serás también responsable de lo que haga. ¡Apártate más bien de todo lo que es malo!

23 Como casi siempre estás enfermo del estómago, no bebas sólo agua, sino también un poco de vino.

24 Algunas veces nos damos cuenta claramente de que una persona está pecando, aun antes de que sea juzgada. Pero otras veces no nos damos cuenta sino mucho después del juicio. **25** Lo mismo pasa con las buenas acciones. Algunas se ven con facilidad, pero otras no. Con todo, ninguna de ellas quedará oculta.

6 **1** Los miembros de la iglesia que aún sean esclavos deben respetar en todo a sus amos, para que nadie hable mal de Dios ni de las enseñanzas cristianas. **2** Y los que tengan amos que también crean en Jesucristo no deben dejar de obedecerlos sólo porque ambos son cristianos. Al contrario, deben hacer bien su trabajo, y aún mejor, pues lo están haciendo para alguien a quien aprecian y que también confía en Dios.

Las falsas enseñanzas y el dinero

A los miembros de la iglesia y a sus líderes enséñales que deben obedecer lo que te voy a decir: **3** Si alguien enseña lo que no está de acuerdo con las enseñanzas de nuestro Señor Jesucristo, ni con la verdadera religión cristiana, **4** es un orgulloso que no sabe nada, y que tiene la mala costumbre de discutir sobre el significado de ciertas palabras. Con esto sólo causa envidias, enojos, insultos, desconfianza **5** y peleas en todo momento. Y los que hacen eso son gente incapaz de pensar bien, que no conoce la verdad; son gente que piensa que por medio de la religión puede ganar mucho dinero. **6** Por supuesto, la religión cristiana hace que nuestra vida sea mucho mejor, pero sólo cuando uno está contento con lo que tiene. **7** Porque cuando nacimos no trajimos nada al mundo, y al morir tampoco podremos llevarnos nada. **8** Así que debemos estar contentos si tenemos comida y ropa. **9** Pero los que sólo piensan en ser ricos caen en las trampas de Satanás. Son tentados a hacer cosas tontas y perjudiciales, que terminan por destruirlos totalmente. **10** Porque todos los males comienzan cuando sólo se piensa en el dinero. Por el deseo de amontonarlo, muchos se olvidaron de obedecer a Dios, y acabaron por tener muchos problemas y sufrimientos.

Recomendaciones y despedida

11 Pero tú, Timoteo, estás al servicio de Dios. Por eso, aléjate de todo lo malo. Trata siempre de obedecer a Dios y de ser un buen discípulo de Jesucristo. No dejes de confiar en él, y ama a todos los hermanos de la iglesia. Cuando enfrentes dificultades, ten paciencia y sé amable con los demás. **12** Imita al deportista que se esfuerza por ganar la competencia: haz todo lo posible por ser un buen discípulo de Jesucristo, y recibirás el premio de la vida eterna. Dios te llamó y te prometió esa vida cuando delante de mucha gente anunciaste que habías confiado en Dios.

13 Delante de Dios, que creó todo lo que existe, y delante de Jesucristo, que ante Pilato dio buen testimonio de su confianza en Dios, **14** te pido que obedezcas todo lo que te ordeno, para que

nadie pueda acusarte de nada. Haz esto hasta que vuelva nuestro Señor Jesucristo, **15** quien vendrá en el momento oportuno, cuando nuestro maravilloso Dios así lo quiera. Porque Dios es el único que gobierna sobre todos; Dios es el más grande de los reyes y el más poderoso de los gobernantes.

16 Dios es el único que vive para siempre, y vive en una luz tan brillante que nadie puede acercarse a él. Nadie lo ha visto ni puede verlo. ¡El honor y el poder son de él para siempre! Amén.

17 Adviérteles a los ricos de este mundo que no sean orgullosos ni confíen en sus riquezas, porque es muy fácil perder todo lo que se tiene. Al contrario, diles que

confíen en Dios, pues él es bueno y nos da todo lo que necesitamos para que lo disfrutemos. **18** Mándales que hagan el bien, que se hagan ricos en buenas acciones. Recuérdales que deben dar y compartir lo que tienen. **19** Así tendrán un tesoro que en el futuro seguramente les permitirá disfrutar de la vida eterna.

20 Timoteo, ¡trata de hacer bien tu trabajo! No prestes atención a lo que dicen los que no creen en Cristo, ni pongas atención a los que discuten criticando nuestras enseñanzas. Esa gente dice saber cuál es la verdad, **21** pero algunos ya han dejado de confiar en Dios por hacer caso de esas cosas.

De todo corazón le pido a Dios que llos llene de su amor.

2 Timoteo

Saludos

1 **1-2** Querido hijo Timoteo:
Te envío mis saludos, y de todo corazón les pido a Dios Padre y a Jesucristo nuestro Señor que te llenen de amor, te ayuden en todo y te den su paz.

Como te dije antes, soy apóstol de Cristo. Dios me envió a comunicar su mensaje, y me prometió la vida eterna por medio de Cristo Jesús.

Oración de agradecimiento

3 Mis familiares y yo hemos servido a Dios, y nadie puede acusarnos de nada malo. Siempre que oro, ya sea de día o de noche, te recuerdo y doy gracias a Dios por ti. **4** Cada vez que me acuerdo de cómo lloraste y te pusiste triste, me dan más ganas de verte. ¡Cómo me alegraría eso! **5** Tu abuela Loida y tu madre Eunice confiaron sinceramente en Dios, y cuando me acuerdo de ti me siento seguro de que también tú tienes esa misma confianza.

No hay que avergonzarse

6 Por eso te recomiendo que no dejes de usar esa capacidad especial que Dios te dio cuando puse mis manos sobre tu cabeza. **7** Porque el Espíritu de Dios no nos hace cobardes. Al contrario, nos da poder para amar a los demás y nos fortalece para que podamos vivir una buena vida cristiana.

8 Por lo tanto, no te avergüences de hablar bien de nuestro Señor Jesús. Tampoco te avergüences de mí, que estoy preso por servir a Jesucristo. Al contrario, tienes que estar dispuesto a sufrir por anunciar la buena noticia. ¡Ya Dios te dará las fuerzas necesarias para soportar el sufrimiento! **9** Dios nos salvó y nos eligió para que seamos parte de su pueblo santo. No hicimos nada para merecerlo, sino que Dios, por su gran amor, así lo planeó. Dios ya nos amaba desde antes de crear el mundo, pues desde entonces ya pertenecíamos a Cristo Jesús. **10** Dios nos mostró ese gran amor por medio de lo que Jesucristo nuestro Salvador hizo por nosotros. Porque él destruyó la muerte y, por medio de la buena noticia, nos ha dado la vida eterna.

11 Dios me nombró apóstol para anunciar y enseñar a las naciones la buena noticia. **12** Por eso mismo estoy sufriendo ahora. Pero no me avergüenzo de lo que me pasa, porque yo sé bien en quién he puesto mi confianza. Estoy seguro de que él tiene poder para hacer que la buena noticia se siga anunciando hasta que llegue el fin del mundo. **13** Las enseñanzas que te he dado son un buen ejemplo de lo que debes hacer. No dejes de confiar en Dios y en el amor que tenemos por estar unidos a Jesucristo. **14** No permitas que nadie contradiga la buena enseñanza que recibiste. Dios te ha encargado ese trabajo, y el Espíritu Santo te ayudará a hacerlo.

15 Seguramente ya sabes que todos los cristianos de la provincia de Asia me abandonaron. ¡Hasta Figelo y Hermógenes me dejaron solo! **16** Le pido a Dios que sea bueno con la familia de Onesíforo y la ayude. Él me animó muchas veces, y no se avergonzó de que yo estuviera en la cárcel. **17** Al contrario, tan pronto llegó a Roma me buscó por todas partes, hasta que me encontró. **18** Espero que el Señor Jesús lo trate con bondad el día en que Dios juzgará a todo el mundo. Como sabes, Onesíforo nos fue de gran ayuda en la ciudad de Éfeso.

El fiel soldado de Jesucristo

2 **1** Hijo mío, Dios te ama mucho porque has creído en Jesucristo. Pídele fuerzas para soportar cualquier cosa. **2** Tú has oído lo que les he enseñado a muchas personas. Ahora quiero que enseñes eso mismo a cristianos en los que puedas confiar y que sean capaces de enseñar a otros. **3** Tú, como buen soldado de Jesucristo, debes estar dispuesto a sufrir por él. **4** Los soldados que tratan de agradar a sus jefes no se interesan por ninguna otra cosa que no sea el ejército. **5** De igual manera, el atleta que participa en una carrera no puede ganar el premio si no obedece las reglas de la competencia. **6** Y el que cultiva la tierra tiene que trabajarla antes de poder disfrutar de la cosecha. **7** Piensa en estas cosas, y el Señor Jesucristo te ayudará a entenderlo todo.

8 ¡Acuérdate de Jesucristo! Según la buena noticia que yo enseño, Jesús era de la familia del rey David; y aun cuando murió, volvió a vivir. **9** Por anunciar esa buena noticia sufro mucho y estoy en la cárcel; me tienen encadenado, como si fuera yo un criminal. Pero el mensaje de Dios no está encadenado. **10** Por eso soporto toda clase de sufrimientos, para que los que Dios ha elegido se salven y reciban la vida eterna que Cristo ofrece junto a Dios. **11** Esto es verdad:

Si morimos por Cristo,
también viviremos con él.

12 Si soportamos los sufrimientos,
compartiremos su reinado.

Si decimos que no
lo conocemos,
también él dirá que no
nos conoce.

13 Y aunque no seamos fieles,
Cristo permanece fiel
porque él jamás rompe
su promesa.

El sirviente aprobado

14 No dejes que nadie olvide estas cosas. Pon a Dios como testigo y advierte a los miembros de la iglesia que no deben seguir discutiendo. Esas discusiones no ayudan a nadie, y dañan a quienes las oyen. **15** Haz todo lo posible por ganarte la aprobación de Dios. Así, Dios te aprobará como un trabajador que no tiene de qué avergonzarse y que enseña correctamente el mensaje verdadero.

16 No prestes atención a las discusiones de los que no creen en Dios, pues eso no sirve de nada. Los que así discuten, van de mal en peor, **17** y sus malas enseñanzas se van extendiendo, como el cáncer. Así también lo han hecho Himeneo y Fileto, **18** quienes afirman que ya hemos pasado definitivamente de la muerte a la vida. Eso no es verdad, y no hace más que confundir a los creyentes.

19 Pero podemos estar seguros de lo que hemos creído. Porque lo que Dios nos ha enseñado es como la sólida base de un edificio, en donde está escrito lo siguiente: «Dios sabe quiénes son suyos», y también dice: «Que todos los que adoran a Dios dejen de hacer el mal».

20 En la casa de un hombre rico no todo es de oro o de plata, sino que algunos objetos son de madera o de barro. Unos sirven para ocasiones especiales y otros para usarlos todos los días. **21** Algo parecido pasa con nosotros: si dejamos de hacer lo malo y nos olvidamos de las falsas enseñanzas, seremos como esos objetos útiles y muy especiales. Toda nuestra vida le será útil a Dios, que es su dueño, y estaremos preparados para hacer toda clase de bien.

22 No te dejes llevar por las tentaciones propias de tu edad. Tú eres joven, así que aléjate de esas cosas y dedícate a hacer el bien. Busca la justicia, el amor y la paz, y únete a los que con toda sinceridad adoran a Dios y confían en él. **23** No prestes atención a discusiones que no ayudan en nada. Los que así discuten siempre terminan peleando. **24** Un

servidor de Dios no debe andar en peleas. Por el contrario, debe ser bueno con todos, saber enseñar, y tener mucha paciencia. **25** Y cuando corrijas a tus enemigos, hazlo con humildad. Tal vez Dios les dé la oportunidad de arrepentirse y de conocer la verdad. **26** Entonces podrán darse cuenta de que cayeron en una trampa del diablo y lograrán escapar. Por el momento, el diablo los tiene prisioneros y hace con ellos lo que quiere.

Cómo será todo antes del fin del mundo

3 **1** También debes saber que en los últimos días, antes de que llegue el fin del mundo, la gente enfrentará muchas dificultades. **2** Habrá gente egoísta, interesada solamente en ganar más y más dinero. También habrá gente orgullosa que se creerá más importante que los demás. No respetarán a Dios ni obedecerán a sus padres, sino que serán malagradecidos e insultarán a todos. **3** Serán crueles y se llenarán de odio. Dirán mentiras acerca de los demás, serán violentos e incapaces de dominar sus deseos. Odiarán todo lo que es bueno. **4** No se podrá confiar en ellos, porque esos orgullosos actuarán sin pensar. En vez de obedecer a Dios, harán sólo lo que les venga en gana. **5** Dirán que aman y respetan a Dios, pero con su conducta demostrarán lo contrario.

No te hagas amigo de esa clase de gente, **6** porque tienen la costumbre de meterse en cualquier casa para engañar a mujeres tontas y pecadoras, que son incapaces de dominar sus malos deseos; **7** siempre están queriendo aprender algo nuevo, pero nunca llegan a entender la verdad. **8** Así como los brujos Janes y Jambrés estaban en contra de Moisés, también esta clase de gente es enemiga de que se dé a conocer el verdadero mensaje de Dios. Tienen la mente corrompida, y no han aprendido a confiar en Dios. **9** Pero no seguirán así por

mucho tiempo, pues todos se darán cuenta de que son estúpidos, como lo eran Janes y Jambrés.

Últimas instrucciones para Timoteo

10 Pero tú, Timoteo, sabes bien lo que yo enseño y cómo vivo. Sabes lo que pienso hacer y cuánto confío en Dios. Has visto mi paciencia, mi amor y mi fuerza para soportar las dificultades. **11** Sabes cómo me han maltratado y cómo he sufrido en las ciudades de Antioquía, Iconio y Listra. Pero el Señor Jesucristo me libró de todo eso. **12** Bien sabemos que todo el que desee vivir obedeciendo a Jesucristo será maltratado. **13** Pero los malvados y los engañadores irán de mal en peor, y engañarán a unos pero serán engañados por otros.

14 Tú debes seguir creyendo en lo que aprendiste, y ya sabes que es la verdad. Después de todo, sabes bien quiénes te lo han enseñado. **15** Recuerda que desde niño has leído la Biblia, y sus enseñanzas pueden hacerte sabio, para que aprendas a confiar más en Jesucristo y así seas salvo. **16** Todo lo que está escrito en la Biblia es el mensaje de Dios, y es útil para enseñar a la gente, para ayudarla y corregirla, y para mostrarle cómo debe vivir. **17** De ese modo, los servidores de Dios estarán completamente entrenados y preparados para hacer el bien.

4 **1** Cuando Jesucristo venga como Rey, juzgará a todos, tanto a los que estén vivos como a los que estén muertos. Por eso pongo a Dios y a Jesucristo como testigos de lo que te ordeno. **2** Quiero que anuncies el mensaje de Dios en todo momento. Insiste en anunciarlo, aunque no parezca ser el mejor momento. Muéstrale a la gente sus errores, corrígela y anímala; instrúyela con mucha paciencia. **3** Porque llegará el día en que la gente no querrá escuchar la buena enseñanza. En cambio, querrá oír enseñanzas diferentes. Por eso buscará maestros que le digan lo que quiere oír. **4** La gente no escuchará la verdadera enseñanza, sino que pondrá atención a toda clase de cuentos. **5** Pero tú, Timoteo, mantén la calma en todo momento, soporta los sufrimientos y anuncia siempre la buena noticia. Haz bien tu trabajo. **6** Ya falta poco para que muera, y mi muerte será mi ofrenda a Dios. **7** He luchado por obedecer a Dios en todo, y lo he logrado; he llegado a la meta, pues en ningún momento dejé de confiar y obedecer a Dios. **8** Sé que Dios es un juez justo y que, cuando juzgue a todos, me dará una corona como premio a mi obediencia. Y no sólo a mí me la dará, sino también a todos los que realmente desean que él venga y con ansias esperan su regreso.

Instrucciones personales

9 Haz todo lo posible por venir a verme pronto. **10** Demas ama tanto las cosas de este mundo que me ha abandonado y se ha ido a la ciudad de Tesalónica. Crescente se fue a la región de Galacia, y Tito a la de Dalmacia. **11** El único que está conmigo es Lucas.

Marcos puede ayudarme mucho en mi trabajo, así que búscalo y tráelo contigo cuando vengas. **12** A Tíquico lo envié a la ciudad de Éfeso.

13 Cuando vengas, tráeme el abrigo que dejé en la ciudad de Tróade, en casa de Carpo. Trae también los libros, especialmente los pergaminos.

14 Alejandro, el herrero, me ha hecho mucho daño. Pero yo sé que el Señor Jesucristo habrá de castigarlo. **15** Cuídate de él, pues está muy en contra de lo que enseñamos.

16 La primera vez que tuve que presentar mi defensa ante las autoridades de Roma, nadie me ayudó. ¡Todos me abandonaron! Le pido a Dios que no los castigue por eso. **17** Pero el Señor Jesucristo sí me ayudó, y me dio valor para anunciar su mensaje a gente de otros países. Así Dios me salvó de la muerte, como si me hubiera rescatado de la boca de un león hambriento. **18** Yo sé que Dios siempre me protegerá de todo mal y me cuidará, hasta que me lleve a su reino celestial. ¡Él merece que lo alabemos por siempre! Amén.

Despedida

19 Dale mis saludos a Priscila y a Áquila, y a toda la familia de Onesíforo. **20** Erasto se quedó en la ciudad de Corinto, y a Trófimo lo dejé en la ciudad de Mileto porque estaba enfermo.

21 Haz todo lo posible por venir antes de que llegue el invierno. Eubulo, Pudente, Lino y Claudia te envían sus saludos, como también todos los hermanos² de la iglesia. **22** Que el Señor Jesucristo te bendiga. Que el amor de Dios los acompañe siempre.

Tito

1 **1-4** Querido Tito:
Yo te ayudé a confiar en Jesucristo, y por eso eres para mí como un verdadero hijo. Tú y yo confiamos en Dios; por eso yo le pido a él, que es nuestro Padre, y a Jesucristo, nuestro Salvador, que te llenen de su amor y de su paz.
Como bien sabes, soy servidor de Dios y apóstol de Jesucristo. Fui enviado por él para que los elegidos de Dios confíen en él y lleguen a conocer la verdad que enseña nuestra religión. Así estarán seguros de recibir la vida eterna que Dios nuestro Salvador prometió desde hace mucho tiempo. Y sabemos que Dios no miente. En el momento que él consideró oportuno, me dio ese mensaje y me pidió que lo anunciara a los demás.

Lo que Tito debía hacer en Creta

5 Te dejé en la isla de Creta para que resolvieras los problemas pendientes, y para que nombraras líderes en las iglesias de cada pueblo. Tal y como te dije, **6** un líder de la iglesia debe ser alguien al que no se le pueda acusar de nada malo. Debe ser esposo de una sola mujer, y sus hijos deben creer en Jesucristo y ser obedientes. **7** Dios les ha encargado a los líderes de la iglesia que vigilen el trabajo de todos, para que todo se haga bien. Por eso, no deben ser tiranos, ni enojarse con facilidad, ni emborracharse. Tampoco deben ser violentos, ni tramposos en sus negocios. **8** Al contrario, con gusto deben recibir en su casa a quienes los visiten, y hacer siempre lo bueno. Deben pensar bien las cosas antes de hacerlas, y ser justos, santos y disciplinados en todo. **9** No deberán creer ni enseñar otro mensaje que no sea el verdadero mensaje recibido de Dios. Así podrán animar a otros por medio de la buena enseñanza y convencer a los que se oponen a ella.

10 Porque por allí andan muchos que no obedecen la verdadera enseñanza, sino que engañan a los demás con sus enseñanzas tontas. Esto pasa, sobre todo, con algunos de ustedes que insisten en seguir practicando la circuncisión. **11** No los dejes enseñar, porque confunden a familias enteras, y lo hacen sólo para ganar dinero.
12 Fue uno de los propios profetas de Creta el que dijo:

«Esa gente de Creta
es mentirosa,
glotona y perezosa.
Se portan como animales
salvajes».

13 ¡Y es verdad! Por eso tienes que reprender mucho a esta clase de gente y ayudarla, para que vuelva a confiar en Jesucristo como es debido. **14** Ayúdalos a no prestar atención a mandamientos dados por gente mentirosa, ni a cuentos inventados por los judíos. **15** Los que obedecen sinceramente a Jesucristo consideran que todo es bueno. Pero no hay nada bueno para los que no obedecen ni confían en él, pues sólo piensan cosas malas y no les remueve la conciencia. **16** Dicen que conocen a Dios pero, cuando vemos el mal que hacen, sabemos que eso no es cierto. Son odiosos y desobedientes, incapaces de hacer algo bueno.

Instrucciones para distintos grupos de personas

2 **1** Pero tú, Tito, debes enseñar lo que es correcto. **2** A los ancianos, diles que deben ser responsables, que deben controlar sus deseos y pensar bien lo que van a hacer. También deben confiar en Dios, amar a los demás, y tener siempre paciencia.
3 Diles a las ancianas que se comporten como personas que aman a Dios. No deben ser chismosas ni emborracharse sino, más bien,

ser un buen ejemplo para las mujeres más jóvenes **4** y enseñarles a amar a sus esposos e hijos. **5** También deben enseñarles a pensar bien lo que van a hacer y a ser dueñas de sí mismas, a atender bien a su familia y sujetarse a su esposo. Así nadie podrá hablar mal del mensaje de Dios.
6 También diles a los jóvenes que aprendan a controlar sus malos deseos. **7** Tú mismo tienes que ser un buen ejemplo en todo. Enséñales a hacer el bien y, cuando lo hagas, hazlo con seriedad y honestidad. **8** Di siempre lo bueno, y así nadie podrá criticarte. Si haces lo que te digo, los que están en contra nuestra sentirán vergüenza y no podrán hablar mal de nosotros.
9 A los miembros de la iglesia que aún son esclavos, diles que obedezcan siempre a sus amos, y que sean amables y no discutan nada. **10** No deben robar, sino ser totalmente honestos, para que todos vean lo hermosa que es la enseñanza acerca de Dios nuestro salvador.

Dios es bueno y nos da una nueva vida

11 Dios ha demostrado cuánto ama a todo el mundo, **12** pues les ha ofrecido la posibilidad de salvarse del castigo que merecen. Ese amor de Dios nos enseña que debemos dejar de hacer el mal, y no desear lo malo de este mundo. También nos enseña que debemos vivir en este mundo siendo honestos y fieles a Dios, y pensando bien lo que hacemos. **13** Así debemos vivir mientras llega ese día feliz y maravilloso que todos esperamos, cuando se manifestará nuestro gran Dios y Salvador Jesucristo. **14** Él quiso morir para rescatarnos de todo lo malo y para purificarnos de nuestros pecados. Al hacerlo, nos convirtió en su pueblo, en un pueblo decidido a hacer el bien.
15 Enseña estas cosas con toda

autoridad para animar y corregir a la gente. No des motivo para que te falten el respeto.

Responsabilidades de los miembros

3 ¹ Recuérdales a los hermanos de la iglesia que deben obedecer a los gobernantes y a las autoridades del país. Que sean obedientes en todo y estén siempre dispuestos a hacer el bien. ² Que no hablen mal de nadie ni discutan. Que sean amables con todos y muestren humildad en su trato con los demás.

³ Antes, nosotros mismos éramos ignorantes y desobedientes, y andábamos perdidos. Hacíamos todo lo malo que se nos ocurría para divertirnos. Fuimos esclavos de esos malos deseos. Éramos malvados y envidiosos. Todo el mundo nos odiaba, y nosotros también odiábamos a los demás. ⁴ Pero Dios, nuestro salvador, nos mostró que él es bueno y ama a todos en el mundo, ⁵ y nos salvó. Pero no porque hubiéramos hecho algo

bueno, sino porque nos amaba y quiso ayudarnos. Por medio del poder del Espíritu Santo nos salvó, nos purificó de todos nuestros pecados, y nos dio nueva vida. ¡Fue como si hubiéramos nacido de nuevo! ⁶ Gracias a Jesucristo, nuestro salvador, Dios nos dio el Espíritu Santo. ⁷ No lo merecíamos, pero él nos aceptó y nos dio la seguridad de que tendremos la vida eterna tan esperada.

⁸ Esto es verdad, y quiero que insistas en enseñarlo, para que los que confían en Dios se dediquen a hacer lo que es bueno. Estas cosas ayudan a todos y son buenas. ⁹ Pero no te pongas a discutir acerca de tonterías, ni prestes atención a las leyendas que hablan de nuestros antepasados. No te enojes ni pelees con nadie sólo por hablar de la ley de Moisés. Esas discusiones son inútiles y no conducen a nada.

¹⁰ A los que siempre están peleando en la iglesia, llámales la atención una o dos veces. Si no te

hacen caso, apártate de ellos. ¹¹ Puedes estar seguro de que esa gente ha dejado de creer en la verdadera enseñanza, y sus propios pecados demuestran que son culpables.

Instrucciones para Tito

¹² Voy a mandarte a Artemas o a Tíquico. Tan pronto uno de ellos llegue, haz todo lo posible por venir a visitarme en Nicópolis, porque allí pienso pasar el invierno. ¹³ Ayuda en todo al abogado Zenas, y también a Apolo. Dales todo lo que necesiten para seguir su viaje, y cuida de que no les falte nada. ¹⁴ Los nuestros deben aprender a hacer lo que es bueno, y ayudar a otros. Así vivirán como personas útiles.

Despedida

¹⁵ Todos los que están conmigo te envían saludos. Saluda a todos nuestros amigos de la iglesia. Deseo de todo corazón que el amor de Dios los acompañe siempre.

Filemón

Saludo

1 **1** Filemón, querido compañero de trabajo:

Te escribe Pablo. Como bien sabes estoy preso por servir a Jesucristo. Recibe mis saludos y los del hermano Timoteo. **2** También saludamos a toda la iglesia que se reúne en tu casa, y a la hermana Apia y al hermano Arquipo, nuestro compañero de trabajo. **3** Deseamos de todo corazón que Dios nuestro Padre, y el Señor Jesucristo, los llenen siempre de amor y paz.

Pablo ora por Filemón

4 Filemón, siempre doy gracias a mi Dios en mis oraciones, al acordarme de ti. **5** Porque me han dicho que amas al Señor Jesús y confías en él, y que sientes el mismo amor por todos los que forman parte del pueblo de Dios. **6** Tú confías en el Señor como nosotros, y le pido a Dios que sigas confiando en él hasta que conozcas todo el bien que podemos hacer gracias al amor que sentimos por Cristo.

Pablo pide un favor para Onésimo

7 Hermano Filemón, estoy muy contento y animado de saber que amas mucho a los demás, pues tú has consolado y animado a todos los que pertenecen al pueblo de Dios. **8-9** Yo ya soy viejo, y ahora estoy en la cárcel por servir a Jesucristo. Yo sé que tú me amas. Por eso, aunque te lo podría ordenar, pues Cristo me ha dado esa autoridad, prefiero pedirte que me hagas el siguiente favor: **10** Te ruego que recibas bien a Onésimo. Para mí, él es como un hijo, pues yo le anuncié la buena noticia aquí en la cárcel.

11 Antes, Onésimo fue para ti un esclavo inútil, pero ahora nos es útil a ti y a mí. **12** Por eso ahora te lo envío de vuelta, y espero que lo recibas como si me recibieras a mí. **13** Me hubiera gustado que se quedara conmigo, para que me ayudara en lugar tuyo mientras yo siga preso por anunciar la buena noticia. **14** Pero no haré nada sin que tú estés de acuerdo, para que el favor que te pido no te resulte una obligación.

15 Tal vez Onésimo se separó de ti por algún tiempo, para que ahora sea tuyo para siempre. **16** Sólo que ahora ya no lo tendrás como a un esclavo, sino como a un hermano muy querido, lo cual es mucho mejor. Yo lo quiero mucho, pero tú debes quererlo aún más. Quiérelo como a un miembro de la familia del Señor, y no como a cualquier persona.

17 Si realmente me consideras tu hermano, pues ambos confiamos en el Señor, entonces te pido que lo recibas como me recibirías a mí. **18** Si Onésimo te hizo algo malo, o si te debe algo, cóbramelo a mí. **19** Con esta firma, que es de mi puño y letra, me comprometo a pagarte todo. Aunque, francamente, no deberías cobrarme nada, pues todo lo que tienes y eres me lo debes a mí.

20 Hermano⌐ Filemón, hazme este favor, pero no lo hagas por mí sino por tu amor al Señor. Tú y yo somos hermanos: ¡dame esa tranquilidad! **21** Te escribo porque estoy seguro de que harás lo que te pido, y mucho más. **22** Y aprovecho la ocasión para pedirte que me prepares un cuarto, porque espero que Dios escuche las oraciones de todos ustedes y me deje salir de la cárcel para ir a visitarlos.

Instrucciones finales

23 Epafras, que está preso conmigo por servir a Jesucristo, te envía saludos. **24** También te envían saludos mis compañeros de trabajo Marcos, Aristarco, Demas y Lucas.

25 Deseo de todo corazón que el amor del Señor Jesucristo los acompañe siempre.

Hebreos

Introducción

1 ¹ Hace mucho, mucho tiempo, los profetas dieron el mensaje de Dios a nuestros antepasados. Lo hicieron muchas veces y de muchas maneras. ² Pero ahora, en estos últimos tiempos, Dios nos ha dado su mensaje por medio de su Hijo. Dios creó el universo por medio de su Hijo, y lo hizo dueño de todas las cosas. ³ El Hijo nos muestra el poder y la grandeza de Dios, porque es igual a Dios en todo, y con su gran poder hace que el universo siga existiendo. él logró que Dios nos perdonara nuestros pecados, y después subió al cielo y se sentó a la derecha del trono de Dios.

El Hijo de Dios es superior a los ángeles

⁴ El Hijo de Dios llegó a ser superior a los ángeles, pues Dios le dio un nombre mucho más importante que el de ellos. ⁵ Porque nunca Dios le dijo a ningún ángel:

«Tú eres mi Hijo;
desde hoy soy tu padre».

Tampoco dijo de ningún ángel:

«Yo seré para él como un padre,
y él será para mí como un Hijo».

⁶ Y cuando envió a su Hijo a este mundo, ordenó:

«Que todos mis ángeles
lo adoren».

⁷ Además, cuando Dios habla acerca de los ángeles, dice:

«Mis ángeles son el viento,
y mis sirvientes son
relámpagos».

⁸ Pero cuando habla de su Hijo dice:

«Su reinado durará para
siempre,
y usará su poder en favor
de la justicia.
⁹ Se complace en lo bueno,
y rechaza la injusticia.
Dios lo hizo su rey favorito
¡el rey más feliz de la tierra!».

¹⁰ También dice:

«Señor,
en el principio
tú afirmaste la tierra;
tú mismo hiciste los cielos,
¹¹ pero se irán gastando
como la ropa,
y un día, los destruirás.

Pero tú te mantendrás firme
¹² siempre serás el mismo,
y tus años no tendrán fin».

¹³ Dios nunca le dijo a ningún ángel:

«Siéntate a la derecha
de mi trono,
hasta que yo derrote a tus
enemigos».

¹⁴ Porque los ángeles son solamente espíritus que sirven a Dios, y él los envía para ayudar a toda la gente que Dios habrá de salvar.

La salvación es importante

2 ¹ Por eso debemos poner más interés en el mensaje de salvación que hemos oído, para no apartarnos del camino que Dios nos señala. ² Si el mensaje que anunciaron los ángeles resultó ser verdad, y quienes no lo obedecieron recibieron el castigo que merecían, ³ con más razón seremos castigados nosotros si no cuidamos una salvación tan importante. Porque el Señor mismo fue el primero en dar el mensaje de salvación, y los que oyeron ese mensaje también nos demostraron después que era verdad. ⁴ Dios también nos lo demostró por medio de muchas señales, y de acciones maravillosas, y también con milagros. Además, cuando lo hizo, les dio el Espíritu Santo a quienes él se lo quiso dar.

Jesús nos salva

⁵ Dios no ha puesto a los ángeles como jefes del mundo en que vamos a vivir en el futuro. En ese mundo ⁶ el jefe será otro. Pues la Biblia dice:

«Dios, ¿qué somos los mortales
para que pienses en nosotros,
y nos tomes en cuenta?

⁷ ¡Nos creaste casi igual
que a los ángeles!
Nos trataste como a reyes;
⁸ nos diste plena autoridad
sobre todo lo que hiciste;
nos diste dominio
sobre toda tu creación»

Y si Dios le dio «poder para gobernar sobre todas las cosas», eso quiere decir que nada de lo creado quedó fuera de su gobierno. Claro, todavía no vemos que gobierne sobre todas las cosas. ⁹ Pero Dios nos ama y envió a Jesús a morir para salvarnos. Por eso, aunque Dios permitió que por algún tiempo Jesús fuera menos importante que los ángeles, ahora se le rinde gloria y honor.

¹⁰ Dios hizo todas las cosas para él mismo, y quiere que su gloria la compartan todos los que le aman y obedecen. Para eso, Dios tenía que hacer perfecto a Jesucristo y dejarlo morir, pues Jesucristo es el Salvador de ellos. ¹¹ Todos los que aman y obedecen a Dios son sus hijos, y Dios es padre de todos ellos. Y como Jesús también es Hijo de Dios, no le da vergüenza tratarlos como hermanos, ¹² pues él le dijo a Dios :

«Cuando mi pueblo se junte,
para adorarte en el templo,
yo les hablaré de ti
y te cantaré alabanzas».

¹³ También dice:

«Confiaré en Dios».

Y añade:

«Aquí estoy, con los hijos que Dios me ha dado».

14 Nosotros somos seres de carne y hueso. Por eso Jesús se hizo igual a nosotros. Sólo así podía morir para vencer al diablo, que tenía poder para matar a hombres y mujeres. **15** Y con su muerte, dio libertad a los que se pasaban la vida con miedo a la muerte. **16** Queda claro que Jesús no vino para ayudar a los ángeles, sino a todos los descendientes de Abraham. **17** Y para poder ayudarlos tenía que hacerse igual a ellos. Por eso, por hacerse igual a todos nosotros, pudo ser un Jefe de Sacerdotes en quien se puede confiar, lleno de amor para servir a Dios. Además, por medio de su muerte logró que Dios nos perdonara nuestros pecados. **18** Y como él mismo sufrió y el diablo le puso trampas para hacerlo pecar, ahora, cuando el diablo nos pone trampas, Jesús puede ayudarnos a todos.

Jesús y Moisés

3 **1** Hermanos, Dios los ha elegido a ustedes para que sean su pueblo especial. Por eso, pónganse a pensar seriamente en quién es Jesús: ¡él es nuestro apóstol y nuestro Jefe de Sacerdotes! **2** Dios le encargó que nos ayudara, y él lo obedeció, así como Moisés también obedeció cuando Dios le ordenó ayudar a todo su pueblo. **3** Pero Dios le dio a Jesús más honra que a Moisés. Es como cuando se construye una casa: el que la construye es más importante que la casa misma. **4** Toda casa ha sido construida por alguien, pero Dios es quien hizo todo lo que existe. **5** Moisés sirvió a Dios y le obedeció en todo, pues ayudó al pueblo de Dios tal como se le ordenó, y anunció al pueblo lo que Dios iba a decir en el futuro. **6** Pero Cristo, que es el Hijo de Dios, es obediente y ayuda a este pueblo de Dios que somos nosotros. Y nosotros somos parte de ese pueblo si seguimos creyendo firmemente y con alegría en la salvación que recibiremos.

La obediencia

7 Por eso hay que hacer lo que el Espíritu Santo dice:

«Si hoy escuchan la voz
de Dios,
8 no sean tercos,
como aquellos israelitas,
que no quisieron obedecerle
en el desierto.
Ellos quisieron ver hasta dónde
soportaría Dios su
desobediencia».

Por eso Dios les dijo:

9 «Aunque los traté bien
durante cuarenta años,
sus antepasados
me pusieron a prueba en el
desierto.
10 Entonces me enojé,
y les hice ver
que vivían en el error
pues no obedecían mis
mandamientos.
11 Por eso, ya enojado decidí:
''No voy a permitirles
entrar en la tierra prometida,
donde los haré descansar''».

12 ¡Cuidado, hermanos! No piensen en lo malo ni dejen de confiar, para que no se aparten del Dios que vive para siempre. **13** Al contrario, mientras aún queda tiempo, cada uno debe animar al otro a seguir confiando. Así nadie pensará que al pecar hace el bien, ni dejará de obedecer a Dios. **14** Al principio, cuando confiamos en Cristo, nos hicimos compañeros suyos; y si no dejamos de confiar en él, seguiremos siendo sus compañeros siempre. **15** Por eso la Biblia dice:

«Si hoy escuchan la voz de Dios,
no sean tercos,
como aquellos israelitas
que no quisieron obedecerle».

16 ¿Y quiénes fueron los que escucharon a Dios y no quisieron obedecerlo? ¡Pues todos aquellos que Moisés sacó de Egipto! **17** ¿Y con quiénes estuvo Dios enojado durante cuarenta años? ¡Pues con los que pecaron y luego cayeron muertos en el desierto! **18** ¿Y a quiénes les juró Dios que no les daría descanso en la región de Canaán? ¡Pues a los que no le obedecieron! **19** Y en verdad, no pudieron entrar a Canaán y descansar porque no confiaron en Dios.

4 **1** Por eso, mientras siga en pie la promesa de descansar con Dios, debemos tener cuidado. Sería una lástima que alguno de ustedes no pudiera recibir de Dios ese descanso. **2** Porque nosotros oímos la buena noticia, igual que aquellos israelitas que salieron de Egipto. Sólo que a ellos no les sirvió de nada oírla, pues no creyeron en el mensaje. **3** Nosotros, en cambio, los que sí hemos creído en la buena noticia, disfrutaremos de la paz y de la tranquilidad que Dios nos ha prometido. Pero a los que no creyeron, Dios les dijo:

«Por eso, ya enojado decidí:
''No voy a permitirles
entrar en la tierra prometida,
donde los haré descansar''».

Dios dijo esto refiriéndose a su descanso cuando terminó de crear el mundo. **4** Porque en alguna parte de la Biblia se habla así del día sábado:

«En el séptimo día
Dios descansó de todo
su trabajo».

5 Y en cuanto a este punto, vuelve a decir:

«Ustedes jamás entrarán
en mi lugar de reposo».

6 Los primeros en oír la buena noticia desobedecieron a Dios, y por eso no pudieron recibir su descanso. Pero la promesa de Dios sigue en pie, **7** porque él nos dio una nueva oportunidad, como lo dijo por medio de David en el pasaje de la Biblia que ya mencionamos:

«Si hoy escuchan la voz
de Dios,
no sean tan tercos».

8 Si Josué hubiera podido hacer que los israelitas descansaran realmente en paz y tranquilidad, Dios no habría hablado de otra oportunidad. **9** Pero todavía esperamos el día en que nosotros, el pueblo de Dios, recibiremos el descanso que Dios nos ha prometido. **10** En ese día, el pueblo de Dios descansará por fin de su trabajo, así como Dios descansó del suyo. **11** Por eso, hagamos todo lo posible por obedecer a Dios, para que en ese día recibamos su descanso. No sigamos el ejemplo de los que no creyeron la buena noticia.
12 Cada palabra que Dios pronuncia tiene poder y tiene vida. La Palabra de Dios es más cortante que una espada de dos filos, y penetra hasta lo más profundo de nuestro ser. Allí examina nuestros pensamientos y deseos, y deja en claro si son buenos o malos. **13** Nada de lo que Dios ha creado puede esconderse de él, pues Dios puede verlo todo con claridad, y ante él seremos responsables de todo lo que hemos hecho.

Jesús es el Jefe de sacerdotes

14 Jesús es el Hijo de Dios, y es nuestro gran Jefe de sacerdotes que ha subido al cielo. Por eso debemos seguir confiando en él. **15** El diablo le puso a Jesús las mismas trampas que nos pone a nosotros para hacernos pecar, sólo que Jesús nunca pecó. Por eso, él puede entender que nos resulta difícil obedecer a Dios. **16** Así que, cuando tengamos alguna necesidad, acerquémonos con confianza al trono de Dios. Él nos ayudará, porque es bueno y nos ama.

5 **1** Dios elige a los jefes de los sacerdotes para que ayuden al pueblo, y para que presenten las ofrendas y sacrificios para que Dios los perdone. **2** Y como a ese sacerdote también le resulta difícil obedecer a Dios, puede mostrarse paciente de los ignorantes y pecadores. **3** Él tiene que presentar ofrendas y sacrificios para que Dios perdone los pecados del pueblo, y también los suyos, pues no le es fácil obedecer. **4** Pero nadie puede ser jefe de los sacerdotes sólo porque así lo quiere, sino que Dios es quien lo elige y le da ese honor. Así lo hizo Dios cuando escogió a Aarón como jefe de los sacerdotes.
5 Cristo no llegó a ser Jefe de Sacerdotes porque así lo quiso, sino que Dios lo eligió y le dio ese honor. Fue Dios quien le dijo:

«Tú eres mi Hijo;
desde hoy soy tu padre».

6 En otra parte de la Biblia también le dijo:

«Tú eres sacerdote
para siempre,
como lo fue Melquisedec».

7 Cuando Cristo estuvo aquí en el mundo, oró mucho a Dios, y con lágrimas le rogó que lo librara de la muerte, pues Dios tenía poder para hacerlo. Y como Cristo siempre fue obediente, Dios contestó su oración. **8** Aunque él era Hijo de Dios, por medio del sufrimiento aprendió lo que significa obedecer siempre a Dios. **9** Así, una vez que Cristo hizo todo lo que Dios le mandó, se convirtió en el salvador que da vida eterna a todos los que lo obedecen. **10** Por eso Dios también lo nombró Jefe de Sacerdotes, como lo fue Melquisedec.

Aprendamos más acerca de Dios

11 Hay mucho más que decir acerca de este asunto, pero no es fácil explicarles a ustedes todo porque les cuesta mucho entender. **12** Con el tiempo que llevan de haber creído en la buena noticia, ya deberían ser maestros. Sin embargo, todavía necesitan que se les expliquen las enseñanzas más sencillas acerca de Dios. Parecen niños pequeños, que no pueden comer alimentos sólidos sino que sólo toman leche. **13** Son como niños recién nacidos, que aún no pueden distinguir lo bueno de lo malo. **14** En cambio, los que sí saben distinguir lo que es bueno y malo, y están acostumbrados a hacerlo, son como la gente adulta que ya puede comer alimentos sólidos.

6 **1** Por eso, sigamos aprendiendo más y más, hasta que lleguemos a ser cristianos maduros. Dejemos de ocuparnos de las primeras enseñanzas que se nos dieron acerca de Cristo, y ya no sigamos hablando de cosas simples. Dejemos de hacer lo malo, seamos a Cristo, y dejemos de pecar para no morir. Sabemos que debemos confiar en Dios, **2** y bautizarnos. También sabemos que los que creen en Cristo reciben el Espíritu Santo, que los muertos volverán a vivir, y que habrá un juicio final. **3** Claro que todo esto lo seguiremos enseñando, si Dios así nos lo permite.

4-6 Pero los que dejan de creer en Cristo ya no pueden volver a ser amigos de Dios. Aunque alguna vez hayan creído que el mensaje de Dios es la verdad, y con gusto lo hayan recibido como un regalo de Dios, ya no es posible hacerlos cambiar. Aunque hayan recibido el Espíritu Santo junto con los demás, y hayan sabido lo bueno que es el mensaje de Dios y lo poderoso que Dios será en el nuevo mundo, no podrán volver a él si dejan de creer. En realidad, lo que ellos hacen es volver a clavar a Cristo en la cruz y burlarse de él ante todo el mundo.

7 En esto la gente es como un terreno. Los que creen en Cristo son como el terreno que recibe mucha lluvia y produce una buena cosecha para el sembrador, y Dios lo bendice. **8** Pero los que dejan de creer son como un terreno que sólo produce plantas con espinas: no sirve para nada, y Dios lo maldice. Al final, se le prende fuego.

9 Mis queridos hermanos, aunque les decimos estas cosas, estamos seguros de que ustedes no han dejado de creer, sino que siguen confiando en Dios. Eso es lo mejor para ustedes, pues así serán salvados. **10** Dios es justo, y nunca olvidará lo que ustedes han hecho y siguen haciendo para ayudar a su pueblo elegido. De esa manera, ustedes también demuestran que aman a Dios.

11 Deseamos que sigan con ese mismo entusiasmo hasta el fin, para que reciban todo lo bueno que con tanta paciencia esperan recibir. **12** No queremos que se vuelvan perezosos. Más bien, sin dudar ni un instante sigan el ejemplo de los que confían en Dios, porque así recibirán lo que Dios les ha prometido.

La promesa de Dios

13-14 Dios le hizo a Abraham esta promesa: «Yo te bendeciré mucho y haré que tengas muchos descendientes». Cuando Dios le juró a Abraham que cumpliría esta promesa, tuvo que jurar por sí mismo porque no tenía a nadie más grande por quien jurar. **15** Abraham esperó con paciencia, y Dios cumplió su promesa.

16 Cuando alguien jura, usa el nombre de alguien más importante, para ponerlo por testigo. **17** Por eso, cuando Dios quiso asegurar que cumpliría su promesa, juró que daría lo prometido sin cambiar nada.

18 Ahora bien, como Dios no miente, su promesa y su juramento no pueden cambiar. Esto nos consuela, porque nosotros queremos que Dios nos proteja, y confiamos en que él nos dará lo prometido. **19** Esta confianza nos da plena seguridad; es como el ancla de un barco, que lo mantiene firme y quieto en el mismo lugar. Y esta confianza nos la da Jesucristo, que traspasó la cortina del templo de Dios en el cielo y entró al lugar más sagrado. **20** Lo hizo para dejarnos libre el camino hacia Dios, pues Cristo es para siempre el Jefe de Sacerdotes como lo fue Melquisedec.

Jesús y Melquisedec

7 **1** Melquisedec fue rey de Salem y sacerdote del Dios altísimo. Cuando Abraham regresaba de una batalla en la que había derrotado a unos reyes, Melquisedec salió a recibirlo y lo bendijo. **2** Entonces Abraham le dio a Melquisedec la décima parte de todo lo que había ganado en la batalla.

El nombre Melquisedec significa «rey justo», pero también se le llama Rey de Salem, que significa «rey de paz». **3** Nadie sabe quiénes fueron sus padres ni sus antepasados, ni tampoco cuándo o dónde nació y murió. Por eso él, como sacerdote, se parece al Hijo de Dios, que es sacerdote para siempre.

4 Ahora bien, Melquisedec era tan importante que nuestro antepasado Abraham le dio la décima parte de lo que ganó en la batalla. **5** De acuerdo con la ley de Moisés, si un sacerdote pertenece a la familia de Leví, tiene derecho a recibir la décima parte de todo lo que gana el pueblo. No importa que el sacerdote sea del mismo pueblo o familia: todos por igual tienen que dar la décima parte. **6** Y aunque Melquisedec no pertenecía a la familia de Leví, recibió la décima parte de lo que había ganado Abraham, a quien Dios le había hecho promesas. Melquisedec bendijo a Abraham **7** y, como todos sabemos, el que bendice es más importante que el que recibe la bendición. **8** Los sacerdotes que ahora reciben la décima parte de lo que ganamos son personas que algún día morirán. Melquisedec, en cambio, sigue vivo, porque la Biblia no dice que haya muerto. **9** Por eso podemos decir que los sacerdotes de ahora, que pertenecen a la familia de Leví, también le dieron a Melquisedec la décima parte, porque Abraham actuó como su representante. **10** Esto fue así porque todos ellos son descendientes de Abraham. Aunque aún no habían nacido cuando Abraham se encontró con Melquisedec, todos ellos estaban de alguna manera presentes en Abraham.

Dos clases de sacerdotes

11 Dios le dio la ley al pueblo de Israel. Esa ley se hizo pensando en que los sacerdotes de la familia de Leví ayudarían al pueblo a ser perfecto. Pero como aquellos sacerdotes no pudieron hacerlo, fue necesario que apareciera un sacerdote diferente: uno que no fuera descendiente del sacerdote Aarón, sino como Melquisedec. **12** Porque si cambia la clase de sacerdote, también cambia la ley.

13-14 Ese sacerdote tan distinto, del cual estamos hablando, es nuestro Señor Jesucristo. Como todos sabemos, él no pertenece a la familia de Aarón, sino a la de Judá. La ley de Moisés dice que de esa familia nadie puede ser sacerdote, y nunca un sacerdote ha salido de ella.

15 Todo esto es más fácil de entender si tenemos en cuenta que ese sacerdote diferente es como Melquisedec. **16** Es diferente porque no fue elegido por ser miembro de una familia determinada, sino porque vive para siempre. **17** Acerca de él, dice la Biblia:

«Tú eres sacerdote
para siempre,
como lo fue Melquisedec».

18 Así que, la ley de Moisés ha quedado anulada, porque resultó inútil. **19** Esa ley no pudo hacer perfecta a la gente. Por eso, ahora esperamos confiadamente que Dios nos dé algo mucho mejor, y eso nos permite que seamos sus amigos.

El mejor sacerdote

20 Además, Dios juró que tendríamos un sacerdote diferente. Los otros sacerdotes fueron nombrados sin que Dios jurara nada. **21** En cambio, cuando se trató de Cristo, Dios sí hizo un juramento, pues en la Biblia dice:

«Dios juró:
''Tú eres sacerdote
para siempre''.
Y Dios no cambia de idea».

²² Por eso, Jesús nos asegura que ahora tenemos con Dios un pacto mejor. ²³ Antes tuvimos muchos sacerdotes, porque ninguno de ellos podía vivir para siempre. ²⁴ Pero como Jesús no morirá jamás, no necesita pasarle a ningún otro su oficio de sacerdote. ²⁵ Jesús puede salvar para siempre a los que quieren ser amigos de Dios por medio de él, pues vive para siempre y constantemente está pidiendo a Dios por ellos. ²⁶ Jesús es el Jefe de Sacerdotes que necesitábamos, pues es santo, en él no hay maldad, y nunca ha pecado. Dios lo apartó de los pecadores, lo hizo subir al cielo, y lo puso en el lugar más importante de todos. ²⁷ Él no es como los otros sacerdotes, que todos los días tienen que matar animales para ofrecérselos a Dios y pedirle perdón por sus propios pecados, y luego tienen que hacer lo mismo por los pecados del pueblo. Por el contrario, cuando Jesús murió por nuestros pecados, ofreció su vida una sola vez y para siempre. ²⁸ A los sacerdotes puestos por la ley de Moisés les resulta difícil obedecer a Dios en todo. Pero después de darnos su ley, Dios juró que nos daría como Jefe de Sacerdotes a su Hijo, a quien él hizo perfecto para siempre.

Nuestro Jefe de sacerdotes es mejor

8 ¹ Lo más importante de todo esto es que tenemos un Jefe de sacerdotes que está en el cielo, sentado a la derecha del trono de Dios. ² Ese sacerdote es Jesucristo, que actúa como sacerdote en el verdadero santuario, ¹ es decir, en el verdadero lugar de adoración, hecho por Dios y no por nosotros los humanos. ³ Aquí en la tierra, se nombra a cada jefe de los sacerdotes para presentar a Dios las ofrendas y sacrificios del pueblo. Por eso,

también Jesucristo tiene algo que ofrecer a Dios. ⁴ Si él estuviera aquí, no sería sacerdote, pues ya tenemos sacerdotes que presentan a Dios las ofrendas que ordena la ley de Moisés. ⁵ Pero el trabajo de esos sacerdotes no da apenas una ligera idea de lo que pasa en el cielo. Por eso, cuando Moisés iba a construir el santuario, Dios le dijo: «Pon mucho cuidado, porque todo deben hacerlo siguiendo el modelo que te enseñé en la montaña». ⁶ Pero el trabajo que Dios le dio a Jesucristo, nuestro Jefe de Sacerdotes, es mucho mejor, y por medio de él tenemos también un pacto mejor, porque en él Dios nos hace mejores promesas.

El antiguo pacto

⁷ Si el pacto que Dios hizo antes con el pueblo de Israel hubiera sido perfecto, no habría sido necesario un nuevo pacto. ⁸ Pero como Dios vio que el pueblo no le obedecía como él esperaba, dijo:

«Viene el día
en que haré un nuevo pacto
con el pueblo de Israel
y con el pueblo de Judá.

⁹» En el pasado,
tomé de la mano a sus
antepasados,
y los saqué de Egipto,
y luego hice pacto con ellos.
Pero no lo cumplieron,
y por eso no me preocupé más
por ellos.

¹⁰» Por eso, mi nuevo pacto
con el pueblo de Israel será
este:
Haré que mis enseñanzas
las aprendan de memoria,
y que sean la guía de su vida.
Yo seré su Dios,
y ellos serán mi pueblo.
Les juro que así será.

¹¹ Ya no hará falta
que unos sean maestros
de otros,
y que les enseñen a conocerme,
porque todos me conocerán,

desde el más joven hasta el más viejo.

¹²» Yo les perdonaré
todas sus maldades,
y nunca más me acordaré
de sus pecados».

¹³ Cuando Dios habla de hacer con nosotros un nuevo pacto, es porque considera viejo el pacto anterior. Y lo que se considera viejo e inútil ya está a punto de desaparecer.

Los antiguos sacrificios

9 ¹ En el primer pacto, Dios nos dio reglas para que supiéramos cómo adorarlo. Eran reglas para el culto aquí en la tierra. ² El santuario¹ para ese culto se construyó de la siguiente manera: En su primera parte, llamada el Lugar Santo, estaban el candelabro² y la mesa donde se ponían los panes apartados para Dios. ³ Detrás de la segunda cortina estaba la parte llamada Lugar Santísimo, ⁴ en donde estaba el altar de oro para quemar incienso, y también el cofre del pacto, que estaba totalmente recubierto de oro. En el cofre había una jarra de oro que contenía maná,³ el bastón de Aarón que había vuelto a florecer, y las tablas con los diez mandamientos. ⁵ Encima del cofre se pusieron las estatuas de dos seres alados, que con sus alas cubrían la tapa del cofre y representaban la presencia de Dios. Pero por el momento no hace falta entrar en detalles.

⁶ Así estaban dispuestas todas las cosas en el santuario. Los sacerdotes entraban todos los días al Lugar Santo para celebrar el culto. ⁷ Pero en el Lugar Santísimo sólo podía entrar el jefe de los sacerdotes, y esto, sólo una vez al año. Entraba llevando la sangre de los animales que él y el pueblo ofrecían para pedir perdón a Dios cuando pecaban sin darse cuenta. ⁸ De este modo el Espíritu Santo da a entender que, cuando aún existía el santuario, la entrada al

Lugar Santísimo no le estaba permitida a cualquiera. **9** Todo esto se hizo así para mostrarnos lo que ahora es más importante: No podemos sentirnos perdonados sólo por haber ofrecido ofrendas y sacrificios en el culto. **10** Todo esto son reglas que tienen que ver con comidas, bebidas y ceremonias de purificación que nos preparan para el culto. Las reglas indican lo que se debe hacer, pero no nos ayudan a cambiar nuestra manera de vivir. Esas reglas sólo servirán hasta que Dios las cambie por algo mejor.

El nuevo sacrificio

11 Pero ya Cristo vino y se ha convertido en el Jefe de Sacerdotes, y a él le debemos todo lo bueno que ahora nos pasa. Porque el santuario donde él es sacerdote, es mejor y perfecto. No lo hizo ningún ser humano, así que no es de este mundo. **12** Cristo no entró a ese santuario para ofrecer a Dios la sangre de animales, sino para ofrecer su propia sangre. Entró una sola vez y para siempre; y, de ese modo, de una vez por todas nos libró del pecado. **13** De acuerdo con la religión judía, las personas que están impuras no pueden rendirle culto a Dios. Pero serán consideradas puras si se les rocía la sangre de chivos y toros, y las cenizas de una becerra sacrificada. **14** Y si todo eso tiene poder, más poder tiene la sangre de Cristo. Pues por medio del Espíritu que vive para siempre, Cristo se ofreció a sí mismo a Dios como sacrificio sin mancha ni pecado. Su sangre nos purifica para que estemos seguros de que hemos sido perdonados, y para que podamos servir a Dios, que vive para siempre.

El nuevo pacto

15 Así, por medio de Jesucristo, entramos en un nuevo pacto con Dios. Porque Jesucristo murió para que Dios nos perdonara todo lo malo que hicimos cuando servíamos al primer pacto. Y por medio

de su muerte, también los que hemos sido elegidos por Dios recibiremos la salvación eterna que él nos ha prometido. **16-17** Este nuevo pacto es como un testamento. Si la persona que hace un testamento no ha muerto todavía, ese documento aún no sirve de nada. **18** Por eso, cuando Dios hizo el primer pacto, se mataron varios animales. **19** Primero, Moisés anunció los mandamientos de la ley a todo el pueblo. Luego tomó lana roja y una rama de hisopo, y las mojó en agua mezclada con la sangre de los toros y los chivos. Después roció esa mezcla sobre el libro de la Ley, y roció también a todo el pueblo. **20** Cuando terminó, dijo: «Esta sangre confirma el pacto que Dios ha hecho con ustedes». **21** Moisés también roció con sangre el santuario y todas las cosas que se usaban en el culto. **22** La ley dice que la sangre quita el pecado de casi todas las cosas, y que debemos ofrecer sangre a Dios para que nos perdone nuestros pecados. **23** Por eso fue necesario matar a esos animales, para limpiar todo lo que hay en el santuario, que es una copia de lo que hay en el cielo. Pero lo que hay en el cielo necesita algo mejor que sacrificios de animales.

El mejor sacrificio

24 Porque Cristo no entró en el santuario hecho por seres humanos, que era sólo una copia del santuario verdadero. Cristo entró en el cielo mismo, y allí se presenta ante Dios para pedirle que nos perdone. **25** No entró para ofrecerse como sacrificio muchas veces, como aquí en la tierra lo hace el jefe de los sacerdotes, que entra una vez al año para ofrecer una sangre que no es la suya. **26** Si Cristo tuviera que hacer lo mismo, habría tenido que morir muchas veces desde que Dios creó el mundo. Pero lo cierto es que ahora, cuando ya se acerca el fin, Cristo se ha manifestado de una vez y para siempre.

Se ha manifestado para ofrecerse como el sacrificio por el cual Dios nos perdona nuestros pecados. **27** Todos nosotros moriremos una sola vez, y después vendrá el juicio. **28** De la misma manera, Cristo se ha ofrecido una sola vez para que muchos seamos perdonados de nuestros pecados. Después él volverá otra vez al mundo, pero no para morir por nuestros pecados sino para salvar a todos los que esperamos su venida.

La ley antigua ya no sirve

10 **1** La ley de Moisés era sólo una muestra de lo bueno que Dios nos iba a dar, y no lo que en verdad nos daría. Por eso, la ley nunca puede hacer perfectos a los que cada año van al santuario a ofrecer a Dios los mismos sacrificios de siempre. **2** Si en verdad la ley pudiera quitarles el pecado, no se sentirían culpables y dejarían de ofrecer sacrificios a Dios. **3** Pero sucede lo contrario. Cada año, cuando ofrecen esos sacrificios, lo único que logran es recordar sus pecados. **4** Porque la sangre de los toros y de los chivos que se sacrifican no puede quitar los pecados. **5-6** Por eso, cuando Cristo vino a este mundo, le dijo a Dios:

«Tú no pides sacrificios
a cambio de tu perdón,
por eso me has dado
un cuerpo.

7» Por eso te dije:
''Aquí me tienes,
para cumplir tu voluntad.
Así me lo enseña
la Ley de Moisés''».

8 En primer lugar, dice que Dios no quiere sacrificios, ni ofrendas, ni animales quemados sobre el altar, y que no le gustan, aunque la ley manda que sean presentados. **9** Después de eso, dice que Cristo vino a cumplir la voluntad de Dios. Es decir, Cristo quitó aquellos sacrificios antiguos, y estableció uno nuevo. **10** Dios nos eligió porque Jesucristo obedeció sus órdenes al morir en la cruz, y ofreció su cuerpo como sacrificio una sola vez y para siempre. **11** Aunque los sacrificios de animales no quitan el pecado, los sacerdotes judíos siguen ofreciéndolos muchas veces todos los días. **12** Pero Jesucristo le ofreció a Dios un solo sacrificio para siempre, y así nos perdonó nuestros pecados. Luego se sentó a la derecha del trono de Dios, **13** y allí estará esperando hasta que Dios derrote a sus enemigos. **14** Porque, con un solo sacrificio, Jesucristo hizo que Dios hiciera perfectos a todos los que eligió para ser parte de su pueblo. **15** Así lo asegura el Espíritu Santo cuando dice:

16 «Por eso, mi nuevo pacto con el pueblo de Israel será este:
Haré que mis enseñanzas las aprendan de memoria y que sean la guía de su vida.
17 Y nunca más me acordaré de sus pecados y maldades».

18 Por lo tanto, si nuestros pecados han sido perdonados, ya no es necesario darle a Dios más ofrendas para que nos perdone.

Amistad con Dios

19 Hermanos, la sangre que Jesús derramó al morir nos permite ahora tener amistad con Dios y entrar con toda libertad al lugar más santo. **20** Pues cuando Jesús murió, abrió la cortina que nos impedía el paso. Pero ahora Jesús está vivo, y por medio de él podemos acercarnos a Dios de un modo nuevo y distinto. **21** Él es nuestro gran sacerdote, encargado del santuario que está en el cielo. **22** Por eso, mantengamos una amistad sincera con Dios, teniendo la plena seguridad de que podemos confiar en él. Porque Cristo nos dejó limpios de pecado, como si nos hubiera lavado con agua pura, y ya estamos libres de culpa. **23** Sigamos confiando en que Dios nos salvará, y no dudemos

ni un momento, porque él cumplirá lo que prometió. **24** Tratemos de ayudarnos unos a otros, y de amarnos y hacer lo bueno. **25** No dejemos de reunirnos, como hacen algunos. Al contrario, animémonos cada vez más a seguir confiando en Dios, y más aún cuando ya vemos que se acerca el día en que el Señor juzgará a todo el mundo. **26** Si seguimos pecando después de haber conocido la verdadera enseñanza de Dios, ningún sacrificio podrá hacer que Dios nos perdone. **27** No nos quedaría más remedio que esperar con un miedo terrible el juicio final, que es cuando los enemigos de Dios serán destruidos con fuego ardiente. **28** Si en un juicio dos testigos dijeran que alguien ha desobedecido la ley de Moisés, los jueces no tendrían compasión y ordenarían la muerte de esa persona. **29** ¡Imagínense entonces el terrible castigo que recibirán los que desprecian al Hijo de Dios y dicen que su muerte no sirve para nada! Porque al hacer eso insultan al Espíritu del Dios que los ama. También desprecian la muerte de Cristo, la cual les asegura el cumplimiento del pacto y les ha conseguido el perdón de sus pecados. **30** Además, como todos sabemos, Dios dijo que él se vengará de sus enemigos y los castigará por todo lo malo que han hecho. También dijo que juzgará a su pueblo. **31** ¡Qué cosa más terrible debe ser el castigo que da el Dios que vive para siempre! **32** Recuerden todas las dificultades y sufrimientos por los que ustedes pasaron al principio, cuando aceptaron la buena noticia. A pesar de eso, nunca dejaron de confiar. **33** A muchos de ustedes sus enemigos los insultaron y los maltrataron delante de la gente, y en otras ocasiones ustedes sufrieron con quienes eran tratados así. **34** También tuvieron compasión de los que estaban en la cárcel, y con mucha alegría

ustedes dejaron que las autoridades les quitaran sus pertenencias, porque sabían que en el cielo tienen algo mucho mejor y más duradero. **35** Por eso, no dejen de confiar en Dios, porque sólo así recibirán un gran premio. **36** Sean fuertes, y por ningún motivo dejen de confiar cuando estén sufriendo, para que así puedan hacer lo que Dios quiere y reciban lo que él les ha prometido. **37** Pues Dios dice en la Biblia:

«Muy pronto llegará el que tiene que venir.
¡Ya no tarda!

38 Los que me son fieles en todo y confían en mí vivirán para siempre.

Pero si dejan de serme fieles, no estaré contento con ellos».

39 Gracias a Dios, nosotros no somos de los que dejan de ser fieles y acaban siendo castigados, sino que somos de los que reciben la salvación por confiar en Dios.

La confianza en Dios

11 **1** Confiar en Dios es estar totalmente seguro de que uno va a recibir lo que espera. Es estar convencido de que algo existe, aun cuando no podamos verlo. **2** Dios aceptó a nuestros antepasados porque ellos confiaron en él. **3** Y nosotros creemos que Dios creó el universo con una sola orden suya. Lo que ahora vemos fue hecho de cosas que no podían verse. **4** Abel confió en Dios, y por eso le ofreció un sacrificio mejor que el de Caín. Por eso Dios consideró que Abel era justo, y aceptó sus ofrendas. Y aunque Abel ya está muerto, todavía podemos aprender mucho de la confianza que él tuvo en Dios. **5** Henoc confió en Dios y, por eso, en vez de morir, Dios se lo llevó de este mundo y nadie volvió a encontrarlo. La Biblia dice que, antes de que Henoc fuera llevado, fue obediente, y eso le agradó a Dios. **6** Porque a Dios no le gusta que no confiemos en él. Para ser amigos de Dios hay que creer que él existe, y que sabe premiar a los que buscan su amistad.

7 Noé confió en Dios y, por eso, cuando Dios le avisó que sucederían cosas que todavía no podían verse, obedeció y construyó un barco para salvar a su familia. Por su confianza en Dios, Noé recibió las bendiciones que Dios da a todos los que le obedecen. También por su confianza en Dios, Noé hizo que la gente de este mundo fuera condenada.

8 Abraham confió en Dios, y cuando él le ordenó que saliera de su tierra para ir al país que le daría, Abraham obedeció, aunque no sabía hacia dónde iba. **9** Abraham confió tanto en Dios que vivió como un extranjero en el país que Dios le había prometido. Vivió en tiendas de campaña, igual que Isaac y Jacob, a quienes Dios también les había prometido ese país. **10** Abraham confiaba en que algún día vería la ciudad que Dios había planeado y construido sobre bases firmes.

11 Abraham confió en Dios y, por eso, aunque su esposa Sara no podía tener hijos y él era ya muy viejo, Dios le dio fuerzas para tener un hijo. Abraham confió en que Dios cumpliría su promesa de darle un hijo. **12** Por eso Abraham, aun cuando ya iba a morir, pudo tener tantos descendientes como las estrellas del cielo y como la arena que hay a la orilla del mar. ¡Nadie puede contarlos!

13 Todas las personas que hemos mencionado murieron sin recibir las cosas que Dios les había prometido. Pero como ellos confiaban en Dios, las vieron desde lejos y se alegraron, pues sabían que en este mundo ellos eran como extranjeros que estaban de paso. **14** Queda claro, entonces, que quienes reconocen esto todavía buscan un país propio. **15** Y que no están pensando en volver al país de donde

salieron, pues de otra manera hubieran regresado allá. **16** Lo que desean es tener un país mejor en el cielo. Por eso Dios no tiene vergüenza de ser su Dios, porque les ha preparado una ciudad.

17 Abraham confió en Dios cuando Dios quiso probar si le obedecía o no. Por eso Abraham tomó a su hijo Isaac para ofrecerlo como sacrificio. No le importó que fuera su único hijo, ni que Dios le hubiera prometido que **18** por medio de Isaac tendría muchos descendientes. **19** Abraham sabía que Dios tiene poder para hacer que los muertos vuelvan a vivir. Esa confianza hizo que Abraham no tuviera que matar a su hijo; y fue como si Isaac hubiera vuelto a vivir.

20 Isaac confió en Dios, y por eso le prometió a sus hijos Jacob y Esaú que Dios los iba a bendecir.

21 Jacob confió en Dios y, por eso, cuando ya estaba por morir, les prometió a los hijos de José que Dios los iba a bendecir. Luego, se apoyó en la punta de su bastón y adoró a Dios.

22 José confió en Dios y, por eso, poco antes de morir, anunció que los israelitas saldrían libres de Egipto y dejó instrucciones para que supieran qué hacer con sus huesos.

23 Los padres de Moisés confiaron en Dios y, por eso, cuando Moisés nació, lo escondieron durante tres meses. El rey de Egipto había ordenado que se matara a todos los niños israelitas, pero ellos vieron que Moisés era un niño hermoso y no tuvieron miedo, porque confiaban en Dios.

24 Moisés confió en Dios y, por eso, cuando ya fue hombre, no quiso seguir siendo hijo adoptivo de la hija del rey. **25** No quiso disfrutar de lo que podía hacer y tener junto a ella, pues era pecado. Prefirió que los egipcios lo maltrataran, como lo hacían con el pueblo de Dios. **26** En vez de disfrutar de las riquezas de Egipto, Moisés decidió que sería mejor sufrir como también iba a sufrir el Mesías. Él sabía que Dios le daría

un buen premio.

27 Moisés confió en Dios y, por eso, salió de Egipto sin tenerle miedo al rey. No se rindió nunca, y actuó como si estuviera viendo a Dios, que es invisible. **28** Moisés confió en Dios, y por eso celebró la Pascua. También mandó rociar con sangre las puertas de las casas israelitas. Así, el ángel enviado a matar no le hizo daño a ningún hijo mayor de las familias israelitas.

29 Los israelitas confiaron en Dios, y por eso cruzaron el Mar de los Juncos como si caminaran sobre tierra seca. Pero cuando los egipcios quisieron pasar, todos ellos se ahogaron.

30 Los israelitas confiaron en Dios y, por eso, cuando marcharon alrededor de la ciudad de Jericó durante siete días, los muros de la ciudad se vinieron abajo.

31 Rahab, la prostituta, confió en Dios y, por eso, no murió junto con los que habían desobedecido a Dios en Jericó, porque ella trató bien a los espías de Israel.

32 ¿Qué más les puedo decir? No me alcanzaría el tiempo para hablarles de la confianza en Dios de Gedeón, de Barac, de Sansón, de Jefté, de David, de Samuel y de los profetas. **33** Ellos confiaron en Dios, y por eso conquistaron países; y como actuaron con justicia, recibieron lo que Dios les había prometido. Cerraron la boca de leones y **34** apagaron grandes incendios. Escaparon de que los mataran con espada, recibieron fuerzas cuando más débiles estaban, y en la guerra fueron tan poderosos que vencieron a los ejércitos enemigos.

35 Algunas mujeres confiaron en Dios y, por eso, Dios hizo que sus familiares muertos volvieran a vivir.

Algunos confiaron tanto en Dios que no quisieron que los dejaran en libertad. Al contrario, dejaron que los mataran, porque sabían que volverían a vivir y así estarían mucho mejor. **36** Mucha gente se burló de ellos y los maltrató, y hasta los metieron en la cárcel.

37 A otros los mataron a pedradas, los partieron en dos con una sierra, o los mataron con espada. Algunos anduvieron de un lugar a otro con ropas hechas de piel de oveja o de cabra. Eran pobres, estaban tristes, y habían sido maltratados. **38** La gente de este mundo no merecía personas tan buenas, que anduvieron sin rumbo fijo por el desierto, por las montañas, por las cuevas y las cavernas de la tierra.
39 Dios estaba contento con todas estas personas, pues confiaron en él. Pero ninguna de ellas recibió lo que Dios había prometido. **40** Y es que Dios tenía un plan mucho mejor, para que nosotros también recibiéramos lo prometido. Dios sólo hará perfectas a esas personas cuando nos haya hecho perfectos a nosotros.

Los sufrimientos y nuestra confianza en Dios

12 **1** ¡Todas esas personas están a nuestro alrededor como testigos! Por eso, en los años que nos quedan de vida debemos dejar de pecar, y dejar también lo que nos estorba para vivir confiando totalmente en Dios. Porque la vida es como una carrera, y el pecado es como un estorbo que se nos enreda en los pies y no nos deja correr.
2 Pongamos toda nuestra atención en Jesús, pues de él viene nuestra confianza, y es él quien hace que confiemos cada vez más y mejor. Jesús soportó la vergüenza de morir clavado en una cruz porque sabía que, después de tanto sufrimiento, sería muy feliz. Y ahora se ha sentado a la derecha del trono de Dios.
3 Piensen en el ejemplo de Jesús. Mucha gente pecadora lo odió y lo hizo sufrir, pero él siguió adelante. Por eso, ustedes no deben rendirse ni desanimarse, **4** pues en su lucha contra el pecado todavía no han tenido que morir como él. **5** Pero ustedes parecen haberse olvidado ya del consejo que Dios les da a sus hijos en la Biblia:

«Querido jovencito,
no tomes las instrucciones de Dios
como algo sin importancia.
Ni te pongas triste
cuando te reprenda.

6 Porque Dios corrige y castiga a todo aquel que ama
y que considera su hijo».

7 Si ahora ustedes están sufriendo, es porque Dios los ama y los está corrigiendo como si fueran sus hijos. Porque no hay un padre que no corrija a su hijo. **8** Si Dios no los corrige, como lo hace con todos sus hijos, entonces ustedes no son en verdad sus hijos. **9** Cuando éramos niños, nuestros padres aquí en la tierra nos corregían, y nosotros los respetábamos. Con mayor razón debemos obedecer a Dios, que es nuestro Padre que está en el cielo, pues así tendremos vida eterna.
10 Cuando éramos niños, nuestros padres nos corregían porque pensaban que eso era lo mejor para nosotros. Pero Dios nos corrige para nuestro verdadero bien: para hacernos santos como él. **11** Desde luego que ningún castigo nos gusta en el momento de recibirlo, pues nos duele. Pero si aprendemos la lección que Dios nos quiere dar, viviremos en paz y haremos el bien.
12 Por todo eso, no debemos dejar de confiar totalmente en Dios. Si la vida es como una carrera, y ustedes tienen ya cansadas las manos y débiles las rodillas, cobren nuevas fuerzas. **13** Corran por un camino recto y parejo, para que el pie que esté cojo se sane y no se tuerza más.

Advertencia

14 Traten de vivir en paz con todos y de obedecer a Dios, porque si no lo hacen, jamás lo verán cara a cara. **15** No dejen que nadie se aleje del amor de Dios. Tampoco permitan que nadie cause problemas en el grupo, porque eso les haría daño; ¡sería como una planta

amarga que los envenenaría! **16** Ninguno debe tener relaciones sexuales prohibidas, ni despreciar a Dios. Eso fue lo que hizo Esaú, pues cambió sus derechos de hijo mayor por un plato de comida, **17** y cuando quiso que su padre le reconociera esos derechos, él no se los reconoció. Esaú lloró mucho, pero ya no había nada que hacer.
18 Ustedes no se acercaron al monte Sinaí, el cual se podía ver y tocar, y donde había fuego, oscuridad, tinieblas y tormenta. **19** Tampoco oyeron el sonido de una trompeta, ni la voz de Dios dándoles mandamientos. Los que oyeron esa voz en el monte Sinaí pedían que se callara, **20** pues no podían obedecer el mandamiento que les ordenaba: «Deberán matar a pedradas, o con una lanza, a cualquier persona o animal que ponga un pie en este monte». **21** Tan terrible era lo que ellos vieron en ese monte, que Moisés mismo dijo: «Estoy temblando de miedo».
22 Ustedes, por el contrario, se han acercado al monte Sión y a la ciudad de Dios, quien vive para siempre. Esa es la ciudad de Jerusalén, que está en el cielo. Allí hay miles de ángeles que alaban a Dios, **23** y allí están todos aquellos a quienes Dios trató como a hijos, y a quienes les dio el derecho de vivir en el cielo. Ustedes se han acercado a Dios, quien juzgará a todo el mundo. También se acercaron a los espíritus de las personas buenas que Dios hizo perfectas. **24** Se han acercado a Jesús, y recuerden que, por medio de él, Dios hizo un nuevo pacto con ustedes. Gracias a la sangre que Jesús derramó al morir, hemos sido perdonados de nuestros pecados. Por eso Jesús es mejor que Abel, pues la sangre de Abel no ofrece perdón sino pide venganza.
25-26 Tengan cuidado cuando Dios les llame la atención. No lo rechacen, porque los israelitas que en el pasado lo rechazaron,

no escaparon del castigo. En aquella ocasión, cuando Dios les habló, su voz hizo temblar la tierra. Y si nosotros rechazamos a Dios, que nos llama la atención desde el cielo, tampoco escaparemos del castigo. Porque ahora él dice: «Otra vez haré temblar, no sólo la tierra sino también el cielo». **27** Y cuando dice «otra vez», entendemos que él quitará las cosas creadas, las que se pueden mover, para dejar las cosas que no pueden ser movidas. **28** Gracias a Dios, el reino que él nos da no puede ser movido. Por eso debemos adorar a Dios con el amor y la honra que a él le gusta recibir. **29** Porque nuestro Dios es como un fuego destructor.

¿Cómo debe vivir el cristiano?

13 **1** No dejen de amarse unos a otros, como corresponde a todo cristiano. **2** No se olviden de recibir bien a la gente que llegue a sus casas, pues de ese modo mucha gente, sin darse cuenta, ha recibido ángeles.

3 Preocúpense por los hermanos que están en la cárcel y por los que han sido maltratados. Piensen cómo se sentirían ustedes si estuvieran en la misma situación.

4 Todos deben considerar el matrimonio como algo muy valioso. El esposo y la esposa deben ser fieles el uno al otro, porque Dios castigará a los que tengan relaciones sexuales prohibidas y sean infieles en el matrimonio.

5 No vivan preocupados por tener más dinero. Estén contentos con lo que tienen, porque Dios ha dicho en la Biblia:

«Nunca te dejaré
abandonado».

6 Por eso, podemos repetir con toda confianza lo que dice la Biblia:

«No tengo miedo.
Nadie puede hacerme daño
porque Dios me ayuda».

7 Piensen en los líderes que les anunciaron el mensaje de Dios, pues ellos vivieron confiando en Dios. Piensen mucho en ellos y sigan su ejemplo.

8 Jesucristo nunca cambia: es el mismo ayer, hoy y siempre. **9** Por eso, no hagan caso de enseñanzas extrañas, que no tienen nada que ver con lo que Jesucristo nos enseñó. Es mejor que nos dé fuerzas el amor de Dios, y no esas reglas acerca de lo que se debe comer y lo que no se debe comer, pues nunca han ayudado a nadie. **10** Los sacerdotes del antiguo lugar de culto no tienen derecho a comer de lo que hay en nuestro altar. **11** El jefe de los sacerdotes lleva al antiguo lugar de culto la sangre de los animales sacrificados, para ofrecérsela a Dios y pedir el perdón por los pecados. Sin embargo, los cuerpos de esos animales se queman fuera del lugar donde vive el pueblo. **12** Del mismo modo, Jesús murió fuera de la ciudad de Jerusalén, para que por medio de su sangre, Dios perdonara a su pueblo. **13** Por eso, también nosotros debemos salir junto con Jesús y compartir con él la vergüenza que le hicieron pasar al clavarlo en una cruz. **14** Porque en este mundo no tenemos una ciudad que dure para siempre, sino que vamos al encuentro de la ciudad que está por venir. **15** Nuestra ofrenda a Dios es darle gracias siempre, por medio de Jesucristo, pues hemos

dicho que él es nuestro Señor. **16** Nunca se olviden de hacer lo bueno y de compartir lo que tienen con los que no tienen nada. Esos son los sacrificios que agradan a Dios.

17 Obedezcan a sus líderes, porque ellos cuidan de ustedes sin descanso, y saben que son responsables ante Dios de lo que a ustedes les pase. Traten de no causar problemas, para que el trabajo que ellos hacen sea agradable y ustedes puedan servirles de ayuda.

18 Oren por nosotros. Estamos seguros de que Dios no tiene nada contra nosotros, pues tratamos de portarnos bien en todo. **19** Oren especialmente para que yo pueda ir pronto a visitarlos.

Despedida

20-21 Dios hizo que nuestro Señor Jesús volviera a vivir. Para Jesús, somos como un rebaño de ovejas, y él es nuestro gran Pastor. Por medio de la sangre que él derramó al morir, Dios hizo un pacto eterno con nosotros. Por eso le pido al Dios de paz que los haga a ustedes perfectos y buenos en todo. Que Jesucristo los ayude a obedecer a Dios en todo. ¡Que Jesucristo tenga gloria y honra por siempre! Amén.

22 Hermanos, les he escrito estas breves palabras para animarlos. Léanlas con paciencia. **23** Quiero decirles que nuestro hermano Timoteo ya está en libertad y, si llega pronto, me acompañará a visitarlos.

24 Saluden por favor a todos sus líderes y a todos los hermanos que forman el pueblo santo de Dios. Los hermanos que están en Italia les mandan saludos.

25 ¡Deseo de todo corazón que Dios los llene de su amor!

Santiago

Saludos

1 ¹ Yo, Santiago, estoy al servicio de Dios y del Señor Jesucristo, y les envío un saludo a los cristianos que viven en todo el mundo.

Confianza en Dios

² Hermanos en Cristo,¹ ustedes deben sentirse muy felices cuando pasen por toda clase de dificultades. ³ Así, cuando su confianza en Dios sea puesta a prueba, ustedes aprenderán a soportar con más fuerza las dificultades. ⁴ Por lo tanto deben resistir la prueba hasta el final, para que sean mejores y capaces de obedecer lo que se les ordene.
⁵ Si alguno de ustedes no tiene sabiduría, pídasela a Dios. Él se la da a todos en abundancia sin echárselo en cara. ⁶ Eso sí, debe pedirla con la seguridad de que Dios se la dará. Porque los que dudan son como las olas del mar, que el viento lleva de un lado a otro. ⁷⁻⁸ La gente que no es confiable ni capaz de tomar buenas decisiones no recibirá nada del Señor.

Los pobres y los ricos

⁹ Si alguno de ustedes es pobre, debe sentirse orgulloso de lo mucho que vale ante Dios. ¹⁰ Si alguno es rico, debe sentirse feliz cuando Dios lo humille, pues las riquezas son como las flores del campo: duran muy poco. ¹¹ Cuando el sol calienta mucho, las plantas se secan, y sus flores se marchitan y pierden su belleza. Lo mismo le pasa al rico: ni él ni sus riquezas durarán.

Las tentaciones

¹² Al que soporta las dificultades, Dios lo bendice. Porque cuando las supera, Dios le da el premio y el honor más grande que puede recibir: la vida eterna que ha prometido a quienes lo aman.
¹³ Cuando sean ustedes tentados a hacer lo malo, no le echen la culpa a Dios. Él no puede ser tentado, ni tienta a nadie a hacer lo malo. ¹⁴ Al contrario, cuando somos tentados, son nuestros propios deseos los que nos arrastran y dominan. ¹⁵ Los malos deseos nos llevan a pecar; y cuando vivimos sólo para hacer lo malo, lo único que nos espera es la muerte eterna.
¹⁶ Mis queridos hermanos,² no sean tontos ni se engañen a ustedes mismos. ¹⁷ Dios es quien nos da todo lo bueno y todo lo perfecto. Dios mismo creó todas las estrellas del cielo, y nunca cambia. ¹⁸ Dios quiso que fuéramos sus hijos. Por eso nos dio una vida nueva por medio de la buena noticia de salvación.

Obediencia al mensaje de Dios

¹⁹ Mis queridos hermanos, pongan atención a esto que les voy a decir: todos deben estar siempre dispuestos a escuchar a los demás, pero no dispuestos a enojarse y hablar mucho. ²⁰ Porque la gente violenta no puede hacer lo que Dios quiere. ²¹ Por eso, dejen de hacer lo malo, pues ya hay mucha maldad en el mundo. No hagan lo malo; de otra manera su vida parecerá un trapo sucio. Más bien, reciban con humildad el mensaje que Dios les ha dado. Ese mensaje tiene poder para salvarlos.
²²⁻²⁴ ¡Obedezcan el mensaje de Dios! Si sólo lo escuchan y no lo obedecen, se engañan a ustedes mismos y les sucederá lo mismo que a quien se mira en un espejo: tan pronto como se va, se olvida de cómo era. ²⁵ Por el contrario, si ustedes ponen toda su atención a la Palabra de Dios y la obedecen siempre, serán felices en todo lo que hagan. Porque la Palabra de Dios es perfecta y los libera del pecado.
²⁶ Quien se cree muy santo y no cuida sus palabras, se engaña a sí mismo y de nada le sirve tanta religiosidad. ²⁷ Creer en Dios el Padre es agradarlo y hacer el bien, ayudar a las viudas y a los huérfanos cuando sufren, y no dejarse vencer por la maldad del mundo.

¡No tengan favoritos!

2 ¹ Hermanos¹ míos, ustedes que han confiado en nuestro poderoso Señor Jesucristo, no deben tratar a unas personas mejor que a otras. ² Imagínense que un rico, vestido con ropa cara y con un anillo de oro, entra en donde ustedes se reúnen, y que al mismo tiempo entra un pobre vestido con ropa muy gastada. ³ Si ustedes atienden mejor al rico y le dicen: «Ven, siéntate en el mejor lugar», pero al pobre le dicen: «Quédate allí de pie», o «Siéntate en el suelo», ⁴ serán como los malos jueces que favorecen a unos más que a otros. ⁵ Escúchenme bien, hermanos queridos: Dios eligió a la gente pobre de este mundo para que la confianza en Dios sea su verdadera riqueza, y para que reciban el reino que él ha prometido a los que le aman. ⁶ ¡Cómo se atreven ustedes a maltratar y despreciar a los pobres! ¿Acaso no son los ricos quienes los maltratan a ustedes y los meten en la cárcel? ⁷ ¿Acaso no son los ricos los que insultan a nuestro Señor?
⁸ Si ustedes obedecen el mandamiento más importante que Dios nos ha dado, harán muy bien. Ese mandamiento dice: «Recuerden que cada uno debe amar a su prójimo, como a sí mismo». ⁹ Pero si ustedes les dan más importancia a unas personas y las tratan mejor que a otras, están pecando y desobedeciendo la ley de Dios. ¹⁰ Si ustedes obedecen todas las leyes menos una de ellas, es lo mismo que si desobedecieran todas. ¹¹ Porque el mismo Dios que dijo: «No sean infieles en su matrimonio», también dijo: «No maten». Por eso, si eres fiel en el matrimonio, pero matas, eres culpable de haber desobedecido la ley de Dios.
¹² En el día del juicio, Dios nos

juzgará de acuerdo con la ley que nos libera del pecado. Por eso, debemos tener mucho cuidado en todo lo que hacemos y decimos. ¹³ Porque Dios no tendrá compasión de quienes no se compadecieron de otros. Pero los que tuvieron compasión de otros, saldrán bien del juicio.

Confianza y buenas acciones

¹⁴ Hermanos en Cristo,² ¿de qué sirve que algunos de ustedes digan que son fieles a Dios,³ si no hacen nada bueno para demostrarlo? ¡Así no se van a salvar! ¹⁵ Si alguien no tiene ropa ni comida, ¹⁶ de nada le sirve que tú le digas «Que te vaya bien, abrígate y come hasta que te llenes», si no le das lo que necesita para abrigarse y comer bien. ¹⁷ Lo mismo pasa con la fidelidad a Dios: de nada nos sirve decir que somos fieles a Dios si no hacemos nada que lo demuestre. Esa clase de fidelidad está muerta.

¹⁸ A los que dicen que son fieles a Dios, pero no hacen lo bueno, yo les podría decir: «Tú dices que eres fiel a Dios, y yo hago lo que es bueno. Demuéstrame que es posible ser fiel a Dios sin tener que hacer lo bueno, y yo te demostraré que soy fiel a Dios por medio del bien que hago. ¹⁹ Tú crees que existe un solo Dios. ¡Muy bien! Pero hasta los demonios creen en él y tiemblan de miedo. ²⁰ No seas tonto. Debes aceptar que de nada te sirve decir que eres fiel a Dios y confiar en él, si no haces lo bueno. ²¹ Nuestro antepasado Abraham agradó a Dios cuando puso a su hijo Isaac sobre el altar para sacrificarlo. Y Dios lo aceptó por eso. ²² La confianza que Abraham tuvo en Dios se demostró con todo lo que hizo, y por medio de todo lo que hizo, su confianza llegó a ser perfecta». ²³ Así se cumplió lo que dice en la Biblia: «Abraham confió en la promesa de Dios, y por eso Dios lo aceptó». Fue así como Abraham se hizo amigo de Dios.

²⁴ Como pueden ver, Dios nos acepta por lo que hacemos, y no sólo por lo que creemos. ²⁵ Así le sucedió a Rahab, la prostituta. Dios la aceptó por haber recibido y escondido a los espías en su casa, y por ayudarlos también a escapar por otro camino. ²⁶ Así como un cuerpo sin alma está muerto, también la confianza en Dios es una confianza muerta si no va acompañada de buenas acciones.

La lengua

3 ¹ Hermanos en Cristo,¹ no todos debemos tratar de ser maestros. Porque Dios juzgará a los maestros más estrictamente que a los demás. ² Todos cometemos muchas faltas, pero sólo quien es capaz de dominar su lengua, es una persona madura y puede dominarse a sí mismo. ³ Al caballo podemos dominarlo, y hacer que nos obedezca, si le ponemos un freno en la boca. ⁴ Algo parecido pasa con los barcos. Por grande que sea un barco, y por fuertes que sean los vientos que lo empujan, el navegante lo dirige con un timón muy pequeño. ⁵ Y lo mismo pasa con nuestra lengua. Es una de las partes más pequeñas de nuestro cuerpo, pero es capaz de hacer grandes cosas. ¡Es una llama pequeña que puede incendiar todo un bosque! ⁶ Las palabras que decimos con nuestra lengua son como el fuego. Nuestra lengua tiene mucho poder para hacer el mal. Puede echar a perder toda nuestra vida, y hacer que nos quememos en el infierno. ⁷ Podemos dominar toda clase de animales salvajes, de aves, serpientes y animales del mar, ⁸ pero no hemos podido controlar nuestra lengua para no decir palabras que dañen. La lengua parece un animal salvaje que nadie puede dominar, y que está lleno de veneno mortal.

⁹⁻¹⁰ Con nuestra lengua podemos bendecir o maldecir. Con ella alabamos a nuestro Dios y Padre, y también insultamos a nuestros semejantes, que Dios hizo parecidos a él mismo. Hermanos, ¡esto no debe ser así! ¹¹ De un mismo pozo no puede salir agua dulce y agua amarga o salada. ¹² Tampoco da higos un árbol de aceitunas, ni da uvas un árbol de higos.

La sabiduría que Dios da

¹³ Si alguno de ustedes es sabio y entendido, demuéstrelo haciendo el bien y portándose con humildad. ¹⁴ Pero si ustedes lo hacen todo por envidia y celos, vivirán tristes y amargados; no tendrán nada de qué sentirse orgullosos, y faltarán a la verdad. ¹⁵ Porque esa sabiduría no viene de Dios, sino que es de este mundo y del demonio, ¹⁶ y produce celos, peleas, problemas y todo tipo de maldad. ¹⁷ En cambio, los que tienen la sabiduría que viene de Dios, no hacen lo malo sino que buscan la paz, son obedientes y amables con los demás; se compadecen de los que sufren, y siempre hacen lo bueno. Tratan a todos de la misma manera, y son verdaderos cristianos. ¹⁸ A los que buscan la paz entre las personas, Dios los premiará con paz y justicia.

Las guerras y los pleitos

4 ¹ ¿Saben por qué hay guerras y pleitos entre ustedes? ¡Pues porque no saben dominar su egoísmo y su maldad! ² Son tan envidiosos que quisieran tenerlo todo, y cuando no lo pueden conseguir, son capaces hasta de pelear, matar y promover la guerra. ¡Pero ni así pueden conseguir lo que quisieran!

Ustedes no tienen, porque no se lo piden a Dios. ³ Y cuando piden, lo hacen mal, porque lo único que quieren es satisfacer sus malos deseos. ⁴ Ustedes no aman a Dios ni lo obedecen. ¿Pero acaso no saben que hacerse amigo del mundo es volverse enemigo de Dios? ¡Pues así es! Si ustedes aman lo malo del mundo, se vuelven enemigos de Dios. ⁵ ¿Acaso no creen lo que dice la Biblia, que «Dios nos ama mucho»? [6] En realidad, Dios nos trata con mucho más amor, como dice la Biblia:

«Dios se opone a los
orgullosos,
pero brinda su ayuda
a los humildes».

[7] Por eso, obedezcan a Dios. Háganle frente al diablo, y él huirá de ustedes. [8] Háganse amigos de Dios, y él se hará amigo de ustedes.
¡Pecadores, dejen de hacer el mal! Los que quieren amar a Dios, pero también quieren pecar, deben tomar una decisión: o Dios, o el mundo de pecado. [9] Pónganse tristes y lloren de dolor. Dejen de reír y pónganse a llorar, para que Dios vea su arrepentimiento. [10] Sean humildes delante del Señor y él los premiará.

No critiquen a los demás

[11] Hermanos, no hablen mal de los demás. El que habla mal del otro, o lo critica, es como si estuviera criticando y hablando mal de la ley de Dios. Lo que ustedes deben hacer es obedecer la ley de Dios, no criticarla. [12] Dios es el único juez. Él nos dio la ley, y es el único que puede decir si somos inocentes o culpables. Por eso no tenemos derecho de criticar a los demás.

No sean orgullosos

[13] Escúchenme, ustedes, los que dicen así: «Hoy o mañana iremos a la ciudad; allí nos quedaremos todo un año, y haremos buenos negocios y ganaremos mucho dinero». [14] ¿Cómo pueden hablar así, si ni siquiera saben lo que les va a suceder mañana? Su vida es como la niebla: aparece por un poco de tiempo, y luego desaparece.

[15] Más bien deberían decir: «Si Dios quiere, viviremos y haremos esto o aquello». [16] Sin embargo, a ustedes les gusta hablar con orgullo, como si fueran dueños del futuro, y eso es muy malo. [17] Si ustedes saben hacer lo bueno y no lo hacen, ya están pecando.

¡Advertencia a los ricos!

5 [1] Ahora escúchenme ustedes, los ricos: Lloren y griten de dolor por todo lo que muy pronto van a sufrir. [2] Sus riquezas se pudrirán, y la polilla les comerá la ropa. [3] El dinero que han estado juntando en estos últimos tiempos se oxidará, y ese óxido será el testigo que los acusará en el juicio final, y que los destruirá como un fuego. [4] Ustedes no les han pagado el sueldo a sus trabajadores, y el Señor todopoderoso ha oído las protestas de ellos. Ese dinero que no han pagado también los acusará delante de Dios.
[5] Ustedes los ricos han vivido con mucho lujo, y se han dado la gran vida en esta tierra. Tanto han engordado que parecen toros y vacas listos para el matadero. [6] Injustamente han acusado y matado a personas inocentes, que ni siquiera podían defenderse.

Paciencia y valor

[7-8] Pero ustedes, hermanos, tengan paciencia y no se desesperen, pues ya pronto viene Cristo el Señor. Hagan como el campesino, que con paciencia espera la lluvia y también espera que la tierra le dé buenas cosechas. [9] No se quejen unos de otros, para que Dios no los castigue, pues él es nuestro juez, y ya pronto viene.
[10-11] Sigan el ejemplo de los profetas que hace mucho tiempo anunciaban el mensaje de Dios. Nosotros los admiramos porque

fueron pacientes y soportaron el sufrimiento. Y seguramente se acuerdan de Job, y de cómo soportó con valor los sufrimientos y, al final, Dios lo trató muy bien. Y es que Dios es muy bueno y amoroso con los que sufren.

Otros consejos

[12] Sobre todo, queridos hermanos, no juren ni por el cielo, ni por la tierra, ni por ninguna otra cosa. Cumplan más bien con su palabra. Cuando digan «sí», que sea «sí»; y cuando digan «no», que sea «no». ¡No vaya a castigarlos Dios por no cumplir con su palabra!
[13] Si alguno de ustedes está triste, póngase a orar. Si está alegre, alabe a Dios con cánticos. [14] Si alguno está enfermo, que llame a los líderes de la iglesia, para que oren por él; entonces ellos le untarán aceite y le pedirán al Señor que lo sane. [15] Si oran con confianza, Dios les responderá y sanará al enfermo, y si ha pecado también lo perdonará.
[16] Por eso, confiesen sus pecados unos a otros, y oren unos por otros, para que Dios los sane. La oración de una persona buena es muy poderosa, porque Dios la escucha. [17] Por ejemplo, el profeta Elías era en todo igual a todos nosotros; pero le pidió a Dios con mucha confianza que no lloviera, ¡y no llovió sobre la tierra durante tres años y medio! [18] Después volvió a orar, ¡y llovió y la tierra dio sus cosechas!
[19] Hermanos en Cristo, si alguno de ustedes deja de confiar en la verdad que ha aprendido, y otro le devuelve la confianza, [20] quiero que sepan que quien hace que un pecador deje de pecar, lo salva de la muerte y logra que Dios le perdone sus muchos pecados.

1 Pedro

Saludo

1 **1-2** Yo Pedro, que soy enviado de Jesucristo a anunciar su mensaje, saludo a todos los cristianos que viven como extranjeros en las regiones de Ponto, Galacia, Capadocia, Asia y Bitinia. De acuerdo con su plan, Dios el Padre decidió elegirlos a ustedes para que fueran su pueblo. Y por medio del Espíritu Santo y de la muerte de Jesucristo, Dios los ha limpiado de todo pecado, para que lo obedezcan.

Deseo que Dios los ame mucho y les permita vivir en paz.

Alabemos a Dios

3 Alabemos al Dios y Padre de nuestro Señor Jesucristo, que por medio de la resurrección de Jesucristo ha cambiado totalmente nuestra vida. Aunque no merecemos que Dios nos ame, por su gran amor cambió nuestra vida para que siempre estemos seguros de nuestra salvación, **4** y de que nos dará todo lo que nos ha prometido y que tiene guardado en el cielo. Y lo que nos ha prometido no puede destruirse, ni mancharse, ni marchitarse. **5** Ustedes confían en Dios, y por eso él los protege con su poder, para que puedan ser salvados tal y como está planeado para los últimos tiempos.

Confiar en Dios

6 Por eso, alégrense, aunque sea necesario que por algún tiempo tengan muchos problemas y dificultades. **7** Porque la confianza que ustedes tienen en Dios es como el oro: así como la calidad del oro se prueba con fuego, la confianza que ustedes tienen en Dios se prueba por medio de los problemas. Si ustedes pasan la prueba, su confianza será más valiosa que el oro, pues el oro se puede destruir. Así, cuando Jesucristo aparezca, hablará bien de la confianza que ustedes tienen en Dios, porque una confianza que se ha probado tanto merece ser muy alabada.

8 Ustedes, aunque nunca han visto a Jesucristo, lo aman y creen en él, y tienen una alegría tan grande y hermosa que no puede describirse con palabras. **9** Ustedes viven alegres porque ya saben que Dios los salvará, y por eso confían en él.

10 Los profetas estudiaron con cuidado todo acerca de esta salvación, y hablaron de lo que Dios les daría a ustedes por amor. **11** Antes de que Cristo viniera al mundo, su Espíritu les enseñaba a los profetas lo que él debería sufrir aquí en la tierra, y también les enseñaba todo lo hermoso que sucedería después. Y los profetas intentaban descubrir quién sería el Mesías y cuándo vendría al mundo. **12** Pero Dios les hizo entender que lo que ellos anunciaban no era para ellos mismos, sino para ustedes. Ese es el mensaje que les dieron a ustedes quienes les enseñaron la buena noticia. Y lo hicieron con el poder del Espíritu Santo, que fue enviado del cielo. ¡Esto es algo que los ángeles mismos hubieran querido ver!

13 Por eso, estén atentos y piensen bien lo que van a hacer, para que siempre hagan lo correcto. Confíen plenamente en que Dios los tratará bien cuando regrese Jesucristo.

Vivan como hijos obedientes

14 Antes de que ustedes conocieran la buena noticia acerca de Jesucristo, hacían todo lo malo que querían. Ahora, por el contrario, deben obedecer a Dios en todo, como buenos hijos. **15-16** Así que no hagan lo malo, sino manténganse apartados del mal, porque Dios los eligió para ser su pueblo, y en la Biblia él nos dice: «Yo soy un Dios diferente a los demás, por eso ustedes deben ser diferentes a las demás naciones».

17 Dios es un juez que no tiene favoritos. Según lo que cada uno de nosotros haya hecho, él decidirá si merecemos ser castigados o premiados. Así que, si ustedes dicen que Dios es su Padre, entonces deben honrarlo durante todos los días de su vida en este mundo. **18** Porque Dios los libró del inútil modo de vida que ustedes aprendieron de sus antepasados. Y bien saben ustedes que, para liberarlos, no pagó él con cosas que pueden destruirse, como el oro o la plata; **19** al contrario, pagó con la sangre preciosa de Cristo. Cuando Cristo murió en la cruz, fue ofrecido como sacrificio, como un cordero sin ningún defecto. **20** Esto es algo que Dios había decidido hacer desde antes de crear el mundo, y Cristo apareció en estos últimos tiempos para bien de ustedes. **21** Por medio de Cristo, ustedes creen en Dios, quien lo resucitó y le dio un lugar de honor en su reino. Por eso ustedes han puesto su confianza en Dios y están seguros de que él les dará todo lo que les ha prometido.

22 Ahora ustedes obedecen el verdadero mensaje de Dios, y por eso Dios los ha limpiado de todo pecado: para que se amen unos a otros sinceramente, como hermanos. Así que, ámense mucho unos a otros, con todo su corazón y con todas sus fuerzas. **23** Dios les ha cambiado su modo de vivir. Es como si ustedes hubieran vuelto a nacer, no de padres humanos, que finalmente mueren, sino gracias al mensaje de Dios. Y es que ese mensaje da vida y nada puede destruirlo. **24** Pues la Biblia dice:

«Todo ser humano es
como la hierba;
y su grandeza es
como las flores:
la hierba se seca,
y las flores se caen,
25 pero la Palabra del Señor
permanece para siempre».

Y esa Palabra es la buena noticia

que el Señor Jesucristo les ha enseñado.

2 ¹ Por lo tanto, dejen de hacer lo malo. No se digan mentiras, no sean hipócritas, no sean envidiosos ni chismosos. ² Más bien busquen todo lo que sea bueno y ayude a su espíritu, así como los niños recién nacidos buscan desesperadamente la leche de su madre. Si lo hacen así, serán mejores cristianos y Dios los salvará, 3 pues ustedes han comprobado que el Señor es bueno.

El nuevo pueblo de Dios

4-5 Ustedes son piedras vivas que Dios está usando para construir un templo espiritual. Así que acérquense a Jesucristo, pues él es la piedra viva que la gente despreció, pero que Dios eligió como la piedra más valiosa. Además, ustedes son sacerdotes especiales, y por medio de Jesucristo le ofrecerán a Dios los sacrificios que a él le agradan. **6** Pues Dios dice en la Biblia:

«Yo seré para Jerusalén
una piedra valiosa y escogida.
Seré la piedra principal,
y serviré de base al edificio.

El que confíe en mí
jamás será engañado».

7 Ustedes creen en Dios, y por eso consideran que esa piedra es muy valiosa. Pero los que no creen hacen lo que dice la Biblia:

«La piedra que rechazaron
los constructores del templo
es ahora la piedra principal».

8 Y la Biblia también dice:

«Esta es la piedra
por la que muchos caerán;
en esta roca muchos
tropezarán».

¡Eso es lo que se merecen! ¡Tropezarán por no aceptar el mensaje de Jesucristo!

9 Pero ustedes son miembros de la familia de Dios; son sacerdotes al servicio del Rey; son su pueblo. Fue Dios quien los sacó de la oscuridad del pecado y los hizo entrar en su luz maravillosa. Por eso, anuncien las maravillas que Dios ha hecho.

10 Antes, ustedes no
eran nada,
pero ahora son el pueblo
de Dios.
Antes, Dios no les tenía
compasión,
pero ahora los ama mucho.

El buen ejemplo

11 Amados hermanos en Cristo, les hablo como si ustedes fueran extranjeros y estuvieran de paso por este mundo. No hagan nada que obedezca a sus malos deseos, pues esos deseos los llevarán a la perdición.

12 Pórtense bien cuando estén con gente que no cree en Dios. Así, aunque ahora hablen mal de ustedes, como si fueran unos malvados, esa gente verá el bien que ustedes hacen y alabarán a Dios el día en que él les pida cuentas a todos.

El respeto a las autoridades

13 Para que nadie hable mal de nuestro Señor Jesucristo, obedezcan a todas las autoridades del gobierno. Obedezcan al emperador romano, pues él tiene la máxima autoridad en el imperio. **14** Obedezcan también a los gobernantes que el emperador ha puesto para castigar a los que hacen lo malo y para premiar a los que hacen lo bueno. **15** Dios quiere que ustedes hagan el bien, para que la gente ignorante y tonta no tenga nada que decir en contra de ustedes. **16** Ustedes son libres por ser servidores de Dios. Pero no crean que por ser libres pueden hacer lo malo. **17** Respeten a todos, y amen de manera especial a los miembros de la iglesia. Honren a Dios y respeten al emperador romano.

Responsabilidades de los esclavos

18 A los esclavos les mando que obedezcan a sus amos y que los respeten. Pero no sólo a los que son buenos y comprensivos, sino también a los que son malos. **19** Dios bendice a los que, por ser fieles a él, sufren injustamente y soportan el sufrimiento. **20** Si alguno es castigado por hacer algo malo, y soporta con paciencia el castigo, no está haciendo nada extraordinario. Pero si uno sufre y soporta el sufrimiento por haber hecho algo bueno, Dios lo bendecirá.

21 Si acaso sufren injustamente, recuerden que Dios les ha ordenado sufrir con paciencia. Y en eso Cristo les ha dado el ejemplo, para que hagan lo mismo, pues él sufrió por ustedes. **22** Cristo no pecó nunca, y jamás engañó a nadie. **23** Cuando lo insultaban, jamás contestaba con insultos, y jamás amenazó a quienes lo hicieron sufrir. Más bien, dejó que Dios se encargara de todo y lo cuidara, pues Dios juzga a todos con justicia. **24** Cristo hizo suyos nuestros pecados, y por eso murió en la cruz. Lo hizo para que nosotros dejemos por completo de hacer el mal y vivamos haciendo el bien. Cristo fue herido para que ustedes fueran sanados. **25** Antes, ustedes andaban como ovejas perdidas, pero ahora han regresado a Cristo, que es como un pastor que los cuida y los protege.

El esposo y la esposa

3 ¹ Ustedes, las esposas, deben obedecer a sus esposos en todo. De esa manera, si ellos no creen en el mensaje de la buena noticia, el comportamiento de ustedes podrá convencerlos. No tendrán que decirles nada, ² porque ellos verán que ustedes son honestas y que honran a Dios.

3-4 No piensen ustedes que los peinados exagerados, las joyas de oro y los vestidos lujosos las hacen más bellas. Su belleza no depende de las apariencias, sino de lo que hay en su corazón. Así que sean ustedes personas tranquilas y amables. Esta belleza nunca desaparece, y es muy valiosa delante de Dios.

5 Así eran algunas mujeres en el pasado, que confiaban en Dios y obedecían a sus esposos. **6** Así fue Sara, pues obedeció a Abraham y lo llamaba «señor». Si ustedes hacen el bien y no tienen miedo de nada, serán como ella.

7 En cuanto a ustedes, los esposos, sean comprensivos con sus esposas, reconociendo que ellas no tienen la fuerza de ustedes, y que también a ellas Dios les ha prometido la vida eterna. Si ustedes lo hacen así, Dios escuchará sus oraciones.

Deberes cristianos

8 En fin, todos ustedes deben vivir en armonía y amarse unos a otros. Pónganse de acuerdo en todo, para que permanezcan unidos. Sean buenos y humildes. **9** Si alguien les hace algo malo, no hagan ustedes lo mismo, y si alguien los insulta, no contesten con otro insulto. Al contrario, lo que deben hacer es pedirle a Dios que bendiga a esas personas, pues él los eligió a ustedes para que reciban bendición. **10** Porque, como dice la Biblia:

«Los que de todo corazón
deseen vivir y ser felices,
deben cuidarse de no mentir
y de no hablar mal de otros;
11 deben hacer el bien,
dejar de hacer el mal
y vivir en paz con todos.

12 »Porque el Señor cuida
a los que hacen el bien,
escucha sus oraciones,
y está en contra del malvado».

13 ¿Quién puede hacerles mal si ustedes siempre insisten en hacer el bien? ¡Nadie! **14** Pero si hacen el bien, y aún así tienen que sufrir, Dios los bendecirá. No le tengan miedo a nadie, ni se asusten. **15** Honren a Cristo como Señor, y estén siempre listos para explicarle a la gente por qué ustedes confían en Cristo y en sus promesas. **16** Pero háganlo con amabilidad y respeto. Pórtense bien, como buenos seguidores de Cristo, para que no se sientan culpables de nada. Así, los que hablan mal de la buena conducta de ustedes sentirán vergüenza de lo que dicen.

17 Si Dios así lo quiere, es mejor que sufran por hacer el bien que por hacer el mal. **18** Porque Cristo murió una vez y para siempre para perdonarnos nuestros pecados. Él era bueno e inocente, y sufrió por los pecadores, para que ustedes pudieran ser amigos de Dios. Los que mataron a Cristo destruyeron su cuerpo, pero él resucitó para vivir como espíritu. **19** De este modo fue a anunciar su victoria a los espíritus que estaban presos. **20** Eran los espíritus de los que desobedecieron a Dios en los tiempos de Noé. Dios esperó con paciencia a que se arrepintieran, mientras Noé construía la barca, pero no lo hicieron. Sólo unos pocos subieron a la barca y se salvaron del diluvio, pues el agua misma llevó a esas ocho personas a lugar seguro. **21** Y esa agua representaba a la que ahora usamos para el bautismo, por medio del cual Dios nos salva. El bautismo verdadero no es para limpiar nuestro cuerpo, sino para pedirle a Dios que nos limpie de pecado, para que no nos sintamos culpables de nada. Y Dios nos salva por medio del bautismo porque Jesucristo resucitó, **22** subió al cielo y está sentado a la derecha de Dios, en el lugar más importante, y gobierna a todos los ángeles y a todos los seres espirituales que tienen autoridad y poder.

Vivir como Dios quiere

4 **1** Ustedes deben estar dispuestos a sufrir así como Cristo sufrió mientras estuvo aquí en la tierra. Porque si ustedes sufren como Cristo, ya no seguirán pecando. **2** Eso demostrará que han dejado de seguir sus malos deseos, y que dedicarán el resto de su vida a hacer lo que Dios quiere. **3** Por mucho tiempo ustedes vivieron haciendo lo mismo que hacen los que no creen en Dios. Tenían vicios y malos deseos, se emborrachaban, participaban en fiestas escandalosas y, lo más terrible de todo, adoraban ídolos. **4** Pero como ustedes ya no se juntan con ellos, ahora hablan mal de ustedes. **5** ¡Pero ya tendrán ellos que darle cuentas a Dios, el Juez que está preparado para juzgar a los vivos y a los muertos! **6** Porque para eso anunció Cristo la buena noticia aun a los muertos: para que después de que Dios los juzgue por lo que hicieron en vida, sus espíritus puedan vivir con Dios.

El servicio a los demás

7 Ya se acerca el fin del mundo. Por eso, sean responsables y cuidadosos en la oración.

8 Sobre todo, ámense mucho unos a otros, porque el amor borra los pecados. **9** Reciban en sus casas a los demás, y no hablen mal de ellos sino háganlos sentirse bienvenidos.

10 Cada uno de ustedes ha recibido de Dios alguna capacidad especial. Úsenla bien en el servicio a los demás. **11** Si alguno sabe hablar bien, que anuncie el mensaje de Dios. Si alguno sabe cómo ayudar a los demás, que lo haga con la fuerza que Dios le da para hacerlo. De este modo, todo lo que hagan servirá para que los demás alaben a Dios por medio de Jesucristo, que es maravilloso y poderoso para siempre. Amén.

El sufrimiento del cristiano

12 Queridos hermanos en Cristo, no se sorprendan de tener que afrontar problemas que ponen a prueba su confianza en Dios. Eso no es nada extraño. **13** Al contrario, alégrense de poder sufrir como Cristo sufrió, para que también se alegren cuando Cristo regrese y muestre su gloria y su poder.

14 Si alguien los insulta por confiar en Cristo, consideren ese insulto como una bendición de Dios. Eso significa que el maravilloso Espíritu de Dios está siempre con ustedes. **15** Si alguno de ustedes sufre, que no sea por ser asesino, ladrón o bandido, ni por meterse en asuntos ajenos. **16** Si alguno sufre por ser cristiano, no debe sentir vergüenza, sino darle gracias a Dios por ser cristiano.

17 Ya ha llegado el momento de que Dios juzgue a todos, y de que empiece por juzgar a su propio pueblo. Y si empieza por nosotros y nos hace sufrir así, ¡imagínense lo que les espera a los que no obedecen la Palabra de Dios! **18** Y si con dificultad se salvan los que hacen el bien, ¡ya se pueden imaginar lo que les pasará a los malvados y pecadores! **19** Por eso, los que sufren porque Dios así lo quiere, deben seguir haciendo el bien y dejar que Dios los cuide, pues él es su creador y cumple lo que promete.

Los líderes de la iglesia

5 **1** Quiero darles un consejo a los líderes de la iglesia. Yo también soy líder como ellos, y soy testigo de cómo sufrió Cristo. Además, cuando Cristo regrese y muestre lo maravilloso que es él, disfrutaré parte de su gloria. Mi consejo es el siguiente: **2** Cuiden ustedes de las personas que Dios dejó a su cargo, pues ellas pertenecen a Dios. Cuídenlas, como cuida el pastor a sus ovejas. Háganlo con mucho gusto, como Dios quiere, y no por obligación. No lo hagan para ganar dinero, sino con un gran deseo de servir. **3** No traten a los que Dios les encargó como si ustedes fueran sus amos; más bien, procuren ser un ejemplo para ellos. **4** Así, cuando regrese Cristo, que es el Pastor principal, ustedes recibirán un maravilloso premio que durará para siempre.

Los miembros de la iglesia

5 Del mismo modo ustedes, los jóvenes, deben obedecer la autoridad de los líderes de la iglesia. Todos deben tratarse con humildad, pues la Biblia dice:

«Dios se opone a los
   orgullosos,
pero brinda su ayuda
   a los humildes».

6 Por eso, sean humildes y acepten la autoridad de Dios, pues él es poderoso. Cuando llegue el momento oportuno, Dios los tratará como a gente importante. **7** Así que pongan sus preocupaciones en las manos de Dios, pues él tiene cuidado de ustedes.

8 Estén siempre atentos y listos para lo que venga, pues su enemigo el diablo anda buscando a quien destruir, como si fuera un león rugiente. **9** Resistan sus ataques confiando en Dios y sin dudar un solo momento. Ya saben que en todo el mundo otros seguidores de Cristo están sufriendo como ustedes. **10** Pero después de que ustedes hayan sufrido por un poco de tiempo, Dios hará que todo vuelva a estar bien y que ustedes nunca dejen de confiar en él; les dará fuerzas para que no se desanimen, y hará que siempre estén seguros de lo que creen. Recuerden que Dios nos ha elegido por medio de Jesucristo, para que formemos parte de su maravilloso reino. **11** ¡Que Dios reine con poder para siempre! Amén.

Despedida

12 Silvano me ha ayudado a escribirles esta breve carta. Yo lo considero un fiel seguidor de Cristo, y alguien en quien se puede confiar. Les he escrito para darles consejos y asegurarles que todo lo bueno que Dios les ha dado demuestra que él los ama mucho. ¡Nunca duden del amor de Dios!

13 Los seguidores de Cristo que están en la ciudad de Roma les mandan saludos. Ellos, igual que ustedes, forman parte del pueblo que Dios ha elegido. También les manda saludos Marcos, a quien quiero como a un hijo.

14 Salúdense unos a otros con un beso de hermanos.

Le pido a Dios que les dé paz a todos ustedes, los que pertenecen a Cristo.

2 Pedro

Saludo

1 **1** Yo, Simón Pedro, estoy al servicio de Jesucristo, quien me envió a anunciar su mensaje. Reciban mis saludos. Jesucristo, nuestro Dios y Salvador, ha sido justo y bueno con todos ustedes, pues los hizo confiar en él, como nos hizo confiar a nosotros. **2** Le pido a Dios que los ame mucho y les permita vivir en paz, y que ustedes estén siempre dispuestos a conocer más a Dios y a nuestro Señor Jesús.

Vivir como Dios quiere

3 Dios utilizó su poder para darnos todo lo que necesitamos, y para que vivamos como él quiere. Dios nos dio todo eso cuando nos hizo conocer a Jesucristo. Por medio de él nos eligió para que seamos parte de su reino maravilloso. **4** Además, nos ha dado todas las cosas importantes y valiosas que nos prometió. Por medio de ellas, ustedes podrán ser como Dios y no como la gente pecadora de este mundo, porque los malos deseos de esa gente destruyen a los demás. **5** Por eso, mi consejo es que pongan todo su empeño en:

Afirmar su confianza en Dios, esforzarse por hacer el bien, procurar conocer mejor a Dios, **6** y dominar sus malos deseos. Además, deben ser pacientes, entregar su vida a Dios, **7** estimar a sus hermanos en Cristo y sobre todo, amar a todos por igual.

8 Si ustedes conocen a Jesucristo, harán todo eso y tratarán de hacerlo cada vez mejor. Así, vivirán haciendo el bien. **9** Pero quien no lo hace así es como si estuviera ciego, y olvida que Dios le ha perdonado todo lo malo que hizo. **10** Hermanos, Dios los ha elegido para formar parte de su pueblo, y si quieren serlo para siempre, deben esforzarse más por hacer todo esto. De ese modo, nunca fracasarán en su vida cristiana, **11** y Dios con gusto les dará la bienvenida en el reino de nuestro Señor y Salvador Jesucristo, quien reina para siempre.

La verdadera enseñanza

12 Por eso yo les seguiré recordando siempre todo esto, aun cuando ya lo saben y siguen creyendo en la verdad que les enseñaron. **13** Mientras yo viva, creo que es mi deber recordarles todo esto. **14** Nuestro Señor Jesucristo me ha permitido saber que pronto moriré; **15** pero yo haré todo lo posible para que ustedes recuerden estos consejos aun después de mi muerte.

16 Cuando les enseñábamos acerca del poder de nuestro Señor Jesucristo y de su regreso, no estábamos inventando una historia, sino que con nuestros propios ojos vimos el gran poder de nuestro Señor. **17-18** Nosotros estábamos allí cuando Dios el Padre trató a Jesús con mucho honor y mostró lo maravilloso que es él. Y allí mismo, en la montaña sagrada, oímos cuando nuestro grande y maravilloso Dios dijo: «éste es mi Hijo. Yo lo amo mucho y estoy muy contento con él».

19 Por eso estoy completamente seguro de que el mensaje de Dios que anunciaron los profetas es la verdad. Por favor, préstenle atención a ese mensaje, pues les dirá cómo vivir hasta el día en que Cristo vuelva y cambie sus vidas. **20** Pero, antes que nada, deben saber que ninguna enseñanza de la Biblia se puede explicar como uno quisiera. **21** Ningún profeta habló por su propia cuenta. Al contrario, todos ellos hablaron de parte de Dios y fueron guiados por el Espíritu Santo.

Enseñanzas falsas

2 **1** En el pueblo de Israel hubo también algunos que decían ser enviados por Dios, pero no lo eran. Así también, entre ustedes, habrá quienes se crean maestros enviados por Dios, sin serlo. Ellos les darán enseñanzas falsas y peligrosas sin que ustedes se den cuenta, y hasta dirán que Jesucristo no es capaz de salvar. Por eso, cuando menos lo esperen, serán destruidos por completo. **2** Mucha gente vivirá como esos falsos maestros, haciendo todo lo malo que se les antoje. Por culpa de ellos la gente hablará mal de los cristianos y su modo de vivir. **3** Esos falsos maestros desearán tener más y más dinero, y lo ganarán enseñándoles mentiras. Pero Dios ya decidió castigarlos desde hace mucho tiempo, y no se salvarán de ese castigo.

4 Dios no perdonó a los ángeles que pecaron, sino que los mandó al infierno. Allí están, encadenados en la oscuridad, hasta que llegue el día en que Dios juzgue a todos. **5** Dios tampoco perdonó a la gente malvada que vivía en tiempos de Noé. Más bien, les envió el diluvio y todos murieron. Sólo salvó a Noé, que le enseñaba a la gente a vivir haciendo el bien, y junto con Noé salvó a otras siete personas. **6** Y Dios también castigó a los que vivían en las ciudades de Sodoma y Gomorra: los quemó hasta dejarlos hechos cenizas, para que sirviera de ejemplo de lo que les pasaría a los malvados. **7** Pero a Lot no lo quemó, pues era un hombre bueno que sufría viendo la maldad de esa gente. **8** Este hombre bueno vivía en esas ciudades, y todos los días sufría mucho al ver y oír las maldades que hacía esa gente.

9 Esto nos demuestra que Dios sabe solucionar los problemas y dificultades que tienen los que le obedecen, y que también sabe castigar a los que hacen el mal. Y lo hará el día en que juzgue a todos. **10** El castigo será especialmente para los que no obedecen sus órdenes y viven haciendo todo lo malo que se les antoja.

Esos falsos maestros son tercos y orgullosos, y no tienen miedo de insultar a los ángeles buenos. **11** Sin embargo, los ángeles, aunque son más poderosos que esos falsos maestros, no se atreven a insultarlos delante de Dios. **12** Estos hombres no entienden nada, lo hacen todo por capricho, discuten acerca de lo que no entienden, y como los animales, nacen para que los atrapen y los maten. **13** Sufrirán por lo que han hecho sufrir a otros, pues creen que serán felices haciendo a plena luz del día lo malo que se les antoja. Da vergüenza ver lo malo que hacen y el escándalo que arman cuando los acompañan a ustedes en sus fiestas de la iglesia.

14 Estos hombres no pueden ver a una mujer sin desear tener relaciones sexuales con ella, y nunca se cansan de pecar. Engañan a los que no confían mucho en Cristo, y son muy buenos para conseguir lo que desean. Esta gente será castigada por Dios; ¡de eso no hay duda! **15** Andan perdidos, pues han dejado de obedecer a Dios y siguen el ejemplo de Balaam, el hijo de Beor, que quiso ganar dinero haciendo lo malo. **16** Pero precisamente por hacer lo malo, una burra lo regañó: le habló con voz humana, y no lo dejó seguir haciendo esas tonterías.

17 Esos falsos maestros son como pozos secos, sin agua; ¡como nubes llevadas por fuertes vientos! Dios los castigará echándolos para siempre a la más profunda oscuridad. **18** Porque ellos impresionan a la gente diciendo cosas bonitas, que en realidad no sirven para nada. Obligan a otros a participar en sus mismos vicios y malos deseos; engañan a los que con mucho esfuerzo apenas logran alejarse del pecado. **19** Les prometen que serán libres para hacer lo que quieran, pero ellos mismos no pueden dejar de hacer el mal. ¡Ese mismo mal acabará por destruirlos! Pues el que no puede dejar de pecar es esclavo del pecado. **20** Además, los que han conocido a nuestro Señor y Salvador Jesucristo, ya no siguen el ejemplo de los pecadores de este mundo. Pero si permiten que los vuelvan a engañar con esas cosas, y se dejan controlar por el pecado, quedan peor que antes. **21** Más les valdría nunca haber sabido de qué manera quiere Dios que vivan. Pero ahora lo saben, y si dejan de obedecer a Dios, quedarán peor que antes. **22** Así, esas personas demuestran la verdad del dicho: «El perro vuelve a su vómito», y también de este otro: «El cerdo recién bañado vuelve a revolcarse en el lodo».

El regreso del Señor

3 **1** Amados hermanos en Cristo, esta es la segunda carta que les escribo. En las dos he querido darles consejos para que puedan pensar correctamente. **2** Recuerden el mensaje que los profetas de Dios nos dieron hace mucho tiempo. No olviden el mandamiento que nos dio nuestro Señor y Salvador Jesucristo, y que los apóstoles les enseñaron a ustedes.

3 En primer lugar, tomen en cuenta que en los últimos días vendrán personas que sólo pensarán en sus malos deseos. Se burlarán de ustedes **4** y les preguntarán: «¿Qué pasó con la promesa de que Jesucristo regresaría? Ya murieron nuestros padres, y todo sigue igual que cuando el mundo fue creado». **5** Esa gente no quiere darse cuenta de que, hace mucho tiempo, Dios creó los cielos y la tierra. Con sólo dar una orden, Dios separó la tierra de los mares. **6** También usó el agua del diluvio para destruir el mundo de esa época. **7** Pero, con ese mismo poder, Dios ha dado la orden de que en el momento indicado, los cielos y la tierra que ahora existen sean destruidos con fuego. Serán quemados cuando llegue el día en que Dios juzgue a todos y destruya a los que hacen el mal.

8 Además, hermanos míos, no olviden que, para el Señor, un día es como mil años y mil años son como un día. **9** No es que Dios sea lento para cumplir su promesa, como algunos piensan. Lo que pasa es que Dios tiene paciencia con ustedes, porque él no quiere que nadie muera, sino que todos vuelvan a obedecerle.

10 Pero cuando el Señor regrese, vendrá como cuando un ladrón entra en una casa a robar. En ese día, los cielos desaparecerán en medio de un ruido espantoso, las estrellas serán destruidas por el fuego, y la tierra y todo lo que hay en ella desaparecerá.

11 Ya que todo será destruido de esa manera, ustedes deben obedecer sólo a Dios y hacer el bien, **12** y esperar con ansias el día en que Dios juzgará a todo el mundo. Ese día, el fuego destruirá los cielos y derretirá las estrellas. **13** Pero nosotros esperamos el cielo nuevo y la tierra nueva que Dios ha prometido, donde todo será bueno y justo.

14 Por eso, queridos amigos, mientras esperan a que esto suceda, hagan todo lo posible por estar en paz con Dios y porque él los encuentre sin pecado. **15** Recuerden que nuestro Señor Jesucristo nos trata con paciencia, para que podamos ser salvos. Nuestro querido compañero Pablo también les ha escrito acerca de esto, y fue Dios mismo quien se lo explicó. **16** En todas sus cartas él les ha hablado de todo esto, aunque algo de lo que dice en ellas no es fácil de entender. Por eso la gente ignorante y los que no confían en Cristo no las entienden, y luego las explican mal. Lo mismo hacen con toda la Biblia, y por eso Dios los castigará.

Conclusión

17 Queridos amigos, con esto quedan advertidos. Así que cuídense mucho, para que no los engañe la gente malvada, y ustedes dejen de creer firmemente en Dios. **18** Al contrario, dejen que el amor y el conocimiento que nos da nuestro Señor y Salvador Jesucristo los ayude a ser cada vez mejores cristianos.

¡Alabemos a Jesucristo ahora y siempre! Amén.

1 Juan

1 **1-4** Les escribimos esta carta para anunciarles lo que hemos visto y oído acerca de la Palabra de vida que existía desde antes de que Dios creara el mundo. Lo hacemos para que podamos alegrarnos completamente, y para que ustedes se mantengan unidos a nosotros así como nosotros nos mantenemos unidos a Dios el Padre y a su Hijo Jesucristo.

Esta Palabra de vida es Jesucristo, y es quien da la vida verdadera: la vida eterna. Él estaba con Dios el Padre, pero vino a nosotros. Y nosotros, sus discípulos, lo escuchamos hablar, lo vimos con nuestros propios ojos, y hasta pudimos tocarlo.

Amigos de Dios

5 Jesucristo nos enseñó que Dios es luz, y que donde Dios está no hay oscuridad.[1] Este es el mensaje que ahora les anunciamos.

6 Si decimos que somos amigos de Dios y, a la vez, vivimos pecando, entonces resultamos ser unos mentirosos que no obedecen a Dios. **7** Pero si vivimos en la luz, así como Dios vive en la luz, nos mantendremos unidos como hermanos[2] y Dios perdonará nuestros pecados por medio de la sangre de su Hijo Jesús.

8 Si decimos que no hemos pecado, nos engañamos a nosotros mismos y no decimos la verdad. **9** Pero si reconocemos ante Dios que hemos pecado, podemos confiar siempre en que él, que es justo, nos perdonará y nos limpiará de toda maldad.

10 Si decimos que nunca hemos hecho lo malo, hacemos que Dios aparezca como un mentiroso, y no hemos aceptado el mensaje que él nos ha dado.

Jesucristo, nuestro defensor

2 **1** Yo a ustedes los quiero como a hijos. Por eso les escribo esta carta para que no pequen. Pero si alguno peca, Jesucristo es justo y nos defiende ante Dios Padre. **2** Dios perdona nuestros pecados y los de todo el mundo porque Cristo se ofreció voluntariamente para morir por nosotros.

3 Nosotros sabemos que conocemos a Dios porque obedecemos sus mandamientos. **4** Si alguien dice: «Yo soy amigo de Dios» y no le obedece, es un mentiroso y no dice la verdad. **5** En cambio, el que obedece lo que Dios ordena, ese sí sabe amar como Dios ama y puede estar seguro de que es amigo de Dios. **6** El que dice que es amigo de Dios debe vivir como vivió Jesús.

Un nuevo mandamiento

7 Hermanos en Cristo,[1] no les estoy dando un mandamiento nuevo. En realidad, es el mismo mandamiento que Dios les dio desde el principio. Es un mandamiento muy antiguo, y ustedes ya lo conocen.

8 Sin embargo, esto que les escribo es un mandamiento nuevo, y ya saben lo que significa, como también Cristo lo sabe. Él es la luz verdadera, que brilla cada vez más fuerte y hace que la oscuridad vaya disminuyendo.

9 Si alguno dice que vive en la luz, pero odia a otro miembro de la iglesia, en realidad vive en una gran oscuridad. **10** El que ama a los demás, vive bajo la brillante luz de Dios y no causa ningún problema a los de su iglesia. **11** Pero el que odia a otro cristiano, vive en la oscuridad, y no sabe a dónde va, porque la oscuridad lo ha dejado ciego.

12 Hijos míos,[2] les escribo porque Dios les ha perdonado sus pecados por medio de lo que hizo Jesucristo.

13-14 A ustedes los mayores, les escribo porque conocen a Jesús, quien ya existía antes de que Dios creara el mundo.

A ustedes los jóvenes, les escribo también porque han sido valientes, han derrotado al diablo, y han aceptado con sinceridad el mensaje de Dios.

Les he escrito a todos ustedes porque han conocido al Padre.

15 No quieran ustedes ser como los pecadores del mundo, ni tampoco hacer lo que ellos hacen. Quienes lo hacen, no aman a Dios el Padre. **16** Las cosas que ofrece la gente del mundo no vienen de Dios, sino de los pecadores de este mundo. Y estas son las cosas que el mundo nos ofrece: los malos deseos, la ambición de tener todo lo que vemos, y el orgullo de poseer muchas riquezas. **17** Pero lo malo de este mundo y de todo lo que ofrece, está por acabarse. En cambio, el que hace lo que Dios manda vive para siempre.

El Enemigo de Cristo

18 Hijos míos, ya estamos viviendo los últimos días, y el mundo pronto se acabará. Ustedes han escuchado que antes del fin vendrá el Enemigo de Cristo. Pues bien, yo quiero decirles que ya han aparecido muchos enemigos de Cristo, y por eso sabemos que estamos en los últimos días.

19 Estos enemigos de Cristo se reunían con nosotros, pero en realidad no eran de nuestro grupo. Si hubieran sido de nuestro grupo, se habrían quedado con nosotros. Pero se apartaron del grupo para mostrar claramente que no todos los que se reúnen con nosotros son de los nuestros.

20 Cristo, el Hijo de Dios,[3] los ha separado a ustedes del mundo, y les ha dado el Espíritu Santo, y todos ustedes conocen la verdad. **21** Por eso les escribo, porque sé que ustedes conocen la verdad y saben que quien la conoce no puede mentir.

22 Entonces, ¿quién miente? Pues el que dice que Jesús no es el Mesías. Ese es el Enemigo de Cristo, pues rechaza tanto a Dios el Padre como a Jesús el Hijo. **23** Cualquiera que rechaza al Hijo, también rechaza al Padre. Y si alguien acepta al Hijo, también acepta al Padre.

24 Por eso, no dejen de hacer ustedes lo que se les enseñó desde que se hicieron cristianos. Si continúan haciéndolo, entonces vivirán siempre unidos al Hijo y al Padre, **25** pues Cristo nos ha prometido la vida eterna.

26 Les estoy escribiendo para advertirles sobre algunos que quieren engañarlos. **27** Pero ustedes tienen al Espíritu Santo, con el que Cristo los separó del mundo. Por eso no necesitan que nadie les enseñe, pues el Espíritu de Dios les enseña todo; y lo que él enseña no es mentira, sino la verdad. Por eso, hagan lo que el Espíritu Santo les ha enseñado: manténganse siempre unidos a Cristo.

28 Ahora, hijos míos, sigan unidos a Cristo. Así, cuando él regrese, lo estaremos esperando confiadamente y no pasaremos por la vergüenza de ser castigados.

Hijos de Dios

29 Como ustedes saben, Jesucristo hace todo lo que le agrada a Dios. Por eso también deben saber que todo el que hace lo que a Dios le agrada, es hijo de Dios.

3 **1** ¡Miren! Dios el Padre nos ama tanto que la gente nos llama hijos de Dios, y la verdad es que lo somos. Por eso los pecadores de este mundo no nos conocen, porque tampoco han conocido a Dios. **2** Queridos hermanos, *1* ¡nosotros ya somos hijos de Dios! Y aunque todavía no sabemos cómo seremos en el futuro, sí sabemos que cuando Jesucristo aparezca otra vez, nos pareceremos a él, porque lo veremos como él es en realidad. **3** Todo el que espera confiadamente que todo esto suceda, se esfuerza por ser bueno, como lo es Jesús.

4 Todo el que peca, desobedece la ley de Dios, porque el pecado consiste en desobedecer a Dios. **5** Como ustedes saben, Jesucristo vino al mundo para quitar los pecados del mundo. Jesucristo no peca,

ni puede pecar. **6** Por eso, cualquiera que sea amigo de Jesucristo, y quiera mantenerse unido a él, no puede seguir pecando. Pero el que peca, no conoce a Jesucristo ni lo entiende.

7 Hijitos míos, ¡que nadie los engañe! Todo el que obedece a Dios es tan justo como lo es Jesús. **8** Pero el que siempre hace lo malo es amigo del diablo, porque el diablo ha estado pecando desde el día en que Dios creó al mundo. Por esta razón vino el Hijo de Dios al mundo: para destruir todo lo que hace el diablo.

9 Ningún hijo de Dios sigue pecando, porque los hijos de Dios viven como Dios vive. Así que no puede seguir pecando, porque es un hijo de Dios.

10 Podemos saber quién es hijo de Dios, y quién es hijo del diablo: los hijos del diablo son los que no quieren hacer lo bueno ni se aman unos a otros.

11 Desde el principio se les ha enseñado a ustedes que nosotros debemos amarnos unos a otros. **12** No debemos ser como Caín, que era como un hijo del diablo y mató a su hermano. ¿Y por qué lo mató? Porque lo que Caín hacía era malo, y lo que hacía su hermano era bueno.

13 Mis queridos amigos, no se extrañen si los pecadores de este mundo los odian. **14** El amor que nos tenemos demuestra que ya no estamos muertos, sino que ahora vivimos. Pero si ustedes no se aman los unos a los otros, eso quiere decir que todavía están bajo el poder de la muerte. **15** Si ustedes se odian unos a otros, son asesinos, y ya saben que ningún asesino puede tener la vida eterna.

16 Pero nosotros sabemos lo que es el amor, porque Jesucristo dio su vida por nosotros. Así también nosotros, debemos dar nuestra vida por nuestros hermanos en Cristo. *2* **17** Si un rico ve que alguno de su propia iglesia tiene alguna necesidad, y no lo ayuda, ese rico no ama como Dios ama.

18 Hijos míos, no solamente debemos decir que amamos, sino que debemos demostrarlo por medio de lo que hacemos.

19-20 Sabemos que pertenecemos a Dios porque amamos a los demás. Por eso, si nos sentimos culpables de algo, podemos estar seguros de que Dios no nos acusa de nada, porque él está por encima de todo sentimiento, y lo sabe todo.

21 Amados míos, si no nos sentimos culpables de nada, podemos estar seguros de que Dios no nos acusa. **22** Y nos dará lo que le pidamos, porque obedecemos sus mandamientos y hacemos lo que le agrada. **23** Y su mandamiento es que creamos en su Hijo Jesucristo, y que nos amemos unos a otros, tal como Jesús nos lo ordenó. **24** Si obedecemos a Dios, viviremos unidos a Dios y él vivirá unido a nosotros. Eso lo sabemos por el Espíritu Santo que nos ha dado.

Los verdaderos hijos de Dios

4 **1** Queridos hermanos, *1* no les crean a todos los que dicen que tienen el Espíritu de Dios. Pónganlos a prueba, para ver si son lo que dicen ser. Porque el mundo está lleno de falsos profetas.

2 Ustedes pueden saber si una persona tiene el Espíritu de Dios cuando esa persona reconoce que Jesucristo vino al mundo como verdadero hombre. **3** Si alguien dice que esto no es cierto, es porque no tiene el Espíritu de Dios. Más bien tiene el espíritu del Enemigo de Cristo. Ustedes ya habían oído que este espíritu tenía que venir, y yo quiero decirles que ya está en el mundo.

4 Hijos míos, ustedes son de Dios y ya han vencido a esos falsos profetas, pues él permanece unido a ustedes y es más poderoso que su Enemigo. **5** Ellos son unos pecadores, y los demás pecadores de este mundo les hacen caso, porque hablan de las mismas cosas. **6** Pero nosotros pertenecemos a Dios y podemos saber quién tiene el Espíritu que dice la verdad, y quién tiene el espíritu del engaño: El que es de Dios nos hace caso, pero el que no es de Dios nos ignora.

Debemos amarnos

7 Amados hijos míos, debemos amarnos unos a otros, porque el amor viene de Dios. Todo el que ama es hijo de Dios y conoce a Dios. **8** El que no ama no conoce a Dios, porque Dios es amor.

9 Dios demostró que nos ama al enviar al mundo a Jesús, su único Hijo, para que por medio de él todos nosotros tengamos vida eterna. **10** El verdadero amor no consiste en que nosotros hayamos amado a Dios, sino en que él nos amó y envió a su Hijo para que nosotros fuéramos perdonados por medio de su sacrificio.

11 Hijos míos, si Dios nos ha amado así, nosotros también debemos amarnos los unos a los otros. **12** Nadie ha visto nunca a Dios, pero si nos amamos unos a otros, Dios vive en nosotros y también su amor estará en nosotros.

13 Sabemos que estamos íntimamente unidos a Dios porque él nos ha dado su Espíritu. **14** Nosotros mismos hemos visto que el Padre envió a su Hijo para salvar a todo el mundo, y lo decimos sin miedo. **15** Si una persona reconoce que Jesucristo es el Hijo de Dios, esa persona y Dios están muy unidos, como si fueran uno solo.

16 Por eso sabemos y creemos que Dios nos ama. Dios es amor, y cualquiera que ama a sus hermanos² está íntimamente unido a Dios. **17** Si en verdad amamos a los hermanos, y si vivimos como Jesucristo vivió en este mundo, no tenemos por qué tener miedo cuando Jesús venga para juzgar a todo el mundo. **18** La persona que ama no tiene miedo. Donde hay amor no hay temor. Al contrario, el verdadero amor quita el miedo. Si alguien tiene miedo de que Dios lo castigue, es porque no ha aprendido a amar.

19 Nosotros amamos a nuestros hermanos porque Dios nos amó primero. **20** Si decimos que amamos a Dios, y al mismo tiempo nos odiamos unos a otros, somos unos mentirosos. Porque si no amamos al hermano a quien podemos ver, mucho menos podemos amar a Dios, a quien no podemos ver. **21** Y Jesucristo nos dio este mandamiento: «¡Amen a Dios, y ámense unos a otros!»

Confianza victoriosa

5 **1** Si creemos que Jesús es el Mesías, somos hijos de Dios. Y recordemos que, si amamos al Padre, también debemos amar a los hijos de ese mismo Padre. **2** Si nosotros amamos a Dios y obedecemos sus mandamientos, sabemos que también amamos a los hijos de Dios. **3** Nosotros demostramos que amamos a Dios cuando obedecemos sus mandamientos; y obedecerlos no es difícil. **4** En realidad, todo el que es hijo de Dios vence lo malo de este mundo, y todo el que confía en Jesucristo obtiene la victoria. **5** El que cree que Jesús es el Hijo de Dios, vence al mundo y su maldad.

Quién es Jesucristo

6 Cuando Jesucristo vino a este mundo, fue bautizado en agua, y al morir derramó su sangre. El Espíritu de Dios es testigo de esto, y todo lo que él dice es verdad. **7** Son tres los que nos enseñan que esto es verdad: **8** el Espíritu de Dios, el agua del bautismo, y la sangre que derramó Jesús al morir en la cruz. Y las tres dicen lo mismo.

9 Nosotros valoramos lo que dice la gente, pero lo que Dios dice es mucho más valioso porque nos habla acerca de su Hijo. **10** Si confiamos en el Hijo de Dios, entonces creemos lo que Dios ha dicho. Pero el que no cree en Dios lo hace pasar por mentiroso, porque no ha creído lo que Dios mismo ha dicho acerca de su Hijo Jesucristo. **11** Y lo que Dios ha dicho es que él nos ha dado vida eterna, y que tendremos esa vida si creemos en su Hijo. **12** Si vivimos unidos al Hijo de Dios tenemos vida eterna. Si no vivimos unidos al Hijo de Dios, no tenemos vida eterna.

Conclusión

13 Les escribo esto a ustedes, que confían en el Hijo de Dios, para que sepan que tienen vida eterna. **14** Confiamos en Dios, pues sabemos que él nos oye si le pedimos algo que a él le agrada. **15** Y así como sabemos que él oye nuestras oraciones, también sabemos que ya nos ha dado lo que le hemos pedido.

16 Si alguno ve que un hermano de la iglesia comete un pecado que no lleva a la muerte, debe orar por el hermano para que Dios le dé vida. Pero debe tratarse de un pecado que no lleva a la muerte. Porque hay pecados que llevan a la muerte, y quiero decirles que no se debe orar por quienes los cometen. **17** Todo tipo de maldad es pecado, pero no todo pecado lleva a la muerte.

18 Sabemos que los hijos de Dios no pecan, porque Jesucristo, el Hijo de Dios, los cuida, y el diablo no puede hacerles daño. **19** Sabemos que somos de Dios, y que el resto de la gente en el mundo está dominada por el diablo. **20** Y también sabemos que el Hijo de Dios ha venido, y que nos ha dado la capacidad de conocer al Dios verdadero. Vivimos unidos a su Hijo Jesucristo; él es el Dios verdadero, que da la vida eterna. **21** Cuidado, hijos míos; no obedezcan a los dioses falsos.

2 Juan

Saludo

1 ¹ Del líder y encargado de la iglesia, a los hermanos¹ que Dios ha elegido: Yo los amo; y no sólo yo, sino también todos los que han conocido la verdad, ² la cual nos hace amarlos.

3 Le pido a Dios el Padre y a su Hijo Jesucristo que sean buenos con ustedes, que los traten con mucho amor, y les den su paz. ¡Que hagan que en ustedes abunden la verdad y el amor!

El amor verdadero

4 Me alegré mucho al encontrar que algunos de ustedes viven de acuerdo con la verdad, como Dios el Padre nos mandó. **5** Ahora les pido que nos amemos unos a los otros. Este mandamiento no es nuevo: es el mismo que se nos

dio cuando nos hicimos cristianos. **6** El que ama de verdad también obedece los mandamientos de Dios. Y como ustedes lo han sabido desde el principio, Dios nos manda que vivamos amando siempre a los demás.

¡Cuidado con los falsos maestros!

7 En el mundo hay muchos que engañan a la gente diciendo que Jesucristo no vino al mundo como un hombre de verdad, de carne y hueso. Eso lo dice el Enemigo de Cristo, que es un mentiroso. **8** Tengan cuidado, para que no se eche a perder todo lo bueno que hemos hecho por ustedes. De lo contrario ustedes no recibirán de Dios el premio completo.

9 Si no permanecen fieles a lo que Cristo enseñó, Dios se apartará de

ustedes. Pero si se mantienen firmes en lo que Cristo enseñó, Dios el Padre y el Hijo estarán siempre con ustedes. **10** Si alguien va a visitarlos y no enseña estas cosas, no lo reciban en su casa ni lo saluden. **11** Porque saludarlo es lo mismo que hacer lo malo que él hace.

Despedida

12 Tengo mucho que decirles, pero prefiero no hacerlo por carta. Espero poder ir a visitarlos y hablarles personalmente. Así estaré completamente feliz. **13** La iglesia donde ahora estoy tiene una relación muy estrecha con la iglesia de ustedes. Y los miembros de esta iglesia les mandan saludos.

3 Juan

Saludo

1 ¹ Del líder y encargado de la iglesia a mi querido amigo Gayo: ² Amado hermano, le ruego a Dios que te encuentres muy bien, y también le pido que te vaya bien en todo lo que hagas, y que tengas buena salud.

La buena conducta de Gayo

3 Me alegré mucho cuando algunos miembros de la iglesia vinieron y me contaron que sigues confiando en la verdad que Jesucristo nos enseñó. **4** Nada me alegra más que saber que mis hijos¹ obedecen siempre a la verdad que Dios nos ha enseñado.

5 Querido hermano, tú te portas muy bien cuando ayudas a los otros seguidores de Cristo, especialmente a los que llegan de otros lugares. **6** Ellos le han contado a toda la iglesia cuánto los

amas. Por favor, ayúdalos en todo lo que necesiten para continuar su viaje. Hazlo de tal modo que resulte agradable a Dios. **7** Ellos han comenzado a anunciar el mensaje de Jesucristo, y no han aceptado ninguna ayuda de los que no creen en Dios. **8** Por eso debemos ayudarlos en este trabajo que han empezado, y también hacernos cargo de ellos.

Diótrefes y Demetrio

9 Yo escribí una carta a la iglesia, pero Diótrefes no acepta mi autoridad, pues le gusta mandar. **10** Por eso, cuando yo vaya a visitarlos, le llamaré la atención, porque anda hablando mal de nosotros. Y no sólo eso, sino que tampoco recibe a los seguidores de Cristo que llegan de otras partes. Y si alguien quiere recibirlos en su casa, se lo prohíbe y lo echa de la iglesia.

11 Amado hermano Gayo, no sigas el ejemplo de los que hacen el mal, sino el ejemplo de los buenos. El que hace lo bueno es parte de la familia de Dios, pero el que hace lo malo nunca ha visto a Dios. **12** Todos hablan bien de Demetrio, y su comportamiento nos demuestra que dicen la verdad. También nosotros hablamos bien de él, y tú sabes que no mentimos.

Despedida

13 Tengo mucho más que decirte, pero prefiero no hacerlo por escrito, **14** porque espero ir pronto a verte, y entonces podremos hablar personalmente. **15** Que Dios te bendiga con su paz. Los amigos que están conmigo te mandan saludos. Saluda a cada uno de mis amigos que están contigo.

+ ···· *Judas* ···· +

Saludo

1 ¹ Yo, Judas, estoy al servicio del Señor Jesucristo y soy hermano de Santiago. ¹ Escribo esta carta a todos los que Dios el Padre ama y ha elegido, y que Jesucristo también cuida. ² Deseo que Dios los trate con mucha compasión y con abundante paz y amor.

Advertencia contra la mentira

³ Amados hermanos en Cristo, ² hace tiempo que he querido escribirles acerca de la salvación que Dios nos ha dado. Pero ahora les escribo para pedirles que luchen y defiendan la enseñanza que Dios ha dado para siempre a su pueblo elegido. **4** Estoy preocupado, pues hay algunos que los han engañado y que se han colado entre ustedes. Ellos dicen que Jesucristo no es nuestro único Señor y Dueño, y que por eso no debemos obedecerle. Piensan que, como Dios nos ama tanto, no nos castigará por todo lo malo que hacemos. Con razón, desde hace mucho tiempo en la Biblia se dice que Dios castigará a esa gente.

5 Aunque ustedes ya lo saben, quiero recordarles que cuando Dios sacó de Egipto al pueblo de Israel, después destruyó a los que no creyeron en él. **6** Así pasó también con los ángeles que rechazaron y dejaron el lugar de honor que Dios les había dado. Dios los tiene atados por siempre con cadenas, y están encerrados en lugares oscuros hasta que llegue el gran día del juicio final.

7 Algo parecido les sucedió a los que vivían en Sodoma, en Gomorra y en las ciudades cercanas. Los que vivían allí pecaron, practicando todo tipo de relaciones sexuales prohibidas. Por eso Dios los castigó arrojándolos en el fuego que nunca se apaga para que sufran allí. Que esto sirva de advertencia para todos nosotros.

8 Lo mismo les va a pasar a los malvados de quienes les estoy hablando. Porque con sus locas ideas dañan su cuerpo, rechazan la autoridad de Dios e insultan a los ángeles. **9** Ni siquiera Miguel, el jefe de los ángeles, se atrevió a hacer algo así. Cuando peleaba con el diablo para quitarle el cuerpo de Moisés, Miguel no lo insultó sino que sólo le dijo: «Que el Señor te castigue». **10** Sin embargo, esta gente insulta hasta lo que no conoce. Se comportan como los animales, que conocen las cosas pero no las entienden, y por eso terminan destruyéndose a sí mismos.

11 ¡Pobre gente! Se portan como Caín. Y por el afán de ganar dinero cometen el mismo error que cometió Balaam. Son tan rebeldes que morirán como murió Coré. ³

12 Es una vergüenza que esas personas vayan a sus fiestas de amor, ⁴ pues comen y beben sin ningún respeto. Son líderes que sólo se preocupan de ellos mismos. Son como nubes sin agua que el viento lleva de un lado a otro. Se parecen también a los árboles que no dan fruto, pues han sido arrancados de raíz y están totalmente muertos. **13** Son gente violenta. Todos pueden ver lo malo que hacen, pues sus maldades son como la espuma de las violentas olas del mar. Son como estrellas perdidas que están condenadas a viajar todo el tiempo en la más terrible oscuridad.

14 Enoc, que fue el séptimo hombre después de Adán, habló de esta gente desde hace mucho tiempo, y dijo: «Miren, Dios viene acompañado de miles y miles de sus ángeles. **15** Viene para castigar a todos los que hicieron el mal. Castigará a todos los pecadores que lo insultaron».

16 Esta gente se queja de todo, y lo critica todo. Sólo quieren que se cumplan sus deseos egoístas. Hablan con orgullo, y cuando hablan bien de los demás, lo hacen sólo para poder aprovecharse de ellos.

Algunos consejos

17 Pero ustedes, queridos hermanos, ⁵ acuérdense de lo que ya les habían dicho los apóstoles de nuestro Señor Jesucristo. **18** Ellos les enseñaron que en los últimos tiempos habría gente burlona, que se dejaría controlar por sus malos deseos. **19** Y es esta gente la que los obliga a pelearse y a dividirse, pues hace lo que quiere y no tiene el Espíritu de Dios.

20 Pero ustedes, queridos hermanos, sigan confiando siempre en Dios. Esa confianza es muy especial. Cuando oren, dejen que el Espíritu Santo les diga lo que deben decir. **21** Confíen todo el tiempo en el amor de Dios, y esperen el día en que nuestro Señor Jesucristo nos dará la vida eterna, pues él también nos ama mucho.

22 Ayuden con amor a los que no están del todo seguros de su salvación. **23** Rescaten a los que necesitan salvarse del infierno, y tengan compasión de los que necesitan ser compadecidos. Pero tengan mucho cuidado de no hacer el mismo mal que ellos hacen.

Alabanza final a Dios

24 Dios puede cuidarlos para que no hagan el mal, y también tiene poder para que ustedes puedan presentarse sin pecado ante él cuando regrese. Se presentarán ante él llenos de alegría, y limpios y sin mancha como un vestido nuevo. **25** Por eso, alaben a Dios nuestro Salvador y reconozcan su grandeza, poder y autoridad, pues él nos envió a nuestro Señor Jesucristo. Alabémosle por todo esto ahora y siempre. Amén.

Apocalipsis

Bendiciones para el lector

1 1-2 Dios le ha mostrado a Jesucristo lo que pronto sucederá, para que él se lo enseñe a sus servidores. Por eso Jesucristo se lo ha comunicado a Juan, su servidor, por medio de un ángel; y Juan ha puesto por escrito toda la verdad.

3 ¡Dios bendiga a quien lea en público este mensaje! ¡Y bendiga también a los que lo escuchen y lo obedezcan! ¡Ya viene el día en que Dios cumplirá todo lo que se anuncia en este libro!

Saludo

4-5 Yo, Juan, saludo a las siete iglesias que están en la provincia de Asia.2 Dios es el que vive, el que siempre ha vivido, y el que está por venir. Deseo que Dios y Jesucristo y los siete espíritus3 que están delante de su trono los amen a ustedes y les den su paz. Podemos confiar en que Jesucristo nos ama y dice la verdad acerca de Dios. Él fue el primero en resucitar, y es también el que gobierna sobre todos los reyes de la tierra.

Por medio de la muerte de Jesucristo, Dios nos ha perdonado nuestros pecados. 6 Además, Cristo nos permite gobernar como reyes, y nos ha nombrado sacerdotes al servicio de Dios su Padre. Por eso, ¡alaben todos a Jesucristo, y que sólo él tenga todo el poder del mundo! Amén.

7 ¡Miren!
¡Cristo viene en las nubes!

Todos lo verán venir,
aun los que lo mataron;
y todos los habitantes
del mundo
llorarán por él.
Así sucederá, ¡amén!

8 El Señor todopoderoso, el que vive, siempre ha vivido y está por llegar, dice: «Yo soy el principio y el fin».4

Visión sobre Jesucristo

9 Yo, Juan, soy su hermano en Cristo,5 pues ustedes y yo confiamos en él. Y por confiar en él, pertenezco al reino de Dios, lo mismo que ustedes; tengo los mismos problemas y dificultades, pero también tengo la fuerza que Dios nos da para soportar esos sufrimientos. Por anunciar el mensaje de Dios y hablar de Jesucristo fui enviado a la isla de Patmos.6 10 Pero un domingo,7 quedé bajo el poder del Espíritu Santo. Entonces escuché detrás de mí una voz muy fuerte, que sonaba como una trompeta. 11 Esa voz me dijo: «Escribe en un libro lo que ves, y envíalo a las siete iglesias de la provincia de Asia, es decir, a las iglesias de Éfeso, Esmirna, Pérgamo, Tiatira, Sardes, Filadelfia y Laodicea».

12 Cuando me volví para ver quién me hablaba, vi siete candelabros de oro.8 13 En medio de los candelabros vi a alguien que parecía ser Jesús, el Hijo del hombre. Vestía una ropa que le llegaba hasta los pies, y a la altura del pecho llevaba un cinturón de oro. 14 Su cabello era tan blanco como la lana, y hasta parecía estar cubierto de nieve. Sus ojos parecían llamas de fuego, 15 y sus pies brillaban como el bronce que se funde en el fuego y luego se pule. Su voz resonaba como enormes y estruendosas cataratas. 16 En su mano derecha tenía siete estrellas, y de su boca salía una espada delgada y de doble filo. Su cara brillaba como el sol de mediodía.

17 Al verlo, caí a sus pies como muerto. Pero él puso su mano derecha sobre mí, y me dijo:

«No tengas miedo. Yo soy el primero y el último, 18 y estoy vivo. Estuve muerto, pero ahora vivo para siempre, y tengo poder sobre la muerte.

19 »Escribe lo que has visto: lo que ahora sucede y lo que sucederá después. 20 Yo te explicaré el significado secreto de las siete estrellas que viste en mi mano, y de los siete candelabros de oro. Las siete estrellas representan a los ángeles9 de las siete iglesias, y los siete candelabros representan a las siete iglesias.

El mensaje a la iglesia de Éfeso

2 1 »Escribe al ángel1 de la iglesia de Éfeso:

''Yo sostengo las siete estrellas en mi mano derecha, y camino entre los siete candelabros de oro. 2 Pon atención a lo que te voy a decir:

2 'Estoy enterado de todo lo que haces, y sé que por obedecerme has tenido muchas dificultades. También sé que las has soportado con mucha paciencia, y que rechazas a los malvados. Has puesto a prueba a los que no son apóstoles pero dicen serlo, y has demostrado que son unos mentirosos. 3 Has sido paciente, y por obedecerme has sufrido mucho. Pero aun así no te has cansado de obedecerme.

4 'Sin embargo, hay algo que no me gusta de ti, y es que ya no me amas tanto como me amabas cuando me hiciste cristiano. 5 Por eso, acuérdate de cómo eras antes, y vuelve a obedecer a Dios. Deja de hacer lo malo, y compórtate como al principio. Si no lo haces, yo iré a castigarte y quitaré de su lugar tu candelabro. 6 'Lo que me gusta de ti es que odias, lo mismo que yo, lo que hacen los nicolaítas.2

7 'Si alguien tiene oídos, que ponga atención a lo que el Espíritu de Dios les dice a las iglesias.

'A los que triunfen sobre las dificultades y no dejen de confiar en mí, les daré a comer el fruto del árbol que da vida. Ese árbol crece en el hermoso jardín de Dios' ''.

El mensaje a la iglesia de Esmirna

8 »Escribe al ángel de la iglesia de Esmirna:

''Yo soy el primero y el último. ¡Había muerto, pero he vuelto a vivir! Escucha bien lo que te voy a decir:

9 'Yo conozco las dificultades por las que ahora pasas, y sé que eres pobre, aunque espiritualmente eres muy rico. También sé lo mal que hablan de ti los que se consideran judíos, que en realidad son un grupo que pertenece a Satanás.

10 'No tengas miedo de lo que vas a sufrir. El diablo meterá a algunos de ustedes en la cárcel, para ver si en verdad confían en mí. Ustedes tendrán muchas dificultades durante un corto tiempo. Pero si confían en mí hasta la muerte, yo les daré como premio la vida eterna.

11 'Si alguien tiene oídos, que ponga atención a lo que el Espíritu de Dios les dice a las iglesias.

'Los que triunfen sobre las dificultades y sigan confiando en mí, jamás serán separados de Dios' ''.

El mensaje a la iglesia de Pérgamo
12 »Escribe al ángel de la iglesia de Pérgamo:

''Yo tengo la espada delgada y de doble filo. Escucha lo que te voy a decir:

13 'Yo sé que tú vives en la ciudad donde Satanás tiene su trono, y que a pesar de eso sigues confiando en mí. Ni siquiera dudaste cuando en esa ciudad mataron a Antipas, quien siempre demostró su confianza en mí.

14 'Sin embargo, hay algo que no me gusta de ti, y es que no has rechazado a los que siguen el mal ejemplo de Balaam. Él le aconsejó a Balac que hiciera pecar a los israelitas, y los animó a comer lo que se había ofrecido a dioses falsos, y también a ser infieles a Dios.

15 'Tampoco has rechazado a los que siguen las enseñanzas de los nicolaítas. 16 Por eso, vuelve a obedecer a Dios, porque si no lo haces vendré pronto y, con el poder de mi palabra, te castigaré a ti, a los nicolaítas y a sus seguidores.

17 'Si alguien tiene oídos, que ponga atención a lo que el Espíritu de Dios les dice a las iglesias.

'A los que triunfen sobre las dificultades y sigan confiando en mí, les daré a comer del maná escondido y les entregaré una piedra blanca. Sobre esa piedra está escrito un nuevo nombre, que nadie conoce. Sólo los que la reciban sabrán cuál es ese nombre' ''.

El mensaje a la iglesia de Tiatira
18 »Escribe al ángel de la iglesia de Tiatira:

''¡Yo soy el Hijo de Dios! Mis ojos parecen llamas de fuego, y mis pies brillan como el bronce bien pulido. Escucha lo que te voy a decir:

19 'Estoy enterado de todo lo que haces. Sé muy bien que me amas y que no has dejado de confiar en mí; también sé que has servido a los demás, y que ahora los estás ayudando mucho más que al principio.

20 'Pero hay algo que no me gusta de ti, y es que has dejado que Jezabel siga engañando a mis servidores. Esa mujer anda diciendo que Dios la envió, y les ha dicho a mis servidores que pueden comer de lo que se ha ofrecido a dioses falsos, y los anima a ser infieles a Dios. 21 Yo le he dado tiempo para que vuelva a obedecer a Dios, pero no ha querido hacerlo, ni ha dejado de creer en dioses falsos.

22-23 'Yo voy a hacer que esa mujer se enferme gravemente, y que se mueran los que obedecen sus enseñanzas y siguen creyendo en dioses falsos. Pero si se arrepienten y vuelven a obedecer a Dios, no les haré daño.

'Así, todas las iglesias sabrán que yo conozco los pensamientos y deseos de todos, y que a cada uno le daré el castigo que merecen sus malas acciones.

24 'Pero a los que están en Tiatira y no siguen las enseñanzas de esa mujer, ni han llegado a conocer lo que algunos llaman los secretos profundos de Satanás, les doy esta única orden: 25 que sigan creyendo firmemente en mí hasta que yo vuelva.

26-28 'A los que triunfen sobre las dificultades y no dejen de confiar en mí, les daré como señal de victoria la estrella de la mañana. Y si siempre me obedecen, les daré poder sobre los países del mundo, así como mi Padre me dio ese poder a mí. Gobernarán a esos países, y los tratarán con dureza; ¡los harán pedazos, como si fueran ollas de barro!

29 'Si alguien tiene oídos, que ponga atención a lo que el Espíritu de Dios les dice a las iglesias' ''.

El mensaje a la iglesia de Sardes
3 1 »Escribe al ángel de la iglesia de Sardes:

''Yo tengo los siete espíritus de Dios y las siete estrellas. Escucha lo que te voy a decir:

'Estoy enterado de todo lo que haces, y sé que tienes fama de obedecerme fielmente. Pero eso no es verdad. 2 Así que levántate y esfuérzate por mejorar las cosas que aún haces bien, pero que estás a punto de no seguir haciendo, pues he visto que no obedeces a mi Dios. 3 Acuérdate de todo lo que has aprendido acerca de Dios, y arrepiéntete y vuelve a obedecerlo. Si no lo haces, iré a castigarte, y llegaré cuando menos lo esperes; lo haré como el ladrón, que nunca se sabe cuándo llegará a robar.

4 'Sin embargo, en Sardes hay algunas personas que no han hecho lo malo. Por eso, estarán conmigo vistiendo ropa blanca, símbolo de victoria y santidad, pues se lo merecen.

5 'A los que triunfen sobre las dificultades y mantengan su confianza en mí, los vestiré con ropas

blancas, y no borraré sus nombres del libro de la vida. 4 Y los reconoceré delante de mi Padre y de los ángeles que le sirven.
6 'Si alguien tiene oídos, que ponga atención a lo que el Espíritu de Dios dice a las iglesias' ''.

El mensaje a la iglesia de Filadelfia
7 »Escribe al ángel de la iglesia de Filadelfia:

''Yo soy el verdadero Hijo de Dios, 5 y gobierno sobre el reino de David. Cuando abro una puerta, nadie puede volver a cerrarla; y cuando la cierro, nadie puede volver a abrirla. Ahora escucha lo que te voy a decir:

8 'Estoy enterado de todo lo que haces, y sé que me has obedecido en todo y nunca has negado conocerme, a pesar de que tienes poco poder. Por eso, pon atención: Voy a darte la oportunidad de servirme, y nadie te lo podrá impedir. Yo te he abierto la puerta, y nadie podrá cerrarla. 9 Ya verás lo que haré con esos mentirosos que pertenecen a Satanás. Dicen que son judíos, pero en realidad no lo son. Haré que se arrodillen delante de ti, para que vean cuanto te amo. 10 'Todos en el mundo tendrán dificultades y sufrimientos. Así veré quién confía en mí y quién no. Pero a ti te protegeré, porque tú me obedeciste cuando te ordené que no dejaras de confiar en mí. 11 Pronto regresaré. Sigue creyendo fielmente en mí, y así nadie te quitará tu premio. 12 'A los que triunfen sobre las dificultades y mantengan su confianza en mí, les daré un lugar importante en el templo de mi Dios, y nunca tendrán que salir de allí. En ellos escribiré el nombre de mi Dios y el de la ciudad celestial, que es la Nueva Jerusalén que vendrá. También escribiré en ellos mi nuevo nombre. 13 'Si alguien tiene oídos, que ponga atención a lo que el Espíritu de Dios les dice a las iglesias' ''.

El mensaje a la iglesia de Laodicea
14 »Escribe al ángel de la iglesia de Laodicea:

''¡Yo soy el Amén! Y me llamo así porque enseño la verdad acerca de Dios y nunca miento. Por medio de mí, Dios creó todas las cosas. Escucha bien lo que te voy a decir:

15 'Estoy enterado de todo lo que haces, y sé que no me obedeces del todo, sino sólo un poco. ¡Sería mejor que me obedecieras completamente, o que de plano no me obedecieras! 16 Pero como sólo me obedeces un poco, te rechazaré por completo. 17 Pues tú dices que eres rico, que te ha ido muy bien y que no necesitas de nada. Pero no te das cuenta de que eres un desdichado, un miserable, y que estás pobre, ciego y desnudo. 18 Por eso te aconsejo que compres de mí lo que de veras te hará rico. Porque lo que yo doy es de mucho valor, como el oro refinado en el fuego. Si no quieres pasar la vergüenza de estar desnudo, acepta la ropa blanca que yo te doy para que te cubras con ella, y las gotas medicinales para tus ojos. Sólo así podrás ver. 19 'Yo reprendo y corrijo a los que amo. Por eso, vuélvete a Dios y obedécelo completamente.

20 'Yo estoy a tu puerta, y llamo;
si oyes mi voz y me abres, entraré en tu casa y cenaré contigo.

21 'Los que triunfen sobre las dificultades y mantengan su confianza en mí, reinarán conmigo, así como yo he triunfado y ahora reino con mi Padre. 22 'Si tienes oídos, pon atención a lo que el Espíritu de Dios les dice a las iglesias' ''».

La alabanza en el cielo
4 1 Después de esto, vi una puerta abierta en el cielo. Entonces la voz que había escuchado al principio, y que resonaba tan fuerte como una trompeta, me dijo: «¡Acércate!, voy a enseñarte lo que está por suceder».

2 En ese mismo instante quedé bajo el poder del Espíritu Santo, y vi un trono en el cielo. Sobre el trono estaba sentado alguien 3 que brillaba como un diamante o como un rubí. Alrededor del trono, un arco iris brillaba como una esmeralda. 4 Había también otros veinticuatro tronos, los cuales formaban un círculo, y en ellos estaban sentados veinticuatro ancianos. Esos ancianos estaban vestidos con ropas blancas, y tenían una corona de oro en la cabeza. 5 Del trono salían relámpagos, ruidos y truenos, y frente a él ardían siete antorchas, que son los siete espíritus de Dios. 2 6 Delante del trono había también algo que era transparente como el cristal, y que parecía un mar. En el centro del círculo, alrededor del trono, había cuatro seres vivientes que tenían ojos en todo el cuerpo, por delante y por detrás. 7 El primero de ellos parecía un león; el segundo parecía un toro; el tercero parecía un ser humano, y el cuarto parecía un águila en pleno vuelo. 8 Cada uno de estos seres vivientes tenía seis alas, y ojos por todos lados, y no dejaban de cantar de día y de noche:

«¡Santo, santo, santo es el Señor, Dios todopoderoso, que siempre ha vivido, que vive, y pronto vendrá!»

9-10 Estos cuatro seres vivientes cantan y dan gracias al que está sentado en el trono y vive para siempre. En sus cantos dicen lo maravilloso, poderoso y digno que es él de recibir honores. Cada vez que hacen esto, los veinticuatro ancianos se arrodillan delante de él, lo adoran y, arrojando sus coronas delante del trono, cantan:

Apocalipsis 3,4

[11] «Señor y Dios nuestro;
tú mereces que te alaben,
que te llamen maravilloso,
y que admiren tu poder.

Porque tú creaste todo
lo que existe;
gracias a ti todo fue creado».

El rollo y el Cordero

5 [1] En la mano derecha del que estaba sentado en el trono vi un libro enrollado. Las hojas del libro estaban escritas por ambos lados, y el libro estaba cerrado con siete sellos. [2] Luego vi a un ángel poderoso que preguntaba con fuerte voz: «¿Quién tiene la autoridad de romper los sellos y abrir el rollo?»

[3] Y no había nadie en todo el universo que pudiera abrir el rollo ni mirar su contenido. [4] Yo me puse a llorar mucho porque no había quien pudiera hacerlo. [5] Pero uno de los ancianos me dijo:

«No llores más, pues el heredero del trono de David, a quien se le llama el León de Judá, ha salido vencedor. Por eso sólo él tiene la autoridad de romper los siete sellos y abrir el rollo».

[6] Entonces vi un Cordero cerca del trono. En el cuerpo llevaba las marcas de haber sido sacrificado. Estaba de pie, rodeado por los cuatro seres vivientes y por los veinticuatro ancianos. Tenía siete cuernos, y también siete ojos. Estos son los siete espíritus de Dios, que han sido enviados para visitar toda la tierra. [7] El Cordero fue y tomó el libro enrollado que tenía en la mano derecha el que estaba sentado en el trono. [8] Apenas hizo esto, los cuatro seres vivientes y los veinticuatro ancianos se arrodillaron delante de él. Cada uno tenía un arpa, y llevaba una copa llena de incienso que representaba las oraciones del pueblo de Dios. [9] Y todos ellos cantaban esta nueva canción:

«Sólo tú mereces tomar el libro y romper sus sellos.
Porque fuiste sacrificado,
y con tu sangre
rescataste para Dios,
a gente de toda raza,
idioma, pueblo y nación.

[10] Los hiciste reyes
y sacerdotes para nuestro Dios;
ellos gobernarán la tierra».

[11] Luego oí el murmullo de muchos ángeles. Eran millones y millones de ángeles que rodeaban al trono, a los cuatro seres vivientes y a los veinticuatro ancianos. [12] Y decían con fuerte voz:

«El Cordero que fue sacrificado,
merece recibir el poder
y la riqueza,
la sabiduría y la fuerza,
el honor y la alabanza».

[13] Y también oí decir a todos los seres del universo:

«¡Que todos alaben
al que está sentado
en el trono,
y también al Cordero!

Que lo llamen maravilloso,
y por siempre admiren
su poder».

[14] Los cuatro seres vivientes decían: «¡Así sea!», y los veinticuatro ancianos se arrodillaron y adoraron al que está sentado en el trono, y al Cordero.

Los primeros cuatro sellos

6 [1] En el momento en que el Cordero rompía el primero de los siete sellos, oí que uno de los cuatro seres vivientes decía con voz de trueno: «¡Acércate!»
[2] Miré entonces, y vi salir un caballo blanco. El que lo montaba llevaba en la mano flechas y un arco, y le dieron una corona. Había vencido a sus enemigos, y salía dispuesto a seguir venciendo.

[3] Cuando el Cordero rompió el segundo sello, oí que decía el segundo de los seres vivientes: «¡Acércate!»
[4] Salió entonces un caballo rojizo. Y Dios le dio permiso al jinete de acabar con la paz del mundo y de hacer que unos a otros se mataran. Y le dieron una gran espada.
[5] Cuando el Cordero rompió el tercer sello, oí que decía el tercero de los seres vivientes: «¡Acércate!»
Luego vi un caballo negro. El que lo montaba llevaba una balanza en la mano. [6] Y de en medio de los cuatro seres vivientes oí una voz que decía: «El salario de todo un día de trabajo sólo alcanzará para comprar un kilo de trigo o un kilo de cebada. ¡Pero no dañes ni el aceite ni el vino!»
[7] Cuando el Cordero rompió el cuarto sello, oí que decía el cuarto de los seres vivientes: «¡Acércate!»
[8] Después vi un caballo pálido y amarillento. El que lo montaba se llamaba Muerte, y el representante del reino de la muerte lo seguía. Y los dos recibieron poder para matar a la cuarta parte de los habitantes de este mundo con guerras, hambres, enfermedades y ataques de animales salvajes.

El quinto sello

[9] Cuando el Cordero rompió el quinto sello, debajo del altar vi las almas de los que habían sido asesinados por anunciar el mensaje de Dios. [10] Decían con fuerte voz: «Dios todopoderoso, tú eres santo y siempre dices la verdad. ¿Cuándo te vengarás de los que nos mataron? ¿Cuándo los castigarás?»
[11] Entonces Dios les dio ropas blancas y les dijo que debían esperar un poco más, porque aún no habían muerto todos los cristianos que debían morir como ellos.

El sexto sello

[12] Cuando el Cordero rompió el sexto sello, miré, y hubo un gran terremoto. El sol se oscureció y la luna se puso roja como la sangre. [13] Las estrellas cayeron del cielo a la tierra, como cae la fruta del árbol cuando un fuerte viento lo

sacude. **14** Además, el cielo fue desapareciendo, como cuando se enrolla una hoja de pergamino, y todas las montañas y las islas fueron cambiadas de lugar.
15 Entonces todos los reyes de la tierra y toda la gente importante intentaron esconderse en las cuevas y entre las rocas de las montañas. Lo mismo hicieron los comandantes de los ejércitos, los ricos, los poderosos, los esclavos y los que eran libres. **16** Y todos ellos les decían a las montañas y a las rocas:

«¡Caigan sobre nosotros para que no nos vea el que está sentado en el trono! ¡Que no nos castigue el Cordero! **17** Ha llegado el día en que Dios y el Cordero nos castigarán, y nadie podrá resistir el castigo».

Dios salvará a su pueblo

7 **1-3** Después de esto, vi cuatro ángeles que estaban de pie. Cada uno de ellos miraba a uno de los cuatro puntos cardinales. Estaban deteniendo el viento para que no soplara sobre la tierra, ni sobre el mar, ni sobre los árboles. Estos cuatro ángeles habían recibido poder para dañar a la tierra y el mar. También vi a otro ángel, que venía del oriente, el cual tenía el sello del Dios que vive para siempre. Con ese sello debía marcar a todos los que pertenecen a Dios, para protegerlos. Entonces este ángel les gritó con fuerte voz a los otros cuatro: «¡No dañen la tierra, ni el mar, ni los árboles, hasta que hayamos marcado en la frente a los que sirven a nuestro Dios!»
4-8 Luego oí que se mencionaba a las doce tribus de Israel, es decir, a Judá, Rubén, Gad, Aser, Neftalí, Manasés, Simeón, Leví, Isacar, Zabulón, José y Benjamín. De cada una de las doce tribus fueron marcados doce mil, para un total de ciento cuarenta y cuatro mil. [1]
9 Después de esto vi a mucha gente de todos los países, y de todas las razas, idiomas y pueblos. ¡Eran tantos que nadie podía con-

tarlos! Estaban de pie, delante del trono y del Cordero, [2] vestidos con ropas blancas. En sus manos llevaban ramas de palma; [3] **10** y gritaban con fuerte voz:

«Nos ha salvado nuestro Dios, que está sentado en el trono, y también el Cordero».

11 Todos los ángeles estaban de pie alrededor del trono, y alrededor de los ancianos y de los cuatro seres vivientes. Ellos se inclinaron delante del trono, hasta tocar el suelo con la frente, y adoraron a Dios **12** diciendo:

«¡Alabemos a nuestro Dios! ¡Así sea!

Admiremos su fama y sabiduría, su poder y fortaleza.

Demos a nuestro Dios, gracias y honor por siempre.

¡Así sea!»

13 Entonces, uno de los ancianos me preguntó:

—¿Quiénes son los que están vestidos de blanco? ¿De dónde vienen?

14 Yo le respondí:

—Señor, usted lo sabe.

Y él me dijo:

—Son los que no murieron durante el tiempo de gran sufrimiento que hubo en la tierra. Ellos confiaron en Dios, y él les perdonó sus pecados por medio de la muerte del Cordero.

15 »Por eso están ahora delante del trono de Dios, y día y noche le sirven en su templo.

»Dios estará con ellos, y los protegerá.

16 »Ya no tendrán hambre ni sed;
ni los quemará el sol, ni los molestará el calor.

17 »Dios secará todas sus lágrimas, y los cuidará el Cordero que está en medio del trono, así como el pastor cuida sus ovejas y las lleva a manantiales de agua que da vida.

El séptimo sello y las siete trompetas

8 **1** Cuando el Cordero rompió el séptimo sello, [2] todos en el cielo guardaron silencio durante media hora.
2 Entonces vi que se le dio una trompeta a cada uno de los siete ángeles que estaban de pie delante de Dios. **3** Después vino otro ángel con un tazón de oro, y en ese tazón pusieron mucho incienso, para que lo ofreciera ante el altar junto con las oraciones del pueblo de Dios. **4** El humo del incienso subió de la mano del ángel, junto con las oraciones, hasta donde estaba Dios. **5** Entonces el ángel tomó el tazón y lo llenó con los carbones encendidos que estaban sobre el altar. Luego, lanzó todo sobre la tierra, y por todos lados hubo un resonar de truenos, y relámpagos, y un fuerte temblor de tierra.
6 Después, los siete ángeles que tenían las siete trompetas se dispusieron a tocarlas.

Las primeras cuatro trompetas

7 El primer ángel tocó su trompeta, y desde el cielo cayeron granizo y fuego mezclados con sangre. Se quemó la tercera parte de la tierra, y también la tercera parte de todos los árboles y de toda la hierba.
8 El segundo ángel tocó su trompeta, y algo parecido a una gran montaña envuelta en llamas fue lanzado al mar. Entonces, la tercera parte del mar se convirtió en sangre, **9** y murió la tercera parte

de todo lo que vivía en el mar, y fue destruida la tercera parte de los barcos.

[10] Cuando el tercer ángel tocó su trompeta, una gran estrella cayó del cielo sobre la tercera parte de los ríos y de los manantiales. Esa estrella ardía como una antorcha, [11] y se llamaba «Amargura». Entonces, la tercera parte de las aguas se volvió amarga, y mucha gente murió al beberlas.

[12] El cuarto ángel tocó su trompeta, y la tercera parte del sol, de la luna y de las estrellas se dañó y dejó de alumbrar. Por eso el sol no alumbraba durante la tercera parte del día, y la luna y las estrellas no brillaban durante la tercera parte de la noche.

[13] Luego vi un águila[3] que volaba en lo alto del cielo, y la oí decir con fuerte voz: «¡Qué mal les va a ir a todos los que viven en el mundo, cuando los otros tres ángeles toquen sus trompetas!»

La quinta trompeta

9 [1] El quinto ángel tocó su trompeta, y vi una estrella[1] que había caído del cielo a la tierra. A ella se le dio la llave del túnel que lleva al Abismo profundo.[2] [2] Y cuando la estrella abrió el túnel del Abismo, de allí salió humo, como de un horno muy grande, y el humo oscureció el sol y el aire. [3] Del humo salieron saltamontes, los cuales cubrieron la tierra y recibieron poder para picar a la gente como si fueran escorpiones. [4] Luego Dios les ordenó que sólo dañaran a quienes no tuvieran en su frente la marca del sello de Dios, y que no dañaran a la tierra, ni a los árboles ni a las plantas.

[5] Dios les permitió que hirieran a la gente durante cinco meses, pero no les permitió que mataran a nadie. Y las heridas que hacían los saltamontes eran tan dolorosas como la picadura de los escorpiones.

[6] Durante esos cinco meses, la gente que había sido picada quería morirse, pero seguía viviendo. Era como si la muerte huyera de ella.

[7] Los saltamontes parecían caballos de guerra, listos para entrar en batalla. En la cabeza tenían algo que parecía una corona de oro, y sus caras parecían humanas. [8] Sus crines parecían cabellos de mujer, y sus dientes parecían colmillos de león. [9] Sus cuerpos estaban protegidos con algo parecido a una armadura de hierro, y sus alas resonaban como el estruendo de muchos carros tirados por caballos cuando entran en combate. [10] Su cola tenía aguijones como de escorpiones, con los que podían dañar a la gente durante cinco meses. [11] El ángel del Abismo es el jefe de los saltamontes. En hebreo se llama Abadón, y en griego se llama Apolión; en ambos idiomas, su nombre quiere decir «Destructor».

[12] Ese fue el primer desastre, pero todavía faltan dos.

La sexta trompeta

[13] El sexto ángel tocó su trompeta. De pronto oí una voz que salía de en medio de los cuatro cuernos del altar de oro que estaba frente a Dios. [14] La voz le dijo al sexto ángel que había tocado la trompeta: «Suelta a los cuatro ángeles que están atados junto al gran río Éufrates».

[15] Entonces el sexto ángel soltó a los cuatro ángeles para que mataran a la tercera parte de los seres humanos, pues Dios los había preparado exactamente para esa hora, día, mes y año.

[16] Y oí el número de los que peleaban montados a caballo, y eran doscientos millones de soldados. [17] Los soldados que vi montados a caballo llevaban en su pecho una armadura de metal roja como el fuego, azul como el zafiro y amarilla como el azufre. Los caballos tenían cabeza como de león, y de su hocico salía fuego, humo y azufre. [18] La tercera parte de los seres humanos murió por causa del fuego, del humo y del azufre. [19] Las colas de los caballos parecían serpientes, y con sus cabezas herían a la gente. Es decir, los caballos tenían poder en el hocico y en la cola.

[20] El resto de la gente, es decir, los que no murieron a causa del fuego, el humo y el azufre, no dejaron de hacer lo malo, ni dejaron de adorar a los demonios y a las imágenes de dioses falsos. Al contrario, siguieron adorando imágenes de piedra, de madera, y de oro, plata y bronce. Esos dioses falsos no pueden ver, ni oír, ni caminar. [21] Esa gente no dejó de matar, ni de hacer brujerías; tampoco dejó de robar, ni de tener relaciones sexuales prohibidas.

El ángel y el librito

10 [1] Luego vi a otro ángel poderoso, que bajaba del cielo envuelto en una nube. Un arco iris adornaba su cabeza; su cara brillaba como el sol, y sus piernas eran como dos columnas de fuego. [2] En su mano llevaba un librito abierto. Cuando el ángel se detuvo, puso el pie derecho sobre el mar y el pie izquierdo sobre la tierra. [3] Entonces gritó con fuerte voz, como si fuera un león que ruge; y cuando gritó se oyeron siete voces fuertes como truenos.

[4] Estaba yo por escribir lo que dijeron las siete voces, cuando oí una voz del cielo que me dijo: «No escribas lo que dijeron las siete voces fuertes como truenos, sino guárdalo en secreto».

[5] El ángel que se había detenido sobre el mar y sobre la tierra levantó al cielo su mano derecha [6-7] y juró por Dios que diría la verdad. Dijo: «Dios ya no esperará más. Cuando el séptimo ángel toque su trompeta, Dios hará todo lo que había planeado y mantenía en secreto. Hará todo lo que ya había dicho a sus servidores los profetas». Y el ángel juró por el Dios que vive para siempre y que creó el universo.

[8] Entonces la voz del cielo que yo había oído antes me habló otra vez, y me dijo: «Ve y toma el librito abierto. Tómalo de la mano del ángel que se detuvo sobre el mar

y sobre la tierra».

⁹Yo fui y le pedí al ángel que me diera el librito. Y el ángel me contestó: «Tómalo y cómetelo. En la boca te sabrá dulce como la miel, pero en el estómago te sabrá amargo».

¹⁰Yo tomé el librito de la mano del ángel y me lo comí. Y en efecto, en la boca me supo dulce como la miel, pero en el estómago me supo amargo. ¹¹Entonces me dijeron: «Tienes que anunciar los planes de Dios a la gente de muchos países, razas, idiomas y reyes».

Los dos profetas

11 ¹Luego me dieron una regla de madera para medir, y Dios me dijo:

«Ve y mide mi templo y mi altar, y mira cuántos me están adorando allí. ²Pero no midas el espacio que hay fuera del templo, porque ese espacio se lo he dado a los que no creen en mí. Ellos gobernarán sobre Jerusalén durante tres años y medio. ³Y yo enviaré a dos profetas para que anuncien mi verdadero mensaje. Los enviaré vestidos con ropa áspera, para que anuncien profecías durante esos tres años y medio».

⁴Estos dos profetas son los dos árboles de olivo y los dos candelabros que están delante de Dios, que es el rey de la tierra. ⁵Si alguien trata de hacerles daño, ellos echarán fuego por la boca y quemarán completamente a sus enemigos hasta matarlos. ⁶Ellos tienen poder para hacer que no llueva durante los tres años y medio que profetizarán. También tienen poder para hacer que el agua se vuelva sangre, y para hacer que la gente de este mundo sufra toda clase de terribles males. Y pueden hacerlo cuantas veces quieran.

⁷Cuando estos dos profetas hayan terminado de anunciar mi verdadero mensaje, el monstruo que sube desde el Abismo profundo peleará contra ellos, y los vencerá

y los matará. ⁸Sus cuerpos quedarán tirados en la calle principal de la gran ciudad donde mataron al Señor clavándolo en una cruz. La gente le ha dado a esa ciudad el nombre simbólico de Sodoma, y también la llaman Egipto. ⁹Durante tres días y medio, gente de distintos pueblos, razas, idiomas y países verá sus cadáveres, y no dejará que los entierren. ¹⁰Todo el mundo se alegrará de verlos muertos, y celebrarán su muerte mandándose regalos unos a otros, porque para esa gente aquellos dos profetas eran un terrible sufrimiento.

¹¹Pero después de esos tres días y medio Dios volvió a darles vida y ellos se pusieron de pie; y todas las personas que los vieron tuvieron mucho miedo. ¹²Entonces los dos profetas oyeron una voz fuerte que les decía: «¡Suban aquí!» Ellos subieron al cielo en una nube, a la vista de todos sus enemigos. ¹³En ese mismo instante hubo un gran terremoto que destruyó la décima parte de la ciudad, y siete mil personas murieron. Los sobrevivientes tuvieron mucho miedo y alabaron a Dios, que está en el cielo.

¹⁴Ese fue el segundo desastre, pero el tercero viene pronto.

La séptima trompeta

¹⁵El séptimo ángel tocó su trompeta, y en el cielo se oyeron fuertes voces que decían:

«Nuestro Dios y su Mesías
ya gobiernan sobre todo
el mundo;
y reinarán para siempre».

¹⁶Y los veinticuatro ancianos que están sentados en sus tronos, delante de Dios, se inclinaron hasta tocar el suelo con la frente y adoraron a Dios, ¹⁷diciendo:

«Señor, Dios todopoderoso;
tú vives y siempre has vivido.

Gracias porque has demostrado
tu gran poder,

y porque has comenzado
a reinar
sobre el mundo.

¹⁸Los pueblos que no
creen en ti,
están enojados,
pero ha llegado el día
en que los castigarás
con todo tu enojo.

Ese día juzgarás a todos
los que han muerto,
premiarás a los profetas,
tus servidores,
premiarás a todo tu pueblo,
y también a los que
te respetan;
no importa si son poderosos,
o humildes;
tú los premiarás».

¹⁹Entonces se abrieron las puertas del templo de Dios que está en el cielo, y dentro del templo podía verse el cofre de su pacto. Y hubo relámpagos, un resonar de truenos, un fuerte temblor de tierra y una gran lluvia de granizo.

La mujer y el dragón

12 ¹Luego en el cielo se vio algo muy grande y misterioso: Una mujer apareció envuelta en el sol. Tenía la luna debajo de sus pies, y llevaba en la cabeza una corona con doce estrellas. ²La mujer estaba embarazada y daba gritos de dolor, pues estaba a punto de tener a su bebé.

³De pronto se vio en el cielo algo también grande y misterioso: apareció un gran dragón rojo, que tenía siete cabezas, diez cuernos y una corona en cada cabeza. ⁴Con la cola arrastró a la tercera parte de las estrellas del cielo, y las tiró a la tierra. El dragón se detuvo frente a la mujer, para comerse al niño tan pronto como naciera.

⁵La mujer tuvo un niño que gobernaría con gran poder a todos los países de este mundo. Pero a la mujer le quitaron el niño y lo llevaron ante Dios y ante su trono. ⁶La mujer huyó al desierto, y allí

Dios le preparó un lugar para cuidarla durante tres años y medio. [2]

Miguel y el dragón

[7] Después hubo una batalla en el cielo. Uno de los jefes de los ángeles, llamado Miguel, peleó acompañado de su ejército contra el dragón. El dragón y sus ángeles lucharon, [8] pero no pudieron vencer, y ya no les permitieron quedarse más tiempo en el cielo. [9] Arrojaron del cielo al gran dragón, que es la serpiente antigua: el diablo, llamado Satanás. Él y sus ángeles fueron lanzados a la tierra, y se dedican a engañar a todo el mundo.

[10] Entonces oí una fuerte voz que decía:

«¡Nuestro Dios
ha salvado a su pueblo,
ha mostrado su poder,
y es el único rey!

Su Mesías gobierna
sobre todo el mundo.

El diablo ha sido
arrojado del cielo,
pues día y noche,
delante de nuestro Dios,
acusaba a los nuestros.

[11] La muerte del Cordero, [3]
y el mensaje anunciado,
ha sido su derrota.

Los nuestros no
tuvieron miedo,
sino que se dispusieron a morir.

[12] ¡Que se alegren los cielos,
y todos los que allí viven!

Pero ¡qué mal les va a ir
a los que viven en la tierra,
y a los que habitan en el mar!

El diablo está muy enojado;
ha bajado a combatirlos.
¡Bien sabe el diablo
que le queda poco tiempo!»

[13] Cuando el dragón se dio cuenta de que había sido lanzado a la tierra, empezó a perseguir a la mujer que había tenido al niño. [14] Pero Dios le dio a la mujer dos grandes alas de águila para que escapara volando, lejos del dragón, hacia el lugar en el desierto donde la cuidarían durante tres años y medio. [15] El dragón arrojó mucha agua por la boca, y con el agua formó un río para que arrastrara a la mujer. [16] Pero la tierra vino en su ayuda: abrió un hueco, como si fuera su boca, y se tragó toda el agua que el dragón había arrojado. [17] Entonces el dragón se enojó mucho contra la mujer, y fue a pelear contra el resto de sus descendientes, es decir, contra los que obedecen los mandamientos de Dios y siguen confiando en el mensaje de Jesús. [18] Y el dragón se detuvo a la orilla del mar.

El monstruo del mar

13 [1] Entonces vi que salía del mar un monstruo con diez cuernos y siete cabezas. En cada cuerno tenía una corona, y en cada cabeza tenía escritos nombres que ofendían a Dios. [2] Este monstruo parecía leopardo, pero tenía patas de oso y hocico de león. El dragón le entregó a este monstruo su poder y su reino. [3] Una de las cabezas del monstruo parecía tener una herida mortal. Pero la herida sanó; lo que hizo que todo el mundo se asombrara y creyera en el monstruo. [4] Todos adoraron al dragón, porque le había dado su autoridad al monstruo, y también adoraron al monstruo. Decían: «No hay nadie tan fuerte como este monstruo. Nadie puede luchar contra él».

[5] Al monstruo se le dejó creerse importante y decir que él era Dios. También se le permitió gobernar durante cuarenta y dos meses. [6] Pasado ese tiempo, empezó a insultar a Dios, a su templo y a todos los que están en el cielo. [7] También se le permitió pelear contra el pueblo de Dios y derrotarlo. Y se le dio autoridad sobre la gente de todas las razas y pueblos, idiomas y países. [8] A ese monstruo lo adorarán todos los que no tienen sus nombres escritos en el libro del Cordero, [1] que fue sacrificado. Ese libro fue escrito desde antes de que Dios creara el mundo, y en él están escritos los nombres de todos los que tienen vida eterna. [9] Si alguien tiene oídos, que ponga atención a lo siguiente:

[10] «Quien deba ir a la cárcel,
a la cárcel lo llevarán;
y quien deba morir por
la espada,
a filo de espada morirá».

Esto significa que el pueblo de Dios debe aprender a soportar los sufrimientos, y seguir confiando en Dios.

El monstruo de la tierra

[11] Luego vi a otro monstruo que salía de la tierra. Tenía dos cuernos como de cordero, pero hablaba como un dragón; [12] había recibido autoridad del primer monstruo, y trabajaba para él. Obligaba a los habitantes del mundo a que adoraran al primer monstruo, que se había repuesto de su herida mortal. [13] También hacía cosas grandiosas delante de la gente, y dejaba caer fuego del cielo sobre la tierra. [14] Este monstruo engañó a la gente por medio de los milagros que hizo con el poder que el primer monstruo le había dado. Luego los obligó a hacer una estatua del primer monstruo, el cual había sido herido con una espada pero seguía con vida. [15] Dios permitió que el segundo monstruo le diera vida a la estatua del primer monstruo, para que pudiera hablar. Todos los que no adoraban la imagen del primer monstruo eran condenados a muerte. [16] También hizo que les pusieran a todos una marca en la mano derecha o en la frente. No importaba que fueran ricos o pobres, grandes o pequeños, libres o esclavos; todos tenían que llevar la marca. [17] Nadie podía comprar ni vender nada si no tenía esa marca, o el

nombre del monstruo, o el número de su nombre. **18** Aquí se necesita esforzarse mucho para poder comprender: si hay alguien que entienda, trate de encontrar el significado del número del monstruo, porque es el número de un ser humano. Ese número es 666.

Una canción nueva

14 **1** Entonces miré, y vi al Cordero de pie en el monte Sión. Junto a él estaban ciento cuarenta y cuatro mil seguidores suyos que tenían escritos en la frente los nombres del Cordero y del Padre. **2** Después oí una voz que venía del cielo. Era como el estruendo de enormes cataratas o como el fuerte resonar del trueno; era un sonido semejante al de muchos músicos tocando arpas. **3** Los ciento cuarenta y cuatro mil estaban de pie delante del trono, y delante de los cuatro seres vivientes y de los veinticuatro ancianos, y cantaban una canción nunca antes escuchada. Nadie podía aprender la letra de aquella canción, sino sólo aquellos que fueron salvados de entre la gente de este mundo. **4** No adoraron a dioses falsos ni fueron infieles a Dios; todos ellos seguían al Cordero por dondequiera que él iba, y habían sido salvados para ser el primer regalo que se ofreciera a Dios y al Cordero, **5** pues nunca mintieron ni hicieron lo malo.

El mensaje de los tres ángeles

6 Vi entonces a otro ángel que volaba en lo alto del cielo. Llevaba buenas noticias de valor eterno, para la gente de todos los países, razas, idiomas y pueblos. **7** Decía con fuerte voz:

«Honren a Dios y alábenlo;
ha llegado el momento
en que él juzgará al mundo.
Adoren al creador
del cielo y la tierra,
del mar y los manantiales».

8 Lo seguía otro ángel que decía:

«¡Ya cayó la gran Babilonia!
Ya ha sido destruida la ciudad
que enseñó a todos los países
a pecar y a obedecer
a dioses falsos».

9 Luego los siguió un tercer ángel, que decía con fuerte voz: «Si alguno adora al monstruo o a su estatua, o deja que le pongan su marca en la frente o en la mano, **10** Dios se enojará mucho y lo castigará duramente. No será un castigo suave, sino que lo hará sufrir con fuego y azufre ardiente, y los santos ángeles y el Cordero lo verán sufrir su castigo. **11** El humo del fuego que lo hará sufrir nunca dejará de subir, pues los que adoran al monstruo y a su estatua, y tienen la marca de su nombre, nunca dejarán de sufrir, ni de día ni de noche». **12** El pueblo de Dios debe aprender a soportar con fortaleza las dificultades y los sufrimientos. También debe obedecer los mandatos de Dios y seguir confiando en Jesús. **13** Entonces oí una voz del cielo que me decía: «Escribe esto: ''¡Dios bendecirá a los que de ahora en adelante mueran unidos al Señor Jesucristo!''» Y el Espíritu de Dios dice: «Así es, porque ellos descansarán de todos sus sufrimientos y dificultades, pues Dios los premiará por todo el bien que han hecho».

El juicio final

14 Luego vi una nube blanca, sobre la que estaba sentado alguien que parecía un hijo de hombre. Tenía una corona de oro en la cabeza, y en la mano llevaba una hoz afilada. **15** Y otro ángel salió del templo, y gritó fuertemente al que estaba sentado en la nube: «¡Empieza a cortar con tu hoz, y recoge la cosecha! La cosecha de la tierra ya está madura, y ha llegado la hora de recogerla». **16** El que estaba sentado en la nube pasó la hoz sobre la tierra, y recogió la cosecha. **17** Entonces salió del templo otro

ángel que también llevaba una hoz afilada. **18** Y del altar salió el ángel que tiene poder sobre el fuego, y le dijo al ángel que llevaba la hoz afilada: «¡Empieza a cortar con tu hoz! ¡Recoge las uvas del viñedo de la tierra, porque las uvas ya están maduras!» **19** El ángel pasó la hoz sobre la tierra y cortó las uvas de los viñedos. Luego las echó en el recipiente grande que se usa para exprimirlas, y que representa el enojo de Dios. **20** Las uvas fueron exprimidas fuera de la ciudad, y del recipiente salió tanta sangre que subió hasta un metro y medio de altura, en una extensión de trescientos kilómetros.

Siete ángeles

15 **1** Vi en el cielo algo extraordinario: siete ángeles con las últimas siete plagas terribles que vendrían sobre la tierra. Después de todo eso, el enojo de Dios se calmaría. **2** Vi también algo que parecía un mar de cristal mezclado con fuego. Junto a ese mar estaban de pie los que habían vencido al monstruo, los que no aceptaron ser marcados con el número de su nombre ni habían adorado a su estatua. Dios les había dado arpas, **3** y con ellas cantaban el canto de Moisés, dedicado al Cordero. Decían:

«Señor, Dios todopoderoso,
todo lo que tú haces
es grande y maravilloso.

Tú eres el Rey del mundo,
todo lo que haces
es correcto y justo.

4 Dios mío,
todos te honran y te alaban,
pues sólo tú eres santo.

Todos los países del mundo
vendrán a adorarte,
pues bien saben
que eres justo».

5 Después de esto miré hacia el

cielo, y vi que se abría el templo. 6 De él salieron los siete ángeles con las siete plagas terribles que iban a suceder. Estaban vestidos con una tela fina y costosa, limpia y brillante, y se cubrían el pecho con protectores de oro. 7 Uno de los cuatro seres vivientes le dio una copa llena de vino a cada uno de los ángeles. Las siete copas de vino representaban el enojo de Dios, quien vive para siempre. 8 El templo se llenó con el humo que salía de la grandeza y del poder de Dios. Y a nadie se le dejaba entrar en el templo antes de que llegaran las siete plagas terribles que llevaban los siete ángeles.

Las siete copas

16 1 Entonces oí una fuerte voz que salía del templo, y que les decía a los siete ángeles: «Vayan y vacíen los siete copas que representan el enojo de Dios».

2 El primer ángel fue y vació su copa sobre la tierra, y a todos los que tenían la marca del monstruo y adoraban su estatua les salió una llaga terrible y dolorosa.

3 El segundo ángel vació su copa sobre el mar, y el agua del mar se convirtió en sangre, como la sangre de los que mueren asesinados. Así murió todo lo que tenía vida en el mar.

4 El tercer ángel vació su copa sobre los ríos y sobre los manantiales, y el agua se convirtió en sangre. 5 Luego oí decir al ángel que tiene poder sobre el agua:

«Dios, tú eres santo,
vives por siempre,
y tus castigos son justos.

6 Tus enemigos mataron
a muchos
de tu pueblo santo,
y también a tus profetas.

Por eso ahora tú
les das a beber sangre,
¡pues se lo merecen!»

7 Y escuché una voz que salía del altar y decía: «Sí, Señor Dios todopoderoso, estos castigos son correctos y justos».

8 El cuarto ángel vació su copa sobre el sol, al cual se le permitió quemar a la gente. 9 Todos quedaron terriblemente quemados, pero ni aun así se volvieron a Dios ni lo alabaron. Al contrario, ofendieron a Dios, que tiene poder para suspender esos terribles castigos.

10-11 El quinto ángel vació su copa sobre el trono del monstruo, y su reino quedó en la oscuridad.

La gente se mordía la lengua de dolor, porque las llagas los hacían sufrir mucho. Pero ni aun así dejaron de hacer lo malo, sino que ofendieron a Dios por el dolor que sentían; ¡ofendieron a Dios, que vive en el cielo!

12 El sexto ángel vació su copa sobre el gran río Éufrates, y el agua del río se secó para que los reyes del Oriente pudieran pasar. 13 Entonces vi que de la boca del dragón, de la boca del monstruo y de la boca del falso profeta salieron tres espíritus malos que parecían ranas. 14 Eran espíritus de demonios, que hacían cosas extraordinarias y maravillosas. Salieron para reunir a todos los reyes del mundo para luchar contra Dios todopoderoso. Lo harán cuando llegue el día en que Dios juzgará a todo el mundo.

15 Por eso el Señor dice:

«Yo volveré cuando menos lo esperen. Volveré como el ladrón, que roba en la noche menos esperada. ¡Dios bendecirá al que se mantenga despierto y vestido, pues no lo sorprenderán desnudo! ¡Ni tendrá nada de qué avergonzarse!»

16 Los espíritus malos reunieron a los reyes en el lugar que en hebreo se llama Harmagedón.

17 El séptimo ángel vació su copa sobre el aire, y desde el trono que está en el templo salió una fuerte voz que decía: «¡Ya está hecho!» 18 Y hubo relámpagos, voces, truenos y un gran terremoto, más terrible que todos los terremotos que han sacudido a la tierra desde que hay gente en ella. 19 El terremoto partió en tres a la gran ciudad de Babilonia, y las ciudades de todo el mundo se derrumbaron. Dios no se olvidó de Babilonia, sino que la castigó terriblemente, con todo su enojo. 20 Todas las islas y las montañas desaparecieron, 21 y del cielo cayeron grandes granizos sobre la gente. Los granizos parecían rocas, pues pesaban más de cuarenta kilos. Y la gente insultó y ofendió a Dios, porque aquellos terribles granizos fueron un castigo muy duro.

La mujer y el monstruo

17 1 Entonces vino uno de los siete ángeles que tenían las siete copas, y me dijo:

«Ven; voy a mostrarte el castigo que le espera a esa gran prostituta que está sentada a la orilla de muchos ríos. 2 Los reyes del mundo se unieron a ella para adorar a dioses falsos, y la gente del mundo hizo lo mismo».

3 Luego, en la visión que me mostró el Espíritu de Dios, el ángel me llevó al desierto. Allí vi a una mujer sentada sobre un monstruo de color rojo. Este monstruo de siete cabezas y diez cuernos tenía escritos por todo el cuerpo nombres que ofendían a Dios. 4 Aquella mujer vestía ropas de color púrpura y rojo. Se había adornado el cuerpo con oro, piedras preciosas y perlas. En su mano derecha tenía una copa de oro llena de vino. Ese vino significa que hizo mucho mal y que adoró a dioses falsos. 5 En la frente, esa mujer tenía escrito un nombre misterioso: «La gran Babilonia, la madre de todas las prostitutas y de todo lo malo y odioso que hay en el mundo». 6 Luego me di cuenta de que la mujer se había bebido el vino y se había emborrachado con él. Ese vino representa la sangre del pueblo de Dios y de los que fueron asesinados por mantenerse fieles a Jesús.

Esta visión me sorprendió mucho, **7** pero el ángel me dijo:

«¿Por qué te sorprendes? Yo te voy a explicar el significado secreto de esta visión. Voy a decirte quién es esa mujer, y quién es el monstruo de siete cabezas y diez cuernos que ella monta.

8 »Ese monstruo que has visto es uno que antes vivía, pero que ya no existe. Sin embargo, saldrá del Abismo profundo, *2* pero sólo para ser destruido. Y los habitantes de la tierra que no están anotados en el libro de la vida *3* desde antes de la creación del mundo, se sorprenderán cuando vean a este monstruo. Antes estuvo vivo, y ahora ya no existe, pero regresará.

9 »Para entender esto, hace falta sabiduría: Las siete cabezas son los siete cerros sobre los cuales está sentada la mujer, y también representan a siete reyes. **10** Cinco de esos reyes ya han muerto, y uno de ellos reina ahora. El otro no ha reinado todavía, pero cuando venga reinará sólo un poco de tiempo. **11** El monstruo que antes vivía y ya no existe es uno de esos siete reyes. Regresará a reinar por segunda vez, y llegará a ser el octavo rey, pero será destruido para siempre.

12 »Los diez cuernos que has visto son diez reyes que todavía no han comenzado a reinar; pero durante una hora recibirán poder, y junto con el monstruo gobernarán como reyes. **13** Los diez reyes se pondrán de acuerdo, y entregarán al monstruo su poder y su autoridad. **14** Después, el monstruo y los diez reyes pelearán contra el Cordero, *4* pero él y sus seguidores los vencerán. El Cordero vencerá porque es el más grande de todos los señores y el más poderoso de todos los reyes. Con él estarán sus seguidores. Dios los ha llamado y elegido porque siempre lo obedecen».

15 El ángel también me dijo: «Los ríos que has visto, y sobre los cuales se sienta la prostituta, representan pueblos y gente de diferentes idiomas y países. **16** Los diez cuernos que has visto, lo mismo que el monstruo, odiarán a la prostituta y le quitarán todo lo que tiene. La dejarán desnuda, se comerán la carne de su cuerpo, y luego la arrojarán al fuego. **17** »Dios permitió que los diez reyes hicieran lo que él había pensado hacer. Los hizo ponerse de acuerdo para entregarle su poder al monstruo. Y ellos obedecerán al monstruo hasta que se cumplan todos los planes de Dios. **18** »La mujer que has visto representa a la gran ciudad, y su rey domina a todos los reyes del mundo». *5*

La destrucción de Babilonia

18 **1** Después de esto, vi que del cielo bajaba otro ángel. Tenía mucha autoridad, y era tanto lo que brillaba que la tierra se iluminó con su resplandor. **2** Gritaba con fuerte voz:

«¡Por fin cayó la gran Babilonia!

Ahora es casa de demonios, escondite de malos espíritus, nido de todas las aves y cueva de todas las fieras que odiamos y no debemos comer.

3 En todos los países siguieron su ejemplo y adoraron dioses falsos. Lo mismo hicieron los reyes de la tierra.

Los comerciantes del mundo se hicieron ricos, pues ella les compró de todo para satisfacer sus malos deseos».

4 Entonces oí otra voz del cielo, que decía:

«Ustedes son mi pueblo.

Salgan de Babilonia, y no pequen como ella, para que no caigan sobre ustedes las terribles plagas que le vendrán.

5 Son tantos sus pecados, que llegan hasta el cielo. ¡Dios no se ha olvidado de ninguno de ellos!

6 Hagan con ella todo lo malo que ella hizo con otros; háganle pagar el doble de todo lo malo que hizo.

Háganla pasar dos veces por la misma amarga experiencia que otros tuvieron por su culpa.

7 Ella era muy orgullosa, y le gustaba vivir con grandes lujos; ¡pues ahora háganla sufrir!, ¡dense el lujo de atormentarla!

Porque ella piensa: ''Aquí me tienen, sentada en mi trono de reina. No soy viuda, y nunca sufriré''.

8 Por eso, en un mismo día recibirá todos estos castigos: hambre, sufrimiento y muerte.

¡Será destruida por el fuego, porque el Señor, el Dios todopoderoso, ha decidido castigarla!»

9 Cuando Babilonia arda en llamas, lo lamentarán los reyes del mundo y llorarán por ella. Esos reyes, lo mismo que Babilonia, adoraron dioses falsos y vivieron a todo lujo. **10** Pero por miedo a ser castigados junto con ella, se mantendrán alejados y dirán:

«¡Ay, qué terrible! ¡Pobrecita de ti, gran ciudad de Babilonia, gran ciudad poderosa! ¡En un abrir y cerrar de ojos, Dios decidió castigarte!»

11 También lo lamentarán los

comerciantes del mundo y llorarán, pues ya no habrá quién les compre nada. Porque Babilonia les compraba **12** cargamentos de oro, plata, joyas y perlas; cargamentos de ropas hechas de lino fino y de seda, de colores púrpura y rojo; toda clase de maderas finas y olorosas, y objetos de marfil, de bronce, de hierro y de mármol; **13** cargamentos de canela y de especias aromáticas, perfumes y aceites perfumados; cargamentos de vino, aceite, harina fina y trigo; de ganado, ovejas, caballos, carrozas, esclavos y prisioneros de guerra. **14** Y le dirán a Babilonia:

«Ya no tienes las riquezas
que tanto te gustaban;
has perdido para siempre
todos tus lujos y joyas».

15 Esos comerciantes, que se hicieron ricos vendiendo todo esto a Babilonia, se mantendrán alejados por miedo a ser castigados con ella. Y entre lágrimas y lamentos dirán:

16 «¡Ay, qué terrible!
¡Pobrecita de ti,
gran ciudad poderosa!

Te vestías con ropas
de lino fino,
con ropas de color
púrpura y rojo,
y te adornabas con oro,
joyas y perlas.

17 ¡En un abrir y cerrar de ojos
se acabó tanta riqueza!»

Todos los capitanes de barco, los que viajaban por mar, los marineros y los comerciantes se mantuvieron alejados. **18** Y al ver el humo de la ciudad en llamas, gritaron: «¡Nunca ha existido una ciudad tan poderosa como Babilonia!» **19** Además, se echaron ceniza en la cabeza para mostrar su tristeza, y entre llantos y lamentos gritaban:

«¡Ay, qué terrible!
¡Pobrecita de ti,
gran ciudad poderosa!

Con tus riquezas se
hicieron ricos
todos los comerciantes
del mar.

¡Y en un abrir y cerrar de ojos
has quedado destruida!

20 ¡Alégrense ustedes
los santos,
que viven en el cielo,
pues Dios ha destruido
a la gran ciudad!

¡Alégrense ustedes
los apóstoles,
y ustedes los profetas,
pues Dios ha castigado
a Babilonia
por todo el mal que les hizo!»

21 Entonces un poderoso ángel tomó una roca, grande como piedra de molino, y la arrojó al mar diciendo:

«Babilonia, gran ciudad
poderosa,
¡así serás destruida,
y nunca más volverán a verte!

22 ¡Nunca más se escuchará
en tus calles
música de arpas,¹
flautas o trompetas!

¡Nunca más habrá en tus calles
gente de diferentes oficios,
ni volverá a escucharse en ti
el ruido de la piedra del molino!

23 ¡Nunca más brillará en ti
la luz de una lámpara,
ni se escuchará la alegría
de una fiesta de bodas!

Porque tus comerciantes eran
los más poderosos del mundo,
y tú engañaste con
tus brujerías
a todos los países».

24 Dios castigó a esa gran ciudad, porque ella es la culpable de haber matado a los profetas y a los del pueblo de Dios. En efecto, ella mató a muchos en todo el mundo.

Alegría en el cielo

19¹ Después de esto me pareció escuchar en el cielo las fuertes voces de muchísimas personas, que gritaban:

«¡Que todos alaben al Señor!

Nuestro Dios es poderoso,
y nos ha salvado.
Por eso le pertenecen
el poder y la gloria,
² porque Dios juzga con justicia
y de acuerdo con la verdad.

Castigó a la gran prostituta,¹
que enseñó a todo el mundo
a adorar dioses falsos.
Fue castigada por haber matado
a los servidores de Dios».

3 Después volvieron a decir:

«¡Que todos alaben a Dios!
Pues el humo del fuego
que hace arder a la
gran prostituta,
nunca dejará de subir».

4 Los veinticuatro ancianos y los cuatro seres vivientes se inclinaron hasta tocar el suelo, diciendo: «¡Así sea! ¡Que todos alaben a Dios!» Y adoraron a Dios, que estaba sentado en el trono. **5** Entonces oí una voz que venía del trono, la cual decía:

«¡Que todos alaben a
nuestro Dios!

¡Que lo alabe todo el mundo,
los poderosos y los humildes,
los que lo sirven y lo honran!»

Alabanza

6 Entonces me pareció oír las voces de mucha gente. Era como el sonido de cataratas y de fuertes truenos, y decían:

«¡Que todos alaben a Dios,
el Señor todopoderoso,

porque él ha comenzado
a reinar!

7 Alegrémonos,
llenémonos de gozo y
alabémoslo,
porque ha llegado el día
de la boda del Cordero. 2

Ya está lista su esposa, 3
la cual es la iglesia;
8 Dios la ha vestido
de lino fino,
limpio y brillante».

Ese lino fino representa el bien
que hace el pueblo de Dios.
9 El ángel me dijo: «Escribe esto:
Benditos sean todos los que han
sido invitados a la cena de bodas
del Cordero».
Y luego añadió: «Esto lo dice
Dios, y él no miente».
10 Entonces me arrodillé a los pies
del ángel para adorarlo, pero él
me dijo: «¡No lo hagas! Adora a
Dios, pues yo también le sirvo,
igual que tú y que todos los que
siguen confiando en el mensaje
que les dio Jesús».
Porque el mensaje que Jesús
enseñó es lo que anima a la gente a seguir anunciándolo.

La victoria del jinete

11 Entonces vi el cielo abierto, y
allí estaba un caballo blanco. El
que lo montaba se llamaba Fiel y
Verdadero, porque él era justo
cuando gobernaba o cuando iba a
la guerra. 12 Sus ojos parecían llamas de fuego; llevaba muchas
coronas en su cabeza, y tenía
escrito un nombre que sólo él
conocía. 13 Estaba vestido con
ropa teñida de sangre, y su nombre era: «El Mensaje de Dios».
14 Los ejércitos del cielo, vestidos de lino fino, blanco y limpio,
lo seguían montados en caballos
blancos. 15 De su boca salía una
espada afilada, que representa
su mensaje poderoso; con esa
espada conquistará a todos los
países. Los gobernará con fuerza, y él mismo exprimirá las uvas
para sacar el vino que representa

el terrible enojo del Dios todopoderoso. 16 En su manto, y sobre el
muslo, llevaba escrito este título: «El rey más poderoso de todo
el universo».
17 Vi entonces que un ángel estaba parado en el sol, y que les gritaba a las aves de rapiña 4 que
vuelan en lo alto del cielo:

«Vengan y reúnanse para la gran
cena de Dios. 18 Comerán carne de
reyes, de jefes militares y de
valientes guerreros. También
comerán carne de caballos y de
sus jinetes; comerán carne de
toda clase: de gente libre y de
esclavos, de gente importante y
de gente poco importante».

19 Entonces vi al monstruo y a los
reyes del mundo con sus ejércitos. Se habían reunido para pelear
contra el que estaba montado en
aquel caballo blanco, y contra su
ejército. 20 El monstruo fue capturado, junto con el falso profeta
que en su presencia había hecho
maravillas. El falso profeta había
engañado con milagros a los que
se dejaron poner la marca del
monstruo y adoraron su estatua.
Los dos fueron lanzados vivos a un
lago donde el azufre arde en llamas. 21 Luego, con la espada que
salía de su boca, el que estaba
sentado sobre el caballo blanco
mató a todos los soldados del
monstruo. Y las aves de rapiña se
dieron un banquete con la carne
de ellos.

Los mil años

20 1 Vi entonces un ángel que
bajaba del cielo. En su mano llevaba una gran cadena y la llave
del Abismo profundo. 1 2 Este
ángel capturó al dragón, aquella
serpiente antigua que es el diablo, llamado Satanás, y lo encadenó durante mil años. 2 3 Lo arrojó al Abismo, y allí lo encerró.
Luego aseguró la puerta y le puso
un sello para que el dragón no
pueda salir a engañar a los países, hasta que se cumplan mil
años. Después de eso, el dragón

será puesto en libertad por un
corto tiempo.
4 Luego vi unos tronos, y en esos
tronos estaban sentados los que
habían sido asesinados por mantenerse fieles a la enseñanza de
Jesús y al mensaje de Dios. Ellos no
habían adorado al monstruo ni a su
estatua, ni se habían dejado
poner su marca en la frente ni en
las manos. Ellos volvieron a vivir, y
Dios les dio tronos para que gobernaran con el Mesías durante mil
años. 5-6 Ellos son los primeros que
volverán a vivir; pues han recibido
una gran bendición y forman parte
del pueblo especial de Dios. Nunca
serán separados de Dios, sino que
serán sacerdotes de Dios y del
Mesías, y reinarán con él durante
mil años. El resto de los muertos
no volverá a vivir hasta que se
cumplan los mil años.

Derrota de Satanás

7 Cuando se cumplan los mil años,
Satanás será liberado de su prisión, 8 y saldrá a engañar a los
países de Gog y Magog, que representan a todos los países de este
mundo. Satanás reunirá para la
guerra a los ejércitos de esos países; sus soldados no se pueden
contar, como tampoco se puede
contar la arena del mar. 9 Ellos
recorrerán todo el mundo, y rodearán al pueblo de Dios y a su ciudad amada, pero saldrá fuego del
cielo y los quemará por completo.
10 Y el diablo, que los había engañado, será arrojado al lago donde
el azufre arde en llamas, donde
también fueron arrojados el
monstruo y el falso profeta. Allí
serán atormentados todos ellos
para siempre, de día y de noche.

El juicio final

11 Entonces vi un gran trono blanco, y al que estaba sentado en
él. Y en su presencia desaparecieron la tierra y el cielo, y nadie
volvió a verlos. 12 Y vi que todos
los que habían muerto, tanto los
humildes como los poderosos,
estaban de pie delante del trono.
Y fueron abiertos los libros donde

está escrito todo lo que cada uno hizo. También se abrió el libro donde están escritos los nombres de todos los que vivirán con Dios para siempre. Los muertos fueron juzgados de acuerdo con lo que habían hecho y con lo que decían los libros. 13 Los que murieron en el mar se presentaron delante de Dios para que él los juzgara, y lo mismo hicieron los que estaban en el reino de la muerte. Todos los muertos fueron juzgados de acuerdo con lo que habían hecho. 14 Luego, la Muerte y el reino de la muerte fueron lanzados al lago de fuego. Los que caen en este lago quedan separados de Dios para siempre, 15 y allí fueron arrojados todos los que no tenían sus nombres escritos en el libro de la vida eterna.

Un mundo nuevo

21 1 Después vi un cielo nuevo y una tierra nueva, pues ya el primer cielo y la primera tierra habían dejado de existir, lo mismo que el mar. 2 Vi también que la ciudad santa, la nueva Jerusalén, bajaba del cielo, donde vive Dios. La ciudad parecía una novia vestida para su boda, lista para encontrarse con su novio. 3 Y oí que del trono salía una fuerte voz que decía:

«Aquí es donde Dios vive con su pueblo. Dios vivirá con ellos, y ellos serán suyos para siempre. En efecto, Dios mismo será su único Dios. 4 Él secará sus lágrimas, y no morirán jamás. Tampoco volverán a llorar, ni a lamentarse, ni sentirán ningún dolor, porque lo que antes existía ha dejado de existir».

5 Dios dijo desde su trono: «¡Yo hago todo nuevo!» Y también dijo: «Escribe, porque estas palabras son verdaderas y dignas de confianza».

6 Después me dijo:

«¡Ya todo está hecho! Yo soy el principio y el fin.¹ Al que tenga sed, le daré a beber del agua de la fuente que da vida eterna, a cambio de nada. 7 A los que triunfen sobre las dificultades y sigan confiando en mí, les daré todo eso, y serán mis hijos, y yo seré su Dios. 8 Pero a los cobardes, a los que no confíen en mí, a los que hagan cosas terribles que no me agradan, a los que hayan matado a otros, a los que tengan relaciones sexuales prohibidas, a los que practiquen la brujería, a los que adoren dioses falsos, y a los mentirosos, los lanzaré al lago donde el azufre arde en llamas; y allí se quedarán, separados de Dios para siempre».

La nueva Jerusalén

9 Después vino uno de los siete ángeles que tenían las siete copas llenas con las últimas plagas terribles, y me dijo: «Acércate; voy a mostrarte a la novia, la que va a ser la esposa del Cordero».² 10 Y en la visión que el Espíritu de Dios me mostró, el ángel me llevó a un cerro grande y alto, y me enseñó la gran ciudad santa de Jerusalén, que bajaba del cielo, donde está Dios. 11 La presencia de Dios la hacía brillar, y su brillo era como el de una joya, como el de un diamante, transparente como el cristal. 12 Tenía por fuera una muralla alta y grande que la rodeaba. En la muralla había doce portones; en cada portón había un ángel, y en cada portón estaba escrito el nombre de una de las doce tribus de Israel. 13 Había tres portones que daban al este, tres que daban al norte, tres que daban al oeste y tres que daban al sur. 14 La muralla estaba construida sobre doce grandes rocas, y en cada roca estaba escrito uno de los nombres de los doce apóstoles del Cordero. 15 El ángel que me hablaba tenía una regla de oro, que usó para medir la ciudad, sus portones y su muralla. 16 La ciudad era cuadrada; sus cuatro lados medían lo mismo. El ángel midió la ciudad con la regla de oro, y medía dos mil doscientos kilómetros; y medía lo mismo de ancho, de largo y de alto.

17 El ángel también midió la muralla, y era de sesenta y cinco metros, según las medidas humanas que estaba usando el ángel. 18 La muralla estaba hecha de diamante, y la ciudad era de oro tan puro que dejaba pasar la luz como si fuera cristal. 19 Las rocas sobre las que estaba construida la muralla estaban adornadas con toda clase de piedras preciosas: la primera roca está adornada con diamantes; la segunda, con zafiros; la tercera, con ágatas; la cuarta, con esmeraldas; 20 la quinta, con ónices; la sexta, con rubíes; la séptima, con crisólitos; la octava, con berilos; la novena, con topacios; la décima, con crisoprasas;³ la undécima, con jacintos; y la duodécima, con amatistas. 21 Y los doce portones eran doce perlas; cada portón estaba hecho de una sola perla. La calle principal de la ciudad estaba cubierta de un oro tan puro que brillaba como el vidrio transparente.

22 En la ciudad no vi ningún templo, porque su templo es el Señor, el Dios todopoderoso, y también el Cordero. 23 La ciudad no necesita que el sol o la luna la iluminen, porque el brillo de Dios la ilumina, y el Cordero es su lámpara. 24 Gente de todos los países caminará a la luz que sale de la ciudad, y los reyes de la tierra le entregarán sus riquezas. 25 Los portones de la ciudad no se cerrarán de día, y allí nunca será de noche. 26 Le entregarán las riquezas y todo lo bello de los países. 27 Pero nunca entrará en ella nada que desagrade a Dios; no entrarán los que han adorado a dioses falsos, ni los objetos que hayan usado en su culto. Sólo podrán entrar los que tengan anotados sus nombres en el libro del Cordero. En ese libro están anotados los que recibirán la vida eterna.

22 1 Luego el ángel me mostró un río de aguas que dan vida eterna. El río salía del trono de Dios y del

Cordero, era claro como el cristal, **2** y sus aguas pasaban por en medio de la calle principal de la ciudad. A cada lado del río había árboles que daban su fruto una vez al mes, o sea, doce veces al año. Sus frutos dan vida eterna, y sus hojas sirven para sanar las enfermedades de todo el mundo. **3** En la ciudad no habrá nada ni nadie que desagrade a Dios. Allí estará el trono de Dios y del Cordero, y los servidores de Dios lo adorarán. **4** Todos podrán ver a Dios cara a cara, y el nombre de Dios estará escrito en sus frentes. **5** Allí nunca será de noche, y nunca nadie necesitará la luz de una lámpara ni la luz del sol, porque Dios el Señor será su luz, y ellos reinarán para siempre.

Jesús promete volver pronto
6 El ángel me dijo:

«Todos pueden confiar en lo que aquí se dice, pues es la verdad. El Señor, el mismo Dios que da su Espíritu a los profetas, ha enviado a su ángel para mostrarles a sus servidores lo que pronto sucederá».

Y Jesús dice: **7** «¡Pongan atención! ¡Yo vengo pronto! Dios bendiga a los que hagan caso de la profecía que está en este libro».

8 Yo, Juan, vi y oí todas estas cosas. Y después de verlas y oírlas, me arrodillé para adorar al ángel que me las mostró, **9** pero él me dijo: «¡No lo hagas! Adora a Dios, pues todos somos servidores de él: tú, yo, los profetas, y todos los que obedecen la Palabra de Dios». **10** Además me dijo:

«No guardes en secreto las profecías de este libro, porque pronto sucederán. **11** Deja que el malo siga haciendo lo malo; y que quien tenga la mente sucia, siga haciendo cosas sucias. Al que hace el bien, déjalo que siga haciéndolo, y al que haya entregado su vida a Dios, deja que se entregue más a él».

Jesús dice:

12 «¡Pongan atención! ¡Yo vengo pronto! Y traigo el premio que le daré a cada persona, de acuerdo con lo que haya hecho. **13** Yo soy el principio y el fin, el primero y el último».

14 A los que dejen de hacer lo malo, Dios los bendecirá, pues les dará el derecho a comer de los frutos del árbol que da vida eterna. Ellos podrán entrar por los portones de la ciudad. **15** Afuera se quedarán los malvados, los

que practican la brujería, los que tienen relaciones sexuales prohibidas, los asesinos, los que adoran dioses falsos y todos los que engañan y practican el mal.
Jesús dice: **16** «Yo he enviado a mi ángel, para que les diga a las iglesias todas estas cosas. Yo soy el descendiente del rey David; yo soy la estrella que brilla al amanecer».

17 El Espíritu de Dios y la esposa del Cordero dicen: «¡Ven, Señor Jesús!»
Y todos los que estén escuchando digan: «¡Ven, Señor Jesús!»
Y el que tenga sed y quiera agua, que venga y tome gratis del agua que da vida eterna.

18 A todos los que escuchan el mensaje de esta profecía, les advierto esto: Si alguien le añade algo a este libro, Dios lo castigará con todas las plagas terribles que están descritas en el libro. **19** Y si alguien le quita algo al mensaje de esta profecía, Dios no lo dejará tomar su parte del fruto del árbol que da vida, ni lo dejará vivir en la ciudad santa, como se ha dicho en este libro. **20** El que anuncia estas cosas dice: «Les aseguro que vengo pronto».
¡Así sea! ¡Ven, Señor Jesús!
21 Que el amor del Señor Jesús los acompañe siempre.

→ **G é n e s i s**

¹ **1.8** *Al ver la belleza del firmamento.*
La antigua versión griega llamada la Septuaginta agrega esta frase. Los siguientes versículos también tienen esta frase: 4, 11, 12, 18, 21, 31.

¹ **2.23** *Hembra... hombre.* A pesar de que la palabra *hembra* es considerada ofensiva en algunas regiones, la usamos aquí con la intención de reproducir el juego de palabras que en el texto hebreo se da entre las palabras *isha*, mujer e *ish*, hombre.

¹ **3.20** El nombre *Eva* tiene un sonido parecido a la palabra hebrea que significa *vida*.

¹ **4.1** *He tenido.* El nombre *Caín* tiene un sonido parecido a la palabra hebrea que significa *he tenido*.

² **4.25** *Adán.* A partir de este versículo esta palabra hebrea que hasta ahora hemos traducido como *hombre* o *ser humano*, también se usará como nombre propio.

³ **4.25** *Me concedió.* El nombre *Set* tiene un sonido parecido a la palabra hebrea que significa *me concedió*.

⁴ **4.26** *Su nombre,* es decir, *Yahveh.*

¹ **5.1-2** *Seres humanos.* Véase nota 2 en 4.25.

² **5.29** *Consuelo.* El nombre *Noé* suena parecido al verbo hebreo que significa *consolar*.

¹ **6.14** *Brea.* Sustancia parecida al betún y que se encontraba en algunos pozos de Mesopotamia y en el Valle del Jordán. La brea se untaba en las paredes de un barco o un canasto para impedir que el agua penetrara.

¹ **7.2-3** *Que acepto como ofrenda.* Dios no aceptaba cierta clase de animales como ofrenda o sacrificio. Esos animales eran llamados animales impuros, y los que sí eran aceptados eran considerados animales puros. Por ejemplo, el león, la culebra y los búhos estaban dentro de los animales considerados impuros. Véase Levítico 11, Deuteronomio 14.3-21.

¹ **8.4** *Etanim* es el séptimo mes del calendario lunar judío. En nuestro calendario solar corresponde al período entre mediados de septiembre a mediados de octubre.

² **8.5** *Tébet* es el décimo mes del calendario lunar judío. En nuestro calendario solar corresponde al período entre mediados de diciembre a mediados de enero.

³ **8.13** *Abib* es el primer mes del calendario lunar judío. En nuestro calendario solar corresponde al período entre mediados de marzo a mediados de abril.

¹ **11.3-4** *Brea.* Véase nota en 6.14.

² **11.8-9** *Babel.* Este nombre suena parecido a la palabra hebrea que significa *confusión.*

¹ **14.10** *Brea.* Véase nota en 6.14.

¹ **15.17** *Pasó entre... los animales.* En la antigüedad, cuando se hacía un pacto, se llevaba a cabo una ceremonia especial para confirmar el pacto. Se sacrificaban varios animales, partiéndolos a la mitad. Cada uno de los que hacían el pacto debían pasar en medio de las mitades repitiendo en voz alta el compromiso que adquirían. Los animales muertos también servían de advertencia de lo que le pasaría al que no cumpliera con su parte del pacto. Véase Jeremías 34.18-19

¹ **16.9-11** *Ismael.* Este nombre significa *Dios escucha.*

¹ **17.3-9** *Abraham.* El cambio de nombre representa simbólicamente un cambio importante en la vida de una persona.

² **17.15** *Sara.* Véase la nota 1 en 17.3-9.

³ **17.19** *Isaac.* Este nombre significa *él se ríe.*

¹ **21.31** *Beerseba.* En hebreo, este nombre tiene dos posibles significados: *pozo del juramento* o *pozo de los siete.*

¹ **24.50** *Labán y su familia:* el Texto Mazorético dice *Labán y Betuel,* pero varios manuscritos y versiones dicen *Labán y su familia.*

¹ **25.26** *Jacob.* En hebreo este nombre tiene un sonido parecido a la palabra que significa *talón;* pero también suena parecido al verbo que significa *él hace trampa.*

² **25.30** *Edom* en hebreo significa *rojo.*

¹ **27.36** *Tramposo.* Véase nota 1 en 25.26.

¹ **30.14** *Mandrágoras.* En los tiempos bíblicos se consideraba que estas frutas ayudaban a las mujeres a quedar embarazadas.

¹ **40.1-2** *Jefe de los coperos:* este hombre era el encargado de probar la calidad del vino que tomaba el rey, así como comprobar que este no tuviera nada que dañara la salud del rey.

→ **É x o d o**

¹ **1.16** *¡Mátenlo!:* El rey pensaba que, matando a los recién nacidos, podría evitar que los israelitas siguieran creciendo en número.

¹ **12.2** *Primer mes del año.* Se refiere al mes de Abib. Véase nota en 23.15.

¹ **13.4** *Primer mes del año.* Se refiere al mes de Abib. Véase nota en 23.15.

¹ **16.33-34** *Cofre del pacto.* Véase la descripción en el capítulo 25.

¹ **23.15** *Abib* es el primer mes del calendario lunar judío. En nuestro calendario solar corresponde al período entre mediados de marzo a mediados de abril.

¹ **25.6** *Aceite de consagrar.* Se derramaba aceite sobre un objeto o una persona para consagrarlo al servicio de Dios, es decir, para dedicarlo de manera exclusiva a ese servicio. El aceite simbolizaba la presencia del espíritu de Dios sobre el objeto o la persona.

¹ **28.29-30** *Urim y Tumim:* utensilios que Dios ordenó hacer para que el pueblo conociera su voluntad sobre asuntos en los cuales era difícil tomar una decisión. Eran dos objetos para echar suertes; el resultado de las suertes se consideraba como la voluntad de Dios sobre el asunto a decidir.

¹ **29.7** *Aceite de consagrar.* Véase nota en 25.6.

¹ **30.23-25** *Aceite de consagrar.* Véase nota en 25.6.

¹ **31.7** *Aceite de consagrar.* Véase nota en 25.6.

¹ **34.18** *Abib.* Véase nota en 23.15.

¹ **35.8** *Aceite de consagrar.* Véase nota en 25.6.

² **35.10** *Aceite de consagrar.* Véase nota en 25.6.

³ **35.28** *Aceite de consagrar.* Véase nota en 25.6.

¹ **37.29** *Aceite de consagrar.* Véase nota en 25.6.

¹ **39.32** *Aceite de consagrar.* Véase nota en 25.6.

¹ **40.2** *Abib.* Véase nota en 23.15.

² **40.9** *Aceite de consagrar.* Véase nota en 25.6.

↳**L e v í t i c o**

¹ **8.8** *Urim y Tumim:* utensilios que Dios ordenó hacer para que el pueblo conociera su voluntad sobre asuntos en los cuales era difícil tomar una decisión. Eran dos objetos para echar suertes; el resultado de las suertes se consideraba como la voluntad de Dios sobre el asunto a decidir.

¹ **11.3** *Rumiante:* Animal que carece de los dientes incisivos en la mandíbula superior, y tienen el estómago dividido en cuatro partes. Esta clase de animales mastica por segunda vez el alimento que había guardado en una de las cuatro partes de su estómago.

¹ **16.29** *Tébet* es el décimo mes del calendario lunar judío. En nuestro calendario solar corresponde al período entre mediados de diciembre a mediados de enero.

¹ **18.21** *Moloc* nombre del dios fenicio en cuyo culto se mataban niños para presentarlos a él como ofrenda.

¹ **20.2-3** *Moloc* véase nota en 18.21.

¹ **21.10** *Aceite de consagrar.* Se derramaba aceite sobre un objeto o una persona para consagrarlo al servicio de Dios, es decir, para dedicarlo de manera exclusiva a ese servicio. El aceite simbolizaba la presencia del espíritu de Dios sobre el objeto o la persona.

¹ **23.5** *Abib* es el primer mes del calendario lunar judío. En nuestro calendario solar corresponde al período entre mediados de marzo a mediados de abril.

² **23.24** *Etanim* es el séptimo mes del calendario lunar judío. En nuestro calendario solar corresponde al período entre mediados de septiembre a mediados de octubre.

³ **23.27** *Etanim.* Véase nota en 23.24.

⁴ **23.33** *Etanim.* Véase nota en 23.24.

¹ **25.8** *Etanim.* Véase nota en 23.24.

↳**N ú m e r o s**

¹ **6.2** *Nazireo.* Era una persona que prometía dedicarse al servicio de Dios. Aunque según este pasaje era una promesa temporal, muchos la consideraban para toda la vida.

¹ **9.2-3** *Abib* es el primer mes del calendario lunar judío. En nuestro calendario solar corresponde al período entre mediados de marzo a mediados de abril.

² **9.11-12** *Ziv* es el segundo mes del calendario lunar judío. En nuestro calendario solar corresponde al período entre mediados de abril a mediados de mayo.

¹ **10.11** *Ziv.* Véase nota en 9.11-12.

¹ **20.1** *Abib.* Véase nota en 9.2-3.

¹ **21.3** *Hormá* y la palabra hebrea que significa *destrucción* tienen un sonido parecido.

¹ **28.16-25** *Abib.* Véase nota en 9.2-3.

¹ **29.1-6** *Etanim* es el séptimo mes del calendario lunar judío. En nuestro calendario solar corresponde al período entre mediados de septiembre a mediados de octubre.

² **29.7** *Etanim.* Véase nota en 29.1-6.

¹ **33.1-50** *Abib.* Véase nota en 9.2-3.

² **33.1-50** *Ab* es el quinto mes del calendario lunar judío. En nuestro calendario solar corresponde al período entre mediados de julio a mediados de agosto.

¹ **36.4** *Año de la liberación:* véase Levítico 25.8-16.

↳**D e u t e r o n o m i o**

¹ **1.1** *Sabat* es el onceavo mes del calendario lunar judío. En nuestro calendario solar corresponde al período entre mediados de enero a mediados de febrero.

¹ **16.1** *Abib* es el primer mes del calendario lunar judío. En nuestro calendario solar corresponde al período entre mediados de marzo a mediados de abril.

¹ **33.8** *Urim y Tumim:* utensilios que Dios ordenó hacer para que el pueblo conociera su voluntad sobre asuntos en los cuales era difícil tomar una decisión. Eran dos objetos para echar suertes; el resultado de las suertes se consideraba como la voluntad de Dios sobre el asunto a decidir.

↳**J o s u é**

¹ **3.10** *Habitantes de Canaán:* hititas, amorreos, cananeos, ferezeos, gergeseos, heveos y jebuseos. Estos pueblos vivían en las montañas, en la llanura y en toda la costa del mar Mediterráneo hasta el monte Líbano.

¹ **4.19** *Abib* es el primer mes del calendario lunar judío. En nuestro calendario solar corresponde al período entre mediados de marzo a mediados de abril.

¹ **5.3** *Aralot:* que significa *prepucios.*

² **5.9** *Guilgal:* este nombre suena parecido a la palabra hebrea que significa *quitado.*

³ **5.10** *Abib.* Véase nota en 4.19.

¹ **7.14** *Tribu:* Una tribu estaba formada por clanes o grupos de familias del mismo apellido, y de una misma cultura que hablaban el mismo idioma.

² **7.24** *Acor:* Es un nombre que significa *problemas.*

¹ **8.31** El texto dice literalmente: *Ofrecieron sobre él holocaustos y sacrificios de paz.*

¹ **9.1** *Pueblos de Canaán:* véase la nota en 3.10.

² **9.17** *Ciudades:* Gabaón, Quefirá, Beerot y Quiriat-jearim,

¹ **10.40-42** *Gosen:* No se debe confundir esta ciudad en el sur de Palestina con otra del mismo nombre que está en Egipto.

¹ **11.6** *Dejar inútiles a los caballos:* es decir, que les cortaran el tendón principal de las patas traseras.

¹ **12.4** *Refaítas:* Era una raza de gigantes.

¹ **13.12** *Refaítas:* véase nota en 12.4.

¹ **21.5** *Manasés Occidental:* Se denomina así a la media tribu de Manasés que se estableció al oeste del río Jordán.

² **21.6** *Manasés Oriental:* Se denomina así a la media tribu de Manasés que se estableció al este del río Jordán.

¹ **24.11** *Pueblos de Canaán:* véase nota en 3.10.

↳**J u e c e s**

¹ **1.17** *Hormá* y la palabra hebrea que significa *destrucción* tienen un sonido parecido.

² **1.20** *Descendían del gigante Anac:* Una raza de gente muy grande, considerados en esa época como gigantes.

² **2.5** La palabra hebrea *Boquim,* significa *los que lloran.*

Notas

¹ **6.32** El nombre *Jerubaal* y la frase *Que Baal se defienda*, tienen un sonido parecido.

¹ **12.6** *Muchacho:* En el hebreo se presenta un juego de palabras entre el sonido «S» y el sonido «Sh». Se trataba de una misma palabra, pero que por razones regionales, se pronunciaba de diferente manera.

¹ **13.4-5** *Nazireo:* Era una persona dedicada de manera especial a Dios; no debía beber vino ni otras bebidas alcohólicas, y no se le debía cortar el cabello. Debía mantenerse puro en su servicio a Dios (véase Números 6.1-21).

¹ **16.17** *Nazireo.* Véase nota en 13.4-5.

¹ **18.30** *Exilio.* Así se conoce el período en el que Tiglat-piléser III, rey de Asiria conquistó a Israel y sacó a una gran cantidad de israelitas y los mantuvo prisioneros en Asiria.

↪ Rut

¹ **1.1-2** Belén en español quiere decir *casa-del-pan.* Es interesante ver cómo la familia de Elimélec deja ese «lugar del pan» porque allí no había comida.

² **1.4-5** Los nombres de Mahlón y Quilión en el hebreo significan *personas enfermas o personas débiles.*

³ **1.14** El nombre de Orfá en hebreo se relaciona con la idea de *dar la espalda.*

⁴ **1.16** Rut en hebreo quiere decir *amiga* o *compañera.*

⁵ **1.19** Noemí significa en hebreo *dulce.*

↪ 1 Samuel

¹ **18.25** *La prueba:* Como los filisteos no se circuncidaban como los israelitas, la prueba consistía en traerle el pellejo que cubría el pene de esos cien filisteos.

↪ 1 Reyes

¹ **6.1** *Ziv:* es el segundo mes del calendario lunar judío. En nuestro calendario solar corresponde al período entre mediados de abril y mediados de mayo.

² **6.38** *Bul:* es el octavo mes del calendario lunar judío. En nuestro calendario solar corresponde al período entre mediados de octubre y mediados de noviembre.

¹ **8.2** *Etanim:* es el séptimo mes del calendario lunar judío. En nuestro calendario solar corresponde al período entre mediados de septiembre y mediados de octubre.

¹ **12.32** *Bul:* Véase nota en 6.38.

↪ 2 Reyes

¹ **1.8** Otra posible traducción: *Era un tipo con una capa peluda.*

¹ **25.1** *Tébet* es el décimo mes del calendario lunar judío. En nuestro calendario solar corresponde al período entre mediados de diciembre y mediados de enero.

² **25.3** *Tammuz* es el cuarto mes del calendario lunar judío. En nuestro calendario solar corresponde al período entre mediados de junio y mediados de julio.

³ **25.8** *Ab* es el quinto mes del calendario lunar judío. En nuestro calendario solar corresponde al período entre mediados de julio y mediados de agosto.

⁴ **25.27** *Adar* es el doceavo mes del calendario lunar judío. En nuestro calendario solar corresponde al período entre mediados de febrero y mediados de marzo.

↪ 1 Crónicas

¹ **2.5-17** De acuerdo a Josué 7.1 es *Acán.*

¹ **4.9-10** El nombre *Jabés* es muy parecido a la palabra hebrea que significa *dolor.*

¹ **13.10-11** *Peres-uzá* significa en hebreo *golpe contra Uzá* o también *brecha en Uzá.*

¹ **14.11-12** *Baal-perasim* significa en hebreo *Señor de los caminos.*

¹ **22.9** El nombre *Salomón* es muy parecido a la palabra hebrea *Shalóm* que significa *paz.*

↪ 2 Crónicas

¹ **3.1-2** *Ziv* es el segundo mes del calendario lunar judío. En nuestro calendario solar corresponde al período entre mediados de abril y mediados de mayo.

¹ **5.3** *Etanim* es el séptimo mes del calendario lunar judío. En nuestro calendario solar corresponde al período entre mediados de septiembre y mediados de octubre.

¹ **7.10** *Etanim.* Véase nota en 5.3.

¹ **15.10** *Siván* es el tercer mes del calendario lunar judío. En nuestro calendario solar corresponde al período entre mediados de mayo y mediados de junio.

¹ **16.1** *Judá:* Debe recordarse que en esta época el territorio de Israel estaba dividido en dos reinos: el reino de Israel al norte, y el reino de Judá al sur.

¹ **26.10** Las torres servían para vigilar, almacenar granos y para el hospedaje de los agricultores.

¹ **29.3** *Abib* es el primer mes del calendario lunar judío. En nuestro calendario solar corresponde al período entre mediados de marzo y mediados de abril.

² **29.15-17** *Abib.* Véase nota en 29.3.

¹ **30.1-5** *Ziv.* Véase nota en 3.1-2.

¹ **31.6-7** *Siván.* Véase nota en 15.10.

¹ **35.1** *Abib.* Véase nota en 29.3.

↪ Esdras

¹ **2.63** *Urim y Tumim:* utensilios que Dios ordenó hacer para que el pueblo conociera su voluntad sobre asuntos en los cuales era difícil tomar una decisión. Eran dos objetos para echar suertes; el resultado de las suertes se consideraba como la voluntad de Dios sobre el asunto a decidir.

¹ **3.1** *Etanim* es el séptimo mes del calendario lunar judío. En nuestro calendario solar corresponde al período entre mediados de septiembre y mediados de octubre.

¹ **4.1** *Exilio.* Así se conoce el período en el que Nabucodonosor, rey de Babilonia, sacó a la mayoría de los israelitas de su territorio y los mantuvo prisioneros en Babilonia. Esta situación terminó cuando Ciro, rey de Persia, conquistó Babilonia y tiempo después permitió el regreso de los israelitas a su tierra.

¹ **6.15** *Adar* es el doceavo mes del calendario lunar judío. En nuestro calendario solar corresponde al período entre mediados de febrero y mediados de marzo.

² **6.19** *Abib* es el primer mes del calendario lunar judío. En nuestro calendario solar corresponde al período

entre mediados de marzo y mediados de abril.

³ **6.22** *Persia:* Traducido así por el contexto. El texto hebreo dice *Asiria.*

¹ **7.6-11** *Abib.* Véase nota en 6.19.

² **7.6-11** *Ab* es el quinto mes del calendario lunar judío. En nuestro calendario solar corresponde al período entre mediados de julio y mediados de agosto.

¹ **8.31** *Abib* Véase nota en 6.19.

¹ **10.9** *Quislev* es el noveno mes del calendario lunar judío. En nuestro calendario solar corresponde al período entre mediados de noviembre y mediados de diciembre.

² **10.15-16** *Tébet* es el décimo mes del calendario lunar judío. En nuestro calendario solar corresponde al período entre mediados de diciembre y mediados de enero.

³ **10.17** *Abib.* Véase nota en 6.19.

↳ N e h e m í a s

¹ **1.1** *Quislev* es el noveno mes del calendario lunar judío. En nuestro calendario solar corresponde al período entre mediados de noviembre a mediados de diciembre.

² **1.11** *Copero:* Los coperos se presentaban ante el rey cuando este iba beber. Su trabajo era probar el vino antes que el rey, para estar seguro de que no contenía veneno.

¹ **2.1** *Abib* es el primer mes del calendario lunar judío. En nuestro calendario solar corresponde al período entre mediados de marzo a mediados de abril.

¹ **6.15** *Elul* es el sexto mes del calendario lunar judío. En nuestro calendario solar corresponde al período entre mediados de agosto a mediados de septiembre.

¹ **7.65** *Urim y Tumim:* utensilios que Dios ordenó hacer para que el pueblo conociera su voluntad sobre asuntos en los cuales era difícil tomar una decisión. Eran dos objetos para echar suertes; el resultado de las suertes se consideraba como la voluntad de Dios sobre el asunto a decidir.

² **7.73** *Etanim* es el séptimo mes del calendario lunar judío. En nuestro calendario solar corresponde al período entre mediados de septiembre a mediados de octubre.

¹ **8.14** *Enramadas:* Se refiere a la fiesta de las Enramadas

² **8.14** *Etanim.* Véase nota en 7.73.

¹ **9.1** *Etanim.* Véase nota en 7.73.

↳ E s t e r

¹ **2.15-16** *Tébet* es el décimo mes del calendario lunar judío. En nuestro calendario solar corresponde al período que va de mediados de diciembre a mediados de enero.

¹ **3.7** *Abib* es el primer mes del calendario lunar judío. En nuestro calendario solar corresponde al período que va de mediados de marzo a mediados de abril.

² **3.7** *Adar* es el doceavo mes del calendario lunar judío. En nuestro calendario solar corresponde al período que va de mediados de febrero a mediados de marzo.

³ **3.12-13** *Abib,* véase nota en 3.7.

⁴ **3.12-13** *Adar,* véase nota en 3.7.

¹ **5.14** *Horca:* era un instrumento de gran tamaño que se utilizaba para ahorcar a personas condenadas a muerte.

¹ **7.8-9** *Cubrieron la cara:* Al parecer, se tenía por costumbre taparle la cara a los criminales sentenciados a muerte. El destino de Amán era tan obvio que los guardias no dudaron en proceder a taparle la cara.

¹ **8.9** *Siván* es el tercer mes del calendario lunar judío. En nuestro calendario solar corresponde al período que va de mediados de mayo a mediados de junio.

² **8.12** *Adar,* véase nota en 3.7.

¹ **9.1** *Adar,* véase nota en 3.7.

² **9.15** *Adar,* véase nota en 3.7.

³ **9.21** *Adar,* véase nota en 3.7.

↳ S a l m o s

¹ **22.12** *Basán:* Territorio al este del río Jordán, famoso por sus pastos abundantes y su ganado bravo y robusto.

¹ **34.8-10** *Los ricos:* Con un ligero cambio de letras la palabra hebrea que se traduce *leoncitos* se ha traducido aquí como *ricos.*

¹ **52.1** *Violencia:* Aunque la palabra hebrea puede traducirse como *amor,* aquí se ha preferido seguir la lectura del texto griego por encajar mejor en el contexto.

¹ **60.7** *Las tribus de José:* el texto hace referencia a las tribus de Efraín y Manasés, que son las tribus de José.

¹ **66.13** *Ofrendas especiales:* Son los animales que se quemaban en el altar del templo en honor a Dios. En algunas versiones estas ofrendas son conocidas como *holocaustos.*

¹ **108.8** *Las tribus de José:* Véase nota en Salmo 60.7.

↳ P r o v e r b i o s

¹ **1.22** Aquí, y en todo el libro de los *Proverbios,* la palabra hebrea que se traduce como *inexpertos* alude a los jóvenes *incautos* e *ingenuos,* que tienen una visión simplista de la vida.

↳ I s a í a s

¹ **34.9** *Brea.* Sustancia parecida al betún y que se encontraba en algunos pozos de Mesopotamia y en el Valle del Jordán. La brea se untaba en las paredes de un barco o un canasto para impedir que el agua penetrara.

↳ J e r e m í a s

¹ **28.17** *Etanim* es el séptimo mes del calendario lunar hebreo, y que en nuestro calendario solar corresponde al período que va de mediados de septiembre a mediados de octubre.

¹ **36.22** *Quislev* es el noveno mes del calendario lunar hebreo, y que en nuestro calendario solar corresponde al período que va de mediados de noviembre a mediados de diciembre.

¹ **39.2-3** *Tammuz* es el cuarto mes del calendario lunar hebreo, y que en nuestro calendario solar corresponde al período que va de mediados de junio a

mediados de julio.

1 **41.1** *Etanim:* véase nota en 28.17.

1 **52.4** *Tébet* es el décimo mes del calendario lunar hebreo, y que en nuestro calendario solar corresponde al período que va de mediados de diciembre a mediados de enero.

2 **52.6** *Tammuz:* véase nota en 39.2-3.

3 **52.12** *Ab* es el quinto mes del calendario lunar hebreo, y que en nuestro calendario solar corresponde al período que va de mediados de julio a mediados de agosto.

4 **52.31** *Adar* es el duodécimo mes del calendario lunar hebreo, y que en nuestro calendario solar corresponde al período que va de mediados de febrero a mediados de marzo.

↪**L a m e n t a c i o n e s**

1 **1.1** *Acróstico:* estilo de poesía en el que la primera letra de cada línea o estrofa forman una palabra o frase si se leen de manera vertical. También podría tratarse de la letra del centro o la letra final de cada línea o estrofa.

2 **2.1** *Acróstico:* Véase nota en 1.1.

3 **3.1** *Acróstico:* Véase nota en 1.1.

4 **4.1** *Acróstico:* Véase nota en 1.1.

↪**E z e q u i e l**

1 **1.1-3** *Tammuz* es el cuarto mes del calendario lunar judío. En nuestro calendario solar corresponde al período que va de mediados de junio a mediados de julio.

1 **2.1** La expresión *hombre mortal* se usa muchísimas veces en este libro, cuando Dios le habla a Ezequiel. Parece que estas palabras resaltan el hecho de que Ezequiel es un ser humano, débil y mortal, que, sin embargo, Dios usa para cumplir con su misión y darle esperanza a los israelitas.

1 **8.1** *Etul* es el sexto mes del calendario lunar judío. En nuestro calendario solar corresponde al período que va de mediados de agosto a mediados de septiembre.

1 **20.1** *Ab* es el quinto mes del calendario lunar judío. En nuestro calendario solar corresponde al período que va de mediados de julio a mediados de agosto.

1 **24.1** *Tébet* es el décimo mes del calendario lunar judío. En nuestro calendario solar corresponde al período que va de mediados de diciembre a mediados de enero.

1 **26.1-2** *Adar* es el doceavo mes del calendario lunar judío. En nuestro calendario solar corresponde al período que va de mediados de febrero a mediados de marzo.

1 **29.1** *Tébet,* véase nota en 24.1.

2 **29.17** *Abib* es el primer mes del calendario lunar judío. En nuestro calendario solar corresponde al período que va de mediados de marzo a mediados de abril.

1 **30.20** *Abib,* véase nota en 29.17.

1 **31.1** *Siván* es el tercer mes del calendario lunar judío. En nuestro calendario solar corresponde al período que va de mediados de mayo a mediados de junio.

1 **32.1** *Adar,* véase nota en 26.1-2.

2 **32.17** *Adar,* véase nota en 26.1-2.

1 **33.21** *Tébet,* véase nota en 24.1.

1 **40.1-2** *Abib,* véase nota en 29.17.

1 **45.18** *Abib,* véase nota en 29.17.

1 **45.25** *Tishri* es el séptimo mes del calendario lunar judío. En nuestro calendario solar corresponde al período que va de mediados de septiembre a mediados de octubre.

↪**D a n i e l**

1 **10.4** *Abib* es el primer mes del calendario lunar judío. En nuestro calendario solar corresponde al período que va de mediados de marzo a mediados de abril.

↪**A m ó s**

1 **2.11** *Nazireo:* Era una persona dedicada de manera especial a Dios; no debía beber vino ni otras bebidas alcohólicas, y no se le debía cortar el cabello. Debía mantenerse puro en su servicio a Dios (véase Números 6.1-21).

↪**H a g e o**

1 **1.1** *Elul* es el sexto mes del calendario lunar judío. En nuestro calendario solar corresponde al período entre mediados de agosto a mediados de septiembre.

2 **2.1** *Etanim* es el séptimo mes del calendario lunar judío. En nuestro calendario solar corresponde al período entre mediados de septiembre a mediados de octubre.

2 **2.10-11** *Quislev* es el noveno mes del calendario lunar judío. En nuestro calendario solar corresponde al período entre mediados de noviembre y mediados de diciembre.

↪**Z a c a r í a s**

1 **1.1-3** *Bul* es el octavo mes del calendario lunar judío. En nuestro calendario solar corresponde al período entre mediados de octubre y mediados de noviembre.

2 **1.7-8** *Sebat* es el onceavo mes del calendario lunar judío. En nuestro calendario solar corresponde al período entre mediados de enero y mediados de febrero.

1 **7.1** *Quislev* es el noveno mes del calendario lunar judío. En nuestro calendario solar corresponde al período entre mediados de noviembre y mediados de diciembre.

↪**M a t e o**

1 **2.11** *Oro, incienso y mirra:* Al darle estos regalos, los sabios reconocían al niño Jesús como rey.

1 **4.25** *Decápolis:* este nombre significa «diez ciudades», y en efecto, aquella era una región formada por diez pueblos.

1 **5.1** *Se sentó:* En la época de Jesús, los maestros acostumbraban sentarse para enseñar.

2 **5.13** En aquella época, la sal en trozos se colocaba de piso en los hornos para aumentar rápidamente su calor, y también se mezclaba con estiércol para fabricar combustible.

3 **5.48** Esta petición de Jesús resume todo lo que él ha enseñado en 5.17-48.

¹ **7.13** *Perdición:* Es decir, que lleva a la muerte eterna y al infierno.

¹ **8.2** *Sanarme:* La palabra griega empleada se traduce literalmente *limpiar*. En tiempos de Jesús, las personas con enfermedades en la piel eran consideradas como *impuras* delante de Dios. A esas personas no las dejaban vivir con los demás, pues todos tenían miedo de contagiarse de la enfermedad y quedar impuros también. Cuando Jesús sanó a este hombre, le dio la oportunidad de volver a vivir normalmente con los demás.

² **8.4** *La ofrenda que Moisés ordenó:* Era el sacrificio de algunos corderos y el ofrecimiento de harina mezclada con aceite de oliva.

³ **8.22** *Los muertos:* En este caso, *muertos* se refiere a los que no obedecen a Dios ni confían en él. Esa clase de personas tienen todo el tiempo para dedicarse a cosas menos importantes que seguir y obedecer a Jesús. Pero cuando dice *sus muertos*, se refiere a los que han muerto físicamente.

¹ **9.15** *Ayunarán:* Los judíos acostumbraban ayunar cuando moría algún familiar o algún amigo; o cuando sufrían alguna desgracia personal o nacional. Por eso aquí el ayuno aparece junto con la idea de luto y de tristeza. Jesús se refiere aquí a su propia muerte.

¹ **10.4** *Patriota:* El texto griego dice *cananeo*, que es una palabra que viene del idioma arameo y que significa *celoso* o *patriota* (véase Lucas 6.15).

² **10.15** *Sodoma y Gomorra:* Durante el tiempo de Abraham, Dios destruyó estos pueblos porque la gente de allí era muy mala.

³ **10.25** *Diablo:* Literalmente *Beelzebú*.

⁴ **10.38** *Cargan su cruz:* es decir, si no están dispuestos a sufrir burla y desprecio de la gente que no cree en Dios.

¹ **12.1** En esa época se acostumbraba permitir que los viajeros con hambre arrancaran trigo para comer.

² **12.42** *La reina del Sur:* se refiere a la reina del país de Sabá, ubicado, probablemente al sur de Arabia.

¹ **13.1** *Se sentó para enseñar:* véase nota en 5.1.

¹ **15.26** *Echársela a los perros:* Los judíos algunas veces llamaban *perros* a la gente que no era judía.

¹ **18.10** Algunos mss. agregan el v. 11: *Porque yo, el Hijo del hombre, vine a salvar a los que se habían perdido. (cf. Lc 19.10)*

² **18.15** *Seguidores:* El texto griego usa la palabra *hermano*. Esta palabra se usa en el Nuevo Testamento para referirse a los miembros de la comunidad cristiana, es decir la iglesia.

³ **18.17** En aquel tiempo, los judíos consideraban a los cobradores de impuestos como traidores.

¹ **20.20** *derecha... izquierda:* Los oficiales más importantes de todo reino se sientan a la derecha y a la izquierda del rey.

¹ **22.32** Jesús dice que si Dios es adorado por Abraham, Isaac y Jacob, ellos deben estar con vida, porque Dios es Dios de los que están vivos. Véase Lucas 20.37-38.

¹ **24.3** *Se sentó:* En la época de Jesús, los maestros se sentaban para enseñar (Mateo 5.1).

² **24.28** *Buitres:* Aves rapaces que se alimentan principalmente de animales muertos. En los países de habla castellana se los conoce con diferentes nombres: aura, zopilote, gallinazo, jote, nopo, etc.

¹ **25.32** En la tierra de Jesús, los pastores mantenían juntas a las ovejas y a las cabras durante el día. En la noche las guardaban en lugares separados. Las ovejas tenían más valor que las cabras.

→ **M a r c o s**

¹ **1.24** *Hijo de Dios:* El griego dice, literalmente, *Santo de Dios;* pero esta expresión se basa en la relación especial de Jesús como Hijo de Dios.

² **1.40** *Sanarme:* La palabra griega empleada se traduce literalmente *limpiar*. En tiempos de Jesús, las personas con enfermedades en la piel eran consideradas como *impuras* delante de Dios. A esas personas no se les dejaba vivir con los demás, pues todos tenían miedo de contagiarse de la enfermedad y quedar impuros también. Cuando Jesús sanó a este hombre le dio la oportunidad de volver a vivir normalmente con los demás.

³ **1.44** Según Levítico 14.2-32 la ofrenda consistía primero en dos aves, y una semana después debían llevarse dos corderos y una cordera. Además se presentaba harina y aceite.

¹ **2.4** *Techo:* Las casas en Palestina tenían techo plano. La escalera, construida a un lado de la casa, permitía un fácil acceso al techo, que estaba construido con vigas y tablones cubiertos con mezcla.

² **2.23** En esa época se les permitía a los viajeros con hambre que arrancaran trigo para comer.

¹ **3.6** *Partidarios:* Gente que en esa época apoyaba al rey Herodes el Grande y a su hijo Herodes Antipas.

² **3.7** *Del otro lado del río Jordán... de Tiro y de Sidón:* Los habitantes de estos lugares estaban fuera del territorio en el que vivían los judíos. Por lo general, las personas que venían de esos lugares no eran judías.

³ **3.18** *Patriota:* El texto griego dice «Cananeo», que es una palabra que viene del arameo y que significa «celoso» o «patriota» (véase Lucas 6.15).

⁴ **3.20** *La casa:* es muy probable que fuera la casa de Pedro, en Cafarnaúm.

¹ **4.1** *Sentarse:* En la época de Jesús, los maestros acostumbraban enseñar sentados.

¹ **5.20** *Decápolis:* este nombre significa «diez ciudades», y en efecto, aquella era una región formada por diez pueblos; Gerasa era uno de esos pueblos.

¹ **6.11** *Sacúdanse el polvo de los pies:* Quitarse el polvo de los pies o de la ropa, era la forma en que los judíos mostraban a los demás su rechazo. De esa forma se le advertía a la gente que era rechazada como parte del pueblo de Dios.

² **6.13** Aunque el *aceite de oliva* tiene poder curativo, en este texto, como en Santiago 5.14, se usa como símbolo del poder milagroso de Dios para sanar a las personas.

¹ **7.1** *No comen nada... bien.* Otra traducción posible: *No comen si primero no se han lavado bien.* Además, tienen muchas otras costumbres, como lavar los

vasos, los jarros, las ollas y las camas.

2 7.1 *Lavarse las manos:* los judíos tenían reglas estrictas sobre cómo y cuándo lavarse las manos, especialmente si habían estado en contacto con otras personas. Tocar a un enfermo o a alguien que no fuera judío (o aun tocar algo suyo) era suficiente para que a un judío no se le permitiera adorar a Dios en el templo.

3 7.11 *Ofrecido a Dios:* La palabra hebrea es *corbán* y quiere decir «ofrenda». De acuerdo a la enseñanza y costumbre de los judíos, nada de lo ofrecido a Dios podía usarse para ayudar a alguien, ni siquiera a los padres del que daba la ofrenda.

4 7.27 *Echársela a los perros:* los judíos algunas veces llamaban perros a la gente que no era judía.

5 7.31 *Decápolis:* Véase nota en 5.20.

1 8.10 *Dalmanuta:* este lugar es desconocido.

1 9.4 *Elías y Moisés:* Los judíos de la época de Jesús esperaban que al final de los tiempos, Elías y Moisés regresaran en persona para estar con el pueblo de Dios.

1 10.37 En los tiempos de Jesús, los oficiales más importantes de un reino se sentaban a la izquierda y a la derecha del rey.

1 12.13 *Partido del rey Herodes:* véase la nota en 3.6.

1 13.14 *Donde no debe ser:* Probablemente se refiere al Lugar Santo dentro del templo. Véase Mateo 24.15.

1 15.17 El *rojo oscuro* era el color de los mantos que usaban los reyes de la época de Jesús.

2 15.42 Los viernes a las seis de la tarde comienza el día de descanso de los judíos.

↪L u c a s

1 2.7 *Primer hijo:* Los judíos decían que el primer hijo de cada familia le pertenecía a Dios. A ese primer hijo se le llamaba primogénito.

2 2.7 *Pesebre:* cajón donde se daba de comer a los animales.

1 4.2 *No comió nada:* En ciertas ocasiones especiales, los judíos dejaban de tomar alimentos como muestra de su amor y de su servicio a Dios.

2 4.34 *Hijo de Dios:* El griego dice, literalmente, *Santo de Dios;* pero esta expresión tiene su base en la relación especial de Jesús como Hijo de Dios.

1 5.3 *Se sentó:* En la época de Jesús, los maestros acostumbraban sentarse para enseñar.

2 5.12 *Sanarme:* La palabra griega empleada se traduce literalmente *limpiar.* En tiempos de Jesús, las personas con enfermedades en la piel eran consideradas como *impuras* delante de Dios. A esas personas no las dejaban vivir con los demás, pues todos tenían miedo de contagiarse de la enfermedad y quedar impuros también. Cuando Jesús sanó a este hombre, le dio la oportunidad de volver a vivir normalmente con los demás.

3 5.14 *La ofrenda que Moisés ordenó:* Era el sacrificio de algunos corderos y harina mezclada con aceite de oliva.

4 5.19 *Techo:* Las casas en Palestina tenían techo plano, construido con vigas y tablones cubiertos con

mezcla. La escalera, construida a un lado de la casa, permitía un fácil acceso al techo.

1 6.1 En esa época se acostumbraba permitir que los viajeros con hambre arrancaran trigo para comer.

2 6.17 *Tiro y Sidón:* Estas dos ciudades estaban frente al mar Mediterráneo, al norte de la región de Galilea, y sus habitantes no eran judíos.

1 7.34 En aquel tiempo, los judíos consideraban a los cobradores de impuestos como traidores.

2 7.36 *Se sentó a la mesa:* En aquella época, la gente acostumbraba recostarse sobre el lado izquierdo, apoyándose con el codo izquierdo, mientras comía con la mano derecha. Las mesas tenían patas muy cortas. Esto explica por qué la mujer pudo colocarse detrás de Jesús (Véase v. 38).

3 7.37 *Mala fama:* La palabra griega quiere decir, literalmente, pecadora. Es muy probable que esta mujer haya sido una prostituta.

1 9.8 *Elías:* Muchos judíos esperaban que el profeta Elías resucitara para preparar la venida del Mesías.

2 9.60 *Los muertos:* En este caso, muertos se refiere a los que no obedecen a Dios ni confían en él. Esa clase de personas tiene todo el tiempo para dedicarse a cosas menos importantes que seguir y obedecer a Jesús. Pero cuando Jesús dice *sus muertos* se refiere a los que han muerto físicamente.

1 11.31 *La reina del Sur:* se refiere a la reina del país de Sabá; ubicado, probablemente al sur de Arabia.

2 11.37 *Se sentó a la mesa:* En aquella época, la gente acostumbraba recostarse sobre el lado izquierdo, apoyándose con el codo izquierdo, mientras comía con la mano derecha. Las mesas tenían patas muy cortas.

3 11.44 *Tumbas ocultas:* La ley judía enseña que a quien toque un cuerpo muerto o una tumba se le considera impuro delante de Dios, y no puede reunirse con otros para alabar a Dios.

1 12.49 *Encender fuego en el mundo:* se refiere, probablemente, al juicio final. En ese momento Dios separará a los buenos de los malos. Estos últimos serán lanzados a un fuego que nunca se apaga.

1 13.32 *Zorra:* En los escritos rabínicos, se usa la palabra zorra para referirse a alguien inferior o de poco valor; un *don nadie.*

1 14.34-35 En aquella época, la sal en trozos se colocaba de piso en los hornos para aumentar rápidamente su calor, y también se mezclaba con estiércol para fabricar combustible.

1 17.31 *Azotea:* En la época de Jesús, los techos de las casas eran planos. La gente subía por una escalera construida en la parte de afuera. En las noches de mucho calor, la gente prefería dormir en el techo de sus casas.

2 17.33 El significado de este versículo se aclara con la lectura de Lucas 9.24.

3 17.37 *Buitres:* Aves rapaces que se alimentan principalmente de animales muertos. En los países de habla castellana se los conoce con diferentes nombres: aura, zopilote, gallinazo, jote.

1 19.8 *Cuatro veces esa cantidad:* Tanto las leyes judías como las romanas exigían que una persona pagara cuatro veces la cantidad de dinero que había robado.

2 **19.9** *Descendiente de Abraham:* De acuerdo a este versículo, Zaqueo es miembro del pueblo especial de Dios.

1 **20.37** Éxodo 3.1-6.

2 **20.38** Jesús dice que si Dios es adorado por Abraham, Isaac y Jacob, ellos deben estar con vida, porque Dios es Dios de los que están vivos.

1 **21.26** *Todas las potencias del cielo serán derribadas:* En la antigüedad, la gente creía que las estrellas y los planetas eran poderes espirituales que tenían influencia sobre las personas.

1 **22.44** Los versículos 43 y 44 no aparecen en varios manuscritos griegos importantes.

1 **23.16** *Lo dejaré en libertad:* Algunos manuscritos griegos agregan: *Pilato dijo esto, porque cada fiesta de la Pascua solía dejar libre a un preso.*

2 **23.33** *La Calavera:* No se sabe bien por qué se le dio este nombre al lugar donde crucificaron a Jesús. Probablemente era una enorme roca que tenía la forma de una calavera. Otros piensan que el nombre se debe a las muchas personas que murieron crucificadas en ese lugar.

3 **23.34** Varios manuscritos griegos muy importantes no tienen la frase: *Jesús dijo: «!!Padre, perdona a toda esta gente! Ellos no saben lo que hacen».*

4 **23.43** *Paraíso:* La palabra en griego se usaba para hablar del jardín de Edén. En la época de Jesús se usaba para hablar del lugar donde los hijos de Dios viven en paz y felicidad hasta que llegue el día final, cuando Dios juzgue a todos.

↪ **J u a n**

1 **1.21** *El profeta:* muchos judíos sabían que Dios iba a enviar un profeta como Moisés, pero que sería más poderoso que él (véase Deuteronomio 18.15 y 18).

2 **1.29** *Cordero de Dios:* Los judíos tenían que ofrecer a Dios el sacrificio de un cordero para que él les perdonara los pecados. Pero ahora, por medio de la muerte de Jesús, Dios los perdonaría. Por eso a Jesús se le llama el *Cordero de Dios,* porque Jesús no fue ofrecido en sacrificio por ninguna persona, sino por Dios mismo.

3 **1.36** *Cordero de Dios:* Véase nota en 1.29.

4 **1.42** *Pedro:* el nombre arameo «Cefas» y el griego «Pedro» significan «roca».

1 **3.3** *Nace de nuevo:* La persona que desea salvarse debe cambiar su manera de vivir y obedecer de nuevo a Dios; es como si la persona volviera a nacer para vivir una vida diferente. Ese cambio de vida es posible gracias al poder del Espíritu Santo.

2 **3.25** *Una ceremonia de purificación:* los judíos tenían muchas reglas en cuanto a bañarse y lavarse las manos. Ellos pensaban que si tenían contacto con gente que no era judía, o con un muerto, Dios los consideraría como sucios y sin derecho de adorarlo. El bautismo era una de esas *ceremonias de purificación;* probablemente los discípulos de Juan y el judío estaban discutiendo acerca del significado del bautismo.

1 **4.5** *Jacob* también se llamó *Israel.* Sus hijos dieron

origen a las doce tribus de la nación de Israel.

2 **4.9** *Los de Samaria:* Los samaritanos adoraban a Dios de forma diferente de como lo hacían los judíos, y no se llevaban bien con ellos.

3 **4.20** *Este cerro:* se trata del Monte Guerizim, que está cerca de la ciudad de Siquem.

1 **5.2** *Betzatá:* Algunos manuscritos griegos dicen: *Betesda* o *Betsaida.*

2 **5.3** Algunos manuscritos griegos agregan:*Porque esperaban que el agua se moviera, pues de vez en cuando un ángel bajaba a la piscina y movía el agua. Si algún enfermo se metía en ese momento al agua, quedaba sanado de cualquier enfermedad.*

1 **6.3-4** *Se sentó:* probablemente para enseñar. En la época de Jesús, los maestros enseñaban sentados, y no de pie.

2 **6.9** *El pan de cebada* era la comida de los pobres, pues era mucho más barato que el pan de trigo.

3 **6.69** *Hijo de Dios:* lit. *santo.*

1 **7.40** *El profeta:* Véase la nota Juan 1.21.

1 **8.2** Véase la nota en Jn 6.3-4.

2 **8.24** *Soy Yo:* para los judíos, el más santo de los nombres de Dios puede traducirse «Yo Soy» (véase Ex 3.14; 6.2). En Juan, Jesús usa la frase «Yo Soy», para mostrar qué él es Dios.

3 **8.48** *Extranjero indeseable:* lit. *samaritano.* Los judíos trataban con desprecio a los samaritanos por considerarlos impuros y traidores a la religión judía.

1 **9.7** *Siloé:* palabra aramea que significa *enviado.*

1 **10.23** *Puerta de Salomón:* Alrededor del templo de Jerusalén había varias puertas como esta. Este tipo de puerta es un lugar público, con grandes columnas, cerrado al exterior del templo, pero abierto hacia el interior. La *Puerta de Salomón* estaba ubicada en el costado oriental este del templo.

1 **11.48** *Destruirán... país:* Los líderes judíos tenían miedo de que Jesús hiciera que la gente se rebelara contra el imperio romano, y de que los romanos, para restablecer la calma, destruyeran el país.

2 **11.55** *Prepararse para la fiesta:* Los judíos tenían que cumplir con ciertos ritos y así estar listos para celebrar la fiesta de la Pascua y adorar a Dios.

1 **12.3** *Perfume muy caro:* El texto griego indica que la botella era como de unos 350 gramos de perfume de nardo puro. Este perfume se hacía de una planta del mismo nombre, y se traía de la India.

2 **12.6-8** En la antigüedad, cuando se iba a *enterrar* a alguien, se cubría todo el cuerpo del muerto con vendas empapadas en *perfume.*

3 **12.20** *Griegos:* probablemente se trataba de personas que no eran judías, pero que practicaban la religión judía.

1 **13.19** *Yo Soy:* para los judíos, el más santo de los nombres de Dios puede traducirse «Yo Soy» (véase Éxodo 3.14; 6.2). En Juan, Jesús usa la frase «Yo Soy», para mostrar que él es Dios.

1 **14.16** *Ayude:* La palabra griega puede traducirse como *abogado, consolador, ayudador* o *defensor.*

¹ **15.18** En Juan, la palabra *mundo* se refiere, a veces, a las personas que viven en obediencia al diablo. Por eso son enemigas de Dios.

² **15.26** *Ayudará:* Véase nota en 14.16.

¹ **18.2-5** en *Yo soy:* Véase la nota en Juan 8.24.

² **18.19** Aquí se dice que Anás era el *jefe de los sacerdotes*, aunque, en realidad, no lo era. Lo llamaban así porque era una persona muy importante, con mucha influencia, y años antes había sido el jefe de los sacerdotes.

³ **18.32** *Morir:* Jesús había dicho que él sería «colgado». Esto significa que él sería clavado en una cruz, pues esta era la manera en que los romanos mataban a los criminales. La ley romana no permitía que los judíos mataran a alguien de esa manera.

¹ **19.2** La *corona* y la *capa* de color rojo oscuro eran símbolos que usaban los reyes de aquella época. Como a Jesús se le acusaba de proclamarse rey de los judíos, los soldados romanos le pusieron la *corona* de espinas y la *capa* para burlarse de él.

↳ **H e c h o s**

¹ **1.1** *El primer libro:* Se refiere a Lucas.

² **1.6** Otra posible traducción: *¿Es ahora que te convertirás en rey de Israel?*

¹ **2.1** *Pentecostés:* Fiesta judía que se celebraba cincuenta días después de la Pascua como agradecimiento por las cosechas de trigo. Tiempo más tarde, los judíos celebraron el *Pentecostés* como recuerdo del día en que les fue dada la ley de Moisés.

² **2.33** *A su derecha:* Es decir, lo sentó en el sitio de honor y le dio poder.

³ **2.38** *En el nombre de Jesucristo:* es decir, de parte de Jesús, o con el poder y la autoridad que Jesús les daba.

¹ **5.31** *A la derecha de su trono:* véase la nota en 2.33.

¹ **6.9** *Hombres Libres:* Grupo de judíos que habían sido esclavos, pero que ahora vivían en libertad.

¹ **7.58** *Saulo:* Este joven es el apóstol Pablo, quien antes se conocía con el nombre de Saulo.

¹ **8.33** *No llegó a tener hijos:* Algunas versiones modernas dicen: *¿Quién podrá contar a sus seguidores?*

² **8.36** Algunos mss. tienen el v. 37: *Felipe le dijo: -Si usted cree con todo su corazón que Jesús es el Hijo de Dios, puede bautizarse. Y el oficial respondió: -Creo que Jesucristo es el Hijo de Dios.*

¹ **9.1** *Saulo:* véase nota 1 en 7.58.

² **9.19** Véase nota 1 en 7.58.

¹ **11.18** *Hermanos:* Los seguidores de Jesús vivían como si fueran una gran familia, y todos se trataban como si fueran hermanos.

² **11.25** *Saulo:* el que después se llamó Pablo.

³ **11.28** *Claudio:* Emperador de Roma entre los años 41-54 d.C.

¹ **12.1** Herodes Agripa I, nieto de Herodes el Grande.

² **12.25** Véase nota 1 en 11.25.

¹ **13.18** *Los cuidó:* otros mss. griegos dicen: *soportó su conducta.*

² **13.33** Aquí se cita el Sal 2.7, para indicar que cuando Jesús resucitó, Dios demostró que era su Hijo.

¹ **14.12** *Hermes:* Los griegos pensaban que Hermes era el mensajero de los dioses, especialmente del dios Zeus, el dios principal.

¹ **15.34** Algunos mss. griegos no tienen el v. 34: *Pero Silas decidió quedarse en Antioquía.*

¹ **16.3** *Circuncidaran:* Los padres griegos no acostumbraban circuncidar a sus hijos, por lo que Timoteo no estaba circuncidado. Los cristianos judíos no aceptarían a Timoteo como parte del grupo si no se circuncidaba.

² **16.10** Aquí comienza una de las secciones del libro de los Hechos en las que todo se relata en primera persona plural («nosotros»). Esto parece sugerir que el autor del libro está presente en lo que sucede en estas secciones. Véase 16.10-17; 20.5-15; 21.1-18 y 27.1-28.16.

³ **16.37** *Ciudadanos romanos:* Los ciudadanos romanos tenían derechos y privilegios especiales. Se podía ser ciudadano romano con solo nacer en Roma o en una de sus colonias. También se podía comprar la ciudadanía por un precio muy alto.

¹ **17.9** *Hermanos:* Véase nota en 11.18.

² **17.18** Lit. *epicúreos:* Esta gente seguía las enseñanzas de un hombre llamado Epicuro.

³ **17.18** Lit. *estoicos:* Esta gente seguía las enseñanzas de un hombre llamado Zenón, quien, además de enseñar que uno debe controlarse a sí mismo, decía que la persona sin ayuda de Dios ni de nadie puede saber lo que es bueno y malo.

¹ **18.2** *Claudio, el emperador de Roma, había ordenado que todos los judíos salieran del país:* Esto sucedió probablemente en el año 49 d.C., aunque pudo haber sido también en el año 41 d.C.

² **18.18** *Se cortó todo el pelo:* Pablo había hecho la promesa del nazireo. Cuando una persona hacía esta promesa a Dios, no se cortaba el pelo ni tomaba vino. Luego, cuando terminaba el tiempo de la promesa, la persona debía cortarse el pelo y presentar una ofrenda a Dios (véase Números 6.1-21).

¹ **21.24** *Cortarse todo el pelo:* Véase nota en 18.18.

² **21.24** *Hermanos:* Véase nota en 11.18.

¹ **22.25** *Ciudadano romano:* Véase nota en 16.37.

¹ **23.3** *Ley:* Según la ley judía, ninguna persona acusada de hacer algo malo podía ser castigada antes de que se supiera si era culpable o no; cf. Levítico 19.15; Marcos 14.63-65; Juan 18.22-23.

² **23.27** *Ciudadano romano:* Véase nota en 16.37.

³ **23.35** Herodes el Grande construyó ese palacio, pero los gobernantes romanos en la región de Palestina lo usaron como residencia.

¹ **24.5** *Nazarenos:* nombre dado a los cristianos por ser seguidores de Jesús del pueblo de Nazaret.

² **24.6** Algunos mss. agregan: *queríamos juzgarlo nosotros con nuestra ley, pero el jefe Lisias nos lo quitó a la fuerza y dijo que si queríamos acusar a Pablo viniéramos ante usted.*

³ **24.27** *Festo:* Fue gobernador de la región de Judea probablemente entre los años 60 y 62 d.C. Murió en el año 62 d.C.

¹ **25.13** *Agripa:* Podría tratarse de Herodes Agripa II, o de Marco Julio Agripa, hijo de Herodes Agripa I. El

emperador de Roma lo nombró rey de algunos territorios en la región de Palestina. Aunque los padres de Agripa eran judíos, él estaba a favor de los romanos y, aunque no se interesaba mucho por la religión judía, la conocía bien.

2 **25.13** *Berenice:* hermana de Agripa y de Drusila (24.24).

1 **28.10** *Cástor y Pílux:* con estos nombres se llamaban también a los dioses gemelos que los griegos llamaban "Dióscuros" o "hijos de Zeus". Estos dioses eran considerados los protectores de los marineros. Ellos ponían estatuas o imágenes de esos ídolos pensando que les traería suerte en los viajes.

2 **28.28** *Ellos sí escucharán:* Algunos mss. agregan el v. 29: *Después de que Pablo dijo eso, los judíos se fueron, pero tuvieron una gran discusión entre ellos.*

→ **R o m a n o s**

1 **1.1** *Hermanos:* Los seguidores de Jesús vivían como si fueran una gran familia, y todos se trataban como si fueran hermanos.

2 **1.13** *Hermanos en Cristo:* Véase nota en 1.1.

1 **7.1** *Hermanos en Cristo:* Véase nota en 1.1.

1 **8.12** *Hermanos:* Véase nota en 1.1.

1 **9.29** *Sodoma y Gomorra:* Durante el tiempo de Abraham, Dios destruyó estas dos ciudades porque sus habitantes eran muy malos (Isaías 1.9; Génesis 19.1-28).

1 **10.1** *Hermanos en Cristo:* Véase nota en 1.1.

1 **11.25** *Hermanos en Cristo:* Véase nota en 1.1.

1 **12.1** *Hermanos:* Véase nota en 1.1.

2 **12.10** *Hermanos:* Véase nota en 1.1.

1 **14.10** *Hermanos:* Véase nota en 1.1.

1 **14.20** *Hermanos:* Véase nota en 1.1.

1 **15.12** *Jesé* fue el padre del rey David. El descendiente que gobernará sobre los países es Jesús, pues él era parte de esa familia.

2 **15.14** *Hermanos en Cristo:* Véase nota en 1.1.

3 **15.22** *Hermanos:* Véase nota en 1.1.

1 **16.14** *Hermanos:* Véase nota en 1.1.

2 **16.17** *Hermanos:* Véase nota en 1.1.

→ **1 C o r i n t i o s**

1 **1.1-3** *Hermanos:* Los seguidores de Jesús vivían como si fueran una gran familia, y todos se trataban como si fueran hermanos.

2 **1.1-3** *Sóstenes:* Probablemente se trata del hombre que dirigía la sinagoga judía de Corinto (véase Hechos 18.17).

2 **2.1** *Hermanos en Cristo:* Véase nota en 1.1-3.

1 **3.1** *Hermanos:* Véase nota en 1.1-3.

1 **5.9** *Relaciones sexuales prohibidas:* La única relación sexual que Dios permite es entre el esposo y la esposa. Las relaciones sexuales entre hombres o entre mujeres, con animales, o con otra persona que no sea el esposo o la esposa, no agradan a Dios.

2 **6.13** Véase nota en 5.9.

1 **7.2** Véase nota en 5.9.

1 **9.9** *Buey... desgranar el trigo:* Esta acción se conoce como *trillar.* Para desgranar el trigo, el agricultor usa bueyes que jalan una tabla con trozos de metal o pequeñas piedras duras en la parte de abajo. Al pasar esa tabla sobre las espigas de trigo, los granos se sueltan de la espiga y de su cáscara.

1 **10.1** *Hermanos:* Véase nota en 1.1-3.

2 **10.8** Véase nota en 5.9.

1 **11.33** *Hermanos:* Véase nota en 1.1-3.

1 **12.1** *Hermanos:* Véase nota en 1.1-3.

1 **14.6** *Hermanos:* Véase nota en 1.1-3.

2 **14.26** *Hermanos:* Véase nota en 1.1-3.

1 **15.1** *Hermanos:* Véase nota en 1.1-3.

2 **15.50** *Hermanos:* Véase nota en 1.1-3.

1 **16.3** *Hermanos:* Véase nota en 1.1-3.

2 **16.11** *Hermanos:* Véase nota en 1.1-3.

3 **16.15** *Hermanos:* Véase nota en 1.1-3.

4 **16.20** *Hermanos:* Véase nota en 1.1-3.

→ **2 C o r i n t i o s**

1 **1.1** *Hermanos:* Los seguidores de Jesús vivían como si fueran una gran familia, y todos se trataban como si fueran hermanos.

2 **1.8** *Hermanos en Cristo:* Véase nota en 1.1.

1 **6.11** *Hermanos en Cristo:* Véase nota en 1.1.

1 **7.1** *Hermanos en Cristo:* Véase nota en 1.1.

2 **7.8** *La carta que les escribí:* No existen copias de esa carta que Pablo les envió a los miembros de la iglesia de Corinto.

1 **8.1** *Hermanos:* Véase nota en 1.1.

1 **9.2** *Hermanos:* Véase nota en 1.1.

2 **9.12** *Hermanos:* Véase nota en 1.1.

1 **11.26** *Hermanos:* Véase nota en 1.1.

1 **12.4** *Paraíso:* La palabra en griego se usaba para hablar del jardín de Edén. En la época de Jesús se usaba para hablar del lugar donde los hijos de Dios viven en paz y felicidad hasta que llegue el día final, cuando Dios juzgue a todos.

2 **12.19** *Hermanos:* Véase nota en 1.1.

3 **12.21** *Relaciones sexuales prohibidas:* La única relación sexual que Dios permite es entre el esposo y la esposa. Las relaciones sexuales entre hombres o entre mujeres, con animales, o con otra persona que no sea el esposo o la esposa, no agradan a Dios.

1 **13.11** *Hermanos:* Véase nota en 1.1.

→ **G á l a t a s**

1 **1.1** *Hermanos:* Los seguidores de Jesús vivían como si fueran una gran familia, y todos se trataban como si fueran hermanos.

2 **1.11** *Hermanos:* Véase nota en 1.1.

1 **3.15** *Hermanos:* Véase nota en 1.1.

1 **4.12** *Hermanos:* Véase nota en 1.1.

2 **4.28** *Hermanos:* Véase nota en 1.1.

1 **5.11** *Hermanos:* Véase nota en 1.1.

1 **6.1** *Hermanos:* Véase nota en 1.1.

2 **6.18** *Hermanos:* Véase nota en 1.1.

→ **E f e s i o s**

1 **1.1** *Hermanos:* Los seguidores de Jesús vivían como si fueran una gran familia, y todos se trataban como

si fueran hermanos.

¹ **4.5** *Fe:* La palabra griega que se traduce como fe, puede traducirse también como *confianza* o *creer.* Aquí, la palabra *fe* se refiere al hecho de que todo cristiano cree y acepta que la muerte de Cristo es la única manera de ser salvo.

² **4.8** *Prisioneros:* Es probable que el apóstol Pablo se refiera aquí a los enemigos de Cristo.

→ F i l i p e n s e s

¹ **1.1** *Hermanos:* Los seguidores de Jesús vivían como si fueran una gran familia, y todos se trataban como si fueran hermanos.

² **1.12** *Hermanos:* Véase nota en 1.1.

¹ **2.12** *Hermanos:* Véase nota en 1.1.

¹ **3.1** *Hermanos:* Véase nota en 1.1.

² **3.2** *Gente despreciable:* La palabra griega usada aquí, significa *perros.* Es una palabra insultante y los judíos la usaban para referirse a los no judíos. Pablo la usa para llamar así a algunos judíos que obligaban a los cristianos no judíos a circuncidarse y a practicar otros ritos del judaísmo.

³ **3.5** *Hebreo:* en el Nuevo Testamento se les llama *hebreos* a los judíos que vivían lejos de su país, pero que seguían respetando las costumbres culturales y religiosas de los judíos, y también seguían hablando el idioma arameo.

⁴ **3.13** *Hermanos:* Véase nota en 1.1.

¹ **4.1** *Hermanos:*Véase nota en 1.1.

² **4.10** *Hermanos en Cristo:* Véase nota en 1.1.

³ **4.21** *Hermanos en Cristo:* Véase nota en 1.1.

→ C o l o s e n s e s

¹ **1.1** *Hermanos:* Los seguidores de Jesús vivían como si fueran una gran familia, y todos se trataban como si fueran hermanos.

→ 2 T e s a l o n i c e n s e s

² **1.4** *Hermanos:* Véase nota en 1.1.

¹ **2.1** *Hermanos en Cristo:* Véase nota en 1.1.

² **2.17** *Hermanos:* Véase nota en 1.1.

¹ **3.7** *Hermanos:* Véase nota en 1.1.

¹ **4.1** *Hermanos en Cristo:* Véase nota en 1.1.

² **4.13** *Hermanos:* Véase nota en 1.1.

¹ **5.1** *Hermanos:* Véase nota en 1.1.

² **5.12** *Hermanos:* Véase nota en 1.1.

³ **5.25** *Hermanos:* Véase nota en 1.1.

⁴ **5.26** *Beso santo:*En aquellos tiempos, el beso en la mejilla era una forma muy especial de saludar.

2 T e s a l o n i c e n s e s

¹ **1.1** *Hermanos:* Los seguidores de Jesús vivían como si fueran una gran familia, y todos se trataban como si fueran hermanos.

² **1.3** *Hermanos:* Véase nota en 1.1.

¹ **2.1** *Hermanos:* Véase nota en 1.1.

² **2.3** *Hombre malvado:* enemigo de Dios y de Jesucristo que aparecerá en los últimos días, antes que el Señor regrese.

³ **2.15** *Hermanos:* Véase nota en 1.1.

¹ **3.1** *Hermanos:* Véase nota en 1.1.

² **3.6** *Hermanos:* Véase nota en 1.1.

→ 1 T i m o t e o

¹ **3.10-12** *Las mujeres:* puede referirse a las esposas de los diáconos o a las mujeres que tenían el cargo de diaconisas.

¹ **6.1** *Esclavos:* En ese tiempo, en todos los pueblos, la gente tenía esclavos. El Nuevo Testamento enseña que para los que creen en Cristo ya no es importante si se es esclavo o no (Gálatas 3.28; Efesios 6.8; Colosenses 3.11). Ahora todos debemos servir a los demás por amor. Aquí se recomienda a los esclavos que trabajen con sinceridad, y a los amos que traten bien a los esclavos.

² **6.11** *Hermanos:* Los seguidores de Jesús vivían como si fueran una gran familia, y todos se trataban como si fueran hermanos.

→ 2 T i m o t e o

¹ **1.1-2** *Querido hijo:* Pablo quería a Timoteo como si fuera su propio hijo. Véase 1 Timoteo 1.1-2.

¹ **1.6** *Puse mis manos sobre tu cabeza:* Cuando a una persona se le nombraba líder de la iglesia o se le elegía para hacer un trabajo especial para Dios, otro líder o varios de ellos ponían sus manos sobre la cabeza de la persona escogida y oraban pidiendo la bendición de Dios.

¹ **2.1** *Hijo mío:* Véase nota en 1.1-2.

¹ **4.13** *Pergaminos:* así se llamaban los libros cuyas hojas estaban hechas de piel de oveja o de cabra.

² **4.21** *Hermanos:* Los seguidores de Jesús vivían como si fueran una gran familia, y todos se trataban como si fueran hermanos.

→ T i t o

¹ **2.9** *Esclavos:*En ese tiempo, en todos los pueblos, la gente tenía esclavos. El Nuevo Testamento enseña que para los seguidores de Cristo ya no es importante si se es esclavo o no (Gálatas 3.28; Efesios 6.8; Colosenses 3.11). Ahora todos debemos servir a los demás por amor. Aquí se recomienda a los esclavos que trabajen con sinceridad; y a los amos, que traten bien a los esclavos.

¹ **3.1** *Hermanos:* Los seguidores de Jesús vivían como si fueran una gran familia, y todos se trataban como si fueran hermanos.

→ F i l e m ó n

¹ **1.20** *Hermanos:* Los seguidores de Jesús vivían como si fueran una gran familia, y todos se trataban como si fueran hermanos.

→ H e b r e o s

¹ **2.5** *Mundo:* Después del fin del mundo viviremos de una manera diferente de la de ahora, pues Cristo reinará. Viviremos en un mundo nuevo y distinto.

² **2.8** Este pasaje es una cita del Salmo 8.4-6, y aunque ese salmo se refiere al ser humano, el autor de Hebreos lo refiere a Cristo.

³ **2.11** *Hermanos:* Los seguidores de Jesús vivían como

si fueran una gran familia, y todos se trataban como si fueran hermanos y hermanas.

¹ **3.1** *Hermanos:* Véase nota en 2.11.

² **3.1** *Apóstol:* esta palabra significa «enviado». A Jesucristo se le llama «apóstol» porque fue «enviado» por Dios a morir y salvar a todos los que crean en él.

³ **3.2** *Todo su pueblo:* se refiere al pueblo de Israel y a la iglesia de Cristo.

⁴ **3.11** *Descansar:* Lit. *mi reposo.* Después de librar a los israelitas de Egipto, Dios les prometió que en la región de Canaán tendrían un lugar donde vivirían en paz. El autor de la carta a los Hebreos usa la idea del descanso para referirse a la salvación que Dios ofrece por medio de Jesucristo.

⁵ **3.12** *Hermanos:* Véase nota en 2.11.

¹ **6.9** *Hermanos:* Véase nota en 2.11.

¹ **7.11** Aarón pertenecía a la familia de Leví.

¹ **8.2** *Santuario:* la palabra griega quiere decir literalmente *tienda* o *carpa.* En otras versiones de la Biblia se traduce como *Tabernáculo* o *Tienda del Encuentro.*

¹ **9.2** *Santuario:* Véase nota en 8.2.

² **9.2** *Candelabro:* candelero de dos o más brazos.

³ **9.4** *Maná:* Cuando el pueblo de Israel anduvo por el desierto, Dios les dio *maná.* Este alimento eran pequeñas hojuelas redondas con sabor a miel y de color blanco. La palabra hebrea *maná* significa *¿Qué es esto?* Los israelitas le pusieron ese nombre al alimento porque era la primera vez que veían algo así. Éxodo 16.1-31.

⁴ **9.16** *Testamento:* documento que la persona escribe mientras aún vive. En él se indica a quiénes dejará todo lo que tiene una vez que haya muerto.

¹ **10.19** *Hermanos:* Véase nota en 2.11.

¹ **12.16** *Derechos de hijo mayor:* El primer hijo en una familia tenía algunos privilegios y derechos que los otros hijos no tenían; por ejemplo, al hijo mayor le tocaba una doble parte de la herencia que dejara su padre.

¹ **13.3** *Hermanos:* Véase nota en 2.11.

² **13.22** *Hermanos:* Véase nota en 2.11.

→**Santiago**

¹ **1.2** *Hermanos en Cristo:* Todos en la iglesia formaban como una gran familia. Por eso, todos se trataban unos a otros como hermanos y hermanas.

² **1.16** *Hermanos:* Véase nota en 1.2.

³ **1.19** *Hermanos:* Véase nota en 1.2.

¹ **2.1** *Hermanos:* Véase nota en 1.2.

¹ **2.14** *Hermanos en Cristo:* Véase nota en 1.2.

³ **2.14** *Fieles a Dios:* en esta versión, la palabra griega para *fe,* se ha traducido por lo general como *confianza en Dios* o en Cristo. En esta carta algunas veces la palabra tiene el significado de ser *fiel a Dios* o a Cristo.

¹ **3.1** *Hermanos en Cristo:* Véase nota en 1.2.

¹ **4.5** *Dios nos ama mucho:* lit.: *Dios ama mucho al espíritu que puso en nosotros.*

² **4.11** *Hermanos:* Véase nota en 1.2.

¹ **5.7-8** *Hermanos:* Véase nota en 1.2.

² **5.12** *Hermanos:* Véase nota en 1.2.

³ **5.14** *Aceite:* Se untaba aceite de oliva a las personas enfermas, pues ese aceite era usado como medicina.

⁴ **5.19** *Hermanos en Cristo:* Véase nota en 1.2.

⁵ **5.20** El texto griego de este versículo no es muy claro. Podría traducirse: *se salvará,* refiriéndose al que hace que el pecador deje de pecar. La última parte también podría referirse a los *pecados* de la gente en general.

→**1 Pedro**

¹ **1.22** *Hermanos:* Los seguidores de Jesús vivían como si fueran una gran familia, y todos se trataban como si fueran hermanos.

¹ **2.11** *Hermanos en Cristo:* Véase nota en 1.22.

¹ **4.12** *Hermanos en Cristo:* Véase nota en 1.22.

¹ **5.14** *Hermanos:* Véase nota en 1.22.

→**2 Pedro**

¹ **1.7** *Hermanos en Cristo:* Todos en la iglesia formaban como una gran familia. Por eso, todos se trataban unos a otros como hermanos y hermanas.

¹ **3.1** *Hermanos en Cristo:* Véase nota en 1.7

→**1 Juan**

¹ **1.5** En estos versículos se dice que la vida de Dios y la de los que lo obedecen es como la luz. Y se dice también que los que viven en pecado y alejados de Dios, viven en la oscuridad.

² **1.7** *Hermanos:* Los seguidores de Jesús vivían como si fueran una gran familia, y todos se trataban como si fueran hermanos.

¹ **2.7** *Hermanos en Cristo:* Véase nota en 1.7.

² **2.12** *Hijos míos:* El autor tiene una relación muy especial con sus lectores. Los ama mucho y por eso los considera como si fueran sus hijos. Véase 2.1.

³ **2.20** *Hijo de Dios:* El griego dice, literalmente, *Santo de Dios;* pero esta expresión se basa en la relación especial de Jesús como Hijo de Dios.

¹ **3.2** *Hermanos:* Véase nota en 1.7.

² **3.16** *Hermanos en Cristo:* Véase nota en 1.7.

¹ **4.1** *Hermanos:* Véase nota en 1.1.

² **4.16** *Hermanos:* Véase nota en 1.7.

→**2 Juan**

¹ **1.1** *Hermanos:* Los seguidores de Jesús vivían como si fueran una gran familia, y todos se trataban como si fueran hermanos.

→**3 Juan**

¹ **1.4** *Hijos:* El autor llama hijos a todos aquellos que él ha ayudado para que conozcan a Jesucristo.

→**Judas**

¹ **1.1** *Santiago:* Probablemente se refiere a quien escribió la Carta de Santiago.

² **1.3** *Hermanos en Cristo:* Todos en la iglesia formaban como una gran familia. Por eso, todos se trataban unos a otros como hermanos y hermanas.

3 **1.11** *Caín:* el hermano de Abel (Génesis 4.3-9). *Balaam:* fue un profeta de otra religión, a quien se le pagó para maldecir a Israel (Números 22.1-35). *Coré:* era un hombre que trabajaba en el templo y que también desobedeció a Dios (Números 16.1-35).

4 **1.12** *Fiestas de amor:* así se llamaban las reuniones en las que la iglesia celebraba la Cena del Señor y comían compartiendo entre todos el alimento.

5 **1.17** *Hermanos:* Véase nota en 1.3.

→**A p o c a l i p s i s**

1 **1.4-5** *Siete iglesias:* el número *siete,* en la Biblia, representa la perfección y la totalidad. Así, las *siete iglesias* representan a toda la iglesia.

2 **1.4-5** *Asia* era la parte este del Imperio Romano, lo que hoy día se conoce como Turquía. No debe confundirse con el actual continente asiático.

3 **1.4-5** *Siete espíritus:* el hecho de que se mencione a los *siete espíritus* junto con Dios y con Jesucristo nos indica que los siete espíritus representan al Espíritu Santo.

4 **1.8** El texto griego dice lit. «*Yo soy el alfa y el omega*»: *alfa* es la primera letra del alfabeto griego, y *omega* es la última.

5 **1.9** *Hermanos en Cristo:* Todos en la iglesia formaban como una gran familia. Por eso, todos se trataban unos a otros como hermanos y hermanas.

6 **1.9** *Patmos* era una isla pequeña que los romanos usaban como cárcel para los presos políticos.

7 **1.10** Lit. *Día del Señor,* es decir el domingo, el día de la semana en que Jesús volvió a la vida y cuando se celebra el culto entre los cristianos.

8 **1.12** *Candelabros de oro:* estos candelabros son siete porta lámparas. Esos siete porta lámparas simbolizan las siete iglesias que se mencionan en el versículo 11.

9 **1.20** La palabra *ángel* significa *mensajero.* Aquí, los *siete ángeles* pueden representar a seres espirituales que protegen a las iglesias o seres humanos (líderes de las iglesias) enviados por Dios.

1 **2.1** *Ángel:* Véase la nota en 1.20.

2 **2.1** *Candelabros de oro:* Véase nota en 1.12.

3 **2.6** *Nicolaítas:* no sabemos nada acerca de este grupo. Por lo que se dice en Apocalipsis, parece ser un grupo sectario que decía que la libertad cristiana les permitía practicar la idolatría y otras costumbres paganas.

4 **2.8** *El... último:* Véase la nota 4 en 1.8.

5 **2.10** *Como premio la vida eterna:* literalmente, *la corona de vida.* En la antigüedad, los atletas que ganaban competencias no recibían medallas, sino coronas de flores, como señal de que eran los vencedores.

6 **2.13** *La ciudad... trono:* Pérgamo era una ciudad donde se adoraba a muchos dioses falsos, y fue la primera ciudad en construir un templo para adorar al Emperador romano como si fuese un dios. Por eso, el autor dice que desde esta ciudad gobierna Satanás.

7 **2.17** *El maná* es descrito varias veces como una comida que viene del cielo.

8 **2.20** *Jezabel:* Así se llamaba la esposa del rey Acab, que gobernó en Israel muchos años antes de Cristo.

Jezabel obligó a los israelitas a adorar a los ídolos. Aquí se refiere a ella en forma simbólica.

1 **3.1** *Ángel:* Véase la nota en 1.20.

2 **3.1** *Los siete espíritus de Dios:* Véase la nota 3 en 1.4-5.

3 **3.1** *Las siete estrellas:* Compárese con 1.20.

4 **3.5** *El libro de la vida* es el libro donde están escritos los nombres de todos los que vivirán para siempre con Dios.

5 **3.7** *Hijo de Dios:* Lit. *el santo.* Esta es una expresión que se basa en la relación especial de Jesús con Dios como su Hijo.

1 **4.4** *Los veinticuatro ancianos:* por ancianos el texto bíblico se refiere a líderes de gran prestigio, y no tanto a la edad de dichos líderes. Al parecer estos *veinticuatro ancianos* son seres sobrenaturales.

2 **4.5** *Los siete espíritus de Dios:* Véase la nota 3 en 1.4-5.

1 **5.1** *El rollo* era un documento hecho de hojas de papiro o de cuero cosidas, que se enrollaba para ser manejado más fácilmente. Los *sellos* eran piezas de cera que se ponían en el borde externo del rollo para mantenerlo cerrado. Los *siete sellos* significan que el rollo era imposible de abrir.

2 **5.5** *Ancianos:* véase nota en 4.4.

3 **5.5** Tanto *el León de Judá* como *el heredero del trono de David* son títulos que se le dan al Mesías (compárese con Génesis 49.9-10 y con Isaías 11.1,10).

4 **5.6** El *Cordero* es también un título con que se llama al Mesías. Compárese con Juan 1.29.

5 **5.6** Los *cuernos* en la Biblia, representan poder y autoridad. Los *siete cuernos* significan que Dios tiene poder sobre todas las cosas.

6 **5.6** *Siete espíritus de Dios:* Véase la nota 3 en 1.4.

1 **6.1** *Cordero:* Véase la nota 4 en 5.6.

2 **6.1** *Siete sellos:* Véase la nota en 5.1.

1 **7.4** Aquí, las *tribus de Israel* representan al pueblo de Dios en todo el mundo.

2 **7.9** *Cordero:* Véase la nota 4 en 5.6.

3 **7.9** Las *ramas de palma* eran símbolo de gozo y de victoria (véase Juan 12.13).

1 **8.1** *Cordero:* Véase la nota 4 en 5.6.

2 **8.1** *Sello:* Véase la nota en 5.1.

3 **8.13** *águila:* la palabra griega puede traducirse también como *buitre,* animal que simboliza la destrucción y la muerte.

1 **9.1** En la antigüedad se pensaba que las estrellas eran seres vivientes, como los ángeles.

2 **9.1** *El Abismo profundo* es el lugar donde están prisioneros los malos espíritus.

1 **11.2** *Tres años y medio:* La mitad de siete años, indicándose así lo incompleto y pasajero del tiempo en el que Dios permitiría que dominaran los malos. Compárese la nota 1 en 1.4-5.

2 **11.7** *Abismo profundo:* Véase la nota 2 en 9.1.

1 **12.3** *Dragón rojo:* este animal no existe en la fauna de la Tierra, es un animal sacado de la imaginación. En el libro de Apocalipsis, el dragón representa al diablo.

2 **12.6** *Tres años y medio:* Véase nota en 11.2.

3 **12.11** *El Cordero:* Véase la nota 4 en 5.6.

¹ **13.8** *El Cordero:* Véase la nota 4 en 5.6.
¹ **14.1** *El Cordero:* Véase la nota 4 en 5.6.
² **14.1** *Monte Sión:* este es otro nombre para la ciudad de Jerusalén.
³ **14.2** El *arpa* es un instrumento musical de cuerdas.
⁴ **14.8** *La gran Babilonia:* el nombre de esta ciudad se usó para representar a la ciudad de Roma, pues fue una ciudad enemiga de Israel y desobediente a Dios.
⁵ **14.10** *El Cordero:* Véase la nota 4 en 5.6.
⁶ **14.14** *Hijo de hombre,* es una forma de referirse al Mesías, es decir a Jesucristo.
⁷ **14.15** *Recoge la cosecha:* en la Biblia, recoger la cosecha es símbolo del juicio final, cuando Dios castigará a los malos y premiará a los buenos. *La cosecha de la tierra ya está madura* significa que las personas ya están listas para el juicio final. El mismo significado tiene la recolección de las uvas maduras.
¹ **15.2** *Arpas:* Véase la nota en 14.2.
² **15.3** *El Cordero:* Véase la nota 4 en 5.6.
¹ **16.19** *La gran ciudad de Babilonia:* véase nota 4 en 14.8.
¹ **17.1** *La gran prostituta:* se refiere a los habitantes de la ciudad de Babilonia, y esa ciudad es usada en Apocalipsis para representar a la ciudad de Roma. La palabra *prostitución* era usada para hablar de la desobediencia a Dios y la adoración de dioses falsos.
² **17.8** *Abismo profundo:* Véase la nota 2 en 9.1.

³ **17.8** *El libro de la vida:* Véase la nota 4 en 3.5.
⁴ **17.14** *El Cordero:* Véase la nota 4 en 5.6.
⁵ **17.18** Para la época en que se escribió el libro de Apocalipsis, esta descripción solo podía aplicarse a la ciudad de Roma.
¹ **18.22** *Arpas:* Véase la nota en 14.2.
¹ **19.2** *La gran prostituta:* Véase la nota en 17.1.
² **19.7** *El Cordero:* Véase la nota 4 en 5.6.
³ **19.7** *Su esposa:* es decir, todo el pueblo de Dios. En la Biblia, la relación entre Dios y su pueblo es muchas veces comparada a la relación matrimonial.
⁴ **19.17** *Aves de rapiña:* se refiere a las aves que comen la carne de animales o personas muertas, como el buitre o zopilote.
¹ **20.1** *Abismo profundo:* Véase la nota 2 en 9.1.
² **20.2** *Mil años:* Aquí, y en otras partes de este libro, *mil años* se refiere a un período de tiempo grande e indeterminado.
¹ **21.6** El texto griego dice lit. «*Yo soy el alfa y el omega*»: *alfa* es la primera letra del alfabeto griego, y *omega* es la última.
² **21.9** *El Cordero* es también un título con que se llama al Mesías. Compárese con Juan 1.29.
³ **21.20** No sabemos con seguridad a cuál piedra se refiere. *Crisoprasa* es el nombre de la piedra en griego.
¹ **22.13** Véase nota en 21.6.
² **22.17** *El Cordero:* Véase la nota 4 en 5.6.

Tu palabra es una lámpara que alumbra mi camino. *(Salmo 119.105)*

¡Tu Palabra me hace más feliz que si encontrara un tesoro! *(Salmo 119.162)*

No tengas miedo; yo siempre estaré contigo. *(Isaías 43.5)*

Pidan a Dios, y él les dará. *(Mateo 7.7)*

Mantenme fiel a tus enseñanzas para no pecar contra ti. *(Salmo 119.11)*

¡Vivan con alegría su vida cristiana! *(Filipenses 4.4)*

_____
_____
_____
_____
_____
_____
_____
_____
_____
_____
_____
_____
_____
_____
_____
_____
_____
_____
_____
_____
_____
_____
_____
_____
_____
_____
_____
_____

¡Ayúdame a entender tus enseñanzas maravillosas! *(Salmo 119.19)*

_____
_____
_____
_____
_____
_____
_____
_____
_____
_____
_____
_____
_____
_____
_____
_____
_____
_____
_____
_____
_____
_____
_____
_____
_____

La luz alumbra en la oscuridad, ¡nada puede destruirla! *(Juan 1.5)*